Kommission des Landtages für die Geschichte
des Landes Rheinland-Pfalz

Kreuz – Rad – Löwe

Rheinland-Pfalz.
Ein Land und seine Geschichte

Mainz
2012

Kreuz – Rad – Löwe

Rheinland-Pfalz.
Ein Land und seine Geschichte

Band 1

Von den Anfängen der Erdgeschichte bis zum Ende des Alten Reiches

Herausgegeben von

Lukas Clemens, Franz J. Felten und Matthias Schnettger

Mainz
2012

Bibliografische Information der Deutschen Nationalbibliothek
Die Deutsche Nationalbibliothek verzeichnet diese Publikation in der Deutschen Nationalbibliografie;
detaillierte bibliografische Daten sind im Internet über <http://dnb.d-nb.de> abrufbar.

Weitere Publikationen aus unserem Programm finden Sie unter: www.zabern.de

Für die deutsche Ausgabe

ISBN: 978-3-8053-4510-1

Gestaltung: TypoGraphik Anette Klinge, Gelnhausen
Lithos: Das Reprohaus & digitale Medien GmbH, Rödermark
Umschlaggestaltung: Stefan Dumont, Mainz, Berlin
Druck: aprinta druck GmbH, Wemding

Printed on fade resistant and archival quality paper
(PH 7 neutral) · tcf

Die Herausgabe des Bandes wurde vom
Landtag Rheinland-Pfalz
und der
Staatskanzlei Rheinland-Pfalz
gefördert.

Das Gesamtprojekt wurde mit Unterstützung der
Johannes Gutenberg-Universität Mainz,
des Landesamts für Vermessung und Geobasisinformation Rheinland-Pfalz,
des Landesbibliothekszentrums Rheinland-Pfalz,
des Statistischen Landesamts Rheinland-Pfalz
und des Südwestrundfunks
realisiert.

Grußwort des Landtagspräsidenten

Beim Betreten des Plenarsaals des rheinland-pfälzischen Landtags fällt der Blick der Besucherinnen und Besucher auf die Hambacher Fahne und das Landeswappen an der Stirnseite des Raumes. Wappen und Flagge symbolisieren nicht nur die Hoheit des Staates, sondern zugleich auch die historischen Wurzeln unseres Landes. Unser Bundesland kann in diesem Jahr seinen 65. Geburtstag begehen, denn am 18. Mai 1947 haben die Pfälzer, Rheinhessen und Rheinländer in einer Volksabstimmung für die Annahme der Verfassung für Rheinland-Pfalz votiert. Sie alle brachten ein reiches historisches Erbe als »Mitgift« in die von der französischen Besatzungsmacht verfügte neue Lebensgemeinschaft ein. Inzwischen ist trotz aller Verschiedenheit der Partner aus dieser »Zwangsehe« eine stabile, belastbare und vertrauensvolle Beziehung erwachsen.

Daher ist es nun auch an der Zeit, den vielen verdienstvollen Darstellungen einzelner Landesteile eine historische Gesamtdarstellung unseres Raumes zur Seite zu stellen und um eine spezifisch »rheinland-pfälzische« Perspektive zu ergänzen. Dabei sollen die regionalen Unterschiede keineswegs nivelliert, sondern in vergleichender Perspektive betrachtet und analysiert werden.

Als Vorsitzender der Kommission des Landtages für die Geschichte des Landes Rheinland-Pfalz freue ich mich ganz besonders, dass der Gedanke einer solchen Gesamtdarstellung in den Reihen der Kommission erwachsen ist. Nachdem der Landtag im Jahr 2003 den Auftrag der Kommission ausdrücklich auf die Vorgeschichte unseres Bundeslandes erweitert hatte, nahmen in den nächsten Jahren die Planungen für ein solches Großprojekt Gestalt an. Auch die Staatskanzlei erklärte sich dankenswerterweise zur finanziellen Förderung des Vorhabens bereit.

Doch ohne die wissenschaftliche und personelle Unterstützung seitens der Johannes Gutenberg-Universität wäre eine Realisierung dieses ambitionierten Vorhabens kaum möglich gewesen. Hervorzuheben sind auch die Kooperationen mit dem Landesbibliothekszentrum, dem Statistischen Landesamt und dem Landesamt für Vermessung und Geobasisinformation sowie dem SWR, durch die das Projekt in der vorliegenden Form realisiert werden konnte. Aber es sei an dieser Stelle auch all den »stillen« Helfern in Archiven, Bibliotheken, Wissenschaftseinrichtungen usw. gedankt, die zum Gelingen dieses Werkes beigetragen haben. Ein ganz besonderer Dank gebührt jedoch den Autorinnen und Autoren, die (Frei)Zeit und Kraft für dieses Projekt aufgewandt haben, um uns allen mit ihren Beiträgen die Geschichte unseres Raumes nahe zu bringen. Nicht unerwähnt bleiben soll der unermüdliche Einsatz der Herausgeber, welche die vielen Einzelteile zu einem großen Ganzen zusammengefügt haben. Von ihrer Fachkompetenz und Souveränität hat das Projekt in allen Phasen profitiert. Die Fäden des gesamten Projekts liefen in der Handbucharbeitsstelle am Lehrstuhl von Prof. Dr. Kißener an der Johannes Gutenberg-Universität zusammen. Dr. Nordblom und Dr. Würz sei an dieser Stelle ausdrücklich für ihr Engagement und ihre Ausdauer gedankt. Auch die Mithilfe der vielen studentischen und wissenschaftlichen Hilfskräfte soll nicht unerwähnt bleiben.

Charakteristisch für unser Handbuchprojekt ist die Zusammenarbeit von Forschern verschiedener Fachrichtungen und Altersstufen. So verdanken wir Stefan Dumont, einem jungen Historiker am Institut für Geschichtliche Landeskunde an der Universität Mainz, sowohl die Anregung zum Titel unseres Handbuchs als auch die Gestaltung des Covers.

Ich wünsche »Kreuz – Rad – Löwe« zahlreiche und vor allem interessierte Leserinnen und Leser. Die Geschichte unseres Landes mitten im Herzen Europas ist eine spannende, auch wenn noch längst nicht alle Kapitel dieser Geschichte geschrieben sind. Diese Darstellung soll Lust machen, sich intensiver mit der Geschichte unseres Landes zu befassen – eine Einladung keineswegs nur an das Fachpublikum, sondern an alle Rheinland-Pfälzerinnen und Rheinland-Pfälzer!

Mainz im März 2012

Joachim Mertes
Präsident des Landtags Rheinland-Pfalz

Grußwort des Ministerpräsidenten

Der Bischof von Speyer ist Mitglied der Bayrischen Bischofskonferenz, sein Bistum Teil des Bamberger Metropolitanbezirks, so wie Trier zur Kölner Kirchenprovinz zählt. Die evangelischen Christen in Rheinhessen gehören zur Evangelischen Kirche in Hessen und Nassau, ebenso die im Taunus und im Westerwald. Dort ist auch die Nassauische Sparkasse präsent. Zum Geschäftsgebiet der Bayern-Versicherung gehört die Pfalz, so wie die »Provinzial Rheinland« auch die ehemaligen Regierungsbezirke Koblenz und Trier abdeckt. Der Rheinische Verein für Denkmalpflege und Landschaftsschutz hat sein Arbeitsgebiet in der ganzen ehemaligen preußischen Rheinprovinz. Es gibt sie also noch, die alten Bindungen aus der Zeit der politischen Neugliederung infolge des Wiener Kongresses. Aber es sind nur noch vereinzelte historische Reminiszenzen. In 65 Jahren ist Rheinland-Pfalz zu einer politischen Einheit zusammengewachsen. Es ist auch ein selbstverständliches Gefühl der Zusammengehörigkeit, ein Landesbewusstsein entstanden. Versuche, das Land zu zerschlagen, scheiterten schon 1956, der Volksentscheid von 1975 bestätigte eindrucksvoll das »Ja« zu Rheinland-Pfalz. Die Rheinland-Pfalz-Tage, die wechselnd in allen Landesteilen stattfinden, sind Sinnbilder für die inzwischen gewachsene Identifikation der Bürgerinnen und Bürger mit ihrem Land.

Als der Kommunalpolitiker Joseph Decku 1948 das Landeswappen entwarf, griff er nicht auf den preußischen Adler, die Löwen von Hessen und Nassau und die bayerischen Rauten zurück, sondern auf die kurrheinischen Symbole Trierer Kreuz, Mainzer Rad und Pfälzer Löwe. Damit machte er deutlich: Das »Land aus der Retorte« hat weit in die Geschichte zurückreichende Wurzeln. Zum Selbstverständnis und Selbstbewusstsein jeder Region gehört die historische Rückbindung. Bislang gab es zwar u.a. eine mehrbändige »Rheinische« und eine zweibändige »Pfälzische Geschichte«, aber keinen umfassenden Überblick über die Geschichte des gesamten rheinland-pfälzischen Raums von den Anfängen menschlicher Präsenz im Rheintal im Paläolithikum bis ins 21. Jh., der alle Aspekte der politischen, der Wirtschafts-, Technik-, Kultur- und Bevölkerungsgeschichte darstellt. Mit dem von der Kommission des Landtages für die Geschichte des Landes Rheinland-Pfalz herausgegebenen »Handbuch« liegt nun diese lang erwartete Publikation vor.

Ich danke der Kommission, insbesondere ihrem Vorsitzenden, Herrn Landtagspräsidenten Joachim Mertes, und seinem Stellvertreter, Herrn Prof. Dr. Michael Kißener, für die Initiative, mein Dank gilt auch den Autorinnen und Autoren und den Koordinatorinnen und Koordinatoren des Unternehmens für ihre Mitwirkung und ihre Beiträge. Es ist ein wissenschaftlich fundiertes Werk entstanden, das sich aber bewusst an eine breite interessierte Öffentlichkeit wendet. Die Staatskanzlei hat die Hälfte der Kosten dieser Publikation übernommen. Damit kann das Handbuch zu einem leserfreundlichen Preis veräußert und so »Kreuz – Rad – Löwe« zu einem »Hausbuch« für die rheinland-pfälzischen Familien werden. Ich wünsche mir, dass die Publikation dazu beiträgt, aus der Kenntnis der Geschichte heraus unsere Gegenwart besser verstehen zu können. Ich hoffe, dass auch auf Grund historischer Erfahrungen die richtigen Entscheidungen für eine weiterhin gedeihliche Entwicklung unseres Landes getroffen werden.

Kurt Beck
Ministerpräsident von Rheinland-Pfalz

Vorwort der Herausgeber

Kreuz, Rad und Löwe – dies sind seit 1948 die zentralen Symbole des rheinland-pfälzischen Landeswappens. Die Gestaltung setzte einen klaren geschichtspolitischen Akzent: Der erste frei gewählte Landtag und die Landesregierung wollten mit diesem Wappen das neue, aus so heterogenen Teilen zusammengesetzte Land in eine lange zurückreichende Tradition einbinden und damit ein politisches Programm verknüpfen. Wie im Mittelalter, als mit den zwei geistlichen Kurfürstentümern Trier (Kreuz) und Mainz (Rad) sowie mit dem weltlichen Kurfürstentum des Pfalzgrafen bei Rhein (Löwe) dieser Raum eine politische Kernlandschaft des Reiches gewesen war, so sollte auch nach der Katastrophe der NS-Diktatur hier wieder ein christlich geprägter, dominanter politischer Raum entstehen. Doch das junge Rheinland-Pfalz blieb im Rahmen der Debatten über eine Länderneugliederung in der frühen Bundesrepublik Deutschland lange umstritten, seine Auflösung zugunsten einer Neuordnung im föderalen Gefüge des westdeutschen Teilstaates wurde bis in die 1970er Jahre immer wieder diskutiert. Vor diesem Hintergrund bemühten sich Historiker um Nachweise, dass der Raum des heutigen Rheinland-Pfalz schon in früher Zeit auf vielfältige Weise, durch Stammesherkunft, Sprache, rechtliche Ordnung und vieles mehr verbunden gewesen sei. Solches Bemühen ist stets nur in Ansätzen gelungen – wie sollte es auch anders sein?

Die politischen Grenzen des heutigen Rheinland-Pfalz sind Produkt der Entscheidungen der alliierten Siegermächte des Zweiten Weltkrieges über die Bildung der Besatzungszonen. Dass diese im Westen Deutschlands so lange nachwirken sollten, war nicht absehbar. Grenzen sind das Ergebnis von Einschnitten in die geschichtliche Entwicklung und unterbrechen zum Zeitpunkt ihrer Festlegung die Kontinuität der soziokulturellen und der wirtschaftlichen Bindungen. Sie schaffen zunächst nicht absehbare, dann aber sich immer mehr festigende neue Realitäten. Das Land Rheinland-Pfalz ist Produkt eines solchen Prozesses. Demgegenüber behaupten sich aber auch einzelne Organisationsformen wie jene kirchlicher Verwaltungsstrukturen, und gewachsene regionale Bindungen widerstehen neuen politischen Grenzen über einen erstaunlich langen Zeitraum. In Rheinland-Pfalz wirken nicht zuletzt in der landesgeschichtlichen Forschung das regionale Selbstbewusstsein der Pfälzer, die fortdauernde Erinnerung an die über anderthalb Jahrhunderte bestehende Zugehörigkeit der nördlichen Landesteile zur ehemaligen preußischen Rheinprovinz, aber auch die Bindungen zu Hessen fort. Historische Kommissionen und Gelehrte Gesellschaften in Köln und Bonn, in Wiesbaden und Darmstadt berücksichtigen in ihren Veröffentlichungen und Forschungsprojekten die Geschichte einzelner Teile des Landes Rheinland-Pfalz ebenso, wie sich pfälzische Institutionen auf die Geschichte ihres Landesteils konzentrieren. Vor diesem Hintergrund ist der Beschluss des Landtages vom 20. Februar 2003 über die erweiterte Aufgabenstellung der Kommission des Landtages für die Geschichte des Landes zu verstehen: Ohne eine bis dato vorgegebene zeitliche Begrenzung sollte diese sich fortan der geschichtlichen Entwicklung aller Regionen innerhalb der Grenzen des heutigen Landes widmen.

Die jetzt vorgelegte Darstellung unter dem auf das Landeswappen bezogenen Titel will keine festen historischen Kontinuitäten im Gebiet des heutigen Landes behaupten. Sie will ausdrücklich nicht die Grenzen des heutigen Rheinland-Pfalz in weit zurückliegenden Jahrhunderten suchen. Ihr eigentliches Anliegen wird durch den Untertitel deutlich: »Rheinland-Pfalz. Ein Land und seine Geschichte.« Angestrebt ist der Blick auf das gesamte Gebiet des heutigen Landes, die Überwindung regionaler Betrachtungen allein. Die Darstellung will den heute in Rheinland-Pfalz lebenden Generationen und allen an Rheinland-Pfalz Interessierten eine Orientierung geben in der über viele Jahrhunderte so wechselhaften Geschichte dieses Raums. Zugleich will sie zum besseren Verständnis des eigenen Standortes im Lauf der Geschichte beitragen und im Wissen um die Geschichte zur Orientierung für die Zukunft einladen.

Ein solches Vorhaben stellt ein gewagtes Experiment dar: Nicht nur, dass es an Vorbildern fehlt und gewohnte landesgeschichtliche Sehweisen durchbrochen werden, es stellt die Bearbeiterinnen und Bearbeiter auch vor vielfältige historiografische Probleme. Rheinland-Pfalz wurde 1947 im Wesentlichen aus ehemals preußischen, bayerischen und hessischen Gebietsteilen zusammengefügt. Diese Zuordnungen wiederum waren Produkte der politischen Neuordnungen, die zu Beginn des 19. Jhs. vorgenommen worden waren. Und diese wiederum waren erneut aus ganz anderen, jahrhundertealten meist viel kleinräumigeren territorialen Ordnungen entstanden, deren Traditionen noch lange nachwirkten, Raum- und Zeitgrenzen übersprangen. Im Zentrum dieses Bandes sollen aber nicht die einzelnen territorialen Entwicklungen stehen, sondern die Geschichte des Raumes. Um eine solche Zielstellung fruchtbringend umzusetzen, bedarf es eines gesonderten historiografischen Zugriffs, einer klaren Perspektive, in die die historischen Phänomene einzuordnen sind. Diese Perspektive haben wir in der Einbettung der regionalen Geschichte in säkulare Entwicklungsstränge gesehen, deren unterschiedliche historische Konkretionen vor Ort zu beobachten, mit einander zu vergleichen und zu analysieren waren. Hierin bestanden Herausforderung und Reiz des Vorhabens gleichermaßen.

Genau darin besteht aber auch der Unterschied dieser umfänglichen Überblicksdarstellung zu einem traditionellen, regionalgeschichtlichen Handbuch, dessen Blick sich in aller Regel auf lange Kontinuitäten in einem traditionellen politisch-kulturellen Raum ausrichtet. Angestrebt ist deshalb auch nicht der hohe Grad an wissenschaftlicher Tiefenschärfe und Distinktion, wie ihn vielbändige »Handbücher« bieten, denen eine jahrzehntelange Finanzierung und Entstehungszeit vergönnt ist. Das wäre im Falle von Rheinland-Pfalz auch nicht einfach realisierbar gewesen, weil es dafür noch an vielen regionalen Detailstudien fehlt, auf deren Grundlage erst ein differenziertes und abgesichertes Bild gezeichnet werden könnte. Dieser Mangel wird in absehbarer Zeit nicht behoben sein. Angestrebt ist daher ein so bislang noch nicht existierender Überblick über die Geschichte des gesamten rheinland-pfälzischen Raumes, der den derzeitigen Kenntnisstand zusammenfasst und für ein breites historisch interessiertes Lesepublikum verfügbar macht. Das bedeutet konkret, dass die Autorinnen und Autoren dieses Werkes zwar stets bemüht waren, den ganzen Raum in seiner unterschiedlichen historischen Ausprägung im Blick zu behalten, dass sie angesichts des unter anderem aus Gründen der Lesefreundlichkeit begrenzten Darstellungsraumes aber nicht auf jede regionale Differenzierung eingehen konnten. Vielmehr war der Blick auf die Unterschiede in den regionalen historischen Entwicklungen wie auf die Verschieden- oder Gleichartigkeit im Rahmen allgemeiner Entwicklungen Kriterium für die Ausgestaltung der historischen Darstellung. Folglich dokumentiert ein bewusst zurückhaltender Anmerkungsapparat auch nicht die ganze Breite oder Lückenhaftigkeit der einschlägigen Forschung, er versteht sich vielmehr im Verbund mit der beigegebenen Auswahlbibliografie als Wegweiser zu weiterführender Literatur, die eine intensivere Beschäftigung mit Einzelthemen erleichtert.

Für den ersten Band, der einen Zeitraum von der Entstehung der Erde bis zum Beginn der Moderne abdeckt, erwies es sich als sinnvoll, eine Grobgliederung nach Epochen vorzunehmen: Der erste Teil deckt den gesamten Zeitraum von der Ur- und Frühgeschichte bis zum Ende der römischen Zeit ab, der zweite Teil behandelt das Mittelalter, der dritte die Frühe Neuzeit, also, grob gesagt, die drei Jahrhunderte von 1500 bis 1800. Die Binnengliederung der einzelnen Abschnitte trägt den Besonderheiten der behandelten Epochen Rechnung, zeigt sich aber dem Anliegen des Gesamtwerks verpflichtet, die großen Entwicklungen auf dem Gebiet des heutigen Bundeslandes Rheinland-Pfalz nachzuvollziehen. Daher ist der erste Teil mit seinem riesigen Betrachtungszeitraum vom Präkambrium bis zum Ende der Römerzeit durch chronologische Kapitel geprägt, die in zunehmender Dichte die prägenden Strukturen der einzelnen Epochen konturieren. Stärker auf die jeweiligen Epochen als ganze ausgerichtet sind die Abschnitte zum Mittelalter und zur Frühen Neuzeit. Hier finden sich jeweils ereignisgeschichtliche Abrisse, vor allem jedoch strukturgeschichtlich konzipierte Kapitel, welche unterschiedliche Bereiche, von der Gesellschaft und Wirtschaft über die Religion und Bildung bis hin zu den Bildenden Künsten beleuchten. Die Herausgeber sind der Auffassung, dass diese strukturgeschichtlichen »Tiefenbohrungen« am besten geeignet sind, die Besonderheiten der historischen Entwicklungen im Raum des heutigen Bundeslandes herauszuarbeiten, zugleich aber zu verdeutlichen, dass diese Entwicklungen immer in größeren Zusammenhängen zu verorten sind, sei es im antiken Imperium Romanum, im Frankenreich oder im römisch-deutschen Reich des Mittelalters und der Frühen Neuzeit, sei es in allgemeinen west- oder gesamteuropäischen oder auch in globalen Kontexten.

Noch mehr als für das 19. und 20. Jh. stellte es für die älteren Epochen eine große Herausforderung dar, komplexe Entwicklungen in einem zeitweise sehr kleinräumig gegliederten Raum verständlich nachzuvollziehen, ohne die Besonderheiten in den einzelnen Landesteilen zu vernachlässigen. Besitzrechte, kirchliche und herrschaftliche Bindungen deckten sich nicht, sondern überschnitten die politischen Grenzen des heutigen Landes, das vor dem 20. Jh. nie eine Einheit gebildet hat, dessen Gebiete aber seit dem frühen 10. Jh. ohne Unterbrechung zum ostfränkisch-deutschen Reich gehört haben. Die Herausgeber haben dieses Problem so gelöst, dass im Mittelalter- und im Frühneuzeitteil Übersichten über die Territorien enthalten sind, die komplementär ergänzend, zusammen mit oder vergleichend zu den strukturgeschichtlichen Abschnitten gelesen werden können. Die einzelnen Kapitel sind so konzipiert, dass sie aus sich heraus verständlich sind, einander ergänzen und zum Teil bewusst überlappen.

Die Erleichterung von Zugängen zur regionalen Geschichte, die Lese- und Benutzerfreundlichkeit bestimmen auch die äußere Gestalt dieser Überblicksdarstellung. Marginalien, Bebilderung und Kartografie sollen ebenso wie die beigegebene CD-ROM und das Register unterschiedlichen Anforderungen, Lese- und Sehgewohnheiten Rechnung tragen. Auch darauf haben sich die Autorinnen und Autoren, die ansonsten vielleicht eine nüchternere, sachliche Ausdrucksform aus der wissenschaftlichen Publizistik gewohnt sind, eingelassen, um dem Land und seinen Menschen zum 65. Jahrestag seiner Gründung ein Werk zur Verfügung zu stellen, das vielfältigen Anwendungen in Schule, Wissenschaft, Archiv, Geschichtsverein oder in der heimischen Bibliothek entgegenkommt.

Nicht nur für ihre Bereitschaft, sich auf ein ungewohntes Publikationsformat einzulassen, sondern überhaupt für ihr großes Engagement möchten wir den Autorinnen und Autoren dieses Bandes recht herzlich danken. Das schließt nicht nur die trotz erheblicher beruflicher und anderer Belastungen hoch anzuerkennende – überwiegend fristgerechte – Abfassung der Manuskripte ein, sondern ebenso die Bereitwilligkeit, auf allfällige Änderungswünsche einzugehen. Aber auch zahlreiche andere Personen und Institutionen haben dazu beigetragen, das Erscheinen dieses Bandes zu ermöglichen, von denen nur einige namentlich genannt werden können und sollen, an erster Stelle Dr. Markus Würz von der Handbucharbeitsstelle, der den Weg vom Rohmanuskript zum Satz mit großem Engagement und mit viel Geduld begleitet hat. Das Landesamt für Vermessung und Geobasisinformation hat die historischen Karten für dieses Werk neu gestaltet und zum Teil sogar ganz neu konzipiert. Archive, Museen und andere Institutionen des Landes und darüber hinaus haben zahlreiche Abbildungsvorlagen zur Verfügung gestellt bzw. Druckgenehmigungen erteilt. Vor allem aber danken wir dem Landtag und der Staatskanzlei des Landes Rheinland-Pfalz sowie der Johannes Gutenberg-Universität Mainz, denn ohne die von ihnen zur Verfügung gestellten personellen und finanziellen Ressourcen hätte dieser Band wie auch das gesamte Handbuch nicht realisiert werden können.

Wir würden uns freuen, wenn dieses Buch zahlreichen Leserinnen und Lesern Zugänge zu der langen Vorgeschichte des heutigen Bundeslandes Rheinland-Pfalz erschließen und das Bewusstsein dafür schärfen würde, dass auch die Strukturen und Entwicklungen der älteren Epochen, die vielen heutigen Menschen fremd (geworden) sind, das Land sowie seine Bewohnerinnen und Bewohner bis heute prägen.

Im Mai 2012 Lukas Clemens, Franz J. Felten, Matthias Schnettger

Inhalt

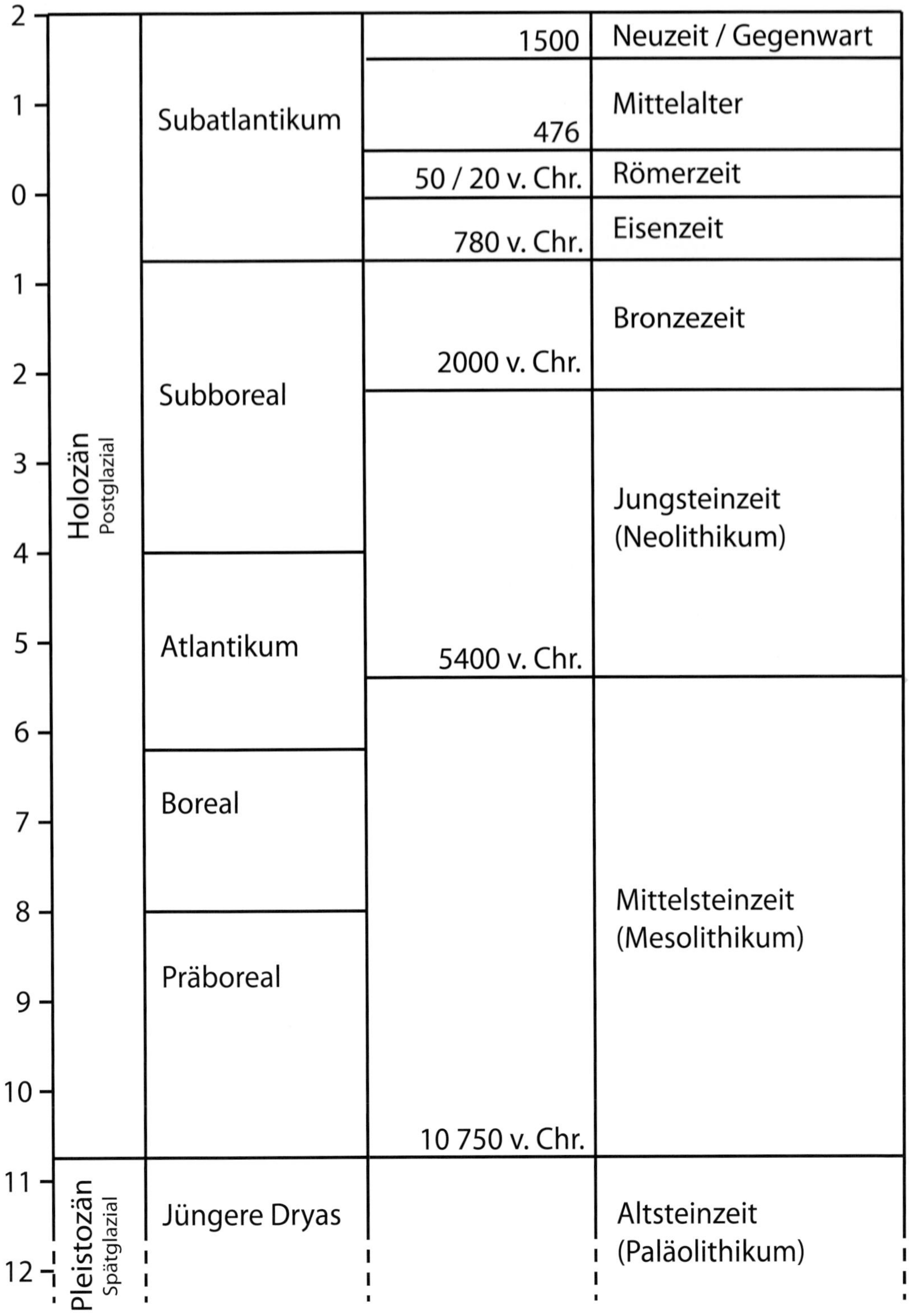
2
1
0
1
2
3
4
5
6
7
8
9
10
11
12
Holozän
Postglazial
Pleistozän
Spätglazial
Subatlantikum
Subboreal
Atlantikum
Boreal
Präboreal
Jüngere Dryas
1500
476
50 / 20 v. Chr.
780 v. Chr.
2000 v. Chr.
5400 v. Chr.
10 750 v. Chr.
Neuzeit / Gegenwart
Mittelalter
Römerzeit
Eisenzeit
Bronzezeit
Jungsteinzeit
(Neolithikum)
Mittelsteinzeit
(Mesolithikum)
Altsteinzeit
(Paläolithikum)

TEIL A VON DER UR- UND FRÜH-GESCHICHTE BIS ZUR ANTIKE

Erdgeschichte des Gebiets von Rheinland-Pfalz – Vom Präkambrium bis zum Tertiär

Von Michael Wuttke und Thomas Schindler

Einleitung

Die Erdkruste besteht aus einem Mosaik von Platten, die sich auf dem zähflüssigen, in ca. 30 km Tiefe beginnenden Erdmantel bewegen (Plattentektonik). Ozeanische Anteile von Platten können an Kontinentalplattenrändern in den Erdmantel abtauchen (Subduktion) und aufgeschmolzen werden. Das führt zu Vulkanismus auf der angrenzenden Platte, wie etwa in den Anden. Ist die ozeanische Platte schließlich vollständig subduziert, führt es zur Kollision des kontinentalen Plattenteils mit der benachbarten Kontinentalplatte; dann türmen sich Faltengebirge wie die Alpen auf. Kontinentale Platten wiederum können an Spalten auseinander brechen, dann entsteht ein Ozean. Das Gebiet von Rheinland-Pfalz gehört zur Eurasischen Platte und hat im Laufe der Erdgeschichte teils heftigen Vulkanismus und mehrere solcher Kollisionen erlebt. Die Eurasische Platte bewegt sich mit 2,2 cm pro Jahr nach Nordosten.[1] Auf diese Weise hat unser heutiges Staatsgebiet in der Erdvergangenheit mehrere Klimazonen durchquert. Zeugen dieser Klimate sind fossile Lebensgemeinschaften, die in Sedimentgesteinen konserviert sind. Die Abfolge der geologischen Ereignisse und die überlieferten fossilen Lebensgemeinschaften werden im Folgenden beschrieben.

Hadaikum und Archaikum (vor 4600 bis 2500 Mio. Jahren)

Die Erde war anfangs eine Feuerkugel, bis sich durch Abkühlung am Ende des Hadaikum (Erdfrühzeit, vor 4600 bis 4000 Mio. Jahren) die ersten Gesteine bildeten.[2] Relikte aus der Erdfrühzeit sind weltweit selten und fehlen in Rheinland-Pfalz völlig.

Belege aus dem Archaikum (Erdurzeit, vor 4000 bis 2500 Mio. Jahren) sind in unserem Land nur in Form eines Zirkon-Kristalls zu finden. Er stammt aus dem Taunusquarzit des Mittelrheintals (siehe Abschnitt Devon) und besitzt ein jüngst-archaisches Isotopenalter von 2,6 Mrd. Jahren.[3] Der Kristall belegt ein aus solch alten Gesteinen aufgebautes Festland südlich vom Hunsrück (die sog. Mitteldeutsche Kristallinschwelle), von dem er in der viel jüngeren Devon-Zeit durch Flüsse ins Hunsrückmeer transportiert wurde. Vor 2,6 Mrd. Jahren gab es noch keinen freien Sauerstoff in der Atmosphäre, und Leben ist nur in Form von Stromatolithen (Blaubakterien-Kolonien) nachgewiesen.

Geologische Karte des Gebiets von Rheinland-Pfalz

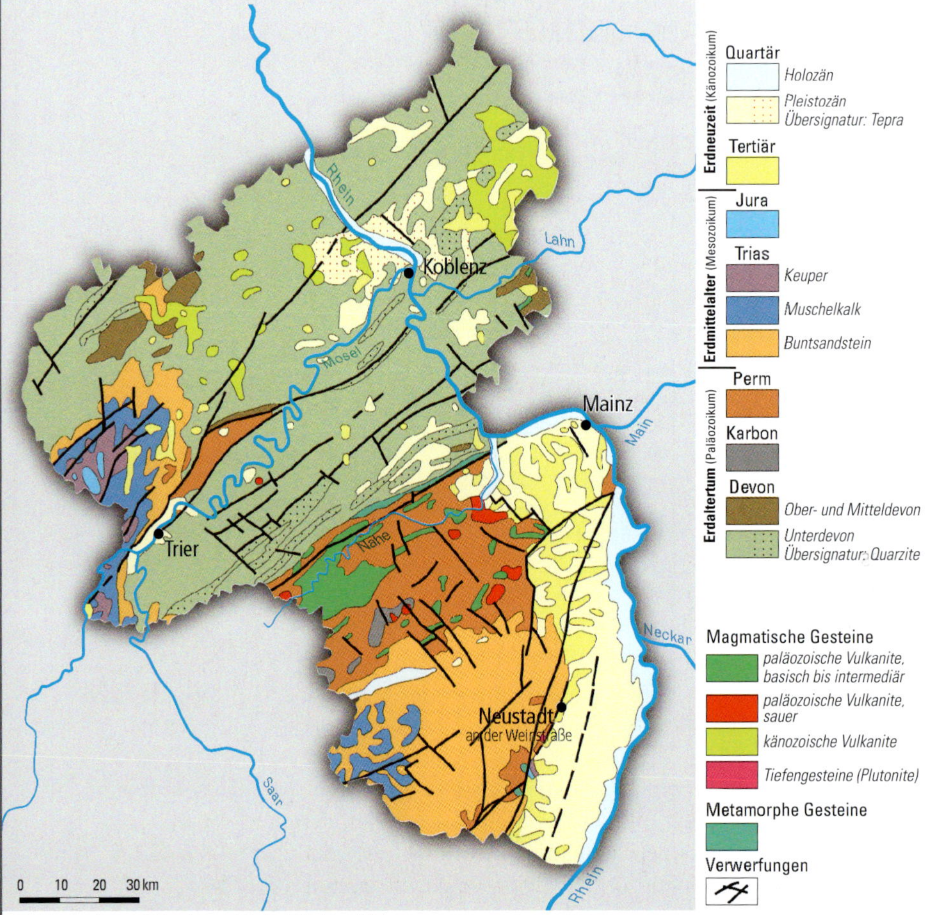

Vorlage: Landesamt für Bergbau und Geologie Rheinland-Pfalz
Kartographie: Landesamt für Vermessung und Geobasisinformation Rheinland-Pfalz

Proterozoikum (vor 2500 bis 545 Mio. Jahren)

Aus dem Taunusquarzit des Mittelrheintals (siehe Abschnitt Devon) stammen weitere Zirkonkristalle mit Isotopenaltern zwischen 2 und 1 Mrd. Jahren.[4] Weiterhin wurden aus einer klastischen Einlagerung im Hunsrückschiefer (siehe Abschnitt Devon) Zirkone mit einem Alter zwischen 1,389 Mrd. und 548 Mio. Jahren nachgewiesen.[5] Die zugehörigen Gesteine sind ebenso im Bereich der Mitteldeutschen Kristallinschwelle zu suchen.

Durch hohen Druck und Temperatur veränderte Gesteine (Paragneis, Amphibolit und Quarzit) bei Schweppenhausen sowie in der Umgebung von Schloss Wartenstein am Hunsrück-Südrand haben ein jüngst-proterozoisches Alter von 570 Mio. Jahren und stellen somit die ältesten Gesteine von Rheinland-Pfalz dar.[6] Sie belegen Sedimentgesteine, die durch die cadomische Gebirgsbildung (Plattenkollision) vor 550 Mio. Jahren gesteinsverändernd überprägt wurden und das vordevonische Fundament des Hunsrücks bilden. Zeitgleiche Sedimentgesteine aus Australien weisen die ältesten mehrzelligen Lebewesen auf.

Paläozoikum (vor 545 bis 251 Mio. Jahren)

Das Paläozoikum oder Erdaltertum ist der älteste durch Fossilien belegbare Abschnitt der rheinland-pfälzischen Erdgeschichte. Unser Staatsgebiet lag in dieser Zeit auf der Südhalbkugel und bewegte sich langsam aus der Umgebung des Südpols in Richtung Äquator. Anfänglich war es noch auf zwei Platten verteilt. Auf der Drift nach Norden kam es zweimal zu einer Kollision mit anderen Platten, die zu Gebirgsbildungen führten. Die erste Kollision führte im Silur (s. u.) zur kaledonischen Gebirgsbildung. Die zweite Kollision ließ während des Karbon (s. u.) das Variszische Gebirge entstehen, wodurch die beiden Plattenanteile des heutigen Rheinland-Pfalz zusammengefügt wurden. Die Nahtlinie ist etwa auf der Linie Birkenfeld-Bingen zu lokalisieren.

Kambrium und Ordovizium (vor 545 bis 443 Mio. Jahren)

Im Kambrium »explodierte« das Leben förmlich. Alle heutigen Tierstämme sind nachgewiesen. Im Ordovizium entwickelten sich die ersten Riffe. Gesteine und damit auch Fossilien dieser Erdzeitalter fehlen aber in Rheinland-Pfalz.

Silur (vor 443 bis 417,5 Mio. Jahren)

Am Südrand des Hunsrücks kommen in einer tektonisch stark durchbewegten Zone Grünschiefer und graue Phyllite vor, die eventuell ins Silur zu stellen sind. Mikroskopische Algen und Sporen sind nachgewiesen, aber eine sichere Datierung steht noch aus.[7] Es handelt sich um umgewandelte Sedimentgesteine, die in einem Meeresarm (Rheinischer Trog) abgelagert wurden.

Devon (vor 417,5 bis 358 Mio. Jahren)

Das den mittleren und nördlichen Teil von Rheinland-Pfalz aufbauende Rheinische Schiefergebirge wird überwiegend von Gesteinen aus der Zeit des Devon gebildet. Die Ablagerungen sind in einem lang gestreckten Senkungsfeld der Erdkruste, dem Rheinischen Trog abgelagert worden.[8] Die Platte mit dem Rheinischen Trog bewegte sich im Devon aus südlichen Breiten bis in die Nähe des Äquators. Die devonische Schichtenfolge des Rheinischen Trogs ist mehrere tausend Meter mächtig. Sedimentbildung und Absenkung des Rheinischen Troges hielten sich die Waage. Bedingt durch die Einrahmung durch ein nördliches Festland (Old-Red-Kontinent) und eine südliche Insel (Mitteldeutsche Schwelle) kam es zu vielfältigen Faziesbildungen wie Flussdeltas, Küstensanden, Schelfsanden, Schelfschlicken, (Riff-) Karbonaten und untermeerischen Vulkanbauten. Deshalb können hier nur Grundzüge der faziellen Entwicklung und Gliederung des Devon beschrieben werden.

Unterdevon (Zeitstufen Gedinne, Siegen und Ems, vor 417,5 bis 392 Mio. Jahren)

Im Gedinne wurden von Flüssen, Seen und dem vorrückenden Meer bunte Schiefer, Sandsteine und Konglomerate gebildet.[9]

Ab dem Siegen besaß der Meeresarm des Rheinischen Trogs eine Breite von etwa 300 km. Vom Old-Red-Kontinent wurde über Flüsse Abtragungsschutt ins Meer geschüttet und in der heutigen Eifel und dem Westerwald ein großes Delta aufgebaut. Fossilreiche Deltaablagerungen mit Landpflanzen sowie artenreichen Tiergesellschaften dieses Land-Meer-Übergangsbereichs sind aus dem Siegen des Westerwaldes bekannt geworden.[10] Von der Mitteldeutschen Schwelle her wurden Sande eingeschüttet und küstenparallel umgelagert; sie liegen heute als Taunusquarzit vor.

Im Ems setzt sich in der Westeifel die Deltasedimentation mit fossilreichen Ablagerungen fort.[11] Funde sind im Geomuseum »Devonium« in Waxweiler ausgestellt. Schelfsande des Ems sind durch Anreicherungen von Schalen mariner wirbelloser Tiere wie Muscheln, Schnecken, Armfüßer und Stachelhäuter geprägt. Im Becken nördlich und südlich der Achse Mosel-Lahn kam es überwiegend zu tonigen Ablagerungen, dem Hunsrückschiefer. Dieser setzte sich unterhalb der Sturmwellen-Basis ab,[12] also in 40 bis 200 m Wassertiefe. In Bundenbach zeugen sehr artenreiche Tonschiefer von örtlich guten Erhaltungsbedingungen in diesem Meeresbecken; es sind – teils in Weichteilerhaltung – Algen, Weichtiere, Armfüßer, Korallen, Stachelhäuter, Gliedertiere und Fische erhalten.[13]

Schlangenstern *Euzonosoma tischbeinianum* aus einer Dachschiefergrube in Bundenbach/Hunsrück; Maßstab = 1 cm (Museum Grube Herrenberg Bundenbach/T. Schindler)

Umgelagerte vulkanische Aschen belegen Vulkanismus.[14] Fossilien dieser Zeit sind im Museum der Schiefergrube Herrenberg/Bundenbach, im Hunsrückmuseum Simmern und im Naturhistorischen Museum Mainz/Landessammlung für Naturkunde Rheinland-Pfalz zu sehen.

Im höheren Ems kam es zu einem Meeresspiegelanstieg und nachfolgend zu ersten karbonatischen Ablagerungen, die zum Mitteldevon überleiten.

Mitteldevon (Zeitstufen Eifel und Givet, vor 392 bis 381 Mio. Jahren)

Dieser Zeitabschnitt ist in der Eifel, an der Lahn und am Hunsrück-Südrand von karbonatischen Flachwasser-Ablagerungen, in die Riffe eingelagert sind, geprägt. Entsprechend groß ist der Artenreichtum an Korallen, Riff bildenden Schwämmen (Stromatoporen), aber auch Muscheln, Schnecken und Armfüßern.[15] Bei Pelm/Eifel sind in Kalkschlämmen exzellent erhaltene Gliedertiere (Trilobiten) bekannt geworden.[16] Gerolstein/Eifel ist für ausgezeichnet erhaltene Stachelhäuter (Seelilien) weltberühmt.[17] Im tieferen Becken sind an der Lahn die sog. Wissenbach-Schiefer mit goldfarben erhaltenen Weichtieren (in Pyrit erhaltene Kopffüßer u. a.) abgelagert worden.[18] Im Gebiet der Lahn kam es im höheren Mitteldevon zu Vulkanismus mit Bildung von Vulkaninseln.[19] Die Vulkanite zeigen, dass die Beckenabsenkung von tief reichenden Dehnungsbrüchen der Erdkruste begleitet war, durch die basaltisches Magma aus dem oberen Erdmantel aufdringen konnte.

Oberdevon (Zeitstufen Adorf, Nehden, Hemberg, Dasberg und Wocklum, vor 381 bis 358 Mio. Jahren)

Die Riffbildungen setzen sich fort. Diese mittel- bis oberdevonischen Riffkalke wurden wegen ihrer Farbzeichnung als Lahn-Marmor abgebaut und weltweit verwendet.[20] Erst ein allgemeiner Meeresspiegelanstieg beendete das Riffwachstum, nachfolgend wurden dunkle Tone (Stillwasserbildung) abgelagert. Diese enthalten in Büdesheim/Eifel wieder goldfarben erhaltene (pyritisierte) Muscheln, Kopf- und Armfüßer.[21] Beim 369 Mio. Jahre alten Orthogneis von Albersweiler am Haardtrand handelt sich um einen umgewandelten Granit (Tiefengestein, aus Magma entstanden), der in einer Frühphase der variszischen Gebirgsbildung in die Mitteldeutsche Kristallinschwelle eingedrungen ist.[22]

Karbon (vor 358 bis 299 Mio. Jahren)

Die sog. Steinkohlenzeit verteilt sich auf zwei von ihrem Ablagerungsgeschehen her sehr unterschiedliche Abschnitte. Das Unterkarbon ist in Rheinland-Pfalz an der Lahn, im Hunsrück sowie am Haardtrand in Form mariner Ablagerungen aufgeschlossen. Das höhere, Steinkohle führende festländische Oberkarbon ist im Westrich und der Nordpfalz bekannt. Die plattentektonische Entwicklung steuerte während des Karbon einem Höhepunkt zu, der Variszischen Gebirgsbildung. Dabei wurde der mit Sedimenten gefüllte Rheinische Trog durch die Norddrift der Gondwana-Platte und der ihr vorgelagerten kleineren Platten zusammengeschoben und über den Meeresspiegel angehoben.

Unterkarbon (Zeitstufen Tournaisium, Viseum, basales Namur, vor 358 bis 320 Mio. Jahren)

Im Verlauf des Unterkarbon hatten die heute Mitteleuropa aufbauenden Kontinentalplatten eine sehr äquatornahe Position erreicht. Das Klima war warm und feucht (Treibhausklima). Die Sedimente des rheinland-pfälzischen Unterkarbon sind vor allem Kieselschiefer. Sie kommen in der Stromberger Mulde des südlichen Hunsrücks, in der westlichen Lahn-Mulde sowie bei Neustadt a. d. W. vor[23] und belegen eine Tiefwasserablagerung, die durch Mangelsedimentation gekennzeichnet ist. Bei Kirn/Nahe, in Stromberg/Hunsrück und an der Lahn sind Phyllite bzw. Kalke durch ihre Fossilinhalte dem Unterkarbon zuzuordnen. An der Lahn ist auch basaltischer Vulkanismus bekannt.[24] Die Lebewelt ist auf rheinland-pfälzischem Gebiet nur in Form von einzelligen Meerestieren, Sporen von Landpflanzen und den Kauapparaten wurmähnlicher Wirbeltierverwandter (Conodonten) belegt.

Oberkarbon (Zeitstufen Westfal und Stefan, vor 320 bis 299 Mio. Jahren)

Das basale Oberkarbon ist durch die Variszische Gebirgsbildung geprägt. Alle devonischen und unterkarbonischen Ablagerungen wurden über den Meeresspiegel emporgehoben und zusammengeschoben. Im Bereich der Haardt kam es dabei zu magmatischen Intrusionen (Granit von Edenkoben, Granodiorit von Waldhambach, Granitgänge von Burrweiler).[25] Im Rheinischen Schiefergebirge kam es auf Störungen zum Absatz von Eisen- und Buntmetallerzen.

Sedimente des Oberkarbon sind in Rheinland-Pfalz durch kohleführende Ablagerungen belegt. Sie wurden im Saar-Nahe-Becken abgelagert, einem Halbgraben, der sich an der alten Schwächezone Hunsrück-Südrand absenkte.[26] Im tieferen Untergrund ist durch Bohrungen am Potzberg/Westpfalz das Steinkohle führende Westfal belegt. Oberirdische Ablagerungen beginnen erst mit dem jüngeren Stefan, das nur in den Aufwölbungen der sog. Pfälzer Kuppeln/Westpfalz und des Lembergs/Nahe erhalten ist. Es sind Flussablagerungen belegt (Heusweiler-Formation), die den Abtragungsschutt des kurz vorher gebildeten Variszischen Gebirges in Richtung Mainz transportierten.[27] Die

Lebewelt des Stefan war vielfältig.[28] Pflanzenfossilien sind häufig und artenreich überliefert: Baum- und Kletterfarne, Farnsamer, Schachtelhalme, baumförmige Bärlappartige und baumförmige Nacktsamer. In stehenden Gewässern lebten Hufeisenwürmer, Kleinkrebse, Scherenträger und viele Insekten. Dazu treten Muscheln, Süßwasserhaie, Stachelträger, Schmelzschuppenfische und Quastenflosser. Amphibien und Reptilien sind durch ihre Fährten belegt.

Perm (vor 299 bis 251 Mio. Jahren)

Die Ablagerungen des rheinland-pfälzischen Perm lassen sich zweiteilen in das Rotliegend (Unterperm) und den Zechstein (Oberperm). Das Mittelperm fehlt in Rheinland-Pfalz.

Unterperm (Zeitstufen Autun und Saxon, vor 299 bis ca. 273 Mio. Jahren)

Das Autun ist mit den Ablagerungen des sog. tieferen Rotliegend vertreten. Sie schließen lückenlos an das Stefan an, lediglich die Seesedimente werden häufiger und die Kohlen seltener. Das Klima wurde langsam trockener und glich dem heutigen Monsunklima. Das liegt daran, dass unser Gebiet jetzt vom Äquator nordwärts in die Passatzone gewandert war. Die Tierwelt wurde vielgestaltiger.[29] Die Seeablagerungen enthalten viele Fisch- und Amphibienarten.

Süßwasserhai *Lebachacanthus pollichiae* aus der Grabung 2005 der GDKE auf der Erweiterung der B48 bei Unkenbach/Nordpfalz; Maßstab = 10 cm (Landessammlung für Naturkunde Rheinland-Pfalz/ T. Schindler)

Erste säugerähnliche Reptilien sind mit Knochenfunden nachweisbar. Bei den Pflanzen nehmen Samenfarne und Nadelbäume zu. Im Urweltmuseum Geoskop in Thallichtenberg, im Naturhistorischen Museum Mainz/ Landessammlung für Naturkunde Rheinland-Pfalz sowie im Paläontologischen Museum Nierstein sind viele Funde dieser Zeit ausgestellt.

Das Saxon ist mit Ablagerungen des höheren Rotliegend sowohl im Saar-Nahe-Becken als auch in der Wittlicher Rotliegend-Senke zu finden. Es beginnt mit dem Erguss von Laven, die – bedingt durch die maximale Dehnung des Variszischen Gebirges – an Spalten aufstiegen. Es kam weiterhin zu einem ausgeprägten Asche-Vulkanismus, und unterirdisches Eindringen von Magma führte zu hohen Aufwölbungen der Landschaft. Das Gebiet des heutigen Rheinland-Pfalz driftete in Richtung des nördlichen Trockengürtels. Seeablagerungen werden selten und haben teils Oasen-Charakter. Schichtfluten bestimmten die Ablagerungen, und in den Becken herrschten playaartige Verhältnisse (abflusslose Endseen, die häufig eintrockneten und teils versalzten). Die Lebewelt war deutlich eingeschränkter.[30] Die Vegetation auf den höheren Lagen war trockener angepasst (viele Nadelbäume). Die Tierwelt beschränkte sich auf Kleinkrebse, Insekten sowie Fisch- und Amphibienarten. Mehrere Meter große festländische Amphibien und räuberische Reptilien sind durch ihre Fährten und wenige Knochenreste nachgewiesen.

Oberperm (Zeitstufe Thuring, vor 260 bis 251 Mio. Jahren)

Das Oberperm ist durch eine Absenkung gekennzeichnet, in deren Verlauf das Skandik-Meer (Ur-Nordmeer) weite Teile Deutschlands überflutete. Klimatisch erreichte unser Land durch die Nordwanderung des Kontinents die nördliche Trockenzone (22–23 °N). Dies führte in der Pfalz zu sebkhaartigen Bedingungen (abflusslose Salzpfannen- und Salzton-Ebenen).[31] Oberirdische Zechstein-Ablagerungen des Oberperm treten nur in der Pfalz auf. Es handelt sich um randmarine Schuttfächer und marine Sandsteine und Schluffsteine mit vereinzelten magnesiumreichen Kalken. Die Lebewelt des Oberperm ist in der Pfalz durch wenige Nadelzweige in den Sandsteinen sowie marine Kleinkrebse und Muscheln in den Kalken belegt.[32] Am Ende des Perm kam es zum größten Aussterbeereignis der Erdgeschichte.

Mesozoikum (vor 251 bis 65 Mio. Jahren)

In der Perm-Zeit war im Anschluss an die variszische Gebirgsbildung der Großkontinent Pangäa entstanden. Er umfasste alle heutigen Kontinente und erstreckte sich zu Beginn des Mesozoikums (Trias) von Pol zu Pol. Das Gebiet von Rheinland-Pfalz lag zur damaligen Zeit am nördlichen Wendekreis. Nicht nur diese Lage, sondern auch die enorme Größe der Kontinentalmasse führte zu einem sehr heißen und trockenen, durch saisonale Regenfälle unterbrochenen Klima.[33] Der östlich an Pangäa anschließende Teil des Ozeans war das Tethys-Meer. Von hier aus erfolgten mehrfach Meereseinbrüche in das Germanische Becken und damit auch auf das Gebiet des heutigen Rheinland-Pfalz. Ab dem mittleren Mesozoikum (Jura) zerfiel Pangäa bereits wieder, der Atlantik und das heutige Mittelmeer entstanden.

Trias (vor 251 bis 200 Mio. Jahren)

Die Schichten der Trias sind von ihren Bildungsbedingungen her sehr unterschiedlich. Die terrestrischen Ablagerungsbedingen der Unteren Trias (mit den Ablagerungen des Buntsandstein) wurden vom Meer der Mittleren Trias (Ablagerungen des Muschelkalk) nur »kurzzeitig« unterbrochen, bevor in der Oberen Trias (Ablagerungen des Keuper) wieder festländische Ablagerungen vorherrschten.

Trias-Ablagerungen sind in der Nordeifel, der Trierer Bucht sowie der West-, Süd- und Vorderpfalz verbreitet. Die Ablagerungen der Nordeifel liegen in einer Schwächezone der Erdkruste, der Eifel-Senke, die sich in Nord-Süd-Richtung zwischen dem Gallisch-Ardennischen Festland im heutigen Frankreich und Belgien sowie der Insel des Rheinischen Massivs im Osten erstreckte. Die Region Trier-Saarburg liegt südlich davon. In der Pfälzischen Senke entstanden die ausgedehntesten Ablagerungen der rheinland-pfälzischen Trias. Sie folgen der Struktur des jungpaläozoischen Saar-Nahe-Beckens.

Untere Trias (Buntsandstein, vor 251 bis 243 Mio. Jahren)

Die Ablagerungen des Buntsandstein sind überwiegend rot gefärbt. Sie entstanden unter trockenem Klima in Flussläufen, die eine Wüste mit Dünen durchquerten.[34] Die Flüsse transportierten den Abtragungsschutt des Gallisch-Ardennischen Festlandes durch die Eifelsenke nach Norden bzw. durch die Pfälzische Senke nach Osten.[35] Der höchste

Buntsandstein entstand in der Nähe des von Osten langsam vorrückenden Meeres und besitzt fossilreiche Lagen (Voltziensandstein mit dem namensgebenden Nadelbaum *Voltzia* sowie Muscheln, Armfüßern, Kleinkrebsen und Wirbeltieren).[36] Im Voltziensandstein sind in der Pfalz und der Südeifel Buntmetallerze zu finden.

Mittlere Trias (Muschelkalk, vor 243 bis 235 Mio. Jahren)

Nachdem das Meer weiter nach Süden bzw. Westen vorgestoßen war, kam in der heutigen Eifel und der Pfalz der Muschelkalk zur Ablagerung. Das Vorkommen bei Oberbettingen/Eifel deutet eine Verbindung des nördlichen Muschelkalk-Meeres nach Süden zum Tethys-Meer an. Ihre größte Ausdehnung besitzen die Gesteine des Muschelkalk im Raum Trier-Saargau und der Pfalz. Aufgrund des marinen Ursprungs der Ablagerungen zeigt der Muschelkalk über große Areale eine weitgehend gleichartige Ausbildung und damit eine einheitliche Gliederung.

Der Untere Muschelkalk wird überwiegend vom sog. Muschelsandstein gebildet. Es handelt sich um ein Transgressionssediment, das durch Festlandsnähe stärker sandig ist. An Fossilien finden sich vor allem Muscheln und Armfüßer (*Lingula*, Terebrateln), aber auch marine Fischreste (Hai- und Knochenfischzähne) sowie marine Reptilien (*Nothosaurus*). Der Mittlere Muschelkalk ist eine tonig-mergelige Ablagerung. Fossilien sind selten, lagenweise findet man den Armfüßer *Lingula*. Einschaltungen von Gips und Anhydrit, selten auch von Steinsalz belegen für diese Zeit eine Abschnürung vom Tethysmeer. Der Obere Muschelkalk ist eine vollmarine Flachwasserbildung, die Verbindung zur Tethys war wieder offen. Es bildeten sich vor allem Kalksteine. Ausgedehnte Kolonien von Stachelhäutern (Seelilien), die im flachen warmen Wasser gut gediehen, führten zur Bildung von Trochitenkalk aus Skelettelementen der Seelilien. Darüber folgt der Ceratitenkalk, benannt nach den Gehäusen von Kopffüßern. Er enthält teils ausgedehnte »Riffe« der koloniebildenden Muschel *Placunopsis*. In diesen fossilreichen Einheiten findet man weiterhin Armfüßer, Schwammnadeln, Kammertierchen, Kalkalgen, selten Krebse sowie Fisch- und Reptilreste.[37]

Obere Trias (Keuper, vor 235 bis 200 Mio. Jahren)

Die Ablagerungen des Keuper sind in der Trierer Bucht, im Saargau und in der Vorderpfalz verbreitet. Im nördlichen Gebiet entstanden sie in einer morphologisch nur wenig gegliederten Küstenlandschaft.[38] Das Milieu schwankte zwischen randmarin-lagunär und limnisch-fluviatil (Seen und Flüsse). Der untere Keuper besteht aus bunten Mergeln mit dünnbankigen Karbonateinlagerungen. Stellenweise ist ein Kohlegehalt festzustellen (Lettenkeuper). Es handelt sich um eingeschränkt marine bis festländische Ablagerungen. Der mittlere Keuper wird Gipskeuper genannt. Bunte Mergel mit Steinsalz-Kristallhohlräumen und Gipsschnüren bezeugen die Abschnürung vom offenen Meer und Übersalzung durch Eindampfung. Sandsteinbildungen mit wenigen Pflanzenresten (Schilfsandstein) zeigen Flussablagerungen an. Darüber folgen wiederum bunte Mergel mit karbonatischen Bodenbildungen (Steinmergelkeuper). Der obere Keuper besteht aus randmarin gebildeten Sandsteinen. Sie führen Knochenanreicherungen, im Sauertal auch marine Muscheln (Meeresvorstoß der Rhät-Zeitstufe). Am Topp gehen sie in rötliche Tone über, die zum Jura überleiten.

In der Vorderpfalz sind nur reliktische, durch Brüche voneinander getrennte Schollen mit Keuper-Ablagerungen enthalten. Sie repräsentieren die Standardfazies des Germanischen Beckens.[39] Mit der Einteilung in Lettenkeuper, Gipskeuper, Steinmergelkeuper und Rhät-Tone ist er aber ähnlich aufgebaut wie in der Region Trier-Saargau.

Jura (vor 200 bis 142 Mio. Jahren)

Durch einen gleichzeitigen Meeresvorstoß vom Nordmeer und der Tethys wird das Germanische Becken weiträumig überflutet. Das Rheinische Schiefergebirge ragte als Insel heraus.

Unterjura (Lias, vor 200 bis 177 Mio. Jahren)

Ablagerungen des Unterjura werden in der Trierer Bucht und der Vorderpfalz durch dunkle Tonablagerungen repräsentiert. In sie sind in der Trierer Bucht mächtige küstennahe Sandsteine eingeschaltet (Luxemburg-Sandstein mit den Felsbildungen des Sauertals). Die Ablagerungen enthalten marine Muscheln und Kopffüßer. In einer Tongrube bei Siebeldingen/Haardt sind auch Krebse und Reptilknochen gefunden worden.[40]

Mitteljura (Dogger, vor 177 bis 154 Mio. Jahren)

Nur am Haardtrand sind in der Tiefbohrung Göcklingen Sedimente des Mitteljura nachgewiesen worden. Es handelt sich um sandige Tonsteine, deren Kopffüßer-Fauna auf marine Beckensedimente hinweist.[41]

Oberjura (Malm, vor 154 bis 142 Mio. Jahren)

Nach dem Dogger wurde wahrscheinlich ganz Rheinland-Pfalz durch Anhebung landfest. Spätestens zur Zeit des Oberjura begann unter einem warm-feuchten Klima die tiefgründige chemische Verwitterung der paläozoischen Gesteine des Rheinischen Schiefergebirges.

Kreide (vor 142 bis 65 Mio. Jahren)

Am Neuerburger Kopf bei Wittlich ist Vulkanismus in Form von basaltischen Intrusionen und einem Vulkanschlot vorhanden. Kreidezeitliche Sedimente sind im Gebiet des heutigen Rheinland-Pfalz bisher nicht nachgewiesen, das Gebiet war Festland. Lediglich umgelagerte Feuersteine in den Terrassen von Mosel u. a. Flüssen könnten auf eine kreidezeitliche Meeresüberflutung der Trierer Bucht hindeuten,[42] deren Ablagerungen wieder völlig abgetragen wurden.

Känozoikum (vor 65 Mio. Jahren bis heute)

Das Känozoikum ist eine Zeit der Umbrüche. Nach einer globalen Krise (Kreide-Tertiär-Event, Aussterben vieler mariner Lebewesen und der Dinosaurier) beginnt der rasante Aufstieg der Säuger zur Vorherrschaft über das Festland. In den ersten 10 Mio. Jahren des Tertiär breiteten sie sich weltweit aus, und aus den häufig nur mausgroßen Vorfahren entwickelten sich Formen wie Urpferdchen, Nagetiere, Halbaffen, Fledermäuse und Wale. Die Entwicklung der Säuger lässt sich in Rheinland-Pfalz an vielen Fundstellen nachvollziehen. Gleichzeitig herrschte ein intensiver Vulkanismus. Ursächlich ist die Kollision Afrikas mit Europa. Diese führte zur Alpenauffaltung, die in der Oberkreide begann und im Tertiär ihren Höhepunkt erfuhr (Miozän), aber bis heute andauert. Am Ende des Tertiär und im Altquartär (Pleistozän) kam es zur stärksten globalen Abkühlung seit dem Erdaltertum (Eiszeit). Die zum Überleben erforderlichen Anpassungen trugen mit zur Entstehung des heutigen Menschen und seiner Kultur bei (siehe Abschnitt Paläolithikum).

Tertiär (vor 65 bis 2,6 Mio. Jahren)

Das Gebiet von Rheinland-Pfalz liegt im nördlichen Vorfeld der Alpenfaltung. Hier kam es im Tertiär zu Dehnungstektonik mit tief reichenden Brüchen und der Absenkung von Becken (Oberrheingraben, Mainzer Becken, Neuwieder Becken, aber auch vielen kleinen Einsenkungen innerhalb des Rheinischen Schiefergebirges). Die Gebiete von Rheinland-Pfalz lagen im Tertiär noch auf rd. 40° nördlicher Breite. Das entspricht dem heutigen nördlichen Mittelmeer. Klimatisch war es – bedingt durch eine überwiegend fehlende Vereisung – wesentlich wärmer und feuchter als heute. Als Anhaltspunkt mögen die für das Unteroligozän des Mainzer Beckens ermittelten Werte dienen:[43]

Jahresmitteltemperatur 16–18 °C
Mittelwerte wärmster Monat 25–28 °C
Mittelwerte kältester Monat 6–10 °C
mittlerer Jahresniederschlag 1000–1300 mm.

Im Paleozän und Eozän war es noch etwas wärmer als im Unteroligozän. Im Oberoligozän kam es zu einer ersten stärkeren Abkühlung, der im Miozän nochmals ein Klimaoptimum folgte. Eine erste Kaltzeit im jüngsten Pliozän leitete klimatisch zum Quartär über. Die Ablagerungen des rheinland-pfälzischen Tertiär sind sehr vielfältig. Es kam zu mehreren Meeresvorstößen der Nordsee und wenigen der Tethys mit sandigen, tonigen und kalkigen Sedimenten. In den Phasen dazwischen wurden auf den Rumpfflächen des Schiefergebirges und in der Pfalz Fluss- und Seesedimente gebildet.

Paleozän (vor 65 bis 55 Mio. Jahren)

Das Paleozän ist nur lokal nachgewiesen, es herrschte überwiegend noch Abtragung. Ein Flusskies bei Bengen/Eifel kann wahrscheinlich hierher verortet werden.[44] Aus Höhlenablagerungen in Hahnstätten/Taunus stammen Pollen und Sporen.[45]

Eozän (vor 55 bis 34 Mio. Jahren)

Im Eozän erhob sich das Rheinische Schiefergebirge nur wenig über die Senkungsgebiete von Mainzer Becken/Oberrheingraben bzw. die Niederrheinische Bucht. Es war im Tertiär im wesentlichen Abtragungsgebiet. In alten Flusstälern und in neu gebildeten Gräben gelangten aber zum Teil mächtige Tertiärsedimente zur Ablagerung. Es entstanden die bekannten Tonlagerstätten der Eifel und des Westerwaldes (Binsfeld- und Immendorf-Formation).[46] Auch Tone des Hunsrücks und des Taunus gehören hierher. Vereinzelt sind Flusskiese der Ur-Saar und der Ur-Lahn nachgewiesen (Arenrath- und Vallendar-Schotter). Im Westerwald und in der Eifel bildeten sich im höheren Teil der Tone auch Braunkohlen (Moorsedimente in Flussauen der Bubenheim-Formation). Vulkanismus war selten und auf einzelne Schlote im Randbereich des Mainzer Beckens[47] und in der Eifel beschränkt.[48] In Eckfeld/Eifel entstand ein Maar mit einem übertiefen See, in dessen Sedimenten viele Pflanzen- und vor allem Wirbeltierfossilien gefunden wurden.[49] Die Fundstücke sind im Naturhistorischen Museum Mainz/Landessammlung für Naturkunde Rheinland-Pfalz zu sehen. Im Mainzer Becken und dem Oberrheingraben kam es ab dem Untereozän zu tektonischen Absenkungen, erste Fluss- und Seeablagerungen bildeten sich. Im Mitteleozän erfolgte ein kurz anhaltender flacher Meeresvorstoß aus der Tethys bis in das südliche Mainzer Becken (Raum Eisenberg).[50] Fossilien sind dort aber nur in Form von Pollen/Sporen nachgewiesen.[51]

Oligozän (vor 34 bis 24 Mio. Jahren)

Im Oligozän drang zum ersten Mal das Meer in das Rheinische Schiefergebirge ein. In der tief abgesenkten Neuwieder Bucht sind die ältesten Sedimente (Maifeld-Formation) nachgewiesen. Es handelt sich um kalkige Tone, die Brackwasserfossilien enthalten.[52] Darüber folgen Kiese, Sande und Quarzite der marinen Unteren Arenberg-Formation. Sie enthält Brackwasser- und teils vollmarine Fossilien und ist in einer flachen Senke von Lothringen über Bitburg, Neuwied, Singhofen und Wasenach/Taunus, Limburg bis in die hessische Senke verbreitet. Das Meer kam wahrscheinlich aus der hessischen Senke und hatte auch kurzzeitig eine Verbindung in das Pariser Becken.[53] Die Ablagerungen fehlen im Hohen Westerwald. Im Unteroligozän wurde das Mainzer Becken zum ersten Mal von Norden her durch das Meer erreicht (Ablagerung der Mittleren Pechelbronn-Schichten).[54] Die Sedimentation erfolgte im Wesentlichen in den untereozänen Flusstälern. Im Saar-Nahe-Bergland und im Hunsrück sind an zahlreichen Stellen Kiese alttertiärer Flüsse bekannt, die in Bad Kreuznach und anderen Orten in das Pechelbronn-Meer mündeten. Ab dem höheren Unteroligozän erfolgte ein weiterer Meeresvorstoß von Norden, der am längsten anhielt und das Mainzer Becken, Teile des Naheberglandes und den südöstlichen Hunsrück überflutete. An der Küste bildeten sich durch die Brandung Kiese und Sande (Alzey-Formation). Im Becken (Wassertiefe bis 200 m) wurden Tone und Feinsande abgesetzt (Bodenheim- und Stadecken-Formation). Die Alzey-Formation ist mit über 600 Arten sehr fossilreich. Am bekanntesten sind die zahlreichen Muschel-, Schnecken- und Haizahnarten, aber auch Reste der sog. Seekuh, eines Meeressäugers, sowie eingeschwemmte Landwirbeltiere wurden gefunden.[55]

Fossilien sind im Museum der Stadt Alzey, im Naturhistorischen Museum Mainz/Landessammlung für Naturkunde Rheinland-Pfalz sowie im Paläontologischen Museum Nierstein zu sehen. Ab dem höchsten Unteroligozän schwankte der Wasserspiegel des Mainzer Beckens stark. Dies lag an tektonischen Bewegungen, aber auch an einem weltweiten Klimawechsel mit Meeresspiegelabsenkung durch eine beginnende Vereisung des Südpols. Bei niedrigem Wasserstand kam es schnell zur Verbrackung, und es bildeten sich Seeablagerungen und mehrfach Torflagen (Sulzheim-Formation mit Braunkohlen und Süßwassermergeln).

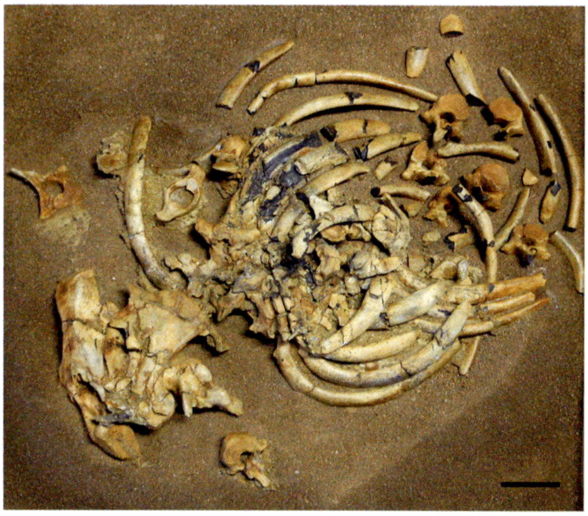

Halitherium schinzii aus der Notbergung 2004 der GDKE in Wendelsheim/Rheinhessen; Maßstab = 10 cm (T. Schindler)

Der Vulkanismus wurde im Oberoligozän vor allem im Westerwald sehr intensiv. Saure und basische Magmen drangen auf, und es wurden Tuffe und Basaltlaven in großer Mächtigkeit eruptiert. Die Basalte sind die Grundlage der umfangreichen Westerwälder Hartsteinindustrie. Im Oberoligozän weitete sich die Sedimentation auf das Rheinische Schiefergebirge aus. Dort entstanden viele von Brüchen begrenzte Senken, in denen sich tiefere Seen mit fein geschichteten Tonen, teils sogar Ölschiefer bilden konnten (Burgbrohl, Linz, Kärlich und weitere Vorkommen im Westerwald). Im Westerwald entstanden in ausgedehnten Sümpfen Braunkohlelagerstätten (Breitscheid-Formation). Naturgemäß sind hier auch viele Fossilien überliefert. Neben den Kohle bildenden Pflanzen fand man Insekten, Fische, Amphibien, Reptilien- und Säugerreste. In einem calderaähnlichen tiefen Maarsee im Westerwald entstand die Enspel-Formation.

Käfer aus der Grabung G23/2006 der GDKE im Steinbruch Adrian in Enspel/Westerwald; Maßstab = 0,5 cm (Landessammlung für Naturkunde Rheinland-Pfalz; Foto: GDKE Erdgeschichte/ M. Poschmann)

Ihre dunklen Tone und vulkanische Aschen enthalten vielfältige gut erhaltene Fossilien (Pflanzen, Spinnen, Insekten, Fische, Amphibien, Reptilien und Säuger).[56] Der Stöffel-Park in Enspel zeigt in zwei Museen die Entstehung dieser vulkanischen Hohlform auf und präsentiert die Fossilfunde.

Miozän (vor 24 bis 5 Mio. Jahren)

Im Miozän verlagerten sich die vulkanischen Förderzentren, basaltischer Vulkanismus ist nur noch vereinzelt in der Eifel und im Westerwald nachweisbar. Im Oberoligozän (höchste Sulzheim-Formation) und im Untermiozän erreichte erneut das Nordmeer mit mehreren Meeresvorstößen über die Hessische Senke das Mainzer Becken. Im warmen lagunären Flachwasser wurden diesmal Kalke gebildet (Hochheim-, Oppenheim-, Oberrad-, Rüssingen- und Wiesbaden-Formation). Zwischen Mainz und Oppenheim entstanden sogar riffartige Strukturen, die zeitweise das Gebiet des heutigen Rheinhessen vom tieferen Oberrheingraben abschnürten. Bedingt durch tektonische Bewegungen lag damals der Hunsrück auf gleicher Höhe mit Rheinhessen, so dass im südöstlichen Hunsrück ebenfalls kalkige Mergel abgelagert wurden. Bekannt sind die kalkigen Ablagerungen vor allem für teils gesteinsbildende Muschel- und Schneckenlagen, aber auch Wirbeltiere (Fische, Reptilien, Vögel, Säuger) sind nicht selten.[57] Noch im Untermiozän wurde das Mainzer Becken mit seinen westlichen Randgebieten angehoben, das Meer zog sich endgültig aus Rheinland-Pfalz zurück. Ab dem Obermiozän bildeten sich (erneut) die Flusssysteme des Ur-Rheins, der Ur-Mosel und der Ur-Nahe aus und lagerten Sande und Kiese ab. Der Rhein kam damals aus Ostlothringen. Rhein und Nahe entwässerten über das Gebiet des heutigen Mittelrheintales in die Kölner Bucht. In Koblenz floss die Ur-Mosel zu. Sie kam aus Nordlothringen und lagerte auf den Hochflächen parallel zum heutigen Moseltal die sog. Kieseloolithschotter ab. Aus den Ablagerungen des rheinhessischen Ur-Rheins (Eppelsheim-Formation) sind zahlreiche, teils wärmeliebenden Wirbeltiere bekannt geworden.[58] Darunter sind auch die ältesten Primatenfunde von Rheinland-Pfalz (Oberschenkel und Zähne von *Dryopithecus*). Anhand einer in Sprendlingen/Rheinhessen geborgenen Blattflora rekonstruierte man eine Jahresdurchschnittstemperatur von ca. 11–15 °C.[59] Beide zusammen belegen ein deutlich wärmeres und feuchteres Klima als heute (8 °C). Fossilien dieser Formation sind im Museum Eppelsheim, im Naturhistorischen Museum Mainz/Landessammlung für Naturkunde Rheinland-Pfalz, im Museum Alzey sowie im Paläontologischen Museum Nierstein ausgestellt.

Pliozän (vor 5 bis 1,8 Mio. Jahren)

Im Pliozän gab es nur geringe vulkanische Aktivität (Niederwesterwald). Es bildeten sich weit verbreitet Kiese (jüngere Kieseloolithschotter der Urmosel) und im Westerwald vereinzelt pflanzenreiche Auentone von Flüssen, die zur Niederrheinischen Bucht oder zur hessischen Senke entwässerten. Ein isolierter Kratersee bei Ruppach-Goldhausen lieferte eine umfangreiche Flora und Insektenfauna.[60] Im Mainzer Becken sind Flussablagerungen des Rheins und seiner Nebenflüsse bekannt. Die Gerölle weisen jetzt auf ein Quellgebiet des Rheins in den Alpen. Die Fossilien (Blätter, Muscheln, Schnecken) deuten bereits eine deutliche Abkühlung an. Durch Hebung der Nordpfalz und Rheinhessens verlagern sich die Rheinablagerungen immer weiter nach Osten, bis im Pleistozän der Rhein im heutigen Bett am Ost- und Nordrand von Rheinhessen floss.

1 HEFLIN, M. u. a.: GPS time series (2007). URL: http://sideshow.jpl.nasa.gov/mbh/series.html [03.05.2010].
2 Altersangaben nach DEUTSCHE STRATIGRAPHISCHE KOMMISSION, Tabelle 2002; LANDESAMT FÜR GEOLOGIE UND BERGBAU, Geologie 2005.
3 Nach Alfred Kröner in PROBST, Mitteleuropa 1986.
4 Ebenda.
5 KIRNBAUER/REISCHMANN, Hunsrück Slate 2001.
6 MEISL, Metavolcanic Rocks 1990; LANDESAMT FÜR GEOLOGIE UND BERGBAU, Geologie 2005.
7 GAD, Palynomorphen 2004. Nähere Informationen und Literatur zu Fundorten der Erdgeschichte lassen sich im Fundortregister auf der dem Band beigegebenen CD-Rom finden.
8 MEYER/STETS, Rheintal 1996.
9 Ebenda; LANDESAMT FÜR GEOLOGIE UND BERGBAU, Geologie 2005.
10 POSCHMANN/JANSEN, Siegen-Schichten 2003.
11 REBSKE u. a., Klerf-Schichten 1985; POSCHMANN/FRANKE, Arthropods 2006.
12 SUTCLIFFE/BRIGGS/BARTELS, Hunsrück Slate 1999.
13 BARTELS u. a., Kaub Formation 2002.
14 SCHINDLER u. a., Kaub Formation 2002.
15 MEYER, Eifel 1994.
16 BASSE, Eifel-Trilobiten 2002, 2003 und 2006; BASSE/MÜLLER, Eifel-Trilobiten 2004.
17 RIEDER/RIEDER/BRAUNS, Gerolsteiner Kalkmulde 1994; HAUSER, Crinoiden 1997.
18 REQUADT, 5613 Schaumburg 1990.
19 LANDESAMT FÜR GEOLOGIE UND BERGBAU, Geologie 2005.
20 WEHINGER, Lahnmarmor 2007; KIRNBAUER, Nassauer Marmor 2008.
21 MEYER, Eifel 1994.
22 REISCHMANN/ANTHES, Grundgebirge 1996.
23 LANDESAMT FÜR GEOLOGIE UND BERGBAU, Geologie 2005.
24 REQUADT/FLICK/NESBOR, Fachinger Grundstollen 1993.
25 REISCHMANN/ANTHES, Grundgebirge 1996; LANDESAMT FÜR GEOLOGIE UND BERGBAU, Geologie 2005.
26 SCHÄFER, Mikrofauna Bubenheim 1986.
27 Ebenda.
28 SCHINDLER/HEIDTKE, Kohlesümpfe 2007.
29 Ebenda.
30 Ebenda.
31 LANDESAMT FÜR GEOLOGIE UND BERGBAU, Geologie 2005.
32 SPUHLER, Geologie der Pfalz 1957, LANDESAMT FÜR GEOLOGIE UND BERGBAU, Geologie 2005.

33 SCHINDLER u.a., Erdgeschichte im Rheinland 2006.
34 DACHROTH, Buntsandstein 1988.
35 WURSTER, Paläogeographie 1968.
36 SCHINDLER u.a., Fossilgemeinschaften Buntsandstein 2009.
37 LANDESAMT FÜR GEOLOGIE UND BERGBAU, Geologie 2005.
38 Ebenda.
39 Ebenda.
40 HEIDTKE, Fossilien 2006.
41 LANDESAMT FÜR GEOLOGIE UND BERGBAU, Geologie 2005.
42 Ebenda.
43 PROSS/BRUCH/KVACEK, Paläoklima-Rekonstruktion 1998.
44 LÖHNERTZ/SCHINDLER/WUTTKE, Nordosteifel 2011.
45 ANDERLE u.a., Paleozän 2003.
46 LANDESAMT FÜR GEOLOGIE UND BERGBAU, Geologie 2005; SCHÄFER u.a., Westerwald 2011.
47 HORN/LIPPOLT/TODT, Kalium-Argon-Altersbestimmungen 1972; ROTHAUSEN/SONNE, Mainzer Becken 1984.
48 MEYER, Eifel 1994.
49 LUTZ, Eckfeld 1991; LUTZ/NEUFFER, Eozänvorkommen Eifel 2003.
50 GRIMM/GRIMM, Mainzer Tertiärbecken 2003.
51 HOTTENROTT, Eisenberger Becken 2000.
52 SCHÄFER, Mikrofauna Bubenheim 1986.
53 SCHÄFER u.a., Westerwald 2011.
54 GRIMM/GRIMM, Mainzer Tertiärbecken 2003.
55 Ebenda.
56 WUTTKE/UHL/SCHINDLER, Enspel 2010.
57 GRIMM/GRIMM, Mainzer Tertiärbecken 2003.
58 LUTZ u.a., Dinotheriensande 2003.
59 UHL u.a., Cenozoic Paleotemperatures 2007.
60 SCHINDLER u.a., Pliozäner Kratersee 2010.

Frühe Menschen. Jäger und Sammler des Eiszeitalters in Rheinland-Pfalz

Von Axel von Berg

Die Ursprünge menschlichen Lebens liegen in den Savannen Ostafrikas. Hier setzte die Entwicklung zum Menschen vor etwa 4 Mio. Jahren ein. Vor fast 2 Mio. Jahren entstand in Afrika der *Homo erectus*, eine frühe Menschenform, die schon vor 1,8 Mio. Jahren Afrika verließ und deren Nachfahren in der Folge Asien und Europa besiedelten.[1]

Die Menschheitsgeschichte in Rheinland-Pfalz reicht nach den bisherigen Erkenntnissen fast 1 Mio. Jahre zurück und beginnt im Pleistozän (Quartär), das auch als Zeitalter der Eiszeiten bezeichnet wird.[2] Die Entwicklung menschlicher Kultur in den unvorstellbar langen Zeiträumen der Altsteinzeit erscheint zunächst kaum wahrnehmbar. Das menschliche Leben war durch die vollständige Abhängigkeit von der Natur gekennzeichnet. Wann die ersten Frühmenschen die Region durchstreiften, liegt heute noch im Dunkeln und ist nur in wenigen Ansätzen erkennbar. Die Erkenntnisse über die früheste Besiedlung haben sich aber in den letzten Jahrzehnten durch detaillierte Untersuchungen erheblich vergrößert. Mit den Möglichkeiten neuer Methoden, Datierungs- und Korrelierungsverfahren unter Einbindung von Geologie, Sedimentologie, Paläontologie, Vulkanologie und Flussentwicklung sind die Erkenntnisse zur jüngeren und jüngsten erdgeschichtlichen Vergangenheit und somit zu den frühen Funden wesentlich verfeinert und vertieft worden.

Die Flussgeschichte

Die Terrassenbildungen an Rhein und Mosel lassen sich nach heutigen Erkenntnissen in zeitlich unterschiedliche Schotterkörper gliedern (Abb. 1).[3] Älteste Ablagerungen liegen durch Erosion stark zerteilt auf den flussbegleitenden Randhöhen etwa 300 m hoch. Es handelt sich um jungtertiäre (pliozäne) Kiese, sog. Kieseloolithschotter, eines nicht mehr existierenden Flusssystems. Derart alte Flussablagerungen aus der Zeit vor 5–10 Mio. Jahren können durch ihre recht feinkörnigen Quarzgerölle von den jüngeren Bildungen unterschieden werden. Die markanteste Terrassenbildung an Rhein und Mosel sind die Hauptterrassen, die etwa 200 m hoch plateauartig die tief eingeschnittenen Flusstäler begleiten. Die Hauptterrasse bildet dabei einen Leithorizont in der Flussgeschichte von Rhein und Mosel.

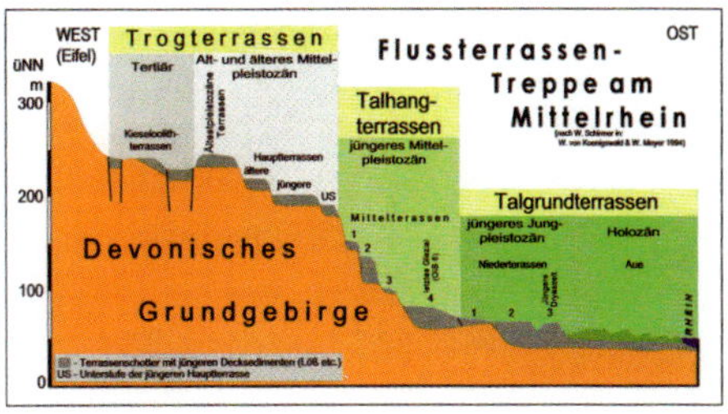

Abb. 1: Schematisierter Querschnitt durch das Flusstal am Mittelrhein mit den unterschiedlichen Terrassenbildungen (nach M. Baales)

Das Alter dieser Aufschotterungen liegt bei 600.000–800.000 Jahren und fällt in den cromerzeitlichen Vereisungskomplex am Übergang vom Altpleistozän zum Mittelpleistozän. Die heutigen Geländeoberflächen haben sich hauptsächlich im Jungpleistozän (100.000–20.000 v. Chr.) gebildet und dabei die älteren Ablagerungen modelliert. Die große erosionsbedingte Eintiefung des Rheines ließ immer unter extremen kaltzeitlichen Klimabedingungen nach und so können weitere kaltzeitliche Flussschotterbildungen, die Mittel- und Niederterrasse im heutigen Taleinschnitt, nachgewiesen werden. Gerade in den jüngeren Niederterrassen gliedern dann noch Ablagerungen vulkanischer Eruptionen die Sedimente. Mit dem Ende der letzten Kaltzeit vor 10.000 Jahren endete die Bildung einer Terrassentreppe an den Flüssen vorerst.

Der Vulkanismus

Das nördliche Rheinland-Pfalz wird durch ein großes, quartäres Vulkangebiet bestimmt, das als Eifelvulkanfeld bezeichnet wird.[4] Der geologisch sehr junge Vulkanismus der Ost- und Westeifel hat seinen Beginn im frühen Mittelpleistozän vor etwa 600.000 Jahren (Abb. 2).[5]

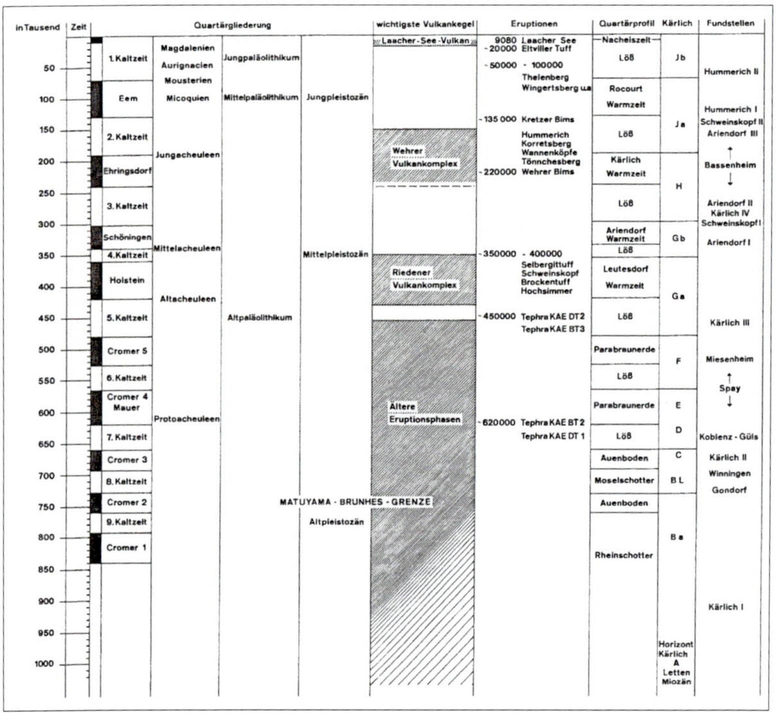

Abb. 2: Stratigrafische und zeitliche Gliederung des Mittel- und Jungpleistozäns und wichtige Fundkomplexe im nördlichen Rheinland-Pfalz (GDKE Landesarchäologie, Außenstelle Koblenz)

Die zeitliche Einordnung der vorhandenen quartären Sedimente ist durch die unterschiedlichen vulkanischen Ablagerungen der zahlreichen Eruptionen möglich, die naturwissenschaftlich genau datiert werden können. Das Vulkanfeld der Eifel gehört geologisch zu den kontinentalen »Intraplattenvulkanen« und liegt auf einer sich hebenden alten Scholle. Der Vulkanismus hat sich in der Region im Laufe seiner Entwicklung von West nach Ost verlagert. Hier besteht ein Zusammenhang mit der Hebung des Rheinischen Schildes und des gleichzeitigen Absenkens der Niederrheinischen Bucht. Mindestens 150 Vulkane prägen die Landschaft, wobei meist mächtige Schlackenkegel das Geländerelief gliedern. Von diesen Schlackenkegeln gehen Lavaströme aus, die der Geländeneigung folgend zum Rhein hin abflossen. Neben diesen Schlackenkegeln sind weitere Vulkanformen überliefert, deren gewaltige Explosionen Bimstuffe förderten, die in Sedimenten europaweit nachweisbar sind.[6] Bei diesen Bimsvulkanen führte der Kontakt von Magma und Wasser zu sog. »plinianischen« Eruptionen, wie sie Plinius d. J. vom Ausbruch des Vesuv 79 n. Chr. beschreibt. Das herausgeschleuderte Material, vor allem Bims, bedeckt noch heute, teils mehrere Meter mächtig, weite Landschaftsteile in Rheinland-Pfalz. Vor etwa 13.000 Jahren, genau

Abb. 3: Lonnig. Bimsschichten und Aschelagen des Laacher See-Vulkans im Anschnitt (GDKE Landesarchäologie, Außenstelle Koblenz)

10.966 v. Chr., ereignete sich an der Stelle des heutigen Laacher Sees eine der größten Vulkaneruptionen, die in Europa stattgefunden haben.[7] Durch die gewaltige Explosion wurden große Landschaftsteile in Rheinland-Pfalz in nur kurzer Zeit mit Bimstuff verschüttet, der im näheren Umfeld des Schlotes noch bis zu 20 m Mächtigkeit aufweist. Glutwolken füllten die Täler auf und führten zu Trassablagerungen von mehreren Metern Mächtigkeit. Aschebänder des Laacher See-Vulkans können in Moor- und Seeablagerungen im Nordosten bis Schweden und Polen und im Südwesten bis in die Schweiz nachgewiesen werden. Die weite Verbreitung von Bims und Asche macht die Ablagerungen dieser Eruption zu einem wichtigen Leithorizont in Mitteleuropa. Der Aufbau der Bimsablagerungen zeigt in der Regel eine einheitliche Gliederung, wobei bislang in den Standardprofilen mehrere Eruptionsphasen nachweisbar sind. Die unteren Schichtzonen bestehen einheitlich aus weißem Bimstuff, die oberen Bereiche sind sandig und grau. Mehrere feine Aschelagen, auch »Britz« genannt, gliedern das Profil in unterschiedliche Horizonte (Abb. 3).

1. Die Gliederung des Eiszeitalters in Rheinland-Pfalz

Das Eiszeitalter in unserer Region war bestimmt durch zyklisch auftretende, teils kräftige Klimaschwankungen, die im Wechsel von Kalt- und Warmzeiten ihren Ausdruck fanden. Sie werden in mindestens neun Kalt- und ebenso viele Warmzeiten gegliedert (Abb. 4).[8]

Hierbei war die Warmzeit meist von kürzerer Dauer, während die Kaltzeit einen längeren Zeitabschnitt umfasste. In der Regel fällt die Abfolge einer Warm- und einer Kaltzeit in einen Zeitraum von etwa 100.000 Jahren. Sedimente vom Beginn des Eiszeitalters (Ältestpleistozän 2,5–1,8 Mill. Jahre) und aus dem frühen Eiszeitalter (Altpleistozän 1,8 Mill.–800.000 Jahre) sind in der Region nur spärlich überliefert. Die bekannten Aufschlüsse umfassen meist die Sedimentfolgen des mittleren (Mittelpleistozän 800.000 –130.000) und späten (Jungpleistozän 130.000–10.000) Abschnittes des Quartärs.[9] Die Landschaften in Rheinland-Pfalz waren während der langen Zeiträume der Kaltzeiten nie von Gletschern überzogen. Im Kältemaximum der Eiszeiten bildeten sich sog.

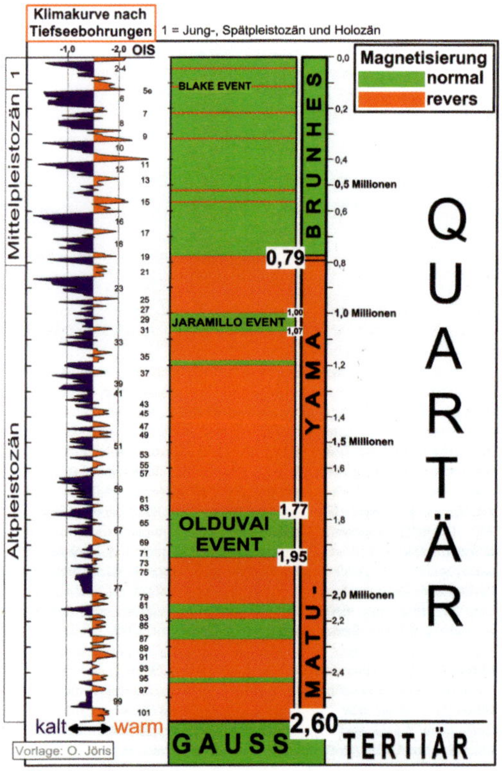

Abb. 4: Gliederung des Quartärs mit der Erdmagnetisierung und der Klimaentwicklung (nach O. Jöris und M. Baales)

Dauerfrostböden aus, die durch Auftau-Erscheinungen und Frostphasen stark gestört sind (Kryoturbationen).[10] Während der kältesten Phasen erreichten die Gletscher aus dem Norden den Rheinlauf bei Krefeld. Der Meeresspiegel senkte sich bis zu 140 m und England wurde Teil des Kontinentes. Solche Kaltphasen waren durch anhaltendes Trockenklima gekennzeichnet.[11] In den weniger kalten und auch trockenen Phasen einer Kaltzeit wurde Löß angeweht, der als feiner gelber Staub die Oberflächen versiegelte. In dieser Zeit mit extremen Temperaturunterschieden zwischen Sommer und Winter breitete sich eine lockere Steppenvegetation aus. Im ersten Teil einer Kaltzeit herrschte meist extrem trockenes Klima ohne größere Kälteschwankungen, in dem sich Schwarzerden bildeten, die eine Graslandschaft mit Laub und Nadelbäumen trugen.[12] Die Anwehung von Löß ist besonders für den zweiten Teil einer Kaltzeit charakteristisch.[13] Während der darauffolgenden Warmzeiten herrschte meist ein feuchtes, aber warmes Klima, in dem sich ein dichter Laubwald ausbreitete. Während dieser wärmeren Phasen bedeckten ausgedehnte Wälder Mitteleuropa. Im Gegensatz zu heute waren bei uns in den älteren Warmzeiten zeitweilig auch der große Waldelefant und das Waldnashorn heimisch; selbst das Flusspferd, das zum Überleben besonders milde Winter braucht, kam an Rhein und Saar zeitweise vor. Die Abfolge von Böden, Humuszonen und Löß lassen geologisch den Wechsel von Klima und Umwelt erkennen. Gerade im nördlichen Rheinland-Pfalz sind alle diese Erscheinungen durch ständige Überlagerung mit neuen Sedimenten erhalten geblieben und an vielen Orten aufgeschlossen. Zusätzlich sind diese Profile durch zahlreiche vulkanische Ablagerungen unterschiedlichster Eruptionen gegliedert, die genaue zeitliche Einordnungen ermöglichen.[14]

Die Tongrube von Kärlich

Die Rekonstruktion der Sedimentfolge des Quartärs an Mittelrhein und Mosel basiert auf den Schichtfolgen von Ariendorf bei Bad Hönningen und Kärlich am Rand des Neuwieder Beckens.[15] Die Tongrube Kärlich im Kreis Mayen-Koblenz hat für die Gliederung des Eiszeitalters landesweit eine grundlegende Bedeutung.[16] Der Abbau von tertiärem Ton, der besonders für die Herstellung von Schamottesteinen geeignet ist, hat auf dem Kärlicher Berg einen großen Aufschluss durch die Sedimente der jüngeren geologischen Zeiten entstehen lassen. Aus fast allen Schichten stammen Tierknochen und aus einigen Sedimenthorizonten auch Steinwerkzeuge und Fundplätze, die die Anwesenheit des Menschen belegen. Sedimente, Tierknochen und Steinwerkzeuge erlauben hier in einzigartiger Weise die Altsteinzeit von den frühesten Anfängen bis in neolithische Zeit zu dokumentieren und einzuordnen.

Der Untergrund des Kärlicher Berges besteht aus devonzeitlichen Tonschieferschichten. Darüber liegt Sedimentton aus der Tertiärzeit. Das Quartär beginnt darüber mit Flussschotterbildungen von Rhein und Mosel (Hauptterrasse). Die mächtigen Abfolgen im oberen Teil umfassen vielgliederige Lößdecken, Bodenbildungen und hierin eingebettet vulkanische Ablagerungen der Osteifel. Die ältesten Ablagerungen des Quartärs von Kärlich sind fluviatile Schichten des Horizontes A, aus der die bisher ältesten Steinwerkzeuge stammen. Diese Stücke haben ein Alter von etwa 1 Mio. Jahren und liegen noch weit unter den Hauptterrassenschottern von Rhein und Mosel. Aus gleichen Schichten stammen Knochen vom Flusspferd, die ein warmzeitliches Klima für diese Zeit anzeigen. Die darüberliegenden Abschnitte werden aus Flussablagerungen von Rhein (graue Schotter) und Mosel (rote Schotter) gebildet. Im Rheinschotter (Horizont Ba) können Frostspalten eines kaltzeitlich geprägten Klimas festgestellt werden. Über den Rheinschottern liegen dann warmzeitliche Böden. Es folgen nun die rötlich gefärbten Moselschotter (Schicht Bb), in denen wiederum deutliche Froststrukturen erkennbar sind, die auf erneute Dauerfrostperioden hinweisen. Hier kann auch eine umgekehrte reverse Erdmagnetisierung gemessen werden, die sog. »Matuyama-Brunhes-Grenze«. Die »Matuyama-Brunhes-Grenze« vor 780.000 Jahren ist eine wichtige Zeitmarke, die den älteren Teil des Eiszeitalters (Altpleistozän) vom mittleren Teil (Mittelpleistozän) trennt. Mehrere Steingeräte fanden sich hier an der Oberkante der Moselschotter. Die Lage an der Oberkante der Flussschotter datiert diesen Fundkomplex in einen frühen Abschnitt des Quartärs mit einem Alter von 700.000–800.000 Jahren. Auf den Flussablagerungen folgt nun eine Serie von Lößschichten und Bodenbildungen (Schicht D–G), als Abfolgen von kälteren und wärmeren Zeitabschnitten des Quartärs. Aus diesen Schichten stammen Reste von Hirsch und Elefant, Nashorn und Pferd und einige Steinwerkzeuge. Den Abschluss dieser Folge bildet ein Löß (Schicht G), der auf naturwissenschaftlichem Wege in die fünfte Kaltzeit vor heute, also auf etwa 450.000 Jahre datiert wurde. Vereinzelte Steinwerkzeuge belegen auch hier die Anwesenheit des Menschen. Abgeschlossen wird dieser Komplex durch die Bodenbildung einer Warmzeit vor etwa 350.000 Jahren. Im Profil der Tongrube sind nun die oberen Lösse (zusammengefasst als Horizonte H–J) der letzten drei Kaltzeiten besonders gut aufgeschlossen. Die mächtige Lößschicht an der Basis (Schicht H) stammt aus der drittletzten Kaltzeit und ist zwischen 250.000 und 300.000 Jahre alt. In den unteren Bereichen dieses Abschnittes wurde ein Fundplatz untersucht, der Steinwerkzeuge und Jagdbeutereste des Menschen enthielt. Der Fundplatz belegt die Anwesenheit des *Homo heidelbergensis* im kalten Trockenklima einer Grassteppe. Naturwissenschaftliche Altersbestimmungen im Bereich des Fundplatzes ergaben ein Alter von über 280.000 Jahren. In der Mitte von Löß H liegt eine mächtige Bimsschicht, die auf den Ausbruch des Wehrer Kessels vor 250.000 Jahren zurückgeht. Hierauf folgen vulkanische Ablagerungen des sog. »Kärlicher Brockentuffs, einer lokalen Eruption aus dem näheren Umfeld. Nach dem Vulkanausbruch kam es zu lokalen Sedimenteinbrüchen, die zur Bildung einer Hohlform führten, in der sich unter warmzeitlichen Klimabedingungen ein Torfsee bildete. Am Uferrand wurde ein vorzüglich konservierter Fundplatz aus der Spätzeit des *Homo heidelbergensis* vor mehr als 300.000 Jahren untersucht.[17] Die Anfangsphase der vorletzten Kaltzeit vor etwa 180.000 Jahren wird im Profil von Kärlich durch mehrere Bodenbildungen präzisiert. Aus diesen Schichten sind wiederum Funde, meist einzelne Steinwerkzeuge aus der Frühzeit der Neandertaler bekannt. Zur Zeit der klassischen Neandertaler bildete sich Löß der letzten Kaltzeit vor etwa 100.000–50.000 Jahren. Hieraus stammen Feuersteingeräte und zahlreiche Tierknochen. Das Quartärprofil von Kärlich wird abgeschlossen durch den Laacher See-Bims aus dem Ende der letzten Kaltzeit vor 13.000 Jahren. Die Schichtenfolge von Kärlich zeigt die bislang wichtigste und lückenloseste Abfolge des Eiszeitalters in Verbindung mit Faunenresten und Relikten früher menschlicher Aktivitäten in Rheinland-Pfalz.

2. Alt- und Mittelpaläolithikum (800.000–40.000 v. Chr.)

Die ersten Frühmenschen – Nachweise in Rheinland-Pfalz

Die ältesten archäologischen Zeugnisse für die Existenz von Frühmenschen, des *Homo antecessor* und des *Homo heidelbergensis*, in Europa sind etwa 1,2 Mio. Jahre alt und werden dem sog. »Protoacheuleen«, einer frühen altsteinzeitlichen Kulturstufe, zugeordnet. Der frühe Mensch erreichte über den Nahen Osten und Südeuropa dann auch die Regionen von Rheinland-Pfalz.[18]

Altpaläolithikum

Die ersten gesicherten Belege für die Anwesenheit des Menschen im nördlichen Mitteleuropa datieren rd. 1 Mio. Jahre zurück.[19] Erst aus dieser Zeit gibt es Hinweise für die Ausbreitung des Frühmenschen in die klimatisch gemäßigten Regionen nördlich der Hochgebirge Eurasiens. Eine besondere Rolle spielt dabei die Zeit des sog. Jaramillo-Events, in der ein besonders günstiges warmes Klima vorherrschte. In jener Zeit trennte sich die europäische Hominidenlinie, die später zur Entwicklung der Neandertaler führte. Dabei scheint es, dass Europa zunächst nur in den Warmzeiten besiedelt war. Während dieser Klimaabschnitte bedeckten Laubwälder mit größeren grasbestandenen Lichtungen weite Teile Mitteleuropas. Waldelefanten, Nashörner, Pferde, Hirsche und Rinder waren hier beheimatet.[20]

In Europa kennt man aus dieser frühen Zeit nur wenige menschliche Fossilien. Der wohl bekannteste Fund ist der schon 1907 in einer Kiesgrube in Mauer bei Heidelberg entdeckte Unterkiefer des *Homo heidelbergensis*. Dann folgen die frühen Hominidenfunde beispielsweise von Atapuerca (Spanien) und Ceprano (Italien) oder Boxgrove (England), Bilzingsleben (Thüringen), Arago (Frankreich) und Vertesszölös (Ungarn). Archäologische Nachweise aus dieser frühesten Phase der Besiedlung unseres Raumes sind selten. Fundstellen sind aus dem nördlichen Rheinland-Pfalz, aus Miesenheim I, der Tongrube von Kärlich und von den Hauptterrassen des Mittelrheintals und der Mosel bekannt.

Frühe Funde von den Flussterrassen

Zahleiche altsteinzeitliche Fundplätze hauptsächlich aus der Zeit des Alt- und Mittelpleistozäns liegen im Bereich der gut ausgebildeten Hauptterrassen von Mittelrhein und Mosel, wobei neben mehreren Fundplätzen aus der Zeit des *Homo heidelbergensis* mit größeren Artefaktserien auch zahlreiche Einzelfunde bekannt geworden sind.[21] Wichtige Fundplätze liegen bei Winningen, Koblenz–Güls, Lehmen, Pommern, Kobern-Gondorf und Spay.[22]

Kennzeichnend sind die sog. »Geröllgeräte«, meist scharfkantig zugeschlagene Flussgerölle mit Arbeitskanten oder Abschläge aus Quarz und Quarzit (Abb. 5).[23]

Diese Gerätformen wurden zu Spalt- und Schneidearbeiten verwendet und gehören zum typischen Bestand früher altsteinzeitlicher Fundgruppen. Der Faustkeil entwickelt sich nach und nach zum Allzweckgerät (Abb. 6). Die Jagd auf Großwild stellte die wichtigste Lebensgrundlage dar. Träger dieser frühen Kulturformen war der Frühmensch *Homo*

Abb. 5: Winningen und Karden. Steingeräte der Frühzeit aus den Hauptterrassen der Mosel (Baumann Fotostudio GmbH Höhr-Grenzhausen)

Abb. 6: Winningen. Faustkeil aus Quarzit aus der Hauptterrasse der Mosel (Baumann Fotostudio GmbH Höhr-Grenzhausen)

antecessor und *heidelbergensis*, der aus dem *Homo erectus* hervorgegangen ist, der vor etwa 1 Mio. Jahre auch das Mittelrheingebiet in klimatisch günstigen Zeiten besiedelte. Die bisher gewonnenen Erkenntnisse belegen für diese frühen Funde eine ehemalige Lage am Uferrand der alten, quartären Flusssysteme von Rhein und Mosel. Ideale Geländevoraussetzungen für Rastplätze waren trockene Ufervorsprünge, Sandbänke und Kiesflächen der Flussläufe (Abb. 7).

Ein Rastplatz dieser Zeit bei Miesenheim im Kreis Mayen-Koblenz mit Steingeräten und Jagdbeute von Hirsch, Reh, Elefant, Nashorn, Rind und Pferd am Rande einer ehemaligen Wasserfläche gehört mit zu den ältesten Plätzen dieser Art in Deutschland.[24] Die einzigartige Fundsituation in Miesenheim I erlaubt detaillierte Einblicke in das Leben und in die Umwelt des *Homo heidelbergensis*. Es ist eine der wenigen Fundstellen dieser Zeit, wo sich Steinartefakte und Tierknochen an denselben Stellen erhalten haben, an denen sie vor mehr als 600.000 Jahren eingebettet wurden. Heute liegt der Fundplatz am Ostufer der Nette, etwa 3 km vor ihrer Mündung in den Rhein, die Siedlungsstelle lag damals unmittelbar am Ufer des Rheins in sumpfigem, mit Auenwald bestandenem Gelände. Tiere suchten dieses reiche Biotop regelmäßig auf; hier stellte auch der Mensch seine Steinwerkzeuge her, wie zusammenpassende Herstellungsabfälle deutlich machen, und zerlegte Wild. Die in Miesenheim gefundenen Steinartefakte sind aus Quarz, Quarzit und Kieselschiefer hergestellt.

Abb. 7: Koblenz-Güls. Rekonstruierte Lagerplatzsituation der Frühzeit am Flussufer der Mosel (GDKE Landesarchäologie, Außenstelle Koblenz)

Aus der Zeit vor 450.000 Jahren gibt es Hinweise, dass auch eine Besiedelung während kälterer Klimaphasen stattfand. In der Tongrube Kärlich wurden Teile eines Fundplatzes im Bereich einer alten Bachrinne untersucht. Erhalten waren Stoßzahn- und Knochenfragmente vom Steppenelefanten und eine größere Anzahl von Steinartefakten aus Quarz und Quarzit. Es sind Kernsteine und Abschläge, die in einfacher Art zugerichtet sind. Die frühen Menschen lebten in einer Steppenlandschaft, die in einem Trockenklima mit warmen Sommern und sehr kalten Wintern entstand.[25]

Aus der Spätzeit des *Homo erectus* vor über 300.000 Jahren wurde in der Tongrube Kärlich am Uferrand eines ehemaligen Torfsees ein vorzüglich erhaltener Rastplatz untersucht.[26] Die Seeablagerungen mit den Torfschichten lassen die typische Vegetation aus der Mitte einer Warmzeit erkennen. Eine Zeit, in der die Landschaft mit Laubwald, hauptsächlich Hainbuche und Eiche, bedeckt war. Im Torf der Uferregion haben sich Hölzer, Blätter und Früchte hervorragend erhalten. Auf einer Landzunge hielt sich am Ufer des kleinen Sees über einen gewissen Zeitraum eine Gruppe Frühmenschen auf. Der See war für den frühen Menschen ein attraktiver Standort. Die dokumentierte Lage besonders der zahlreichen Hölzer gibt den Hinweis auf die bislang älteste Holzkonstruktion der Region, möglicherweise Reste einer einfachen Behausung. Die zahlreich zurückgelassenen Steinartefakte sind aus Quarz und Quarzit gefertigt. Es fanden sich Kerne und Schlagsteine, die belegen, dass die Artefakte vor Ort hergestellt wurden. Die einfachen Geröllgeräte weisen eine einseitig oder beidseitig zugerichtete Arbeitskante auf. Zum Fundbestand gehören auch zwei Faustkeile, gearbeitet aus großen Quarzitgeröllen. Die Faustkeile sind, für diese Zeit typisch, nur einseitig bearbeitet (Abb. 8).

Zahlreiche Spaltkeile, sog. Cleaver, bestehen aus Geröllquarzit und weisen eine breite Schneide auf. Dazu kommen Abschläge, deren Kanten durch Gebrauch ausgesplittert sind. Im gleichen Bereich wie die Steinartefakte lagen große Mengen an Tierknochen. Vor allem handelt es sich um Knochen und Zähne vom Waldelefanten, dann Reste vom Rothirsch, Rind, Wildschwein und auch vom Löwen. Die erhaltenen Tierknochen, darunter auch die Überreste von mindestens acht Waldelefanten [*Elephas (P.) antiquus*], bezeugen ein warmgemäßigtes Klima. Durch die günstige Erhaltung konnten auch Werkzeuge aus Knochen, Holz und Geweih entdeckt werden. Die hier festgestellte Fundsituation fügt sich in eine Gruppe ähnlicher Fundplätze mit vergleichbarer Zeitstellung in Europa und Vorderasien und deutet darauf, dass die Jagd auf Waldelefanten in dieser Zeit eine große Rolle spielte.

Abb. 8: Kärlich. Faustkeil aus Quarzit aus den Seeufersedimenten der Jagdstation (Römisch-Germanisches Zentralmuseum/V. Iserhardt)

Gleichfalls aus warmzeitlichem Kontext stammen Steinwerkzeuge aus Quarz- und Quarzit aus den Travertinablagerungen des Kartstein-Höhlenkomplexes nahe Mechernich in der Nordeifel, die mit einem Alter von etwa 350.000 Jahren noch in das Altpaläolithikum gehören.[27]

Mittelpaläolithikum

Die nun folgende mittlere Altsteinzeit (Mittelpaläolithikum) ist die Zeit der Neandertaler in Rheinland-Pfalz.[28] Vor etwa 300.000 Jahren, am Beginn der drittletzten Kaltzeit vor heute, begann das Mittelpaläolithikum, das durch eine sorgfältigere, standardisierte Steinbearbeitungstechnik gekennzeichnet ist.

Träger der mittelpaläolithischen Kulturen war der Neandertaler, der für die folgenden 250.000 Jahre in den Regionen von Rhein, Mosel und Pfalz lebte. In der entwickelten Phase der mittleren Altsteinzeit vor etwa 150.000 Jahren sind dann entscheidende Veränderungen im Formenspektrum der Steinwerkzeuge festzustellen.[29] Die groben, einfachen Faustkeile und Geröllgeräte der Frühzeit verschwanden und wurden durch spezialisierte Geräteformen wie Spitzen, Schaber und gezielt hergestellte Abschläge ersetzt. Die Abbaufläche der Kernsteine zur gezielten Herstellung von Abschlägen wurde präpariert, die sog. Levalloistechnik wurde üblich und kennzeichnend für die gesamte mittlere Altsteinzeit. Zum Schneiden war die scharfe Kante der Abschläge gut geeignet. Viele Stücke wurden auch durch Retuschierung der Kanten mit einem Schlagstein oder Geweihstück überarbeitet und in Form gebracht. Zum typischen Werkzeugbestand gehörten Schaber mit überarbeiteter Arbeitskante und Spitzen, die als Bewehrung hölzerner Lanzen verwendet wurden. Weiterhin wurden perfekt zugerichtete, flache Faustkeile benutzt. Die Neandertaler nutzten fortschrittlichere Herstellungstechniken, die auf eine differenziertere und effektivere Lebensweise in dieser Zeit hindeuten. Die Klimaschwankungen des Eiszeitalters lassen für diesen Zeitraum drei Kaltzeiten und zwei Warmzeiten erkennen, die durch große Schwankungen im Verlauf geprägt sind.[30]

Der älteste Rheinland-Pfälzer. Der Neandertaler von Ochtendung

Vor rd. 400.000–300.000 Jahren entwickelte sich in Europa – isoliert von der Bevölkerung Afrikas – aus dem *Homo heidelbergensis* der Neandertaler. Bis heute sind die Skelettreste von mehr als 300 Neandertaler-Individuen bekannt.[31]

In der Gemarkung Ochtendung im Kreis Mayen-Koblenz im nördlichen Rheinland-Pfalz liegt die spätmittelpleistozäne Vulkangruppe »Wannenköpfe«.[32] Nach den geologischen Untersuchungen datiert die Vulkangruppe in den Beginn der vorletzten Kaltzeit vor etwa 200.000 Jahren. Durch einen intensiven Lavaabbau sind heute weite Teile dieser Schlackenvulkane bis auf geringe Reste verschwunden. Im Frühjahr 1997 wurde eine 30 m breite und 15 m tiefe Kratermuldenfüllung im nördlichen Grubenabschnitt abgetragen. Die Füllung bestand im unteren Teil aus kaltzeitlichem Löß. Die oberen Abschnitte waren durch mehrere vulkanische Tufflagen und Schlackebänder zerteilt,

Abb. 9: Ochtendung. Schädelkalotte des frühen Neandertalers aus der Kratermulde der Wannenköpfe (Aufsicht) (Baumann Fotostudio GmbH Höhr-Grenzhausen)

Abb. 10: Ochtendung. Schädelkalotte des frühen Neandertalers aus der Kratermulde der Wannenköpfe (Innenansicht) (Baumann Fotostudio GmbH Höhr-Grenzhausen)

die Randbereiche und die Sohle führten kompakte Lagen mit Lavageröll. Die Kraterfüllung ist hauptsächlich in der vorletzten Kaltzeit sedimentiert. Aus den mittleren Schichten der Mulde stammt eine fossile menschliche Schädelkalotte (Abb. 9–10).

Unmittelbar dabei lagen drei Steinartefakte, ein Abschlag aus Quarz, ein diskoider Kern aus Geröllquarzit und ein Breitschaber aus Feuerstein (Abb. 11). Nach der Stratigrafie und den naturwissenschaftlichen Datierungen ist eine Zuordnung des Fundes in die Frühphase der vorletzten Kaltzeit vor etwa 170.000 Jahre gesichert. Der Fundkomplex gehört zu keinem Siedlungshorizont und ist als eine singuläre Deponierung zu deuten. Die Kalotte zeigt an den Rändern deutliche sekundäre Bearbeitungsspuren, was auf eine Nutzung des Knochens als Artefakt hindeutet. Die Schädelnähte sind fast vollständig geschlossen, eine Naht im Stirnbereich ist zusätzlich vorhanden. Mit einer Dicke von 8,0 mm an den Seiten und 11,0 mm an der Oberseite weist die Kalotte eine enorme Mächtigkeit auf. Der Schädel ist lang gestreckt und flach. Der Fund aus Ochtendung fällt in eine Zeit, aus der in Europa bisher nur sehr wenige hominide Fossilien bekannt sind. Die morphologischen Merkmale der Schädeldicke sowie der Kurvaturen können als Beleg für die Entwicklung vom *Homo heidelbergensis* zum »klassischen« Neandertaler interpretiert werden. Der Fund gehört paläoanthropologisch zu den frühen Neandertalern.[33]

Abb. 11: Ochtendung. Silexschaber, Quarzitkern und Quarzabschlag, typische mittelpaläolithische Steinartefakte aus dem Fundkomplex des frühen Neandertalers (Baumann Fotostudio GmbH Höhr-Grenzhausen)

Der Körperbau des Neandertalers war den extremen kaltklimatischen Bedingungen angepasst. Der Neandertaler war ungleich robuster gebaut und im Durchschnitt kleiner als der moderne Mensch. Stärke und Zähigkeit machten ihn zu einem erfolgreichen Großwildjäger. Auch die Bewaffnung des Neandertalers mit hölzernen Lanzen lässt auf seine jägerische Lebensweise schließen. Steinerne Spitzen, die wohl Lanzen oder Speeren aufgesetzt waren, fanden als Projektile Verwendung. Untersuchungen an Neandertalerknochen belegen, dass mit tierischen Proteinen ein wesentlicher Teil des Nahrungsbedarfs gedeckt wurde. Die Spezialisierung des Neandertalers auf die Großwildjagd zeigt sich eindrucksvoll an seinen Jagdstellen. So wurden am Ufer eines Flussarmes des Wiesbaches an der rheinhessischen Fundstelle Wallertheim mindestens 52 Wisente erlegt.

Aus Rheinhessen und der Pfalz sind weitere Fundplätze bekannt.[34] An der unteren Nahe und an der Mosel wurden Steinbearbeitungswerkstätten untersucht, die eine Fülle von Artefakten lieferten.[35] Es handelt sich dabei hauptsächlich um Kernsteine und Abschläge sowie Trümmerstücke. Einige Kernformen, vor allem die nur für einen einzigen Zielabschlag präparierten Levalloiskerne, kommen fast ausschließlich nur an solchen Schlagplätzen vor und belegen die gezielte Massenproduktion von Steinwerkzeugen an diesen Stellen. Gebrauchsfähige Werkzeuge wie Faustkeile oder Schaber sind deutlich unterrepräsentiert. Es handelt sich um reine Werkplätze, gebrauchsfähige Stücke wurden mitgenommen und in den Jagdstationen verwendet. Diese Werkplätze finden sich zumeist an Stellen, an denen spaltbares Rohmaterial in großer Menge anstand.[36]

Schlackenkegel der Osteifel

Die zahlreichen Schlackenkegel der Osteifel mit ihren tief ausgeprägten Kratertrichtern haben für die Altsteinzeitforschung in Rheinland-Pfalz eine besondere Bedeutung.[37] Die bisher bekannten und auch untersuchten Kraterfüllungen weisen unabhängig ihrer unterschiedlichen Zeitstellung ähnliche Sedimentationsmechanismen auf. Die während der Kaltzeiten angewehten Lösse füllten nach und nach den ursprünglichen Krater auf und bieten durch die stratifizierten Bodenhorizonte und die oft darin eingeschalteten vulkanischen Auswurfschichten jüngerer Eruptionen beste Anhaltspunkte zur Datierung einzelner Vulkanbauten. Gerade in den ersten Auffüllungsphasen boten die Mulden mit zeitweiliger Wasserfüllung günstige Aufenthaltsmöglichkeiten für den frühen Menschen, die die jeweiligen Orte nach dem archäologischen Befund mehrfach aufgesucht haben (Abb. 12). Jagdstationen in den Mulden der Osteifelvulkane sind vom Schweinskopf bei Bassenheim (180.000–65.000 v. Chr.), vom Hummerich bei Plaidt (130.000–70.000 v. Chr.), von den Wannenköpfen bei Ochtendung (170.000–70.000 v. Chr.) und vom Tönchesberg bei Kruft (115.000–70.000 v. Chr.) bekannt.[38] Da die Sedimentationen in einer solchen, meist rundum geschlossenen Hohlform recht schnell erfolgte, sind die überlieferten Reste darin in der Regel sehr gut erhalten und erlauben auch Rückschlüsse auf das Siedlungs- und Jagdverhalten. Die hier entstandenen Füllungen blieben in der Regel nach Abschluss der Sedimenteinlagerung in der allseitig abgeschlossenen Hohlform ohne weitere Verlagerung in situ erhalten. Die immer wieder in den Tagebauen angeschnittenen Kraterfüllungen bilden für die Quartärgeologie, wie auch für die Altsteinzeitforschung außergewöhnliche Arbeitsmöglichkeiten und stellen einmalige Forschungsobjekte dar. Nach dem Vulkanausbruch lag auf dem Berg der Kratertrichter, der von steilen Kraterwällen umgeben war. In der nachfolgenden Zeit wurden die Ränder durch die schnell verwitternde Lava erodiert und der Kratertrichter mit Lavabrocken und Lößstaub ausgeglichen und abgedichtet, der in dem Trockenklima der Kaltzeiten vom Wind angeweht wurde. In der darauffolgenden Zeit sammelte sich auf der Sohle der Kratermulde Wasser. Die weitere Einfüllung der Kratermulde erfolgte dann verhältnismäßig schnell. Von den Kraterwällen rutschten Lavabrocken ab und füllten die unteren Bereiche der Mulde weitgehend auf. Vor allem aber hat Löß die Hohlform aufsedimentiert, der gerade in den Kaltzeiten in größerer Menge angeweht wurde. Die Gliederung des Lösses, wie auch die Sedimenteinlagerungen jüngerer Eruptionen in den Kratermulden lassen sich besonders gut stratifizieren und datieren. Die Hohlformen waren Sedimentfallen, in denen die Ablagerungen ungewöhnlich vollständig überliefert sind. Da die Schlackenkegel der Osteifel unterschiedliche Zeitstellungen aufweisen, spiegeln die Kraterfüllungen in der Regel verschiedene Zeitabschnitte wider. So ergibt sich aus der Kombination der verschiedenen Füllungen eine detaillierte Gliederung der letzten 600.000 Jahre mit Veränderungen des Klimas, der Umwelt, der Vegetation und der Tierwelt.[39]

Abb. 12: Bassenheim-Schweinskopf. Rekonstruierte Jagdplatzsituation des Mittelpaläolithikums in einer Kratermulde (GDKE Landesarchäologie, Außenstelle Koblenz)

In den Kratermulden sind bisher zahlreiche altsteinzeitliche Rast- und Siedlungsplätze untersucht und dokumentiert worden. Hier herrschten hervorragende Siedlungsbedingungen. Die hohen Kraterwälle boten Schutz vor Witterungseinflüssen und der weite Ausblick von den Kraterwällen herab ermöglichte gerade für die Jagd hervorragende Bedingungen. Da die Sedimentation der Kratermulden verhältnismäßig schnell erfolgte, sind die jeweiligen Funde in der Regel ungewöhnlich gut erhalten. Die schnelle Einbettung führte auch zu einer positiven Selektion gerade organischer Materialien gegenüber anderen, weniger geschützten Plätzen. Die siedlungsgünstige Phase endete, wenn die Hohlform soweit verfüllt war, dass es keine Wasserstelle mehr gab und die Mulde bis zum Gipfelplateau aufgefüllt war. Durch das unterschiedliche Alter der Osteifelvulkane variiert auch die Besiedlung der Kratermulden erheblich. Die untersuchten Siedlungsplätze in den Kratermulden verweisen auf gelegentliche Aufenthalte des Menschen. Davon zeugen Konzentrationen von Jagdbeuteresten und Steinartefakten, weiterhin Feuerstellen und Reste ehemaliger Behausungen (Abb. 12).

In der Kratermulde des Schweinskopfes bei Bassenheim und auch in den Wannenköpfen bei Ochtendung wurden 2–3 m große Steinkreise dokumentiert, die als ehemalige Zeltplätze einfacher Behausungen interpretiert werden können.[40] Auch Reste von Feuerstellen im Umfeld der Zeltplätze wurden beobachtet. Hierbei geben die Jagdbeutereste aus dem Umfeld der Zeltplätze Einblicke in altsteinzeitliche Verhaltensmuster und vermitteln ein recht vollständiges Bild früher Lebensweise. Neben den organischen Resten sind dann noch zahlreiche Steinwerkzeuge überliefert, die einzigartige Einblicke in die Nutzung und Bearbeitung des Rohstoffes Stein geben. Da in den Kratermulden nur vulkanische Gesteine vorkommen, die sich nicht für eine Werkzeugherstellung eignen, mussten sämtliche Rohmaterialien in die Kratermulden transportiert werden. Hierbei fanden in der Regel einheimische Steine Verwendung, die in den jeweiligen Terrassenbildungen an Rhein und Mosel vorkommen. Hauptsächlich sind es Quarz- oder Quarzitvarietäten unterschiedlicher Qualität und Ausprägung. Gerade dieses zähe Rohmaterial prägt die Steinwerkzeuge der Region. Ortsfremde Rohmaterialien, wie etwa Feuerstein, erlauben, Wanderbewegungen der frühen Menschen zu rekonstruieren. Die wohl im jahreszeitlichen Rhythmus durchgeführten Wanderbewegungen umfassen einen Radius von etwa 100 km bis in die Region der Maas, wie die Herkunftsbestimmung des mitgeführten Werkzeugmaterials an den Fundorten der Region schon vielfach gezeigt hat. Die meisten Fundplätze in den Kratermulden gehören in die offene Steppenlandschaft der Kaltzeiten. In diesem extremen Biotop war die jagdstrategische Lage der Vulkanberge ein Vorteil, denn die im jahreszeitlichen Rhythmus durchziehenden Tierherden konnten von den hochgelegenen Kraterwällen aus von weitem ausgemacht werden. Die Siedlungsplätze in den Kratermulden weisen eine gemischte Jagdbeute mit Knochen unterschiedlicher Tierarten auf. Dabei dominieren die Reste von Nashorn, Mammut, Wildesel, Pferd, Hirsch, Wisent, Bär und Antilope. Ein solches Spektrum ist gerade für die Zeit der Neandertaler an Mittelrhein und Mosel charakteristisch. Art und Zustand der Jagdbeutereste weisen darauf hin, dass die Jagd auf Großwild vorwiegend unterhalb der Vulkankegel in den freien Steppenlandschaften stattfand.[41]

Stratifizierte mittelpaläolithische Funde sind in den höher gelegenen Gebieten der Mittelgebirge seltener.[42] Wichtig sind hier die Überreste aus dem Buchenloch bei Gerolstein oder den mehrschichtigen Füllsedimenten der Kartsteinhöhle bei Mechernich in der Nordeifel, die wohl in die frühen und mittleren Abschnitte der letzten Kaltzeit datieren.[43] Am bedeutendsten sind die Funde aus der Haupthöhle des Kartsteins, unter deren verstürztem Osteingang insgesamt drei mit Holzkohlen und Faunenresten durchsetzte mittelpaläolithische Schichten dokumentiert wurden. Am umfangreichsten ist der spätmittelpaläolithische Fundkomplex Kartstein III, der zusammen mit einem Teil des Fundmaterials aus dem Buchenloch zu den Blattspitzenindustrien des ausgehenden Mittelpaläolithikums überleitet. Blattspitzen sind dünne, beidflächig bearbeitete Geräte mit spitz zulaufenden Enden, die als Messer oder als Projektile Verwendung fanden. Den Blattspitzenindustrien zuzuordnen ist auch das Fundmaterial aus der Lößabfolge am Schwalbenberg unweit von Remagen.[44] Es zeigt sich in diesen Inventaren am Ende der Zeit des Neandertalers eine neue Form des Umgangs mit Rohmaterial, die letztlich auf eine intensivere Art der Landnutzung schließen lässt, die in der Folgezeit dann das Verhalten des anatomisch modernen Menschen charakterisiert.

3. Das frühe Jungpaläolithikum (40.000–30.000 v. Chr.)

Das Aurignacien – Der erste anatomisch moderne Mensch erreicht das Rheinland und die Pfalz

Auf die lange Phase des Alt- und Mittelpaläolithikums folgte die Epoche der jüngeren Altsteinzeit, das Jungpaläolithikum.[45] Der Beginn der jüngeren Altsteinzeit fiel in den zweiten Abschnitt der letzten Kaltzeit vor etwa 40.000 Jahren, in eine Zeit mit feuchtem und mildem Klima. Die Entwicklung des Klimas vor 40.000–25.000 Jahren war auch in Mitteleuropa durch einen schnellen Wechsel von Kaltphasen und verhältnismäßig kurzen Warmphasen gekennzeichnet[46] (Abb. 13).

Die Warmphasen werden als GI (Grönland-Interstadiale), die Kaltphasen als GS (Grönland-Stadiale) bezeichnet.[47] Die oft sprunghaften Wechsel zwischen diesen unterschiedlichen Klimazuständen werden zumeist mit Änderungen in der Stärke und Reichweite des Golfstroms in Zusammenhang gebracht. Auch vergleichbare Entwicklungen in der Intensität der Sonneneinstrahlung und im CO_2-Gehalt der Atmosphäre wurden beobachtet. Seesedimente in Maaren und Trockenmaaren der Eifel ergänzen nun erstmalig die wenigen bisher bekannten kontinentalen Klimaarchive. In dieser Zeit sich schnell ändernder Umweltverhältnisse mit Vegetationswechseln von bewaldeten und unbewaldeten Abschnitten erschien der anatomisch moderne Mensch erstmals in Europa.[48] Sein Auftreten vor rd. 40.000–30.000 Jahren fiel zusammen mit dem Beginn des Jungpaläolithikums und dem Ende der vorausgegangenen mittleren Altsteinzeit und der späten Neandertaler.[49] Menschenformen besiedelten nun unseren Raum, die im Aussehen und Körperbau weitgehend den modernen Menschen entsprechen. Funde aus diesem frühen Teil der jüngeren Altsteinzeit sind bisher relativ selten und beispielsweise durch

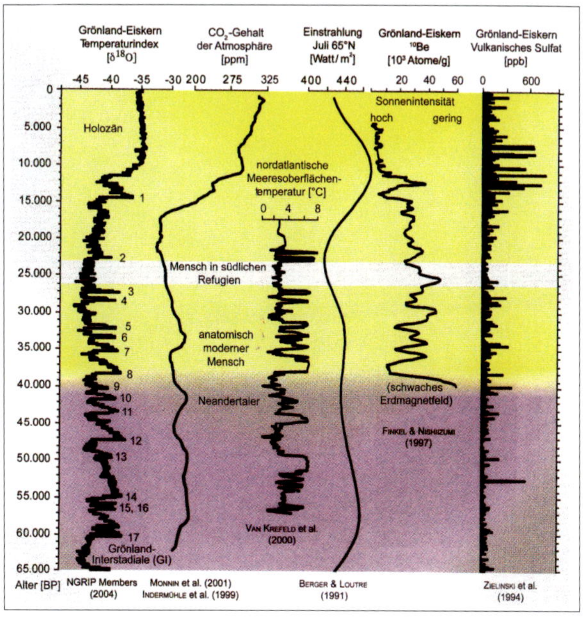

Abb. 13: Stratigrafische Gliederung des späten Mittelpaläolithikums und des Jungpaläolithikums mit Klimaentwicklung und Erdmagnetismus (nach F. Sirocko)

einen Rastplatz am Schwalbenberg bei Remagen im Kreis Ahrweiler dokumentiert.[50] Die Steinwerkzeuge vom Schwalbenberg zeigen typologisch den kontinuierlichen Übergang von der mittleren Altsteinzeit der Neandertaler zur jüngeren Altsteinzeit der anatomisch modernen Menschen im Rheinland. Eine deutliche Veränderung des Werkzeugbestandes ist in der Folge zu beobachten. Der Faustkeil und der gezielt hergestellte Levalloisabschlag des Mittelpaläolithikums wurden aufgegeben, Klingen und Klingengeräte wurden nun maßgeblich im Werkzeugbestand geführt. Mit dem modernen Menschen, der den Neandertaler langsam verdrängte, wurden neue, effektivere Technologien eingesetzt. Typische Steinwerkzeuge des Aurignacien waren hohe Kratzerformen, endflächig retuschierte Klingen, verschiedene Stichelformen und kleine retuschierte Klingenlamellen (Abb. 14).[51] Kennzeichnend waren weiterhin erstmals aus Knochen, Geweih und Elfenbein hergestellte große Geschossspitzen. Ein wichtiges Phänomen war nun auch die darstellende Kunst, der Mensch bildete sich und seine Umwelt nach.[52]

Abb. 14: Andernach-Martinsberg. Klingengeräte (Stichel, Kratzer, Rückenmesser) des Jungpaläolithikums aus Silex (GDKE Landesarchäologie, Außenstelle Koblenz)

Das Jungpaläolithikum stellt eine Epoche gravierender sozialer Veränderungen und kultureller Neuerungen dar, die sich in besonderer Weise in einer gänzlich veränderten geistigen Kultur widerspiegeln.[53] Der anatomisch moderne Mensch hatte sich eine bis dahin völlig unbekannte spirituelle Dimension erschlossen, die das kulturelle Leben fortan beeinflussen sollte.[54] Die Wissenschaft erklärt diesen markanten Umbruch heute mehrheitlich mit der Ablösung des Neandertalers durch den modernen Menschen. Dieser Prozess setzte vor etwa 43.000–42.000 Jahren ein und war um etwa 35.000 v. Chr. abgeschlossen.[55] In der entwickelten Phase des Aurignacien sind alle kennzeichnenden Charakteristika dieser neuen Zeit einschließlich Kunst, Schmuck und Musik wie wohl auch religiösen Vorstellungen ausgeprägt. Im nördlichen Rheinland-Pfalz lassen sich einige charakteristische Steingeräte sowie typische, beinerne Geschossspitzen aus dem Buchenloch bei Gerolstein dem Aurignacien zuweisen.[56] Ganz ähnliche Funde stammen aus den Höhlen des Lahntals. Umfangreichere Serien von Steinartefakten des Aurignacien wurden aus dem Trierer Land und der Nordeifel bekannt.[57]

4. Das Mittlere Jungpaläolithikum – Die Kälte kommt (34.000–25.000 v. Chr.)

In der frühen Kulturgeschichte Mitteleuropas endete die Zeit des Aurignacien um etwa 30.000 v. Chr. (GI 5), eine Zeitmarke, der in Mitteleuropa die letzte flächendeckende Baumvegetation zuzuordnen ist.[58] Schon zwischen 29.000 und 26.000 v. Chr. war es in Mitteleuropa sehr kalt, nach 25.000 v. Chr. kam es dann zu einer gravierenden Änderung und Entwicklung der Umwelt mit einer vegetationsarmen Tundrenlandschaft mit häufigen Lößstürmen. Mit Sicherheit waren mit dieser Landschaftsumformung auch Änderungen in den Verbreitungsgebieten der Tiere – einschließlich des Jagdwildes – und somit auch des Menschen verbunden. Das Gravettien als neue Kulturstufe im Jungpaläolithikum entwickelte sich mit weiteren Neuerungen in der Werkzeugtechnik sowie im Jagd- und Siedlungsverhalten.[59]

Die Pollendiagramme aus den Maaren in der Eifel zeigen, dass es in der letzten Warmphase (GI 3, 25.000 v. Chr.) noch einmal zu einer kräftigen Ausdehnung der Kiefernwälder kam, die sich vermutlich in einer mit Birken durchsetzten Grassteppe ausbreiteten.[60] In dieser Landschaft waren Pferde- oder Rentierherden zum letzten Mal vorhanden, während in den nachfolgenden Tundren eher Mammut und Polarfuchs dominierten. Mit dieser Klimaverschlechterung und Vegetationsumstellung ging das weltweite Vorrücken eiszeitlicher Inlandgletscher einher, die damals in Mitteleuropa bereits von Skandinavien bis an die Ostseesenke vorgestoßen waren. Gegenüber der vorausgegangenen Zeit des Aurignacien (vor mehr als 30.000 v. Chr.) sind die Steinartefakte im mittleren Jungpaläolithikum durch eine neue, überregional weitgehend gleichförmige Methode bei der Produktion von regelmäßigen Klingen sowie schmalen Lamellen gekennzeichnet. Rückengestumpfte Klingen, die sog. Rückenmesser, treten als neuer Werkzeugtyp auf.[61] Die typischen Messerklingen waren Einsätze in Spitzen und Griffen aus Holz und Knochen. Die einzelnen Klingen waren hintereinander mit dem Rücken nach innen in einer Reihe in einer Nut befestigt und bildeten effektive Schneidewerkzeuge und Waffen. Als weitere Neuerung wurden Geschoßspitzen mit ein- oder beidseitig abgeschrägter Basis entwickelt. Sie dienten als Bewehrung dünner hölzerner Speere, die mit der Speerschleuder geworfen wurden. Diese Speerschleuder, die effektivste Neuerung in der Jagdtechnik, war ein Stab mit einem Widerhaken, vor den der dünne Speer gelegt wurde.[62] Durch den Hebelarm der Schleuder erhielt die Waffe eine größere Beschleunigung und Durchschlagskraft und wurde zur wichtigsten Waffe der folgenden Zeiten. Die Verbreitung dieser typischen Artefakte ist möglicherweise ein Hinweis auf eine Anpassung der Jagdtechnik an eine offene Landschaft und größeres Wild, das in Herden durch die Steppe zog.

Die immer länger andauernden Kaltphasen mit ihren ausgedehnten Grassteppen und zuweilen enormen, allerdings mit den Jahreszeiten wechselnden Wildaufkommen führten beim Menschen zu einer sehr mobilen Lebensweise. Diese Mobilität ermöglichte das Unterhalten weitreichender sozialer Netze, über die Austauschbeziehungen über Distanzen von vielen hundert Kilometern gepflegt wurden. Belege dieser weitreichenden Verbindungen sind einerseits über große Entfernungen eingetauschte Schmuckschnecken aus dem Mittelmeerraum, wie sie aus Mainz-Linsenberg oder dem rheinhessischen Sprendlingen in einigen Exemplaren überliefert sind. Zum anderen äußern sich diese Kontakte in einem gleichförmigen Stil plastisch dargestellter »Venus«-Statuetten, deren bekanntestes Beispiel die berühmte »Venus von Willendorf« ist. Solche Statuetten treten bis in die Gegend des Baikal-Sees auf, wurden aber auch am Linsenberg in Mainz in Fragmenten entdeckt. Sie sind aus Sandstein gefertigt und gehören zu den ältesten Kunstwerken der Region.[63] Die nun länger bewohnten Siedlungsplätze lagen oft auf einer Geländestufe oberhalb eines Flusslaufes oder Gewässers. Zur Wetterseite hin war das Siedlungsgelände durch den Berghang geschützt. Ein weiter Ausblick ermöglichte die gezielte Jagd auf Großwild. Siedlungsplätze dieser Zeit sind am Kimmelberg bei Koblenz-Metternich, bei Brey am Mittelrhein und bei Sprendlingen bekannt.[64]

Für eine Anwesenheit des Menschen während der darauffolgenden mehrere Jahrtausende währenden Hocheiszeit von 24.000–14.500 v. Chr. liegen in Mitteleuropa nur spärliche Hinweise vor.[65] Ab 24.000 v. Chr. waren offenbar große Teile Mitteleuropas aufgrund der extremen Klimabedingungen im Vorfeld der heranrückenden Gletscher weitestgehend unbewohnbar. Die meisten Landschaften in Rheinland-Pfalz blieben zwar eisfrei, aber schon auf den Hochlagen von Harz, Schwarzwald und Vogesen entwickelten sich kleine Gletscher. Auch der Mensch zog sich nach Süden zurück und überstand die extreme Kälte in Südeuropa, insbesondere in Südfrankreich, Spanien und Italien.

5. Das Kältemaximum der letzten Kaltzeit (22.000 – 14.000 v. Chr.)

Etwa um 22.000 v. Chr. erreichte die letzte Kaltzeit ihren Höhepunkt.[66] Im nördlichen Mitteleuropa erreichte der in seinem Zentrum bis zu 2.500 m mächtige fennoskandische Eisschild den Raum um Berlin, und im Süden reichten die Gletscher der Alpen als eine geschlossene Eisdecke bis weit in das Alpenvorland hinein. Durch die Bindung immenser Wassermassen als Eis lag der Meeresspiegel etwa 150 m unter seinem heutigen Niveau. Als Konsequenz fielen kontinentale Küstenbereiche wie z. B. die südliche Nordsee trocken, so dass die Britischen Inseln mit dem Kontinent verbunden waren und die Nordseeküste etwa 600 km nördlicher als heute zwischen Schottland und Südnorwegen verlief. Ähnlich wie in der heutigen Arktis ist zu dieser Zeit für weite Teile Mitteleuropas mit Dauerfrostböden (Permafrost) zu rechnen. Die Vegetationsperiode war auf nur wenige Wochen begrenzt, was einen geringen, nicht flächendeckenden Bewuchs bedingte. Die weitaus meisten Pflanzen- und Tierarten waren in dieser Zeit auf Refugien in Südwest- und Südosteuropa begrenzt. So wundert auch nicht das Fehlen von menschlichen Hinterlassenschaften in unserem Raum.[67] In Südwesteuropa fällt die Kulturstufe des Solutreen mit perfekt gearbeiteten »Lorbeerblattspitzen« in das Kältemaximum dieser Zeit.

6. Das Magdalénien und die späteiszeitlichen Jäger (14.000 – 12.700 v. Chr.)

Die Wiederbesiedelung der Landschaft beginnt

In der extremen Kaltphase von 18.000 – 15.000 v. Chr. war Mitteleuropa eine weitgehend vegetationsfreie Permafrostlandschaft, die vielen Großsäugerarten kaum Nahrung bot. Kleintiere waren die einzigen Lebewesen in der eiszeitlichen Kälte. Die Anwesenheit des Mammuts in unserer Region ist wieder seit etwa 15.000 v. Chr. belegt.[68] Im Süden setzte in dieser Zeit eine erste spürbare Erwärmung ein und in der Folge wurde auch der Norden langsam etwas wärmer. Vor etwa 14.000 bis 12.700 v. Chr. folgte auch der Mensch des Magdalénien dem Jagdwild aus seinen südwesteuropäischen Rückzugsgebieten bis in unseren Raum. Weite Teile Mitteleuropas waren in dieser Zeit offene Graslandschaften mit niederwüchsigen Baum- und Straucharten, die von Tierherden durchzogen wurden. Die bedeutendsten Fundstellen des Magdalénien sind die Jagdstationen von Neuwied-Gönnersdorf und Andernach-Martinsberg im Neuwieder Becken mit ihren sehr komplexen Siedlungs- und Behausungsstrukturen.[69] Bei den Grabungen freigelegt wurden runde Konzentrationen von Gesteinsmaterial mit 7–9 m Durchmesser, unter denen kleine Gruben lagen, die als Pfostenstellungen einfacher Bauten zu interpretieren sind.[70] Die Behausungen bestanden aus einem Grundgerüst aus Holz mit senkrechten Wänden und einem kegelförmigem Dach, das von einem kräftigeren Mittelpfosten getragen wurde (Abb. 15).

Der Haupteingang befand sich meist im Südosten. Die Abdeckung bestand vermutlich aus Tierfellen. Maximal 10–12 Personen hatten Platz in solch einer Wohnstätte. Im Inneren befanden sich zudem Feuerstellen und Kochgruben. Die Erhitzung des Wassers in diesen Gruben wurde mit Quarzgeröllen erreicht, die zuvor längere Zeit im Feuer lagen. Die Fundplätze von Neuwied-Gönnersdorf und Andernach-Martinsberg geben einzigartige Einblicke in die Kultur, Lebensweise und das Jagdverhalten der späteiszeitlichen Lebensgemeinschaften.[71] Die Lager wurden auf halber Höhe über dem Rhein in Sichtweite zueinander in Sattellagen angelegt. Die Jagdstationen datieren in die Zeit etwa um 13.500 v. Chr.[72] Somit setzte die späteiszeitliche Expansion des Menschen nach Norden bereits vor der eigentlichen spätglazialen Erwärmung des Interstadials GI 1 ein. Der Mensch folgte den wandernden Tierherden nach Norden und besiedelte nach und nach die kaltzeitliche Steppe. Der Bims des Laacher See-Vulkans konservierte dann die Fundplätze und ließ sie fast ungestört bis in heutige Zeit überdauern.

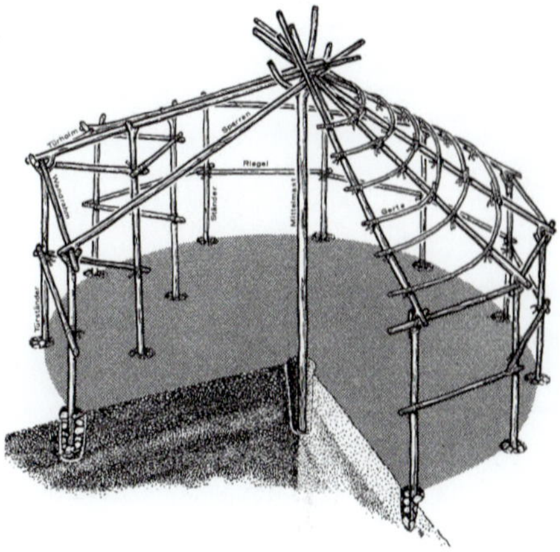

Abb. 15: Neuwied-Gönnersdorf. Schematische Rekonstruktion einer Behausung des späten Jungpaläolithikums (Magdalénien) nach dem Ausgrabungsbefund (nach G. Bosinski)

Das Leben dieser späteiszeitlichen Jagdgemeinschaften war von der offenen Landschaft der wildreichen Steppe und vom Wechsel der Jahreszeiten mit den extremen Temperaturschwankungen bestimmt.[73] Saisonal ist für diesen Zeitraum von einem tief gefrorenen Boden auszugehen, der nur in den wenigen Sommerwochen antaute.[74] Die immer wieder im Ausgrabungsbefund feststellbare Bodenbedeckung der einzelnen Behausungsgrundrisse mit Schieferplatten unterschiedlicher Größe könnte zur Stabilisierung des aufgetauten Bodens während der Sommermonate und als Teil einer Isolierung des Untergrundes während des Winters gedient haben.[75] Unter den Knochenresten finden sich Hinweise darauf, dass sich die Jägergruppen sowohl im Sommer- wie auch im Winterhalbjahr in der Region aufgehalten und gejagt haben. Die Herkunft der Rohmaterialien für die Herstellung von Steingeräten zeigt, dass sich die späteiszeitlichen Jäger nicht nur am Mittelrhein aufhielten, sondern auch andere Regionen, so z. B. die Maas-Region mit ihren Feuerstein-Vorkommen durchstreiften.[76] Die wichtigste Waffe im Magdalénien war nach wie vor die Speerschleuder. Die Geschossspitzen entwickelten sich zu dünnen Harpunen mit Widerhakenreihen, deren zapfenartige Basis nicht mehr fest mit dem Speerschaft verbunden waren, aus der sich die Harpune nach einem Treffer löste (Abb. 16).

Abb. 16: Andernach. Einreihige Knochenharpune des Magdalénien aus der Jagdstation am Martinsberg (Baumann Fotostudio GmbH Höhr-Grenzhausen)

Abb. 17: Andernach. Stilisierter Vogelkopf, gearbeitet aus dem Endstück eines Rengeweihs aus der Jagdstation des Magdalénien vom Martinsberg (Römisch-Germanisches Zentralmuseum Mainz)

Abb. 18: Neuwied-Gönnersdorf. Durchbohrte Hirschgrandeln und Eisfuchszahn einer Schmuckkette aus der Jagdstation des Magdalénien (Römisch-Germanisches Zentralmuseum Mainz)

Abb. 19: Neuwied-Gönnersdorf. Gravierte Schieferplatte mit schematischer Darstellung zweier sich zugewandter Frauenfiguren aus der Jagdstation des Magdalénien (Baumann Fotostudio GmbH Höhr-Grenzhausen)

Abb. 20: Neuwied-Gönnersdorf. Gravierte Schieferplatte mit mehreren schematischen Frauendarstellungen mit Innenzeichnung und Babytrage, sog. »Tanzszene« aus der Jagdstation des Magdalénien (Römisch-Germanisches Zentralmuseum Mainz)

Abb. 21: Neuwied-Gönnersdorf. Stabförmige Venusstatuetten aus Elfenbein des Magdalénien aus der Jagdstation (Baumann Fotostudio GmbH Höhr-Grenzhausen)

Die wichtigsten Jagdtiere waren Pferd und Ren. Zu den typischen Steinwerkzeugen gehörten weiterhin noch rückengestumpfte Klingen, Stichel, Kratzer, Bohrer und ausgesplitterte Stücke, die als Meißel verwendet wurden. Zu den weiteren Gegenständen zählen Talglampenschalen aus Schiefer, gelochte Rondelle und zahlreiches Gerät aus Knochen und Elfenbein, wie Nähnadeln und Spitzen. Aus einem Abfallstück der Geweihbearbeitung wurde der berühmte Vogelkopf von Andernach-Martinsberg geschnitzt (Abb. 17). Die Verwendung von geriebenem Hämatit als Farbpulver ist nachgewiesen und vielerlei Schmuck aus Tierzähnen, die als Kette aufgereiht waren, und auch Perlen und Anhänger sind überliefert (Abb. 18). Auffallend sind kleine Schmuckschnecken, die aus dem Mittelmeergebiet stammen und sicherlich über den Tauschhandel bis an den Rhein gelangt sind.

Beide Fundstellen wurden vor allem durch zahlreiche figürliche Gravierungen von Mensch und Tier auf Schieferplatten bekannt.[77] Darstellungen stark schematisierter Frauenkörper im Profil wurden oft in Gruppen oder paarweise eingeritzt und als Tanzszenen gedeutet (Abb. 19–20).[78] Die gravierten Tiere sind im Gegensatz zu den Menschendarstellungen äußerst detailgenau und lebensecht dargestellt. Unter der Vielzahl der Gravierungen finden sich Pferde, die an beiden Fundstellen das Hauptjagdwild stellten, weiterhin Mammute, Wollnashorn, Ren, Wolf und verschiedene Vogelarten.[79] Zudem wurden stilisierte Statuetten aus Elfenbein gefunden, die als stabförmige Venusfigurinen in ihrer typischen Form in dieser Zeit über ganz Europa verbreitet waren (Abb. 21).[80] Das in Gönnersdorf und Andernach geborgene Material leistet in der Gliederung der eiszeitlichen Kunst einen bedeutenden Beitrag zur Interpretation früher Bildinhalte in Europa.

7. Die Eiszeit geht zu Ende (12.700–10.700 v. Chr.)

Etwa 12.700 v. Chr. bewirkte ein deutlicher Temperaturanstieg über der nördlichen Erdhalbkugel mit einer Erwärmung des Nordatlantiks innerhalb kurzer Zeit den Beginn des spätglazialen Interstadialkomplexes (GI 1).[81]

Spätpaläolithische Jäger erobern die Wälder

Die deutlich feststellbare Erwärmung ging mit einer ansteigenden Sonnenintensität in der Nordhemisphäre einher. Innerhalb weniger Jahrzehnte stiegen die Jahresmitteltemperaturen an und erreichten Werte, die unseren heutigen weitgehend entsprachen. Für die darauffolgenden zwei Jahrtausende zeigt die klimatische Entwicklung dann wieder eine leichte, aber kontinuierliche Abnahme der mittleren Jahrestemperaturen. Zudem kam es während des Interstadialkomplexes GI 1 zu mehreren Kälteeinbrüchen, die sich meist innerhalb weniger Jahrzehnte vollzogen haben. Diese Kälteeinbrüche gliedern diese wärmere Klimaphase in das Meiendorf- (12.700–12.050 v. Chr.), das Bølling- (12.050–11.580 v. Chr.) und das Allerød-Interstadial (11.580–10.700 v. Chr.). Um 10.700 v. Chr. endete dann diese Phase wärmeren Klimas (Abb. 22). In unserer Region stieg während der ersten Jahrhunderte der spätglazialen Erwärmung der Baumpollen-Anteil etwa um 12.200 v. Chr. deutlich an, was für einen dichten Baumbestand spricht. Die frühe Erwärmungsphase zu Beginn des spätglazialen Interstadialkomplexes war noch relativ trocken, so dass anzunehmen ist, dass die Vegetationsbedeckung zunächst noch relativ gering blieb und weite Flächen noch Gras bedeckt waren. Immer wieder in den Sedimenten entdeckte Pferdeknochen zeigen, dass noch große Freibiotope in dieser Zeit bestanden haben müssen. Bisher liegen aus Rheinland-Pfalz nur wenige sicher datierte Fundkomplexe vor, die in die zweite Hälfte des Interstadials gehören.[82] Die wichtigsten Funde stammen aus dem Rheinland. In beiden Fällen handelt es sich um Menschenreste, die zu Bestattungen gehören. Ein Grabfund von Bonn-Oberkassel lieferte neben den fast vollständigen Skeletten eines

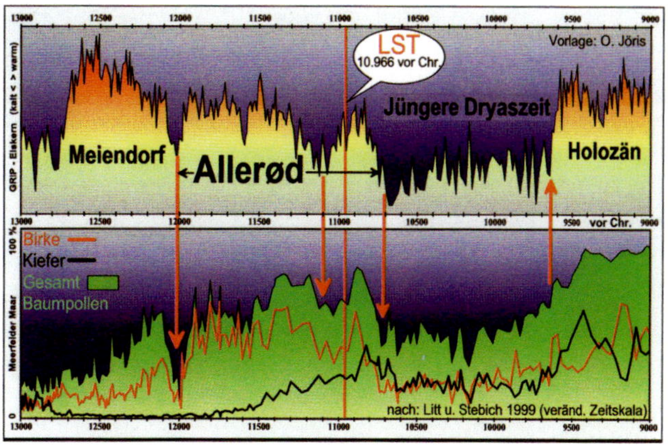

Abb. 22: Klimaverlauf des Spätglazials mit den Warmphasen, dem letzten Kälteeinbruch der Jüngeren Dryaszeit und dem Laacher See-Vulkanausbruch (nach Litt/Stebich/M. Baales)

älteren Mannes und einer jüngeren Frau vor allem zwei geschnitzte Kunstobjekte aus Knochen und die Reste eines Hundes.[83] Seit dieser Zeit ist der Hund, das älteste Haustier, als ständiger Begleiter des Menschen präsent. Ähnliche Datierungen wurden an Menschenknochen aus einer Sandgrube bei Neuwied-Irlich ermittelt.[84] Bei diesen Funden handelt es sich um die ehemals bestatteten, rot verfärbten Knochen eines Erwachsenen und eines neugeborenen Kindes. Als Beigaben liegen ein durchbohrter und verzierter Schneidezahn eines Hirsches und eine Geschossspitze aus Knochen vor.

Nach einer darauffolgenden kurz währenden Kaltphase, in der sich erneut tundrenähnliche Steppen ausbreiteten, beginnt um ca. 11.900 v. Chr. eine etwa 1.200 Jahre dauernde Warmphase, die nach einer dänischen Lokalität als Allerød-Interstadial bezeichnet wird. Dies führte zu einem sehr raschen Wiederanstieg der Baumpollenkurve, die Birke stellt dabei den Hauptanteil. Erst nach einem weiteren Klimarückschlag um 9570 v. Chr. wird die Kiefer im ausgehenden Allerød dann in ganz Mitteleuropa zur dominierenden Baumart.[85] Für diese Zeitphase sind besonders aus dem nördlichen Rheinland-Pfalz bedeutende Funde bekannt. Grund dafür ist der Ausbruch des Laacher See-Vulkans um 10.966 v. Chr.[86] Im Zuge des hochexplosiven Ausbruches wurde die gesamte späteiszeitliche Landschaft am Mittelrhein mit z. T. mehrere Meter mächtigen vulkanischen Bimsablagerungen verschüttet und eine große Anzahl archäologischer Fundstellen überdeckt, konserviert und vor späterer Erosion geschützt.

Neben größeren Siedlungsplätzen der allerødzeitlichen »Federmesser«-Gruppen von Andernach-Martinsberg, Kettig, Niederbieber und Urbar im Kreis Mayen-Koblenz sind aus dieser Region auch zahlreiche weitere Hinweise auf die Nutzung der Landschaft durch den spätpaläolithischen Menschen bekannt.[87] Zu diesen Belegen zählen isolierte Feuerstellen mit Funden und auch einzelne Steingeräte aus den späteiszeitlichen Wäldern von Thür und Miesenheim.[88] Es wird davon ausgegangen, dass zu dieser Zeit in den immer dichter werdenden Wäldern, die Jagd mit Pfeil und Bogen an die Stelle der in den offenen Steppen praktizierten Jagd mit der Speerschleuder tritt. Das Federmesser, als charakteristisches Steingerät dieser Zeit, diente als Pfeilspitze.[89] Die Jäger waren nun mit Pfeil und Bogen bewaffnet und konnten in der dichteren Vegetation effektiv jagen. Die Steinbearbeitung war von nun an nicht mehr so sorgfältig und differenziert wie in den Zeiten davor. Unter den retuschierten Formen überwiegen die als Pfeilbewehrung verwendeten Rückenspitzen (Federmesser), die mit Birkenpech im Schaft befestigt wurden. Weiterhin ergänzen Rückenmesser, kleine Kratzer, Lamellen und Stichel mit Endretusche den Werkzeugbestand.[90] Zudem begegnen Sandsteinstücke mit eingeschliffener Rinne im Fundbestand, die als Pfeilschaftglätter Verwendung fanden. Fehlende feste Behausungsstrukturen deuten darauf, dass die späteiszeitlichen Jäger in kleinen, hochmobilen Gemeinschaften lebten und ihre Siedlungsstellen bereits nach kurzer Zeit immer wieder verlegten (Abb. 23). Selbst großflächige Siedlungsareale wie auf dem Martinsberg in Andernach und in Neuwied-Niederbieber mit vielen kleineren Siedlungskonzentrationen mit Steinartefakten und

Abb. 23: Andernach-Martinsberg. Schematische Rekonstruktion einer Zeltbehausung des Spätpaläolithikums (Federmessergruppen) nach dem Ausgrabungsbefund (GDKE Landesarchäologie, Außenstelle Koblenz)

Knochenresten der Jagdbeute können auf nur wenige, kurzzeitige Einzelaufenthalte zurückgeführt werden.[91] Typische Jagdtiere waren Elch, Reh, Rothirsch, Wildrind, Pferd und Biber. Darüber hinaus sind Rotfuchs, Gämse, Steinbock sowie Braunbär, Wildschwein und der Marder nachgewiesen. Die Analyse der Jagdbeutereste der vier größeren Siedlungsplätze belegt die Anwesenheit des Menschen im Neuwieder Becken zu allen Jahreszeiten.[92]

Eruption des Laacher See-Vulkans 10.966 v. Chr.

Im Zuge der Eruption des Laacher See-Vulkans 10.966 v. Chr. wurden in kurzer Zeit insgesamt ca. 6 km³ magmatischen Materials gefördert, das in heftigen plinianischen und phreatomagmatischen Eruptionsphasen zu etwa 15 km³ Bims und Asche aufgeschäumt wurde.[93] Der Bims kam als »*fallout*« vor allem im Bereich des Neuwieder Beckens und des Westerwaldes großflächig zur Ablagerung. Während der Bimsausbeute in der Gemarkung Mertloch, Kreis Mayen-Koblenz, etwa 15 km südöstlich der Ausbruchsstelle konnten zahlreiche Tierfährten an der Oberkante der Aschelage dokumentiert werden. Vielfältige Lebensspuren der allerødzeitlichen Tierwelt der ausgehenden Kaltzeit blieben wie in einer Momentaufnahme über große Flächen konserviert und wurden kurz danach wieder mit vulkanischem Material versiegelt.[94] Die Fährten ließen sich verschiedenen Tierarten der späteiszeitlichen Fauna vor 13.000 Jahren zuweisen. Festgestellt wurden Pferd, Braunbär, Rot- und Auerwild. Aufgrund der erhaltenen Trittsiegel junger Fohlen konnte die Jahreszeit des Vulkanausbruches in Übereinstimmung mit anderen Befunden in den späten Frühling/Frühsommer 10.966 v. Chr. eingeordnet werden. Es handelte sich dabei um die ersten und bisher einzigen Lebensspuren, die aus der Zeit der quartären Vulkantätigkeit der Osteifel überliefert sind. Die verschiedenen Fährten, die in einer Art Momentaufnahme während der Eruptionen konserviert wurden, belegen in bisher einzigartiger Form die Tierfauna der späten Eiszeit im nördlichen Rheinland-Pfalz.

Die bei der Eruption geförderten Aschen des Laacher See-Vulkans verdrifteten über mehrere hundert Kilometer nach Süden bis in die Schweiz und selbst über die Alpen bis nach Norditalien, nach Westen bis nach Belgien und nach Nordosten bis auf die schwedische Insel Gotland und nach Polen.[95] Der erhöhte Schwefelanteil in der Atmosphäre und der damit verbundene »Saure Regen« hat über einige Jahre hinweg zu einem markanten Wachstumsrückgang der Baumvegetation geführt, wie die über die Zeit von sechs Jahren verringerten Baumringdicken eines fossilen Kiefernwaldes in der Ostschweiz andeuten. Dass der Ausbruch des Laacher See-Vulkans auf der nördlichen Hemisphäre zu einem kurzfristigen Klimaeinbruch führte, ist wahrscheinlich. Während der mittleren Ausbruchsphase des Laacher See-Vulkans kollabierte die aus heißen Aschen und Gasen bestehende und Höhen von 20–40 km erreichende Eruptionssäule mehrfach.[96] Als Folge schossen heiße, gasreiche Glutlawinen durch die Täler um den heutigen Laacher See, die diese mit mehreren Metern mächtigen Trassablagerungen auffüllten. Mit der Eruption einhergehende Druckwellen waren für das großräumige Niederwerfen der Wälder im Bereich des Neuwieder Beckens verantwortlich. 1980 konnte bei Thür erstmals ein Wald aus der Zeit des Laacher See-Vulkans untersucht werden.[97] In leeseitigen Positionen wie z. B. bei Kruft – hier schützte der mächtige Vulkanbau des Krufter Ofens vor entsprechenden Druckwellen – wurden Birken und Pappeln noch aufrecht stehend begraben, überliefert entweder in Form verkohlter Hölzer in luftdichten Aschenlagen oder als Hohlabdrücke des vergangenen Holzes im Bims. Die recht jungen Bäume mit maximalen Stammdurchmessern von 30 cm, meist aber um 8–15 cm, standen mehr als 5–10 m voneinander entfernt. Sie repräsentieren mehr oder weniger geschlossene, aber lichtdurchflutete Wälder mit einem artenreichen Unterwuchs.[98] Die Pflanzenreste repräsentieren demnach eine typische Auenwaldvegetation mit starkem Unterwuchs, die eine Parallele im heutigen Schweden findet. Als im Zuge der Eruption die durch das Brohltal rasenden Glutlawinen über den Rhein schossen, wurde der Rheinlauf durch große Trassmengen blockiert. Dies staute den Strom bis nach Koblenz zu einem See auf, der eine Wasserfläche von etwa 80 qkm erreichte; stromabwärts des Damms fiel das Flussbett weitgehend trocken. Noch während des nur wenige Wochen dauernden Ausbruchgeschehens brach der Damm und gewaltige Wassermassen strömten das Rheintal hinab. In der Talweitung der »Goldenen Meile« zwischen Bad Breisig und Remagen schwemmte die Flutwelle Aschen und Bims an. Nur wenig später siedelten hier Jäger und Sammler der jüngeren Federmessergruppen. Bad Breisig ist damit der bislang einzige Siedlungsplatz der mittelrheinischen Federmessergruppen, der nach dem Ausbruch des Laacher See-Vulkans datiert, und der gemäß typologischer Vergleiche wie auch einer warmgemäßigten Jagdfauna mit Reh und Rothirsch noch in das ausgehende Allerød-Interstadials zu stellen ist.[99]

Mit der spätglazialen Erwärmung wurden die Jäger des europäischen Spätpaläolithikums mobiler und siedelten nur noch kurzzeitig an verschiedenen Stellen.[100] Die mobile Lebensweise zeigt sich im archäologischen Fundbild im Wegfall der großen und stabilen Behausungsstrukturen des Jungpaläolithikums, eine Entwicklung, die sich bis in die Nacheiszeit im Mesolithikums fortsetzte.[101] Im Nahen Osten hingegen fiel in den spätglazialen Interstadialkomplex der Beginn des Neolithikums mit Sesshaftigkeit und Ackerbau und den ersten festen Bauten und Ansiedlungen der Menschheit.

8. Rentierjäger der Jüngeren Dryaszeit (10.700–9590 v. Chr.)

Der letzte Kälteeinbruch in Nordeuropa

Etwa 200 Jahre nach der Laacher See-Eruption fiel Mitteleuropa ein letztes Mal für fast 1.200 Jahre in eiszeitliche Klimaverhältnisse zurück.[102] Der Golfstrom riss wiederum ab und stürzte Nordeuropa in eine Kaltphase, die als Jüngere Dryaszeit bezeichnet wird.[103] Die Vegetation kehrte zu subarktischen Verhältnissen zurück. Die Pollenanalysen aus den Bohrungen in den Maarseen der Eifel zeigen für die Jüngere Dryaszeit einen deutlichen Rückgang der gemäßigte Temperaturen anzeigenden Baumpollen.[104] Die ausgebreiteten Birken-Kiefernwälder des Allerød-Interstadials wurden stark aufgelichtet und zurückgedrängt, so dass sich vor allem offene tundrenartige Biotope entwickelten.[105] Angesichts dieser einschneidenden Veränderungen stellte sich im nördlichen Mitteleuropa auch eine andere Tierwelt ein. Die Waldfauna des vorangegangenen Allerøds wich zugunsten der Tiere subarktischer Regionen. Nun erscheint letztmalig das Ren in unserer Region. Während im wärmeren Süden die Federmesser-Gruppen weiter existierten, rückte die auf arktische Verhältnisse ausgerichtete nordisch geprägte Ahrensburger Kultur bis ins nördliche Rheinland-Pfalz vor.[106] Die Steinbearbeitung der Ahrensbuger Kultur war sorgfältiger als bei den Federmessergruppen. Auf die Präparation der Kerne und die Herstellung regelmäßiger Klingen, deren Kanten oft mit Retuscheuren regelmäßig bearbeitet sind, wurde Wert gelegt. Unter den retuschierten Formen sind vor allem die typischen Stielspitzen bekannt.[107]

Übergang zum Holozän

Nach dem Ende der Jüngeren Dryaszeit ist in den grönländischen Eiskernen nun der Übergang zum Holozän, unserer heutigen Warmzeit erkennbar, mit einem Temperatursprung von bis zu 8 °C in nur kurzer Zeit.[108] Auch die Sonnenaktivität nahm zwischen 10.200 und 9500 v. Chr. deutlich zu und blieb von da an über das gesamte Holozän, unserer heutigen Warmphase, auf einem stabilen und hohen Niveau. Die verstärkte Sonneneinstrahlung in Nordeuropa hatte Einflüsse auf die Entwicklung der Vegetation und die Lebensbedingungen der Tierwelt und nicht zuletzt auch auf den Menschen.[109] Die lange Phase der Altsteinzeit endete, die Mittelsteinzeit begann ab 9500 v. Chr., die Kulturentwicklung zu den ersten Ackerbauern der Jungsteinzeit als weiterer wichtiger Meilenstein in der Entwicklung des Menschen nahm ihren Lauf.

1 BOSINSKI, Menschen 1995.
2 BERG, Menschen 1999.
3 SCHIRMER, Rheingeschichte 1990.
4 MEYER, Geologie 1994.
5 SCHMINCKE, Vulkanismus 2000.
6 Ebenda; BÜCHEL, Karte 1994; DERS., Maare 1984.
7 BAALES, Archäologie 2005; SCHMINCKE, Vulkanismus 2000.
8 SCHIRMER, Landschaftsgeschichte 2003; DERS., Rheingeschichte 1990; BEHRINGER, Kulturgeschichte 2007.
9 LITT, Stratigraphie 2007.
10 EISSMANN, Prozesse 1981.
11 SIROCKO, Wetter 2009; HSÜ, Klima 2000.
12 LANG, Vegetationsgeschichte 1994; FRENZEL, Grundzüge 1969.
13 PYE, Dust 1989; BIBUS/SEMMEL, Leithorizonte 1977.
14 BAALES, Archäologie 2005; BOSINSKI, Urgeschichte 2008.
15 SCHIRMER, Landschaftsgeschichte 2003.
16 BOENIGK/FRECHEN, Geologie 1998; DIES., Geologie 2001.
17 GAUDZINSKI, Kärlich-Seeufer 1998.
18 BOSINSKI, Urgeschichte 2008.
19 DERS., Menschen 1995.
20 KOENIGSWALD, Eiszeit 2002.
21 BERG, Hominidenrest 1997; LE BRUN-RICALENS, Le paléolithique 1994.
22 BERG/FIEDLER, Funde 1983.
23 Ebenda; VOLLBRECHT, Untersuchungen 1997.
24 TURNER, Miesenheim 2000.
25 BOSINSKI, Menschen 1995; DERS., Urgeschichte 2008.
26 GAUDZINSKI, Kärlich-Seeufer 1998.
27 VEIL, Fundplätze 1978; BOSINSKI, Urgeschichte 2008; BAALES/VOLLBRECHT, Kartstein 1995.
28 BOSINSKI, Urgeschichte 2008.
29 DERS., Funde 1967.
30 PROSS/KLOTZ/MOSBRUGGER, Palaeotemperatures 2000; AALBERSBERG/LITT, Climate 1998; BAALES, Archäologie 2005.
31 JÖRIS, Welt 2005; NOONAN u. a., Sequencing 2006.
32 BERG, Hominidenrest 1997.
33 DERS./CONDEMI/FRECHEN, Schädelkalotte 2000.
34 GAUDZINSKI, Wiesentjäger 1995; BOSINSKI, Urgeschichte 2008.
35 BOECKING, Funde 1979.

36 FLOSS, Rohmaterialversorgung 1994.
37 BOSINSKI u. a., Siedlungsplätze 1986.
38 SCHÄFER, Fundplatz 1990; JUSTUS, Fundplatz 2002; CONARD, Tönchesberg 1992; STREET, Plaidter Hummerich 2002; BOSINSKI, Urgeschichte 2008.
39 BAALES/STREET, Palaeolithic 1995; BITTMANN, Untersuchungen 1991; KOENIGSWALD/MEYER, Erdgeschichte 1994.
40 BERG, Hüttengrundriss 2003.
41 BOSINSKI, Urgeschichte 2008.
42 DERS., Paläolithikum 1997; DERS., Paläolithikum 2006; VEIL, Fundplätze 1978.
43 RADEMACHER, Kartstein 1911; GIELS, Silexartefakte 2000.
44 APP u. a., Fundstelle 1995.
45 BOSINSKI, Zeit 1987; BOSINSKI, Urgeschichte 2008.
46 STREET/BAALES/JÖRIS, Beiträge 1999; BAALES, Archäologie 2005.
47 SIROCKO, Wetter 2009.
48 STRINGER, Origin 2007; CONARD/BOLUS, Dating 2003.
49 BOSINSKI, Urgeschichte 2008; TERBERGER/STREET, Evidence 2003.
50 APP u. a., Fundstelle 1995.
51 HAHN, Aurignacien 1977.
52 FLOSS/ROUQUEROL, Les chemins 2007.
53 BOSINSKI, Zeit 1987; BAALES, Archäologie 2005; BOSINSKI, Urgeschichte 2008.
54 BOSINSKI, Homo sapiens 1990; JUVIGNÉ/WINTLE, Chronostratigraphy 1988.
55 HAHN, Beschleuniger-14C-Daten 1995.
56 LÖHR, Gerolstein 2008.
57 BOSINSKI, Urgeschichte 2008.
58 BAALES, Archäologie 2005; BOSINSKI, Urgeschichte 2008.
59 BOSINSKI, Zeit 1987; DERS., Urgeschichte 2008.
60 SIROCKO, Wetter 2009.
61 BAALES, Archäologie 2005.
62 BOSINSKI, Eiszeitjäger 1992.
63 DERS., Urgeschichte 2008.
64 Ebenda.
65 Ebenda.
66 SIROCKO, Wetter 2009.
67 TERBERGER, Siedlungsspuren 1998.
68 POPLIN, Les grands vertébrés 1976; KOENIGSWALD/HEINRICH, Charakterisierung 1996.
69 BOSINSKI, Ausgrabungen 1979; DERS., Gönnersdorf 2007; DERS., Urgeschichte 2008.
70 TERBERGER, Siedlungsbefunde 1997; VEIL, Siedlungsbefunde 1984; EICKHOFF, Wohnplatzstrukturen 1992.
71 BOSINSKI, Eiszeitjäger 1992.
72 DERS., Urgeschichte 2008.
73 LITT/STEBICH, Bio- and Chronostratigraphy 1999; STREET/BAALES, Changes 1999.
74 SIROCKO, Wetter 2009.
75 BOSINSKI, Urgeschichte 2008.
76 FLOSS, Rohmaterialversorgung 1994.
77 BOSINSKI, Nashorndarstellungen 1996.
78 DERS./FISCHER, Menschendarstellungen 1974; BOSINSKI/D'ERRICO/SCHILLER, Frauendarstellungen 2001; BOSINSKI, Representation 1991.
79 BOSINSKI/FISCHER, Pferdedarstellungen 1980; BOSINSKI, Gravierungen 1996; DERS., Urgeschichte 2008.
80 DERS., Urgeschichte 2008.
81 SIROCKO, Wetter 2009; STREET u. a., Evidence 1997.
82 BOSINSKI, Settlement 1988; JÖRIS/WENINGER, 14C-Alterskalibration 2000.
83 HENKE, Menschenfunde 1986.
84 BAALES, Archäologie 2005.
85 FIRBAS, Waldgeschichte 1949/52; STRAKA, Vegetationsgeschichte 1975; LANG, Vegetationsgeschichte 1994.
86 BAALES u. a., Impact 2002.
87 BOSINSKI, Gönnersdorf 2007; BAALES, Fundplatz 2002; BOLUS, Siedlungsbefunde 1992; BAALES, Fortführung 2003.
88 BERG, Feuerstellen 1997; BRUNNACKER u. a., Funde 1982; STREET, Wald 1986; DERS., Evidence 1995.
89 STREET/BAALES, Les groupes 1997.
90 DIES., Changes 1999; BAALES, Lithics 2001.

91 GELHAUSEN/KEGLER/WENZEL, Behausungsstrukturen 2005.
92 BAALES, Archaeology 2004.
93 BÜCHEL, Karte 1994; SCHMINCKE, Vulkanismus 2000; BAALES, Archäologie 2005.
94 BERG/BAALES, Tierfährten 1997.
95 SCHMINCKE, Fields 2007.
96 DERS./PARK/HARMS, Evolution 1999.
97 BRUNNACKER u. a., Funde 1982.
98 STREET, Evidence 1995.
99 GRIMM, Fundplatz 2004; BAALES/JÖRIS, Nord 2002; WALDMANN/JÖRIS/BAALES, Flut 2001.
100 BAALES, Archaeology 2004.
101 BOSINSKI, Urgeschichte 2008.
102 STREET/BAALES/WENINGER, Chronologie 1994; SIROCKO, Wetter 2009; BROECKER u. a., Routing 1989; ISARIN/RENSSEN/VANDENBERGHE, Impact 1998.
103 ISARIN, Climate 1997.
104 COOPE u. a., Temperature 1989.
105 FRENZEL, Grundzüge 1968; BITTMANN, Landschaftsgeschichte 2004.
106 BAALES, Umwelt 1996.
107 DERS., Archäologie 2005.
108 SIROCKO, Wetter 2009.
109 FRIEDRICH u. a., Palaeo-Environment 1999; LANG, Vegetationsgeschichte 1994.

Jäger, Sammler, Viehzüchter und Ackerbauern – aber auch Menschenopfer und -verzehr? – Zum Beginn der Jungsteinzeit in Rheinland-Pfalz

Von Hartwig Löhr und Andrea Zeeb-Lanz

Rheinland-Pfalz hat immer wieder Funde und prähistorische Denkmäler zu bieten, die weit über die Landesgrenzen hinaus unser Verständnis der mitteleuropäischen Vorzeit verändern und stark beeinflussen. Das zeigt sich in jüngster Zeit besonders eindrücklich an dem einzigartigen jungsteinzeitlichen Fundplatz von Herxheim bei Landau (Pfalz).

Die hier entdeckten mehr als 500 menschlichen Skelette, klein zerschlagen und verstümmelt, vermischt mit Keramik von herausragender Qualität und anderen Objekten, zeugen von einem bislang singulären gewaltgeprägten Ritual, in dessen Rahmen auch das Verspeisen menschlichen Fleisches nicht auszuschließen ist. Dieser Befund wirft ein völlig neues Licht auf die frühesten Ackerbauern unserer Breiten und das Ende der europaweit verbreiteten Kulturerscheinung der Bandkeramik. Doch bevor wir uns diesem spätbandkeramischen Highlight der europäischen Neolithforschung zuwenden, wollen wir die vorangegangene Entwicklung von Jäger-, Sammler- und frühen Bauerngesellschaften skizzieren, deren wechselseitiges Verhältnis eine Vielzahl von Fragestellungen aufwirft, die sich in der Diskussion um den Fundplatz Herxheim fokussieren lassen.

1. Jäger und Sammler der Mittelsteinzeit (ca. 9550–5300 v. Chr.)

Das letzte Paradies?

Die Mittlere Steinzeit – oder Mesolithikum – ist eine willkürlich definierte Epoche; ihr Anfang wird geologisch mit dem Beginn der Nacheiszeit um 9550 v. Chr. definiert. Ihr Ende ist weit weniger einfach durch das kulturgeschichtliche Kriterium eines Wechsels von wildbeuterischer zu jungsteinzeitlicher, also bäuerlicher Lebensweise zu bestimmen, der großräumig asynchron und besonders im Westen wohl auch nur schrittweise erfolgte.

Zu Beginn der Nacheiszeit, des Holozäns, ist zunächst eine Fortsetzung der Verhältnisse zu verzeichnen, die bereits während des Allerød-Interstadials 11.630–10.750 v. Chr., also der ersten Phase der späteiszeitlichen Wiedererwärmung und Wiederbewaldung, erreicht waren.

Allerød-Zeit

Nur um Missverständnissen vorzubeugen: Allerød-Zeit oder -Klimaschwankung soll keineswegs heißen, dass zu dieser Zeit alles öde war. Ganz im Gegenteil; diese Phase kennzeichnet eine erste Erwärmung und Wiederbewaldung mit Kiefer, Birke, Weide und Pappel.[1] Allerød ist ein Ort in Dänemark, der *locus typicus*, an dem Ablagerungen dieser Zeit erstmals beschrieben und definiert wurden.

Der Ausbruch des Laacher See-Vulkans während eines Junimonats um 10.950 v. Chr. mit der Bildung eines temporären Rheinstausees in dieser Zeit entbehrte zwar nicht der örtlichen Dramatik, hatte aber in mitteleuropäischem Maßstab keine nachhaltige Auswirkung auf die Menschheits- oder Kulturentwicklung, die weiterhin durch Anpassungsvorgänge an die klimatische Entwicklung bestimmt wurde. Dazu gehörte die Wiederbewaldung mit dem Verschwinden der Großwildherden, die durch Standwild wie Elch, Ur, Hirsch, Reh, Wildschwein usw. ersetzt wurden, so dass die Menschen in kleineren Gruppen und wohl auch nur kürzere Zeit vom gleichen Ort aus operieren mussten. Die Gesamtbevölkerungsdichte mag durchaus auf etwa 0,1 Ew./qkm angestiegen sein,[2] so dass auf dem Gebiet des heutigen Rheinland-Pfalz etwa 2.000 Menschen lebten.

Andererseits kam besonders mit der Hasel, die zumindest im Hohen Venn zeitweilig geschlossene Wälder gebildet hat, eine neue und darüber hinaus bevorratungsfähige pflanzliche Nahrungsquelle hinzu.[3]

Teilweise wurden Lagerplätze nur einmal aufgesucht,[4] andernorts wiederholt über längere Zeiträume, so dass Fundmaterial unterschiedlicher mittelsteinzeitlicher Phasen vermischt oder in enger Nachbarschaft auftritt.[5]

In der Mittelsteinzeit war das Land einschließlich der Mittelgebirge überall zumindest saisonal nutzbar,[6] wohingegen, wie wir unten sehen werden, sich die frühesten neolithischen Siedlungsgebiete auf bestimmte Bodenarten und niedrigere Höhenlagen beschränkten.

Einen gut fassbaren Ausdruck findet eine verstärkte Lokalbezogenheit in der Lebensführung in einem Rückgriff auf mehr lokale Rohmaterialien, oftmals geringerer Qualität, selbst auf Kieselsteine.[7] Damit verbunden war eine Verkleinerung der Steinwerkzeuge zu sog. Mikrolithen. Andererseits wurden durchaus Fernkontakte unterhalten, wie sie nicht nur jeweils mit einzelnen Rohmaterialexoten innerhalb des Steingerätes zum Ausdruck kommen, sondern besonders durch den Import von bunten Schmuckschneckenschalen aus dem Mittelmeergebiet oder von fossilen Vorkommen, wie dem Tertiär des Mainzer Beckens.[8]

Weiterhin erlaubt die Stilistik der Steinwerkzeuge eine Definition von Traditions-, vielleicht sogar Stammesgebieten von etlichen hundert Kilometern Ausdehnung. In diesem Sinne gehörte der Nordwesten des heutigen Rheinland Pfalz zu einem als »Rhein-Maas-Schelde« umschriebenen Traditionsgebiet, das südwärts bis zur Mosel, Luxemburg umfassend, in Eifel und Ardennen, wie auch nach Nordfrankreich nördlich der Seine entlang der heutigen Nordseeküste bis zum Rheinmündungsgebiet reichte.[9] Der Süden des heutigen Bundeslandes zeigt dagegen mit einer »Beuronien«[10] genannten Tradition eher Verbindungen nach Süddeutschland.

Wie bei kaum einer anderen Epoche hängt das Fundbild dieser Zeit von den gegenwärtigen archäologischen Aktivitäten ab, da Serien kleiner Artefakte kaum zufällig, sondern nur durch gezielte Suche gefunden werden, die im heutigen Rheinland-Pfalz in recht unterschiedlicher Weise ausgeübt wurde und wird.

Technologische Neuerungen am Anfang des Umbruchs

Ab etwa 7000 v. Chr. unterlag die Tradition mittelsteinzeitlicher Steinwerkzeugherstellung im kontinentalen Europa einem relativ kurzfristigen, deutlichen Umbruch.[11] Nun wurden unter Verwendung häufig wiederum besserer Steinmaterialien regelmäßige Klingen, also langschmale Spaltstücke, hergestellt und durch ihre Stückelung mehr oder weniger rechteckige Pfeilbewehrungen, sog. Trapezmikrolithen, gewonnen. Die hauptsächlich durch diese Technologie definierte Epoche wird als Spätmesolithikum bezeichnet, während dessen sich noch Details in der Stilistik der Trapezmikrolithen in Raum und Zeit änderten, worauf zurückzukommen sein wird.

Zur Besiedlungsdichte während des so definierten Spätmesolithikums lassen sich nur zurückhaltende Aussagen für solche Regionen treffen, in denen zumindest älteres Mesolithikum nachweisbar ist, als Beleg dafür, dass dort überhaupt nach derartig kleinen Artefakten gesucht wurde. Dies liegt am regional sehr unterschiedlichen Erforschungsstand.

Ein Blick auf eine Karte Mitteleuropas mit der Darstellung einer relativen Häufigkeit von Spätmesolithikum in relativ »gut« prospektierten Einzelregionen (Abb. 1) zeigt, dass dieses kaum innerhalb, sondern vor allem in der Peripherie des rechtsrheinischen Verbreitungsgebietes der ältesten Bandkeramik als erster jungsteinzeitlicher Kulturerscheinung auftritt,[12] der wir uns als nächstes zuwenden.

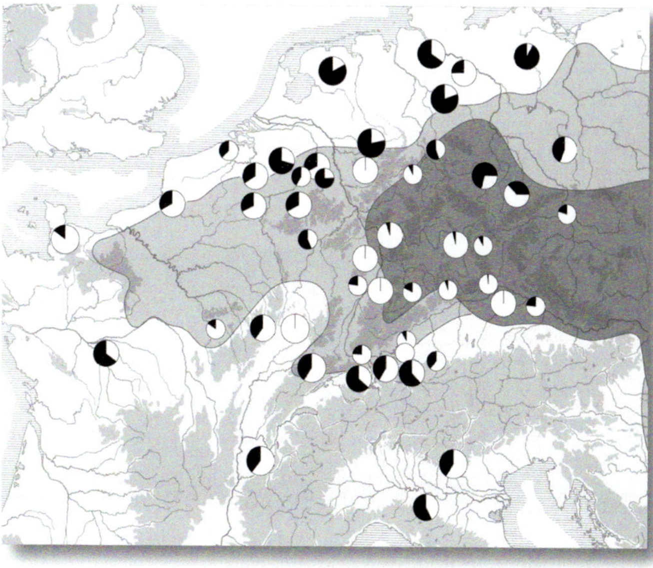

Abb. 1: Vor dem Hintergrund der Ausbreitung der ältesten Bandkeramik in Mitteleuropa (dunkle Schummerung) sind regional feststellbare relative Häufigkeiten von älterem Mesolithikum in untersuchten Kleinregionen dargestellt. Offenbar sind Besiedlungsspuren des Spätmesolithikums (schwarz) im Ausbreitungsbereich der frühesten Bandkeramik recht dünn gesät, während sie in deren weiterer Peripherie umso häufiger sind (Lüning/Kloos/Albert, Nachbarn 1989: Grundkarte; Einträge: Löhr)

2. Mitteleuropa zwischen Ost und West (6000 – 5300 v. Chr.)

Großszenario: Die Menschen in Mitteleuropa werden sesshaft-oder auch nicht

In der Tat breitete sich seit etwa 5600 v. Chr. aus dem Gebiet südlich des Plattensees im heutigen Ungarn vorzugsweise auf Lößböden und entlang der großen Flüsse die neolithische Kultur der ältesten Bandkeramik nach Mitteleuropa aus. Die Einführung dieses als »donauländisch« umschriebenen, kompletten und differenziert ausgefeilten »Paketes« neuer Kulturtechniken und Traditionen von Ackerbau, Viehzucht, Keramikherstellung, Steinschliff, Hausbau, sesshafter Lebensweise und Kultpraktiken in Mitteleuropa wurde Einwanderern oder Kolonisten zugeschrieben. In Froschsprungmanier dehnte sich nicht zuletzt aufgrund einer höheren Geburtenrate ihr Siedlungsgebiet innerhalb von etwa fünf Generationen bis zum Rhein[13] und mit einzelnen Pioniersiedlungen im Bereich des Rheinknies bei Mainz vielleicht sogar ein wenig darüber hinaus aus.[14]

Kolonisierende Ackerbauern im Tal – »Indianer« in Wald und Berg?

Fast so plakativ vereinfacht wurde der Vorgang der Neolithisierung Mitteleuropas lange Zeit von der Geschichtsschreibung dargestellt, wobei die »Indianer« vielfach gar nicht weiter erwähnt wurden, verschwanden sie doch scheinbar von selbst. Doch ganz so einfach war der Prozess der Neolithisierung nicht.

Das rechtsrheinische Verbreitungsgebiet der ältesten Bandkeramik scheint, wie oben bereits angedeutet (Abb. 1), von Spätmesolithikern nur sehr dünn besiedelt gewesen zu sein, bzw. ein Spätmesolithikum mit der oben beschriebenen Trapeztechnologie kam dort kaum zur Entfaltung.[15] Dabei wird durchaus diskutiert, ob nicht auch Wildbeuter in die ältestbandkeramische Welt integriert wurden,[16] ja diese in ihrem ungarischen Kerngebiet und darüber hinaus mit entwickelten.

Am Rhein allerdings stagnierte die weitere westliche Ausbreitung dieser Kulturerscheinung für etliche Dekaden; an der nördlichen Lößgrenze Mitteleuropas sogar für nahezu 1.000 Jahre.[17] Dort, in der nordeuropäischen Tiefebene von der südlichen Ostseeküste bis zum Rhein-Maas-Delta[18] dauerte die wildbeuterische Lebensweise teilweise unter verstärkter Nutzung wassergebundener Ressourcen bis zum oder über das Ende selbst der jüngeren Bandkeramik an, wenn auch mit der Zeit Südkontakte über den Import »donauländischer« Steingeräte fassbar werden und die Produktion einer eigenen Keramik, nach namengebenden Fundorten als »Swifterband« und »Ertebölle« bezeichnet, einsetzt.[19]

Die geringe Frequenz von Spätmesolithikum (Abb. 1) innerhalb des hier schematisch dargestellten Gesamtverbreitungsgebietes der ältesten Bandkeramik lässt eher vermuten, dass dieses aus der Zeit vor Ankunft der Neolithiker bzw. der Umstellung der Wirtschaftsweise stammt. Weiterhin bildete die älteste Bandkeramik innerhalb ihres Gesamtverbreitungsgebietes keineswegs eine flächendeckende Besiedlung aus. Trotzdem dürfte es zwischen frühneolithischen Siedlungskammern oder auf Nicht-Lößböden keine inselartigen Rückzugsgebiete, Refugien,[20] in den Mittelgebirgen gegeben haben, in denen eine indigene Bevölkerung von Wildbeutern weiter leben konnte, da ein ganzjähriges Wirtschaften allein in diesen Gebieten ohne eine zumindest saisonale Nutzung auch tiefer liegender Zonen problematisch gewesen sein dürfte. Somit war ein solches Nebeneinander kaum »ungestört« und ohne Kenntnis und Kontakt mit Neolithikern möglich, schon gar nicht unter Fortführung der technologischen Ausstattung des mittleren Mesolithikums, wie gelegentlich gerade für Pfalz und Ardennen behauptet.[21] Über diese aus den Kartenbildern von Fundverbreitungen abgeleiteten Überlegungen hinaus lassen sich weitere Indizien zum wechselseitigen Verhältnis aus den Fundstücken selber ableiten. Komplexe Beziehungsgeflechte über größere Räume und die Kulturgrenze deuten sich an, von deren Verständnis wir noch weit entfernt sind, wie das Beispiel Herxheim zeigt. Jedenfalls nimmt dabei die Region des heutigen Rheinland Pfalz eine Schlüsselstellung in Mitteleuropa ein.

Kontakte über die Kulturgrenze hinweg

In rechtsrheinischen, ältestbandkeramischen Fundzusammenhängen treten Geräte aus Feuersteinsorten auf, die sich von spezifischen Gewinnungsstätten herleiten lassen, die nicht nur deutlich außerhalb der bandkeramischen Siedlungszonen zu lokalisieren sind,[22] sondern die dort auch typische Rohstoffe des Spätmesolithikums darstellen.[23]

Vorwegnehmend sei angemerkt, dass eine derartige regionale Beziehungsstruktur in der linksrheinischen älteren und jüngeren Bandkeramik nicht nur andauerte, sondern noch deutlicher hervortrat. Also existierten letzte Jäger und Sammler wohl nicht zwischen den ersten neolithischen Siedlungskammern, sondern jenseits der Außengrenzen des jeweiligen frühneolithischen Gesamtsiedlungsgebietes. In der Tat lassen sich spätmesolithische Fund-plätze vorzugsweise in der weiteren Peripherie des ältestbandkeramischen Siedlungsgebietes nachweisen (Abb. 1), wo sie nicht nur häufiger auftreten,[24] sondern auch mit differenzierteren Formen und Fortentwicklungen der Trapezmikrolithen,[25] was in diesen Gebieten mit einer längeren, für ihre Entwicklung zur Verfügung stehenden Zeit erklärt werden kann.

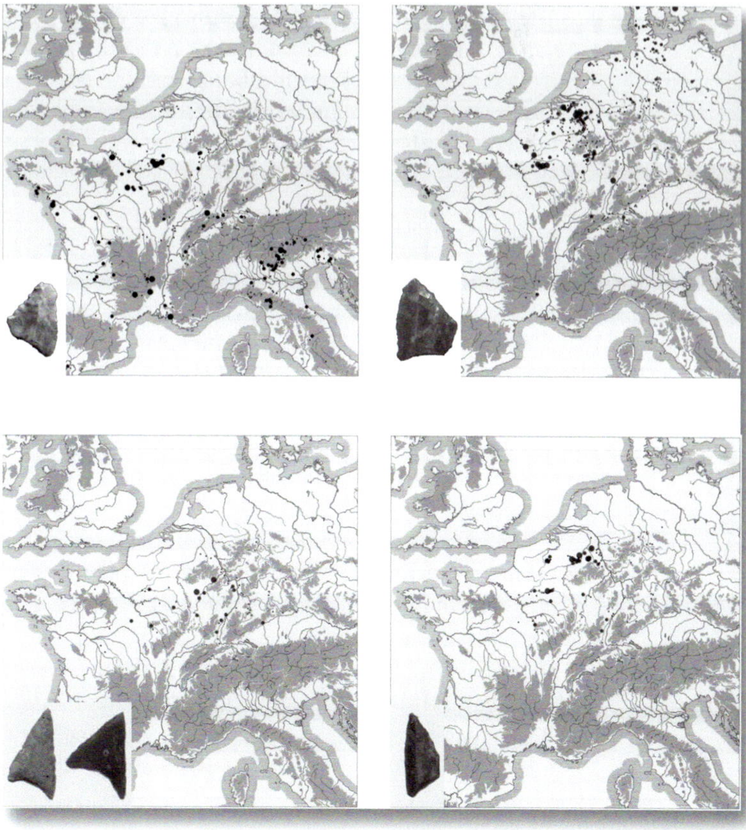

Abb. 2: Am Übergang von der mittleren zur jüngeren Steinzeit bleibt die jeweils regionalspezifische Lateralisation auch über die Kulturgrenze Mesolithikum (oben) – Neolithikum hinweg bestehen, was für eine wie auch immer geartete Integration von Mesolithikern in die neolithische Kultursphäre spricht (nach Löhr, Linksflügler 1994)

Damit wird die Frage aufgeworfen, wer oder ob überhaupt jemand zwischen den frühneolithischen Siedlungszonen und den erwähnten, entfernten Feuersteinlagerstätten lebte. Wurden diese Materialien von Spätmesolithikern eingetauscht oder gingen die Bandkeramiker sie suchen, eventuell durch eine Art Niemandsland, ein nur dünn besiedeltes Glacis zwischen den jeweiligen Siedlungs- bzw. Nutzungszonen der Neolithiker und der Wildbeuter? Derartiges scheint nicht ganz unwahrscheinlich.

Schiefe Pfeilspitzen als Anzeiger regionaler Traditionen

Im Verlauf des Spätmesolithikums wurden Trapezmikrolithen und Pfeilspitzen im linksrheinischen Gebiet bis zur Atlantikküste zunehmend asymmetrisch ausgebildet. Im Rechtsrheinischen wurden sie nur selten in dieser Weise realisiert oder gelangten dort hin. Im Alpenvorland, im Schweizer Mittelland und Jura, in der Südwesteifel und weiter westwärts, auch in der Niederrheinischen Bucht westlich der Maas dauerte die Herstellung derartiger Pfeilbewehrungen zur Zeit der ältesten Bandkeramik an.

Lateralisation

Durch eine willkürlich aber einheitlich definierte Orientierung von Steinartefakten lassen sich eine linke und eine rechte Seite beschreiben. Wenn bestimmte Bearbeitungen – z. B. Einkerbungen oder Widerhaken – nicht zufallsverteilt auftreten, sondern bevorzugt links oder rechts, spricht man von Lateralisation. Sie tritt während der Steinzeit unterschiedlich in Raum und Zeit auf. Beim Übergang von Mittel- zur Jungsteinzeit werden regionale Traditionsstränge über unterschiedliche Lateralisation asymmetrischer Peilspitzen fassbar. Funktional spielte die Lateralisation der Pfeilspitzen keine Rolle, zumal sie wegen Schäftungsumwicklung und Klebemasse am kompletten Pfeil kaum sichtbar war. Als mögliche Erklärung bieten sich regionale Handwerkstraditionen an, von denen nicht deutlich ist, inwieweit sie einfach ein weitergegebenes Phlegma widerspiegeln oder etwa als Identitätsträger symbolisch befrachtet waren.

Weiterhin erlaubt die unterschiedliche Lateralisation dieser Pfeilspitzen die Unterscheidung zweier großer Zonen in Mitteleuropa. In einem nordwestlichen Bereich zwischen Seine und Rhein sowie nördlich der Mosel ist die überwiegende Mehrheit der Pfeilbewehrungen rechtsschief, wohingegen sie südlich davon nahezu ausschließlich linksschief ausgebildet ist und damit Bezüge bis zum Rhônemündungsgebiet erkennen lässt (Abb. 2).

Diese regionalen Lateralisationszonen bleiben über die Kulturgrenze zum Neolithikum hinaus in ihren Grundtendenzen bestehen und bilden einen deutlichen Hinweis auf die Integration von Wildbeutern linksrheinisch.
Der südwestliche Bereich mit linksschiefen Spitzen war offenbar der dynamischere und expansivere, dehnte er sich doch im weiteren Verlauf der Entwicklung über das Sâone-Rhône-Gebiet bis an die Mosel aus, wo dann die Grenze dieser Zone in der Eifel über die Wasserscheide zwischen Mosel und den nördlich zu Maas und Rhein entwässernden Flüssen verläuft.

Der Übergang von Jäger- und Sammlertum zu sesshaften Ackerbauernkulturen ist damit gerade in Rheinland-Pfalz im Spannungsfeld zwischen westeuropäischen und donauländischen Kultureinflüssen zu sehen. Allerdings ist der Einfluss der westlichen La Hoguette-Kultur auf die donauländische Bandkeramik in Rheinland-Pfalz nur vereinzelt zu erkennen, am ehesten in den erwähnten asymmetrischen, linksschiefen Pfeilspitzen. Als Kontaktfunde treten an wenigen Stellen Scherben der charakteristischen La Hoguette-Keramik sowohl in ältest-, wie in jüngerbandkeramischen Siedlungen auf.[26]

Die Träger der »donauländischen«, ältesten und auch jüngeren Bandkeramik und selbst nachfolgender neolithischer Gruppen galten lange Zeit als einzige, von balkanischen Innovationen inspirierte, frühneolithische Bevölkerung in Mitteleuropa.[27] Doch neben der Donau als hauptsächlicher Leitlinie lässt sich an den nördlichen Mittelmeerküsten schon seit etwa 6000 v. Chr. ein weiterer Neolithisierungsschub fassen, der sich dort in der Cardialkultur – benannt nach einer Keramikverzierung durch Abdrücke der Herzmuschel (*Cardium edule*) – niederschlug und zu einer anders verlaufenden Kulturentwicklung als im zentralen oder östlichen Mitteleuropa führte.

Gleichzeitig mit der Bandkeramik, ja vielleicht schon ein wenig früher, gab es zwei Gruppen, die, nach charakteristischen Fundplätzen als »La Hoguette« und »Limburg« benannt, zumindest Keramik produzierten.[28] Diese Töpferware weist starke Ähnlichkeiten mit der Keramik des Cardials auf, die sich seit 6000 v. Chr. nicht nur rhôneaufwärts[29] ausbreitete, sondern im atlantischen Westfrankreich zu Erscheinungen führte, die die Herstellung der La Hoguette-Keramik unmittelbar beeinflusst haben dürften.[30] Neben dem donauländischen erreichte also auch ein westmediterraner Strang der »Neolithisierung« aus dem Rhône-Saône-Gebiet wie auch über die französische Atlantikküste, das Gebiet des heutigen Rheinland-Pfalz in unterschiedlicher Intensität und wohl auch leichter zeitlicher Staffelung.

Östlicher wie westlicher Innovationsstrom trafen also im Gebiet des heutigen Rheinland-Pfalz zusammen, das zumindest im Westen und Nordwesten deutlich während des Spätmesolithikums besiedelt war. Damit war hier der Übergang vom Jäger- und Sammlertum zu sesshaften Ackerbauernkulturen besonders komplex und spannend, vielleicht sogar spannungsgeladen.

Vor allem westlich und südwestlich in der Peripherie der ältest- und auch jüngerbandkeramischen Siedlungszonen erscheinen einzelne Funde von Hoguette- oder Limburger Keramik regelhaft, z. B. in Höhlen und unter Felsdächern sowie auf verschiedensten Böden, bis hin zu Sandböden, die von den Bandkeramikern gemieden wurden.[31]

Einzig eine Ausgrabung in Stuttgart-Bad Cannstatt erbrachte bislang Hinweise auf gelegentlichen Getreideanbau und die Haltung von Schaf und/oder Ziege,[32] so dass die Produzenten und Produzentinnen dieser »Hoguette«-Keramik bereits als »Pastoralnomaden« apostrophiert wurden, was zur dünnen Streuung ihrer Hinterlassenschaften passen würde. Dazu mögen auch die oben erwähnten, im Westen durchaus zahlreichen linksschiefen, asymmetrischen Pfeilspitzen gehören, was leider nur an wenigen Fundorten abgesichert scheint.[33] Allein wegen der Ähnlichkeit ihres geografischen Verbreitungsgebietes wurden linksschiefe Spitzen mit der La-Hoguette-Keramik, rechtsschiefe mit Limburger Keramik in Zusammenhang gebracht.[34] Allerdings finden sich diese jüngsten asymmetrischen Pfeilspitzen auch mit seltenen Exemplaren in der rechtsrheinischen ältesten Bandkeramik,[35] wo sie ähnlich zu interpretieren sind, wie die keramischen Kontaktfunde der Gruppen »Limburg« und »La Hoguette«. Fraglos wussten beide Seiten voneinander. Doch wie sah der Kontakt aus? Theoretisch lassen sich verschiedenste Szenarien von Reaktionsmodellen entwickeln, die hier nur angedeutet werden können.[36]

In Betracht gezogen werden muss, dass, ungeachtet der möglichen Integration einzelner Individuen und gelegentlicher Kontakte, zwischen den intensiv genutzten Siedlungs- und Wirtschaftszonen eine Art Niemandsland, ein Glacis bestand, das sich mit der Ausbreitung der Bandkeramik jeweils an ihren Außengrenzen verschob.[37]

3. Landesszenario: Die ältere und jüngere Bandkeramik links des Rheins (5300–4950 v. Chr.)

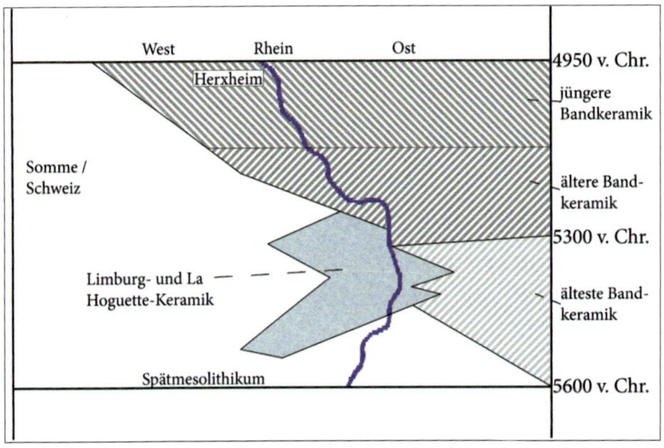

Die bandkeramische Kultur im Überblick

Ab etwa 5300 v. Chr. fassen wir mit Keramik des Flomborner Stils auch linksrheinisch erste neolithische Siedlungsplätze, die sich in den folgenden Dekaden während der jüngeren Bandkeramik westwärts bis ins Pariser Becken nachweisen lassen (helle Schummerung). Interessanterweise scheint die Besiedlungswelle im linksrheinischen Gebiet erhebliche Ausmaße besessen zu haben, denn für die Phase Flomborn als erstem linksrheinischen Horizont der Bandkeramik existieren zahlreiche Siedlungs-

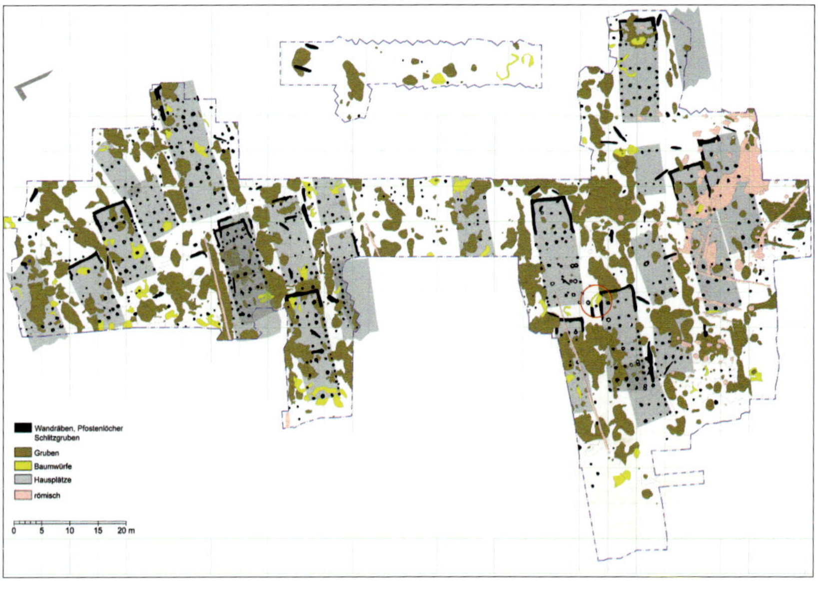

Abb. 4: Ein ergrabener Ausschnitt einer bandkeramischen Siedlung bei Wehlen, Kreis Bernkastel-Wittlich lässt eine größere Zahl von Hausgrundrissen erkennen, die sich teilweise überlagern, was eine lange Benutzungszeit des Siedlungsplatzes anzeigt. Im Kreis: Das Stubbenloch eines umgewehten Baumes stört die Giebelwand eines Hauses und zeigt, daß der verlassene Siedlungsplatz wieder vom Wald überwuchert wurde. (GDKE Rheinisches Landesmuseum Trier/Löhr)

nachweise. Abermals wird hierbei diskutiert, wieweit dieser Kulturwandel durch Zuwanderung oder Anpassung vollzogen wurde.[38]

Linksrheinische Ausdehnung des »donauländischen« Neolithikums

Auf Lößböden oder vergleichbaren Hochflutlehmen entlang der größeren Flüsse und Höhenlagen unterhalb 300 m N.N. finden wir die Bodenspuren von Einzelhöfen, Weilern oder Dörfern mit etlichen Grundrissen von Langhäusern wie in Wehlen an der Mittelmosel (Abb. 4). Nur vereinzelt wurden Areale mit sandigem oder kiesigem Untergrund aufgesucht, wie in Kaiserslautern-Rittersberg oder Haßloch in der Pfalz. Durch natürliche, wirtschaftliche oder auch soziale Determinanten umgrenzt,[39] bilden meist etliche benachbarte Siedlungen regelrechte Siedlungskammern.

Ausweitung der bandkeramischen Aktivitäten über die Siedlungszonen hinaus

Über diese Siedlungskammern greifen zahlreiche Einzelfunde, besonders von Dechselklingen (Abb. 5) auf die Mittelgebirge und Nicht-Lößböden zwischen ihnen aus,[40] besonders deutlich aber über die Außengrenzen der bandkeramischen Siedlungszone,[41] wo sie allerdings von einzelnen Forschern[42] auch als Prestigeobjekte aufgefasst werden, die im spätmesolithischen Milieu kursierten.

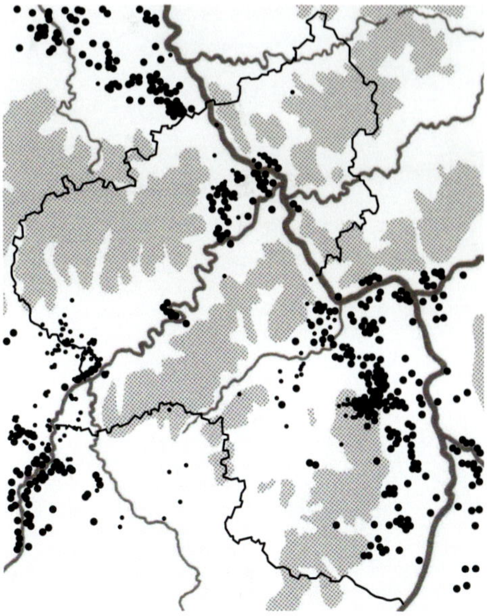

Abb. 5: Die bislang bekannten Siedlungsstellen bzw. Keramikfunde der Bandkeramik in Rheinland-Pfalz und angrenzenden Gebieten liegen vorzugsweise auf den günstigen Böden der Oberrheinebene, Rheinhessens, des unteren Nahetales und Neuwieder Beckens, wie auch entlang der Mosel. Über die Siedlungskammern hinaus zeigen einzelne Dechselklingen (kleinere Punkte) Aktivitäten in den anschließenden Mittelgebirgen an (Entwurf H. Löhr nach Czieska, Jäger 1992; Löhr, Übersichtskarte 1986; Huazear, Material 2006; Graphik O. Haffner)

Abb. 6: Ein typisches Steinwerkzeug des Frühneolithikums (Oberbillig, Kreis Trier-Saarburg) ist die aus Hartgestein – in diesem Fall Diabas – geschliffene Dechsel- oder Querbeilklinge. Meist schadhafte Exemplare dieses Werkzeugtyps sind in bandkeramischen Siedlungen häufig, finden sich aber auch als meist vollständige Einzelstücke in deutlicher Entfernung von den Siedlungen und Siedlungszonen als Beleg für frühneolithische Aktivitäten dort (GDKE Rheinisches Landesmuseum Trier/Thomas Zühmer)

Ferner finden sich nun auch bandkeramische Einzelfunde, meist Keramik, in Höhlen[43] oder unter Felsdächern, sofern solche vorhanden sind, wie z. B. in der Weidentalhöhle bei Wilgartswiesen[44] im Pfälzer Bergland. Zu diesen Aktivitätsbelegen außerhalb der Siedlungen passen sehr gut Indizien von Waldweide, die pollenanalytische Untersuchungen in der Eifel erbrachten[45] und Isotopenstudien in Südwestdeutschland,[46] so dass angenommen werden kann, dass oftmals Teile einer bandkeramischen Dorfbevölkerung in saisonaler Transhumanz Viehherden zur Waldweide in die Mittelgebirge trieben.[47]

Darüber hinaus stammen, wie schon in der ältesten Bandkeramik, in vielen Siedlungen die Rohstoffe von Steingeräten aus Lagerstätten an oder deutlich jenseits der Peripherie der neolithischen Siedlungszone, wie etwa Grünschiefer vom Typ Wallhausen vom methamorphen Hunsrück-Südrand[48] oder Tonstein[49] vom Typ Schaumberg, Wommersum-Quarzit oder Phanit d'Ottigny im heutigen Belgien,[50] die ebenso wie Maasfeuerstein quer über die Eifel eingeführt wurden.[51] Gleiches gilt für Silex aus dem Pariser Becken oder tertiären Feuerstein der Region von Romigny-Lhéry bei Reims; Materialien, die zumindest mit Einzelstücken auch im Herxheimer Fundbestand vertreten sind[52] und Fernbeziehungen über etliche hundert Kilometer andeuten. Ebenso wurden in Herxheim in größerem Umfang regionale Verzierungsstile angetroffen, deren Herkunftsgebiete in bis zu 400 km Entfernung zu finden sind.[53]

Aus all dem folgt, wie schon für die rechtsrheinische älteste Bandkeramik postuliert, dass es auch linksrheinisch während der jüngeren Bandkeramik zwischen deren Siedlungszonen keine inselartigen Rückzugsgebiete in den Mittelgebirgen oder auf Nicht-Lößböden und selbst auf peripheren Lößinseln[54] gab, in denen mesolithische Wildbeuter noch weiter lebten. Somit sollten wir abermals nicht zwischen den neolithischen Siedlungskammern nach gleichzeitigen Mesolithikern suchen, sondern unseren Blick auf die Außengrenzen des jeweiligen frühneolithischen Gesamtsiedlungsgebietes richten. Je weiter wir uns nach Westen begeben, umso deutlicher werden Hinweise darauf, dass diese jüngeren linksrheinischen Bandkeramiker Traditionen fortgeführt, wenn nicht sogar Personen oder Gruppen des Spätmesolithikums integriert haben.[55] Festmachen lässt sich diese Schlussfolgerung nicht nur an einer westwärts bis zur Ausschließlichkeit zunehmenden Häufigkeit von Pfeilspitzen in der Tradition asymmetrischer Trapezmikrolithen,[56] sondern vor allem auch an der Fortführung der Lateralisationszonen, wie wir sie seit dem Spätmesolithikum und zur Zeit der ältesten Bandkeramik kennen gelernt haben.[57]

Ungeachtet dieser Adaptionshinweise innerhalb der linksrheinischen jüngeren Bandkeramik lassen sich spätmesolithische Bevöl-

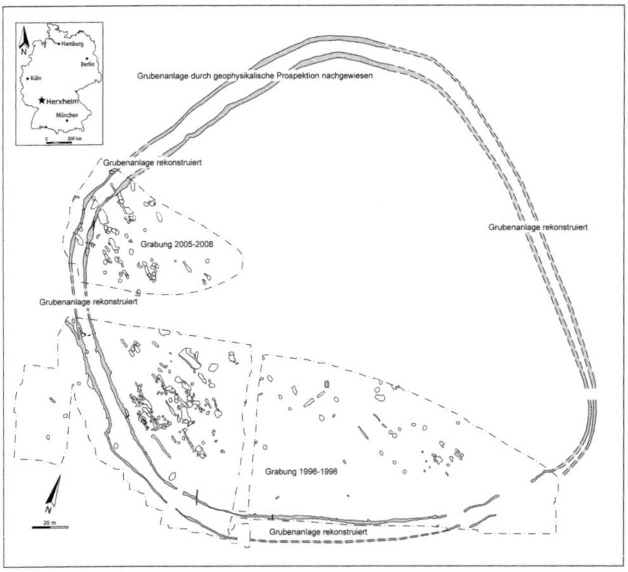

Abb. 7: Plan der ergrabenen und durch geomagnetische Prospektion erschlossenen Teile der bandkeramischen Grubenanlage von Herxheim (GDKE Landesarchäologie, Außenstelle Speyer)

kerungen aus der Zeit der jüngeren Bandkeramik im Moment nur in größerer Entfernung von den Siedlungs- und von den durch die genannten Einzelfunde und Rohstoffquellen gekennzeichneten Aktivitätszonen nachweisen. Dies gilt für das Schweizer Mittelland und Jura und mit Sicherheit für das Somme-[58] und wohl auch Scheldegebiet. Stilistisch entsprechende Steingerätfunde reichen bis Lothringen, Luxemburg und die Südwesteifel. Somit wird deutlich, dass während der jüngeren und jüngsten Bandkeramik, also der Zeit der Herxheimer Anlage, mittelsteinzeitlich lebende Gemeinschaften erst in einiger Entfernung nachzuweisen sind, wobei offenbleibt, inwieweit diese sich auch oder bereits als Pastoralnomaden betätigten.

Neue Untersuchungsmethoden, neue Ergebnisse, Perspektiven und Probleme

Ganz neue Perspektiven eröffneten erste Strontium-Isotopenuntersuchungen.[59] Durch eine größere Zahl derartiger Untersuchungen in einer Reihe von Siedlungen und Gräberfeldern speziell des süddeutschen Frühneolithikums konnte die Integration einzelner Individuen in bandkeramische Gemeinschaften wahrscheinlich gemacht werden.[60]

Strontiumisotopen-Methode

Strontium ist ein Erdalkali-Metall, das mit vier verschiedenen Atomgewichten – Isotopen – auftritt. Unterschiedliche Gesteinstypen und damit auch die daraus entspringenden Wässer sind durch bekannte, unterschiedliche Anteile der verschiedenen Isotope charakterisiert. Vorzugsweise mit dem Trinkwasser wird Strontium wie Calcium in Zähne und Knochen von Mensch und Tier eingebaut. Da die Entwicklung der Zähne mit dem Jugendalter abschließt, erlaubt deren Strontiumisotopenprofil die Bestimmung der Aufwuchsregion eines Individuums, gleichgültig ob Mensch oder Tier, oder vermag zumindest einzelne Regionen auszuschließen. Dies funktioniert großmaßstäblich, z. B. durch Unterscheidung von Granit-, Sand-, Kalkstein-, Schiefer- oder Lößböden.

Untersuchungen an Skelettmaterial bandkeramischer Gräber des Rheingebietes geben Hinweise auf Bevölkerungsmobilität. Ein kleiner, aber doch deutlicher Anteil von Personen beiderlei Geschlechts war am jeweiligen bandkeramischen Bestattungsort nicht nur ortsfremd, stammte also nicht aus der Gesamtheit der lößgebundenen bandkeramischen Siedlungszonen, sondern war, wie T. D. Price u. a. präzisieren, am ehesten in den Granitmassiven von Odenwald, Schwarzwald oder Vogesen aufgewachsen. Wie Price glaubt, gehören diesem Bevölkerungsanteil relativ viele junge Frauen und auch Männer an, deren Bestattungen einen eher niedrigeren Sozialstatus anzudeuten scheinen. Auch wenn A. Bentley nachgewiesene bandkeramische Migrantinnen für bandkeramisch eingeheiratete Mesolithikerinnen halten mag,[61] so können wir in den schon genannten Granitmassiven keine mesolithischen Refugien verorten, in denen diese »upland women« aufgewachsen sein könnten. Denn anders als in der Eifel und im Saarland sind gerade in diesen Mittelgebirgen keine bandkeramischen Einzelfunde, etwa als Niederschlag von Waldweideaktivitäten, bekannt, geschweige denn solche des Spätmesolithikums.

Oder sollte etwa unsere archäologische Kenntnis dieser Gebiete so gering sein, dass uns die Hinterlassenschaften der einen wie der anderen dort bisher entgangen sind?

Es bleibt im Moment somit rätselhaft, wo eine Bevölkerung auf derartigen Granitböden lebte, gleichgültig, ob sie mesolithisch oder neolithisch wirtschaftete. Eine Antwort auf diese ungelösten Fragen, deren Brisanz durch den jüngsten Nachweis einer großen, alle bisherigen Fälle bei weitem übertreffenden Anzahl nichtlokaler Gebirgsbewohner im bandkeramischen Herxheim noch erheblich zugenommen hat, ist momentan nicht gegeben.

Unsere Suche nach potentiellen Opfern der Herxheimer Kultpraxis innerhalb wildbeuterischer Bevölkerungen in der Peripherie der Bandkeramik scheint somit weitgehend erfolglos zu bleiben, gänzlich erfolglos, wenn wir diese auf Granitböden verorten wollten, zu denen auch die westlichen, frühneolithischen Keramikgruppen La Hoguette und Limburg keine Bindung aufweisen. Wenn wir die Opfer der Herxheimer Ritualpraxis als Ergebnis von mesolithisch- neolithischen Auseinandersetzungen ansehen wollten, so müssten sich solche über größere Entfernungen abgespielt haben. An dieser Stelle kann lediglich die Problemstellung nochmals festgehalten und darauf verwiesen werden, wie nötig es wäre, spätmesolithische Fundplätze mit Erhaltung von organischem Material zu untersuchen. Das Beispiel Herxheim zeigt, dass revolutionäre Neuentdeckungen jederzeit möglich sind. Wenn auch Interpretationsversuche in manchen Bereichen vielschichtig bleiben, so verdienen es die erstaunlichen Befunde von Herxheim umso mehr, im Folgenden dargestellt zu werden.

4. Neolithische Höhepunkte – die bandkeramische Siedlung mit Grubenanlage von Herxheim bei Landau (Kreis Südliche Weinstraße, Pfalz)

Abb. 8: Idealrekonstruktion der Siedlung von Herxheim zu einem Zeitpunkt, als nur ein Teil der Gruben des umgebenden Erdwerkes bereits ausgehoben/wieder verfüllt war (Rekonstruktion Roland Seidel)

Die frühneolithische Anlage von Herxheim stellt nicht nur für Rheinland-Pfalz eine herausragende Fundstelle dar, sondern ist bis heute ohne Vergleich in der europäischen Vorgeschichte. Zwischen 1996 und 1998 und erneut von 2005–2008 wurde von der Direktion Landesarchäologie Speyer am Westrand von Herxheim etwa die Hälfte einer bandkeramischen Siedlung mit umgebendem Erdwerk ausgegraben. Nach Aussage der keramischen Funde in den Siedlungsgruben bestand dieses frühneolithische Dorf während der gesamten Zeit der linksrheinischen Bandkeramik (ca. 5300–4950 v. Chr.) (Abb. 8). Das Erdwerk um die Siedlungsfläche entpuppte sich als

Abb. 9: Herxheim. Vom Rand einer nur am Boden bereits wenig mit Erdmaterial wieder verfüllten langen Grube im inneren Grubenring fanden sich auf einer Strecke von fast 7 m zahlreiche Überreste von mindestens zehn menschlichen Individuen, vermischt mit Tierknochen und zerschlagener Prunkkeramik (GDKE Landesarchäologie, Außenstelle Speyer)

Abb. 10: Beispiel für ein Teilskelett, bestehend aus Schädel, Wirbelsäule und Becken. Die beiden sichtbaren isolierten Beckenteile gehören zu zwei weiteren menschlichen Individuen (GDKE Landesarchäologie, Außenstelle Speyer)

doppelter Ring aus einander überlagernden, langovalen Gruben, die auf einer vorbestimmten und wohl dauerhaft sichtbar markierten Trasse sukzessive eingetieft und jeweils schnell wieder verfüllt worden waren. Es stand offenbar immer nur ein Teil der Gruben zeitgleich offen, wes-halb auch in der Umgrenzung der Siedlung jeweils zahlreiche Erdbrücken gleichzeitig vorhanden waren (Abb. 9).

Ein Verteidigungscharakter, wie er für die Grabenwerke bandkeramischer Siedlungen postuliert wird, ist damit für die Grubenanlage von Herxheim a priori auszu schließen.[62] Am ehesten lässt sich der doppelte Grubenring oder »Pseudo-Doppelgraben« als symbolische oder rituelle Abgrenzung eines besonderen Platzes interpretieren.[63] Die Existenz dieser Grubenanlage war die erste Überraschung, die sich den Ausgräbern bot; als noch sensationeller stellten sich die Funde heraus, die in verschiedenen der Langgruben des Erdwerkes zum Vorschein kamen. Mehr als 500 menschliche Individuen, Männer und Frauen jeglichen Alters, vom Säugling bis zum spätmaturen Individuum, waren hier deponiert worden. Die menschlichen Überreste lagen in teilweise bereits wieder verfüllten Gruben, in einigen Fällen erstreckten sich die Fundkonzentrationen auch über Grubengrenzen hinaus und fanden sich an den Endstücken zweier sich überschneidender Befunde. Aus diesen Beobachtungen wurde deutlich, dass die Grubenringe nicht dezidiert für die Aufnahme der Toten angelegt worden waren, sondern offenbar im Zuge ihres Bestehens am Ende der Bandkeramik einen Funktionswandel erfahren hatten; wann genau mit dem Bau des Erdwerkes begonnen wurde, steht allerdings nicht fest (Abb. 10).

Bei den menschlichen Individuen in den Gruben der Anlage handelt es sich keineswegs um reguläre Körperbestattungen, sondern die Skelette der Toten waren großenteils in kleinste Fragmente zerschlagen und lagen in kleineren und größeren Konzentrationen in der Grubenanlage verstreut. Neben diesen klein zerlegten Skelettelementen fanden sich auch Teilskelette und einzelne, im Verbund erhaltene Arme oder Beine, Wirbelsäulen mit anhängendem Becken, isolierte Ober- oder Unterkörper sowie Konzentrationen, in denen die Langknochen nicht zerschlagen, sondern vollständig vorlagen. Der überwiegende Anteil an menschlichem Knochenmaterial zeichnet sich jedoch durch seine erhebliche Fragmentierung aus.

Eine ganz besondere Behandlung erfuhren die Schädel der Toten, die dergestalt manipuliert worden waren, dass regelhaft nur das Schädeldach, die sog. Kalotte, übrig blieb. Diese Kalotten traten in einigen Fällen in regelrechten Nestern auf, fanden sich aber auch regellos verstreut und vermischt mit Fragmenten von Langknochen oder anderen Körperteilen. In wenigen Fällen konnten auch nestartig zusammenliegende ganz erhaltene Schädel beobachtet werden. Dabei entspricht in vielen der Konzentrationen die Anzahl der Schädel oder Schädelkalotten durchaus nicht dem Bestand an postcranialen Skelettelementen, so dass davon auszugehen ist, dass Teile der Toten überhaupt nicht in die Gruben gelangten bzw. nach ihrer Zerschlagung die Skelettteile wahllos in unterschiedlichen Befunden deponiert worden waren. Überdies ließ sich beobachten, dass die Knochen meist mit erheblichen Mengen von Erdmaterial vermischt wurden, bevor man sie in die Gruben einbrachte. Da der Lößboden von Herxheim in hohem Maße kalkhaltig ist, zeigen die Knochen eine ausgezeichnete Erhaltung (Abb. 11–12).

Neben den menschlichen Überresten enthielten die Fundkonzentrationen eine Viel-

Abb. 11: Stark mit Kalkablagerungen versinterter menschlicher Unterkiefer aus einer Konzentration in der Grubenanlage, an den andere Knochenfragmente angesintert sind (GDKE Landesarchäologie, Außenstelle Speyer)

Abb. 12: Schädelkalotte mit deutlichen Schnittspuren längs der Sagittalnaht (GDKE Landesarchäologie, Außenstelle Speyer)

Abb. 13: Keramik mit Verzierung im Pfälzer Stil der jüngsten Bandkeramik aus der Grubenanlage (GDKE Landesarchäologie, Außenstelle Speyer) zahl anderer Artefakte. An erster Stelle ist hier Keramik der jüngsten Phase der Linearbandkeramik (ca. 5000–4950 v. Chr.) zu nennen, größtenteils fein verziert und von herausragender Qualität in Herstellung, Brand und Ornamentik. Die in der Regel stark fragmentierten Gefäße lassen sich in vielen Fällen ganz oder zumindest teilweise wieder zusammensetzen, so dass von einer intentionellen Zerschlagung der Keramik vor Ort ausgegangen werden kann. Ebenfalls häufig liegen Silexklingen vor, die – in noch voll gebrauchsfähigem Zustand – offenbar absichtlich zerstört wurden und dann nur noch als ausgesplitterte Stücke zu finden sind.[64] Gewaltsame Zertrümmerung zieht sich wie ein roter Faden durch das Fundspektrum aus der Grubenanlage. So wurden auch funktionsfähige, nicht abgenutzte Mahlsteine in viele kleine Fragmente zerschmettert. Neben den menschlichen Skelettteilen und den meist zerstörten Artefakten enthielten die Konzentrationen Tierknochen, darunter eine auffällig hohe Zahl von Hundeknochen, die teilweise noch im Verbund vorlagen, was auf die Deponierung von zerteilten Hundekörpern in der Grubenanlage schließen lässt.[65] Auffällig an den übrigen Tierknochen ist die Auswahl, denn es handelt sich nicht um die typischen Schlachtabfälle, sondern bei Rindern um Hornzapfen mit und ohne ansetzendes Schädeldach, bei den anderen Haustieren um Unter- oder Oberkiefer und Teile der Extremitäten, häufig die Fuß- und unteren Beinpartien – somit um Teile, welche die jeweilige Tiergattung einwandfrei charakterisieren.[66] Hier muss von einer gezielten Auswahl der zu deponierenden Teile der Tiere ausgegangen werden, die im Rahmen eines besonderen Rituals, dem auch die übrigen Funde aus der Grubenanlage zuzuordnen sind, in den Boden gelangte. Die systematische Zerstörung von menschlichen Skeletten, hochwertiger Keramik und anderen qualitätvollen Artefakten trägt einen stark normierten, ritualisierten Charakter, der sich sinnvoll nur im Rahmen von Zeremonialhandlungen interpretieren lässt.[67]

Seit Ende 2003 werden Befunde und Fundmaterial sowohl der Rettungsgrabung der 1990er Jahre als auch der Forschungsgrabung des 21. Jhs. von einem internationalen Wissenschaftlerteam unter Leitung von Andrea Zeeb-Lanz analysiert und ausgewertet; zahlreiche externe Forscher und Institute sind in diese Untersuchungen eingebunden.[68]

Als äußerst gewinnbringend erwies sich die Forderung des zuständigen Anthropologen Bruno Boulestin, alle Menschenknochen aus der Forschungsgrabung vor einer eingehenden Analyse komplett zu entsintern. Auf den gereinigten Knochen sind vor allem auf den Schädelkalotten, aber auch an vielen Stellen des postcranialen Skeletts, Schnittspuren feststellbar, welche die charakteristische feine Form aufweisen, die von Schnitten mit Silexklingen herrührt. Die Schnittspuren auf den Schädeldächern verlaufen mittig längs der Sagittalnaht, sind aber auch seitlich im Bereich über den Ohren feststellbar. Anhand gezielter Schnittführungen wurde für die Kalottenherstellung offenbar die Kopfhaut erst aufgetrennt und dann vom Schädel abgezogen. Ebenso wie die Schnittspuren am postcranialen Skelett entstanden diejenigen an den Schädeln am frischen Knochen, also nicht lange nach dem Tod der Menschen. Die akribische Untersuchung der Langknochenfragmente und der anderen Skelettelemente erbrachte das Ergebnis, dass der außergewöhnlichen Behandlung der Menschen von Herxheim eine Systematik zugrunde liegt, welche mit der Behandlung von Schlachttieren vergleichbar ist. Als erstes wurden die Toten zerlegt, Arme und Beine abgetrennt und die Wirbelsäule herausgeschnitten. Hiervon zeugen Schnittspuren an markanten Stellen, u. a. des Schulterblattes und der Oberschenkelgelenkenden, genau an den Ansatzstellen von Muskeln und Sehnen. Das Heraustrennen der Wirbelsäule belegen die abgeschlagenen Wirbelenden des Rückgrates, das Abtrennen des Unterkiefers vom Schädel häufige Schnittspuren an den Kieferästen. Nach der Zerteilung wurden die Körper sorgfältig vom Fleisch und allen Weichteilen befreit, wofür Schnitt- und vor allem Schabespuren in Form kleiner, paralleler Schnitte auf den Langknochenfragmenten Zeugnis ablegen. Dann wurden die Knochen zerschlagen und zwar teilweise so gründlich, dass von großen Langknochen nur Fragmente in Zentimetergröße vorliegen. Abgesehen vom letzten Schritt folgt die Behandlung der Menschen einer Art »ökonomischer Logik«, wie sie auch beim Schlachten von Tieren angewendet wird. Diese Beobachtung, gepaart mit der Dokumentation des häufigen Fehlens mark- und fettreicher Skelettteile wie Wirbelkörper und Epiphysen der Langknochen, führte zu der Hypothese, dass die Toten von Herxheim – wohl als Teil des postulierten Rituals – ganz oder teilweise verspeist worden waren.[69] Für die Verteilung der Schnittspuren und die prozentualen Anteile fehlender Skelettelemente gibt es Analogien im südlichen Nordamerika, in Mancos, wo ebenfalls Kannibalismus postuliert wird.[70] Dieser Vergleich sowie die Erfüllung einer Reihe von Bedingungen, die für die Interpretation von Befunden als Belege für Kannibalismus bereits mehrfach aufgestellt worden sind,[71] erhärteten die Überzeugung des bearbeitenden Anthropologen, dass in Herxheim kannibalistische Riten vollzogen wurden.

Allerdings sind nicht alle beobachteten Details problemlos in diese Hypothese einzupassen. So kann die kleinteilige Zerstörung der Langknochen kaum mit der These in Einklang gebracht werden, die Knochen seien zur Gewinnung von Mark zerschlagen worden; – einer »ökonomischen Logik« folgend, hätte man lediglich die Gelenkenden abgetrennt und den Knochen dann längs gespalten. Auch die systematische Herstellung der Schädelkalotten will nicht ohne Erklärungsnot in ein Bild von Kannibalismus passen.[72] Wenngleich also eine ganze Reihe von Argumenten für kannibalistische Hintergründe der Manipulation der Toten von Herxheim spricht, so kann die Archäologie doch einen »Beweis« für die Richtigkeit dieser Hypothese nicht erbringen. Daneben steht – nicht unterstützt durch Spuren an den Knochen, aufgrund des hochrituellen Charakters der Gesamtsituation in Herxheim aber durchaus ebenfalls plausibel – die These einer rein rituellen Zerlegung und Zerschlagung der menschlichen Körper, wobei die gewaltsame Zerschlagung ihr Pendant in der Behandlung von Keramik, Steinartefakten sowie Mahlsteinen findet und damit auch dieser Hypothese einiges Gewicht verleiht.[73]

Auch die Untersuchung der Keramik erbrachte gänzlich Außergewöhnliches. War schon während der ersten Grabungskampagnen die besondere Qualität der Gefäße in den Konzentrationen in der Grubenlage aufgefallen, so wurde die Vielfalt der Verzierungsmotive erst bei den Analysen von Christian Jeunesse deutlich.[74] Bekanntermaßen kulminiert die schon in früheren Phasen einsetzende territoriale Gruppenbildung in der Linearbandkeramik[75] in deutlich voneinander differenzierbaren keramischen Regionalstilen in der jüngeren/jüngsten Phase dieser Kultur. In Herxheim fanden sich überraschenderweise nicht nur die zu erwartenden Gefäße Pfälzer Prägung der jüngsten Bandkeramik,[76] sondern auch zahlreiche Gefäße mit Zierstilen, die anderen jüngstbandkeramischen Regionalgruppen angehören (Abb. 14). Dabei sind Regionalstile vertreten, die in Entfernungen zwischen 200 und 400 km von Herxheim entfernt beheimatet sind, wie etwa Gefäße im Stil der Šarka-Gruppe Böhmens oder Beispiele für den Stil der Elster-Saale-Gruppe. Insgesamt acht verschiedene auswärtige Stile konnten bei den Gefäßverzierungen in der Grubenanlage von Herxheim identifiziert werden.[77] Es ist bei der Menge der mit Fremdstilen verzierten Gefäße unwahrscheinlich, dass diese vor Ort in

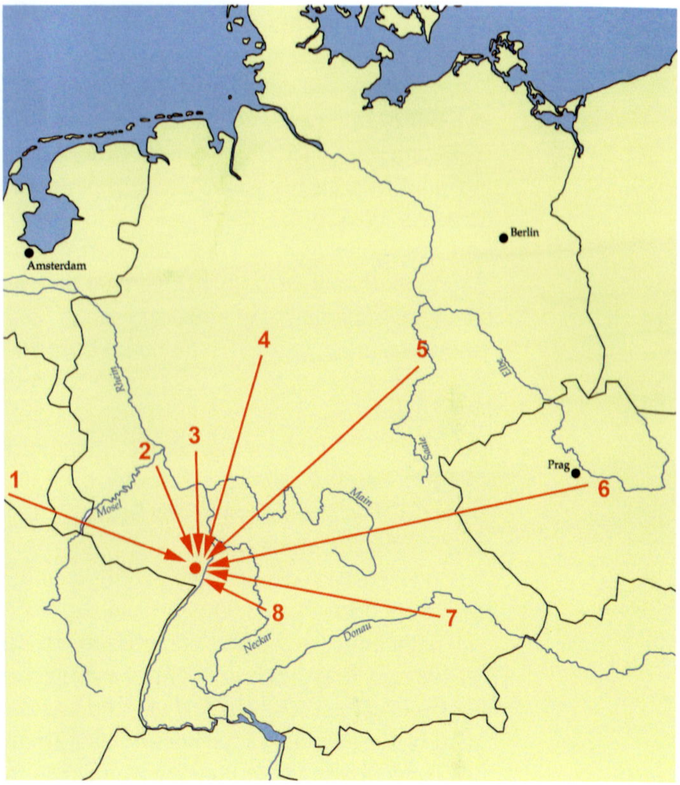

Abb. 14 Kartierung der in Herxheim vertretenen Herkunftsregionen der Keramik-Zierstile. 1=Blicquy; 2=Rhein-Mosel; 3=Rhein-Main-Schraffurstil; 4=Nordhessen (Stil von Leihgestern); 5=Elster-Saale-Stil; 6=Böhmen (Šarka-Stil); 7= Bayern; 8=Neckarraum (GDKE Landesarchäologie, Außenstelle Speyer)

Herxheim hergestellt wurden; vielmehr gibt die Keramik Hinweise auf weit gestreute überregionale Kontakte, deren Fäden in Herxheim zusammen liefen. Um die Vermutung, dass die Fremdstil-Keramik aus den jeweiligen geografischen Stilregionen nach Herxheim importiert wurde, wissenschaftlich zu untermauern, werden zur Zeit differenzierte Tonanalysen durchgeführt.[78]

Zusammensetzungsversuche der Gefäßscherben aus der Grubenanlage, die für das gesamte Material vorgenommen wurden, ergaben zahlreiche Anpassungen von Fragmenten über mehrere Konzentrationen hinweg; in einigen Fällen waren die anpassenden Scherben in weit voneinander liegenden Befunden deponiert.[79] Dies bedeutet, dass die Handlungen, die zu den Deponierungen von menschlichen Skelettteilen, zerschlagener Keramik und anderen Artefakten in verschiedenen Konzentrationen in der Grubenanlage führten, sich lediglich über einen bestimmten, nicht genau eingrenzbaren Zeitraum erstreckt haben dürften, der aber mit Sicherheit nicht die 50 Jahre umfasste, die von der Keramikchronologie als maximale Zeitspanne vorgegeben sind. Damit müssen in kurzer Zeit sehr viele Menschen zu Tode gekommen sein – etwa 500 Individuen sind durch Schädelkalotten oder Schädel belegt, jedoch wurde ja nur die Hälfte der Anlage ausgegraben. Selbst wenn im Osten der Siedlung die Grubenringe nicht durchgehend vorhanden sind, wie zwei Sondagen des Jahres 2010 vermuten lassen, so sind sie doch in ihrem nördlichen Verlauf anhand von geophysikalischen Prospektionen zweifelsfrei nachgewiesen. Insgesamt ist also mindestens mit 700 bis 800 Toten zu rechnen. Eine derart große Menge an Menschen kann unmöglich zu dieser Zeit in der Siedlung von Herxheim gleichzeitig gelebt haben und auch gleichzeitig gestorben sein.

Um festzustellen, woher die Toten kamen, bzw. ob es sich bei ihnen tatsächlich um bandkeramische Migranten handelt, wie die Keramik anzuzeigen scheint, wurde bereits eine erste Serie an Strontium-Isotopenanalysen durchgeführt; weitere Strontium- sowie Sauerstoff- und Kohlenstoff-Isotopenuntersuchungen sind in Arbeit. Die Ergebnisse der bisherigen Isotopenanalysen sind äußerst überraschend:[80] Bei der überwiegenden Mehrheit der beprobten Individuen, die zerteilt und zerschmettert in der Grubenanlage lagen, ergaben die Strontiumwerte, dass die betreffenden Menschen in Mittelgebirgen mit granitischem oder Gneis-Untergrund aufgewachsen sein müssen. Lediglich die Werte einiger ganz erhaltener Skelette, die in der für die Linienbandkeramik typischen Hockerstellung aufgefunden wurden, verweisen auf eine Herkunft aus Herxheim. Damit stehen wir bezüglich der Frage »Wer sind die Toten von Herxheim?« vor einem neuen Rätsel. Für die in Frage kommenden Mittelgebirge mit Granituntergrund wie Schwarzwald, Vogesen, Harz oder Böhmische Platte sind bislang keinerlei frühneolithische Siedlungen bekannt, wie auch im übrigen Mitteleuropa die Landnahme der Bandkeramiker nach unserem Wissen nur die Ebenen und Randzonen von Mittelgebirgen, sofern sie Lößauflagen aufweisen, in Frage kommen. Ob es sich bei den Toten von Herxheim um letzte Jäger- und Sammlerpopulationen handelt, die von Bandkeramikern aus Herxheim oder auch aus anderen spätbandkeramischen Siedlungen gefangen und dann an der Grubenanlage geopfert wurden, ist eine weitere noch nicht geklärte Frage.

Reflexion Für die Gesamtinterpretation des Ritualgeschehens in Herxheim, seiner konkreten Inhalte – darunter die Frage der Kannibalisierung der zerschlagenen menschlichen Individuen in der Grubenanlage – und der Gründe für diesen europaweit einzigartigen Befund gibt es noch eine Reihe Fragen zu klären. Allerdings ist davon auszugehen, dass die mentalen Hintergründe für die außerordentliche Handlungsweise, deren Zeugnisse in Herxheim freigelegt wurden, sich kaum noch im Einzelnen nachvollziehen werden lassen. Auch bezüglich der Frage »Kannibalismus – ja oder nein?« dürften am Ende mehrere Hypothesen stehen, die einerseits mit pro- andererseits mit kontra-kannibalistischen Fakten und Thesen argumentieren. Dennoch lassen sich anhand weiterer naturwissenschaftlicher Analysen und der akribischen Endauswertung der archäologischen Fakten die Möglichkeiten der Interpretation sicher noch auf einen kleineren Radius einengen.

Fest steht, dass in Herxheim die Hinterlassenschaften eines bislang für die Bandkeramik und weit über diese frühneolithische Kultur hinaus einzigartigen Rituals dokumentiert werden können, für das es weder in der Bandkeramik noch in den Folgekulturen erkennbare Traditionsstränge gibt – Herxheim stellt offenbar eine konkrete Momentaufnahme in der Prähistorie dar und nicht nur den für Archäologen üblichen momentanen Einblick in längerfristige Lebensgewohnheiten, Normen und Riten vorgeschichtlicher Kulturen. Das Ritualgeschehen von Herxheim markiert mit seiner Stellung am Beginn des 49. Jhs. v. Chr. darüber hinaus eine Schlüsselposition in der Frage nach »Krieg und Krise« am Ende der bandkeramischen Kultur. Die außergewöhnlichen, von Gewalt geprägten Ritualhandlungen lassen sich einerseits plausibel als Reaktion auf eine heraufziehende Krise erklären, die gesellschaftlich, kultursoziologisch oder religiös bedingt gewesen sein kann. Diese Krise könnte für die späten Bandkeramikgemeinschaften derart existenzbedrohende Bedeutung gehabt haben, dass sie sich zu extremen Ritualhandlungen gezwungen fühlten. Andererseits fällt es schwer, die unzweifelhaft in Herxheim ausgeübten Gewalttaten als Anzeichen für kriegerische Aktivitäten zu werten. Gegen eine solche Interpretation spricht das gesamte Gefüge der Hinterlassenschaften wie Prunkkeramik, wertvolle Steingeräte und weitere Artefakte, die mit den zerschlagenen menschlichen Individuen hier niedergelegt wurden. Es ist in Zusammenhang mit der Frage kriegerischer Gewalt auch zu bedenken, dass keine Tötungsspuren, die bei aggressiven Angriffen zu erwarten wären, wie etwa die typischen Kopfverletzungen von Steinbeilen, an den Schädeln von Herxheim identifiziert werden konnten.

Agression scheint offensichtlich ein grundlegender menschlicher Charakterzug zu sein. So liegen denn auch sowohl aus mesolithischen,[81] wie aus frühneolithischen Zusammenhängen[82] nicht nur genügend Belege für Verletzungen und Tötungen vor, sondern bereits aus mesolithischem Milieu scheint es Hinweise auf Totenzerlegung zu geben.[83] Auch war es Mesolithikern nicht grundsätzlich fremd, Teilbestattungen von einzelnen Skelettelementen vorzunehmen.[84] Andererseits mehren sich die Belege dafür, dass im Spätmesolithikum vielfach Totenverbrennung geübt wurde.[85]

Ob über die spezifische Herxheimer Kultpraxis hinaus das Ende der bandkeramischen Kultur während einer »ersten neolithischen Krise« etwas mit der Auflösung oder endgültigen Integration der letzten Wildbeutergemeinschaften in der weiteren Peripherie zu tun hat, halten wir für nicht völlig ausgeschlossen. Woher und aus welchem kulturellen Milieu die Opfer der Herxheimer Rituale stammen, bleibt im Moment rätselhaft.

Somit harrt eine Reihe von Fragen noch ihrer Beantwortung durch das bearbeitende Forschungsteam; das Rätsel von Herxheim, welches einen einzigartigen Einblick in außergewöhnliche Ritualhandlungen der frühesten Ackerbauernkultur in unserem Land bietet, wird aber auch zukünftig nicht bis ins letzte Detail zu klären sein.

Ausblick

Das Ende der Bandkeramik in Südwestdeutschland und damit auch in Rheinland-Pfalz erfolgt – sehr abrupt und nicht als kontinuierliche Weiterentwicklung – um ca. 5000/4950 v. Chr. Dieses plötzliche Erlöschen einer über ganz Mitteleuropa fast 700 Jahre lang vorherrschenden Kultur recht einheitlichen Gepräges wird mit einer konfliktgesteuerten Krisensituation verbunden, deren Charakter jedoch in der Neolithforschung bislang umstritten ist. Der außergewöhnliche Ritualplatz von Herxheim mit Funden hunderter zerschlagener menschlicher Skelette und zahlreicher, ebenfalls zerstörter Artefakte dürfte in engem Zusammenhang mit dieser Krise am Ende der Bandkeramik stehen (s. u.).

Auch wenn sich auf rheinland-pfälzischem Boden weitere bedeutsame Denkmäler der jungsteinzeitlichen Epoche befinden (befanden), muss die Darstellung hier auf die aktuellsten *Highlights* und Problemfelder beschränkt bleiben, zumal zur weiteren Entwicklung während der jüngeren Steinzeit noch gültige Übersichtsdarstellungen existieren.[86] Die restlichen nahezu 3.000 Jahre dieser Epoche werden hier nur andeutungsweise skizziert. Prinzipiell besteht ein Grundmuster im Wechsel kurzlebiger Regionalgruppen und stabilerer großräumiger Kulturerscheinungen.

Die nachfolgenden Kulturen des Mittelneolithikums, vor allem die auch in Rheinland-Pfalz weit verbreitete und anhand zahlreicher Siedlungsfunde dokumentierte Rössener Kultur (ca. 4700-4500 v. Chr.), finden sich im Altsiedelland der Linearbandkeramiker, greifen jedoch über deren traditionellen Lebensraum hinaus. Erstmalig werden von den Trägern der Rössener Kultur auch minder ertragreiche Böden in größerem Stil bearbeitet und besiedelt.

Zu Beginn des Jungneolithikums finden sich dann die ersten regelrechten Höhensiedlungen. Die Michelsberger Kultur erbaut mit Wall und Graben befestigte Ansiedlungen auf exponierten Höhenlagen an den Rändern der Mittelgebirge, in Rheinland-Pfalz im

Hunsrück und am Rand der Rheinebene im Pfälzer Wald. Mit diesem Ausgreifen auf die Höhenlagen und der Nutzung qualitativ unterschiedlicher Bodenarten wird die ackerbauliche Erschließung wie im übrigen Mitteleuropa auch auf rheinland-pfälzischem Gebiet flächendeckend vollzogen.

Für die Jahrhunderte zwischen den Michelsbergern und dem Einsetzen der endneolithischen Becherkulturen (ca. 3600/3500–2800 v. Chr.) ist der Bestand an Befunden und Fundmaterial in Rheinland-Pfalz erstaunlicherweise, trotz der günstigen Siedlungsbedingungen der Rheinebene, so rückläufig, dass wir in Teilen des Landes, etwa in der Pfalz, über die kulturelle Entwicklung dieser Zeit keine konkreten Aussagen treffen können. Diese archäologisch »dunklen Jahrhunderte« ermöglichen derzeit keinen Einblick in die Entwicklung der Bevölkerung, in technologische und wirtschaftliche Änderungen, außer dass es eine Epoche ist, in der im Westen des Landes und weiter westwärts Kollektivgräber, sei es in Steinkammern oder Höhlen und Felsspalten dominieren, während im Endneolithikum das einzeln – vielfach unter einem Grabhügel - bestattete Individuum, um nicht zu sagen »der Häuptling«, hervortritt. Dieses konkrete archäologische Substrat wird auf rheinland-pfälzischem Boden ab 2800 v. Chr. mit den Trägern der Schnurkeramischen Kultur fassbar, die anhand einer ganzen Reihe von Körpergräbern nachgewiesen sind; Siedlungsspuren bleiben dagegen höchst selten und beschränken sich auf Abfall-, Vorrats- oder Materialentnahmegruben. Hausgrundrisse sind bisher hierzulande aus dem Endneolithikum nicht bekannt geworden.

Die charakteristische Keramik der Schnurkeramischen Kultur, die in ganz Mitteleuropa flächig verbreitetet ist, weist Verzierungen mit umlaufenden Schnureindrücken auf; der eponyme Schnurkeramikbecher zählt zu den üblichen Grabbeigaben. Die Bestattungssitte der Schnurkeramiker folgt einer bestimmten Regel: Männer liegen in Hockerstellung auf der rechten Seite, den Kopf im Westen, Frauen dagegen, ebenfalls gehockt, auf der linken Seite mit dem Kopf im Osten. Damit steht die Bestattungssitte der Schnurkeramiker in einem augenfälligen Gegensatz zur ebenfalls bipolaren Totenlage der zeitgleichen Glockenbecher-Leute. Diese bestatten ihre Verstorbenen ebenfalls in Hockerlage, jedoch Nord-Süd ausgerichtet, wobei die Männer den Kopf im Norden und die Frauen diesen im Süden haben; die Blickrichtung ist jeweils Osten. Im Gegensatz zur Schnurkeramik sind Gräber mit verzierten Glockenbechern nur regional, dafür aber in einer weiten Verbreitung von Marokko über Spanien bis nach Ungarn und auch bei uns verbreitet.

Mit den endneolithischen Becherkulturen endet das Neolithikum in Rheinland-Pfalz, wobei einzelne Glockenbecherbestattungen schon zeitgleich mit Gräbern der frühesten Bronzezeit, beispielsweise der Gruppe »Adlerberg« bei Worms, anzusetzen sind.

1 SIROCKO, Wetter 2009.
2 CZIESLA, Jäger 1992; ZIMMERMANN, Bevölkerungsdichte 1996.
3 LE BRUN-RICALENS u. a., Préhistoire 2005, S. 75 ff.; HOLST, Hazelnut 2010; SIROCKO, Wetter 2009, Abb. 17.3.
4 MAY, Oberflächenfundplatz 2008.
5 JACOBS, »Wohn- und Werkplatz« 1988; KOCH, Oberkail 2006, S. 454 f., DIES, Utscheid 2006, S. 508 f.
6 KOCH/LÖHR, Types de sol 2000.
7 SIROCKO, Wetter 2009, Abb. 17.2.

8 CUPILLARD/RICHARD, Chasseurs-cueilleurs 1998, S. 201 ff; CZIESLA, Jäger 1992, S. 243 ff; BROU/LE BRUN-RICALENS/BAYON, Parures mésolithiques 2008; SIROCKO, Wetter 2009, Abb. 18.4; TOUSSAINT u. a., La crémation 2011.
9 HEINEN, Culture 2006, Abb. 1; SIROCKO, Wetter 2009, Abb. 17.5.
10 CZIESLA, Jäger 1992; KOZLOWSKI, Carte 1984.
11 GEHLEN, Innovation 2010, S. 215 ff.
12 Ebenda, S. 723 ff.
13 HEINEN, Niederkassel-Uckendorf 2005 und 2010.
14 BIERMANN/MOUSAVIAN, Hinweise 2008.
15 PRICE u.a., Migration 2001, S. 596.
16 FRIRDICH, Struktur 2005; GEHLEN, Innovation 2010, S. 379 ff.
17 BOGUCKI, Borderland 2008; CZIESLA, Kultur 2008; TERBERGER, Angelhaken 2010; HEINEN, Niederkassel-Uckendorf 2010.
18 LOUWE-KOOIJMANS, Transition 2007.
19 CROMBÉ, Contacts 2008; TERBERGER, Angelhaken 2010; GRONENBORN, Fernkontakte 2010.
20 TILLMANN, Kontinuität 1993 und 1994.
21 CZIESLA, Jäger 1992, S. 274 f.; DERS., Diversity 1993, S. 90 f.; DERS., Steinzeit 1998, S. 117 f.
22 GRONENBORN, Interactions 1990; HEINEN, Niederkassel-Uckendorf 2005, S. 334; KIND, Diversity 2010, S. 453 f.; FISCHER/GEHLEN/RICHTER, Stand 2009, S. 53, 56.
23 SIROCKO, Wetter 2009, Abb. 17.2g–h.
24 VERHART/WANSLEEBEN, Meuse 1990; VANMONTFORT, Chasseurs-Cueilleurs 2008.
25 LÖHR, Linksflügler 1994; DUCROCQ, Le Mésolithique 2001.
26 HAUZEUR, Material 2006, Abb. 7; LE BRUN-RICALENS u. a., Préhistoire 2005, S. 86 f.
27 GRONENBORN, Fernkontakte 2010, S. 561.
28 LÜNING/KLOOS/ALBERT, Nachbarn 1989.
29 PERRIN, Contribution 2006.
30 BURNEZ/LOUBOUTIN, Les débuts 2003; JEUNESSE/VAN WILLIGEN, Frühneolothikum 2010.
31 MANEN, L'axe 1997; ALLARD, Transition 2007, S. 218.
32 KALIS u. a., La-Hoguette-Fundhorizont 2001.
33 MANEN, L'axe 1997.
34 STRIEN, Untersuchungen 2000, Abb. 4.25; STREET u. a., Research 2001, S. 428 ff., Abb. 27; LE BRUN-RICALENS u. a., Préhistoire 2005, S. 86 f.; HEINEN, Rhine-Meuse-Schelde 2006; HAUZEUR/LÖHR, Latéralisation 2009.
35 GRONENBORN, Silexartefakte 1997.
36 VERHART/WANSLEEBEN, Meuse 1997; FRIRDICH, Struktur 2005.
37 ZIMMERMANN, Migration 2010.
38 Siehe generell zur mitteleuropäischen Neolithisierungsdiskussion auch SCHARL, Neolithisierung 2004.
39 ZIMMERMANN/HILPERT/WENDT, Estimations 2009.
40 LÖHR, Übersichtskarte 1986; LE BRUN-RICALENS u. a., Préhistoire 2005, S. 101 ff.
41 DE GROOTH/VELDE, Colonist 2005, S. 220, Abb. 11.3; LÖHR, Linksflügler 1994; CZIESLA, Kultur 2008, Abb. 4; ASSCHE, Substrat 2008; VANMONTFORT, Chasseurs-Cueilleurs 2008, Abb. 3; FISCHER/GEHLEN/RICHTER, Stand 2009, S. 57 ff.
42 DEEBEN/VAN GIJN, Hunters 2005, S. 196, Abb. 9.7.
43 FISCHER/GEHLEN/RICHTER, Stand 2009; SCHRÖTER, Fundstellen 1984.
44 CZIESLA, Jäger 1992, S. 281.
45 KALIS/MEURERS-BALKE, Landnutzung 1997.
46 BENTLEY, Mobility 2007, S. 134.
47 KALIS/ZIMMERMANN, Model 1988.
48 SCHMIDGEN-HAGER, Bandkeramik 1993, S. 149 ff.
49 SIROCKO, Wetter 2009, Abb. 17.2,d.
50 DE GROOTH/VELDE, Colonist 2005.
51 ZIMMERMANN, Austauschsysteme 1995; SCHMIDGEN-HAGER, Bandkeramik 1993; HAUZEUR, Material 2006.
52 ZEEB-LANZ u. a., Deponierungen 2007.
53 ZEEB-LANZ u. a., Siedlung 2006, S. 68 f.
54 VELDE, Foam 2008, S. 102.
55 HEINEN, Rhine-Meuse-Schelde 2006.
56 HAUZEUR, Material 2006; ALLARD, Transition 2007, Abb. 3.
57 DUCROCQ, Le Mésolithique 2001; ALLARD, Transition 2007, S. 24 ff.; HAUZEUR/LÖHR, Latéralisation 2009.
58 ALLARD, Transition 2007, S. 217 f.
59 PRICE/BENTLEY, Mobility 2005; BENTLEY, Mobility 2007.

60 PRICE/BENTLEY, Mobility 2005; PRICE u. a., Migration 2001; BENTLEY u. a., Migration 2002; BENTLEY u. a., Mobility 2003; PRICE u. a., Gräberfeld 2003; PRICE/WAHL/BENTLEY, Evidence 2006; NEHLICH u. a., Mobility 2009.
61 BENTLEY, Mobility 2007.
62 SCHMIDT/JEUNESSE, Erdwerke 2006, S. 88.
63 JEUNESSE/LEFRANC, Rosheim 1999, S. 54.
64 ZEEB-LANZ u. a., Siedlung 2006, S. 71.
65 ARBOGAST, Vestiges 2009, S. 56.
66 Ebenda, S. 58.
67 ZEEB-LANZ u. a., Siedlung 2006, S. 68; ZEEB-LANZ u. a., Deponierungen 2007, S. 266 f.; BOULESTIN,/JEUNESSE/ZEEB-LANZ, Cannibalisme 2009, S. 56.
68 Mitglieder des Forschungsteams: Rose-Marie Arbogast (Archäozoologie); Silja Bauer, Bruno Boulestin, Anne-Sophie-Coupey (Anthropologie); Nicole Boenke (Archäobotanik); Fabian Haack (Befunde, Knochengeräte); Christian Jeunesse, Anthony Denaire, Samuel van Willigen (Keramik); Dirk Schimmelpfennig (Felsgesteine, Silex); Rouven Turck (Isotopenanalysen). Zu externen Partnern siehe die Website des Projektes: URL: http://www.projekt-herxheim.de.
69 BOULESTIN u. a., Cannibalism 2009, S. 968–982.
70 WHITE, Cannibalism 1992.
71 ZEEB-LANZ, Eindrücke 2010, S. 60 ff.
72 DIES., Schädel 2011.
73 DIES, Gewaltszenario 2006, S. 87–101; DIES. u. a., Totenbehandlung 2009, S. 123 f.
74 ZEEB-LANZ u. a., Siedlung 2006, S. 74 ff., 118 ff.
75 STRIEN, Gruppenbildung 2009, S. 213–217.
76 JEUNESSE/LEFRANC/WILLIGEN, Bandkeramik 2009, S. 61–78, besonders S. 71 ff.
77 HOUBRE, La céramique 2008.
78 Siehe dazu RAMMINGER/HELFERT/MECKING, Herkunftsbestimmung 2010, S. 51–74.
79 DENAIRE, Remontage 2009, S. 79–85.
80 KOBER u. a., Herxheim 2012.
81 ROKSANDIC, Interactions 2004; ROKSANDIC, Violence 2006.
82 WAHL/KÖNIG, Untersuchung 1987; GUILAINE/ZAMMIT, Le sentier 2001; SCHULTING, Evidence 2006; PIEK/TERBERGER, Spuren 2006.
83 BOULESTIN, Approche 1999; LE BRUN-RICALENS u. a., Préhistoire 2005, S. 80 ff.
84 TOUSSAINT, Les sépultures 2010.
85 Ebenda; CUPILLARD/RICHARD, Chasseurs-Cueilleurs 1998, S. 182 ff.; LE BRUN-RICALENS u. a., Préhistoire 2005, S. 80 ff.; TOUSSAINT u. a., La crémation 2011.
86 KUNOW/WEGNER, Urgeschichte 2006; SIROCKO, Wetter 2009; MÜLLER-BECK, Urgeschichte 1983; LE BRUN-RICALENS u. a., Préhistoire 2005; BLOUET/LANSIVAL, Aux origines 1993.

Die Bronzezeit

Von Axel von Berg

Der Übergang von den jungsteinzeitlichen Kulturen zur Bronzezeit vollzog sich allmählich und kontinuierlich. Neolithische Traditionen lebten dabei noch lange fort und prägten über Jahrhunderte die Kulturentwicklung in der Bronzezeit.[1] Hierbei wird in Rheinland-Pfalz wieder ein deutliches Süd-Nord-Gefälle im Fundbestand erkennbar. Während der Süden des Landes schon am Beginn der Bronzezeit durch die süddeutsch-elsässischen Bronzezeitgruppen beeinflusst wird, bleibt der Norden noch länger von den Becherkulturen der vorangegangenen Jungsteinzeit bestimmt.

Die Bronzezeit als eigene Kulturstufe unterteilt sich in die Frühbronzezeit und die Mittelbronzezeit, die wegen ihrer charakteristischen Bestattungsart unter Grabhügeln auch als Hügelgräberbronzezeit bezeichnet wird. Die Bronzezeit umfasst einen relativ kurzen Zeitraum von etwa 800 Jahren. Die Frühbronzezeit beginnt zwischen 2000 und 1800 v. Chr. und geht etwa um 1500 v. Chr. kontinuierlich in die Mittelbronzezeit über, die dann um 1200/1100 v. Chr. in die Urnenfelderzeit (Spätbronzezeit) überleitet.

Schon im Jungneolithikum spielten die Suche nach geeigneten Rohstoffen und der gezielte Abbau von Rohmaterialien eine immer größere Rolle. Feuersteinlagerstätten wurden in zentralen Bergbaurevieren ausgebeutet und der gewonnene Silex wurde über weite Distanzen verhandelt. Die Kenntnis der jeweiligen Lagerstätten war eine wichtige Basis für die Gewinnung des Metalls und die Verarbeitung der Erze in späterer Zeit. Schon im Spätneolithikum wurde Kupfer zu Waffen, Gerät und Schmuck verarbeitet und verhandelt. Der neue Werkstoff Bronze, als Legierung von Kupfer und Zinn, setzte sich regional unterschiedlich durch, wobei der traditionelle Rohstoff Stein für die Werkzeugherstellung durch die gesamte Bronzezeit hindurch immer noch verwendet wurde. Mit der Bronzeverarbeitung als Kennzeichen der neuen Zeit mussten neue Rohstoffquellen erschlossen werden und neue Handelsbeziehungen spielten sich ein. Wie bei der Neolithisierung verbreitete sich auch die Kenntnis der Metallverarbeitung vom vorderen Orient aus bis nach Nordeuropa. Zunächst wurde nur reines Kupfer verarbeitet, dann wurde Kupfer mit Blei, Antimon und Arsen gemischt, in der Folge entstand das charakteristische Mischungsverhältnis von Bronze mit 70–90 % Kupfer und 13–10 % Zinn. Der Guss erfolgte in ein- oder mehrteiligen Formen, in denen Werkzeug, Gerät, Waffen und Schmuck hergestellt wurden. Bis zum Beginn der Mittelbronzezeit um 1500 v. Chr. kam es in der hauptsächlich durch Viehzucht geprägten Lebenswelt zunehmend zu wirtschaftlichen und technischen Neuerungen und zur Herausbildung einer mehr und mehr spezialisierten Gesellschaft.[2]

Frühbronzezeit

Die Frühbronzezeit beginnt in Rheinland-Pfalz etwa um 2000 v. Chr. und reicht bis ca. 1500 v. Chr. wobei die Übergänge fließend sind und sich regional unterschiedlich vollzogen. Während die Pfalz schon um 1800 v. Chr. Teil der süddeutsch geprägten frühbronzezeitlichen Adlerbergkultur ist, gehört der Norden von Rheinland-Pfalz als peripheres Randgebiet der klassischen frühbronzezeitlichen Kulturen noch zu den endneolithisch geprägten Becherkulturen.[3] Sowohl die Glockenbechergruppen wie auch schnurkeramische Gruppen und nordisch beeinflusste Riesenbechergruppen leben regional aufgesplittert fort und entwickeln im Verlauf der Frühbronzezeit Sonderformen, die bisher nur schwer fassbar sind. Die durch ihre Hockergrabsitte gekennzeichnete Adlerberggruppe des Südens hat das Rheinland und das Trierer Land nur partiell tangiert und wenig beeinflusst.[4] Wenn auch die Entwicklung der Frühbronzezeit im Rheinland unklar ist, so kann zumindest für den Saar-Mosel-Raum festgestellt werden, dass Einflüsse der endneolithischen Einzelgrabkultur und der Glockenbecherkultur bis zum Ende der Frühbronzezeit um 1600 v. Chr. fortleben und nur wenig Importstücke aus dem Süden und Osten vorhanden sind. In den Übergang von der Frühbronzezeit zur Mittelbronzezeit gehört der Hortfund von Trassem bei Saarburg, der aus fünf Randleistenbeilen, einem Meißel, einem Bronzeschwert sowie einer Nadel, einem Armring und vier Spiralröllchen aus Gold besteht (Abb. 1).[5]

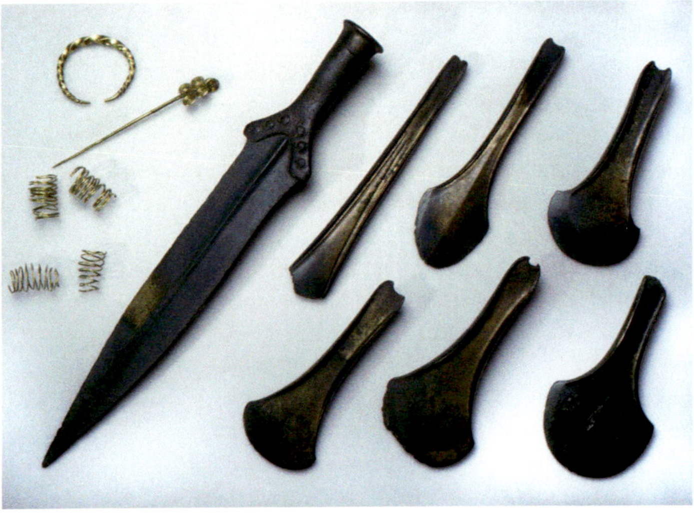

Abb. 1: Trassem, Kreis Trier-Saarburg. Depotfund der frühen Mittelbronzezeit mit Bronzebeilen, Kurzschwert und Trachtbestanteilen aus Bronze und Gold (GDKE Rheinisches Landesmuseum Trier/T. Zühmer)

Während der Süden von Rheinland-Pfalz durch standardisiert ausgestattete Grablegen mit Flachgräbern und Hockerbestattungen mit Bronze- und Keramikbeigaben nach süddeutschem Muster definiert ist, lässt sich der Grabbrauch im nördlichen Rheinland-Pfalz nur schwer fassen. Sowohl Brand- wie auch Körpergräber sind vereinzelt bekannt geworden, wobei die Ausstattung mit becherartigen Gefäßen und Steingeräten noch deutlich endneolithisch geprägt ist. Gerade das deutliche Süd-Nord Gefälle wird für den gesamten weiteren Verlauf der Bronzezeit prägend.[6]

Die Siedlungen waren kleinteilig angelegt und setzten sich meist nur aus wenigen eingetieften Grubenhäusern zusammen. Die flüchtig errichteten Gebäude weisen eher auf ein Wanderbauerntum oder halbnomadisierende Viehzüchter hin, immer wieder reparierte und veränderte Hütten könnten darauf hindeuten, dass die einzelnen Siedlungsstellen im turnusmäßigen Rhythmus aufgesucht und neu besiedelt wurden. Die Hütten waren klein, hatten einen rechteckigen Grundriss und umfassten in der Regel eine Grundfläche von 4 x 3 m. Generell waren die Hüttenböden in den Untergrund eingetieft, die Wand- und Dachkonstruktion war einfach gehalten und bestand aus wenigen Pfosten- und Stangensetzungen. Knochen von Schaf, Ziege und wenigen Rindern belegen hauptsächlich Viehzucht, der Anbau von Getreide war eher sekundär. Eine Siedlung dieser Zeit umfasste in der Regel eine Gruppe von drei bis vier versetzt zueinander angelegten Hütten, meist auf Höhenrücken und Anhöhen gelegen. Lange Grabenwerke im unmittelbaren Umfeld der Siedlungen deuten auf Zäune und Viehpferche im Rahmen der Tierhaltung und Viehzucht.[7]

Mittelbronzezeit (Hügelgräberbronzezeit)

Die mittlere Bronzezeit auch Hügelgräberbronzezeit setzte etwa um 1500 v. Chr. ein und endete um 1200 v. Chr. mit dem Beginn der Spätbronzezeit, die auch als Urnenfelderzeit bezeichnet wird. Am Anfang der mittleren Bronzezeit lassen sich besonders Veränderungen in den Grabsitten fassen, wobei wiederum ein deutliches Süd-Nord Gefälle erkennbar ist. Die süddeutsche Hügelgräberkultur erstreckt sich bis in die Pfalz, der Mittelrhein und die Region an Mosel und Saar liegen zwischen den großen Bronzezeitgruppen des Nordens und des Südens und gehören zu den Randzonen der großen Gruppen.[8] Bis in die Mittelbronzezeit hinein sind hier endneolithische Traditionen fassbar.

Abb. 2: Kobern, Kreis Mayen-Koblenz. Kreisgraben und Bestattungsgruben eines bronzezeitlichen Grabhügels im Ausgrabungsbefund (GDKE Landesarchäologie, Außenstelle Koblenz)

Die Toten wurden nun generell in gestreckter Rückenlage mit einer einheitlichen Nord-Süd Ausrichtung bestattet. Als Oberbegriff dieser Zeit gilt die Bezeichnung Hügelgräberzeit, da die Bestattungen dieser Epoche alle durch Grabhügel überwölbt sind.[9] Die teils mächtigen Hügel weisen zudem Einbauten mit Grabkammern, Totenhäusern und Kreisgräben auf (Abb. 2). Die Toten waren nun je nach Geschlecht mit Waffen bzw. Bronzeschmuck ausgestattet. Während der Süden durch Bestattungen mit reichhaltigen Beigaben- und Trachtkombinationen gekennzeichnet ist, sind die Beigabenausstattungen im Norden auf nur wenige Stücke beschränkt. Eine Nadel, ein Bronzedolch oder eine Beilklinge sind charakteristisch für diese Zeit (Abb. 3 und 4).[10] Der Grabbau, die Größe der Hügel und die Einbauten in diesen sind dagegen aufwendiger und größer angelegt, was zeigt, dass der Grabbau wichtiger war als die eigentliche Ausstattung der Bestattung mit Beigaben.[11] Die Grabausstattungen deuten an, dass es soziale, möglicherweise auf der arbeitsteiligen Metallverarbeitung basierende Differenzierungen der Bevölkerung gab. Infolge des Ressourcenmangels und des Fehlens von ausbeutbaren Erzlagerstätten sind gerade im Norden von Rheinland-Pfalz die meisten Bronzegegenstände als Importe anzusehen.

Für die mittlere Bronzezeit charakteristisch wurde die Sitte der Deponierungen von Gegenständen, wobei Einzel- und Mehrstückdepots bekannt sind. Die aus mehreren Metallobjekten be-

Abb. 3: Heimbach-Weis, Kreis Neuwied. Radnadel mit gitterförmig durchbrochener Kopfplatte der mittleren Bronzezeit (Baumann Fotostudio GmbH Höhr-Grenzhausen).

Abb. 4: Kettig, Kreis Mayen-Koblenz (links) und Großmaischeid, Kreis Neuwied (rechts). Dolchklingen mit Griffplatte der mittleren Bronzezeit (Baumann Fotostudio GmbH Höhr-Grenzhausen)

stehenden Depots zeigen einen hohen Anteil an Fremd- und Singulärformen. Eine kultisch zu deutende Intention für die Deponierungen ist anzunehmen.

Im Siedlungswesen dominieren kleine Hofareale mit ebenerdigen Fachwerkbauten, eingetieften Grubenhäusern und Siedlungsgruben.[12] Die Gebäude waren klein und die Siedlungsareale zeigen nur wenige Strukturen, was auf eine auf Mobilität ausgerichtete Lebensweise hindeuten kann. Die schon im Spätneolithikum entstandene bewegliche Siedelweise wird weiter beibehalten. Die Spezialisierung lag wie in den älteren Epochen weiterhin auf der Viehzucht, wobei Rind, Schaf und Ziege dominieren. Während für den Süden reichhaltige Geschirrsätze mit rillen- und ritzverzierter Keramik charakteristisch sind, beschränkt sich im Norden die Keramik auf einfache Formen, meist hohe Becher in endneolithischer Tradition und Tassen, die eine dichte Magerung mit Quarzgrus aufweisen.[13] Silexartefakte bestimmen nach wie vor das Gerätspektrum in den Siedlungen, wobei oft neolithische Altstücke umgearbeitet und verwendet wurden. Allgemein zeigt der Norden nur wenige Grundformen im Fundspektrum, die sich auch typologisch nur bedingt an die Nachbarregionen anbinden lassen. Mit der beginnenden Spätbronzezeit um 1200 v. Chr. änderte sich in nur kurzer Zeit das gesamte Kulturgefüge nachhaltig, die Urnenfelderkultur begann und bestimmte die nächsten Jahrhunderte mit reichhaltigen Kulturhinterlassenschaften in Rheinland-Pfalz.[14]

1 JOACHIM, Metallverarbeitung 2006, S. 205–210.
2 DERS., Bronze- und Eisenzeit 1997.
3 GEBERS, Endneolithikum 1984; HOFFMANN, Entstehung 2004.
4 LICHARDUS, Beiträge 1978, S. 31–59.
5 KIBBERT, Äxte 1980.
6 BEMMANN, Bronzezeit 1981, S. 23–28.
7 SENSBURG, Siedlung 2004, S. 33–70; BERG, Siedlungsgruben 1997, S. 41–56.
8 HOFFMANN, Entstehung 2004.
9 KUBACH-RICHTER/KUBACH, Hügelgräber 1989, S. 79–98.
10 WEGNER, Grabhügel 2008, S. 151–169.
11 DERS., Grabhügelfeld 1991, S. 141–149., speziell S. 144 ff.
12 BERG, Siedlungsgruben 1997.
13 JOACHIM, Metallverarbeitung 2006; HOFFMANN, Entstehung 2004.
14 BERG, Bemerkungen 1990, S. 63–144.

Die Urnenfelderzeit

Von Axel von Berg

Auf die mittlere Bronzezeit folgt auch in Rheinland-Pfalz als neuer Zeitabschnitt die Jung- bzw. Spätbronzezeit (13. Jh. v. Chr. – 8. Jh. v. Chr.).[1] Diese Epoche ist archäologisch sehr gut fassbar, da ihre teilweise fein verzierte, charakteristisch geformte Keramik sicher identifizierbar ist.[2] Aufgrund stilistischer Ähnlichkeiten der Töpferwaren und auch der metallenen Geräte und Trachtbestandteile werden die Funde unseres Raumes einer größeren, westlich orientierten »rheinisch-schweizerisch-ostfranzösischen« Fundgruppe zugeordnet, womit zugleich der entsprechend weite Kommunikationsrahmen, Verbindungen und Handelswege dieser Zeit, umschrieben ist. Innerhalb dieser Gruppe herrscht, was die Häufigkeit von Metallgegenständen und aufwendig gestalteter Keramik angeht, allerdings ein deutliches Süd-Nord-Gefälle. Diese eigene Kultur am Übergang zur Eisenzeit wird nach der nun vorherrschenden neuen Bestattungsart als Urnenfelderzeit bezeichnet. Vielfältige Bezüge zu Nachbarregionen und ein reger Güteraustausch bestimmten diese gesamteuropäische Kulturerscheinung. Kennzeichnend werden die Leichenverbrennung und das Beisetzen der verbrannten sterblichen Überreste in Urnen auf größeren Gräberfeldern. In der älteren Forschung wurde diese Periode noch als Übergangserscheinung zur nachfolgenden eisenzeitlich geprägten Hallstattzeit und älteren Hunsrück-Eifel-Kultur gesehen, die mit einer Einwanderungswelle im Rahmen der Seevölkerbedrohung und der sog. »Großen Wanderung« im mediterranen Raum, im Vorderen Orient sowie in Südosteuropa in Verbindung gebracht wurde. Nach dem heutigen Forschungsstand entwickelte sich die Urnenfelderzeit auch in Rheinland-Pfalz kontinuierlich aus der mittelbronzezeitlichen Hügelgräberzeit heraus. Sie entstand um etwa 1.200/1.100 v. Chr. als eigene Kulturprägung, die auf grundlegenden Wandlungen im Gesellschaftssystem und veränderten geistigen und religiösen Vorstellungen beruhte.[3] Sie endete etwa um 780 v. Chr. und leitet kontinuierlich in die Eisenzeit über. Die Frühphase war dabei noch deutlich durch regionale Gruppenbildungen auf der Basis der älteren bronzezeitlichen Kulturen strukturiert. Die entwickelte Urnenfelderzeit zeigt dann im Verlauf über mehrere hundert Jahre ein sehr einheitliches Gefüge, um am Ende wieder in regional geprägte Einzelgruppierungen zu zerfallen. Charakteristisch waren weiterhin unterschiedliche Einflüsse aus den Nachbarregionen, der Norden weist viele Merkmale aus dem Niederrheingebiet und Westfalen, das Trierer Land nimmt westeuropäische Einflüsse auf, Rheinhessen ist durch die östlichen Fundgebiete des Mains und der hessischen Senke bestimmt, die Pfalz wird durch süddeutsche Einflüsse geprägt.[4]

Die Urnenfelderzeit gehört zu den vorgeschichtlichen Zeitepochen in Rheinland-Pfalz, aus der sehr viele Funde überliefert sind, die weitestgehend aus Gräbern aber auch aus

Siedlungen und Deponierungen stammen.[5] Hauptsächlich am Fundstoff des Mittelrheinischen Beckens und Rheinhessens kann der Ablauf der Urnenfelderzeit festgelegt werden.[6] Aus diesen Landschaften sind bisher die meisten Funde und Befunde überliefert. Zwischen dem Mittelrheinischen Becken und Rheinhessen im Osten, der Pfalz im Süden sowie dem Trierer Land im Westen bestand trotz deutlich eigener Prägungen und Beziehungen auch über die Höhen der Mittelgebirge ein reger Kontakt.[7] Ausschlaggebend waren die Flusstäler von Rhein und Mosel mit den wichtigen Verkehrsrouten von Nord nach Süd und in den Westen. Mit der frühen Eisenzeit, der Stufe Ha C (8. Jh. v. Chr.), und der langsamen Ausbildung frühkeltischer Zivilisationen trennte sich der Süden dann kontinuierlich von der Kulturentwicklung im Mittelrheinischen Becken, Rheinhessen und des Trierer Landes; die Pfalz öffnete sich immer mehr den Einflüssen aus dem Süden und fand andere Orientierungen im Kulturgefüge dieser Zeit.[8]

Die Beziehungen zu den Urnenfelder-Gruppen angrenzender Regionen können besonders am keramischen Inventar mit den typischen Verzierungselementen abgelesen werden und lassen in der Frühzeit Kontakte zu Elementen der »untermainisch – schwäbischen Gruppe«, der »rheinisch – schweizerischen Gruppe« und der westeuropäischen Spätbronzezeit erkennen.[9] Mit der späten Urnenfelderzeit machte das Mittelrheinische Becken, Rheinhessen und das Trierer Land dann eine regional geprägte Entwicklung durch, die durch eigene Stilvarianten gekennzeichnet waren.

Späte Bronzezeit (Bronzezeit D)

Obwohl die Spätphase der Bronzezeit (Stufe D) im Mittelrheinischen Becken nur wenig vertreten scheint, lassen sich im Fundbestand doch einige Funde aufzählen, die den Übergang von der Bronzezeit in die Urnenfelderzeit zeigen.[10] Die Pfalz wurde wie schon in der vorangegangenen mittleren Bronzezeit hauptsächlich durch Einflüsse aus Süddeutschland und dem Elsass bestimmt.[11]

Abb. 1: Mülheim-Kärlich. Tasse der späten Bronzezeit mit Kerbschnittverzierung (Baumann Fotostudio GmbH Höhr-Grenzhausen)

Die Stufe Bronzezeit D wurde durch spezifische Keramik- und Metallgegenstände charakterisiert, die mittelbronzezeitliche Elemente weiter fortführte. Verbindende Züge zur vorangegangenen Epoche sind noch die Sitte der Körperbestattung teils unter Hügeln, besondere Bronzegegenstände wie Brillenanhänger und Nadeln, aber auch typisch verzierte Keramikgefäße. Während im nördlichen Rheinland-Pfalz die Kerbschnittornamentik mit mittelbronzezeitlichen Traditionen vorherrschte, überwog in den südlichen Landesteilen die leicht geriefte Ware Südwestdeutschlands (Abb. 1). Zur Regel wurde die Einzelbestattung als Brandgrab. Männer- und Frauengräber sind aufgrund veränderter Beigabenausstattungen nun kaum mehr direkt anhand der Grabbeigaben und der mitgegebenen Trachtbestandteile unterscheidbar. Die mittelbronzezeitlichen Beigabenkombinationen mit ihren deutlich geschlechtspezifischen Objekten sind fast vollständig verschwunden. Bisher unbekannte Gegenstände erscheinen, wie das bronzene Messer, das den Dolch als Universalgerät der vorangegangenen Bronzezeit ablöste, oder das zweischneidige Rasiermesser mit Rahmengriff. Erkennbar werden nun vielfältige Bezüge und Kontakte zu den Nachbarregionen, die in der vorangegangenen mittleren sog. »Hügelgräberbronzezeit« mit ihrem stark regional geprägten Kultursystem fehlten. Der Übergang in die frühe Urnenfelderzeit scheint nach dem derzeitigen Kenntnisstand auch in Rheinland-Pfalz trotz verschiedener Einflüsse in den einzelnen Landschaftsteilen weiter fließend zu sein.[12] Die Entwicklung aus der mittleren Bronzezeit leitet dabei kontinuierlich in urnenfelderzeitliche Fundkomplexe über.

Frühe Urnenfelderzeit (Stufe Hallstatt A)

Gegenüber der vorangegangenen späten Bronzezeit sind aus der frühen Urnenfelderzeit weitaus mehr Funde überliefert. Die Masse der bekannten Funde in Rheinland-Pfalz stammt dabei aus Gräbern. Als charakteristische Gefäßformen bestimmen jetzt konische Schalen, Schrägrandschalen mit geknickter Wandung, sog. »Schulterbecher« und doppelkonische Zylinderhalsgefäße, das Fundbild (Abb. 2) – Gefäßformen, die vollkommen neu entwickelt werden und durch ihre Form die »neue Zeit« charakterisieren. Kennzeichnende Verzierungsart ist neben oft mehrzeiligen Horizontalriefen die Kammstrichverzierung aus feinen Linienbündeln, die oft durch Buckel unterteilt sind und die Gefäßoberfläche in einzelne Dekorzonen teilen (Abb. 2). Die aus den Gräbern überlieferten Gefäße finden sich generell auch in den Keramikinventaren der Siedlungen wieder.[13]

Die Grabsitten waren sehr vielfältig, unterschiedlichste Bestattungsarten können in einem Gräberfeld vertreten sein. Der Leichenbrand wurde nach dem Auslesen aus dem Scheiterhaufen zusammen mit wenigen, teils stark verbrannten Trachtbestandteilen und Bronzebeigaben in einer größeren keramischen Urne gesammelt und dann bestattet. Die Mündung der Urne ist meist mit einer Deckschale versehen. Nur für die ältere Urnenfelderzeit typisch scheint die Deponierung der keramischen Beigaben um die Urne, die nur den Leichenbrand und die verbrannten Trachtbestandteile enthält. Mit der Zeit wurden die keramischen Beigaben dann in der Urne deponiert, die an Größe zunahm, wobei die Lage der Geschirrsätze in der Urne oft regelhafte Anordnungen zeigt.

Abb. 2: Neuwied-Gladbach. Becher der frühen Urnenfelderzeit mit Riefen- und Kammstrichverzierung aus Brandgräbern (GDKE Landesarchäologie, Außenstelle Koblenz)

Steinkammergräber Große Steinkisten als Kennzeichen herausragender Bestattungen sind seit dieser Zeit auch in Rheinland-Pfalz nachgewiesen.[14] Die Sitte der Kammerbestattung reicht bis zum Ende der frühen Urnenfelderzeit und ist dann im späturnenfelderzeitlichen Zeithorizont nicht mehr nachweisbar. Sie lehnt sich weitgehend an süddeutsche und westeuropäische Verhältnisse an und hat dort ihren Ursprung. Einzelne, reiche Bestattungen mit Bronzewaffen und Goldschmuck kennzeichnen das Entstehen einer Adelsschicht, die sich durch reiche Beigaben von den einfachen Urnengräbern abheben. Die Gräber können aufgrund der Waffenausstattung den urnenfelderzeitlichen Kriegergräbern zugeordnet werden, die im gesamten Urnenfelderkreis bekannt sind. Neben den Waffen gelten die Beigaben von Goldschmuck, Wagen, Bronzegeschirr und Jagdgerät sowie ein aufwendiger Grabbau als Kennzeichen dieser gehobenen, adeligen Gesellschaftsschicht (Abb. 3). Die Gräber liegen generell außerhalb der normalen Bestattungsareale einzeln oder in kleinen Gruppen zusammengefasst.

Abb. 3: Andernach-Miesenheim. Bronzene Pfeilspitze mit Widerhaken der frühen Urnenfelderzeit (Baumann Fotostudio GmbH Höhr-Grenzhausen)

Späte Urnenfelderzeit (Stufe Hallstatt B) Wiederum anhand der Keramik mit typischen Verzierungsarten und den Bronzegegenständen kann eine weitere Unterteilung der Urnenfelderzeit in eine Spätphase durchgeführt werden. Das Auftreten von Ritzlinienzier und Kerbschnitt leitet in den jüngeren Urnenfelderkomplex über (Abb. 4). Während in der älteren Urnenfelderzeit (Hallstatt A) deutlich zwei Unterstufen unterschieden werden können, ist eine chronologische Unterteilung der jüngeren Urnenfelderzeit (Hallstatt B) schwieriger.[15] Der späteste Urnenfelderhorizont geht im Mittelrheinischen Becken und im Trierer Land dann in die früheisenzeitliche Laufelder Gruppe über, die noch deutlich an ältere Traditionen anknüpft.[16] Der Süden von Rheinland-Pfalz geriet hingegen zunehmend unter den Einfluss der süddeutschen Frühhallstattkultur.

Erschwerend für die zeitliche Gliederung gerade bei der Keramik ist die Herausbildung einer charakteristischen Grabkeramik nur für den Bestattungsbrauch, die sich nun von den Gefäßinventaren der Siedlungen unterscheidet. Ungünstig für eine chronologische Unterteilung ist dann auch die schon während der Stufe Hallstatt A einsetzende Metallarmut in

Abb. 4: Roes. Schale der späten Urnenfelderzeit mit Kerbschnittverzierung (GDKE Landesarchäologie, Außenstelle Koblenz)

den Gräbern. Die wenigen Bronzefunde in den späturnenfelderzeitlichen Gräbern erlauben kaum eine überregionale Einordnung anhand gängiger Chronologie- und Typologieschemata, die weitestgehend noch auf bronzenen Leitfunden basieren. Das keramische Inventar in den Gräbern nimmt deutlich zu und wirkt gegenüber der Frühzeit standardisierter; große Geschirrsätze werden üblich. Die Regelausstattung umfasst generell mehrere konische Schalen, Becher und kleinere und größere Schrägrandgefäße, die in einer großvolumigen Urne deponiert sind (Abb. 5).

Abb. 5: Neuwied-Heddesdorf. Ausstattung eines späturnenfelderzeitlichen Brandgrabes mit Geschirrsatz (GDKE Landesarchäologie, Außenstelle Koblenz)

Reiche Gräber wie in der Frühzeit, die eine soziale Differenzierung erkennen lassen, fehlen in der späten Urnenfelderzeit völlig. Das Fehlen derartiger Grabausstattungen, die einen unterschiedlichen sozialen Status widerspiegeln, hat seinen Grund möglicherweise in einem veränderten Bestattungsritus, der auch durch die Herstellung einer einheitlichen Grabkeramik verstärkt wird.

Die Größe der Gräberfelder war relativ einheitlich. In der Regel gehörten 15–25 Bestattungen zu einer Nekropole. Diese lassen sich einzelnen Gehöften zuordnen. Die Gräber streuten dabei immer in einem lang gestreckten Streifen von 10–30 m Länge ohne einheitliche Orientierung der Einzelgräber. Mit der entwickelten Urnenfelderzeit wurden dann auch wieder häufiger Grabhügel in alter Tradition angelegt. Im Zentrum dieser kleinen Hügel liegt meist nur eine einzelne Brandbestattung. Eine Besonderheit in der Spätzeit ist die Anlage von Langgräben. Diese Grabenanlagen haben Größen bis zu 20 m Länge, sind an einer Seite offen und zeigen im Befund Pfostenstellungen, Brandplätze und Brandgruben. Dezentral sind eine Bestattung oder mehrere Brandgräber angelegt. Der Ursprung der Langgräben liegt im niederländisch-westfälischen Raum und zeigt Einflüsse auch aus den nordwesteuropäischen Landschaften. Die Anlage von Grabhügeln in der Spätzeit zeigt ebenso wie die Wiederaufnahme der Körpergrabsitte die durchgängig tiefe Tradition mittelbronzezeitlicher Vorstellungen (Abb. 6).

Wirtschaft

Ackerbau und Viehzucht stellen die wirtschaftliche Grundlage der urnenfelderzeitlichen Siedlungen dar. Aus frühurnenfelderzeitlichen Siedlungsgruben geborgene inkohlte Getreidekörner bezeugen den Anbau früher Weizen- und Gerstearten. Die zudem in großer Zahl aus den

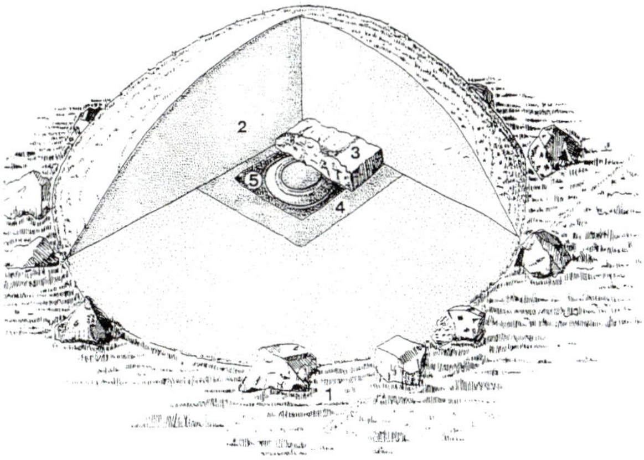

Abb. 6: Rekonstruierter Aufbau eines späturnenfelderzeitlichen Grabhügels mit zentraler Brandbestattung (GDKE Landesarchäologie, Außenstelle Koblenz)

Abb. 7: Ochtendung. Bronzene Lappenbeile der späten Urnenfelderzeit (Baumann Fotostudio GmbH Höhr-Grenzhausen)

Grubenfüllungen geborgenen Tierknochen belegen die Zucht von Rind, Schaf, Ziege, Schwein und Geflügel. Weiterhin sind Knochenreste von Pferden bekannt, die als Zug- oder Reittiere zum Einsatz kamen. Bei der prozentual nur sehr gering vertretenen Jagdbeute dominiert hauptsächlich Rotwild. Fischreste und Süßwassermuscheln belegen die Nutzung heimischer Gewässer. Webgewichte und zahlreiche Spinnwirtel sind Nachweis einer in den Siedlungen praktizierten Textilherstellung. Die Verarbeitung von Metall spielte in den einfachen Gehöftansiedlungen hingegen eine eher untergeordnete Rolle. Der Besitz von Rohstoffen und Metallerzen sowie der Handel mit Roh- und Fertigprodukten lagen in den Händen der adeligen Oberschicht, die mit Burgen und Befestigungen Erzlagerstätten sicherten[17] (Abb. 7) Hinweise auf differenziertes Metallhandwerk liefern verschiedene Hortfunde mit Rohstücken, Barren und Halbfabrikaten sowie Werkzeugen zur Bronzeverarbeitung. Das Metall wurde aus Gusskuchen und Altstücken aufgeschmolzen und weiter verarbeitet. Bronzeblech wurde auf kleinen Ambossen getrieben und mit Punzen verziert. Gussformen aus Stein oder Bronze liegen teils aus Gräbern, teils auch als Einzelfunde vor und belegen eine Verarbeitung von Bronze in der Region.

Kreisgräben

Eine besondere Denkmälergattung in Rheinland-Pfalz stellen die Kreisgräben dar.[18] Besonders im Mittelrheinischen Becken, in Rheinhessen und im Trierer Land sind zahlreiche Kreis- und Doppelkreisanlagen bekannt, in deren Zentrum einzelne Gruben oder Schächte liegen, die oft mit Brandschutt verfüllt sind. Andere Kreisgräben weisen im Zentrum Pfostenstellungen und Grundrisse ehemaliger Gebäude auf. Die Kreisgräben datieren in der Regel in die frühe Urnenfelderzeit. Auffällig ist die Nähe dieser Anlagen zu Siedlungskonzentrationen oder Nekropolen. Möglicherweise repräsentieren diese Kreisgräben kultische Anlagen in dieser Zeit.

Die Bildzeugnisse der Urnenfelderzeit ermöglichen interessante Einblicke in grundlegende Vorstellungen vom Kosmos, die ganz offensichtlich auf die Sonne als zentrales Element ausgerichtet waren.[19] Schon die Ringanlagen dokumentieren die Bedeutung der Sonne für die damaligen Menschen, da die Öffnungen in der Regel auf die Position des Sonnenauf- bzw. -untergangs zur Winter- und Sommersonnenwende ausgerichtet waren. Es wird vermutetet, dass diese Ringanlagen als multifunktionale Bauten daher zum einen als astronomischer Kalender, zum anderen aber auch als Versammlungsort

Abb. 8: Ochtendung. Bronzesitula der späten Urnenfelderzeit mit Darstellung einer Sonnenbarke verziert in Punztechnik (Baumann Fotostudio GmbH Höhr-Grenzhausen)

für kultische Handlungen an den wichtigsten Tagen des Sonnenjahres dienten. Das zentrale Motiv dieser Sonnenreligion war die Reise der Sonne durch Tag und Nacht. Neben der Ausrichtung der Ringanlagen ist das Sonnenschiff mit der über den Horizont wandernden Sonne ein zentrales Element dieser Kulturen. Darstellungen des Sonnenschiffes finden sich über ganz Mitteleuropa verteilt (Abb. 8). Oftmals werden neben dem Sonnenschiff die Plejaden dargestellt, wobei viele alte Kulturen die Sichtbarkeit dieses Sternhaufens als Zeitmarke für den Beginn des bäuerlichen Jahres nutzten.

Deponierungen

Neben den Kreisgräben stellen die Deponierungen eine weitere wichtige Quellengattung der Urnenfelderzeit dar. Innerhalb dieser Fundgruppe lassen sich unterschiedliche Niederlegungen feststellen, darunter die sog. Verwahrfunde. Die Auswahl der Funde und die Fundumstände deuten auf die Sicherung bestimmter Gegenstände hin. Neben Bronzegerät wurden auch Metallbarren und Halbfertigprodukte vergraben, die auf Handwerker- oder Händlerdepots hinweisen (Abb. 9).

Abb. 9: Ochtendung. Hortfund eines Metallgießers der späten Urnenfelderzeit. Die Bronzebeile fanden sich in unterschiedlichen Fertigungsstadien, Rohstücke, Gussreste und zwei Ambosse belegen Metallverarbeitung (Baumann Fotostudio GmbH Höhr-Grenzhausen)

Abb. 10: Cochem. Bronzenes Vollgriffschwert der Urnenfelderzeit aus der Mosel (LVR-Landesmuseum Bonn)

Daneben lassen sich Weihefunde nachweisen, die sowohl in Gewässern als auch auf dem festen Land, meist an ausgesuchten Stellen, niedergelegt wurden. Die Weihefunde stellen den größten Anteil der Deponierungen und wurden meist in Feuchtzonen und Gewässern verborgen. Ein erster Schwerpunkt der Einzeldeponierungen kann in der Frühphase der Urnenfelderzeit, ein weiterer Schwerpunkt in der Endphase der Urnenfelderzeit festgestellt werden. Während in der Frühphase hauptsächlich Waffen in die Gewässer gelangten, sind in der Spätzeit oft auch Werkzeuge und Gerät versenkt worden (Abb. 10). Schwerpunkte der Deponierungen liegen an den Flussmündungen und im Bereich alter Furten entlang der größeren Flussläufe. Allgemein wird für diese Funde ein kultischer Beweggrund angenommen, sei es als Selbstausstattung für das Jenseits oder als Opfer- bzw. als Weihegabe.[20]

Klima

Die kultische Verehrung der Sonne in der Bronzezeit ist ein allgemeines Phänomen – vom Osiris-Kult im alten Ägypten bis zu den großen Ringanlagen in Schottland. Diese Erscheinung lässt sich vor dem Hintergrund der Entwicklung der Sonnenaktivität nachvollziehen.[21] Von 2200–800 v. Chr. zeigt die intensive Sonnenaktivität nur geringfügige Änderungen. Das letzte starke ^{14}C-Produktionsmaximum lag bei 2800 v. Chr. am Beginn des Spätneolithikums, das nächste dann erst wieder bei 800 v. Chr., am Übergang zur Eisenzeit. Die Menschen der Urnenfelderzeit dürften also von kalten, regenreichen Sommern mit Ernteausfall, die die Phasen schwacher Sonnenaktivität kennzeichnen, verschont geblieben sein. Aus Sicht der Sonnenaktivität war die Urnenfelderzeit bis kurz vor ihrem Ende deshalb sicherlich eine klimatisch günstige Zeitphase; nicht so sehr weil die Einstrahlung ungewöhnlich hoch war, sondern weil es über viele Jahrhunderte keine gravierenden Änderungen gab. Über lange Zeiten muss das Klima freundlich warm ohne große Anomalien und Schwankungen gewesen sein.[22]

Besiedlungsgeschichte und Siedlungsweise

Die Entwicklung der Besiedelung der Urnenfelderzeit in Rheinland-Pfalz von der späten Hügelgräberbronzezeit bis in die frühe Eisenzeit verlief kontinuierlich.[23] Während in der ausgehenden Jungsteinzeit und der Bronzezeit die Weidewirtschaft mit teils halbnomadischer Lebensweise im Vordergrund stand, entwickelte sich in der Urnenfelderzeit der Ackerbau als wirtschaftliche Grundlage – ein Hinweis auf konstante Klimabedingungen. Auch die höher gelegenen Randgebiete der Mittelgebirge wurden besiedelt. Der Sedimentkern aus dem Ulmener Maar zeigt für die gesamte Urnenfelderzeit durchgängig Getreidepollen und beweist die ackerbauliche Nutzung fruchtbarer Böden auch in den höheren Lagen der Mittelgebirge. Im Verlauf der mittleren Bronzezeit entwickelten sich umfangreiche Buchenwälder. Insbesondere die Rotbuche dominierte die Waldvegetation seit etwa 1850 v. Chr. In den Maarkernen fallen für die gesamte Urnenfelderzeit sehr geringe Sedimentationsraten auf, aber auch das weitgehende Fehlen von klastischen Partikeln. Das bedeutet, dass die Urnenfelderzeit generell eine Zeit mit wenigen Hochwassern und Wetterextremen war.[24] Erkennbar wird erst wieder die extreme Umlagerung von Sedimentmaterial mit Einsetzen der Phase schwacher Sonnenaktivität um 800 v. Chr. am Übergang zur nachfolgenden Eisenzeit.

Die Nekropolen zeigen dabei spezifische Belegungsabfolgen. Die Belegung reicht entweder nur bis zum Ende der Stufe Hallstatt A oder sie beginnt erst mit Hallstatt B, wobei in einigen Fällen ein Fortlaufen bis in die früheisenzeitliche Laufelder Gruppe (Hallstatt C) zu beobachten ist. Der Bruch in der Belegung der Nekropolen am Ende der frühen Urnenfelderzeit ist weitgehend durch einen Siedlungswechsel am Beginn der späten Urnenfelderzeit zu erklären.[25]

Die anhand der Grabfunde sichtbare Entwicklung ist auch auf die Siedlungsfunde übertragbar. Während in Süddeutschland zwischen 1300 und 800 v. Chr. an den Ufern der circumalpinen Seen geschlossene, palisadenumwehrte Siedlungen mit zeilenartig angeordneten, kleinen Häusern nachgewiesen sind, müssen wir in Rheinland-Pfalz mit einer sehr lockeren Bebauung mit kleinen Weilern oder Einzelhöfen rechnen, die über Generationen durch oder mit der Feldflur wanderten, so dass es zu einer vorher und nachher kaum da gewesenen Zersiedlung der Landschaft kam. Der Besiedlungsablauf und die Veränderungen im Siedlungsverhalten in dieser Zeit konnten besonders im Mittelrheinischen Becken herausgearbeitet werden.[26] Während älterurnenfelderzeitliche Siedlungen der Stufe Hallstatt A ausschließlich an mäßig geneigte Hanglagen gebunden sind, finden sich jüngerurnenfelderzeitliche Siedlungen der Stufe Hallstatt B als Neugründungen auf Höhenkuppen oder plateauartig ausgeprägten Höhenrücken. Während die kleingehöftartige, lockere Siedlungsstruktur beibehalten wurde und auch die Struktur und Anlage der Gebäudegruppen innerhalb des Siedlungsareals bestehen blieb, änderte sich die topografische Lage der Siedlungen. Die in Sichtweite zueinander errichteten neuen Gehöfte zeigen keine Anzeichen fortifikatorischer Anlagen und entsprechen weitgehend den älterurnenfelderzeitlichen Vorgängern. Die Besiedelungsdichte in der Stufe Hallstatt B steigt nur unwesentlich an und entspricht bis auf wenige Verlagerungen auf die Randhöhen der Mittelgebirge dem Siedlungsbild der älteren Urnenfelderzeit. Erst mit der Laufelder Gruppe, der frühen Eisenzeit, werden dann auch die Hochlagen der Mittelgebirge mit der Entwicklung neuer, effektiverer Methoden des Ackerbaus intensiver aufgesiedelt.

Siedlungen

Die Siedlungsstruktur war ausschließlich durch Einzelgehöfte geprägt (Abb. 11).[27] Die große Anzahl regelhaft verteilter Siedlungen deutet vermutlich auch auf eine bewegliche Siedlungsweise hin. Dokumentierte Hausgrundrisse erlauben eine Rekonstruktion der Siedlungsformen. Die Siedlungen waren generell nur einphasig und zeigen kaum größere Befundüberschneidungen. Gezielte Flächengrabungen im Mittelrheinischen Becken erbrachten mehrere vollständige Gehöfte der Urnenfelderzeit. Generell bestanden die Gehöfte aus einem größeren Rechteckgebäude und einer kleineren Anzahl von Wirtschaftsgebäuden, Speicherbauten und Grubenhäusern. Die recht einheitliche Größe der Siedlungen macht eine Gesellschaftsform wahrscheinlich, die auf kleinfamiliären Gruppen basierte. Die Rechteckbauten wiesen 4–5 Stützpfosten an den Längsseiten auf und waren Nordost – Südwest orientiert. Der gleichmäßige Abstand der Pfosten zueinander lässt eine einheitliche Wandbreite von etwa 1,50 m rekonstruieren. Der Eingangsbereich lag mit großer Wahrscheinlichkeit an den Schmalseiten der Gebäude. Ein oftmals vorhandener Mittelpfosten deutet auf eine zusätzliche Stützung der Firstbalken. Die einschiffigen Gebäude waren zwischen 6 m und 8 m lang und zwischen 3,50 m und 4,50 m breit.

Als Wirtschaftsgebäude dienten ebenerdig errichtete Vierpfostenspeicher und eingetiefte Grubenbauten mit unterschiedlicher Dach- und Wandkonstruktion. Die Vierpfostenspei-

Abb. 11: Urnenfelderzeitlichen Gehöftanlage mit Wohn- und Wirtschaftsgebäuden rekonstruiert nach Originalbefunden (GDKE Landesarchäologie, Außenstelle Koblenz)

cher waren generell quadratisch angelegt und wiesen Größen von etwa 3–4 m auf. Auffallend ist das Fehlen der sonst üblichen Flechtwerkreste im Umfeld dieser Gebäude. Eine Verwendung als hoch liegende Vorratsspeicher liegt nahe. Mit der späten Urnenfelderzeit wurden zudem noch Rundhütten üblich, die 4 m Durchmesser aufweisen und westeuropäische Bezüge zeigen. Zu den Wirtschaftsgebäuden gehören auch kleine, rechteckig eingetiefte Grubenhäuser, die unterschiedlichste Konstruktionsmerkmale zeigen. Die Gruben weisen Längen von 3–6 m auf, die Breite liegt bei etwa 2,50–3,50 m. Die Pfostenstellungen der Dachkonstruktion liegen in der Regel in den Ecken der Hausgruben oder außerhalb. Einige Grundrisse weisen leichte Stangensetzungen entlang der Ränder auf, diese deuten auf zeltähnliche Dachkonstruktionen in leichterer Bauweise hin. Laufhorizonte belegen eine intensive Nutzung des Innenraumes. Oft waren die Grubenränder mit Steineinfassungen gegen Erosion geschützt. Verschiedene Funde aus dem Innenraum deuten auf eine handwerkliche Nutzung hin. Die Charakteristika im Hausbau zeigen Bezüge zu den süddeutschen Urnenfeldergruppen und Verbindungen zu den westeuropäischen Kulturen der späten Bronzezeit.

Durchschnittlich umfassten die Hofstellen etwa 500 qm Grundfläche. Meistens war ein einzelnes großes, zentral gelegenes Rechteckgebäude von einer Gruppe Wirtschaftsgebäude und unterschiedlich großen Siedlungsgruben umgeben. Zonen mit großen Rechteckgrundrissen waren deutlich von Bereichen mit kleineren Wirtschaftsgebäuden und Siedlungsgruben getrennt. Die für die frühe Urnenfelderzeit charakteristische deutliche Trennung der einzelnen Siedlungsareale ist offenbar für die jüngere Urnenfelderzeit nicht mehr so strikt eingehalten worden. Mit der Stufe Hallstatt B scheint nicht nur der Hausbau Wandlungen unterworfen gewesen zu sein, sondern auch die in der Frühzeit übliche Trennung der einzelnen Hofareale war offenbar in Auflösung begriffen und leitet zu anderen Siedlungsstrukturen über, die später die Basis der eisenzeitlichen Höfe bilden.

Die Siedlungsgruben der urnenfelderzeitlichen Gehöfte sind in der Regel zwischen 1 und 1,80 m groß. Wohl hauptsächlich als Materialentnahmegruben angelegt, sind auch Speicher- bzw. Silogruben wahrscheinlich. Die Füllung bestand meist aus Siedlungsschutt und Feuerstellenrückständen. Die Masse der Funde bildet das keramische Material, meist Schalen unterschiedlicher Form und Machart. Zum Bestand in den Siedlungen gehören darüber hinaus Bauteile aus Keramik, Tonringe und Miniaturgefäße. Ergänzend hierzu finden sich gehäuft Wetzsteine, Poliersteine für keramische Erzeugnisse und gerade in der späten Urnenfelderzeit wieder Steingeräte aus Silex und Quarzit, die in der Regel aus sekundär verwendeten neolithischen Stücken gearbeitet sind.

Während der späten Urnenfelderzeit (Hallstatt B) entstanden nach und nach befestigte Höhensiedlungen als Dauersiedlungen und Sitze von Adeligen, die Rohstoffquellen und Handelsrouten kontrollierten und ihren Machtbereich nun durch befestigte Orte schützten.

Befestigte Höhensiedlungen sind nun besonders entlang der Flussläufe und in den erzreichen Mittelgebirgen vorhanden. Die heute noch erhaltenen, mächtigen Wälle wurden ursprünglich als Trockenmauern oder Erdmauern in hölzerner Kastenbauweise errichtet. Die Anlagen waren durch einfache Tore zugänglich. Nach dem derzeitigen Kenntnisstand liegen die befestigten Anlagen oft im Umfeld von Rohstofflagerstätten. Alle Anlagen wurden am Ende der Urnenfelderzeit aufgegeben. Die zu diesem Zeitpunkt einsetzende Phase geringerer Sonnenaktivität fällt mit dem Ende der Urnenfelderkultur zusammen und lässt in der Folge die neuen Kulturgefüge der Eisenzeit entstehen. Ausschlaggebend für die Veränderungen in dieser Zeit war die deutliche Klimaverschlechterung, die weit reichende Folgen für die darauf folgende Siedlungsentwicklung in der Eisenzeit hatte.

1 BERG, Archäologie 1994; DERS., Vor- und Frühgeschichte 1998.
2 MÜLLER-KARPE, Beiträge 1959; HERRMANN, Funde 1975.
3 BERG, Ur- und Frühgeschichte 1990.
4 RUPPEL, Urnenfelderzeit 1990; BRUN, Civilisation 1986; DESITTERE, Urnenvelderkultur 1968.
5 BERG, Untersuchungen 1987.
6 Ebenda; DOHLE, Urnenfelderkultur 1970; EGGERT, Urnenfelderkultur 1976; LÖFFLER, Urnenfelderkultur 1940.
7 KOLLING, Bronzezeit 1968; ZYLMANN, Urnenfelderkultur 1983.
8 JOACHIM, Hunsrück-Eifel-Kultur 1968.
9 HERRMANN, Funde 1975; MÜLLER-KARPE, Urnenfelderkultur 1948.
10 BERG, Ur- und Frühgeschichte 1990.
11 ZYLMANN, Urnenfelderkultur 1983; DEHN, Urnenfelderkultur 1972.
12 BERG, Krieger 2006.
13 DERS., Bemerkungen 1990.
14 DERS., Doppelbestattung 1990.
15 DERS., Untersuchungen 1987.
16 JOACHIM, Hunsrück-Eifel-Kultur 1968.
17 BERG/WEGNER, Jäger 2001.
18 BERG, Untersuchungen 1987.
19 DERS./SIROCKO, »Sonnenkult« 2009.
20 WEGNER, Flussfunde 1976.
21 SIROCKO, Wetter 2009.
22 LÖHR, Dellenfüllungen 1986; MAISE, Archäoklimatologie 1988.
23 BERG, Bemerkungen 1990.
24 DERS./SIROCKO, »Sonnenkult« 2009.
25 BERG, Untersuchungen 1987.
26 Ebenda.
27 Ebenda.

Die ältere Eisenzeit (780–250 v. Chr.)

Von Hans Nortmann

Anfänge und Grundlagen

Mit der Epochenbezeichnung Eisenzeit ist mitteleuropaweit zunächst nur ein zeitlicher Rahmen für das 8.–1. Jh. v. Chr. umrissen. Die dafür gebräuchlichen Zeitabschnitte Hallstattzeit (etwa 780–450 v. Chr., nach dem Fundort Hallstatt, Oberösterreich) und Latènezeit (450–20 v. Chr., nach dem Fundort La Tène bei Neuchâtel, Schweiz) bezeichnen auch überregionale kulturelle Einheiten (Hallstattkultur, Latènekultur). Der Entwicklungsrhythmus im heutigen Rheinland-Pfalz weicht von jener »Zone nördlich der Alpen« eher ab. Auch die Einbindung in einen südmitteleuropäischen kulturellen Zusammenhang wird erst im Verlaufe der Eisenzeit enger.

Eisen ist seit dem 2. Jahrtausend v. Chr. im Vorderen Orient und Südeuropa bekannt und wird ab dem 8. Jh. v. Chr. auch im südlichen Mitteleuropa regelmäßig verarbeitet. Die Nutzung des neuen Rohstoffs bewirkt an Ober- und Mittelrhein eher keine historischen Umwälzungen. Mit der Beherrschung der Produktionskette von der Verhüttung bis zum Schmieden von Stahl wird der in vielen Einsatzbereichen überlegene Werkstoff aber schnell unentbehrlich. Spätestens im 5. Jh. v. Chr. bezeugt die Fertigung von Wagenbeschlägen und Schwertern ein hohes technisches Niveau heimischer Schmiede. Anders als zuvor in der Bronzezeit war das wichtigste Metall in Form von Eisenerzen in den meisten regionalen Mittelgebirgen nun selbst reichlich verfügbar. Der Schmiedeplatz Hillesheim in der zentralen Eifel zeigt beispielhaft die Ausnutzung lokaler Eisenerze bereits im 6. Jh. v. Chr.[1] Die Position der landwirtschaftlich benachteiligten Mittelgebirgslagen im wirtschaftlichen Austausch wurde durch die Verfügung über Eisenerze zweifellos gestärkt. Die neue Rohstoffquelle ist andererseits weiträumig verfügbar und kaum geeignet, bemerkenswerte regionale Sonderentwicklungen daraus abzuleiten. Insgesamt fehlen aber wirkliche Einblicke zur Rolle von frühem Eisenbergbau, zur Eisenverhüttung und Eisenverarbeitung hierzulande noch vollständig und werden auch in einigen Nachbarräumen gerade erst pionierhaft erforscht.

Der Übergang zur Eisenzeit wird im 8.–7. Jh. v. Chr. weiträumig durch Grabfunde einer neuartigen Schwertkriegerelite geprägt, die teilweise schon Beziehungen nach Südeuropa unterhielt.[2] Im Gebiet des Landes lässt sich dieses Phänomen kaum fassen. Die beiden ersten Jahrhunderte der Eisenzeit erscheinen speziell im Norden als wenig prägnante Fortsetzung bronzezeitlicher Verhältnisse. Die Beurteilung geht dabei im Wesentlichen von Grabfunden aus, weil sie derzeit noch den auffälligsten und leichtesten Zugang zur Epoche ermöglichen. Diese einseitige Sicht mag täuschen:

Zwischen Bronze- und Eisenzeit kommt es zu einer Klimaänderung, die zumindest in der Voralpenzone Siedlungsverlagerungen nach sich zog. Auch die flächendeckende Besiedlung der rheinischen Mittelgebirgsplateaus zur Eisenzeit bietet einen auffälligen Kontrast zu den dort ausgesprochen spärlichen Zeugnissen der vorangehenden Bronzezeit. Die Auswertung des Pollenniederschlags deutet hier etwa im 7. Jh. v. Chr. einen auffälligen, offenbar vom Menschen verursachten Waldrückgang an.[3] Noch herrscht über Ausmaß und Ursache der Umweltänderungen kein klares Bild. Frühere Annahmen über eine erst in der Eisenzeit einsetzende Neuaufsiedlung der Mittelgebirgszone lassen sich angesichts vieler Hinweise auf eine bereits zuvor bestehende Besiedlung dieser Räume kaum halten.[4] Möglicherweise wurden die wahrgenommenen Veränderungen eher von einer Umstellung der Wirtschaftsweise bewirkt, etwa eine Ausweitung der Viehwirtschaft mit der Schaffung großer Grünlandflächen.

Die Wahrnehmung von Besiedlungsverhältnissen über Grabfunde ist gewiss einseitig und fehleranfällig. Wo Bestattungen vorliegen, zeigen sie aber selbstverständlich immer auch bestehende Ansiedlungen in der Nähe an. Reste solcher Siedlungen sind bei günstigen Auffindungsbedingungen besonders aus den Beckenlandschaften vielfach bekannt.[5] Das normale Siedlungsbild wird offenbar von eingefriedeten Höfen geprägt, bestehend aus Häusern und Speichern in Lehmfachwerkbauweise, umgeben von der zugehörigen Feldflur. Landwirtschaft und alle anderen Lebens- und Wirtschaftsbereiche sind dabei während der älteren Eisenzeit im Wesentlichen wohl noch an einem Platz gebündelt.

Die vorrangige Nutzung von Bestattungszeugnissen zur Beurteilung der Epoche liegt auch deshalb nahe, weil sie niemals zuvor so zahlreich und aufschlussreich waren. Im Gefolge eines allgemeinen Grabsittenwandels in der Zone nordwärts der Alpen setzte sich nämlich im 6. Jh. v. Chr. auch an Ober- und Mittelrhein der Brauch durch, alle Toten in Grabhügeln (Abb. 1) beizusetzen, eine Sitte, die sich am Mittelrhein bis gegen 250 v. Chr. hielt. Das Aufkommen der Hügelgrabsitte schafft gerade in den Mittelgebirgslagen eine neue Grundlage der Wahrnehmung. In den weniger stark genutzten Landstrichen mit viel Wald und Grünland waren und sind Hügelgräber bis heute auffällig und zogen entsprechend früh und häufig Ausgrabungen an. Mit den Grabhügeln können relativ leicht größere Gräberfeldzusammenhänge und damit ganze Gemeinschaften erkannt und in ihrer Entwicklung verfolgt werden. Es empfiehlt sich, dafür den

Abb. 1: Grabhügel bei Enkirch (Hunsrück) (GDKE Rheinisches Landesmuseum Trier)

nördlichen Bereich des Landes genauer in den Blick zu nehmen, wo die Verhältnisse am besten beurteilbar sind.

Besiedlung und Sozialstruktur am Beispiel von Hunsrück und Eifel

Im 6.–3. Jh. v. Chr. lässt sich im Norden des Landes die Hunsrück-Eifel-Kultur als regionale Einheit umschreiben.[6] Soweit deren Grabhügelfriedhöfe vollständig beurteilbar sind, weisen sie regelmäßig eine mehrhundertjährige Beständigkeit über jene Zeitspanne auf. Das bedeutet nicht nur für die Region eine kulturelle Kontinuität. Auch für jeden einzelnen Friedhofsstandort kann man im Regelfall eine beständige lokale Gemeinschaft voraussetzen. Idealerweise lassen sich dort demografische und kulturelle Entwicklungen Schritt für Schritt nachvollziehen, zunächst auf örtlicher Ebene, im Vergleich dann auch im regionalen Maßstab. Jene Generationenfolgen ortsansässiger Gemeinschaften bilden gleichsam eine verbindende Klammer und einen Kern von Identität im Wandel der Merkmale und Bräuche.

Die neue Auffälligkeit eisenzeitlicher Gräber lässt weite Teile des Mittelgebirges ab dem 6. Jh. v. Chr. wie neu aufgesiedelt erscheinen. Die an der Belegung mit Grabhügeln ablesbare, nahezu flächige Inbesitznahme des Landes spart etwa im Hunsrück nur noch einige nährstoffarme Höhenzüge aus. Die zweifellos mit Rodungen verbundenen Binnengrenzen der Landesnutzung zur älteren Eisenzeit werden in jüngeren Epochen wie Römerzeit und Mittelalter auch kaum mehr erweitert.

Wie schon dargestellt, fällt jener Kontrast zur voreisenzeitlichen Funddichte in der Wahrnehmung wohl stärker aus als in der historischen Realität. Von woher die nun in Friedhöfen fassbaren Gemeinschaften allerdings begründet werden, ob und wie sie an die spätbronzezeitlichen Siedlungsverhältnisse anknüpfen, bleibt vorerst im Dunkeln. So unbefriedigend die Kontinuität von der älteren Besiedlung des Landes her noch aufgeklärt ist, so markant zeichnet sich ab dem 6. Jh. v. Chr. eine Kontinuität ab, die nun nicht mehr abbricht und danach bis in die Römerzeit hineinreicht.

Vollständige Hügelfriedhöfe der Hunsrück-Eifel-Kultur erstrecken sich auf den Hochflächen oder Rücken des Mittelgebirges in lockerer Reihung nachweisbar über 800 bis 2.000 m Ausdehnung, so dass einerseits die Chance besteht, zumindest einen Teilabschnitt erfassen zu können.[7] Bei solchen Dimensionen kann in dichter genutzten Landschaften andererseits kaum die vollständige Erhaltung eines solchen Hügelfriedhofs erwartet werden. Nur die bewaldeten Mittelgebirgslagen bewahren noch mehr oder weniger intakte Reste des ursprünglichen Bestandes. Auch darum spielen die naturgemäß von jeher dünner besiedelten Randlandschaften in der Forschung zur älteren Eisenzeit eine bedeutendere Rolle, als ihnen eigentlich zukommt.

Hunsrück und Eifel haben vielfach den Charakter einer Hochfläche. Der dazu tief eingesenkte Rheinlauf gibt auch seinen Zuflüssen enge Steiltäler vor. Durch das scharf einschneidende Gewässernetz gliedert sich die Landschaft vielfach schon sehr deutlich in getrennte Siedlungsräume. Inmitten dieser natürlich vorgegebenen Siedlungskammern lassen sich immer wieder die Hügelfriedhöfe der Hunsrück-Eifel-Kultur ausmachen. In vielen Fällen lässt sich damit schon der Einzugsbereich der im Gräberfeld bestattenden Siedlungsgemeinschaft feststellen. Auch die wichtigsten Zuwegungen sind in einem derart gegliederten Gelände oft von Natur aus festgelegt. Die Fläche der Siedlungseinheiten zu einem Friedhof ließ sich in den dünn besiedelten Hochlagen auf etwa 16–18 qkm festlegen. In den Tal- und Beckenlandschaften teilt sich das Siedlungsland erwartungsgemäß in deutlich kleinere Einheiten auf.

Ungeachtet der unterschiedlichen Siedlungsdichte gibt es aber wohl annähernd gleich große Friedhöfe, was für eine einigermaßen einheitliche Größe der jeweils zugehörigen Siedlungsgemeinschaften spricht.[8] Bei 90 bis 140 Grabhügeln pro Friedhof kann mit 190 bis 240 Bestatteten pro Friedhof über einen Belegungszeitraum vom etwa 320 bis 350 Jahren gerechnet werden (600–250 v. Chr.). Durch die beispielhafte Untersuchung der Leichenbrände eines Friedhofes konnte auch das durchschnittliche Sterbealter der eisenzeitlichen Bevölkerung ermittelt werden.[9] Bedingt durch die hohe Säuglingssterblichkeit betrug die durchschnittliche Lebenserwartung bei der Geburt nur 21,8 Jahre. Die überlebenden Kinder hatten eine durchschnittliche Lebenserwartung von 38 Jahren als Junge, als Mädchen nur 31 Jahre. Es sind dies übrigens Lebenserwartungen, die in ähnlicher Größenordnung für die Antike insgesamt zutreffen dürften. Die ermittelten oder verlässlich abschätzbaren, als repräsentativ betrachteten Zahlen lassen sich nutzen zur Hochrechnung über die zu einem Friedhof bzw. einer Siedlungskammer gehörige Lebendbevölkerung. Die ermittelten sieben 7 bis 20 Personen ergeben real vier bis neun Jugendliche und Erwachsene. Berücksichtigt man die hälftige Aufteilung der Geschlechter, lebten in jeder durch einen Friedhof ausgewiesenen Siedlungseinheit gerade einmal zwei bis fünf Männer.

Umgerechnet auf die Fläche liegt die Bevölkerungsdichte in den Mittelgebirgslagen bei einer Person auf 1 bis 2 qkm. Selbst wenn man für die eingeschalteten Becken und Großtäler eine erheblich größere Dichte annehmen kann, wäre die Gesamtbevölkerung des nördlichen Landesteils zur älteren Eisenzeit nur mit einer Größenordnung von wenigen 10.000 Personen zu kalkulieren.

Wenn oben die im 6. Jh. v. Chr. einsetzende soziale Kontinuität betont wurde, so ist es andererseits geradezu unmöglich, für die Hunsrück-Eifel-Kultur einen kulturellen Identitätskern zu beschreiben oder auch nur Merkmale, die über die ganze Dauer der Kulturgruppe erkennbar bleiben. Das gilt auch für die benachbarten Kulturgruppen der Pfalz oder des Rhein-Main-Gebietes.[10] Erkennbar bleiben Grenzen von Gebieten, innerhalb derer regelmäßig eine größere Übereinstimmung archäologisch fassbarer Eigenheiten besteht als nach außen. Solche Formationen setzten gewiss ein soziales Beziehungsgeflecht voraus, doch darf man Gruppen wie die Hunsrück-Eifel-Kultur eben nicht als historisch handelnde oder handlungsfähige Verbände begreifen.

Die Hügelgräber der Hunsrück-Eifel-Kultur setzen ein mit Urnengräbern, deren Ausstattung sich zunächst weitgehend auf einen Satz Keramik beschränkt und unschwer die Tradition der späten Bronzezeit erkennen lässt. Die zunächst für einen einzelnen Verstorbenen errichteten Grabhügel von 8 bis 20 m Durchmesser werden teilweise im zeitlichen Anschluss für meist wenige Nachbestattungen benutzt. Wahrscheinlich schlagen sich dabei verwandtschaftliche Verbindungen nieder. Neue Grabhügel werden in lockerer Verteilung meist neben den unmittelbar zuvor belegten Hügeln angelegt. Noch im 6. Jh. v. Chr. setzt sich entsprechend einem gesamtmitteleuropäischen Trend mehrheitlich die unverbrannte Beisetzung durch. Im 4. Jh. v. Chr. überwiegt dann wieder die

Brandbestattung, die bei Aufgabe der Grabhügelsitte gegen 250 v. Chr. fast durchgängig ausgeübt und fortgeführt wird.

Auch in den unverbrannten »Körpergräbern« findet sich, im Gegensatz etwa zu den Bestattungen der Pfalz,[11] fast immer Keramik (Abb. 2–3). Für den Archäologen stellt sie einen recht verlässlichen Zeitmarker auch für einfache Gräber dar. Die Geschirrsätze zeigen eine Speise- und Trankausstattung an, oft ergänzt um Messer zum Zerlegen einer Fleischbeigabe. Während die einfache Haushaltskeramik durchweg unansehnlich bleibt, zeigt die Feinkeramik vor allem im 5.–4. Jh. v. Chr. eine ausgesprochen aufwändige Gestaltung mit kleinräumig unterschiedlichen Stilen. In jener Zeit wird auch erstmals die Technik der Drehscheibenfertigung praktiziert.[12] Allerdings gibt es zu dieser Zeit noch keine Hinweise, dass sich die hauswirtschaftliche Keramikproduktion damit schon zu einer gewerblich angelegten Massenfertigung weiterentwickelt hätte.

Abb. 2: Trachtgarnitur und Keramik eines Frauengrabes von Hunolstein (Hunsrück) (GDKE Rheinisches Landesmuseum Trier)

Erst die Körpergräber überliefern ein breites Spektrum an Metallausstattungen und damit eine Fülle zusätzlicher Informationen und Vergleichsmöglichkeiten. Verglichen mit der Zone nordwärts der Alpen erscheint das kulturelle Bild der Region im 6. Jh. v. Chr. technisch und gestalterisch noch nicht sehr anspruchsvoll. Frauen geben sich durch mehr oder weniger reichhaltige Trachtschmuckgarnituren zu erkennen, überwiegend aus Bronze gefertigt. Es steht zu vermuten, dass die Unterschiede auch Stand und Wohlstand zum Ausdruck bringen, wobei Form und Tragweise auch noch großräumigen modischen Wechseln unterliegen. Frauenausstattungen bestehen vorwiegend aus Halsring und Armringen oder Armringsätzen, während zusätzliche Fußringe nur im Süden des Landes üblich sind. Die Frauen der Hunsrück-Eifel-Kultur waren im 6. Jh. v. Chr. unverkennbar durch einen Kopfputz aus großen Drahtringen (Abb. 2). Noch spektakulärer waren zur gleichen Zeit voluminöse Halsringe mit scharfen Blechkanten. Gestalterisch

Abb. 3: Waffensatz und Keramik eines Männergrabes von Bescheid (Hunsrück) (GDKE Rheinisches Landesmuseum Trier)

schließen diese »scharflappigen Wendelringe« an die nordöstlich anschließenden Mittelgebirgszone an, während die Schmuckformen sonst im Allgemeinen einem für Südmitteleuropa gängigen Trend nachgebildet sind. Bei Anhängerschmuck sind neben vereinzelten Bernsteinperlen zunehmend häufig auch Glasperlen vertreten. Sie dürften noch nicht im Lande gefertigt worden sein, sondern wurden aus Süd- oder Südosteuropa bezogen.

In Männergräbern der Hunsrück-Eifel-Kultur finden sich, hauptsächlich in Körpergräbern, über längere Zeit regelmäßig Waffen. Im 6. Jh. v. Chr. sind das nur ein Satz von Stoßlanze und Wurfspeeren (Abb. 3). Später führen einzelne Vollbewaffnete zusätzlich auch ein Schwert. Die Waffenausstattung im Grab drückt das Ansehen des Mannes in der Rolle des Kriegers aus. Häufigere Waffenbeigabe unterscheidet die Hunsrück-Eifel-Kultur vom südlich benachbarten Gebiet.[13] Wo die Beigabe fehlt, wird man im Umkehrschluss dennoch kein grundlegend anderes Selbstverständnis annehmen dürfen.

Das eben skizzierte kulturelle Erscheinungsbild und die in den Grabhügelfriedhöfen zum Ausdruck kommenden Strukturen bilden gleichsam den normalen Hintergrund für jene durchaus spektakulär zu nennende Entwicklungen, die im Folgenden beschrieben werden.

Spätestens seit dem 7. Jh. v. Chr. leiten orientalische und griechische Einflüsse im Mittelmeerraum eine dynamische Entwicklung zu der uns bekannten antiken Hochkultur ein. Über Griechen und Etrusker fasst sie direkt oder indirekt auch am nördlichen Mit-

Prunkgräber und die Berührung der mediterranen Welt

telmeersaum Fuß und zieht dabei durch ihre kulturelle Strahlkraft und technische Überlegenheit auch die Regionen nördlich der Alpen in ihren Bann.[14] Im 6. Jh. v. Chr. gilt das besonders für die Region zwischen Schwaben und Burgund (nordwestalpine Späthallstattkultur). Die aristokratischen Eliten jener Region demonstrieren in eindrucksvoll dimensionierten und ausgestatteten »Fürstengräbern« ein übersteigertes Repräsentationsbedürfnis.[15] Dafür werden regelmäßig Importe aus griechischen und etruskischen Werkstätten eingesetzt wie auch Leistungen der heimischen Handwerker auf bislang nicht erreichtem Niveau. Parallel zur Praxis exklusiver Prunkgräber kommt es zur Ausbildung eines Netzes befestigter Zentralsiedlungen, sog. »Fürstensitze«.[16] Zu Beginn des 5. Jhs. v. Chr. setzen jene »Fürstengräber« und »Fürstensitze« recht unvermittelt aus.

Im größten Teil dieses Zeitraumes, während des 6. Jhs. v. Chr., stand der mittelrheinisch-pfälzische Raum zwar im kulturellen Austausch mit der oberrheinischen Nachbarschaft, hatte aber keinen erkennbaren Anteil an deren Sozialmodell und handwerklich-kulturellem Aufschwung. Gegen 520 v. Chr. ändert sich das und in der nördlich vorgelagerten Zone setzt über 200 Jahre ein vergleichbarer Zyklus ein. Hauptmerkmale sind eine demonstrative Hervorhebung der einheimischen Eliten und die intensive Begegnung mit Südeuropa. Mit Abschluss dieses Prozesses lassen sich alle Gebiete des Landes ungeachtet regionaler Eigenheiten als fester Bestandteil eines südmitteleuropäischen Kulturverbandes ansehen, der als keltisch bezeichnet werden darf.

Vornehmlich im nördlichen Landesteil lässt sich der Umbruch mit der Neuanlage von Befestigungen verbinden,[17] wie sie zuletzt aus der Bronzezeit bekannt waren (Abb. 4). Von zwei solcher »Burgen«, Befort und Kirnsulzbach, am westlichen und südlichen Saum der Hunsrück-Eifel-Kultur gelegen, konnten mit Hilfe der Dendrochronologie wohl nicht zufällig eng zusammenliegende Baudaten um 514 und 509 v. Chr. ermittelt

Abb. 4: Modell der Befestigung »Ringskopf« bei Allenbach (Hunsrück) im Zustand des Zerfalls (GDKE Rheinisches Landesmuseum Trier)

werden. Sie stehen offensichtlich für eine flächendeckende Gründungswelle solcher Anlagen, für die ein mittlerer Einzugsbereich von 10 bis 15 km Ausdehnung angenommen werden kann. Die wehrhaften, aber wenig siedlungsfreundlichen Ausnahmestandorte auf abgesetzten Bergkuppen und Spornen weisen darauf hin, dass es sich hier zweifellos um die Stützpunkte der jeweiligen lokalen Herrschaft handelt, die jetzt einen neuen Ausdruck findet. Der bemerkenswerteste Teil der durchschnittlich 2 ha großen Burgen sind die Befestigungswerke: eine umlaufende oder riegelartige Wehrmauer mit Brustwehr, teilweise auch mit vorgelagertem Trockengraben. Ein einziges, oft recht raffiniert angelegtes Tor sichert den Zugang. Die mit Holzstreben stabilisierten Wehrmauern zeigen überwiegend eine Trockenmauerfassade. Für die Epoche sind und bleiben es die einzigen Steinbauwerke, die damit neben ihrer praktisch-militärischen Funktion offensichtlich auch eine Repräsentationsarchitektur darstellen. Es besteht der Verdacht, dass der Impuls zum Bau wie die Bauweise und architektonische Details von den sog. Fürstensitzen der nordwestalpinen Späthallstattkultur angeregt wurden. Damit scheint sich die Vorbildhaftigkeit aber auch zu erschöpfen, denn das Innenleben der mittelrheinischen Burgen hält offenbar nichts bereit, was die aufwändige Wehrarchitektur verspricht. Sie waren kaum dauerhaft bewohnt und damit sicherlich keine das Umfeld prägende Zentren. Nach wenigen Jahrzehnten, spätestens um die Mitte des 5. Jh. v. Chr., wird jene erste Generation eisenzeitlicher Burgen bereits wieder aufgegeben.

Parallel zur Anlage von Befestigungen zeigen sich im mittelrheinisch-pfälzischen Raum erstmals einzelne Gräber, die Merkmale der absondernden Hervorhebung mit Belegen

Abb. 5: Bronzenes Tafelgeschirr aus Etrurien und einheimische Nachbildungen in Ton aus verschiedenen Prunkgräbern des Hunsrücks (GDKE Rheinisches Landesmuseum Trier)

für bislang unbekannte Fernbeziehungen verbinden. Die auffälligsten Sondermerkmale dieser »Prunkgräber«[18] sind Wagenausstattung, Metallgeschirr fremder Herkunft (Abb. 5) und Goldobjekte (Abb. 7), oft auch die abgesetzte Lage zum normalen Gräberfeld mit besonders aufwändigen Hügeln oder Grabkammern, schließlich auch die Ausstattung mit kunsthandwerklich oder technisch herausragenden Objekten (Abb. 6–7).[19] Es kann kein Zweifel daran bestehen, dass derart hervorgehobene Bestattungen Personen aus der Führungsschicht kennzeichnen. Prunkgräber unterschiedlicher Erscheinungsform sind ein in verschiedenen Epochen und Räumen wiederkehrendes Phänomen, zu dem auch die schon genannten älteren »Fürstengräber« der nordwestalpinen Späthallstattkultur zählen. Die Mittelrheinregion verzeichnet in der Zeitspanne 520–320 v. Chr. zwar die größte Dichte an Prunkgräbern (Karte), ist damit aber auch Bestandteil einer von Böhmen bis in die Champagne reichenden Zone kulturellen Auf- und Umbruchs.[20] Vielfach lässt sich nachweisen, wie die derart hervorgehobenen Mitglieder der Elite an einem überregionalen Beziehungsgeflecht teilhaben, möglicherweise ein gewisses Gemeinschaftsbewusstsein entwickeln, von dem die gewöhnlichen Grabausstattungen wenig erahnen lassen.

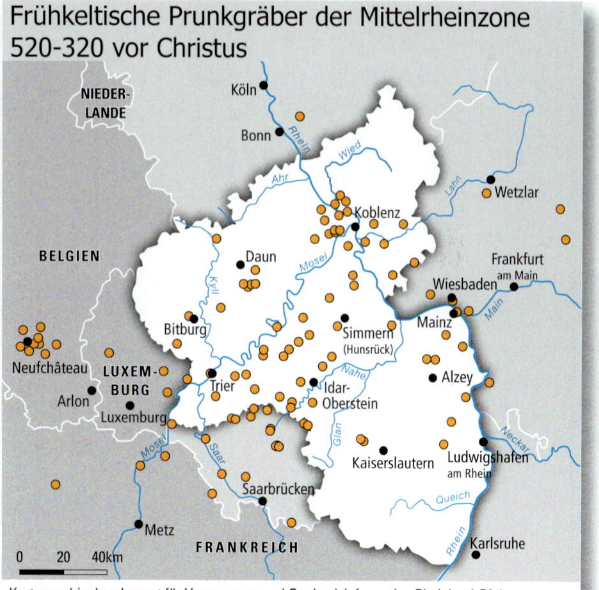

Kartographie: Landesamt für Vermessung und Geobasisinformation Rheinland-Pfalz

Die Anfänge um 520 v. Chr. erscheinen auf den ersten Blick wenig prunkvoll, wie einige Beispiele zeigen: In der gezimmerten Grabkammer eines Hügelgrabes von Bell im Hunsrück stand über dem Toten ein vierrädriger Wagen mit Eisen- und Bronzebeschlägen. Obwohl vergleichsweise schlicht, entspricht er genau jenen Zeremonialwagen, die in der nordwestalpinen Späthallstattkultur reiche Bestattungen auszeichnen.[21] Ein Wagen kann immerhin als eines der aufwändigsten Erzeugnisse der Zeit angesehen werden und stellte mithin auch einen erheblichen Wert dar, natürlich erst recht, wenn er gelegentlich durch Zierbeschläge noch aufgewertet war. Lanzenwaffe und Gefäßbeigabe entsprechen dem schlichten Beigabenspektrum der Hunsrück-Eifel-Kultur, doch war das sonst übliche Tongefäß hier ersetzt durch einen Bronzeeimer (Situla) oberitalischer Herkunft, einen der ältesten südalpinen »Importe« in der Mittelrheinzone. Das im Grundsatz ganz ähnliche Wagengrab von Niederweiler, 20 km südlich gelegen, führt statt des Eimers einen Bronzekessel. Dieser könnte eher schon aus dem nordalpinen Bereich stammen, wo ähnliche Kessel regelmäßig reiche Bestattungen begleiten. Neben vierrädrigen finden sich etwa gleichzeitig schon die ersten zweirädrigen Wagen leichter Bauart nördlich der Alpen, eine von Südeuropa übernommene Neuerung. Weitere 11 km südlich wird in einem Kammergrab bei Hundheim ein solcher Wagen von einer Bronzesitula begleitet. Ein zeitgleiches, benachbartes Wagengrab führt hingegen kein Metallgeschirr, ähnlich wie mehrere Wagengräber der Zeit. Aber auch die Bronzeeimer treten häufiger ohne weitere Sondermerkmale in Erscheinung und werten allein durch ihre

Abb. 6: Im Latènestil gestaltete Steinstele von Pfalzfeld (Hunsrück), ehemals wohl Bekrönung eines Grabhügels (LVR-Landesmuseum Bonn)

Existenz die Bestattung auf. Die ersten Goldbeigaben sind zwar nach der Metallmenge unbedeutend, begleiten aber in so auffälliger Weise fast immer andere Sondererscheinungen, dass das Auftreten von Gold tatsächlich abzeichenartig den Sonderstatus des Bestatteten anzeigt.

Zwar gibt es Prunkgräber auch im Verband eines größeren Friedhofs. Häufiger jedoch betont eine räumliche Absonderung um bis zu 2 km den Sonderstatus des Toten. Wo die Landschaft natürliche Siedlungskammern vorgibt, ist bei aller Distanz die Beziehung zwischen dem herausgehobenen Verstorbenen und seiner Gemeinschaft ganz offensichtlich. Prunkgräber liegen dann nicht einfach nur abgelegen, sondern vielfach erkennbar demonstrativ am natürlichen Zugang zum Siedlungsbereich der Gemeinschaft. Das Grabdenkmal markiert also nach außen hin jenen Raum, in dem der Tote einst eine prominente Rolle spielte, und stellt den Verstorbenen gleichsam als Repräsentanten seiner Gemeinschaft heraus. Deren Größe wurde oben für die Hunsrück-Eifel-Kultur mit nicht mehr als 2 bis 5 erwachsenen Männern veranschlagt. Mittlerweile ist allein durch die Zahl und räumliche Verteilung der Prunkgräber offensichtlich, dass wohl jede dieser überschaubaren Gemeinschaften solche herausgehobenen Vertreter besitzt. Das Aufkommen der Prunkgräber, so bemerkenswert es als Gesamterscheinung ist, spielt sich also immer auch in örtlich bestehenden Verbänden ab und kann schon wegen der bescheidenen Größe derselben keine tief gestaffelte soziale Abstufung beinhalten. Die noch immer gängige Überhöhung der Prunkgräber zu »Fürstengräbern« zielt insofern an der historischen Wirklichkeit vorbei.

Übergeordnete Ränge oder größere soziale Einheiten als diese lokalen Gemeinschaften sind bislang nicht recht fassbar. Der wie immer bemessene Reichtum der Grabausstattung lässt sicherlich eine erhebliche Bandbreite erkennen, nimmt im Zeitverlauf erkennbar zu und erreicht im 4. Jh. v. Chr., kurz bevor das Phänomen Prunkgräber wieder aussetzt, seinen Höhepunkt. Zeitgleiche Rangklassen, die eine soziale Abstufung der Oberschicht nahe legen, lassen sich aber nicht fassen. Die mit dem Aufkommen von Prunkgräbern im Zusammenhang stehenden Burgen deuten größere Einheiten an, da sie mit ihrem Umland von 10 bis 15 km Ausdehnung theoretisch die Fläche von sechs

Abb. 7: Im Latènestil gestaltete Goldringgarnitur aus dem Prunkgrab einer Frau von Waldalgesheim (Hunsrück) (LVR-Landesmuseum Bonn)

durchschnittlichen Siedlungskammern abdecken. Bisher ist es jedoch noch nicht gelungen, die Gräber der zugehörigen Burgherren zu identifizieren.[22] Das hängt sicher auch damit zusammen, dass Burgen auf dem Höhepunkt der Prunkgräbersitte längst aufgegeben waren.

Prunkgräber treten einzeln oder in Kleingruppen in Erscheinung. Fast ausschließlich sind es Bestattungen von Kriegern, also Männern, doch weisen vereinzelte Gräber von Frauen, Mädchen und Knaben darauf hin, dass letztlich wohl die familiäre Zugehörigkeit den Status bestimmte. Die einseitige Geschlechtszugehörigkeit und geringe Größe der Prunkgräbereinheiten lassen es in der Regel nicht zu, darin Grabstätten von Adelsfamilien zu sehen. Auch von daher sind Prunkgräber gar nicht denkbar ohne die Verbindung zu einer größeren Gemeinschaft. An ihrem Standort sind Prunkgräber auch eher kurzlebiger Sonderfall als Dauererscheinung über jene fast zwei Jahrhunderte, während der die Sitte nachweisbar ist. So haben wir es zwar einerseits mit einer Herausstellung und Selbstdarstellung der lokalen Oberschicht zu tun, andererseits mit einem Ritual, das sich nicht ausschließlich auf die Existenz und das Repräsentationsbedürfnis dieser Elite reduzieren lässt.

Ein zentrales Element für Ansprache und Verständnis der Prunkgräber ist die darin aufscheinende Fixierung auf die Mittelmeerkulturen, sei es, dass exotische Luxusgüter importiert wurden, sei es, dass fremde Bräuche oder Ausstattungen übernommen wurden. Über den gegenseitigen und direkten Charakter und die eigentlichen Träger dieser Fernbeziehungen besteht noch wenig Klarheit. Die ersten transalpinen Kontakte werden schon über das oberrheinische Zwischengebiet vermittelt worden sein, auch wenn die Orientierung an dortigen Vorbildern nicht so breit und auffällig war, wie es geografische Nähe und kulturelle Ausstrahlung nahe legen würden. Ab 450 v. Chr. vertiefen sich die Beziehungen zum Mittelmeerraum weiter. Neben die schon genannten oberitalischen

Importe treten im 5. Jh. v. Chr. technisch und gestalterisch sowie nach den zugeordneten Trinksitten andersartige Bronzen etruskischer Werkstätten (Abb. 5). Insgesamt sind im mittelrheinisch-pfälzischen Raum mindestens 90 mediterrane Gefäßimporte belegbar, die nach Form und Funktion meist kein heimisches Gegenstück haben. Außer der schon genannten Situla war besonders die Gattung Kanne beliebt, daneben Becken, Stamnos, Amphora, Schöpfer und Sieb. Auch wenn es sich dabei nach Maßstab des Herstellungsgebietes eher um eine gehobene Massenware handelt: Im Empfangsgebiet konnten sie nur als repräsentative Vertreter eines exotischen Tafelluxus aufgefasst werden. Für ihre Verwendung und Zurschaustellung boten Festmahl und Gelage den Rahmen, wo Gemeinschaft hergestellt, Zugehörigkeit erfahren und Selbstbewusstsein demonstriert werden konnte. Solche Zusammenhänge dürften auch und gerade im Grabritus eine maßgebende Rolle gespielt haben. Das traditionell schon immer zur Totenausstattung gehörige Geschirr wurde also durch Metallgeschirr ergänzt oder ersetzt und aufgewertet. Meist handelt es sich im italischen Ursprungsgebiet um spezielles Trinkgeschirr, verbunden dem Weingenuss und einem festen Brauchtum von Bereitstellen, Mischen, Schöpfen, Seihen und Ausschenken. Diese vornehmen Trinksitten der Fremden ließen sich mittels passender Gerätschaft teilweise imitieren und vorführen, um den Besitzer und Gastgeber aufzuwerten. Als Bestandteile gehoben-mediterraner Lebensart genießen jene Prestigegüter so hohe Wertschätzung, dass es auch zu Imitationen und Nachschöpfungen in Metall und Keramik kommt (Abb. 5).

Es kann nicht verwundern, dass die nach Exklusivität strebenden Grabausstattungen auch in Material und Gestaltung überdurchschnittlich qualitätvolle Objekte enthalten. Aus Gebrauchsgegenständen wie Waffen, Wagen- und Pferdeausstattung, Schmuck und Trachtzubehör sowie Gefäßen werden exquisit gestaltete Repräsentationsobjekte für die einheimische Aristokratie. Exotische Einlagen bereichern die Gestaltungsmöglichkeiten, dabei neben Bernstein besonders häufig die aus dem oder über den Mittelmeerraum bezogene Koralle, schließlich auch Email. Gold, Abzeichen für gehobenen Rang, wird für Ringe und anderen Zierrat eingesetzt, dient zur Aufwertung von Waffen und bekräftigt die repräsentative Sonderrolle der neu auftretenden Trinkhörner nach süddeutschen und mediterranen Vorbildern. Der gestiegene Bedarf an anspruchsvollen Schaustücken bewirkt nicht nur einen Aufschwung im künstlerischen Bereich, sondern ist auch eng verknüpft mit einer erheblichen Steigerung handwerklicher Fähigkeiten, z. B. Metalldrehen, Treiben, Löten usw.

Die Entstehung einer keltischen Kultur

Mit den etruskischen Importen werden auch Bestandteile der mediterranen Bilderwelt nach Mitteleuropa transportiert. Es ist ein Kulturraum, der wohl aufgrund religiöser Tabus seit jeher keine Bilder kannte. Das Repertoire aus Menschen, Tieren und Mischwesen sowie einer stilisierten Pflanzenornamentik ist nicht sehr breit, entfaltet aber im neuen Umfeld eine überraschend starke Wirkung. Die mediterranen Motive werden nämlich von heimischen Handwerkern aufgegriffen und zu einem eigenständigen Zierstil umgeformt (»Latènestil«).[23] Dabei wurden die Vorlagen, in ihrer ursprünglichen Bedeutung vielleicht nicht einmal ganz verstanden, in einer ansprechenden Auswahl übernommen und in neue Zusammenhänge überführt, die für uns weithin rätselhaft und verschlossen bleiben. Die Aneignung des Fremden geht jedenfalls weit über eine Imitation hinaus und bedeutet auch einen Bruch mit älteren Gestaltungstraditionen. Die Konzentration auf die Darstellung von Köpfen, die Vorliebe für Mischwesen und übersteigerte Darstellung (»Masken«)[24] sind auffällige Züge der keltischen Bildkunst. Bildbetonte und noch häufiger abstrakt wirkende, aber zeichenartig aufgeladene Elemente ergänzen sich und gehen ineinander über. Palmetten, Ranken und Blüten verlieren mit der Übernahme in den neuen Stil schnell allen pflanzlichen Realismus. Sie werden zerlegt und zum Spielmaterial origineller Neuschöpfungen nach ganz eigenen Regeln. Die organisch schwellenden Figuren sind streng durchkomponiert, haben mit dem geometrischen Ornament älterer Zeit aber nichts gemein (Abb. 6–7). Diese schwer zugängliche »Kunst« ist offenbar Bedeutungsträger, ihre Nähe zu religiösen oder magischen Vorstellungen unverkennbar. Motivauswahl, Stilisierung und Anwendung legen tatsächlich nahe, dass mit dem Latènestil eine Neuorientierung bis in den religiösen Bereich verbunden ist. Mit wenigen Ausnahmen wie der Steinstele von Pfalzfeld (Abb. 6)[25] sind die erhaltenen Zeugnisse zwar auf Gebrauchsobjekten angebracht, doch eben solchen, die für das Selbstverständnis oder in der Selbstdarstellung eine besondere Rolle spielen und schließlich ja auch alle durch den Totenkult überliefert wurden.

Der neue »Latènestil« tritt zunächst vorwiegend in Prunkgräbern zutage, wird also in erster Linie von der Elite getragen und als Ausdrucksmittel genützt. Das Verbreitungsgebiet umfasst schon anfangs das gesamte Kernland von den österreichischen Alpen über Westböhmen und das Mittelrheingebiet bis in die Champagne. Über Italien, wo Träger des neuen Stils als die historisch überlieferten keltischen Eroberer ausgemacht werden können, lässt sich der »Latènestil« tatsächlich als der typisch keltische Stil ausmachen. Es ist die erste gemeinsame und dann für Jahrhunderte traditionsbildende Ausdrucksform der Kelten. Bereits die ältesten rheinischen Prunkgräber mit etruskischem Import bzw. der entsprechende Zeitabschnitt weisen die aus den mediterranen Vorlagen erwachsenen Elemente des Latènestils auf. Seine Ausbildung dürfte sich in relativ kurzer Zeit vollzogen haben, wobei das Ausgangsgebiet noch nicht geklärt ist und auch nicht in der Mittelrheinzone gelegen haben muss. Hier allerdings liegen neben vielen Zeugnissen des neuen Stils auch die potenziellen Vorlagen mediterraner Herkunft in größerer Anzahl greifbar vor. Ungeachtet der weiträumigen Aufnahme des Stils und eines ebenso großräumigen Austausches von Ideen und Objekten sind regional begrenzte Gestaltungen in der Mittelrheinzone nachzuweisen und damit eben auch die schöpferische Beteiligung an der Ausformung der Latènekunst.

Jene Kunst ist durch ihre Bindung an keltische Siedlungsgebiete und andere Indizien engstens mit der auch historisch überlieferten Völkerfamilie der Kelten verknüpft und prägt deren kulturelle Äußerungen bis zu ihrem Niedergang. Wenn sich hinter der stilistischen Neuorientierung ein geistig-religiöser Umbruch verbirgt, kann darin vielleicht eine Art Selbstfindungsprozess der keltischen Welt gesehen werden. Jedenfalls ist die Formierung gesamtkeltischer Ausdrucksformen und wohl auch tiefer reichender Gemeinsamkeiten ein Vorgang, der sich als Neuerung und Neuorientierung in einer bestehenden Gesellschaft vollzieht, wie gerade in der Hunsrück-Eifel-Kultur gut nachzuvollziehen ist. Die Herausbildung einer zumindest auf der Ebene der Elite größeren Gemeinsamkeit ist offensichtlich nicht ohne Brisanz. Schließlich folgen auf die Intensivierung der Beziehungen zwischen Süd- und Mitteleuropa spätestens im 4. Jh. v. Chr. die Keltenwanderungen nach Südeuropa. Als zwischen Pfalz und Mittelrhein die mit etruskischen Bronzen versehenen Prunkgräber ihre reiche Spätblüte aufweisen, stehen bereits Kelten in Italien und bedrohen selbst die Produktionsgebiete. Es ist bislang aber nicht erkennbar, ob und inwieweit unser Raum an diesen Vorgängen selbst beteiligt war.

Ausklang und Ausblick

Mit dem besonders reich ausgestatteten Frauengrab von Waldalgesheim (Abb. 7)[26] endet um 320 v. Chr. das Phänomen der Prunkgräber im Lande. Kunsthandwerklich herausragende und überdies informationsreiche Objekte fallen nun weitgehend aus. Parallel vollzieht sich zumindest im nördlichen Landesteil eine allgemeine Rückkehr zur Brandbestattung mit, rituell bedingt, eher ärmlichen Hinterlassenschaften. All das suggeriert den Eindruck, dass das Rheinland insgesamt seither auf ein primitiveres Niveau zurücksinkt und an außerordentlichen Leistungen und Entwicklungen der keltischen Welt keinen maßgeblichen Anteil mehr hat. Es bleibt in der Folge zwar tatsächlich nur die gehobene Routine des Fundgutes gewöhnlicher Gräberfelder erhalten, damit aber auch der oben beschriebene Hintergrund sozialer Kontinuität.

Der Eindruck von Verfall und Zusammenbruch muss vor solcher Beständigkeit eher in Frage gestellt werden und liegt vielleicht sogar in einer Überschätzung des vorangegangenen »Aufstiegs« begründet:[27] Über etliche Generationen hin waren Vertreter der Führungsschicht immer wieder demonstrativ aus ihrem sozialen Umfeld herausgehoben worden, war vielleicht tatsächlich die Balance des sozialen Gefüges stärker verschoben worden. Eingesetzt wurden dabei exotische Luxuswaren, Handwerksleistungen und Arbeitskraft, die auch eine entsprechende, freilich schlecht einzuschätzende Wirtschaftskraft erwarten lassen. Im weiteren Mittelrheingebiet äußern sich all diese Besonderheiten vielleicht sogar stärker als in Nachbargebieten, begründen allerdings keine wirtschaftliche oder politische Vorrangstellung gegenüber anderen Regionen Mitteleuropas. Erst recht vor Ort wirkt die soziale Vorrangstellung eben nicht gerade dauerhaft etabliert und ist einer nur kleinen Gefolgschaft aufgesetzt. Durchgehend auffällig über die Dauer der Prunkgrabsitte blieben die Fremdkontakte nicht nur in Form von Importen, sondern auch in einer massiven künstlerischen Reaktion, die tief verwurzelte Traditionen umstürzt.

Auch im Wissen darum, dass Prunkgräber ein überkulturell wiederkehrendes Phänomen sind, kann eine Deutung im Sinne eines allgemeinen Verhaltensmusters erwogen werden.[28] Danach löst die als Herausforderung des eigenen Selbstwertgefühls empfundene Begegnung mit einem als überlegen angesehenen Fremden eine Reaktion aus. Prunkgräber dienen in dieser Sicht der demonstrativen Selbstvergewisserung der verunsicherten Eliten untereinander und gegenüber ihrer Gemeinschaft und signalisieren die Verarbeitung dieser Begegnung. Am Ende dieses Prozesses steht nicht nur ein neues Gleichgewicht, sondern es wirken auch die Begleiterscheinungen des dahin führenden Prozesses nach. Für das mittelrheinisch-pfälzische Gebiet wären dies vielleicht die Erschließung neuer Ausdrucksformen und ihres Hintergrundes in der Latènekunst, die engere Anbindung an die keltische Welt, vielleicht die Ausbildung eines neuen Gemeinschaftsbewusstseins und sicher die Erschließung neuer technischer Möglichkeiten. Auf lokaler Ebene möchte man gleichsam eine Rückkehr zur Normalität feststellen, denn dort wirkt sich der Wegfall der Sonderbestattungen nicht erkennbar als Zusammenbruch oder soziale Verwerfung aus.

Wie bereits erwähnt, werden die Grabhügelfriedhöfe im Norden des Landes bis gegen 250 v. Chr. weiterbelegt. Der folgende Übergang zu einfachen Brandgräberfriedhöfen ohne Überhügelung bedeutet vielleicht für die archäologische Wahrnehmung, nicht aber historisch einen Einschnitt. Insbesondere im Hunsrück zeigen sich Besiedlungsfolge und örtliche soziale Kontinuität ungebrochen.

In die Endphase der Prunkgrabsitte oder die Jahrzehnte danach fällt auch ein Neubeginn, der durch seine Fortdauer in der späten Eisenzeit Beständigkeit und Konsolidierung signalisiert: Im 4. Jh. v. Chr. ist eine zweite Welle von Burgengründungen zu verzeichnen, wobei auch hier die besseren Informationen aus dem Nordteil des Landes vorliegen.[29] Die jüngeren Burgen verzeichnen nicht nur mehrperiodige Bebauung und längerfristige Nutzung, sondern sind mit einer dichten Bebauung wohl auch bedeutende Siedlungen.

1 KRONZ/EGGERS, Archäometallurgische Untersuchungen 2001; NORTMANN, Schlacken 2001
2 GERDSEN, Schwertgräber 1986; WILLMS, Keltenfürst 2002; REINHARD, Hallstatt- und Frühlatènezeit 2003.
3 FRENZEL, Besiedlungsgeschichte 1991; DÖRFLER u. a., Wandel 2000; SIROCKO, Wetter 2009.
4 LÖHR, Hunsrück 1991.
5 JOST, Wierschem 2001.
6 JOACHIM, Hunsrück-Eifel-Kultur 1968; HAFFNER, Hunsrück-Eifel-Kultur 1976; NORTMANN, Westflanke 1993.
7 NORTMANN, Siedlungskundliche Ansätze 2002; DERS./NEUHÄUSER/SCHÖNFELDER, Frühlatènezeitliches Reitergrab 2004.
8 NORTMANN, Hunsrück-Eifel-Kultur 2007; WENDT/ HILPERT/ ZIMMERMANN, Landschaftsarchäologie, im Druck.
9 CORDIE-HACKENBERG, Hügelgräberfeld 1993.
10 PARZINGER, Chronologie 1989.
11 SEHNERT-SEIBEL, Hunsrück-Eifel-Kultur 1991; DIES., Hallstattzeit 1993.
12 JOACHIM, Frühlatènezeitliche Fußgefäße 1986.
13 SEHNERT-SEIBEL, Hallstattzeit 1993.
14 KIMMIG, Kolonisation 1983; SIEVERS, Alt-Europa 2002.
15 Rätsel der Kelten 2002, S. 20–32; KRAUSSE, Prunkgräber 2006.
16 KRAUSSE, Zentralisierungs- und Urbanisationsprozesse 2008.
17 NORTMANN, Burgen 1999; DERS., Befestigungen 2008/2009.
18 KOSSACK, Prunkgräber 1974.
19 NORTMANN, Westflanke 1993; KUNOW/WEGNER, Urgeschichte 2006, S. 232–240; NORTMANN/NEUHÄUSER/SCHÖNFELDER, Frühlatènezeitliches Reitergrab 2004.
20 ECHT, Fürstinnengrab 1999.
21 PARE, Zeremonialwagen 1987.
22 NORTMANN, Burgwälle 1991.
23 Rätsel der Kelten 2002, S. 172–205.
24 LENERZ-DE WILDE, Frühlatènezeitliche Ringe 2006.
25 JOACHIM, Rekonstruktion 1989.
26 DERS., Waldalgesheim 1995.
27 NORTMANN, »Fürstengräber und Eisenerze« 2005.
28 KOSSACK, Prunkgräber 1974.
29 NORTMANN, Burgwälle 1991; DERS., Befestigungen 2008/2009.

Die jüngere Eisenzeit (250 v. bis um Christi Geburt)

Von Hans-Helmut Wegner

Siedlungsräume und kulturgeschichtlicher Überblick

Rheinland-Pfalz erstreckt sich über sehr unterschiedliche Landschaftsstrukturen. Sein nördlicher Teil wird geprägt von dem Bergland des rheinischen Schiefergebirges mit den tiefen Taleinschnitten der großen Flüsse von Rhein, Wied, Lahn und Mosel, die Westerwald und Taunus, Hunsrück und Eifel jeweils voneinander trennen. In diesen Landschaften und in der mittelrheinischen Senke ist eine kontinuierliche Besiedlung nicht erst seit der jüngeren Eisenzeit (Latènezeit Stufe C–D) archäologisch festzustellen. Dieser Befund ist ebenfalls im Süden des Landes zu beobachten, auch wenn dieser zum Süddeutschen Stufenland mit seinen Randgliederungen und dem oberrheinischem Tiefland gehört. Dort stellt sich eine ganz andere Landschaft dar, die geprägt ist durch das Einwirken des nach Osten in die Rheinebene hin abfallenden Pfälzer Berglandes, des rheinhessischen Plateaus und die nördlichen Bereiche der oberrheinischen Tiefebene sowie des ehemals stark mäandrierenden Rheinstroms.[1] Möglicherweise waren es veränderte klimatische und vegetationsgeschichtliche Verhältnisse, welche im 3. Jh. v. Chr. den Rückgang der Zahl der Siedlungsplätze und der Gräberfelder bewirkte.[2] Grundlegende archäologische Erkenntnisse zu dieser Epoche beruhen nach wie vor auf den Grabfunden.[3] Um 250 v. Chr. wurde im Bestattungsbrauch die Überhügelung aufgegeben zu Gunsten von einfachen Brandbeisetzungen in Flachgräberfeldern. Die Ausstattung mit Beigaben war deutlich eingeschränkt, nur einzelne Grablegen enthalten noch Beigaben wie z. B. Waffen und eine vielfältige Gefäßausstattung. Fibeln und Schmuck gelangten als Trachtbestandteile mit in die Gräber, wodurch insgesamt gute Datierungsmöglichkeiten für den spätkeltischen Siedlungsablauf in der gesamten Region gegeben sind. Neben einfachen, fast ärmlich ausgestatteten Brandgräbern, die hauptsächlich lediglich Teile der Bewaffnung, meist nur Lanzenspitzen oder verbogene Schwertbeigaben beinhalten, sind außerdem reich ausgestattete Bestattungen, darunter sogar noch Wagengräber bekannt,[4] wie z. B. das Brandgrab von Thür u. a. mit Wagenteilen und goldverziertem Schwert sowie einem Goldring (Abb. 1). Somit gibt es auch für die jüngere Eisenzeit Hinweise auf eine Führungsschicht, die noch bis in die frühe römische Kaiserzeit in der Region Macht ausübte. Sie war es auch, die gegen die einrückenden Römer kämpfte, besiegt wurde und schließlich verhandeln musste, Verträge abschloss, aber als Endergebnis unterworfen wurde und dann versuchte, im Zusammenleben miteinander auszukommen.

Abb. 1: Thür, Kreis Mayen-Koblenz. Funde aus einem spätkeltischen Grab (GDKE Landesarchäologie, Außenstelle Koblenz)

Die jüngereisenzeitlichen Flachgräberfelder können sich teilweise durchaus in Nachbarschaft zu älteren Grabhügelnekropolen befinden, so z. B. in Horath, wo mindestens 184 Bestattungen festgestellt werden konnten, die in die jüngere Eisenzeit datieren. Als Beispiele kontinuierlicher Nutzung über die Eisenzeit hinaus und Zeugnisse zur einsetzenden Romanisierung des Rheinlandes müssen die Gräberfelder von Hoppstädten-Weiersbach, Illingen (Saarland) und vor allem Morbach-Wederath genannt werden.[5] In Illingen ist eine bruchlose Belegung mit 49 Gräbern von 100 v. Chr. bis in die Mitte des 1. Jhs. n. Chr. zu erkennen. In Hoppstädten existierte mit knapp 100 nachgewiesenen Gräbern seit dem Ende des 2. Jhs. v. Chr. zunächst eine Bestattungsgemeinschaft mit einer offensichtlich sozial gehobenen Familie. Anschließend sind bis ins 2. Jh. n. Chr. vier bis fünf Familien mit bis zu 30 Personen fassbar, die etwa ab 85 v. Chr. aus einem »Gutsherrn«, drei Kriegern und deren Angehörigen bestanden.[6] Am bedeutendsten ist das mit etwa 2.550 Gräbern bis in das 4. Jh. n. Chr. kontinuierlich belegte Areal in Wederath, das etwa 550 jüngereisenzeitliche Bestattungen aufweist.[7] Dieser Friedhof bestand unter Einbeziehung von Hügelbestattungen der älteren Eisenzeit nahezu ein Jahrtausend lang. Größe und kontinuierliche Belegung sowie der Zusammenhang mit einer Siedlung durchgängiger Belegung machen die Wederather Nekropole zu einer der wichtigsten Quellen der keltisch-römischen Geschichte des Rheinlandes. Zeitlich ähnliche, aber meist kleinere Gräberfelder können auch aus Rheinhessen und der Pfalz genannt werden, so z. B. in Wattenheim, Ilbesheim, Laumersheim und Bischheim.

Als wichtige technische Neuerung verbreitete sich jetzt flächendeckend die schnellrotierende Töpferscheibe für die Herstellung von Feinkeramik. Dekorationselemente wie Glättverzierungen in breiten, horizontalen Zonen sowie Riefen und Stempelmuster fanden als besonderes Gestaltungsmittel auf der »Neuen Keramik« vielfältige Anwendung. Auch Glaserzeugnisse und hier vor allem Schmuckgegenstände wurden zunehmend zum Massenartikel, aber wohl vor allem im Oberrheingebiet verarbeitet (Abb. 2).[8]

Abb. 2: Glashund aus dem rheinhessischen Wallertheim. Grabfund des 2. Jhs. v. Chr. (GDKE Landesmuseum Mainz/Ursula Rudischer)

Insgesamt wiesen die Landschaften im mittelrheinischen Bergland beidseits von Rhein und Mosel eine dichte Besiedlung auf, wie dies auch in Rheinhessen und der Pfalz jeweils aus der Zahl der Bestattungen zu erschließen ist. Am Ausgang der Eisenzeit im 1. Jh. v. Chr. sind im Fundmaterial deutliche Bezüge zu den südlichen und westlichen, aber auch den nördlichen Nachbarregionen zu erkennen. In Rheinhessen und der Pfalz verweisen die Parallelen des Sachgutes eher nach Nordosten, in die hessische Wetterau und weiter nach Osten in das Thüringer Becken (z. B. Gräberfeld von Bischheim u. a.) und bieten damit Anhaltspunkte für Kontakte und Einflüsse aus jenen Regionen.[9]

Kelten, Römer und Germanen im 1. Jh. v. Chr.

Gallien, das Keltenland zwischen Atlantik und Rhein, war seit der Mitte des 1. Jh. v. Chr. geprägt durch die römischen Eroberungen unter dem Feldherrn Gaius Iulius Caesar (100–44 v. Chr.). Seine militärischen Unternehmungen und Eroberungen im »Gallischen Krieg« (58–51 v. Chr.) ausgehend von der südgallischen römischen Provinz Narbonensis bis an die Nordsee und den Rhein hat er eingehend in seinen Kriegstagebüchern (*commentarii de bello Gallico*) beschrieben. Darin erhalten wir auch Auskunft über die Namen gallischer Stammesverbände, die Lebensweise der keltischen Bevölkerung, ihre Wirtschaft, die Stammesgebiete mit ihren Hauptstädten und ihren Beziehungen untereinander, alles natürlich aus der Sicht des Autors und Kriegsherrn Caesar, der den Senat in Rom von der Notwendigkeit seiner Gallienfeldzüge immer wieder überzeugen musste.[10]

Als Bewohner des Rhein-Mosel-Gebietes mit Hunsrück und Eifel sowie angrenzenden Landschaften werden in den Ausführungen Caesars die Treverer genannt und als einer der wichtigsten keltischen Stämme beschrieben (Abb. 3). Ihr Gebiet reiche von der Maas bis an den Rhein und schließe die Ardennen (bzw. die Eifel) ein. Im Westen seien sie benachbart zu den keltischen Remern und im Norden zu den Caerosen und der den Germanen nahestehenden Völkerschaft der Eburonen. Ergänzt seien hier noch die germanischen Ubier, die jenseits des Rheines nördlich der Mittelrheinischen Senke im Westerwald lebten und die nördlich davon siedelnden germanischen Sugambrer. Im Süden schließt sich an das Trevererergebiet etwa auf Höhe der Nahe das Gebiet der Mediomatriker mit einem Zentrum bei Metz an. Die Ausdehnung ihres Stammesgebietes in Richtung Oberrhein bleibt noch ungewiss, zumal sich dort im 1. Jh. v. Chr. größere Umwälzungen vollzogen.

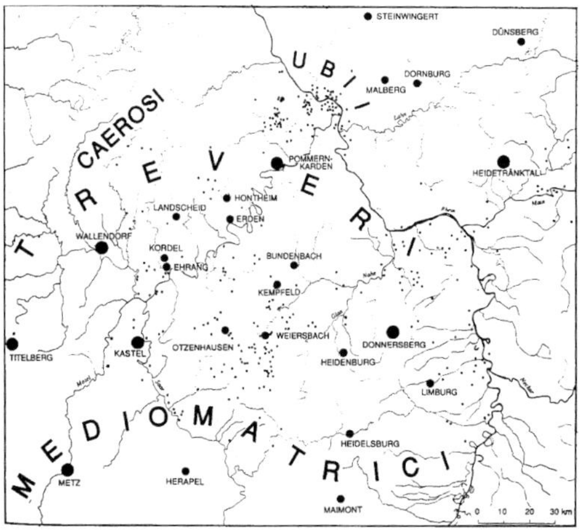

Abb. 3: Karte der keltischen Stämme und ihrer Oppida in Nord-Ost-Gallien (nach Lenz-Bernhard) (GDKE Landesarchäologie, Außenstelle Speyer)

Als die römischen Truppen an den Rhein kamen, fanden sie eine wirtschaftlich gut entwickelte Region vor mit einer blühenden Wirtschaft, weiten Handelsbeziehungen, auch mit dem Mittelmeerraum, stark differenziertem Handwerk mit teilweise hoher Kunstfertigkeit und ausgeprägter Geldwirtschaft. Schon in der ausgehenden Eisenzeit (seit Mitte des 1. Jhs. v. Chr.) waren durch das römische Militär und dessen Eroberungen immer mehr römisch geprägte Gebrauchsgegenstände, hauptsächlich Gefäße, Waffen und Gerät, in die Gebiete des heutigen Rheinland-Pfalz gelangt. Der langsam beginnende Romanisierungsprozess beschleunigte sich jedoch erst in den ersten Jahrzehnten nach Christi Geburt.[11] Hunderte von Gräbern zeigen im Mittelrheingebiet, in Rheinhessen und in der Pfalz diese Entwicklung einer allmählichen römischen Einflussnahme deutlich an (z. B. Urmitz, Thür, Wederath-Belginum, Wattenheim, Ilbesheim, Laumersheim u. a.). Keltische Traditionen lebten jedoch bis in die römische Kaiserzeit weiter fort. Dies zeigte sich besonders in der noch bis zur Mitte des 1. Jhs. nach Chr. bestehenden Sitte, Waffen als Beigaben mit in das Grab zu geben, und in der Verknüpfung von einheimischen Bräuchen mit mediterran geprägten Bestattungssitten. Gerade in den Gräbern sind solche Bezüge deutlich erkennbar. Doch werden zeitweise auch »germanische« Elemente sichtbar, wie besondere Ausprägungen von Waffen, z. B. spitzkonische bzw. runde Schildbuckel, und Keramikformen, wie handaufgebaute bauchige Schüsseln. Weitgehend wurde die römische Zivilisation von der einheimischen Bevölkerung übernommen: Kunst, Kultur, Religion und Brauchtum der antiken Kulturen des Mittelmeerraumes verbanden sich mit einheimischen, keltischen Vorstellungen und ergaben eine deutlich andere, neue Ausprägung in der Gestaltung von Kunst-, Handwerks- und Kulturprodukten.

Auch wenn die meisten Völkerschaften uns erst durch die Erwähnung Caesars und anderer antiker Autoren um die Zeitenwende namentlich bekannt geworden sind, hat es an Ober- und Mittelrhein schon wesentlich früher einen regen Handels- und Kulturaustausch zwischen Kelten und Germanen einerseits und diesen und den Römern andererseits gegeben. Das kriegerische Vordringen germanischer Sueben zum Oberrhein war einer der Auslöser der römischen Eroberungen in Gallien. Seit der Mitte des 1. Jhs. v. Chr. können germanische Siedlungsgruppen im Neuwieder Becken und seinen Randbereichen, in Rheinhessen und in der Pfalz nachgewiesen werden.[12] Im Moselgebiet kann seit dem 2. Jh. v. Chr. eine gelegentliche »Fühlungnahme« mit der nordöstlich des Mittelgebirgsbereiches beheimateten und als germanisch geltenden Jastorf-Kultur festgestellt werden. Das ist nicht unbedingt verwunderlich, wies der Mittelrhein doch bereits seit dem 6. Jh. v. Chr. insbesondere durch die Schmuckmode der Wendelringe Gemeinsamkeiten mit den Landschaften Mittel- und Norddeutschlands auf.[13] Seit dem 2. Jh. v. Chr. ist jedenfalls, ausgehend von den Grabausstattungen in Wederath und weiteren Gräberfeldern der Region zwischen Rhein, Mosel und Saar mit der Anwesenheit einzelner germanischer Männer und Frauen oder kleinerer Personengruppen zu rechnen. Dazu reichen kulturelle Einflüsse sogar von der polnischen Przeworsk-Kultur über Elbgermanien bis ins Mittelgebirge und über die Flusssysteme von Lahn, Main und Neckar bis in die oberrheinische Ebene.

Der konkreteste Hinweis auf kriegerische Aktionen im Lande während des Gallischen Krieges geht auf die Nachbarschaft zu den rechtsrheinischen Germanen zurück. Mit dem Bau einer Pionierbrücke über den Rhein bei Urmitz im Jahre 55 und ein zweites Mal 53 v. Chr. im Neuwieder Becken demonstrierte Caesar seine militärische Überlegenheit, um die rechtsrheinischen Sugambrer und Ubier mit der Macht Roms zu beeindrucken. Während dieser Zeit scheint die Lage im Trevererergebiet selbst ruhig gewesen zu sein.

Siedlung und Gesellschaft der Treverer um die Zeit des Gallischen Krieges

Der nach Rang und Reichtum gegliederten spätkeltischen Gesellschaft entsprach nicht erst in der jüngeren Eisenzeit eine hierarchische Siedlungsstruktur. Die weit gestreute ländliche Siedlungsweise mit umfriedeten Weilern und Einzelgehöften blieb weiter bis in römische Zeit erhalten und setzte sich später sogar in der durch römischen Technik geprägten Bauweise der ländlichen »Villen« fort (z. B. Perl-Borg, Winningen, Mülheim-Kärlich, Ahrweiler, Schuld, Ungstein, Katzenbach, Bad Dürkheim u.a.). Die Kontakte zum Mittelmeergebiet belegen Importe, die gegen einheimische Rohstoffe und Arbeitskräfte getauscht worden sein dürften.

Nach Auskunft Caesars lebten die Menschen in befestigten stadtartigen Zentren (*oppida*), in Dörfern (*vici*) und in einzelnen über das Land verstreuten landwirtschaftlichen Höfen (*aedificia privata*). Nur selten werden *castella*, also kleinere Befestigungen erwähnt, vielleicht nur als ausgesprochene Fluchtburgen. Man kann sie wohl mit den traditionellen Höhensiedlungen identifizieren, die ihre Wurzeln teilweise schon in der älteren Eisenzeit besaßen.[14] Solche Anlagen an der Mosel sind etwa die »Oberburg« bei Kobern oder der »Bleidenberg« bei Oberfell.[15] Siedlungsfunde, Münzen und die charakteristische, die gesamte Hochfläche umfassende keltische Befestigung der Pfostenschlitzmauer datieren diese Anlage in das letzte Jahrhundert v. Chr. Weitere befestigte Höhensiedlungen sind bislang nur allgemein in die jüngere Eisenzeit zu datieren (Bongard »Barsberg«; Frauenberg »Nahekopf«; Otzenhausen »Hunnenring« u. a.).[16] Im Mittelgebirgsraum lässt sich offenbar ein flächendeckendes Netz zeitgleicher derartiger Höhenbefestigungen in jeweils 8 bis 22 km Entfernung voneinander nachweisen, was für eine kleinräumige Territorialstruktur sprechen könnte. In diesen Zusammenhang gehört vor allem die »Altburg« bei Bundenbach, die als einzige nahezu komplett ausgegraben worden ist und wohl als kleines Zentrum umliegender Hofstellen und Weiler gedient hat.[17] Als weitere derartige Burgen sind der »Burgberg« von Erden und die »Wildenburg« von Kempfeld zu nennen, ferner die »Altburg« von Hoppstädten als mögliche gleichzeitige Siedlung des nahegelegenen Gräberfeldes »Heidenbiegel«.[18] Aber auch auf der rechten Rheinseite hat es kleinere befestigte Höhensiedlungen gegeben, z. B. die »Altburg« bei Steinwingert, der »Marlberg« bei Moschheim und die »Alte Burg« bei Singhofen.[19]

Außer solchen kleineren befestigten Höhensiedlungen älterer Tradition entstehen seit dem 2. Jh. v. Chr. meist auf großen Bergplateaus erstmals umfangreiche stadtartige Anlagen mit Befestigungen, zentralen Einrichtungen und Mittelpunktsfunktionen.[20] Im Trevererergebiet[21] bestanden vier derartige *oppida*, von unterschiedlicher Größe und vielleicht auch Bedeutung: der Titelberg (Luxemburg), der »Kasselt« bei Wallendorf (Eifel), Kastel (Saar) und der Martberg (Untermosel), dazu der in seiner Stammeszuordnung ungeklärte Donnersberg (Pfalz).[22] Diese *oppida* waren die politischen, kulturellen, religiösen und wirtschaftlichen Zentren der »Stämme«. Für ihre Einzugsgebiete boten sie Raum für Handel und Märkte, aber auch militärische Sicherheit für die in der unmittelbar umgebenden Landschaft lebende Bevölkerung. Mehrere Dörfer und Höfe waren diesen Städten zugeordnet, wie dies aus der Schilderung Caesars zum »Auszug der Helvetier« hervorgeht: Auf 12 Städte (*oppida*) kamen dort 400 Dörfer (*vici*) und eine nicht näher beschriebene Zahl von Einzelhöfen (*aedificia privata*). Caesar schildert die *oppida* auch als Hauptstadt des jeweiligen Stammes und damit auch als Kerne des Widerstandes gegenüber der römischen Eroberung.

Die Mehrzahl der gallischen Bevölkerung lebte in Höfen und Dörfern und betrieb nach Caesar Ackerbau und Viehzucht. Caesar hebt ausdrücklich die hohe Qualität der Pferdezucht bei den Treverern hervor. Zwar haben auch in den Städten manche Bewohner Landwirtschaft betrieben, mehrheitlich waren sie aber Händler und Handwerker. Insgesamt bewegten sich keltische Rohstoffgewinnung und Handwerk auf hohem Niveau. Eine entscheidende Rolle in der spätkeltischen Gesellschaft spielte die Oberschicht aus Adel (*principes, nobiles, equites*)[23] und Priesterschaft (*druides*), die Politik, Kult und Handel beherrschte. Ein ganz wesentliches Element in der Entwicklung der spätkeltischen Zivilisation bildet das Aufkommen einer Geldwirtschaft. Keltische Münzprägung lässt sich meist auf griechische Vorbilder bis in die erste Hälfte des 3. Jhs. v. Chr. zurückführen. Seit der Entstehung der spätkeltischen »Städte« ist mit ihnen die Münzprägung eng verbunden und spielt eine wichtige wirtschaftliche Rolle. Mit den Prägungen einher ging offenbar auch ein deutliches Identitätsbewusstsein, weshalb sich die Prägestätten aufgrund der Motive auf den Münzen eindeutig identifizieren lassen (z. B. Martberg, Titelberg, Donnersberg u. a.).

Die *oppida* waren mit »Mauern« und Gräben befestigt. Erstere zeigten wie schon in der älteren Eisenzeit eine Holzkastenkonstruktion mit rechtwinklig zueinander in den Kreuzungspunkten verbundenen Balken mit davor gesetztem Trockenmauerwerk. Varianten des sog. *Murus Gallicus* – wie diese keltische Art der Befestigungstechnik in die Literatur eingegangen ist – fanden auch bei den rheinland-pfälzischen *oppida* Anwendung, meist als Pfostenschlitzmauer vom Typ »Altkönig-Preist«. Wenig erfahren wir über das Aussehen der Städte innerhalb der Festungsmauern. Häuser und Speicher waren in Holzbauweise und Fachwerk ausgeführt und mit Stroh und sicher auch gelegentlich mit Holzschindeln gedeckt. Die in manchen Städten von Caesar beschriebenen Zentren der *oppida* kann man auf dem Martberg, dem Donnersberg und anderen Anlagen identifizieren. Davor lagen freie Plätze, wo möglicherweise Markttage und Versammlungen abgehalten wurden. Insgesamt waren die Städte nicht nur wirtschaftliche, sondern auch religiöse und politische Mittelpunkte ihres Umlandes. So decken Martberg, Wallendorf »Kasselt«, Titelberg und Kastel die Siedlungsschwerpunkte des treverischen Stammesgebietes gut ab. Im Südosten erscheint der Donnersberg als natürlicher Mittelpunkt für das nördliche Oberrheingebiet.

Die treverischen *oppida* Martberg, Kastel, Wallendorf und Titelberg bestanden über die spätkeltische Zeit bis zum Anfang der römischen Epoche weiter, ehe die Neuordnung Galliens unter Kaiser Augustus und die Neugründung Triers als treverische Stammeshauptstadt 17 v. Chr. neue Verhältnisse schuf. Die Besiedlung auf dem Donnersberg endet hingegen bereits um die Mitte des 1. Jhs. v. Chr. und damit offenbar noch vor dem Gallischen Krieg.

Keltische Stadtkultur – Der Donnersberg beherrscht das Land

Eine der wichtigsten zivilisatorischen und gesellschaftlichen Errungenschaften der spätkeltischen Zeit nördlich der Alpen ist die Entwicklung und der Bau großer stadtartiger Anlagen mit ausgeprägter Befestigung.[24] Auf dem Donnersberg in der Pfalz, der mit einer Höhe von 686 m die gesamte umgebende Landschaft überragt und beherrscht, liegt eine der größten ehemaligen Stadtanlagen der keltischen Welt (Abb. 4).[25] Nach ersten Ausgrabungen um 1930 und einer Gesamtvermessung 1966 setzten 1974–1983 systematische Forschungen ein. Die Anwesenheit des Menschen und die Nutzung des großen Bergplateaus sind bereits für Neolithikum, Bronzezeit und ältere Eisenzeit bezeugt. Schon in der älteren Eisenzeit wurde ein Abschnittswall auf dem Geländesporn im Norden angelegt, der durch ein intensives Schadensfeuer zugrunde gegangen ist.

Das eigentliche spätkeltische *oppidum* wurde durch einen 8,5 km langen Wall umgrenzt. Ein Zwischenwall trennt ein sog. Ostwerk von einem ausgeprägten Westwerk (Abb. 4). Das ursprüngliche *oppidum* aus beiden Teilen umschloss eine Fläche von 240 ha, wobei dichte Besiedlungsspuren eigentlich nur im Ostwerk anzutreffen sind. Das Westwerk wurde offensichtlich als Weidefläche für Vieh und den Zuzug der umwohnenden Bevölkerung mit ihrem Hab und Gut im Falle drohender Gefahr vorgehalten. Die Befestigung war in der typischen keltischen Mauertechnik, der sog. Pfostenschlitzmauer errichtet worden (s. o.), an die eine Rampe von innen angeschüttet war.

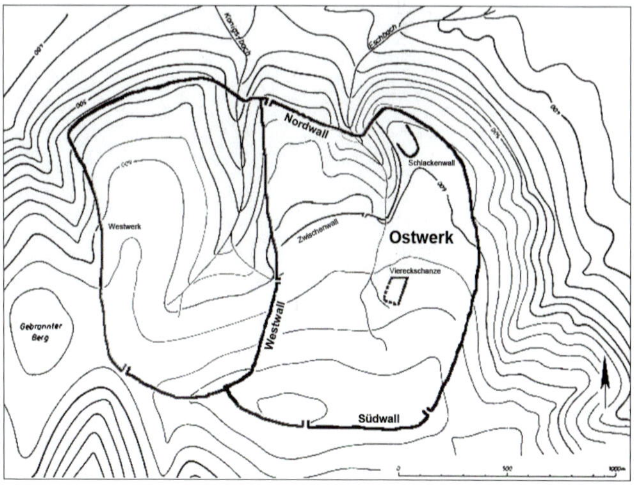

Abb. 4: Plan des *oppidum* auf dem Donnersberg bei Dannenfels. Gesamtplan (nach H.-J. Engels) (GDKE Landesarchäologie, Außenstelle Speyer)

Die Gründung des *oppidum* erfolgte in der Frühphase der Spätlatènezeit (um 130 v. Chr.). Zu dieser Zeit war es gewiss das politische, religiöse und wirtschaftliche Zentrum am nördlichen Oberrhein. Die auch für den Donnersberg nachgewiesene Münzprägung unterstreicht die große wirtschaftliche Bedeutung dieses Zentralortes. Drei wesentliche Bauphasen können festgestellt werden: Zunächst wurde das Gesamt-*oppidum* mit Ost- und Westwerk angelegt, sodann erfolgte eine Erneuerung der Umwehrung des Ostwerkes und stellenweise Ausbesserungen am Wall des Westwerkes. Der Zwischenwall gehörte zur letzten Ausbauphase des *oppidum* und belegt eine nachträgliche Verkleinerung der Anlage mit Aufgabe des Westwerks. Die Anlage wurde schon um die Mitte des 1 Jhs. v. Chr. aufgelassen, offensichtlich noch bevor die Römer in diese Region gelangten, denn römische Militaria fehlen auf dem Donnersberg vollständig.

Interessant im Hinblick auf mögliche Ursachen ist der Nachweis von germanischen Gräbern im nahen Bischheim, während das Aufblühen von spätkeltischen Siedlungen wie in Alzey oder in Mainz-Weisenau eine Kontinuität keltischer Bevölkerung in Rheinhessen und der nördlichen Pfalz bis in die Zeit der römischen Besetzung hinein anzeigt.

Abb. 5: Plateau des Mart- und Hüttenberges bei Pommern, Kreis Cochem-Zell, Luftaufnahme (GDKE Landesarchäologie, Außenstelle Koblenz/ C. A. Jost)

Die Keltenstadt der Treverer auf dem Martberg

Ein weiteres überregional bedeutendes *oppidum* der späten Eisenzeit lag auf dem Martberg zwischen Pommern und Karden.[26] Das markante Doppelplateau von Mart- und Hüttenberg erhebt sich etwa 180 m hoch über der Mosel (Abb. 5) und ist durch eine leichte Talmulde untergliedert. Das klar umgrenzte Plateau fällt nach allen Seiten hin steil ab, war in spätkeltischer Zeit aber noch zusätzlich durch eine Befestigung in der Konstruktionsweise der sog. Pfostenschlitzmauer geschützt. Ihr Verlauf zeichnet sich heute noch in einer markanten Geländekante ab. Die neuesten Ausgrabungen haben eine dichte keltische Besiedlung nachgewiesen, die allerdings erst im zeitlichen Umfeld des Gallischen Krieges um die Mitte des 1. Jhs. v. Chr. einsetzt. Die Blütezeit und größte Ausdehnung der Wohn- und Kultbauten fallen in das dritte und zweite Jahrzehnt v. Chr. Die Siedlung scheint in dieser Form den in Caesars *commentarii* geschilderten Merkmalen keltischer Städte zu entsprechen. Diese große spätkeltische Höhensiedlung bildete nicht nur den politischen und wirtschaftlichen Zentralort für die nördlichen Treverer; sein spätestens seit Mitte des 1. Jhs. v. Chr. bestehendes, in römischer Zeit fortgeführtes Heiligtum war als überregionaler, Heilung stiftender Wallfahrtsort in der antiken Welt bekannt. Archäologisch nachgewiesen ist innerhalb der umfangreichen keltischen Siedlung ein gallo-römischer Tempelbezirk, der mehrere Kultbauten umfasste (Abb. 6) und von Wandelhallen und Umfassungsmauern umgeben war.[27] Ein bereits 1885 aufgefundener Votivstein mit einer Inschrift in griechischer und lateinischer Verssprache lässt erkennen, dass der Kultbezirk dem Lenus Mars, dem Hauptgott der Treverer, geweiht war. Die während der Grabungen freigelegten Steinfundamente der römischen Tempelanlage waren an der gleichen Stelle errichtet worden, an der die vorangegangenen Holz- und Fachwerkbauten aus spätkeltischer Zeit gestanden haben (Abb. 7). Zahlreiche Münzen, teils aus Gold und Silber, prächtiger Schmuck und Waffenfunde waren wohl Opfergaben

Abb. 6: Martberg bei Pommern, Kreis Cochem-Zell. Oppidum, Plan der Gesamtanlage (GDKE Landesarchäologie, Außenstelle Koblenz/M. Thoma)

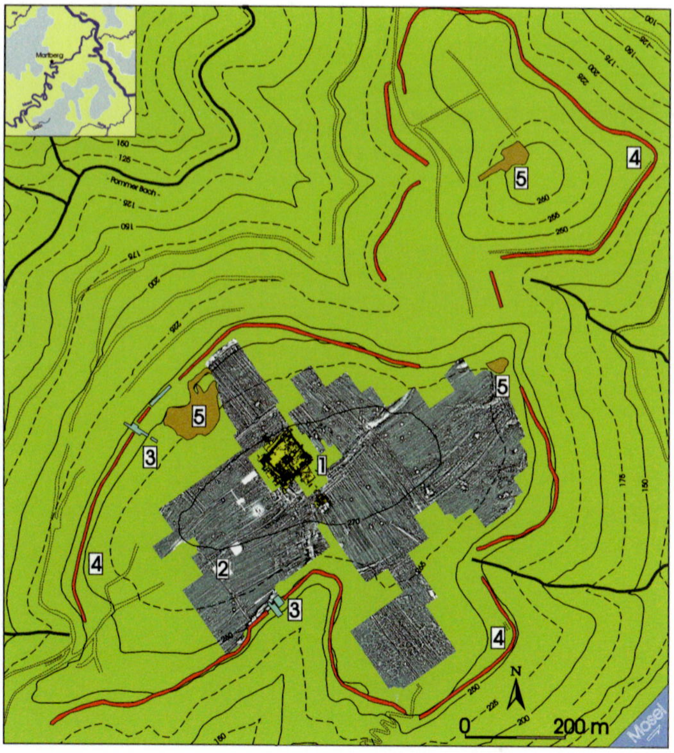

im Rahmen der keltischen Kultausübung. Im Zuge des weiteren Aus- und Umbaus im 2. und 3. Jh. n. Chr. wurde dann in der neuen römischen Bautechnik der hölzerne Tempelbezirk neu ausgebaut. Daraus entwickelte sich der charakteristische Typ des gallo-römischen Umgangstempels, der mit gemörtelten Steinmauern, Wandverputz und farbiger Ausmalung lange Jahre Bestand hatte. Erst am Ende des 4. Jhs. verlagerte sich der Kultbezirk vom Martberg in eine verkehrstechnisch günstigere Lage am Moselfluss und die dortige Querung der Nord-Süd-Verbindung zwischen Eifel und Hunsrück. Inzwischen hatte sich hier im heutigen Ort Karden ein antikes Töpfereizentrum etabliert. Die in der Legende des heiligen Kastor überlieferte frühchristliche Mission, vielleicht schon unter Bischof Maximin von Trier (erste Hälfte des 4. Jhs. n. Chr.), führte im späteren Stift Karden die Tradition eines religiösen Zentrums bis in die heutige Zeit fort.

Abb. 7: Fundamente des Haupttempels während der Ausgrabung (M. Thoma)

Der Trevereraufstand 30/29 v. Chr. und das römische Militärlager Trier »Petrisberg«

Für das Jahr 29 v. Chr. berichtet der Historiker Cassius Dio (150–230 n. Chr.) von einem Aufstand der Treverer, welche sogar Germanen als Verbündete gewonnen haben sollen. Der römische Feldherr Nonius Gallus hat diese wahrscheinlich im Jahr 30 v. Chr. begonnene Rebellion gegen die Herrschaft Roms in Folge des Gallischen Krieges wohl noch 29 v. Chr. erfolgreich niedergeschlagen. Nach ersten Hinweisen aus den 1930er Jahren konnte in den letzten Jahren ein großes Militärlager im Zentrum des Treverer-Gebietes identifiziert und untersucht werden, das wohl als Hauptstützpunkt dieser Militärkampagne anzusehen ist.[28] Es liegt auf dem »Petrisberg« oberhalb der Trierer Moseltalweite, die zur fraglichen Zeit zwar besiedelt war, aber noch keinen regional bedeutsamen Zentralort aufwies. Funde und dendrochronologisch bestimmte Bauhölzer mit Fällungsdatum 30 v. Chr. bestätigen den Zusammenhang der Anlage mit den historischen Nachrichten. Trotz erheblicher Störungen des Geländes durch spätere Nutzungen konnten deutlich die typischen Grundzüge für ein frühes Militärlager erschlossen werden. In einer für eine solche Anlage charakteristischen Plateaulage oberhalb des Moseltales erstreckte sich auf etwa 50 ha bzw. einer Fläche von mindestens 500 x 1000 m eine dichte, planmäßige Innenbebauung massiver Fachwerkgebäude. Die Besatzung dürfte mindestens 10.000 Mann umfasst haben. Von der Mauerumwehrung des Lagers konnten zwei vorgelagerte Spitzgräben

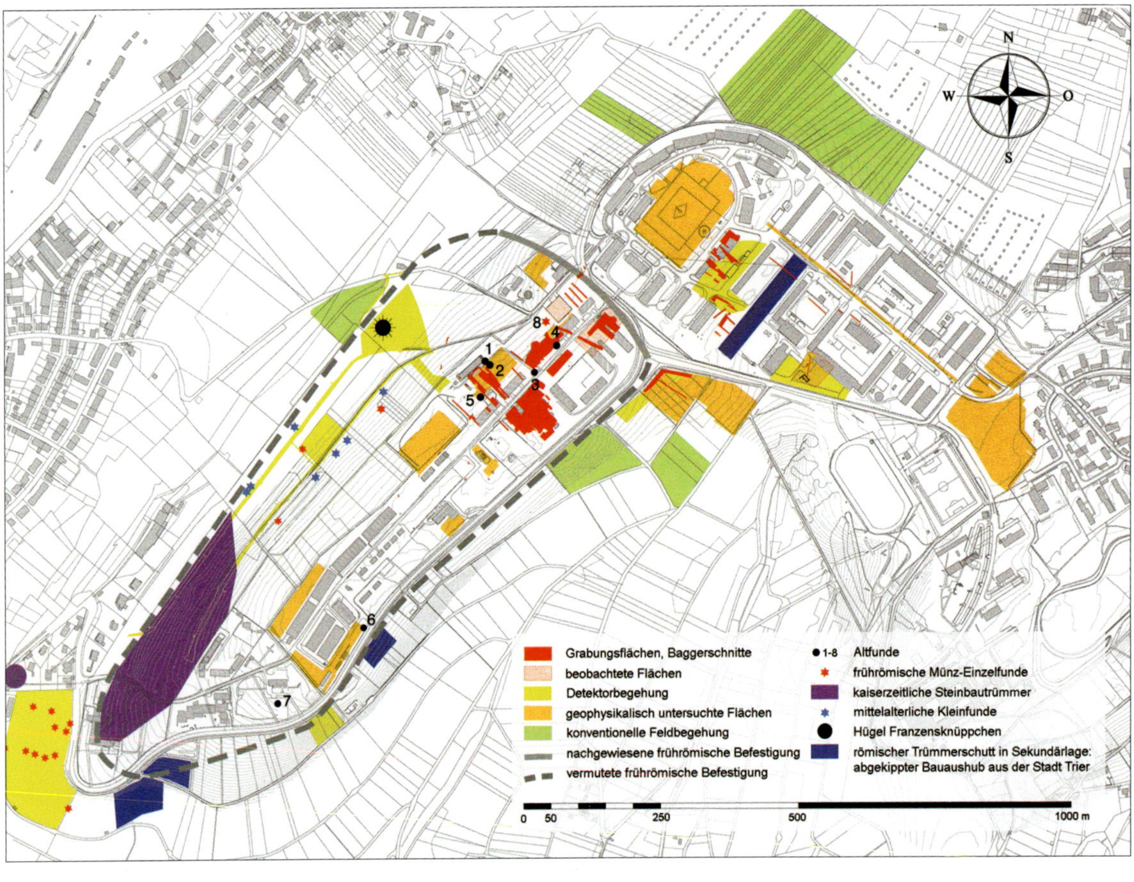

Abb. 8: Plan des frühen Lagers auf dem Petrisberg bei Trier (nach Löhr) (GDKE Rheinisches Landesmuseum Trier)

nachgewiesen werden. Im Nordosten befand sich der Haupteingang des Lagers (Abb. 8), die *Porta Praetoria*. Die *Via Praetoria*, flankiert von Reiterkasernen und anderen Fachwerkgebäuden, führte zur *Principia* und zum *Praetorium*. Mächtige Fundamenttiefen lassen hier auf Bauten mit mehreren Geschossen schließen.

Aus den etwa 20 festgestellten Brunnen mit bis zu einer Tiefe von 13 m wurden neben Bauhölzern auch entsorgte *Pila Muralia*, die typisch römischen Schanzpfähle geborgen. Zu den häufigsten Militaria gehören allerdings zahlreiche der charakteristischen Soldatenschuhnägel. Das Lager auf dem Trierer »Petrisberg« ist das älteste römische Militärlager in Deutschland und gibt eine Vorstellung von dem römischen Militärapparat, der zuvor den Erfolg des Gallischen Krieges erzwungen hatte. Befunde und Funde zeigen eine verhältnismäßig kurze Belegungsdauer des Lagers an und weisen zudem auf eine planmäßige und systematische Räumung. Die Stadt Trier, *Augusta Treverorum*, an einem Moselbrückenkopf zu Füßen des alten Militärstandortes wird erst ein gutes Jahrzehnt später um 17 v. Chr. gegründet.

1 KNEIDL, Hunsrück 1984; MORDZIOL, Wanderungen 1914; MAQSUD, Geologie 1986; LANDESAMT FÜR GEOLOGIE UND BERGBAU RHEINLAND-PFALZ, Geologie 2005.
2 RIECKHOFF/BIEL, Kelten 2001, S. 207 ff.; WEGNER, Eisenzeit 2006; NORTMANN/SCHÖNFELDER, Latènezeit 2009.
3 ENGELS, Hallstatt- und Latènekultur 1967; DERS., Funde 1974; MIRON, Gräberfeld 1986; BOCKIUS, Untersuchungen 1987; OESTERWIND, Spätlatènezeit 1989; DERS./SCHÄFER, Mittellatènezeit 1989.
4 JOACHIM, Wagengräber 1969; DERS., Wagengrab 1973; WEGNER, Eisenzeit 2003.
5 RIECKHOFF/BIEL, Kelten 2001, S. 277 ff.; KUNOW/WEGNER, Urgeschichte 2006, S. 277 ff
6 GLESER, Studien 2005.
7 HAFFNER, Gräber 1989; CORDIE-HACKENBERG, Belginum 2007.
8 NORTMANN, Glasfunde 2012.
9 DERS., Kontaktzone 2007.
10 HEINEN, Trier 1985; BERNHARD, Geschichte 1990.
11 HAFFNER, Gräber 1989; DERS./SCHNURBEIN, Kelten 2000; GLESER, Studien 2005; KRAUSSE, Kulturwandel 2006.
12 BOCKIUS, Gräber 1990; DERS./ŁUCZKIEWICZ, Kelten 2004; UELSBERG, Krieg 2007; LENZ-BERNHARD, Eisenzeit 2008; ZEEB-LANZ, Donnersberg 2008.
13 NORTMANN, Einflüsse 2007.
14 DERS., Burgwälle 1991; DERS., Befestigungen 2008/2009.
15 KUNOW/WEGNER, Urgeschichte 2006, S. 452.
16 KOCH/SCHINDLER, Ringwälle 1994; WIEGERT, »Hunnenring« 2002; RIECKHOFF/BIEL, Kelten 2001, S. 277 ff; KUNOW/WEGNER, Urgeschichte 2006, 277 ff; KRAUSSE, Kulturwandel 2006; NORTMANN, Befestigungen 2008/2009.
17 SCHINDLER, Altburg 1977; NORTMANN, Altburg 2007.
18 KOCH/SCHINDLER, Ringwälle 1994; RIECKHOFF/BIEL, Kelten 2001, S. 277 ff; KUNOW/WEGNER, Urgeschichte 2006, S. 277 ff; NORTMANN, Burgwälle 1991; DERS., Befestigungen 2008/2009; GLESER, Studien 2005.
19 KUNOW/WEGNER, Urgeschichte 2006, S. 277 ff; MÖLLER, Stein-Wingert 1993.
20 RIECKHOFF/BIEL, Kelten 2001; SIEVERS, Alt-Europa 2002.
21 NORTMANN, Befestigungen 2008/2009; KRAUSSE, Kulturwandel 2006.
22 METZLER, Oppidum 1995; KRAUSSE, Kulturwandel 2006; RIECKHOFF/BIEL, Kelten 2001, S. 277 ff; KUNOW/WEGNER, Urgeschichte 2006, S. 277 ff; ZEEB-LANZ, Donnersberg 2008.
23 HEINEN, Trier 1985, S. 23.
24 RIECKHOFF/BIEL, Kelten 2001; SIEVERS, Alt-Europa 2002.
25 ZEEB-LANZ, Donnersberg 2008.
26 THOMA, Heiligtum 2005; DERS., Besiedlung 2006; DERS., Häuser 2007; NICKEL/DERS./WIGG-WOLFF, Martberg 2008.

27 Archäologische Forschungen haben auf dem Martberg systematisch erst wieder seit 1986 unter der Leitung des zuständigen Amtes in Koblenz (H.-H. Wegner) begonnen, wurden seit 1996 in einem Schwerpunktprogramm der DFG finanziert und bis 2011 in einem DFG-Langzeitprogramm weitergeführt.

28 RIECKHOFF/BIEL, Kelten 2001, S. 474; LÖHR, Militärlager 2003.

29 HEINEN, Trier 1985.

Die Römische Zeit

Von Karl-Josef Gilles

1. Römische Kaiserzeit

Caesar und die Unterwerfung des Trevererlandes (58–51 v.Chr.)

Im Zuge der Eroberung Galliens zwischen 58 und 51 v.Chr. durch die Legionen des römischen Feldherrn und Staatsmanns Gaius Julius Caesar (100-44 v.Chr.) wurden auch die linksrheinischen Gebiete von Rheinland-Pfalz nach langwierigen Kämpfen unterworfen. Das weitgehend von keltischen Treverern und Mediomatrikern besiedelte Areal sollte fortan für rund fünf Jahrhunderte einen Teil des römischen Imperiums bilden. Während wir von den Mediomatrikern in Caesars *commentarii de bello Gallico* lediglich erfahren, dass sie am letzten großen Aufstand des Arverners Vercingetorix im Jahre 52 v.Chr. mit vielen keltischen Stämmen teilnahmen, spielten die Treverer, die in allen acht Büchern der *commentarii* erwähnt werden, im achtjährigen Kriegsgeschehen eine nicht unerhebliche Rolle. Zunächst waren die Treverer enge Bündnispartner der Römer und freundschaftlich mit ihnen verbunden, ehe ihnen von Caesar vorgeworfen wurde, sie hätten die *amicitia populi romani*, die Freundschaft des römischen Volkes, missachtet.

Zu Beginn des Gallischen Krieges erfahren wir, dass die Treverer im Jahre 58 v.Chr. Gesandte zu Caesar schickten, um Hilfe gegen die aus dem Rechtsrheinischen eingefallenen germanischen Sueben zu erbitten. Ein Jahr später kämpfte die treverische Reiterei auf Seiten der Römer gegen die Nervier, die im westlichen und nördlichen Belgien siedelten. Für 56 v.Chr. wird berichtet, dass Caesars Heerführer Titus Labienus mit seinen Truppen durch das Trevererland zog, um nach Westen drängende Germanen am Rheinübergang zu hindern. Auch im darauf folgenden Jahr gewährten die Treverer vier römischen Legionen den Durchzug durch ihr Stammesgebiet, wobei die eingefallenen germanischen Usipeter und Tenkterer vernichtend geschlagen werden konnten. Zugleich überschritten die Legionen auf einer in nur zehn Tagen im Neuwieder Becken errichteten Brücke erstmals den Rhein und führten eine Strafexpedition gegen die Sugambrer und weitere aus dem Innern Germaniens zum Rhein vordringende germanische Stämme durch, mit der der Feind von weiteren Einfällen abgeschreckt werden sollte.

Im Laufe des Jahres 54 v.Chr. machte sich unter den treverischen Adligen ein Stimmungswechsel breit, so dass die romfeindliche Partei unter Indutiomar die Oberhand gewann. Zunächst hatte sein Gegenspieler und Schwiegersohn Cingetorix auf Druck Caesars noch einmal den Adel auf sich verpflichten können. Doch schon wenig später setzte sich Indutiomar an die Spitze eines überregionalen Aufstandes gegen Rom, an dem sich auch die keltischen Senonen und Carnuten, die belgischen Nervier wie die linksrheinischen germanischen Eburonen beteiligten. Später wurden gegen Bezahlung noch rechtrheinische Germanen als Hilfstruppen angeworben.

54/53 v. Chr. war Caesar infolge einer Missernte gezwungen, seine Truppen in Gallien auf mehrere Winterlager zu verteilen. Damit bot sich für die Aufständischen die günstige Gelegenheit, die über Nordostgallien verstreut stationierten Legionen einzeln anzugreifen. Den ersten Schlag führten die verbündeten Eburonen unter ihrem Anführer Ambiorix durch, bei dem immerhin anderthalb Legionen vernichtet wurden und auch zwei ihrer Kommandanten den Tod fanden. Notgedrungen musste Caesar entgegen seiner Gewohnheit den Winter in Gallien verbringen. Durch rasches Handeln gewann er schnell wieder die Oberhand. Dennoch blieb, obwohl der übermütige Indutiomar durch eine Kriegslist von Caesars General Titus Labienus den Tod fand, der treverische Widerstand ungebrochen. Erst ein Eingreifen Caesars und die Unterwerfung der Eburonen führten zum Zusammenbruch jenes Aufstandes. Die Führer der caesarfeindlichen Treverer flüchteten zu den rechtsrheinischen Germanen. Cingetorix, der Caesar von Beginn an freundlich gesinnt war, wurde wieder die Führung des Trevererstammes übertragen.

53 v. Chr. überschritten römische Legionen oberhalb des wenige Jahre zuvor genutzten Übergangs erneut den Rhein, womit sie einmal mehr die römische Macht demonstrieren wollten. Zudem sollten die östlich des Flusses siedelnden Germanen von weiteren Übergriffen abgeschreckt werden, nachdem auch die Anführer der Eburonen dorthin geflohen waren.

Im Jahre 52 v. Chr. blieben die Treverer – wohl infolge der zuvor erlittenen Niederlage – ruhig und nahmen, wie die Eburonen, nicht an dem großen Aufstand des Arverners Vercingetorix teil, der mit der Belagerung Alesias und der Gefangennahme des Vercingetorix endete. Doch schon ein Jahr später erhoben sich die Treverer erneut gegen Caesar, wobei sie auch diesmal von germanischen Stämmen unterstützt wurden. Labienus gelang es, diesen Aufstand bereits nach kurzer Zeit mit nur zwei Legionen niederzuschlagen. Ungeklärt bleibt, ob Cingetorix damals seinen Einfluss auf die treverischen Adligen verloren oder seine romfreundliche Haltung aufgegeben hatte.

Noch ein letztes Mal standen die Treverer danach im Mittelpunkt des Geschehens, als Caesar im Jahre 50 v. Chr. auf ihrem Stammesgebiet eine feierliche Truppenparade mit acht Legionen abhielt, um einmal mehr seine überlegene Stellung und Macht zu demonstrieren. Die einst blühenden städtischen Zentren (*oppida*) waren inzwischen verwaist oder weitgehend zerstört, ebenso die Mehrzahl der befestigten kleineren Siedlungen (*castella*). Die Unterwerfung von Gallien schien abgeschlossen. Caesar konnte sich nach Italien zurückziehen und den dort anstehenden Problemen widmen.

Die Neuordnung Galliens unter Augustus

In den folgenden Jahren unternahmen die Treverer keinen Versuch mehr, das römische Joch abzuschütteln.[1] Die in Gallien verbliebenen Truppen reichten offenbar aus, um jegliche Gedanken an weitere Aufstände im Keime zu ersticken. Da Caesar bei seiner Rückkehr nach Italien bis 46 v. Chr. in einen Bürgerkrieg mit Pompeius verwickelt wurde, blieb ihm eine administrative Neuordnung der von ihm eroberten gallischen Gebiete verwehrt. Nach Caesars gewaltsamem Tod im Jahre 44 v. Chr. fanden die Bürgerkriege zunächst gegen die Caesarmörder eine Fortsetzung, welche 42 v. Chr. mit deren Untergang in der Schlacht von Philippi endeten. Doch schon bald zerbrach das Bündnis der beiden Sieger, Caesars General Marcus Antonius und Caesars Großneffe und Adoptivsohn Caius Octavius. Der Konflikt verschärfte sich, nachdem Marcus Antonius eine Bindung mit Kleopatra, der letzten ägyptischen Königin eingegangen war. 31 v. Chr. verlor Marcus Antonius die vorentscheidende Seeschlacht von Actium vor der Küste Westgriechenlands. Mit Kleopatra zog er sich nach Alexandria zurück, doch bedeutete die Einnahme der Stadt durch Octavians Streitkräfte im Jahre 30 v. Chr. nicht nur das Ende der Kleopatra und des ptolemäischen Königsreich sondern auch den Untergang des Marcus Antonius wie das Ende der Römischen Republik.

Rasch festigte Octavian in den Jahren danach seine Position und schuf mit dem Prinzipat eine neue Staatsform, in der er als Princeps über den alten Organen der Republik die führende Stellung einnahm. Einen weiteren Schritt auf seinem Weg zur Alleinherrschaft bedeutete die Verleihung des Beinamens »Augustus«, der »Erhabene« im Jahre 27 v. Chr. Im selben Jahr konnte er endlich die noch von Caesar geplante administrative Neuordnung Galliens in Angriff nehmen. Die *Gallia Narbonensis* wurde verwaltungsmäßig aus der *Gallia Transalpina* (Gesamtgallien) als eigene Provinz herausgelöst. Die verbliebene *Gallia Comata* (das »Langhaarige«, d. h. das wilde Gallien) teilte er wiederum in drei Distrikte, die »*Tres Gallia*« (*Aquitania*, *Lugdunensis* und *Belgica*) ein.

Doch an der Grenze wie im Innern Galliens war noch keine endgültige Ruhe eingekehrt. Daher sah sich Marcus Vipsanius Agrippa, der von 39 bis 37 v. Chr. als Statthalter die *Gallia Transalpina* verwaltete, erneut gezwungen, den Rhein zu überschreiten, um die römische Präsenz zu demonstrieren. Knapp zehn Jahre später mussten sich die Statthalter Gaius Carrinas und Marcus Nonius Gallus 30/29 v. Chr. abermals mit innergallischen Unruhen auseinandersetzen. Auch die Treverer waren an diesem Aufstand maßgeblich beteiligt. Wohl aus diesem Grunde sahen sich die Römer gezwungen, oberhalb der Trierer Talweite, in der im Bereich der späteren *Augusta Treverorum* einzelne Spuren auf eine lockere Besiedlung und sogar auf eine eigene Münzprägung hinweisen,[2] ein größeres militärisches Lager zu errichten.[3] Schon kurz nach der Niederschlagung des Aufstandes durch Marcus Nonius Gallus wurde das Lager wieder aufgegeben. Doch bereits 25 v. Chr. musste ein weiterer Statthalter Marcus Vinicius erneut den Rhein überschreiten, nachdem zuvor römische Kaufleute im rheinnahen, vermutlich rechtsrheinischen Gebiet ermordet worden waren.

Die zweite Statthalterschaft des Agrippa war ab 20/19 v. Chr. von einem intensiven Straßenbau geprägt, durch den vermutlich politische Ziele, wie die Etablierung des römischen Verwaltungssystems, leichter durchgesetzt werden konnten. Er diente zugleich der Reorganisation der Verteidigungslinien am Rhein und schuf wesentliche Grundlagen für die römischen Offensivpläne gegen das rechtsrheinische Germanien und zu Operationen, die die Römer bis zur Elbe führen sollten. Im Zuge dieser Baumaßnahmen wurde 18/17 v. Chr. in Trier die erste hölzerne Pfahljochbrücke über die Mosel errichtet.

Sein Nachfolger Marcus Lollius musste abermals Einfälle rechtsrheinischer Germanen zurückschlagen und erlitt dabei mit seiner 5. Legion 17/16 v. Chr. weit westlich der

Rheingrenze gegen die verbündeten Sugambrer, Usipeter und Tenkterer eine empfindliche Niederlage. Daraufhin eilte Kaiser Augustus 16 v. Chr. selbst nach Gallien und ordnete bis 13 v. Chr. nach der vorgegebenen Stammesgliederung die Verwaltung in administrative Einheiten mit städtischen Zentren. In diesem Rahmen erfolgte auch die Gründung Triers, der *Augusta Treverorum*, als neuem Hauptort des Trevererstammes.

Römische Legionen am Rhein und die Germanenfeldzüge bis zur Niederlage des Varus

Nachdem die Stiefsöhne des Kaisers, Drusus und Tiberius, 15 v. Chr. auch das Alpenvorland erobert hatten, konnte Augustus seinem Ziel, die Gebiete zwischen Rhein und Elbe zu unterwerfen, näher kommen.[4] Voraussetzungen für solche Operationen östlich des Rheins waren feste Standlager, die er ab 13 v. Chr. zwischen Nimegen und Mainz errichten ließ. In den Hauptgarnisonen Xanten (*Vetera*) und Mainz (*Mogontiacum*) waren jeweils zwei Legionen stationiert. Insgesamt standen sogar fünf bis sechs Legionen und eine größere Zahl von Hilfstruppen an der Rheingrenze. Ihre Verteilung zeigte, dass der Oberrhein offenbar als weniger gefährdet galt und die Errichtung der Doppellegionslager in Xanten und Mainz im Umfeld günstiger Aufmarschzonen im Gebiet der Lippe sowie am Main und in der Wetterau erfolgte.

Die 12 und 11 v. Chr. von Xanten ausgehenden Germanenfeldzüge richteten sich insbesondere gegen die Sugambrer und Usipeter. Später verlagerte sich das Geschehen nach Süden. 10 v. Chr. brach Drusus von Mainz über die Wetterau nach Nordhessen in das Kerngebiet der Chatten auf, die zwischenzeitlich der romfeindlichen Allianz beigetreten waren. 9 v. Chr. machte er sich mit seinen Legionen erneut von Mainz auf und erreichte sogar die Elbe. Auf dem Rückmarsch nach Mainz zog sich Drusus beim Sturz von seinem Pferd eine tödliche Verletzung zu. Sein Bruder Tiberius eilte daraufhin an den Rhein und brachte die von seinem Bruder begonnenen Feldzüge zum Abschluss. Germanien war zu diesem Zeitpunkt bis zur Elbe fast eine tributpflichtige Provinz geworden.

So konnte die Romanisierung Germaniens in den folgenden Jahren forciert werden, doch lösten die Steuererhebungen in Form von Naturalien sowie die römische Rechtsprechung bei den Germanen zunehmenden Widerstand aus. Daher stellte sich der Cheruskerfürst Arminius, der als Offizier im römischen Heer gedient hatte, an die Spitze eines neuen germanischen Aufstandes. Ihm gelang es im Jahr 9 n. Chr., den Statthalter Germaniens, Varus, der mit drei Legionen und sechs Kohorten, zusammen rd. 18.000 Soldaten, vom Sommerlager auf dem Weg zurück zum Rhein war, in einen Hinterhalt zu locken und nach mehrtägigen Kämpfen im Teutoburger Wald weitgehend zu vernichten.

Versuche der Rückeroberung Germaniens und die Konsolidierung der Rheingrenze

Nach dem Verlust der drei Legionen war der gesamte Niederrhein zunächst nahezu schutzlos germanischen Übergriffen ausgeliefert. Die verschont gebliebenen Mainzer Legionen übernahmen umgehend die dortige Grenzsicherung. Obwohl die erwartete Offensive germanischer Stämme ausblieb, beorderte Kaiser Augustus seinen Stiefsohn Tiberius in das Krisengebiet. Durch neue Truppenaushebungen wurde der Verlust der drei Legionen rasch wieder ausgeglichen und die Rheinarmee sogar um zwei auf acht Legionen aufgestockt. Vier Legionen waren am Niederrhein, je zwei in Xanten und Köln, und vier zunächst in Mainz stationiert. Eine weitere lag im Voralpenland. Auf einer Grenzlänge von rd. 200 km stand damals ein Drittel des gesamten römischen Heeres. Wenig später wurde die Rheinarmee in zwei Armeekorps, das untere Heer (*exercitus inferior*) und das obere Heer (*exercitus superior*) aufgeteilt. Ein neuer Feldzug über den Rhein unter dem Oberbefehl des Tiberius und des Nero Claudius Germanicus, dem Sohn des Drusus, im Jahre 11 n. Chr. sollte primär als militärische Machtdemonstration und dem Beginn der Wiedereroberung Germaniens dienen. Doch musste Tiberius wegen des schlechten Gesundheitszustandes des Augustus bald nach Rom zurückkehren. Er überließ den Oberbefehl der Rheinarmee seinem Neffen Germanicus, der danach mit unterschiedlichem Erfolg operierte. Nach dem Tode des Augustus (14 n. Chr.) rückte sein Nachfolger Tiberius (14–37) von dessen weit gesteckten Eroberungsplänen ab und drängte Germanicus zum Abbruch der Germanenfeldzüge. Germanicus wurde 16 n. Chr. abberufen und die Standorte der Rheinarmee breiter gestreut. Das Kölner Doppellegionslager wurde aufgelöst, die Legionäre auf Bonn (*Bonna*) sowie Neuss (*Novaesium*) aufgeteilt und zwei der vier Mainzer Legionen nach Straßburg (*Argentorate*) bzw. nach Windisch (*Vindonissa*) in der Nordschweiz verlegt.

Im Bereich des oberen Heeres ließ Tiberius entlang des Rheins schon bald eine Reihe von Auxiliarlagern (Hilfstruppenlager) anlegen. In der Folgezeit entstand dort neben den Legionslagern eine befestigte Grenzlinie mit zahlreichen Stützpunkten, so in Andernach, Urmitz, Koblenz, Bingen, Worms und Speyer, denen fortan – wie einer Flottenstation – primär nur noch defensive Aufgaben zukamen. Lediglich bei Mainz-Kastell sicherte auf dem rechten Rheinufer ein Brückenkopf das Mainmündungsgebiet. Auch im Hinterland wurden einzelne Truppenstützpunkte errichtet wie bei Wederath (*Belginum*) im Hunsrück, der erst vor wenigen Jahren entdeckt wurde.[5] Nach Lucius Annaeus Florus, der unter Kaiser Hadrian im ersten Drittel des 2. Jhs. eine Geschichte Roms von der Gründung bis zum Ende der Regierung des Augustus verfasste, sollen schon zur Zeit des Drusus 50 Kastelle an Rhein, Maas, Elbe und Weser existiert haben, eine Zahl, die sich archäologisch nicht nachweisen lässt.

In die Grenzsicherung entlang des Rheins schloss Tiberius auch eine Förderung der rheinnahen Klientelstämme mit ein, die im Bereich einer vorgelagerten Front zur Konsolidierung der römischen Macht beitragen und den Frieden im Grenzbereich gewährleisten sollten. Gleichzeitig ließ er die Ansiedlung von germanischen Ubiern im Neuwieder Becken, von Vangionen und Nemetern am nördlichen Oberrhein sowie von Sueben im Rechtsrheinischen, insbesondere an der Neckarmündung zu. Sie sollten als Puffer zwischen den römischen Provinzen und dem freien Germanien gewissermaßen eine Vorfeldsicherung ausüben.

Überhöhte Abgabenforderungen der Römer führten im Jahre 21 n. Chr. in weiten Teilen Galliens zu erneuten Unruhen und letztlich auch zu einem größeren Aufstand, der von dem Treverer Julius Florus und dem Häduer Julius Sacrovir angeführt wurde. Beide zählten zur Oberschicht ihrer Stämme und besaßen aufgrund besonderer Verdienste ihrer Vorfahren auch das römische Bürgerrecht. Die Revolte konnte von Rom jedoch rasch niedergeschlagen werden.

Gaius (37–41), der Sohn des Germanicus und Urenkel des Augustus, besser bekannt als »Caligula« (Soldatenstiefelchen), wurde nach dem Tode des Tiberius (37 n. Chr.) dessen Nachfolger. Im Jahre 39 n. Chr. bot ihm ein Einfall der Chatten am Mittelrhein eine willkommene Gelegenheit, seine militärischen Fähigkeiten unter Beweis zu stellen. Daher nahm er 40 n. Chr. sogar persönlich von Mainz aus an einem Sommerfeldzug teil. Doch waren die Ergebnisse bescheiden und führten zu keinen nennenswerten Erfolgen. Die folgenden Jahrzehnte waren an der Rheingrenze, von einem weiteren Chatteneinfall im Jahre 50 n. Chr. abgesehen, der von einem Aufgebot der Vangionen und Nemetern zurückgeschlagen werden konnte, wieder relativ ruhig. Wie sicher der neue Kaiser Claudius (41–54), ein Sohn des Drusus und Onkel des Caligula, damals die militärische Lage an den Grenzen des Mittel- und Oberrheins einschätzte, zeigte die Tatsache, dass er 43 n. Chr. mit drei Rheinlegionen und zahlreichen Hilfstruppen zu einem Feldzug nach Britannien aufbrach, der mit der Unterwerfung des südlichen Britanniens abgeschlossen werden konnte.

Das Vierkaiserjahr (68/69 n. Chr.) und der Aufstand der Treverer und Bataver

Erst mit dem in einem Bürgerkrieg endenden Vierkaiserjahr 68/69 n. Chr. wurde das Rheinland wieder verstärkt in kriegerische Auseinandersetzungen hineingezogen. Im Frühjahr 68 hatte sich der Statthalter der Provinz *Gallia Lugdunensis* Gaius Iulius Vindex gegen Kaiser Nero (54–68) erhoben. Wenig später schloss sich auch der Statthalter der Provinz *Hispania Tarraconensis* Servius Sulpicius Galba (68–69) diesem Aufstand an und ließ sich im April 68 zum Kaiser ausrufen. Als immer mehr Provinzstatthalter ihrem Beispiel folgten und gegen Nero Position bezogen, wurde Galba im Juni 68 vom Senat anerkannt. Nero, der letzte Vertreter der iulisch-claudischen Dynastie, beging schließlich in dieser ausweglosen Situation Selbstmord.

Nachdem nur wenig später der beliebte Statthalter am Niederrhein, Fonteius Capito, einer angeblich von Galba angeordneten Verschwörung zum Opfer gefallen war, wurde Aulus Vitellius zu Fonteius Nachfolger bestimmt. Da aber die Rheinarmee gegenüber Galba große Vorurteile hegte, wurde Vitellius Anfang 69 von der Rheinarmee in Köln zum Kaiser ausgerufen und von den Lingonen und Treverern wie den Statthaltern von Britannien, Gallien, Spanien und Raetien anerkannt. Mit Marcus Salvius Otho, ursprünglich ein Verbündeter des Galba, den er noch im Januar 69 in Rom aus dem Weg räumen konnte, erwuchs Vitellius schon bald ein neuer Gegenspieler, hinter dem sich die Truppen der Donauprovinzen, von Kleinasien und von Afrika scharten.

Verhandlungen zwischen Vitellius und Otho über eine künftige Machtverteilung führten zu keinem greifbaren Ergebnis. Daher brach Vitellius mit den beiden rheinischen Heeresgruppen, die einschließlich der Hilfstruppen rd. 70.000 Mann umfassten, nach Italien auf. Otho, dessen Legionen zu diesem Zeitpunkt größtenteils weit von Rom entfernt im Osten lagen, war mit den wenigen ihm in Italien zur Verfügung stehenden Truppen nicht im Stande, das anrückende Heer des Vitellius aufzuhalten und die Alpenpässe zu sperren. Schließlich mussten sich Othos Soldaten im April 69 in einer Feldschlacht bei Cremona geschlagen geben. Vitellius war, gestützt auf die Rheinlegionen, aus dem Bürgerkrieg zunächst als Sieger hervorgegangen. So standen anfangs der Senat wie auch die Legionen des Donauraums und des Ostens uneingeschränkt hinter ihm. Doch bereits im Juli 69 ließ sich mit Titus Flavius Vespasianus (69–79) in Alexandria ein weiterer Heerführer zum Kaiser ausrufen, dem sich danach alle Legionen des Orients wie die der Donauprovinzen anschlossen, zumal sich letztere inzwischen von Vitellius benachteiligt fühlten.

Am Feldzug der Rheinlegionen gegen Otho mussten auch acht der im Lingonenland stationierten Bataverkohorten teilnehmen. Wegen ihrer Undiszipliniertheit schickte Vitellius jene Hilfstruppen jedoch vorzeitig zurück und ordnete sie zur Unterstützung der verbliebenen Truppen der Rheinarmee nach Mainz ab. Damit konnten sie an der erhofften Belohnung beim Einzug in Rom nicht teilhaben. Daher provozierte Iulius Civilis, ein batavischer Adliger und Präfekt einer der Auxiliarkohorten, inzwischen als angeblicher Verbündeter des Vespasian, einen Aufstand, der als Bataveraufstand in die Geschichte eingehen sollte. Er schreckte auch nicht davor zurück, römische Händler zu überfallen und Kastelle im Batavergebiet zu zerstören. Unterstützt wurden er dabei von den Küstenvölkern der Friesen und Canninefaten. Als die Bataverkohorten Mainz verlassen hatten und von den dort verbliebenen Truppenteilen nicht mehr aufzuhalten waren, wurde die Situation der am Rhein verbliebenen Legionäre von Tag zu Tag schwieriger, zumal sich zwischenzeitlich noch die rechtsrheinischen Brukterer und Tenkterer dem Aufstand angeschlossen hatten.

Nachdem Vespasianus im Dezember 69 schließlich Rom eingenommen und Vitellius bezwungen hatte, erreichte der Bataveraufstand auch den Mittel- und Oberrhein. Das Legionslager Mainz wurde von den vereinigten Chatten, Mattiakern und Usipetern belagert und konnte erst dank des beherzten Eingreifens des Legaten Caius Dillius Vocula befreit werden. Inzwischen hatten sich auch die Lingonen und die Treverer auf die Seite der Aufständischen geschlagen. Deren Ziele waren aber aufgrund der militärischen Erfolge neu gesteckt worden. Mit Nachdruck verfolgten nun neben dem Bataver Iulius Civilis der Treverer Iulius Classicus, ein ehemaliger Praefekt einer Reitereinheit, sein Landsmann Iulius Tutor, der als *praefectus ripae Rheni* mit der Flussverteidigung des Rheins beauftragt war, und der Lingone Iulius Sabinus die Errichtung eines eigenständigen Gallischen Reiches (*Imperium Galliarum*). Die Legionen von Mainz, Neuss wie die Bürger von Köln hatten einen Treueeid auf das *Imperium Galliarum* zu leisten. Denjenigen, die sich weigerten, wurde der Tod angedroht. Der in Xanten belagerten 15. Legion wie den Resten der 5. Legion wurde, sofern sie ebenfalls ihren Eid auf das Gallische Reich ablegen würden, freies Geleit zugesichert. Als sie die Bedingungen akzeptierten, wurden jedoch ihre Offiziere ermordet und die Mannschaften brutal niedergemetzelt. Ähnlich erging es den Legionslegaten der niederrheinischen Legionen in Bonn und Neuss. Ihre Mannschaften wurden nach der Zerstörung ihrer Lager nach Trier, dem Zentrum des Aufstandes, abkommandiert.

Die Erhebung der gallischen und germanischen Stämme fand jedoch, obwohl sich inzwischen noch die Nervier, Tungrer und Baetasier angeschlossen hatten, nicht in allen Regionen Galliens Zustimmung. Die Sequaner widersetzten sich mit Waffengewalt und fügten den Lingonen eine empfindliche Niederlage zu. Eine von den Römern geforderte Versammlung der nordgallischen Stämme sollte in Reims (*Durocortorum*), der Hauptstadt der Remer, entscheiden, ob man »lieber die Freiheit oder den Frieden« haben wolle.[6] Die Mehrzahl der Stämme mahnte zum Frieden, doch ließen sich die Treverer, insbesondere Iulius Valentinus, nicht von ihren Zielen abbringen. In der Zwischenzeit hatte Vespasian seine Position in Italien gefestigt und rüstete gegen die aufständischen

Gallier. Aus Italien rückten fünf Legionen, drei weitere aus Spanien und zudem eine aus Britannien heran. Iulius Tutor hatte sich indessen mit seinen treverischen Einheiten, unterstützt von Tribokern, Vangionen und Caeracaten wie den Mainzer Legionen am Oberrhein südlich von Mainz verschanzt und stellte sich der aus Vindonissa heraneilenden 21. Legion in den Weg. Doch bereits nach den ersten Gefechten lief die Mehrzahl der Soldaten mit Ausnahme der Treverer zum Gegner über. Tutor musste sich daraufhin hinter die Nahe bei Bingen zurückziehen. Zuvor ließ er die Brücke an der Rheinuferstraße abbrechen und fühlte sich sicher. Doch die heranrückenden Römer hatten rasch eine Furt ausfindig gemacht, so dass sich Tutor mit seinen ihm ergebenen Treverern schon bald der römischen Übermacht geschlagen geben musste. Die Kunde von seiner Niederlage veranlasste wenig später die vor Trier stationierten niederrheinischen Legionäre vom Gallischen Imperium abzufallen. Der Anführer der Treverer Iulius Valentinus musste sich auf eine Berghöhe zu Riol (*Rigodulum*) bei Trier, auf der er zuvor noch in aller Eile Gräben und Steinbarrikaden hatte errichten lassen, zurückziehen. Doch für die Römer bedeutete es kein größeres Problem, jene Verschanzungen zu überwinden und die Höhe zu erstürmen. Der römischen Reiterei gelang es schon bald, die Treverer aus ihren Stellungen zu drängen und den Hang hinabzutreiben. Dabei wurde auch ihr Führer Valentinus gefangen genommen.

Der Heerführer der niedergermanischen Truppen Quintus Petillius Cerealis hatte inzwischen Trier besetzt und versuchte eine Plünderung der Stadt zu verhindern, da er mit Milde die Treverer für die römische Sache zurück gewinnen wollte. Durch einen unerwarteten Gegenschlag unter Führung des Iulius Tutor, der mit wenigen Getreuen wieder zu den Treverern gestoßen war, des Iulius Classicus und des Batavers Iulius Civilis gelang es den Aufständischen, das römische Lager auf der gegenüberliegenden Moselseite einzunehmen und die Römerbrücke zu besetzen. Doch waren die Angreifer auf Dauer dem Druck der Legionäre nicht gewachsen. Cerealis konnte die Aufständischen rasch nach Norden zurückdrängen und verfolgte sie mit unterschiedlichem Erfolg bis an den Niederrhein, wo sie letztlich bei Xanten (*Vetera*) vernichtend geschlagen wurden. Der gallische Aufstand hatte ein blutiges Ende gefunden. Dennoch zeigten sich die Sieger äußerst maßvoll. Von Tacitus wird überliefert, dass lediglich der Anführer der Treverer Iulius Valentinus und der Lingone Iulius Sabinus hingerichtet wurden. Dagegen setzten sich die treverischen Befehlshaber Tutor und Classicus zusammen mit 113 Ratherren (*senatores*) noch rechtzeitig ins rechtsrheinische Germanien ab. Der bis dahin sehr selbstbewusst agierende Trevererstamm verlor damals den größten Teil seiner adligen Oberschicht und damit auch seine dominierende Rolle in Gallien. Eine neue Gruppe übernahm die Führung des Stammes, die sich offenbar mit der römischen Verwaltung arrangierte und sich der fortschreitenden Romanisierung öffnete.

Die Wiederherstellung der Grenzverteidigung unter Vespasianus

An der Rheingrenze herrschte danach wieder weitgehend Ruhe. Dennoch erforderte die mangelnde Loyalität der rheinischen Truppen grundlegende Reformen, zumal es bei der Bevölkerung das verlorene Ansehen wiederherzustellen galt. Zudem sahen sich rechtsrheinische Germanen aufgrund ihrer leicht errungenen Erfolge auch für die Zukunft zu neuen Angriffen ermutigt. Sämtliche Legionen der beiden Rheinheere wurden ausgetauscht, einige sogar für immer aufgelöst. Noch härter griff Vespasianus bei den Hilfstruppen durch. War es seit Augustus üblich, auch einheimische Truppen zur

Grenzverteidigung einzusetzen, wurden nach den Erfahrungen des Bürgerkrieges der Jahre 68/70, bei dem sich die einheimischen Hilfstruppen mit den Aufständischen verbündet hatten, der Einsatz einheimischer Auxilien aufgegeben. Sie wurden weitgehend von Hilfstruppen, die sich aus fremden Völkern rekrutierten, ersetzt. Die am oberen Heeresabschnitt stationierten Alen und Kohorten kamen nun vornehmlich aus Spanien oder den Donauprovinzen. Umgekehrt waren die Hilfstruppen der Treverer später vornehmlich am Taunuslimes stationiert.

Nach dem Bürgerkrieg verstärkten die am Oberrhein gelegenen Truppen mit dem Wiederaufbau der Kastelle auch ihren Einfluss auf der rechten Rheinseite. Schon seit einigen Jahrzehnten waren die Sueben vertraglich durch feste Übereinkommen an Rom gebunden, um das Vorfeld gegen feindliche Übergriffe zu sichern. Nun wurden die Gebiete direkt unter römische Kontrolle genommen sowie Straßen und Befestigungen, wie in Groß-Gerau, Ladenburg und Heidelberg angelegt. Auch die bei der Revolte zerstörten Kastelle Wiesbaden und Mainz-Kastell wurden wieder hergestellt und neue in Frankfurt-Heddernheim, Okarben und vielleicht auch Friedberg angelegt. Im Jahre 74 begann der Legat Cnaeus Pinarius Cornelius Clemens mit dem Bau einer Straße vom Legionslager Straßburg über den Schwarzwald zur Donau, um auf diese Weise die Entfernung zwischen Oberrhein und oberer Donau zu verkürzen.

Weder am Oberrhein noch im Neckarland scheinen die Römer bei der Erweiterung ihres Machtbereichs auf größeren Widerstand gestoßen zu sein. Lediglich am Mittelrhein fühlten sich die Chatten von der zunehmenden militärischen Präsenz der Römer in der Wetterau bedrängt und hatten nach längerem Stillhalten eine bedrohliche Haltung eingenommen. Domitianus (81–96), der seinem Bruder Titus (79–81) auf den Thron gefolgt war, sah sich gezwungen, gegen diesen Gegner erhebliche Vorkehrungen zu treffen. Bis Anfang 83 hatte er in Mainz, wo er seinen Hof aufgeschlagen hatte, zahlreiche Truppen zusammengeführt. Den Chatten gegenüber versuchte er den Eindruck zu erwecken, die Truppen zur Durchführung einer fälligen Steuerschätzung (*census*) zu benötigen.

Die Chattenkriege des Domitianus und der Saturninusaufstand

Im Frühjahr 83 startete Domitianus mit fünf Legionen und zusätzlichen Hilfstruppen, zusammen mehr als 30.000 Soldaten, einen Überraschungsangriff gegen die Chatten. Der Gegner wich allerdings auch im Folgejahr einer Entscheidungsschlacht aus, so dass der Kaiser – von kleineren Gebietsgewinnen abgesehen – kein greifbares Ergebnis erzielen konnte. Ein abschließender, für das Jahr 85 geplanter Feldzug kam nicht mehr zustande, nachdem starke dakische Verbände – für die Römer völlig überraschend – an der unteren Donau in die Provinzen Moesiens eingedrungen waren und dort die Anwesenheit des Kaisers erforderlich machten.

Zuvor hatte Domitianus die beiden bisherigen Militärbezirke mit den rechtsrheinischen Gebietserweiterungen zu zwei neuen Provinzen erklärt, die *Germania inferior* (Untergermanien mit der Hauptstadt *Colonia Claudia Ara Agrippinensis*/Köln) und *Germania superior* (Obergermanien mit der Hauptstadt *Mogontiacum*/Mainz). Damit wurden die rheinnahen, ehemals zur Gallia Belgica gehörigen Areale endgültig abgetrennt. Die Grenze zwischen beiden Provinzen bildete der Vinxtbach, der südlich von Bad Breisig in den Rhein mündete. Das nördlich davon gelegene Kohortenkastell Remagen (*Rigomagus*), das eine gemischte Einheit aus Infanterie und Kavallerie beherbergte, gehörte bereits zur Provinz Niedergermanien, ebenso wie der vicus von Jünkerath (*Icorigium*) an der Nordgrenze des heutigen Rheinland-Pfalz.

Wenig später führte eine Revolte des obergermanischen Statthalters Caius Antonius Saturninus am Neujahrstag 89 zu einer weiteren schweren Krise. Denn die Soldaten der beiden Mainzer Legionen verweigerten Domitianus den Treueid und riefen ihren Befehlshaber Saturninus zum Gegenkaiser aus. Domitianus rüstete, als ob er vorgewarnt gewesen wäre, in aller Eile zum Gegenschlag. Da es Saturninus nicht gelang, weitere der am Rhein stationierten Legionen auf seine Seite zu ziehen, verbündete er sich mit den Chatten. Doch konnten diese wegen eines außergewöhnlichen Eisgangs nicht rechtzeitig den Rhein überqueren und in die Entscheidungsschlacht südlich von Bonn eingreifen. Der niedergermanische Statthalter Lucius Antonius Lappius gewann für Domitianus die Schlacht, bei der Saturninus den Tod fand. Damit war der Kampf aber noch nicht zu Ende. Die Chatten nutzten die Gunst der Stunde und zerstörten im Rechtsrheinischen noch zahlreiche Kastelle, ehe sie von Lappius gestellt und besiegt werden konnten.

Domitianus leitete nach der Niederschlagung des Aufstandes wie der erfolgreichen Beendigung des zweiten Chattenkrieges einen Abbau der Rheinarmee ein, da an der gefährdeteren Donaufront dringend Legionen benötigt wurden. Insbesondere für die beiden aufsässigen Mainzer Legionen führte die Revolte zu Konsequenzen, da sie nun in jenes Krisengebiet abkommandiert wurden. Fortan gab es keine Doppellegionslager mehr, denn der Aufstand des Saturninus hatte deutlich gemacht, dass größere Truppenkonzentrationen für den Herrscher gefährlich werden konnten. Eine Reduzierung auf nur eine Legion sollte künftig mögliche Unruheherde verhindern.

Der Bau des obergermanisch-raetischen Limes

Wohl nach dem Ende des zweiten Chattenkrieg verfügte Domitianus, die Grenze vom Mittelrhein auf die besser zu verteidigenden Gebirgskämme des Westerwaldes und des Taunus vorzuverlegen.[7] Schneisen (*limites*), von denen aus die Wälder besser durchkämmt werden konnten, erleichterten – wie Sextus Julius Frontinus berichtet – den römischen Truppen ihre Situation in unwegsamem Gelände. Der Begriff *limes* ist von ihm noch nicht in seiner späteren Bedeutung (Grenze) verwendet. Im Bereich der Schneise wurde zunächst ein Weg angelegt, der von hölzernen Wachtürmen, die in regelmäßigen Abständen errichtet waren, überwacht wurde. Unter Publius Aelius Hadrianus (117–138) wurde vor dem Weg eine Palisadenreihe als Annäherungshindernis errichtet. Ab der Mitte des 2. Jhs. wurden die Holztürme durch Steintürme ersetzt. Wahrscheinlich noch zu Beginn des 3. Jhs. wurde hinter der Palisade ein parallel verlaufender V-förmiger Graben ausgehoben und das dabei anfallende Erdreich zu einem Wall aufgeschüttet, so dass ein Angreifer zunächst die Palisade, danach den Graben und den Wall überwinden musste. In der Nachbarprovinz Raetien wurde zur gleichen Zeit die Palisade durch eine Steinmauer ersetzt.

Hinter der Grenzlinie wurde neben den Wachtürmen zunächst eine Vielzahl kleinerer Kastelle errichtet, die oft nur für kleinere Truppeneinheiten (Detachements) von 100

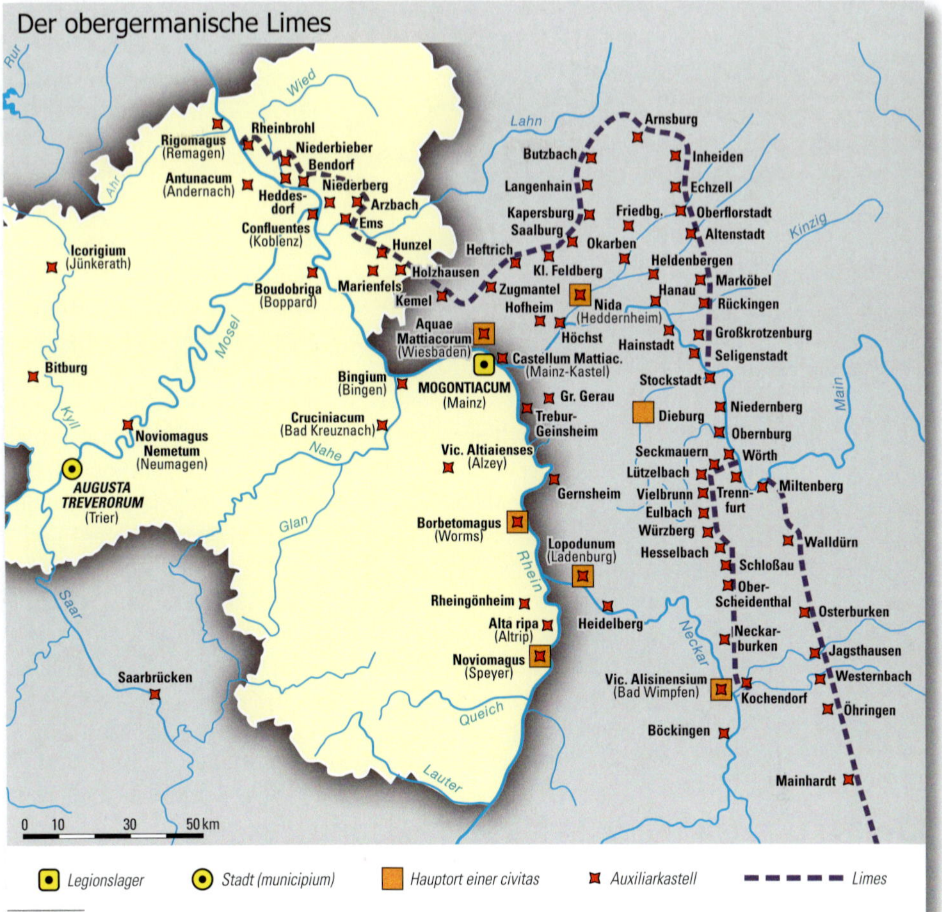

Vorlage: Putzger, Historischer Weltatlas, Berlin 2011
Kartographie: Landesamt für Vermessung und Geobasisinformation Rheinland-Pfalz

bis 200 Mann Platz boten. Erst später wurden die Lager vergrößert, um auch volle Kohorten von 500 Soldaten aufnehmen zu können. Da die Hilfstruppen der Kastelle am Limes die direkte Grenzverteidigung gewährleisteten, war im Hinterland nur noch die 22. Legion in Mainz stationiert. Der nördliche Teil des 548 km langen obergermanischen-raetischen Limes führte auf einer Länge von 75 km durch das heutige Rheinland-Pfalz.

In dem Maße wie die vorgelagerte obergermanische Limeslinie mit neuen Kastellen bestückt wurde, konnte auf die hinteren Hilfstruppenlager am Rhein verzichtet werden. Lediglich die im Umfeld der ehemaligen Rheinlager errichteten Zivilsiedlungen blieben bestehen und bildeten oft den Kern späterer Siedlungen oder Handelszentren, wie etwa in Andernach, Koblenz, Bingen, Worms, Ludwigshafen-Rheingönheim oder Speyer.

97 wurde Marcus Ulpius Traianus Statthalter von Obergermanien. Noch im selben Jahr wurde er von Marcus Cocceius Nerva (96-98) zum Thronfolger bestimmt, womit er die Reihe der Adoptivkaiser begründete. Den von Domitianus begonnenen Ausbau des Limes

Der Limes in seiner letzten Ausbauphase (Anfang 3. Jh.) (GDKE Landesarchäologie, Außenstelle Koblenz/ M. Meinen)

führte er zunächst weiter. Als ihn im Januar 98 in Köln die Nachricht vom Tode seines Adoptivvaters erreichte, blieb Trajanus (98-117) zunächst noch bis zum Herbst 99 zur Inspektion der Grenzanlagen an Rhein und Donau. Da er sich bald vor allem an der unteren Donau gegen die Daker engagieren musste, bedeutete seine Regierungszeit für die Rheinprovinzen den endgültigen Übergang zu einer defensiven Grenzverteidigung. Um die Jahrhundertwende standen von einst acht Legionen nur noch vier am Rhein, je zwei in Nieder- und Obergermanien. Die Legionen blieben für die nächsten beiden Jahrhunderte dauerhaft an ihren Standorten stationiert: die 30. Legion in Xanten, die 1. Legion in Bonn, die 22. Legion in Mainz und die 8. Legion in Straßburg. Zudem lagen an der Limeslinie in Obergermanien zwei Reiter- (Alen) und 21 Infanterieeinheiten (Kohorten). Neben verschiedenen Kohorten stellte Hadrianus noch eine Anzahl kleinerer Einheiten (*numeri*) mit einer Truppenstärke von rd. 150 Mann vor allem zur Sicherung unzugänglicher Waldgebiete auf. Daneben ließ er bereits vorhandene Kastelle am Odenwald-Neckarlimes ausbauen. Sein Nachfolger Antoninus Pius (138–161) nahm nach der Mitte des 2. Jhs., wie mehrere Bauinschriften bezeugen, die letzte Grenzkorrektur vor, indem er den Odenwald-Neckarlimes um rd. 30 km nach Osten vorverlegen ließ. Danach sollte sich der Grenzverlauf zwischen dem Römischen Imperium und dem freien Germanien bis in die Mitte des 3. Jhs. nicht mehr ändern.

Grundriss des Legionslagers von Mainz (GDKE Landesarchäologie, Außenstelle Mainz)

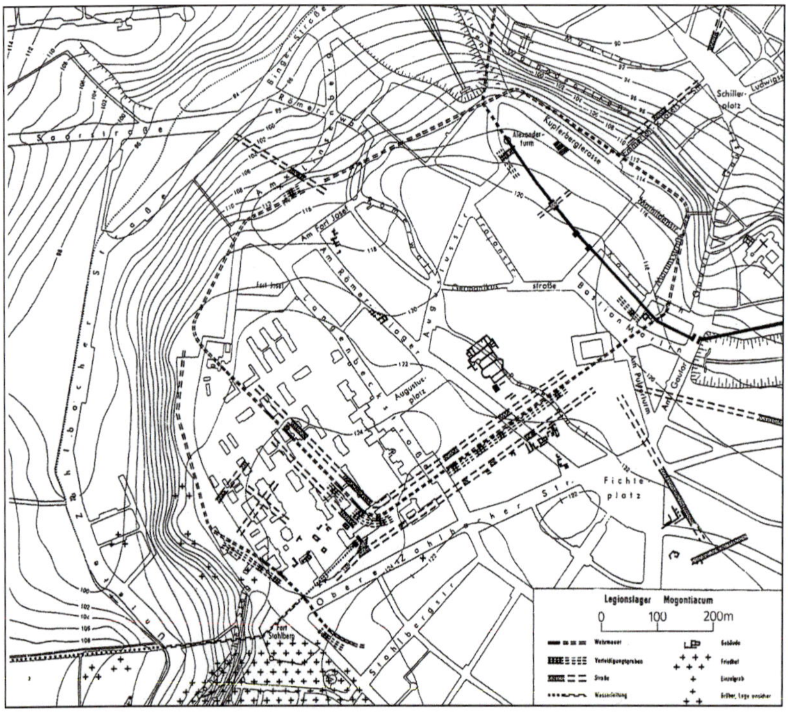

Nach dem zweiten Chattenkrieg herrschte am Limes über 70 Jahre Frieden, bis 162 die Chatten erneut in das Rhein-Main-Gebiet einfielen und dabei vom obergermanischen Statthalter zurückgeschlagen werden mussten. Dies tat aber in den folgenden Jahrzehnten der günstigen Wirtschaftsentwicklung an Rhein und Mosel nur wenig Abbruch. Die langjährige Friedenszeit wurde lediglich durch Bürgerkriegsunruhen in den Jahren 196/197 empfindlicher gestört. Nach der Ermordung des Commodus (180–192) folgten im Jahre 193 jeweils für wenige Mo-

Lange Friedenszeit bis zum Bürgerkrieg des Jahres 196/197

nate zunächst Publius Helvius Pertinax und danach Marcus Didius Iulianus auf dem Kaiserthron. Nun riefen die Donaulegionen Lucius Septimius Severus (193–211), die Truppen im Orient Gaius Pescennius Niger (193–194) und die Heereseinheiten in Britannien Decimus Clodius Albinus (193–197) zum neuen Kaiser aus. Nachdem Septimius Severus vom Senat anerkannt worden war, ernannte er Clodius Albinus zum Mitregenten und Nachfolger (Caesar), um sich auf diesem Wege gegen Niger den Rücken frei zu halten. Bereits Ende März 194 wurde Niger vom severischen Heer bei Issos in Kleinasien vernichtend geschlagen. Bei seiner Rückkehr nach Rom bestimmte Septimius Severus jedoch seinen Sohn Caracalla zum neuen Caesar, was für Albinus einer Kriegserklärung gleichkam. Albinus ließ sich daraufhin zum Augustus ausrufen und setzte 196 mit seinen Truppen von Britannien nach Gallien über. Nach anfänglichen Erfolgen wurden seine Truppen jedoch bei Lyon vernichtend geschlagen, so dass Albinus am 19. Februar 197 den Freitod suchte. Die Truppen des Severus brandschatzten und plünderten Lyon und gingen danach auch in anderen Regionen Galliens gegen die Anhängerschaft des Albinus vor.

Offenbar hatten die in Mainz stationierte Legion Albinus nicht unterstützt und auch das benachbarte Trier ihm die Gefolgschaft versagt. Denn darauf lässt sich eine Inschrift beziehen, die die *civitas Treverorum* zu Ehren des Severus und des Caracalla sowie der 22. Legion in Mainz zum Dank für die Hilfe bei einer Belagerung aufstellen ließ.[8] Aus mehreren zu dieser Zeit im Moseltal wie der näheren Umgebung von Trier vergrabenen Münzschätzen können wir auch ableiten, dass das Stammesgebiet der Treverer damals bedrängt war. Vor diesem Hintergrund ist auch die Verbergung einer der größten römischen Goldschätze zu sehen, der 1993 mit mehr als 2.650 Aurei unter dem Kellerboden eines Stadthauses in der Trierer Innenstadt entdeckt wurde.[9]

Neue Unruhen an den Grenzen Germaniens

Für das Jahr 213 wird mit den Alemannen durch Aurelius Victor und Cassius Dio erstmals ein germanischer Stamm genannt, der bald das Geschehen am Mittel- und Oberrhein und die römisch-germanischen Auseinandersetzungen bestimmen sollte. Obwohl es bis dahin noch zu keinen bedrohlichen Grenzüberschreitungen gekommen war, entschloss sich Caracalla (211–217) präventiv gegen die neue Bedrohung vorzugehen. Aus mehreren Legionen wurden Abteilungen zusammengezogen und die Alemannen schließlich in der Nähe von Mainz besiegt. Offenbar waren in jene Auseinandersetzung auch wieder die Chatten verwickelt. Ein danach geschlossener Vertrag sollte immerhin einen 20-jährigen Frieden bescheren.

Nachdem große Teile des Heeres von der Rhein- und Donaugrenze unter Severus Alexander (222–235) in den Osten zum Kampf gegen die Parther abgezogen worden waren, nutzten die Alemannen die Gunst der Stunde und brachen 233 in die nahezu schutzlos zurückgelassenen Provinzen Obergermanien und Raetien ein. Ihr Hauptstoß richtete sich gegen die Donau und Raetien, während sich am obergermanischen Limes bisher nur geringere Zerstörungsspuren nachweisen lassen. Offenbar waren die Folgen der Kriegszüge an Mittel- und Oberrhein, an denen einmal mehr die Chatten beteiligt waren, rasch beseitigt. In Raetien stießen die Alemannen bis ins Alpenvorland vor, wovon zahlreiche Zerstörungen und eine Vielzahl damals vergrabener Schatzfunde zeugen.

Der östliche Kriegsschauplatz sollte in der Folgezeit immer häufiger auch die Stabilität an der Rhein- und Donaugrenze beeinflussen. Nach dem Alemanneneinfall mussten die Kämpfe im Osten abgebrochen und die westlichen Truppen rasch an den Rhein und die Donau zurückgeführt werden. Bereits 234 waren die marodierenden Scharen wieder vertrieben. Für 235 plante Severus von Mainz aus einen Vergeltungsschlag, der jedoch zu keinem greifbaren Ergebnis führte, da der Feind in bewährter Manier den römischen Verbänden auswich. Als er danach mit Geldzahlungen einen Frieden zu erreichen versuchte, wurde er Anfang März 235 mit seiner Mutter Julia Mamaea in einem Lager bei Mainz von meuternden, auf Beute versessenen Soldaten ermordet. Zum neuen Kaiser wurde der bei der Truppe beliebte Heerführer Maximinus Thrax (235–238) ausgerufen, mit dem die bewegte Zeit der Soldatenkaiser eingeleitet wurde.

Schon bald startete Maximinus Thrax eine Strafexpedition und überschritt mit einer starken Armee den Rhein. Nachdem der Gegner zunächst einem Kampf ausgewichen war, kam es wohl noch 235 zu einer für die Römer siegreichen Schlacht in einem nicht näher lokalisierbaren Moor. Offenbar waren die Germanen danach erneut in das nähere Grenzgebiet eingefallen, worauf verschiedene Münzschätze vom Nieder- und Mittelrhein, darunter aus den Kastellen Neuwied-Niederbieber, Marienfels und Zugmantel, hinweisen, deren Schlussmünzen ausnahmslos ins Frühjahr 236 datieren. Daher sah sich Maximinus Thrax spätestens im Frühsommer 236 zu weiteren Aktionen gegen die Germanen veranlasst, die ihm im Spätsommer oder Herbst 236 letztlich den Titel *Germanicus Maximus* einbrachten.[10] Zudem wurde die *Victoria Germanica* auf den Münzen gefeiert. Nach den militärischen Erfolgen des Kaisers machte sich die Verwaltung – wie Bauinschriften aus dem Jahre 237 belegen – an die Wiederherstellung der von den Alemannen zerstörten Kastelle. Andere Limeskastelle, wie Holzhausen im Taunus oder Pfünz in Raetien, blieben nach dem Alemanneneinfall des Jahres 236 unbesetzte Ruinen.

Auf Maximinus Thrax folgte eine Vielzahl kurzlebiger Kaiser. Erst Publius Licinius Valerianus (253–260) war wieder eine längere Regierungszeit erlaubt, obwohl sie von zahlreichen Kämpfen im Orient wie am germanisch-raetischen Limes geprägt war. Zunächst sollte Valerianus zur Unterstützung des Caius Vibius Trebenianus Gallus (251–253) Truppeneinheiten aus den germanischen Provinzen zusammenziehen und diese nach Italien gegen Marcus Aemilius Aemilianus (253) führen, der zum Gegenkaiser ausgerufen worden war. Am Ende wurde Valerianus von seinen Truppen selbst zum Kaiser erhoben. Schon nach kurzer Zeit gelang es ihm, die Alleinherrschaft zu erringen, so dass er im Sommer seinen Sohn Publius Licinius Egnatius Gallienus (253–268) zu seinem Mitregenten erhob.

Das Ende des obergermanischen Limes

Da Valerian seine Truppen nicht mehr an den Limes zurückführte und mit ihnen in den Orient zum Kampf gegen die Sassaniden zog, war die Grenzverteidigung an Rhein und Donau merklich geschwächt. Rasch erkannten die Germanen die Gunst der Stunde und überrannten 254 wohl auf breiter Front den Limes. Wie zahlreiche Schatzfunde erkennen lassen, drangen sie weit in die linksrheinischen Provinzen vor, ehe Gallienus, dem von seinem Vater die Verteidigung der Grenzen an Rhein und Donau anvertraut worden war, die Eindringlinge wieder relativ schnell zurückschlagen konnte. Auf Münzen des Jahres 256 wurde er als »*restitutor Galliarum*« (Wiederhersteller Galliens) gefeiert.

Unruhen kamen bald auch bei den westgermanischen Stämmen entlang der Grenze am Niederrhein auf. Die bis dahin weitgehend friedlichen Rheingermanen, wie die Usipeter, Tenkterer, Sugambrer und Brukterer hatten sich zu einem größeren Stammesverband zusammengeschlossen, der in der zweiten Hälfte des 3. Jhs. als *Franci* überliefert wird. Erstmals setzten jene Franken 257 über den Rhein, durchbrachen die niedergermanischen Grenzlinien und drangen mit den vom Mittel- und Oberrhein vorstoßenden Alemannen weit in das ungeschützte gallische Hinterland, ja sogar bis nach Spanien vor, wo sie die Küstenstadt *Tarraco* (Tarragona) plünderten und zerstörten. Auf ihren Raubzügen hinterließen sie eine Spur der Verwüstung. Neben zahlreichen Münzschatzfunden an den Haupteinfallstraßen zeugt von ihren Aktivitäten auch Beutegut, das wie die Funde von Hagenbach[11] und Neupotz (Kreis Germersheim) beim Übersetzen über den Rhein verloren ging und »unwiederbringlich« im Fluss versank. Der Fund von Hagenbach umfasste mindestens 366 Metallobjekte, darunter Silberschmuck und 129 Votivbleche, die offensichtlich aus einem Marsheiligtum in den nördlichen Pyrenäen geraubt worden waren. Der Fund von Neupotz[12] enthielt neben verschiedenen Waffen immerhin über 160 Bronzegefäße und prägefrische Münzen des Gallienus aus der Zeit bis 259/260.

Um die Einfallsroute in Richtung burgundischer Pforte zu erschweren, wurden die aufgelassenen Militäranlagen des seit 101 n. Chr. verlassenen Legionslagers Vindonissa im Jahre 259 wieder instand gesetzt, wie sich einer Bauinschrift von Valerianus, Gallienus und dessen Sohnes des Caesar Saloninus (258–260) entnehmen lässt. Offensichtlich erfolgten jene Sicherungsmaßnahmen erst nach dem Alemanneneinfall im Jahre 259, bei dem die Germanen über die Alpenpässe und Ravenna bis kurz vor Rom gelangten. Erst auf ihrem Rückmarsch konnte Gallienus ihnen bei Mailand eine empfindliche Niederlage beibringen.

Dagegen wurde das römische Ostheer von den Sassaniden bei Edessa im Frühsommer 260 vernichtend geschlagen, wobei Valerianus I. in Gefangenschaft geriet. Gallienus musste zur selben Zeit mit Truppen vom obergermanisch-raetischen Limes erneut an der mittleren Donau eingreifen, wo der pannonische Statthalter Ingenuus im Juli 260 von seinen Truppen zum Kaiser erhoben wurde, nachdem sie von der Gefangennahme des Valerianus I. gehört hatten. Ingenuus, dem Gallienus zuvor noch die Erziehung seines ältesten Sohnes Valerianus II. (256–258) anvertraut hatte, wurde schon bald bei Mursa an der Drau besiegt. Ein Teil von dessen Truppen schloss sich Regalianus (260) an, der sich in *Carnuntum* (bei Wien) zum Gegenkaiser hatte ausrufen lassen. Doch auch er konnte von Gallienus rasch bezwungen werden. Dennoch war Gallienus mit seinen Truppeneinheiten zunächst noch an der mittleren Donau gebunden, so dass im Herbst 260 an Rhein und oberer Donau die endgültige Katastrophe folgte, als Franken wie Alemannen die weitgehend verwaisten Grenzbefestigungen des obergermanisch-raetischen Limes überrannten und auch weitgehend schleiften. Von diesem Einfall zeugen allein im Kastell Neuwied-Niederbieber drei nahezu zeitgleich versteckte Münzschatzfunde.

Am niedergermanischen Limes war die Situation zunächst noch überschaubarer. Gallienus hatte 260 in Köln als seinen Stellvertreter seinen Sohn Saloninus (258–260) zusammen mit zwei Beratern zurückgelassen. Dabei übernahm Silvanus die Verantwortung für die Verwaltung. Postumus war als bewährter Kommandeur für die militärischen

Aufgaben zuständig. Inzwischen waren die Franken abermals über den Niederrhein nach Gallien eingedrungen. Postumus stellte die mit reicher Beute beladenen fränkischen Einheiten auf ihrem Rückweg, noch bevor sie den Rhein überschreiten konnten. Dies führte zu einem tiefgreifenden Konflikt zwischen Postumus und Saloninus wie dem Prätorianerpräfekten Silvanus. Postumus wollte die Beute unter seinen Soldaten verteilen, Silvanus bestand hingegen auf einer völligen Ablieferung der Beute zugunsten der Staatskasse. Darauf rebellierten die Soldaten und belagerten Köln, die Residenz von Saloninus und Silvanus. Aus Angst vor Rache wurden beide an Postumus ausgeliefert und schließlich von dessen Soldaten ermordet. Danach erhoben sie Postumus (260–269) zum Augustus, vor allem weil man nur ihm den Schutz der ständig bedrohten Rheingrenze zutraute. Postumus erreichte innerhalb kürzester Zeit seine Anerkennung auch in den anderen Provinzen Galliens, Germaniens und Britanniens, zeitweise auch in Hispanien und Raetien.

Verwaltung und Wirtschaft in der frühen und mittleren Kaiserzeit

Das Gebiet des heutigen Rheinland-Pfalz war für den Zeitraum bis nach der Mitte des 3. Jhs. gewissermaßen dreigeteilt. Im unmittelbaren Vorfeld des befestigten Limes wohnten germanische Völker, die intensive und enge Handelskontakte mit den benachbarten römischen Provinzen pflegten. Jene Germanen profitierten offenbar von der Nähe zum Imperium und waren in der Regel mit ihren römischen Nachbarn freundschaftlich verbunden. Für die Provinzbewohner wie die Verwaltung bildeten sie gewissermaßen einen Puffer gegen feindlich gesinnte Germanenstämme, insbesondere gegen die östlich davon siedelnden Chatten.

Das Areal zwischen Limes und Rhein war dagegen stark militärisch geprägt. Hier waren im Laufe der Zeit Kastelle und Lager der verschiedenen Hilfstruppen mit den dafür notwendigen Zivilsiedlungen angelegt worden. Dazu zählten insbesondere unterschiedliche Handwerkerbetriebe, die vor allem für das am Limes stationierte Militär arbeiteten und weitgehend auch von diesem betrieben wurden. Landwirtschaftliche Betriebe fehlten in diesem Grenzbereich anders als im Linksrheinischen nahezu vollkommen. Umgekehrt spielte das Militär im linksrheinischen Hinterland ab der Mitte des 1. Jhs. eine immer geringere Rolle. Ebenso wurden die am Rhein errichteten Hilfstruppenlager spätestens zu Beginn des 2. Jhs. aufgegeben. Lediglich die in ihrem Umfeld errichteten Zivil- und Handwerkersiedlungen bestanden fort und bildeten wie in Andernach, Koblenz, Bingen, Worms oder Speyer den Kern späterer Siedlungen oder Handelszentren.

Die Gebiete westlich des Rheins waren dagegen nicht zuletzt wegen einer intensiv betriebenen Landwirtschaft relativ dicht besiedelt. Weite Landschaften, wie das Bitburger Gutland, der Saargau, das Maifeld und die Pellenz, das Neuwieder Becken, Rheinhessen oder die Vorderpfalz boten günstige Voraussetzungen für die Viehzucht wie den Ackerbau. Ein dichtes Netz unterschiedlich großer Landgüter oder Gutshöfe überzog, oft an Straßen aufgereiht, die Landschaft. Hinzu kam eine geringere Zahl dorf- oder stadtartiger Siedlungen (vici). Dennoch wurde das Siedlungsbild weitgehend von den über das Land verteilten Gutshöfen bestimmt. Dorfartige Siedlungen blieben jedoch während des 1. bis 3. Jhs. die Ausnahme.

Die Provinzen Gehörte das Trierer Land seit 27 v. Chr. zur Provinz Gallia Belgica, waren die rheinnahen Gebiete, die zuvor ebenfalls der Belgica zugeordnet waren, seither Teil zweier Militärbezirke. Domitianus erhob sie um 85 n. Chr. zu eigenständigen Provinzen und trennte sie somit endgültig von der Gallia Belgica ab. Mainz (*Mogontiacum*) wurde Hauptort der neuen Provinz *Germania Superior* (Obergermanien) und Köln (*Colonia Claudia ara Agrippinensium*) Hauptort der Provinz *Germania Inferior*.[13] Zur gleichen Zeit setzte auch der Aufstieg von Trier (*Augusta Treverorum*) ein, das gegen Ende des 1. Jhs. die alte Hauptstadt der Provinz Gallia Belgica Reims (Durocortorum) in dieser Funktion abgelöst hatte. Nur wenige Jahre später wurde Trier noch ein weiteres Mal aufgewertet, indem es mit der Finanzprokuratur einen zweiten überregional bedeutenden Verwaltungssitz erhielt, der zugleich für die Gallia Belgica und die beiden germanischen Provinzen zuständig war.

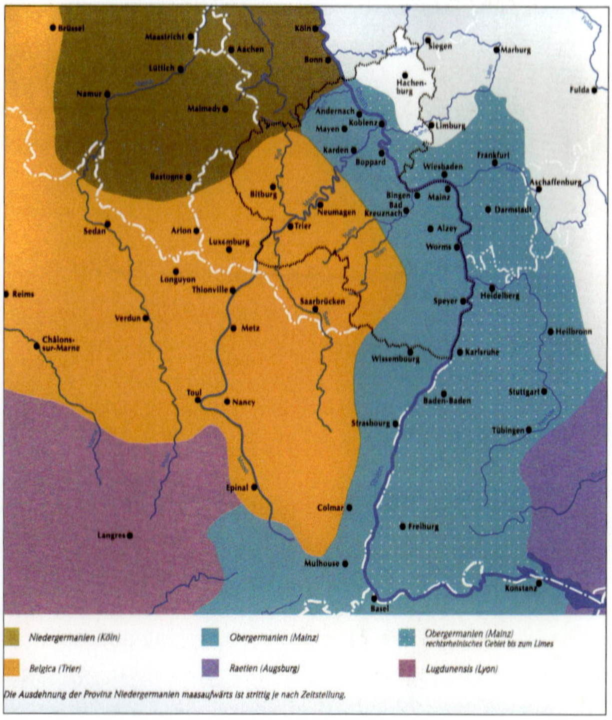

Römische Provinzen auf dem Gebiet von Rheinland-Pfalz (Landesamt für Vermessung und Geobasisinformation Rheinland-Pfalz Koblenz)

Der Grenzverlauf zwischen den Provinzen ist bisher nur vage bekannt. Sicher scheint lediglich, dass der Vinxtbach zwischen Bad Breisig und Brohl – der Name des Baches ist offensichtlich von einer Grenzstation *Ad fines* abgeleitet – den Verlauf der ehemaligen Provinzgrenzen markierte. Diese Vermutung wird durch zwei beiderseits seiner Mündung entdeckte Inschriften, darunter ein zu Ehren der *fines*, der Grenzgottheiten geweihter Altar, untermauert. Später bestimmte der Grenzverlauf auch den Anfang des obergermanischen Limes auf der gegenüberliegenden Rheinseite. Im Linksrheinischen strebte die Grenze von der Mündung des Baches zunächst in westlicher Richtung vermutlich bis an den Alfbach. Von dort verlief sie im Abstand von etwa 50 km parallel zum Rhein. Dabei umschloss sie die Gebiete der Vangionen, Nemeter und Triboker. Im Hunsrück lassen Ortsnamen wie Belg im Rhein-Hunsrück-Kreis oder auch der *vicus Belginum* (Wederath) auf die nahegelegene Grenze zur Provinz Gallia Belgica schließen.

Beide germanische Provinzen gehörten wie die Belgica zur Gruppe der kaiserlichen Provinzen. Sie unterstanden im Gegensatz zu den senatorischen Provinzen, wie die *Gallia Narbonensis*, unmittelbar dem Kaiser. Da er seine Provinzen aber nicht nicht selbst verwalten konnte, ließ er sich durch einen Statthalter, einen *legatus Augusti pro praetore*, vertreten. Der Rang der Provinz wie der ihres Statthalters war aber abhängig von der Zahl der dort stationierten Legionen. Provinzen ohne Legionen unterstanden wie etwa Raetien (bis 170 n. Chr.) einem ritterlichen *procurator*. Lagen zwei oder mehr Legionen in einer Provinz, musste der Legat ein *consularis* sein, der als Konsul bereits das höchste Staatsamt bekleidet hatte. Provinzen mit einer Legion oder bedeutendere Provinzen wie die Gallia Belgica wurden von einem Legaten im Range eines Praetors verwaltet, der jedoch später noch zum Konsul aufsteigen konnte.

Zahlreiche Inschriften überliefern die Ämterlaufbahnen, den *cursus honorum* einzelner Persönlichkeiten. Sie geben zu erkennen, dass auch einzelne Statthalter der *Gallia Belgica* oder der germanischen Provinzen bis zum Kaiser empor steigen konnten, wie Traianus (98–117), der in den Jahren 97/98 Statthalter in Obergermanien war, oder Didius Iulianus (193), der von 170 bis 175 die Geschicke der *Gallia Belgica* lenkte.

Obwohl die Statthalter an kaiserliche Weisungen gebunden waren, konnten sie für ihre Provinz frei über Krieg und Frieden mit den Grenzvölkern entscheiden. Ihnen oblag vornehmlich die militärische Führung der Provinztruppen. Erst in zweiter Linie waren sie für die zivile Verwaltung, die diplomatische Vertretung gegenüber den Nachbarvölkern und das Gerichtswesen als Richter in wichtigen Straf- und Zivilprozessen zuständig. So ist es naheliegend, dass der Kaiser als Legaten nur erfahrene Mitglieder des Senatorenstandes einsetzte, die nicht nur sein Vertrauen, sondern auch das des Senats genossen und in der Regel älter als 45 Jahre waren.

Die Verwaltung (*officium*) kam mit einem verhältnismäßig geringen Personalbestand aus. Da sich das *officium* wohl ausschließlich aus Offizieren und Soldaten der Provinztruppen rekrutierte, war bei einem Wechsel des Staathalters eine Kontinuität der Verwaltung gewährleistet. Die Finanzverwaltung unterstand dagegen für die *Gallia Belgica* wie für die beiden germanischen Provinzen einem ritterlichen Prokurator (*procurator provinciae Belgicae utriusque Germaniae*), der seit dem frühen 2. Jh. in Trier seinen Amtssitz hatte und offenbar in einem Vorgängerbau der Basilika residierte. Zu seinen Aufgaben gehörte die Eintreibung der direkten Steuern (*tributa*), die von *exactores tributorum* in den *coloniae*, *municipia* und *civitates* erhoben wurden. Später kamen teilweise auch indirekte Steuern (*vectigalia*), wie eine Verkaufssteuer (1 %), eine Sklavenverkaufs- (4 %) und -freilassungssteuer (5 %), hinzu. Zudem leitete er zusammen mit den drei Statthaltern den Provinzialcensus, der unregelmäßig, etwa alle 20 bis 30 Jahre, die an den Staat zu leistenden Steuern und Abgaben festlegte.

Die Aufgaben der Post wurde für die drei Provinzen ebenfalls zentral durch einen *praefectus vehiculorum per Belgicam et duas Germanias* geregelt, wobei das Personal offenbar von den Rheinlegionen gestellt wurde. Daneben sind mehrfach noch Benefiziarier nachgewiesen, die an wichtigen Stellen innerhalb der Provinzen als Polizeiposten eingesetzt waren. Auch sie rekrutierten sich aus den Legionen, wobei sie den Rang eines Unteroffiziers innehatten und vom Legionskommandeur abkommandiert waren.

Die *civitates* Die Provinzen wurden wiederum aus mehreren *civitates* gebildet, die meist aus älteren vorrömischen Stammesgebieten hervorgegangen sind. Sie waren halbautonome Verwaltungseinheiten mit einem städtischen Zentrum, die oft nach ihrem Hauptort oder dem zugehörigen Stamm benannt waren (z. B. Worms, *civitas Vangionum* und Speyer, *civitas Nemetum*).

Aus der Provinz Niedergermanien reichten nur zwei kleinere Geländezipfel bis in das heutige Rheinland-Pfalz hinein. Welcher *civitas* jene Gebiete um Jünkerath (*Icorigium*) und Remagen (*Rigomagus*) jedoch angehört haben, lässt sich derzeit ebenso wenig klären, wie eine nähere Zuordnung der nördlichen Bereiche Obergermaniens zwischen Vinxtbach und Nahe.

Dagegen sind wir über die südlichen *civitates* der Provinz Obergermanien besser informiert. Von der Nahe bis zur Isenach, die 4 km südlich von Worms in den Rhein mündet, erstreckte sich die *civitas Vangionum* mit dem Hauptort Worms (*Borbetomagus*). Offenbar war dieses Territorium gegen Ende des 3. Jhs. zugunsten einer neu entstandenen *civitas Mogontiacensis* verkleinert worden. Infolge der sich häufenden Germaneneinfälle war Mainz schon in der Mitte des 3. Jhs. mit einer Festungsmauer versehen worden. Nach Abbruch des Militärlagers um die Mitte des 4. Jhs. musste sie an der Südwestflanke auf einer Länge von rd. 600 m ergänzt werden und umschloss danach ein Areal von knapp 100 ha. Dort konnte 1985 das erste Stadttor entdeckt werden.

Mogontiacum war bis zur Mitte des 4. Jhs. nicht nur bedeutender Truppenstandort sondern auch Sitz eines Statthalters und damit Verwaltungsmittelpunkt der Provinz Obergermanien. Neben der südlich und südöstlich des Legionslagers gelegenen Lagervorstadt, der *canabae legionis*, entwickelte sich nördlich des Lagers schon seit dem 1. Jh. ein ausgedehnter ziviler *vicus*. Gleichwohl hatte Mainz als Provinzhauptstadt, anders als Köln, die Hauptstadt der Provinz Niedergermanien, nie den Rang eines *municipium* oder einer *colonia* und erlangte erst im späteren 3. Jh. den Status eines *civitas*-Vorortes. Vom Erscheinungsbild hatte Mainz schon zuvor das Aussehen einer Stadt. Davon zeugen das Ehrenmal des Drusus, des 9 v. Chr. auf einem Germanenfeldzug tödlich verunglückten Stiefsohnes des Augustus, eine um 27 n. Chr. erbaute Rheinbrücke (Pfahljochbrücke, nach 80 n. Chr. durch Steinpfeiler ersetzt), ein Bühnentheater, das damals das größte Theater nördlich der Alpen bildete und dessen Anfänge bis in die 30er Jahre des 1. Jhs. zurückreichen, eine große bereits unter Kaiser Nero (54–68) errichtete Jupitersäule, verschiedene Kultbauten oder der Ehrenbogen des Dativius-Victor aus der Mitte des 3. Jhs. Zudem wurden die römischen Bürger von Mainz durch eine Art Stadtrat (*ordo decurionum civium Romanorum*) vertreten, von denen drei Ratsherren (Quästoren) namentlich bekannt sind. Der zivile vicus erstreckte sich unterhalb des Legionslagers und war in mehrere Stadtviertel unterteilt. Für das 1. Jh. sind ein *vicus novus* und ein *vicus Salutaris* bezeugt, für das 2. und 3. Jh. ein *vicus navaliorum*, ein *vicus Apolliensis*, ein *vicus vubergensis*, und ein *vicus capite limitis*.

Das Bühnentheater von Mainz (GDKE Landesarchäologie, Außenstelle Mainz)

Zur Zivilsiedlung von Worms, dem Hauptort der *civitas Vangionum*, liegen dagegen nur dürftige Baubefunde vor. Offenbar hatte sich der Ort im späten 1. Jh. aus dem Lagerdorf eines frührömischen Kastells entwickelt und im Laufe der Zeit größere Bedeutung erlangt. Baureste, die auf einen Verwaltungssitz einer *civitas* schließen lassen, wurden unter dem Dom beobachtet und sind vielleicht zu einer Marktbasilika mit Marktplatz (*forum*) zu ergänzen. Wichtigere Hinweise geben zudem zwei, heute verschollene, allerdings in mittelalterlichen Abschriften erhaltene Inschriften, die zwei Stadträte der *civitas Vangionum* namentlich überliefern.

Die «Römersteine« von Mainz, Pfeilerreste eines ehemaligen Aquädukts im Zahlbachtal, der die Wasserversorgung des Legionslagers und vermutlich des vicus sicherstellte (GDKE Landesarchäologie, Außenstelle Mainz)

Südlich an die *civitas* der Vangionen grenzte die *civitas Nemetum* mit dem Hauptort Speyer (*Noviomagus*). Wie Worms war der Ort aus einem frührömischen Lagerdorf hervorgegangen. Heiligtümer, die allerdings nur in Form von Weihungen und unterschiedlichen Skulpturen belegt sind, sowie ein durch eine Inschrift bezeugtes Amphitheater weisen immerhin auf einen Ort von überregionaler Bedeutung hin. Zwar fehlt bisher das epigrafische Material, das Speyer als Verwaltungssitz einer *civitas* auszeichnen könnte, doch gibt es gesicherte Hinweise auf ein größeres öffentliches Bauwerk, das ursprünglich wohl einen Marktplatz (*forum*) gebildet hatte.

An die *civitas Nemetum* schloss wiederum die *civitas Tribocorum* mit dem Hauptort Brumath (*Brucomagus*) im heutigen Elsaß an, die aber nur mit einem schmalen Streifen zwischen (Wies)Lauter und Saarbach nach Rheinland-Pfalz hineinragte.

Zur Provinz Gallia Belgica gehörte die *civitas Treverorum* mit dem Hauptort Trier. Sie war eine der größeren *civitates* und erstreckte sich von der Provinzgrenze im Osten bis an die Maas, wo sie die *civitas Remorum* mit der Hauptstadt Reims (*Durocortorum*) tangierte. Im Norden stieß sie an die *civitas Tungrorum* mit dem Hauptort Tongern (*Atuatuca Tungrorum*) und im Süden an das Gebiet der *civitas Mediomatricorum* mit dem Hauptort Metz (*Divodurum*), der in Rheinland-Pfalz noch ein kleineres Areal um Zweibrücken und Pirmasens zuzurechnen ist.

Trier nahm unter den *civitas*-Hauptorten eine Sonderstellung ein.[14] Bereits 17 v. Chr. wurde im Zuge der Neuordnung Galliens die Fernstraße Lyon – Rhein angelegt und im Zuge dieser Baumaßnahmen in der Trierer Talweite eine Holzbrücke über die Mosel errichtet. Unweit dieser Stelle entstand ein Ort, dessen West-Ost-Achse (*decumanus maximus*) auf diese Brücke ausgerichtet war. Der Name des Ortes, *Augusta Treverorum*, legt nahe, dass die Siedlung unter Augustus als Zentrum des treverischen Stammes gegründet wurde, wobei der genaue Zeitpunkt derzeit offen bleiben muss. Jedenfalls sollte die Gründung noch vor Abschluss der Neuordnung Galliens im Jahre 12 v. Chr. erfolgt sein. Wie stark sich die Treverer ihrem Kaiser verpflichtet fühlten, zeigt die Tatsache, dass die *Augusta Treverorum* schon wenig später eine prächtige Anlage für den Kaiserkult erbauen ließ. Davon zeugen immerhin zwei monumentale Inschriften, die für eine Gedenkstätte zu Ehren der in den Jahren 2 bzw. 4 n. Chr. verstorbenen kaiserlichen Enkel und Adoptivsöhne *Gaius* und *Lucius Caesar* errichtet wurden.

Besondere Verwirrung stiftete das vor wenigen Jahrzehnten gefundene Fragment einer Mainzer Grabinschrift, die gleichzeitig eine *colonia* und eine *civitas Treverorum* nennt. Demnach scheint Trier keine Kolonie römischer Bürger gewesen zu sein, also nicht durch eine offizielle Ansiedlung römischer Bürger, wie etwa Köln, von Veteranen gegründet worden zu sein. Die Forschung tendiert heute dazu, dass die Bezeichnung *Colonia Augusta Treverorum* vermutlich einen von Kaiser Claudius I. (41–54) verliehenen Ehrentitel beinhaltet, zumal bisher keine Zeugnisse für die unterschiedliche Rechtsstellung einer *colonia Augusta Treverorum* und einer *civitas Treverorum* vorliegen. Die Stadt und damit die *colonia* bildeten demnach einen Bestandteil der Stammesgemeinde, wobei der Gemeinderat (*ordo decurionum*) sowohl für die *civitas* wie die *colonia* zuständig war. Möglicherweise ging mit der Verleihung des Ehrentitels colonia die Gewährung des *ius Latii* einher, durch das die Magistrate, vielleicht auch der gesamte Gemeinderat, das römische Bürgerrecht empfingen, während die große Mehrzahl der Treverer hingegen ihren peregrinen Status behielt. Eine volle Gleichstellung der Treverer erfolgte erst durch die um 212 von Kaiser Caracalla (211–217) erlassene *Constitutio Antoniniana*, durch die die meisten Provinzbewohner des Imperiums das römische Bürgerrecht erhielten.

Wenn auch der Geograf Pomponius Mela in den 40er Jahren des 1. Jhs. Trier als blühende, reiche Stadt (*urbs opulentissima*) bezeichnet, lässt sich ein größerer wirtschaftlicher Aufschwung erst ab dem Ende des 1. Jhs. nachvollziehen. Damals wurde die *Colonia Augusta Treverorum* zur Hauptstadt der Provinz *Gallia Belgica* erhoben und löste Reims (*Durocortorum*), das seit Augustus diese Aufgabe innehatte, ab. Zahlreiche größere Bauprojekte wurden ab diesem Zeitpunkt in Angriff genommen, wie am Kreuzungspunkt von *Cardo* und *Decumanus maximus* ein Forum mit drei von Geschäften gesäumten Plätzen und einer großen Markthalle, die zusammen eine Ausdehnung von 140 x 278 m erreichten, ein weithin sichtbarer Podientempel am Herrenbrünnchen unweit des ausgedehnten Tempelbezirks im Altbachtal, von dem ebenfalls viele Kultbauten noch ins 1. Jh. zurückreichen. In der ersten Hälfte des 2. Jhs. folgten das Amphitheaters, eine größere Badeanlage unweit des Forums und im Jahre 144 n. Chr. der Ausbau der Brückenpfeiler der Moselbrücke in Stein. Nach der Mitte des 2. Jhs. wurden im Bereich der späteren Basilika der Palast des Finanzprokurators für die gallisch-germanischen Provinzen, die Barbarathermen, damals mit einer Ausdehnung von 172 x 240 m der zweitgrößte Bäderkomplex im *Imperium Romanum*, der große Tempel am Moselufer, der *circus maximus* (Pferderennbahn) im Osten der Stadt oder auch die 13 km lange Ruwertal-Wasserleitung errichtet, die die Stadt wie die Thermenanlagen mit dem notwendigen Wasser versorgte. Um 180 n. Chr. erhielt die Stadt schließlich – lange bevor von der germanischen Grenze eine größere Gefahr ausging – eine 6,4 km lange und durchschnittlich 6 m hohe Umwehrung mit fünf Toranlagen und 30 Türmen, die ein Areal von 285 ha umschloss.

Die Porta Nigra von Trier, römisches Stadttor aus dem späten 2. Jh. (GDKE Rheinisches Landesmuseum Trier/Thomas Zühmer)

Wie in Mainz sind auch im Umfeld von Trier, insbesondere auf dem westlichen Moselufer ausgedehntere, vorstädtische Siedlungen nachgewiesen, wie der durch eine Weiheinschrift bezeugte *vicus Voclannionum*, der seit dem 2. Jh. viele Handwerker aufgenommen hatte.

Die Gaue (*pagi*)

Die *civitates* setzten sich ihrerseits wieder aus mehreren Gauen (*pagi*) zusammen, deren Namen und Gliederung vermutlich ebenfalls auf keltische Einteilungen zurückgehen. Zwei der vier für das Trevererland durch Inschriften bezeugten Gaue, der *pagus Vilcias* und der *pagus Teucorias*, lassen sich derzeit nicht näher lokalisieren. Dagegen sind die verwaltungsmäßig dem *pagus Carucum* und dem *pagus Ag*...[15] zuzuordnende Dörfer (*vici*) und Gutshöfe (*villae rusticae*) im Umfeld von Bitburg (*Beda*) und von Wederath (*Belginum*) zu suchen.

Das Militär – Die Legionen (legiones)

Nachdem die *Gallia Belgica* nach der Mitte des 1. Jhs. ihre letzten Soldaten abgegeben hatten, konzentrierte sich das Militär am Rhein auf die Grenzgebiete der beiden germanischen Provinzen.

In den Legionen dienten ausnahmslos römische Bürger. Im Durchschnitt standen während der Kaiserzeit 25 bis 28 Legionen unter Waffen. In den germanischen Grenzregionen waren unter Augustus acht, seit Beginn des 2. Jhs. bis zur Spätantike nur noch vier Legionen stationiert, in der Provinz Niedergermanien die *Legio XXX Ulpia Victrix* in Xanten und die *Legio I Minervia* in Bonn, in der Provinz Obergermanien die *Legio XXII primigenia pia fidelis* in Mainz und die *Legio VIII Augusta* in Straßburg.

Die Mannschaftsstärke betrug zwischen 5.000 und 6.000 Mann. Die kleinste Einheit in der Legion war das *contubernium*, eine Gemeinschaft von acht Soldaten. Zehn solcher *contubernia* bildeten wiederum eine *centuria*, die von einem *centurio* befehligt wurde. Vertreten wurde er von einem *optio*. Mit ihren 80 Mann war die *centuria*, die in etwa einer heutigen Kompanie vergleichbar ist, die kleinste taktische Einheit der Legion. Zwei Centurien entsprachen einem Manipel und drei Manipel oder sechs Centurien wiederum einer Kohorte. Zu den 480 kämpfenden Soldaten (*milites*) einer Kohorte kamen noch 120 weitere Personen, darunter Trompeter (*tubicen*), Hornbläser (*cornicen*) und Feldzeichenträger (*signifer*) hinzu. Zehn Kohorten bildeten eine Legion, wobei noch 120 Reiter in vier Reitereinheiten (*turmae*) zu je 30 für Kundschafter- und Kurierdienste hinzukamen. Bedienstete der Verwaltung, Ärzte, Tierärzte und Handwerker sind dabei aber noch nicht eingerechnet. Geleitet wurde die Legion von einem Legionskommandeur (*legatus legionis*), der wie sein erster Stellvertreter, der *tribunus laticlavius*, dem Senatorenstand entstammte. Fünf weitere Militärtribune, die kleinere Abteilungen (*vexilla*) befehligen konnten, waren ritterlicher Herkunft.

Nach ihrer Dienstzeit, die normalerweise 20 Jahre betrug, mussten sich die Soldaten im Umfeld der Legion noch weitere fünf Jahre als Veteran zur Verfügung halten, bevor ihnen die angesparten Erträgnisse (*stipendia*) einschließlich eventueller Sonderzahlungen zu besonderen Anlässen (*donativa*) ausbezahlt und bisweilen auch Land zugewiesen wurden.

Die Hilfstruppen (auxilia)

Die Einheiten der Hilfstruppen rekrutierten sich, von wenigen Einheiten römischer Bürger abgesehen, aus Pereginen, also Bewohnern des Imperiums ohne Bürgerrecht, bisweilen sogar aus Angehörigen von Völkern außerhalb des Reiches.

Die Stärke und die Gattung der Hilfstruppeneinheiten waren sehr verschieden. Sie setzten sich aus *alae* (Reitereinheiten) und *cohortes* (Infanterieeinheiten) zusammen. Dabei bildeten sich im Laufe der Jahre folgende Arten heraus: Die *cohors quingenaria peditata* bestand aus einer Infanteriekohorte zu 500 Mann (sechs Centurien zu 80 Mann und einem kleinem Führungsstab). Doppelt so groß war die *cohors miliaria peditata*, eine Infanteriekohorte zu 1.000 Mann. Die *ala quingenaria* umfasste wiederum eine Reitereinheit mit 16 Reiterzügen (*turmae*) zu 30 Reitern, zusammen 480 Mann zuzüglich eines kleinen Führungsstabes und die *ala miliaria* rd. 1.000 Mann. Daneben gab es noch gemischte Einheiten (*cohors equitata*) mit sechs Centurien zu 60 Mann und vier Reitereinheiten (*turmae*) zu 30 Reitern. Alle Einheiten wurden von Präfekten – *praefectus cohortis* (*miliariae*), *praefectus alae* (*miliariae*) – aus dem Ritterstand befehligt.

Die kleineren zu Beginn des 2. Jhs. eingeführten *numeri* umfassten vier Centurien zu je 30 Mann und waren teilweise beritten. Sie wurden von einem Legionscenturio (*praepositus numeri*) kommandiert.

Nach einer Dienstzeit von 25 Jahren wurden die Auxiliarsoldaten unter gleichzeitiger Verleihung des Bürgerrechtes entlassen. Zudem erhielten sie Abfindungen und Vergünstigungen bei der Steuer, konnten heiraten und ihre Kinder legitimieren. Einzelheiten regelten die auf Bronzetafeln festgehaltenen Entlassungsurkunden (Militärdiplome).

An der Rheingrenze waren bereits in augusteischer Zeit Auxiliarkastelle in Urmitz, Bingen, Mainz-Weisenau, Worms und Speyer angelegt worden. Bis zur Mitte des 1. Jhs. kamen weitere Anlagen in Andernach, Koblenz und Ludwigshafen-Rheingönheim hinzu. Zwei bei Nackenheim und Worms-Horchheim (drei Spitzgräben) angeschnittene Lager und zwei weitere aufgrund von Luftaufnahmen südlich von Worms und bei Germersheim vermutete Lager mögen ebenfalls jener Kastellreihe zuzuordnen sein, doch entziehen sie sich derzeit noch einer näheren Datierung und Deutung. Vielleicht waren sie auch nur reine Schanz-Übungslager.

Auffallend sind jedoch für die älteren am Rhein gelegenen Auxiliarkastelle die häufig wechselnden Einheiten, vielleicht auch ein Ergebnis der Bürgerkriege der Jahre 69/70 n. Chr. Anders als bei den am Obergermanischen Limes ab dem 2. Jh. stationierten Truppen, die längerfristig an ihre Standorte gebunden waren, lässt sich bei den Auxiliartruppen des 1. Jhs. eine stärkere Fluktuation beobachten. Nach den vorliegenden Soldatengrabsteinen sind allein für Bingen bzw. Bingerbrück drei Kohorten, darunter eine berittene Einheit, (*cohors IV Delmatarum*, *cohors I Pannoniorum equitata veterana* und *cohors I sagittariorum*) und für Worms sogar je vier Alen (*ala Agrippiana*, *ala Hispanorum*, *ala Indiana Gallorum* und *ala Sebosiana*) und Kohorten (*cohors I Thracum*, *cohors VII Breucorum*, *cohors Raetorum und cohors Raetorum et Vindelicorum*) bezeugt. Eine *cohors Raetorum* ist ebenfalls für Andernach nachgewiesen.

Auch für das Holz-Erde-Lager von Remagen (*Rigomagus*) aus der Mitte des 1. Jhs. am Niedergermanisches Limes sind zwei verschiedene Hilfstruppen belegt, die *cohors I Thracum (equitata?)* und die *cohors VIII Breucorum*. Für das im späten 1. Jh. errichtete Steinkastell Remagen (*Rigomagus*) sind bis ins 3. Jh. nur noch zwei berittene Einheiten bezeugt, die *cohors II Varcianorum equitata civium Romanorum* und die *cohors I Flavia Hispanorum equitata pia fidelis.*

Die am obergermanischen Limes gelegenen Kastelle zeigen von ihren Grundrissen eine größere Vielfalt, die sich auch in unterschiedlichen Hilfstruppen niederschlägt. Die folgende Zusammenstellung berücksichtigt nur die in Rheinland-Pfalz gelegenen Kastelle.

Römische Kastelle im heutigen Rheinland-Pfalz

Kleinkastell Rheinbrohl; Steinkastell um 185 n. Chr.; wohl *vexillatio* (Detachement) einer der in der Nähe stationierten Auxiliareinheiten

Kleinkastell Hammerstein (Bad Hönningen); Holzkastell der ersten Hälfte des 2. Jhs.; wohl *vexillatio* einer der in der Nähe stationierten Auxiliareinheiten

Kastell Neuwied-Heddesdorf; Holz-Erde-Lager des späten 1. Jhs.; danach Steinkastell bis zum späten 2. Jh.; *cohors XXVI Voluntariorum civium Romanorum*, später *cohors II Hispanorum equitata pia fidelis*

Doppeltes Numeruskastell Neuwied-Niederbieber; ersetzte um 185 das Kastell Neuwied-Heddesdorf; *Numerus Exploratorum Germanicorum Divitiensium* und *Numerus Brittonum*

Kleinkastell Anhausen; Holz- und Steinkastell des späten 1. und 2. Jhs.; wohl *vexillatio* einer der in der Nähe stationierten Auxiliareinheiten

Kohortenkastell Bendorf; Erdkastell der 80er Jahre des 1. Jhs.; zu Beginn des 2. Jhs. aufgegeben; *cohors I Thracorum*

Kleinkastell Fehrbach; Steinkastell aus der Mitte des 2. Jhs.; *vexillatio der cohors VII Raetorum equitata* aus Niederberg

Kleinkastell Hillscheid (Höhr-Grenzhausen); Steinkastell des 2. Jhs.; wohl *vexillatio* einer der in der Nähe stationierten Auxiliareinheiten

Numeruskastell Arzbach; Steinkastell des frühen 2. Jhs.; Truppeneinheit nicht bekannt

Kohortenkastell Koblenz-Niederberg; Steinkastell des späten 1. Jhs.; *cohors VII Raetorum equitata*

Numeruskastell Bad Ems; Steinkastell des frühen 2. Jhs.; Truppeneinheit nicht bekannt

Kleinkastell »Auf der Schanz« (Bad Ems); Steinkastell des 2. Jhs.; wohl *vexillatio* einer der in der Nähe stationierten Auxiliareinheiten

Kleinkastell Becheln; Steinkastell des 2. Jhs.; wohl *vexillatio* einer der in der Nähe stationierten Auxiliareinheiten

Kastell Marienfels; vielleicht schon gegen Ende des 1. Jhs. errichtetes Numeruskastell; das um 120 n. Chr. durch ein größeres Kohortenkastell (?) ersetzt wurde. In der Mitte des 2. Jhs. vom Numeruskastell Hunzel abgelöst; Truppeneinheiten sind nicht bekannt

Numeruskastell Hunzel; Steinkastell aus der Mitte des 2. Jhs.; ersetzte das Numerus- oder Kohortenkastell Marienfels, Truppeneinheit nicht bekannt

Kleinkastell Pohl; Holz-Erde-Kastell vermutlich des frühen 2. Jhs.; wohl *vexillatio* einer der in der Nähe stationierten Auxiliareinheiten

Kleinkastell Miehlen-Pfarrhofen; Steinkastell des 2. Jhs.; wohl *vexillatio* einer der in der Nähe stationierten Auxiliareinheiten

Kastell Holzhausen; Steinkastell nach 185 n. Chr. errichtet; *cohors II Severiana Treverorum*

Städte und Dörfer

Dorf- oder stadtartige Siedlungen (*vici*) bildeten in den germanischen und gallischen Provinzen die Ausnahme. Das Siedlungsbild wurde weitgehend von den über das Land verteilten Gutshöfen (*villae*) bestimmt. Die ländlichen Siedlungen erreichten selten eine Ausdehnung von mehr als 20 ha. Sie wurden geprägt von beiderseits einer Straße angelegten Streifenhäusern, in denen mehrere hundert Menschen primär vom Handel und vom Handwerk lebten. Größere Ansiedlungen zeichneten sich oft durch öffentliche Bauten wie Tempelbezirke, Thermenanlagen oder Theater aus. Bei den Civitas-Hauptorten wie Worms oder Speyer haben sich zudem noch Hinweise auf ein Forum mit Marktfunktionen erhalten. Einige der vici, wie Andernach (*Antunnacum*), Koblenz (*Confluentes*), Bingen (*Bingium*), Worms (*civitas Vangionum*) oder Speyer (*civitas Nemetum*), waren aus den Lagerdörfern ehemaliger Auxiliarkastelle hervorgegangen. Andernach entwickelte sich zu einem bedeutenden Stapel- und Umschlagplatz. Koblenz und Bingen profitierten mit ihren Mosel- und Rheinbrücken von wichtigen Flussübergängen. Andere vici entstanden hingegen zunächst als reine Straßenstationen an Fernstraßen und hielten, wie in Jünkerath (*Icorigium*), Alflen, Wittlich-Neuerburg, Neumagen (*Noviomagus*) oder Tawern alle notwendigen Dinge für Reisende bereit. Reiseproviant konnte ergänzt, Last- und Reisewagen repariert, erschöpfte Pferde ausgewechselt oder auch in einer Herberge Erholung von einer strapaziösen Reise gesucht werden. Auch Bitburg (*Beda*) entwickelte sich rasch von einer reinen Raststation zu einem ausgedehnteren vicus mit einem größeren Theater und Heiligtümern wie einer Keramik- und Glasproduktion. Ziegelöfen sind bereits für die erste Hälfte des 1. Jhs. nachgewiesen. In Wederath (*Belginum*) bildete wiederum ein frühes Lager, vielleicht auch eine kleinere vorrömische Ansiedlung, den Ausgangspunkt für eine bedeutende Straßenstation, bei der immerhin vier verschiedene Heiligtümer errichtet wurden. Bei anderen Siedlungen hatten sich wiederum gewerbliche Produktionsstätten entwickelt, wie in Eisenberg eine Metallverarbeitung, in Treis-Karden (*Cardena*), Kobern-Gondorf (*Contrua*) und Weißenthurm ausgedehnte Töpfereien oder in Mayen eine umfangreiche Keramik- und Mühlsteinproduktion. Der *vicus* von Bad Bertrich verdankte seine Entstehung einer Thermalquelle, die vermutlich auf Initiative der Provinzverwaltung gefasst wurde. Um die 32 °C warme Quelle entwickelte sich rasch ein *vicus* mit einer Heiltherme, die größere wie kleinere Schwimmbassins umfasste. Daneben entstanden Herbergen, Kaufläden und mehrere Heiligtümer. Den östlichen Abschluss bildete eine Töpferei, in der insbesondere Terrakotten (kleinere Tonfigürchen) als Votivgaben für die römischen «Kurgäste« hergestellt wurden; nach erfolgter Genesung legte man sie aus Dankbarkeit bei den Göttern nieder. Aus dem benachbarten Tempel stammt eine Weihung an die Quellgöttinnen Vercana und Meduna sowie eine außergewöhnliche Marmorstatuette der Diana, die nicht nur als Jagd- sondern auch als Heilgöttin beliebt war.

Weitere bedeutendere *vici* in der *Gallia Belgica* waren Wittlich-Neuerburg, Kirchberg-Denzen (*Dumnissus*), Wasserbilligerbrück, Kastel-Staadt, Lauterecken und Lautertal bei Otterbach. Für Obergermanien sind solche noch in Boppard (*Bodobrica*), Bad Salzig (*Salissone*) und Oberwesel (*Vosolvia*) sowie im Hinterland von Mainz in Bad Kreuznach (*Cruciniacum*) und Alzey (*Altiaia*) nachgewiesen.

Die Villen Bei den zahlreichen über das Land verteilten Villen unterscheiden wir primär zwei Haupttypen, die weitläufige, bis zu 140 m breite *villa urbana*, die als luxuriöseres Wohngebäude ausschließlich dem Gutsherrn und seiner Familie (z. B. Wittlich, Longuich oder Oberweis) diente. Diese setzte sich deutlich von der landwirtschaftlich geprägten *villa rustica* ab, für die die Villa von Bollendorf (Typ Bollendorf) namengebend wurde (vgl. etwa Schuld, Mayen, Winningen, Newel, Mehring, Leiwen, Lösnich, Kinheim, Horath, Weitersbach, Bad Dürkheim-Ungstein). Dieser Bautyp war in ganz Gallien verbreitet und wurde in vielfältigen Abwandlungen den individuellen Bedürfnissen der Landwirte wie der bäuerlichen Kleinbetriebe angepasst. Ihre Hauptgebäude waren meist Teil umfriedeter Höfe, die sich bei günstiger Wirtschaftsentwicklung und mit zunehmendem Wohlstand im Laufe der Jahre nicht selten zu palastartigen Villen entwickelt hatten. Charakteristisch blieb für diesen Typ aber eine den Arbeits-, Wohn- und Schlafräumen vorgelagerte Schmuckfassade, wobei die obligatorischen Eckrisalite durch einen Säulengang verbunden waren. Die Frontlängen dieser Herrenhäuser schwankten zwischen 25 und 100 m. Die Hofareale, zu denen nicht selten bis zu zehn Nebengebäude wie Stallungen, Scheunen, Remisen für den Fuhrpark, Magazinbauten, Werkstätten, Schmieden, Trockenöfen, Räucherkammern, Gesindehäuser, bisweilen auch separate Badeanlagen, Torbauten, Grab- und Kultanlagen, ab dem 3./4. Jh. im Mosel- und Rheintal auch Kelterhäuser gehörten, umfassten oft ein Areal von mehreren Hektar. Daneben existierte noch eine Vielzahl kleinerer Villenanlagen mit wenigen Nebengebäuden, die oft an der Stelle älterer Vorgängerbauten aus Holz entstanden waren.

Modell der gallo-römischen Risalitvilla von Bollendorf (GDKE Rheinisches Landesmuseum Trier/Thomas Zühmer)

An der vom ausgehenden 1. bis ins frühe 3. Jh. n. Chr. anhaltenden Blüte war auch die nach einem Jahrhundert weitgehend romanisierte, einheimische Bevölkerung aktiv beteiligt. Ab dem ausgehenden 1. Jh. wurden die ländlichen Villen der Kleinbauern wie die dorfartigen Ansiedlungen zunehmend in Stein ausgebaut. Zugleich übernahm man immer häufiger die Gerätschaften und Produktionsweisen der Römer. Selbst die Ausstattung der Häuser, die im Laufe der Zeit zusätzlich beheizbare Wohnräume, teils ausgemalt oder mit aufwendigen Mosaiken versehen, und mehrräumige Badeanlagen erhielten, passte man römischen Vorbildern an. Offen bleibt derzeit allerdings die Frage, ob die kleineren Anlagen als eigenständige Höfe zu sehen sind oder von Großgrundbesitzern an Kleinpächter vergeben waren. Während der Anbau schon länger bekannter Getreidearten (Weizen, Gerste und Roggen als Brot- und Hafer als Futtergetreide) die Grundlage für einen florierenden Ackerbau war, wurden als Gemüse vor allem Erbsen, Bohnen, Linsen und Kappes gezogen. Als Gartengemüse waren Möhren, Rüben, Rettiche, und als Gewürzpflanzen Petersilie, Fenchel, Koriander, Zwiebel und Lauch beliebt. Später kamen mit verbesserten Anbaumethoden aus den südlichen Provinzen auch Spargel, Knoblauch, Senf und Gurke hinzu. Im geringeren Umfang pflegten die Kleinbauern auch den Anbau von Obst (Apfel, Pflaume, Kirsche, Quitte und Walnuss, später auch Birne und Pfirsich). Ab dem 3. Jh. wurde in den klimatisch begünstigten Regionen von Mosel, Ahr und Vorderpfalz auch die Weinrebe angepflanzt.[16] In den letzten Jahrzehnten konnten immerhin dreizehn Kelteranlagen, davon zwölf im Moseltal, nachgewiesen werden.

Am Hof selbst war die Kleinviehhaltung (verschiedene Geflügelarten und Schweinemast) verbreitet. Auf den Höhen der Mittelgebirge wie den raueren Hochflächen wurde eine ausgedehnte Weidewirtschaft und Viehzucht (Rind, Schaf und Ziege) betrieben. Sie lieferten nicht nur Nahrungsmittel, also Fleisch, Milch und Käse, sondern auch Wolle und Leder für die Textilproduktion. Zugleich waren Ochse, Pferd und Esel unentbehrlich als Zugtiere.

Zum Speisezettel der Landbewohner gehörten außerdem die von der Natur reichlich gebotenen Gaben aus dem

Hochrelief des Sucellus von Kinheim, des gallo-römischen Schutzgottes der Moselwinzer, zweite Hälfte 3. Jh. (GDKE Rheinisches Landesmuseum Trier/Thomas Zühmer)

Wald, das jagdbare Wild (Hirsch, Reh, Wildschwein, Hase, Fasan), Pilze und Beeren sowie Fische aus Flüssen und Bächen der Umgebung, die man teilweise künstlich aufstaute.

Wirtschaft Die lang andauernde Friedenszeit, die nur kurz vom Bürgerkrieg des Jahres 196/197 unterbrochen worden war, brachte den nordwestlichen Provinzen des römischen Imperiums im 2. und der ersten Hälfte des 3. Jhs. einen enormen wirtschaftlichen Aufschwung und eine erste bis dahin nie gekannte Blüte, die sich vor allem an der regen Bautätigkeit auf dem Lande wie den größeren Städten ablesen lässt.

Mit der Neuordnung der gallischen Provinzen unter Augustus hatte das Militär unter Heranziehung ortskundiger Einwohner auch eine Prospektion der eroberten Gebiete eingeleitet. Dabei wurde zunächst das vorhandene Wegenetz wie die vorhandenen Siedlungsstrukturen auf weitere Ausbaumöglichkeiten geprüft. Zugleich erfasste man das Vorkommen von Quellen, Erzlagern, Tonen und baufähigem Steinmaterial. Spätestens um 21 n. Chr. sind für das Treverergebiet Händler bezeugt, die sich nicht nur um die Versorgung der am Rhein stationierten Truppen bemühten, sondern auch den Einheimischen die Vorzüge zahlreicher Produkte vermittelten. Allerorts eröffneten sich Möglichkeiten an der wirtschaftlichen Entwicklung teilzuhaben.

Neumagener Weinschiff, Grabmalbekrönung aus der Zeit um 220 n. Chr. (GDKE Rheinisches Landesmuseum Trier/Thomas Zühmer)

Das rasche Wachstum der vorhandenen Siedlungen und neu gegründeten Städte verlangte immer häufiger nach handwerklichen Fähigkeiten, denen sich die einheimische Bevölkerung bereitwillig und lernbereit öffnete. Vor allem benötigte man in großen Mengen Baumaterial. Zur Zubereitung des Mörtels musste Kalk abgebaut und gebrannt werden. Balken und Bretter waren für Baugerüste aus den waldreichen Regionen heranzuschaffen. Transportunternehmer führten Kalk-, Schiefer- und Sandsteine zum Straßen- und Hausbau heran. An den Flüssen wurden Last- und Frachtschiffe gebaut, um die sprunghaft angestiegenen Materialanforderungen zu befriedigen. Örtliche Metallvorkommen mussten wie bei den Pützlöchern bei Butzweiler/Kordel nördlich von Trier abgebaut werden. Zahlreiche mitunter recht umfangreiche Verhüttungsanlagen entstanden etwa bei Ahrweiler, Bitburg-Stahl oder Tawern. Abbauwürdige Steinbrüche wurden erschlossen, wie für Basalt im Brohltal, für Schiefer und Basalt in Mayen, für Buntsandstein im Kylltal bei Trier oder dem Krimhildenstuhl bei Bad Dürkheim. Ergiebige Tonlagerstätten wurden aktiviert. Erste Ziegelbrennöfen wurden bei den Militärlagern am Rhein, aber auch in Bitburg oder Oberbillig angelegt. Viele dieser Orte bildeten später die Keimzelle florierender Töpfereizentren wie Rheinzabern, Trier und Sinzig für Terra Sigillata, Weißenthurm, Speicher, Mayen vornehmlich für rauhwandig-tongrundige Ware, Treis-Karden für geflammtes Geschirr, Trier sowie Bad Bertrich für Terrakotten und Tonlampen. In Trier wurde auch die weit verbreitete schwarz engobierte Keramik, insbesondere die mit Trinksprüchen versehene «Weinkeramik» produziert. Ab der zweiten Hälfte des 3. Jhs. lässt sich in Trier zudem eine Glasfabrikation nachweisen.[17]

Religion

Die religiösen Verhältnisse waren in den gallisch-germanischen Provinzen unterschiedlich. Neben der römischen Götterverehrung standen, nahezu gleichberechtigt, einheimische wie – vor allem beim Militär verbreitete – orientalische Kulte (Mithras, Isis und Serapis, Kybele und Christen). Strenge Vorschriften bestimmten die religiösen Handlungen. Man betete und opferte in öffentlichen wie in privaten Anliegen, um sich der göttlichen Hilfe zu versichern oder um nach erlangter Hilfe zu danken und ein Gelübde einzulösen. In Erfüllung jener Gelübde wurden Altäre, Skulpturen oder auch andere, weniger kostspielige Weihegeschenke, wie etwa Terrakotten, gestiftet. Die verschiedenen Inschriften überliefern, wer welche Götter verehrte und auch wie man ihnen opferte.

Vor allem in der *Gallia Belgica* lässt sich eine Vielzahl von Tempelbezirken und Kultanlagen nachweisen. Dabei unterscheiden sich die ländlichen Tempelanlagen und Kultbezirke, insbesondere was ihre Größe und Sakralarchitektur angeht, deutlich von denen der Städte. Die Tempel waren reine Gotteshäuser. In der *cella*, die nur von den Priestern betreten werden durfte, stand ein Kultbild der dort verehrten Gottheit. Die Gemeinde versammelte sich zu Opfern an einem vor dem Tempel errichteten Altar. Eine in den Nordwestprovinzen verbreitete Sonderform bildete der offenbar an keltische Vorbilder angelehnte Umgangstempel, bei dem um die nahezu quadratische cella für Prozessionen ein Säulengang herumführte. Dem stehen größere Tempelanlagen in den Städten gegenüber, bei denen ein Rückgriff auf griechisch-römische Traditionen unverkennbar ist. Auf einem hohen Podium erhob sich eine riesige *cella* mit tiefer Vorhalle und ausgedehnten Treppenanlagen.

Die ländlichen Heiligtümer lassen sich vor allem vier unterschiedlichen Gruppen zuordnen.[18] Zur ersten Gruppe zählen Quell- oder Pilgerheiligtümer, die in der Regel mit einer Quelle oder einem Wasserlauf in Verbindung standen. In Hochscheid wies die *cella* des

Das gallo-römische Heiligtum von Heckenmünster, Rekonstruktion nach Martin Schwemer (GDKE Rheinisches Landesmuseum Trier/Thomas Zühmer)

Umgangstempels in ihrer Mitte eine gefasste Quelle auf, aus der die Pilger das «heilbringende« Wasser schöpfen konnten. Im Heiligtum von Heckenmünster bei Wittlich, das neben zwei gallo-römischen Umgangstempeln einen weiteren achteckigen Kultbau aufwies, sind gleich mehrere noch heute sprudelnde Schwefelquellen nachgewiesen. Die dort verehrten Gottheiten sind, wie in Hochscheid im Idarwald, wo das Götterpaar Apollo Grannus und Sirona aufgestellt war, eindeutig als Heilgottheiten charakterisiert. Die verschiedenen Nebengebäude lassen auf Priesterwohnungen, Schatzhäuser zur Aufbewahrung von Kultgeräten, Kaufläden für Devotionalien, Pilgerherbergen, aber auch auf Heilthermen mit der obligatorischen Raumabfolge römischer Bäder oder einen Kurbetrieb mit Trink- und Badekuren schließen. Bei dem Tempelbezirk von Heckenmünster war zudem die Bühne eines Kulttheaters in die Bezirksmauer (*temenos*) integriert, die den sakralen Bereich, den heiligen Bezirk, vom profanen Bereich trennte. In Hochscheid ist keine Bezirksmauer nachgewiesen, könnte aber aus einer lebenden Hecke gebildet worden sein. Quellgottheiten oder Heilgötter wurden außerdem im großen Lenus-Mars-Tempel am «Irminenwingert« bei Trier, der unterhalb einer als heilkräftig angesehenen Felsquelle, dem «Heidenborn«, errichtet worden war, und zumindest in zwei der Tempel des *vicus* Bad Bertrich verehrt. Im Quellgebiet eines Baches lag ebenfalls der Tempelbezirk von Möhn nördlich von Trier, zu dem wie beim Heiligtum von Gerolstein-Pelm auch ein kleineres Kulttheater gehörte.

Zur zweiten Gruppe gehören Heiligtümer, die in der Regel an den Ausfallstraßen der an bedeutenderen Fernstraßen gelegenen vici errichtet worden waren. Dabei sind in Wederath (*Belginum*) bisher schon vier verschiedene Tempelbezirke nachgewiesen. Interessante Hinweise auf seine Nutzer liefert vor allem das an der Fernstraße Trier – Metz gelegene Merkurheiligtum von Tawern. Die Mehrzahl der Steindenkmäler und Weihungen nimmt unmittelbar Bezug auf Merkur, wie ein der Gottheit geweihter rd. 15 m tiefer Brunnenschacht *(puteus)*. Nur eine weitere Weihung nennt Apollon, und ein Relief zeigt die treverische Göttin Epona, bei der Einheimische vielleicht vor einer längeren Reise Hilfe suchten. Ein kleineres Relief zeigt außerdem die ägyptischen Gottheiten Isis und Serapis. In den östlichen Mittelmeeraum weisen auch zwei im Heiligtum geopferte Terrakotten vom Typ der Artemis (Diana) von Ephesos. Dass dieses Heiligtum von vorüberziehenden Händlern aus den östlichen Provinzen aufgesucht wurde, lassen auch die spätantiken Münzen erkennen. Münzen aus Trier und anderen gallischen Münzstätten sind schwächer als in anderen Heiligtümern vertreten. Dagegen weist die Münzreihe relativ hohe Anteile östlicher Prägungen, insbesondere aus dem Balkanraum auf. Eine weitere Besonderheit bilden in Tawern die Umgangstempel, die alle nur auf drei Seiten einen Umgang aufweisen. Ausschlaggebend war dafür offenbar der beengte Raum, da der nur 46 x 36 m große Bezirk auf dichtem Raum zusammengedrängt mindestens sechs verschiedene Tempel, drei Schatzhäuser, einen Brunnenschacht sowie zwei Toranlagen beherbergte.

Zur dritten Gruppe zählen bescheidenere, von privater Seite errichtete Tempel, die in der Regel bei einer *villa rustica* zu erwarten sind. Da sich Ausgrabungen in den früheren Jahren vornehmlich auf die Herrenhäuser konzentrierten, sind viele dieser Kultanlagen vermutlich noch unentdeckt. Meist liegt ein kleinerer ummauerter Kultbezirk am Rande des umfriedeten Gehöfts wie in Lösnich oder in geringerer Distanz zur Hofanlage wie in Newel, wo sie zudem mit den obligatorischen Grabanlagen verbunden sind, oder seltener, wie in Otrang-Fließem, auch in größerer Entfernung von bis zu 1.000 m im Vorfeld des Hauptgebäudes. Ob der Kultbezirk von Otrang-Fließem, in dem ein gallo-römischer Umgangstempel neben einem klassischen Podientempel errichtet war, ursprünglich von einer Temenos-Mauer begrenzt war, ist nicht geklärt.

Zu einer vierten Gruppe rechnen wir die Bergheiligtümer, die oft nur aus einzelnen oder kleineren Tempel bestanden.[19] Bei ihnen vermisst man die typischen Nebengebäude wie Priesterwohnungen, Herbergen oder Kaufläden, alles Anzeichen, dass hier nur unregelmäßig zu bestimmten Zeiten Kulthandlungen vorgenommen wurden. Auch fehlen in ihrem Falle Hinweise auf eine Bezirksmauer. Wohl nicht zufällig liegen jene Bergheiligtümer innerhalb vorrömischer Befestigungen, so dass die Tempel, wie etwa in Fell, offenbar auf ältere Traditionen oder Kultstätten zurückgreifen.

Die Tempelanlagen der Städte zeichneten sich meist durch ihre Sakralarchitektur und ihre Monumentalität aus. So bildeten in Trier der große Tempel am Moselufer (sog. Asclepiustempel) wie der Tempel am Herrenbrünnchen Podientempel nach klassischem Vorbild. Dies trifft ebenso für das Lenus-Mars-Heiligtum am «Irminenwingert« am gegenüberliegenden Moselufer zu, zu dem auch ein größeres Kulttheater gehörte. Im ausgedehnten Tempelbezirk am Altbach im Südosten der Stadt Trier dominierten hingegen gallo-römische Tempelformen, so dass dort das zentrale Stammesheiligtum der Treverer vermutet werden kann. Mehr als 48 Umgangstempeln und kleineren Kapellen stehen nur zwei Podientempel gegenüber. Mit einem Areal von mindestens 5 ha zählte er zu den größten Kultbezirken nördlich der Alpen.

Weitere bedeutendere Heiligtümer mit mehreren Kapellen und Tempelanlagen sind auf dem Martberg bei Pommern, bei Thalfang-Bäsch-Dhronecken und bei Serrig nachgewiesen.

Gräber und Friedhöfe

Für die Römerzeit lassen sich vielfältige Bestattungsriten nachweisen, die teilweise auf mediterrane Einflüsse, vor allem aber auf ältere lokale Grabsitten und Wurzeln zurückgreifen. In der frühen und mittleren Kaiserzeit herrschte die Brandbestattung vor. Bei den einzelnen Grabformen unterscheiden wir zwischen Urnen-, Brandgruben-, Brandschüttungsgrab und Bustum, bei dem der Tote oberhalb einer offenen Grube verbrannt wurde und alle Scheiterhaufenrückstände, so wie sie in die Grube fielen, vor Ort belassen wurden.

Die Anzahl der einzelnen Beigaben, zu denen geschlechtsspezifische, bisweilen auch berufsbezogene Gerätschaften zählten, erlaubt Rückschlüsse auf den sozialen Stand der Bestatteten. Das trifft vor allem auch für die Aufbauten der Gräber zu.

In der Regel wurde die Gräber als Einzelbestattung oder im Familienverband in einem umgrenzten Bereich (Grabgarten) durch ein Mal, einen Stein oder eine Stele gekennzeichnet. Bisweilen erfolgten Bestattungen auch in einer Steinkiste, die durch eine Steinplatte abgedeckt war. In Anlehnung an ältere Traditionen wurden auch Erdaufschüttungen in Form von Grabhügeln beibehalten und mit einem Steinkranz umgeben.

Schon im Laufe des 1. Jhs. wurden Stele, Cippus oder Altar vergrößert und mit monumentalen Inschriften und Darstellungen der Verstorbenen versehen. Am Ende dieser

Die Igeler Säule, monumentales Pfeilergrabmal einer Tuchhändlerfamilie aus der Mitte des 3. Jh. (GDKE Rheinisches Landesmuseum Trier/Thomas Zühmer)

Entwicklung standen große Grabpfeiler wie die Igeler Säule. Auf diesem an einer Fernstraße gelegenen Pfeiler machte eine Tuchhändlerfamilie vor den Toren der Stadt Trier auf ihre Aktivitäten und religiösen Vorstellungen aufmerksam und warb zugleich für den Handel mit auf ihre Qualität geprüften Tuchen und Stoffen. Ebenso wurden im Laufe der Zeit die einfachen, unverzierten Aschenkisten mit einem halbwalzenförmigen Deckel sowie Inschriften und Handwerksgeräten versehen, welche Bezug auf die Tätigkeit der Verstorbenen nahmen.

Ab der zweiten Hälfte des 3. Jhs. wurden die Brandgräber nach und nach von Körpergräbern abgelöst. Die einfacheren Bestattungen erfolgten fortan in Holzsärgen, die opulenteren in Steinsärgen oder in Sarkophagen, die bisweilen mit reichen Reliefs verziert waren. In dieser Zeit entstanden auch die ersten Grabtempel, die die Steinsärge und Sarkophage in Grabgewölben oder Kammern aufnahmen. Der darüber errichtete tempelartige Aufbau diente primär für Totenfeiern. Gute Beispiele für diesen Totenkult bilden die wieder errichteten Grabkammern «Grutenhäuschen« bei Igel und die beiden Grabtempel von Nehren («Heidenkeller«). Hatte man zunächst Körpergräbern noch relativ reiche Beigaben mitgegeben, kommt diese Beigabensitte – wohl unter dem Einfluss des sich ausbreitenden Christentums – in der zweiten Hälfte des 4. Jhs. weitgehend aus der Mode.

2. Die Spätantike

Das Gallische Sonderreich

Obwohl sich 260 nahezu alle westlichen Provinzen mit Ausnahme der *Gallia Narbonensis* von Rom losgesagt und Postumus als neuen Kaiser anerkannt hatten, strebte Postumus weder nach einem von Rom losgelösten Reich noch nach der Alleinherrschaft im Imperium. Seine Bemühungen galten vielmehr der Sicherung der Grenze an Rhein und oberer Donau. Zur Residenz und zum Sitz seiner Verwaltung mit einem eigenen Senat, Konsuln und einer Prätorianergarde bestimmte er wegen seiner strategischen Lage Köln, die Hauptstadt der Provinz Niedergermanien. Ausschlaggebend für seine Entscheidung war wohl auch, dass Köln bereits unter Saloninus als Residenz diente und über eine erst von Gallienus eingerichtete Münzprägestätte verfügte. Das neue aus dem Reichsverband herausgelöste Gallische Kaiserreich («*Imperium Galliarum*«) sollte sich unter Postumus und seinen Nachfolgern für nahezu eineinhalb Jahrzehnte behaupten und alle seine Angelegenheiten in eigener Regie regeln.[20]

Bereits im September 260 besiegte Postumus die Juthungen in Raetien, darüber hinaus sind für 262–263 Feldzüge gegen Alemannen und Franken belegt, die sich danach für einige Jahre ruhig verhielten. Offenbar verbesserte Postumus auch den Grenzschutz. Daneben musste er sich insbesondere an der Donau gegen die Truppen des Gallienus zur Wehr setzen, dem es trotz zweier Feldzüge in den Jahren 261 und 265 nicht gelang, die Westprovinzen wieder einzugliedern. Allerdings gingen Raetien und die Alpenpässe spätestens 265 an Gallienus verloren. Im Jahre 268 verbündete sich Gallienus' General Aureolus, zugleich Kommandeur der Mailander Truppen, mit Postumus. Doch nachdem Aureolus von Gallienus in der Stadt eingeschlossen worden war, verweigerte Postumus ihm seine Unterstützung. Aureolus wurde schließlich von seinen eigenen Soldaten ermordet, ein Schicksal, das wenig später auch Gallienus mit ihm teilte.

Schließlich wurde Postumus im Jahre 269 selbst von einem Usurpator herausgefordert: Ulpius Cornelius Laelianus, der Befehlshaber der in Mainz stationierten Truppen, wurde von seinen Soldaten ebenfalls zum Kaiser ausgerufen. Postumus eilte sofort nach Mainz und beendete mit Waffengewalt die kurzfristige Rebellion, bei der Laelianus ebenfalls durch die Hand eigener Soldaten den Tod fand. Doch endete die Belagerung von Mainz auch für Postumus verhängnisvoll. Als er seinen Truppen die sonst übliche Plünderung nach der Eroberung einer Stadt verweigerte, kam es zur Rebellion, in deren Folge Postumus getötet wurde. Nach seinem Tod gelangte für wenige Monate mit Marcus Aurelius Marius ein früherer Lagerschmied an die Macht. Auf Marius folgte wiederum Marcus Piavonius Victorinus (269–271), der massiv gegen Zerfallserscheinungen des Gallischen Kaiserreiches zu kämpfen hatte. Die spanischen Provinzen gingen verloren und schlossen sich Claudius Gothicus (268–270), dem Nachfolger des Gallienus, an. Auch in Britannien und Südgallien gab es Bestrebungen, sich vom Gallischen Reich zu lösen. Autun, die Hauptstadt der Häduer, konnte erst nach siebenmonatiger Belagerung wieder zurück gewonnen werden.

In diesen Jahren gewann Trier an Bedeutung, insbesondere nachdem Victorinus seine Residenz von der gefährdeten Rheingrenze in das von Franken weniger bedrohte Trier verlegt hatte. Zudem richtete er in Trier eine zweite Münzstätte ein, deren Anfänge vermutlich auf eine Truppenmünzstätte des Laelianus zurückgingen. Erst kürzlich konnten Spuren der Trierer Münze im Norden der Stadt unweit der Porta Nigra archäologisch nachgewiesen werden.[21] Weiter bemühte sich Victorinus um die Sicherung der Straßen, wie die Bauinschrift für einen *burgus* bei Mittelstrimmig (Kreis Cochem-Zell) aus dem Jahre 269 erkennen lässt. Nach dem Zusammenbruch der Grenzverteidigung am obergermanischen Limes forcierte er offenbar auch den Ausbau von Befestigungsanlagen auf geeigneten Höhen des gallischen Hinterlandes, von denen die Mehrzahl zunächst jedoch nur temporär als Fluchtburg genutzt wurde.

Schon 271 wurde Victorinus aus persönlichen Gründen von einem seiner Offiziere ermordet. Seiner einflussreichen Mutter Victoria gelang es, mit Hilfe von Bestechungsgeldern die Truppen dazu zu bewegen, den Statthalter Aquitaniens, Gaius Pius Esuvius Tetricus, als Nachfolger auszurufen, obwohl er sich zum Zeitpunkt seiner Ernennung in der Nähe von Bordeaux aufhielt. Ein zwischenzeitlich in Trier (?) zum Kaiser erhobener Domitianus (271), der durch antike Schriftquellen und neuerdings auch durch wenige Münzen[22] belegt ist, konnte sich dagegen nicht durchsetzen. Seine Herrschaft dauerte wohl nur wenige Tage.

Die Verwirrung nach dem Tode des Victorinus veranlasste die Franken, die wieder einmal die Gunst der Stunde nutzen wollten, erneut in die linksrheinischen Provinzen einzufallen. Mehrfach musste Tetricus I. (271–274) nach seiner Ernennung germanische Stämme zurückschlagen. Immerhin drei der dabei errungenen Siege ließ er auf seinen Münzen feiern. Zur Festigung seiner Macht ernannte Tetricus I. im Frühjahr 273 in Trier seinen Sohn Tetricus II. (273–274) zum Caesar und Mitregenten. Gleichzeitig unternahm er Versuche, bereits von seinen Vorgängern verlorenes Terrain, den Südwesten Aquitaniens, die westliche Narbonensis und die Nordschweiz, wieder zurück zu gewinnen und erneut unter die Herrschaft des Gallischen Kaiserreiches zu bringen.

Nachdem der rechtmäßige Kaiser Lucius Domitius Aurelianus (270–275) seine Feldzüge im Osten erfolgreich abgeschlossen hatte, wandte er sich dem Westen zu, um auch Gallien wieder für das Imperium zurück zu gewinnen. Tetricus I. zog angesichts dieser Bedrohung mit seiner Armee in Begleitung seines Sohnes dem Aurelianus entgegen. Die Quellen lassen jedoch offen, ob beide in der Entscheidungsschlacht vom Sommer 274 in der Nähe von Châlons-sur-Marne kapitulierten oder zu Aurelianus überliefen. Das Ende des Gallischen Sonderreiches war damit endgültig besiegelt. Beide Tetrici wurden zwar im Triumphzug des Aurelianus in Rom der Menge vorgeführt, ihr Leben wurde aber vom Sieger geschont. Aurelianus soll später Tetricus I. sogar zum Statthalter des süditalischen Lucania ernannt und seinen Sohn Tetricus II. in den Senatorenstand erhoben haben.

Noch zuvor hatte sich in Trier nach dem Abzug des Heeres der dortige Provinzstatthalter Faustinus gegen Tetricus I. erhoben, eine Revolte, die spätestens mit der Niederlage des Tetricus, vielleicht sogar durch Aurelian beendet wurde.

Neue verheerende Germaneneinfälle und die Konsolidierung unter Probus

Zwar hatte Aurelianus 274 die Westprovinzen für Rom zurück gewonnen und die Einheit des Reiches wieder hergestellt, doch musste er sich an der Donau schon bald wieder gegen die Juthungen zur Wehr setzen. Sein gewaltsamer Tod und die kurze Abfolge der folgenden Kaiser, Marcus Claudius Tacitus (275–276) und Marcus Annius Florianus (276), führten zu einer erneuten Schwächung der Grenzverteidigung und zu den folgenschwersten Germaneneinfällen des 3. Jhs. Diesmal stießen Franken und Alemannen entgegen früherer Gewohnheiten, die eher als Streif- oder Beutezüge entlang der Fernstraßen zu sehen waren, flächendeckend bis weit ins Innere Galliens vor und machten selbst vor großen Städten wie Trier nicht halt. An der Rheingrenze gab es kaum eine Siedlung oder einen Gutshof, der nicht von den verheerenden Verwüstungen und Plünderungen betroffen war. Antike Quellen berichten sogar, dass 60 bis 70 Städte in Mitleidenschaft gezogen wurden. Viele Villenanlagen wurden nicht wieder von ihren Bewohnern aufgesucht oder aufgebaut. Zahlreiche Münzhorte blieben in ihrem Versteck und konnten von ihren Besitzern nicht mehr geborgen werden. Zudem setzten eine Abwanderung und eine Landflucht in befestigte Orte und Städte oder das sichere Hinterland ein. Die Germanenfälle der Jahre 275/276 bedeuteten für die germanischen und gallischen Provinzen einen nie gekannten Einschnitt in die politischen wie wirtschaftlichen Verhältnisse.

Erst Kaiser Probus (276–282) gelang es, die schutzlos feindlichen Überfällen ausgelieferten Grenzprovinzen von germanischen Raubscharen wieder zu befreien. Gleichzeitig richtete er seine Aufmerksamkeit auf die dringend notwendige Grenzsicherung und bemühte sich, soweit möglich, um eine Wiederherstellung der zerstörten Befestigungsanlagen. Die Kämpfe gegen die Germanen zogen sich vereinzelt noch bis 281 hin. Zudem musste er noch zwei Usurpatoren, Proculus und Bonosus, die sich 280/281 für wenige Monate in der Umgebung von Lyon und in Köln gegen ihn erhoben hatten, beseitigen. Die Existenz der beiden aus antiken Quellen bekannten Gegenkaiser wurde lange bezweifelt, bis jüngst zumindest für Proculus erste Münzen aufgetreten sind.[23] Durch seinen tatkräftigen Einsatz war es Probus in relativ kurzer Zeit gelungen, die politischen und wirtschaftlichen Verhältnisse Galliens zu konsolidieren und die Grundlage für eine neue Blüte zu schaffen. So stellte er auch mit der endgültigen Aufhebung älterer Beschränkungen in den gallisch-germanischen Provinzen die Weichen für eine baldige Blüte des Weinbaus insbesondere an Mosel und Rhein. Doch schon im Herbst 282 wurde Probus Opfer meuternder Soldaten, die sich auf die Seite seines Nachfolgers Marcus Aurelius Carus (282–283) geschlagen hatten.

Diocletianus und die erste Tetrarchie

Nachdem Kaiser Marcus Aurelius Numerius Numerianus (283–284), der Sohn des Carus, auf rätselhafte Weise den Tod gefunden hatte, wurde der Chef der kaiserlichen Leibgarde, Gaius Aurelius Valerius Diocletianus Ende 284 in Nikomedia zum römischen Kaiser ausgerufen. Im Frühjahr 285 gelang es ihm, auch seinen letzten Widersacher Marcus Aurelius Carinus (283–285), den älteren Bruder des Numerianus, zu beseitigen. Damit konnte Diocletianus (284–305) längst überfällige Reformen in der Verwaltung wie im Militärwesen in die Wege leiten. Denn das ausgedehnte Imperium war in dieser unruhigen Zeit dauerhaft nur zu halten und seine vielfältigen Aufgaben nur zu bewältigen, wenn die Macht auf mehrere Schultern verteilt war. Daher ernannte er schon 285 Marcus Aurelius Valerius Maximianus zum Caesar und Mitregenten. Während Diocletianus dem Ostteil des Reiches vorstand, übertrug er die Regierung im Westen des Reiches an Maximianus. Veranlasst durch die Usurpation des Carausius (286–293) in Britannien ernannte Diocletianus den Maximianus (286–305) noch im Jahre 286 zum Augustus. Diocletianus hatte als *senior Augustus* jedoch den höheren Rang inne und konnte damit auf die Angelegenheiten des Westens weiter entscheidenden Einfluss nehmen.

Maximianus zeigte sich den in ihn gesetzten Erwartungen gewachsen und führte in der Folgezeit zahlreiche Feldzüge in Gallien und Germanien durch. Zunächst schlug er 286 in Gallien einen Aufstand revoltierender Kleinbauern, der Bagauden, nieder, die sich wegen drückender Abgaben gegen den Staat und die Großgrundbesitzer erhoben hatten und das Land verunsicherten. Danach führte er von Mainz aus Feldzüge gegen die Alemannen, Burgunder und Heruler, wobei er mehrfach den Rhein überschreiten musste. Während der Feierlichkeiten zu seinem ersten Konsulat sollen 287/288 vor den Mauern des befestigten Trier sogar fränkische Horden aufgetaucht sein, die er umgehend vertrieb und bis an den Niederrhein verfolgte. Von Rhein und Donau folgte 289 ein weiterer, kombinierter Angriff beider Herrscher gegen die Alemannen, den sie siegreich zu Ende führten.

Weniger erfolgreich war Maximianus gegen den britannischen Usurpator Carausius, dem Maximianus zunächst noch das Kommando der in Boulogne-sur-Mer (*Gesoriacum*) stationierten Kanalflotte (*Classis Britannica*) übertragen hatte, um die Piraten an den Küsten des Ärmelkanals zu bekämpfen. Nach einigen erfolgreichen Expeditionen wurde Carausius dem argwöhnischen Maximianus jedoch zu mächtig. Um einer drohenden Verhaftung durch Maximianus zu entgehen, blieb Carausius keine andere Wahl, als sich von seinen Truppen und der Kanalflotte zum Kaiser ausrufen zu lassen. Gleichzeitig versuchte er, sich mit den legitimen Herrschern zu arrangieren. Sein Ansinnen wurde aber zunichte gemacht, als die regulären Kaiser am 1. März 293 je einen Stellvertreter und designierten Nachfolger benannten. Gaius Galerius Valerius Maximianus wurde für den Ostteil des Reiches in Sirmium bei Belgrad zum Caesar erhoben und Flavius Valerius Constantius (Chlorus kein zeitgenössischer Name) in Mailand für den Westen zum Caesar ausgerufen. Dieses neue tetrarchische System mit vier Kaisern sollte künftigen Usurpationen vorbeugen, Einfälle von außen verhindern und veränderten Kriegssituationen im Osten wie im Westen Rechnung tragen. Im Zuge seiner Erhebung wählte Constantius I. Trier zu seiner Hauptstadt, in der er auch eine Münzstätte etablierte, welche in bis zu drei Offizinen (Prägeanstalten) zahlreiche Münzen in Gold, Silber und Bronze herausbrachte.

Das ungelöste Britannienproblem fiel nun in die Zuständigkeit des neuen Caesars der westlichen Reichsteile, Constantius I. (293–306), der mit einem von Trier ausgehenden Feldzug rasch sein erstes Ziel, die Rückeroberung des nordwestlichen Galliens erreichte. Mit der Einnahme von Boulogne entriss er Carausius den wichtigsten Flottenstützpunkt an der Kanalküste und gewann damit die Kontrolle über den Ärmelkanal. Schon wenig später fiel Carausius einer von seinem Quaestor Allectus (293–296) angezettelten Verschwörung zum Opfer. Allectus zog sich mit den ihm verbliebenen Truppen nach Britannien zurück. Constantius hingegen bereitete mit dem Bau neuer Schiffe eine Invasion nach Britannien vor, in deren Folge die Truppen des Allectus 296 nördlich von London geschlagen wurden und der Usurpator den Tod fand.

Verwaltungsreformen unter Diocletianus

Einschneidende Neuerungen in der Verwaltung brachten Reformen des Diocletianus, die vor allem auf eine Wiederherstellung der Sicherheit des Reiches zielten.[24] Ab 297 verkleinerte er die bisher bestehenden Provinzen und ordnete sie vollkommen neu. Die mehr als 85 (später 119) Provinzen wurden fortan von meist ritterlichen *praesides* geleitet. Mehrere Provinzen waren wiederum in zwölf, später 17 Diözesen (*Dioeceses*) mit einem *Vicarius* an ihrer Spitze zusammengefasst. Noch in den letzten Regierungsjahren Constantins I. – möglicherweise aber auch erst unter seinen Söhnen – wurde eine weitere übergeordnete Verwaltungsebene geschaffen, indem man die einzelnen Diözesen auf drei, später vier Präfekturen aufteilte. Der Verwaltungsbereich der neuen Gallischen Präfektur, deren Verwaltungssitz mit mehr als 2.000 Beamten in Trier eingerichtet worden war, erstreckte sich von Marokko bzw. Nordafrika bis nach Nordengland. Zu der Präfektur zählten die *Diocesis Hispaniarum*, der die nordafrikanische Provinz *Mauretania Tingitana* angegliedert worden war, die *Diocesis Viennensis*, die *Diocesis Galliarum* und die *Diocesis Britanniarum*. An ihrer Spitze stand der *Praefectus Praetorio Galliarum*. Die Stelle des *vicarius Diocesis Galliarum* wurde danach nicht mehr besetzt und vom Trierer Präfekten in Personalunion wahrgenommen. Zudem hatte man die Prätorianerpräfekten fortan von ihren militärischen Aufgaben entbunden und vornehmlich mit zivilen Aufgaben betraut. Ihnen oblag vor allem die allgemeine Verwaltung, eine umfassende Gerichtsbarkeit (in zweiter und letzter Instanz), der Einzug der Naturalsteuern (*annona*), die Aushebung und Besoldung des Heeres wie die Aufsicht über die Waffenmagazine.

Trier war nach den diocletianischen Reformen also Hauptort der Provinz *Belgica Prima*, zudem beherbergte es den Sitz der *Dioecesis Galliarum* mit acht Provinzen, die von der Nordsee und der Rheingrenze bis nach Zentralgallien reichte und somit die belgischen, die germanischen und die lugdunensischen Provinzen, die *Sequania* sowie die Graischen und Poeninischen Alpen umfasste. Zwar hatte Trier als Provinzhauptort den Einfluss auf den Westteil der ehemaligen *Gallia Belgica* verloren, der nun als Belgica Secunda wieder von Reims (*Durocortorum*) aus verwaltet wurde, doch mit der Gründung der *Dioecesis Galliarum* und später der Gallischen Präfektur erheblich an Einfluss gewonnen. Obergermanien wurde nach der Abtrennung seines südlichen Drittels, das nach der Reform die Provinz *Sequania* bildete, zur *Germania Prima* und das frühere Niedergermanien zur *Germania Secunda*. Die an der Spitze der Provinzen stehenden *Praesides* waren für die Verwaltung, die Gerichtsbarkeit, die Eintreibung der Steuern und Pachten und später auch den Einzug der *annona* für den Präfekten zuständig.

Da Trier mit der Einführung des tetrachischen Systems seit 293 zugleich auch als eine der vier Kaiserresidenzen diente, war die Stadt im Zuge der administrativen Neuordnung des Reiches binnen weniger Jahre zur bedeutendsten Verwaltungsmetropole der westlichen Provinzen aufgestiegen, was sich nicht zuletzt in einer regen Bautätigkeit niederschlug. Bis ins 2. Jahrzehnt des 4. Jhs. wurden in Trier zahlreiche Großbauten, wie die Basilika, die Doppelkathedrale im Bereich des Doms, die Kaiserthermen oder die umfangreichen Speicherbauten (*horrea*) am Moselufer in Angriff genommen. Wegen seiner günstigen Lage an frequentierten Fernverbindungen wie einer bedeutenden Wasserstraße sollte Trier bis um 390, von kürzeren Unterbrechungen abgesehen, der bevorzugte Aufenthaltsort der spätantiken Herrscher in den Westprovinzen bleiben.

Nachdem Diocletianus und Maximianus zum 1. Mai 305 ihre Ämter niedergelegt hatten, rückten die beiden *Caesares* zu *Augusti* auf, Constantius als *Augustus* des Westens und Galerius als *Augustus* des Ostens. Zu ihren Caesares wurden Severus (305–307) für den Westen und Maximinus Daia (305–313) für den Osten bestimmt. Constantius' leiblicher Sohn Constantin fand bei der Nachfolgeregelung keine Berücksichtigung und musste sich gewissermaßen als Unterpfand am Hofe des Galerius in Nikomedia im nordwestlichen Kleinasien aufhalten. Doch schon bald konnte sich Constantin aus dem Einflussbereich des Galerius befreien und zu seinem Vater nach Britannien durchschlagen, wo dieser einen Feldzug gegen die Pikten führte. Als Constantius I. am 25. Juli 306 in York (*Eburacum*) starb, riefen dessen Truppen Constantin unter Umgehung der tetrarchischen Ordnung zum neuen Augustus aus. Galerius fand sich jedoch nur bereit, ihn als Caesar anzuerkennen und machte Severus zum neuen *Augustus* des Westens. Wenig später erhob sich Maxentius (306–312), der Sohn des 305 zurückgetretenen Maximianus, der sich wie Constantin ebenfalls bei der Nachfolgeregelung übergangen fühlte. 307 kam es daher in Italien zwischen Maxentius und Severus zu einem bewaffneten Konflikt, den letzterer mit seinem Leben bezahlte. Constantin verbündete sich daraufhin mit der Familie des Maximianus und heiratete im Herbst 307 in Trier dessen jugendliche Tochter Fausta. Die Macht im Westen des Reiches war damit neu verteilt:

Constantin herrschte über Britannien, die gallischen und germanischen Provinzen sowie die Iberische Halbinsel, Maxentius hielt Italien und die nordwestafrikanischen Provinzen.

Die Veränderungen im Machtgefüge, insbesondere die zunächst ungeklärte Nachfolgeregelung, konnte den germanischen Grenzvölkern nicht verborgen bleiben. Sie nutzten die unklare Situation zu erneuten Einfällen in die linksrheinischen Provinzen, die Constantin sogleich mit einem Gegenschlag beantwortete. Bis 310 führte er jenseits des Rheins mehrere Expeditionen durch und verstärkte zugleich die Grenzbefestigungen insbesondere am Niederrhein.

Die Heeresreform und der Ausbau der Grenzbefestigungen

Schon sein Vater Constantius I. hatte, nachdem er die britannischen Usurpatoren endgültig besiegt hatte, den Ausbau der Rheingrenze als neue, durchgehende Befestigungslinie, die insbesondere den obergermanisch-raetischen Limes zu ersetzen hatte, in Angriff genommen. Allerdings sollte diese Grenzverteidigung erst Jahrzehnte später unter Valentinianus I. (364–375) vollendet werden. Zunächst wurden an der Stelle älterer *vici*, die aus den Lagerdörfern der noch bis ins ausgehende 1. Jh. existierenden Auxiliarkastelle hervorgegangen waren, wie in Andernach, Koblenz, Bingen oder Worms, neue Kastelle errichtet. Da sich diese Maßnahmen als nicht ausreichend erwiesen und zwischen den einzelnen Kastellen noch zu große Lücken klafften, wurden diese in den folgenden Jahrzehnten durch weitere Befestigungsanlagen wie etwa Boppard geschlossen und ergänzt.

Mit dem Ausbau der Grenzverteidigung ging auch eine Reform des Militärs einher.[25] Zu Beginn des 4. Jhs. entwickelte man eine neue Verteidigungsstrategie. Während die Grenztruppen, die *limitanei*, die Grenze selbst zu verteidigen sowie kleinere Überfälle in Eigenregie abzuwehren hatten, sollte ein neu geschaffenes flexibles Feld- oder Bewegungsheer ohne feste Standorte, die *comitatenses*, bei Bedarf jene Grenzeinheiten unterstützen und ins Reichsinnere eingedrungene Feinde verfolgen. Denn die an der Grenze stationierten Truppen genügten allein schon lange nicht mehr für die Verteidigung des Reiches. Allzu oft hatten in der Vergangenheit unterbesetzte Limeskastelle Grenzvölker zu Einfällen ins Imperium ermuntert. Bereits im 3. Jh. waren bei drohender Gefahr häufiger verschiedene Einheiten rasch zusammengezogen worden, doch erst Diocletianus und vor allem Constantin führten die entscheidenden Reformen, die zur Etablierung einer neuen Teilstreitkraft führten, konsequent zu Ende. Fortan bildeten die *comitatenses* zusammen mit den *limitanei* das römische Heer. Die an strategisch wichtigen Punkten des Hinterlandes stationierten comitatenses fungierten als schnelles und Standort ungebundenes Bewegungsheer. Bei einem feindlichen Durchbruch der Grenze war es ihre Aufgabe, die Eindringlinge so rasch wie möglich zu stellen und den Feind vernichtend zu schlagen. Die *comitatenses* waren also im Gegensatz zu den *limitanei* nicht auf Dauer in einer bestimmten Grenzregion eingesetzt und damit flexibel an den jeweiligen Brennpunkten einsetzbar.

Durch die Heeresreform des Diocletianus wurde auch die Anzahl der Legionen auf etwa 60 erhöht, zugleich aber ihre Sollstärke auf rd. 1.000 herabgesetzt. Die Sollstärke aller Truppen belief sich – für beide Reichsteile zusammengerechnet – auf rd. 150.000 Mann.

Die *Notitia Dignitatum*, ein in mittelalterlichen Kopien erhaltenes spätantikes Staatshandbuch, listet für das frühe 5. Jh. die zivilen wie militärischen Dienststellen des West- (*Occidens*) wie des Ostreiches *(Oriens)* auf. Ein Kapitel dieses Ämterverzeichnisses ist den Befehlshabern, den Truppen und ihren Stationierungssorten gewidmet. Die Leitung der Grenzverteidigung oblag den *duces*. Für den von Andernach im Norden bis nach Selz (Elsass) im Süden reichenden Sprengel des *Dux Germanicae primae*, ab ca. 395 n. Chr. des *Dux Mogontiacensis*, des Heerführers bzw. Oberbefehlshabers des Grenzheeres (*limitanei*) der Provinz *Germania Prima*, verzeichnet das Staatshandbuch in elf sechseckigen Vignetten, die Befestigungen darstellen sollen, die einzelnen Garnisonsorte des Mainzer Kommandobereiches:

IN NOTITIAM IMP. OCCIDENT.

NOTITIA

DVX MOGONTIACENSIS

NOTITIA.

Sub dispositione viri Spectabilis Ducis Mogontiacensis.

PRAEFECTVS militum Pacensium Saletione.
Præfectus militum Meniapiorū Tabernis.
Præfectus militum Anderecianorum vico Iulio.
Præfectus militum Vindicum Nemetes.
Prefectus militum Martensium alta Ripa.
Præfectus militum secūdæ Flauiæ Vuāgiones.
Præfectus militum Armigerorū Mogōtiaco.
Præfectus militum Bingensium Bingio,
Præfectus militum Balistariorum Bodobriga.
Præfectus militum Defensorum Confluentibus
Præfectus militum Acicensium Antonaco.
Officium autem habet idem Spectabilis Dux hoc modo.
Principem ex officio Magistrorum militum præsentalium alternis annis.
Numetarium à parte peditum semper.
Commentariensem à parte peditum semper.
Auditorem.
Subadiuuam.
Exceptores.
Singulares,& reliquos Officiales.

Notitia Dignitatum mit Verzeichnis der militärischen Dienststellen des Dux Mogontiacensis (GDKE Landesarchäologie, Außenstelle Mainz)

	Salectio (Selz)	*Taberna* (Zabern)
Vico Iulio (Germersheim)	*Nemetis* (Speyer)	*Alta Ripa* (Altrip)
Vangionis (Worms)	*Mongontiaco* (Mainz)	*Bingio* (Bingen)
Bodobrica (Boppard)	*Confluentibus* (Koblenz)	*Antonaco* (Andernach)

Der *Dux Mogontiacensis* verfügte neben elf *Praesides* mit den ihnen unterstellten Limitantruppen auch über einen Verwaltungsstab (*Officium*) mit unterschiedlichen Kanzleibeamten und Juristen. Die folgende Truppenliste beschreibt vermutlich den Zustand unter Constantin III. (407–411). Die Herkunft der einzelnen Truppen ist in der Forschung ebenso umstritten wie ihr Stationierungszeitraum an der Rheingrenze.[26]

Daneben lag in Mainz, wie die Auffindung der Römerschiffe zeigte, vor der rheinseitigen Stadtmauer ein nicht unbedeutender Flottenstützpunkt.[27] Mit Hilfe der dort stationierten Ruderschiffe wurden einerseits der Schiffsverkehr überwacht und andererseits die rechtsrheinischen Bach- und Flussmündungen gegen Feinde gesichert, die mit Flößen oder Booten den Rhein zu überqueren versuchten. Dazu errichtete man zudem auf dem gegenüberliegenden Rheinufer befestigte Schiffsländen, die bisher in Rheinbrohl, Engers, Niederlahnstein, Zullestein, Mannheim-Neckarau und Ladenburg nachgewiesen sind.

Weitere Kastelle und burgi lagen im unmittelbaren Hinterland des spätantiken Limes, wie in Bad Kreuznach (*Cruciniacum*), in Alzey (*Alteium*), Eisenberg oder Bad Dürkheim-Ungstein,[28] in denen vielleicht Foederaten stationiert waren, so dass ihre Truppenein-

Die römischen Truppen am Rhein unter Constantin III. (407–411)

Praeses militum Pacensium in *Saletium*. Diese aus der *Legio I Flavia Pacis* hervorgegangene Einheit ersetzte vermutlich bald nach 407 die von Valentinian I. um 370 an den Rhein verlegten *milites Cornacenses*.

Praeses militum Menapiorum in *Taberna*. Die *Milites Menapiorum* waren ursprünglich wohl Teil der *comitatensischen Menapii seniores*.

Praeses militum Anderetianorum in *Vicus Iulius*. Die um 408 an den Rhein verlegte Einheit ersetzte die von Valentinian I. in Pfortz stationierten *Portisienses*.

Praeses militum Vindicum in *Nemetum*. Die Truppeneinheit ist bis nach 422/423 in Speyer nachweisbar.

Praeses militum Martensium in *Alta Ripa*. Die *Milites Martenses* gingen vermutlich auf die pseudocomitatensischen *Martenses seniores/iuniores* zurück, vielleicht auch auf die *Legio I Flavia Martis* oder die *Legio I Martia*.

Praeses militum secundae Flaviae in *Vangionum*. Diese Einheit entstammte vielleicht einem Teil der *Legio II Flavia Constantia* oder der *Legio II Flavia Virtutis*.

Praeses militum Armigerorum in *Mogontiacum*. Die *Milites Armigeri* wurden möglicherweise aus den *Armigeri propugnatores seniores* oder *iuniores*, oder aus den comitatensischen *Armigeri defensores seniores* gebildet. Auch die *Legio XXII Primigenia* kommt als Ursprungseinheit in Betracht. Der spätantiken Befestigung Mogontiacum ist auch der rechtsrheinische Brückenkopf *Castellum Mattiacorum* (Mainz-Kastell) zuzurechnen.

Praeses militum Bingensium in *Bingium*. Die *Milites Bingenses* sind vermutlich aus den comitatensischen *Bingenses* des gallischen Feldheeres oder aus einem Detachement der *Legio XXII Primigenia* hervorgegangen. Ein durch eine Sarkophaginschrift aus Hochstetten-Dhaun überlieferter *Praefectus Bingensium* gehört wohl noch dem späten 3. oder frühen 4. Jh. an.

Praeses militum Balistariorum in *Bodobrica*. Die *Milites Ballistarii* gingen auf die *comitatensischen Ballistarii* zurück.

Praeses militum Defensorum in Confluentes. Die *Milites Defensores* waren ursprünglich wohl Teil der pseudocomitatensischen *Defensores*.

Praeses militum Acincensium in *Antunnacum*. Die *Milites Acincenses* sind vermutlich aus den *Acincenses* oder direkt aus der *Legio II Adiutrix*, benannt nach dem *Garnisonsort Aquincum*, hervorgegangen.

heiten in der *Notitia Dignitatum* nicht genannt werden. Hierzu könnte auch eine Befestigungsanlage bei Oberwesel (*Vosolvia*) zählen, auf die Beschlagteile spätrömischer Militärgürtel schließen lassen. Dass sich die Truppe nach der Mitte des 4. Jhs. immer häufiger aus Germanen rekrutierte, zeigen neben Grabfunden auch verschiedene germanische Trachtbestandteile von Höhenbefestigungen.[29] Daneben bezeugen Grabinschriften aus Trier, dass Germanen wie der Burgunderprinz Hariulfus oder Flavius Gabso bei der kaiserlichen Leibgarde zu höchsten Ämtern aufsteigen konnten.

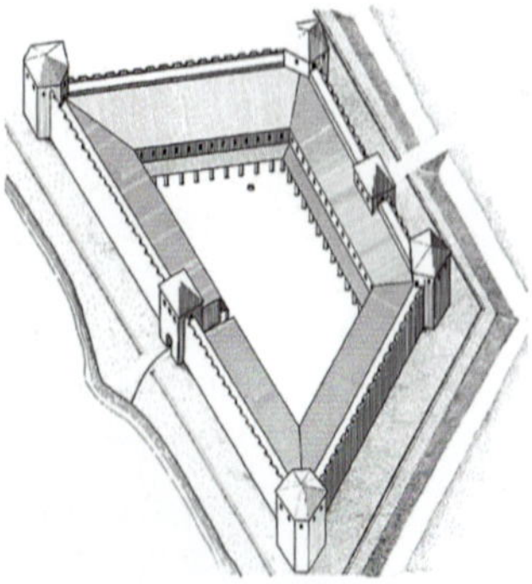

Grundriss des spätrömischen Kastells Altrip (GDKE Landesarchäologie, Außenstelle Speyer)

Mit der Verlegung der Residenz nach Trier und der Etablierung des Verwaltungszentrums für die Westprovinzen unternahmen Constantin und seine Nachfolger seit Beginn des 4. Jhs. auch im weiteren Hinterland umfangreiche Verteidigungsanstrengungen. Im Rahmen einer tief gestaffelten Verteidigung entstanden an den Hauptzugangsstraßen zur Residenzstadt Trier an der Stelle älterer vici befestigte Straßenposten. Die nahezu baugleichen kastellartigen Anlagen in Jünkerath (*Icorigium*), Bitburg (*Beda*) oder Neumagen (*Noviomagus*) lassen aufgrund ihrer ovalen Grundrisse nicht nur auf eine gemeinsame Planung sondern auch auf eine gleichzeitige Ausführung schließen. Ergänzt wurden sie durch kleinere *burgi*, wie bei Bodenbach (Kreis Daun)[30] oder in Brecht (Kreis Bitburg-Prüm),[31] sowie mehr als 60 Bergbefestigungen, die im Moseltal in nahezu regelmäßigen Abständen errichtet wurden, aber auch über die ganze Eifel und den Hunsrück streuten. Vielen dieser Anlagen ist aufgrund ihrer exponierten Lage vor allem aber wegen des vorliegenden Fundmaterials zumindest zeitweise eine militärische Nutzung zuzuschreiben. In der Regel blieben sie bis ins frühe 5. Jh., die Höhenbefestigungen des Moseltals gar bis in die Mitte des 5. Jhs. besetzt.[32] Es ist nicht auszuschließen, dass diese Befestigungen insbesondere im Umfeld von Trier vorübergehend kleinere Detachements des comitatensischen Heeres aufzunehmen hatten.[33]

Zwar sind auch südlich der Nahe mehrere Höhenbefestigungen nachgewiesen, doch unterscheiden sie sich von den Anlagen in Eifel und Hunsrück dadurch, dass sie mit wenigen Ausnahmen wesentlich größere Innenflächen, oft sogar mehr als 3 ha erreichten und damit offensichtlich die Aufgabe befestiger *vici* übernahmen, wie der Drachenfels bei Bad Dürkheim, der Nahekopf bei Frauenberg, der Große Berg bei Kindsbach, die Heidenburg bei Kreimbach oder die Heidelsburg bei Waldfischbach. Die Mehrzahl dieser Anlagen wurde bei den Wirren in der Mitte des 4. Jhs. aufgegeben oder zerstört. Lediglich von der Heidenburg bei Kreimbach und dem Burgberg bei Lemberg liegen geringe Siedlungsspuren aus der zweiten Hälfte des 4. Jhs. vor. Nur in ihrem Falle lassen wenige militärische Kleinfunde an die zeitweise Aufnahme comitatensischer Truppenteile denken. Höhenbefestigungen vergleichbarer Größe sind dagegen nördlich der Nahe nicht belegt.

Das Ende des tetrachischen Systems

Der Selbstmord des Maximianus (310) führte zu einer Belastung des Verhältnisses zwischen Constantin und seinem Schwager Maxentius. Letztlich endete jener Konflikt in einem Bürgerkrieg, in dessen Folge Maxentius in der Schlacht an der Milvischen Brücke vor den Mauern Roms im Oktober 312 von Constantins Truppen vernichtend geschlagen wurde. Damit war Constantin alleiniger Herrscher im Westen geworden.

Auch im Osten des Imperiums stritten sich nach dem Tode des Galerius im Jahre 311 Licinius (308-324) und Maximinus Daia um die Macht. 313 schlossen Constantin und Licinius in Mailand ein Bündnis, das auch die Tolerierung des Christentums sowie die Heirat von Constantins Halbschwester Constantia mit Licinius vereinbarte. Dadurch hatte Licinius im Osten freie Hand und konnte schon wenig später Maximinus ausschalten. Constantin widmete sich bis 315 wieder verstärkt der Verteidigung der Rheingrenze. Doch schon 316 kam es zu einer ersten kriegerischen Auseinandersetzung der beiden übrig gebliebenen *Augusti*, die für Constantin mit der Einverleibung einiger Balkanterritorien siegreich endete. Acht Jahre später besiegte Constantin 324 in der Schlacht von *Chrysopolis* (Bithynien) seinen Widersacher endgültig und war damit Alleinherrscher des gesamten Imperiums geworden.

Nach Verlagerung der politischen wie der militärischen Schwerpunkte hatte Constantin die westlichen Provinzen seinem ältesten Sohn Crispus (317–326) überlassen. Doch wurde jener 326 Opfer einer Intrige, in deren Verlauf auch seine Stiefmutter Fausta ihr Leben lassen musste. Auf Crispus folgte als Caesar des Westens sein Halbbruder Constantin II., der spätestens ab 328 bis zu seinem Tode 340 in Trier seine Residenz hatte. Constantin I. weilte in diesen Jahren nur noch einmal anlässlich eines Germanenfeldzugs im Winter 328/329 in Trier. Er hielt sich in der Folgezeit, da er sich der Neugründung Konstantinopels widmete, bevorzugt auf dem Balkan und in Kleinasien auf.

Kämpfe um Constantins Nachfolge und die Usurpation des Magnentius

Nach Constantins Tod im Mai 337 kam es zu blutigen Nachfolgekämpfen, die sich zunächst gegen die Nachkommen der Theodora, der zweiten Frau Constantius' I., richteten. Erst im September 337 nahmen Constantins Söhne den Augustustitel an. Constantin II. behielt den Westen mit Trier als Residenz, Constantius II. übernahm den Osten und Constans, der jüngste der Brüder, die Donauprovinzen mit Griechenland, Italien und Afrika. Schon bald wurde die Einigung auf eine harte Probe gestellt. Nach einem Streit mobilisierte Constantin II. seine Truppen gegen Constans und rückte im Frühjahr 340 in Italien ein. Bei Aquileia verlor er jedoch wenig später gegen Constans Schlacht und Leben. Nun war Constans der alleinige Herrscher des Westens. Bereits 341/342 wurde er am Rhein in neue Kämpfe mit Germanen verwickelt. 343 musste er auch in Britannien die Ordnung wieder herstellen.

Allerdings war Constans beim Militär wie der Verwaltung nicht sonderlich beliebt. So ist es zu erklären, dass er Anfang 350 einer Revolte zum Opfer fiel und Magnentius, ein Offizier halbgermanischer Abstammung, der bis zum Befehlshaber der Palasttruppen aufgestiegen war, zum Augustus ausgerufen wurde. Schon nach kurzer Zeit wurde er in Gallien, Britannien und Spanien anerkannt. Zuletzt stellten sich auch Italien und Afrika auf seine Seite, so dass ihm von Constans' einstigem Machtbereich nur noch der Donauraum und Illyricum fehlten.

Da der Herrscher des Ostens, Constantius II. die westlichen Provinzen nicht so schnell verloren geben wollte, rüstete er gegen den Usurpator. Magnentius ernannte wiederum seinen Bruder Decentius zum Caesar und betraute ihn mit der Wahrung der Aufgaben im Westen. Er selbst zog mit starken Truppenverbänden in den Donauraum. Dort trafen im Spätsommer 351 beide Heeresverbände bei Mursa in Pannonien aufeinander und lieferten sich eine äußert blutige Schlacht, bei der Magnentius zwei Drittel seines Heeres verlor. Allerdings konnte Constantius II. erst im September 352 Italien endgültig zurück gewinnen. Magnentius beschränkte seinen Machtbereich in der Folgezeit nur noch auf die gallischen Reichsteile.

Die Reduzierung wie der Abzug der Grenztruppen konnte den rechtsrheinischen Germanenstämmen nicht verborgen bleiben, so dass im Spätjahr 352 Alemannen unter ihrem Fürsten Chnodomar auf breiter Front zwischen Nahe und Hochrhein in die Rheinzone einfielen und alles römische Leben zerstörten.[34] Offenbar hatte Constantius die Alemannen zu diesen Einfällen ermutigt, um die Truppen des Magnentius zu binden. Lediglich die nähere Umgebung von Mainz scheint noch bis ins Spätjahr 353 gehalten worden zu sein. Eifel, Mosel und Hunsrück wurden ebenfalls erst ab 353 von Franken- und Alemanneneinfällen tangiert. Trier hatte sich schon Anfang 353 unter Führung eines gewissen Poemenius auf die Seite des Constantius II. geschlagen und die Stadttore dem Caesar Decentius verschlossen, doch wurde dieser Widerstand gebrochen. Denn beide Usurpatoren ließen danach in Trier wieder Münzen auf ihren Namen prägen, nachdem zuvor eine Emission auf Constantius II. herausgebracht worden war.[35] Allerdings verschlechterte sich die militärische Lage von Magnentius und Decentius zusehends, so dass beide Ende September 353 nur noch einen Ausweg im Selbstmord sahen.

Nach dem Ende des Magnentius versuchte Constantius II. die Ruhe an der von Franken und Alemannen bedrohten Rheingrenze wieder herzustellen. Während er selbst die Germanen am Oberrhein und an der oberen Donau in Schach hielt, kam es weiter nördlich im Frühjahr 355 zu neuerlichen Übergriffen der Alemannen unter Chnodomar. Constantius sah sich gezwungen, seinen Heermeister (*magister militum*) Silvanus in die gefährdeten Provinzen zu entsenden. Diesem gelang es, die römischen Positionen am Rhein zu stabilisieren. Allerdings sah er sich durch Intrigen am kaiserlichen Hof letztlich zur Usurpation in Köln gezwungen. Bereits wenige Wochen später musste er seine Erhebung mit dem Leben bezahlen.

Die von Constantius II. veranlasste Ermordung des Silvanus Ende August 355 bedeutete aber auch eine weitere Schwächung der Rheinverteidigung. Die Wirren waren für Franken und Alemannen ein Signal zu einem neuerlichen, gemeinsam vorgetragenen Angriff gegen die römischen Rheinprovinzen. Fränkische Scharen belagerten Köln und konnten es bald einnehmen. Angesichts dieser Lage und weiterer Nachrichten über die zunehmende Verwüstung Galliens entschloss sich Constantius II., Anfang November 355 seinen Vetter Julianus zum Caesar der westlichen Reichshälfte zu ernennen und ihn in die bedrohten Provinzen zu entsenden.

Bald richteten sich die Einfälle auch gegen Eifel und Mosel und führten zu umfangreichen Zerstörungen, bei denen selbst Trier nicht verschont blieb. Die Auswirkungen dieses Germaneneinfalls, der sich auch an zahlreichen Zerstörungsschichten und Schatzfunden ablesen lässt, schildert Julianus ausführlich in einem Brief an die Athener. Danach war die gesamte Grenzregion zwischen Quelle und Mündung des Rheins in den Händen der Barbaren. 45 Städte waren neben burgi und kleineren Kastellen zerstört. Die Germanen siedelten auf einem 300 Stadien (= 50 km) breiten Streifen entlang des Stromes. Diesem Areal war ein etwa dreimal so breiter Landstrich, also rd. 150 km vorgelagert, in dem die verheerten Städte unbewohnt und die Felder unbebaut bleiben sollten sowie der Auftrieb von Vieh für die gallische Bevölkerung verboten war. Selbst wenn wir Julian einige Übertreibungen zubilligen möchten, finden seine Schilderungen eine Bestätigung durch Ammianus Marcellinus, einen Augenzeugen von Julians Feldzug gegen die Germanen, der beim Marsch der kaiserlichen Truppen nach Köln außer dem Kastell Remagen und einem Turm bei Köln keine einzige Stadt oder Kastell unzerstört gesehen haben will. Auch die Mehrzahl der Höhenbefestigungen scheint damals ein Opfer der Raubscharen geworden zu sein. In Trier, das innerhalb des 150 km breiten Streifens gelegen hatte, kam damals offenbar jegliches Leben zum Erliegen, was sich an der Prägetätigkeit der Trierer Münzstätte ablesen lässt, die vor der Ernennung des Julian im Oktober 355 unvermittelt abbricht.[36] Trier scheint daher wie Köln unmittelbar nach dem Silvanusaufstand in die Hände von Germanen gefallen zu sein. Erst rund zwölf Jahre später sollte das Trierer Münzamt mit der geplanten Übersiedlung des Valentinian I. (364–375) und der Ernennung des Gratianus (367–383) seine Tätigkeit wieder aufnehmen.[37]

In den folgenden Jahren war Julian damit beschäftigt, die alte Ordnung wieder herzustellen und gegen neue Bedrohungen von Franken und Alemannen einzuschreiten. Schon 356 eroberte er Köln wieder zurück. Das zerstörte Trier spielte in seinen Planungen zunächst keine größere Rolle. Nur einmal berichtet Ammianus Marcellinus, dass Julian während seiner Abwehrkämpfe im Herbst 356 das Treverergebiet durchzog, um in Sens (*Senones*), 90 km südwestlich von Trier, sein Winterlager aufzuschlagen. Vielleicht war der Zustand der Stadt noch zu desolat, die Versorgung der Truppen nicht gewährleistet und ihre Lage letztlich noch zu unsicher. Im Frühjahr 357 zog Julian mit seinen Truppen ins Oberrheingebiet und besiegte die Alemannen in einer entscheidenden Schlacht bei Straßburg. Später überschritt er bei Mainz den Rhein. Danach diente ihm für drei Winter Paris als Residenz. In den folgenden Jahren war er am Niederrhein und setzte auch am Oberrhein über den Strom und kämpfte erfolgreich gegen die Alemannen. 359 erneuerte er verschiedene Befestigungsanlagen am Niederrhein, aber auch am mittleren Rheingebiet, wie Andernach (*Antunnacum*) oder Bingen (*Bingium*). 360 inspizierte er bei einer Schiffsreise von Xanten bis Augst die vorhandenen Grenzanlagen und bemühte sich um eine weitere Verbesserung der Grenzverteidigung.

Als wenig später Truppenteile Julians Constantius II. bei einen Perserfeldzug unterstützen sollten, meuterten seine Soldaten und riefen den Caesar Julian 360 zum Augustus aus. Verhandlungen mit Constantius II. brachten keine gütliche Einigung, so dass Julian seine Truppen gegen Constantius führte. Allerdings starb Constantius kurz vor der Entscheidungsschlacht im Jahre 361. Damit hatte Julian kampflos die Alleinherrschaft gewonnen. Doch nur zwei Jahre später kam er bei einem Feldzug gegen die Sassaniden ums Leben. Sein Nachfolger Iovianus (363–364) war während seiner kurzen Regierungszeit ausschließlich mit den östlichen Kriegsschauplätzen beschäftigt und hinterließ daher in den Westprovinzen keine nachhaltigen Spuren. Obwohl Gallien von seinen Truppen weitgehend verwaist war, hatten Julians Feldzüge in Gallien nachhaltige Wirkung, so dass es in den Folgejahren an der Rheingrenze relativ ruhig blieb.

Nach dem Tode des Iovianus rief das Heer in Nicaea Valentinian I. zum neuen Augustus aus, dem man jedoch wegen der Fülle der anstehenden Aufgaben seinen Bruder Valens (364–378) zur Seite stellte. Valentinian, der schon an den Feldzügen Julians teilgenommen hatte, übernahm den Westen mit der gallischen und italischen Präfektur, sein Bruder als *iunior Augustus* den Osten.

Die Rückkehr der Kaiser nach Trier

Bis zum Herbst 365 führte Valentinian seine Regierungsgeschäfte von Mailand aus. Nachdem er die noch von Iovianus zugestandenen Zahlungen an die Alemannen gestoppt hatte, überquerten diese bereits im Januar 365 den zugefrorenen Rhein und fielen nach Gallien ein. Nach verlustreichen Kämpfen besiegte Valentinian 368 die Alemannen bei *Solicinium* unweit von Heidelberg.

Bis zum Herbst 367 hielt sich Valentinian im mittleren Gallien in Paris, Reims und Amiens auf und bereitete offenbar eine Rückkehr der Residenz nach Trier vor. Gleichzeitig erhob Valentinian seinen minderjährigen Sohn Gratianus zum Mitkaiser (367–383) und förderte eine Wiederbesiedlung der verwaisten und zerstörten Landgüter durch Germanen und Angehörige anderer Völker. So berichtet Ausonius in seiner *Mosella* (Vers 9) von der neulich erst erfolgten Ansiedlung von Sarmaten im Hunsrück. Valentinians Aufenthalt im gallischen Hinterland lässt vermuten, dass Trier umfangreicher Wiederaufbaumaßnahmen bedurfte, bevor er dort mit dem Hofstaat seine Residenz beziehen konnte. So ist es verständlich, dass das Trierer Münzamt spätestens zu Beginn des Jahres 367 seine Prägetätigkeit wieder aufnahm und sich rasch wieder, zumindest was die Gold- und Silberprägung betrifft, zur bedeutendsten Münzstätte der westlichen Provinzen entwickelte. Trier sollte nach eineinhalb Jahrzehnten eine zweite Blütezeit als kaiserliche Residenz erleben.

Marmorkopf von Kaiser Gratian (367–383) aus Trier (GDKE Rheinisches Landesmuseum Trier/Thomas Zühmer)

Von den vorangegangenen Zerstörungen hatte sich Trier schnell erholt und erreichte schon bald wieder seine alte politische wie militärische Bedeutung, was sich vor allem in einer regen Bautätigkeit niederschlug. Auch die Wirtschaft gelangte zumindest in den nördlichen Landesteilen des heutigen Rheinland-Pfalz, insbesondere in der Eifel und im weiteren Umfeld von Trier, zu einer neuen Blüte. Die Glas- und Keramikproduktion im Süden der Stadt wurde erneut aufgenommen. Doch verlagerte sich der Schwerpunkt der Keramikherstellung mehr und mehr auf das Land, insbesondere nach Speicher oder Mayen, wo sich große Töpfereibezirke entwickelten. Selbst die Landwirtschaft scheint sich von den vorangegangenen Germaneneinfällen rasch erholt zu haben. Ebenso wurden die vorhandenen Kelterhäuser an der Mosel, wie Piesport, Brauneberg, Graach oder Erden erweitert oder großzügig ausgebaut und bildeten fortan die Zentren staatlicher Domänen, die die Weinversorgung, insbesondere für das Militär, sicherzustellen hatten.

Blick auf die Pressbecken der spätrömischen Kelter von Piesport (GDKE Rheinisches Landesmuseum Trier/Thomas Zühmer)

Mit Ausnahme seiner Feldzüge am Rhein und wenigen Reisen nach Mailand agierte Valentinian vornehmlich von Trier aus. Insbesondere bemühte er sich um den Ausbau der Grenzbefestigungen. Entlang der gesamten Rheinlinie legte er eine dichte Reihe von Türmen und Kastellen an und sorgte für eine nahezu lückenlose Befestigungslinie, zu der auch vereinzelte Stützpunkte auf der rechten Rheinseite zählten.

Nach dem Tod Valentinians I. (375) wurde Gratians Halbbruder, der erst vierjährige Valentinian II. (375–392), zum dritten Augustus ausgerufen. Beide führten das Werk ihres Vaters fort, bauten die Residenzstadt Trier weiter aus und führten das Land zu einer weiteren wirtschaftlichen Blüte. Der kaiserliche Palastbezirk, der eine Fläche von 400 x 450 m umfasste, wurde fertig gestellt. Auch das Umland erlebte, verglichen mit weiten Teilen Galliens, eine regelrechte Glanzzeit. An der Saarmündung wurde oberhalb der Mosel bei Konz (*Contionacum*) eine ausgedehnte Palastanlage errichtet, die Valentinian I. als Sommerresidenz diente und in der er verschiedene Gesetze unterzeichnete. Ein nördlich von Trier gelegener mehrgeschossiger Palastbau in Pfalzel (*Palatiolum*) erfuhr wohl unter Valentinian I. eine Umnutzung als Kastell mit vorgelagerten Kasernenbauten, um die Trierer Talweite nach Norden abzuriegeln. Nördlich von Trier lag in der Eifel der ausgedehnte, etwa 220 qkm große, von einer rd. 2 m hohen Einfriedung umgebene Langmauerbezirk, bei dem nicht geklärt ist, ob er als kaiserliches Jagdrevier oder als eine von Foederaten bewirtschaftete Domäne diente.[38] Im seinem Innern lag bei Welschbillig eine weitere Palastvilla, die zweifellos einer hochrangigen Persönlichkeit aus dem Umfeld des Kaisers zuzuordnen ist.

Doch schon bald deutete sich mit den Anfängen der Völkerwanderung das Ende des römischen Imperiums an. Die Nachricht vom Einbruch der Westgoten in Thrakien 378 und der bevorstehende Abzug zahlreicher Verbände des Westheeres zur Unterstützung des Valens animierte die Alemannen wieder ins Grenzgebiet einzufallen, so dass die

Truppen, die bereits auf dem Weg nach Pannonien waren, zurückgerufen werden mussten. Gratian gelang es, die Alemannen bei Colmar zu schlagen und bis auf die Höhen des Schwarzwaldes zu verfolgen. Es war der letzte Feldzug eines römischen Kaisers rechts des Rheins.

Ohne die Verstärkung aus dem Westen anzuwarten, wagte Valens in der Zwischenzeit allein den Waffengang mit den Westgoten, doch verlor er in der Schlacht von Adrianopel 378 nicht nur sein Leben sondern auch zwei Drittel des Heeres. Zum neuen Mitregenten bestimmte Gratian 379 den erfahrenen spanischen General Theodosius (379–395), der wenig später die Westgoten besiegte und sie als Foederaten in Dakien und Moesien ansiedelte. Gratian blieb noch bis 381 in Trier.

383 erhob sich in Britannien Magnus Maximus (383–388) gegen Gratian. Ein zeitgleicher Einfall der Juthungen in Raetien verschärfte die Situation, insbesondere nachdem Maximus mit seinen Truppen nach Gallien übergesetzt war. In Paris trafen beide Heeresverbände aufeinander. Als Gratians Truppen nahezu kampflos zum Gegner überliefen, musste jener fliehen und wurde auf der Flucht bei Lyon erschlagen.

Zunächst wurde Maximus neben Gratians Halbbruder Valentinian II. von Theodosius I., dem *Augustus* des Ostens als zweiter *Augustus* des Westens anerkannt und war fortan für Britannien, Gallien und Spanien zuständig. Seine Residenz nahm er in Trier.[39] Als Maximus 387 seinem Machtbereich um Italien und Illyricum erweitern wollte, fiel er kurzerhand in Italien ein und vertrieb Valentinian II. Doch trat ihm nun Theodosius entgegen und besiegte ihn 388 bei *Siscia* (Sisak in Kroatien). Kurz darauf wurde Maximus von den eigenen Soldaten ermordet. Theodosius setzte Valentinian II. erneut als Kaiser des Westens ein. Im Zuge der Rückeroberung Galliens kam es 388 kurzfristig auch in Mainz zur Ausprägung von Münzen.[40]

Die Abwesenheit größerer Truppenverbände hatten die Franken 388 erneut zu Überfällen genutzt. Valentinian II. kehrte in Begleitung des Heermeisters Arbogast, eines Franken, nach Trier zurück. Seine Ankunft wurde auf einer Goldprägung gefeiert. Er war der letzte Kaiser, der bis 390 in Trier seine Residenz bezog. Schon bald spitzten sich die Spannungen zwischen dem jugendlichen Kaiser und Arbogast zu. Sie endeten mit dem ungeklärten Tod Valentinians II. Da Arbogast aber nicht selbst den Thron besteigen konnte, bediente er sich des Grammatiklehrers und Hofbeamten Eugenius (392–394). Doch nachdem Theodosius seinen jüngsten Sohn Honorius zum *Augustus* des Westens erhoben hatte, kam es zum Bruch. Arbogast und Eugenius zogen mit starken Verbänden des gallischen Heeres gegen Theodosius und wurden 394 in einer der blutigsten Schlachten des Altertums am *Frigidus* im Westen des heutigen Slowenien geschlagen. Während Eugenius von feindlichen Soldaten ergriffen und erschlagen wurde, beging Arbogast unmittelbar nach der entscheidenden Niederlage Selbstmord. Theodosius übernahm ein letztes Mal die Herrschaft über das römische Gesamtreich.

Die Anfänge des Christentums

Nachdem es 391 zu heidnischen Übergriffen gegen Christen gekommen war, verbot Theodosius I. die heidnischen Kulte und erkannte das Christentum als einzige Staatsreligion an. Bereits 313 hatten mit dem Toleranzedikt von Mailand die systematischen Christenverfolgungen geendet. Außerhalb von Trier, dessen Christengemeinde sich unter dem Einfluss der Residenz rasch entwickeln konnte und deren Bischofsliste sich bis ins späte 3. Jh. zurückverfolgen lässt, liegen bisher nur wenige archäologische Zeugnisse vor, die sich mit einer christlichen Gemeinde in Verbindung bringen lassen. Unter dem Einfluss der Kaiserresidenz hielten sich viele bedeutende Geistliche zeitweise in Trier auf, wie die Bischöfe Martin von Tours (316/7–397), der in Trier geborene Ambrosius von Mailand (339–397) oder die Kirchenlehrer Hieronymus (347–420) und Augustinus (354–430). Die erste Kirche im Bereich des Domes reicht bis in constantinische Zeit zurück. Von der großen Bedeutung der örtlichen Christengemeinde zeugen vor allem 1.300 Grabinschriften, darunter rd. 650 vom nördlichen Gräberfeld (St. Maximin), wo bereits in spätconstantinischer Zeit eine Grabbasilika entstand, und 450 vom südlichen Gräberfeld (St. Matthias), von dem die ältesten Grabinschriften vorliegen. Sowohl aus Mainz als auch aus Köln kennen wir nur weniger als 50 vergleichbare Zeugnisse. In Mainz ist wahrscheinlich eine christliche Gemeinde mit einem Bischof an ihrer Spitze im 4. Jh. belegt und in St. Alban ein frühchristlicher Begräbnisbau nachgewiesen. Umstritten sind hingegen die Anfänge der Bischofssitze in Worms und Speyer. Die vermutlich gefälschten Akten der Kölner Synode von 346 bezeugen zwar einen Bischof von Worms und Speyer, doch sind bis zum 7. Jh. keine weiteren Bischöfe mehr überliefert.

Hinweise auf die Anwesenheit von Christen liefern noch einzelne frühchristliche Grabinschriften insbesondere bei den Kastellen von Neumagen, Remagen, Andernach, Bingen, Karden und Kobern-Gondorf. Frühchristliche Kleinfunde liegen außerdem aus Bad Kreuznach, Alzey, Eisenberg und Speyer wie den spätrömischen Höhenbefestigungen von Nusbaum bei Bitburg oder von Minheim bei Bernkastel vor.

Endgültiger Abzug der Verwaltung und Residenz

Theodosius verstarb schon im Januar 395. Nun übernahmen sein Sohn Arcadius (383–408) den Osten und der erst elfjährige Honorius (393–423), den Theodosius der Obhut des Vandalen Stilicho anvertraut hatte, den Westen. Im Zuge neuerlicher Bedrohungen durch germanische Stämme wurde wenig später die Gallische Präfektur von Trier nach Arles verlegt. Schon zuvor war die Residenz in das weniger gefährdete Mailand abgezogen worden. Als Alarichs Westgoten 401 in Oberitalien eingefallen waren und Mailand belagerten, zog Stilicho zum Schutze Italiens fast alle Grenztruppen aus den Provinzen nördlich der Alpen ab.

So war es nur eine Frage der Zeit, bis die nahezu verwaiste Rheingrenze überrannt wurde. In der Neujahrsnacht 406/407 überschritten Wandalen, Alanen und Sweben bei Mainz den Rhein, zerstörten die Grenzfestungen zwischen Bingen und Selz und drangen weit nach Innergallien vor. Worms wurde nach längerer Belagerung erobert, Mainz zerstört und Speyer von den Germanen eingenommen. Selbst Metz fiel 407 den Raubscharen zum Opfer, während sich die Bevölkerung Triers ins Amphitheater flüchtete, das zuvor in einen notdürftigen Verteidigungszustand versetzt worden war.

Da im Innern Galliens keine bedeutenden Truppenteile mehr zur Verfügung standen und vom weströmischen Kaiserhof kaum Hilfe zu erwarten war, konnten sich die Germanen in Gallien ungehindert ausbreiten. In dieser nahezu aussichtslosen Situation wurde Constantin III. (407–411) von den noch in Britannien verbliebenen Truppen zum Augustus ausgerufen. Er setzte mit seinem Heer aufs Festland über, verdrängte die Germanen nach Spanien und konnte sogar die Rheingrenze erfolgreich sichern. Dennoch versuchte er vergeblich die Anerkennung des Honorius zu erreichen.[41] 411 schickte Honorius seinen Heermeister Constantius, unterstützt von gotischen Kontingenten, gegen ihn, die ihn schließlich nach viermonatiger Belagerung in seiner Residenz Arles gefangen nahmen und nach Ravenna verbrachten, wo er hingerichtet wurde.

In der Zwischenzeit wurde an einem uns unbekannten Ort *Mundiacum* in der *Germania Prima*, das bisweilen mit *Mogontiacum* gleichgesetzt wird, Jovinus (411–413) mit Unterstützung der Burgunder und Alanen zum neuen *Augustus* ausgerufen. Offenbar ließen sich die Burgunder mit Unterstützung des Jovinus am Rhein nieder und gründeten ein Reich, dessen Zentrum vermutlich in Worms lag. Durch einen erneuerten Bündnisvertrag wurden sie verpflichtet, gemeinsam mit römischen Truppen als *foederati* die Rheingrenze zu sichern. Zunächst bewährte sich dieses Arrangement, doch als die Burgunder ihren Machtbereich nach Westen auszudehnen versuchten, kam es bald nach 430 zum Konflikt mit den Römern. 436/437 wurde das burgundische Heer von hunnischen Einheiten im Dienste des weströmischen Heermeisters Aëtius besiegt, der sie 443 in die Region um den Neuenburger und Genfer See umsiedeln ließ.

Nachdem Jovinus und sein Bruder Sebastianus (412–413) nach kurzer Regentschaft beseitigt worden waren, schien der Westen des Reiches wieder in der Hand des Honorius. Nach dessen Tod im Jahre 423 konnte sich in Gallien und Italien zunächst der Usurpator Johannes (423–425) behaupten, ehe er im Kampf dem Ostkaiser Theodosius II. (408–450) unterlag. Auf Johannes folgte im Westen Valentinian III. (425–455), der als letzter Kaiser noch bis nach 440 in Trier Münzen schlagen ließ.

Die ehemalige Kaiserresidenz Trier wurde zwischen 410/411 und 428 oder 435 mindestens viermal von fränkischen Heerscharen, zuletzt auch unter Beteiligung der Burgunder eingenommen. Regulären römischen Einheiten gelang es jedoch immer wieder, die Stadt zurückzuerobern. 451 wurde Trier wie auch Mainz von dem verheerenden Hunneneinfall unter Führung ihres Königs Attila tangiert, der erst auf den Katalaunischen Feldern durch den römischen Heermeister Aëtius gestoppt werden konnte. Nach der Ermordung Valentinians III. wurde Trier im Jahre 455 erneut durch die Franken geplündert. Danach verblieb vom einstigen römischen Herrschaftsgebiet an der Mosel nur noch ein kleines inselhaftes Gebilde unter der Verwaltung eines *comes Treverorum*, von denen wir mit Arbogast einen namentlich kennen. Nach etwa drei Jahrzehnten fielen Trier und die noch nicht okkupierten Gebiete des Mosellandes ebenso wie Mainz mit seinem Umland an die in Köln herrschenden Rheinfranken und wurden Teil der *Francia Rinensis*. Seit Beginn des 6. Jhs. gehörte dieses Territorium zum Frankenreich des Merowingerkönigs Chlodwig.

1 Das Folgende nach BERNHARD, Römische Geschichte 1990, S. 39–168 und HEINEN, Trier 1988.

2 GILLES, Münzprägung 1996, S. 10 ff.; DERS., Funde 1992, S. 193–232.

3 LÖHR, Militärlager 2003, S. 21–30.

4 Zu den frührömischen Truppenlagern vgl. insbesondere SCHÖNBERGER, Truppenlager 1985, S. 321–497.

5 HAUPT, Lager 2000, S. 203–218.

6 Tacitus, Historiae IV,7.

7 Vgl. JOST, Limes 2003 und BAATZ, Limes 2000.
8 *honoris virtutisq(ue) causa civitas Treverorum in obsidione ab ea defensa* (CIL, Bd. XIII, 6800).
9 GILLES, Goldmünzenfund 1994; DERS., Goldschatz 1996.
10 DERS., Schatzfund 1996, S. 18 f.
11 ENGELS, Fund 1984, S. 84 ff.
12 BERNHARD, Römische Geschichte 1990, S. 494 f.
13 Zur Verwaltung der Provinzen vgl. ebenda, S. 101–115.
14 Vgl. dazu insbesondere HEINEN, Trier 1988, S. 41–121.
15 Leider sind nur die ersten beiden Buchstaben des Namens in der Inschrift überliefert.
16 GILLES, Bacchus 1999; DERS., Weinkeltern 2005, S. 84-88; DERS., Blüte 2005.
17 Allgemeine Literatur zur römischen Wirtschaft: KLOFT, Wirtschaft 2005; LUIK, Ackerbau 2005; DERS., Wirtschaftsmetropole 2000; MARTIN-KILCHER, Handel 2005.
18 GILLES, Tempelbezirke 1996.
19 DERS., Bergheiligtümer 1987.
20 KÖNIG, Usurpatoren 1981; DRINKWATER, Empire 1987; BAKKER, Raetien 1993.
21 GILLES, Münzstätte 2005.
22 Scriptores Historiae Augustae, triginta tyranni 12,14; 13,3; Coin Unearths New Roman Emperor. In: BBC News vom 25.02.2004. URL: http://news.bbc.co.uk/2/hi/uk_news/england/oxfordshire/3518621.stm [23.04.2012].
23 URL: http://de.wikipedia.org/wiki/Proculus [20.04.2012] mit Hinweisen auf Quellen (insbesondere die Münze) und Literatur.
24 Zusammengefasst bei BERNHARD, Römische Geschichte 1990, S. 129–139; NESSELHAUF, Verwaltung 1938.
25 HOFFMANN, Bewegungsheer 1969.
26 Die Diskrepanzen bei den Ortsnamen und den Truppenteilen ergeben sich daraus, dass die oben genannten Ortsnamen entsprechend der Überlieferung in der *Notitia Dignitatum* aufgeführt werden (alle im Ablativ), für die im Kasten hingegen die gebräuchlichste spätantike Form der Ortsnamen im Nominativ verwendet wird.
27 RUPPRECHT, Römerschiffe 1982, BOCKIUS, Schiffswracks 2006.
28 BERNHARD, Burgi 1981.
29 DERS., Funde 1992, S. 72 ff.; GILLES, Fibeln 1981; DERS., Germanen 1984; vgl. DERS., Untersuchungen 1999.
30 HENRICH, Spätantike Villa 2010.
31 KOCH/SCHINDLER, Ringwälle 1994, S. 19 f., Plan 4.
32 Dazu zählt auch die mächtige, erst 2012 unter der Burg Landshut bei Bernkastel entdeckte Befestigungsanlage mit bis zu 1,80 m starken Mauern und mehr als sechs rechteckigen Türmen. Sie ist vermutlich mit dem in der *Cosmographia* des sog. Geografen von Ravenna erwähnten *princastellum* gleichzusetzen. Die in den ersten Jahrzehnten des 8. Jhs. verfasste Kosmografie griff auf unterschiedliche Quellen zurück, wobei die betreffende Passage einen Zustand aus der Zeit vor Chlodwigs Sieg über die Alemannen im Jahre 496 wiedergibt. Vgl. GILLES, Princastellum 1991.
33 DERS., Höhensiedlungen 2008; DERS., Höhensiedlungen 1985.
34 BERNHARD, Depotfund 1981.
35 GILLES, Aufstände 1989.
36 Ebenda, S. 383–386.
37 DERS., Münzkabinett 1986.
38 DERS., Untersuchungen 1999.
39 DERS., Münzstempel 2003.
40 OLBRICH, Mainzer Prägungen 1994.
41 GILLES, Münzprägung 1983.

Umweltgeschichte – Zwischen Natur- und Kulturgeschichte

Von Hartwig Löhr

Wenn an dieser Stelle zeitlich sowohl rückblickend wie vorausschauend Aspekte einer Umweltgeschichte mit den Komponenten Klima, Boden, Relief, Sedimente, Flora und Fauna im Wechselspiel mit menschlichen Eingriffen im heutigen Rheinland-Pfalz geschildert werden sollen, gilt es zunächst anzudeuten, wie denn die »Natur«-landschaft am Ende des Eiszeitalters aussah, bevor der Mensch erstmals selbst als Umwelt verändernder, geologischer Faktor zu wirken und Prozesse auszulösen begann, die Witterung und Klima beeinflussten oder noch beeinflussen, welche ihrerseits wieder bewusste oder unbewusste menschliche Reaktionen auslösten.

Zwar existieren einige einschlägige Detail-[1] und Übersichtsdarstellungen[2], besonders zur Niederrheinischen Bucht,[3] die in ihren großen Zügen auf das Landesgebiet von Rheinland-Pfalz übertragbar sind, doch scheint es angesichts einer sehr spezifischen Quellenlage und ganz aktueller Untersuchungen[4] lohnend, einige herausragende landesspezifische Besonderheiten und Belege zu konkretisieren und hier in einem jeweils epochenspezifischen, imaginären Satellitenbilds zusammenzufassen.

Im Laufe des Eiszeitalters unterlag die Naturlandschaft dramatischen Änderungen während der klimatischen Großzyklen von Kalt- und Warmzeiten – Glazialen und Interglazialen. Auslösende Ursachen sollen Schwankungen der Erdachse, unterschiedliche Sonnenfleckenaktivität, Meerwasserzirkulation, besonders die Reichweite bzw. Umlenkung des Golfstromes sein.[5]

Über Bohrkerne aus dem Inlandeis Grönlands und der Antarktis wie auch von Tiefseesedimenten sind wir über diesen rhythmischen Klimagang inzwischen gut informiert.

Die wechselnde Temperatur lässt sich besonders über das Verhältnis der in Kalkschalen von Meeresorganismen eingeschlossenen zwei Sauerstoffisotope unterschiedlichen Atomgewichtes rekonstruieren, da das leichtere der beiden Isotope desto schneller verdunstet, je niedriger die Temperatur ist. Somit wird das Eiszeitalter heute kaum noch mit den sehr traditionellen Begriffen wie Günz, Mindel oder Riß gegliedert, sondern nach OIS (Oxygen Isotope Stage), mit deren Hilfe man für die letzte Million Jahre 20 Kaltzeiten mit dazwischen liegenden Warmzeiten unterscheiden kann.

OIS

Die Sauerstoffisotopenmethode ist ein Mittel zur relativen Temperaturrekonstruktion. Als Grundlage dient die Mengendifferenz zwischen den Sauerstoffisotopen ^{16}O und ^{18}O, die u. a. in den Kalkschalen fossiler Meeresorganismen eingeschlossen sind. Je nach vorherrschender Temperatur fällt das Verhältnis der beiden Isotope anders aus, so dass bei der chemischen Auswertung sog. Sauerstoff-Isotopen-Stratigraphien erstellt werden können, die Hinweise auf den Klimaverlauf der Vergangenheit geben.

Abb. 1: Geowissenschaftler der Universität Mainz unter Leitung von Prof. F. Sirocko bei der Bergung eines Sedimentkernes aus dem Grund des Schalkenmehrener Maares. Bereits mit bloßem Auge erkennbar ist eine feine Schichtung. Dank Sauerstoffarmut am Grunde der Maarseen konnte sich dort kein Bodenleben entfalten, so dass sich von tierischer Wühltätigkeit ungestört und lückenlos über lange Zeiträume Jahresschichten, sog. Warven entwickelt und erhalten haben. Allein aus der Nacheiszeit wurden durchschnittlich 10 m Ablagerungen erbohrt (Sirocko, Wetter 2009)

In Teilen des heutigen Rheinland-Pfalz fanden während des Eiszeitalters zahlreiche vulkanische Eruptionen statt. Sie hinterließen Schlackenkegel und Maare. Schlackenkegel sind der einstigen Landoberfläche aufgesetzte Vulkanbauten, wohingegen Maare in die ehemalige Landoberfläche eingesprengte Explosionstrichter darstellen, die sich schnell mit Wasser füllten. Viele ältere Maare haben sich während ein bis zwei Glazial-Interglazialzyklen zu Trockenmaaren oder sog. Kesseltälern entwickelt. In unserem Zusammenhang interessieren vor allem die noch wassergefüllten Maarseen, enthalten sie doch Ablagerungen aus der Nacheiszeit, dem Holozän, als momentan andauerndem Warmzeit-Zyklus.

Herausragende Geoarchive in Rheinland-Pfalz

Mit den Sedimentfüllungen von Maaren liegen im Lande Geoarchive von europäischer, ja weltweiter Bedeutung vor, die zudem intensiv untersucht wurden und werden.[6] Zu nennen sind hier besonders Meerfelder Maar, Holzmaar, Weinfelder-, Schalkenmehrener- und Ulmener Maar.

Bereits die Menge des jährlichen Sedimenteintrages in die Maarseen ist eine Widerspiegelung menschlicher Nutzungsintensität in deren Einzugsbereich wie auch des Witterungsverlaufs. Zwischen den Warven (Jahresschichten) finden sich sog. Ereignislagen, die besonders auf Stürme, Unwetter, Hochwässer, Extremtemperaturen usw. zurückgehen. Unter Einbeziehung der Ereignislagen erlaubt die Warvenzählung im Rahmen geringer Fehlergrenzen nahezu jahrgenaue Datierungen.

Viele Ereignislagen historischer Zeit lassen sich mit archivalisch überlieferten Extremereignissen verbinden und ursächlich erklären, in einigen Fällen, z. B. 1817[7] oder 1783, mit kurzfristigen Auswirkungen vulkanischer Ereignisse, besonders in Island. Dies mag auch auf einige ältere Ereignislagen übertragbar sein. Pflanzliche Großreste, besonders aber der Polleninhalt dieser Maarsedimente erlaubt eine Rekonstruktion der natürlichen Vegetation und ihrer Entwicklung, wie auch ihrer Veränderungen durch menschliche Landnutzung und den Anbau von Kulturpflanzen.

Pollendiagramm

Die Pollenanalyse (Palynologie) beruht auf der Bestimmung und Auszählung von fossilen Pollen und Sporen. Dazu werden sog. Pollendiagramme erstellt, in denen auf der x-Achse die relative Häufigkeit der verschiedenen Pollen, auf der y-Achse die jeweilige Sedimenttiefe abzulesen ist. Vergleicht man die Ergebnisse mit rezenten Daten unter Hinzunahme der Standortfaktoren einzelner Arten, sind Rückschlüsse auf vergangene Vegetationszusammensetzung und Klima möglich.

Die überlieferten Reste der Tierwelt[8] bis hin zu Nagetieren und Schnecken[9] spiegeln in erster Linie die wechselnde Vegetationszusammensetzung wider. Weiterhin verfügen wir über sog. Dendroarchive, die auf gezählten und vermessenen Jahrringfolgen von Hölzern basieren, meist als Kurven dargestellt.[10] Sie werden sowohl an archäologischen Artefakten bzw. Bauhölzern gewonnen wie auch an Auenhölzern, die bei Hochwässern oder durch Uferunterspülung in Flussablagerungen geraten. Diese erlauben nicht nur eine jahrgenaue Bestimmung eines Fällungs-, Verbauungs- oder Absterbedatums, sondern unterschiedlich ausgebildete Wachstumsmuster und Zuwachsraten bieten unmittelbare Informationen zum Witterungsverlauf für konkrete Jahre oder Zeiträume. Die Einlagerungshäufigkeit von Auenhölzern in Flussablagerungen[11] selbst spiegelt dabei unterschiedliche Flussaktivitäten wider, abhängig von Witterungsereignissen und oder menschlichen Eingriffen in Gewässereinzugsgebieten.[12]

Je mehr wir uns der Moderne nähern, sind obertägig sichtbare, archäologische Denkmäler, wie Ruinen, Altfluren, Steinbrüche, Halden, Mergelgruben, Köhlerplätze, Grabhügel, Wege, Weiher, Befestigungen zu nennen. Besonders die flächige Landnutzung mit Ackerbau, Viehweide und Holzeinschlag hinterlässt charakteristische Veränderungen. Dazu gehören erosionsbedingte Kappungen des natürlichen Bodenprofils und reziprok die Bildung entsprechender Ablagerungen wie Kolluvien (an Unterhängen und Tiefenlinien zusammengespültes Oberbodenmaterial von bis zu mehreren Dezimetern Mächtigkeit), Schwemmfächer, Auelehme und auch Flussbettverlagerungen. Wir sprechen in diesem Zusammenhang von quasi natürlichen Bildungen, was bedeuten soll, dass menschliche Wirtschaftsmaßnahmen die Voraussetzung für eine besondere Wirksamkeit von Witterungsereignissen und Klimazuständen waren, die ohne diese weitgehend folgenlos geblieben wären. Während Klimaoszillationen oder Extremereignisse in einer natürlichen oder sich selbst überlassenen Umwelt vielfach weitgehend abgepuffert werden, steigern sich ihre gegebenenfalls desaströsen Auswirkungen in dem Maße, in dem der Mensch die Naturlandschaft verändert.

Die Böden machen, von Klimagang und Zeitfaktor bestimmt und durch menschliche Bewirtschaftung verstärkt, einen irreversiblen Reifungsprozess durch, bei dem sich unterschiedliche Bodentypen entwickeln. Die elementaren Prozesse dabei sind Stoffumwandlung durch Verwitterung und Stoffverlagerung im Boden sowie Neubildung, besonders von Humus. Durch Lösung und Kapillartransport werden vor allem Kalk, Ton und Eisenverbindungen verlagert. Man nennt diesen Vorgang Versauerung. Zusammen mit der durch Mensch und Vieh verursachten Erosion hat dies über die Zeit zu einer Verringerung der Bodenfruchtbarkeit geführt.

Abb. 2: Als Spur eiszeitlichen Dauerfrostklimas zeigt sich hier als Bewuchsmerkmal bei Trautzberg, Landkreis Vulkaneifel, ein polygonales Netz ehemaliger Eiskeilfüllungen. Während derartige Strukturen in Sibirien und Alaska noch heute eisgefüllt sind, sind sie in unseren Breiten längst ausgeschmolzen, wobei sie von feinerem Bodenmaterial – z. B. Löß – zugefüllt wurden, das heute die Bodenfeuchte länger hält und so zu einem üppigeren Getreidewuchs führt, der die untertägigen Strukturen erkennen lässt. Auf Lockergesteinen ist ihr Vorhandensein oder Fehlen vielfach ein Indikator für die Intensität nacheiszeitlicher Bodenerosion (Landesamt für Vermessung und Geobasisinformation Koblenz)

1. Die »natürliche« Ausgangslage in der Nacheiszeit: Die Umweltbeeinflussung durch Menschen der Mittelsteinzeit bleibt gering

Eifel, Hunsrück, Taunus und Westerwald waren im Unterschied zu Vogesen und Schwarzwald während der letzten Kaltzeit nie vergletschert. Allerdings bildeten sich bis in die Tieflagen Dauerfrostböden, die auf Lockersedimenten Eiskeilnetze als charakteristische Bodenspuren hinterließen (Abb. 2). Auf Gesteinsuntergrund, besonders auf Schiefer, führte jährliches Auftauen und Wiedergefrieren zur oberflächlichen Zerrüttung des Gesteinsverbandes (Abb. 3), der sich mit Hakenschlagen hangabwärts bewegte, um Unterhängen und Tiefenlinien große Mengen von Frostschutt[13] zuzuführen.

Abb. 3: In einer Wegeböschung in einem für Ackerbau ungeeigneten Hang im Ahlbachtal bei Wasserliesch, Kreis Trier-Saarburg ist beispielhaft eine nicht erodierte Abfolge erhalten, die zwischen dem festen Buntsandstein und einem oberflächlichen Lößschleier eine »Regelationszone« zeigt, also den Bereich, in dem der Gesteinsverband während des Eiszeitklimas bis in die Tiefe des jährlichen Auftauens und Wiedergefrierens kleinstückig zerrüttet wurde. Erhaltung oder Fehlen dieser Zone ist abermals Indikator nacheiszeitlicher Bodenerosion (Jan Löhr)

Abb. 4: Die warmzeitliche Lösungsverwitterung bildete an Sandsteinen vielfach narbige Oberflächen aus. Während dies am Buntsandstein relativ schnell geschieht, wie an historisch abgearbeiteten Gesteinspartien vieler Pfälzer Felsenburgen, ja an historischen Bauwerken zu sehen ist, stammen solche Verwitterungsformen am Luxemburger Kalksandstein wie hier bei Prümzurlay (Kreis Bitburg-Prüm) überwiegend aus der älteren Nacheiszeit, da sie von jüngeren Einarbeitungen überlagert werden (GDKE Rheinisches Landesmuseum Trier/Löhr)

Dieser wurde vielfach noch vor Ende der Kaltzeit von einem Lößschleier[14] überdeckt. In der Oberrheinebene wurden Flugsanddecken abgelagert.[15]

Während die Oberflächen der Felsklippen des Buntsandsteins in Eifel und Pfalz, wie auch die der Schichtstufe des Luxemburger Sandsteins in der Südwesteifel in der späten Eiszeit noch glatt, eckig und scharfkantig gewesen sein dürften,[16] bildeten sie erst im Verlauf der Nacheiszeit ihre gerundeten, durch Wabenverwitterung (Abb. 4) charakterisierten Oberflächen aus.[17]

Die Eruption des Ulmener Maares um 9000 v. Chr. war der vorerst letzte vulkanische Ausbruch in der Eifel. Er blieb ein lokales Ereignis, insofern die Auswürflinge im nur wenig entfernten Holzmaar und Meerfelder Maar in weniger als Millimeter-Stärke nachgewiesen werden konnten.[18] Zunächst durch Birken, Kiefern und Hasel, dann durch Elemente des Eichenmischwaldes[19] erfolgte eine Wiederbewaldung und damit Stabilisierung der Landoberflächen, auf denen sich bald flachgründige Böden entwickelten.[20]

Da in Mitteleuropa bis zu 500 mm des Jahresniederschlages in diesem Wald verdunstet werden konnten, waren die Oberflächenabflüsse[21] deutlich geringer als heute, so dass sich in vielen Tälchen Anmoor[22] bildete. Flüsse und Bäche wiesen eine geringere aber stetigere Wasserführung auf und transportierten vorzugsweise feines Sandsediment.[23]

Die natürliche Tierwelt der Nacheiszeit umfasste alle Arten, die ohne Zutun des Menschen in unseren Breiten leben würden, angefangen bei Elch, Auerochse, Hirsch, Reh, Wildschwein, bis hin zu Luchs, Braunbär[24] (Abb. 5) und Wolf.[25] Selbstverständliche Elemente der Fischfauna waren neben den heute gängigen Arten auch Lachs und Stör, deren Bestände in historischer Zeit weitgehend ausgelöscht wurden. Das gilt auch für die scheue Sumpfschildkröte[26] (Abb. 6) und für damals allenthalben aktive Biber.[27] Noch nicht mit befriedigender Sicherheit belegbar ist das Überleben des Wildpferdes in unserem Land seit der späten Eiszeit, wie sporadische Funde bis in die jüngere Steinzeit andernorts andeuten.[28]

Abb. 5: In der »Knochenhöhle« bei Berndorf, Landkreis Vulkaneifel, haben Bären nicht nur nach einem letzten Winterschlaf ihre Knochen hinterlassen, sondern im Sinterbelag der Höhlenwände auch die Kratzspuren ihrer Krallen (GDKE Rheinisches Landesmuseum Trier/ Thomas Zühmer)

Erste Eingriffe in die Umwelt mögen bereits während des Mesolithikums, vorzugsweise des älteren, durch Brandhege vorgekommen sein, also dem gezielten Feuersetzen. Mit dieser Praxis wurden die Bestandsdichte des Jagdwildes und damit das menschliche Nahrungsangebot erhöht und wohl auch Haselhaine gefördert. Auf jeden Fall waren die Kiefernwälder und Haselhaine der frühen Nacheiszeit stark feuergefährdet, wie häufige Holzkohlen in entsprechend alten Ablagerungen nahelegen.[29]

Während der als Atlantikum bezeichneten Klimaphase wurde das nacheiszeitliche Klimaoptimum erreicht, dessen Sommertemperaturen etwa 2 °C und dessen Wintertemperaturen etwa 0,5 °C über den heutigen lagen. Auch die Böden entwickelten in dieser Zeit ihr Klimaxstadium, z. B. als Schwarzerde[30] mit stabilem Humus auf zunächst kalkhaltigem Löß oder Hochflutlehm oder als Braunerde auf kalkarmen Sand- und Gesteinsböden. Ihr Typenwandel und ihre Kappung unter Kultivierung konnte im Rheinland detailliert dokumentiert werden,[31] was in den Grundlinien auch auf Rheinland-Pfalz zu übertragen ist.

Spätestens seit der Wende Präboreal/Boreal führte eine intensive Kalklösung sowohl aus

Abb. 6: In den Ablagerungen eines Moselaltarmes, der die Stadt Trier durchzieht, wurden mehrfach Reste der Europäischen Sumpfschildkröte (emys orbicularis) gefunden, die keine starken Winterfröste verträgt. (GDKE Rheinisches Landesmuseum Trier/Thomas Zühmer)

Kalkgesteinen wie auch aus kalkhaltigen Lößdecken, besonders zur Zeit des Klimaoptimums, an Quellaustritten kalkhaltiger Wässer zur Bildung von Kalksintern,[32] die dort die Anmoorbildungen der frühen Nacheiszeit überlagerten. In Höhlen und Felsspalten bildeten sich entsprechend Tropfsteine.[33]

Ebenfalls Ergebnis unterirdischer Lösung von Kalk und Gips sind Erdfälle deren Bildung noch anhält,[34] mundartlich regional auch »Mardellen« (Abb. 7) genannt, die oftmals absaufen und ihrerseits Sedimentfallen bilden, also geologische Situationen, in denen sich Ablagerungen bevorzugt ansammeln und nicht erodiert werden.

Durch die Optik eines Satelliten würden wir nicht mehr oder weniger sehen, als das Kronendach eines endlosen Waldmeeres mit mäandrierenden Flüssen und Altarmen, besonders am Rhein, an denen hier und da die Rauchfahne eines Lagerfeuers aufgestiegen sein mag, auf jeden Fall aber Nebel und Dunst, denn eine starke Evapotranspiration ließ erhebliche Teile der Niederschläge auf der Bodenoberfläche, der Vegetation oder nach Aufnahme durch dieselbe verdunsten.

Abb. 7: Eine typische »Mardelle« der Südwesteifel bei Holsthum (Kreis Bitburg-Prüm). Ihre tonig-torfige Füllung kann von wenigen Zentimetern bis zu mehreren Metern tief reichen. Bei untersuchten Mardellen zeigen gefundene Fischreusen, Tongefäße oder randliche Steinpflaster, dass sie oft vom Menschen oder als Viehtränke aufgesucht wurden. Heute bilden sie vielfach kleine Feuchtbiotope, während sie im Ackerland häufig überpflügt und verfüllt werden (GDKE Rheinisches Landesmuseum Trier/Löhr)

Viehweide im Wald und erste Rodungen der Jungsteinzeit nach dem Klimaoptimum

Die ersten neolithischen Bauern ließen sich nicht in mitteleuropäischen Steppen-Heiden Gebieten nieder, die es nicht gab,[35] sondern bauten ihre Häuser in kleinen Rodungsinseln in diesem nahezu geschlossenen Waldgebiet, das entlang der Flusstäler auf Schwarzerden oder Braunerden stockte (Abb. 8). Während des atlantischen Klimaoptimums hatte sich dieser Wald zu einem Laubwald entwickelt, der zwar traditionell als Eichenmischwald bezeichnet wird, doch war die Eiche keineswegs die dominierende Baumart, da je nach Standort sehr zahlreiche Linden, Eschen und Ulmen vorkamen. Im Oberrheintal existierten vielleicht etwas lichtere Bereiche, die mit Kiefern durchsetzt waren.[36] Lindenstandorte wurden eher zur Schaffung von Ackerflächen gerodet; Eichen zum Hausbau gefällt. Auch recht tiefe, verzimmerte Brunnenschächte wurden gelegentlich angelegt.[37]

Durch Waldweide des frei laufenden Viehs änderte sich die Waldstruktur. Selbst siedlungsfern wurden Esche und auch Ulme geschneitelt, deren getrocknete Schösslinge und Laub auch als Winterfutter dienten.[38] Durch diese Auflichtungen wurde eine Ausbreitung der Hasel gefördert, der Anteil der Ulme ging im Waldbestand dagegen deutlich zurück.

Abb. 8: Dieses Bild zeigt beispielhaft aus der Vogelschau wie das Moseltal in der Trierer Talweite um 5100 v. Chr., also zur Zeit der jüngeren Bandkeramik, ausgesehen haben dürfte. In einem unermesslichen Urwald, der hier und da von Windbrüchen aufgelockert gewesen sein mag, liegen in kleinen Rodungsinseln bandkeramische Langhäuser, an die einige Äcker und Gärten anschließen. Das Vieh – Rinder, Schafe, Ziegen und Schweine - ist nicht zu sehen, da es im Wald geweidet wurde, denn Wiesen gab es noch nicht (Zeichnung H. Albrecht, aus: Löhr, Landschaftsbilder 1998)

Unter »Rodung« stellen wir uns allzu leicht das vollständige Entfernen von Waldbäumen einschließlich Stubben und Wurzeln vor, was aber für die Steinzeit so nicht gilt. Erste, relativ kleine Ackerflächen wurden mit der Steinaxt im sog. »Hüftschlag« gerodet, bei dem entsprechend hohe Stubben stehen blieben, die jedoch mit hölzernen Hakenpflügen umfahren wurden. Eventuelle Stockausschläge wurden nach der Ernte mit dem Stroh und Unkräutern von Vieh abgefressen. Dieses war es denn auch, das den Wald auch bei der schon erwähnten Waldweide durch Verbiss und Abweiden aufkommenden Jungwuchses immer weiter auflockerte, so dass sich letztendlich eine Parklandschaft entwickelte, in der unterschiedliche Nutzungsareale durch lebende Hecken getrennt gewesen sein mögen.[39] Auch eine häufig unterstellte »Brandrodung« ist zu hinterfragen, da ein sommergrüner Laubwald kaum zu entzünden ist. Vielmehr mussten Hölzer mit der Steinaxt geschlagen und getrocknet werden, bevor sie aufgehäuft verbrannt werden konnten. Ein anschauliches, wenn auch erst spätbronzezeitliches, Beispiel für diese Vorgehensweise bieten Lagen von Erlenspänen in der Talaue der Mosel bei Pagny-sur-Moselle mit zwischen gestreuten Feuerstellen, an denen die getrockneten Stämmchen aufgehäuft und abgebrannt wurden.[40]

Als Getreide wurden Emmer, Einkorn und Gerste angebaut. Geerntet wurde im Ährenschnitt, wie ausschließlich Reste hochwüchsiger, wickenartiger Unkräuter in Funden ungereinigter Getreidevorräte illustrieren.[41] Mit dem ersten Korn kam allerdings auch der ärgste Vorratsschädling, der Kornkäfer,[42] der spezielle Vorratstechniken besonders für Saatgut erforderte.[43]

Ältere Siedlungsstellen wurden auch wieder verlassen und vom Wald zurückerobert, wie in exemplarisch deutlicher Weise an dem durch einen Baumwurf versenkten Brandschutt eines bandkeramischen Hauses in Wehlen illustriert wird (siehe Beitrag Löhr/Zeeb-Lanz, Abb. 4). Auf Löß, Hochflutlehm und Bims, also den besten Böden, mögen bis zu 5 % der Fläche bewirtschaftet worden sein, was bezogen auf die gesamte Landesfläche weniger als 1 % ausmacht[44] und zu einer geschätzten Bevölkerungsdichte von etwa 0,6 Personen/qkm führte, womit etwa 12.000 Leute innerhalb der heutigen Landesfläche gelebt haben könnten. Waldweide des Viehs wurde allerdings bis in die Hochlagen der Mittelgebirge betrieben.[45]

Mit Beginn des Ackerbaus und Weideganges der Haustiere trat eine erste anthropogen ausgelöste Bodenerosion auf, in unmittelbarer Siedlungsnähe nachweisbar über Kolluvien.[46] Bei den Böden dominieren von nun an Alterungsprozesse, verstärkt durch Erosion infolge menschlicher Bewirtschaftung, die im wesentlichen aus weiterer Kalk-, Ton- und Eisenverlagerung bestanden und Schwarzerden in Parabraunerden umwandelten.

Wollen wir uns mit einem imaginären Überflug einen Gesamteindruck des Landschaftsbildes verschaffen, wären eigentlich zwei Luftbilder nebeneinander zu betrachten, um die Unterschiede wahrzunehmen, die während einer 3.000-jährigen Entwicklung während der Jungsteinzeit eingetreten sind.

Luftbild

Das Bild (Abb. 8), das sich bei einem ersten imaginären Überflug um 5100 v. Chr. geboten hätte, wäre durchaus mit einem solchen des Amazonas-Tieflandes vergleichbar gewesen. Inmitten eines Waldmeeres lassen sich entlang der großen Flusstäler und anschließenden Ebenen wie Perlen an der Schnur kleine Rodungsinseln mit Häusern erkennen, umgeben von Feld- und Gartenfluren.[47]

Je nach dem, in welcher Jahreszeit wir unser Bild verorten wollen, scheinen beim Fokussieren neben den Getreidefeldern blau blühende Lein- und rote Borstenmohnpflanzungen auf, wobei die Ölpflanze Mohn südwesteuropäischer Herkunft ist.[48] Wo heute die Südhänge des Moseltales von Weinbergen eingenommen werden, mögen damals unterhalb von 300 m N. N. Erbsen- und vor allem »Linsenberge« gelegen haben.[49] Während der Mosellauf gegenüber heute so gut wie unverändert ist, zeigt der Oberrhein zahlreiche Mäanderschlingen und Altwässer.

Wiederholten wir unseren Überflug um 3000 v. Chr. mögen wir als wesentliche Veränderung wahrnehmen, dass sich die Spuren menschlicher Betätigung nicht mehr auf Tieflagen beschränken, sondern kleine Ackerflächen selbst in den Mittelgebirgen bis über 500 m Höhenlage sichtbar sind, wo Eichen und Ulmenstandorte gerodet wurden, denn ab dieser Zeit lassen sich regelhaft Getreidepollen nachweisen.[50] Offen liegende Bodenflecken scheinen nicht mehr tief schwarz, sondern bräunlich, jedenfalls heller als zuvor, da nicht nur eine Erosion, sondern auch die Degradierung der atlantischen Schwarzerden fortgeschritten ist.

In Rheinland-Pfalz sind nur wenige obertätig sichtbare Denkmäler der jüngeren Steinzeit wie Grabhügel, Großsteingräber[51] oder auch Menhire, sog. Hinkelsteine[52] erhalten. Ihre ursprüngliche Zahl dürfte weit größer gewesen sein. Allerdings wären Wall- und Grabenanlagen, wie diejenige von Urmitz mit etwa 100 ha oder Mayen mit 7,5 ha[53] und einige andere, im imaginären Satellitenbild durchaus sichtbar gewesen. Kleine Steinbrüche und Gruben, in denen Rötel, Diabas, Grünschiefer, Tonstein, Basalt, Arkose, Rhyolith und Lava für die Produktion von Farbstoff, Steinbeilklingen oder Mahlsteinen gewonnen wurden, wären wohl mitsamt ihren Abraumhalden im Schatten von Wald und Gebüsch verborgen geblieben. Weitläufig nachweisbare Austauschnetze dieser und anderer Materialien zeigen aber, dass es genügend weiterführende Pfade gab und die Steinzeitmenschen geografisch orientiert waren. Ansonsten bliebe neben vergleichsweise kleinen gerodeten Bereichen und Brachen der Eindruck eines riesigen Waldgebietes bestehen, da sich der menschliche Eingriff im Wesentlichen nach wie vor in einer Auflockerung der Vegetation und Veränderung ihrer Zusammensetzung niederschlug. Würden wir uns diesen Wäldern allerdings unmittelbar annähern, würden wir bemerken, dass Stechpalme, Schlehdorn, Wacholder und Adlerfarn relativ angereichert sind, da das Vieh sie bei der Waldweide nicht abfrisst.[54]

Von der naturnahen zur kulturnahen Landschaft während der Bronzezeit

Die spätneolithischen Sozial- und Wirtschaftsverhältnisse wurden im Allgemeinen fortgeführt, wobei sich mit der Verbreitung der Metallverarbeitung ein leicht erhöhter Brennstoffbedarf einstellte. Zu Beginn der Bronzezeit ereignete sich in Mitteleuropa offenbar um 2141 v. Chr. ein Jahrtausendhochwasser, das an Rhein, Main und Donau, aber auch in einem Altarm der Mosel bei Trier und an der Kyll zur Einlagerung von Eichenstämmen führte. Selbst ein Holzstück in einem Bohrkern aus dem Ulmener Maar entstammt wohl der Hochwasserlage dieses Ereignisses.[55] Schon in die ältere Bronzezeit fällt die Nutzung einer Mineralquelle, des »Römersprudels« bei Trier,[56] dessen älteste Fassungen auf etwa 1969 ± 10 und 1553 v. Chr. datieren und neben derjenigen von St. Moritz aus 1411 v. Chr.[57] Beispiele für eine frühe Wahrnehmung und Nutzung von Mineralwässern darstellen.

Die typische bronzezeitliche Waldkomponente ist die Wärme liebende Buche, die sich allmählich aus dem Südosten Europas ausbreitete. Die Vegetationsphase, in die die Bronzezeit fällt, wurde seinerzeit als Subboreal bezeichnet, weil man in einer Wiederzunahme besonders von Kiefer und Hasel eine graduelle Rückkehr eines borealen, also wiederum kühl-kontinentalen Klimas sah. Inzwischen wird diese Vegetationszusammensetzung nicht mehr klimatisch interpretiert, sondern als Querschnittswirkung menschlicher Umweltveränderung verstanden, die zu einer Zunahme von Sekundärvegetation führte, wobei besonders die Hasel eine deutliche Ausbreitung fand. Hinzu kam der Einschlag von Linden, wohingegen der Eichenanteil anstieg. Eine Wiederzunahme der Kiefer zeigt dabei Erosion und Verarmung von lokal übernutzten Böden an. In der Bronzezeit setzt nicht nur die Auffüllung von Geländemulden ein,[58] sondern in den Flussauen auch Auelehmablagerung bei Überschwemmungen infolge eines beschleunigten Oberflächenabflusses von menschlichen Wirtschaftsflächen.[59]

Eine spätbronzezeitliche »Dürrekrise«?

In der späten Bronzezeit war das Klima stabil und auch recht trocken und warm, was sich nicht nur in einer Tieflage von Ufersiedlungen – »Pfahlbauten« – an den circumalpinen Seen[60] ausdrückt, sondern gleichermaßen an Siedlungsresten in Tieflagen an Flüssen wie der Mosel[61] und in Geländemulden nachvollzogen werden kann, die später zumindest periodisch durchflossen wurden.[62] Diese Befunde im Land bestätigen entsprechende überregionale Beobachtungen.[63] Diese relative Trockenheit war es denn auch wohl, die zu ersten Unterbrechungen der Quellkalkbildung führte (Abb. 9).

Abb. 9: Ein Aufschluss in einem Quellkalk im Sauertal bei Weilerbach, Kreis Bitburg-Prüm, zeigt im oberen Bereich dunkle Bodenhorizonte, die auf ein zeitweiliges Trockenfallen und erstes Aussetzen der Sinterbildung zurückgehen; typisch für die späte Bronzezeit (GDKE Reinisches Landesmuseum Trier/Löhr)

Andererseits erzielte man durch verbesserte Pflugtechniken ein Saatbett, das eine zeitsparende Breitaussaat erlaubte, während in den vorangegangenen Zeiten eher Saatfurchen und Handeinzelaussaat erfolgte.[64] Neben den traditionellen Getreiden wie Dinkel und nunmehr auch Hirse[65] wurden in größerem Umfang Hülsenfrüchte wie Erbse und Linse, auch Lein und Mohn, neuerdings auch Rispen- und Kolbenhirse angebaut. Neu und typisch für die jüngere Bronzezeit ist die intensive Kultivierung der Ackerbohne. Trotz dieser Erweiterung der Palette der Feldfrüchte fand man auch heraus, Eicheln durch Röstung für menschlichen Verzehr genießbar zu machen.[66] Das Spektrum der Haustiere wurde um Huhn und Pferd erweitert, wobei die verbreitete Haltung von Kleinvieh wie Schaf und Ziege der Beweidung von Bracheflächen und Sekundärvegetation angepasst war. Letztlich dominierte nach wie vor die Waldweide.

Luftbild Während sich der Fernerkundungsbefund für die frühe Bronzezeit nicht grundsätzlich von dem des Spätneolithikums unterschieden hätte, zeigt sich während der späten Bronzezeit eine noch deutlichere Auflockerung der Vegetationsdecke, ja eine Zersiedlung der Landschaft. Rhein- und Moseltal[67] sowie die oberrheinische Tiefebene waren so weit aufgesiedelt, ja nach heutigen Begriffen zersiedelt, wie nie zuvor, und bergwärts zeichnet sich in der Eifel die Maximalausdehnung der Besiedlung bis auf die Wasserscheide zwischen Mosel und Ahr ab.[68] In der Pfalz griff die Besiedlung anscheinend nur andeutungsweise aus dem Rheintalgraben ins Bergland aus.[69] Dies mag aber eine Frage der archäologischen Sichtbarkeit sein, wie das Beispiel der Eifeler Pollendiagramme (Abb. 10) zeigt, die eine deutliche Besiedlung während der Urnenfelderzeit widerspiegeln, ohne dass diese in der Umgebung der untersuchten Maare unmittelbar archäologisch nachgewiesen ist.

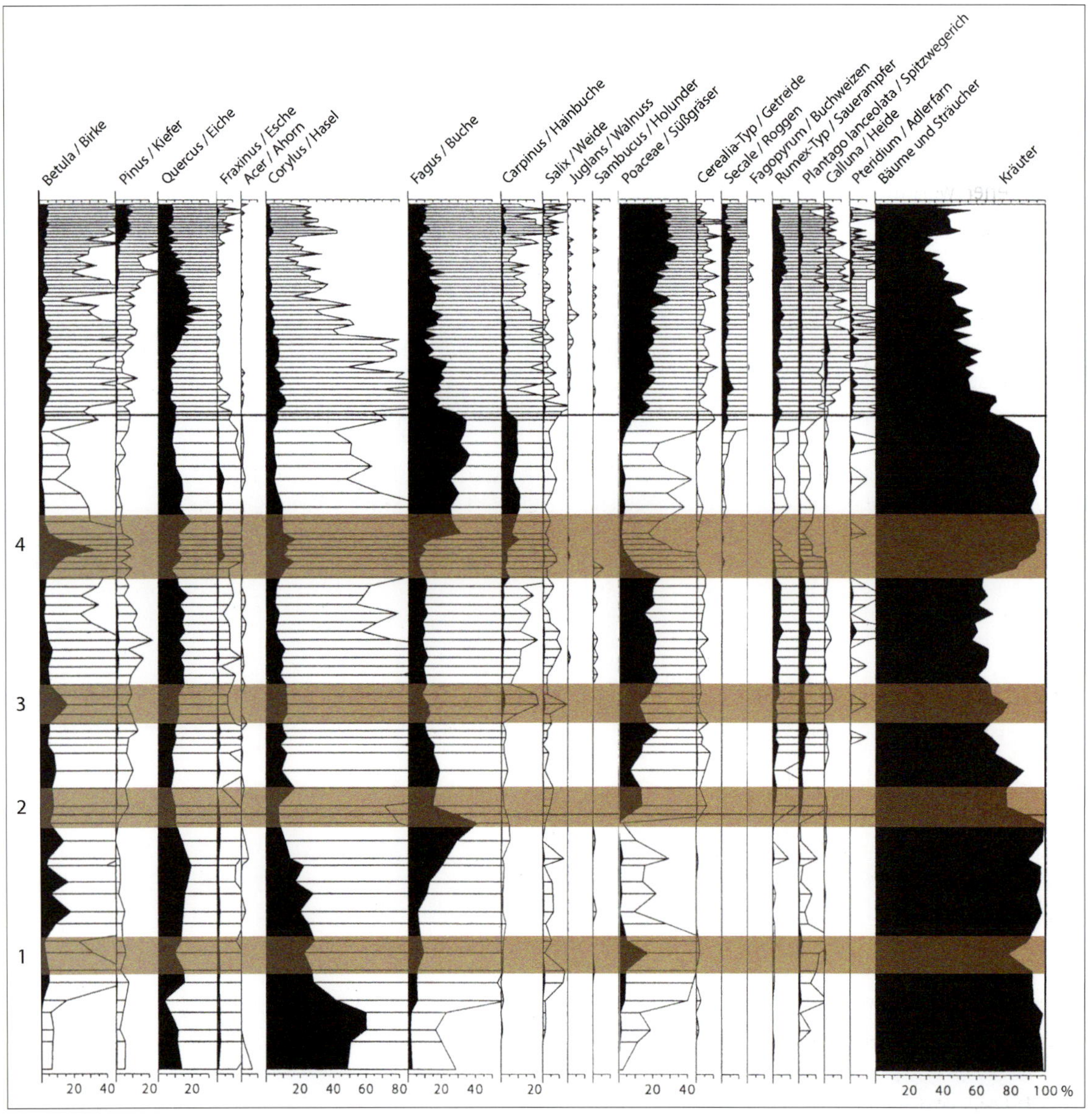

Die Böden zeigen eine weitere Aufhellung infolge zunehmender Versauerung. Die Öffnung der natürlichen Pflanzendecke durch Mensch und Haustier ging am Ende der Bronzezeit, vielleicht auch schon eher, so weit, dass in Bereichen der Pfalz und im Rheintalgraben Flugsanddecken und Dünen der letzten Kaltzeit kleinräumig reaktiviert wurden.[70]

2. Die Eisenzeit: Klimakrise und Kulturlandschaft

Spätestens mit Beginn der Eisenzeit um 800 v. Chr. kommt es zu einer Koinzidenz von Klimaverschlechterung infolge einer Episode geringster Sonnenaktivität[71] und intensivierter menschlicher Nutzung, die verstärkte Erosion und Flussaktivierung zur Folge hatte,[72] die beispielsweise wenig nach 815 v. Chr. bei Udler in der Eifel zur Einlagerung von Eichenstämmen in die Sedimente des Alfbaches führte.[73] Ein weiteres Indiz für einen Klimaumschwung ist das weitgehende Aussetzen der Bildung von Kalksinter, wobei die Ursachen neben einem Absinken der Verdunstungstemperatur, auch in einem beschleunigten Oberflächenabfluss bei Verringerung der oberflächlich lösbaren Kalkreserven gesehen werden.[74] So liegen in Hüttingen an der Kyll eisenzeitliche Fundstücke auf den nunmehr trocken gefallenen Sinterflächen.[75] In Rehlingen an der Obermosel wird wie andernorts auch Sintersand umgelagert.[76] Wohl mit Ausnahme des Rheintalgrabens und des Neuwieder Beckens, die im Regenschatten von Eifel, Hunsrück und Pfälzerwald liegen, war eine weitgehende Versauerung der Böden vollendet. Braunerden bildeten sich weiter zu podsoligen Bänderbraunerden oder Podsolen auf Sand; auf eher lehmigem Substrat hatten sich Pseudogleye, also staunasse Böden gebildet, die eher als Weide-, denn als Ackerland geeignet waren.

In den Pollendiagrammen der Eifelmaare (Abb. 10) steigt mit Beginn der Eisenzeit der Anteil der kulturanzeigenden Pollen deutlich, während Baumpollen drastisch absinken, vor allem die der Buche. Darin sollte man nun nicht allein ein Anzeichen für

Abb. 10: Im Pollendiagramm eines Bohrkernes aus dem Holzmaar sollen hier nur einige markante Entwicklungen hervorgehoben werden, auf die an verschiedenen Stellen des Textes eingegangen wird:
1. Die deutliche Landnutzung während der späten Bronzezeit wird durch einen Gipfel der Süßgräser, Getreidepollen und einen Rückgang der Bäume und Sträucher zu Gunsten der Kräuter angezeigt.

2. Der Beginn der Eisenzeit ist durch einen massiven Einschlag der Buche gekennzeichnet, der bis zum Ende der Römerzeit (4.) fortgesetzt wird und zugleich mit der Ausbreitung von Süßgräsern, Sauerampfer, Wegerich und kontinuierlichen Getreidenachweisen die nun einsetzende Feld-Graswirtschaft anzeigt.

3. Kleine Gipfel von Birke, Weide und Heide dürfen als Anzeiger eines Siedlungsrückganges gewertet werden, der aber nur von kurzer Dauer war, da sich unter den auf Kosten der Süßgräser und Kräuter ausbreitenden Bäumen und Sträuchern lediglich die Hainbuche wenig ausbreitete, ohne jedoch im Sinne einer vollständigen Sukzession (vgl. 4.) von Buche oder Eiche überwachsen zu werden. Da unmittelbar über dieser Signatur typisch römische Pflanzen wie Holunder oder Walnuss auftreten, lässt sich dieser Einbruch in der Siedlungsintensität mit höchster Wahrscheinlichkeit dem Gallischen Krieg zuordnen.

4. Eine kurze Birken- und auch Haselausbreitung als Bracheindikatoren werden am Ende der Römerzeit von schnellen und andauernden Sukzession von Hainbuche und Buche überwachsen. Zugleich fallen die Süßgräser auf das Niveau der Spätbronzezeit zurück; Getreidenachweise bleiben sporadisch, Bäume und Sträucher bedecken die Landschaft.

(verändert nach Litt, Eifelmaare 2004)

einen intensiven Landesausbau oder gar Immigration von Neusiedlern in der Eifel sehen,[77] sondern vor allem eine drastische Änderung in der Landbewirtschaftung. Waren bislang Waldweide und Laubheufütterung dominierend, so begann mit der Eisenzeit eine regelrechte Grünlandwirtschaft mit Viehweiden und Mähwiesen zur Heugewinnung, auch in den Flußauen.[78] Dabei erlaubte der neue Werkstoff die Herstellung langblättriger Sensen und den Tiefschnitt von Getreide und Gras.[79]

Diese Feld-Gras-Wirtschaft mit mehrjährigen Brachen, Sommerweide, der Gewinnung von Heu und Streu für eine winterliche Viehaufstallung oder zumindest zeitweilige Einpferchung bot zugleich die Möglichkeit zur Gewinnung von Dung, der dann gezielt ausgebracht werden konnte.

Damit soll an dieser Stelle nochmals ins Bewusstsein gerückt werden: Wiesen und Weiden, wie wir sie heute kennen, sind erst seit dieser Zeit vom Menschen entwickelt worden. Ähnliches gilt für Unkrautarten, die Kulturfolger sind.

Durch langjährige Be-, vielleicht sogar Überweidung entwickelten sich auf ärmeren, aber gut drainierten Böden erste Heideflächen auf denen sich dann auch vereinzelte Kiefern und Wacholder ansiedelten, wie auf den Hochterrassenflächen entlang des Moseltales.[80]

Neben Hirse, Weizen und Gerste gewann Dinkel als Wintergetreide zunehmend an Bedeutung. Trotz des praktizierten Tiefschnitts deuten nur geringe Unkrautbeimengungen in Getreidevorräten an, dass das Saatgut sorgfältig ausgelesen und die Felder gejätet wurden; ganz im Gegensatz zu denjenigen der Römerzeit.[81]

In der Eisenzeit wurde überwiegend Subsistenzwirtschaft betrieben, die über Reserve-Pufferzonen verfügte, selbst wenn die kartierten, rein archäologischen Belege dies bislang nur bruchstückhaft zeigen, da archäologische Funde der Latènezeit unvergleichlich weniger sichtbar sind als solche der Römerzeit.

Allerdings müssen auch gewisse Überschüsse erwirtschaftet worden sein, die zum Import von Wein, Rohglas und mediterranem Metallgeschirr eingesetzt wurden, wenn wir nicht unterstellen, dass sie ausschließlich durch Sklavenhandel oder Söldnerdienste erzielt wurden. Gerade in der späten Latènezeit deutet darüber hinaus die regional unterschiedlich mögliche Gewinnung von Edelmetall zur Münzausprägung und diese selber einen überregionalen Güteraustausch an.

Luftbild Ein imaginäres Luftbild würde nun gegenüber dem vorherigen substantielle Änderungen aufweisen. Die schon seit der späten Bronzezeit immer wieder angelegten, teilweise auch schon wieder verlassenen Wallanlagen auf Bergkuppen und Landzungen scheinen auf.

Gruppierungen der für die ältere Eisenzeit typischen Hügelgräber von bis zu 2.000 m Ausdehnung sind in und am Rande der Feldfluren sichtbar und grenzen naturräumlich vorgegebene Siedlungskammern oder Kleinterritorien auch symbolisch gegeneinander ab.[82]

Teils in Anschluss daran, teils unabhängig, werden in der jüngeren Eisenzeit Gruppen rechteckiger Grabeinfriedungen angelegt, die weniger lange sichtbar bleiben als die Grabhügel. Ihre heutige Erhaltung fast nur unter Waldbedeckung illustriert den landschaftlichen Nutzungswandel.

Neben den üblichen Siedlungslagen auf flachen Hängen oberhalb von Quellmulden lassen sich auch solche in naturräumlich vorgegebenen, recht kleinen Siedlungskammern in sehr hügeligem Gelände nachweisen.[83] Die nunmehr langjährig ortsfesten Felder bilden ein buntes Mosaik, da sie neben vielleicht mehrjährigen Brachen im Wechsel mit Sommer- und Wintergetreide bebaut wurden. Offene Bodenflächen erscheinen im Luftbild eher fahl.

Exemplarische Untersuchungen illustrieren eine gegenüber der späten Bronzezeit noch weitere Ausbreitung der Besiedlung von der oberrheinischen Tiefebene ins Pfälzer Bergland hinein.[84] Auch deuten sich Fernstraßen an, die zwar nicht befestigt sind, aber selbst große Flüsse auf Holzbrücken queren, wie z. B. die Mosel bei Palzem.[85]

Über das heutige Rheinland-Pfalz hinaus hatten die Auswirkungen der menschlichen Landnutzung zu dieser Zeit – und südlich der Alpen auch schon eher – klimawirksame Dimensionen erreicht, die nicht nur die im Folgenden angedeuteten Bodenerosionseffekte betrafen, sondern auch die Speicherkapazität von CO^2 oder die Entwicklung des Albedo, also der Menge des Sonnenlichtes, das von der Erdoberfläche reflektiert wird.[86]

Caesars Gallischem Krieg auf der Spur – Die Spur des Gallischen Krieges

Ein anderes historisches und archäologisches Phänomen lässt sich mit naturhistorischen Quellen beleuchten. Spuren des Gallischen Krieges 58–50 v. Chr., der mit der Eingliederung der linksrheinischen Gebiete ins Römische Reich endete, sind in unserem Lande archäologisch nicht zu erkennen. Hier helfen die Pollenanalysen der fein geschichteten Maarsedimente – allerdings nicht unumstritten – weiter. Alle Eifeler Pollendiagramme[87] zeigen eine kurze Birken- und auch Hainbuchenausbreitung, die mit einem Rückgang der Süßgräser eine Episode der Brachezunahme andeutet. Da unmittelbar über diesem Ereignis typisch römische Kulturpflanzen wie Walnuss und Holunder auftreten und die Bracheanzeiger ebenfalls für lange Zeit zurückgehen, dürfte diese Signatur eine Auswirkung des Gallischen Krieges sein,[88] zumal sie ähnlich in der Niederrheinischen Bucht auftritt,[89] wo Caesar selbst über ein Genozid am Stamm der Eburonen als Reaktion auf deren Aufstand berichtet,[90] dem sich auch Treverer angeschlossen hatten. Bislang wurde dieses Signal im Pollendiagramm als Ausdruck eines Bevölkerungsrückganges während der Mittellatènezeit (ca. 250-100 v. Chr.) interpretiert,[91] der mit literarisch überlieferten »Keltenwanderungen« Richtung Süden erklärt wurde.[92]

Die »Römer« waren schon vor den Römern da!

Ein weiterer Aspekt, der aus diesen Eifeler Pollendiagrammen[93] abgeleitet werden kann, soll hier hervorgehoben werden, da er vielleicht noch nicht in seiner vollen Tragweite wahrgenommen wurde. Die Summe der Entwaldung während der Eisenzeit steht kaum hinter der der Römerzeit zurück, womit wohl auch die Bevölkerungsdichte – sieht man vom Einbruch infolge des Gallischen Krieges ab – zumindest in den landwirtschaftlich günstigen Gebieten nicht wesentlich geringer als in römischen Zeit war, selbst wenn dies nach den rein archäologischen Funden noch nicht gleichermaßen deutlich wird.[94] Hier ergänzen und korrigieren die Pollendiagramme die archäologische Sichtbarkeit, werden doch römische Steinbaurelikte wegen ihrer Auffälligkeit unvergleichlich häufiger als eisenzeitliche Siedlungsreste gefunden.[95] Ungeachtet der Tatsache, dass in den Militärlagern entlang der Rheingrenze eine vieltausendköpfige Besatzung aus Italien und anderen Provinzen einquartiert war, mag es an dieser Stelle angebracht sein, darauf hinzuweisen, dass in der Fläche des Landes nicht, wie oftmals populär inszeniert, »die Römer kamen«, sondern die Treverer, Mediomatriker, Nemeter, Ubier etc. Römer wurden.[96]

Römerzeitliche Klimagunst und römische Umweltzerstörung?

Traditionell wird von einer klimatischen »römischen Gunstphase« oder einem »römischem Klimaoptimum« gesprochen,[97] das beispielsweise um 130 v. Chr., nach anderen Autoren ab 50 v. Chr. eingesetzt haben soll. Dieses wird gerne einem »völkerwanderungszeitlichen klimatischen Pessimum« gegenübergestellt, was erahnen lässt, dass diese klimatischen Etikettierungen zu einem gut Teil einer subjektiven, wenn nicht ideologiegesteuerten, kulturellen Wertung der historischen Epochen entspringen.

Durchgängig wird die ältere römische Kaiserzeit bis etwa 200 n. Chr. als feucht und maritim-ausgeglichen, also günstig, beschrieben. Von einer kurzen kühlen Episode etwa zur Zeit des Gallischen Krieges abgesehen, stellt sich die jüngere Eisenzeit ab etwa 300 v. Chr. ganz entsprechend dar, womit sich das spezifisch »römische« der »Gunstphase« abermals etwas relativiert.[98] Bei näherem Hinsehen erscheint die Entwicklung des Klimas in diesem Zeitfenster zunehmend differenziert. Phasentrends scheinen von Einzelereignissen oder gegenläufigen Episoden unterbrochen, die mit verschiedenen Verlaufskurven dargestellt werden.

Wichtige Quellen zur Klimarekonstruktion sind aus Jahrringmessungen errechnete Kurven der Zuwachsstetigkeiten von Bäumen[99] und Sauerstoffisotopenkurven,[100] die letztlich die Intensität der früheren Sonneneinstrahlung widerspiegeln. Im Rahmen der aktuellen, weltweiten Klimadiskussion werden diese Meßgrößen intensiv diskutiert. Einer der Schlüssel scheint in Zuwachsmustern von Jahrringen zu liegen. Die Eichung von deren Signalinhalt wird von der Gegenwart rückwärts über historische Wetteraufzeichnungen weiterhin perfektioniert.[101] Zwar erscheinen die klimatischen Umbrüche bei jüngeren Darstellungen zunehmend in ähnlichen Zeitfenstern, allein ihre inhaltliche Ansprache kontrastiert noch gelegentlich zwischen kühl-nass,[102] kontinental trocken-kalt, trocken-warm, Temperaturrückgang und Niederschlagsanstieg bis 150 n. Chr.[103] Im gleichen Sinn wird auch eine Tendenz zur Klimaänderung bzw. das Ende der eigentlichen Gunstphase am Ende des 2./Anfang des 3. Jhs. n. Chr. gesehen. Während es nach B. Schmidt und W. Gruhle ab etwa 250 bis 420/30 n. Chr. stetig trockener wurde, mit vorherrschend kontinentalen Wetterlagen, soll es nach U. Büntgen u. a. zwischen etwa 300 und 500 n. Chr. kühl und regnerisch gewesen sein.[104]

Einigkeit besteht also darin, dass ab etwa 45 v. Chr. ein feucht maritimes Klima dominierte, das sich ab 250 n. Chr. zu einem Klima mit größerer Winterkälte um 400 n. Chr. wandelte, das entweder trocken, kontinental oder regnerisch war. Diese Gesamttendenz wurde jedoch von deutlichen kürzeren Trockenepisoden, ja Hitze- oder Dürrejahren unterbrochen, kulminierend um 50, 90, 140, 160-170 n. Chr., besonders zwischen 200-230 n. Chr., die teilweise zur Anlage von Brücken und Hafenanlagen ausgenutzt worden sein sollen oder Anlass zu Bau oder Erneuerung von Brunnen oder Wasserleitungen gaben.[105]

Zusammenfassend sollte festgehalten werden, dass eine Klimagunst seit der Spätlatènezeit bis in die mittlere, jedoch keineswegs späte römische Kaiserzeit anhielt, so dass es wenig Sinn macht, pauschal von einer durchgängigen »römischen Gunstphase« für die Gesamtheit dieser Epoche zu sprechen,[106] zumal die »Römerzeit« zumindest linksrheinisch bis etwa 450 n. Chr. dauerte. Auch wäre die »Gunst« näher zu definieren. Implizit wird offenbar meist eine Temperaturerhöhung als solche assoziiert; doch ist es die durchschnittliche Sommer- oder Wintertemperatur, die Höhe und jahreszeitliche Verteilung der Niederschläge, die sich zweifelsohne auf Grenzertragslagen auswirkten, wie es sie allerdings im Lande kaum gab. Obwohl diese »günstige« ältere Kaiserzeit als eine Epoche ohne starke Wetteranomalien beschrieben wird,[107] treffen wir allenthalben auf die Bodenspuren von Extremereignissen (wie z. B. Hochwasser), die gerade dieser Zeit zuzuweisen sind.[108]

Gleichgültig, wie hoch wir die »Klimagunst« einschätzen, wirksamer, bis hin zur Konterkarierung einer eventuellen »Gunst«, waren die Folgen der menschlichen Wirtschaftstätigkeit, vor allem der Entwaldung und intensiven landwirtschaftlichen Überschussproduktion, die einen beschleunigten und erhöhten Oberflächenabfluss mit entsprechenden Erosionswirkungen zur Folge hatten.[109]

Wirtschaftsboom, Raubbau und seine Folgen

Traditionell gilt »Germanien« als Land gruseliger Wälder und Sümpfe,[110] doch selbst im Rechtsrheinischen war die Waldbedeckung zu Beginn der Römerzeit bereits deutlich aufgelockert.[111] Vor allem linksrheinische Pollendiagramme[112] zeigen, dass das Land, vielleicht mit Ausnahme der höheren Mittelgebirge,[113] keineswegs von Wäldern dominiert war. Selbst das bekannte Ausonius-Zitat,[114] nach dem er bei einer Reise von Mainz nach Trier im Hunsrück beim heutigen Kirchberg vor lauter Baumästen den Himmel nicht sehen konnte, ist eher Topos, als dass es zwingend reale Umweltverhältnisse beschreibt. Im Vergleich zu Mainzer Becken und Moseltal mag sein Eindruck relativ zutreffend gewesen sein.

Unbestritten bestanden am Beginn der Römerzeit durchaus örtlich oder regional naturnahe Waldgebiete. Dies wird durch substantielle Entnahmen von alten, oftmals mehrhundertjährigen Eichen aus jeweils einheitlichem Bestand für die Ausführung römischer Großbaumaßnahmen illustriert:[115] angefangen beim frühesten im Lande bekannten, rd. 50 ha messenden Militärlager auf dem Petrisberg bei Trier[116] mit teilweise monumentaler Holzarchitektur, wie durch nachfolgende Brückenbauten über Mosel,[117] Saar,[118] Rhein[119] und Nahe[120] oder Kaianlagen in Köln und Xanten.[121] Um nur ein weiteres Beispiel für die Dimensionen dieses Verbrauchs zu konkretisieren, seien die rd. 180.000 Eichenstämmchen benannt, die zwischen Herbst 72 und Frühjahr 76 n. Chr. im Pfahlrost der römischen Stadtmauer von Avenches in der Schweiz verbaut wurden.[122]

Während noch jüngst vor dem Hintergrund einer unterstellten römischen Holz- und Brennstoffverschwendung keine Anzeichen für eine gezielte, Ressourcen schonende römische Waldwirtschaft gesehen wurden,[123] liegen inzwischen doch einige Beobachtungen zu Fällungsaltern und Wuchsmustern von Bauhölzern vor, die anzeigen, dass nach ersten Großentnahmen im Laufe der römischen Zeit einerseits zunehmend Hölzer geringeren Alters verwendet wurden, aber auch Überhälter nachweisbar sind, die beim ersten Einschlag geschont wurden.[124] Auch zeigen gesteigerte Zuwachsraten dieser verbliebenen Bäume, dass weniger Kahlschläge als Auflichtungen ausgeführt wurden, infolge dessen sich auch periodischer Maikäferbefall einstellte.[125]

So nimmt es nicht Wunder, dass im Verlauf der Römerzeit im Gebiet des heutigen »Pfälzerwaldes« oder der Nordeifel das Amt eines *saltuarius*[126], also einer Art Forstbeamten[127] belegbar ist, und in einem wegen Blockversturzhalden landwirtschaftlich schwer nutzbaren Kleinraum bei Bollendorf wurde ein Felsblock in ein Weihedenkmal für Diana als Göttin der Jagd umgestaltet.[128]

Während der römischen Zeit treten dann am jeweils gleichen Fundort auch zunehmend Bauhölzer mit heterogenen Wuchsmustern auf, was als Ausdruck eines überregionalen Holzhandels gewertet werden kann, wie es insgesamt nicht an Nachweisen für Holzhändler, Flößer und Jäger fehlt.[129] Besonders das Holz der Tanne, die in Hunsrück, Eifel, Taunus und Westerwald nicht vorkam, wurde aus Vogesen, Schwarzwald und Alpenvorland importiert.[130] Die bislang ältesten datierten Tannenimporte stammen in Trier aus der Zeit um 40 n. Chr.[131] Seit Beginn der römischen Okkupation wurden ebenfalls zahllose Transportfässer aus Tannenholz angeliefert, die einer Sekundärverwendung, vorzugsweise als Fassbrunnen zugeführt wurden.[132]

Derartige Holzentnahmen dürften Retentionsvermögen und Abflussverhalten in den Einzugsgebieten von Saar, Mosel, Rhein und Donau beeinflusst haben.[133] Schließlich wurde Bauholz durch militärische Baukommandos (*lignarii*) auch rechtsrheinisch in Germanien außerhalb des Limes gewonnen.[134] Für einen Holzverbrauch als Brennstoff, der gegenüber der Eisenzeit abermals drastisch erhöht war, gibt es genügend Belege und Quantifizierungen durch diverse Experimente und Berechnungen.[135] Er erwuchs aus neuen oder zumindest erheblich intensivierten Produktionszweigen wie Ziegeleien und Töpfereien, Glasschmelzen, Erzverhüttung und -verarbeitung, Brennen von Kalk zur Mörtelherstellung für die zunehmenden Steinbauten teilweise mehrstöckiger Gebäude sowie für den Betrieb von privaten wie öffentlichen Heizungen und besonders Thermen.[136] Dabei wurden vom Gebiet des heutigen Rheinland-Pfalz auch Materialien in Gegenden exportiert, in denen es an solchen Rohstoffen mangelte, also vor allem das Niederrheingebiet.

Dieser Bedarf mag überwiegend durch Niederwaldwirtschaft gedeckt worden sein, je nach Standort durch Buche[137] oder Eiche,[138] wenngleich die Eichenkurve der Eifeler Pollendiagramme relativ konstant bleibt (Abb. 10). Im Pfälzerwald erlitt die Buche kaum eine Reduktion, sondern vielmehr die Eiche, und auch die Kiefer war im dortigen Eichenmischwald deutlicher präsent als im Hunsrück.[139] Auch auf dem Buntsandstein der Eifel wurden wie schon seit der Eisenzeit Buchen bewirtschaftet.[140]

Wenn auch bei der Gesamtbilanz der Entwaldung zwischen Latènezeit und Römerzeit keine allzu großen Unterschiede bestehen, bleibt doch festzuhalten, dass in römischer Zeit weniger Saumgesellschaften und Brachen bestanden, wie auch eine verstärkte Hinwendung zum Getreideanbau erfolgte. Der Ackerbau konzentrierte sich vorzugsweise auf den Anbau von Dinkel, der ein Wintergetreide ist und auch noch in etwas größeren Höhenlagen gedeiht,[141] was die Erosionsanfälligkeit der Ackerflächen natürlich verstärkte.

Da sich die Gesamtwirtschaftsfläche kaum vergrößerte, konnten die Überschüsse nur durch Intensivierung des Anbaus und Wegfall der Brachen erzielt werden. Der Ausfall von Brachen mag bis zu einem gewissen Grade durch Düngung und sicher auch durch die nachweisbare Mergelung gemildert worden sein,[142] so dass zu fragen ist, ob nicht einige Mardellen dadurch entstanden sind.

Zwar waren fast alle Unkrautarten schon in der Eisenzeit vorhanden,[143] doch erfuhren sie ihre Massenausbreitung erst mit diesem Produktionsstil. Die Samen der gesundheitsschädigenden Kornrade ließen sich dabei weder durch Worfeln noch Sieben auslesen, so dass das Getreide damit verunreinigt blieb.[144] Hinzu kommt der Einsatz der bekannten Erntemaschine, wodurch mehr Unkrautsamen mit eingebracht wurde als bei der Handmahd. Da möglichst lange Felder die Zahl umständlicher Wendemanöver reduzieren, zeichnet sich ihr Einsatz auch in den Flurformen ab.[145]

Neu sind im Gartenbau u. a. durch Pfropfung[146] verbesserte Züchtungen von Obst, wie Kirsche, Apfel, Birne, oder Neueinführungen wie Feige, Gemüse- und Gewürzpflanzen sowie Karotte, Knoblauch, Anis, Dill, Koriander, Thymian;[147] auch Spargel wurde bereits auf den dafür geeigneten Sandböden des Landes angebaut.[148] Weiterhin lassen sich innerhalb von Villenanlagen und Stadthäusern auch Ziergärten mit Buchsbaum nachweisen.[149]

Für eine römerzeitliche Klimagunst wurde und wird gerne der Weinbau an Mosel und Rhein angeführt, dessen pollenanalytisch frühester Nachweis bei Trier um 150 n. Chr. datiert.[150] Da er aber gerade an der Mosel in spätrömischer Zeit seine größte Ausdehnung fand,[151] entfaltete er sich also offenbar antiklimazyklisch oder vom einsetzenden »völkerwanderungszeitlichen Pessimum« unbeeindruckt. Zur Weinverbesserung wurden die Beeren des Holunders nicht nur geerntet, sondern wohl auch angebaut, so dass u. a. das Vorkommen von *sambucus* das römische Pollenbild charakterisiert.[152]

Neben den schwerer nachweisbaren Esskastanien gehören Walnüsse seit der Okkupationszeit[153] zu den selbstverständlichen römischen Importen. Ihr Anbau vor Ort ist allerdings nur über Pollen oder Blatt- und Astfunde möglich. Der früheste Anbaunachweis über Pollen datiert bei Trier ebenso wie ein Holzstück um 120 n. Chr.[154]

Als Großvieh wurden je nach landschaftlichen Gegebenheiten vorzugsweise Rinder und auch Schweine gehalten. Extensive Weidewirtschaft auf trockenen Kalksteintriften legen zahlreiche Reste von Schaf/Ziege z. B. in Borg im Saargau nahe, wobei bis in römische Spätzeit eine durchschnittliche Größenzunahme im Sinne einer Fortzüchtung festgehalten werden kann.[155] Winterfutter in Form von Heu war nötig, woraus sich weiterhin der Fortbestand von Mähwiesen und Weiden ableiten lässt.[156]

Aus dem Mittelmeergebiet wurden in der Römerzeit Esel und Maultier ebenso eingeführt wie Hauskatze[157] und Haustaube.[158] Der Pfau, als Verkörperung der Göttin Isis, wurde in ihrem Tempel bei Karden an der Mosel gehalten;[159] ein Nachweis der Hausratte gelang in Alzey.[160]

Besonders einige Wild- und Kleintiere erlauben, unsere Vorstellung vom Aussehen der römischen Kulturlandschaft zu konkretisieren. Gilt zum Beispiel der Weißstorch heute als Inbegriff einer harmonischen Mensch-Natur-Beziehung, so muss angemerkt werden, dass er ein auf Offenland angewiesener Kulturfolger ist, was sein erstmaliges Wiederauftreten seit der frühen Nacheiszeit[161] in römischer Zeit[162] erklärt. Ähnlich steht es um den Feldhamster, dessen natürliches Habitat subarktische Steppen waren, die in Form von Getreidefeldern vom Menschen neu angelegt wurden. Gleiches gilt für den Feldhasen.[163] Er wurde Bildquellen[164] zufolge zu Pferd und mit Hund gehetzt. Diese herrschaftliche Sportpraxis wurde als Demonstration eines gehobenen Sozialstatus gerne auf Grabdenkmälern dargestellt und hatte zu ihrer Realisierung entsprechende Offenflächen zur Voraussetzung. Siebenschläfer lebten und leben in wärmeren Lagen, gerne in Hecken und Hausgärten, wo sie auch zu Mast und Verzehr gefangen wurden.[165]

Auf der anderen Seite waren eher scheue Waldschnepfen ein beliebtes Jagdwild, das in Stellnetzen[166] gefangen wurde. Ihre ökologische Aussage entspricht der von Rebhuhn, Seeadler, Stockente, Uhu, Steinkauz, Rauchschwalbe, Elster, Kleiber, Kolkrabe, Rabenkrähe, Reh, Wildschwein, Wolf, Rotfuchs, Marder, Waldiltis, Dachs und selbst Biber,[167] aus deren Habitatansprüchen ein strukturiertes Landschaftsmosaik mit Freiflächen, also Wiesen und Äckern, wie auch extensiv bewirtschafteten Bereichen mit Hecken, Niederwald oder Waldrändern, Bächen und Altarmen ableiten lässt.

Während in der Eisenzeit überwiegend Subsistenzwirtschaft betrieben wurde, bedurfte es nun einer landwirtschaftlichen Überschussproduktion besonders zur Versorgung des Militärs und der nunmehr wachsenden Stadtbevölkerung. Diese konnte nur durch umfassende Ausnutzung der geeigneten Böden und Ausweitung der bewirtschafteten Flächen in bis dato wenig genutzte, vielleicht auch weniger günstige Gegenden erreicht werden. Dabei blieben im Unterschied zu vorangegangenen und nachfolgenden Epochen praktisch keine nutzbaren Landreserven übrig.[168]

Zwar gibt es Untersuchungen, in denen der Süden der Niederrheinischen Bucht als das nahezu am dichtesten besiedelte Gebiet im Nordwesten des römischen Reiches fungiert,[169] doch dürften sich bei gleichermaßen intensiver Bestandsaufnahme im Mosel- und Rheintal wie im Neuwieder Becken und im Saargau[170] ähnlich flächige Besiedlung und Landnutzung nachweisen lassen, die sich selbst in Teilen der Eifel,[171] in Rheinhessen und im Pfälzerwald[172] entfalteten, selbst wenn dies in großmaßstäblichen Darstellungen noch nicht ganz in diesem Sinne zum Ausdruck kommt.[173] Damit dürften die landwirtschaftlich günstigen Gebiete mit einer Bevölkerung von deutlich mehr als 10 Personen/qkm zu 80 % und mehr bewirtschaftet worden sein,[174] womit die Versorgung von Stadtbevölkerung und Militär gewährleistet war.

Starke Entwaldung und intensive Flächenbewirtschaftung führten ungeachtet des oben evozierten Landschaftsmosaiks infolge eingeschränkter Evapotranspiration zu einem erhöhten und beschleunigtem Oberflächenabfluss.[175] Auf den Wirtschaftsflächen hatte dies zur Folge, dass sich auf Oberhängen gekappte Profile entwickelten, also ein anthropogen verursachter Bodenaufbau bei dem der Pflughorizont unmittelbar dem anstehenden Gestein auflagert, so dass sich Strukturen eiszeitlicher Frostmuster oder Klüftungen des anstehenden Felsuntergrundes im Bewuchs durchpausen und damit den Abtrag einer ehemals vorhandenen Regelationszone illustrieren. An Unterhängen und Talmulden wurden flächig Kolluvien abgelagert,[176] was seit dem Neolithikum zu einer Einebnungstendenz, zum Reliefausgleich führte (Abb. 11). In römischer Zeit kommt jedoch insofern eine neue Dimension hinzu, als der Abtrag in Abflussgebieten nicht mehr nur flächig erfolgte, sondern auch linear mit sog. Schluchtenreissen in ältere Einfüllungen oder den Gesteinsuntergrund. Derart steil eingerissene Erosionsrinnen – Gullies – schütteten an ihren Mündungen Schwemmfächer auf,[177] die beispielsweise bei Rehlingen[178] und Tawern[179] vormals landwirtschaftlich nutzbare Flächen mit Blockschutt überdeckten und damit eine Verschlechterung der Landnutzungsmöglichkeiten anzeigen, die die klimatische »Gunst« durchaus relativiert. Beispielhaft fokussiert spiegelt sich diese Landschaftsentwicklung in Ablagerungen des Gillenbachtales bei Trier wider (Abb. 12).[180] Wegen verstärkten Oberflächenabflusses von landwirtschaftlich bewirtschafteten Flächen, wie sie durch den ganz geringen Baumpollenanteil eines benachbarten Pollendiagramms[181] nahe gelegt werden, verlagerte sich dort ein im Grunde sehr kleines Bachbett immer wieder turbulent, tiefte sich ein, räumte dabei alle älteren nacheiszeitlichen Ablagerungen[182] aus und füllte sich jeweils mit Grobsediment auf. Eine ganz ortsbezogene Schneckenfauna innerhalb dieser Aktivierungssedimente wird allerdings von Schatten liebenden Arten dominiert, so dass wir zur Vorstellung einer Galerievegetation entlang der Bachschlucht inmitten des römischen Kulturlandes gelangen. Bereits während des 4. Jhs. tritt hier bei nachlassendem Nutzungsdruck wieder Feinsedimentation ein, die während der Merowingerzeit durch eine schwache Bodenbildung überprägt wurde.[183]

Was nun aus Nebenflüssen und Schluchten mit steilem Gefälle über die Schwemmfächer hinaus transportiert wurde, gelangte als grobkörniges Sediment bis in die langsamer

Abb. 11: Zu Beginn der Nacheiszeit war die Landschaft nahe Wittlich-Dorf mit einer ca. 2 m mächtigen Lößdecke überschleiert, die unter menschlicher Bewirtschaftung außerhalb eines Trockentälchens vollständig erodiert ist. In der Talfüllung (rechts) hat sich die Bodenbildung der frühen Nacheiszeit mitsamt jungsteinzeitlichen Funden erhalten, überdeckt mit seitlich erodierten sandig-kiesigen Ablagerungen. (GDKE Rheinisches Landesmuseum Trier/Löhr)

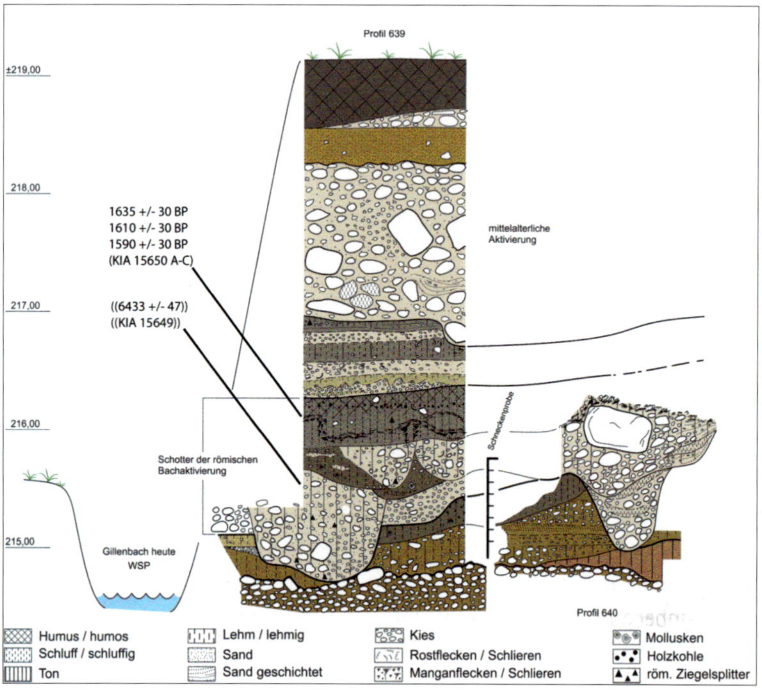

Abb. 12: Ein Querschnitt durch Ablagerungen des Gillenbaches bei Trier zeigt in seiner Grobgliederung schottergefüllte Bachbetten der Römerzeit über, denen ein feinkörniges Sediment den nachlassenden Nutzungsdruck der Merowingerzeit wiederspiegelt (GDKE Rheinisches Landesmuseum Trier/Löhr; Graphik: O. Haffner)

fließenden Hauptflüsse, um dort eine Bodenfracht zu bilden, die deren Transportkraft überstieg, wie ein Konglomerat mit zahlreichen Römermünzen und anderen Funden am Grund der Mosel unterhalb der Trierer Römerbrücke illustriert.[184]

Beim Rhein mag die zusätzliche Sedimentbelastung zu weiteren Strombettverlagerungen beigetragen haben, wie sie bei Xanten gut dokumentiert und bei Hagenbach und Neupotz in der Pfalz mit bekannten Hortfunden[185] aus ehemaligen Rheinbetten illustriert werden.

Neben derartigen latenten Prozessen, die sich auch in den Maarsedimenten dieser Zeit mit hohen Zuwachsraten betont mineralischen Eintrags niederschlagen,[186] sind besonders in der älteren Kaiserzeit häufiger teils überregionale Extremereignisse in Form von Hochwasserlagen zu erschließen, wie sie sich in Xanten und Straßburg nachweisen lassen und, soweit enger datierbar, vorzugsweise in die zweite Hälfte des 1. Jhs. fallen.[187]

Eine weitere Art der Umweltbeeinflussung in Form von unsichtbaren Depositionen erreicht in römischer Zeit eine neue Dimension: Schwermetallniederschläge, besonders von Blei. Ein römischer, über den hemisphärischen Ausstoß[188] hinausgehender Bleipeak ließ sich in den Maarsedimenten,[189] in der Füllung römischer Straßengräben in der Stadt Trier,[190] wie auch in einem Altarm-See der Mosel[191] fassen, zu dem die wahrscheinlich schon mit Beginn der Romanisierung einsetzende Bleiproduktion in der Eifel und wohl auch im Lahntal beitrugen.[192]

Dabei zeigten sich mit nur einer Ausnahme[193] keine Überschreitungen der etwas willkürlich nach heute »häufig in der Natur vorkommenden Werten« festgelegten, derzeit gültigen Grenzwerte, wobei es allerdings zu bedenken gilt, dass die gegenwärtige »Natur« auch den Niederschlag einer langen Geschichte birgt.

Luftbild

Schließlich brachten die schon bei der Erwähnung erhöhten Brennstoffbedarfs genannten neuen Produktionsfelder auch unmittelbare Eingriffe in die Landoberfläche mit sich, wie Schächte, Stollen und Tagebauten zur Erzförderung, Sand- und Tongruben, Brüche für Mauer- und Werksteine, Dachschiefer,[194] Mühlsteine,[195] Trass und Satelittenbild. Derartige Gruben mit ihren Abraumhalden mögen in unserem imaginären Satelittenbild durchaus als Flecken zu erkennen gewesen sein, vielleicht sogar als Reihung, wie entlang des Haardtrandes, wo der bekannte Kriemhildenstuhl bei Bad Dürkheim nur ein freigelegter römischer Steinbruch unter vielen ist.[196] Ähnlich verhält es sich an den Stufenrändern des Luxemburger Sandsteins in der Südwesteifel oder des Buntsandsteins bei Trier-Pallien[197] oder des unteren Kylltales.[198] Die heute vielfach als Klippen austretenden Muschelkalkbänke entlang der Obermosel dürften vielfach auf Bausteinbrüche[199] und Kalkgewinnung[200] zurückgehen, die erst in historischer Zeit zu Weinbergterrassen umgewandelt wurden. Auch Kalksinter bzw. Travertinvorkommen aus der älteren Nacheiszeit wurden abgebaut und zur Herstellung von Quadern zersägt.[201]

Neben dem notorisch erwähnten Rheingold sollte nicht vergessen werden, dass auch die meisten Moselzuflüsse aus dem Hunsrück[202] und einige Bäche in den Ardennen geringe Mengen an Gold führen und von Waschbergen gesäumt sind, welche möglicherweise bis in die Römer- oder Latènezeit zurückreichen.[203]

Die schon mit dem »Kommen der Römer«[204] oder wenig eher[205] eingeführten Wassermühlen nutzten an der Mosel das starke Gefälle der kleinen Zuflüsse, auch unter Anlage von Stauteichen. Weiterhin wurden etliche Quellen und Bäche gefasst oder angezapft, um über Leitungen einschließlich von Aquädukten Gutshöfen, Siedlungen und Städten Wasser zuzuführen. Als kleine blinkende Punkte neben den roten Ziegeldächern dürften Zier- und Fischteiche als Bestandteil von Großvillen sichtbar gewesen sein, während bei kleineren Anlagen eher Tümpel aus dem Überlauf von Brunnen, Auslauf des Bades und Latrinen gespeist wurden.[206] Auch abseits der Villen schienen die Wasserflächen von Mardellen (Abb. 7) auf, die gerade auf wasserarmen Hochplateaus z. B. des Bit- oder Saargaus wie auch Luxemburgs in römischer Zeit als Mergelgruben, Viehtränken und Fischteiche künstlich ausgehoben worden sein können. Ebenso dürften im Luftbild überwiegend geradlinige Fernstraßen oftmals als Dämme oder Hohlwege sichtbar gewesen sein, die ältere Flursysteme radikal querten.

Einen prägenden Gesamteindruck dürfte jedoch selbst aus großer Höhe der Limes geboten haben, weniger als lineares Bauwerk, sondern als Grenze zwischen unterschiedlich strukturierten Flächen, ähnlich, wie sie sich in jüngerer Vergangenheit bei Grenzen zwischen Staaten unterschiedlicher Wirtschaftsentwicklung oder Struktur aufzeigen lassen oder ließen, etwa zwischen DDR/BRD, Israel/Ägypten, USA/Mexiko oder Südafrika/Lesotho (Abb. 13).[207]

Abb. 13: So etwa könnte der römische Limes im Luftbild als Grenze zwischen politisch definierter unterschiedlicher Landnutzung ausgesehen haben. Hier ein aktuelles Luftbild der Grenze zwischen Südafrika und Lesotho mit überweideten und erodierten Flächen, wie sie auch auf römischer Seite existiert haben (U. S. Geological Survey)

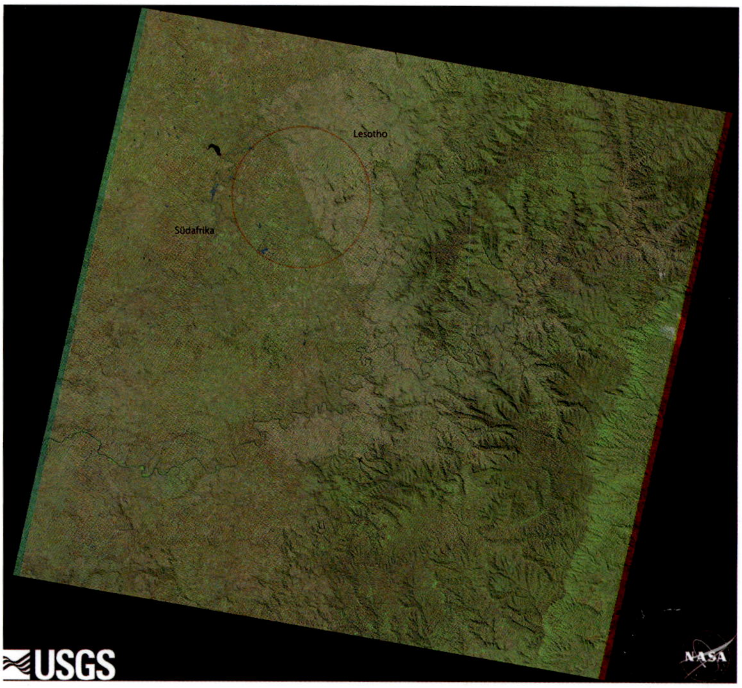

Dieses Bild kam durch die unterschiedliche Landnutzung ausgehend von festen Wohnsitzen mit über lange Zeit festgelegten Besitzgrenzen und die damit verbundene, verstärkte Bodenerosion zu Stande. Gleichzeitige Erosionsereignisse jenseits des Limes sind auch nicht annähernd in dieser Größenordnung fassbar.[208]

Somit sind die hier exemplarisch gezeigten Dimensionen von Landschaftsumgestaltung und Bodenerosion nicht nur römerzeitlich, sondern auch »römisch« sui generis, da sie auf einen politisch definierten Raum mit einer spezifischen Wirtschaftsweise beschränkt bleiben, woraus wiederum folgt, dass sie keineswegs nur klimatisch erklärt werden sollten.[209] Bekanntlich wurde diese lineare Grenze um 254 n. Chr. aufgegeben, so dass die östlich des Rheins gelegenen Landesteile nun außerhalb des römischen Reiches lagen, wobei in einzelnen Zonen durchaus Bevölkerungen fortlebten, die Anschluss an das römische Wirtschafts- und vor allem Geldsystem behielten.[210]

Umstrukturierungen in der römischen Spätzeit

Deuteten wir schon oben bei der Darstellung des Klimaverlaufs an, dass sich Hochwasser- und Überschwemmungshinweise im 1. Jh. häuften, so gilt es hier nochmals darauf zu verweisen, dass »die Römerzeit« nicht monolithisch zu betrachten ist. Eine Umstrukturierung lässt sich im 3. Jh. fassen und mag mit den klimatischen Änderungen zusammenhängen, die ihrerseits auf die teilweise bewegten politischen Verhältnisse dieser Zeit der »Reichskrise« durchgeschlagen haben mögen. Schon in der mittleren Kaiserzeit fand eine wirtschaftliche Umstrukturierung hin zu mehr Viehzucht und Grünland und damit eine Rückannäherung an die Eisenzeit statt.

Die Walnuss erfährt in spätrömischer Zeit eine allgemeine Ausbreitung. Vielleicht wurde sie schon zur Ölherstellung[211] herangezogen, zumal der Import von Olivenölamphoren aus dem Mittelmeergebiet bereits seit dem 3. Jh. n. Chr. auszusetzen scheint.[212] Beim Getreideanbau tritt allmählich der kälteresistente Roggen/Secale in den Vordergrund. Er ist ein Getreide germanischer Herkunft.[213]

Während in der Niederrheinischen Bucht bereits in der Mitte des 3. Jhs. eine erste Waldzunahme mit der Pioniergehölzfolge von Birke, Hasel und Hainbuche feststellbar ist, wird spätrömischer Holzmangel, der weniger Brenn-, als qualitatives Bauholz aus alten Stämmen betroffen haben dürfte,[214] im Trierer Land durch Pfähle mäßiger Qualität einer spätrömischen Moselbrücke unterhalb Triers illustriert.[215]

Das Ende der Römerzeit wird in den Eifeler Pollendiagrammen (Abb. 10,4) durch ein markantes Signal angezeigt, das der Signatur des Gallischen Krieges ähnelt, nur dass sich diesmal nach Birke und Hasel Hainbuche und Buche in einer vollständigen Sukzession durchsetzen können. Dieses Signal wird durch die Ablagerungen zweier markanter Hochwasserereignisse flankiert.[216] Wenn dessen absolute Datierung auch noch zwischen den letzten Dekaden des 4. Jh. und dem ersten Drittel des 5. Jhs. schwanken mag, so erlaubt es doch eine kultur- und umwelthistorische Definition des Beginns der älteren Merowinger- oder Völkerwanderungszeit.

Die drei römischen Survivals Wein, Walnuss, Wassermühle und das »klimatische Pessimum« der Völkerwanderungszeit

Es lassen sich schlagwortartig drei landschaftsprägende Elemente benennen, die ungeachtet von Klimagang und Weltgeschehen nach dem Zusammenbruch der römischen Verwaltung nicht nur im Lande verblieben, sondern sich auch recht schnell in die ehemals nicht römischen Gebiete ausbreiteten: Wein, Walnuss, Wassermühle.[217]

Am Übergang von der Römer- zur Merowingerzeit fand im 5. Jh. ein unbestrittener Siedlungsrückgang, eine Wiederbewaldung und damit auch eine zunehmende Oberflächenstabilisierung statt, was in den Maaren zu einem sehr geringen Sedimenteintrag und nur sehr mäßig bis gar nicht ausgebildeter und damit unzählbarer Jahresschichtung führte.[218]

Frühere Wirtschaftsflächen wurden von einer Waldsukzession überlagert, die zunächst zu einem markanten Gipfel der Birke als Pioniergehölz führte. Auf diese Birkenausbreitung folgte die Hainbuche, die Stockausschläge bildet und die im Rahmen einer etwa 50-jährigen Sukzession von der Rotbuche überschattet wurde, wobei sich auch Eichenbestände regenerieren konnten. In der Folgezeit wurden wie zuvor Eichen geschont, Buchen eher geschlagen. Diese Wiederbewaldung wird durch teilweise sehr alte, in merowingischer und karolingischer Zeit geschlagene Eichenhölzer illustriert, die seit Ende der römischen Bewirtschaftung seit dem späten 4. und vor allem 5. Jh. herangewachsen waren.[219]

Gilt im Rhein- und Moseltal wie auch im Neuwieder Becken eine Siedlungskontinuität als archäologisch gesichert,[220] so ist dies in weiten Teilen des platten Landes nicht der Fall. Allerdings zeigen auch hier Eifeler Pollendiagramme an manchen Orten eine geringe Siedlungskontinuität z. B. am Dürren Maar,[221] Meerfelder Maar[222] und Ulmener Maar.[223] Bewerten wir das Signal allerdings quantitativ, so dürfte sich dahinter eine Bevölkerungsdichte in der Größenordnung der Spätbronzezeit verbergen.

Rückblick und Ausblick

Die heute bei Planungsprozessen gerne und zu Recht benutzte »potentielle natürliche Vegetation« ist eine Zukunftsprojektion und keinesfalls eine Rekonstruktion früherer »natürlicher« Zustände, bestenfalls eines vorindustriellen Zustandes, da, wie wir gesehen haben, Vegetation und Böden seit mehr als 7.000 Jahren z. T. irreversiblen, teils klimatischen, teils anthropogen ausgelösten Änderungsprozessen unterworfen waren. Schließlich sollten wir festhalten, dass auch »historische« Waldgebiete vor dem hier angedeuteten Hintergrund relativ junge Bildungen sind, wie die dort erhaltenen Grabhügel, Ruinen und Siedlungsstellen unterschiedlicher Zeitstellung zeigen. Auch dürfen wir uns nicht durch archivalisch überlieferte Hinweise auf derartige »Wälder« täuschen lassen. Mit solchen Bezeichnungen dürfte mehr ein Rechtsstatus umschrieben, als ein Landschaftszustand beschrieben sein,[224] der intensive wirtschaftliche Nutzung, ja Siedlungsstellen nicht ausschloss. Es bleibt erwägenswert, den Begriff »Natur« bei heutigen Entscheidungsprozessen nicht mit allzu unbefangenem Nachdruck einzubringen. Gerade wenn heute von »Renaturierungen« die Rede ist, wird vielleicht ein vorindustrieller Zustand wiederhergestellt, womit nicht in Zweifel gezogen werden soll, dass dieser Qualität und Stabilität des heutigen Ökosystems ebenso hebt wie unsere Lebensqualität. Historisch rückblickend und erst recht vorausschauend bleibt festzuhalten, dass zahlreiche menschliche Handlungsentscheidungen durch Umweltzustände oder Einzelereignisse ausgelöst oder beeinflusst wurden.

Die Klimaforschung sucht aus den historischen Daten nicht nur säkulare Trends zu extrapolieren, sondern auf einem niedrigeren Skalenniveau auch wiederkehrende Periodizitäten in Dekadengröße vorauszusagen.

Weiterhin gilt es nicht zu vergessen, dass dramatische Veränderungsprozesse durch Intensivierung der Landnutzung, wie wir sie in Mitteleuropa seit 7.000 Jahren kennen und hier besonders für die Römerzeit aufzeigen konnten, außerhalb Europas mit und nach der Kolonisierung durch Plantagenwirtschaft, Mechanisierung, Marktorientierung usw. erst seit jüngster Vergangenheit mit Vehemenz einsetzten und unvermindert andauern,[225] wobei sich natürliche Vegetation und Böden dort aufgrund der klimatischen Verhältnisse weitaus weniger regenerieren und stabilisieren können, als dies in Mitteleuropa der Fall ist.

1 KOSCHICK, Brunnen 1998; LÖHR, Landschaftsbilder 1998; CLEMENS/LÖHR, Landschaftsbilder 2001; LE BRUN-RICALENS u. a., Préhistoire 2005.
2 KÜSTER, Geschichte 1995; BORG u. a., Landschaftsentwicklung 1998; URZ/RÖTTGER/THIEMEYER, Kulturlandschaft 2002.
3 KUNOW/WEGNER, Urgeschichte 2006; KNÖRZER, PflanzenSpuren 1999.
4 SIROCKO, Wetter 2009.
5 Ebenda, S. 53 ff.
6 NEGENDANK/BRAUER/ZOLITSCHKA, Eifelmaare 1990; SIROCKO, Wetter 2009.
7 SIROCKO, Wetter 2009; MCCORMICK, Karl der Große 2008.
8 HUTTERER/KOENIGSWALD, Knochenfunde 1993; STREET/BAALES, Pleistocene/Holocene 1999.

9 MEYRICK, Holocene 2000; DERS., Development 2001; DERS., Holocene 2003.
10 HOLLSTEIN, Eichenchronologie 1980; NEYSES-EIDEN, Aspekte 1995; DERS., Tannenchronologie 1998; SCHWEINGRUBER/SCHOCH, Jahrringe 1992.
11 SCHWEINGRUBER/SCHOCH, Jahrringe 1992, 91 f.
12 BECKER, Dendrochronologie 1982; LÖHR/NEYSES-EIDEN, Auenhölzer 2002.
13 LÖHR/NEYSES-EIDEN, Ablagerungen 1997, Abb. 2.1, 3, 12.
14 ROHDENBURG/MEYER, Datierung 1968.
15 EHLERS, Eiszeitalter 2011, S. 264.
16 LÖHR, Katzensteine 1995.
17 RHEINISCHES LANDESMUSEUM TRIER, Führer 2008, S. 19, Abb. 14; S. 88 f., Kat. 25; DITTRICH/BARTELS/VOGEL, Ergebnisse 1997.
18 ZOLITSCHKA/NEGENDANK/LOTTERMOSER, Proof 1995.
19 STEBICH, Untersuchungen 1999; RUFFALDI, L'évolution 1997; LITT, Eifelmaare 2004.
20 SIROCKO, Wetter 2009, Abb. 17.3.
21 LÖHR, Bodenerosion 2000, S. 186 (Anm. 40).
22 DERS./NEYSES-EIDEN, Ablagerungen 1997, S. 57; BECKER, Elsbachtal 2005; URZ/RÖTTGER/THIEMEYER, Kulturlandschaft 2002, S. 275; MEYRICK, Holocene 2000; DERS., Holocene 2003.
23 LÖHR, Mosel 2001; DERS./TRUNK, Militärlager 2008, Abb. 5; FECHNER/LANGOHR, Sols 1993.
24 LÖHR/TRUNK, Militärlager 2008, S. 16, Abb. 7; HUTTERER/VON KOENIGSWALD, Knochenfunde 1993.
25 STREET/BAALES, Pleistocene/Holocene 1999.
26 LÖHR, Mosel 2001, Abb. 4.
27 SPRATER, Biberfunde 1928.
28 DÖHLE, Pferdenachweise 1999.
29 SIROCKO, Wetter 2009, Abb. 17.4.
30 ROHDENBURG/MEYER, Datierung 1968.
31 SCHALICH, Landschaftsgeschichte 1988.
32 URBAN, Kalktuff 1978; LÖHR, Steinzeit 1984, Abb. 7; GOUDIE/VILES/PENTECOST, Late-Holocene 1993; MEYRICK, Holocene 2000; DERS., Development 2001; DERS., Holocene 2003; SIROCKO, Wetter 2009, Abb. 17.4.
33 ROSENDAHL/WIEGAND, Untersuchungen 2000.
34 LÖHR, Maare 1985.
35 Jüngst nochmals kritisch zusammengefasst von ZIMMERMANN u. a., Landscape 2009; KREUZ, Forest 2008.
36 KUNOW/WEGNER, Urgeschichte 2006, S. 169 f.
37 KOTTERBA, Brunnen 2007; STÄUBLE/ELBURG, Les puits 2011.
38 KUNOW/WEGNER, Urgeschichte 2006, S. 169 f.
39 KÜSTER, Geschichte 1995, Abb. 47; S. 144; KREUZ, Forest 2008.
40 GUILAINE, Archéologie 1991, S. 72 f.; WILLAUME, Aux origines 1993, S. 38.
41 KNÖRZER, PflanzenSpuren 1999, S. 75 ff.; KUNOW/WEGNER, Urgeschichte 2006, 169 ff.
42 BÜCHNER/WOLF, Kornkäfer 1997; SCHMIDT, Kornkäfer 1998.
43 WILLERDING, Getreidespeicherung 1998.
44 LÜNING u. a., Agrargeschichte 1997, S. 112 ff.
45 KALIS/ZIMMERMANN, Model 1988.
46 SEMMEL, Hinweise 1995; LÜNING u. a., Agrargeschichte 1997, S. 36.
47 LÖHR, Landschaftsbilder 1998.
48 BAKELS, Mohn 1982.
49 DIES., Maring-Noviand 1993; KOENIG, Kulturpflanzenfunde 1990.
50 KALIS/MEURERS-BALKE, Landnutzung 1997, S. 43 ff.; SIROCKO, Wetter 2009, S. 121
51 RHEINISCHES LANDESMUSEUM TRIER, Führer 2008, S. 166 f., Kat 64.
52 KNEIDL, Menhire 2004/2005 mit älterer Literatur; HAFFNER, Menhir 2007.
53 KUNOW/WEGNER, Urgeschichte 2006, S. 187, S. 416, 506.
54 KÜSTER, Geschichte 1995, Abb. 145.
55 SIROCKO, Wetter 2009, S. 126 f.
56 NEYSES-EIDEN, Römersprudel 2004.
57 NICOLUSSI u. a., Aufbau 2001/2002.
58 LÖHR, Gefäßbruchstück 1981.
59 JOCKENHÖVEL, Ausgrabungen 1984/85.
60 SIROCKO, Wetter 2009, S. 133.
61 LÖHR, Bodenerosion 2000, S. 186 f.; CLEMENS/LÖHR, Landschaftsbilder 2001.
62 LÖHR, Dellenfüllungen 1986; DERS., Bodenerosion 2000, S. 186 ff.
63 LÜNING u. a., Agrargeschichte 1997, S. 149

64 Ebenda, S. 215
65 Ebenda, S. 157 f.
66 Ebenda, S. 164.
67 CLEMENS/LÖHR, Landschaftsbilder 2001.
68 WEBER, Gräberfeld 1993.
69 BRANDHERM, Bronzezeit 2008.
70 HÄBERLE, Dünen 1905; DERS., Dünen 1908; DERS., Flugsandbildungen 1929/33; HORMUTH, Siedlung 1951; LÜNING u. a., Agrargeschichte 1997, S. 151; BRANDHERM, Bronzezeit 2008.
71 SIROCKO, Wetter 2009.
72 BECKER, Auwaldentwicklung 1983.
73 LÖHR/NEYSES-EIDEN, Ablagerungen 1997, S. 57 f.
74 GOUDIE/VILES/PENTECOST, Late-Holocene 1993.
75 LÖHR, Steinzeit 1984, Abb. 7.
76 DERS., Mosel 2001.
77 KRAUSSE/NAKOINZ, Binnenkolonisation 2000, S. 134.
78 KALIS/MEURERS-BALKE, Landnutzung 2007.
79 LÜNING u. a., Agrargeschichte 1997, S. 196 f.
80 KNÖRZER, PflanzenSpuren 1999, S. 38.
81 KROLL, Mohn-Äcker 1998; WIETHOLD, Aspekte 1998.
82 NORTMANN, Ansätze 2002.
83 LÖHR, Steinzeit 1984, Abb. 7, 10.
84 LENZ-BERNHARD, Eisenzeit 2008, Abb. 1.
85 HOLLSTEIN, Eichenchronologie 1980, S. 107 ff.
86 DERMODY u. a., Hypothesis 2011; KAPLAN/KRUMHARD/ZIMMERMANN, Deforestation 2009.
87 KUBITZ, Siedlungsgeschichte 2000; DÖRFLER u. a., Wandel 2000; LITT, Eifelmaare 2004; MEURERS-BALKE, Zu den Gehölzen 2009, Abb. 7.
88 RHEINISCHES LANDESMUSEUM TRIER, Führer 2008, S. 24 ff., Abb. 21.
89 KALIS/MEURERS-BALKE, Landnutzung 2007.
90 KRAUSSE, Phänomen 2007; JOACHIM, Eisenzeit 2007; CREEMERS/SCHEERS, Fundstücke 2007.
91 DÖRFLER u. a., Wandel 2000; NAKOINZ, Siedlungsgeschichte 2001; KREUZ, Thema 2001, S. 28.
92 KRAUSSE/NAKOINZ, Binnenkolonisation 2000, S. 131 f.; deutlich zurückhaltender gegenüber dieser Position: NORTMANN/SCHÖNFELDER, Latènezeit 2009, S. 141 f.
93 KUBITZ, Siedlungsgeschichte 2000; LITT, Eifelmaare 2004; DÖRFLER u. a., Wandel 2000; MEURERS-BALKE, Zu den Gehölzen 2009.
94 MEURERS-BALKE, Zu den Gehölzen 2009, Abb. 4.
95 LÖHR/BERG, Bronzezeit 2009.
96 KRAUSSE, Phänomen 2007.
97 LÜNING u. a., Agrargeschichte 1997, S. 303 f.; KNÖRZER, PflanzenSpuren 1999, S. 40 f.; LÖHR, Bodenerosion 2000, S. 189 ff.
98 SCHMIDT/GRUHLE, Klimaextreme 2003; SCHMIDT, Bauholz 2005; SIROCKO, Wetter 2009, S. 147 ff; BÜNTGEN u. a., Years 2011, besonders Abb. 4.
99 SCHMIDT/GRUHLE, Klimaextreme 2003.
100 SIROCKO, Wetter 2009, S. 148 f.
101 TEGEL/MOERKERKE/BÜNTGEN, Updating 2010.
102 BÜNTGEN u. a., Years 2011, Abb. 1, Abb. 4.
103 NENNINGER, Römer 2001, S. 98 f.
104 SCHMIDT/GRUHLE, Klimaextreme 2003.
105 SCHMIDT, Bauholz 2005; GAITZSCH, Siedlungsgraben 2010, S. 85 ff.
106 BEHRINGER, Kulturgeschichte 2011, S. 86 ff., besonders S. 90; ROTHENHÖFER, Wirtschaftsstrukturen 2005, S. 21.
107 SIROCKO, Wetter 2009, S.148 f.
108 KAUSCH u. a., Untersuchungen 2002; DIES., Untersuchungen 2003; LÖHR, Kehrseite 2001.
109 LÖHR, Bodenerosion 2000.
110 NENNINGER, Römer 2001, 98 ff.
111 KREUZ, Farmer 1999, S. 74; STOBBE, Vegetationsentwicklung 2000.
112 DÖRFLER/EVANS/LÖHR, Trier 1998; KUBITZ, Siedlungsgeschichte 2000; LITT, Eifelmaare 2004; WAGNER, Untersuchung 2008; MEURERS-BALKE, Zu den Gehölzen 2009.
113 KALIS, Forêt 1984.
114 NENNINGER, Römer 2001, S. 82 (Anm. 490).
115 ROHMER/TEGEL, Aménagements 1999; BERNHARD, Stratégie 2003; NEYSES-EIDEN, Bericht 2010/11, S. 380–384.

116 LÖHR/TRUNK, Militärlager 2008.
117 CÜPPERS, Römerbrücken 1969.
118 HOLLSTEIN, Erbauungszeit 1980.
119 NENNINGER, Römer 2001, S. 183 (Anm. 1219); SCHMIDT, Bauholz 2005.
120 RUPPRECHT/HEISING, Faustkeil 2003.
121 SCHMIDT, Bauholz 2005.
122 BLANC, Chronique 2008, S. 272 ff.
123 HERZ, Holz 2001.
124 BERNARD, L'homme 1998; DERS., Stratégie 2003; ein Beispiel für Neupflanzungen nennt THÜRY, Wurzeln 1995, S. 16.
125 ROHMER/TEGEL, Aménagements 1999.
126 ROTHENHÖFER, Wirtschaftsstrukturen 2005; DERS., Pingen 2005.
127 MEIGGS, Trees 1982, S. 330; NENNINGER, Römer 2001, S. 60 f.
128 RHEINISCHES LANDESMUSEUM TRIER, Führer 2008, S. 88, Kat. 25; allgemein NENNINGER, Römer 2001, S. 22 f.; LAURELUT/TEGEL/MOERKERKE, Untersuchungen 2002.
129 NENNINGER, Römer 2001, S. 22.
130 KÜSTER, Use 1994; HAALEBOS/FRANZEN, Alphen 2000, S. 171 f.; NAKAGAWA/BEAULIEU/KITAGAWA, History 2000; BERNARD, Stratégie 2003.
131 NEYSES-EIDEN, Tannenchronologie 1998; DIES./LÖHR, Beiträge 2005, S. 23, Abb. 3; NENNINGER, Römer 2001, S. 39, besonders Anm. 228.
132 SCHWEINGRUBER/SCHOCH, Jahrringe 1992, S. 116 f.; TAMERL, Holzfass 2010.
133 KÜSTER, Geschichte 1995.
134 NENNINGER, Römer 2001, 175 f.
135 Ebenda, S. 174 ff.; HERZ, Holz 2001; ROTHENHÖFER, Wirtschaftsstrukturen 2005; DERS., Pingen 2005, S. 223 ff.
136 Über die bei ROTHENHÖFER, Wirtschaftsstrukturen 2005 und BEYER-ROTTHOFF/LUIK/LOSCHEIDER, Wirtschaft 2007 ausgeführten Einzelnachweise zu den angeführten Gewerben in unserem Gebiet sei ergänzend erwähnt: PAULKE, Kalkherstellung 2009; FREY/BÜRGEL/KLAEREN, Vielfalt 2003; HANSJOSTEN, Geschichte 2001; ROTHENHÖFER, Pingen 2005; DERS., Mosel 2007; DERS., Eigentum 2009.
137 MEURERS-BALKE, Zu den Gehölzen 2009, Abb. 7.
138 LÖHR, Steinbruch 1976.
139 WOLTERS, Vegetationsgeschichte 2007, Abb. 3–4.
140 MEURERS-BALKE, Zu den Gehölzen 2009, S. 72 f.
141 WIETHOLD, Aspekte 1998.
142 KNÖRZER, PflanzenSpuren 1999, S. 46; KREUZ, Roman 1999.
143 KROLL, Weinreben 1998.
144 WIETHOLD, Aspekte 1998.
145 Ebenda; WIETHOLD, Kontinuität 2000.
146 MEURERS-BALKE, Zu den Gehölzen 2009.
147 KREUZ, Thema 2001; WIETHOLD, Kontinuität 2000; KNÖRZER, PflanzenSpuren 1999, Tab. 1.
148 SCHWINDEN, Spargel 2004; FAUST/HOSS, Spargel 2007; FAUST, Bronzen 2004/05, S. 193 ff.
149 NEYSES-EIDEN/LÖHR, Beiträge 2005, Abb. 3; KNÖRZER, PflanzenSpuren 1999, S. 165 f.
150 DÖRFLER/EVANS/LÖHR, Trier 1998; dazu auch aus gleichem Kontext der Nachweis von Rebholz: NEYSES-EIDEN/LÖHR, Beiträge 2005, Abb. 3.
151 BRUN, Archéologie 2005; jüngst nochmals JUNG, Weinanbau 2006. Während KROLL, Weinreben 1999 auf die Sortenvielfalt der Weinrebe und einen geringen Größenzuwachs der an der Mosel angebauten Trauben gegenüber Wildreben hinwies, konnten Untersuchungen in Lattes am Mittelmeer zeigen, dass vom 3. Jh. vor bis zum 3. Jh. nach der Zeitrechnung eine Fortzüchtung in einer Größenzunahme der Traubenkerne sehr wohl zum Ausdruck kommt. Vgl. BROXÓ I. CAPDEVILA, Cueillette 1992, S. 66 ff.
152 KNÖRZER, PflanzenSpuren 1999, S. 154 f.
153 KUCAN, Pflanzenreste 1981; WIETHOLD, Kontinuität 2000.
154 DÖRFLER/EVANS/LÖHR, Trier 1998; NEYSES-EIDEN/LÖHR, Beiträge 2005, S. 24, Abb. 3.
155 WUSTROW, Tierreste 2004.
156 KUBITZ, Siedlungsgeschichte 2000, S. 55; KNÖRZER, PflanzenSpuren 1999.
157 BENECKE, Studien 1994; WUSTROW, Tierreste 2004, S. 57 f.
158 WUSTROW, Tierreste 2004, S. 88 ff.
159 TEEGEN, Pfau 2005.
160 MEYER/JACOBI, Knochenfunde 2006.
161 STREET/BAALES, Pleistocene/Holocene 1999; DRIESCH/PÖLLATH, Distribution 2010, Abb. 14 a.
162 WUSTROW, Tierreste 2004, S. 91.

163 BENECKE, Studien 1994; BOUVIER, Le lièvre 2000.
164 PARLASCA, Hasenjagd 1998.
165 KOLLING, Siebenschläfer 1986.
166 WUSTROW, Tierreste 2004, S. 95 f.
167 Ebenda; TEEGEN, Von Schlachtern 2011; LÖHR, Steinbruch 1976.
168 WENDT/ZIMMERMANN, Bevölkerungsdichte 2008.
169 ZIMMERMANN u. a., Landscape 2009, Abb. 5; WENDT/ZIMMERMANN, Bevölkerungsdichte 2008.
170 BRONIEWSKI, Auswertung 2003.
171 HENRICH, Besiedlung 2006.
172 BERNHARD, Römerzeit 2008; MAURER, Ried 2011.
173 BÜNTGEN u. a., Years 2011, Abb. 1.
174 ZIMMERMANN u. a., Landscape 2009, Abb. 5, 10.
175 LÖHR, Bodenerosion 2000 ; DERMODY u. a., Hypothesis 2011, Abb. 3.
176 LÖHR/NEYSES-EIDEN, Ablagerungen 1997, Abb. 2.
177 KAUSCH u. a., Gaugracht 2000; BITMANN, Landschaftsgeschichte 2004.
178 LÖHR, Mosel 2001, S. 79 f., Abb. 18.
179 DERS., Bodenerosion 2000, Abb. 8.
180 DERS., Landschaft 2005, S. 32, Abb. 3.
181 DÖRFLER/EVANS/LÖHR, Trier 1998.
182 Z. B. Kalksinter, der hier nur noch in Form von umgelagerten Geröllen nachweisbar ist.
183 LÖHR, Bodenerosion 2000, Abb. 12.
184 DERS., Mosel 2001, S. 79 f., Abb. 17.
185 KÜNZL, Alamannenbeute 1993.
186 SIROCKO, Wetter 2009; ZOLITSCHKA/LÖHR, Geomorphologie 1999; ZOLITSCHKA/NEGENDANK, Erfassung 1997.
187 LÖHR, Bodenerosion 2000, S. 191.
188 RENBERG u. a., Isotopes 2002; GERLACH, Geoarchäologie 1998, S. 260 f.
189 SCHETTLER/ROMER, Influences 1998.
190 KAUSCH, Untersuchungen 2003.
191 ZOLITSCHKA/LÖHR, Geomorphologie 1999.
192 LÖHR/ZEDELIUS, »Schlangenberg« 1980 ; ROTHENHÖFER, Wirtschaftsstrukturen 2005; DERS., Von Pingen 2005; DERS., Mosel 2007; NENNINGER, Römer 2011, S. 121 (Anm. 792).
193 GERLACH/OLBRECHTS, Messingindustrie 1992.
194 ROTHENHÖFER, Wirtschaftsstrukturen 2005; DERS., Von Pingen 2005, S. 109; HANSJOSTEN, Geschichte 2001.
195 CÜPPERS, Römer 1990, S. 427.
196 Ebenda, S. 313 f.
197 Ebenda, S. 648; LÖHR, Landschaftsbilder 1998.
198 CÜPPERS, Römer 1990, S. 506.
199 VÖLKER, Werksteine 1999.
200 PAULKE, Kalkherstellung 2009.
201 STEINER, Villa 1919/1920; METZLER/ZIMMER/BAKKER, Villa 1981, S. 28.
202 KIRNBAUER, Seifengold 1995.
203 KNAUF, Jagd 2003; PHILIPPO, Catalogue 2001, S. 60 ff.; GIESEN, Gold 2007.
204 CLEMENS, Technologietransfer 2006.
205 GEILENBRÜGGE/SCHÜHMANN, Wassermühle 2010.
206 THÜRY, Wurzeln 1995; LÜNING u. a., Agrargeschichte 1997, S. 332, Abb. 18.
207 LÖHR, Bodenerosion 2000, S. 193 f.
208 BORK u. a., Landschaftsentwicklung 1998.
209 DÖRFLER/EVANS/LÖHR, Trier 1998, S. 144 ff.; LÖHR, Bodenerosion 2000.
210 RÖMISCH-GERMANISCHE KOMMISSION, Limes 1992, S. 87 f., Abb. 78.
211 KNÖRZER, PflanzenSpuren 1999, S. 161 f.
212 MARTIN-KILCHER, Amphoren 1994.
213 BEHRE, History 1992.
214 HOLLSTEIN, Eichenchronologie 1980, S. 137; BERNARD, L'homme 1998; DERS, Stratégie 2003.
215 CLEMENS/LÖHR, Landschaftsbilder 2001, S. 125 f.
216 SIROCKO, Wetter 2009, S. 151 ff., Abb. 27.4; WAGNER, Gräberfeld 2008.
217 LÖHR/NEYSES-EIDEN, Auenhölzer 1997; CLEMENS, Technologietransfer 2006
218 KUBITZ, Siedlungsgeschichte 2000, S. 17 ff.
219 HOLLSTEIN, Eichenchronologie 1980, Abb. 6; BERNARD, L'homme 1998.
220 GRUNWALD, Postumus 2007

221 WAGNER, Gräberfeld 2008.
222 KUBITZ, Siedlungsgeschichte 2000.
223 SIROCKO, Wetter 2009, S. 153.
224 ERNST, Wald 2000.
225 YEO, Ranch-Lands 1948.

TEIL B MITTELALTER

Antikes Erbe und germanische Eigenart. Archäologische Beiträge zur Geschichte des frühen Mittelalters

von Franz J. Felten[1]

Selzen 1844–1846: Grundlegung einer Archäologie des frühen Mittelalters

In den 1840er Jahren. wurden bei Erdarbeiten im näheren Umkreis des in Rheinhessen gelegenen Dorfes Selzen Spuren einer altertümlichen Grabstätte entdeckt. Ein am Ort ansässiger Lehrer untersuchte im Oktober 1844 etliche dieser Gräber. Die daraus geborgenen Funde – Eisenwaffen, Frauenschmuck, Glas- und Tongefäße – erweckten das Interesse des gerade erst gegründeten Mainzer Altertumsvereins. Dessen »Konservator«, also das für solche Funde zuständige Vorstandsmitglied, der Mainzer Zeichenlehrer Ludwig Lindenschmit, der spätere Gründer des Römisch-Germanischen Zentralmuseums in Mainz, führte 1845 und 1846 regelrechte Ausgrabungen an der Fundstelle bei der Selzer Mühle durch. Insgesamt wurden in den Jahren 1844–1846 zwei Dutzend Gräber aufgedeckt, und man muss es auch nach heutigen Erfahrungen als einen ausgesprochenen Glücksfall bezeichnen, dass gleich in zweien dieser Gräber Münzen des oströmischen Kaisers Justinian I. (527–565 n. Chr.) gefunden wurden. Damit stand fest, dass es sich nicht um Gräber aus römischer oder noch früherer Zeit handeln konnte, sondern aus dem von der »Völkerwanderung« geprägten frühen Mittelalter, wie Ludwig Lindenschmit und sein Bruder Wilhelm schon auf dem Titelblatt ihrer Publikation von 1848, zwei Jahre nach Abschluss der Ausgrabung, formulierten (Abb. 1).

DAS

GERMANISCHE TODTENLAGER

BEI SELZEN

in der Provinz Rheinhessen,

dargestellt und erläutert

von den

Gebrüdern W. und L. Lindenschmit.

Die Gräber mit Eisenwaffen stammen aus der Zeit der Völkerwanderung.

MAINZ,

VERLAG VON VICTOR V. ZABERN.

1848.

Abb. 1: Titelblatt der Publikation von Wilhelm und Ludwig Lindenschmit über die frühmittelalterlichen Grabfunde von Selzen [LINDENSCHMIT, Selzen 1848 (ND 1969)]

Die Schrift über das »Todtenlager von Selzen« bot aber nicht nur ein Aufsehen erregendes Resultat für die Chronologie frühmittelalterlicher Grabfunde. Der Gräberfeldplan und die in den Text eingestreuten Abbildungen der Fundgegenstände werden selbst heutigen Ansprüchen weitgehend gerecht. Die Aquarelle der körperlichen Reste der Bestatteten und der Beigaben sind nicht nur wissenschaftlich korrekt und höchst anschaulich, sondern besitzen geradezu künstlerischen Wert (Abb. 2–3).

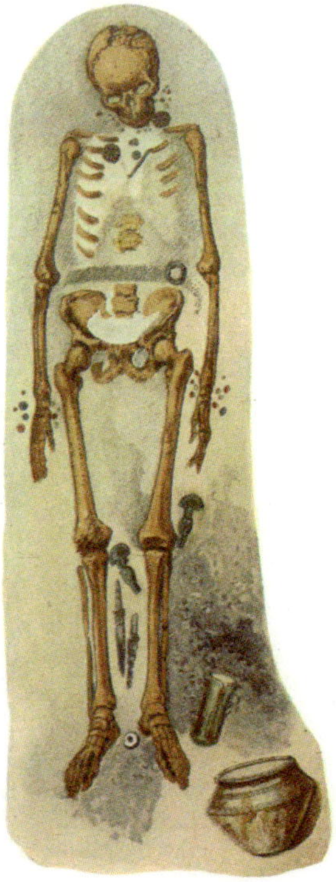

Abb. 2: Grab 11 von Selzen in der Darstellung der Gebrüder Lindenschmit. Von der Tracht der in diesem Grab beigesetzten Frau sind insbesondere zwei Fibelpaare zu sehen, ein Paar runder Fibeln beim Hals und ein Paar Bügelfibeln in Kniehöhe. Perlenschmuck tritt beim Hals und an beiden Handgelenken in Erscheinung; auch Reste eines Gürtels sind erkennbar. Beim linken Fuß standen ein Glasbecher und ein Tontopf, in diesem war einst sicher eine Speise enthalten [LINDENSCHMIT, Selzen 1848 (ND 1969)]

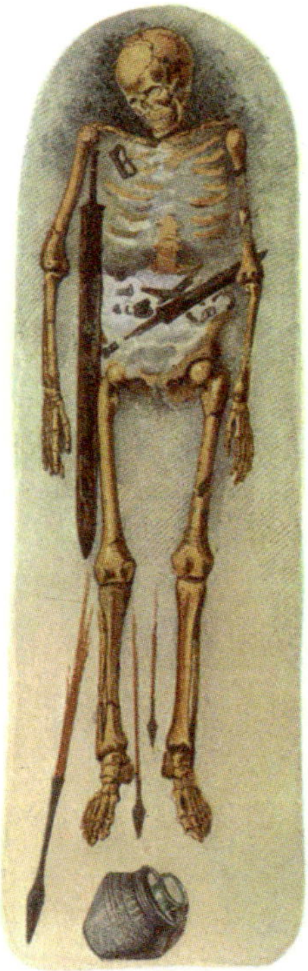

Abb. 3: Grab 12 von Selzen in der Darstellung der Gebrüder Lindenschmit. Die umfangreiche Waffenausrüstung kennzeichnet diese Bestattung als Männergrab: Langschwert an der rechten Körperseite, Kurzschwert über der linken Hüfte, Lanzen- und Pfeilspitzen an der Füßen. Die Gefäßbeigabe von Glasbecher und Tongefäß entspricht – auch in Bezug auf ihre Positionierung – der des Frauengrabes 11 [LINDENSCHMIT, Selzen 1848 (ND 1969)]

Die Vorstellung vom Typ des frühmittelalterlichen Reihengrabes ist für viele Forschergenerationen durch diese Bilder geprägt worden. Mit Fug und Recht kann man die Selzen-Publikation der Gebrüder Lindenschmit von 1848 als Ausgangspunkt der vor allem auf derartige Grabfunde gestützten Frühmittelalter-Archäologie ansehen.

In sehr prägnanter Form hat Ludwig Lindenschmit im Vorwort den Kern seines wissenschaftlichen Anliegens bezeichnet; es geht darum »die Geschichte eines Volkes zu schreiben« – wobei in erster Linie natürlich an die Geschichte des eigenen Volkes zu denken ist. Das gilt bis heute: Wie die an den Schriftquellen orientierte Geschichtsforschung, wie die Numismatik und die Philologie, so erschließt auch die Archäologie historische Quellen spezifischer Art und wertet sie aus; sie ist integrierender Teil einer umfassend verstandenen Geschichtsforschung.

1. Antike Städte und Siedlungen im Wandel

Im Römerreich der Antike und demzufolge auch in dessen Grenzzone am Rhein war nicht nur das Siedlungsbild, sondern auch die soziale Verfassung insgesamt in starkem Maße von städtischen Ansiedlungen, von städtischer Lebensweise geprägt. Demgegenüber waren bei den Germanen im rechtsrheinischen *Barbaricum* Städte dieser Art oder auch nur stadtartige Siedlungen unbekannt, wie schon Tacitus festgestellt hat. Als nun in der Phase des Untergangs der römischen Herrschaft am Rhein der germanische Siedlungsraum sich über den Rhein hinweg nach Westen ausdehnte, stand die Existenz der Siedlungsform »Stadt« auf dem Spiel.

Mainz und Trier

Dennoch spricht schon der erste Anschein dafür, dass sie durchaus Bestand hatte. Trier (Abb. 4) und Mainz, ehedem Hauptstädte römischer Provinzen, bestehen bis heute unter ihrem in der Antike geprägten Namen fort und haben ihre alte Mittelpunktfunktion bewahrt. Frühmittelalterliche Siedlungsfunde aus dem antiken Stadtareal deuten auf eine zumindest lockere Weiterbesiedlung hin (Abb. 5 siehe Beitrag Felten, Grundlegung).

Die Mainzer Besiedlung konzentriert sich am Rhein, doch gab es in Mainz (Abb. 6) wie auch in Trier innerhalb des erhaltenen spätantiken Mauerrings offene, nicht besiedelte Flächen – bis in die Neuzeit hinein. In Trier wurde auch die Brücke über die Mosel weiter benutzt, ebenso einzelne Gebäude wie die im Palast errichtete Doppelkirchenanlage, die Palastaula, die Kaiser- und die Barbarathermen in nunmehr veränderter Zweckbestimmung. Archäologisch nachgewiesen ist vor allem die Kontinuität bei den christlichen Kultbauten und den Begräbnisstätten: Die Friedhöfe außerhalb der Mauern mit den darauf errichteten Memorialbauten, wie bei St. Maximin/St. Paulin sowie St. Eucharius/St. Matthias vor Trier, um St. Alban und St. Hilarius/Aureus vor Mainz, sind in der Regel auch im frühen Mittelalter benutzt worden und belegen das Weiterleben einer nicht geringen Bevölkerung.[2]

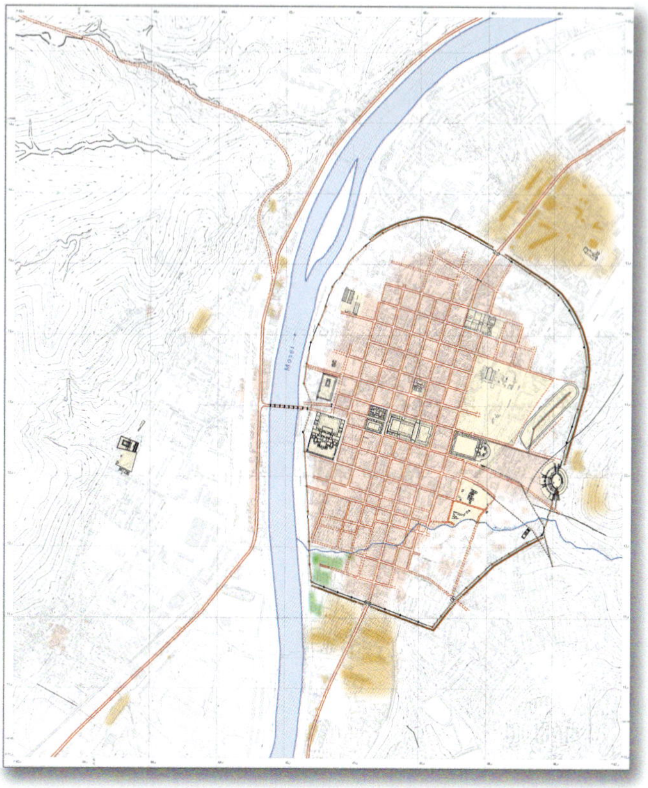

Abb. 4: Plan der römischen Stadt Trier im 4. Jhd. (Clemens, Kaiserresidenz 2011, S. 22)

Speyer

Aus einem römischen Militärplatz hervorgegangen, war die zivile Siedlung Noviomagus/Nemetae in römischer Zeit zuletzt Hauptort einer Gebietskörperschaft (*civitas*) und bestand anscheinend auch nach dem Ende der römischen Herrschaft weiter, wenngleich in

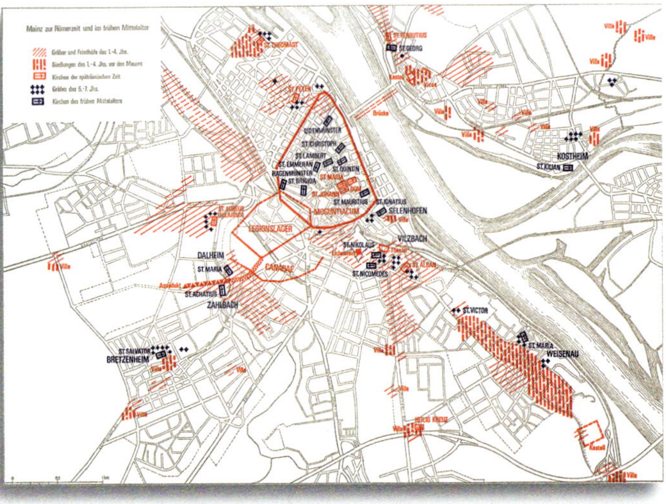

Abb. 6: Kirchen und Friedhöfe von Mainz aus römischer und frühmittelalterlicher Zeit (Weidemann, Topographie 1968, S. 169)

bescheidenerer Gestalt. In ihrem unmittelbaren Umkreis entstanden im frühen Mittelalter bäuerlich strukturierte Ansiedlungen, von denen die in der Flur »Vogelgesang« gelegene in großem Stil archäologisch untersucht worden ist.

Kastellorte

Auch Orte, die in der Spätantike mit einer Befestigungsmauer umschlossen wurden und die in der Regel ein Truppenkontingent als Garnison beherbergten, tradierten städtische Lebens- und Siedlungsformen der Spätantike ins frühe Mittelalter. An der Rheingrenze des spätrömischen Imperiums lagen Rigomagus/Remagen, Antunnacum/Andernach, Confluentes/Koblenz, Bodobrica/Boppard und Bingium/Bingen bis Borbetomagus/Worms, im Hinterland Alteium/Alzey, Cruciniacum/Bad Kreuznach, Noviomagus/Neumagen, Beda/Bitburg. Schon die Namen deuten auf Kontinuität der Besiedlung hin. Die z. T. heute noch gut sichtbaren massiven Mauern, um die 3 m dick und bis zu 12 m hoch, trugen dazu bei. Die Friedhöfe entlang der Ausfallstraßen (Abb. 7) wurden kontinuierlich belegt. Auf ihnen errichtete Coemiterialbauten (Grabbauten) konnten schon in der Spätantike oder (häufiger) im frühen Mittelalter zu Kirchen umgeformt werden, so St. Gervasius und Protasius im Bereich der Nekropole am Kirchberg bei Andernach, die nur durch einen Grabstein bezeugte Kirche St. Peter an der dortigen Rheintalstraße, St. Laurentius (Kapuzinerkirche) vor Bingen und St. Martin vor Boppard. Bei Kirchen im Innern solcher Kastellorte haben neuere Grabungsbefunde bei Liebfrauen in Andernach, St. Severus in Boppard sowie St. Georg bei Alzey gezeigt, dass diese zwar unter Benutzung von antiker Bausubstanz (von Badeanlagen im Falle von Andernach und Boppard, eines Speicher- oder Verwaltungsbaues im Falle von Alzey) errichtet wurden, jedoch erst in nachantiker Zeit. Ähnlich dürfte es bei Liebfrauen in Koblenz oder St. Martin/St. Kilian bei Bad Kreuznach gewesen sein. Die Nutzung spätantiker Profanbauten in den Kastellen ist nur in Einzelfällen belegt; so wurde in Andernach offenbar ein antiker Speicherbau, ein *horreum*, im frühen Mittelalter in eine bei Venantius Fortunatus 588 erwähnte königliche Pfalz (*palatium*) einbezogen.

Abb. 7: Spätantike und frühmittelalterliche Topografie von Andernach (Reiss-Engelhorn-Museen Mannheim/Jean Christen)

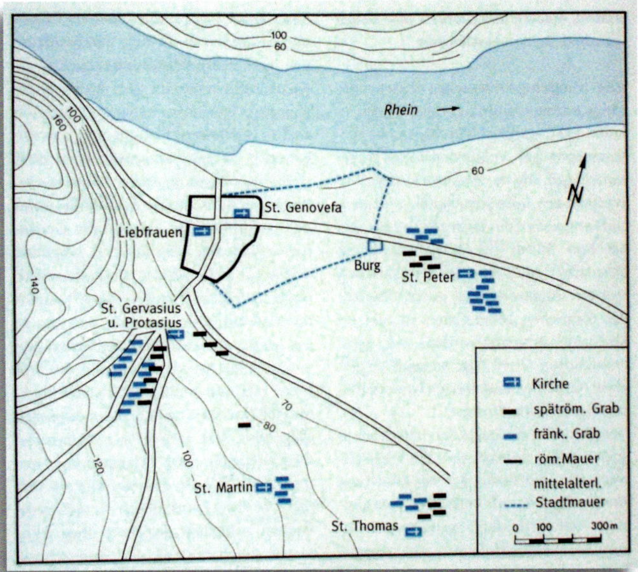

Selbst eine spätantike Befestigung konnte nicht in jedem Fall eine Weiterbesiedlung ihres Innenraumes gewährleisten: Ausgedehnte Grabungen in Alzey erbrachten keine Hinweise auf eine weitere Besiedlung innerhalb des Kastells; die Georgskirche in der Kastellecke wurde erst im Mittelalter errichtet. Die Siedlung verlagerte sich ins nahe Selzbachtal, ein im Frühmittelalter häufiger Befund. Auch in Bad Kreuznach war das Innere des Kastells nach der römischen Epoche nicht mehr besiedelt.

Vici

Vici, in der Römerzeit normalerweise unbefestigte Siedlungen, deren wirtschaftliche Basis in Handel, Verkehr und Gewerbe bestand, und die demzufolge vorzugsweise an Verkehrswegen gelegen waren, haben viel seltener und in unterschiedlichem Umfang das Ende der Römerzeit überlebt.[3]

Mayen in der Voreifel war ein solcher Platz; den erst seit dem Mittelalter überlieferten Namen Megena/Megina mag es schon in römischer Zeit getragen haben. Basaltbrüche mit Mühlsteinfabrikation und Keramik bildeten die wirtschaftliche Grundlage. Mayener Tonware, eine besonders robuste rauwandige Gebrauchsware, ist in der Spätantike in der Rheinzone weit nach Norden und Süden verhandelt worden. Offenbar haben die einschlägigen Mayener Betriebe ohne größere Einschränkungen weiter produziert, wie besonders die Keramikfunde zeigen: Die sog. Rotgestrichene Feinware führt Formengut und Technik der römischen *Terra Sigillata* fort, die reduzierend gebrannte Ware geht auf die *Terra Nigra* zurück, und die kochfeste rauwandige Ware setzt gleichartige Produkte der spätrömischen Zeit nahtlos fort.

Große Kontinuität und Wandel im Einzelnen zeichnen sich auch im Siedlungsbild von Mayen ab (Abb. 8). Der Siedlungsbereich des römischen *vicus* scheint im Wesentlichen beibehalten worden zu sein; die Produktion der Töpfereien hingegen verlagerte sich vom linken auf das rechte Netteufer. Das auf dem linken Netteufer geräumte Töpfereigelände wurde im frühen Mittelalter als Friedhofsareal genutzt. Aufgelassen wurde die in der Spätantike zum Schutz des *vicus* errichtete Befestigung auf dem Katzenberg.

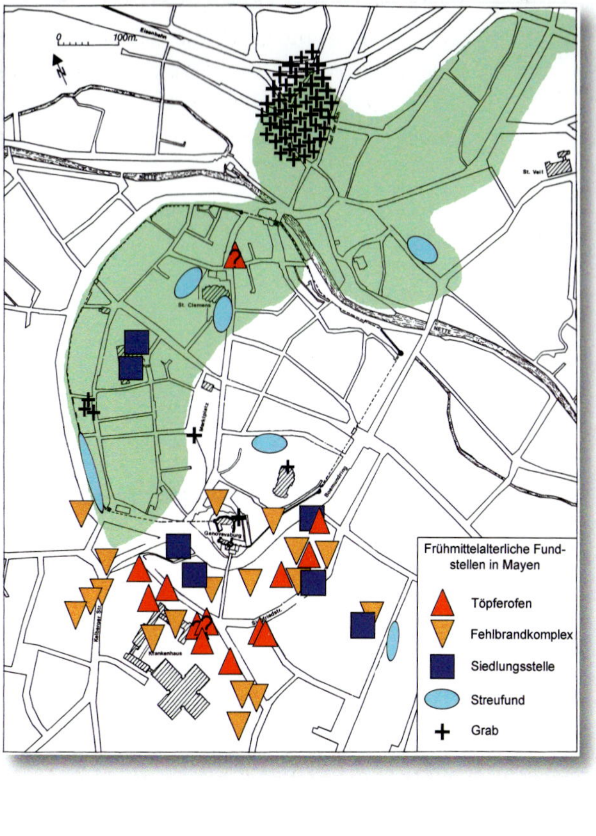

Abb. 8: Spätantike und frühmittelalterliche Topografie von Mayen [aus: Glauben, vicus von Mayen 2010 (im Druck)]

Bereits die Namen der an der Mosel gelegenen Orte Karden, Gondorf und Kobern deuten an, dass sie die Tradition der antiken *vicus*-Siedlungen Cardena, Contrua und Cubrunum fortführen, was der archäologische Befund bestätigt. Zumindest in Karden und Kobern aber werden auch typische Siedlungsmuster der nachantiken Zeit sichtbar. Für Rheinzabern in der Pfalz ist trotz der Namenstradition zum spätantiken *Tabernis* keine Siedlungskontinuität nachgewiesen worden, und ein einst so bedeutender *vicus* wie Belginum im Hunsrück hat keine

Ausgewählte Fundplätze frühmittelalterlicher Siedlungs- und Grabfunde in Rheinland-Pfalz

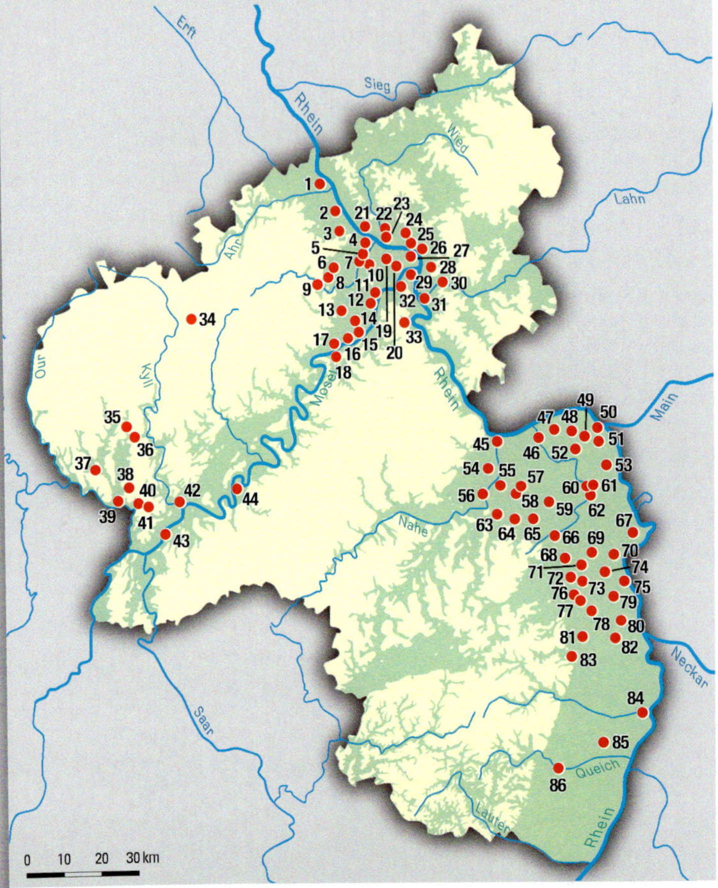

Höhen < 300m über NN — Höhen >= 300m über NN — ● Fundstelle

Fundstellen

1 Remagen	21 Leutesdorf	43 Trier	65 Flonheim
2 Niederbreisig	22 Niederbieber	44 Neumagen	66 Alzey
3 Kell	23 Heddesdorf	45 Bingen	67 Eich
4 Andernach	24 Gladbach	46 Ingelheim	68 Flomborn
5 Miesenheim	25 Engers	47 Heidesheim	69 Westhofen
6 Mendig	26 Mülhofen	48 Finthen	70 Osthofen
7 Plaidt	27 Kaltenengers	49 Bretzenheim	71 Dalsheim
8 Kottenheim	28 Niederberg	50 Mainz	72 Mölsheim
9 Mayen	29 Koblenz	51 Hechtsheim	73 Monsheim
10 Saffig	30 Bad Ems	52 Ober-Olm	74 Mörstadt
11 Kobern	31 Lahnstein	53 Bodenheim	75 Worms
12 Gondorf	32 Lay	54 Langenlonsheim	76 Bockenheim
13 Mertloch	33 Boppard	55 Planig	77 Dirmstein
14 Münstermaifeld	34 Hohenfels	56 Bad Kreuznach	78 Obrigheim
15 Moselkern	35 Rittersdorf	57 Sprendlingen	79 Wiesoppenheim
16 Müden	36 Bitburg	58 Badenheim	80 Frankenthal
17 Karden	37 Schankweiler	59 Rommersheim	81 Freinsheim
18 Treis	38 Eisenach	60 Hahnheim	82 Eppstein
19 Kärlich	39 Minden	61 Selzen	83 Bad Dürkheim
20 Rübenach	40 Olk	62 Köngernheim	84 Speyer
	41 Newel	63 Freilaubersheim	85 Weingarten
	42 Ehrang	64 Wonsheim	86 Landau

Kartographie: Landesamt für Vermessung und Geobasisinformation Rheinland-Pfalz

Fortsetzung im frühen Mittelalter gefunden.

Die hier besprochenen Siedlungen – regelrechte Städte, *civitas*-Vororte und befestigte Militärplätze ebenso wie offene Handels- und Gewerbesiedlungen vom Typ des *vicus* – wiesen in römischer Zeit unterschiedlich stark ausgeprägte städtische Züge auf, ein agrarischer, bäuerlicher Charakter oder auch nur Einschlag war ihnen fremd. Das entsprach der urbanen Prägung der antiken Kultur; selbst die typischen Landsiedlungen der Römerzeit, die *villae rusticae*, waren von städtischer Lebensweise und urbanen Bauformen geprägt. Demgegenüber stellt sich die Lebenswelt des frühen Mittelalters ganz anders dar.

2. Bäuerliche Siedlungen der Merowingerzeit

In der späten Römerzeit hatte sich die Zahl der bäuerlich wirtschaftenden Gutshöfe, der sog. *villae rusticae*, zunächst zunehmend reduziert, und sie waren mit dem Ende der römischen Herrschaft praktisch völlig verschwunden, gerade auch in der grenznahen Zone des römischen Imperiums. Es gibt hierzulande kein Beispiel dafür, dass ein römischer Gutshof über das Ende der römischen Zeit hinaus bewohnt und bewirtschaftet worden wäre.[4] Wie sehr sich die Besiedlung des flachen Landes zu Beginn des Mittelalters von der römerzeitlichen unterschied, zeigen zwei archäologisch gut erschlossene Beispiele; auch auf den Künzerhof in der Gemarkung Mertloch (Kreis Mayen-Koblenz) könnte verwiesen werden.

Gladbach

Im heutigen Stadtgebiet von Neuwied wurden 1936 beim Bimsabbau im freien Feld halbwegs zwischen Gladbach und Niederbieber Siedlungsspuren entdeckt: Überall da, wo die Bautätigkeit des frühen Mittelalters in den anstehenden hellen Bims eingegriffen hatte, hatte sie ihre dunkel-humosen Spuren hinterlassen. Auch wenn die Befunde auf der untersuchten Fläche von mehr als 3 ha in sich lückenhaft und nirgends deutlich begrenzt waren, so hat die Ausgrabung bei Neuwied-Gladbach doch zum ersten Mal ein anschauliches Bild einer bäuerlichen Siedlung des frühen Mittelalters mit allen wesentlichen Bauformen vermittelt.

Sämtliche Bauten – und darin liegt der fundamentale Unterschied zur vorausgehenden Römerzeit – waren in Holz errichtet. Dies war die herkömmliche, im germanischen *Barbaricum* schon zur römischen Kaiserzeit herrschende Bauweise, die auch westlich des Rheins schon in der Spätantike neben den Steinbauten der *villae* zu finden ist.

Die bei Gladbach freigelegten Wohnhäuser waren ebenerdige Pfostenbauten (Abb. 9) ohne Keller und Obergeschoss, getragen von in den Boden eingegrabenen, im Querschnitt runden Holzpfosten: mächtige, den Firstbalken tragende Säulen im Hausinnern, schwächere Pfosten in der Flucht der Wände, die im Übrigen aus einem lehmverstrichenen Flechtwerk zwischen den Wandpfosten bestanden haben. Zwei derartige Hausgrundrisse konnten am Fundplatz Gladbach entdeckt werden; eines dieser Häuser bedeckte eine Fläche von 12 x 7 m, vermutlich also ein reines Wohnhaus, denn die Wohnstallhäuser im kaiserzeitlichen Germanien, in welchen auch das Vieh untergebracht war, waren deutlich größer. Daneben gab es in der Siedlung bei Gladbach kleinere ebenerdige Pfostenbauten mit einer Durchschnittsgröße von 4 x 7 m, offensichtlich Nebengebäude eines Gehöftes, die allerlei praktischen Zwecken gedient haben mögen.

Ungleich häufiger waren Grubenbauten (Abb. 10), kleinflächige, ein Stück weit in den anstehenden Boden eingetiefte Bauwerke. In ihrer einfachsten Ausführung war eine rechteckige Grube mit einem zeltartigen Dach überdeckt (»Grubenhütte«). Wenn Pfostenspuren auf eine Wandkonstruktion hindeuten, spricht man von einem »Grubenhaus«. Plinius d. Ä. bereits berichtete, dass in Germanien Frauen in Gruben Stoffe zu weben pflegten.

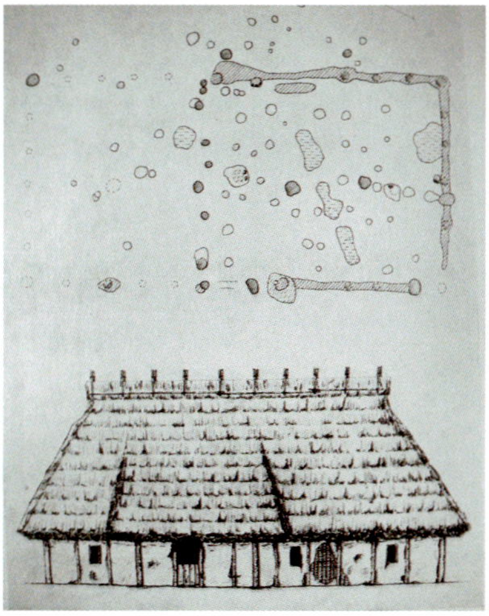

Abb. 9: Zeichnerische Rekonstruktion eines ebenerdigen Hauses der frühmittelalterlichen Siedlung von Gladbach bei Neuwied (Hussong/Wagner/Mylius, Fränkische Siedlung 1938)

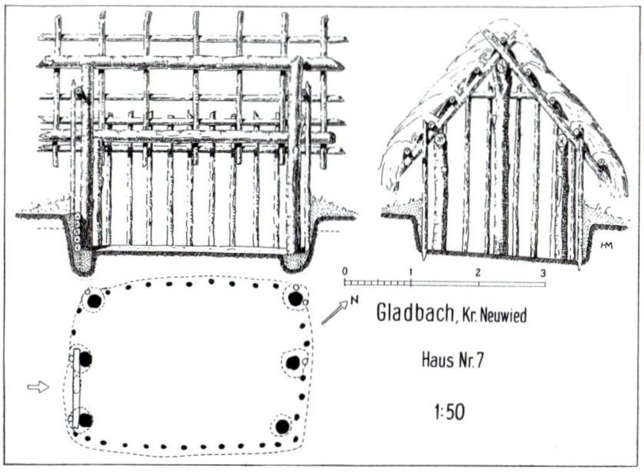

Abb. 10: Befundplan und zeichnerische Rekonstruktion eines Grubenhauses in Gladbach (Hussong/Wagner/Mylius, Fränkische Siedlung 1938)

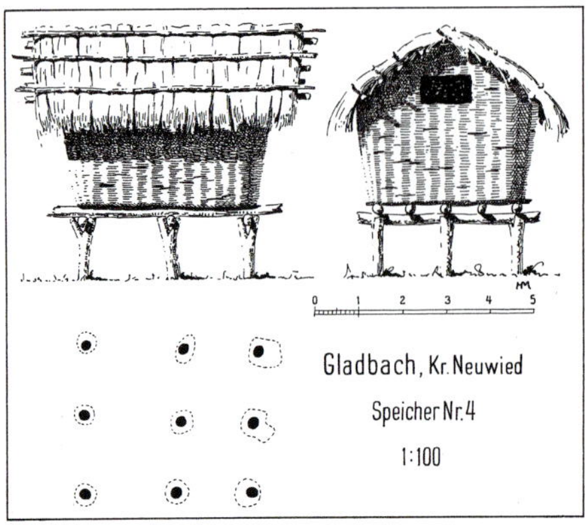

Abb. 11: Befundplan und zeichnerische Rekonstruktion eines gestelzten Speichers in Gladbach (Hussong/Wagner/Mylius, Fränkische Siedlung 1938)

Zum Baubestand solcher Siedlungen gehörten in der Regel auch aufgeständerte Speicher, kleine hüttenförmige Bauwerke auf einem von Pfählen getragenen Podest, um Nahrungsvorräte wie Getreide geschützt vor Bodenfeuchtigkeit und Schädlingen aufzubewahren (Abb. 11). In Gladbach waren auch Partien von Zäunen zu erkennen, z. T. als beidseitige Begrenzung eines Weges. Aus Stein war nur ein ausgemauerter Brunnenschacht.

In etwa 200 m Entfernung vom Wohnplatz konnte in Gladbach auch das dazu gehörige Reihengräberfeld zumindest teilweise aufgedeckt werden. Etwa 70 Bestattungen wurden untersucht; einige Grabgruben waren mit Steinen ausgekleidet, andere waren mit einem Kreisgraben umgeben, einst also kreisförmig eingehegt bzw. von einem Hügel überdeckt.

Nach dem archäologischen Befund setzten Gräberfeld und Siedlung gleichzeitig im 7. Jh. ein. Während für das Gräberfeld keine späteren Funde bekannt sind, wurde die Siedlung noch im 8. Jh., auf einer räumlich getrennten Fläche, bewohnt. Sie ist also erst im Verlauf der Merowingerzeit entstanden, hat ihre Lage ein wenig verändert und ist im 8. Jh. wieder aufgelassen worden. Sie dürfte als eine Ausbausiedlung innerhalb einer schon seit dem Beginn der Merowingerzeit aufgesiedelten Landschaft anzusehen sein.

Speyer – »Vogelgesang«

Die zweite innerhalb der Grenzen von Rheinland-Pfalz archäologisch erschlossene Siedlung aus der Zeit des frühen Mittelalters liegt in dem heutigen Wohngebiet »Vogelgesang« im Südwesten von Speyer entlang einer Terrassenkante auf dem nördlichen Ufer eines Altrheinarmes. Ausgrabungen der Jahre 1979 bis 1982 haben hier einen fortschreitend besiedelten Geländestreifen von nicht weniger als 410 m Länge erschlossen. Die Siedlungstätigkeit setzte zu Beginn der Merowingerzeit, also am Ende des 5. Jhs., im Osten der Grabungsfläche ein und verlagerte sich allmählich weiter nach Westen. Innerhalb des Grabungsareals konnten noch Bauten des 8./9. Jhs. festgestellt werden. Westlich davon ist die im 13. Jh. wüst gefallene Siedlung »Winternheim« zu verorten. Über einen Zeitraum von sieben, acht Jahrhunderten hinweg hat sich die Siedlung auf der Terrassenkante westwärts bewegt, was nicht zuletzt durch die Wasserverhältnisse möglich war.

Ebenerdige Pfostenbauten sind nur im älteren, merowingerzeitlichen Siedlungsareal nachweisbar; in der Karolingerzeit wurden vermutlich Häuser mit Schwellbalkenkonstruktion gebaut, die keine tiefreichenden Spuren im Boden hinterlassen haben. Grubenhäuser und Grubenhütten sind hingegen aus allen Zeiten belegt, und zwar in großer Zahl (insgesamt etwa 160). Auch gestelzte Speicher wurden gefunden und sogar eine kleine Saalkirche aus karolingischer Zeit, 8 x 10 m groß, samt zugehörigen Bestattungen. Als Bestattungsplatz der älteren Perioden kommt ein bei der (wohl im 7. Jh. errichteten) Kirche St. German nachgewiesenes Gräberfeld in Betracht, welches mit über 500 m Distanz allerdings ungewöhnlich weit entfernt liegen würde.

3. Siedlungsgemeinschaften im Spiegel ihrer Bestattungen

Wenn zu jeder Siedlung eine Begräbnisstätte gehört, dann kann die archäologische Erschließung schon des Friedhofs Informationen über die zugehörige Siedlung und ihre Bewohner vermitteln, gerade auch da, wo der Siedlungsbereich selbst nicht ergraben werden kann, weil er später überbaut wurde.

Rübenach

Am Rande des damaligen Dorfes Rübenach (heute ein Stadtteil von Koblenz) wurde 1939/40 beim Autobahnbau ein Reihengräberfeld angeschnitten und nachfolgend in großem Stil untersucht. Mit 829 untersuchten Bestattungen (von 1.100 bis 1.200 einst vorhandenen) stellt es den mit Abstand größten Grabfundkomplex des frühen Mittelalters in Rheinland-Pfalz dar. Die zugehörige Siedlungsstelle lag in einer Quellmulde etwa 250 m unterhalb des Platzes, wo die Kirche, das Hofhaus der Abtei St. Maximin und das Burghaus derer von Eltz-Rübenach den historischen Kern des Dorfes markieren. Nach den Beigabenfunden wurde das Gräberfeld vom letzten Drittel des 5. bis zum Ende des 7. Jhs. belegt. Rechnen wir mit einer Belegungsdauer von 225 Jahren und einer Gesamtzahl von 1.150 Bestattungen, dann wären in jedem Jahr durchschnittlich etwa fünf Beisetzungen erfolgt. Bei einer durchschnittlichen Lebenserwartung von 35 Jahren für die dem Kleinkindalter entwachsenen Personen, ergäbe sich eine durchschnittliche Einwohnerzahl von 180 Personen – zuzüglich etlicher Kleinkinder. Plausibel erscheint die Annahme eines Bevölkerungsanstiegs von etwa 100 Personen im ersten Jahrhundert des Bestehens auf mehr als das Doppelte in der Folgezeit. Damit dürfte Rübenach wohl ein Dorf und nicht nur eine Gehöftgruppe gewesen sein.

Pommerhof bei Plaidt

Ein anderer Befund ergibt sich für den Fundplatz beim Pommerhof in der Gemarkung Plaidt, Kreis Mayen-Koblenz. Auf dem Friedhof gleich hinter der Gartenmauer wurden vom Ende des 6. Jhs. bis ins dritte Viertel des 7. Jhs. 84 Menschen bestattet. Bei einer Belegungsdauer von etwa 70 Jahren ergäbe sich eine Bevölkerung von 40 Personen, die auf dem direkt benachbarten Hofgut gelebt haben dürften. Rübenach wird erst 775, Pommerhof gar erst 1149 erstmals in schriftlichen Quellen erwähnt; die archäologischen Befunde zeigen, dass sie, wie viele Dörfer, eine viel längere Geschichte haben.

Soziale Unterschiede

Über die Demografie und Chronologie hinaus ermöglichen die Reihengräberfunde aber noch weitere Einblicke in das Gefüge der einstigen Siedlungsgemeinschaft. Schon beim ersten Blick auf den Plan des Gräberfeldes von Rübenach fallen einige Grabanlagen ins Auge, die durch einen sie umgebenden freien Raum deutlich von der Masse der übrigen dichtgedrängten Bestattungen abgesetzt sind. Sie waren offenbar ursprünglich von einem Hügel, einem regelrechten Tumulus überdeckt oder zumindest kreisförmig eingehegt; nur ihnen sind Pferdegräber erkennbar zugeordnet. Vermutlich sind in diesen Gräbern besonders herausgehobene Persönlichkeiten, Angehörige der sozial führenden Schicht innerhalb der Siedlungsgemeinschaft des frühen Rübenach, beigesetzt worden. Ähnliches lässt sich bei Mainz-Hechtsheim und Langenlonsheim bei Bad Kreuznach beobachten. Freilich konnten Bestattete auch mit bescheideneren Mitteln ausgezeichnet werden: Zwei Männer wurden in der jüngsten Belegungsphase des Gräberfeldes beim Pommerhof nahe Plaidt mit silberbeschlagenen Schwertscheiden in Grabgruben mit Steinauskleidung beigesetzt, vielleicht gut situierte Herren des Hofes.

Besonders reiche Gräber in Flonheim

Rheinland-Pfalz hat aber auch berühmte geradezu prunkvolle Bestattungen der frühen Merowingerzeit als Ausdruck einer privilegierten Stellung über den Tod hinaus aufzuweisen.[5] Beim Bau einer neuen Kirche im rheinhessischen Flonheim (Kreis Alzey-Worms) stieß man 1883 auf eine ganze Reihe hervorragend ausgestatteter Gräber der Merowingerzeit. Eines von ihnen war durch Lage und Beigaben besonders ausgezeichnet: Es enthielt eine sog. Goldgriff-Spatha, ein Schwert, dessen Griff mit Goldblech ummantelt und das auch sonst reich mit Gold und eingelegten Granatsteinen geschmückt war (Abb. 12). In der gleichen Weise verziert war eine Gürtelschnalle mit einem Bügel aus Meerschaum und eine am Gürtel getragene Tasche. Eine umfangreiche Waffenausrüstung sowie ein bronzebeschlagener Holzeimer vervollständigten das Grabinventar.

Abb. 12: Schwert und Gürtelschnalle aus Grab 5 von Flonheim, Kreis Alzey-Worms. Länge der Goldverkleidung des Griffes 9,4 cm (Museum Worms)

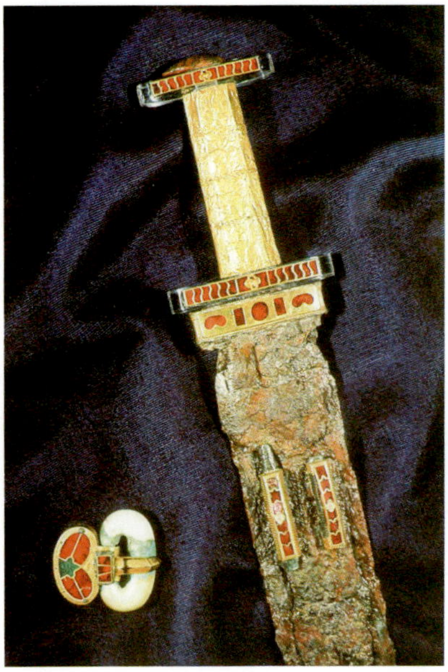

Schon im Moment der Auffindung war der besondere Rang des in diesem Grab beigesetzten Mannes erkennbar, denn gleichartige Schwerter mit goldummanteltem Griff waren bis zu diesem Zeitpunkt nur in ganz wenigen Exemplaren bekannt. Dazu gehörte vor allem das Schwert des 482 n. Chr. verstorbenen und bei Tournai in Belgien beigesetzten Frankenkönigs Childerich, dessen Grab im Jahr 1653 wieder aufgefunden wurde. Gewiss hat sich niemand zu der Vermutung verstiegen, bei Flonheim sei um 500 n. Chr. ein fränkischer König beigesetzt worden. Doch gehörte der Bestattete aufgrund dieser Beigaben sicher einer herausgehobenen, vielleicht in direktem Kontakt zum König stehenden sozialen Elite an, zumal nicht allein Art und Wert der Beigaben des Grabes 5 für einen besonderen Rang sprechen, sondern auch die Lage in einem außergewöhnlichen Grabbau, einer Art Hypogäum, umgeben von mehreren ähnlich gut ausgestatteten, jedoch jüngeren Bestattungen (Abb. 13). Die Bedeutung dieser Grablege einer herausragenden Familie wird schließlich dadurch unterstrichen, dass alsbald über ihr eine Kirche errichtet wurde.

Planig und Andernach

Mit Gold- und Granatverzierung von Schwert und Gürtelschnalle ist das 1939 bei Planig (Kreis Bad Kreuznach) gefundene Grab dem Flonheimer vergleichbar, auch wenn hier das

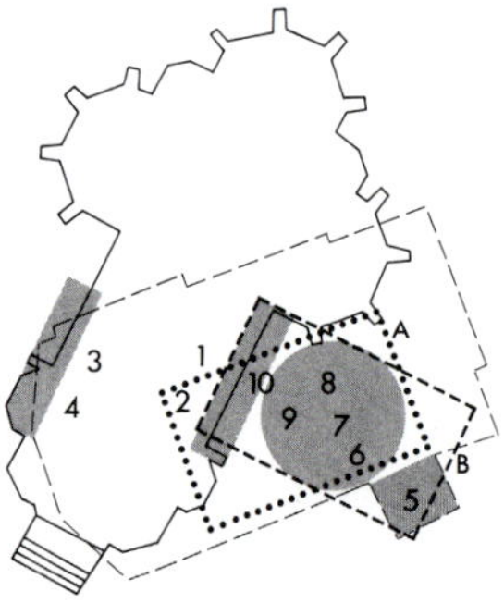

Abb. 13: Skizze zur Fundsituation der frühmittelalterlichen Bestattungen im Bereich der Kirche von Flonheim, Kreis Alzey-Worms. Die mit Punktraster unterlegten Flächen bezeichnen die Fundbereiche der mit Ziffern markierten Fundstellen einzelner Gräber. Mit A und B sind hypothetische Grundrisse früher Kirchenbauten bezeichnet (Böhme, Adelsgräber 1993, S. 419)

Abb. 14: Spangenhelm oströmisch-byzantinischer Herkunft aus dem »Fürstengrab« von Planig, Bad Kreuznach (Reiss-Engelhorn-Museen Mannheim/Jean Christen)

Abb. 15: So könnte der im »Fürstengrab« von Planig beigesetzte Krieger ausgesehen haben (Reiss-Engelhorn-Museen Mannheim/Jean Christen)

Schwert keinen Goldgriff aufzuweisen hat. Zur vollständigen Waffenbeigabe gehört ein vergoldeter Helm (Abb. 14) oströmisch-byzantinischer Herkunft, der diesen Fund berühmt gemacht hat. Der Träger des Helms (Abb. 15) war ein Zeitgenosse und wohl auch ein Standesgenosse des im Flonheimer Grab 5 Beigesetzten. Das Grab lag neben anderen Bestattungen des frühen Mittelalters, auch römische Gräber fanden sich in der Nähe; eine genaue Rekonstruktion seines Umfeldes ist allerdings nicht möglich. Bereits im Jahr 1174 wurde bei Andernach (Kreis Mayen-Koblenz) ein Grab entdeckt, das man damals einem römischen Kaiser zuschrieb, weil es ein Schwert mit einem goldenen Griff enthielt.[6]

4. Alteingesessene und Zuwanderer

Was lässt sich aufgrund der frühmittelalterlichen Grabfunde über die ethnische Herkunft der Beigesetzten sagen? Denn vielerorts gab es Nachkommen der *Romani* auch nach dem Ende der römischen Herrschaft, als sich Germanen als neue Herren des Landes etablierten, wie reiche materielle wie sprachliche Befunde zeigen. Auch die aus Germanien Zugewanderten waren ethnisch nicht einheitlich.

Auf der Suche nach romanischen Begräbnisstätten

Deutliche Unterschiede zwischen einem romanischen Bestattungsbrauch im Gegensatz zur »germanisch« empfundenen Reihengräbersitte[7] zeigen sich in Italien und auf der iberischen Halbinsel: geostete Körperbestattungen, vielfach in Sarkophagen oder mit Steinauskleidung der Grabgrube, großenteils beigabenlos, allenfalls mit wenigen Trachtbestandteilen (Gürtelteile, einzelne Fibeln), zuweilen auch mit einzelnen echten Beigaben wie etwa einem Kamm oder einem Gefäß ausgestattet, jedenfalls aber ohne Waffenbeigaben bei den Männerbestattungen und ohne die Beigabe von Fibelsätzen, namentlich von Bügelfibeln, bei den Frauengräbern. Vor allem in Mittel- und Oberitalien, vereinzelt aber auch in Frankreich lassen sich Nekropolen, die geschlossen diesem Totenritual (»Kulturmodell B«/romanisch) folgen, benachbarten Fundplätzen gegenüberstellen, welche die ganze Beigabenpalette eines anderen Totenrituals (»Kulturmodell A«/germanisch) enthalten.

Bisher hat sich weder ein an Rhein und Mosel aufgedeckter Bestattungsplatz des frühen Mittelalters in idealtypischer Form als eine ausschließlich von Romanen benutzte Nekropole erweisen lassen, noch ein Fundareal innerhalb eines frühmittelalterlichen Reihengräberfeldes als Reservat einer romanischen Bevölkerungsgruppe.[8] Gewiss lässt sich bei manchen Fundkomplexen eine mehr oder weniger große Zurückhaltung gegenüber der Waffen- und Fibelbeigabe beobachten, und dies wurde denn auch – beispielsweise für die Funde aus Gondorf, Mayen, Mendig, Müden und Saffig – auf den Einfluss von von Romanen zurückgeführt. Es ist auch diskutabel, wenn in der Zusammensetzung der Gefäßbeigaben etwa im Umfeld von Andernach eine Ausdrucksform romanischer Grabsitten erblickt wurde,[9] und vollends wird man das Setzen von Grabsteinen, zumal von beschrifteten, am ehesten einem romanischen Bevölkerungsanteil zuschreiben. Aber eine scharfe Abgrenzung, zwischen zwei »Kulturmodellen« bzw. »Totenritualen« ist hierzulande nicht zu erkennen.

Daraus kann man folgern, dass es hierzulande eine scharfe Sonderung zwischen Franken/Alemannen auf der einen und Romanen auf der anderen Seite nicht gegeben zu haben scheint, jedenfalls nicht über einen längeren Zeitraum hinweg. In der Sachkultur ebenso wie im Bestattungsritual[10] ist es rasch zu einem Ausgleich gekommen, bei dem Elemente beider Seiten aufgenommen wurden, auch wenn die jeweilige Tradition hier etwas mehr, dort etwas weniger hochgehalten worden ist.[11]

Spuren innergermanischer »Folklore«?

Auch die Bemühungen, Franken und Alemannen, die in unserem Land siedelten, anhand der Beigabenausstattung ihrer Gräber zu unterscheiden, ergab ein ähnliches Ergebnis. Typisch alemannische oder fränkische Gräberfelder haben sich nicht unterscheiden lassen, was nicht ausschließt, dass sich auf der Ebene von Individuum und Familie hier und da eine spezielle »volkstumsmäßige« Färbung erahnen lässt. So wurde aufgrund der Funde von Kobern und Gondorf, von Flomborn und Westhofen ein facettenreiches Bild von Herkunft und Volkszugehörigkeit dort einst ansässiger Personen entwickelt – sicher mehr in Form begründeter Vermutungen und gelehrter Spekulationen als zwingender Beweise. Doch die Archäologie kann auch einen durchaus validen Beitrag zur Ethnografie leisten, wie ein Fund aus Flonheim zeigt.

Ein bemerkenswerter Becher aus Flonheim

(Museum Worms)

Zu den Funden aus unbeobachtet zerstörten Gräbern gehört ein eigentümlich gestalteter, freihandgeformter Tonbecher, der unter den Reihengräberfunden des Rhein-Main-Gebietes einzigartig war. Ähnliche Gefäße fanden sich jedoch auf der kimbrischen Halbinsel, in der Landschaft Angeln im heutigen Bundesland Schleswig-Holstein; von dort muss der Flonheimer Fund stammen. War das exotische Gefäß womöglich als Eigentum einer Person anglischer Volkszugehörigkeit nach Rheinhessen gelangt, etwa als Hochzeitsgut einer eingeheirateten Frau? Oder war es bzw. sein Inhalt als Handelsgut über die weite Entfernung transportiert worden? Erst als sich in einem Grubenhaus der frühmittelalterlichen Siedlung von Speyer-»Vogelgesang« Keramik der gleichen Machart fand, deutete sich eine über den Einzelfall hinaus weisende Erklärung an.[12] Inzwischen konnte die Verbreitung norddeutscher und speziell auch anglischer Tonware im südlichen Deutschland durch weitere Funde belegt und mit guten Gründen als Indiz für eine nicht unbeträchtliche Einwanderungsbewegung gewertet werden.[13]

Der zunächst einzig dastehende Becher aus Flonheim steht nach heutigem Forschungsstand als Zeugnis einer Einwanderung aus dem rechtsrheinischen Germanien keineswegs mehr allein. Bestattungssitten (Grabhügel, Pferdegräber) und einzelne Sachformen unter den Grabbeigaben deuten auf eine breit gefächerte Zuwanderung von Leuten aus dem heutigen Mitteldeutschland, also wohl in erster Linie von Thüringern.[14] So ergänzen sich Archäologie und Sprachwissenschaft für eine Facette der frühmittelalterlichen Ethnografie unseres Raumes über Franken und Alemannen hinaus.

5. Denkmäler des Christentums

Archäologisch spiegelt sich die christliche Prägung der frühmittelalterlichen Epoche besonders in den Resten frühchristlicher Kultbauten, in christlich geprägten Grabsteinen, schließlich auch in Dingen der Alltagswelt, welche christliche Symbole aufweisen.[15]

Christliche Kultbauten

Kirchen, welche dem Gemeindegottesdienst dienten und gegebenenfalls des Rang einer Bischofskirche besaßen, lassen sich fürs frühe Mittelalter vor allem im Innern der schon in der späten Römerzeit etablierten Städte und Kastellsiedlungen nachweisen. An erster Stelle zu nennen ist Trier, dessen Kathedrale an der Stelle einer spätantiken Palastanlage entstanden ist. Eine christliche Nutzung zumindest des nördlichen Teils der nachmaligen Doppelkirche ist durch Graffiti christlichen Inhaltes auf einer dort befindlichen Schrankenanlage schon für die Mitte des 4. Jhs. nachgewiesen. Unzweifelhaft als Bauglieder einer Kirche sind die im 6. Jh., wahrscheinlich unter Bischof Nicetius (gest. nach 566 n. Chr.), eingebauten Ambones samt einem angefügten Baptisterium zu werten. Auch in Mainz, Worms und Speyer dürfte es bis in die Spätantike zurück reichende Bischofskirchen gegeben haben, doch sind sie archäologisch nicht nachgewiesen.

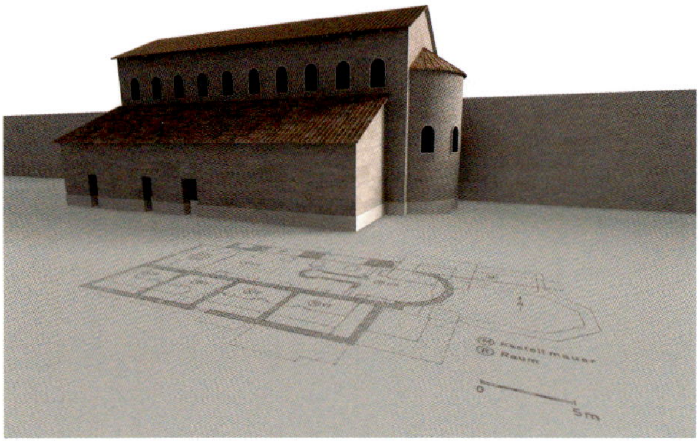

Abb. 17: Rekonstruktion der frühmittelalterlichen Vorgängerkirche von St. Severus in Boppard, Rhein-Hunsrück-Kreis (aus: Ristow, Frühes Christentum 2007, Taf. 68a/ Rekonstruktion: Zsolt Vasáros/ Sebastian Ristow)

Boppard bietet uns unter der heutigen Kirche St. Severus den vollständigen Grundriss einer frühmittelalterlichen Kirche (Abb. 17): Angelehnt an die Innenseite der nördlichen Kastellmauer und unter Nutzung der Bausubstanz einer römischen Badeanlage entstand dort in der zweiten Hälfte des 6. Jhs. ein Saalbau von 32 x 9 m Innenfläche mit halbrunder Apsis im Osten, an den im Süden einige Nebenräume angefügt waren. Den sakralen Charakter des Bauwerkes beweisen zwei typische Einbauten: ein gemauertes Taufbecken in einem abgeteilten Raum, einem regelrechten *Baptisterium*, im Westen des Kirchenschiffs, und eine Kanzel (Ambo) inmitten des Laienraumes mit einem niveaugleichen Zugang (Solea) vom Chor aus.

Lange wurde in Boppard und ähnlichen Fällen (Alzey, Bad Kreuznach) eine Entstehung bereits in spätantiker Zeit angenommen. Inzwischen herrscht die Meinung vor, dass diese Kirchen erst im frühen Mittelalter unter Nutzung antiker Bausubstanz entstanden sind. Die *intra muros* gelegene Liebfrauenkirche von Koblenz dürfte mindestens seit dem 7. Jh. bestanden haben, wohl auch St. Peter und Paul in Remagen und St. Martin in Bingen, und vollends die Liebfrauenkirche in Andernach, wenn die kürzlich neben ihr entdeckte antike Badeanlage im frühen Mittelalter als Baptisterium benutzt wurde.

Eine weitere Gruppe von christlichen Sakralbauten entstand in den Coemiterialbauten, die schon in der Spätantike auf den vor den Toren der städtischen Siedlungen gelegenen Friedhöfen errichtet wurden. Wieder liefert die alte Kaiserresidenz Trier die imposantesten Beispiele, an erster Stelle St. Maximin auf dem großen Begräbnisareal nördlich der Stadt: Einem prunkvoll ausgestatteten Groß-Mausoleum des 4. Jhs. wurde noch in spätantiker Zeit eine in ihrer Art einzigartige Begräbnishalle angefügt, ein schließlich etwa 90 m langer Bau, welcher eine große Zahl von Bestattungen, zunehmend auch solche christlichen Charakters, aufgenommen hat. Er wurde im frühen Mittelalter in eine Kirche umgewandelt, wie der Einbau einer Kanzel (ähnlich der in St. Severus in Boppard) zeigt. Die ebenfalls auf dem Trierer Nordgräberfeld entstandene Kirche St. Paulinus und die auf der Südnekropole errichtete Kirche St. Eucharius/St. Matthias reichen mit ihren baulichen Anfängen in die Spätantike zurück, mögen sie ihre Ausprägung als christliche Kultstätte auch erst im frühen Mittelalter erfahren haben.

Vor den Toren südlich von Mainz lag innerhalb einer ausgedehnten, in römischer ebenso wie in nachrömischer Zeit belegten Nekropole ein Rechtecksaal, mit 28,5 x 13,2 m wesentlich kleiner als der Saalbau von St. Maximin vor Trier; errichtet vielleicht im 5., spätestens im 6. Jh. barg er Gräber des 6. und 7. Jhs. Wann er in eine Kirche (St. Alban) umgewandelt wurde, ist unklar; im karolingischen Neubau wurden zahlreiche frühchristliche Grabsteine verbaut, darunter der eines *Pertramnus aba* (7./8. Jh.), was auf eine Kleriker- oder Mönchsgemeinschaft hindeutet.

Noch kleiner (19,7 x 7,6 m) war der Saalbau unter dem im 7. Jh. gegründeten Stift St. German vor Speyer im Bereich einer spätrömisch-frühmittelalterlichen Nekropole, der als merowingischer Grabsaal (Grab des 7. Jh.) auf älterer Bausubstanz gedeutet wird. Unter St. Kastor in Koblenz sind Reste eines Tempels aus dem 1. Jh. und fränkische Gräber im Bereich des heutigen Chors gesichert. Aus dem Material des Tempels wurde ein 7,5 x 4,5 m großer Grabbau errichtet, der merowingische Gräber enthielt. Ob er zu einer frühen Kirche umgewidmet wurde, ist unsicher. 836 wurde eine große, neue Kirche geweiht, die Reliquien Kastors aufnahm.

Bauliche Reste von St. Martin vor Boppard und von St. Gervasius und Protasius vor Andernach liegen nicht vor, doch ist die Lage auf einem suburbanen Gräberfeld in beiden Fällen ein deutlicher Hinweis. Gleiches gilt für die im Mittelalter an den Ausfallstraßen Andernachs existierenden Kirchen St. Marien/St. Thomas und St. Martin. Das Atrium der im Mittelalter urkundlich bezeugten Peterskirche erwähnt ein an der nach Koblenz führenden Straße gefundener Grabstein.[16]

Beispiele für frühe Kirchen auf Gräberfeldern bei fortbestehenden Siedlungen mit *vicus*-Charakter liefern St. Clemens in Mayen, ein 3,5 x 2,5 m großer rechteckiger Saal unter den späteren Kirchenbauten (ohne Gräber) in einem kleinen Gräberfeld des 6./7. Jhs., und St. Marien auf dem kontinuierlich belegten Gräberfeld westlich von Karden, auf dem auch eine christlich gestaltete Grabplatte des 6. Jhs. gefunden wurde.

Wann auch auf dem flachen Land allenthalben christliche Kultbauten entstanden, ist unsicher. Nach Sebastian Ristow gehören sie »zumeist in die ausgehende Merwowingerzeit und die karolingische Epoche«, wie die Fraukirch in der Pellenz oder Kirchberg im Hunsrück, wo erst vor wenigen Jahren ein Inschriftenfragment aus dem späten 6./frühen 7. Jh. entziffert wurde. Deutet es auf einen frühen Kirchenbau hin, so wäre es das älteste nachantike Zeugnis für christliches Leben im Raum zwischen Mosel, Nahe und Rhein.[17] Vielfach stehen heutige Kirchen in einem topografischen Zusammenhang mit frühmittelalterlichen Reihengräberfeldern,[18] wie z.B. in Rheinhessen Bodenheim, Eich, Hahnheim, Ingelheim (Burgkirche), Ober-Olm, vor allem aber Flonheim, wo offensichtlich eine frühmittelalterliche herausgehobene Grabanlage nachträglich in eine Kirche einbezogen wurde. In Münstermaifeld wurde in der ersten Hälfte des 7. Jhs. eine Martinskirche auf einem seit dem 6. Jh. belegten Reihengräberfriedhof errichtet.[19] Die Kirche St. Kastor im Osten von Karden steht auf einem Gräberfeld, das im frühen 6. Jh. einsetzt. Unter der Kirche wie nordwestlich von ihr liegen Reste römischer Profanbauten, in die vielleicht ein früher Memorialbau für Kastor eingebaut wurde.

Die offenbar verbreitete Sitte, einen Bestattungsplatz nachträglich mit einer Kirche auszustatten, steht zweifellos in der Tradition der Memorialbauten der Spätantike. In der Karolingerzeit hingegen wurden die Reihengräberfriedhöfe außerhalb des Ortes aufgegeben, die Toten bei der (Pfarr-)Kirche im Dorf bestattet (Kirchhof).

Christliche Grabsteine

Grabsteine mit oder ohne Inschrift sind aus dem Gebiet des Landes Rheinland-Pfalz in großer Zahl überliefert, besonders aus den alten Römerstädten; eindeutiger Schwerpunkt ist Trier, das mit 1.300 frühchristlichen Grabsteinen nur von Rom überboten wird. Weitere Funde konzentrieren sich an der Untermosel, zwischen Andernach und Boppard, um Mainz und Worms. Grabinschriften liefern »von allen Funden die eindeutigsten Hinweise auf die Anwesenheit von Christen in den jeweiligen Orten des spätantik-frühmittelalterlichen Rheinlands« und bezeugen durch ihre Existenz und ihre Gestaltung eine »beachtenswerte Kontinuität spätantiker Kultur«.[20] Freilich gehören sie zum großen Teil in die Spätantike, viele auch ins frühe Mittelalter, nur ganz wenige ins 5. Jh., doch ist eine chronologische Unterscheidung oft schwierig. Insgesamt zeigen sie aber, wie sich Schrift und Sprache veränderten, wie germanische Namen zunahmen und offenbar auch von Romanen angenommen wurden, wie lange daneben lateinische Namen im Gebrauch waren, wie stark die Symbolsprache und Formulare christlich geprägt waren. Drei Beispiele, die man mit guten Gründen in die merowingische Epoche datieren kann, mögen das verdeutlichen.

Abb. 18: Grabstein des Giboaldus, gefunden bei Leutesdorf, Kr. Neuwied. Höhe 53,5 cm (LVR-Landesmuseum Bonn)

Der Grabstein eines Giboaldus (Abb. 18) von dem frühmittelalterlichen Friedhof von Leutesdorf (Kreis Neuwied) stammt schon aufgrund der rechtsrheinischen Herkunft sicher nicht aus der Spätantike. Die Rahmung des Schriftfeldes mit florealer Ornamentik, mit Blattranken und Lotusblüten, folgt antiker Tradition. Auch die beiden Greifenköpfe haben antike Vorbilder und müssen nicht mit der germanischen Vorliebe für tiergestaltige Ornamente in Zusammenhang gebracht werden. Die Inschrift, nur Name und Todesdatum, ist in grafischer Hinsicht alles andere als ein Kunstwerk, die Schriftform gehört in die zweite Hälfte des 7. oder gar erst in die erste Hälfte des 8. Jhs. und auch der Text ist von klassischem oder auch nur korrektem Latein weit entfernt.

(Boppert, Inschriften 1971, S. 108)

Grabstein der Bertechildis, gefunden bei Bingen-Kempten. Höhe 64 cm

»In diesem Grabe ruht die Tochter des erlauchten Patrons Machtichild, deren Namen genannt wird Bertichildis, der verstorbenen, die in Frieden lebte eine kurze Zeit, 20 Jahre und einen Monat. Sie lebte mit ihrem Manne Ebrigisel 5 Jahre. Am Samstag zur 8. Stunde wurde sie (ihm) entrissen durch göttliche Gewalt, geliebt im Volk, den Witwen, Waisen und Armen gab sie Almosen der Sünden wegen. Aus Missgunst nimmt der Tod, was er nicht zurückgeben kann.«[21]

Die umfangreiche Grabinschrift Bertichildis aus Kempten bei Bingen, sicher aus merowingischer Zeit gibt geradezu eine kurze Vita der Verstorbenen, die sicher der sozialen Oberschicht angehörte.

Neben den Inschriftsteinen sind aus dem frühen Mittelalter zahlreiche Grabsteine ohne Text überliefert. Manche weisen ein von einem ornamentierten Rahmen eingefasstes, leeres Mittelfeld auf, das einst eine aufgemalte Inschrift getragen haben mag. Andere zeigen jedoch ausschließlich christliche Symbole, oft auch Einritzungen ohne erkennbare, allenfalls nur ornamental gedachte Bedeutung. Besonders im Raum von Andernach waren offenbar solche Steine zur Kennzeichnung von Grabstätten beliebt. Wie schwer die Deutung im Einzelnen sein kann, zeigt ein verhältnismäßig gut ausgearbeiteter Stein aus Leutesdorf (Abb. 20).

Abb. 20: Grabstein von Leutesdorf, Kreis Neuwied. Höhe 16 cm (Reiss-Engelhorn-Museen Mannheim/ Jean Christen)

Die 20 cm hohe Vorderseite zeigt (nach H. Ament) »in flachem Relief eine von einem Ornamentrahmen umgebene Gestalt, anscheinend einen Mann, der beide Hände im Gebetsgestus erhoben hat, flankiert von Tierwesen: Zur Rechten ist ein Fisch deutlich erkennbar, zur Linken eine greifenartige Gestalt, die Kopf und Vorderbeine auf das Haupt des dargestellten Menschen richtet und deren Leib unten in eine Schlange, ihrerseits mit Kopf, ausläuft«,[22] oder aber (so S. Ristow) die »Darstellung eines Mannes, mit einem durch starke Strukturen angegebenen Gewebe bekleidet. Wohl mit einem als Schale zu deutenden Gegenstand in der erhobenen Rechten und herabhängender Linken. Daneben zu seiner Linken ein schlangenartiges Fabeltier und zur Rechten ein Fisch. Um die Szene ist ein ornamentaler Rahmen gelegt.«[23]

Christlich geprägte Kleinfunde

Aus dem frühen Mittelalter wie auch der Spätantike sind zahlreiche Gegenstände mit christlichen Darstellungen bzw. Zeichen überliefert, vor allem Gefäße aus Glas, Ton oder Metall, doch ist nicht immer leicht zu entscheiden, ob eine Verzierung als christlich oder rein ornamental, als Ausdruck eines Bekenntnisses oder des allgemeinen Zeitgeschmacks oder bestimmter Werkstätten zu interpretieren ist.[24] Ein Becher aus Worms-Wiesoppenheim ist mit sekundär verwendeten Pressblechen verkleidet, die biblische Szenen sowie ein von einem Kranz umgebenes Kreuz zeigen.[25] Bronzebeschläge des Daubeneimers aus Grab 225 von Rübenach stellen stilisierte Figuren mit abgewinkelten Armen zwischen zwei Gegenständen dar; die Armhaltung wurde als die eines Oranten, die Gegenstände als Palmzweige und (misslungenes) Christusmonogramm gedeutet. Der mit einem Kreuz und einer stilisierten Traube geschmückte Silberlöffel, der dem Knaben in dem reichen merowingischen Grab in Speyer-St. German mitgegeben wurde, ist sicherlich christlich, aber spätantik und kann nicht unbedingt etwas über das Bekenntnis des Knaben oder seiner Eltern aussagen.[26] Der schon vorgestellte prächtige Helm von Planig (siehe Abb. 14) mit seinen auf der Stirnseite unübersehbar angebrachten Kreuzen ist ein Importstück, das seine christliche Prägung zweifellos im oströmisch-byzantinischen Gebiet erhalten hat, wo es gefertigt wurde. Das als Behältnis gearbeitete Beschlagteil einer nicht genau datierbaren Bronzeschnalle aus Gondorf (Abb. 22) ziert neben dem Namen des Herstellers eine eigentümlich verschränkte Darstellung zweier biblischer Szenen (Rettung des

(LVR-Landesmuseum Bonn/A. Thünker)

Basaltstele aus Moselkern, Kreis Cochem-Zell. Höhe 80 cm

Die 1915 im verlagerten Aushub aus dem Bahndurchstich oberhalb der Pfarrkirche von Moselkern gefundene Basaltstele wurde lange Zeit als merowingisch und als eine der frühesten monumentalen Darstellungen Christi am Kreuz nördlich der Alpen angesehen, obgleich die Fundumstände eher auf den mittelalterlichen Friedhof verweisen. Die Methoden der Archäologie erlauben keine Datierung, da nichts genau Vergleichbares in Material (Basalt), Machart (Durchbruchtechnik) und Darstellung bekannt ist, auch keine Beifunde.

Jonas, Daniel in der Löwengrube), aber auch einen Kampf zwischen Krokodil und Schlange. Die biblischen Szenen sind christlich zu deuten, aber die Verwendung als Behältnis von Reliquien ist nicht sicher; es könnte, wie Hohlräume in Fibeln oder Kapseln am Gürtelgehänge, auch ein Amulett oder ein Andenken aufgenommen haben.[27]

Abb. 22: Gürtelschnalle aus Gondorf, Gemeinde Kobern-Gondorf, Kreis Cochem-Zell. Der Beschlagteil der Schnalle ist hohl gearbeitet zur Aufnahme eines Heil versprechenden Inhaltes. Die Schauseite zeigt neben Elementen biblischer Darstellungen (Jonas, Daniel) die Inschrift des Verfertigers Siggiricus. Länge des Beschlages 7,2 cm (LVR-Landesmuseum Bonn/A. Thünker)

Insgesamt sind die Funde christlicher Prägung in der älteren Merowingerzeit neben rein ornamental verzierten selten und damit besonders interessant. Sie nehmen im 7. Jh. zu – im Zusammenhang mit einem Wandel in der Frauentracht: Unter dem Einfluss der in der Mittelmeerwelt herrschenden Mode gaben die Frauen im fränkischen Reich ihre angestammte Mehr-Fibel-Tracht auf zugunsten nur einer großflächigen Fibel, die genügend Raum für Darstellungen und Symbole bot, gerade auch für solche christlichen Charakters. Ein bekanntes Beispiel stammt aus Minden an der Sauer mit einer Darstellung der Anbetung der Magier (Abb. 23).

Die geflügelte Gestalt auf zwei Fibeln aus Kaltenengers und Rommersheim kann christlich als Engel oder nach antiker Tradition als Nike bzw. Victoria aufgefasst werden; ähnlich offen ist die Interpretation von Reitern, Greifen, Adlern, Masken, selbst Kreuzen oder kreuzförmigen Anordnungen von Schmucksteinen auf Fibeln und Schmuckscheiben. Eine kreuzförmige Gliederung kann das christliche Kreuz bedeuten, aber auch eine für einen runden Gegenstand nahe liegende Dekoration sein. Als christlich zu interpretieren ist das Kreuz, wenn es, wie bei den sog. Goldblattkreuzen oder auf der Filigranscheibenfibel von Gönnersdorf (Abb. 24) oder dem als Christus-Fibel bezeichneten Stück aus Gondorf, ausschweifende Enden hat oder in spätmerowingisch-karolingischem Kontext steht. Vorher hatten die zeitgenössischen Träger(innen) und Beobachter(innen) vielfach die Wahl, ob sie einer Verzierung die eine oder die andere Bedeutung zumessen wollten.[28]

Abb. 23: Pressblechfibel aus Minden a. d. Sauer mit Darstellung der Anbetung der Magier. Durchmesser 5,9 cm (GDKE Rheinisches Landesmuseum Trier)

Abb. 24: Goldene Filigranscheibenfibel aus Gönnersdorf, Kreis Ahrweiler: Das markant herausgetriebene gleicharmige Kreuz im Zentrum der Fibel dürfte bewusst als christliches Heilszeichen aufgefasst worden sein. Durchmesser 4,8 cm (Römisch-Germanisches Museum Köln)

Der prozentuale Anteil eindeutig christlich geprägter Gegenstände an der Gesamtheit der aus dem frühen Mittelalter vorliegenden Funde ist verschwindend gering, selten ist selbst in reichen Gräbern der mittleren Merowingerzeit mehr als eine Grabbeigabe christlich verziert. Sehr viel höher ist der Anteil christlicher Grabsteine. Insgesamt lassen die Funde in ihrer Vielgestaltigkeit und breiten Streuung erkennen, dass sich das Christentum im 7. Jh. in Stadt und Land ausgebreitet hatte. Sehr viel spärlicher, sehr viel diskreter sind jedenfalls die Zeugnisse einer vorchristlichen Geisteswelt.

6. Ausklang der vorchristlichen Geisteswelt

Symbole und Bilder

In erster Linie sind hier durchbrochene Zierscheiben aus Bronze zu nennen, die von der Bronzezeit bis in die Merowingerzeit hinein von Frauen am Gürtel getragen wurden, als Schmuck aber auch als Amulett mit apotropäischer Funktion. Die meisten sind geometrisch verziert; einige, fünf Exemplare aus Rheinland-Pfalz, zeigen Reiterbilder oder Menschenpaare, die mit ihren Gliedern verschränkt oder verflochten sind (Abb. 25), ähnlich wie auf goldenen Trinkhörnern aus Jütland aus der Zeit um 400 n. Chr., und werden daher der barbarisch-heidnischen Vorstellungswelt zugerechnet.[29]

Abb. 25: Zwei runde durchbrochene Zierscheiben aus Bronze vom Gürtelgehänge der Frauentracht, gefunden in Westhofen, Kreis Alzey-Worms. Die kreuzförmige Innengliederung des Stückes Nr. 1 ist womöglich als christliches Symbol zu interpretieren, was für das Motiv des Stückes Nr. 2, ein gekreuztes Menschenpaar, ausgeschlossen erscheint. Durchmesser 9,0 bzw. 8,4 cm (Museum Worms/ Klaus Baranenko)

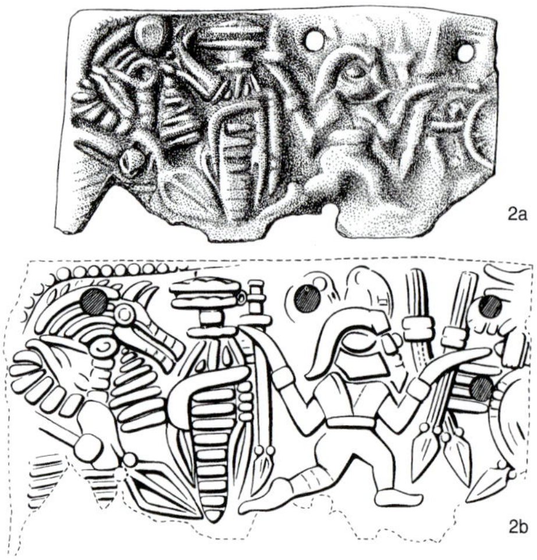

Abb. 26: Pressblechfragment von Obrigheim, Kreis Bad Dürkheim, mit Darstellung von »Wolfskrieger« und »Waffentänzer«. Breite 4,4 cm (Quast, Kriegerdarstellungen 2002, S. 268)

Wieweit diese Darstellungen von ihren Trägerinnen und deren Umgebung noch als inhaltliche Botschaft verstanden wurden, ist ebenso unsicher, wie bei dem als Eimerbeschlag zweitverwendeten Pressblech aus Bronze aus einem Männergrab bei Obrigheim mit der Darstellung eines Mannes mit einem Speer in jeder Hand, der als »Waffentänzer« gedeutet wird; hinter ihm erkennt man ein tierköpfiges Wesen mit Speer und Schwert, einen »Wolfskrieger« (Abb. 26); auch hier existieren Parallelen in der nordischen Welt.[30]

Runeninschriften

Als spezifisch germanisch gelten die Runeninschriften, die in Mitteleuropa seit dem 6. Jh. auftauchen (selten westlich des Rheins), meist als Einritzungen auf Gewandfibeln von Frauen oder Gürtelteilen von Männern.[31] Sie sind meist sehr kurz, ein bis drei Worte oder auch nur ein Zeichen, und in aller Regel schwer oder gar nicht zu deuten, wie bei den Fibeln aus Bad Ems, Kaltenengers und Osthofen. Auf der Rückseite einer Bügelfibel aus Frei-Laubersheim (Kreis Bad Kreuznach) (Abb. 27) nennt sich der Schreiber (Ritzer) Boso. Die zweite Zeile könnte einen Frauennamen und einen Gruß enthalten, doch wissen wir nicht, ob die Dame die Grüßende/Schenkende oder Gegrüßte/Beschenkte war.

Tierornamentik, Stil I und Stil II

Einige Fibeln und Zierscheiben zeigen Darstellungen verflochtener, stilisierter Tiere und Menschen. Ihre früheste Ausprägung hat die germanische Tierornamentik im südskandinavischen Raum erhalten, nach Vorbildern aus dem Mustervorrat der spätrömischen Kerbschnittgarnituren, ihrerseits eine halbbarbarische Hervorbringung des spätantiken Kunsthandwerks.[32] Anfänglich wurden stark vereinfachte, abstrahierte, in ihre Elemente aufgelöste Tierbilder als Dekor von Zierflächen additiv nebeneinander gesetzt (Tierstil I), später miteinander verflochten (Tierstil II). Vermutlich kam den Tierbildern über ihren dekorativen Zweck hinaus eine inhaltliche Bedeutung zu.[33] Es gibt jedoch keinerlei Parallelüberlieferung, sei sie schriftlicher oder sonstiger Natur, die uns helfen würde zu verstehen, was die ornamentalen Tierbilder inhaltlich darstellen und was sie ausdrücken wollen.

Die Kenntnis der im Norden entwickelten Tierornamentik wurde zweifellos durch importierte Gegenstände vermittelt, wie die Bügelfibel von Engers/Kaltenengers mit charakteristischen Merkmalen des frühen Tierstiles und die verlorene Fibel aus Bendorf-Mülhofen.[34] Einheimische Produkte hingegen sind die Fibel aus Kärlich, die um 1933 mit einer gefälschten Runeninschrift »aufgewertet« wurde,[35] das bereits erwähnte Fibelfragment von Bad Ems mit rückwärtiger Runeninschrift sowie ein Fibelpaar aus Selzen. Tierstil II zeigen eine bronzene Bügelfibel aus Mülhofen (Bendorf, Kreis Neu-

Abb. 27: Bügelfibel mit rückwärtiger Runeninschrift aus Frei-Laubersheim, Kreis Bad Kreuznach. Länge 9,7 cm (Reiss-Engelhorn-Museen Mannheim/Jean Christen)

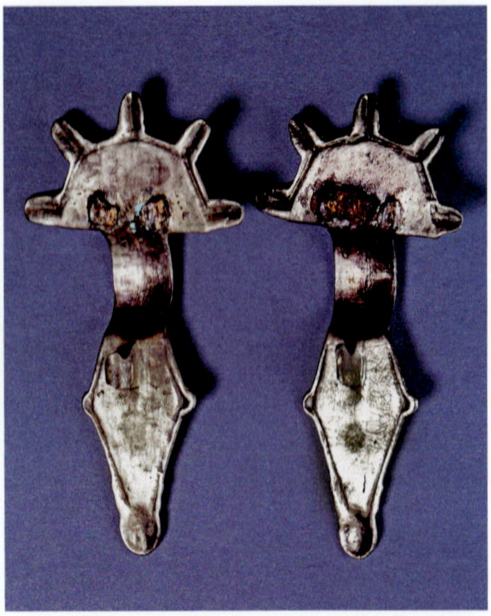

wied), auf der gepunktete Leiber zweier Tiere sich verschlingen und ein flächiges, korbbodenartiges Geflecht bilden, und ein schlichteres Fibelpaar aus Messing aus Alsheim (Kreis Alzey-Worms). Zu den jüngsten Beispielen, schon aus dem 7. Jh., gehören im nördlichen Oberrheingebiet gefundene Stücke, darunter ein Stück aus Dalsheim (Kreis Alzey-Worms) mit einem auf wesentliche Merkmale reduziertem Ornament.[36] Auch andere Gegenstände wurden in diesem Stil verziert. Die Fundverteilung zeigt, dass zumindest die rheinnahen Gebiete an der Verbreitung und Entwicklung des Tierstils, der sich bis nach Gallien und Mittelitalien verbreitete, und damit an der kulturellen Tradition der germanischen Welt teilhatten; nach Westen und im Trierer Land werden die Belege spärlicher. Anders als die Runen wurde die Tierornamentik noch in karolingischer Zeit gepflegt, wie die kürzlich in Ingelheim gefundene Riemenzunge belegt.[37]

Ein Prachtfund mediterraner Prägung als Schlusspunkt

Auf einem Acker bei Mölsheim (Kreis Alzey-Worms) fand ein junger Mann 1930 eines der kostbarsten Schmuckstücke des frühen Mittelalters, eine große, vierpaßförmige goldene, mit Filigran und Edelsteinen, Perlen und einem antiken Kameo in der Mitte geschmückte Fibel (Abb. 28).

Abb. 28: Goldene Filigranscheibenfibel mit antikem Kameo, gefunden bei Mölsheim, Kreis Alzey-Worms. Durchmesser 8,3 cm (Hessisches Landesmuseum Darmstadt)

Die Grundform entspricht einem im Frankenreich weit verbreiteten, vom Mittelmeerraum geprägten Typ großer runder oder vierpaßförmiger Fibeln (vgl. auch Abb. 26), der hochplastische, mehrfarbige Kameo mit dem Haupt der Gorgo Medusa ist eine sehr qualitätsvolle alexandrinische Arbeit des späten 2. Jhs., der ein merowingischer Goldschmied einen ihr würdigen Rahmen geschaffen hat. So vermittelt dieses handtellergroße exquisite Stück einen Wesenszug des merowingischen Frühmittelalters: die verständnisvolle Rezeption in einem dem angestammten Wesen entsprechenden Rahmen.

1 Bearbeitet von F. J. Felten auf der Grundlage eines Manuskriptes von H. Ament. Nähere Informationen zu den einzelnen Fundorten, insbesondere die maßgeblichen Literaturangaben, lassen sich im Fundortregister auf der dem Band beigegebenen CD-Rom finden.

2 CLEMENS, Frühmittelalterliche Siedlungsstruktur 2001; KNÖCHLEIN, Mainz 2003.

3 AMENT, Siedlungsgeschichte 1995.

4 So H. Ament. Zum komplizierten Problem der reduzierten Weiter- oder Wiederbenutzung allgemein WICKHAM, Framing the Middle Ages 2005, S. 476 mit Literatur zum Raum zwischen Seine und Rhein. Für Mosel und Saar: STEIN, Bevölkerung 1989, besonders S. 135 ff.; zur reduzierten Form römischer Bauten und zum Auftauchen »mittelalterlicher« Bauformen im Rheinland noch in spätrömischer Zeit LENZ, Late Roman Rural Settlement 2001.

5 Häufig ist noch die Rede von Adels- oder Fürstengräbern. Weil damit sozial-politische Verhältnisse vorausgesetzt werden, die wir nicht kennen, bevorzugt die Wissenschaft heute neutralere Bezeichnungen wie Prunk- oder Elitegräber, reiche

Gräber, französisch: »tombe« oder »inhumation privilégiée«. Begriffe wie sozial führende Schicht, Oberschicht, Elite, selbst Aristokratie vermeiden eine Assoziation mit einer privilegierten Rechtsstellung, die mit »Adel« verbunden ist. Insgesamt fehlt, wie eine daran besonders interessierte Archäologin des Mosel-Saar-Raumes resümierte, »für die wichtige Frage nach der sozialen Strukturierung der gesamten Bevölkerung aufgrund der Grabausstattungen, [...] noch ein Konsens, wie Abstufungen des Reichtums, mithin der Achtung und des Ranges (nicht der Rechtsstellung) definiert werden sollten«. STEIN, Bevölkerung 1989, S. 163; aus den zahlreichen Arbeiten zu methodischen Überlegungen STEUER, Fürstengräber 2003.

6 Das passte zu den Ambitionen der Andernacher, die erst 1167 von Kaiser Friedrich Barbarossa dem Kölner Erzbischof geschenkt worden waren und damit ihren Status als kaiserliche Stadt verloren hatten.

7 Zusammenfassend etwa BIERBRAUER, Romanen 2003.

8 Zum Nebeneinander von (älteren?) romanischen und germanischen Gräbern siehe die Fundort-Regesten zu Bad Kreuznach, Bingen, Boppard, Ehrang, Gondorf, Mainz und Speyer auf der beigefügten CD-Rom.

9 VOGEL, Andernach 2006, S. 27 ff.

10 »Die jeweilige Grabausstattung ist jedoch, da sie von der zur Zeit ihrer Zusammenstellung gültigen Beigabensitte abhängig ist, kein ungefilterter Spiegel der jeweiligen Alltagskultur.« RISTOW, Frühes Christentum 2007, S. 275 mit Hinweis auf BÖHME, Franken und Romanen 1998, S. 31 ff.

11 AMENT, Romanen an Rhein und Mosel 1992. Dazu aber HAUBRICHS Romanen 1998.

12 SCHENK, Keramik 1998, S. 142 ff.

13 STAUCH, Wenigumstadt 2004.

14 WIECZOREK, Mitteldeutsche Siedler 1989. Von den grundlegenden historisch-sprachwissenschaftlichen Arbeiten Wolfgang Haubrichs siehe insbesondere HAUBRICHS, Ostgermanische Personennamen 2006, u. a. zum Remico-Stein aus Goddelau (BOPPERT, Inschriften 1971, S. 172), dem Aigttheus-Stein aus Worms (HAUBRICHS, Wormser Inschrift 2004), sowie Wiesbadener Steinen (HAUBRICHS, Eppo, Runa 2000).

15 Umfassende Darstellung auf aktuellen Forschungsstand RISTOW, Christentum 2007.

16 Zuletzt BOPPERT, Grabinschriften von Andernach 1988, S. 121 ff. Abb. 1, Nr. 2.

17 RISTOW, Frühes Christentum 2007, S. 269 f. mit Nachweisen.

18 ZELLER, Rheinhessen 1992, S. 249 (Anm. 180).

19 BACK, Untere Mosel 1989, S. 90 f.; AMENT, Mayen 1976, S. 150 f. (zu Plaidt), S. 154 f. (zu Obermendig).

20 Zu den Aussagemöglichkeiten RISTOW, Frühes Christentum 2007, S. 270–274, Zitate S. 270 und 272, Karte auf Tafel 3 »nach den Angaben von Schmitz«(Vgl. SCHMITZ, Akkulturation 1977, Karte S. 184).

21 BOPPERT, Inschriften 1972, S. 108–118, Übersetzung nach BEHRENS, Bertichildis Grabstein 1937, S. 114.

22 So H. AMENT in seinem diesem Beitrag zugrunde liegenden Manuskript. Er fährt fort: »Eine sichere Deutung ist kaum möglich.«

23 RISTOW, Christentum 2007, S. 386 (»Bestimmung als christlich: unsicher«).

24 Eindringlich dazu ebenda, S. 274–289.

25 Im Wormser Museum. Abbildung in: OTTEN/RISTOW, Von den Göttern zu Gott 2006, S. 103.

26 Ebenda, S. 453 und S. 289. Vgl. auch den »Mainzer Löffel« unbestimmter Herkunft aus dem 4. Jh. Abbildung in DUMONT/SCHERF/SCHÜTZ, Mainz 1998, S. 75 Abb. 46.

27 SCHELLHAS, Sogenannte Klerikerschnallen 1997, S. 77. Vgl. die Abbildung eines Kapselanhängers aus Engers in: OTTEN/RISTOW, Von den Göttern zu Gott 2006, S. 75.

28 Vgl. RISTOW, Christentum 2007, S. 286 f., auch zu heute als »synkretistisch« gedeuteten Befunden und zum folgenden Absatz.

29 RENNER, Zierscheiben 1970, S. 43 ff. (Typ XIII), 83 ff., 197 ff. Tafel 31–33, Nr. 643–662. Neufund: DOHRN-IHMIG, Fränkisches Gräberfeld 1999, Tafel 26,11; AXBOE, Gallehus 1998.

30 QUAST, Kriegerdarstellungen 2002. Abbildung eines Wolfskriegers auf einer Schwertscheide des 7. Jhs. in: OTTEN/RISTOW, Von den Göttern zu Gott, S. 82.

31 DÜWEL, Epigraphische Zeugnisse 1996, S. 540–552 mit zahlreichen Abbildungen, darunter die Scheibenfibel aus Osthofen (S. 543) und die Bügelfibeln aus Frei-Laubersheim (S. 546, Runen kaum zu erkennen), und Literaturangaben. Generell: DÜWEL, Runenkunde 2008.

32 Grundlegend: SALIN, Thierornamentik 1835/1982; HASELOFF, Tierornamentik 1981; zuletzt AMENT/WILSON, Tierornamentik, 2005; RIEGL, Spätrömische Kunstindustrie 1927/1964.

33 Vgl. zuletzt PESCH, Tierstilkunst 2007.

34 HASELOFF, Tierornamentik 1981, S. 41 Abb. 19, Tafel 12.1 und S. 433 Abb. 281, Tafel 57.

35 Merowingerzeit 2007, S. 514, Nr. VII.40.22.

36 HASELOFF, Tierornamentik 1981, S. 651 f. Abb. 455 und 456, Tafel 87 mit Umzeichnung; GRÜNEWALD/WIECZOREK, Grabfunde aus Worms und Rheinhessen 2009, S. 67, 455; ZELLER, Dalsheim, 1994, S. 160 Abb. 2.

37 GREWE, Riemenzunge 2003; vgl. OTTEN/RISTOW, Von den Göttern zu Gott 2006, S. 119.

Grundlegung im frühen Mittelalter. Vom 5. bis zum Ende des 9. Jahrhunderts

Von Franz J. Felten mit zwei Beiträgen von Holger Grewe

1. Von den Römern zu den Franken (5.–8. Jahrhundert)

Das Ende der römischen Herrschaft

»Durch drei unmittelbar aufeinanderfolgende Zerstörungen ist die Hauptstadt der Gallier ausgetilgt worden, und obwohl die ganz Stadt verbrannt war, wuchsen die Leiden noch nach den Zerstörungen. Denn die, welche die Feinde bei der Einnahme nicht getötet hatten, wurden nachher vom Unglück erreicht; denn alles, was bei der Zerstörung dem Tode entronnen war, überlebte nachher das Unheil nicht, die einen starben in lang dauernden Todesqualen an tieferen Wunden, die anderen, bereits angesengt durch das Feuer des Feindes, peinigte nach dem Brand die Qual. Die einen starben vor Hunger, die anderen infolge ihrer Blöße. Die einen siechten dahin, die anderen erfroren, und so fielen alle miteinander durch verschiedene Todesarten einem gemeinsamen Tod anheim [...].«[1] Mit diesen dramatischen Worten beschreibt Salvian von Marseille das Schicksal der »glänzenden Stadt Trier«, der einstigen Residenz des römischen Kaisers und Sitz der Verwaltung für ganz Gallien. Und weiter: »Durch das Verderben einer Stadt wurden auch andere getroffen. Überall, was ich selbst gesehen und ausgehalten habe, lagen nackte und zerfleischte Leichen beiderlei Geschlechts, die den Anblick der Stadt schändeten, von Vögeln und Hunden zerrissen. Verderben für die Lebenden war der üble Geruch der Toten. Der Tod hauchte neuen Tod aus. Und so mussten auch die, die bei der Zerstörung der Stadt nicht dabei gewesen waren, die Leiden fremden Untergangs mit ertragen.«

Der glänzend gebildete Autor, wohl im Raum Trier oder Köln geboren und aufgewachsen, scheint beim Rückzug der gallischen Präfektur aus Trier nach Arles zu Beginn des 5. Jh. mit nach Südfrankreich gegangen zu sein. Dort war er, wie manch einer aus seiner sozialen Umgebung, Mönch in Lérins, auf der Klosterinsel vor Cannes, geworden und wirkte bis zu seinem Tod um 470 als Priester in Marseille, daher der Name. In mehreren Werken versuchte er mit der traumatisierenden Erfahrung fertig zu werden, dass seit dem Beginn des 4. Jhs. Barbaren ins römische Reich eindrangen, hervorragende Städte zerstörten, sich trotz punktueller Abwehrerfolge in Italien, Gallien und Spanien ausbreiteten. Selbst Rom war mehrfach von Goten bedroht, 410 eingenommen und geplündert worden, was nicht nur den Kirchenvater Augustinus tief verstörte: »Was bleibt heil, wenn Rom fällt?« Gott, so waren fromme Gelehrte überzeugt, strafte die Bewohner für ihre verkommenen Sitten – und sie lernten doch nichts daraus: »Die erste Einnahme hätte für Besserung genügen können, so dass nicht die Wiederholung der Sünden zu einer Wiederholung der Zerstörung geführt hätte«, schreibt Salvian den Trierern ins Stammbuch (VI.75).

Schlimmer als die materiellen Folgen, so schien es, waren die moralischen Verwüstungen: »Weiß ich doch, dass auch auf heimischem Boden und in gallischen Städten fast alle vornehmen Männer durch ihr Unglück schlechter geworden sind. Denn ich sah Menschen, von Haus aus Adelige, mit hohen Würden bekleidet; sie waren zwar schon ausgeraubt und geplündert, doch war ihr Vermögen weniger zerstört als ihre Sitten. Obwohl sie ausgeraubt und entblößt waren, war doch vom Vermögen etwas übrig geblieben, nichts aber von der Zucht. Soviel schlimmere Feinde waren sie gegen sich selbst, als die Feinde von außen, dass sie sich selbst noch mehr zerstörten, als sie von den Barbaren zerstört waren« (VI.72). Inbegriff der moralischen Verworfenheit ist in den Augen des frommen Geistlichen, der wohl die dritte Zerstörung Triers (428 oder 435) miterlebt hatte, das Verlangen der Trierer nach *circenses*/Pferderennen und Theaterspielen (VI.85, 89) – was man freilich auch als Ausdruck der Treue zur römischen Tradition interpretieren kann.[2]

Sicher sind Salvians Worte als Moralpredigt zu bewerten und man kann sich fragen, wie sehr seine mahnende Absicht die realen Ereignisse in der ersten Hälfte des 5. Jhs. übertrieb. Nur scheinbar nüchterner registrierte eine Generation früher der Kirchenvater Hieronymus, der auch eine Zeit lang in Trier gewesen war: »Mainz, die einst vornehme Stadt, ist erobert und zerstört worden. In den Kirchen wurden Tausende erschlagen, Worms nach langer Belagerung erledigt [...]« – nach herrschender Meinung im Zuge des Rheinübergangs der Vandalen (Wandalen) und anderer Völker in der Neujahrsnacht 406/407.[3] Bei aller moralischen Übertreibung, etwa auch zur Ausbeutung der Armen durch die Reichen und Mächtigen[4], erkennen die Historiker den hohen Quellenwert der Aussagen von Hieronymus und Salvian über die Ereignisse, das Verhalten und das Empfinden der Menschen an. Für die Menschen an Rhein und Mosel, wie auch in Gallien, machte nicht das Schulbuchdatum 476, als der letzte Kaiser im Westreich im fernen Italien abgesetzt wurde, Epoche, sondern die turbulenten Jahrzehnte vorher mit dem nicht abreißenden Wechsel von Germaneneinfällen und Versuchen der Gegenwehr und Reorganisation der römischen Herrschaft. Damals ist der Glanz des spätantiken Trier, obwohl die Stadt nicht völlig zerstört wurde,[5] endgültig erloschen und die schon im 4. Jh. schwer getroffene Infrastruktur auf dem flachen Lande zusammengebrochen, auch wenn die römische Herrschaft nicht zuletzt mit Hilfe germanischer Bündnispartner noch einmal konsolidiert wurde.[6]

Auf dem linken Rheinufer bei Worms errichteten die Burgunder als römische Verbündete gegen die Alemannen ihre Herrschaft,[7] wurden aber 436 vom römischen Heermeister Aëtius mit Hilfe der Hunnen dezimiert und danach, soweit sie überlebt hatten, am Genfer See und der oberen Rhone angesiedelt. Dort entstand das Burgunderreich, das erst im 6. Jh. erobert und in das Frankenreich eingegliedert wurde. Nach Abzug der Burgunder war Raum für die Alemannen und die sog. Rheinfranken, die um 450 teils am Niederrhein, teils am Mittelrhein/Neckar saßen; wenig später nahmen sie Mainz und Köln ein, plünderten 455 auch Trier, doch behauptete dort der *comes* Arbogast, ein in die römische Senatorenaristokratie integrierter Franke, seine Herrschaft im Namen Roms noch bis Mitte der 480er Jahre. Erst danach beherrschten die unter einem König geeinten Rheinfranken das Land bis in die Pfalz hinein.

Entstehung des fränkischen Großreiches

Um dieselbe Zeit beendete Chlodwig, der 481/482 im heutigen Nordfrankreich das Erbe seines Vaters Childerich als König der salischen Franken in römischen Diensten angetreten hatte, mit seinem Sieg über Syagrius die letzten Reste römischer Herrschaft auf gallischem Boden. In wenigen Jahren errichtete er mit harter Hand und politischem Geschick sein fränkisches Großreich, in das im Zuge seiner Kriege gegen die Alemannen und den Anschluss der Rheinfranken das Land bis zum Mittelrhein integriert wurde.[8] Von zentraler Bedeutung für die fränkische und europäische Geschichte wurde der Übertritt des Königs aller Franken zum katholischen Glauben, in Reims, wohl 496/497. Rund 100 Jahre später verknüpfte der Bischof Gregor von Tours in seinen »Zehn Büchern Geschichte« Chlodwigs Entschluss mit dem Sieg über die Alemannen und stilisierte so Chlodwig zu einem zweiten Konstantin. Die Taufe legte die Basis für eine Kooperation mit den galloromanischen Eliten, insbesondere den Bischöfen und für die Entstehung eines neuen fränkischen Reichsvolkes, in dem sich auch Galloromanen, Burgunder und Westgoten wiederfinden konnten.

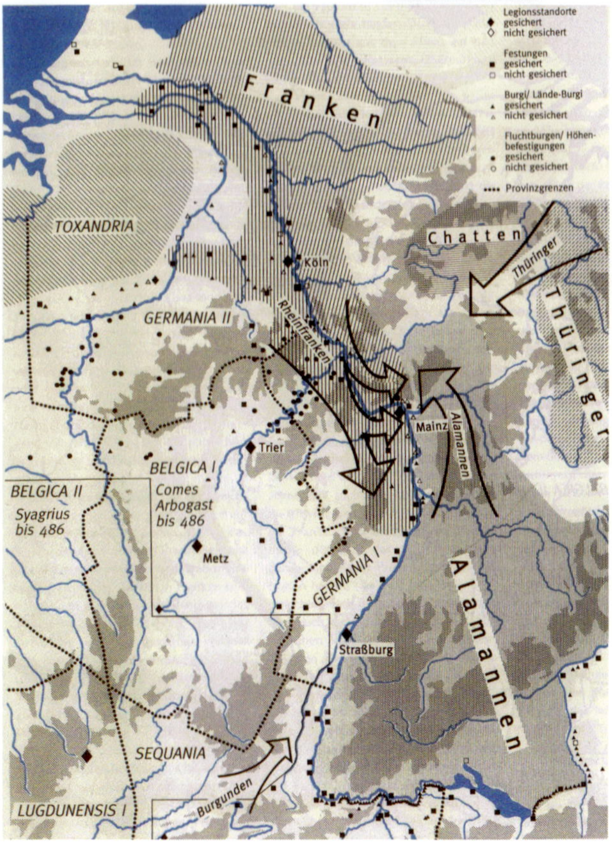

Die Rheinlande im letzten Drittel des 5. Jhs.
(Reiss-Engelhorn-Museen Mannheim/Jean Christen)

»Völkerwanderung« oder »invasion des barbares«?

Allzu freundlich klingt das vertraute deutsche Wort »Völkerwanderung«, wie hässlich dagegen das französische »les invasions des barbares«, die aus den germanischen Wäldern und Sümpfen hervorbrechend eine blühende Kultur ruiniert hätten. Beide Interpretationen sind deutlich von Ideologie getränkt. Richtig ist, dass seit langem rechtsrheinische Germanen für den Militärdienst angeworben und in verwüsteten Gebieten angesiedelt worden waren, besonders nach 355/356 – und immer größere Bedeutung erlangt hatten. So waren vor allem die Franken, stärker als die Alemannen, als Gegner und Verbündete der Römer über Jahrzehnte in die römische Welt hinein gewachsen. Dennoch sollte man die Schrecken des Krieges und die Härte der fränkischen Gesellschaft nicht unterschlagen, wenn man die Franken als »Wegbereiter eines Europa in der Vielfalt, wie wir es heute anstreben« feiert.[9]

Hat man früher, in Zeiten nationaler Geschichtsschreibung, die Ereignisse als »Untergang« und »Eroberung« charakterisiert, so betont man seit geraumer Zeit die »Kontinuität« zwischen römischer und fränkischer Herrschaft. Gewiss hatte Chlodwig nicht einfach die Verwaltung des römischen Galliens übernommen, auch wenn Bischof Remigius von Reims ihm nach dem Sieg über Syagrius zur Übernahme der *administratio* der *Belgica secunda* gratulierte.[10]

Römisches und Fränkisches im frühen Mittelalter

Das Großreich Chlodwigs und seiner Nachfolger vereinte in der Tat römisches und fränkisches Erbe – in unterschiedlicher Mischung in den einzelnen Regionen je nach dem Grad der Kontinuität der romanisierten Bevölkerung.[11] An Rhein und Mosel war sie teilweise besonders hoch. Daher bedeutete der Zusammenbruch der Herrschaft der Römer nicht das Ende der von ihnen geprägten Zivilisation. Zwar hatte nach der Verlegung der Reichsverwaltung aus Trier der größte Teil der reichen Oberschicht das Land verlassen, die Germaneneinfälle hatten seit dem 4. Jh. die Bevölkerung dezimiert, die Städte schrumpften, auf dem flachen Lande waren die beeindruckenden Großvillen schon im 4. Jh. größtenteils aufgegeben und von im Lande gebliebenen, angesiedelten bzw. »einsickernden« Germanen in Besitz genommen worden.[12] Vielfach zogen sich die Menschen in größere befestigte Siedlungen, wie Kreuznach, Boppard oder Alzey zurück, vici wurden verlassen oder zu Kleinkastellen ausgebaut, wie Eisenberg. Aber das Land wurde nicht menschenleer, als die römische Siedlungsstruktur zusammenbrach und, wie in anderen Regionen, auch hierzulande Ackerland auf Dauer unter Wald verschwand, wie auf dem Hunsrück, in der Nähe von Bingen oder bei Kreuznach.[13]

Freilich können wir kaum abschätzen, wie groß die Bevölkerungsverluste der Umbruchszeit waren; bei Trier spricht man von weit unter

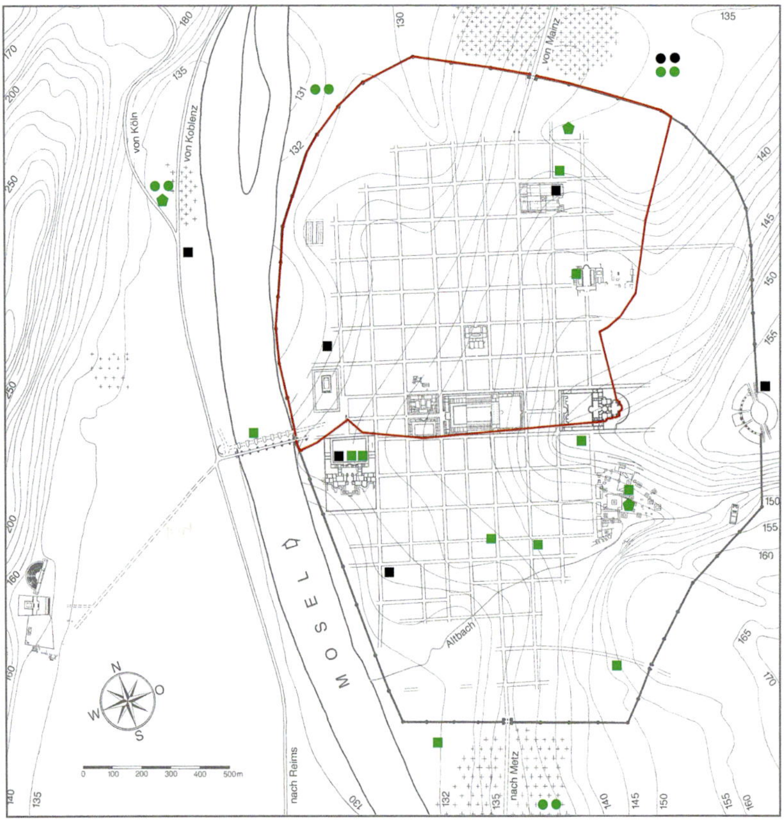

Trier 6.–7. Jh. Die Spärlichkeit der Funde aus der frühen fränkischen Zeit deutet an, wie tief der Einschnitt war, auch wenn sie nicht die Wirklichkeit widerspiegelt (GDKE Rheinisches Landesmuseum Trier)

Fund- und Befundverteilung des 6. / 7. Jahrhunderts in Trier

	6. Jh.	7. Jh.
Einzelfund	■	■
Siedlungsbefund		⬟
Grab/Gräber	●●	●●

— Verlauf der hochmittelalterlichen Stadtmauer

15.000 Einwohnern um 500 – gegenüber 40.000 bis 60.000 noch ein Jahrhundert zuvor, für das flache Land wissen wir noch weniger.

Wir können auch nicht sagen, wie das zahlenmäßige Verhältnis von Einheimischen und Zuwanderern war, die sich auf Dauer ja nicht nur politisch, sondern auch sprachlich durchsetzten. Funde bezeugen die Anwesenheit von Germanen seit dem späten 3., stärker seit dem 4. und 5. Jh. Aus der Verbreitung der Reihengräberfriedhöfe, die am Niederrhein schon früh, in der Eifel, an Mosel und Saar um 500 einsetzen, früher also als in Rheinhessen, und in vielen Gebieten ganz fehlen, wird auf eine schrittweise, bis ins 7. Jh. anhaltende und ungleichmäßige fränkische bzw. alemannische Landnahme neben einer vielerorts weiterlebenden galloromanischen Bevölkerung geschlossen. In der Wormser Gegend lassen sich auffallend viele Ortsnamen auf -heim, die auf frühe germanische Siedlung hindeuten, mit archäologischen Funden verknüpfen.

Wenn es freilich mit Mitteln der Archäologie kaum gelingt, die Neuankömmlinge von den Galloromanen zu unterscheiden, kann man daraus mit H. Ament vielleicht schließen, dass es »hierzulande eine scharfe Sonderung zwischen Franken/Alemannen auf der einen und Romanen auf der anderen Seite nicht gegeben zu haben scheint – jedenfalls nicht über einen längeren Zeitraum hinweg. In der Sachkultur wie im Bestattungsritual ist es rasch zu einem Ausgleich gekommen, hat sich ein Kulturkomplex herausgebildet, der Elemente beider Seiten aufgenommen hat.«[14] Poetisch hat dies Carl Zuckmayer in seinem berühmten Stück »Des Teufels General« ins Bild vom Rhein als der »großen Völkermühle« und »Kelter Europas« gefasst.

Die Rheinländer nach Carl Zuckmayer

»Und jetzt stellen Sie sich doch mal Ihre Ahnenreihe vor – seit Christi Geburt. Da war ein römischer Feldhauptmann, ein schwarzer Kerl, braun wie ne reife Olive, der hat einem blonden Mädchen Latein beigebracht. Und dann kam ein jüdischer Gewürzhändler in die Familie, das war ein ernster Mensch, der ist noch vor der Heirat Christ geworden und hat die katholische Haustradition begründet. Und dann kam ein griechischer Arzt dazu, oder ein keltischer Legionär, ein Graubündner Landsknecht, ein schwedischer Reiter, ein Soldat Napoleons, ein desertierter Kosak, ein Schwarzwälder Flözer, ein wandernder Müllerbursch vom Elsaß, ein dicker Schiffer aus Holland, ein Magyar, ein Pandur, ein Offizier aus Wien, ein französischer Schauspieler, ein böhmischer Musikant – das hat alles am Rhein gelebt, gerauft, gesoffen und gesungen und Kinder gezeugt – und – und der Goethe, der kam aus demselben Topf, und der Beethoven und der Gutenberg, und der Matthias Grünewald und – ach was, schau im Lexikon nach. Es waren die Besten, mein Lieber! Die Besten der Welt! Und warum? Weil sich die Völker dort vermischt haben. Vermischt – wie die Wasser aus Quellen und Bächen und Flüssen, damit sie zu einem großen, lebendigen Strom zusammenrinnen. Vom Rhein – das heißt: vom Abendland. Das ist natürlicher Adel. Das ist Rasse. Seien Sie stolz darauf, Hartmann – und hängen Sie die Papiere Ihrer Großmutter in den Abtritt. Prost.«[15]

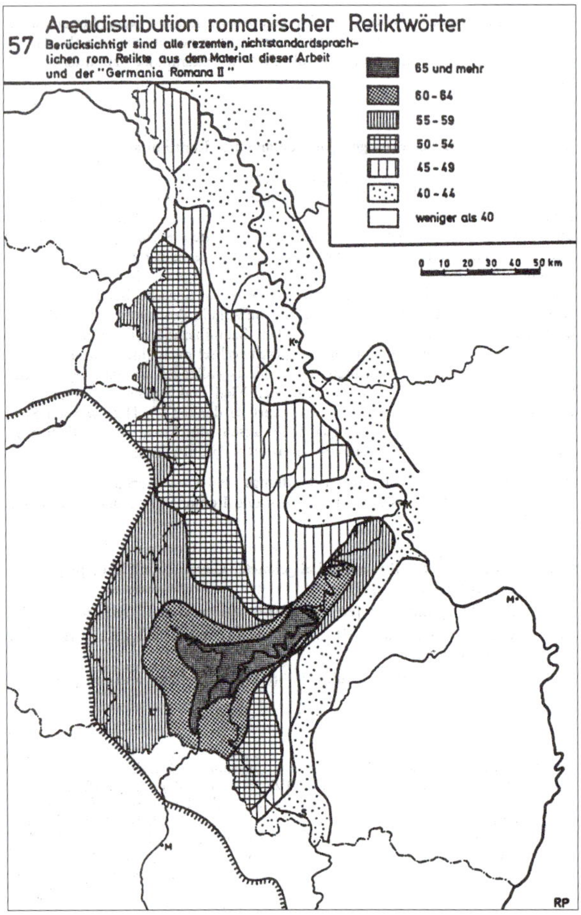

Die Moselromania im Spiegel der Lehnwortfrequenzen (aus: Buchmüller/Haubrichs/Spang, Namenkontinuität 1986/87, S. 110)

Dabei lässt Harras in der mutmaßlichen Ahnenreihe des Leutnants die Burgunder, Franken und Alemannen sogar noch aus – vielleicht weil sie in der Zeit, in der das Stück spielt, als Arier gegolten hätten.

Interdisziplinäre Forschung hat jedenfalls in den letzten Jahrzehnten gezeigt, wo überall auch in den seit Jahrhunderten deutschsprachigen Gebieten mit einem Weiterleben einer starken romanischen Bevölkerung, einer »Romania submersa«[16] – und einer frühen Besiedlung durch Franken und Alemannen zu rechnen ist. Lateinische Inschriften zeigen eine relativ starke Kontinuität der Besiedelung an Mosel und Rhein, mit deutlichen Schwerpunkten in Trier, Mainz und in den (befestigten) Orten in den engen Flusstälern.[17] Wenn auf den Grabsteinen zunehmend germanische Namen auftauchen, so ist zu bedenken, dass diese auch von Einheimischen übernommen wurden, wie wir spätestens um 600 selbst in Innergallien beobachten können. Weitere sprachliche Befunde (Orts-, Fluss- und Flurnamen, auch Personennamen, sowie Lehn- und Reliktwörter) deuten auf ein Überleben romanischer Sprachgemeinschaften bis weit ins Mittelalter hinein, nicht nur in Städten wie Trier und Mainz, sondern auch im Maifeld, in den Tälern von Mosel, Saar und Ruwer, im Hunsrück und Hochwald, so dass wir heute nicht nur vom »Romanenring um Metz«, »dem Warndt-Korridor« oder der »Mosel-Romania« sprechen, sondern auch von der »Hochwald-Romania« und »Prümer Romania«.[18] In Rheinhessen und in der Pfalz (wie im Elsass) hingegen war die Kontinuität offenbar schwächer.[19]

Die Lande zwischen Mosel und Rhein im Frankenreich

Nach seinen Siegen über die Rheinfranken und Alemannen (496/506) dehnte Chlodwig seine Herrschaft bis zum Rhein aus, doch lag unser Raum lange am Rande des Reiches, das seine Schwerpunkte im Seine-Oise-Raum und angrenzenden Gebieten, insbesondere nach Burgund hin, hatte. Sie stehen dem entsprechend auch in den ohnehin seltenen Quellen im Vordergrund, obwohl Gregor von Tours, der wichtigste Autor für das 6. Jh., einige Trierer Bischöfe erwähnt und einmal selbst bis nach Koblenz gereist war.[20]

Einwirkungen des fränkischen Königtums

Die Belege für eine Präsenz der merowingischen Könige im wörtlichen wie im übertragenen Sinne in den Landen zwischen Mosel und Rhein sind spärlich, auch als Austrasien in den Vordergrund rückte und Könige, wie Dagobert I., von Metz aus regierten. Theuderich I. († 533) soll häufig in Trier residiert haben;[21] Bischof Nicetius († 566) sah im königlichen Palast einen jungen Mann und warb ihn für den Klerus an; 585 war Childebert II. im *castrum* Koblenz, warum erfahren wir nicht.[22] Venantius Fortunatus besingt einen Palast, den er 588 in Andernach gesehen hat. In den blutigen Kämpfen vor der Reichseinigung 613 drang Chlothar II. einmal auf Anraten wichtiger austrasischer Großer bis nach Andernach vor, die Königin Brunhilde beschwor ihn von Worms aus, wo sie sich mit ihren Urenkeln aufhielt, sich aus deren Erbteil zurückzuziehen.[23] Die Entscheidung mit dem grausamen Ende der Königin fiel dann zwischen Metz, Chalons-en-Champagne und Burgund. Dagobert, der seit 623 als Mitherrscher in Metz residierte, ist auch einmal in Trier bezeugt.[24] Bei Feldzügen gegen Thüringer, Alemannen und andere Feinde östlich des Rheins bot sich der Mittelrhein als Aufmarschbasis an. So zog Dagobert 630/631 mit einer Schar erlesener Krieger aus dem Westen und aus Burgund von Metz über die »Ardennen«, um bei Mainz den Rhein zu überschreiten.[25] Bei einem späteren Feldzug nach Thüringen, seit 531/534 nominell unter fränkischer Herrschaft, waren *Macancinsis* nicht treu[26] – wer auch immer mit diesen »Mainzern« gemeint sein mochte.

Wie der König seine Herrschaft in unserem Raum ausübte, in dem er, wie spätere Nachrichten über Schenkungen und Vergaben nahe legen, über große Königsgutskomplexe verfügte, verrät keine Quelle. Alle Königsurkunden bis in die Zeit der Karolinger für Empfänger hierzulande sind gefälscht oder verloren. So wissen wir von einer Königspfalz in Mainz auch nur durch eine gefälschte Urkunde Dagoberts.[27] Ob es echte Originale gegeben hat, muss offen bleiben, beruft man sich doch allzu gern auf den »bon roi Dagobert«, auch wo es historisch mit Sicherheit zu Unrecht geschieht.[28]

Von der herrschaftlichen Erfassung des Landes erfahren wir fast nichts, auch wenn ab und an *duces, iudices, comites* genannt werden. Wie weit wir mit Verwaltungspraktiken in römischer Tradition rechnen können, wissen wir nicht. Immerhin holten Franken in Trier einen Parthenius, der ihnen verhasst war, weil er ihnen zu Zeiten des Königs Theudebert I. († 547) Steuern auferlegt hatte, aus einer Kirche, wo er versteckt war, heraus und brachten ihn um.[29]

Es scheint, dass der Trierer Bischof im 6. Jh. eine spätantik-romanisch anmutende Kombination weltlicher und geistlicher Macht aufbaute (große Befestigungsanlage des Nicetius an der Mittelmosel!), sie eventuell im 7. Jh. neu begründete und bis ins späte 8. Jh. bewahren konnte, als Karl d. Gr. sie zugunsten eines Bidgaugrafen zerlegte.[30]

Aus punktuellen Quellennachrichten ergibt sich, dass führende Große im Umkreis des Königs auch in unserem Raum Besitz hatten.[31] Zu den wichtigsten Beratern Dagoberts und dessen Sohnes Sigibert gehörte Bischof Kunibert von Köln, der an der Obermosel zuhause war und wohl die Grundlage für den späteren kölnischen Besitz am Mittelrhein bis ins Elsass legte. Eng verbunden mit ihm war lange Arnulf von Metz, auf den die Metzer Besitzungen entlang der Römerstraße von Metz nach Worms und Frankenthal (vor allem Pfeddersheim) zurückgehen könnten. Noch älter, nämlich eine Schenkung Chlodwigs an Remigius, soll der Besitz der Reimser Kirche um Kusel (Remigiusland) gewesen sein.[32] Verdun hat spätestens seit dem Testament des Adalgisel Grimo von 634, eines Geistlichen aus Verdun, Besitz im Hunsrück und an der oberen Nahe. Adalgisel Grimo gehörte zu den mächtigen Franken, die großen Besitz in verschiedenen Regionen des Reiches hatten. Seine detaillierten Verfügungen über den umfangreichen Besitz von

Gewalt gegen einen Steuereintreiber in Trier

»Da aber den Franken Parthenius bitter verhasst war, weil er ihnen zur Zeit des genannten Königs Steuern auferlegt hatte, so fingen sie an, ihn zu verfolgen. Als er sah, dass er in Todesgefahr schwebte, floh er aus Stadt, und bat zwei Bischöfe dringend, sie möchten ihn nach Trier geleiten und den Aufruhr des wütenden Volkes durch Ermahnungen beschwichtigen. Auf der Reise aber, als er nachts auf dem Lager lag, schrie er plötzlich im Traume laut auf und sprach: ›Ach ach! Alle, die ihr da seid, kommt herbei, und helft mir, ich komme um.‹ Da erwachten seine Begleiter von dem Geschrei und fragten ihn, was denn sei. Er antwortete: ›Mein Freund Ausanias und mein Weib Papianilla, die ich einst umgebracht habe, riefen mich vor den Richterstuhl und sprachen: »Komm und gib Rechenschaft, denn zwischen dir und uns soll gerichtet werden vor dem Herrn.« Er hatte nämlich aus Eifersucht einige Jahre zuvor sein unschuldiges Weib und seinen Freund getötet. Als aber die Bischöfe nach der erwähnten Stadt kamen, konnten sie den Aufruhr des lärmenden Volkes nicht ertragen; sie wollten ihn daher in der Kirche verbergen, steckten ihn in eine Lade und breiteten Gewänder über ihn, die zum kirchlichen Gebrauch dienten. Das Volk aber drang ein und durchsuchte alle Winkel der Kirche; und da es ihn nicht fand, ging es wutknirschend wieder hinaus. Einer schöpfte jedoch Verdacht und sprach. ›Da ist noch eine Lade, wo wir unseren Feind noch nicht gesucht haben.‹ Die Kirchendiener versicherten, des seien nur Messgewande darin; jene aber verlangten den Schlüssel und sprachen: ›Wenn ihr sie nicht gleich öffnet, so schlagen wir sie mutwillig entzwei.‹ Da öffenten sie die Lade, nahmen die Gewänder fort, fanden ihn und zogen ihn heraus; und sie frohlockten und sprachen: ›Gott hat unseren Feind in unsere Hände gegeben.‹ Sie schlugen ihn darauf mit Fäusten, spieen ihm ins Gesicht, banden ihn mit den Händen auf dem Rücken an eine Säule und steinigten ihn. Er war aber sehr unmäßig im Essen und pflegte, um schneller wieder Esslust zu bekommen, Aloe zu nehmen, dass er rasch das Genossene verdaue; auch ließ er öffentlich ohne alle Scheu vor den Anwesenden Winde fahren. Auf diese Weise also kam er ums Leben.«[33]

Lüttich bis südlich von Verdun, von der Mosel bis zum Hunsrück, (vgl. die Karte im Beitrag Clemens) geben uns Einblick in »Gesellschaft, Wirtschaft und religiöses Leben im Obermosel-Saar-Raum«[34] – aber nicht in die politische Struktur, die bis in die Karolingerzeit in tiefem Dunkel bleibt; er bedenkt zwar einen *dux* Bobo, aber von Gau/*pagus* ist im Text keine Rede.[35]

Wann die Bistums- und Gaugrenzen festgelegt wurden, seit wann und wo welche Grafen agierten, können wir allenfalls erahnen. Auffällig ist, dass die Bistumsgrenzen hierzulande nicht mit den alten römischen Grenzen übereinstimmen, dass alle rheinischen Diözesen sich über den Rhein nach Osten ausgedehnt haben,[36] dass Trier sich im Laufe des Frühmittelalters am Mittelrhein gegen Mainz vorgeschoben hat und Worms bis Oppenheim reichte.[37] Auf eine reduzierte Rolle von Mainz im 6. und 7. Jh. deutet auch, dass es nie einen Mainzgau gab. Die Stadt und ihr Umland gehörten zunächst zu dem erstmals 754 genannten Wormsgau, der zeitweise bis Boppard reichte, dann zum Nahegau, der sich auf Kosten des Wormsgaus ausdehnte. Da der Wormsgau nach der antiken *civitas* benannt ist, könnte er schon im frühen 6. Jh. entstanden sein.[38] Im Moselraum setzen die Belege zum Bid- und Moselgau Ende des 7. Jhs. mit den Urkunden für Echternach ein. Von einer das Land abdeckenden »Gau-« oder »Grafschaftsverfassung« ist die Forschung abgekommen; sie betont die Vieldeutigkeit des Namens (administrativ-politisch, geografisch) und die wechselnden Zuweisungen einzelner Orte zu verschiedenen Gauen und Grafschaften, die sich nicht decken.[39]

Kirchliche Organisation

Mehr als von den Strukturen der politischen Herrschaft wissen wir über die kirchliche Organisation.[40] Schon im 4., spätestens im 5. Jh. gab es Bischöfe in Trier und Mainz, wohl auch in Worms und Speyer, obwohl spätantike Bischofskirchen nur in Trier archäologisch nachgewiesen sind. Wie weit das Land schon flächendeckend christianisiert war, wissen wir nicht, doch gibt es hierzulande keine Hinweise auf ein Weiterleben vorchristlicher Kulte.[41] Der Zusammenbruch der römischen Strukturen und das Eindringen der Alemannen, dann der Franken hat auch im kirchlichen Leben eine Zäsur gesetzt. In Trier scheint die Abfolge der Oberhirten auch in den Jahrzehnten des tiefen Umbruchs nicht abgerissen zu sein. In Mainz, Worms und Speyer setzen die Bischofslisten im 6. bzw. im 7. Jh. wieder ein. Die Lücken sind Indizien schwerer Störungen, aber sie besagen keineswegs, dass hier keine Christen und Christengemeinden überlebt hätten. Dagegen sprechen die christlichen Grabsteine, die an Rhein und Mosel so zahlreich überliefert sind wie erst wieder im Rhonetal. Zwar sind sie nur schwer exakt zu datieren, doch ihre Existenz allein ist schon Beweis für das Weiterleben spätrömischer Tradition. In großer Zahl sind sie aus Trier überliefert, sie bezeugen aber auch im 6. Jh. in Bingen einen Priester, in Boppard einen Priester und einen Diakon, in Koblenz einen *lector*. Bopparder Inschriften zeigen Kontinuität mindestens vom 6. bis ins 8. Jh. Ähnlich auch in Remagen und Andernach, nicht aber z. B. in Speyer und etlichen Kastellorten; sie fehlen selbst für Mayen, dessen Keramikproduktion und Steinbrüche weiter funktionierten – ein Hinweis, wie vorsichtig unsere wenigen Quellen zu interpretieren sind.[42]

Alles deutet darauf hin, dass schon im 6. Jh. die kirchliche Struktur im Lande reorganisiert und die Christianisierung der verbliebenen Bevölkerung wie der neu ins Land Gekommenen in Angriff genommen wurde. Nicetius war Abt in der Auvergne, als er 525 vom König Theuderich I. zum Bischof in Trier bestimmt wurde († nach 566). Vor allem dank seiner Vita, die Gregor von Tours ihm widmete, und zeitgenössischer Briefe ist viel über diesen wohl bedeutendsten Trierer Bischof des frühen Mittelalters bekannt.[43]

Von »Heidenmission« ist nicht explizit die Rede, aber sehr viel von innerer Christianisierung, strengem Regiment auch gegen den Klerus und umfassender Bautätigkeit, darunter eine große Festung an der Mittelmosel. Sein strenges, streitbares Wesen brachte ihn in Konflikt mit Königen, Aristokraten und Amtsbrüdern; 560 wurde er sogar von Chlothar I., den er exkommuniziert hatte, verbannt, aber von Sigibert I. um 561 wieder zurück gerufen. Sein Nachfolger Magnerich († nach 586), ein Einheimischer, setzte die Bautätigkeit des Nicetius und die seelsorgerischen Bemühungen fort, stand auch in engen Beziehungen zum Königtum: Er wurde 585 Taufpate Theudeberts II., und kam beinahe bei einem politischen Konflikt ums Leben.[44] In Mainz stoppte der wahrscheinlich auch aus der Auvergne stammende Bischof Sidonius († 580/589) den Verfall seiner Stadt, erbaute mit Hilfe der Königstochter Bertoara neue Kirchen, darunter die erste rechts des Rheins (St. Georg in Mainz-Kastel) und ließ das Rheinufer befestigen. Von überregionalem Einsatz wie bei den Trierern ist nichts bekannt, ein Indiz für die »Randlage« von Mainz.[45] Das Bistum Speyer, das anders als Trier, Mainz und Worms nicht den antiken Namen der Stadt trägt, wurde wohl im späten 6. Jh. mit Metzer Hilfe wieder errichtet, der erste mittelalterliche Bischof wird 614 genannt,[46] ebenso die von Worms und Straßburg, doch fehlen weitere Informationen bis gegen 700.

Um diese Zeit dürfte die (Neu)Christianisierung des Landes, zu der neben Bischöfen wie Nicetius und Magnerich von Trier, Sidonius von Mainz im 6. Jh. auch nur legendarisch bekannte Missionare wie Disibod, Ingobert und Wendalinus beigetragen haben, weithin abgeschlossen gewesen sein. Die kirchlichen Institutionen, von den Kirchenprovinzen bis zum flächendeckenden Pfarrnetz, freilich wurden erst rd. 100 Jahre später verwirklicht.

2. Die karolingische Zeit (8. und 9. Jahrhundert)

Offenbar waren die Lande an Rhein und Mosel im 7. Jh. wieder ins politische Abseits geraten, jedenfalls sind sie in den (freilich spärlichen) Quellen der späten Merowingerzeit kaum präsent, selbst der Trierer Raum, der stets enge Bindungen an den Westen unterhielt. Das änderte sich rasch mit dem Aufstieg der Pippiniden-Karolinger.[47] Pippin der Mittlere, der sich die Führung im östlichen Reichsteil (Austrien) erkämpft hatte, erlangte durch seinen Sieg über den neustrischen Hausmeier 687 eine dominierende Position im gesamten Frankenreich, hielt sich aber vorwiegend in Austrien auf, wo die Stammlande der Familie lagen und er über zahlreiche Anhänger verfügte. Schon durch seine Heirat mit Plektrud aus einer der mächtigsten Familien Austrasiens hatte er seine Position um Trier, in der Eifel und am Niederrhein beträchtlich gestärkt.

Nach dem Tod Pippins und der für die Nachfolge ausersehenen Söhne erkämpfte sich Karl Martell 714 gegen den Widerstand Plektruds die Nachfolge, zunächst im Osten, seit 717 auch in Neustrien (Seineraum bis zum Kanal und zum Kohlenwald im Nordosten) und baute in wenigen Jahren eine königsgleiche Stellung auf. Zu seinen wichtigsten Gefährten im Kampf um die Macht gehörten die Widonen, eine an Saar und oberer Mosel begüterte Familie, die vor 700 bereits das Kloster Mettlach, um 742 Hornbach gründete. Seit dem späten 7. Jh. stellte sie nacheinander drei, wenn nicht vier Bischöfe von Trier. Am längsten von ihnen regierte Milo, der neben Trier (721/22) auch Reims in der Hand hatte ohne jemals auch nur die Priesterweihe empfangen zu haben. Milo und Gewilib von Mainz galten dem strengen angelsächsischen Missionar Bonifatius, der seit 742 im Zusammenwirken mit Karls Söhnen Pippin und Karlmann die fränkische Kirche reformieren wollte, als Prototypen der fränkischen Bischöfe, die er vergeblich den Normen eines geistlichen Lebens zu unterwerfen suchte.[48]

Vom Rand in die Mitte gerückt

Wie sehr die Lande am mittleren Rhein mit dem Aufstieg der Karolinger vom Rand in die Mitte rückten und wie sich die Könige in diesem reichen, alt und dicht besiedelten Land am Ufer der wichtigsten Wasserstraße verankerten, zeigt ihre häufige Anwesenheit, gestützt auf reichen Besitz (Königsgut). 764 berief König Pippin eine Reichsversammlung nach Worms ein, zwischen 770 und 790/91 hielt Karl der Große hier acht Heeresversammlungen und Hoftage ab. 772 brach er von Worms aus zum ersten großen Sachsenfeldzug auf, vielleicht auf der später sog. Wormser Straße zum Königshof Frankfurt. Auch 776 startete dort der Sachsenfeldzug. Bis zum großen Brand 790/91 verbrachte Karl in Worms mehrere Winter, was für die Leistungsfähigkeit des Königsgutes in der Region spricht. Später überwinterte er mehrfach in der neu errichteten Pfalz Ingelheim, wo er gleichfalls bedeutende Versammlungen abhielt. Ebenso in Mainz (Heeresversammlungen auf der Maaraue jenseits des Rheins), doch ist eine Königspfalz dort nicht gesichert. Vermutlich wohnte der König im nahen Ingelheim oder war Gast des Bischofs oder des Abtes von St. Alban, wo 794 seine Gattin Fastrada bestattet wurde.[49]

In Mainz ließ Karl eine Brücke über den Rhein errichten, die aber bald abbrannte, in St. Alban fand 813 eine der fünf großen Reformsynoden des Reiches statt.[50]

Ingelheim in der Pfalz Karls des Großen

Von Holger Grewe

Im Saalgebiet von Ingelheim am Rhein liegen die Reste jener Pfalz, deren Errichtung Einhard in Kapitel 17 der Vita Karoli Magni als eine hervorragende Schöpfung Karls des Großen gerühmt hat. In dessen Nachfolge stand der Palast mit Unterbrechungen bis zur Mitte des 14. Jhs. als Königsaufenthaltsort in Nutzung. Im Unterschied zu der großen Mehrzahl anderer Pfalzen aus frühmittelalterlicher Wurzel, die heute nicht mehr lokalisierbar sind, bestand über die Lage der Ingelheimer Pfalz seit jeher kein Zweifel: Sebastian Münster (1488–1552) hat seinem Geburtsort Nieder-Ingelheim mit den Resten des Palatiums ein Kapitel der ab 1544 in mehr als 50 Auflagen erschienenen »Cosmographia« gewidmet, die eine detailreiche, für historische und bautopografische Fragen verwertbare Ortsbeschreibung enthält. Heute sind die Reste dieser Architektur, die selbst an den Maßstäben unserer Gegenwart gemessen als ein Großbau gelten würde, entweder völlig im Boden verschwunden oder in der baulichen Überformung durch ein kleinteilig parzelliertes Stadtquartier aufgegangen.

Der Palastbezirk erstreckte sich über eine ca. 250 x 300 m große Terasse am Hang des rheinhessischen Hochplateaus in 3 km Entfernung zum Rheinufer. Die Bildmontage verdeutlicht, dass die Grundform der Pfalzarchitektur dem Ortsbild bis heute eingeschrieben ist. Den Grund hierfür liefert die Nachnutzung der Ruinen, in deren Mauerresten einfache Häuser errichtet oder auf deren Fundamenten erneut Gebäude gegründet wurden. So stellte sich vielerorts eine Kontinuität von Baulinien, Fassadenfluchten und selbst ganzer Bauwerke ein, die für das seit 1992 als Denkmalzone unter Schutz gestellte Saalgebiet kennzeichnend ist.

Die Aula regia (im Bild vorne links) war nach ihrer Funktion als Thronhalle das zentrale Gebäude im Palast. Ihr Inneres füllte ein einziger großer Saal mit einer Grundfläche von 14,5 x 33 m und

Gittermodell der Pfalz im heutigen Ortsbild (Kaiserpfalz Ingelheim, Maßwerke GbR/U. Haarlammert)

einer Höhe von über 13 m aus, der weder von einem Stützensystem noch von Emporen oder Geschossdecken unterteilt war. In der nördlichen Schmalseite sind die Öffnungen der Hauptzugänge erhalten; ihnen gegenüber liegt im Süden auf erhöhtem Podest eine halbrunde Konche, die als Thronapsis diente.

Ein Trikonchos (im Bild Mitte links) bildete den ersten Sakralbau der Pfalz. Die Form des Ostabschlusses mit drei halbrunden Konchen und seine geringe Dimension legen nahe, dass er als private Herrschaftskapelle genutzt worden ist. Eine Kirche mit Pfarrfunktion war in karolingischer Zeit nur außerhalb der Pfalz gelegen. Es handelt sich hier um die St. Remigiuskirche, die 400 m westlich bei einer zugehörigen Siedlung lag, die im archäologischen Befund allmählich fassbar wird. Erst im 10. Jh. entstand neben der Aula regia eine geräumige Kirche auf kreuzförmigem Grundriss: Diese Saalkirche steht heute wieder unter Dach und wird als Gotteshaus genutzt.

Ein exedraförmiger Halbkreisbau mit 89 m Durchmesser (im Bild hinten) verlieh der Ingelheimer Pfalz ihren unverwechselbaren Grundriss. Auf der Innenseite befand sich ein Säulengang antiker Ordnung, in dem Basen, Säulenschäfte und Kapitelle, die ursprünglich aus römischen Bauten stammen, absichtsvoll wiederverwendet wurden. Im Scheitelpunkt befand sich das Heidesheimer Tor, ein vorwiegend repräsentativer, funktional jedoch untergeordneter Torbau, dessen Pfeilerhalle in den großen Peristylhof mündete. Außen waren sieben Rundtürme vor der Exedrafassade angeordnet. In ihren Fundamenten verlief ein singulärer, aus einer 7 km langen Freispiegelleitung gespeister Wasserkanal. Die intendierte Nähe der karolingischen Architekturschöpfung zur römischen Villen- und Palastarchitektur ist hier besonders klar ablesbar.

Mit der Fertigstellung des Gründungsbaus ist noch vor 800 zu rechnen. Somit dürfte Ingelheim der Aachener Pfalz zeitlich um mindestens ein Jahrzehnt voraus gehen. Beide Bauwerke haben anscheinend denselben Entstehungskontext: Es handelt sich um repräsentative Herrschaftsarchitekturen, die auf Grund der atypischen Bauformen beinahe wie isoliert in ihrer Zeit stehen. Jedenfalls ist die formale Verwandtschaft ihrer Kernbauten mit der römischen Baukunst bisweilen größer als mit den zumeist kleineren und einfacher strukturierten Pfalzen, die das Frühmittelalter ansonsten hervorgebracht hat.

Die Königsaufenthalte setzen mit dem Jahr 774 ein. Ob Karl der Große bereits im Winter 787/788 einzelne dieser Pfalzgebäude nutzen konnte, oder ob eine ältere Curtis für diese Überwinterung und einen Hoftag Quartier bot, ist derzeit nicht zu entscheiden. Zehn Königsaufenthalte, darunter mehrere Hoftage und Herrschertreffen, zeigen die häufige Wahl Ingelheims durch Ludwig den Frommen an, der 840 auf einer Rheininsel bei Ingelheim starb. Der feierliche Empfang, den der fränkische Kaiser 826 Harald Krak von Dänemark aus Anlass der im Mainzer Kloster St. Alban vollzogenen Taufe bot, verdeutlicht beispielhaft den nun einsetzenden Gebrauch der Ingelheimer Pfalz als ein Ort imperialer Repräsentation. Die Gründung durch Karl den Großen, die sogar in der einzigartigen Bauform ihren sichtbaren Ausdruck fand, verlieh dem Ort fortan eine hohe Bedeutung als Fest- und Versammlungspfalz, die bis über die Mitte des 12. Jhs. hinaus nachweisbar ist.

In selten klarer Übereinstimmung zeigen sowohl die Urkunden wie auch der archäologische Befund an, dass die Pfalz für mehr als ein halbes Jahrtausend in Nutzung stand und dabei mehrfach baulich verändert wurde. Am Ende dieser Entwicklung, für das die Verpfändung an die Pfalzgrafschaft bei Rhein 1375 steht, war aus der Palastanlage antiker Prägung eine Burg geworden, deren repräsentative Wirkung von der Verteidigungsfunktion utilitaristischer Wehrbauten fast gänzlich abgelöst worden ist.

Bereits vor 1402 wurde das Pfalzgebiet für die Besiedlung frei gegeben mit der Folge, dass durch Abbruchtätigkeit, den Raubbau wertvoller Steindenkmäler und die Überprägung durch eine viel kleinteiligere Struktur von Höfen, Wohn- und Wirtschaftsbauten die Pfalzarchitektur unterging. Heute liegt das historische Archiv ganz überwiegend unter dem Stadtboden. Seine Erforschung ist vorrangig eine Aufgabe der Archäologie, die nach ergebnisreichen Anfängen 1909–1914 sowie 1960–1970 nun durch eine Forschungseinrichtung dauerhaft am Ort verankert wurde, die zugleich das einzigartige historische Erbe zu bewahren hilft.

(Kaiserpfalz Ingelheim/Michael Schlotterbeck)

Die einzige bekannte Goldmünze Karls des Großen

Von Holger Grewe

Die 19,5 mm große Goldmünze wurde bei archäologischen Ausgrabungen 1996 etwa 200 m westlich der Pfalzanlage im Bereich einer Vorsiedlung gefunden. Sie zeigt auf der Vorderseite ein stark stilisiertes Brustbild nach rechts mit Lorbeerkranz und Feldherrnmantel (Paludamentum). Die Umschrift gibt die Kaisertitulatur Karls des Großen in leicht gekürzter Fassung wieder: +D(ominus) N(oster) KARLUS IMP(erator) AUG(ustus) REX F(rancorum) ET L(angobardorum). Auf der Rückseite erscheint ein stilisiertes Stadttor mit der Umschrift +ARELATO für den Prägeort Arles (Dép. Bouches-du-Rhône). Obzwar die 4,18 g schwere Münze den Gewichtsstandard unterschreitet, ist die Bezeichnung Solidus in Anlehnung an ihre antiken Vorbilder gebräuchlich geworden.

Das Geldstück ist in die kleine Gruppe der Kaisermünzen einzureihen, deren Anteil an der heute bekannten Münzemission Karls des Großen insgesamt nur etwa 3,7 % beträgt. Der Vergleich der Avers-Legende und insbesondere der Rückseitenstempel offenbart enge Parallelen zu zwei ebenfalls in Arles geprägten silbernen Denaren, die heute in Berlin und Lyon aufbewahrt werden. Diese Stücke sichern zugleich die Lesung der korrumpierten Legende auf der Vorderseite des Solidus aus Ingelheim. Goldmünzen der Kaiserzeit Karls des Großen waren vor 1996 nicht bekannt. Die Existenz einer Goldprägung durfte zudem als wenig wahrscheinlich gelten, da eine Münzreform 794 eine monometallische (Silber)Währung begründen sollte. Der neu eingeführte *novus denarius*, eine schwere Silbermünze, wurde zur einzigen Verkehrsmünze, während die übrigen Werte Rechnungseinheiten darstellten.

Die hier vorliegende Abweichung vom kodifizierten Münzsystem ist im Einzelnen bislang nicht geklärt. Erst archäologische Neufunde vermögen die durch die Ingelheimer Goldmünze aufgeworfenen Fragen einschließlich der Absicherung ihrer Datierung zu beantworten. Solange wird man die Prägung als einen Reflex auf das im Jahr 800 für das fränkische Reich neu erlangte Kaisertum bezeichnen können. Die Prägung von Goldmünzen war ein aus der Antike überliefertes kaiserliches Privileg und ein Herrschaftszeichen. Die neuen Goldsolidi stellten Karl den Großen als Erneuerer des weströmischen Reiches dar und waren ein denkbar geeignetes Medium, diese politische Botschaft zu verbreiten.

Pfalzen und Königsaufenthalte im Rhein-Main-Gebiet

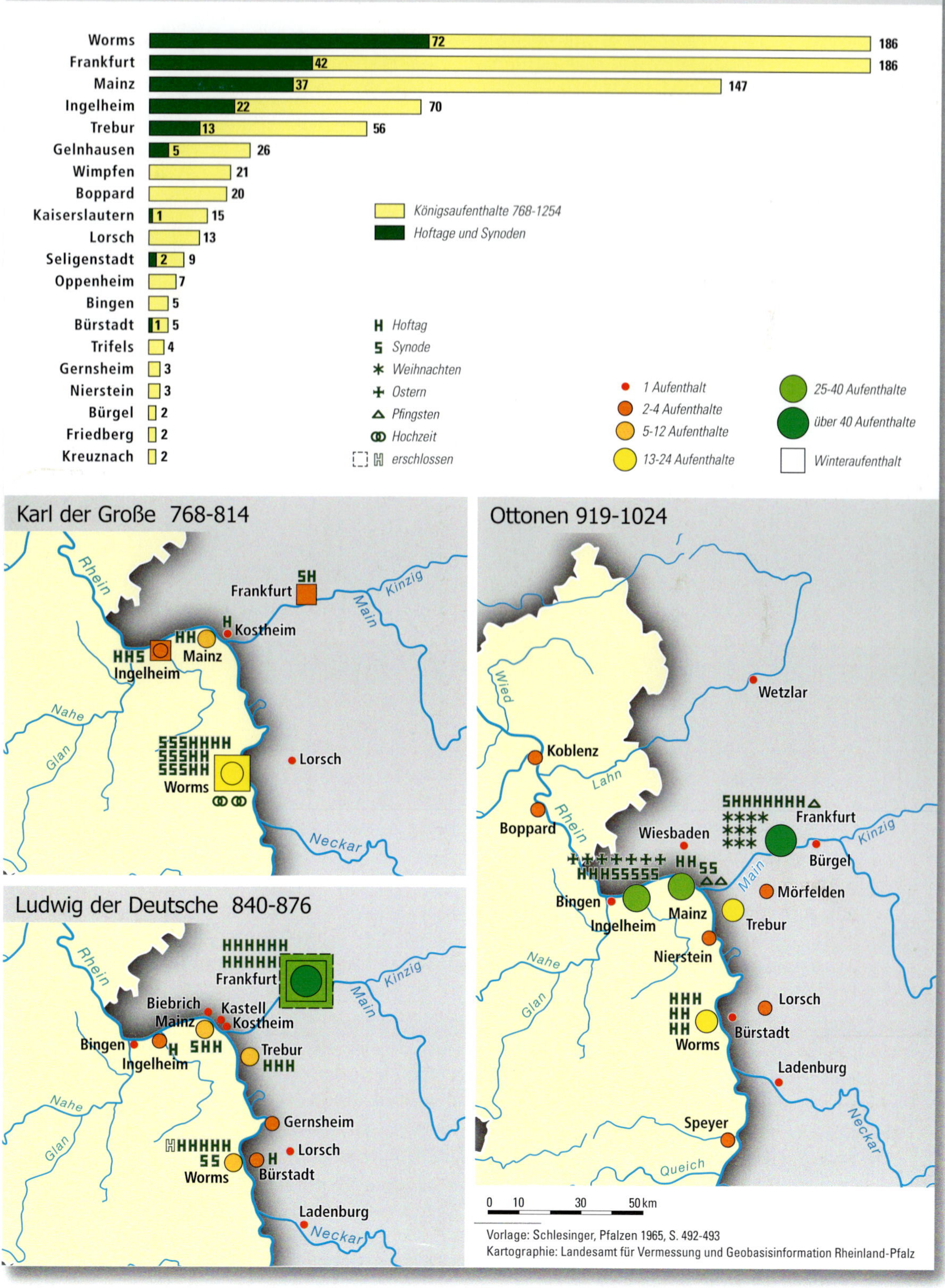

Vorlage: Schlesinger, Pfalzen 1965, S. 492-493
Kartographie: Landesamt für Vermessung und Geobasisinformation Rheinland-Pfalz

Auch wenn die Aufenthaltsorte und Reisewege der Herrscher (das Itinerar) nicht lückenlos bekannt sind,[51] gewinnt man doch den Eindruck, dass die alte Kaiserstadt Trier im Vergleich zum Mittelrhein-Main-Gebiet, aber auch zum südlichen Moseltal (Metz, Diedenhofen/Yutz) eher im Schatten lag. Die politische Stellung des Bischofs wurde von Karl gezielt geschwächt; im kirchlichen Rang trat Metz, die Stadt des hl. Arnulf, des karolingischen Spitzenahns, schon seit den Zeiten Chrodegangs von Metz († 766) hervor. Metzer Bischöfe, obwohl Suffragane des Trierers, trugen nun den Erzbischofstitel, unter ihnen seit 823 Drogo, ein »illegitimer« Sohn Karls des Großen und enger Vertrauter seines Halbbruders Ludwig.

Alle Aufenthaltsorte freilich überbot Aachen, das Karl seit etwa 794, und besonders nach der Kaiserkrönung 800, zu einem »zweiten Rom« ausbaute. Hier hielt er Hof, empfing er seine Getreuen aus dem ganzen Reich und Gesandte aus fernen Ländern, demonstrierte er seine Macht und sein weltweites Ansehen. In St. Marien in Aachen, nicht in St. Denis, ließ er sich auch begraben und begründete für Jahrhunderte den besonderen Rang der Stadt.

In der Aachener Pfalz trat Ludwig der Fromme (nicht ohne Kampf) 814 die Nachfolge des Vaters an, berief bedeutende Versammlungen hierher ein, aber auch nach Worms und Ingelheim, wo 826 die Taufe des künftigen dänischen Königs prunkvoll gefeiert wurde. Auf eine Rheininsel vor Ingelheim ließ Ludwig sich 840 zum Sterben bringen, bestattet aber wurde er in der Abtei St. Arnulf vor Metz.

Erst nach der Reichsteilung von Verdun 843 setzte der Aufstieg Frankfurts ein, wo Ludwigs gleichnamiger Sohn die Pfalz ausbaute und ein Kanonikerstift dotierte, doch blieben Ingelheim und Worms weiterhin bedeutende Orte königlicher Versammlungen.

Bruderkriege und Reichsteilungen

Die Bedeutung der Lande am mittleren Rhein zeigte sich nicht zuletzt in den Kämpfen um das Erbe, die schon seit 829 das Reich erschütterten.[52] Als Lothar, Mitkaiser und König von Italien, 840 seinen Anspruch auf Vorrang und einen größeren Anteil am Reich durchsetzen wollte, kämpfte er besonders intensiv um die Lande an Rhein und Mosel. In Ingelheim scharte er Ende Juni allein fünf Erzbischöfe und 15 Bischöfe um sich, ehe er gegen seinen jüngeren Halbbruder Karl zog, der in den alten fränkischen Kernlanden an Seine und Aisne Anhänger fand. Gleichzeitig sammelte sein Bruder Ludwig (»der Deutsche«) Huldigungen der Großen östlich des Rheins und stieß auf das linke Rheinufer vor. Auch als nach der letztlich entscheidenden Schlacht bei Fontenoy (Burgund) am Johannistag 841, bei der so viele Franken gefallen waren wie nie zuvor,[53] die Getreuen aller Könige auf Frieden drängten, blieben die Lande zwischen Elsass und Aachen hart umkämpft. In Worms feierte Lothar die Hochzeit einer Tochter; als er Karl den Weg nach Aachen versperren wollte, besetzte Ludwig die linksrheinischen Städte. Im Februar 842 vereinigten die jüngeren Brüder ihre Heere bei Straßburg (Straßburger Eide in altfranzösischer und althochdeutscher Sprache). Über Weißenburg und Speyer zogen sie nach Worms, wo sie ihre Eintracht demonstrierten.[54]

Nachdem auch noch Ludwigs ältester Sohn mit einer großen Schar von Bayern und Alemannen zu ihnen gestoßen war, erzwangen sie gegen die von Erzbischof Otgar von

Mainz befehligten Truppen Lothars den Übergang über die Mosel. Der Kaiser selbst, der ihnen bis Sinzig entgegen gezogen war, floh, nicht ohne die Schätze aus Aachen mitzunehmen, so rasch nach Süden, dass sich das Gerücht verbreitete, er verzichte auf seine Ansprüche und ziehe sich nach Italien zurück. Doch das Ringen um Anhänger und strategische Vorteile ging weiter, während nacheinander in Aachen, auf einer Insel in der Saône bei Mâcon, in der neuen Kirche von St. Kastor in Koblenz und in Diedenhofen Waffenstillstände vereinbart und Reichsteilungspläne verhandelt wurden. In Koblenz stellte man fest, dass man zu wenig Kenntnisse vom Reich hatte; paritätisch besetzte Kommissionen bereisten daraufhin das Land, um die für eine gerechte Teilung notwendigen Informationen zu sammeln.

Während dessen ging das Ringen der Herrscher um Gefolgsleute unvermindert weiter. Die Mittel waren überall gleich: brutale Gewalt – auch gegen die eigene Bevölkerung, Drohungen (Verlust der Ehren und Güter), Werben mit Geschenken (sogar den wunderbaren Silbertisch Karls des Großen ließ Lothar dafür zerschneiden), Verleihung von Grafschaften, Abteien und Gütern. Obwohl Urkunden für Laien selten erhalten blieben, sind aus dieser Zeit auch Schenkungen von Land zu freiem Eigen an sie belegt unter der Bedingung, dass der Empfänger Lothar unverbrüchliche Treue wahre. So erhielt beispielsweise ein ansonsten unbekannter fidelis Alpcar von Lothar 57 Mansen in Beuren (zwischen Saar und Mosel), in vier weiteren Orten des Moselgaues und zwei weiteren Dörfern westlich davon. Kinsheim im Elsass mit 40 Mansen ging an einen Grafen Echangar, acht Mansen in Kessenich bei Bonn an den sächsischen Grafen Esich, der sie bisher zu Lehen hatte. Erzbischof Hetti von Trier erhielt zur Belohnung das Kloster Mettlach zurück, das Lothar »wegen der Not, in die er durch die Verkleinerung seines Reichsteiles geraten war« (!), an den Herzog Wido von Spoleto gegeben hatte.[55]

Man kann sich die Leiden der Bevölkerung unter den durchziehenden Heeren wie die Unsicherheit der Mächtigen, die nicht sicher sein konnten, für welchen Herrscher sie sich entscheiden sollten, gut vorstellen. Einhard, der Freund und Biograf Karls des Großen, hatte schon in den Kämpfen der 830er Jahre versucht, sich neutral zu verhalten; als Anhänger Lothars verlor Rabanus Maurus seine Abtei Fulda, Otgar von Mainz sein Erzbistum, als diese unter die Herrschaft Ludwigs kamen.

Im August 843 schließlich wurde in Verdun der endgültige Friede geschlossen und von den Getreuen (fideles) beschworen. Der Wortlaut des Vertrages ist leider verloren, doch sind wir durch erzählende Quellen und vor allem durch den Vertrag von Meerssen aus dem Jahr 870 (Aufteilung des Reiches Lothars II.) relativ genau über den Inhalt informiert.[56] Sprachliche oder gar »volksmäßige« Gründe spielten keine Rolle für die Grenzziehung, sondern die für die Herrschaft wichtigen Ressourcen: Königsgüter, Bistümer, Grafschaften, Abteien wurden aufgeteilt.

Wie schon bei den Reichsteilungen 742 und 768 wurden die Lande zwischen Rhein und Mosel geteilt. Der größte Teil fiel Lothar zu, dessen mittleres Reich von der Nordsee bis südlich von Rom reichte – mit den Kaiserstädten Aachen, Trier, Arles, Mailand und Rom. Die Grenze zum Reich Karls im Westen orientierte sich ungefähr an den Flüssen Schelde, Maas, Saône und Rhône, mit zum Teil politisch bedingten »Ausbuchtungen«. Ludwig, seit 826 König in Bayern, bekam zu den Ländern östlich des Rheins die Städte Speyer, Worms und Mainz mit ihrem Hinterland. Abt Regino von Prüm erklärte

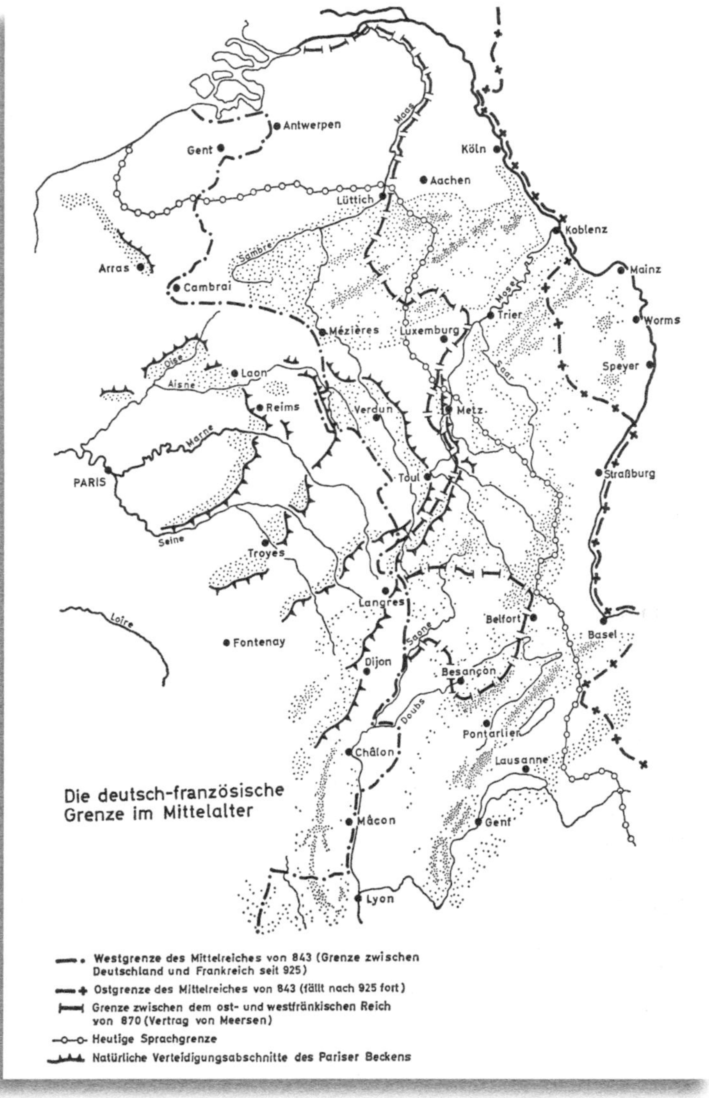

Im Unterschied zu Karten in modernen Geschichtsatlanten wird in dieser sehr deutlich vom Zeitgeist geprägten Publikation (»Unsere Hoffnung richtet sich darauf, daß die Wellen der völkischen Revolution mit Naturgewalt über die künstlichen und willkürlichen Staatsgrenzen hinüberschlagen.« S. 11/257) das Relief der Landschaft angedeutet, und die »natürlichen Verteidigungsabschnitte des Pariser Beckens« werden eigens dargestellt, vielleicht ein Reflex der Erfahrungen aus dem Ersten Weltkrieg, vor allem aber, weil die Verfasser davon überzeugt waren, »daß die Grenzen von 843 nach militärischen Gesichtspunkten festgelegt, [...] (im Westen) durch die Sicherheitsansprüche des Westreichs bestimmt (worden sind)« (S. 11 f./258).

(Karte aus: Petri/Droege, Collectanea Franz Steinbach 1967, S. 259; erstmals erschienen: 1934)

60 Jahre später diese Abweichung von der Rheingrenze mit der Menge des Weins, der dort wuchs, was gut zum Selbstverständnis der heutigen Rheinland-Pfälzer passt (1934 freilich sah man darin einen strategischen Brückenkopf). In der Sache unterstreicht Regino die Bedeutung dieser überaus fruchtbaren und dicht besiedelten Gegend, die seit den Zeiten Karls des Großen eine Kernlandschaft des fränkischen Königtums geworden war. Obwohl sie im ostfränkischen Reich mit dem Schwerpunkt Bayern in eine Randlage geraten war, fanden in den folgenden Jahrzehnten hier häufig große Versammlungen und Konzilien statt, so 848 und 852 in Mainz, 857 und 868 in Worms, 895 in Trebur, 948 in Ingelheim. Dabei spielte auch die Nähe zum Mittel- und zum Westreich eine Rolle, denn die Erinnerung an das ganze Reich war ja nicht erloschen, die Verbindungen waren weiterhin lebendig, auch die Herrschaftsansprüche über die Grenzen von 843 hinweg, trotz der Beschwörungen von Eintracht und Frieden auf den »Frankentagen« (u. a. in Koblenz).[57]

854 schickte Ludwig »der Deutsche« seinen Sohn ins Westreich, nachdem er eine Einladung unzufriedener Großer erhalten hatte, die Herrschaft zu übernehmen. 858 brach er von Worms aus mit einem Heer auf, fand auch etliche Anhänger, musste sich aber im Januar 859 fluchtartig zurückziehen. In Worms und in Andernach wurde dann über einen Frieden (mit Schonung der zu Ludwig übergelaufenen westfränkischen Großen) verhandelt, der schließlich 860 in Koblenz von drei Königen und ihren »gemeinsamen Getreuen« feierlich beschworen wurde.

Zu dieser Zeit herrschte hier schon Lothar II. Denn nach dem Tode Lothars I. Ende September 855 in Prüm, dort auch sein Grab, wurde sein Reich unter seinen drei Söhnen aufgeteilt. Der älteste, Ludwig II., war schon Kaiser und König in Italien wie einst sein Vater. Lothar, dem sein Vater Francien mit Aachen zugedacht hatte, wurde von den »Fürsten und Großen, die ihn als König haben wollten«[58] zu seinem Onkel Ludwig nach Frankfurt begleitet. Sein Reich reichte von der Nordsee bis zum Jura, die Lande an Saône und Rhône erbte der Jüngste, Karl, und wurden nach dessen frühem, söhnelosen Tod unter die überlebenden Brüder aufgeteilt.

Der Kampf um das Erbe Lothars II.

Fast die gesamte Regierungszeit Lothars II. (855–869) wurde vom Kampf um die Legitimierung seines Sohnes Hugo bestimmt. Er gewann zwar die (Erz-)Bischöfe seines Reiches dafür, seine nach 855 aus politisch-strategischen Gründen geschlossene Ehe mit Theutberga, die ihm keinen Sohn gebar, zu lösen und Waldrada, von der er bereits einen Sohn hatte, zur rechtmäßigen Ehefrau zu machen. Er scheiterte aber am Widerstand des Papstes, der die Erzbischöfe von Köln und Trier absetzte, sowie des Erzbischofs Hinkmar von Reims, der für die verstoßene Theutberga eintrat – und damit seinem König die Aussicht auf eine Ausweitung seines Reiches sicherte. Dieser einigte sich schon 867 in Metz, mitten im Reich des Neffen also, mit dem ostfränkischen König Ludwig auf eine gleichmäßige und einvernehmliche Teilung, wenn »Gott ihnen einen Zuwachs aus den Reichen ihrer Neffen (auch Kaiser Ludwig hatte keinen Sohn!) geben würde« – obwohl Lothar II. dem Ostfranken sogar das Elsass überlassen hatte, damit er seine Pläne unterstütze.[59]

Nach dem Tode Lothars II. griff der Westfranke ungeachtet des Abkommens mit Ludwig und trotz der Warnung von Bischöfen und Grafen aus Lothars Reich blitzschnell zu: In Metz ließ er sich in einer perfekten Inszenierung von Hinkmar von Reims zum König weihen, während Ludwig durch Krankheit gehindert war einzugreifen.[60] Auf Karls Zug nach Aachen huldigten ihm »noch einige« lotharingische Große, doch konnte sein Halbbruder schon Anfang Februar 870 in Frankfurt »sehr viele« Große Lothars empfangen, »welche ihn schon erwarteten«, und gab ihnen von Karl entzogene Lehen zurück.[61] Mit der Drohung eines Feldzuges erreichte er rasch die Teilung des Lotharreiches. Der Vertrag von Meerssen (870) zählt die Bistümer, Abteien, Gaue und Grafschaften und davon abweichende Grenzziehungen, etwa im Bitburger/Luxemburger Land, detailliert auf.[62]

Auch dieser Vertrag verhinderte nicht weitere Versuche, die jeweilige Herrschaft zu erweitern: Nach dem Tode Ludwigs des Deutschen (876) stieß Karl bis zum Rhein vor, wurde aber bei Andernach von Ludwig dem Jüngeren so vernichtend geschlagen, dass dieser reiche Beute machen konnte. 879/80 nutzte derselbe Ludwig Wirren um die Thronfolge im Westen, um zweimal in »Gallien« einzumarschieren. Im Februar 880 verzichtete er im Vertrag von Ribémont (bei St. Quentin an der Oise) in einem Friedens- und Freundschaftsvertrag auf die Krone des Westfrankenreiches und ließ sich dafür ganz Lotharingien abtreten.[63]

Einheit und Zerfall

Da in Ost und West in diesen Jahren die Könige rasch hintereinander starben, konnte Karl III. (der einzige noch lebende Sohn d. D.) 885 noch einmal das gesamte Reich Karls des Großen in Personalunion vereinen. Sein Versagen in der Normannenabwehr und Krankheit führten zu seinem Sturz in Trebur Ende 886 und zur Erhebung etlicher Könige in verschiedenen Teilen des Reiches.[64]

Neuanfang im Osten

Der Ende November 887 von rechtsrheinischen Großen in Trebur zum König gewählte Arnulf von Kärnten wurde auch westlich des Rheins anerkannt. Von den weltlichen Großen stand schon im Januar Megingaud, Graf im Maifeld und im Nahegau, ein Verwandter des neuen westfränkischen Königs Odo, auf der Seite Arnulfs, der ihm die bedeutende Abtei St. Maximin überließ; sein Bruder Ruotbert erhielt Echternach. Den Brüdern Gerhard und Matfrid, der Graf an der Mosel war, überließ Arnulf die Frauenklöster St. Peter in Metz und St. Irminen in Trier (Oeren). Die Anerkennung der Herrschaft des neuen Königs durch die Bischöfe spiegelt der Besuch der ersten großen Synode Arnulfs in Mainz im Juni 888 wieder, zu der Liutbert von Mainz die Erzbischöfe von Köln und Trier mit ihren Suffraganen aus Cambrai, Metz, Verdun und Straßburg versammelte.

Zum Unwillen mancher Zeitgenossen verzichtete Arnulf auf die Nachfolge in den übrigen Teilen des großen Karlsreiches. Im August 888 empfing er in Worms den Sieger über die Normannen, Graf Odo von Paris, der im Westen (statt des unmündigen Karolingers Karl »des Einfältigen«) zum König gewählt worden war, und schloss mit ihm einen Freundschaftsbund, erkannte also seine Herrschaft an. Odo war der Sohn Roberts des Tapferen, der vermutlich vom Mittelrhein stammte (Rupertiner) und um 843 in den Westen gegangen war, wo er sich politisch und militärisch hervortat.

Adelsfehden in Lothringen (Lotharingien)

An Mosel und Rhein war die kurze Regierungszeit Arnulfs († 900) von schweren Konflikten geprägt. Zunächst drangen 891 und 892 die Normannen, wie schon 882, noch einmal weit nach Lotharingien ein. 882 brannten sie Trier nieder, Bischof Wala von Metz fiel in der Schlacht gegen sie, wie 891 Erzbischof Sundarold von Mainz. Dann löste die Ermordung des mächtigen Grafen Megingaud im Sommer 892 heftige Fehden aus, die Arnulf vergeblich durch eine Neuverteilung der Macht und Verzicht auf die Bestrafung der Täter zu befrieden suchte. Im zweiten Anlauf erreichte er auf einer Reichsversammlung in Worms die Anerkennung seines (illegitimen) Sohnes Zwentibold als »König von Burgund und im gesamten Lotharingischen Reich«, mit Zustimmung des anwesenden und von Arnulf erneut bestätigten Königs Odo. Auf dem Rückweg überfiel Odo die Gesandten seines Konkurrenten Karl, die auf dem Weg zu Arnulf waren, und raubte sie aus; Erzbischof Fulko von Reims entkam mit knapper Not, ein Graf wurde getötet und in Beltheim in der Nähe von Bingen bestattet.[65]

Zwentibold konnte seinen Anspruch auf Burgund nie realisieren, und auch seine Herrschaft in Lotharingien währte nur wenige Jahre, denn es gelang ihm nicht, ein gedeihliches Zusammenwirken mit den mächtigen Adligen herzustellen. Die Konflikte eskalierten, als Graf Stefan vom Bidgau 896 Blutrache für den Mord an seinem Verwandten Megingaud übte, der König ihm und drei Verbündeten daraufhin ihre Grafschaften und Lehen entzog. Arnulf vermittelte im Mai 897, wiederum in Worms, einen Kompromiss, der aber nicht lange trug.

Zwentibolds endgültiges Scheitern zeichnete sich ab, als er 898 dem maasländischen Grafen Reginar, seit 895 sein »getreuester und einziger Ratgeber«, dem er sogar die Abteien seines Erzkanzlers, des Erzbischofs Radbod von Trier, übertragen hatte, alle Lehen und selbst die Eigengüter absprach und ihn aus dem Reich verwies.[66] Reginar und seine Verbündeten luden Karl, der seit 898 nach dem Tode Odos im Westreich unangefochten regierte, zur Übernahme der Herrschaft in Lotharingien ein. Die Heere trafen bei Prüm aufeinander, doch vereinbarten Gesandte einen Waffenstillstand, der im Frühjahr 899 unter Vermittlung Erzbischof Hattos von Mainz und anderer ostfränkischer Großer bei Verhandlungen in St. Goar zum Frieden vertieft wurde.

Gesamtprogramm der Jahrtausend-feiern 1925 (Landeshauptarchiv Koblenz)

Dennoch konnte Zwentibold seine aufständischen Großen nicht besiegen, im Gegenteil. Als seine Bischöfe sich weigerten, Reginar und seine Genossen mit dem Kirchenbann zu belegen, überzog er sie mit Drohungen, Vorwürfen und Schmähungen (so Regino, der Zwentibold die Schuld an seinem Untergang zuwies[67]), nach dem Bericht der ostfränkischen Fuldaer Annalen schlug er sogar Erzbischof Radbod mit einem Stock auf den Kopf. Zwentibolds Gegner luden den am 4. Februar 900 zum König des ostfränkischen Reiches gewählten siebenjährigen Sohn und Nachfolger Arnolds Ludwig (»das Kind«) zur Übernahme der Herrschaft ein und huldigten ihm, noch bevor Zwentibold am 13. August 900 von den Grafen Stefan, Gerhard und Matfrid in einer Schlacht an der Maas erschlagen wurde.

Adelsfehden prägten auch die Herrschaft Ludwigs des Kindes, der den Konradiner Gebhart zu seinem »Statthalter« in Lotharingien machte. Nach dessen Tod war Reginar wieder der führende Mann im Lande. 911, als erstmals ein Nichtkarolinger zum ostfränkischen König gewählt wurde, erkannten er und andere lotharingische Große den westfränkischen Karolinger Karl als König an; die Lande zwischen Rhein und Mosel wurden wieder politisch geteilt, aber nur für einige Jahre. Denn auch Karl konnte kein gedeihliches Verhältnis zu den Großen Lotharingiens aufbauen. Als im Westen Gegenkönige erhoben wurden und Karl sogar in Gefangenschaft geriet, huldigten die Lotharingier 923/925 dem ostfränkischen König Heinrich I.[68] So konnte man 1925, als das Rheinland von französischen Truppen besetzt war, mit großem Pathos »1000 Jahre deutsche Rheinlande« feiern.[69]

3. Herrschaft und Gesellschaft

Nicht nur die Ereignisse der hohen Politik, die sich an Rhein und Mosel abspielte, werden für uns in der Karolingerzeit ungleich deutlicher als in der Zeit vorher. Dank einer wesentlich verbesserten Quellenlage seit etwa Mitte des 8. Jhs. erkennen wir auch in Grundzügen und in manchem Detail, wie politische, soziale und wirtschaftliche Macht ausgeübt wurde, welche Vorstellungen menschliches Handeln bestimmten und wie sich die Gesellschaft und die Lebensumstände im Laufe von rd. 200 Jahren veränderten.

Konzilsakten und Kapitularien

Mit den Reformkonzilien von 742/43, deren Beschlüsse als Kapitularien der Hausmeier Pippin und Karlmann, den Erben Karl Martells, veröffentlicht wurden, setzt die Serie normativer Setzungen kirchlicher und weltlicher Autoritäten ein, mit denen die fränkischen Herrscher, oft im Einvernehmen mit ihren Getreuen (*consensus fidelium*) ihr Reich regierten. Die in der Kategorie »Kapitularien« zusammengefassten vielgestaltigen Texte, die in der Zeit Karls des Großen und Ludwigs des Frommen ihren Höhepunkt erreichten, formulieren nicht nur Recht setzende Ergänzungen der Volksrechte, allgemeine Anweisungen an die Mächtigen (*potentes*) und Armen (*pauperes*), die gleicherweise auf christliche Normen verpflichtet werden, sondern auch ganz konkrete Anweisungen an Funktionsträger (Bischöfe, Äbte, Grafen, *missi*, Verwalter des Königsgutes und andere) zur Aufbietung des Heeres, zur Rechtspflege, Beseitigung von Missständen, Bekämpfung von Hungersnot, Verbesserung der Schulen, Schutz der »armen Freien vor Unterdrückung« (*oppressio pauperum*) und vieles mehr.[70] Auf dieser normativen Basis, ergänzt durch Hinweise in den erzählenden Quellen, die unter Karl dem Großen ebenfalls einem Höhepunkt zustreben, in Fürstenspiegeln und Traktaten vor allem, hat die ältere Geschichtsschreibung, unter starkem Einfluss von Rechts- und Verfassungshistorikern, ein geschlossenes Bild des karolingischen Regierungssystems und der Gesellschaft entworfen:[71] An der Spitze stand demnach der König mit seinem Hof; gestützt auf sein Heer, seine konkurrenzlose wirtschaftliche Überlegenheit (Königsgut, Einnahmen aus Krieg, Gerichtsbarkeit, Konfiskationen) und seine Getreuen (*fideles*) übte er Macht mit Hilfe von Reichsversammlungen und untergeordneter Helfer (Grafen, *missi* u.a.) aus. Zum Hof gehörten die Familie, mit der Königin an der Spitze, Berater und Verwaltungsfachleute (Kanzlei), Inhaber der großen Hofämter und Bedienstete, Gefolgsleute und temporäre Gäste. Der Übergang vom weiteren Hof zur Reichsversammlung prinzipiell aller freien, wehrfähigen Franken, erwachsen aus der Heeresversammlung, war fließend. Am Hof und in der Versammlung wurden wichtige politische Entscheidungen gefällt und bekannt gegeben, die oft schon in kleinem Kreis im Winter vorbereitet worden waren. Hier wurden Kapitularien verkündet, fremde Gesandte empfangen, Angelegenheiten des Reiches und der *fideles* beraten und auch Prozesse geführt, wie z.B. 788 in Ingelheim gegen den Bayernherzog Tassilo III.[72]

»Regierungssystem«

Seit jeher hat man aus den Kapitularien wertvolle Rückschlüsse auf »politische, rechtliche, administrative, kirchliche, soziale, wirtschaftliche und kulturelle Verhältnisse« gezogen; die neuere Forschung betont, dass wir es hier vielfach mit Entwürfen, Wunschvorstellungen, Forderungen zu tun haben, deren Verankerung in der Praxis und deren Umsetzung kritisch untersucht werden müssen.[73] Statt mehr oder minder konstruierte

Grafen

»Institutionen« zu beschreiben, beobachtet man, gleichsam von unten her, wie Politik und Gesellschaft funktionierten, wie Macht geschaffen, ausgeübt und weitergegeben wurde.[74] Sah die Geschichtswissenschaft des 19. Jhs. unter dem Einfluss des modernen Verwaltungsstaates z. B. im Grafen eine Art Beamten, der im Namen des Königs militärische, juristische und finanzielle Befugnisse in seiner als Amtsbezirk gedachten Grafschaft (Gau) ausübte, so betont die moderne Forschung das Gewicht der Persönlichkeit, die Offenheit und räumliche Flexibilität der Grenzen seines Handelns wie der eingesetzten Machtmittel im Zusammenwirken mit den lokalen Kräften. Seine Wirkung beruhte nicht so sehr auf vom König »verliehenen Amtsbefugnissen«, als auf persönlichem Einfluss, auf eigenem Besitz und Beziehungen fundierter Macht und dem Geschick, seinen oder den Willen des Königs in den lokalen Netzwerken durchzusetzen, Gunst zu verteilen und zu entziehen, Hilfe zu erwirken, sozialen Druck, gelegentlich auch schiere Gewalt, bis hin zu Unrecht, auszuüben.[75]

missi

Ähnliches gilt auch für die Königsboten (*missi*), in der Regel ein (Erz-)Bischof und ein Graf, die der König seit 802 regelmäßig mit konkreten Aufgaben (oft festgehalten in *Capitularia missorum*)[76] aussandte. Sah man in ihnen lange »Kommissare«, die mit der vom König verliehenen Autorität in ihrem mehrere Grafschaften umfassenden *missaticum* die Grafen und andere Amtsträger kontrollierten, so zeigt sich bei näherem Hinsehen, dass sie in der Regel schon aufgrund ihrer Herkunft aus den Kreisen der Mächtigen, zunehmend aus der Region, in die sie (oft mehrmals hintereinander) entsandt wurden, Teil des Systems waren, das sie korrigieren sollten.[77] Sie waren ein wichtiges Bindeglied zwischen der Zentrale und den regionalen und lokalen Gewalten, mit deren Hilfe der König seinen Willen kundtun und die Machtverteilung in der Region ausnutzen, kontrollieren und beeinflussen konnte, auf die aber auch mächtige Standesgenossen Einfluss zu gewinnen suchten.[78]

Soziale Netze

Auf allen Ebenen, vom Hof des Königs und der Reichsversammlung, bis zu den örtlichen Gerichtsversammlungen (Ding), in denen der Graf als Vertreter des Königs den Vorsitz führte, das Urteil aber von »freien Franken«, dem engeren Kreis der »Schöffen« (auch *boni homines* genannt) und des weiteren »Umstands«, gefällt wurde,[79] war politisches Handeln vor allem Ausdruck sozialer Beziehungen. Entscheidungen basierten auf Aushandlungsprozessen unter dem Einfluss gesetzlicher, moralischer und sozialer Pflichten oder Rechte, aber auch persönlicher Beziehungen (Verwandtschaft, Freundschaft, Gefolgschaft, Patronage und Abhängigkeit). Horizontal und vertikal strukturierte Netzwerke prägten Gesellschaft und Politik bis hinauf zum König – und, über Kirchen und Klöster, bis in die übernatürliche Welt, verbündete man sich doch (z. B. durch Schenkungen) mit den Heiligen und deren Vertretern auf Erden.

Dennoch hat es, auch in der Auffassung der Zeitgenossen, so etwas wie »Staat«, »Amtsherrschaft« gegeben.[80] Gewiss war ein Graf kein »Beamter«, den der König ohne weiteres hätte ein-, ab- und versetzen können. Grundsätzlich aber bestand diese Möglichkeit, denn nicht selten ist von Absetzungen bzw. vom Entzug der honores (Ehren) die Rede; Regino von Prüm lobt Ludwig den Deutschen bei dessen Tod, er habe sich bei der Verleihung oder Entziehung öffentlicher Ämter (dignitates) von einem maßvollen Urteil leiten lassen.[81]

Doch es bleibt offen, wieweit es Karl und seinen Nachfolgern gelang, ein »pyramidales System« der Macht in ein »hierarchisches«, von der Zentrale her zu kontrollierendes System,[82] wie es die Kapitularien und andere Texte suggerieren, umzuformen. Sporadisch erhaltene Quellen zeigen, wie auch Grafen sich nicht immer durchsetzen konnten,[83] wie in »reguläres Verwaltungshandeln« oder auch in schwierigen politischen Situationen persönlich oder durch einflussreiche Freunde und Gönner interveniert wurde.

Briefe Einhards,[84] des Vertrauten und Biografen Karls des Großen, liefern dafür zahlreiche Beispiele, von den Höchsten bis zu den Niedrigsten. Er setzte sich für Getreue des Königs ein, die in Sorge um ihre Lehen waren, weil sie noch nicht hatten huldigen können (epp. 27, 28), für einen Mann des Abtes von Fulda, der um sein Leben fürchtete, wenn er dem Aufgebot Folge leistete, da er mit dem Grafen in Fehde lebte (ep. 42), für Amalar von Metz (ep. 3c), für die Kirche von Sens[85] und für Bischof Bernhar von Worms (ep. 3). Er trat aber auch bei Grafen und Herren für kleine Bauern, selbst unfreien Standes, ein, die wegen Wilderei oder Körperverletzung straffällig geworden oder ohne Genehmigung ihres Herrn eine Ehe eingegangen waren (epp. 47, 49, 46, 60).

Urkunden als wertvolle Quellen

Die Möglichkeit, abstrakte Aussagen über Aufbau und Ausübung von Macht anschaulich zu machen, verdanken wir neben solchen seltenen Briefen vor allem den seit 750 zunehmenden sog. Privaturkunden. Dienheim, ein unscheinbares Dorf südlich von Oppenheim, nimmt weltweit in Standardwerken zur frühmittelalterlichen Geschichte einen prominenten Platz als am besten dokumentierter Ort im gesamten Frankenreich ein, weil es in mehr als 150 Urkunden, die bis 850 aus den Archiven der Abteien Fulda und Lorsch überliefert sind, erwähnt wird; auch die meisten anderen rheinhessischen Dörfer werden hier erstmals genannt.[86] Das Mainzer Urkundenbuch basiert für das Frühmittelalter weitgehend auf Fuldaer und Lorscher Stücken, das sog. Mittelrheinische Urkundenbuch (für die ehemaligen preußischen Regierungsbezirke Koblenz und Trier) auf der Überlieferung der Klöster Echternach und Prüm, die freilich sehr unter dem Normanneneinfall von 892 gelitten haben. Bei Prüm können wir ermessen, wie hoch die Verluste sind, ist doch nur für einen Bruchteil des im berühmten Prümer Urbar nach 893 erfassten Besitzes eine Urkunde erhalten. In Dienheim waren nach den Angaben Fuldaer Urkunden über Besitznachbarn neben zahlreichen mehr oder minder unbekannten Laien mindestens sechs, sieben andere Kirchen und Klöster begütert, ohne dass wir eine einzige Urkunde dazu, etwa aus St. Alban/Mainz, St. Maximin/Trier oder auch Murbach im Elsass hätten.

Die Verluste sind umso bedauerlicher als die Urkunden, in der Regel datierte Dokumente über Besitzveränderungen, meist Schenkungen an Kirchen und Klöster, seltener Tausch, Kauf, Rückverleihung (Prekarie) von Gütern, Menschen und Rechten, Einblicke in das wirtschaftliche,[87] soziale und politische Leben, ja Vorstellungen der Menschen gewähren wie keine andere Quellengruppe. Schenkungen waren soziale Akte, die den Schenker und seine Verwandten in Verbindung mit einem mächtigen Heiligen brachten, mit Bonifatius in Fulda oder Nazarius in Lorsch, aber auch mit deren Sachwaltern auf Erden. Bei entsprechendem Umfang demonstrierten Schenkungen auch Reichtum und förderten das Ansehen als »Wohltäter«. Sie liefern zahlreiche Details, nennen die Schenker, Männer und Frauen, und deren Motive: die Sorge um das Seelenheil vor allem, dem durch das gute Werk wie durch die damit erworbenen Gebete der Klostergemeinschaft gedient werden soll. Werden Kinder, Eltern, Geschwister, seltener andere Verwandte, ins Gebetsgedenken eingeschlossen, erfahren wir etwas über Familienstruktur und -bewusstsein. Oft wird angegeben, ob die Güter durch Erbe, von Vater- und Mutterseite her, oder durch eigene Arbeit erworben wurden; bei Frauen, die in beträchtlicher Zahl Schenkungen zustimmten oder selber schenkten, wird daneben auf Mitgift und Morgengabe hingewiesen, Vermögensteile, die der Witwe ein Auskommen sichern sollten. Nicht selten werden über die religiöse Motivation hinaus ganz konkrete Hintergründe des Rechtsgeschäftes sichtbar: Finanzierung einer Reise, Erwerb eines Pferdes beim Aufbruch in den Krieg, unzureichende Wirtschaftsbasis, die durch Rückverleihung von Kirchengut verbreitert werden soll, Sicherung des Lebensunterhaltes in Alter und Krankheit, Sorge für überlebende Kinder, aber auch zur Bewahrung des Besitzstandes in politisch unsicheren Zeiten.

Wie kann man sein Vermögen in unsicheren Zeiten retten?

841 oder 842, als die Kämpfe um die Nachfolge Ludwigs des Frommen gerade die Rheinlande erschütterten, schenkte Guntram, der Bruder des Fuldaer Abtes Rabanus Maurus, seinen gesamten Besitz an Fulda und bekam ihn als Prekarie zurück.[88] So wollte er ohne Zweifel den Besitz für den Fall sichern, dass Lothar, den er unterstützt hatte, seine Herrschaft in der Region verlieren und Ludwig der Deutsche Lothars Anhänger bestrafen würde – eine gängige Praxis in den Bürgerkriegen. Selbst Otgar, den Erzbischof von Mainz, hatte seine Parteinahme für Lothar im Aufstand gegen Ludwig den Frommen sein Erzbistum gekostet, bevor »inständige Bitten des Volkes und des Klerus« Ludwig umstimmten.[89] Raban selbst trat nach dem Sieg Ludwigs des Deutschen 841 von der Leitung seines Klosters zurück; nach seiner Aussöhnung mit dem König wurde er 847 Erzbischof von Mainz.

Prekarien

Nicht nur in politisch so prekären Situationen waren Prekarien eine besonders beliebte Form der Schenkung. Viele Schenkungen wurden erst beim Tode des Schenkers, seiner Frau oder seiner Kinder wirksam – bis dahin konnte das übertragene Gut weiterhin genutzt werden, durch Nießbrauchsvorbehalt oder Rückverleihung (Prekarie).[90] Die prekarische Schenkung brachte dem Geber die Vorteile einer Schenkung, ohne seine wirtschaftliche Basis zu schmälern, ja mehrte diese nicht selten, wenn er mehr Besitz (freilich als Leihegut) zurückbekam.[91] In Bedrängnis geratene Schenker konnten so ihr ökonomisches Überleben sichern – freilich auf Kosten ihrer Erben, die keinen Eigenbesitz mehr anbieten konnten, und mit dem Risiko, dass die ökonomische Abhängigkeit rechtliche Folgen hatte: volle Rechtsfähigkeit eines freien Mannes war an Eigentum gebunden! Das Kloster vermehrte seinen Besitz, riskierte aber, dass das Leihegut im Laufe der Zeit als Erbgut angesehen und dem Eigentümer entfremdet wurde; das sollten der jährlich zu entrichtende Anerkennungszins sowie Verbots- und Strafklauseln verhindern. Chrodegang von Metz lobte die Prekarie als Ausweg aus dem Dilemma des noch nicht perfekten Menschen, Regino von Prüm hingegen sah vor allem das Risiko.[92]

servi casati, non casati

Urkunden liefern viele wirtschaftliche Informationen, denn übertragen wurden bebaute und unbebaute Grundstücke, Äcker und Weinberge, Wiesen und Weiden, Nutzungsrechte in der Stadt, im Dorf, in der »Gemarkung« (marca), oft mit den Menschen, die den Besitz erst wertvoll machten, weil sie ihn bewirtschafteten, eigenständig als *servi casati* (»behaust«, auf einem ihnen überlassenen Hof/*mansus*) oder als Knechte und Mägde auf dem (Herren)Hof (*servi non casati, mancipia*). Werden die Menschen einzeln mit Namen genannt, erkennen wir Familienstrukturen; häufig sind Frauen mit Kindern. Nicht selten wurden bei der Transaktion einzelne Güter oder auch Unfreie ausgenommen, zur weiteren Nutzung durch den Schenker, oder Manzipien bei der Gelegenheit freigelassen.

Zersplitterung und Streulage des Grundbesitzes

Die Nennung zahlreicher Anrainer in Schenkungen zeigt, dass der Grundbesitz im Altsiedelland von Beginn der Überlieferung an sehr zersplittert war. In Dienheim, wo der König, sieben Kirchen und etliche Große, die auch an anderen Orten Besitz hatten (Streulage), begütert waren, hat Th. Kohl 215 Besitzer(namen) ermittelt. Von ihnen werden mindestens 179 als Schenker genannt, manche nur einmal; 25 sind nur als Nachbarn bekannt, andere nur als Zeugen in Urkunden Dritter. Sie alle waren freie Besitzer von Erbgut am Ort, wie eine Notiz am Schluss der von einem Grafen Rupert angeführten Liste von 22 Zeugen um 796 festhielt: »*Isti habent hereditatem in Dienenheim*«.[94] Sonst wären sie nicht rechtsfähig gewesen; über ihren sozialen Rang und ihre wirtschaftliche Kraft können wir nicht mehr sagen. Sicher ist, dass sie nicht alle »adelig« gewesen sein können. Auf der anderen Seite bleibt ungewiss, ob es ärmere und weniger angesehene freie Grundbesitzer in Dienheim gegeben hat, die weder als Zeugen noch als Schenker auftauchen, weil sie nicht schenken konnten oder wollten oder eine Kirche bedachten, deren Urkunden verloren sind.

Besitzunterschiede und soziale Schichtung

Aus der Größe der Schenkung kann nur bedingt auf den Gesamtbesitz und damit auf die wirtschaftliche und soziale Stellung der Tradenten geschlossen werden. Eine kleine Schenkung kann den gesamten Besitz eines selbst wirtschaftenden Bauern oder Handwerkers umfassen, aber auch nur einen Bruchteil des weit gestreuten Besitzes eines reichen Aristokraten; selbst ein König konnte gelegentlich nur einen *mansus* schenken. Umgekehrt belegt eine große Schenkung wirtschaftliches und wohl auch soziales Kapital, Titel wie *dux* oder Graf auch die politische Bedeutung. Einer reichen, sozial und politisch führenden Oberschicht (die viele Adel nennen) gehörten beispielsweise Erkanfrida und Heriricus an. Erkanfrida, die Witwe des Trierer Grafen Nithard, vermachte um 853 in ihrem Testament[95] Erbgüter in Pfeffingen (im Bidgau) und Güter ihres Witwengutes in Wampach (im Ardennengau); die villa Mersch (in Luxemburg) sollten neun namentlich genannte Verwandte ihres Mannes für 100 Pfund in Gold und Silber binnen 40 Tagen nach ihrem Tod erwerben können; das Geld war an 20 einzeln aufgeführte Kirchen und Klöster zu verteilen.[96] Zuvor schon hatte Erkanfrida die Michaelskirche dieser Villa mit dem dazu gehörenden Besitz an Land und Menschen als Almosen an St. Maximin bei Trier vermacht. Dafür sollten die Mönche oder Kleriker ihr und ihrem Gatten jährlich ein feierliches Gedächtnis halten.[97]

Weitreichende Verbindungen hatte ein Heriricus, der 868 mit Zustimmung seines Bruders Hunfridus insgesamt rd. 73 Mansen am Glan, in Weinsheim (Nahe) und in Bingen an Prüm schenkte; die Früchte des guten Werkes (*elemosina*) sollten ihm selbst, seinem genannten Bruder (dieser war Bischof von Lüttich), ihren Eltern und einem weiteren Bruder zugutekommen. Der Vater hatte (vermutlich) schon 20 Mansen in Trittenheim und weiteren Besitz im Seillegau (Lothringen) an Prüm geschenkt.[98]

Deuten hier die Grafentitel und die Streuung der genannten Güter auf eine reiche, sozial und politisch führende Oberschicht in überregionalen Bezügen hin, so lassen sich bei genügend dichter Überlieferung auch Vertreter einer regionalen Elite ermitteln. Wenn Schenkungen sehr umfangreich sind, wenn sie Güter an verschiedenen Orten umfassen, wenn auch Besitz von Kindern und Verwandten in der Nachbarschaft genannt wird, wenn derselbe Mann (seine Söhne, Brüder) über Jahre hinweg an unterschiedlichen Orten in der Region als Zeugen erscheinen, dann kann man auf Zugehörigkeit zu einer überlokalen Oberschicht schließen.

Otakar von Wackernheim

Otakar z. B. saß 772 in Wackernheim bei Mainz auf einem Herrenhof (*curtis dominicata et casa*), der an zwei öffentliche Straßen grenzte. Nach seinem Tod, dem seiner Frau und einer genannten Tochter sollte der Hof an Fulda fallen, zusammen mit der Hälfte seiner umfangreichen Besitzungen in der Mark Wackernheim, die er von Vater und Mutter geerbt oder gekauft hatte, ebenso sein elterliches Erbe in Saulheim, zusammen mit 41 genannten Unfreien. Außerdem war der Mann in Bodenheim, Bretzenheim, Laubenheim und andernorts begütert. Nachdem er (im Alter) in Fulda eingetreten war, erwirkte er eine Urkunde des Königs, der seinem *fidelis* Verfügungsmacht über sein Lehen gab, das Besitz an vier weiteren Orten, allein in der Stadt Mainz 25 Mansen, 66 Unfreie, 16 Halbfreie und Weinberge umfasste.[99]

Frauen als Landbesitzer

Schenkungen der Töchter Otakars zeigen, dass auch Frauen selbständig über umfangreichen Besitz verfügen konnten: 779 gab Lantswind, vorbehaltlich lebenslänglichen Nießbrauchs für sich und zwei Schwestern, drei Hofstätten, 200 Morgen und einen Weinberg in der Mark Mainz, drei Hofstätten und zwei Weinberge in der Stadt und 30 teilweise genannte Unfreie. Ihre beiden Schwestern schenkten gleichzeitig zu denselben Bedingungen drei Hofstätten, 60 Morgen Land in der Mainzer Mark, dazu zwölf genannte Unfreie, einen Weinberg in Mainz, einen weiteren vor der Stadtmauer und einen dritten in Bretzenheim.[100]

Durch Schenkungen und Besitznennungen können weitere Angehörige und Besitzungen dieser Familie, darunter die Kirche in Wackernheim und Anteile an St. Lambert in Mainz, sowie partiell der Erbgang über mehrere Generationen ermittelt werden.[101] Otakar, der in unseren Quellen nie Graf genannt wird, gehörte zu den leistungsfähigeren Königsvasallen, die zu seiner Zeit mit 100 bis 200 Höfen wie »mittlere« Grafen oder auch »mittlere oder kleinere« (*minores*) Bischöfe und Äbte taxiert wurden.[102]

Quellenmäßig fundierte Schätzungen großer Grundherren sind nur für Abteien wie Prüm oder Lorsch möglich. Prüms Besitz umfasste nach dem Urbar von nach 893 mindestens 1.700 Mansen an 400 Orten, gestreut im Raum von Holland bis in die Südpfalz (Altrip, Rheingönheim) und ins südliche Lothringen (Seillegau), im Westen bis ins Anjou und die Bretagne.[103] Lorsch verfügte über einen ähnlich großen Besitz; im 8. und 9. Jh.

erhielt das Kloster nach den Abschriften im Codex Laureshamensis aus dem 12. Jh. rd. 3.600 Schenkungen, davon ein Drittel im Wormsgau, in der Regel in starker Streulage an 189 Orten, mit Schwerpunkten in Hahnheim, Oppenheim (wo Karl einen Königshof schenkte) und Mainz; dort besaß es um 815 außer der Lambertikirche 18 Höfe.[104] Prüm und Lorsch gehörten zu den »mittelgroßen« Klöstern des Reiches; »große« Abteien wurden 816 mit mehr als 3.000 Mansen angesetzt.[105]

Reichsaristokratie: Widonen und Rupertiner

Nicht einmal abzuschätzen sind die Güter und Herrschaftsrechte, über die Laien verfügten, die man zur sog. Reichsaristokratie zählt, weil ihr Besitz und ihr Aktionsraum sich reichsweit erstreckten. Beispiele aus unserem Raum sind die »Widonen«, alte Kampfgefährten Pippins und Karl Martells, die Ende des 9. Jhs. sogar Könige und Kaiser in Italien stellten, und, mit Einschränkungen, die »Rupertiner«, die Gründer von Lorsch. Diese Geschlechtsnamen sind moderne Bildungen, nach häufig in einem vermutlichen Familienzusammenhang vorkommenden Männernamen, meist ohne dass wir die Verbindungen zwischen den Generationen im Detail klären und die politischen Funktionen im Einzelnen verfolgen können. Wir wissen nicht, wie der *dux* und spätere Trierer Bischof Liutwin, vor 700 Gründer von Mettlach, und seine Söhne, Graf Wido und Bischof Milo († 761/62), mit Warnharius, dem Gründer von Hornbach (742), und dessen Bruder Graf Adalhard verwandt waren. Diese gehörten 771 zu den Großen Karlmanns, die sich nach dessen Tod sofort Karl dem Großen anschlossen. 782/83 verloren die drei Brüder Wido, Hrodolt und Werner Mettlach, weil sie weder Urkunden noch Zeugen für das beanspruchte Erbrecht beibringen konnten. Vielmehr wurde in einem spektakulären Prozess für Recht erklärt, dass ihr Vater, Graf Landbert/Lambert, nach Milos Tod dem Trierer Bischof das Kloster widerrechtlich entrissen habe, dem es von Pippin verliehen worden sei. Was sich genau dahinter verbirgt, lässt sich nicht mehr mit Sicherheit klären, zumal die Urkunde höchst problematisch überliefert ist.[106] Diese Niederlage und Verluste des Familienklosters Hornbach zugunsten des Fiskus[107] schadeten dem weiteren Aufstieg von Angehörigen der Familie auf Reichsebene nicht: Hrodolt wurde Graf von Vannes, an der Grenze zur Bretagne; Wido, der 796 die Gründer Hornbachs seine *progenitores* nannte (damit ist die Verwandtschaft zwischen »Hornbacher« und »Mettlacher« Widonen gesichert) kommandierte die Bretonenmark. Sein Sohn Lambert spielte 814 (zusammen mit seinem Onkel Werner) eine große Rolle bei der Herrschaftsübernahme Ludwigs des Frommen in Aachen und folgte seinem Vater als Markgraf. In den Konflikten Ludwigs des Frommen mit den Söhnen seit 830 war Lambert einer der wichtigsten Helfer Lothars I. Schon vorher hatte er gegen Einziehung von Besitz »seines« Klosters Hornbach zugunsten des Fiskus geklagt; der junge König Lothar selbst und Graf Matfrid von Orléans, höchstrangige *missi* also, nahmen sich des Falles mit Erfolg an.[108] 834 ging Lambert mit Lothar nach Italien, wo er 837 starb. Wie wenig die Familie ihre Wurzeln an der Saar vergessen hatte, zeigte sich, als Lamberts Sohn, Herzog Wido von Spoleto, sich von Lothar I. Mettlach wieder übertragen ließ, sobald der Kaiser nach 840 darüber verfügen konnte. Wenig später freilich gab er es an den Trierer Erzbischof Hetti zurück, der nicht nur bessere Besitzrechte hatte, sondern auch politisch unerlässlich war.[109] Im späten 9. Jh. erlangten gleichnamige Nachfahren die Königs- und Kaiserkrone in Italien, einer von ihnen griff 888 auch nach der Krone im Westreich, freilich vergeblich. Zwei weitere Söhne des 837 verstorbenen Lambert fielen in einem Aufstand gegen Karl den Kahlen. Von nicht genau zuzuordnenden Verwandten, die im ganzen 9. Jh. im Mittelrheingebiet als Grafen, als *missi*, als Gründer von Münsterdreisen (864) aktiv waren, stammten wohl die Salier ab; jedenfalls bezeichnete Heinrich IV. 1105, wie Wido 796, die Gründer von Hornbach als seine Vorfahren.[110] Die Gründer des Klosters Lorsch (764), nach ihrem Leitnamen »Rupertiner« genannt, spielten über Jahrzehnte im Mittelrheingebiet als Bischöfe, Großgrundbesitzer, Grafen und *missi* eine wichtige Rolle, verschwanden dann um 840 aus der hiesigen Überlieferung – und machten in der zweiten Hälfte des 9. Jhs. im Westfrankenreich Karriere: König Odo (888–898) war der Sohn eines in den Kämpfen gegen Normannen und Bretonen berühmt gewordenen Markgrafen Robert (des Tapferen), der nach herrschender Meinung um 843 in den Westen wechselte;[111] seit 987 besetzten seine Nachkommen als Kapetinger den westfränkisch-französischen Thron.

»Arme Freie«

Am entgegengesetzten Pol der fränkischen Gesellschaft rangierten freie Franken, deren wirtschaftliche Schwäche ihre persönliche Freiheit in Gefahr brachte. Aus mehreren Kapitularien wissen wir um die Probleme mit der Heerfahrts-/Heerbannpflicht, für die nach 800 offenbar ein Besitz von vier Mansen erforderlich war.[112] Zu dieser Schicht könnten Arugis und seine Gattin Gomahilt gehört haben, die dem Kloster Fulda 775 alles schenkten, was sie sich in Mainz erarbeitet hatten, zwei Unfreie (*servi*) mit deren Besitz, unter dem Vorbehalt, dass sie das Geschenkte als Prekarie bis zu ihrem Tode nutzen dürften.[113] Etwas vermögender war wohl Andrad, der um dieselbe Zeit in Dienheim vier Unfreie und die Hälfte seiner Mansen und Weinberge an Lorsch schenkte.[114] Wenn bei umfangreicheren Schenkungen ein kleiner Besitzteil zurückbehalten wurde, mag das daran liegen, dass die volle Rechtsfähigkeit, als Zeuge z. B., an persönliche Freiheit und Eigengut am Ort gebunden war.[115]

Erhaltene Zeugenlisten sind besonders aufschlussreich, weil sie freie Männer aller sozialen Schichten aufführen, nicht nur bekannte, überregional agierende Grafen und Herren, sondern auch Männer vom Schlage Otakars oder auch Walrams, des Vaters des Rabanus Maurus, die auch an anderen Orten in der Region oder darüber hinaus tätig und begütert waren. Unter diesen regionalen Größen, die sich immer wieder bei solchen Gelegenheiten trafen, lässt sich bei günstiger Quellenlage, wie in Dienheim, wo zwischen 780 und 818, zahlreiche Zeugenlisten überliefert sind, auch eine »lokale Elite« herausschälen, deren Lebensmittelpunkt der Ort war, wo sie oft über Jahre hin Zeugendienst leisteten. Das Wissen dieser Männer um Besitz und Rechte am Ort (»Erinnerungskataster«) machte sie unentbehrlich bei Konflikten, bei Rechtsgeschäften und Einweisungen in Besitz. Als »Rückgrat der lokalen Gesellschaft« vertraten sie vermutlich auch ihre Dorfgemeinschaft[116] gegenüber den Herren bis hinauf zu Repräsentanten des Königs und verschafften dank ihres sozialen Ansehens der Herrschaft Akzeptanz in ihrem Bereich. Sie waren es wohl auch, die dafür sorgten, dass die von der Dorfgemeinschaft geforderten Abgaben aufgebracht und (vermutlich) umgelegt wurden.[117]

Rechtliche Gleichheit – soziale Ungleichheit

Karl der Große hielt strikt daran fest, dass es in seinem Reich nur Freie und Unfreie gebe;[118] diese auf römisches Recht zurückgehende fundamentale Unterscheidung berücksichtigte nicht die Übergangsstufen der Halbfreien, der sog. Wachszinser (Zensualen), die sich als Freie unter den Schutz einer Kirche gestellt hatten oder Freigelassene (*liberti*), die einem

Schutzherrn unterstanden. Die freien Franken unterschieden sich durch Besitz, Ansehen und politische Macht beträchtlich, waren aber rechtlich gleich gestellt und nicht ständisch gegeneinander abgeschottet, wie in der späteren Adelsgesellschaft. Adel, *nobilis*-Sein, war in der Karolingerzeit (noch) keine rechtliche Qualität, kein »Stand«, sondern eine Frage des Ansehens und vor allem des auf Herkunft gegründeten Selbstbewusstseins.[119] Der auf seine Herkunft stolze Trierer Chorbischof Thegan brachte 835/837 das »Problem« auf den Punkt, als er dem von ihm gehassten Erzbischof Ebo von Reims, Sohn einer Unfreien, entgegen schleuderte: »Er [der Kaiser] machte dich frei, aber nicht edel, denn das ist unmöglich.« An anderer Stelle wetterte er gegen die schon lange anhaltende ganz schlechte Gewohnheit (*pessima consuetudo*), aus den gemeinsten Unfreien Bischöfe zu machen, die ihrerseits ihren Verwandten die Freiheit verschafften, sie in den freien Künsten ausbildeten und mit »edlen« (*nobiles*) Frauen verheirateten. Ratgebern des Königs aus dem Unfreienstand warf er vor, danach zu trachten, die *nobiles* zu unterdrücken und ihre eigene Verwandtschaft zu erhöhen.[120] Diese Polemiken gegen Emporkömmlinge bestätigen die Möglichkeit des Aufstiegs wie den dagegen gerichteten Anspruch einer selbstbewussten Oberschicht, die Führungspositionen in Welt und Kirche zu besetzen.

Gesellschaftlicher Abstieg ist nicht so gut zu beobachten, sehen wir vom Entzug der *honores* (Ämter, Lehen) oder gar des Eigenbesitzes ab, die sich vor allem in den Zeiten des Bürgerkrieges häuften. Meist verschwinden ehemals »Große« einfach aus den Quellen. Breiten Raum hingegen nehmen in den Kapitularien nach 800 Bestimmungen gegen

Warum leisten arme Freie nicht Heerfolge? Kapitular von 811

»Sie klagen, sie würden aus ihrem Eigentum vertrieben, und zwar von Bischöfen, Äbten und deren Vögten, wie von Grafen und deren Centenaren.

Sie sagen auch: wenn jemand sein Eigen dem Bischof, Abt, Grafen, Richter oder auch dem Centenar nicht geben will, suchen sie Gelegenheiten, diesen Armen zu verurteilen und ihn immer wieder gegen den Feind ziehen zu lassen, bis er, verarmt, sein Eigentum wohl oder übel übergibt oder verkauft; andere aber, die es schon übergeben haben, bleiben ohne Belästigung zu Hause.

Bischöfe, Äbte, Grafen, wie auch Äbtissinnen, lassen ihre freien Männer [die sich also in irgendeiner Abhängigkeit von ihnen befinden, als Prekaristen oder Lehnsnehmer] zu Hause als ›Ministeriale‹, als Falkner, Jäger, Zolleinnehmer, Vorsteher, Aufseher.

Andere sagen, dass sie Ärmere zwingen, ins Feld zu ziehen und diejenigen, die haben um zu geben, zu ihren Gütern entlassen.

Einige begeben sich unter den Schutz von Lehnsherren, von denen sie wissen, dass sie nicht gegen den Feind ziehen werden.«[121]

die Bedrückung der »Armen« (*oppressio pauperum*) ein, d. h. armer, mindermächtiger Freier, die von »Mächtigen« (*potentes*) in Kirche und Welt bedrängt wurden, ihr Land aufzutragen und damit den Belastungen eines freien Franken (Gericht, Heerbann, Abgaben an den König, Zehnte) zu entgehen – und zugleich dem Druck der Mächtigen, der vielfältige Formen annehmen konnte, wie der Kaiser sehr wohl wusste.

Zur selben Zeit legte Karl Bischöfen und Äbten einige geradezu sarkastisch-kritische Fragen vor, darunter: »Es ist auch zu fragen, ob derjenige der Welt entsagt hat, der täglich seinen Besitz auf jede Art und Weise vermehrt, indem er bald durch Anpreisung der Seligkeit des Himmelreiches, bald durch Androhung ewiger Strafen der Hölle und im Namen Gottes oder irgend eines Heiligen die Reichen wie die Armen, die einfältiger von Natur und nicht so erfahren und vorsichtig sind, ihrer Güter beraubt und deren rechtmäßige Erben um ihr Erbe bringt« – mit der Folge, dass sie aus Not in die Kriminalität abglitten.[122]

Feudalisierung?

Die (sozial)politische Brisanz war den Zeitgenossen also durchaus bewusst, doch die Forschung ist sich nicht einig über Anlass und Motive solcher Kapitularien. Neu war das Abrutschen in die Unfreiheit nicht. Seit merowingischer Zeit finden sich Urkundenformulare für Selbstverknechtung aus materieller Not. Sie machen die Härte der Unfreiheit deutlich, die durch den Begriff »Hörige« eher verschleiert wird: Der Herr durfte »seine« Unfreien, die ihm zu Diensten und Abgaben verpflichtet waren, bestrafen, verkaufen, verschenken.[123] Auch prekarische Schenkungen, mit denen arme Freie ihr Erbgut, das ihnen kein Auskommen mehr brachte, einem weltlichen oder geistlichen Herrn auftrugen (schenkten), um es mit mehr Land zum Nießbrauch auf eine oder zwei Generationen zurückzubekommen, waren lange bekannt. Sie tangierten die persönliche Freiheit noch nicht, brachten die Prekaristen aber in wirtschaftliche Abhängigkeit und ihre Kinder oder Kindeskinder um ihr Erbe – wie Karl deutlich formulierte.

Wenn die Unterdrückung der armen Freien also nicht eigentlich neu war, könnte man an eine Verschärfung denken, aber auch, angesichts der unter Karl zunehmenden Forderungen an einen »christlichen König«, an ein durch die Erhebung zum Kaiser noch geschärftes Verantwortungsbewusstsein, das den Herrscher dazu veranlasste, in eine seit langem laufende Entwicklung (»Feudalisierung«) einzugreifen. Er könnte also aus »ideologischen Motiven« (Bedrückung der Armen, Witwen und Waisen ist schon ein Thema des Alten Testaments), aber auch im eigenen Interesse gehandelt haben: um die Leistungen der Freien für das Königtum zu wahren und den Ausbau der Macht der Aristokraten, die ja nicht nur seine Partner, sondern auch Konkurrenten waren, einzuschränken. Nicht zuletzt betonte er so seine Position als Herrscher, seinen Abstand zu den Großen, aus deren Reihen ja seine Familie aufgestiegen war.[124]

Einige wenige Urkunden zeigen, dass Widerstand gegen ungerechten Verlust von Vermögen und Freiheit zum Erfolg führen konnte. 821 erhielt ein einfacher Mann (*quidam homo*) Fulquin aus Meinborn im Engersgau (Kreis Neuwied) Eigengut zur freien Verfügung zurück, das er einst, als er in den Krieg gegen die Slawen zog, einem kaiserlichen Verwalter treuhänderisch übergeben hatte. Käme er lebend zurück, sollte er es wieder erhalten, andernfalls sollte es zu seinem Seelenheil gestiftet werden. Bei der Heimkehr des Mannes war der Treuhänder gestorben, das Gut dem Fiskus zugeschlagen worden; die von Fulquin erbetene Untersuchung durch einen Königsboten bestätigte seine Darstellung.[125] 825 erhob ein Ingilbert Klage vor den Königsboten Erzbischof Hetti von Trier und Graf Adalbert, dass seine Großmutter von einem Verwalter des Königsgutes Remiremont (Vogesen) widerrechtlich zu einer Hörigen gemacht worden sei; nach Untersuchung durch die Königsboten wurde ihm und seinen Verwandten, die dadurch ebenfalls in Knechtschaft geraten waren, Freiheit und Besitz zurückgegeben.[126] Solche Urkunden sind nur in Ausnahmefällen erhalten, weil die Überlieferung aus den Archiven der Herren stammt.

Bessere Formen der Unfreiheit

Wurden Unfreie freigelassen, so bekamen sie nicht die volle Freiheit; als *liberti* unterstanden sie einem Schutzherrn, häufig einer Kirche. Freie ergaben sich in die Wachszinsigkeit einer Kirche, taten damit etwas für ihr Seelenheil und waren den Pflichten (und Bedrückungen) der Freien enthoben, ohne zu den Diensten und Abgaben von Unfreien verpflichtet zu sein. Sie zahlten nur einen geringen Kopfzins (»für Wachs«, zur Kirchenbeleuchtung), dessen persönliche Entrichtung am Altar jedes Jahr ihren unfreien Status demonstrierte. Dieser führte auch zu Abgaben für die Erlaubnis zur Heirat und beim Todesfall.[127] Nicht selten wurden auf diese Weise die Folgen einer Ehe mit Unfreien vermieden. Einhard riet einem seiner Vasallen, dessen Tochter mit einem Unfreien entflohen war, den beiden die Heirat zu gestatten, wenn der Mann freigelassen werde, denn das sei für die Tochter besser, als wenn sie von allen verachtet würde.[128]

Eine privilegierte Form der Unfreiheit genossen auch Männer, die besondere Dienste für ihren Herrn leisteten, wie Botendienst zu Fuß oder zu Pferd und bewaffnete Begleitung, wie die »Scharmannen« von Prüm und St. Maximin oder die »Genossenschaft der Reiter«, die König Arnulf der Wormser Kirche schenkte;[129] hier fassen wir Ursprünge der späteren Ministerialen.[130] Schon das zitierte Kapitular sprach von Freien, die von ihren Herren *in nomine ministerialium* für bestimmte, »bessere« Aufgaben der Heerfolge entzogen würden.

Weitere Entwicklung der Gesellschaft

Sind Quellen zum persönlichen Status von Leuten ohnehin eher selten, weil sie keinen bleibenden (immobilen) Besitz betrafen, so hindert uns der starke Rückgang der Urkunden seit der Mitte des 9. Jhs. (bis weit ins 11. Jh. hinein) die weitere gesellschaftliche Entwicklung genauer zu verfolgen. Insgesamt, so scheint es, verlor für breite Schichten die rechtliche Qualität der Freiheit gegenüber der sozialen und wirtschaftlichen Realität an Bedeutung; im Zuge der Ausbreitung der Grundherrschaft, die (großen) Grundbesitz mit Herrschaftsrechten über die ihn bebauenden Menschen verknüpfte, lebten und wirtschafteten immer mehr Freie und Unfreie nebeneinander; Ehen zwischen den Ständen nahmen zu; schließlich fanden sich mehr und mehr ehemals Freie und Unfreie in einem nivellierten Stand »höriger Bauern« eines Grundherrn wieder, deren wirtschaftliche Situation (Reichtum, Armut, Belastungen durch Dienste und Abgaben) sehr unterschiedlich sein konnte. Wie viele und wie lange Freie sich dem Zugriff weltlicher und geistlicher Herren entziehen konnten, ist mangels Quellen nicht zu ermitteln; wer nicht schenkte oder sich selbst tradierte, taucht in den Urkunden allenfalls als Zeuge auf.

Der Druck auf die armen Freien wurde durch die politische Entwicklung des 9. Jhs. verschärft. Krieg war allgegenwärtig in der fränkischen Gesellschaft. Erzählende Quellen vermerkten, wenn in einem Jahr ausnahmsweise kein Feldzug stattfand. Auch wenn die Heerfolge für die armen Freien wegen des Aufwandes und der Abwesenheit von ihren Bauernhöfen belastend war, so war die Bilanz für diejenigen, die heil zurück kamen, bis in die Zeit Karls des Großen wegen der Beute[131] und Tributen wohl positiv, während sich im 9. Jh. die Fließrichtung zugunsten von Normannen, Sarazenen und Ungarn umkehrte. Das musste man hierzulande 881/82 und erneut 891/892 schmerzlich erfahren, als Normannen Prüm und Trier verwüsteten und bis Metz und Mainz vorstießen. Schon die Kämpfe Ludwigs des Frommen mit seinen Söhnen, danach die Bruderkriege brachten den Krieg ins eigene Land – mit buchstäblich verheerenden Folgen; erst recht gilt dies für die großen Fehden der 890er Jahre.[132]

Fazit der politischen und gesellschaftlichen Entwicklung

In der ausgehenden Karolingerzeit wurden die Verhältnisse für alle Beteiligten, Herrscher, große wie kleine Herren und arme Freie zunehmend komplizierter. Die Kämpfe der Könige stärkten die Position der Aristokraten, auf die sie angewiesen waren, und schwächten sie zugleich – vor allem in den umkämpften Gebieten, zu denen die linksrheinischen Lande in besonderer Weise gehörten. Einerseits konnten die Großen Lehen und Schenkungen zur Belohnung für ihre Treue – oder ihren Parteiwechsel – erwarten. Andererseits drohte ihnen, solange die Unsicherheit andauerte, der Verlust der Lehen und *honores*, ja des Erbbesitzes bis hin zum Wechsel in ein anderes (Teil-)Reich. Insgesamt, so suggerieren unsere Quellen, erweiterten sich die Möglichkeiten, Herrschaft durch Erwerb zusätzlichen Besitzes (vor allem auch an Königs- und Kirchengut) und durch verschärften Zugriff auf Freie und Unfreie auszubauen. Da die Könige im späteren 9. Jh. hierzulande zunehmend weniger herrschaftlich präsent waren, reduzierte sich ihre Funktion als Protektor und Mittler, verschärfte sich der Konkurrenzkampf der Großen untereinander um Besitz und Machtpositionen (Ämter). Er gipfelte in den blutigen Fehden der 890er Jahre, in die König Arnulf und sein Sohn Zwentibold, der ihnen sogar zum Opfer fiel, kaum mehr vermittelnd eingreifen konnten. Nur bei Idealisierung der hochkarolingischen »Institutionen« wie Königtum und Grafschaft kann der Eindruck entstehen, sie wären von aristokratischer Macht zerstört worden, der »große König« durch »kleine Königlein« ersetzt worden, wie Regino von Prüm und die hofnahen ostfränkischen Annalen suggerieren.[133] Sehen wir von der Ebene der hohen Politik einmal ab, so waren sich für die Region wesentliche Strukturen politischer Herrschaft zu Anfang und Ende des 9. Jhs. offenbar ähnlicher, als man unter dem Eindruck der normativen Texte und der schon zeitnah einsetzenden Überhöhung des großen Karl (Reichsannalen, Einhard) meinen könnte. Die für alle Beteiligten bedeutsamen lokalen und regionalen Machtstrukturen, die Ausübung von Herrschaft in einer schwer zu differenzierenden Mischung von »amtlichen Befugnissen« eines Grafen oder *missus* und dessen »persönlichen Einfluss«, beruhend auf wirtschaftlichem, sozialem und damit politischem Gewicht, im Mit- und Gegeneinander mit genossenschaftlichen Elementen in der lokalen oder regionalen Versammlung kann aus den frühen Quellen, wenn auch nicht ganz leicht, erschlossen werden. Ihre Weiterentwicklung aber in der mutmaßlich entscheidenden, aber quellenarmen nachkarolingischen Umbruchszeit bleibt uns ebenso verborgen wie die der sozialen Verhältnisse.

1 Salvianus, De gubernatione Dei VI.39: Übersetzungen auch der weiteren Kapitel nach KAISER, Franken 1997, S. 78–81; wieder: DERS./SCHOLZ, Quellen 2012, S. 93–97.

2 HEINEN, Reichstreue 2000; vgl. BINSFELD, Trier 2003.

3 Brief an eine junge Witwe Ep. 123, HILBERG, Hieronymus 1996, S. 92; Übersetzung nach Des heiligen Kirchenvaters Eusebius Hieronymus ausgewählte Briefe aus dem Lateinischen übersetzt von Dr. Ludwig SCHADE. München 1936 (Bibliothek der Kirchenväter 2,16), S. 86 ff. Kritisch zur Auswertung GRÜNEWALD, Worms 2005, S. 83.

4 Die potentes erfänden neue Abgaben, drängten den Armen ihre Patronage auf, ohne ihre Versprechen dann zu halten, machten sie von sich abhängig, so dass sie schließlich ihre Freiheit verlören, so dass sie lieber zu den Barbaren flüchteten (Salvianus, De gubernatione Dei V.8.

5 ANTON, Trier 1984; vgl. DERS., Trier 1987; DERS./HAVERKAMP, Trier 1996.

6 WIECZOREK, Ausbreitung 1996, S. 243.

7 Gegen diese herrschende Meinung GRÜNEWALD, Worms 2005, S. 83 ff., dezidiert wieder dafür u. a. KAISER, Burgunder 2004, S. 26–37.

8 Zur Geschichte des Frankenreiches aus jüngerer Zeit EWIG, Merowinger 2006, aktualisierte Aufl. mit Literaturnachträgen von Ulrich Nonn; KAISER, Franken 1997; DERS./SCHOLZ, Quellen 2012; NONN, Franken 2010; BECHER, Chlodwig I. 2011. Für das Rheinland noch EWIG, Frühes Mittelalter 1980.

9 WIECZOREK, Franken 1996, vgl. dort das Vorwort und das Grußwort des Bundeskanzlers Helmut Kohl, S. XIII.

10 Auch er verband damit politische Ratschläge; Epistolae austrasicae Bd. 2 (MGH Epp.), S. 113, mit Übersetzung KAISER, Franken 1997, S. 83 f.; DERS./SCHOLZ, Quellen 2012, S. 100 f.

11 Zur Kontinuität gibt es eine reiche Literatur, vgl. etwa PRINZ, Formen 1994, S. 171–192; STEIN Bevölkerung 1989, S. 89–195; WERNER, Spätantike 1979, darin Beiträge von Ewig und Heyen zum Mittelrhein, Eiden zu Boppard und Karden, Ament zu Mayen und Andernach, Eiden, Ewig, Felder und Werner zu Kobern-Gondorf; AMENT, Romanen 1992, S. 261–271; KÖLZER/SCHIEFFER, Spätantike 2009.

12 Beispiel Mehring: GILLES, Villa 1985, S. 33–39. Vgl. BIENERT, Besiedlung 1996, S. 122 f.

13 BIENERT, Besiedlung 1996, 143 ff. Vgl. in diesem Band die Beiträge von FELTEN, Antikes Erbe, CLEMENS, Ländliche Welt und GILLES, Römische Kaiserzeit.

14 Beitrag FELTEN, Antikes Erbe in diesem Band; mit Anm. 10 f.

15 Carl ZUCKMAYER: Des Teufels General. In: Ders.: Gesammelte Werke. Bd. 3: Dramen. Frankfurt/Main 1960,S. 544 f.

16 HAUBRICHS, Romanität 2003, S. 695–709.

17 SCHMITZ, Akkulturation 1997, S.177–202, Karte S. 184; BOPPERT, Grabsteine 2003, S. 132–138.

18 POST, Entlehnungen 1982; DERS., Geschichte 2004, S. 1–35; KLEIBER, Substrat 1983, S. 153–192; HAUBRICHS, Kontinuität 1997, S. 211–237; DERS./PFISTER: Prümer Romania 2001, S. 171–195; KLEIBER/PFISTER, Aspekte und Probleme 1992; zusammenfassend KLEIBER, Kontinuitätsproblem 1994, S. 153–158.

19 STAAB, Untersuchungen 1975, S. 159 betonte das Gefälle der romanischen Tradition am linken Mittelrhein von der Höhe der Städte und Kastelle des Rheinufers, über die Kastelle Kreuznach und Alzey, sowie die Rückzugsgebiete im Mittelgebirge bis zur fruchtbaren rheinhessischen Hügellandschaft, wo nur ein spärliches spätantikes Erbe von einem sehr geringfügigen ethnischen Substrat getragen worden sei. Zu den Städten siehe BÖNNEN, zum ländlichen Raum CLEMENS in diesem Band.

20 Gregor von Tours, Decem libri historiarum VIII.13.

21 ANTON, Trier 1987, S. 98; HEINEN/DERS./WEBER, Bistum 2003, S. 133.

22 Gregor von Tours, Decem libri historiarum X.29, eine Heiligenvita; VIII.13.

23 Venantius Fortunatus, Carmina miscellanea 10.9; Übersetzung BROEMSER, Venantius Fortunatus 1988, S. 17–24; Fredegar, IV.40.

24 624/625 wurde hier Chrodoald, ein Mann seiner Umgebung aus sehr vornehmem Geschlecht, auf seinen Befehl, auf Betreiben konkurrierender Großer, u. a. Arnulf und Pippin, erschlagen; Fredegar IV.52. Die »Singularität des Besuchs« zeigt, wie sehr Trier hinter Metz und Köln zurück getreten war. HEINEN/DERS./WEBER, Bistum 2003, S. 154 ff.

25 Fredegar IV. 74.

26 Fredegar IV. 87.

27 BRÜHL u. a., Urkunden 2001, Nr. 30. Zu den merowingischen Pfalzen BRÜHL, Palatium 1990; zur Mainzer Pfalz FELTEN, Mainz 2007, S. 51–96, 57 mit Anm. 31.

28 Grundlegend jetzt KÖLZER, Merowingerstudien 1998, 1999. Zur Dagobert-Tradition FELTEN, Mainz 2007.

29 Gregor von Tours, Decem libri historiarum III.36. In VII.15 nennt Gregor unter den vielen üblen Dingen, die ein Richter Audo im Verein mit einem Präfekten Mummolus verübt hatte, dass er viele freie Franken den öffentlichen Abgaben unterworfen hatte. Fredegar wirft einem Hausmeier Theuderichs bzw. Brunhildes vor, dass er den Steuerdruck allzu sehr erhöhte, um den Staatschatz aus privatem Gut aufzufüllen (IV. 27).

30 Gregor von Tours, Decem libri historiarum III.36.

31 HEINEN/ANTON/WEBER, Bistum 2003, S. 151 ff. spricht von »Stadt- und Regionalherrschaft« und »Bischofsstaat«. Vgl. DERS., Trier 1996, S. 45. Zur Befestigung, die wir nur durch ein Gedicht des Venantius Fortunatus kennen, PFEIFFER, Fränkische Zeit 2003,S. 208 ff.

32 STAAB, Gesellschaft 1975, S. 295 ff.: »Der Austrasische Adel im Mittelrheingebiet« – oft aufgrund später Besitzbelege.

33 GERLICH, Fernbesitz 1954/2005, S. 51–83; DERS., Metzer Besitz 1951, S. 97–114; SCHNEIDER, Reims 1971, S. 47–80.

34 IRSIGLER, Gesellschaft 1989/2006, S. 247–274 mit Karte S. 268, die auch die Besitzungen in der Woevre, in der Gegend von Verdun, und an der Maas zeigt (siehe Beitrag CLEMENS in diesem Band). Edition dieser ältesten bekannten Urkunde zu den Rheinlanden LEVISON, Testament 1932, S. 69–85, wieder in DERS., Frühzeit 1948, S. 118–138, Edition S. 124–136; Übersetzung und sorgfältiger Kommentar HERRMANN, Testament 1985, S. 260–276.

35 NONN, maior domus 1993, gegen Eugen Ewig und Hans-Hubert Anton.

36 Heinrich BÜTTNER sprach von einem »Wettlauf«; Christentum 1951, S. 36, 40 f. Vgl. STAAB, Heidentum 1994.

37 HEINEMEYER, Erzbistum 1979, S. 34–41; S. 41–47 zu Worms.

38 So STAAB, Gesellschaft 1975, S. 176 ff.

39 Ulrich Nonn hat eine Reihe von detaillierter Studien zu einzelnen Regionen vorgelegt, die zeigen, dass noch in der Karolingerzeit vieles unklar ist. Zusammenfassend mit exzellenten Karten, die leider nicht ganz Rheinland-Pfalz abdecken, jetzt BAUER, Gaue 2000, Zitat S. 25. Lineare Grenzen verschleiern den komplizierten Befund.

40 Überblick STAAB, Heidentum 1994. Genaueres im Beitrag HEHL, Kirchliche Ordnungen in diesem Band

41 Zum Weiterleben »heidnischer Bräuche« (bis ins 11. Jh.) STAAB, Heidentum 1994, S. 129 ff., und CLEMENS in diesem Band.

42 BOPPERT, Inschriften 1971; zusammenfassend: DIES., Anfänge 1990, S. 254 ff.; GAUTHIER, Evangélisation 1980; SCHMITZ Akkulturation 1997; jüngst BERG, Andernach 2007; umfassend RISTOW, Christentum 2007, der aber für etliche Kirchen in römischen Bauten (z.B. Boppard, Kobern-Gondorf, Koblenz) eine spätere, nachantike Entstehung angenommen hat. Vgl. Beitrag FELTEN, Antikes Erbe in diesem Band.

43 Gregor von Tours, Vita patrum 17 (MGH SS rer. Merov. 1,2), S. 277–289; PFEIFFER, Fränkische Zeit 2003, S. 202 ff.

44 Nach dem dramatischen Bericht Gregors von Tours (Decem libri historiarum IX.10 wurde er von einem als Hochverräter verurteilten dux Gunthram-Boso beim Herrschertreffen in Andelot 585 als Geisel genommen, damit er bei den Königen vermittle; Der König Gunthram aber gab den Befehl: »Werfet Feuer in das Haus, und kann der Bischof nicht entkommen, so mögen sie beide verbrennen.« Magnerich wurde von seinen Klerikern in letzter Minute aus dem brennenden Haus gezogen, Gunthram beim Verlassen des Hauses erschlagen.

45 Venantius Fortunatus, Carmina miscellanea 2.11 f. und 9.9; vgl. DASSMANN, Bistum, S. 40 ff. mit eher kritischem Blick auf die Quellen zu den übrigen Bischöfen vor Bonifatius; optimistischer STAAB, Mainzer Kirche 1991, S. 87 ff. und, für den größeren Raum, DERS., Heidentum 1994.

46 Grundlegend REMLING, Urkundenbuch 1852; STAAB, Speyer 1983; knapp AMMERICH, Bistum 1998.

47 Zum Folgenden SCHIEFFER, Karolinger 2006; DERS., Großreich 2005. Mit Blick auf das Rheinland EWIG, Frühes Mittelalter 1980; DOTZAUER, Rheinland-Pfalz 1992; SCHAAB, Geschichte 1999; DERS., Pfalz 2001.

48 S. Bonifatii et Lulli epistolae 87 (MGH Epp. sel. 1), deutsch nach RAU, Bonifatius 1994, S. 299. Noch schlimmer als Milo fand Bonifatius den abgesetzten Gewilib von Mainz, der nicht nur seinen Vater mit eigener Hand gerächt, sondern sich nach seiner Absetzung »als Streitsüchtiger und Hurer« erwiesen habe (ebenda). Die neuere Forschung betont die politische Bedeutung Milos, der wie »seinesgleichen« nicht nach den Ansprüchen des Reformers, sondern nach den Maßstäben des 7. Jh. zu beurteilen sei; EWIG, Milo 1954, besonders S. 413–421, zit. S. 418. Zu Gewilib STAAB, Bischöfe 1994, S. 249–275.

49 Die heute im Dom angebrachte Grabinschrift stammt aus dem späten Mittelalter. BLÄNSDORF, Siste viator 2009, Nr. 65 mit Abbildung und Übersetzung.

50 BÖHMER/MÜHLBACHER, Regesta Imperii I 1908, Nr. 474; siehe Beitrag HEHL, Kirchliche Ordnungen.

51 Leicht zu verfolgen in BÖHMER/MÜHLBACHER, Regesta Imperii I 1908.

52 Zum Folgenden, deutlich vom 19. Jh. geprägt, aber unerreicht quellennah und detailliert DÜMMLER, Geschichte 1887/88.

53 Eine dramatische poetische Klage eines Anhängers Lothars: Poetae Latini aevi Carolini (MGH Poetae 2), S. 137, deutsche Übersetzung von J. Bühler in LAUTEMANN, Quellen 1978, S. 117.

54 Nithard III. 6; Annales Xantenses a.842.

55 BÖHMER/MÜHLBACHER, Regesta Imperii I 1908, Nr. 1091, 1098, 1092.

56 Grobe Umschreibung der Reichsteile Annales Bertiniani, a.843; zu Meerssen s.u.

57 SCHNEIDER, Brüdergemeinde 1964.

58 So die dem Hof Ludwigs nahestehenden Annales Fuldenses, a.855.

59 Capitularia regum Francorum (MGH Capit. 2), Nr. 245; Annales Bertiniani, a.860.

60 Genaue (parteiische) Beschreibung mit den Reden und Gebetstexten aus der Feder Hinkmars Annales Bertiniani, a.869; aus der Sicht Ludwigs Annales Fuldenses, a.869.

61 Annales Fuldenses, a.870.

62 Capitularia regum Francorum (MGH Capit. 2), Nr. 251, Übersetzung LAUTEMANN, Quellen 1978, S. 122 f.

63 BÖHMER/MÜHLBACHER, Regesta Imperii I 1908, Nr. 1565 f.

64 Regino von Prüm, Chronik, a.888. Die hofnahen Annales Fuldenses, a.888 sprechen von reguli; zur Interpretation KORTÜM, Multi reguli 2002.

65 Annales Fuldenses, a.895; BÖHMER/MÜHLBACHER, Regesta Imperii I 1908, Nr. 1908a.

66 Regino von Prüm, Chronik, a.898 (Zitat); BEUMANN, Zwentibold 1966/1967, S. 17–41.

67 Regino von Prüm, Chronik, a.900.

68 Zum Übergang siehe den Beitrag von Ernst-Dieter HEHL, Kirchliche Ordnungen in diesem Band.

69 THEIS, Historiker 2005, S. 23–48.

70 Die Edition in MGH Capituleria und MGH Concilia. Grundlegend dazu GANSHOF, Kapitularien 1961; MORDEK, Studien 2000; BUCK, Admonitio 1997. Vgl. Anm. 4.

71 Klassisch: WAITZ, Verfassungsgeschichte 1883 – mit prägender Wirkung bis in jüngere Hand- und Lehrbücher. Neuere Literatur siehe Anm. 74.

72 ZEHRFELD, Prozess 2011; BECHER, Ingelheim 788.

73 Zitat nach MORDEK, Kapitularien 1991, S. 943 f. Zur Auswertung der normativen Texte FELTEN, Konzilsakten 1993.

74 Führend ist hier die englische Forschung. Für unseren Raum INNES, State 2000. Einen guten deutschen Überblick mit reichen Literaturangaben bietet GOETZ, Europa 2003, c.3: Strukturgeschichte des frühen Mittelalters. Für das Ostfränkische Reich DEUTINGER, Königsherrschaft 2006.

75 Vgl. oben mit Anm. 39 zur Grafschaft, unten nach Anm. 120 zur oppressio pauperum.

76 Ein Beispiel MGH Capit. 1, Nr. 34; deutsch bei LAUTEMANN, Quellen, S. 74 f.

77 DEUTINGER, Königsherrschaft 2006, S. 165 ff. Für das Mittelrheingebiet HANNIG, Zentrale Kontrolle 1984, mit der programmatischen Aussage: »Die Fragestellung heißt also nicht, wie funktionierte das missatische System, weil dies den Systemcharakter gleichsam voraussetzt« – aufgrund der Vorgaben der Kapitularien vor allem. Vielmehr sei zu fragen, ob die konkreten Fälle, die sich in den Quellen finden, »derartige gemeinsame Strukturmerkmale aufweisen, dass sie zu einem System zusammengeschlossen werden können« (6 f.).

78 So wendet sich Erzbischof Hinkmar von Reims brieflich an verschiedene mächtige Männer am Mittelrhein, damit sie Reimser Besitz in der Gegend vor Worms vor Übergriffen königlicher Amtsträger schützten; vgl. STAAB, Untersuchungen 1975, besonders S. 418, 435–440. Vgl. auch unten zu Hornbach.

79 WEITZEL, Dinggenossenschaft 1985 und 2006.

80 GOETZ, Regnum 1987, S. 126 spricht von Verschmelzung. Aus der neueren Literatur DEUTINGER, Königsherrschaft 2006, S. 146 ff. mit der Unterscheidung von territorialer und personaler Komponente sowie »herrschaftlichen Funktionen, die man wenigstens in Ansätzen schon als hoheitlich oder staatlich im modernen Sinn ansprechen kann« (S. 149), und selbst INNES, Introduction 2007, S. 442 ff.

81 Regino von Prüm, Chronik, a.876.

82 INNES, State 2000, S. 180.

83 In einem zentralen Bereich ihrer Befugnisse, bei der Aushebung zum Heer siehe MGH Capit. 1, Nr. 73, c.6; Übersetzung FRANZ, Quellen 1974, Nr. 29.

84 MGH Epp. 5, S. 105–142. Im folgenden Zitat mit der Nummer dieser Edition in Klammern.

85 Außerhalb der Sammlung überliefert, MGH Epp. 5, S. 286, neben entsprechenden Briefen an die Kaiserin und den Erzkaplan.

86 KOHL, Dienheim, 2004, S. 71–87; DERS., Gemeinde 2005; die Aufsätze fußen auf seiner noch ungedruckten Magisterarbeit (KOHL, Mainz 2003).

87 Zu Bodennutzung, Arbeitsorganisation, Verkehr, Handel, Landesausbau etc. vgl. Beitrag CLEMENS, Ländliche Welt, in diesem Band. Ein Prekarievertrag des Bliesgaugrafen Erinfrid mit dem Bischof von Worms aus dem Jahr 891 z.B. nennt mehrere dem Wald abgewonnene Siedlungen (novales, bifangi), allein neun in der Winnweiler Mark. Als Gegenleistung erhält der Graf Besitz an sieben Orten in Nahe- und Wormsgau, u. a. in Ingelheim, mit insgesamt 220 Manzipien, zwei Herrenhöfen und 96 Mansen; ediert, interpretiert und in den Kontext der Siedlungsgeschichte gestellt von HAUBRICHS, Prestarievertrag 1990, mit Karte der genannten Orte S. 80 und der Winnweiler Mark S. 82 f.

88 DRONKE, Codex diplomaticus Fuldensis 1850 (1962), Nr. 534 und 535.

89 Epistolae Karolini aevi (MGH Epp. 5), S. 324 ep. 18; vgl. GERLICH, Reichspolitik 1954. Auch Einhards Briefe lassen dieses Problem schon erkennen, z.B. epp. 29,30; vgl. seine Sorgen in epp. 25, 31.

90 Nicht immer ist das der Urkunde zu entnehmen. Eine Rahhilt, eine Enkelin der Gründerin von Lorsch aus der Familie der »Rupertiner«, schenkte 776 Güter in Dienheim an Fulda mit sofortiger Wirkung (a die presente). 26 Jahre später aber nutzte sie diese Güter noch gegen einen geringen Anerkennungszins; siehe GOCKEL, Königshöfe 1970, S. 231 (Anm. 100) mit weiteren Schenkungen und Prekarien Rahhilds in fünf Orten um Frankenthal. Vgl. auch Erkanfridas Schenkung der villa Mersch an St. Maximin; WAMPACH, Urkunden- und Quellenbuch 1955, Nr. 88 und 89. vgl. unten mit Anm. 96.

91 Frühe Beispiele aus dem Umkreis von Prüm BEYER, Urkundenbuch Mittelrhein 1860 (1974), Nr. 23, 30, 33; Echternacher Belege aus dem Bidgau von 861–865 WAMPACH, Urkunden- und Quellenbuch Echternach 1935, Nr. 146–148.

92 KASTEN, Grundbesitzgeschäfte 2000, S. 270 und 298.

93 791 schenkte der Mainzer Lantfrid dem Kloster Fulda ein Grundstück vor der Stadtmauer am Rhein mit allem Zubehör, all seine Unfreien, bis auf zehn, und ließ eine Magd mir dem Kind frei. Vermutlich war er der Vater des Kindes, dem Lantfrid, wie der Mutter, die Unfreiheit unter einem neuen Herrn ersparen wollte. STIMMING, Mainzer Urkundenbuch 1932,

Nr. 70; vielleicht war er Handwerker, denn er schenkte in Nr. 100 zu seinem Seelenheil und dem seines Bruders Theofrit, der in Nr. 70 Zeuge ist, ein weiteres (?) Grundstück am Rhein mit Gebäude, aedificium, fabrica!

94 STENGEL, Urkundenbuch Fulda 1958, Nr. 246.

95 Genauer: »eine lebzeitige Treuhandschenkung auf den Todesfall«; KASTEN, Grundbesitzgeschäfte 2000, S. 264.

96 Bedacht werden sollten vor allem die Klöster und Stifte im Trierer Raum, aber auch Inden bei Aachen, Stablo-Malmédy, Prüm, St. Kastor in Koblenz, St. Goar, Münsterappel an der Nahe, Hornbach, Klingenmünster in der Pfalz, Weißenburg, Lorsch, Worms und Speyer wurden bedacht. Vgl. LE JAN, Famille 2003, mit Karte S. 70.

97 WAMPACH, Urkunden- und Quellenbuch 1935, Nr. 88; vgl. u. a. KASTEN, Grundbesitzgeschäfte 2000, S. 261–264. 866 schenkte die Frau eines Vasallen Lothars II. eine Kirche, vier Herrenhöfe mit ca. 75 Mansen an Prüm und bekam sie zum Nießbrauch zurück, zusammen mit zwei Kirchen, vier Salhöfen (Herrenhöfen) mit über 50 Mansen, u. a. in Cochem BEYER, Urkundenbuch Mittelrhein 1860 (1974), Nr. 105; vgl. die weiteren Belege zur Familie, bei KUCHENBUCH, familia 2004, S. 350 ff.

98 BEYER, Urkundenbuch Mittelrhein 1860 (1974), Nr. 110, bestätigt durch Ludwig den Deutschen (D 131). Für weitere Informationen und zur Einordnung KUCHENBUCH, familia 2004, 349 f.

99 STENGEL, Urkundenbuch Fulda 1958, Nr. 59 f., 90.

100 STENGEL, Urkundenbuch Fulda 1958, Nr. 87 f. 775 schenkt Ada auf ihren Todesfall eine Kirche in Bretzenheim mit dem zugehörigen Grundstück, einem Weinberg, 26 Morgen Land und 13 genannte Unfreie; Ebenda, Nr. 71.

101 GOCKEL, Königshöfe 1970, S. 247–256; STAAB, Gesellschaft 1975, S. 381–404. Da Kirchen nicht real geteilt werden durften, erscheinen vielköpfige Erbengemeinschaften, wie in St. Martin in Wackernheim oder St. Lambert in Mainz: Im Jahre 800 schenkten acht Menschen ihren Anteil (partem nostram de illa basilica) an Lorsch, ein Jahr später ein weiterer den Anteil, den ihm sein Bruder hinterlassen, noch ein Jahr später ein Ehepaar ihre portio mit den dazu gehörigen Unfreien (STIMMING, Mainzer Urkundenbuch 1932, Nr. 83, 88, 94).

102 Ein zeitgenössisches Konzil koppelte (Mindest?)Leistungen bei einer Hungersnot an den Besitz: Königsvasallen mit 30 oder 50 Höfen zahlen 1 Unze, bei 100 Höfen werden 5 Schillinge, bei 200 Hufen ein halbes Pfund Silber verlangt, soviel wie von mittleren (mediocres) Grafen; »stärkere« (fortiores) Grafen zahlen ein Pfund. Auch Bischöfe, Äbte und Äbtissinnen werden entsprechend eingeteilt: diejenigen, die ein Pfund zahlen können, mediocres und minores mit einem halben Pfund oder 5 Schillingen (MGH Conc. 2, S. 109 (= MGH Capit. 1, 52). 1 Pfund Silber (ca. 327 gr., später 367 gr.) wurde in 240 Denaren ausgeprägt; ein Schilling war die Recheneinheit für 12 Denare, eine Unze entsprach 20 Denaren. Staffelung also: 240 – 120 – 60 – 20.

103 Ausgabe SCHWAB, Urbar 1983; mit Übersetzung in NOLDEN, Urbar 1993; dazu KUCHENBUCH, Gesellschaft 1978; SCHWAB, Besitzungen 1982. Vgl. Karte im Beitrag CLEMENS, Ländliche Welt in diesem Band.

104 BACKHAUS, Besitzkarte, S. 45.

105 MGH Conc. 2, S. 401 c.122 (Aachener Konzil).

106 MGH DD Kar. 148; BÖHMER/MÜHLBACHER, Regesta Imperii I 1908, Nr. 261. Übersetzung des schwierigen (und offensichtlich verderbten) Textes RAACH, Mettlach 1974, S. 13 f., dort auch zur komplizierten Rechtslage Mettlachs. Vielleicht hatte der Gründer das Kloster seinem Bistum übertragen, Milo es seinem Verwandten gegeben, Pippin es »konfisziert« und an Milos Nachfolger gegeben, Landbert sich nicht damit abgefunden. In der politischen Situation von 782/83 kann man an eine »Entschädigung« für den Trierer Bischof denken, dessen beherrschende Position Karl zugunsten einer eigenständigen Grafschaft Bidgau zerschlagen hatte. Sehr skeptisch zur Echtheit der Urkunde NONN, Moseldukat 1998, S. 17–23.

107 Ludwig der Fromme verfügte 819 die Rückgabe der widerrechtlich eingezogenen Güter im Wormsgau: BÖHMER/MÜHLBACHER, Regesta Imperii I 1908, Nr. 699.

108 Ebenda, Nr. 745 von 823; vgl. ebenda, Nr. 678 von 819. Vgl. HANNIG, Zentrale Kontrolle 1984, S. 23–27, für den die Prozesse um die Hornbacher Güter zeigen, »wie wenig man [...] dem in den Kapitularien entworfenen Bild einer raumerfassenden, königsabhängigen Organisation (der missi) Glauben schenken darf.« Schon in den Anfängen Ludwigs des Frommen »war es offenbar jederzeit möglich, das Prinzip der regionalen Kontrolle durch einzelne in besonderer Bindung zum Zentralherrn stehenden Großvasallen dann zu unterlaufen, wenn es für einen Angehörigen der Reichsaristokratie galt, seine regionalen Interessen durchzusetzen« (S. 23).

109 MGH DD Lo I.67 mit Hinweis, dass der Vorfahr (origo) des Herzogs Mettlach der Trierer Kirche übertragen habe.

110 HLAWITSCHKA, Widonen 1998 mit weiteren Hinweisen und reicher Literatur.

111 Grundlegend GLÖCKNER, Lorsch und Lothringen 1936; WERNER, Robertiner 1995. Neuerdings wird die Abstammung Roberts des Tapferen vom Mittelrhein in Zweifel gezogen; vgl. aber wieder GLANSDORFF, Comites 2011, S. 224 ff.

112 Das wird nach 800 als Norm für Kriegsdienst und Zahlung des Heerbannes festgelegt. Wer nur einen bis drei Mansen besitzt, soll sich mit ähnlich Armen zusammenschließen. Von dem Besitzer von zwölf Mansen wird Kriegsdienst in voller Rüstung verlangt; Capitularia regum Francorum (MGH LL Capit. 1), Nr. 44, c.6; Nr. 48 c.2; Nr. 50, c.1, übersetzt bei LAUTEMANN, Quellen S. 75. Zu den zahlreichen Kapitularien zum Heerbann ESDERS, Abgaben 2009, S. 231 f.

113 STENGEL, Urkundenbuch Fulda 1958, Nr. 69.

114 GLÖCKNER, Codex Laureshamensis 1929–1936, Nr. 1681.

115 Vgl. oben bei Anm. 94 zu STENGEL, Urkundenbuch Fulda 1958, Nr. 246.

116 Ob es eine verfasste Gemeinde schon gegeben hat, ist mangels Quellen nicht zu belegen, doch wesentliche Funktionen einer dörflichen Selbstverwaltung waren auch schon im frühen Mittelalter zu erfüllen, zumal in Dörfern mit großer Besitzzersplitterung, zahlreichen Grundherren und ungebundenen freien Eigentümern, wie etwa in Dienheim. Vgl. KOHL, Gemeinde 2005.

117 Das Lorscher Reichsurbar nennt (um 830) Dienheim und weitere fünf Orte, die einen Forstzins von einer Wagenladung Wein oder sechs Denare und 300 Scheffel Getreide entrichten mussten; GLÖCKNER, Codex Laureshamensis 1929–1936, Nr. 3671. Vgl. auch die Pflicht, ein Stück der Wormser Stadtmauer zu unterhalten (um 900, BOOS, Quellen Bd. 3 1886, S. 223 ff.; dazu BÖNNEN, Mauerbauordnung 2003.

118 MGH Capit. 1, Nr. 58 c.1.

119 Zu den Problemen der Abgrenzung, mit breitem Überblick über die Forschung GOETZ, »Nobilis« 1983, besonders S. 159 ff., Ergebnis S. 189 ff.; HECHBERGER, ADEL 2010, S.57 ff.

120 Thegan, Vita Hludowici imperatoris c.44, c.20 und c.50.

121 MGH Capit. 1, Nr. 73; Übersetzung nach FRANZ, Quellen 1974, Nr. 29.

122 Capitularia regum Francorum (MGH LL Capit. 1), Nr. 72; Übersetzung nach FRANZ, Quellen 1974, Nr. 30.

123 Formulae Merowingici et Karolini aevi 28 (MGH Formulae), S. 93; vgl. das Verkaufsformular ebenda Nr. 22, S. 90, deutsche Übersetzung FRANZ, Quellen 1974, Nr. 10 f. Zu besseren Formen der Unfreiheit s.u. zu Zensualen, Ministerialen.

124 Die seit dem 19. Jh. unter stark ideologischen Vorzeichen geführte Diskussion zusammenfassend SCHMITT, Liberi 1977. Vgl. FELTEN, Konzilsakten 1993, mit weiteren Belegen und zu den methodischen Problemen der Auswertung und Interpretation.

125 BÖHMER/MÜHLBACHER, Regesta Imperii I 1908, Nr. 739; BEYER, Urkundenbuch Mittelrhein 1860 (1974), Nr. 53, nur erhalten, weil das Gut später an Prüm gelangte.

126 BÖHMER/MÜHLBACHER, Regesta Imperii I 1908, Nr. 823, MGH Formulae, S. 293 Nr. 9. Auch Klöster konnten Opfer widerrechtlicher Besitzentfremdungen werden, hatten aber gute Chancen der Korrektur, wenn sie mächtige Fürsprecher hatten, wie Hornbach 819/823.

127 Klare Aussagen liefert die Urkunde einer freien Frau Rikildis, die sich mit ihren Nachkommen in die Wachszinsigkeit von St. Severin in Köln begab; LACOMBLET, Urkundenbuch Niederrhein Bd. 1 1840, Nr. 15, mit deutscher Übersetzung FRANZ, Quellen, 1974 Nr. 23. Beispiele aus der Pfalz, wo Menschen ihren Besitz und sich selbst in servitium übergaben, GLÖCKNER, Codex Laureshamensis 1929–1936, Nr. 839, 1110; einer von ihnen hat offenbar nur Besitz, den er durch eigene Arbeit erworben hat.

128 MGH Epp. 5, S. 139, ep. 60; vgl. auch ep. 62 und STAAB, Gesellschaft 1975, S. 338 f.

129 MGH DArn 158; dazu ESDERS, Abgaben 2009, S. 203 und hier den Beitrag BÖNNEN in diesem Band.

130 Zur komplizierten Entwicklung und Forschungsdiskussion KUCHENBUCH, Gesellschaft 1978, S. 323–330; zu den Ministerialen zusammenfassend HECHBERGER, Adel 2010, S. 27–34, 91–99 und den Beitrag HEHL, Königtum.

131 Beute spielt auch bei innerfränkischen Kämpfen eine große Rolle; vgl. die Begeisterung der Ann. Fuldenses beim Sieg Ludwigs d.J. über Karl den Kahlen bei Andernach a.876.

132 Die Ann. Bertiani oder Nithard z.B. berichten immer wieder von Plünderungen und Verwüstungen – vor allem natürlich der Truppen Lothars I. Vgl. Regino von Prüm, Chronik zu den »Räubereien und Gewalttaten« Hugos und seiner Gefolgsleute, darunter sechs namentlich genannte Grafen, die später noch eine Rolle spielten (a.883) und zum Wüten Zwentibolds (a.900, siehe oben mit Anm. 67).

133 Vgl. oben Anm. 64.

Königtum, Kirche und Adel im hohen Mittelalter (900–1200)

Von Ernst-Dieter Hehl

1. Konstellationen – Kontinuitäten – Übergänge

Für die Geschichte im Raum des heutigen Bundeslandes Rheinland-Pfalz[1] fiel nach 900 eine Entscheidung, die bis heute die politischen Strukturen prägt. Mit der Anerkennung der Königsherrschaft Heinrichs I. durch die lothringischen Großen war nun bis zum Ende des Alten Reiches am Beginn des 19. Jhs. der gesamte rheinland-pfälzische Raum einer politischen Verbandsbildung zugeordnet, die sich seit dem 10./11. Jh. zunehmend als deutsches Reich verstand. Unterbrochen durch die Kriege der Französischen Revolution und der napoleonischen Ära, erneuerte sich diese Zuordnung 1815 im Zeichen des Deutschen Bundes und danach in der Reichsgründung von 1871. So lässt sich seit dem 10. Jh. die Geschichte in Rheinland-Pfalz in die Kontinuität und in die Brüche der deutschen Geschichte einordnen, ohne selbst eine Einheit zu bilden.

Die Großen des Reiches rivalisierten untereinander und um die Gunst des Herrschers, der seinerseits im Konsens und im persönlichen Zusammentreffen mit ihnen regierte.[2] Deshalb durchzog er regelmäßig die wichtigsten Regionen des Reiches. Das Rhein-Main-Gebiet mit den Zentren Mainz, Frankfurt, Worms und Speyer gehörte vom 10. bis zum 12. Jh. zu den unverzichtbaren Stationen dieses Reisekönigtums. Die Abkehr von der karolingischen Dynastie im ostfränkischen Reich zu Beginn des 10. Jhs. verstärkte zunächst die auf Konsens und Reise durch das Reich angelegte Herrschaftsweise. Denn die neuen, nichtkarolingischen Herrscher waren aus den Reihen der Großen selbst hervorgegangen, und sie verdankten ihr Amt deren Wahl. Um sich der fortdauernden Zustimmung dieser Elite zu versichern, musste der Herrscher deren Macht und Herrschaftsrechte respektieren.

Wie locker die Position der Großen an räumliche und institutionelle Voraussetzungen gebunden, wie wandlungsfähig alles noch war, zeigt die Geschichte der Pfalzgrafschaft, die dem heutigen Bundesland Rheinland-Pfalz einen Namensbestandteil gegeben hat. Ursprünglich waren die Pfalzgrafen für Lothringen, speziell für die Aachener Pfalz zuständig. In Lothringen und dem Aachener und niederrheinischen Raum bauten sie ihre Macht aus, indem sie zahlreiche Grafschaften in ihre Hand brachten. In den letzten Jahrzehnten des 11. Jhs. verlagerte sich der Schwerpunkt der pfalzgräflichen Herrschaft an die untere Mosel. Im 12. Jh. setzt sich die »Verlagerung« der Pfalzgrafschaft nach Süden in den Raum der heutigen Pfalz fort.[3]

Kirche und Raum In der Adelsgesellschaft integrierten Personen die Räume, in denen sie Herrschafts- und Besitzrechte auf welche Weise auch immer erwerben konnten. Politische Wechsel, Erb- und Todesfälle, Entmachtung oder Aussterben einer Familie sowie familiäre Zwistigkeiten kombinierten diese Räume immer wieder neu. Allein im kirchlichen Bereich hatten sich feste Raumstrukturen herausgebildet.

Die »rheinland-pfälzischen« Grenzen zwischen den Erzbistümern Köln, Trier und Mainz sowie den Mainzer Suffraganen Worms und Speyer lagen in jurisdiktioneller Hinsicht fest, denn hier waren die Prozesse von Mission, Christianisierung und Organisation im 9. Jh. abgeschlossen worden. Der bischöfliche Grundbesitz konnte jedoch weiterhin durch Schenkung und Ähnliches vergrößert werden – oft im Rahmen von Binnenkolonisation, die bisher ungenutzte Räume erschloss. Mit der Übertragung von Hoheitsrechten wie Gericht, Markt und Münze in ihren Städten und auf einem Teil ihres Grundbesitzes erhielten die Bischöfe Machtpositionen, deren Bündelung seit dem 12. Jh. zum Ausbau territorialer Herrschaftsbereiche führte.

Bei den Klöstern verhielten sich die Dinge ähnlich. Die Zahl der Klöster vermehrte sich im 10. Jh. kaum. Die großen Abteien der Karolingerzeit behielten ihre beherrschende Stellung. Prüm ist hier zu nennen, aber auch die außerhalb des heutigen Rheinland-Pfalz liegenden Abteien Echternach (Luxemburg), Lorsch (Bergstraße) und Weißenburg (Elsass). Klöster wie St. Alban vor den Mauern von Mainz erwiesen sich als Stütze der jeweiligen Erzbischöfe oder sahen sich wie die vor Trier gelegene Abtei St. Maximin Bestrebungen ausgesetzt, sie der erzbischöflichen Herrschaft zu unterwerfen. Neue Klöster entstanden in zunehmender Zahl erst seit dem 11. Jh., in der Regel unter dem Einfluss der Klosterreform. Im 12. Jh. erreichte die Reformbewegung in der neuartigen Ausgestaltung durch die Zisterzienser beginnend mit Himmerod (1134/35) den Raum »Rheinland-Pfalz«. Die Prämonstratenser, die hier früh in Arnstein und Rommersdorf Fuß fassten, gehören ebenso zu diesen Neuorientierungen des geistlichen Lebens wie die Regularkanoniker etwa in Springiersbach. Unterstützt und auch materiell ausgestattet wurden diese Neugründungen und Reorganisationen des geistlichen Lebens immer wieder von den Bischöfen und dem lokalen Adel.[4]

Kirche und Adel Aber ein Spannungspotential zwischen den Bistümern und Klöstern einerseits und dem Adel andererseits war gleichsam von Natur aus gegeben. Sowohl die Bistümer wie auch die Klöster ließen sich in adelige Herrschaftsansprüche und -bildungen integrieren. Denn sie bedurften eines Vogtes, der an Stelle des Bischofs oder Abtes die militärischen Aufgaben sowie die weltliche Gerichtsbarkeit übernahm und dadurch Zugriff auf die materiellen Ressourcen des Bistums und Klosters erhielt.[5] Vor allem die Klöster liefen Gefahr, dass ihr Vogt Klostergüter entfremdete und sie für seine eigenen Ziele verwandte. Die Frage der Vogtei ist deshalb für die Klöster zu einem zentralen Problem geworden. Mit dem Bestreben, den Vogt frei zu wählen oder zumindest dessen Rechte schriftlich zu fixieren und einzuschränken, versuchten die Klöster der Gefährdung durch einen übermächtigen Vogt zu entgehen.

Weil sie sich den Machtbestrebungen der weltlichen Großen ausgesetzt sahen, ist vor allem das Schriftgut der Klöster die Hauptquelle für die regionale Geschichte. Urkunden waren die Waffe, die Unabhängigkeit des Klosters zu verteidigen.[6] Aber inhaltlich bezeugen die Urkunden das Engagement der laikalen Umwelt für das Kloster durch Stiftung und Schenkung sowie deren Sicherung durch königliches Privileg. Die Päpste sind erst spät und zögerlich in diese Vorgänge einbezogen worden. Das älteste bekannte echte Papstprivileg für St. Maximin erwirkte Kaiser Otto der Große 968, Papstprivilegien für das Mainzer Albanskloster sind erst seit der Mitte des 12. Jhs. überliefert. Die neuen Klöster der Zisterzienser und Prämonstratenser sowie die Kirchen der Regularkanoniker sind schon bei oder bald nach ihrer Entstehung in Kontakt zur römischen Kurie getreten: Himmerod 1140, Springiersbach 1118.[7]

Horizonte der Geschichtsschreibung

Die historiografischen Quellen der Zeit sind weitgehend aus lokaler Perspektive geschrieben. Wenn sie ihren Blick ausweiten, dann auf die Geschichte der Könige und des Reiches wie etwa die Fortsetzung der Chronik des Regino von Prüm – von dem ehemaligen Trierer Mönch Adalbert in Weißenburg verfasst, bevor dieser 968 zum Oberhirten des neugegründeten Erzbistums Magdeburg erhoben wurde. Im 11. Jh. widmete Lampert von Hersfeld dem rheinischen Raum deshalb besondere Aufmerksamkeit, weil sich hier unter Heinrich IV. die Krise im Verhältnis des Herrschers zu seinen Großen und den Päpsten zuspitzte, zudem gehörte sein Kloster zur Mainzer Diözese. Für Otto von Freising schließlich erwuchs im 12. Jh. das Interesse am »Rhein« daraus, dass die Helden seiner Geschichte, die Staufer, vom Elsass her sich dort herrschaftliche Positionen verschafften.

Nicht der geografische Raum, sondern der Wirkungsraum ihrer Protagonisten, vor allem der Könige, leitet die Geschichtsschreibung der Zeit. Das Rhein-Main-Gebiet tritt dabei auffällig hervor. Hier konzentrierten sich seit der Karolingerzeit die Ressourcen für eine »reisende« Königsherrschaft. Nicht allein in den ein bis zwei Tagesreisen auseinanderliegenden Bischofsstädten Mainz, Worms und Speyer konnte der König bei seiner Reise durch das Reich Quartier nehmen, sondern mit Ingelheim, Frankfurt und Trebur stand ihm auch ein dichtes Netz von Königspfalzen zur Verfügung. Unter den Staufern kamen das nordelsässische Hagenau und Kaiserslautern hinzu. Von Mainz aus rheinabwärts fehlen die Königspfalzen weitgehend, obwohl sich hier größere Reichsgutskomplexe befanden, etwa im Mittelrheintal oder bei Sinzig, das für 762 als Pfalzort belegt ist und unter den Staufern als solcher benutzt wurde; in den für das fränkische und deutsche Königtum wichtigen Orten wie Koblenz, dessen Königshof 1018 Trier geschenkt wurde, und Andernach sind keine Pfalzen nachzuweisen. Im Trierer Gebiet an Mosel und Lahn fehlen Pfalzen überhaupt. Die in Trier selbst gelegene Königspfalz dürfte 902 in den Besitz der Erzbischöfe übergegangen sein.[8]

Trier: Randlage bei kultureller Bedeutung

Das nördliche Rheinland-Pfalz mit seinem kirchlichen Zentrum Trier tritt gegenüber dem Rhein-Main-Gebiet für den Herrscher in den Hintergrund. Von den Ottonen haben sich Otto II., Otto III. und Heinrich II. je einmal in Trier aufgehalten. Für Otto I. allein sind jedoch mindestens acht Aufenthalte in Mainz zu belegen – eine Zahl, die durch seine Aufenthalte in Ingelheim (6), Frankfurt (14), Trebur (1) sowie Worms (3) zu ergänzen ist, um die jeweilige Bedeutung des Rhein-Main-Gebietes für ihn ermessen zu können, obwohl die genannten Zahlen oft nur einen einzigen Aufenthalt in der Region widerspiegeln. Heinrich II. ist zu Beginn des 11. Jhs. dreimal in Koblenz nachzuweisen. In Koblenz hat

Erzbischof Albero von Trier am 7. März 1138 fast staatsstreichmäßig die Erhebung des Staufers Konrad zum König organisiert. Die Metropole Alberos hat Konrad III. jedoch niemals aufgesucht. Der Trierer Raum lag im Windschatten der königlichen Politik und abseits der Wege, auf denen der Herrscher das Reich durchzog. Das gilt schon für die karolingische Zeit.

Der geistigen und kulturellen Bedeutung Triers tat diese Randlage keinen Abbruch. Trier scheint (über sein Suffraganbistum Metz) in Kontinuität zur karolingischen Epoche weiterhin ein »Einfallstor« der »modernen« westeuropäischen Entwicklungen in den rheinischen Raum gebildet zu haben. Früher als anderswo entstand in Trier bereits im 10. Jh. eine Historiografie mit lokaler Zielsetzung. Sie verkündete den Ruhm der eigenen Kirche, der sich mit dem Ruhm der eigenen Stadt verband. Aus dem Alter der Stadt, seiner spätantiken, ja sogar vorchristlichen und vorrömischen Geschichte, erwuchs Triers Anspruch auf Gleichberechtigung mit, wenn nicht sogar der Vorrang vor den konkurrierenden Erzbischofssitzen in Mainz und Köln und auch im westfränkisch-französischen Reims. Dass die eigene Überlieferung durch den Normannensturm von 882 verloren gegangen war, hat es möglicherweise erlaubt, die eigene kirchliche Vergangenheit zu schönen.[9]

Schriftlichkeit und kulturelle Räume

Auswirkungen hatten die Verwüstungen durch die Normannen auch auf Formen der Verschriftung, die auf Praxis und Verwaltung bezogen waren. Regino von Prüm, dessen Abtei die Normannen 882 und dann nochmals 892 überfallen hatten, ließ ein Jahr nach dem letzten Überfall den Prümer Grundbesitz in einem Verzeichnis (Urbar) zusammenstellen, das eine der wichtigsten Quellen für die Organisation und das Funktionieren einer Grundherrschaft bildet. Etwa 120 Jahre nach Regino entstanden mit dem Hofrecht des Bischofs Burchard von Worms und dem Hofrecht des Klosters Limburg an der Haardt andernorts in »Rheinland-Pfalz« Aufzeichnungen, die einen vergleichbaren Einblick geben.[10]

Ebenso in den Alltag führt Reginos Sendhandbuch, das zusammenstellte, wonach ein Bischof zu sehen habe, wenn er seine Diözese visitierte. Regino gibt hier einen Fehler-, Mängel- und Sündenkatalog. Burchard von Worms hat das Handbuch Reginos später zu einer allgemeinen Kirchenrechtssammlung erweitert.[11] Regino hat sein Handbuch dem Mainzer Erzbischof zugeeignet. Die Bistumsgrenzen zwischen Trier, wo Regino wirkte, und Mainz trennen keine kulturellen Räume. Das gilt generell für die kirchlichen Grenzen, wie personale »Austauschbeziehungen« zeigen. Mit Hrabanus Maurus (847–854) beginnt im 9. Jh. die Reihe der Fuldaer Mönche und Äbte, die in Mainz Erzbischof wurden: im 10. Jh. waren das Hildebert, Hatto II., Erchanbald; mit Erzbischof Siegfried I. (1060–1084) endet die Reihe.[12] Bischof Wolfgang von Regensburg hatte seine kirchliche Karriere am Trierer Dom begonnen; Adalbert, der erste Erzbischof (968–981) des neugegründeten Erzbistums Magdeburg, war in St. Maximin Mönch gewesen.

Dreiteilung des Raums

Neben dem Rhein-Main-Gebiet und dem Trierer Raum, der sich seit dem 9. Jh. nach Osten in einem breiten Streifen entlang der Mosel flussabwärts und dann lahnaufwärts erstreckte und im Westen an der oberen Maas an das westfränkisch-französische Reims grenzte, lassen sich die nördlichen Gebiete des heutigen Rheinland-Pfalz im Norden der Eifel und des Westerwalds als eine eigene Region begreifen. Sie ist durch eine zunehmende Orientierung an Köln geprägt, aber auch durch Königsgut an Ahr und Rhein.

Überhaupt waren die einzelnen Herrschafts- und Besitzrechte noch wenig räumlich konzentriert, und sie überschnitten sich. Andernach kam im 12. Jh. in den Besitz der Kölner Erzbischöfe, unterstand kirchlich aber weiterhin Trier. Im »trierischen« Bacharach besaß die Kölner Kirche von alters her die Grundherrschaft. Oberlahnstein war seit Anfang des 10. Jhs. ein Mainzer Vorposten gegen Trier, zu dem es kirchlich gehörte. Die Besitzrechte an Oberwesel pendelten vom 10. bis 13. Jh. zwischen den Erzbischöfen von Magdeburg und Mainz sowie dem König.

Geschichte aus der Perspektive des Königs

»Dreiteilung« des Raums und fortwährende Fluktuation haben eine Konsequenz: Geschichte im heutigen Rheinland-Pfalz lässt sich für das 10. bis 12. Jh. noch nicht als regionale Verflechtung darstellen. Deshalb wird in den folgenden Abschnitten eine personengebundene Perspektive gewählt: das Beziehungsgeflecht zwischen den Herrschern und den weltlichen und geistlichen Großen.

2. Fränkisches Kernland und sächsisches Königtum (10. Jahrhundert)

Wohl 930 durchzog König Heinrich I. auf Einladung des Konradiners Eberhard, der Bischöfe und Grafen das fränkische Gebiet (*Francia*) und wurde von diesen ehrenvoll aufgenommen.[13] Mainz mit seinen benachbarten am Rhein gelegenen Suffraganbistümern Worms und Speyer sowie vielleicht auch Straßburg, wo der König das Weihnachtsfest 929 gefeiert hatte, dürfte er besucht haben. An Köln ist ebenfalls zu denken, denn am 5. Juni 930 war Heinrich in Aachen. Trier scheint er jedoch nicht aufgesucht zu haben.

Heinrichs Reise demonstrierte sächsisch-fränkisches Einvernehmen. Als sächsischer Herzog war Heinrich durch eine Übereinkunft mit den Konradinern zum König aufgestiegen. Auf dem Totenbett habe König Konrad I. seinem Bruder Eberhard die Nachfolge Heinrichs empfohlen, berichtet die sächsische Historiografie, und offenbar hat sich der Mainzer Erzbischof dieser Nachfolgeregelung angeschlossen.

900–918: Konradinisches »Zwischenspiel«

Zu Ende gegangen waren damit Bestrebungen, die Königsherrschaft im ostfränkischen Reich wenn nicht in karolingischer, so doch wenigstens in fränkischer Hand zu behaupten. Die Konradiner und die Mainzer Erzbischöfe waren die Exponenten dieser Politik gewesen. Schon unter Kaiser Arnulf hatten die Konradiner zu den wichtigsten Stützen karolingischer Herrschaft am mittleren Rhein und an der Mosel gehört, sowie an der Lahn, wo sie über ihre Stiftsgründungen in Kettenbach – 879 nach Gemünden verlegt –, Limburg, Weilburg und Wetzlar Anteil an der von Trier über das Koblenzer Stift St. Kastor und das Lubentiusstift in Dietkirchen ausgreifenden kirchlichen Erschließung hatten.[14]

Im Trierer Raum hatten die Konradiner zwar zurückstecken müssen, doch nach Arnulfs Tod wurden Erzbischof Hatto I. von Mainz und (der spätere König) Konrad I. zu den wichtigsten Sachwaltern der Königsherrschaft von dessen legitimen und gerade sechsjährigen Sohn Ludwig. In einer verlustreichen kriegerischen Auseinandersetzung mit den Babenbergern am oberen Main konnten die Konradiner sich die führende Stellung unter den ostfränkischen Großen sichern und nach dem Tod Ludwigs 911 selbst die Königswürde erreichen.

Konrads I. Königtum stand unter keinem guten Stern. Zwar hatte er sich gegenüber den Sachsen behaupten können, aber als er 918 starb, war die königliche Position weder in Schwaben und Bayern noch im Westen gesichert. Erst unter Heinrich I. änderte sich das, und nun endgültig.

911–923: Der Rhein als »Grenzfluss«

Im ostfränkischen Reich hatte mit Konrad I. 911 erstmals ein Nichtkarolinger die Königswürde erwerben können. Aber die lothringischen Großen hatten sich sich dem westfränkischen Karolinger Karl III. (dem Einfältigen) zugewandt. Der Rhein bildete nun weitgehend die »Grenze« zwischen dem westfränkisch-karolingischen Königtum und dem ostfränkischen, in dem die karolingische Herrschaft auf Dauer erlosch. Linksrheinisch standen Konrad nur die Gebiete des Erzbistums Mainz und der Bistümer Worms und Speyer zur Verfügung. Trier und Köln gehörten zum Herrschafts- und Einflussbereich Karls des Einfältigen. Die im Vertrag von Verdun 843 vorgenommene Aufteilung schien 911 für den Westen des ostfränkischen Raums wieder hergestellt.

Der Bonner Vertrag von 921 hat diese Grenzen nur vorübergehend festschreiben können. Heinrich I., Konrads Nachfolger, und Karl hatten sich hier auf eine Anerkennung des gegenseitigen Königtums und ihrer Herrschaftsgebiete geeinigt.[15] Doch Karl der Einfältige ist 929 als gefangener und entmachteter König gestorben. Die westfränkische und lothringische Opposition hatte ihn 923 besiegt, Heinrich hingegen 923–925 die Anerkennung der lothringischen Großen erreicht.

Bedrohung von außen – Herrschaftssicherung nach innen: Der Burgenbau

Gefährdet war Heinrichs Herrschaft von außen. Um 900 war zwar die Normannengefahr abgeflaut, doch die Ungarn erreichten wohl 926 auch den mittleren Rhein. Heinrich I. reagierte auf einem Wormser Hoftag mit seiner sog. Burgenbauordnung, um befestigte Zufluchtsorte für die Bevölkerung anlegen zu lassen. Ein Tauschvertrag des Kloster St. Maximim lässt Einzelheiten erkennen. Das Kloster überließ noch in Worms zwei Adligen einen zur Errichtung einer Befestigung geeigneten Berg am Kyrbach (Hunsrück) zusammen mit Hofstellen und Ländereien.[16] Im Schlössel (Schlößl) bei Klingenmünster (Pfalz) könnte sich eine Anlage aus dieser Zeit erhalten haben: eine Ringwallanlage, auf deren Gelände ab den 1030er Jahren eine kleinere Burg entstand, als eine der frühesten Höhen- und Turmburgen überhaupt. Mit dem benachbarten Ringwall des Heidenschuh und der stauferzeitlichen Burg Landeck werden hier auf engstem Raum die Wandlungen der Burgenlandschaft sichtbar.[17]

Burgenlandschaft bei Klingenmünster. Oben links: Heidenschuh, Toranlage; unten: Schlössel; rechts: Landeck (Ernst-Dieter Hehl)

Ein vergleichbarer Umbau eines größeren Refugiums in eine »Adelsburg« lässt sich im nördlichen Rheinland-Pfalz bei Kerpen (Eifel, Landkreis Daun) beobachten.[18] Derartige neue Burgen dienten nicht mehr der Abwehr großer Invasionen von außen, sondern der Durchsetzung und Sicherung lokaler Herrschaft sowie deren Repräsentation. Konflikte um Burgen und Burgzerstörungen blieben deshalb gang und gäbe.

Ein Raum ohne Herzogtum

Anders als in den sonstigen Regionen des ostfränkisch-deutschen Reiches hat sich trotz der Bedrohung durch Normannen und Ungarn in seinem fränkischen Kernraum kein Herzogtum herausgebildet.[19] Sollte sich unter Konrads Bruder Eberhard eine Entwicklung zu einem fränkischen Herzogtum angebahnt haben, so ist sie unter Otto dem Großen abgebrochen. Denn dessen Königsherrschaft widersetzte sich Eberhard zusammen mit Ottos Bruder Heinrich und Ottos Schwager Giselbert von Lothringen. Doch 939 fielen Eberhard und Giselbert bei Andernach dem Überraschungsangriff eines königstreuen Heeres, angeführt von den wie Eberhard dem politisch gespaltenen Konradinerhaus angehörenden Udo und Konrad, zum Opfer. Das Fehlen eines Herzogtums am mittleren Rhein gehört zu den Voraussetzungen des Aufstiegs der lothringischen Pfalzgrafen in diesem Raum. Vor allem blieb dieser ein Kernraum der königlichen Herrschaft, und seine Bischöfe positionierten sich deshalb im Gefüge des Reiches durch ihre Stellung zum König.

Aachen und Mainz – Die Königskrönung

Ausdruck dafür ist die Konkurrenz der rheinischen Erzbischöfe von Köln, Trier und Mainz bei der Königserhebung. Mainz konnte hierbei eine ältere Tradition nutzen: Erzbischof Hatto von Mainz hat sich 900 in einem Brief an den Papst für die Nachfolge Ludwigs des Kindes in der ostfränkischen Königswürde ausgesprochen. Er könnte den neuen König gekrönt und ihn sogar – liturgisch entscheidend – gesalbt haben; beides wäre dann zum ersten Mal bei einer ostfränkischen Königserhebung erfolgt.[20] Hattos Nachfolger Heriger hat (wie die späteren Quellen berichten) dem in Fritzlar zum König erhobenen Heinrich I. die Salbung angeboten, doch dieser hat eine derartige Auszeichnung abgelehnt.

936 kamen bei Ottos des Großen Königskrönung und -salbung im Aachener Münster, wo Karl der Große begraben lag und sein Thron stand, die Rivalitäten zum Vorschein. Aachen gehörte zur Diözese Lüttich und damit zur Kirchenprovinz des Erzbischofs von Köln. Der Kölner hätte so Krönung und Salbung vornehmen »müssen«. Doch der Trierer Erzbischof erhob Einspruch: Seine Bischofskirche sei älter als die Kölner und überhaupt die älteste im Reich, ihm kämen deshalb Krönung und Salbung zu. Schließlich einigte man sich auf Erzbischof Heriger von Mainz. Der Kölner Erzbischof assistierte immerhin, der Trierer wird hierbei nicht genannt.[21]

Als einziger berichtet gut 30 Jahre später Widukind von Corvey über den Streit der Erzbischöfe und überhaupt ausführlicher über Ottos Königserhebung. So hat man vermutet, Widukind habe hier die Erhebung von Ottos des Großen fünfjährigem Sohn Otto II. vor Augen. Otto der Große hatte diese in die Wege geleitet, bevor er selbst zu seiner Kaiserkrönung (962) nach Rom aufgebrochen war. Alle drei rheinischen Erzbischöfe wirkten am Pfingstfest 961 in Aachen an der Krönung des Kindes mit. Aber bei der nächsten Königskrönung und -salbung agierte der Mainzer Erzbischof Willigis als einziger von ihnen. An Weihnachten 983 krönte und salbte er in Aachen zusammen mit dem Erzbischof von Ravenna den erst dreijährigen Otto III., den sein gleichnamiger Vater in Verona zum König hatte wählen lassen. Unmittelbar danach kam die Nachricht, Otto II. sei in Italien gestorben.

An allen Aachener Krönungen hatte der Mainzer als einziger der rheinischen Erzbischöfe mitgewirkt, bei keiner hatte er hinter seinen Amtsbrüdern zurückgestanden. Bei Ottos III. Krönung konnte sich Willigis auf ein Papstprivileg stützen, das ihm 975 das Recht, den König zu weihen, verliehen hatte.[22] Auffallend ist, dass der Mainzer Erzbischof mindestens zwei Mal (936 und 983) den Vorrang vor dem Kölner besaß, obwohl Aachen zu dessen Zuständigkeitsbereich gehörte.

Den Mainzer Erzbischof bevorzugte man wohl deshalb, weil er schon vor 936 eine besondere Rolle bei der Königserhebung gespielt hatte. Und vielleicht ist Otto der Große sogar bereits 930 und damit auf Veranlassung seines Vaters Heinrich in Mainz selbst liturgisch in die (kommende) Königsherrschaft eingewiesen worden, was dann zu einem Anspruch führte, welchen die Mainzer Erzbischöfe von ihrer Bischofsstadt Mainz nach

Aachen übertragen konnten.[23] Das Papstprivileg von 975 hat diesen Mainzer Anspruch kirchenrechtlich mit der Verleihung eines päpstlichen Vikariats verknüpft. Als Stellvertreter des Papstes war der Mainzer Erzbischof berechtigt, auch außerhalb der eigenen Kirchenprovinz liturgische Handlungen zu vollziehen, also in Aachen einen König zu salben.

Krise des Mainzer Vorrangs

Ein auf Betreiben Ottos III. erteiltes Privileg Papst Gregors V. für das Aachener Münster bereitete diesem Mainzer Vorrang ein Ende.[24] 997 erlaubte der Papst, dass im Aachener Münster Kardinalpriester und Kardinaldiakone eingesetzt würden. Nur diese dürften am Hauptaltar die Messe feiern, dazu noch der Kölner Erzbischof als Metropolit und der Lütticher Bischof, in dessen Diözese Aachen liege. Zur Königskrönung gehörte eine Messe, und deshalb war es dem Mainzer Erzbischof nun nicht mehr möglich, in Aachen ohne Genehmigung seines Kölner Amtsbruders die liturgischen Handlungen der Königskrönung und -salbung vorzunehmen. Außerhalb der eigenen Kirchenprovinz tätig werden zu können, hatte den bisherigen Mainzer Vorrang in der Kirche des Reiches augenfällig gemacht. Von eigenständigem Krönungsrecht in Aachen ausgeschlossen, versuchte Willigis die Königskrönung nach Mainz zu ziehen, wo er unbestreitbar (und auf gleicher Rechtsgrundlage wie der Kölner Erzbischof in Aachen) liturgisch handlungsfähig war. Das Aachener Privileg von 997 wurde zur Geburtsurkunde für den Neubau des Mainzer Doms, den Willigis nun errichten ließ: Sein neuer Dom sollte als Krönungskirche an die Stelle des Aachener Münsters treten.[25]

Der neue Mainzer Dom

Willigis holte Aachen gleichsam an den Rhein. Für den Dom ließ er Türen aus Bronze gießen. Stolz verkündete deren Inschrift, erstmals nach dem Tod Karls des Großen, sei ein solcher Guss erfolgt.[26] Willigis setzte den Neubau bewusst in Parallele zum Aachener Münster, für den Karl Bronzetüren hatte herstellen lassen.

Bronzetüren des Mainzer Domes (Marktportal) mit Willigis-Inschrift

»Nachdem der große Kaiser Karl sein Sein (= sein Leben) dem Recht der Natur gegeben hatte (= gestorben war), / hat Erzbischof Willigis als erster Türen aus Metall (= Bronze) hergestellt. / Berenger, der Künstler dieses Werkes bittet dich, Leser, demütig, dass du Gott für ihn bittest.«

Zur Übersetzung vgl. KERN, Inschriften 2011, S. 11 Nr. 1.

Noch an den Tagen seiner Weihe, am 29./30. August 1009 ist der Neubau des Willigis abgebrannt. Willigis musste von vorne anfangen. Erst sein dritter Nachfolger, Erzbischof Bardo, weihte 1036 am Vorabend des Martinsfestes den nun vollendeten Dom. Auch der Herrscher mit seiner Familie war dazu nach Mainz gekommen: Kaiser Konrad II., der erste Herrscher aus dem Hause der Salier, seine Frau Gisela und Heinrich III., der bereits zum König gekrönte Sohn und Nachfolger.

Heinrich II. – Bündnisse und Konflikte

Als Willigis seinen Bau 1009 weihte, war ebenfalls ein Herrscherpaar zugegen: Heinrich II. mit seiner Gemahlin Kunigunde. Nach Ottos III. frühem und kinderlosem Tod im Januar 1002 hatte sich Willigis schnell Heinrich angeschlossen, der von seiner Machtbasis als Herzog von Bayern ausgehend und als Urenkel Heinrichs I. die Krone beanspruchte.[27] Zusammen mit seinem Suffraganbischof Burchard von Worms hatte Willigis dem Bayernherzog die Überquerung des Rheins ermöglicht und ihn dann in Mainz zum König gesalbt und gekrönt. Den Wormser Bischof belohnte der neue König, indem er die Salier zur Aufgabe ihrer Burg in Worms veranlasste. Willigis aber hatte das vornehmste Recht des Mainzer Erzbischofs, das Recht, den König zu krönen, unter geänderten Umständen behaupten können.

In Trier jedoch herrschte lange erbitterter Krieg um die Besetzung der Trierer Erzbischofswürde: die seit 1008 wütende »Moselfehde« zwischen Heinrich II. und dem Haus der Grafen von Luxemburg, dem Königin Kunigunde entstammte.[28] Der Luxemburger Heinrich war dem König 1004 in der bayrischen Herzogswürde gefolgt; Kunigunde hatte ihrem Bruder Dietrich bereits zur Bischofswürde in Metz verholfen, und nun sollte ein weiteres Mitglied der Familie, Adalbero, der Propst von St. Paulin in Trier, Erzbischof werden. Heinrich II. hat diesem mit dem Mainzer Dompropst Megingaud einen eigenen Kandidaten entgegengestellt, der aber trotz mehrerer Feldzüge des Herrschers, der dabei auch slawische und heidnische Liutizen eingesetzt hatte, seine Metropole nicht betreten konnte und schließlich 1016 in Koblenz verstarb. Jetzt konnte Adalbero zum Verzicht gebracht werden, und Heinrich mit Poppo einen ihm genehmen Erzbischof einsetzen. Und nun ergänzte er seine Förderung von Worms durch die von Trier. Er schenkte Poppo 1018 den Königshof in Koblenz zusammen mit dem Stift St. Florin. Das legte den Grundstein für die Entwicklung von Koblenz zu einer Stadt des Trierers Erzbischofs.

Scheinbares Zurücktreten des Rhein-Main-Gebietes

Die Übergabe des Koblenzer Königshofs an den Trierer Erzbischof erscheint vor diesem Hintergrund nicht als freiwillig erfolgte Minderung der königlichen Machtstellung, sondern wie andere Schenkungen an die großen Kirchen des Reiches als eine spezifische Organisation von Macht, die auf die Person des Königs ausgerichtet blieb. Unter Heinrich II. hat diese Organisation erstmals das ganze Reich erfasst. Die Wege des Königs durch das Reich erstreckten sich nun auch auf die süddeutschen Herzogtümer Bayern und Schwaben. Das Rhein-Main-Gebiet hat deshalb scheinbar, letztlich nur aus statistischen Gründen, an Bedeutung für das Königtum eingebüßt.[29] Konrad II. und Heinrich III. haben die das ganze Reich erfassende Politik ihres Vorgängers fortgesetzt, unter Heinrich IV. und Heinrich V., den letzten beiden salischen Herrschern, wurde der Raum zwischen Mainz, Worms und Speyer wieder zu einer Kernzone ihrer Herrschaft und zu einem Raum dramatischen historischen Geschehens.

3. Die Zeit der Salier (11. Jahrhundert): Ein Königtum aus der Mitte von »Rheinland-Pfalz«?

Am 5. Oktober 1056 starb Kaiser Heinrich III. in Bodfeld am Harz. Sein Herz wurde im Goslarer Simon und Judas-Stift beigesetzt, den Körper überführte man nach Speyer. Dort bettete man ihn im Dom neben den Eltern des Kaisers, Konrad II. und Gisela, zur ewigen Ruhe. Heinrich III. selbst hatte dieses »doppelte« Begräbnis verfügt.[30]

Sachsen als Kernlandschaft des vorausgegangenen Königshauses der Ottonen behielt auch unter den Saliern seine zentrale Bedeutung, als diese 1024 mit Konrad II. die Königswürde erlangten. Die Herkunft aus und die Verwurzelung der Salier in dem Wormser Raum veränderte das sächsisch-fränkische Gleichgewicht zunächst nur wenig, auch wenn das Rhein-Main-Gebiet in der Herrschaftspräsentation nun noch stärker hervortrat als zuvor. Der Dom von Speyer, dessen Neubau Konrad II. ins Werk setzte und zu seinem und seiner Gemahlin Grabstätte bestimmte, die Entwicklung des Domes zu einer dynastischen Grablege der Salier ist das steingewordene Denkmal salischer Präsenz in »Rheinland-Pfalz«, konzentriert auf dessen südlichen Teil.

Daneben an Sachsen festzuhalten, war geboten. Silberfunde im Harz an der ersten Jahrtausendwende hatten diesen Raum politisch und wirtschaftlich aufgewertet. Doch in den 1070er Jahren wurden das Harzgebiet und Sachsen zum Krisengebiet des salischen Königtums. Bis zum Ende der Salierzeit blieb Sachsen umkämpft, die Wahrnehmung königlicher Herrschaftsrechte stieß hier auf erbitterten Widerstand.

Große und dramatische Ereignisse der salischen Geschichte spielen in »Rheinland-Pfalz«. In Oppenheim musste sich Heinrich IV. 1076 verpflichten, sich binnen Jahr und Tag von der Exkommunikation lösen zu lassen, die Papst Gregor VII. über ihn verhängt hatte, und zog dann nach Canossa. Von Mainz aus stürzte Heinrich V. 1106 seinen Vater. In Worms beendete das nach diesem Ort benannte Konkordat 1122 den offenen Konflikt zwischen den beiden letzten salischen Kaisern und den Päpsten. Der Raum Speyer – Worms – Mainz tritt in diesen Jahrzehnten aber nicht allein deshalb besonders hervor, weil hier die Heimat der Salier lag und mit Speyer eine Stätte ihrer familiären und herrscherlichen Legitimation, sondern weil sie hier auch ihre Machtposition behaupten konnten. Andere Räume des Reiches entzogen sich weitgehend ihrem Zugriff und standen vielfach unter der Kontrolle offen opponierender Fürsten und Adelsgruppen. Weiterhin zählten neben dem niederrheinischen Raum der Oberrheingraben und das Elsass zu den Regionen, aus denen die Salier auf Unterstützung rechnen konnten. Denn hier agierten die mit ihnen verbündeten und verschwägerten Staufer.

Worms und die »Heimat« der Salier

Die Familie der Salier ist erst ab Beginn des 10. Jhs., der vierten Generation vor Konrad II., genealogisch, wenn auch nicht vollständig, zu fassen. Der erste sichere Salier Werner begegnet zu Beginn des 10. Jhs. als Graf im Nahe-, Speyer- und Wormsgau.

Werner hatte vermutlich eine Schwester König Konrads I. zur Frau,[31] über diese kam der Name Konrad in die Familie. Der Sohn aus dieser Ehe, Konrad der Rote († 955) wurde zum »Stammvater« der Salier, wiederum in Verbindung mit dem Königshaus. Konrad der Rote hatte nämlich mit Liutgard eine Tochter Ottos des Großen und Enkelin Heinrichs I. geheiratet, und so dürfte mit Heinrich ein weiterer Königsname zu den Saliern gelangt sein. In Lothringen als Herzog eingesetzt, schloss sich Konrad 954 der Empörung von Ottos ältestem Sohn Liudolf gegen den König an. Beide wollten ihre Stellung in der königlichen Familie behaupten, nicht zuletzt gegen Heinrich, den Bayernherzog und Bruder Ottos.

Die Empörung führte zu keinem Erfolg, auch weil man Liudolf und Konrad vorwarf, mit den Ungarn im Bunde zu sein. In der Tat hatten die Ungarn die Krise im Königshaus zu einem Einfall in das Reich genutzt und waren am Rhein erschienen. Liudolf soll ihnen Führer gestellt und sie in Worms bewirtet und beschenkt haben; Konrad soll sie gegen seine Gegner in Lothringen eingesetzt haben. Schließlich mussten die Empörer aufgeben. Bei dem entscheidenden Sieg, den Otto der Große am 10. August 955, am Tag des hl. Laurentius, auf dem Lechfeld über die Ungarn errang, ist Konrad als Anführer des fränkischen Aufgebots im Kampf gegen seine angeblichen Verbündeten des Vorjahres gefallen. Im Wormser Dom wurde er in der Nähe des Laurentiusaltars beigesetzt.

Konrads Grab in einer Domkirche war ungewöhnlich. Der Salier stand nun als »Märtyrer« unter dem ewigen Schutz des Märtyrers Laurentius, an dessen Festtag er im Kampf gegen die Ungarn gefallen war. Konrads des Roten Enkel Heinrich und Konrad von Worms hatten an seinem Renommee teil; auch sie wurden im Wormser Dom beigesetzt. Inzwischen war das Grab im Dom jedoch zu einem Vorrecht des Königs geworden. Otto der Große und Heinrich II. hatten in den Domkirchen von Magdeburg und Bamberg als Gründer des Bistums ihr Grab gefunden – konkurrenzlos, denn ein Adliger konnte zwar ein Kloster oder ein Stift gründen, aber kein Bistum. Als Konrad II. den Speyerer Dom zur Stätte seines Grabes wählte und neu errichten ließ, galt er als zweiter Gründer dieser Bischofskirche. Den frühen Anspruch seiner Familie bekunden jedoch die Wormser Gräber.

Konrad der Rote hinterließ einen unmündigen Sohn. Diesem, Otto von Worms, bewahrte König Otto der Große eine führende Stellung im Raum zwischen Worms und der Nahe. Unter Otto II. amtierte der Wormser Otto von 978–985 als Herzog von Kärnten, danach nochmals von 1002 bis zu seinem Tod 1004. Trotz anfänglicher Anfeindungen durch Heinrich II. hat danach Konrad, der Sohn Ottos von Worms, die Kärntner Herzogswürde behauptet (1004–1011). Sein Sohn Konrad »der Jüngere« ist einer der beiden Thronkandidaten nach Heinrichs II. Tod. Heinrich, der Vater des zweiten Kandidaten, war der ältere Sohn Ottos von Worms, doch er war schon vor 1000 gestorben. Des väterlichen Schutzes beraubt, soll dieser Kandidat, Konrad »der Ältere«, im Wormser Raum unter schwierigen Verhältnissen groß geworden sein, behütet von Bischof Burchard von Worms. Diese fromme Legende verdeckt, dass die beiden salischen Vettern die Kernzonen der salischen Macht auch gegen Heinrich II. behauptet hatten und Heinrich sich damit abgefunden hatte.[32]

1024: letzte »ordnungsgemäße«Königskrönung in Mainz

Am 13. Juli 1024 starb Kaiser Heinrich II., kinderlos. Am 4. September versammelten sich die Großen des Reiches (mit Ausnahme der sächsischen Führungsgruppe) in Kamba, einem heute verschwundenen rechtsrheinischen Ort gegenüber Oppenheim, zur Wahl eines neuen Königs. Erzbischof Aribo von Mainz (1021–1031) leitete die Versammlung, als Thronkandidaten galten nur (noch) die beiden gleichnamigen salischen Vettern. Konrad der Ältere konnte den Jüngeren zum Verzicht bewegen und wurde einmütig gewählt, nachdem die Lothringer unter Führung des Kölner Erzbischofs Pilgrim, die dem jüngeren Konrad zuneigten, den Wahlort verlassen und sich damit die Möglichkeit offen gehalten hatten, einen eigenen König zu erheben. Am 8. September, dem Fest von Mariä Geburt, krönte und salbte Aribo in seinem Dom den neuen König. Das war die letzte Königssalbung und -krönung in Mainz, ohne dass wie bei den späteren eine Doppelwahl vorlag oder wie bei den Krönungen Rudolfs von Rheinfelden 1077 durch Erzbischof Siegfried I. oder Friedrichs II. durch Siegfried II. 1212 ein Gegenkönigtum zu einem regierenden König errichtet wurde.

Aribo hat wohl von Anfang an zu den Befürwortern der Erhebung des älteren Konrad gehört, dessen Frau Gisela verweigerte er jedoch Salbung und Krönung – aus Gründen, die sich nicht mehr erkennen lassen. Das brachte den Kölner Erzbischof erneut ins Spiel. Denn Pilgrim erkannte noch im gleichen Monat Konrads II. Königtum an und krönte in Köln Gisela zur Königin. 1028 erhielt er den Dank des Herrscherpaars. Denn nun übertrug Konrad II. ihm die Krönung und Salbung Heinrichs III., des Sohnes und Nachfolgers. In Aachen vollzog Pilgrim diese liturgischen Handlungen. Sowohl der Mainzer Erzbischof als auch der Mainzer Dom hatten ihre Rolle bei der Königskrönung verloren, die sie im 10. Jh. innegehabt und ausgebaut hatten. Aachen wurde zur Krönungsstätte, der Kölner Erzbischof als zuständiger Metropolit zum Krönungsbischof. Erst als im späteren Mittelalter der neue König in Frankfurt sowohl gewählt als auch gekrönt wurde, konnte der Mainzer Erzbischof wieder die Königskrönung vornehmen. Wie der Kölner in Aachen, so agierte der Mainzer in Frankfurt als der zuständige Liturge.[33]

Aber bereits unter Heinrich III. hatten die Mainzer Erzbischöfe einen Ausgleich für den Verlust des Krönungsrechts erhalten. In Mainz ließ Heinrich III. 1043 Agnes zur Königin krönen, bevor er am folgenden Tag in Ingelheim mit ihr als seiner zweiten Gemahlin die Hochzeit feierte. Heinrich V. schloss 1114 in Mainz die Ehe mit der englischen Königstochter Mathilde; den Mainzer Erzbischof Adalbert hielt er damals gefangen. Anscheinend besaßen Mainz und sein Erzbischof im 11. und 12. Jh. eine besondere Bedeutung für die königliche Ehe und Familie.[34] In Hochzeiten strebt die königliche Familie nach dynastischer Dauer, genauso wie sie über das Grab des Herrschers nach Dauer strebt, diesmal nach Dauer des Gebets für den Verstorbenen.

Speyer und Limburg a.d. Haardt: Stätten salischen Königtums

Für die Salier gibt der Dom von Speyer davon Zeugnis, ihm ist die Klosterkirche von Limburg a.d. Haardt zur Seite zu stellen. Erst unter den salischen Herrschern ist Speyer zu einer bedeutenden Stadt zwischen Straßburg und Worms geworden. Noch vor seiner Königswahl hatte Konrad II. zusammen mit Gisela ein Gelübde zugunsten der Speyerer Domkirche geleistet. Am 11. September erfüllte er es mit einer Schenkung.

Bald darauf begannen die Arbeiten für den Neubau des Doms. Wie er es gewünscht und vorbereitet hatte, brachte man den am 4. Juni 1039 in Utrecht verstorbenen Kaiser nach Speyer, um ihn dort im Dom beizusetzen. Auch für seine Frau Gisela war das Grab im Dom, in das sie am 11. März 1043 gelegt wurde, vorbereitet. Eine dritte Grabstelle war vorgesehen, wohl für beider Sohn Heinrich III. Dieser fand hier am 28. Oktober 1056 seine letzte Ruhe, das war gleichzeitig sein Geburtstag und das Fest von Simon und Judas, für die Heinrich in Goslar das Stift gegründet hatte, in dem das Herz des verstorbenen Kaisers bestattet worden war.

Ob der neue Dom von Speyer, in dem dann alle salische Herrscher beigesetzt wurden, von Anfang an als dynastische Familiengrablege geplant war oder ob Konrad II., Gisela und Heinrich III., zu dessen Lebzeiten die Weihe des Domes stattgefunden hatte, mit ihrem Grab und liturgischem Gedenken im Dom als Stifter geehrt wurden, ist umstritten.[35] Schon bald sahen die Zeitgenossen jedenfalls im Speyrer Raum das kirchlich-religiöse Zentrum der Dynastie: An einem einzigen Tag soll Konrad II. drei Kirchen gegründet haben, so erzählte man. Zuerst das Kloster Limburg (a. d. Haardt), dann sei er eilends nach Speyer aufgebrochen, um dort den Grundstein für das Johannesstift (später St. Guido) und den neuen Dom zu legen.

Als Konrad in Limburg eine salische Burg in ein Kloster umwandelte, hat er gleichsam eine militärisch-politische Position geräumt. Und ähnlich hat er darauf verzichtet, mittels seiner neuen königlichen Stellung Positionen zurückzugewinnen, die seine Vorfahren in Speyer und Worms an die dortigen Bischöfe im 10. Jh. verloren hatten. In Worms waren die salischen Rechte 979 an den Bischof gefallen, und 1002 übergab Otto von Worms auf Drängen Heinrichs II. ihre städtische Burg dem Bischof Burchard. Burchard ließ die Salierburg abreißen und auf ihrem Platz das Paulusstift errichten. 1026 bestätigte Konrad dem Wormser Bischof Azecho die Schenkungen und Privilegien Heinrichs II.

Worms: Stift St. Paul
(Ernst-Dieter Hehl)

Limburg an der Haardt:
Klosterkirche
(Ernst-Dieter Hehl)

Signalisierte das von Burchard an Stelle der Wormser Salierburg errichtete Paulusstift die Abkehr des Bischofs von der allzu mächtigen Adelsfamilie, so steht die Umwandlung der salischen Limburg in ein Kloster und der Neubau des Speyerer Doms dafür, dass Konrad II. kraft seiner Stellung als König seine Beziehungen zur Kirche auf anderen Grundlagen aufbauen konnte, als es seinen Vorfahren als weltlichen Großen möglich gewesen war.

Die ottonisch-salische Reichskirche

Auf Azechos Einsetzung zum Bischof von Worms im Dezember 1025 hatte Konrad II. so intensiv Einfluss genommen, dass der Mainzer Erzbischof Aribo sich von dem König übergangen fühlte, wie er nach Worms schrieb, als er zur Weihe des neuen Bischofs eingeladen wurde.[36] Aribos Nachfolger Bardo wurde 1031 auf Betreiben Giselas zum Erzbischof erhoben. In königlichem Einfluss auf die Einsetzung von Bischöfen und Äbten besteht ein wesentliches Merkmal der kirchlichen Struktur des Reiches in ottonisch-salischer Zeit. Man spricht von ottonisch-salischer Reichskirche.[37] Aber das war kein System, in dem der Herrscher die Bischöfe und Äbte des Reiches wie Marionetten an den Fäden zog und die geistlichen Großen gegen den weltlichen Adel ausspielte.

Unter Heinrich II., dann unter dem Salier Heinrich III. hat die ottonisch-salische Reichskirche mit der besonderen Position des Königs ihre Blüte erreicht. Gegen den erklärten Willen des Herrschers gelangte damals letztlich kein Bischof in sein Amt – wurde er doch von diesem durch die Übergabe des Bischofsstabes und seit Heinrich III. auch des Bischofsringes damit investiert. Wenn der Bischof aus der geistlichen Umgebung des Königs, aus der Hofkapelle, stammte, dürften dessen Willen und Interessen entscheidend gewesen sein – erst recht, wenn der Kandidat zuvor als Kanzler tätig und für die Urkundenausstellung zuständig gewesen war, also zu den »alltäglichen« Mitarbeitern des Königs gehört hatte. Als Erzkanzler waren die Erzbischöfe von Mainz und Köln, später auch von Trier, in den Hof des Herrschers einbezogen.

Erzkapellan und Erzkanzler

Seit 965 war das Erzkapellanat als höchstes geistliches Amt am Königshof auf Dauer mit der Mainzer Erzbischofswürde verbunden, verknüpft war es mit dem Erzkanzleramt für den nordalpin-deutschen Reichsteil. Unter Heinrich III. verschwindet dann der Erzkapellan-Titel zugunsten der Bezeichnung »Erzkanzler«. Das ist mehr oder weniger ein reiner Ehrentitel, aber jede Urkunde nennt den zuständigen Erzkanzler. Die Kölner Erzbischöfe fungierten seit 1031 als Erzkanzler für Reichsitalien, für den burgundischen Teil des Reiches ging die Erzkanzlerwürde 1308 von den Erzbischöfen von Besançon auf die von Trier über. Die Hofkapelle ihrerseits löste sich aus bischöflicher Zuständigkeit, ihr Leiter gehörte nicht mehr zu den »Großen des Reiches«, befand sich dafür aber »ständig« in der Umgebung des Herrschers, »ausgezeichnet« war er durch den Besitz der Propstei des Aachener Marienstifts, der Krönungskirche.[38]

Hofkapelle – Stift – Schule

Besonders bei den im 10. und frühen 11. Jh. neugegründeten Bischofssitzen in Magdeburg (968) und Bamberg (1007) stechen die Beziehungen zur Hofkapelle ins Auge. In Mainz hingegen waren von den zehn Erzbischöfen zwischen 927 und 1059 zuvor nur zwei in der Kapelle bzw. der in diese integrierten Kanzlei tätig gewesen, nämlich Willigis und Aribo.[39] In Trier kamen von den sechs Erzbischöfen zwischen 930 und 1066 bis auf einen alle aus der königlichen Kapelle oder Kanzlei. In Speyer ist von den zwölf Bischöfen zwischen 923 und 1060 nur bei Walther (1004–1031) die Herkunft aus der Hofkapelle wahrscheinlich, bei Konrad I. (1056–1060) möglich, für die übrigen liegen keine Nachrichten vor. Von den neun Wormser Bischöfen der Jahre 950–1065 kommen sieben aus der Kapelle oder Kanzlei. Für Azecho (1024–1044) ist das nicht mehr eindeutig festzustellen. Mit Bischof Adalbero (1070–1107), der sich 1073 der Opposition gegen König Heinrich IV. anschloss, brach diese Entwicklung ab. Diese Wormser Reihe begann mit Hildibold (979–998), der seit 977 als Kanzler Ottos II. amtierte und das als amtierender Bischof blieb, was bis dahin unüblich war und auch später nur selten vorkam. Während der Regentschaft für den minderjährigen Otto III. gehörte Hildibold zu den maßgeblichen Persönlichkeiten – zusammen mit Erzbischof Willigis von Mainz, der als Erzkapellan der formale Leiter der Hofkapelle war. Willigis hatte dann maßgeblichen Anteil an der Erhebung Burchards zum Wormser Bischof.

Die Hofkapelle, aus der zahlreiche Bischöfe genommen wurden, war durch ihren Bezug auf den König eine überregionale Einrichtung, durch die materielle Versorgung ihrer Mitglieder eine regionale. Denn seit dem 10. Jh. waren die Kapläne in der Mehrzahl Kanoniker an den Domkirchen und den großen Stiftskirchen des Reichs und lebten von den dortigen Einnahmen. Mitgliedschaft in einem Dom- oder Stiftskapitel konnte deshalb den Weg zu einer geistlichen und politischen Karriere eröffnen: im Kapitel selbst, dann in der königlichen Kapelle und Kanzlei sowie an der Spitze eines Bistums, was Rückkehr in eine Region bedeutete. Eine auf diesem Kreislauf beruhende Besetzung von Bistümern durch den König war deshalb weniger der Versuch, den Machtbestrebungen des regionalen Adels einen Riegel vorzuschieben, als dessen Integration in die Verteilung hoher geistlicher Positionen.

Der Weg zu dem geistlichen Aufstieg begann in der Schule – eines bedeutenden Klosters wie Fulda und St. Gallen oder einer Domkirche. Die Domschulen blühten seit dem 10. Jh. auf: in Mainz, Worms und Speyer. Dem Mainzer Erzbischof Willigis rühmte man nach, viele seiner Schüler hätten aufgrund ihrer Ausbildung die Würden von Stiftspröpsten erlangt. In Speyer war Bischof Benno von Osnabrück in die Schule gegangen, der später zum leitenden Architekten am Dom zu Speyer wurde. Der Wormser Domschule entstammte der Salier Bruno, der als Gregor V. (996–999) den päpstlichen Stuhl bestieg, ihn feiert seine Grabinschrift als »ausgebildet in der Stadt Worms«.[40]

Leistungen der Reichskirche

Die bei den Bischofserhebungen in der ottonisch-salischen Reichskirche hergestellte Nähe von Bischof und König steigerte sich seit Heinrich II. zur räumlichen Nähe. Hatten sich Heinrichs II. Vorgänger bei ihrer Reiseregierung noch vor allem der Königspfalzen als Aufenthaltsorte bedient und somit aus den Erträgen des Königsgutes gelebt, zog Heinrich nun die Bischofsstädte selbst zu häufigen und länger andauernden Aufenthalten heran. An der Versorgung des Herrschers und seines Gefolges hatte sich nunmehr der jeweilige Bischof als »Gastgeber« zu beteiligen. Im Vergleich zur Ingelheimer Pfalz hielt sich der König jetzt etwa doppelt so oft in der benachbarten erzbischöflichen Metropole Mainz auf. Unter den Saliern verliert dann Frankfurt seine Bedeutung. Die Bischofsstädte Mainz, Speyer und

Worms werden zu den wichtigsten Stationen der königlichen Reiseregierung und damit des Zusammenwirkens des Herrschers mit den geistlichen und weltlichen Großen – auch dies ein Zeichen, dass sich die königliche Kirchenpolitik nicht gegen den Adel richtete.

Ein militärisches Aufgebot zu stellen, war die größte Leistung, die ein Bischof für den Herrscher zu erbringen hatte. Sein Umfang ist aus einer zufällig erhaltenen Quelle bekannt: einer Anforderung von Truppen, die seinen Feldzug in Süditalien unterstützen sollten, durch Otto II. aus dem Jahre 981.[41] Die Zahlen spiegeln die Kräfteverhältnisse unter den Bistümern. Die Höchstzahl an Panzerreitern, nämlich 100, hatten die Erzbischöfe von Köln und Mainz zu stellen, auf den Wormser Bischof entfielen 40, auf die Äbte von Lorsch und Weißenburg je 50. Insgesamt sollten 2.100 Panzerreiter nach Italien kommen, drei Viertel davon sollten die Bischöfe und Äbte entsenden und teilweise persönlich anführen. Persönlich hat so Burchard von Worms 1001/1002 ein Mainzer und Wormser Aufgebot nach Italien geführt; 1004 hat er Heinrich II. zur Unterwerfung Oberitaliens begleitet. Beide Herrscher dankten ihm das mit Bestätigung und Erweiterung von Wormser Besitz, unter anderem in Boppard.

Geweihter Bischof – sakraler Herrscher

Die Stellung des Königs bei der Investitur der Bischöfe und Äbte beruhte auf einem Nahverhältnis des Herrschers zu Gott. Allein dieses, oft als Stellvertreterschaft Christi in den Quellen beschrieben, berechtigte ihn zu solchem Tun und wurde dabei öffentlich gemacht. Die Salbung, die dem König bei der Krönung durch seinen Coronator erteilt wurde, schuf in den Augen des Herrschers nicht dieses Nahverhältnis, sondern bekundete ihrerseits zum ersten Mal die »göttliche Erwählung des Herrschers« und seine »Stellvertretung Gottes«, die als solche kein Ergebnis der liturgischen Handlungen waren. Das unterschied die Königssalbung grundsätzlich von der Weihe eines Bischofs. Die Auseinandersetzungen um die Investitur seit der zweiten Hälfte des 11. Jhs. bezogen sich deshalb im Grundsatz auf das Wesen des Königtums. Wie die Beziehungen zwischen dem geweihten Bischof und dem sakralen Herrscher im Einzelnen auszugestalten waren, wurde dann seit dem 12. Jh. dadurch geregelt, dass man diese als Beziehungen wie unter weltlichen Großen begriff, sie aus der weiterhin bestehenden Sakralität von König und Bischof löste und deshalb nicht mehr dem Vorwurf der Simonie aussetzte.[42]

1050–1070: Unruhe in Reich und Kirche

An Weihnachten 1043 verkündete Heinrich III. in Trier, er verzeihe allen, die sich gegen ihn vergangen hätten, alle sollten sich gegenseitig Vergebung gewähren. Der Herrscher setzte damit die letzte Bitte des Vaterunsers in praktische Politik um, als Quelle irdischer Verzeihung handelte er als Stellvertreter Gottes auf Erden. Aber das Trier benachbarte Lothringen wurde bis zum Tod Heinrichs III. (1056) von politischen Unruhen erschüttert, nachdem Heinrich Erbansprüchen des Herzogs von Oberlothringen, Gottfrieds des Bärtigen, auf Niederlothringen nicht entsprochen hatte.

Papst Victor II., der als Vertrauter Heinrichs erhoben worden war, hatte sich am Totenbett des Kaisers befunden und nahm dann auch an dessen Beisetzung in Speyer teil. Nicht zuletzt seinem Wirken ist die Lösung der Krise zu verdanken. Im Westen war sie erreicht, als sich auf einer Zusammenkunft in Andernach die Erzbischöfe Anno von Köln und Eberhard von Trier sowie Gottfried der Bärtige und der Pfalzgraf Heinrich für die Nachfolge des bereits gewählten Heinrich IV. im Königtum aussprachen. Am 29. März 1065 wurde Heinrich in Worms für mündig erklärt und mit dem Schwert umgürtet.

Auch wenn die ersten Jahre des jugendlichen Königs friedlich verliefen, ungebrochen blieben die Rivalität der geistlichen und weltlichen Großen untereinander sowie ihre Konkurrenz um die Nähe zum König. Erzbischof Anno von Köln bemühte sich, seine Vertrauten auf Bischofsstühlen des Reiches unterzubringen. Spektakulär ist er damit in Trier gescheitert. Annos Neffe Konrad (Kuno) war dafür ausersehen, seine Bischofsstadt hat er aber nicht erreicht. Der Burggraf Theoderich nahm zusammen mit Trierer Ministerialen den gewählten Erzbischof gefangen, am 1. Juni 1066 wurde Konrad getötet. In Tholey beigesetzt, verehrte man ihn dort als Märtyrer.[43]

Politische und kirchliche Krise: Heinrich IV. und Gregor VII.

Aufgrund solcher Vorfälle sahen Papst und römische Reformer in der Kirche des Reiches Verfallserscheinungen und Simonie vordringen. Bischof Heinrich von Speyer etwa starb, als eine römische Fastensynode Gregors VII. (1073–1085) ihn 1075 zusammen mit den Bischöfen von Straßburg und Bamberg als Simonisten suspendiert hatte; keiner der drei Beschuldigten war zur Synode gekommen. Die deutschen Bischöfe fühlten sich zunehmend in ihrer Amtsstellung und Würde angegriffen.[44]

Denn Gregor VII. berücksichtigte in seinem Reformeifer die bischöfliche Gerichtsbarkeit wenig. Er nahm Klagen von Klerikern gegen ihre Bischöfe wegen Simonie und anderem an und das Urteil indirekt vorweg, wenn er den zuständigen Metropoliten mit einer Untersuchung beauftragte. So hatte er 1074/1075 Erzbischof Udo von Trier angewiesen, den Vorwürfen gegen den »Ex-Bischof« Pibo von Toul nachzugehen. Pibos Unschuld stellte sich bald heraus, und Udo verwahrte sich bei Gregor gegen Aufforderungen, die Geistlichkeit unter Androhung des Bannes zu Aussagen über Amts- und Lebensführung ihres Bischofs zu zwingen.[45] Derartige Eingriffe Gregors in die bischöflichen Angelegenheiten führten 1076 in Worms zur Aufkündigung des Gehorsams gegenüber Gregor, dessen Papstwürde die Bischöfe nicht mehr anerkannten. Heinrich IV. hat das unterstützt und Gregor zum Verlassen des Papstthrons aufgefordert.[46] Nachdem Heinrich 1075 die sächsische Opposition gegen seine Königsherrschaft (vorübergehend) überwunden hatte, begann nun ein Konflikt zwischen dem salischen Königtum und den Päpsten, der bis zum Wormser Konkordat von 1122 bestimmend blieb und in dem gerade Worms den Saliern einen sicheren Rückhalt bot.

Die bischöfliche Absage an den Papst haben die Erzbischöfe Siegfried von Mainz und Udo von Trier unterzeichnet. Gregor antwortete mit dem Kirchenbann. Heinrich musste nach Canossa ziehen, um sich (im Januar 1077) vom Bann lösen zu lassen. In Oppenheim hatte er sich am 1. November 1076 gegenüber den Fürsten, die auf einer Versammlung zu Trebur mit der Erhebung eines neuen Königs gedroht hatten, dazu verpflichten müssen. Auch die Bischöfe hat Gregor in seinen Gehorsam zurückgezwungen.

Udo von Trier hat sich zwar mit dem Papst ausgesöhnt, wurde aber nicht zu einem Gegner des Königs. Seine Nachfolger blieben ebenso auf der Seite der Salier und hielten gleichzeitig Kontakt zu Gregor VII. und seinen Nachfolgern.[47] Erzbischof Bruno von

Trier (1102–1124) verhandelte für den Kaiser mehrmals mit den Päpsten. Das Gegenkönigtum des Grafen Hermann von Salm (1081–1088), der zur Familie der Luxemburger gehörte, blieb im Moselraum ohne Wirkung und auf das sächsische Kerngebiet der Opposition gegen die Salier beschränkt.

Hingegen hat sich Siegfried von Mainz auf die Seite der Fürstenopposition gestellt. Er beteiligte sich an der Wahl Rudolfs von Rheinfelden und krönte diesen am 26. März 1077 in Mainz zum König – das Mainzer Krönungsrecht schien sich erneuern zu lassen.[48] Doch noch am gleichen Tag zwang eine Empörung der Mainzer den Erzbischof und den neuen König, die Stadt zu verlassen. Mainz blieb »salisch«. Siegfried zog sich in den thüringischen Teil seines Bistums zurück, seine Bischofsstadt hat er bis zu seinem Tod 1084 nicht wieder aufsuchen können. Einen neuen Erzbischof in Mainz einzusetzen, hat Heinrich nicht versucht. Aber er sorgte dafür, dass Siegfrieds Nachfolger Wezilo und Ruthard zu seinen Gefolgsleuten zählten. Mit Ruthard kam es dann zum Bruch, als dieser in den Anfängen der Kreuzzugsbewegung die Juden nicht hatte schützen können und sich selbst an ihnen bereichert haben soll. Ruthard hat sich danach im Thüringischen aufgehalten.

Kreuzzug – Judenverfolgung – Landfrieden

Nur indirekt, aber mit weitreichenden Folgen hatte der rheinland-pfälzische Raum anfänglich teil an der Kreuzzugsbewegung, die sich zu einem Kennzeichen des lateinischen Europa im hohen Mittelalter entwickelte. Nach dem Aufruf Papst Urban II. zum ersten Kreuzzug auf dem Konzil von Clermont (1095) durchzogen auf ihrem Weg nach Jerusalem nordfranzösische und niederlothringische Kreuzfahrerheere die Gebiete am Rhein. Diesen »offiziellen« und gut vorbereiteten Truppen gingen Gruppen voraus, die sich auf eher lokaler Basis gebildet hatten. Sie waren gekennzeichnet durch unzulängliche finanzielle Mittel und durch die Überzeugung, nicht allein die »Feinde des Christentums« in der Ferne seien zu bekämpfen, sondern auch diejenigen, die man in seiner unmittelbaren Nachbarschaft vorzufinden meinte. Das waren die Juden. Man stellte sie vor die Alternative, sich taufen zu lassen oder erschlagen zu werden; Opfer von Erpressung und Ausplünderung wurden sie ohnehin. Nur der Bischof von Speyer konnte die Juden seiner Bischofsstadt weitgehend schützen, und er hat später die Übergriffe als Friedensbruch bestraft. Erzbischof Ruthard von Mainz scheiterte, auch weil er sich nicht auf seine Kriegerschaft verlassen konnte. Wie zuvor in Worms leisteten die Juden erbitterten Widerstand gegen die Übermacht der Kreuzfahrer, die von Emicho, Graf im Nahegau, geführt wurden. In Trier verliefen die Pogrome ähnlich wie in Mainz.[49]

Jüdischer Bericht (»Mainzer Anonymus«) über die Bestrafung der Judenpogrome in Speyer

»Und es geschah, als Bischof Johann dies hörte, kam er mit großem Heer und stand der Gemeinde von ganzem Herzen bei; er nahm sie in die Gemächer auf und rettete sie aus ihrer Hand. Und er nahm einige von den Städtern und ließ ihnen die Hand abhacken, denn er war ein Frommer unter den Völkern, so ließ Gott Verdienst und Rettung durch ihn ablaufen.«

Übersetzung: HAVERKAMP, Hebräische Berichte 2005, S. 266.

Die Verfolgungen des Jahres 1096 bilden für die Geschichte des rheinischen und deutschen Judentums einen tiefen Einschnitt. Auch bei den Kreuzzügen des 12. Jhs. war ihr Leben in Gefahr. So ist Bernhard von Clairvaux 1146 an den Rhein gekommen, um der Predigt eines Zisterziensers gegen die Juden entgegenzutreten; seine Reise gipfelte in seiner Kreuzzugspredigt im Dom zu Speyer, nach der König Konrad III. das Kreuz nahm. Heinrich IV. hat den zwangsgetauften Juden später die Rückkehr zu ihrem angestammten Glauben erlaubt und hat weiteren Verfolgungen der Juden in dem Landfrieden vorbeugen wollen, den er 1103 in Mainz verkündet hat. Die Juden waren ausdrücklich in den Frieden einbezogen. Nicht allein das königliche Gebot sicherte den Frieden, sondern auch die eidliche Verpflichtung der geistlichen und weltlichen Großen. Zusammen mit dem König und Heinrich V., dem Thronfolger, bildeten sie eine Friedensgemeinschaft.[50]

Heinrich IV. und Heinrich V.: Der Aufstand des Sohnes

Den erwünschten Frieden erreichte der Kaiser nicht. Am Ende des folgenden Jahres sah er sich der Empörung seines Sohnes gegenüber, durch die fortdauernde Exkommunikation des Kaisers und die neu belebte Opposition vieler Fürsten hielt dieser das salische Königtum für gefährdet. Vor einer geplanten Zusammenkunft in Mainz an Weihnachten 1105 setzte Heinrich V. seinen Vater gefangen und nahm ihn auf der Burg Böckelheim an der Nahe in Haft, am 31. Dezember musste der alte Kaiser in Ingelheim abdanken. Am 5. Januar 1106, am Vortag des Festes der Erscheinung des Herrn, empfing Heinrich V. in Mainz die Krone. Sein Vater aber konnte nochmals die Freiheit gewinnen. Am 7. August 1106 ist Heinrich IV. in Lüttich gestorben und wurde dort im Dom bestattet. Sein Sohn ließ ihn jedoch nach Speyer überführen und setzte den immer noch exkommunizierten Kaiser in einer ungeweihten Seitenkapelle des Domes bei.[51] Das Grab des verstorbenen Kaisers war in der »Gewalt« des Sohnes. Es bot deshalb keinen Kristallisationspunkt für mögliche Opposition, konnte aber zur Legitimation der salischen Dynastie genutzt werden.

Am 7. August 1111 ließ Heinrich V. seinen Vater im Dom selbst neben seinen Vorfahren beisetzen. Bei seiner eigenen Kaiserkrönung in Rom hatte er diesen von der Exkommunikation lösen lassen. Gleichzeitig hatte er Papst Paschalis II. ein Privileg abgepresst, das ihm die Investitur erlaubte. Das Scheitern eines vertraglich bereits ausgehandelten Ausgleichsversuchs hatte ihm diesen scheinbaren »Triumph« ermöglicht, der nun in die letzte Auseinandersetzung über das Investiturproblem überleitete.

Adalbert von Mainz, Heinrich V. und das Wormser Konkordat 1122

An den römischen Verhandlungen war auch Heinrichs V. Kanzler Adalbert beteiligt gewesen, den der neue Kaiser alsbald mit der Mainzer Erzbischofswürde investierte. Aber schon 1112 brach ein territorialpolitischer Gegensatz zwischen beiden aus, der in Adalberts Gefangensetzung gipfelte. Ein kaiserliches Manifest warf dem Erzbischof vor, sich Güter und Burgen des Reiches und der Salier angeeignet zu haben, genannt wird dabei die pfälzische Madenburg.[52] Die Auseinandersetzungen gingen hin und her. 1114 feierte Heinrich in Mainz, der Bischofsstadt seines gefangenen Gegners, Hochzeit mit der englischen Königstochter Mathilde; als die Mainzer ihm die Freilassung Adalberts abpressten, belohnte der Erzbischof die Stadt mit einem Privileg, behielt aber mit dem Schwabenherzog Friedrich II., dem Vater Friedrich Barbarossas, einen treuen Verbündeten des Kaisers als Gegner. Als eine militärische Auseinandersetzung um Mainz zwischen Adalbert und Heinrich bevorstand, erzwangen Fürsten beider Seiten Verhandlungen, die sowohl das Reich befrieden als auch den Konflikt zwischen Kaiser und Papst beilegen sollten. Das gelang im Wormser Konkordat, das am 23. September 1122 zwischen päpstlichen Legaten und dem Kaiser geschlossen wurde.[53] Zwar durfte der Herrscher im deutschen Reich bei der Wahl zugegen sein, doch hatte er generell auf die Investitur der Bischöfe und Äbte mit den Symbolen von Ring und Stab zu verzichten. Mit einem Szepter wies er sie in die Regalien, die »weltlichen« Besitz- und Herrschaftsrechte, ein und verpflichtete sie zu Leistungen für Herrscher und Reich. Die Bischöfe und Äbte des Reiches wurden zu geistlichen Fürsten des Reiches.

Knapp drei Jahre später, am 23. Mai 1125, starb Heinrich V., 39 Jahre alt. Im Speyerer Dom fand er seine letzte Ruhe, seine Ehe mit Mathilde war kinderlos geblieben. Die Staufer sahen sich als Erben der salischen Besitzungen und Anwärter auf den Thron. Doch Adalbert von Mainz konnte die Wahl Herzog Friedrichs II. von Schwaben zum König verhindern. Der Sachsenherzog wurde als Lothar III. (1125–1137) gewählt. Den staufischen Erb- und Gebietsansprüchen ist er entgegengetreten. Mehrfach hat er mit ihnen um den Besitz von Speyer gekämpft. Erst 1135 kam zu einem Ausgleich.

Das »Jahrhundert der Salier« hat sich mehr als die anderen in das heutige »rheinland-pfälzische Geschichtsbewusstsein« eingeprägt, wie es die großen Salierausstellungen in Speyer von 1992 und 2011 bezeugen.[54] Ihre Nachfolger, die Staufer, sind über den Trifels und das Mainzer Hoffest von 1184 im Gedächtnis des Landes geblieben.

4. Die Zeit der Staufer (12. Jahrhundert): Nähe und Ferne des Königs

Um die Mitte des 12. Jhs. würdigte Otto von Freising, mit dem die hochmittelalterliche Geschichtsschreibung im Reich ihren Höhepunkt erreichte, den rheinischen Raum.[55] In seinem Bericht über die Taten Kaiser Friedrich Barbarossas (1152–1190) heißt es (I,12), oft zitiert, hier liege die »größte Kraft (*vis maxima*)« des Reiches. Otto meint das Gebiet zwischen Basel und Mainz und verbindet das mit einem Lob des schwäbischen Herzogs Friedrich II., des Vaters Barbarossas, der als treuer Verbündeter Heinrichs V. am oberen Rhein die Machtstellung des Reiches und auch seine eigene gesichert und ausgebaut habe.

Nochmals, und nun die Zeit Barbarossas betreffend und räumlich auf den Wormser und mittelrheinischen Raum bezogen, äußert sich der Freisinger Bischof (II, 48) rühmend, als er Barbarossas Eingreifen in den Konflikt zwischen Erzbischof Arnold von Mainz und dem Pfalzgrafen Hermann von Stahleck schildert. Von Plünderungen, Legen von Bränden und Totschlag war vor allem der Mainzer Raum betroffen. Auf einem Wormser Hoftag verhängte Barbarossa 1155 Ehrenstrafen. Der Pfalzgraf und zehn weitere Grafen mussten einen Hund eine Meile weit tragen, den Erzbischof verschonte der Kaiser aufgrund des geistlichen Standes. Das Ausmaß dieser kriegerischen Auseinandersetzung geht aus den Namen der Parteigänger des Pfalzgrafen hervor: unter ihnen die Grafen von Diez, Kyrburg, Sponheim, Katzenelnbogen und Leiningen.

Kirchliche »Territorialpolitik« in Mainz und Trier

Die Auseinandersetzung spiegelt das Streben der Erzbischöfe von Mainz und Trier, die »Freiheit der Kirche«, welche die gregorianische Reform verkündet hatte, in Unabhängigkeit von weltlichen Großen umzusetzen. Die Mainzer Erzbischöfe versuchten das seit Ruthard durch eine Klosterpolitik, die nicht nur den Einfluss der Vögte zurückzudrängen suchte, sondern auch den von König und Papst. Ob die Mainzer Territorial- und Klosterpolitik aber zur Absetzung Erzbischof Heinrichs (1142–1153) auf einem Wormser Hoftag Barbarossas führte, ist unklar. Erkennbar ist jedoch ein Zusammenwirken von Kaiser und Papst sowie von oppositionellen Gruppen in der Mainzer Kirche, zu denen auch Heinrichs Nachfolger Arnold gehörte. Vergebens hatten sowohl Hildegard von Bingen als auch Bernhard von Clairvaux zu Gunsten Heinrichs interveniert.[56]

Kirchliche »Territorialpolitik« bedeutete Emanzipation von weltlichen »Machthabern« unterschiedlichsten Ranges. In Trier hatte der Burggraf Ludwig dem Erzbischof Gottfried (1124–1127) die »politische« Führung entrissen und ihn materiell von sich abhängig gemacht. Nur rein geistliche Aufgaben sollte dieser erfüllen. Erzbischof Albero (1132–1152)[57] beendete diesen Zustand, nachdem er erneut eine ergebene Dienstmannschaft (Ministerialität) aufgebaut hatte. Mit dem Grafen Heinrich IV. von Luxemburg und Namur kam es zur bewaffneten Auseinandersetzung, die am Vorabend des Zweiten Kreuzzugs unter Vermittlung Bernhards von Clairvaux 1146 in Speyer beigelegt wurde. Der Luxemburger Graf hat sich 1148 am Krieg Alberos gegen den Pfalzgrafen Hermann von Stahleck beteiligt, der die Burg Treis aufgeben musste.

Die Pfalzgrafen auf dem Weg nach Süden

Der Konflikt der Erzbischöfe Albero von Trier und Arnold von Mainz mit den Pfalzgrafen spiegelt das Vordringen der (lothringischen) Pfalzgrafen aus ihrem angestammten Raum um Aachen nach Süden in die heutige Pfalz, die mit einer zunehmenden Aufgabe ihrer nördlichen Positionen an der unteren Mosel und in Trier verbunden war. Die Bezeichnung »Pfalzgraf bei Rhein« setzte sich seit der ersten Hälfte des 12. Jhs. durch, um eine Unterscheidung treffen zu können, wenn sich mehrere regional zuständige Pfalzgrafen am Königshof befanden.[58] Kontinuierlich lässt sich die Geschichte der lothringischen Pfalzgrafen seit 989 mit der Nennung des Pfalzgrafen Hermann verfolgen, dessen Vorfahren väterlicherseits in Alzey begütert waren. Hermanns Sohn Ezzo ist ebenfalls dort als Besitzer nachzuweisen. Der Schwerpunkt seiner Machtstellung lag im Raum zwischen Aachen und Bonn, aber auch an der unteren Mosel (Cochem, Klotten) hatte er Stützpunkte erworben. 1023 könnte er von Heinrich II. Güter der Abtei St. Maximin erhalten haben, um für das Kloster die militärischen Verpflichtungen gegenüber dem Herrscher zu erfüllen; Besitzungen an der Nahe sind vielleicht auf diese Weise an die Ezzonen gekommen. Nach dem Erlöschen der Familie, deren Einfluss in ihren nördlichen Regionen Erzbischof Anno von Köln zurückgedrängt hatte, übertrug Heinrich IV. die Pfalzgrafenwürde an Heinrich von Laach, der sich in seiner Machtposition an der unteren Mosel als treuer Verbündeter erwies, ebenso wie sein Adoptivsohn und Nachfolger Siegfried von Ballenstedt (1099–1113). Mit Heinrich V. hingegen ist der in Sachsen verwurzelte Ballenstedter in Konflikt geraten, im Kampf gegen den Kaiser verlor er sein Leben.

Heinrich V. konnte zwar mit Gottfried von Calw einen neuen Pfalzgrafen einsetzen, doch erst mit Hermann von Stahleck, verheiratet mit der Schwester König Konrads III., endeten die Konflikte um die pfalzgräfliche Würde. In Bacharach, im Remigiusland um Kusel und im Naheraum lagen die Schwerpunkte seiner Herrschaft, die von Auseinandersetzungen mit Mainz und Trier geprägt war. Nach Hermanns kinderlosem Tod (1155) machte Friedrich Barbarossa seinen eigenen Halbbruder Konrad zum Pfalzgrafen. Die pfalzgräflichen Ambitionen in Trier endeten, als Konrad sich 1161 verpflichtete, kein Bündnis mit den Einwohnern von Trier gegen ihren Erzbischof einzugehen, und Pfalzgraf Heinrich 1197 auf die Stadtvogtei verzichtete.[59] Einer militärischen Auseinandersetzung mit dem Kölner Erzbischof Rainald von Dassel um die Burg Rheineck (bei Bad Breisig) musste Konrad 1164 ausweichen, die Kölner Dominanz im nördlichen Rheinland-Pfalz konnte sich damals auf Dauer festigen. Ausbauen konnte Konrad jedoch die pfalzgräfliche Position im Süden, als er neben Lehen der Bischöfe von Speyer auch die Vogtei über das Hochstift Worms, das weltliche Territorium des Bistums, erwarb. Bacharach, Alzey, Neustadt an der Weinstraße und Heidelberg bildeten die Zentren seiner Macht.

Abteikirche Maria Laach, Westchor: Tumbengrab des Stifters (ars liturgica Buch- & Kunstverlag Maria Laach/Oellermann)

Zwei Gräber von Pfalzgrafen des 12. Jhs. – das Heinrichs von Laach († 1095) in dem Eifelkloster, das er gegründet hatte und wo bis heute sein aus dem 13. Jh. stammendes Grabmal zu sehen ist,[60] und das Konrads († 1195) in Schönau bei Heidelberg – symbolisieren den komplizierten Weg der Pfalzgrafschaft nach Süden. Er lag auch darin begründet, dass sich bei den Pfalzgrafen keine dynastische Kontinuität ausgebildet hatte, sondern die Besetzung des Amtes letztlich in der Hand des Königs lag. Mit dem Übergang der Pfalzgrafschaft an die Wittelsbacher änderte sich das im frühen 13. Jh.[61]

Dienst für König und Reich

Neben dem territorialen Ausbau, wie ihn Mainz, Trier und die Pfalzgrafen betrieben, stand weiterhin das Bestreben, Ansehen und Macht durch Nähe zum Herrscher zu behaupten und zu steigern. Erzbischof Arnold von Selenhofen hat sich in den Dienst der Italienpolitik Barbarossas gestellt und dafür mit seinem Leben bezahlt.[62] Um eine militärische Expedition nach Italien finanzieren zu können, hatte er von den Mainzern eine Abgabe gefordert. Diese verweigerten die Zahlung, und der Konflikt geriet außer Kontrolle, auch weil Arnold mit vielen aus der Geistlichkeit und den Dienstleuten (Ministerialen) in seiner Bischofsstadt und seiner Diözese verfeindet war. Am Johannistag des Jahres 1160 erschlugen die Mainzer ihren Erzbischof, 1163 folgte das Strafgericht des Kaisers. Mainz verlor (vorübergehend) seine städtischen Rechte. Zu Arnolds Nachfolger ließ Barbarossa Konrad von Wittelsbach erheben. Aber als der Kaiser darauf bestand, das 1159 entstandene Papstschisma auch nach dem Tod »seines Papstes« Victor (IV.) fortzuführen, verließ Konrad 1165 das Reich und sein Bistum. Christian von Buch (1165–1183) wurde sein Nachfolger, nach dessen Tod amtierte Konrad erneut bis 1200 als Mainzer Erzbischof.

Christian von Buch, der Kanzler Barbarossas und in Italien zum Erzbischof erhoben, war nur selten in seinem Erzbistum, der Dienst am Kaiser stand für ihn im Vordergrund. Von 1174 bis zu seinem Tod am 25. August 1183 hielt er sich ununterbrochen in Italien auf. Er gehörte zu den kaiserlichen Unterhändlern des Friedens von Venedig (1177) zwischen Barbarossa und Papst Alexander III. Nach dem Friedensschluss führte Christian den jetzt allgemein anerkannten Papst nach Rom zurück und wirkte im Auftrag von Kaiser und Papst an der Beseitigung der Folgen des Schismas von 1159 mit. Mit diesem Engagement außerhalb seiner Diözese und für die kaiserliche Politik stand Christian nicht allein. Auch die Trierer Erzbischöfe Hillin (1152–1169) und Arnold (1169–1183) taten es ihm gleich, jedoch nicht in diesem zeitlichen Ausmaß.

Kosten und Gewinn des Dienstes

Wie schwierig aber die materielle Situation durch die Abwesenheit des »Landesherrn« werden konnte, bezeugt 1189/1190 die Klage des Mainzer Erzbischofs Konrad über den Zustand seiner Diözese und die Verluste, die diese unter seinem Vorgänger Christian erlitten habe: Der Dom steht ohne Dach da, Burgen und andere Bauten der Mainzer Kirche sind zerstört. Nicht nur Fürsten, sondern auch weniger Mächtige zwingen Mainzer Lehnsleute, Ministeriale und Hörige in den eigenen Dienst. Neue Befestigungen entstehen gegen Mainzer Interessen wie etwa im Mainzer Vorort Weisenau, andere werden entfremdet wie ein Turm in Bingen, der dem Ministerialen Werner II. von Bolanden zu Lehen gegeben wurde, (Ober-) Lahnstein ist als Pfand an den Grafen von Nassau gefallen. Mit erheblichen Kosten hat Konrad die Verluste zum Teil rückgängig machen können.[63]

Doch auch Konrad hat sich 1184–1186 auf eigene Kosten im kaiserlichen Dienst 18 Monate in Italien aufgehalten und sich später in führender Position am Kreuzzug Heinrichs VI. beteiligt. Wahrscheinlich am 6. Januar 1198 krönte er im Auftrag des Kaisers und Papst Coelestins III. den armenischen König und war so an der Organisation der schwierigen Union zwischen der römisch-päpstlichen und der armenischen Kirche beteiligt, die bis in das 14. Jh. Bestand hatte.[64] Als Konrad vom Tod des Kaisers erfuhr, kehrte er in den Westen zurück.

Dem König und Kaiser außerhalb des eigenen Interessenbereichs zu dienen, war sowohl bei den geistlichen als auch weltlichen Großen das Mittel, den Rang zu behaupten und zu vergrößern. Graf Heinrich II. von Diez stellte sich nach 1160 immer wieder in den Dienst Barbarossas: als Gesandter in Ungarn, wiederholt für den Kaiser in Italien wirkend – wohl auch im Umfeld des Friedens von Venedig. Auf dem Kreuzzug Barbarossas soll er einen Brief des Kaisers mit der Aufforderung, das Heilige Land zu räumen, zu Saladin gebracht haben. Heinrich dürfte den Kaiser auf den Kreuzzug begleitet und wie dieser auf dem Weg in das Heilige Land den Tod gefunden haben. Vor 1160 begegnet der Graf eher in regionalen Bezügen, unter anderem als Parteigänger des Pfalzgrafen Hermann in dem Konflikt mit Erzbischof Arnold von Mainz.[65]

Die Grafen und weitere Große finden sich aus vergleichbaren Gründen auch im »Dienst« der Erzbischöfe. Auf dem Mainzer Hoffest 1184 erschien der Graf Rupert von Nassau im Gefolge des Kölner Erzbischofs Philipp und diente ihm dort als Bannerträger, wie es für seine Vorgänger wahrscheinlich, bei seinen Nachfolgern für Adolf von Nassau, den späteren König, belegt ist. Die Bindung an den fernen Kölner Lehnsherrn sicherte die eigene Position gegenüber dem Trierer Erzbischof, zu dessen Einflusszone das Gebiet der unteren Lahn zählte. Die Grafen von Sayn haben im 12. Jh. geradezu eine Schaukelpolitik zwischen Trier und Köln betrieben. Erst seit dem 12. Jh. ist ihr Haus mit seiner Orientierung an Köln fassbar, doch Heinrich I. hat die Stammburg 1152 dem Trierer Erzbischof als Lehen aufgetragen. 1192 wurde dieses Lehnsverhältnis erneuert, aber gleichzeitig zogen sich die Sayner Grafen aus den Trierer Diensten zurück. Eingegangen waren sie diese Lehnsbeziehung, als die konkurrierenden Grafen von Wied mit Arnold II. den Erzbischof von Köln stellten und dort den Sayner Einfluss zurückgedrängt hatten. Mit Bruno von Sayn hatten sie von 1180–1208 selbst den erzbischöflichen Stuhl von Köln inne.[66]

Mainz 1184 und 1188: Fest – Kreuzzug – Rittertum

Ein Netz persönlicher Beziehungen charakterisierte die Adelsgesellschaft. Im Rheinland scheint es vielgestaltiger gewesen zu sein als in den übrigen Regionen des Reichs. Die Erzbischöfe von Köln, Trier und Mainz bildeten »regionale« Knotenpunkte, dazu kamen noch der seinen Platz suchende Pfalzgraf sowie der König. Das Mainzer Hoffest Barbarossas von Pfingsten 1184 demonstrierte diese Vernetzung.[67] Der Kölner Erzbischof soll auf ihm mit einem Gefolge von 1.700 Rittern erschienen sein, für den Pfalzgrafen und den Mainzer Erzbischof werden je 1.000 Ritter genannt. Der Erzbischof von Trier sowie die Bischöfe von Worms und Speyer waren zugegen, ebenso der Abt von Prüm und Werner II. von Bolanden – um nur »rheinland-pfälzische« Teilnehmer aufzuführen.

Die beiden ältesten Söhne des Kaisers, der Thronfolger Heinrich und Friedrich, wurden in den Ritterstand aufgenommen. Es war ein Fest der kaiserlichen Familie, des Rittertums und des fürstlichen Glanzes. Ein Turnier, das zum Abschluss in Ingelheim stattfinden sollte, wurde abgesagt, nachdem ein Unwetter die Zeltstadt niedergelegt hatte. Den Glanz des Mainzer Festes evozierte der Dichter Heinrich von Veldeke, um die »Märchenhochzeit« des Aeneas mit der karthagischen Königin Dido zu charakterisieren. Andere sahen in dem Unwetter die Strafe Gottes für fürstliche und ritterliche Großspurigkeit. Aber auch den Aufwand, um die Versorgung mit Lebensmitteln zu gewährleisten, nahmen Zeitgenossen zur Kenntnis.

»Hoffest-Berichterstattung« 1184

Heinrich von Veldeke, Eneasroman (347,14–25):

»Ich habe von keinem Fest / je erzählen hören, / das ebenso groß gewesen wäre / wie das, das Eneas veranstaltete – / außer dem, das zu Mainz stattfand, / das wir selbst gesehen haben. / Danach brauchen wir uns nicht zu erkundigen: / es war ganz unermesslich groß, / wo Kaiser Friedrich / zweien seiner Söhne das Schwert verlieh / und wo für viele tausend Mark / verbraucht und verschenkt wurde.«

Übersetzung: KARTSCHOKE 1986, S.739.

Otto von St. Blasien, Chronik c.26:

»Nachdem so außerhalb der Stadt (Mainz) auf freiem Feld als Quartier für den Kaiser ein Palast mit einer sehr geräumigen Kapelle aus Holz errichtet worden war, wurden umliegend Behausungen für die Fürsten [...] errichtet [...]. So wurde [...] durch die Errichtung der verschiedenfarbigen Zelte [...] gleichsam eine riesige Stadt errichtet [...]; und bei dem Überfluss an Lebensmitteln, der Mannigfaltigkeit der Kleidung, dem Brustschmuck der Pferde, der Ergötzung an Spielen fehlte nichts, um die Zierde des irdischen Elends zu demonstrieren, womit die Kinder dieser Welt ihre Klugheit, die vor Gott Torheit ist (1. Korintherbrief 3, 19), in ihrem irdischen Leben missbrauchen.«

Übersetzung: NONN, Alltagsgeschichte Bd. 2 2007, S. 239

Arnold von Lübeck, Chronica Slavorum III, 9:

»Es waren dort zwei große Häuser errichtet, in welchen sich große Räume befanden, die durchweg mit Querstangen versehen waren. Diese Häuser waren von oben bis unten mit Hähnen oder Hennen angefüllt, so dass kein Blick durch sie hindurchdringen konnte, zur größten Verwunderung vieler, welche kaum geglaubt hatten, dass so viel Hennen in aller Herren Länder überhaupt vorhanden wären.«

Übersetzung: KEUPP, Hühnerfarm in Mainz 2010, S. 277.

Zur Versorgung konnten auch die Erträge und Leistungen der königlichen Güter genutzt werden. Das »Tafelgüterverzeichnis« aus dem 12. Jh. listet für das fränkische Rheinland 20 Höfe auf, die – mit unterschiedlicher Einzelbelastung – insgesamt 85 Servitien (Leistungseinheiten) zu erbringen haben. Am Rhein liegen diese Höfe in dem Raum zwischen Haßloch/Kaiserslautern und Remagen/Sinzig/Aachen, rheinabwärts folgen noch Tiel und Nimwegen. Boppard, Ingelheim, Nierstein, Trebur und Frankfurt bilden den mittelrheinischen Schwerpunkt. An der oberen Mosel konzentrieren sie sich im Raum Diedenhofen (Thionville). Die höchste Zahl von Servitien haben Kaiserslautern und Aachen mit je acht zu erbringen, für Boppard, Ingelheim und Frankfurt sind drei vorgeschrieben. Für die Höfe am Rhein bestand das einzelne Servitium aus der Lieferung von Vieh und Geflügel (50 Hühner, 10 Gänse), Eiern, Käse und Wein (vier »große« Fuder) sowie Wachs; aber auch fünf Pfund Pfeffer sollten abgegeben werden, der zur Versorgung der Pferde notwendige Hafer wird jedoch nicht genannt.[68]

Feierlicher Gottesdienst hatte bereits zum Fest von 1184 gehört. Der 1188 folgende Hoftag in Mainz stand ganz im Zeichen der religiösen Ausrichtung von Herrschaft und Rittertum. Denn hier, auf dem »Hoftag Jesu Christi«, nahm der Kaiser das Kreuz.[69] Im folgenden Jahr ist er dann zum (dritten) Kreuzzug aufgebrochen. Die Regierung im Reich übernahm der bereits zum König gekrönte Heinrich VI. Barbarossas Tod (1190) bedeutete deshalb zwar eine Krise seines Kreuzheeres, nicht aber eine Krise des Reiches.

Im lateinischen Europa wurde vielmehr Heinrich VI. zum Nutznießer des gescheiterten Kreuzzuges. Seit 1193 befand sich nämlich der englische König Richard Löwenherz, der auf seiner Rückkehr aus dem Heiligen Land in die Gefangenschaft des Herzogs von Österreich gefallen war, in der Hand des Kaisers.[70] Gegen hohes Lösegeld erlangte Richard seine Freiheit. In Speyer, Koblenz und Worms und schließlich in Mainz hatte man darüber verhandelt, während Richard zeitweise auf dem Trifels unter Bewachung stand. Heinrich VI. nutzte das englische Lösegeld zur Eroberung des normannischen Königreichs Sizilien. Vom Trifels brach er dazu auf, dort ließ er dann den normannischen Königsschatz einlagern.

Dienst – Aufstieg – Selbständigkeit: Die Ministerialen

Die Burg auf dem Trifels steht symbolisch für die Präsenz der Staufer im südlichen Rheinland-Pfalz. Als Anhänger des salischen Königtums hatten sie hier, von ihren Herrschaftszentren im Elsass ausgehend, Fuß gefasst. Salisches Erbgut vereinigten sie als Könige mit Reichsgut. Die Errichtung von Königspfalzen im elsässischen Hagenau und in Kaiserslautern schuf die Grundlagen für Präsenz in diesem Raum und seine Durchdringung. Ministeriale, denen die Verwaltung von Reichsgut und Burgen oblag, waren die Stützen staufischer Königsherrschaft.[71] Über Besitzungen und Rechte, aber weniger konzentriert, verfügten die Staufer auch im Mittelrheintal, verdichtet wiederum in der Wetterau, wo Barbarossa in Gelnhausen eine Königspfalz erbauen ließ. In dieser Konstellation waren die Erzbischöfe von Mainz die wichtigsten Gegenspieler der spätsalisch-staufischen Territorialpolitik, hinsichtlich des Königtums nur in der Zeit König Lothars III. unterbrochen.

Nicht nur in regionalen Bezügen (und dort oft nur zufällig) lassen sich Existenz und Wirken der Ministerialen erkennen.[72] Markward von Annweiler ist 1185 als Truchsess Heinrichs VI. belegt, seine Karriere machte er nicht in der Trifelser Burgenlandschaft, sondern in Italien. Er gehörte zu den Stützen der Italienpolitik Heinrichs beim Erwerb Siziliens. Zum Dank übertrug ihm Heinrich das Herzogtum Ravenna mit der Romagna und die Mark Ancona, gleichzeitig schenkte ihm der Kaiser die Freiheit. Seine herausragende Stellung in Italien suchte Markward bis zu seinem Tod 1201 zu behaupten. Im Norden brachten die Pfalzgrafen und die Grafen von Leiningen in der zweiten Hälfte des 13. Jhs. die Besitzungen seiner Familie an sich.[73]

Auf Dauer erfolgreicher waren die Bolander in ihrer angestammten Region um den Donnersberg. Sie nutzten es aus, dass sich hier die Interessen des (staufischen) Königs mit denen des Mainzer Erzbischofs und des Pfalzgrafen überschnitten. Rechte und Besitz konzentrierten sich im Raum zwischen der Pfrimm, der Nahe und dem Rhein. Aber aber auch weiter entfernt, etwa am Mittelrhein um Boppard, an der Mosel und im Maifeld lagen Lehen, die Werner II. († 1191?) von seinen insgesamt 45 Lehnsherren innehatte, zu denen auch die Abteien Prüm und St. Maximin gehörten.[74] In kaiserlichem Auftrag war Werner auch bei der Trierer Doppelwahl von 1183 tätig, die zu einem schweren Zerwürfnis zwischen Barbarossa und dem Papsttum führte, das erst im Zeichen des dritten Kreuzzugs und dann in der Erhebung von Barbarossas Kanzler Johann zum Trierer Erzbischof endete.

Der Reichsministerialität sind die Ministerialen der weltlichen und geistlichen Fürsten zur Seite zu stellen. Über ihren Verwaltungs- und Waffendienst lösten sich die Ministerialen insgesamt aus der persönlichen Unfreiheit, der sie oft entstammten, und streiften zunehmend deren Merkmale ab. Sie hatten Anteil an der ritterlichen Kultur und wurden deshalb als Teilnehmer am Mainzer Hoffest ausdrücklich genannt. Bedeutenden Familien wie den Bolandern gelang es, Herrschaft, die sie im Auftrag ausführten, zu einer quasi selbständigen weiter zu entwickeln, auch weil sie ihre Rechte und Besitzungen von mehreren Herren zu Lehen nahmen. Das Dienstgut der Ministerialen wandelte sich zum Lehnsgut. Bei den Bischofsstädten diskutiert die Forschung, ob und in welcher Form in ihnen Zusammenhänge zwischen der Ministerialität des bischöflichen Stadtherrn und den neuen städtischen Führungsgruppen bestehen. Entstehung der Ministerialität und Ausbildung eines städtischen Bürgertums zählen zweifelsohne zu den wichtigsten sozialen Wandlungsprozessen im hohen Mittelalter.[75]

Die Ministerialität verdeutlicht, dass weniger fest umrissene Räume als ein eng geknüpftes Netz unter Personen die politische Ordnung strukturierte. Sie war von Konkurrenz und lokalem Konflikt geprägt, aber durch die Vielfalt der persönlichen Bindungen waren immer Vermittlungen möglich. Gerade im Süden von Rheinland-Pfalz war diese Ordnung vielfältiger, und hier war der Herrscher stärker als anderenorts in sie eingebunden.

5. Um und nach 1200: Neue Übergänge

Mit dem Thronstreit zwischen dem Staufer Philipp von Schwaben und dem Welfen Otto IV. nach Heinrichs VI. Tod am 28. September 1197 änderte sich dieses Netzwerk allmählich.[76] Erstmals kam es in Mainz, nachdem Erzbischof Konrad im Herbst 1200 gestorben war, zu einer Doppelwahl, die nicht durch schnelles Eingreifen des Königs beendet wurde. Die staufische Partei hatte den Wormser Bischof Lupold erhoben, die Anhänger Ottos den Propst des Mainzer Peterstiftes, Siegfried (II.) von Eppstein, der von Papst Innozenz III. anerkannt wurde. Nach Philipps Annäherung an den Papst und seiner Ermordung 1208 musste Lupold Mainz aufgeben.[77] Nach dem Zerwürfnis zwischen Otto und Innozenz bereitete Siegfried die Übernahme der deutschen Königswürde durch Friedrich II. vor. Seit Februar 1212 päpstlicher Legat, krönte er diesen am 9. Dezember 1212 in Mainz zum König und ein zweites Mal am 25. Juli 1215 in Aachen.

Gewandelte Rolle des Königs

Durch die Auseinandersetzungen des Thronstreits verloren die rivalisierenden Könige zunehmend ihren Einfluss auf die »territoriale« Gestaltung. Keiner durfte es sich mit den Kräften verderben, die in für das Königtum zentralen Räumen wie dem Rhein-Main-Gebiet maßgeblich waren. Umgekehrt waren die regionalen Kräfte darauf angewiesen, rechtzeitig die Partei zu wechseln, wenn sie sich anfänglich für die »falsche« entschieden hatten. In den Konflikten nach der Absetzung Friedrichs II. durch Innozenz IV. (1245) wiederholte sich diese Konstellation. Unersetzlich blieb aber der König zur Legitimation der eigenen Herrschaft. Noch Pfalzgraf Friedrich der Siegreiche hatte sein Leben lang damit zu kämpfen, dass Kaiser Friedrich III. ihm diese verweigerte und ihn 1474 auf dem Augsburger Reichstag als Majestätsverbrecher verurteilen ließ.[78]

Mainz – Worms – Speyer: Symbolische Orte spätmittelalterlicher Königsherrschaft

Die Städte, die im hohen Mittelalter in enger Verbindung zum Königtum gestanden hatten, blieben weiterhin symbolische Orte königlicher Herrschaft. In Mainz hat Friedrich II. 1235 mit seinem Landfrieden eine der wichtigsten Friedensordnungen des Mittelalters erlassen; ohne Beteiligung des Herrschers folgte dieser 1254 die von den Städten getragene Friedensordnung des Rheinischen Bundes. Speyer behielt als königliche Grablege Bedeutung. Hier, bei den salischen Kaisern, ließ Barbarossa seine Gemahlin Beatrix und seine Tochter Agnes begraben, hierhin ließ Friedrich II. den 1208 ermordeten und in Bamberg bestatteten Philipp von Schwaben überführen. In Speyer fand Rudolf von Habsburg seine letzte Ruhe, und hier ließ der Luxemburger Heinrich VII. 1309 seine miteinander verfeindeten Vorgänger Adolf von Nassau und Albrecht I. beisetzen. Maximilian I. gab für Speyer ein Kaisermonument in Auftrag, das aber nicht fertig gestellt wurde. Im frühen 16. Jh. traten hier mehrere Reichstage zusammen. Worms, seit der Karolingerzeit vielleicht der wichtigste Ort für »große« Entscheidungen, behielt diesen Rang. In Worms hat Friedrich II. 1235 seinen Sohn, König Heinrich (VII.), entmachtet, der schließlich in der Haft seines Vaters verstarb. Seit 1495 traten in Worms bedeutende Reichstage zusammen, die sich den Fragen des Landfriedens, der Reichsreform und der Reformation widmeten. Kirchlich zur Mainzer Kirchenprovinz, politisch zum pfälzischen »Herrschaftsbereich« gehörend, konnte Worms den beiden rivalisierenden Kurfürsten als neutraler Ort dienen.

Territoriale Gliederung – überregionale Bezüge

Das belegt wiederum die Gliederung des (hoch)mittelalterlichen Raumes von Rheinland-Pfalz in eine südliche, von Mainz und der Pfalzgrafschaft beherrschte Zone von hoher politischer Dynamik, in den Trierer Raum an Mosel und unterer Lahn und dann in ein Gebiet, das sich in hohem Maße an Köln orientierte. Genannt sind damit vier der sieben Kurfürsten des späten Mittelalters. Im Mittelrheintal zwischen Bingen und Koblenz wechselten und überschnitten sich ihre kirchlichen und politischen Einflusssphären aufgrund der Bistumsgrenze zwischen Trier und Mainz (das zudem in Oberlahnstein eine »territoriale Enklave« auf Trierer Gebiet besaß), altem Kölner Fernbesitz und der »Wanderung« der Pfalzgrafen von Aachen in die heutige Pfalz. Reste von Reichsgut konnten sich besonders in Ingelheim behaupten. Auch wenn sich die Geschichte in »Rheinland-Pfalz« seit dem 13. Jh. zunehmend als Territorialgeschichte schreiben lässt, blieb dieser Raum doch weiterhin in wirkmächtige überregionale Bezüge eingeordnet.

1 Als Gesamtüberblick zum Mittelalter DOTZAUER, Rheinland-Pfalz Bd. 1 1992; knapp FELTEN, Rheinland-Pfalz 2006. Grundsätzlich sind heranzuziehen PETRI/DROEGE, Rheinische Geschichte Bd. 1/3: Hohes Mittelalter 1983 (für das nördliche Rheinland-Pfalz); SCHAAB, Geschichte Bd. 1 1999; STAAB, Pfalz 2001; JÜRGENSMEIER, Mainzer Kirchengeschichte Bd. 1 2000. Wichtig sind auch die Stadtgeschichten von Mainz (FALCK 1972), Worms (BÖNNEN 2005), Speyer (EGER 1982) sowie Trier (ANTON/HAVERKAMP 1996). Auf diese Werke bzw. ihre einzelnen Beiträge wird nur in Ausnahmefällen hingewiesen.

2 SCHNEIDMÜLLER, Konsensuale Herrschaft 2000; PATZOLD, Konsens und Konflikt 2007.

3 SCHAAB, Geschichte Bd. 1 1999, S. 29 ff., sowie unten der Beitrag von Joachim SCHNEIDER.

4 Zum benediktinischen Klosterwesen in Rheinland-Pfalz JÜRGENSMEIER/SCHWERDTFEGER, Männer- und Frauenklöster 1999; insgesamt unten der Beitrag von Franz J. FELTEN, Klöster, Stifte, religiöse Bewegungen.

5 Grundsätzlich WILLOWEIT, Vogt, Vogtei 1998.

6 Am Beispiel von St. Maximin KÖLZER, Urkundenfälschungen 1989.

7 Die Papsturkunden für die kirchlichen Institutionen der Erzbistümer Mainz und Trier verzeichnen JAKOBS, Germania Pontificia Bd. 4 1978; BOSHOF, Germania Pontificia Bd. 10 1982; dort überhaupt zu den Kontakten zwischen den Päpsten, den jeweiligen Erzbischöfen usw. Die Mainzer Suffraganbistümer Worms und Speyer sind erfasst bei BRACKMANN, Germania Pontificia Bd. 3 1935.

8 BINDING, Königspfalzen 1986. BRÜHL, Palatium Bd. 2 1990, S. 38 f. (zu Köln), S. 84 ff. (zu Trier). Eine karolingische Königspfalz in Mainz vermutet SCHULZE-DÖRLAMM, Königsthron 2004, doch lässt sich diese »ereignisgeschichtlich« nicht fassen. Zu den Königsaufenthalten im Rheinland nördlich von Kreuznach/Bingen vgl. EHLERS, Pfalzen und Aufenthaltsorte 2004.

9 THOMAS, Trierer Geschichtsschreibung 1968; HAARI-OBERG, Gründungssage 1994; zur neueren Diskussion vgl. ANTON, Neue Studien 2007, KRÖNERT, Exaltation de Trèves 2010; allgemein EMBACH, Trierer Literaturgeschichte 2007.

10 Eine kommentierte Übersetzung des Urbars gibt N. NÖSKES in dem Sammelband NOLDEN, Prümer Urbar 1993, S. 17–115; die Hofrechte bei WEINRICH, Quellen 1977, S. 88 ff. und 106 ff. Nr. 23 und 25. Weinrichs lateinisch-deutsche Quellensammlung nennt jeweils die wissenschaftlich maßgeblichen kritischen Editionen.

11 Vgl. jetzt die lateinisch-deutsche Ausgabe von Reginos Sendhandbuch durch HARTMANN 2004; siehe auch unten im Beitrag HEHL, Kirchliche Ordnungen.

12 Vgl. die Tabellen bei FINCK VON FINCKENSTEIN, Bischof 1989.

13 Zur Reichsgeschichte mit reichen Nachweisen KELLER/ALTHOFF, Zeit der späten Karolinger und der Ottonen 2008.

14 Vgl. jetzt den Sammelband GOETZ/ELLING, Konrad I. 2006; GOETZ, Der letzte »Karolinger«? 1980; zu den Stiften zusammenfassend STRUCK, Stiftsgründungen 1972 (detailliert dessen Stiftsmonografien in den Bänden der »Germania Sacra«). Die Genealogie der Konradiner ist in der Forschung bis heute umstritten, vgl. als Zwischenbilanz HLAWITSCHKA, Konradiner-Genealogie 2003.

15 WEINRICH, Quellen 1977, S. 18 ff. Nr. 5.

16 Urkundenbuch Mittelrhein 1860 (1974), S. 230 ff. Nr. 166. Zur Burgenordnung GIESE, Heinrich I. 2008, S. 100 ff.; grundlegend ERDMANN, Burgenordnung 1943.

17 KEDDIGKEIT u. a., Pfälzisches Burgenlexikon Bd. 2 2002, S. 326 ff.; Bd. 3 2005, S. 278 ff.; Bd. 4,1, 2007, S. 448 ff.

18 BÖHME, Burgen 1991, S. 11 (Nr. 1). Böhme erfasst für sein Untersuchungsgebiet 39 Burgen des 11./12. Jhs.; etwa die Hälfte liegt in Rheinland-Pfalz.

19 Grundlegend zum Herzogtum GOETZ, »Dux« 1981, besonders S. 421 ff.; zu Lothringen und Franken dort S. 333 ff. Das Fehlen eines Herzogtums am Rhein betont RÖDEL, Pfalzgrafen 2006, S. 77 f.

20 Vgl. die Analyse bei OFFERGELD, Reges pueri 2001, S. 528 ff.; mit Fälschungsverdacht behandelt und ediert ist der Hattobrief bei BRESSLAU, Brief 1910 (Text S. 27 ff.).

21 Zu den häufig diskutierten Vorgängen jetzt vor allem KELLER, Widukinds Bericht 1995.

22 ZIMMERMANN, Papsturkunden Bd. 1 1984, S. 471 ff. Nr. 237; auch bei STIMMING, Mainzer Urkundenbuch Bd. 1 1932, S. 133 f. Nr. 217. Zum Mainzer Vikariat vgl. HEHL, Herrscher, Kirche und Kirchenrecht 1997, S. 176 ff.

23 HLAWITSCHKA, Ottoneneinträge 1988.

24 ZIMMERMANN, Papsturkunden Bd. 2 1985, S. 663 f. Nr. 340. Zum Folgenden HEHL, Herrscher, Kirche und Kirchenrecht 1997, S. 193 ff.

25 HEHL, Dombau des Willigis 2010.

26 Die Inschrift bei ARENS, Inschriften Mainz 1958, S. 7 Nr. 5, und jetzt KERN, Inschriften des Mainzer Doms 2011, S. 11 ff. Nr. 1 (elektronisch unter www.inschriften.net); unter kunsthistorischen Gesichtspunkten zu den Türen in Mainz und Aachen MENDE, Bronzeportal 2010, besonders S. 88 ff.

27 Zu Heinrich II. zusammenfassend WEINFURTER, Heinrich II. 1999, dort S. 36 ff. zur Thronfolge von 1002; mit weiterer Literatur HEHL, Bedrängte und belohnte Bischöfe 2011.

28 Zur Moselfehde WEINFURTER, Heinrich II. 1999, S. 193 ff.

29 Vgl. auch das abschließende positive Urteil bei STAAB, Reich und Mittelrhein 1990, S. 99.

30 Zu den Saliern zusammenfassend BOSHOF, Salier 2008; WEINFURTER, Jahrhundert der Salier 2004.

31 Vgl. HLAWITSCHKA, Ahnen Bd. 1,2 2006, S. 26 f.; teilweise wird auch eine Tochter des Königs angenommen, was eine frühere Ehe Konrads I. voraussetzt.
32 Zu Otto von Worms und der Jugend des älteren Konrad vgl. SCHWARZMAIER, Speyer 1991, S. 28 ff. und S. 44 ff.
33 Zur Entwicklung des Krönungsrechts besonders STUTZ, Mainz 1910; ERKENS, Köln 1987; dazu die Beiträge zu Köln, Mainz und Trier in KRAMP, Krönungen 2000. Zur Bedeutung Aachens BOSHOF, Aachen und die Thronerhebung 1991.
34 Allgemein ERKENS, Hochzeitsfeste 1991; zur Rolle von Mainz HEHL, Mainzer Feste 2009, S. 122 ff.
35 Stifter: EHLERS, Bedeutung Speyers 1996, S. 236 ff.; Dynastie: WEINFURTER, Herrschaftslegitimation 1991. Vgl. auch die auf Worms und Speyer bezogenen Beiträge in EHLERS/FLACHENECKER, Geistliche Zentralorte 2005, S. 119 ff.; EHLERS, Kaisergräber 2011.
36 BULST, Wormser Briefsammlung 1949, S. 29 f. Nr. 13.
37 Klassische Darstellungen bei SANTIFALLER, Reichskirchensystem 1964, und FLECKENSTEIN, Hofkapelle, Teil 2 1966; die neuere Sicht integrierend SCHIEFFER, Reichskirchenpolitik 1998.
38 Grundlegend FLECKENSTEIN, Hofkapelle Teil 2 1966, besonders S. 238 ff., zu den Formulierungen S. 242 Anm. 36.
39 Zu den folgenden Angaben vgl. die Tabellen bei FINCK VON FINCKENSTEIN, Bischof 1989.
40 Übersetzung bei STAUB, Domschulen 2000, S. 283; dort generell zu den genannten Domschulen.
41 WEINRICH, Quellen 1977, S. 62 ff. Nr. 16; grundsätzlich AUER, Kriegsdienst 1971 und 1972 (hier 1971, S. 372 ff.).
42 Zusammenfassend ERKENS, Herrschersakralität 2006, S. 156 ff. (zu den Formulierungen dort S. 212); vgl. auch KELLER, Investitur 1993; SCHIEFFER, Simonie 2001.
43 REICHERT, Cuno 2002 und 2005.
44 Zusammenfassend zur Kirchenreform und den Auseinandersetzungen der Salier mit dem gregorianischen Papsttum GOEZ, Kirchenreform 2008; HARTMANN, Investiturstreit 2007; WEINFURTER, Canossa 2006. Zu den Synoden (Konzilien) dieser Zeit GRESSER, Synoden 2006.
45 ERKENS, Trierer Kirchenprovinz 1987, S. 12 ff.; generell SCHIEFFER, Simonieprozesse 1972.
46 Die Wormser Schreiben bei SCHMALE/SCHMALE-OTT, Quellen zur Geschichte Heinrichs IV. 1963 S. 60 ff. Nr. 10–12 (Briefe Heinrichs) und S. 470 ff., Anhang A (Brief der Bischöfe).
47 Grundlegend ERKENS, Trierer Kirchenprovinz 1987.
48 THOMAS, Siegfried 1970; STAAB, Konzeption 1991, S. 40 ff.; generell RUDOLPH, Siegfried 1973.
49 MENTGEN, Juden des Mittelrhein-Mosel-Gebietes 1996; knapp auch ZIWES, Juden im mittleren Rheingebiet 1995, S. 222 f. Vgl. auch die Beiträge in HAVERKAMP, Juden und Christen 1999.
50 WEINRICH, Quellen 1977, S. 166 ff. Nr. 44; WADLE, Heinrich IV. und die Friedensbewegung 1973, S. 153 ff.
51 WEINFURTER, Das Ende Heinrichs IV. 2009.
52 Vgl. das Manifest Heinrich V. zur Gefangennahme Adalberts: STIMMING, Mainzer Urkundenbuch Bd. 1 1932, S. 358 f. Nr. 451.
53 WEINRICH, Quellen 1977, S. 182 ff. Nr. 49. Grundlegend CLASSEN, Wormser Konkordat 1973; zu den Ereignissen auch BÜTTNER, Erzbischof Adalbert von Mainz 1973. Zur Einordnung jetzt ZEY, Wormser Konkordat 2011.
54 Kataloge: Reich der Salier 1992; HEEG, Salier 2011.
55 Als allgemeiner Überblick vgl. HAVERKAMP, 12. Jahrhundert 2003; ENGELS, Staufer 2005.
56 MEYER-GEBEL, Bischofsabsetzungen 1992, S. 217 ff. Zur Klosterpolitik bahnbrechend FALCK, Klosterfreiheit 1956.
57 Grundlegend MÜLLER, Albero 2006.
58 SCHAAB, Geschichte Bd. 1 1999, S. 32 ff.
59 Grundlegend BRINKEN, Politik Konrads von Staufen 1974. Vgl. auch ZIWES, Trierer Stadtvogtei 1996.
60 KAHSNITZ, Fürstenbildnisse 1992; RESMINI, Laach 1993, S. 24 f.
61 Vgl. im vorliegenden Band den Beitrag von Joachim SCHNEIDER.
62 Zu den Mainzer Erzbischöfen im 12. Jh. vor allem SCHÖNTAG, Mainz 1973; WALDECKER, Mainzer Erzbischöfe 2002; BURKHARDT, Stab und Schwert 2008.
63 ACHT, Mainzer Urkundenbuch Bd. 2,1 1971, S. 876 ff. Nr. 531.
64 Zu Armenien HALFTER, Papsttum und die Armenier 1996, S. 204 ff.; allgemein OEHRING, Konrad 1973.
65 SCHIEFFER, Heinrich II. von Diez 2001.
66 Grundlegend HALBEKANN, Sayn 1997, besonders S. 7 ff. und 202 ff.
67 FLECKENSTEIN, Barbarossa und das Rittertum 1971; HEHL, Mainzer Feste 2009, S. 116 ff.
68 BRÜHL/KÖLZER, Tafelgüterverzeichnis, besonders S. 19, Karte nach S. 14, im Anhang Abbildung mit Transkription.
69 WENTZLAFF-EGGEBERT, Hoftag Jesu Christi 1962; vgl. auch FLECKENSTEIN und HEHL (oben Anm. 67).
70 BERG, Richard Löwenherz 2007, S. 187 ff.
71 RÖDEL, Lauterer Reichsgutkomplex 1996.
72 Bahnbrechend zur Ministerialität war BOSL, Reichsministerialität 1950. Zum 12. Jh. jetzt KEUPP, Dienst 2002. Regionale Studien zum rheinland-pfälzischen Raum in den Sammelbänden WAGNER, Ministerialität 1975, sowie Ministerialitäten im Mittelrheinraum 1978; dazu noch: Adel im Pfälzer Raum 2010. Zur Forschungsproblematik (jeweils mit Einbeziehung des Rittertums) knapp HECHBERGER, Adel, Ministerialität 2010, S. 91 ff.; ausführlich HECHBERGER, Adel 2005, S. 369 ff.

73 KEUPP, Dienst 2002, S. 250 ff., besonders S. 272 ff.

74 Zu den Bolandern ebenda, S. 106ff.; RÖDEL, Besitzung Werners 1980.

75 Zu Ministerialität und Stadt bahnbrechend SCHULZ, Trier 1968; knapp HECHBERGER, Adel, Ministerialität 2010, S. 97 f.; ausführlich DERS., Adel 2005, S. 406 ff. Vgl. im vorliegenden Band auch den Beitrag von Gerold BÖNNEN.

76 Vgl. besonders unter regionalen Gesichtspunkten GERLICH, Könige 2001.

77 Zu Lupold jetzt KEILMANN, Könige 2011.

78 KRIEGER, Prozeß 1985.

Entfaltung regionaler Ordnungen im späten Mittelalter

Von Joachim Schneider

1. Reich und Region im Spätmittelalter

Die Geschichte im Raum des heutigen Landes Rheinland-Pfalz vollzog sich auch im späten Mittelalter in einem weiteren regionalen Kontext und im Zusammenhang der allgemeinen Geschichte des damaligen Heiligen Römischen Reiches. Mit dem »weiteren regionalen Kontext« ist gemeint, dass sich die Herrschafts- und Einflussbereiche der Fürsten, die als wichtigste Kräfte das politische Grundmuster vorgaben, grundsätzlich nicht in die heutigen Landesgrenzen einfügten, ja zum Teil, wie bei der Kurpfalz, sogar ihren eigentlichen Schwerpunkt außerhalb des heutigen Landes hatten. Im folgenden Abschnitt soll zunächst das Wechselverhältnis zwischen den Akteuren der politischen Region und der übergreifenden Reichsgeschichte verdeutlicht werden.

Das Reich im Spätmittelalter zwischen Kaiser, Kurfürsten, Hochadel und Niederadel

Das Heilige Römische Reich entwickelte sich im Spätmittelalter nicht zu einer zentral verwalteten Monarchie wie Frankreich oder England. Dazu fehlten die notwendigen Machtmittel und Institutionen wie eine feste Hauptstadt, eine zentrale und effektive Finanz- und Steuerverwaltung, ein durchorganisiertes Gerichtswesen, ein stehendes Heer, ein Lehenswesen mit definierten Pflichten aller Vasallen gegenüber dem König oder auch eine regelmäßig tagende Ständeversammlung. Das spätmittelalterliche deutsche Reich war aber auch kein chaotisches, amorphes Gebilde. Es war vielmehr ein Gefüge regionaler Herrschaftsordnungen, die durch den König bzw. Kaiser locker zusammen gehalten wurden. Dem Monarchen kam dabei die Aufgabe zu, die regional weitgehend selbständig agierenden fürstlichen Gewalten durch die Verleihung von Herrschaftsrechten zu legitimieren und in Konflikten zwischen regionalen Gewalten zu vermitteln. Recht und Frieden wurden durch Kompromisse gesucht.

Die Fürsten, wichtigste Ansprechpartner des Königs bzw. Kaisers, sind seit etwa 1180 als eine deutlich vom übrigen Hochadel der Grafen und Herren abgeschichtete Gruppe erkennbar. Unterhalb des Hochadels entstand etwa gleichzeitig eine weitere Adelsschicht: der spätmittelalterliche Niederadel. Dieser ging bis zum Beginn des 14. Jhs. aus den zuvor sog. Ministerialen hervor, die zunächst gehobene Verwaltungsaufgaben beim Hochadel versehen hatten, dann aber die Merkmale persönlicher Unfreiheit allmählich hatten abstreifen können. Dieser »kleine« Adel, oft auch als Ritteradel bezeichnet, spielte, allzu oft in seiner Bedeutung unterschätzt, eine strukturell entscheidende

Rolle für das Funktionieren der »großen« Politik, aber auch für den Zuschnitt des täglichen Lebens zwischen Dorf, Stadt und Burg. Denn ohne diese relativ breite Trägerschicht, deren Repräsentanten in zugleich dienender und herrschaftlicher Stellung erscheinen, wäre die Herrschaft der Fürsten, der Grafen und Herren vor Ort nicht durchsetzbar gewesen, wäre aber auch die zeitgenössische Adelskultur in ihrer ganzen Breite (mit Burgen und Wohntürmen, Turnieren, Fehden, dem Wappenwesen, den persönlichen Herrschaftsbeziehungen zu den Bauern) kaum so dominant sichtbar geworden, wie dies für das späte Mittelalter allenthalben der Fall war.

Die wichtigsten Gründe für die Entstehung des Sonderfalls einer dezentral organisierten Monarchie war erstens die weite Ausdehnung des Reiches von der Nordsee bis ans Mittelmeer, die eine Herrschaftsverdichtung erschwerte. Zweitens hängt die lockere Struktur des Reichs zusammen mit der in den Einzelheiten bis heute umstrittenen Herausbildung des Kollegs der sieben Kurfürsten im Verlauf des 13. Jhs., die seither allein den König wählten, sowie mit der damit einhergehenden Durchsetzung der freien Königswahl gegen erbrechtliche Traditionen. Um ihr Wahlrecht zu betonen und zu festigen und um den jeweiligen Kandidaten dabei umfangreiche Zugeständnisse abzuringen, führten die Wähler seit 1273 mehrfach gezielte Dynastiewechsel herbei, auch wenn Königssöhne vorhanden waren. Damit verhinderten sie in jener Phase, als sich die anderen europäischen Monarchien im oben beschriebenen Sinne konsolidierten, eine mögliche Stärkung der monarchischen Gewalt im Reich. Die Weichen für diese Entwicklungsrichtung der deutschen Geschichte im Spätmittelalter wurden im Südwesten des Reiches gestellt und die politischen Protagonisten am Rhein spielten dabei die entscheidende Rolle.[1]

Politische Kommunikationsregion im Südwesten des Reiches

Unter den insgesamt 14 politischen Regionen im spätmittelalterlichen Reich, die der Historiker Peter Moraw identifiziert hat, liegt das Gebiet des heutigen Landes Rheinland-Pfalz in der größeren Region »Mittelrhein-Hessen-fränkischer Oberrhein«. Diese zieht sich links und rechts des Rheins etwa von Straßburg bis kurz vor Köln und greift linksrheinisch bis nach Luxemburg, rechtsrheinisch bis zum nördlichen Schwarzwald, zum Odenwald und zum Spessart sowie bis ins nördliche Hessen aus. Das allgemeine Bestimmungsmerkmal dieser und der anderen Regionen im Reich ist die intensive, fortdauernde Kommunikation zwischen bestimmten politischen Mitspielern, insbesondere den jeweils regional führenden Fürsten. In diesem Fall war es die kontinuierlich bestehende Rivalität der beiden benachbarten Kurfürstentümer, der Kurpfalz und des Erzstifts Mainz, die diese Region prägte – ein Konflikt, der aber auch immer wieder durch ein Zusammengehen in Fragen einer gemeinsamen kurfürstlichen Reichspolitik unterbrochen wurde. Weitere wichtige regionale Mitspieler bzw. Gegner von Mainz und Pfalz waren im Norden die Landgrafschaft Hessen und im Süden die Markgrafschaft Baden. Pfalz konnte nur über die Bistümer Speyer und Worms eine Vorherrschaft gewinnen, gegenüber Baden gelang dies nicht, während Hessen die frühere Dominanz des Erzstifts Mainz abstreifen konnte. Das etwas abgerückte Erzstift Trier auf der westlichen Flügelseite der Region drang längerfristig an den Mittelrhein und in den Westerwald vor und spielte auch innerhalb der Politik der rheinischen Kurfürsten eine wichtige, jedoch keine längerfristig bestimmende Rolle.[2] Neben diesen Fürstentümern gehörten zum regionalen System noch mehr als ein Dutzend Grafen- und Herrengeschlechter, die in diesem Raum damit besonders zahlreich vertreten waren. Wenngleich minder mächtig, konkurrierten sie doch mit den Fürsten beim regionalen Herrschaftsaufbau. Häufig besetzten sie die Erzbischofsstühle, wurden damit persönlich zu Reichsfürsten und bestimmten so die Reichspolitik entscheidend mit. Der ritterschaftliche Niederadel unterhielt hingegen nur vereinzelt Beziehungen zum Reichsoberhaupt, gewann aber durch das Lavieren zwischen den regionalen Fürsten, Grafen und Herren eine gewisse Bewegungsfreiheit zum Aufbau eigener kleiner Herrschaften. Erst im 16. Jh. sollten diese dann zu kaiserlich privilegierten Reichsritterschaften werden.[3] Die traditionelle Königsnähe der Region ergab sich damit aus der Politik und Stellung der Kurfürsten, aus den traditionellen direkten Verbindungen der Grafen und Herren sowie einiger Ritter zum Königtum sowie aus dem Reichsgut, das in der Region zumindest bis ins 14. Jh. hinein noch vorhanden war.

Stellung der rheinischen Kurfürsten im Reich

Seit der Loslösung vom westfränkischen Reich im 10. Jh. bereits hatten die drei rheinischen Erzbischöfe von Mainz, Köln und Trier eine herausgehobene Rolle bei den Königserhebungen und den Königskrönungen im ostfränkisch-deutschen Reich gespielt. Formell hatten die Erzbischöfe von Mainz und Köln spätestens seit dem 10. bzw. 11. Jh. das Ehrenamt eines Erzkanzlers für Deutschland (Mainz) bzw. Italien (Köln) inne. Seit dem Anfang des 14. Jhs. war der Erzbischof von Trier, dessen Erzbistum als das älteste im Reich galt, Erzkanzler für Gallien, also für das französischsprachige Gebiet des Reiches. Kirchlicherseits hatte der Mainzer Erzbischof eine Art Ehrenvorrang unter allen deutschen Erzbischöfen und Bischöfen inne. Der Pfalzgraf bei Rhein schließlich war seit dem 13. Jh. durch das sog. Reichsvikariat ausgezeichnet. Er vertrat damit das Reichsoberhaupt, wenn das Reich vakant oder wenn der Herrscher außer Landes war. Darüber hinaus erscheint der Pfalzgraf bei Rhein seit dem 13. Jh. im Reich als Inhaber des traditionellen Erztruchsessenamtes, das für die Aufsicht über die Speisen der königlichen Tafel zuständig war, ein zeremonielles Ehrenamt, das nur bei hohen Hoffesten persönlich ausgeübt wurde. Auch wenn diese Vorrechte vor allem Statusfragen berührten bzw. Ehrenämter waren, die nicht häufig praktiziert wurden, so sind sie doch in ihrer Wirkung nicht zu unterschätzen in einer Zeit, die von Rangdenken und Ehrbegriffen geprägt war. Und sie stützten und unterstrichen noch einmal die besondere rechtliche Privilegierung, die die sieben Kurfürsten im Verlauf des 13. Jhs. mit dem alleinigen Recht zur Kür des Königs im Reich gewonnen hatten.[4]

Die politischen Beziehungen[5] zwischen dem Königtum und den rheinischen Fürsten, die seit dem 13. Jh. die Kerngruppe der Kurfürsten bildeten, waren immer eng, aber keineswegs statisch: Sie waren vielmehr von einem Wechselspiel zwischen Partnerschaft, Abhängigkeit, Dominanz und Gegnerschaft gekennzeichnet. Zunächst waren es die Akteure am Mittelrhein zwischen Mainz und Köln, die die Entwicklung des Reichs der späten Stauferzeit zum Wahlreich vorantrieben und die dabei wiederholt zu Königsmachern wurden. So brachte nach dem Tod des Staufer-Kaisers Heinrich VI. im Jahre 1197 der Kölner Erzbischof Adolf von Altena im ausbrechenden Thronstreit zwischen dem Welfen Otto IV. und dem Staufer Philipp von Schwaben erstmals die Kurie als Instanz in Spiel, um über die Eignung eines Kandidaten für das Königsamt zu entscheiden. Insbesondere die rheinischen Königswähler fanden seither in der Kurie in Rom eine wichtige Stütze für die Legitimation eines freien Wahlrechts der Fürsten im Reich. Der Mainzer Erzbischof Siegfried II. von Eppstein war dann im Einvernehmen mit der Kurie ab 1212 führend an der Durchsetzung des Staufers Friedrich II. beteiligt. Siegfried III. von Eppstein, Erzbischof von Mainz, leitete ab 1241 dagegen die entscheidende antifstaufische Wende im Reich ein und stellte im Einvernehmen mit den anderen rheinischen Erzbischöfen gegen die Staufer-Herrscher Friedrich II. († 1250) und Konrad IV. († 1254) nacheinander zwei Gegenkönige auf.

Das von Machtpolitik bestimmte Wechselspiel der rheinischen Kurfürsten kann besonders gut anhand ihres Verhältnisses zu den Habsburgern um 1300 verdeutlicht werden: So hat man 1291 König Albrecht von Habsburg als Nachfolger seines Vaters Rudolf erst abgelehnt und statt seiner Adolf von Nassau gewählt, dann aber 1298 doch noch Albrecht von Habsburg gerufen und Adolf abgesetzt, bevor es 1301/02 zu einer neuerlichen Entzweiung zwischen den rheinischen Kurfürsten und dem neuen König Albrecht kam, die dieser militärisch jedoch für sich entscheiden konnte. Mehrfach kamen auch Kandidaten vom Mittelrhein im Spätmittelalter auf den Königsthron. Die Könige Adolf von Nassau und Heinrich von Luxemburg wurden als vermeintlich leicht zu steuernde, aus der Region stammende Exponenten durch die Kurfürsten ins Königsamt gewählt. Ähnliches gilt auch noch für Karl IV., der wie schon sein Großvater Heinrich VII. von Luxemburg mit Hilfe seines Großonkels, des Erzbischofs Balduin von Trier, auf den Thron gelangte. Ruprecht von der Pfalz war dagegen 1400 selbst der Anführer der rheinischen Kurfürstenfronde. Seine einvernehmliche Wahl durch die Kurfürsten nach vorheriger Absetzung des Königs Wenzel war aber nur eine Momentaufnahme. Denn gleich nach Ruprechts Wahl brachen die regionalen Widersprüche am Rhein wieder auf und Ruprecht scheiterte schließlich an seiner doch allzu schwachen Hausmachtbasis.

Erzbischof Siegfried III. von Mainz als Königsmacher (Bischöfliches Dom- und Diözesanmuseum Mainz/Grafikbüro Sensum, B. Schermuly)

Konflikte und gegensätzliche Interessen zwischen den rheinischen Kurfürsten führten häufig zu gespaltenen Königswahlen, was dann wiederum auf die Region zurückwirken konnte. So führten Parteibildungen auf Reichsebene oder auch der Wunsch eines Königs, einen ihm genehmen Kurfürsten zur Verfügung zu haben, zu Doppelwahlen in den Erzbistümern, wie mehrfach im Falle von Mainz im 14. Jh. Die nicht eindeutig ausgefallenen Doppelwahlen im Reich von 1257, 1314 und von 1410 hingen wesentlich mit politischen Gegensätzen zwischen den Kurfürsten am Mittelrhein zusammen. 1273 dagegen vereinbarten die rheinischen Kurfürsten ausdrücklich, ihre Stimme nur für einen gemeinsamen Kandidaten abgeben zu wollen – damit war die Mehrheit für Rudolf von Habsburg sicher gestellt. Die drei Kurfürsten aus dem Osten des Reiches spielten bei der Willensbildung meist nur eine untergeordnete Rolle. Zur Abstimmung über ihre

Politik wählten die rheinischen Kurfürsten immer wieder Treffpunkte am Rhein, den sog. Königsstuhl in Rhens, die Orte Boppard, Bacharach, Lahnstein oder auch Bingen. Grund hierfür war, dass die vier rheinischen Kurfürsten hier über eigene Besitzungen verfügten und der Anreiseweg für alle ungefähr gleich weit war. Langfristig am bedeutendsten war wohl die Versammlung in Rhens von 1338. Im Konflikt zwischen Kaiser Ludwig dem Bayern und dem Papst erkannten die Kurfürsten hier für Recht, dass ein gewählter römisch-deutscher König ab seiner Wahl durch die Kurfürsten voll regierungsfähig sei. Damit war implizit auch der päpstliche Approbationsanspruch zurückgewiesen. Den rheinischen Kurfürsten gelang es nicht zuletzt, aus ihrer Rolle als Entscheider über den Königsthron auch materiellen Gewinn zu ziehen. Der Mainzer Erzbischof profitierte mit der Sicherung seiner Rheinzölle und mit territorialen Gewinnen am Untermain. Größere Gewinne konnten die Trierer Erzbischöfe erzielen, indem die von ihnen unterstützten Könige Ende des 13. und im 14. Jh. ihnen wertvolles Reichs- und Hausgut überschrieben, so unter anderem Cochem, Boppard und Oberwesel. Die Kurpfalz erzielte die vergleichsweise größten Gewinne, so insbesondere mit den wertvollen Reichspfandschaften in Oppenheim, Ingelheim und Kaiserslautern. Die letzten Reste des alten Reichsguts aus staufischer Zeit gingen in dieser Zeit vom Reich an die mittelrheinischen Kurfürsten über.

Die Region in der Reichsgeschichte des 15. Jhs.

Im 15. Jh. nahm die politische Autonomie der führenden Reichsfürsten gegenüber dem weit östlich angesiedelten Königtum der in Böhmen und Ungarn bzw. in Österreich ansässigen Luxemburger bzw. Habsburger noch zu. So erforderte die Aufstellung von Reichsheeren gegen die böhmischen Hussiten in den 1420er Jahren häufigere Reichsversammlungen, bei denen vor allem die Kurfürsten die Regie übernahmen, während das Reichsoberhaupt oft fern blieb. In der zweiten Hälfte des 15. Jhs. war die Gegnerschaft zwischen dem Habsburger Kaiser Friedrich III. und Friedrich dem Siegreichen von der Pfalz bzw. seinem Nachfolger Philipp eine Grundkonstante. So unterstützte die Pfalz, anders als die Erzbischöfe von Mainz und Trier, auch nicht das Reichsheer gegen Burgund, das 1475 die Stadt Neuss belagerte. Die Niederlage im bayerisch-pfälzischen Erbfolgekrieg von 1504 gegen König Maximilian und den Schwäbischen Bund sowie gegen Oberbayern-München markierte schließlich einen empfindlichen Rückschlag für die überregionalen politischen Ambitionen der Kurpfalz im Reich. Das Erzstift Mainz stand als regionaler Gegner der Pfalz dagegen meist auf der Seite des Kaisers. Eine Ausnahme war das Umschwenken des Erzbischofs Diether von Isenburg auf pfälzische Seite, das die große Mainzer Stiftsfehde (1460–1463) wenn nicht hervorrief, so doch wesentlich verschärfte. Denn Diethers Gegenspieler im Erzstift, Adolf von Nassau, konnte auf die Unterstützung des Papstes, des mit diesem verbündeten Kaisers sowie der Reichspartei in Süddeutschland rechnen und setzte sich schließlich gegen Diether durch.[6] Die reichsnahe, dabei aber auch auf kurfürstliche Eigenständigkeit pochende Mainzer Politik wurde in den letzten Jahren des 15. Jhs. noch einmal durch Erzbischof Berthold von Henneberg verkörpert. Denn Berthold wirkte nicht nur an der Wahl von Friedrichs III. Sohn Maximilian 1486 entscheidend mit – seit über 100 Jahren im Reich die erste Sohneswahl bei Lebzeiten des Vaters. Er propagierte auch nachdrücklich seine Pläne zu einer Reform des Reiches auf der Grundlage eines institutionalisierten Dualismus zwischen Herrscher und Reich. Der Wormser Reichstag von 1495 brachte dann tatsächlich eine Reihe von Neuerungen (Ewiger Landfrieden, Reichskammergericht,

Reichssteuer des Gemeinen Pfennigs), nicht jedoch das von Berthold angestrebte Reichsregiment, eine Reichsregierung mit starker ständischer Mitwirkung. Berthold fungierte als Dekan des Kurkollegs, später auch als Koordinator aller drei Gruppen der Kurfürsten, Fürsten und Städte auf dem Reichstag. Dass er das Reichsregiment in den Jahren 1500-1502 in einer Schwächephase Maximilians dann doch noch durchsetzte, trug ihm dessen Feindschaft ein, so dass Maximilian ihn schließlich reichspolitisch wie auch als Erzkanzler weitgehend entmachtete. Die Etablierung einer ständischen Führung des Reiches war damit ebenso gescheitert wie eine straff geführte Monarchie.[7]

Veränderte Stellung der Kurfürsten

Ruprecht von der Pfalz war zu Beginn des 15. Jhs. der letzte Repräsentant der Kurfürsten aus dem Westen des Reiches auf dem Königsthron. Er hatte seine Kräfte offensichtlich überschätzt, die Königswürde verblieb seitdem für immer in der Hand von Dynastien (Luxemburger, dann Habsburger), die am östlichen Rand des Reiches ansässig waren. Wenn die westlichen Kurfürsten nun künftig auf ein »eigenes Königtum« und »springende« Königswahlen verzichteten, so war dies weniger auf eine Schwächung als auf eine Veränderung ihrer Stellung zurückzuführen. Denn die politischen Verhältnisse hatten sich seit dem 13. Jh. grundlegend gewandelt: Die Goldene Bulle von 1356 hatte die Sonderrolle der Kurfürsten als Königswähler mit einer Anzahl bedeutender weiterer Privilegien auf Dauer festgeschrieben. Die Kürfürsten im Westen des Reiches hatten zudem inzwischen in starkem Maße von den Verpfändungen und Überschreibungen von Reichsgut im Umfeld ihres Herrschaftsbereichs profitiert. Damit waren die Kurfürsten nun gewissermaßen saturiert. Die weit im Osten mit ihrer Hausmacht verankerten Könige bzw. Kaiser stellten weder territorial- noch machtpolitisch eine Gefahr für die Kurfürsten dar. So konnten diese im 15. Jh. auch einer Weitergabe des Königtums in der Sohnesfolge zustimmen, ohne ihre Stellung zu gefährden. Schließlich zeigt die Rolle Bertholds von Henneberg am Ende des 15. Jhs., dass wichtige Veränderungen und Reformen im Reich offenbar noch immer nur im Verein mit den rheinischen Kurfürsten möglich waren und dass diese gegebenenfalls hierbei die Schlüsselrolle spielten.

2. Weltliche Fürstentümer in der Region – Die Pfalzgrafschaft bei Rhein und ihre Nebenlinien

Fürstentümer als Besitz der Dynastie

Die weltlichen Fürstentümer des spätmittelalterlichen Reiches – und in ähnlicher Weise gilt dies auch für die später noch zu besprechenden Grafschaften – waren noch keine staatlichen Institutionen. Sie waren vielmehr das Eigentum der herrschenden Dynastien und ihrer Repräsentanten, sie waren eine Sammelmasse von nutzbaren Rechts- und Einnahmetiteln dieser Dynastie, ein großer »Haushalt« oder »Hof« der regierenden Fürsten mit Immobilien, Grundstücken, Rechten und Ämtern, aus denen die Einnahmen der herrschenden Dynastie flossen. Dabei gehörten zu diesem großen »Haushalt« auch alle jene Menschen, die die Befehle der Herrschaft entgegen nahmen, die zu Abgaben verpflichtet waren, die sich dem Richterspruch der Fürsten und ihrer Vertreter beugten: Amtleute, Vasallen, Bauern, auch Prälaten, Mönche und Pfarrer. Durch Vererbung verwuchsen die Dynastien gewissermaßen mit der Gesamtheit aller ihrer Herrschaftstitel. Einen großen Teil davon erhielten sie formal vom Reich zu Lehen, aber in der Realität stand dieser Lehensbesitz den Mitgliedern der adligen Herrschaftsdynastien zur freien Verfügung. Wenn es hier um eine Verbesserung der Verwaltung im Fürstentum ging, dann ging es darum, die Einnahmen der Dynastie zu erhalten und zu steigern. Nur vereinzelt erscheint im Spätmittelalter bereits der Gedanke, dass Fürstentümer, ähnlich wie das Reich, auch abstrakte, »transpersonale« Gebilde seien, die unabhängig von der herrschenden Dynastie durch einen territorialen Kernbestand und durch bestimmte, unzerstörbare Rechtsgewohnheiten ausgezeichnet seien. Das dynastische Prinzip der gleichen Berechtigung mehrerer erbberechtigter Söhne wurde in der Regel nicht vor dem 16. Jh. durch Primogeniturordnungen verdrängt.[8] Da die Goldene Bulle von 1356 im Falle der Kurfürstentümer jedoch bereits Erbteilungen ausdrücklich verboten hatte, kommen bei diesen, und so auch in der Kurpfalz, früher als anderswo Teilungsverbote und Überlegungen zur Unveräußerlichkeit von Herrschaftsrechten ins Spiel.

Pfalzgrafschaft bei Rhein bis zum Hausvertrag von Pavia

»Pfalzgrafen« waren ursprünglich Beauftragte des Königs bzw. Kaisers, die gerichtliche und administrative Funktionen auf Königsgut und in den königlichen Pfalzen versahen. Auch die Pfalzgrafen am Rhein waren zunächst solche »Hofbeamte«, die seit dem Ende des 10. Jhs. nachweisbar sind und deren Aufgabe es war, die königlichen Interessen am Rhein insbesondere im Raum zwischen Köln und Mainz wahrzunehmen. Seit der Ernennung Konrads von Staufen zum Pfalzgrafen durch seinen Bruder Kaiser Friedrich Barbarossa 1156 allerdings änderte sich der Charakter der Pfalzgrafschaft: Titel und Amt, aber auch die dazu gehörigen territorialen Komplexe und Rechte wurden seither durch ihre Inhaber dynastisch vererbt. Zwischen 1150 und 1250 hat sich die Pfalzgrafschaft bei Rhein damit von einem Königsamt zu einem erblichen Fürsten-Territorium gewandelt. Gleichzeitig setzte sich die Südverlagerung des Herrschaftsraums fort: Zu Bacharach, das bereits zur alten Pfalzgrafschaft gehört hatte, traten jetzt Alzey, Neustadt und bald auch Heidelberg als neue Herrschaftsmittelpunkte hinzu. Wenig später erscheinen die Pfalzgrafen auch im Besitz von Zoll und Geleit, den für Fürstentümer typischen Herrschaftstiteln.[9] Auch die Vogtei über das Hochstift Worms und das Kloster Lorsch konnten die Pfalzgrafen macht- und territorialpolitisch für sich nutzen. Von Konrad von Staufen gelangte die Pfalzgrafschaft zunächst über Konrads Schwiegersohn an die Welfen. Agnes, die Schwester des letzten Welfen aus der pfälzischen Linie, Heinrichs d.J. von Braunschweig († 1213), wurde dann mit Herzog Otto II. von Bayern verheiratet und in Folge dieser Ehe ging die Pfalzgrafschaft an die bayerischen Wittelsbacher über. Das war allerdings kein Zufall, sondern der Herrschaftsübergang wurde im Zusammengehen von Staufern und Wittelsbachern gezielt herbeigeführt. Bis zum Tod Herzog Ottos II. 1253 blieben die Pfalzgrafschaft und das gesamte Herzogtum Bayern in einer Hand vereint. Kurz danach schritten Ottos Söhne jedoch zu einer wegweisenden Teilung: Heinrich XIII. erhielt das reiche Niederbayern um den neuen Hauptort Landshut, Ludwig II. neben den Rechten an der rheinischen Pfalzgrafschaft auch einen Streifen im westlichen Bayern, das künftig sog. obere Bayern. Ludwig II. hielt sich sowohl in Bayern wie auch am Rhein auf und hier vor allem in Worms, Boppard, Bacharach und besonders in Heidelberg. Ein sich hier möglicherweise abzeichnender bayerisch-pfälzischer Herrschaftszusammenhang wurde aber schon bald durch Teilungspläne und dynastischen Zwist in Frage gestellt. Denn Pfalzgraf Ludwigs II. älterer Sohn Rudolf I. versuchte, das Erbrecht seines jüngeren, zunächst noch unmündigen Bruders Ludwig, des späteren Kaisers, zu hintertreiben. So wählte er dann auch 1314 anstatt seines Bruders dessen Konkurrenten Friedrich von Habsburg zum König. Mehrere Schlichtungs- und Teilungsversuche zwischen den Brüdern blieben ohne dauerndes Ergebnis. Am Ende wurde Rudolf politisch weitgehend in die Pfalz abgedrängt und es zeichnete sich damit eine Trennung zwischen Oberbayern und Kurpfalz ab. Erst im Hausvertrag von Pavia 1329[10] fanden Ludwig der Bayer und die Nachkommen Rudolfs I. schließlich eine dauerhafte Lösung des dynastischen Problems: Eine Kommission aus zwölf Räten und Adligen hatte den Vertrag vorbereitet und ausgehandelt. Die Herrschaftsteilung orientierte sich wie zeitgenössisch üblich an Burgen und Städten und stellte auf diese Weise den damals erreichten Gebietsbestand systematisch zusammen. Die Pfalz blieb danach bei den Nachkommen Rudolfs. Um einen Ausgleich für den geringeren Wert der Gebietsanteile am Rhein gegenüber den oberbayerischen Besitzungen zu schaffen, wurde der größte Teil des wittelsbachischen Erbes nördlich der Donau, der sog. bayerische Nordgau, mit den pfälzischen Gebieten verbunden. Erst viel später erhielt dieser Gebietsanteil den Namen »Obere Pfalz«. Einen Rest an dynastischem Zusammenhalt sollte das wechselseitige Erbrecht bei Aussterben der pfälzischen oder der bayerischen Linie sichern. Das Kurrecht sollte künftig regelmäßig zwischen beiden Linien wechseln. Diese Regelung war jedoch kaum praxistauglich und wurde später auch nicht umgesetzt. Denn da das Kurrecht im 14. Jh. unzweifelhaft mit der Pfalzgrafschaft bei Rhein als Territorium verbunden war, hatte Kaiser Ludwig mit dem Verzicht auf Gebietsanteile am Rhein praktisch auch bereits auf das Kurrecht verzichtet.[11]

Die Entstehung der »Kernpfalz« (des Kurpräzipuums) und der pfälzischen Nebenlinien

Ein wichtiger Impuls für die weitere Festigung der Kurpfalz ging von der Goldenen Bulle von 1356 aus, die Teilungen von Kurfürstentümern grundsätzlich verbot, um Unklarheiten hinsichtlich der Berechtigten bei der Königswahl zu vermeiden und um die Substanz der Kurfürstentümer zu erhalten.[12] Schon 1357 erscheint der Gedanke der Primogenitur erstmals auch in kurpfälzischen Zeugnissen: Beim zu erwartenden Tod Pfalzgraf Ruprechts I. ohne legitime Erben sollte zunächst sein Neffe Ruprecht II. seinen gesamten Besitz, in künftigen Fällen dann immer ausschließlich der älteste Sohn erben. Um die Substanz der Pfalzgrafschaft zu erhalten, wurde 1368 zudem ein unveräußerlicher Kern der Pfalzgrafschaft definiert, der niemals aus der Hand gegeben werden dürfe: Bacharach, Steeg und Kaub mit Burgen, der Pfalzgrafenstein im Rhein, Neustadt mit Burg Wolfsberg, Burg Mannheim, Weinheim, Lindenfels, Heidelberg und Dilsberg mit Burgen aus dem Besitz Ruprechts I. wurden hier genannt sowie einige weitere Burgen aus dem Besitz Ruprechts II. Der im herkömmlichen dynastischen Denken des Adels fest verankerte Anspruch aller Söhne auf gleiche Teilhabe an der Herrschaft war damit jedoch auch bei den pfälzischen Wittelsbachern noch keineswegs dauerhaft besiegt. Das Problem stellte sich erneut beim Tode des Königs und Pfalzgrafen Ruprecht III. 1410. Wie konnte man zugleich dem Gebot der Goldenen Bulle, d. h. dem Gebot der Primogenitur und der Unteilbarkeit einerseits, und dem dynastischen Denken der Herrschaftsbeteiligung nachgeborener Söhne andererseits Genüge tun? Die Lösung des Problems wurde in der Gedankenfigur einer unteilbaren Kernpfalz, des später sog. »Kurpräzipuums«, gefunden: Der älteste Sohn Ludwig III. solle, da er ein rechter Pfalzgraf und Kurfürst des Reiches sei, als Vorrecht haben und dauerhaft besitzen, wovon auch früher bereits urkundlich bestimmt worden sei, dass es bei einem Pfalzgrafen und bei der Pfalz dauerhaft verbleiben

Die drei pfälzischen Territorien am Ende des Spätmittelalters (nach den Verlusten von 1504)

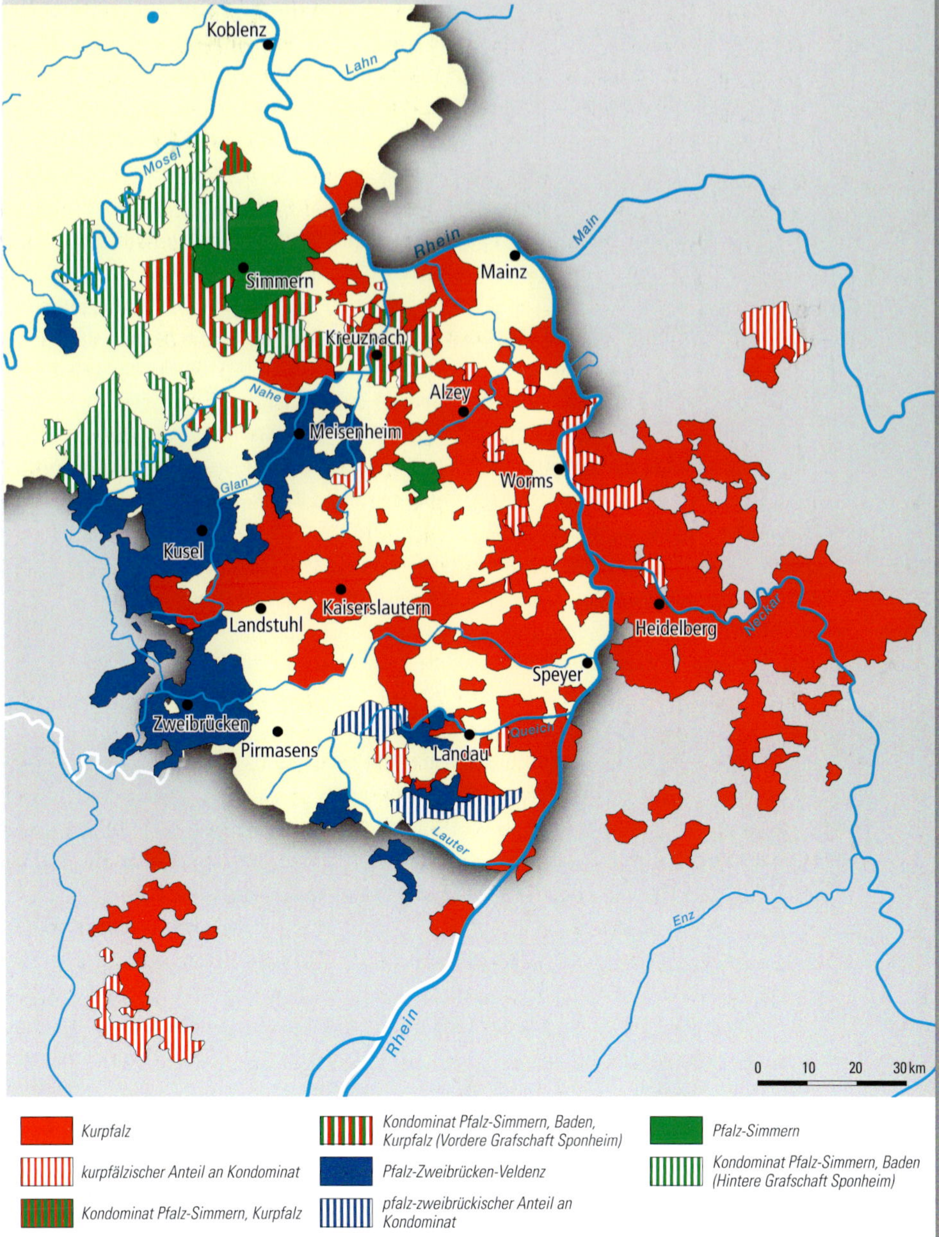

Vorlage: Geschichtlicher Atlas der Rheinlande, Pfalzatlas
Kartographie: Landesamt für Vermessung und Geobasisinformation Rheinland-Pfalz

sollte.[13] Die Städte und Burgen, die in der Urkunde von 1368 noch lediglich in allgemeiner Form als unveräußerbare Herrschaftstitel bezeichnet worden waren, wurden damit jetzt zum unteilbaren Kern der Kurpfalz umgedeutet, der stets in der Hand des Ältesten und jeweiligen Kurfürsten bleiben sollte. Alle anderen Besitztitel, die sich jeweils aktuell in der Hand der pfälzischen Wittelsbacher befanden, konnten auf die übrigen Söhne verteilt werden. Damit wurde damals nicht nur der integrative Kern der Kurpfalz definiert, sondern das Jahr 1410 war auch die »Geburtsstunde« mehrerer wittelsbachischer Nebenfürstentümer, die zum Teil über längere Zeit hin existierten: So erhielt Johann das Land im bayerischen Nordgau um Neumarkt, Stephan das Land zu Simmern-Zweibrücken und Otto das Gebiet um Mosbach im Odenwald. Das Fürstentum Neumarkt gelangte bei Aussterben im Mannesstamm 1448 zunächst an Pfalz-Mosbach. Als aber auch diese Linie 1499 mit Otto II. ausstarb, fielen beide Gebietsteile an die Kurlinie. Langfristigen Bestand sollte dagegen die 1410 begründete Linie Zweibrücken-Simmern erlangen. Die Grafschaft Zweibrücken hatten die Wittelsbacher vom letzten Vertreter der Stammlinie der Grafen im Saargau, Eberhard II., gekauft, die mit diesem Grafen 1394 ausgestorben war. Simmern war bereits 1358 erworben worden. 1444 kam auf dem Erbweg auch noch die Grafschaft Veldenz samt den damit verbundenen Teilen der Grafschaft Sponheim hinzu. 1459 wurden mit dem Tod Herzog Stephans die mittlerweile vermehrten Gebiete der 1410 entstandenen Linie unter seine beidem Söhne aufgeteilt. Damit entstand ein Teilfürstentum Simmern auf dem Hunsrück mit dem gleichnamigen Oberamt und Bolanden sowie einem Anteil an der Grafschaft Sponheim, während die andere Linie mit den Gebieten aus dem Erbteil aus Zweibrücken und Veldenz ihre Hauptresidenz nach Zweibrücken verlegte.[14]

Machthöhepunkt und Rückschlag

In der Hauptlinie der Kurpfalz blieb es 1426 beim Tode Ludwigs III. dabei, dass der älteste Sohn Ludwig IV. das im Kernbestand unveränderliche Fürstentum der Kurpfalz erhielt, während sich der jüngere Sohn Friedrich mit geringfügigen Herrschaftsrechten begnügen musste, auf die er wenig später gegen festen Unterhalt am Hofe ganz verzichtete. Der jüngste Sohn wurde für den geistlichen Stand vorgesehen. Ein dynastischer Zufall, der frühe Tod Pfalzgraf Ludwigs IV. 1449, führte wenige Jahre später jedoch zu einer schweren Krise des dynastisch-politischen Systems. Wenn Ludwigs IV. jüngerer Bruder Friedrich zunächst einmal die Vormundschaft für Philipp, den einjährigen Sohn Ludwigs, übernahm, entsprach dies noch durchaus den Bestimmungen der Goldenen Bulle. Ein unerhörter Vorgang aber war es, wenn Friedrich schon drei Jahre später Philipp als seinen Sohn adoptierte und zugleich mit der Rechtsfigur der Arrogation die Herrschaft in der Kurpfalz einschließlich der Kurwürde auf Lebenszeit für sich reklamierte. Obwohl er die Anerkennung seiner Herrschaft durch den Kaiser zeitlebens nicht erlangen konnte, führte Pfalzgraf Friedrich die Kurpfalz dennoch aufgrund zahlreicher siegreich bestrittener Fehden und Kriege, der Praktizierung einer informellen Hegemonialpolitik in der Region, aber auch durch die Förderung der Heidelberger Hofkultur in die erste Reihe der deutschen Fürstentümer seiner Zeit. Das im Rahmen der Arrogation geleistete Versprechen, selbst ehelos zu bleiben und damit auf legitime Erben zu verzichten, unterlief Friedrich, indem er seine Verbindung mit der bürgerlichen Klara Tott (Dett) und damit auch die Söhne aus dieser Ehe legitimierte, indem er beträchtliche Territorialstücke zur Versorgung der Söhne reservierte, ja dass er sie sogar als Erben der Kurpfalz vorsah, falls der Stamm seines Neffen aussterben sollte. Dies trat freilich nicht ein. Während der ältere Sohn aus der Ehe Friedrichs schließlich die geistliche Laufbahn einschlug, erbte der jüngere Sohn Ludwig das kurpfälzische Amt Löwenstein sowie die rheinpfälzische Burg Reicheneck und begründete damit das später reichsgräfliche Haus Löwenstein-Wertheim.[15] Anschließend an die nach außen hin sehr erfolgreiche Herrschaft Pfalzgraf Friedrichs des Siegreichen († 1476) schien sich um die Wende zum 16. Jh. eine weitere große Chance für das kurpfälzische Haus zu ergeben. Denn Georg, der regierende Herzog von Niederbayern-Landshut, hatte keine männlichen Erben. Wesentlich enger als mit seinen Vettern in München sah sich Georg mit dem pfälzischen Haus verbunden, da seine Schwester Margarete Kurfürst Philipp geheiratet hatte. Georg arrangierte nun in engem Einvernehmen mit dem pfälzischen Hof für seine einzige Tochter Elisabeth eine weitere dynastische Ehe mit Pfalzgraf Philipps jüngerem Sohn Ruprecht und reklamierte, da er selbst keinen Sohn hatte, für Elisabeth und ihren künftigen Ehemann das Erbrecht für Niederbayern. Die oberbayerische Seite brachte demgegenüber mit Recht den Hausvertrag von Pavia von 1329 ins Spiel. Das dort niedergelegte gegenseitige Erbrecht der pfälzischen und der bayerischen Linie sei so lange nicht gegeben, wie mit der Münchner Linie noch männliche Vertreter der bayerischen Wittelsbacher vorhanden waren. Nach dem Tod Herzog Georgs 1503 kam es über diese Erbfrage zwischen der mit Unterstützung des Kaisers und seines Netzwerks operierenden oberbayerisch-habsburgischen Partei und der pfälzischen Partei zum sog. bayerisch-pfälzischen Erbfolgekrieg. Der Krieg verwüstete auch die Gebiete am Rhein und endete mit der Niederlage der Kurpfalz, die zahlreiche Gebiete, die Friedrich der Siegreiche kürzlich erst gewonnen hatte, nun wieder aufgeben musste. Als eine gewisse Entschädigung für das entgangene bayerische Erbe wurde im Kölner Friedensschluss von 1505 für die beiden nachgelassenen Söhne Pfalzgraf Ruprechts, Ottheinrich und Philipp, aus bayerischen Gebieten an der Donau und im Nordgau ein zersplittertes Klein-Territorium, die sog. »Junge Pfalz« begründet, die in zumindest lockerer dynastischer Verbindung mit der Kurpfalz verblieb.[16]

3. Geistliche Fürstentümer in der Region: Mainz, Trier, Worms und Speyer

Politische Rolle von Bischof und Domkapitel

Erzbischöfe und Bischöfe waren im römisch-deutschen Reich des Spätmittelalters zugleich geistliche Oberhäupter in ihrem (Erz-)Bistum und weltliche Fürsten in ihrem Territorium, dem sog. Erz- bzw. Hochstift. Dieses war stets wesentlich kleiner als das Gebiet geistlicher Herrschaft, die Diözese. Was Herrschaftspraxis und Verwaltung anbelangte, unterschieden sich die geistlichen Fürstentümer, also Erzbistümer, Bistümer und auch reichsunmittelbare Abteien, nicht grundsätzlich von weltlichen Fürstentümern. Unterschiede bestanden allerdings in der Unveräußerlichkeit und Unteilbarkeit der geistlichen Fürstentümer. Denn das kirchliche Wahlverfahren verhinderte, dass die geistlichen Fürstentümer dynastisch vererbt wurden. Allerdings bestand hier die Gefahr von Bischofsschismen als Folge nicht eindeutiger bzw. strittiger Wahlergebnisse.[17]

Wichtiger Partner, aber oft auch Gegenspieler der Bischöfe in der geistlichen und weltlichen Führung der Bistümer waren die Domkapitel. Das Wahlrecht gab ihnen die Möglichkeit, die zu wählenden Bischöfe vor Amtsantritt in sog. Wahlkapitulationen auf bestimmte Regierungshandlungen zu verpflichten. So musste im Erzbistum Mainz

Siegfried III. 1233 versprechen, ohne Zustimmung des Domkapitels keine Schulden zu machen und dem Klerus keine neuen Steuern aufzuerlegen. Die erste Mainzer Wahlkapitulation ist im Wortlaut von 1328 überliefert: Der gewählte Erzbischof Balduin musste dem Domkapitel hier versprechen, hinterlassene Schulden des Vorgängers zu tilgen und die Rechte des Domkapitels zu wahren: die Steuerfreiheit, die Besetzung von Richterstellen, das Adelsstatut, die Befreiung der Kanoniker von ihrer Residenzpflicht, das Zustimmungsrecht zu Synodalbeschlüssen und den Zugang zu Burgen und festen Plätzen. Bei späteren Kapitulationen wie der Gottfrieds von Leiningen von 1396 spielte dann die Versicherung eine wichtige Rolle, päpstliche Steuerforderungen an den Mainzer Klerus abzuwehren.

Die Domkapitel waren jenes Gremium, in dem die Parteien- und Machtverhältnisse im Bistum gebündelt und ausgehandelt wurden. Über Generationen hinweg vererbte Klientel- und Patronageverhältnisse entschieden über die Zusammensetzung der Domkapitel und damit letztlich auch über die Wahl der Kirchenoberhäupter. Jeder neu gewählte Bischof hatte sich hier von Neuem zu orientieren und zu versuchen, diese Verhältnisse in seinem Sinne und zum Nutzen seiner Freunde neu zu gewichten und zu steuern. Diese Verhältnisse betrafen die großen Erzbistümer und Kurfürstentümer Mainz und Trier wie auch die kleinen Bistümer wie Worms und Speyer gleichermaßen. Die Zahl der Domkapitulare wurde im Spätmittelalter in der Regel fixiert, so im Erzbistum Mainz 1405 endgültig auf 24, die Zahl der Domizellare, also der Anwärter auf eine Kapitelsstelle, betrug hier meist 16. Der Mainzer Erzbischof Matthias von Bucheck bestätigte 1326 einen Kapitelsbeschluss, wonach nur derjenige Kanoniker werden konnte, dessen Eltern und Großeltern ritterlichen Standes waren. Dieses im Spätmittelalter in weiten Regionen des Reiches erscheinende Adelsprivileg, das auch in Trier, Worms und Speyer galt, diente der Ausgrenzung von Stadtbürgern. Denn eine Aufnahme von Mitgliedern aus stadtbürgerlichem Milieu in die Domkapitel hätte die persönlichen Sonderrechte des Klerus, gegen die die Bürgerschaften angingen, insbesondere in den Bischofsstädten gefährdet. Dem Mainzer Domkapitel gehörten zwischen 1306 und 1476 333 Personen aus 103 Adelsgeschlechtern an. Dabei waren die Geschlechter unterschiedlich stark vertreten: 20 % aller Mitglieder gehörten einer Spitzengruppe von nur elf Geschlechtern an, die mit fünf bis neun Vertretern präsent waren. So waren die Grafen von Nassau mit neun sowie die Schenken von Erbach, die Stein bzw. Brömser von Rüdesheim und die Knebel von Katzenelnbogen mit sieben oder sechs Repräsentanten fast während des gesamten Zeitraums im Domkapitel vertreten. Besonders viele der Domkapitulare stammten aus dem Rheingau – offenbar die Kernregion des Erzbistums.[18] Eindeutig unter kurpfälzische Dominanz gerieten die Stifte von Worms und Speyer. Dies lag sowohl an der räumlichen Nähe wie auch an den vergleichsweise geringen Eigen-Ressourcen dieser Domstifte. Aus diesem Grund spielten hier auch Grafenfamilien kaum eine Rolle. Die Domkapitelstellen dieser Stifte lagen vorrangig in der Hand solcher regionaler Ritteradelsfamilien, die dem Klientelsystem der Kurpfalz angehörten. So war im Hochstift Speyer lange ein enger Kreis wohlhabender Ritterfamilien aus dem rechtsrheinischen Kraichgau führend. Neben diese Gruppe trat dann gegen Ende des 15. Jhs. eine Gruppe von Familien aus dem heutigen Rheinhessen hinzu (Dalberg, Flersheim, Knebel von Katzenelnbogen, Oberstein), die am Heidelberger Hof damals eine wichtige und noch zunehmende Rolle spielte und sich damit auch im Speyerer Domkapitel verstärkt etablieren konnte.[19]

Ausbau des Mainzer Territoriums in der Eppsteiner Epoche

Das 13. Jh. war im Erzbistum Mainz das Eppsteinische Jahrhundert. Zwischen 1200 und 1305 hielten, mit Ausnahme der Jahre 1249–1259 sowie 1284–1288, Angehörige dieses im Taunus beheimateten Adelsgeschlechts den Erzstuhl durchgehend besetzt: von Siegfried II. (1200–1230) über Siegfried III. (1230–1249) und Werner (1259–1284) zu Gerhard II. (1288–1305). Sie wussten die zentrale politische Rolle, die das Erzbistum im 13. Jh. in der Reichspolitik zwischen Staufern und Welfen und später in der Zeit der Gegenkönige und des Interregnums spielte, zum Ausbau des Mainzer Territoriums geschickt zu nutzen. So gewann unter Siegfried II. das Erzstift zusätzlich zur alten Metropole Erfurt auch umfangreiche Gebiete im thüringischen Eichsfeld. Siegfried III. blieb zunächst weiterhin auf Seiten der Staufer und erhielt aufgrund dessen 1232 zum Beispiel die wertvolle Reichsabtei Lorsch sowie später auch noch Seligenstadt und Tauberbischofsheim sowie Miltenberg. Der Sprengel des Mainzer Bistums und damit auch dessen politische Interessen umfassten seit den Zeiten des hl. Bonifatius auch Hessen und Thüringen. Hier starb 1247 das Herrschaftsgeschlecht der Ludowinger in männlicher Linie aus und die Erzbischöfe Siegfried III. und Werner versuchten, die Mainzer Interessen zu wahren. Die Auseinandersetzungen um Mainzer Außenposten und um die Vormacht in Hessen hielten bis ins 15. Jh. an. Werner von Eppstein baute die direkte Mainzer Herrschaft an anderer Stelle weiter aus: Im Bauland und im Odenwald erwarb er erstmals Mainzer Rechte, das Oberstift um Aschaffenburg vergrößerte er. Und im Rheingau konnte die Mainzer Position im offenen Kampf gegen die Rheingrafen gefestigt werden. So zeichnete sich gegen Ende des 13. Jhs. das spätmittelalterliche Mainzer Erzstift mit seinen Schwerpunkten Rheingau, Aschaffenburg, Eichsfeld und Erfurt bereits deutlich ab. Die Stadt Mainz dagegen entglitt damals der Herrschaft der Erzbischöfe. Links des Rheins kam ein wesentlicher Territorialgewinn des Erzstifts trotz mancher Ansätze nicht zustande.[20] (Vgl. Karte S. 697)

Mainzer Erzbischofsschismen im 14. Jh.

An der Wende zum 14. Jh. setzte auch im Mainzer Erzbistum die Zeit der päpstlichen Provisionen ein. Die Päpste beanspruchten, Bischofsstühle am Domkapitel vorbei nach eigener Machtvollkommenheit zu providieren, nicht ohne dies mit hohen Geldforderungen, sog. Servitien, zu verbinden. Beginnend mit der Einsetzung Erzbischof Peters von Aspelt (1305–1320) wurde bis 1390 kein Kandidat, den das Domkapitel präsentierte, vom Papst mehr akzeptiert. Eingriffe der Päpste in das Wahlrecht der Domkapitel wurden durch Doppelwahlen erleichtert. Die Parteiungen im Domkapitel resultierten zum einen aus regionalen Machtkämpfen, verknüpften sich aber auch mit den großen politischen Fragen und den reichsweiten Parteibildungen, zumal der Mainzer Erzbischof ein entscheidendes Wort bei der Königswahl mitzusprechen hatte. Pro und contra Habsburg, pro Habsburg oder pro Wittelsbach, pro Habsburg oder pro Luxemburg, pro Wittelsbach oder pro Luxemburg – das waren die Fronten, an denen entlang sich die Parteien innerhalb der Domkapitel bildeten und an denen entlang auch die Päpste ihre Entscheidungen trafen, da sie auf diese Weise auf die Reichspolitik Einfluss zu nehmen suchten. Mit Gerlach von Nassau (1346–1371) begann die »nassauische Epoche« im Erzbistum Mainz. Die starke Stellung der Nassauer im Domkapitel wie auch in der Kernregion des Erzstifts bildete den Hintergrund dieser Dominanz. Zwischen 1346 und 1475 amtierten insgesamt vier Erzbischöfe aus dieser Familie mit einer Amtszeit von insgesamt 80 Jahren. Gerlach von Nassau versuchte bereits, seinen Neffen Adolf als Nachfolger in Stellung zu bringen. Doch schlug dies zunächst fehl, denn das Domkapitel war uneinig und Papst und Kaiser nutzten die Gelegenheit, 1371 einen ihnen genehmen Kandidaten einzusetzen, der Wenzel, den Sohn Karls IV., zum König wählen sollte. Dasselbe wiederholte sich noch einmal 1374, als beim nächsten Bischofswechsel der diesmal einheitlich gewählte Adolf von Nassau (1374/81–1390) erneut ignoriert wurde. Diesmal gab er jedoch nicht auf. Zu Hilfe kam ihm, dass 1378 das große abendländische Schisma ausbrach. Adolf ließ sich zunächst vom avignonesischen Papst anerkennen, die Anerkennung des römischen Papstes fand er etwas später und 1381 konnte er schließlich seinen feierlichen Einzug in Mainz halten. Der Zugriff der Kurie auf die Bischofsbesetzung ließ jetzt nach. Denn in der Zeit des großen Schismas waren die jeweiligen Päpste auf ein gutes Einvernehmen mit dem Klerus und den Domkapiteln der Diözesen angewiesen, wollten sie diese jeweils auf ihrer Seite halten. Gegen Ende des 14. Jhs. erscheint dagegen ein neues Muster in der Auseinandersetzung um den Mainzer Bistumsstuhl: Die Frage, wie stark der Einfluss der Kurpfalz auf das Erzstift werden sollte, beeinflusste die Bischofswahlen. So ging 1396 die Wahl im Domkapitel mit 13:12 für den Nassauer Johann II. (1396–1419) aus. Mit pfälzischem Geld gelang es nicht nur, diese denkbar knappe Wahl des Domkapitels zu organisieren, sondern auch die Einsetzung Johanns durch den Papst zu erreichen. Der Gegenkandidat Gottfried von Leiningen, aus einer traditionell antipfälzischen Familie und verbunden mit einer Gruppe von Grafen um die Geschlechter Falkenstein und Saarwerden, die bereits starken Einfluss auf den Kölner und den Trierer Erzstuhl erlangt hatte, unterlag.[21]

Mainzer Stiftsfehde und Erzbischof Berthold von Henneberg

Im 15. Jh. wirkten sich weiterhin regionale wie reichsweite politische Auseinandersetzungen auf die Herrschaft im Mainzer Erzstift und auf die Parteibildungen im Domkapitel aus. Dazu kam immer stärker auch der Streit um die Kirchenreformen, die bei den Konzilien in Konstanz und besonders in Basel auf der Tagesordnung standen. Eine gegenüber der kurialen Steuerpolitik kompromissbereite Politik konnte den Erzbischof in heftige Konflikte mit dem Domkapitel bringen. Schwere Krisen entwickelten sich auch im 15. Jh. wieder zwischen den Erzbischöfen und der Stadt Mainz. So hielt Erzbischof Dietrich von Erbach (1434–1459) erst fünf Jahre nach Amtsantritt in der Stadt seinen Einzug. Seit langem hielten die Erzbischöfe vorwiegend in auswärtigen Residenzen wie Eltville oder Aschaffenburg Hof. Politische Machtkämpfe in Reich und Region, aber auch innerkirchliche Konflikte zwischen Kurie, Bischof und Domkapitel kulminierten in der sog. Mainzer Stiftsfehde von 1459 bis 1463. Die Bischofswahl von 1459 hatte mit einem sehr knappen Ergebnis zwischen Diether von Isenburg und Adolf von Nassau erneut eine politische Spaltung des Domkapitels gezeigt. Nach der Niederlage bei Pfeddersheim 1460 wechselte Diether erzwungenermaßen auf die Seite der Kurpfalz, was die hergebrachte politische Orientierung der Mainzer Erzbischöfe auf den Kopf stellte und zudem den Versprechungen, die Diether anlässlich seiner Wahl gegenüber dem Domkapitel gemacht hatte, zuwiderlief. Der mit dem Kaiser verbündete Papst Pius II. suchte Diether nun systematisch in seiner Handlungsfreiheit als Kirchenfürst einzuschränken und forderte dazu außerordentlich hohe Zahlungen für die Anerkennung als Erzbischof. Da Diether nunmehr neben Friedrich von der Pfalz das Haupt der Opposition gegen Friedrich III. bildete, setzten Kaiser und Papst im Verein alles daran, Diether aus seinem Amt zu entfernen. Statt seiner wurde Adolf von Nassau schließlich mit Hilfe von Teilen des Domkapitels als Erzbischof eingesetzt. Ein Menetekel, aber noch nicht der umfassende Sieg Adolfs von Nassau war die Eroberung von Mainz 1462. Am Ende ließ Friedrich der Siegreiche Diether fallen. Aus einer Situation der militärischen Stärke heraus pochte er aber auch gegenüber dessen Nachfolger Adolf von Nassau auf Mainzer Kompensationen für seine Militärhilfe. Vor allem Burgen und Städte an der Bergstraße wurden der Pfalz überschrieben, und auch vormals Mainzer Territorialbesitz in Nordhessen ging verloren. Im Zeilsheimer Vertrag von 1463 verzichtete Diether von Isenburg auf alle Ansprüche auf das Bischofsamt, erhielt jedoch auf Lebenszeit Gebietsteile und Einkünfte des Erzstifts, so Höchst, Steinheim, Dieburg und Erträge aus dem Zoll von Oberlahnstein. Nach dem Tod Adolfs von Nassau 1475 gelangte Diether dann auf den erzbischöflichen Stuhl zurück und die Hochstiftsgebiete wurden wieder vereinigt. Die empfindlichen Gebietsverluste des Erzstifts an die benachbarten Fürstentümer konnten jedoch nicht mehr wettgemacht werden. Dem stand allerdings die erneute Etablierung der Mainzer Erzbischöfe in ihrer Metropole gegenüber, die sie in den folgenden Jahren mit dem Bau der Martinsburg wieder zu ihrer Residenz und zum repräsentativen Mittelpunkt ihrer Herrschaft machten.[22] Erzbischof Berthold von Henneberg (1484–1504) suchte gegen Ende des 15. Jhs. die Kurmainzer Stellung in Reich und Region erneut zu festigen, verfolgte diese Politik aber mit durchaus neuen Themen und politischen Zielen. Zunächst als Gegner der Kurpfalz ins Amt gekommen, bemühte sich der politisch begabte Berthold, die Möglichkeiten der Mainzer Politik nach allen Richtungen hin zu nutzen. So schloss er 1486 auch mit Kurfürst Philipp dem Aufrichtigen von der Pfalz eine lebenslängliche Einung ab. Doch konnten die territorialen Interessengegensätze in der Region nicht wirklich überwunden werden, zumal die Kurpfalz in der Frage des Erbfalls der Grafen von Katzenelnbogen mit dem alten Mainzer Gegner, der Landgrafschaft Hessen, zusammen ging. Am entscheidenden Rückschlag der Kurpfalz im bayerisch-pfälzischen Erbfolgekrieg von 1504 hatte Erzbischof Berthold keinen Anteil mehr.[23]

Das Trierer Erzstift im Spätmittelalter

Von einer im Vergleich zum weit gedehnten Mainzer Erzstift viel beschränkteren Ausgangslage her gelang es den Erzbischöfen von Trier, durch den Erwerb einer Reihe von Herrschaftsbausteinen im Spätmittelalter ein relativ homogenes, verdichtetes Territorium links und rechts der Mosel zwischen Merzig und Oberwesel im Süden und Prüm im Norden sowie, auf die andere Seite des Rheins hinüber greifend, bis nach Montabaur und Limburg aufzubauen. Wichtig für die Entwicklung der weltlichen Machtstellung des Erzstifts wurde die Ablösung der Obervogtei der Pfalzgrafen bei Rhein 1197 durch Erzbischof Johann. Bereits im 13. Jh. trieben die Trierer Erzbischöfe die Sicherung des Territoriums mit Hilfe des Ausbaus und Erwerbs von Burgen und der Befestigung von Städten voran. Bei zwölf Neubesetzungen des Erzbischofsstuhls zwischen 1242 und 1456 standen in sieben Fällen zwei oder noch mehr Prätendenten einander gegenüber, sei es aufgrund zwiespältiger Wahl des Domkapitels oder aufgrund konkurrierender Ansprüche von Papst und Domkapitel.[24] Der päpstliche Anspruch auf die Besetzung des Bischofsstuhls wird wie bei Mainz erstmals unter Bonifaz VIII. spürbar. Gegen den gewählten Kandidaten des Domkapitels (Heinrich von Virneburg) setzte er 1300 mit Diether von Nassau einen antihabsburgischen Kandidaten aus dem Hause des gerade abgesetzten Königs Adolf ein. Trotz kostspieliger Rüstungen konnte sich Diether allerdings nicht gegen König Albrecht I. behaupten. Eine Verständigung mit dem Trierer Domkapitel kam zwar zustande, aber durch Reformmaßnahmen weckte Diether erneut den Widerstand des

Klerus. Im folgenden Verfahren wurde Diether schließlich suspendiert und starb wenig später. Sein Nachfolger Balduin aus dem Hause Luxemburg (1307–1354) konnte sich nach zwiespältiger Wahl rasch durchsetzen. Papst Clemens V. konnte nicht an ihm vorbeigehen, zumal sich der französische König für ihn einsetzte, und bestätigte ihn. Balduin gelang es, die östlichen und westlichen Teile des Erzstifts stärker miteinander zu verbinden, als wichtige Erwerbungen kamen vom Reich Boppard und Oberwesel sowie der dortige lukrative Rheinzoll hinzu. Die lange und auf vielen administrativen Feldern tätige Regierung Balduins führte zu einer inneren und äußeren Festigung des Erzstiftsterritoriums. Nach Balduin von Luxemburg wurde Kuno von Falkenstein (1360/62–1388) zum bedeutendsten Trierer Erzbischof des 14. Jhs. Ihm gelang es, seinen Großneffen Werner von Falkenstein (1388–1418) auf dem Wege einer Koadjutorschaft ins Amt zu bringen. Damit setzte sich im Erzstift Trier derselbe Adelsverband Falkenstein-Saarwerden-Leiningen durch, der damals in Köln dominierte und 1396 auch die Hand nach dem Mainzer Stuhl ausstreckte. Der schwache, angeblich psychisch kranke Erzbischof Werner von Falkenstein gab allerdings die Regierung zeitweise an seine Räte weiter. Otto von Ziegenhain (1418–1430), ein Verwandter des Falkensteiners, musste erstmals, und damit deutlich später als in Mainz, dem Domkapitel in einer Wahlkapitulation umfangreiche Versprechungen machen, was spätere Auseinandersetzungen nicht verhinderte.

Widerstreitende Parteien in Stiftsadel und Domkapitel des Erzstifts sowie Einflussnahme von außen, besonders von Seiten der Kurpfalz und auch wieder der Kurie, führten nach dem Tod Ottos von Ziegenhain 1430 zur sog. Manderscheider Fehde. Ulrich von Manderscheid, nur von einer Minderheit des Domkapitels gewählt, besetzte in kurzer Zeit die wichtigsten Städte und Burgen des Erzstifts und ließ sich dort als Erzbischof anerkennen. Sein Gegner Jakob von Sierck, der Mehrheitskandidat des Domkapitels, wie auch der Manderscheider selbst suchten Papst Martin V. auf. Der gab das Erzbistum aber an den Speyerer Bischof Raban von Helmstatt. Jakob erkannte diese Entscheidung an. Nicht aber Ulrich, der sich noch einmal und jetzt einmütig 1430 durch das Domkapitel wählen ließ. Das Basler Konzil und auch Papst Eugen IV. entschieden sich jedoch erneut für Raban von Helmstatt ebenso König Sigmund und ein Fürstenschiedsgericht, und auch das Domkapitel fiel wieder von Ulrich ab. Dennoch erreichte Ulrich von Manderscheid 1438 die Wiedereinsetzung in alle seine Pfründen durch Eugen IV., starb aber kurz darauf. Da wenig später Raban von Helmstatt verzichtete, gelangte Jakob von Sierck (1439–1456) auf dem Weg über eine Koadjutorschaft doch noch auf den Erzstuhl. Zwischen diesem Erzbischof und Teilen des Domkapitels kam es jedoch in der Folge zu heftigen Auseinandersetzungen. Beim nächsten anstehenden Amtswechsel 1456 wurden die Parteiungen im Erzstift offensichtlich: Schon vor dem Tode Jakobs schlossen sich Grafen, Ritter und Städte zusammen und erklärten, bei der künftigen Bistumsbesetzung mitreden zu wollen. Eine fast ausschließlich mit dem Westen des Erzstifts verbundene Partei des Domkapitels wählte Markgraf Johann von Baden (1456–1503), eine andere aus dem östlichen Einzugsbereich Diether von Isenburg-Büdingen, während die großen auswärtigen Mächte, die mittelrheinischen Kurfürsten aus Mainz und aus der Pfalz, einen Bruder des Pfalzgrafen favorisierten. Die Entscheidung fiel allerdings schließlich durch den Papst Calixt III. für Johann von Baden, unter dem sich das Erzstift in ruhigeren Bahnen entwickelte. Widerstand gegen die erzbischöfliche Landesherrschaft in Boppard schlug Johann 1495 entschlossen nieder. Johann gelang es, mit Jakob II. (1503–1511) noch einmal einen Badener im Erzstift zu platzieren.

Die Episkopate der beiden Trierer Erzbischöfe aus dem Haus Baden fallen in eine Zeit, als die deutschen Fürstenhäuser auch anderwärts ein erkennbares Interesse an der Besetzung von Hochstiften entwickelten.[25]

Die Hochstifte Speyer und Worms

Die Geschichte der weltlichen Hochstifte Speyer und Worms bewegte sich, anders als die von Mainz und Trier, bei all ihrer Bedeutung für die Geschichte und Kultur am Oberrhein, im Spätmittelalter in einem sehr bescheidenen, vergleichweise begrenzten Rahmen. Der Grund liegt in den weit geringeren Ressourcen dieser beiden Stifte. So umfasste das Hochstift Speyer am Ende des Mittelalters nur etwa 100 Dörfer und kleine Städte beiderseits des nördlichen Oberrheins – in Gemengelage mit anderen Territorien. Das kleine Gebiet des Hochstifts Worms erstreckte sich, ebenfalls beiderseits des Rheins, in Streulage um Worms und um Ladenburg am Neckar. Von dieser Ausgangslage her bestanden kaum Möglichkeiten der Entfaltung einer eigenständigen Politik für die Bischöfe und die domkapitelischen Führungsgruppen dieser Hochstifte. Vielmehr standen die beiden Domstifte im Spätmittelalter eindeutig unter dem bestimmenden politischen Einfluss der Kurpfalz. Die adligen Führungsgruppen der beiden Stifte stimmten größtenteils mit der adligen Klientel der Kurpfalz am Heidelberger Hof überein und die beiden Stifte waren auf diese Weise in das informelle Hegemonialsystem der Kurpfalz integriert, ohne doch formell landsässig zu werden. Auseinandersetzungen um das Bischofsamt mit bestimmten allgemein-politischen Implikationen spielten hier kaum eine Rolle. So besetzten Angehörige der Familie Helmstatt seit dem Episkopat des kurpfälzischen Kanzlers Raban den Speyerer Bischofsstuhl mit insgesamt drei Vertretern fast während des gesamten 15. Jhs.[26]

4. Grafen und Herren zwischen Rhein, Mosel und Westerwald

Politische Rolle und dynastische Strategien der Grafen und Herren

Die Position der Grafen und Herren im regionalen politischen System war offen und wurde von Fall zu Fall und von Zeit zu Zeit neu bestimmt: So gehörten sie einerseits wie die Fürsten dem Hochadel an und rivalisierten mit diesen zum Beispiel auf dem Feld der Territorialpolitik und bei der Gewinnung ritterlicher Vasallen und von Burgen. Aber sie waren andererseits auch nicht so stark, dass sie nicht auch immer wieder Gefahr liefen, durch die Fürstentümer vereinnahmt zu werden. So waren sie nicht nur Vasallen der Fürsten, sondern sie übernahmen bei diesen auch Rats- und Dienerstellen, ja vereinzelt sogar Amtmannsstellen. Besonders bei der Kurpfalz ist zu beobachten, wie man alle diese Abhängigkeiten dazu nutzte, die Grafen und Herren allmählich doch in eine Art Untertanenverhältnis zu bringen. Anders war in dieser Hinsicht die Situation bei den geistlichen Erz- und Hochstiften. Denn die Erzbischöfe, die aus wechselnden Patronagesystemen stammten, konnten nur eine verhältnismäßig kurzfristig angelegte Belohnungs- und Klientelpolitik betreiben. Dazu kam im Falle der Erzbistümer, dass dort die Grafen und Herren das Domkapitel beherrschten und in der Regel auch den Erzbischof stellten. So könnte man die Erzbistümer geradezu als Bollwerk der Gruppe bezeichnen, wobei die jeweils tonangebenden Einflussgruppen sich freilich immer wieder veränderten. Für den einzelnen Grafen und Herren (und für Niederadlige galt das noch mehr) musste es generell darauf ankommen, sich nicht einseitig festzulegen, sondern möglichst in mehreren Höfen präsent zu sein, immer wieder hin und her zu lavieren. »Wer sich zu sehr in den Bannkreis eines einzigen Fürsten begab, lief Gefahr, in dessen Landesherrschaft eingegliedert zu werden.«[27] Die Pflege eines eigenständigen Bündniswesens war ein Weg, die Autonomie zu wahren. So schlossen 1422 13 Grafen und Herren aus dem Mittelrhein-Raum und aus der Wetterau ein Bündnis mit dem Ziel, Streitigkeiten gütlich zu regeln und interne Fehden zu vermeiden. Eine weitere Grafeneinung von 1493 sah zudem militärische Hilfe bei einem Angriff durch einen Fürsten vor.

Trotz dieser standespolitischen Aktivitäten erwiesen sich die Grafschaften und Herrschaften im deutschen Westen und Südwesten im Vergleich zu den Fürstentümern als weniger beständige Faktoren. Zwar ist auch bei den Grafschaften ein gewisses Festhalten an herkömmlichen Herrschaftseinheiten, Namen und Titeln zu erkennen. Der Zusammenhalt der Dynastie und damit auch der Grafschaft, von »stamm und namen«, wurde, so bei den Grafen von Nassau, den Grafen von Sponheim und anderen, durch das gemeinsame Halten von Besitzanteilen an einem Namen gebenden Stammsitz, der in der Hand aller bestehenden Linien blieb, zum Ausdruck gebracht. Ansonsten erscheinen jedoch kaum transpersonale Vorstellungen von unaufgebbaren Bestandteilen und Rechten, auch systemstabilisierende, quasiständische Kräfte im Lande selbst (Adel, Städte) spielten hier kaum eine Rolle. Aufgrund der geringeren Größe konnten die Grafschaften und Herrschaften von anderen Standesgenossen oder auch Fürstendynastien wesentlich leichter »geschluckt« oder auch von Erbengemeinschaften in verschiedene Bestandteile zerlegt werden, so dass sie realiter aufhörten zu existieren. Insbesondere die Kurfürsten von der Pfalz verstanden es in der Region, auf Erbgänge Einfluss zu nehmen, indem man Eheschließungen vermittelte oder Lehen einzog. Noch stärker als bei den Fürstentümern war die Geschichte der Grafschaften und Herrschaften also mit den generativen Zufällen, aber auch den bewussten Entscheidungen der jeweiligen Dynastie in bestimmten Situationen verbunden. Anders als Fürstentümer wurden Grafschaften über Erbtöchter weitergegeben. Die Grafschaften wurden dann entweder selbständig über die gemeinsamen Erben fortgeführt oder gingen in einer anderen Grafschaft auf. Die Möglichkeit, innerhalb einer Grafendynastie die Herrschaft zu teilen, war begrenzter als bei Fürstentümern, da bei zu starker Aufteilung rasch das Rutschen unter das sozial adäquate Minimum drohte. Existierte jedoch nur eine einzige Linie, drohte das Aussterben im Mannesstamm. Auswege standen hier bereit, indem nachgeborene Söhne im Spätmittelalter regelmäßig mit Domkapitelstellen in den großen mittelrheinischen Erzstiften abgefunden wurden, von denen aus sie eine Politik zugunsten ihrer Dynastie betreiben, gegebenenfalls aber auch in den weltlichen Stand zurückkehren konnten, wenn die generative Situation ihres Geschlechts dies erforderte.[28] Aufs Ganze gesehen entwickelten sich im Spätmittelalter die kleineren Grafschaften und Herrschaften im Gebiet des heutigen Rheinland-Pfalz zu einem eigenständigen Faktor der Politik, des kulturellen und sozialen Lebens. Zwar gab es insbesondere links des Rheins im Sog der Kurpfalz einen gewissen Aderlass. Aber insgesamt blieb, nicht zuletzt aufgrund der weiterhin recht zahlreichen Grafschaften, die politische Kleinräumigkeit ein Kennzeichen dieser Region über die Wende zum 16. Jh. hinaus.

Dynastische und Territorialgeschichte im Einzelnen

Der folgende knappe Überblick zielt darauf ab, die Geschichte der Grafen und Herren und ihrer kleinen Herrschaften im regionalen politischen Umfeld und vor dem Hintergrund der erläuterten, typischen dynastischen Verhaltensweisen zu akzentuieren.[29] Die Ambivalenz zwischen Annäherung und Distanz zur Kurpfalz, aber auch der Versuch, sich durch eine Etablierung im System des Erzstifts Mainz einen gewissen Rückhalt zu verschaffen, lässt sich gut an den Grafen von Leiningen zeigen: Das ältere Grafengeschlecht, das sich nach dem Stammsitz in Alteiningen westlich von Grünstadt benannte und Grafenrechte im Wormsgau besessen hatte, war zu Beginn des 13. Jhs. im Mannesstamm ausgestorben. Der Name wurde durch Graf Simon II. von Saarbrücken, der eine Leiningerin heiratete und eigenes Gut zum Leininger Erbe hinzufügte, fortgesetzt. Die Besitzschwerpunkte der Grafen von Leiningen zogen sich auf der linken Rheinseite von der südlichen Pfalz bis in die Nähe von Oppenheim und waren mit der Kurpfalz vielfach verzahnt. 1317 kam es zu einer Teilung in die ältere Linie Leiningen-Dagsburg und die jüngere Linie Leiningen-Hardenburg. Der Besitz der Dagsburger Linie wurde beim Aussterben in männlicher Linie 1467, soweit er Lehen war, von der Kurpfalz eingezogen, der Rest ging an die Kinder der Margarethe von Leiningen und ihres Ehemannes Reinhard III. von Westerburg über und existierte fortan in der Linie Leiningen-Westerburg fort. Die jüngere Linie nannte sich zunächst nach dem westlich Bad Dürkheim gelegenen Leiningen-Hardenburg, übernahm jedoch nach Aussterben der älteren Linie deren Namen Dagsburg. Diese jüngere Linie der Leininger existierte langfristig fort, stand jedoch unter fortgesetztem Druck der Kurpfalz. Schon vor dem Einzug der Lehen von 1467 zeigt dies beispielhaft ein Prozess von 1423 in der Gerichtsstube der Alzeyer Burg: Zehn Grafen aus dem Pfälzer Lehenshof saßen über Emich VI. von Leiningen zu Gericht. Er habe gegen die Lehenspflichten gegenüber seinem Herrn, dem Pfalzgrafen, verstoßen, indem er gegen ein neues pfalzgräfliches Königtum intrigiert und seine Burgen, die er von der Pfalz zu Lehen getragen habe, dem Erzstift Mainz für militärische Zwecke geöffnet habe, ohne dabei eine Sicherheitsklausel zugunsten des Pfalzgrafen aufzunehmen.[30] Abgesehen von der eben erwähnten, auf Simon II. zurückgehenden Leininger Linie der Grafen von Saarbrücken bestanden bereits seit 1190 die beiden Linien Saarbrücken und Zweibrücken der Grafen im Saargau. Die Grafschaft Saarbrücken wurde 1274 durch dynastische Heirat mit der Herrschaft Commercy an der Maas vereinigt, 1381 kam sie dann ebenfalls durch Konnubium an Graf Philipp I. von Nassau, der das Haus Nassau-Saarbrücken begründete. Die Linie Zweibrücken teilte sich im 14. Jh.in eine Stammlinie, deren Besitz später an die Wittelsbacher gelangte, in eine badische Linie zu Eberstein sowie in eine Linie zu Bitsch, zu der auch das Amt Pirmasens gehörte und die 1570 vom Haus Hanau-Lichtenberg beerbt wurde. Im rheinhessisch-pfälzischen Raum waren die von Reichsministerialen abstammenden Herren von Bolanden verankert, die vor allem im 13. Jh. eine wichtige Rolle in der Endphase der Staufer und für die Positionierung des Mainzer Erzstifts spielten. Die Hauptlinie erlosch im Mannesstamm bereits 1376, die Seitenlinie Falkenstein, die das Ministerialengeschlecht der Münzenberger beerbte und in der Wetterau eine wichtige Rolle spielte, starb 1407 aus. Nur die Seitenlinie Hohenfels überlebte bis 1602. Auf dem Hunsrück und an der Nahe, in der Nordpfalz und im heutigen Rheinhessen waren im Spätmittelalter die Wild- und Raugrafen ansässig. Diese stammten von einem edelfreien Grafengeschlecht ab, dessen Vertreter mit dem Leitnamen Emich im Hochmittelalter im Nahegau erscheinen und von

Leiningen

Saarbrücken

Bolanden

Wild- und Raugrafen

denen sich um die Mitte des 12. Jhs. die beiden Brüder Konrad und Emich die entsprechenden Beinamen Wildgraf und Raugraf zugelegt hatten. Die Raugrafen teilten ihren schmalen Besitz bereits im 13. Jh. und es entstanden die Linien um Altenbaumburg (ausgest. 1385), Neuenbaumburg (verkauft 1457) und Stolzenberg (ausgest. 1358). Im nahen Umfeld der Kurpfalz gelang den Raugrafen keine weitere territoriale Arrondierung. Simmern, seit 1330 Stadt und zur Stolzenberger Linie gehörig, kam bei deren Aussterben an die Kurpfalz und wurde später zur Residenz der pfälzischen Nebenlinie Simmern. Raugraf Otto aus der Neuenbaumburger Linie verkaufte 1457 alle verbliebenen Besitzungen an Kurfürst Friedrich I. von der Pfalz. Seine drei Söhne mussten sich auf die Besitzungen ihrer Mutter in Luxemburg zurückziehen. Die Wildgrafen hatten die Stammsitze der Emichonen auf dem Hunsrück (Kyrburg, Schmidtburg, Dhaun, Grumbach) geerbt. 1258 entstanden durch Teilung die Kyrburger und die Dhauner Linie, wenig später wurde der Besitz der Kyrburger Linie nochmals geteilt. Die Schmidtburg ging bald darauf an das Erzstift Trier verloren. Der regionale Aktionsraum der Wildgrafen zwischen Mosel, Nahe, Westrich und nördlicher Pfalz bis nach Rheinhessen war relativ weit gesteckt. Doch konnten sie sich gegen die größeren Mächte der Region in mehrfach wiederkehrenden Konflikten nicht durchsetzen. Im 14. Jh. folgten die Rheingrafen als Erben im wildgräflichen Besitz nach. Die spätmittelalterlichen Rheingrafen stammten, anders als die Wild- und Raugrafen, von ursprünglich unfreien Mainzer Ministerialen ab, die zunächst bei Bad Münster am Stein ansässig waren. Unter Einfluss des Mainzer Erzstifts beerbten diese Ministerialen im 12. Jh. die älteren Rheingrafen und übernahmen von diesen auch deren Funktionen, wie zum Beispiel Aufsichtsrechte am Binger Loch und über den Geisenheimer Zoll. Ende des 13. Jhs. erfolgte zunächst ein Rückschlag, da die Rheingrafen zu den Verlierern der Schlacht von Sprendlingen 1279 gehörten und dem Mainzer Erzbischof geloben mussten, den Rheingau nie mehr zu betreten. Damit waren die Rheingrafen auf den Nahegau, den Hunsrück und den Westrich beschränkt. Aufgrund mehrfacher Heiraten übernahmen sie im 14. Jh. jedoch den größten Teils des Erbes der in männlicher Linie aussterbenden Wildgrafen und traten damit die Nachfolge zu Dhaun (1357) und später auch auf Kyrburg (1409) an. König Ruprecht als pfälzischer Oberlehensherr genehmigte 1409 diesen Erbgang, ließ sich dafür aber einige Gebietsteile abtreten. Später konnten die Wild- und Rheingrafen, wie sie sich jetzt auch nannten, die Grafschaft Moers-Saarwerden um Bockenheim und die Herrschaft Finstingen erheiraten. 1515 entstanden durch Teilung die beiden rheingräflichen Hauptlinien zu Kyrburg und zu Dhaun, jeweils mit weiterem Zubehör, dazu kamen einige gemeinsame Besitzungen, so unter anderem der Hauptort Kirn, der zur Stadt weiter entwickelt wurde. Ein Dienervertrag des Wildgrafen Jakob von 1491 mit der Kurpfalz mit 100 Gulden Dienstgeld war normalerweise nicht standesgemäß und zeigt den Grad der Unterwerfung unter die regional dominante Fürstenherrschaft. In die Verwandtschaft der Raugrafen gehörte ursprünglich auch das Grafenhaus zu Veldenz. 1270 folgte hier durch Heirat das Haus der Grafen von Geroldseck nach. Zwischen 1378 und 1396 bestanden eine Obergrafschaft (Kusel, Lichtenberg, Lauterecken, Reichenbach) und eine Untergrafschaft (Landsberg, Obermoschel, Amt Meisenheim, Odernheim) nebeneinander, wobei Veldenz, Meisenheim sowie Baumholder in gemeinsamem Besitz verblieben. 1444 starb das Grafenhaus mit Friedrich III. in männlicher Linie aus, und seine Tochter brachte den Territorialbesitz an die pfälzisch-wittelsbachische Nebenlinie Zweibrücken. Das linksrheinisch zwischen Nahe und Mosel lange Zeit einflussreichste Grafengeschlecht waren die Grafen von Sponheim, die ihren Stammsitz auf der Burg Sponheim westlich von

Rheingrafen

Veldenz

Grafschaften und Herrschaften in der Region (Herrschaftsschwerpunkte)

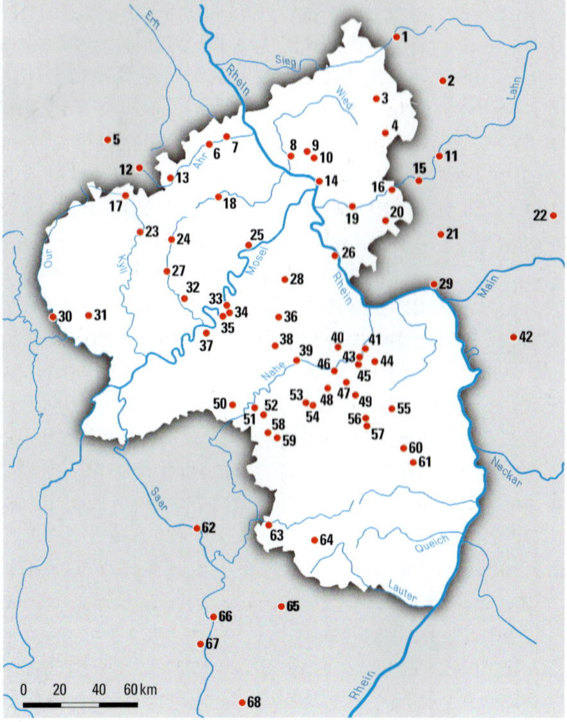

Altenbaumburg *Ortsname*
Raugrafen *Herrschergeschlecht*

- Altenbaumburg ***Raugrafen*** 45
- Altleiningen ***Grafen von Leiningen*** 60
- Altwied ***Grafen von Wied / Herren von Isenburg(-Runkel)*** 8
- Aremberg ***Herren von Aremberg*** 13
- Bad Münster am Stein ***Rheingrafen*** 43
- Baumholder ***Grafen von Veldenz*** 52
- Bettingen ***Herren von Manderscheid*** 31
- Birkenfeld ***Grafen von Sponheim*** 50
- Bitsch (Bitche) ***Grafen von Zweibrücken*** 65
- Blankenheim ***Herren von Manderscheid*** 12
- Bockenheim (Bouquenom) ***Wild- und Rheingrafen*** 66
- Bolanden ***Herren von Bolanden*** 55
- Braunsberg ***Herren von Isenburg*** 9
- Büdingen ***Herren von Isenburg*** 22
- Dagsburg ***Grafen von Leiningen / Herren von (Leiningen-)Westerburg*** 68
- Darmstadt ***Grafen von Katzenelnbogen*** 42
- Daun ***Herren von Manderscheid*** 24
- Dhaun ***Wildgrafen / Rheingrafen*** 39
- Diez ***Grafen von Diez / Grafen von Nassau*** 16
- Dillenburg ***Grafen von Nassau*** 2
- Enkirch ***Grafen von Sponheim*** 33
- Falkenstein ***Herren von Bolanden / Herren von Virneburg*** 56
- Finstingen (Fénétrange) ***Wild- und Rheingrafen*** 67
- Gerolstein ***Herren von Manderscheid*** 23
- Grumbach ***Wildgrafen*** 53
- Hardenburg ***Grafen von Leiningen*** 61
- Hohenfels ***Herren von Bolanden*** 57
- Idstein ***Grafen von Nassau*** 21
- Isenburg ***Herren von Isenburg*** 10
- Jünkerath ***Herren von Manderscheid*** 17
- Kail ***Herren von Manderscheid*** 25
- Kastellaun ***Grafen von Sponheim*** 28
- Katzenelnbogen ***Grafen von Katzenelnbogen*** 20
- Kirchberg ***Grafen von Sponheim*** 36
- Kreuznach ***Grafen von Sponheim*** 41
- Kusel ***Grafen von Veldenz*** 59
- Kyrburg ***Wildgrafen / Rheingrafen*** 3
- Lauterecken ***Grafen von Veldenz*** 54
- Lichtenberg ***Grafen von Veldenz*** 58
- Lüxem ***Herren von Manderscheid*** 32
- Manderscheid ***Herren von Manderscheid*** 27
- Meisenheim ***Grafen von Veldenz*** 48
- Nassau ***Grafen von Nassau*** 19
- Neuenahr ***Herren von Virneburg*** 7
- Neuenbaumburg ***Raugrafen*** 44
- Obermoschel ***Grafen von Veldenz*** 47
- Odernheim ***Grafen von Veldenz*** 46
- Pirmasens ***Grafen von Zweibrücken*** 64
- Reichenbach ***Grafen von Veldenz*** 51
- Runkel ***Herren von Isenburg*** 15
- Saarbrücken ***Grafen von Saarbrücken / Grafen von Nassau*** 62
- Saffenburg ***Grafen von Sayn / Grafen von Sponheim / Herren von Virneburg*** 6
- St. Goar ***Grafen von Katzenelnbogen*** 26
- Schleiden ***Herren von Manderscheid*** 5
- Schmidtburg ***Wildgrafen*** 38
- Siegen ***Grafen von Nassau*** 1
- Sponheim ***Grafen von Sponheim*** 40
- Starkenburg ***Grafen von Sponheim*** 34
- Stolzenberg ***Raugrafen*** 49
- Trarbach ***Grafen von Sponheim*** 35
- Vallendar ***Grafen von Sayn*** 14
- Veldenz ***Grafen von Veldenz*** 37
- Vianden ***Grafen von Nassau*** 30
- Virneburg ***Herren von Virneburg*** 18
- Weilburg ***Grafen von Nassau*** 11
- Westerburg ***Herren von Westerburg*** 4
- Wiesbaden ***Grafen von Nassau*** 29
- Zweibrücken ***Grafen von Zweibrücken*** 63

Entwurf: Joachim Schneider
Kartographie: Landesamt für Vermessung und Geobasisinformation Rheinland-Pfalz

Sponheim

Bad Kreuznach hatten. Seit Anfang des 13. Jhs. ist die dynastische Kontinuität nachweisbar. Um 1233 teilten die Söhne Gottfrieds III., Johann und Simon I., das Erbe in eine Hintere und eine Vordere Grafschaft. Die Stammburg Sponheim und einige weitere Teile blieben gemeinsamer Besitz. Die Vordere Grafschaft umfasste den Hauptort Kreuznach, den Soonwald und die Hunsrückbesitzungen Kirchberg und Kastellaun. 1301 bis 1340 wurde die Vordere Grafschaft entlang des bei Bacharach in den Rhein mündenden Heimbachs noch einmal in ein Gebiet mit Kastellaun und Kirchberg einerseits, Kreuznach andererseits geteilt. Die Hintere, der Mosel zugewandte Grafschaft hatte ihren Mittelpunkt auf der Starkenburg (oberhalb Trarbach) und bestand weiterhin aus den Gebieten um Birkenfeld, Trarbach und Enkirch. Im 13. Jh. hatten die Sponheimer mehrfach Machtproben mit dem Erzstift Mainz auszufechten, in die u. a. auch die Wild-, Rau- und Rheingrafen einbezogen waren. Einer der Anlässe war der Verkauf der Burg Böckelheim durch einen der Sponheimer an das Erzstift Mainz, was im Widerspruch zu innerdynastischen Verträgen stand. Am Ende siegte Mainz in der Schlacht bei Sprendlingen 1279 und konnte sich auch in nachfolgenden Verhandlungen schließlich gegen alle Dynasten des Naheraums durchsetzen. Eindrücklich ist das Auftreten der Gräfin Loretta von Sponheim, gebürtig aus dem Hause Salm, die ab 1323 etwa acht Jahre das Regiment für ihre minderjährigen Söhne führte. Sie setzte den mächtigen Erzbischof Balduin 1327 über neun Monate lang gefangen, um dessen Griff nach der Starkenburg zu vereiteln. Der Erzbischof musste am Ende Lösegeld zahlen. Ihr Sohn Johann III. regierte die Hintere, Starkenburger Grafschaft mehr als sechs Jahrzehnte lang. Die Auswahl der Heiratspartner seiner beiden Töchter aus den Häusern Baden bzw. Veldenz sollte für das spätere Schicksal der Sponheimer Grafschaften Bedeutung erlangen. Im 15. Jh. erloschen beide Sponheimer Hauptlinien nacheinander. Als Elisabeth, die Erbtochter in der Vorderen Grafschaft, Ruprecht Pipan, den Sohn König Ruprechts heiratete, sollte die Vordere Grafschaft zunächst ganz an die Kurpfalz fallen. Als Ruprecht Pipan jedoch bereits 1397 starb, war die Ehe noch kinderlos und die frühere Erbabsprache hinfällig. Doch vermachte Elisabeth zum Ausgleich für ihre Witwenversorgung durch die Kurpfalz ein Fünftel der Vorderen Grafschaft ihrem Schwager, dem Kurfürsten Ludwig IV. Der Rest fiel nun an Johann V. aus der Starkenburger Linie, der jedoch seinerseits keinerlei eigene Erben hatte. Hier kamen nun zunächst die Nachkommen der beiden Tanten Johanns V. (der Töchter des oben erwähnten Johann III.), die ihrerseits Ehepartner aus den Häusern Baden und Veldenz geheiratet hatten, als gleichberechtigte Erben ins Spiel. Da aber auch die Veldenzer vor dem Aussterben standen, kamen hier schließlich deren Erben, die Wittelsbacher aus dem Haus Zweibrücken-Simmern, zum Zuge. Schwierigkeiten bereitete es bei diesem ohnehin verwickelten Erbgang, dass Johann V. vor seinem Tod im Jahre 1437 seine Erbanordnungen mehrfach umstieß und über Teile seiner Grafschaft so verfügte, dass jeweils einer der Erbanwärter bevorzugt wurde. Demgegenüber schlossen Vertreter der Häuser Baden und Veldenz 1425 zu Beinheim im Elsaß einen Vertrag, in dem deren Gleichberechtigung für ein künftiges Kondominat bestätigt wurde. Dieses Übereinkommen richtete sich gegen das Ausgreifen der Kurpfalz in der Vorderen Grafschaft, da Johann V. dem Pfalzgrafen bereits mehr als ein Fünftel dieser Grafschaft eingeräumt hatte. Nach dem Tode Johanns V. 1437 hatte das Kondominat zwischen Baden und Veldenz bzw. dann ab 1444 Pfalz-Zweibrücken-Simmern in den beiden Grafschaften Sponheim langfristig Bestand.[31] So entsandten künftig beide Anteilsinhaber jeweils einen Amtmann und einen Landschreiber in die beiden Verwaltungsmittelpunkte Birkenfeld und Kreuznach. Vielfältig war und blieb im Spätmittelalter das Mit- und Nebeneinander der Grafen und Herren im nördlichen Teil des heutigen Rheinland-Pfalz. Linksrheinisch bauten hier zwischen dem Herzogtum Luxemburg und den Erzstiften Trier und Köln die Herren von Manderscheid ein kleines Territorium auf, das im 15. Jh. seinen Höhepunkt erreichte. 1457 wurden die Manderscheider in den Grafenstand erhoben. 1488 teilte man in drei Linien: Manderscheid-Blankenheim (Blankenheim, Gerolstein, Jünkerath, Bettingen), Manderscheid-Schleiden (Manderscheid, Schleiden u. a.) und Manderscheid-Kail (Herrschaft Kail, Haus und Schloss Daun und Vogtei Lüxem). In derselben Region saßen auch die Herren von Virneburg und von

Manderscheid

Virneburg und Aremberg

Aremberg. Die Virneburger hatten noch 1445 bedeutsamen Besitz zwischen den Erzstiften Köln und Trier inne (Virneburg, Neuenahr, Monreal, Saffenburg, Gelsdorf, Kronenburg und Neuerburg, vorübergehend im Süden auch die Grafschaft Falkenstein bei Kirchheimbolanden). Die Herrschaft Aremberg, seit 1280 im Besitz einer Nebenlinie der Grafen von der Mark, bestand aus Besitz in der Eifel im Gebiet der oberen Ahr, die Stammburg war Aremberg im Kreis Ahrweiler. Besonders zahlreich waren die kleinen Herrschaften im Spätmittelalter im Westerwald. Nur kurz erwähnt seien an dieser Stelle die Grafschaften Diez und Westerburg sowie die Herrschaft Wied. Der letzte Graf von Diez hinterließ 1386 seine stark verschuldete Grafschaft seinem Schwiegersohn Adolf von Nassau, später wurde die Grafschaft an ein Erbenkonsortium aufgeteilt und verschwand damit von der Landkarte. Die Grafschaft Wied mit ihrem Zentrum um Altwied und Rückeroth-Höchstenbach im Engersgau fiel schon im 14. Jh. an die Linie Braunsberg aus dem Haus Isenburg, die sich fortan nach der Grafschaft Wied nannte. 1462 fiel diese an eine andere Isenburger Linie, die Herren von Runkel. Die Grafschaft Wied war damit zu einem Bestandteil der Gesamt-Isenburger Erbmasse geworden, die je nach den dynastischen Erfordernissen unter deren Erben verteilt wurde. Die Herren der ursprünglich sehr kleinen Herrschaft Westerburg stammten von den Herren von Runkel ab, hatten sich schon im Verlauf des 13. Jhs. von diesen abgespalten, konnten aber ihren beschränkten Besitz im 15. Jh. durch den Erwerb von Teilen des älteren, linksrheinisch ansässigen Hauses Leiningen (ältere Linie Dagsburg) wesentlich vergrößern und nannten sich seither Grafen von Leiningen-Westerburg. Die Herren von Isenburg erbauten um 1100 im Sayntal ihren Stammsitz Isenburg, dazu kamen Trierer und Kölner Lehen, insbesondere im Neuwieder Becken. Bereits früh setzten bei den Isenburgern im Westerwald Erbteilungen ein, die das Haus langfristig schwächten. Erst um 1500 konnten die Nachfahren Salentins I. (sog. Salentinische Linie) etliche der Isenburger Besitzteile im Westerwald wieder versammeln. Daneben bestanden noch die bereits als Erben der Grafschaft Wied bzw. der älteren Grafschaft Leiningen erwähnten Isenburger Linien von Braunsberg und von Runkel sowie die Linie Isenburg-Büdingen in der Wetterau. Einflussreicher am Mittelrhein waren zunächst die Grafen von Sayn, von denen Heinrich III. im 13. Jh. ein geschlossenes Gebiet zwischen Rhein, Sieg und Lahn beherrschen konnte (Einfluss im Auelgau, Pellenz, Grafschaft Saffenburg, Vallendar). 1247 fiel Heinrichs Erbe an eine Nebenlinie der Grafen von Sponheim, die den Namen Isenburg annahm, deren Gebiete sich aber mehr und mehr auf den Westerwald beschränkten, bis diese Linie sich 1357 mit dem Erwerb der Herrschaft Wittgenstein in Westfalen einen neuen zweiten Schwerpunkt schuf. Im 15. Jh. kam es nach manchen Positionsverlusten unter der Herrschaft Gerhards II. von Sayn (1420–1493) wieder zu einer gewissen Festigung der Grafschaft, so etwa mit der Landesordnung von 1465. Seit 1160 nannten sich die Nachfahren der Grafen von Laurenburg nach einer um 1125 erbauten Burg im Lahntal von Nassau. 1255 kam es bei den Nassauern zu einem ersten Teilungsvertrag in eine ottonische Linie (Gebiet nördlich der Lahn um Siegen und Dillenburg) und eine walramische Linie (südliches Gebiet um Weilburg, Wiesbaden und Idstein), während die Burg Nassau und einige andere Stützpunkte gemeinsamer Besitz blieben. Der walramischen Linie entstammten ein König (Adolf) sowie vier Mainzer Erzbischöfe. Diese Linie fächerte sich 1355 weiter in die Idstein-Wiesbadener Linie und die Weilburger Linie auf, die ihrerseits 1381 noch die Grafschaft Saarbrücken erwarb. Die ottonische Linie teilte sich 1303 in die langfristig bedeutendste Linie Dillenburg, die Linie Hadamar (ausgest. 1390;

Diez, Wied, Westerburg

Isenburg, Sayn, Nassau

Teile kamen an Nassau-Dillenburg und an Katzenelnbogen) und die Linie Beilstein-Siegen (1561 an Nassau-Dillenburg). Bereits im späten 14. und im 15. Jh. kündigte sich der Aufstieg der Linie Nassau-Dillenburg an, da man unter anderem die Grafschaften Diez und Vianden sowie insbesondere auch umfangreiche Besitzungen in den Niederlanden erheiraten konnte. Um dieses räumlich weit zersplitterte Gebiet zu beherrschen, wurden im 15. Jh. mehrfach Aufteilungen zwischen den links- und rechtsrheinischen Gebietsanteilen praktiziert, ohne dass dies aber zu einer dauerhaften Schwächung dieser Linie geführt hätte. Die Herren von Katzenelnbogen nannten sich nach der 1095 erbauten Burg auf der Hochfläche des Taunus. Kernland waren die Gebiete am Mittelrhein um St. Goar, wo sie zusammen mit den Grafen von Nassau die Grafschaft auf dem Einrich von den Grafen von Isenburg kauften (Niedergrafschaft). Weniger bedeutend waren Gebiete im Rhein-Neckar-Dreieck und um Darmstadt (Obergrafschaft), wo die Katzenelnbogener 1138 allerdings zu Grafen erhoben wurden. Der ertragreiche Rheinzoll bei St. Goar/St. Goarshausen (mit den Burgen Rheinfels und Reichenberg) sowie der Erwerb des Reichszolls von Boppard und von Braubach waren die Grundlage der ökonomischen und politischen Kraft der Grafen, so dass diese noch weitere Gebiete pfandweise erwerben konnten (z. B. Teile von Runkel, der Burg Schaumburg und der Grafschaft Diez). Die Katzenelnbogen wurden so zu den mächtigsten Grafen am Mittelrhein. Als sie 1479 im Mannesstamm ausstarben, fiel die Grafschaft über die Erbtochter an die Landgrafen von Hessen, die die finanziell besonderes wertvolle Grafschaft gegen Ansprüche der Grafen von Nassau-Dillenburg erfolgreich behaupten und ihre ökonomische Basis so erheblich verstärken konnten.

Katzenelnbogen

Bis um 1500 hatte sich damit die Vielfalt der Grafen- und Herrenfamilien im Süden des heutigen Rheinland-Pfalz, im Umfeld der Kurpfalz also, gegenüber der Zeit um 1300 deutlich reduziert. In den meisten Fällen waren die Wittelsbacher die Nutznießer der Schwäche der Dynasten. Am Ende waren hier nur noch die Rheingrafen sowie die Grafen von Leiningen in zwei Linien verblieben. Zahlreicher als im Südwesten des heutigen Rheinland-Pfalz konnten sich im späten Spätmittelalter dagegen die kleinen Grafschaften und Herrschaften weiter nördlich, zwischen den Erzstiften Trier und Köln sowie insbesondere rechts des Rheins im Westerwald und bis zum Taunus und zur Wetterau behaupten. Hier blieben die Grafen und Herren langfristig tonangebend.

5. Beherrschung von Raum und Menschen – Höfe, Residenzen und zentrale Verwaltung

Nachdem Fürstentümer und Grafschaften der Region in den vorangehenden Abschnitten vornehmlich in ihrer äußeren Geschichte und unter dynastisch-politischen Gesichtspunkten betrachtet wurden, sollen nun in allgemeinen Zügen und territorienübergreifend die inneren Organisationsprinzipien im Spätmittelalter erläutert werden. Insbesondere die größeren Fürstentümer sind dabei im Spätmittelalter der Kontext, in dem wichtige Instrumente und Prinzipien vor- und frühstaatlicher Herrschaftsorganisation und Verwaltung entwickelt wurden, ohne dass dies den Akteuren seinerzeit bewusst gewesen ist.

Lehenswesen

Lehensbeziehungen waren im Mittelalter Beziehungen personaler Art zwischen einem Herrn und einem Vasallen, die durch eine symbolische Unterwerfung (Mannschaftsleistung) und durch den Treueid des Vasallen begründet wurden. Im Gegenzug schuldete der Herr dem Vasallen Schutz und Hilfe und verlieh ihm ein Lehensgut. Lehensgüter waren im Spätmittelalter grundsätzlich vererbbar. Herren und Vasallen wurden also bereits in ein System von Lehnsbindungen hineingeboren. Der Lehensherr schien damit nur wenige Gestaltungsspielräume zu haben und sein Einfluss auf die einmal ausgegebenen Lehen war auf den ersten Blick gering. Tatsächlich konnte jedoch auch das Lehenswesen, neben anderen Beziehungsebenen wie dem Hofdienst und der Übernahme einer Amtmannsstelle durch einen Adligen, weiterhin dazu genutzt werden, neue Vasallen zu gewinnen und auf diese Weise den fürstlichen Machtraum auszuweiten. Auf der anderen Seite waren die Vasallen bestrebt, durch die Aufnahme neuer Lehensbeziehungen bei einem Fürsten Rückhalt zu gewinnen und im Rahmen des Lehenswesens, das wesentlich auch ein System der Ressourcenverteilung war, ihre materielle Situation aufzubessern. Das öffentliche Ritual der Mannschaftsleistung brachte zudem die Über- und Unterordnung der Beteiligten zur Anschauung.[32]

Friedrich der Siegreiche von der Pfalz vergibt Lehen (Generallandesarchiv Karlsruhe)

Im besonders gut erforschten Lehenswesen der Pfalzgrafschaft erkennt man, wie die Pfalzgrafen bzw. ihre Verwaltungsleute darauf achteten, das Maximum an Rechten, Macht und Einfluss sowie materiellem Gewinn zu sichern. Die Lehensvergabe wurde in der pfalzgräflichen Kanzlei präzise überwacht. Wenn ein männlicher Erbe fehlte, wurden Lehen konsequent vom Lehensherrn eingezogen. Eine Vermehrung der Lehensmasse und der Vasallen konnte im Rahmen von Lehensauftragungen durch einen Grafen, Herren oder Ritter an den Fürsten herbeigeführt werden, indem die niederrangigen Adligen dem Herrn ihr freies Eigengut übergaben und dieses anschließend als Lehen zurück erhielten. Oft wurden solche Auftragungen durch den Herrn auch erzwungen, wenn der Vasall zuvor in einer Fehde unterlegen war und durch die Auftragung zu einer entsprechenden Sühne verpflichtet werden konnte. Auf diese Weise konnte dann gegebenenfalls eine Grafschaft, eine Burg oder eine anderweitige Adelsherrschaft als ein neues Lehen erstmals an ein Fürstentum angegliedert werden, auch wenn der Landesherr noch keine unmittelbare Herrschaft dort ausüben konnte. Bei alldem ging es nicht nur um die Vermehrung des Territorialbestands, sondern auch um »Anbahnung politischer Beziehungen und Sicherung der eigenen Herrschaft«.[33] Für das Prestige des Pfalzgrafen spricht nicht zuletzt auch die große Zahl von Grafen und Herren, die seinem Lehenhof angehörten (23 Grafen und 26 Freiherren im Jahr 1401). Etliche Grafschaften wurden im Ganzen zu Lehen der Pfalzgrafen gemacht, andere Grafen und Herren hatten zumindest größere Lehen von der Pfalzgrafschaft erhalten und waren so zu deren Vasallen geworden.

Burgen Der Besitz von Burgen – sei es als Lehen oder in Eigenbesitz – spielte noch im 14. Jh. eine Schlüsselrolle, weil Burgen das entscheidende Mittel waren, um Herrschaft über Land und Leute durchzusetzen. Für den gehobenen Ritter-Adligen galt dies ebenso wie für den Kurfürsten von Mainz, Trier oder der Pfalz. Denn Burgen hatten eine Vielzahl von Funktionen für den Adel: Sie waren Herrensitz, Wehrbau, sie waren wirtschaftlicher, administrativer, politischer und kultureller Mittelpunkt. Die wichtigste Bedeutung der Burgen lag jedoch in ihrer Funktion, die auf ihr lebenden sowie die in der Umgebung ansässigen Menschen zu schützen und ihnen im Notfall einen sicheren Rückzugsraum zu bieten. Grundsätzlich müssen landesherrliche Burgen von den Lehensburgen unterschieden werden. Denn nur erstere waren integrale Bestandteile des Herrschafts- und Verwaltungssystems des Fürstentums: Sie schützten wichtige Verkehrswege und die umliegenden landesherrlichen Dörfer, sie wurden häufig zum Mittelpunkt eines Amtsbezirks und damit Sitz der Verwaltung des Landesherrn, sie waren Schauplatz von Beurkundungen, waren Gerichtssitz und Gefängnis. Nicht zuletzt aber waren sie auch der Aufenthaltsort und Versorgungsstützpunkt des Landesherrn, wenn dieser in der Region unterwegs war. Um diese Funktionen der Landesburg sicher zu stellen, war eine ständige Besatzung erforderlich: Der Amtmann war die zentrale Figur als militärischer Befehlshaber, Verantwortlicher für die Rechtspflege und generell Stellvertreter des Landesfürsten.[34] Dem Burgbefehlshaber unterstellt waren die Burgmannen, die bis zum 14. Jh. zumeist noch mit präzise von anderen Lehen abgegrenzten Burgmannenlehen versorgt wurden und dafür zur Präsenz auf der Burg verpflichtet waren, um dort die Burghut zu versehen.

Die Fürsten arbeiteten daran, auf möglichst viele Burgen Einfluss zu gewinnen, sei es, dass sie die Burgen direkt erwarben und mit einer Burgmannschaft ausstatteten, sei es, dass sie sich die Burgen von ihren adligen Eigentümern als Lehen auftragen ließen. Besonders erfolgreich beim Erwerb von Burgen war der Trierer Erzbischof Balduin von Luxemburg. In einer Urkunde Kaiser Ludwigs des Bayern von 1332 wurden 16 Burgen genannt, die bereits seit 1307 im Trierer Besitz waren, weitere vier blieben hier unerwähnt. Zusätzlich zu diesem Basisnetz älterer Landesburgen erbaute Erzbischof Balduin in seiner Amtszeit die Burgen Baldenau und Balduinseck im Hunsrück, Balduinstein, Baldeneltz und Rauschenberg sowie St. Johannisberg, er vollendete den Bau der Burg Ramstein und erwarb bzw. eroberte dazu weitere acht Burgen. Noch größer war die Zahl der zusätzlich gewonnenen Lehenburgen: 1340 gab es 95 Trierer Lehenburgen, von denen nur 19 schon zu Beginn der Regierungszeit Balduins in einer Lehnverbindung zum Trierer Erzbischof nachzuweisen sind.[35]

Burg Balduinseck (Landeshauptarchiv Koblenz/Petra Camnitzer)

Während bei Trier eine Konzentration auf das engere Einfluss- und Herrschaftsgebiet des Erzstifts zu beobachten ist, wird bei der Kurpfalz wie beim Erzstift Mainz eine deutlich weitere regionale Streuung erkennbar. Dies hängt mit dem außergewöhnlich großen Mainzer Diözesangebiet und dem politischen Machtanspruch des Mainzer Erzstifts im Reich zusammen. In den regionalen Überschneidungen des Mainzer und des Pfälzer Burgen-Einflussgebietes spiegelt sich die Rivalität zwischen Mainz und Pfalz.[36] Für das Erzstift Mainz wurden landesherrliche Eigenburgen häufig in Lehensburgen umgewandelt oder auch verpfändet. Denn wegen der hohen Kosten konnte das Erzstift nur selten den Burgenbau in Eigenverantwortung übernehmen.[37] Doch auch zu Lehen ausgegebene Burgen waren im 13. und 14. Jh. wertvolle Stützpunkte.[38] Neue Burgen gewann der Herr im Rahmen des Lehenswesens durch die Zahlung eines Betrags an den künftigen Vasallen, um ihn zur Auftragung der Burg zu bewegen, durch besondere Gunsterweise, durch eine wirtschaftliche Notlage des Vasallen oder eine Sühne des Vasallen nach einer Fehde, bei der er unterlegen war. In Verträgen anlässlich von Neuverlehnungen von Burgen wurden bestimmte Modalitäten vereinbart. Ein sehr wichtiges Recht war die Öffnung der Burg im Konfliktfall für den Lehensherrn – eine Forderung, die in Trierer Lehensverträgen regelmäßig erscheint. Doch war der Wert einer Lehensburg fraglich, solange ein Vasall noch weitere Lehensherren hatte, denen er ebenfalls als Vasall verpflichtet war (sog. Mehrfachvasallität). Für eine Entscheidung zugunsten des mächtigsten bzw. ranghöchsten Lehensherrn diente die häufige Klausel, der betreffende Fürst sei ligischer Lehensherr für eine bestimmte Lehensburg. Wurde kein anderer Herr dabei ausgenommen, so bedeutete dies, dass der Vasall dem Fürsten im Konfliktfall gegen jeden anderen Lehensherrn des Vasallen mit der Burg dienen und diese dem Erzbischof öffnen musste. In dieser Form erwies sich die geöffnete Lehensburg als entscheidende Voraussetzung für die Durchsetzung von Herrschaft auch außerhalb der Kernzonen des landesherrlichen Eigenbesitzes.[39] Weitere Auflagen in den Lehensverträgen waren das Verbot der Aufnahme von Feinden, die Verpflichtung zum Bauerhalt oder die Unterstellung unter das fürstliche Gericht, aber auch das Verbot, die Burg an andere Mannen weiter zu verleihen.

Am Ende des Mittelalters gab es schließlich nur noch wenige ungebundene Niederadelsburgen, für die nicht irgendein Lehensverhältnis oder ein Öffnungsrecht zugunsten eines Fürsten bestand. Diese Einbindung der Ritterburgen hat die Fehden des Niederadels in Süd- und Südwestdeutschland aber zunächst kaum einschränken können. Rivalitäten zwischen den Fürsten und die mangelnde Abgrenzung der gerichtlichen Zuständigkeiten führten noch an der Wende vom 15. zum 16. Jh. trotz diverser zeitlich befristeter Landfrieden wie auch des Allgemeinen Landfriedens von 1495 immer wieder zur gewalttätigen Austragung von Konflikten. Dennoch waren es im 15. Jh. nicht mehr wie zuvor noch im 14. Jh. die Burgen, die im Fokus der Machtpolitik standen. Häufiger als früher wurden Adelsburgen jetzt einfach erobert und gebrochen, wenn sie den Fürsten im Wege standen. Wichtiger als Burgen waren für den fürstlichen Einflussraum inzwischen die Ämter, Amts- und Verwaltungsbezirke geworden, die jetzt den engeren Machtbereich der Fürsten markierten und die nicht unbedingt mit Burgen, sondern öfter auch mit festen Städten verbunden waren.

Territoriale Ämter und Pfandschaften

Überall in den deutschen Fürstentümern werden im Spätmittelalter Ämter zur Grundlage der Verwaltung: Sie waren der organisatorisch-institutionelle Rahmen, in dem Recht gesprochen und durchgesetzt, die bäuerliche Heerfolge eingefordert und neue Landessteuern erhoben und durchgesetzt wurden. Die Vorsteher der Ämter als Vertreter des Fürsten gehörten in der Regel dem niederen Adel an. Die förmliche Einsetzung, die Bestallung des Amtmanns ließ auch eine Absetzung offen. Der räumliche Zuschnitt dieser Ämter beruhte nicht auf zentraler, administrativer Planung, sondern die Ämter schlossen vorwiegend an bestehende Grenzen älterer Gerichte an, die in die neue Ämterverfassung eingebaut wurden. Es gab große und kleine, reiche und arme Ämter. Manche trugen sich kaum selbst, andere trugen überproportional viel zu den fürstlichen Einnahmen bei. Die fürstlichen Ämter blieben allerdings bis zum Ende des Mittelalters fast überall noch »durchlöchert«, indem sie innerhalb ihres Distrikts wie auch zum benachbarten Amt hin Lücken ließen. Denn weiterhin existierten sog. Immunitäten der Kirche und des kleineren Adels, Sonderbezirke mit einer eigenständigen Herrschaftsausübung auf bestimmten Gebieten wie Abgaben und Rechtspflege. Die dominierenden Fürsten versuchten, diese Sonderbezirke zurückzudrängen und eine möglichst einheitliche Ortsherrschaft in den Ämtern durchzusetzen. Dabei spielte das Recht, das örtliche Gericht auszuüben, eine hervorgehobene Rolle. Der Konsolidierung der Fürstentümer auf der Basis der Ämter ging allerdings vom 13. bis zum 15. Jh. eine Phase der Instabilität voraus, die durch zeitweilige Verpfändung auch ganzer Ämter gekennzeichnet war. Alle Rechte, die mit Einnahmen verbunden waren, wurden handelbar, konnten in Geldwert ausgedrückt und damit auch verpfändet werden – von einzelnen Landstücken über Dörfer, Zölle bis hin zu Burgen und ganzen Ämtern. Die Eigentümer der Besitzrechte kamen so kurzfristig an benötigtes Geld, gaben aber in der Regel den direkten Zugriff, die Obrigkeit, über die betreffenden Herrschaftskomplexe auf. Alle Herrschaftsträger vom Kaiser über die Reichsfürsten bis zu den Rittern und den Stadtbürgern hatten an diesem Finanzkreislauf mit entsprechenden Pfandgeschäften Anteil. Besonders die Kurfürsten am Rhein konnten in dieser Phase auf Kosten des Reiches wertvolle Gewinne erzielen, da das Reich die Pfandschaften aufgrund seiner finanziellen Schwäche nicht mehr einlösen konnte. Im späteren 15. Jh. gelang es den Fürsten oft, von ihnen selbst verpfändete Ämter und Burgen zurückzuerwerben.[41]

In der Kurpfalz gehen die Anfänge der Ämterverfassung wie in vielen anderen Regionen in das 13. Jh. zurück. Als Stellvertreter der Pfalzgrafen erscheinen hier sog. Viztume: neben dem in Bayern je einer in Heidelberg und in Neustadt a. d. W. Die Viztume waren hier zunächst eine deutlich konturierte Mittelinstanz zwischen Landesherr und Amtleuten, deren Amtsführung sie zu überwachen hatten. Im 15. Jh. verloren die Viztume in der Pfalz ihre Aufsichtsfunktion und unterschieden sich, auch wenn der Titel weiter existierte, nun nicht mehr von den anderen Amtleuten. Die wichtigsten kurpfälzischen Ämter waren die von Alzey, wo der Amtmann Burggraf hieß, Neustadt und Heidelberg. Die Vorsteher in diesen Ämtern kamen häufig aus denselben Adelsfamilien. Ihnen zur Seite standen in der Kurpfalz sog. Landschreiber für die Finanzverwaltung. Seit Friedrich dem Siegreichen werden 18 klar voneinander abgegrenzte Ämter mit jeweils zugehörigen Unterämtern erkennbar. Dieses wurde durch Krieg, Erbschaft und Kauf schrittweise im 14. und 15. Jh. erreicht. Nach innen gelang es der Kurpfalz vielfach, fremde Ortsherren aus den Amtsdörfern hinaus zu drängen. Trotz der Verdichtung blieb das kurpfälzische Territorium mit seinen Ämtern ein zersplittertes Gebilde, dessen Ausdehnung zudem durch den bayerisch-pfälzischen Erbfolgekrieg um 1500 noch einmal einen Rückschlag erlitt.[42] (s. Karte S. 313). Im Mainzer Erzstift erscheinen ab 1120 erstmals vier Viztume als Vertreter des Erzbischofs in den vier Herrschaftsschwerpunkten mit Sitzen in Mainz bzw. in Bingen für die Verwaltung im Rheingau links und rechts des Rheins, in Aschaffenburg, auf dem Rusteberg im Eichsfeld und in Erfurt. Langfristig von Bedeutung blieben die Viztume im Rheingau und in Aschaffenburg mit einigen übergeordneten Befugnissen. Eine Mittelinstanz mit Aufsichtsrechten über bestimmte ihnen unterstellte Ämter wurde aus den Mainzer Viztumen jedoch nicht. Vielmehr bildete sich unabhängig von den Viztumen im Spätmittelalter die für jene Zeit typische kleinteiligere Amtsverfassung heraus. Dabei kam es auch öfter noch zu einer pfandweisen Weitergabe ganzer Ämter. Die vergleichsweise geringe Verankerung des Mainzer Territoriums links des Rheins zeigt eine Zusammenstellung der Ämter aus dem Jahre 1495: Nur (Gau-) Algesheim, Nieder-Olm sowie die heutigen Mainzer Vororte Weisenau und Mombach werden hier genannt. Dazu kam noch Bingen, das wie Weisenau und Mombach seit dem 15. Jh. ganz in der Hand des Domkapitels war.[43] Die Trierer Ämterorganisation wird mit gut 40 Amtsorten und Burggrafensitzen in Umrissen bereits unter Erzbischof Balduin im 14. Jh. sichtbar und verfestigte sich dann bis ins 16. Jh. in knapp 50 territorialen Ämtern.[44]

Obrigkeit am Beispiel der Pfalz

Die Rechte, die von der Landesherrschaft in den Ämtern gegenüber den Untertanen ausgeübt wurden, waren im Einzelnen von Region zu Region unterschiedlicher Art. Prinzipiell muss man aus der Grundherrschaft fließende Zinsen (Abgaben) der Untertanen, Abgaben aufgrund der Ortsherrschaft (u.a. Gerichtsabgaben) sowie landesherrliche, »protostaatliche« Forderungen der Obrigkeit (u.a. Landessteuern, Landesverteidigung) voneinander unterscheiden. Diese konnten in der Hand verschiedener Herren sein. In den Amtsorten des gut erforschten kurpfälzischen Amtes Alzey[45] konnte der Fürst bzw. sein Amtmann in der Regel das örtliche Gericht halten. Er hatte dann die alleinige Ortsherrschaft inne, was aber nicht überall der Fall war. Im Rahmen der Ortsherrschaft fielen verschiedene herrschaftliche Abgaben und Dienste an, die hier Bede, Atzung, Reise und Fron genannt wurden. Oft war der Ortsherr auch der wichtigste Grundherr, d.h. er hatte dann die meisten Grunduntertanen im Dorf. Damit fiel dann auch der größte Teil der herkömmlichen grundherrlichen Zinsen an den Amts- und Landesherrn. Dazu kamen territorialstaatliche Abgaben wie Schatzung, Ungeld (eine Verbrauchssteuer), Nachsteuer (eine bei Wegzug erhobene Steuer), Reichssteuern und Gerichtsgelder, die im Amt Alzey von allen Einwohnern gefordert wurden. Im Rahmen der Ämter wurden zudem Gerichts- und Polizeiordnungen erlassen bzw. verkündet, und es gab hier eine eigene mittlere Gerichtsbarkeit zwischen Dorf- und Hofgericht. Über die Ämterverfassung hinaus werden im späteren 15. Jh. in der Kurpfalz Ansätze erkennbar, die landesherrliche Obrigkeit auch auf »fremdherrige« Gebiete der weiteren Region auszudehnen. Ein Ansatz hierfür war das sog. Geleitsrecht, das den Schutz von Reisenden sowie das Ehrengeleit für hochgestellte Persönlichkeiten auf bestimmten Straßen in einem über das engere Territorium hinaus reichenden Raum umfasste. Dafür fielen Gebühren an und die Gewährung sicheren Geleits war gegenüber jedem Fremden eine sichtbare Machtdemonstration. Dazu trat die Inanspruchnahme des sog. Wildfangrechts, das der Kurfürst von der Pfalz aufgrund seiner herzoggleichen Stellung beanspruchte: Im Raum zwischen der heutigen Pfalz über das Nahe-Hunsrück-Gebiet bis nach Bacharach sowie rechtsrheinisch in Nordbaden und im Kraichgau sowie in der Herrschaft Starkenburg nahm der Pfalzgraf jede neu zuziehende Person, die keinen Herrn hatte, in seinen Schutz. Diese speziellen »Leibeigenen« waren in der Folge dem Pfalzgrafen zu Kriegsdiensten und Steuern verpflichtet. Auch wenn dieses Verfahren bei den betroffenen Ortsherren nicht unwidersprochen blieb und auch nicht in jedem Fall durchzusetzen war, wurde hier doch ein Verfahren etabliert, das den regionalen Vorherrschaftsanspruch der Kurpfalz im Alltag thematisierte und verankerte. Durch Schutz- und Schirmverträge mit Klöstern und Stiften der Region konnten die Pfalzgrafen Einfluss auch auf diese kirchlichen Institutionen gewinnen. Bei der Förderung der Stadtentwicklung werden neben militärischen und territorialpolitischen Zielsetzungen besonders im 15. Jh. fiskalische Interessen der Landesherrschaft sichtbar.[46]

Höfe und Residenzen

Die Höfe waren der eigentliche Mittelpunkt von Herrschaft in der Vormoderne – das gilt für das Königtum ebenso wie für die spätmittelalterlichen Fürstentümer und Grafschaften. Höfe müssen als Personenverbände verstanden werden, deren Mitte der Herrscher war, umgeben von seiner Familie, von Räten, Verwaltungsfachleuten und kleinen Bediensteten, von dauernd oder vorübergehend am Hof weilenden Gefolgsleuten und Gästen. Die Höfe hatten das tägliche Leben des Fürsten zu organisieren, für seine Sicherheit zu sorgen, sein Prestige zu erhalten, regionale Machteliten zu neutralisieren und zu integrieren und nicht zuletzt: das Fürstentum zu regieren und zu verwalten. Die Fürsten regierten noch im Umherreisen. Erst allmählich bildeten sich im Verlauf des Spätmittelalters Hauptresidenzen heraus, und noch um 1500 waren die meisten Höfe nicht völlig resident geworden.[47] Die Pfalzgrafen bei Rhein bevorzugten seit der Verselbständigung der Pfalz von Bayern zunächst Neustadt a. d. W. und Heidelberg als Hauptorte. Seit Ruprecht I. (1353–1390) lag Heidelberg eindeutig an der Spitze, daneben hatten auch noch Bacharach, Neustadt und Alzey zentralörtliche Funktionen inne. Die Bedeutung Heidelbergs zeigt sich daran, dass dort seither die meisten Urkunden ausgestellt wurden, hohe kirchliche Feiertage begangen, wichtige politische Handlungen vollzogen und Turniere abgehalten wurden. Die unweit des alten Metropolitanorts gelegene Niederungsburg Pfalzel wurde zur wichtigsten oberstiftischen Residenz des Trierer Erzbischofs im Spätmittelalter. Im Niederstift überflügelte Ehrenbreitstein bei Koblenz im 15. Jh. Pfalzel eindeutig und übernahm zentrale Funktionen im Erzstift. Ein einschneidendes Ereignis für die Mainzer Erzbischöfe war die Zerstörung ihrer Pfalz in Mainz durch aufständische Bürger 1273/76. Eltville, Höchst, besonders aber Aschaffenburg wurden im 14. Jh. zu häufiger besuchten Aufenthaltsorten. Nach der Eroberung und dauerhaften Niederwerfung der Stadt Mainz 1462 kehrten die Erzbischöfe im späteren 15. Jh. wieder an ihren Kathedralort zurück, wo sie mit der Martinsburg eine neue Burg errichteten, aus der später das kurfürstliche Schloss hervorging. Auch die Bischöfe von Worms und Speyer verließen ihren Kathedralort, um sich vor der widerständigen Bürgerschaft zu schützen und ständigen Konflikten auszuweichen. So wurde für die Wormser Bischöfe Ladenburg, für die Speyerer Bischöfe Udenheim (später Philippsburg) zur vornehmlich genutzten Residenz. Beide lagen rechts des Rheins unweit der Heidelberger Residenz der Pfalzgrafen, zu deren Gefolgschaft die beiden Bischöfe gezählt werden können. Residenzorte der pfälzischen Nebenlinien waren Zweibrücken, Meisenheim, Kastellaun und Simmern. Die Mittelpunkte der kleineren und größeren Grafschaften der Region wie Trarbach, Birkenfeld oder Kreuznach (bis zum Ende der Grafschaft Sponheim), Dhaun (Raugrafen), Hardenburg (Leiningen) oder auch Neuwied (Grafen von Wied) konnten nur vergleichsweise kleine Höfe unterhalten, deren kulturelles Niveau weit unter dem der fürstlichen Residenzen blieb.[48]

Hofämter und Verwaltung

Die an Königs- und Fürstenhöfen seit karolingischer Zeit bekannten Hofämter Marschall, Kammermeister, Truchsess und Schenk waren im Spätmittelalter zu Ehrenämtern, sog. Erzämtern, geworden, die nicht mehr mit laufenden Aufgaben verbunden waren und traditionell von bestimmten Adelsdynastien der Region besetzt wurden. An den meisten Höfen war das Hofmeisteramt jetzt das wichtigste Hofamt. Neben diesem standen meist ein Marschall für militärische Aufgaben und oft ein Kämmerer, der für die Finanzen verantwortlich war, an der Spitze des Hofes. Der Kreis der Amtsträger wurde erweitert durch fest bestallte oder zeitweise hinzugezogene Räte meist aus der adligen Elite des Landes. Erst an der Wende vom 15. zum 16. Jh. erscheint oft ein fester Kreis von Räten, die regelmäßig und auch ohne den Fürsten Sitzungen abhielten – eine Art Regierung des Landes.[49] Im 15. Jh. übernahm der Hofmeister in der Kurpfalz wie auch in Kurmainz vor allem politische Aufgaben, während in beiden Fürstentümern das Amt eines Haushofmeisters damals neu entstand, der für die Versorgung des Hofes verantwortlich war. Auch in Trier wird eine ähnliche Aufteilung des Hofmeisteramtes sichtbar. Der kurpfälzische Kammermeister kümmerte sich zunächst um die persönlichen Bedürfnisse des Fürsten. Im 15. Jh. war er zeitweise für die gesamte Territorialverwaltung zuständig, bis hierfür eine spezialisierte Steuerbehörde unter dem Rentmeister entstand. Für die Regierungszeit Pfalzgraf Ludwigs III. (1411–1436) werden 179 Räte insgesamt namentlich genannt, aber wohl nie mehr als 30 Räte dürften gleichzeitig im Dienst bei Hofe gewesen sein. In den großen geistlichen Fürstentümern wie Kurmainz oder Kurtrier spielte der Klerus eine deutlich größere Rolle. So setzte das Mainzer Domkapitel 1459 durch, dass drei Domherren im jährlichen Wechsel als tägliche Räte zu berufen seien. Die Mainzer Räte aus dem Klerus wurden aufgrund ihrer kirchlichen Bepfründung nicht eigens besoldet. Unter Erzbischof Dietrich von Erbach (1434–1459) waren insgesamt 165 Räte tätig. Etwa 40 % der Räte gehörten hier dem Klerus an, darunter die einflussreichsten Domherren. Der Kreis der täglichen Räte bestand aus ca. 10–25 Personen. In Kurtrier taten unter Erzbischof Johann von Baden (1456–1503) insgesamt 134 Räte Dienst. Um 1500 befanden sich täglich 111 Personen bei Hofe, vom Türhüter und Barbier bis hin zu den Inhabern der Spitzenämter. Kleiner war ein Hof wie der von Pfalz-Zweibrücken 1443 unter Herzog Stephan: Ungefähr 55 Personen gehörten damals zum ständigen Hofgesinde, davon insgesamt sechs Räte sowie der Kanzler. Der Hofmeister und ein weiterer Rat sollten sich ständig bei den Herzögen aufhalten. Noch etwas kleiner war um 1470 der Hof des Bischofs von Speyer mit 35 Personen.

Der Kanzler als Leiter der Kanzlei gewann seit dem 15. Jh. im Rat der meisten deutschen Fürstentümer an Bedeutung, wurde oftmals sogar neben dem Hofmeister zur zentralen Figur. Nachdem früher aufgrund ihrer spezifischen Schriftkenntnis stets Kleriker die Kanzleistellen besetzt hatten, wurden sie nun allmählich durch Bürgerliche mit Universitätsbildung zurückgedrängt. Ein berühmtes frühes Beispiel systematischer Abschrift und Sammlung von Urkundenkopien sind die sog. Balduineen des Erzbischofs Balduin von Luxemburg, in denen um 1330 in mehreren prachtvollen Codices die Trierer Urkunden dokumentiert wurden, darunter ein kleineres Reiseexemplar für den Erzbischof. Doch erst im 15. Jh. entstand neben der Diözsanverwaltung eine Kanzlei für weltliche Verwaltungsangelegenheiten. Jetzt wurde die Trierer Kanzlei auch zentralisiert und auf dem Ehrenbreitstein zusammengeführt. Um 1500 bestand die Trierer Kanzlei aus dem Vorsteher, zwei Sekretären, fünf Schreibern und einem Knecht. In der Kurpfalz führte das Königtum Ruprechts kurz nach 1400 nur zu einer vorübergehenden Vermehrung des Heidelberger Kanzleipersonals. Das seitdem erscheinende Kanzleramt wurde aber auch im weiteren 15. Jh. von prominenten Persönlichkeiten wie z. B. den Bischöfen von Speyer oder Worms persönlich versehen. Die Verlegung der Kanzlei von der Burg in ein festes Haus in Heidelberg ist ein wichtiges Zeichen für die Sesshaftwerdung der Verwaltung. Im Mainzer Erzstift wurden Mitarbeiter der Kanzlei verstärkt zu diplomatischen Aufgaben herangezogen; der Kanzler galt zudem Mitte des 15. Jhs. neben dem Hofmeister als besonders einflussreich im Rat.[50]

Die Finanzverwaltung und der Anfang von Landständen

Die vier rheinischen Kurfürsten rangierten mit ihren jährlichen Einkünften nach zeitgenössischen Schätzungen mit an der Spitze der deutschen Fürstentümer des 15. Jhs., wobei Köln und Pfalz etwa gleichauf lagen. Mainz folgte dahinter und Trier bildete mit etwa der Hälfte der Einkünfte von Köln und Pfalz das Schlusslicht.[51] Die Finanzverwaltung wurde in der Pfalz während der Regierungszeit Pfalzgraf Friedrichs I. entsprechend dem allgemeinen Trend allmählich zentralisiert: Zahlungen wurden jetzt durch den Kammermeister in Heidelberg geleistet und nicht mehr auf die dezentralen Ämter angewiesen. Bald wurde die neue zentrale Finanzverwaltung durch spezialisiertes Personal geführt: Anstatt des Hofmeisters führte seit 1466 ein Rentmeister die Finanzverwaltung, der durch Rechenmeister und Rechenschreiber unterstützt wurde. Auch am Trierer Hof erscheint um 1500 ein Rentmeister. Demgegenüber blieb die Zentralisierung im Mainzer Kurfürstentum deutlich zurück, was wohl vor allem mit der Zerrissenheit des Territoriums zusammenhing, doch sind die finanziellen und administrativen Verhältnisse des Erzstifts im Spätmittelalter bisher wenig erforscht. Aus der Zeit Dietrichs von Erbach (1434–1459) können binnen 25 Jahren immerhin zwölf Sonderbesteuerungen des Klerus bzw. allgemeine Landsteuern ermittelt werden. Neben Mainzöllen (z. B. bei Höchst und Aschaffenburg) spielten die Rheinzölle in Gernsheim, Ehrenfels, vor allem aber in Oberlahnstein eine wichtige Rolle für die Mainzer Finanzen.[52] Auch die Trierer Erzbischöfe erzielten aus zahlreichen Zollstellen an Rhein und Mosel Einnahmen. Doch wurden Pfandablösungen bzw. Zugewinne noch regelmäßig durch neue Verschuldung an anderer Stelle erkauft – ein Zustand, der sich gegen Ende des 15. Jhs. unter Erzbischof Johann von Baden nicht grundlegend geändert hatte, obwohl dieser als ein erfolgreicher Territorialpolitiker gilt und zahlreiche Verpfändungen zurückgelöst haben soll. Nach dessen Tod führten die Verhandlungen über eine allgemeine Landsteuer, die alle Bewohner erfassen sollte, zu einer substanziellen Privilegierung der Trierer Landstände mit dem Recht einer regelmäßigen Abhaltung von Landtagen ohne besondere Ladung sowie mit dem Zugeständnis von Einfluss auf die Gerichtsbarkeit und auf die Besetzung des Rates. Auch über die einmalige Steuerbewilligung hinaus sollten die Landstände regelmäßig Geldgeber und Bürgen bei finanziellen Transaktionen des Erzstifts sein. Damit waren die Landstände aus Klerus, Adel und Städten im Erzbistum Trier zu einer etablierten Institution im Rahmen des Kurfürstentums geworden.[53] In Kurmainz und Kurpfalz hingegen blieb es bis dahin und auch auf längere Sicht bei gelegentlichen Versammlungen des Adels, der Städte oder des Klerus, Versammlungen, zu denen die Fürsten nach Bedarf einluden, ohne sich auf dauerhafte Selbstverpflichtungen einlassen zu müssen. Die frühstaatliche ständische Integration blieb also, mit Ausnahme des Erzstifts Trier, in allen Fürstentümern im Raum des heutigen Landes Rheinland-Pfalz vergleichsweise unterentwickelt. Der Zusammenhalt des Fürstentums wurde nicht über allgemeine Landessteuern und damit zusammenhängend über landständische Versammlungen, sondern auf dem Weg der Aufrechterhaltung und Pflege informeller Verbindungen und Absprachen mit den regional bedeutenden Kräften des Landes gesucht.

1 MORAW, Verfassung 1985; KRIEGER, König 1992, S. 10 f., 66–71 zur Entstehung des Kurfürstenkollegs; zusammenfassend dazu auch ROGGE, Könige 2011, S. 46–53.
2 MORAW, Regionen 1997; zur Region hier knapp S. 24; Darstellung der Regionen in der Karte S. 24 f.
3 SPIESS, Grafen 2000. Zum Niederadel fehlt ein regionaler Gesamtüberblick.
4 Zu den traditionellen Reichsämtern der Kurfürsten KRIEGER, König 1992, S. 10 f.; zur Stellung des Mainzer Erzbischofs siehe den Beitrag von Ernst-Dieter Hehl, Königtum, Kirche und Adel in diesem Band. Zum Kurrecht siehe Anm. 1.
5 Zum Folgenden aus regionaler Sicht siehe GERLICH, Kurfürsten 1971. Literatur zur Reichsgeschichte siehe Anm. 1.
6 SCHAAB, Geschichte 1988, S. 178 f.
7 HEINIG, Spätmittelalter 2000, S. 550–554. Zur Reichsgeschichte MORAW, Verfassung 1985, S. 416–421.
8 SCHUBERT, Herrschaft 1996, S. 24 ff.
9 Überblick bei SCHAAB, Geschichte 1988, S. 36–90. Zur Kurpfalz im Spätmittelalter auch RÖDEL, Griff 2000.
10 Vertrag ediert von SCHAAB, Urkunden 1998, Nr. 48.
11 SPINDLER/KRAUS, Bayern 1988, S. 173ff., zum Kurrecht, S.104–110; SCHAAB, Geschichte 1988, S. 91 ff.
12 WEINRICH, Quellen 1983, Nr. 94a: Die Goldene Bulle. Nürnberger Gesetzbuch, Kapitel 20.
13 Sinngemäße Übertragung nach dem Originaltext SCHAAB, Urkunden 1998, Nr. 109, hier Abschnitt 2, S. 211.
14 SCHAAB, Geschichte 1988, S. 145–159; SPIESS, Erbteilung 1990.
15 SCHAAB, Geschichte 1988, S. 170–183.
16 Ebenda, S. 211–219; SPINDLER/KRAUS, Bayern 1988, S. 318–321.
17 SCHUBERT, Herrschaft 1996, S. 6–9.
18 HOLLMANN, Domkapitel 1990, S. 50 ff. und zur Vernetzung der Domkapitelsmitglieder insgesamt ebenda, S. 43–114; Zusammenfassend auch HEINIG, Spätmittelalter 2000, S. 428 ff.
19 Kurze Zusammenfassung: FOUQUET, Verwandtschaft 1987. Siehe auch DERS., Domkapitel 1987. Zum Trierer Domkapitel HOLBACH, Stiftsgeistlichkeit 1982.
20 Zu dieser Epoche JÜRGENSMEIER, Bistum 1988, S. 96–118; HEINIG, Hochmittelalter 2000.
21 Überblick zum 14. Jh.: JÜRGENSMEIER, Bistum 1988, S. 121–148; HEINIG, Spätmittelalter 2000, S. 416–499.
22 Überblick zum 15. Jh.: JÜRGENSMEIER, Bistum 1988, S. 148–171; HEINIG, Spätmittelalter 2000, S. 499–540.
23 HEINIG, Spätmittelalter 2000, S. 550–554.
24 HOLBACH, Besetzung 1983, S. 11.
25 Ebenda; Zu Erzbischof Balduin jüngst WAGNER, Balduin 2009.
26 Zusammenfassend mit Literaturhinweisen: ANDERMANN, Speyer 2003; BÖNNEN, Worms 2003.
27 SPIESS, Grafen 2000, S. 142.
28 DERS., Familie 1993; DERS., Grafen 2000.
29 Zu den Grafschaften und Herrschaften insbesondere im Nahe-/Hunsrück-Raum DOTZAUER, Geschichte 2001; zu den Grafschaften im Westerwald GENSICKE, Landesgeschichte 1958; ergänzend die Kurzübersicht bei BROMMER/RÖDEL, Kleinere Territorien 1981. Übersichten und die Literatur zu den einzelnen Geschlechtern demnächst im Bd. 4: Grafen und Herren des Handbuchs: Höfe und Residenzen im spätmittelalterlichen Reich.
30 SPIESS, Grafen 2000, S. 146 f.
31 Siehe hierzu auch den Beitrag »Die Territorien im Überblick« von Matthias Schnettger in diesem Band.
32 SPIESS, Lehnswesen 2009.
33 Generell DERS., Lehnsrecht 1978; Zitat ebenda, S. 191.
34 BERNS, Burgenpolitik 1980, S. 22–33 sowie S. 40–55 zur Herkunft und Bindung der Amtleute.
35 Ebenda, S. 20 ff. Zur Verdichtung des Trierer Territoriums im 14. Jh. siehe auch BURGARD, Bischoff 1999.
36 Zur Bedeutung der Burgen für das Erzstift Mainz GRATHOFF, Erzbischofsburgen 2005 (mit Karte); für die Pfalzgrafschaft bei Rhein SPIESS, Lehnsrecht 1978, hier S. 216–220 samt Karte im Anhang.
37 GRATHOFF, Erzbischofsburgen 2005, S. 80 f.

38 SPIESS, Lehnsrecht 1978, S. 213–216.

39 BERNS, Burgenpolitik 1980, S. 140.

40 SPIESS, Burg 1995.

41 SCHUBERT, Herrschaft 1996, S. 14–22. Einzelheiten bedürfen noch der Erforschung.

42 SCHMITT, Territorialstaat 1992, S. 6–10.

43 CHRIST, Erzstift 1997, S. 46–53; eine Zusammenstellung der Mainzer Ämter für 1495 bei SCHMID, Pfennig 1989, S. 489 (Anm. 287).

44 BURGARD, Bischoff 1999; BROMMER, Ämter 2003.

45 SCHMITT, Territorialstaat 1992.

46 SCHAAB, Geschichte 1988, S. 112–114 zum kurpfälzischen Klosterschutz; SCHMITT, Landesherr 1994 zum Verhältnis zwischen der Kurpfalz und den Städten.

47 PARAVICINI, Kultur 1994, S. 66 f.

48 Entwicklung der Residenzen bei Kurpfalz KOLB, Heidelberg 1999; bei Kurtrier KERBER, Herrschaftsmittelpunkte 1995; bei Kurmainz BÜNZ, Mainz 2009; bei den Bistümern Worms und Speyer die in Anm. 26 genannten Artikel zu den Höfen. Außerdem die Residenzen-Artikel von ANDERMANN, Speyer 2003 bzw. DERS., Udenheim 2003 sowie von ZEILINGER, Ladenburg 2003 und von BÖNNEN, Worms 2003. Zu den Residenzen der pfälzischen Nebenlinien siehe die Artikel von AMMERICH, Meisenheim 2003 bzw. DERS., Zweibrücken 2003. Zu den Residenzen der gräflichen Geschlechter künftig im Bd. 4: Grafen und Herren (wie Anm. 29).

49 SCHUBERT, Herrschaft 1996, S. 27 ff.

50 Angaben für Kurpfalz nach SCHAAB, Geschichte 1988, S. 206 f. bzw. STUDT, Pfalz 2003; für Kurmainz VOSS, Erbach 2004, S. 200–214; für Kurtrier KERBER, Herrschaftsmittelpunkte 1995, S. 232–247, S. 369–420; für Pfalz-Zwei-brücken WAGNER, Finanz- und Dienstordnung 2002/2003, S. 114 ff. bzw. STEVERDING/STUDT, Pfalz-Veldenz 2003; für Worms und Speyer siehe die Artikel in Anm. 26.

51 HEINIG, Spätmittelalter 2000, S. 435 ff.; KERBER, Herrschaftsmittelpunkte 1995, S. 119 (Anm. 88).

52 VOSS, Erbach 2004, S. 208 (Anm. 32), HEINIG, Spätmittelalter 2000, S. 436.

53 KERBER, Herrschaftsmittelpunkte 1995, S. 97–106; HELBIG, Fürsten 1964, S. 48 ff.

Kirchliche Ordnungen in regionalen und überregionalen Bezügen: Bischöfe, Könige und Päpste

Von Ernst-Dieter Hehl

1. Grundstrukturen: Der Bischof als Leitfigur

Die Grundstruktur der westlich-lateinischen Kirche des Mittelalters und damit der heutigen römisch-katholischen Kirche ist an das Bischofsamt gebunden. Das gilt im organisatorischen wie sakramentalen Sinn. Denn allein der Bischof besitzt die Fülle der sakramentalen Gewalt. Er allein kann eine Priesterweihe vornehmen oder das Firmsakrament spenden, beides ist einem Priester nicht möglich. Der Papst verfügt über keine weitergehende Weihegewalten als der Bischof, doch kann dieser rechtmäßig nur in seiner Diözese agieren, während die päpstliche Gewalt universal ist. Zudem verfügt der Papst bereits in der mittelalterlichen Kirche über die höchste Jurisdiktionsgewalt. Er kann über Bischöfe richten, während er selbst keiner Gerichtsbarkeit unterliegt – es sei denn, er fiele vom Glauben ab und werde zum Häretiker. Das zogen die spätantike und mittelalterliche Lehre von der Kirche, die Ekklesiologie, und das kirchliche Recht noch in Betracht, erst allmählich bildete sich die Vorstellung von einer päpstlichen Unfehlbarkeit in Glaubensfragen heraus.

Bistümer in »Rheinland-Pfalz«

Die mittelalterliche Geschichte der Kirche in »Rheinland-Pfalz« wird in diesem Abschnitt als Geschichte der Erzbistümer Trier und Mainz sowie der Mainzer Suffraganbistümer Worms und Speyer vorgestellt.[1] Doch besonders das Erzbistum Mainz überschritt weit die rheinland-pfälzischen Grenzen und bildete bei Aschaffenburg und Erfurt eigene Schwerpunkte, die hier nicht zu behandeln sind.[2] Sowohl die Beziehungen der jeweiligen Oberhirten zu den Päpsten als auch zu den Königen, von denen in der Darstellung der politischen Geschichte zu sprechen war, ist weiterhin zu berücksichtigen. Die Mischung von regionalen und überregionalen Bezügen ist charakteristisch für die Geschichte der Kirche überhaupt, aber ebenso prägend sind religiöse Lebensentwürfe und -formen.

Bischöfe – Mönche – Laien

In ihren Diözesen waren die Bischöfe Lehrer, Leiter und Richter der Geistlichkeit und der Laien. Neben der Mitra bilden deshalb Stab und Buch die Kennzeichen ihres Amtes. Von innerer Spannung durchzogen war jedoch das Verhältnis der Bischöfe zu den monastischen Gemeinschaften. Denn die Mönche waren ursprünglich Laien, die sich als Eremiten in der Einsamkeit oder in einem von der »Welt« abgesonderten Kloster dem Gebet, der Buße und dem Gottesdienst widmeten. Sie unterstanden der geistlichen Aufsicht des Bischofs, in dessen Diözese das Kloster lag. Das Ökumenische Konzil von Chalkedon hatte das 451 ausdrücklich festgestellt; die unter dem Vorsitz Erzbischof Friedrichs von Mainz 952 in Augsburg zusammengetretene Synode zitierte (c. 5) den Beschluss von Chalkedon. Dass die Mönche sich zunehmend zu Priestern weihen ließen, intensivierte die Beziehungen zwischen Kloster und Bischof, denn allein der Bischof konnte die Priesterweihe erteilen, ebenso wie ihm die Weihe des Abtes oblag. Auf der anderen Seite wurde die monastische Lebensweise mit ihrer Verpflichtung auf Keuschheit (Ehelosigkeit), Buße und Gebet zum Vorbild für die Bischöfe und ihre Geistlichkeit in der »Welt«. Früh bildeten sich in der Umgebung des Bischofs geistliche Gemeinschaften, aus denen die Domkapitel hervorgingen, denen die Ausgestaltung des Gottesdienstes in der bischöflichen Kathedrale oblag. In den fränkischen Bistümern links des Rheins wie Trier, Mainz, Worms und Speyer lässt sich dieser Prozess seit dem 8. und 9. Jh. deutlicher erkennen.[3] Durch freiwillige Verpflichtung auf gemeinschaftliches Leben und Ehelosigkeit hoben sich diese Kleriker in der Bischofsstadt von den übrigen Geistlichen ab, war dem »einfachen« Priester doch bis in das 11. Jh. anders als dem Bischof die Eheschließung erlaubt und ihm auf dem Land ein Leben in einer geistlichen Gemeinschaft nur eingeschränkt möglich. Denn die Pflicht zur Seelsorge erforderte die Erreichbarkeit des Priesters, nicht die Konzentration von Priestergemeinschaften an weit voneinander liegenden Plätzen. Immer wieder wurden die Priester auf dem Land an ihre Pflicht erinnert, die neugeborenen Kinder rasch zu taufen, damit deren Seelenheil nicht gefährdet werde. Erschließung unbebauten Landes und die Errichtung neuer Siedlungen verbanden sich deshalb ab einer bestimmten Größenordnung mit der Errichtung einer Kirche und der Bestallung eines Priesters.

2. Organisation, Recht und Verfahren: Erzbischöfe und Bischöfe – Kirchenprovinz und Bistum (bis 1100/1200)

Karl der Große hat die Grundlagen der kirchlich-politischen Struktur in seinem Reich gelegt. Er erneuerte die Metropolitanverfassung, die sich in der spätantiken westlichen Kirche herausgebildet hatte und im Frankenreich untergegangen war.[4] Erneut waren einem Erzbischof als Metropoliten eine Anzahl von Diözesanbischöfen als Suffraganbischöfe zugeordnet und Kirchenprovinzen entstanden. Trier wurde wiederum Sitz eines Erzbischofs; Mainz und Köln, wo bisher keine Erzbischöfe amtiert hatten, wurden zu Erzbischofssitzen erhoben.[5] Für Trier wird Weomad um 782 erstmals als Erzbischof genannt, nachdem die Metropolitenwürde dort in der ersten Hälfte des 7. Jhs. erloschen war. Für Mainz begegnet gleichzeitig Lul als erster Erzbischof überhaupt, denn Bonifatius hatte die erzbischöfliche Würde nur für seine Person und ohne Bezug auf einen festen Sitz erhalten.

Die Metropolitanordnung Karls des Großen

Diese Reorganisation der Kirche im Frankenreich beendete an Rhein und Mosel eine »Experimentierphase«, in der Bonifatius vergebens versucht hatte, in Köln eine Metropole mit den Suffraganbistümern Lüttich (Tongern), Mainz, Worms, Speyer und Utrecht zu errichten. Bonifatius hatte dafür zwar die päpstliche Zustimmung erhalten, scheiterte jedoch am Widerstand der Franken. 754 ist er als Bischof von Mainz gestorben.[6] Es endete auch eine Phase, in der wechselnde Bischöfe als Erzbischöfe mit der Position eines Metropoliten betraut wurden. Nun wurden das Metropolitenamt und die erzbischöfliche Würde an einen festen Sitz gebunden. Im Osten des Karolingerreiches war damit der Grundstein des Aufstieges der Erzbischöfe von Trier, Köln und Mainz gelegt, der sie politisch bis zum Erwerb der Kurwürde führte.

Denkmal des Bonifatius, von Erzbischof Gerlach 1357 in der Mainzer Johanniskirche errichtet (heute im Dom). Durch das mit Kreuzen verzierte Pallium ist Bonifatius als Erzbischof gekennzeichnet (Bistum Mainz/Magrit Hankel-Püntener)

Verfestigt – und dies durchaus im Sinne des Bonifatius – wurden auch die Bindungen an die römische Kirche, an das Papsttum. Denn die Erzbischöfe erhielten vom Papst als Zeichen ihrer Würde das Pallium, eine über dem Messgewand getragene schmale Binde aus Wolle. Für Mainz und Trier sind seit dem 10. Jh. päpstliche Privilegien erhalten, die den jeweiligen Erzbischof zum Tragen des Palliums berechtigen. Das späte Einsetzen der Überlieferung ist zufällig. Das Trierer »Archiv« dürfte in den Normannenstürmen untergegangen sein. Dass bereits Hatto I. von Mainz (891–913) ein Pallium erhalten hatte, ist aus erzählenden Quellen bekannt, und Lul von Mainz hatte vor seiner Erhebung zum Erzbischof um das Pallium nachgesucht.

Bonifatius hatte sich bei Papst Zacharias darüber beklagt, dass seit über 80 Jahren im Frankenreich keine Synode mehr stattgefunden habe und deshalb keine kirchenrechtlich abgesicherte Bestimmung mehr erlassen oder erneuert worden sei (Brief 50). Die große Kirchenprovinz unter dem Kölner Metropoliten, die Bonifatius vor Augen stand, hätte dem abhelfen können. Der Metropolit mit seinen Suffraganen wäre auf seinen Provinzialsynoden zum Garanten eines kirchlichen Lebens geworden, das den Bestimmungen der Kanones entsprach.

Daraus ist nach dem Scheitern der Pläne des Bonifatius und der Einrichtung der Metropolitansitze in Trier, Köln und Mainz nicht viel geworden. Nicht die Provinzialsynoden, sondern Synoden, auf denen mehrere Erzbischöfe mit ihren jeweiligen Suffraganen sowie der Herrscher zusammentrafen, wurden zum Motor der karolingischen Kirchenreform. Reine Provinzialsynoden blieben selten. Bis zum Tod Heinrichs III. (1056) sind das für die Provinzen Köln, Tier und Mainz jeweils weniger als ein halbes Dutzend.[7] Die kirchenrechtliche Tradition forderte, dass die Bischöfe sich zweimal im Jahr zu einer Synode versammelten. Das ließ sich nicht verwirklichen, gleich welche Art von bischöflicher Zusammenkunft man ins Auge fasst. Aber bei vier rheinischen Erzbischöfen ist von der Karolingerzeit bis zur Mitte des 11. Jhs. eine intensivere Synodaltätigkeit zu konstatieren: in Mainz bei Hrabanus Maurus, Friedrich und Aribo, in Trier bei Erzbischof Poppo. Nur Aribo und Poppo konzentrierten sich hierbei auf Provinzialsynoden.

Synoden und Repräsentation

Poppos Synoden spiegeln weniger seine jurisdiktionelle Stellung über seinen Suffraganbischöfen, die er dreimal in Trier versammelte, wider als dass sie der Verherrlichung seiner Bischofsstadt dienten. Auf der ersten Synode (1030) bestätigte und erweiterte er dem Trierer Kloster St. Maria ad martyres seine Besitzungen. 1035 ging es dann um die Verehrung Simeons, der am 1. Juni in der Porta Nigra als Inkluse gestorben und dort beigesetzt worden war, als Heiligen. Papst Benedikt IX. entsprach am 25. Dezember der Bitte Poppos um die Heiligsprechung des Verstorbenen, und Poppo konnte bald darauf in der Porta Nigra das Simeonsstift gründen.[8] Vermutlich 1037 ließ der Erzbischof dann die Gebeine des Maternus, des vermeintlich dritten Bischofs von Trier, in den Dom überführen, was mit der Weihe des Doms und einer Synode verbunden war. Von einer kirchlichen Gesetzgebung verlautet bei keiner der drei Provinzialsynoden Poppos etwas, wohl aber davon, dass sich die Trierer Kirche 1030 und 1035 Bedrängnissen und Feindseligkeiten des Adels ausgesetzt sah, wobei sich die Grafen von Luxemburg hervorgetan hatten. Man hatte die Abwesenheit des Erzbischofs ausgenutzt. Poppo nämlich hatte 1028/30 eine Pilgerfahrt nach Jerusalem unternommen; Simeon, der lange in Jerusalem und als Mönch auf dem Sinai gelebt hatte, begleitete ihn. Nach Poppos Rückkehr setzte die Reihe der Synoden ein. Auf ihnen zeigte sich der Erzbischof im Kreise seiner Suffragane, sie dienten der Repräsentation, vielleicht auch konkreten politischen Maßnahmen zur Sicherung der Trierer Kirche, nicht aber der synodalen Gesetzgebung. Eine solche war in Trier nach den Provinzialsynoden, die die Erzbischöfe 893 in Metz und 928 in ihrer Metropole gehalten hatten, offensichtlich erloschen. Zwischen 1037 und dem Ende des Investiturstreits 1122 fand in Trier keine Provinzialsynode mehr statt.

Die Suffraganbischöfe als Kollegen des Erzbischofs

Erzbischof Aribos Provinzialsynoden widmeten sich auch einem aktuellen Problem der laikalen Gesellschaft. Aribo hatte das kirchliche Vorgehen gegen Eheschließungen unter nahen Verwandten erneut aufgegriffen, das Heinrich II. 1003 eingeleitet hatte, ohne dass ein Engagement des Mainzer Erzbischofs Willigis und seines Nachfolgers Erchanbald zu erkennen ist. Vor allem der Konradiner Otto von Hammerstein und seine Ehefrau Irmingard waren betroffen.[9] Obwohl die Ehe auf einer Synode in Nimwegen 1018 aufgelöst worden war, Otto von Hammerstein auf einem Hoftag in Bürgel (bei Offenbach) die Trennung von seiner Ehefrau versprochen, dieses Versprechen nicht gehalten, sondern den Mainzer Erzbischof bekämpft hatte, bis Heinrich II. schließlich 1020 Ottos Burg Hammerstein eroberte, ergriff Erchanbald keine kirchlichen Maßnahmen gegen das Paar, das so hartnäckig an seiner Ehe festhielt. Aribo hingegen wurde tätig. Am Pfingstfest 1023 annullierte eine Mainzer Provinzialsynode die Ehe. Otto von Hammerstein akzeptierte das Urteil, Irmingard aber nicht und wurde deshalb exkommuniziert. Doch nun wandte sie sich an den Papst, und dieser erklärte ihre Ehe für rechtmäßig und gültig, während Aribo auf einer Provinzialsynode in Seligenstadt verfügte, keiner dürfe sich vom Papst von Leistung der Buße befreien lassen, er habe vielmehr seine Buße zu leisten und dürfe danach nicht nach Rom ziehen, ohne dass der zuständige Bischof eingeschaltet werde (c.18). Irmingards Protest in Rom hatte für Aribo eine weitere Konsequenz. Papst Benedikt VIII. suspendierte den Erzbischof und untersagte ihm das Tragen des Palliums.

Aribo bemühte sich um das Zusammentreten einer neuen Synode in Höchst. Vor allem aber intervenierten zwölf Bischöfe seiner Kirchenprovinz beim Papst für ihn. Sie verwahrten sich dagegen, dass der »unschuldige Metropolit« aufgrund der »(verleumderischen) Anschuldigung einer einzigen Frau« so gemaßregelt und bestraft werde. Die Strafe müsse sie alle treffen, denn Aribo habe auf »ihren gemeinsamen Rat und ihr Urteil« gehandelt.[10] Papst Benedikt war bereits vor dem Absenden des Briefes gestorben, sein Nachfolger hat nicht darauf reagiert, und weil damals auch Heinrich II. starb und sein Nachfolger Konrad II. die Politik gegen die Nahehen nicht weiter verfolgte, sondern auf einer Frankfurter Synode 1027 einen neuen Vorstoß Aribos ausbremste, verlief die Angelegenheit im Sande. Irmingard jedenfalls hatte ihre Ehe gerettet, und Aribo amtierte weiterhin unangefochten als Erzbischof. Das Protestschreiben der Mainzer Suffraganbischöfe an den Papst hatte aber nicht die Überordnung des Metropoliten über seine Suffragane formuliert, sondern gleichberechtigtes Zusammenwirken auf der Provinzialsynode, kurz: bischöfliche Solidarität, in diesem Fall gegenüber einem Papst, der zumindest die Regularien seiner richterlichen Stellung außer Acht gelassen hatte, als er den Mainzer Erzbischof bestrafte, ohne ihn vorher anzuhören.

Reichssynoden – Reformsynoden

Entscheidend für Erzbischöfe und Bischöfe war im frühen und hohen Mittelalter ihre Teilnahme an den Reichssynoden. Für diese bildete der Herrschaftsbereich des Königs den Bezugsrahmen, auch wenn sich nur selten alle Bischöfe des Reichs auf ihnen versammelten oder sämtliche Kirchenprovinzen auf ihnen vertreten waren. Kirchliche Normsetzung bedurfte der Unterstützung durch den Herrscher, um sich in der Praxis durchsetzen zu können, und oft ging es auf den Synoden weniger um »Gesetzgebung« im heutigen Sinne als um Verkündigung eines kirchlichen Idealzustandes, auf dessen Erreichen die Bischöfe in ihren Diözesen dann hinarbeiten sollten.

Der Typus des bischöflich-königlichen Zusammenwirkens auf den Reichssynoden hatte bereits die Praxis der Merowingerzeit seit den Tagen Chlodwigs geprägt. Die Tagungsorte lagen im heutigen Frankreich, aber Bischöfe aus dem Osten des Merowingerreichs nahmen wiederholt an ihnen teil: der Trierer mehrmals, die Bischöfe von Worms und Speyer 614 an der Synode von Paris, für den Mainzer Bischof fehlt jeglicher Beleg.[11] Doch mit der zunehmenden Schwäche des Königtums war das Erlöschen synodaler Tätigkeit verbunden gewesen. Bonifatius leitete mit dem sog. *Concilium Germanicum* von 742 oder 743 einen Neubeginn ein. Bei dem fränkischen Hausmeier Karlmann fand er politische Unterstützung, dieser verkündete die Beschlüsse der Synode in einem eigenen Erlass (Kapitular). Gekommen waren reformwillige Bischöfe, vom Rhein waren das die Bischöfe von Köln und Straßburg, aus Utrecht oder Speyer war ein Bischof namens Dadanus erschienen, doch es fehlten die Bischöfe Milo von Trier und Gewilib von Mainz als Gegenspieler des reformerisch gesinnten Bonifatius, den die Synode in die Position eines den Bischöfen übergeordneten Erzbischofs einwies.[12]

Eine vom Herrscher geschützte, von den Bischöfen verantwortlich geleitete kirchliche Organisation war das Ideal der von Bonifatius ausgehenden Kirchenreform, die inhaltlich bruchlos in die Karls des Großen und seiner Nachfolger überging. Die Reformbemühungen galten auch der Lebensweise der Bischöfe selbst, ihrer Geistlichen und der in religiöser Gemeinschaft lebenden Männer und Frauen. Das Leben der Laien betrafen

Bestimmungen zum Schutz des kirchlichen Eigentums vor Übergriffen der Großen, besonders aber Beschlüsse, die der »inneren Christianisierung« der Gesellschaft dienten: Die Ehe wird auf Lebenszeit der Partner geschlossen, die Ehe unter zu nahen Verwandten ist untersagt. Die Grundlagen der christlichen Lehre sollen auch den Laien bekannt sein, für ihre Sünden und Vergehen haben sie (wie auch der Klerus) angemessene Kirchenbuße zu leisten. Den Priestern oblag hierbei die geistliche Anleitung und geistliche Aufsicht, nicht nur der Gottesdienst und die Verwaltung der Sakramente. In all dem unterstand der Priester aber der regelmäßigen Kontrolle durch seinen Bischof oder dessen Beauftragte.

Synoden in Mainz und Umgebung

Mainz wurde im Osten des Karolingerreichs zu einem zentralen Ort der Reformsynoden. Hier kamen 813 die Erzbischöfe von Köln, Mainz und Salzburg und zahlreiche ihrer Suffragane zusammen, um eine das ganze Reich umfassende Reformsynode in Aachen vorzubereiten, die aber wegen des Todes Karls des Großen am 28. Januar 814 nicht mehr zustande gekommen ist. Vermutlich waren auch die Trierer Suffraganbischöfe nach Mainz gekommen, Amalar von Trier selbst war damals als Gesandter Karls in Konstantinopel. Parallel zu Mainz tagten weitere vier Teilsynoden, u. a. in Reims. Ähnlich wie 813 Karl wählte sein Sohn und Nachfolger Ludwig der Fromme Mainz zu einem der Orte, an denen 829 eine Vorbereitungssynode für eine das Reich umfassende Reformsynode stattfand, die dann der 830 eintretenden Krise von Ludwigs Herrschaft zum Opfer fiel. Jetzt versammelten sich die Erzbischöfe von Mainz, Trier, Köln, Besançon und Salzburg sowie viele ihrer Suffragane. Zugegen war auch Hrabanus Maurus, damals Abt von Fulda.

Hrabanus hat unmittelbar nach seinem Amtsantritt als Erzbischof von Mainz (847) hier eine Synode einberufen.[13] Weitere folgten 848 und 852, vielleicht noch eine weitere kurz vor seinem Tod am 4. Februar 856. Hrabans Synoden oszillierten zwischen einer Mainzer Provinzialsynode und einer Synode des ostfränkischen Reichs Ludwigs des Deutschen. Vor allem aber knüpften sie inhaltlich und oft in wörtlichem Zitat an die Mainzer Reformsynode von 813 und deren Parallelveranstaltungen an. Sie bewirkten für das sich herausbildende ostfränkische und später deutsche Reich Kontinuität zu den gesamtfränkischen Reformsynoden des Bonifatius und Karls des Großen, was dann auf den Synoden von Worms (868), Mainz (888) und Trebur (895) fortgesetzt wurde. Im Rahmen solcher Kontinuität behandelte man auch neue Fragen, vor allem zu Verwandtenehen und zur kirchlichen Buße, wenn eine solche für ein neuartiges Vergehen festzulegen war. Seit der Mitte des 9. Jhs. finden sich vermehrt Bestimmungen zur kirchlichen Buße für Tötungsdelikte, ebenso verstärken sich Überlegungen, wie sich Tat und persönliche Schuld miteinander verbinden konnten und welche Konsequenzen das für das Bemessen von Kirchenbußen hatte – Probleme, mit denen sich Hrabanus Maurus vor und während seiner Zeit als Mainzer Erzbischof befasste.[14]

Für den König und dessen Einwirken auf die kirchliche »Gesetzgebung« blieb der Mainzer Erzbischof bis zum Ende der Reichssynoden bald nach der Mitte des 11. Jhs. die maßgebliche Figur unter den ostfränkisch-deutschen Erzbischöfen. Das lag nicht zuletzt daran, dass die Mainzer Kirchenprovinz die räumlich größte war, das Erzbistum selbst auf fränkischem und sächsischem Gebiet lag und seine Suffraganbistümer Augsburg, Konstanz und Chur die schwäbischen Kernlande umfassten.

Der König war in der Regel auf den Synoden anwesend. Am Ende des 9. Jhs. treten die Pfalzen des Rhein-Main-Gebiets zunehmend als Tagungsstätten hervor: Frankfurt, Trebur und vor allem Ingelheim.[15] Nach einem fünfjährigen Aufenthalt in Italien trafen hier 972 Kaiser Otto der Große und sein bereits zum Kaiser gekrönter Sohn Otto II. mit allen Metropoliten des Reiches und vielen ihrer Suffragane zusammen. Von einer kirchlichen Gesetzgebung verlautet nichts, Einzelprobleme wurden geregelt. Eine allgemeine Aussprache über die kirchlichen Probleme, die sich in der Reichskirche nördlich der Alpen aufgestaut hatten, ist zu vermuten. Wie üblich, wird die Synode in einem liturgischen Rahmen getagt haben. Die beiden Kaiser präsentierten sich jedenfalls im Kreis ihrer Bischöfe: Kollegialität und Eintracht der Bischöfe sowie Einvernehmen mit dem Herrscher augenfällig zu machen, gehörte zu den zentralen Elementen des synodalen Geschehens.

Mainz 1049: eine Reformsynode von Kaiser und Papst

Die Mainzer Synode vom 19. Oktober 1049 erweiterte den Kreis der Teilnehmer um den Papst. Papst Leo IX. traf hier mit Kaiser Heinrich III., den Metropoliten und zahlreichen weiteren Bischöfen zusammen. Auch in Mainz stand neben der Regelung von Einzelfragen die Demonstration von kirchlich-politischer Einheit im Vordergrund. Diesmal verband sie sich mit Diskussionen und Ansätzen zu einer allgemeinen Kirchenreform, wie sie sowohl Heinrich III. als auch dem Papst am Herzen lag. Simonistischer, mit Geldzahlung verbundener Erwerb eines kirchlichen Amtes wurde als Häresie gebrandmarkt, die Ehen der Priester scharf verurteilt. Der Speyerer Bischof Sigebot reinigte sich hier von dem Verdacht, mit einer Frau zusammenzuleben. Die Mainzer Synode war bis zum Konstanzer Konzil (1414–1418) die letzte »deutsche« Synode, an der ein Papst teilnahm. Eine Generation zuvor hatte Papst Benedikt VIII. 1020 in Gegenwart Heinrichs II. eine große Synode in Bamberg gehalten, auf der vor allem politische Probleme Süditaliens besprochen worden waren. Als Papst Eugen III. sich von November 1147 bis Februar 1148 in Trier aufhielt, kam es zwar zu eindrucksvollen liturgischen Feiern des Papstes und seiner Kardinäle zusammen mit Erzbischof Albero und weiteren Bischöfen, jedoch nicht zu einer Synode.

Sammlungen des Kirchenrechts: Regino von Prüm und Burchard von Worms

Die synodale Gesetzgebung ist im ostfränkisch-deutschen Reich seit der Mitte des 10. Jhs. zurückgegangen. Doch an seinem Beginn ist Trier mit dem »Sendhandbuch« des Regino von Prüm als bedeutendes kirchenrechtliches Zentrum hervorgetreten.[16] Regino stellte es um 906 auf Anweisung von Erzbischof Radbod zusammen und widmete es dem Mainzer Erzbischof Hatto I. Dieser sollte sich des Buches bedienen, wenn er oder seine Beauftragten die Mainzer Diözese durchreisten, um dort nach dem Rechten zu sehen.

Regino hat sein Werk in zwei Bücher gegliedert: das erste enthält Vorschriften für die Kleriker, das zweite befasst sich mit den Laien. Beiden Büchern geht ein Fragenkatalog voraus, der bei der Visitation »abzuarbeiten« war. Zu den einzelnen Fragekomplexen sind dann die kirchenrechtlichen Vorschriften verzeichnet, von denen ein beträchtlicher Teil aus der Karolingerzeit stammt. Die zu dem Sendgericht Versammelten hatten zu melden, wenn sich ein Priester bzw. ein Laie eines der inkriminierten Vergehen schuldig gemacht hatte. Reginos Fragenkatalog führt in die Lebenswelt an der Wende von 9. zum 10. Jh., ausdrücklich betonte er, sich auch aktueller und neuer Vorschriften zu bedienen, um neuartige Schandtaten abzudecken. Bei den Laien hat Regino in der 45. Frage das Problem der Hexerei angesprochen. Das Kapitel, das er (II,371) dazu zitiert, widerspricht einer populären Vorstellung vom Mittelalter. Die Bischöfe sollen die »vom Teufel erfundene Weissage- und Zauberkunst« in ihren Diözesen ausrotten. Wer diese betreibe, solle vertrieben werden, gleich ob »Mann oder Frau«. Die Erzählungen, nachts in anderer Gestalt mit Dämonen herumgezogen zu sein, seien widersinnig. In ihnen spiegele sich Abfall von dem wahren Glauben. Denn wer »glaubt, irgendetwas könne entstehen oder irgendein Geschöpf zum Besseren oder Schlechteren verändert oder zu anderer Erscheinung oder Ähnlichkeit hin umgeformt werden außer durch den Schöpfer selbst, der alles gemacht hat und durch den alles gemacht ist, der ist zweifellos ungläubig.« Reginos Kapitel ist in das allgemeine Kirchenrecht des Mittelalters und der frühen Neuzeit eingegangen. Zu Beginn seines Hexenhammers wehrte sich Heinrich Kramer am Ende des Mittelalters gegen Interpretationen des Kapitels, die daraus ableiteten, in der Realität gäbe es weder Hexen noch Hexerei.[17] Zur Zeit Reginos war es jedoch um Aberglauben und abergläubische Praktiken gegangen, nicht um Hexerei.

Rund 100 Jahre später nutzte Bischof Burchard von Worms Reginos Werk für seine Kirchenrechtssammlung. Auch wenn Burchard einleitend beklagte, dass mangelnde Kenntnis der kirchlichen Vorschriften zu Wildwuchs bei den Bußauflagen geführt hätte, konzentriert er sich nicht allein auf die Kirchenbuße. Sein Dekret umfasst in systematischer Ordnung alle Bereiche des kirchlichen Lebens und der kirchlichen Organisation, die die Amtsführung des Bischofs berühren. Es soll den Bischof nicht bei der Visitation des Bistums unterstützen, sondern bei der Ausbildung des Klerus. Burchard behandelt in einem ersten Buch die kirchlichen Leitungsinstanzen vom Papst bis hin zu den Bischöfen, das zweite widmet sich den Priestern, mit dem sechsten wendet sich Burchard der Welt der Laien zu und bespricht deren religiöse Verpflichtungen und Vergehen, hier vor allem wie diese zu büßen sind. Das zwanzigste und abschließende Buch handelt über das Jenseits und die letzten Dinge.[18]

Burchards Dekret dürfte in allen Bischofskirchen des Reichs vorhanden gewesen sein, auch in Norditalien, mehr als 80 Handschriften haben die Zeit bis heute überdauert. Und so wie Burchard selbst das bei Regino gesammelte Material nutzte, so wurde sein Dekret am Beginn des 12. Jhs. zu einer Quelle für die Rechtssammlungen des Bischofs Ivo von Chartres. Über Ivo sind die Burchardtexte dann in das *Decretum Gratiani* gelangt, das seit der Mitte des 12. Jhs. zur grundlegenden Sammlung des älteren Kirchenrechts und an den sich herausbildenden Universitäten zum Gegenstand der wissenschaftlichen Interpretation wurde. Bis zu Beginn des 20. Jhs., als Papst Benedikt XV. den *Codex Iuris Canonici* in Kraft setzte, blieb Gratians Dekret eine Grundlage des geltenden Kirchenrechts, das seit dem 12. Jh. über die päpstlichen Dekretalen und Konzilien weiter entwickelt wurde. Mit Burchard hat die mittelalterliche Kirche Deutschlands so einen Beitrag zur europäischen Rechtskultur geleistet. An die Weiterentwicklung kirchlichen Rechtsdenkens hat sie aber seit dem 12. Jh. den Anschluss verloren.[19] Denn die Universitäten an Rhein und Mosel entstanden zu spät, als dass sie das wissenschaftliche Durchdringen des kirchlichen Rechts noch hätten prägen können.

Recht und Liturgie

Gerade im Bußwesen bildeten das Recht, in dem die Bußwürdigkeit einer Handlung oder Verhaltensweise festgestellt wurde, und ein seelsorgerisch-liturgischer Rahmen eine untrennbare Einheit. In der Beichte wurden die Sünden bekannt, die kirchliche Buße auferlegt, bei schweren Vergehen wurden Beichte und Buße gegebenenfalls durch die Exkommunikation erzwungen. Ein eindrucksvolles Ritual für eine Exkommunikation hat Regino in sein Sendhandbuch aufgenommen. Nur ein Bischof kann diese verhängen. Bei ihrer feierlichen liturgischen Ausgestaltung sollen ihn zwölf Priester dabei umgeben, mit brennenden Fackeln in den Händen, »die sie am Ende des Bannfluchs oder der Exkommunikation auf die Erde werfen und mit den Füßen austreten müssen« (II,413). Aber die Exkommunikation ist nicht als dauernder Ausschluss von der kirchlichen Gemeinschaft gedacht, sondern als Zwangsmaßnahme, die den Exkommunizierten zum Bekennen seiner Schuld und zur Annahme der Buße bewegen soll. Es geht um Besserung, nicht um Strafe. Deshalb findet sich bei Regino auch ein Kapitel, wie der Bischof den Bußwilligen wieder in die kirchliche Gemeinschaft aufnimmt: Er empfängt ihn vor der Kirchentür, erfragt die Bußbereitschaft, führt ihn dann in die Kirche und reicht ihm die Kommunion. Wiederum sind zwölf Priester zugegen (II,418).

Diese Vorschriften sind über Burchard und Gratian zum allgemeinen Kirchenrecht geworden. Und um die Mitte des 10. Jhs. sind sie in das maßgebliche »Handbuch« zur bischöflichen Liturgie eingegangen: in das *Pontificale Romano-Germanicum*. Das Pontificale stellte die Texte für den Gottesdienst des Bischofs sowie dessen Amts- und Weihehandlungen zusammen, vor allem bei letzterem verbunden mit knappen Handlungsanleitungen. Es beruhte auf der römischen Liturgie, die seit dem 8. Jh. – vom karolingischen Metz ausgehend – im Frankenreich heimisch geworden und dort auch weniger weiteren Veränderungen unterzogen worden war als in Rom selbst. In Mainz ist es um 960 im St. Albanskloster oder am Dom selbst entstanden, in Folge der Kaiserkrönung Ottos des Großen hat es dann auch Rom erreicht und damit eine früher dort übliche Form der Liturgie erneut etabliert. Dass es sich um einen Reimport handelte, wurde in Rom bald vergessen, um 1100 galt das *Pontificale Romano-Germanicum* dort als Textsammlung reiner und unverfälschter römischer Liturgie; nur die Ordnungen für die (deutsche) Königskrönung, die es enthielt, erinnerten an seinen »Ursprung« nördlich der Alpen. Auch in den Nachbarregionen des Reichs wurde das Pontificale schnell rezipiert. Es zählte zu einem Basistext der lateinischen Kirchen überhaupt.[20]

War das *Pontificale Romano-Germanicum* eine auf liturgische Praxis bezogene Textsammlung, so wurde Amalar von Trier zum Vorbild für eine allegorisierende Erklärung der Messe, wie sie im Mittelalter üblich wurde. Dass er gerade deshalb angegriffen worden war, stand dem Siegeszug seines Interpretationsansatzes nicht entgegen.[21]

Weihe und Raum

In den Visitationen, die der Bischof und seine Beauftragten durchführten, konstituierte sich kraft bischöflicher Jurisdiktions- und Disziplinargewalt das Bistum als eigener kirchlicher Raum. Noch mehr zu dieser Raumbildung haben die Weihehandlungen beigetragen. Das Recht und die Pflicht, seinen Suffraganen die Bischofsweihe zu spenden, waren letztlich die einzig realen Machtbefugnisse des Erzbischofs, denn die Synoden waren eher kollegiale Organe der Kirchenprovinz. Bischöfe und Erzbischöfe haben dieses Weiherecht gleichermaßen geachtet. Als Konrad II. bei seiner Kaiserkrönung 1027 in Rom seinen Verwandten und Touler Diakon Brun (der 1049 als Leo IX. zur Papstwürde aufstieg) vom Papst zum Bischof weihen lassen wollte, bestanden sowohl Brun als auch der anwesende Erzbischof Poppo von Trier darauf, dass der Trierer Erzbischof als für Toul zuständiger Metropolit diese Weihe vorzunehmen habe – was dann so auch geschah.[22] Ob sich aus dem Weiherecht auch die Möglichkeit ergab, die Wahl selbst zu beeinflussen, hing von den Umständen ab und ist in den Quellen nicht zu greifen. Hier war wohl der Einfluss des Herrschers größer. Aber immerhin hat 1025 Erzbischof Aribo von Mainz entschieden dagegen protestiert, dass er nicht zur Wahl des Nachfolgers Bischof Burchards von Worms hinzugezogen worden sei, sondern Konrad II. ihn nur zur Weihe des gewählten Azecho gebeten hatte.[23]

Wie bischöfliche Weihehandlungen Räume konstituierten wird besonders bei der Priester- und Kirchweihe deutlich. Fand die Priesterweihe meist in der Domkirche statt, so musste der Bischof zur Weihe einer Kirche naturgemäß an den entsprechenden Ort kommen. Domkirche und Bischof wurden auch im priesterlichen Alltag als liturgisches Zentrum sichtbar. Denn die heiligen Öle, die der Priester bei Taufe und Krankensalbung benötigte, hatte der Bischof am Gründonnerstag geweiht, und sie waren von den Priestern am Bischofssitz abzuholen, wozu dann ein Priester von mehreren seiner Amtsbrüder entsandt werden konnte. Die mit der Taufe durch den Priester begonnene Aufnahme eines Menschen in die christliche Gemeinschaft vollendete dann der Bischof durch die Firmung. Um diese zu spenden, hatte er seine Diözese zu durchziehen.

Taufe, Pfarr- und Eigenkirche

Die in der Regel von einem Priester zu spendende Taufe bildete den Ausgangspunkt für eine regionale Gliederung der Diözese in Pfarreien. Denn deren Kern war eine Kirche, die über das Taufrecht verfügte und der im Gegenzug der Zehnt als Abgabe zu entrichten war. Die Einschärfung der Pflichten, an Sonn- und Feiertagen den Gottesdienst zu besuchen, einmal im Jahr zu beichten und das Altarsakrament zu empfangen, sowie die Friedhöfe, die um diese Tauf- und Pfarrkirchen angelegt wurden, steigerten die Bedeutung dieser Kirchen. Als Empfänger des Zehnten versuchten die Taufkirchen sich weiterer Konkurrenz zu erwehren. Das Konzil von Trebur verfügte deshalb 895, nur in größerer Entfernung zu einer derartigen Kirche und dann auf noch unerschlossenem Land dürfe eine neue Kirche errichtet werden, die ihrerseits über Zehntrecht verfüge (c.14).

Die seelsorgerische Versorgung ergänzten sog. Eigenkirchen, welche einzelne Grundherren auf ihren Besitztümern erbauten. Die Erbauer betrachteten sich als deren Herren, sie bestimmten den Priester, der aber vom zuständigen Bischof zu weihen war, und dem sie Land für den Erwerb seines Lebensunterhaltes zu überlassen hatten, und sie verfügten über die Einnahmen der Kirche, sofern diese nicht für deren Unterhalt verwendet werden mussten. Auch Bischöfe und geistliche Gemeinschaften wie Klöster und Stifte konnten derartige Eigenkirchen besitzen.[24]

Diese Eigenkirchen überwölbten auf Dauer die Grundherrschaft im Sinne einer Gemeindebildung. Denn die Kirchen waren unteilbar, während Grundbesitz einschließlich der Hörigen unter den Erben aufgeteilt werden konnte. Dann hatten die Bewohner der Siedlung zwar mehrere Herren, aber wie zuvor eine Kirche mit ihrem Priester. Einigten die Erben sich nicht, sollte laut einem Beschluss der Synode von Trebur 895 »ihre« Kirche

Gedenkstein aus Bingen (Dietrichstein)

+ DIE DE RIH / GEHVGI DIEDERIHES GO[...] /
INDE DRVLINDA SON[ES...IMO HILF GOT]

Gedenke des Diedrich, des Sohnes von Go(...)
und Drulinda ... Gott helfe ihm!

Mainz: Landesmuseum, Inv.-Nr. S 3089
(GDKE Landesmuseum Mainz/Ursula Rudischer)

geschlossen werden. Interesse der Ortsansässigen an einer Kirche bestand durchaus. Ludwig der Deutsche bestätigte am 9. März 873 dem Kloster Prüm den Besitz einer Kirche in Neckarau (südlich von Mannheim). Die Kirche war erbaut worden, nachdem die Dorfbewohner darüber geklagt hatten, wegen (häufigen) Rheinhochwassers die für sie zuständige Kirche zum Besuch des Gottesdiensts nicht erreichen zu können. An der Ausstattung der neuen Kirche hatten sie sich beteiligt, auch Zehntrechte befanden sich in ihrem Besitz. Erzbischof Willigis von Mainz soll den Einwohnern von Steinheim das Recht zugestanden haben, sich in der dort neu erbauten Kapelle taufen und begraben zu lassen, sogar den Priester für diese Kirche sollten sie wählen dürfen. Die Urkunde nennt die Gründer der Kapelle, sie haben »um des gemeinen Nutzen aller in Steinheim Wohnenden willen« gehandelt.[25]

Kirchenbau, Terminationen als Festlegung der Pfarrgrenzen und der Gebiete, aus denen die Zehnten an die Kirche zu zahlen waren, bildeten die Grundelemente der kirchlichen Erschließung des flachen Landes. Bischof und Eigenkirchenherr wirkten hierbei zusammen, die großen geistlichen Gemeinschaften bildeten oft das Rückgrat und drängten auf genaue Grenzbeschreibung. Bei Mersch (in Luxemburg) erwirkte das Kloster St. Maximin vor Trier 960 die schriftliche Fixierung, die Kirche von Humbach (seit dem 13. Jh. Montabaur) wurde mit festgelegten Grenzen 959 dem Koblenzer Marienkloster (später Stift St. Florin) geschenkt. 1006 weihte Erzbischof Willigis von Mainz auf dem Hunsrück die Kirche von Mörschbach, die Eigenkirche eines »Thidrich«, an die in Zukunft die Zehntzahlungen erfolgen sollten. Die Mainzer Erzbischöfe haben sich direkt an der Erschließung des Raumes beteiligt. Denn die Urkunde nennt einen Ort »Bisscoffeserod« als zehntpflichtig. Noch ältere Strukturen dieses Zehntbezirks werden in der Erwähnung einer »steinstraza« deutlich, womit die Römerstraße von Rheinböllen nach Simmern gemeint ist. Ursprünglich sind diese Zehnten wohl an das Martinsstift in Bingen geflossen. Denn an dieses Stift soll in Zukunft aus den Zehnteinkünften von Mörschbach ein jährlicher Zins gezahlt werden. Bei dem Binger Martinsstift ist 1900 eine Gedenkplatte für einen »DIE DE RIH« gefunden worden. Sie ist die älteste erhaltene Inschrift in althochdeutsch, Sprachformen und Schriftgestalt passen in die Zeit um 1000. Der dargestellte Laie, dessen man gedenken und Gott sich erbarmen soll, ist so vielleicht mit dem Mörschbacher Eigenkirchenherrn identisch (Abb. S. 347).[26]

Der Bischof und seine Helfer

Für die kirchliche Erschließung seines Bistums benötigte der Bischof die Eigenkirchenherren als Helfer. Sie stellten mit der Landausstattung der an ihren Kirchen wirkenden Priester deren Versorgung sicher. Die geistliche Aufsicht wurde mittels eines vom Bischof ausgehenden Netzwerkes ausgeübt, das allmählich räumlich definierte Strukturen annahm. Die wichtigste Änderung betraf das bischöfliche Amt selbst. In der spätantiken Städtekultur war der Bischof der oberste Geistliche einer Stadt gewesen. Die Christianisierung der ländlichen Räume hatte zur Einsetzung von Chorbischöfen (von griechisch *chora* = Land) geführt. Sie besaßen zwar die volle bischöfliche Weihe-, aber keine Jurisdiktionsgewalt. Seit dem 9. Jh. versuchten die westfränkischen Bischöfe das Institut der Chorbischöfe zu beseitigen: In einer Diözese sollte es nur eine einzige Person mit der Bischofsweihe geben. In den ausgedehnten Diözesen des ostfränkischen Reichs folgte man dieser kirchenpolitischen Richtung nur zögernd. Im frühen 10. Jh. sind die Chorbischöfe in Trier verschwunden, im späteren auch in Mainz.[27] Seit dem 13. Jh. entlasteten dann Weihbischöfe den ordentlichen Bischof bei seinen geistlichen Aufgaben. Sie entstammten meist den Bettelorden, verfügten über theologische Bildung und waren deshalb für seelsorgerische Aufgaben besonders geeignet.[28]

Unmittelbare Kontinuität zwischen Chor- und Weihbischöfen bestand nicht. Sofern die Aufgaben der Chorbischöfe nicht die Bischofsweihe voraussetzten, hatte sie inzwischen der Archidiakon übernommen.[29] Seit dem 10. Jh. wurden mehrere Archidiakone eingesetzt, und sie erhielten einen räumlich definierten Archidiakonat als Amtsbezirk zugewiesen. Wiederum ging die Entwicklung in Trier zeitlich der von Mainz voraus. Während aber in Trier nur Mitglieder des Domkapitels die Stellung eines der fünf Archidiakone übernahmen, wurden in Mainz die Vorsteher (Pröpste) der großen innerstädtischen Stiftskirchen mit dieser Position betraut; der Dompropst als Vorsteher des Domkapitels erhielt ebenfalls ein Archidiakonat. Für weiter von der Bischofsstadt entfernte Gebiete fungierten die Pröpste großer Stiftskirchen dieser Gegenden (z. B. Frankfurt, Aschaffenburg, Fritzlar, Einbeck und Erfurt) als Archidiakone; insgesamt war die Erzdiözese in 18 Archidiakonate eingeteilt. Mit den Erzpriestern und Landdekanaten entwickelten sich nochmals kleinräumigere kirchliche Strukturen, die einer »Isolierung« der einzelnen Pfarreien, Kirchen und der dort tätigen Geistlichen, die sich regelmäßig auf Landkapiteln versammeln sollten, entgegenwirkten. Ideell blieb diese Organisation auf den geweihten Bischof und die Domkirche ausgerichtet, auch wenn sie im Alltag eher als bürokratische Ordnungsform erscheinen mochte.

Mit den Mitgliedern der Domkapitel übernahmen Personen aus der engsten geistlichen Umgebung des Bischofs als Archidiakone »Verwaltungsaufgaben«. Darin spiegelt sich die Tendenz, auf den Gottesdienst bezogene Aufgaben und die dadurch gegebene Nähe zum Bischof in Verwaltungsaufgaben »umzuformen«, aus denen dann sowohl eigene Herrschaftsrechte als auch Mitwirkung an der Herrschaft des Bischofs, seine Territorialherrschaft eingeschlossen, entstehen konnten. Die Ernennung von Generalvikaren im späteren Mittelalter durch die Bischöfe verdrängte die Domkapitel nicht aus ihrem Einfluss auf die Leitung der Diözese; seit der Mitte des 15. Jhs. kamen alle Generalvikare in Mainz aus den Reihen der Domherren. Die Domkapitel wurden zu Garanten und Trägern des Bistumsvermögens, die Domkirchen in Deutschland befinden sich heute in ihrem Eigentum.[30]

Repräsentation und Konkurrenz

Die Domkirchen repräsentierten durch den Heiligen, den sie sich als Patron gewählt hatten, das Bistum und durch ihre Ausstattung dessen Rang. Ab der zweiten Hälfte des 10. Jhs. setzte eine Welle von Neubauten ein. Um die Jahrtausendwende begannen Erzbischof Willigis von Mainz und Bischof Burchard von Worms den Bau ihrer Kathedralen, für den neuen Dom in Speyer wurde König Konrad II. zur entscheidenden Figur. In dem von den Normannen hart getroffenen Trier sind für die Zeit der Erzbischöfe Egbert und Poppo umfangreiche Bauarbeiten am Dom bezeugt. Etwas früher setzte in diesen Kathedralstädten die Gründung neuer Stifte und die damit verbundene Bautätigkeit ein.[31]

Seit dem 11. Jh. bargen die Domkirchen (oder eine Kirche in unmittelbarer Nähe) zunehmend auch die Gräber ihrer Bischöfe.[32] In Mainz begann die Entwicklung mit Erzbischof Aribo († 1031), in Trier mit Udo von Nellenburg († 1078), in Worms mit Burchard († 1025), der die Weihe seines Neubaus noch hatte vornehmen können, in Speyer erst im ausgehenden 12. Jh. Nach 1200 wird das Bischofsgrab im Dom fast zur Regel. Ausnahmen hängen mit einer persönlichen Bindung des Bestatteten an die Kirche zusammen, in der er seine letzte Ruhe fand, mit Vorgängen der Residenzbildung (Erfurt und Aschaffenburg für Mainz, Koblenz für Trier). Nur die Kirchen der Zisterzienser konnten mit den Domkirchen als bischöfliche Grabstätten konkurrieren: Himmerod mit Trier; Eberbach mit Mainz; Maulbronn mit Speyer.

In der Domkirche sollte am Grab des Bischofs für den verstorbenen Oberhirten gebetet werden, Grab und Grabdenkmal sind in erster Linie liturgische und religiöse Orte. Die Reihe der bischöflichen Grabdenkmäler in den Domkirchen demonstrierte kirchliche Kontinuität und ließ sich im späteren Mittelalter auch politisch im fürstlich-dynastischen Sinn lesen. Kirchenpolitisches Selbstverständnis, Bewusstsein vom hohen Rang der eigenen Kirche gerade gegenüber dem Nachbarn und damit Konkurrenz speziell unter den Erzbischöfen von Mainz, Trier und Köln spiegeln sich in ihnen.

Trierer Primat – Mainzer Vikariat

Trier berief sich auf das Alter der Stadt, um seinen besonderen Rang herauszustellen. Die kaiserliche Tradition, durch Konstantin den Großen und seine Mutter Helena repräsentiert, kamen hinzu sowie die »Tatsache« einer besonders engen Bindung der Trierer Kirche an die römische, glaubte man doch, die Petrusschüler Eucharius, Valerius und Maternus hätten sie gegründet. In Mainz strebte man nach der Stellung des Bonifatius, den der Papst zu seinem Stellvertreter (Vikar) ernannt hatte. Der von Trier in Anspruch genommene Rang war an den Ort selbst gebunden und bestand deshalb auf Dauer, während das Mainzer Vikariat auf Privilegierung durch den jeweils amtierenden Papst beruhte, die nur für die Person des zum päpstlichen Vikar ernannten Erzbischof galt.[33]

Im 9. Jh. formulierte Erzbischof Theutgaud von Trier zum ersten Mal einen Primatsanspruch seiner Kirche, und zwar gegenüber dem benachbarten Reims. Die Zählung der römischen Provinzen Gallica Belgica I (mit der Metropole Trier) und II (mit der Metropole Reims), über die pseudoisidorischen Fälschungen vermittelt, bot dafür die juristische Grundlage. Als Papst Nikolaus I. den Trierer Erzbischof 863 seines Amtes enthob, weil dieser der »Ehescheidung« Lothars II. zugestimmt hatte, war dieser Versuch gescheitert, dem sich der Reimser Erzbischof Hinkmar erbittert widersetzt hatte.[34]

Das 10. Jh. sah dann eine sich scheinbar gegenseitig ausschließende Privilegierung der Trierer und Mainzer Kirche durch die Päpste.[35] Erzbischof Friedrich von Mainz bat 937 erfolgreich um die Ernennung zum päpstlichen Vikar, sein Nachfolger Wilhelm ebenfalls. Willigis erhielt 975 unmittelbar nach seinem Amtsantritt von Papst Benedikt VII. ein Privileg, wonach er aus allen Bischöfen im nordalpinen Teil des ottonischen Reichs herausragen (*praeeminere*) solle. Auch hierbei handelt es sich um ein Vikariatsprivileg, das aber in gewisser Hinsicht dauerhaft für die Mainzer Kirche gelten sollte. Denn der Begriff »herausragen« bezeichnete in der kirchlichen Tradition den Vorrang Petri vor den übrigen Aposteln und dann der Päpste vor den Bischöfen.[36]

Unmittelbar vor seinem Vikariatsprivileg für Willigis hat Benedikt VII. dem Trierer Erzbischof Theoderich den Primat seiner Kirche bestätigt und die römischen Beziehungen Triers nochmals hervorgehoben, indem er erlaubte, dass im Trierer Dom nach römischem Vorbild Kardinalpriester tätig sein sollten. Trier präsentierte sich als »zweites Rom«. Benedikts Urkunde präzisierte Bestimmungen seines Vorgängers Johannes XIII. von 969. Beide Päpste verfügten jedoch, der Trierer habe hinter einem Legaten zurückzutreten, wenn der Papst einen solchen als seinen Sachwalter und Stellvertreter entsandt habe.[37]

Den Mainzer Erzbischof Willigis hat Benedikt VII. in eine derartige Vikarsstellung eingewiesen, eine Regelung, die offenbar von Kaiser Otto II. veranlasst worden ist, änderte sie doch die Strukturen der Reichskirche fundamental. Von Zwistigkeiten zwischen den Erzbischöfen von Mainz und Trier ist in der Folgezeit nichts bekannt. Aber die herausragende Stellung des Willigis ist an der ersten Jahrtausendwende erloschen, auch weil er nicht bereit war, die Autorität eines päpstlichen Legaten anzuerkennen, den Papst Gregor V. zur Entscheidung eines Streites zwischen Willigis und Bischof Bernward von Hildesheim ausgeschickt hatte.

Die Nachfolger des Willigis haben kein vergleichbares Vikariatsprivileg mehr erhalten. Nur in seiner eigenen Kirchenprovinz und wenn Eile notwendig sei, so dass ein päpstlicher Entscheid nicht rechtzeitig eingeholt werden könne, sollte Erzbischof Bardo als päpstlicher Vikar agieren dürfen, verfügte 1032 Papst Johannes XIX. in einem Palliumsprivileg. Dem Mainzer Erzbischof Siegfried I. (1060–1084) ist es nicht gelungen, eine der Mainzer Erzbischofswürde ohne päpstliche Ernennung innewohnende Funktion eines Primas, päpstlichen Legaten oder Vikars zu etablieren, ebenso wenig konnte er sich dem Vorrang eines vom Papst entsandten Legaten entziehen.[38] Denn die Päpste ließen es immer weniger zu, dass ein Erzbischof oder Bischof außerhalb seines Amtsbereichs agierte, ohne über eine ausdrückliche Ermächtigung des Papstes zu verfügen, und mehr und mehr bedienten sie sich eigener, von Rom aus geschickter Legaten, wofür sie in der Regel einen Kardinal wählten.

Primat – Vikariat – Legation

Papst Calixt II. ernannte 1119 den Mainzer Erzbischof Adalbert I. zu seinem Legaten, was der Auseinandersetzung zwischen Papst und Kaiser geschuldet war. Albero von Trier nutzte den Tod Adalberts, um sich 1137 die Legation im Reich übertragen zu lassen. Aber aus der Legatenwürde eines Erzbischofs erwuchs kein dauerhafter Vorrang vor seinen Amtsbrüdern. Bezeichnenderweise hat sich der Mainzer Erzbischof Arnold 1156, ein Jahr nachdem Hadrian IV. Erzbischof Hillin von Trier zum päpstlichen Legaten ernannt hatte, von dessen Legationsgewalt eximieren lassen.

Mehrmals, doch ohne Erfolg versuchten die Trierer Erzbischöfe unter Berufung auf ihren Primat in der Gallia Belgica einen Vorrang über Reims zu erringen. Papst Leo IX. hatte diesen Primat 1049 nochmals bekräftigt, doch als er im gleichen Jahr eine Synode in Reims hielt, konnte der Trierer Erzbischof es nicht durchsetzen, auf ihr den ersten Platz nach dem Papst einzunehmen. Als Erzbischof Albero von Trier wiederum auf einer Synode in Reims unter Papst Eugen III. 1147 die Primatansprüche seiner Kirche verlesen ließ, wies das Konzil die Ansprüche ab.

Alberos Vorstellungen orientierten sich im Kern an den besonderen Beziehungen Triers zur römischen Kirche. Den zufälligen Tod des Kardinalpriesters Ivo bei der Rückreise von einer Legation in Frankreich in Trier nutzte er, um diesem im Dom ein Grabmal errichten zu lassen, dessen Inschrift ihn und Ivo als päpstliche Legaten feierte. Sein eigenes Grabdenkmal preist Trier als »belgisches« und »zweites Rom«, das vom Papst, dem »Haupt der Welt«, als »Herz der Welt« anerkannt und geehrt werde.[39]

Primat, Vikariat und Legation haben den Erzbischöfen von Trier und Mainz zwar Prestige verschafft, aber keinen auf Dauer angelegten kirchenpolitischen Vorrang vor ihren Amtsbrüdern. Obwohl Albero 1138 die Wahl Konrads III. zum König bewerkstelligt hatte, musste er dessen Königskrönung in Aachen einem ebenfalls anwesenden römischen Kardinallegaten überlassen; der gewählte, aber noch nicht geweihte Kölner Erzbischof hatte sich entsprechenden Plänen Alberos widersetzt. Erzbischof Siegfried II.

von Mainz krönte 1215 in Aachen Friedrich II. »endgültig« zum König. Das geschah im Einverständnis mit dem damals amtsunfähigen Kölner Erzbischof. Ausdrücklich betonen die Kölner Quellen, Siegfried habe in seiner Funktion als päpstlicher Legat gehandelt – mit anderen Worten: Als Erzbischof von Mainz war Siegfried in der Kölner Kirchenprovinz dazu nicht berechtigt gewesen, sondern allein aufgrund seines speziellen päpstlichen Auftrags.

Insgesamt steigerten Ernennungen zum päpstlichen Legaten, wie sie vor und nach 1200 noch für die Mainzer Erzbischöfe Konrad (der als einziger Mainzer Erzbischof des Mittelalters zum Kardinal ernannt worden ist, nachdem er sich im Papstschisma von 1159 nicht dem kaiserlichen Papst Victor IV., sondern Alexander III. angeschlossen und Mainz verlassen hatte)[40] und Siegfried III. zu belegen sind, einerseits die Autorität im eigenen Erzbistum und in der eigenen Kirchenprovinz, demonstrierten aber andererseits die päpstliche Universal- und Vollgewalt. Auch das zeigt, wie die regional definierte Amtsgewalt der Bischöfe in überregionale, durch das Papsttum vermittelte Bezüge eingeordnet war. Die Legationsaufträge, die während der doppelten und dreifachen Besetzung des Papsttums (Rom, Avignon, Pisa) vor dem Konzil von Konstanz Bischöfen aus »Rheinland-Pfalz« erteilt wurden, sollten vor allem dem jeweiligen Papst Anerkennung verschaffen. 1409 bestellte Papst Alexander V. (Pisa) den Mainzer Erzbischof Johann II. zum Legaten; Alexanders römischer Rivale Gregor XII. beauftragte im gleichen Jahr den Wormser Bischof Mathäus von Krakau (den er 1408 zum Kardinal erhoben hatte, doch Mathäus hatte die Würde nicht angenommen)[41] mit einer Legation, nach dessen Tod dann 1412 den Trierer Erzbischof Werner von Falkenstein. Die Bemühungen des Mainzer Erzbischofs Albrecht von Brandenburg, sich zu Beginn des 16. Jhs. die Ernennung zum päpstlichen Legaten zu verschaffen, blieben ohne Erfolg. Er betrachtete sich zwar als »geborener Legat«, was Legatenrechte automatisch mit der Mainzer Erzbischofswürde verbinden sollte, und als Primas Germaniae, rechtlichen und politischen Vorteil konnte er aber nicht daraus ziehen.

3. Die Folgen des Investiturstreits: Kirchengeschichte als Territorialgeschichte

Der Bischof als Fürst

Die Auseinandersetzungen zwischen Heinrich IV. und Heinrich V., den beiden letzten salischen Herrschern, und den Päpsten hatten allein schon wegen der Häufung der Bischofssitze am Rhein und Mosel ihre politischen Auswirkungen im heutigen Rheinland-Pfalz. Mit dem Problem, welche Rolle dem König bei der Einweisung (Investitur) eines Bischofs in sein Amt zukomme, ging es nicht zuletzt um eine Wesensbestimmung der Kirche und ihres geistlichen Lebens. Die Reformer strebten nach Lösung aus »weltlich-politischen« Einflüssen, nach »Reinheit« und »Freiheit« der Kirche und ihrer Amtsträger. Es schärfte sich das Bewusstsein für die Unterschiede zwischen »staatlicher« und »religiöser« Ordnung und für die jeweiligen »Zuständigkeiten«. Als man im Wormser Konkordat von 1122 zu einem Kompromiss fand, löste man nicht die Vereinigung politischer und kirchlicher Macht in den Händen der Bischöfe und Äbte der Reichsabteien auf. Vielmehr definierte man, dass die kirchliche Gewalt von Bischof und Abt auf der kirchlichen Weihe beruhe und die politische auf Besitztümern und Rechten, die diese als sog. Regalien vom König erhalten hatten. Als

Inhaber von Regalien waren Bischof und Abt gegenüber dem Herrscher zu (politischem) Gehorsam verpflichtet.[42] Derartiger »Gehorsamspflicht« der Großen des Reiches entsprach traditionell die Pflicht des Herrschers, sie an der Regierung des Reiches zu beteiligen und ihre Rechte als eine Mischung von verliehenen und autonomen anzuerkennen. Als Fürsten besaß die Oberschicht der Großen Teilhabe am Reich, und neben die weltlichen Fürsten traten nun die Bischöfe und Äbte als geistliche Fürsten. Der genuin religiöse, auf das Wesen der Kirche gerichtete Antrieb der Reformbewegung hatte so dazu geführt, dass die weltlich-politische Seite der Herrschaft von Bischöfen und Äbten genauer erkannt und definiert worden war. Beide Gruppen hatten deshalb Anteil an der Territorialisierung der fürstlichen Herrschaft seit dem 12. Jh. Der Trierer Erzbischof Balduin von Luxemburg (1307–1354) und sein Mainzer Amtsbruder Berthold von Henneberg (1484–1504) sind im 14. und 15. Jh. die herausragenden Repräsentanten dieser Entwicklung, die aber nicht zu einer grundsätzlichen Vernachlässigung der geistlichen Aufgaben führte.[43]

Über die Beziehungen zwischen den Bischöfen und Äbten und dem Papst verlautet im Wormser Konkordat nichts. Käme es in Deutschland zu einer zwiespältigen Wahl, dann sollte der Herrscher dem »gesünderen Teil« zum Sieg verhelfen. Und doch ist das Papsttum mehr und mehr an der Bischofserhebung beteiligt worden. Das lag an den Modalitäten der Bischofswahl und der zunehmend durchgesetzten und anerkannten päpstlichen Jurisdiktionsgewalt.

Bischofswahl: Domkapitel und Papst

Für die Bischofswahl setzte sich seit dem 12./13. Jh. die Wahl durch das Domkapitel an Stelle der älteren Wahl durch Klerus und Volk durch.[44] Diese geistlichen Gemeinschaften waren inzwischen zu eigenständigen Größen geworden. Das gemeinsame Leben hatte sich inzwischen aufgelöst; vergeblich hatten einzelne Bischöfe wie Adalbert I. von Mainz (1110–1137) versucht, diesen Prozess aufzuhalten. Vermögensrechtlich hatte sich nicht nur die Eigenständigkeit des Kapitels entfaltet, sondern das ursprünglich gemeinsame Vermögen war in Einzelpfründen für die Kanoniker aufgeteilt worden. Das steigerte die Attraktivität, einem Domkapitel anzugehören – für die großen Stifte vor allem der Säkularkanoniker galt das Gleiche.

Über das Recht zur Bischofswahl wurden die Domkapitel auch »politisch« interessant. Denn sie wählten nicht nur den Leiter der Diözese, sondern auch den weltlichen Herrn für die Gebiete, in denen dieser durch seinen und seiner Bischofskirche Regalienbesitz in die Position eines Fürsten eingerückt war. Der Bischof war deshalb Partner oder Konkurrent seiner Nachbarn, die wie er danach strebten, ihre Stellung als Territorialherr auszubauen und zu festigen. Jeder neue Bischof musste in diesem System seinen Platz finden, seinen Nachbarn war es deshalb naturgemäß daran gelegen, die Wahl zu beeinflussen, indem sie Anhänger im Domkapitel suchten oder dort welche unterbrachten. Die Domkapitel von Worms und Speyer waren im späteren Mittelalter von der Klientel des Pfalzgrafen bei Rhein beherrscht, und entsprechend orientierten sich auch die Bischöfe dieser Städte an den Interessen dieses übermächtigen Nachbarn.[45]

In Mainz und Trier war die Situation komplizierter – allein schon aufgrund der Ausdehnung der Diözesen und der dadurch gegebenen Vielfalt von Einflüssen, die auszubalancieren waren. Doch immerhin konnten die Herren von Eppstein von 1200 bis 1305 in Mainz fünf Erzbischöfe stellen und im 14. und 15. Jh. die Grafen von Nassau ebenso viele. In Trier symbolisieren die Erzbischöfe Dieter von Nassau (1300–1307) und sein Nachfolger Balduin von Luxemburg (1307–1354) die Pole, von denen man das Erzstift zu beeinflussen suchte. Die unverzichtbare Position, die den Erzbischöfen von Mainz und Trier bei der Königswahl zukam, steigerte das Interesse an der Besetzung dieser Bischofssitze zusätzlich.

Die Einbeziehung der Bischofswahl und der Domkapitel in ein politisches Interessengeflecht erhöhte naturgemäß die Gefahr von Spaltung des Kapitels und Doppelwahlen sowie nachfolgender militärisch geführter Auseinandersetzung. So kämpfte in Trier Ulrich von Manderscheid von 1430 bis 1438 vergeblich um die erzbischöfliche Würde. Kein Geringerer als Nikolaus von Kues hat anfänglich seinen Anspruch unterstützt. Mainz wurde von zwei großen Krisen um eine Bischofswahl erschüttert. Von 1328 bis 1337 herrschte hier ein Schisma zwischen Balduin von Trier und Heinrich von Virneburg, der sich schließlich behauptete. Die Stadt hatte für Heinrich Partei ergriffen, was den Grundstein für ihre Finanzkrise legte. Als in der Stiftsfehde zwischen Diether von Isenburg und Adolf II. von Nassau der Nassauer 1462 die Stadt eroberte, büßte Mainz sein Eintreten für den Isenburger mit dem Verlust der Stadtfreiheit.

Bischofserhebungen in Zeiten der Krise von Reich und Papsttum

Zwiespältige Wahlen boten dem Papst die Möglichkeit, kraft seiner Jurisdiktionsgewalt in die Bistumsbesetzung einzugreifen: durch Entscheidung für einen der Kandidaten oder durch die Ernennung eines Dritten. Wenn eine Dispens zum Erwerb der Bischofswürde notwendig war, etwa weil der vom Domkapitel gewünschte Kandidat noch nicht das kanonische Alter von 30 Jahren erreicht hatte oder wenn der Kandidat bereits Bischof in einem anderen Bistum war und »versetzt« werden sollte, war ohnehin eine Ermächtigung des Papstes einzuholen. Schon im Thronstreit zu Beginn des 13. Jhs. waren die Päpste in ihrer Auseinandersetzung mit dem staufischen Thronkandidaten Philipp von Schwaben darauf »angewiesen«, in Mainz Siegfried II. von Eppstein als Erzbischof durchsetzen, nachdem die staufertreue Wählerschaft sich für eine Versetzung Bischof Lupolds von Worms auf den Mainzer erzbischöflichen Stuhl ausgesprochen hatte.

Die Konflikte Friedrichs II. und dann Ludwigs des Bayern mit den Päpsten, das Große Abendländische Schisma (1378–1417) mit zwei, am Ende drei Päpsten, die in Avignon, Rom und Pisa residierten und bei den Bischöfen und Königen des lateinischen Europa um ihre Anerkennung warben, die Auseinandersetzungen des Konzils von Basel (1431–1437/49) mit den Päpsten um die Frage, ob ein allgemeines Konzil über dem Papst stehe, führten zu einer Vielzahl von Möglichkeiten konkurrierender Einflussnahmen auf die Bischofserhebung und die bischöfliche Politik in Reich, Territorium und Kirche.[46] Im Großen Schisma blieb die Pfalz, auch nachdem Pfalzgraf Ruprecht zum König (1400–1410) aufgestiegen war, auf der Seite der römischen Päpste. Die von den Pfalzgrafen abhängigen Bischöfe von Worms und Speyer folgten dieser Linie – ebenso der Trierer Erzbischof, während der Mainzer Erzbischof Johann von Nassau wie viele andere Fürsten mit ihrer Anerkennung des in Pisa gewählten Alexanders V. auf ein Ende des Schismas hofften. Die in der Mainzer Akzeptation 1439 von Gesandten König

Albrechts II. den Kurfürsten und Metropoliten des Reichs verkündete Neutralität in dem Konflikt zwischen dem Baseler Konzil und Papst Eugen IV. bei gleichzeitiger Fortführung der Konstanzer und Baseler Reformansätze demonstrierte zwar das Interesse an einer Kirchenreform, löste aber naturgemäß nicht den Konflikt zwischen Papst und Konzil.[47] Wie sehr sich der Konflikt um die Stellung des Papstes in der Kirche zeitweilig zugespitzt hatte, lässt sich daran erkennen, dass Papst Eugen IV. 1446 sowohl den Kölner Erzbischof als auch den Trierer Erzbischof Jakob von Sierck absetzte, die sich dem vom Baseler Konzil erhobenen Gegenpapst Felix V. zugewandt hatten. Eugens IV. Tod 1447 ließ das Episode bleiben. Der Mainzer Erzbischof war auf Seiten Eugens geblieben, bei diesem hatte er zusammen mit dem pfälzischen Kurfürsten zugunsten der beiden Abgesetzten interveniert.[48]

Das Wiener Konkordat von 1448

1448 einigten sich König Friedrich III. und Papst Nikolaus V. im Wiener Konkordat auf Regelungen zur Bischofswahl, die bis zum Ende des Alten Reiches gültig blieben. Sie bekräftigten das Recht der Domkapitel zur Bischofswahl, was weiterhin die Einwirkung benachbarter territorialer Herrschaften ermöglichte, und eröffneten dem Papst gleichzeitig weiterhin Eingriffsmöglichkeiten, wenn es im Domkapitel zu Verzögerungen oder zu Streitigkeiten kam bzw. eine päpstliche Dispens erforderlich war. Gewahrt blieb zudem sein Recht, für diejenigen Bischöfe und Kanoniker, die während eines Aufenthalts an der Kurie gestorben waren, den Nachfolger zu bestimmen. Geregelt wurde auch das Verfahren zur Neubesetzung der Kanonikate in den Dom- und Stiftskapiteln. Monatlich wechselnd, sollte entweder der Papst oder das Kapitel diese vornehmen.[49] Die Anliegen einer Kirchenreform, die seit dem Beginn des Jahrhunderts auf der Tagesordnung standen, sollten durch Nikolaus von Kues gefördert werden, der sich 1451/52 als Legat Nikolaus' V. in Deutschland aufhielt. Ein Teil der Reformdekrete des Kusaners wurde in die Statuten einer Mainzer Synode integriert, die unter seinem Vorsitz zusammentrat. Auch mit den politischen Mainzer Verhältnissen war der Kardinal vertraut. In zwei Predigtreihen hatte er sich 1444–1146 bemüht, die Spannungen in der vor dem Bankrott stehenden Stadt abzubauen.[50]

Bischöfliche und päpstliche Gesetzgebung

Für eine eigenständige bischöfliche Gesetzgebung war nach dem »Investiturstreit« nur noch wenig Raum. Die Fülle der päpstlichen Dekretalen und die großen vom Papst geleiteten Konzilien zeichneten die Grundlinien der Rechtsentwicklung vor sowie zu Beginn des 15. Jhs. vorübergehend die Reformkonzilien von Konstanz und Basel. Die bischöflichen Synoden dienten der konkreten Umsetzung. Für die einzelne Diözese erfolgte das oft in Form von Diözesanstatuten, die für Mainz in größerer Zahl für das 13. und 14. Jh. überliefert sind. Ebenso entstanden auch für die ganze Kirchenprovinz gültige Provinzialstatuten. Deren Höhepunkt bilden für Mainz die Statuten von 1310 und 1451. Erzbischof Dietrich von Erbach fasste diese in einer Sammlung zusammen, die bis zur Mitte des 16. Jhs. in Kraft blieb. Anleitung des Klerus zu einer angemessenen Lebensführung, überhaupt moralische Vorschriften, Vorschriften zur Organisation von Gottesdienst und Seelsorge, Verhängung kirchlicher Strafen sowie Entscheidung von Streitfällen bildeten das tägliche Brot dieser kirchlichen Versammlungen, die hier die ordentliche bischöfliche Gerichtsbarkeit ergänzten.

1310 hatte auch Erzbischof Balduin von Trier eine Provinzialsynode einberufen, ebenso die Erzbischöfe von Köln und Salzburg. Diese Synoden stehen insgesamt in Zusammenhang mit dem Prozess gegen die Templer, wobei sich der Mainzer Erzbischof Peter Aspelt wegen zu großer »Milde« eine päpstliche Suspension von seinem Amt einhandelte. Jenseits solch politischer Tagesaktualität lagen die Beschlüsse der Mainzer Provinzialsynode, die 1292 in Aschaffenburg zusammentrat. Sie übernahm die antijüdischen Bestimmungen des Vierten Laterankonzils von 1215, wonach sich die Juden u. a. durch ihre Kleidung und ein Kennzeichen von den Christen zu unterscheiden hatten. Schon zuvor hatte man in Mainz (1233 und 1261) und Trier (1227 und 1231) auch häretischen Strömungen Aufmerksamkeit geschenkt, was sich dann im 15. Jh. mit dem Kampf gegen die Hussiten verband.

Häresien, Heiligsprechungen und die Grenzen bischöflicher Macht

In der Auseinandersetzung mit Häretikern überschnitten sich verschiedene Rechtskreise. Was eine Abweichung von der »Wahrheit« des christlichen Glaubens sei, hatten die Päpste seit dem ausgehenden 12. Jh. definiert. Das Aufspüren von Abweichlern gehörte an sich zu den Aufgaben des bischöflichen Alltags, war aber bei »flächendeckender« Suche meist vom Papst ernannten Inquisitoren überlassen, die oft dem Dominikanerorden entstammten. Erst wenn der Beschuldigte seinem »Irrglauben« nicht abschwor und keine Buße dafür annahm oder gar rückfällig geworden war, wurde er der weltlichen Gewalt zur Verurteilung übergeben und in der Regel mit dem Tode bestraft.[51]

Die Zusammenarbeit zwischen den kraft päpstlicher Ermächtigung tätigen Inquisitoren und den Bischöfen war schwierig und auch von politischen Umständen bedingt. Als der von Papst Gregor IX. ernannte Inquisitor Konrad von Marburg – Kreuzzugsprediger und geistlicher Führer der hl. Elisabeth von Thüringen – den Grafen Heinrich III. von Sayn der Häresie beschuldigte, erreichte Heinrich bei einer Verhandlung vor dem königlichen Gericht in Mainz seinen Freispruch. Konrad wurde bei seiner Rückkehr aus Mainz im Sommer 1233 erschlagen. Das bis dahin ungewohnte Verfahren war angesichts des hohen Ranges des Beschuldigten an seine Grenzen gestoßen. Erzbischof Siegfried III. von Mainz hatte auch beim Papst das rabiate Vorgehen angeprangert. Eine Mainzer Provinzialsynode des gleichen Jahres verpflichtete die Bischöfe, die päpstlichen und kaiserlichen Verfügungen gegen die Häretiker genau zu beachten, auch gegen einen »Mächtigen«, der »auf die Stärke seiner Burgen« und die »Hilfe seiner Lehnsleute« vertraute, sollten sie vorgehen.[52]

Ausgelöst wurden die Ketzerprozesse vor allem durch »massenhaftes« Bestreiten der kirchlichen Rolle bei der Gnadenvermittlung. Das schien sich in den Augen mancher seit dem 13. Jh. oft mit einer vom Armutsideal geprägten Lebensführung außerhalb der hergebrachten religiösen Gemeinschaften oder der neuen Bettelorden zu verbinden. Beginen und Begarden als ihr männliches Gegenstück unterlagen deshalb besonderer Beobachtung, die sich auch in ausdrücklichem Schutz und in Förderung der »guten« Beginen und Begarden äußern konnte.[53] Denn, so formulierte der Inquisitor Wasmud von Homburg und frühere Mainzer Dompfarrer am Ende des 14. Jhs., es gebe solche, »die sich gegen keine kirchlichen Statuten auflehnten und den Pfarrern in allen Dingen gehorchten«. Wasmud selbst wirkte damals im Auftrag von Erzbischof Konrad II. an

Bacharach: Wernerkapelle (Ernst-Dieter Hehl)

dem Aufspüren von Waldensern im Raum von Mainz und Bingen mit. Eine erste Inquisition endete 1390 »unblutig«, da sich die Beschuldigten von ihrem Irrglauben lossagten. 1392/93 kam es dann zu 39 Hinrichtungen. Die letzte Verbrennung von Ketzern in Mainz, von der wir bisher wissen, fand 1458 statt, der Dominikaner Heinrich Kalteisen – zum Generalinquisitor für Deutschland bestellt – hatte das Verfahren geleitet.[54]

Schränkten die mit päpstlicher Sondervollmacht tätigen Inquisitoren die bischöfliche Gerichtsbarkeit ein, konkurrierte die positive Gestaltung des religiösen Lebens durch den Bischof mit fürstlichen Ambitionen. Der Kult des »Guten Werner« gibt dafür ein anschauliches Beispiel. 1287 hatte man bei Bacharach einen 14-jährigen Jungen ermordet aufgefunden. Werner war bei einem Juden in Oberwesel beschäftigt gewesen, und so unterstellte man den dortigen Juden, ihn in der Karwoche gefoltert und getötet und damit einen religiös begründeten Ritualmord begangen zu haben. Am mittleren Rhein hat der Vorgang eine Welle von Judenverfolgungen ausgelöst; in Bacharach entstand mit der Wernerkapelle, hervorgegangen aus einer älteren Kapelle, ein Bau am Grab des vermeintlichen Märtyrers. Der Mainzer Erzbischof sowie Erzbischof Balduin von Trier, zu dessen Diözese Bacharach gehörte, förderten Kult und Bau, indem sie Ablässe versprachen. Die Weiterführung des Baus und auch die Pilgerfahrten zu dem Märtyrergrab gerieten in eine Krise, als Balduin 1338 die Baukasse in seine Hand brachte. Erst als 1426–1429 das erforderliche kirchliche Prozessverfahren zu einer Heiligsprechung geführt wurde, setzte eine neue Verehrungswelle ein, die bis zur Einführung der Reformation in Bacharach 1558 reichte. Hinter dem Heiligsprechungsprozess stand der Pfalzgraf Ludwig III., unterstützt von dem Kardinallegaten Giordano Orsini. Ludwigs Sachwalter war Winand von Steeg, der humanistisch gebildete Pfarrer von Bacharach, bei dem sich Orsini 1428 mehrere Wochen aufhielt und der Werners Grab öffnen ließ. In Winands Anwesenheit befragten Beamte Ludwigs in Bacharach und Kaub Zeugen zu Werners Leben und zu Wundern, die sich an seinem Grab ereignet hatten. Zu einer Heiligsprechung Werners durch den Papst ist es damals nicht gekommen. Erst 1761 wurde er in den Trierer Heiligenkalender aufgenommen, 1963 wieder getilgt. Eine Tafel an der Wernerkapelle erinnert heute an die Ritualmordlegende und an die Judenverfolgung, die sein Tod auslöste.[55]

Schon während der Versuche, Werner zum Heiligen zu erheben, sind Zweifel fassbar. Man wisse nicht, ob er vor seiner Ermordung ein Leben gemäß der Gebote Christi geführt habe, was Voraussetzung für Martyrium und Heiligkeit sei, heißt es in einem aus dem Mainzer Dominikanerkloster stammenden Traktat, den man lange irrtümlich Heinrich Kalteisen zugeschrieben hat. Deshalb werde hier wohl eher »der Leichnam eines Christenmenschen, der von den ungerechten Juden und in deren Dienst stehend getötet worden sei, [...] als Götzenbild verehrt.«[56]

Die Verantwortung der Obrigkeiten

Die Initiative des Pfalzgrafen, den Knaben heilig sprechen zu lassen, die Verschränkung geistlicher und weltlicher Gerichtsgewalt bei den Verfahren gegen die Häretiker und deren Hinrichtung machen deutlich, wie eng die geistlichen und weltlichen Gewalten in der Praxis verbunden waren. Die Sorge für das religiöse Leben oblag nicht dem Bischof allein. Städtische Obrigkeiten waren an »guter« Predigt in ihrer Stadt interessiert, wie auch das Renommee einer Stadt nicht zuletzt in ihrem kirchlichen Rang gründete. Spätmittelalterliche weltliche Fürsten kümmerten sich um die Reform der Klöster in ihren Territorien. Die Bischöfe taten es in ihren Diözesen ihnen gleich und damit natürlich auch in ihrem Hochstift, dem Teil der Diözese also, der ihrer politischen Herrschaft unterstand. Ob sie in diesem Fall als Landesherr oder als geistliches Oberhaupt handelten, muss nicht unterschieden werden. Das Interesse jeglicher Obrigkeit an religiös-kirchlichen Fragen gehört jedenfalls zu den Voraussetzungen der Reformation des 16. Jhs. und zu den Bedingungen ihres Erfolges.

1 An neueren umfassenden Bistumsgeschichten sind heranzuziehen JÜRGENSMEIER, Mainzer Kirchengeschichte Bd. 1 2000 und Bd. 2 1997 (dort CHRIST zur territorialen und MAY zur organisatorischen und kirchenrechtlichen Entwicklung); JÜRGENSMEIER, Bistum Mainz 1988; JÜRGENSMEIER, Bistum Worms 1997; zu Speyer STAMER, Kirchengeschichte der Pfalz Teil 1 und 2 1936 und 1949; AMMERICH Bistum Speyer 2011. Für Trier ist eine solche im Erscheinen begriffen: HEINEN/ANTON/WEBER, Bistum 2003 (reicht bis 930). Einen Aufriss der Geschichte der einzelnen Bistümer des Reichs in GATZ/BRODKORB/FLACHENECKER, Bistümer 2006 (mit Karten); Kurzbiographien der Bischöfe von 1198 bis 1648 bei GATZ/BRODKORB, Bischöfe 1996 und 2001. Siehe auch die Bistumskarte im Beitrag Helga SCHNABEL-SCHÜLE, Kirche und Konfessionen in diesem Band. Auf diese Literatur wird nur in Ausnahmefällen verwiesen. Aufgrund der Überschneidung mit der politischen Geschichte sind im vorliegenden Band auch die Beiträge von Franz J. FELTEN, Ernst-Dieter HEHL, Joachim SCHNEIDER zu vergleichen; zu den Bischofsstädten auch Gerold BÖNNEN.

2 Zu den Mainzer Territorien als Überblick CHRIST, in: Jürgensmeier, Mainzer Kirchengeschichte Bd. 2 1997, S. 15 ff.

3 SCHIEFFER, Entstehung von Domkapiteln 1976, S. 132 ff.

4 PANGERL, Metropolitanverfassung 2011.

5 Als Detailstudien zur Metropolitangewalt HEYDENREICH, Trier 1938; WENNER, Mainzer Metropoliten 1926; neuerdings am Kölner Beispiel STORM 1995, allgemein SCHRÖR 2009.

6 Zu Bonifatius grundlegend SCHIEFFER, Winfrid-Bonifatius 1954/1972; FELTEN/JARNUT/PADBERG, Bonifatius 2007. Vgl. auch HAARLÄNDER, Bonifatius in Mainz 2005.

7 Für die Karolingerzeit bis in die Anfänge des 12. Jh. vgl. die Geschichte der Synoden von HARTMANN 1989, WOLTER 1988 und GRESSER 2006 sowie für die spätere Karolingerzeit PANGERL, Metropolitanverfassung 2011, S. 160 ff. Die

synodalen Texte sind von der Merowingerzeit bis 1059 in der Concilia-Reihe der Monumenta Germaniae Historica Bd. 1–8 ediert (Lücken: Bd. 5: 875–909; Bd. 7: 1002–1022); ab Band 3 mit umfangreichem Sachkommentar.

8 HEYEN, Stift St. Simeon 2002, S. 260ff.; HAVERKAMP, Simeon 2010.

9 Zusammenfassend WOLTER, Synoden 1988, S. 271ff.; zur Haltung Heinrichs II. HOFFMANN, Mönchskönig 1993, S. 53ff.; zuletzt UBL, Inzestverbot 2008, S. 402ff. Die Texte der Synoden Aribos bei JASPER, Konzilien 2010.

10 JASPER, Konzilien 2010, S. 55f. (Zitat S. 56).

11 Zur Merowingerzeit PONTAL, Synoden 1986.

12 NONN, Bonifatius und die Reformkonzilien 2007. Grundlegend zu den karolingischen Synoden HARTMANN, Karolingerzeit 1989.

13 Insgesamt FELTEN, Hrabanus 2008; KOTTJE/ZIMMERMANN, Hrabanus 1982; FELTEN/NICHTWEISS, Hrabanus 2006; HAARLÄNDER, Rabanus 2006. Zu Hrabans Synoden ausführlich HARTMANN, Mainzer Synoden 1982.

14 HARTMANN, Kirche und Kirchenrecht 2008, S. 191ff.; UBL, Inzestverbot 2008, S. 291ff.

15 FUHRMANN, Synoden von Ingelheim 1964.

16 Vgl. die Ausgabe (mit Übersetzung) von HARTMANN 2004. HELLINGER, Pfarrvisitation 1962 und 1963.

17 TSCHACHER, Flug durch die Luft 1999.

18 Zu Burchard generell HARTMANN, Burchard 2000; zu seinem Dekret textgeschichtlich HOFFMANN/POKORNY, Dekret; inhaltlich AUSTIN, Church Law 2009; KERNER, Studien 1969; WILL, Rechtsverhältnisse 1992.

19 Zu einer wissenschaftlichen Kanonistik in Köln und Mainz an der Wende vom 12. zum 13. Jh. LANDAU, Kölner Kanonistik 2008; RIEDEL-SPANGENBERGER, Sicardus 2009.

20 Vgl. die allgemeine Einleitung bei VOGEL/ELZE, Pontifical romano-germanique Bd. 3 1972, S. 3ff., 11ff., 44ff. Zur Rezeption der römischen Liturgie durch die Franken am Beispiel von Trier HEINZ, in: HEINEN/ANTON/WEBER, Bistum 2003, S. 323ff.

21 Zur Kontroverse um seine Messerklärung vgl. ZECHIEL-ECKES, Florus 1999, S. 21ff.; generell BRUNHÖLZL, Lateinische Literatur Bd. 1 1975, S. 430; EMBACH, Trierer Literaturgeschichte 2007, S. 487ff.

22 ERKENS, Trierer Kirchenprovinz 1989, S. 125.

23 BULST, Wormser Briefsammlung 1949, S. 29f. Nr. 13.

24 Zum Eigenkirchenwesen grundlegend die Arbeiten von Ulrich Stutz aus den Jahren von 1895 bis 1937, jetzt gesammelt in: STUTZ/FEINE, Eigenkirche 1989. Zum Konzept LANDAU, Eigenkirchenwesen 1982; HARTMANN, Kirchen auf dem Lande 1982.

25 Vgl. die Bestätigung durch Erzbischof Siegfried von Mainz: STIMMING, Mainzer Urkundenbuch Bd. 1 1932, S. 226f. Nr. 332. KURZE, Pfarrerwahlen 1966, S. 168ff.

26 TIEFENBACH, Binger Inschrift 1977, dort Ergänzung des Vaternamens zu Gozzolf und möglichem Abschluss der Inschrift mit der Bitte zu Gott. Zu Humbach/Montabaur TRUMPP, Grenzen 2000 (mit Karte); zusammenfassend DEUTINGER, Zehnttermination 2002.

27 GOTTLOB, Chorepiskopat 1928, besonders S. 134f. zur Provinzialsynode von Metz 888; zu Mainz MAY, in: Jürgensmeier, Mainzer Kirchengeschichte Bd. 2 1997, S. 498ff.

28 Für Trier vgl. die biographische Erfassung durch SEIBRICH, Weihbischöfe 1998, zu Mainz MAY, in: Jürgensmeier, Mainzer Kirchengeschichte Bd. 2 1997, S. 521ff.

29 Zum Folgenden vor allem HEINTZ, Trier 1951, S. 14ff., S. 19ff.; MAY, in: Jürgensmeier, Mainzer Kirchengeschichte Bd. 2 1997, S. 504ff.; zur frühen Entwicklung ausführlich MAY, Organisation 1975.

30 MAY, Anfänge des Generalvikars 1993, besonders S. 210ff., 230f.; HOLLMANN, Domkapitel Mainz S. 94f.

31 »Fallstudien« bei HIRSCHMANN, Stadtplanung 1998, vgl. dort auch S. 475ff. zu Rom und Jerusalem als Vorbild.

32 GIERLICH, Grabstätten 1990 (dort ein nach Bistümern geordneter Katalog); HEINZ/ROTHBRUST/SCHMID, Grabdenkmäler 2004; PÄFFGEN, Speyerer Bischofsgräber 2010; SCHMID, Himmerod 2010.

33 Zum Rangstreit zwischen den rheinischen Erzbistümern BOSHOF, Köln, Mainz, Trier 1978. Zum Trierer Selbstverständnis auch EWIG, Kaiserliche und apostolische Tradition 1956/58 (Neudruck 1979).

34 Vgl. SCHMIDT, Trier und Reims 1929, besonders S. 90ff.; FUHRMANN, Patriarchate III 1955, S. 104ff.

35 Die Privilegierung von Mainz und Trier verzeichnen JAKOBS, Germania Pontificia Bd. 4 1978, hier besonders S. 72ff.; BOSHOF, Germania Pontificia Bd. 10 1992, hier besonders S. 45ff. Die Texte jetzt in ZIMMERMANN, Papsturkunden Bd. 1 1988 [vgl. auch STIMMING, Mainzer Urkundenbuch Bd. 1 1932; Urkundenbuch Mittelrhein 1860 (1974)].

36 Vgl. HEHL, Herrscher, Kirche und Kirchenrecht 1997, S. 176ff.

37 Zu den Papstprivilegien für Trier BOSHOF, Trier 1972.

38 STAAB, Konzeption 1991, S. 40ff.; MAY, Primas 1997, S. 54ff.

39 Die Inschriften der Grabdenkmäler Ivos und Alberos bei FUCHS, Inschriften Trier I 2006, S. 246 Nr. 122, S. 289f., Nr. 146. Zu Ivo JANSSEN, Legaten 1961, S. 35ff. Zur Vorstellung vom zweiten Rom HIRSCHMANN, Stadtplanung 1998, S. 477ff.; MATHEUS, Romimitation 1995; HAVERKAMP, »Heilige Städte« 1987, S. 126ff.

40 Vgl. GANZER, Kardinalat 1963, S. 104ff. Teilweise wird auch eine Erhebung Siegfrieds II. zum Kardinal vermutet, was jedoch nicht zutrifft, vgl. GERLICH, Thronstreit 1987, S. 313 mit Anm. 140; der nächste Mainzer Kardinal ist Albrecht von Brandenburg.

41 Zu Mathäus von Krakau KEILMANN, in: Jürgensmeier, Bistum Worms 1997, S. 122 ff.

42 WEINRICH, Quellen 1977, S. 182 ff. Nr. 49; grundlegend CLASSEN, Wormser Konkordat 1973.

43 Zu deren Aspekten ausführlich HEINZ, Balduin 2009.

44 GANZER, Bischofswahl 1971–1972.

45 Zu den »rheinland-pfälzischen« Domkapiteln vgl. HOLLMAN, Mainzer Domkapitel 1990; HOLBACH, Stiftsgeistlichkeit 1982 (zu Trier); FOUQUET, Speyerer Domkapitel 1987. Zusammenfassend und auf die Aufgaben bezogen am Beispiel von Mainz FELTEN, Domkapitel 2009. Siehe auch oben den Beitrag von Joachim SCHNEIDER.

46 Als Überblick über die Papstgeschichte jetzt HERBERS, Papsttum 2012, hier besonders S. 225 ff. zum 14. und 15. Jh.

47 Deutsch/Lateinisch bei MIETHKE/WEINRICH, Quellen zur Kirchenreform Bd. 2 2002, S. 442 ff. Nr. 27. HÜRTEN, Mainzer Akzeptation 1959; HELMRATH, Basler Konzil 1987, S. 297 ff.

48 MILLER, Jakob 1983, S 153 ff.; zur kirchenpolitischen Haltung von Mainz vgl. VOSS, Dietrich 2004, S. 101 ff. Zu Konzilien, Konziliarismus und Kirchenreform des 14./15. Jhs. BOOCKMANN/DORMEIER, Konzilien 2005, S. 29 ff.; MÜLLER, Kirchliche Krise 2012.

49 Text WEINRICH, Quellen Spätmittelalter 1983, S. 498 ff. Nr. 127; vgl. MEYER, Wiener Konkordat 1986.

50 MEUTHEN, Legationsreise 1989, besonders S. 488 ff.; ARIS, Vos Moguntini 1998.

51 Zusammenfassend zu den mittelalterlichen Häresien und den Inquisitionsverfahren GRUNDMANN, Ketzergeschichte 1978; OBERSTE, Ketzerei und Inquisition 2007 (zur Inquisition S. 64 ff. und S. 87 ff.); vgl. auch RAGG, Ketzer 2006 S. 72 ff., 159 ff. Zu häretischen Bewegungen, die auch das »einfache« Volk erfassten, LAMBERT, Häresie 2001.

52 HALBEKANN, Sayn 1997, S. 379 ff.; PATSCHOVSKY, Ketzerverfolgung 1981; RAGG, Ketzer 2006 S. 176 f. Die Mainzer Provinzialsynode bei MONE, Kirchenverordnungen 1852, hier S. 135.

53 Zu Beginen und Begarden siehe den Beitrag von Franz J. FELTEN, Klöster, Stifte, religiöse Bewegungen in diesem Band.

54 Zu Wasmud SCHMIDT, Tractatus contra hereticos Beckardos 1962, Zitat S. 51; KOLPACOFF, Verfolgung 2003; HERMANN Ketzerverbrennung 1936.

55 MENTGEN, Ritualmordaffäre 1995; WETZSTEIN, Wiederbelebung des Wernerkults 1999; zu Winand SCHMIDT, Winand 1977, dort S. 25 ff. zu seinem Wirken in Bacharach und zu Kardinal Orsini. WETZSTEIN, Kultuntersuchung 2009, S. 98 ff., bezweifelt inzwischen, dass die Untersuchung von 1426–29 ein förmliches Verfahren zur Heilssprechung einleiten sollte, vielmehr habe man die (neu belebte) Verehrung Werners durch ihr hohes Alter und die Wunder legitimieren wollen.

56 Zum Traktat WETZSTEIN, Wiederbelebung des Wernerkults 1999, S. 58 ff., Zitat S. 64.

Klöster, Stifte, religiöse Bewegungen

Von Franz J. Felten

1. Das alte Mönchtum

Männergemeinschaften

In unserem Lande sind die ältesten Kleriker- und Mönchsgemeinschaften im heutigen Deutschland bezeugt. Lange Zeit ist nicht zu erkennen, ob es sich um Kleriker oder Mönche handelte oder gar, welche Regel befolgt wurde.[1] Von *pauperes Christi*, die vor den Mauern Triers ein jungfräuliches Leben in Armut nach dem Vorbild des Mönchsvaters Antonius folgten, erzählte schon der hl. Augustinus in seinen *Confessiones*.[2] Sein Zeugnis nahmen im Mittelalter die Mönche von St. Maximin auf dem nördlichen Gräberfeld wie die von St. Eucharius/St. Matthias im Süden für ihre Anfänge in Anspruch. Auch die Gemeinschaft von St. Paulin, Nachbar von St. Maximin, die um 800 bezeugt ist, könnte frühere Vorläufer gehabt haben. Auch in St. Maria ad martyres/St. Mergen in Trier, im 7. Jh. belegt, und auf einem Gräberfeld im Süden vor Mainz (später St. Alban) könnten schon im 5./6. oder erst Ende des 7. Jhs. religiöse Gemeinschaften gelebt haben. Quellenmäßig noch schlechter bezeugt sind »heilige Männer«, die als Eremiten oder Klausner lebten, wie Bantus in Trier, Paulus und Beatus nahe der Stadt, Ingobert und Wendalinus im heutigen Saarland, Disibod am Zusammenfluss von Glan und Nahe, wo er nach seiner späten Vita (aus der Schau Hildegards von Bingen) Begleiter um sich sammelte. Gut bezeugt ist Goar, der um 530/550 eine Zelle am Mittelrhein errichtete, wo um 762 sechs Kleriker lebten. Im späten 6. Jh. (?) entstanden das spätere Benediktinerkloster St. Martin in Trier und (nach zweifelhafter, später Quelle auf älterer Grundlage) das Stift St. Kastor in Karden (belegt im 9. Jh.). In St. German in Speyer, das erst im 11. Jh. aus dem geschichtlichen Dunkel tritt, soll nach der sehr zweifelhaften Ortstradition schon König Dagobert Mönche angesiedelt haben.

Seit dem 7. Jh. sind etliche Männergemeinschaften in den Quellen belegt: Tholey schon 634, Münstermaifeld vor 646/47 (?, sicher belegt 9. Jh.), Weißenburg vor 661, gegen Ende des Jahrhunderts Echternach, an der Sauer unweit von Trier, Mettlach und wohl auch Taben an der unteren Saar. Im 8. Jh. erscheinen Klingenmünster in der Südpfalz, dem später auch König Dagobert oder aber der Mainzer Bischof Gerold als Gründer zugeschrieben wurden, Prüm in der Eifel (721 bzw. 751/762), Hornbach bei Zweibrücken (um 742) und Lorsch (764) an der Bergstraße.

Weibliche Gemeinschaften

Vielleicht schon älter, aber sicher bezeugt erst im 7. und frühen 8. Jh. sind die ersten weiblichen Gemeinschaften: St. Symphorian in Trier, St. Stephan/St. Marien in Andernach, Oeren (in den römischen Speichern, *horrea*) in Trier, seit dem 16. Jh. St. Irminen genannt. Schon Augustinus freilich und Inschriften bezeugen asketisch lebende Jungfrauen und Witwen in Trier; ob sie in eigenen Gemeinschaften, bei solchen der Männer oder, wie noch in der Karolingerzeit häufig, im eigenen Hause lebten, bleibt offen.[3] Um 700 entstanden die Frauenkonvente in Pfalzel, wenige Kilometer moselabwärts von Trier, und Altmünster in Mainz (erst im 9. Jh. sicher bezeugt). Im 9. Jh. kam Münsterdreisen am Donnersberg (864) hinzu; Schornsheim bei Wörrstadt wird man nicht als »Kloster« bezeichnen können, auch wenn Lioba, die Verwandte und Vertraute des Bonifatius, hier mit einigen »Schülerinnen« ihren Lebensabend verbrachte. Frauen konnten freilich auch als verschleierte, gottgeweihte Jungfrau oder Witwe ein asketisches Leben im eigenen Hause, außerhalb eines Klosters führen.

Die Verteilung der Klöster im Raum

Lorsch, Echternach, Mettlach und Weißenburg liegen knapp außerhalb der heutigen Landesgrenzen, waren aber in mittelalterlicher Zeit integraler Bestandteil des religiösen Lebens, der kirchlichen und politischen Strukturen unseres Raumes. Sie zogen, wie die glücklich überlieferten Urkunden Lorschs (oder auch des fernen Fulda) zeigen, Schenkungen beiderseits des Rheins an; sie waren Ziel von Pilgern, die sich vom Klosterpatron, von den Mönchen und ihrem Abt Gebet, vielleicht auch Hilfe erhofften. In Fulda trat Otakar von Wackernheim vor seinem Tode ein, der Mainzer Rabanus wurde schon als Kind dorthin gegeben. Die Schenkungen an Fulda stiegen sprunghaft, nachdem 754 der Märtyrer Bonifatius hier beerdigt worden war, die an Lorsch nach der Ankunft der Reliquien des römischen Heiligen Nazarius 765. Doch selbst wenn man diese großen Zentren außerhalb und kleinere Zellen im Lande selbst hinzu nimmt, wie St. Goar, Altrip in der Pfalz und das kurzlebige Kesseling bei Sinzig, blieben weite Teile des Landes, gerade auch siedlungsfreundliche, auffallend leer, vor allem im Vergleich mit Trier und den angrenzenden Regionen an Maas und Mosel oder dem Elsass, den Vogesen und der Ortenau. Die Bischofsstadt Mainz hatte um 800 nur zwei Konvente, Speyer und Worms nur je einen erst später sicher bezeugten. Im 9. Jh. kamen nur wenige Gemeinschaften hinzu: 836 weihte Erzbischof Hetti von Trier die Kirche von St. Kastor in Koblenz; wenig später eröffneten Dietkirchen/Limburg und Kettenbach, 879 nach Gemünden verlegt, die kleine Serie von Stiftsgründungen im Lahngebiet, die sich bis ins 10. Jh. (um 910 Limburg) hinzog. Ansonsten sind in der Eifel Münstermaifeld, wo Erzbischof Hetti (814–847) die alte Martinskirche zu einem Seelsorgezentrum ausbaute, an dem seit dem 10. Jh. Kanoniker sicher bezeugt sind, und das Prümer Tochterstift Münstereifel (knapp jenseits der heutigen Landesgrenze), das nach der Überführung römischer Heiliger 844 einen raschen Aufschwung nahm, zu nennen. In Münsterappel in der Nordpfalz entstand 893/940 eine Propstei von St. Maximin. Im Süden des Landes finden wir das Stift Neuhausen/St. Cyriakus bei Worms (847) und die 864 von »Herzog« Nanthar und seiner Gattin gestiftete weibliche Gemeinschaft Münsterdreisen, die erst im 12. Jh. deutlicher sichtbar wird.

Klöster in der Gesellschaft und Politik des frühen Mittelalters

Träger der Gründungen waren durchweg Laien aus den führenden Familien des Raumes (Rupertiner, Widonen, Nanthar), Könige und Bischöfe fehlen weitgehend, sieht man von Prüm, der Gründung König Pippins ab; nicht zufällig wurde Kaiser Lothar hier vor seinem Tode Mönch und fand in der Klosterkirche sein Grab.

Grablegung Lothars I. 855 im Kloster Prüm

Ganzseitige Miniatur in dem Urbar des Klosters aus dem Jahre 1222

Lothar ist tonsuriert und in die schwarze Kutte der Benediktiner gekleidet. Ein Bischof (kenntlich an Mitra und Stab) und ein Kleriker halten eine Doppeltafel mit der Inschrift: *Anima domini Lotharis imperatoris fratris nostri requiescat in pace. Amen* (Die Seele des Herrn Kaisers Lothar, unseres Bruders, ruhe in Frieden. Amen). Ein Mönch und ein Laie betten den Leichnam in den Sarkophag. Der Abt (mit Stab) steht an der Spitze der Mönche und weist auf die Tafel hin.

(Landeshauptarchiv Koblenz)

Motive waren vor allem die Sorge für das Seelenheil der Stifter und ihrer Familie, aber auch politisch-wirtschaftliche Ziele, wie beim Zugriff Pippins II. auf Echternach, Karls des Großen auf Lorsch sichtbar wird. Die geistliche Prägung der Konvente blieb durchweg unscharf, auch als Karl und sein Sohn Ludwig der Fromme sich um eine saubere Trennung der Lebensweise von Kanonikern und Mönchen bemühten. Eine Umsetzung der einschlägigen Konzilsbeschlüsse von Aachen 816/819, nach der alle Mönche nach der Benediktsregel, die Kanoniker nach den »Aachener Institutionen« leben sollten, in die Praxis ist hierzulande nirgends nachzuweisen. Fast immer bleibt die innere Entwicklung der Konvente im Dunkeln. Nur sporadisch wird ihr Wirken in der wirtschaftlichen Erschließung des Landes, in der Christianisierung und der Seelsorge auf dem flachen Lande sichtbar, etwa wenn die Hornbacher 803/13 den Mainzer Erzbischof bitten, einem von ihnen an Eigenkirchen des Klosters entsandten Priester den gewohnten Gottesdienst nicht weiter zu untersagen.[4] Prüm besaß um die 200 Kirchen, Weißenburg hatte Landkirchen bis zur unteren Lahn.[5] Nur ausnahmsweise sind die Verdienste der hiesigen Klöster für Kultur und Bildung auch in den Quellen zu fassen, von den meisten wissen wir nichts. Berühmt sind die Bibliotheken und Schulen von Lorsch und Fulda, auch Weißenburg mit Otfrids Evangeliendichtung; aus den Klöstern im Lande ist vor allem Prüm zu nennen, das auch für westfränkische Mönche als Lernort interessant war. Sein berühmtester Autor freilich, Regino, schrieb seine Chronik und sein für das Kirchenrecht und die Praxis wichtiges Sendhandbuch als Abt von St. Martin in Trier, nachdem er sein Amt in Prüm verloren hatte. In St. Alban entstand nach 950 das sog. Mainzer Pontifikale (ein Leitfaden für die bischöfliche Liturgie), auch Römisch-Germanisches genannt, das in ganz Europa Verbreitung fand.[6]

Neben der religiösen und geistigen Bedeutung der Klöster ist ihre politische Rolle hervorzuheben. Schon Pippin II. knüpfte die Geltung seiner Privilegien für Echternach, mit denen er den Rang eines Stifters okkupierte, an das Versprechen der Mönche, ihm und seinen Nachfolgern immer treu zu sein. Je nach Belastbarkeit waren die Abteien zu militärischen, wirtschaftlichen und religiösen Leistungen an den Herrscher verpflichtet, die ärmsten nur zum Gebet. Äbte hatten bei Gerichtsterminen und auch sonst Grafen und Königsboten zur Wahrung von »Frieden und Eintracht« sowie der Interessen des Herrschers zu unterstützen, selbst als Königsboten zu wirken und sogar mit ihren Männern (»Vasallen«) ins Feld zu ziehen.[7]

Entsprechend interessiert waren die Herrscher an der Besetzung der Führungspositionen; nicht nur Kleriker im Dienst des Hofes, sondern auch (Erz-)Bischöfe und mächtige Laien, bis hin zum König, erscheinen in den Quellen als Leiter von Klöstern und konnten so über deren Güter und Einkünfte verfügen, Karl d. Gr. z. B. in Murbach im Elsass und in Echternach.[8] Einhard, der Freund und Biograf Karls, sammelte geradezu Abteien zwischen Gent und Seligenstadt. Erzbischof Richulf von Mainz ließ die große Kirche von St. Alban erbauen, in der eine Gemahlin Karls, Fastrada, ihr Grab fand. Die großartige Klosteranlage war in der Folge mehrfach Ort von Konzilien (erstmals 813) und Reichsversammlungen.

Die Inanspruchnahme der Klöster, auch von Frauenklöstern (Oeren z. B.), steigerte sich seit den Kämpfen um die Teilung des Reiches und im ausgehenden 9. Jh., als Klöster und Stifte wie Pfalzen, Königsgüter und Lehen als Ressourcen und Machtpositionen betrachtet wurden.[9] Wieweit die Teilung des Klostervermögens in Abts- und Konventsgut den Unterhalt der Gemeinschaft sichern konnte, muss offen bleiben; Klagen sind häufig, auch wenn das religiöse Leben nicht notwendigerweise unter einem klosterfremden Abt leiden musste.[10] In Echternach, St. Maximin und Oeren erscheinen seit den 850er Jahren eine ganze Reihe von Grafen, Adalhard, Reginar, Megingaud, Gerhard, Matfried, die Königssöhne Karlmann und Zwentibold, der Trierer Erzbischof Radbod, dessen Erzkanzler, und seit 897 der mächtige Graf Reginar vom Hennegau als Äbte; Regino von Prüm verlor seine Abtei an einen der »Matfridinger«, die Besitzungen, Ämter und Abteien von der Mosel bis in die Pfalz, vom Bliesgau bis in die nördliche Voreifel hatten.[11] Erzbischof Hatto von Mainz verfügte nicht nur über die Mainzer Eigenklöster (St. Alban, Altenmünster), sondern auch über Lorsch, Weißenburg, Ellwangen und die Reichenau. Darüber hinaus litten Prüm und die Trierer Klöster nicht nur unter den schweren Fehden gegen Ende des 9. Jhs. sondern auch unter den Einfällen der Normannen, doch gingen sie nicht unter.

Die Lothringische Klosterreform

Seit den 930er Jahren kam es, von mehreren Zentren in Lotharingien ausgehend, zu einem neuen Aufschwung monastischen Lebens, der an die Aachener Reform anküpfte. Neben Gorze bei Metz wurde St. Maximin seit

934, nach dem Verzicht des letzten Laienabtes, Herzog Giselbert von Lothringen, und der Vertreibung widerstrebender Mönche, zum Motor einer von den ottonischen Königen geförderten Erneuerung, die bis ins 11. Jh. weit ins Reich (vor allem nach Süddeutschland, und darüber hinaus) ausstrahlte.[12] Inhaltlich beruhte sie auf einer klaren Orientierung an der Benediktsregel, so dass etliche Konvente nun zu echten Mönchsklöstern wurden; in der Form basierte sie auf persönlichem Einsatz von Äbten und Mönchen, die aus reformierten Konventen in andere Klöster geholt wurden und dort ein regelkonformes Leben einführten. Eine gewisse Rolle spielten irische Mönche, wie Israel, der nach St. Maximin gekommen war, am Königshof lebte und prägenden Einfluss auf Brun hatte, der als Erzbischof von Köln (953–965) seinerseits die lothringische Reform unterstützte. Die Trierer Klöster und Echternach wurden erst im letzten Viertel des 10. Jhs. von der Reform erfasst, vielleicht, weil St. Maximin engen Kontakt zum Königtum hielt und auf Distanz zum Diözesan bedacht war, der die anderen Trierer Klöster und Mettlach beherrschte. Die Kanonikergemeinschaft in St. Eucharius wurde 962/63 in ein Mönchskloster umgewandelt, mit Hilfe aus St. Maximin, Gorze und Gent. In Echternach verzichtete Graf Siegfried von Luxemburg 975 auf den Laienabbatiat, ein Abt aus St. Maximin leitete die monastische Neuordnung ein, die wie auch in St. Eucharius im 11. Jh. zu einer kulturellen Blüte führte. Schon 937 wurde der Maximiner Mönch Anno Abt des neuen Klosters St. Moritz in Magdeburg (danach Bischof von Worms, 950–978), ihm folgte sein Klosterbruder Geilo. 972 ging ein Maximiner als Abt nach St. Emmeram in Regensburg, das in der Folge zu einer »Art Kaderschmiede für die Reform im süddeutschen Raum« wurde.[13] Den Aktionsradius eines »Reformers« aus St. Maximin – und die Widerstände, auf die er traf – zeigt Sandrat, der in wenigen Jahren Gründungsabt in Gladbach wurde, 972 im Auftrag Ottos I. St. Gallen reformieren sollte, aber durch seine asketische Strenge den Hass der Mönche erregte, in Gladbach vertrieben wurde, kurze Zeit in Weißenburg Abt war und 984 nach Gladbach zurückkehrte, aber bald starb.

Die heftige Polemik des gelehrten St. Galler Mönchs Ekkehard IV., der auch fast 20 Jahre in Mainz gelebt hatte, gegen die »Neuerungen« Sandrats zeigt, dass die Umformung des gewohnten Lebens immer wieder Widerstand provozierte. In Lorsch, wo man sich auf eigene *consuetudines S. Nazarii* berief, musste der von Otto III. zum Abt eingesetzte Gorzer Mönch Werner 1002 schon nach fünf Monaten wieder von Erzbischof Willigis abgezogen werden; auf der Reichenau scheiterte wenig später sein Klosterbruder Immo, zuvor Abt in Gorze und Prüm. Umgekehrt werden nach einer erfolgreichen Reform die früheren Zustände besonders schwarz geschildert, um das Eingreifen zu rechtfertigen, so in der Vita Poppos von Stablo-Malmedy, dem 1023/24 St. Maximin übertragen wurde; er und seine Schüler übernahmen danach auch Echternach, die pfalzgräfliche Gründung Brauweiler, Weißenburg und die neue Königsabtei Limburg an der Haardt.[14] In der Folge kam es zu einer zweiten, von Gorze geprägten Reformwelle im Reich; zu den mindestens acht von dort geholten Äbten gehörten u. a. Gottschalk in St. Alban (1074) und Hugo (1080) in St. Martin in Trier.

Neue Gründungen von Stiften und Klöstern

Vor allem aber wurde die hiesige religiöse Landschaft im 10. und 11. Jh. durch neue Stifte und (einige) Klöster bereichert. In Koblenz entstand vor 940 das zweite Stift, St. Florin; Erzbischof Willigis von Mainz siedelte 975 auf dem Disibodenberg Kanoniker an, die vielleicht auch die Seelsorge in dem Ausbauland an der Nahe übernehmen sollten. In Bingen und Boppard finden sich um 1000 Klerikergemeinschaften. In seiner Bischofsstadt gründete Willigis Anfang der 990er Jahre St. Stephan und St. Viktor vor den Mauern im Süden. Zuvor waren nahe des Doms schon St. Mauritius (noch im 9. Jh.), St. Peter im Norden der Stadt, St. Gangolf in der Nordwestecke am Rhein entstanden. Im 11. und frühen 12. Jh. machten die Neugründungen von St. Johann (an der alten Bischofskirche), Liebfrauen direkt am Dom und Heiligkreuz vor der südlichen Stadtmauer Mainz zur Stadt mit den meisten Stiften, während in Trier die Mönchsklöster dominierten; das Nonnenkloster Pfalzel aber wurde 1016 in ein Chorherrenstift umgewandelt. Bald nach dem Tod des schon 1035 heiliggesprochenen Simeon gründete Erzbischof Poppo an dessen Klause in der Porta Nigra ein Chorherrenstift; bis um 1100 entstanden auch das Stift Liebfrauen am Dom und St. Paulus als Kanonikerkonvent für das Frauenkloster Oeren. In Worms errichtete Bischof Burchard (1000–1025), vorher Chorherr in St. Florin in Koblenz und Propst in St. Viktor in Mainz, an der Stelle der abgerissenen Salierburg das Stift St. Paul, gründete St. Andreas an der südwestlichen Stadtmauer neu und leitete auch noch die Gründung von St. Martin ein. In dem nach einer Legende des 12. Jhs. angeblich schon unter Ludwig dem Frommen gegründeten Nonnenmünster vor der Stadt setzte er seine Schwester als Äbtissin ein.

Benediktiner aus St. Maximin waren die ersten Mönche der kaiserlichen Gründung Limburg an der Haardt um 1034, deren Bedeutung noch heute die imposanten Ruinen ahnen lassen, auch wenn die Abtei, wie die Saliergründung Lambrecht bei Bad Dürkheim, 1065 an den Bischof von Speyer gegeben wurde, vielleicht um den Neubau des Domes zu fördern. St. Jakob, dicht vor der südlichen Stadtmauer von Mainz, wurde wohl noch von Erzbischof Bardo kurz vor seinem Tod (1051) begründet und von seinen Nachfolgern vollendet. Die monastische Prägung bleibt bis gegen Ende des Jahrhunderts unklar. 1108 übertrug der Erzbischof das von Willigis gegen Ende des 10. Jhs. gegründete Kanonikerstift auf dem Disibodenberg an Mönche aus St. Jakob. Neben dem Männerkonvent, der eine prächtige romanische Klosteranlage errichtete, entwickelte sich seit 1112 unter der Leitung Juttas von Sponheim eine Frauengemeinschaft, die 1148/52 freilich durch ihre berühmte Nachfolgerin, Hildegard von Bingen, auf den Rupertsberg an der Nahemündung verlegt wurde.

Laach, die Gründung des Pfalzgrafen Heinrich (um 1093) unterstellte dessen Nachfolger Siegfried um 1111/12 der cluniazensischen Abtei Afflighem in Brabant. Die damit verbundene monastische Prägung, mit umfänglicher Liturgie und Totengedenken, machte Laach zu einem der wenigen Vertreter der Cluniazenser in unserem Raum. Denn Cluny, wie auch die von ihm beeinflussten Siegburger und Hirsauer Reformen, erlangten hier wenig Einfluss. Anno von Köln hatte in Siegburg 1064 zunächst Mönche aus St. Maximin unter einem Abt aus Gorze angesiedelt. Zwölf Mönche, die er aus Fruttuaria bei Turin mitbrachte, prägten Siegburg aber seit etwa 1070 cluniazensisch, und es wurde zu einem weit ausstrahlenden Reformzentrum. In unserem Raum sind aber nur Propsteien in Hirzenach am Mittelrhein und in Remagen, vor allem aber das Nonnenkloster Rolandswerth zu nennen. In der Bestätigungsurkunde klagte der Kölner Erzbischof 1126, es gebe in seiner Provinz fast keine weibliche Gemeinschaft, in der eine Frau sich dem asketischen Leben hingeben könne.[15] Ursprünglich strikt der Abtei Siegburg untergeordnet, aus der die ersten Schwestern kamen, errang die 1134 erstmals als Äbtis-

Monastische Reformen des 11. Jh.

Hildegard von Bingen (1098–1179)

Hildegard von Bingen ist zweifellos die bekannteste Frau des Mittelalters aus Rheinland-Pfalz. 1112 begründete sie mit Jutta von Sponheim die Frauenklause auf dem Disibodenberg, die sich in wenigen Jahren zu einem Konvent unter der Leitung Juttas entwickelte. Nach deren Tod trat Hildegard die Nachfolge als *magistra* an, gründete aber 1148/50 auf den Rupertsberg bei Bingen ein eigenes Kloster, das nach der Einigung mit dem Disibodenberger Konvent und der Privilegierung durch den Mainzer Erzbischof 1158 rasch aufblühte. Bekannt wurde Hildegard schon zu Lebzeiten als Ratgeberin und als Autorin zahlreicher Werke. Sie zeugen von einer umfassenden Bildung, obwohl Hildegard sich als ungelehrte und schwache Frau bezeichnet, die ihre Kenntnisse nur ihren Visionen verdankt und damit eine kaum anzugreifende Autorität beansprucht.

Schon auf dem Disibodenberg begann Hildegard ihr erstes Visionswerk: *Scivias* (Wisse die Wege), das der Heilsgeschichte gewidmet ist. Um 1158/63 entstanden der *Liber vitae meritorum* (Buch der Lebensverdienste), dem Kampf zwischen Tugenden und Lastern gewidmet, danach der *Liber divinorum operum* oder *de operatione dei* (Buch der göttlichen Werke), über den Menschen im Kosmos, Heilsgeschichte und Eschatologie. Vor allem wegen der Endzeitvisionen wurde dieses Werk seit dem 13. Jh. in stark verkürzter Form als »Spiegel der künftigen Zeiten« rezipiert, nicht zuletzt in polemischer Absicht, und trug Hildegard den Titel einer »deutschen Prophetin« und »rheinischen Sibylle« ein.

Neben den Visionsschriften entstanden naturkundliche und medizinische Schriften (*Physica = liber simplicis medicinae, Causae et curae = Liber compositae medicinae*), deren Textgeschichte schwierige Fragen aufwirft, ein Kommentar zur Benediktsregel, in dem sie das kluge Maßhalten des Mönchsvaters betont. Sie dichtete ein in jüngster Zeit wiederholt aufgeführtes Mysterienspiel *(Ordo virtutum)*, Hymnen und Sequenzen. Auf Wunsch der Disibodenberger Mönche schrieb sie aufgrund visionärer Schau eine Vita Disibods, für ihr eigenes Klosters eine solche Ruperts, den sie zu einem frommen Herzog im Binger Raum (im 8. Jh.?) macht (ferner Nachklang der »Rupertiner«?). Auslegungen des Glaubensbekenntnisses und der Evangelien dürften aus der Unterweisung ihrer Nonnen erwachsen sein, doch antwortete sie in zahlreichen Briefen auch auf theologische und disziplinäre-praktische Fragen; freilich ist die Echtheit insbesondere der »Anfragen« oft zweifelhaft.

Im Mittelalter weitgehend vergessen, die Schriften wurden kaum bzw. in verstümmelter Form rezipiert und der im 13. Jh. begonnene Heiligsprechungsprozess blieb stecken und wurde erst 2012 abgeschlossen. Von Johannes Trithemius am Ende des 15. Jhs. als Autorin und Heilige gefeiert, zum Ruhm seines Ordens und seines Klosters Sponheim »genutzt«, von Hartmann Schedel in seiner Weltchronik wegen ihrer Prophezeiungen erwähnt, wurde Hildegard im 19. Jh. gleichsam wiederentdeckt. In durchaus kontroverser Weise wurden Leben und Werk wissenschaftlich diskutiert, ausgewählte Texte in gezielter Absicht verwendet. Vor allem aber entdeckte man am Mittelrhein ihr Leben und Wirken für sich, hier entstanden die ersten größeren Biografien, lebte die Verehrung auf.

Doch erst das 20. Jh. brachte einen ungeahnten, immer noch anschwellenden Boom, im Kult wie in verschiedenen Wissenschaftsdisziplinen. Davon zeugen zahlreiche Studien, große wissenschaftliche Kongresse (1998) und moderne Editionen der Werke. Viel umfangreicher aber ist die populäre Rezeption, rufen doch konservative Theologen wie engagierte Feministinnen Hildegard als Kronzeugin an, nutzen Mediziner aller Schattierungen und Vermarkter gesunder Ernährung ihren Namen für ein Profit trächtiges Marketing. Seit dem Jahr 1995 verleiht die Landeszahnärztekammer Rheinland-Pfalz jedes Jahr den »Hildegard-von-Bingen Preis« an Journalisten und Publizisten, die »nicht ohne Zivilcourage ihr Bild von der politischen, sozialen und kulturellen Welt« besonders markant weitergeben. Zu den Preisträgern gehören u. a. Sandra Maischberger, Maybrit Illner und Harald Schmidt (http://www.hvb-preis.de).

sin bezeichnete Leiterin rasch größere Selbständigkeit. Ähnlich begrenzt wie der Einfluss der Siegburger war die Ausstrahlung der Schwarzwälder Abteien Hirsau und St. Georgen. Hirsau lebte seit 1078 nach cluniazensischen Gewohnheiten; es scheint Trierer (St. Eucharius) und Mainzer Klöster (St. Jakob, damit indirekt den Disibodenberg) beeinflusst zu haben. Schönau (im Rhein-Lahn-Kreis) geht auf eine der hirsauisch geprägten Reformabtei Allerheiligen (Schaffhausen) 1117 geschenkte Propstei im benachbarten Lipporn zurück. Sie wurde wenige Jahre später nach Schönau in die Nähe des dort entstehenden Nonnenklosters verlegt und bildete mit ihm ein Doppelkloster unter einem Abt. Berühmtheit erlangte die Nonne Elisabeth (gestorben 1164/65) deren Visionen, von ihrem Bruder Ekbert, erst Kanoniker in Bonn, dann Mönch in Schönau, redigiert, viel weiter verbreitet waren als die Hildegards von Bingen. Das 1146 in Ramsen in der Pfalz gegründete Frauenkloster wurde dem hirsauischen St. Georgen auf dem Schwarzwald unterstellt, aber schon 1174 übernahm der Wormser Bischof auf Wunsch der Nonnen, die sich über »ungerechte Belästigung« und »Machtausübung« des Abtes und der Brüder beklagt hatten, das Kloster nach einem Schiedsverfahren gegen eine Abfindung in bar.[16] Priorate für Frauen hatte auch Limburg (Hausen, Seebach, Schönfeld), Oberwerth bei Koblenz wurde 1143 St. Eucharius in Trier unterstellt. Bei anderen Männerklöstern lebten oft religiöse Frauen, von deren Existenz wir nur zufällig oder bei ihrer Versetzung erfahren, insbesondere im hirsauischen Einflussbereich.

Kanonikerreform des 11./12. Jhs.

Nicht nur Mönche wurde im 11. Jh. von Reformgedanken erfasst, sondern auch Kanoniker. 1059 hatte die Lateransynode in Rom heftige Kritik an der Aachener Institutionen geübt. In der Folge wurde die Regel des hl. Augustinus, in einer milderen und einer strengeren Variante zur Leitlinie der Kanoniker, die dem Ideal eines apostelgleichen Lebens nachstrebten. Ravengiersburg, die Gründung des Grafen Berthold und seiner Frau im Zusammenwirken mit dem Mainzer Erzbischof Siegfried I., war 1074 eines der ersten Stifte überhaupt, das auf das sog. *Praeceptum* festgelegt wurde. Viel bedeutender wurde Springiersbach nahe der Mosel, gestiftet von Benigna, Witwe eines Ministerialen, mit Unterstützung des Pfalzgrafen und des Trierer Erzbischofs, dem sie ihre Gründung mit Zustimmung der Familie übertrug. Ihr Sohn Richard entwickelte als Propst, später Abt, in Anlehnung an die härteste Version der Augustinusregel für die Gemeinschaft von Männern und Frauen eine so strenge Lebensordnung, dass Papst Gelasius II. 1118 zur Mäßigung mahnte, doch sein Nachfolger stärkte die Position Richards. Springiersbach beeinflusste in der Folge auch die Stifte Frankenthal, die Gründung eines Wormser Ehepaars, Steinfeld in der Eifel und Klosterrath bei Aachen. Dort hatte seit 1104 ein ehemaliger Mönch und Kanoniker aus Tournai sich einem Leben in persönlicher Armut, Handarbeit, Armenpflege und Seelsorge gewidmet und eine Gruppe Gleichgesinnter um sich geschart, zog sich aber zurück, als sich auch Frauen anschlossen. In der Gemeinschaft wurde jahrelang über ihren Platz und um die rechte Lebensform gestritten. Die *Consuetudines* nahmen Salzburger und Springiersbacher Elemente auf und wurden zur zentralen Norm der Regularkanoniker im Reich. Die Frauen fanden nach einigem Hin und Her ihren endgültigen Platz in Marienthal an der Ahr. Auch in Springiersbach trennte sich Richard von der Frauengemeinschaft, die er mit Hilfe des Trierer Erzbischofs an dem Ort eines längst verfallenen Klosters in Andernach ansiedelte und ihnen seine Schwester Tenxwind zur Meisterin (*magistra*) gab.

Tenxwind von Andernach kritisiert Hildegard von Bingen

Tenxwind wurde berühmt, weil sie es wagte, Hildegard von Bingen unter Hinweis auf die Apostel kritisch zu fragen, warum sie nur Adelige als Nonnen zulasse und warum diese so prächtige Kleider und Schmuck beim Gottesdienst trügen. Hildegard verteidigte ihre Rekrutierung mit dem rüden Hinweis, es käme ja auch kein Mensch auf die Idee, Ochsen, Esel, Schafe und Böcke in einem einzigen Stall zu versammeln. Die Sache war später den Bearbeitern des Briefwechsels so peinlich, dass sie den Brief Tenxwinds zu einer Bestätigung der Praktiken Hildegards verfälschten.[17]

Schon 1123 hatte ein Papstprivileg Richard eine ungenannte Zahl von *cellae* bestätigt; dazu gehörte Lonnig (Maifeld), wo sich eine Gemeinschaft um einen Eremiten gebildet hatte, den vielleicht Norbert von Xanten, der Gründer von Prémontré, auf seiner spirituellen Suche aufsuchte. 1124 wurde, vielleicht mit Springiersbacher Hilfe, Pfaffen-Schwabenheim (bei Bad Kreuznach) zu einem regulierten Stift umgewandelt, 1129 war Richard an der Gründung Bolandens am Donnersberg beteiligt, das dem Mainzer Erzbischof unterstellt wurde und zwei Generationen später zu den Prämonstratensern überging. Im Umkreis seines Konvents erhielt Richard Gründungen in Stuben (Frauen), Martental (Männer und Frauen?, Frauen 1212 erstmals belegt) und gründete auf Gut, das ihm der Erzbischof zur Gründung eines Kanonikerstifts geschenkt hatte, Marienburg (für Frauen, statt der vom Trierer Erzbischof gewünschten Männer). Zu dieser Zeit hatte der Erzbischof schon die Auflösung von Richards Klosterverband in die Wege geleitet: Lonnig war 1136 zur selbständigen Abtei erhoben worden, die dem Erzbischof unterstand. Ebenso ihre Tochter Schönstatt, wo seit 1143 die Frauen aus Lonnig lebten. Richard ließ sich vom Papst 1139 noch einmal das Generalkapitel zur Unterstützung seines Korrekturrechts und vom König 1143 den Besitz seines Stiftes bestätigen. Aber Springiersbach blieb bischöfliches Eigenkloster, und die Gründung des Saarbrücker Grafen in Wadgassen (Saar) wurde 1135 nicht Richard, sondern dem Erzbischof von Trier

Springiersbacher Tochterkloster | Kloster von Springiersbach beeinflusst | Kloster unter Springiersbacher Leitung

Vorlage: Gilles/Schaaf, Springiersbach 2002, S. 43
Kartographie: Landesamt für Vermessung und Geobasisinformation Rheinland-Pfalz

unterstellt, ebenso wenige Jahre später Merzig (Saar), das Richard zusammen mit Erzbischof Albero gegründet hatte. Beide wurden 1182 prämonstratensisch. 1147 ist zum letzten Mal in einem Papstprivileg die Rede von den Springiersbacher Institutionen. Wahrscheinlich aus politischen Gründen (Rivalität mit dem Pfalzgrafen, der die Vogtei besaß) hatte der Erzbischof die Ausbildung eines eigenständigen Verbandes unter Richards Leitung zugunsten seiner eigenen Klosterherrschaft unterbunden.[18]

2. Neue Orden des zwölften Jahrhunderts

Der erste und bekannteste Orden sind die Zisterzienser, die 1098 das cluniazensische Molesme in Burgund verließen, um im »Neuen Kloster« (Cîteaux bei Dijon) die Regel Benedikts wieder in aller Strenge zu beachten; vor allem wollten sie von eigener Hände Arbeit leben. Nach kritischen Anfangsjahren blühte die Gründung vor allem nach dem Eintritt Bernhards (von Clairvaux) auf, so dass in rascher Folge Tochterklöster gegründet werden konnten. Die einheitliche Regelbeobachtung in den (anders als in Cluny) selbständigen Abteien sollten regelmäßige Visitationen (Vaterabt kontrolliert die Töchter seiner Filiation) und jährliche Generalkapitel (Versammlung aller Äbte in Cîteaux mit Korrektur- und Gesetzgebungsrecht: Statuten) gewährleisten. Diese von den Päpsten seit 1119 bestätigten Verfassungselemente machten die Zisterzienser zum ersten Orden der Kirchengeschichte, dem durch Neugründungen und Anschluss bestehender Konvente, ja ganzer Klosterverbände binnen einer Generation mehr als 350 Klöster in ganz Europa angehörten und der bald als Vorbild galt.[19]

Zuerst, um 1130, folgten ihrem Beispiel die Prämonstratenser, Regularkanoniker, die nach der strengen Version der Augustinusregel lebten.[20] Sie nahmen ihren Anfang in Prémontré bei Laon, wo Norbert, ursprünglich Kanoniker in Xanten am Niederrhein, nach Jahren der Suche nach der richtigen Lebensform, u.a. in Siegburg, Klosterrath und Lonnig (?), im Jahre 1120 mit Hilfe des Bischofs von Laon Männer und Frauen ansiedelte, die sich ihm bei seiner Wanderpredigt in Frankreich und Belgien angeschlossen hatten und den Idealen der *vita apostolica* in Armut und Handarbeit nachstrebten, während Norbert weiterhin Predigtreisen unternahm. Nachdem er 1126 Erzbischof von Magdeburg geworden war, formte sein Schüler Hugo die bis dahin auf Norbert persönlich ausgerichteten Konvente zu einem Orden nach dem Vorbild der Zisterzienser. Weitere Regularkanonikerverbände folgten dem Beispiel.

Verbreitung im Rheinland

Prämonstratenser wie Zisterzienser fassten nahezu gleichzeitig an Rhein und Mosel Fuß. Ein gutes Jahrzehnt nach der ersten deutschen Gründung in Kamp am Niederrhein fanden die von Bernhard nach Trier entsandten Mönche 1135 ihren definitiven Platz in Himmerod in der Eifel. Wenig später entsandte er Mönche nach Eberbach im Rheingau (heute Hessen), wo der Mainzer Erzbischof zuvor Augustinerchorherren angesiedelt hatte. Das Kloster entwickelte sich rasch, erwarb reichen Besitz auch westlich des Rheins und konnte keine zehn Jahre später Gründungskonvente nach Schönau bei Heidelberg und Otterberg bei Kaiserslautern entsenden. Dort hatte Graf Siegfried eine Burg und Ländereien, der Mainzer Erzbischof Heinrich eine Kirche mit Zubehör zur Verfügung gestellt. Nach einigen Jahren wurde das Kloster ins Tal verlegt und der Bau der noch heute beeindruckenden Kirche begonnen. Otterberg entwickelte sich so erfolgreich, dass ihm 1259 die hochverschuldete Benediktinerabtei Disibodenberg übertragen wurde. Die ersten Mönche von Eußerthal bei Annweiler kamen 1148/50 aus der lothringischen Zisterze Weiler-Bettnach, die 1171 auch das Benediktinerkloster Wörschweiler im Bliesgau (Saarland) übernahm. Marienstatt im Nistertal (Westerwald) wurde erst 1222 von Heisterbach, einer Himmeroder Tochter, aus gegründet.

Wirtschaftlicher Erfolg der Zisterzienser

Die Leistungen der Zisterzienser für den Landesausbau durch Rodung und Trockenlegung sind so bekannt, dass man darauf hinweisen muss, dass sie entgegen ihren ursprünglichen Prinzipien durchaus auch Kirchen und bebautes Land akzeptierten und ihren Besitz auch durch Tausch und Kauf erweiterten. Auf dem erworbenen Besitz lastende Abgaben, auch Kirchenzehnten, soweit sie nicht davon befreit wurden, versuchten die Abteien oft durch einmalige Zahlungen oder feste Zinsen abzulösen. Nicht selten wurden die auf erworbenem Land lebenden Bauern verdrängt, um den für die Zisterzienser typischen Grangien Platz zu machen, großen Gütern, die vor allem von Konversen (Laienmönchen), teils auch mit Lohnarbeitern bewirtschaftet wurden. Himmerod hatte 1184 10,[21] im Jahre 1231 14 Grangien, bis in die Gegend von Speyer, die seit dem 13. Jh. auch verpachtet und später oft zum Kern kleiner Dörfer wurden. Eberbach hatte Grangien nicht nur im heute hessischen Rheingau, im Ried und an der Bergstraße, sondern auch in Rheinhessen (vor allem Wahlheim und Dienheim), wo sich Besitzzuwachs, Struktur und Konflikte mit den ansässigen Bauern gut beobachten lassen.

In den Städten erwarben die Abteien Höfe, vor allem zur Vermarktung der landwirtschaftlichen Überschüsse und zur Einhebung der Abgaben, aber auch als Unterkunft für reisende Konversen, Mönche und Äbte.[22] Der zisterziensische Fernhandel, mit Wein vor allem bis nach Köln und darüber hinaus, wurde durch Zollbefreiungen an Mosel und Rhein begünstigt und erregte den Neid etwa der Kölner Kaufleute.[23] Himmerod hatte Stadthöfe in Trier und allen wichtigeren Städten in der Region, aber auch in Speyer, Koblenz, Andernach, Bonn und Köln. Eußerthal hatte neben acht Grangien drei Stadthöfe in Speyer, Landau und Weißenburg; Disibodenberg Höfe in Bingen, Bad Kreuznach und Sobernheim; Otterberg in Worms, Kaiserslautern, Speyer, Mainz, Oppenheim und Bingen; Marienstatt in Koblenz, Andernach, Metternich, Hachenburg, Limburg, Westerburg und in Köln. Stadthöfe waren kein ausschließlich zisterziensisches Phänomen: In Worms z. B. hatten die Zisterzienser von Schönau (bei Heidelberg) und Otterberg mindestens zwei große Höfe (mit mehreren Gebäuden), daneben Eberbach,

Hornbach, Lorsch, Rosenthal und andere. Durch ihre Funktion als Handelszentren trugen die Höfe zur wirtschaftlichen Entwicklung der Städte bei, so dass Wetzlar die Marienstätter 1255 durch Privilegien förmlich zum Bau einlud, provozierten aber auch, nicht zuletzt wegen der Steuerbefreiung, Konflikte. Der große wirtschaftliche Erfolg der Zisterzienser und ihre expansive Erwerbspolitik wurden schon früh auch im Orden selbst und vom Papst kritisch gesehen, der mit Entzug von Privilegien drohte.[24] Auf dem Lande führte der Aufbau großer Grangien zu Konflikten, nicht selten zur Verdrängung der ansässigen Bauern. Die Nachricht, es sollten Zisterzienser aus Himmerod nach Heisterbach kommen, ließ Furcht bei der Bevölkerung bis in höchste Kreise aufkommen.[25]

Prämonstratenser

Die ersten Prämonstratenser in unserem Raum kamen vermutlich um 1131 (1132?) aus dem belgischen Floreffe nach Mariaroth im Hunsrück bei Koblenz und wenig später (1135) nach Rommersdorf bei Neuwied, das Erzbischof Albero dem Propst von Mariaroth übertrug, nachdem Reformbenediktiner aus Schaffhausen die Neugründung von 1114 verlassen hatten.[26] Ein Teil des Konventes ging nach Rommersdorf, die Frauen wurden im benachbarten Wülffersberg untergebracht, bildeten aber mit den Männern eine Gemeinschaft. »Bis in die Zeit des Abtes Engelbert (1163–1179) hatten die Brüder und die Schwestern alles gemeinsam. In seinen Tagen wurden den Schwestern eigener Besitz und eigene Einkünfte zugewiesen, und die Schwestern fingen an, darüber mit Hilfe von Prokuratoren zu verfügen.«[27]

Noch im selben Jahr wurden Frauen nach Steinebach im Westerwald gesandt, die aber bereits 1145 nach Retters im Taunus wechselten. Aus Wülffersberg kamen auch die ersten Schwestern um 1179 nach Altenberg vor Wetzlar, wo 1248 eine Tochter der hl. Elisabeth als *magistra* wirkte. 1139 siedelte Graf Ludwig von Arnstein Prämonstratenser aus Gottesgnaden bei Magdeburg in seiner Burg an und trat selbst mit seiner Frau ein.[28] Arnstein besetzte in rascher Folge eine Reihe von Konventen in Rheinhessen und der Pfalz: 1144 übertrug Konrad III. das nach Aussage seiner Urkunde verödete Münsterdreisen (dessen Geschichte seit der Gründung 864 liegt fast ganz im Dunkeln) an Ludwig von Arnstein und seine Prämonstratenser. Die mit den Brüdern aus Arnstein (oder mit ihm verbundenen Frauenkonventen) gekommenen Schwestern wurden bald im benachbarten Stetten, dann in Marienthal am Donnersberg, 1148 schließlich in Enkenbach bei Kaiserslautern untergebracht. Gommersheim in Rheinhessen wird 1156 als »Kloster« im Besitz von Arnstein erwähnt; ob hier von Anfang an nur Schwestern lebten, ist unklar. In den Bannkreis der Prämonstratenser geriet auch das Regularkanonikerstift Bolanden/Hane. Von hier aus gingen Schwestern 1160 nach dem nicht weit entfernten Rothenkirchen, das der Propst von der Äbtissin von Neumünster (Ottweiler, Saar) durch Tausch erworben hatte; 20 Jahre später zogen sie nach Hane zurück, während die Männer nach Rothenkirchen gingen.[29]

Nicht nur in diesem Fall ist die Geschichte der Prämonstratenserinnen nicht leicht aufzuhellen, zumal sich in verfälschten Urkunden und erzählenden Quellen die gewandelte Sichtweise späterer Zeiten widerspiegelt und damit die Frühgeschichte verdunkelt. Zu Beginn hatten Norbert und seine Jünger nach dem Ideal der *vita apostolica* wie andere Regularkanoniker (Frankenthal, Springiersbach!) Männer und Frauen aufgenommen, und auch in den rheinischen Gründungen waren die Schwestern offensichtlich stark

Refektorium des Prämonstratenserstifts Rothenkirchen

Einziger Überrest des ehemaligen Prämonstratenserstifts am Donnersberg ist das Refektorium, der Speisesaal, der bis in jüngste Zeit als Stall genutzt wurde. Der Boden ist deutlich erhöht, so dass die Säulen stark verkürzt erscheinen. Die lateinische Inschrift über dem Portal nennt die Gründer (Werner und Guda von Bolanden) und weist auf die Tischlesung hin: »Hier wird Speise dem Leib, das Wort der Seele geboten – Besser als die Speise dich nährt, nährt dich die Süße des Wortes.«

(GDKE Landesdenkmalpflege)

vertreten. Die offizielle Politik des sich entwickelnden Ordens drängte aber seit etwa 1140 zunehmend auf Trennung der Geschlechter und wollte gegen Ende des 12. Jhs. gar keine Frauen mehr aufnehmen. Diese rigorose Linie ließ sich aber trotz der Unterstützung durch Papst Innozenz III. nicht realisieren, nicht zuletzt, weil die Wohltäter der Klöster, die in ihnen gerne ihre Töchter unterbringen wollten, mit Entzug der Güter drohten, so dass der Orden sich seit 1237 mit der Existenz von Frauenkonventen abfand; die meisten Doppelklöster aber wurden aufgelöst. Neugründungen, wie in Engelport an der Mosel, wurden selten.[30]

Zisterzienserinnen

Umso mehr blühten nun Frauengemeinschaften auf, die zisterziensisch leben wollten, sei es rechtlich als Mitglied des Ordens oder nur der Lebensweise und dem Geist verpflichtet. Anders als die Prämonstratenser hatten sich die Jünger Bernhards lange Zeit nicht um Frauenklöster kümmern wollen. Ende des 12. Jh. aber erscheinen auch in unserem Raum die ersten »Zisterzienserinnen«, zuerst in St. Thomas an der Kyll, um 1185 aus einer Gruppe von »Waldschwestern« hervorgegangen. Schon drei Jahre später konnten sie Schwestern nach Hoven entsenden. In Kumbd auf dem Hunsrück gründete ein Ministeriale des Pfalzgrafen, der selbst nicht hatte Zisterzienser werden können, einen Frauenkonvent mit Hilfe von Nonnen aus Aulhausen bei Rüdesheim.[31] Der eigentliche Boom aber kam erst im zweiten Viertel des

13. Jh., obwohl der Orden mit restriktiven Beschlüssen den Zustrom der Frauen zu kanalisieren suchte.[32] So erschienen die Zisterzienserinnen Jakob von Vitry, der ihren plötzlichen Aufschwung beobachtete und ihn mit den Beschlüssen der Prämonstratenser gegen die weitere Aufnahme von Frauen verknüpfte, »zahlreich, wie die Sterne am Himmel«.[33]

Häufig übernahmen vorher existierende Gemeinschaften die Zisterziensergewohnheiten und bemühten sich um Aufnahme in den Orden oder wenigstens um Teilhabe an den Ordensprivilegien, nicht selten mit Hilfe der Bischöfe und adeliger Freunde, ja des Papstes, wie 1247 Rosenthal am Donnersberg, eine Gründung Graf Eberhards II. von Eberstein und seiner Gattin. Für Sion (Mauchenheim bei Alzey) wandte sich der Papst 1247 an den Erzbischof von Mainz, mit raschem Erfolg. Am selben Ort war schon vorher eine Gemeinschaft entstanden, die im 13. Jh. als Kloster Paradies zisterziensisch wurde. In der Region Alzey-Worms entstand bis um 1300 eine auffällige Ballung von Frauenkonventen mit zisterziensischem Schwerpunkt: Neben den drei genannten waren dies Mühlheim, Weidas und Daimbach bei Mörsfeld. Ramsen, das ehemalige benediktinische Priorat von St. Georgen, wurde 1267 den Zisterziensern von Schönau (bei Heidelberg) unterstellt. In Worms gab Bischof Heinrich um 1226 »einigen Schwestern« unbekannter Herkunft und Lebensform einen Garten aus dem Besitz des Domstifts vor den Stadtmauern: 1237 folgte Kirschgarten der zisterziensischen Lebensform. 1236 bereits ließ sich Bischof Landolf von Papst Gregor IX. beauftragen, das altehrwürdige Stift Nonnenmünster zu reformieren, indem er die Zisterziensergewohnheiten dort einführe – was er gegen erbitterten Widerstand der Äbtissin (seiner Nichte) und ihrer Schwestern durchsetzte. Schließlich wurde auch die formelle Inkorporation in den Orden erreicht: Vaterabtei wurde Eberbach.[34] Auch Erzbischof Siegfried III. von Mainz hatte 1234/35 in Altmünster (Mainz) mit Unterstützung des Papstes den Widerstand gegen die Reform mit Gewalt gebrochen; schon 1233 hatte er sich um eine entsprechende Vollmacht bemüht; 1242 baten er und der Konvent das Generalkapitel der Zisterzienser um Inkorporation und Bestellung des Eberbachers zum Vaterabt – mit Erfolg.[35] Zwischen 1251 und 1265 nahmen die Frauen in dem ehemaligen Doppelkonvent Dalen (vor Mainz) die Zisterziensergewohnheiten an; 1265 übertrug Erzbischof Werner die Sorge für ihren Konvent (wie die für Gottesthal im Rheingau, Oppenheim/Mariakron und Sion) dem Abt von Eberbach.[36] Im 15. Jh. waren diesem 14 Frauenklöster anvertraut, darunter auch St. Agnes in Mainz, nach 1259 entstanden, als die Schwestern des Spitals ihren Vermögensanteil von dem der Männergemeinschaft lösten, um 1275 an den Dietmarkt (heute Schillerplatz) überzusiedeln, und der Weißfrauenkonvent in Mainz, 1247 als Kloster der Reuerinnen bezeugt, nach 1291 zisterziensisch.[37]

Auf ähnliche Weise konstituierten sich die Frauenzisterzienser in der Trierer[38] und Speyerer Diözese.[39] Die Gemeinschaft bei Löwenbrücken in Trier wurde 1232 vom Erzbischof zisterziensisch organisiert; in Koblenz entstanden auf diese Weise bald drei Konvente: in der Leer, St. Katharinen und Wallersheim, das 1278 dem Orden zugeordnet wurde; Namedy bei Andernach folgte nach 1250. Spätestens 1236 wurden die Frauen von Oberwesel, einst Prämonstratenserinnen, Himmerod unterstellt, später die Gemeinschaften von Machern und Rosenthal nahe der Mosel. Im 14. Jh. war der Abt außerdem für Affolterbach (bei Nastätten), Thron (bei Wertheim im Taunus), St. Katharinen bei Linz und für Klöster zuständig, die an sich Clairvaux unterstanden, deren Visitation aber an Himmerod (und andere näher wohnende Äbte) delegiert wurde.[40]

Die Herkunft späterer Zisterzienserinnen aus locker strukturierten Frauengemeinschaften ist ebenso typisch für die religiöse Frauenbewegung des 12. und 13. Jhs. wie der häufige Wechsel der Ordenszugehörigkeit bzw. der Betreuung.

3. Neue Orden des 13. Jahrhunderts

Dominikaner

Das gilt auch für die Frauen, die sich den neuen Bettelorden, der markantesten Neuschöpfung im Ordenswesen des 13. Jhs., anvertrauten oder ihnen zur Betreuung zugewiesen wurden. Der spanische Kanoniker Dominikus gründete seinen Klerikerorden unter dem Eindruck der in Südfrankreich seit dem späten 12. Jh. erfolgreichen Häretiker, die er durch eine überlegene Predigt und eine rechtgläubige Alternative im Geiste des apostolischen Lebens bekämpfen wollte. Der neue Orden der Dominikaner oder Prediger folgte der flexiblen Augustinusregel, lehnte sich an die Konstitutionen der Prämonstratenser an und wurde 1216 vom Papst anerkannt.[41]

Franziskaner

Die Bruderschaft des Laien Franz von Assisi hatte einen beschwerlicheren Weg zu einer legitimierten Regel (1223) und Organisation, weil Franz und seine Anhänger die Forderungen des Evangeliums in radikalerer Armut leben und predigen wollten. Die seit der Gründungsphase im Orden der Franziskaner oder Minoriten (*fratres minores*, Minderbrüder) angelegten Differenzen, wie streng die Armut beobachtet werden sollte (Testament des Franziskus 1226 – Relativierung durch Papst Gregor IX. 1230) führten zu wiederholten Verfolgungen der radikalen Armutsverfechter (Fratizellen, Spiritualen) und zur Reformbewegung der Observanz (*observare*, beobachten, einhalten – die ursprüngliche Regel nämlich).[42]

Weitere Mendikanten

Zu den vier großen Bettelorden zählen auch die Augustiner-Eremiten, 1256 als eine Vereinigung von eremitischen Gemeinschaften in Italien auf päpstliche Anweisung entstanden, und die Karmeliten, die auf eine Gemeinschaft am Berg Karmel im Heiligen Land zurückgehen und seit 1230 in Europa Fuß fassten.

Gemeinsam ist den Bettelorden (Mendikanten) die radikalere Interpretation des Armutsgebotes (nicht nur Verzicht auf persönlichen Besitz, sondern auch auf gemeinschaftlichen; aus praktischen Gründen werden hier Kompromisse eingegangen, die wiederum Observanzbewegungen auslösen), der Verzicht auf die Bindung des Einzelnen an seinen Konvent, die Betonung von Predigt und Seelsorge, vor allem in den Städten, die große Bedeutung des Studiums, das dafür qualifizieren soll (zunächst vor allem bei den Dominikanern) und eine »demokratische« Ordensorganisation: Die Oberen, an der Spitze der Konvente, der Provinzen und des Ordens, werden auf Zeit gewählt, sind den jeweiligen Kapiteln Rechenschaft schuldig. Die Generalkapitel mit gewählten Delegierten der Brüder haben wie die Äbtekapitel der Zisterzienser Disziplinar- und Gesetzgebungsgewalt.[43]

Ausbreitung im Rheinland

Schon 1221, vor Abschluss der Ordensbildung, kamen die ersten Minoriten unter Caesarius von Speyer nach Mainz, von dort aus noch im selben Jahr nach Worms, wo bereits 1222 das erste Kapitel der deutschen Provinz stattfand; 1222 nach Speyer, wenig später nach Trier. Die Dominikaner gründeten schon 1221 einen Konvent in Köln, 1226 in Worms (gegen Widerstand des Bischofs) und Trier, aber auffallend spät, 1257, in Mainz (mit Hilfe von Arnold Walpot) und nach 1260 in Speyer. Die Franziskaner ließen sich schon in den 1230er Jahren auch in Limburg (Lahn) und Koblenz nieder, ein Jahrzehnt später in Andernach und Oberwesel, bald nach 1250 in Oppenheim und 1284 in Kaiserslautern. Die Augustiner-Eremiten waren in Mainz seit 1260, in Worms 1264, in Trier vor 1271, aber auch in Alzey um 1290 und Hillesheim in der Eifel präsent. Die Karmeliten seit den 1260er Jahren in Boppard, 1284 in Trier, um dieselbe Zeit in Mainz, wenig später vor (!) Worms und Speyer, aber auch in Kreuznach, eher eine Ausnahme, wie auch die Niederlassungen der Franziskaner in Merl an der Mosel, der Augustiner in Hillesheim (1323) oder die späten Gründungen, schon im Zuge der Observanzbewegung, in Tönisstein (1465 Karmeliten) oder Ehrenbreitstein (um 1500 Augustiner).

Die Bettelorden konzentrierten sich auf die Städte, wo ihre qualifizierte Predigt und zunehmend erweiterte Seelsorge (allgemeine päpstliche Erlaubnis 1281) so großen Anklang fanden, dass es bald zu Konflikten mit dem Pfarrklerus kam, der nicht zuletzt finanzielle Einbußen (Opfergaben, Gebühren, Stiftungen) fürchtete. Eine Mainzer Synode verbot 1261 den Bettelorden die Rechte des Pfarrklerus zu verletzen, insbesondere Beginen (religiös lebenden Frauen ohne Ordensregel) die Kommunion und andere Sakramente zu spenden. In Worms ließ der Bischof 1229 die Leiche eines im Konvent statt auf dem allgemeinen Friedhof bestatteten Bruders wieder ausgraben, obwohl er sein Neffe war. Der Speyerer forderte von Dominikanern und Augustinern vorab ein Gehorsamsversprechen. In Trier wollte das Domkapitel die Niederlassung der Karmeliter mit Kirchenstrafen verhindern, vergeblich. Die Beliebtheit der Mendikanten führte zu reichen Schenkungen, auch von Grundbesitz und Geldrenten, was mit dem Armutsprinzip kollidierte, so dass die Orden im Laufe der Zeit trickreiche Lösungen suchten. Das erschütterte ihre Glaubwürdigkeit und erregte den Widerstand der städtischen Behörden, die um ihre Steuereinnahmen fürchteten, doch insgesamt überwog ein harmonisches Verhältnis. Generell entwickelten sich enge Beziehungen zu der mit den Konventen oft personell verflochtenen Stadtbevölkerung.[44] Ihre Konvente zogen Menschen und Stiftungen an, dienten nicht selten auch als Sitzungs- und Verhandlungsort. In Konflikten mit dem Bischof und dem Stiftsklerus standen Mendikanten oft auf der Seite der Stadt; in Worms bereits um 1230, in Speyer schon vor 1300. In Worms vermittelten Mendikanten 1264 im Konflikt zwischen Bischof und Rat, Ende des 14. Jhs. wurden drei Konvente (die Karmeliten waren dem Bischof verbunden) in das Bürgerrecht aufgenommen und eidlich zu genau festgelegten Gottesdiensten im Konfliktfall verpflichtet.[45]

Betreuung religiöser Frauen, Beginen

Alle großen Mendikantenorden bildeten im Lauf der Zeit einen weiblichen Zweig (Zweiter Orden) und eine Gemeinschaft für Laien in der Welt (Dritter Orden) aus. Sie wurden überaus bedeutsam für die seelsorgerliche Betreuung und institutionelle Einbindung der überaus zahlreichen Frauen, die sich im 13. Jh. einem religiösen Leben zuwandten, nicht immer hinter Klostermauern, sondern gerade auch einzeln oder in kleinen Gruppen, ohne Verpflichtung auf eine Regel, ohne Klausur, damit auch in der Lage, in der Welt zu wirken und ihren Lebensunterhalt zu verdienen, soweit sie nicht vom eigenen Vermögen und Schenkungen leben konnten. In Flandern und Brabant werden sie schon vor 1200 Beginen genannt.[46] Früh sind sie in Köln bezeugt, aber auch in Trier und Koblenz, 1212 und 1222, in Worms

1248, wo ein reicher Bürger 1288 den »Reichen Konvent« oder Gudelmannkonvent für 20 Frauen (*pauperes sororores vel beoginae*) gründete.

Hausregel eines Wormser Beginenkonvents

Die vom Gründer festgelegte Hausregel unterstellte die Frauen der Leitung der Franziskaner, verlangte ausdrücklich, dass keine Frau aufgenommen werden dürfe, die sich ihren Lebensunterhalt nicht mit ehrbaren Mitteln oder mit ehrbarer Arbeit verschaffen könne; Krankenpflege war den Frauen verboten. Ihre Zahl dürfe 20 nur überschreiten, wenn es genügend Einkünfte gebe und die Franziskaner zustimmten.[47]

Genauere Angaben über die Zahl der Beginen sind kaum möglich, die Dunkelziffer ist sehr hoch; doch dürften im 13. Jh. mehr Frauen als Beginen gelebt haben als in Klöstern und Stiften. In Worms gab es etwa 20 (kleinere) Gruppen, in Mainz 22, davon fünf bis acht größere, daneben zahlreiche einzeln in Urkunden (oft Testamenten) genannte Beginen, unter ihnen eine Elisabeth, die 1278 in Mainz ein Drittel eines Hofes in Selenhofen, die Hälfte von drei Häusern am Stefansberg, eine Metzgerei und ein Haus in der Grebengasse den Klarissen (»Franziskanerinnen«) in Mainz vermachte.[48] Auch in Hochheim, Selzen, Gau-Heppenheim lassen sich Beginen schon vor 1300 nachweisen, danach in rund einem Dutzend Orten allein in Rheinhessen. Von Sobernheimer Beginen wurden Grabplatten auf dem Disibodenberg gefunden.[49]

Dominikaner und Franziskaner hielten sich zunächst in der Sorge für Frauenklöster sehr zurück. Franz brachte Klara in einem Benediktinerinnenkloster unter und wandte sich zeitlebens gegen die *cura monialium* durch die Brüder. Dominikus hatte zwar als erstes Kloster einen Konvent für bekehrte Katharerinnen gegründet, aber die Zahl der nach dominikanischen Konstitutionen lebenden Häuser blieb lange sehr gering. Papst Innozenz IV. schrieb zwar 1245 die Verantwortung der Brüder für »ihre« Frauen detailliert fest, doch kam die Kurie in den Folgejahren dem fortdauernden Widerstand der Orden entgegen; erst seit 1257 wurde für die Dominikaner, für die Franziskaner noch einige Jahre später, eine den Wünschen der Frauen und der Kurie entsprechende Regelung gefunden. Dazu passt, dass in Mainz 1272 ein Klarissenkloster gegründet wurde, das nach der sog. Regel Papst Urbans IV. (1261–1264), die Eigentum und Klausur vorschrieb, lebte und rasch sehr reich und vornehm wurde (seit dem 17. Jh. »Reichklara«, im Unterschied zum neuen, reformierten »Armklara«). In Hochheim bei Worms entstand 1278 das Kloster Maria Himmelskron, das 1287 in den Dominikanerorden aufgenommen wurde, nicht weit entfernt um 1290 das Schwesternkloster Liebenau, das schon im 14. Jh. stark von den Pfalzgrafen gefördert wurde; der Speyerer Konvent folgte 1304 durch Umwandlung eines Reuerinnenklosters. Um dieselbe Zeit wurde eine Frauengemeinschaft bei den Barbarathermen in Trier den Dominikanern angeschlossen. In Koblenz übernahmen Beginen die dritte Ordensregel der Dominikaner (Tertiarinnen, eine semireligiöse Lebensform, die monastische und laikale Elemente verband). Das Kloster St. Agneten in Trier entstand aus einer Reklusengemeinschaft, die vom Erzbischof 1255 eine eigene Regel nach den Idealen der Bettelorden erhielt; 1297 folgten die Schwestern der Augustinusregel. 1443 sollten aus Echternach geflüchtete Klarissen das Kloster übernehmen, doch kehrten sie auf Wunsch der Echternacher wieder zurück. Die Schwestern in Agneten lehnten die Zuordnung zu den Franziskanern ab, wurden aber 1460 durch Windesheimer Chorfrauen ersetzt. So kamen erst 1453 Klarissen nach Trier, als Erzbischof Jakob von Sierck ihnen das Reuerinnenkloster zuwies.

Beginenverfolgung Die Übernahme der Drittordensregeln durch Beginen spiegelt den Druck wider, dem sie wegen ihres Lebens zwischen Kloster und Welt ausgesetzt waren; schon 1233 forderte eine Mainzer Synode, ohne sie beim Namen zu nennen, sie sollten nicht umherziehen, sondern in ihren Häusern von ihrem Eigentum oder von Handarbeit und Dienstleistungen leben und sich der Leitung des zuständigen Pfarrers unterstellen. 1244 wurde »jungen Beginen« häufige Verletzung des Keuschheitsgelübdes vorgeworfen. Andererseits hatte schon 1235 Papst Gregor IX. mehrfach deutsche Bischöfe aufgefordert, die Beginen gegen Kleriker, Mönche und Laien zu schützen und Übergriffe zu bestrafen.[50] Dramatischer wurde es, als Beginen (und Begarden, die seltenere männliche Variante) unter Häresieverdacht gerieten und daher 1307 von einer Kölner, 1310 von einer Mainzer Synode und 1311/12 vom Konzil in Vienne verboten wurden. Sie seien keine Religiosen, da sie weder Gehorsam gelobten noch auf Eigentum verzichteten, keine anerkannte Regel befolgten und in bedenklicher Weise über theologische Dinge disputierten und predigten. Freilich wurde zugleich, wie schon früher, festgestellt, dass es auch gute, fromme, der Kirche gehorsame Beginen gebe; ihnen sollte es nicht verboten sein, in Gemeinschaft ein bußfertiges Leben zu führen und in Demut Gott zu dienen.[51] In der Folge kam es zu Verfolgungen, in Mainz nicht so heftig wie in Basel oder Straßburg,[52] doch tauchen die Mainzer Beginen im Lorscher Hof für etliche Jahre nicht oder nur als »ehemalige Beginen« in den Quellen auf. Der Verfolgungsdruck, der im 15. Jh. verschärft wurde, ließ viele Beginen Schutz durch Anschluss an anerkannte Orden, vor allem Dominikaner und Franziskaner, suchen.[53]

Reuerinnen Ein eigener Frauenorden, die Magdalenerinnen (auch Reuerinnen oder Weißfrauen), wurde 1226/27 mit päpstlicher Unterstützung in Worms gegründet. Sie sollten zunächst nach der Benediktsregel in zisterziensischer Interpretation leben, bekamen aber 1232 vom Papst die Augustinusregel mit den Gewohnheiten des dominikanischen Frauenklosters San Sisto in Rom. 1243 wurde den Frauen in Worms die Kirche auf dem Andreasberg bestätigt.[54] Die Geschichte des Ordens, der sehr bald seine ursprüngliche Zweckbestimmung (für bekehrte Prostituierte) zugunsten einer breiteren Rekrutierung vor allem bürgerlicher Frauen aufgab, war sehr turbulent, es wechselten Selbstverwaltung (unter männlicher Führung) und Anschluss an die Dominikaner, einzelner Häuser auch an andere Orden. Am besten behauptete sich das Wormser Haus, das im 15. Jh. unter die Aufsicht der Dominikaner kam. Der Trierer Konvent wurde schon 1230 vom Erzbischof Himmerod unterstellt, der Speyerer, seit 1228 belegt, wurde 1304 ein Dominikanerinnenkloster. Das vor 1239 gegründete Zweibrücker Haus wurde um die Mitte des 15. Jhs. zugunsten der in die Stadt verlegten Pfarrei aufgehoben; um dieselbe Zeit übernahmen Klarissen den verwaisten Trierer Konvent.

Diese Schwierigkeiten religiöser Frauen, eine regulierte Lebensform und eine zuverlässige seelsorgerliche Betreuung, für die sie ja auf Männer angewiesen waren, zu finden, verweist auf ein Grundproblem: Die große Menge von Frauen, die aus religiösen, wie auch sozialen Gründen (der »Versorgungsgedanke«, in den Quellen durchaus präsent,[55] wird aber in der Literatur vielfach überbetont) eine anerkannte religiöse Lebensform suchten, stellte die Männer der Kirche und in den Orden vor große Probleme, die diese nicht immer bewältigten. Die im Frauenbild vieler Kleriker, vielleicht auch praktischen Erfahrungen wurzelnde Lösung: Die Regulierung mit strenger Klausur als zentralem Element von Frauenkonventen führte zu einer Egalisierung der Lebensformen ungeachtet der jeweiligen Ordenszugehörigkeit, was wiederum häufigen Wechsel der Zuordnung, vielleicht auch Abschieben der Verantwortung erleichterte.[56]

4. Verfall und Erneuerung im späten Mittelalter

Seit jeher ist das spätmittelalterliche Klosterwesen in populären-reformatorischen Geschichtsbildern mit dem Topos des Verfalls belegt, mit dem vielfältige Wandlungsprozesse der Institutionen und der wirtschaftlichen Verhältnisse ebenso bezeichnet werden wie Auswirkungen äußerer Faktoren (Missernten, Krieg, aber auch Großes Schisma) und schlichter Misswirtschaft, Abweichung von Regeln und Konstitutionen bis hin zu moralischer Dekadenz. Dem gegenüber betont die Forschung seit geraumer Zeit gleichzeitige Erneuerung, fassbar in vielfältigen Reformbewegungen, im Aufblühen schon bestehender Orden (der Kartäuser etwa, erst im frühen 14. Jh. bei Koblenz, Mainz und Trier), Neugründungen von Orden/Kongregationen (Birgitten, Brüder und Schwestern vom gemeinsamen Leben, Windesheimer Chorherren), von Klöstern und Stiften.[57]

Charakteristisch für die Reformbemühungen ist ein verwirrendes Ineinandergreifen der Initiativen, von Betroffenen (in Klöstern und Orden) wie von Außenstehenden (vor allem Bischöfen, Landesherren und Stadträten) die Vermengung geistlicher und weltlicher Motive bei Reformern und ihren Gegnern, die Vielfalt der Reformeingriffe – und der Ergebnisse, von glanzvollem Erfolg bis zum kompletten Scheitern, ja Untergang etlicher Konvente schon vor der Reformation.

Die alten Benediktiner

Die autonomen Benediktinerabteien hatten, anders als die neuen Orden seit dem 12. Jh., keine Ordensorganisation, die Abweichungen von den alten Idealen vorbeugen oder Fehlentwicklungen korrigieren sollte. Daher forderte das IV. Laterankonzil 1215 die Einführung regelmäßiger Provinzialkapitel und Visitationen nach dem Vorbild und mit Hilfe der Zisterzienser; die Bischöfe sollten die ihnen unterstehenden Klöster reformieren, ohne sie über Gebühr zu belasten, ein Hinweis auf die Kehrseite bischöflicher Aufsicht. Der Erfolg war bescheiden, traten die Provinzialkapitel (außer in England) doch nur sporadisch zusammen (Trier 1218, 1223, 1230/32, 1262); ähnliches gilt für einschlägige Beschlüsse von Provinzialsynoden (Mainz 1259, 1261) und wiederholte Reformaufträge von Päpsten, wie Gregor IX., Innozenz IV., Benedikt XII. und Urban V. Erst die Bemühungen der Konzilien von Konstanz (Äbteversammlung in Petershausen 1417) und Basel (Reformkapitel) fielen auf fruchtbareren Boden, vor allem weil sie sich mit lokalen Initiativen verbanden.[58]

Dies gilt vor allem für Trier, wo Erzbischof Otto von Ziegenhain eine umfassende Reform von Stiften und Klöstern ins Werk setzte. Er ließ sich vom Papst Reformvollmachten geben, auch zur Einsetzung ordensfremder Reformäbte. So ernannte er 1421 den Kartäuserprior Johannes Rode († 1439) zum Abt der Benediktiner in St. Matthias. Mit Hilfe Lütticher Mönche reformierte Rode seine Abtei und weitere Trierer Klöster, wie St. Maximin, wo der Bischof den Widerstand mit Gewalt brach,[59] St. Marien und St. Martin. Die von ihm verfassten *consuetudines* wurden auch in Hornbach und auf der fernen Reichenau Leitlinien eines erneuerten Lebens, vor allem aber gab Rode sie vier Trierer Reformmönchen mit nach Bursfelde an der Weser, dessen Abt St. Matthias besucht und darum gebeten hatte. Ein herausragendes Beispiel eines Mattheiser Mönchs, der seinerseits als Abt von Groß-St.-Martin in Köln ein profilierter Reformer wurde, ist Adam Meyer, ein Mann einfacher Herkunft aus dem St. Wendeler Land, ein Indiz für die Bedeutung des bürgerlichen Elements in der Reform.[60]

Bursfelder Union

Die von Konzil und Papst bestätigte Bursfelder Union mit einheitlichen liturgischen Büchern, regelmäßigen Äbtekapiteln mit Statutengesetzgebung und Visitationen wurde zum bedeutendsten benediktinischen Reformverband in Deutschland, mit Schwerpunkt im Norden und Westen, aber auch zahlreichen Mitgliedern in unserem Raum.[61] Seit 1440/44 wurde, mit tatkräftiger Unterstützung des Erzbischofs Dietrich von Erbach, St. Jakob in Mainz reformiert; die Versetzung neuer, bürgerlicher Mönche, z. T. wiederum aus Bursfelde, und der Anschluss an die Union 1446/50 sicherten die Neuordnung ab. St. Jakob, sein energischer Reformabt Eberhard und dessen Nachfolger stärkten die Union sehr und trugen ihrerseits die Reform weiter. 1452/53 bereits beauftragte der Erzbischof den rasch wachsenden Konvent mit der Reform von Johannisberg; in Schönau führte ein Jakobsberger Mönch als Abt die Bursfelder Gewohnheiten ein; Limburg schloss sich 1460 mit Hilfe des Mainzer Abts Bursfelde an, der Pfalzgraf holte 1469 Mönche aus St. Jakob für die Reform von Weißenburg, in Sponheim wurden sie 1468 mit der Reform betraut, mit so großem Erfolg, dass das Kloster schon 1470 in die Union aufgenommen wurde und Johannes Trithemius 1482 hier eintrat, der das Kloster zu einer großen Blüte führte.[62] Laach, Mettlach und Tholey wurden bis Ende des 15. Jhs. Mitglieder der Union, die auch davon profitierte, dass sie die bischöfliche Diözesanherrschaft anerkannte und mit den Landesherren zusammenarbeitete. St. Alban bei Mainz hingegen hatte sich (wie andere Konvente) gegen die Aufhebung des Adelsprivilegs, die seit Petershausen Programm der Reform war, gewehrt und war 1419/53 rechtlich in ein Ritterstift umgewandelt worden.[63]

Frauenklöster

Von den Reformen wurden auch Frauenklöster erfasst. Früh schon, 1437, reformierte Johannes Rode im Zusammenwirken mit der Äbtissin Marienberg bei Boppard, das seinerseits bei der Reform von Oberwerth, Dirstein und Schönau mitwirkte. Marienberger Nonnen gingen auch nach Oeren, als dort auf Betreiben der Meisterin 1495 die Benediktsregel »wieder eingeführt« wurde; im 12. Jh. war die alte Abtei den Regularkanonikern von Springiersbach und der Augustinusregel unterstellt worden, nun lebten die Schwestern (angeblich) wie weltliche Kanonissen. Mit Bursfelder Hilfe reformiert wurden auch Rolandswerth (1465/66 Anschluss an die Bursfelder) und Rupertsberg, die Gründung Hildegards von Bingen, 1493, nachdem ein erzbischöflicher Versuch ohne Beteiligung von Benediktinern 1457 gescheitert war.[64]

Das Rupertsberger Beispiel zeigt die Vielschichtigkeit dessen, was man »Reform« nennt: nicht nur geistliche und geistige Erneuerung eines Konvents, sondern auch wirtschaftliche Sanierung und personelle Umschichtung mit gravierenden Folgen für die dort Lebenden und die Institution.

Widerstand gegen Reform

Kein Wunder, dass sich Mönche und Nonnen gegen die oft radikale Änderung der Lebensformen wehrten, die den »fremden« Reformern als »Missstände« erschienen, für sie selbst aber zu den Bedingungen zählten, unter denen sie eingetreten waren. So erklärt sich, dass die Rupertsberger Nonnen, deren monastisches Leben keineswegs »verfallen« war, in ihrem Widerstand von ihren Familien, vom Pfalzgrafen und der Stadt Bingen unterstützt wurden, als die Reformer eine strenge Klausur und das Verbot privater Einkünfte rigoros durchsetzen wollten.[65]

Sehr gut ist das Mit- und Gegeneinander der unterschiedlichen Akteure, die mit einer Reform je eigene Absichten und Nebenabsichten verfolgten, in Worms zu beobachten: In Nonnenmünster wehrten 1446/47 Äbtissin und Konvent mit Unterstützung des Vaterabts aus Eberbach, der Stadt und des Mainzer Erzbischofs unter Berufung auf ihre kaiserlichen und päpstlichen Privilegien einen Reformversuch des Pfalzgrafen ab, obwohl er sich auf drei Zisterzienseräbte (Maulbronn, Schönau und Otterberg) stützte. Offenbar führte der Konvent statt dessen selbst im Einvernehmen mit dem Vaterabt eine Reform durch; jedenfalls bestätigten Urkunden des Ortsbischofs und des Papstes 1459, dass die Schwestern schon vor 1454 der regularen Observanz folgten.[66]

Devotio moderna, Windesheimer

Ein völliger Neuanfang hingegen vollzog sich im Zisterzienserinnenkloster Kirschgarten, wo 1328 keine Nonne mehr lebte. Pfalzgraf und Bischof bemühten sich um eine Neubesiedlung durch die Zisterzienser, übergaben das Kloster dann aber 1443 einer neuen Kongregation, die 1387 aus der Bewegung frommer Laien in den Niederlanden (*Devotio Moderna*) hervorgegangen war, die persönliche Frömmigkeit (Nachfolge Christi) und caritatives Wirken betonte: Die Windesheimer Chorherren sanierten in wenigen Jahren das ruinierte Kirschgarten, reformierten 1447 Höningen, 1468 Frankenthal und übernahmen Verantwortung für einige (teilweise neu gegründete) Frauenkonvente.[67]

Die Windesheimer, die beschauliches Leben und intensive Seelsorge verbanden, wurden auch von den Trierer Erzbischöfen zur Reform verlassener (so Niederwerth bei Koblenz) und reformbedürftiger (Springiersbach) Konvente herangezogen. Die Springiersbacher Regularkanoniker konnten 1429 den »Angriff« Ottos von Ziegenhain mit Hilfe der Kurie abwehren, die den Mainzer Erzbischof (!) mit der Wahrung der Rechte des Stifts beauftragte. Auch 1462 scheiterte der Versuch Erzbischof Johanns am neu eingesetzten Leiter, der die Kurie erfolgreich um Hilfe anrief. Eine komplizierte Konstruktion fand der Erzbischof für St. Thomas in Andernach: Der Frauenkonvent blieb Springiersbach unterstellt, wurde aber mit Windesheimer Schwestern aus dem Trierer Agnetenkloster besetzt, die von Eberhardsklausen seelsorgerlich betreut werden sollten. Dort waren zunächst Karmeliten mit der Betreuung der Wallfahrt an einer ehemaligen Eremitage betraut, doch wurden sie 1456/59 durch Windesheimer abgelöst.[68] In Ravengiersburg und Pfaffen-Schwabenheim veranlassten die Pfalzgrafen die Windesheimer Reform, der Erzbischof von Mainz übertrug ihnen die Betreuung von ihm reformierter Frauengemeinschaften (wie Kirchberg im Hunsrück und Kreuznach).

Innenansicht der ehemaligen Bibliothek von Eberhardsklausen; rechts: heute, links: im Jahr 1930. Die spätgotischen Fresken stellen Kirchenlehrer dar (Carolin Rößger; Archiv der GDKE Landesdenkmalpflege)

Zisterzienser

In den zentral verfassten Orden förderten das Große Schisma und die Forderungen der um Obödienz, Finanzen und Einfluss konkurrierenden Päpste Krisenerscheinungen und regionale Sonderbildungen. Die »rheinischen Äbte«, darunter die von Marienstatt, Himmerod, Disibodenberg, Eberbach, Otterberg, trafen sich seit 1422 unter Leitung von Kamp und Eberbach zu Kapiteln in Köln oder Mainz, bildeten aber keinen Reformverband (wie in Holland oder Spanien). Das Generalkapitel seinerseits erteilte wiederholt Reformaufträge für die Mainzer und Trierer Kirchenprovinz (1422) neben der regulären Visitation. Als Clairvaux drei Zisterzienser mit der Visitation seiner Tochter Himmerod betraute, beteiligte sich der Erzbischof mit dem Abt von St. Matthias und dem Prior der Trierer Kartause; er verfügte 1445 drastische Maßnahmen zur (wirtschaftlichen) Sanierung: Der Abt musste das Kloster für mindestens sechs Jahre verlassen, auswärts weilende Brüder durften nicht zurückkehren, neue nicht aufgenommen werden. Die Maßnahmen, die den Zugriff des Erzbischofs zugleich dokumentierten wie sicherten, waren offenbar erfolgreich.[69] Der Pfalzgraf wollte sogar »seine« Zisterzienserklöster mit Hilfe süddeutscher Benediktiner reformieren (Auftrag des Papstes 1420). 1439 sollte der Maulbronner Abt ein Äbtekapitel der Mainzer Provinz zusammenrufen und einen Reformausschuss von vier bis sechs Äbten bilden. In Marienstatt versuchte der Heisterbacher Vaterabt 1452 eine Reform. Im Frauenkloster Kumbd wurden 1453 Nonnen aus dem reformierten Benediktinerinnenkloster Marienberg bei Boppard eingeführt. In Otterberg intervenierte das Generalkapitel, weil dort zwei Äbte um die Führung stritten. In Disibodenberg setzte der Altenburger Abt Arnold von Monnickendam, auf seiner Visitationsreise 1477/78 im Auftrag des Generalkapitels mit Unterstützung einiger Äbte, wie in Eußerthal, einen neuen Abt ein und intervenierte in Otterberg. 1481 übertrug das Generalkapitel Visitation und Reform von Altmünster und St. Agnes in Mainz für drei Jahre an die Äbte von Otterberg und Bebenhausen. Zu einer Reform kam es aber erst durch Abt Johann IV. von Eberbach (1485–1498) im Zusammenwirken mit dem Erzbischof. In Rosenthal am Donnersberg wurde die Äbtissin nach ihrem Tod (1505) als *reformatrix* ihres Hauses gefeiert. Ramsen wurde 1485 mit Zustimmung des Papstes dem Tafelgut des Bischofs von Worms zugeschlagen, nachdem Reformversuche des Ordens,

u. a. der Abtei Otterberg, am Widerstand des Schirmherrn, des Grafen von Saarbrücken, gescheitert waren.

Aufhebung von Klöstern

Etliche Konvente wurden wegen völligen Verfalls, angeblicher oder tatsächlicher Reformunfähigkeit aufgehoben, so dass ihr Vermögen anderen Klöstern oder anderen Zwecken dienen konnte: So fiel 1418 Paradies (Zisterzienserinnen in Mauchenheim) der Vaterabtei Disibodenberg zu; Kleinfrankenthal wurde Kirschgarten überlassen; Limburg erhielt Schönfeld, nachdem der Konvent ausgestorben und ein Neuanfang als Priorat eines anderen Ordens gescheitert war. Das Gut der Augustinerinnen von Hertlingshausen kam dem Heiliggeistspital in Hagenau zugute, das von Himmelgarten der Pfarrkirche in Alzey, ebenso das der Reuerinnen in Zweibrücken der dortigen Pfarrkirche.[70]

Stifte

Der Trierer Erzbischof schloss auch die Stifte in seine Reformbemühungen ein.[71] Schon 1427 gab er Münstermaifeld, St. Florin und Oberwesel neue Statuten, während das Kastorstift wie das Domstift und Springiersbach sich widersetzten. 1441 beauftragte Jakob von Sierck Nicolaus Cusanus mit der Visitation von St. Paulin und St. Simeon, das neue Statuten mit Reduktion der Pfründen erhielt. Auch im Domkapitel wurden 1451 die Pfründen reduziert. Die beiden Koblenzer Stifte organisierten 1454 ein breites Bündnis (mit Münstermaifeld, Limburg, Dietkirchen, Diez, Gemünden, Weilburg, Boppard, St. Goar und den beiden Stiften in Oberwesel) gegen die Reformabsichten des Erzbischofs.[72] Bedeutsamer als die Reformen erscheint, vor allem unter dem Aspekt der »Indienstnahme für weltliche Zwecke«, die Gründung von Kollegiatstiften im späten Mittelalter. In Worms war es 1298 der Bischof (Liebfrauen), 1356 der Pfalzgraf in Neustadt, die Wild- und Rheingrafen 1467 in Kirn. In Johannisberg bei Dhaun 1318 und 1479 in Alzey wurde die Pfarrkirche zum Stift erhoben. In Flonheim und Landau wurden Augustinerchorherrenstifte im 15. Jh. in weltliche Kollegiatstifte umgewandelt, 1510 auch der Prämonstratenserkonvent in Kaiserslautern.[73] Einige kleinere Stifte auch weltlicher Herren entstanden in der Eifel: 1276 im erzbischöflichen Kyllburg, im virneburgischen Monreal im Eltztal im 13. Jh., 1459 an der Burg Blankenheim und 1342 an der Residenz der Herzöge von Jülich in Nideggen durch Verlegung des Stiftes Stommeln.[74]

Ehemaliges Kollegiatsstift und katholische Pfarrkirche St. Maria in Kyllburg (Landeshauptarchiv Koblenz/Gustav Rittstieg)

Bettelorden

Die Geschichte der Franziskaner war immer wieder von Konflikten um die rechte Interpretation des Gebots der radikalen Armut bestimmt. Nicht zuletzt unter dem Druck der Kurie hatte sich die Ordensmehrheit mit Eigentum der Konvente arrangiert, ja selbst Privateigentum machte sich breit.[75] Dagegen regten sich, in der Tradition der Spiritualen, zunächst in Italien Widerstände, die sich in Reformkonventen konsolidierten. In Frankreich und Spanien besann man sich auf die Normen der Frühzeit, um den Übeln der Gegenwart die Observanz (Beobachtung) der frühen Texte entgegenzusetzen. Auf dem Konzil von Konstanz wurde den verschiedenen Reformströmungen eine eigene Organisation zugestanden, während sich die Reformgegner als Konventuale organisierten, bis schließlich 1517 der Orden vom Papst geteilt wurde. Jahrzehntelang wurde um die einzelnen Konvente gekämpft; die Observanten wurden dabei in der Regel von Bischöfen, Landesherren und Stadträten unterstützt, die dadurch das Vermögen und das innere Leben der Konvente kontrollieren konnten. Ordensreform erweist sich hier besonders klar als Teil der Herrschaftsintensivierung.

Ein Hindernis bildete die Rechtsstellung der Mendikanten, die der Kurie direkt unterstanden. Daher betonte die Vollmacht für den Trierer Erzbischof Jakob von Sierck 1450 ausdrücklich, dass gegen seine Reformen keine älteren Privilegien ins Feld geführt werden könnten.[76] Als er 1451 die Koblenzer Konventualen aus ihrem Kloster verwies und es im Zusammenwirken mit Kardinallegat Nikolaus von Kues und dem Stadtrat mit Observanten besetzte, appellierten die vertriebenen Brüder dennoch an den Papst. Erst recht taten dies die vier Trierer Mendikantenkonvente, als ihnen Nicolaus Cusanus im Einverständnis mit dem Erzbischof sogar die Windesheimer Lebensweise vorschreiben wollte. Die Franziskaner fanden die Unterstützung ihrer Ordensleitung, deren Vertreter an der Kurie heftige Vorwürfe gegen den Kardinal vorbrachten. Als der Papst dem Erzbischof untersagte, das Koblenzer Haus den Observanten zu geben, machte der Trierer sein Recht als Kurfürst (!) geltend, dem es nicht verboten sein könne, in seinem »Fürstentum« die Franziskaner zu reformieren, wie es andere Fürsten, Grafen und Städte getan hätten. Danach erst schilderte er seine Versuche, als geistlicher Oberhirte die Konvente im Guten für eine Reform zu gewinnen und die Verfehlungen der Koblenzer Brüder.[77] In Koblenz konnte der Erzbischof sich durchsetzen, in Trier nicht, vielleicht, weil der Stadtrat hier nicht für eine Reform eintrat. Hier konnte er 1453 nur observante Klarissen ins ehemaligen Reuerinnenkloster St. Agneten einführen, was der Papst 1456 bestätigte. Gegen Versuche seines Nachfolgers, bestehende franziskanische Frauenkonvente zu reformieren, erwirkte der Provinzialminister 1470 wiederum ein päpstliches Verbot. Die Reform der Franziskaner in Kaiserslautern scheiterte am Widerstand des Konvents und des Stadtrates, obwohl der Pfalzgraf 1433 die Unterstützung des Kardinals Cesarini und des Baseler Konzils gewonnen hatte,. Auch das Wormser Männerkloster war, trotz einer Mahnung des Papstes Pius II. von 1461, noch am Ende des Jahrhunderts »nicht reformiert«.[78]

Die weniger dramatisch verlaufende dominikanische Observanzbewegung begann 1390 behutsam an der Ordensspitze, kam aber erst im zweiten Viertel des 15. Jhs. in Deutschland zu größeren Erfolgen und 1475 zum Durchbruch, als ein Observanter zum Provinzial gewählt wurde.[79] Zu den ersten reformierten Häusern gehörten die Wormser Frauenkonvente: Treibende Kraft war Pfalzgraf Ludwig III., der die Reform mit Hilfe des bewährten Reformers Peter von Gengenbach 1425 in Liebenau und 1429 in Maria Himmelskron durchführte, die Klöster durch umfangreiche Schenkungen unterstützte und dafür entsprechende Gebetsleistungen zugesichert erhielt. Beide Klöster blühten auf, zahlreiche Töchter aus der pfalzgräflichen Familie (Liebenau) und des Adels der Region traten ein, so dass die Konvente, ihre Beichtväter Peter von Gengenbach und

Johannes Meyer (der das »Buch von der reformacio prediger ordens« schrieb, die Programmschrift der Observanten) die Reform anderer Frauenklöster, darunter Speyer 1442/63, unterstützen konnten.

Bei den Wormser Männern hingegen scheiterte Peter 1431/32; erst 1447 wurden sie mit Basler Dominikanern und mit Unterstützung von Bischof, Wormser Klerus und Provinzialkapitel, vermutlich auch des Pfalzgrafen (nicht aber der Stadt), reformiert und beteiligten sich in der Folge an verschiedenen Reformversuchen. Erfolgreich war die Reform in Frankfurt 1374, während die in Weißenburg scheiterte, weil die Observanten (auch der Franziskaner und die reformierten Benediktiner) die Stadt verlassen mussten, da der Rat auf Seiten des alten Abtes gegen den Kurfürsten stand. Vergeblich waren offenbar auch die Versuche, die Männer in Speyer und die Frauen in St. Lambrecht (1475, 1481, 1482) zu reformieren.

Erheblich später, erst im 16. Jh. wurden die Trierer Dominikaner observant, obwohl Cusanus sich schon 1451 (auch mit Drohungen) um eine Reform bemüht, der Generalprior 1491 den Leiter des Konvents abgesetzt, das Generalkapitel 1501 eine Reform angeordnet und die Gegner mit harten Strafen bedroht hatte; doch erst 1518 konnte das Generalkapitel die Reform bestätigen. Auch die dominikanischen Frauenkonvente von St. Katharinen und St. Barbara wurden »reformiert«, einige Konvente verschiedener Orden, auch Drittordenskonvente für Frauen (mit fremden Schwestern) neu eingerichtet: Neben mehreren Trierer Konventen gelang dies in Andernach (St. Martin), in Rheinbrohl, in Fachingen, in Rüsdorf (an der Mittelmosel), doch stehen diesen Erfolgen etliche Untergänge gegenüber, in der Trierer Diözese z. B. in Seligenstatt, Schiffenberg, Marienburg und Martental.[80]

Das Bild der Reformen bei den Augustinereremiten und Karmeliten ist uneinheitlich. Der Schwerpunkt der augustinischen Reformen lag im sächsisch-thüringischen Raum; Alzey schloss sich 1475 an, der Mainzer Prior wurde 1482 vom Generalkapitel zum Generalvikar der Observanten eingesetzt.[81] In Koblenz siedelte Erzbischof Johann 1500 observante Augustinereremiten in der Nähe seiner Residenz Ehrenbreitstein an; in Worms griff der Stadtrat um 1500 massiv in den Konvent ein.[82] Bei den Karmelitern betrieb der Ordensgeneral die Reform 1456 von Worms aus; Mainz und Frankfurt wurden 1469 von der Observanz erfasst, in Tönisstein bei Andernach ein observanter Konvent gegründet, 1471/72 die Prioren von Koblenz und Mainz mit der Reform in Köln betraut.[83]

Fazit

Die vielgestaltigen Prozesse, die man mit Verfall und Erneuerung von Klöstern und Stiften im späten Mittelalter umschreibt, sind Teil umfassenderer Entwicklungen in Kirche und Klerus, darüber hinaus eng verflochten mit äußeren Ereignissen wie allgemeinen Krisenerscheinungen in Wirtschaft und Gesellschaft. Schon Zeitgenossen führten innere und äußere Ursachen der »Deformation« und »Irregularität geistlichen Lebens« an. Längerfristige wirtschaftliche Entwicklungen, verschärft durch Klimaverschlechterung, Kriege (auch geistlicher Herren) und Pestwellen, erschütterten die wirtschaftliche Basis der Klöster. Wichtiger aber war die geistige und geistliche Qualität der Konvente, vor allem der Leitung. Erschlaffte Disziplin im alltäglichen Leben und Verschwendung ruinierten eine Gemeinschaft in kurzer Zeit, umgekehrt konnte ein guter

Abt ein Kloster auch in schlechten Zeiten in gutem Stand halten oder wieder hochbringen. Der menschlichen Schwäche sollten Regeln, Gewohnheiten, Statuten, Kontrolle von innen und außen (Visitationen) vorbeugen; Dispense aller Art, etwa für Fleischgenuß, für Verlassen des Klosters kamen ihr entgegen.

Nicht erst im späten Mittelalter wechselten sich Aufbruch, Niedergang, Erneuerung ab. Die Anstöße dazu kamen teils aus den Klöstern und Orden selbst: Rückbesinnung auf die eigenen Ideale, die man in den Ursprüngen besser realisiert sah, daher *reductio, reformatio,* Rückkehr zur ursprünglichen Regel. Vor allem aber wurden im 14./15. Jh. andere aktiv: Päpste, Konzilien, Bischöfe, Landesherren und Stadtregierungen forderten nicht nur Reformen, sondern griffen, zum Teil sehr massiv, ein um Reformen zu erwirken. Papst Benedikt XII. publizierte 1335/39 umfangreiche Reformbullen mit zahlreichen Vorschriften zur Einhaltung der ursprünglichen Regel und ihm notwendig erscheinender Anpassungen an gewandelte Verhältnisse. Die von ihm zur Umsetzung befohlenen Provinzialkapitel, die z.B. der Strukturschwäche der Benediktiner abhelfen sollten, kamen nur unzureichend in Gang, doch konnte die Äbteversammlung von Petershausen am Rande des Konstanzer Konzils und später das Baseler Konzil daran anknüpfen. Ebenso die benediktinischen Reformverbände, von denen Bursfelde für unser Land bedeutsam wurde. Bischöfe fühlten sich als geistliche Leiter ihrer Diözese wie als Landesherren (wie andere Fürsten und Stadträte auch) für das Leben in Klöstern, Stiften und lose strukturierten Gemeinschaften verantwortlich; sie ließen auf Synoden Reformen beschließen, wandten sich an die Orden oder ergriffen selbst Maßnahmen in Klöstern, auf die sie Zugriff hatten oder sich vom Papst eigens gewähren ließen. Die Klosterreform gehörte auch zu den Aufgaben von Kardinallegaten, wie Nicolaus Cusanus. Bischöfe und Landesherren unterstützten Reformer oder forderten sie, auch aus anderen Orden, an.

Im schier unentwirrbaren Hin und Her von Vorwürfen und Verteidigungen, von Reformeingriffen und Abwehrmaßnahmen geistlicher und weltlicher Kräfte wird die Vielschichtigkeit von »Verfall« und »Erneuerung«, die Komplexität des Gebildes Kloster sichtbar. Allenthalben sind die unterschiedlichsten Allianzen, Kooperationen, aber auch Rivalitäten zu beobachten. Der pfalzgräfliche Reformversuch in Nonnenmünster (Worms) 1446/47 bietet geradezu ein Lehrstück, wie die verschiedenen Akteure, der Pfalzgraf und die in seinem Auftrag entsandten Zisterzienseräbte, das Generalkapitel auf der einen, Äbtissin und Konvent, Stadtrat, aber auch der Vaterabt aus Eberbach, der Mainzer Erzbischof und der Papst auf der anderen Seite agierten und argumentierten, mit dem Ergebnis, dass die durchaus dem Anliegen der Reform aufgeschlossene Äbtissin den offenkundig »unnötigen« Reformversuch abwehren konnte. Als das Generalkapitel der Zisterzienser 1455 beschloss, das »völlig heruntergekommene« Frauenkloster Ramsen Mönchen zu übergeben, widersprach der Vogt, der Graf von Saarbrücken, der eigene Reformpläne hegte. Nach seinem Tod kamen tatsächlich 1477 Mönche aus Neuburg nach Ramsen, doch inkorporierte der Papst 1485 das Kloster dem bischöflichen Tafelgut, gegen den Protest des Ordens wie der Witwe des Grafen; später einigten sich Bischof und Grafen über die Aufteilung. Rosenthal am Donnersberg hingegen wurde von der Äbtissin mit Unterstützung des Bischofs und der Gräfin reformiert.[84]

Nicht einmal die Haltung der Päpste war eindeutig; einerseits gaben sie Reformaufträge und erlaubten bischöfliches Eingreifen auch in exemten Klöstern, wie mehrfach in Trier;

andererseits untersagte Nikolaus V. Jakob von Sierck, die Observanz bei den Trierer Minoriten durchzusetzen, obwohl der Erzbischof sich in Rom einen entsprechenden Auftrag hatte geben lassen und die Reform der Bettelmönche auch zu den Aufgaben des Kardinallegaten Nicolaus Cusanus gehörte, der den Erzbischof unterstützte.[85]

Bei allen an Reform Interessierten sind neben religiösen Motiven politische, soziale, ja ökonomische nicht zu übersehen: Schlendrian und Skandale im Kloster beeinträchtigten das Seelenheil und den Ruf nicht nur der dort Lebenden, sondern auch Interessen der Stifter und ihrer Umwelt. Landesherren und Städte waren an geistlich, geistig und wirtschaftlich leistungsfähigen Konventen interessiert, als Ort einwandfreien geistlichen Lebens ihrer (Landes)Kinder wie als Personalreservoir für Seelsorge, Bildung und Verwaltung. Nicht selten sind politische, ja materielle Interessen der Laien, die als Schirmvögte agierten, mit Händen zu greifen; sie wirken wie ein Vorspiel zu den Ereignissen nach der Reformation, als die »Landesherren die Gelegenheit nicht ungenutzt [ließen], mit Hilfe des von ihnen beanspruchten ›Rechtes zur Reform‹ (*ius reformandi*) klösterliche Besitz- und Herrschaftsrechte zu Bestandteilen ihrer landesfürstlichen ›Hoheit und Possession‹ zu machen.«[86]

So vielfältig wie die Motive waren die Reformmaßnahmen selbst; sie reichten von Ermahnungen, der Festsetzung neuer Gewohnheiten und Statuten, über die Entsendung von zur Reform fähigen und willigen Äbten und Mönchen bis hin zu blanker Gewalt, die den Widerstand der Reformgegner brechen sollte. Für Reformer manifestierte sich in diesem Widerstand moralische Verworfenheit. Für die Betroffenen freilich war »Reform« von außen ein gravierender Eingriff in gewohnte Rechte und Lebensformen, eine Veränderung der Bedingungen, unter denen sie ins Kloster eingetreten waren.

Reform, das ist immer wieder zu beobachten, betraf das gesamte Klosterleben, die Verwaltung des Klosterbesitzes wie die geistliche Gemeinschaft, die Erneuerung der asketischen Disziplin und der Frömmigkeitspraxis; sie brachte neues Verwaltungsschriftgut und geistliche Literatur in die Klöster. Im Wachstum der Klosterbibliotheken spiegelt sich die geistliche wie die geistige Erneuerung und die ökonomische Leistungskraft des Konvents, die nicht selten auch in Bautätigkeit sichtbar wird. Manche Häuser waren aber nicht mehr reformfähig, wurden aufgehoben, das Vermögen anderen Zwecken zugeführt. Dieses Schicksal scheint in besonderem Maße Frauenklöster getroffen zu haben, deren Gut Mönchen (oder auch anderen Empfängern) zufiel, was zu einem besonders aufmerksamen Blick auf die »Reformbedürftigkeit« und »Reformbemühungen« einlädt. Trotz der glänzenden Blüte vor allem der süddeutschen observanten Konvente der Bettelorden waren Frauengemeinschaften, wie schon im hohen Mittelalter, besonders »gefährdet«; allzu oft, so scheint es, kam es vor allem darauf an, dass sie »unter Aufsicht« standen, gleich welcher Regel oder Ordenszugehörigkeit.[87]

Insgesamt bleibt das Bild des spätmittelalterlichen Ordenslebens uneinheitlich. Glänzende Erneuerung und blühende Neuschöpfungen stehen neben krasser Dekadenz, die nicht mit »Reformrhetorik« oder »reformatorischem Vorurteil« erklärt werden kann. Auch die Bilanz der Reformen fällt gemischt aus. Erfolgreiche Reform, so scheint es, führte zu allseits positiver Bilanz; die entsprechende Historiografie ist Geschichtsschreibung der Sieger. Doch nicht überall war Reform erfolgreich oder nachhaltig ja, unter dem Eindruck der Reformation des 16.Jh., die überdies dem Mönchtum die theologische

Grundlage streitig machte, kann man sagen: »Die Reform scheiterte nicht, sie blieb unvollendet« und: »Während die Reformen noch weitergingen, wurden sie von der Reformation überholt.«[88]

1 MORAW, Klöster 1964; BRAUKSIEPE/NEUGEBAUER, Klosterlandschaft 1994; MÖTSCH/SCHÖBEL, Eiflia Sacra 1994/1999; JÜRGENSMEIER/SCHWERDTFEGER, Männer- und Frauenklöster 1999; SEMMLER, Vita religiosa 2000; SEIBRICH, Monastisches Leben 2000; BINSFELD, Bistum Trier 2003; PFEIFFER, Bistum Trier 2003; ENGELS, Klöster 2006; BÖNNEN/HIRSCHMANN, Klöster 2006; AMMERICH, Bistum Speyer 2011; HIRSCHMANN, Orden Ms. (ich danke auch hier herzlich für die großzügige Überlassung der Manuskriptfassung!); FELTEN, Benediktiner 1992/1993; für Frauen spezieller BÖNNEN/HAVERKAMP/HIRSCHMANN, Frauengemeinschaften 1993; FELTEN, Frauenklöster und -stifte 1992; immer noch wertvoll die Übersichten von REMLING, Urkundliche Geschichte 1836 und WAGNER/SCHNEIDER, Stifte Bd. 2 1878. Literatur zu pfälzischen Klöstern im Netz siehe URL: www.klosterlexikon-rlp.de). Vgl. auch hier den Beitrag HEHL, Kirchliche Ordnungen in diesem Band.

2 Augustinus, Confessiones VIII.6,15; deutsch auch in BINSFELD, Bistum Trier 2003, S. 74 f.

3 Ebenda, S. 78–83. Zur Vielfalt der religiösen Lebensformen für Frauen FELTEN, Kanonissen 2004.

4 MGH Epp. 4, S. 551 Nr. 34; BÖHMER/WILL, Regesten Mainzer Erzbischöfe Bd. 1 1877, S. 49.

5 Zu Prüm KUCHENBUCH, Bäuerliche Gesellschaft 1978, S. 306–323; zu Weißenburg STAAB, Episkopat 1990, S. 33–36. Dort auch allgemein zur Bedeutung der Eigenkirchen; dazu auch HARTMANN, Zustand 1982 , HEDWIG, Eigenkirche 1992 und den Beitrag HEHL, Kirchliche Ordnungen in diesem Band.

6 Vgl. die Beiträge von HAUBRICHS und HEHL, Kirchliche Ordnungen in diesem Band.

7 MGH Epp. 5, S. 277 f., ep. 2; vgl. dazu PRINZ, Klerus und Krieg 1972, S. 75 ff. Zur Einbindung der Äbte und Äbtissinnen ins Herrschaftssystem FELTEN, Äbte 1980, S. 158–174.

8 *ubi domnus rex pastor noster preesse videtur*, heißt es in einer Murbacher Tauschurkunde von 793; BRUCKNER, Regesta Alsatiae 1949, Nr. 355, 368; in Echternach wird er *custos et rector* genannt – nicht Abt; WAMPACH, Urkunden- und Quellenbuch Echternach 1955, S. 114. Später wurde auch Erzbischöfen und Laien der Titel *abbas* beigelegt; ebenda. Nr. 139, 140, 143, 145, 149.

9 Sie werden im Vertrag zu Meerssen 870 entsprechend aufgezählt; MGH Capit. 2, Nr. 251. Als Karlmann 879 krankheitshalber seine Königswürde ablegte, erhielt er von seinem Bruder Ludwig Bistümer, Abteien und Grafschaften zum Unterhalt (*ad servitium delegavit*); Annales Fuldenses, a.879.

10 Relativierung dieses Vorwurfes mit Hinweis auf gute geistliche und kulturelle Leistungen von Klöstern unter Laienäbten FELTEN, Äbte 1980, S. 47–59. Vgl. auch DEUTINGER, Königsherrschaft 2006, S. 128–146.

11 HLAWITSCHKA, Lotharingien 1968, besonders S. 161–184; LE JAN, Aristocratie 1995, mit Stammtafel S. 83.

12 PARISSE, Lotharingische Reform. In: LexMa Bd. 5 1991, Sp. 2131 ff.; HOCHHOLZER, Reform 1999, S. 43–87.

13 HOCHHOLZER, Reform 1999, S. 66.

14 MGH SS 11, S. 303. HOFFMANN, Mönchskönig 1993, hier besonders S. 33, S. 36–40.

15 WISPLINGHOFF, Urkunden 1964, S. 82 Nr. 38; vgl. FELTEN, Frauenklöster und -stifte 1992, besonders S. 191 f.; STORM, Beobachtungen 2004, S. 161.

16 REMLING, Urkundliche Geschichte 1836, S. 334 Beilage 19: *vexatione et potestate [...] iniuste detinebatur.*

17 Paralleledition HAVERKAMP, Tenxwind 1984, S. 543 ff.; vgl. ebenda. S. 533 ff.; FELTEN, Kanonissenstifte 2001, S. 94 f; DERS. Problem 2000, S. 221 ff.; DERS., Noui esse 2001, S. 57–60; HAVERKAMP, Tenxwind 1984, S. 515–548; wieder DERS. In: Ders., Verfassung 1997, S. 321–360.

18 ENGELS, Erzbischof 1978.

19 ELM, Zisterzienser, -innen. In: LexMa Bd. 9 1998, Sp. 632–635; DERS./JOERISSEN/ROTH, Zisterzienser 1980/82; EBERL, Zisterzienser 2002; FELTEN/RÖSENER, Norm und Realität 2009 (^{2}2011).

20 CAALS, Prämonstratenser, -innen. In: LexMa Bd. 7 1994, Sp. 146–152; ELM, Norbert 1984; BACKMUND, Geschichte 1986; ULRICH/DÖLKEN, Norbert 2010.

21 Karte BENDER, Himmerod 2010, S. 350.

22 Allgemein: SCHNEIDER, Stadthöfe 1979; vgl. auch STEINWASCHER, Köln 1981; BENDER, Zisterzienser 1992, besonders S. 13–55.

23 Caesarius von Heisterbach, Dial. miraculorum 7.41.

24 CANIVEZ, Statuta 1933–1941, 1191.42.

25 Caesarius von Heisterbach, Dialogus 4.64; der Zisterzienser betont aber zugleich die umfassende Fürsorge seiner Brüder, auch der Himmeroder, für die Armen.

26 Übersicht BACKMUND, Monasticon 1983; BÖNNEN/HAVERKAMP/HIRSCHMANN, Frauengemeinschaften 1993, S. 402 ff.

27 Fundatio monasterii Rommerdorfiensis, ediert in KRINGS, Geschichte Rommersdorf 1984, S. 33.

28 DERS., Arnstein 1990, auch zum Folgenden.

29 Die Geschichte ist recht undurchsichtig, zumal die entscheidenden Urkunden teilweise verfälscht sind; vgl. FELTEN, Frauenklöster und -stifte, S. 276–79.
30 Ebenda, 286–291; KRINGS, Prämonstratenser 2003; DERS., Frauenklöster 2009.
31 Hochinteressante Vita des Eberhard von Kumbd, WEBER, Eberhard 2004.
32 FELTEN, Zisterzienserorden 2000; DERS., Zisterzienserinnen 2000; DERS., Zisterzienser 2009; DERS., Abwehr 2011.
33 HINNEBUSCH, Historia 1972, c.15, S. 116 ff.; zum Kontext und zur Interpretation FELTEN, Geschichtsschreibung 2011 mit Abdruck des Kapitels S. 119 f.
34 Zu den komplizierten Abläufen und rechtlichen Problemen vorzüglich KLEINJUNG, Frauenklöster 2008, besonders S. 45–62 und S. 81–91. Regesten zu Weidas und Sion publizierte RÖDEL, Regesten 1985, S. 73–91 und DERS., Regesten 1990 S. 1–51. Vgl. unten Anm. 38.
35 Grundlegend FLUG, Altmünster 2006; knapp DIES., Altmünster 1999, S. 404 f.
36 DIES., Altmünster 1999, S. 432 f.
37 WAGNER, Aufsichtsrecht 1964; MONSEES, Zisterzienserinnenklöster 1989; FALCK, Mainz 1973.
38 BÖNNEN/HAVERKAMP/HIRSCHMANN, Frauengemeinschaften 1993, S. 405–412.
39 RÖDEL, Zisterzienserinnen (im Druck).
40 OSTROWITZKI, Liber dictaminum 1999, besonders S. 159 ff.
41 Allgemein: HUEBNER, Dominikaner, -innen. In: LexMa Bd. 3 1985, Sp. 1192–1200, zur Ausbreitung in Deutschland BERG, ebenda, Sp. 1205 ff.; HINNEBUSCH, Kleine Geschichte 2004.
42 L. PELLEGRINI u. a., Franziskaner, -innen. In: LexMa 4 1988, Sp. 800–824.
43 Grundlegend immer noch GRUNDMANN, Religiöse Bewegungen (1935),vielfach neu aufgelegt und übersetzt. K. ELM, Bettelorden. In: LexMa Bd. 2 1980, Sp. 2088–2093; MELVILLE/OBERSTE, Bettelorden 1999. Für Trier: SCHMIDT, Bettelorden 1986; für Mainz, Worms und Speyer, aber ohne die Frauenkonvente: BERGER, Bettelorden 1994.
44 Allgemein: ELM, Stellung und Wirksamkeit 1981; NEIDIGER, Mendikanten 1981; SCHMIDT, Bettelorden 1986; knapp auch BERGER, Bettelorden 1994.
45 BÖNNEN, Worms 2005, besonders S. 202 f., 221 f., 248 f.; KEMPER, Worms 2006, besonders S. 708 ff.
46 ELM, Beg(h)inen. In: LexMa Bd. 1 1980, Sp. 1799 f.; WEHRLI-JOHNS, Fromme Frauen, 1998; immer noch GRUNDMANN, Religiöse Bewegungen 1935; Überblick über Deutschland REICHSTEIN, Beginenwesen 2001; zu den Beginen am Mittelrhein NEUMANN, Beginen 1960; Rezension mit Ergänzungen für Koblenz und Umgebung bei STRUCK, Beginen 1961, S. 184–191 und SCHMIDT, in: Rheinische Vierteljahrsblätter 26 (1961), S. 109–113; für Worms auf der Basis ihrer Magisterarbeit WOLF, Beginen 2003, S. 15–29; Zusammenfassend KEMPER, Worms 2005, S. 712 ff. Für Mainz auch LEPPIN, Beginen 2006; ENGELS, Palatia sacra 2005. In den letzten Jahrzehnten wurden die vor allem auch unter feministischem Aspekt interessant; vgl. etwa UNGER, Beginen 2008; SCHMITT, Verfolgung 2008.
47 BOOS, Quellen Bd. 1 1886, Nr. 438.
48 Nach ihrem und ihrer Schwester Tod und mit der Auflage, dass die Hälfte der Legate den Franziskanern in Mainz zukomme. Die Klarissen versprechen ein umfangreiches Totengedenken; DERTSCH, Urkunden 1962–1967, Nr. 228.
49 NIKITSCH, Disibodenberg 2011; SCHMITT, Beginen 2009.
50 GRUNDMANN, Religiöse Bewegungen 1935, S. 326 f. mit Anm. 14–16.
51 ALBERIGO, Conciliorum Oecumenicorum Decreta 1973, S. 374.
52 PATSCHOVSKY, Straßburger 1974; SCHMITT, Verfolgung 2008.
53 DEGLER-SPENGLER, Beginen 1969/70.
54 KLEINJUNG, Frauenklöster 2008, S. 119–157 mit Quellen und Literatur; KÖSTER, Mainz 1948.
55 Spätes Beispiel: Auf Rat des Pfalzgrafen vereinbarten die badischen Markgrafen 1380, dass die Töchter mit 6.000 Gulden ausgestattet werden sollten; falls es zu viele wären, sollten einige mit Aussteuer ins Kloster geschickt werden; Regesten Baden 1900, Nr. 1335. Die Funktion als »Adelsspital« wird vor allem in Bedrohungssituationen, besonders nach der Reformation und in der Zeit der Aufklärung betont. Zur Problematik SCHREINER, Hauskloster 1990; MUSCHIOL, Versorgung 2008.
56 GRUNDMANN, Religiöse Bewegung 1935; vor allem ELM, Stellung 1981; DERS., Frau 1994; DERS., Vita regularis 1998; WEHRLI-JOHNS, Fromme Frauen 1998 (mit umfassender Forschungsgeschichte und grundsätzlichen Überlegungen zum Beginentum).
57 Allgemein ELM, Verfall und Erneuerung 1986; DERS., Reformbemühungen 1989; SCHREINER, Klosterreform 1986; DERS., Dauer 1992; DERS., Reformstreben 2003; MERTENS, Klosterreform 2001; für unsere Region materialreiche Überblicke: SEIBRICH, Monastisches Leben 2001; DERS., Pfälzische Frauenklöster (im Druck). Vorzügliche Fallstudien für Trier SCHMIDT, Erzbischöfe 1989; für Worms KEMPER, Klosterreformen 2006.
58 ALBERIGO, Conciliorum Oecumenicorum Decreta 1973, S. 240 f.; MERTENS, Reformkonzilien 1989; FELTEN, Ordensreformen 1992; DERS., Gregor IX. 2011; VONES, Urban V. 1998; MAIER, Generalkapitel 1999; HELMRATH, Capitula 1994; SEIBRICH, Eifelklöster 1994.
59 SCHMIDT, Erzbischöfe 1989, S. 476 f.
60 HAMMER, Klosterreform 2001, auch vorzüglich zur Notwendigkeit, Durchführung und Problematik von Reformen.
61 Quellen: BECKER, Dokumente 1974; VOLK, Urkunden 1951; DERS., Generalkapitelsrezesse 1955; Literatur: BECKER,

Rode 1968; DERS., Reformbewegungen 1980; DERS., Ziele 1989; ZIEGLER, Kongregation 1999.
62 DOBRAS, St. Jakob, 2001, S. 478–484; MÖTSCH, Sponheim 2001, S. 804, 814; ARNOLD, Trithemius 1971.
63 DOBRAS, St. Alban 2001, S. 454.
64 Vgl. die einschlägigen Artikel in JÜRGENSMEIER/SCHWERDTFEGER, Männer- und Frauenklöster 1999.
65 Vgl.SEIBRICH, Monastisches Leben, 2001, S. 792 f.; HAMMER, Monastische Reform, 2001, S. 236–248.
66 KEMPER, Klosterreformen 2006, S. 366–388.
67 Ebenda, S. 207–351 mit Hinweis auf die Zurückhaltung auch der Windesheimer gegenüber den Frauenkonventen.
68 PAULY, Springiersbach 1962; SCHMIDT, Erzbischöfe 1989, S. 482 f.
69 WELLSTEIN, Visitationsabschied 1924; SCHNEIDER, Himmerod 1954.
70 SEIBRICH, Monastisches Leben 2000, besonders S. 796 ff. und DERS., Pfälzische Frauenklöster (im Druck) mit zahlreichen weiteren Beispielen, die das verwirrende Bild ergänzen; KEMPER, Klosterreformen 2006, besonders S. 40–56.
71 SCHMIDT, Erzbischöfe 1989, S. 478–492
72 SCHMIDT, Quellen St. Kastor Bd. 2 1954, Nr. 2034; vgl. Nr. 2011, Nr. 999 (von 1358).
73 MORAW, Klöster 1964, S. 24 f.
74 HOLLMANN, Kollegiatstifte 1994, S. 301–306. Für die weltlichen Funktionen grundlegend MORAW, Stiftskirchen 1977; DERS., Typologie 1980; die neuere Forschung, in der Linie von M. Borgolte, O. G. Oexle, betont auch das innere, kirchliche Leben und das Selbstverständnis der Kanoniker, ohne die Indienstnahme für Verwaltung, Universität zu vernachlässigen; vgl. beispielhaft BÜNZ, Stift Haug 1998 oder AUGE, Heiligkreuzstift, 2002.
75 Allgemein LAMBERT, Franciscan Poverty 1974; NYHUS, Observant Reform 1975; NIMMO, Reform 1987; DERS., Observance 1989; NEIDIGER, Observanzbewegungen 1992; DERS., Selbstverständnis 1998; und über Württemberg hinaus bedeutsam DERS., Reformbewegungen 2003, vor allem weil er differenziert auf das Verhältnis zu den Beginen eingeht.
76 Vgl. auch zum folgenden SCHMIDT, Bettelorden 1984, S. 355–382.
77 Referat der ungedruckten Quelle ebenda, S. 368 f.
78 So die Kirschgartener Chronik; BOOS, Urkundenbuch Worms Bd. 3 1886, S. 46. Zitiert von KEMPER, Klosterreformen 2006, S. 65.
79 HILLENBRAND, Observantenbewegung 1989; KEMPER, Klosterreformen 2006 auch zum Folgenden.
80 HIRSCHMANN, Orden (im Druck).
81 KUNZELMANN, Augustiner Bd. 5 1974, S. 383–507; MARTIN, Augustinian Observance 1992; WEINBRENNER, Augustinereremit 1996.
82 KEMPER, Klosterreformen 2006, S. 65 f.
83 SMET, Reform 1989, S. 293–323.
84 Exzellent aus den ungedruckten Quellen dargestellt bei KEMPER, Klosterreformen 2006, S. 358–383 und 41–49.
85 SCHMIDT, Erzbischöfe 1989, S. 488 ff.; für das vom Trierer Reformversuch »bedrohte« Springiersbach bestellt der Papst den Mainzer Erzbischof zum Wahrer seiner Rechte, S. 482 f., 495.
86 SCHREINER, Reformstreben 2003, S. 106 f.; er fährt fort: »Frühneuzeitliche Klosterreformation (der württembergischen Herzöge [gilt auch für die Pfalzgrafen, d. Verf.] bedeutete nicht Wiederherstellung eines in Theologie und Geschichte verankerten Lebensideals, sondern antimonastischen Neubeginn.«
87 HIRSCHMANN, Orden, S. 72–77 mit weiteren Beispielen; SCHMIDT, Erzbischöfe 1989, S. 484, 496 f.
88 SEIBRICH, Monastisches Leben 2003, S. 803. Er schließt die Bilanz mit den Worten: »Jetzt siegte über das Zufallsspiel an geistlichen Reformen und engagierten Bischöfen der nivellierende territorialpolitische lange Atem der Landesherren, über das differenzierende Ringen um Regeln, Konstitutionen und Theologien das vereinfachende Wort der Reformatoren.« Noch weitgehender ELM, Reform 1989, S. 18.

Die ländliche Welt im Mittelalter

Von Lukas Clemens

1. Das Frühmittelalter

Wandel und Konstanz

Die grundlegenden politischen Umbrüche seit der Spätantike hatten für die Regionen des heutigen Rheinland-Pfalz unter anderem die Verlegung der kaiserlichen Residenz von Trier nach Mailand, den Abzug von Hof, Leibgarde, Verwaltung und weiteren Bevölkerungsgruppen aus der Moselmetropole und ihrem Umland sowie vor allem den Zusammenbruch der römischen Grenzverteidigung entlang des Rheins und den hierdurch ausgelösten verstärkten Zuzug germanischer und hunnischer Verbände während der sog. Völkerwanderungszeit zur Folge. Ob diese Ereignisse nicht auch durch eine Klimakaltphase mit strengen Wintern und nasskalten Sommern mitbedingt wurden, die zu Versorgungskrisen und dadurch ausgelösten Wanderungsbewegungen führte, wird derzeit in der Forschung diskutiert. Unbestritten hat sich das landschaftliche Erscheinungsbild in der Folgezeit nachhaltig geändert, wobei ein drastischer Rückgang der Siedlungen im Vergleich zur mittleren Kaiserzeit erkennbar wird. So zeigen die Pollendiagramme für das 5. Jh. ein deutliches Vordringen des Waldes an, was vielerorts zu einem nachweislichen Rückgang an Erosionsprozessen entlang von Hangbruchkanten durch eine entsprechende Vegetation führte.[1] Ist bis in das zweite Drittel des 5. Jhs. vor allem eine Verbreitung der Birke feststellbar, wird diese anschließend zunehmend von der Hainbuche, aber auch der Ulme abgelöst.[2] Ausgedehnte Wälder erstreckten sich nun etwa von den heutigen Ardennen bis weit in die Eifel hinein, ferner östlich der Obermosel über Hochwald und Hunsrück bis an den Rhein sowie im Pfälzer Bergland und dem Westerwald. Sie wurden von seit der Antike kontinuierlich genutzten Fernstraßen durchzogen, die den weitgehend siedlungsleeren Raum querten.

Trotz der erkennbaren Umbrüche sind innerhalb der Landwirtschaft auch Kontinuitäten zu konstatieren. Nicht zuletzt aufgrund sprachgeschichtlicher Untersuchungen, aber auch literarischer Zeugnisse kann es als gesichert gelten, dass der moselländische Weinbau ohne völlige Unterbrechungen durch eine verbliebene gallo-römische Winzerbevölkerung weiterbetrieben wurde. Auch in der Pfalz und womöglich in Rheinhessen[3] hat der Rebbau offenbar seit der Spätantike fortbestanden. Nach Auskunft der nach 507 abgefassten Lex Salica wurde Winzern neben den Eisen- und Goldschmieden ein besonderer Schutz garantiert. Es waren ihre Spezialkenntnisse, denen die anfangs im Frankenreich sicherlich noch vornehmlich romanischen Weinbauern diese privilegierte Stellung verdankten. Günstig ist die Überlieferung etwa für den Moselort Brauneberg, wo eine staatliche Kelter des 4. und der ersten Hälfte des 5. Jhs. ergraben werden konnte. Mit Hilfe der schriftlichen Überlieferung lassen sich dort Weinberge seit dem ausgehenden 6. Jh. nachweisen. Der Dichter Venantius Fortunatus beschreibt zudem im Jahr 588 anlässlich einer Schifffahrt moselabwärts von Metz nach Andernach in seinem Gedicht de *navigio suo* die überall mit Reben bepflanzten Schieferhänge der Mittel-mosel.[4] Auch das zweiteilige Kelterverfahren mittels Austreten der Trauben und anschließendem Pressvorgang auf einer Weinpresse – wie es für spätantike Kelterhäuser nachgewiesen ist – hat den Untergang des Imperium Romanum überdauert.[5] Pollendiagramme zeigen seit der Römerzeit einen durchgängigen Anbau von Nussbäumen, deren Früchte aufgrund ihres Ölgehalts den Olivenersatz für die Regionen außerhalb des Mittelmeerraumes darstellten. Ferner ist ein Überdauern der von den Römern importierten Edelkastanie zu konstatieren. Letztere findet sich beispielsweise bereits auf römerzeitlichen Warenetiketten erwähnt, die im antiken Hafen von Mainz gefunden wurden. Zudem sind seit der Antike durchgängig Äpfel, Birnen und Pflaumen an Mosel und Rhein kultiviert worden. Auch der durch den Anbau von Winter- und Sommergetreide sowie einem zur Erholung des Bodens brach belassenen Teil des Ackers gekennzeichnete Fruchtwechsel lässt sich aufgrund von Pollenanalysen und Untersuchungen zu Makropflanzenresten seit der Antike belegen.[6] Neben Weizen wurden bereits seit römischer Zeit Gerste, Emmer, Dinkel und vor allem Roggen auch in den Landschaften westlich des Rheins angebaut. Der bodenwendende, von Tieren gezogene Kehrpflug ist seit der Spätantike weiterentwickelt worden.

Lange Zeit nahm die Forschung an, dass die wasserradgetriebene Getreidemühle geradezu als »Basisinnovation für das Mittelalter«[7] anzusprechen sei. Archäologische Untersuchungen der letzten Jahrzehnte belegen hingegen, dass diese Maschine in den nordwestlichen Provinzen des Imperium Romanum bereits seit augusteischer Zeit allgemein und durchgängig in das Mittelalter hinein verbreitet war. Schiffsmühlen, die wir etwa für die Ostgotenzeit zu Rom belegt finden und die als antike Technik gelten dürfen, sind auch in spätmerowingisch/frühkarolingischer Zeit nachgewiesen, wie jenes beeindruckende, um 760 erbaute Beispiel, das bei Gimbsheim in Rheinhessen dokumentiert werden konnte.[8] Im städtischen Kontext sind Schiffsmühlen zum Jahr 801 im Rhein zu Mainz nachgewiesen.[9] Einziger Unterschied zwischen den archäologisch untersuchten antiken und den frühmittelalterlichen Mühlen ist die Tatsache, dass die meisten Materialverbindungen in römischer Zeit aus Eisennägeln bestanden, während im Frühmittelalter aufgrund des nun eingetretenen Metallmangels ausschließlich mit Holzverzapfungen gearbeitet wurde. Lange Mähsensen sind in spätrömischen und frühmittelalterlichen Fundkontexten erhalten geblieben und belegen die kontinuierlich betriebene Heu- und Grasgewinnung für die Stall- bzw. Winterfütterung der Haustiere.

Auf eine auch in merowingischer Zeit betriebene Pferdezucht – für welche der Stamm der Treverer seit der Spätlatènezeit geschätzt wurde – verweist eine durch Gregor von Tours überlieferte Erzählung, die von einem Romanen aus Senatorenadel berichtet, der einem Franken in der Gegend von Trier als Pferdeknecht diente.[10] Hinsichtlich der Tierzucht zeigen archäozoologische Untersuchungen insgesamt, dass das Artenspektrum im Vergleich zur römischen Kaiserzeit gleich blieb, allerdings haben jüngere Auswertungen für den Moselraum ergeben, dass sich die Körpergrößen der gehaltenen Rinder- und Hühnerarten im 8. Jh. bereits deutlich gegenüber den antiken Arten verringert hatten, was wohl am ehesten mit dem Verlust von antikem tierzüchterischen Spezialwissen erklärt werden kann. Wildvögel wie Rebhühner, Enten und Tauben spielten im antiken und frühmittelalterlichen Nahrungsspektrum eine nicht unerhebliche Rolle, wie auch die von Flussfischen, während wir für eine Fischzucht in Teichen bislang keinerlei Hinweise haben, obwohl die Verordnung Karls des Großen über die Krongüter, das *Capitulare de villis*, ausdrücklich die Teichhaltung erwähnt.[11]

Was die Organisationsformen innerhalb der Landwirtschaft anbelangt, so sind wir aufgrund einer für die Spätantike zu den nordwestlichen Provinzen weitgehend fehlenden schriftlichen Quellenüberlieferung auf Informationen aus anderen Reichsteilen angewiesen. Dort finden sich Hinweise auf Domänenbetriebe des Staates (Fiscus) sowie ausgedehnte Landgüter der Familien des Senatorenadels und lokaler Führungsschichten. Daneben sind die ursprünglich als Pächter agrarischer Nutzflächen Erträge erwirtschaftenden Kolonen nun erblich an den Boden und damit zugleich an den Grundherrn als abhängige Bauern gebunden.[12]

Ein Testament verdeutlicht die Besitzstrukturen

Das Testament des der merowingischen Reichsaristokratie entstammenden Diakons Adalgisel Grimo von 634, die »älteste Urkunde der Rheinlande«, lässt deutlich diese Kontinuitäten spätantiker Wirtschaftsweise während des 7. Jhs. erkennen.[13] Die dem Wortlaut zufolge vermachten ausgedehnten Besitzungen streuten mit einzelnen Schwerpunkten von der Maasregion über die Ardennen bis an die Mosel, die mittlere Saar und den Hochwald. Sie bezogen sich auf fortgenutzte römische Straßenverbindungen und spätantike Befestigungen. Bei den häufig genannten *villae* dürfte es sich um Höfe gehandelt haben, die auf dem Areal antiker *villae rusticae* in Holzbauweise errichtet worden waren, wobei die dazugehörigen Ländereien mit Hilfe von Unfreien (*mancipia*) bewirtschaftet wurden. Unter den agrarischen Liegenschaften verweisen Felder wie Mühlen auf den Getreideanbau. Der namentlich genannte Müller Erpo, der vermutlich aufgrund seines Spezialwissens über derartige Maschinen zu einem gewissem Wohlstand gelangt war, betrieb mitsamt seiner *familia* gleich vier dieser wasserbetriebenen Mahlwerke. Immer wieder aufgeführte Wiesen und die Erwähnung von Schaf- und Rinderherden, ferner von Schaf, Schweine- und Kuhhirten bezeugen die Bedeutung der Viehzucht sowie der Milch-, Käse-, Fleisch- und Woll- bzw. Tierhäuteproduktion. Auch die mehrfach genannten Wälder sind in diesem Kontext als Viehweiden für die Eichelmast von Bedeutung. Schließlich umfasste der testamentarisch vermachte Besitz auch Weingärten, darunter solche an der Mosel und einem ihrer Nebenflüsse, der Lieser.

Ländliche Siedlungen

Trotz der somit skizzierten Kontinuitäten änderte sich das ländliche Siedlungsgefüge des Untersuchungsraumes seit den politisch-militärischen und demografischen Umbrüchen der Spätantike grundlegend und beschränkte sich in der Folgezeit vorwiegend auf Regionen mit fruchtbaren Böden und günstigen mikroklimatischen Rahmenbedingungen. Neben den Flusstälern von Rhein und Mosel finden sich Siedlungsplätze bzw. Reihengräberfelder oder Familiengrablegen im Bitburger Gutland, der Pellenz und dem Maifeld sowie im rheinhessischen Hügelland. Ausgedehnte Bereiche des Hunsrücks – hier bereits seit dem letzten Drittel des 3. Jhs. – sowie des Westerwaldes und des Pfälzer Berglandes blieben hingegen nun bis weit in das Frühmittelalter hinein unbewohnt.

Besitzungen und Empfänger im Testament des Adalgisel Grimo von 634

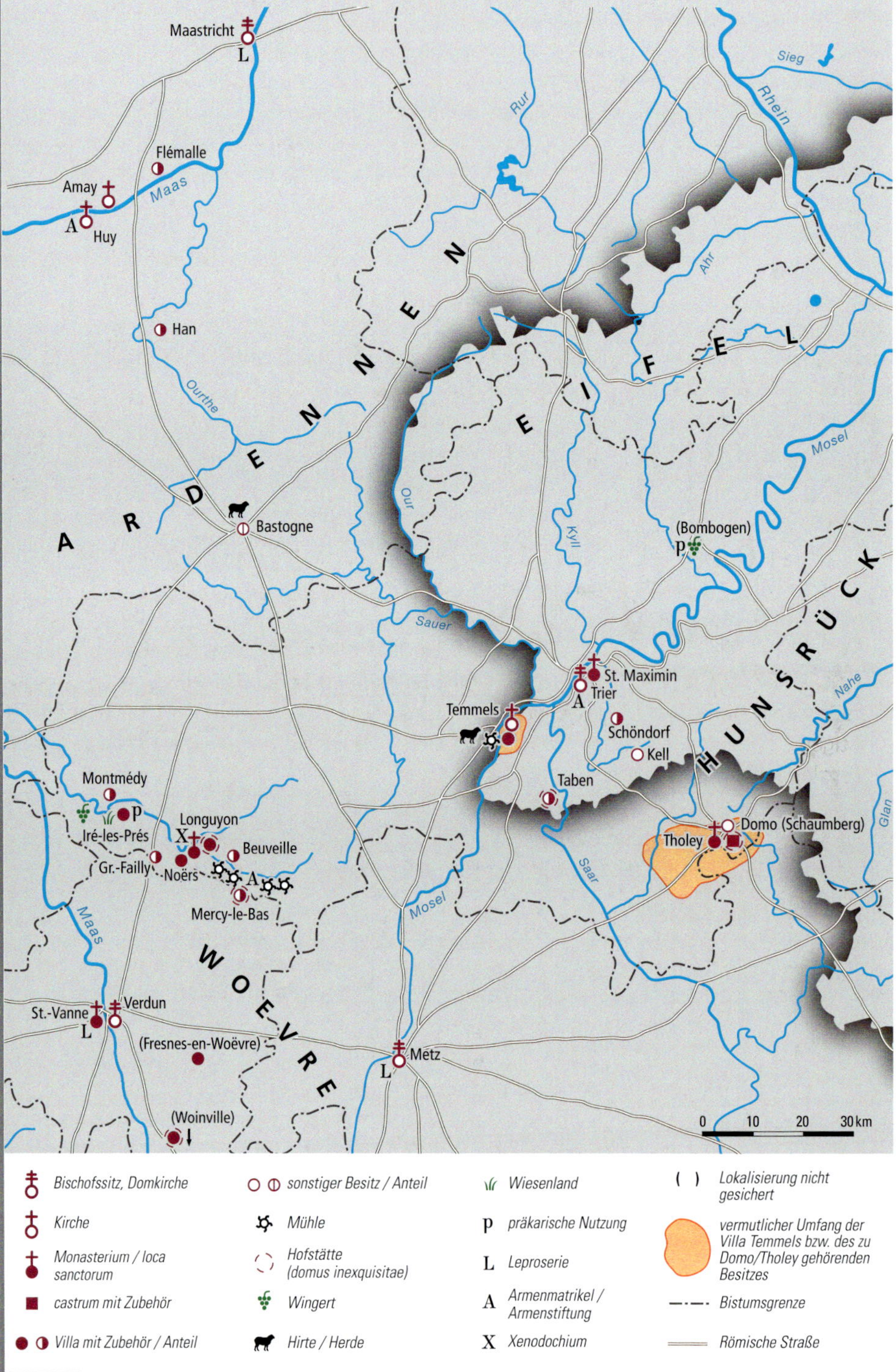

Vorlage: Irsigler, Gesellschaft 2006, S. 268

Kartographie: Landesamt für Vermessung und Geobasisinformation Rheinland-Pfalz

Es ist nur gelegentlich möglich, aufgrund archäologischer Funde wie Grabausstattungen und Kleidungsbestandteilen, einheimische von germanischen Bevölkerungsgruppen zu unterscheiden. Während die neuen fränkischen Siedler der Sal- und der Rheinfranken, aber auch im Mittelrheingebiet die Alamannen im Verlauf des 5. und frühen 6. Jhs. an ihren Kleidungsbestandteilen und Grabausstattungen – zum Teil mit Waffenbeigaben – erkennbar waren, sind zahlreiche Bestattungen von Romanen vornehmlich im Kontext befestigter Orte weitgehend beigabenlos. Seit dem fortgeschrittenen 6. Jh. ist jedoch eine Angleichung im Habitus zu konstatieren, weshalb sich in der Folgezeit Romanen nicht mehr von Franken unterscheiden lassen.

Die Gehöfte und Weiler wurden spätestens seit dem Verlauf des 5. Jhs. nicht mehr in Stein, sondern in der für die kaiserzeitliche Germania Magna rechts des Rheins typischen Holzbauweise errichtet. Wesentliche Bestandteile bildeten Pfosten- und Speicherbauten sowie Grubenhäuser und -hütten. Wegeführungen, Einzäunungen und gelegentlich nachgewiesene Brunnen vervollständigen das Siedlungsbild. Ein Beispiel ist die Siedlung von Gladbach im heutigen Stadtgebiet von Neuwied mit einem ergrabenen Bereich, der dem 7./8. Jh. zuzuordnen ist. Ein weiterer archäologisch untersuchter Siedlungsplatz ist Speyer-Vogelgesang, ein seit dem Ende des 5. Jhs. bis in karolingische Zeit durchgängig bewohnter Ort. Auf einer ausgegrabenen Fläche von rd. 4 ha zeigte sich, dass die Bebauung hier im Lauf der Zeit wanderte; dies ein Phänomen, das auch andernorts nachgewiesen ist. Einzelne Siedlungen wie Rübenach, Stadt Koblenz, konnten – wie die Auswertung des ergrabenen Reihengräberfeldes ergeben hat – im späten 6. und Verlauf des 7. Jhs. bis zu 200 Bewohner umfassen. Die auf -heim und -ingen endenden Ortsnamen sind in aller Regel während der Merowinger- und der frühen Karolingerzeit entstanden. Da sie sich weitgehend auf die für die Landwirtschaft besonders günstigen Böden beschränkten, zeigen sie zugleich aber auch einen Siedlungsrückgang im Vergleich mit den antiken Verhältnissen an.[14]

Die Grundherrschaft

In karolingischer Zeit wird die Agrarverfassung in den Landschaften zwischen der Rheinregion und dem Seinebecken und damit auch für unseren Untersuchungsraum deutlicher erkennbar. Zentraler Bestandteil ist die frondienstbezogene, zweigeteilte Grundherrschaft, die vor allem mit Hilfe überlieferter klösterlicher Güterverzeichnisse und königlicher Verordnungen nachvollzogen werden kann. Diese auch als Villikation (lat. *villicatio* von *villicus*, Gutsverwalter) bezeichnete Wirtschafts- und Verwaltungsform bestand idealtypisch aus dem im Eigenbetrieb organisierten Herrenhof (*curtis*) mit dem dazugehörigen Salland, das sich aus diversen Nutzflächen zusammensetzte. Er wurde durch den Grundherrn selbst oder einen Verwalter betrieben, der das dort ansässige Gesinde anleitete. Diesem Komplex zugeordnet waren Hofstellen (Mansen, Hufen) abhängiger Bauern, die für die Bewirtschaftung der ihnen zur Verfügung gestellten Liegenschaften Natural- und/oder Geldabgaben an sowie Arbeits- und Transportdienste für den Herrenhof zu leisten hatten. Große Grundherrschaften – vor allem des Königs und geistlicher Institutionen – waren in einem mehrstufigen Verbund, bestehend aus Haupt- und Nebenhöfen organisiert.

Ausgedehnte Güter besaßen in unserem Untersuchungsraum im Frühmittelalter neben dem Königtum und bedeutenden Adelsfamilien sowie den hier begüterten Erz- und Hochstiften etwa die Abteien Weißenburg, Lorsch, Fulda, Mettlach oder St. Maximin vor Trier. Allein in der rheinhessischen Ortschaft Dienheim südlich von Oppenheim waren nach Auskunft von über 150 bis zur Mitte des 9. Jhs. überlieferten Urkunden neben laikalen Besitzern mindestens sieben geistliche Grundherrschaften begütert.[15]

Im Folgenden sei beispielhaft die Grundherrschaft des Eifelklosters Prüm näher vorgestellt. Über ihre Ausdehnung und Struktur sind wir besonders gut aufgrund eines Güterverzeichnisses informiert, das nach den zweimaligen Zerstörungen der Abtei und seinen Liegenschaften durch die Normannen im Jahr 893 mit Hilfe vor Ort durchgeführter Bestandsaufnahmen erstellt wurde.

Die Prümer Grundherrschaft

Das sog. Prümer Urbar ist in einer Abschrift von 1222 des ehemaligen Abtes Caesarius überliefert, dessen Kommentare den zwischenzeitlichen Wandel des Besitzstandes wie der Nutzungsformen erkennen lassen. Die Abtei akkumulierte seit dem 8. Jh. nicht zuletzt aufgrund umfangreicher Stiftungen seitens der Karolinger und des regionalen Adels ausgedehnte und weitgestreute Besitzkomplexe. Ende des 9. Jhs. umfassten diese – von West nach Ost – Güter in der Picardie und von der mittleren Maas über die Ardennen und Eifel bis an den Mittel- und nördlichen Oberrhein mit Liegenschaften an der Lahn, der Nahe, dem Glan und in Rheinhessen sowie in der Nord-Südausdehnung von der Issel bis in das oberlothringische Seillegebiet. Besonders konzentrierten sich die Güter und Rechte um die Abtei Prüm selbst sowie in den südlich gelegenen Eifelregionen bis an die Mittelmosel und ferner um die Filiationen Münstereifel, St. Goar und Altrip. Insgesamt listet das Verzeichnis für die spätkarolingische Zeit rd. 1.700 abhängige Höfe in über 400 Orten auf, die 23 Besitzkonzentrationen mit grundherrschaftlichen Zentren zugeordnet waren. Die umzäunten Hofstätten bestanden in der Regel aus einem Wohnhaus sowie zusätzlichen Wirtschaftsgebäuden und Stallungen, ferner gehörte ein Garten zur Ausstattung und schließlich das zu bewirtschaftende, 20 bis 40 Morgen große Acker- sowie Wiesenland und/oder ein Rebareal. Auf der Grundlage der für die Hofstätten angegebenen Abgaben und Dienstleistungen zeigt sich deutlich, dass der Schwerpunkt der landwirtschaftlichen Produktion im Getreideanbau lag.

Mit Hilfe der Angabe von zu leistenden Getreidefuhren und der Erwähnung von Winter- und Sommergetreide lässt sich ein Mehrfruchtanbau erschließen. Ob dieser aber bereits in der andernorts sicher bezeugten Dreifelderwirtschaft betrieben wurde, bei der es auf einer Agrarfläche zur Abfolge von Wintersaat, Sommersaat und Brache oder einer freieren Fruchtfolge kam, ist den Angaben nicht zu entnehmen.[16] Der Weiterverarbeitung dienten rd. 50 Wassermühlen, die auf etwa 40 Domänen verteilt waren, zudem sind gelegentlich Backhäuser und Brauereien erwähnt. Daneben spielte die Viehhaltung von Geflügel, Schwein, Schaf und Ziege sowie Rind eine wichtige Rolle. Die Überwinterung erfolgte im Stall, ansonsten wurden diverse Geflügelarten auf dem Hof und die Vierbeiner auf der Weide gehalten bzw. die Schweine im Spätherbst zur Eichel- und Eckernmast in die Wälder getrieben. Die Wald- und Weidenutzung erfolgte gemeinschaftlich durch die Hufeninhaber, wobei die Tiere von Hirten beaufsichtigt wurden. Gelegentlich finden sich als Angaben für den Umfang des Waldes die Kapazitäten für die Schweinemast, etwa für 300 oder gar 1.000 Tiere, aufgeführt.[17] An häufig bezeugten weiblichen Arbeiten werden auf den Hofstätten neben der Erntebeteiligung das Beerensammeln im Wald und die Bierbrauerei, das Backen und vor allem die Textilproduktion von Leinen- wie Wolltuchen erwähnt. Am Glan, am Neckar sowie vor allem an der Ahr, dem Mittelrhein und der Mosel wurde darüber hinaus Wein angebaut. Dem Urbar zufolge erhielt die Abtei aus ihren Besitzungen jährlich rd. 120 Fuder Wein, von denen fast 27 Fuder aus Mehring, dem wichtigsten Anbauzentrum des Klosters an der Mittelmosel, stammten.[18] Auch Fische – Lachse und wohl auch Aale bzw. Forellen – erhielten die Mönche von dort, zudem aus Altrip oder aus den Ardennen. In letzterem Waldgebiet war auch ein Erzgräber der Abtei ansässig, der offenbar bereits Eisenerze verhüttete. Salz bezog Prüm aus seinen Salinen im oberlothringischen Vic-sur-Seille. Überschüsse, vor allem aus der Wein- und der Salzproduktion, wurden von den Hörigen auf lokalen Umschlagplätzen verkauft; von diesen verfügte das Kloster selbst über königlich privilegierte Märkte in Münstereifel und Rommersheim. Aus der Tatsache, dass dem Urbar zufolge 63 % der Abgaben in gemünztem Silber zu zahlen waren bzw. bei denen eine Entrichtung von Geldzinsen zumindest freigestellt war, somit dem Kloster jährlich zwischen 19.400 und 32.300 Denaren geschuldet wurden, wird deutlich, wie weit und allgemein die Geldwirtschaft bereits in spätkarolingischer Zeit in den ländlichen Raum vorgedrungen war.[19]

Grundherrschaftliche Zentren der Abtei Prüm im Urbar von 893

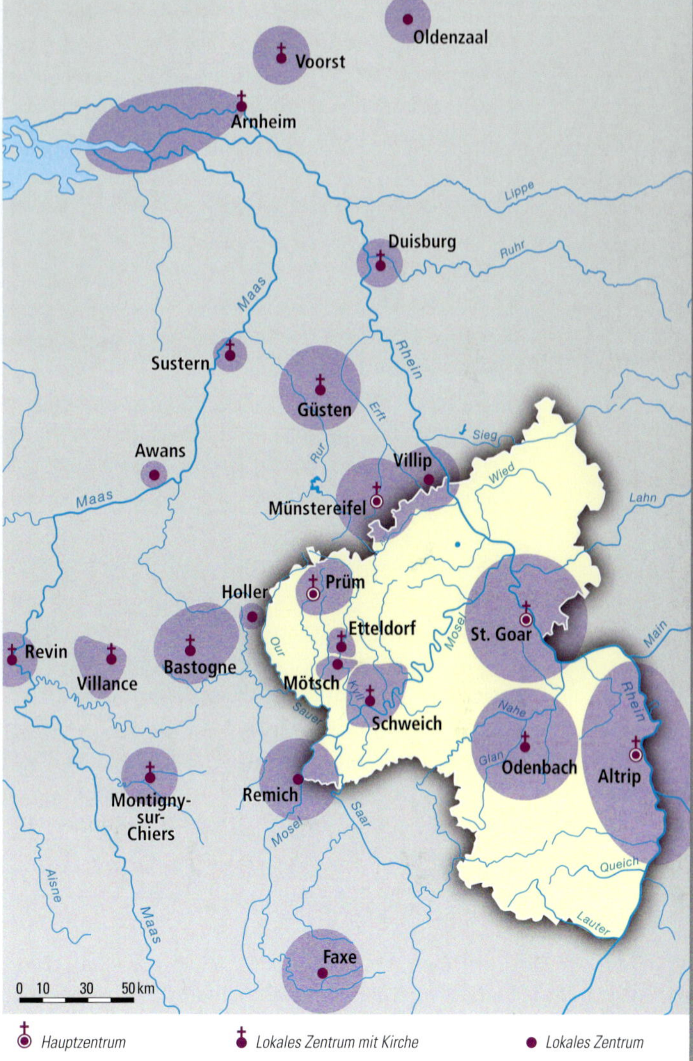

Vorlage: Schwab, Prümer Urbar 1983, S. 338
Kartographie: Landesamt für Vermessung und Geobasisinformation Rheinland-Pfalz

Neben einer zunehmenden Christianisierung des ländlichen Raumes, gefördert durch ein unter den Karolingern etabliertes flächendeckendes Netz von Pfarreien, sind aber immer auch noch heidnische bzw. abergläubische Vorstellungen verbreitet gewesen, wie sie anhand der zu Beginn des 10. Jhs. zusammengestellten Beichtfragen und Rechtssätze im Sendhandbuch des Regino von Prüm deutlich werden. Erwähnung finden u. a. die offenbar weiterhin praktizierte Verehrung von Bäumen, Quellen oder markanten Steinen, der von Schweine- oder Rinderhirten wie Jägern betriebene Tierzauber oder der fortlebende Glaube an Diana.[20]

Das Prümer Urbar weist mehrfach auf Verwüstungen hin, die aus den Normanneneinfällen der Jahre 882 und 893 resultierten und aus diesem Grund auch eine Bestandsaufnahme der abteilichen Rechte und Besitzungen erforderlich machten. Ein deutlicher Rückgang der Getreidepollen in den Sedimentprofilen des Ulmener Maares im letzten Drittel des 9. Jhs. und ein anschließender deutlicher Anstieg der Cerealienkurve ist womöglich ebenfalls mit den Plünderungszügen der Normannen in Verbindung zu bringen und stützt die Vermutung, dass nicht nur urbane Zentren und bedeutende geistliche Institutionen, sondern durchaus auch ländliche Regionen von den Zerstörungen durch die Skandinavier betroffen waren.[21]

Der Wald als Ausbauraum

Trotz dieser temporären Einbrüche ist seit spätmerowingischer Zeit bis in das 10. Jh. hinein für unseren Untersuchungsraum ein allgemeiner Siedlungs- und Landesausbau zu konstatieren, der etwa für das Mittelrheingebiet und Rheinhessen ein Ausgreifen über die zuvor altbesiedelten Lössböden einschließt.[22] In diesem Zusammenhang verdienen auch die Schenkungen ausgedehnter Königsforste, aus Wald und Ödland bestehende, klar umgrenzte, weitgehend unbesiedelte Gebiete, an geistliche Institutionen und weltliche Große Beachtung. So erlangte etwa die Abtei Prüm 820 einen königlichen Wald zwischen Boppard und Oberwesel, und das Trierer Erzstift wurde seit dem Ende des 9. und im Verlauf des 10. Jhs. mit königlichen Bannforsten im Hochwald und in der Eifel ausgestattet. Der Mainzer Erzbischof erhielt 983 den Binger Wald, und das Geschlecht der Salier wurde zwei Jahre später mit dem Königshof Kaiserslautern und dem nördlichen Vogesenwald durch König Otto III. bedacht. In der Folgezeit wurden diese und andere Ländereien dann zunehmend von Rodungsinseln durchsetzt. So finden in einem Prestarievertrag zwischen dem Bliesgaugrafen Erinfrid und dem Wormser Bischof 891 zahlreiche inzwischen gerodete Waldareale (*novali*) am Donnersberg Erwähnung.[23] Der archäologische Nachweis eines lediglich ungefähr dem 8. bis 10. Jh. zuzuweisenden Pechofens bei Taubensuhl im Pfälzerwald mit dazugehöriger Siedlung belegt neben dem Landesausbau die dortige Teerproduktion aus harzhaltigem Holz während des Frühmittelalters.[24]

An überregional ausstrahlenden Produktionszentren des ländlichen Raumes sind die kontinuierlich seit der Spätantike arbeitenden Töpfereien in Mayen sowie die Basaltabbaugebiete um Kottenheim und Mayen zur Mühlsteinproduktion hervorzuheben. Mahlsteine und deren Halbfabrikate wurden bis in den skandinavischen Raum und nach England verhandelt.[25]

Der frühmittelalterliche Weinbau

Auch der Weinanbau erfuhr seit dem 7. und vor allem 8. Jh. an Mosel und Rhein eine Intensivierung. In diesem Zusammenhang finden sich nun auch erstmals Belege von Rebpflanzungen innerhalb ehemaliger römischer Städte und Kastellorte, so etwa in Trier, Remagen, Mainz oder Worms.[26] Die Überlieferung für das Weinbaugebiet der Ahr zeigt, dass sich hier der Weinbau im Verlauf des 8. Jhs. von der Rheinmündung mit Rebpflanzungen auf den Gemarkungen von Remagen und Sinzig flussaufwärts ausbreitet. Hinweise zum Naheraum entstammen der Überlieferung des Klosters Lorsch, Nachrichten über Weinberge entlang der Sauer bezeugen seit dem späten 7. Jh. Urkunden des Klosters Echternach, und über den Pfälzer Weinbau informieren die zahlreichen Belege in dem vor 818/819 entstandenen ältesten Urbar des Klosters Weißenburg. Für die Mosel, den Mittelrhein und die Ahr sind viele der frühesten Nachrichten dem Prümer Urbar zu entnehmen.[27]

2. Das Hochmittelalter

Der Landesausbau

Das Hohe Mittelalter ist in unserem Untersuchungsraum wie in Europa überhaupt wesentlich mitgeprägt von vergleichsweise vorteilhaften klimatischen Rahmenbedingungen. Diese begünstigten ein allgemeines Bevölkerungswachstum und Rodungen mit anschließendem Ausbau landwirtschaftlicher Produktionsflächen. Während dieser Zeit drang die Weinrebe nordwärts bis nach England und den Ostseeraum vor. Der Getreideanbau erreichte die Höhenlagen Englands und das norwegische Trondheim, aber auch den Süden Grönlands.

In den Mosellanden ist für den Zeitraum vom Beginn des 11. bis zum Anfang des 13. Jhs. eine Verdreifachung der urkundlich überlieferten Orte zu konstatieren. Wenngleich methodisch fragwürdig, so doch in der Tendenz wohl zutreffend, hat Karl Lamprecht vor über 125 Jahren aufgrund der Ersterwähnungen von Siedlungen in den rd. 30.000 insgesamt überlieferten mittelalterlichen Urkunden für die Mosellande einen Anstieg der Ortschaften zwischen dem Anfang des 11. und dem Beginn des 13. Jhs. von ca. 350 auf 990 ermittelt, wobei – seinen Ausführungen zufolge – fast eine Verdoppelung von 590 auf 990 Ansiedlungen im 12. Jh. stattfand.[28]

Der Bevölkerungsanstieg und ein damit verbundener Landesausbau wurden schon von den Zeitgenossen wahrgenommen. So konstatiert für unseren Untersuchungsraum etwa der Exabt Caesarius von Prüm 1222 in der bereits erwähnten Neubearbeitung des Güterverzeichnisses seines Klosters nach 329 Jahren: »Innerhalb einer so langen Zeit wurden viele Wälder gerodet, viele Dörfer gebaut, viele Zehnteinnahmen vermehrt, viele Mühlen errichtet, viele Weinberge angelegt und unzählige Ländereien kultiviert«.[29]

Einerseits ist der Überlieferung eine Ausweitung bzw. eine Verdichtung der Ortschaften in den Altsiedelgebieten zu entnehmen. Andererseits wurden darüber hinaus Siedlungen nun häufig auch auf den Hochlagen in Eifel und Hunsrück, im Westerwald und der Pfalz angelegt und die hiervon bewirtschafteten Ackerflächen in der Folgezeit deutlich ausgeweitet, obwohl der Wald durchaus weiterhin eine dominante Rolle spielte. Viele der oftmals in Höhenlage zwischen 400 und 600 m über NN gelegenen Siedlungen, deren Ortsnamen auf -rath, -roth, -rod oder -scheid enden, sind in diesem Zeitraum entstanden.[30] Auf umfangreiche Rodungsmaßnahmen verweisen auch die Auswertungen von Pollendiagrammen der Eifelmaare, die für das 12. und 13. Jh. einen drastischen Rückgang der Waldanzeiger sowie hohe Getreide- und Gräserwerte, aber auch das vermehrte Auftreten von Ginster und Wacholder konstatieren. Eine ebenso auffällige Zunahme an Heidekraut zeigt neben den von der Agrarforschung schon länger betonten Vergetreidungstendenzen zusätzlich auch solche einer Verheidung an.[31] Pollenanalytische Befunde aus dem Pfälzerwald lassen ebenfalls eine zunehmende Auflichtung der von Eichen geprägten, mit wenigen Buchenbeständen durchsetzten Waldbestände erkennen.[32] Die ertragssteigernde Zwei- bzw. Dreifelderwirtschaft wurde vielerorts ausgeweitet. Bei ersterer ist der Wechsel von der Winterfrucht zur Brache üblich. Im 12. und 13. Jh.

war die Zweifelderwirtschaft an der Untermosel und dem nördlichen Mittelrheingebiet verbreitet. Für den rheinhessischen Raum enthält die Überlieferung des Klosters Lorsch für das 11. Jh. einen Intensivierungshinweis zur Dreifelderwirtschaft mit der Verpflichtung zu zweimaligem Pflügen der Brache.[33] An Getreide wurde vor allem Roggen, Weizen und Hafer angebaut. Die Besömmerung der Brache, d.h. die Bepflanzung mit stickstoffhaltigen Futterpflanzen, findet sich für Rheinhessen in den 1270er Jahren.[34] Mit dem Ausbau des Getreideanbaus erfolgte auch eine deutliche Verbreitung der Wassermühlen wie sie beispielsweise für den Mittelrhein, aber neuerdings auch für die Klosterwirtschaft der Abtei Himmerod herausgearbeitet worden ist.[35]

Landflucht und Auswanderung

Der allgemeine Bevölkerungsanstieg konnte im Fall von Missernten, aber auch bei von Fehden bedingten Versorgungsengpässen rasch zu Hungersnöten führen. Eine derartige Krisensituation war für die Mosellande in den 1140er Jahren gegeben. Dort kulminierte die Situation, als zu einer von 1141–1147 verbissen geführten Fehde zwischen Graf Heinrich von Namur-Luxemburg und dem Trierer Erzbischof Albero von Montreuil auch noch dramatische Ernteausfälle aufgrund zweier nacheinander folgender harter und niederschlagsreicher Winter hinzukamen. Hierdurch ausgelöste Hungersnöte führten im Zusammenhang mit dem Zweiten Kreuzzug (1147–1149) wohl auch zur Auswanderung von Gruppen der ländlichbäuerlichen Bevölkerung aus der Moselregion in das ungarische Siebenbürgen, wo sich die Neuankömmlinge besonders dem ihnen vertrauten Weinbau zuwandten.[36] Der Ausbau des Städtewesens hatte zudem seit dem Hochmittelalter immer wieder regionale Wanderbewegungen vom Land in die urbanen Zentren zur Folge, boten letztere doch bessere Erwerbsmöglichkeiten und Chancen der Lösung von grundherrschaftlichen Verpflichtungen. Dieses Phänomen der Landflucht wird mit Hilfe von Vereinbarungen erkennbar, in denen sich Städte mit Herrschaften über die Zuzugsmodalitäten verständigten. Ein vergleichsweise frühes Beispiel ist die Versicherung König Heinrichs (VII.) von 1226, keine Eigenleute des Mainzer Erzbischofs in Oppenheim als Bürger der Reichsstadt aufzunehmen.[37]

Die Auflösung der Villikationsverfassung

Im Verlauf des Hochmittelalters lassen sich im Rahmen der grundherrschaftlichen Strukturen einschneidende Veränderungen beobachten, welche zur – zeitlich sicherlich unterschiedlich erfolgten – Auflösung des auf Zweiteilung beruhenden Villikationssystems führten. Diese Betriebsform hatte im Wesentlichen auf den Erträgen des durch den Grundherrn oder seiner Stellvertreter mit Hilfe von Frondiensten abhängiger Höriger bewirtschafteten Herrenlandes und den Abgaben der ausgegebenen Bauernstellen (Hufen) beruht. Nun kam es zu einem deutlichen Rückgang der grundherrschaftlichen Eigenwirtschaft und der umfangreichen Verleihung von zuvor selbst bebautem Herrenland an Bauern und Winzer.

Den Übergang dokumentiert eine vergleichsweise frühe Urkunde, die Liegenschaften in der Wittlicher Senke betrifft. Ihr zufolge verlieh der Trierer Erzbischof Ruotbert 952 seinem Meier Wido samt dessen Genossen Salland der Trierer Kirche bei Altrich zur Anlage von Weingärten für einen jährlichen Erbzins von vier Eimern Wein. Diese Besitzungen konnte die Genossenschaft (*Wydo cum suis sodalibus*) nach eigenem Gutdünken nutzen, verschenken, tauschen oder verkaufen. Dem neuen Besitzverhältnis lag die beabsichtigte, mit erheblichem Aufwand an Kapital und Arbeitseinsatz verbundene Aufwertung der zuvor vermutlich noch nicht landwirtschaftlich genutzten Parzellen zugrunde, aus denen sich der Grundherr einen bescheidenen Erbzins sicherte.[38]

Ein weiteres interessantes Beispiel stammt in diesem Zusammenhang vom Mittelrhein. So verfügte der Propst des Trierer Stiftes St. Simeon, Poppo, im Jahr 1092, dass von dem Salland des Stiftshofes zu Hönningen am Rhein außer sieben Morgen Herrenlandes, die bereits sein Vorgänger Burchard zur Einrichtung von Rebpflanzungen ausgegeben hatte, weitere acht Joch zur Anlage von Weinbergen verpachtet wurden. Nach den ersten acht Jahren war aus diesen Neupflanzungen – wie bereits aus den unter Burchard angelegten Wingerten – die Halbpacht zu entrichten. Darüber hinaus wurde weiteres Salland sowie ein zum Stiftshof gehörender Stall verpachtet und die bereits vollzogene Vergabe einer halben Hufe bestätigt. Der Urkundentext illustriert somit eindrucksvoll die sich vollziehende Auflösung der Villikationsstruktur in Hönningen: Das ursprünglich in Eigenwirtschaft genutzte Herrenland wurde gegen Teilbau und Geldzinse ausgegeben. Zudem kam es zur Verpachtung von einem Ökonomiegebäude des grundherrschaftlichen Wirtschaftshofes.[39] Die durch die Aufgabe des Sallandes hinfällig gewordenen Frondienste wurden mit zunehmender Tendenz durch Geldzahlungen abgelöst, womit der Wechsel von der Villikationsverfassung zur Rentengrundherrschaft vollzogen wurde. Auch andere rechtliche Abhängigkeiten vom Grundherren, die sich u.a. in Heiratsbeschränkungen und drastischen Einschränkungen der Freizügigkeit manifestiert hatten, verloren jetzt mehr und mehr an Bedeutung.

Im Zuge des Bevölkerungsanstiegs und dem dadurch mit ausgelösten Strukturwandel innerhalb der Grundherrschaften kam es vor allem seit dem Verlauf des 11. und 12. Jhs. zu Siedlungsverdichtungen und in diesem Zusammenhang zur Formierung von Dörfern aus zuvor lockeren Ansiedlungen und der damit einhergehenden Herausbildung von Dorfgemeinden aus vormals in grundherrschaftliche Kontexte eingebundene, da auf die Herrenhöfe ausgerichtete Personenverbände. Aus der allgemeinen demografischen Entwicklung und dem damit verbundenen erhöhten Nahrungsbedarf resultierte ein deutlicher Landesausbau. Dieser hatte eine erhebliche Ausweitung des Getreideanbaus zur Folge, der in Zwei- bzw. Dreifelderwirtschaft betrieben wurde. Aus dieser lediglich auf großen Flächen (Zelgen) rentablen Produktionsweise resultierte die allmähliche Durchsetzung des Flurzwangs. Ob dieser bereits in grundherrschaftlichem Kontext oder erst im Zuge der »Verdorfung« etabliert wurde, ist in der Forschung allerdings umstritten.

War für das Frühmittelalter – mit Ausnahme der in den engen Flusstälern angelegten Weinorte – noch häufig eine Verlagerung der Siedlungskerne innerhalb einer Gemarkung zu konstatieren, so blieben die Dorfstandorte seit dem Hochmittelalter nun weitestgehend unverändert. In diesem Zusammenhang ist vielerorts die dauerhafte Orientierung an einer Kirche mit Bestattungsplatz erfolgt, wobei es bis in das 12. Jh. hinein zu einem deutlichen Ausbau der bestehenden Pfarreistrukturen mit zugehörigen Kirchengemeinden kam. Dorftore, die zugleich auf eine genossenschaftlich errichtete Einfriedung verweisen, sind im Rheinhessischen (Bermersheim, Weitersheim, Bornheim) bereits für die Wende zum 13. Jh. bezeugt.[40] Mit den topografischen Veränderungen einher ging der Prozess einer in Ansätzen seit der Karolingerzeit erkennbar werdenden Herausbildung rechtsfähiger ländlicher Gemeinden. Eine derartige Genossenschaft begegnet in den Quellen als *communitas* bzw. *universitas*, wobei die frühen Quellenzeugnisse vor allem die Regelung der gemeinschaftlichen Nutzung von Wald- und Weideland sowie Wasserläufen, also der Allmende, beinhalten, über welche die Gemeinde auch die Verfügungsgewalt ausübte. Ferner wurde die Instandhaltung von Wegen und Brücken auf der Gemarkung thematisiert. Der Überlieferung ist eine soziale Schichtung der hochmittelalterlichen Dorfgemeinden zu entnehmen, wenn etwa 1213 die Einwohner von Kaimt an der Mosel in Ritter und Bauern unterschieden werden (*homines tam milites quam rustici*).[41] Vielerorts sind Ministerialen- bzw. Niederadelsgeschlechter als Spitze der Dorfhierarchie bezeugt. In Moseldörfern des 12. und 13. Jhs. finden sich die der Oberschicht Zugehörigen als »die Angesehenen« (*meliores*) bezeichnet.[42] Auch der Eigenbesitz von Dorfbewohnern ist nun gelegentlich bezeugt. So vertauschen etwa im Jahr 1159 die Brüder Richezo, Burchard und Sibodo, Söhne und Erben ihrer Eltern Hermann von Lesura und dessen Frau Eveca, ein ruinöses Häuschen samt Hofstatt in dem Moseldorf Lieser gegen ein dortiges Haus mit Hofstatt der Trierer Vorstadtabtei St. Maria ad Martyres. Das Gut der Brüder wird ausdrücklich als ihr Eigengut (*allodium*) bezeichnet, über das sie nach Erbrecht frei verfügen können.[43] Dörfliches Gewerbe ist beispielsweise für mittelrheinische Dörfer umfassend mit Hilfe der Überlieferung des Klosters Eberbach dokumentiert. Für das beginnende 13. Jh. sind Vertreter des Nahrungsmittelgewerbes (Metzger, Bäcker, Fischer) ebenso erwähnt wie Schmiede bzw. leder- und textilverarbeitende Berufe (Weber, Schuster, Gerber), aber auch Wirte und Schiffer.[44] Als Repräsentant der frühen Gemeinde begegnet in den Mosellanden seit dem 13. Jh. der als Vorsteher durch genossenschaftliche Wahl bestellte Zender (*centurio*), während am Mittelrhein Schultheiß und Schöffen die Gemeinde vertreten. Unter den weiteren dörflichen Funktionsträgern sind für das Hochmittelalter Wald- und Weinbergsförster sowie Hirten bezeugt.[45]

Es ist diese Verbindung von rechtlicher Besserstellung der Bewohner im Vergleich zu den grundherrschaftlichen Hörigenverbänden mit der Nutzung von Gemeinschaftsbesitz innerhalb der Gemarkung sowie ferner die Ortstabilität und Verdichtung der Siedlung, also die geänderte rechtliche und bauliche Qualität, die in der Ansprache als Dorf und Dorfgemeinde zum Ausdruck kommen, auch wenn die Forschung gelegentlich ältere agrarische Siedlungen durchaus bereits als Dörfer bezeichnet.[46] Die sich herausbildenden Dorfgemeinden entwickelten sich trotz der weiterhin fortbestehenden Grundherrschaften und diese wirkten auch in die Dörfer hinein, etwa wenn sie Höfe in den Ortschaften bewirtschafteten. Viele Dorfbewohner waren zudem trotz ihres vergleichsweise freien Rechtsstatus, der sich unter anderem in ihrer Erbberechtigung manifestierte, weiterhin in grundherrschaftliche Beziehungen eingebunden.

Der Ausbau des Weinanbaus

Für den Weinbau an Rhein, Mosel, Ahr und Nahe ist im Zuge des Landesausbaus einerseits eine Intensivierung in bereits bestehenden Großlagen mit zunehmenden Terrassierungsmaßnahmen und andererseits eine Ausweitung der Areale unter Einbeziehung von Flachlagen feststellbar. So breitete sich der Weinbau am Mittelrhein von Norden weiter nach Süden aus. Streuen die Belege für Rebpflanzungen bis etwa 1050 von Koblenz bis Oberlahnstein, so kommen seit der zweiten Hälfte des 11. Jhs. etliche neue Weinorte entlang des Durchbruchstals am Oberen Mittelrhein zwischen Kaub und Bingen hinzu; darüber hinaus erreichte der Weinbau in der Folgezeit nun auch vermehrt die Seitentäler.[47] Im Verlauf des 13. Jhs. wuchsen Reben selbst an Burghängen in der Eifel und im Hunsrück.

Gerade neue Klöster wie die Zisterzienserabteien Himmerod und St. Thomas an der Kyll in der Eifel, aber auch Altenberg im Bergischen Land und Eberbach im heute hessischen Rheingau forcierten die Rodungen zur Anlage von Rebflächen entlang der Mosel und dem Mittelrhein; Himmerod baute beispielsweise ein ausgedehntes wüstes und ungenutztes Gelände, das ihnen die Grafen von Sayn 1206 zu Rohr bei Koblenz geschenkt hatten, im 13. Jh. in eine bis Koblenz-Lützel reichende Weinlage aus.[48] Ein vergleichbares Engagement in der Weinwirtschaft an der Ahr ist seit der ersten Hälfte des 12. Jhs. für das bei Kerkrade gegründete Regularkanonikerstift Klosterrath und das von ihm als Filiale an der Ahr etablierte Frauenstift Marienthal bezeugt. Träger des Ausbaus waren aber nicht nur die geistlichen und adeligen Grundherren, sondern zunehmend auch freie Winzer und Bauern. Dabei wurden die neu zu bewirtschaftenden Flächen vielerorts nun vermehrt zu günstigen Konditionen ausgegeben.

Die Pacht als neue Form der Bodenleihe

Seit dem ausgehenden 11. Jh. ist dann in zunehmendem Maße die Pacht als neue Rechtsform der Bodenleihe nachzuweisen und somit »ein Vertragsverhältnis, das zwischen dem Verpächter und einem Nutzungsberechtigten auf der Basis weitgehender Gleichberechtigung geschlossen wird«.[49] Ob eine Rezeption des Römischen Rechts in diesem Kontext diese Wiedereinführung einer antiken Form der Bodenleihe nicht wesentlich mit begünstigt hat, wird von der Forschung kontrovers diskutiert. Wie Untersuchungen zu den Mosellanden und dem Mittelrheingebiet gezeigt haben, überwiegen dabei zunächst Erbpachtverträge gegenüber zeitlich befristeten Kontrakten.[50] Unter den frühen Belegen finden sich immer wieder auch Verpachtungen von Rebkulturen oder Arealen, die in Weinberge umgewandelt werden sollten. Ein derartiges Beispiel des Trierer Domkapitels ist etwa 1136 für Kühr (heute Ortsteil von Niederfell) an der Untermosel bezeugt. Propst und Kapitel verpachteten einen wüsten Salwingert einem der dortigen Familia des Kapitels angehörigen Winzer zu Erbrecht gegen die Hälfte des Weinertrages. Im Jahr 1152 erhielt der domkapitularische Meier ein wohl ursprünglich unmittelbar zum Villikationshof gehörendes ausgedehntes Rebareal zu Halbpacht auf Lebenszeit. Der Wingert war zuvor bereits an eine Gruppe nicht näher spezifizierter Winzer (*cultores vinee*) für den ungewöhnlich hohen Pachtzins von zwei Dritteln des Lesegutes verliehen worden, den die Weinbauern aber – so die offizielle Version – entweder aus Nachlässigkeit oder aufgrund ihrer Mittellosigkeit (*sive per negligentiam sive propter eorum inopiam*) nicht geliefert hatten. Offenkundig scheiterte bei einer derartigen Belastung die rentable Bewirtschaftung selbst eines solch großflächigen Weinberggeländes. So bedeutete die Erhebung der Zweidrittelpacht lediglich ein kurzfristiges Intermezzo, dem keine allgemeine Durchsetzung beschieden war.[51] Aus der zweiten Hälfte des 12. Jhs. ist zudem ein Vergleich zwischen der Trierer Abtei St. Martin und ihrem Kolonen Steiner aus dem an der Saar gelegenen Dorf Wiltingen überliefert. Dem Bauer waren umfangreiche Liegenschaften des Klosters, darunter auch Weinberg- und Ackerland, für die Hälfte der Erträge verpachtetet gewesen. Zwischenzeitlich hatte er jedoch angrenzendes Ödland gerodet und mit Reben bepflanzt, hiervon aber keine Abgaben entrichtet. Der darüber ausgebrochene Streit wurde beigelegt, indem der Pächter alle ihm ausgegebenen Güter dem Kloster zurückgab und sie mit der erhaltenen Urkunde wieder erhielt, nun aber mit der Vereinbarung, dass Steiner künftig aus allen bewirtschafteten Rebflächen – alten wie neu angelegten – die Halbpacht zu entrichten hatte.[52]

Weinberg- und Kelterabbildungen in dem um 1030 angefertigten Goldenen Evangelienbuch der Abtei Echternach. Dargestellt ist das Gleichnis von den bösen Winzern (Mt. 21, 33–41). Gezeigt wird u. a. oben die Verpachtung eines Weinbergs durch den Besitzer an eine Gruppe Weinbauern, wobei der Rechtsakt durch die gezeigte Vergabe eines Stabes vollzogen wird. An weiteren Details sind die Einzäunung des Weinbergs mit Reben im Rahmenbau und auf der oberen Abbildung eine Baumkelter zu erkennen (Germanisches Nationalmuseum Nürnberg)

Auch in der Trierer Talweite wird der Zusammenhang zwischen Verpachtung und Weinbergneuanlage bis in das beginnende 13. Jh. offensichtlich. Eine Umwandlung ausgedehnter unbewirtschafteter Flächen konnte zur Bildung von größeren Nutzungsgenossenschaften führen. So hatte der Abt der Trierer Abtei St. Martin im Jahr 1217 einen am oberen Olewiger Bachlauf gelegenen Waldhang zwecks Weinberganlage an eine Winzergenossenschaft gegen fixierte Zinsabgaben et *secundum ius civile* überlassen. Rund 40 Jahre später kam es 1257 zu einem Vertrag (*pactum*) zwischen der Abtei und einer Gruppe Weinbauern über die Bewirtschaftung eines Weinbergareals auf dem Trier gegenübergelegenen Moselufer. Die Weinbauern erhielten acht als Pichter bezeichnete Weinberge zusammen mit entwässertem und kultiviertem ehemaligen Sumpfgelände, das offenbar unmittelbar an die Rebhänge angrenzte, gegen festgesetzte Wein- und Geldzinse zu Erbpacht. Es ist anzunehmen, dass die gemeinsame Erschließung des Feuchtgebietes zur späteren Verpachtung der gesamten Weinbaufläche und somit auch zu einem veränderten rechtlichen Status der Winzer führte. Jedenfalls erwähnt die Urkunde ausdrücklich, dass die Beständer das Gelände schon vorher bebauten. Hier ist es offensichtlich zur Auflösung der alten grundherrschaftlichen Bindungen und der Einführung neuer Rechtsformen gekommen.[53] Wesentliche Einblicke in derartige Ausbauvorgänge sind folglich den frühen Pachtverträgen zu entnehmen. Dabei hat es generell den Anschein, als ob diese neue Form der freien Bodenleihe im Zuge einer mit hohem Arbeits- und Kostenaufwand betriebenen Ausbauphase des Weinanbaus ihre erste größere Verbreitung fand.

Die Wirtschaftsweise der neuen Orden und bäuerlicher Widerstand

Die im 12. Jh. gegründeten Zisterzienserabteien waren in ihrer Frühzeit durch eine besonders effiziente Wirtschaftsführung gekennzeichnet. Zentren der Klosterökonomie waren neben den Stadthöfen die anfangs noch durch Laienbrüder (Konversen) bewirtschafteten Grangien. So besaß beispielsweise die Eifelabtei Himmerod 1184 zehn derartige eigenwirtschaftlich strukturierte Großhöfe, wobei ihre Zahl bis zum Jahr 1231 auf 14 anstieg; für das Kloster Eberbach sind 1163 neun Grangien bezeugt und im Jahr 1211 dann zwölf.[54] Ausgehend von diesen Mittelpunkten wurde der zunächst vornehmlich gestiftete Besitz bewirtschaftet, wobei die Liegenschaften in der Folgezeit auch durch Zukauf bzw. durch Rodungen und gelegentlich auch einfache Okkupation arrondiert wurden. In diesem Zusammenhang ist es immer wieder zu Auseinandersetzungen mit den sich formierenden Dorfgemeinden um von diesen beanspruchte Allmenderechte, darunter vor allem Formen der Waldnutzung und Wegerechte, gekommen, die durchaus als Formen bäuerlichen Widerstandes gegen die Expansionstendenzen einzelner Grundherren zu charakterisieren sind. Diese häuften sich vor allem gegenüber den neuen Orden, die ihre Nutzungs- und Besitzverhältnisse in den Altsiedellanden auf Kosten bereits etablierter Eigentumsverhältnisse auszudehnen versuchten. Uns sind derartige Streitigkeiten überliefert, weil sie schriftlich fixierte Vergleiche verursacht haben. So setzte das Zisterzienserkloster Otterberg im Verlauf des 13. Jhs. umfangreiche Waldnutzungsrechte in der rheinpfälzischen Waldmark u. a. gegenüber den dortigen Dorfgemeinden, aber auch dem Kloster Enkenbach durch.[55] Zu erheblichen Konfrontationen war es auch zwischen Eberbach und der Gemeinde von Osterspai am Mittelrhein gekommen, weil die Dorfbewohner in der Ausweitung der Rebflächen des Klosters durch Rodung und Neupflanzung einen Eingriff in ihre Allmenderechte sahen, der eigenen Ausbauvorhaben zuvorgekommen war. In einem 1283 geschlossenen Vergleich zwischen den streitenden Parteien wurde festgelegt, dass die Zisterzienser zwar nachträglich die neuen in Hanglage angelegten Weinberge zugesprochen erhielten, dafür jedoch eine Grenze für zukünftige Erweiterungsvorhaben vereinbart wurde.[56]

Aufschlussreich sind vor allem die Auseinandersetzungen der Abtei Himmerod mit etlichen Dorfgemeinden in der Eifel und an der Mosel, die meist durch das Eingreifen der Trierer Erzbischöfe zugunsten der Zisterzienser geregelt wurde.[57] Derartige Konflikte, die aufgrund strittiger Nutzungsrechte ausbrachen, verdeutlichen den enormen Wirtschaftsfaktor der durch den Landesausbau zunehmend geringer werdenden Ressource Wald. Neben seiner Rolle als Bau- und Brennholzlieferant sowie als Waldweide ist besonders sein Tierreichtum hervorzuheben, wobei für das 13. Jh. auch auf die Haltung wildlaufender Waldpferde (*equi silvestres*) durch geistliche und weltliche Herren verwiesen sei.[58] War das Jagdrecht einerseits durch den Forstbann geregelt, der während des Früh- und Hochmittelalters aus Königsbesitz an geistliche und weltliche Herrschaftsträger gelangte und eine der Voraussetzungen zum Ausbau von Landesherrschaften darstellte, so ist andernorts seine Herleitung aus der Grundherrschaft zu erkennen. Entwickelte sich die Jagd auf Hochwild zu einem Herrschaftsrecht und wichtigem Betätigungsfeld des Adels, so war die Jagd auf Niederwild teilweise auch Bauern und Stadtbewohnern erlaubt. Das aus dem späten 12. Jh. stammende sog. »Trierer Stadtrecht« nennt etwa neben Metzer auch Echternacher Pelzhändler, die auf dem Trierer Markt über eigene Verkaufsstände verfügten und dort neben Fellen von Stalltieren und Lämmern auch Kaninchen-, Fuchs-, Marder-, Hasen- und Wildkatzenfelle verkauften. Diese offenbar nicht mehr hofrechtlich der dortigen Abtei verbundenen Kaufleute dürften einen Teil der Tiere auch in den Wäldern nördlich der Sauer (und damit im heutigen Rheinland-Pfalz) erlegt haben.[59]

Die Waldnutzung

In den Hochlagen von Eifel und Hochwald wurden bereits früh von wilden Stämmen der Waldbienen Wachs und Honig gesammelt, wobei sich dieser einzige mittelalterliche Süßstoff zu einem regelrechten Exportschlager entwickelte, der beispielsweise um die Mitte des 12. Jhs. von Trier aus nach Köln verhandelt wurde. Bereits dem Prümer Urbar vom Ende des 9. Jhs. sind umfangreiche Honigabgaben von Höfen aus der Schneifel zu entnehmen, die – wie der ehemalige Abt Caesarius 1222 erläutert – »von Bienenfunden in den Wäldern des Klosters« (*de inventionibus apum in silvis ecclesiae*) stammten. Im

Bäuerlicher Widerstand

Beispielhaft seien die Auseinandersetzungen der Dorfgemeinden von Gindorf und Dudeldorf in der Eifel mit dem Kloster Himmerod und dem Trierer Stift St. Simeon um den Besitz und die Nutzung eines südwestlich der Dörfer gelegenen Waldes der beiden geistlichen Institutionen geschildert. Eine 1226 ausgestellte Urkunde des erzbischöflichen Offizialats, vor dem der Prozess ausgetragen wurde, schildert den bis dahin erfolgten Verlauf der Auseinandersetzung. Demnach hatten die Bauern wiederholt einen Grenzbach innerhalb des Waldgebietes überschritten und auf der anderen Seite Holz geschlagen. Dies bestritten die Dorfbewohner auch gar nicht, sondern gaben an, dass sie seit 60 Jahren die Erlaubnis hätten, gegen die Zahlung eines Zinses dort Holz zu schlagen. Hierfür gebe es entsprechende Zeugen, die das Gericht aber nicht zur Anhörung zuließ, sondern vielmehr den Mönchen und Stiftsherren Recht gab, die Klage der Bauern abwies und den Holzschlag untersagte. Daraufhin kam es zu schweren Ausschreitungen seitens der Dorfbewohner, die sich ungerecht behandelt fühlten. Einem undatierten, zeitnahen Bericht des Trierer Domkapitels an Erzbischof Theoderich zufolge waren die Boten, die den Rechtsspruch überbracht hatten, misshandelt, klösterliches Vieh fortgetrieben und Konversen der Himmeroder Mönche mit Steinen beworfen worden. Aus diesem Grunde befahl der Offizial dem Pfarrer von Dudeldorf, bei Nichtbefolgung des Urteilsspruchs die Dorfbewohner von Ließem, Gindorf und Dudeldorf zu exkommunizieren.[58] Im Jahr 1228 kam es durch den Erzbischof dann zu einem modifizierten Urteil, nachdem die Dorfbewohner weiterhin Holz in den grundherrlichen Wäldern geschlagen hatten. Nun zeigten sich die geistlichen Grundherren offenbar zum Einlenken bereit – nicht von Rechts wegen, sondern aus Gnade (*non de iure sed de gratia*), wie ausdrücklich hervorgehoben wird. Ein Grenzgebiet wurde nun durch Wege und Bachläufe definiert, das die Bauern zukünftig nicht überschreiten durften, andernfalls sei die Vereinbarung hinfällig. Bei Zuwiderhandlungen wurden festgelegte Geldbußen an den Förster fällig. Weitere Vereinbarungen betrafen Wiesengrundstücke, welche die Dorfbewohner nicht mit Wagen oder Vieh befahren bzw. betreten durften. Die Schweinemast in jenem den Gemeinden zugesprochenen Wald sollte lediglich unter Nutzung der bestehenden Wege erfolgen und keinen Schaden an den Liegenschaften der Grundherren verursachen. Rodungen waren nur mit Erlaubnis des Försters vorzunehmen. Sollten Hörige von Himmerod oder St. Simeon Rodungen durchführen, durften die Dorfbewohner das geschlagene Holz nicht abfahren. Es war ihnen lediglich erlaubt, umgefallene Bäume und totes Holz zu entnehmen. Ferner war das Fällen von Buchen und Eichen nur nach Rücksprache mit dem Förster erlaubt. Für diese Zugeständnisse der Grundherren verpflichteten sich die Bauern zu diversen Zinsleistungen, darunter jährlich von jedem Hof und jedem Wagen zu entrichtende Geld- und Getreidezahlungen.[60] Insgesamt, so ist zu konstatieren, erreichten die Bauern mit dem hartnäckig durchgesetzten Kompromiss, dass die Ausgangssituation letztendlich festgeschrieben wurde.

13. Jh. bezogen der Trierer Erzbischof und die Benediktinerabtei St. Maximin bedeutende Honiglieferungen aus ihren Grundherrschaften auf dem Hochwald.[62]

Darüber hinaus fand die aus Holz gewonnene Pottasche Verwendung in der seit dem Hochmittelalter intensivierten Glasproduktion, wobei die Glashütten aufgrund der angestrebten Rohstoffnähe häufig in Waldgebieten errichtet wurden. Im Rahmen der Grundherrschaft des Trierer Erzbischofs waren Glashufen zu Beginn des 13. Jhs. im Hochwald und der Eifel tätig. Um die Waldnutzung dieser holzfressenden Betriebe zu reglementieren, schrieb der *Liber annalium iurium*, ein Abgaben- und Leistungsverzeichnis des Trierer Erzstiftes fest, dass die Glashufen ihre Asche nur aus »trockenem und unnützem Holz«, also keinen im Saft stehenden Bäumen herstellen durften. Auf der Gemarkung von Kordel an der Kyll, wo der *Liber annalium iurium* eine Glashufe erwähnt, konnte eine derartige Produktionsstätte des 12./13. Jhs. für Flach- und Hohlgläser auch archäologisch nachgewiesen werden.[63] Daneben dürfte die Gewinnung von Eichenrinde aufgrund des enthaltenen Gerbstoffes für die lederverarbeitenden Gewerbe im Rahmen der Lohheckenwirtschaft vielerorts betrieben worden sein, auch wenn die Belege erst in jüngerer Zeit deutlich zunehmen. Köhlermeiler bzw. die in ihnen hergestellte Holzkohle finden sich hingegen bereits gelegentlich bezeugt, so 1203 eine Kohlengrube (*fovea carbonum*) nahe dem Quinter Bach bei Trier.[64]

Das Bergbauwesen

Auch das Montanwesen hatte wegen des Holzbedarfs Eingriffe in die Naturlandschaft zur Folge. Frühe Nachrichten zum Silberbergbau in unserem Untersuchungsraum setzen in nachantiker Zeit erst im Verlauf des Hochmittelalters ein. Hinweise erhalten wir aufgrund kaiserlicher bzw. königlicher Vergabe von Schürfkonzessionen durch die Staufer: Im Jahr 1158 verlieh Kaiser Friedrich I. dem Trierer Erzbischof Hillin alle Reichsrechte an dem Silberbergwerk zu Ems und ferner alle zukünftig im Erzstift noch aufzufindenden Silbervorkommen. Unter dem Nachfolger Arnold gingen diese Silbergruben aber offenbar an die Grafen von Nassau verloren.[65] 1220 erhielt der Mainzer Erzbischof die Abbaurechte an einer Silbergrube im Berg Diefenthal bei Oberlahnstein durch König Friedrich II. zugesprochen.[66]

Die Intensivierung der Schafzucht

Aus Pollendiagrammen ist eine Verheidung der Hochflächen zu entnehmenden. Damit einher ging auch eine allgemeine Intensivierung der Schafzucht in grundherrschaftlichem Kontext, wie sie sich für das 13. Jh. u.a. in Eifel, Hunsrück und Westerwald abzeichnet. Größere Herden von mehreren hundert Tieren, die von Schäfern über die Höhenlagen getrieben wurden, waren nun keine Seltenheit mehr. Auch weltliche Grundherren investierten in die Schafhaltung. So überließ 1277 etwa Graf Heinrich von Salm dem Vogt Nikolaus von Hunolstein die Schafweide in der gesamten Grafschaft Hunolstein. Neben der Tatsache, dass das Schaf nun auch zunehmend als Fleischlieferant geschätzt wurde, steigerte der Aufschwung der Wolltuch produzierenden Textilindustrie auch in mittleren und kleineren Zentren die Nachfrage. Daneben trat seine Bedeutung als Düngerlieferant im Rahmen des expandierenden Weinanbaus.[67]

Die Fischerei

Die Binnenfischerei spielte im gesamten Mittelalter eine wichtige Rolle innerhalb der Nahrungsversorgung, seit dem Frühmittelalter finden sich für die Mosel und den Rhein Hinweise auf Wehre zum Aufstauen und Einfassen von Gewässerabschnitten, um dort die Fische mit Hilfe von Reusen zu fangen. Eine große

Artenvielfalt beschreibt um die Mitte des 12. Jhs. Hildegard von Bingens *Physica*: an Süßwasserfischen Salm, Stör, Koppe, Hecht, Barbe, Karpfen, Barsch, Maifisch, Rotauge, Hasel, Bitterling und Grundel. Darüber hinaus wurden Forellen, Aale und Flusskrebse gefangen. Während für die Mosel und ihre Nebenflüsse Fischereirechte geistlicher Grundherren seit dem Frühmittelalter immer wieder erwähnt werden, erklärt Otto Volk das weitgehende Fehlen derartiger Hinweise für den Mittelrhein bis in das 14. Jh. hinein mit einer bis dahin weithin freien Fischerei an diesem Flussabschnitt.

Eine Folge des hochmittelalterlichen Bevölkerungsanstiegs ist zweifelsohne auch die Etablierung der Teichwirtschaft. Die künstlich aufgestauten Seen dienten einerseits als Wasserreservoirs für die deutlich erhöhte Zahl benötigter Mühlenanlagen zu Sicherung der Mehlproduktion und andererseits zur Züchtung und Verfügbarkeit diverser Fischarten. In diesem Zusammenhang erfolgte die Einsetzung und Domestizierung des Teichkarpfens, der in der Folgezeit eine enorme Verbreitung erfuhr, wie die im Hochmittelalter deutlich steigenden archäologischen Nachweise von Karpfen auch außerhalb der Verbreitungsgebiete von Wildkarpfen zeigen.[68] Hinweise auf die Anlage von Teichen im Kontext geistlicher Grundherrschaften finden sich im Trierer Land vermehrt seit dem 12. Jh., im Mittelrheingebiet sind Beispiele seit dem Anfang des 13. Jh. überliefert.[69]

3. Das Spätmittelalter

Langfristige klimatische Entwicklung und Seuchen

In den Jahren 1315–1318 wurden weite Teile Europas von einer schweren Versorgungskrise heimgesucht. Auslöser waren kalte und schneereiche Winter (besonders 1314 und 1317) sowie nasskalte Sommer (1312–1316 und 1318), die überregional zu mehrjährig aufeinanderfolgenden Missernten führten.[70] Für unseren Untersuchungsraum berichtet die Trierer Bistumschronik von vorherrschendem Hunger und einer Teuerung, wobei explizit die enorm gestiegenen Weizenpreise hervorgehoben werden. Den *Gesta Trevirorum* weiter zufolge grassierte zudem eine Epidemie, der viele Menschen zum Opfer fielen, weshalb in zahlreichen Städten Massengräber ausgehoben werden mussten. Der Wormser Chronist Friedrich Zorn führt Opferzahlen für einzelne Städte an (u. a. für Worms 6.000, Mainz 16.000, Trier 13.000, Speyer 9.000 Tote), die zwar eine Überzeichnung der realen Verhältnisse bedeuten, zugleich aber doch die Außergewöhnlichkeit der Katastrophe im Spiegel der zeitgenössischen Wahrnehmung wiedergeben.[71]

Die große durch Missernten ausgelöste europäische Hungersnot von 1315–1318 steht am Beginn sich langfristig verändernder klimatischer Verhältnisse seit dem frühen 14. Jh., die als »Kleine Eiszeit« charakterisiert werden. Die in der Folgezeit vorherrschende Tendenz kalter und feuchter Jahre hatte wenig mit der insgesamt deutlich wärmeren Klimaperiode des Hochmittelalters gemein, auch wenn es immer wieder gemäßigte Wetterperioden, ja sogar auch extreme Hitzejahre gab. Auffällig sind die enormen Witterungsschwankungen und die Häufung der Wetterextreme. Harte Winter führten zu zeitweiligen Vereisungen großer Flüsse und Binnenseen sowie selbst der Ostsee.

Ereignisse mit überregionalen Auswirkungen lassen sich auch auf dem Gebiet des heutigen Rheinland-Pfalz nachweisen. Aussagekräftige Naturarchive sind in diesem Zusammenhang die Seesedimente der Eifelmaare, deren Schichtungen zum Teil jahrgenau datiert werden können. Eine in den Ablagerungen des Schalkenmehrener Maares aufgefundene Konzentration von Insektenresten lässt sich dabei auf die Heuschreckenplage des Jahres 1338 beziehen, von der große Teile Mitteleuropas betroffen waren. Die von Osten eingefallenen Heuschreckenschwärme fraßen vielerorts die Getreidefelder ab, wurden aber dann durch einen frühen Wintereinbruch gestoppt, der zu einer Missernte bei Wein und Baumfrüchten führte.[72] Auch das sog. Jahrtausendhochwasser von 1342, das durch lang anhaltende Sommerniederschläge ausgelöst worden war, hat mit dicken Sedimentpaketen seinen Niederschlag in den Maarablagerungen gefunden.[73]

Auffällig ist der Befund, dass der mittelalterliche Landesausbau in den Mittelgebirgsregionen mit dem ersten Drittel des 14. Jhs. – und damit noch vor dem Auftreten des Schwarzen Todes 1348–1350 – offenbar seine größte Ausdehnung erreicht hatte. Zugleich war auch eine Verknappung der Ressource Wald erfolgt. Als Erzbischof Balduin von Trier im Jahr 1326 das Augustiner-Chorherrenstift Lonnig nach Mayen verlegte, war eine der hierfür mitgelieferten Begründungen der Holzmangel (*indigentia lignorum*) im Maifeld.[74] Mit der Verheidung weiter Hochflächen einher ging auch die Intensivierung der Schafzucht in Eifel und Hunsrück sowie am Mittelrhein. Viele geistliche und weltliche Grundherren verfügten über Schafherden, die mit Lohnschäfern über die Höhenlagen zogen. Einzelne Herden – so 1315 in Mainz oder 1480/81 in Trier bezeugt – konnten bis zu 1000 Schafe umfassen.[75]

Die seit 1348 in den deutschsprachigen Ländern grassierende Pest und die Folgeepidemien führten zu drastischen demografischen Einbrüchen. Diese Feststellung dürfte auch für den gewählten Untersuchungsraum gelten, obwohl konkrete Hinweise zum Auftreten der Pandemie um die Mitte des 14. Jhs. nur sehr vereinzelt überliefert sind. Die Limburger Chronik berichtet u. a. davon, dass in Mainz täglich mehr als hundert Menschen an der Seuche gestorben seien. Für die Mittelmosel ist die noch grassierende bzw. gerade aufgetretene Pest zum April 1351 für Bremm (Landkreis Cochem-Zell) urkundlich bezeugt. Ferner argumentierte das Trierer Domkapitel in einem an Papst Innozenz VI. nach Avignon gesandten Schreiben auch mit dem allgemeinen Sterben, das erhebliche Einbußen bei den jährlichen Einnahmen des Erzstiftes verursacht hätte, so dass die von der Kurie nach dem Tod des Erzbischofs Balduin beanspruchten Einnahmen fast völlig aufgezehrt seien. Hinweise zu weiteren Pestwellen finden sich für die Rheinlande 1356, 1365, 1373 und 1381, während das Trierer Land 1383 und 1390, aber auch während des 15. Jhs. zyklenhaft von regionalen Seuchenzügen betroffen war.[76] In diesem Zusammenhang lassen Steuerlisten wie die Trierer »Volleisten« von 1363/64 und 1374/75 mit den dort verzeichneten Herkunftsangaben der Haushaltsvorstände erkennen, dass die Bevölkerungsverluste in den Städten durch einen raschen Zuzug vom Land aus einem Umkreis von rd. 50 km kompensiert wurden.[77]

Die Hochwasserlage von 1342 im Sedimentbohrkern des Schalkenmehrener Maares nach F. Sirocko. Die hellen Lagen im Bohrkern sind Auswirkungen historischer Unwetter und Stürme.

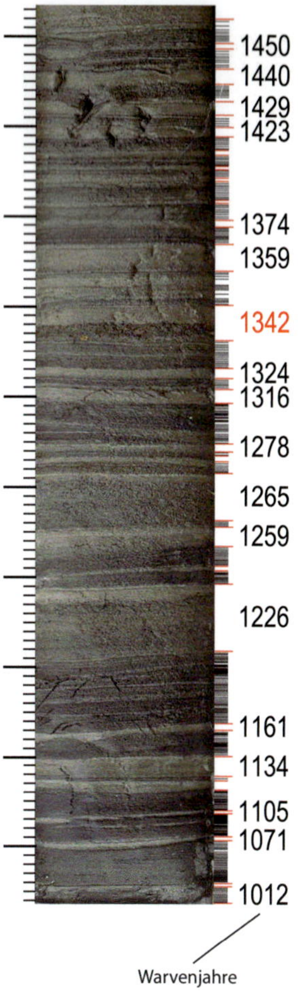

Witterung und Weinanbau

Die klimatischen Rahmenbedingungen für den Zeitraum seit der zweiten Hälfte des 14. Jhs. lassen sich der chronikalischen Überlieferung der Moselregion und dort vor allem ihren Aussagen zu dem auf die Witterungsverhältnisse sehr sensibel reagierenden Weinanbau entnehmen. Einen Einblick in die schwierige Situation der Weinwirtschaft bieten Hinweise auf die 1350er und beginnenden 1360er Jahre: Den überdurchschnittlich guten Weinlesen von 1351 und 1354/55 folgten in den nächsten sieben Jahren mindestens vier katastrophale Ernten, die sicherlich, da sie jeweils unmittelbar oder lediglich von einem mittelmäßigen Ertragsjahr unterbrochen aneinander anschlossen, zu großen wirtschaftlichen Problemen und finanzieller Not unter der Winzerbevölkerung geführt hatten. Folgenschwer war aber dann ein Einbruch, der den moselländischen Weinbau seit den 1420er Jahren traf und bis in die Mitte des Säkulums reichte. Auch überregional war das Jahrzehnt von 1430 bis 1440 in zahlreichen Regionen Europas von kalter und nasser Witterung geprägt, die immer wieder zu erheblichen Versorgungskrisen führte, die in einer allgemeinen Hungersnot von 1437–1439/40 kulminierten.[78] Die jetzt häufig im April, Mai und sogar September auftretenden Fröste zeigen, dass die jährlichen Durchschnittstemperaturen in diesem Zeitraum vergleichsweise kühl waren. Chronikalische Nachrichten bezeugen schlechtes Weinwachstum und einen damit vielfach verbundenen Anstieg der Weinpreise in den Jahren 1423, 1424, 1426, 1430, 1432, 1434, 1435, 1438, 1439, 1442, 1443, 1446 und 1447. Der Eindruck einer katastrophalen Ertragslage dieser Jahre wird zudem durch das völlige Fehlen auch nur einer einzigen überdurchschnittlichen Ernte verstärkt; erst 1458 ist ein fruchtbares Weinjahr belegt. Im letzten Drittel des 15. Jhs. lässt sich dann aber eine deutlich gemäßigtere Witterung nachweisen. Für die Moselregion sind nämlich zwischen 1470 und 1500 lediglich elf geringe Weinernten bzw. damit verbundene Teuerungen bezeugt, während für denselben Zeitraum immerhin 15 überdurchschnittliche Weinjahre Erwähnung finden, die sich mit acht Jahrgängen vornehmlich auf die 1490er Jahre verteilen.[79] Dieser Hinweis ist insofern wichtig, zeigt er doch, dass das Zeitalter der »Kleinen Eiszeit« nicht durchgängig von vergleichsweise kalten und nassen Jahren geprägt war, sondern dass es zwischenzeitlich durchaus Phasen mit günstigeren Klimaverhältnissen für die Landwirtschaft gegeben hat.

Das Dorf im Spätmittelalter

Die spätmittelalterlichen Rechtsverhältnisse auf dem Land waren vielfältig, denn die Unterschiede in den Herrschaftsstrukturen insgesamt waren groß und konnten von Dorf zu Dorf erheblich variieren. Tendenziell bestand in den Altsiedellanden der Flusstäler von Rhein und Mosel, aber etwa auch im Bitburger Gutland oder dem Maifeld in den Dörfern häufig eine komplexe Gemengelage aus grund- und gerichtsherrschaftlichen Rechten in den Händen verschiedener geistlicher und weltlicher Herrschaftsträger, während in Rheinhessen oder den später erschlossenen Regionen der Eifel sowie auf dem Hunsrück oftmals eine Herrschaft alle Rechte an einem Dorf innehatte, dem sie für die hierfür zu entrichtenden Abgaben Schutz und Schirm gewährte.[80] Die Gemeindevorsteher organisierten das Zusammenleben, regelten die Konflikte unter der Dorfbevölkerung mit Hilfe des Ortsgerichtes und unterhielten die Beziehungen zum Inhaber der jeweiligen Ortsherrschaft.

Während des 13. Jhs. lassen sich dann auch in Dörfern vor allem der Weinbauregionen Juden nachweisen. Ihre Anwesenheit steht offenbar mit dem gestiegenen Kreditbedarf der örtlichen Winzerbevölkerung gerade in Zeiten öfters auftretender Missernten im

Zusammenhang. Die seit dem Ende des 13. Jhs. für den Mittelrhein überlieferten Verfolgungen, aber vor allem die Pogrome zur Zeit des Schwarzen Todes um die Mitte des 14. Jhs. haben dann auch auf dem Land zu einem deutlichen Rückgang der jüdischen Ansiedlungen geführt.[81]

Die spätmittelalterlichen Ortswüstungen

Von der allgemeinen Tendenz sicherlich zutreffend, aber regional durchaus zu differenzieren ist die Feststellung, dass die demografischen Einbrüche und die klimatische Entwicklung sich vor allem auf die Regionen mit landwirtschaftlich ungünstigen Anbauflächen – da in Hochlage oder auf wenig ertragreichen Böden gelegen – nachteilig ausgewirkt haben. Die durch die Witterungsverhältnisse ausgelösten häufigen Missernten und Ertragseinbußen in der Landwirtschaft, aber auch der Bedarf an Arbeitskräften in den von Seuchen heimgesuchten urbanen Zentren hatte die Landflucht von Teilen der bäuerlichen Bevölkerung und damit verbunden auch die Aufgabe von Siedlungen zur Folge. Die Bevölkerungskonzentrationen wurden verstärkt durch die Erhöhung der Attraktivität bestehender Siedlungen mit Hilfe kaiserlich/königlicher oder landesherrlicher Privilegierungen von Ortschaften mit Stadtrechten. Diesem versuchten wiederum einzelne Landesherren durch Nichtabzugsverpflichtungen zu begegnen. Die frühesten Belege sind für das Jahr 1324 aus der Grafschaft Sponheim bekannt und womöglich eine Reaktion auf die schwere Hungersnot der Jahre 1315–1318.[82] Weitere vergleichbare Nachrichten des 14. und 15. Jhs. sind u. a. für das Erzstift Trier sowie die Grafschaften Katzenelnbogen, Leiningen, Rieneck, Virneburg und Zweibrücken sowie die Rheingrafschaft überliefert.[83]

Über den spätmittelalterlichen Wüstungsprozess im Birkenfelder Raum sind wir beispielhaft aufgrund eines Gültbuches informiert, das die Erben des verstorbenen Grafen Johann von Sponheim im Jahr 1438 anlegen ließen, um den Umfang ihrer dortigen Einkünfte zu ermitteln. Das Verzeichnis führt zahlreiche Dörfer und Ortschaften auf, die mittlerweile vollkommen aufgelassen oder teilweise wüst gefallen sind. Ein Vergleich dieses Registers mit einer Bevölkerungsliste der Birkenfelder Pflege aus dem Jahr 1367 hat zu der Erkenntnis geführt, dass die Bevölkerung im Amt Birkenfeld seit der zweiten Hälfte des 14. Jhs. um rund die Hälfte zurückgegangen war.[84] War folglich der spätmittelalterliche Wüstungsquotient an der oberen Nahe dramatisch hoch, so sind andere Regionen des heutigen Rheinland-Pfalz durchaus unterschiedlich von den Umbrüchen in der Landwirtschaft betroffen gewesen: Ebenfalls hoch war der Anteil der Ortswüstungen auf dem hohen Westerwald sowie in der Westpfalz und im Pfälzerwald, in der Eifel lagen sie zwischen einem Viertel und einem Drittel.[85] Parallel konnten sich die Waldbestände erholen. Im mittleren Pfälzerwald trat nun verstärkt die Buche auf, während der Anteil der Eiche zurückging und die Kiefer einen Höchststand von einem Zehntel erreichte.[86] So gut wie keine Siedlungsaufgaben sind für die Täler von Rhein und Mosel zu konstatieren, wo die Winzerbevölkerung zwar ebenfalls schwere Zeiten durchlebte, denen sie aber mit Neuansätzen in der Weinwirtschaft begegnete, welche die Krise zumindest teilweise abfederten.

Der Strukturwandel in der Landwirtschaft

Mit den veränderten klimatischen Rahmenbedingungen ging ein Strukturwandel innerhalb der Nahrungsmittelversorgung bzw. der Landwirtschaft einher. So wurde der Weinbau in der Eifel weitgehend aufgegeben. Auch entlang der Mosel traten zunächst allenthalben krisenhafte Symptome einer offensichtlich angeschlagenen Weinwirtschaft zutage. So mehren sich in den 1370er und 1380er Jahren Bestimmungen, die eine Rekultivierung darniederliegender Weinbergparzellen in überschaubaren Zeiträumen bezwecken sollten. Zudem wurden nun vereinzelt ehemalige größere Weinbergflächen zum Anbau von Obst- und Nussbaumkulturen genutzt. Vornehmlich im 15. Jh. und hier besonders seit der Jahrhundertmitte finden sich dann zahlreiche Nachrichten über abgegangene Weinberge, die nun jeweils als Areale, *dat emails eyn wingart gewest ist*, bzw. als *driesch* bezeichnet werden. Die geografische Streuung derartiger Belege verteilt sich über viele Großlagen der Trierer Talweite, so dass man durchaus von einem allgemeinen Phänomen sprechen kann. Große Rebflächen wurden nun offenbar nicht wieder aufgestockt, wie dies zuvor noch häufiger der Fall gewesen war, sondern vornehmlich durch andere Kulturen ersetzt. Dabei waren es vor allem Nuss- und Obstbäume, die den Rebstock ablösten. Ähnliche Verhältnisse sind für das südliche Mittelrheintal zu konstatieren, wo auf der Grundlage eines aus den Jahren 1484–1501 erhaltenen Visitationsregisters der Abtei Eberbach deutlich wird, dass sich damals ein Drittel der verpachteten Weinberge des Klosters in einem mangelhaften bis aufgelassenen Zustand befand, wobei das Gros der wüsten Weinberge in den schlechteren Lagen zu verorten ist.[87]

Im Verlauf des 15. Jhs. häufen sich dann aber auch Hinweise auf die Einführung neuer Rebsorten. Der früheste bekannte Beleg für die Rieslingrebe stammt aus einer Rüsselsheimer Kellereirechnung des Jahres 1435 der Grafschaft Katzenelnbogen. 1453 wird die Sorte in einem mittelrheinischen Pachtvertrag des Klosters Aulhausen, Besitzungen in Diebach betreffend, erwähnt. 1464 wurden bereits gezüchtete Rieslingreben in einen Weingarten zu Trier gepflanzt. Im Jahr 1477 wurde der Rieslingweinstock als Qualitätsrebe im Elsass hervorgehoben, 1490 ist er dann bei Worms bezeugt. Das 15. Jh. scheint folglich der Zeitraum einer ersten größeren überregionalen Verbreitung dieser Rebsorte zu sein. Daneben wurde nun verstärkt Rotwein an Rhein und Mosel angebaut, wobei – das zeigt die Verwendung von Rotweinen als Ehrengeschenke an Gäste der Stadt Trier – sich unter derartigen Reben auch Qualitätssorten befunden haben. Die Trierer Weinleseordnungen erlaubten eine Vorlese der früher reifenden Rotweintrauben, deren Termin ein bis sogar drei Wochen vor der allgemeinen Weißweinlese liegen konnte. Dies mag ein Grund für den zunehmenden Anbau von Rotweinreben gewesen sein, konnten doch so eventuelle Ertragseinbußen durch frühe Herbstfröste vermieden werden. Das Auftreten des Rieslings und der roten Rebkulturen verdeutlicht, dass es im Verlauf des 15. Jhs. nicht zu einer permanenten Krise im Weinbau des Untersuchungsraumes gekommen war, sondern vielmehr ein Strukturwandel in der Produktion beobachtet werden kann. Dieser erfolgte im Zuge der Intensivierung des Anbaus auf insgesamt reduzierter Anbaufläche durch die Anpflanzung witterungsbeständiger und hochwertiger neuer Qualitätssorten.[88]

Die vielen Missernten gerade seit den 1420er Jahren haben zudem dazu geführt, dass zahlreiche Städte auch in den Weinbauregionen dazu übergingen, Hopfenbier zu brauen. 1438 kam es in Speyer angesichts eines katastrophalen Weinherbstes zu ersten städtischen Brauversuchen durch einen von der Stadt beauftragten Bamberger Bürger. In

Trier erfolgte der Beginn der Bierproduktion unter der Regie des Rates im Jahr 1455, dem gerade eine katastrophale Missernte vorausgegangen war; zu Koblenz wurde 1488 angesichts einer dürftigen Weinernte Bier in städtischer Regie gebraut.

Auch beim Getreideanbau lassen sich Reaktionen auf die klimatischen Umbrüche feststellen: So wurde der bei feuchter und kalter Witterung besonders für Pilzerkrankungen anfällige Weizen in Hochlagen zunehmend durch beständigere Sorten wie Roggen, aber auch Hafer ersetzt. Hinzu trat nun vermehrt der Anbau von Gerste aufgrund des insgesamt gestiegenen Bierbedarfs nicht zuletzt als Substitutionsgetränk zum Wein. Seit dem 14. Jh. zeigen die Pollendiagramme des Holzmaares dann auch den zunächst bescheidenen Anbau von Buchweizen an, ein ursprünglich aus Asien stammendes Knöterichgewächs, dessen Körner zu Brei oder Mehl verarbeitet wurden.[89]

Andere Sonderkulturen

Neben dem Weinbau ist für das Spätmittelalter an Rhein und Mosel auch ein intensiver Obstanbau nachgewiesen. Berühmt ist die Beschreibung des Rheingaus zwischen Mainz und Bingen durch den angelsächsischen Franziskaner Bartholomaeus Anglicus, der in seiner um 1240 verfassten Enzyklopädie *De proprietatibus rerum* die Schönheit und Fruchtbarkeit der Landschaft preist und das Nebeneinander von Getreide und Rebkulturen sowie Obst- und Nussbäumen selbst auf einer Parzelle hervorhebt.[90] In der Trierer Talweite standen nachweislich seit der zweiten Hälfte des 14. Jhs. in vielen Weingärten oder auf Streuobstwiesen Apfel- und Birnbäume, deren Früchte auch zur Herstellung von Obstweinen bzw. zur Anreicherung saurer Weine verwendet wurden. Ganze Kirschbaumplantagen gab es in Trier, aber auch am Mittelrhein um Koblenz sowie in Bacharach und Kaub, die oftmals auf den Flächen aufgelassener Rebflächen angelegt wurden.[91] Gelegentlich werden Mandelbäume erwähnt.[92] Nussbäume finden vielerorts Erwähnung, deren Früchte verhandelt, aber vornehmlich in Mühlen zu Öl gepresst wurden. Im 15. Jh. wurden in Rheinhessen und dem Umland von Worms und Speyer Zwiebelsamen, aber auch Senfkörner als Pfefferersatz für den Export angebaut und bis nach Köln ausgeführt.[93] Am Oberrhein wurden als weitere Sonderkulturen Färbepflanzen wie die zur Rotfärbung verwendete Krappwurzel für die Textilzentren am Rhein angebaut, aber auch Feldsafran, ein Krokusgewächs, dessen Blütenfäden zur Gelbfärbung von Lebensmitteln sowie als Farbstoff für Textilien genutzt wurde. Die nördliche Oberrheingegend wurde offenbar für ihre Safranproduktion geschätzt. Als die Abtei St. Matthias vor Trier im Jahr 1452 versuchte, den Anbau von Safran auf einem fünf Morgen großen Feld zu initiieren, verpachtete sie das Areal zu Lebzeiten ohne jegliche Abgaben zu fordern, an einen Hans Kalb aus Speyer. Nach dessen Tod sollten die Kulturen dem Kloster zufallen.[94]

Das Montanwesen

Auch das Montanwesen in der Region erfuhr am Ende des Mittelalters einen Aufschwung.

Dachschiefer wurde seit dem 14. Jh. in zahllosen, oft nur kurzzeitig betriebenen Gruben in der Eifel und dem Hunsrück sowie entlang von Rhein und Mosel abgebaut. Die Tonvorkommen in der Eifel um Speicher und Herforst wurden, nachdem sie bereits in der Spätantike zu einer umfangreichen Töpfereiproduktion genutzt worden waren, erneut seit dem Spätmittelalter zur Herstellung von Gebrauchskeramik ausgebeutet, wobei

Töpferöfen der Grundherrschaft des Trierer Domkapitels in Speicher erstmals im Jahr 1293 Erwähnung finden. Auch die Anfänge des Töpferhandwerks im Westerwald mit einem Zentrum in den Dörfern Höhr und Grenzhausen dürften, archäologischen Funden zufolge, noch im 13. Jh. liegen, auch wenn die frühesten schriftlichen Hinweise, darunter ein Vallendarer Schöffenweistum von 1402, dem Beginn des 15. Jhs. angehören.[95]

Aus der südlichen Eifel finden sich erste Zeugnisse zum spätmittelalterlichen Eisenabbau im Salmtal. Hier verpachteten 1372 die Herren von Manderscheid und die Herren von Malberg-Kyll eine Eisenhütte an einen Spezialisten aus dem Westerwald gegen eine jährliche Abgabe von 50 Zentnern Eisen. Der bereits kurze Zeit später Eisenschmitt genannte Ort entwickelte sich zum Zentrum der Eisenindustrie. Ende des 14. Jhs. übertrugen die Herren von Manderscheid und Malberg ihre Rechte in Eisenschmitt dem Trierer Erzbischof, doch im 15. und 16. Jh. lösten die Adeligen ihre Anteile wieder aus.[96] Erzgruben in Mayen wurden durch den Trierer Erzbischof Werner von Falkenstein (1388–1418) verpachtet, einer seiner Nachfolger, Jakob von Sierck, vergab 1454 das Privileg zum Erzgraben im Gericht von Kennfuss.[97] Der Abbau von Eisenerz auf dem Hunsrück reicht in das 15. Jh. zurück. 1439 erteilten Markgraf Jakob von Baden und Friedrich III. von Veldenz drei Personen das Recht, die Erzvorkommen in Dill und anderen Orten in der Grafschaft Sponheim auszubeuten.[98] Im nördlichen Hochwald bei Pellingen und an der Ruwer sind kleinere Eisenbergwerke in der zweiten Hälfte des 15. Jhs. überliefert.[99] Spätmittelalterliche Eisenerzgruben in der Pfalz sind etwa 1426 auf der Gemarkung von Bad Dürkheim bezeugt.[100]

Silberbergbau wurde auf dem Hunsrück entlang der Mittelmosel auf dem Gebiet der Trierer Erzstifts um Bernkastel-Monzelfeld betrieben, wo erstmals für 1466 die Erteilung einer Bergwerkskonzession für Silber und andere Metalle überliefert ist, und wohl bereits zu dieser Zeit auch in der Grafschaft Veldenz.[101] Weniger erfolgreich waren offenbar die Versuche entlang des Mittelrheins, Silber zu gewinnen. Bereits 1301 übertrug König Albrecht I. dem Grafen von Katzenelnbogen das Recht, nach Silber bei Braubach zu suchen. Über eine erfolgreiche Förderung ist aber nichts bekannt, wie auch im Fall einer gewährten Erlaubnis des Mainzer Erzbischofs von 1445, Erz in Assmannshausen zu fördern.[102] Neben frühem Silberbergbau ist in der Pfalz seit dem 15. Jh. vor allem der Abbau von Quecksilber nachgewiesen, das neben der Amalgamierung von Golderzen u. a. bei der Feuervergoldung benötigt wurde. Bereits in den 1440er Jahren sind Abbautätigkeiten in Obermoschel überliefert. Vor 1471 wurden die Quecksilbergruben in Münsterappel angelegt, 1473 erfolgte die Verleihung von Erzgruben im kurpfälzischen Katzenbach an zwei Betreiber. Kupfer hingegen wurde bereits seit dem 14. Jh. in Imsbach abgebaut.[103]

Die Achatvorkommen an der oberen Nahe wurden schließlich, nachdem sie bereits in spätrömischer Zeit aufgesucht worden waren, seit dem Hochmittelalter für die Schmucksteinproduktion ausgebeutet. Hierauf verweisen Jaspisfunde in einer Bergkristallwerkstatt zu Köln aus dem 12. Jh. Intensiviert wurde der Abbau im Verlauf des 15. Jhs. Für die Herrschaft Oberstein liegt die früheste Nachricht über die Anlage von Gruben zur Förderung von Achaten zu Freisen im Jahr 1479 vor, danach stand ein Drittel der geförderten Edelsteine dem Landesherrn zu, und bereits für 1469 ist die Einrichtung einer Achatschleiferei in Zweibrücken durch Breisgauer Schleifer bezeugt.[104]

1 Zur Waldregeneration vgl. KUBITZ, Vegetations- und Siedlungsgeschichte 2000, S. 58; zu Hangerosionen siehe KAUSCH, Schwemmfächer 2006.
2 SIROCKO, Wetter 2009, S. 152 f.
3 MIKLER, »Riesling« 1998/99.
4 GILLES, Bacchus 1999.
5 CLEMENS/MATHEUS, Keltertechnik 1996; CLEMENS, Technologietransfer 2006; zu Wandalbert vgl. SCHLAGBERGER, Wandalbert 1992, S. 39, 41.
6 KÜSTER, Getreidevorräte 1993 bzw. DERS., Botanische Untersuchungen 1994, besonders S. 28 ff.
7 LUDWIG, Innovationen 1991, Zitat Sp. 430.
8 HÖCKMANN, Schiffsmühle 1994.
9 STENGEL, Urkundenbuch Fulda 1958, Nr. 279, S. 405.
10 Gregor von Tours, Decem libri historiarum III,15.
11 SCHOON/CLEMENS/HEINRICH, Tierknochenfunde 2006/2007; FRANZ, Bauernstand 1974, Nr. 22, S. 56, 58.
12 JOHNE, Kolonenwirtschaft 1994 (mit älterer Literatur).
13 IRSIGLER, Gesellschaft 2006; LAUER, Testament 1989 (Zitat im Titel nach Wilhelm Levison von 1948).
14 Vgl. zusammenfassend GERLICH, Geschichtliche Landeskunde 1986, S. 140–167.
15 KOHL, Dienheim 2004.
16 Vgl. auch im folgenden KUCHENBUCH, Bäuerliche Gesellschaft 1978, besonders S. 94–116.
17 REGNATH, Schweinehaltung 2008, S. 47 f.
18 IRSIGLER, Mehring 2006.
19 PETRY, Prümer Urbar 1988.
20 HARTMANN, Sendhandbuch 2004 mit Belegen im Sachregister unter »Heidentum«.
21 HAAS, Wikingische Herrschaft 2008; SIROCKO, Wetter 2009, S. 157.
22 STAAB, Gesellschaft 1975, S. 313–327; FRIEDRICH, Burgen 2009.
23 HAUBRICHS, Prestarievertrag 1990.
24 EHESCHEID/BRASELMANN, Harz- oder Pechofen 2003.
25 REDKNAP, Töpfereien 1999; STEUER, Handel 1999, S. 411 f.
26 CLEMENS, Trier 1993, S. 20–23 (Trier, Mainz, Worms); HERBORN, Weinbau 2004, S. 9 (Remagen).
27 Vgl. STAAB, Gesellschaft 1993, S. 25 f.; HERBORN, Weinbau 2004, S. 9 ff.; IRSIGLER, Mehring 2006.
28 LAMPRECHT, Wirtschaftsleben Bd. 1 1885/86, S. 160–165, 399 sowie Bd. 2, S. 56 und die Karten 1–5. Da die urkundliche Ersterwähnung einzelner Ortschaften von Überlieferungszufällen abhängig ist, kann das Urkundenmaterial nur unter großem Vorbehalt statistisch ausgewertet werden; vgl. HAVERKAMP, Mosellande 1997, S. 308.
29 SCHWAB, Prümer Urbar 1983, S. 259. Die hier als *villae* bezeichneten Siedlungen dürften im Verständnis des 13. Jhs. nun durchaus mit »Dörfern« übersetzt werden.
30 CHRISTMANN, Siedlungsnamen 1958; ENGELS, Ortsnamen 1961; JUNGANDREAS, Siedlungs- und Flurnamen 1962.
31 WAGNER, Palynologische Untersuchung 2008, S. 39 f.
32 HILDEBRANDT/HEUSER-HILDEBRANDT/WOLTERS, Kohlholzspektren 2007, S. 112 f.
33 REINICKE, Agrarkonjunktur 1989, S. 134–137.
34 LAMPRECHT, Wirtschaftsleben Bd. 1 1885/86, S. 562.
35 VOLK, Wirtschaft 1998, S. 383–388; PFEIFFER, Mühlenwirtschaft 2011.
36 HAVERKAMP, Mosellande 1997.
37 SPIESS, Landflucht 1983, S. 183.
38 FRANZ, Bauernstand 1974, Nr. 45, S. 116–119.
39 BEYER u. a., Urkundenbuch Bd. 1 1860–1874, Nr. 386, S. 443.
40 SPIESS, Bäuerliche Gesellschaft 1995, S. 392 f.
41 NIKOLAY-PANTER, Landgemeinde 1976, S. 179.
42 Belege ebenda, S. 197.
43 BEYER u. a., Urkundenbuch Bd. 1 1860–1874, Nr. 609, S. 670.
44 SPIESS, Bäuerliche Gesellschaft, S. 411 f.
45 NIKOLAY-PANTER, Landgemeinde 1976, besonders S. 178 ff.; SPIESS, Bäuerliche Gesellschaft 1995, besonders S. 400 ff.
46 Vgl. Felten, Antikes Erbe in diesem Band; siehe aber z. B. auch SCHWIND, Beobachtungen 1999.
47 VOLK, Wirtschaft 1998, S. 44–48.
48 IRSIGLER, Weinbau 2010, S. 377.
49 Zitat: REINICKE, Agrarkonjunktur 1989, S. 87.
50 Ebenda, S. 88–91; CLEMENS, Trier 1993, S. 183–225; SPIESS, Bäuerliche Gesellschaft 1995, S. 396; VOLK, Wirtschaft 1998, S. 85–92.
51 BEYER u. a., Urkundenbuch Bd. 1 1860–1874, Nr. 484, S. 540 bzw. Nr. 568, S. 627 f.
52 Ebenda, Nr. 645, S. 702 f.; HAVERKAMP, Mosellande 1997, S. 309.

53 CLEMENS, Trier 1993, S. 29–39.
54 BENDER, Himmerod 2010, S. 348 ff.; MOSSIG, Grundbesitz 1978, S. 139 f.
55 EPPERLEIN, Waldnutzung 1993, S. 62 f.
56 VOLK, Wirtschaft 1998, S. 55 f.
57 THIELE, Echternach und Himmerod 1964, S. 128–132; EPPERLEIN, Waldnutzung 1993, S. 54–58; RÖSENER, Wald 2007, S. 28 f.
58 Belege bei LAMPRECHT, Wirtschaftsleben Bd. 1 1885/86, S. 497.
59 CLEMENS/MATHEUS, Wirtschaft 1996, S. 506; TRAUFFLER, Echternach 1996, S. 75. Noch im 15. Jh. durften Echternacher Bürger der Jagd auf dem Gelände des städtischen Weidgangs nachgehen; LAMPRECHT, Wirtschaftsleben Bd. 1 1885/86, S. 485.
60 BEYER u. a., Urkundenbuch Bd. 3 1860–1874, Nr. 278 und 278a, S. 225 f.
61 Ebenda, Nr. 354, S. 285 f.
62 Vgl. mit Belegen STEINHAUSEN, Waldbienenwirtschaft 1950/51, S. 244–251.
63 CLEMENS, Glasproduktion 2012.
64 BEYER u. a., Urkundenbuch Bd. 2 1860–1874, Nr. 213, S. 251; vgl. auch LAMPRECHT, Wirtschaftsleben Bd. 3 1885/86, Nr. 10, S. 19.
65 WEILLER, Münzen 1988, S. 93.
66 VOLK, Wirtschaft 1998, S. 419.
67 REINICKE, L élevage des moutons 1984; DERS., Agrarkonjunktur 1989, S. 199–204.
68 BENECKE, Archäozoologische Studien 1994, S. 187 f.
69 LAMPRECHT, Wirtschaftsleben Bd. 1 1885/86, S. 500–504; VOLK, Wirtschaft 1998, S. 350–358.
70 JORDAN, Famine 1996; GLASER, Klimageschichte 2001, besonders S. 64 f., 76.
71 Gesta Trevirorum Bd. 2, S. 235; Wormser Chronik, S. 134; vgl. auch VOLK, Wirtschaft 1998, S. 136.
72 GLASER, Klimageschichte 2001, S. 65; SIROCKO, Wetter 2009, S. 167.
73 SIROCKO, Wetter 2009, S. 168, 173.
74 LAMPRECHT, Wirtschaftsleben Bd. 2 1885/86, S. 259.
75 CLEMENS, Trier 1993, S. 264 f., 280 f.; VOLK, Wirtschaft 1998, S. 303–313.
76 CLEMENS, Trier 1993, S. 392–394; HAVERKAMP, Mosellande 1997, S. 438; VOLK, Wirtschaft 1998, S. 136–138.
77 BURGARD, Auseinandersetzungen 1996, S. 375–378.
78 JÖRG, Hungersnöte 2008; DERS., Hungerjahre 2012.
79 CLEMENS, Trier 1993, S. 382–396; DERS., Witterung 2009.
80 SCHMITT, Territorialstaat 1992, S. 229; MÖTSCH, Nichtabzugsverpflichtungen 1998, S. 87.
81 ZIWES, Juden 1995, besonders S. 32 f.; MÜLLER, Judenpogrome 2004; BARZEN, Jüdische Siedlung 2005; vgl. auch den Beitrag von Bönnen in diesem Band.
82 MÖTSCH, Sponheimische Nichtabzugsverpflichtungen 1983, S. 100 f.
83 SPIESS, Landflucht 1983, S. 189 f.; MÖTSCH, Nichtabzugsverpflichtungen 1998, S. 98–103.
84 FABRICIUS, Siedlungs- und Bevölkerungsverhältnisse 1913, S. 60–63; MÖTSCH, Sponheimische Nichtabzugsverpflichtungen 1983, S. 114 f.
85 HÄBERLE, Wüstungen 1922, S. 50; JANSSEN, Wüstungsfrage Bd. 1 1975, S. 89 f.; MERTEL, Wüstungen 1979 (Karte im Anhang); VOLK, Wirtschaft 1998, S. 139.
86 HILDEBRANDT/HEUSER-HILDEBRANDT/WOLTERS, Kohlholzspektren 2007, S. 128 ff.
87 CLEMENS, Trier 1993, S. 384–388; VOLK, Wirtschaft 1998, S. 209–214.
88 CLEMENS, Trier 1993, S. 396–399; VOLK, Wirtschaft 1998, S. 180–184.
89 WAGNER, Palynologische Untersuchung 2008, S. 40.
90 IRSIGLER, Intensivwirtschaft 1984, S. 731.
91 CLEMENS, Trier 1993, S. 271 f.; VOLK, Wirtschaft 1998, S. 254 f.
92 IRSIGLER, Intensivwirtschaft 1984, S. 734 f.; VOLK, Wirtschaft 1998, S. 255.
93 IRSIGLER, Intensivwirtschaft 1984, S. 737 f.
94 CLEMENS, Trier 1993, S. 405 f.
95 SEEWALDT, Steinzeug 1990, S. 21 f.; KESSLER, Steinzeug 2002, S. 33 f.
96 NEU, Eisenindustrie 1988, S. 83 ff.
97 LAMPRECHT, Wirtschaftsleben Bd. 2 1885/86, S. 332 f.
98 BRAUN, Eisenhüttenwesen 1991, S. 17 f.
99 MATHEUS, Trier 1984, S. 58.
100 WALLING, Erzbergbau 2005, S. 43.
101 PETRY, Bergbau 1995, S. 82–85.
102 VOLK, Wirtschaft 1998, S. 419 f.
103 WALLING, Quecksilber-Bergbau 2005, S. 34; DERS., Erzbergbau 2005.
104 BERTHOLD/TRIER, Bergkristallwerkstatt 2006, S. 70 f.; WILD, Schmucksteinschleiferei 1959, S. 18, 25.

Handel und Gewerbe, Städtewesen und jüdische Gemeinden

Von Gerold Bönnen

Das Gebiet des heutigen Landes Rheinland-Pfalz war weder im frühen oder hohen noch im späten Mittelalter eine »klassische« Städtelandschaft. Das Land in seinen heutigen Grenzen zeichnet sich während der mittelalterlichen Jahrhunderte vielmehr durch eine ausgeprägte Vielgestaltigkeit der unterschiedlichen Regionen aus, ein Nebeneinander verkehrsbegünstigender Faktoren wie vor allem an der Rheinachse und der Mosel und gleichzeitig karger und siedlungshemmender Mittelgebirgslandschaften wie Westerwald, Eifel und Hunsrück. Klimatisch bevorzugte, Weinbau treibende Altsiedellandschaften mit stärkerer überregionaler Verflechtung stehen neben spät besiedelten, isolierter gebliebenen Rückzugsräumen. Dies erschwert auch ein Verständnis der überaus komplexen Entwicklungen in Wirtschaft und Städtewesen, nicht zuletzt auch aufgrund einer seit dem späteren Mittelalter erheblichen territorialen Zersplitterung.

Im Vergleich zu nahezu allen deutschsprachigen Landschaften Mitteleuropas außerordentlich stark und wirkmächtig war hier das vielfältig nachwirkende römische Erbe. Gleich vier der für die mittelalterliche Kultur und Zivilisation so wichtigen, mehr oder weniger kontinuierlich in die Spätantike zurückreichenden Kathedralstädte als »Mutterstädte« des urbanen Gefüges befanden sich auf dem Gebiet des heutigen Bundeslandes. In erster Linie mit Mainz und Trier als Erzbischofssitzen, dazu mit Worms und Speyer als Bischofssitzen lagen nicht nur herausragende Zentren der Bildung, des Handelsverkehrs und politischer Kontinuitätslinien zwischen Antike und Mittelalter im heutigen Landesgebiet, sondern auch Mittelpunkte der als räumliche Organisationseinheiten grundlegenden und über Jahrhunderte Bestand wahrenden kirchlichen Organisation in Gestalt der bereits früh räumlich abgegrenzten Bistümer. Es wundert daher nicht, dass Mainz und Trier, Speyer und Worms ihre aus der Spätantike heraus gegebene Vorrangstellung bis zum Ende des Mittelalters bewahren konnten und in der Hierarchie der Städte – mit der neueren Forschung im Folgenden immer verstanden als zentrale Orte mit Funktionen für ein weiteres Umland – bis in die Neuzeit die wichtigsten urbanen Zentren im Land blieben. Im ersten Teil soll vor diesem Hintergrund das Gerüst des städtischen und wirtschaftlichen Lebens vorgestellt werden, bevor die fundamentalen wirtschaftlichen und gesellschaftlichen Wandlungen und tiefgreifenden Neuansätze seit der Salierzeit (um 1100) zu verfolgen sind. In dieser bis etwa 1350 reichenden Phase wurden die zum Teil bis weit in das 19. Jh. gültigen Grundlagen für das Städtewesen im Land gelegt. Es folgt schließlich ein Überblick über die Entwicklungen in Wirtschaft und Städtewesen bis zum Ende des Mittelalters um 1500.

1. Städte, Handel und Gewerbe an Rhein und Mosel bis um 1100

Das Städtewesen im Übergang zum Mittelalter

Nach dem Übergang der Herrschaft auf die Franken auf dem Boden des niedergehenden spätrömischen Reiches im 5./6. Jh. reduzierten sich die städtischen Lebensformen nachhaltig. Die in schwachem Umfang bewahrten Rudimente des römischen Städtewesens wurden dann wiederum zu den entscheidenden Grundlagen für einen langsamen Wiederaufstieg städtischer befestigter Siedlungen seit der karolingischen Zeit. Zu den wichtigsten Garanten einer reduzierten Kontinuität wurde der vor allem auch archäologisch immer wieder gut fassbare Faktor Kirche. Sie war es, die am Ehesten eine Brücke zwischen den Zeitaltern schlagen konnte. Hierfür stehen im Untersuchungsgebiet exemplarisch vor allem die Entwicklungen in den alten und auch künftigen Zentren Trier und Mainz samt ihren vorstädtischen Friedhofskirchen als Keimzellen monastischer Institutionen.

Der allgemeine Niedergang des Städtewesens vollzog sich in einem längeren Prozess vom 4. bis zum 7. Jh. Wichtig war generell die Bedeutung der romanischen Provinzialbevölkerung und ihrer Exponenten, der Bischöfe, für die Bewahrung städtischer Siedlungsstrukturen sowie das allmähliche Hineinwachsen der neuen fränkischen Elite in die überkommenen kulturellen Traditionen.[1] Die urbane Grundausstattung des Untersuchungsraumes wurde (wie erwähnt) getragen von den vier Bischofsstädten[2] mit unterschiedlich ausgeprägten Kontinuitätslinien in die Spätantike und Merowingerzeit zurück. An der Spitze rangieren dabei die beiden zu Erzbischofssitzen aufsteigenden Zentren Trier und Mainz, weit geringer waren die urbanen Faktoren und die kirchliche Konzentration in den beiden Mainz[3] unterstehenden Bistumssitzen Worms und Speyer, die erst seit der Jahrtausendwende einen wirklichen urbanen Aufstieg zu nehmen vermochten. Insbesondere Trier[4] mit seiner ältesten christlichen Gemeinde auf heute deutschem Boden konnte bis weit in die fränkische Zeit topografische, monastische und wirtschaftliche Traditionen und bauliche Zeugnisse bewahren, die noch aus der spätantiken Blüte heraus nachwirkten. Unter Erzbischof Hetti (814/16 – 847) gelang zudem eine Sicherung der Vorrangstellung der Trierer Kirche, deren Kirchenprovinz bis weit in die Romania hinein (Metz, Toul, Verdun) reichte und somit Landschaften ausgeprägter römischer Durchdringung umfasst und mit der Germania verklammert hat. Heimgesucht wurden die städtischen und monastischen Zentren der Region im 9. Jh. durch äußere Bedrohungen, vor allem in Gestalt der Normannen- bzw. Wikingerzüge und in ihrem Gefolge massiven Plünderungen und Zerstörungen (882 Trier, 893 Kloster Prüm).[5] Diesen gravierenden Eingriffen in die noch erhaltene urbane Substanz und den dramatischen Gefahren in der gesamten Rhein-, Mosel- und Maasregion suchten die Erzbischöfe und Bischöfe durch intensivierte Verteidigungsanstrengungen in ihren Städten entgegenzutreten.

Bischöfe als Stadtherren

Generell wurden die bischöflichen Aufgaben um die Wahrnehmung königlicher Interessen erweitert und den Geistlichen dazu materielle Grundlagen übertragen, vor allem königlicher bzw. Fiskalbesitz, Rechtstitel und wirtschaftliche Ressourcen. So wurden etwa in Mainz unter Erzbischof Liutbert die römischen Stadtmauern, nach Köln und Trier die größten im Rheinland, gegen Ende des 9. Jhs. im vollen, etwa 96 ha umfassenden Umfang wieder hergestellt, das Friesenviertel in die Mauer einbezogen. Durch eine Mauerbauordnung[6] wissen wir aus Mainz wie auch aus Worms von organisatorischen Vorkehrungen zur Sicherung der Stadtbefestigung, hier unter Bischof Thietlach um 900. Seit 897 war diesem in einer Reihe von Herrscherurkunden umfangreicher Fiskalbesitz – auch zur Absicherung des Pfalzbetriebs (Worms war bis zum Ende des 9. Jhs. ein durchaus bedeutender Pfalzort mit relativ zahlreichen nachweisbaren Königsaufenthalten)[7] – übertragen worden. Im Gegenzug ist der Geistliche auch im Reichsdienst nachweisbar. Die bis an das Ende des 10. Jhs. fortgesetzte Übertragung von Münzrechten, Maßhoheit und Abgaben, Besitz und weiteren Rechtstiteln hat in allen vier Bischofsstädten und ihrem Umland zweifellos zu einer gestärkten Autorität des Bischofs und neuen materiellen Möglichkeiten beigetragen und steht in engem Zusammenhang mit den erwähnten Bemühungen um eine effektivere Wehrhoheit. Die hier erlangten Ressourcen waren zugleich Voraussetzung für den baulichen Aufschwung der Städte und der in und bei ihnen beheimateten neuen und alten geistlichen Institutionen, denen kaum zu überschätzende Bedeutung als Kulturträger und grundherrschaftliche Zentren im Umland zukommt. Während des 10. Jhs. gelang den Geistlichen sukzessive die Übernahme und der Ausbau von Hoheitsrechten und damit die Erlangung der faktischen Herrschaft über ihre Bischofsstädte. Die Bischöfe wurden zugleich zur wichtigsten Stütze der Reichsherrschaft in der Zeit der Ottonen und Salier (ca. 950 bis 1125). In Trier blieb dabei die Konkurrenz des Erzbischofs zu der dem Königtum unterstehenden Vorstadtabtei St. Maximin mit ihrer sehr ausgedehnten Grundherrschaft ein Problem. Zu den herausragenden Persönlichkeiten an der Stadtspitze gehört für Mainz vor allem der als Bauherr überaus tatkräftige Erzbischof Willigis.[8] Er hat (wie alle seine Amtskollegen bis in das 12. Jh.) die Zahl der geistlichen Institutionen (Stifte und Klöster) stetig gesteigert und stand als Bauherr (vor allem an der neuen, dem hl. Martin geweihten Domkirche) in einer Art Wettstreit um die Ausstattung »seiner« *civitas* mit seinen Amtskollegen. Mit der hier beobachtbaren Dynamik ging in allen Kathedralstädten eine nachhaltige Urbanisierung und Verdichtung einher.[9]

Trier um 1000

Beispielhaft sei ein Blick auf das topografische Gefüge der Kathedralstadt Trier um die Jahrtausendwende geworfen: Ummauerter Kern der mittelalterlichen Stadtlandschaft war die im Stadtbild bis heute deutlich erkennbare Domimmunität. Sichere Nachrichten über den Bau einer die Domstadt eingrenzenden festen Steinmauer in den »Taten der Trierer« finden sich unter Erzbischof Ludolf. Unter ihm sollen die Domkirche St. Peter und die Wohnungen der Kleriker mit Mauern umgeben worden sein; dabei ist anzunehmen, dass der Steinmauer eine ältere Wehranlage in Gestalt eines Walles mit Palisaden und Graben vorausging. Verlauf und Beschaffenheit der aus wiederverwendeten römischen Sandsteinquadern errichteten, einen Bezirk von etwa 10 ha umfassenden Immunitätsmauer mit einer Länge von etwa 1.200 m sind ebenso wie Reste von Domherrenkurien des 11. Jhs. archäologisch recht genau nachzuweisen. Insgesamt ist davon auszugehen, dass der bischöfliche Bereich schon früh befestigt war. Dies gilt auch für die in spätantiken Baulichkeiten errichtete Abtei Oeren/St. Irminen mit ihrer mächtigen, bis heute erhaltenen Immunitätsmauer, die Trier von der Mosel geradezu abgeriegelt hat. Spätestens am Ende des 10. Jhs. ist im Bereich des Hauptmarktes von der Existenz einer ausgeprägten Marktsiedlung als zweitem topografischem Schwerpunkt der Stadt mit einem auf den Markt ausgerichteten Straßennetz auszugehen. Um die Jahrtausendwende dürfte zumindest die Nord-Süd-Achse und die Straße vom Nordtor zur Römerbrücke bestanden haben. Das im Jahre 1185 erstmals erwähnte Patrozinium der am Hauptmarkt gelegenen Gangolfkirche verweist auf eine als wahrscheinlich anzusehende Gründung der Kirche unter Erzbischof Theoderich (wohl 965–972). Neben St. Gangolf bestanden in der Stadt eine Reihe weiterer, später als Pfarrkirchen fassbarer Gotteshäuser, darunter mit Gewissheit St. Laurentius im Palastbezirk neben der Pfalz, der heutigen »Basilika«, angelehnt an die Nordseite ihrer Apsis, St. Gervasius im Bereich der Kaiserthermen sowie St. Paulus bei Oeren/St. Irminen. Neben der erzbischöflichen Burgstadt und der städtischen Marktsiedlung bildeten die während des 10. Jhs. wiederaufgebauten Klöster mit den ihnen zugeordneten Siedlungen sowie die nur ganz sporadisch in den Quellen genannten sonstigen Siedlungen und Höfe (*villae*) die Kerne und Keimzellen der mittelalterlichen Stadt. Trier wurde in der auch politisch-ökonomisch wieder stabileren Epoche seit etwa 950 auch zu einem Zentrum der Kunstproduktion. Der Name des hochgebildeten Erzbischofs Egbert (977–993) ist in besonderer Weise mit den von ihm nachhaltig geförderten, eindrucksvollen künstlerischen Spitzenleistungen vor allem auf dem Gebiet der Buchmalerei und Goldschmiedekunst verbunden.[10]

Kastellorte

Unterhalb der Ebene der Kathedralstädte bestanden im heutigen Land eine Reihe von Kastellorten (*castra*) fort, die ihre aus der römischen Zeit stammenden Funktionen als ummauerte Verkehrs- und Handelsorte, als Herrschafts- und Kirchensitze bewahren konnten. Zu diesen nichtagrarischen Siedlungen gehören etwa Bitburg an der alten Römerstraße von Trier nach Köln, Kreuznach an der Nahe, Alzey im heutigen Rheinhessen und eine Reihe von Orten am Mittelrhein (Remagen, Sinzig, Andernach, Koblenz, Boppard, Bingen). Vor allem die auf Königsgut und Kirche aufbauenden Organisationsformen sicherten das Überleben dieser Kastellorte und *villa*-Märkte, die später häufig zu Keimzellen neuer urbaner Zentren geworden sind. Durch Vergabe königlicher Herrschaftsrechte an kirchliche Amtsträger kamen diese Orte seit dem 10. Jh. oft in die Hand von Bischöfen, so etwa 983 Bingen an die Erzbischöfe von Mainz, 1018 Koblenz an die von Trier und Andernach 1167 an den Kölner Erzbischof. Diese Orte wurden so auch zu Mittelpunkten bzw. Ausgangsorten späterer territorialer Herrschaftsausübung in der Fläche. Beispielsweise in Koblenz, Boppard und Bingen waren die spätantiken Festungen an strategisch wichtiger Stelle Keimzellen der späteren mittelalterlichen Stadt. Das mittelalterliche Nachleben antiker Festungen ist vor allem in Koblenz wie auch in Boppard und Bingen gut zu beobachten. An diesen Orten konnten zunächst unter fränkischer Königsherrschaft auch nach den Umbrüchen der Völkerwanderungszeit relativ bevölkerungsstarke Siedlungen mit frühen Pfarrgemeindestrukturen fortbestehen. Insbesondere Koblenz kann bereits für die Zeit um 1100 als voll entwickeltes städtisches Gemeinwesen gelten.[11]

Wirtschaftliche Entwicklung zwischen Karolinger- und Salierzeit

Die seit der Mitte des 8. Jhs. langsam etwas reicher fließenden Quellen in einer noch lange Zeit weitgehend schriftlosen Gesellschaft gewähren Einblicke in die Entwicklung der großen Grundherrschaften und ihrer komplexen überregionalen Verflechtungen, den Stand der, stärker als lange Zeit vermutet, verbreiteten Geldwirtschaft wie des Geld- und

Münzwesens.[12] Vor allem die Klostermärkte und Handelsplätze wie etwa der Prümer Markt im der Abtei benachbarten Rommersheim (861), der verkehrsgünstig gelegene, planmäßig erweiterte Besitz von St. Goar am Mittelrhein (seit dem 8. Jh. als *cella* zur Abtei gehörig mit Markt und Hafen, Wallfahrt zum Grab des hl. Goar) oder die Konzentration von Handelsfunktionen und intensivem Weinbau wie in dem Prümer Mosel-Winzerdorf Mehring lassen sich um 900 recht gut fassen. Die Güter- und Abgabenverzeichnisse wie das Prümer Urbar vom Jahre 893,[13] das für jeden Besitzort Rechte und zu leistende Dienste auflistet, verdeutlichen die grundherrschaftliche Durchdringung des Raumes an Mosel und Rhein ebenso wie die komplexe Organisation einer großen Grundherrschaft; zu den Diensten der abhängigen Bauern gehörten dabei auch Arbeiten an weit entfernten Orten und Transportleistungen, selbst über große Strecken. Wichtig für das heutige Landesgebiet waren neben Prüm die weit ausgreifenden Grundherrschaften der Abteien Echternach (gegr. 697/98, St. Willibrord), Weißenburg (Bistum Speyer, Gründung vor 661) und dem rechtsrheinischen Kloster Lorsch (St. Nazarius, gegr. 764). Auch Klöster wie Fulda verfügten am Rhein über Besitz, Rechte und Hörige, wie so oft auch hier auf der Basis von Schenkungen durch Freie, Adel und Königtum. Für einen Ort wie Dienheim[14] südlich von Oppenheim (Rheinhessen) verfügen wir u.a. aus der Fuldaer Überlieferung mit mehr als 150 Urkunden aus der Zeit von 754 bis 841 über mehr urkundliche Zeugnisse als für jedes andere Dorf des Frankenreiches; hier dürfen wir um 900 wie wohl auch für das unweit nördlich gelegene Nierstein und das heute pfälzische Altrip (Prüm) einen grundherrschaftlich fundierten Markt vermuten. Dies bietet die einmalige Gelegenheit, die innere Struktur einiger Dörfer dieser Zeit zu untersuchen. Häufig entwickelten sich aus den Klostermärkten Ansätze für eine urbane Verdichtung, wie dies etwa für das erwähnte Echternach mit seinem grundherrlichen Sammelmarkt (wohl schon im 8. Jh.) und seinem Münzrecht (992) belegt ist. Vor allem der Weinbau erwies sich als wichtige Wurzel über die Grundherrschaften hinausführender Marktbeziehungen bereits in der Zeit um 900.

Grundherrschaften und Nahmärkte

Für den Fernhandel blieben die Bischofsstädte als Münzstätten und Handelszentren allerdings die bestimmenden Drehscheiben. Während des 9. Jhs. trug vor allem die für Mainz (bis 886) und Worms (ab 829) bezeugte sowie indirekt in der Moselregion um Trier fassbare Tätigkeit friesischer Kaufleute den Fernhandel. Das Mainzer Friesenviertel lag »im angesehensten Teil der Stadt« in der Rheinvorstadt. Nach dem Übergang der Grafenrechte an den Erzbischof um 960 oblagen auch Markt, Münze und Zoll seiner Kontrolle. Ganz ähnlich zeigt sich die Entwicklung in Trier: Das vom dortigen Erzbischof Heinrich 958 auf dem Marktplatz unmittelbar westlich der Domimmunität aufgerichtete, auf einer römischen Granitsäule stehende Marktkreuz ist ein bis heute sichtbares Symbol der Markthoheit und der erzbischöflichen Stadtherrschaft sowie des rechtlich geschützten Marktfriedens und Marktgerichts. Das im Zentrum der Stadt stehende Zeichen des auf die Offenbarung verweisenden Opferlammes, ein zentrales Symbol der christlichen Heilsordnung, ist insbesondere in seinem religiösen Sinnzusammenhang zu sehen. Der Markt lag in unmittelbarer Nähe der als Konsumentengruppe besonders wichtigen Geistlichkeit, hatte eine direkte Anbindung an die erzbischöflichen Händler, Handwerker und das weitere Dienstpersonal und ermöglichte eine verbesserte Kontrolle des Marktgeschehens durch erzbischöfliche Funktionsträger.

Fernhandel

Münzwesen

Neben dem als Impulsgeber zweifellos sehr wichtigen Markt war die Ausübung des den Trierer Erzbischöfen im Jahre 902 zugestandenen Rechts auf Münzprägung[15] ein wichtiger Faktor des städtischen Wirtschaftslebens. Die bis nach der Jahrtausendwende in königlichem Namen prägende, seit dem für die Urbanisierung Triers überaus wichtigen Erzbischof Poppo (1016–1047) auch mit eigenen, d. h. erzbischöflichen Prägungen hervortretende Münzstätte Trier verzeichnete vornehmlich seit dem Ende des 10. Jhs. einen Aufschwung, der sich an der Präsenz Trierer Pfennige in den auch überregional stark anwachsenden Münzfunden ablesen lässt. Die sehr reichhaltigen Münzfunde im Stadtgebiet kennzeichnen Trier als zentralen Warenumschlagplatz für den gesamten Moselraum; die weiterreichenden Handelsverbindungen waren nach dem Zeugnis der Fundmünzen unter anderem bis in den Ostseeraum ausgerichtet. Die mit Gewissheit ältere Existenz von Jahrmärkten bei den geistlichen Institutionen ist erst seit dem 12. Jh. bezeugt. Das 11. Jh. war weit über Trier und die Moselregion hinaus – ganz allgemein eine Zeit wirtschaftlicher Festigung und demografischen Wachstums.

Koblenzer Zolltarif

Ein hervorragendes, hinsichtlich seiner Datierung heftig diskutiertes Zeugnis für die wirtschaftliche Potenz auch Triers ist dabei ohne Zweifel der sog. erste Koblenzer Zolltarif. Er spiegelt mit seinen Hinweisen auf Handelsverkehr vor allem an Rhein und Mosel mit einiger Gewissheit Verhältnisse der ersten Hälfte des 11. Jhs. wider. Die im Jahre 1018 aus Reichsbesitz auf die Erzbischöfe übergegangenen Koblenzer Zolleinkünfte standen im übrigen seit dem Jahre 1042 dem Trierer Simeonstift zu und dokumentieren so die engen Bindungen der Pfalzstadt an der Moselmündung an die Bischofsstadt. Ein wichtiges Indiz für die sich weiter ausbreitende und auch die grundherrlich gebundene Bevölkerung stärker erfassende Geldwirtschaft ist das zum Jahre 1000 sowie – in einer Bestätigung – erneut 1056 der Trierer Vorstadtabtei St. Maximin zugestandene Recht auf Einrichtung eines Wochenmarktes mit Zoll und Münze in der *villa* Wasserbillig oberhalb von Trier am Zufluss der Sauer in die Mosel. Mit diesem grundherrschaftlichen Sammelmarkt wird für das durch Weinbau geprägte Trierer Umland eine auf älteren Grundlagen fortschreitende Marktverdichtung und ein intensivierter Güter- und Warenaustausch auf grundherrschaftlicher Basis greifbar. Das zum Jahre 1066 erstmals gesicherte, mit Gewissheit weitaus ältere jüdische Leben in Trier lässt ebenfalls Rückschlüsse auf die bedeutende wirtschaftliche und urbane Position Triers im frühen Hochmittelalter zu. Ein weiteres Indiz hierfür ist die im Jahre 1045 der Trierer Kirche ausgestellte königliche Immunitätsbestätigung. Sie sicherte dem Erzbischof Besitz und Rechte dies- und jenseits von Rhein und Mosel ausdrücklich einschließlich aller Münzstätten und Zölle zu. Ihre Erträge stellten offenkundig einen zunehmend wichtigen Bestandteil der monetären Einkünfte der Erzbischöfe dar.

Trier, Marktkreuz 958 (Stadtmuseum Simeonstift Trier/Bernhard Matthias Lutz)

Entfaltung und erste Blüte jüdischer Gemeinden bis 1096

Wesentlichen Anteil am Handelsleben und der überörtlichen Verflechtung der vier Kathedralstädte hatten die eben erwähnten Juden, deren Gemeindebildung der der Christen vorausgegangen ist.[16] Jüdische Siedlung war und blieb bis weit in das Mittelalter elementar an urbane Voraussetzungen gebunden. In Mainz schon seit dem frühen 10. Jh. (Friedhof Anfang 11. Jh., Talmudschule von europäischer Bedeutung), in Worms seit etwa 1000 (1034 Synagogenbau, Friedhof ab 1076/77) und in Speyer ab 1084 (Synagoge 1104, Ritualbad um 1120) bestanden jüdische Gemeinden als autonome Gemeinschaften mit Regelungshoheit in ihren inneren Angelegenheiten und wirtschaftlich-politisch außerordentlichem Gewicht im überregional verflochtenen Fernhandels- und Wirtschaftsleben bei zugleich enger Herrschaftsnähe zu Bischöfen und Königtum. Die Judenansiedlung in Speyer 1084 war dabei von Bischof Rüdiger als dezidierte Maßnahme der Wirtschafts- und zugleich Städteförderung ins Werk gesetzt und ausdrücklich mit einem erwarteten Urbanisierungsschub durch die Experten für Handel, Geldwesen und Kommunikation begründet worden. 1090 erlangte die jüdische Gemeinde Speyers in einer Urkunde König Heinrichs IV. umfassenden königlichen Schutz und eine ausdrückliche Bekräftigung ihrer Autonomie. Die hier erteilten Privilegien wurden auch zum Vorbild für den Königsschutz der älteren jüdischen Gemeinde Worms und haben das Rechtsleben der mittelalterlichen Judengemeinden im Verhältnis zu ihrem königlichen Schutzherrn überregional grundlegend bestimmt. Bekräftigt wurden hier u. a. die Erlaubnis zum Geldwechsel, die Verfügung über christliche Dienstleute, die Bestätigung des Hausbesitzes der Juden an der Stadtmauer, das Verbot von Zwangstaufen sowie weitere, offenbar auch von talmudischem bzw. jüdischem Recht beeinflusste Bestimmungen. Die Bedeutung der in ihren inneren Belangen unabhängigen Judengemeinden für die Urbanisierung und überregionale Kommunikation, die beschleunigte wirtschaftliche Verdichtung und Vernetzung sowie für die geistige Ausstrahlung der Bischofsstädte (nicht zuletzt für die Herausbildung von Modellen autonomer Gemeindebildung) kann kaum hoch genug eingeschätzt werden. Beeindruckend ist dabei, in welcher Geschwindigkeit die auch von Zuwanderern aus Italien bzw. generell der Romania profitierenden Gemeinden Orte der Gelehrsamkeit, talmudischer Hochschulen und Zentren rabbinischer Autorität geworden sind. Umso brutaler war der Einschnitt im Gefolge der auch durch kirchlich-antijüdische Parolen genährten Pogrome im Zusammenhang des ersten Kreuzzugs im Frühjahr 1096. Die hebräischen Chroniken der Ereignisse gewähren dabei tiefe Einblicke in das Ausmaß der Traumatisierung der Gemeinden durch die Gewaltexzesse, denen nur der mit dem Schutz betraute Bischof in Speyer Einhalt zu bieten vermochte.[17] Noch Jahrhunderte später hatte die Erinnerung an das entsetzliche Geschehen einen festen Platz im kollektiven jüdischen Bewusstsein und in der Liturgie der Gemeinden.

Neuansätze während der Salierzeit – Ministeriale

Die seit dem 10. Jh. stabilisierte bischöfliche Stadtherrschaft unterlag verstärkt seit etwa 1100 nahezu in allen Bischofsstädten einem tiefgreifenden Wandlungsprozess. Ein dabei wirksamer Faktor war die Durchsetzung der Regeln der von den kirchlichen Reformkräften der heraufkommenden Zeit des sog. »Investiturstreits« geforderten kanonischen Bischofswahl durch Klerus und Volk. Dies zog wachsende Mitspracherechte und Beteiligungsmöglichkeiten der aufsteigenden Ministerialität nach sich, also der Dienstleute der geistlichen Stadtherren. Sie übernahmen wichtige Aufgaben in militärischer, wirtschaftlicher (Zöllner, Münzwesen) und administrativer Hinsicht, wurden reicher und damit einflussreicher und nahmen immer selbstbewusster eigenständigen Anteil an den ihnen ursprünglich übertragenen Herrschaftsrechten. Ministerialen wurden so generell bis in das 13. Jh. zu den wichtigsten Trägern der dynamischen Stadtentwicklung. Diese verlief lange Zeit im Konsens mit den Stadtherren, die seit der salischen Epoche immer mehr auf die Unterstützung ihrer Dienstleute angewiesen waren.[18] Die zunehmend eigenständige, nicht selten gemeinsam mit Vertretern der Laienbevölkerung gegen den Oberhirten gerichtete Rolle der Domkapitel mit ihren sich aus der bischöflichen Verfügungsgewalt verselbständigenden ökonomischen Ressourcen verschärfte diese Begrenzungen bischöflicher Macht zusätzlich. Dieser Prozess lässt sich etwa in Trier, Worms und Speyer gut verfolgen.[19]

Wie sehr die Ministerialität gerade die neuen, mächtigen religiösen Reformbewegungen unterstützt hat, lässt sich anhand der 1090/1104 erfolgten exorbitanten Stiftungen des Mainzer Bürgers und Mühlenbesitzers Wignand an mehrere Klöster dieser Zeit eindrucksvoll belegen. Verwandtschaftliche Beziehungen zwischen der Reformabtei Hirsau im Schwarzwald und Mainzer Bürgern und Geistlichen sind gut bezeugt. Wignand finanzierte u. a. die Errichtung der hirsauisch, also reformkirchlich geprägten Abtei Komburg (im Kochertal unweit von Schwäbisch Hall) und war auch an der Übergabe des Klosters an das Mainzer Erzstift im Jahre 1090 beteiligt.[20] Wignand, seine Familie und ihr gesellschaftliches Umfeld markieren mit ihren Aktivitäten und Handlungsspielräumen dabei gleichsam nur die Spitze eines Eisbergs. Die von den aufstrebenden Familien gesuchte Nähe zu den neuen religiösen Institutionen, sicherte ihnen nicht zuletzt Teilhabe am Gebetsgedenken der Konvente und damit die für die Zeitgenossen so wichtige Memoria, das liturgisch vollzogene Gedenken an die Verstorbenen. Besonders nachhaltig war der Ausbau ministerialischer Beteiligungsrechte an der erzbischöflichen Herrschaft und Rechtsprechung in Trier, was sich vor allem ab 1066 an spektakulären Gewalttaten im Zusammenhang von Bischofswahlen manifestierte. Besonderen Ausdruck findet das Selbstverständnis der führenden Gruppen und Gemeinschaften in dem sich im 11. Jh. massiv urbanisierenden Trier in einer reichen Geschichtsschreibung.

Trierer Geschichtsschreibung

Nachdem um 1050/60 das ältere trierische Sagen- und Legendengut zusammengefasst worden war, wurden um 1100 in der Benediktinerabtei St. Eucharius (später St. Matthias) die *Gesta Treverorum*, die »Taten der Trierer« in einer ersten Redaktion verfasst.[21] In der wichtigsten Trierer Geschichtsquelle des hohen Mittelalters steht die Profangeschichte der aus Caesars *Bellum Gallicum* bekannten Treverer gegenüber der bis dahin besonders beachteten kirchlichen Geschichte durchgängig im Vordergrund. Die Texte wurden geradezu als »Geschichtsbuch der Trierer *militia*« (Thomas) konzipiert. In der Ministerialität und den »Vornehmen« Triers ist danach auch der Rezipientenkreis der Texte zu suchen. Ein besonderer Zug des hier vermittelten Geschichtsbildes ist der von lebendiger Anschauung der römischen Bauten genährte Lokalstolz, der nicht mehr spezifisch kirchlich begründet ist. Insofern sind die in den folgenden Jahrzehnten und Jahrhunderten immer weiter fortgeführten und überarbeiteten *Gesta* aufschlussreiche Dokumente für das Selbstverständnis der führenden Familien Triers zu Beginn des 12. Jhs. Von besonderem Interesse ist in diesem Zusammenhang die nach der Jahrtausendwende nachweisbare Sage von der Gründung Triers bereits 1250 Jahre vor Rom durch den Babylonier Trebeta. Die Trierer Führungsgruppen haben sich in den *Gesta* dieser Sage bemächtigt und die Ursprünge ihrer Familien auf Trebeta zurückgeführt. Die Gründungslegende wurde später ein wesentlicher Bestandteil der Trierer Stadtgeschichte und der kommunalen Identität bis weit in die Neuzeit hinein. Wichtiger Bestandteil dieses städtischen Selbstverständnisses ist dabei die seit der Mitte des 10. Jhs. bezeugte Vorstellung von Trier als »zweitem Rom«. Die *Gesta Treverorum* stehen wiederum im Zusammenhang mit einem für diese Zeit im nordalpinen Raum einzigartigen Heiligenkult, der auf den kurz nach 1072 verfassten ausführlichen Bericht über ein spätantikes Martyrium bei St. Paulin vor den Mauern Triers zurückgeht.

Worms

Die bischöfliche Stadtherrschaft in Worms gelangte dagegen erst in der Zeit des überragenden Bischofs Burchard (1000–1025) zu ihrer vollen Ausprägung.[22] Zu seinen Leistungen gehören große stadtplanerische Maßnahmen und Bauprojekte, darunter der Neubau des Domes St. Peter, die Förderung bzw. Neuerrichtung der für die allgemeine Stadtentwicklung, die Absicherung der Stadtherrschaft und das kirchliche Leben wichtigen Kollegiatstifte, die Festlegung eines Hofrechts für den sich rechtlich und sozial zunehmend differenzierenden, an die Domkirche gebundenen Personenverband (*familia*), eine neue Stadtbefestigung sowie eine bedeutende Sammlung kirchenrechtlicher Vorschriften. Burchard verdrängte die in der Region mächtige Adelsfamilie der Salier, die sich bald Speyer zuwandten, aus der Stadt. Seit 1074 und damit außergewöhnlich früh trat die Wormser Stadtbürgerschaft als eigenständiger politischer Faktor auf: Vor dem Hintergrund der krisenhaften politischen Situation des Reiches wurde König Heinrich IV. von den Bürgern von Worms Ende 1073 feierlich in die befestigte Stadt aufgenommen, deren Bischof Worms verlassen hatte. Als demonstratives politisches Manifest ist die von ihm daraufhin 1074 den »Juden und übrigen Wormsern« ausgestellte Urkunde anzusehen. Den Wormsern wurde im Gegenzug für ihre Hilfe die Zollabgabe an königlichen Orten erlassen, ein beachtlicher wirtschaftlich-finanzieller Vorteil und die erste vom König einer entstehenden Stadt bzw. Bewohnergemeinschaft erteilte Urkunde in Deutschland überhaupt. Eine Schwächephase erlebte die bischöfliche Herrschaft im sog. »Investiturstreit« zwischen 1073 und 1125, während die salischen Herrscher die Stadtentwicklung hier weiter förderten. Zugleich griffen die Städte zunehmend als militärisch handlungsfähige Faktoren in das herrschaftliche Geschehen ein, wie dies in der Salierzeit neben Worms etwa auch in Mainz (vor allem für 1077) belegt ist.[23] Mit den Saliern wurde das nördliche Oberrheingebiet zu einer zentralen Königslandschaft.

Speyer

In besonders eindrucksvoller Weise ist das Engagement der salischen Herrscher für das bis in das 11. Jh. kaum entwickelte Speyer zu beobachten.[24] Hier haben die Salier seit der Übernahme der Königswürde ab 1025 aktiv die Stadtentwicklung vorangetrieben und im Ergebnis eine neue Qualität städtischen Gemeinschaftslebens mit hervorgebracht. Stadt und Domkirche zu Speyer haben ihren um 1000 noch beträchtlichen Entwicklungsrückstand gegenüber den meisten Bischofsstädten des Reiches mit oder ohne spätantike Wurzeln nicht nur im Hinblick auf ihre urbane und zentralörtliche Bedeutung aufgeholt. Das Stadtgebiet vermehrte sich in der Zeit von ca. 1025 bis 1125 vermutlich um das Vierfache: Es entstand im Grunde eine ganz neue Stadt, deren Mittelpunkt, der gigantische, ab 1025 errichtete, Maria geweihte Dom mit seiner salischen Königsgrablege eine ungeheure politische wie sakral-liturgische Wirkmächtigkeit entfalten sollte. Diese Wirkung endete keineswegs mit dem Ende der für die Stadt so entscheidenden Dynastie 1125; stattdessen knüpften weitere Königsdynastien noch nach den Staufern ganz bewusst hieran an. Die in Speyer um 1100 erreichte Verdichtung und Kommunikation unter Baukünstlern, Architekten und Werkleuten, die hier gesammelten Erfahrungen und die neue Qualität des Bauens auf der Basis einer florierenden Geldwirtschaft und neuartiger politisch-gesellschaftlicher Dynamik in der Herausbildung innovativer Gemeinschaftsformen haben sich auf andere Großbauten fruchtbar und vorbildgebend bis nach Nordeuropa ausgewirkt. Davon gibt der Dom im heute schwedischen Lund bis heute ein eindrucksvolles Zeugnis. Ein groß angelegtes urbanistisches Programm hat aus der bescheidenen *civitas* der Zeit um 1000 eine repräsentative, kultisch, demografisch und wirtschaftlich dynamische Kathedralstadt gemacht. Der Weg vom »Kuhdorf« (so in den 970er Jahren der geistliche Dichter und spätere Bischof Walther von Speyer), zur *metropolis Germaniae*, so genannt bei der Beisetzung Kaiser Heinrichs V. 1125 von einem englischen geistlichen Chronisten, war ohne die Salier völlig undenkbar. Insgesamt zeigt sich hier eine innovative Verbindung zwischen dem äußerst aufwendigen Ausbau des Domes als dynastisch-familiärer königlicher Grablege der Salier, der gezielten Nutzung und Förderung gesellschaftlich-rechtlicher Wandlungen (Stichwort Zensualität) und die Förderung urban fundierter und die Stadtqualität hebender Kräfte (vor allem die Juden) sowie eine weitere bauliche Urbanisierung auch durch neue Kollegiatstifte. Herausragende Bedeutung bekamen dabei die im Jahre 1111 inschriftlich über dem Domportal angebrachten, außergewöhnlichen rechtlichen Regelungen in Gestalt der Konstituierung einer Stadtgemeinde als Gebets- und Sakralgemeinschaft im Dienst des Königtums durch Kaiser Heinrich V. Mit dieser »Magna Charta der Speyerer Bürgerschaft« (Weinfurter)[25] wurde der Grundstein für die schließlich bis 1798 andauernde Position der Stadt als Reichsstadt gelegt, wie sie auch Speyers »Zwillingsstadt« Worms mit ihrer ganz ähnlichen Stadtverfassung und Topografie bewahren konnte.

Mainz Für das Verständnis bischöflichen bzw. erzbischöflichen Handelns um 1100 gewinnt der Begriff »Freiheit« (*libertas*) mitsamt dem damit verbundenen Ordnungsmodell und Wertesystem an Gewicht. So folgte das erste Privileg des Mainzer Erzbischofs für die Bewohner seiner Stadt von 1119/21 im Gegenzug für bürgerlich-ministerialische Unterstützung bei der Wiedererlangung seiner Herrschaft dem Ideal der mit Bibelzitaten untermauerten *libertas Moguntina*. Die in der Klosterpolitik betonte Freiheit von Vogt und weltlichen Gewalten wird gleichsam auf die Stadtherrschaft übertragen. Die eingehende Beratung mit den führenden Männern der Stadt (*primores*) aus Klerus und Bürgern ist dem Rechtsakt selbstverständlich vorausgegangen. Allen innerhalb der Stadtmauern Lebenden wird die Befreiung von Gerichten und von Abgabenerhebungen auswärtiger Vögte gewährt. Die Einwohner der Stadt Mainz (nach dem Chronisten Lampert von Hersfeld neben Köln »Haupt der Städte Galliens«) hatten damit – ungeachtet zahlreicher weiterbestehender Abhängigkeitsverhältnisse – ihren alleinigen Gerichtsstand in der Stadt. Spätestens 1135 wurde der Text des Privilegs, dem in der Forschung eine »herausragende Bedeutung« bescheinigt wird, inschriftlich am Bronzeportal des Mainzer Domes (Marktportal) angebracht und somit noch einmal aufgewertet, indem es bewusst und (dem Vorbild Speyers 1111 folgend) mitten in das Zentrum der städtisch-religiösen Öffentlichkeit hineingerückt wurde.[26]

Im Ergebnis der Zeit um 1125, also am Ende der salischen Epoche, können wir vor allem in Speyer und Worms eine bemerkenswerte, herrscherlich gezielte Förderung der Verbandsbildung und eine starke Tendenz zur rechtlichen Angleichung der Bewohner beobachten. Anhand der die Bestimmungen Heinrichs V. von 1111 für Speyer (bzw. 1112 und 1114 für Worms) aufgreifenden und bekräftigenden Urkunden Kaiser Friedrichs I. Barbarossa von 1182 zugunsten der Bürger von Speyer (1184 folgen ähnliche Rechte für die Bürger von Worms) werden das hohe Maß an gesellschaftlicher Dynamik und eine stetige Fortsetzung der vom Königtum angestoßenen, stets im Konsens mit allen Beteiligten verlaufenden Förderung urbaner Gegebenheiten deutlich. Dazu gehören u. a. Steuerfreiheiten und Rechtssicherheit. Auf diesem Weg wurde nicht zuletzt ein bemerkenswertes kommunales Selbstbewusstsein, ja eine kommunale Identität bgründet. Das spezifische Verhältnis von bischöflicher und königlicher Stadtherrschaft führt neben anderen Faktoren in Speyer und Worms von unterschiedlichen Voraussetzungen her zu einer gleichartigen Entwicklung hin zu entschieden größeren rechtlichen und wirtschaftlichen Entfaltungsmöglichkeiten breiter Teile der Stadtbevölkerung unter Einschluss von Zuwanderern im Sinne des entstehenden Stadtbürgerrechts. Zu dieser Entwicklung von langfristig größter Tragweite haben heute rheinland-pfälzische Städte somit einen ganz entscheidenden Beitrag geleistet.

Kleinere Städte

Gesellschaftliche Dynamik blieb aber keineswegs auf die großen Städte beschränkt: Im Rheinland begannen kurz nach 1100 – aufbauend auf einem quellenbedingt nur punktuell greifbaren, sicher weitaus dichteren Netz landgemeindlicher Aktivitäten – Gemeinden nachwachsender urbaner Zentren mit eigenständigen Anstrengungen gemeinschaftlicher Kapellenstiftung bzw. Kirchengründung und damit handlungsfähiger Hinwendung zu religiösen Institutionen. Es finden sich hier Belege für die machtvolle Tendenz zu sich religiös legitimierenden Gemeinschaften. Besonders eindrucksvoll ist der Fall Remagen: Die Bewohner des Reichsortes[27] beschlossen um 1110 unter Berufung auf das Armutsideal der Urkirche, ihnen gemeinschaftlich gehörenden Besitz dem Kölner Erzbischof zur Gründung eines Klosters zu übertragen. Mit der Ausführung wurden zwölf Vorsteher (*primores*) beauftragt. Die Remagener übertrugen dem Geistlichen einen ihnen gehörenden Berg mit einer alten Martinskirche, damit dieser dort Diener Gottes ansiedle. Durch gemeinsamen Beschluss haben sie, »Arme und Reiche«, diesen übergeben. Die Schenkung der Bewohner (darunter Wald, Mühlen, Weinberge und Zehnten) belegt Gemeindebesitz und Handlungsfähigkeit, der Rechtsakt unterstreicht die Attraktivität der mächtigen kirchlichen Reformideen. Die Zeugenreihe der Urkunde verweist zudem auf eine beachtliche soziale Differenzierung im Ort. Unmittelbar darauf bestand hier eine Niederlassung der Reformabtei Siegburg. In diesen Zusammenhang gehört auch die Klostergründung durch Bürger des Reichsortes Boppard. Die »Bürger von Boppard« errichteten auf dem Marienberg einen Konvent und übergaben diesen an das reformgesinnte Trierer Benediktinerkloster St. Eucharius. Zwischen 1122 und 1125 lösten sie als Gemeinschaft beratend mit einer Stimme, auch hier wieder »Arme wie Reiche«, in einem Tausch mit der Pfarrkirche die Marienkapelle vor den Stadtmauern aus dem Pfarreibezirk heraus und stifteten sie als gottesdienstlichen Ort im Hinblick auf ihr Seelenheil. Zudem erfolgte eine Mehrung der Kapelleneinkünfte.[28] Die Bürger von Bingen traten 1134 als Stiftergemeinschaft für eine Kapelle hervor und übertrugen der Zisterzienserabtei Eberbach (Rheingau) Land für das gemeinschaftliche Seelenheil.[29] Die Reihe dieser Beispiele ließe sich fortsetzen.

2. Urbanisierung, Verdichtung und Wachstum: Städtewesen und Wirtschaft (um 1100 bis 1350)

Landgemeinden, Urbanisierung und zentralörtliche Entwicklung: Ein Überblick

Die Jahrhunderte zwischen etwa 1100 und dem Beginn des 14. Jhs. sind durch eine bis dahin nie dagewesene Intensivierung der Siedlung, starke Klimagunst mit langfristiger Erwärmung, Ausbauvorgänge in Landwirtschaft und Weinbau und (damit einhergehend) von einer starken, aber sehr ungleichmäßig verteilten Urbanisierung der Landschaften an Rhein und Mosel gekennzeichnet, wie sie für ganz Mitteleuropa grundlegend war. Die in dieser Phase geschaffenen urbanen und wirtschaftlichen Strukturen blieben in manchen Landesteilen bis in das 19. Jh. prägend. Die Ausbauvorgänge sind eng verschränkt mit gesellschaftlichen Wandlungen in Gestalt neuer Freiheiten und Gemeinschaftsformen, wachsender Mobilität und weiter vordringender Geldwirtschaft. Auch hierzulande gilt: »Um 1100 beginnt eine neue Epoche in der Geschichte des europäischen Städtewesens.«[30]

Der ländliche Raum

Vor allem in der Verdichtungsregion am Mittelrhein etwa zwischen Bingen und Remagen lässt sich die Basis für diese neuen Entwicklungen in Gestalt des Landesausbaues und der Intensivierung der Landwirtschaft und des Weinbaues seit den 1070er Jahren in der Fläche verfolgen: In auffallend rascher Folge finden sich gerade dort seither gehäufte Belege für die Verbreitung des Weinbaues. Sein Verbreitungsbild ändert sich am Oberen Mittelrhein »rasch und nachhaltig« (Volk), so dass die neuere Forschung auf guter Quellenbasis von einem »einheitlichen Ausbauprozess« in der Region ausgeht.[31] Seit dem Ende des 11. Jhs. sind die Auflösung des überkommenen Fronhofsystems und das rasante Vordringen von Geldzinsen in dieser Region gut zu verfolgen. In den Mosellanden verdreifacht sich zeitgleich zwischen dem 11. und dem Anfang des 13. Jhs. die Zahl der urkundlich belegten Orte. Dies ist nicht zuletzt das Ergebnis einer sich nun immer stärker ausbreitenden, vor allem von den geistlichen Institutionen getragenen Schriftlichkeit, die uns seither ganz neue, immer besser werdende Einblicke in die Verhältnisse auch im ländlichen Raum gewährt. Die Forschung macht die grundlegenden herrschaftsorganisatorischen Wandlungen in Verbindung mit Impulsen aus der Verbandsbildung der kirchlichen Gemeinschaften auch für die im 12. Jh. in voller Breite sich durchsetzende Bildung von Landgemeinden verantwortlich, wobei sich die Dorfgemeinde zugleich als Kultgemeinde verstand.[32] Häufig treffen wir dabei dörfliche Führungsschichten an.

Für die Herausbildung von Landgemeinden, gesellschaftliche Basis für die Urbanisierung in den größeren Zentren, müssen wenige Beispiele genügen. 1135 erfahren wir aus dem Moselort Enkirch von eigenverantwortlichem Vorgehen der Gemeinde bei Güterübertragungen: Aus Anlass der Weihe und Dotierung der örtlichen Kapelle des Reformkanonikerstifts Ravengiersburg durch den Trierer Erzbischof Albero von Montreuil ist von der Zustimmung der Bewohner des Ortes ausdrücklich die Rede. Eine weitere Urkunde ebenfalls aus Enkirch berichtet über einen Gütertausch zwischen den Dorfbewohnern und dem Stiftsvorsteher von Ravengiersburg. Das Stift erhielt zur Vergrößerung des zu klein gewordenen Kirchhofes im Ort einen Gemeindeweg. Dafür wurde der Gemeinde ein Platz am Rand eines Weinbergs des Stifts überlassen. In dem bei der Zisterzienserabtei Himmerod gelegenen Eifeldorf Großlittgen lässt sich im Jahre 1169 ein bäuerliches Mitspracherecht bei der Vergabe von Nutzungsrechten an der Allmende nachweisen: Eine Übertragung von Wald und Nutzungsrechten an das Kloster erfolgte mit Zustimmung aller Bauern des Dorfes; die Grenzen des der Abtei übertragenen Waldes wurden im Auftrag des Abtes von den Bauern festgesetzt. Die Selbständigkeit des bäuerlichen Verbandes und seine Fähigkeit zu eigenverantwortlichem Handeln zeigt sich darüber hinaus auch an der eidlichen Verpflichtung zur Wahrung der dem Kloster zugestandenen Rechte: Es besteht kein Zweifel an der Rechtsfähigkeit der Bauern (*rustici*) von Großlittgen. Für das Kloster Himmerod war dies allerdings kein Einzelfall: Die Abtei hatte es in ihrer Nachbarschaft keineswegs mit rechtsunfähigen Hörigen zu tun, sondern von Beginn an mit gewachsenen genossenschaftlichen Verbänden. Generell können wir rechtsfähige bäuerliche Verbände gemeindlich-genossenschaftlicher Prägung im Moselland seit dem 12. Jh., in größerer Zahl nach 1200 nachweisen. Den Gemeinden oblag die Regelung und Kontrolle der Nutzung von Weinbergen, die Aufsicht über Wege, Straßen und Brücken samt deren Unterhaltung, man erließ Flurordnungen, zog Abgaben ein und hielt sich in Konflikten mit Adel und Klöstern nicht zurück.

Mittelrhein

Blicken wir auf das sich entfaltende Städtewesen, so sind zunächst die fließenden Übergänge und Abgrenzungsprobleme zwischen größeren Dörfern und kleineren Städten hervorzuheben, wie sie etwa für die stets am intensivsten urbanisierte, an Handel und territorialer Durchdringung besonders starken Anteil nehmenden Region, den Mittelrhein zwischen Bingen und Remagen, feststellbar sind.[33] Herrschaftlich blieben dem Reich bzw. dem Königtum hier nach zahlreichen Besitzvergaben an geistliche Herrschaftsträger lediglich die »Restposten« Boppard und Oberwesel und auch die nur bis kurz nach 1300. Das seit 1018 trierische Koblenz,[34] das auf heutigem Landesgebiet bis in die Neuzeit früheste und dauerhaft bedeutendste urbane Zentrum unterhalb der Ebene der vier Bischofsstädte, hat bereits für das 11. Jh. zahlreiche städtische Merkmale und Funktionen aufzuweisen. Auf der Basis einer römischen Militärsiedlung, eines fränkischen Königshofes, hoher Lagegunst und reicher geistlicher Ausstattung (Stifte St. Kastor 836, St. Florin 930er Jahre u. a.) mit wichtigen Wirtschaftsfunktionen, darunter Markt- und Durchgangszoll, Münzstätte, jüdischer Siedlung seit um 1150 sowie einem frühen Nikolaushospital (um 1110) entfaltete sich hier im 12. und 13. Jh. eine kraftvolle Stadtgemeinde mit starkem Autonomiestreben gegenüber dem erzbischöflichen Stadtherrn (1198 Stadtsiegel). Hinzu kommen ein differenziertes Gewerbe sowie starke Bautätigkeit (Stadterweiterung 1270/80 bis ca. 1310; 1332/36 bis nach 1363 Bau der steinernen Moselbrücke unter Erzbischof Balduin). Während der ersten Hälfte des 14. Jhs. gelang es den Trierer Erzbischöfen (vor allem Balduin von Luxemburg als bedeutendstem Territorialpolitiker seiner Zeit), ihre stadtherrschaftliche Position am Mittelrhein bedeutend zu steigern. Durch den Erwerb von Boppard und Oberwesel fielen bald nach 1300 zwei blühende urbane Zentren an Kurtrier. Auf der Basis des römischen Kastells *Baudobriga*, erweitert im 12. Jh. (oppidum mit 6 ha, Severusstift, Schiffszoll, früher Markt und Münzstätte, 1216 Stadtsiegel: »besondere und freie Stadt des Reiches«) ist im Reichsort Boppard[35] eine dynamische Stadtgemeindebildung zu beobachten. Wie so viele Reichsstädte schließlich verpfändet, wurde es unter Balduin eng an die trierische Herrschaft gebunden und verlor als Amtssitz trotz differenzierten Gewerbes und bleibenden

Koblenz

Boppard

Oberwesel

kommunalen Selbstbewusstseins langfristig seine urbane Dynamik. Auch im Falle von Oberwesel[36] geht die Stadtentwicklung von römischen Grundlagen aus. Als Zentrum eines königlichen Fiskalbezirks (1180 *oppidum*, 1229 Beleg für Markt, 1241 Juden bezeugt) blieb es im Reichsbesitz, wobei Rheinzoll und Stadtsiegel 1253 belegt, aber sicher älter sind. 1257, zwei Jahre nach der Mitgliedschaft im Rheinischen Bund, wurde die Reichsunmittelbarkeit durch König Richard von Cornwall[37] bestätigt. Unmittelbar darauf hat sich in der etwa 22 ha umfassenden ummauerten Stadt bereits ein (damit sehr frühes) Franziskanerkloster niedergelassen. Um 1300 waren hier lombardische Geldhändler mit überörtlichen Funktionen tätig. Die Stadt blieb ökonomisch sehr dynamisch, bevor sie 1312 pfandweise (aber letztlich dauerhaft) an Trier überging und (vergleichbar Boppard) als Amtssitz in die territoriale Verwaltung Kurtriers eingebunden wurde. Dennoch hat sich die Stadt dynamisch weiterentwickelt, wobei wir gerade hier die topografische Entfaltung der Siedlungskerne gut erkennen können.

Erzstift Mainz und Bingen

Auch die Mainzer Erzbischöfe verstanden es, das herrschaftliche und ökonomische Potential an Europas wichtigster Wasserstraße und Kommunikationsader, dem Rhein, für sich zu nutzen. Bereits 983 war ihnen mit der ebenfalls römisch fundierten *civitas* Bingen[38] an der Nahemündung eine Schlüsselposition mit Markt und Münze übertragen worden. Das dortige Martinsstift und die nahegelegene Burg Klopp als späterer Sitz der mainzischen Dienstmannen wurden zu Vorposten der bleibenden Kurmainzer Präsenz. Bingen war bereits um 1140 befestigt, umfasste etwa 16 ha und verfügte um die Mitte des 12. Jhs. bereits über eine handlungsfähige Ortsgemeinde. Dafür stehen das 1246 belegte Stadtsiegel und ab 1254 die sehr aktive Teilnahme am Rheinischen Bund. Bingen setzte seine überaus dynamische Entwicklung bis zum späten Mittelalter fort. Nach dem Übergang der Stadtherrschaft auf das Mainzer Domkapitel im 15. Jh. kam es dabei zu ständigen Konflikten mit den Bürgern. Kurmainz baute seine Stellung dazu auch durch den Bau der Burg Lahneck bei Oberlahnstein[39] 1183 aus und erhob hier seit 1298 einen bedeutsamen Rheinzoll. 1324 erhielt der 1258 als *oppidum* bezeichnete Ort ein königliches Privileg, für das Jahr 1337 ist eine jüdische Gemeinde nachweisbar. Burg und Zoll begründeten hier eine wichtige strategische Position bei bescheidener urbaner Entfaltung.

Oberlahnstein

Auch das im heutigen Landesnorden generell recht starke Erzstift Köln war am Mittelrhein vertreten. Das wiederum römische Andernach,[40] bis 1167 im Reichsbesitz und danach südlicher kurkölnischer Vorposten, zeigte im 12. Jh. eine bemerkenswerte städtische bzw. stadtgemeindliche Entwicklung. Dazu gehören etwa Zoll und Münze, eine 1171 bezeugte jüdische Gemeinde, ein Stadtsiegel schon 1190, Markt und frühes Gewerbe und die Erweiterung gegenüber den römischen Mauern um 18 ha. Allerdings scheint der frühe Urbanisierungsschub ab 1250 abzuebben. Um 1250 kam mit Linz[41] ein erst seit dem 14. Jh. größeren Aufschwung nehmender Ort mit Stadtcharakter unter kölnische Herrschaft, die es als Bastion auf dem linken Rheinufer auszubauen bestrebt war (1320 Mauerbau, 1329 Rechte der kurkölnischen Städte, 1365 Bau kurkölnischer Burg, im folgenden Jahr Verlegung des Andernacher Rheinzolls nach dort).

Erzstift Köln und Andernach

Linz und Rhens

Kurköln verfügte am Rhein auch über »Zwitterwesen« zwischen Dorf und Stadt wie etwa Rhens. Generell beobachten wir in der Region die Vergabe von Stadtrechten z. T. an kleinste Orte als herrschaftliche »Reviermarkierung« (z. B. Osterspai 1326, Niederlahnstein 1332). Auffallend ist am gesamten Mittelrhein der Reichtum an geistlichen Institutionen und eine große Zahl von Hospitälern.[42] Bedeutende Städte in der Region sind neben den genannten Zentren in früher oder später geistlicher Hand auch Remagen und Sinzig.[43] In dem als Reichsbesitz häufiger verpfändeten, bereits kurz erwähnten Kastell und *castrum* (755) Remagen bestand um 900 ein Markt, zudem ist frühe Münzprägung belegt, schon 1221 wird eine Stadtgemeinde mit Siegel greifbar. Die Stadt nahm einen raschen Aufschwung und unterstand ab 1248 den Grafen von Berg. Sinzig, auch dies bereits eine römische Siedlung in fruchtbarer Tallage südlich der Ahrmündung, 762 Königspfalz, 1065 Markt-, Münz- und Zollprivileg, nahm trotz wiederholter Verpfändungen eine beachtliche städtische Entwicklung. Unter anderem sind 1241/42 Juden in der sog. »Reichssteuerliste« genannt, 1310 ein Jahrmarkt.

Remagen und Sinzig

Zu den im heutigen Landesgebiet langfristig stärksten Mächten und wichtigsten Stadtherren entwickelten sich die Pfalzgrafen bei Rhein, ab 1214 von ihrer künftigen Residenz Heidelberg aus. Als erster Herrschaftssitz des sich ab etwa 1156 langsam herausbildenden Territoriums spielte das durch Siedlungskontinuität seit vorrömischer Zeit geprägte Bacharach[44] mit Burg Stahleck und dem gegenüber liegenden Kaub (Burg, Zoll) eine herausragende Rolle. Das im 14. Jh. zeitweilig verpfändete Bacharach war »Vorort« eines Verbandes von vier gefreiten Talorten. 1226 ist der Rheinzoll belegt und schon seit 1146 (also auffalland früh) dauerhaft Juden. Die überregionale Bedeutung der Stadt beruht eindeutig auf dem stets umkämpften, einträglichen Zoll. Zu den wichtigen Zollorten in der Region gehört daneben mit Braubach ein im hohen Mittelalter mainzisches Lehen der Pfalzgrafen (erstmals belegter Rheinzoll 1252, 1276 Stadtrechtsverleihung durch König Rudolf von Habsburg, Judensiedlung). Auch hier erwiesen sich die strategische Lage von Burg und Zoll als ausschlaggebend für die Stadtentwicklung. Nicht mehr so recht an seine bereits erwähnte frühere Bedeutung als Prümer Abteimarkt und Wallfahrtsort anknüpfen konnte St. Goar.[45] Es wurde ab 1190 zum zentralen Herrschaftsschwerpunkt der Grafen von Katzenelnbogen. Es wurde 1202 als *oppidum* genannt, nachgewiesen sind auch Burg und befestigte Kirche. Seit 1219 ist St. Goar als Zollstelle der Grafen genannt, um 1246 erfolgte der Bau der Burg und Zollstelle Rheinfels. Eine verstärkte wirtschaftliche und gemeindliche Entwicklung ist erst seit Ende des 13. Jhs. erkennbar.

Pfalzgrafen – Bacharach

Braubach und St. Goar

Wie steht es aber mit dem Königtum und dem Reich in Bezug auf das Städtewesen? Obwohl die Staufer in Teilen des Landes, vornehmlich am nördlichen Oberrhein, in der Nachfolge der Salier die für die Reichspolitik höchst wichtige politische Landschaft stark prägten und große Anstrengungen zum Ausbau des Städtewesens unternahmen,[46] wurden nur wenige neue Reichsstädte auf Königsgut bis 1250 im heutigen Landesgebiet (anders als etwa im Elsaß) gegründet bzw. nachhaltig gestärkt. Diese drei sind allerdings sehr spannende Fälle einer ganz unterschiedlich verlaufenden urbanen Entwicklung. Bereits seit der Mitte des 12. Jh. erfolgte unter Friedrich I. Barbarossa der Ausbau der an der Königsstraße gelegenen Pfalzsiedlung Kaiserslautern, das sich zur Stadt entfalten und anhaltend an Qualität hinzugewinnen konnte (nach 1150 Burg/Pfalz, Hospital, 1216 Transitzoll, frühe und dauerhafte Judensiedlung, Münze, Prämonstratenserstift, 1262 Stadtsiegel,

Königtum

Kaiserslautern

1. Hälfte 13. Jh. Stadtbefestigung, mit Pfalz 27 ha).[47] Der Aufschwung setzte sich hier trotz zeitweiliger Verpfändungen und kurtrierischer Herrschaftsambitionen des 14. Jhs. auch ökonomisch fort. Eine der frühesten Stadtrechtsverleihungen begegnet in Annweiler, unterhalb der für die Reichsgeschichte so wichtigen Reichsburg Trifels. Hier verlieh König Friedrich II. im Rahmen seiner Reichslandpolitik im heutigen Elsaß und der Pfalz den Bewohnern 1219 auf deren Wunsch das (somit erstmals genannte) Speyerer Stadtrecht.[48] Trotz dieser Verleihung entwickelte sich der Ort, der 1330 an Kurpfalz verpfändet wurde, nicht recht zu einer wirklichen Stadt weiter. Im Gegensatz dazu steht der geradezu spektakuläre Aufstieg von Oppenheim in den Jahren nach 1220, ebenfalls unter Förderung Kaiser Friedrichs II.[49] Auf der Bistumsgrenze Mainz – Worms gelegen, ging der Lorscher Markt- und Zollort (1008 Privileg Kaiser Heinrichs II., 1118 *oppidum*) mit seiner Burg 1147 auf das Reich über. Friedrich II. ließ dann ab 1212/20 eine Neustadt anlegen, der Stadtmauerbau (etwa 25 ha) nebst weiteren urbanen Ansätzen folgten (1225/26 Privileg: Steuerfreiheit, Befestigungsrecht; Messe, Burgneubau, Landvogtei für das Reichsgut im Raum Worms – Bingen). Das Stadtsiegel mit dem bemerkenswerten Herrscherportrait (um 1225) unterstreicht diese außergewöhnliche Bindung. Zum Jahre 1241 sind hier erstmals Juden erwähnt, der Neubau der späteren Stiftskirche St. Katharina in der Neustadt (ab 1285, 1313 Stift) wurde begleitet durch weitere geistliche Institutionen wie eine zweite Pfarrei und schon um 1250 ein Franziskanerkonvent. Die Stadt war ab 1254 sehr aktives Mitglied im Rheinischen Bund und blieb geprägt durch stetige Konflikte zwischen dem Rat und den königlichen Burgmannen. Nach der Verpfändung aus Reichsbesitz an Kurmainz 1315 stagnierte dieser Aufschwung zwar, allerdings blieb das Oppenheimer Stadtrecht regional als Vorbild wirksam. Nach dem sog. Interregnum, der Phase ohne allgemein anerkanntes Reichsoberhaupt 1254–1273, gab es unter König Rudolf von Habsburg[50] wieder neue Ansätze für eine Reichs-Städtepolitik. In unserem Raum sind dabei als Beispiele die Stadterhebungen von Germersheim und Landau zu nennen. Germersheim,[51] ein römischer Kastellort, der um 1265 im Speyerer Zollweistum genannt wurde, erhielt 1276 im Zuge der königlichen Herrschaftsabsicherung ein Privileg. Es folgten eine festere Gemeindebildung und bis zur ersten Hälfte des 14. Jhs. Mauerbau samt Zollfunktionen, ohne dass die 1335 an die Pfalzgrafen verpfändete Stadt eine wirklich dynamische Entwicklung genommen hätte. Im Falle von Landau[52] (1256 *civitas*, Reichsburg) erteilte der Herrscher 1274 dem *oppidum* das Hagenauer Stadtrecht. Die erstmals 1273 erfolgte Nennung von Juden belegt in der 1324 an die Speyerer Bischöfe verpfändeten Reichsstadt einen wirtschaftlichen Aufschwung. Langfristig kaum bedeutsam blieben dagegen einige vom Reich rechtlich ausgestattete kleinere Städte wie Bergzabern (Pfalz), (Gau-)Odernheim (Rheinhessen; 1282 Erwerb für das Reich, 1304/08 Oppenheimer Stadtrecht durch den König erteilt, ab 1315 fast ständige Verpfändungen) oder das bald nach 1300 zur Stadt erhobene, sich jedoch nur bescheiden entwickelnde Pfeddersheim[53] (heute Stadt Worms). Hierbei wirkte sich vor allem die durch finanzielle Notwendigkeiten erzwungene Tendenz zur Verpfändung von kleineren Reichsstädten negativ aus, so dass diese und andere Kleinstädte seit dem späten Mittelalter stagnierten.

Annweiler

Oppenheim

Germersheim

Landau

Bergzabern, Odernheim, Pfeddersheim

Pfalzgrafschaft

Langfristig wichtiger als Stadtherr im heutigen Land wurde im Vergleich zu Reich und Königtum die bereits im Zusammenhang mit dem Mittelrheintal erwähnte Pfalzgrafschaft.[54] Vor allem zwei Zentren neben Bacharch waren es, die seit dem 13. Jh. unter dem Schutz der mächtiger agierenden Pfalzgrafen linksrheinisch Akzente setzten, Alzey und Neustadt a. d. W. Alzey[55], lange vor 1200 befestigter Geleitsmittelpunkt mit spätantiker Vorprägung, wurde um 1200 kurpfälzisch und erhielt bald Residenzfunktionen. Das Stadtrechtsprivileg König Rudolfs von Habsburg von 1277 für den in Wormser Quellen 1260 als »Räubernest« geschmähten Ort steht im Zusammenhang der Privilegien für Neustadt 1275 und Kaiserslautern 1276 sowie dem Streben nach Anbindung der Pfalzgrafschaft an die Reichspolitik. Seit 1305 war die Burg endgültig pfalzgräflich, die Stadt spielte neben Bacharach bis um 1300 eine wichtige Rolle als Residenzort. Eine eigentlich urbane Entwicklung und wirtschaftlicher Aufschwung (u. a. Judenansiedlung) setzte allerdings erst nach etwa 1260 ein. Ein besonders spannender Fall ist die im Grunde einzige planmäßige Neustadtanlage im heutigen Land, die Gründung von Neustadt[56] (a. d. W.). Wohl zwischen 1214 und 1220 wurde durch Pfalzgraf Ludwig die 1246 erstmals quellenmäßig fassbare *Nova Civitas* begründet; sie diente der Sicherung eines Teils der linksrheinischen Besitzungen. Bereits wenige Jahrzehnte nach der vermuteten Gründung begegnet das Gemeinwesen als voll entwickelte, früh ummauerte Stadt in engem Konnex mit dem Herrschaftssitz auf der Wolfsburg. Neustadt war 1255 Mitglied im Rheinischen Bund, 1274 ist das Stadtsiegel belegt, 1275 erfolgt die Verleihung des Speyerer Stadtrechts, nach 1330 finden wir eine Judensiedlung mit Synagoge. Im Jahre 1356 wurde mit der Erhebung der Pfarrkirche St. Ägidius zum Kollegiatstift die Stadt herrschaftlich nochmals gestärkt. Langfristig hat allerdings die ebenfalls im frühen 13. Jh. ausgebaute Residenz Heidelberg Neustadt den Rang als pfalzgräflicher Herrschaftssitz erfolgreich streitig gemacht. Neben diesen »eigenen« Initiativen profitierten die Pfalzgrafen im späten Mittelalter stark von den erwähnten Verpfändungen von Reichsbesitz, so dass sie bis zum Ende des Alten Reiches zu einem der wichtigsten Landes- und Stadtherren der Region aufsteigen konnten.

Alzey

Neustadt

Kurtrier und Moselraum

Von ganz anderen Voraussetzungen her hat sich ein generell weit schwächeres Städtewesen in dem nach 1200 vor allem durch Kurtrier geprägten Moselraum entwickelt.[57] Erst nach dem Erwerb der Vogteirechte über ihr Hochstift 1197 konnten die Trierer Erzbischöfe wirklich über ihre Besitzungen verfügen. Seit etwa 1250 setzte dann in einem bis dahin faktisch städtefreien Gebiet eine landesherrliche Städtepolitik ein, die stets eng mit Burgenbau und territorialer Stärkung verschränkt blieb. Herausragende Figur als Landesherr, Territorialpolitiker und (in diesem Rahmen) Städteförderer war und blieb Erzbischof Balduin von Luxemburg (1307–1354). In seiner für Region und Territorium langfristig prägenden Amtszeit dienten die überwiegend kleinen Städte und Burgorte der Etablierung effizienter Verwaltungsstrukturen. Balduin erwirkte mit herrscherlicher Unterstützung zwischen 1332 und 1346 für nicht weniger als 45 Amtsorte, Burgsiedlungen und zum Teil winzige Flecken die Verleihung des Stadtrechts von Frankfurt am Main. Allerdings haben sich diese Orte durchweg nicht zu urbanen Zentren entwickelt. Bereits im Jahre 1291 hatte Balduins Vorgänger Erzbischof Boemund I. ein solches Sammelprivileg für sechs kurtrierische Orte ausgestellt und damit seine Herrschaft stabilisiert (Bernkastel, Mayen, Montabaur, Saar-

»Weinstädte«, Sammelprivileg, Beilstein

burg, Welschbillig, Wittlich). Typisch für den Moselraum ist neben diesen Sammelprivilegien die Existenz kleinerer, auf den Weinbau ausgerichteter »Weinstädte« (Irsigler)[58] wie der Burgort und Moselübergang Beilstein. Nennenswert unter den bedeutenderen Amtsorten Kurtriers sind das eng mit dem als Klerikergemeinschaft älteren, seit um 1100 verfassten Kollegiatstift verbundene Münstermaifeld[59] auf römischer Basis mit starker Dynamik vor allem während des 13. Jhs. Hinweise auf diesen Ausbau geben 1252 die Existenz von Juden, eine ab 1278 nachweisbare Gemeinde mit eigenem Siegel und während der ersten Hälfte des 14. Jhs. ein recht differenziertes Gewerbe. Die Stadt übernahm Amtsfunktionen für das Territorium. In diese Reihe der Amtsorte gehört auch Cochem[60]. Bis zum 12. Jh. war es in Reichsbesitz, 1130 ist hier an der Mosel ein Transitzoll belegt. Im Jahre 1294 erfolgte die Verpfändung an Kurtrier. Bereits seit 1241 sind dort Juden belegt, ab 1293 befand sich an dem befestigten, etwa 15 ha umfassenden Ort ein erzbischöflicher Amtssitz. In Mayen[61] war schon am Ende des 13. Jhs. die kurtrierische Herrschaftssicherung abgeschlossen (1291 Stadtrecht König Rudolfs von Habsburg, um 1290 Stadtmauerbau, Amtssitz 1308, wichtiger Marktort mit jüdischer Ansiedlung). Die Verlegung des Augustinerchorherrenstifts Lonnig nach Mayen durch Erzbischof Balduin 1326 kann als weiteres Indiz für eine gezielte Stärkung des Gewichts der Stadt gewertet werden. Zugriff hatten die Trierer geistlichen Landesherren über die genannten Orte hinaus u. a. auch auf Karden, Saarburg, Kyllburg und Wittlich. Dort konnte sich allerdings nur sehr bescheidenes städtisches Leben herausbilden.

Münstermaifeld und Cochem

Mayen

Schließlich noch ein kurzer Blick auf weltliche Stadtherren: Mit Bitburg[62] besaßen die Grafen von Luxemburg einen seit dem 13. Jh. ausgebauten, auf römischen Wurzeln fußenden urbanen Mittelpunkt im Osten ihres entstehenden Territoriums (um 1000 *villa* mit zwei Kirchen, Mittelpunkt in Gerichts- und Verwaltungswesen der Luxemburger Grafen, Stadtfreiheit nach Echternacher Vorbild 1262). Die Stadt wurde trotz städtischer Merkmale in besonders enger Weise in das luxemburgische Territorium eingegliedert. Eine gewisse Rolle als Stadtförderer spielten auch die Grafen von Sponheim mit ihren Amtsorten Kreuznach, Enkirch, Kirchberg und Kastellaun[63] (Kreuznach: um 1110/20 Burg, Residenzfunktionen, 1203 ummauert, *universitas* mit Siegel um 1240/50, 1270 Rat, 1248 Freiheitsurkunde der Grafen, gute wirtschaftliche Entwicklung, ab 1283 Juden, Nahe-Steinbrücke; Enkirch: 1248 Gemeindeprivileg, später Bedeutungsverlust durch Aufstieg von Trarbach; Kirchberg: um 1250 Befestigung, um 1303 Judenniederlassung, zentrale Verkehrslage, gräfliche Geleitzollstätte 1331 belegt; Kastellaun: 1305 Stadtrecht). Im städtearmen Westerwald lässt sich dem mit Hachenburg[64] eine Gründung der Grafen von Sayn an die Seite stellen. Zusätzlich zu der Burg entwickelte sich das 1247 genannte *oppidum* Hachenburg ab etwa 1254 zum Hauptaufenthaltsort der Grafen, die der Siedlung 1314 Stadtrechte verliehen. Als wichtiger Marktort mit Judensiedlung vor 1349 nahm die Stadt eine recht beachtliche Entwicklung. Zentralörtliche Funktionen nahm in der Region an der Lahn das außerhalb der heutigen Grenzen gelegene Limburg ein. Auch in den noch bescheideneren Städtchen der Herren von Virneburg (Monreal, südwestlich von Mayen), Veldenz (Meisenheim/Glan) oder den Wild- und

Weltliche Stadtherren – Bitburg und Luxemburg

Sponheim, Kreuznach, Enkirch, Kirchberg und Kastellaun

Hachenburg und Sayn

Monreal, Meisenheim/Glan, Kirn

Die urbanen Zentren um 1350[69]

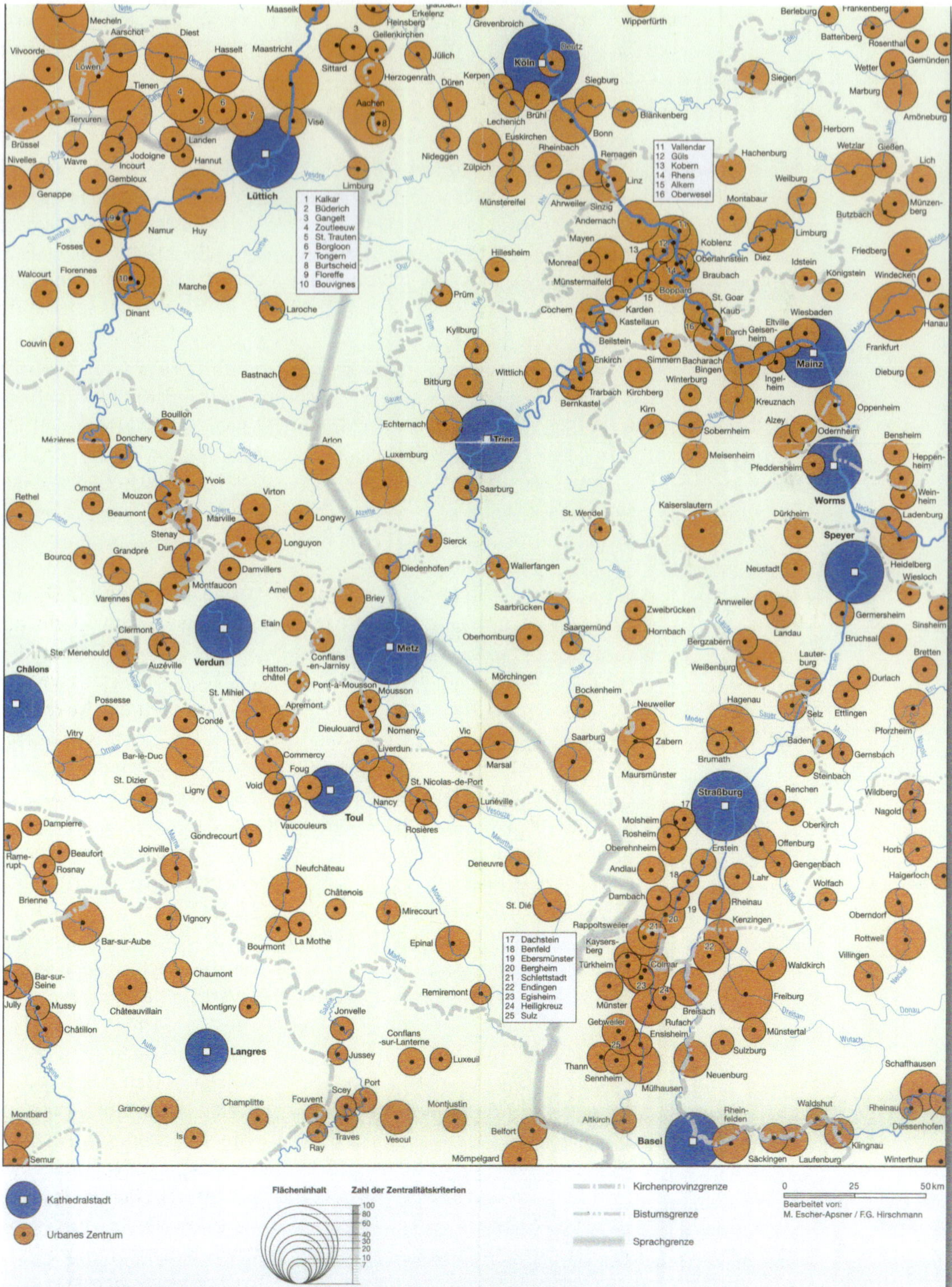

Rheingrafen (Kirn) der starke Anteil der herrschaftlichen Initiative beim Ausbau eines (wenn auch in Hunsrück und Westerwald stets bescheidenen) städtischen Lebens.[65]

Abtei-städte Ebenfalls nur einen bescheidenen Anteil an der urbanen Entfaltung nahmen im hohen und späten Mittelalter die Standorte bedeutender Abteien, da die typischen, zu beachtlicher Bedeutung gelangenden Abteistädte Weißenburg[66] und Echternach[67] knapp außerhalb des hier enger betrachteten Raumes lagen. Weder das bereits erwähnte Prüm noch das 742 gegründete St. Pirminius in Hornbach oder das erst ab 1025 von den Saliern errichtete und ausgestattete Benediktinerkloster Limburg mit der unweit gelegenen Siedlung Dürkheim[68] konnten wirklich städtische Züge annehmen. Auf die in diesem Zusammenhang zu erwähnende »Stiftsstadt« Münstermaifeld wurde bereits eingegangen.

Stadtgemeindebildung und Bürgerrecht bis um 1250 Die wichtigste Triebkraft für die dynamische Entfaltung urbanen Lebens mit ganz neuen Gemeinschaftsformen und rechtlichen Institutionen in den großen, d. h. den Bischofsstädten (auch in Koblenz) war seit dem 12. Jh. – wie bereits kurz erwähnt – die bischöfliche Ministerialität, die Dienstmannschaft der Stadtherren. Deren Herkunft, politisches Handeln und wirtschaftliche Bedeutung hat seit den 1960er Jahren Knut Schulz anhand der beiden Städte Trier und Worms herausgearbeitet und mit diesen Fallstudien die stadtgeschichtliche Forschung nachhaltig beeinflusst.[70] Wie massiv Machtpositionen der führenden Familien an der Spitze des rechtlichen und wirtschaftlichen Lebens der wachsenden Städte zu Konflikten führen konnten, zeigen neben den Ereignissen um die Verschwörung des mächtigen Trierer Stadtpräfekten Ludwig von der Brücke gegen den Erzbischof um 1131 auch die Ereignisse um die Ermordung des Mainzer Oberhirten Arnold von Selenhofen 1160,[71] auf die ein drastisches Strafgericht Kaiser Friedrichs I. folgte. Allerdings dürfen diese spektakulären Geschehnisse nicht vergessen machen, dass die Entfaltung neuer rechtlicher und sozialer Rahmenbedingungen in den Städten bis in das 13. Jh. im Allgemeinen im Konsens verlaufen ist. Dies gilt besonders beim Blick auf die Herausbildung der städtischen Führungsorgane und des neuen »bürgerlichen« Rechts. So entwickelte sich etwa in Trier das dem Erzbischof zugeordnete Schöffenkolleg von einer stadtherrlichen Gerichtsinstitution bis etwa 1220 zu einem stadtgemeindlichen Gerichts- und Verwaltungsorgan. Im weiteren 13. Jh. entwickelte es sich dann zu einem durch Zuwahl (Kooptation) ergänzten ratsähnlichen Vertretungsorgan der Stadt unter Konzentration der Macht auf wenige, sich tendenziell sozial abschließende Familien.[72]

Mainz Wirkmächtig wurde in diesem Zusammenhang schon früh eine intensive Dynamik verwandtschaftlicher Netzwerke und familiärer Klientelverbände. So standen im Hintergrund der ersten kommunal ausgestellten und überlieferten Mainzer Urkunde (1143–53, Aussteller: *Cives Moguntine metropolis*)[73] zwei ministerialisch-stadtbürgerlichen Familien bzw. Verwandtschaftsgruppen; es handelte sich hier um einen Vertrag mit Regelungen zum Erbfolgerecht und Schenkungen an Benediktinerklöster in Mainz und die Zisterze Eberbach (Rheingau). Der Tatbestand, dass diese Familien über reichen Besitz auch und gerade in der Region verfügt haben, ist immer wieder festzustellen und belegt die Verschränkungen zwischen der Stadt und ihrem Umland. Dass der Vertrag mit dem hier erstmals belegten Mainzer Stadtsiegel beglaubigt wurde, demonstriert die seit etwa 1100 sich durchsetzende Rechtssetzungshoheit der entstehenden Bürgerschaft. Das auf Schriftlichkeit hinstrebende, sich differenzierende und regelungsbedürftige öffentliche bzw. Rechtsleben bot den betroffenen geistlichen Institutionen wie auch den zunehmend reichen und einflussreichen Familien Einfallstore für eigenes Handeln. Die auf kirchliche Symbolik Bezug nehmenden, überaus frühen und in den letzten Jahren intensiv untersuchten Stadtsiegel sind besonders eindrucksvolle Zeugnisse für das symbiotische Zusammenwirken kirchlicher Institutionen mit dem selbstbewussteren Handeln der neuen städtischen Führungsgruppen.[74] Besonders früh sind diese neben Mainz auch in Trier bezeugt, erstmals 1149 an einem Vertrag mit der Stadt Köln; kurz nach 1181 in Worms, um 1200 in Speyer und Koblenz. Die Ausbreitung erfolgte dann sehr schnell auch in nachwachsenden Städten. Die Herausbildung der Stadtgemeinde ist (und das belegen die frühen Siegel deutlich) untrennbar mit der Öffentlichkeit und Legitimität stiftenden christlichen Gemeinschaftsbildung verschränkt. In den beiden stark durch die Staufer geprägten Städten Worms[75] und Speyer[76] war es besonders das Königtum, das im Zusammenwirken mit dem Klerus und den führenden Laien die Stadtentwicklung ab etwa 1180 nachhaltig gefördert hat, was bis 1250 zu überaus engen Bindungen der Städte an die Herrscher und ihr Umfeld beitrug. Wir beobachten hier eine bemerkenswerte, herrscherlich geförderte Verbandsbildung. Anhand der Urkunden Kaiser Friedrichs I. Barbarossa von 1182 (Speyer) und 1184 (Worms) wird das hohe Maß an rechtlichen Verbesserungen, gesellschaftlicher Dynamik und die Fortsetzung der konsensualen Förderung urbaner Gegebenheiten deutlich. Mit dem Auftreten eines Friedensrichtergremiums (1180), dem genannten Stadtsiegel, der Fertigstellung des auch als gesamtstädtischer Bezugspunkt wichtigen Doms St. Peter (1181) und der grundlegenden Urkunde Friedrichs I. Barbarossas (1184) erreichte die dynamische Stadtentwicklung in Worms eine neue Qualität, in starker Parallele zu Speyer.

Um 1200 wurden insbesondere das Stadtrecht und die Friedenswahrung zu einer kommunalen Aufgabe und damit zu einem potentiellen Herrschaftsinstrument der neuen Führungsschichten. Die wachsende Bedeutung des Rechtslebens erforderte und ermöglichte neue Organisations- und Herrschaftsinstrumentarien. Die Herrscher ihrerseits benötigten die städtischen Ressourcen nicht zuletzt für ihre zahlreichen Aufenthalte in den Städten und der königsnahen Region (1184 Pfingstfest in Mainz, besonders zahlreiche Hoftage in allen drei rheinischen Zentren, Speyrer Dom als Grablege etc.). Umso stärker führten Unsicherheiten und ein herrschaftliches Vakuum während des staufisch-welfischen Thronstreits (1198–1208) zu Konflikten (wie in Trier), aber auch zu neuen städtischen Handlungsspielräumen. So schlossen die beiden Städte Speyer und Worms 1208/09 einen Zollvertrag ab, der Fragen ihres Handelsverkehr regelte. Auch in Mainz können wir nach 1200 eine neue Qualität in der Herausbildung einer verselbständigten städtischen Führungsgruppe beobachten: So fixierten 1206 Mainzer ministerialische Amtleute urkundliche Verfügungen von Stadtbürgern zugunsten eines Mainzer Stifts »nach der Rechtsgewohnheit der Stadt« und beglaubigten dies mit dem Stadtsiegel. In Mainz konnte die Stadt allerdings erst im Jahre 1244 ein wichtiges Privileg von Erzbischof Siegfried III. (u. a. Zugeständnis eines 24-köpfigen Rates) erlangen und in der Folgezeit ihre eigene Stellung ausbauen.[77]

Ratsherrschaft

Zu den entscheidenden Voraussetzungen ministerialisch-bürgerlicher Herrschaftsbildung bis um 1200 gehörten das rasante Wachstum und die Komplexität der öffentlichen Angelegenheiten (u. a. Stadtverteidigung), die Fähigkeit zur Besetzung und Nutzung der maßgeblichen stadtherrlichen Funktionen im Wirtschafts- und Rechtsleben (also die Nutzung und der Ausbau anfangs stadtherrlicher Ämter etwa als Zöllner und Münzmeister), die Erlangung von Legitimation, der Ausbau verwandtschaftlicher Netzwerke, Besitzerwerb und die Knüpfung überörtlicher Beziehungen. All dies waren Bedingungen dafür, dass der Rat als neuartiges Instrument der Herrschaft seinerseits um 1200 zum Herrschaftsträger geworden ist und sich die Stadtgemeinden als rechtsfähige Institutionen zu etablieren vermochten. Dem Rat[78] gelang es, zunehmend selbst Herrschaftsrechte gegenüber den Bürgern wahrzunehmen. Die neue Ratsverfassung breitete sich bald auch am Mittelrhein aus (Boppard 1253, Oberwesel 1257, Koblenz 1272, St. Goar 1285). Dies führte allerdings mit den oder dem Stadtherren häufig zu Konflikten um die Frage, wie der Rat besetzt wird (1233 Worms u. a.). Bereits um 1230 lässt sich in Speyer, dessen Rat 1198 in einem Vertrag mit dem künftigen König Philipp von Schwaben erstmals belegt, aber erst seit den 1220er Jahren vermehrt urkundend aktiv nachweisbar ist, ein erstes kodifiziertes Stadtrecht[79] nachweisen. So kommt die grundlegende Neuordnung der städtischen Rechtsverhältnisse um das Jahr 1250 zu einem gewissen Abschluss.

Stadtherrschaft und Stadtrecht – Konflikte um politische Teilhabe

Die Phase zwischen etwa 1250 und 1350 ist in den größeren Zentren von einem Ausbau kommunaler Institutionen und dem Beginn grundlegender Konflikte um die Teilhabe an der Stadtherrschaft im Spannungsfeld zwischen geistlichem Stadtherrn (relativ stark in Trier und Mainz, schwächer in Worms und Speyer) und der Sicherung der Legitimation des Ratshandelns nach innen gekennzeichnet. Seit etwa 1260 liegen in Speyer und Worms erste Hinweise auf Konflikte um die Teilhabe am Stadtregiment vor. Diese Auseinandersetzungen hingen meist mit dem Wirken personell-familiärer Netzwerke zusammen.[80] Seit dem Ende des 13. Jhs. wurde die Kritik an den sich zunehmend abschließenden, exklusiveren Führungsschichten der Städte immer lauter. Die Verantwortlichen mussten die wachsenden kommunalen Aufgaben (vor allem die Stadtverteidigung, militärische Anstrengungen u. a.) auch durch vermehrten Steuerdruck (Ungeld) gegenüber den Bürgern finanzieren und organisieren. Relativ reiche Quellen informieren uns vor allem im aufblühenden Koblenz (Mauerbaurechnung 1276–1289)[81] über die diesbezüglich erheblichen gemeinschaftlichen Anstrengungen. Wirtschaftliche Basis der führenden Gruppen war und blieb durchgängig der Handel, vor allem mit Wein, und der Land- und Grundbesitz in Stadt und Umland. Auffallend ist die Häufung von nicht selten gewaltsamen Konflikten mit nachdrängenden, vielfach aus dem gewerblichen Milieu stammenden Gruppen und ihren Exponenten in den Jahren zwischen etwa 1300 und 1307. Ereignisse wie der Severinsaufstand in Speyer (1330),[82] die Erringung von Anteilen auch und gerade am Ratsregiment in dem zwischen 1244 und etwa 1332 seine Blütezeit erlebenden Mainz (1332/33), bereits um 1300 vereinbarte Verfassungsänderungen in Worms oder innerstädtische, gegen das Regiment der Schöffenfamilien gerichtete Auseinandersetzungen in Trier 1302/04[83] führten in unterschiedlicher Form und Nachhaltigkeit zu einer Verbreiterung der Basis für die Ratsherrschaft. Dabei blieben die Konflikte um die Ratsbesetzung ebenso dauerhaft bestehen wie der chronische Finanzbedarf der Städte. Die Räte blieben (ungeachtet zyklischer

Verfassungsänderungen) oligarchisch organisierte, von Familienverbänden und Verwandtschaftsnetzen geprägte, jedoch keineswegs »demokratisch« gewählte Institutionen. In ihren Reihen konzentrierte sich vielmehr erhebliche, mit Privilegien, Grundbesitz und politischen Rechten einhergehende Macht, wie sie in exponierter Form für die mittelrheinische Handelsmetropole Mainz[84] bis zum Beginn einer tiefen Krisenphase um 1320/30 greifbar wird. Die Zünfte waren über ihre gewerblich-gesellschaftlichen Funktionen hinaus als politische Vereinigungen aktiv und beriefen sich häufig auf gemeindliche Mitspracherechte.

Bereits im frühen 14. Jh. leiteten gerade in Mainz politische Rückschläge wie die unglückliche Politik der Stadt in der sog. Erzstiftsfehde 1328 bis 1336, in der es um die Besetzung des so wichtigen, politisch höchst einflussreichen geistlichen Spitzenamtes ging, eine Entwicklung ein, die langfristig zu immer größerer Verschuldung des Gemeinwesens führte. Um 1330 endete die wirtschaftliche Blütezeit des 13. Jhs. endgültig, während sich zeitgleich der weitere Aufstieg der benachbarten Messestadt Frankfurt fortsetzte. Im Mittelpunkt der 1332/33 beginnenden Phase tiefgreifender Verfassungskämpfe um die Ratsbesetzung und letztlich die Machtverteilung im Gemeinwesen (verquickt mit der bald dramatisch werdenden Schuldenlast der Stadt) standen die Konflikte zwischen den privilegierten, alteingesessenen Patriziern und den als politischen Gruppierungen agierenden Zünften. Das finanziell-rechtliche Gebaren der alten, immer abgeschlossener auftretenden Eliten vor dem Hintergrund heraufziehender Krisen gab 1333, parallel zu Ereignissen etwa in Speyer, Anlass für eine der zahlreichen noch folgenden Verfassungsänderungen. Hierbei wurde der Rat um Zunftvertreter erweitert.

Trotz aller Autonomie der bürgerlichen Gruppen und ihrer neuen Institutionen und trotz des um 1300 etwa in Mainz und Worms schriftlich fixierten städtischen Rechts bleiben der stadtherrliche Zugriff und das geistliche Element sehr wichtig. Dies zeigt sich auch beim Blick auf die Verfassungstopografie: Ungeachtet der neuen kommunalen Zentren der Städte wie etwa in Mainz das Gebiet um den Brand mit dem 1277 erstmals genannten Rathaus, dem Bürgerhospital Heilig-Geist (ab 1235)[85] und dem 1317 erwähnten prächtigen Kaufhaus, dem ältesten im Südwesten Deutschlands, oder in Worms, wo bereits seit den 1230er Jahren ein Rathaus (Bürgerhof) belegt ist blieben die religiösen Institutionen und kirchlichen Orte für den Rechtsalltag, für Beurkundungen, Kommunikation (Glocken) und weite Teile des öffentlich-politischen Lebens dauerhaft unverzichtbar.[86] Von Einwohnerzahl und Bebauungsdichte dürften die Städte um 1300/20 den höchsten Stand während des gesamten Mittelalters erreicht haben.

Zwischenstädtische Kommunikation und Städtebünde ab 1254

Zu den bemerkenswertesten Neuerungen im städtischen Leben gehörten seit bald nach 1200 der Aufbau eines immer engeren zwischenstädtischen Beziehungsnetzes vertraglich geregelter Bündnisbeziehungen, wie sie im ambitionierten Rheinischen Bund von 1254/56 ihren Kulminationspunkt gefunden haben.[87] Hier entfaltete die durch dichte Kommunikations- und Handelsnetze geprägte Region am Rhein einen beachtlichen, vorbildgebenden Vorsprung. Ganz neue Formen des gemeinsamen Handelns, Streitschlichtens sowie die Durchsetzung neuartiger, bis dahin ganz unerhörter politischer Mitspracherechte wurden erprobt, was schon die Zeitgenossen an die Vorbilder kommunaler Bündnisse in der Lombardei erinnert hat. Hintergrund für das von den

Städten Mainz und Worms Anfang 1254 vereinbarte Bündnis »zur Pflege des Friedens«, dem Ansätze für einen überregionalen Bund bis in die Wetterau schon 1226 vorausgingen, war das seit dem Ende der gerade in dieser Region starken staufischen Königsherrschaft 1250/54 drastisch gewachsene herrschaftliche Vakuum. Es traf mit massiver Störung des Landfriedens, unsicheren Straßen, neuen und unrechten, gewaltsam erzwungenen Zöllen und allgemeiner Recht- und Friedlosigkeit den wirtschaftlichen Nerv der in den Städten führenden Gruppen und bedrohte die wirtschaftliche wie politische Stabilität in der Region gleichermaßen. Im Gefolge des vertragsmäßigen »Bündnis des Friedens und der Eintracht«, dem sich sehr schnell weitere, auch viele jüngere bzw. nachwachsende Städte wie Oppenheim und Bingen anschlossen, beanspruchte man selbstbewusst die Übernahme und gemeinschaftliche Regelung im Grunde herrscherlicher Aufgaben. Zudem vereinbarten die Stadträte eine gemeinsame Unterstützung für einen Anwärter auf den bis 1273 vakanten oder von umstrittenen Kandidaten besetzten Königsthron. Zur Durchsetzung der gemeinsamen Ziele, denen sich in geringerem Maße auch Landesherren und Geistliche (am Schluss in einem Raum von Bremen bis in die heutige Schweiz und Regensburg) anschlossen, wurden gemeinsame Beratungen und übergreifendes Bürgerrecht, die Aufstellung und Ausrüstung von Truppen und einer Rheinflotte, Embargoabsprachen, geregelte Botenkontakte, regelmäßige Beratungen, Beilegungsformen bei Meinungsverschiedenheiten, ein Umlagesystem zur Finanzierung und anderes im Zuge von Bundesversammlungen festgelegt und zum Teil realisiert. Der mit dem Ziel eines allgemeinen Landfriedens angetretene Bund breitete sich ebenso schnell aus wie er in den politischen Fragen, vor allem beim Verhalten in den Königswahlen, scheiterte. Allerdings wurde mit dem durch ausgeprägte religiöse Ordnungsvorstellungen geprägten Bund die Basis für weiter wirkende, kleinräumige Städtebündnisse, allen voran zwischen Speyer, Mainz, Oppenheim und Worms, gelegt. Festzuhalten ist, dass zwischen 1254 und 1256 bündisches Verhalten in noch nie erlebter Intensität erprobt und ausgeweitet wurde. Der Radius der städtischen Kommunikation erfuhr eine gewaltige Ausdehnung, das Selbstbewusstsein der in den städtischen Zentren agierenden Führungsschichten steigerte sich. Die Städte blieben von nun an für etwa 150 Jahre ein eminent wichtiger Faktor der Politik und der Königsherrschaft in der Region. Besonders gute Einblicke in die von Fehden, Kriegszügen und gemeinsamen Anstrengungen der Region geprägten Jahre des sog. Interregnums ab 1254 geben die »Wormser Annalen«.[88] Es handelt sich dabei um die die ersten kommunalen Geschichtsquellen nördlich der Alpen, die vor allem die komplexen außenpolitisch-militärischen Verwicklungen in der Region und die finanziellen Konsequenzen beschreiben.

Ein bleibender Zug der nach 1256 abgeschlossenen städtischen Bündnisse ist die bis zum späten Mittelalter anhaltende Tendenz einer intensiven gegenseitigen »Einmischung« der Räte bei Verfassungskämpfen und die Vermittlung in innerstädtischen Auseinandersetzungen wie im Falle des schon kurz erwähnten Severinsaufstandes in Speyer 1330.[89] Es ging dabei um politische Mitspracherechte von in den Zünften organisierten aufstrebenden sozialen Schichten. Diese stellten die Rechtmäßigkeit des Handelns der Ratsoligarchie in Frage und beanspruchten im Laufe der 1320er Jahre zunehmend Rechte an der Mitherrschaft in der Stadt. Ein gewaltsamer Versuch zur Restaurierung der alten Ordnung durch »konservative« Kräfte des Rates führte zur Vertreibung dieser alteingesessenen Gruppen aus der Stadt am Severinstag 1330. Die Räte von fünf Nachbarstädten schalteten sich nun vermittelnd ein und versuchten über ein Schiedsrichtergremium, zwischen den »ausgefarnen« Patriziern und den Zünften einen Ausgleich zu erzielen, wozu sie ausdrücklich bevollmächtigt worden waren. Die engen persönlichen Beziehungen lassen darauf schließen, dass die Vermittler in Speyer persönlich bekannt waren. Vereinbart wurde eine Neubesetzung des Stadtrates unter Beteiligung der als unschuldig geltenden, nicht ausgezogenen Ratsherren. Einige Zeit später sorgte man auch für eine friedliche Rückkehr der Exilanten und für ein Gleichgewicht zwischen den aufrührerischen Ratsgeschlechtern und den siegreichen Zünften. Hier wie bei anderen Gelegenheiten griffen die »Ratsfreunde« bzw. »Eidgenossen« der Nachbarstädte im Interesse politischer Stabilität ein, nicht zuletzt auch um des eigenen Machterhalts willen. Grundlage für die Bündnissysteme blieben enge personelle und wirtschaftliche Verflechtungen der Städte und ihrer führenden Familien untereinander. Diese Netzwerke finden bei den jüdischen Gemeinden auffällige Entsprechungen. Bis um 1380/1400 wird das Bemühen vor allem von Mainz, Worms und Speyer erkennbar, in den bedeutsamen Fragen der städtischen Außenpolitik eine gemeinsame Linie zu finden, u. a. in den Thronstreitigkeiten und der Frage der Landfrieden. So wird etwa im Zusammenhang der Judenverfolgungen von 1349 ein dichtes zwischenstädtisches Nachrichtennetz sichtbar.

Stadt und Kirche

Gerade für die hier näher zu betrachtenden vier »Großen« unter den Städten gilt, dass ihre Ausstrahlung, ihr Selbstverständnis und ihre Verfassung nicht angemessen beurteilt werden können, ohne den außerordentlich großen Anteil kirchlicher Institutionen, religiöser Kräfte und Ideen zu betonen. Ein Blick auf den herausragenden, lange unterschätzten Faktor Kirche in der Stadt bis um 1350 vermag allerdings nur Grundlinien aufzuzeigen.[90] Bereits beim Blick auf die führenden Kräfte der Stadtentwicklung, die Rechte der geistlichen Stadtherren und den Stellenwert ihrer Ministerialen, auf die Stadtsiegel, die Friedensidee der Städtebünde, die Bedeutung der Kirchen als Rechtsorte[91] usw. wurde dieser Stellenwert angedeutet. Für die Städte blieb eine gerade nach 1200 weiter wachsende sakrale Ausstattung auch im Hinblick auf ihr weiteres Umland von fundamentaler Bedeutung. Während die alteingesessenen, tendenziell adlig dominierten Domkapitel sowie die Klöster und Stifte (ungeachtet ihrer Bedeutung etwa als Pilgerziele wie bei der Abtei St. Eucharius/St. Matthias vor Trier ab 1129) seit dem 13. Jh. gegenüber der mächtiger werdenden Stadt in die Defensive gerieten und sich kurz nach 1260 in mehreren Städten fast zeitgleich gegen Übergriffe und Gewalttaten der Bürgerschaften zusammenschlossen (Speyer, Worms, Trier), wuchs die sozial breite kirchliche Infrastruktur mit der wachsenden Bevölkerung.

Neben dem von Stadt zu Stadt unterschiedlich verfassten, stetig dichter werdenden Pfarreinetz spielen die ab 1221 (und damit sofort nach dem Einsetzen ihrer nordalpinen Präsenz überhaupt) sich vor allem in den größeren Städten ausbreitenden Bettelorden[92] eine herausragende Rolle, zunächst die Dominikaner, dann rasch die Franziskaner. Die aus der Armutsbewegung um 1200 entstandenen neuen Orden mit ihren mediterranen Wurzeln widmeten sich vor allem der Predigt und der Seelsorge in den Städten. Sie standen bis zum Ende des Mittelalters in vielfältigen personellen, wirtschaftlichen, rechtlichen und besitzmäßigen Netzwerken mit den führenden stadtbürgerlichen Familien und unterstützten den Rat im späten Mittelalter immer wieder in Konflikten mit den geistlichen Stadtherren und der übrigen, keineswegs einheitlich auftretenden Geistlichkeit.

Besonders stark nahmen nach 1200/20 in den Städten neue religiöse Frauengemeinschaften[93] unterschiedlicher Ordenszugehörigkeit und Beginenkonvente zu. In letzteren lebten Frauen ohne feste Ordensbindung in religiös-gemeinschaftlicher Form. So entstanden allein in Trier zwischen 1134 und um 1300 sechs neue weibliche Gemeinschaften, dazu zahllose Beginenniederlassungen.

Herausragende Bedeutung für die Städte, auch ihre Finanzen und den Herrschaftsanspruch des Rates, erlangten dazu die im 13. Jh. vermehrt in kommunale Trägerschaft übergehenden Hospitäler[94] (wie in Trier das später sehr wichtig gewordene Bürgerhospital St. Jakob; in Mainz, Worms und Speyer wurden die ab 1260 deutlicher fassbaren Heilig-Geist-Spitäler zu faktisch städtischen Einrichtungen) und mit ihnen verbundene, insgesamt überaus zahlreiche Bruderschaften. Mit der Übernahme der Spitalsträgerschaft erhielten die Stadträte im späten Mittelalter durch Pfleger als Finanz- und Wirtschaftsverwalter auch Zugriff auf das Vermögen und die Wirtschaftsführung, die immer enger mit dem städtischen Haushalt und städtischer Aufsicht verwoben waren. Hinzu kam der reiche, durch Stiftungen, Testamente und Schenkungen für entsprechende Gebetsleistungen immer stärker wachsende geistliche Grundbesitz in den Städten. Hierbei spielten insbesondere die stets außerhalb der Städte angelegten Zisterzienserklöster eine wichtige Rolle. Sie bauten systematisch ihren städtischen Grundbesitz aus und richteten sich konsequent auf die städtische Wirtschaftsweise und Handelswege aus. Diese Zusammenhänge sind besonders gründlich für Trier und die dortigen Stadthöfe (etwa den sog. Bernhardshof von Kloster Himmerod) untersucht, gelten jedoch für alle Zisterzen und größeren Städte.[95]

Handel und Gewerbe

Der außerordentlich frühe, Handelsfragen betreffende Städtevertrag zwischen Trier und Köln von 1149[96] verdeutlicht den vor allem auf den Weinbau ausgerichteten Stellenwert der Moselmetropole und ihrer geistlichen Institutionen (Klosterjahrmärkte) als Handelsmittelpunkt. Auch wenn die »Weinstadt« Trier (L. Clemens) im späteren Mittelalter nicht zu einer überregional wirklich bedeutenderen Gewerbestadt aufsteigen sollte, sind doch bereits um das Jahr 1190 im sog. »Trierer Stadtrecht« zahlreiche Zünfte, Gewerbe und ein namhafter Geldhandel (Juden, Münzerhausgenossen, ab 1258 immer wieder bezeugte Lombarden und weitere Geldverleiher) nebst einem differenzierten Gewerbe belegt. Neben dem dominierenden, früh marktorientierten Weinbau und -handel (begünstigt durch eine langanhaltende Warmphase des Klimas von etwa 1220 bis zu Beginn des 14. Jhs.) war und blieb vor allem die Tuchproduktion wichtig.

Bedeutsamer als Trier war in ökonomischer Hinsicht die mittelrheinische Metropole Mainz,[97] auch wenn der Stadt langfristig von dem schon seit dem 13. Jh. aufsteigenden Messestandort Frankfurt der Rang als Wirtschaftszentrum streitig gemacht wurde. 1175 ist in Mainz eine Gemeinschaft der Weber, 1317 das im kommunalen Zentrum gelegene Kaufhaus auf dem Brand bezeugt.[98] Um diese Zeit bestanden mehrere Spezialmärkte am Rheinufer und um den Dom. Im Zuge des Ringens der Mainzer Zünfte um Teilhabe am Stadtregiment sind 1332/33 insgesamt 58 gewerbliche Korporationen bezeugt sowie zahlreiche spezialisierte Gewerbezweige und lombardische Geldhändler; hinzu kommt die außergewöhnlich zahlreiche und aktive Judengemeinde.

Für die Region um die Städte Oppenheim, Worms und Speyer konnte Franz Irsigler den Aufbau eines ambitionierten Messesystems im Zeitraum 1226 bis 1245 durch die Staufer herausarbeiten, an dessen Stelle nach 1300 jedoch die erwähnte steigende Bedeutung von Frankfurt treten sollte.[99] Wichtig auch im politischen Gefüge der mittelrheinischen Städte blieben mit den Münzern, deren Gemeinschaft (*consorcium*) in Worms 1165 durch Kaiser Friedrich I. bemerkenswerte Rechte erhielt,[100] korporativ organisierte Träger des Wirtschaftsverkehrs und der Münzprägung, wie sie auch in anderen Städten nachweisbar sind. Speyer und Worms blieben zwar vor allem als Handelsorte wirtschaftlich bedeutsam, allerdings zunehmend weniger überregional. Auf die von Otto Volk eindrucksvoll analysierte Verdichtungslandschaft zwischen Bingen und Koblenz ist bereits mehrfach hingewiesen worden. Das Ausmaß wirtschaftlicher Leistungsfähigkeit und Attraktivität am Rhein kommt auch in den seit 1200 herrschaftlich stetig vermehrten Zollorten, den vielen jüdischen und Lombarden-Niederlassungen wie auch den in der sog. Reichssteuerliste von 1241 in der Region konzentrierten Einkünften des Königtums eindrucksvoll zum Ausdruck.[101] Generell gilt, dass sich im Laufe des 13. Jhs. ein dichtes, durch Geld vermitteltes Netz wirtschaftlicher Beziehungen herausgebildet hat. Am Mittelrhein nahm bald nach 1200 der Kölner Pfennig als überregionale Münze eine bis in Höhe von etwa Oppenheim wichtige Rolle an der Rheinachse ein. Früher als andernorts hatte diese Währung die eigenständigen Gepräge örtlicher Münzstätten verdrängt, was die Ausrichtung des Wirtschaftsraums auf das unbestrittene wirtschaftliche Oberzentrum Köln, die größte und bevölkerungsreichste Stadt im deutschen Reichsgebiet, anzeigt.[102] Die bis in das 13. Jh. ausgeprägte, mit dem Aufkommen neuer Münzstätten wie Koblenz und Boppard (seit dem 11. Jh.) einhergehende, häufig an Bistumsgrenzen orientierte Kleinräumigkeit der Markt- und Münzbeziehungen wurde nun zunehmend zugunsten überregionaler Münz- und damit Wirtschaftsräume aufgegeben. Auch der Trierer Pfennig konnte sich langfristig nicht gegen diesen Trend durchsetzen.

Jüdische Gemeinden und Siedlungen nach 1096 bis 1349

Im Gefolge des Wiederbeginns jüdischen Lebens nach den verheerenden Kreuzzugspogromen von 1096 spielten vor allem die personell, wirtschaftlich und geistig-religiös eng untereinander vernetzten jüdischen Gemeinden der drei Städte Speyer, Worms und Mainz (nicht zuletzt auf der Basis der hier konzentrierten Gelehrsamkeit) eine weit ausstrahlende, lange nachwirkende Rolle und erlangten herausragende Bedeutung für das gesamte aschkenasische Judentum, also den Kulturraum der mittel- und westeuropäischen Juden. Nach den hebräischen Anfangsbuchstaben der Städte wurden diese auch als »SchUM«-Gemeinden bezeichnet.[103] Die drei Gemeinden, die sich baulich in neuen Synagogenbauten (1174/75 Worms parallel zum Dombau, Bau von Frauenbeträumen an die Synagogen: Worms 1212/13, Trier 1235, Speyer um 1250/70) und durch die Anlage von Friedhöfen Mittelpunkte schufen bzw. diese ausbauten, konnten über lange Zeiträume ihre durch gemeinsame Rechtssatzungen (Takkanot) etablierte und auch christlicherseits wahrgenommene Autorität wahren. Sie behaupteten diese unter den Juden des deutschsprachigen Raumes bis in das späte Mittelalter. Für die Überlieferung der dem zugrunde liegenden Texte, Rechtsentscheide, Gebete und Erinnerungen wurde vor allem der Tatbestand einer gemeindlichen Kontinuität in Worms bis in das 20. Jh. wesentlich (Judenfriedhof Worms, belegt 1076/77 bis um 1938).

Worms, Blick über den Judenfriedhof (Stadtarchiv Worms)

Neben diesen zwischengemeindlichen Kommunikationsnetzen (mit Parallelen im christlichen Umfeld wie den Städtebünden) und der Unterstellung unter die Krone (kaiserliche Kammerknechtschaft ab 1236 nach dem Vorbild von Urkunden für Speyer und Worms 1090/1157), die mit einer zunehmenden Besteuerung durch das Reich bzw. Königtum einherging, standen die Judengemeinden in engen Beziehungen zu den christlichen Führungsgruppen der Städte. Deren Räte wurden vor allem seit der Ausbreitung der Ratsherrschaft und mit dem Ausbau der kommunalen Kompetenzen ab 1200/50 immer mehr zu den »Schutzherren« der Juden. Die Städte regelten auch die Bürgeraufnahme der Juden, die (wie etwa in Speyer und Worms) bis mindestens gegen 1300 formal relativ positiv für die religiöse Minderheit organisiert war. Diese städtische Aufsicht und Regelungshoheit ging mit einer massiv wachsenden Tendenz zur Besteuerung einher, die durch Verpfändungen der Judeneinkünfte durch das Königtum noch verschärft wurde. Im Innern der Gemeinden agierte ein mit eigenen Rechten in ihren inneren Angelegenheiten ausgestatteter Judenrat mit einem »Judenbischof« an der Spitze. Dieser musste u. a. die den Gemeinden auferlegten Steuern aufbringen und innergemeindliche Konflikte regeln. Ihm oblagen zudem die Entscheidungen in religiösen und anderen gemeinschaftlichen Belangen. Die Judengemeinden standen auf diese Weise häufig mehreren konkurrierenden Herrschaftsträgern gegenüber. Dies destabilisierte und gefährdete die Lage für die Juden langfristig.

Im Laufe des 13. Jhs. bildete sich vor allem entlang der Mosel und des Rheins ein immer dichter werdendes Netz jüdischer Ansiedlungen in sich urban entwickelnden mittleren und größeren Zentren heraus. Vor allem in Kurtrier ging dies mit einer frühen Instrumentalisierung jüdischer Siedlungstätigkeit im Dienste der Landesherrschaft einher. Einen Zuwachs an jüdischer Zuwanderung brachten noch einmal die Vertreibungen der Juden aus der Romania (vor allem 1306 aus dem Königreich Frankreich), bis dieses beispielsweise in Trier ab 1300 auffallend starke Wachstum in den Schrecknissen der

Pestpogrome 1349 ein jähes Ende fand. Gerade in der Zeit zwischen 1301 und 1350 findet sich ein dichtes Netz von Niederlassungen auch an kleineren Orten. Von insgesamt zehn nachweisbaren Judensiedlungen bis 1250 entlang des Rheins zwischen Speyer und Koblenz lagen sechs im Rheintal. Keineswegs zufällig waren dies mit Bingen, Bacharach hier bestand die älteste sicher belegbare Gemeinde im oberen Mittelrheintal (Pogrom schon 1146/47) Oberwesel, Boppard und Koblenz die hier frühesten und bedeutendsten Städte.[104] Der Mittelrhein war auch Ausgangspunkt einer ganzen Welle massiver Judenverfolgungen, wie sie erstmals seit den Pogromen von 1096 in größerem Umfang wieder seit den 1280er Jahren beobachtet werden können.[105] Dabei spielte neben einem Mainzer Pogrom von 1283[106] der fatale Kult um den angeblich in einem Ritualmord von Juden getöteten Knaben Werner aus Oberwesel ab 1287[107] eine verhängnisvolle Rolle für das Schicksal der jüdischen Gemeinden. Deren wirtschaftliche Grundlage konzentrierte sich aufgrund einschränkender Bestimmungen mehr und mehr auf Geldhandel und Pfandgeschäfte. Diese Betätigungsfelder steigerten sowohl die Attraktivität der Juden für die finanziell stets klammen Städte und Klöster wie vor allem für die Landesherren (allerdings bei zunehmender Konkurrenz zu lombardischen Geldhändlern und Bankiers) als auch ihre latente Gefährdung als von manchen neidvoll beobachtete, zunehmend ausgegrenzte Gemeinschaft von Andersgläubigen.

Nachhaltig wirksam blieb im Rheingebiet die fiskalische Nutzung des dem König zustehenden Judenregals etwa unter Rudolf von Habsburg, mit dessen Amtszeit generell eine stärkere Initiative zur gezielten Ansiedlung von Juden beginnt, wie sie von den Landesherren jetzt forciert wurde. Die Kontakte zu jüdischen Finanziers führten seit 1300 verstärkt zu einer Nutzung ihrer Kenntnisse in Finanz- und Kreditangelegenheiten und ihrer Einbindung in die forcierte landesherrliche Finanzpolitik, wofür etwa der »Hofjude« Muskin (1328–1336) in Trier unter Erzbischof Balduin von Luxemburg ein prominentes Beispiel ist.[108] Die durch die Judenverfolgungen entstandenen Lücken in der Kreditversorgung wurden seit Ende des 13. Jhs. z. T. von aus der Lombardei stammenden, auch als »Kawertschen« bezeichneten Geldgebern ausgefüllt. Diese bauten ein enges Netz von Niederlassungen zwischen Flandern und Oberitalien auf und lassen sich am Mittelrhein erstmals 1291 als Geldverleiher nachweisen. Im 14. Jh. wurde Oberwesel zum Zentrum ihrer Aktivitäten in der Region.

Bereits vor 1349 verdüsterten sich die jüdischen Existenzbedingungen: So wurde schon 1338 in Trier eine Begrenzung der Zahl der jüdischen Familien auf 50 angeordnet, nachdem das unweit des Marktes gelegene Judenviertel um diese Zeit seine größte Ausdehnung und Geschlossenheit erreicht hatte.[109] Die Gemeinden und die Juden im Moselraum und am oberen Mittelrhein litten ganz besonders dramatisch unter Übergriffen im Gefolge der sog. Armlederpogrome ab 1336/37.[110] Nach den nur teilweisen Wiederansiedlungen nach den Pestpogromen von 1349 ab 1351/53 verschlechterten sich die wirtschaftlichen Betätigungsmöglichkeiten und rechtlichen Rahmenbedingungen jüdischen Lebens in der Region nachhaltig. Zugleich verschärfte sich seit dem 13. Jh. der kirchliche Antijudaismus, wie er an vielen Baudenkmälern bis heute sichtbar ist. Zu erwähnen ist beispielsweise die Darstellung von Ecclesia und Synagoge an dem um 1300 neu geschaffenen, gotischen Südportal des Wormser Domes. Diese auch theologisch immer stärker untermauerten antijüdischen Tendenzen wurden über Passionsspiele und andere Formen in der Volksreligiosität vermittelt und vergifteten das Zusammenleben von Christen und Juden nachhaltig.

3. Das späte Mittelalter: Krisen und neue Ansätze (ca. 1350 bis 1500)

Wirtschaftliche, demografische und soziale Entwicklungstendenzen

Der mittelalterliche Landesausbau, eines der Fundamente des im letzten Abschnitt präsentierten Reichtums an wirtschaftlichen, urbanen und kulturellen Leistungen seit der Jahrtausendwende, hatte an Mittelrhein und Mosel ebenso wie in den Mittelgebirgslandschaften gegen Ende der erwähnten, klimatisch günstigen Zeitspanne um 1320 seine größte Ausdehnung erreicht. Generell blieb die zu Beginn des 14. Jhs. erreichte Siedlungsstruktur bis in die Neuzeit hinein konstant. Mit der gravierenden, gesamteuropäisch wirksamen, u. a. für Trier, Worms und andere Orte überlieferten Hungersnot um die Jahre 1315/18 begann eine Phase sich verschlechternder klimatischer Rahmenbedingungen und einer Stagnation der Bevölkerung. Dies konnte nicht ohne Folgen für den Weinbau (und damit zusammenhängend langfristig die vermehrte Verbreitung von Hopfenbier in Städten wie Trier, Koblenz und Speyer) oder die Bevölkerungszahlen und Siedlungsverdichtung in den Städten bleiben.

Einen katastrophalen, alle Lebensfelder tief prägenden Einschnitt markieren die Bevölkerungsverluste und Schrecknisse der Pestwelle um 1349, die im Spätsommer unter anderem am Mittelrhein wütete, auch wenn deren konkrete Auswirkungen etwa auf die städtische Bevölkerung bzw. die Stadtwirtschaft mangels Quellen nicht mit hinreichender Sicherheit näher bestimmt werden können.[112] Zuverlässige Zeugnisse über die Bevölkerungsentwicklung sind (mit wenigen Ausnahmen) generell erst seit etwa 1500 verfügbar. Nachhaltig wirksam wurden Seuchen wie die Pest durch ihre seit 1350 zyklische Wiederkehr in regional begrenzten Wellen. Erst um die Mitte des 15. Jhs. sollte der generell negative Bevölkerungstrend in Stadt und Land wieder in eine Wachstumsphase umschlagen, die sich vor allem während des 16. Jhs. vielerorts auffallend klar belegen läßt. In der Gesamtschau erwiesen sich in der langen demografischen Krisenphase zwischen etwa 1320 und 1450 die weinbautreibenden Orte als etwas krisenfester als andere Regionen. Wüst gefallene Orte gab es hier weit weniger als in den Mittelgebirgen. Die Sonderkultur des Weinbaues blieb an Mosel und Mittelrhein bestimmender Faktor für Wirtschaft und Handel (am Rhein mit starker Ausrichtung auf das erwähnte Zentrum Köln) unter Herausbildung einheitlicher Produktionsbedingungen und mit Folgen für das weiterhin bestehende genossenschaftliche Element in den Winzerdörfern. Der Mittelrhein blieb aber noch aus anderen Gründen eine Region großer Attraktivität: Die Einkünfte aus den Zöllen gehörten auch im späten Mittelalter ohne Zweifel zu den lukrativsten Einnahmen der an ihnen beteiligten Landesherren und flossen im reichsweiten Vergleich außergewöhnlich üppig.

Im bis auf die Ebene einzelner Bauern und Winzer wichtigen Münzwesen gingen Wandlungen durch den sich bereits am Ende des 13. Jhs. abzeichnenden Rückgang der Bedeutung des Kölner Pfennigs vor sich. Schon seit Ende des 13. Jhs. setzte sich von Süden kommend der Heller (Schwäbisch Hall) sukzessive im heutigen Rheinland-Pfalz durch, während die »eigenen« Münzprägungen bedeutungslos wurden. Später drangen dann von Westen her westeuropäisch beheimatete Münzen ein, darunter der englische Sterling oder der Brabantiner. Seit dem Beginn des 14. Jhs. dominiert dann der sog.

Turnosgroschen, vor allem an der Rheinschiene. Wichtig wurden langfristig auch die von Flandern her sich etablierenden Goldmünzen des Florentiner Guldens, die sich in Nachprägungen, Münzfunden und in schriftlichen Zeugnissen seit der Mitte des 14. Jhs. gehäuft nachweisen lassen. Seit den 1380er Jahren bemühten sich die Landesherren um eine Konsolidierung der unübersichtlich gewordenen Währungsverhältnisse, so im Kurrheinischen Münzverein 1385/86.[113] Für die Kreditvergabe waren und blieben nach ihrer Wiederansiedlung die Juden (auf weit niedrigerem Niveau nach der Katastrophe von 1349) und bis in die 1380er Jahre die erwähnten lombardischen Geldverleiher wichtig.

Unter den regionalen Gewerben nahm u. a. die Wollweberei seit dem 14. Jh. einen bedeutenden Platz ein. Die Wolltuche der mittelrheinischen Weber gehörten zu den wichtigsten am Messeort Frankfurt umgeschlagenen Handelswaren.[114] Die wirtschaftsgeschichtliche Forschung hat in den letzten Jahren im Bereich der Textilherstellung für das 15. und 16. Jh. ganze Netze tuchproduzierender Orte an der Saar oder etwa im Hunsrück, in Kurtrier und in der Pfalz sowie um Boppard (Weberordnung um 1390/1400) herausgearbeitet[115] und so ein recht vielgestaltiges Bild der Produktion und des Handelsverkehrs zeichnen können. Auch kleinere Tuchverarbeitungszentren wie Kreuznach oder Kirn produzierten neben Städten wie Trier und Kaiserslautern für den Fernhandel und waren so seit dem Beginn des 14. Jhs. entsprechend überregional vernetzt. Mit diesem Gewerbe hängen Sonderkulturen wie der im Raum Speyer um die Mitte des 14. Jhs. belegte Anbau von Krapp als Rot-Färbepflanze zusammen.

Im Gefolge der säkularen Veränderungen seit um 1315/18 kam es in den ländlichen Gebieten immer wieder zu zyklischen Agrarpreiskrisen und Hungersnöten wie denen des Jahres 1437/38. Nicht selten wurden diese Ereignisse auch von lokalen Bauernaufständen begleitet wie im Raum Worms 1431/32.[116] Es kam hier im heute rheinhessischen Winzerdorf Bechtheim zu Zusammenrottungen von Bauern unterschiedlicher Herrschaften aus dem Umland der Stadt, Folge vielfältiger sozialer Spannungen, zu deren Hintergrund auch die starke Verschuldung bei Wormser Juden gehörte. Auslöser für die schweren Unruhen waren enttäuschte Erwartungen auf Tilgung sog. »Judenschulden«. Die Stadt Worms versuchte, die entstandenen, in starkem Maße in die Stadt zurückwirkenden Probleme durch enge Absprachen mit den Ratsfreunden in Speyer und Zusicherung militärischer Unterstützung von dort und aus Frankfurt zu entschärfen. Die Ereignisse zeigen auch, wie stark die Städte mit ihrem agrarwirtschaftlich geprägten Umland verflochten waren und wie labil und anfällig die bestehende Herrschaftsordnung im Grunde dastand. Die Quellen des 15. Jhs. lassen in neuartiger Intensität die Unzufriedenheit breiter ländlicher Schichten mit ihrer Lage erkennen und verdeutlichen, wie sehr sich diese mit antijüdischen und antiklerikalen Tendenzen vermischten. Aus dieser Zeit liegen auch Quellen über Konflikte von Städten mit umliegenden Dörfern wegen Weide- und anderen Nutzungsrechten vor. Die 1525 auch im Gebiet des heutigen Rheinland-Pfalz, kulminierend in der Schlacht bei Pfeddersheim westlich von Worms, grassierenden Bauernaufstände besitzen also eine lange Vorgeschichte.[117]

Mainz

In Mainz beobachten wir (vergleicht man die Entwicklung in den nach wie vor vier großen Städten, den Bischofsstädten) in Stadtverfassung, kommunalen Finanzen und dem Kampf um die Stadtherrschaft die mit Abstand dramatischsten Wandlungen bis zum tiefen Einschnitt 1462. In diesem Jahr verlor die Metropole ihre Stadtfreiheit und wurde Teil des erzstiftischen Territoriums, ohne noch eine eigene kommunale Selbstverwaltung oder Privilegien zu besitzen.[118] Ein solches Schicksal widerfuhr dem stets unter recht enger erzbischöflicher Kontrolle stehenden Trier erst am Ende des 16. Jhs. In Mainz hatten die Konflikte zwischen (vereinfacht formuliert) den alten, patrizischen Familien und nachdrängenden, sich stets politisch benachteiligt fühlenden »zünftischen« Kräften nach 1400 dramatisch verschärft. Dies hing vor allem mit der verheerende Formen annehmenden Verschuldung und dem Umgang damit zusammen. Die komplexen Probleme, die die politische Handlungsfähigkeit der Stadt nachhaltig einschränkten, vermengten sich in langfristig verhängnisvoller Weise mit der stets unentschiedenen Frage, wer die rechtmäßige Stadtherrschaft innehatte. Der Rat wähnte sich als Haupt einer freien Stadt, was von den Erzbischöfen stets bestritten wurde. Mainz wurde im 15. Jh. trotz seiner Rolle als Warenumschlagplatz ökonomisch klar von der nahen Reichs- und Messestadt Frankfurt abgehängt, die auch als Gläubigerin der kirchlichen Metropole in die Mainzer Interna involviert war. Ab 1411 zerbrach der mühsam gehaltene innere Frieden und machte nach 1444/49 einem verfassungsrechtlichen Wechselspiel von Kompromissen, Sühneverträgen und Verfassungsänderungen Platz. Ein Teil des Patriziats, das die Beschneidung seiner politischen Exklusivrechte nicht zu akzeptieren bereit war, zog aus Mainz aus. Seine Exponenten besannen sich dabei auf die ohnehin zum Teil enge, beispielhaft an der Familie Zum Jungen zu beobachtenden Ausrichtung auf einen ritterlich-adligen Lebensstil. Eine Reihe wohlhabender Patrizier stand in Lehensbeziehungen zum Königtum und wandte sich z. B. in Oppenheim als Teil der dortigen Reichsburgmannschaft von städtischem Leben ab. Andere betonten ihre Ämter und Loyalitätsnetze zur erzbischöflichen Verwaltung. Zu den Mainzer Patriziern gehört auch Johannes Gutenberg (um 1400–1468), dessen epochales Wirken in Mainz vor dem Hintergrund dieser schwierigen Umstände zu sehen ist. Er war von den politischen und sozialen Problemen seiner Heimat direkt betroffen, in der ihm um die Jahre 1448–1457 sein Durchbruch in der Entwicklung und unternehmerischen Realisierung des Druckens mit beweglichen Lettern gelungen ist.[119] In der Zeit nach 1444 erreichten die zünftischen Kräfte in der Stadt weder eine Lösung der katastrophalen finanziellen Krise (selbstverständlich scheiterte z. B. der Versuch, den Klerus an den erdrückenden Lasten zu beteiligen) noch eine vollständige Vertreibung der Patrizier. Es verwundert nicht, dass die Judenvertreibung aus der Stadt 1438 genau in diese Phase extremer Spannungen gefallen ist. Seit den 1440er Jahren kam zu der massiven Autoritäts- und Verschuldungskrise die Frage nach der Oberhoheit über die Stadt und die verfassungsrechtliche Stellung des mächtigen Erzbischofs hinzu. Dieser profitierte naturgemäß zunehmend von der völligen Verfahrenheit der Lage. Die Stadt ließ sich dann in das Schisma auf dem erzbischöflichen Stuhl während der sog. Mainzer Stiftsfehde 1459 bis 1462 hineinziehen und erwies sich nicht als fähig, einen der Kandidaten entscheidend zu unterstützen. Diese Schaukelpolitik war es dann auch, die 1462 zum spektakulären Verlust der Stadtfreiheit und der Eingliederung von Mainz in das erzbischöfliche Territorium geführt hat. Dieses Ereignis ging mit Verwüstungen und Toten einher. Es folgte eine politische »Säuberung« durch den neuen Erzbischof Adolf von Nassau. Mit seinem Namen ist eine radikale Einschränkung der in Jahrhunderten gewachsenen kommunalen Selbstverwaltung verbunden. Ein immer ohnmächtigerer Rat und die Zünfte wurden nun zu reinen Verwaltungskörperschaften im Kurstaat degradiert, ein Ereignis, das über Mainz hinaus von anderen Städten als Menetekel wahrgenommen wurde.[120]

Am Mittelrhein vermochte Kurmainz, das seit dem 14. Jh. seine Stellung auf Kosten der Pfalzgrafschaft zum Teil verlor, seine stadtherrschaftliche Stellung u. a. in der nach wie vor bedeutenden Mittelstadt Bingen aufrechtzuerhalten. Hier hat sich aus dem Jahre 1468 mit der Haussteuerliste eine hervorragende sozialgeschichtliche Quelle erhalten, die punktuelle Einblicke in die Lebenswirklichkeit einer mittelgroßen Stadt im späten Mittelalter möglich macht.[121] Die Liste gibt einen Eindruck von der ausgeprägten sozialen Ungleichheit in der spätmittelalterlichen Stadt, denn aus ihr kann auf den sozialen Status der steuerzahlenden 600 Haushaltsvorstände geschlossen werden. Einer zahlenmäßig mit mehr als der Hälfte der Bewohner ins Gewicht fallenden Unterschicht steht eine gut 30 % umfassende »Mittelschicht« und eine sehr kleine Zahl sehr reicher Einwohner gegenüber. Diese Verhältnisse kann man auch in anderen, weit bedeutenderen städtischen Zentren feststellen. Die hier und andernorts deutlich zutage tretenden gravierenden sozialen Ungleichheiten erklären auch, weshalb es in so vielen Städten ständig zu Auseinandersetzungen um die Teilhabe am Rat und der Stadtherrschaft kam. Auch in kleineren Städten (gerade am Mittelrhein) können wir von der Existenz einer auf Vermögen, Ansehen und familiäre Netzwerke gestützten Oberschicht ausgehen, die wiederum mit den örtlichen Adelsfamilien verbunden war.

Trier

Im Gegensatz zu Mainz konnte sich in Trier die Eigenständigkeit einer städtischen Verfassung und die begrenzte Autonomie der Schöffenherrschaft an der Stadtspitze bis 1580 halten.[122] Generell wurde für Trier die nicht zuletzt in ständigen Auseinandersetzungen mit dem Erzbischof begründete Schwerpunktverlagerung der erzbischöflichen Verwaltung nach Koblenz bzw. an die Rheinschiene gegen Ende des 14. Jhs. folgenreich, zumal die Stadt, für die Residenzfunktionen und Hof wichtige wirtschaftliche und kulturelle Faktoren waren, dadurch weiter in eine Randlage geriet. Die bereits kurz nach 1300 zwischen den eingesessenen Schöffenfamilien zum einen und Kräften der Zünfte zum anderen greifbaren Konflikte ziehen sich durch das gesamte Spätmittelalter hindurch. Die Vormachtstellung des Schöffenkollegs wurde immer wieder in Frage gestellt und führte bereits in der Zeit von Erzbischof Balduin von Luxemburg (1307–1354) zu immer neuen Kompromissen, Neuregelungen und Zäsuren. Die ausgeprägt ständisch abgeschlossenen Führungsgruppen standen wie die Mainzer Patrizier in engen Bindungen an den Erzbischof und seinen Hof. Nach etwa 1350, als es auch in Trier durch die Pest zu drastischen Bevölkerungsverlusten gekommen war, verschärften sich die sozialen Konflikte und die Auseinandersetzungen zwischen dem Stadtherrn und der Stadtgemeinde. Vertreter der Gemeinde und der Zünfte waren um größere Spielräume in Gerichtsbarkeit, Steuerhoheit und städtischer Verwaltung wie auch in ihren Außenbeziehungen bemüht. Dabei hatte man stets Rücksicht auf die Grafen von Luxemburg als territorialem Nachbarn zu nehmen. Im Laufe des 15. Jhs., vor allem nach der sog. Manderscheider Fehde von 1432, kam es zu grundlegenden Verschiebungen und Wandlungen in der Zusammensetzung der städtischen Führungsgruppen und weiteren Verfassungsänderungen. In der Tendenz konnten die Zünfte auf Kosten der Ratsschöffen Anteil und Einfluss steigern, was mit einer stetigen Konfrontation mit dem Erzbischof einherging, doch auch die neuen Kräfte an der Stadtspitze tendierten zur sozialen Abschließung nach unten.

Aufgrund der Überlieferung der überaus wertvollen Trierer städtischen Vermögenssteuerlisten (1363/64 und 1374/75) verfügen wir über Einblicke in die soziale und wirtschaftliche Lage der ökonomisch stagnierenden Stadt bzw. ihrer Bewohner kurz nach der Pestkatastrophe von 1349.[123] Die Quellen werden durch umfangreiche Rechnungsserien ergänzt und bilden somit im Vergleich (etwa zu den drei großen rheinischen Städten) eine außerordentlich reiche archivalische Überlieferung zur Stadtgeschichte. Diese Zeugnisse erlauben vor allem Einblicke in die sonst kaum erkennbare Sozialtopografie und die gesellschaftliche Schichtung in der Stadt. Die Listen ermöglichen eine sozialgeschichtliche Analyse der Bevölkerung von den Führungsgruppen an der Stadtspitze bis zu den Unterschichten. Letztere dürften – je nach Berechnung – bis zu gut 40 % der steuerzahlenden Bewohner ausgemacht haben. Unter diesen Minderbemittelten befanden sich auffallend viele Frauen. Eine solche Tendenz, die wir bereits für das späte 15. Jh. im viel kleineren Bingen (s. o.) beobachtet haben, wird in der Forschung hinsichtlich der Größenordnungen der Vermögensverteilung für die spätmittelalterliche Stadt durchgängig angenommen. Diese Aufteilung der Vermögen steht in einem Zusammenhang zur Topografie der Stadt, ohne dass es ausgesprochene Unterschichtquartiere gegeben hätte. Vermutlich war die Bevölkerungszahl der Stadt um diese Zeit auf allenfalls 10.000 Einwohner gesunken. Dennoch zeigt sich eine sehr differenzierte Berufsstruktur. An der Spitze steht das Tuchgewerbe, dessen Rang sich auch im politischen Leben ausgewirkt hat.[124] An zweiter Stelle standen die im Bereich des Weinbaues und -handels Beschäftigten, wenngleich dieser Wirtschaftszweig seine einst weiträumigere Ausstrahlung eingebüßt hatte und nun lediglich regional von Wirksamkeit blieb.[125]

Wichtig war in der Stadt (auch wirtschaftlich) die Konzentration von Verwaltungs- und Residenzfunktionen auch nach der Verlagerung der Residenz nach Koblenz.[126] Einen innovativen Neuansatz markiert die seit den 1450er Jahren von den Erzbischöfen betriebene Gründung der Universität 1473.[127] Sie wurde auch von der Stadt unter Federführung einer Reihe von kirchlich-akademisch gebildeten Personenverbänden stark gefördert. Dem folgte 1476/77 eine rein kirchlich initiierte Universitätsgründung in Mainz.[128] Diese Neuansätze stehen auch mit der zunehmenden Bedeutung akademischer Qualifikationen in Städten und an den Höfen in einem engen Zusammenhang, die wiederum eine Ursache in der fortschreitenden Verrechtlichung vieler Lebensbereiche der Städte hatte. Kaum etwas zeigt trotz dieses Neuansatzes im Bildungssektor deutlicher, dass die Phase städtischer Blüte (nicht nur) in Trier zu Ende ging, als der Tatbestand, dass die Moselstadt die in der zweiten Hälfte des 14. Jhs. zu vermutende Bevölkerungszahl von etwa 10.000 Einwohnern nach einem langen Niedergang während der frühen Neuzeit erst wieder um 1800 erreicht und nur langsam überschritten hat.

Speyer und Worms

In vielfacher Hinsicht im Gegensatz zu Mainz und Trier verlief die Stadtentwicklung in den Bischofsstädten Speyer und Worms. Beide waren seit dem 13. Jh. bei relativ schwacher bischöflicher Position gegenüber der Stadt und ihren jeweils vor allem rechtsrheinischen Hochstiften (ganz im Gegensatz zu dem schließlich seinem mächtigen geistlichen Stadtherrn unterlegenen Mainz und im Gegensatz auch zu Trier mit seinem ebenfalls weit stärkeren Klerus und der »drohenden« Landesherrschaft im Erzstift) langfristig erfolgreich um die Ausweitung ihrer eigenen Gerichtsbarkeit und Stadtherrschaft bemüht. Beide blieben freie Reichsstädte bis 1792/98.[129] Vor allem während des 15. Jhs. wurden wichtige kaiserliche Privilegien erteilt; im Spätmittelalter bestand eine faktisch selbständige Stellung der städtischen Gerichte. Der Wormser Rat baute nach dem Erwerb der »Münze« ab 1491 das bürgerliche

Zentrum demonstrativ-repräsentativ aus. Der ab 1233 städtische Bürgerhof (Rathaus) wurde anstelle des Dom-Vorplatzes städtischer Beratungs- und Versammlungsort, um 1500 wurde das Gericht vom Bischofshof zur Münze verlegt. Mit der sog. »Letzten Rachtung« (1519/26) erfolgte nach verschiedenen Verfassungskompromissen seit 1233 bzw. 1300 die Fixierung des bis zum Ende des Alten Reiches 1792/98 gültigen Verfassungsstandes. Herrschaftsansprüche gegenüber der Stadt hatten bis dahin die Könige, die Bischöfe (Ratseinsetzung, Huldigungseid) und die rheinischen Pfalzgrafen, die seit etwa 1350 (wie auch in Speyer mit vergleichbarer Konstellation) zu den dominierenden Territorialherren der Region mit vielfältigen Einwirkungsmöglichkeiten auf die Stadt wurden. Schon mit Blick auf die Verkehrswege und aufgrund elementarer wirtschaftlicher Interessen mussten die Städte mit den Pfalzgrafen Schirm- und Vogteiverträge abschließen. Die Räte waren daher stets auf Ausgleich mit dem mächtigen Nachbarn bedacht. Allein territorial umschloss die Kurpfalz fast komplett das in beiden Fällen beschränkte Stadtgebiet, so dass sich kein städtisches Territorium ausbilden konnte, wie es für oberdeutsche Reichsstädte typisch wurde (z. B. Ulm, Nürnberg, Bern). Keine wichtige verfassungsrechtliche Frage, vor allem im Hinblick auf die Stellung des Klerus, und schon gar keine Bischofswahl wurde seit dem 15. Jh. ohne den maßgeblichen Einfluss des Heidelberger Hofes und seines mit beiden Städten eng verbundenen Personals (Pfründen, Stiftsinsassen, Universitätsstudium, Klientelverhältnisse etc.) geregelt bzw. kam zustande. Eine Fortführung fanden diese Eingriffe u. a. im Gefolge der kirchlichen Reformbestrebungen in enger Abstimmung mit den beiden Bischöfen seit den 1420er Jahren. Insbesondere Worms erreichte um das Jahr 1500 ein außergewöhnlich großes Maß an Unabhängigkeit und rechtlicher Eigenständigkeit: Selbstbewusst und mit juristischer Schützenhilfe durch entsprechend gebildete Rechtsgelehrte demonstrierte man nun ein neues, eigenes Geschichtsbild, forcierte die Ausgestaltung eigener Repräsentationsbauten und schuf sich neue Rechtsgrundlagen und -symbole (Stadtrecht 1499, neues Siegel, Inschriften und Wappen etc.) mit z. T. bis an das Ende des Alten Reiches geltender Dauerhaftigkeit. Das wirtschaftlich-demografische Potential der beiden Städte war dabei gegenüber der hochmittelalterlichen Blütezeit wohl schon seit dem 15. Jh. rückläufig, wiewohl Quellen zur wirtschaftlichen, sozialen und Bevölkerungsentwicklung Mangelware sind. An der äußeren Gestalt und dem Pfarreinetz hat sich nach 1350 erkennbar nichts mehr verändert, was auf eine nur marginale Fortentwicklung der Städte schließen läßt. Auch im überregionalen Handelsverkehr und hinsichtlich ihrer Gewerbestruktur konnten beide Städte wohl keine neuen Positionen mehr erreichen.

Bemerkenswert ist im Vergleich zu anderen Städten, die während des späten Mittelalters (wie namentlich im skizzierten Fall der Stadt Mainz) wesentlich stärker durch zum Teil massive innerstädtisch-soziale Konflikte um den Anteil an der Stadtherrschaft geprägt waren, die (im Falle von Worms) seit den grundsätzliche Verfassungsfragen und das Verhältnis zu Bischof und Klerus betreffenden Regelungen von 1392 bzw. 1430 eingetretene relative Ruhe und das hohe Maß an Kontinuität sowie ein relativ gutes Verhältnis der Stadt zu ihrem bischöflichen Stadtherrn in der Zeit von 1427 bis 1482. Die Stellung des Rates gegenüber der Bevölkerung, in dem in Worms lediglich die Gemeinschaft der Münzerhausgenossen bis 1491 noch eine korporative Sonderstellung einnahmen, war seit etwa 1400 von intensivierter Herrschaftsdurchsetzung sowie verstärkter Schriftlichkeit und Verwaltung gekennzeichnet. Die in beiden Städten seit etwa 1300 virulenten innerstädtischen Konflikte um den Anteil der Zünfte an der Stadtherrschaft konnten immer wieder im Ausgleichs- und Kompromisswege einvernehmlich gelöst werden. Wichtig waren dabei für die Zwillingsstädte die nach wie vor sehr engen, auf persönlichen Netzwerken beruhenden Kommunikationswege der jeweils führenden Gruppen an der Stadtspitze. Leider ist über die Zusammensetzung der spätmittelalterlichen Führungsschichten oder die Sozial- und Wirtschaftsgeschichte der Städte bislang kaum Sicheres bekannt. Dies liegt auch und gerade an den schwerwiegenden Quellenverlusten in den Archiven beider Städte vor allem im Gefolge der Verheerungen während des Pfälzischen Erbfolgekrieges 1689.

Am Ende des Mittelalters hatten die Räte der Städte das drohende Beispiel der Mainzer Katastrophe von 1462 vor Augen. Sie konnten in betonter Bindung an das Königtum ihren Status als Reichsstädte definitiv gegen die bischöflichen Ansprüche sowie die fortgesetzten Zu- und Eingriffe der Pfalzgrafschaft durchsetzen. Dies ist auf dem Gebiet des heutigen Landes Rheinland-Pfalz sonst nur dem allerdings längere Zeit verpfändeten Landau gelungen (Reichsstadt ab 1291, 1324–1511 an den Bischof von Speyer verpfändet, dann an den elsässischen Zehnstädte-Bund angegliedert). Nach 1495 wurde Worms (später Speyer) Sitz des königlichen Kammergerichts und Vorort des oberrheinischen Reichskreises; 1498/99 wurde mit der sog. Wormser Stadtrechtsreformation vom Rat ein neues Stadtrecht mit starkem Einfluss des jetzt immer intensiver rezipierten römischen Rechts erlassen. Mit diesen und anderen Schritten ging man gegen den Stiftsklerus und den humanistisch gebildeten, vielfältig wirksamen Wormser Bischof Johann von Dalberg in Frontstellung. Dieser, rechtsgelehrt und hervorragend vernetzt, betonte seine Ansprüche gegen die Stadt weit nachdrücklicher als seine Vorgänger.[130] Bis etwa 1560 fanden in beiden Städten zahlreiche Reichstage statt, so der Reformreichstag 1495 und der für die Reformationsgeschichte wichtige Hoftag des Jahres 1521 in Worms, viele andere in Speyer, u. a. 1529.

Der Kurpfalz als langfristig wichtigstem Landesherrn im Süden des heutigen Rheinland-Pfalz gelangen seit dem 14. Jh. die pfandweisen Erwerbungen von Reichsbesitz[131] mit einigen kleineren Städten (z. B. 1375 Ingelheim, Nierstein und Oppenheim). Um die Mitte des 14. Jhs. erlangte das schon erwähnte Neustadt a. d. W. unter den Pfalzgrafen Rudolf II. und Ruprecht I., einem der namhaftesten Herrscher, eine zeitweilige Hauptstadtfunktion, die insbesondere in der Erhebung der Pfarrkirche St. Ägidius zu einem als Grablege dienenden Kollegiatstift 1356 in Verbindung mit dem Versuch einer forcierten Wirtschaftsförderung (1345 Messeprivileg) Ausdruck gefunden hat.[132] Langfristig setzte sich allerdings die Residenzfunktion des rechtsrheinischen Konkurrenten Heidelberg durch.

Städtische Außenbeziehungen

Das bereits für die Zeit seit 1254/56 vorgestellte enge Netz von Kommunikation und formellen Bündnissen blieb vor allem in der Zeit bis gegen 1380/1400 zwischen Mainz (bis 1462), Speyer, Oppenheim, Worms, Straßburg, Frankfurt und anderen Städten wirksam.[133] Die erhaltene Korrespondenz der Jahre bis um 1385 bietet eine breite Palette von Regelungen mit Einblick in städtische Politik und städtisches Alltagsleben. Zentrale Bedeutung besaß die Sicherung der einschlägigen Verträge durch Eid, wodurch auch nachfolgende Stadträte verpflichtet wurden. Die städtische Politik war auf ständige Vergewisserung und Erneuerung ihrer vertraglichen Grundlagen angewiesen. Das Problem mangelnder Sanktionsmöglichkeiten wurde durch das Konfliktlösungsmittel der Bildung von Schiedsgremien zu entschärfen gesucht. Es finden sich bi- und multilaterale Vertragsregelungen zu Rechts- und Wirtschaftsfragen und insgesamt das Bestreben zur Bildung überstädtischer Gemeinschaften. Besonders beachtenswert sind Bestimmungen zum gemeinsamen Bürgerrecht und die Bildung gemeindeübergreifender Zünfte. Ein wesentliches Element des Bündnissystems blieb ein funktionierendes Kommunikationssystem u.a. mittels Boten und informelle Kontakte der Städte auf dem Weg persönlich-familiär-handelsmäßiger Beziehungen ihrer städtischen Führungsgruppen. Diese hatten auch als Gläubiger und Finanziers natürliches Interesse an einer Stabilität der Partner.

Im mittelrheinischen Raum ragen die drei Bischofsstädte Mainz, Worms und Speyer als bestimmende Akteure heraus. Als programmatische Motive des Handelns werden genannt die Wahrung von Frieden, Gerechtigkeit und Allgemeinwohl sowie der Gedanke von Solidarität, Gegenseitigkeit und Verantwortung. Immer wieder berief man sich auf religiöse Grundideen und daraus erwachsende Legitimation. Zwischen 1226 und 1389 war Worms in allen Städtebünden und Landfrieden vertreten, Speyer kann als das Zentrum des überregional bedeutsamen Rheinischen Bundes von 1381 gelten.

Nach wie vor erfolgten zahlreiche gegenseitige Vermittlungen bei Konflikten sowohl um die Stadtherrschaft als auch zwischen Stadtspitze und (Teilen der) Geistlichkeit, wie etwa anlässlich der gravierenden Konflikte in Worms um 1385/86. Anlass war (wieder einmal) die seit dem 13. Jh. virulente Frage der Besteuerung des Weinverkaufs der Geistlichkeit. Im Jahre 1384 hatte der Rat – wohl auch aufgrund gestiegener Ausgaben für den Rheinischen Städtebund – das Weinmaß geändert und damit diese so wichtige und rechtlich brisante Abgabe indirekt erhöht. Bereits unmittelbar nach dem ersten Protest des Stiftsklerus 1384 schalteten sich die rheinischen Partnerstädte in den Konflikt ein. Bischof und Klerus, die in dem Vorgehen der Stadt einen Verstoß gegen in die dem Verfassungskompromiss von 1366 (der seinerseits maßgeblich durch partnerstädtische Vermittler zustande gekommen war) vereinbarten Prinzipien der Verfassung sahen, schlossen ein formelles Bündnis zur Verteidigung der Freiheiten der Wormser Kirche. Anfang 1385 brachte die Stadt Worms den Konflikt auf die Ebene des Städtebundes und mahnte bei den Bundesstädten Unterstützung an. Inzwischen zog der Streit immer weitere politische Kreise und auch König Wenzel wurde involviert. Anfang 1386 eskalierte der Konflikt und steigerte sich zu gewaltsamen Übergriffen der Stadt auf Geistliche, die gefangengesetzt und misshandelt wurden. Das Stift St. Cyriakus in Neuhausen vor Worms wurde dabei geplündert. Als Grund für die Tollkühnheit der Wormser nennt ein geistlicher Chronist aus Mainz ausdrücklich ihren Rückhalt im Städtebund. Unter bestimmten Bedingungen erklärten sich die Verbündeten aus Mainz, Speyer und Straßburg zu einer Vermittlung bereit. Die »Ratsfreunde« aus Mainz und Speyer besiegelten 1386 den Kompromiss mit, der als sog. »Fünfte Rachtung« Verfassungsrang erhielt und das Verhältnis von Geistlichkeit und Stadt in den traditionell strittigen Fragen zu regeln bemüht war. Über die Vermittlungstätigkeit hinaus engagierten sich die Partnerstädte auch finanziell bei der Wormser Konfliktlösung: Gemäß einer Rechnung des Rheinischen Bundes in Speyer, seinem faktischen Mittelpunkt, sollten die Bundesstädte immerhin 300 Gulden für die Bemühungen aufwenden, den Bann und die Acht über die Stadt Worms aufzuheben. Gerade während der 1380er Jahre waren die Geschicke der mittelrheinischen Städte untereinander auf das engste miteinander verflochten. Das in den Quellen auch als »eidgenössisch« umschriebene Beziehungsnetz schwächte sich unter dem Druck territorialherrschaftlicher Beschränkungen für städtisches Handeln nach 1400 spürbar ab, blieb jedoch für Speyer und Worms bis in das 16. Jh. charakteristisch.

Für die in diese rheinischen Netzwerke naturgemäß nicht eingebundene Moselmetropole Trier hat die Forschung (mit anderen Schwerpunkten) zahlreiche Aspekte der Außenbeziehungen herausgearbeitet.[134] Diese fanden Ausdruck in Lehens- und Dienstbeziehungen der städtischen Führungsgruppe, Besitzverflechtungen, außerstädtische Heiratskreise usw. Man legte in Trier bis zu Beginn des 16. Jhs. (Reichstag 1512 u. a.) auf städtischer Seite immer noch Wert auf die allerdings immer sporadischer werdenden Beziehungen zu Reich und Königtum. Aufgrund der mit den erwähnten Trierer Steuerlisten für die 1360er und 1370er Jahre punktuell günstigen Quellenlage lassen sich hier auch Aspekte des städtischen Einzugs- und Zuwanderungsbereiches näher beschreiben. Generell war jede mittelalterliche Stadt elementar auf stetigen Zuzug aus dem Umland angewiesen. Als Kernzone der Migration in die Stadt kann man in Trier eine Kernzone von 30 km Radius ausmachen. Stadt und Land blieben stets aufeinander angewiesen und aufeinander bezogen.

Kirche und Stadt im späten Mittelalter

Die Untersuchung des Verfalls und der Erneuerung des klösterlichen Lebens im 14. und 15. Jh. hat sich in den letzten Jahrzehnten zu einem vielbeachteten Forschungsthema entwickelt. Die Problematik des Spannungsfeldes von Krise und Reformen spielt gerade auch in den sehr zahlreichen Klöstern und Stiften der Städte im späten 14. und im Laufe des 15. Jhs. eine erhebliche Rolle. Zu den wenigen religiösen Neuansätzen nach etwa 1300 gehörten die 1331 in Koblenz (Beatusberg) und vor Trier begründeten Kartäuserklöster. Viele Hinweise bezeugen eine starke Tendenz zum ökonomischen Niedergang zahlreicher Konvente nach 1300. So fiel etwa die Trierer Benediktinerabtei St. Matthias bereits seit der zweiten Hälfte des 13. Jhs. finanziell ebenso wie in Bezug auf das monastische Leben in eine tiefe Krise. Zu einer Verschärfung der Situation kam es mit Ausbruch des Großen Schismas. Reformer in fast allen Ordenszweigen vor allem während des 15. Jhs.[135] brachten eine Rückbesinnung auf die ursprünglichen Ordensideale mit sich und waren dabei zugleich Ausdruck einer typisch spätmittelalterlichen Spiritualität. Sie zeichneten sich durch Rückzug aus der Welt sowie Vorliebe für das individuelle Gebet und Meditation aus. Damit einher ging ein gewisser Zentralismus, was für die Bettelorden eine Weiterentwicklung ihrer ursprünglichen Verfassung, für die Benediktiner jedoch eine Modernisierung darstellte, da hier die Bildung von Zusammenschlüssen und Kongregationen in der Vergangenheit meist gescheitert war. Das Streben nach Innerlichkeit auf der einen, nach humanistisch gefärbtem Bildungsstreben auf der anderen Seite führte zudem zu einem verstärkten Interesse an Büchern und entsprechendem Anwachsen der Bibliotheken. In der Abtei St. Matthias in Trier etwa stammen von den 440 erhaltenen Handschriften 200 aus dem 15. Jh. Als wesentliche Initiatoren und Förderer von Reformen im Worms-Speyerer Raum traten die Pfalzgrafen bei Rhein in Erscheinung. Ihre spätmittelalterliche Kloster- und Kirchenpolitik verdeutlichte auch die Intensität der weltlichen Herrschaft der Kurfürsten im 15. Jh., die wiederum nach Speyer und Worms hineinreichte.

Kirche und Stadt blieben auch unter den Vorzeichen wachsender wirtschaftlicher Probleme und sozialer Verwerfungen gerade in den großen Bischofsstädten auf das Engste und Vielfältigste miteinander verwoben und verschränkt.[136] Trotz der grundsätzlichen, immer wieder in handfesten Übergriffen und Kirchenstrafen kulminierenden Konflikte über die vor allem seit etwa 1250 umstrittenen geistlichen Sonderrechte (darunter vor allem die Steuerfreiheiten und den eigenen geistlichen Gerichtsstand vor allem des Stiftsklerus)[137] zeichneten sich Bürger bzw. Stadtbewohner aller Schichten, an ihrer Spitze die christlicher Ordnung verpflichteten Rats- bzw. Schöffen-Obrigkeiten, durch ein fortgesetzt reiches Stiftungswesen aus. Dies fand seinen Ausdruck beispielsweise in testamentarischen Vermächtnissen, personellen Verflechtungen mit den auch als Grundbesitzer überaus starken religiösen Institutionen (namentlich den Bettelorden) und in der weiteren Gründung neuer Bruderschaften. Ausdruck fand diese Frömmigkeit auch in einem in hohem Maß religiös durchwirktem öffentlichen Handeln (Prozessionen, Ratskapellen, Gedächtnisstiftungen bzw. Testamente).[138] Dies korrelierte wiederum mit einem um 1500 blühenden Kunstmarkt.

Allerdings entfernten sich die Domkapitel und Stifte in ihrer sozialen Zusammensetzung immer weiter von der Stadtbewohnerschaft, die sie häufiger explizit von einer Mitgliedschaft ausschlossen (wie in Speyer ab 1309 immer wieder). Umso stärker war die symbiotische Bindung in praktisch allen anderen Gemeinschaften ausgeprägt. Immer wieder kam es nach zum Teil gewaltsamen Auseinandersetzungen (in Worms z. B. nach 1364/66, ab 1385/86, ab 1405 und ab 1482/94, häufig etwa zeitgleich mit Zuspitzungen in der benachbarten »Zwillingsstadt« Speyer) zum Abschluss von Übereinkünften und rechtlich fixierten Kompromissen. Über all den Konflikten darf die Normalität des Zusammenlebens im Alltag nicht vergessen werden. Wichtig blieb auch die Bedeutung der geistlichen Gerichte und Schreiber für die freiwillige Gerichtsbarkeit nicht zuletzt aufgrund des faktisch geistlichen Bildungsmonopols als Faktor der untrennbaren Verbindung von Stadt und Geistlichkeit. Auch auf diesem Gebiet hat die gerade in den Reichsstädten Worms und Speyer keineswegs zufällige, in manchem um 1500 bereits angelegte Erfolgsgeschichte der reformatorischen Bewegung ab 1521 eine ihrer Ursachen.[139]

Im Selbstverständnis der städtischen Führungsschichten besaß die laikale Kirchenpflege einen erheblichen Stellenwert. Dies macht etwa für die Stadt Worms ein Blick in die offiziösen »Acta Wormatiensia«, chronikalische Quellen des Rates aus der Zeit um 1500, deutlich. Ein wichtiger Teil des bürgerlichen Selbstverständnisses blieb durchgängig der enge Kontakt zu den Bettelordenskonventen. Die städtischen Quellen der Jahre um 1500 lassen in Worms die faktische Aufsicht des Rates über die Pfarrer und eine starke Loyalität des Pfarrklerus gegenüber der städtischen Obrigkeit in dem tiefgreifenden Konflikt mit Bischof Johann von Dalberg und dem Stiftsklerus auch und gerade nach dessen spektakulärem, auch von Flugschriftenpropaganda begleitetem Auszug aus der Stadt 1499 (bis 1509) erkennen.[140] Hier finden sich auch Hinweise auf die starke Bedeutung der Marienverehrung am 1298 gegründeten, seit dem 15. Jh. faktisch unter Bau- und Finanzverwaltung der Stadt stehenden Liebfrauenstift für die ratsoffizielle Religionspolitik (Anordnung bzw. regelmäßige Durchführung von Prozessionen u. a.). Zugleich beobachten wir immer wieder Bemühungen, die Geistlichkeit oder ganze Konvente durch Bürgerrechtsverleihung in das städtische Gemeinwesen zu integrieren. Besonders bei den weiblichen Konventen lassen sich mit der neueren Forschung zudem zahlreiche familiär-verwandtschaftliche Netzwerke zwischen Konventen und bestimmten Familien und Gruppen der Städte ausmachen.[141]

Besonders enge Beziehungen bestanden in Trier zwischen den führenden Kräften an der Stadtspitze und dem von einer aus den Schöffenfamilien der Stadt gebildeten St. Jakobsbruderschaft geleiteten Hospital.[142] Vor allem ein auf Schenkungen beruhender kräftiger Vermögenszuwachs während der zweiten Hälfte des 14. Jhs. ließ das auch als Besitzer umfangreicher Weinberge vermögende Spital zu einem für die Stadt überaus wichtigen Kreditinstitut werden. Dies steigerte wiederum seine Attraktivität für die Stadt: In den 1430er Jahren ging die Trägerschaft auf den Rat über, das Amt des Hospitalsmeisters nahm im Verfassungsgefüge der Moselstadt eine höchst exponierte Rolle ein.[143] Mit der Ausstellung des »Heiligen Rocks« anlässlich des Reichstags von 1512 wurde noch kurz vor der Reformation ein neuer, bis in die Gegenwart nachwirkender Reliquienkult propagiert. Generell gilt, dass die Grenzen zwischen Bürger- und Klerikerstatus keineswegs klar und eindeutig verlaufen sind. Eine auch nur gedankliche Trennung zwischen öffentlich-politischem Leben in einem Gemeinwesen und christlicher Religiosität blieb dem Mittelalter fremd, wie uns die Städte besonders eindrucksvoll aufzeigen. Daran haben auch die bei Konflikten zwischen beiden Seiten zunehmende Verhängung von Kirchenstrafen und Auszug von Teilen der Geistlichkeit aus den Städten als bis um 1500 zunehmend stumpfer werdendes Kampfmittel nichts zu ändern vermocht.

Jüdisches Leben nach der Katastrophe von 1349

Die das gesamte Reich umfassende, bis in das 20. Jh. umfangreichste Verfolgungswelle gegenüber den Juden auch in der Region an Rhein und Mosel datiert in das Schreckensjahr 1349. Hierbei wurde die Begründung der »Brunnenvergiftung« in Kombination mit anderen latenten Vorwürfen (Hostienfrevel, Ritualmorde) und religiösen Vorurteilen, gepaart mit obrigkeitlich geschürter Habgier und ausdrücklicher Rechtsfreiheit in einer Art »Verschwörungstheorie« zum Anlass für meist ohne gerichtsförmliche Verfahren durchgeführte Tötungsaktionen und Besitzkonfiszierungen genommen, die meist im Vorfeld des Auftretens der Seuchen stattfanden. Die drohende Pest wirkte offenkundig als Katalysator bei der Austragung tiefgreifender Konflikte im Gefolge der bereits angedeuteten, seit einer Generation verschärften dramatischen wirtschaftlich-sozialen Spannungen. Diese vermengten sich mit Veränderungen im Frömmigkeitsideal, innerstädtischen Konflikten und wirtschaftlichen Aspekten. Bereits im Januar 1349 waren die Speyerer Juden gleichsam vorbeugend zu Tode gebracht worden, ihr Besitz wurde zerstört oder geplündert; im März 1349 traf es »Warmaisa« (Worms).[144] In Trier wurden im August des Jahres etwa 300 Juden ermordet.[145] Erzbischof Balduin als Inhaber des Judenregals eignete sich (wie andere Landesherren oder Städte) den Besitz der Getöteten an und unterstellte ihn seiner Güterverwaltung. Zum selben Zeitpunkt brach die Gewalt in »Magenza« (Mainz, August 1349) ebenso wie in Oppenheim und Frankfurt am Main aus.

Erst ab 1352/53 kam es in einer wesentlich kleiner als vorher belegten Zahl von Städten zur Wiederansiedlung unter äußerst restriktiven Umständen unter anderem in Koblenz schon 1351, Speyer 1352 und Worms 1353. Bestimmt wurde dabei meist der Ausschluss von Grundbesitz, nur noch individuelle und befristete statt gemeindebezogene Rechtsverleihungen gegen Schutzgeldzahlungen, eine strikte Erwerbsbeschränkung auf Kreditgeschäfte, Beschränkungen des zulässigen Zinssatzes und anderes. Fassbar sind Juden am Mittelrhein jetzt wieder auch in einigen kleineren Orten (Bacharach, Lorch, Oberlahnstein u.a.). Seit dem 15. Jh. wurden dann dauerhafte Vertreibungen aus den Städten wie auch Territorien in Gestalt eines herrschaftlich kontrollierten Justizmordes fast zur Regel.[146] Daran hatte auch die königliche Zentralgewalt ihren Anteil, die mit wirtschaftlichen Zwangsmaßnahmen und massiven Besteuerungen eine Verelendung unter der Minorität verschärft forciert hat. Ihre wirtschaftliche Betätigung war nun ganz auf das Geldgeschäft eingeschränkt worden.

Erste flächendeckende Vertreibungen aus der benachbarten Kurpfalz oder aus der Reichsstadt Straßburg bereits 1390 gaben Räten und führenden Familien der Städte eine fatales Vorbild. In Stadt und Erzstift Trier kam es 1418/19 unter dem neuen Erzbischof Otto von Ziegenhain mit Zustimmung der Stadt und des davon durchaus wirtschaftlich-finanziell profitierenden Domkapitels zur Ausweisung bei Schuldentilgung und Güterkonfiskation. Die Mainzer Juden erlebten zwischen 1438 und 1471 ein Wechselbad von Verfolgungen und kurzzeitigen Wiederzulassungen, was sich letztlich (wie auch die Ereignisse in Speyer) in einer weitgehenden Auslöschung des baulichen wie auch des religiös-kultischen Erbes der Gemeinde ausgewirkt hat. Die traditionsreiche Speyerer Gemeinde verschwand um 1460/80 zwangsweise aus der Stadt.[147] Insgesamt kam es zwischen den 1420er und 1440er Jahren und erneut ab etwa 1470 zu einer »Hochkonjunktur« von Vertreibungen aus etlichen Territorien und Städten. Lediglich die Wormser Gemeinde,[148] die um 1500 etwa 250 Angehörige zählte und immer stärker auf ihren Bezirk um die nach allen Verfolgungen und Übergriffen stets wieder aufgebaute Synagoge und Judengasse konzentriert blieb, trotzte allen Vertreibungsversuchen (u.a. 1487). Dies hing nicht zuletzt mit einer insgesamt relativ konfliktfreien politischen Entwicklung in der Stadt während des 15. Jhs. zusammen und führte zu einer weiteren Nutzung von Synagogenbezirk, Gemeindeeinrichtungen und Friedhof mit beachtlicher Kontinuität bis in das 20. Jh. Die Obrigkeit der Reichsstadt blieb hier strikte Aufsichtsbehörde und duldete die Juden (bei weiterhin latenten Gefährdungen) unter konsequenter finanzieller Abschöpfung. Dieser Zugriff auf die Juden wurde vor allem seit dem frühen 16. Jh. forciert und findet seinen Niederschlag in steuerlichen Zwecken dienenden Visitationsakten sowie Judenordnungen. Neben Frankfurt blieb Worms eine der ganz wenigen städtischen Judengemeinden bis zum Ende der Neuzeit und dem Beginn der rechtlichen Gleichstellung unter der napoleonischen Herrschaft auf dem linken Rheinufer. Vielfach verlagerte sich jüdische Siedlung seit dem 15. Jh. in ländliche Siedlungen der sehr wenigen Landesherren, die Juden noch duldeten.

Am Ende des Mittelalters waren die grundlegenden wirtschaftlichen und urbanen Strukturen auf dem Gebiet des heutigen Landes Rheinland-Pfalz bis weit in die Neuzeit gelegt. Insgesamt nahm das Gewicht der großen Städte in kultureller, rechtlicher und wirtschaftlicher Hinsicht auch dort nach 1500 in der Tendenz ab, wo die Städte (wie in Speyer und Worms) ihre rechtlich-verfassungsmäßige Stellung als Reichsstädte wahren konnten. Es waren für die Stellung der noch bis in das 14. Jh. gleichsam an der Spitze der Modernisierung stehenden Städte (etwa in Schriftlichkeit und Verwaltung, Bürgerrecht und Ratsverfassung, differenziertem Gewerbe, überregionalen Verflechtungen, der Konzentration einer reichen geistlichen Ausstattung, Innovationen wie dem Buchdruck, der Bedeutung als Bildungszentren u.a.) symbolhafte Zäsuren, dass mit Mainz 1462 die größte Stadt der Region ihre Eigenständigkeit verlor und Trier seit etwa 1500 auf das gleiche Schicksal zusteuerte. Im Gegensatz dazu bewahrten Speyer und Worms als nach der Mitte des 16. Jhs. mehrheitlich lutherische Reichsstädte ihre Eigenständigkeit. Insgesamt nahmen jetzt die im Norden und Westen vor allem kirchlichen, im Süden weltlichen Landesherren das Heft stärker und effektiver denn je zuvor in die Hand. Erst die Ereignisse der Jahre 1792 bis 1798 beendeten dann das Mittelalter in rechtlicher und herrschaftlich-kultureller Hinsicht wirklich und erst das weitere 19. Jh. brachte dann echte Neuansätze für einen Aufschwung städtischen Lebens.

1 WIECZOREK, Franken 1996, vor allem S. 129–137 (H. Ament), Trier: S. 138–144, Worms: S. 160 ff., auch S. 241–260 zur Merowingerzeit, S. 774 ff. zu Wirtschaft, Handel und Verkehr. Vgl. auch den Sammelband: STAAB, Kontinuität 1994.

2 Grundlegend für alle vier Kathedralstädte zwischen etwa 900 und 1200: HIRSCHMANN, Anfänge 2011 und DERS., Stadtplanung 1998 (hier: Trier S. 257–287, Mainz S. 287–313, Worms S. 313–329, Speyer S. 329–356) jeweils mit zahlreicher Literatur; rheinisches Städtewesen bis 1250: ENNEN, Städtewesen 1982 (Karte und Beiheft); WENSKY, Städte 2008 (desgl.).

3 DUMONT/SCHERF/SCHÜTZ, Mainz 1998, S. 71 ff.; zur Karolingerzeit: DREYER/ROGGE, Mainz im Mittelalter 2009, S. 17 ff.; JÜRGENSMEIER, Mainzer Kirchengeschichte Bd. 1, 1997, S. 87–194 (F. Staab, Mainzer Kirche im frühen Mittelalter). Zum Mittelrhein in karolingischer Zeit: STAAB, Untersuchungen 1975; Wormser Umland: BÖNNEN, Worms 2005, S. 102 ff. (Th. Kohl/F.-J. Felten); JÜRGENSMEIER, Bistum Worms 1997.

4 ANTON/HAVERKAMP, Trier im Mittelalter 1996, S. 22 ff.; ANTON, Trier 1987; FUCHS, Inschriften 2007.

5 WILLEMSEN, Wikinger am Rhein 2004, vor allem S. 109 ff.

6 MATHEUS, Stadt und Wehrbau 2003, vor allem S. 21 ff.

7 BÖNNEN, Worms 2005, S. 102 ff.; FELTEN, Mainz 2007.

8 DUMONT/SCHERF/SCHÜTZ, Mainz 1998, S. 111 ff.; Dom St. Martin: JANSON/NICHTWEISS, Basilica Nova 2010; JÜRGENSMEIER, Mainzer Kirchengeschichte Bd. 1 1997, S. 223–256 (E.-D. Hehl, zu Ebf. Willigis, Dombau u. a.).

9 Dazu grundlegend HIRSCHMANN, Stadtplanung 1998; DERS., Anfänge 2012.

10 ANTON/HAVERKAMP, Trier im Mittelalter 1996, S. 161 ff.; RONIG, Egbert 1993; siehe auch Anm. 2 mit Verweis auf die grundlegenden Monografien von F. G. Hirschmann.

11 SCHMANDT, Mittelalterliche Städte Rheintal 2008, hier S. 33; vgl. auch unten Anm. 38.

12 Genereller Überblick: IRSIGLER, Grundherrschaft 2006.

13 IRSIGLER, Mehring 2006; Urbaredition: SCHWAB, Prümer Urbar 1983; dazu: KUCHENBUCH, Bäuerliche Gesellschaft 1978; HÄGERMANN, Grundherrschaft 1981.

14 KOHL, Dienheim 2004.

15 Zollwesen: PFEIFFER, Transitzölle 1997; Münzwesen: KLUGE, Deutsche Münzgeschichte 1991; GILLES, Münzprägung 1982; PETRY, Monetäre Entwicklung 1992; Salierzeit: ZEILINGER, Salische Ressourcen 2007; zu den Koblenzer Zolltarifen zwischen um 1100 und 1300: PFEIFFER, Transitzölle 1997, S. 83–156.

16 Zum Folgenden siehe vor allem die Arbeiten der »Trierer Schule« um Alfred Haverkamp.

17 ZIWES, Juden im mittleren Rheingebiet 1995; VOLTMER, Juden 1999; HISTORISCHES MUSEUM DER PFALZ, Europas Juden im Mittelalter 2004; CLUSE, Europas Juden 2005 (auch zu Speyer); Edition: HAVERKAMP, Hebräische Berichte 2005; Mainz: YUVAL, Heilige Städte 1996; Worms: BÖNNEN, Worms 2005, S. 664 ff. (F. Reuters).

18 SCHULZ, Ministerialität 1968; DERS., Ministerialität 2007; siehe unten Anm. 70–71.

19 Überblick zum Folgenden: BÖNNEN, Aspekte 2008.

20 Ebenda, S. 254 f.

21 THOMAS, Studien 1968; ANTON/HAVERKAMP, Trier im Mittelalter 1996, S. 231 ff.

22 BÖNNEN, Worms 2005, S. 133 ff.; HARTMANN, Bischof Burchard 2000; SEIBERT, Neue Forschungen 2004; HIRSCHMANN, Anfänge 2011 und DERS., Stadtplanung 1998.

23 Mainz zur Salierzeit: DEMANDT, Stadtherrschaft 1977; FALCK, Mainz 1972; DUMONT/SCHERF/SCHÜTZ, Mainz 1998, S. 119 ff.; zur Mainzer Kirche in der Zeit des Investiturstreits 1066–1122: JÜRGENSMEIER, Mainzer Kirchengeschichte Bd. 1 1997, S. 281–289 (F. Jürgensmeier); HIRSCHMANN, Anfänge 2011 und DERS., Stadtplanung 1998.

24 HEEG, Salier 2011; WEINFURTER/SCHNEIDMÜLLER, Salisches Kaisertum 2007, hier zum Dombau S. 371–409; EGER, Speyer 1983; EHLERS, Metropolis 1996; GRAFEN, Speyerer 1991; vgl. Anm. 2 mit Hinweis auf HIRSCHMANN, Anfänge 2011 und DERS., Stadtplanung 1998.

25 Neben Anm. 24 vgl. WEINFURTER, Salisches Herrschaftsverständnis 2002; BÖNNEN, Aspekte 2008, S. 271–274.

26 Zuletzt: JANSON/NICHTWEISS, Basilica Nova 2010, S. 79–104; JÜRGENSMEIER, Mainzer Kirchengeschichte Bd. 1 1997, S. 290–311 (S. Haarländer); siehe auch Anm. 23.

27 FLINK, Stand und Ansätze 1982, S. 182 f.; ESCHER/HIRSCHMANN, Urbane Zentren Bd. 2 2005, S. 504 f.; ENNEN, Städtewesen 1982, S. 6 (Beiheft); FLINK, Fiskus 1974; im weiteren Zusammenhang: BÖNNEN, Aspekte 2008, S. 237 f.

28 ESCHER/HIRSCHMANN, Urbane Zentren Bd. 2 2005, S. 77 f.; VOLK, Boppard 1997.

29 SCHMANDT, Bingen 2002, S. 24 f.

30 IRSIGLER, Stadtentwicklung 2006, S. 171; siehe auch FLINK, Stand 1982.

31 Grundlegend: VOLK, Wirtschaft und Gesellschaft 1998, Zitat: S. 45; Ausbauvorgänge im Weinbau um Trier im 10./ 11. Jh.: CLEMENS, Trier 1993, S. 23 f.; ESCHER/HIRSCHMANN, Urbane Zentren Bd. 1 2005, S. 523 f.

32 Zu den Landgemeinden: SPIESS, Bäuerliche Gesellschaft 1995, Rheinhessen und Rheingau. Moselgegend: REICHERT, Agrarische Konflikte 2011; BÖNNEN, Aspekte 2008, S. 235 ff.; generell: HAVERKAMP, Bruderschaften 2006.

33 Zum folgenden Überblick: SCHMANDT, Städte 2008; dazu auch SEBALD, Beobachtungen 2007 (zu den städtischen Befestigungen). Grundlegend für die Region zwischen Bingen und Koblenz VOLK, Wirtschaft 1998. Für alle im Folgenden genannten urbanen Zentren siehe stets mit Literatur ESCHER/HIRSCHMANN, Urbane Zentren 2005 (vor allem Bd. 2); für das Rheinland und die Westpfalz ergänzend WENSKY, Städte 2008 (ebenfalls mit Kriterienkatalog S. 28–78).

34 ENERGIEVERSORGUNG MITTELRHEIN GMBH, Koblenz 1992, hier S. 121 ff. zur Residenz der Trierer Erzbischöfe, 138 ff. zur Stadtverfassung im späten Mittelalter; HAPP, Stadtwerdung 2002; ESCHER/HIRSCHMANN, Urbane Zentren Bd. 2 2005, S. 313–316; WENSKY, Städte 2008, S. 54.

35 VOLK, Boppard 1997; SCHMANDT, Städte 2008; SEBALD, Beobachtungen 2007; ESCHER/HIRSCHMANN, Urbane Zentren Bd. 1 2005, S. 77 ff.

36 ESCHER/HIRSCHMANN, Urbane Zentren Bd. 2 2005, S. 475 f.; SCHMANDT, Städte 2008.

37 Zuletzt: NEUGEBAUER/KREMB/KEDDIGKEIT, Richard von Cornwall 2010.

38 SCHMANDT, Bingen 2002; DERS., Mittelalterliche Städte Rheintal 2008; MATHY, Bingen 1989, S. 1–73, Juden: S. 277–300; ESCHER/HIRSCHMANN, Urbane Zentren Bd. 2 2005, S. 67 ff.

39 ESCHER/HIRSCHMANN, Urbane Zentren Bd. 2 2005, S. 473 f.

40 HUISKES, Andernach 1980; ESCHER/HIRSCHMANN, Urbane Zentren Bd. 2 2005, S. 23–26; ENNEN, Städtewesen 1982, S. 6.

41 BURGHARD/KAPSER, Linz am Rhein 2002; ESCHER/HIRSCHMANN, Urbane Zentren Bd. 2 2005, S. 352 ff.

42 SCHMANDT, Mittelalterliche Städte Rheintal 2008.

43 ESCHER/HIRSCHMANN, Urbane Zentren Bd. 2 2005, S. 504 f., 564 ff.; WENSKY, Städte 2008, S. 57; zu Remagen auch Anm. 27.

44 ESCHER/HIRSCHMANN, Urbane Zentren Bd. 2 2005, S. 40 f.; WAGNER, Bacharach 1996; zum spätmittelalterlichen Territorium: RÖDEL, Griff nach der Krone 2000, hier S. 243 ff. zum Städtewesen.

45 ESCHER/HIRSCHMANN, Urbane Zentren Bd. 2 2005, S. 580 f.; siehe auch Literatur oben bei Anm. 13. Zur Burgsiedlung Katzenelnbogen: WENSKY, Städte 2008, S. 52.

46 Allgemein: REINHARD/RÜCKERT, Staufische Stadtgründungen 1998; WIECZOREK/SCHNEIDMÜLLER/WEINFURTER, Staufer und Italien 2010 (Essayband).

47 ESCHER/HIRSCHMANN, Urbane Zentren Bd. 2 2005, S. 289 ff.; DOLCH/MÜNCH, Urkundenbuch Kaiserslautern 1994–1998.

48 BÖNNEN, Stadterhebung 1988.

49 ESCHER/HIRSCHMANN, Urbane Zentren Bd. 2 2005, S. 481 ff.; Stadtsiegel: DIEDERICH, Rheinische Städtesiegel 1984, S. 306 ff.

50 MARTIN, Städtepolitik 1976; GERLICH, Könige 2001.

51 ESCHER/HIRSCHMANN, Urbane Zentren Bd. 2 2005, S. 224 f.

52 MARTIN, Landau 2006; ESCHER/HIRSCHMANN, Urbane Zentren Bd. 2 2005, S. 333 f.

53 ESCHER/HIRSCHMANN, Urbane Zentren Bd. 2 2005, S. 63 f., 477 f., 487 f.; Pfeddersheim: ALTER, Studien 1951; DERS., Pfeddersheim 1990.

54 Vgl. oben Anm. 44; ESCHER/HIRSCHMANN, Urbane Zentren Bd. 1 2005, S. 497–500 zusammenfassend zur Städtepolitik der Pfalzgrafschaft. Für die Pfalz: SPIESS, Karten 1980.

55 Alzey: ESCHER/HIRSCHMANN, Urbane Zentren Bd. 2 2005, S. 19 f.; BECKER, 1750 Jahre Alzey 1973.

56 DAHLHAUS, Älteste Siegel 1999; ESCHER/HIRSCHMANN, Urbane Zentren Bd. 2 2005, S. 461 f.; MASCHKE/BÖHN, Beiträge 1962.

57 BODSCH, Burg 1989; FLACH, Landesherrschaft 1991; DERS., Stadtrecht 1985; DERS., Verfassungsentwicklung 1982 (generell zur Stadtentwicklung in Kurtrier); siehe auch Einzelartikel zu den Städten in WENSKY, Städte 2008 und bei ESCHER/HIRSCHMANN, Urbane Zentren Bd. 2 2005; Überblick: ebenda Bd. 1, S. 474–477.

58 IRSIGLER, Weinstädte 1996.

59 ESCHER-APSNER, Stadt und Stift 2004.

60 ESCHER/HIRSCHMANN, Urbane Zentren Bd. 2 2005, S. 123 ff.

61 Ebenda, S. 399 f.

62 Ebenda, S. 69 ff.; WENSKY, Städte 2008, S. 34.

63 ESCHER/HIRSCHMANN, Urbane Zentren Bd. 2 2005, S. 326 ff., 305 f., 180; zu Enkirch: IRSIGLER, Enkircher Frei-

heitsbrief 2000; ENGELBERT, Freiheitsurkunden 1958; FELD, Städtewesen 1972; zu Kreuznach auch: ENNEN, Städtewesen 1982, S. 7, 15 f.

64 ESCHER/HIRSCHMANN, Urbane Zentren Bd. 2 2005, S. 241f.; ENNEN, Städtewesen 1982, S. 16; zur Grafschaft Sayn: HALBEKANN, Grafen Sayn 1997.

65 Zu den Städten im Hunsrück-Naheraum im Spätmittelalter: FELD, Städtewesen 1972.

66 ESCHER/HIRSCHMANN, Urbane Zentren Bd. 2 2005, S. 664–668; SCHNEIDER, Weißenburg 1999.

67 ESCHER/HIRSCHMANN, Urbane Zentren Bd. 2 2005, S. 172 ff.; TRAUFFLER, Echternach 1996; ENNEN, Städtewesen 1982, S. 15.

68 ESCHER/HIRSCHMANN, Urbane Zentren Bd. 2 2005, S. 494–496 Prüm, S. 271 f. Hornbach, S. 165 f. Dürkheim.

69 Aus: ESCHER/HIRSCHMANN, Urbane Zentren Bd. 3 2005 (hier auch Hinweise zu Anlage und Methodik der Arbeit und der Kartendarstellung).

70 SCHULZ, Ministerialität 1968 zu Trier; resümierender Rückblick: DERS., Ministerialität 2007.

71 ANTON/HAVERKAMP, Trier im Mittelalter 1996, S. 239 ff.; PUNDT, Metz und Trier 1998; Mainz: FALCK, Mainz 1972; DUMONT/SCHERF/SCHÜTZ, Mainz 1998, S. 125 ff.; JÜRGENSMEIER, Mainzer Kirchengeschichte Bd. 1, 1997, S. 324–331 (S. Haarländer). Zum Trierer Erzbischof Albero (1131–1152): MÜLLER, Vir religiosus 2006.

72 ANTON/HAVERKAMP, Trier im Mittelalter 1996, S. 264 ff.

73 DEMANDT, Stadtherrschaft 1977, S. 36; HEHL, Stadt und Kirchenrecht 2010.

74 DIEDERICH, Rheinische Städtesiegel 1984; Überblick zur intensiven Forschungsdebatte bis 2005: ESCHER/HIRSCHMANN, Urbane Zentren Bd. 1 2005, S. 154–161.

75 BÖNNEN, Worms 2005, S. 153 ff.; DERS., Gemeindebildung 2010.

76 VOLTMER, Reichsstadt 1981; EGER, Speyer Bd. 1, 1983 (E. Voltmer, vor allem S. 277 ff.); HAPP, Stadtwerdung 2002.

77 FALCK, Mainzer Regesten 2008, Nr. 1073 S. 568 f.

78 BÖNNEN, Gemeindebildung 2010 mit weiterer Literatur zur Ratsverfassung seit um 1200.

79 VOLTMER, Reichsstadt 1981, S. 24 f.

80 Vgl. die Stadtgeschichten für Trier (ANTON/HAVERKAMP, Trier im Mittelalter 1996), Speyer (EGER, Speyer 1983), Worms (BÖNNEN, Worms 2005) und Mainz (DUMONT/SCHERF/SCHÜTZ, Mainz 1998) mit weiterer Literatur.

81 HAPP, Stadtwerdung 2002, S. 183 ff.

82 VOLTMER, Reichsstadt 1981, S. 219 ff.

83 ANTON/HAVERKAMP, Trier im Mittelalter 1996, S. 288 ff.; vergleichend: HAVERKAMP, »Innerstädtische Auseinandersetzungen« 2002, vor allem S. 159 ff.

84 DUMONT/SCHERF/SCHÜTZ, Mainz 1998, S. 156–159 zur wirtschaftlichen Blüte um 1300, für die Zeit nach ca. 1320 s.u.; FALCK, Mainz 1973 (für die Zeit 1244–1328 grundlegend, zur Topografie S. 66–89).

85 FALCK, Mainz 1973, S. 52–56.

86 WANKE, Geistliches Gericht 2007 (für Straßburg, Speyer und zusammenfassend zu Worms).

87 Zum Folgenden: KREUTZ, Städtebünde 2005; VOLTMER, »Propter ...« 1986; FELTEN, Städtebünde 2007, vor allem S. 13 ff.; SCHULZ, Stadtgemeinde 2009; für Worms: BÖNNEN, Worms 2005, S. 180–192 (B. Kreutz).

88 BÖNNEN, Worms 2005, S. 191 f.

89 EGER, Speyer 1983, S. 324 ff. (E. Voltmer); zum Hintergrund siehe HAVERKAMP, »Innerstädtische Auseinandersetzungen« 2002, vor allem 166 f. (hier auch zu Mainz um 1333).

90 Für einen Teil des Untersuchungsraumes siehe BÖNNEN/HIRSCHMANN, Klöster 2006. Vgl. dazu die u. a. in Anm. 80 erwähnten Stadtgeschichten: Trier: S. 399–476 (ANTON/HAVERKAMP, Trier im Mittelalter 1996, F. G. Hirschmann); Worms: S. 691–734 (G. Bönnen/J. Kemper); Speyer: ENGELS, Kollegiatstifte 2009; ENGELS, Pfarrkirchen 2005; Koblenz: ENERGIEVERSORGUNG MITTELRHEIN GMBH, Koblenz 1992, S. 179–236; Mainz: DUMONT/SCHERF/SCHÜTZ, Mainz 1998, S. 148–155; FALCK, Mainz 1973, S. 11–50. Vgl. für Mainz auch die entsprechenden Abschnitte in: JÜRGENSMEIER, Mainzer Kirchengeschichte Bd. 1,2 2000, vor allem S. 671 ff. (W. Seibrich: Monastisches Leben von ca. 1200 bis zur Reformation).

91 Wormser Dom und Verfassungstopografie: BÖNNEN, Dom und Stadt 1998.

92 Trier: SCHMIDT, Bettelorden 1986; Überblick zur Ausbreitung in der Region: BERGER, Ausbreitung 1998; vgl. auch BÖNNEN/HIRSCHMANN, Klöster 2006 (Beiheft, S. 8 f.); für die Ausbreitung in der Mainzer Kirche: JÜRGENSMEIER, Mainzer Kirchengeschichte 1,2 2000, vor allem S. 804–817 (T. Berger).

93 Beispielhaft für Worms: KLEINJUNG, Frauenklöster 2008; Überblick zum Bistum: JÜRGENSMEIER, Bistum Worms 1997, S. 80 ff.; Mainz: JÜRGENSMEIER, Mainzer Kirchengeschichte Bd. 1,2 2000, vor allem S. 685 ff. (Frauenbewegung des 13. Jhs.; W. Seibrich).

94 Überblick: PAULY, Peregrinorum 2007.

95 BENDER, Zisterzienser 1992 (für Trier und den Moselraum).

96 ANTON/HAVERKAMP, Trier im Mittelalter 1996 (hier Clemens, S. 501 ff.); STEHKÄMPER, »ut unus essemus ...« 2004.

97 DUMONT/SCHERF/SCHÜTZ, Mainz 1998; ESCHER/HIRSCHMANN, Urbane Zentren Bd. 2 200, S. 384 f.; FALCK, Mainz 1973, S. 95 ff.

98 FALCK, Mainz 1973, S. 103 f.

99 IRSIGLER, Jahrmärkte 2006, S. 416.

100 KÖTZ, Privileg 2010/11; Münzer und Zünfte in Speyer: VOLTMER, Reichsstadt 1981, S. 182 ff.; EGER, Speyer 1983, S. 315 ff.

101 PFEIFFER, Transitzölle 1997; Lombarden: REICHERT, Lombarden 2003; VOLK, Wirtschaft und Gesellschaft 1998, hier S. 487 ff. Zoll und Geleit, 608 ff. Geld, Währung und Münze, 660 ff. Warenaustausch, S. 155 Güterproduktion.

102 VOLK, Wirtschaft und Gesellschaft 1998, S. 610 f., hier S. 661 ff. zum regionalen Marktsystem.

103 BARZEN, »Kehillot Schum« 2003; zum Folgenden ZIWES, Juden im mittleren Rheingebiet 1995.

104 Juden und Lombarden am Mittelrhein: VOLK, Wirtschaft und Gesellschaft 1998, S. 750 ff.

105 VOLTMER, Juden 1999; Überblick v. J. Müller in: CLUSE, Europas Juden 2004, S. 259–273 (Zeitraum 1280–1350).

106 FALCK, Mainz 1973, S. 125–141 zur jüdischen Gemeinde Mainz vom 12. bis 14. Jh.

107 VOLK, Wirtschaft und Gesellschaft 1998, S. 754 f.

108 Zu Muskinus siehe HAVERKAMP, Erzbischof Balduin 2002. Zum Folgenden: REICHERT, Lombarden 2003.

109 ANTON/HAVERKAMP, Trier im Mittelalter 1996 (A. Haverkamp, S. 482 ff.).

110 VOLK, Wirtschaft und Gesellschaft 1998, S. 757 f.

111 Überblick am Beispiel Mittelrhein: Ebenda, S. 124 f., Quellen zu 1315/17: S. 136; S. 126 f. zur Bevölkerungsgeschichte. Zur Bevölkerungsentwicklung in Trier ab dem 14. Jh.: MATHEUS, Trier 1984, S. 14–31. Zur Frage der sog. »Minderstädte« des Spätmittelalters vor allem im Raum Kurtrier: WENSKY, Städte 2008, S. 4.

112 VOLK, Wirtschaft und Gesellschaft 1998, S. 136 f., im Folgenden u. a. zur Entwicklung im Weinbau am Mittelrhein. Zum Raum um Trier: CLEMENS, Trier 1993, vor allem S. 382 ff. Zu den Judenverfolgungen 1349 vgl. unten Anm. 140–144; zu städtischen Hungerkrisen im 15. Jh.: JÖRG, Hungersnöte 2008.

113 Zum Geld- und Münzwesen des Spätmittelalters: VOLK, Wirtschaft und Gesellschaft 1998, S. 608 ff.

114 Neben ebenda, S. 725 f. siehe zum Folgenden: HOLBACH, »Also wer ... « 2011.

115 HOLBACH, »Also wer ... « 2011, S. 260 f.; für das Trierer Textilgewerbe: MATHEUS, Trier 1984, S. 69 f., 80–83. Zu städtischem Handwerk und Zünften s.u. bei Anm. 122–123.

116 ZIWES, Juden im mittleren Rheingebiet 1995, S. 258–263; ECKHARDT, Bechtheimer Dorfordnung 1975, vor allem S. 56 ff.; JÖRG, Hungersnöte 2008.

117 ALTER, Pfeddersheim 1990.

118 Zu Mainz im 15. Jh.: DOBRAS, Gutenberg 2000, S. 18 ff. siehe auch S. 80 f. Ratszusammensetzung 1244–1444, zum Stadtsiegel S. 83; vor allem zu den Patriziern: DREYER/ROGGE, Mainz im Mittelalter 2009 (H. Ochs, S. 199 ff.).

119 DOBRAS, Gutenberg 2000, S. 114–143 (biografischer Überblick).

120 Mainz nach 1462: DUMONT/SCHERF/SCHÜTZ, Mainz 1998, S. 227 ff.

121 SCHMANDT, Mittelalterliche Städte Rheintal 2008 S. 40, 46 f.

122 Zum Folgenden: MATHEUS, Trier 1984, S. 32–83 zu Marktleben und Handelsbeziehungen; S. 84–147 zur Stadtverfassung; S. 185 ff. Überblick über führende Familien; S. 149 ff. zu den städtischen Ämtern (Quellenbasis ist vor allem die reiche Rechnungsüberlieferung); ANTON/HAVERKAMP, Trier im Mittelalter 1996, S. 295 ff., Wirtschaft: S. 510 ff. (Zünfte, Berufsstruktur).

123 ANTON/HAVERKAMP, Trier im Mittelalter 1996, S. 316 ff., 352 f., 516 f. (Berufsstruktur). Edition durch Lukas Clemens u. a. ist in Vorbereitung.

124 Dazu Clemens in: ANTON/HAVERKAMP, Trier im Mittelalter 1996, S. 517–523.

125 CLEMENS, Trier 1993, S. 382 ff. zur Lage der Weinwirtschaft nach etwa 1300/50.

126 ENERGIEVERSORGUNG MITTELRHEIN GMBH, Koblenz 1992, S. 144 ff.

127 ANTON/HAVERKAMP, Trier im Mittelalter 1996, S. 531 ff. (M. Matheus); MATHEUS, Heiliges Jahr 1999.

128 Gründung Universität Mainz: JÜRGENSMEIER, Mainzer Kirchengeschichte Bd. 1,2 2000, S. 869–876 (H. Mathy).

129 Speyer: VOLTMER, Reichsstadt 1981; EGER, Speyer 1983, vor allem S. 339 ff.; ab 1420: S. 369 ff.; Worms: BÖNNEN, Worms 2005.

130 Sammelband: BÖNNEN/KEILMANN, Johann von Dalberg 2005.

131 RÖDEL, Griff nach der Krone 2000, S. 85 ff. zu den Reichspfandschaften.

132 Ebenda, S. 76 f.

133 KREUTZ, Städtebünde 2005; vgl. zum Folgenden die Stadtgeschichten von Speyer (EGER, Speyer 1983) und Worms (BÖNNEN, Worms 2005, hier vor allem S. 180–192) sowie VOLTMER, Reichsstadt 1981 (mit Nachweisen und Literatur).

134 ANTON/HAVERKAMP, Trier im Mittelalter 1996, S. 358 ff.

135 Für Bistum/Stadt Worms beispielgebend: KEMPER, Klosterreformen 2006, für Trier: ANTON/HAVERKAMP, Trier im Mittelalter 1996 (F. G. Hirschmann, S. 458 ff.); Mainz: JÜRGENSMEIER, Mainzer Kirchengeschichte Bd. 1,2 2000, vor allem S. 729 ff., 776 ff. (W. Seibrich).

136 Vgl. Anm. 90–95 mit Literatur; dazu für Worms: TODT, Kleruskritik 2005.

137 Grundlegend am Beispiel Speyer: VOLTMER, Reichsstadt 1981, S. 105 ff., vor allem S. 158 ff., auch zu Aspekten wie Volksreligiosität, Antiklerikalismus und Bruderschaftswesen. Zu den Bruderschaften in der Mainzer Kirche: JÜRGENSMEIER, Mainzer Kirchengeschichte Bd. 1,2 2000, S. 950 ff. (A. Engler).

138 Beispielhaft für Worms: KLEINJUNG, Männer- und Frauentestamente 2009.
139 TODT, Kleruskritik 2005.
140 Für Worms: BÖNNEN, Worms 2005, vor allem S. 247 ff.; TODT, Kleruskritik 2005; BÖNNEN/KEILMANN, Johann von Dalberg 2005.
141 Am Wormser Beispiel: KLEINJUNG, Frauenklöster 2008.
142 MATHEUS, Trier 1984, vor allem S. 162 ff.
143 Zu seiner Bedeutung in der Weinwirtschaft des späten Mittelalters: CLEMENS, Trier 1993, S. 275 ff. auf Basis der Rechnungsüberlieferung.
144 BÖNNEN, Worms 2005, S. 216 f.
145 ANTON/HAVERKAMP, Trier im Mittelalter 1996 (A. Haverkamp, S. 496 ff.); Speyer: VOLTMER, Reichsstadt 1981, S. 308–316; Mittelrhein: VOLK, Wirtschaft und Gesellschaft 1998, S. 767 f.
146 ZIWES, Territoriale Judenvertreibungen 1999, hier zu Trier S. 173, 178.
147 Zum Ende der Gemeinde: CLUSE, Europas Juden 2004 (W. Transier, S. 4298 f.).
148 Ebenda (G. Bönnen, S. 438 f.).

Die deutsche Literatur des Mittelalters im Raume Rheinland-Pfalz

Von Wolfgang Haubrichs

Eine Geschichte, auch nur eine historische Skizze der deutschen Literatur des Mittelalters im Lande Rheinland-Pfalz ist, ich wiederhole Bekanntes, schon deswegen nicht zu schreiben, weil das Land kein einheitlicher kultureller Raum ist, eher ein Konglomerat von Kulturräumen, die sich um die frühen geistlichen und kulturellen Zentren von Trier, Mainz, Worms, Speyer bildeten, später auch der Anziehungskraft des spätmittelalterlichen Territoriums Pfalz folgten. Doch auch über die Zentren ist nur selten ein wirklicher Zusammenhang der literarischen Werke herzustellen, die auf dem Territorium des Landes entstanden sind. So wird man sich hier auf exemplarische Werke von Bedeutung in enger Auswahl beschränken müssen.[1]

Althochdeutsche Literatur

Am ehesten lässt sich Kohärenz noch erkennen in jener frühen Periode deutscher Literatur, die wir nach der Sprache, in der sie formuliert wurde, die althochdeutsche nennen. Diese ist untrennbar mit den Reformen der karolingischen Dynastie verbunden, mit den Reformen der Liturgie und der Religion, in der es auch um eine stärkere christliche Belehrung der Laien ging, und mit den Reformen des Rechts, in der, wie die *Vita Karoli* des Karl dem Großen nahestehenden Gelehrten Einhard berichtet, auch den *gentes* ihr Recht in schriftlicher Form überliefert werden sollte.

In Mainz, seit den Tagen der angelsächsischen Reformer und Erzbischöfe Bonifatius († 754) und Lul (754–786) *metropolis Germaniae* (»Hauptort Germaniens«), wird – sicherlich nicht zufällig an diesem Ort – im zweiten Viertel des 9. Jhs. eine leider nur in Trierer Fragmenten erhaltene althochdeutsche Übersetzung des karolingischen Reformtextes (70 Titel-Text) der *Lex Salica* (um 802/03 redigiert), des Rechtes der Franken. Es ist eine Übersetzung, die sich durch flüssige Selbständigkeit des Stils, durch den Gebrauch des der germanischen Rechtssprache eigenen Stabreims und anderer rhetorischer Techniken auszeichnet. Dies war, wenn man die bisherige Dualität von schriftlicher lateinischer Aufzeichnung und mündlicher volkssprachiger Rechtspraxis in den gentilen *regna* des frühen Mittelalters bedenkt, ein revolutionärer Akt.

Mainz war zugleich ein wichtiges Zentrum für die kirchliche Durchdringung der rechtsrheinischen Gebiete der Hessen, Thüringer und östlichen Franken sowie für die seit den Kriegen Karls notwendig werdende Missionierung der noch heidnischen Sachsen. Das sog. »Altsächsische Taufgelöbnis«, das uns als heidnische Götter, denen abzuschwören ist, die germanische Göttertrias Donar, Wodan und Saxnot (dem sächsischen Stammesgott) präsentiert, entstand im Umkreis Erzbischof Luls (vor 789). Auch das »Fränkische Taufgelöbnis«, das deutsche Formular eines Taufordos, überliefert aus Fulda und Speyer, weist Mainzer Eigenheiten auf und ist wohl ebenfalls in der *metropolis Germaniae* entstanden.

Hrabanus Maurus

Den bedeutendsten Kirchenlehrer dieser Zeit dürfen wir ebenfalls Mainz zuweisen: Hrabanus Maurus, geboren um 780 ebenda, der sich in seinen Werken gelegentlich in der Langform seines Namens *Magnentius* (»der Mainzer«) nennt. Seine Eltern Waluram und Waltrada waren am Mittelrhein und anderswo reich begüterte Grundbesitzer, sein Bruder Guntram Graf in der Region. *Hraban* (»der Rabe«) erbte den in der Familie üblichen, oft zu *(h)ram* verkürzten Rabennamen, der sich germanischen, durchaus kriegerischen Benennungsgewohnheiten verdankt. Mit etwa acht Jahren wurde der Sohn als Oblatus, gewissermaßen als geopfertes Kind dem Bonifatiuskloster Fulda anvertraut, damit dem geistlichen Stand vorbestimmt; weitere Ausbildung erfuhr er bei dem angelsächsischen Gelehrten, Abt (von Tours) und Theologen Alkuin († 804), einem Reformer und zugleich engsten Berater Karls des Großen. Alkuin nannte ihn in monastischer Motivation nach dem Schüler des hl. Benedikt von Nursia Maurus. Vielleicht stand Hraban wie auch Alkuin schon damals in Kontakt mit dem Aachener Kaiserhof. Vor 804 kehrte der Mainzer nach Fulda als Lehrer zurück, vollendete den staunenswerten, bis in die Renaissance immer wieder abgeschriebenen *Liber de laudibus sanctae crucis* (»Buch der Lobgesänge zu Ehren des heiligen Kreuzes«), ein Buchkunstwerk ersten Ranges, bestehend aus 28 Figurengedichten, in denen in einen metrischen Trägertext immer neue symbolisch-theologische Figuren (Kreuze, Kreise, Dreiecke, heilige Namen usw.) eingelegt wurden, deren Buchstabenmengen erneut ein Poem ergaben. Die Zahl 28 war dabei nicht zufällig gewählt, sondern ist einer der äußerst seltenen *numeri perfecti* (»vollkommene Zahl«), die sich aus der Addition ihrer Divisoren ergeben (hier 1+2+4+7+14 = 28).

Seit 822 bis 842 war Hraban Abt des bedeutendsten, mehr als 600 Mönche umfassenden Klosters und spirituellen und bibliothekarischen Zentrums der Germania, Fulda nämlich, wo zu seinen Schülern u. a. später berühmte Gelehrte wie Walahfrid Strabo, Erzieher des Kaisersohnes Karls des Kahlen und später Abt der Reichenau, wie Lupus von Ferrières (bei Orléans), der erste Textgelehrte und Restitutor der Schriften Ciceros, und wie Otfrid von Weißenburg gehörten. Die gewaltige literarische Produktion Hrabans, die von einem Team seiner Mönche gestützt wurde, lässt sich hier nicht schildern. Er war der Schöpfer von Kommentaren zu nahezu allen Schriften der Bibel (soweit sie nicht schon von seinen angelsächsischen Vorbildern Beda und Alkuin kommentiert worden waren), die systematisch in Fulda und Mainz und an den Wirkungsstätten seiner Schüler verbreitet wurden. Sie waren Werke, in der die Vielfalt der theologischen Auslegungen der Kirchenväter unter weitgehendem Verzicht auf eigene Meinung gesammelt und tradiert wurden. Nach 842 schuf er für die Sachwelt eine Enzyklopädie, genannt *De rerum naturis* (»Vom Wesen der Dinge«), in der die litterale und theologisch-zeichenhafte Bedeutung der Erscheinungen der Welt, des *liber naturae*, Gottes Schöpfung und zweiter Urkunde, gesammelt und ausgelegt wurde.

In den Wirren des Streites Ludwigs des Frommen († 840) mit seinen Söhnen politisch ausgeschaltet, resignierte Hraban 842 von seinem wichtigen Abtsamt. Jedoch berief ihn

Ludwig der Deutsche, Herrscher des neuen Ostreichs, 847 zum Erzbischof der *metropolis Germaniae*, wo er sogleich eine intensive Reform- und Konzilientätigkeit begann. Er starb zu Mainz am 4. Februar 856.

»Tatian«

Hraban hat, soweit wir wissen, nicht selbst Werke in der Volkssprache verfasst. Doch entstand zu seiner Zeit (um 830) in Fulda, auf das Akkurateste geplant und durchgeführt, die großartige Gemeinschaftsleistung der fränkischen Übersetzung einer Evangelienharmonie, d.h. einer Kompilation der vier Evangelien in fortlaufender Erzählung, die ursprünglich im 2. Jh. der Syrer Tatian eingerichtet, Bischof Victor von Capua († 554) dann ins Lateinische übersetzt hatte. Seine Bearbeitung hatte der mit der Reorganisation der fränkischen Kirche und der Mission der ostrheinischen Völker beauftragte Bonifatius während eines Romaufenthalts erworben und nach Fulda gebracht. Die Zeile für Zeile sich gegenüberstehenden lateinischen und deutschen Texte waren für das Erlernen der biblischen Sprache durch Deutsche bestimmt, wie man an der nahezu wörtlichen, freilich größere Verstöße gegen deutsches Sprachgefühl vermeidenden Übersetzung ablesen kann. Dennoch war es ein Einstieg in die deutsche Sprache.

Den »Tatian«, der ja von Fulda ausging, nahm zur Textgrundlage wiederum die von Ludwig dem Frommen oder Ludwig dem Deutschen initiierte, im germanischen Stabreimstil gehaltene altsächsische Evangeliendichtung des »Heliand«, die um 840 entstand. Zu ihr gehört eine *Praefatio*, die dem Stile nach aus dem Fuldaer/Mainzer Umkreis Hrabans stammt. Es wird kein Zufall sein, dass in den 860er Jahren vatikanische Fragmente (V), die Auszüge aus dem »Heliand« und der nachfolgenden altsächsischen Genesis-Dichtung vereinigen, im Umkreis des Mainzer Erzbischofs entstanden.

Zur gleichen Zeit, im frühen 9. Jh., entstand in Worms im Zuge der Reformbestrebungen Karls d. Gr. der sog. »Weißenburger Katechismus« (benannt nach dem Bibliotheksort), eine Sammlung volkssprachiger Übersetzungen des apostolischen und des athanasianischen Credos, des Vaterunsers, des weihnachtlichen Engelhymnus (»Gloria«) samt Kommentaren und einem für Beichtzwecke bestimmten, lateinisch-althochdeutschen Glossar der Hauptsünden. Die Handschrift war für einen Bischof bestimmt, und in der Tat hatten Wormser Bischöfe zu jener Zeit häufiger in Personalunion den Abtsstuhl des in der Diözese Speyer gelegenen Klosters Weißenburg (heute Frankreich) inne, so etwa der einflussreiche Bischof Bernhar (811–826).

Otfrid von Weißenburg

In Weißenburg entstand zwischen 863 und 871 (in südrheinfränkisch-pfälzischer Sprache) die – lateinische Werke eingeschlossen – umfangreichste und ambitionierteste Dichtung der Karolingerzeit, 7104 Langverse, zugleich der Höhepunkt der Bemühungen gelehrter Kleriker und Mönche um die pastorale Versorgung lateinunkundiger Laien (und wohl auch Klosterbrüder), der *Liber Evangeliorum* (»Evangelienbuch«) des aus der Region stammenden Mönchs, Klosterlehrers und Theologen Otfrid, Schüler des Hrabanus Maurus, ein Werk, das in souveränem Zugriff den Stoff der Heilsgeschichte in fünf Büchern und 140 Kapiteln neu ordnet und von der Geburt Christi, von seiner an die Logosfunktionen des Gottessohnes gebundenen Lehr- und Wundertätigkeit, über Passion und Erlösungstat bis hin zu Auferstehung, Himmelfahrt und (über die biblische Vorlage hinaus) Weltgericht und endgültiger Überführung aller irdischen Herrschaft in das himmlische, von Gleichheit und Schönheit geprägte Reich Gottes die Ereignisse zugleich erzählt wie auch theologisch interpretiert. Otfrid hat sein Werk seinem zweiten Lehrer Bischof Salomo von Konstanz, seinen Brüdern und Mitstreitern in der Reform, Hartmuot und Werinbert von St. Gallen, und vor allem dem ostfränkischen König Ludwig dem Deutschen mit der Bitte um Verbreitung gewidmet; dem zuständigen Metropolitan Erzbischof Liutbert von Mainz hat er das unerhörte Vorhaben zur Approbation vorgelegt, die er wohl erreichte. Mindestens acht Handschriften der Evangeliendichtung haben existiert, vier Exemplare sind erhalten, das letzte um 970 in Fulda geschrieben, so dass man von einem ganzen Jahrhundert an Wirkung ausgehen kann. Als Probe der poetischen Kunst Otfrids sei der Flug des Erzengels Gabriel in der Verkündigungsszene zu Maria vorgelegt (I, 5):

»Tho quam bóto fona góte,
éngil ir hímile,
bráht er therera wórolti
diuri árunti.
Floug er súnnun pad,
stérrono stráza,
wega wólkono
zi theru ítis frono
Zi édiles frówun,
sélbun sancta Máriun«

(»Da kam der Gottesbote, der Engel vom Himmel, brachte dieser Welt teure Botschaft. Er flog den Pfad der Sonne, die Straße der Sterne, die Wege der Wolken hin zu der erhabenen Herrin, zu der edlen Frau, zu ihr, Sancta Maria«)

Am Rande nur zu streifen ist der bedeutende Theologe und Abt Williram von Ebersberg († 1085), aus mittelrheinischer Hochadelsfamilie stammend, vielleicht aus der Wormser Gegend. Auch er bewegt sich noch ganz in der gelehrt-monastischen, benediktinischen Tradition, war um 1020 Mönch in Fulda, bis 1046 dann Lehrer im Kloster Michelsberg zu Bamberg. Er schuf ein erstaunliches zugleich theologisches wie auch poetisches Kunstwerk, das auch höfischer Repräsentation dienen sollte: eine dreifältige Vergegenwärtigung des »Liedes der Lieder«, des Hohen Liedes aus dem Alten Testament, ursprünglich eines jüdischen, erotisch geprägten Hochzeitsliedes, das nach dem karolingischen Theologen Haimo von Auxerre »alle anderen Lieder überragte«. Längst war der Liebeswechselgesang zwischen Braut und Bräutigam in christlicher Auslegung umgeschmolzen worden in einen gleichwohl für die Liebesdichtung Europas mit seinen kühnen Bildern und köstlichen Metaphern modellbildend werdenden Wechselgesang zwischen dem geliebten Bräutigam Christus und der geliebten Braut Kirche. In diese Auslegungstradition stellte sich auch mit originellem Zugriff Williram, indem er das Werk auf allen Seiten des Manuskripts dreifach präsentierte: In der Mitte steht das göttlich inspirierte Lied Salomos; es wird – wie Williram selbst sagt – auf beiden Seiten gegürtet mit einer in erhabenen binnengereimten Hexametern gehaltenen lateinischen Paraphrase (links) und einer kommentierten Prosaübersetzung in deutsch-lateinischer Mischprosa von höchster Qualität (rechts). Williram gehörte zum Hofkreis Kaiser Heinrichs III.; die kleine bayrische Abtei Ebersberg, die ihm der Kaiser 1048 verlieh, und die er tatkräftig reformierte, durfte er als Sprungbrett betrachten. Doch mit dem Tode Heinrichs 1056 zerstoben alle seine Hoffnungen.

Während des 10. und 11. Jhs. war Literatur in der Volkssprache im deutschen Sprachbereich fast ganz zum Erliegen gekommen. Sie beginnt wieder im frühen 12. Jh. mit Bibel- und Legendendichtung, an der der mittelrheinische Raum, soweit wir sehen, nur schwach beteiligt ist. Immerhin gehört hierher der sog. »Trierer Aegidius«, um 1160 (mit 1752 Versen) in rheinfränkischem Sprachgebiet entstanden. Mit dem Heiligen aus der Provence (Saint-Gilles) hatte man einen modernen Heiligen gewählt, dessen Wunder, dessen monastische Aktivität, Romreise, Tod und Aufnahme in den Himmel zu mancherlei Staunen Anlass gaben und einen sich schnell ausbreitenden hochmittelalterlichen Kult begründeten.

Hildegard von Bingen

Mit Hildegard von Bingen (1098–1179) nähern wir uns der wohl bedeutendsten religiösen und literarischen Persönlichkeit des Landes im Mittelalter, die sich schon nach dem Urteil der Zeitgenossen an den Pforten zur Heiligkeit befand. Als zehntes Kind einer aus Bermersheim bei Alzey stammenden edelfreien Familie wurde das Mädchen zur geistlichen Erziehung der Inkluse Jutta von Spanheim beim Kloster Disibodenberg an der Nahe anvertraut. Nach dem Tode Juttas wurde sie selbst 1136 Leiterin des aus der Klause erwachsenen Konvents, erbaute aber dann mit Unterstützung befreundeter Adliger das Nonnenkloster Rupertsberg, wohin sie 1151 umzog. Visionen hatte das Mädchen schon seit der Kindheit, aber erst mit 42 Jahren wurden sie mit der Hilfe ihres Klosterlehrers Volmar aufgeschrieben. Eine quasi offizielle Anerkennung ihres Ranges erhielt sie nach eigener Aussage durch Papst Eugen III., eines Reformers und Schülers des Zisterzienserabts Bernhard von Clairvaux, der 1148 in Trier Auszüge aus einem ihrer Visionsbücher verlesen ließ. Auch Bernhard selbst trat für sie ein. Auf Reisen, die sie nach Bamberg, über Trier nach Lothringen, nach Köln und Siegburg und in große schwäbische Klöster führten, hielt sie – unerhört für eine Frau der Zeit – Mahnpredigten. Hildegard sah sich selbst als visionäre Prophetin, die – in gewissem Sinne unabhängig von der älteren Tradition – sich »den biblischen Propheten ebenbürtig, wenn nicht aufgrund der in der Heilsgeschichte vorgerückten Position überlegen« fühlte,[2] wobei sie das überlieferte Wissen zur Heilsgeschichte, zum Kosmos und zur individuellen Heilsführung zu ergänzen suchte. Ihre visionären Hauptwerke sind in eine Art Trilogie eingebunden: Der *Liber Scivias* (»Buch Wisse die Wege«) behandelt in drei Büchern und 26 Visionen die Heilsgeschichte, von Luzifers Aufstand, dem Sündenfall der Menschen bis hin zum Jüngsten Gericht und dem ewigen Leben. Es ist ein Werk, in dem die geschaffene Welt und der geschaffene Mensch als deutungsfähige Zeichen aufgefasst werden, die Entsprechungen zwischen dem Alten und Neuen Testament, welche die Einheit der Heilsgeschichte begründen, offengelegt und schließlich das Wissen vom Zukünftigen, die Eschatologie, erschaut wird. Der *Liber vitae meritorum* (»Buch von den Lebensverdiensten«) behandelt die Fragen von Gut und Böse, die Ethik also. Im *Liber divinorum operum* (»Buch von den Werken Gottes«) widmet sich die Seherin visionär der Ordnung des Kosmos, die sich im Mikrokosmos des Menschen widerspiegelt und die notwendigerweise zur Vollendung des göttlichen Schöpfungsplanes und Heilswerks führen muss.

Zwei Darstellungen der Hildegard

Beide Miniaturen zeigen Hildegard in einem Architekturdekor beim Empfang einer Vision, symbolisiert durch die von oben kommenden Feuerzungen; in beiden Bildern notiert sie, was sie sieht, auf Wachstafeln. Im Scivias-Bild streckt ein älterer, grauhaariger Mönch (ihr Vertrauter Volmar), der für die Reinschrift auf Pergament verantwortlich ist, den Kopf durch die trennende Architektur, in der jüngeren *Liber divinorum operum*-Fassung ist er durch eine massive Wand völlig von ihr getrennt, während Hildegard von einer Nonne begleitet wird. Man ist geneigt, in diesem Unterschied einen Ausdruck der verschärften Klausur zu sehen. Denn nach der Aufbruchphase der religiösen Reform im frühen 12. Jh. wurde seit etwa 1140 zunehmend rigide eine Trennung von Männern und Frauen gefordert, was aber nur schwer mit der aus den Quellen bekannten Zusammenarbeit von Männern und Frauen in Klöstern, nicht nur auf dem Disiboden- bzw. Rupertsberg, zu vereinbaren ist.

Aus der verschollenen Scivias-Handschrift vom Rupertsberg aus dem späten 12. Jh. (faksimileartige Nachzeichnung aus den Jahren 1928/30 (Abtei St. Hildegard Eibingen)

Aus der Handschrift des Liber divinorum operum, um 1220/30 (heute in Biblioteca Statale, Lucca (Dom- und Diözesanmuseum Mainz)

Die Visionsbücher haben eine streng zweigliedrige Offenbarungsstruktur. Zunächst erfolgt eine genaue Beschreibung aller geschauten Bilder; erst danach wird das Geschaute von einer göttlichen Stimme in allegorischer Erklärung in seinem Sinn erschlossen. In dem völlig selbständigen, ohne eigentliches Vorbild dastehenden Singspiel *Ordo virtutum* (»Ordnung der Tugenden«) thematisiert Hildegard den Kampf der sündigen Seele gegen die Mächte des Bösen und deren Umkehr aus der Nachfolge des Teufels und ihre Wiedervereinigung mit dem Schöpfergott. Gerade hier erweist sie sich als »Dichterin einer oft kühnen Bildersprache und als »selbständige ›moderne‹ Schöpferin der Melodien«.[3]

Hildegard hat sich auch in Naturkunde und Heilkunde betätigt, wobei einige der ihr zugeschriebenen Werke von zweifelhafter Authentizität sind, auch wenn das ihrer Popularität gerade auf diesem Gebiete bis heute wenig Abbruch tut. Der schlecht überlieferte *Liber subtilitatum diversarum naturarum creaturarum* (»Buch der Einsichten in die verschiedenen Naturen der Geschöpfe«) beschreibt u. a. die Heilkräfte von Edelsteinen, Metallen, Pflanzen und Tieren. Grundlage ist die nach antikem Vorbild auf den Menschen projizierte Temperamentenlehre und Humoralpathologie (Säftelehre). Gerade hier bezieht Hildegard ihre empirisch erworbenen Kenntnisse der Fauna und Flora des Rheinlandes ein, ja gibt sogar deutsche Bezeichnungen an.

Ihre Sprachreflexion ist eingegangen in ihr wohl seltsamstes Werk, nämlich in das über die von ihr selbst in Anlehnung an Sprachmaterial verschiedenster Herkunft geschaffene *Lingua ignota* (»die unbekannte Sprache«). Es handelt sich um etwa 900 Wörter eines Glossars, nach Sachbereichen wie Gott, Mensch, Verwandtschaft, Körper, Zeiteinteilung, Kleidung, Güter, Arbeit, Weinbau, Geräte, Kräuter, Gewürze und Tiere gegliedert – aber bis heute nicht wirklich entschlüsselt.

Elisabeth von Schönau

In gewissem Sinne eine Nachfolgerin Hildegards ist Elisabeth von Schönau (1129–1164) gewesen. Sie und ihr Bruder Ekbert, als Prediger gegen die Häresie der damals auch im Rheinland wirkmächtigen Katharer bekannt, entstammten einem rheinischen Adelsgeschlecht. Mit zwölf Jahren wurde sie den Benediktinerinnen des kleinen Doppelklosters Schönau (Rhein-Lahn-Kreis) übergeben, 1147 wurde sie dort Nonne. Eine körperlich-geistliche Krise löste 1152 bei ihr ekstatische Zustände und Visionen aus, die erst unter der geistigen Führung ihres Bruders, der 1155 ins Kloster eintrat, kanalisiert werden konnten; er war es auch, der ihre Visionen und Sermones die literarische Form gab. Ihre an unterschiedliche Stände gerichteten Predigten im *Liber viarum Dei* (»Buch der Wege Gottes«) lehnen sich an Hildegard an. Die *Revelaciones de sacro exercitu virginum Coloniensium* (»Offenbarungen über das heilige Heer der Kölner Jungfrauen«) erweisen sich als eine phantastisch-abenteuerliche Weiterdichtung der seit dem 11./12. Jh. im Kulte mächtig aufblühenden Legende der heiligen Ursula und ihrer 11.000 Märtyrer-Jungfrauen, die im lateinischen Westen eine große Verbreitung fand.

Das späte 12. Jh. sieht, in Übernahme französischer Muster, das Aufkommen neuer, von Laien zumeist ministerialischer Herkunft getragener Literaturformen, des höfischen Ritterromans, kulminierend in Geschichten um den sagenhaften Britenkönig Artus, und dann des Heldenepos. In beiden Gattungen sind Autoren der Region nicht eigentlich vertreten. Selbst das große nibelungische Epos (»Nibelungenlied« um 1210) von Siegfrieds Tod, von Kriemhilds Rache und dem Untergang aller Burgunden kennt zwar als Schauplatz und Königsstadt Worms, kennt Alzey und das Kloster Lorsch, doch ist es in seinen überlieferten Fassungen zweifellos im bairischen Raum (vermutlich in Passau) entstanden, auch wenn es sicher rheinische, wohl mündlich vorgetragene Versionen der Sage gegeben hat.

Anders steht es mit der lyrischen Kunst des Minnesangs. Zu Pfingsten 1184, zum typischen Festtermin des literarischen Königs Artus, hatte Kaiser Friedrich Barbarossa ein gewaltiges Hoffest in Mainz gefeiert, verbunden mit einem ritterlichen Turnier. Tausende von Adligen aus dem gesamten Reich mit ihrem jeweiligen Gefolge waren gekommen, die Söhne des Kaisers und mit ihnen viele andere junge Adlige wurden zu Rittern geschlagen. Unter den Anwesenden waren auch berühmte provenzalische Trobadors und nordfranzösische Trouvères, Minnesänger. Friedrich wollte mit der Veranstaltung dieses gewaltigen Festes beweisen, dass sein Imperium Anschluss an die moderne, aus dem Westen gekommene höfische Kultur gefunden, ja die Führerschaft übernommen hatte. Und Schauplatz dieser kaiserlichen Inszenierung war Mainz.

Friedrich von Hausen

Es ist sicherlich kein Zufall, dass der erste deutsche Minnesänger, der die französischen Muster adaptierte und transformierte, aus der engeren Umgebung des Kaisers kam. Der zwischen 1171 und 1190 bezeugte Friedrich von Hausen war der Sohn des *homo liber* (»Freiherr«) Walther von Hausen (benannt nach der Burg Rheinhausen bei Mannheim), der in rheinpfälzischem und rheinhessischem Gebiet stark begütert war, Vogteien ausübte, verbunden war mit dem Hildegard-Kloster Rupertsberg bei Bingen und dem Zisterzienserkloster Schönau bei Heidelberg, und der als Gönner des frühen Spruchdichters Herger genannt wird. Friedrich scheint sich freiwillig in die (unfreie) Stellung eines Ministerialen begeben zu haben, er findet sich als Zeuge in Rechtsgeschäften der Erzbischöfe von Mainz und Trier, des Bischofs von Worms und des Abtes von Lorsch. Ab 1186 erscheint er in italienischen Urkunden Heinrichs VI., 1187 im Gefolge Barbarossas beim Treffen mit dem französischen König Philipp II. August in Mouzon a.d. Maas, ist Rechtsexperte, ein *probissimus miles* (»allertüchtigster Ritter«), der 1188 zu einer politisch wichtigen Gesandtschaft zum Grafen des belgischen Hainaut (Hennegau) geschickt wurde, sicherlich Französisch sprach, zu den *familiares et secretarii* (»Vertrauten und persönlichen Beratern«) des Kaisers gehörte.

Er ist das Haupt der rheinischen Minnesangschule geworden, zu der unter anderen Bligger von Steinach am Neckar, Graf Otto von Botenlauben und sogar Kaiser Heinrich VI. gehörten. Friedrich von Hausen und seine Schüler übernahmen die westlichen Strophen- und Liedmuster, Motive, Themen, ja Melodien und formten in einem kreativen Akt der Aneignung den rheinischen Minnesang. Vor allem aber übernahmen sie das kulturelle Modell einer hohen, ritualisierten Liebe auf Distanz, in deren Zentrum die unnahbare, adlige *frouwe* (»Herrin«) steht. Ihr gilt stetige, stets erneuerte Verehrung und geduldiger treuer Dienst, dessen Lohn nicht mehr als eine Geste, ein Gruß ist. Die Analogie dieser Kultur der Minne zum Dienst der Ministerialen und Ritter ist offensichtlich und erweist sie als ein Instrument sozialer Bindung zwischen der Herrschaft der Höfe und ihrer *familiares*.

Als 1187 die Armee der Kreuzfahrerstaaten bei Hattin in Palästina nahezu vollständig von Sultan Saladin vernichtet wurde, rief Barbarossa zu Ostern 1188 – wiederum in Mainz – einen »Hoftag Jesu Christi« ein und beschloss für das darauffolgende Jahr einen gewaltigen Kreuzzug. Nirgendwo wird deutlicher, dass Minnesang und Minnekultur eine eminent politische Funktion besaßen; es waren die Minnesänger, allen voran Friedrich von Hausen, die mit der ideologischen Vorbereitung und Werbung für die Wende von höfischer Kultur zum Krieg für Gott beauftragt wurden. Friedrich z. B. kleidete die Umkehr in einen prozessartigen Streit zwischen dem Leib des Ritters, der auf Kriegsfahrt zu gehen hat, und seinem Herzen, das bei der Minneherrin bleiben will. Die Entscheidung für Gott ist fraglos: *nu wil ich dienen dem, der lonen kan* (Minnesangs Frühling 46, 13). Nur Gott kann wirklich, mit dem Heil der Seele nämlich, lohnen. Doch der Sänger begnügt sich damit nicht; er kennt die geschmeidige scholastische Argumentationskunst und formuliert eine gradualistische Lösung des Konflikts: »nach Gott will ich den Damen ein geneigtes Herz bewahren« (47, 8).

Noch auf dem Kreuzzug, zu dem nicht alle kamen, die ihn versprochen hatten, scheint er im Dienste der Propaganda gearbeitet zu haben. Den Defätisten schickte er eine Fluchstrophe:

» Si waenent dem tôde entrunnen sîn,
die gote erliegent sîne vart.
dêswar êst der geloube mîn,
daz sî sich übel hânt bewart.
Swer daz kriuze nam und niender vert,
dem wirt doch ze jungeste schîn,
swanne im diu porte ist vor verspert,
die er tuot ûf den liuten sîn. «

(»Sie glauben dem Tode entronnen zu sein, die Gott um seine Fahrt betrügen. Fürwahr, es ist mein Glaube, dass sie sich böse verhalten haben. Wer das Kreuz nahm und nicht fährt, dem wird doch zuletzt offenbart werden, dass ihm die Pforte versperrt ist, die Gott den Seinigen auftut.«)

Am 6. Mai 1190 ist der *miles strenuus et famosus* (»der tapfere und berühmte Ritter«) Friedrich von Hausen auf dem Kreuzzug bei Philomelium (Akschehir, Anatolien) gefallen.

Friedrich von Leiningen

Auch der zweite Minnesänger der Region, Friedrich von Leiningen (wohl der zweite Graf dieses Namens, † 1237), steht mit seinem einzigen, innig gehaltenen, fünfstrophigen Minnelied im Zusammenhang eines Kreuzzugs, vermutlich des von Apulien aus unternommenen Zuges Kaiser Friedrichs II. von 1227/28:

» Muoz ich nu scheiden sus von ir
daz ich ir hulde gar enbir,
owê der leiden verte
die dann gen Pülle tuot mîn lîp.
genâde, saelden rîchez wîp,
wis gen mir niht sô herte.
senfte ein kleine dînen muot
und sprich ûz rôtem munde
zu mir niht wan eht fünf wort,
die hoehent mîner fröiden hort:
›var hin ze guoter stunde!‹«

(»Muß ich nun so von ihr scheiden, dass ich ihre Huld ganz verliere, dann oh weh über die traurige Fahrt, die ich nach Apulien zu unternehmen habe: Gnade, du an Glück so reiche Frau, sei nicht so hart zu mir; mache deinen Sinn ein wenig sanfter und sprich aus rotem Mund zu mir nicht mehr als jene fünf Worte, die den Schatz meiner Freude mehren werden: ›Fahr hin mit gutem Glück‹«).

Sie tut's – wenn auch traurig – und empfiehlt ihn Gott: »nun sei Christus dein Schutz und Führer!«

Das Bild des Leiningers in der um 1300 in Zürich angelegten größten Sammlung des deutschsprachigen Minnesangs, der »Manessischen Handschrift«, auf dem der Graf einem als *Heid* bezeichneten Krieger den Schädel spaltet, knüpft wohl an das Kreuzzugs-Signum des Liedes an.

Die Miniatur aus der Großen Heidelberger Liederhandschrift (Codex Manesse) zeigt den Minnesänger Friedrich II. von Leiningen (1201–1237) (Universitätsbibliothek Heidelberg)

Friedrich von Hausen, aus dem Codex Manesse (Universitätsbibliothek Heidelberg)

Bruder Hermann

Nur zu streifen ist hier die Gestalt des Bruders Hermann, wohl identisch mit Hermann von Veldenz (um 1250–1308), der jenseits seines Geburtsortes in vorwiegend luxemburgische Zusammenhänge gehört. Der Dominikaner, 1275 zum Priester geweiht, war Pfarrer in Sterpenich (Luxemburg) und für ein Nonnenkloster, vermutlich Marienthal bei Luxemburg, betreuend tätig. Dort muss er die von Jugend auf religiös geprägte Gräfin Jolande von Vianden (1231–1283) getroffen haben, die als Jugendliche gegen die standesgemäße, höfisch prunkvolle Erziehung durch ihre Mutter, die aus französischem Hochadel stammende Margarete von Courtenay rebelliert, den vorgesehenen gräflichen Bräutigam verschmäht und sich ins Kloster geflüchtet hatte, wo sie 1258 Priorin wurde. Schon 1276 verfasste Hermann für die Gräfin eine Reimübertragung der Dominikaner-Regel, bald nach ihrem Tode schrieb er in volkssprachigen Versen, durchaus mit Kenntnissen der zeitgenössischen höfischen Literatur, das Leben der quasi als Heilige verehrten frommen Gräfin nieder.

»Trierer Osterspiel«

Das späte Mittelalter sieht eine neue, eine dramatische Gattung aufblühen. Aus noch in das liturgische Geschehen innerhalb des Kirchengebäudes eingebundenen, das hohe Fest akzentuierenden Osterfeiern hatten sich differenzierte Osterspiele entwickelt, welche das Auferstehungsgeschehen dramatisierten und komplizierten. Ein solches Stück ist um die Mitte des 15. Jhs. in moselfränkischer Sprache in Überlieferungseinheit mit der noch auf das Karfreitagsgeschehen bezogenen »Trierer Marienklage« (nach rheinfränkischer Vorlage) in einer Trierer Handschrift erhalten geblieben. Dieses sog. »Trierer Osterspiel« geht auf ein älteres lateinisch-deutsches Osterspiel zurück, übersetzt und paraphrasiert die lateinischen Partien für das Volk in deutschen Versen, die sich noch ganz auf die zentralen Partien des Ostergeschehens, den Besuch der drei Marien am leeren Grabe in der Osternacht und die Begegnung der Maria Magdalena mit dem Auferstandenen in seinem Geistleib (*noli me tangere*) am Ostermorgen konzentrieren:

> »ich mueß daz werlich jeheen,
> das ich yn liebennych hayn gheseen«
>
> (»Wahrhaftig muss ich das bekennen,
> dass ich ihn [Christus] lebendig gesehen habe«)

Es ist bemerkenswert, wie kraftvoll dieses Spiel die Rolle der Frauen, insbesondere der Maria Magdalena inszenierte, die geradezu zur Verkündigung an die Apostel, Jünger und alle »Christenleute« berufen wird.

»Berliner Osterspiel« aus Rheinhessen

Aus Rheinhessen, möglicherweise aus Mainz stammt das umfangreichste deutsche Osterspiel, das »Berliner Osterspiel« (2.285 Verse), das in der Osteroktav 1460 vom Schreiber Helffricus niedergeschrieben wurde und das Geschehen von der Auferstehung bis zur Erscheinung Christi vor dem ungläubigen Thomas umfasst. Es ist ein erstaunliches Spiel, das weit über die Kernszenen der Osterfeier hinausgeht. Schon längst hatten die Spiele komische Elemente in sich aufgenommen, die das heilige Geschehen mit dem Profanen, das Weltunglück und Weltheil mit dem ordinären Missgeschick kontrastierten: So liefen die Apostel, der jugendliche Johannes und der alte, hinkende Petrus zum Grabe um die Wette; so war den Salben zum Grabe tragenden Marien der Salbenkauf mit Krämer (Apotheker), Krämersfrau und faulen, geilen, betrügerischen Knechten und Mägden vorgeschaltet worden. Das rheinische Spiel benennt die Figuren, die unverständliche, gelehrte Namen trugen, neu mit einheimischen, teils sprechenden Namen: So heißt der Knecht nun *Smackfol*, weil er ein *ful*, eine »Fressorgie«, über zwei Meilen hinweg *smecken*, d. h. »riechen« kann. Die Unterteufel der Hölle heißen *Machschande* und *Fedderwosch*. Sprachlich überzeugt das Spiel durch die gelungene Rhythmisierung der Sätze, inhaltlich durch einen originellen Szenenaufbau, in dem in die Gegenwart weisende Elemente wie die Einsetzung Petri als Apostelfürst und Haupt der Kirche, wie die Erteilung des Missionsauftrages an die Jünger ihren Platz finden. Theatereffekte wie etwa Böllerschüsse, um den Donner während Christi Auferstehung zu imitieren, werden zahlreich ebenso wie der reiche Bühnenaufbau in Regieanweisungen angezeigt. Doch am überraschendsten ist wohl die völlig neue, einmalige Einschaltung einer Weinhausszene in den Gang der Jünger nach Emmaus, die zwischen dem Wirt und seinem Knecht *Baldoff* (»Bald-auf«) von der kennerischen Weinprobe bis zum Besäufnis führt, ganz entsprechend der Antwort des *wingeilen* Knechts auf die Aufforderung des Wirts, auch mal den guten Wein zu kosten:

> »Meyster, ich bin eyn rechte su:
> kompt mir daz glaz vor den munt:
> ich suffen iß uß biß uff den grunt«

Diese rheinische Lokalszene, das komplexe Bühnenbild, die über 70 Personen, welche das Stück erfordert, machen es sicher, dass das Spiel auf einem Platz der Stadt, unter Beteiligung der Bürger, nicht in einer Kirche, aufgeführt wurde. Und doch werden die reichlich vorhandenen, genussvoll ausgearbeiteten komischen Partien absichtsvoll kontrastiert von religiöser Paränese der Zuschauer, die zum Mitleiden, der *compassio*, angeregt werden sollen, die ihnen noch während der Aufführung – wie das Stück selber sagt – zum Ablass ihrer Sünden verhilft. Das gipfelt in einer abschließenden harten Bußpredigt: Asketische Stimmung überdeckt die Osterfreude zuletzt, auch wenn das Publikum am Ende aufgefordert wird *frolich mit ludem schalle* zu singen: *Crist der ist erstanden.*

Nikolaus von Kues

Von der Mosel stammt einer der größten Theologen und Kirchenmänner des Mittelalters: Nikolaus von Kues (1401–1464). Als Sohn eines Moselfischers geboren, suchte der Hochbegabte bald seinen Lebensmittelpunkt in den intellektuellen Zentren der Welt: Mit 15 Jahren studierte er Philosophie in Heidelberg, dann Kirchenrecht in Padua, es folgten Köln und Paris. Seit 1425 war er Sekretär des Erzbischofs von Trier, bald dessen Kurienvertreter und Repräsentant am Basler Konzil. Seine Entdeckung der Annalen des Tacitus und der Komödien des Plautus machte ihn unter italienischen Humanisten bekannt, darunter Enea Silvio Piccolomini, der spätere Papst Pius II. Nikolaus setzte sich für Kirchenreform und die Einheit mit den Griechen ein; Papst Eugen IV. sandte ihn auf eine Legationsreise nach Byzanz und ließ ihn in Deutschland für die Versöhnung von Kirche und Reich wirken (Wiener Konkordat von 1448). Nikolaus wurde im selben Jahr zum Kardinal ernannt (mit der Titelkirche San Pietro in Vincoli), 1450 zum Bischof von Brixen geweiht. Pius II. machte ihn erneut zum Reformbeauftragten und 1459 legte er tatsächlich einen Entwurf zur Reform des römischen Klerus vor, der den Auftakt zu einer allgemeinen Kirchenreform bilden sollte, aber nicht zur Ausführung kam.

Nikolaus hat auch deutsche Schriften verfasst, es handelt sich jedoch um Gebrauchsschrifttum, Predigten, Briefe, Urkunden. In seinen vielfältigen lateinischen Schriften befasste er sich mit der Reform von Kirche und Welt, die in einer vom Geist der Einheit in Differenz bestimmten Universalordnung zusammenklingen sollten: *De concordantia catholica* (»Von der katholischen Harmonie«, 1432/33). Seine originell bis auf Plato zurückgreifende Philosophie, zuerst skizziert in *De docta ignorantia* (»Vom gelehrten Nicht-Wissen«) zielt auf eine Seinsordnung, die ihren letzten Grund und ihre letzte Wahrheit in Gott als dem Unendlichen und Absoluten hat, in dem die Gegensätze in eins fallen und doch ihre Differenz bewahren, in der *coincidentia oppositorum* (»Vereinigung der Kontraste«).

Die Karriere und das Werk des Nikolaus von Kues bieten zugleich ein Beispiel für die Möglichkeit des Aufstiegs eines aus kleinen Verhältnissen gekommenen Intellektuellen provinzieller Herkunft in europäischem Maßstab – im Rahmen der Kirche. Am 11. August 1464, wenige Tage nach seinem Gönner Pius II., starb Nikolaus im umbrischen Todi. Beigesetzt wurde er in seiner römischen Titularkirche; doch vermachte er seiner Hauptstiftung, dem nach seinem Namenspatron benannten St. Nikolaus-Hospital in Kues, seine Bibliothek und übersandte der Kirche an der Mosel sein Herz.

Links: »Portrait« des Nikolaus von Kues. Ausschnitt aus dem Passionstriptychon der Kapelle des St. Nikolaus-Hospitals.
Rechts: Bibliothek des St. Nikolaus-Hospitals (St. Nikolaus Hospital Bernkastel-Kues/Erich Gutberlet & Achim Bednorz)

Hans Folz

Eine prosperierende Erzählgattung des späten Mittelalters, das Märe, weit überwiegend aus gereimten kurzen Schwank- und Liebesgeschichten bestehend, hat merkwürdigerweise am Mittelrhein kaum Spuren hinterlassen. Doch stammt einer der größten Meister dieser Gattung aus Worms, Hans Folz (1435/40–1513), oder wie er sich im Kolophon einer von ihm selbst geschriebenen Sammelhandschrift nennt: *hans von wurmß, barwirer* (Barbier). Er war schriftkundig und seine Lateinkenntnisse, seine beachtliche Bildung, lassen den Besuch der Wormser Lateinschule vermuten. Umfangreiche Kenntnisse auf dem Gebiet der akademischen Medizin erwarb er wohl als Autodidakt. Seine Gesellenwanderzeit führte ihn nach Nordspanien und dann in die Kapital- und Handelsmetropole Augsburg. In einem zweiten großen, aufstrebenden städtischen Zentrum, in Nürnberg, erwarb er 1459 das Bürgerrecht, wurde 1486 Meister, praktizierte auch als Wundarzt.

Hier auch entfaltete sich seine erstaunliche, durch eigene Abschriften und das Sammeln von literarischen Handschriften gestützte literarische Produktivität: etwa 100 Meisterlieder, zwölf Fastnachtsspiele, zahlreiche Reimpaarsprüche, 18 Schwankmären und zwei Prosaschriften stammen von ihm. Außer einigen rheinischen Verortungen (Bonn, Straßburg) erinnert nichts in seinen Texten an seine Herkunft vom Mittelrhein. Aber dennoch hat er eine bedeutende, die Neuzeit verwandelnde Innovation des Mittelrheins in Dienst genommen: die Erfindung des Buchdrucks mit beweglichen Lettern um 1450 durch den Mainzer Patrizier Johannes Gensfleisch gen. Gutenberg. Diese Medienrevolution von bald globalen Ausmaßen hat sich schon 1479–1488 Hans Folz durch die Einrichtung einer Druck-Offizin für die Verbreitung seiner literarischen Produktion angeeignet. Er war damit wohl der erste Schriftsteller, der seine Vermarktung in eigene Regie nahm und damit die Tür zur Autonomie der Literatur aufstieß.

1 Zur Literatur des Mittelalters im Raum Rheinland-Pfalz siehe: BRETT-EVANS, Hrotsvit 1975; DEPREUX u. a., Raban Maur 2010; GÄRTNER, Williram von Ebersberg 1998; GEITH, Ägidius 1978; HAUBRICHS, Argumentationsmuster 1979; DERS., Deutsche 1981; DERS., Geschichte 1995; HAVERKAMP, Hildegard von Bingen 2000; HENNIG, Trierer Osterspiel 1995; JANOTA, Folz 1980; DERS., Geschichte 2004; JOHNSON, Geschichte 1999; KÖSTER, Elisabeth von Schönau 1980; KORNRUMPF, Friedrich von Leiningen 1980; KOTTJE, Hrabanus Maurus 1983; DERS./ZIMMERMANN, Hrabanus Maurus 1982; LINKE, Berliner (rheinisches) Osterspiel 1978; MEIER, Hildegard von Bingen 1981; Minnesangs Frühling 2007; SCHRÖDER, Otfrid von Weißenburg 1987; SCHWEIKLE, Friedrich von Hausen 1980; SENGER, Nikolaus von Kues 1987.

2 MEIER, Hildegard 1981, Sp. 1259.

3 Ebenda, Sp. 1269.

Architektonische Erinnerungsorte. Teil 1: Mittelalter

Vom Palast der Helena bis zum Schloss der Oranier-Prinzessin

Von Matthias Müller

Architektur, Gedächtnis und Identität – eine Vorbemerkung

Blicken wir auf die ältere Baukunst in Rheinland-Pfalz, dann können wir feststellen, dass sich hier besonders aus dem Mittelalter und der Frühen Neuzeit herausragende Bauwerke erhalten haben, die über den regionalen Maßstab hinaus auch internationale Bedeutung besitzen. Dazu gehören – teilweise unter UNESCO-Welterbeschutz stehend – die berühmten »Kaiserdome« in Speyer, Mainz und Worms, die Domanlage in Trier, die Klosterkirche von Maria Laach oder die romantisch-idealisierend wiederhergestellten Burgen und Schlösser zwischen Bingen und Koblenz im oberen Mittelrheintal, dessen Natur- und Kulturlandschaft 2002 ebenfalls zum UNESCO-Welterbe erhoben wurde. Weniger prominent, da im Schatten der bedeutenden süddeutschen Barocklandschaften liegend, ist hingegen das barocke Architekturerbe auf dem Gebiet des heutigen Rheinland-Pfalz, obwohl mit Mainz, Trier und Koblenz immerhin drei historisch bedeutende barocke Residenzstädte zweier führender deutscher Fürstbischöfe existieren. Hierauf wird im Frühneuzeit-Teil im vorliegenden Handbuch exemplarisch eingegangen.

Vieles von diesem einstmals sehr reichen Bestand an qualitätvoller sakraler wie profaner Repräsentations- und Stadtbaukunst ist in den Kriegen unwiderruflich verloren gegangen, wobei der Zweite Weltkrieg manchen Städten – so etwa Mainz – ihre historisch gewachsene städtebauliche Identität beinahe vollständig zerstört hätte. Umso wichtiger sind – trotz unterschiedlicher architektonischer Qualität und notwendigen Meinungsstreits über ihre Berechtigung – die Versuche eines rekonstruierenden oder doch zumindest anpassenden Bauens in solchen von einer Nachkriegsbebauung überformten historischen Stadtzentren, wie sie in den letzten Jahren z. B. Mainz mit dem originalgetreuen Wiederaufbau der Häuserfassaden am Marktplatz erfahren hat. Im Übrigen sollte angesichts des Verlustes an historischer Bausubstanz im und seit dem Zweiten Weltkrieg nicht vergessen werden, wie sehr bereits die Kriegszerstörungen im 17. und 18. Jh. sowie die verkehrstechnischen, von Eisenbahn- und Straßenbau bestimmten Eingriffe des 19. und frühen 20. Jhs. die filigrane mittelalterliche und frühneuzeitliche Gestalt der Städte verändert haben. Diese Infrastrukturmaßnahmen verschonten selbst das Stadtbild der kleinen Städte im Mittelrheintal zwischen Bingen und Koblenz nicht, das erst kurz zuvor von englischen und deutschen Literaten, Künstlern und Architekten in seiner malerischen Schönheit wiederentdeckt und zum Prototyp der romantischen Flusslandschaft erklärt worden war. Heute gefährden die auf den damals verlegten Eisenbahntrassen durchs Rheintal donnernden Güterzüge nicht nur die historische

Bausubstanz, sondern auch die Gesundheit der dort lebenden Menschen und die Grundlagen des ökonomisch dringend benötigten »Kulturtourismus«.

Trotz ihrer industriegeschichtlich und kriegsbedingten Zerstörungen und Überformungen bieten die historischen Städte und Landschaften des heutigen Rheinland-Pfalz immer noch eine auch im europäischen Maßstab ungewöhnlich hohe Dichte an herausragenden Baudenkmälern und städtebaulichen Ensembles. Von ihnen kann der nachfolgende Streifzug durch die Architekturgeschichte des Mittelalters und der Frühen Neuzeit nur eine kleine Auswahl vorstellen. Maßgeblich für diese Auswahl soll der besondere zeichenhafte, symbolträchtige Charakter von Architektur sein, die als Medium zur repräsentativen Gestaltung weltlich oder kirchlich bedeutender Orte oder von identitätsstiftenden Orten einer politischen wie religiösen Erinnerungskultur seit der Antike eine reiche Tradition ausgebildet hat.[1]

Für den ersten Teil, der sich dem Mittelalter widmet, bedeutet dies, dass eine Beschränkung auf die auch international bedeutenden Dom- und Stiftskirchen der Romanik erfolgt und die für die Architekturgeschichte nicht unwichtige aber weniger charakteristische Entwicklung im Bereich der gotischen Architektur – bis auf ein besonders prominentes Beispiel – ausgeklammert bleibt. Dabei sollte allerdings nicht vergessen werden, dass es trotz der Dominanz romanischer Architektur im heutigen Rheinland-Pfalz dennoch eine Reihe von Orten gibt, an denen die damals moderne Formensprache der gotischen Architektur durchaus auffällig in Szene gesetzt wurde. Bekannt sind vor allem die Liebfrauenkirche in Trier, die Katharinenkirche in Oppenheim, die Wernerkapelle in Bacharach, die Liebfrauenkirche in Oberwesel und die Liebfrauenkirche in Neustadt a. d. W. Zu den weitgehend in Vergessenheit geratenen Beispielen gehört ausgerechnet der Mainzer Dom, dessen monumentale, an die alten Seitenschiffe angefügten gotischen Kapellen sowie der gotische Neubau der Domklausur die altehrwürdige romanische Domarchitektur wie mit modernen, französisch inspirierten Schaufassaden umhüllen. Wenn wir für den Mainzer Dombezirk dann noch die im 19. Jh. abgerissene Liebfrauenkirche hinzunehmen, die dem Dom östlich vorgelagert war, dann ergab sich auch von der verkehrstechnisch wichtigen Rheinseite her das monumentale Bild einer gotischen Umbauung der noch aus Erzbischof Willigis Zeiten stammenden alten Domkirche.

Der Palast der Kaiserinmutter Helena als ideelles und materielles Vorbild für den Trierer Dom

Einer der ältesten und wichtigsten Erinnerungsorte nicht nur von Rheinland-Pfalz, sondern von ganz Europa ist der Trierer Dom (Abb. 1), dessen Gründung auf Kaiser Konstantin zurückgeht.[2] Trotz dieser geschichtlichen Bedeutung findet seine Architektur selbst bei Architekturkennern wesentlich geringere Beachtung als etwa die Domkirchen von Speyer oder Worms, weshalb er im Folgenden auch ausführlicher gewürdigt werden soll.[3] Für die geringere architekturgeschichtliche Wertschätzung verantwortlich ist zum einen der uneinheitliche, konglomerathafte Gesamteindruck, den der über nahezu 1.700 Jahre entstandene und immer wieder veränderte Dombau auf den ersten Blick vermittelt, und zum anderen die merkwürdige Grundrissform, Proportionierung und Gewölbesystematik des Langhauses. Erst wenn man auf die gewohnten und durchaus verdienstvollen Kriterien der akademischen Stil- und Bautypenlehre verzichtet und den individuellen Besonderheiten der Domar-

chitektur Beachtung schenkt, wird deutlich, wie anspruchsvoll diese ist und ihre Gestalt in letzter Konsequenz die Tradition eines geschichtlichen Mythos widerspiegelt. Denn für das Grundkonzept der Architektur ist eine Legende verantwortlich, die das Erscheinungsbild des Domes und seine räumliche Disposition über alle Jahrhunderte und stilistischen Moden hinweg maßgeblich geprägt hat. Der Legende nach bildet den Kern des Doms der ehemalige Palast von Kaiserin Helena, die als Mutter Konstantins des Großen im 4. Jh. in Trier residierte. Wenige Jahre vor ihrem Tod soll Helena ihren Palast dem Trierer Bischof Agritius geschenkt haben, um auf seinem Grundstück eine Kathedrale zu errichten.[4]

Abb. 1: Die Westfassade des Trierer Doms stammt in ihren Hauptteilen aus der Mitte des 11. Jhs. (Matthias Müller)

Bei Grabungen (ab 1943) konnte diese Legende insofern bestätigt werden, als sich unter der Vierung des heutigen Domes tatsächlich die Überreste eines römischen Palastsaales fanden. Münzfunde deuten darauf hin, dass der Palast kurz nach 326 abgerissen wurde, um Platz für den Neubau der Kathedrale zu schaffen, die zusammen mit einer weiteren, parallel angeordneten Kirche und vorgelagerten Atrien eine riesige, sich bis zum heutigen Marktplatz erstreckende Anlage bildete. Der Ostbereich der Kathedrale wurde noch unter Kaiser Konstantin und dann nochmals unter Kaiser Gratian zu einer eigenständigen Memorialarchitektur von quadratischer Grundgestalt umgebaut, in deren Mitte vier Säulen von 18 m Höhe aus Odenwälder Granit und mit Marmorkapitellen bestückt ein nochmals architektonisch herausgehobenes kultisches Zentrum markierten und zugleich als Stützen für die Dachkonstruktion des Gebäudes dienten. Von diesem auffallenden Memorialbau sind bis heute große Teile im heutigen Dom erhalten geblieben und bilden den einzigen sichtbaren Überrest der monumentalen spätantik-frühchristlichen Kathedralanlage, von der ansonsten keine oberirdischen Mauerreste mehr zeugen. Seine Bewahrung verdankt der quadratische Memorialbau vor allem der Tradition, in den bis zu 25 m aufragenden antiken Mauern Originalteile des Palastes der Helena und damit ein authentisches Zeugnis der später heiliggesprochenen Mutter Kaiser Konstantins zu besitzen.

Abb. 2: Der Grundriss des Trierer Doms (links) setzt sich aus dem frühchristlichen quadratischen Memorialbau im Osten (oben) und dem Anbau des Langhauses aus dem 11. Jh. im Westen (unten) zusammen. Rechts daneben die Liebfrauenkirche aus dem 13. Jh. (Bildarchiv des Verfassers und des Instituts für Kunstgeschichte der Universität Mainz)

Bei der Erweiterung des Doms im 11. Jh. wurden daher nicht nur die Mauern des quadratischen Memorialbaus wie Reliquien in den Neubau integriert, sondern darüber hinaus seine Grundrissform zum Maßstab für das neue romanische Langhaus erhoben. Dieses unter Erzbischof Poppo in salischer Zeit ab 1040 errichtete Langhaus, das im Westen mit der markanten Doppelturmfront und einem Westchor abschließt, übernahm neben den Grundmauern auch die Einteilung des quadratischen Memorialbaus in neun unterschiedlich große Joche und fügte ihm nach Westen eine weitere Sequenz aus einem quadratischen und einem längsoblongen Joch hinzu. Die so entstandene Grundrissform des Domlanghauses (Abb. 2) vermittelt den Eindruck, als ob der frühchristliche Memorialbau zunächst verdoppelt und anschließend die beiden quadratischen Bauten wieder ineinandergeschoben worden seien, so dass sich die westlichen Joche des ursprünglichen Memorialbaus und die östlichen Joche des Erweiterungsbaus überlagern würden. Diese innerhalb der mittelalterlichen Architekturgeschichte absolut einzigartige Grundrissform ist kaum der Laune eines Baumeisters entsprungen, sondern vielmehr als bewusster Versuch der damaligen Auftraggeber zu werten, die reliquienhaft erhaltene Gestalt des vermeintlichen Palastes der Helena auch im Erweiterungsbau des Domlanghauses

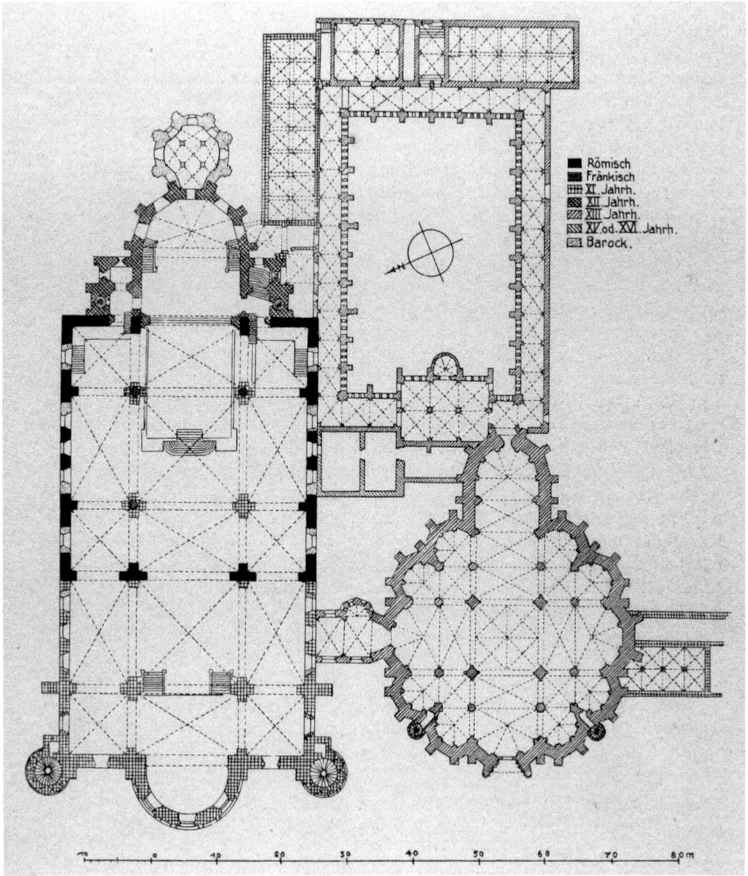

sichtbar zu bewahren. Auf diesen besonderen, mit einem hohen Heiltumswert verbundenen Zeugnischarakter des Kernbaus versuchten auch noch die Baumeister des 13. Jhs. Rücksicht zu nehmen, als sie den bis dahin ungewölbten Dom bis spätestens 1235 mit einem gotischen Kreuzrippengewölbe ausstatteten (Abb. 3). Für heutige Betrachter mag es dabei merkwürdig erscheinen, dass die Dienststäbe, die das Gewölbe optisch an den Pfeilern und Wänden abfangen, erst im obersten Bereich der Arkadenzone, nahezu auf der Höhe des Obergadens, ansetzen, anstatt von der Fußbodenbasis der Pfeiler und Wände nach oben geführt zu werden. Erst bei genauerem Hinsehen wird deutlich, wie bewusst das Dienstsystem auf die Situation des erhaltenen frühchristlichen Memorialbaus abgestimmt wurde, dessen altes Mauerwerk genau dort endet, wo die gotischen Dienststäbe ansetzen und sich auch die spätantiken Spolienkapitelle befinden. Auf diese Weise ist es den Baumeistern des 13. Jhs. gelungen, das gotische Gewölbe als eine eigenständige, spätere Zutat darzustellen, die den reliquienhaft verehrten Mauern aus der Zeit von Kaiser Konstantin wie ein modernes, repräsentatives Schutzdach aufgesetzt wurden.[5]

Abb. 3: Blick in das Langhaus des Trierer Doms nach Südosten mit den gotischen Gewölben (Matthias Müller)

Der Palast der Kaiserinmutter Helena als ideelles und materielles Vorbild für die Trierer Liebfrauenkirche

Die einzigartige und originelle Architektur des Trierer Doms hat keine Nachfolge gefunden – bis auf eine Kirche in Trier selbst! Ausgerechnet die dem Dom unmittelbar benachbarte, ab ca. 1230 errichtete Liebfrauenkirche (Abb. 4), die als erste Kirche im damaligen Deutschen Reich dem innovativen System der französischen Kathedralgotik folgt, übernimmt das Grundrisssystem des quadratischen Memorialbaus aus dem 4. Jh.

Diese neue Erkenntnis[6] mag überraschen und wird zunächst auch durch den ungewöhnlichen Zentralbautypus der Liebfrauenkirche mit ihren charakteristischen, diagonal gestellten Eckkapellen zwischen den vier Kreuzarmen verunklärt (Abb. 5). Doch tilgt man gedanklich die Kapellenkonchen aus dem Grundriss und konzentriert sich alleine auf dessen Kernfigur, so findet man unschwer die um ein zentrales quadratisches Joch gruppierte, in insgesamt neun unterschiedlich große Felder aufgeteilte quadratische Grundrissfigur des frühchristlichen Memorialbaus wieder. Allerdings wurde von diesem nicht das Maßsystem übernommen, das auch die Größe des zentralen quadratischen Jochs der Liebfrauenkirche definierte. Hier orientierten sich die Baumeister nicht am Dom,

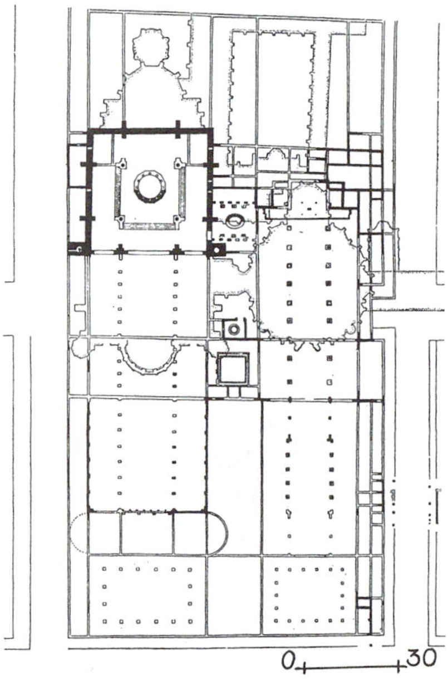

Abb. 5: Der Grundriss zeigt die ehemalige konstantinische Doppelkirchenanlage des Trierer Doms, in welche die Grundrisse des heutigen Doms und der Liebfrauenkirche hineingezeichnet wurden (Bildarchiv des Verfassers und des Instituts für Kunstgeschichte der Universität Mainz)

Abb. 4: Die Westfassade der unmittelbar neben dem Trierer Dom gelegenen gotischen Liebfrauenkirche (Matthias Müller)

sondern bezeichnenderweise am frühchristlichen Vorgängerbau der Liebfrauenkirche selbst, dessen Mittelschiffsbreite die Seitenlängen des quadratischen Zentraljochs der gotischen Liebfrauenkirche vorgaben. Auf diese Weise reflektiert die moderne gotische Architektur der Liebfrauenkirche in ihrem Grundriss nicht nur auf bemerkenswerte Weise die Tradition des Palastes der Helena, sondern tradiert zudem die 882 durch die Normannen beschädigte und im 10. Jh. nur einschiffig wiederhergestellte frühchristliche Südkirche der unter Kaiser Konstantin errichteten Doppelkirchenanlage der ersten Trierer Kathedrale.

Der Speyerer Dom als Monument dynastisch-religiöser Memoria und politischer Repräsentation

Dem Vermächtnis eines christlichen Kaisertums sollte im heutigen Rheinland-Pfalz noch an anderer Stelle ein bedeutender Erinnerungsort geschaffen werden. Dies geschah ungefähr 700 Jahre nach der Gründung des Trierer Doms in Speyer, als Kaiser Konrad II. aus der Dynastie der

Salier 1024 den Grundstein zum Neubau einer monumentalen Kathedrale legte, die zugleich als Begräbnisstätte für ihn, seine Familie und seine Nachfolger dienen sollte.[7] Obwohl der Speyerer Dom (Abb. 6) ein absoluter Neubau war und die Reste der quellenkundlich fassbaren, bis in frühchristliche Zeit zurückreichenden Vorgängerbauten bislang nicht aufgefunden werden konnten, sollte auch seine Architektur seinen Bauherrn für alle sichtbar in die Tradition des unter Konstantin begründeten römisch-christlichen Kaisertums stellen. Die Zeichenhaftigkeit der Architektur des Speyerer Domes richtet sich vor allem seit dem Umbau unter Heinrich IV. (Speyer II) nicht zuletzt auch gegen die politisch-theologischen Herrschaftsansprüche des Papstes und verlieh der Autonomie eines christlichen Kaisertums architektonischen Ausdruck.[8] Die dabei zum Einsatz kommenden architektonischen Mittel sind hinlänglich bekannt und sollen daher im Wesentlichen nur kurz resümiert und um einige Beobachtungen ergänzt werden. Als der Speyerer Dom (sog. Speyer I) unter Konrads Enkel, Heinrich IV., 1061 geweiht wurde, konnten die Ehrengäste eine der größten dreischiffigen Basiliken der damaligen christlichen Welt bewundern, die auch mit der berühmten Klosterkirche von Cluny (Cluny II) konkurrieren konnte. Sowohl die Krypta (Abb. 7), die große Apsis als auch die Seitenschiffe wurden von Tonnen- bzw. Kreuzgratgewölben überfangen, weshalb der Speyerer Dom zugleich als der erste nachantike monumentale Gewölbebau nördlich der Alpen nach dem Bau der Aachener Pfalzkapelle Karls des Großen gilt.

Abb. 6: Die Luftaufnahme zeigt den Speyerer Dom mit seinen zahlreichen Türmen von Nordosten (Bildarchiv des Verfassers und des Instituts für Kunstgeschichte der Universität Mainz)

Die Tradition römisch-antiker Baukunst zeigte sich aber nicht nur in den weitgespannten Kreuzgratgewölben der Krypta und der Seitenschiffe, sondern auch in der Gestaltung der Mittelschiffswände, die mit ihren monumentalen Überfangbögen nicht nur dem System römischer Aquädukte nachempfunden waren, sondern sich in dieser Form auch an den Außenwänden der Aula Kaiser Konstantins in Trier wiederfinden. Doch offensichtlich genügte diese unter Konrad II. entwickelte Form einer antikisierenden sakralen Monumentalarchitektur nicht den Ansprüchen seines Enkels, Heinrichs IV., denn dieser ließ um 1080, ungefähr 20 Jahre nach der Weihe, den Speyerer Dom gründlich umgestalten. Kurz nach dem Tod des Gegenkönigs Rudolf von Schwaben (1080) ausgeführt, kann der Umbau des Speyerer Doms als Votivleistung des von einer existentiellen Bedrohung befreiten Königs gewertet werden.[9] Sie sollte auch dem Gedächtnis der Vorfahren des Königs zugutekommen,[10] deren Begräbnis- und Memorialstätte durch die nochmals gesteigerte Monumentalarchitektur prachtvoller denn je gerahmt wurde.

Als die Baumaßnahmen spätestens in den 1120er Jahren, unter Kaiser Heinrich V., abgeschlossen waren, konnten die Zeitgenossen einen nochmals vergrößerten und gestal-

Abb. 7: Blick in die Krypta des Speyerer Doms (hier der Bereich unter der Vierung) (Bildarchiv des Verfassers und des Instituts für Kunstgeschichte der Universität Mainz)

terisch anspruchsvolleren Dombau (sog. Speyer II) bewundern, dessen Chorbau verändert und dessen Mittelschiff nach dem Abriss der ursprünglichen flachen Holzdecke nun auch von einem weitgespannten Kreuzgratgewölbe überfangen wurde (Abb. 8). Ob die Einwölbung des Mittelschiffs bereits für den Gründungsbau des Doms (Speyer I) vorgesehen war und diese lediglich aufgrund der besonderen technischen wie statischen Probleme, die sich etwa bei der von Anfang an gewölbten Chorapsis ergaben, zurückgestellt wurde, ist Gegenstand aktueller Forschungsdiskussionen.[11] Von außen wurden die Obergadenwände, die zuvor offensichtlich schmucklos waren, durch die berühmt gewordenen Zwerggalerien gleichzeitig verstärkt und ausgezeichnet. Da die Statik der Mittelschiffswände auf dieses im damaligen Reichsgebiet größte Kreuzgratgewölbe nicht ausgelegt war, hatten die Baumeister zudem jeden zweiten Arkadenpfeiler des Langhauses mit einer zusätzlichen pilasterartigen Vorlage verstärkt und die den ursprünglichen Vorlagen vorgeblendeten halbrunden Dienste durch kräftigere Dienste ersetzt. Dadurch entsteht im Mittelschiff der Eindruck eines Stützenwechsels, der den Hochschiffwänden zugleich eine rhythmische Gestaltung verleiht.

Doch nicht nur das Volumen dieser Dienste wurde geändert, sondern darüber hinaus mit Hilfe eines eingeschobenen Bossenkapitells eine Teilung auf Höhe der Arkadenbögen vorgenommen, von der aus die Dienste neu ansetzen und unterhalb des Gewölbes in einem ebenfalls neuen antikisierenden Kapitell mit korinthischem Blattwerk enden. Mit diesem Kunstgriff ist es den Baumeistern unter Heinrich IV. letztlich gelungen, einen kaiserlichen Kirchenbau des Mittelalters mit dem Signum römisch-antiker, frühchristlicher Würde auszustatten, ohne dabei – wie beim Trierer Dom – über eine entsprechende Tradition des Ortes und ihre materiellen Hinterlassenschaften (z. B. in Form antiker Spolien) zu verfügen.[12]

Der Wormser Dom als Ort der Memoria des salischen Kaiserhauses

Angesichts des repräsentativen Wertes und innovativen Potentials der Speyerer Domarchitektur ist es beinahe selbstverständlich, dass nachfolgende Dombauprojekte sich mit dem Speyerer Konzept auseinandersetzten.[13] Es sind aber nur zwei Dombauten, in Mainz und Worms, die politisch und institutionell eng mit dem Speyerer Dom verbunden sind. Das zeigt, wie sehr die Wahl des Speyerer Vorbilds von Voraussetzungen abhing, die eher im Bereich der Institutionen- als der Kunstgeschichte zu suchen sind. Repräsentationsarchitektur, wie sie der Speyerer Dom in exzeptioneller Form verkörperte, war im Mittelalter gerade auch im Sakralbau eine zutiefst politische Angelegenheit,

Abb. 8: Das Langhaus des Speyerer Doms nach Osten mit den unter Kaiser Heinrich IV. erfolgten Umbaumaßnahmen (vor allem Mittelschiffsgewölbe und Verstärkung jedes zweiten Mittelschiffspfeilers) (Bildarchiv des Verfassers und des Instituts für Kunstgeschichte der Universität Mainz)

eng verknüpft mit den religiösen bzw. kultischen Dimensionen der Sakralarchitektur. Von den beiden Nachfolgebauten ist der Wormser Dom (Abb. 9) in seiner Rezeption des Speyerer Vorbildes und seiner konzeptionellen Abwandlung besonders interessant, vor allem im Langhaus.[14] In Worms begannen die Umbauarbeiten an dem Dom Bischof Burchards I. bereits gegen 1130, nur wenige Jahre nach der Vollendung des Umbaus in Speyer (sog. Speyer II).[15] Wie der Augenschein zeigt, war es das Ziel der Bauherren, Bischof Burchard II. und das Domkapitel, dem in den Grundmauern des alten Doms errichteten Neubau ein Aussehen zu verleihen, das wesentliche Züge des Speyerer Doms übernahm. Hierzu gehören einerseits die Grunddisposition mit turmbesetzten Ost- und Westbauten (wobei der Wormser Westchor erst später ab ca. 1170 angefügt wurde) sowie einem mächtigen Querhaus im Osten und andererseits die Gestaltung des dreischiffigen Langhauses. Besonders die Hochschiffwände im Innenraum kopieren und inter-

Abb. 9: Blick auf den Wormser Dom von Südosten (Bildarchiv des Verfassers und des Instituts für Kunstgeschichte der Universität Mainz)

Abb. 10: Die Mittelschiffswand des Speyerer Doms mit Einzeichnung der unter Kaiser Heinrich IV. ursprünglich geplanten Gliederung durch ein Horizontalgesims auf Höhe der Bossenkapitelle (Rekonstruktion und Fotomontage: Hans Erich Kubach/Dethard von Winterfeld) (Bildarchiv des Verfassers und des Instituts für Kunstgeschichte der Universität Mainz)

Abb. 11: Das Mittelschiff des Wormser Doms mit einer Wandgliederung, wie sie ursprünglich teilweise auch für die Mittelschiffswand des Speyerer Doms geplant war (vor allem das Horizontalgesims und der Wegfall jedes zweiten Dienstes) (Bildarchiv des Verfassers und des Instituts für Kunstgeschichte der Universität Mainz)

pretieren zugleich das Speyerer Wandaufrisssystem. Dabei haben die Baumeister nicht nur die Wandgliederung in vereinfachter und zugleich vereinheitlichter Form übernommen, sondern im Bauverlauf überdies auf der südlichen Hochschiffwand Modifikationen vorgenommen, die letztlich als Verwirklichung und Weiterentwicklung unausgeführter Planungen für die Hochschiffwände des Speyerer Doms (Abb. 10) während seiner Umbauphase ab ca. 1080 interpretiert werden müssen.[16] Hierzu gehören vor allem das durchlaufende Gesimsband oberhalb der Mittelschiffarkaden und – auf der Südseite – der komplette Wegfall der Wandvorlage an jedem zweiten Mittelschiffpfeiler (Abb. 11).

Doch warum haben die Bauherren und Baumeister des Wormser Doms das Speyerer Vorbild in dieser durchaus ungewöhnlichen und originellen Weise rezipiert? Die Antwort ist sowohl in architektonischen Gründen zu suchen als auch in solchen der politischen Repräsentation und der dynastischen Memoria. Architektonisch wollte man das in Speyer erst nachträglich auf eine Mittelschiffswölbung abgestimmte Wandvorlagensystem in Worms so modifizieren, dass nur die Wandvorlagen übernommen wurden, die in einem Gewölbebau auch eine Funktion haben. Diese Gründe erklären jedoch nicht allein, warum man sich in Worms, das bereits unter den Saliern eine durch kaiserliche Privilegien politisch bevorzugte Stadt war,[17] überhaupt für die Übernahme des Speyerer Vorbildes entschied. Entscheidend für die Wahl des Speyerer Vorbildes dürfte vielmehr die Funktion des Wormser Doms als Begräbnis- und Memorialstätte für die Familienangehörigen des ersten Kaisers aus salischem Haus, Konrad II., gewesen sein. Diese Funktion hatte Konrad II. in einer Urkunde aus dem Jahr 1034 betont, in der er tägliche Messen für seine Angehörigen – darunter sein Urgroßvater und sein Vater – verfügte. Konrad II. war aber auch Gründungsbauherr des Speyerer Doms gewesen, weshalb es für Bischof Burchard II. und das Domkapitel nahe lag, mit der Übernahme der zeichenhaften Architektur des Speyerer Doms den Wormser Dom auch in der formalen Gestaltung zu einer Erinnerungsstätte dieser besonderen, auf das dynastische Gedächtnis bezogenen Verbindung zu den Saliern auszubauen.

Der Mainzer Dom als Kirche des vornehmsten Königswählers und Erzkanzlers des Reiches

Eine solche unmittelbare, auf einer Familiengrablege beruhende Verbindung zu den Saliern konnten die Mainzer Erzbischöfe für ihren Dom nicht vorweisen. Doch dafür standen sie dem salischen Kaisertum auf andere Weise besonders nahe. Diese Nähe ergab sich zum einen aus dem privilegierten politischen Status des Mainzer Erzbischofs als Erzkanzler des Reiches und vornehmster Königswähler, zum anderen aus dem Umstand, dass Kaiser Heinrich IV., unter dem Speyer II entstand, auch den Mainzer Domneubau förderte.[18] Anlass des Neubaus war ein Brand des unter den Erzbischöfen Willigis und Bardo konzipierten Domes im Jahr 1081. Um 1100, 20 Jahre nach dem Baubeginn in Speyer, ordnete Heinrich IV. für den Mainzer Dom umfangreiche Wiederherstellungsmaßnahmen an, die aber bis zum frühen Tod des Kaisers 1106 nur in Teilen des Ostbaus vollendet werden konnten. Die architektonischen Umgestaltungen im Bereich des Ostchores und -querhauses (Abb. 12), zeigen eine klare Ausrichtung auf den damals noch im Bau befindlichen Speyerer Dom, weshalb zu vermuten ist, dass auch das Langhaus nach diesem Vorbild gestaltet werden sollte. Hierauf deutet auch die Klage des anonymen Biografen Kaiser Hein-

Abb. 12: Die Ostansicht des Mainzer Doms mit seiner am Speyerer Dom orientierten architektonischen Gestaltung (Bildarchiv des Verfassers und des Instituts für Kunstgeschichte der Universität Mainz)

richs IV.: »Wehe Mainz, welche Zierde, welchen Künstler zur Wiederherstellung deiner ruinösen Münsterkirche hast du verloren! Wenn er so lange am Leben geblieben wäre, bis er letzte Hand an den von ihm begonnen Dombau gelegt hätte, so hätte dieser unstreitig mit dem berühmten Speyerer Dom wetteifern können.«[19] Doch der Tod, wohl auch schon die Entmachtung des kaiserlichen Förderers durch seinen Sohn, Heinrich V., und dessen Zerwürfnis mit dem Mainzer Erzbischof Adalbert I. ließen den Fortgang der Domerneuerung stocken. Bis 1137, als im Norden an das westliche Querhaus die berühmte, dem heiligen Bischof Godehard geweihte Begräbniskapelle für Erzbischof Adalbert I. angebaut wurde, entstanden neben dem fertiggestellten Ostbau nur Fragmente eines neuen Langhauses, das wahrscheinlich bis gegen 1200 zudem ungewölbt blieb und nur einen provisorischen hölzernen Dachabschluss erhielt.[20]

Die noch in der ersten Hälfte des 12. Jhs. realisierten Mittel- bzw. Hochschiffswände des Langhauses (Abb. 13) belegen, dass der Speyerer Dom auch nach dem Tode Heinrichs IV. das maßgebliche Vorbild blieb, dieses jedoch – ähnlich wie in Worms – abgewandelt wurde, da in Mainz anders als in Speyer von Anfang an eine Einwölbung des Langhauses beabsichtigt war. Das zeigen die beiden in jedem Jochabschnitt zusammengerückten Obergadenfenster sowie die unter ihnen endenden Rundbogenblenden, ein für den Mainzer Dom charakteristisches und originelles Motiv, das sich bei näherem Hinsehen als konstruktiv bedingtes und dadurch formal umso bedeutungsvolleres Zitat aus dem Speyerer Dom erweist. Denn während in Speyer die Rundbögen noch im Sinne einer Kolossalordnung als Rahmung um die Obergadenfenster herumgeführt wurden, ist dafür in Mainz durch das Zusammenrücken der Fenster in die Mitte kein Platz mehr vorhanden, weshalb die Rundbögen oberhalb der Mittelschiffsarkaden als Blendbögen auf der Hochschiffswand enden, um durch diesen Kunstgriff umso deutlicher als formale Zitate des Speyerer Hochschiffswandsystems kenntlich gemacht zu werden. Anders als in Worms wollten die Bauherren offenkundig auch nicht die Form der unter Heinrich IV. veränderten Speyerer Hochschiffswände zum Vorbild nehmen, sondern auf das ursprüngliche Konzept aus der Zeit Konrads II. zurückgreifen. Dieses

Abb. 13: Das Mittelschiff des Mainzer Doms (hier der Blick nach Osten) wurde nach dem Vorbild des Speyerer Doms gestaltet, jedoch vor allem wegen der gegenüber Speyer geringeren Höhe zugleich auch modifiziert (Bildarchiv des Verfassers und des Instituts für Kunstgeschichte der Universität Mainz)

Konzept kannte noch nicht den geradezu demonstrativen Einsatz antikisierender Formen, sondern begnügte sich mit der Verwendung schlanker, halbrunder Dienste, die schlichten Rechteckpfeilern vorgeblendet waren und am oberen Ende mit ebenso einfachen wie eleganten Würfelkapitellen abschlossen. An diese reduzierte Formgebung aus der ersten Bauphase des Speyerer Doms (Speyer I) knüpften die Mainzer ganz bewusst an, worauf auch die fast schmucklose Gestaltung der Kämpferprofile der Dienstkapitelle und der Rundbogenblenden auf der Obergadenwand hindeutet.

Dieser auffällige Rückgriff auf das Konzept des ersten Speyerer Doms lässt sich nicht aus einem Willen der Auftraggeber und Baumeister zu einer reduzierten, vereinfachten Architektur erklären, die vielleicht sogar ökonomische Ursachen gehabt hätte. Dafür war der Mainzer Dom als Kathedralkirche des damals mächtigsten deutschen Erzbischofs zu bedeutend. Ähnlich wie in Worms müssen wir architektonisch-gestalterische und zeichenhaft-politische Motive für die Orientierung am Speyerer Dom Kaiser Konrads II. annehmen: Zum einen der Wunsch nach einer den Gewölbebau berücksichti-

Abb. 14: Der Mainzer Dom von Nordwesten mit der im 13. Jh. nach Kölner Vorbild neu erbauten Dreikonchenanlage (rechts) (Bildarchiv des Verfassers und des Instituts für Kunstgeschichte der Universität Mainz)

genden systematischen, klaren Formensprache – wie sie ja auf durchaus innovative Weise der erste Bau des Speyerer Doms geboten hat – und zum andern der machtpolitische, institutionelle Anspruch des Mainzer Erzbischofs, wozu neben dem Recht auf das Amt des Erzkanzlers und der führenden Rolle bei der Wahl des Königs auch der umstrittene Anspruch auf das Krönungsrecht gehörten.[21] Dank der seit ottonischer Zeit äußerst engen Beziehungen zum König, gelang es Mainzer Erzbischöfen gelegentlich, auch den König zu krönen, darunter Konrad II. Offensichtlich war die Formensprache des schon damals berühmten und als königlich-kaiserlicher Sakralbau angesehenen Speyerer Doms am besten geeignet, die politischen Ansprüche des Mainzer Erzbischofs zu repräsentieren und denen seiner Konkurrenten – allen voran der Kölner Erzbischof – zeichenhaft entgegenzusetzen.

Diesem Anliegen galt im Übrigen auch der Neu- und Ausbau des noch aus Erzbischof Willigis Zeiten stammenden Westchores zur monumentalen Dreikonchenanlage (Abb. 14) in der Zeit zwischen etwa 1200 und 1239. Am 4. Juli 1239 konnte Erzbischof Siegfried III. von Eppstein die Domweihe vornehmen. Das Projekt der neuen Westchoranlage wurde jedoch bereits unter den Amtsvorgängern, darunter Erzbischof Siegfried II. von Eppstein, entwickelt, der noch während der Bauarbeiten am 9. Dezember 1212 Friedrich II. im Mainzer Dom zum König krönen konnte. Selbst wenn Friedrich II. drei Jahre später, 1215, unter günstigeren politischen Bedingungen seine Krönung in Aachen wiederholen ließ, war mit dem Akt von 1212 die Bedeutung des Mainzer Doms als potentieller Krönungsort aktualisiert und öffentlich demonstriert worden – gegen das inzwischen verfestigte Krönungsrecht des Kölners in Aachen. Auch die architektonische Gestaltung der neuen Mainzer Westchoranlage verweist auf Köln und kann als zeichenhafte Adresse an den Kölner Amtskollegen verstanden werden. Denn anstatt auch beim Westabschluss des Mainzer Doms die Orientierung am Speyerer Dom beizubehalten, brachen die Bauherren und ihre Baumeister mit dem Überkommenen und richteten sich unübersehbar an der in Köln und am Niederrhein entwickelten Architektur aus. Zu dieser gehörten die auffällige Form der Dreikonchenanlage und die Formensprache der Schmuckelemente. Besonders nachdrücklich verweist die Dreikonchenanlage nach Köln, ist sie doch hier das Kennzeichen einer Reihe von bedeutenden Stiftskirchen, deren älteste St. Maria im Kapitol ist.[22] Nur wenige Jahre vor dem Baubeginn der Mainzer Dreikonchenanlage hatte ab 1193 die vom Kölner Erzbischof gegründete Chorherrenstiftskirche St. Aposteln einen Dreikonchenchor erhalten und bot möglicherweise das Vorbild für diese prestigeträchtige Chorform.

Doch die reichen architektonischen Detail- und Schmuckformen des Mainzer Westbaus mahnen zur Vorsicht mit eindeutigen Interpretationen. Alle Schmuckformen können zunächst als eine zitathafte Übernahme kölnischer bzw. niederrheinischer Architekturformen verstanden werden. Diese Formableitung greift aber zu kurz, wie ein Blick auf den Trierer Dom zeigt. Hier wurde bereits im letzten Viertel des 12. Jhs. ein neuer Ostchor (Abb. 15) angebaut und 1196 geweiht, dessen Außenwandgestaltung mit ihren gestuften Strebepfeilern, der Zwerggalerie mit von Rundbögen überfangenen Zwillingsarkaden und gruppierten Säulchen sowie – an den Chorflankentürmen – einem Plattenfries genau die Elemente aufweist, die auch für die Dreikonchenanlage des Mainzer Doms charakteristisch sind. Damit wird deutlich, dass sich die Zeichenhaftigkeit des Mainzer Westbaus nur in seiner Dreikonchenanlage eindeutig auf die Sakralarchitektur von Köln, in der Wahl des Dekorums hingegen darüber hinaus zugleich auf die gerade erst fertiggestellte neue Choranlage des Trierer Doms verweist. Trifft unsere Interpretation zu, dann wäre es dem Mainzer Erzbischof als Bauherr des neuen Mainzer Westbaus gelungen, mit der Kombination und gestalterischen Verschränkung von charakteristischen Architekturzitaten aus Köln und Trier einerseits das hohe architektonische Anspruchsniveau der beiden benachbarten Erzbistümer zu rezipieren und andererseits die politischen Ansprüche sowohl seines Kölner als auch seines Trierer Konkurrenten im Medium der Architektur zeichenhaft zu »bannen« und gleichzeitig zurückzuweisen.

Abb. 15: Auch der im 12. Jh. neu errichtete Chor des Trierer Doms (hier die Ansicht von der Nordseite) war für die Gestaltung der Dreikonchenanlage des Mainzer Doms ein Vorbild (Matthias Müller)

Die Abteikirche Maria Laach als Memorialstätte der Pfalzgrafen und eines Grafengeschlechts

Als sich der Mainzer Erzbischof am Ende des 12. Jhs. vermutlich aus politischen Gründen dazu entschloss, beim Neubau der Westchoranlage die bis dahin für seinen Dom vorbildliche Speyerer Architektur aufzugeben und sich statt dessen auf die in Köln und Trier entwickelte Baukunst zu beziehen, war bereits 100 Jahre zuvor am Laacher See in der Eifel ein monumentaler Kirchenbau entstanden, der das eine mit dem anderen zu verbinden wusste und darüber hinaus am Mainzer Dom Anleihen nahm.[23] Initiator und Stifter dieser für einen Benediktinerkonvent konzipierten Kirche waren der kinderlose Pfalzgraf Heinrich II. und seine Frau, Adelheid von Weimar-Orlamünde, die 1093, zwei bzw. sieben Jahre vor ihrem Tod, den Bau als ihre Grabes- und Memorialkirche in Auftrag gaben.[24] Pfalzgraf Heinrich II., der ein Großneffe Kaiserin Kunigundes gewesen sein soll und Kaiser Heinrich IV., dem Initiator des Umbaus des Speyerer Doms, eng verbunden war, heiratete 1085/87 Adelheid, die Witwe des Pfalzgrafen Hermann II. von Lothringen, und erhielt die rheinische Pfalzgrafschaft. Seine politische Bedeutung und seine Nähe zum Kaiser zeigt seine Rolle als Reichsverweser im Jahr 1090, als sich Heinrich IV. in Italien aufhielt. Entsprechend aufwendig und repräsentativ sollte offensichtlich auch die Grabeskirche des Pfalzgrafenpaares gestaltet werden, die den Laacher See majestätisch überragt (Abb. 16).

Wer sich ihr von dort nähert, wird unweigerlich an die Grunddisposition der Speyerer Königsgrablege erinnert, die vor allem in der Ostpartie mit ihrem von einem Vierungsturm bekrönten Querhaus und der von zwei Türmen flankierten Chorapsis wiederzuerkennen ist. Dass diese Disposition erst einige Jahre nach Baubeginn – und damit erst nach dem Tod des Stifters – im Verlauf einer Planänderung realisiert wurde und im Ursprungskonzept die aus Speyer übernommenen Chorflankentürme noch nicht vorgesehen

Abb. 16: Die Abteikirche Maria Laach (hier von Südosten zu sehen) rezipiert in ihrer Gesamtarchitektur die Domkirchen von Speyer und Mainz sowie das Bonner Münster und besitzt damit ein ausgesprochen hohes Anspruchsniveau (Bildarchiv des Verfassers und des Instituts für Kunstgeschichte der Universität Mainz)

waren, deutet darauf hin, dass zu Lebzeiten Pfalzgraf Heinrichs II. das Speyerer Vorbild am Außenbau noch nicht unmittelbar rezipiert werden sollte und ein bescheideneres Konzept vorgesehen war. Die heutige Chorapsis, die mit ihrer aufwendigen zweizonigen Blendarkatur eine über das Bonner Münster (ehemalige Stiftskirche St. Cassius und Florentius) vermittelte Rezeption der Speyerer Ostapsis darstellt, entstand sogar erst in der Mitte des 12. Jhs. Sie ersetzt die nur wenige Jahrzehnte zuvor fertiggestellte erste Apsis, deren Formgebung vermutlich nicht mehr den Repräsentationsansprüchen der auf Pfalzgraf Heinrich II. und seine Frau folgenden Stifter genügte. Die Stifterin der neuen Apsis, Gräfin Hedwig von Are, war die Schwester des Bonner Propstes Gerhard, weshalb die Entscheidung, beim Neubau der Apsis die Bonner Münsterapsis zum Vorbild zu nehmen, weder eine kunstgeschichtliche Notwendigkeit noch Ausdruck einer persönlichen Baumeistervorliebe gewesen sein dürfte. Seine Weihe erhielt dieser Bauabschnitt, der auch das noch ungewölbte Langhaus und den Westchor umfasst, 1156, nur drei Jahre nach der Weihe des Ostchors des Bonner Münsters. Die neue Stifterfamilie scheint grundsätzlich das Ziel verfolgt zu haben, die von ihnen finanzierte Vollendung des Außenbaus der Klosterkirche auch architektonisch als ihr Stiftungswerk kenntlich zu machen. Jedenfalls schmückt das für die Apsis des Bonner Münsters charakteristische Gliederungssystem in Maria Laach nicht nur die Apsis, sondern auch die Obergeschosse der Rundtürme am Westbau (Abb. 17). Ihre Errichtung geht – wie die Vollendung des gesamten Westbaus um 1170 – ebenfalls auf die Stiftung der Gräfin Hedwig zurück, die ihre Wohltätigkeit gegenüber dem Kloster am Laacher See in einer Inschrift an einem Kämpfer der inneren Blendarkatur des Chores dokumentieren ließ. Abgeschlossen wurde diese Baumaßnahme nach Ausweis von Holzproben des Dachstuhls bereits um 1170.

Abb. 17: Der doppeltürmige Westbau der Abteikirche von Maria Laach folgt in seiner Grunddisposition mit Querhaus, Türmen und Westapsis dem Ostbau des Mainzer Doms (Bildarchiv des Verfassers und des Instituts für Kunstgeschichte der Universität Mainz)

Das vermutlich noch unter Pfalzgraf Heinrich II. und seiner Frau Adelheid entwickelte Ursprungskonzept sah am Westbau eine solche aufwendige Gliederung noch nicht vor, sondern begnügte sich – wie schon beim Ostbau – mit einer einfacheren Lisenengliederung. Zu diesem Ursprungskonzept gehören noch die gesamten unteren Bauabschnitte des Westbaus, dessen Grunddisposition wiederum eine Besonderheit zu erkennen gibt: In der Anordnung eines die gesamte Breite des Langhauses einnehmenden Querhauses, vor dessen Stirnwände seitlich runde Treppentürme gestellt wurden, einem Mittelturm sowie einer Westapsis folgt die Westanlage von Maria Laach dem um 1100 entstandenen Ostbau des Mainzer Doms. Dieser war unter ausdrücklicher Beteiligung Kaiser Heinrichs IV., des wichtigsten Förderers Pfalzgraf Heinrichs II., errichtet worden, weshalb es nahe liegt, in Maria Laach ein bewusstes Architekturzitat zu sehen, dessen bildhafte Wirkung die Begräbnisstätte des kaisertreuen Pfalzgrafen besonders prestigeträchtig auszeichnen sollte. Eine solche prestigeträchtige Zeichenhaftigkeit lässt sich im Prinzip auch im Inneren des Langhauses der Klosterkirche erkennen (Abb. 18). Die Gestaltung des Grundrisssystems mit einer Abfolge gleicher Jochschritte im Mittel- wie in den Seitenschiffen gibt das in Speyer vorgebildete sog. gebundene System zwar auf und war im damaligen Deutschen Reich absolut singulär, doch das Gliederungssystem der Mittelschiffswände mit seinen vor die Pfeiler gesetzten und von Rechteckvorlagen

Abb. 18: Das Gliederungssystem der Mittelschiffswände des Langhauses von Maria Laach (hier Blick nach Osten) folgt dem Vorbild des Speyerer Doms (Bildarchiv des Verfassers und des Instituts für Kunstgeschichte der Universität Mainz)

hinterfangenen Halbsäulen verrät unverkennbar das Speyerer Vorbild. Zusammen mit dem wenige Jahre nach Baubeginn modifizierten Ostbau, der nach einem Planwechsel die Grundgestalt der Speyerer Ostanlage zum Vorbild nahm, demonstriert die Innenraumgestaltung der Laacher Klosterkirche damit am deutlichsten die Orientierung des Stifters und seiner Nachfolger an der Grabeskirche des salischen Königshauses, deren Aura über das Zitat der Ostanlage des Mainzer Doms auch auf den Westbau übertragen wurde.

Die in einem Prozess von annähernd 90 Jahren (erst 1185 wurde mit der Wölbung des Mittelschiffs begonnen) entstandene Grabeskirche des ersten »Pfalzgrafen bei Rhein«, mit ihren vielfältigen Bezügen nach Speyer, Mainz und Bonn, darf daher kunstgeschichtlich durchaus als »Summe der rheinischen Romanik« gelten. Doch darüber hinaus ist Maria Laach auch ein kulturgeschichtlich wichtiges Zeugnis für das Bemühen mittelalterlicher Bauherren, an bedeutungsvollen Orten die Baukunst zu einem Medium der Erinnerungskultur werden zu lassen, dessen Botschaft – das Prestige der Stifter und die Sorge um ihr Seelenheil – die Jahrhunderte hindurch bis in unsere Gegenwart überdauern sollte. Das gilt aber mutatis mutandis auch für das Medium selbst, weshalb die denkmalpflegerische Betreuung nicht nur der mittelalterlichen Baudenkmäler als eine generationenübergreifende, in die Zukunft weisende kulturpolitische Aufgabenstellung stets in Erinnerung gehalten werden sollte.

1 MÜLLER, Reliquien 2011; DERS., Schloss 2004.

2 Immer noch grundlegend: RONIG, Trierer Dom 1980; zur Baugeschichte siehe ZINK, Baugeschichte 1980. Zum aktuellen Forschungsstand zur frühchristlichen Domanlage siehe WEBER, Neue Forschungen 2004.

3 Die nachfolgenden Überlegungen sind das Ergebnis gemeinsamer Forschungen mit Herrn Dipl.-Ing. Hauke Horn, der unter der Betreuung des Verfassers hat seine Doktorarbeit über »Die Tradition des Ortes als formbestimmendes Element mittelalterlicher Sakralarchitektur« verfasst hat. Herrn Horn danke ich für die anregenden Diskussionen.

4 Zur Legende und Verehrungstradition der Kaiserinmutter Helena in Trier siehe vor allem EWIG, Kaiserliche Tradition 1956–58; HEINEN, Frühchristliches Trier 1996; EMBACH, Kaiserin Helena 2008.

5 Siehe hierzu demnächst ausführlich HORN, Tradition.

6 So erstmals von Hauke Horn vorgetragen; ebenda.

7 Zur Baugeschichte des Speyerer Doms siehe grundlegend KUBACH/HAAS, Speyer 1972. Siehe darüber hinaus WINTERFELD, Worms 1988; DERS., Dom Heinrichs IV. 2007; DERS., Baugeschichte Speyer 2011. Zum Speyerer Dom

siehe auch die interdisziplinären Beiträge ebenda sowie demnächst umfassend die Beiträge in: MÜLLER/DERS./UNTERMANN, Speyer 2012.

8 FRIEDMANN, Beziehungen 1994; EHLERS, Metropolis Germaniae 1996; WEINFURTER, Jahrhundert 2004; WEINFURTER/SCHNEIDMÜLLER, Salisches Kaisertum 2007.

9 In diesem Sinne auch ALTHOFF, Heinrich IV. 2006, S. 177.

10 WEINFURTER, Herrschaftslegitimation 1991, S. 94.

11 Siehe hierzu künftig HORN, Überlegungen 2012.

12 Siehe hierzu auch MÜLLER, Wandvorlage 2012.

13 WINTERFELD, Worms 1988.

14 Zur Baugeschichte siehe zuletzt UNTERMANN, Baugeschichte 2011.

15 WINTERFELD, Worms 1988, S. 219.

16 Siehe hierzu ausführlich ebenda, S. 227–233.

17 FRIEDMANN, Beziehungen 1994; BÖNNEN, Bedeutung 2003; DERS., Speyer 2011.

18 Zum Mainzer Dom immer noch ARENS, Dom 1998. Zur Baugeschichte zuletzt WINTERFELD, Baugeschichte Mainz 2011.

19 Das lateinische Originalzitat in EBERHARD, Vita Heinrici IV. imperatoris 1899 (1990), c.1.

20 WINTERFELD, Langhaus Mainz 1986, hier besonders S. 23 f.

21 TRUSEN, Kurmainz 1967; REINHARDT, Untersuchungen 1975; REITZEL, Krönungsrecht 1963; ERKENS, Erzbischof 1987. Siehe darüber hinaus auch KESSEL, Sepulkralpolitik 1997.

22 KITSCHENBERG, Kleeblattanlage 1990.

23 Zur Abteikirche WINTERFELD, Maria Laach 2004; vgl. DERS., Baugeschichte Maria Laach 1999.

24 BEYER, Urkundenbuch 1860, S. 444, Nr. 388. Zur Klostergeschichte siehe SEVERUS, Ecclesia Lacensis 1993.

TEIL C FRÜHE NEUZEIT

Eine neue Zeit – und viele Kontinuitäten

Von Matthias Schnettger

Der Sinn und die Problematik von Epochengrenzen

Die Neuzeit beginnt um 1500 – so vermitteln es die Schulbücher, und so sind bis heute die Zuständigkeiten an den Historischen Instituten der Universitäten verteilt. In der Tat sprechen zahlreiche Argumente dafür, in den Jahrzehnten um 1500 die Epochengrenze zwischen Mittelalter und Neuzeit anzusetzen. Auch wenn sich dieses Periodisierungsschema seit langer Zeit behauptet und insgesamt auch bewährt hat, sollte man, wenn man sich seiner bedient, bedenken: Epochengrenzen werden zumeist erst aus der Retrospektive als solche wahrgenommen. Man darf nie vergessen, dass die historischen Periodisierungsschemata letztlich nur Hilfsmittel der Geschichtswissenschaft sind, um ihren Stoff zu strukturieren und handhabbar zu machen, dass sie keineswegs unumstößliche »Wahrheiten« darstellen, sondern die spezifischen Standpunkte der Historikerinnen und Historiker widerspiegeln. Sie betonen bestimmte Aspekte und lassen andere in den Hintergrund treten.

Epochengrenzen werden bisweilen an einzelnen Ereignissen festgemacht, wie Luthers Thesenveröffentlichung im Herbst 1517, die dann aber für größere, übergreifende Entwicklungen stehen, im genannten Beispiel für die Reformation und die grundlegenden Veränderungen, die diese längst nicht nur im kirchlichen Bereich mit sich brachte. Die Durchsetzung der Reformation wurde ihrerseits vorbereitet durch die neuen Denkhorizonte von Renaissance und Humanismus, und ihre Verbreitung wurde maßgeblich erleichtert durch eine »Kommunikationsrevolution«, die dank der Erfindung des Buchdrucks mit beweglichen Lettern sowie der Neuorganisation des Postwesens in Gang gesetzt worden war – auch dies gewichtige Argumente für einen Epochenumbruch in den Jahrzehnten um 1500. Das macht deutlich, dass die Faktoren, die zur Begründung einer Epochengrenze herangezogen werden, nicht isoliert gesehen werden dürfen. Erst das Zusammentreffen mehrerer Ereignisse respektive Entwicklungen von übergreifender Bedeutung macht es sinnvoll, einen Epochenwechsel anzunehmen. Zugleich muss man sich dessen bewusst sein, dass sich keineswegs alles änderte, dass es über jede Epochengrenze hinweg mehr oder weniger deutliche Kontinuitäten gibt.

Diese Einschränkungen und Probleme vorausgeschickt, sollen im Folgenden einige zentrale Punkte, die häufig als Argumente für die Epochengrenze um 1500 namhaft gemacht werden, vorgestellt und auf ihre Relevanz für den Raum des heutigen Rheinland-Pfalz hin geprüft werden. In Verbindung damit wird zugleich der inhaltliche Rahmen des Frühneuzeitteils dieses Bandes abgesteckt. Schließlich werden einige übergreifende Fragestellungen formuliert, unter denen auf den folgenden Seiten die 300 Jahre von etwa 1500 bis 1800 betrachtet werden sollen. Eine besondere Bedeutung kommt dabei der Problematik der Raumbildung zu – d. h. der Frage, ob und inwieweit das heutige Bundesland Rheinland-Pfalz bereits in der Frühen Neuzeit einen gemeinsamen Handlungs- oder Kommunikationsraum darstellte.

Der Beginn der Frühen Neuzeit um 1500

Eines der wichtigsten und tiefgreifendsten Argumente für einen Epochenwechsel in den Jahrzehnten um 1500 ist die bereits angesprochene Blüte von Renaissance und Humanismus mit ihren vielfältigen Konsequenzen, die weit über den Bereich von Kunst, Bildung und Wissenschaft hinausgriffen. Denn die Veränderung des Weltbildes, die Jacob Burckhardt so treffend als »Entdeckung der Welt und des Menschen« beschrieben hat,[1] beförderte Entwicklungen in den unterschiedlichsten Bereichen des menschlichen Lebens. Die Rückbesinnung auf die Antike und die damit einhergehende Lösung aus zahlreichen Bindungen, die das Mittelalter geprägt hatten, eröffneten ganz neue Möglichkeiten des Fortschritts – und zugleich den Willen dazu! Obwohl sie keineswegs von vornherein und in allen ihren Strömungen als antichristlich einzustufen sind, wohnte Renaissance und Humanismus zumindest das Potential einer Säkularisierung inne. Auch deswegen sind sie eines der stärksten Argumente für einen Epochenwechsel. Allerdings hat die Sache einen Haken: Renaissance und Humanismus standen nämlich in den verschiedenen Ländern Europas zu sehr unterschiedlichen Zeiten in Blüte. Für den rheinland-pfälzischen Raum allerdings »passt« die gängige Periodisierung, denn hier kamen die neuen künstlerischen und geistigen Strömungen in den Jahrzehnten um 1500 an, was man beispielsweise an der Regierung des Mainzer Kurfürsten Albrecht von Brandenburg als eines typischen Renaissancefürsten oder am Wirken und der Person Ulrich von Huttens festmachen kann, der zunächst am Kurmainzer Hof und später auf der Ebernburg des Reichsritters Franz von Sickingen wirkte.[2] Ulrich von Hutten steht zugleich für ein weiteres Hauptargument für einen Epochenwechsel um 1500: die Reformation. Deren Bedeutung für den rheinland-pfälzischen Raum steht außer Frage: Auf dem Gebiet des heutigen Bundeslandes fanden nicht nur einige der für die Entwicklung der deutschen Reformation folgenreichsten Reichstage statt; die Region wurde und wird zudem bis heute nachhaltig von den Folgen der Glaubensspaltung geprägt.

Renaissance, Humanismus und Reformation sind drei Stichworte, die zum Ausdruck bringen, wie sehr sich das Denken der Menschen in den Jahrzehnten um 1500 veränderte. Damit diese Veränderungen im Denken sich aber so rasch verbreiten und somit eine so starke Wirkung entfalten konnten, war ein weiterer Faktor essentiell: die sog. Kommunikationsrevolution, für welche die Erfindung des Buchdrucks mit beweglichen Lettern in Mainz um die Mitte des 15. Jhs. eine wesentliche Voraussetzung schuf. Erst dank der Erfindung Gutenbergs konnte im Verlauf der Frühen Neuzeit eine räsonnierende Öffentlichkeit entstehen. Zur Kommunikationsrevolution gehört des Weiteren die Entstehung der Post – und auch hier war der rheinland-pfälzische Raum insofern tangiert, als die erste und lange Zeit Hauptstrecke der Taxis'schen Reichspost von Brüssel nach Rom über mehrere hundert Kilometer westlich des Rheins verlief.[3] Von den besseren Kommunikationsmöglichkeiten profitierten nicht zuletzt Handel und Gewerbe, bei denen man in den Jahrzehnten um 1500 Ansätze einer frühkapitalistischen Wirtschaftsweise festgestellt hat, die freilich in den oberdeutschen Städten ausgeprägter waren als im Raum des heutigen Rheinland-Pfalz.

Auch andere Argumente, die für den Beginn der Frühen Neuzeit um 1500 angeführt worden sind, wie eine sich verdichtende Staatlichkeit und die Ausbildung eines europäischen Staatensystems, lassen sich für unseren Untersuchungsraum nachvollziehen bzw. besitzen für diesen eine beachtliche Bedeutung: Im Reichsvergleich gehörten einige westdeutsche Fürstentümer zu den besonders fortgeschrittenen Territorialstaaten, und der französisch-habsburgische Gegensatz als prägendes Element des europäischen Staatensystems bis ins 18. Jh. wurde nicht zuletzt auf dem Boden des heutigen Rheinland-Pfalz ausgetragen.

Bei weiteren Aspekten, die gewöhnlich zur Begründung des Epochenwechsels vom Mittelalter zur Neuzeit herangezogen werden, ist der Zusammenhang mit dem in diesem Buch behandelten Raum weniger offensichtlich, wie bei der Entdeckung Amerikas durch Christoph Kolumbus 1492. Von den vielfältigen mittel- und langfristigen Folgen der kolonialen Expansion der europäischen Mächte waren aber auch die Territorien im Westen des Heiligen Römischen Reiches deutscher Nation durchaus betroffen, wenn man nur an die allmähliche Verlagerung der europäischen Handelsströme nach Westen, an die durch die spanischen Edelmetallimporte beförderte Inflation seit dem späten 16. Jh., an die Einführung der Kartoffel oder an die pfälzische transatlantische Emigration des 18. und 19. Jhs. denkt. Nicht vergessen werden darf dabei, dass die Erweiterung des Horizonts über die Alte Welt hinaus grundsätzliche Veränderungen des Weltbildes nach sich zog und diejenigen Entwicklungen beförderte, die bereits durch die Renaissance angestoßen worden waren.

Doch neben den – oftmals nur sehr langsam wirkenden – Veränderungen gab es auch zahlreiche Kontinuitäten zwischen Mittelalter und Früher Neuzeit. So hatte sich die Territoriallandschaft unseres Raums im Wesentlichen bereits im späten Mittelalter herausgebildet. Vor allem aber blieben die ständischen Strukturen der Gesellschaft bis zum Ende des 18. Jhs. erhalten und blieb diese Gesellschaft von der Dominanz der Landwirtschaft geprägt. Deswegen wird die Zeit vom hohen Mittelalter bis zur Französischen Revolution manchmal auch zu einer Epoche »Alteuropa« zusammengefasst. Hüten sollte man sich dagegen davor, die Frühe Neuzeit einseitig als Vor- oder Frühmoderne zu betrachten, denn eine solche modernisierungstheoretisch gefärbte Sichtweise tendiert dazu, der Frühen Neuzeit als Epoche ihre Eigengewichtigkeit abzusprechen und sie lediglich als (unvollkommene) Vorstufe der Moderne als des Ziels jeder historischen Entwicklung zu betrachten.[4] Die folgende Darstellung folgt dem etablierten Periodisierungsschema, lädt jedoch ein, die Frühe Neuzeit nicht als nach vorn und hinten klar abgegrenzte Epoche zu betrachten, sondern die epochenübergreifenden Kontinuitäten und Entwicklungslinien im Auge zu behalten.

Der Raum des Landes Rheinland-Pfalz in der Frühen Neuzeit

Eine »Geschichte des Landes Rheinland-Pfalz in der Frühen Neuzeit« schreiben zu wollen, wäre ein Anachronismus. Möglich ist es hingegen, die Geschichte der Territorien des Alten Reichs zu untersuchen, die in der Frühen Neuzeit auf dem Gebiet des heutigen Bundeslandes lagen. Ja, eine Kenntnis dieser Territorialgeschichten ist unumgänglich, wenn man eine »rheinland-pfälzische« Geschichte in der Frühen Neuzeit schreiben will. Freilich wäre es unbefriedigend, bei einer Addition derartiger Territorialgeschichten stehenzubleiben, gerade wenn man der Frage nachgehen will, ob es übergreifende politische, soziale, wirtschaftliche oder kulturelle Phänomene gegeben hat, die den Raum – oder Teilräume – des heutigen Bundeslandes geprägt haben.

Dabei ist es allerdings wichtig, Untersuchungen der frühneuzeitlichen Geschichte im Raum des heutigen Rheinland-Pfalz nicht an den Landesgrenzen enden zu lassen. Das wäre schon deswegen unmöglich, weil sich die frühneuzeitlichen Territorien natürlich nicht an den heutigen Grenzen orientierten. Viele von ihnen griffen über den Rhein, ins Niederrheinische, ins Elsass und/oder nach Lothringen hinaus oder waren jedenfalls eng mit diesen Regionen verbunden. Nachdrücklich sei betont, dass gerade der Rhein für die Frühe Neuzeit mehr als erstrangige Verkehrsader denn als Grenzfluss zu beschreiben ist – zur deutsch-französischen Grenze wurde ein langer Abschnitt seines Oberlaufs erst in der zweiten Hälfte des 17. Jhs. Manche uns heute selbstverständlichen territorialen Verbindungen und Landschaftsbezeichnungen sind zudem jüngeren Datums: So konnte der Name »Rheinhessen« erst im 19. Jh. aufkommen, als das Großherzogtum Hessen eine geschlossene linksrheinische Provinz erwarb – vorher wäre eine solche Bezeichnung für die Territorienvielfalt südlich und westlich von Mainz völlig unverständlich gewesen.

Es wäre also aus geschichtswissenschaftlicher Sicht höchst problematisch, einen »Raum Rheinland-Pfalz« für die Frühe Neuzeit als gegeben vorauszusetzen und nicht im Blick zu haben, dass die Gebiete des heutigen Bundeslandes vor 500 Jahren oder auch noch um 1800 möglicherweise in ganz anderen räumlichen Bezügen standen, die nicht einfach ausgeblendet werden dürfen. Man wird hier umso behutsamer vorgehen müssen, als einige tastende historiografische Versuche in der Frühzeit des Bundeslandes Rheinland-Pfalz zunächst nicht weiterverfolgt wurden, die für Mittelalter und Frühe Neuzeit einen »Mainzer Raum« bzw. einen »pfälzischen Raum« postulierten, »von denen jeder seinen eigenen Mittelpunkt hat, zugleich aber in einem beträchtlichen Sektor von dem Dasein des anderen bestimmt wird«.[5] Erst in jüngerer Zeit hat man gefragt, ob möglicherweise die Struktur der Kreise des Alten Reichs, namentlich des Kurrheinischen und des Oberrheinischen Reichskreises, auf das heutige Bundesland vorausweisen.[6] Derartige Fragen sollten mit Zurückhaltung gestellt und mit noch größerer Vorsicht beantwortet werden. Infolgedessen bemüht sich die folgende Darstellung, nicht der Versuchung einer teleologischen Sicht auf die frühneuzeitliche Geschichte des »rheinland-pfälzischen« Raumes zu erliegen, so als wäre die Gründung des Bundeslandes 1946 bereits im 16., 17. oder 18. Jh. präfiguriert gewesen und hätte nur zusammengefügt, was eigentlich schon jahrhundertelang zusammengehörte. Die folgende Darstellung versucht dieser Einschätzung Rechnung zu tragen, wenn sie nach einem Abriss der politischen Ereignisse einen Überblick über die Territorien auf dem Gebiet des heutigen Bundeslandes gibt und anschließend in einigen thematischen Kapiteln grundlegende Strukturen und Entwicklungen in Staat, Gesellschaft und Wirtschaft, Kirchen und Bildung sowie Kunst und Musik in der Frühen Neuzeit nachzeichnet.

1 BURCKHARDT, Kultur 2009, Abschnitt IV.

2 Siehe den Beitrag von Matthias Schnettger »Politische Ereignisse von der Reformation bis zur Französischen Revolution« in diesem Band.

3 Vgl. BEHRINGER, Thurn und Taxis 1990, S. 36 f.

4 Vgl. LORENZ, Theorie 2004.

5 Vgl. PETRY, Kräftespiel 1955, Zitat S. 81; EWIG, Grundlagen [1953], S. 22.

6 Siehe den Beitrag von Matthias Schnettger »Der rheinland-pfälzische Raum als Teil des Alten Reichs« in diesem Band.

Politische Ereignisse von der Reformation bis zur Französischen Revolution

Von Matthias Schnettger

1. Das Jahrhundert der Reformation

Wenn man das 16. Jh. und seine Bedeutung für den Raum des heutigen Rheinland-Pfalz charakterisieren wollte, würde man es mit großer Wahrscheinlichkeit als das Jahrhundert der Reformation bezeichnen – und das mit gutem Grund. Denn die Reformation setzte Prozesse in Gang bzw. verstärkte schon zuvor fassbare Tendenzen, die weit über den rein konfessionellen Bereich hinausgriffen und nahezu alle Bereiche des menschlichen Lebens erfassten.

Der habsburgisch-französische Konflikt

Zugleich mit der Reformation wurde freilich ein anderer Faktor wirksam, der die Entwicklungen im Westen des Reichs massiv beeinflusste: der habsburgisch-französische Gegensatz, der, seit die Habsburger das Erbe des Hauses Burgund u. a. in den Niederlanden und Luxemburg angetreten hatten (1477), für die westlichen Reichsstände bis ins 18. Jh. ein sicherheitspolitisches Grundproblem darstellte. Nicht nur in Kriegszeiten hatten sich Fürsten und Stände gegenüber den benachbarten Großmächten zu positionieren. Das galt zumal für die rheinischen Kurfürsten, die gerade bei den Kaiserwahlen immer wieder Farbe bekennen mussten. Schon die besonders spektakuläre Wahl des Jahres 1519 zeigt, dass man sich hier keineswegs immer einig war: Während Ludwig von der Pfalz von Anfang an den Habsburger Karl unterstützte und der Mainzer Kurfürst Albrecht von Brandenburg rasch durch das bessere Angebot Karls gewonnen wurde, stand der Trierer Erzbischof Richard von Greiffenclau zu Vollrads lange auf der Seite Franz' I. von Frankreich und trat erst am Ende der Verhandlungen der prohabsburgischen Mehrheit bei.[1]

Die Sickingensche Fehde

Die 1520er Jahre waren geprägt vom – vielfach zunächst nur verdeckten – Voranschreiten der Reformation und seinen Folgen. Das 1521 von Kaiser Karl V. erlassene Wormser Edikt, das die Anhänger Luthers mit den schärfsten Strafen bedrohte, wurde von den Reichsständen vielfach nicht oder nur lax durchgesetzt, so dass sich das neue Gedankengut auch auf dem Boden des heutigen Rheinland-Pfalz zügig verbreiten konnte. Einer der entschiedensten frühen Unterstützer Luthers war der Ritter, Heerführer und Fehdeunternehmer Franz von Sickingen. Nach-

Hieronymus Hopfer: Franz von Sickingen. Einblattdruck o.O. um 1523 (Landeshauptarchiv Koblenz/ Harald Goebel)

dem er es erfolgreich mit den Reichsstädten Worms und Frankfurt sowie dem Landgrafen von Hessen aufgenommen hatte, erklärte er 1522 dem Erzbischof von Trier die Fehde, um sich ein eigenes Reichsfürstentum zu erobern. Er überschätzte aber die eigenen Machtmittel und unterschätzte die fürstliche Solidarität: Der Kurfürst von der Pfalz und der (mit der Reformation sympathisierende!) Landgraf von Hessen kamen dem Erzbischof zu Hilfe. Sickingens frisch ausgebaute Burg Nanstein bei Landstuhl konnte den vereinigten fürstlichen Heeren und ihrem Artilleriefeuer nicht standhalten. Nach wenigen Tagen musste sich der von einem herabstürzenden Balken schwer verletzte Sickingen ergeben; bald darauf erlag er seinen Wunden.[2]

Bauernkrieg und städtische Unruhen

Etwa zwei Jahre später brach der Bauernkrieg aus. Die »Revolution des gemeinen Mannes« (Peter Blickle) erfasste seit dem Sommer 1524 weite Teile Süd- und Mitteldeutschlands. Auf die Pfalz griff der Bauernkrieg relativ spät über. Ausgangspunkt war das Kirchweihfest in dem zur Reichsstadt Landau gehörigen Nussdorf (23. April 1525). Weitere linksrheinische Aufstandszentren waren das Hochstift Speyer, das zur Grafschaft Leiningen gehörige Bockenheim und die Gegend um Worms. Später gab es Unruhen in den Ämtern Kaiserslautern und Alzey. Kurfürst Ludwig V. von der Pfalz konnte im Mai 1525 in Verhandlungen mit den Bauern in Forst bei Neustadt einen Waffenstillstand erreichen und nutzte die gewonnene Zeit, um sich an der Niederwerfung der rechtsrheinischen Aufstände zu beteiligen. Der entscheidende Schlag gegen die Pfälzer Bauern war die Schlacht bei Pfeddersheim (23./24. Juni 1525), die, wie fast überall, mit einem vollständigen Sieg der fürstlichen Landsknechte über den militärisch unerfahrenen und schlecht bewaffneten »Bauernhaufen« endete.[3]

Eng verknüpft mit dem Bauernkrieg waren die Unruhen in einigen Städten der Region, u. a. in Mainz, Worms und Speyer. In Mainz, das seit 1462 der erzbischöflichen Stadtherrschaft unterstand, verlief der von zünftischen Mittel- und Unterschichten getragene Aufstand in gemäßigten Bahnen. Die 31 Mainzer Artikel, zu deren Annahme am 27. April 1525 das Domkapitel genötigt wurde, waren recht moderat und zielten in erster Linie auf Abgabenminderungen und wirtschaftliche Erleichterungen. Die kurfürstliche Stadtherrschaft wurde ausdrücklich anerkannt. Auf die Nachricht von der Niederlage der Bauern unterwarfen sich die Mainzer schleunigst dem Kurfürsten. Dessen Strafgericht war vergleichsweise milde, und der Mainzer Marktbrunnen von 1526, der die Untertanen stetig an ihre Treuepflicht gemahnte, war zugleich ein Zeichen der Fürsorge des Landesherrn für seine Stadt. In Worms und Speyer waren die Forderungen der Aufständischen wesentlich radikaler ausgefallen (Speyerer Artikel vom 24. April 1525). Der Rat nutzte in beiden Reichsstädten die Gelegenheit zur weiteren Zurückdrängung der verbliebenen fürstbischöflichen Rechte. Nach der Niederlage der Bauern mussten aber auch die Bürger von Worms und Speyer einiges von dem Erreichten wieder preisgeben.[4]

Voranschreiten der Reformation

Die Erfahrungen von Ritter- und Bauernkrieg ließen es den Reichsständen zunächst geraten erscheinen, ihren Zusammenhalt nicht durch Glaubensdifferenzen beeinträchtigen zu lassen. Vor diesem Hintergrund suspendierte der Speyerer Reichstag von 1526 faktisch das Wormser Edikt und überließ die Entscheidung in der Religionsfrage zumindest vorläufig den Reichsständen. Auf dem sog. Zweiten Speyerer Reichstag (1529) beschloss die Mehrheit der Reichsstände jedoch, das Wormser Edikt weitgehend wieder in Kraft zu setzen. Dagegen legten sechs Fürsten und 14 Reichsstädte, die sich der neuen Lehre angeschlossen hatten, Protest ein. Von den Sympathisanten der Reformation im Raum des heutigen Rheinland-Pfalz wagte es jedoch keiner, sich der Protestation anzuschließen. Als der Augsburger Reichstag von 1530 statt, wie gehofft, eine Einigung zu bewirken, dazu führte, dass sich die streitenden Parteien auf miteinander nicht zu vereinbarende Glaubensbekenntnisse festlegten, schlossen die von Gerichtsprozessen und Reichsacht bedrohten evangelischen Reichsstände sich 1531 im sog. Schmalkaldischen Bund zusammen – abermals ohne »rheinland-pfälzische« Beteiligung.[5]

Der Mainzer Marktbrunnen ist einer der prächtigsten Renaissancebrunnen Deutschlands und verfügt über ein aufwändiges Bildprogramm. Die Inschrift »O Bedenck das End« über einem Betrunkenen mit Totenkopf kann in einem Zusammenhang mit den Ereignissen von 1525 gesehen werden (Stadtarchiv Mainz)

Mitte der 1540er Jahre spitzten sich die Verhältnisse im Reich krisenhaft zu: Zwar hatten Kaiser und Katholiken den Schmalkaldenern ab 1532 immer wieder eine befristete Rechts- und Friedensgarantie gewährt. Von einer grundsätzlichen Lösung war der Konfessionskonflikt aber weiter denn je entfernt, da Religionsgespräche, wie das zu Worms (1540/41), über Anfangserfolge letztlich nicht hinauskamen.[6] Das Scheitern der theologischen Einigung und das selbstbewusste Auftreten der Schmalkaldener förderten die Entschlossenheit Karls V., das Problem mit militärischen Mitteln zu lösen.

Der Schmalkaldische Krieg und die Folgen

Als 1546 der Schmalkaldische Krieg ausbrach, liebäugelte Kurfürst Friedrich II. von der Pfalz mit dem Anschluss an das protestantische Bündnis, blieb aber schließlich neutral. Die kaiserlichen Truppen versorgte er sogar mit Verpflegung; gleichzeitig jedoch schickte er dem zu den Schmalkaldenern gehörenden Herzog von Württemberg aufgrund eines alten Beistandspakts 900 Mann zur Unterstützung. Als Friedrich den Kaiser im November 1546 in Schwäbisch Hall aufsuchte, ließ dieser ihn sein Missfallen spüren, bevor er ihn schließlich wieder in Gnaden annahm. Auch die meisten übrigen Reichsstände der Region bewahrten Neutralität. So verschloss der Mainzer Kurfürst Sebastian von Heusenstamm seine Hauptstadt sowohl vor den hessischen wie vor den kaiserlichen Truppen.[7]

Nach seinem entscheidenden Sieg in der Schlacht bei Mühlberg (24. April 1547) ging Karl V. auf dem »Geharnischten Reichstag« von Augsburg (1547/48) daran, die offenen konfessionellen und politischen Fragen in seinem Sinne zu lösen. Den Protestanten wurde bis zur angestrebten Glaubenseinigung auf dem Konzil das Augsburger Interim als eine Art Zwischenlösung auferlegt, die ihnen zwar Laienkelch und Priesterehe zugestand, theologisch aber eine völlige Rückkehr zur alten Kirche bedeutete. Wusste sich der Kaiser dabei mit den katholischen Ständen einig, stießen seine Verfassungspläne, die auf eine faktische Erblichkeit des Kaisertums im Haus Habsburg hinausliefen, auch bei den Katholiken auf Widerstand. Auf einem Kurfürstentag in Oberwesel (1551) verabredeten sich die rheinischen Kurfürsten, der Wahl des Kaisersohns Philipp von Spanien zum Römischen König niemals zuzustimmen.[8]

Fürstenaufstand und Markgräflerkrieg

1551/52 brach die imposante kaiserliche Machtstellung im sog. Fürstenaufstand wie ein Kartenhaus zusammen. Die antihabsburgischen »Kriegsfürsten« verbanden sich im Vertrag von Chambord (Januar 1552) mit Heinrich II. von Frankreich, dem sie für seine Unterstützung das Reichsvikariat über die Reichsstädte Metz, Toul und Verdun zusprachen. Der eigentliche Fürstenkrieg endete im August 1552, als der Anführer des Aufstands, Moritz von Sachsen, und der Römische König Ferdinand den für den Religionsfrieden im Reich wegweisenden Passauer Vertrag schlossen. Doch bedeutete dies nicht das Ende der Kämpfe, denn neben dem bis 1559 (Friede von Cateau-Cambrésis) andauernden spanisch-französischen Krieg sorgten vor allem die Umtriebe des Markgrafen Albrecht Alcibiades von Brandenburg-Kulmbach für weitere Unruhe.

Nachdem Albrecht im Frühjahr 1552 die Fürstbistümer Bamberg und Würzburg erobert hatte, dehnte er nämlich seine Aktivitäten nach Westen aus und bedrohte die Erzstifte Mainz und Trier sowie das Hochstift Speyer. Als Bischof Philipp von Flersheim ihm die geforderte »Brandschatzung« – heute würden wir von Schutzgeld sprechen – von 150.000 Gulden verweigerte, zerstörte er die Madenburg und das Hambacher Schloss. Der Mainzer Kurfürst Sebastian von Heusenstamm verhandelte zunächst mit Albrecht, floh aber dann mit dem Domkapitel aus seiner Hauptstadt. Im Feldlager vor Schifferstadt übergab eine Mainzer Abordnung dem Markgrafen die Stadtschlüssel, worauf er seinen Sitz in der Mainzer Martinsburg nahm. Bevor er sich Ende August vor den herannahenden kaiserlichen Truppen zurückzog, erpresste der Hohenzoller noch 15.000 Reichstaler und richtete gravierende Zerstörungen in der Stadt an. Unter anderem die Martinsburg und der alte Bischofshof am Dom gingen in Flammen auf. Um einem derartigen Schicksal zu entgehen, öffnete ihm wenig später auch Trier die Tore. 1553 aber besiegte ein überkonfessionelles Fürstenbündnis, der Heidelberger Verein, dem unter anderem Kurmainz, -trier und -pfalz angehörten, Alcibiades, der in der Schlacht von Sievershausen Land und Herrschaft verlor.[9]

Der Augsburger Religionsfrieden

Mit dem Augsburger Religionsfrieden von 1555 begann für das Reich eine ruhigere Periode. Erstmals wurde die Augsburger Konfession, also das von den Protestanten auf dem Reichstag von 1530 vorgelegte Bekenntnis, unbefristet reichsrechtlich anerkannt und den Reichsständen freigestellt, sich für den katholischen oder den evangelischen Glauben zu entscheiden – und diese Entscheidung auch für ihre Untertanen verbindlich zu machen. Freilich erreichten die Protestanten nicht die völlige Gleichberechtigung mit den Altgläubigen: So gestand ihnen der Wortlaut des Religionsfriedens nur das Kirchengut zu, das sie bis 1552 in Besitz genommen hatten. Ein Ärgernis für die Evangelischen war zumal der sog. Geistliche Vorbehalt: Wenn ein geistlicher Fürst den neuen Glauben annahm, sollte er seine Ämter verlieren. Gegen diese Klausel setzten sich die Protestanten heftig zur Wehr, ließen ihre Aufnahme in den Augsburger Reichsabschied letztlich aber stillschweigend geschehen – ohne damit freilich deren Verbindlichkeit anzuerkennen. Weiteren Konfliktstoff für die Zukunft barg der Religionsfrieden, weil unklar war, ob er auch die Anhänger des Calvinismus einschloss, der in der zweiten Hälfte des 16. Jhs. rasch an Boden gewann.[10]

Für das Zustandekommen des Religionsfriedens hatten auch verschiedene Persönlichkeiten aus dem Westen des Reichs gewirkt, wie der Mainzer Kurfürst Sebastian von Heusenstamm, der allerdings wenige Monate vor dem Augsburger Reichsabschied starb. Dem Grundsatz einer auf friedlichen Ausgleich bedachten Reichspolitik blieb sein Nachfolger Daniel Brendel von Homburg treu, der 1555 als Gegenkandidat zu dem mit der Reformation sympathisierenden Pfalzgrafen Reichard von Simmern zum Mainzer Erzbischof gewählt wurde – eine Wahl, die endgültig sicherstellte, dass das Mainzer Erzstift beim alten Glauben verblieb. Andere Reichsstände der Region bekannten sich dagegen nun offen zur neuen Lehre. Besonders folgenreich war die Reformation der Kurpfalz, die mit Ausnahme der Jahre der lutherischen Reaktion unter Ludwig VI. (reg. 1576–1583) für mehrere Generationen das Zentrum der Calvinisten im Reich wurde.

Procalvinistische Reichs- und Außenpolitik der Kurpfalz

Nur für wenige Reichsstände ist die These von einer Konfessionalisierung der Reichs- und Außenpolitik (Heinz Schilling) so plausibel wie für die Kurpfalz. Das konfessionelle Moment war auch in diesem Fall nicht allein bestimmend, doch lässt sich das Anliegen der Förderung und Verbreitung des calvinistischen Glaubens als wesentlicher Beweggrund der Heidelberger Politik erkennen. Auf Reichsebene gelang es Friedrich III., den drohenden Ausschluss der Kurpfalz aus dem Religionsfrieden zu verhindern, der insbesondere auf dem Augsburger Reichstag von 1566 zur Debatte stand. Offensive Ziele der kurpfälzischen Reichspolitik waren die Aufhebung des Geistlichen Vorbehalts und die Freistellung des evangelischen Bekenntnisses für Untertanen geistlicher Reichsstände. Das Bedrohungspotential für die benachbarten Erz- und Hochstifte war unübersehbar.

Seine Verbundenheit mit dem europäischen Calvinismus brachte Friedrich III. durch die Aufnahme reformierter Flüchtlinge aus den Niederlanden und durch die Unterstützung der französischen Hugenotten zum Ausdruck. Seine zweite Ehe mit Amalie von Neuenahr, der Witwe des Freiheitskämpfers Heinrich von Brederode, verstärkte seine Beziehungen zu den niederländischen Aufständischen. 1568 ließ er auf dem Rhein einen für die spanischen Truppen bestimmten Geldtransport aufhalten und 1573 einen spanischen Pulvertransport sprengen. 1574 schickte er seinen Sohn Christoph mit Pfälzer Truppen nach Norden, wo dieser im selben Jahr fiel.

Johann Kasimir, der jüngste Sohn Friedrichs, setzte diese Außenpolitik als Pfalzgraf von Lautern und später als Kuradministrator für seinen Neffen Friedrich IV. fort. Ein Höhepunkt war sein Eingreifen in den Kölner Krieg (1583–1588). In Köln standen mehrere Dinge auf dem Spiel, als Kurfürst Gebhard Truchsess von Waldburg einen Reformationsversuch unternahm: Der Geistliche Vorbehalt wäre ein für allemal obsolet gewesen. Die Protestanten hätten eine Mehrheit im Kurkolleg errungen, und ein protestantisches Kaisertum wäre in greifbare Nähe gerückt. Kein Wunder, dass Gebhards

Maßnahmen die katholischen Gegner im Erzstift, im Reich, ja in Europa auf den Plan riefen. Zum Nachfolger des von Papst Gregor XIII. abgesetzten Gebhard wählte das Domkapitel Ernst von Bayern, der sich dank bayerischer und spanischer Truppenhilfe durchsetzen konnte und mit dem eine lange Reihe wittelsbachischer Kurfürsten begann (bis 1761). Gebhard leisteten nur die aufständischen Niederländer und Pfalzgraf Johann Kasimir nennenswerte Unterstützung. Dieser führte persönlich ein Heer an den Niederrhein, wurde aber im selben Jahr als Kuradministrator nach Heidelberg gerufen.[11]

2. Der Dreißigjährige Krieg

Der Weg in den Krieg

Angesichts der sich vertiefenden Gräben zwischen den Konfessionen war es fatal, dass die Reichsinstitutionen immer weniger in der Lage waren, ihre vermittelnden Aufgaben wahrzunehmen. Bereits seit 1588 war es infolge des Konfessionskonflikts nicht mehr möglich, im Rahmen einer ordentlichen Visitation die Arbeit des Reichskammergerichts durch eine Deputation der Reichsstände zu überprüfen, und aufgrund des Autoritätsverlusts Rudolfs II. geriet auch das Kaisertum in eine tiefe Krise. Die Reichstage von 1608 und 1613 gingen ergebnislos auseinander, womit selbst dieses zentrale Forum des Interessenausgleichs zwischen den Reichsständen ausfiel. Für die weitere Verhärtung der Fronten war insbesondere die faktische Annexion der überwiegend protestantischen Reichsstadt Donauwörth durch den katholischen Herzog Maximilian von Bayern verantwortlich (1607). Darauf gründeten einige evangelische Stände unter Führung Friedrichs IV. von der Pfalz 1608 in Auhausen ein Verteidigungsbündnis, die sog. Protestantische Union, der auch Pfalz-Zweibrücken und später die Reichsstädte Worms und Speyer beitraten. Zwar wurde im Vertragstext betont, dass sich das Bündnis nicht gegen den Kaiser richte, doch seine antikatholische Stoßrichtung war von Anfang an klar – und das schloss die Habsburger ein. Im Vorfeld des Dreißigjährigen Krieges war die Union für die kurpfälzische Politik ein wichtiges Instrument, um den eigenen Einfluss im Reich zu vergrößern.

Dem 1609 unter bayerischer Führung in München gegründeten katholischen Gegenbündnis, der Liga, gehörten auch die geistlichen Kurfürsten an. Der Mainzer war sogar »Bundesdirektor« neben Maximilian von Bayern. Doch dieser opponierte gegen die Bestrebungen Kurfürst Johann Schweikards von Kronberg, das Bündnis für verständigungsbereite Protestanten und die Habsburger zu öffnen, und ließ die auf dem Regensburger Ligatag von 1613 beschlossenen Reformprojekte ins Leere laufen. Erst 1619 wurde die Liga neugegründet, wobei der Oberweseler Bund (Januar 1619), der den rheinischen Bezirk des Bündnisses wiederherstellte, eine wichtige Etappe war. In der neuen Liga war der Mainzer Kondirektor neben dem bayerischen Bundesobristen nur noch eine Randfigur.[12]

Das böhmische Abenteuer des »Winterkönigs« und die Folgen

Der neue Pfälzer Kurfürst Friedrich V. (ab 1610/14) knüpfte unter dem Einfluss seines Ministers Christian von Anhalt an die weitausgreifende Politik seiner Vorgänger an. Ein Ausdruck der Ambitionen des Heidelberger Hofes war die 1613 geschlossene Ehe des jungen Kurfürsten mit der englischen Prinzessin Elisabeth Stuart. 1619 nahm

Friedrich V. die ihm von den aufständischen Böhmen angebotene Krone an und eröffnete so den Konflikt mit dem von den böhmischen Ständen abgesetzten Habsburger Ferdinand II. Noch bevor dieses Abenteuer des von seinen Gegnern als »Winterkönig« verspotteten Pfalzgrafen in der Schlacht am Weißen Berg (8. November 1620) scheiterte, marschierten spanische Truppen unter Ambrogio Spinola in die Stammlande des im Januar 1621 mit der Reichsacht belegten Friedrich ein; bald folgten ihnen die Bayern unter Tilly. 1623 wurde die Festung Frankenthal als letzter kurpfälzischer Stützpunkt an die Spanier übergeben.

Während die rechtsrheinische Pfalz, die Oberpfalz und die Kurwürde Bayern zufielen, wurde das linksrheinische Gebiet von Spanien beansprucht, als wichtige Etappe der sog. Spanischen Straße, welche die norditalienischen Häfen mit den Spanischen Niederlanden verband. In Heidelberg und Kreuznach wurden bayerische bzw. spanische Regierungsbehörden eingerichtet, und Rekatholisierungsmaßnahmen setzten ein. 1622 wurde zudem der badische Anteil an Sponheim der protestantischen Linie Durlach entzogen und den katholischen Baden-Badenern übergeben. Der Druck auf die Protestanten verstärkte sich 1629 durch das kaiserliche Restitutionsedikt, das die Rückgabe des gesamten seit 1552 von den Evangelischen in Besitz genommenen Kirchenguts an die Katholiken verfügte.[13]

Kurfürst Friedrich V. und seine Familie. Kupferstich o. O. [1623]. Der Kupferstich datiert aus der frühen Exilzeit des »Winterkönigs«. Ihm zur Seite der 1629 ertrunkene älteste Sohn Friedrich Heinrich, im Zentrum der spätere Kurfürst Karl Ludwig (Universitätsbibliothek Heidelberg, Graph. Slg. P_2177)

Das Eingreifen Schwedens und Frankreichs

Im Sommer 1630 aber landete Gustav II. Adolf von Schweden in Pommern, und nach seinem Sieg bei Breitenfeld (September 1631) stieß er mit seinen Truppen weit nach Süden vor. Im Dezember 1631 überquerte er den Rhein und besetzte Oppenheim. In großer Zahl schlossen sich die zunächst zögernden protestantischen Reichsstände nun den Schweden an. Der seit 1629 in schwedischen Diensten stehende Wild- und Rheingraf Otto Ludwig eroberte Anfang 1632 den Hunsrück. Auch der geächtete Friedrich V. eilte aus seinem niederländischen Exil herbei.

Jetzt bekamen die katholischen Reichsstände die ganze Härte des Krieges zu spüren. Der Mainzer Kurfürst und das Domkapitel flohen Hals über Kopf nach Köln, und Mainz wurde am 23. Dezember 1631 kampflos den Schweden übergeben, ebenso Bingen. Gustav Adolf selbst verbrachte in Mainz den Winter 1631/32 und ließ auf der Mainspitze die nach ihm benannte Festung Gustavsburg errichten. Nach dem Schlachtentod des Königs bei Lützen (November 1632) suchte Reichskanzler Oxenstierna die schwedische Machtbasis im Reich zu sichern, indem er die deutschen Verbündeten der Krone im Heilbronner Bund zusammenschloss (April 1633). Rheingraf Otto von Salm-Kyrburg, ein Onkel des schwedischen Generals Otto Ludwig, wurde zum Generalstatthalter für den Ober- und Kurrheinischen Reichskreis ernannt. Die schwedischen Parteigänger und Truppenführer erhielten großzügige Donationen aus geistlichem Besitz. Als Mainzer Kurfürst war Oxenstierna selbst im Gespräch, doch bald zeichnete sich ab, dass Schweden Mainz nicht als dauerhaften Besitz, sondern nur noch als Pfand und Ausbeutungsobjekt betrachtete.[14]

1635 trat auch Frankreich nach jahrelanger mehr oder weniger verdeckter Unterstützung der Gegner Habsburgs offen in den Krieg ein. Den Anlass lieferte die Gefangennahme des Trierer Kurfürsten Philipp Christoph von Sötern durch die Spanier (1635). Sötern, seit 1610 Fürstbischof von Speyer und seit 1623 zusätzlich Kurfürst von Trier, verfolgte eine profranzösische Politik, wozu er nicht zuletzt durch die spanisch-luxemburgischen Protektionsansprüche auf die Abtei Sankt Maximin und die Stadt Trier bewogen wurde. 1632 unterstellte er seine Stifte dem französischen Schutz und schloss bald darauf einen Neutralitätsvertrag mit den Schweden. Der Kurfürst hegte hochfliegende Pläne. Eines seiner Projekte war der »Koblenzer Bund« (1633), ein überkonfessionelles Bündnis rheinischer Reichsstände, das als »dritte Partei« im französischen Interesse eine bewaffnete Neutralität halten sollte. Wenig später ließ er in Rom die Möglichkeit sondieren, dem französischen Ersten Minister Kardinal Richelieu die Nachfolge in seinen Stiften zu verschaffen. Aus habsburgischer Perspektive war dies Hochverrat, und nach einem erfolgreichen Handstreich des Luxemburger Gouverneurs Graf von Emden gegen Trier wurde Sötern im März 1635 in Haft genommen und zehn Jahre lang gefangen gehalten, zunächst in den Spanischen Niederlanden, später in Wien und Linz.[15]

Die eigentliche Ursache für den französischen Kriegseintritt war jedoch, dass Kardinal Richelieu nach der verheerenden schwedischen Niederlage von Nördlingen (September 1634) keine andere Möglichkeit sah, um den erneuten Ausbau der habsburgischen Machtstellung zu begrenzen. Denn die Schweden wurden weit nach Norden zurückgedrängt. Mainz als ihr wichtigster und letzter Stützpunkt im deutschen Südwesten wurde im Januar 1636 dem kaiserlichen General Gallas übergeben.

Der lange Weg zum Frieden

Der Friede von Prag (1635), der zum Ziel hatte, einen Ausgleich zwischen dem Kaiser, den katholischen und den evangelischen Ständen herbeizuführen und sodann mit vereinten Kräften die fremden Truppen vom Reichsboden zu vertreiben, der aber die Nachkommen des »Winterkönigs« und andere schwedische Verbündete von der allgemeinen Amnestie ausschloss, scheiterte letztendlich. Aus der zunehmend desaströsen militärischen Lage zog Kaiser Ferdinand III. schließlich Konsequenzen und beschritt, wenn auch zögerlich, den Weg zum allgemeinen Frieden. 1643 begannen in Münster und Osnabrück die Friedensverhandlungen, die sich bis 1648 hinzogen; derweil wurde weitergekämpft.

Das letzte Kriegsjahrzehnt war an spektakulären Schlachten eher arm, jedoch besonders verheerend für Bevölkerung, die unter den Durchzügen, Belagerungen, Kontributionsforderungen und Übergriffen der Soldateska zu leiden hatte. Dies gilt nicht zuletzt auch für unsere Region, wo die Einflussbereiche der Kaiserlichen, der Spanier, der Bayern und der Franzosen aufeinanderstießen. Der französische Einfluss war links des Rheins seit den späten 1630er Jahren auf dem Vormarsch. 1644 wurden Mainz und

Speyer französisch besetzt. 1646 unterstellte sich der aus der Haft entlassene Trierer Kurfürst Philipp Christoph erneut der Protektion des Allerchristlichsten Königs, und der französische Kardinalpremier Mazarin verfolgte Pläne, sich zum Koadjutor des Kurfürsten von Mainz oder Trier wählen zu lassen, allerdings vergeblich. In den letzten Kriegsjahren spielten auch die Lothringer eine wichtige Rolle, d. h. die Truppen des 1634 vor den Franzosen geflohenen Herzogs Karl IV., der in den folgenden Jahren meist in spanischen Diensten kämpfte und versuchte, durch den Gewinn von Faustpfändern die Wiedereinsetzung in sein Herzogtum zu erzwingen. 1642 eroberten lothringische Truppen die rheingräfliche Kyrburg.[16]

3. Der Westfälische Frieden und seine Folgen

1648 gelangten die westfälischen Friedensverhandlungen zum Abschluss, wobei sich nicht zuletzt der neue Mainzer Kurfürst Johann Philipp von Schönborn große Verdienste erwarb.[17] Der ranghöchste geistliche Fürst im Reich war zu erheblichen Zugeständnissen an die Protestanten bereit – und erregte dadurch das Missfallen des Heiligen Stuhls. Der kaiserlich-schwedische Frieden von Osnabrück und der kaiserlich-französische Frieden von Münster regelten nicht nur die Konfessions- und Verfassungskonflikte im Reich, sondern auch die Entschädigung (»Satisfaktion«) der auswärtigen Kronen und eine Fülle von Einzelfragen. Auch für die Reichsstände auf dem Boden des heutigen Rheinland-Pfalz waren sie von großer Bedeutung.

Der Streit um die konfessionellen Besitzstände wurde dadurch gelöst, dass diese auf dem Stand des 1. Januar 1624 als sog. Normaljahr eingefroren wurden. Ausdrücklich wurden die Calvinisten in den Religionsfrieden einbezogen. Des Weiteren sah der Westfälische Frieden die Herstellung einer weitgehenden konfessionellen Parität in den Reichsinstitutionen vor. Reichsjustiz und Reichskreise sollten reaktiviert werden. Ausdrücklich wurde den Ständen das Mitspracherecht in allen wichtigen Reichsangelegenheiten zuerkannt. Ebenso wurden ihre Landeshoheit und ihr Bündnisrecht bestätigt, doch durften sich die Allianzen nicht gegen Kaiser und Reich richten.

Karl Ludwig, dem ältesten Sohn des »Winterkönigs«, wurde lediglich eine partielle Restitution zugestanden, da Maximilian von Bayern nicht zu einem Verzicht auf seine Beute bereit war und keine der beteiligten Mächte sich nachdrücklich für den Pfälzer einsetzte. Die fünfte Kurwürde und die Oberpfalz blieben bei Bayern, und Karl Ludwig erhielt stattdessen eine neugeschaffene und weniger vornehme achte Kur, die im Falle einer dynastischen Vereinigung Bayerns und der Kurpfalz wieder erlöschen sollte – wie es 1777 tatsächlich eintraf. Außerdem erhielt er die Rheinpfalz nach dem Besitzstand von 1618, jedoch ohne die als ausgelöstes Pfand an Mainz gefallene Bergstraße. Ein Zugeständnis an die calvinistische Dynastie war, dass in der Kurpfalz 1618 als Normaljahr für den konfessionellen Besitzstand galt, die Rekatholisierungsmaßnahmen Bayerns und Spaniens ab 1620 also nicht wirksam wurden. Restituiert wurden auch die Pfälzer Nebenlinien. Das 1635 an den Mainzer Dompropst Metternich übertragene Kirchheim kehrte unter nassau-weilburgische Herrschaft zurück. Den Rheingrafen wurden die Ämter Thronecken, Wildenburg und die Herrschaft Mörchlingen zurückerstattet. Die verwitwete Gräfin von Sayn erhielt Hachenburg von den Grafen Wartenberg zurück sowie Bendorf, das seit 1636 unter verschiedenen Herren, unter anderem der Abtei (Maria) Laach, gestanden hatte. Ferner regelte der Osnabrücker Friedensvertrag die komplexen Besitzverhältnisse in der Grafschaft Falkenstein und der Herrschaft Reipoltskirchen und bestätigte einigen kurmainzischen Amtsträgern, die sich um die kaiserliche Sache verdient gemacht hatten, den Besitz der ihnen zur Belohnung übertragenen Güter.[18]

Mit der Vertragsunterzeichnung vom 24. Oktober 1648 war der Friede im Reich allerdings noch keine Realität. Verbreitet standen weiterhin fremde Truppen im Land, deren Abzug von den Reichsuntertanen auf der Basis des Nürnberger Exekutionshauptschlusses (1650) teuer erkauft werden musste. Noch länger dauerte es, bis die zahlreichen Restitutionen vollzogen waren. Vielfach mussten die Besitzverhältnisse von 1624 bzw. von 1618 aufwändig geklärt werden, und oft war es schwierig, einen Mächtigen zur Räumung seiner Positionen zu nötigen. Beispielsweise war Frankenthal noch bis 1652 spanisch besetzt. Pläne, die Spanier durch eine Reichsarmee vertreiben zu lassen, ließen sich nicht umsetzen. Schließlich fand man eine Verhandlungslösung, indem man dem spanischen König als Preis für die Räumung Frankenthals die Reichsstadt Besançon überließ.

Johann Philipp von Schönborn (1605–1673)

(Herzog August Bibliothek Wolfenbüttel)

Johann Philipp von Schönborn war einer der bedeutendsten Mainzer Kurfürsten der Frühen Neuzeit. In eine im Lahngebiet begüterte reichsritterliche Familie geboren und vermutlich protestantisch getauft, wurde er aber katholisch erzogen und auf eine Karriere in der Reichskirche vorbereitet. 1642 wurde er zum Bischof von Würzburg, 1647 zum Kurfürsten von Mainz und 1663 zum Bischof von Worms gewählt. Anders als manche Standesgenossen nahm er die geistliche Seite seiner Ämter durchaus ernst. Er war persönlich sehr fromm und trieb die Durchsetzung der tridentinischen Reformen in seinen Territorien voran. Gleich-zeitig setzte er sich für einen Ausgleich der christlichen Konfessionen ein, gewährte evangelischen Untertanen eine begrenzte Toleranz und berief fähige Protestanten an seinen Hof. Vor dem Hintergrund der Erfahrungen des Dreißigjährigen Krieges nutzte Schönborn seine Stellung als Reichserzkanzler, um den Frieden wiederherzustellen und zu bewahren. Auch außerhalb des Reichs machte er sich als Friedensfürst einen Namen, und er erhielt den ehrenden Beinamen »der deutsche Salomo«. Bei alledem war er zugleich ein machtbewusster Landesherr, der die Konfrontation mit der Kurpfalz im Wildfangstreit nicht scheute und 1664 die Unterwerfung Erfurts unter die kurmainzische Landeshoheit erreichte. Nicht zuletzt galt die Sorge Johann Philipps seiner Familie: Dank seiner Förderung begannen die Schönborn ihren einzigartigen Aufstieg in der Reichskirche.

Ein besonderes Problem waren die Lothringer, die immer noch mehrere feste Plätze besetzt hielten. Angesichts der weitgehenden Abrüstung der umliegenden Reichsstände konnten die 5.000 bis 6.000 Mann lothringischer Truppen ihre Kontributionsforderungen zumeist durchsetzen. Vollends unübersichtlich wurde die Lage, als der exilierte Herzog Karl IV. 1654 von den Spaniern gefangen gesetzt wurde. 1668 brachte Karl Ludwig von der Pfalz Landstuhl mit einem Handstreich in seine Gewalt; die letzten lothringisch besetzten Orte wurden erst 1670/71 geräumt.[19]

Auch der andauernde spanisch-französische Krieg stellte eine latente Bedrohung dar. Die Gefahr einer erneuten Ausweitung der Kampfhandlungen betraf vor allem die rheinischen Reichskreise, so dass in den Jahren nach 1648 zahlreiche Initiativen zur Friedenswahrung von den dortigen Reichsständen ausgingen. Vor allem Johann Philipp von Schönborn setzte sich mit aller Kraft für die Bewahrung »des so teuer erkauften Friedens« ein – eine in jenen Jahren geradezu beschwörend immer wieder verwendete Formulierung.

Dieser Frieden schien um die Mitte der 1650er Jahre gefährdet, als Kaiser Ferdinand III. in seinen letzten Lebensjahren dazu überging, allen Verboten des Westfälischen Friedens zum Trotz Spanien unter allerlei Vorwänden zu unterstützen, und zugleich durch sein Eingreifen in den Nordischen Krieg (1655–1660) auf einen erneuten Konflikt mit Schweden zusteuerte. Nach Ferdinands überraschendem Tod (1657) kam Schönborns große Stunde, der seinen Einfluss als Erzkanzler für die Wahl eines Kaisers einsetzte, der den Reichsfrieden nicht gefährdete. Gleichzeitig nahm er gemeinsam mit Kurfürst Maximilian Heinrich von Köln eine Friedensvermittlung zwischen Paris und Madrid in Angriff, allerdings ohne Erfolg.

Schließlich führte kein Weg an der Wahl des ältesten überlebenden Kaisersohnes Leopold (Ignaz) vorbei, da die Suche nach Alternativkandidaten, wobei auch der junge Ludwig XIV. von Frankreich im Gespräch war, im Sande verlief. Am Ende blieben eine Wahlkapitulation, die dem im Juli 1658 gewählten Leopold I. jede Hilfe für Spanien strikt untersagte, und ein am 14./15. August geschlossenes Bündnis zwischen dem französischen König und einer Reihe deutscher Fürsten mit den geistlichen Kurfürsten an der Spitze, das den neuen Kaiser zur Einhaltung seines Wahlversprechens zwingen sollte und das als Erster Rheinbund in die Geschichte eingegangen ist.[20]

Der (Erste) Rheinbund

Diese Bezeichnung schlägt eine Brücke zum (Zweiten) Rheinbund von 1806. Die nationaldeutsche Historiografie des 19. und frühen 20. Jhs. hat dazu tendiert, diese Kontinuität zu betonen und den Mitgliedern der Allianz Verrat an Reich und Nation zu unterstellen. Sicherlich beurteilten schon manche Zeitgenossen (nicht zuletzt in Wien!) das Bündnis, dem für seine deutschen Besitzungen auch Schweden angehörte, äußerst kritisch. Es sollte aber nicht vergessen werden, dass in den späten 1650er Jahren aus der Sicht der rheinischen Fürsten die größte Bedrohung für den Frieden eben nicht von Frankreich, sondern vom Haus Österreich ausging. Johann Philipp von Schönborn und sein Oberhofmarschall Johann Christian von Boineburg beabsichtigten mit Sicherheit keinen Verrat am Reich und auch keine dauerhafte Entzweiung mit dem Kaiser; vielmehr wollten sie den jungen Leopold zu einer Politik nötigen, die ihrer Auffassung nach den Interessen des Reichs entsprach. Dass eine solche

Haltung angesichts des Expansionsstrebens Ludwigs XIV. seit Mitte der 1660er Jahre zunehmend fragwürdig wurde, steht auf einem anderen Blatt.

Als das erste größere überkonfessionelle Bündnis von Reichsständen nach dem Dreißigjährigen Krieg leistete der Rheinbund auch einen wichtigen Beitrag zur Überwindung des immer noch tiefsitzenden Misstrauens zwischen den Konfessionen im Reich. Eben das kennzeichnete die Politik Johann Philipps von Schönborn: die Stiftung von Frieden und Einheit im Reich und in Europa. Dass er dabei auch eigene Interessen verfolgte, ist freilich nicht außer Acht zu lassen. So verdankte er die Unterwerfung Erfurts unter seine Herrschaft (1664) wesentlich der französischen Truppenhilfe.[21]

Manche Fürsten traten dem Rheinbund nur mit großen Reserven bei, wie der Trierer Kurfürst Karl Kaspar von der Leyen, der den Vertrag erst 1662 unter französischem Druck ratifizierte. Karl Ludwig von der Pfalz blieb der Allianz ganz fern, obwohl er lange Zeit mit Frankreich verbündet war. Unzufrieden mit dem Westfälischen Frieden, war er bemüht, sein durch den Krieg schwer gebeuteltes Kurfürstentum wieder nach vorn zu bringen, und das hieß vor allem, das Land zu bevölkern, zu »peuplieren«, wie man im 17. Jh. sagte, die Wirtschaft zu fördern und Geld ins Land zu bringen. Auch deswegen schloss Karl Ludwig mehrfach Subsidienverträge mit Frankreich.[22]

Der Wildfangstreit

In seinem Bemühen, alte kurpfälzische Rechte zu reaktivieren, geriet Karl Ludwig mit nahezu allen seinen Nachbarn aneinander. Besonders langwierig war der sog. Wildfangstreit. Das Wildfangrecht, das die Leibherrschaft über Immigranten und unehelich Geborene bezeichnet, ging im deutschen Südwesten im Spätmittelalter allmählich exklusiv und überterritorial auf die Pfälzer Kurfürsten über. Seit 1518 ließen diese sich das Wildfangrecht durch eine Reihe von kaiserlichen Privilegien bestätigen. Nach dem Dreißigjährigen Krieg, als die Wiederbevölkerung der verwüsteten Gebiete ein zentrales Anliegen der Territorialherren war, war das Wildfangrecht besonders wertvoll: Wenn alle Einwanderer der Leibherrschaft des Pfälzer Kurfürsten unterlagen, bestand gerade für die schwächeren Nachbarn der Kurpfalz die Gefahr, dass sich unter dem Vorwand des Wildfangrechts eine Art suprateritorialer kurpfälzischer Gewalt etablierte. So waren 1665 von den 2.722 Einwohnern des Hochstifts Worms über 90 % kurpfälzische Wildfänge! Die betroffenen Reichsstände setzten sich natürlich zur Wehr. Eine besondere Dynamik erreichte ihr Widerstand, als 1663 Johann Philipp von Schönborn auf den Wormser Bischofsstuhl gelangte und sich auf seine Initiative hin die Gegner Karl Ludwigs 1664 in der Regensburger Konföderation zusammenschlossen: die drei geistlichen Kurfürsten, die Bischöfe von Worms, Speyer und Straßburg, das Herzogtum Lothringen, die Grafschaft Falkenstein, die Wild- und Rheingrafen sowie die Reichsritterschaft. In der Folge kam es zu bewaffneten Auseinandersetzungen, dem sog. Lothringischen Krieg, der auch durch den französisch-schwedischen Schiedsspruch von Heilbronn, das sog. Laudum Heilbronnense (Februar 1667), nicht völlig beendet wurde. Dieses bestätigte die Personalgerechtsame (wie Leibzins und Frondienst) des Pfälzer Kurfürsten über die Wildfänge, während seinen Gegnern ihre landesherrlichen Rechte (u. a. Steuern) verbleiben sollten. Im 18. Jh. verzichtete die Kurpfalz in einer Reihe von bilateralen Verträgen gegen finanzielle bzw. territoriale Entschädigungen auf die Ausübung des Wildfangrechts (z. B. mit Falkenstein 1733, mit der Reichsritterschaft 1717/48).[23]

4. Der Westen des Reichs im Zeichen der Expansionspolitik Ludwigs XIV.

Hinsichtlich der großen europäischen Mächtekonflikte bedeuteten die 1660er Jahre eine Atempause für unsere Region, nachdem der Pyrenäenfriede 1659 den spanisch-französischen Krieg beendet und im Vertrag von Vincennes (1661) auch Karl IV. von Lothringen sein Herzogtum zurückerhalten hatte. Der französische Angriff auf die Spanischen Niederlande im sog. Devolutionskrieg (1667/68) ließ jedoch ahnen, dass von dem ehrgeizigen Ludwig XIV. Gefahr drohen mochte. Das wachsende Missbehagen vieler Reichsstände an der französischen Politik äußerte sich u. a. darin, dass der Rheinbund 1668 nicht erneuert wurde. Karl Ludwig von der Pfalz dagegen lehnte sich seit dem Wildfangstreit besonders eng an Frankreich an. Sichtbarer Ausdruck der kurpfälzisch-französischen Annäherung war die 1671 vollzogene Eheschließung zwischen seiner Tochter Elisabeth Charlotte (Liselotte) und dem Bruder Ludwigs XIV., Herzog Philipp von Orléans.[24]

Liselotte von der Pfalz (1652–1722)

(Kurpfälzisches Museum Heidelberg)

Elisabeth Charlotte war die einzige Tochter Kurfürst Karl Ludwigs von der Pfalz und Charlottes von Hessen-Kassel. 1671 wurde sie aus politischen Gründen mit dem jüngeren Bruder Ludwigs XIV. von Frankreich, Herzog Philipp I. von Orléans, verheiratet und musste zum Katholizismus konvertieren. Zumal ihr Gemahl mehr an Männern interessiert war, gestaltete sich ihre Ehe unglücklich. Auch ihr Verhältnis zum alles beherrschenden »Sonnenkönig« verschlechterte sich in späteren Jahren unter dem Einfluss von dessen zweiter, morganatischer Frau Madame de Maintenon, die von Liselotte wegen ihrer Bigotterie verachtet und als »die alte Zott« bezeichnet wurde. Liselottes umfangreicher Briefwechsel stellt eine wichtige Quelle zum Leben am Versailler Hof dar. Wider Willen wurden Liselottes Erbansprüche zu einem Vorwand für den Pfälzischen Erbfolgekrieg. Ihr Nachkomme Louis Philippe wurde 1830 französischer König.

Bei den ersten, recht zaghaften Bestrebungen, ein Bündnis zur Abwehr französischer Übergriffe und zur Erhaltung des Friedens zu formen, spielte Johann Philipp von Schönborn eine führende Rolle. Bereits 1668 schloss er sich mit Kurtrier und Lothringen zum Limburger Bund zusammen, der jedoch durch die französische Besetzung Lothringens (1670) gesprengt wurde. 1671/72 verband sich der alte Kurfürst in der Marienburger Allianz unter anderem mit dem Kaiser und Kurtrier. In diesen Kontext sind auch die damaligen politischen Projekte des jungen Gottfried Wilhelm Leibniz einzuordnen, der von 1669 bis 1672 in Schönborns Diensten stand. In Leibniz Plänen zur Gewährleistung der Reichssicherheit kam dem Mainzer Kurerzkanzler eine zentrale Rolle zu, wie in dem 1670 verfassten »Bedenken, welcher gestalt Securitas publica und Status praesens im Reich auf festen Fuß zu stellen«.[25] Freilich sind diese wie viele andere Projekte jener Epoche nicht umgesetzt worden.

Der Niederländische Krieg

Nach dem französischen Angriff auf die Republik der Vereinigten Niederlande (1672) formierte sich in der Haager Allianz (August 1673) ein europäisches Abwehrbündnis, dem auch Kurtrier angehörte. Im Mai 1674 kam es zur ersten Reichskriegserklärung gegen Ludwig XIV. Zu der Zeit hatte der Krieg das westliche Reichsgebiet längst erfasst. Im September 1673 war Trier besetzt worden, im Februar 1674 Germersheim. Um Neutralität bemühten sich die Reichsstadt Speyer und der als frankreichfreundlich geltende neue Mainzer Kurfürst Lothar Friedrich von Metternich-Burscheid. Dessen Nachfolger Damian Hartard von der Leyen, der Bruder des Trierer Kurfürsten Karl Kaspar, verfolgte dann aber einen antifranzösischen Kurs und trieb den unter Schönborn begonnenen Ausbau der Mainzer Befestigungen voran. Die Verbündeten errangen einige militärische Erfolge, darunter den Sieg an der Konzer Brücke (August 1675), doch nach erneuten französischen Siegen wurde die Lage wieder bedrohlich, und so drängten viele Reichsstände auf einen Friedensschluss.

Der Friede von Nimwegen (Februar 1679) war für das Reich eine diplomatische Niederlage. Höchst nachteilig war es, dass der Reichsfriedensschluss als letzter Teilfrieden in Nimwegen zustande kam: Die französische Diplomatie vermochte es, die Verbündeten auseinanderzudividieren, und angesichts einer nicht allzu rosigen militärischen Lage hatten Kaiser und Reich den französischen Forderungen wenig entgegenzusetzen. So wurden die zehn elsässischen Reichsstädte einschließlich Landaus, die sog. Dekapolis, der französischen Verwaltung unterstellt. Das 1676 eroberte Philippsburg blieb zwar im Reichsbesitz, dafür behielten die Franzosen als rechtsrheinische Stützpunkte aber Freiburg und Breisach.[26]

Die Reunionen

Nur vor dem Hintergrund der Desillusionierung von Nimwegen sowie des wachsenden osmanischen Drucks auf die kaiserlichen Erblande werden die enormen Erfolge der französischen Reunionspolitik der folgenden Jahre verständlich, einer gewaltsamen Expansion unter pseudolegalen Vorwänden. Die rechtliche Konstruktion der Reunionen baute auf der Prämisse der Unveräußerlichkeit jeglicher französischen Kronrechte auf. Wie schon der Name »Reunion« besagt, sollten – der Theorie nach – verlorengegangene Besitzungen mit dem Königreich wiedervereinigt werden. Die französischen Ansprüche wurden exzessiv ausgelegt: Schon eine Lehnsbeziehung, die irgendwann einmal bestanden hatte, galt als französischer Rechtstitel, selbst wenn dieser an einer französischen Neuerwerbung hing, wie den lothringischen Fürstbistümern Metz, Toul und Verdun. Für die Feststellung der französischen Ansprüche im Raum des heutigen Rheinland-Pfalz war neben dem Gerichtshof von Breisach vor allem das Metzer Parlement bzw. dessen 1679 eingerichtete Reunionskammer zuständig.

Im Oktober 1680 erlegte ein königlicher Erlass summarisch allen (angeblichen) Vasallen der französischen Krone die Huldigung innerhalb von zwei Monaten auf. Die betroffenen Reichsstände steckten in einer Zwickmühle: Verweigerten sie die Huldigung, drohte ihnen der Verlust ihrer Besitzungen. Wenn sie sich aber allzu bereitwillig unterwarfen, begingen sie Hochverrat gegenüber dem Kaiser. Wohl am deutlichsten bezog Karl I. von Pfalz-Zweibrücken-Kleefeld Position gegen die französischen Übergriffe – das fiel ihm insofern leicht, als er zugleich als Karl XI. König von Schweden und daher den Pressionen nicht unmittelbar ausgesetzt war. Gerade kleine Territorialherren sahen aber keine andere Möglichkeit, als die französische Hoheit anzuerkennen. In die reunierten Gebiete wurden Kommissare entsandt, die vor Ort die Souveränität der französischen Krone proklamierten. Dies war häufig mit einer militärischen Besetzung verbunden; zu größerem Blutvergießen kam es aber selten. Jede Reunion konnte weitere nach sich ziehen, denn in den Archiven der erworbenen Gebiete wurde eifrig nach nützlichen Rechtstiteln gesucht.

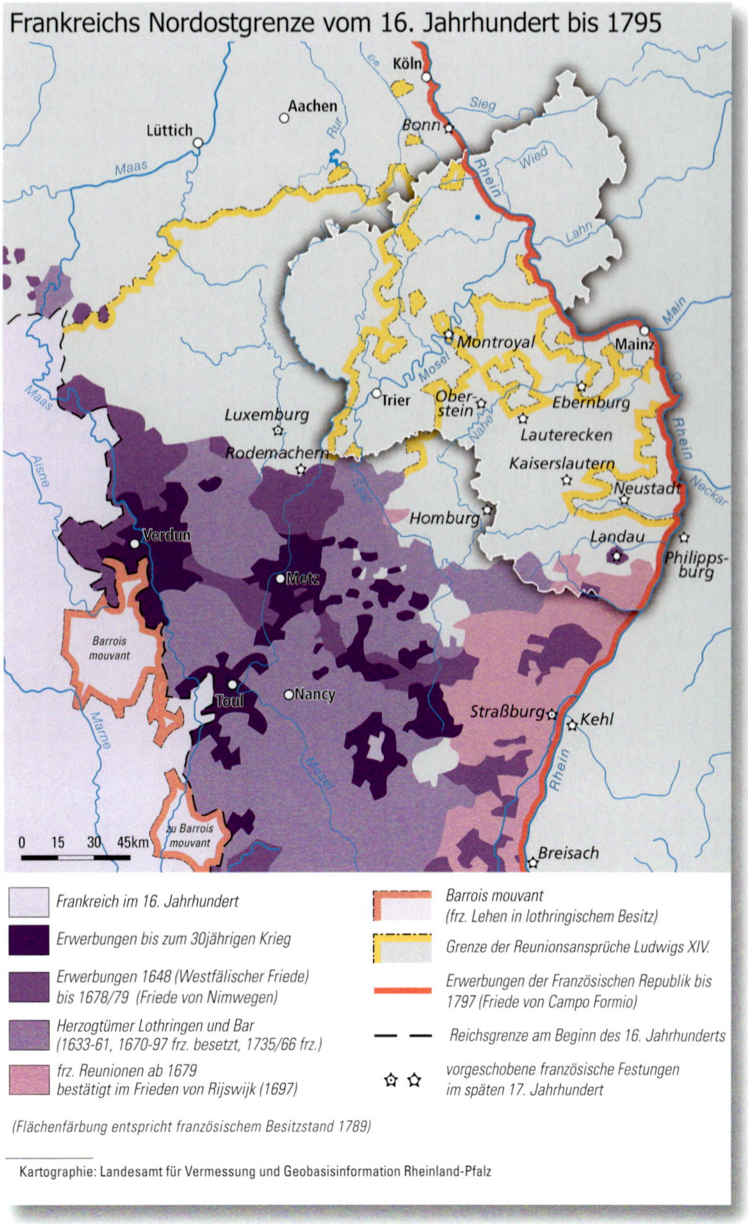

Die Reunionen konzentrierten sich auf das Elsass und die nördlich angrenzenden Gebiete bis zum Rhein und zur Mosel, griffen aber bis in die Eifel aus.[27] Die reunierten Gebiete wurden in der neuen Saarprovinz mit der Hauptstadt Saarlouis zusammengefasst, deren Name Ludwig XIV. in die Tradition antiker Eroberer und Städtegründer rückte. Gesichert werden sollte die Provinz durch die Neuerrichtung bzw. den Ausbau bestehender Festungen, darunter die Ebernburg, Kirn, Lauterecken, Oberstein, Pfalzburg und Landau. Eine Schlüsselstellung in dem Festungsgürtel besaß Montroyal über der Moselschleife bei Trarbach. 1682 geplant und von 1687 an innerhalb von fünf Jahren vollendet, galt der »Königsberg« als stärkste Festung auf dem europäischen Kontinent.[28]

Kaiser und Reich sahen sich nicht zu entschiedenen Gegenmaßnahmen in der Lage, obwohl insbesondere die Inbesitznahme Straßburgs am 30. September 1681 die antifranzösische Stimmung im Reich aufheizte. Die im Sommer 1681 zur Verhandlung der

Reunionsfrage zusammengetretene Frankfurter Reichsdeputation ging Ende 1682 ergebnislos auseinander. Wenig später begann der Angriff des Osmanischen Reiches auf die kaiserlichen Erblande. Zwar konnte das belagerte Wien in der Schlacht am Kahlenberg (12. September 1683) befreit werden, doch ließen sich Kaiser und Reich, um einen Zweifrontenkrieg zu vermeiden, im sog. Regensburger Stillstand vom August 1684 darauf ein, die Reunionen auf zwanzig Jahre anzuerkennen. Der Vertrag war ein weiterer Erfolg Ludwigs XIV., denn es war kaum damit zu rechnen, dass man ihm seine Erwerbungen nach so langer Zeit wieder würde abnehmen können.[29]

Gerade die rheinischen Kurfürsten waren zu jener Zeit nicht zum Widerstand gegen den Allerchristlichsten König bereit: Der Mainzer Kurfürst Anselm Franz von Ingelheim legte in der Reunionsfrage eine bemerkenswerte Zurückhaltung an den Tag, sei es aus Sorge um den Frieden, sei es, weil die 60.000 Écus an französischen Subsidien, die er 1682–1684 erhielt, ihre Wirkung taten. Karl II. von der Pfalz erkannte 1682 um den Preis einer Einmalzahlung von 600.000 Livres und einer Jahresrente von 200.000 Livres die Reunionen auf Pfälzer Gebiet an. Auch der Trierer Kurfürst Johann Hugo von Orsbeck, zugleich Fürstbischof von Speyer und Fürstpropst von Weißenburg, trat beharrlich für einen Ausgleich mit Frankreich ein, obwohl er massiv von den Reunionen betroffen war. Selbst als im Juni 1684 Marschall Créqui vorübergehend Trier besetzte und dessen Befestigungsanlagen schleifte, begnügte sich der von allen Seiten durch französische Festungen bedrohte Kurfürst mit einem lahmen Protest. Ganz im französischen Fahrwasser segelte das von dem Straßburger Bischof Wilhelm Egon von Fürstenberg als Erstem Minister regierte Kurköln.[30]

Der Pfälzische Erbfolgekrieg

Sollten die rheinischen Kurfürsten gehofft haben, mit ihrer Zurückhaltung den Frieden retten zu können, so sahen sie sich getäuscht: Im Jahr 1688 brach der nächste große Krieg aus. Der Neunjährige Krieg, der von 1688 bis 1697 weite Teile Europas und der Kolonien der europäischen Mächte erfasste, ist in Deutschland als Pfälzischer Erbfolgekrieg in Erinnerung geblieben. Der pfälzische Erbfall war bereits 1685 eingetreten, als mit dem Tod Karls II. die simmernsche Kurlinie erlosch und das Haus Pfalz-Neuburg nachfolgte. Ludwig XIV. erhob im Namen, aber gegen den Willen seiner Schwägerin Elisabeth Charlotte Anspruch auf das bewegliche Eigentum, ausstehende Einkünfte des Erblassers und die (angeblichen) Allodialgüter, u. a. Oppenheim, Ingelheim, Lautern, Simmern und Sponheim, also einen ansehnlichen Teil des Kurfürstentums. Diese exzessiven Forderungen waren zugleich ein Druckmittel, um dem Reich die definitive Anerkennung der Reunionen abzunötigen. Doch allmählich formierte sich Widerstand gegen den Sonnenkönig. Im Juli 1686 schlossen die Gegner Frankreichs in Augsburg eine Defensivallianz. Abseits standen dabei u. a. die drei geistlichen Kurfürsten, die vielmehr ein Bündnis zur Aufrechterhaltung ihrer Neutralität eingingen.[31]

Im August 1688 ließ Ludwig XIV. seine Truppen in das Erzstift Köln einrücken, um dort seinen Kandidaten Wilhelm Egon von Fürstenberg als neuen Kurfürsten durchzusetzen. In einem zeitgleich mit einem Vorstoß auf Philippsburg veröffentlichten Manifest (September 1688) verlangte er ultimativ einen Definitivfrieden auf der Basis des Regensburger Stillstands. In der pfälzischen Erbfrage war er bereit, eine finanzielle Abfindung zu akzeptieren. Die ganze Aktion zielte darauf ab, durch Einschüchterung und begrenzte Zugeständnisse in nebensächlichen Fragen die territorialen Erwerbungen der vergangenen Jahre politisch und militärisch abzusichern. Unterdessen besetzten französische Truppen den Großteil der verbliebenen Reichsgebiete auf dem linken Rheinufer. Am 7. Oktober 1688 fiel Mainz, am 30. Oktober Philippsburg. Damit standen den Franzosen Schwaben und Franken offen, während im Norden ihr weiterer Vormarsch verhindert werden konnte. Im Februar 1689 beschloss der Reichstag den Reichskrieg gegen Frankreich, und im Mai erweiterte sich die Augsburger Assoziation durch den Beitritt der Seemächte England und Niederlande zur Großen Allianz.[32]

Angesichts der geänderten Lage zog Frankreich seine Truppen an den Rhein zurück. Aus diesem Wechsel hin zu einer defensiven Strategie und dem Bestreben, den französischen Festungen ein Glacis zu verschaffen, resultierten die ersten planmäßigen Zerstörungen in der rechtsrheinischen Pfalz, darunter von Heidelberg und Mannheim. Schon im Oktober 1688 hatte der Generalquartiermeister Chanlay die Entfestigung einer Reihe von linksrheinischen Orten angeregt. Was im Frühjahr 1689 erfolgte, ging aber weit darüber hinaus: Worms und Speyer wurden im Februar zunächst entfestigt und Ende Mai systematisch zerstört. Bingen, Oppenheim sowie zahlreiche andere Orte traf dasselbe Los. Später erfolgten weitere Verheerungen bis in die Eifel (u. a. Gerolstein und Prüm). Viele Flüchtlinge aus den zerstörten Städten blieben in der Umgebung, andere flohen über den Rhein.

»Christian Teutschmuth«: Der Französische Attila, Ludovicus XIV. Und dessen Aller-Unchristlichste Schand-Brand-Greul und Mord-Thaten [...]. o. O. 1690. Die Zerstörungen durch die französischen Truppen im Pfälzer Erbfolgekrieg riefen eine heftige öffentliche Reaktion im Reich hervor. Zahlreiche Flugblätter und Flugschriften überboten sich darin, die Gräueltaten zu schildern und zu geißeln. Das vorliegende Beispiel vergleicht Ludwig XIV. mit dem für seine Grausamkeit berüchtigten Hunnenkönig Attila und sieht seinen Ehrentitel »Allerchristlichster König« ad absurdum geführt (Bayerische Staatsbibliothek München)

Unterdessen nahmen die alliierten Truppen im September 1689 nach dreimonatiger Belagerung Mainz ein und fassten damit Fuß auf der linken Rheinseite. Doch auch die Franzosen konnten einige Erfolge verzeichnen. 1693 eroberten sie Heidelberg abermals und zerstörten diesmal das Schloss vollständig.[33] Selbst die Gebiete, die kein unmittelbarer Kriegsschauplatz waren, wie der Westerwald, hatten zu leiden, denn sie mussten zu den Reichskriegskosten beitragen sowie Truppendurchzüge und -einquartierungen erdulden. So sind aus der Grafschaft Sayn-Hachenburg für diese Zeit zahlreiche Übergriffe von Soldaten der Reichsarmee und Klagen über die Kriegsbelastungen überliefert.[34]

Die französischen Maßnahmen zielten auf die Einschüchterung der Reichsstände ab, erleichterten es jedoch dem Kaiser, das Reich gegen den Aggressor zu einen. Selbst frühere französische Parteigänger, wie Kurfürst Anselm Franz von Mainz, schwenkten nun auf eine reichs- und kaisertreue Linie ein. Gleichzeitig bemühten sich die Reichsstände im Westen um eine Selbstorganisation, die ihnen ein Mehr an Sicherheit und zugleich ein größeres militärisches und politisches Gewicht einräumte. Hier engagierte sich insbesondere der neue Mainzer Kurfürst Lothar Franz von Schönborn, der es erreichte, dass sich im Januar 1697 sechs Reichskreise (Kurrhein, Oberrhein, Niederrhein-Westfalen, Schwaben, Franken, Bayern), in der Diktion der Zeit die »Vorderen Kreise«, zu einer Assoziation zusammenschlossen, die ein stehendes Heer von 60.000 Mann unterhalten sollte.[35]

Der Friede von Rijswijk

Während den Reichstruppen unter dem Oberbefehl des »Türkenlouis« Ludwig Wilhelm von Baden-Baden 1697 mit der Eroberung der Ebernburg noch ein ansehnlicher Erfolg gelang, waren die Franzosen auf anderen Kriegsschauplätzen glücklicher. Vor allem aber konnten sie bei den Rijswijker Friedensverhandlungen erneut die gegnerische Allianz spalten. Wieder hatten Kaiser und Reich das Nachsehen. Während England, die Niederlande und Spanien schon am 20. September 1697 mit Frankreich Frieden schlossen, wurde der Reichsfrieden erst am 30. Oktober unterzeichnet. Ohne Verlust ging es für Ludwig XIV. diesmal freilich nicht ab. So musste er u. a. alle Reunionen außerhalb des Elsass und Lothringens restituieren. Einige Festungen, darunter Montroyal, die Kyrburg und die Ebernburg, wurden geschleift. Zum Schiedsrichter über die Ansprüche des Hauses Orléans auf das pfälzische Erbe wurde der Papst bestimmt. 1702 setzte Clemens XI. die von den Neuburgern zu zahlende Entschädigungssumme auf 300.000 Taler fest.[36]

Eine Quelle neuer Auseinandersetzungen war eine erst in der Nacht vor der Vertragsunterzeichnung von den französischen Bevollmächtigten durchgesetzte Ergänzung zu Art. 4 des Friedensabkommens, der die Rückgabe der Reunionen betraf. Diese »Rijswijker Klausel« bestimmte, dass in den zurückgegebenen Orten die katholische Konfession in ihrem aktuellen Besitzstand zu erhalten sei. Die Katholiken sollten also alle Kirchen, Güter und Rechte, die sie während der französischen Besetzung erworben hatten, behalten dürfen – aus evangelischer Sicht ein massiver Verstoß gegen den Westfälischen Frieden. Nicht zu Unrecht vermuteten die Protestanten eine Intrige der Katholiken: Um die Klausel durchzusetzen, hatten Kurfürst Johann Wilhelm von der Pfalz, die Römische Kurie, Versailles und andere katholische Höfe einträchtig zusammengewirkt.[37]

Der Rijswijker Frieden und auch die Rijswijker Klausel zeigen, dass man ungeachtet der Verheerungen in den ersten Kriegsjahren und der durch die antifranzösische Publizistik aufgebauten Feindbilder rasch wieder zum Tagesgeschäft überging – die Verwüstung der Pfalz, so katastrophal sie war, begründete, anders als von vielen deutschen

Historikern des späten 19. und frühen 20. Jhs. behauptet, keine deutsch-französische »Erbfeindschaft«.

Der Spanische Erbfolgekrieg

Schon bald begann allerdings ein neuer großer Krieg, der durch das Aussterben der spanischen Habsburger im Mannesstamm (1700) ausgelöst wurde. Gegen den zum Universalerben eingesetzten Enkel Ludwigs XIV., Philipp von Anjou (Philipp V.), beanspruchte Kaiser Leopold I. für seinen zweiten Sohn Erzherzog Karl den spanischen Königsthron. Die übergroße Mehrheit der Reichsstände und die Seemächte traten im Spanischen Erbfolgekrieg (1701–1713/14) auf die Seite der Habsburger. Wieder wurde auch der deutsche Südwesten zum Kriegsschauplatz.

Kurpfalz, Kurtrier und Kurmainz unterstützten die kaiserliche Sache entschieden. Der Mainzer Kurfürst Lothar Franz von Schönborn wirkte u. a. darauf hin, dass 1701 die Assoziation der Vorderen Reichskreise erneuert wurde, unter Aufnahme des Österreichischen und gleichzeitigem Ausschluss des frankreichfreundlichen Bayerischen Kreises. Lothar Franz verfolgte ganz in der Tradition seines Onkels Johann Philipp das Ziel der Sicherheit für die kleinen und mittleren Reichsstände. Diesem Ziel sollte auch die Errichtung einer »Reichsbarriere« dienen, eines Festungsgürtels, welcher den deutschen Südwesten gegen Frankreich abschirmen sollte.[38]

Zunächst war das Schlachtenglück auf dem deutschen Kriegsschauplatz schwankend. Landau und Trier wechselten mehrfach den Besitzer. Der Sieg der Allianz bei Höchstädt (1704) und die folgende Ächtung des mit Frankreich verbündeten Max Emanuel von Bayern ermöglichten dann aber dem Pfälzer Kurfürsten Johann Wilhelm die heiß ersehnte Revanche an den bayerischen Vettern: Nach einigem Zögern willigte Kaiser Joseph I. in die Rückübertragung der Oberpfalz und der fünften Kurwürde an die Pfälzer Wittelsbacher ein (1708). Auch die Rückgabe Straßburgs und die Errichtung einer Reichsbarriere erschienen denkbar. Überzogene Forderungen der Verbündeten bei den Haager Friedensverhandlungen (1709), der Wahlsieg der kriegsmüden Tories in Großbritannien und der Tod Josephs I. (1711) bewirkten jedoch einen erneuten Umschwung: Die Alliierten Österreichs hatten kein Interesse, Kaiser Karl VI., der die Nachfolge seines Bruders angetreten hatte, auch noch zur spanischen Krone zu verhelfen, und eröffneten gegen den Willen Wiens Friedensverhandlungen. 1713 wurde in Utrecht eine Reihe von Verträgen geschlossen, die Philipp von Anjou Spanien mit den Kolonien beließen und den Großteil der spanischen Nebenlande in den Niederlanden und Italien für Karl VI. reservierten. Damit nicht zufrieden, führten Kaiser und Reich den Krieg auf eigene Faust weiter, mit dem Ergebnis, dass die an den übrigen Fronten entlasteten Franzosen das bis dahin von Reichstruppen gehaltene Landau zurückeroberten.[39]

Der kaiserlich-französische Frieden von Rastatt und der Reichsfrieden von Baden (1714) bestätigten im Wesentlichen die Utrechter Bedingungen. Bekräftigt wurde gegen den Widerstand der evangelischen Stände auch die Rijswijker Klausel.[40] Eine Enttäuschung war der Frieden für Johann Wilhelm von der Pfalz, den die vollständige Restitution Kurbayerns aller Gewinne beraubte.

5. Konflikte und Kriege in der ersten Hälfte des 18. Jahrhunderts

Der Pfälzer Religionsstreit

In den folgenden zwei Jahrzehnten des äußeren Friedens wurde erneut die Kurpfalz eine Quelle der Unruhe. Schon Kurfürst Johann Wilhelm versuchte, unter Ausnutzung der Rijswijker Klausel die Position seiner katholischen Untertanen auf Kosten der Reformierten zu verbessern. In der Folge wurden die Pfälzer Religionswirren zu einem Thema der Reichs-, ja der europäischen Politik. 1705, als Johann Wilhelm für die Rückgewinnung der Oberpfalz und der fünften Kurwürde der evangelischen Stimmen im Kurkolleg bedurfte, erließ er nach Verhandlungen mit Kurbrandenburg die kurpfälzische Religionsdeklaration vom 21. November 1705. Durch sie wurde der zwischenzeitlich suspendierte reformierte Kirchenrat wieder eingesetzt und das Kirchenvermögen im Verhältnis von 5:2 zwischen den Reformierten und dem Kurfürsten respektive den Katholiken aufgeteilt. Als der neue Kurfürst Karl Philipp 1719 den reformierten Heidelberger Katechismus einziehen ließ und die Heidelberger Heiliggeist-Kirche ganz als katholische Hofkirche beanspruchte, schlugen die Wellen des Konfessionskonflikts im gesamten Reich hoch. Insbesondere Brandenburg-Preußen griff zu Repressalien gegen die Katholiken in den eigenen Ländern, und ein kaiserliches Dekret verpflichtete Karl Philipp 1720 zur Rücknahme aller Maßnahmen gegen die Reformierten. Er kam diesem Befehl zwar nach, verlegte aber seine Residenz aus dem ihm mittlerweile verhassten Heidelberg nach Mannheim. In Zweibrücken, das unter dem katholischen Gustav Samuel Leopold ebenfalls von dem Religionsstreit erfasst worden war, sagte der Herzog im Februar 1721 die Wiederherstellung des Zustands von 1718 zu.[41]

Neupositionierungen der rheinischen Kurfürsten

In der Folgezeit ging der kurpfälzische Hof, der seit der Erbfolge der Neuburger 1685 eine Stütze der kaiserlichen Reichspolitik gewesen war, auf Distanz zur Wiener Hofburg. Als Karl VI. 1726 die preußischen Ansprüche auf das Herzogtum Berg im Falle des absehbaren söhnelosen Todes Karl Philipps anerkannte und damit den ungeschmälerten Übergang des Pfälzer Erbes an die Linie Sulzbach gefährdete, schloss der Kurfürst 1728 zwei Verträge mit Frankreich. Der eine regelte die seit dem Rijswijker Frieden offenen Grenzfragen. Der andere garantierte gegen die kurpfälzische Zusicherung strikter Neutralität in einem Reichskrieg gegen Frankreich dem Haus Pfalz-Neuburg und seinen Erben den ungestörten Besitz von Jülich und Berg.

Schon vorher hatten Karl Philipp und sein Bruder Kurfürst Franz Ludwig von Trier mit den in Bayern und Kurköln herrschenden Wittelsbachern der wilhelminischen Linie eine Hausunion geschlossen, die den jahrhundertealten Zwist zwischen den Hauptzweigen der Dynastie beilegte (1724).[42] Der Einfluss des zeitweise über vier Kurstimmen verfügenden Gesamthauses Wittelsbach wuchs in ungeahnte Höhen, zumal als Franz Ludwig von Pfalz-Neuburg 1729 vom Trierer auf den Mainzer Erzstuhl wechselte und damit bis zu seinem Tod (1732) das Amt des Reichserzkanzlers innehatte.[43] Wichtige Stützen des Kaisers im Westen des Reichs waren dagegen der Trierer Erzbischof Franz

Georg von Schönborn und sein Mainzer Amtsbruder Philipp Karl von Eltz, die 1729 bzw. 1732 mit kaiserlicher Hilfe zur Regierung gelangt waren.

Der Polnische Thronfolgekrieg und der Österreichische Erbfolgekrieg

Dass der Kaiser auf die Kurfürsten von Mainz und Trier zählen konnte, wurde umso wichtiger, als im Jahr 1733 ein neuer Krieg gegen Frankreich ausbrach. Anlass war die zwiespältige Königswahl in Polen nach dem Tode Augusts des Starken, wobei der Kandidat des Kaisers und Russlands, Kurfürst Friedrich August II. von Sachsen, als August III. den zunächst gewählten Stanislaus Leszczynski, den Schwiegervater des französischen Königs Ludwig XV., verdrängte. Philipp Karl von Eltz setzte sich mit Erfolg für die Erneuerung der Kreisassoziation (November 1733) und die Reichskriegserklärung gegen Frankreich (Februar 1734) ein.[44]

Der Polnische Thronfolgekrieg (1733–1735/38) verlief für Österreich katastrophal. Auch am Rhein, wo der in die Jahre gekommene Prinz Eugen den Oberbefehl führte, erzielten die Franzosen wichtige Erfolge. Schon im Herbst 1733 fiel Kehl, 1734 wurden Trier und das Oberstift bis Trarbach sowie Philippsburg und Bingen besetzt. Selbst Mainz schien zeitweise gefährdet. Karl Philipp von der Pfalz wahrte gemäß seinem Vertrag mit Frankreich strikte Neutralität, sehr zum Unwillen des Kaisers. Alles in allem verlief der Krieg am Rhein wenig dramatisch, doch gelang es dem Reichsheer nicht, die anfänglichen französischen Erfolge wettzumachen. Erst im Gefecht bei Klausen an der Mosel erzielte im Oktober 1735 der kaiserliche Feldzeugmeister Friedrich Heinrich von Seckendorff einen Achtungserfolg.[45]

Im selben Monat wurde aber in Wien der österreichisch-französische Präliminarfrieden geschlossen, der Karl VI. herbe territoriale Einbußen bescherte. Für den Westen des Reichs war von Bedeutung, dass Frankreich die Abtretung Lothringens an Stanislaus Leszczynski durchsetzte, nach dessen Tod es der französischen Krone zufallen sollte (1766), während das bisherige Herzogshaus in die Toskana verpflanzt wurde. Von diesem Besitzwechsel waren zahlreiche Reichsstände betroffen, die in dem Herzogtum Enklaven besaßen oder an Kondominaten mit Lothringen partizipierten. Im Herbst 1737 begann in Nancy eine Konferenz, um den definitiven Grenzverlauf zu regeln, doch waren die Verhandlungen längst nicht abgeschlossen, als ihnen der Tod Kaiser Karls VI. am 20. Oktober 1740 ein Ende setzte. Erst mit erheblicher Verzögerung schloss Frankreich Grenzverträge mit Salm (1751), Nassau-Saarbrücken (1755), Kurpfalz und Zweibrücken (1766), Kurtrier (1776/78), von der Leyen (1781) und erneut Zweibrücken (1786).[46]

Auch in den Strudel des nach dem Tod Karls VI. ausgebrochenen Österreichischen Erbfolgekrieges (1740–1748) wurden die Stände im Westen des Reichs hereingezogen. Nicht zuletzt beschäftigte sie die Frage der Nachfolge im Kaiseramt. Die Kurfürsten von Mainz und Trier setzten sich für die Wahl des Gemahls der Habsburgerin Maria Theresia, Franz Stephan von Lothringen, ein. Da aber der von Frankreich unterstützte Kurfürst Karl Albrecht von Bayern bereits über eine sichere Mehrheit im Kurkolleg verfügte, versprachen ihm auch Philipp Karl von Mainz und Franz Georg von Trier unter französischem Druck schließlich ihre Stimmen: Am 24. Februar 1742 wurde Karl Albrecht als Karl VII. zum Kaiser gewählt. Doch wahrten beide Erzbischöfe Distanz zu dem Wittelsbacher: Franz Georg von Trier kam nicht persönlich zu Wahl und Krönung nach Frankfurt; Eltz verzichtete auf sein Krönungsrecht zugunsten des Kaiserbruders Clemens August von Köln und widersetzte sich den Plänen zur Aufstellung einer Reichsarmee gegen Österreich.[47] Frühzeitig gesichert war hingegen die pfälzische Wahlstimme für Karl Albrecht. Die Einheit des Hauses Wittelsbach wurde im Januar 1742 durch die Doppelhochzeit der beiden ältesten Enkelinnen Kurfürst Karl Philipps mit dem kurpfälzischen Erben Karl Theodor von Sulzbach und einem Neffen des designierten Kaisers, Clemens Franz von Bayern, glanzvoll zelebriert.[48]

Während des andauernden Erbfolgekrieges wurde die Neutralität der Reichsstände weder von den Franzosen respektiert noch von der sog. »Pragmatischen Armee«, die im Winter 1742/43 vom Niederrhein nach Süden zog und unter dem persönlichen Oberbefehl des englischen Königs Georg II. im Juni 1743 bei Dettingen einen Sieg über die Franzosen erfocht. Im September 1743 schlossen Großbritannien, Österreich und Sardinien in Worms einen Bündnisvertrag.[49] Wenn in jenen Jahren im Rhein-Main-Raum also »große« europäische Politik getrieben wurde, kam den dortigen Reichsständen hierbei nur eine Statistenrolle zu. Das galt auch für den von den Österreichern aus Bayern vertriebenen Kaiser, der die meiste Zeit seiner kurzen Regierung im Frankfurter Exil weilte. Anders als Kurfürst Karl Theodor von der Pfalz, der 1744 der Frankfurter Union zur Aufstellung einer kaisertreuen Armee beitrat, profilierte sich der neue Mainzer Kurfürst Johann Friedrich Karl von Ostein als Gegner des Wittelsbachers, und nach dessen überraschendem Tod am 20. Januar 1745 setzte er sich mit Nachdruck für die Wahl Franz Stephans von Lothringen zum Kaiser ein.

Erneut bemühte sich der Versailler Hof, dem Gemahl Maria Theresias den Weg auf den Kaiserthron zu versperren, und übte Druck auf die geistlichen Kurfürsten aus. Franz Georg von Trier war am Ende so eingeschüchtert, dass er abermals die Reise nach Frankfurt unterließ. An der Spitze österreichischer Truppen kam der Lothringer im Sommer 1745 persönlich an den Rhein und zog am 15. Juli unter dem Jubel der Bevölkerung in Mainz ein. Vor den Österreichern und ihren Verbündeten hatten sich die Franzosen zurückgezogen, so dass die Kaiserwahl und -krönung Franz Stephans ungestört erfolgen konnte. Karl Theodor von der Pfalz aber trat ebenso wie Friedrich II. von Preußen als Kurfürst von Brandenburg der Wahl erst nachträglich bei. In der Tradition Mainzer Reichspolitik bemühte sich Johann Friedrich Karl von Ostein in den letzten Kriegsjahren, die Vorderen Kreise zu mobilisieren, um die Sicherheit des Reichs zu gewährleisten, brachte aber im Februar 1747 lediglich eine Rumpfassoziation des Kurrheinischen, Oberrheinischen und Fränkischen Kreises »zu niemands Beleidigung« zustande. Erst als der Friede von Aachen schon bevorstand, schlossen sich die übrigen Vorderen Kreise 1748 der Assoziation an.[50]

6. Im Zeichen des österreichisch-preußischen Dualismus und der Krise des Alten Reichs

Der Siebenjährige Krieg

Das sog. »Renversement des Alliances«, der Umsturz der Bündnisse von 1756, der den jahrhundertealten habsburgisch-französischen Gegensatz beendete, entschärfte die sicherheitspolitische Lage im Westen des Reichs beträchtlich. Der Siebenjährige Krieg (1756–1763) hatte kaum unmittelbare Auswirkungen auf unsere Region. Die Mehrheit der Reichsstände folgte der österreichischen Anschauung, den preußischen Angriff auf Sachsen vom August 1756 als Landfriedensbruch einzustufen, und stimmte der Eröffnung des Reichskrieges gegen den Preußenkönig zu. Ein großer Teil der Truppenkontingente aus den Rheinischen Reichskreisen nahm an der für die Reichsarmee und das französische Heer so blamablen Schlacht bei Roßbach (1757) teil. Die Reichsarmee blieb aber unter Waffen und spielte weiterhin eine – bescheidene – Rolle in dem Konflikt. Insofern brachte der Friede von Hubertusburg 1763 auch den westdeutschen Reichsständen eine Befreiung von militärischen Lasten.[51]

Das österreichisch-französische Bündnis von 1756 schränkte zugleich den außenpolitischen Handlungsspielraum der Fürsten im deutschen Süden und Westen ein. Das durch den Siebenjährigen Krieg politisch wie finanziell schwer angeschlagene Frankreich verlor zwar die rheinischen Kurhöfe nicht aus den Augen, hielt sich aber mit Subsidienzahlungen an die Reichsstände fortan zurück und machte nur für den Herzog von Pfalz-Zweibrücken als Anwärter auf das bayerisch-kurpfälzische Erbe eine Ausnahme. Nun war es den deutschen Fürsten kaum mehr möglich, die französische Karte zu ziehen, um die kaiserliche Macht auszubalancieren.[52]

Der Bayerische Erbfolgekrieg

Die Rolle eines Schützers der Reichsverfassung übernahm paradoxerweise Friedrich II. von Preußen. Es fiel ihm leicht, in der Reichspolitik gegen den Wiener Hof zu punkten, weil der neue Kaiser Joseph II. im Umgang mit den Reichsständen das nötige Fingerspitzengefühl vermissen ließ. Schon die Beteiligung Österreichs an der Ersten Teilung Polens (1772) rief unter den Mindermächtigen im Reich Entsetzen hervor. Mit dem Bayerischen Erbfolgekrieg aber trug nach Preußen nun auch Österreich den Geist nackter Machtpolitik unmittelbar auf den Reichsboden: Als der letzte bayerische Wittelsbacher am 30. Dezember 1777 in München starb, versuchte die Hofburg mit List und Druck, dessen Erben Karl Theodor von der Pfalz einen möglichst großen Teil der Erbmasse abzujagen. Karl Theodor wäre zu einem Tausch Bayerns gegen die Österreichischen Niederlande wohl bereit gewesen, wollte sich aber nicht übervorteilen lassen. Als es Friedrich II. dann noch gelang, den nächstberechtigten Erben, Karl August von Zweibrücken, gegen die kaiserlichen Pläne zu mobilisieren, konnte er sich als Verteidiger der Mindermächtigen gegen Österreich aufspielen. 1778 begann der unter militärischen Gesichtspunkten wenig spektakuläre Bayerische Erbfolgekrieg (»Kartoffelkrieg«), dessen Ergebnisse für die Pfalz von erheblicher Bedeutung waren: Durch den Frieden von Teschen (Mai 1779) wurde die Vereinigung Bayerns und der Kurpfalz besiegelt. Kurfürst Karl Theodor siedelte dauerhaft in das zunächst wenig geliebte München über, und die Kurpfalz wurde zu einem bayerischen Nebenland.[53]

Konflikte in der Reichskirche

Krisenhafte Entwicklungen zeichneten sich in den letzten Jahrzehnten des 18. Jhs. in der Reichskirche ab. Seit den 1750er Jahren häuften sich die Konflikte zwischen den rheinischen Erzbischöfen und der Römischen Kurie. Dabei ging es um die Abgrenzung der Rechte der Metropoliten gegenüber dem Heiligen Stuhl. Auf eine grundsätzliche Ebene wurde der Dissens gehoben, als sich die Erzbischöfe die Grundsätze der Schrift »De statu ecclesiae« zu eigen machten, welche der Trierer Weihbischof Nikolaus von Hontheim unter dem Pseudonym Justinus Febronius 1763 veröffentlicht hatte. Hontheim-Febronius attackierte die päpstlich-monarchische Kirchenverfassung, welche er in einem nationalkirchlich-episkopalistischen Sinne umgestalten wollte.[54]

Anlass für eine konzertierte Aktion der Erzbischöfe gegen Rom war die Wahl Clemens Wenzeslaus' von Sachsen zum Kurfürst von Trier (1768), der im selben Jahr auch auf den Augsburger Bischofsstuhl gelangte und deswegen auf Druck der Kurie auf seine bisherigen Bistümer Regensburg und Freising verzichten musste. Dass Rom die verwaisten Diözesen an den Domkapiteln vorbei durch päpstliche Ernennung neu besetzen wollte, war in einem solchen Fall zwar durch das Kirchenrecht gedeckt, wurde aber trotzdem als Frontalangriff auf die deutsche Adelskirche verstanden. Als um dieselbe Zeit der päpstliche Nuntius in Köln gegen die Visitation des Fraterhauses Weidenbach durch den Kölner Erzbischof opponierte, heizte dies die antikuriale Stimmung weiter auf. Hier verband sich der Widerstand gegen die Jurisdiktionsansprüche der Nuntien mit der Kritik an der Exemtion zahlreicher Klöster von der bischöflichen Gerichtsbarkeit, was zu einer Verwilderung der klösterlichen Sitten geführt habe – die »Weidenbacher Saufbrüder« seien keine würdigen Schützlinge des Heiligen Stuhls. Vor diesem Hintergrund verabschiedeten im Dezember 1769 in Koblenz Vertreter der geistlichen Kurfürsten eine Liste von 31 Gravamina gegen Rom. Allerdings standen die drei Erzbischöfe allein auf weiter Flur, denn weder der Kaiser noch ihre Suffragane unterstützten sie. Somit blieben die Koblenzer Beschlüsse wirkungslos, und nach dem Tod Kurfürst Emmerich Josephs von Breidbach-Bürresheim (1774) scherte Mainz fürs Erste aus der Front der Febronianer aus.[55]

Neue Nahrung erhielt der Konflikt zwischen den Erzbischöfen und der Kurie, als Papst Pius VI. auf Bitten Karl Theodors von Pfalzbayern in München eine neue Nuntiatur einrichtete (1784), deren Inhaber faktisch die Stellung eines Erzbischofs für die pfalzbayerischen Länder einnahm. Dies wurde in der Reichskirche als Provokation empfunden, und die deutschen Erzbischöfe schlossen sich erneut gegen die zentralistischen Ambitionen der Kurie und ihre Allianz mit den landeskirchlichen Bestrebungen der weltlichen Fürsten zusammen.

Der neue Mainzer Kurfürst Friedrich Karl Joseph von Erthal war einer derjenigen, die am heftigsten gegen die neue Nuntiatur protestierten, und der Kölner Kurfürst Max Franz von Österreich entlockte seinem kaiserlichen Bruder Joseph II. ein Hilfsversprechen. Im Sommer 1786 hielten die Erzbischöfe in Ems einen Kongress ab, der unter Anknüpfung an die einstigen Koblenzer Beschlüsse ein Programm zur Stärkung der erzbischöflichen Rechte gegenüber Rom verabschiedete. Die sog. Emser Punktation konnte aber nicht umgesetzt werden, denn erneut verweigerten sich die Suffragane, was dem Kaiser den Vorwand lieferte, um von seinem Hilfsversprechen abzurücken. Auch die Front der Erzbischöfe bröckelte. Ausgerechnet Erthal, der vom Vorsitz in einer deutschen Nationalkirche träumte, erkannte 1787 gegenüber der Kurie den Status quo in der Nuntiaturfrage an, um die Zustimmung Roms zu der angestrebten Wahl eines Koadjutors und damit eines Nachfolgers im Erzbischofsamt zu erhalten.[56]

Der Mainzer Beitritt zum Fürstenbund

Vermittelt worden war die römisch-mainzische Annäherung durch den preußischen Vertreter an der Kurie Girolamo Lucchesini. Denn im Oktober 1785 war Erthal dem preußisch dominierten Fürstenbund beigetreten. Insofern dieser als Vereinigung zum Schutz der Reichsverfassung deklariert war, kann der Beitritt in einer langen Tradition der Mainzer Politik gesehen werden. Dabei verkannte Erthal, dass Preußen mit dem Fürstenbund rein machtpolitische Ziele verfolgte. Freilich erfüllten sich auch die Erwartungen des »Gegenkaisers« in Berlin nicht, durch den Beitritt des Kurerzkanzlers auf breiter Front einen Einbruch in die Reichskirche zu erreichen. Einer der wenigen, die dem Fürstenbund beitraten, war der im März 1787 zum Mainzer Koadjutor gewählte Karl Theodor von Dalberg.

Der Beitritt Erthals und Dalbergs zum Fürstenbund bedeutete freilich nicht, dass sie dauerhaft mit dem Kaiser brechen wollten. Insbesondere Dalberg verfolgte ehrgeizige Reichsreformpläne, wollte den Fürstenbund in einen wirklichen Verein der Reichspatrioten umwandeln und hierfür auch die Unterstützung Wiens gewinnen. Dort allerdings zeigte man ihm die kalte Schulter. Im Herbst 1787 kehrte Mainz in die antikuriale Front der deutschen Erzbischöfe zurück. Doch der Tod Josephs II. im Februar 1790, die Kaiserwahl seines Bruders Leopold II., die Unruhen in Lüttich und den Österreichischen Niederlanden, vor allem aber die dramatischen Ereignisse in Frankreich drängten den Nuntiaturstreit in den Hintergrund.[57]

7. Die Französische Revolution und ihre Folgen

Aufstände im linksrheinischen Reichsgebiet

Hellsichtige Zeitgenossen erkannten frühzeitig, dass die revolutionären Ereignisse in Frankreich eine epochale Bedeutung für ganz Europa haben würden. Es kam schon bald zu einer Reihe von Bauernunruhen, vielfach in grenznahen Gebieten wie Pfalz-Zweibrücken und dem Hochstift Speyer. Zu einem Flächenbrand wuchsen sich diese Aufstände, die sehr unterschiedliche Ursachen hatten, aber nicht aus. Die Unruhen im Hochstift Speyer richteten sich gegen die Verordnungen des autoritär regierenden Fürstbischofs Damian August von Limburg-Stirum und hatten u. a. die Abschaffung kurz zuvor eingeführter Abgaben zum Ziel. In Mainz, wo nach einer der nicht eben seltenen Prügeleien zwischen Gesellen und Studenten im September 1790 der sog. Knotenaufstand ausbrach, strebten die aufständischen Handwerker vor allem die Rücknahme der kurfürstlichen Zunftordnung an, die ihre Privilegien beschnitt. Die Bürger der Stadt Kirchheim wiederum griffen 1790 wegen ihrer Beschwerden gegen den Fürsten von Nassau-Weilburg zu dem ganz reichsverfassungskonformen Mittel einer Klage beim Reichskammergericht. Die Regierungen reagierten zunehmend nervös, doch unmittelbar gefährdet war das Ancien Régime im Reich zu diesem Zeitpunkt noch nicht. Indes ist es nicht ohne Bedeutung, dass sich die Aufständischen, wenngleich oft unreflektiert, französischer Revolutionssymbole wie der Kokarde bedienten, das »Ça ira!« sangen oder sich ausdrücklich auf den Bastillesturm und eine antiaristokratische Programmatik nach französischem Vorbild bezogen – deutliche Zeichen für die Politisierung eines Teils der Bevölkerung.[58]

Der Konflikt mit dem revolutionären Frankreich

Durch die revolutionären Maßnahmen, insbesondere die Abschaffung der Feudalrechte (4. August 1789), wurden mehrere Reichsstände, die Güter im Elsass besaßen, geschädigt. Ein Dekret vom 15. März 1790 hob ausdrücklich alle Lehensrechte auch im Elsass auf, stellte den betroffenen Fürsten allerdings eine finanzielle Entschädigung in Aussicht. Nicht vorgesehen war ein solcher Ausgleich dagegen für die durch die Neugliederung der französischen Diözesen tangierten Reichsbischöfe (u. a. Speyer, Mainz, Trier), die auch deswegen zu besonders entschiedenen Gegnern der Revolution wurden. Mainz und Speyer brachten einen Antrag in den Reichstag ein, die französischen Maßnahmen als Rechts- und Friedensbruch zu deklarieren und die Souveränität des Reichs über das Elsass und Lothringen nach dem Stand des Jahres 1648 wiederherzustellen.

Ein weiteres Problem waren die vor der Revolution geflüchteten Emigranten, die sich in großer Zahl in den rheinischen Städten niederließen. Der trierische Hof in Koblenz wurde zeitweise zum Zentrum der französischen Royalisten, insbesondere nachdem

Clemens Wenzeslaus von Sachsen (1739–1812)

(GDKE Landesmuseum Mainz/ Ursula Rudischer)

Clemens Wenzeslaus von Sachsen war der jüngste Sohn des Kurfürsten von Sachsen und Königs von Polen Friedrich August II./August III. Zunächst schlug er eine militärische Laufbahn ein und nahm als Offizier am Siebenjährigen Krieg teil. Seine körperliche Konstitution bewog ihn dann aber, eine Karriere in der Reichskirche anzustreben, wie dies für nachgeborene Fürstensöhne nicht ungewöhnlich war. 1763 wurde er in Freising und Regensburg zum Fürstbischof gewählt. 1768 gab er diese beiden unter ökonomischen Gesichtspunkten wenig attraktiven Bistümer auf, um Kurfürst von Trier und Fürstbischof von Augsburg werden zu können. 1787 wurde er dann noch Fürstpropst von Ellwangen. Clemens Wenzeslaus genügte den Mindestanforderungen an einen Bischof, indem er 1764 die höheren Weihen empfing. Im Febronianismus-Streit lieh er seinem Generalvikar und Weihbischof Nikolaus von Hontheim seinen Schutz. Von seinen vielen Reformmaßnahmen ist unter anderem seine Verordnung von 1787, die einheimischen sog. »rheinischen« Reben durch den höherwertigen Riesling zu ersetzen, im kollektiven Gedächtnis geblieben. In den 1790er Jahren vollzog der Kurfürst unter dem Eindruck der Französischen Revolution, von der er sich als naher Verwandter des Königshauses auch persönlich betroffen fühlte, einen deutlichen Politikwechsel. Er stellte seine Reformen ein und nahm zahlreiche Emigranten in Koblenz auf. Endgültig 1794 floh er vor den Franzosen nach Augsburg. Durch den Reichsdeputationshauptschluss von 1803 verlor er die ihm verbliebenen geistlichen Fürstentümer und starb 1812 in seinem Allgäuer Sommerschloss Marktoberdorf.

Kurfürst Clemens Wenzeslaus 1791 seine Neffen, die Brüder Ludwigs XVI., aufgenommen hatte. Diese richteten eine Art Exilregierung ein, stellten eine Armee von 20.000 Mann auf und suchten die europäischen Mächte zur Intervention in Frankreich zu bewegen – kein Wunder, dass in jenen Jahren »Coblentz« in der französischen Öffentlichkeit zum Synonym für die drohende Gegenrevolution avancierte. Ein zweiter Schwerpunkt der Emigranten war Worms.[59]

Die deutschen Großmächte ließen zunächst keine besondere Neigung erkennen, es wegen der Émigrés oder der Reichsrechte im Elsass auf einen Krieg mit Frankreich ankommen zu lassen. Zu denen, die nach der missglückten Flucht des französischen Königspaars im Juni 1791 zum Handeln drängten, gehörten Clemens Wenzeslaus von Trier und Friedrich Karl Joseph von Mainz. Im August 1791 erklärten sich auch Österreich und Preußen in der Pillnitzer Deklaration in diesem Sinne, wobei die verbündeten Rivalen von Anfang an Eroberungen auf Kosten des vermeintlich geschwächten Frankreich ins Kalkül zogen. Am 20. April 1792 erklärte Frankreich Österreich den Krieg, das nach dem überraschenden Tod Leopolds II. nun von dessen ältestem Sohn Franz regiert wurde.

Im Sommer 1792 wurde Franz II. als letzter römisch-deutscher Kaiser in Frankfurt gewählt und gekrönt. Im Anschluss fand in Mainz eine glanzvolle Fürstenversammlung statt, auf der neben vielen Feierlichkeiten über das Vorgehen gegen Frankreich verhandelt wurde. In Mainz wurde auch das berühmt gewordene Manifest des Herzogs von Braunschweig, des Oberbefehlshabers der Koalitionsarmee, ausgearbeitet und gedruckt, das durch seine Drohungen eine weitere Radikalisierung der Pariser Revolution bewirkte. Veröffentlicht wurde es am 25. Juli in Koblenz.[60]

Aus dem erwarteten militärischen Spaziergang der Koalitionsarmee nach Paris wurde bekanntlich nichts. Vielmehr besetzten nun die Revolutionstruppen die westlichen Reichsgebiete. Der Landauer Festungskommandant Custine rückte nach Norden vor, eroberte am 30. September Speyer, am 18. Oktober Oppenheim und am 21. Oktober nach dreitägiger Belagerung Mainz.

Die Mainzer Republik

Bereits am 22. Oktober wurde die Mainzer »Gesellschaft der Freunde der Freiheit«, besser bekannt als Jakobinerklub, gegründet, in einer vorauseilenden Reaktion auf ein Manifest Custines vom 23. Oktober, das den Mainzern die Befreiung von der »Sklaverei« anbot. In dieser Zeit erfolgte die Revolutionierung von Mainz und der anderen besetzten Gebiete noch ohne Druck; andererseits war unübersehbar, wo die Sympathien der Okkupanten lagen, in deren Gefolge auch Jakobiner aus dem Elsass in die Stadt kamen, die dort das »Evangelium der Freiheit« predigten.[61]

Diese Predigten stießen auf offene Ohren: Insgesamt 492 Mainzer schlossen sich dem Klub an. Das waren rd. 6 % der zum Beitritt berechtigten Männer, in absoluten Zahlen eine Minderheit, doch auch in Frankreich wurde ein höherer politischer Organisationsgrad nur selten erreicht. Die Leitung des Klubs lag in den Händen der akademisch gebildeten, aufgeklärten Eliten, wie Universitätsangehörigen, Beamten, Ärzten oder Geistlichen, vielfach Männern, die unter der kurfürstlichen Regierung wichtige Positionen bekleidet hatten. Zu den führenden Jakobinern zählten der Universitätsbibliothekar Georg Forster und die Professoren Mathias Metternich und Georg Wedekind.[62] Die Jakobiner bemühten sich nach Kräften, das revolutionäre Gedankengut in der Stadt zu verbreiten: Am 3. November 1792 wurde vor dem Stadtgericht der erste Freiheitsbaum gepflanzt und mit der Zerstörung des Gerichtssteins von 1462 die seinerzeitige Unterwerfung unter die kurfürstliche Stadtherrschaft symbolisch rückgängig gemacht. Symbolträchtig war auch die Auslage eines roten Buchs des Lebens, in das sich alle Mainzer einschreiben sollten, die für die Demokratie waren, und eines schwarzen Buchs der Sklaverei für Andersdenkende – natürlich blieb Letzteres leer, während sich in Ersteres über 1.000 Mainzer eintrugen.[63]

Jakobiner

Der Begriff »Jakobiner« leitet sich ab vom Pariser Dominikanerkloster St. Jacques, das ab Dezember 1789 dem bedeutendsten der im Gefolge der Französischen Revolution entstandenen politischen Klubs, der »Gesellschaft der Freunde der Verfassung«, als Versammlungsort diente. Der Jakobinerklub, der eine stufenweise Radikalisierung erlebte, bestand bis 1794. Den Höhepunkt seines Einflusses erreichte er unter der Herrschaft Robespierres. Schon vorher schossen überall im Land »Gesellschaften der Freunde der Verfassung«, die sich eng mit dem Pariser Mutterklub verbanden, wie Pilze aus dem Boden, darunter auch in Landau und nach der französischen Eroberung in Mainz, Speyer und Worms. Auch außerhalb des französischen Machtbereichs wurden ab 1790 revolutionsfreundliche politische Klubs gegründet. Die seit den 1960er Jahren zeitweise sehr kontroverse Forschungsdiskussion um die deutschen Jakobiner und ihre Bedeutung hat sich mittlerweile beruhigt. Dank zahlreicher Einzelstudien, unter anderem zur Mainzer Republik (Franz Dumont), ist man zu differenzierten Einschätzungen gelangt. Es wird allgemein gewürdigt, dass die Französische Revolution und ihre Rezeption in Deutschland einen Politisierungsschub bewirkten, der sich in den Jakobinern verkörperte. Zugleich ist aber einzuräumen, dass mit dem Begriff »Jakobiner« sehr unterschiedliche Gruppierungen mit höchst disparaten Zielsetzungen bezeichnet wurden (und werden) und dass es sich bei diesen um kleine Zirkel handelte, die keineswegs die Unterstützung der Masse des Volks genossen.

Jakobiner gab es auch auf dem Land. Diese »Landjakobiner« gehörten typischerweise nicht zu den Unterschichten, sondern zu den Dorfeliten. Im Übrigen lässt sich kein einheitliches Bild erkennen. Es gab Dörfer wie das »revolutionäre Musterdorf« Wöllstein, die das neue Gedankengut bereitwillig aufnahmen. Andere lehnten es strikt ab. Tendenziell waren die Landjakobiner weniger an Programmen als an konkreten Veränderungen interessiert, nicht zuletzt an der Abschaffung der Feudallasten, und wurden ungeduldig, als sich diese verzögerte.[64]

Angesichts dermaßen heterogener, diffuser und oftmals widersprüchlicher Erwartungen an die neue Ordnung überrascht es nicht, dass sich die Euphorie bei vielen bald wieder legte. Der Großteil der Bevölkerung verharrte in politischer Passivität oder dezidierter Ablehnung des jakobinischen Programms. Zudem ging um die Jahreswende 1792/93 die freiheitliche Phase der Mainzer Revolution zu Ende. Dafür waren verschiedene Faktoren verantwortlich: So hatte die Radikalisierung der Revolution in Paris, wo sich bereits die »Diktatur der Freiheit« am Horizont abzeichnete, Auswirkungen auf die Politik gegenüber den besetzten Gebieten. Am 15. Dezember 1792 beschloss der Konvent, dass diese notfalls mit Zwang der Freiheit zugeführt werden müssten. Zudem waren die Besatzer von Mainz unzufrieden mit der Kooperationsbereitschaft der weiter amtierenden kurfürstlichen Behörden. Auch die Mainzer Jakobiner drängten auf den Umsturz der Verhältnisse.

Im Januar 1793 trafen Kommissare des Pariser Konvents und des Exekutivausschusses in Mainz ein, um dort die Wahl von Munizipalitäten und eines Verfassungsgebenden Konvents in die Wege zu leiten. Die potentiellen Wähler, alle Männer ab 21 Jahren, hatten einen Eid auf die revolutionären Prinzipien Volkssouveränität, Freiheit und Gleichheit zu leisten, bevor sie zur Stimmabgabe zugelassen wurden. Nur in wenigen Gemeinden erfolgten Eidleistung und Wahl freiwillig. Obwohl die französischen Kommissare die führenden Opponenten deportieren ließen und drohten, die Kanonen auf die Stadt zu richten, gaben in Mainz nur 8 % der Wahlberechtigten ihre Stimme ab. Daran hatte auch eine Verlängerung der Wahl um zwei Tage nichts geändert. Die Quoten in Worms und Speyer lagen zwar etwas höher, doch auch hier hatten die Franzosen mit Drohungen nachhelfen müssen. Die speyerischen Dörfer Deidesheim und Weyher ließen sich notariell beglaubigen, nur unter Zwang zu Schwur und Wahl geschritten zu sein. Andernorts legten die Männer bereitwillig den verlangten Eid ab und wählten, so in Wöllstein, Ober-Olm und Nackenheim.

Schließlich schickten lediglich 125 der rd. 700 rheinhessischen und pfälzischen Gemeinden Abgeordnete zum Rheinisch-Deutschen Nationalkonvent, der sich am 17. März 1793 im Mainzer Deutschhaus konstituierte. Bereits am nächsten Tag rief der Konvent eine vom Heiligen Römischen Reich unabhängige Republik aus, der jedoch eine nur kurze Existenz beschieden war. In der Erkenntnis, dass der neue Freistaat auf sich allein gestellt nicht lebensfähig sei, beschloss das Mainzer Parlament am 21. März die Vereinigung mit der französischen Mutterrepublik. Drei Abgeordnete, unter ihnen Georg Forster, wurden nach Paris geschickt, um dem Konvent die Reunion der Mainzer Republik anzutragen, der dieses Angebot am 30. März 1793 einstimmig annahm. Bevor die Inkorporation jedoch vollzogen werden konnte, stand Mainz schon unter der Belagerung der Koalitionstruppen, denen es nach heftigem Bombardement am 23. Juli 1793 übergeben wurde. Durchgeführt wurde dagegen die schon am 14./15. März beschlossene Angliederung Bergzaberns an Frankreich.

Auch wenn die Mainzer Republik eine Episode blieb, stellt sie im Rahmen der Geschichte der deutschen Demokratie eine wichtige Etappe dar. Sie unterschied sich wesentlich von der älteren Form des deutschen Republikanismus, wie er in den oligarchisch regierten Reichsstädten zum Tragen kam. Mainz war der erste und bis zu den Revolutionen von 1848 und 1918 einzige Ort in Deutschland, an dem die Ideale von Freiheit, Gleichheit und Volkssouveränität jedenfalls dem Anspruch nach verwirklicht wurden. Damit war die Versammlung, die am 17. März 1793 im Mainzer Deutschhaus zusammentrat, das erste moderne Parlament auf deutschem Boden.

Das Ende des Ancien Régime

Die Restauration des Ancien Régime in den linksrheinischen Gebieten war nur kurzzeitig erfolgreich, selbst wenn die Koalitionstruppen 1794 weit in die Pfalz vorstießen. Wohl setzten die zurückgekehrten Obrigkeiten umfangreiche Säuberungsaktionen in Gang, wurden die »Klubisten« nicht nur durch die Behörden, sondern auch durch ihre Mitbürger verfolgt. Im Oktober 1794 aber besetzten die Franzosen – und zwar endgültig – Koblenz, Bingen und Worms, im Juni 1795 fiel Luxemburg; schließlich war das von den Österreichern gehaltene Mainz der einzige Brückenkopf der Koalition links des Rheins.[65]

Für die rechtsrheinischen Reichsgebiete, die nicht in die nach dem französisch-preußischen Frieden von Basel (1795) eingerichtete norddeutsche Neutralitätszone einbezogen waren, ging der Krieg weiter. Sie wurden zum Aufmarschgebiet für die Truppen Österreichs. Diese wurden im Juni 1796 bei Altenkirchen von den Franzosen geschlagen, die in der Folge die Kontrolle über die Wetterau erlangten. Erst 1797 stimmte Wien im Frieden von Campo Formio (wie 1795 schon Preußen) in einem geheimen Artikel der Abtretung der linksrheinischen Reichsgebiete und der Entschädigung der betroffenen weltlichen Fürsten durch Säkularisationen zu. Außerdem verpflichtete sich Franz II., einige von seinen Truppen gehaltene Festungen zu räumen, darunter den Ehrenbreitstein und vor allem Mainz. Am 30. Dezember 1797 zogen die Franzosen in die Stadt ein: für einige Zeitgenossen ein Fanal für das Ende des Alten Reiches.[66]

Joseph Görres zur Übergabe von Mainz

Ein Beleg dafür, welchen Widerhall die Übergabe von Mainz fand, ist das spöttische Zeugnis des aus Koblenz stammenden Publizisten Joseph Görres: »Am dreissigsten Dezember 1797 am Tage des Übergangs von Mainz, nachmittags um drei Uhr starb zu Regensburg in dem blühenden Alter von 955 Jahren 5 Monaten, 28 Tagen, sanft und seelig an einer gänzlichen Entkräftung und hinzugekommenen Schlagflusse, bei völligem Bewusstseyn und mit allen heiligen Sakramenten versehen, das heilige römische Reich schwerfälligen Andenkens.«[67]

Infolge des Zweiten Koalitionskrieges (1799/1800) kam es erst 1801 zum Reichsfriedensschluss von Lunéville, der im Wesentlichen die Bestimmungen von Campo Formio bestätigte. Der Reichsdeputationshauptschluss vom Februar 1803 regelte die Entschädigung der weltlichen Fürsten durch Säkularisationen, so dass auch rechts des Rheins nun eine Umwälzung der Besitz- und Herrschaftsverhältnisse erfolgte. Das verbliebene Territorium des Kurfürstentums Trier sowie der Hochstifte Worms und Speyer wurde aufgeteilt. Das Kerngebiet des Mainzer Oberstifts um Aschaffenburg verblieb dem Kurerzkanzler Karl Theodor von Dalberg unter dem Titel eines Fürstprimas bis 1814.[68]

Zu einem vorläufigen Abschluss kam die territoriale Neuordnung infolge der Gründung des Rheinbunds und der Niederlegung der römisch-deutschen Kaiserkrone durch Franz II. (1806). Damals verloren die Grafen von Wied und Holzappel ihre Unabhängigkeit und fielen unter die Herrschaft Nassaus, das bereits 1799 Sayn-Hachenburg erworben und durch den Reichsdeputationshauptschluss von 1803 seine Besitzungen im Westerwald um kurtrierisches Gebiet sowie Altenkirchen erweitert hatte.[69] Damit war das definitive Ende des Ancien Régime auch für die Gebiete an der Lahn und im Westerwald gekommen.

1 Vgl. WINTERHAGER, Haus 2001.
2 Vgl. DOTZAUER, Geschichte 2001, S. 378–385; LANGBRANDTNER, Landstuhl 1991, S. 90–97.
3 Vgl. allgemein BLICKLE, Bauernkrieg 1998; zur Pfalz ALTER, Aufstand 1998.
4 Vgl. DOBRAS, Stadt 1999, S. 242–246; ALTER, Aufstand 1998.
5 Siehe den Beitrag von Helga Schnabel-Schüle »Kirchen und Konfessionen« in diesem Band.
6 Vgl. GANZER/ZUR MÜHLEN, Akten 2002.
7 Vgl. SCHAAB, Geschichte Bd. 2 1992, S. 25–28; DECOT, Religionsfrieden 1980, S. 66–107.
8 Vgl. GOTTHARD, Säulen Teilbd. 2 1999, S. 559 f.
9 Vgl. LUTZ, Christianitas 1964; DOTZAUER, Raum 1993, S. 51 f., 56.
10 Vgl. umfassend GOTTHARD, Religionsfrieden 2004; zur Bedeutung für unsere Region JÜRGENSMEIER, Religionsfrieden 2007; WOLGAST, Kurpfalz 2007.
11 Vgl. SCHAAB, Geschichte Bd. 2 1992, S. 43–56; WOLGAST, Faktoren 2007.
12 Vgl. LITZENBURGER, Kurfürst 1985, besonders S. 219–312; ERNST/SCHINDLING, Union 2010.
13 Vgl. SCHAAB, Geschichte Bd. 2 1992, S. 109–116; WOLF, Winterkönig 2003.
14 Zu Mainz vgl. MÜLLER, Staat 1979; BRENDLE, Erzkanzler 2011.
15 Vgl. WEBER, Kurtrier 1969.
16 Vgl. DOTZAUER, Raum 1993, S. 108 ff.; zu Trier ABMEIER, Sötern 1986.
17 Vgl. BRENDLE, Rolle 2002.
18 Vgl. zu den spezifisch »rheinland-pfälzischen« Bestimmungen des Westfälischen Friedens DOTZAUER, Raum 1993, S. 110 ff.; allgemein STOLLBERG-RILINGER, Reich 2006, S. 84 ff.
19 Vgl. DOTZAUER, Raum 1993, S. 110, 116 f.; OSCHMANN, Exekutionstag 1991; SCHNETTGER, Reichsdeputationstag 1994, S. 177–195.
20 Vgl. BRENDLE, Rolle 2002; SCHNETTGER, Reichsdeputationstag 1994, S. 141–170.
21 Vgl. SCHNUR, Rheinbund 1955; SCHNETTGER, Reichsdeputationstag 1994, S. 269–353.
22 Vgl. SELLIN, Finanzpolitik 1978; SCHAAB, Geschichte Bd. 2 1992, S. 124–140.
23 Vgl. DOTZAUER, Wildfangstreit 1984 (die Zahlen zu den Bevölkerungsanteilen der Wildfänge S. 95).
24 Vgl. LEBIGRE/SPRINGLER, Liselotte 1997.
25 Vgl. DOTZAUER, Raum 1993, S. 131 f.; REITZEL, Leibniz 1961.
26 Vgl. MÜLLER, Wien 1968; DOTZAUER, Raum 1993, S. 131 f., 147–154; BRAUN, Hegemonie 2008, S. 41 ff.
27 Aufstellung der reunierten Gebiete nach DOTZAUER, Raum 1993, S. 156, 160.
28 Vgl. DOTZAUER, Raum 1993, S. 155–160; zum allgemeinen Kontext BRAUN, Hegemonie 2008, S. 47 ff.; zu Montroyal jetzt auch ZELTER, Mont Royal 2007.
29 Vgl. ARETIN, Reich Bd. 1 1993, S. 280–309.
30 Vgl. WYSOCKI, Kurmainz 1961; DOTZAUER, Raum 1993, S. 158–164; O'CONNOR, Negotiator 1978.
31 Vgl. ARETIN, Reich Bd. 2 1997, S. 15–25; DOTZAUER, Raum 1993, S. 161–164.
32 Vgl. ARETIN, Reich Bd. 2 1997, S. 28–32.
33 Vgl. CÉNAT, Ravage 2005; DOTZAUER, Raum 1993, S. 158–164; O'CONNOR, Negotiator 1978.
34 Vgl. MÜLLER, Gemeinden 2005, S. 32 f.
35 Vgl. DOTZAUER, Raum 1993, S. 168 f.; PLASSMANN, Krieg 2000, S. 124–347.
36 Vgl. DOTZAUER, Raum 1993, S. 169 f.
37 Vgl. HERRMANN, Religionspolitik 1985; ARETIN, Reich Bd. 2 1997, S. 41–51.
38 Vgl. DOTZAUER, Raum 1993, S. 182 f.
39 Vgl. ebenda, S. 183 ff.; PLASSMANN, Krieg 2000, S. 366–473.
40 Vgl. ARETIN, Reich Bd. 2 1997, S. 171 f., 272 f.
41 Vgl. ebenda, S. 165–170, 272–295; FLEGEL, Religionsdeklaration 2006; zu Zweibrücken ADAM, Pfalz-Zweibrücken 2010.

42 Vgl. DOTZAUER, Raum 1993, S. 255 f.
43 Vgl. SCHMIDT, Kurfürst 1963.
44 Vgl. DUCHHARDT, Wahl 1968; DERS., Eltz 1969, S. 9–90.
45 Vgl. DOTZAUER, Raum 1993, S. 198 ff., 219 ff., 257.
46 Vgl. ebenda, S. 201 f.; zu Pfalz-Zweibrücken AMMERICH, Grenzverhandlungen 1978.
47 Vgl. SCHLÖSSER, Erzkanzler 1986.
48 Vgl. DOTZAUER, Raum 1993, S. 258 ff.
49 Zum Österreichischen Erbfolgekrieg in der Region vgl. SPIES, Schlacht 1993.
50 Vgl. DOTZAUER, Raum 1993, S. 237–240.
51 Vgl. ebenda, S. 212, 241, 281 f.
52 Vgl. ausführlich BUDDRUSS, Deutschlandpolitik 1995; zu Pfalz-Zweibrücken AMMERICH, Umworben 1996.
53 Vgl. ARETIN, Reich Bd. 3 1997, S. 183–212.
54 Vgl. ebenda, S. 245–249.
55 Vgl. JÜRGENSMEIER, Frieden 2002, S. 434–437.
56 Vgl. ARETIN, Reich Bd. 3 1997, S. 254–265.
57 Vgl. ebenda, S. 333–370.
58 Vgl. die einschlägigen Beiträge in BERDING, Unruhen 1988; zu Kirchheim auch WILHELM, Nassau-Weilburg 2007, S. 221–224.
59 Vgl. ARETIN, Reich Bd. 3 1997, S. 379 ff.; zu Koblenz HENKE, Coblentz 2000; zu Worms DUMONT, Worms 2005, S. 358 ff.
60 Vgl. ARETIN, Reich Bd. 3 1997, S. 383–389.
61 Vgl. umfassend SCHÜTZ/DUMONT, Jakobiner 1982; DUMONT, Republik 1993.
62 Zur Rolle der Mainzer Universitätsangehörigen im Jakobinerklub vgl. auch SCHWEIGARD, Liebe 2005, S. 242–252.
63 NEUGEBAUER-WÖLK, Buch 1993.
64 Zu den Ereignissen in Worms, Speyer und auf dem Land vgl. neben DUMONT, Republik 1993, auch STANJURA, Reden Bd. 1 1997, S. 67–93, 99–119, 165–175.
65 Vgl. SCHÜTTE, Kriegsereignisse 1976; WISCHEMANN, Belagerung 2003; HEINZ, Festung 2004.
66 Vgl. BRAUN, Reich 2008, S. 22 ff.
67 GÖRRES, Schriften 1928, S. 95.
68 Vgl. AMMERICH, Aussehen 2003.
69 Vgl. GENSICKE, Landesgeschichte 1987, S. 330, 336, 338, 344, 346.

Die Territorien im Überblick

Von Matthias Schnettger

Ein Flickenteppich?

Der Blick auf die politische Landkarte des Heiligen Römischen Reiches deutscher Nation in der Frühen Neuzeit suggeriert das Bild einer Unzahl nebeneinanderstehender, weitgehend unverbundener politischer Einheiten oder gar »Staaten«. Bisweilen wird immer noch das vorrevolutionäre Reich als ein territorialer Flickenteppich gezeichnet, wo das »Ausland hinter jedem Hügel« begann, als eine Ansammlung von Duodezfürstentümern, die unter der Herrschaft von »absolutistisch« regierenden »Westentaschenfürsten« standen.[1] Derartige Aussagen erscheinen zunächst durchaus plausibel, zumal schon manche Zeitgenossen ähnliche Kritik äußerten.[2] Dennoch sollten sie kritisch hinterfragt werden, weil sie dazu tendieren, in anachronistischer Weise den Nationalstaat des 19. und 20. Jhs. zum überzeitlich gültigen Ideal zu erheben, an dem auch die territorialen und staatlichen Strukturen älterer Epochen zu messen sind. Zudem besteht die Gefahr zu übersehen, dass es sich bei den Territorien des Alten Reichs eben nicht um eigenständige, souveräne Staaten handelte.

Auch ist die komplexe Territorialstruktur des Alten Reichs nicht grundsätzlich als Defizit anzusehen, sondern es sind die Frei- und Handlungsspielräume zu würdigen, die dadurch auf dem Boden des Alten Reichs entstanden. Ulrich Rosseaux hat dies für den Bereich der Kommunikation und Medien vor einigen Jahren auf die Formel gebracht: »Vielfalt durch Kompliziertheit«.[3] Die Territorialstaaten wurden oft auch von Zeitgenossen durchaus positiv eingestuft; ja, neben einer auf Kaiser und Reich bezogenen Identität, dem »Reichspatriotismus«, gab es (abgesehen von anderen Referenzgrößen wie Dorf oder Stadt, Familie, Glaubensgemeinschaft, Zunft etc.) verbreitet auch einen auf das jeweilige Territorium gerichteten Landespatriotismus.

Dieser Befund darf auch für den Raum des heutigen Rheinland-Pfalz Geltung beanspruchen, der von einer Vielzahl sehr unterschiedlicher Territorien geprägt war, von den vornehmsten Gliedern des Alten Reichs, den Kurfürsten, hinunter bis zu den kleinsten wie den Reichsrittern. Der folgende Abschnitt soll einen Überblick über diese Territorien geben. Dies ist kein Selbstzweck, denn die Vielgestaltigkeit des heutigen Bundeslandes erklärt sich nicht zuletzt aus der Territorialstruktur der älteren Epochen. In der Frühen Neuzeit wurden Differenzen, die sich bis zum Ende des Mittelalters herausgebildet hatten, vielfach nicht nur bewahrt, sondern zum Teil noch verschärft, insbesondere im Gefolge der Reformation.

Bei diesem Überblick über die Territorien an Rhein und Mosel, im Hunsrück, in der Eifel, im Westerwald und im Pfälzer Wald gilt es dem Umstand Rechnung zu tragen,

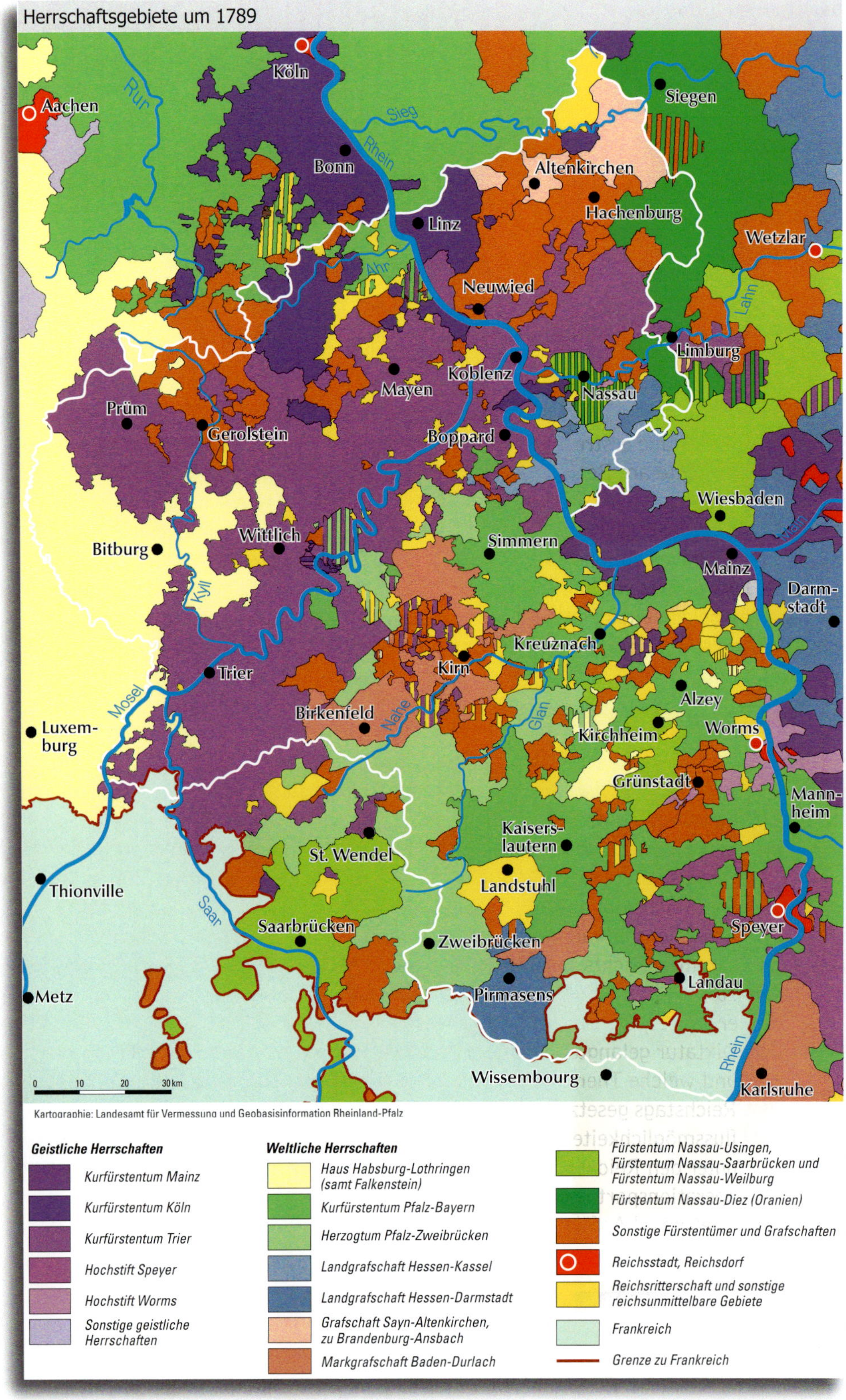

Herrschaftsgebiete um 1789

dass sich die frühneuzeitlichen Territorien natürlich nicht an den Grenzen der heutigen Bundesländer orientierten. Insofern ist es erforderlich, bei ihrer Betrachtung immer wieder über das heutige Rheinland-Pfalz hinauszublicken. Auf diese Weise wird zugleich sichtbar, wie wenig man für die Frühe Neuzeit von einer einheitlichen und geschlossenen Geschichtslandschaft Rheinland-Pfalz sprechen kann, wie eng die hier interessierende Region vielmehr mit anderen Geschichtslandschaften verbunden war.

1. Die geistlichen Kurfürstentümer

Kurmainz

Die vornehmsten Fürsten des Reiches waren die Kurfürsten, unter denen die geistlichen Kurfürsten von Mainz, Trier und Köln die ersten Ränge einnahmen. Der Kurfürst-Erzbischof von Mainz galt gar als der »zweite Mann im Reich« nach dem Kaiser.[4] Die Mainzer Erzdiözese ließ immer noch das riesige Missionsbistum des Bonifatius erkennen und erstreckte sich bis Nordhessen und Thüringen; die Mainzer Kirchenprovinz reichte am Beginn der Neuzeit sogar von Verden an der Aller im Norden bis nach Chur im Süden. Der weltliche Besitz des Kurerzbischofs war wesentlich schmaler und über die gesamte Erzdiözese zerstreut. Außer dem Eichsfeld und Erfurt, den hessischen Exklaven Amöneburg und Fritzlar sowie der Bergstraße (bis 1463, erneut seit 1623) waren dies vor allem das Oberstift um Aschaffenburg und das die westlichen Besitzungen beiderseits des Rheins umfassende Niederstift, rechtsrheinisch vor allem der Rheingau sowie Oberlahnstein und das Amt Königstein (seit 1581).[5]

Der Mainzer Kurfürst als »zweiter Mann im Reich«

Dass der Mainzer Kurfürst von der Forschung immer wieder als »zweiter Mann« im Reich bezeichnet wird, liegt an seinem Amt des Erzkanzlers »per Germaniam«. Daraus leitete sich eine Fülle von Vorrechten ab, vom Direktorium bei Kurfürsten- und Reichstagen über einen beachtlichen Einfluss auf Besetzung und Amtsführung der Reichshofkanzlei bis hin zu Aufsichtsfunktionen über die Kanzlei des Reichskammergerichts und die Pressezensur. Es war der Mainzer, der seine Mitkurfürsten zu Wahltagen einlud und damit eine Kaiser- oder Königswahl in die Wege leitete; er war es, der darüber entschied, welche Eingaben bei der Reichstagskanzlei zur Diktatur gelangten und damit offiziell vom Reich zur Kenntnis genommen wurden und welche Themen dann mittels der »Ansagezettel« auf die Tagesordnung des Reichstags gesetzt wurden. Dies sind nur einige Beispiele, die die beachtlichen Einflussmöglichkeiten des Kurerzkanzlers aufzeigen. Seine herausgehobene Stellung unter den Reichsständen machte den Mainzer Kurfürsten zu einem gefragten Kooperationspartner der kaiserlichen Politik, aber auch zu ihrem potentiellen Gegenspieler und Anführer der reichsständischen Opposition.

Westlich des Rheins herrschten die Mainzer Kurfürsten über nicht viel mehr als ihren Metropolitansitz selbst mit seinem unmittelbaren Vorland, außerdem das Amt Bingen, das sich bis nach Niederheimbach erstreckte. Allerdings war Bingen durch das kurpfälzische Ingelheim von Mainz abgeschnitten. 1663 löste Kurfürst Johann Philipp von Schönborn die Pfandschaft über das im Zuge der Mainzer Stiftsfehde (1467) verlorengegangene Neu-Bamberg ein, hatte sich jedoch in der Folge mit konkurrierenden kurpfälzischen Ansprüchen auseinanderzusetzen. Den Konflikt beendete erst 1717 ein pfälzisch-mainzischer Vertrag, der Neu-Bamberg dem Mainzer Kurfürsten zusprach. Über einige Gebiete, sog. Kondominate, herrschte der Mainzer Kurfürst gemeinsam mit anderen Fürsten, so beispielsweise mit Nassau-Saarbrücken über Wöllstein, Gumbsheim und Pleitersheim.[6]

Auch wenn der Großteil seiner Besitzungen jenseits des Rheins lag – das politische, geistliche und geistige Zentrum des Kurfürstentums war Mainz, während die Nebenresidenz Aschaffenburg an Bedeutung einbüßte. In Mainz lag die Metropolitankirche des Kurerzbischofs, hatten die Zentralbehörden ihren Sitz und bestand seit 1477 eine Landesuniversität. Die aus dem 15. Jh. stammende Martinsburg wurde im 16. Jh. um Kanzleigebäude und die Schlosskapelle Sankt Gangolf erweitert, ab 1627 begann Erzbischof Georg Friedrich von Greiffenclau mit der Errichtung des heutigen kurfürstlichen Schlosses. Weitere repräsentative Bauten des Landesherrn (Lustschloss Favorite) sowie der führenden Adelsfamilien und das in der zweiten Hälfte des 17. Jhs. neu angelegte Bleichenviertel machten Mainz zu einer glänzenden Residenzstadt. Ab 1655 wurde Mainz zugleich zu einer der stärksten Festungen im Alten Reich ausgebaut und kann, gemessen an den Maßstäben der Zeit, durchaus zu den deutschen Großstädten gerechnet werden (etwa 16.000 Einwohner um 1710, 28.000 Einwohner um 1786).

Kurtrier Territorial wesentlich geschlossener als das Mainzer Kurfürstentum präsentierte sich das Erzstift Trier, das sich seit dem späten Mittelalter beiderseits der Mosel und bis in den Westerwald hinein ausgedehnt hatte. Das Zentrum des Oberstifts war der Metropolitansitz Trier, Hauptstadt des Niederstifts Koblenz. Limburg an der Lahn bildete den äußersten östlichen Vorposten des Erzstiftes. Einen wesentlichen territorialen Zuwachs erlangte das Herrschaftsgebiet der Trierer Kurfürsten durch die Einverleibung der Fürstabtei Prüm (1576). Auch der Trierer Kurfürst hatte eine Reihe von Territorien als Kondominate mit anderen Fürsten inne. Von diesen war das Kröver Reich an der Mittelmosel das bedeutendste. Obwohl die Trierer Kurfürsten nur mit einem Drittel an der Herrschaft beteiligt waren, wahrten sie ihre Interessen in diesem Kerngebiet ihres Herrschaftsraums mit großer Entschiedenheit.

Auch der Trierer Kurfürst konnte sich mit einem Erzkanzlertitel (»per Galliam«) schmücken, doch dieser Titel war in der Frühen Neuzeit ebenso ohne praktische Bedeutung wie der Erzkanzlertitel »per Italiam« des Kölner Kurfürsten. Er verweist jedoch auf die starke Orientierung des Trierer Kurerzbischofs nach Westen, zu dessen Erzdiözese Luxemburg gehörte und dessen Suffragane die lothringischen Bistümer Metz, Toul und Verdun waren.[7]

Nicht außer Acht gelassen werden dürfen die wichtigen geostrategischen Veränderungen, welche das Erzstift im Verlauf der Frühen Neuzeit erlebte. Zunächst ist der Nachbar im Westen anzusprechen: Schon im Spätmittelalter war hier unter dem Haus Burgund eine beachtliche Macht entstanden, die 1441 auch das Herzogtum Luxemburg einbezog. Infolge der alten luxemburgischen Schutzrechte über Trier und die Abtei Sankt Maximin war dies aus kurfürstlicher Sicht eine bedrohliche Entwicklung. Als 1477/82 der Großteil des burgundischen Erbes an die Habsburger fiel, wurden diese zu kurtrierischen Nachbarn. Vom 16. bis zum beginnenden 18. Jh. bildeten die Niederlande einen Teil des spanischen Weltreichs, anschließend gehörten sie den österreichischen Habsburgern. Einerseits waren die Statthalter der habsburgischen Niederlande ein sicherer Rückhalt für die Katholizität Kurtriers. Andererseits galt es, sich vor den Bevormundungs- und Einmischungsversuchen dieses übermächtigen Nachbarn zu hüten, von denen die Gefangennahme des Kurfürsten Philipp Christoph von Sötern (1635) nur einen Höhepunkt markiert.

Insgesamt gelang den Trierer Kurfürsten in der zweiten Hälfte des 16. Jhs. eine Festigung ihrer landesherrlichen Position. Ein langwieriges Problem stellte aber der Anspruch der Abtei Sankt Maximin dar, nicht der kurfürstlichen Landeshoheit zu unterstehen, sondern reichsunmittelbar zu sein. Dieser Anspruch war umso gefährlicher, als er regelmäßig Rückhalt bei den spanischen Königen als Herzögen von Luxemburg fand. Erst 1669, in einer Schwächephase der spanischen Herrschaft über die Niederlande, unterwarfen sich Abt und Konvent von Sankt Maximin endgültig der Trierer Landeshoheit.[8]

Im Verlauf der Frühen Neuzeit wurde Frankreich zu einem zweiten mächtigen Nachbarn des Erzstifts. 1552 erwarb es das Reichsvikariat über die Reichsstädte Metz, Toul und Verdun, und in den folgenden Jahrzehnten gerieten auch die lothringischen Hochstifte und damit alle Suffragane Triers unter französische Kontrolle – ein Gewinn, der 1648 durch den Westfälischen Frieden bestätigt wurde. Zudem wurde nach mehrfacher Besetzung das Herzogtum Lothringen 1766 endgültig französisch. Besonders stark fühlbar wurde der französische Druck zur Zeit der Reunionen und des Pfälzischen Erbfolgekrieges. Auch deswegen verschob sich seit dem ausgehenden 17. Jh. das territoriale Schwergewicht des Kurstaats immer deutlicher vom exponierten Trier hin zu den am Rhein gelegenen Residenzen Koblenz und Ehrenbreitstein. Am Ende des 18. Jhs. umfasste das Erzstift eine Fläche von etwa 151 Quadratmeilen mit 280.000 Einwohnern.[9]

Kurköln

Auch das dritte geistliche Kurfürstentum, Köln, dessen territorialer Schwerpunkt freilich am Niederrhein und in Westfalen lag, hatte einige Besitzungen auf dem Gebiet des heutigen Rheinland-Pfalz.[10] Sie wurden alle dem Kölner Oberstift zugerechnet, wie Ahrweiler in der Eifel, Altenwied im Westerwald, Linz und Rhens am Mittelrhein sowie Zeltingen und Rachtig an der Mosel. Außerdem verfügte der Kölner Kurfürst in unserem Raum über umfangreiche Lehnsrechte, die sich bis nach Bretzenheim an der Nahe erstreckten. Zudem bestand unter den drei geistlichen Kurfürsten in der Regel eine rege Korrespondenz und häufig auch enge politische Kooperation, so dass Kurköln in der Frühen Neuzeit zu den bedeutenden politischen Kräften am Mittelrhein, in der Eifel und im Westerwald gerechnet werden konnte. Umgekehrt beobachteten die Anrainer des Mittelrheins die Entwicklung im nördlichsten geistlichen Kurfürstentum stets aufmerksam. Köln war nicht nur das einzige geistliche Kurfürstentum, das zwei ernsthafte Reformationsversuche erlebte (1543–1547, 1582/83), sondern wurde im Unterschied zu Mainz und Trier, wo der reichsritterliche Adel dominierte, mit Ausnahme weniger Jahre von 1583 an stets von Angehörigen der großen katholischen Dynastien regiert: von 1583–1761 von bayerischen Wittelsbachern und seit 1784 von einem Habsburg-Lothringer.

2. Das Kurfürstentum Pfalz und die Länder der pfälzischen Nebenlinien

Kurpfalz Die frühneuzeitliche Geschichte des Kurfürstentums Pfalz verlief wesentlich bewegter als die der geistlichen Kurstaaten.[11] Dies hing zum einen mit einer Reihe von dynastischen Wechselfällen zusammen, zum anderen mit der zeitweise äußerst dynamischen Reichs- und Außenpolitik der Pfälzer Kurfürsten. Am Beginn der Frühen Neuzeit war der Pfalzgraf bei Rhein der vornehmste weltliche Kurfürst (mit Ausnahme des nur bei Kaiser- und Königswahlen in Erscheinung tretenden Königs von Böhmen). Er hatte das Erztruchsessenamt inne und war während eines Interregnums Reichsvikar in den Gebieten des fränkischen Rechts, d. h. im Süden und Westen des Reichs. Bis ins 17. Jh. herrschten die Pfälzer Kurfürsten auch über die Oberpfalz. Ihre Hauptresidenzen, zunächst Heidelberg und später Mannheim, lagen rechts des Rheins. Große Teile der Gebiete, die zur heutigen Pfalz gehören, wurden dagegen von Nebenlinien des Pfälzer Kurhauses regiert oder unterstanden anderen Herrschaftsträgern. Immer wieder fielen Pfälzer Teilterritorien an die Hauptlinie heim, wurden aber infolge neuer Erbteilungen wieder von der Kurpfalz getrennt – wobei gemäß der Goldenen Bulle von 1356 die eigentlichen Kurlande, u. a. Heidelberg, Mannheim, Kaub und Bacharach, unteilbar waren und ungeteilt blieben. Zudem bildeten die Rheinpfälzer Territorien kein geschlossenes Herrschaftsgebiet, da es den Kurfürsten nicht gelang, den regionalen Adel ihrer Herrschaft zu unterwerfen. Durch eine Fülle unterschiedlicher Rechtstitel, wie Schirmverträge, Belehnungen oder das sog. Wildfangrecht, vermochten die Pfälzer Kurfürsten ihre Herrschaftsansprüche aber auch über ihre Landesgrenzen hinaus zur Geltung zu bringen. Die kurpfälzischen Territorien waren zwar nicht besonders ausgedehnt, besaßen jedoch aufgrund ihrer Lage am Rhein eine außerordentliche strategische und ökonomische Bedeutung.

Der Aufstieg der Kurpfalz, der sich im späten Mittelalter scheinbar unaufhaltsam vollzogen hatte, erlitt im Landshuter Erbfolgekrieg (1503–1505) einen herben Rückschlag. Aus dem erhofften niederbayerischen Erbe verblieb den Pfälzern lediglich das 1509 gegründete Herzogtum Pfalz-Neuburg, auch »Neue« oder »Junge Pfalz« genannt. Pfalz-Neuburg sollte in der Geschichte der Kurpfalz mehrfach eine wichtige Rolle spielen, so schon 1556, als nach dem Erlöschen der älteren Kurlinie Ottheinrich von Pfalz-Neuburg die Nachfolge in der Kur antrat. Seine dreijährige Regierung war weit mehr als ein Intermezzo, nicht zuletzt deswegen, weil er der Reformation in der Kurpfalz endgültig zum Sieg verhalf.

Mit Friedrich III., dem Frommen, der 1559 dem söhnelosen Ottheinrich nachfolgte, gelangte das Haus Pfalz-Simmern, die älteste überlebende Seitenlinie aus der Landes-

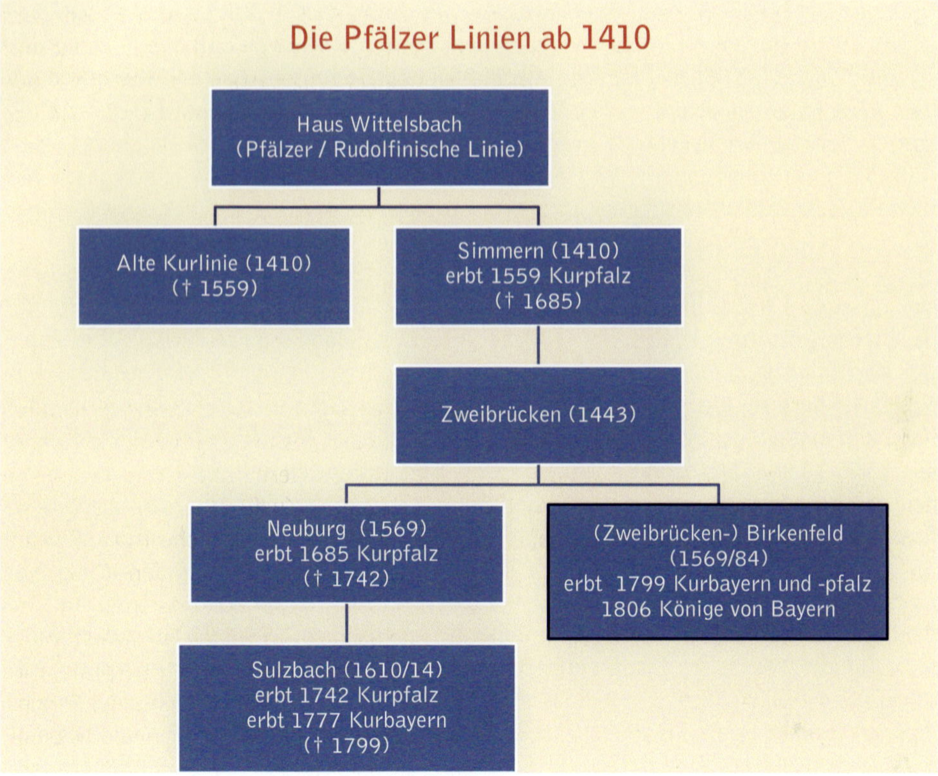

teilung von 1410, zur Regierung in Heidelberg. Nach dem Tod der jüngeren Brüder Friedrichs wurde Simmern 1598 mit der Kurpfalz vereinigt, und damit waren die Familienbesitzungen auf dem Hunsrück mit den eigentlichen Kurlanden verbunden. Doch schon 1576 war es zu einer neuen Landesteilung gekommen, als infolge des Testaments Friedrichs III. durch Pfalzgraf Johann Kasimir, den jüngeren Sohn Friedrichs, das Nebenland Pfalz-Lautern um Kaiserslautern, Neustadt und Böckelheim begründet wurde. Allerdings traf das Testament zugleich Vorkehrungen für den Zusammenhalt des Landes, indem manche kurpfälzischen Institutionen, wie das Ehe- und das Appellationsgericht, auch für das Nebenland zuständig sein sollten. Zudem war die Pfalzgrafschaft Lautern kurpfälzisches Lehen. Mit dem Tod Johann Kasimirs 1592 fiel sie an die Kurlinie zurück. Letztmals wurde 1618 eine Landesteilung vorgenommen, als Pfalzgraf Ludwig Philipp, Sohn Friedrichs IV., bei seiner Volljährigkeit ein eigenes Teilfürstentum erhielt, das im Wesentlichen aus den früheren Lauterer und Simmerner Gebieten bestand (bis 1674). Wie schon 1576 blieb das Nebenland dem Kurfürsten untergeordnet. Ebenfalls 1618 legte das Testament Friedrichs V. für die Zukunft die Primogenitur als Erbfolgeprinzip fest.

Unter dem Haus Pfalz-Simmern erlebte die Kurpfalz eine der bewegtesten Epochen ihrer Geschichte, als der Heidelberger Hof als Vorkämpfer des Calvinismus europäische Politik zu machen versuchte, im Dreißigjährigen Krieg aber kläglich scheiterte. Als Karl Ludwig, der älteste Sohn des unglücklichen »Winterkönigs« Friedrich V., nach jahrzehntelangem Exil 1649 die Herrschaft in Heidelberg antreten konnte, war seine Machtstellung nicht mehr mit der seiner Vorgänger vergleichbar. Die Oberpfalz blieb verloren, und statt der an Bayern verlorengegangenen fünften Kurwürde und des Erztruchsessenamts musste er mit der weniger vornehmen neugeschaffenen achten Kurwürde und dem Erzschatzmeisteramt vorliebnehmen. Zudem erhob Bayern Anspruch auf das bislang pfälzische Reichsvikariat »vacante imperio«, also das Amt des Reichsverwesers während eines Interregnums im Heiligen Römischen Reich. Der »Vikariatsstreit« zwischen den beiden Wittelsbacher Linien konnte erst 1745/52 endgültig beigelegt werden, indem man sich auf eine abwechselnde Führung des Vikariats einigte.

Der partiellen Erholung der Kurpfalz unter Karl Ludwig (reg. 1649–1680) folgten neue Krisen, die ihren Höhepunkt im Pfälzischen Erbfolgekrieg (1688–1697) erlebten. Die Nachfolge der 1685 erloschenen Linie Simmern trat Philipp Wilhelm aus dem Haus Pfalz-Neuburg an, der bereits über die Herzogtümer Berg und Jülich herrschte. Dies war nicht einfach der Wechsel zu einer weiteren Linie der Rudolfinischen Wittelsbacher wie 1556 oder 1559, denn die Neuburger waren katholisch und bestrebt, ihren Glaubensgenossen in ihrem neuen Kurfürstentum Vorteile zu verschaffen. Dies führte in den folgenden Jahrzehnten zu heftigen Konflikten, die auf das ganze Reich ausstrahlten.

Faktisch wurde die Kurpfalz in der ersten Zeit der pfalz-neuburgischen Herrschaft wie ein Nebenland regiert, denn Kurfürst Johann Wilhelm (reg. 1690–1716) zog es vor, in seiner niederrheinischen Hauptstadt Düsseldorf zu residieren. Sein Bruder und Nachfolger Karl Philipp (reg. 1716–1742) verlegte seinen Hof aufgrund der Spannungen mit den Heidelberger Calvinisten nach Mannheim, das unter seinem Nachfolger Karl Theodor von Pfalz-Sulzbach (reg. 1742–1799) eine außerordentliche Glanzzeit erlebte. Dieser Glanz strahlte auch auf die Gebiete links des Rheins aus. 1777 war diese Blüte allerdings vorbei, als Karl Theodor das Erbe seiner bayerischen Vettern antrat und nach München übersiedelte. Aufgrund dieses Erbgangs erlosch damals nach den Bestimmungen des Westfälischen Friedens die pfälzische Kurwürde. Wie seine beiden Vorgänger hatte auch Karl Theodor keine legitimen überlebenden Söhne, und so folgte ihm 1799 Maximilian Joseph von Pfalz-Zweibrücken nach, der unter seiner Regierung alle Wittelsbacher Länder vereinte. Allerdings waren zu diesem Zeitpunkt die linksrheinischen Besitzungen längst vom revolutionären Frankreich erobert.

Pfalz-Simmern

1459 durch Friedrich, den ältesten Sohn Stefans von Zweibrücken, begründet, war der Linie Simmern, wie gezeigt, eine große Zukunft als »mittlere Kurlinie« des Hauses Pfalz beschieden. Aber auch in ihren Stammlanden waren die Simmerner Herzöge ausgesprochen aktive Landesherren, namentlich Johann II. (reg. 1509–1557), der auch auf Reichsebene höchstes Ansehen genoss. Sein ältester Sohn Friedrich II. (reg. 1557–1559) führte die Reformation ein. Als er – als Kurfürst Friedrich III. – 1559 die Sukzession in Heidelberg antrat, folgten ihm in Simmern nacheinander seine jüngeren Brüder Georg und Reichard. Die prächtige Hofhaltung Reichards führte zu einer Verschuldung des Landes, die schließlich 250.000 Gulden erreichte. Da er keine überlebenden Kinder hatte, fiel mit seinem Tod 1598 Simmern an die Kurpfalz, worauf unverzüglich das calvinistische Bekenntnis eingeführt wurde. Ein neues, allerdings in größerer Abhängigkeit von der Kurpfalz stehendes Pfalz-Simmern-Lautern wurde, wie erwähnt, 1618 durch Pfalzgraf Philipp Ludwig begründet. Wie sein kurfürstlicher Bruder Friedrich V., den er bei seinem böhmischen Abenteuer unterstützte, wurde er von Kaiser Ferdinand II. geächtet und verlor alle seine Besitzungen. 1631 im Windschatten der Schweden zurückgekehrt, musste er sein Land bereits 1634 wieder verlassen. Erst durch den Westfälischen Frieden erhielt Philipp Ludwig seine Herrschaft zurück, hatte sich jedoch nun seines Neffen Karl Ludwig zu erwehren, der in seinen Bemühungen, die kurpfälzischen Kriegsverluste auszugleichen, auch vor dem Territorium seines Onkels nicht zurückschreckte. 1654 kam auf dem Regensburger Reichstag ein Vergleich zustande, der den simmernschen Anteil um ein Fünftel der Vorderen Grafschaft Sponheim, zwei Drittel des Amtes Stromberg sowie das Stift Kaiserslautern verkleinerte.[12] Die Konflikte mit Heidelberg dauerten unter dem letzten, in Sobernheim oder im Simmerner Hof in Kreuznach residierenden Herzog Ludwig Heinrich an. Nach seinem Tod 1674 fiel Simmern als Oberamt an die Kurpfalz zurück.[13]

Pfalz-Zweibrücken

Von einer weiteren Nebenlinie der Wittelsbacher wurde das 1410 im Zuge der großen pfälzischen Erbteilung geschaffene Herzogtum Zweibrücken regiert.[14] In der Mitte des 15. Jhs. traten die Zweibrücker Herzöge das Erbe der Grafschaft Veldenz an, deren Gebiet in der Frühen Neuzeit im Wesentlichen das Oberamt Meisenheim bildete. Meisenheim diente auch als zweibrückische Nebenresidenz. Im Vergleich zu den jüngeren Nebenlinien bewahrten sich die Zweibrücker ein

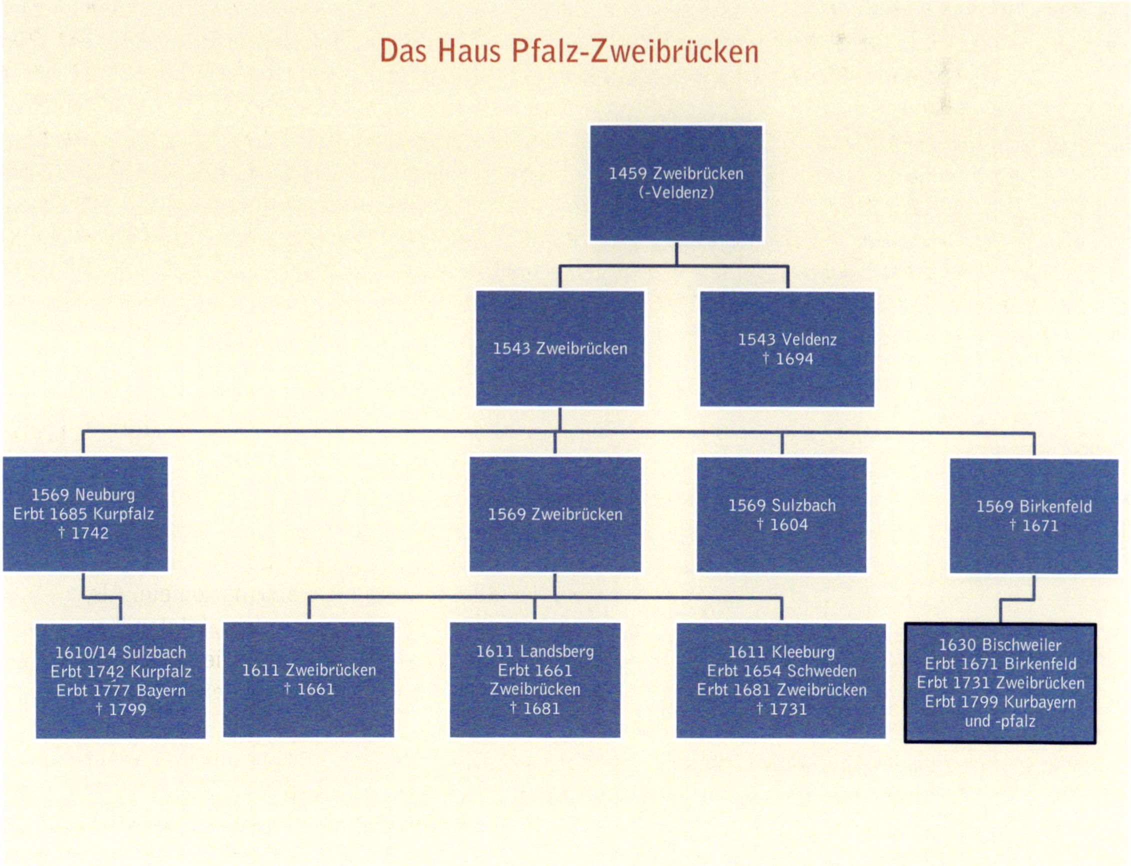

deutlich größeres Eigengewicht gegenüber den Pfälzer Kurfürsten. Dies zeigte sich beispielsweise in der Reformationszeit, als Pfalzgraf Ludwig II. (reg. 1514–1532) als erster linksrheinischer Fürst offen für die neue Lehre eintrat. Das Haus Pfalz-Zweibrücken brachte auch seinerseits eine Reihe von teils kurzlebigen Nebenlinien hervor, zunächst 1543 die Linie Pfalz-Veldenz (bis 1694). In den folgenden beiden Generationen begründeten die jüngeren Brüder bzw. Söhne Johanns I. die Linien Neuburg und Birkenfeld (1569) bzw. Landsberg und Kleeburg (1604).

Im 17. Jh. erlangten die Herzöge von Zweibrücken-Kleeburg, die Nachkommen Pfalzgraf Johann Kasimirs und der schwedischen Prinzessin Katharina Wasa, europäische Bedeutung, denn der älteste Sohn aus dieser Ehe wurde 1654 als Karl X. Gustav König von Schweden. Sein deutsches Erbherzogtum reichte Karl Gustav an seinen Bruder Adolf Johann I. weiter. 1681 beerbte Karl XI. von Schweden das Haus Zweibrücken-Landsberg, das seinerseits 1661 das Erbe der Zweibrücker Hauptlinie angetreten hatte. Er konnte aber die Herrschaft über Zweibrücken zunächst nicht ausüben, weil er die französische Oberhoheit über das unterdessen reunierte Herzogtum nicht anerkennen wollte. Von 1693 bis zum Tod des kinderlosen Karls XII. (1718) wurde das Herzogtum dann aber von schwedischen Statthalterinnen oder Statthaltern regiert. Am bedeutendsten war der bis heute in der lokalen Überlieferung präsente Generalgouverneur Gabriel Turesson Oxenstierna (1697/99–1707), der sich nach dem Pfälzischen Erbfolgekrieg eifrig um den Wiederaufbau von Stadt und Land bemühte. 1714–1718 war Zweibrücken zugleich der Sitz des polnischen Exkönigs und schwedischen Verbündeten Stanislaus Leszczynski, dessen über 100 Personen umfassender Hofstaat zwar viel Glanz in die Stadt brachte, für das Land aber eine erhebliche Belastung bedeutete. 1718 fiel das Herzogtum an Pfalzgraf Gustav Samuel Leopold, mit dessen Tod die Linie Zweibrücken-Kleeburg 1731 erlosch. Das Erbe trat Christian III. aus der Linie Birkenfeld an; damit waren die Zweibrücker Lande wiedervereinigt. Allerdings musste Christian die kurpfälzischen Erbansprüche durch einige Gebietsabtretungen (Lauterecken, Veldenz, Stadecken) abgelten. Als ihre Stammlande 1799 längst von den französischen Revolutionstruppen besetzt waren, traten die Herzöge von Zweibrücken als letzte überlebende Linie des Hauses Wittelsbach das Erbe Kurfürst Karl Theodors von Pfalzbayern an und stiegen somit zu Kurfürsten und 1806 zu Königen von Bayern auf.

3. Geistliche Fürstentümer

Hochstift Worms

Über ein extrem kleines Hochstift geboten die Bischöfe von Worms. Sie waren im Spätmittelalter allmählich aus ihrer Bischofsstadt hinausgedrängt worden und verfügten nun nur noch über den Dombezirk sowie einige mehr oder weniger symbolische Rechte. Der Großteil des Hochstifts, das am Ende des 18. Jhs. acht Quadratmeilen umfasste und auf 20.000 Einwohner geschätzt wurde, lag rechts des Rheins. An die frühere Bedeutung der Wormser Bischöfe erinnerte, dass sie Kreisdirektoren im Oberrheinischen Reichskreis waren. Sie gerieten aber unter wachsenden Druck des mächtigen kurpfälzischen Nachbarn, den das Wormser Domkapitel nicht zuletzt dadurch auszubalancieren suchte, dass es seit der Mitte des 17. Jhs. meistens Mainzer oder Trierer Kurfürsten zu Fürstbischöfen wählte, die Worms als eine Art Nebenland in Personalunion regierten. 1705 kam es unter den Brüdern Kurfürst Johann Wilhelm von der Pfalz und Fürstbischof Franz Ludwig von Pfalz-Neuburg zu einem Gebietsaustausch, bei dem Worms endgültig auf die frühere Residenzstadt Ladenburg verzichtete. Bischof Franz Ludwig ließ in Worms eine neue Residenz errichten, die im Verlauf der Französischen Revolution zerstört wurde.[15]

Hochstift Speyer

Auch das Hochstift Speyer hatte seinen territorialen Schwerpunkt im Rechtsrheinischen. Dort lagen mit Udenheim (Philippsburg) und später Bruchsal die Residenzen des Fürstbischofs. Ein wichtiges linksrheinisches Zentrum war Deidesheim. Auch Speyer gehörte zu den kleineren Hochstiften des Reichs. Bei der Bevölkerungsaufnahme von 1530 wurden 28.240 Menschen gezählt. Im Zuge der Reunionen geriet der südliche Teil der linksrheinischen Besitzungen endgültig unter französische Souveränität. Auch wenn sich die Fürstbischöfe dauerhaft dem Treueid gegenüber dem Allerchristlichsten König zu entziehen vermochten, drang die französische Administration in diesen Gebieten allmählich immer weiter vor.[16]

Weitere geistliche Stände

Ein geistlicher Reichsstand mit umfangreichem, doch sehr zerstreutem Besitz auf dem Gebiet des heutigen Rheinland-Pfalz war der Deutsche Orden. Die Bemühungen der Trierer Kurfürsten, die Koblenzer Ordensballei ihrer Landesherrschaft zu unterwerfen, führten nicht zum Erfolg. Vielmehr gelang es der dem Kurrheinischen Reichskreis zugerechneten Ballei auch ohne eigenes Territorium ihren reichsunmittelbaren Status und ihren Sitz auf der rheinischen Prälatenbank des Reichstags zu behaupten. Einige Besitzungen des Deutschen Ordens in der Pfalz, wie die Kommende Einsiedeln bei Kaiserslautern, gehörten zur Ballei Lothringen.[17] Von der Präsenz des Deutschen Ordens zeugt bis heute das Mainzer Deutschhaus, der Sitz des rheinland-pfälzischen Landtags. Die Eifeler Fürstabtei Prüm wurde 1576 dem Kurfürstentum Trier einverleibt. Der Fürstäbtissin von Essen unterstand das Ländchen Breisig, wobei die Vogteirechte beim Herzog von Jülich lagen.[18]

4. Weltliche Fürsten, Grafen und Herren

Luxemburg

Der äußerste Westen des heutigen Bundeslandes Rheinland-Pfalz um Bitburg und die Herrschaft Bruch war in der Frühen Neuzeit ein Teil des Herzogtums Luxemburg, das seinerseits zu den Spanischen, ab 1713 Österreichischen Niederlanden gehörte, also den in Brüssel residierenden Statthaltern unterstellt war. Eine zwar periphere Provinz des Habsburgerreichs, wurde dieses Land doch immer wieder in die Konflikte des Hauses Österreich mit Frankreich hineingezogen und stand als Teil des Burgundischen Reichskreises in einer nur lockeren Beziehung zum Heiligen Römischen Reich deutscher Nation. Ab 1684 gehörte Luxemburg zu den von Frankreich reunierten Gebieten, wurde aber 1697 im Frieden von Rijswijk an Spanien zurückgegeben. Ein kurtrierisch-luxemburgisches Kondominium war Densborn; in dem luxemburgisch-trierischen Lehen Malberg setzte sich die luxemburgische Landeshoheit durch.[19]

Arenberg Aufs engste mit den Spanischen Niederlanden verbunden war das Adelsgeschlecht Arenberg. Ihre Eifeler Stammburg Aremberg, heute ein Teil der Verbandsgemeinde Adenau, war Zentrum einer kleinen reichsunmittelbaren Herrschaft, die am Ende des 18. Jhs. ein Areal von vier Quadratmeilen mit 508 Häusern und 2.918 Einwohnern umfasste. Ihren Aufstieg verdankten die Arenberger ihren Verbindungen in die Niederlande, wo sie seit dem 15. Jh. umfangreiche Güter erwarben. Nach dem Erlöschen des Hauses von der Mark-Arenberg im Mannesstamm (1544) trat die Linie Ligne-Arenberg das Erbe an. Die treuen Dienste der Arenberger für die Habsburger wurden mit dem Grafentitel (1509), der Fürstung (1576) und schließlich der Erhebung in den Herzogsrang (1644) vergolten. Die Arenberger besaßen außer ihrem Stammland weitere Güter in der Eifel, darunter 1556–1657 und 1677–1724 als kurkölnische Pfandschaft Nürburg, seit 1674 die Vogtei Fleringen und seit 1773 Saffenburg. Seit 1674 partizipierten sie als Erben der Grafen von der Mark an dem Kondominium Neunkirchen. Der Schwerpunkt ihrer Besitzungen und Aktivitäten lag allerdings dauerhaft in den Niederlanden. Ihre Stammburg suchten die Arenberger eher selten auf, ließen aber die 1682 von den Franzosen gesprengten Gebäude in den 1720er Jahren wiederaufbauen und trugen sich noch 1789 mit Plänen eines repräsentativen Neubaus, die aufgrund der Französischen Revolution aber nicht umgesetzt wurden. Regiert wurde das Herzogtum en miniature von einem auch als Statthalter bezeichneten Oberamtmann.[20]

Neuenahr Ein bedeutendes Territorium, dessen Ausläufer bis auf das Gebiet des heutigen Rheinland-Pfalz reichten, war das Herzogtum Jülich, das zu Beginn der Frühen Neuzeit mit den Herzogtümern Berg und Kleve sowie den Grafschaften Mark und Ravensberg ein stattliches Territorienkonglomerat im deutschen Nordwesten bildete. 1546 gelangten die in Düsseldorf residierenden Herzöge in den Besitz der Grafschaft Neuenahr, die seitdem mit Jülich vereint blieb und 1614 gemeinsam mit dem Herzogtum an das Haus Pfalz-Neuburg fiel, dem katholischen Zweig der Wittelsbacher, der 1685 die Nachfolge in der Kurpfalz antrat.[21]

Virneburg Die Eifelgrafschaft Virneburg war ein kurtrierisches Lehen und seit 1424 in Personalunion mit der Herrschaft Saffenburg an der Ahr verbunden. Nach dem Aussterben der Herren von Virneburg (1545) fiel das Erbe an Dietrich V. von Manderscheid-Schleiden. Dessen Sohn Dietrich VI. führte um 1559 die Reformation ein. Nach dem Erlöschen der Linie Manderscheid-Schleiden kam es nach 1593 zu langwierigen Erbstreitigkeiten, aus denen in Virneburg 1615 Gräfin Elisabeth von Manderscheid-Schleiden und ihr Mann Christoph Ludwig von Löwenstein-Wertheim als Sieger hervorgingen. Eine Besonderheit dieses Grafenhauses bzw. seiner evangelischen Linie, die sich nach dem Erwerb Virneburgs Löwenstein-Wertheim-Virneburg nannte, war, dass sie bis zum Ende des 18. Jhs. an der alten Praxis der Gesamtherrschaft festhielt. Virneburg, dessen namengebende Burg 1689 von französischen Truppen zerstört wurde, war ein vergleichsweise armes Territorium, dessen Einkünfte beim Übergang an Frankreich (1794) auf 17.600 Gulden pro Jahr geschätzt wurden.[22]

Saffenburg

Die an der Ahr gelegene Herrschaft Saffenburg hingegen, ein kurkölnisches Lehen, fiel nach dem Aussterben des Hauses Manderscheid-Schleiden nicht an die Löwenstein-Wertheimer, sondern wurde 1593 von Graf Philipp von der Mark, dem Gemahl Katharinas von Manderscheid-Schleiden, erobert. 1611 leisteten die Manderscheider endgültig Verzicht auf Schleiden und Saffenburg. Eine Besonderheit der Herrschaft Saffenburg war, dass sie nach der Trennung von dem zum Niederrheinisch-Westfälischen Kreise gerechneten Virneburg keinem Reichskreis zugeordnet war, also als kreisfrei galt. Sie war jedoch seit 1653/54 Mitglied im Niederrheinisch-Westfälischen Grafenkollegium. Während des Spanischen Erbfolgekrieges war die Landesherrschaft der Grafen von der Mark bedroht, denn der als Offizier in französischen Diensten stehende Graf Ludwig Peter Engelbert von der Mark wurde von Kaiser Joseph I. wegen Hochverrats aller seiner Besitzungen enthoben. Da Saffenburg und Schleiden durchgängig französisch besetzt waren, war das Urteil jedoch nicht vollstreckbar, und nach dem Frieden von Utrecht (1713) wurde der Graf wieder in alle seine Rechte eingesetzt. 1773 brachte nach dem Aussterben des Hauses Mark im Mannesstamm die Erbtochter Luise Margarethe Saffenburg in ihre Ehe mit Herzog Karl Maria Raimund von Arenberg ein.[23]

Gerolstein

Die Grafschaft Gerolstein war im späten Mittelalter an das Haus Manderscheid gekommen und wurde seit der Erbteilung von 1488 von der Linie Manderscheid-Blankenheim-Gerolstein regiert, die sich 1533 wiederum in eine Blankenheimer und eine Gerolsteiner Linie spaltete. Die Grafen von Manderscheid-Gerolstein, die 1670 die Lehnshoheit der Herzöge von Jülich anerkennen mussten, starben 1697 aus, und die Blankenheimer, die sich fortan Grafen von Manderscheid-Blankenheim-Gerolstein nannten, traten das Erbe an. 1780 starb der letzte Manderscheider Joseph Franz Georg Ludwig, der im vorgerückten Alter von 59 Jahren aus Gründen der Familienräson seine Karriere in der Reichskirche aufgegeben und die junge Gräfin Charlotte Fugger geheiratet hatte. Da seine Ehe jedoch kinderlos geblieben war, fiel Gerolstein mit dem übrigen Manderscheider Besitz an Graf Philipp Christian aus dem böhmischen Geschlecht der Sternberg. Dieser war nach seiner Heirat mit Augusta von Manderscheid-Blankenheim-Gerolstein (1762) in die Eifel gezogen und hatte sich auf den Regierungsantritt in den Manderscheidischen Grafschaften vorbereitet. 1794 wurde das Grafenhaus von den französischen Revolutionstruppen vertrieben.[24]

Pyrmont

Die kleine Eifelherrschaft Pyrmont war seit 1525 im Besitz der Freiherren von Eltz. 1652/1710 wurde sie von den ursprünglich aus Flandern stammenden, aber schon seit dem 12. Jh. in der Eifel begüterten Freiherren von Waldbott-Bassenheim erworben. 1728 wurde Franz Kaspar von Waldbott-Bassenheim von Kaiser Karl V. in den Reichsgrafenstand erhoben. Ob Pyrmont reichsständische Qualität besaß, war aber umstritten: Als die Grafen 1774 einen Aufnahmeantrag in das Niederrheinisch-Westfälische Grafenkollegium stellten, waren sie nur bei dem katholischen Teil dieses im 18. Jh. gespaltenen Gremiums erfolgreich, während die protestantischen Grafen wegen unzureichender Standesqualität abwinkten. Tatsächlich war der reichsfreie Besitz der Bassenheimer, welcher der Herrschaft Pyrmont zugerechnet wurde, äußerst überschaubar und wurde 1798 außer dem Schloss auf nicht mehr als elf Höfe, zwei Mühlen und 80 Feuerstellen beziffert.[25]

Rheineck Noch kleiner war die dem Kurrheinischen Reichskreis zugerechnete Burggrafschaft Rheineck am Mittelrhein, ein kurkölnisches Lehen. Nachdem die namengebende Burg 1689 von den Franzosen zerstört worden und 1785 erneut abgebrannt war, bestanden die Besitzungen nur noch aus wenigen Bauernhöfen mit vielleicht 100 Untertanen sowie einem Stadthaus in Andernach. Was Rheineck wertvoll machte, war die damit verbundene Reichsstandschaft. Diese Qualität hatte 1654 den österreichischen Grafen Rudolf von Sinzendorf bewogen, die Burggrafschaft für 7.000 Dukaten dem Freiherrn Johann Philipp von Warsberg abzukaufen. Für Rheineck gehörten die Sinzendorf dem Niederrheinisch-Westfälischen Grafenkollegium an, beteiligten sich aber bis in die letzten Jahrzehnte des 18. Jhs. kaum an dessen Aktivitäten, da sie den geforderten Matrikularbeitrag von 12 Gulden für überzogen hielten.[26]

Winneburg-Beilstein Südlich der Mosel lag das Doppelterritorium Winneburg-Beilstein, ein kurtrierisches Lehen. Einen stattlichen Anteil des winneburg-beilsteinischen Besitzes machte die Beteiligung am »Dreiherrischen« aus, einem Kondominium mit Kurtrier und Sponheim. Als die Herren von Winneburg-Beilstein 1637 ausstarben, wurde das Lehen zunächst eingezogen, 1652 dann aber an die Grafen Metternich vergeben. Im folgenden Jahr wurde Winneburg-Beilstein Mitglied des Niederrheinisch-Westfälischen Reichsgrafenkollegiums. 1679 erreichte der Mainzer Kurfürst Karl Heinrich von Metternich-Winneburg die Erhebung seiner Familie zu Reichsgrafen von Winneburg-Beilstein. Ende des 18. Jhs. wurde die Zahl der Untertanen mit etwa 6.400 angegeben.[27]

Sponheim Eine Besonderheit der Territorialstruktur im frühneuzeitlichen Reich waren die Kondominate, also Gebiete, die von mehreren Landesherren gemeinsam beherrscht wurden. Dafür, wie wechselhaft sich die Geschicke solcher Kondominate entwickeln konnten, sind die Vordere und die Hintere Grafschaft Sponheim Paradebeispiele. In beiden Grafschaften traten nach dem Erlöschen des sponheimischen Hauses 1437 die Grafen von Veldenz und die Markgrafen von Baden die Nachfolge an, die das Land mit gleichem Nutzungsrecht regierten. Auf dem Erbweg fielen die Veldenzer Anteile schon 1444 an die Pfalzgrafen von Simmern. Aus der badisch-simmernschen Doppelherrschaft ausgeklammert war dagegen der kurpfälzische Anteil an der Vorderen Grafschaft, das sog. kurpfälzische Erbfünftel.

Vordere Grafschaft Sponheim In der Vorderen Grafschaft Sponheim mit ihrem Zentrum Kreuznach war die Position der badischen Markgrafen, die bereits 1462 genötigt waren, ihren Anteil an der Grafschaft an Kurpfalz zu verpfänden und sich damit für einige Jahrzehnte aus der Herrschaft verabschieden mussten, lange prekär. Allerdings konnten sie nach 1503 dank akuter finanzieller und politischer Probleme der Pfälzer Kurfürsten und zweier badisch-wittelsbachischer Ehen allmählich ihre alten Anteile zurückgewinnen. Seitdem bestand folgende nutzungsrechtliche Aufteilung der Vorderen Grafschaft: 1/5 Kurpfalz, 2/5 Pfalz-Simmern und 2/5 Baden. Im Gefolge der Glaubensspaltung verschärften sich die Spannungen unter den »Condomini« aufgrund ihrer Bestrebungen, die jeweils eigene Konfession auch in der Gemeinherrschaft durchzusetzen. Mit der Vereinigung der pfälzischen Anteile infolge der Erbfolge des Hauses

Simmern in Heidelberg 1559 erhielt die Kurpfalz endgültig ein deutliches Übergewicht in der Vorderen Grafschaft. Die badische Position wurde durch die zerrütteten Finanzen des Markgrafen Eduard Fortunatus aus dem katholischen Haus Baden-Baden weiter untergraben. Als dessen oberrheinische Lande 1594 von den Durlachschen Verwandten besetzt wurden, zog sich Eduard Fortunatus ins Sponheimische zurück. Nach dem Tod des Markgrafen, der betrunken von der Kastellauner Schlosstreppe gestürzt war, nahm der reformierte Kurfürst Friedrich IV. von der Pfalz die gesamte Vordere Grafschaft in Besitz, die als Oberamt Kreuznach dem Kurfürstentum angegliedert wurde, bis die auf Sponheim lastenden badischen Schulden beglichen seien.

Infolge der pfälzischen Niederlage zu Beginn des Dreißigjährigen Krieges und des kaiserlichen Schutzes erlangte das Haus Baden-Baden 1622 die Rückgabe seines Anteils und konterkarierte damit spanische Pläne, Kreuznach selbst zu behalten. Seit den Dreißigerjahren wechselten sich die Besatzer der Vorderen Grafschaft in rascher Folge ab, mit den entsprechenden Konsequenzen für die konfessionelle Ausrichtung des Gebiets. Nach dem Westfälischen Frieden setzte eine kaiserliche Kommission, bestehend aus Kurmainz und Hessen-Darmstadt, 1652 die endgültige Restitution Baden-Badens durch. Der pfälzische Anteil war 1618 der Nebenlinie Simmern zugefallen, doch nun erzwang Kurfürst Karl Ludwig die Rückgabe des alten Kurfünftels. Nach dem Erlöschen der simmernschen Nebenlinie (1674) waren alle drei Wittelsbacher Anteile wieder in kurpfälzischer Hand. Der Entschlossenheit Kurfürst Karls II. war es zu verdanken, dass in Kreuznach der französische Reunionsversuch missglückte (1681); zugleich wurde der badische Einfluss erneut zurückgedrängt.

Auch nach dem Übergang der Kurpfalz an die katholische Linie Neuburg fanden die beiden Mitbesitzer nicht zu einem gedeihlichen Miteinander. Vielmehr reiften die bis in die 1660er Jahre zurückreichenden Pläne einer Realteilung der Vorderen Grafschaft nun heran. Die 1702 begonnenen Verhandlungen führten 1707 zu einem Teilungsrezess, wonach Kurpfalz das Oberamt Kreuznach, Baden-Baden die Unterämter Kirchberg, Koppenstein und Naumburg sowie die rheinhessischen Dörfer Sprendlingen und St. Johann, aus dem Oberamt Simmern Denzen und Reckershausen sowie aus dem Oberamt Germersheim Neuburgweier erhielt, ferner die Aussicht auf eine weitere Entschädigung aus dem »Großen Soonwald«, die aber niemals erfolgte. Auch wenn es weiterhin Gemeinsamkeiten zwischen den Teilungsgebieten gab, wie das gemeinsame Votum auf dem Oberrheinischen Kreistag, ein gemeinsames Wappen und das gegenseitige Nachfolgerecht – die Kondominatszeit war vorbei.[28]

Hintere Grafschaft Sponheim

Obwohl zum Teil von denselben Akteuren geprägt, verlief die Geschichte der Hinteren Grafschaft Sponheim wesentlich anders als die der Vorderen Grafschaft. An der Hinteren Grafschaft hatten die Häuser Baden und Veldenz bzw. Pfalz-Simmern, ab 1559 Pfalz-Zweibrücken, gleiche Eigentumsrechte. Die Grafschaft verfügte über ein alles andere als geschlossenes Territorium und umfasste die Ämter Trarbach, Allenbach, Birkenfeld, Frauenberg, Herrstein, Dill, Kastellaun, Winterburg sowie die Burg Sponheim und die Vogtei Winningen, dazu Anteile am Kröver Reich und am »Dreiherrischen«. Infolge des Übergangs beider Herren zur Reformation wurde in der Hinteren Grafschaft ab 1557 die lutherische Konfession eingeführt. Spätere Konfessionswechsel, wie die Rückkehr des Hauses Baden-Baden zum

Katholizismus, vollzog die Bevölkerung nicht mit. Zeitweise residierten die »Condomini« auf dem hintersponheimischen Gebiet, so Eduard Fortunatus von Baden-Baden in Kastellaun (1595–1600). 1569/84 gelangten die pfalzgräflichen Anteile an die Zweibrücker Nebenlinie Birkenfeld, die in dem gleichnamigen Schloss zeitweise eine prächtige Hofhaltung entfaltete (bis 1734). Die Regierung der Hinteren Grafschaft hatte ihren Sitz in Trarbach. An ihrer Spitze stand ein im Wechsel von den »Condomini« berufener Oberamtmann, dem ab 1672 je ein pfälzischer und ein badischer Regierungsrat beigeordnet waren. Im selben Jahr wurde ein Konsistorium als oberste Kirchenbehörde eingerichtet. Übergeordnete Entscheidungen mussten einvernehmlich von beiden Herren gebilligt werden, doch besaß die Trarbacher Regierung eine gewisse Autonomie. Geteilt war die Finanzverwaltung: Es gab eine badische und eine pfälzische Rentkammer. Dennoch lässt sich im Gegensatz zur Vorderen für die Hintere Grafschaft festhalten: »Es wurde nicht gegen-, sondern miteinander regiert« (Winfried Dotzauer). Dies ist wohl dem Fehlen eines übermächtigen Mitbesitzers, wie im Fall der Vorderen Grafschaft der Kurpfalz, zu verdanken. Zur Zeit der Reunionen entbehrte die Hintere Grafschaft allerdings auch eines mächtigen Schutzes und fiel zeitweise unter die französische Hoheit.

Trotz der relativen Eintracht der Mitbesitzer wurde im 18. Jh. die Teilung auch der Hinteren Grafschaft anvisiert, und zwar auf Initiative Badens, das die Schaffung eines kompakten linksrheinischen Herrschaftsgebiets aus seinen vorder- und hintersponheimischen Anteilen anstrebte. Der Teilung widersetzte sich mit Unterstützung des »Corpus Evangelicorum«, also der evangelischen Reichsstände, zunächst das Haus Pfalz-Birkenfeld bzw. -Zweibrücken, um die Etablierung einer rein katholischen Landesherrschaft über einen Teil der lutherischen Hintersponheimer Untertanen zu verhindern. Als sich aber die konfessionellen Verhältnisse dadurch umkehrten, dass 1771 die lutherische Linie Baden-Durlach die Nachfolge in Baden-Baden antrat und 1775 mit Karl II. August in Zweibrücken ein katholischer Herzog zur Regierung gelangte, schwand der pfälzische Widerstand gegen die Teilung. 1776 wurde ein Vertrag unterschrieben, demzufolge Trarbach, Allenbach und Kastellaun mit den Anteilen am Kröver Reich und dem »Dreiherrischen« an Zweibrücken, dagegen Birkenfeld, Herrstein, Dill, Winterburg und Winningen an Baden fielen. Beide Eigentümer erhielten in ihrem jeweiligen Teilungsgebiet die volle Landeshoheit; das gegenseitige Nachfolgerecht blieb jedoch als Reminiszenz an die eine Hintere Grafschaft Sponheim bestehen. Außer den sponheimischen Anteilen und einigen Besitzungen im Luxemburgischen verfügte das Haus Baden links des Rheins auch über die Herrschaft Gräfenstein, bis 1557 als Kondominium mit den Leiningern. Nach der Zerstörung der Burg Gräfenstein (1635) wurde der Verwaltungssitz des Gräfensteiner Lands nach Rodalben verlegt.[29]

Kröver Reich

1780 wurde auch das »Dreiherrische«, bisher ein Kondominium von Kurtrier, der Hinteren Grafschaft Sponheim (seit 1776 Pfalz-Zweibrücken) und der Grafen von Metternich-Winneburg, aufgeteilt. Das Kröver Reich blieb dagegen bis zum Ende des Ancien Régime im gemeinsamen Besitz der Hinteren Grafschaft Sponheim (bzw. Pfalz-Zweibrückens) und des Kurfürstentums Trier. Als ehemaliges Reichsgut bewahrte es eine Reihe von Sonderrechten. Die langwierigen Konflikte um die Abgrenzung der gegenseitigen Rechte und Einkünfte kamen 1784 durch einen Vertrag zwischen Trier und Zweibrücken zu einem gewissen Abschluss.[30]

Hessische Besitzungen

Die Niedergrafschaft Katzenelnbogen war 1479 auf dem Erbweg an die Landgrafen von Hessen gefallen. Infolge der hessischen Erbteilung von 1567 wurde der Rheinfels unter Philipp dem Jüngeren erstmals Sitz eines hessischen Teilfürstentums, wo der Landgraf mit seiner Gemahlin Anna Elisabeth von der Pfalz einen prachtvollen Renaissancehof unterhielt. Nach seinem kinderlosen Tod kam der Großteil der Niedergrafschaft mit Rheinfels 1583 an Hessen-Kassel. Nachdem sich im Dreißigjährigen Krieg vorübergehend Hessen-Darmstadt in ihren Besitz gebracht hatte, fiel die Niedergrafschaft 1648 an Hessen-Kassel zurück. Sie wurde aber nicht der Administration der Kasseler Regierung unterstellt, die sich lediglich die Landeshoheit und das Besatzungsrecht in den Hauptfestungen Rheinfels und Katz vorbehielt, sondern der Nebenlinie Hessen-Rheinfels übertragen. Deren Begründer Ernst (1623–1693) konvertierte 1652 zum Ärger seiner calvinistischen Kasseler Verwandten zum Katholizismus und machte sich als Verfechter eines konfessionellen Ausgleichs im Reich einen Namen. Kleinere Teile der Niedergrafschaft mit der alten Stammburg selbst und dem Amt Braubach waren dauerhaft darmstädtisch.[31]

Hanau-Lichtenberg

Das Gebiet um Pirmasens war seit dem 15. Jh. Bestandteil der Grafschaft Hanau-Lichtenberg, deren territorialer Schwerpunkt in Buchsweiler im Niederelsass lag, und teilte das Schicksal des sog. Hanauer Landes. Pirmasens fiel der Reunionspolitik Ludwigs XIV. zum Opfer, wurde aber 1697 an das Reich zurückgegeben. Von 1642 bis 1685 und von 1712 bis 1736 war Hanau-Lichtenberg mit der Grafschaft Hanau-Münzenberg vereinigt. Als 1736 mit Johann Reinhard III. der letzte Graf von Hanau starb, kam Pirmasens infolge der Ehe seiner Tochter Charlotte Christine mit dem hessen-darmstädtischen Erbprinzen Ludwig (VIII.) als Teil des lichtenbergischen Erbes an das Haus Hessen-Darmstadt. Der älteste Sohn aus dieser Ehe, Landgraf Ludwig IX., hielt sich oft in seinem linksrheinischen Erbe auf und war ein besonderer Förderer von Pirmasens, dem er 1763 die Stadtrechte verlieh und das er zu einer ansehnlichen Residenz- und Garnisonsstadt ausbaute, die Ende des 18. Jhs. bereits um die 7.000 Einwohner hatte. Als Ludwig IX. 1790 in Pirmasens starb, war aber bereits die Französische Revolution ausgebrochen, die wenige Jahre später die hessische Herrschaft links des Rheins beendete.[32]

Wild- und Rheingrafen

Im Spätmittelalter hatte das Geschlecht der Rheingrafen, das sich, seit es Anfang des 15. Jhs. die Wildgrafen beerbt hatte, Wild- und Rheingrafen nannte, einen umfangreichen Besitz erworben. Dieser reichte von den Kerngebieten im Nahe-Hunsrück-Raum um Kirn, Dhaun und den Rheingrafenstein bis nach Lothringen und ins Elsass (u. a. Grafschaft Salm). Der Entwicklung eines mächtigen Territorialstaats standen aber nicht nur der fragmentarische Charakter der wild- und rheingräflichen Besitzungen entgegen, sondern insbesondere die zahlreichen Erbteilungen. Aufgrund der häufigen Spaltungen, Wiedervereinigungen und erneuten Trennungen ist die Geschichte dieser Dynastie und ihrer Besitzungen in der Frühen Neuzeit besonders unübersichtlich. Die erste neuzeitliche Teilung unter den Söhnen Johanns VI. führte 1515 zur Begründung der Linien (Alt-)Dhaun und (Alt-)Kyrburg, wobei ein Teil des Besitzes, wie Kirn und die einträglichen Bergwerke am Rheingrafenstein, Gemeingut blieb. In beiden Teilgrafschaften wurde nach dem Augsburger Religionsfrieden (1555) offiziell die Reformation eingeführt. Durch eine weitere Erbteilung entstanden 1574

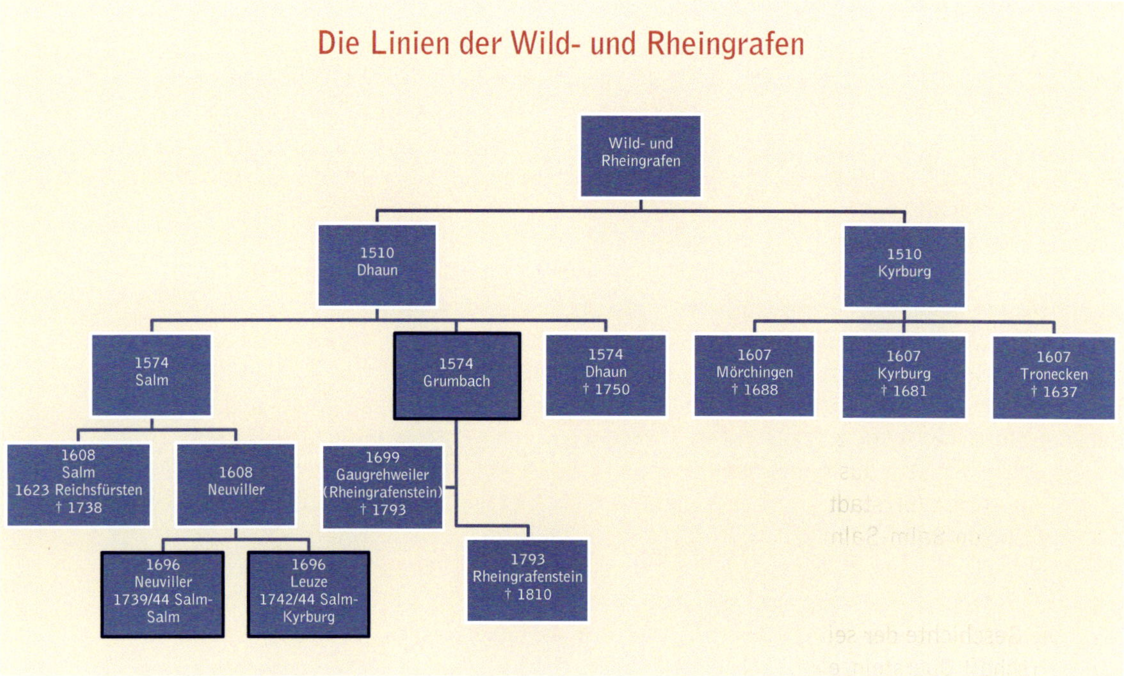

die Linien Salm, Grumbach und Dhaun. Die Kyrburger Linie spaltete sich nach einer ersten Teilung (1545) nach dem Tod Ottos I. (1607) in die Teillinien Kyrburg, Mörchingen und Tronecken/Dhronecken.

Die Mitglieder des wild- und rheingräflichen Hauses standen im Dreißigjährigen Krieg auf unterschiedlichen Seiten. Während sich Otto II. von Tronecken und Otto Ludwig von Mörchingen als schwedische Generäle einen Namen machten, stand der katholische Philipp Otto von Salm-Salm in habsburgischen Diensten und wurde 1623 in den erblichen Reichsfürstenstand erhoben. Eine solche Standeserhöhung blieb den übrigen Linien verwehrt, deren Zahl sich durch weitere Erbteilungen noch vermehrte. Als 1688 der Kyrburger Familienzweig ausstarb, wurden seine Besitzungen 1696 zwischen den Rheingrafen von Grumbach und Rheingrafenstein einerseits, dem Fürsten von Salm sowie der in den Niederlanden begüterten Nebenlinie Neuviller (Neufville) andererseits aufgeteilt. Mörchingen wurde als lothringisches Lehen dem wild- und rheingräflichen Haus entzogen und endgültig 1729 den weiblichen Nachkommen der älteren Kyrburger Linie zugesprochen. Um die Salmer Besitzungen kam es im 18. Jh. noch mehrfach zu Konflikten, einmal durch die Bestrebungen des katholischen Fürstenhauses, seinen Glaubensgenossen im Kyrburger Erbe Vorteile zu verschaffen, dann aufgrund des Aussterbens der Salmer Hauptlinie (1738). Erst 1744 einigten sich die beiden flandrischen Linien des Hauses vertraglich auf eine Erbteilung: Neuviller erhielt die gefürstete Grafschaft Salm und Leuze Kyrburg. Sie nannten sich fortan Reichsfürsten von Salm-Salm respektive Salm-Kyrburg. Weitere Erbstreitigkeiten brachen nach dem Aussterben der jüngeren Linie Salm-Dhaun (1750) aus, die erst 1783 auf dem Vertragsweg endgültig beigelegt werden konnten.

Als Resultat der zahlreichen Erbteilungen waren im 18. Jh. die Besitzverhältnisse in diesem Fürsten- und Grafenhaus höchst kompliziert. Die einzelnen Linien hatten neben Kerngebieten, über die sie allein verfügten, unterschiedliche Anteile an dem Gemeinbesitz. So besaßen um 1750 die Fürsten von Salm-Salm einen Anteil von einem Sechzehntel an Wörrstadt und einem Viertel an Windesheim. Die Linie Salm-Kyrburg baute Kirn (das sie erst ab 1790 allein besaß) zur Residenzstadt aus: Seit den 1760er Jahren entstanden u. a. die Regierungskanzlei, das Piaristenkloster, die Fürstliche Kellerei, eine Fayence-Manufaktur und das Schloss Amalienlust. Gute Verbindungen unterhielt Fürst Friedrich III. nach Versailles bzw. Paris, wo er ab 1782 das Hôtel de Salm, heute Palais der Ehrenlegion, errichten ließ. 1794 starb er unter der Guillotine. Auch Karl Ludwig und sein Sohn Karl Magnus aus der Linie Rheingrafenstein unterhielten eine prächtige Hofhaltung. Die aufgehäufte Schuldenlast brachte Karl Magnus 1775 aber eine siebenjährige Festungshaft in Philippsburg und die Einsetzung einer Sequesterverwaltung durch den Kaiser ein. 1783 verzichtete er zugunsten der Grumbacher Vettern auf die Herrschaft. Der letzte regierende Graf aus der Grumbacher Linie verlegte 1790 seine Residenz in das neue Schloss bei Wörrstadt. Durch den Reichsdeputationshauptschluss (1803) wurden die Fürsten von Salm-Salm und Salm-Kyrburg im Münsterland entschädigt.[33]

Oberstein

Auch die Geschichte der seit 1456 mit der Grafschaft Falkenstein verbundenen Herrschaft Oberstein, eines Trierer Lehens, verlief aufgrund dynastischer Wechselfälle recht turbulent. Wirich V. von Daun-Falkenstein (gest. 1546), ein bedeutender Heerführer und Diplomat, erlangte durch seine Heirat die Grafschaft Limburg und weiteren Besitz im Niederrheinisch-Westfälischen Reichskreis. Seine Söhne teilten das Erbe, wobei der ältere, Philipp, die Besitzungen an Niederrhein und Ruhr sowie Oberstein, der jüngere, Johann, Falkenstein erhielt. Philipp II. bekannte sich 1552 offiziell zur Reformation. Als die Linie Daun-Falkenstein zu Broich 1682 im Mannesstamm erlosch, fiel Oberstein über Anna Elisabeth, die Erbtochter des letzten Daun-Falkensteiners Wilhelm Wirich, an das Haus Leiningen-Heidesheim. Als dieses 1766 ebenfalls in männlicher Linie ausstarb, kam Oberstein nach einem mehrjährigen Reichskammergerichtsprozess aufgrund eines Vergleichs zu zwei Dritteln an die Grafen von Limburg-Stirum (1773). Der Kurfürst von Trier erreichte also zwar nicht den beanspruchten Heimfall seines Lehens, wurde aber mit einem Drittel der Herrschaft entschädigt. Durch Reichshofratsurteil wurde ihm zudem die Sequesterverwaltung über die Güter des überschuldeten Grafen Philipp Ferdinand von Limburg-Stirum zuerkannt. Mittels eines komplexen Gütertauschs wurden die Ansprüche der anderen Bewerber abgegolten. Frankreich als Rechtsnachfolger Lothringens konnte das Amt Schaumburg arrondieren, Hessen-Darmstadt erhielt Mittelbollenbach, und der Markgraf von Baden gewann 1771/76 durch Entschädigungszahlungen an Pfalz-Zweibrücken und Nassau-Saarbrücken den Idarbann, ein kleines Gebiet am Idarbach, nordwestlich der Nahe. 1792 sprach ein Reichskammergerichtsurteil dem Grafen von Limburg-Stirum zwar die gesamte Restherrschaft Oberstein zu, doch verpfändete er zwei Drittel sogleich wieder an Kurtrier. 1794 wurde Oberstein von französischen Revolutionstruppen besetzt.[34]

Falkenstein

Die Herrschaft Falkenstein gelangte 1456 als lothringisches Lehen an das Haus Daun-Oberstein. 1518 wurde sie zur Grafschaft erhoben. Infolge der Erbteilung nach dem Tod Wirichs V. (1546) begründete dessen jüngster Sohn Johann die

Linie Daun-Falkenstein-Falkenstein, die 1628, mitten im Dreißigjährigen Krieg, im Mannesstamm erlosch. Darauf fiel Falkenstein an die Linie Falkenstein-Oberstein und 1636 an Wilhelm Wirich von Falkenstein-Broich, den letzten Überlebenden der Familie, der seine Erbschaft aber nur selten aufsuchte. Die Grafen von Löwenhaupt-Rassberg und Manderscheid-Keil, die über die weibliche Linie vom Haus Daun-Falkenstein-Falkenstein abstammten, machten konkurrierende Ansprüche geltend und erreichten 1653 die Belehnung durch Herzog Karl IV. von Lothringen; sie konnten sich aber nicht in Falkenstein behaupten. 1667 verkaufte Wilhelm Wirich seine Ansprüche an der Grafschaft an Herzog Karl von Lothringen, der Falkenstein als Erbe für seinen illegitimen Sohn Karl Heinrich von Vaudémont vorsah. In den folgenden Jahrzehnten verstärkte Lothringen seinen Einfluss. 1719 wurde Herzog Leopold durch Kaiser Karl VI. mit der Grafschaft belehnt und 1722 durch eine kaiserliche Kommission in ihren Besitz eingesetzt. Nach der erzwungenen Abtretung Lothringens infolge des Wiener Friedens (1735/38) war Falkenstein der einzige Besitz, der Herzog Franz Stephan von seinem alten Stammland verblieb. Durch seine Heirat mit Maria Theresia von Österreich (1736) fiel die Grafschaft an das Haus Habsburg-Lothringen. Kaiser Joseph II. bediente sich bei seinen Reisen gern des Inkognitos eines Grafen von Falkenstein. Von 1770 bis 1772 amtierte der berühmte Reichsjurist Friedrich Karl von Moser als sein Administrator in Winnweiler.[35]

Reipoltskirchen Seit dem 13. Jh. war die Herrschaft Reipoltskirchen in der Westpfalz im Besitz derer von Hohenfels. Die Herren von Reipoltskirchen hatten Sitz und Stimme auf den Oberrheinischen Kreistagen, nicht aber auf dem Reichstag. Nach dem Tod Johanns III. von Hohenfels (1602) fiel die Reichsherrschaft an das Haus Daun-Falkenstein und gelangte nach dessen Erlöschen (1628) zu gleichen Teilen an die Familien Löwenhaupt und Manderscheid-Keil, dieselben, die auch auf Falkenstein Anspruch erhoben. In Reipoltskirchen konnten sie sich dauerhaft behaupten. 1730 verkaufte Wolfgang Heinrich von Manderscheid-Keil seine Hälfte der Herrschaft an den kurpfälzischen Minister Graf Franz Kaspar Wilhelm von Hillesheim, der bereits 1722 aus Löwenhauptschem Besitz ein Viertel der Herrschaft erworben hatte. Letzteres musste seine Witwe 1754 nach einem Reichshofratsprozess an die Löwenhaupt zurückgeben, einigte sich mit diesen allerdings im selben Jahr auf eine gemeinschaftliche Regierung. 1763 verkauften die Brüder Julius Nils und Kasimir Löwenhaupt ihre Hälfte für 140.000 Gulden an den Bayreuther Minister Reichsgraf Philipp Andreas von Ellrodt. Als dieser, gestürzt und verschuldet, 1767 verstarb, suchte seine Witwe ihren Anteil an der Reichsherrschaft loszuschlagen und fand 1770 einen Käufer in der Person Herzog Christians IV. von Zweibrücken. Gegen diesen Verkauf prozessierte jedoch aufgrund ihres Vorkaufsrechts und der Nachteile, die sie durch einen solch übermächtigen Mitbesitzer befürchtete, die Gräfin von Hillesheim beim Reichshofrat – und zwar mit Erfolg! 1776 wurde der Herzog verurteilt, alles wieder in den Stand von 1769 zu versetzen. Später gelangte der Ellrodtsche Anteil über den zweibrückischen Minister Ludwig von Esebeck an Fürstin Karoline von Isenburg, geb. Gräfin von Parkstein, die uneheliche Tochter des Pfälzer Kurfürsten Karl Theodor. Beim Ende der Reichsherrschaft waren drei Frauen, Fürstin Karoline und die beiden Schwestern des letzten Grafen von Hillesheim, »Condominae«.[36]

Bretzenheim

Die Herrschaft Bretzenheim an der Nahe war ein kurkölnisches Lehen, das seit 1464 im Besitz der Grafen von Daun-Falkenstein war. 1642 verkaufte Wilhelm Wirich von Daun-Falkenstein Bretzenheim an den kaiserlichen General Graf Alexander II. von Velen. Diesem bestätigte Kaiser Leopold I. 1664 die Reichsunmittelbarkeit Bretzenheims, und wenig später wurde er in das Niederrheinisch-Westfälische Reichsgrafenkollegium aufgenommen. Nach dem söhnelosen Tod des letzten Grafen von Velen Alexander IV. setzte sich der Kölner Kurfürst Clemens August von Bayern über einen mit den Grafen von Limburg-Stirum geschlossenen Erbvertrag hinweg, zog das Lehen ein und vergab es an den Reichskammergerichtspräsidenten Ambrosius Franz Grafen von Virmont (1734). Der Versuch Otto Ernsts von Limburg-Stirum, sich gewaltsam in den Besitz Bretzenheims zu bringen, scheiterte am Eingreifen von Kaiser und Reichskammergericht. Als mit dem Tod Ambrosius Franz' das Geschlecht derer von Virmont ausstarb, vergab der Kölner Kurfürst Bretzenheim an seinen Geheimen Rat Ignaz Franz Felix Freiherr von Roll zu Bernau (1744). Dieser verkaufte Bretzenheim 1772 für 300.000 Gulden an Kurfürst Karl Theodor von der Pfalz, als Apanage für dessen illegitimen Sohn Karl August von Heydeck, den Kaiser Joseph II. 1789 zum Fürsten von Bretzenheim erhob.[37]

Wartenberg

Die Grafschaft Wartenberg wurde durch eine Urkunde Kaiser Josephs I. vom 17. Dezember 1707 geschaffen. Benannt ist sie nach dem schon 1522 zerstörten Stammsitz der Familie Kolb von Wartenberg. Der kurbrandenburgische Minister Johann Kasimir Kolb von Wartenberg wurde 1699 wegen seiner Verdienste zum Reichsgrafen erhoben, benötigte aber, um die Reichsstandschaft zu erlangen, ein reichsunmittelbares Besitztum. Dies konnte er 1710 in Gestalt des ursprünglich leiningenschen, nördlich von Worms gelegenen Dorfes Mettenheim erwerben, das zum Zentrum der Grafschaft wurde. Hier richteten die Wartenberger in den folgenden Jahren eine veritable kleine Residenz mit Schloss, neuer Kirche und einem Rentamt ein. Allerdings ging es mit dem kleinen Territorium rasch finanziell bergab, und 1754 sah sich Graf Kasimir gezwungen, seine Grafschaft für 130.000 Gulden an Markgraf Karl Friedrich von Baden-Durlach zu verpfänden, der wiederum die Wartenberger Pfandschaft 1761 an Karl Theodor von der Pfalz veräußerte. Da er nicht zu Unrecht argwöhnte, dass der Kurfürst plane, sich auf diese Weise in den Vollbesitz der Grafschaft zu setzen, protestierte Graf Kasimir gegen dieses Arrangement. Hierbei wurde er von der kaiserlichen Debitkommission, die aufgrund der unhaltbaren finanziellen Verhältnisse eingesetzt worden war, und dem Wiener Reichshofrat unterstützt. Um die gefährliche Pfandherrschaft loszuwerden und sich der drückendsten Schulden zu entledigen, entschloss sich der 1772 zur Regierung gelangte Graf Friedrich Karl zum Verkauf Ellerstadts, was einem Viertel seiner Besitzungen entsprach. Doch erst 1788, unter Graf Ludwig, konnte Ellerstadt für 300.000 Gulden an die Sickingen losgeschlagen werden.[38]

Leiningen

Äußerst komplex ist die Geschichte des Hauses Leiningen und seiner Territorien.[39] Schon seit dem 14. Jh. bestanden die zwei Hauptzweige Leiningen-Leiningen und -Dagsburg. Das Erbe der Linie Leiningen-Leiningen fiel 1467 an die verwandten Herren von Westerburg, die sich seitdem Grafen von Leiningen-Westerburg nannten und über umfangreichen Besitz im Westerwald und links des Rheins, vor allem im Elsass, verfügten. Sie teilten sich 1557/67 in die Linien Leiningen-Leiningen, -Wes-

Das Haus Leiningen-Westerburg

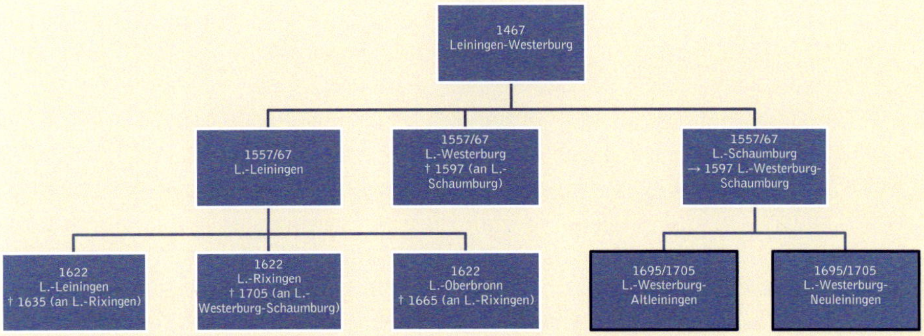

Das Haus Leiningen-Dagsburg

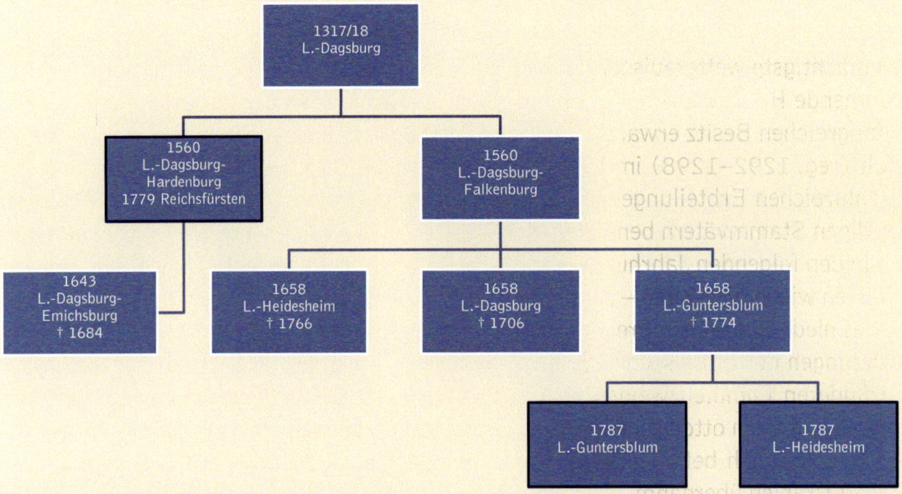

terburg und -Schaumburg. Letztere trat 1597/98 das Erbe der Westerburger Verwandten an. Die Linie Leiningen-Leiningen spaltete sich 1622 in drei Zweige (Leiningen-Leiningen, -Rixingen und -Oberbronn), die allerdings alle nach wenigen Jahrzehnten ausstarben, zuletzt die Linie Rixingen (1705), so dass nun der gesamte Besitz an die Leiningen-Westerburg-Schaumburg fiel. Nach neuen Erbteilungen (1695/1705) entstanden die Linien Altleiningen und Neuleiningen, deren Besitz stark verflochten war.

Die Linie Altleiningen war zeitweise so hoch verschuldet, dass Graf Johann Christian 1758 abdankte und die Grafschaft unter Reichs-Sequesterverwaltung gestellt wurde. Unter Karl I. August Ludwig (reg. 1740–1787) verlegte die Linie Neuleiningen ihre Residenz nach Grünstadt, von wo sie 1793 durch die Franzosen vertrieben wurde. Im Mai 1806 traten die Altleininger ihren Anteil an Westerburg an die Neuleininger ab. Wenig später wurde die Grafschaft infolge der Rheinbundakte mediatisiert.

Auch die jüngere Linie des Hauses Leiningen, Leiningen-Dagsburg, hatte eine wechselvolle Geschichte. 1560 entstanden durch Teilung die Linien Leiningen-Dagsburg-Hardenburg und Leiningen-Dagsburg-Falkenburg, von denen sich Letztere nach dem Tod Emichs XII. (1607) in die Linien Leiningen-Heidesheim, -Dagsburg und -Guntersblum spaltete. Auch die Linie Hardenburg etablierte zeitweise eine Nebenlinie in der Emichsburg. Nach und nach erloschen die Zweige der jüngeren Linie und 1774 traten die Leiningen-Dagsburg-Hardenburg ihre Erbe an. Das aber wurde angefochten durch einen letzten, auf einen illegitimen Vorfahren zurückgehenden Zweig der Falkenburger Linie, der vor dem Reichshofrat prozessierte und in einem 1787 geschlossenen Erb- und Familienvertrag die Hälfte der Grafschaft Falkenburg gewann. Die Falkenburger Erben gründeten die neuen Linien Leiningen-Guntersblum und -Heidesheim. Schon 1779, vor Ende des Erbstreits, wurden die Grafen von Leiningen-Hardenburg vom Kaiser in den Reichsfürstenstand erhoben. Am Ende des 18. Jhs. umfasste das Fürstentum Leiningen-Hardenburg mit der Residenzstadt Dürkheim (seit 1725) ein Territorium von ca. 287 qkm, davon 59 qkm als Teilbesitz. Infolge des Reichsdeputationshauptschlusses von 1803 wurde die fürstliche Linie nach Amorbach im Odenwald transferiert.

Nassau

Das mächtigste wetterauische Grafengeschlecht war das von der unteren Lahn stammende Haus Nassau, das im späten Mittelalter auch im pfälzischen Raum umfangreichen Besitz erwarb. Hemmend auf die Machtentfaltung der Dynastie, die mit Adolf (reg. 1292–1298) immerhin einen deutschen König gestellt hatte, wirkten sich die zahlreichen Erbteilungen aus. Bereits 1255 hatte sich das Haus in einen nach den jeweiligen Stammvätern benannten ottonischen und walramischen Zweig gespalten, die sich in den folgenden Jahrhunderten noch oftmals teilten und nach dem Aussterben von Teillinien wieder vereinten – so unter Johann VI. (reg. 1559–1606), dem jüngeren Bruder des niederländischen Freiheitskämpfers Wilhelm des Schweigers, der alle deutschen Besitzungen der ottonischen Linie in seiner Hand vereinigte. Von den nach seinem Tod gegründeten Familienzweigen überlebte allein Nassau-Diez, das bis 1743 nach und nach alle anderen ottonischen Linien (Beilstein, Oranien, Dillenburg, Hadamar und Siegen) beerbte, sich betont in die oranische Tradition stellte und auch die Bezeichnung Nassau-Oranien übernahm. Schon bevor Wilhelm IV. 1748 zum Erbstatthalter der Vereinigten Niederlande wurde, residierten die Vertreter der Linie Diez in den Niederlanden und ließen ihre deutschen Besitzungen durch eine Regierung in Dillenburg (seit 1742) verwalten. Infolge der Französischen Revolution mussten sich die Nassau-Oranier 1795 in ihre deutschen Stammlande zurückziehen, wurden aber 1806 von Napoleon depossediert, da sie sich weigerten, in den Rheinbund einzutreten; seit 1815 stellen sie das niederländische Königshaus.[40]

Der walramische Zweig des Hauses Nassau besaß bereits im Mittelalter Stauf und Kirchheim. Vor 1574 waren die Territorien am Donnersberg gemeinsamer Besitz der

Das Haus Nassau: Ottonischer Zweig

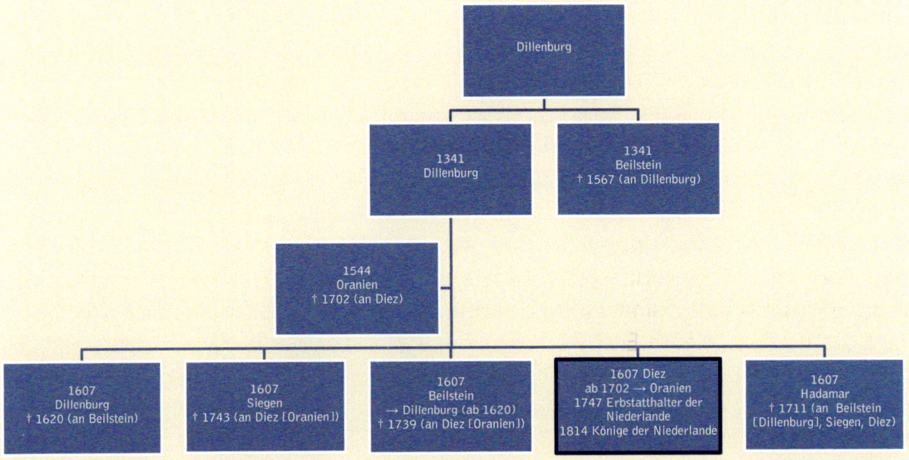

Nassau: Walramischer Zweig

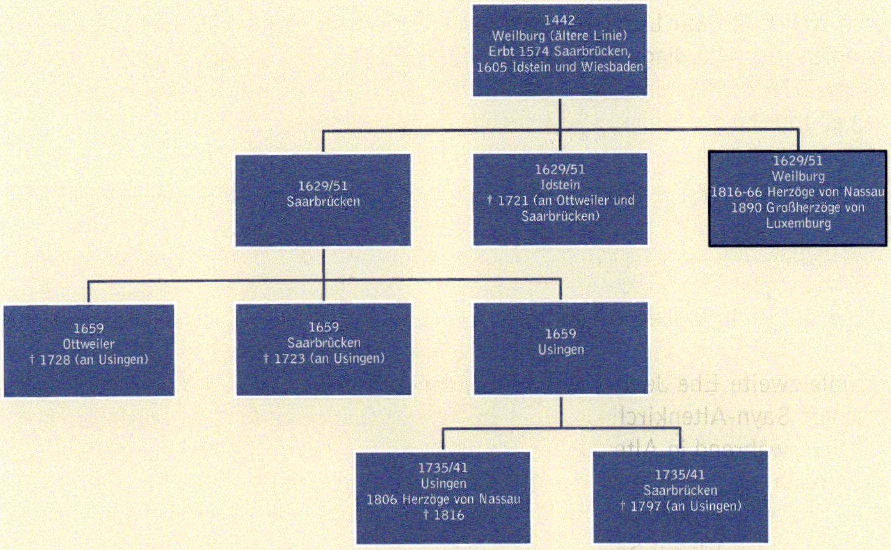

Linien Saarbrücken und Weilburg und kamen dann an den Zweig Nassau-Weilburg-Ottweiler. Ludwig II. von Nassau-Weilburg-Ottweiler vereinte ab 1605 noch einmal alle walramischen Lande in seiner Hand. Nach den Bestimmungen der Teilungsverträge von 1629/51 fielen Kirchheim und Stauf zusammen mit dem übrigen rechtsrheinischen Streubesitz an Ernst Kasimir (reg. 1607–1655), den Begründer der jüngeren Linie Nassau-Weilburg. Diese wurde 1688 von Kaiser Leopold I. in den Reichsfürstenrang erhoben, doch erst Karl August (reg. 1719–1753) führte seit 1737 den Fürstentitel. Nachdem es schon 1706 gelungen war, in einer Art Ringtausch mit Kurpfalz und dem Hochstift Worms gegen Abtretung der Anteile an den Wormser Rheindörfern das kurpfälzische Amt Bolanden zu erwerben und so den linksrheinischen Besitz abzurunden, pflegten Karl August und seine Nachfolger seit den späten 1730er Jahren zunehmend in Kirchheim zu residieren, wo Karl August 1738–40 ein stattliches Residenzschloss errichten ließ. Die Regierung des Fürstentums verblieb jedoch in Weilburg. Das Amt Jugenheim fiel bei den Landesteilungen von 1629/51 an die Linie Nassau-Saarbrücken und blieb mit ihr bis zum Ende des Ancien Régime verbunden.[41]

Sayn

Auch die Lande der Grafen von Sayn erlebten zahlreiche durch die dynastische Erbfolge bedingte Veränderungen.[42] Schon Ende des 13. Jhs. war neben der Linie Sayn-Sayn das Haus Sayn-Homburg bzw. -Wittgenstein begründet worden. Der Sayner Familienzweig verfügte neben der Stammburg Sayn über umfangreichen Besitz im Westerwald, doch nach einer Blüte unter Gerhard II. (reg. 1420–1493) verloren die Sayner Grafen u. a. aufgrund ihrer massiven Verschuldung an Einfluss. Eine Stabilisierung suchten sie dadurch zu erreichen, dass sie sich dem Wetterauer Grafenverein anschlossen. 1561 führten Sebastian II. und sein Neffe Adolph die Reformation ein. 1606 erlosch mit dem Tod Heinrichs IV. die Linie Sayn-Sayn im Mannesstamm. Er hatte schon 1605 die Regierung an seinen Schwiegersohn Wilhelm III. aus der Linie Sayn-Wittgenstein abgetreten, obwohl es in den vorausgegangenen Jahren u. a. wegen konfessioneller Differenzen (Heinrich war Lutheraner, Wilhelm Calvinist) zu Streitigkeiten zwischen ihnen gekommen war. Allerdings erhielt Wilhelm das Erbe nicht ungeschmälert, da der Kurfürst von Trier die Stammburg Sayn, Rheinbrohl und die Freusburg als heimgefallene Lehen einzog. Auch die von Wilhelm III. gegründete Linie Sayn-Wittgenstein-Sayn erlosch bereits wenige Jahrzehnte später, mitten im Dreißigjährigen Krieg (1636), im Mannesstamm. Verschiedene Nachbarn erhoben Ansprüche auf die Grafschaft, die aber der Gräfinwitwe Louise Juliane von Erbach durch den Westfälischen Frieden restituiert wurde. In einer Folge von Teilungsverträgen (1652/62/71) wurde die Grafschaft, die seit 1653/54 dem Niederrheinisch-Westfälischen Reichsgrafenkollegium angehörte, unter ihren Töchtern aufgeteilt, wobei Jeanette Altenkirchen und Ernestine Hachenburg erhielt.

Durch die zweite Ehe Jeanettes mit Johann Georg I. von Sachsen-Eisenach fiel die Grafschaft Sayn-Altenkirchen an die Wettiner. Sie wurde nun vom fernen Thüringen aus regiert, während in Altenkirchen Statthalter amtierten. Als 1741 das Haus Sachsen-Eisenach ausstarb, gelangte Altenkirchen, wiederum über die weibliche Linie, an die hohenzollernschen Markgrafen von Brandenburg-Ansbach. Zwar versuchte die an ihren Erbansprüchen auf Sayn hartnäckig festhaltende Linie Wittgenstein während des Interregnums im Reich (1740–1742), sich mit kurpfälzischer Rückendeckung handstreichartig in den Besitz des Landes zu bringen, musste sich aber nach einer Intervention des Preußenkönigs zugunsten seines ansbachischen Schwagers schleunigst zurückziehen. Der letzte Markgraf von Ansbach Christian Friedrich Alexander entsagte der Herrschaft 1791 zugunsten Preußens. 1802/03 kam Altenkirchen infolge des Reichsdeputationshauptschlusses an Nassau-Usingen.[43]

Sayn-Hachenburg wiederum gelangte durch die Heirat Gräfin Ernestines mit Salentin Ernst von Manderscheid an eine katholische Dynastie. Durch den Tod des einzigen Sohnes aus dieser Ehe war wieder einmal die weibliche Erbfolge am Zuge. Da von den vier im Familienvertrag von 1675 als erbberechtigt anerkannten Töchtern nur Magdalena Christina, die Gemahlin des Burggrafen Georg Ludwig von Kirchberg-Farnrode, männliche Nachkommen hatte, kam die Grafschaft 1714/15 an das aus Thüringen stammende Haus Kirchberg, das seinen Hauptsitz dauerhaft nach Hachenburg verlegte und die marode Burg ab 1717 durch den Architekten Julius Ludwig Rothweil zu einer repräsentativen Schlossanlage umbauen ließ. Der Anfang 1742 unternommene Versuch der Wittgensteiner Inbesitznahme mündete in Hachenburg in den Landesaufstand von 1742, der nach einem Monat niedergeworfen werden konnte, nachdem Kaiser Karl VII. in einem Patent vom 20. März 1742 den Burggrafen als rechtmäßigen Landesherrn bestätigt und die Untertanen zum Gehorsam verpflichtet hatte. In der Folge wurde der Einfluss der Stände zurückgedrängt, und eine Welle von Reformen suchte den Geist der Aufklärung in das Westerwälder Territorium zu bringen – und zugleich die landesherrliche Macht zu steigern. Viele Reformen blieben zwar in den Ansätzen stecken, sorgten aber für neue Unruhen in der Bevölkerung. Als das Haus Kirchberg 1799 erlosch, fiel der Großteil des Erbes an Fürst Friedrich Wilhelm von Nassau-Weilburg, den Ehemann der Burggräfin Luisa Isabella, während die Ansprüche des Hauses Wied-Neuwied aus der Ehe Fürst Johann Friedrich Alexanders mit Burggräfin Karoline durch territoriale Entschädigungen und die Zahlung von 300.000 Gulden abgegolten wurden.[44]

Wied Bis zum Beginn des 16. Jhs. erwarben die Grafen von Wied ein stattliches Territorium im Westerwald und am Rhein. Auch in den benachbarten geistlichen Fürstentümern verfügten sie über einigen Einfluss. Aufsehen erregte der Reformationsversuch des Kölner Kurfürsten Hermann von Wied, der daraufhin allerdings 1547 seinen

Das erste Neuwieder Residenzschloss wurde im Pfälzischen Erbfolgekrieg zerstört. Ab ca. 1706 wurde nach Plänen von Julius Ludwig Rothweil mit dem Neubau begonnen. Fertiggestellt wurde dieser erst um 1756 (Landeshauptarchiv Koblenz/Gustav Rittstieg)

Erzstuhl räumen musste. In den wiedischen Stammlanden wurde die neue Lehre 1556 offiziell eingeführt. Nachdem es im Verlauf des 16. Jhs. mehrfach zu Umverteilungen des Besitzes innerhalb des Grafenhauses gekommen war, besiegelte der Hausvertrag von 1595, der in der Wiedischen Stammesvereinigung von 1613 bestätigt wurde, die Bildung der Niedergrafschaft mit dem Stammsitz (Alt-)Wied und der Obergrafschaft (Wied-Runkel).

Die folgenreichste Entwicklung in der Unteren Grafschaft während der Frühen Neuzeit war die Schwerpunktverlagerung hin zum Rhein infolge der Gründung der neuen Residenzstadt Neuwied durch Friedrich III. (reg. 1631/34–1698), der gegen Ende des Dreißigjährigen Krieges zunächst das Schloss Friedrichstein bei Fahr und die Festung »Neuenwied« errichten ließ. Für den Aufschwung der Siedlung war entscheidend, dass der Graf ihr ein kaiserliches Stadtrechtsprivileg verschaffte und die Einwanderung in seine Neugründung aktiv förderte, wobei er große konfessionelle Toleranz walten ließ. Dennoch war der Weg zur Konsolidierung der Grafschaft steinig. Graf Friedrich trug sich angesichts der Rückschläge in den 1670er Jahren vorübergehend sogar mit dem Gedanken, sein Land dem Kaiser zu verkaufen und sich in Südamerika niederzulassen. Nach 1687 führten Familien- und Erbstreitigkeiten zu einer zwölfjährigen kurpfälzischen Sequesterverwaltung. Erst 1700 gelang eine dauerhafte Regelung der Besitzverhältnisse im Grafenhaus, indem die Nachkommen des 1690 enterbten Prinzen Georg Hermann mit dem 1698 an die Linie Neuwied gefallenen Runkel entschädigt wurden.

Trotz einiger Rückschläge erreichten die Grafen von Wied-Neuwied im 18. Jh. eine Konsolidierung, die ihren Ausdruck im Bau des Neuwieder Schlosses (ab 1706) fand und 1784 in der Verleihung des Reichsfürstentitels an Graf Friedrich Alexander gipfelte. Dank der landesherrlichen Toleranzpolitik sowie gezielter Fördermaßnahmen siedelten sich zahlreiche Manufakturen in Neuwied an. Am Ende der unabhängigen Grafschaft Wied-Neuwied stand jedoch ein handfester Skandal, als der offenbar psychopathische Fürst Friedrich Karl, der 1791 die Regierung antrat, sich binnen eines Jahres durch Beleidigungen, Gewalttätigkeiten und unsinnige Befehle mit seiner Familie, den Beamten und den Untertanen überwarf, mit dem Ergebnis, dass er 1792 vom Reichskammergericht abgesetzt wurde. 1794 erreichte zwar seine Wiedereinsetzung, musste 1802 aber endgültig abdanken.

Weniger spektakulär verlief die Geschichte der Grafen von Wied-Runkel, die 1791 ebenfalls gefürstet wurden. Nachdem sie noch im Reichsdeputationshauptschluss von 1803 durch den Erwerb der kölnischen Ämter Altenwied und Neuenburg sowie der trierischen Kellerei Villmar profitiert hatten, traf sie 1806 ebenso wie die neuwiedischen Vettern das Schicksal der Mediatisierung durch die Fürsten von Nassau.[45]

Isenburg

Seit 1538 ist Heinrich Herr von Isenburg und Grenzau als Graf von Isenburg im Westerwald bezeugt. Die Isenburger standen im 16. Jh. in einer spannungsvollen Nähe zu den benachbarten Kurfürstentümern Trier und Köln. Der Bruder Heinrichs war als Johann V. Kurfürst von Trier (reg. 1547–1556). Sein Neffe Salentin war Kurfürst von Köln (reg. 1567–1577), gab diese Würde aber auf und kehrte in den weltlichen Stand zurück, um seine vor dem Aussterben stehende Dynastie fortzusetzen.

1583 griff er auf katholischer Seite in den Kölnischen Krieg gegen seinen Amtsnachfolger Gebhard Truchsess von Waldburg ein und konnte als kurkölnische Pfandschaften die Ämter Altenwied, Linz und Neuerburg erwerben. Bestrebungen der Trierer Kurfürsten, die Isenburger der eigenen Landeshoheit zu unterwerfen, begegnete er erfolgreich. 1664 aber starb seine Familie mit seinem in spanischen Diensten stehenden jüngeren Sohn Ernst aus. Ernst hatte zwar den Grafen von Beaumont zum Erben eingesetzt, der sich aber nicht durchsetzen konnte. Ein Teil der isenburgischen Besitzungen wurde von Köln und Trier eingezogen. Mit Isenburg selbst belehnte der Abt von Fulda 1664 die Freiherren von Walderdorff, doch vermochten die Grafen von Wied 1666 eine Mitbelehnung durchzusetzen. Noch bis in die 1770er Jahre aber prozessierten Kurtrier und Wied um das isenburgische Erbe.[46]

Holzappel Die jüngste der Westerwälder Grafschaften war Holzappel. Erst 1643 erhob Kaiser Ferdinand III. die bisherige Herrschaft Esterau um die Laurenburg in den Rang einer Grafschaft, um seinen Feldmarschall Graf Peter Melander (geb. Eppelmann), einen der erfolgreichsten Aufsteiger aus der Zeit des Dreißigjährigen Krieges, zu entlohnen. Seine Witwe Agnes konnte das Territorium, das zum Niederrheinisch-Westfälischen Grafenkollegium zählte, 1656 durch den Kauf der Herrschaft Schaumburg an der Lahn abrunden. Aufgrund ihrer Blei- und Silberbergwerke war die Grafschaft Holzappel-Schaumburg trotz ihrer geringen Größe ein durchaus ertragreicher Besitz. Durch die weibliche Erbfolge kam sie zunächst an Nassau-Dillenburg und 1692 an das Haus Anhalt-Bernburg-Hoym, das sich später Anhalt-Bernburg-Schaumburg nannte und seinen Sitz an der Lahn nahm. Wie die übrigen Westerwälder Grafschaften wurde Holzappel 1806 von Nassau mediatisiert.[47]

Peter Melander

Peter Melander wurde 1589 unter dem Namen Peter Eppelmann als Sohn eines calvinistischen Bauern in Niederhadamar geboren. Als Dreijähriger kam er unter die Obhut seines kinderlosen Onkels Johann, eines Sekretärs des niederländischen Staatsmanns und Heerführers Moritz von Oranien. Von seinem Onkel übernahm Peter die griechische Namensform Melander. 1606 profitierte er auch davon, dass sein Onkel die Erhebung seiner Familie in den Adelsstand erreichte. Seitdem führte er den Namen Melander von Holzappel. Im Dreißigjährigen Krieg diente Peter verschiedenen, meist protestantischen Dienstherren, seit 1633 dem Landgrafen von Hessen-Kassel, und erwarb sich ein hohes Ansehen als Heerführer. 1640 legte er den Oberbefehl über die hessischen Truppen nieder und trat in den Dienst des Kaisers. Belohnt wurde er u. a. mit der Standeserhöhung zum Reichsgrafen (1641) und der Erhebung seiner Neuerwerbung Esterau zur Grafschaft Holzappel. 1646 erhielt er den Oberfehl über die kaiserlichen Truppen. In der Schlacht von Zusmarshausen (1648) wurde er schwer verwundet und erlag wenig später seinen Verletzungen. Begraben ist er in der »Melandergruft« der Kirche zu Esten (Holzappel).

Reichenstein

Das kleinste reichsunmittelbare Territorium im Westerwald war die mitten in der Grafschaft Wied gelegene Herrschaft Reichenstein, die seit 1480 nur noch die Burg umfasste und 1511 nach dem Erlöschen der Herren von Reichenstein von den Wieder Grafen eingezogen wurde. 1698 erwarb der kurkölnische Diplomat Franz von Nesselrode das längst zur Ruine herabgesunkene Reichenstein für 6.000 Reichstaler unter der Verpflichtung, die Burg nicht wieder aufzubauen. Der Sinn dieser Transaktion war, dass der Besitz des Zwergterritoriums, das 1521 in die Wormser Reichsmatrikel aufgenommen worden war und daher als reichsunmittelbar galt, Nesselrode die Erhebung zum Reichsgrafen (1702), die Aufnahme in das Niederrheinisch-Westfälische Reichsgrafenkollegium (1705) und in den Niederrheinisch-Westfälischen Reichskreis ermöglichte.[48]

5. Reichsstädte

Von den ursprünglich zahlreichen Freien und Reichsstädten auf dem Gebiet des heutigen Rheinland-Pfalz hatten bis ins 16. Jh. nur drei ihre Reichsunmittelbarkeit behauptet bzw. wiedererlangt: Worms, Speyer und Landau.

Worms

Die Reichsstadt Worms, die um 1500 etwa 5.000 bis 6.000 Einwohner gehabt haben dürfte, lebte in der Frühen Neuzeit von den Wirtschaftszweigen Handwerk, Handel, Dienstleistung, aber auch von der Landwirtschaft. Neuerungen in der gewerblichen Produktion, wie Verlagswesen und Manufakturen, vermochten hier kaum Fuß zu fassen.[49]

Worms, Stadtansicht vom Rhein aus gesehen, Topographia Hassiae. (http://www.digitalis.uni-koeln.de/digitaletexte.html [19.04.2012])

Das Verhältnis zum Fürstbischof als dem früheren Stadtherrn war nicht spannungsfrei. Einen Höhe- und zugleich Endpunkt im Ringen zwischen Rat, Bischof und Klerus markierte der Auszug der Stiftsgeistlichkeit aus der Stadt 1499–1509, um durch den Entzug der geistlichen Gnadenmittel den Rat seiner Legitimität zu berauben und zum Nachgeben zu zwingen. Die Folge war aber eher, dass der Rat die Tendenzen zu einem städtischen Kirchenregiment vorantrieb. Diese alten Konflikte mit dem Klerus dürften den Übergang der städtischen Eliten zur Reformation beschleunigt haben: Seit 1552 saßen nur noch Lutheraner im Wormser Rat. Die altgläubigen geistlichen Institutionen konnten sich allerdings dauerhaft in der Stadt halten. Seit 1699 besaßen auch die Reformierten das Recht der freien Religionsausübung, doch erst 1744 wurde die nach dem Preußenkönig benannte Friedrichskirche eingeweiht. Als vierte große Glaubensgemeinschaft behaupteten sich in Worms die Juden, obwohl die Wormser Bürgeropposition in ihrem Konflikt mit dem Rat 1614–1617 zeitweise ihre Vertreibung anstrebte.[50]

In zwei Verträgen, der sog. Pfalzgrafenrachtung (1519) und der Letzten Rachtung (1526), wurde das Verhältnis der Stadtgemeinde zum Bischof abschließend geregelt. Der Bischof musste allerdings den reichsstädtischen Status von Worms anerkennen. Immerhin hatten die Wormser ihm auch weiterhin Treue zu schwören, und die Wahlen der städtischen Funktionsträger fanden während der ganzen Frühen Neuzeit vor dem Dom statt. Auch auf den Pfalzgrafen, dessen Schirmvertrag über Worms etwa alle 60 Jahre erneuert wurde, musste der Rat Rücksicht nehmen, ferner auf die Kämmerer von Worms genannt von Dalberg, die u. a. die Geleitsrechte über die Wormser Juden behaupteten, und, nicht zu vergessen, den Kaiser und die Reichsinstitutionen. Im 16. Jh. war Worms Reichstagsstadt (1521, 1545), vorübergehend auch Sitz des Reichskammergerichts (1495–1499, 1509, 1519). Vom Reich rührten alle Privilegien der Stadt her. Gerade in der Krise von 1614–1617 wurden die Grenzen der obrigkeitlichen Stellung des Rates und der Unabhängigkeit der Stadt sichtbar, denn in den Konflikt schalteten sich Kaiser und Reichsgerichte, Fürstbischof und Pfalzgraf ein.[51]

Das Jahr 1689 war ein dramatischer »Einschnitt, aber kein Wendepunkt« (Gunter Mahlerwein) in der frühneuzeitlichen Geschichte von Worms. Stagnation der Wirtschaft, Verschuldung und Rückgang der Bevölkerung auf etwa 3.900 Einwohner am Vorabend des »Franzosenbrandes« zeigen, dass die systematische Einäscherung am 31. Mai 1689 kein blühendes Gemeinwesen, sondern eine Stadt in der Krise traf. Umso bemerkenswerter sind die Bemühungen der Rückkehrer zur Wiederaufnahme eines städtischen Lebens und die Wiederaufbaumaßnahmen. Gegen Ende des 18. Jhs. hatte die Stadt wieder gut 5.400 Einwohner.[52]

Infolge des Aussterbens der meisten patrizischen Geschlechter wurde der Wormser Rat in der Frühen Neuzeit durch das Zunftbürgertum geprägt. Der Magistrat setzte sich aus einem äußeren und einem inneren Rat zusammen. Der Letztere wurde nach seiner Mitgliederzahl auch Dreizehnerkollegium genannt. Die Dreizehnerherren wurden auf Lebenszeit bestellt. Die Mitglieder des zwölfköpfigen äußeren Rats wechselten dagegen jährlich. Beide Räte wurden im Wesentlichen durch Kooptation ergänzt. Eine gewisse Kontrolle des inneren Rates wurde dadurch gewährleistet, dass seine Mitglieder bei Verfehlungen oder Unfähigkeit vom äußeren Rat abgewählt werden konnten. Der Wormser Rat war alles in allem meilenweit von einer Repräsentativverfassung entfernt. Durch das Kooptationsprinzip, die lebenslange Amtsdauer und ihre Einflussnahme auch auf die Zusammensetzung des äußeren Rates erlangten die Dreizehner eine beherrschende Stellung in der Stadt. Sie rekrutierten sich aus einer geringen Zahl ratsfähiger Familien, was einer Erblichkeit der Ratsstellen nahekam. Oligarchisierungstendenzen zeigten sich auch im äußeren Rat. Die Zünfte, die der Rat doch eigentlich repräsentierte, hatten keinen direkten Anteil an der Bestellung der Ratsherren. Vielmehr achtete der Rat auf eine strikte Kontrolle der 17 Zünfte, denen jeweils ein Ratsherr als sog. Zunftherr zugeordnet war, ohne dessen Billigung keine Zunftversammlungen zulässig waren.

Im letzten Viertel des 18. Jhs. prozessierte eine Reihe amtierender und gewesener äußerer Ratsherren am Reichskammergericht und am Reichshofrat, um die Abstellung von Missbräuchen in der Amtsführung der Dreizehner zu erreichen und ihre Machtvollkommenheit einzuschränken. Die Reichsgerichte entsprachen teilweise ihren Forderungen, doch da es in der Folge den Dreizehnern gelang, die Opposition zu spalten, blieb es bei begrenzten Reformen. Weitere Unruhe in die Stadt brachten die Forderungen der Zünfte nach einer stärkeren Beteiligung an der Stadtregierung. Diesen Konflikten bereitete erst die Eingliederung der Reichsstadt in die französische Republik 1798 ein Ende.[53]

Speyer

Speyer, dessen Einwohnerzahl für die 1520er Jahre auf knapp 7.500 geschätzt wird, gehörte wie Worms zur Gruppe der »Freien Städte«, die sich im Verlauf des späten Mittelalters von der Herrschaft des bischöflichen Stadtherrn emanzipiert hatten.[54] Gleichwohl blieb das Verhältnis zum Fürstbischof und zur katholischen Geistlichkeit spannungsvoll. Nachdem die Große Rachtung von 1514 noch eher Kompromisscharakter besessen hatte, wurden in der Rachtung von 1526 die städtischen Rechte ausgebaut. In den 1620er Jahren musste das Verhältnis Klerus-Stadt erneut vertraglich geregelt werden (Rachtung von 1628). Die Beziehungen zum Bischof verschlechterten sich durch die Reformation, als der Rat nach einer Phase des Lavierens 1538/40 durch die Berufung evangelischer Prediger den offenen Übergang zum Luthertum vollzog. Allein, man arrangierte sich. Der feierliche Einritt des neuerwählten Bischofs fand weiterhin statt, an dessen Ende die Huldigung durch die Speyerer Bürgerschaft stand. Allerdings war die Stadt peinlich bemüht, durch diese Veranstaltung keinen Schatten auf ihre Reichsunmittelbarkeit fallen zu lassen. So strichen die Bürger 1530 in der Eidformel stillschweigend die Bezeichnung »unser Herr« für den Bischof. Heftige Konflikte gab es zur Zeit des Bischofs Philipp Christoph von Sötern (reg. 1610–1652), als die sich bedroht fühlende Stadt 1610 an der Zerstörung der bischöflichen Festung Udenheim/Philippsburg mitwirkte, und 1716, als bischöfliche Bauern vorübergehend die nach der Zerstörung von 1689 noch weitgehend in Trümmern liegende Stadt besetzten.[55] Neben dem Bischof verfügte auch der Kurfürst von der Pfalz über großen Einfluss in Speyer.

Gleichwohl unterstand Speyer als Reichsstadt nicht der Herrschaft eines Landesfürsten, sondern unmittelbar Kaiser und Reich. In Speyer war die Präsenz des Reiches lange besonders augenfällig. Bis ins 16. Jh. war es mehrfach Tagungsort von Reichstagen (letztmals 1570) und anderen Reichsversammlungen und vor allem von 1527 bis 1689 Sitz des Reichskammergerichts, eines der beiden höchsten Reichsgerichte – und damit, wenn man so will, eine der Hauptstädte des Reichs. Die genannten äußeren Einflüsse waren mitverantwortlich dafür, dass sich in Speyer nicht nur eine katholische Minderheit behauptete, sondern auch eine reformierte Gemeinde etablieren konnte.[56]

In Speyer bestand seit 1349 eine reine Zunftverfassung, d. h. die Ratssitze wurden nach einem bestimmten Schlüssel von den einzelnen Zünften besetzt. Im frühen 16. Jh. gab es acht »ganze« und acht »halbe« Zünfte. Eine Sonderrolle beanspruchte die Zunft der Hausgenossen, in welcher die adligen und patrizischen Familien zusammengefasst waren. Wie in Worms bildete sich auch in Speyer eine Ratsoligarchie mit einem ausgeprägten obrigkeitlichen Bewusstsein heraus. 1512/13 entluden sich die Spannungen zwischen Rat und Zunftbürgern in einem großen Bürgeraufstand, doch nicht zuletzt dank der Unterstützung durch die Reichsgewalt konnten die Ratsherren ihre Position im Wesentlichen behaupten. Verändert wurde auf der Basis der Entscheidung einer kaiserlichen Kommission (1512) allerdings die Struktur und Größe des Rates: Statt wie bisher insgesamt 72 gab es nunmehr nur noch 48 Ratsherren, einen Ewigen Rat mit zwölf und einen wechselnden Rat mit 36 Mitgliedern. Von diesen bildeten je zwölf gemeinsam mit dem Ewigen Rat für ein Jahr den Sitzenden, also regierenden Rat, an dessen Spitze zwei Bürgermeister standen.[57]

Der »Franzosenbrand« von 1689 markiert auch für Speyer eine Zäsur seiner frühneuzeitlichen Geschichte, denn er zerstörte die mittelalterliche Stadt und ihre Infrastruktur. Das Reichskammergericht verließ damals Speyer und residierte fortan in Wetzlar. Doch ähnlich wie für Worms muss für Speyer gelten, dass der Niedergang der Stadt schon Jahrzehnte vorher einsetzte. Der Handel und die Bevölkerungszahl stagnierten, und durch den Dreißigjährigen Krieg wandelte sich die Stagnation in eine manifeste Abwärtstendenz. Dazu kam eine massive Verschuldung, die sich durch erneute Reichssteuern und Kontributionszahlungen infolge weiterer Kriege zuspitzte. 1727 war die Schuldenlast so weit angewachsen, dass eine kaiserliche Debitkommission eingesetzt wurde.[58]

Um die Mitte des 18. Jhs. kam es zu erneuten Bürgerunruhen (1752–1754). Die Ratsfamilien konnten ihre Position insgesamt behaupten und die dauerhafte Einrichtung eines Bürgerausschusses, wie er sich in anderen Reichsstädten etablierte, verhindern. Auch erneute Beschwerden der Zünfte in den Jahren 1772–1774 führten nicht zum Ziel, so dass das oligarchische Ratsregiment bis in die Zeit der Französischen Revolution bestand.[59]

Landau Landau, das zu Beginn der Frühen Neuzeit gut 2.500 Einwohner zählte, erreichte erst 1511/17 seine Lösung aus dem Pfandbesitz des Fürstbischofs von Speyer, wurde von Kaiser Maximilian I. der elsässischen Landvogtei unterstellt und gehörte seit 1521 dem elsässischen Zehnstädtebund, der Dekapolis, an.[60] Seit 1522 setzte sich in Landau nicht zuletzt aufgrund des straßburgischen Einflusses die Reformation durch. Später war die Stadt eine Hochburg der lutherischen Orthodoxie. Die städtische Verfassung blieb im Wesentlichen so, wie sie die fürstbischöflich-speyerische Stadt- und Ratsordnung von 1424 bzw. die »Letzte Ordnung« von 1433 festgelegt hatte: Es gab einen Schöffen- oder Älteren Rat, dessen zwölf Mitglieder auf Lebenszeit gewählt wurden, und einen Jüngeren Rat mit 24 jährlich gewählten Mitgliedern. Auf Lebenszeit aus den Mitgliedern des Älteren Rats gewählt wurde der Bürgermeister.

Eine ganz neue Wendung nahm die Geschichte Landaus im 17. Jh. Im Westfälischen Frieden (1648) traten die Habsburger der französischen Krone die elsässische Landvogtei ab. Dadurch gewann diese Herrschaftsrechte über die Dekapolis, die allerdings nicht präzise umschrieben waren; die Reichsunmittelbarkeit blieb den zehn Städten ausdrücklich erhalten. 1661 mussten die Vertreter Landaus und seiner Schwesterstädte aber dem französischen König in der »Hagenauer Präsentation« den Treueid leisten. Während des Niederländischen Krieges ließ Ludwig XIV. 1673 Truppen in die zehn Städte einrücken. Zwar wurde Landau 1674 von Reichstruppen zurückerobert, doch der Friede von Nimwegen (1679) bestätigte die französische Souveränität, und die Stadt gelangte unter die unmittelbare Herrschaft des »Sonnenkönigs«. In der Folge wurde die städtische Autonomie eingeschränkt, wobei der königliche Prätor (prêteur

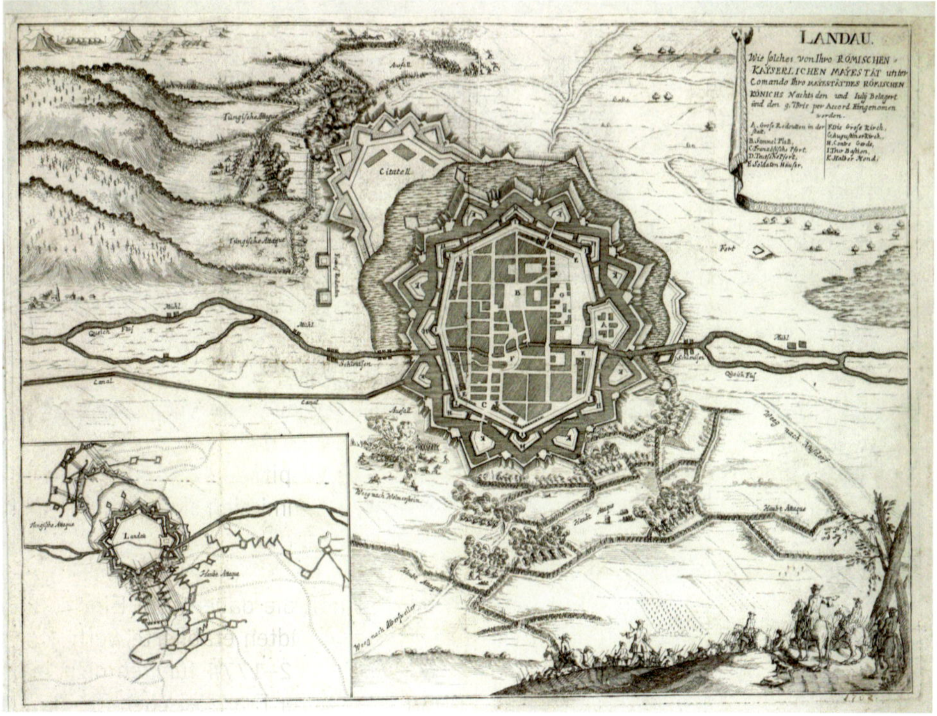

Plan der Belagerung Landaus 1702 (aus: Landau wie solches von Ihro Römischen Kayserlichen Mayestät unter Comando Ihro Mayestät des Römischen Könichs nachts den und Iuly Belagert und den 9. 7tber per Accord Eingenomen worden. O.O. [1702]/Hessisches Staatsarchiv Marburg; WHK 11/16)

royal), der an die Stelle des alten Schultheißen rückte, eine Schlüsselrolle spielte. Zugleich wurde der Katholizismus gefördert und der Protestantismus allmählich zurückgedrängt – seit 1727 konnten Evangelische das Bürgerrecht nur noch mit königlicher Sondergenehmigung erwerben. Augenmaß bewies die französische Administration in der Sprachpraxis – je nach den Erfordernissen wechselte man munter vom Deutschen ins Französische und umgekehrt.[61]

Prägend war die französische Zeit insofern, als Landau von dem berühmten Festungsbaumeister Vauban zu einem wichtigen Bestandteil des französischen Festungsgürtels ausgebaut wurde, nachdem bei einem Brand am 23./24. Juni 1689 nahezu 75 % der mittelalterlichen Stadt zerstört worden waren. Auch wenn es keine sicheren Beweise gibt, dürften die Gerüchte, der Brand sei auf Veranlassung der französischen Militärverwaltung gelegt worden, um so Raum für die Neuanlage der Festung zu schaffen, glaubwürdig sein. Das Stadtbild des neuen Landau war durch eine regelmäßige Anlage mit rechtwinkligen Straßen und durch gewaltige Bastionen geprägt. Besonders während des Spanischen Erbfolgekrieges war Landau hart umkämpft, wurde zweimal von Reichstruppen eingenommen (1702, 1704), jedoch beide Male von den Franzosen zurückerobert (1703, 1713). Erst nach dem Zweiten Pariser Frieden (1815) endete hier die französische Herrschaft.[62]

6. Die Reichsritterschaft

Am unteren Ende der Skala der reichsunmittelbaren Herrschaftsträger im Deutschen Reich rangierten die niederadligen Reichsritter. Als Geburtsstunde der frühneuzeitlichen Reichsritterschaft gilt das Jahr 1542, als die Ritter erstmals eine Reichssteuer an den Kaiser bewilligten. Diese »Charitativsubsidien« (die längst nicht so freiwillig waren, wie der Name suggeriert) waren in doppelter Hinsicht konstitutiv für die Entstehung und Behauptung der Reichsritterschaft: Denn zum einen revanchierten sich die Kaiser für die Zahlungen mit bedeutenden Privilegien, die die Ritter vor der Unterwerfung durch die Landesfürsten bewahren sollten, zum anderen wurden, um die Steuern erheben zu können, neue Strukturen geschaffen. Die Ritter organisierten sich in fünfzehn Ritterorten, auch Kantone genannt, die in drei Ritterkreisen zusammengefasst wurden. Seit 1577 gab es auch Korrespondenztage der Reichsritterschaft, doch die Ritterorte blieben die wichtigsten Organisationseinheiten, die insbesondere auch für die Steuererhebung zuständig waren. Tatsächlich war die unmittelbare Steuerleistung an den Kaiser das entscheidende Kennzeichen für die Zugehörigkeit zur Reichsritterschaft: Wer seine Steuern nicht über die Ritterschaft entrichtete, sondern an einen Fürsten zahlte, galt als landsässig.[63]

Der erste Rheinische Rittertag fand 1542 in Worms statt. 1565 organisierten sich die Reichsritter auf dem Gebiet des heutigen Rheinland-Pfalz auf dem Mainzer Rittertag im Rheinischen Ritterkreis (Ritterschaft am Rheinstrom und in der Wetterau), der die Orte bzw. Kantone Wasgengau (Vogesen), Hunsrück und Mosel, Wormsgau und Wetterau umfasste. Jeder Kanton wurde von einem gewählten Hauptmann geleitet, dem zunächst sechs, seit 1610 fünfzehn Räte beigegeben waren. 1605 wurde die Zahl der Kantone des Rheinischen Ritterkreises auf drei (Oberrhein, Mittelrhein und Wetterau, Niederrhein) reduziert. Die Kreiskasse des Rheinischen Ritterkreises befand sich in Mainz, die Kanzleien und Rittertruhen der Kantone in Speyer bzw. Worms, Friedberg sowie Koblenz. Im 17. Jh. ersetzten Ausschüsse weitgehend den immer seltener einberufenen Rittertag. Nach dem Dreißigjährigen Krieg wurde die Kreisorganisation ausgebaut: Seit 1653 wurde der Kreis von einem vierteljährlich auf der Friedberger Burg tagenden Ritterrat geleitet, in den jeder Kanton einen Vertreter entsandte.

Zumeist war den Ritterfamilien eine Territorienbildung nur in Ansätzen möglich, denn ein Großteil ihres Besitzes bestand aus einzelnen Höfen oder Gütern in Dörfern, die der Landeshoheit eines Fürsten unterlagen. Auch ihre reichsunmittelbaren Gebiete waren klein, oft zersplittert und verfügten meist nur über eine sehr schlanke Administration, die kaum über die Verwaltung einer Grundherrschaft oder eines Amtes hinausreichte. Bei bedeutenderen Familien, wie den Dalberg, kann man allerdings durchaus Ansätze zur Ausbildung mikrostaatlicher Strukturen feststellen. So richteten sie 1559 als zweite Instanz für ihre Untertanen ein Hofgericht ein.[64] Die meisten reichsritterlichen Territorien auf dem Gebiet des heutigen Rheinland-Pfalz lagen im Linksrheinischen, wie die bedeutende Herrschaft Landstuhl der ursprünglich aus dem Kraichgau stammenden Sickingen. Eine Reihe von reichsritterlichen Kleinterritorien hielt sich auch an der unteren Lahn, wie dasjenige der Familie vom Stein, und im Westerwald, so die Herrschaft Wildenburg der Freiherren von Hatzfeld.[65]

Eine Besonderheit des reichsritterlichen Besitzes waren die sog. Ganerbschaften. Das Vermögen dieser Erbengemeinschaften bestand meist aus Grundbesitz und hatte oft eine ursprünglich von den Eigentümern gemeinsam bewohnte Burg zum Zentrum. Ganerbschaften auf dem Gebiet des heutigen Rheinland-Pfalz waren zum Beispiel die Burg Eltz, Rümmelsheim mit der Burg Leyen, Kallenfels, Schornsheim, Nieder-Saulheim, Mommenheim und Bechtolsheim. Über die beiden letztgenannten Orte ließen sich 1732 Angehörige der Familien Dalberg, Bechtolsheim, Sturmfeder, Wallbrunn, Knebel von Katzenellenbogen, Weyers, Dienheim und Halberg belehnen. In der Frühen Neuzeit gewann gegenüber den Ganerbschaften die verwandte Vermögensform der Familienfideikommisse an Bedeutung. Hier war eine Familie Eigentümerin des unveräußerlichen Vermögens, und das in der Regel nach dem Primogeniturrecht bestimmte jeweilige Familienoberhaupt hatte nur den Nießbrauch an dem Gut. Auf diese Weise sollte der Zersplitterung des Familienvermögens entgegengewirkt werden.[66]

Oft behaupteten benachbarte Fürsten neben der Lehnshoheit weitere wichtige Kompetenzen in den ritterschaftlichen Besitzungen wie z. B. die Hochgerichtsbarkeit. Mit deren Hilfe versuchten Fürsten immer wieder die versäumte Mediatisierung des Niederadels nachzuholen, wie in den 1580er Jahren der pfälzische Kuradministrator Johann Kasimir. Das Verhältnis der Reichsritter zu den benachbarten Territorialfürsten war ambivalent. Einerseits suchten sie sich der fürstlichen Mediatisierungsbestrebungen zu erwehren; andererseits war der Fürstendienst eine durchaus standesgemäße Tätigkeit. Beispielsweise stieg Franz von Sickingen-Sickingen (1629–1715) unter Kurfürst Johann Wilhelm zum kurpfälzischen Geheimen Rat und Hofkammerpräsidenten auf und ließ 1703–1706 in Heidelberg den Mitteltrakt des Sickingenschen Hofs als Wohn- und Kanzleigebäude neu errichten.[67] Viele Reichsritter waren auch in unterschiedlichen Funktionen im Reichsdienst aktiv.

Die Reichsritterschaft hatte nicht selten mit der mangelnden Solidarität der eigenen Mitglieder zu kämpfen, die trotz bestehender kaiserlicher Verbote aus finanzieller Not ihre Güter an einen Fürsten verkauften und so zum Substanzverlust der Korporation beitrugen. Manche Familien, wie die Schönborn, Stadion und Eltz, stiegen durch kaiserliches Privileg in den Reichsgrafenstand auf. Die vornehmste reichsritterliche Familie auf dem Gebiet des heutigen Rheinland-Pfalz, ja im ganzen Reich, waren die Kämmerer von Worms, genannt von Dalberg. Sie verfügten mit Wallhausen, der Dalburg, Spabrücken, Wald-Erbach und Sommerloch sowie Anteilen an zahlreichen anderen Ortschaften im heutigen Rheinhessen und prächtigen Familienpalästen in Mainz nicht nur über einen stattlichen Besitz, sondern seit 1494 auch über das Privileg des ersten Ritterschlags, das heißt, dass jeder Kaiser nach seiner Krönung zuerst einen Angehörigen ihres Geschlechts zum Ritter schlagen sollte. Wie manch anderes rheinische Geschlecht verschafften sich die Dalberg ein zweites Standbein in den habsburgischen Ländern.[68]

Die Reichsritter bildeten die politische Führungsschicht in den geistlichen Fürstentümern an Rhein und Main, wo sie die meisten Domkapitulare stellten und zahlreiche weitere geistliche Pfründen sowie weltliche Ämter am Hof, in der Verwaltung und im Militär besetzten. Vor allem in Mainz erwarben zahlreiche ritterliche Familien seit dem 16. Jh. Immobilien und zeigten durch ihre prächtigen Familienpaläste Präsenz. Sie wohnten häufig dort und nicht auf ihren Burgen und Landsitzen. Noch heute prägen ihre Paläste das Mainzer Stadtbild.[69] Auch in anderen geistlichen Residenzen wie Trier und Koblenz waren reichsritterliche Familien vertreten.[70]

1 So NEUMANN, Obrigkeiten 1993, besonders S. 89 f.

2 So etwa STANJURA, Reden Bd. 1 1997, S. 30–42.

3 ROSSEAUX, Reich 2001, S. 99.

4 Zur Stellung des Mainzer Erzkanzlers vgl. HARTMANN, Kurfürst 1997; DERS., Kurmainz 1998.

5 Zu Kurmainz in der Frühen Neuzeit vgl. CHRIST/MAY, Handbuch 1997; JÜRGENSMEIER, Handbuch Bd. 3, Teil 1 2002; zur Stadt Mainz RÖDEL, Mainz 1985 (die Bevölkerungszahlen S. 152); DOBRAS, Stadt 1998; MATHY, Residenz 1998; FRANKHÄUSER, Barock 2010.

6 Vgl. KÖBLER, Lexikon 1992, S. 460.

7 Zu Kurtrier vgl. PAULY, Geschichte Bd. 3 1973; SCHNEIDER/PERSCH, Kirchenreform 2010; zur Stadt Trier DÜWELL/IRSIGLER, Trier 1988, besonders S. 3–60; zur Residenz Koblenz-Ehrenbreitstein EILER, Landstadt 1992; zur Inkorporation Prüms NEU, Anschluß 1994.

8 Zur Unterwerfung St. Maximins unter die kurtrierische Landeshoheit vgl. KÄUFER, Sankt Maximin 2003.

9 Vgl. KÖBLER, Lexikon 1992, S. 633.

10 Zu Kurköln vgl. JANSSEN, Entwicklung 2008; MOLITOR, Erzbistum Bd. 3 1996; HEGEL, Erzbistum 1979; zu Ahrweiler FLINK, Ahrweiler 2003.

11 Zur Geschichte der Kurpfalz im Überblick HESSE, Wittelsbach 1989; SCHAAB, Geschichte Bd. 2 1992; KOHNLE, Geschichte 2006, S. 47–191.

12 Vgl. DOTZAUER, Raum 1993, S. 137.

13 Zu Pfalz-Simmern(-Lautern) vgl. DOTZAUER, Geschichte 2001, S. 311–320; SCHAAB, Geschichte Bd. 2 1992, S. 47 ff., 53 ff., 78 ff., 126, 133.

14 Zu Pfalz-Zweibrücken vgl. KONERSMANN/AMMERICH, Regionalforschung 2010; MOLITOR, Geschichte 1885 (1989); BAUMANN, Entwicklung 1980; DERS., Herzogtum 1984.

15 Zum Hochstift Worms vgl. SCHAAB, Hochstift 1995; JÜRGENSMEIER, Worms 1997; MÜNCH, Worms 2002.

16 Zum Hochstift Speyer vgl. PRESS, Hochstift 1985; ALTER, Hochstift 1988; AMMERICH, Bistum Bd. 3 2000.

17 Zu den Besitzungen des Deutschen Ordens vgl. FENDLER, Orden 1992; zur Ballei Koblenz EILER, Stadtfreiheit 1980, S. 191–201.

18 Vgl. STAUSBERG, Breisig 1963.

19 Vgl. NEU, Luxemburg 2005. Eine Übersicht über die früheren Bestandteile des Herzogtums Luxemburg bei RENN, Geschichte 1987, S. 59, 61.

20 Zum Herzogtum Arenberg vgl. HEYEN, Arenberger Bd. 1 1987; DERS., Fürsten 1995; NEU, Arenberger 1989–1995, die Zahlenangaben Bd. 1, S. 343.

21 Zu Neuenahr vgl. FRICK, Quellen 1933, besonders S. 267–546.

22 Zu Virneburg vgl. NEU, Geschichte 1972, S. 111–119, 179–181; ARNDT, Reichsgrafenkollegium 1991, S. 86–89.

23 Zu Saffenburg vgl. NEU, Geschichte 1972, S. 169 ff.; ARNDT, Reichsgrafenkollegium 1991, S. 83–86.

24 Zu Gerolstein vgl. ARNDT, Reichsgrafenkollegium 1991, S. 89 ff.; SCHWIND, Geschichte 2003.

25 Vgl. zu Pyrmont ARNDT, Reichsgrafenkollegium 1991, S. 106 f.

26 Zur Burggrafschaft Rheineck vgl. ebenda, S. 81 f.

27 Zu Winneburg-Beilstein vgl. ebenda, S. 91 ff.

28 Zur Vorderen Grafschaft Sponheim vgl. DOTZAUER, Vordere Grafschaft 1963; DERS., Geschichte 2001, S. 321–343; MÖTSCH, Sponheim 1992.

29 Zur Hinteren Grafschaft Sponheim vgl. WILD, Hintere Grafschaft, 1972; DOTZAUER, Geschichte 2001, S. 347–355, Zitat S. 349; MÖTSCH, Sponheim 1992.

30 Vgl. zum Kröver Reich DOTZAUER, Geschichte 2001, S. 349; zum Dreiherrischen HÖNL, Gericht 1975.

31 Zu den hessischen Besitzungen vgl. GENSICKE, Landesgeschichte 1987, S. 248 ff.; FRANZ, Hessen 2005, S. 56 ff., 74 ff.; DEMANDT, Philipp 1960; RITTER, Ernst 2003.

32 Zu Hanau-Lichtenberg vgl. BATTENBERG, Hanau-Lichtenberg 1995; WITTMER, Hanauer Land 2004.

33 Zur Geschichte der Wild- und Rheingrafen SCHNEIDER, Geschichte 1854/1926; DOTZAUER, Geschichte 2001, S. 357–369; SALM-SALM, Entstehung 1996.

34 Zu Oberstein vgl. DOTZAUER, Geschichte 2001, S. 369–373; WILD, Restherrschaft 2003.

35 Zu Falkenstein vgl. REITER, Grafschaft 1969; OBERDORFFER, Reichsgrafschaft 1967; SCHLUNDT, Grafschaft 1985.

36 Zu Reipoltskirchen vgl. KEIPER, Hohenfels-Reipoltskirchen 1927.

37 Zu Bretzenheim vgl. HELDMANN, Reichsherrschaft 1896; ARNDT, Reichsgrafenkollegium 1991, S. 93–96; EBERSOLD, Karl August 2004.

38 Zur Grafschaft Wartenberg vgl. WEBER, Kolbe von Wartenberg 1955, besonders S. 37–46.

39 Zur Geschichte des Hauses Leiningen und seiner Territorien vgl. GENSICKE, Landesgeschichte 1987, S. 353–357; HEIBERGER, Leiningen-Westerburg 1983; KELL, Leiningen 1993; CONRAD, Leiningen 2000.

40 Zu den Ländern des ottonischen Zweigs des Hauses Nassau vgl. GENSICKE, Landesgeschichte 1987, S. 346–351.

41 Zu Kirchheim vgl. KÖLLNER, Geschichte 1854; JUNKER/KREMB, Entwicklung 1992; WILHELM, Nassau-Weilburg 2007.

42 Zu Sayn vgl. DAHLHOFF, Geschichte 1874 (1972); GENSICKE, Landesgeschichte 1987, S. 338–343; ARNDT, Reichsgrafenkollegium 1991, S. 71 ff.; MENK, Weg 1992.

43 Zu Sayn-Altenkirchen vgl. BRAUN, Geschichte 1888; VIERBUCHEN, Herzöge 1981; SCHUHMANN, Markgrafen 1992.

44 Zu Sayn-Hachenburg vgl. GENSICKE, Landesgeschichte 1987, S. 345 f., 373; MÜLLER, Gemeinden 2005.

45 Zur Geschichte der Grafschaften Wied vgl. GENSICKE, Landesgeschichte 1987, S. 331–338; ARNDT, Reichsgrafenkollegium 1991, S. 66–70; KRÜGER, Wied 2006; TULLIUS, Geschichte 2003; zu Neuwied GROSSMANN, Wachstum 1980/81.

46 Zur Grafschaft Isenburg vgl. GENSICKE, Landesgeschichte 1987, S. 351 ff.

47 Zu Holzappel vgl. ARNDT, Reichsgrafenkollegium 1991, S. 73 f.

48 Zu Reichenstein vgl. ebenda S. 70 f.

49 Vgl. zu Worms im Allgemeinen vor allem BÖNNEN, Bischof 2005; MAHLERWEIN, Reichsstadt 2005.

50 Vgl. KONERSMANN, Kirchenregiment 2005.

51 Vgl. BÖNNEN, Bischof 2005, S. 254 f., 259 ff.; MAHLERWEIN, Reichsstadt 2005, S. 305–308, 315–318.

52 Vgl. MAHLERWEIN, Reichsstadt 2005, S. 291–302, 326, 351 f., Zitat S. 351; zum Wiederaufbau SPILLE/BÖCHER, Baugeschichte 2005, S. 766–775.

53 Zur Wormser Verfassung und den Verfassungskonflikten vgl. MÜLLER, Verfassung 1937; HÜTTMANN, Untersuchungen 1970; zusammenfassend MAHLERWEIN, Reichsstadt 2005, S. 314–324.

54 Vgl. zu Speyer im Überblick AMMERICH, Geschichte 2008, S. 64–113; ausführlicher ALTER, Rachtung 1982; HARTWICH, Speyer 1982.

55 Vgl. ALTER, Rachtung 1982, S. 478–495, 544–547; HARTWICH, Speyer 1982, S. 5, 9, 11, 24–26; EGER, Speyer 1989, S. 314, 322, 333.

56 Zur konfessionellen Situation vgl. OHLER, Alltag 1982, S. 630–646; EGER, Speyer 1989.

57 Vgl. ALTER, Rachtung 1982, S. 458–472, 477 f.

58 Vgl. HARTWICH, Speyer 1982, S. 12–67.

59 Ebenda, S. 69–73.

60 Zu Landau vgl. MARTIN, Geschichte 2006, S. 32–67; IMHOFF, Landau 1996; FETZER, Rücklösung 2003.

61 Zur Landauer Verfassung vgl. HESS, Ratsverfassung 1974.

62 Vgl. MARTIN, Geschichte 2006, S. 32–67 (zum Stadtbrand 54 f.); IMHOFF, Landau 1996.

63 Zur Reichsritterschaft, ihrer Organisation und ihren Besitzungen im Allgemeinen vgl. ROTH SCHRECKENSTEIN, Geschichte 1871/1998; PRESS, Reichsritterschaft 1998; WINKELMANN-HOLZAPFEL, Besitzungen 1961.

64 Vgl. BATTENBERG, Entwicklung 1984.

65 Vgl. FLEGEL, Freiherrn 1993; GENSICKE, Landesgeschichte 1987, S. 359–362.

66 Vgl. ZIMMERMANN, Ganerbschaften 1957; OBERLE, Bechtolsheim 1995 (die Angaben zu 1732 S. 46); LANGBRANDTNER, Landstuhl 1991, S. 125 f.

67 Vgl. LANGBRANDTNER, Landstuhl 1991, S. 132, 158–161.

68 Zu den Dalberg vgl. REUTER, Dalberg 1994; BATTENBERG, Entwicklung 1984; ANDERMANN, Ritteradel 2009.

69 Vgl. RIESBECK, Briefe 1783 Bd. 2 S. 435 f.; SCHÄFER, Stadthöfe 2002, S. 55 f.

70 Vgl. OSTROWITZKI, Lebenskultur 2004.

Der rheinland-pfälzische Raum als Teil des Alten Reichs

Von Matthias Schnettger

Lange hat man das Alte Reich der Frühen Neuzeit am Ideal des modernen National- und Machtstaats gemessen und konnte es daher nur verurteilen. Diese Sichtweise kann aber mittlerweile als überholt gelten: Zwar kritisierten schon die Zeitgenossen manche Schwächen des Reichs und seiner Institutionen, dennoch bot es einen leidlich funktionsfähigen Rahmen, der das Miteinander der heterogenen Territorialstaaten regelte und zumal den kleineren unter ihnen überhaupt ihre Existenz ermöglichte. Der folgende Abschnitt zeigt, welch große Bedeutung das Reich für die Reichsstände, aber auch für die Untertanen auf dem Boden des heutigen Rheinland-Pfalz besaß. Ein besonderer Akzent liegt auf denjenigen Reichsinstitutionen, die hier dauerhaft oder vorübergehend präsent waren.

1. Das Kurkolleg

Drei der gemäß der Goldenen Bulle von 1356 sieben, später bis zu zehn (1803) Kurfürsten des Heiligen Römischen Reichs hatten einen territorialen Schwerpunkt bzw. ihre Haupt- und Residenzstadt auf dem Gebiet des heutigen Rheinland-Pfalz: die Kurfürsten von Mainz, Trier und von der Pfalz. Der Kölner Kurfürst verfügte immerhin über Streubesitz am Mittelrhein. Das vornehmste Recht der Kurfürsten war die Wahl des römisch-deutschen Königs bzw. seit dem 16. Jh., als der deutsche König auch ohne päpstliche Kaiserkrönung den Titel eines »Erwählten Römischen Kaisers« führte, des Römischen Kaisers. Da der Kaiser dem Anspruch nach weiterhin nicht nur das Oberhaupt des Deutschen Reichs, sondern eben der Römische Kaiser, d. h. der erste weltliche Fürst der Christenheit, war, waren auch das Ansehen und die Ansprüche seiner Wähler hoch, die sich als »Säulen des Reichs« verstanden. Gerade die rheinischen Kurfürsten bemühten sich, im Rahmen des Kurvereins durch eine gemeinsame Politik ihren Vorrang gegenüber den anderen Fürsten des Reichs zu behaupten. Auf Kurfürstentagen, von denen einige auf dem Gebiet des heutigen Rheinland-Pfalz stattfanden, so 1503, 1504 und 1508 in Mainz, 1578 in Worms und 1588 in Speyer, versuchten sie ihre Politik zu koordinieren.[1]

Dass es seit dem 17. Jh. außerhalb von Wahltagen keine Kurfürstentage mehr gab, hatte damit zu tun, dass der Kurverein aufgrund der wachsenden, nicht zuletzt konfessionellen Spannungen in diesem Gremium zunehmend in die Krise geriet. Zudem wurden die Kurfürstentage überflüssig, seitdem in Regensburg eine permanente Versammlung von Gesandten aller Reichsstände tagte (ab 1663).

Bis zum Ende des Alten Reichs, letztmals 1792, fanden aber Königs- bzw. Kaiserwahlen statt, die meisten an dem durch die Goldene Bulle von 1356 vorgesehenen Ort, in der Reichsstadt Frankfurt. Wesentlich häufiger als ihre Kollegen aus dem Osten des Reichs fanden sich die rheinischen Kurfürsten persönlich bei den Wahltagen ein. Zwar waren die wenigsten Wahlen wirklich offen: Die Person des zu Wählenden, der mit einer Ausnahme stets ein Habsburger bzw. Habsburg-Lothringer war, stand meist schon fest, wenn man sich in Frankfurt versammelte, spätestens aber, wenn man zum eigentlichen Wahlakt in der Wahlkapelle der Frankfurter Bartholomäuskirche schritt. Bis dahin wurde aber wochen- oder gar monatelang teils offiziell auf dem Frankfurter Römer, teils hinter den Kulissen verhandelt. Auf diesen Wahltagen hatte der Kurfürst von Mainz als Erzkanzler des Reichs eine herausgehobene Position inne: Er lud zum Wahltag ein und leitete die Sitzungen des Kurkollegs. Im Falle einer Kampfabstimmung gab seine – die letzte – Stimme den Ausschlag. Zudem war er, seit auch die Krönung in Frankfurt stattfand, in der Regel der Koronator.[2]

Seit 1519 wurde dem Kaiser eine sog. Wahlkapitulation abverlangt, die der Neugewählte noch vor seiner Krönung zu beeiden hatte. Sie erlegte ihm allgemeine Richtlinien für seine Reichspolitik auf und schrieb die Rechte der Reichsstände, insbesondere der Kurfürsten, fest.[3] Bei vielen Bestimmungen ist erkennbar, dass die Kurfürsten hier ihre eigenen Interessen verfolgten. Wenn beispielsweise der Kaiser bei der Einrichtung neuer Zölle an die kurfürstliche Zustimmung gebunden war, lag das vor allem im Interesse der rheinischen Kurfürsten, für die die Rheinzölle einen wichtigen Teil ihrer Einnahmen bildeten. So war es kein Wunder, dass die anderen Fürsten ein Mitspracherecht bei der Formulierung der Wahlkapitulationen anstrebten, wogegen sich die Kurfürsten jedoch mit Händen und Füßen wehrten – und zwar alles in allem mit Erfolg. Direkte materielle Zuwendungen des Neugewählten an die Kurfürsten, wie sie ganz üblich waren, erschienen natürlich nicht in der – auch gedruckt veröffentlichten – Wahlkapitulation.

Für die Kaiserwähler waren aber nicht nur die für einen Menschen des 21. Jhs. unmittelbar ins Auge springenden materiellen Vorteile wichtig, sondern auch das Ansehen, das sie aus ihrer Beteiligung an dieser Zeremonie zogen. Tatsächlich sicherte jede Kaiserwahl und -krönung, die in der hergebrachten Form stattfand, ihre hervorragende Stellung im Reichsgefüge aufs Neue. Gerade für die rheinischen Kurfürsten mit ihren begrenzten materiellen Ressourcen war dies von größter Bedeutung.[4]

2. Der Reichstag

War das Kurkolleg ein kleiner, elitärer Kreis, so war der Reichstag der Ort, an dem sich alle Fürsten und Stände des Reichs um ihr Oberhaupt, den Kaiser, versammelten, um Fragen von übergreifender Bedeutung zu beraten und darüber Beschlüsse zu fassen. Der Reichstag hatte sich am Ende des 15. Jhs. aus dem mittelalterlichen Hoftag entwickelt und lief bis zur Mitte des 17. Jhs. nach dem folgenden Schema ab: In unregelmäßigen Abständen schrieb der Kaiser mit Zustimmung der Kurfürsten einen Reichstag aus, fast immer in eine Reichsstadt. Nach einer feierlichen Eröffnung, bei der die kaiserliche Tagesordnung (Proposition) zur Verlesung kam, schritten die Reichsstände bzw. deren Vertreter zu den Beratungen. Diese wurden in den drei Kurien des Kurfürsten-,

Fürsten- und Städterates getrennt durchgeführt. Dabei strebte man einen Konsens sowohl in wie zwischen den Kurien an. Dass die Reichsstädte ein gleichberechtigtes Stimmrecht hatten, wurde erst durch den Westfälischen Frieden (1648) definitiv entschieden. Wenn alle drei Kurien sich einig waren, wurde ihr sog. Reichsgutachten dem Kaiser übermittelt, der dieses durch seine Ratifizierung zum Reichsschluss, also zum Reichsgesetz, erhob. Am Ende des Reichstags wurden alle Reichsschlüsse im sog. Reichsabschied gesammelt und publiziert.[5]

Der Kupferstich zeigt die Reichstagseröffnung 1653 in Regensburg. Unter dem Baldachin thront der Kaiser, ihm zur Seite sitzen die Kurfürsten, an den Längsseiten des Saals die Fürsten. Die Städtevertreter haben ihren Platz jenseits der Balustrade, in der Abbildung vorne rechts. Durch diese Sitzordnung wird die hierarchische Ordnung des Reichs sinnfällig (aus: Eigentlicher Abriß der Reichstages Solennitet, so den 13–23. Juny Anno 1653. in RegensPurg auf dem gewöhnlichen grosen Rhathauß-Saal, bey eröfnung der Kaiserlichen Proposition angestellet und gehalten worden. Nürnberg 1653/Herzog August Bibliothek Wolfenbüttel)

Das Gewicht der alten rheinischen Kernlandschaft des Reichs spiegelte sich insbesondere in ihrer starken Repräsentanz im Kurkolleg (Mainz, Trier, Köln, Pfalz) wider. Im Fürstenrat saß neben einigen geistlichen (Worms, Speyer) und weltlichen Fürsten (wie die pfälzischen Nebenlinien) eine ganze Reihe von Grafen, die im Unterschied zu den Reichsfürsten aber nicht alle ein eigenes Votum hatten, sondern gemeinsam insgesamt vier Kuriatstimmen führten. Die Grafen auf dem Gebiet des heutigen Rheinland-Pfalz saßen auf der Wetterauischen Grafenbank, wie die Häuser Nassau und Leiningen sowie die Wild- und Rheingrafen, andere, wie Wied, Sayn-Altenkirchen und -Hachenburg, auf der 1653/54 neugegründeten Westfälischen Grafenbank. Auch die Prälaten, wie die Deutschordensballei Koblenz, verfügten über keine Virilstimme, sondern waren an der Kuriatstimme der rheinischen Prälaten beteiligt. Einige Grafen, darunter verschiedene Linien des Hauses Nassau, gelangten im Verlauf der Frühen Neuzeit infolge einer kaiserlichen Standeserhöhung zu Reichsfürsten in den Besitz einer Virilstimme im Fürstenrat. Manche Reichsritter, die vom Kaiser in den Grafenstand erhoben wurden, erhielten einen Platz auf einer der Grafenbänke, so zum Beispiel die Schönborn für Reichsberg und Wiesentheid auf der Fränkischen Grafenbank.[6] Als die einzigen verbliebenen Freien und Reichsstädte auf dem Gebiet des heutigen Rheinland-Pfalz waren am Beginn der Frühen Neuzeit im Städterat nur noch Speyer, Worms und Landau vertreten. Letzteres verlor seine Stimme im 17. Jh. mit dem Übergang unter die französische Herrschaft.

Einige der bedeutendsten frühneuzeitlichen Reichstage, von denen wichtige Impulse für die allgemeine Reichsgeschichte ausgingen, fanden auf dem Boden des heutigen Rheinland-Pfalz statt, zumeist in Worms oder Speyer. Hier ist zunächst der Wormser Reichstag von 1495 zu nennen, mit dem üblicherweise die deutsche Verfassungsgeschichtsschreibung die Frühe Neuzeit beginnen lässt. Denn dieser Reichstag zählt nicht nur zu den frühesten Reichsversammlungen, auf denen die oben geschilderten Formen des frühneuzeitlichen Reichstags im Wesentlichen schon ausgebildet waren, sondern in Worms wurden einige Richtungsentscheidungen für die Entwicklung der Reichsverfassung getroffen, wie die Verkündung des Ewigen Landfriedens, die hiermit in engem Zusammenhang stehende Errichtung des Reichskammergerichts und die Einführung einer allgemeinen Reichssteuer, des Gemeinen Pfennigs. Auch wenn die Wormser Beschlüsse nur schleppend umgesetzt wurden oder mittelfristig ganz scheiterten (Gemeiner Pfennig), wurden 1495 doch wichtige Fortschritte in Richtung auf eine (begrenzte) institutionelle Verdichtung des Reichs gemacht.[7]

Der Wormser Reichstag von 1521 steht dem von 1495 hinsichtlich seiner Bedeutung nicht nach. Im kollektiven Gedächtnis geblieben ist er vornehmlich als »Lutherreichstag«, und tatsächlich erregten das Erscheinen des Reformators in Worms, die Verweigerung des Widerrufs und die darauf erfolgte Verhängung des Wormser Edikts durch Kaiser Karl V. schon bei den Zeitgenossen größte Aufmerksamkeit. Darüber sollte aber nicht vergessen werden, dass die »Causa Lutheri« nur einer von vielen Beratungsgegenständen war und dass der Reichstag Beschlüsse fasste, die weit langlebiger als das antilutherische Edikt waren. Hier ist vor allem die Wormser Reichsmatrikel zu nennen, eine Aufstellung aller Reichsstände und der von ihnen zu leistenden Beiträge zu den Reichssteuern, die in Erinnerung an die früheren Romzüge in »Römermonaten« berechnet wurden. Festgehalten wurden in der Matrikel für jeden Stand die von ihm zu stellenden Soldaten (Berittene und Fußtruppen) sowie die als Äquivalent zu zahlende Geldsumme. So hatten, um einige Beispiele zu nennen, alle Kurfürsten 60 Reiter und 277 Mann Fußtruppen zu stellen oder 600 Gulden zu zahlen, der Bischof von Speyer 18 Reiter und 60 Soldaten zu Fuß bzw. 180 Gulden, der Burggraf von Rheineck nur einen Reiter und drei Mann zu Fuß bzw. zwölf Gulden. Für die Reichsstadt Worms hingegen lauten die Zahlen zehn Reiter und 78 Mann Fußtruppen bzw. 325 Gulden – ein Beispiel dafür, dass den Reichsstädten unverhältnismäßig hohe Leistungen abverlangt wurden.[8]

In den Reichsstädten Worms und Speyer fanden im 16. Jh. weitere wichtige Reichsversammlungen statt: 1526 wurde auf dem sog. Ersten Speyerer Reichstag erstmals die Reformation reichsrechtlich zugelassen, wenn auch nur befristet und verklausuliert. Drei Jahre später nahm die altgläubige Reichstagsmehrheit dieses Zugeständnis weitgehend wieder zurück und provozierte damit die namengebende Protestation der Reformationsanhänger unter den Reichsständen.[9] Weniger bekannt sind die Speyerer Reichstage von 1542, 1544, 1546 und von Worms 1545, die nicht zuletzt beachtliche Summen für die Türkenabwehr bewilligten. Weitere Reichstage fanden in Speyer 1557 und letztmals 1570 statt.[10]

Im 16. Jh. spielten auch andere reichsständische Versammlungsformen eine wichtige Rolle, welche die Gesetzgebung durch die Reichstage teils vorbereiteten, teils umsetzten und ausdifferenzierten, aber auch in Fragen der Reichssicherheit aktiv wurden. Vertreter verschiedener Reichskreise trafen sich 1534 in Koblenz zur Beratung der Gefahren, die vom Münsteraner Täuferreich ausgingen. In Worms gab es 1544/45, 1549, 1551, 1557 und 1561 sog. Reichsmoderationstage, die über eine gerechtere Verteilung der Reichslasten verhandelten, und in Speyer 1549 einen Reichsmünztag, der sich um eine Regulierung des Münzwesens bemühte. Außerdem fand eine ganze Reihe von außerordentlichen (Speyer 1557, 1560) und ordentlichen Reichsdeputationstagen (Worms 1564, 1578, 1586; Speyer 1583, 1595, 1599, 1600) statt, an denen nur ausgewählte Ständevertreter teilnahmen. Ferner waren Städte der Region mehrfach Tagungsort von Reichsstädtetagen (z. B. Speyer 1523, 1524 und 1525).[11]

Das Ende der Reichstage am Rhein

Die hohe Zahl der Reichsversammlungen in Worms und Speyer in den ersten Jahrzehnten des 16. Jhs. zeigt, dass die alte Kernlandschaft des Reiches am Ober- und Mittelrhein eine besondere Bedeutung bewahrt hatte. Sie war aber auch dem Umstand geschuldet, dass das Rheintal für Kaiser Karl V. als Verbindung von seinen niederländischen Besitzungen hin zu den reichen oberdeutschen Städten und weiter nach Italien strategisch äußerst wichtig war. Im Zeitalter der Kaiser aus der österreichischen Linie des Hauses Habsburg verschob sich der Schwerpunkt des Reichs nach Osten. Abgesehen von der Wahl- und Krönungsstadt Frankfurt dienten die westlichen Reichsstädte nun nicht länger als Tagungsorte von Reichsversammlungen. Seit 1663 entwickelte sich in Regensburg aus einem herkömmlichen der Immerwährende Reichstag, der bis zum Ende des Alten Reichs beisammenblieb.[12] Dies mochte man in Worms und Speyer mit einem lachenden und einem weinenden Auge sehen: Denn fraglos war es eine Ehre und für einen Teil der Einwohner, nicht zuletzt die Besitzer von vermietbaren Immobilien, äußerst lukrativ, wenn ein Reichstag in der Stadt veranstaltet wurde. Andererseits hatte eine solche Versammlung logistische Probleme und nicht selten Konflikte zwischen Einheimischen und Gästen oder jener untereinander zur Folge. Schließlich konnte es im Zeitalter der Reformation durchaus unbequem für die zum Protestantismus tendierenden Städte sein, ihren katholischen kaiserlichen Oberherrn in ihren Mauern zu beherbergen.[13]

3. Das Reichskammergericht

Neben dem Reichshofrat, der in weitgehender Abhängigkeit vom Kaiser stand und seinen Sitz in dessen Residenz hatte, war das Reichskammergericht das zweite oberste Reichsgericht, das zwar auch im Namen des Kaisers Recht sprach, dessen Besetzung und Finanzierung aber weitgehend den Reichsständen oblag. 1495 auf dem Reichstag von Worms ins Leben gerufen, dauerte es einige Jahrzehnte, bis das Gericht sich institutionell verfestigte. Nicht zuletzt die Bemühungen der Katholiken, das Reichskammergericht für den Kampf gegen die Reformation zu instrumentalisieren, wirkten lange hemmend. Ein Dauerproblem des Reichskammergerichts war seine Unterbesetzung und die daraus resultierende lange Prozessdauer. Zwar wurde die Anzahl der Beisitzer (Assessoren) von zunächst 16 auf 24 (1555) und schließlich 50 (1648) erhöht, aber diese Zahlen standen nur auf dem Papier. Denn die schleppende und unvollständige Zahlung der 1548 für den Unterhalt des Gerichts eingeführten Steuer, des sog. Kammerzielers, durch die Reichsstände verhinderte die Besoldung der vorgesehenen Richter, so dass immer etliche »Planstellen« unbesetzt blieben. Nachdem das Reichskammergericht in den ersten knapp 30 Jahren seines Bestehens durch verschiedene Reichsstädte (darunter Worms und Speyer) »vagabundiert« war, was auch durch die Bestrebungen der unterschiedlichen Kräfte im Reich bedingt war, diese wichtige Institution unter ihre Kontrolle zu bekommen, fand es 1527 in Speyer seinen dauerhaften Sitz, aus dem es erst 1689 durch den Pfälzischen Erbfolgekrieg vertrieben wurde. In der Speyerer Zeit machte die Institutionalisierung des Gerichts entscheidende Fortschritte, was seine Wirksamkeit nachhaltig steigerte. Auch das Zweite Reichsregiment, eine aus Vertretern der Reichsstände gebildete Reichsregierungsinstitution, die bei Abwesenheit des Kaisers amtierte, hatte von 1527 bis zu seinem Erlöschen 1531 seinen Sitz in Speyer.[14]

Die über 150-jährige Präsenz des Kammergerichts in Speyer verlieh der Stadt eine herausragende Bedeutung unter den Reichsstädten. Wie bei Reichsinstitutionen üblich, nutzte das Gericht die vorhandenen reichsstädtischen Regierungsgebäude mit. Es war in dem 1689 weitgehend zerstörten und 1819 endgültig abgerissenen Ratshof untergebracht. Zu Beginn des 17. Jhs. mussten die Gerichtsräume, die neben den Sitzungsräumen auch die Kanzlei umfassten, erweitert werden.

Durch die Anwesenheit des Gerichtspersonals und der Parteienvertreter belebten sich Handel und Gewerbe in Speyer – immerhin wird der Anteil der Gerichtsangehörigen an der Speyerer Gesamtbevölkerung um 1577 auf etwa 8 % geschätzt. Einen beachtlichen Aufschwung erlebte auch der Buchdruck infolge der zahlreichen juristischen Veröffentlichungen. Allerdings war das Verhältnis zwischen Reichsstadt und Gerichtspersonal nicht spannungsfrei, was nicht zuletzt durch dessen bedeutende Privilegien bedingt war. So waren die »Kameralen« gemäß der Reichskammergerichtsordnung von 1495 samt ihren Familien und ihrem Gesinde von »aller Beschwerung« befreit. Das beinhaltete die Exemption von den städtischen Verbrauchssteuern, dem sog. Ungeld. Außerdem beanspruchte das Reichskammergerichtspersonal die Abgabenfreiheit beim Immobilienerwerb, was dazu führte, dass die »Kameralen« binnen weniger Jahrzehnte einen stattlichen Immobilienbesitz in Speyer – häufig in den besten Lagen – an sich brachten. Als der Rat dem 1582 einen gesetzlichen Riegel vorschieben wollte, kam es zum Streit, der erst 1585 unter Vermittlung des Bischofs von Worms und des Pfalzgrafen Reichard von Simmern in einem Kompromiss beigelegt werden konnte. Da die Kammergerichtsangehörigen allerdings weiterhin Zahlungen nach Möglichkeit zu vermeiden suchten, gab es auch später Konflikte, die durch das Selbstbewusstsein der »Kameralen« angeheizt wurden. Die Mehrzahl des Gerichtspersonals war auch aufgrund der katholischen Konfession in gewisser Weise ein Fremdkörper in der Stadt. Dennoch war es für Speyer zweifelsohne ein Verlust, als das Reichskammergericht 1689 die Stadt verließ und nicht

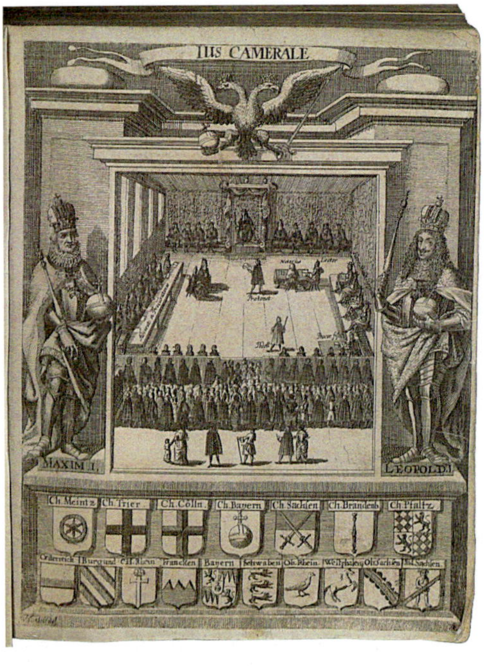

Der Kupferstich zeigt eine Audienz des Reichskammergerichts mit dem den Kaiser vertretenden Kammerrichter unter dem Baldachin, neben ihm die Assessoren. Die Wappen bezeichnen die Kurfürsten bzw. die Reichskreise, die für die Bestellung der Assessoren zuständig waren. Über allem thront der Reichsadler. (Roding, Wilhelm: Pandectae camerales. Speyer/Frankfurt a. M. 1668/Staatsbibliothek Berlin-Preußischer Kulturbesitz)

mehr zurückkehrte. Mehrere Speyerer Fürstbischöfe, als erster Marquardt von Hattstein (reg. 1569–1581), bekleideten den ehrenvollen Posten des Kammerrichters, also des kaiserlichen Stellvertreters beim Reichskammergericht.[15] Auch Johann II. von Pfalz-Simmern war von 1536 bis 1539 Kammerrichter (1523 war er schon Statthalter beim Reichsregiment gewesen).[16] Unter den Reichskammergerichtspräsidenten, den Vorsitzenden der Senatoren und den Assessoren, den eigentlichen Richtern des Reichskammergerichts, waren die Männer mit »rheinland-pfälzischer« Herkunft oder Vorkarriere zahlreich.[17]

Die Bedeutung der Reichsgerichte

Trotz aller Probleme und Schwächen, zu denen neben der Langwierigkeit der Verfahren insbesondere die schwierige Durchsetzung der Urteile zu rechnen ist, war die Bedeutung von Reichskammergericht und Reichshofrat hoch. Schon ihre bloße Existenz und die dadurch gegebene Möglichkeit zum friedlichen Konfliktaustrag wirkten friedewahrend und hielten die Mächtigen im Reich von einem allzu forschen Vorgehen gegen Untertanen und schwächere Nachbarn ab. Noch 1793 untersagte das Reichskammergericht dem Fürsten von Wied-Runkel auf eine Klage des amtsenthobenen Dierdorfer Stadtschultheißen Abel hin alle Akte der Kabinettsjustiz. Noch wirkungsvoller war das Eingreifen des Reichskammergerichts in jenen Jahren aber im benachbarten Wied-Neuwied. Im Januar 1791 entschied das Gericht einen über 50 Jahre (!) dauernden Prozess zwischen Landesfürst und Bauern, der sich im Wesentlichen um die Waldnutzung und die Abgabenhöhe drehte, zugunsten der Untertanen. Aufgrund dieses Urteils hätte der Fürst über 100.000 Taler an Steuern zurückzahlen müssen, wozu er aber nicht in der Lage war. Der im selben Jahr zur Regierung gelangte Karl Friedrich sah sich zu einem »Landesvergleich« mit den Bauern genötigt, in dem er diese gegen Verzicht auf die Steuererstattung aus der Leibeigenschaft befreite und ihnen den Großteil der strittigen Wälder überließ. Dieses in den Augen seiner Verwandten geradezu »verrückte« Entgegenkommen war für sie ein zusätzliches Argument, um, wiederum beim Reichskammergericht, die Absetzung Karl Friedrichs zu betreiben, welcher in der Tat 1792 unter Kuratel gestellt wurde.[18] Während Karl Friedrich mithilfe des Reichstags einige Jahre später seine Wiedereinsetzung erreichte, war die Absetzung des Wild- und Rheingrafen Karl Magnus von Rheingrafenstein, der 1768 vom Reichshofrat unter die Aufsicht einer Reichsdebitkommission gestellt und für mehrere Jahre in Festungshaft gesetzt wurde, endgültig.[19] Die Reichsgerichte wirkten aber nicht nur durch ihre Urteile in die Territorien hinein, sondern beeinflussten auch die dortige Gerichtsverfassung, und das selbst dort, wo die Zuständigkeit der Reichsgerichte durch ein kaiserliches Appellationsprivileg eingeschränkt war, wie zum Beispiel in Mainz, wo sich die Hofgerichtsordnung von 1516 eng an der Reichskammergerichtsordnung von 1495 orientierte.[20]

4. Der Kurrheinische und der Oberrheinische Reichskreis

Im Zuge der sog. Reichsreform wurde an der Wende vom 15. zum 16. Jh. das Kerngebiet des Heiligen Römischen Reiches deutscher Nation – also ohne die Länder der Böhmischen Krone, die Eidgenossenschaft und Italien – in zunächst sechs (1500), dann zehn (1512) Reichskreise eingeteilt. Zu den 1500 gegründeten Reichskreisen zählte der

Die Reichskreise im Westen des Reiches

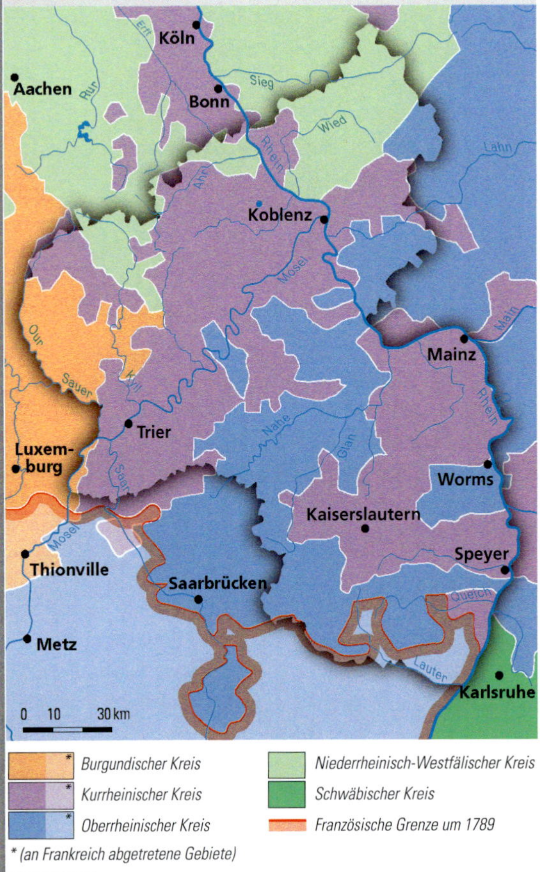

Kartographie: Landesamt für Vermessung und Geobasisinformation Rheinland-Pfalz

Oberrheinische Reichskreis, der sich von Hessen im Norden über die Wetterau, das Mittelrheingebiet, Lothringen und das Elsass bis hin nach Savoyen erstreckte. Ausgespart waren die Territorien der rheinischen Kurfürsten, die erst 1512 zum Kurrheinischen Reichskreis zusammengeschlossen wurden. Der Umfang des Kurrheinischen Kreises, dem neben den Kurfürstentümern auch einige kleinere Herrschaften zugerechnet wurden (am Ende des 18. Jhs. u. a. das Herzogtum Arenberg, die Deutschordensballei Koblenz und die Burggrafschaft Rheineck), blieb weitgehend stabil. Dagegen verlor der Oberrheinische Kreis nach und nach fast seine gesamte Südhälfte, sei es dass die dortigen Fürsten sich nicht am Kreisleben beteiligten (Savoyen, Lothringen), sei es im 17. Jh. durch französische Eroberungen (Elsass). Mit Hessen-Kassel hielt sich auch der wichtigste Fürst im Norden des Kreises im 18. Jh. über mehrere Jahrzehnte fern.[21] Einige nördliche Gebiete des heutigen Bundeslandes Rheinland-Pfalz gehörten zum Niederrheinisch-Westfälischen Reichskreis.[22]

Die Institution »Reichskreis« mit wenigen Worten präzise zu beschreiben fällt deswegen so schwer, weil sie sich im Lauf der Zeit wandelte und weil es nicht »den« typischen Reichskreis gab, anhand dessen sich in generalisierender Weise die Geschichte »der« Reichskreise darstellen ließe. Vielmehr hatte jeder Reichskreis, abgesehen von einigen gemeinsamen Eckdaten, eine höchst individuelle Geschichte. Zu den Gemeinsamkeiten zählten insbesondere die wichtigsten Kreisaufgaben und Kreisämter, die durch Reichsgesetze festgelegt wurden. Zu den vornehmsten Aufgaben der Kreise gehörten die Landfriedenssicherung und in diesem Zusammenhang die Exekution von Urteilen der obersten Reichsgerichte sowie das Reichsmilitärwesen. Dies wurde durch die Reichsexekutionsordnung von 1555 und die sog. Reichskriegsverfassung von 1681 festgeschrieben. Zugleich waren die Kreise für die Wahl der meisten Beisitzer des Reichskammergerichts zuständig, im frühen 16. Jh. auch der Mitglieder des Reichsregiments. Sie organisierten die Einsammlung des für den Unterhalt des Reichskammergerichts zu entrichtenden Kammerzielers und sonstiger Reichssteuern. Sie hatten die Reichsgesetze zu verkünden und umzusetzen. Einige Kreise entfalteten zudem im Laufe der Zeit beachtliche Aktivitäten auf den Feldern der Münzkontrolle, Wirtschaftspolitik, Infrastrukturförderung und Seuchenprävention.[23]

Im Kurrheinischen Kreis hatte der Kurfürst von Mainz das Kreisausschreibeamt und das Kreisdirektorium inne, d. h., er führte die Kreiskanzlei und das Kreisarchiv, berief die Kreistage ein, führte auf ihnen den Vorsitz und legte die Tagesordnung fest. Da das Wahlamt des Kreisobristen (ursprünglich Kreishauptmann), der für das Kreismilitär zuständig war, nur von einem weltlichen Fürsten ausgeübt werden konnte, kam hierfür im Kurrheinischen Kreis nur der Kurfürst von der Pfalz in Frage. Der bereits 1500 gegründete Oberrheinische Kreis wurde vom Wormser Fürstbischof als Kreisdirektor geleitet, dem der Pfalzgraf von Simmern als zweiter Ausschreibender Fürst zur Seite stand. Diese beiden schrieben Kreistage gemeinsam aus und legten die Tagesordnung einvernehmlich fest. In zwei Vergleichen (1690/1705) wurden die Kompetenzen des simmernschen Mitausschreibenden Fürsten erweitert; das Kreisdirektorium blieb aber formal bei Worms. Das Amt des Kreisobristen übten im Oberrheinischen Kreis Fürsten aus unterschiedlichen Dynastien aus. Im 18. Jh. waren dies u. a. Hessen-Darmstadt (1750) und Hessen-Kassel (1775). Wichtigstes Beschlussgremium waren die Kreistage. Während diese im Kurrheinischen Kreis am Runden Tisch stattfanden und von den vier Kurfürsten dominiert wurden, waren sie im Oberrheinischen Kreis in die vier Bänke der geistlichen und der weltlichen Fürsten, der Grafen und Herren sowie der Reichsstädte gegliedert.[24]

Der Kur- und der Oberrheinische Kreis gehörten zunächst zu den durchaus aktiven Kreisen, bis das schon vorher durch die konfessionelle Spaltung gestörte Kreisleben in der Zeit des Dreißigjährigen Krieges zum Erliegen kam. 1650/51 wurden, den Bestimmungen des Westfälischen Friedens folgend, beide Reichskreise reaktiviert. Erheblich belastet wurde das Kreisleben aber auch weiterhin durch die konfessionelle Spaltung. Ein Großteil der Oberrheinischen Kreisstände war evangelisch; das Kreisdirektorium lag aber in katholischer Hand, ebenso infolge der neuburgischen Erbfolge seit 1685 auch das pfalz-simmernsche Kondirektorium. Als 1697 ihrer Forderung nach einem protestantischen Kondirektorium von den Katholiken nicht stattgegeben wurde, zogen sich die evangelischen Stände aus dem Kreisleben zurück, bis man 1700 einen Kompromiss fand, der ihnen zwar nicht das beanspruchte Kondirektorium zugestand, jedoch zumindest eine paritätische Beteiligung an allen Kommissionen und die Einbeziehung in die Entscheidungsfindung und Durchführung von Kreisbeschlüssen durch die katholischen Kreisdirektoren. Im Kurrheinischen Kreis dagegen hatte die calvinistische Kurpfalz gegen die Phalanx der geistlichen Kurfürsten keine Chance auf eine Beteiligung am Kreisdirektorium. Als 1685 die Pfalz-Neuburger das kurpfälzische Erbe antraten, war der Konfessionskonflikt unter den kurrheinischen Kreisständen beendet, da nun alle wichtigen Akteure im Kreis katholisch waren.[25]

Seit dem ausgehenden 17. Jh. entwickelte sich eine enge Kooperation zwischen den beiden Kreisen, die durch persönliche Verflechtungen begünstigt und gefestigt wurde. Vor allem wurde das Bistum Worms lange Zeit von Mainzer Kurfürsten in Personalunion regiert, so dass das Direktorium beider Kreise in einer Hand lag. Zudem war der Kurfürst von der Pfalz als Pfalzgraf von Simmern zugleich Mitausschreibender Fürst im Oberrheinischen Kreis. Auch sachliche Gründe sprachen für eine Kooperation. Aufgrund der territorialen Verflechtung beider Kreise konnten bestimmte Aufgaben, wie etwa die Seuchenbekämpfung, sinnvoll nur gemeinsam in Angriff genommen werden. Die institutionelle Verflechtung der beiden Kreise wurde daher im 18. Jh. weiter vorangetrieben: Auch die Ämter der Kreisobristen, -kassierer und -leutnants wurden für beide Kreise von denselben Personen wahrgenommen. Zudem fanden die Kreistage in der Regel parallel in Frankfurt statt.[26]

Kreisaktivitäten

Aus einem Beschluss des Oberrheinischen Kreistags vom Juli 1763 zum Münzwesen:

»Da die unseelige Würkung des anhaltenden Münz-Unwesens universaliter in imperio lebhafft anerkannt, und leider von nun schon so viele Jahren her, zu des Publici unendlichen Schaden, auch fort und fort anwachsender äusserst empfindlicher Bedruckung, fürwährend geprüfet wird [...], So siehet man sich dermaleins bewogen, in Folge deren [...] schon vorhandenen nützlichen Vorbereitungen dies Orts [...] hiemit eine provisorische und einem künfftigen Reichs-Schluß durchaus ohnvorgreifflichen Abmasse und beförderliche Entschlüssung zu nehmen, wie folget:

Vors erstere: solle noch für anjetzo zur Nothülffe ein äuserlicher Werth von 2. fl. [= Florin/Gulden] 24 kr. [Kreuzer] deme Conventions-Thaler, und von 5. fl. deme Ducaten, sodann [...] ein ebenfalls äuserlicher Werth denen übrigen Gold- und Silber-Sorten bestimmet, und respective interimsweise nachgesehen seyn [...].

Vors achte: Damit nun der Verbot einiger Ausschleppung des gemünzt- und ungemünzten Silbers über die Gräntze dieses löbl[ichen] Creyses und der Einführung fremder schlechten Münz-Sorten um da gewisser seinen vollen Endzweck erreiche; So sind nicht nur alle Post-Kutschen, Land- und Fracht-Wägen, wie ingleichen alle Schiffe und Wasser-Gelegenheiten, sondern auch alle mit einer Verpitschirung oder Plombirung auch Attestirung von Obrigkeits wegen nicht versehenen Coffres, Fässer, Verschläge etc. eines jeden Paßirenden, sonderlich aber derer Juden und anderer, auf welche einiger Verdacht fallen könnte, an denen Haupt-Passagen und Zoll-Stätten ohnnachsichtlich zu visitiren, fort das sich allda allenfalls endeckende Gold und Silber, [...] ipso facto, nebst persönlicher Arrestirung des Transportanten, confiscable zu machen [...].

Vors Zwölfte: Alle Hecken-Münz-Stätte [...] sind [...] durch schleunige gemessenste, und ernsthafteste Vorkehrungen eines Löbl[ichen] Crayses, oder eines hohen CrayßAusschreib-Amts, alsobald, mit Hintansetzung aller Rücksichten gänzlich zu zerstöhren, und zu vernichten, die Stempel zu zerschlagen, die sich allda brauchen lassende Münz-Bediente Ehrlos zu machen, und noch mehr, der Strenge nach, zu bestrafen [...].«[27]

Rheinland-Pfalz avant la lettre?

Der Kurrheinische und der Oberrheinische Kreis gehörten neben Schwaben und Franken zu denjenigen Reichskreisen, die regelmäßig an den Kreisassoziationen, militärischen Zusammenschlüssen mehrerer Kreise, partizipierten. Diese Assoziationen, die in wechselnden Konstellationen u. a. 1697 in Frankfurt, 1702 in Nördlingen und 1733 sowie 1747/48 in Frankfurt geschlossen wurden, ermöglichten es den kleineren und mittleren Ständen, durch eine Bündelung ihrer Kräfte auf Reichs- und europäischer Ebene als Akteure in Erscheinung zu treten und so ihre (nicht nur) sicherheitspolitischen Interessen mit größerem Nachdruck zu vertreten. Seit den 1690er Jahren betrieben insbesondere die Kurfürsten von Mainz eine aktive Assoziationspolitik.[28]

Es hat etwas Verführerisches, den Kurrheinischen und den Oberrheinischen Reichskreis, deren Kerngebiete sich weitgehend mit dem Raum des heutigen Rheinland-Pfalz decken, gewissermaßen als institutionelle Vorläufer des heutigen Bundeslandes zu betrachten.[29] Bei näherem Hinsehen verliert dieses Bild jedoch Einiges von seiner Attraktivität: Manche Defizite in den Kreisaktivitäten (nicht zuletzt gingen die von den Kreisständen zu leistenden Zahlungen in aller Regel nur schleppend und unvollständig ein) und die zeitweiligen Lähmungen des Kreislebens sollten davor bewahren, die Kreisaktivitäten in einem allzu rosigen Licht zu zeichnen. Zudem ist zu beachten, dass der durch die beiden Kreise konstituierte Aktions- und Kommunikationsraum deutlich größer als das heutige Bundesland war und Hessen sowie Teile des heutigen Baden einschloss. Insbesondere das Rhein-Main-Gebiet (Frankfurt als Tagungsort der Kreistage!) gehörte eindeutig dazu. In der Münzpolitik des Oberrheinischen Kreises im 18. Jh. wirkte lange Zeit der Münzverein der »Korrespondierenden Fünf Stände« (Kurmainz, Kurpfalz, Hessen-Darmstadt, Hanau [später Kurtrier] und Frankfurt) als Vorreiter.[30] Auch sollte man sich wie beim Reichstag davor hüten, die Parallelen der Kreistage mit modernen Parlamenten allzu sehr zu betonen: In den Kreistagen saßen Gesandte der Kreisstände, die mit einem imperativen Mandat ausgestattet waren, und keine Volksvertreter. Zu unterstreichen ist hingegen die Bedeutung der Kreise als Kommunikations- und Kooperationsforen der Mindermächtigen.

1 Vgl. GOTTHARD, Säulen 1999.
2 Vgl. PELIZAEUS, Rolle 2006.
3 z. B. Wahlkapitulation Leopolds 1658 (»Leopoldina«), Art. 5, 17, 21.
4 Vgl. GOTTHARD, »Als furnembsten gliedern« 1995.
5 Vgl. NEUHAUS, Reich 2003, S. 39–43.
6 Vgl. die Listen bei OESTREICH, Verfassungsgeschichte 1986, S. 137–155.
7 Vgl. HELM, 1495 1995; HEINIG, Reichstag 2006.
8 Die Wormser Reichsmatrikel bei ZEUMER, Quellensammlung 1913, S. 313–317. Vgl. auch REUTER, Reichstag 1971.
9 Vgl. SCHNABEL-SCHÜLE, Reformation 2006, S. 153–158, 167–171.
10 Vgl. ALTER, Rachtung 1982, S. 526–537.
11 Vgl. NEUHAUS, Repräsentationsformen 1982, besonders S. 46–60 und die Tabelle S. 565 f.; die Liste bei EGER, Zeittafel 1982, S. 555; zu den Städtetagen SCHMIDT, Städtetag 1984.
12 Vgl. SCHINDLING, Anfänge 1991; KAMPMANN, Reichstag 2004.
13 Vgl. ALTER, Rachtung 1982, S. 527; EGER, Speyer 1989, S. 314, 329, 331.
14 Zum Zweiten Reichsregiment vgl. ROLL, Reichsregiment 1996.
15 Vgl. PFEFFER, Beiträge 1953; ALTER, Speyer 1989; SCHEURMANN, Frieden 1994, S. 89–108.
16 Vgl. DOTZAUER, Geschichte 2001, S. 314.
17 Vgl. JAHNS, Reichskammergericht Teil 2 2003, besonders S. 1–148, 369–413, 1093–1142.

18 Zu Wied-Runkel vgl. DIESTELKAMP, Rechtsfälle 1995, S. 160–172; zu Wied-Neuwied TROSSBACH, Fürstenabsetzungen 1986; HÄRTER, Rekurs 1993; zur Nutzung des Reichskammergerichts durch den Niederadel ARMGART, Prozesse 2005.

19 Vgl. WILHELM, Nassau-Weilburg 2007.

20 Vgl. BRAUN, Reichs-Hofcanzley 2001, S. 573; EISENHARDT, Privilegia 1980.

21 Vgl. DOTZAUER, Reichskreise 1989, S. 80–105, 345 f. bzw. 236–263, 354 ff.; MÜLLER, Entwicklung 2008; zum Kurrheinischen Kreis auch NEUHAUS, Kurfürsten 1984; zum Oberrheinischen Kreis AMANN, Kreis 2000.

22 Vgl. zu diesem DOTZAUER, Reichskreise 1989, S. 263–304.

23 Vgl. DOTZAUER, Reichskreise 1998; zur Münzpolitik SCHNEIDER, Münz- und Währungspolitik 1995.

24 Vgl. MÜLLER, Entwicklung 2008, S. 54–63, 144–156.

25 Vgl. ebenda, S. 161–172.

26 Vgl. ebenda, S. 314–317.

27 HIRSCH, Münz-Archiv 1766, S. 400–409, hier S. 400–405.

28 Vgl. ARETIN, Kurfürst 1975; PLASSMANN, Krieg 2000, S. 292–330, 366–397.

29 Dieser Frage hat sich vor allem HARTMANN, Regionen 1997 gewidmet.

30 Vgl. SCHNEIDER, Münz- und Währungspolitik 1995, besonders S. 58–68, 183–193.

Der frühneuzeitliche Territorialstaat

Von Matthias Schnettger

Früher hat man bisweilen recht schematisch den »Personenverbandsstaat« des Mittelalters dem neuzeitlichen »institutionellen Flächenstaat« gegenübergestellt, der statt durch Lehns- und andere persönliche Bindungen durch das räumliche Prinzip der Gebietshoheit gekennzeichnet sei. Bei näherem Hinsehen ergibt sich allerdings für die Frühe Neuzeit ein sehr differenziertes Bild: Auch wenn die Bestrebungen manches Fürsten dahin gingen, sich zum uneingeschränkten Herrn über ein klar definiertes Gebiet zu machen – die Realität sah zumeist anders aus. Gerade im deutschen Südwesten überschnitten sich oftmals die Rechte und Ansprüche unterschiedlicher Herrschaftsträger. Weithin behaupteten sich Zwischengewalten, die die fürstliche Gewalt einschränkten, und angesichts der nur mangelhaft entwickelten territorialstaatlichen Verwaltung blieb den Regierungen meist gar keine andere Wahl, als auf die Kooperation mit den lokalen Eliten zu setzen. Patronage- und Klientelbeziehungen galten als durchaus statthaft und waren für das Funktionieren des frühmodernen Staats lange unverzichtbar.

Selbst die oft als mittelalterliches Phänomen betrachteten Lehnsbeziehungen spielten gerade auf dem Boden des Alten Reichs immer noch eine bedeutende Rolle. Der Hoheit von Kaiser und Reich unterstanden ohnehin alle Reichsstände. Insofern ist es irreführend, wenn gelegentlich von der »Souveränität« der deutschen Reichsstände gesprochen wird, denn über die Souveränität im Bodinschen Sinne, als unteilbare und uneingeschränkte Letztentscheidungsbefugnis im Staat, verfügte ein deutscher Reichsstand nicht, sondern nur über die durch Reichs- und Landesrecht eingeschränkte Landeshoheit. Vor diesem Hintergrund soll das folgende Kapitel, bezogen auf die Reichsstände auf dem Gebiet des heutigen Rheinland-Pfalz, grundlegende Aspekte der frühneuzeitlichen Territorialverfassung verdeutlichen.

1. Lehnswesen

Die andauernde Bedeutung der Lehnsbeziehungen in der Frühen Neuzeit sollte nicht unterschätzt werden. Auch wenn in dieser Epoche eine Verrechtlichung und Versachlichung des Lehnswesens stattfand, hielt man an dem Konstrukt eines persönlichen Treueverhältnisses zwischen Lehnsherrn und Vasall fest.[1] Zwar waren die Lehen längst erblich geworden, doch konnte eine dynastische Krise ihren Besitz gefährden und ein Territorium auseinanderreißen, wenn der oder die Lehnsherren den ins Auge gefassten Erben (oder die Erbin) nicht anerkannten und auf dem Heimfall ihrer Lehen bestanden. Fürsten konnten lehnsherrliche Rechte nutzen, um die Inkorporation eines Gebiets in ihr eigenes Territorium zu versuchen, wie dies insbesondere die Reichsritter seitens des Kurfürsten von der Pfalz immer wieder erfahren mussten. Von diesem nahmen auch die Wild- und Rheingrafen einen Großteil ihrer Besitzungen zu Lehen. Weitere wichtige Lehnsherren im Raum des heutigen Rheinland-Pfalz waren die Kurerzbischöfe von Mainz, Trier und Köln, und auch diese nutzten ihre feudalrechtlichen Möglichkeiten. So zog der Trierer Kurfürst Lothar von Metternich nach dem Tod des letzten Grafen von Sayn aus dem Haus Sponheim das Amt Sayn mit Rheinbrohl und die Freusburg als erledigte Lehen ein (1606).[2] Die großen Territorialherren waren ihrerseits Reichsvasallen, und auch das war keine Leerformel, wie unter anderem Friedrich V. von der Pfalz erfahren musste, als er 1621 wegen Felonie gegenüber seinem kaiserlichen Lehnsherrn mit der Reichsacht belegt wurde und Land und Leute verlor.[3]

Wie kompliziert Lehnsverhältnisse sein konnten, verdeutlicht der Blick auf ein Beispiel: Ursprünglich waren die Kurfürsten von der Pfalz Lehnsherren über ganz Landstuhl, aber bis zum Ende des 16. Jhs. war die Lehnshoheit über jeweils ein Sechstel an Vorderösterreich bzw. Nassau-Saarbrücken gelangt, welche diese Anteile als Afterlehen an die Sickingen gaben. Diese hatten de facto unterdessen ein weiteres Viertel als Eigengut (Allod) im Besitz und wurden mit dem Rest der Herrschaft unmittelbar von Kurpfalz belehnt.[4]

2. Landstände

Eine im Reichsvergleich eher geringe Rolle spielten im Raum des heutigen Rheinland-Pfalz die Landstände, jene unterschiedlich zusammengesetzten, zumeist aber aus Vertretern des Adels, des hohen Klerus und oft auch der Städte bestehenden Korporationen, die sich im späten Mittelalter entwickelt hatten und unter der Prämisse, das Land zu repräsentieren bzw. eigentlich das Land zu *sein*, ein Mitspracherecht in allen wichtigen Landesangelegenheiten beanspruchten. Dabei traten sie bald als Partner des Fürsten, bald als seine Gegner auf. Da die Landstände keine gewählten Repräsentanten waren, sondern zumeist kleine, privilegierte Bevölkerungsgruppen, deren Interessen sie vertraten, kann man sie nur mit großen Einschränkungen als Vorläufer moderner Parlamente bezeichnen. Was sie jedoch mit diesen gemeinsam haben, ist die Kontrolle der Regierung, die sie neben der Beteiligung an der Gesetzgebung am effektivsten durch ihr Budgetrecht ausübten. Denn bis weit in die Frühe Neuzeit herrschte die Auffassung vor, der Fürst habe mit den Einkünften aus seinem Kammergut auszukommen; Steuern seien dagegen nur in Notfällen zu erheben und bedürften der Bewilligung durch die Landstände. Früher hat man in den Ständen eher ein Modernisierungshindernis auf dem Weg zum straff organisierten »Anstaltsstaat« gesehen. Die teils beachtlichen Leistungen der Stände sind jedoch zu würdigen – ohne zu vergessen, dass es sich bei ihnen in der Regel um privilegierte Gruppen mit ausgeprägten Eigeninteressen handelte.[5]

Kurtrier Charakteristisch für unseren Raum ist die Existenz von Landständen ohne Adel, weil die Ritterschaft trotz vielfacher Lehnsbeziehungen zu den benachbarten Fürsten ihre Reichsunmittelbarkeit behaupten konnte und, z. B. in der Kurpfalz, somit weder in die Territorialstaaten noch in deren Landstände eingebunden wurde. Im Mainzer Erzstift gab es gar keine Stände; hier nahm das Domkapitel partiell die ständischen Kontrollfunktionen wahr. Eine dauerhafte Einbindung des Adels gelang dagegen im Kurfürstentum Köln.[6] Auch in Trier entwickelten sich bis ins frühe 16. Jh. zunächst »klassisch« aufgebaute Landstände: Im Großen Ständeprivileg von 1501, in dem Kurfürst Johann von Baden sich als Gegenleistung für die finanzielle Unterstützung zur regelmäßigen Einberufung von Landtagen verpflichtete, erscheint erstmals neben dem Adel und den Städten die Geistlichkeit; darunter war allerdings nicht das Domkapitel begriffen, das sich vielmehr als Teil der Obrigkeit betrachtete. Ab 1548 zog sich die Ritterschaft aus den Trierer Ständen zurück, behauptete ihre Reichsunmittelbarkeit und verweigerte weitere Steuerzahlungen. Seit 1576 prozessierte der Kurfürst mit Unterstützung der übrigen Stände am Reichskammergericht deswegen gegen die Trierer Ritterschaft. Erst 1729 wurde dieser Konflikt gelöst, als das Domkapitel, dessen Mitglieder ja selbst im Wesentlichen aus reichsritterlichen Familien stammten, während einer Sedisvakanz einen Vergleich durchsetzte, der die Reichsunmittelbarkeit der Trierer Ritterschaft bekräftigte. Die Landtagsvertreter der Städte und der Geistlichkeit, die gegen diese für sie nachteilige Lösung opponierten, wurden so lange eingesperrt, bis sie zustimmten. Der neue Erzbischof Franz Georg von Schönborn, der ebenfalls reichsritterlicher Herkunft war und zudem durch seine Wahlkapitulation gebunden wurde, bestätigte die Regelung.

In den Trierer Landständen war der Dritte Stand nicht nur durch Abgeordnete der Städte, sondern auch der ländlichen Gemeinden vertreten – zumindest de jure, denn faktisch verzichteten die Landgemeinden nicht zuletzt aus Kostengründen immer mehr darauf, eigene Deputierte zum Landtag zu schicken, und ließen sich durch benachbarte Städte mitvertreten. Das Selbstbewusstsein der Trierer Stände wird in der Klage gegen den sich autokratisch gebärdenden Kurfürsten Philipp Christoph von Sötern beim Reichshofrat (1630) fassbar, in der neben anderen Beschränkungen der kurfürstlichen Gewalt auch die Landtagsabschiede als Richtschnur des Regierungshandelns genannt werden. Der durch eine kaiserliche Kommission vermittelte Binger Rezess (1650) bestätigte diese landständische Position. Gestärkt wurde die Stellung der Trierer Stände auch dadurch, dass in dem Kurfürstentum in der Regel jährliche Landtage, Ausschuss- oder Rechnungstage stattfanden. Ihre größte Bedeutung liegt sicher im Bereich der Steuererhebung und -verwaltung, doch sie wirkten weit über den engeren Bereich der Staatsfinanzen hinaus. So wurde auf ständische Initiative im Sinne der Steuergerechtigkeit in den Jahren 1718 bis 1721 eine umfassende Landesaufnahme im Kurfürstentum durchgeführt. Da die Stände seit 1722 einen jährlichen Zuschuss von 1.200 Reichstalern für Professorengehälter bewilligten, beanspruchten sie auch ein Mitspracherecht in Angelegenheiten der Trierer Universität.[7]

Die Zweibrücker Landschaft

Im Herzogtum Pfalz-Zweibrücken wurde 1579 durch Verträge mit den Städten und Gemeinden sowie den Ämtern eine besondere Form der Landesvertretung, eine sog. Landschaft, ins Leben gerufen mit dem ausdrücklichen Zweck der Tilgung der landesherrlichen Schulden. 1595 wurde die Gesamtlandschaft in vier Landschaften der Oberämter Zweibrücken, Meisenheim, Neukastel-Bergzabern und Lichtenberg-Kusel aufgeteilt, die aus je einem Zahl- oder Pfennigmeister und zwei Ausschüssen gebildet wurden und denen jeweils ein Anteil an den abzutragenden Schulden zugewiesen wurde. Schon dadurch, dass die Zweibrücker Landschaft durch ihre Zusammensetzung eng mit der herzoglichen Regierung verzahnt war, entwickelte sie sich nicht zu einem wirklichen politischen Gegengewicht. Immerhin vermochte sie es, in zwei Verträgen (1588, 1606) die (für Landstände nicht untypische) Forderung durchzusetzen, Ämter und Stipendien an der Hornbacher Landesschule nur an Einheimische zu vergeben. Ihre Aufgabe der Schuldentilgung erfüllte sie bis 1618 so gut, dass sie den drohenden Bankrott des Herzogtums abwendete. Nach dem Dreißigjährigen Krieg erlangte die Landschaft ihre frühere Bedeutung nicht mehr zurück und wurde 1711 förmlich aufgehoben. Auch in der Kurpfalz erfolgte die Gründung einer Landschaft auf landesherrliche Initiative.[8]

Kleine Territorien

Die einzige echte landständische Verfassung im Westerwald entwickelte sich in Sayn. Doch verloren die saynischen Stände durch den Wegfall der katholischen Geistlichkeit infolge der Reformation und durch eine zahlenmäßige Reduktion des Adels im 17. Jh. an Bedeutung. Schließlich wurden sie faktisch durch den »Landesvorstand« ersetzt, der sich aus den Gerichtsschöffen und Schultheißen der einzelnen Kirchspiele rekrutierte, also aus Vertretern der landesherrlichen Administration und der bäuerlichen Oberschichten. Ähnlich wie in Zweibrücken und Kurpfalz kann man hier also von einer landschaftlichen Verfassung sprechen.[9] Auch in Nassau-Weilburg wurden zum Zweck der Schuldentilgung noch im 18. Jh. von der Obrigkeit rudimentäre landschaftliche Strukturen geschaffen. Es gab hier zwar keinen ständigen Landesausschuss, sondern nur ad hoc berufene Amts- und Landesversammlungen, wohl aber eine eigene Landschaftskasse.[10]

3. Hof und Zentralregierung

Hof und Zentralregierung waren in der Frühen Neuzeit keine strikt voneinander getrennten Bereiche. Es waren die Inhaber der traditionellen Hofämter, wie Oberhofmeister, -marschälle und -kämmerer, die vielfach auch die Spitzen der Regierung stellten. Beispielsweise führte der unter dem Mainzer Kurfürsten Johann Philipp von Schönborn lange Jahre dominierende Minister Johann Christian von Boineburg den Titel eines Oberhofmarschalls, und noch in der Mitte des 18. Jhs. war der aufgeklärte Großhofmeister Anton Heinrich Friedrich von Stadion lange die führende Person in der kurmainzischen Regierung.[11]

Insgesamt ist in der Frühen Neuzeit eine Tendenz zur Zentralisierung, zum Ausbau, zur Ausdifferenzierung und zur Professionalisierung von Regierung und Verwaltung unübersehbar. Allerdings darf man sich den Weg hin zum »institutionellen Flächenstaat« nicht allzu geradlinig vorstellen: In Kurmainz wurde 1522 ein dauerndes Ratsgremium eingerichtet, der etwa 13 bis 14 Mitglieder, Adlige und bürgerliche Juristen, umfassende Hofrat, wobei zwei Stellen dem Domkapitel vorbehalten blieben. Durch die Hofratsordnung von 1541 erhielt dieser eine feste Struktur. Für den Schriftverkehr war die Kanzlei zuständig, die im Unterschied zum Mittelalter ab Mitte des 16. Jhs. nur noch selten von einem Kleriker geleitet wurde – wichtig war hingegen die juristische Ausbildung des Kanzlers. Während des Dreißigjährigen Krieges entstand als Beratungs- und

Entscheidungsgremium für die wichtigsten Staatsangelegenheiten der Geheime Rat, der allerdings Ende des 17. Jhs. wieder zugunsten des Hofrats an Bedeutung verlor – eine im Reichsvergleich eher untypische Entwicklung. Dauerhaft behauptete sich hingegen die Geheime Kanzlei, der noch im 18. Jh. der wichtigste kurfürstliche Schriftverkehr vorbehalten blieb. Bis in die 1760er Jahre etablierte sich mit der Geheimen Kabinettskonferenz ein neues höchstes Regierungsgremium.

Die Hofordnung von 1532 richtete die Kammer (auch Rechen- oder Rentkammer) als oberstes Gremium der Finanzverwaltung ein, die jedoch nicht für die persönlichen Ausgaben des Kurfürsten und für seinen Hof zuständig war. 1690 wurde die Kriegskonferenz als Organ für Militärfragen, insbesondere die Kriegsfinanzierung, etabliert. Zwischenzeitlich aufgehoben, wurde sie 1730 wiedergegründet. Weitere Fachorgane folgten im Verlauf des 18. Jhs., darunter 1746 die für Handelsfragen zuständige Kommerziendeputation. Gegen Ende des 18. Jhs. bestanden 14 solche Deputationen, doch nur die in »Hofkriegsrat« umbenannte Kriegskonferenz stieg in den Rang einer eigenständigen Behörde auf. Ebenfalls aus der ersten Hälfte des 16. Jhs. datiert die erste Mainzer Hofgerichtsordnung (1516). Das Hofgericht bildete die zweite Instanz für Berufungen gegen Urteile der Untergerichte und die erste Instanz für einen privilegierten Personenkreis. Gemäß der Hofgerichtsordnung von 1659 wurde ein eigenes Revisionsgericht gegründet, welches aber erst 1710 eine besondere Dienstordnung erhielt.[12] Auch in der Kurpfalz lassen sich recht frühe Ansätze zum Aufbau einer Zentralverwaltung beobachten, die im Zeitalter der Reformation weitergeführt wurden. So wurde unter Kurfürst Ottheinrich (reg. 1556–1559) nicht nur ein Konsistorium als Landeskirchenbehörde, sondern auch der Oberrat als übergeordnetes Regierungsorgan ins Leben gerufen.[13]

Ähnlich wie in Mainz und der Kurpfalz verlief die Entwicklung in Zweibrücken, wo im zweiten und dritten Drittel des 16. Jhs. eine Verfestigung und Ausdifferenzierung der Behördenstruktur erfolgte. Neben der Kanzlei wurden das Regierungskollegium, die Kammer und das Hofgericht gegründet. Eine Zweibrücker Besonderheit ist, dass erst 1664 ein reformiertes und 1705 ein lutherisches Oberkonsistorium ins Leben gerufen wurden. Obwohl sich auch in Zweibrücken die Herausbildung einer geheimen Regierungssphäre beobachten lässt, kam es hier wie in zahlreichen anderen kleinen Territorien zunächst nicht zur Einrichtung eines förmlichen Geheimen Rats, sondern erst im 18. Jh.[14] Tendenziell lässt sich sagen, dass kleinere Territorien die Ausdifferenzierung der Regierung und Zentralverwaltung nur verzögert und im reduzierten Maßstab mitvollzogen.

Hof und Zentralregierung hatten die Tendenz, zahlenmäßig zu wachsen, was man für das 18. Jh. besonders gut anhand der gedruckten Hof- und Staatskalender nachvollziehen kann. So wuchs der Mainzer Hofstaat zwischen 1743 und 1792 von 185 auf 397 Stellen – also auf mehr als das Doppelte, wobei allerdings aufgrund der verbreiteten Ämterkumulation die Zahl der Höflinge niedriger anzusetzen ist.[15] Die meisten Höfe im Bereich des heutigen Rheinland-Pfalz waren viel bescheidener dimensioniert. So gab es in der Grafschaft Sayn-Hachenburg am Ende ihres Bestehens (1799) lediglich 15 Verwaltungsbeamte und 17 Hofbedienstete. Ähnlich überschaubar war die leiningensche Regierung in Dürkheim.[16]

Die obersten Sphären des Hofs und der Regierung waren weitgehend dem Adel vorbehalten. Dagegen ging die Bedeutung von Klerikern in diesem Bereich selbst in geistlichen Fürstentümern zurück. Nichtadlige Juristen konnten den Vorsprung der beiden höheren Stände zwar teilweise durch ihr Studium kompensieren, vermochten aber bis zum Ende des Ancien Régime nicht in die Spitzenpositionen vorzudringen, zumal auch der Adel verstärkt auf eine gute Ausbildung seiner Söhne achtete.[17]

Im 18. Jh. lässt sich vielfach die Tendenz beobachten, dass sich der Fürst aus den größer und unübersichtlicher gewordenen Organen der Zentralregierung zurückzog und mit Hilfe weniger Vertrauter aus dem Kabinett regierte. Er ließ sich die wichtigsten Angelegenheiten durch einen Sekretär vortragen, der die fürstliche Entscheidung sodann den zuständigen Gremien zuleitete. Eine besonders deutliche Trennung von Fürst und Regierung war dort gegeben, wo sie an verschiedenen Orten ansässig waren, wie seit den 1730er Jahren in Nassau-Weilburg, als der Fürst zumeist in Kirchheim residierte, die Regierung aber in Weilburg verblieb.[18] Auch der Speyerer Fürstbischof August von Limburg-Stirum praktizierte die Regierung aus dem Kabinett, nicht zuletzt um die Mitregierungsansprüche des Domkapitels auszuschalten, und lehnte 1789 die ihm vom Kapitel angetragene Bildung eines Geheimen Rats als oberster kollegialer Regierungsbehörde als überflüssig ab.[19]

4. Regional- und Lokalverwaltung

Die Regional- bzw. Lokalverwaltung basierte im Wesentlichen auf der im Spätmittelalter eingeführten Ämterverfassung. Diese sollte man sich nicht allzu gleichförmig vorstellen. Da in vielen Ortschaften Herrschaftsrechte in unterschiedlichen Händen lagen, fiel es den deutschen Fürstenstaaten schwer, eine effiziente, homogene Territorialverwaltung auszubilden, auch wenn es durchaus Schritte in diese Richtung gab, wie die Zweibrücker Untergerichtsordnung von 1536, die die Zusammensetzung und Verfahren für alle Stadt- und Dorfgerichte einheitlich regelte.[20]

Neben dem Fürsten behaupteten noch andere Herrschaftsträger die Verfügungsgewalt über ganze Dörfer, ja Städte. Bingen war beispielsweise seit 1438 Eigentum des Mainzer Domkapitels, das durch den auf der Burg Klopp residierenden Amtmann repräsentiert wurde, den die Domherren für ein Jahr aus den eigenen Reihen zu wählen pflegten. Aufgrund der Residenzpflicht und der bescheidenen Einkünfte, die in keinem Verhältnis zu den Aufwendungen standen, welche das Amt mit sich brachte, war dieses nicht sonderlich beliebt – trotz des erheblichen Einflusses des Amtmanns: Er hatte umfassende Kompetenzen im Gerichts-, Steuer- und Polizeiwesen. Der Rat durfte ohne sein Einverständnis keine Sitzung abhalten, bewahrte aber eine Reihe von Selbstverwaltungsrechten wie die Festsetzung und Erhebung der städtischen Abgaben, Bestellung des Schulmeisters und Aufsicht über das Spital.[21]

Auch im Kurtrierischen unterstanden ganze Ämter dem Domkapitel, wie Kyllburg und Welschbillig, und wurden von Domherren als Amtmännern verwaltet. In der Regel bildeten Adlige als Amtmänner die Spitze der Regionalverwaltung, so dass hier zahlreiche personelle Verbindungen zum Hof bestanden. Oft wurden mehrere Ämter in Personalunion verwaltet und waren über mehrere Generationen in einer Familie erblich. Die Finanzverwaltung lag bei den Kellnern, die auch die Vertretung abwesender Amtmänner übernehmen konnten. Immer größere Bedeutung errangen die Amts- oder Landschreiber, ein Posten, der zunehmend für bürgerliche Juristen attraktiv wurde. Die einzigen Vertreter der landesfürstlichen Obrigkeit in den Landgemeinden waren immer noch die Schultheißen. Im Erzstift Mainz vollzog sich die Beschränkung geistlicher Institutionen auf die Rolle bloßer Grundherren konsequenter als im Trierischen, wo diese Entwicklung erst im späten 16. und im 17. Jh. einsetzte und »die Klöster und Stifte in wesentlich größerem Umfang als in Kurmainz Orts- und Gutsherrschaften unter dem Dach der erzbischöflichen Schutzherrschaft auch auf Dauer halten konnten« (Sigrid Schmitt). Die allmähliche administrative Durchdringung des Territoriums spiegelt sich gleichwohl auch in Kurtrier in der Zahl der Ämter, die sich hier vom Spätmittelalter (16 im Jahr 1330) bis zum Ende des 18. Jhs. nahezu verdoppelte (31 im Jahr 1789).[22] Wesentlich vollständiger war die Ausschaltung der geistlichen Institutionen in den evangelisch gewordenen Territorien. Allgemein lassen sich im 16. und 17. Jh. auch auf regionaler Ebene Tendenzen zu einer Vereinheitlichung und stärkeren Reglementierung der Verwaltung sowie zur Verdrängung konkurrierender Herrschaftsträger erkennen. Stärker als in der Zentralregierung gewannen in der Territorialverwaltung nichtadlige Funktionsträger an Bedeutung. Grundsätzlich wird man bei den größeren Territorien von einem höheren Normierungsbedarf und von einer höheren Normierungsfähigkeit ausgehen müssen als bei den kleinen.

5. Die geistlichen Fürstentümer als Wahlfürstentümer

Die deutsche Reichskirche war eine Adelskirche, d. h., die Bischofsstühle, Domkapitel und viele andere vornehme und einträgliche Pfründen waren in der Regel dem Adel vorbehalten. Eine weitere Besonderheit war, dass viele geistliche Würdenträger, namentlich die Bischöfe, aber auch Domkapitel und Klöster, zugleich weltliche Herrschaft ausübten. Im Falle der Bischöfe bezog sich die weltliche Herrschaft auf ganze Territorien, die sog. Hoch- oder Erzstifte. Diese geistlichen Fürstentümer waren Wahlfürstentümer, d. h., der Fürstbischof wurde durch das Domkapitel gewählt.

Die meisten geistlichen Fürsten entstammten wie die Domherren der Reichsritterschaft und hatten in der Regel selbst jahrelang in einem oder mehreren Domkapiteln gesessen. Trotz vielfältiger Verwandtschaftsbeziehungen kam es immer wieder zu Konflikten zwischen Bischof und Kapitel, bei denen es bisweilen nicht nur um einen Dissens über bestimmte Politikfelder, sondern um sehr grundsätzliche Fragen der Machtverteilung ging. Seit dem ausgehenden Mittelalter, in Trier seit 1456, pflegten die Kapitel dem neugewählten Bischof eine Wahlkapitulation vorzulegen, die zahlreiche Verpflichtungen und Verbote enthielt, durch welche seiner geistlichen und weltlichen Regierung eine Richtung gegeben und Grenzen gesetzt wurden. Es kam zwar vor, dass ein geistlicher Fürst sich über seine Kapitulation hinwegsetzte, aber spätestens bei der nächsten Vakanz war das Kapitel wieder am Zug. Dieses verstand sich trotz mancher Parallelen nicht als Teil der Landstände, sondern als Teilhaber an der (erz)bischöflichen Regierung.[23]

Aus der Wahlkapitulation des Speyerer Bischofs Eberhard von Dienheim (1581)

»Wir Eberhardt von Gottes gnaden erwählter Bischoff zu Speyer und Probst zu Weyßenburg:

Bekennen und thuen khundt allermeniglichen, so diesen brieff sehen, lesen oder hören lesen, das wir uff heuth dato [...] alle und jede nachgeschriebene stückh Punkten, und Artikull, mit gutem bedacht, rechtem und wissentlichem verstandt, gelobt, auch mit leiblichem Aidt zu Gott und seinen Lieben heiligen vestiglich und unwiderruflich zu halten, geschworen haben.

1. Und zum ersten, das wir bey der hailigen Catholischen und apostolischen algemeinen und Römischen Kirchen, deren alten bißhie der christlich und hailsamlichen geübten Tradition, Ceremonien, lehrhaltung und geprauchen bestendiglich bleiben und darob soviell uns immer müglichen mit allem ernst halten solche pflantzen und verfechten helffen, und unser Bischofflich ampt [...] soviell gesein khan, selbst in der Person versehen und verrichten. [...]

3. Darbey und für das dritt sollen und wöllen wir unserer Stifft und capitull, Preladen, Canonicken und andere gaistlichen, unserer Jurisdiction zugehörig, dero gütter und gefälle, privilegia, freiheiten, gewonheiten, Jurisdictionen underkhomen, soviell an uns beschützen, beschirmen unverprüchlich halten und handthaben [...].«[24]

Philipp Christoph von Sötern

Besonders spektakulär waren die Auseinandersetzungen zwischen Erzbischof und Domkapitel in Kurtrier in der Zeit Philipp Christophs von Sötern (reg. 1623–1652). Hier kamen mehrere Punkte zusammen: die für damalige Zeiten exzessiven Steuerforderungen des Kurfürsten, um seine aufwändigen Bauvorhaben zu finanzieren, der Streit um eine Erbschaft der Familie Metternich und der Dissens über die Reichs- und Außenpolitik, um nur einige Aspekte zu nennen. Während das Domkapitel gemeinsam mit den Landständen und der Stadt Trier Rückhalt bei den Spaniern suchte, unterstellte Sötern 1632 seine Länder dem französischen Schutz. Schon 1629/31 hatte er versucht, seinen politischen Gegnern mit geistlichen Mitteln beizukommen, indem er eine Visitation des Domkapitels durchführen ließ, der sich seine Hauptgegner, die Brüder Metternich, entzogen, worauf sie ihrer Ämter enthoben und exkommuniziert wurden. 1632 floh das Kapitel ins spanische Luxemburg. Als die oppositionellen Domherren die Aufforderung Söterns zur Rückkehr nach Trier und Wahrnehmung ihrer Residenzpflicht ignorierten, bestrafte sie der Kurfürst mit Amtsverlust und Vermögensentzug. Die neue Kapitelordnung, die Philipp Christoph erließ, sollte die Machtverhältnisse im Erzstift grundlegend umgestalten. Sötern berief treue Anhänger, darunter auch Bürgerliche, ins Kapitel und verfolgte sogar Pläne, den französischen Kardinal Richelieu zum Dompropst und Koadjutor zu machen. Mit der Gefangennahme Söterns durch die Spanier (1635) scheiterte sein Staatsstreichversuch.

Wolf Kilian: Philipp Christoph von Sötern, Erzbischof von Trier und Fürstbischof von Speyer, vor 1662 (Stadtbibliothek/ Stadtarchiv Trier/ Anja Runkel)

Der Konflikt zwischen Kurfürst und Kapitel lebte nach der Rückkehr Philipp Christophs aus zehnjähriger spanischer bzw. kaiserlicher Haft (1645) wieder auf, als sich der Kurfürst 1646 abermals an Frankreich anschloss und versuchte, gegen den Willen der Kapitelmehrheit den frankophilen Philipp Ludwig von Reiffenberg als Koadjutor durchzusetzen. Das Kapitel zog – unter Mitnahme der ehrwürdigsten Trierer Reliquie, des Heiligen Rocks – nach Köln und stellte ein eigenes Heer auf, das unter Führung des Domkantors Karl Kaspar von der Leyen 1649 kampflos Koblenz und Trier einnahm. Eine Reichskommission sprach sich zwar gegen die Absetzung Söterns aus, er musste aber die Koadjutorwahl seines Gegenspielers von der Leyen hinnehmen, einen Vertrag über die Nichtanrufung fremder Hilfe eingehen und sich dem Schiedsspruch der Kommission über den Umfang seiner landesherrlichen Rechte beugen, welcher die Ansprüche von Domkapitel und Landständen im Binger Rezess von 1650 im Wesentlichen bestätigte. Gleichwohl dauerte die Gegnerschaft des Kapitels bis über Philipp Christophs Tod hinaus an. Da dieses ebenso wenig wie die Familie Söterns bereit war, die Kosten für das Begräbnis zu übernehmen, wurde er vergleichsweise bescheiden vor dem Luzienaltar des Doms bestattet.[25]

Die Bischofswahlen

Schlüsselmomente in der Geschichte der geistlichen Fürstentümer waren regelmäßig die Erzbischofs- oder Bischofswahlen, bei denen nicht nur die interessierten Adelsfamilien, sondern auch die benachbarten Reichsstände und, zumal im Fall der geistlichen Kurfürstentümer, sogar die europäischen Mächte ihren Einfluss geltend machten. Im 17. Jh. bürgerte es sich ein, dass der Kaiser Wahlkommissare entsandte, doch sowohl diese als auch die Vertreter anderer Mächte hatten mit Fingerspitzengefühl vorzugehen, wenn sie das auf seine Wahlfreiheit bedachte Kapitel nicht brüskieren wollten. Häufiger als seinen Wunschkandidaten durchzusetzen, musste der Kaiser mit einem Kompromiss vorlieb nehmen, wie beispielsweise 1694 in Mainz, wo Leopold I. gern seinem Schwager Franz Ludwig von Pfalz-Neuburg zur Wahl verholfen hätte, am Ende aber Lothar Franz von Schönborn als Mainzer Koadjutor akzeptieren musste.[26]

Die Wahl eines Koadjutors mit Nachfolgerecht war ein Mittel, um eine Sedisvakanz in den Hochstiften zu verhindern. Bisweilen bedienten sich die regierenden Bischöfe dieses Mittels, um ihre Sukzession gemäß den eigenen Vorstellungen zu regeln. Manchmal setzten die Domkapitel, wie im Fall Söterns, einem missliebigen Bischof einen Koadjutor vor die Nase. Im Allgemeinen hatten sie freilich kein Interesse daran, ihr wertvolles Wahlrecht vorschnell auszuüben.

Besonders intensiv waren die äußeren Beeinflussungsversuche bei der Mainzer Koadjutorwahl des Jahres 1787, als beide deutsche Großmächte dem regierenden Kurerzkanzler Friedrich Karl Joseph von Erthal einen ihnen genehmen Nachfolger geben wollten. Außer Preußen und Österreich versuchten auch verschiedene andere deutsche und europäische Mächte Einfluss auf die Mainzer Wahl zu nehmen. Am Ende wurde der Erfurter Statthalter Karl Theodor von Dalberg gewählt – bemerkenswerterweise der Kandidat einflussreicher Kreise in Wien *und* Berlin. Der österreichische Staatskanzler

Kaunitz, der die Wahl Dalbergs in den höchsten Tönen bejubelt hatte, sah sich in seinen Erwartungen jedoch enttäuscht, als dieser wenig später dem Fürstenbund beitrat. Ähnlich düpiert war der regierende Kurfürst, der Dalberg nicht leiden konnte und seine Zustimmung zu der Koadjutorwahl in der Erwartung eines anderen Ausgangs gegeben hatte.[27]

6. Die weltlichen Fürstentümer als dynastische Fürstenstaaten

Die weltlichen Fürstentümer waren kleine Erbmonarchien. Der Nachfolger stand also beim Ableben seines Vorgängers fest, und es konnte ein reibungsloser Regierungsübergang erfolgen – theoretisch! Denn der skizzierte Idealfall einer Erbfolge vom Vater auf den Sohn setzte voraus, dass es genau einen erbberechtigten Sohn gab. Eben das war aber in der Frühen Neuzeit keineswegs selbstverständlich. Das sog. Primogeniturprinzip setzte sich nämlich in Deutschland erst allmählich durch. Für die weltlichen Kurfürstentümer galt es aufgrund der Goldenen Bulle von 1356 zwar prinzipiell, was die Pfälzer Wittelsbacher aber nicht von zahlreichen Landesteilungen abhielt. Erst ab 1618 etablierte sich das Primogeniturprinzip hier endgültig. In manchen kleineren Dynastien zog sich dieser Prozess noch länger hin, wie in den Häusern Nassau und Leiningen.[28]

War die Primogenitur eingeführt, ergab sich das Problem der standesgemäßen Versorgung der nicht erbberechtigten Söhne, die durch Apanagen in Land oder Geld erfolgte. Vielfach strebten die nachgeborenen Söhne auch eine Karriere als Offizier, in der Administration des Reichs oder eines mächtigen Fürsten an. Für die katholischen Dynastien gab es eine weitere Möglichkeit, jüngere Söhne so zu versorgen, dass sie nicht nur ihr gutes Auskommen hatten, sondern einen Beitrag zum Glanz und zum politischen Einfluss ihrer Familie leisten konnten: eine Karriere in der Reichskirche. Besonders erfolgreich griffen am Ende des 17. Jhs. dank der Protektion des ihnen verschwägerten Kaiserhauses die Pfalz-Neuburger in den Wettbewerb um Positionen in der Reichskirche ein. Die glänzendste Karriere gelang Franz Ludwig, der bis zum Kurfürsten von Trier aufstieg (1716) und 1729 die Trierer mit der Mainzer Kurwürde vertauschte. Allerdings barg eine solche Reichskirchenpolitik infolge des obligatorischen Zölibats ebenso wie die Entsendung »überzähliger« Söhne in den aktiven Militärdienst zugleich Gefahren für die Dynastien: Philipp Wilhelm, der erste Pfälzer Kurfürst aus der Neuburger Linie, hatte sieben Söhne, die das Erwachsenenalter erreichten – eine Generation später war die Familie im Mannesstamm ausgestorben.[29]

Das Fehlen eines unumstrittenen Nachfolgers war ein geradezu systemisches Problem des dynastischen Fürstenstaats. Mehrfach hatte der rheinland-pfälzische Raum unter den großen Erbfolgekriegen, wie dem Spanischen (1701–1713/14) oder dem Österreichischen (1740–1748), zu leiden, und die Erbansprüche Liselottes von der Pfalz waren bekanntlich zumindest ein Grund für den 1688 ausgebrochenen Pfälzischen Erbfolgekrieg. Erbfolgekonflikte gab es aber auch in den kleineren Fürsten- und den Grafenhäusern der Region, wenn ein legitimer, direkter männlicher Nachkomme fehlte und sich konkurrierende Ansprüche von Töchtern und/oder mehr oder weniger weitläufigen männlichen Verwandten gegenüberstanden. Solche Konflikte pflegten in kleinen Fürsten- und Grafenhäusern in der Frühen Neuzeit zwar nicht mehr in größeren bewaffneten Auseinandersetzungen, sondern häufig vor den Reichsgerichten zu enden. Handstreichartige Überfälle unterlegener Prätendenten gab es freilich immer noch, wie 1741 den Versuch der Wittgensteiner, die Grafschaft Sayn in ihren Besitz zu bringen.[30]

Im dynastischen Fürstenstaat konnten sich auch unglückliche Ehen zu einer Staatsaffäre auswachsen, wie diejenige Karl Ludwigs von der Pfalz mit Charlotte von Hessen-Kassel. Der Kurfürst ließ sich 1657 scheiden und heiratete in einer morganatischen Ehe Luise von Degenfeld, eine Hofdame seiner ersten Frau. Charlotte erkannte die Scheidung jedoch nicht an, so dass der Vorwurf der Bigamie gegen den Kurfürsten im Raum stand. Um ihre Ansprüche zu untermauern, blieb Charlotte auch zunächst in Heidelberg. Die neue kurfürstliche Familie wuchs rasch. Luise (gest. 1677) gebar 13 Kinder, die ebenso wie sie selbst 1667 gegen den Verzicht auf alle weitergehenden Erbansprüche den Raugrafentitel erhielten – dieser ging auf ein an der Nahe begütertes, im 15. Jh. ausgestorbenes Adelsgeschlecht zurück, dessen Erbe die Pfälzer Kurfürsten angetreten hatten. Die unerquicklichen Familienverhältnisse waren nicht einfach fürstliche Privatangelegenheit, sie hatten sozusagen »gesamtstaatliche« Bedeutung, zumal mit dem Kurprinzen Karl nur ein einziger legitimer Erbe aus der ersten Ehe vorhanden war. Dessen Verhältnis zum Vater war indessen dauerhaft vergiftet. Dass die Behandlung Charlottes zudem die Beziehungen zum Haus Hessen-Kassel erheblich belastete, muss nicht eigens betont werden.[31]

7. Der »Policey-Staat«

Im 16. Jh. gehörten einige der kleinen und mittleren Territorien im Westen zu den reformfreudigsten im Reich. Nicht nur die Einführung der Reformation und der daraus folgende Zwang zum Aufbau einer landesherrlichen Kirchenverwaltung bedingten die Reformen. Vielmehr entfalteten Fürsten und städtische Obrigkeiten prinzipiell auf allen Gebieten des staatlichen, gesellschaftlichen und wirtschaftlichen Lebens eine gesteigerte Gesetzgebungstätigkeit. Diese seit dem ausgehenden 15. Jh. zu beobachtende Aktivität wird als »Policeygesetzgebung« bezeichnet. Dabei geht es, nota bene, nicht (nur) um »Polizei« im modernen Sinne, sondern der frühneuzeitliche Policey-Begriff ist viel umfassender und beinhaltet die Sorge für die rechte Ordnung in prinzipiell allen Bereichen des menschlichen Lebens.[32] Freilich muss man sich vor Augen halten, dass die Gesetze nicht immer konsequent durchgesetzt wurden. Dennoch sind die zahlreichen Policey-Gesetze, teils Einzelmaßnahmen, teils ganze Gesetzespakete zu bestimmten Problemfeldern (z. B. Kleiderordnungen) oder umfassende, die unterschiedlichsten Bereiche abdeckende Policeyordnungen, aussagekräftige historische Quellen.

Für Kurmainz ist die Intensivierung der Policeygesetzgebung seit der zweiten Hälfte des 15. Jhs. gut nachvollziehbar. Dies hängt nicht nur damit zusammen, dass man einen höheren Regelungsbedarf empfand. Der Landesherr wollte in dieser Zeit seine alleinige Normsetzungskompetenz gegenüber anderen Herrschaftsträgern deutlich machen, nicht zuletzt gegenüber der 1462 unterworfenen Hauptstadt. Der heterogenen Zusammensetzung des Kurstaats entsprechend gab es keine einheitliche Policeyordnung für das gesamte Territorium des Mainzer Erzbischofs, aber im frühen 16. Jh. wurden flächendeckend neue Stadt- und Landesordnungen erlassen, die auch durch die gleichzeitige Reichspoliceygesetzgebung mitbeeinflusst waren. Neben allgemeinen Ordnungen gab es auch Spezialordnungen zu bestimmten Themenfeldern, wie Handel und Gewerbe, Münzwesen, Apotheken, Juden oder Hexerei.[33] Eine intensive Policeygesetzgebung lässt sich oft bei solchen Fürsten beobachten, die auch sonst als profilierte Herrscherpersönlichkeiten in Erscheinung getreten sind, wie beispielsweise Herzog Wolfgang von Pfalz-Zweibrücken, der 1553 eine bereits 1557 überarbeitete Kirchenordnung, 1559 eine vielgerühmte Kanzleiordnung und 1556/60 Bergordnungen erließ, die dem in der ersten Jahrhunderthälfte niedergegangenen Quecksilberbergbau aufhelfen sollten.[34]

Auch reichsstädtische Obrigkeiten entfalteten eine umfangreiche Policeygesetzgebung, naturgemäß mit einem Akzent auf spezifisch städtischen Problemen. So suchte der Speyerer Rat durch die Mistmeisterordnung von 1620 des Problems der Straßenverunreinigung Herr zu werden und erließ angesichts aktueller Seuchengefahr 1632 ein »Gebot und Ordnung wegen sterbender Leuft«, welche die grassierende Pestilenz zwar einerseits als Strafe Gottes auffasste und daher zur Buße aufrief, andererseits aber auch elementare Hygienevorschriften erließ, wie die Anweisung, Geflügel und Schweine in eigenen Ställen und nicht in menschlichen Behausungen zu halten, oder das Verbot, das Borstenvieh frei auf den Gassen herumlaufen zu lassen.[35]

8. Das Problem des Absolutismus

Eine zweite Hochzeit territorialstaatlicher Reformpolitik waren die Jahrzehnte nach dem Westfälischen Frieden, als es darum ging, die Kriegsschäden zu beseitigen bzw. geeignete Rahmenbedingungen für eine Erholung des Landes zu schaffen. Die Wirtschaftsförderung und vor allem die »Peuplierung«, die Wiederbevölkerung, standen ganz oben auf der Agenda. Die Fürsten erließen nicht nur zahlreiche Gesetze, die diese Ziele befördern sollten, sondern machten sich auch daran, Einflüsse auszuschalten, die ihren Bestrebungen im Wege standen. Zugleich lässt sich in der zweiten Hälfte des 17. Jhs. und im 18. Jh. ein verstärkter Hang zur fürstlichen Repräsentation beobachten, der ebenso kostspielig war wie die jedenfalls von manchen bedeutenderen Reichsständen betriebene Aufrüstung mit dem Ziel, ein stehendes Heer zu schaffen. Traditionell wird diese Phase des Ausbaus des frühmodernen Fürstenstaates mit dem Terminus Absolutismus belegt. Heute wird in der Fachwissenschaft dieser Begriff aber selbst für das vermeintliche »absolutistische Musterland« Frankreich nur noch mit großen Reserven bzw. in dem Bewusstsein verwendet, dass man hiermit eher ein Herrschaftskonzept, das auf die Stärkung der monarchischen Prärogative abzielte, als die politisch-soziale Wirklichkeit erfassen kann.[36]

Wenn also das Bild eines unumschränkten Herrschers schon auf Ludwig XIV. nicht recht passen will, dann umso weniger auf die vergleichsweise »kleinen« Fürsten auf dem Gebiet des heutigen Rheinland-Pfalz, denen eine völlig zügellose Regierung aufgrund innerer und äußerer Abhängigkeiten schlechterdings unmöglich war – Begriffe wie »absolutistische Kleinstaaterei«[37] verschleiern mehr, als sie erklären. Damit ist nun nicht gesagt, dass diese Fürsten nicht auf die Ausweitung ihrer Macht abgezielt hätten und dass es von ihrer Seite keine manifesten Rechtsverletzungen gegeben hätte. Das war aber nicht das Grundprinzip der fürstlichen Herrschaft, die vielmehr auf einem Grundkonsens mit den Untertanen, zumal den Eliten, beruhte.

Mit einem besonders ausgeprägten Fragezeichen zu versehen ist ein im herkömmlichen Sinn verstandener Absolutismusbegriff für die geistlichen Fürstentümer, denn niemals konnten die Erzbischöfe oder Bischöfe des Reichs ihre Domkapitel als äußerst selbstbewusste Teilhaber der Regierungsgewalt ausschalten.[38] Freilich kann man auch hier in den Jahrzehnten nach dem Dreißigjährigen Krieg eine Wiederherstellung und einen Ausbau der staatlichen Gewalt auf verschiedenen Ebenen konstatieren. Der Mainzer Kurfürst Johann Philipp von Schönborn, an dessen Hof zeitweise einer der berühmtesten Wirtschafts- und Verwaltungsfachmänner der Zeit, der Kameralist Johann Joachim Becher, weilte, bemühte sich um eine Wiederbelebung der Wirtschaft, wozu er nach den Grundsätzen der kameralistischen Lehre auch auf protektionistische Maßnahmen, wie eine Erneuerung des Mainzer Stapelrechts, zurückgriff. Außerdem trieb Johann Philipp die moderne Befestigung seiner Metropolitanstadt voran, nachdem schon sein Vorgänger Johann Schweikhard von Kronberg mit der Errichtung der neuen Zitadelle begonnen hatte. Zum Abschluss kamen die Arbeiten zwar erst im 18. Jh., doch bereits vorher galt Mainz als eine der wichtigsten Festungen im Reich. Dadurch erlangten die Mainzer Kurfürsten, obwohl ihr stehendes Heer mit 2.000 bis 3.000 Mann eher klein war, ein gewisses militärisches Gewicht.[39]

Einen außerordentlichen Reformeifer entfaltete Kurfürst Karl Ludwig von der Pfalz in seinem durch den Krieg besonders mitgenommenen Territorium. Er ergänzte die alte direkte Steuer, die Schatzung, und bestehende indirekte Steuern um einige neue Akzisen, Verbrauchssteuern auf Fleisch und Mehl. Äußerst ertragreich war die Stempeltaxe: Für alle amtlichen Schriftstücke mussten die Untertanen ein besonderes gestempeltes Papier verwenden, das sich der Staat bezahlen ließ. Aus fürstlicher Perspektive waren die Akzisen nicht zuletzt deswegen so attraktiv, weil ihnen auch die von den direkten Steuern befreiten Bevölkerungsgruppen wie der Adel unterworfen waren; man zog also auch die vermögendsten Schichten zur Staatsfinanzierung heran.

Die kurpfälzische Finanzkraft konnte daneben durch eine erfolgreiche Wiederbesiedlung des Landes gestärkt werden. Dabei sah Karl Ludwig wenig auf die Konfession der Immigranten, die wirtschaftliches Knowhow mitbrachten und beispielsweise einen verstärkten Anbau von Mais (»Welschkorn«) und Tabak anstießen. Ein erheblicher Teil der Staatseinkünfte, phasenweise durch französische Subsidienzahlungen aufgestockt, wurde für den Ausbau der Festungen und für das stehende Heer aufgewendet, das in den 1680er Jahren 8.000 Mann umfasste. Auch wenn nicht alle seine Maßnahmen durchgreifende Erfolge erzielten, verschafften sie Karl Ludwig den Ruf eines bedeutenden Reformers.[40]

Spektakuläre Reformen gab es auch in der Grafschaft Wied-Neuwied, wenngleich sie sich im Wesentlichen auf die Förderung der neuen Hauptstadt Neuwied beschränkten.[41] Viele kleine Fürsten und Grafen hielten sich dagegen an eher konservative Herrschaftsmaximen, wie sie in Veit Ludwig von Seckendorffs »Teutschem Fürsten-Staat« (Erstauflage 1656) zum Ausdruck kamen.[42] Die Schaffung eines nennenswerten stehenden Heeres, ein Ziel, das die Reformanstrengungen in manchen größeren Territorien beflügelte, lag für sie ohnehin außerhalb des Bereichs des Möglichen.

9. Staatliche Reformen im Zeitalter der Aufklärung

Ein Grund für die Behauptungskraft des Begriffs »Absolutismus« ist sicher, dass es bislang nicht gelungen ist, eine ähnlich griffige Alternativbezeichnung zu finden. Das gilt auch für den »Aufgeklärten Absolutismus«, mit dem traditionell die Herrschaftssysteme der Monarchen charakterisiert werden, die unter Rückgriff auf das Gedankengut der Aufklärung und unter verstärkter Berufung auf das Gemeinwohl als »erste Diener des Staates« in der zweiten Hälfte des 18. Jhs. Reformen durchführten, die zum Teil ganz neue Wege beschritten und, konsequent zu Ende gedacht und durchgeführt, einen grundlegenden Umbau von Staat und Gesellschaft bewirkt hätten, wie er letztlich dann erst im Zeitalter der Französischen Revolution vollzogen wurde. Den meisten dürften hier Monarchen wie Friedrich II. von Preußen oder Joseph II. von Österreich in den Sinn kommen. Aber auch in vielen kleinen Reichsterritorien gab es mehr oder weniger umfassende Reformen.[43]

Zu den reformfreudigsten Regierungen in der zweiten Hälfte des 18. Jhs. gehörte die des Markgrafen Karl Friedrich von Baden (reg. 1776–1794), eines aufgeklärten Fürsten par excellence, von dessen Reformmaßnahmen, wie der Aufhebung der Leibeigenschaft (1783), der Einführung der Kartoffel, dem Chausseebau und Manufakturgründungen (1790 Baumwollstrumpfmanufaktur in Argenschwang), auch die linksrheinischen badischen Besitzungen profitierten.[44]

Zu den profilierten aufgeklärten Reformern im Reich zählte auch Karl Theodor von der Pfalz. Seine Maßnahmen zur Wirtschaftsförderung konzentrierten sich auf den Raum Heidelberg/Mannheim/Frankenthal, wo zahlreiche Manufakturen gegründet wurden, u. a. eine Porzellanmanufaktur in Frankenthal, während man andere Landesteile diesbezüglich eher vernachlässigte. Erwähnenswert ist aber die Salzproduktion in Kreuznach, die nach dem Übergang der Stadt unter die alleinige kurpfälzische Herrschaft durch die Nutzung neuer Salinentechniken, wie der Tröpfelgradierung, einen bedeutenden Aufschwung nahm.[45] In Zweibrücken gab es ebenfalls beachtliche Reformansätze wie etwa die »Neue Zunftverordnung« von 1784, die unter sorgfältiger Abwägung merkantilistisch-aufgeklärter Grundsätze und der Bedeutung der Zünfte für die Beschäftigung und Versorgung der Untertanen zwar an den Zünften festhielt, aber ihre Autonomie weitgehend beseitigte und ihre Monopole so einschränkte, dass sie der wirtschaftlichen Entwicklung nicht im Wege standen.[46]

Auch Kleinterritorien bemühten sich um Wirtschaftsförderung. Dies lässt sich beispielsweise für die Grafschaft Sayn-Altenkirchen nachweisen, wo die Einführung der Baumwollverarbeitung durch die Landesherrschaft angestoßen wurde. Mehr noch als die entfernt residierenden Landesherren scheinen sich die vor Ort arbeitenden Räte eingesetzt zu haben, wie in den 1780er Jahren der Kanzleidirektor Franz Ludwig Cancrinus, der sich insbesondere um eine Hebung des Montangewerbes bemühte.[47] Allerdings erwiesen sich manche Großprojekte in Kleinterritorien, wie die Salm-Kyrburger Leinenmanufaktur (1779) und Porzellanmanufaktur (1781), bald als Fehlschläge.[48]

Nicht jede aufgeklärte Reform traf auf die Zustimmung der Untertanen. Negativschlagzeilen machte im kirchheimischen Landesteil des Fürstentums Nassau-Weilburg 1777 der ABC-Buch-Streit, als die Einführung eines neuen, für alle Elementarschulen verbindlichen und säkular ausgerichteten »A.B.C.-Buchstabier- und Lesebuchs« den Widerstand vor allem lutherischer Gemeinden provozierte, die darin den Vorboten einer Zwangsvereinigung mit den Reformierten sahen. Als der Konflikt zum bewaffneten Aufstand eskalierte, sah sich Fürst Karl Christian zur Flucht nach Oppenheim genötigt. Es dauerte aber nur zwei Tage, bis kurpfälzisches Militär die Ordnung wiederherstellte.[49]

Nickel Morgenstern

Neben den Marnheimern Adam und Philipp Decker war der Albisheimer Bauer Nickel Morgenstern der Hauptanführer der Aufständischen im ABC-Buch-Streit. Als auf ihr Betreiben die Vertreter von sieben Dörfern im Februar 1777 in Albisheim eine »Verbindung« eingegangen waren und sich verpflichtet hatten, die Einführung des »gottlosen« Lesebuchs niemals hinzunehmen, wurden alle drei inhaftiert. Bei ihrer geplanten Überführung von Kirchheim ins Weilburger Zuchthaus wurden sie aber am 17. Februar bei Ilbesheim von bewaffneten Bauern befreit. Am selben Tag rief Morgenstern in einem mit »Wie schön leuchtet der Morgenstern. N[ickel] M[orgenstern]« unterzeichneten Schreiben die Untertanen zum Aufstand auf, und am 19. Februar zogen Hunderte nach Kirchheim und verlangten die Freilassung der übrigen Inhaftierten. Der Fürst, der in Kirchheim nur über wenige Soldaten verfügte, ergriff die Flucht. Schon am nächsten Tag marschierte auf sein Ersuchen ein kurpfälzisches Regiment ein, worauf sich die aufständischen Dörfer unterwarfen und das ABC-Buch akzeptierten. Mehrere Aufrührer wurden verhaftet, jedoch gegen Geldbußen wieder freigelassen. Morgenstern floh außer Landes und musste die Konfiszierung seines Vermögens und seinen Landesverweis erleben. Seine Eingaben beim Reichskammergericht blieben vergeblich. Erst nach dem Einmarsch der französischen Revolutionsheere konnte er nach Albisheim zurückkehren, wo er 1806 verstarb.[50]

Reformfähigkeit der geistlichen Territorien?

Ab der Mitte des 18. Jhs. wurde von aufgeklärten Geistern immer ätzendere Kritik an den tatsächlich oder vermeintlich verkrusteten staatlich-gesellschaftlichen Strukturen der Hoch- und Erzstifte geübt, die diese unter immer stärkeren Legitimationsdruck setzte. Das Sprichwort »Unterm Krummstab ist gut leben« beinhaltete weniger ein Lob, sondern vielmehr eine spöttische Kritik an den geistlichen Staaten, die die vorhandenen Ressourcen angeblich nicht angemessen ausbeuteten.[51]

Solche Kritik bewog eine Reihe geistlicher Fürsten, umfangreiche Reformen in den unterschiedlichsten Bereichen anzustoßen. Eine Vorreiterrolle nahm Kurmainz ein, beginnend unter Johann Friedrich Karl von Ostein (reg. 1743–1763), vor allem aber unter Emmerich Josef von Breidbach-Bürresheim (reg. 1763–1774) und, nach einer konservativen Phase zu Anfang der Regierung, auch unter Friedrich Karl Josef von Erthal (reg. 1774–1802). Neben den an anderer Stelle zu erörternden Reformen in Kirche und Bildungswesen sind hier unter anderem die Einrichtung einer Kommerzien-Kommission und die Gründung der Höchster Porzellanmanufaktur (1746), die Neukodifikation des Mainzer Landrechts (1755), die Wiederbelebung der Mainzer Messen (1749) und die Reform der Armenpflege (1786) zu nennen. Die Reformen erfassten also alle Bereiche von Staat, Wirtschaft und Gesellschaft und entsprachen zentralen Forderungen der Aufklärung. Ihre Umsetzung gestaltete sich freilich nicht selten problematisch.[52] Ähnliches ließe sich auch zu den Reformen in den anderen geistlichen Fürstentümern, wie Kurtrier, sagen (z. B. Toleranzedikt 1783, Forstgesetz 1786, Weinverordnung 1787).[53]

Allerdings konnten die geistlichen Fürsten, wenn sie sich nicht selbst abschaffen wollten, kaum Hand an ein aus aufgeklärter Perspektive zentrales Skandalon legen: die Personalunion von geistlicher und weltlicher Herrschaft. Auch das Bündnis zwischen Aufklärung und weltlichen Fürsten war nur eines auf Zeit. In den Zielen der Rationalisierung von Herrschaft und des Abbaus ständischer und korporativer Privilegien konnten Fürstenstaat und Aufklärung sehr wohl konform gehen. Indem die Aufklärung aber den traditionellen Gedanken des Gottesgnadentums aushöhlte und ein Fürst, der sich als erster Diener seines Staates verstand und verstanden wurde, konsequent weitergedacht bei einer mangelhaften Ausführung dieses Dienstes seine Legitimität einbüßte und selbst zur Disposition gestellt werden konnte, musste auf die Dauer eine Sollbruchstelle in diesem Bündnis sichtbar werden. Dies geschah in den 1790er Jahren, als die Französische Revolution den Fürsten auch im Westen des Reichs die Gefährdung ihrer Position drastisch vor Augen führte und die meisten von ihnen zu einer Politikwende in einem konservativen, häufig repressiven Sinne bewog. Westlich des Rheins war diese Wende allerdings von kurzer Dauer, da das Ancien Régime hier dank der Erfolge der französischen Revolutionstruppen in den Jahren 1792–1797 sein definitives Ende fand.

10. Exkurs: Territorialstaat und Hexenverfolgungen

Von Helga Schnabel-Schüle

Der Glaube an den Teufelszauber von Hexen und an Volksmagie gehörte fast die gesamte Frühe Neuzeit hindurch zu einem noch magisch-mythischen Traditionen verhafteten Weltbild. Hexenprozesse waren keine notwendige Folge davon. Sie entstanden, als Intellektuelle die volkstümlichen Zaubereitraditionen und -merkmale mit der Lehre vom Teufelspakt verbanden. Das Bündnis mit dem Teufel galt dabei als Grundlage für die magischen Kräfte einer Hexe, die sich nach den zeitgenössischen Vorstellungen mit dem Pakt aus allen religiösen Bindungen löste und vom Glauben abfiel. Erst als einzelne Aspekte des Magieglaubens im Strafrecht der frühmodernen Staaten sanktioniert wurden – teilweise unter Übernahme römisch-rechtlicher Traditionen –, kam es zu massenhaften Verfolgungen. Die für das gesamte Heilige Römische Reich gültige, unter Karl V. 1532 erlassene Strafgerichtsordnung (Constitutio Criminalis Carolina) enthielt das Delikt der Hexerei nicht, hier wurde allein der Schadenszauber unter Todesstrafe gestellt. Gleichwohl hatte die Carolina an der Hysterie, die den Verfolgungen zugrunde lag, maßgeblichen Anteil. Denn ein wesentliches Element der Carolina war die Indizienlehre für Delikte. Da es eine Indizienlehre für den Schadenszauber nach rationalen Gesichtspunkten nicht geben kann, konnte eine Bestrafung allein auf der Grundlage eines Geständnisses erfolgen, das nur durch Folter zu erzwingen war, abgesehen von den Fällen, in denen die Beschuldigten selbst an die Kraft ihrer Schadenszauber glaubten. Hinzu kam: Die Carolina war nur ein Rahmengesetz, das von den Territorien und Reichsstädten mit eigenen Ordnungen ausgefüllt werden konnte, und so bezeichneten bereits die für die Rechtsentwicklung wichtigen Kursächsischen Konstitutionen von 1572 die – wie wir heute selbstverständlich wissen – nicht zu beweisende Hexenverschwörung als einen hinreichenden Grund für eine Verurteilung.[54]

Nach 1580 setzte im Erzbistum Trier mit deutlichem Schwerpunkt auf dem Erzstift eine große Hexenverfolgung ein, deren Ausmaß und Intensität in Flugblättern, Reiseberichten, Briefen und Tagebüchern mit Erstaunen festgehalten wurden. Erzbischof Johann VII. von Schönenberg, der allem Anschein nach von einer tiefen Hexenfurcht befallen war und deswegen die Hexenverfolgungen vorantrieb, wurde von Weihbischof Peter Binsfeld in seinem Vorhaben bestärkt. Binsfeld gehörte ohne Zweifel zu den wichtigsten Autoren der frühneuzeitlichen Hexenlehre. Mit seinem 1589 erschienenen »Tractatus de confessionibus maleficorum et sagarum«, der zwei Jahre später auch in einer deutschen Version publiziert wurde, zeigte er sich als entschiedener Befürworter der Hexenverfolgungen. Binsfeld forderte die unnachsichtige Ausrottung der Hexen und legte im Rahmen von Hexenbefragungen besonderen Wert auf die Denunziationen, denen er Beweiskraft zusprach. Damit legitimierte er gleichsam auch die in den Gemeinden eigeninitiativ gegründeten Ausschüsse, die die Verfolgungswünsche der Bewohner aufgriffen und die Voruntersuchungen als Grundlage des gesamten nachfolgenden Verfahrens übernahmen. Diese kommunalen Anklage- und Untersuchungsausschüsse beeinflussten das amtliche Verfahren, zumal die Ausschussmitglieder nicht selten enge Beziehungen zu den formal als unparteiische Fachleute fungierenden Gutachtern und Notaren hatten. Zusammen mit der Unterstützung durch von Eigeninteressen geleiteten Beamten schuf all dies ein lokales Verfolgungsmilieu, das sich von herrschaftlicher Kontrolle abzuschotten versuchte. Darin liegt der Grund, dass Hexenverfolgungen in der Frühen Neuzeit fast ausschließlich in Gebieten schwach entwickelter Landesherrschaft zu beobachten sind,[55] demgegenüber die konfessionelle Ausrichtung nur eine untergeordnete Rolle spielt.

Für das Erzstift Trier lässt der überdurchschnittlich große Anteil von Angeklagten aus den dörflichen Führungsgruppen sowie die Tendenz zur Anklage überwiegend älterer Menschen (50- bis 70-Jähriger) durch jüngere Ausschussmitglieder und Zeugen erkennen, dass Hexenprozesse instrumentalisiert wurden, um andere Konflikte auszutragen: Proteste gegen Führungseliten, gegen reiche Trierer Bürger, die sich durch Vergabe von Krediten und Erhöhung von Pachtzinsen unbeliebt gemacht hatten, wie auch Konflikte zwischen Eltern und Kindern, Ehepartnern, Familien und Nachbarn. Die große Verfolgungswelle in der Reichsabtei St. Maximin zwischen 1582 und 1596 zeigt, dass auch Herrschaftsdemonstration dahinter stehen konnte: Wer Hexen verfolgen konnte, übte Herrschaft aus.[56] 1629 kam es zu einer zweiten Verfolgungswelle, die allerdings durch den Einmarsch französischer und schwedischer Truppen ins Erzstift ein schnelles Ende fand. Eine dritte Verfolgungswelle setzte um 1650 ein. Da Kurfürst Karl Kaspar von der Leyen unmittelbar nach seinem Regierungsantritt 1652 die Prozesse verbot, fanden nach 1654 im Gebiet des Erzstiftes keine Verfolgungen mehr statt, nur in den Kondominaten lassen sich noch vereinzelte Prozesse bis in die 1680er Jahre nachweisen. Über die Opferzahlen der Verfolgungen gehen die Annahmen weit auseinander; sicher ist, dass sie in die Hunderte gingen und es sich daher nicht um Einzelfälle, sondern in der Tat um Verfolgungswellen handelte.

Friedrich Spee (1591–1635)

Friedrich Spee wurde am 25. Februar 1591 in Kaiserswerth bei Düsseldorf als Sohn einer einflussreichen und wohlhabenden Familie geboren. Nach einer guten Schulbildung studierte er an den Philosophischen Fakultäten der Universitäten Köln und Würzburg sowie an der Mainzer Theologischen Fakultät. Schon 1610 trat er in den Jesuitenorden ein. Sein Noviziat absolvierte er in Trier, danach arbeitete er an verschiedenen Orten und in unterschiedlichen Funktionen in Seelsorge und Lehre in Diensten des Ordens.

Großen Einfluss übte er mit seiner Schrift »Cautio criminalis« aus, die zunächst 1631 anonym erschien. Mit dieser Schrift wandte sich Spee, dessen Verfasserschaft schon bald als sicher galt, gegen die Praxis der Hexenprozesse. Wie seinen weniger bekannt gewordenen Vorkämpfern – z. B. Johann Weyer – ging es Spee darum, die Praxis der Inquisition zu überwinden. Spees Hauptargument zielte darauf ab, dass man mit den körperlichen Qualen der in den Prozessen angewandten Folter jeden Menschen zu jedem beliebigen Geständnis zwingen könne. Seine Schrift war argumentativ schlüssig, zugleich rhetorisch brillant und wirkungsmächtig: Noch im 17. Jh. erschienen eine mit Kupferstichen versehene zweite Ausgabe (»Bilder-Cautio«, 1632), eine weitere lateinische Ausgabe (Posen 1645/47), eine Übersetzung ins Deutsche (Frankfurt am Main 1649), eine Übersetzung ins Niederländische (Amsterdam 1657) sowie eine Übersetzung ins Französische (Lyon 1660). Gottfried Wilhelm Leibniz (1646–1716) legte die Verfasserschaft Spees an der »Cautio criminalis« offen und verschaffte ihm damit posthum große Anerkennung als Gegner der Hexenverfolgungen. Zu Spees Lebzeiten aber war die Publikation mutig. Das Werk löste bei den einen begeisterte Zustimmung, bei anderen aber entschiedene Ablehnung aus. Der Jesuit Spee stellte mit dieser Schrift sein Gewissen über den Ordensgehorsam. Zeitweilig drohte ihm der Ausschluss aus der Gesellschaft Jesu, bis allmählich die Unterstützung auch aus Ordenskreisen größer wurde. Entstanden ist die Schrift aus Spees Erfahrungen in der Katechese und als Beichtvater an den zahlreichen verschiedenen Orten seines Wirkens, wo er fast überall zumindest mittelbar mit den Auswirkungen von Hexenverfolgungswellen konfrontiert wurde. Spee starb am 7. August 1635 in Trier.

Neben dem Befürworter Petrus Binsfeld ist im Kurfürstentum Trier auch einer der bekanntesten Gegner der Hexenverfolgungen zu verorten: Der Jesuit Friedrich Spee, der mit seinem 1631 erschienenen Werk »Cautio criminalis« eindeutig Stellung bezog und sich heftig und engagiert gegen die Verfolgungen aussprach. Spee war weder der Einzige noch der Erste, der seine Bedenken äußerte. Bereits 1591 hatte der aus den Niederlanden stammende Trierer Theologe Cornelius Loos versucht, seine Argumente gegen den Hexenwahn in Köln drucken zu lassen. Binsfeld verhinderte die Drucklegung und betrieb Loos Ausweisung aus dem Kurstaat. Spee, der vornehmlich als Autor geistlicher Lieder – wie des noch heute im Advent gesungenen Liedes »Oh Heiland reiß die Himmel auf« – und Lyriker bekannt ist, hob sich von anderen Autoren, die gegen den Hexenwahn Position bezogen, dadurch ab, dass er keine kühl-rationale juristische Abhandlung, sondern eine emotional gefärbte Schrift publizierte, die aus der persönlichen Erfahrung mit verzweifelten Opfern, gleichgültigen Behörden und grausamen Henkern gespeist war. Zuspruch hat er zu Lebzeiten wenig erfahren. Erst Kurfürst Karl Kaspar von der Leyen (reg. 1652–1676) verbot, wie erwähnt, Hexenprozesse in seinem Land kategorisch.

Im Kurfürstentum Mainz kam es ebenfalls ab Ende des 16. Jhs. unter Duldung der Erzbischöfe zu einigen heftigen Verfolgungswellen, die vor allem die Gebiete um Aschaffenburg betrafen. Erzbischof Johann Philipp von Schönborn (reg. 1647–1673) brach als einer der ersten deutschen Reichsfürsten in der Mitte des 17. Jhs. den Hexenwahn, indem er die vereinzelt noch stattfindenden Hexenprozesse durch Verordnungen erschwerte.

Wie sehr Hexenverfolgungen von der Haltung der Obrigkeit abhängig waren, zeigt das Beispiel der Kurpfalz: Sie blieb in den klassischen Verfolgungsperioden des späten 16. und 17. Jhs. trotz heftigster Impulse von außen von Hexenprozessen frei und dies, obwohl es deutlich artikulierte Verfolgungswünsche der Bevölkerung gab. Das Thema wurde in der Kurpfalz gerade in den Phasen der Konfessionswechsel intensiv diskutiert. Glücklicherweise fanden sich in den Führungseliten zu allen Zeiten neben Personen, die den Verfolgungswünschen der Bevölkerung entsprechen wollten, Gegner der Verfolgungen, die sich mit ihren Positionen durchsetzen konnten.[57] Dass auch die Ablehnung von Hexenverfolgungen andere als humanitäre Gründe haben konnte, dürfte dabei nicht überraschen.

Abgesehen von der Kurpfalz haben in allen anderen Territorien des Raumes Hexenprozesse stattgefunden, nach der Mitte des 17. Jhs. aber nur noch vereinzelt, ohne dass daraus große Verfolgungswellen entstanden wären. Die lange vorherrschende Auffassung, dass vor allem katholische Herrscher Hexenverfolgungen betrieben hätten, gilt heute als überholt. Eher scheint das Gegenteil zuzutreffen: Protestantische Obrigkeiten scheinen Verfolgungen bereitwilliger unterstützt zu haben. Das gilt aber nur, wenn sie über ein kleines und staatlich schwaches Territorium herrschten. Hexenverfolgungen fanden immer dann einen Nährboden, wenn das staatliche Strafsystem noch nicht so ausgebildet war, dass es ein rechtlich geordnetes Verfahren mit einem festgeschriebenen Instanzenzug gab. In vagen Verfahrensstrukturen war es ungleich schwieriger, den Hexenausschüssen der Gemeinden die Legitimation abzusprechen. In einem ausgebildeten Instanzenzug war das hingegen leicht, da sie klar erkennbar ein Fremdkörper waren, deren Arbeit gar nicht vorgesehen war.

1 Vgl. SCHNETTGER, Lehnswesen 2008.
2 Vgl. DOTZAUER, Geschichte 2001, S. 358; GENSICKE, Landesgeschichte 1987, S. 339 ff.
3 Vgl. SCHAAB, Geschichte Bd. 2 1992, S. 116.
4 Vgl. LANGBRANDTNER, Landstuhl 1991, S. 124 f.
5 Nützliche Überblicke bei KRÜGER, Verfassung 2003; ESSER, Landstände 2005; weiterführend STOLLBERG-RILINGER, Vormünder 1999.
6 Vgl. HELBIG, Fürsten 1964, S. 40–45, 60 f.
7 Vgl. LAUFNER, Landstände 1968; DILLINGER, Demokratie 2006.
8 Vgl. AMMERICH, Kräfte 2010; PRESS, Steuern 1975.
9 Vgl. SCHNEIDER, Landstände 2007.
10 Vgl. WILHELM, Nassau-Weilburg 2007, S. 149–167.
11 Vgl. PELGEN, Geheimdossier 2010.
12 Vgl. RÖDEL, Kurmainz 1999; BRAUN, Reichs-Hofcanzley 2001.

13 Vgl. SCHAAB, Geschichte Bd. 2 1992, S. 87 f.
14 Vgl. AMMERICH, Landesherr 1981; STUCK, Verwaltungspersonal 1993.
15 Vgl. RÖDEL, Mainz 1985, S. 63 f.
16 Vgl. zu Sayn MÜLLER, Gemeinden 2005, S. 126; zu Leiningen KELL, Leiningen 1993, S. 32; eine Zusammenstellung der Amtskalender und Amtshandbücher bei BAUER, Repertorium Bd. 3 2002.
17 Vgl. JENDORFF, Verwandte 2003, S. 158–161.
18 Vgl. WILHELM, Nassau-Weilburg 2007, S. 34.
19 Vgl. REINHARD, Stirum 1915, S. 171–175.
20 Vgl. SPIESS, Gerichtsordnung 2010.
21 Vgl. DOTZAUER, Geschichte 2001, S. 297–307.
22 Vgl. SCHMITT, Landgemeinde 1995, Zitat S. 220; JANSSEN, Kurtrier 1985; Zahlen nach LAUFNER, Landstände 1968, S. 290; zur Mainzer Territorialverwaltung vgl. JENDORFF, Verwandte 2003, S. 116–161.
23 Vgl. für Kurtrier LAUFNER, Landstände 1968, S. 291; zum Mainzer Domkapitel RAUCH, Domkapitel 1975–1977.
24 KLOE, Wahlkapitulationen 1928, S. 74–96, hier S. 71–85.
25 Vgl. BAUR, Sötern 1897–1913; LAUER, Kurfürst 2003; zum Trierer Domkapitel DOHNA, Verhältnisse 1960.
26 Vgl. DOTZAUER, Raum 1993, S. 173.
27 Vgl. ARETIN, Reich Bd. 3 1997, S. 333–344.
28 Siehe den Beitrag von Matthias Schnettger »Die Territorien im Überblick« in diesem Band.
29 Vgl. REINHARDT, Reichskirchenpolitik 1964.
30 Siehe den Beitrag von Matthias Schnettger »Die Territorien im Überblick« in diesem Band.
31 Vgl. SCHAAB, Geschichte Bd. 2 1992, S. 128–131.
32 Vgl. ISELI, Policey 2009.
33 Vgl. HÄRTER, Policey Bd. 1 2005, S. 129–141; DERS., Repertorium Bd. 1 1996.
34 Vgl. SCHLUNDT, Licht 2010, besonders S. 205–208.
35 Vgl. OHLER, Alltag 1982, S. 607 ff.; MAHLERWEIN/SCHIEBER/RÖLLE, Repertorium 2010.
36 Vgl. WREDE, Absolutismus 2005.
37 So NEUMANN, Obrigkeiten 1993, S. 88.
38 Siehe Abschnitt 5.
39 Vgl. im Überblick MATHY, Residenz 1998, S. 269–275; zum Militär STÖRKEL, Militär 1989/90, S. 145; KAHLENBERG, Verteidigungseinrichtungen 1963.
40 Vgl. SELLIN, Finanzpolitik 1978; SCHAAB, Geschichte Bd. 2 1992, S. 134–140.
41 Vgl. den Beitrag von Matthias Schnettger »Die Territorien im Überblick« in diesem Band.
42 Vgl. SECKENDORFF, Fürsten-Staat 1737 (1972); MENK, Fürstenstaat 2002.
43 Vgl. WEIS, Absolutismus 1990.
44 Vgl. DOTZAUER, Gebiete 1968, S. 50 ff.; FORSTER/SILBERMANN, Merkantilismus 1989, S. 69 f.; ULLMANN, Entstehung, 1992.
45 Vgl. HIPPEL, Kurpfalz 2000; KÄSE, Einheit 1999/2003.
46 Vgl. SCHICHTEL, Zunftrecht 2010.
47 Vgl. BARTOLOSCH, Gewerbeförderung 2009, besonders S. 231, 236.
48 Vgl. FORSTER/SILBERMANN, Merkantilismus 1989, S. 68 f.
49 Vgl. WILHELM, Nassau-Weilburg 2007, S. 197–200.
50 Vgl. KILIAN, Albisheimer 1977.
51 Vgl. SCHNETTGER, Schatten 2008, S. 44–48.
52 Vgl. BLANNING, Reform 1974; JÜRGENSMEIER, Reformpolitik 1993; DUCHHARDT, Staaten 2004; BLISCH, Erthal 2005, S. 51–64.
53 Zu Kurtrier vgl. FRANZ, Aufklärung 1988; zum Forstgesetz von 1786 ERNST, Wald 2000.
54 Vgl. dazu RUMMEL, Bauern 1991.
55 Siehe dazu die Beiträge in DILLINGER/SCHMIDT/BAUER, Hexenprozess 2008.
56 VOLTMER, Hexenverfolgungen 2010, S. 721.
57 Zur Diskussion in der Kurpfalz siehe SCHMIDT, Glaube 2000.

Demografie, Gesellschaft, Alltag

Von Gunter Mahlerwein

1. Bevölkerungsentwicklung

Die Geschichte der Bevölkerungsentwicklung lässt sich – wie viele andere Themen der Historiografie – aus zwei Perspektiven beschreiben: Wir können den Blick auf das Gesamtbild richten, also versuchen, die Bevölkerungszahlen zu ermitteln und die Gründe für ihren Anstieg oder Rückgang zu benennen. Wir können aber auch versuchen, in die Häuser, in die Familien, in die einzelnen Lebensläufe hineinzuschauen, individuelle und kollektive Schicksale zu rekonstruieren, um zu sehen, wie sich die Lebenszyklen mit ihren elementaren Ereignissen Geburt, Heirat, Krankheit, Tod im Lauf der Jahrhunderte veränderten und wie die Menschen darauf reagierten oder die Veränderungen selbst mit verursachten.

Für beide Zugangsweisen zum Thema brauchen wir Quellen, die aus der vorstatistischen Zeit vor dem 19. Jh. nur bruchstückhaft vorliegen. Zählungen zur möglichst exakten Erfassung des Einwohnerstandes wurden vor dem 18. Jh. kaum und allenfalls in einzelnen Staaten mit einer fortschrittlichen Bürokratie vorgenommen. Wie viele Menschen im 16. und 17. Jh. in den Dörfern und Städten lebten, lässt sich nur annäherungsweise über Huldigungslisten, Steuerverzeichnisse oder militärische Erhebungen erschließen. Gezählt wurden meistens nicht die Einzelpersonen, sondern die »Feuerstellen«, also die Haushalte. Diese Zählungen waren zudem nicht vollständig, weil wichtige Gruppen fehlten. Wer keine Steuern zu zahlen hatte, weil er oder sie von der Steuerpflicht befreit oder zu arm war, wurde in den Listen nicht verzeichnet, wer dem Landesherrn nicht huldigen musste, weil er dessen Herrschaft nicht unterstand und sich mit Sonderrechten oder nur vorübergehend im Land aufhielt, ist ebenfalls in den Quellen nicht mehr zu finden. Die Bevölkerungsgeschichte der Frühen Neuzeit muss also mit Annahmen arbeiten, mit Berechnungen, wie groß ein Haushalt zu einer bestimmten Zeit gewesen sein könnte oder wie viele Menschen zu den in den Listen fehlenden Bevölkerungsgruppen gezählt haben könnten.

Die Historische Demografie dagegen, die den Blick auf die Mikroebene zu leisten vermag, kann mit ziemlich exaktem, aber aufwändig zu erstellendem Zahlenmaterial aufwarten. Die Einträge aller Taufen, Heiraten und Bestattungen in den Kirchenbüchern lassen es – mit leichten Einschränkungen – zu, die Lebensläufe und Familiengeschichten aller Angehörigen der Kirchengemeinden und somit, abgesehen von der jüdischen Bevölkerung, eines großen Teils der Dorf- und Stadtgesellschaften zu rekonstruieren. Allerdings sind diese Quellen meist erst seit dem späten 17. Jh. erhalten.

Die Entwicklung der Bevölkerungszahlen im 16. Jh.

»Pest, Hunger und Krieg«, die »Geißeln der Menschheit«, bestimmten die Bevölkerungsgeschichte früherer Jahrhunderte.[1] Epidemien konnten innerhalb kurzer Zeit ganze Einwohnerschaften dezimieren; Ernteausfälle, ausgelöst durch klimatische Ungunst, oder Teuerungen aufgrund erhöhter Nachfrage bewirkten Ernährungsengpässe, in deren Folge die Krankheitsanfälligkeit und die Sterblichkeit anstiegen und die Geburtenhäufigkeit zurückging; Kriege waren häufig weniger durch direkte Gewalteinwirkung, sondern wegen der durch Soldaten eingeschleppten Krankheiten und der Verschlechterung der Versorgungssituation todbringend für die Bevölkerung.

Von den Verlusten durch die Pest in der Mitte des 14. Jhs. erholte sich die Bevölkerung nur sehr langsam. In den Jahrzehnten nach 1500 allerdings wuchsen die Einwohnerzahlen in den Territorien des Reichs so an, dass von einer »zweiten Bevölkerungswelle« (nach der des 13. Jhs.) gesprochen wird. Soweit Zahlen vorliegen, wird von einem jährlichen Bevölkerungswachstum von 0,7 % ausgegangen. Erst die Klimaverschlechterung zwischen 1560 und 1630, die einige Jahrzehnte günstiger klimatischer Bedingungen ablöste, führte wieder zu einer Verlangsamung des Wachstums, teilweise sogar zu einem Bevölkerungsrückgang, ausgelöst durch schlechtere Ernten und eine höhere Krankheitsanfälligkeit.[2]

Für einige im heutigen Rheinland-Pfalz liegende Regionen können diese reichsweit beobachteten Entwicklungen bestätigt werden. Aus mehreren Kurtrierer Ämtern liegen Zahlen aus dem 16. Jh. vor. Demnach war auch an der Mosel und in der Eifel die Bevölkerung seit dem Ende des 15. Jhs. und besonders nach der Mitte des 16. Jhs. spürbar angestiegen. Im letzten Jahrhundertviertel setzte allerdings ein Rückgang der Bevölkerungszahlen ein, der weniger klimatischen Verschlechterungen als der Tatsache geschuldet war, dass die Region Etappen- und Aufmarschgebiet im beginnenden Spanisch-Niederländischen Krieg wurde. Ein Teil der Bevölkerung wanderte ab. Bis in die 1620er Jahre erholte sich der Bevölkerungsstand langsam wieder, ohne allerdings sein hohes Niveau von 1575 wieder zu erreichen.[3] Auch in den Städten wuchs im 16. Jh. die Bevölkerung an.[4] In Cochem verdoppelte sich die Zahl der Haushalte zwischen 1469 und 1563 fast von 105 auf 202. Deidesheim erlebte zwischen 1495 und 1530 einen rasanten Aufschwung von 377 auf 477 Haushalte. In anderen Städten verlief das Wachstum langsamer: In Montabaur wurden 1563 lediglich 29 Haushalte mehr gezählt als 1478, Bitburg wuchs von 1495 bis 1537 nur um vier Haushalte. Mit Ausnahme von Braubach, wo die Bevölkerung zwischen 1570 und 1606 um 7 % zurückging, ist allerdings in den anderen (wenigen) Städten, aus denen Zahlen überliefert sind, von einem Schrumpfen der Bevölkerung im letzten Jahrhundertviertel nichts zu bemerken. Das könnte auch damit zu erklären sein, dass die Zahlen in den Städten weniger von der natürlichen Bevölkerungsentwicklung abhängig waren, wie sie sich aus dem Wechselspiel von Geburtenhäufigkeit und Sterblichkeit ergibt, sondern zu einem großen Anteil auf Zuzug von außerhalb beruhten. So ist selbst in der kleinen Amtsstadt Kyllburg eine deutlich andere Entwicklung zu beobachten als in den umliegenden Landgemeinden.

Als einzige der großen Städte bietet Speyer Einblicke in die Bevölkerungssituation des 16. und frühen 17. Jhs. Hier liegen sehr genaue Schätzungen vor, die außer der Bürgerschaft auch die Geistlichkeit und die Angehörigen des Reichskammergerichts mit einbeziehen. Von 1535 bis 1565 wuchs die Einwohnerzahl von 7.230 auf 7.950 um fast 10 % an, ging bis 1584 leicht zurück, um dann langsam auf die im weiteren Verlauf der Frühen Neuzeit nicht mehr erreichte Zahl von 8.083 im Jahr 1599 anzusteigen. Bereits im ersten Viertel des 17. Jhs. verlor Speyer – möglicherweise wegen einer Pestepidemie 1610 – 300 Einwohner.

Die Verzeichnung der Leibeigenen des teilweise im Rechtsrheinischen gelegenen Hochstiftes Speyer im Jahr 1530 gilt aufgrund der Aufnahme nicht nur der Namen der männlichen Haushaltsvorstände, sondern auch der Frauen und der Zahl der Kinder als die erste »Volkszählung« in Südwestdeutschland. Das ermöglicht genauere Erkenntnisse über die Familienstrukturen. In acht Städten (Speyer als freie Reichsstadt gehörte nicht dazu) und 79 Dörfern und Weilern lebten 26.702 Menschen. 90 % der Erwachsenen waren verheiratet, 5 % verwitwet. 2,7 % der Männer waren Geistliche, und nur 2,7 % der Frauen und 3,9 % der Männer lebten als Ledige. Die durchschnittliche Kinderzahl pro Ehe betrug 2,34. Auffällig ist die sehr unterschiedliche Anzahl der Kinder in den einzelnen Gemeinden. Vor allem in den linksrheinischen Städten und Dörfern war ihr Anteil an der Bevölkerung ungewöhnlich gering. Während im gesamten Hochstift 38 % der Ehepaare ohne Kinder oder mit nur einem Kind lebten, waren es etwa in Deidesheim mehr als 60 %. Das könnte mit regional auftretenden Kinderepidemien zu erklären sein. Im Durchschnitt lebten 4,15 Personen in einem Haushalt, wobei ein deutlicher Stadt-Land-Unterschied festzustellen ist: Während in den dörflichen Haushalten 4,24 Personen gezählt wurden, waren es in den städtischen nur 3,8.[5]

Kriege und Krisen: Bevölkerungsrückgang im 17. Jh.

Der Dreißigjährige Krieg verursachte den massivsten Einbruch in der Bevölkerungsentwicklung der Frühen Neuzeit. Auf etwa 40 % der Bevölkerungszahl von 1618 werden die kriegsbedingten Verluste reichsweit geschätzt. Diese Zahl variierte regional und lokal sehr stark. Gerade die Pfalz und ihre benachbarten Territorien hatten aufgrund der verhängnisvollen Politik Kurfürst Friedrichs V. stärker als alle anderen Gegenden im Reich zu leiden. Der Krieg traf die Bevölkerung in Stadt und Land gleichermaßen. Zwar hatten viele Städte und befestigte Flecken nach 1648 eine bessere Bevölkerungsbilanz vorzuweisen als ihre umliegenden Dörfer.[6] Das lässt sich allerdings vor allem darauf zurückführen, dass ein Teil der ländlichen Bevölkerung im Verlauf des Krieges in die Städte geflüchtet war, um dort wenigstens einigermaßen vor den Plünderungen und Gewalttätigkeiten umherziehender Soldatentrupps und Marodeure geschützt zu sein. Sicherheit vor dem Krieg boten die Mauern der Städte nicht. Im Gegenteil, alle Städte wurden jahrelang von verschiedenen Armeen besetzt oder von durchziehenden Heeren drangsaliert. Die Soldaten brachten immer Hunger, Teuerung und Krankheit. Die finanziellen Belastungen der Stadtbewohner durch Besatzungen, vor allem aber die Versorgung der Soldaten mit Naturalien bei gleichzeitig stark verminderter Zulieferung vom Land führten zu Nahrungsmittelverknappungen. Deren Folgen waren eine höhere Anfälligkeit der Bevölkerung gegenüber Krankheiten und von den Soldaten eingeschleppten Seuchen sowie eine deutlich zurückgehende Geburtenrate. So dürften mehrere Pestepidemien im Verlauf des Krieges, in den frühen 1620er Jahren, 1632 und 1635, die meisten Kriegsopfer gefordert haben. Ein Bericht eines reformierten Geistlichen beschreibt das Zusammentreffen von Teuerung, Nahrungsmittelmangel und Seuchen in Worms im Jahr 1635 sehr plastisch: »Zu Worms starben theils an der Pest, theils aus Hungersnoth sehr viele Menschen, wie denn zu dieser Zeit die Hungersnoth so groß gewesen, daß sich die Leute an den Bäckershäusern einander halb todt gedrückt; ja der Hunger war so groß, daß auch die Todten in den Gräbern nicht mehr sicher waren und der Rath den Kirchhof mit einer Wache mußte versehen.«[7] Die in dieser Quelle angedeuteten kannibalistischen Tendenzen dürften wohl nicht in der Realität begründet sein und sind eher als Verbildlichung der Schrecken der Zeit zu verstehen. So ist das Motiv der zu bewachenden Friedhöfe für eine größere Zahl von Städten nachzuweisen. Dass sich aber solche Berichte gerade aus der Pfalz erhalten haben – Balthasar Venator berichtete etwa in seinen 1637 im Druck erschienenen Briefen über die Zustände in Pfalz-Zweibrücken von einer Mutter, die fremde Kinder schlachtete, um sich und ihre Tochter zu ernähren –, zeigt einmal mehr das besondere Ausmaß der Kriegseinwirkungen auf diese Region.[8]

Worms verlor im Lauf des Krieges mindestens ein Drittel seiner Bevölkerung. Die Speyrer Bevölkerung ging um »nur« 25 % zurück, Trier schrumpfte um mindestens 40 %, Mainz um die Hälfte.[9] Andere Städte wurden noch ungleich stärker heimgesucht. Besonders hart wurde Kaiserslautern getroffen, als die Stadt im Juli 1635 nach vierwöchiger Belagerung von kaiserlichen Truppen erobert wurde. Ein noch im gleichen Jahr gedrucktes »Klaglied« beschreibt, wie die Stadt geplündert »und in [sic!] die 1500 Seelen erbärmlich darinnen erwürget worden«.[10] Lebten vor Kriegsbeginn noch 3.200 Menschen in Kaiserslautern, so waren es nach 1635 nur noch 200. Auch das Umland wurde 1635 schwer verwüstet. Von 62 Dörfern und Weilern im Oberamt Kaiserslautern waren 30 nach dem Krieg völlig verlassen, etwa 500 Einwohner, ein Achtel der ursprünglichen Bevölkerung, verteilten sich auf die übrigen Dörfer.[11] Andere Orte in der Nordpfalz hatten ein ähnliches Schicksal: In Rockenhausen wurden nach 1635 noch 40 Einwohner gezählt. Obermoschel war um 1635 fast völlig verödet, 1637 wurden im zugehörigen Amt Landsberg erst wieder sieben Familien gezählt. Lambrecht war für 16 Jahre verlassen, Kusel, wo 1609 567 Menschen gelebt hatten, nach dem Krieg fast völlig entvölkert. Auch in anderen Landesteilen gab es Städte, die ihre Ein-

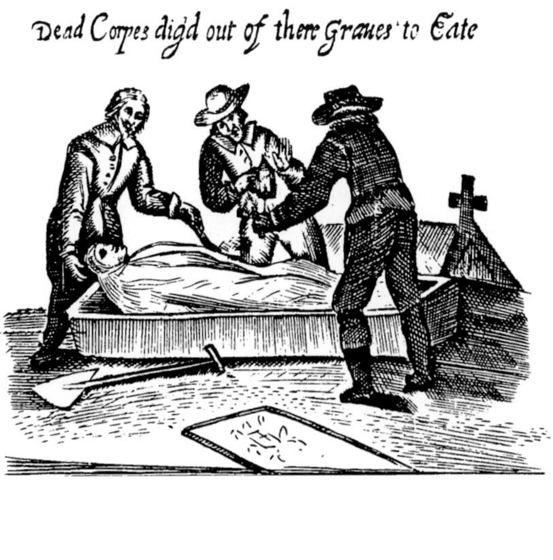

In »The Lamentation of Germany« stellte ein Dr. Vincent im Jahr 1638 dem englischen Publikum die Schrecken des Dreißigjährigen Krieges vor: Die Motive der das eigene Kind essenden Mutter und der Leichenesser erinnern an die gerade aus der Pfalz überlieferten Gräuel (Early English Books Online)

wohner ganz oder fast ganz verloren: Engers war noch 1662 so gut wie ausgestorben, in Germersheim hielten 1636 noch 20 Einwohner aus, Kaub stand 1635 »fast ledig«, weil die meisten seiner Einwohner geflüchtet waren.[12] Selbst Regionen, die kein unmittelbarer Kriegsschauplatz, aber durch durchziehende Truppen belastet waren, hatten erhebliche Bevölkerungseinbußen zu verzeichnen. In der Eifel betrug der Rückgang rd. 50 %. Hier zeigt sich ein anderes Muster als in verkehrsgünstiger gelegenen, aber im Kriegsfall gefährdeteren Gegenden: Während der Bevölkerungsschwund in größeren Orten 54 % betrug, machte er in kleineren Ortschaften, die möglicherweise fern der Marschrouten lagen, nur 26 % aus.[13]

Zahlen über den Bevölkerungsrückgang durch den Dreißigjährigen Krieg sind für die Gesamtheit der Regionen, aus denen sich das heutige Bundesland zusammensetzt, nicht zu rekonstruieren. Die Einschätzung, dass für die Pfalz ein Bevölkerungsverlust von 60–80 % anzunehmen ist, erscheint aber einigermaßen plausibel, wobei der Rückgang in der Westpfalz mit 80–90 % deutlich höher war als in der Rheinebene mit geschätzten 60–70 %.[14]

Deutschlandweit wurden die Bevölkerungszahlen von 1620 erst in der Mitte des 18. Jhs. wieder erreicht.[15] Auch diese Entwicklung lässt sich lokal und regional differenzieren. Während Trier seinen Vorkriegsstand bereits um 1730 wieder erreicht hatte und Mainz um 1700 wieder 13.000 Einwohner zählte, blieben Worms und Kaiserslautern im gesamten 18. Jh. unter den Zahlen des frühen 17. Jhs.[16]

Das Anwachsen der Bevölkerungszahlen nach dem Krieg war nicht nur durch die natürliche Bevölkerungsbewegung (also eine höhere Geburtenhäufigkeit und sinkende Sterblichkeit), sondern auch und vor allem durch Zuzug verursacht. Alle Territorialherren warben um Zuwanderer, die helfen sollten, das Land wieder aufzubauen (und die Staatskassen wieder zu füllen). Mit Privilegien, temporären Abgabenbefreiungen, dem Versprechen religiöser Toleranz sollten neue Bürger aus Gegenden, die vom Krieg weitgehend verschont geblieben waren und daher eher Bevölkerungsüberschuss hatten, angeworben werden. Solche Versuche, das Land mit Immigranten zu »peuplieren«, wurden flankiert von Aufforderungen an während des Krieges geflohene Untertanen, wieder in ihre Wohnorte zurückzukehren. Sehr erfolgreich waren diese Aufrufe nicht, »weil niemand mehr da war«, der ihnen hätte Folge leisten können.[17]

Schwere Rückschläge erlitten die Peuplierungsbemühungen durch weitere Krisen in der zweiten Hälfte des 17. Jhs. 1666/67 wütete erneut die Pest. Seit 1663 aus Amsterdam sich rheinaufwärts verbreitend, wurde die Seuche angeblich von Kölner Kaufleuten nach Mainz eingeschleppt, von wo aus sie die Städte und Dörfer der Region erfasste. Mit 2.300 Toten hatte Mainz die meisten Opfer zu beklagen, gemessen an ihrer Bevölkerungszahl wurden aber Kreuznach mit rd. 1.400 Toten, Bingen mit 1.300 Toten und Neustadt mit 400 Toten noch empfindlicher getroffen. Schicksale wie das des Oppenheimer Bürgermeisters und Sattlers Hans Marx Graff verdeutlichen die Brisanz: Seine Frau Anna Maria erlag am 1. Oktober 1666 der Seuche, am 9. Oktober starb sein ältester Sohn, einen Tag später die älteste Tochter, die mittlere Tochter am 13. Oktober, und schließlich wurde am 30. Oktober seine jüngste Tochter begraben. Graff selbst überlebte als Einziger der sechsköpfigen Familie.[18]

Der Wildfangstreit, wegen seiner Einbindung in einen längeren Konflikt zwischen Kurpfalz und dem Herzog von Lothringen in der Pfalz auch als »Lothringischer Krieg« bezeichnet, ab 1663 und noch mehr der Holländische Krieg 1672–1679 belasteten den Wiederaufbau und die Wiederbevölkerung zusätzlich. Einige Städte wurden besonders hart getroffen: So wurde Germersheim 1674 völlig zerstört, Kusel fiel 1677 den Flammen zum Opfer. In Trier wurde ein Vierteljahrhundert an Aufbauleistung durch zwei Jahre französischer Besatzung zwischen 1673 und 1675 und die nachfolgende Rückeroberung durch Reichstruppen wieder zunichte gemacht: Lediglich 3.600 Menschen – so wenig wie um 1650 – lebten nunmehr in der Stadt. Allerdings konnten die Städte ihre Einwohnerzahlen schon bald wieder steigern: Trier zählte 1689 bereits 4.300 Personen, Kusel wuchs bis 1688 von 61 auf 75 Familien an, und auch Germersheim erfuhr erheblichen Zuzug.[19]

Die Zerstörungen des Pfälzischen Erbfolgekrieges übertrafen dann alle bis dahin bekannten Kriegsgräuel. Die Verwüstungen zahlreicher Städte und Dörfer und die jahrelange Präsenz von Truppen ließen die Bevölkerungszahlen wieder rapide sinken. In Worms lebte nach der Niederbrennung der Stadt am Pfingstdienstag 1689 nur noch ein Viertel der Vorkriegsbevölkerung, über 3.000 Menschen sollen aus Speyer vertrieben worden sein, die Oppenheimer Einwohner waren vor der Brandlegung über den Rhein gebracht worden. Auch Städte, die nicht zerstört wurden, verloren Bevölkerung. Trier war von 1688 an zehn Jahre lang von französischen Truppen besetzt. Eine Ruhrepidemie 1689 und die Abwanderung vieler Bürger reduzierte die Einwohnerschaft der Bischofsstadt bis 1695 um ein Drittel. Etwa 1.400 Einwohner von Mainz starben in der Zeit der französischen Besetzung zwischen Oktober 1688 und September 1689. Die erhöhte Sterblichkeit dieses Jahres wurde allerdings durch die hohe Geburtenrate nach dem Abzug der französischen Truppen und eine steigende Zuwanderung wieder ausgeglichen. Als nicht zerstörte Festung in einer stark verwüsteten Region war Mainz trotz aller Probleme, die auch die Präsenz von Kurmainzer und Reichstruppen mit sich brachte, als Zuzugsort attraktiv.

Die Bevölkerungssituation in den ländlichen Gemeinden differierte regional sehr stark. Während die Gemeinden im Umland von Mainz Einwohner verloren, die zumindest temporär in die befestigte Stadt oder in den Rheingau flüchteten, dürften andere Dörfer, die nicht im Kriegsverlauf zerstört wurden, als Aufnahmelager für Flüchtlinge aus niedergebrannten Städten und Dörfern gedient haben.[20]

Wiederaufbau und Bevölkerungswachstum im 18. Jh.

Nach den Kriegen und Krisen des 17. Jhs. begann im 18. Jh. eine lang anhaltende Wachstumsperiode. Auch weiterhin wurden die Einwohner der Region durch Truppendurchzüge und Besatzungen, Hungerkrisen und Epidemien geplagt. Einquartierungen, der Zwang zu finanziellen und naturalen Kontributionen und Fouragierungen während der Erbfolgekriege der ersten Jahrhunderthälfte, des Siebenjährigen Krieges und der Revolutionskriege belasteten die Versorgung der einheimischen Bevölkerung, führten zu Teuerungen und ließen die Menschen anfälliger gegen Krankheiten werden, erreichten aber bei weitem nicht mehr das destruktive Ausmaß der Kriege des 17. Jhs. Epidemien wie Ruhr, Influenza, Fleckfieber, in Flussniederungen auch Formen der Malaria, brachen immer wieder aus und ließen die Sterberate steigen, die flächendeckend alle

Altersgruppen erfassende Pest allerdings war seit ihrem letzten großen Auftreten in den 1660er Jahren weitgehend gebannt.

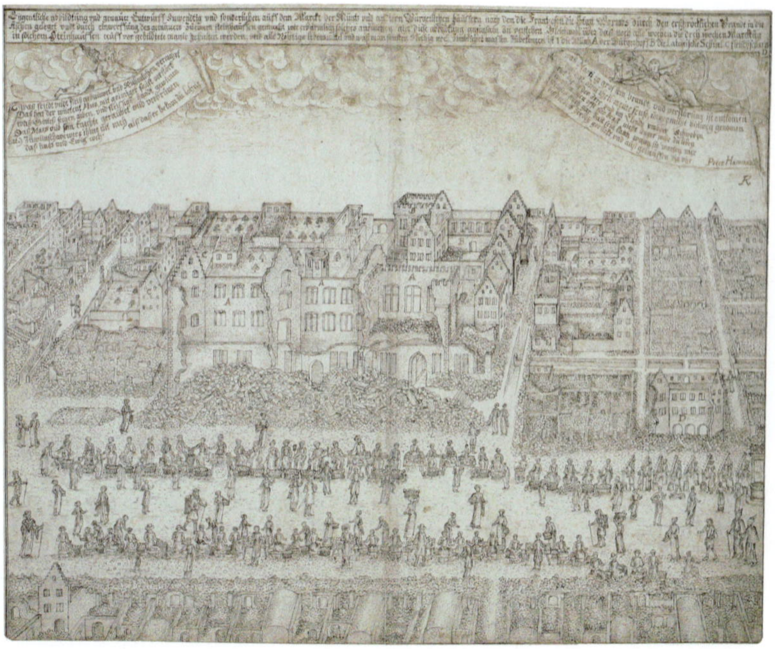

Peter Hamman: Marktszene in der im Pfälzischen Erbfolgekrieg zerstörten Stadt Worms (Stadtarchiv Worms)

Die Bevölkerungskurve verlief angesichts solcher Störungen in Wellenbewegungen, aber sie wies auf lange Sicht nach oben. Die Bevölkerungsverluste des 17. Jhs. waren bis in die Jahrhundertmitte, teilweise schon deutlich früher, ausgeglichen. In der zweiten Hälfte, beschleunigt im letzten Drittel des Jahrhunderts, setzte dann eine rapide Bevölkerungszunahme ein, die sich erst im 19. Jh. wieder verlangsamte. Deutlich sichtbar wird das in den Städten: Während am Anfang des 18. Jhs. nur 42 % der heute rheinland-pfälzischen Städte, deren Bevölkerungszahlen zu rekonstruieren sind, mehr als 1.000 Einwohner zählten, waren es am Ende des Jahrhunderts 73 %. Von den größeren Städten hatte nur Mainz um 1700 noch mehr als 5.000 Einwohner aufzuweisen, um 1800 zählten – wie bereits vor dem Dreißigjährigen Krieg – auch Worms und Trier wieder zu dieser Größenordnung, außerdem jetzt auch Koblenz, Landau, Zweibrücken und Pirmasens, während Speyer trotz einigen Bevölkerungszugewinns mit weniger als 4.000 Einwohnern auf der Hälfte des Einwohnerstands von 1600 verblieb. Unmittelbar nach dem Dreißigjährigen Krieg lebten in der Hälfte aller in ihren Einwohnerzahlen rekonstruierbaren Städte weniger als 500 Menschen; am Ende des 18. Jhs. zählten nur noch Daun, Kyllburg und Wolfstein zu dieser Gruppe.[21]

In Mainz stieg die Einwohnerzahl von 1700 bis 1780 um 115 % an, um dann bis 1800, bedingt durch die wechselnden Besetzungen und Belagerungen ab 1792, wieder deutlich abzusinken. Trier erreichte gegen Ende des Jahrhunderts wieder den Stand von 10.000 Einwohnern, den es seit dem 14. Jh. nicht mehr gehabt hatte. Landau wuchs zwischen 1687 und 1815 um das 2,5-fache an. Kusel konnte seinen Einwohnerstand zwischen 1704 und 1794 verdreifachen. Ein besonders starkes Wachstum hatte Zweibrücken aufzuweisen: Nach dem Dreißigjährigen Krieg lebten hier nur noch 705 Menschen, bis 1790, vor dem erneuten Rückgang infolge der Revolutionskriege, verachtfachte sich die Einwohnerschaft auf 5.650. In anderen Städten verlief die Entwicklung langsamer: Worms legte zwischen 1710 und 1800 um 31 % zu, Koblenz zwischen der Mitte und dem Ende des Jahrhunderts um etwas mehr als ein Fünftel. In Bingen blieb die Einwohnerzahl relativ konstant.

Zumindest in den mittleren und größeren Städten war die Zuwachsrate vorrangig Resultat von Zuwanderungsbewegungen. Die unterschiedlichen Wachstumsgeschwindigkeiten sind daher mit der je eigenen Dynamik der Stadtentwicklung zu erklären. Residenzstädte wie Mainz und Zweibrücken waren angesichts ihrer Wirtschaftskraft und aufgrund weiterhin praktizierter Anwerbung offensichtlich attraktiver für Zuwanderer als die in vieler Hinsicht restriktiveren Reichsstädte Worms und Speyer.[22]

Zwar kam ein beträchtlicher Teil der Zuwanderer aus entfernter gelegenen Regionen, die Zuwanderung aus dem städtischen Umland war aber immer von hoher Bedeutung. Das lässt Rückschlüsse auf die Bevölkerungsentwicklung in den ländlichen Räumen zu, die nur punktuell zu rekonstruieren ist. Hauptsächlich war es der Bevölkerungsüberschuss der Dörfer, der die Städte wachsen ließ. Es muss also in erster Linie dort nach den Ursachen für die Steigerungsraten gesucht werden. Am Beispiel der gut untersuchten Umlandgemeinden von Mainz kann gezeigt werden, dass die Entwicklung selbst in benachbarten Dörfern bisweilen ausgesprochen disparat war. Fünf von zehn Dörfern, für die Zahlen vom Anfang und Ende des 18. Jhs. zur Verfügung stehen, hatten ein Wachstum von 70–113 % vorzuweisen, ein weiteres wuchs um 165 % an, in vier Orten erreichte die Zuwachsrate deutlich höhere Werte von 218–346 %. In der kurpfälzischen Gemeinde Alsheim, zwischen Mainz und Worms gelegen, verdoppelte sich die Bevölkerung im Lauf des 18. Jhs., im benachbarten Eich wuchs sie von 1721 bis 1793 um 163 % an. Als Grund für die ungleiche Entwicklung kann die anfangs unterschiedliche Bevölkerungsdichte angenommen werden. So lässt sich an 53 Gemeinden des kurpfälzischen Oberamts Alzey für den Zeitraum 1777–1791 beobachten, dass die Dörfer mit der geringsten Bevölkerungsdichte den größten Bevölkerungszuwachs aufwiesen. In einer Zeit sich verknappender Ressourcen verband sich der Zuzug in dünner besiedelte Gemeinden mit der Hoffnung, sich dort eine Existenz schaffen zu können.

1777 betrug die Einwohnerdichte in den 53 Oberamts-Gemeinden 65 Personen/qkm. Für Rheinhessen wurde für die Zeit um 1800 eine Bevölkerungsdichte von 108 Einwohnern/qkm errechnet, was einer der höchsten Werte selbst im europäischen Vergleich war. Ursache für die starke Besiedlung dürften zum einen die günstigen klimatischen Verhältnisse und die fruchtbaren Böden des Rheintals sein. Sie erlaubten – zumal vor dem Hintergrund der hier praktizierten Realerbteilung – eine landwirtschaftliche Existenz auf vergleichsweise geringer Fläche oder zumindest eine teilweise Absicherung der Existenz als Gewerbetreibende oder Tagelöhner durch zusätzliche eigene agrarische Tätigkeiten. Zum andern war aber auch die Zuwanderungsrate in dieser verkehrsgünstig gelegenen Landschaft hoch. Auch im Moseltal war die Bevölkerungsdichte im späten 18. Jh. mit 63 Einwohnern/qkm deutlich höher als in den angrenzenden Mittelgebirgsregionen mit 20 Einwohnern/qkm. Während hier eine »Verdichtung« der Bevölkerung im zweiten und dritten Drittel des 18. Jhs. konstatiert wurde, stieg die Bevölkerungsdichte in Pfalz-Zweibrücken zwischen 1752 und 1790 nur von 38 auf 41 Einwohner/qkm, was mit Abwanderungsprozessen zu erklären ist.[23]

Als Schlussfolgerungen sind aus diesen Beobachtungen abzuleiten, dass 1. die Entwicklung der Bevölkerungszahlen zu einem wichtigen Teil auf Wanderungsbewegungen basierte, dass 2. die Städte mit den günstigsten Lebensbedingungen für Zuzügler die meisten Wanderungsgewinne zu verzeichnen hatten, dass 3. am Ende des 18. Jhs. selbst in schwächer besiedelten Regionen eine Grenze erreicht war, die einen Teil der Bevölkerung zur Abwanderung veranlasste, während sich die Zuwanderung in günstiger gelegenen Regionen auf Orte konzentrierte, die noch nicht überbesetzt waren.

2. Historische Demografie: Der Blick in die Familien

Die Ursachen für die natürliche Bevölkerungsbewegung, die sich aus dem Zusammenspiel von Geburtenrate und Sterblichkeit ergab, lassen sich nicht über die Bevölkerungszahlen aufarbeiten. Stattdessen muss jetzt der Blick auf die Verhaltensweisen und Schicksale der einzelnen Menschen und Familien gelenkt werden.

Aus den abertausenden Einträgen in den Kirchenbüchern lassen sich Familien rekonstituieren und einzelne Lebensläufe wenigstens in ihren elementaren Ereignissen nachvollziehen. Dabei können in dem immer gleichen Ablauf von Geburt, Heirat und Tod Muster erkannt werden, die über die individuellen Schicksale hinausweisen, die aufzeigen, dass auch und gerade in der Frühen Neuzeit die grundlegenden lebensbestimmenden Konstanten in erheblichem Maße sozialen, ökonomischen, konfessionellen und regionalen Einflüssen unterlagen.

Heiraten

Für das Heiratsverhalten, in der Sprache der Demografen: die Nuptialität, erscheint der Einfluss äußerer Faktoren einleuchtend. Die Entscheidung zur Eheschließung war nicht oder nicht nur von der Frage persönlicher Zuneigung abhängig, sondern eingebunden in ein Geflecht von Gewohnheiten und Erwägungen, die keinesfalls von den zukünftigen Ehepartnern allein angestellt wurden. Außer der Familie beanspruchten die weltliche Obrigkeit ebenso wie die Kirche oder die Gemeinde ein Mitspracherecht bei Heiratswünschen. Wenn ein Paar heiraten wollte, durften die Brautleute nach Kirchenrecht nicht zu nahe verwandt sein. Die weltliche Obrigkeit wiederum achtete darauf, dass das Paar ein eigenes Auskommen vorweisen konnte, damit es selbst und seine Nachkommen nicht in die Lage kämen, der öffentlichen Armenpflege zur Last zu fallen. Vor allem aber mussten die Familien der Heiratswilligen einverstanden sein, mussten in der Stadt die Professionen der Brauteltern und der Bräutigame und auf dem Land die Größe des Grundbesitzes zueinander passen, in gemischtkonfessionellen Regionen schließlich auch die Gesangbücher. Ausnahmen gab es genug: Die Kirche gewährte »Dispense«, die weltliche Obrigkeit ließ sich immer wieder auch von Heiratswilligen, die das erforderliche Barvermögen nicht aufweisen konnten, überzeugen, nicht immer konnten die ökonomischen Interessen, die mit Eheschließungen verbunden waren, durchgesetzt werden, und auch gemischtkonfessionelle Ehen waren nicht ausgeschlossen.

Dennoch ist bei all diesen Kriterien eine hohe Übereinstimmung festzustellen. 85 % der Ehen im kurpfälzischen Dorf Eich wurden zwischen 1742 und 1763 innerhalb der gleichen Vermögensgruppe geschlossen, 1788–1798 sogar 94 %. In der kurpfälzischen Oberamtsstadt Alzey heirateten im 18. Jh. 93 % der Handwerker die Tochter eines Handwerkers, fast jeder zweite Metzger heiratete die Tochter eines Metzgers, fast zwei Drittel der Schuhmacher ehelichten Schuhmachertöchter. Bei vier von fünf Ehen in Alzey und Oppenheim gehörten die Ehepartner der gleichen Konfession an, wenngleich zwischen den einzelnen Konfessionen auch Unterschiede festzustellen sind. So heirateten die Katholiken in Oppenheim zu 94 % unter sich, die Reformierten zu 86 %, die Lutheraner allerdings nur zu 60 %. Auch die obrigkeitlichen Ehehindernisse, die angesichts der anwachsenden Unterschichten gerade im 18. Jh. verstärkt durchgesetzt werden sollten, verfingen auf Dauer nur wenig. Gerade in Regionen, in denen aufgrund von Realerbteilung eine, wenn auch häufig prekäre, Existenzgrundlage einer deutlich höheren Personenzahl zur Verfügung stand, als das in Gebieten mit geschlossener Vererbung der Fall war, ließen sich Eheschließungen innerhalb der Unterschicht kaum dauerhaft verhindern, zumal wenn damit keine Gewährung eines Aufenthaltrechts verbunden war. Zwar kam es immer wieder zu Verweigerungen des Heiratskonsenses durch die Obrigkeit. Verordnungen wie die von Kurtrier aus dem Jahr 1782, dass »hinkünftig allen eingeborenen Untertanen, ohne Rücksicht auf ihr Vermögen, das Heiraten in denjenigem Ort, wo sie ansässig oder eingeboren sind, in dem Falle ohne weitere Behinderung gestattet sein solle, wenn sie nur gute Christen und wohlerzogene arbeitsame Leute von gutem Leumund seien«, blieben aber im Interesse der Heiratswilligen interpretierbar.[24]

Aus dieser im Vergleich mit anderen deutschen Regionen eher hohen Chance, Ehepartner – sei es im eigenen oder im Ausnahmefall eben auch außerhalb des eigenen sozialen und konfessionellen Milieus – zu finden, und aus der trotz aller normativen Vorgaben doch eher durchlässigen weltlichen und kirchlichen Gestattungspraxis resultierte ein hoher Anteil an Verheirateten. Dass in acht Gemeinden des Mainzer Umlandes im Jahr 1795 ein nur sehr geringer Anteil von 2,3 % Ledigen nachzuweisen ist, ist gleichwohl sicher irreführend, weil damit nur die Personen erfasst sind, die einen eigenen Haushalt führten, nicht aber die ledigen Personen, die im Erwachsenenalter bei ihren Eltern oder verheirateten Geschwistern lebten.[25] Der Prozentsatz der dauerhaft Ledigen ist somit sicher höher einzuschätzen. Viel höher als 10 % der Erwachsenen dürfte er – lässt man die geistlichen zölibatären Lebensformen außer acht – aber nicht gewesen sein, wie ein kursorischer Blick in Familienchroniken zeigt. Die Möglichkeit, einen ledigen Verwandten mit zu versorgen, dafür dann aber auch dessen Teil des elterlichen Erbes an die eigenen Kinder verteilen zu können, konnte nur in den Haushalten sinnvoll genutzt werden, in denen die Ressourcen an Vermögen oder Land ausreichend waren und auch die zusätzliche Arbeitskraft eingesetzt werden konnte.

Aufgrund der Notwendigkeit, bei der Eheschließung ein eigenes Auskommen vorweisen zu müssen und in der Regel einen eigenen Haushalt gründen zu können, war das Heiratsalter vergleichsweise hoch. Durch diese in ganz Westeuropa zu beobachtende Praxis später Heiraten wurde, indem die fruchtbare Lebensphase der Frauen nicht voll »genutzt« wurde, die mögliche Kinderzahl reduziert. Allerdings sind deutliche soziale und lokale Unterschiede festzustellen. In den Städten wurde später geheiratet als auf dem Land. Der Aufnahme in die Zunft und der Verleihung des Bürgerrechts, die als Voraussetzung für die Heirat galten, gingen Jahre der Ausbildung, der Wanderschaft, der Gesellentätigkeit und des Wartens auf eine freie Meisterstelle voraus. In Trier, Mainz und Alzey schritten daher im 18. Jh. Männer durchschnittlich mit 28 Jahren zum ersten Mal zum Traualtar. In Oppenheim lag das Erstheiratsalter der Männer mit 26,9 Jahren etwas niedriger, allerdings wurde hier im Unterschied zu den anderen untersuchten Städten die gesamte zweite Hälfte des 17. Jhs. mit erfasst, in der das Alter der Brautleute aufgrund der durch Krieg und Seuchen verursachten Bevölkerungskrisen deutlich niedriger war. Bis zum Ende des 18. Jhs. stieg das Durchschnittsalter in Oppenheim um mehr als drei Jahre an, was durch die Tendenz der Zünfte, sich wegen bereits bestehender Überbesetzung neuen Mitgliedern gegenüber zu verschließen, zu erklären ist. In den Dörfern war die Existenzgründung nicht von formalen Voraussetzungen wie der Zunftaufnahme abhängig, sondern vom Besitz einer landwirtschaftlichen Lebensgrundlage, die durch Handwerk oder Gewerbe erweitert sein konnte. Das Heiratsalter der Männer betrug in den Umlandgemeinden von Mainz im 17. Jh. zwischen 22,8 und 24,4 Jahren, stieg allerdings bis ins 18. Jh. auf 25,3 bis 26,3 Jahre an, auch das ein Zeichen dafür, dass sich die ökonomischen Bedingungen verschärft hatten. Im Westerwald heirateten die männlichen Einwohner des Kirchspiels Kroppach in der zweiten Hälfte des 17. Jhs. durchschnittlich mit 25,5 Jahren. Könnten diese im Stadt-Land-Vergleich niedrigeren Zahlen auf eine einfachere Existenzgründung im ländlichen Milieu hindeuten, so zeigen die drei Mittelrheingemeinden Heimbach, Weis und Gladbach, in denen die Bräutigame am Ende des 17. Jhs. im Durchschnitt 27,2 Jahre, am Ende des 18. Jhs. 29,6 Jahre alt waren, dass auch auf dem Land mit differenzierten Bedingungen zu rechnen ist.[26]

Das Heiratsalter der Frauen war ausschlaggebend für die Kinderzahl der Ehepaare. Bei einer frühen Heirat kann damit gerechnet werden, dass ein reicher Kindersegen durchaus gewünscht war, eine späte Heirat weist darauf hin, dass auch die Frau, etwa im Gesindedienst, vor der Eheschließung zur Schaffung einer ausreichenden ökonomischen Basis beizutragen hatte. Die sozialen Unterschiede im Heiratsverhalten spiegeln sich daher vor allem im Heiratsalter der Frau und im Altersunterschied zwischen den Ehepartnern wider. Allgemein waren die Frauen im Durchschnitt um drei bis vier Jahre, in Mainz sogar um fünf Jahre jünger als ihre Ehemänner.

Während die Altersdifferenzen bei der Unterschicht am geringsten ausgeprägt waren, weil deren Frauen am spätesten heirateten, war der Abstand zwischen Eheleuten aus den reicheren Häusern am größten. Das gilt für Stadt und Land. Waren Fuhrleute und Tagelöhner in Oppenheim durchschnittlich 2,3 Jahre älter als ihre Frauen, so belief sich der Abstand bei Beamten und Geistlichen auf 6,4 Jahre. Bei der Unterschicht in Alzey betrug der Altersunterschied 3,2, bei der Mittelschicht 4,4 und bei der Oberschicht 5,9 Jahre. Ähnliche Beobachtungen sind in Trier zu machen. Im kurpfälzischen Alsheim lagen 1799 die bäuerlichen Ehepaare um 7,85 Jahre, die der Handwerker und Gewerbetreibenden um 7,03 und die der Tagelöhner um 5,42 Jahre auseinander. Die in diesem Beispiel durchweg höheren Abstände erklären sich daraus, dass hier alle Ehen und nicht nur die Erstehen gezählt wurden. Die Frauen der bäuerlichen Oberschicht in Alsheim heirateten im Durchschnitt mit 19 Jahren. Das weist auf eine bewusste Entscheidung zur Gründung einer großen Familie hin. Heirateten Frauen in so frühen Jahren, bekamen sie – falls keiner der Ehepartner während der fruchtbaren Lebensphase der Frau starb – acht bis zwölf, manchmal noch mehr Kinder. Wenn auch angesichts der hohen Kindersterblichkeit damit zu rechnen war, dass nur vier bis sechs Kinder das Erwachsenenalter erreichten, mussten diese Kinder ernährt werden, es musste genügend Wohnraum zur Verfügung stehen, und sie mussten im Interesse einer zukünftigen stabilen ökonomischen Existenz bei der Erbteilung gut versorgt werden. Die Möglichkeit, diese Anforderungen zu erfüllen, hatten nur Familien, die über genügend materielle Ressourcen verfügten.[27]

Ein Viertel bis ein Drittel betrug der Anteil der Hochzeiten, bei denen einer der Ehepartner nicht zum ersten Mal heiratete. Dabei war – zumindest in Alzey – die Zahl der Heiraten zwischen zwei bereits verwitweten Partnern verschwindend gering. Die durchschnittlichen Altersangaben der Witwer und Witwen lassen auch erkennen, in welch jungem Alter viele Menschen von diesem Schicksal getroffen wurden: 33,6 Jahre waren die Witwen alt, die erneut heirateten, 40 Jahre die Witwer. Der Tod eines Ehepartners in noch jungen oder mittleren Ehejahren riss eine Lücke in die Familie, die wieder zu schließen versucht wurde. Der – in der Sprache der Demografen – »Rollenergänzungszwang« betraf die verschiedenen sozialen Gruppen in unterschiedlicher Weise. So lag die Rate der sich wieder verheiratenden einfachen Handwerker in Oppenheim bei 87,5 %. Die Position der für die Versorgung der oft noch kleinen Kinder und die Führung des Handwerkerhaushaltes verantwortlichen Frau musste schnell wieder besetzt werden. Noch mehr gilt das für bäuerliche Haushalte. Nur allzu oft musste hier um Dispensation von der Trauerzeit gebeten werden, heirateten also verwitwete Männer nur kurze Zeit nach dem Tod ihrer Frauen erneut. So schloss der bereits erwähnte Oppenheimer Bürgermeister und Sattler Hans Marx Graff, der im Oktober 1666 innerhalb weniger Tage seine gesamte Familie durch die Pest verloren hatte, schon im April des darauf folgenden Jahres eine neue Ehe. Bei Witwen richtete sich die Wiederverheiratungsquote nach ihrem sozialen Status. Während Handwerksmeisterwitwen wenig Probleme hatten, sich wieder zu verheiraten, sondern über das Angebot der frei gewordenen Meisterstelle regelrecht als »gute Partien« galten, hatten Frauen aus der Unterschicht deutlich größere Schwierigkeiten, wieder einen Partner zu finden. Der Altersunterschied zwischen verwitweten und nicht-verwitweten Ehepartnern war natürlich größer als bei Erstheiraten, blieb doch aber in den meisten Fällen unter zehn Jahren, wenn auch Konstellationen, in denen wohlhabende ältere Bauern junge Frauen heirateten oder gut situierte Meisterwitwen mit der Heirat des Gesellen die Fortführung des Betriebes ermöglichten, nicht ganz selten waren.[28]

Geburten und Geburtenregulierung

Das Heiratsalter der Frauen stellte eine Möglichkeit dar, die Zahl der Geburten zu lenken. Andere Wege, eine zu hohe Kinderzahl zu verhindern, waren in der Frühen Neuzeit keineswegs unbekannt. Wenn von theologischer, und zwar vor allem katholischer, Seite insbesondere der »Coitus interruptus« wiederholt verboten wurde, dann deutet das doch auf eine verbreitete Anwendung dieser Praxis hin. Auch vor einer sexuellen Abstinenz warnten die Theologen: So verbot eine Kirchenordnung des Erzbistums Mainz 1670, »daß die Eheleuth auß eigen angemasten Gewalt von Ehelicher Beywohnung, so viel Tisch und Bett betrifft, sich zu separiren unterstehen«.[29] Die Vertreter der protestantischen Konfessionen äußerten sich weniger strikt. Hier scheint sich, vor allem auf reformiert-calvinistischer Seite, eine Haltung durchgesetzt zu haben, die stärker auf die Lebensqualität der Kinder und auch auf die der Mütter Rücksicht nahm. So erachtete Calvin das Aussterben einer Familienlinie oder das Fehlen von Kindern für besser als den »Überfluss an Kindern voller Tränen und Jammern«.[30] Diese stärkere Diesseitsorientierung kam offensichtlich nach den großen Krisen des 17. Jhs. verstärkt zum Tragen, wie ein Vergleich des generativen Verhaltens der verschiedenen Konfessionsangehörigen zeigt. Eine bewusste Geburtenbeschränkung lässt sich vor allem am Abstand zwischen den Geburten, an der sog. Fruchtbarkeitsziffer und am Alter der Frauen bei der letzten Geburt zeigen. Bei einem 30 Monate übersteigenden Abstand zwischen den Geburten gehen historische Demografen davon aus, dass empfängnisvermeidende Techniken angewandt wurden.

Der direkte Vergleich dreier Landgemeinden im Mainzer Umland zeigt, dass in den katholischen Dörfern Nieder-Olm und Budenheim die durchschnittlichen Intervalle zwischen den Geburten deutlich unter diesem Wert lagen, im reformierten Essenheim aber bereits im 17. Jh. 33,9, im 18. Jh. 36,7 Monate betrugen. In einigen gemischt-konfessionellen Untersuchungsorten ist die Differenz nicht so eindeutig, aber dennoch nachweisbar. In Oppenheim lässt sich für die »vollständigen« Familien, in denen die Frau nicht vor dem Ende ihrer fruchtbaren Phase gestorben war, feststellen, dass 34,6 % der Geburten in reformierten Familien und 36,6 % in lutherischen Familien nach einem Abstand von mehr als 30 Monaten erfolgten, bei den katholischen Müttern dagegen nur 26,4 %. Wenn auch die durchschnittlichen Intervalle mit 28,8 Monaten bei den Reformierten, 27,5 bei den Lutheranern und 25,7 bei den Katholiken in Alzey ebenfalls die konfessionellen Unterschiede in der Tendenz bestätigen, zeigt sich allerdings zugleich, wie die konfessionell beeinflusste Bereitschaft zu geburtenregulierendem Verhalten sozial unterschiedlich realisiert wurde. Bei Alzeyer reformierten Familien der Unterschicht lag der Abstand bereits nach der ersten Geburt bei mehr als 30 Monaten, in der Mittel- und Oberschicht dagegen erst nach der fünften oder sechsten Geburt. Ein genauerer Blick in die Familiengeschichten bietet weitere Informationen über die Motivation, die Geburten wenigstens tendenziell zu steuern: In den Hunsrückgemeinden Kirchberg, Kastellaun und Gemünden waren die Geburtenabstände in den Familien, in denen bereits ein Sohn geboren worden war, auffallend größer, was für alle Konfessionen zutrifft, aber auch hier am ausgeprägtesten bei den Reformierten zu beobachten ist. Die Fortführung des Hofes durch einen männlichen, den Familiennamen weitertragenden Nachkommen hatte offensichtlich starke Priorität.[31]

Ein weiteres Indiz für Geburtensteuerung ist die nach einer mathematischen Formel berechnete Fruchtbarkeitsziffer, an der die innereheliche Fruchtbarkeit abgelesen werden kann. Hier zeigen die überwiegend katholischen Städte Koblenz, Trier und Mainz ebenso wie die katholischen Mittelrheingemeinden, die Eifeldörfer um Dudeldorf und die Mainzer Umlandgemeinden Nieder-Olm, Budenheim und Zornheim einen durchweg hohen Wert an, der darauf schließen lässt, dass keine Geburtenkontrolle praktiziert wurde. Demgegenüber lagen die Werte im reformierten Essenheim schon im 17. Jh. weit unter dem Durchschnitt. Auch die Fruchtbarkeitskurven der reformierten Frauen aus der Alzeyer Unterschicht und dem Oppenheimer »einfachen« Handwerk lassen erkennen, dass nach Erreichen einer bestimmten Kinderzahl die Werte stark abfielen. Sind hier offensichtlich erneut Hinweise auf ein konfessionell unterschiedliches generatives Verhalten zu sehen, so fehlen diese allerdings bei den reformierten Bewohnern der Hunsrücker Kleinstädte Kirchberg und Gemünden. Auch bei den lutherischen Familien von Worms lassen sich keine Ansätze zur Geburtenplanung feststellen.[32]

Ein letzter Hinweis auf Geburtensteuerung ergibt sich aus dem Alter der Frau bei der letzten Geburt. Die vorliegenden Befunde lassen sich abermals als Hinweise auf eine bewusst früher beendete Fortpflanzungsphase interpretieren: Im reformierten Essenheim lag das Durchschnittsalter bei 35,8 Jahren, während in den katholischen Nachbarorten die Frauen mit 40,3 bis 42 Jahren ihr letztes Kind zur Welt brachten; bei den Oppenheimer Reformierten lag der Wert um zwei Jahre niedriger als bei ihren katholischen Nachbarn. In Alzey ist das Ergebnis allerdings schon weniger eindeutig, und im Hunsrück lag das Durchschnittsalter der katholischen Frauen sogar niedriger.[33]

Die Frage, wie viele Kinder pro Ehe durchschnittlich zur Welt kamen, kann zwar beantwortet werden: In der Mitte des 18. Jhs. wurde für Koblenz die Quote 4,8, zwischen 1780 und 1794 4,3 ermittelt, für Trier 4,5–5,5, für Mainz 3,92, für Alzey 4,3, für Oppenheim 4,2 und für das Westerwälder Kroppach im 17. Jh. 5,5. Da die Zahl der Kinder natürlich davon abhängig war, in welchem Alter die Frau geheiratet hatte und ob die Ehe bis zum Abschluss ihrer gebärfähigen Lebensphase bestand, sind allerdings noch weitere Differenzierungen notwendig, um Vergleiche anstellen zu können. So lag die Zahl der Kinder in »vollständigen Ehen«, in denen die Fruchtbarkeitsphase nicht durch den vorzeitigen Tod eines Ehepartners begrenzt wurde, in Alzey mit 6,5 um 2,1 höher als in »unvollständigen Ehen«. Noch genauere Erkenntnis liefert ein auch in der aktuellen Demografie noch angewandtes Verfahren, das die potenzielle Kinderzahl der Ehen bei voller Ausnutzung der fruchtbaren Zeit der Frau angibt. Mit dieser Methode lässt sich für Mainz eine Rate von 9,55 erkennen, für die Mainzer Umlandgemeinden beträgt sie 9,24, mit wiederum sehr deutlicher Differenz für das reformierte Essenheim 5,81. Auch die verschiedenen Konfessionen in Alzey und Oppenheim weisen, wie zu erwarten war, unterschiedliche Quoten auf: Während in Alzey allerdings die Differenzen nicht so stark ausschlugen (Reformierte: 7,8; Lutheraner: 8,8; Katholiken: 9,0), ist der Abstand in Oppenheim deutlicher (Reformierte: 9,7; Lutheraner: 9,3; Katholiken: 11,3).[34] Die Unterschiede zwischen den Konfessionen im geburtenplanerischen Verhalten sind also kaum von der Hand zu weisen und finden ihre Bestätigung auch in weiteren europäischen Vergleichsstudien.[35]

Allerdings scheint die soziale Position eine mindestens ebenso wichtige, wenn nicht bedeutendere Rolle gespielt zu haben. Vor allem Ehepaare aus der reformierten Unterschicht oder den armen Handwerksfamilien nutzten offensichtlich empfängnisverzögernde Praktiken, um die Zahl ihrer Kinder an ihre wirtschaftliche Situation anzupassen. Dass auch andere soziale Gruppen planend, aber in anderer Weise vorgingen, zeigt das Beispiel der reformierten Alsheimer Familie Hirsch, deren zur bäuerlichen Oberschicht zählender Zweig ein auffälliges generatives Verhalten aufweist, das auch für andere ähnlich situierte Familien angenommen werden kann: Auf ein Interesse an einer großen Kinderzahl deuten das niedrige Heiratsalter der Frauen von durchschnittlich 20,7 Jahren sowie eine schnelle Abfolge von Geburten mit einem durchschnittlichen Abstand von 23,2 Monaten hin. Da den Familien aber angesichts der Realerbteilung die Gefahr einer übergroßen Nachkommenschaft für das Verbleiben in der Oberschicht bewusst war, brachten die Frauen mit durchschnittlich 36,3 Jahren, deutlich vor Erreichen der Altersgrenze, ihre letzten Kinder zur Welt. Die Möglichkeit, durch Dehnung der Geburtenabstände und die volle Ausnutzung der fruchtbaren Periode der Frau auf eine für die Frau schonendere Weise zur gleichen Kinderzahl zu kommen, wurde nicht genutzt. Die Konsequenz dieses gesundheitsgefährdenden Verhaltens war allerdings eine extrem geringe Lebenserwartung der Frauen, die bei durchschnittlich 43,75 Jahren lag.[36]

Uneheliche Geburten

Anteil und Entwicklung der unehelichen Geburten lassen eindeutige Tendenzen erkennen: Die Quote stieg während des 18. Jhs. an, sie war in den Städten größer als in den Dörfern und Kleinstädten, Reformierte hatten den geringsten Anteil an illegitimen Geburten, Katholiken den höchsten. So waren in Alzey in der ersten Hälfte des 18. Jhs. 2,1 % der Geburten unehelich, in der zweiten

Hälfte bereits 4,5 %. Dabei fällt auf, dass die Katholiken eine doppelt so hohe Quote aufwiesen wie die Reformierten. Ähnliches lässt sich in Oppenheim beobachten, wo der Abstand noch deutlicher ausgeprägt war. Im bereits mehrfach als Musterdorf reformierten Verhaltens angeführten Essenheim lässt sich bei den 1.160 Geburten des 17. Jhs. nicht eine einzige uneheliche Geburt nachweisen, im 18. Jh. nur bei 0,64 % der Fälle. Ebenfalls niedrig war die Zahl der unehelichen Kinder in den Kleinstädten des Hunsrücks: Hier herrschte angesichts einer Quote von 1,18 %, die in der zweiten Jahrhunderthälfte 1,47 % erreichte, ein eher ländliches Verhalten. Im katholischen Mainz wurden 3,55 % der Kinder von unverheirateten Müttern geboren. Die höhere Sozialkontrolle in den Dörfern dürfte ein Grund für die niedrigere Illegitimitätsrate gewesen sein. Dass die Rate so niedrig war, bis hin zur Nicht-Existenz unehelicher Schwangerschaften, ist wohl auch damit zu erklären, dass ledige Schwangere ihr Dorf verließen, um außerhalb der Gemeinde niederzukommen. Gerade für Essenheim ist das anzunehmen. Hier wie bei den Reformierten in Alzey und Oppenheim machten sich der strengere moralische Rigorismus dieser Konfession und vor allem die dichte soziale Kontrolle innerhalb der Gemeinden bemerkbar, die für Frauen bedeuten konnte, dass sie vor die Kirchenältesten zitiert wurden und Erklärungen vor der gesamten Gemeinde abgeben mussten, bevor sie wieder zur Abendmahlsgemeinschaft zugelassen wurden.

Uneheliche Schwangerschaften kamen in allen Bevölkerungskreisen vor. Mütter aus der Unterschicht sind allerdings überproportional vertreten: In Alzey machte diese Gruppe die Hälfte der unehelich Schwangeren aus, in Oppenheim waren drei Viertel der Mütter Dienstmägde. Bei 42 % der Oppenheimer illegitimen Schwangerschaften wurden Soldaten als Väter angegeben und nur bei einem Viertel Handwerker. Gerade die Anwesenheit von Soldaten in den Städten ließ die Zahl der unehelichen Kinder hochschnellen, in Trier von 0,9 % aller Schwangerschaften in den Jahren 1760–1769 auf 6,1 % in den Jahren 1790–1794. Die Gründe für den Anstieg der Illegitimitätsquote im späten 18. Jh. werden unterschiedlich diskutiert. Neben einer restriktiveren Heiratspolitik der Territorien und städtischen Obrigkeiten soll eine weniger strikte soziale Kontrolle dafür verantwortlich sein. So war die Bedeutung der reformierten Kirchenzucht im 18. Jh. zugunsten der weltlichen Gerichtsbarkeit deutlich geschwunden. Möglicherweise spielte allerdings auch das Anwachsen der sozialen Unterschichten in der städtischen und der ländlichen Gesellschaft eine Rolle.[37]

Wesentlich höher als die Zahl der außerehelichen Schwangerschaften war die Zahl der vorehelichen Konzeptionen. Etwa jede zehnte Frau, die in Alzey, und jede elfte, die in Mainz heiratete, war bereits schwanger. Selbst im strengen Essenheim kamen im 18. Jh. fast 7 % der Kinder, in Zornheim sogar mehr als jedes fünfte Kind weniger als acht Monate nach der Eheschließung auf die Welt. Für Alzey wurde nachgewiesen, dass diese vorehelichen Sexualkontakte in allen sozialen Gruppen gleich verbreitet waren. Trotz der kirchlichen und obrigkeitlichen Verbote war vorehelicher Geschlechtsverkehr offensichtlich nicht selten und konnte durchaus auch als eine Art Verlobung oder Heiratsversprechen verstanden werden. Folgte einer unehelichen Schwangerschaft die Hochzeit, dann war das Ansehen des Elternpaares in keiner Weise beschädigt, wenn auch manche Geistliche in den Fällen, in denen die Kinder »zu früh« nach der Heirat zur Welt kamen, die Taufe in der Kirche verweigerten und die Haustaufe vornahmen.[38]

Sterblichkeit Anders als beim Heiratsverhalten und – eingeschränkt – bei der Entwicklung der Geburtenrate war der Einfluss der Menschen auf die Sterblichkeit gerade angesichts einer noch kaum effizienten medizinischen Versorgung nur minimal. Wie im Volkslied des 17. Jhs. besungen, waren vor dem Tod alle gleich. Dennoch können auch bei der Mortalität verschiedene Muster entdeckt werden, die auf das Gewicht sozialer und konfessioneller Faktoren und auf einen Stadt-Land-Unterschied hindeuten. Bis weit in das 19. Jh. hinein blieb die hohe Säuglings- und Kindersterblichkeit die Ursache der niedrigen durchschnittlichen Lebenserwartung. Nicht einmal jedes zweite Kind erreichte das Erwachsenenalter. In Oppenheim starben 49,7 % der zwischen 1721 und 1780 geborenen Kinder, bevor sie zehn Jahre alt waren. 50,7 % der Kinder in sechs Gemeinden des Mainzer Umlandes erlebten ihr 15. Lebensjahr nicht. Die ersten Jahre waren die gefährlichsten. 11 % aller in Trier im 18. Jh. Verstorbenen waren weniger als einen Monat alt, ein Viertel war noch im Säuglingsalter. In Alzey starb ein Fünftel der Kinder im ersten Lebensjahr, ein weiteres Fünftel vor seinem fünften Geburtstag. Neben der Gefährdung durch die Geburt sind vor allem epidemisch auftretende Krankheiten, Erkältungs- und Magen-Darm-Krankheiten als Ursachen der hohen Kindersterblichkeit zu nennen. So waren zwischen 1714 und 1798 die Pocken mit fast 15 % die häufigste Todesursache im hunsrückischen Kastellaun, deren Opfer fast ausnahmslos Kinder waren. Andere Krankheiten, wie Grippeinfektionen, Keuchhusten und Flecktyphus, erfassten ebenfalls in hohem Maße gerade Kinder. In den Sommermonaten konnten verdorbene Lebensmittel Sommerdiarrhöen mit oftmals tödlichem Ausgang verursachen. Gefährdet waren insbesondere Kinder, die frühzeitig abgestillt wurden.

Die hohe Kindersterblichkeit betraf alle Schichten fast gleichermaßen. Eine »soziale Ungleichheit vor dem Tod« ist weder in Trier noch in Alzey oder in Oppenheim nachzuweisen. Allerdings sind in den gemischtkonfessionellen Städten auffällige Differenzen beobachtet worden, die auf ein konfessionell unterschiedliches Verhalten hindeuten. In der zweiten Hälfte des 18. Jhs. sank in Oppenheim die Sterblichkeit der lutherischen Kinder deutlich, während die der katholischen Kinder anstieg. Zwischen 1770 und 1785 überlebten fast die Hälfte der reformierten Kinder, 60 % der lutherischen Kinder, aber nur 40 % der katholischen Kinder die ersten zehn Lebensjahre. Auch in Worms war die Sterblichkeit der katholischen Neugeborenen wesentlich höher. Gründe für diese signifikanten Unterschiede waren wohl die Verbesserung der Schwangerschafts- und Gebärbedingungen, etwa die der Gesundheit der Mutter zuträgliche Spreizung der Geburtenabstände bei den protestantischen Konfessionen und die stärker an medizinischer Versorgung und der Gesundheit des Säuglings als an seinem Seelenheil orientierte Praxis protestantischer Hebammen. Auch die katholische Pflicht, das Neugeborene schnellstmöglich taufen zu lassen, könnte der Konstitution des Kindes abträglich gewesen sein. In Alzey deuten die Daten zudem auf eine längere Stillzeit bei den protestantischen Konfessionen hin, was zweifelsohne Risiken der Nahrungsumstellung minimierte.[39]

Die hohe Kindersterblichkeit ist schließlich auch der Grund für die niedrige durchschnittliche Lebenserwartung: In Oppenheim betrug das »mittlere Sterbealter« im 18. Jh. nur 28,1 Jahre, in Alzey zwischen 1760 und 1789 bei Männern 24,9 und bei Frauen 22,3 Jahre, in sechs Pfarreien der Mainzer Umlandgemeinden 27,6 Jahre. Waren die kritischsten Kinderjahre überstanden, erhöhte sich die Lebenserwartung deutlich. Durchschnittlich 51,9 bzw. 50,8 Lebensjahre erreichten die Alzeyer Einwohner und Einwohnerinnen, die ihren 15. Geburtstag erlebt hatten, 51,3 Jahre wurden die

Einwohner der Mainzer Umlandgemeinden alt, die das zehnte Lebensjahr überlebt hatten; 45,1 Jahre die der Stadt Mainz. In Oppenheim betrug das zu erwartende Lebensalter für die Zehnjährigen hingegen nur 41,6 Jahre. Angesichts des sehr hohen Risikos, an einer Infektionskrankheit zu sterben, waren die weniger beengten Lebensbedingungen auf dem Land offensichtlich einer höheren Lebenserwartung zuträglicher. Auch innerhalb der Städte machte sich die unterschiedliche Wohndichte bemerkbar: In Mainz lag die Kindersterblichkeit in den dichter bebauten Vierteln signifikant höher.

Die niedrigere Lebenserwartung der Frauen resultierte aus der Gefahr der Kindbettsterblichkeit. Das mit den Geburten verbundene Risiko muss allen Frauen stets bewusst gewesen sein. Mehr als jede zehnte verheiratete Frau starb in Oppenheim an Komplikationen während der Geburt oder in den Wochen danach, in Alzey wurden fast 5 % aller Ehen auf diese Weise getrennt. In Trier starben die Mütter bei 0,5–0,7 % aller Geburten. Während dort Unterschiede zwischen den Schichten kaum spürbar waren, lag in Alzey die Quote der Kindbettsterblichkeit in der Mittel- und Oberschicht deutlich höher als in der Unterschicht. Das ist mit der höheren Geburtenzahl in den wirtschaftlich besser positionierten Familien zu erklären. Das gilt auch für die konfessionelle Differenz. Wie in Oppenheim wurden auch in Alzey katholische Frauen häufiger vom Tod im Kindbett ereilt als die jeweils sozial gleichgestellten lutherischen und reformierten Frauen. So erreichte hier mehr als die Hälfte der reformierten Frauen, aber nur ein Drittel der katholischen Frauen ihr 50. Lebensjahr. Allerdings – und das sollte noch Anlass zu weiterer Forschung sein – lag im katholischen Trier die Quote der Kindbettsterblichkeit auffallend niedriger als in den gemischt-konfessionellen Städten.[40]

Die Lebenserwartung der Männer war von ihrer sozialen Position abhängig. Der Oberschicht angehörende Männer lebten in Trier fast sieben Jahre länger als ihre Geschlechtsgenossen aus der Mittel- und Unterschicht, in Alzey erreichten nur Beamte, Wirte und die zur oberen Vermögensklasse zählenden Sattler das 60. Lebensjahr, während die Angehörigen der einfachen Handwerksberufe im Durchschnitt in der zweiten Hälfte ihres sechsten Lebensjahrzehntes starben. Die unterschiedlichen Belastungen der Arbeitsbedingungen spiegeln sich in der Lebenserwartung wider: So starben Bäcker und Gerber drei Jahre früher als die zwar ärmeren, aber körperlich weniger stark beanspruchten Schneider oder Schuhmacher.

Ansteckende Krankheiten forderten den bei weitem größten Anteil der Todesopfer. Nachdem die Pest im 18. Jh. fast verschwunden war und die Pocken hauptsächlich Kinder betrafen – da die Menschen, die das Erwachsenenalter erlebten, meist in ihrer Kindheit durch eine Pockenansteckung mit oder ohne Symptome immunisiert worden waren –, schoben sich andere epidemische und endemische Krankheiten in den Vordergrund: Tuberkulose, Ruhr, Fleckfieber, Typhus, Influenza.

Bei einer gegenüber »normalen« Zeiten Verdoppelung von Todesfällen über einen Zeitraum von mindestens drei Monaten, die überdies noch einen Rückgang von Heiraten und infolgedessen auch der Geburtenrate zur Folge haben kann, sprechen Historiker von einer »demografischen Krise«. Diese Krisen wurden oft ausgelöst durch kriegerische Ereignisse – wobei hier meist nicht Gewaltanwendungen, sondern die Verschlechterung der Lebensbedingungen verantwortlich waren –, Nahrungsmittelmangel oder epidemisch auftretende Infektionskrankheiten, häufig auch durch unterschiedliche Kombinationen

Im Beinhaus neben der Oppenheimer Katharinenkirche lagern die Skelette von 15.000–20.000 Toten, die zwischen 1400 und 1750 nach einer gewissen Zeit wegen Platzmangels auf dem Kirchhof umgebettet wurden (privat)

dieser drei Faktoren. Die Bedeutung dieser Krisen wird für das 18. Jh. mittlerweile relativiert. Gewiss sind etliche Jahre zu rekonstruieren, in denen die Sterblichkeit schlagartig anstieg. Militärische Besetzungen und vor allem Pocken- und Ruhrepidemien ließen die Todesfallzahlen hochschnellen. Subsistenzkrisen, verursacht durch klimabedingte schlechte Ernten oder Teuerungen aufgrund militärischer Ereignisse, konnten zwar noch erhöhte Sterblichkeit auslösen, aber keine nachhaltigen demografischen Krisen mehr. So waren die Auswirkungen der Krise 1770/71, als sich wegen schlechter Ernten in ganz Europa die Getreidepreise vervielfachten, zweifelsohne auch in Alzey, Koblenz, Mainz, Trier oder in den Hunsrückgemeinden zu spüren; eine signifikante Steigerung der Sterbefälle lässt sich damit aber nicht mehr in Verbindung bringen.[41]

Stadt-Land-Unterschiede in der Bevölkerungsbilanz

Die natürliche Bevölkerungsbilanz der Städte und Dörfer im 18. Jh., die, erinnert man sich an das starke Wachstum der Bevölkerungszahlen, insgesamt positiv gewesen sein muss, stellt sich in der Mikroperspektive durchaus differenziert dar. Am deutlichsten tritt der Unterschied zwischen Stadt und Land am Beispiel von Mainz und seinem Umland hervor. Während in zwölf Umlandgemeinden für das gesamte Jahrhundert ein aus dem Vergleich der Geburtenzahlen und Sterbefälle sich ergebender natürlicher Bevölkerungsüberschuss von fast 10.000 Menschen resultierte, hatte die Stadt im gleichen Zeitraum ein Geburtendefizit von 947 zu verzeichnen. Die Ursache ist in der höheren Sterblichkeit in Mainz zu suchen, die in der zweiten Jahrhunderthälfte das Verhältnis zwischen Geburten- und Sterberate ins Negative kehrte: Standen in der ersten Hälfte des 18. Jhs. in Mainz jährlich durchschnittlich 771 Geburten 686 Todesfällen gegenüber, so stieg die Zahl der Sterbefälle nach 1750 auf 865, und die Geburtenzahl sank auf 756. Demgegenüber bewegte sich nur in den 1790er Jahren während der Revolutionskriege die Sterbeziffer in den Landgemeinden kurzfristig über der Geburtenziffer. In Oppenheim wurde der leichte Aufschwung des frühen 18. Jhs. schon bald von Stagnation abgelöst, die prinzipiell über der Sterbekurve liegende Geburtenkurve aber immer wieder von Mortalitätsspitzen infolge von Krisen überlagert. Ganz anders stellt sich die Situation in Alzey dar, wo eine natürliche Bevölkerungszunahme von fast 3.000 Menschen festgestellt wurde, was auf die Zunahme von Heiraten, die sich im Durchschnitt der Jahrzehnte vom Anfang bis zum Ende des Jahrhunderts fast verdoppelten, und infolgedessen eine gestiegene Geburtenzahl zurückzuführen ist. In den Hunsrückgemeinden verlief das Wachstum langsamer, aber regelmäßig. Die auf einen zunehmenden Bevölkerungsdruck zurückzuführende leichte Erhöhung des Heiratsalters führte hier zu einer Steigerung der innerehelichen Fruchtbarkeit, wodurch das mögliche Defizit angesichts einer kürzeren fruchtbaren Eheperiode wieder ausgeglichen wurde. Für Trier wird der Geburtenüberschuss für die Jahre 1730–1790 auf etwa 2.600 geschätzt, was einer jährlichen Zuwachsrate von 0,6 % entspricht. In Koblenz war ein nur sehr leichtes Übergewicht von Geburten gegenüber Todesfällen zu beobachten; auch hier blieb ein nachhaltiges natürliches Wachstum aufgrund von Mortalitätskrisen aus. Eine schlichte Rechnung veranschaulicht den Grund für die Stagnation: In 100 Haushalten wurden etwa 450 Kinder geboren. Von den 220 Mädchen erreichten nur etwa 100 das heiratsfähige Alter. Angesichts einer Ledigenquote bei Frauen von 15 % kam es in der nächsten Generation nur zu 85 neuen Familiengründungen, die dann die 100 ihrer Elterngeneration ersetzen sollten. Die kurpfälzische Statistik der Jahre 1776–1790 hingegen errechnet für das gesamte Territorium ein sich aus der Differenz von Geburten- und Todeszahlen ergebendes Wachstum von fast 1 % pro Jahr.

Offensichtlich ist die Bevölkerungszunahme, die für das 18. Jh. zweifelsfrei zu konstatieren ist, fast ausschließlich auf das Wachstum in der ländlichen Gesellschaft zurückzuführen, während die natürliche Bevölkerungsbilanz in Städten wie Mainz, Trier, Koblenz oder Oppenheim stagnierte oder negativ war. Eine Landstadt wie Alzey wäre demgegenüber in demografischer Hinsicht eher als ländlich zu charakterisieren.[42]

Zu- und Abwanderungen

Vor allem für das im Vergleich zum 17. Jh. deutlich ruhigere 18. Jh. lassen sich einige der Migrationsbewegungen nachzeichnen, die die Bevölkerungsgeschichte der Dörfer und Städte in grundlegender Weise mitprägten. Allerdings sind es vor allem die Bürgeraufnahmen und die heiratsbedingten Zuzüge, die rekonstruierbar sind, während der Teil der Mobilität, der nicht in einer längerfristigen Niederlassung und Haushaltsgründung endete, nur schwer aus den Quellen heraus beschrieben werden kann. Nur temporär in den Gemeinden lebende Personen wie Saisonarbeiter, wandernde Gesellen, Gesindepersonen, Familien, die nur zeitweise geduldet wurden und denen das Bürger- oder dauerhafte Aufenthaltsrecht verwehrt wurde, aber auch kürzer oder länger stationierte Soldaten hinterließen nur vereinzelte Spuren, die kaum quantitative Aussagen zulassen.

Die Dynamik von Zu- und Abwanderung war in den Städten und Dörfern von einer Vielzahl von Faktoren abhängig, etwa von der Attraktivität der Lebens- und Wirtschaftsbedingungen, obrigkeitlichen Regelungen und konfessionellen Situationen, so dass übergreifende Entwicklungstendenzen nur ansatzweise zu erkennen sind. Sicher gilt die Annahme, dass Städte auf Zuzug angewiesen waren und die Landbevölkerung weniger mobil war. So war nur die Hälfte der um 1800 in Oppenheim lebenden Familienväter dort geboren und stammte nur ein Viertel der – allerdings unter Einbeziehung des unruhigeren 17. Jhs. gezählten – Mainzer Bürger und ihrer Frauen aus der Domstadt. Demgegenüber waren in den hunsrückischen Landstädten Gemünden, Kirchberg und Kastellaun von der Mitte des 17. bis zum Ende des 18. Jhs. nur ein Viertel der Männer und ein Drittel der Frauen nicht von Geburt an dort ansässig. Eine wesentlich höhere Zuwandererquote hatte allerdings auch Koblenz nicht: Wenig mehr als ein Drittel der erwachsenen Einwohner um 1800 war zugezogen.[43] Andererseits konnte die am Rhein gelegene kurpfälzische Gemeinde Eich zwischen 1777 und 1791 ihre Einwohnerschaft um 56 % steigern, ein Wert, der weit über dem für die gleiche Zeit gemessenen südrheinhessischen Durchschnitt von 9 % liegt. Ein solcher Zuwachs ist nur mit einer erheblichen Zuwanderung zu erklären, die durch den in Eich im Vergleich mit anderen

Gemarkungen hohen Anteil an noch ungenutzten Landressourcen, vor allem einer sehr großen Allmendfläche, motiviert war. In der Hoffnung auf ein Stück Land, das – obwohl hochwassergefährdet und von eher schlechter Qualität – einen Teil der Eigenversorgung sichern konnte, ließen sich offensichtlich etliche Familien im letzten Jahrhundertviertel in Eich nieder. In vielen anderen Dörfern war die Zuwanderungsrate deutlich niedriger. In der Mittelrheingemeinde Heimbach wurden im 18. Jh. nur etwa 1 % Ehen gezählt, bei denen beide Partner nicht einheimisch waren, allerdings ist auch hier ab 1780 eine Steigerung zu erkennen. In Dudeldorf in der Eifel war die Wanderungsbilanz des letzten Jahrhundertdrittels mit -13 % so weit im negativen Bereich, dass kaum von einer nennenswerten Zuwanderung ausgegangen werden kann.[44]

Eine große Gruppe unter den Zuwanderern stellten die einheiratenden Männer und Frauen, die somit nicht eine vollkommen neue Existenz begründen mussten, sondern meist freie oder frei gewordene Stellen neu besetzten. Demgegenüber hatten zuwandernde Familien oder Ehepaare nur eine Chance auf Aufnahme, wenn die Zielorte auf Zuzug angewiesen waren oder wenn die Neubürger eine sichere Existenz nachweisen konnten. Dementsprechend hatte der Zuzug vor allem in Städten Konjunkturen, die sich aus deren wirtschaftlicher Situation ableiten lassen. So konnte das 1689 zerstörte Oppenheim um 1700 eine starke Zuwanderung verzeichnen, da Land und verlassene Hausplätze günstig zu erwerben waren, gleichzeitig aber zog ein beachtlicher Teil seiner angestammten handwerklichen Bevölkerung ab, da für sie die Produktions- und Marktlage in der schwer unter den Kriegsfolgen leidenden Stadt schwierig war. In Alzey sind drei Phasen zu erkennen: im ersten Drittel des Jahrhunderts ein nur sehr geringer Zuzug, der sich im zweiten Drittel steigerte und ab 1770 andauernd stark blieb.[45]

Auf dem Land lässt sich eine sehr mobile Gruppe identifizieren, deren nur temporärer Verbleib in den Gemeinden Bedingung ihrer wirtschaftlichen Existenzgrundlage war: bäuerliche Familien, aber auch Müller, Bäcker, Schmiede, die ihre Höfe, Mühlen und Handwerksstätten nur zeitweise von Grundherren oder den Gemeinden verliehen oder verpachtet bekamen. Als Temporalbeständer bewirtschafteten sie in der Regel große Besitzkomplexe, wohnten in den ihnen von den Grundherren zur Verfügung gestellten Gebäuden und nutzten teilweise sogar das gleichfalls verliehene Inventar. Nach Ablauf ihres mehrjährigen Vertrags konnten sie entweder verlängern oder, was häufig vorkam, sich an anderen Orten in ähnlichen Konstellationen wieder niederlassen. Gemeindebäcker und -schmiede wanderten ebenfalls nach der vereinbarten Zeit in andere Gemeinden weiter.

Der weitaus größte Teil der Zuwanderer und der einheiratenden Ehepartner kam aus der näheren Umgebung. Etwa die Hälfte der Koblenzer Zuwanderer waren in Orten geboren, die nicht weiter als 25 km entfernt lagen, zwei Drittel der nach Alzey zuziehenden Personen kamen aus einem weniger als 30 km großen Radius, 87 % der Männer und 76 % der Frauen, die in die rechtsrheinischen Mittelrheingemeinden einheirateten, stammten aus weniger als 50 km entfernten Gebieten. Der Rhein stellte zwar eine Grenze dar, die aber durchaus überwunden werden konnte: Etwa 10 % der Oppenheimer Zuwanderer kamen aus dem rechtsrheinischen südhessischen Raum, 15 % der Zuwanderer nach Heimbach, Gladbach und Weis stammten aus Dörfern in der Eifel, an der Ahr oder an der Mosel. Konfessionen wirkten bei der Zuwanderung von Ehepartnern schon eher als Grenze: Erst im 19. Jh. kam es zu einer Heirat zwischen Einwohnern des katholischen Heimbach und des benachbarten calvinistischen Oberbieber, und auch die Heiratspartner aus den verschiedenen Dörfern des Mainzer Umlandes blieben konfessionell unter sich. Wenn gemischt-konfessionell geheiratet wurde, was in mehrkonfessionellen Dörfern und Städten nicht unüblich war, dann meist nur zwischen einheimischen Partnern.[46]

Der Zuzug von nicht der Mehrheitskonfession angehörenden Personen und Familien konnte die Proportionen in gemischt-konfessionellen Orten verschieben. Das war nicht immer das Resultat gezielter Ansiedlungspolitik, konnte aber schon obrigkeitlichen Neuorientierungen, etwa den Rekatholisierungsbemühungen in der Kurpfalz nach 1685, entgegenkommen. Diese Zuwanderung geschah dann häufig über größere Distanzen. So kamen in der mehrheitlich reformierten Stadt Alzey 29 lutherische und 42 katholische, aber nur zwei reformierte Neubürger aus mehr als 50 km entfernten Regionen. Im ursprünglich streng auf nur lutherischen Zuzug bedachten Landau wurde durch die nach der französischen Inbesitznahme auch konfessionell neu orientierte Einwanderungspolitik das konfessionelle Mehrheitsverhältnis im Lauf des 18. Jhs. umgekehrt.[47]

Einwanderung aus konfessionellen und wirtschaftlichen Gründen

Einwanderung aus weiter entfernten Regionen hatte, wie gesagt, häufig konfessionelle Hintergründe. So kamen seit dem späten 16. Jh. religiöse Minderheiten und ließen sich, von den Landesherren toleriert, zeitweise oder auf längere Dauer vor allem in den Städten nieder, wie etwa die niederländischen und französischen Calvinisten, die sich 1609 im Oppenheimer »Welschdorf« ansiedelten. Die Initiative einzelner Landesherren, Religionsflüchtlinge als Gruppe aufzunehmen und ihnen gemeinsame Siedlungsplätze anzuweisen, führte zur Entstehung des neuen Stadttypus der »Exulantenstadt«. Nachdem Kurpfalz niederländischen und wallonischen Glaubensflüchtlingen, die zunächst in Frankfurt aufgenommen worden waren, dort aber zunehmend auf Ablehnung stießen, Siedlungsmöglichkeiten in den 1564–1568 aufgehobenen Klöstern angeboten hatte, wuchsen einige ehemalige Klosterstätten (in der linksrheinischen Pfalz: Frankenthal, Otterberg, Lambrecht, Hornbach) in kurzer Zeit zu Städten heran, die durch die

Die Exulantenstadt Otterberg (aus Matthäus Merians »Topographia Palatinatus Rheni«, 1645)

aus weit entwickelten, urbanen Regionen stammenden Zuwanderer eine besondere wirtschaftliche Dynamik entfalten konnten. Nach dem Dreißigjährigen Krieg begründete Graf Friedrich von Wied mit Neuwied eine Siedlung, in der Mennoniten, später im 18. Jh. auch Inspirierte aus der Pfalz und Herrnhuter aus der französischen Schweiz Zuflucht fanden. Wirtschaftliche Interessen der Territorialherren verbanden sich durchaus mit dem Toleranzgedanken, insbesondere wenn in Nachkriegszeiten Städte und Dörfer wieder besiedelt werden mussten. Ebenfalls eher ökonomischem Kalkül ist die Entscheidung vieler Grundherren zuzuschreiben, ihre Güter als Erb- oder Temporalbestand an ursprünglich aus der Schweiz stammende mennonitische Bauernfamilien zu vergeben, da deren fortgeschrittene agrarwirtschaftliche Praxis als Garantie für eine gute Pflege des verliehenen Gutes und vor allem für die sichere Leistung der Abgaben gelten konnte. Ausschließlich wirtschaftliche Beweggründe dürften die Einwanderung von Spezialisten motiviert haben, wie etwa die der Tiroler Bergleute im 16. Jh. in Meisenheim oder von Wallonen nach Stromberg zwischen 1650 und 1670, nachdem dort ihr Landsmann Jean Mariot die Eisenhütte übernommen hatte. Eine wichtige Rolle beim Wiederaufbau nach den Kriegszerstörungen des 17. Jhs. spielten alpenländische Bauhandwerker, von denen ein großer Teil dauerhaft ansässig wurde. Wie die »Bitburger Tiroler« waren viele von ihnen in ihrer Heimat angeworben worden oder waren dem Sog gefolgt, der von einer zerstörten Region mit hohem Handwerkerbedarf, gerade auch für spezialisierte Tätigkeiten, ausging. Italienische Kaufleute bildeten eine eigene Gruppe von Einwanderern, die vor allem in den Städten mit differenzierten Verbraucheransprüchen wie der Residenzstadt Mainz ausreichende Existenzgrundlagen fanden.[48]

Ab- und Auswanderung

Kirchenbüchern und Abzugsprotokollen lässt sich nicht immer zweifelsfrei entnehmen, ob es sich bei Abwanderungen um Übersiedlungen in nahe gelegene Dörfer und Städte handelte oder tatsächlich um Fernmigrationen nach Übersee oder in osteuropäische Regionen. Als Auswanderung konnte schon der Umzug in ein benachbartes Territorium bezeichnet werden, der, sofern kein Abkommen zwischen den jeweiligen Landesherren vorlag, ebenso mit Abzugsgebühren belastet sein konnte wie die Fernwanderung. Daher liegen keine gesicherten Zahlen über das Ausmaß der Abwanderungen im 18. Jh. vor. Vielfach kann – wie im Fall der Mainzer Umlandgemeinden – nur aus der Differenz zwischen der gesamten Bevölkerungszunahme und dem natürlichen Bevölkerungswachstum auf eine negative Wanderungsbilanz, also eine trotz gestiegener Bevölkerungszahlen höhere Ab- als Zuwanderung, geschlossen werden. Südwestdeutschland, insbesondere die Kurpfalz, gilt als klassische Auswanderungsregion. Bereits im 17. Jh. siedelten sich pfälzische Mennoniten in der neu gegründeten Kolonie Pennsylvania an. Zur ersten Massenauswanderungswelle kam es 1709, als inmitten des die Region erneut in Mitleidenschaft ziehenden Spanischen Erbfolgekrieges die Situation für viele Einwohner nach einer katastrophalen Ernte im Jahr 1708 und einem sehr kalten Winter so schwierig wurde, dass sie dem vielfach verbreiteten Bericht eines Kraichgauer Pfarrers von den vorteilhaften Lebensbedingungen in der Neuen Welt Glauben schenkten und sich auf den Weg in die britische Kronkolonie New York machten. Von den 15.000 Auswanderern aus dem Oberrheingebiet sollen fast zwei Drittel aus der (links- und rechtsrheinischen) Pfalz gekommen sein. Allerdings führte die Fahrt über die Zwischenstation England, wo die Emigranten in der Nähe von London in einem Flüchtlingslager untergebracht wurden. Die Katholiken unter ihnen wurden schon bald wieder nach Hause geschickt, 4.000 protestantische Exilanten als Kolonisten nach Irland gebracht. Nur 3.000 Auswanderungswillige wurden schließlich auf die Schiffe nach Amerika gelassen, 800 von ihnen starben bei der Überfahrt. Auch am Zielort am Hudson River waren die Lebensbedingungen alles andere als günstig, so dass etliche Familien weiter nach Pennsylvania zogen, um dort endgültig zu siedeln.

Auch die Auswanderung nach Südosteuropa, neben Nordamerika das zweite Hauptziel im 18. Jh., gestaltete sich nicht viel einfacher. Vorzugsweise katholische Kolonisten machten sich in drei Auswanderungswellen aus dem Trierer Raum auf den Weg in das Königreich Ungarn. In der Nähe von Temesvár angesiedelt, hatten sie schwierige Ausgangsbedingungen zu meistern: Aufgrund des ungewohnten Klimas, des schlechten Trinkwassers und der erhöhten Krankheitsgefahr in der sumpfigen Region kam es zu einer stark erhöhten Sterblichkeit, die vor allem Säuglinge und Kinder traf; 1736 wurden bei türkischen Angriffen eine Reihe der neuen Siedlungen zerstört, 1738 wütete eine Pestepidemie. Trotz dieser negativen Erfahrungen, von denen auch die zurückgebliebene Bevölkerung erfahren haben muss, wurde das Wagnis der Auswanderung immer wieder eingegangen. 1717, in den 1720er Jahren, zwischen 1737 und 1743, am Ende der 1740er Jahre, in den 1760er und in den 1780er Jahren schnellten die Zahlen der Auswanderer so hoch, dass von Auswanderungswellen gesprochen werden kann. Auch Versuche der Territorialherrschaft, mit hohen Abgabepflichten, die 20–25 %, im Einzelfall bis 50–80 % des Vermögens ausmachten, und ab den 1760er Jahren mit Verboten die Abwanderung zu verhindern, konnten die Migration nicht dauerhaft eindämmen.

Ursache der hohen südwestdeutschen Auswanderungsquote waren vor allem die sozialen und wirtschaftlichen Probleme. Vor dem Hintergrund eines schnellen Bevölkerungswachstums und der Realerbteilung gerieten immer größere Bevölkerungskreise in Situationen, in denen sie nicht mehr auf der Grundlage eigener Landressourcen oder einträglicher Handwerks- und Gewerbetätigkeiten aus eigener Kraft existieren konnten, sondern auf konjunkturell stark schwankende Zuverdienstmöglichkeiten angewiesen waren. In Krisenjahren stieg dann dementsprechend die Bereitschaft zum Neuanfang. Dass Angehörige der Unterschichten überproportional auswanderten, bestätigt sich am Beispiel der rechtsrheinischen Mittelrheingemeinden Gladbach, Heimbach und Weis: Von den 208 Ungarnauswanderern der Jahre 1725–1758 zählten 70 % als Tagelöhner oder Angehörige wenig einträglicher Handwerke zur Unterschicht oder unteren Mittelschicht. Immerhin ein Fünftel der Auswanderer waren bäuerliche Familien, zum überwiegenden Teil allerdings mit geringen Landressourcen, die spätestens bei der nächsten Erbteilung kaum noch für eine selbstständige Existenz ausgereicht hätten.[49]

Religiöse Gründe, etwa die Rekatholisierung der Kurpfalz, spielten eine nur nachgeordnete Rolle bei der Entscheidung zum Aufbruch. Allenfalls für Mennoniten und Pietisten war die Aussicht, in Amerika ein Leben ohne Einschränkungen der religiösen Praxis führen zu können, verlockend genug, um die Gefahren und Kosten der Reise auf sich zu nehmen. So wanderten 1749 und 1751 90 »Erweckte« aus dem am Rhein gelegenen kurpfälzischen Dorf Gimbsheim nach Pennsylvania aus, um dort in die religiöse Gemeinschaft von Ephrata einzutreten. Sie waren von dem radikalen Pietisten Conrad Beissel angeworben worden, der die Kommunität 1735 gegründet hatte. Bereits zu Beginn der 1740er Jahre hatte sich in Gimbsheim unter dem Einfluss von Beissels Bruder Peter, der seit 1720 in der Gemeinde lebte, ein pietistischer Zirkel gebildet. Den Entschluss zur Übersiedlung fassten die Gimbsheimer Erweckten nach jahrelangen Auseinandersetzungen mit dem Oberamt und dem reformierten Pfarrer. Dass es aber vorwiegend Angehörige der Unterschicht waren, die das Dorf verließen und zudem wirtschaftlich schwierige Jahre hinter ihnen lagen, die durch Missernten, Überschwemmungen und Belastungen aufgrund militärischer Forderungen während des Österreichischen Erbfolgekrieges geprägt waren, zeigt, dass auch diese Auswanderungsbewegung nicht ohne ihren wirtschaftlichen und sozialen Hintergrund zu bewerten ist.[50]

3. Sozialstrukturen und Zusammenleben in Stadt und Land

Die ständische Gesellschaft

Soziale Ungleichheit begegnete den Menschen der Frühen Neuzeit in vielen Ausprägungen. Die seit dem Mittelalter herrschende Vorstellung einer ständischen Gesellschaft, die durch das Nebeneinander von sozialen Gruppen geprägt war, deren Mitglieder sich in ihrer Rechtsstellung, in ihren Erwerbsformen und vor allem in der Ausübung oder Erduldung von Herrschaft fundamental voneinander unterschieden, blieb trotz aller Differenzierungen und Dynamisierungen bis an das Ende des Alten Reiches bestehen. Klerus, Adel und Bauern, als »Lehr-, Wehr- und Nährstand« funktional und hierarchisch unterschieden, schließlich auch das sich neu konstituierende Stadtbürgertum waren seit dem Mittelalter die zentralen Elemente dieses sozialen Systems, in dem die Zugehörigkeiten im Wesentlichen durch Geburt festgelegt und soziale Positionen in einem deutlich geringeren Maße durch andere Qualifikationen bestimmt wurden.[51] So bot der Stand der Geistlichkeit, dessen Angehörige – zumindest auf katholischer Seite – nicht qua Geburt rekrutiert wurden, Aufstiegschancen und die – minimale – Chance, durch Amt und Dienst bis zur Nobilitierung zu gelangen. Letztlich aber waren das wenige Ausnahmefälle. Jedem und jeder, der oder die in den Stand der Adligen, der Bürger und der Bauern hineingeboren wurde, war bewusst, dass er oder sie sich mit größter Wahrscheinlichkeit lebenslang in diesem die Handlungsspielräume festlegenden Rahmen bewegen würde. Der Umgang der Angehörigen verschiedener Stände miteinander und untereinander war durch Verhaltensmuster geprägt, denen die Akzeptanz der allgegenwärtigen Distanz zugrunde lag. So ließen sich in Anrede und Körperhaltung die differenzierten Erwartungen der Ehrerbietung erfüllen. Äußerlichen Ausdruck erhielten die ständisch definierten Schranken der sozialen Ordnung nicht nur durch die meist eindeutig zuzuordnenden Lebensräume, idealtypisch Hof, Stadt, Dorf, und unterschiedliche Formen der Lebensführung, sondern auch durch obrigkeitliche Vorgaben, wie sich die verschiedenen Stände im öffentlichen Raum darzustellen hatten. So war genau festgelegt, welche Kleidung für welchen Stand erlaubt oder eben verboten war. Den Trierer Bürgern etwa war im späten 16. Jh. nicht gestattet, sich »mit gekrausten Krägen, großen, aushängenden Bäffchen, unterschiedlichen Farbmänteln, weiten und verbrämten Hosen, [...] mit wunderbarlicher Art Schuhen und Pantoffeln« zu kleiden. Erlaubt waren ihnen lediglich Gewänder aus »gemeinem Tuch«, dessen Preis pro Elle nicht einen Reichstaler überschritt. Selbst die »Vornehmsten« der Bürgerschaft, die »Doktoren« und die Ratsangehörigen, waren beschränkt in der Auswahl ihrer Kleidung und ihres Schmucks. Goldene Gürtel und Ketten, Samt und Seide sollte nur der Adel tragen dürfen. Dass allerdings beklagt wurde, »etliche gemeine Leute [kleideten] sich und ihre Kinder ganz in Sammet«, obgleich sie »bisweilen kein Stück Brot im Haus« hätten, zeigt die nur begrenzte Reichweite solcher Vorschriften.[52]

Als sozial stärker differenzierter Lebensraum bot die Stadt häufiger Gelegenheit für das Zusammentreffen von Vertretern verschiedener Stände. Bei offiziellen Anlässen wurde daher großer Wert auf die »standesgemäße« Inszenierung solcher Situationen gelegt, durch die die angemessene Ehrerbietung gewährleistet wurde. Wenn etwa in Trier im Jahr 1779 eine Prozession angeführt wurde vom Kurfürst und Erzbischof, der das »Allerheiligste« trug, und einem Domherrn, denen der Adel, die Ratsmitglieder, die Zünfte und am Schluss die Bauern und die »Bauernweibsleut« folgten, dann dienten solche Zeremonien auch der Selbstvergewisserung der hervorgehobenen Stände und den nachgeordneten Rängen zur Vergegenwärtigung ihrer Position.[53]

In der modernen Geschichtswissenschaft wurde dieses Modell erweitert um den Begriff der unterständischen Gruppen, um den Teil der Bevölkerung zu erfassen, der außerhalb der vier Stände angesiedelt war.[54] Dabei kann allerdings aus der richtigen Beobachtung, dass nicht alle Landbewohner Bauern im Sinne einer vollbäuerlichen Existenz und nicht alle Stadtbewohner Zunftbürger waren, nicht der Schluss gezogen werden, Tagelöhner oder Handwerksgesellen hätten sich außerhalb des Ständesystems bewegt. Einerseits teilten sie zweifelsohne die Vorstellungen ständischer Ehrbarkeit und richteten ihr Verhalten danach aus, zum andern konnten ihre Existenzformen durchaus als Übergangsphase zu einer vollbäuerlichen oder zunftbürgerlichen Position verstanden werden, deren Erlangung allenfalls wirtschaftliche, aber prinzipiell keine ständischen Schranken im Weg stehen konnten. Als tatsächlich nicht in das Ständemodell integrierbar erscheinen dagegen die jüdische Minderheit in Stadt und Land, nicht sesshafte Personen, Angehörige nicht ehrbarer Professionen und kriminalisierte Menschen.

Aufgrund fehlender Zahlen können Angaben zur quantitativen Verteilung der unterschiedlichen Stände für den Raum des späteren Rheinland-Pfalz kaum gewagt werden. Wie für das Reich insgesamt ist davon auszugehen, dass der Anteil der Landbewohner, also des bäuerlichen Standes, durch die gesamte Frühe Neuzeit nicht unter 80 % gesunken sein dürfte, der Anteil der Stadtbewohner, der Bürger, sich maximal zwischen 10 und 20 % bewegt haben dürfte und der Adel kaum ein Hundertstel der Bevölkerung stellte.[55]

Soziale Schichten

Das Modell einer ständisch gegliederten Gesellschaft wurde – wohl auch in der Wahrnehmung der Zeitgenossen – im Verlauf der Frühen Neuzeit zunehmend überlagert von anderen Kriterien sozialer Differenzierung: Vermögen und Einkommen, Bildung, soziale Vernetzung, Prestige und Ansehen, unterschiedliche Partizipation an Macht und Herrschaft stellten in zeitlich und räumlich unterschiedlichen Mischungsverhältnissen die Elemente neuer sozialer Zuschreibungen dar, die sich vor allem im lokalen Kontext, in den Städten und Dörfern, ansatzweise rekonstruieren lassen. Nicht zuletzt quellenbedingt überwiegen die ökonomischen Kriterien in der historischen Analyse, um die soziale Schichtung einer städtischen oder dörflichen Gesellschaft zu beschreiben. Die Bedeutung des – in den Begriffen des französischen Soziologen Pierre Bourdieu – sozialen und kulturellen Kapitals für Rang und Ansehen von Gruppen und Personen sollte aber immer mit bedacht werden. Beide Einbindungen, ständische Zusammenhänge ebenso wie Schichtzugehörigkeiten, bestimmten in einem hohen Maß die Lebenschancen und Risiken, mithin die Handlungsspielräume von Gruppen und Individuen.

Aus der Rekonstruktion von Vermögensverhältnissen, Steuersummen und Immobilienbesitz lassen sich recht zuverlässig die den Angehörigen lokaler Gesellschaften in unterschiedlichem Ausmaß zur Verfügung stehenden wirtschaftlichen Ressourcen einschätzen. Seit langem ist es üblich, die verschiedenen Vermögensgruppen als Unter-, Mittel- und Oberschichten zu charakterisieren. Dass diese klassische Dreiteilung nicht nur ein Konstrukt der modernen Soziologie ist, sondern auch zeitgenössisch so wahrgenommen wurde, zeigt etwa ein Gerichtsprotokoll aus dem rheinhessischen Eich von 1733, das von Dorfbewohnern »wohlhabend- mittel- und armen standes« spricht.[56] Dieses Modell hat sich als anwendbar für städtische und dörfliche Gesellschaften erwiesen. Die Abgrenzungen zwischen den einzelnen Schichten sind nicht immer genau zu bestimmen, zumal aufgrund des vorstatistischen Zahlenmaterials ohnehin nur von Tendenzen gesprochen werden kann. Dennoch kann für die Unterschicht als Stadt und Land übergreifende Definition gelten, dass ihre Angehörigen in wirtschaftlich unsicheren Verhältnissen lebten, kaum Vermögen, Immobilien- oder Hausbesitz hatten, meist in unselbstständigen und nicht dauerhaften Beschäftigungsverhältnissen standen und von wirtschaftlichen Krisensituationen existenziell betroffen waren. Die Mittelschichtangehörigen konnten etwa als Zunfthandwerker oder als Vollbauern von selbstständiger Arbeit leben, hatten oft Land- oder Hausbesitz und konnten mitunter auf Ersparnisse zurückgreifen. Aber gerade im unteren Bereich, dem der »armen« Handwerke oder dem des nur knapp über der Existenzgrenze liegenden Landbesitzes, waren auch sie stets vom Abstieg in die Unterschicht bedroht. Die Oberschicht zeichnete sich demgegenüber durch eine weitgehend krisenresistente Vermögens- und Einkommenslage aus.

Soziale Unterschiede in den Städten

Für einige Städte liegen Berechnungen vor, die bei aller Unterschiedlichkeit ihrer Bemessungsgrundlagen zeigen, dass zur Oberschicht kaum mehr als jeder zehnte Haushalt zu rechnen war, während jeder vierte Haushalt eindeutig zur Unterschicht zählte. Versteht man als Unterschicht allerdings nicht nur die außerhalb der Zünfte stehenden vermögenslosen Personengruppen, sondern auch die in einigen Untersuchungen als Angehörige der unteren Mittelschicht charakterisierten Handwerkerhaushalte, deren Einkommens- und Vermögenssituation stets prekär war, dann ist in fast allen untersuchten Städten eine Mehrheit der Haushalte dieser Vermögensgruppe zuzuordnen: 72,2 % im pfälzischen Neustadt im späten 16. Jh., 79 % in Koblenz am Ende des 17. Jhs., 62 % in Alzey im 18. Jh., 73 % in Worms um 1786 und 79 % in Trier um 1773.[57]

Die Oberschicht der Städte setzte sich aus je nach Städtetypus unterschiedlichen Gruppen zusammen. Darüber, ob die in den Städten residierenden adligen Familien zur städtischen Gesellschaft zu zählen und somit als Oberschicht anzusehen sind, lässt sich diskutieren. Die 150 bis 200 adligen Personen, die im 18. Jh. in Mainz lebten und immerhin 1 % der Bevölkerung ausmachten, die im kurfürstlichen oder im kirchlichen Dienst standen oder nur aufgrund der dort zu erwartenden Lebensqualität ihren Wohnort in die Residenzstadt legten, dürften sich wohl kaum als Angehörige der Stadtgesellschaft verstanden haben, ebenso wenig wie die ca. 20 Familien des Reichsadels, die eher zurückgezogen in ihren Höfen in Koblenz lebten und hohe Ämter in der Kirche oder an weltlichen Höfen im gesamten Rheinland innehatten. Die in Worms als »Sitzgedinger« ohne Bürgerrecht lebenden Adligen, Offiziere und höheren Beamten aus anderen Territorien hatten unterschiedliche Motive, sich in der Reichsstadt niederzulassen. »Eine bessere education« als auf dem Land, »Liebe zur Ruhe und eines stillen Lebenswandels entfernt von dem Getümmel des Hofes«, die angenehme Umgebung und die »ungezwungene Lebens-Art dahier« lockten die Familien in die Stadt, diese nahm sie bereitwillig auf, da die »ohne treibung bürgerlichen Gewerbs umb baares Geld lebenden distinguierten Personen« machtpolitisch und wirtschaftlich keine Konkurrenz darstellten, sondern die Einnahmen von Stadt und einheimischen Gewerbetreibenden vergrößerten. Die acht Adelsfamilien, die bis zur Stadtzerstörung 1689 in Oppenheim lebten, waren hingegen als Nachfahren der mittelalterlichen Burgmannen und indem sie die Hälfte des Stadtrates stellten, zweifelsohne stärker in die klein- und amtsstädtische Gesellschaft einbezogen.[58]

In Vermögen und ständischem Rang unterhalb der Adligen angesiedelt, dafür aber in der Stadt tonangebend, sind je nach Städtetyp differenziert zusammengesetzte Personengruppen zu identifizieren. In Trier wurden »vornehmste« von den »gemeinen« Bürgern unterschieden. Zu diesem »Herrenstand« wurden Ratsmitglieder, die städtischen und kurfürstlichen Amtsträger und Beamten, die Ärzte und Juristen gezählt. Auch in der Residenzstadt Koblenz war die Spitze der städtischen Gesellschaft ähnlich definiert: hohe Beamte, Kanoniker, Angehörige der freien Berufe. In den Amtsstädten stellten die höheren Beamten der landesherrlichen Behörden zusammen mit den Angehörigen der in den Stadträten vertretenen Familien diese sozial und wirtschaftlich führende Gruppe, während in den Reichsstädten nach dem Verschwinden der Patrizier Ratsfamilien und Angehörige der freien Berufe als städtische Elite galten.[59] Soweit zu dieser Gruppe innerhalb der Oberschicht Zunftangehörige zählten, waren es vor allem Personen, deren wirtschaftliche Situation ihnen die zur Amtsausübung als Ratsherren notwendige Abkömmlichkeit gestattete und die über ihre Amtstätigkeit Anrecht auf die Anrede als »Herr« und standesgemäße Anerkennung ihrer Positionen bei öffentlichem Auftreten, etwa bei Prozessionen oder beim Kirchgang, beanspruchen konnten. Zunftbürger, die ihnen wirtschaftlich gleichgestellt waren oder sie noch übertrafen, aber keine öffentlichen Ämter versahen, sind ebenfalls als Teil der städtischen Oberschicht anzusehen. Zu ihnen zählten vor allem über den lokalen Rahmen hinaus tätige Kaufleute. Aber auch Metzger, Bäcker und Wirte konnten zu dieser Gruppe aufschließen. In den Händen der Oberschicht konzentrierten sich der Haus- und Landbesitz und die finanziellen Ressourcen. 14 % der Trierer Einwohnerschaft besaßen 1624 zwei Drittel des nach den Steuerlisten ermittelten bürgerlichen Vermögens. Als wohlhabend wurden Personen mit mehr als 2.000 Gulden versteuertem Vermögen eingeschätzt, als reich galt man, wenn man auf der Grundlage eines Vermögens von mehr als 10.000 Gulden eine Rentnerexistenz aufbauen konnte. Ein typischer Vertreter dieser Gruppe, der Trierer Wollweber-Amtsmeister Külber, der keiner »Hantierung« mehr nachgehen musste, sondern sich der Verwaltung seines Besitzes und seinem Amt widmen konnte, wurde im Jahr 1624 mit sechs Häusern in Trier und im Umland, seinen Weinbergen, Äckern, Wiesen und Gärten auf 13.858 Gulden eingeschätzt. Das Wormser Dreizehnerratsmitglied Georg Friedrich Meixner wurde 1737 auf ein Schatzungskapital von 9.640 Gulden, von dem aus die Steuersumme berechnet wurde, veranschlagt. Dieser hohe Wert, der nicht das reale Vermögen wiedergab, setzte sich zusammen aus dem geschätzten Einkommen von 2.000 Gulden und dem Immobilienbesitz: fünf Häuser und eine Scheune, 15 Morgen Weinberge, 23 Morgen Ackerfeld, zwei Gärten, davon einer mit »Heisel«, eine Wiese und ein Stück Weidenklauer, eine ackerbaulich sonst kaum nutzbare Fläche, auf der Weiden für die Korbmacherei und andere Hecken für die Eigenversorgung mit Reisig u. Ä. angepflanzt wurden.[60] Demgegenüber war die Mittelschicht wirtschaftlich weit abgeschlagen. Durchschnittlich 481 Gulden betrug das für die Steuererhebung geschätzte Vermögen der »oberen« Mittelschicht in Trier 1624, 200–500 Gulden das Kapital der unteren Mittelschicht. Der größte Teil der Zunftbürger ist zu diesen Gruppen zu rechnen. Tendenziell zählten zu den Handwerkern und Gewerbetreibenden, die im oberen Bereich der Mittelschicht anzusiedeln sind, die Krämer, Händler, Metzger, Bäcker, Wirte, während Schuhmacher und Schneider fast durchweg zu den armen, ständig vom sozialen Abstieg bedrohten Handwerkern gehörten.[61]

Als Tagelöhner, Gelegenheitsarbeiter, Handlanger oder Sackträger waren die Männer der Unterschicht tätig, die Frauen als Wäscherinnen, Näherinnen oder Spinnerinnen. Nach den Steuerlisten lassen sich völlig Besitzlose von Familien unterscheiden, die zumindest über ein kleines Häuschen verfügten. Kleine Handelstätigkeiten, geringes Gewerbe, Kleinviehhaltung oder geringer Landbesitz konnten diese Existenzen absichern helfen. Nicht alle Tätigkeiten dürften ihren Niederschlag in den städtischen Steuererhebungen gefunden haben. So ist in den Quellen immer wieder die Rede vom Ausschank in Privathäusern ohne Schankerlaubnis, was als ein Hinweis auf eine Form von »Schattenwirtschaft« zu werten ist.

Insbesondere die Besitzlosen waren bei krisenbedingt fehlenden Arbeitsgelegenheiten, bei Krankheit oder im Alter von der öffentlichen Fürsorge abhängig. Ihr Anteil konnte bis zu einem Fünftel der städtischen Gesellschaft ausmachen. So lässt sich für Trier im 17. Jh. rekonstruieren, dass 23 % der Gesamtbevölkerung über lediglich 1,3 % aller Vermögenswerte in der Stadt verfügten. In Alzey waren 1785 und 1791 fast 20 % der Einwohner ohne versteuerbaren Besitz. Von den Koblenzer Tagelöhnerhaushalten galt in der Mitte des 18. Jhs. jeder Zweite als arm. Mehr als vier Fünftel von ihnen waren vom Land – in der Hoffnung auf bessere Lebensbedingungen – zugezogen und lebten in engen Wohnungen am Stadtrand oder in Wohnvierteln mit schlechter Bausubstanz. Zur wirtschaftlichen Außenseiterrolle kam häufig die rechtliche Sonderstellung. Da sie meist nicht in die Zünfte aufgenommen wurden, und so kein Bürgerrecht erlangen sowie nur unter erschwerten Bedingungen oder gar nicht Immobilien erwerben konnten, lebten viele der Unterschichtangehörigen als Hinter- oder Beisassen in den Städten. Gegen die Leistung eines Beisassengeldes unter städtischem Schutz stehend, hatten sie ein in der Regel unbefristetes Aufenthaltsrecht in der Stadt. Dass bei solch unsicheren Existenzgrundlagen in Krisensituationen nur die Bettelei blieb, zumal das Recht auf städtische Almosen oft den Bürgern vorbehalten war, wird an der wiederholten Publikation von Betteleiverboten für Beisassen deutlich. Eine 1723 in Worms verkündete »Beisassenordnung« zeigt, in welchen Bereichen der Rat Handlungsbedarf in der Reglementierung der Beisassen sah, und verweist so auf die obrigkeitliche Wahrnehmung der Problemlagen dieser Bevölkerungsgruppe: Die Beisassen sollten keine Gotteslästerungen verbreiten, ihre Häuser und Straßen sauber halten, keinen Feld- und Gartenfrevel begehen, nicht spielen und trinken, den Gottesdienst besuchen, ihre Kinder in die Schule schicken, keine Fremden beherbergen, ihr Vieh nicht in Gärten weiden. Außerdem sollten sie – und insbesondere ihre Kinder – nicht betteln. Nur selten gelang den Beisassen der Aufstieg in das Bürgertum. 93 % der Wormser Beisassensöhne der zweiten Hälfte des 18. Jhs. blieben in ihrem Stand, nur drei wurden Fischer, je einer Ackersmann, Zimmermann, Kärcher oder Sackträger. Eher konnte ihnen die Einheirat in zunftbürgerliche Familien gelingen, 16,4 % der Beisassen heirateten im gleichen Zeitraum Töchter von überwiegend der unteren Vermögensklasse angehörenden Handwerksmeistern.

Die vor allem durch Zuzug bewirkte Bevölkerungszunahme und die Überbesetzung der Zünfte ließen im 18. Jh. vielerorts den Anteil der Unterschicht an der Gesamtbevölkerung stark ansteigen. In Trier wuchs die Gruppe der niedrigstbesteuerten Haushalte von 35 % im Jahr 1719 auf 51 % 1773 an. 14,5 % zahlten in diesem Jahr überhaupt keine Steuern und 14 % nur den »Schirmgulden«. Von 57,7 % auf 67,4 % stieg die untere Vermögensgruppe in Worms zwischen 1766 und 1790 an. In Koblenz zählte am Ende des 18 Jhs. jeder dritte Einwohner zur Unterschicht.[62]

Streit um Herrschaft und Macht in den Städten

Unruhen in der ständischen Gesellschaft werden seit längerer Zeit in der geschichtswissenschaftlichen Forschung als Phänomene verstanden, die die gesamte spätmittelalterliche und frühneuzeitliche Epoche hindurch immer wieder in Erscheinung traten und dabei zwar in Stadt und Land unterschiedliche Formen annahmen, aber angesichts ihrer Definition als »Protesthandlungen von [...] Untertanen einer Obrigkeit zur Behauptung und/oder Durchsetzung ihrer Interessen und Wertvorstellungen« durchaus vergleichbaren Charakter hatten. Aufgrund ihrer Zielrichtung auf die Veränderung obrigkeitlichen Handelns sind sie als politisch zu bezeichnen. Oft waren aber soziale Spannungen mit ausschlaggebend für ihre Entstehung.[63]

Im frühen 16. Jh. wurden etliche Städte von Unruhen erfasst, die an die spätmittelalterlichen Zunftkämpfe erinnern. Die Motive für diese Erhebungen gleichen sich: Unzufriedenheit mit der Stadtverfassung, Entfremdung zwischen der Bürgerschaft und dem Rat, der sich in vielen Städten in oligarchischen Formen ausgebildet hatte und als Obrigkeit verstand, wirtschaftliche Probleme, die zum Teil auch auf die Privilegien des in der Stadt ansässigen Klerus zurückgeführt wurden, wachsende Steuerbelastungen, die alleine die Bürgerschaft zu tragen hatte. In Speyer führte zunehmender Steuerdruck 1512 zum Aufstand. Vor allem die Unter- und die Mittelschicht waren von der fortschreitenden Erhöhung der Verbrauchssteuern wie Ungeld und Kaufhausgeld betroffen, die der Rat aufgrund der hohen städtischen Verschuldung durchzusetzen versuchte. Wie in vielen anderen Städten auch wurden die Befreiung der zahlreich ansässigen Geistlichkeit von diesen Steuern und andere wirtschaftliche Privilegien des Klerus als grundlegendes Problem der städtischen Verfassung angesehen. Insbesondere Beschwerden über den vom Ungeld befreiten Weinausschank innerhalb der geistlichen Bezirke ziehen sich durch die gesamte frühneuzeitliche Stadtgeschichte. Auch dass immer mehr Häuser in Speyer in die Hand des Klerus gelangten und somit nicht mehr über Besteuerung zur Finanzierung der städtischen Bedürfnisse herangezogen werden konnten, wurde von den Zünften massiv kritisiert. Der Ablauf der Unruhen zeigt, dass sie nicht spontan verliefen, sondern einem Programm folgten, das in ähnlicher Weise auch anderen Erhebungen zugrunde lag: Nachdem sie sich bewaffnet hatten, zogen die Zünfte zum Domplatz, wo sie sich verbrüderten und einen Bundeseid schworen. Nach der Besetzung des Ratshofes bemächtigten sie sich der Schlüssel der Tore und Pforten. Flankiert wurden diese Aktionen von Angriffen auf einzelne Ratsherren. Die zentralen Forderungen waren die Offenlegung der städtischen Rechnungen und die Bildung eines Ausschusses. Von kaiserlicher Seite aus kam die Aufforderung an den Rat, die Auseinandersetzung friedlich zu lösen. Der nunmehr gebildete Ausschuss verlangte die Besteuerung der Geistlichen und eine höhere Reichensteuer. In einer Versammlung der Bürgergemeinde ließ sich der Rat auf einige der mittlerweile 39 Forderungen ein. Die Entscheidung allerdings wurde einer kaiserlichen Kommission überlassen, die zwar kleinere Veränderungen, etwa eine Verringerung der Verbrauchssteuern, des Ungeldes, zusicherte, aber das oligarchische System nicht in Frage stellte, das sich trotz weiterer Aufstände der Weber und der Gärtner und einiger kleinerer Änderungen in der Rachtung, der städtischen Verfassung, von 1514 zugunsten der Bürgerschaft auch weiterhin behauptete.[64]

Ähnlich verliefen die Unruhen in Worms 1513/14. Auch hier kam es zu einem Aufstand der Handwerker und der Unterschichtangehörigen – als Aktivisten werden in den Quellen ein Schneider, ein Sackträger, ein Weber, ein Schreiner und ein Wingertsmann genannt – gegen die Ratsoligarchie der führenden Familien. Ein Ausschuss wurde beauftragt, das Handeln des Rates zu untersuchen, wobei die Kontrolle der Rechnungsbücher auch hier ein wesentliches Ziel war. Die Vehemenz des Aufstandes veranlasste den Rat zur Flucht nach Oppenheim. Nachdem im Anschluss an das Fastnachtsspiel 1514 der Konflikt sich verschärft hatte und Häuser der Ratsmitglieder unter der Führung von Jacob Wonsam geplündert worden waren, griff der kaiserliche Landvogt ein, um die Unruhen zu beenden. Wie in Speyer wurden zwar einige der Forderungen in eine Vereinbarung zwischen Rat und Bürgerschaft aufgenommen, aber grundsätzlich wurde nichts an der Regierungsgewalt des Rates geändert. Fünf der Aufständischen wurden hingerichtet, viele waren geflohen oder wurden verbannt.[65]

In Andernach setzten sich im frühen 16. Jh. die Spannungen fort, die bereits das ausgehende 15. Jh. bestimmt hatten. Wie in Worms und Speyer opponierte auch hier die Bürgerschaft gegen den teilweise adlig besetzten Rat, bis ein Bürgergremium mit Kontrollkompetenzen über die Rechnungsführung eingesetzt wurde.[66]

Die keineswegs gelösten Probleme brachen 1525 unter dem Eindruck des Bauernkrieges wieder auf. In Speyer kam es erneut zu einem Aufstand der Bürger gegen den Klerus. Forderungen, die Rachtung von 1514 wieder abzuschaffen, wurden laut. Wie schon 1512/13 waren die wirtschaftlichen Privilegien des Klerus wichtigster Beschwerdepunkt der Bürgerschaft. Erneut wurde ein Ausschuss gebildet, dessen Forderungen der Rat übernahm: In acht Artikeln wurden die Ansprüche an die Geistlichkeit formuliert. Wichtigster Punkt der jetzt auch unter reformatorischem Einfluss verfassten Artikel war der Vorschlag, die Geistlichen in die Bürgerschaft einzugliedern und so deren privilegierte Stellung abzuschaffen. Angesichts der Drohungen, dass die Stifte überfallen und der Dom zerstört werden sollten, und vor dem Hintergrund der Ereignisse des Bauernkrieges nahm die Geistlichkeit die acht Artikel an und schwor den Bürgereid. Nach der Niederlage der Bauern in der Schlacht von Pfeddersheim im Juni 1525 wurden diese Zugeständnisse allerdings rückgängig gemacht und die Rachtung von 1514 wieder eingesetzt. In der neuen Rachtung von 1526 wurden lediglich minimale Einschränkungen der Privilegien vorgenommen, etwa den Geistlichen der Weinausschank für die Öffentlichkeit untersagt.

In Worms stellte der Stadtrat im April 1525 ähnliche Forderungen an den Klerus, im Mai kam es zu Übergriffen auf Kleriker und geistliche Einrichtungen. In Mainz stellten Zunftbürger aus der Unter- und Mittelschicht 31 keineswegs revolutionäre Artikel auf, die von einer Bürgerversammlung gebilligt und vom Rat, wenn auch zögerlich, übernommen wurden. Zunächst vom Domkapitel akzeptiert, wurden auch diese Zugeständnisse, die ähnlich wie in Speyer und Worms auf eine stärkere Einbindung der Geistlichkeit in die Bürgerschaft und eine Reduzierung von deren Privilegien zielten, nach der Niederlage der Bauern schnell wieder rückgängig gemacht. Fast die gleichen Forderungen wurden in Trier erhoben: Abschaffung der Steuerprivilegien, Ungelderhebung auch beim Klerus, stärkere Beteiligung der Geistlichkeit an den allgemeinen Pflichten der städtischen Bürgerschaft. Als lokale Besonderheit wurde hier der Anspruch auf einen Anteil der Heilig-Rock-Gelder in die sechs Artikel aufgenommen. Selbst in kleineren Städten wie Bingen, Boppard und Oberwesel wurden Reformen der Ratsverfassung gefordert und wurde gegen die Privilegien der Geistlichkeit protestiert.

Keinesfalls rüttelten die Aufständischen des frühen 16. Jhs. an den Grundfesten des Systems. Die städtische Herrschaftsordnung insgesamt wurde nicht abgelehnt, sondern es wurden mehr Mitsprachemöglichkeiten für die Zünfte, mehr Steuergerechtigkeit, ein höheres Maß an Gleichheit zu erreichen versucht. Der Ausgang des Bauernkrieges beendete auch diese Diskussionen.[67]

Dennoch riss der Streit um die Herrschaft in der Stadt auch nach 1525 nicht ab. 1540 kam es in Trier erneut zu einem Aufstand der Zünfte und Bruderschaften gegen den Rat, der gezwungen wurde, dem Domkapitel zwölf Artikel mit wirtschaftlichen Forderungen vorzulegen. Auch in Koblenz flammten die Auseinandersetzungen zwischen Bürgerschaft und Rat 1544 erneut auf. Der von Unruhen in Frankfurt, dem nach ihrem Anführer genannten Fettmilch-Aufstand, beeinflusste und gegen die Juden gerichtete Aufstand in Worms 1613–1615, der weiter unten ausführlich behandelt wird, kann vorrangig als erneute Kraftprobe zwischen Teilen der Bürgerschaft und dem Rat gewertet werden. Gerade in den Reichsstädten sorgte die Nichtreformierbarkeit der politischen, administrativen und wirtschaftlichen Verhältnisse, die der starren Haltung aller beteiligten Interessengruppen geschuldet war, bis zum Ende des Alten Reiches immer wieder für Auseinandersetzungen zwischen der Ratsoligarchie und der Partizipation beanspruchenden Bürgerschaft. Als der Wormser Rat während der französischen Besetzung 1689–1697 im Frankfurter Exil residierte, konnte er zwar seinen Anspruch auf die Stadtregierung gegenüber den in den Trümmern verbliebenen Resten der Bürgerschaft durchsetzen, musste aber akzeptieren, dass die Bürger sich erneut in einem Ausschuss organisierten, deren Sprecher mitunter im Namen der »gesamten Bürgerschaft« agierte und sich neben dem vom Rat gestellten Statthalter als eigene Führungsinstanz inszenierte. Beim Streit um die Besetzung einer Pfarrerstelle sah der Rat seine Stellung als Obrigkeit gefährdet: Die Bürgerschaft wolle »verkehrte welt spielen, und der obrigkeit vorschreiben sich anmaßen, wer pfarrherr in Wormß seyn sollte«. Der in dieser Situation gemachte Vorstoß des bischöflichen Statthalters, mit Schreiben an die Bürgerschaft die Autorität des Rates zu untergraben und in dem jahrhundertealten Streit zwischen Stadtgemeinde und Bischof Boden zu gewinnen, schlug allerdings fehl. Mit der Weitergabe des Schreibens an den Rat zeigte die Bürgerschaft, dass sie im Zweifelsfall sich doch eher dem Rat gegenüber loyal verhielt. Nach ihrer Rückkehr aus Frankfurt gelang es den Ratsherren schnell, die Ansätze zur bürgerlichen Selbstverwaltung zurückzudrängen und den Ausschuss wieder aufzulösen.[68]

Auseinandersetzungen um die Besteuerung prägten das Verhältnis zwischen Wormser Bürgerschaft und Rat durch das gesamte 18. Jh. hindurch. Gegen eine erneute Erhöhung des Ungeldes klagten sieben der 17 Zünfte ab 1742 beim Wiener Reichshofrat. Zu den haushaltspolitischen Beschwerden kam die Kritik an der Zusammensetzung des Rats, der nur aus »Freunden und Verwandten« besetzt sei. Erst 1769 wurde diese Auseinandersetzung durch einen von beiden Seiten angenommenen Vergleich des Reichshofrates gelöst. Der sich direkt anschließende Streit um die Prozesskosten konnte allerdings bis zum Ende der Reichsstadt nicht beigelegt werden. In den 1780er Jahren führten die angestaute Verbitterung über den andauernden Streit um die Prozesskosten, neue Klagen und Beschwerden über Abgaben, die der Rat ungerechtfertigterweise erhoben hatte, und Uneinigkeit im Rat selbst zu einer weiteren Klage vor dem Reichshofrat, die unter dem Titel »Ueber den Oligarchendruck in Worms« einer breiten Öffentlichkeit kommuniziert wurde.

Anders als in den Unruhen von 1613/1615 wurde in den Konflikten des 18. Jhs. auf die Einhaltung der Legalität geachtet. Der Streit wurde in »verrechtlichten« Formen geführt. Zusammenkünfte, Ausschuss- und Deputiertenwahl, Klagen vor dem Reichshofrat waren im Prinzip anerkannte Möglichkeiten des Protests, dem nun kein Unruhencharakter mehr zukam. Dass die Ratspolitik permanenter Kritik und auch im Zusammenspiel von Bürgerschaft und Reichshofrat verschärfter Kontrolle ausgesetzt war, mag als ein dynamisches Element in der meist als erstarrt beschriebenen Verfassungswirklichkeit der Reichsstadt verstanden werden.[69]

Auch in Speyer waren die hohe Verschuldung der Stadt und somit der hohe Steuerdruck seit der Mitte des 18. Jhs. wieder Ursache für Unruhen. Bereits 1723 beklagte der Rat »verdächtige Zusammenkünfte« der Bürgerschaft. 1752 begann sich die Bürgerschaft erneut zu organisieren, nachdem sie von alten Privilegien erfahren hatte, die ihr dem Rat gegenüber eine bessere Position zusicherten, aber in Vergessenheit geraten waren. Allerdings zielten die in Artikeln zusammengefassten Beschwerden nicht nur in eine Richtung. Neben Steuer- und Abgabenermäßigungen forderten die Zunftmeister auch, die Nutzung der Allmende durch die Beisassen abzustellen. Die städtische Mittelschicht verband also mit der Forderung nach Partizipation die Sicherung der eigenen Ressourcen, die sie von einer anwachsenden Unterschicht offensichtlich bedroht sah.[70]

Die Bereitschaft, bereits seit langem schwelende Konflikte und neue Anforderungen in deutlich konfrontativeren Formen auszutragen, stieg in einigen Städten mit dem Bekanntwerden der revolutionären Ereignisse in Frankreich stark an. In Boppard stürmten im Mai 1789 »anmaßliche Deputierte« der Bürgerschaft das Rathaus, um gegen die Bestrafung von Forstfrevlern durch das kurfürstliche Amt anstelle des Stadtrats zu protestieren. Diese Aktion stand im Zusammenhang mit einem seit den 1770er Jahren andauernden Streit um die Waldnutzung, der durch eine rigide kurfürstliche Waldordnung 1786 verschärft worden war. Auch in anderen kurtrierischen Städten führte die neue Waldordnung zu Protesten. Im französischen Landau kam es im Juli 1789 wegen neuer Zollbestimmungen bei der Ausfuhr in benachbarte kurpfälzische Orte zu Unruhen. Häufiger waren alte Gravamina Ursachen von jetzt durch die Revolutionsnachrichten ausgelösten Unruhen. Wie schon 1525 wurde in Trier wieder die Abschaffung der Steuerprivilegien der Geistlichkeit, aber auch des Adels und des »Herrenstandes« gefordert. Die unter massivem Druck zustande gekommenen Zugeständnisse einer landesherrlichen Kommission wurden vom Kurfürsten aber mit Hilfe des Reichskammergerichts schnell wieder zurückgenommen. Bereits in den Jahren vor 1789 waren in Trier Auseinandersetzungen an der Tagesordnung, wegen neuer steuerlicher Belastungen und wegen der Konkurrenz unzünftischer Handwerker und Händler, die in den Vororten und den geistlichen Immunitätsbezirken ihren Geschäften gegen die Interessen der städtischen Zunftangehörigen nachgingen. In Koblenz gerieten die Zünfte mit dem Rat wegen der problematischen finanziellen Lage der Stadt und wegen unterschiedlicher Auffassungen, wie die städtischen Waldungen zu nutzen seien, aneinander. Zu Auseinandersetzungen zwischen Handwerksgesellen und Studenten kam es in Mainz und Trier. Gemeinsam ist all diesen bereits vor 1789 existierenden, jetzt aber durch die Revolution in Frankreich verstärkten Konflikten die letztlich defensive Haltung der Zünfte, die sich zum einen gegen Anmaßungen von Klerus, Adel und Oberschichten, andererseits gegen konkurrierende Angehörige der Unterschicht zur Wehr setzten.[71]

Soziale Unterschiede in den Dörfern

Abgesehen von Dörfern, in denen Adlige residierten oder die Sitz von landesherrlichen Beamten waren – beide Gruppen zählten sich aber eher nicht zur Dorfgesellschaft – waren die sozialen Unterschiede in der ländlichen Gesellschaft sicher schwächer ausgeprägt als in der Stadt. Dennoch kann auch hier von einer sozialen Schichtung gesprochen werden, die sich im Verlauf der Frühen Neuzeit zunehmend ausdifferenzierte. Die klarste Trennung im Dorf war die Grenze zwischen Bauern, die über genügend Landressourcen verfügten, um damit weitgehend selbstständig wirtschaften zu können, und den unterbäuerlichen Haushalten, die nicht genug oder gar kein Land besaßen und so gezwungen waren, im Tagelohn, mit zusätzlicher Gewerbetätigkeit oder einem Handwerk ihre Existenz abzusichern. Aufgrund der im heutigen rheinland-pfälzischen Raum verbreiteten Realerbteilung, nach der alle Kinder mit dem gleichen Erbteil ausgestattet wurden, war der Grundbesitz bereits im Mittelalter zersplittert, so dass in allen Gemeinden ein hoher Anteil von unterbäuerlichen Haushalten anzunehmen ist. Seit dem späten Mittelalter ist die Unterscheidung zwischen »Vollbauern« und klein- und unterbäuerlichen Gruppen in den Quellen leicht nachzuvollziehen über die Aufteilung der Haushalte in Spann- und Handfröner, also die Einwohner, die über ein Pferde- oder Ochsengespann verfügten und damit eben auch zur Fronarbeit herangezogen wurden, und diejenigen, die lediglich ihre eigene Arbeitskraft zur Verfügung stellen mussten und konnten und, falls sie überhaupt Land besaßen, auf die Unterstützung der Pferde- oder Ochsenbauern angewiesen waren. Anhand in unterschiedlicher Dichte überlieferter Steuerlisten können die Besitz- und Vermögensverhältnisse einiger Dorfgesellschaften rekonstruiert werden. Damit kann ein – auch hier nur tendenzielles – Bild von Veränderungen in der ländlichen Sozialstruktur gezeichnet werden. Für das Jahr 1521 liegen Informationen für Pfeddersheim bei

Pfeddersheim (aus: Matthäus Merians »Topographia Palatinatus Rheni«, 1645)

Worms vor, das zwar mit Stadtrecht und Stadtmauer versehen und damit eben keine Dorfgemeinde war, das aber angesichts der überwiegend agrarischen Erwerbsstruktur und mit maximal 900 Einwohnern durchaus mit einer entsprechend großen Landgemeinde verglichen werden kann. Die Pfeddersheimer Bevölkerung des frühen 16. Jhs. lässt sich aufteilen in ein Fünftel ohne jeden Landbesitz, fast 55 % Haushalte, deren Landbesitz für eine ausreichende bäuerliche Wirtschaft nicht ausreichte und die daher auf zusätzliche Erwerbsquellen angewiesen waren, und etwas mehr als ein Viertel vollbäuerliche Existenzen, von denen allerdings etliche auch nur knapp über dem Minimum von etwa zehn Morgen Landbesitz lagen. Handwerks- und Gewerbetätigkeiten lassen sich in allen diesen Gruppen finden. Bei der Schicht der vermögenderen Bauern waren das durchaus einträgliche Berufe wie Müller, Wirt, Bäcker oder Metzger, deren Einnahmen häufig dazu genutzt wurden, die Landressourcen zu vergrößern und den kommenden Generationen einen besseren Start zu ermöglichen. Jost Bub etwa, Müller der unteren Mühle in Pfeddersheim, konnte seinen 1521 41 Morgen umfassenden Besitz in den folgenden Jahren noch um fast 60 Morgen und eine zusätzliche Hofreite erweitern. Bei den Vertretern einkommensschwächerer Handwerke dürfte die Mischökonomie zwischen Gewerbe und Landwirtschaft hingegen eher als Existenzsicherung denn als Mittel zum sozialen Aufstieg zu verstehen sein.[72]

Vor allem die naturräumlichen Voraussetzungen dürften ausschlaggebend für die Unterschiede in der Sozialstruktur der Landgemeinden der verschiedenen kurtrierischen Ämter im frühen 17. Jh. gewesen sein. Während etwa in den Moselgemeinden des Amtes Cochem im Jahr 1623 62 % der Haushalte mit Immobilienvermögen ausgestattet waren, dessen für die Besteuerung geschätzter Wert auf eine bäuerliche – in dem Fall auch durch Weinbau ermöglichte – eigenständige Existenz hindeutet, waren es in den Eifeldörfern des Amtes Kyllburg nur 20 %. Dort wurden zwei Drittel der Einwohnerschaft als Kleinbesitzer und 15 % als ohne jedes Vermögen verzeichnet. Jeder achte Haushalt des Amtes Ulmen wurde als »arm« eingeschätzt. Bei aller Unschärfe der Aussagekraft solcher Steuerlisten kann dennoch festgestellt werden, dass zwar nur eine – je nach Ort unterschiedlich große – Minderheit völlig ohne Landbesitz war und die meisten Dorfbewohner landwirtschaftlich tätig waren, dass aber die zur Verfügung stehende Agrarfläche nur für einen Teil zum ausschließlichen Lebenserwerb ausreichte, dass also zwischen einer Gruppe von Landlosen und einer Gruppe von mit ausreichend Land ausgestatteten Haushalten eine dritte Gruppe mit nur geringem Landbesitz existierte. Ländliche Gemeinden waren keineswegs »bäuerliche« Gemeinden, sondern von einer Vielzahl von Existenzformen geprägt.[73]

Das Bevölkerungswachstum des 18. Jhs. musste bei weiterer Zersplitterung der Landressourcen zu einem Ansteigen des unterbäuerlichen Anteils der Dorfbevölkerung führen. Tatsächlich ist etwa im kurpfälzischen Eich ein Anwachsen dieser Gruppe von 47 % im Jahr 1681 auf 63 % 1765 und sogar knapp 80 % am Ende des 18. Jhs. zu beobachten. Dieser extreme Anstieg im letzten Jahrhundertdrittel ist sicher als Ausnahme zu werten, die mit verstärktem Zuzug landloser Familien in die mit großen Allmendflächen ausgestattete Gemeinde zu erklären ist. Aber auch in der Nachbargemeinde Alsheim wuchs der Anteil der Unterschicht von der Hälfte aller Haushalte im Jahr 1721 über 60 % 1767 auf zwei Drittel im frühen 19. Jh. In den Mittelrheingemeinden Heimbach, Weis und Gladbach stellten die Landlosen und Landarmen um 1720 knapp oder mehr als die Hälfte der Haushalte. Dass die Unterschicht bis 1787 nur in Gladbach leicht zunahm, in Heimbach und Weis aber sogar abnahm, könnte mit verstärkter Gewerbetätigkeit zu erklären sein, da die pro Haushalt zur Verfügung stehende landwirtschaftliche Nutzfläche sich angesichts von Bevölkerungswachstum und Realteilung auch hier verringerte. Deutlich wird das am Rückgang der bäuerlichen Oberschicht.[74]

Neben der Art ihrer Wirtschaftspraxis – auf die weiter unten einzugehen sein wird – unterschieden sich die Lebensweisen der verschiedenen Schichten in vielfacher Hinsicht. Angehörige der bäuerlichen Oberschicht besaßen Hofreiten mit Wohnhaus, Scheune, Stallungen und anderen Nebengebäuden, während Tagelöhnerfamilien meist in beengten Verhältnissen lebten, oft in kleinen Häusern mit lediglich einer Küche, einer Stube und zusätzlichem Schlafraum unter dem Dach. Mehr als die Hälfte der Alsheimer Tagelöhnerfamilien wohnte um 1800 zur Miete. Knapper Wohnraum, aber auch geringe Versorgungsressourcen und fehlende Arbeitsmöglichkeiten zwangen die Unterschichtfamilien, ihren Haushalt klein zu halten. Während in Alsheim 1773 in den Häusern der Bauern durchschnittlich 5,92 Personen lebten, waren es in den Tagelöhnerhäusern nur 3,5. Diese Differenz wurde durch die geringere Kinderzahl aufgrund des höheren Heiratsalters der Unterschichtfrauen verursacht, aber auch dadurch, dass die Kinder der Tagelöhner früher das Elternhaus verließen, um in Gesindedienst zu treten. Als Knechte und Mägde bei den Bauern vergrößerten sie deren Haushalt dann zusätzlich noch um durchschnittlich eine Person. Jeder zehnte bäuerliche Haushalt zählte mehr als acht Personen. Ein großer Haushalt war ein Indiz für wirtschaftliche Potenz. So lebten im Haus des reichsten Einwohners Alsheims, des Löwenwirten Johannes Hirsch, dreizehn Personen, außer ihm, seiner Frau und seinen sechs Kindern noch zwei Knechte und drei Mägde.

Wenn die Chancen und Risiken der individuellen Lebensläufe in einem hohen Maß von der Ausstattung mit Landbesitz vorbestimmt waren, dann musste gerade in Realteilungsgebieten, in denen die Besitzstände in jeder Generation neu aufgebaut wurden, darauf geachtet werden, dass eventuelle Verluste bei der Teilung unter den Geschwistern durch eine angemessene Heirat mit einem dem eigenen Vermögensniveau entsprechenden Partner zumindest wieder wettgemacht wurden. Sehr eindeutig ist daher in den Quellen zu erkennen, dass eheliche Verbindungen häufig zwischen Angehörigen der gleichen Vermögensgruppe eingegangen wurden: in Eich zwischen 1742 und 1763 zu 85 %, zwischen 1788 und 1798 sogar zu 94 %, die extremen Werte sind hier wieder mit der außergewöhnlichen sozialen Entwicklung am Ende des Jahrhunderts zu erklären. Auch im Eifeldorf Philippsheim heirateten im 18. Jh. 71 % der Bauernsöhne Bauerntöchter, in den Mainzer Umlandgemeinden sind – auf unzureichender Quellengrundlage – zumindest ähnliche Tendenzen zu erkennen. Dass gerade Bauern der Oberschicht häufiger nichtortsansässige Frauen heirateten, hatte seinen Grund darin, dass die lokale Auswahl innerhalb ihrer Vermögensgruppe eher begrenzt war.[75]

Neben den Unterschieden in der Wohnsituation, der Haushaltsgröße und dem Heiratsverhalten waren auch in der materiellen Ausstattung der Familien deutliche Differenzen zu erkennen, die es zumindest für das 18. Jh. erlauben, von Ansätzen zu verschiedenen Lebensstilen innerhalb der Dorfgesellschaften zu sprechen. Dabei spiegelt sich die erkennbare soziale Polarisierung zum Ende des Jahrhunderts im Auseinanderdriften der Vermögenswerte. So stieg das Verhältnis des Durchschnittswertes von Häusern der Un-

Auszug aus dem Versteigerungsprotokoll des Nachlasses von Anna Maria Dietz aus Heßloch vom 16. Februar 1764[76]

Das Inventar weist die Verstorbene als Angehörige der dörflichen Unterschicht aus.

»an Hauß und Hof	/	
an Viehe	Eine gelb rothe Kuhe [...]	29 fl (Gulden) 16 xr (Kreuzer)
an allerhand Haußgeräth, Bettung, Küchengeschirr, Eißenwerck, Strohe, Dung pp.	1 altes Oberbeth nebst 2 werckern tücher [...]	6 fl 14 xr
	den Dung [...]	1 fl 36 xr
	8 korn und 2 Gerstenbossen [...]	34 xr
	etwas Kees [...]	12 xr
	1 eiserner Haffen nebst Deckel [...]	38 xr
	1 schnepp waag [...]	32 xr
	1 bethlath [...]	2 fl 12 xr
	1 spinnrath [...]	52 xr
	1 haspel 1 holzern rechen [...]	9 xr
	4 cinnen Leffel [...]	12 xr
	1 eißern Hammer [...]	12 xr
	1 Körbgen mit Eisen [...]	8 xr
	1 Dengel Geschirr [...]	10 xr
	1 Kuhekett [...]	26 xr
	1 Licht 1 Krügel [...]	22 xr
	1 Kuchenhohl 1 Beyl [...]	20 xr
	2 Körbgen 1 Krug [...]	10 xr
	1 Gewürzlath 2 Krug [...]	15 xr
	1 steinern Krug [...]	20 xr
	4 erdene Häffen [...]	6 xr
	2 Waßßer züberger [...]	4 xr
	1 alte Kisten 1 alter Trog [...]	35 xr
	¼ Haber Strohe [...]	1 fl 12 xr
	vierntsel Korn [...]	1 fl 40 xr
	1 Mltr Korn und Gerst gemengt [...]	3 fl 35 xr
	½ Mltr vermengt Früchte [...]	1 fl 50 xr
	10 Ehlen wercken Tuch [...]	1 fl 52 xr
	10 ehlen Tuch [...]	1 fl 48 xr
	1 Kuchenpfann [...]	38 xr

[...]

Alles Vermög ist	
1) an Rindviehe	29 fl 16 xr
2) an liegenden Feldgüthern	88 fl
3) an allerhand Effecten	30 fl 50 xr
4) an activis	20 fl
	Summa 168 fl 6 xr"

terschicht zu denen der Oberschicht im dalbergischen (heute rheinhessischen) Dorf Heßloch zwischen der Mitte und dem Ende des Jahrhunderts von 1:4,6 auf 1:7, beim Mobiliar stieg die Differenz von 1:18 auf 1:32 um 1830. Bereits in der Mitte des 18. Jhs. verfügten die Oberschichtfamilien über das Vierfache des Möbelbestandes von Tagelöhnerfamilien. Während in den Häusern der Unterschicht oft nur die Grundausstattung mit Bettlade, Kiste, Bank und Tisch in eher schlechter Qualität vorhanden war, besaßen die wohlhabenden Bauern bereits Schränke, Stühle, Sessel in großer Anzahl und unterschiedlicher funktionaler Zuweisung. Bei der Ausstattung an Geschirr und Küchenutensilien lassen sich über Inventare in Unterschichthaushalten durchschnittlich 12, in Mittelschichthäusern 23, in denen der Oberschicht aber 64 Gegenstände nachweisen. Für die gesamte Dorfgesellschaft wahrnehmbar waren die Unterschiede im Kleidungsverhalten. Eine zweite Garnitur Oberbekleidung, die vielleicht nur für den sonntäglichen Gebrauch bestimmt war, gegen Ende des Jahrhunderts auch neuartige Kleidungsstücke wie Reithosen, Mantel, Rock und Weste, zeichneten das öffentliche Auftreten des reichen Bauern aus, während die Kleider seiner Frau sich von denen der armen Nachbarinnen vor allem durch die Qualität der Materialien abhoben.[77]

Tagelöhnerhaus aus dem späten 18. Jh. in Gimbsheim/ Rheinhessen (privat)

Westerwälder Bauernhaus des 17. Jhs. (LVR-Freilicht-museum Kommern)

4. Soziale Beziehungen im Dorf

Auch ohne ständische Grenzen waren soziale Unterschiede, die sich vor allem aus ungleichem Zugang zur Ressource Land ableiteten, in der ländlichen Gesellschaft jederzeit präsent. Das ist nicht nur daran zu erkennen, dass die realen Besitzverhältnisse in den überschaubaren Dorfgesellschaften jedem Dorfbewohner bekannt waren und durch Flurumgänge und ähnliche Rituale immer wieder vergegenwärtigt wurden, sondern auch an den spätestens im 18. Jh. zunehmenden Differenzen in der Lebensweise. Gerade aber weil die Übergänge zwischen den verschiedenen Gruppen fließend waren und soziale Mobilität eher möglich erschien als in den starreren Strukturen der Städte – wobei die Mobilitätsrichtung in Zeiten des Bevölkerungsanstiegs häufiger nach unten wies –, müssen auch die Formen sozialer Beziehungen in den Blick genommen werden, die nicht die Zugehörigkeit zur gleichen Vermögensgruppe voraussetzten. Nachbarschaft und Verwandtschaft werden als die wichtigsten Elemente des sozialen Zusammenhaltes gesehen, die allerdings auch genügend Konfliktpotenzial in sich trugen.

Gemeinde und Nachbarschaft

Unter Nachbarn sind nicht die unmittelbar nebeneinanderwohnenden Dorfbewohner zu verstehen, sondern die Angehörigen der Dorfgemeinde, die mit Bürgerrecht versehen waren. Neben Rechten, die sich aus dieser Zugehörigkeit ergaben, etwa der kollektiven Nutzung von Gemeindeland und kommunalen Infrastrukturen, waren damit auch Pflichten verbunden, die aus der Regelung gemeinsamer Interessen resultierten, aber auch aus der Funktion der Gemeinde als Medium, über das herrschaftliche Ansprüche an die Individuen vermittelt wurden.

Bereits im Mittelalter hatten sich in Auseinandersetzung mit den verschiedenen Herrschaftsträgern Formen der Gemeindeorganisation entwickelt, die bis zum Ende des Alten Reichs Bestand hatten. In der Gemeindeversammlung trafen sich regelmäßig oder bei Bedarf alle – in der Regel männlichen – Haushaltsvorstände mit Bürgerrecht, um Fragen zu klären, die sich aus der gemeinschaftlichen und aus der individuellen Nutzung der Gemarkung ergaben, um Gemeindeämter zu vergeben, den Gemeindehaushalt zu kontrollieren, Gemeindearbeiten zu verteilen oder in aktuellen Notsituationen Lösungen zu finden. Wenn auch die Kompetenzen der Gemeindeversammlung durch den Einfluss der Landesherrschaft bis in das 18. Jh. eingeschränkt wurden, so sind doch viele Beispiele dafür zu finden, dass dieses Gremium eine Eigendynamik entwickeln und Aktivitäten entfalten konnte, die die Grenzen der ihm zugesprochenen Aktionsbereiche durchaus auch überschritten. So maßte sich 1726 eine nicht vom Ortsvorstand, sondern von zwei Gemeindemitgliedern einberufene Gemeindeversammlung im kurpfälzischen Eich die Korrektur einer wenige Stunden zuvor von Schultheiß und Dorfgericht durchgeführten Grasversteigerung an, was trotz des Vorwurfes der »Aufwickeley« im Ergebnis später akzeptiert wurde. Im kurtrierischen Ehrang beratschlagten 1773 die Teilnehmer der Gemeindeversammlung, wie sie den kurfürstlichen Jäger aus seinem Haus in der Gemeinde vertreiben könnten. Im dalbergischen Gabsheim wiederum argumentierte 1793 ein Gemeindemitglied offen gegen die Interessen des Ortsherrn.

Gemeindeversammlungen konnten die Obrigkeit unter Handlungsdruck setzen: So ist die »tumultuarische Zusammenrottung ganzer Gemeinden« in kurtrierischen Dörfern als auslösendes Moment für die nachfolgenden Hexenverfolgungen zu verstehen. In einer Gemeindeversammlung in Winningen etwa, die 1640 einberufen worden war, um das Problem des Rebenstechers, eines Pflanzenschädlings, zu besprechen, wurde Catharina Knebel »vor der gantzer gemeindten [... als] ein offentliche hex undt reben stecher machers ausgerufen«.[78]

In den Gemeinden waren zur Bewältigung der vielfältigen Aufgaben Positionen zu besetzen, die zum einen als Vertretung der Herrschaft im Dorf obrigkeitlichen Charakter hatten, andererseits als kommunale Ämter im Interesse der Gemeinde verstanden wurden. Schultheißen und Schöffen des Dorfgerichts hatten die niedere und die freiwillige Gerichtsbarkeit auszuüben, Verwaltungsaufgaben zu übernehmen, die Einnahme der Steuern und Abgaben zu organisieren, Frondienste zu verteilen und herrschaftliche Anordnungen zu kommunizieren. Diesen in der Regel lebenslang oder zumindest für lange Zeitdauer eingesetzten oder gewählten Amtsträgern stand eine Reihe von Inhabern von Gemeindeämtern zur Seite, die meist im ein- bis dreijährigen Turnus wechselten: Bürgermeister, die die Finanzen zu verwalten hatten, Gemeine Vorsteher, die zwischen Gemeinde und Gericht vermittelten, aber auch sicherheitspolizeiliche Aufgaben übernehmen konnten, sowie viele andere »niedere« Ämter wie Feuerreiter, Feuerläufer, Brotwieger, Deichaufseher, Fleischbeschauer. Durch die Rotation der meisten dieser Ämter waren letztlich alle Bürger über die Gemeindeversammlung hinaus in die Organisation der kommunalen Angelegenheiten integriert.[79] Eingesetzt wurden die »höheren« Amtsträger von der Obrigkeit, zum Teil unter Einbeziehung von Vorschlägen der Gemeindeversammlung. Aufgrund der Anforderungen des Amtes, das ein hohes Maß an innerdörflicher Akzeptanz und Autorität voraussetzte, die durch wirtschaftliche Eigenständigkeit und lange Ortsansässigkeit am ehesten gewährleistet schienen, dominierten meist Angehörige der bäuerlichen Oberschicht die wichtigen Gremien.

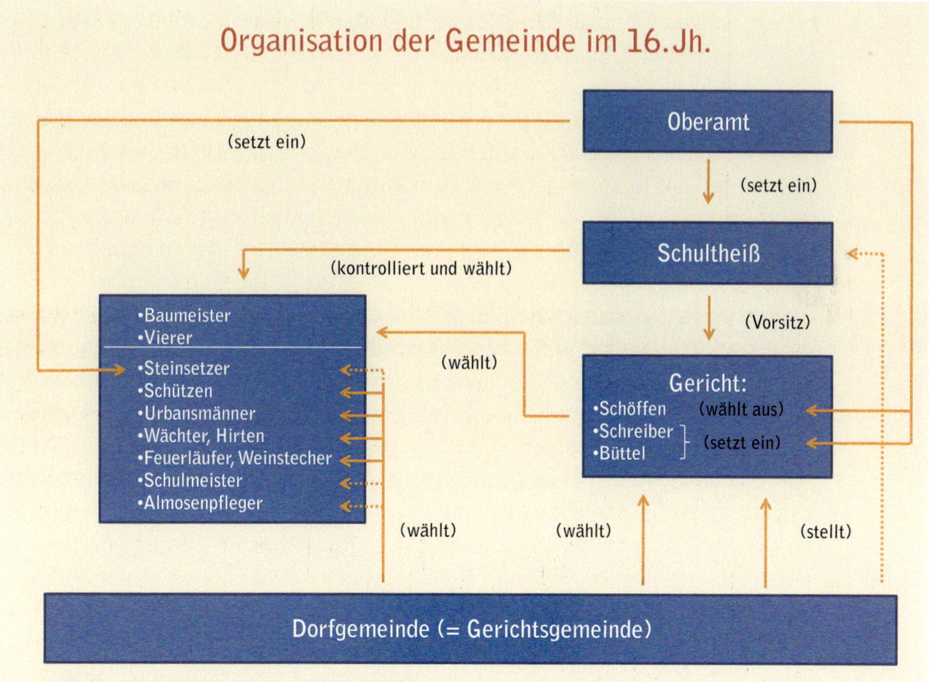

Vorlage: Schmitt, Territorialstaat 1992, S. 255

Verwandtschaft

Die über die Kernfamilie hinausgehende Verwandtschaft konnte in der dörflichen Gesellschaft der Frühen Neuzeit in mehrfacher Hinsicht von Bedeutung sein: bei der Zusammenarbeit und gegenseitigen Hilfe in der bäuerlichen Wirtschaft, der Unterstützung in Notsituationen, der Vermittlung oder Gewährung von Krediten, beim Immobilientransfer durch Kauf oder Vererbung. Dabei kann beobachtet werden, dass den bäuerlichen Familien aufgrund ihrer höheren Kinderzahl und ihrer oft längeren Ortsansässigkeit ein größeres entsprechend nutzbar zu machendes Verwandtschaftsnetz zur Verfügung stand als den Angehörigen der Unterschicht.

Arbeitsbeziehungen

Arbeitsbeziehungen sorgten in einer agrarischen Gesellschaft für enge soziale Kontakte. Die Bewohner eines Dorfes standen in vielfältigen gegenseitigen wirtschaftlichen und produktionsbedingten Abhängigkeiten. Der Gesindedienst brachte junge Männer und Frauen aus der Unterschicht in die Haushalte der Bauern. Zieht man in Betracht, dass die Arbeit als Knecht oder Magd in der Regel nur eine mehrjährige Übergangsphase zwischen Jugend und eigener Haushaltsgründung darstellte, dann sind die Anteile der Gesindepersonen an der Gesamtbevölkerung von 8 bis 14 %, wie sie für verschiedene kurpfälzische und pfalz-zweibrückische Oberämter im heutigen Rheinhessen, der Vorder- und der Westpfalz für das Jahr 1782 errechnet wurden,[80] Hinweis darauf, dass ein sehr hoher Anteil der Bevölkerung Erfahrung mit dieser Form sozialen Austauschs gemacht hatte. Während langfristige agrarische Lohnarbeitsverhältnisse die Ausnahme waren, bedurften die größeren Bauern und die Anbauer von arbeitsintensiven Sonderkulturen häufig zusätzlicher Arbeitskräfte, die ihnen als Tagelöhner zur Verfügung standen. Ihre Hilfe wurde nicht immer mit Geld entlohnt, sondern auch als Gegenleistung für Gespannarbeiten auf deren eigenen Äckern verstanden. So standen nicht nur Tagelöhner mit geringem Landbesitz, sondern auch Kleinbauern mit unzureichender Ausstattung an Vieh, Gerät und Scheunenplatz in Abhängigkeit der Pferde- und Ochsenbauern.

Dieses vielfältige Gemisch unterschiedlicher Bindungen, das sich aus dem Nebeneinander und oftmals auch der Überlagerung verwandtschaftlicher, nachbarschaftlicher und ökonomischer Beziehungen über Generationen ergab, prägte den Umgang der Dorfbewohner miteinander.

Alltag und Konflikt im Dorf

Hinweise auf den dörflichen Alltag in der Frühen Neuzeit sind vor allem in Quellen zu finden, die in Konfliktsituationen entstanden, etwa wenn ein Streit zwischen Nachbarn, innerhalb von Familien oder zwischen Amtsträgern und Gemeindeangehörigen vor dem Dorfgericht geklärt wurde oder von der Obrigkeit durch die Einsetzung von Kommissionen beigelegt werden sollte und entsprechende Akten angelegt wurden. Da nur vereinzelte Studien aus dem Raum des heutigen Rheinland-Pfalz vorliegen, die Einblicke in diesen Themenkreis zulassen, können kaum für verschiedene Dorftypen und über drei Jahrhunderte hinweg allgemein gültige Aussagen gemacht werden. Einige Beobachtungen sind aber dennoch möglich, die zudem durch Untersuchungen aus anderen Regionen gestützt werden können. So können am Beispiel einiger Konflikte Gruppenbildungen nachgezeichnet werden, die auf innerdörfliche Differenzen verweisen und die angesichts ihres Organisationsgrades und ihrer Stabilität über punktuelle Konfliktlagen hinausgehend zumindest auf mittelfristige Dauer angelegt zu sein scheinen.

Gruppenbildungen

Gegeneinander agierende dörfliche Gruppierungen sind bereits im 16. und 17. Jh. nachweisbar. Bis zur Mitte des 17. Jhs. führten offensichtlich tief liegende Konflikte zwischen Oberschichtangehörigen in der Moselgemeinde Winningen dazu, dass sich die Kontrahenten als Kläger und Angeklagte in Hexenprozessen gegenüberstanden und insofern die Auseinandersetzungen bis zur letzten Konsequenz, der physischen Vernichtung des Gegners, ausgetragen wurden. So fielen alle Ehepartner der Kinder eines einst einflussreichen Gerichtsschöffen zwischen 1641 und

1653 dem Hexenwahn zum Opfer, während eine andere Linie der Familie, deren Angehörige als Mitglieder des Hexenausschusses und als Zeugen Akteure der Verfolgung waren, sozial und gemeindepolitisch avancierte. Hintergrund dieser kaum nachvollziehbaren Intensität der Auseinandersetzung innerhalb überschaubarer dörflicher Gesellschaften könnten eine über Jahrzehnte von der einen Familienlinie als Zurücksetzung wahrgenommene Bevorzugung der anderen Linie bei der Besetzung von Gemeindeämtern und aus deren Amtspraxis resultierende Feindschaften, sicher aber auch wirtschaftliche Vorteile durch das Ausschalten unliebsamer Konkurrenten gewesen sein.[81] Die Konflikte und ihre Abläufe werfen ein Licht auf die ihnen zugrunde liegenden sozialen Konstellationen, in diesem Fall auf Auseinandersetzungen zwischen sozial ähnlich gestellten Gruppen, in anderen Fällen auf Gegnerschaften zwischen unterschiedlichen Schichten.

Im dalbergischen Dorf Heßloch kam es im frühen 18. Jh. zu heftigen Konfrontationen zwischen dem Unterschultheißen Peter Gart auf der einen und dem Oberschultheißen, einem obrigkeitlichen Beamten, sowie dem Pfarrer des Dorfes auf der anderen Seite. Die Auseinandersetzungen verdeutlichen das auf einer Vielzahl von Beziehungen basierende Machtpotenzial des Unterschultheißen. Gart hatte sich nämlich 1701 zusammen mit Gerichtsschöffen und Viertelmeistern im Namen der »gantzen Gemeindt« beim Ortsherrn Dalberg über die schlechte und korrupte Amtsführung des ihm vorgesetzten Beamten beschwert. Klagen dieser Art waren keineswegs selten. Interessant in diesem Fall ist aber die Reaktion des beschuldigten Oberschultheißen, der, noch bevor ihm der genaue Inhalt der Beschwerdeschrift bekannt geworden war, seinerseits Dalberg meldete, dass es Garts Ziel sei, das »regiment« alleine zu führen, um das »dorff, welches alschon zu dreyen theilen ja fast gantz petergartisch ist, und mit sipp- und verwantschaft oder bündnuß zugethan ist, gäntzlich sich eigen [zu] machen«. Alle anderen Untertanen, die nicht zu seiner oder der Familie seiner Frau gehörten und die ihm nicht anderweitig verbunden seien, wolle er aus dem Dorf vertreiben. Die Vernetzung Peter Garts durch Verwandtschafts- und Klientelbeziehungen, darüber hinaus die lange Ortsansässigkeit seiner Familie stellten nach Auffassung des Oberschultheißen dessen Machtbasis dar. 1702 setzte der Unterschultheiß sein Machtinstrumentarium gegen den Pfarrer ein, der 1701 noch auf seiner Seite gestanden hatte, ein Jahr später allerdings Gart rügte, weil er an einem Feiertag, statt den Gottesdienst zu besuchen, mit einem Fuhrwerk nach Kreuznach aufgebrochen sei, um Schweine zu kaufen. Wiederum mit der Unterstützung von Gerichtsschöffen und Viertelmeistern forderte Gart nun die Abberufung des Pfarrers: »[Weil] er uns hat angegriffen, so muß er fort, sonsten hätte er können bleiben.« Die Einschätzung eines Einwohners Heßlochs, der während einer Tauffeier geäußert haben soll, »der pater hatt die rechten angegriffen, er muß fort«, zeigt noch einmal, dass die Rüge des Pfarrers nicht auf die Einzelperson Gart bezogen, sondern als Angriff auf die ihn tragende Personengruppe verstanden wurde. Mit dem Tod Garts im Jahr 1704 und der Einsetzung eines offensichtlich schwächeren Nachfolgers durch den Oberschultheißen scheint sich allerdings diese innerdörfliche Machtkonstellation aufgelöst zu haben. Konflikte zwischen den dörflichen und den herrschaftlichen Amtsträgern, aber auch innerhalb der dörflichen Elite oder zwischen Ortsvorstand und Gemeinde zogen sich in Heßloch dennoch durch das gesamte 18. Jh. Wiederholt können dabei Parteiungen innerhalb der Gemeinde beobachtet werden, sogar von »Feindschaften« war die Rede. Die Gruppierungen scheinen aber doch eher instabil gewesen zu sein, sie konnten wie im Fall von Peter Gart von einzelnen Personen abhängig sein oder bei veränderten Bedingungen und Interessen neu ausgerichtet werden.[82]

Konkrete wirtschaftliche Interessen prägten die Gruppenbildung in einem dritten Beispiel. In den Auseinandersetzungen um die Aufteilung der letzten Reste der Gemeindeweide im kurpfälzischen Gimbsheim in den 1790er Jahren lassen sich die Befürworter und die Gegner dieser Maßnahme eindeutig identifizieren: Während die Einwohner der Gemeinde, die mangels Zugvieh die kollektive Ressource kaum oder gar nicht nutzen konnten, für die Teilung und die Zuweisung der geteilten Flächen an die einzelnen Haushalte zur individuellen Bewirtschaftung plädierten, wollten die Pferdebauern auf die für sie günstige Weidemöglichkeit nicht verzichten. Der Konflikt zog sich über mehrere Jahre hin und wurde gemeindepolitisch auch dadurch brisant, dass der landesherrliche Oberschultheiß Guerdan sich auf die Seite der Teilungsbefürworter stellte, der junge Gimbsheimer Unterschultheiß Nicolaus Mahlerwein aber ganz offen die Interessen seiner sozialen Schicht, der vollbäuerlichen Minderheit, vertrat. Über Eingaben an das kurpfälzische Oberamt und die Mannheimer Regierung, die Bildung von Kommissionen, die Durchführung einer Bürgerbefragung und die Anfechtung ihrer Ergebnisse durch beide Seiten erstreckte sich die Auseinandersetzung über mehrere Jahre. Angesichts der fundamentalen Konsequenzen für die Wirtschaftsführung beider Seiten muss der Streit ein ständig präsentes Thema in der dörflichen Kommunikation gewesen sein und die Einwohner zur klaren Stellungnahme herausgefordert haben. Die in anderen Gruppenbildungsprozessen wirksamen Bindungsfaktoren wie Verwandtschaft oder arbeitsökonomische Abhängigkeit müssen gegenüber den direkten wirtschaftlichen Interessen in den Hintergrund getreten sein. Dass zumindest in der Anfangszeit auf der Seite der Aufteilungsbefürworter ein Metzgermeister als Sprecher auftrat, der anders als die Tagelöhner weniger abhängig von den Bauern war, zeigt aber, dass den unterbäuerlichen Schichten die Begrenzungen ihrer Handlungsspielräume durchaus bewusst waren.[83]

Gerichtsprotokolle als Quellen für Alltagsverhalten

Lässt sich aus solchen Konflikten die Bildung von handlungsfähigen Gruppen innerhalb der Dorfgesellschaften rekonstruieren, so geben Dorfgerichts- und Presbyterialprotokolle Einblicke in individuelles Verhalten und Handeln der Dorfbewohner. Die Wahrung des dörflichen Friedens war die wichtigste Aufgabe der Dorfgerichte, die sich unter Vorsitz des Schultheißen zu regelmäßigen Sitzungen trafen. Neben allgemeinen Verwaltungsangelegenheiten und der sog. freiwilligen Gerichtsbarkeit, einem Aufgabenbereich, für den heute am ehesten Notare zuständig sind, hatten die Schöffen als Vertreter der niederen Gerichtsbarkeit vor allem Streitfälle und Ordnungsverstöße unterhalb der Schwelle zur Blutgerichtsbarkeit, also schweren Delikten, für die die Obrigkeit zuständig war, zu behandeln: Gewaltdelikte, wenn sie Körperverletzungen nicht überschritten, Eigentumsdelikte, Ehrverletzungen, Verstöße gegen die Sexualmoral, Ungehorsam gegen die Obrigkeit, Sachbeschädigungen, Verstöße gegen die Flurordnung, familiäre Streitigkeiten, aber auch individuelles Fehlverhalten wie Trunksucht.[84] Etwas anders gelagert war die Aufgabe der Presbyterien. Vor allem aus dem 17. Jh. haben sich Protokolle der reformierten Presbyterien erhalten, die Auskunft darüber geben, wie die Kirchenältesten in regelmäßigem Turnus über Angelegenheiten ihrer Gemeinde berieten, aber auch über den christlichen Lebenswandel der Gemeindemitglieder wachten. Mit Hilfe der »Kirchenzucht« sollte die Abendmahlsgemeinschaft frei von »Sünde, Streit und Hass« gehalten werden. Verstöße gegen die Regeln der calvinistisch-reformierten Lebensführung konnten daher vom Pfarrer oder einem der Kirchenältesten privat abgemahnt werden. In schwereren Fällen oder bei mangelnder Einsicht aber wurden sie vor dem Presbyterium verhandelt, worauf häufig die öffentliche Abbitte des Sünders oder der Sünderin vor der im Gottesdienst versammelten Gemeinde folgte, um wieder zur Teilnahme am Abendmahl zugelassen zu werden. Verstöße gegen die Kirchenordnung, etwa Fernbleiben vom Gottesdienst, Nichtbeachtung der Sonn- und Feiertage, Verstöße gegen die Sexualmoral, Konflikte im dörflichen Zusammenleben und Probleme der persönlichen Lebensführung, ließen die Gemeindeangehörigen in den Blick der presbyterialen Kirchenzucht geraten.[85]

Die Lektüre solcher Protokolle ergibt ein dichtes Bild dörflicher Konflikte, vor dessen Hintergrund über die eigentlichen Konfliktkonstellationen und Deliktformen hinaus auch Aussagen über die soziale Ordnung in den Dörfern und über die handlungsleitenden Normen und Werte ihrer Bewohner möglich werden. Nicht alle Auseinandersetzungen gelangten vor Gericht. Erst wenn keine anderen Lösungsmöglichkeiten mehr gesehen wurden, wurde das Dorfgericht eingeschaltet, das den Konflikt klären und den sozialen Frieden wieder herstellen sollte.

Bei Klagen wegen Beleidigungen und Schlägereien, den häufigsten vor Gericht behandelten Delikten, wird offensichtlich, welchen Stellenwert das Ansehen des Einzelnen für die sozialen Beziehungen im Dorf hatte. Beschimpfungen und Beleidigungen stellten »Verbalinjurien« dar, also Angriffe auf die persönliche Integrität und den sozialen Status, die als Verletzung der Ehre verstanden wurden. Die Ehre »abgeschnitten« zu bekommen, ohne sich dagegen zur Wehr zu setzen, konnte in der dörflichen Gesellschaft, in der der Reputation ein hoher Wert zugesprochen wurde, reale Folgen haben. Die Vertrauenswürdigkeit und die Verlässlichkeit des Einzelnen war eine wichtige Voraussetzung für die ständigen Austauschbeziehungen, in denen die Dorfbewohner miteinander standen. Im materiellen Bereich etwa musste man darauf vertrauen können, dass geleistete Hilfe bei Arbeiten durch Gegenleistungen honoriert wurde oder dass mit Vorschüssen und Krediten verantwortungsvoll umgegangen wurde, im kommunalen Bereich musste die Übertragung gemeindlicher Aufgaben von einfachsten Wächter- und Hirtentätigkeiten bis hin zur Mitwirkung im Ortsvorstand oder der Verwaltung der Gemeindekasse an die Vertrauenswürdigkeit der damit beauftragten Personen gekoppelt sein, in familiären Angelegenheiten, der Anbahnung von Heiratsverbindungen etwa, mussten beide Seiten von der moralischen, aber auch der ökonomischen Zuverlässigkeit der anderen Seite überzeugt sein. Wurden diese prinzipiell positiven Einschätzungen öffentlich in Abrede gestellt, musste darauf reagiert werden.

Viele der Beleidigungen zielten auf die Zuverlässigkeit der Beschimpften. Schimpfworte wie »Schelm«, »Betrüger«, »Bescheißer« sollten ihre Ehrlichkeit in Frage stellen. Gegenüber Frauen zielten Beleidigungen meist auf ihre sexuelle Reputation, etwa wenn sie als »Hure« oder als liederlich beschimpft wurden. Oft erinnerten Beleidigungen auch an Normverletzungen längst vergangener Zeiten oder sogar früherer Generationen. Nicht selten wurden die sozialen Differenzen in herabwürdigender Form artikuliert. So eskalierte ein Streit in der Eifel, als ein Müller die Junggesellen des Orts als »Hungerleider« bezeichnete; in Eich beschimpften sich 1789 der Schultheiß und ein Dorfbewohner gegenseitig als »Bettelmann« und »Sackträger«.[86]

Fast formelhaft erscheint in den Klagen gegenüber den Ehrverletzern vor dem Dorfgericht dann die Aufforderung der Beschimpften, der Beklagte solle den Wahrheitsgehalt seiner Beschuldigung beweisen. Gelang das nicht, was die Regel war oder auch kaum ernsthaft versucht wurde, wurde mit der Rücknahme der Beleidigung und der Bestrafung des Beleidigers die Ehre wiederhergestellt.[87] Ein Niersteiner Gerichtsprotokoll vom Dezember 1656 zeigt das beispielhaft: Adam Franckh, der betrunken einen Mann der Unzucht bezichtigt und einen anderen geschlagen hatte, gestand, »Borngeßers sohn ein hurenjäger geheißen zuhaben. Wüßte aber nichts weniger als eine ungebührliche unzucht von ihme, seye truncken geweßen«, woraufhin für die Beleidigung und die Gewaltanwendung eine Geldstrafe verhängt und ausdrücklich im Urteil festgehalten wurde, dass er die »scheltwortt – alß daz er Borngeßers sohn ein hurenjäger, aber nicht die uffgelegte unzucht und aber nichts bößes von ihme sagen könne – gestanden« und er deswegen »umb verzeihung bitten, nichts als liebs, guts ferner von ihm sagen, auch alles handtreulichen angeloben solle«.[88]

Wer in den Gemeinden an Mosel und Mittelrhein in der ersten Hälfte des 17. Jhs. als »Hexe« oder »Hexenmeister« beschimpft wurde, musste sich sehr genau überlegen, ob sie oder er den Beleidiger zum Beweis der Beschuldigung vor das Gericht zog, da die Gefahr bestand, in einen Hexereiprozess mit häufig tödlichem Ausgang verwickelt zu werden. Im 18. Jh. zählte die Beschimpfung als Hexe zu den selteneren Formen der Beleidigung, wurde aber wie etwa in Eich 1769, wo eine Frau der Hexerei bezichtigt wurde, weil ein Kind die Mutterbrust nicht annahm, wie gewöhnliche Verbalinjurien behandelt.[89]

Die Anwendung von Gewalt wurde als Möglichkeit angesehen, die verletzte Ehre wieder herzustellen. Angeklagt, Christian Benders Frau, ihre – wie sich erst bei näherer Lektüre des Protokolls erschließt – Schwester, geschlagen zu haben, verteidigte sich 1769 Rudolf Beckers Frau in Alsheim, sie sei zuerst als Hexe beschimpft worden, deswegen habe sie geglaubt, sich zur »Salvirung ihrer Ehr [...] mit solcher Schlägaustheilung revangiren« zu dürfen. Die Gewalt war demnach nicht im Affekt passiert, sondern bewusst angewendet worden. Möglicherweise kam der Fall nur deshalb vor Gericht, weil die Beckerin ihre Schwester »mit empfindlichen schlägen übel tractiret« hatte, also über ein vielleicht akzeptiertes Maß deutlich hinausgegangen war. Auch in der Eifel hatte sich 1570 eine Frau gegen einen Mann, der sie angeblich als Hexe angezeigt hatte, tätlich zur Wehr gesetzt, ihn mit Steinen beworfen, »innen mit den haren erwischet, under sich nidergeworfen«.

Übergriffe auf das Eigentum stellten in allen untersuchten Dörfern im Hunsrück, in der Eifel und im heutigen Rheinhessen das häufigste Motiv für Gewalteinsatz dar. Diese Form der Gewaltanwendung konnte sogar obrigkeitlich akzeptiert sein, wie etwa 1778 in der Eifel, wo der Amtmann den Bauern erlaubte, »jedermanne, der sie auf seinen Gütheren antreffen würde, selbige wacker abzuprügeln«, nachdem eine Frau immer wieder beim Grasdiebstahl auf deren Wiesen erwischt worden war. Wie in diesem Fall handelte es sich bei dem gefährdeten Eigentum oft um Objekte geringen Wertes oder um hinsichtlich der Eigentümerschaft umstrittene Besitz- und Nutzungsansprüche: Apfelbäume auf Grundstücksgrenzen, im Garten des Nachbarn gelegte Eier oder entlaufene Enten konnten Gewaltaktionen auslösen, die in ihrer Vehemenz kaum im Verhältnis zum Wert des umstrittenen Gutes zu stehen schienen.

Die Gerichtsvertreter mussten wiederholt darauf hinweisen, dass den Geschädigten die gewalttätige Regulierung solcher Eigentumsübergriffe nicht zustand: »alldieweylen alles Schlagen gegen des gemein Völckerrecht laufet ihm auch wohl bekannt daß solches verbotten«, wurde der Eicher Hans Velten Schilling 1733 bestraft, nachdem er ein 15-jähriges Mädchen, weil sie ihm ein Ruder weggenommen habe, geschlagen hatte.[90]

Im realen wie im übertragenen Sinn wurden mit der Anwendung von Gewalt Grenzziehungen vorgenommen. Die Übergriffe können als Versuche gewertet werden, Ansprüche sowohl auf die Zuteilung von Gütern als auch auf die Anerkennung persönlicher Integrität festzuschreiben. Die Verteidigung von Eigentum und Ehre ist angesichts allgegenwärtiger Knappheit an materiellen Ressourcen und der existenziell notwendigen Aufrechterhaltung der sozialen Reputation zu den grundlegenden Elementen dörflichen Zusammenlebens zu zählen.

In der Familie und im eigenen Haushalt war Gewaltanwendung legitim, wenn sie sich im allgemein akzeptierten Rahmen hielt. Nur wenn ein Mann seine Frau »nicht wie ein braffer mann« schlug, »sondern wie ein schelm«, wenn er gegen Familienangehörige, außer der Frau oft auch Eltern oder Schwiegereltern, oder das Gesinde unverhältnismäßig brutal vorging, konnte er vor Gericht belangt werden.[91]

Streit um Herrschaft und Macht in den Dörfern

Ebenso wie für die Thematik der sozialen Beziehungen und Konflikte in der ländlichen Gesellschaft lässt es die Forschungslage – und ebenso die Quellenlage – zu, auch Fragen der Herrschaftsdurchsetzung und der Auseinandersetzungen um Herrschaft für die Dörfer mehr aus einer innerdörflichen Perspektive zu betrachten. Angesichts der Überschaubarkeit dörflicher »face-to-face-Gesellschaften«, wo jeder jeden kannte und in ein differenziertes Beziehungsgeflecht eingebunden war, und angesichts der geringeren sozialen Distanz stellen sich Fragen nach der Legitimität herrschaftlichen Handelns in einem anderen Kontext als in den stärker ständisch gegliederten und aufgrund der Bevölkerungsgröße anonymeren Stadtgesellschaften. Das gilt besonders dann, wenn es um Vertreter der Herrschaft vor Ort geht, die selbst Angehörige der Dorfgesellschaft waren. Daher kann die Betrachtung der Herrschaft *in* der ländlichen Gesellschaft der Analyse von Herrschaft *über* die ländliche Gesellschaft zur Seite gestellt werden.

Die ländliche Bevölkerung der Frühen Neuzeit unterlag immer noch dem aus der Zersplitterung der mittelalterlichen Grundherrschaft herrührenden Gemisch von Herrschaftsansprüchen, die Forderungen nach Gehorsam, Leistungen und Abgaben legitimierten: Grundherrschaft, Gerichtsherrschaft, Leibherrschaft und Zehntherrschaft, die sich in unterschiedlicher Intensität auf das Leben der Landbewohner auswirkten. Daran änderte auch der entstehende Territorialstaat nichts, der seine Landesherrschaft gerade auf der Ansammlung dieser segmentierten Herrschaftsrechte, insbesondere der Gerichts- und Leibherrschaft, aufbaute. Als Herrschaft empfanden die Menschen wohl spätestens ab dem späten 15. Jh. vor allem die Landesherrschaft, die »Schutz und Schirm«, Gebot und Verbot ausübte und trotz der Weiterexistenz anderer mittelalterlicher Herrschaftsbeziehungen die weitestgehende Verfügungsgewalt über Land und Leute innehatte.[92]

Die wohl bekannteste Auseinandersetzung um Herrschaft auf dem Land dürfte der Bauernkrieg von 1524/25 sein. Er erfasste vor allem den pfälzischen und rheinhessischen Teil des heutigen Bundeslandes. Vom Elsass aus griff die Bewegung auf die linksrheinischen kurpfälzischen Ämter Germersheim und Neustadt und die Grafschaft Leiningen über. Ausgangspunkt scheint nach Aussage des zeitgenössischen Chronisten Peter Harer Nussdorf bei Landau gewesen zu sein, wo am 23. April 1525 »alter Gewonheit nach Kirchweyhe darinn gehalten ward unnd mehrentheils von den umbligenden benachbarten Orten besucht worden« sei. Bei dieser Gelegenheit war es zum Entschluss gekommen, einen »newen Hauffen auffzuwerffen«, der nach dem Vorbild der im rechtsrheinischen Südwestdeutschland aktiven Bauernhaufen die Forderungen der aufständischen Landbevölkerung gegen Adel und Kirche mit Gewalt durchsetzen sollte. Wenige Tage später kam es zur Gründung des »Bockenheimer Haufens« durch leiningische Bauern, die über die Dörfer in Richtung Norden zogen, im Umland von Worms zwei Klöster und ein Stift angriffen und beim Weitermarsch etliche Mitkämpfer aus den Dörfern des Oberamts Alzey rekrutierten. Bei einer ersten Schlacht bei Westhofen gegen kurpfälzische Truppen ergab sich nur ein Teil der Bauern, der größere Teil konnte entkommen und sich mit einem zweiten Bockenheimer Haufen in Wachenheim an der Haardt verbinden. Verhandlungen mit Kurfürst Ludwig, der gegen das Versprechen der Bauern, in die Dörfer zurückzukehren, einen Landtag zur Beseitigung der bäuerlichen Beschwerden zugesagt hatte, blieben letztlich ergebnislos. Am 23. und 24. Juni besiegte das Heer des Kurfürsten von der Pfalz die in Pfeddersheim bei Worms zusammengezogenen bäuerlichen Truppen. 4.000 der 8.000 kämpfenden Bauern sollen schon am ersten Tag erschlagen worden sein, 800 am nächsten Tag, 30 nichtpfälzische und 24 pfälzische Untertanen sowie vier Pfeddersheimer Bürger wurden hingerichtet, die restlichen Überlebenden gegen Strafzahlungen begnadigt. Damit war der bäuerliche Aufruhr in der Region beendet. Gleichzeitig veranlasste die Niederlage auch die Rücknahme der an die Bürger von Worms und Speyer gemachten Konzessionen.

Im linksrheinischen Raum hatte nur die pfälzische Erhebung ein mit den südwestdeutschen Aufständen vergleichbares Ausmaß. Zwar erreichte der Bauernkrieg auch Kurtrier: So vereinigten sich 1525 die Hintersassen der Klöster St. Maximin, St. Matthias und St. Martin bei Trier, um ihre Forderungen gegenüber ihren Grundherren durchzusetzen. Durch einen Vergleich wurde die Situation aber schon früh wieder befriedet, so dass es beim Rundritt des neuen Abtes Petrus Olevian von St. Matthias im Jahr 1526 nur zu vereinzelten Huldigungsverweigerungen, nicht aber zu grundsätzlicher Ablehnung kam. Im gesamten Hunsrück-Nahe-Raum kam es ebenso wenig zu Massenerhebungen wie im Westerwald. Am Mittelrhein wurden vor allem die Städte vom Einfluss der aufständischen Rheingauer Bauern erfasst, während es in den Dörfern eher ruhig blieb.

Die Quellenlage lässt eine eingehende Analyse der Beweggründe der aufständischen Landbevölkerung für diesen Raum nicht zu. Wie im rechtsrheinischen Südwestdeutschland dürften Forderungen nach Verringerung und Begrenzung grund-, leib- und zehntherrschaftlicher Belastungen und von der reformatorischen Bewegung herrührende Ideen wie die freie Pfarrerwahl durch die Gemeinden eine Rolle gespielt haben.[93]

Auch nach der Niederlage von 1525 verteidigte die Landbevölkerung ihre Interessen gegen Zumutungen der Herrschaft, wenn es auch nur noch selten zu organisierten gewaltsamen Aktionen kam. Vielmehr ist in zahlreichen Territorien eine Form der Konfliktaustragung zu beobachten, die über schriftliche Beschwerden, die Einsetzung von Kommissionen, Petitionen und Suppliken an den Landesherrn und schließlich – je nach herrschaftlicher Zugehörigkeit – Klagen bei den Lehnsherren der Herrschaft, vor dem Reichskammergericht oder dem Reichshofrat die Tendenz zu einer »Verrechtlichung« aufweist, häufig aber auch von Aktionen begleitet war, die den den Untertanen zugebilligten Handlungsspielraum deutlich überschritten. Organisationsebene dieses kollektiven Widerstands gegen herrschaftliches Agieren war in der Regel die Dorfgemeinde.

Exemplarisch für diese in den letzten Jahrzehnten gut erforschten Aktionsformen können die Neuwieder Auseinandersetzungen und Prozesse zwischen 1659 und 1792 stehen. Bereits nach dem Dreißigjährigen Krieg war es in der Grafschaft Wied wegen der Erhebung neuer Steuern zur Begleichung von Schulden des Grafen und wegen hoher Belastungen durch Frondienste, die auf den Baustellen für eine neue Residenz und eine neue Burg geleistet werden mussten, zu Unruhen in der nach dem Krieg verminderten und damit umso stärker belasteten ländlichen Bevölkerung gekommen. 1659 nahmen die Auseinandersetzungen Formen an, die Zeitgenossen von einem »Wiedischen Bauernkrieg« sprechen ließen. Einer bewaffneten Demonstration, mit der sie der Übergabe einer Supplik an den Grafen Nachdruck verleihen wollten, folgten Fron- und Abgabenverweigerungen. Auf den Versuch der Pfändung hatten die Untertanen mit Gewaltandrohung reagiert. Nach anhaltenden Auseinandersetzungen, bei denen der Graf von Trierer und Kölner Truppen, die Bauern von Kurpfalz als dem Lehnsherrn des Grafen unterstützt wurden, und einem Reichshofratsbescheid zugunsten des Grafen unterwarfen sich die Bauern im September 1661 unter Anerkennung der ungünstigsten Bedingungen, möglicherweise um so die Besetzung durch Kölner Truppen loszuwerden. Zwei Rädelsführer aus dem besonders »radikalen« Dorf Selters wurden wegen der Vertreibung der mit der Pfändung beauftragten Personen und von Kölner Soldaten, bei der Schüsse gefallen sein sollen, gehenkt.

Verlauf und Ausgang dieser Erhebung dürften allen Beteiligten noch bekannt gewesen sein, als die wiedischen Untertanen 1714 vor dem Reichskammergericht einen Prozess gegen ihren Grafen anstrengten. Hintergrund war der Streit um die Eigentums- und Nutzungsrechte am Wald. Auslöser für die Klage war im Herbst 1713 die Einführung eines »Eckergeldes«, das für die Schweinemast im Anhäuser Wald erhoben werden sollte. Repressalien des Grafen gegen die prozessführende Gemeinde Anhausen führten zu einer erweiterten Klage mehrerer Kirchspiele, die nun auch die Belastungen mit Frondiensten und Steuern zum Gegenstand hatte. Es folgten Jahre, in denen Abgaben- und Dienstverweigerungen der Untertanen Pfändungen und Einquartierungen von Soldaten nach sich zogen, die wiederum auf erhebliche Gegenwehr stießen. Selbst die persönliche Präsenz des Grafen konnte die Landbevölkerung nicht schrecken: 1721 wurde er »respektlos« beschimpft, 1723 sogar von Bauern mit erhobenen Prügeln eingekreist. Das Reichskammergericht urteilte im Sinne der Obrigkeit, gab bereits 1721 dem Grafen in allen Punkten Recht und drang in einem »Exekutionsmandat« im Jahr 1723 auf die Umsetzung des Urteils.

Zehn Jahre später führten Frondienste und durch den Polnischen Thronfolgekrieg bedingte höhere Steuern und Abgaben erneut zu Widerspruch. Vor allem aber erboste die Bauern der in einem bislang unbekannten Ausmaß gesteigerte Zugriff auf die Holzressourcen der umliegenden Wälder, durch deren Verkauf die gräflichen Einnahmen erheblich gesteigert wurden. 1737 wurde nicht mehr nur Widerstand gegen die Strafen für »Holzfrevel« geleistet, der von den Untertanen als ihr gutes Recht, von der Herrschaft aber als ein Eigentumsdelikt angesehen wurde. Erstmals versuchten die Dorfbewohner jetzt nämlich die herrschaftlichen Holzfäller aus den Wäldern zu vertreiben. In der Folge wurde unter Militärschutz Holz gefällt und scharf auf Störer geschossen. Auch das Eingreifen der Kurpfalz als Lehnsherr des Grafen und bereits traditionell als Unterstützer der Bauern konnte die Spannungen nicht beseitigen, sondern fachte sie im Gegenteil noch an. Immerhin konnte diesmal vor dem Reichskammergericht ein Erfolg erzielt werden: 1748 urteilte das Gericht, dass der Graf nur 2.000 Reichstaler jährlich an Steuern erheben dürfe und alles, was seit 1719 zuviel gezahlt worden sei, zurückzahlen müsse. Allerdings hielt sich Graf Friedrich Alexander nicht an diese Vorgabe und forderte bis in die 1790er Jahre die fünffache Summe ein.

Die Aktionsformen des »bäuerlichen Widerstandes«, wie diese Formen der Auseinandersetzungen zwischen Herrschaft und ländlichen Untertanen in der Forschung genannt werden, finden sich in vielen Konflikten dieser Art in ähnlicher Weise wieder. Herrschaftlichen Belastungen, die als nicht gerechtfertigt angesehen wurden, wurde mit Verweigerungen begegnet, darauf folgenden Zwangsmaßnahmen mit offenem Widerstand. Parallel dazu wurde eine juristische Lösungsstrategie eingeschlagen mit der Einbeziehung des Reichskammergerichts oder des Reichshofrats, manchmal wurde auch versucht, wie im Fall Wied, über den Lehnsherrn der Herrschaft Einfluss zu nehmen. Voraussetzung war ein Bündnis der Protestierenden, das meist auf Gemeindeebene organisiert war und mit rituellen Versicherungen gegenseitiger Solidarität bekräftigt wurde. Außenseitern, die sich den Beschwerden und Aktionen nicht anschließen wollten, drohten Sanktionen. In das strategische Kalkül wurden häufig auch Frauen und Kinder einbezogen. Als im Juli 1722 Soldaten Vieh von der Ehlscheider Gemeindeweide pfänden wollten, »seint die Weiber hauffenweis hinzugekommen, Gewalt über Gewalt geschryen und Hülff Hülff geruffen [...] daß dadurch im Dorff Selters alles allert worden, und sie Weiber fast alle mit ihrem Gesindt und erwachsenen Kindern zugelauffen kommen, ist das Vieh denen Executanten nicht allein abgejaget, sondern mit großem Geschrey in den Busch getrieben worden«. Gerade der oft über Jahrzehnte sich hinziehende Prozessverlauf legitimierte offensichtlich in den Augen der Untertanen auch direkte Aktionen, mit denen Rechtsansprüche untermauert oder auch vor einem abschließenden Urteil eingefordert wurden.[94]

Sind diese Auseinandersetzungen um die Herrschaft über die ländliche Gesellschaft als direkt gegen die Landes- und Ortsherren gerichteter Widerstand der Untertanen zu verstehen, durch den das Herrschaftsverhältnis oder zumindest die Handlungskompetenzen der Obrigkeit grundsätzlich in Frage gestellt wurden, so sind in weitaus höherer Zahl Konflikte zu rekonstruieren, die sich aus der konkreten Ausformung der Herrschaftspraxis vor Ort ergaben und sich oft an Interessenkonflikten entzündeten, aber meist keine grundlegende Ablehnung landesherrlicher Politik als Ursache hatten. Dabei kann unterschieden werden zwischen Auseinandersetzungen mit Vertretern der Herrschaft, die als Amtleute oder Beamte räumlich eng mit der ländlichen Gesellschaft verbunden, aber eben nicht Teil von ihr waren, und solchen mit Repräsentanten der Herrschaft, die aus der Gemeinde stammten und meist auch die Interessen der Dorfbevölkerung (und die ihrer eigenen Familie und sozialen Schicht) vertraten.

Die Amtsführung der herrschaftlichen Beamten vor Ort stand immer unter Beobachtung. Unzufriedenheit äußerte sich häufig in Beschwerden an die mittleren oder oberen landesherrlichen Behörden, in denen über Amtsmissbrauch, persönliche Defizite der Lebensführung oder über unangemessen autoritäres Verhalten geklagt wurde. 1679 etwa drohten die Untertanen der Grafschaft Virneburg in der Eifel, das Land zu verlassen, weil sie von dem »Ambtmann allhier so ganz keine Hulf noch Furrettung und seiner ubeller Regierung nicht weniger Ursach zu klagen haben«. Sollten sie keinen anderen Amtmann bekommen, so »werden müssen wir arme trostlose Leut unser Weib und Kinder bey der Hand nehmen und das Land also quitiren«. Als Ursache der Unzufriedenheit gaben sie die mangelnde Vertrautheit des Beamten mit den lokalen Verhältnissen an: »dan die weyt herkommende junge Ambtleut wissen wider deß Landes Sitten noch Gelegenheit, dardurch das ganze Land in große Verderbnus komet«. Die Beschwerden über einen Nachfolger des jungen Beamten im Jahr 1693 ähneln denen vieler anderer vergleichbarer Fälle: Der Amtmann hinterziehe Gelder, behandle die Bauern grob, handele nach seinem Eigennutz und praktiziere Wucher. Auch das gesamte 18. Jh. ist durchzogen von Klagen der Virneburger gegen ihre vorgesetzten Beamten. 1705 klagte ein Retterather Bauer, dem Steuerhinterziehung vorgeworfen worden war, der Amtmann habe »mit Fußen nacher mir getretten, [mich] die Treppe hinunter unmenschlich gestoßen, [...] somit den Haaren ergriffen und vor ingrimmigem Zorn gleich unsinnig zu Boden gerißen«. 1744 bis 1746 führten die Virneburger Untertanen Klage gegen den Amtmann wegen Korruption, persönlicher Bereicherung und der Verletzung alter Rechte. Selbst die Grafen bescheinigten ihm eine »despotische Amtierungsart«.[95]

Häufig führten Kompetenzstreitigkeiten zwischen den landesherrlichen Beamten und den dörflichen Schultheißen und anderen Amtsträgern, die einerseits herrschaftliche Verwaltungsfunktionen zu übernehmen hatten, andererseits aber auch die Gemeinde gegenüber der Obrigkeit vertraten, zu anhaltenden Konflikten. 1701 beschwerten sich der bereits erwähnte Heßlocher Unterschultheiß Peter Gart und die Gerichtsschöffen über den dalbergischen Oberschultheiß, er verursache durch in die Länge gezogene Gerichtsverhandlungen den Beteiligten übermäßige Kosten, die durch sein »überflüssiges essen und trincken« noch gesteigert würden, kassiere für die Herrschaft eingenommene Strafgelder »für seinen eigenen sack«, behalte die als Abgabe an Dalberg gedachten »Fastnachtshühner« für seinen eigenen Haushalt, betrinke sich ständig, lasse sich, wenn er in der Gemeinde sei, »allezeit das beste essen und trincken ja gebratenes und gesottenes herbey schaffen« und halte mit dem lutherischen Pfarrer des Nachbarortes, »unßerem Antagonisten«, Gelage, bei denen er sich dann so »vollsauffe, daß er auff kein fuß stehen kann«. Zudem erweise der Oberschultheiß Gart als örtlichem Schultheißen keinen Respekt und wiegele die Dorfbewohner gegen ihn auf.

In den 1790er Jahren entspann sich – wie ebenfalls bereits erwähnt – eine Auseinandersetzung zwischen dem jungen Gimbsheimer Unterschultheißen Nicolaus Mahlerwein und dem landesherrlichen Oberschultheißen Caspar Matthias Guerdan. Mahlerwein hielt Guerdan vor, er beziehe falsche Diäten, habe Holzdiebstahl begangen, mit Schmugglern gemeinsame Sache gemacht und führe ein unsittliches Leben. So sei er in Worms mit seiner »sündhaften Nebenliebe« aus »dem Bette ausgehoben« und auf der Bürgerwache festgesetzt worden und ein weiteres Mal, dann aber »auf Geheiß der Frau Oberschultheißin«, »bei der beischläferin nächtlicher weil ausgehoben und so nach Haus getragen« worden.[96]

Neben dem zweifellos praktizierten Amtsmissbrauch der Beamten, ihrer auch durch das System bedingten Korruptheit und persönlichen Defiziten dürften solche Beschwerden auch in der Schwierigkeit begründet sein, herrschaftliche Ansprüche vor Ort durchzusetzen, zumal wenn es sich um Neuerungen handelte, die nicht im Einklang mit der »alten Gewohnheit« standen. Zumindest im 18. Jh. waren vielerorts Versuche der Landesherrschaft zu erkennen, die Gemeindeautonomie und somit auch die Kompetenzen der kommunalen Amtsträger zurückzudrängen. Vertreten musste diese Politik, seien es Einschränkungen der Gemeindeversammlungen, Zugriff auf Allmenden und kollektive Rechte oder Erhöhungen und Neueinführungen von Abgaben und Steuern, eben der Amtmann vor Ort. Das wurde nicht unwidersprochen hingenommen, und so sind viele dieser Auseinandersetzungen auch zu deuten als Versuche, landesherrlichen Übergriffen Grenzen zu setzen.

Spielte bei diesen Konflikten häufig auch die soziale Distanz zwischen landesherrlichem Beamten und ländlicher Gesellschaft eine Rolle, so sind die Auseinandersetzungen um Macht und Herrschaft, die inmitten der dörflichen Gesellschaft geführt wurden, also zwischen den aus der Gemeinde erwählten Amtsträgern und den Dorfbewohnern, gerade durch die soziale Nähe der Kontrahenten gekennzeichnet. Die Stellung dörflicher Amtsträger, die einerseits als Vermittler landesherrlicher Anordnungen, Einnehmer von Abgaben sowie Richter und Schöffen auf die Durchsetzung obrigkeitlicher Ordnungsvorstellungen verpflichtet waren, andererseits aber als Vertreter ihrer Gemeinde der Herrschaft gegenüber durchaus eigenständig auftraten und überdies mit den von ihnen »verwalteten« Untertanen verwandt, benachbart, befreundet oder seit langem zerstritten waren, war in ihrer Mehrdeutigkeit besonders konfliktanfällig. Über ihre Amtsausübung wurde öffentlich diskutiert, ihre Verwaltungstätigkeit und vor allem ihre Rechtsprechung mussten den dörflichen Vorstellungen von guter Ordnung ebenso wie den von der Herrschaft gesetzten Leitlinien entsprechen. Das konnte zu lautstark vorgetragener – und so aktenkundig gewordener – Kritik führen. Velten Fluhr stand in Eich 1736 vor Gericht, weil er nicht nur den landesherrlichen Oberschultheiß als »ein Dick und Madensack« bezeichnet, sondern auch über Unterschultheiß und Schöffen gesagt hatte, dass »manche am galgen hencketen die nicht so viel verursachet alß wie sie gethan hetten«. Die »Gerichten wehren alle hundte«, »hunsfüther«, »spitzbuben«, die Liste der Beschimpfungen ließe sich endlos fortsetzen. In diesen Ehrverletzungen drückte sich eine Missachtung der Autorität der Amtsträger aus, deren Ursache oft gut zu erkennen ist: Reiche Bauern ließen sich von ärmeren Amtsinhabern nichts sagen, ältere Delinquenten kritisierten das jugendliche Alter der Schöffen, ein Müller und Mehlhändler musste sich anhören, er sei »mehr ein sackträger und ein Handelsmann als ein Ortsvorstand«. Die Erstellung von Abgabenregistern war besonders konfliktträchtig: Die »gerichte stiehlen ihnen die herrschaftlichen gelder ab«, sie seien »Diebe und Schelmen«. Von dem Dorfgericht verhängte Strafen wurden den Urteilern übel genommen, sie wurden in Gemeindeversammlungen oder auf offener Strafe beschimpft, oder Geschäfte, die mit ihnen vereinbart waren, wurden abgebrochen. Feldschützen, die begangene Straftaten meldeten, bekamen Fenster eingeworfen oder wurden bedroht. Wenn auch widerständiges Verhalten dieser Art, wie es hier aus dem 18. Jh. für die kurpfälzische Gemeinde Eich rekonstruiert wurde, nicht der Regelfall, sondern die Ausnahme war – für Eich können 63 solcher Beleidigungsklagen für die Jahre zwischen 1720 und 1793 nachgewiesen werden –, zeigen freilich die Reaktionen der Amtsinhaber, dass sie auch unterhalb der justiziablen Ebene ständig mit Akzeptanzproblemen zu kämpfen hatten. So resignierte der Eicher Unterschultheiß Adam Demel 1784 fast: Wenn er sich »von denen untergebenen in jeden fällen, wo er die herrschaftlichen befehlgen befolgen solle, auf öffentlicher straße beschimpfet und beschämet sehen müsste, so wäre ihm das Vorstandsamt ein sehr beschwerlich und empfindliches«. Auch der mit Prügel und Totschlag bedrohte Feldschütz klagte, »wenn Er Schütz also bey seinen Schützendienstverrichtungen auf dem feldt vor solch zügellosen Burschen nicht sicher seyn sollte, so könne er seyn amt aus furcht elendig auf dem feld ohne beyhülfe anderer Leuthe geschlagen zu werden nicht versehen«.

Auseinandersetzungen dieser Art zeigen nicht nur, dass herrschaftliches Handeln auf der untersten Ebene nicht unwidersprochen blieb, sondern stets einem gewissen Legitimationsdruck ausgesetzt war. Dörfliche Amtsträger mussten sich vor der Dorföffentlichkeit verantworten, ihr Agieren musste in Einklang mit dörflichen Ordnungsvorstellungen stehen, die nicht unbedingt deckungsgleich mit den Vorstellungen der Obrigkeit waren. Konflikte um die Ausübung lokaler Herrschaft sind auch ein Hinweis auf soziale Spannungen im Dorf, die besonders dann sichtbar werden, wenn die dem Amtsinhaber obrigkeitlich verliehene Autorität sich nicht mit seinem dörflichen Ansehen deckte. Das wird etwa an dem erwähnten Müller und Mehlhändler Demel deutlich, der in einem überwiegend reformierten Dorf als Katholik von der katholischen Obrigkeit eingesetzt worden war und der zudem nicht auf eine lange Ortsansässigkeit verweisen konnte. Das lässt sich aber auch in den Fällen vermuten, in denen der Amtsträger auf Widerspruch stieß, weil er zu sehr die Interessen seiner eigenen sozialen Schicht verfolgte, wie etwa der Gimbsheimer Unterschultheiß Mahlerwein, der die Aufteilung der Viehweide verhindern wollte.[97]

Die Durchsetzung von Herrschaft vor Ort war abhängig von subjektiven Faktoren, sozialen Konstellationen, von den Vorstellungen, die sich die beteiligten Akteure auf beiden Seiten von sozialer Ordnung machten. Die Amtsträger standen ständig in einem Spannungsfeld zwischen den Anforderungen der Landesherrschaft, der Gemeinde, der Dorfgesellschaft und nicht zuletzt ihrem Eigeninteresse. Um zwischen diesen Interessenlagen einigermaßen vermitteln zu können, musste der Amtsträger über eine soziale Reputation, eine ökonomische Grundlage und innerdörfliche Vernetzungen verfügen, die den Vorstellungen, die eine Dorfgesellschaft von den Grundlagen einer Amtsausübung hatte, entsprachen. War das nicht der Fall und wurden die Dorfvorstände zu einseitig nach obrigkeitlichen Kriterien eingesetzt, dann konnte herrschaftliches Handeln schnell an seine Grenzen gelangen.

5. Juden

Vertreibungen

Erstarkende Zünfte, die sich ihrer Konkurrenz entledigen wollten, der steigende Anteil nicht-jüdischer Kaufleute am Handel und am Kreditwesen, durch den die Juden an Bedeutung für das Funktionieren des Wirtschaftssystems verloren, dadurch sinkende Steuereinnahmen, sicher auch das Interesse an ihren zurückgelassenen Gütern, all das waren Ursachen für die Vertreibungen der Juden aus vielen Territorien und Städten im 15. Jh.: 1418 aus Kurtrier, 1438 aus der Stadt Mainz, 1470 aus ganz Kurmainz. Diese vorwiegend ökonomischen Motive blieben auch im 16. Jh. virulent, wurden aber zusätzlich überlagert von gesteigerter religiöser Intoleranz, die nicht zuletzt auf die reformatorische Bewegung zurückzuführen ist. Nachdem sie im 15. Jh. in Speyer abwechselnd verbannt und wieder zugelassen worden waren, war die erneute Vertreibung der jüdischen Einwohner aus der Reichsstadt 1534 langfristig wirksam. Im Hochstift Speyer waren im Spätmittelalter bis zu ihrer Vertreibung 1517 nur in Deidesheim Juden ansässig. In Kurmainz wurde 1507 erneut eine Ausweisung beschlossen, die aber nicht umgesetzt wurde. 1545 forcierte das Domkapitel eine weitere Vertreibungsdiskussion, die zumindest in der Stadt Mainz vorübergehend zum gewünschten Ergebnis führte. 1557 ließ Herzog Wolfgang die Juden aus Pfalz-Zweibrücken vertreiben und gab ein Jahr später seinen Nachfolgern in seinem Testament auf, auch in Zukunft nie mehr Juden das Aufenthaltsrecht im Herzogtum zuzugestehen. 1576 wurden die Juden aus der Kurpfalz und wohl auch aus einigen ritterschaftlichen Dörfern vertrieben. Auch der Trierer Erzbischof weitete die erneute Ausweisung 1573 auf in seiner Region liegenden ritterschaftlichen Besitz aus. Während in den Territorien im 17. Jh. keine Versuche mehr unternommen wurden, die Juden auszuweisen, kam es in den Reichsstädten Worms und Speyer am Anfang und am Ende des Jahrhunderts noch zu Vertreibungen. In Worms, wo im 15. und 16. Jh. trotz einiger Versuche keine Vertreibungen stattgefunden hatten, weil die Juden im dreifachen Schutz des Kaisers, des Bischofs und der Stadt standen, kam es – was noch eingehender zu beschreiben ist – 1615 zu pogromartigen Unruhen, in deren Folge die jüdischen Einwohner die Stadt verließen, um allerdings ein Jahr später wieder zurückzukehren. 1688 wurden auf Betreiben der Zünfte die Speyrer Juden ausgewiesen und auch in den Jahren des Wiederaufbaus nach der Stadtzerstörung 1689 nicht mehr zugelassen.[98]

Wiederansiedlungen

Fast parallel zu den Vertreibungen setzten andernorts im 16. Jh. Wiederansiedlungen von Juden ein. Landesherren und städtische Obrigkeiten erkannten die wirtschaftlichen Vorteile jüdischer Präsenz. Auf Steuern und Abgaben der Juden wollte man ebenso wenig verzichten wie auf ihre finanziellen und händlerischen Dienstleistungen und Kontakte. Selbst die aus Konkurrenzgründen den Juden häufig feindselig gegenüberstehenden Bürgerschaften konnten sich diesen Argumenten nicht immer verschließen. Als 1517 die Landauer Zünfte vor die Wahl gestellt wurden, zur Auslösung aus der Pfandherrschaft des Bischofs von Speyer eine Sondersteuer auf alle Haushalte auferlegt zu bekommen »oder aber X par Juden annemen, die jerlichen iii C gulden geben sollten«, stimmten Schneider, Metzger und Schmiede dieser Variante städtischer Geldbeschaffung mehrheitlich zu, wohingegen die Schuhmacher die Aufnahme von Juden ablehnten. In Mainz wurde versucht, durch die verstärkte Ansiedlung von Juden in den Vororten Vilsbach und Weisenau und nur in ganz geringem Ausmaß in der Stadt selbst den landesherrlichen Interessen an der Präsenz finanzstarker Juden und gleichzeitig der ablehnenden Haltung der Bürgerschaft gerecht zu werden. Auch in Trier siedelten sich Juden eher in der direkten Umgebung als in der Stadt an. Gerade die für die Bedürfnisse des Hofes und des Adels wichtigen Leistungen im Luxuswarenhandel und in der Kreditwirtschaft verschafften den jüdischen Händlern meist die Rückendeckung des Kurfürsten gegenüber den Beschwerden der Zünfte. Die für die Wirtschaft des gesamten Kurstaats notwendigen Vermittlungsfunktionen der jüdischen Händler machte man sich in Kurtrier durch die Ansiedlung in Koblenz, Cochem und Oberwesel zunutze. Selbst im nach dem Testament Herzog Wolfgangs so abweisenden Pfalz-Zweibrücken wurde die Ablehnungspolitik nur teilweise aufrechterhalten. In den Oberämtern Bergzabern, Lichtenberg und Meisenheim wurden Juden wieder zugelassen, in der Residenz und dem Oberamt Zweibrücken blieben sie allerdings bis zum Ende des 18. Jhs. unerwünscht. Ähnlich konsequent in der Ablehnung blieb die Hintere Grafschaft Sponheim.

Als nach 1648 zur Wiederbesiedlung der Kurpfalz mit der zwölfjährigen Befreiung vom Schutzgeld auch jüdische Familien in die Residenz Mannheim gelockt werden sollten, wurden offenbar auch im linksrheinischen Teil der Pfalz Juden mit obrigkeitlicher Unterstützung angesiedelt: Nur 20 der 31 jüdischen Familien, die zwischen 1649 und 1660 in 21 Dörfer und Städte des Oberamtes Alzey kamen, wurden von den Gemeinden aufgenommen, die restlichen elf mit »Bewilligung der kurpfälzischen Kanzley«, also auf Initiative der Regierung.[99]

Juden in Stadt und Land

Insgesamt führte die Verdrängung der Juden aus den Städten zu einer Verlagerung ihres Siedlungsschwerpunktes in Kleinstädte und Dörfer. Auf fast 90 % wird der Anteil der Landjuden im 17. und 18. Jh. geschätzt, so dass von einer Verländlichung des Judentums als Signum der Frühen Neuzeit gesprochen werden kann. In 30 der im heutigen Rheinland-Pfalz liegenden 77 frühneuzeitlichen Städte lassen sich für die Zeit zwischen 1500 und 1800 keine Juden nachweisen. In den meisten Städten lebten weniger als fünf jüdische Familien. Für das 17. Jh. sind nur in Speyer zwischen sechs und zehn Familien nachweisbar, mehr als zehn Familien in Worms, Mainz, Trier und Neuwied. Im 18. Jh. stieg die Zahl der in den Städten lebenden Juden wieder deutlich an. Zwischen sechs und zehn Familien werden jetzt in Alzey, Bacharach, Ems, Frankenthal, Grünstadt, Landau und Montabaur gezählt, zumindest zeitweise mehr als zehn Familien in Worms, Mainz, Oppenheim, Bingen, Koblenz, Neuwied, Kreuznach, Bendorf und Bergzabern. Große Judengemeinden existierten nur in Worms und Mainz. Für Worms, eine der wichtigsten Städte für das europäische Judentum, wird die Zahl der jüdischen Einwohner um 1500 auf 250 Personen, um die Mitte des 16. Jhs. auf 300 Personen geschätzt, das entsprach einem Anteil von ungefähr 6 % an der Stadtbevölkerung. Sogar 759 Juden in 95 Haushalten wurden 1610 gezählt, 100 Haushalte 1689 kurz vor dem Stadtbrand. Da die Bevölkerungszahl im 17. Jh. aufgrund von Krieg und Pest stark rückläufig war, stieg der jüdische Bevölkerungsanteil auf über 15 %. Am Ende des 18. Jhs. wurden 126 jüdische Haushalte gezählt. Ähnlich hohe Zahlen erreichte die jüdische Bevölkerung im wesentlich größeren Mainz erst im späten 18. Jh. Im 17. Jh. sind zwischen sechs und 50 Haushalte nachzuweisen; lediglich in den 1640er Jahren, als viele Familien sich in das sicherere Mainz flüchteten, lebten kurzzeitig etwa 300 jüdische Personen in 63 Haushalten in der Bischofsstadt. In den 1780er Jahren wurden in Mainz dann 848 jüdische Einwohner gezählt, die etwa 3 % der städtischen Bevölkerung stellten. In Bingen lebten 1765 51 jüdische Familien, die mit 343 Angehörigen einen Bevölkerungsanteil von 12 % hatten.[100]

Sind bereits die Einwohnerzahlen der Städte meist Ergebnisse von Schätzungen, so sind Bevölkerungszahlen für die ländlichen Regionen noch schwieriger zu bestimmen. 155 jüdische Familien sollen 1555 als Landjuden in der Kurpfalz (inklusive des rechtsrheinischen Teils) gelebt haben, 419 Familien im Jahr 1788. Für das Gebiet der heutigen Pfalz werden um 1550 600–700 jüdische Einwohner geschätzt, für die Mitte des

18. Jhs. etwa 2.500. Einige Zahlen aus verschiedenen kurpfälzischen Oberämtern zeigen die Schwankungen an: Im Oberamt Alzey wurden 1550 49 Familien gezählt, nach Vertreibung im späten 16. Jh. und im Dreißigjährigen Krieg im Jahr 1661 nur noch 31 Familien, um 1765 81 Familien. Im Oberamt Neustadt stieg die Zahl der jüdischen Haushalte von 1722 bis 1743 von 49 auf 83 an, im Oberamt Kaiserslautern zwischen 1743 und 1788 von zwei auf 17. In den drei pfalz-zweibrückischen Ämtern Bergzabern, Lichtenberg und Meisenheim, in denen Juden zugelassen waren, wuchs ihre Zahl von etwa 200 Personen am Ende des 17. Jhs. auf 300 in der Mitte des 18. Jhs. an. Die Steigerung im 18. Jh. in den pfälzischen Territorien scheint eher mit verstärktem Zuzug als mit dem natürlichen Bevölkerungswachstum zu erklären zu sein. Die insgesamt eher niedrigen Zahlen deuten darauf hin, dass in vielen Dörfern und Kleinstädten nicht mehr als eine bis zwei jüdische Familien lebten. Aus einer Zusammenstellung aller heutigen rheinland-pfälzischen Orte, in denen sich Synagogen befanden, lässt sich für das 18. Jh. in 113 Landgemeinden die Zahl der ansässigen jüdischen Familien ermitteln. In 70 (62 %) dieser Gemeinden lebten eine bis fünf jüdische Familien, in 22 (19,4 %) sechs bis zehn Familien und in 21 Dörfern (18,6 %) mehr als zehn Familien. Die Aussagekraft dieser Zahlen ist dadurch beeinträchtigt, dass nur Gemeinden erfasst wurden, in denen, meist im 19. Jh., eine Synagoge errichtet wurde, also viele Gemeinden mit einer jüdischen Einwohnerschaft, deren Größe zur Bildung einer eigenen Religionsgemeinde nicht ausreichte, nicht berücksichtigt wurden. Zudem wurden nur die Gemeinden aufgenommen, aus denen belastbare Quellen vorliegen, viele andere Orte, in denen vom Einwohnerstand um 1800 ohne weiteres auf jüdische Präsenz im 18. Jh. zurückgeschlossen werden kann, aber nicht. Die tatsächliche Anzahl der Gemeinden mit jüdischen Einwohnern muss also deutlich höher gelegen haben.

Dennoch lassen sich einige Erkenntnisse aus dieser Quelle ziehen. Zum einen kann eine hohe Präsenz von Landjuden im heutigen Rheinhessen, der Süd- und Vorderpfalz und in Teilen der Nordpfalz festgestellt werden, während in der Westpfalz, in der Eifel, im Hunsrück und im Westerwald Gemeinden mit jüdischen Einwohnern deutlich seltener zu finden waren. Diese regionale Verteilung spiegelt einerseits die bereits skizzierte landesherrliche Politik, andererseits lässt sich aber insbesondere aus der Häufung von Gemeinden mit jüdischen Familien in der Nähe der Flüsse Rhein, Mosel, Nahe, Lahn und Glan und in landwirtschaftlich eher begünstigten Gebieten der Zusammenhang mit den dort besseren wirtschaftlichen Chancen ableiten. Auch dass die Hälfte der Gemeinden mit mehr als zehn jüdischen Familien in der südlichen Pfalz lag, dürfte mit den dort günstigen klimatischen Verhältnissen und dementsprechend ertragreicher Landwirtschaft, insbesondere dem Weinbau, zu erklären sein. Mitunter war auch die Konkurrenz zwischen den Ortsherren Ursache für eine hohe Anzahl jüdischer Haushalte: In Gemeinden mit geteilter Ortsherrschaft überboten sich die Herrschaftsträger in der Annahme jüdischer Familien, um sich gegenseitig in der Einnahme von Steuern und Abgaben nicht nachzustehen. So lebten in der südpfälzischen, zwischen Zweibrücken und Löwenstein geteilten Gemeinde Albersweiler bereits 1733 17 jüdische Familien, 1753 dann 19 in der zweibrückischen Hälfte und 18 im löwensteinischen Teil. Im nordpfälzischen Alsenz, geteilt zwischen Pfalz-Zweibrücken und den Wild- und Rheingrafen, waren 1731 22 jüdische Familien ansässig. Auch in anderen Dörfern lassen sich außergewöhnlich hohe Zahlen jüdischer Einwohner mit herrschaftspolitischen Besonderheiten erklären: So entstanden große Judengemeinden in ritterschaftlichen Dörfern, die zwischen größeren Territorien lagen, in denen die jüdischen Kaufleute ihre Geschäfte abschließen konnten, ohne dass die Herrschaft mit Beschwerden ihrer Untertanen wegen der jüdischen Konkurrenz konfrontiert wurde. Das südpfälzische Ingenheim, wo im Jahr 1784 206 jüdische Bewohner gezählt wurden und bereits im 16. Jh. ein jüdischer Friedhof angelegt worden war, kann als Beispiel für eine solche Ansiedlungspolitik dienen, ebenfalls Böchingen bei Landau, wo 1759 jüdische 21 Familien lebten, oder Busenberg, Dahn und Erlenbach, die 1784 zusammen 159 Juden Wohnrecht gewährten. Der hohe Anteil von 21,7 % Juden in Weisenau bei Mainz im Jahr 1784 lässt sich auf die kurmainzische Politik zurückführen.[101]

Eine Zählung der jüdischen Einwohner des Departements Donnersberg um das Jahr 1804 bestätigt diese regionale Zuordnung bevorzugter Wohnorte. In dem im Wesentlichen das heutige Rheinhessen und die Pfalz umfassenden Departement wurden 8.780 jüdische Personen erfasst, fast die Hälfte davon im Arrondissement Mainz, ein knappes Drittel im Arrondissement Speyer, ein Siebtel im Arrondissement Kaiserslautern und nur knapp 8 % im Arrondissement Zweibrücken.[102]

Seit dem späten Mittelalter wurde einzelnen Juden in den Territorien und Städten gegen die Zahlung eines jährlichen Schutzgeldes ein befristeter Schutzbrief ausgestellt, in dem ihnen und ihren Angehörigen freies Geleit in dem geschützten Bereich zugesichert und die Bedingungen ihres Aufenthaltes und die wirtschaftlichen Betätigungsfelder definiert wurden. In der Frühen Neuzeit wurde diese individuelle Gewährung von Schutz allmählich durch Schutzprivilegien für eine größere, genau definierte Anzahl von Personen abgelöst und die Schutzdauer meist auf die Lebenszeit ausgedehnt. Allerdings konnte der Schutzherr den Schutz jederzeit aufkündigen.[103] Über Judenordnungen wurde das Zusammenleben von christlichen und jüdischen Einwohnern geregelt. Als Beispiel kann die Wormser Judenordnung von 1524 dienen. Darin wurden das Schutzgeld festgeschrieben, die Wohnplätze und der Gebrauch der Einrichtungen der Juden-

Wormser Juden aus dem 16. Jh., gut sichtbar der »gelbe Ring«, den die Juden als Erkennungszeichen tragen mussten (Universität- und Landesbibliothek Darmstadt)

gemeinde genehmigt sowie die Zuständigkeit des Stadtgerichts für alle die Stadt oder die Bürger betreffenden Rechtsangelegenheiten betont. Detaillierte Vorschriften wurden zur Ausgestaltung der Pfandleihe und der Handelsgeschäfte gemacht. Im Art. 13 wurde die Ausgrenzung der jüdischen Bevölkerung formuliert: An den Sonntagen und den hohen christlichen Feiertagen war den Juden verboten, die Judengasse zu verlassen. Wenn sie sich in der Stadt bewegten, mussten sie den Judenfleck, einen gelben Ring auf schwarzem Mantelstoff, tragen.[104]

Steuern und Abgaben

Die Höhe des Schutzgeldes wurde häufig neu angesetzt. In der Wormser Judenordnung von 1524 wurde die jährliche Zahlung von 800 Gulden festgeschrieben. Im kurpfälzischen Oberamt Alzey hatten um 1550 49 jüdische Haushaltsvorsteher 1.500 Gulden für »Schirm und Geleit« zu zahlen. In der zweiten Hälfte des 17. Jhs. standen unter schwierigeren wirtschaftlichen Bedingungen für die jüdischen Familien im Oberamt zwischen 6 und 30 Gulden jährliches Schutzgeld an, im 18. Jh. betrug die jährliche Summe 30 Gulden. In Mainz zahlten 1661 28 von 51 Haushalten das volle Schutzgeld von 26 Gulden. War im frühen 16. Jh. in Pfalz-Zweibrücken noch der unterschiedlichen Leistungsfähigkeit der einzelnen Haushalte mit Schutzgeldforderungen zwischen zwei und zwölf Gulden Rechnung getragen worden, so wurden seit dem späten 17. Jh. pauschale Beträge von zunächst 15, später von 20 und schließlich 30 Gulden festgesetzt. Erst 1776 wurde das System auf drei Vermögensgruppen umgestellt, die 10, 20 oder 30 Gulden zu zahlen hatten. In der Grafschaft Leiningen mussten die Juden 1722 »an guthen Orten« mit besserer Wirtschaftskraft 30 Gulden, an »geringen Orthen« 20 Gulden zahlen. Die Gabsheimer Juden mussten an ihren Schutzherrn von Dalberg jährlich 20 Gulden abführen. Besonders hoch war mit 52 Gulden das Schutzgeld in Kirchheimbolanden. An den hohen Beträgen und den häufigen Versuchen der Schutzherren, deren Satz zu erhöhen, wird deutlich, dass hier ein Instrument zur Steigerung der Einnahmen gesehen wurde, das auch zur Begrenzung der Anzahl der Juden eingesetzt werden konnte.

Wormser Judengasse um 1905 (Stadtarchiv Worms)

Zu diesen Schutzgeldern kamen weitere Abgaben, die nur die Juden zu entrichten hatten. In der Kurpfalz waren Straßengeleitgelder und der sog. »Judensoll« zu zahlen, eine Abgabe, die bei Hochzeit, Kindbett, Beschneidung und Begräbnis fällig wurde. In Pfalz-Zweibrücken mussten die Juden unter anderem eine Abgabe namens »Judenzucker« entrichten, mit deren Ertrag landesherrlichen und kommunalen Amtsträgern eine bestimmte Menge Zucker als ein Teil ihrer Besoldung finanziert wurde. In der Grafschaft Leiningen-Hardenburg sollten sie 1771 von jedem geschlachteten Vieh die Zunge in die gräfliche Küche abgeben, in Landau hatten sie 1713 zwei Reitpferde für den Rat bereitzuhalten oder als »Pferdefrohnde« die entsprechende Zahlung zu leisten. In Kriegszeiten mussten Juden Sondersteuern zahlen: So hatten sie 1630 während der schwedischen Besetzung von Mainz eine Kontribution von 20.000 Reichstalern aufzubringen. Nach dem Pfälzischen Erbfolgekrieg wurde den kurpfälzischen Juden eine Extrasteuer von 6.000 Gulden auferlegt. Zu diesen Sondersteuern kamen die üblichen landesherrlichen Abgaben und in den Dörfern und Städten das »Wasser- und Weidgeld« für die Nutzung der Allmende und Ausgleichszahlungen für nicht zu leistende Wacht- und Frondienste.[105]

Wirtschaftliche Situation

Mit den spätmittelalterlichen Vertreibungen aus den Städten, die nicht zuletzt durch Konkurrenzneid motiviert gewesen waren, verschlechterte sich die wirtschaftliche Situation der Juden nachhaltig. Weiterhin blieben ihre Aktivitäten fast ausschließlich auf Finanzgeschäfte und Handel beschränkt, die aber aufgrund der Verdrängung durch in den gleichen Segmenten operierende christliche Kaufleute weniger Gewinn erbrachten. In den städtischen Judenordnungen wurde sehr genau festgehalten, in welchen Bereichen Juden nicht aktiv werden durften, um die Geschäfte christlicher Händler und Handwerker nicht zu gefährden. So blieben in Worms im 16. Jh. den Juden nur die genau regulierte Pfandleihe, der Handel mit Vieh, gebrauchten Waren, auch mit Gold und Silber sowie mit feinen Stoffen, die aber nur in großen Stücken, nicht per Elle verkauft werden durften. Ab dem 17. Jh. ist auch der Handel mit Wein und selbst produziertem Branntwein belegt. In Mainz durften Juden mit Wein, Getreide und verfallenen Pfändern handeln, Geld verleihen und Münzen wechseln. Im Verlauf der Frühen Neuzeit trat die Bedeutung der Pfandleihe zugunsten anderer finanzieller Dienstleistungen zurück. Leihnehmer waren zumindest in Mainz im 16. und 17. Jh. vornehmlich Angehörige der Unter- und Mittelschicht. Wenn Warenhandel praktiziert wurde, musste er meist über die städtischen Kaufhäuser en gros abgewickelt werden. Eigene Läden oder Marktstände waren den Juden verboten. Versuche wie die der beiden Mainzer Juden Moses und Salomon, die 1654 einen Fischladen auf dem (heutigen) Schillerplatz eröffneten, waren aufgrund von Beschwerden der Zünfte zum Scheitern verurteilt. Handwerkliche Berufe waren den Juden ohnehin verboten. Eine Ausnahme stellten die Metzger dar, die – wie in Worms – nichtkoscheres Fleisch auch im städtischen Kaufhaus verkaufen durften. Ebenfalls in Worms sind für das frühe 16. Jh. auch noch andere Berufe erwähnt, die die dort ansässigen Juden ausübten und die in keinem Konkurrenzverhältnis zu den zünftischen Tätigkeitsfeldern standen: Kartenmacherei, Würfelmacherei, Schwarzfärberei und Schwertfegerei. In Residenzstädten wie Trier betätigten sich jüdische Kaufleute seit dem späten 16. Jh. im Handel mit Luxuswaren, wohingegen eine vom Kurfürsten projektierte jüdische Orienthandelsgesellschaft scheiterte.

Jüdische Ärzte behandelten in den Städten auch christliche Patienten. »Weil man jetzt mit eim ordinario Medico nit zum besten versehen, auch der Jud ein großen Zulauff hett, und danach den Leutten hilft, wölle mans für dißmal mit Ime also hingehen lassen und lenger zusehen«, beschloss der Rat in Landau 1596. Zwei Angehörige der Wormser Familie Wallich, Rabbi Mosche Jehoschua genannt »Feiberlin« und sein in Padua zum Doktor der Medizin promovierter Neffe Beifuß Josephus, praktizierten im frühen 17. Jh. als Ärzte und waren gleichzeitig als Weinhändler aktiv. In Kurmainz waren Juden erst ab 1784 zu medizinischen Prüfungen an der Universität zugelassen, 1788 erfolgte hier die erste medizinische Promotion eines jüdischen Arztes.[106]

Die Verdrängung der Juden aus den Städten seit dem Spätmittelalter führte auch zur Verländlichung ihrer wirtschaftlichen Aktivitäten. Die Landjuden betätigten sich im Kleingewerbe, im Pferde- und Viehhandel, im Handel mit landwirtschaftlichen Produkten, insbesondere Getreide und Wein, im Kredit- und Leihgeschäft. Wie in den Städten durften sie meist nur in den Bereichen händlerisch tätig sein, wo keine christliche Konkurrenz ihnen das streitig machte. Nur selten betrieben die jüdischen Krämer eigene Ladengeschäfte, sondern sie waren vorwiegend im Hausierhandel tätig. Ihre – zum Teil erzwungene – Mobilität und ihre Vernetzung verhalfen ihnen zu Vorteilen in der Informationsbeschaffung und -weitergabe. In Weinbauregionen spielten die jüdischen Weinhändler eine bedeutende Rolle für die Vermarktung. Die Größe einiger Judengemeinden in südpfälzischen Dörfern dürfte sich wohl auch daraus erklären. So lebten in Albersweiler 1739 fast nur Händler, von denen die meisten im Weinhandel ihr wichtigstes Betätigungsfeld fanden. In der Nordpfalz handelten die dort ansässigen Juden vor allem mit Getreide und Vieh. Ihr Anteil am Rinderhandel, der um 1660 etwa ein Drittel ausmachte, stieg bis zum Ende des 18. Jhs. auf neun Zehntel an. Eher selten lässt sich handwerklicher Lebenserwerb nachweisen. Wie in den Städten gab es auch auf dem Land jüdische Metzger, seltener jüdische Bäcker. In Albersweiler wurde 1739 ein »Judenschneider« erwähnt, im späten 16. Jh. waren Juden aus Burrweiler als Musikanten unterwegs.

Eine wichtige Stellung hatten die jüdischen Händler im Austausch zwischen Stadt und Land inne. Durch ihre Funktion als Kreditgeber für ländliche Agrarproduzenten übernahmen städtische Juden die Vermarktung von Getreide und Wein, die sie als naturale Rückzahlungen ihrer gewährten Darlehen erhalten hatten. Ein Großteil der Schuldner der Mainzer Juden im 16. und 17. Jh. kam aus dem Umland. Zwei Drittel der durchschnittlich in Höhe von 217 Gulden vergebenen Darlehen gingen an die Bewohner Hochheims und Kostheims, zweier rechtsrheinisch gelegener Gemeinden, in denen intensiv Weinbau betrieben wurde.

In einigen Territorien wurde das Verbot handwerklicher Tätigkeiten und des Landerwerbs in den 1780er Jahren gelockert, so 1784 in Pfalz-Zweibrücken, wo Karl II. August verfügte, dass inländische Schutzjuden jedes »bürgerliche Gewerbe«, auch zünftisches Handwerk, ausüben, allerdings keine Lehrlinge und Gesellen einstellen dürften und auch nicht in die Zunft aufgenommen werden könnten. In der Kurpfalz wurde 1783 erstmals den Juden erlaubt, Landbesitz zu erwerben, sofern keine christlichen Käufer ihr Vorkaufsrecht anmeldeten. In Kurmainz wurden 1784 ebenfalls der jüdische Grunderwerb erleichtert und den Juden neue Formen des Lebensunterhalts gestattet. Bis zum Ende des Alten Reiches führten diese aus reformpolitischer Motivation hervorgegangenen Ansätze freilich noch zu keiner grundlegenden Umorientierung, zumal die christliche Umwelt nach wie vor auf ihre Vorteile bedacht war. Als Moyses Kahn in Weisenau bei Mainz auf der Grundlage der Verordnung von 1784 im Jahr 1791 eine Tabakmanufaktur begründen wollte, wurde dieses Ansinnen auf Betreiben des christlichen Handelsstandes und seines Vorstehers Daniel Dumont, der selbst mit Tabak handelte, abgelehnt.[107]

Die Vermögenssituation der jüdischen Familien stellte sich wegen der Beschränkungen und hohen Abgaben und Steuern einerseits, des ökonomischen Potenzials von Handelstätigkeiten andererseits durchaus sehr unterschiedlich dar. Am oberen Ende der Skala rangierten die Hoffaktoren, die in den Diensten der Landesherren zu den vermögendsten Händlern und Bankiers der frühneuzeitlichen Gesellschaft aufstiegen und auf die selbst Höfe wie Pfalz-Zweibrücken, die die Aufnahme von Juden ablehnten, nicht verzichten wollten. Innerhalb der jüdischen Gemeinden in den Residenzstädten stellte diese Gruppe eine verschwindend kleine Minderheit dar (sofern sie überhaupt in den Städten residierte, da manche Hoffaktoren auch für mehrere Herren arbeiteten): Nur zwei der um 1785 in Mainz ansässigen 137 Schutzjuden genossen die Privilegien der Hoffaktoren.

Insbesondere bei den größeren jüdischen Gemeinden kann aufgrund des Vermögensunterschiedes durchaus von einer innerjüdischen sozialen Schichtung gesprochen werden. In Worms war nach der Steuerliste des Gemeinen Pfennigs um 1500 ein gutes Drittel der Juden als besser gestellt, ein knappes Drittel als arm zu bezeichnen, 17 % gehörten einer mittleren Vermögensgruppe an, und von 12 % liegen keine Angaben vor. Nur etwas mehr als die Hälfte der 51 Mainzer Schutzjuden konnten 1661 das volle Schutzgeld zahlen und daher als ausreichend vermögend gelten. Für das Jahr 1785 lässt sich die Mainzer jüdische Einwohnerschaft genauer differenzieren: 3,7 % gehörten der kleinen Gruppe der Höchststeuerzahler an, 9 % einem »gehobenen Mittelstand« von Großhändlern, 38,8 % einer Mittelschicht von Händlern, zu der auch eine Gruppe von Kleinhändlern zählte, 34,3 % verfügten nur über geringen Besitz, 14,2 %, vor allem Witwen, waren fast oder ganz ohne Besitz. Außer diesen 134 Schutzjuden und ihren Familien lebten noch 109 jüdische Beisassen in Mainz, die, obgleich sie die Aufnahme in den Schutz nicht zahlen konnten, trotzdem toleriert waren und von denen nur ein geringer Teil ein bescheidenes Vermögen vorweisen konnte. Der weitaus größte Anteil der in Mainz am Ende des 18. Jhs. ansässigen Juden dürfte also in eher prekären Verhältnissen gelebt haben.[108] Ähnliches gilt auch für die auf dem Land lebenden Juden. Dass, wie im Vergleich des Vermögensdurchschnitts zwischen der Stadt Mainz und den linksrheinischen kurmainzischen Ämtern für das späte 18. Jh. festgestellt wurde, Stadtjuden über bis zum zehnfachen höhere Vermögenswerte als die Landjuden verfügten, lässt sich wohl vor allem auf die großen Vermögen der städtischen Ober- und oberen Mittelschicht zurückführen. Die Besitzunterschiede in der ländlichen Judenschaft waren nicht so ausgeprägt, obwohl es auch hier reiche Familien gab. Moyses Abraham aus Kirrweiler konnte etwa seinen beiden Töchtern im frühen 18. Jh. 4.620 Gulden Heiratsgut mit in die Ehe geben, der Alsenzer Gottschlich verfügte 1789 über 8.000 Gulden Vermögen. Aber nur neun von 41 Juden lagen 1743 im kurpfälzischen Oberamt Germersheim über der Steuersumme der Tagelöhner. 1788 waren die Juden im zweibrückischen Oberamt Lichtenberg so verarmt, dass ihnen die Ausübung des Viehhandels nicht mehr möglich war. Die Situation im Oberamt Alzey, 1676 durch insgesamt eher »kümmerlichen« Handel charakterisiert, soll sich aber bis zum Ende des 18. Jhs. gebessert haben.

Am unteren Rand der jüdischen Gesellschaft befanden sich die von der Obrigkeit sog. »Betteljuden«, die, nachdem sie wegen mangelnden Vermögens aus dem landesherrlichen Schutz gefallen oder erst gar nicht in ein Schutzverhältnis gekommen waren, durch das Land und die Städte zogen und von Hausiererei und Bettelei lebten. Dabei konnten sie sich bis zu einem gewissen Grad auf ihre Glaubensbrüder verlassen, die religiöse Gebote zur Hilfe verpflichteten. Wie Nathan Isaac und seine Frau, 1771 in Kurmainz festgenommen, mussten Tausende von ihnen als »arme Leuth [...] von einem Orth zu dem anderen gehen«, mit Porzellanflicken, Holztragen, Schuheputzen, Tagelöhnerarbeiten und Betteln kümmerlich ihre Existenz bestreiten, dabei stets von den

Synagoge in Alsenz, erbaut 1762–1765 (GDKE Landesdenkmalpflege/Fitting)

Obrigkeiten als Kriminelle, als »Diebsgesindel«, und Überträger von Krankheiten verdächtigt und nicht selten von den sesshaften Juden selbst denunziert.[109]

Die Wohnsituation war für die Beziehungen zwischen christlicher und jüdischer Bevölkerung in den Städten und Dörfern von grundlegender Bedeutung. Auf dem Land dürften die meisten jüdischen Familien engeren Kontakt mit ihren christlichen Nachbarn gehabt haben als in den Städten, weil ihre Häuser nicht von den anderen separiert waren und weil sie sich in der Regel nicht in innerjüdische Vergemeinschaftungen zurückziehen konnten, sondern auf vielfältige Kontakte innerhalb des Dorfes angewiesen waren. In den Städten wurden die Wohnbereiche oft auf begrenzte Bezirke reduziert. Bereits im Mittelalter lebten die Wormser Juden in einem eigenen Viertel, das aber nicht abgeschlossen war und erst mit der Anbringung von Toren im späten 15. Jh. zum Ghetto wurde. In Mainz gestaltete sich die Geschichte der jüdischen Wohnbezirke wechselvoll. Eine Judengasse ist zwischen 1526 und 1545 nachzuweisen. Nach Vertreibung und Wiederansiedlung lebten die Mainzer Juden in der ersten Hälfte des 17. Jhs. verstreut im ganzen Stadtgebiet, schwerpunktmäßig in der Nähe der Synagoge, teilweise aber auch in bevorzugten Wohngegenden mit durchaus wohlhabender Nachbarschaft. Erst ab 1662 wurde die Ghettoisierung durchgesetzt und wurden die jüdischen Bewohner in eine, später zwei Straßen zurückgedrängt und zum Verkauf ihrer Häuser außerhalb dieses Bereiches gezwungen. Wie in Mainz spielten häufig die Beschwerden der christlichen Einwohner über jüdischen Hauserwerb eine ausschlaggebende Rolle bei der Verdrängung der Juden aus den allgemeinen Wohnbezirken. In Dürkheim mussten sie um 1700 ihre Häuser an der Hauptstraße verkaufen und in die Nebenstraßen ziehen. In Mittel- und Kleinstädten lebten die Juden meist nicht in Ghettos, teilweise aber auch, wie in Alzey im frühen 18. Jh., gehäuft in einer Straße. Bereits im frühen 17. Jh. ist die Existenz einer Judengasse im nordpfälzischen Marktflecken Alsenz nachzuweisen.[110] Das Recht, Hausbesitz zu erwerben, stand den Juden nicht in allen Städten und Territorien zu.

Beziehungen zwischen Christen und Juden

Die christlich-jüdischen Beziehungen in der Frühen Neuzeit waren in vielerlei Hinsicht stark konfliktbeladen. Religiöse Vorbehalte und Ressentiments, der unterschiedliche rechtliche Status, die Verwundbarkeit einer Minderheit, konkurrierende ökonomische Interessen und das hoch konfliktive Geschäftsfeld der jüdischen Händler und Kreditgeber bildeten den Hintergrund für latente und immer wieder auch offen ausbrechende Spannungen und Auseinandersetzungen, die sich aus etlichen Quellen rekonstruieren lassen. Dennoch lässt sich das Zusammenleben nicht auf eine Konfliktgeschichte reduzieren. Vielmehr muss es im Alltag Begegnungen und Beziehungen zwischen den beiden Gruppen gegeben haben, die weniger von Gereiztheiten, sondern auch von Vertrauen, gegenseitiger Hilfe und Unterstützung geprägt waren. Quellen hierzu sind allerdings schwer zu finden. Aktenkundig wurden Kontakte meist nur, wenn es zu Auseinandersetzungen kam. An Ereignisse, insbesondere negativ konnotierte, erinnerte man sich immer eher als an mitunter auch langfristige Phasen vergleichsweise konfliktarmen Zusammenlebens. Hinweise hierfür müssen »zwischen den Zeilen« der Gerichtsprotokolle, Kaufverträge und ähnlicher Akten gesucht werden. Generell dürfte der Kontakt zwischen Juden und Christen im ländlichen Raum enger gewesen sein als in den durch Ghettoisierung geprägten Städten, in denen die jüdische Minderheit räumlich klar begrenzt lebte, vor allem aber durch ihre Anzahl weniger auf Außenkontakte angewiesen war. So lässt sich etwa aus der Bestrafung von 30 jungen Alsenzer Einwohnern, die an der Kirchweih im Jahr 1677 zu früh mit dem Tanzen begonnen hatten, ableiten, dass Juden durchaus an den dörflichen Vergnügungen teilnehmen konnten, denn unter den bestraften Tänzern findet sich auch die junge Frau des Juden Borig. Und dass der Alsenzer Levy Jekuff seinen Branntwein nach Erhalt der Ausschankerlaubnis nur jüdischen Gästen servierte, dürfte unwahrscheinlich sein.

Auch die Geschäftsbeziehungen waren offensichtlich nicht nur von Argwohn und Missgunst geprägt: So schlachtete im frühen 18. Jh. der Metzger Jospel mit den christlichen Metzgern in Alsenz gemeinsam. In den (abermals Alsenzer) Strafregistern 1703–1744 findet sich kein Eintrag über unerlaubten Wucher. Eine Untersuchung aller jüdischen Guthaben in einigen nordpfälzischen Gemeinden förderte 1755 zutage, dass zwei Drittel der Geschäfte »schwarz«, unter Umgehung der Vorschriften, getätigt wurden. Dieses deviante Verhalten zeigt aber den Grad des gegenseitigen Vertrauens an, da diese Geschäfte nicht eingeklagt werden konnten. Ohne gute gegenseitige Kenntnis der Geschäftspartner wäre ein solches Vorgehen nicht denkbar gewesen. Selbst Gerichtsprotokolle, die von schweren Auseinandersetzungen zwischen christlichen und jüdischen Dorfbewohnern handeln, können teilweise als Indiz für eine gewisse »Normalisierung« gelesen werden. So fügen sich zwei Prozesse im kurpfälzischen Alsheim im Jahr 1738, in denen Juden angeklagt waren, christliche Dorfbewohner beleidigt oder geschlagen zu haben, durchaus in die allgemeine dörfliche Konfliktgeschichte ein. Die Religionszugehörigkeit der Kontrahenten spielte kaum eine Rolle bei der Beurteilung des Falls durch das dörfliche Gericht.[111]

Freilich soll hier auch nicht ein allzu rosiges Bild gezeichnet werden. Antijüdisches Verhalten bewegte sich von verbalen Übergriffen, schriftlichen Beschwerden und Eingaben bei den Orts- und Landesherren bis hin zu tätlichen Angriffen und Vertreibungen der gesamten jüdischen Gemeinde. Einige wenige Beispiele können dieses Spektrum aufzeigen.

Beschwerden der christlichen Bevölkerungsmehrheit über Juden, verbunden mit Forderungen nach deren Ausweisung oder zumindest der Begrenzung ihrer Aufnahme, lassen sich in der Nordpfalz im 18. Jh. verstärkt in Situationen finden, in denen die herrschaftlichen Ansprüche an die Untertanen ohne Rücksicht auf deren wirtschaftliche Lage durchgesetzt wurden. Die Notwendigkeit, sich die benötigten Gelder bei jüdischen Geldverleihern – meist in Form von Terminschulden, also als Vorauszahlung auf zu erwartende Ernteerträge oder Viehverkäufe – zu besorgen, führte häufig zu Unmutsbekundungen, die sich nicht gegen die Herrschaft, sondern gegen die Verleiher richteten. Diese blieben aber in wirtschaftlichen Krisensituationen aus, in denen die herrschaftlichen Belastungen nicht anstiegen.

Juden bekamen nicht selten die Fenster eingeworfen. Mit dieser Verletzung der unter eigenem Rechtsschutz stehenden häuslichen Privatsphäre wurde ihnen – wie auch anderen Außenseitern in der Dorfgesellschaft – ihre stets latente Bedrohung signalisiert. Die Beurteilung, wann gewalttätige Auseinandersetzungen zwischen Juden und Christen sich auf antijüdische Motivationen zurückführen lassen, fällt nicht immer leicht. Eindeutig ist das der Fall, wenn damit der Übergriff auf religiöse Symbole verbunden war, wie in Alsheim, als 1730 ein jüdischer Knecht von einem für querulantisches Verhalten bereits bekannten Dorfbewohner angegriffen wurde, der ihn bei dem Versuch, »seine ihme gewöhnlich anhangendte Jüdische zehndt gebott abschneiden [zu] wollen«, mit einem Messer verletzte.[112]

Nur selten kulminierte die Mischung von Alltagskonflikten, wirtschaftlicher Konkurrenz und religiösen Ressentiments noch zu Situationen, in denen kollektive Aktionen gegen die jüdische Bevölkerung vor Ort pogromartigen Charakter annahmen. Am bekanntesten für die Frühe Neuzeit sind die Auseinandersetzungen in Worms in den Jahren vor dem Ausbruch des Dreißigjährigen Krieges, denen sowohl innerhalb der Wormser Stadtgeschichte als auch in überregionaler Perspektive angesichts ihres Ausmaßes und ihrer Folgen singuläre Bedeutung zugesprochen werden muss. Motiviert durch den ersten Erfolg des nach seinem Anführer benannten Fettmilch-Aufstands in Frankfurt am Main, der Ende 1612 zur Anerkennung einiger Forderungen, unter anderem zur Aufnahme von Ratsmitgliedern aus der Bürgerschaft und zur Reduzierung des Zinssatzes in Geschäften mit Juden, geführt hatte, stellten die Wormser Zünfte im Sommer und Herbst 1613 angesichts einer bevorstehenden Erneuerung der Judenordnung die Forderung an den Rat, die Zinshöhe auf die kaiserlich dekretierten maximalen 5 % festzuschreiben. Auf die Antwort des Rates, dass die Juden von einem solchen Zinssatz nicht existieren könnten und ihnen andere wirtschaftliche Tätigkeiten – auch mit Rücksicht auf die Zünfte – weitgehend untersagt seien, reagierten die Zünfte mit einem radikalen Vorschlag: Anstatt ihnen Alternativen im Lebenserwerb zu gestatten, solle man die Juden aus der Stadt vertreiben. Angeführt von dem Anwalt Dr. Christophorus Chemnitz setzten die Zünfte den Rat zusehends unter Handlungsdruck. Nach ersten gewalttätigen Übergriffen auf einzelne Mitglieder ihrer Gemeinde wandten sich die Juden mit der Bitte um Hilfe an den Kaiser, der Rat und Bürgerschaft im März 1614 deutlich warnte. Dennoch ließen sich die Zünfte im folgenden Jahr die Initiative nicht mehr aus der Hand nehmen. Trotz halbherziger Versuche des Rates, die Situation in den Griff zu bekommen, des Eingreifens des Kaisers und des Kurfürsten von der Pfalz sowie der Urteile des Reichskammergerichts, die als Kompromisslösung hätten verstanden werden können, verschärfte sich die Lage in der Stadt zunächst, nachdem bekannt wurde, dass in Frankfurt der alte Rat vertrieben und die Judengasse verwüstet worden war, dann, nachdem Chemnitz Ende Dezember 1614 auf kurpfälzischem Territorium verhaftet worden war. Anders als in Frankfurt, wo die Festnahme der Anführer des Aufstandes zur Wiederherstellung der alten Ordnung geführt hatte, bewirkte die Arrestierung des Zunftvertreters in Worms eine weitere Radikalisierung. Allen Warnungen zum Trotz vertrieben Angehörige der Zünfte am Ostermontag 1615 die Juden aus Worms, zerstörten die Synagoge und verwüsteten den jüdischen Friedhof. Der Rat war machtlos. Bei den Inventarisierungen der jüdischen Hinterlassenschaften, angeblich zur Sicherung des Besitzes, fielen den Aufständischen Schuldscheine in die Hände, aus denen hervorging, dass reiche Wormser Bürger, auch Ratsangehörige, den Juden größere Summen geliehen hatten. Damit verlor der Rat vollends die Kontrolle über die Ereignisse. Der Einmarsch von 4.000 pfälzischen Soldaten beendete am 24. April 1615 den Aufstand. Auf Befehl des Kaisers wurde die Rückkehr der Juden im Januar 1616 unter Militärschutz ermöglicht.

Obwohl die Juden als Opfer in dieser vor allem zwischen Bürgerschaft und Rat geführten Auseinandersetzung anzusehen sind, waren sie nicht wehrlos. Bereits in einem frühen Stadium wandten sie sich direkt an den Rat und dann immer wieder an den Kaiser, um so Unterstützung von den beiden für sie wichtigsten Schutzinstanzen zu erlangen. Während der Rat mit seiner wankelmütigen Politik schon bald als Ansprechpartner ausfiel, war der kaiserliche Hof eine zuverlässige Garantie für ihre Rechte. Lief die Hilfe des Kaisers aber nur sehr zeitversetzt und schwerfällig an, so war der Kurfürst die einzige Instanz, die aufgrund schneller Informationswege, der Verfügungsgewalt über das städtische Umland und der Möglichkeit eines militärischen Einsatzes effektiv in den Konflikt eingreifen konnte.[113]

1 IMHOF, Welten 1985, S. 91.
2 PFISTER, Bevölkerungsgeschichte 1994, S. 11 ff.
3 JANSSEN, Kurtrier 1985, S. 91 f., 266, 480–488, 586 f.
4 Die folgenden Angaben nach: KEYSER, Städtebuch 1964, S. 109, 115, 119, 124, 302, 391.
5 BULL, »Volkszählung« 1990, S. 109–135; EHMER, Volkszählungen 1990, S. 79–94.
6 SCHAAB, Geschichte 1992, S. 119 ff.
7 MAHLERWEIN, Worms 2005, S. 299.
8 FULDA, Gewalt 1997, S. 240–243.
9 GERTEIS, Trier 1988, S. 64; RÖDEL, Mainz 1985, S. 147; HARTWICH, Speyer 1982, S. 15.
10 HOLLENSTEINER, Kaiserslautern 1860, S. 30 f.
11 CHRISTMANN, Dörferuntergang 1960, S. 7, 165.
12 KEYSER, Städtebuch 1964, passim.
13 LACOUR, Bevölkerungsentwicklung 1998, S. 242.
14 SCHAAB, Geschichte 1992, S. 121; HEINZ, Bevölkerungsgeschichte 2010, S. 68.
15 PFISTER, Bevölkerungsgeschichte 1994, S. 18.
16 GERTEIS, Trier 1988, S. 63; RÖDEL, Mainz 1985, S. 121; MAHLERWEIN, Worms 2005, S. 326; KEYSER, Städtebuch 1964, S. 169.
17 SCHAAB, Geschichte 1992, S. 136; HEINZ, Zweibrücken 2010, S. 68 f.
18 ZSCHUNKE, Oppenheim 1984, S. 232; KEYSER, Städtebuch 1964, S. 78, 103, 266, 314.
19 SCHAAB, Geschichte 1992, S. 132 f., 141 f.; LAUFER, Trier 1988, S. 27; KEYSER, Städtebuch 1964, S. 222.
20 MAHLERWEIN, Worms 2005, S. 325; KUHLMANN, Zerstörung 1789, S. 122; LAUFER, Trier 1988, S. 31; GERTEIS, Trier 1988, S. 64; ZSCHUNKE, Oppenheim 1984, S. 232 f.; RÖDEL, Mainz 1985, S. 236 ff.; RETTINGER, Umgebung 2002, S. 156.
21 Berechnet nach den Angaben in KEYSER, Städtebuch 1964, passim.

22 RÖDEL, Mainz 1985, S. 122; KOHL, Familie 1985, S. 65; MAHLERWEIN, Worms 2005, S. 326; IMHOFF, Landau 1996, S. 28; SCHMID, Bevölkerungsentwicklung 2010, S. 84, 90; RÖDEL u. a., Bevölkerung 1989, S. 309; FRANÇOIS, Koblenz 1982, S. 25.

23 MAHLERWEIN, Herren 2001, S. 60–71; ERNST, Wald 2000, S. 32 ff.; HEINZ, Bevölkerungsgeschichte 2010, S. 75 f.

24 MAHLERWEIN, Herren 2001, S. 106; HELLER-KARNETH, Alzey 1996, S. 155; ZSCHUNKE, Oppenheim 1984, S. 103; HÄRTER, Policey 2005, S. 834; GERTEIS, Trier 1988, S. 83.

25 RETTINGER, Umgebung 2002, S. 243.

26 KOHL, Familie 1985, S. 178; ZSCHUNKE, Oppenheim 1984, S. 173 f.; RETTINGER, Umgebung 2002, S. 329 ff.; RÖDEL, Mainz 1985, S. 263; LAHR, Mittelrheingemeinden 1995, S. 44; HELLER-KARNETH, Alzey 1996, S. 168; PRIEWER/BIERBRAUER, Kroppach 1990, S. 160.

27 MAHLERWEIN, Herren 2001, S. 422 f.

28 ZSCHUNKE, Oppenheim 1984, S. 189–192, 232; HELLER-KARNETH, Alzey 1996, S. 174–178.

29 Zitiert nach: ZSCHUNKE, Oppenheim 1984, S. 222.

30 Zitiert nach: JÜTTE, Empfängnisverhütung 2003, S. 100.

31 SAUNDERS, Hunsrück 1995, S. 352 f.; HELLER-KARNETH, Alzey 1996, S. 314–320; ZSCHUNKE, Oppenheim 1984, S. 208 f.; RETTINGER, Umgebung 2002, S. 370–373.

32 ROMMEL, Wormser 1996, S. 417; RETTINGER, Umgebung 2002, S. 346; SAUNDERS, Hunsrück 1995, S. 327; HELLER-KARNETH, Alzey 1996, S. 309; ZSCHUNKE, Oppenheim 1984, S. 221.

33 RETTINGER, Umgebung 2002, S. 363; SAUNDERS, Hunsrück 1995, S. 327; HELLER-KARNETH, Alzey 1996, S. 321; ZSCHUNKE, Oppenheim 1984, S. 211.

34 RETTINGER, Umgebung 2002, S. 352 f.; HELLER-KARNETH, Alzey 1996, S. 68, 306 f.; ZSCHUNKE, Oppenheim 1984, S. 210; RÖDEL, Mainz 1985, S. 283.

35 PFISTER, Bevölkerungsgeschichte 1994, S. 92–95.

36 MAHLERWEIN, Herren 2001, S. 57.

37 RETTINGER, Umgebung 2002, S. 230–233; SAUNDERS, Hunsrück 1995, S. 239; HELLER-KARNETH, Alzey 1996, S. 228 ff.; ZSCHUNKE, Oppenheim 1984, S. 149 ff.; RÖDEL, Mainz 1985, S. 169.

38 RETTINGER, Umgebung 2002, S. 378 f.; HELLER-KARNETH, Alzey 1996, S. 236 f.; ZSCHUNKE, Oppenheim 1984, S. 207; RÖDEL, Mainz 1985, S. 289.

39 RETTINGER, Umgebung 2002, S. 267–285; HELLER-KARNETH, Alzey 1996, S. 270–279; ZSCHUNKE, Oppenheim 1984, S. 162–172; SAUNDERS, Hunsrück 1995, S. 408 f.; KOHL, Familie 1985, S. 143.

40 HELLER-KARNETH, Alzey 1996, S. 290 ff.; ZSCHUNKE, Oppenheim 1984, S. 188; KOHL, Familie 1985, S. 145.

41 HELLER-KARNETH, Alzey 1996, S. 70–88; RÖDEL, Mainz 1985, S. 228–248; FRANÇOIS, Koblenz 1982, S. 28–35; SAUNDERS, Hunsrück 1995, S. 421–446.

42 RETTINGER, Umgebung 2002, S. 169 ff.; HELLER-KARNETH, Alzey 1996, S. 67 f.; ZSCHUNKE, Oppenheim 1984, S. 233–248; SAUNDERS, Hunsrück 1995, S. 449–454; KOHL, Familie 1985, S. 82 ff.; FRANÇOIS, Koblenz 1982, S. 26 ff.; RÖDEL, Mainz 1985, S. 144; HIPPEL, Kurpfalz 2002, S. 188.

43 SAUNDERS, Hunsrück 1995, S. 221 ff.; FRANÇOIS, Koblenz 1982, S. 186; RÖDEL, Mainz 1985, S. 326 f.; ZSCHUNKE, Oppenheim 1984, S. 256.

44 MAHLERWEIN, Herren 2001, S. 71; LAHR, Mittelrheingemeinden 1995, S. 88; LUTSCH, Dudeldorf 1991, S. 293.

45 HELLER-KARNETH, Alzey 1996, S. 89 ff.; ZSCHUNKE, Oppenheim 1984, S. 255.

46 HELLER-KARNETH, Alzey 1996, S. 94; LAHR, Mittelrheingemeinden 1995, S. 88–92.

47 HELLER-KARNETH, Alzey 1996, S. 94; IMHOFF, Landau 1996, S. 34.

48 ZSCHUNKE, Oppenheim 1984, S. 76; KALLER, Exulantengemeinden 1999; KALLER, Frankenthal 1977; LUTSCH, Dudeldorf 1991, S. 161–164; REVES, Kaufleuten 2002.

49 HEINZ, Auswanderung 1989, S. 25, 92, 144; RETTINGER, Umgebung 2002, S. 415–419; SCHMAHL, Aufbruch 2009, S. 91–100; LAHR, Mittelrheingemeinden 1995, S. 247–251; LUTSCH, Dudeldorf 1991, S. 296.

50 SCHMAHL, Radikalpietisten 2005.

51 SCHULZE, Gesellschaft 1988.

52 GERTEIS, Trier 1988, S. 68 f.

53 Ebenda, S. 69 f.

54 FRIEDEBURG, Lebenswelt 2002, S. 1–7.

55 MÜNCH, Lebensformen 1998, S. 68.

56 MAHLERWEIN, Herren 2001, S. 79.

57 ALTER, Neustadt 1975, S. 219; FRANÇOIS, Koblenz 1982, S. 188; GERTEIS, Trier 1988, S. 74; HELLER-KARNETH, Alzey 1996, S. 115; MAHLERWEIN, Worms 2005, S. 331.

58 RÖDEL, Mainz 1985, S. 61–64; FRANÇOIS, Koblenz 1982, S. 195; ZSCHUNKE, Oppenheim 1984, S. 57 f.; MAHLERWEIN, Worms 2005, S. 332.

59 GERTEIS, Trier 1988, S. 68; FRANÇOIS, Koblenz 1982, S. 194; MAHLERWEIN, Worms 2005, S. 308 f.; HELLER-KARNETH, Alzey 1996, S. 98.

60 GERTEIS, Trier 1988, S. 85–89; MAHLERWEIN, Worms 2005, S. 330.

61 GERTEIS, Trier 1988, S. 85 f.; HEIMES, Sozialstruktur 2007, S. 141–147.

62 FRANÇOIS, Koblenz 1982, S. 195; GERTEIS, Trier 1988, S. 74–79; IMHOFF, Landau 1996, S. 152; RÖDEL, Mainz 1985, S. 70; MAHLERWEIN, Worms 2005, S. 331.

63 BLICKLE, Unruhen 1988, S. 5.

64 ALTER, Speyer 1982, S. 455–472.

65 BÖNNEN, Worms 2005, S. 259.

66 EILER, Koblenz 1980, S. 165.

67 FRANZ, Trier 2009, S. 48 f.; KONERSMANN, Kirchenregiment 2005, S. 280; EILER, Koblenz 1980, S. 185 f.; ALTER, Speyer 1982, S. 489–495; BLICKLE, Revolution 2004, S. 12.

68 MAHLERWEIN, Worms 2005, S. 319.

69 Ebenda, S. 320 ff.

70 HARTWICH, Speyer 1982, S. 69 ff.

71 GERTEIS, Konfliktpotential 1988.

72 ALTER, Pfeddersheim 1990, S. 214–225.

73 JANSSEN, Kurtrier 1985, S. 99, 183–186, 276, 490–493.

74 MAHLERWEIN, Herren 2001, S. 75–85; LAHR, Mittelrheingemeinden 1995, S. 196–205.

75 MAHLERWEIN, Herren 2001, S. 86–108; LUTSCH, Dudeldorf 1991, S. 232; RETTINGER, Umgebung 2002, S. 406.

76 Gemeindearchiv Heßloch, X 13, Inventare.

77 MAHLERWEIN, Herren 2001, S. 108–152.

78 MAHLERWEIN, Herren 2001, S. 276–283; RUMMEL, Hexen 1991, S. 28 f.; ERNST, Wald 2000, S. 294.

79 MAHLERWEIN, Herren 2001, S. 282–289; SCHMITT, Territorialstaat 1992, S. 230–254.

80 KONERSMANN, Arbeitsmärkte 2009, S. 239.

81 RUMMEL, Hexen 1991, S. 294–315.

82 MAHLERWEIN, Herren 2001, S. 347–350.

83 Ebenda, S. 258–262.

84 Ebenda, S. 311–318.

85 MAHLERWEIN, Kirchenzucht 1998.

86 LACOUR, Gewalt 2000, S. 119; MAHLERWEIN, Machtkämpfe 1997, S. 155.

87 MAHLERWEIN, Herren 2001, S. 321–325; DERS., Alsheim 1996, S. 242–245; RUMMEL, Verletzung 1993; TROSSBACH/ZIMMERMANN, Geschichte 2006, S. 144–147.

88 RIEDEL/SCHMITT, Protokollbuch 1999, S. 127 f.

89 MAHLERWEIN, Herren 2001, S. 323; RUMMEL, Verletzung 1993, S. 110 f.

90 LACOUR, Kriminalität 2002, S. 296; LACOUR, Gewalt 2000, S. 121; MAHLERWEIN, Herren 2001, S. 323.

91 MAHLERWEIN, Herren 2001, S. 326 f.; LACOUR, Gewalt 2000, S. 128–137.

92 SCHMITT, Territorialstaat 1992; MAHLERWEIN, Alsheim 1996, S. 174–198; DERS., Herren 2001, S. 18–38.

93 HARER, Beschreibung 1625, S. 41–55; ALTER, Pfeddersheim 1990, S. 255–270; HINSBERGER, Weistümer 1989, S. 83; FRANZ, Trier 2009, S. 48; DOTZAUER, Geschichte 2001, S. 384; SCHAAB, Geschichte 1992, S. 17 ff.

94 TROSSBACH, Schatten 1991, S. 23–121, Zitat S. 114.

95 LACOUR, Bauernwiderstand 1994.

96 MAHLERWEIN, Herren 2001, S. 346–371.

97 Ebenda, S. 343–370.

98 HERZIG, Geschichte 2002, S. 56, 90; BREUER/GRAETZ, Geschichte 1996, S. 57 ff.; SCHÜTZ, Magenza 1999, S. 684; ARNOLD, Juden 1988, S. 19, 25; HAUSMANN, Wohnen 2010, S. 22, 29, 43; HOFFMANN, Landjuden 1992, S. 24 ff.; MENRATH, Juden 1981, S. 73; PAUL, Minderheiten 2010, S. 110; BLINN, Dasein 2010, S. 276.

99 BREUER/GRAETZ, Geschichte 1996, S. 85, 101; GERTEIS, Trier 1988, S. 152; ARNOLD, Juden 1988, S. 19; HAUSMANN, Wohnen 2010, S. 32, 54; HOFFMANN, Landjuden 1992, S. 28; PAUL, Minderheiten 2010, S. 110.

100 Zahlenangaben zu den Städten berechnet nach: KEYSER, Städtebuch 1964; SCHÜTZ, Magenza 1999, S. 684–689; REUTER, Warmaisa 1987, S. 90–99; DERS., Worms 2005, S. 674 f.

101 ARNOLD, Magenza 1999, S. 22–28; HOFFMANN, Landjuden 1992, S. 24 ff., 39 ff.; PAUL, Minderheiten 2010, S. 110; BLINN, Dasein 2010, S. 277; FISCHBACH/WESTERHOFF, Synagogen 2005, passim.

102 KNOPP, Materialien 1975, S. 10–19.

103 BATTENBERG, Zeitalter 1990, S. 136–143; BREUER/GRAETZ, Geschichte 1996, S. 134.

104 REUTER, Warmaisa 1987, S. 68–75.

105 HAUSMANN, Wohnen 2010, S. 119; SCHÜTZ, Magenza 1999, S. 685; HOFFMANN, Landjuden 1992, S. 25–34; BLINN, Dasein 2010, S. 276–282; ARNOLD, Magenza 1999, S. 50–53.

106 REUTER, Warmaisa 1987, S. 68–84; SCHÜTZ, Magenza 1999, S. 689; HAUSMANN, Wohnen 2010, S. 61–94; IRSIGLER, Wirtschaftsgeschichte 1988, S. 151–155; HESS, Judengemeinde 1969, S. 11.

107 BREUER/GRAETZ, Geschichte 1996, S. 58 f.; HOFFMANN, Landjuden 1992, S. 24 ff.; HAUSMANN, Wohnen 2010,

S. 78–92; ARNOLD, Juden 1988, S. 44–49; KASPER-HOLTKOTTE, Sozialgeschichte 1996, S. 117–121; POST, Judentoleranz 1985, S. 367–391.

108 REUTER, Warmaisa 1987, S. 673; HAUSMANN, Wohnen 2010, S. 119; DUCH, Hoffaktoren 1981; POST, Einwohner 1981, S. 47–51.

109 HÄRTER, Policey 2005, S. 973–978.

110 REUTER, Warmaisa 1987, S. 672; SCHÜTZ, Magenza 1999, S. 685–688; HAUSMANN, Wohnen 2010, S. 37–43, 116–123; ARNOLD, Magenza 1999, S. 25, 34.

111 KOPP, Dorfjuden 1968, S. 80, 97, 106, 112; MAHLERWEIN, Alsheim 1996, S. 237 f.

112 KOPP, Dorfjuden 1968, S. 112; MAHLERWEIN, Alsheim 1996, S. 237.

113 FRIEDRICHS, Uprising 1990; PO-CHIA HSIA, Bürgeraufstand 1997; MAHLERWEIN, Worms 2005, S. 315–319.

Wirtschaftsgeschichte

Von Gunter Mahlerwein

1. Landwirtschaft

Die Geschichte der Landwirtschaft ist eng verbunden mit der Geschichte des Klimas, der Bevölkerungsentwicklung, der Städteentwicklung, der Entwicklung von Handel und Gewerbe. So führte das Bevölkerungswachstum des 16. Jhs. zu einer erhöhten Nachfrage für Nahrungsmittel, die sich in einer lang anhaltenden Preissteigerung widerspiegelt. Am Beispiel der Speyerer Marktpreise lässt sich seit den 1530er Jahren ein kontinuierlicher Anstieg der Preise für Roggen und Spelz (Dinkel) beobachten: Von 1530/34 bis 1570/74 kletterte der Preis für ein Malter Roggen um 185 % von 229 auf 653 Pfennig. Nach Spitzen in den 1570er, 1590er Jahren und nach 1610 erreichten die Preise während des Dreißigjährigen Krieges zeitweise astronomische Höhen, um dann nach 1648 zunächst auf einen niedrigen Stand zu fallen, von dem aus die erneute – ebenfalls wieder mit dem Bevölkerungszuwachs korrelierende – kontinuierliche Steigerung bis zum Ende des 18. Jhs. ansetzte.

Die Preisspitzen des späten 17. Jhs. sind mit der Klimaverschlechterung und den in deren Folge verminderten Erträgen zu erklären. Waren die Jahrzehnte zwischen 1530 und 1560 durch eine ausgeprägte Warmphase begünstigt, so setzte ab den 1560er Jahren eine Verschlechterung des Klimas ein, eine Häufung von nassen Herbsten, kalten Wintern, feuchten Frühjahren und kühlen Sommern, die die landwirtschaftlichen Erträge rapide absinken ließ und angesichts der Lebensmittelverknappung die Preise nach oben trieb. So waren bereits die drei Winter nach 1568 so streng, dass der Rhein zufror und Getreidemühlen nicht mehr mahlen konnten. 1571/72 folgten dem abermals sehr harten Winter ein nasses und kaltes Frühjahr und ein ebensolcher Sommer, der Winter 1572/73 dauerte bis in den April an, um dann von heftigen Frühjahrsüberschwemmungen in den Flussgegenden abgelöst zu werden.[1]

Der Aufgabe, der wachsenden ländlichen Gesellschaft und der rasant ansteigenden nicht-landwirtschaftlichen Bevölkerung der Städte genügend Lebensmittel zur Verfügung zu stellen, konnte die Landwirtschaft des 16. Jhs. nur sehr bedingt durch Veränderungen der agrarischen Praxis entgegenkommen. Rodungen bislang extensiv genutzter, nicht oder seit dem Bevölkerungseinbruch des 14. Jhs. nicht mehr bewirtschafteter Böden erweiterten zweifelsohne die Flächengrundlage. Da es sich aber durchweg um Böden mit geringerer Ertragsfähigkeit handelte, fiel die Leistungsbilanz entsprechend schlechter aus. Während in den klimatisch und von der Bodenqualität her begünstigten

Flusstälern kaum noch ausbaufähige Landreserven zu finden waren, dürften in Regionen wie dem Pfälzer Bergland, dem Hunsrück, der Eifel und dem Westerwald die Agrarflächen durch Rodung ausgeweitet worden sein, auch wenn belastbare quantitative Daten nicht vorliegen.

Eine Erhöhung der Ernteerträge konnte nur durch die Steigerung der Bodenfruchtbarkeit erreicht werden. Auch hierfür hatte das 16. Jh. kaum Rezepte zu bieten. Die bereits im Mittelalter ausgebildeten Systeme, den Boden durch Nutzungsrotation zu regenerieren und auf diese Weise auch Pflanzenkrankheiten zu vermeiden, scheinen in der beginnenden Neuzeit kaum verändert worden zu sein. Das Einhalten eines Brachjahrs, in dem sich der Boden erholen konnte, innerhalb eines Rotationssystems, das dreijährig, in der Folge Wintergetreide, Sommergetreide und Brache, oder zweijährig, in der Abfolge Wintergetreide-Brache, praktiziert wurde, war angesichts des chronischen Stickstoffmangels für die Regenerierung des Bodens unabdingbar. Vor allem im heutigen Rheinhessen und in der Vorder- und Südpfalz sowie am Unterlauf der Mosel und am Rhein zwischen Koblenz und Neuwied hatte sich die Zweifelderwirtschaft bereits im Mittelalter durchgesetzt. Als Gründe dafür werden die Gefährdung des Sommergetreides wegen zu trockenen Klimas, fehlendes Weideland (und daher größerer Bedarf an zu beweidenden Brachflächen), Düngermangel wegen Weinbaus und höhere Erträge der Winterfrucht genannt. In einer solchen Rotation wurde alle zwei statt alle drei Jahre Roggen oder Spelz geerntet, wegen der häufigeren Brache aber weniger Getreide insgesamt. Das bedeutet, dass zugunsten eines höheren Brotgetreideertrages geringere Gesamternten zulasten des Futtergetreides in Kauf genommen wurden. Daher sind Umstellungen von der Dreifelder- auf die Zweifelderwirtschaft, wie sie für das 16. Jh. für einige Dörfer um Landau und am Mittelrhein rekonstruiert werden können, als Hinweise auf ein verstärktes Interesse an der Brotgetreideproduktion, mithin auf eine verstärkt marktorientierte Wirtschaftsweise, zu verstehen.[2] Versprachen solche zwei- oder dreijährigen Rotationen kontinuierliche Getreideernten, so sind auf weniger guten Böden bis weit in das 18. Jh. hinein noch Flursysteme zu finden, die den schneller ausgelaugten Flächen deutlich längere Regenerationszeiten gönnten. So ist etwa im pfälzischen Bergland extensive Feldgraswirtschaft nachzuweisen, für die Weideland gerodet und einige Jahre zum Getreideanbau, in diesem Fall mit dem anspruchsloseren Hafer, genutzt wurde, um dann wieder für viele Jahre als Weideland zu dienen. Noch im 18. Jh. wurde in der Gegend um Kastellaun im Hunsrück und in Dudeldorf in der Eifel der sog. Schiffelbau betrieben. Hierzu wurde die Rasendecke des bisher als Allmende extensiv genutzten Bodens abgeschält, mit Reisig gemischt, getrocknet und verbrannt und danach die Asche in das Feld eingebracht. Nach zwei- bis vierjähriger Getreidekultur wurde der Boden dann wieder 10 bis 20 Jahre ruhen gelassen.[3]

Die wichtigsten Getreidearten waren Roggen und Hafer. Als Brotgetreide war Roggen stärker verbreitet als der im Anbau anspruchsvollere Weizen. Hafer diente als Futtergetreide, aber auch und gerade in ärmeren Gegenden für die menschliche Ernährung. Wenn auch Abgabenverzeichnisse kein exaktes Abbild der Anbaupraxis bieten, so können sie dennoch Tendenzen anzeigen: So verzeichnete die Kellerei des kurtrierischen Amtes Cochem für das Jahr 1566 Einkünfte von 195 Malter Roggen und 274 Malter Hafer, aber keinen Weizen und keine Gerste. Auch das Amt Manderscheid erhob im gesamten 16. Jh. nur Roggen und Hafer als Abgabefrucht. Die Hillesheimer Amtskellerei lagerte 1586 10 Malter Roggen und 84 Malter Hafer, aber auch 35 Malter Mischfrucht und 105 Malter Spelz ein. Dass in einigen Regionen auch Weizen angebaut wurde, zeigen die Rechnungen der Kellerei Kyllburg 1531 und 1597, in denen nicht unerhebliche Mengen (42 bzw. 32 Malter) an Weizen aufgezeichnet wurden.

Da die Brache als Weideland für die Gemeindeherden genutzt wurde und die in einzelne Flurstücke (Zelgen oder Schläge) eingeteilten Felder nur nach Absprache mit allen anderen Bauern bebaut und abgeerntet werden konnten, waren individuelle Abweichungen vom System nicht möglich. Lediglich kleine Teile der Brache wurden abgezäunt und von der Beweidung ausgenommen. Hier wurden Hülsen- und Hackfrüchte (Linsen, Erbsen, Bohnen, Wicken, Rüben) und die Textilpflanzen Hanf und Lein angebaut. Die Erhebung des kleinen »Kraut- und Rübenzehnten« bereits im späten Mittelalter zeigt, dass diese Kulturen schon ein zehntfähiges Ausmaß annehmen konnten. In der Cochemer Kellereirechnung von 1566 spiegelt sich dieser Sektor in der Einnahme von 597 Köpfen »Kappes« und 13 »Sümmern« (Hohlmaß: 8 Simmern = 1 Malter) Erbsen wider.[4]

Viehhaltung war in der vormodernen Landwirtschaft aus drei Gründen unabdingbar: Das Zugvieh wurde für die Bestellung der Felder und für Transporte aller Art, nicht zuletzt auch im Frondienst, gebraucht, ohne Nutztierhaltung gab es keinen Dünger, und tierische Produkte, neben Fleisch, Milch und Eiern auch Leder, Wolle, Kerzentalg, Federn, Wachs und Honig, wurden dringend zur Selbstversorgung und zur Vermarktung benötigt. Von einem Viehbestandsminimum zur Aufrechterhaltung der Betriebe und zur Eigenversorgung ist daher in allen Regionen auszugehen. Aufgrund der zunehmenden Marktorientierung eines Teils der Produzenten können schon im späten Mittelalter Konzentrationen in der Produktion festgestellt werden, die angesichts der steigenden Nachfrage im 16. Jh. eher noch zunahmen. In den getreideproduzierenden Regionen veränderte sich das Verhältnis von Grünland zu Ackerland zuungunsten der Viehhaltung; in den Gegenden, in denen der Getreideanbau nicht ohne Weiteres ausgedehnt werden konnte, die aber über ein hohes Grünlandpotenzial verfügten, ist ein Anstieg der Viehbestände festzustellen. Wenn etwa wie in den Eberbacher Höfen am Mittelrhein an der Wende vom 15. zum 16. Jh. kaum Pferde gehalten wurden, dafür aber in den kurtrierischen, in der Eifel gelegenen Ämtern ein enormer Pferdebestand nachzuweisen ist, dann wird die unterschiedliche ökonomische Ausrichtung der beiden Regionen deutlich. Noch stärker war in den kurtrierischen Ämtern die Schafzucht ausgeprägt. Jeder zweite Haushalt in den Ämtern Ulmen und Daun besaß im frühen 17. Jh. Schafe, viele in einer Zahl, die die Vermarktung von Wolle und Fleisch ermöglichte. Noch mehr gilt das für die großen herrschaftlichen Schafherden, die auf der Basis der grundherrlichen »Schafweidgerechtigkeit« auf Brachflächen und Allmendland eine lukrative Einnahmequelle für ihre Eigentümer darstellten. Als regionale Eigenart kann überdies die Bienenhaltung im Amt Ulmen gewertet werden, wo um 1624 jeder sechste Haushalt imkerisch aktiv war. Außer der Ausbeute an Honig dürfte hier an die kommerzielle Verwertung des Bienenwachses zu denken sein.[5]

Sonderkulturen verweisen immer auf eine verstärkt für den Markt produzierende Landwirtschaft. In erster Linie ist hier der Weinbau zu nennen, der bereits im Mittelalter an der Mosel und am Mittelrhein in einer monokulturellen Intensität praktiziert wurde, an die die Rebkulturen der pfälzischen und heute rheinhessischen Anbaugebiete – für das bei Worms gelegene Pfeddersheim etwa werden die Weinberge um 1525 auf 5 bis 10 % der Anbauflächen geschätzt – nicht heranreichten. Die klimatischen Verschlech-

Urkunde aus dem Jahr 1511, in der der Anbau von Riesling in Pfeddersheim erwähnt wird (Stadtarchiv Worms)

terungen ab der zweiten Hälfte des 16. Jhs., sicher aber auch ein verändertes Konsumverhalten angesichts der wachsenden Konkurrenz des Biers führten zu einer Reduktion der Rebflächen und zu einer Konzentration auf klimatisch günstigere Lagen, die zudem mit einer qualitativen Verbesserung einhergingen.[6] Bis nach Köln wurden die in den Dörfern zwischen Worms und Speyer produzierten Färber- und Gewürzpflanzen geliefert.[7]

Bei aller Aufmerksamkeit für regionale Entwicklungspfade, die zur Konzentration bestimmter Produktionen führten, sollte aber nicht übersehen werden, dass auch im 16. Jh. nur eine Minderheit der Agrarproduzenten in den Dörfern als vollbäuerliche Existenzen gelten konnte, deren Land- und Viehbesitz überhaupt vermarktbare Überschusserträge ermöglichte. Der Großteil der ländlichen Gesellschaft wirtschaftete vor allem für die eigene Versorgung. Etwas Landbesitz, kollektive Nutzungsrechte auf Allmendflächen, Gemeindeweide und im Wald und die dadurch ermöglichte Viehhaltung verschafften diesen Familien die Lebensgrundlage, die durch Tagelohnarbeiten oder gewerbliche und handwerkliche Tätigkeiten verbessert werden konnte. Gerade in Sonderkulturregionen, in denen es mehr auf Arbeitseinsatz als auf großflächigen Landbesitz ankam, ist auch an eine Beteiligung dieser unterbäuerlichen Schichten an vermarktbarer Produktion zu denken.

Besitzrechte

Anders als in vielen anderen deutschen Regionen befand sich im Linksrheinischen am Ende des Alten Reiches ein erheblicher Anteil des Bodens im Eigentum der bäuerlichen Produzenten. In den Gemeinden des kurpfälzischen Oberamts Alzey betrug der Anteil dieser Besitzkategorie am gesamten genutzten Land um 1770 fast 70 %. Die restlichen 30 % waren grundherrschaftlich gebunden, gehörten also landesherrlichen, geistlichen, adligen oder bürgerlichen Grundherren, die die Nutzungsrechte zeitlich befristet oder vererbbar an bäuerliche Familien verliehen. In den Gemeinden des Mainzer Umlandes war wegen der Nähe zur erzbischöflichen Residenz auch im späten 18. Jh. noch ein deutlich größerer Anteil in der Hand kirchlicher Grundherren, in Bodenheim waren mit 2.500 Morgen 71 % der genutzten Gemarkung Grundherrschaftsland. Die Betriebsstruktur der Bauerngüter war von den unterschiedlichen Besitzrechten abhängig. Setzte sich der überwiegende Teil der bäuerlichen Wirtschaften aus einer unterschiedlich großen Zahl von Parzellen verschiedenen Besitzrechtes zusammen, die bei Erbvorgängen und Heiraten immer wieder neu zusammengewürfelt wurden, so gab es daneben eine kleine Schicht von Bauernfamilien, die über die oft generationenlange Beleihung mit zusammenhängenden, meist nicht teilbaren Gütern aus grundherrlicher Herkunft große Betriebe bewirtschafteten, die ihnen zwar nicht eigen waren und für die sie grundherrliche Abgaben zu zahlen hatten, die aber aufgrund der oft guten Qualität der Böden und der meist auch mit in die Erbleihe übernommenen Höfe mit allen Baulichkeiten ausgesprochen begehrt waren. Die je nach Vertragsfristen als Erb- oder Temporalbeständer bezeichneten Bauern hatten daher eine hervorgehobene wirtschaftliche Stellung innerhalb der Dorfgesellschaft inne, die durch die auf ihren Höfen haftenden Sonderrechte und Privilegien gegenüber Gemeinde und Landesherrn eine mitunter konfliktträchtige Betonung erfuhr. Neben diesen Beständern gelang es aber auch immer wieder anderen bäuerlichen Familien, über die Ansammlung von vielen Parzellen verschiedenen Besitzrechtes große Betriebe zu bilden, die allerdings angesichts der Realerbteilung stets gefährdet waren und nur durch überlegte Heiratsstrategien und Familienplanung über mehrere Generationen aufrecht erhalten und ausgebaut werden konnten.[8]

Der Prozess der Aneignung ehemals grundherrlich gebundenen Landes durch die Bauern muss bereits im späten Mittelalter eingesetzt haben. Vor allem der Loskauf von grundherrschaftlichen Belastungen dürfte als wichtigste Quelle bäuerlichen Eigentums anzusehen sein, in geringerem Maß dürften auch Entfremdung von Land, das bei Aufnahmen herrschaftlichen Landes »unterschlagen« wurde, und Rodung eine Rolle gespielt haben. Besonders in bevölkerungsarmen Zeiten, als mehr Land vorhanden war als Menschen, die es bebauen konnten, dürfte der Entfeudalisierungsprozess an Dynamik gewonnen haben. So befanden sich immerhin ein Drittel der Agrarflächen in Pfeddersheim

1521 und ein Fünftel des Landes in Ebersheim bei Mainz im Jahr 1618 in bäuerlichem Eigentum. Das restliche Land wurde ebenfalls von Bauern bewirtschaftet, nur sehr selten ist Eigennutzung durch die Grundherren selbst zu finden. Die Landvergabe konnte zeitlich befristet geschehen oder als Erbleihe. Bei der Temporalleihe hatte der Grundherr den Vorteil, dass die Verleihbedingungen bei jeder Neuvergabe festgelegt und der Konjunktur angepasst werden konnten. Diese Form wurde daher besonders in bevölkerungsreichen Zeiten angewandt. In bevölkerungsarmen Zeiten wurde der Vorteil der langfristigen Vergabe vom Grundherrn meist höher eingeschätzt. Verliehen wurden Land und Hofreiten gegen die Abgabe eines jährlichen Erbzinses oder festgesetzte Naturalabgaben. Insbesondere bei der Erbleihe versuchten die Grundherren, durch bestimmte Einspruchsrechte die Verfügungsgewalt über das Land nicht ganz aus der Hand zu geben; so sollte das Land nicht zerteilt, nicht verpfändet und ohne den Konsens des Herrn nicht verkauft werden. Wechselte das Gut den Besitzer (Eigentümer blieb immer der Grundherr), dann wurde außer den ständigen Abgaben eine Gebühr fällig. Starb ein Leihenehmer ohne Erben, dann fiel das Land an die Grundherren zurück.[9]

Entwicklungen im 17. und 18. Jh.

Die Kriege und Krisen des 17. Jhs. lösten einen erheblichen Rückschritt in der landwirtschaftlichen Entwicklung aus. Teile der Gemarkungen fielen brach, durchziehende Heere verwüsteten angebaute Felder, plünderten Höfe und beschlagnahmten das Vieh. Weinberge, die beständiger Pflege und Arbeit bedürfen, wurden vernachlässigt und verwilderten. Selbst im marktorientierten mittelrheinischen Anbaugebiet kam der Weinhandel fast völlig zum Stillstand. Die Peuplierungsbemühungen der Landesherren hatten vordringlich den Wiederaufbau auch der landwirtschaftlichen Strukturen – und damit verbunden wieder steigende Einnahmen durch Abgaben und Steuern – zum Ziel. Nach der Verknappungssituation der Vorkriegszeit standen nach der Jahrhundertmitte für weniger Menschen größere Flächen zur Verfügung.[10] Wegen der Kriegszüge des späten 17. Jhs. nahm der Neuanfang aber nur langsam an Fahrt auf. So ist etwa den Zehntlisten aus der kurpfälzischen Gemeinde Alsheim zu entnehmen, dass der Weizenanbau, der immer Indiz für Marktorientierung ist, in den Jahren des Pfälzischen Erbfolgekrieges völlig zum Erliegen kam und man stattdessen auf die »sicheren« Sorten Roggen und Spelz setzte. Erst um 1700 begann man an der Nahe, begünstigt durch eine mehrjährige Zehntbefreiung, mit der Neuanlage von Weinbergen.[11]

Das anhaltende Bevölkerungswachstum des 18. Jhs. stellte die Landwirtschaft erneut vor die Aufgabe, eine steigende Nachfrage zu befriedigen. Anders als im 16. Jh. konnten jedoch jetzt zumindest in einigen Regionen Wege zu einer nachhaltigen Produktionssteigerung gefunden werden. Dabei kann deutlich zwischen der Entwicklung in dicht und weniger dicht besiedelten Regionen unterschieden werden. Eine erste Möglichkeit der Produktionssteigerung lag in der Ausweitung und Intensivierung der Agrarflächen. In den bevölkerungsreichen Regionen des heutigen Rheinhessen und der Vorderpfalz wurden bereits in der zweiten Hälfte des 18. Jhs. die Landressourcen voll ausgeschöpft. 87 % des Bodens wurden in den Gemeinden des kurpfälzischen Oberamtes Alzey 1777 als Ackerland genutzt, auf 3% wurde Wein angebaut. Für Wald und Grünland zur extensiven Bewirtschaftung war kaum Raum vorhanden. Nur knapp 1 % der Fläche war mit Wald bewachsen, auf 6 % waren Wiesen angelegt, und weniger als 2 % dienten als Weide. Bis zum Ende des Jahrhunderts wurde ein Teil der wenigen Grünlandflächen, die vor allem in der Nähe des Rheins lagen und aufgrund ihrer hohen Grundwasserstände bis dahin nicht zum Ackerbau genutzt worden waren, zunehmend auch noch umgebrochen. Dieses für einen ausreichenden Viehbestand ungünstige Verhältnis zwischen Acker- und Grünland lässt sich – in abgemilderter Form – um 1770 in weiten Teilen der Kurpfalz nachweisen, was auf einen bereits abgeschlossenen Prozess der Verdrängung extensiver durch intensiv genutzte Flächen schließen lässt. Das gilt auch für über Jahrhunderte hinweg kollektiv genutzte Allmendflächen und Gemeindeweiden, die vielerorts bereits auf ein Minimum reduziert waren. In anderen Regionen hingegen, etwa in der Westpfalz, im Hunsrück oder in der Eifel, wurde auch am Ende des 18. Jhs. noch insgesamt deutlich extensiver gewirtschaftet, spielte Viehzucht eine größere Rolle und konnte noch zwischen in der Nähe der Siedlungen gelegenem gut kultiviertem Innenfeld und weniger genutztem Außenfeld unterschieden werden. Im pfälzischen Oberamt Lautern, das von den Kriegen des 17. Jhs. besonders hart getroffen worden war, lagen um 1770 noch große Ackerflächen ungenutzt. Allenfalls in den Innenfeldern wurde eine verbesserte Dreifelderwirtschaft mit teilweiser Bepflanzung der Brache praktiziert.[12] Auch im Hunsrück wurde bis zum Ende des Jahrhunderts noch eine weitgehend unveränderte Dreifelderwirtschaft betrieben. In der Eifel und im Hunsrück war noch bis um 1800 die bereits erwähnte Schiffelkultur gebräuchlich. In den klimatisch und von der Bodenqualität her begünstigten Gegenden am Rhein unterlagen die alten Anbausysteme einem schnelleren Wandel. Die im heutigen Rheinhessen verbreitete Zweifelderwirtschaft existierte kaum noch in ihrer reinen Form der Abfolge Wintergetreide-Brache, sondern war durch örtlich differenzierte Modelle mit Teileinsaat der Brachflächen und Anbau von Sommergetreide teilweise der Dreifelderwirtschaft angenähert, teilweise bereits freiem Anbau mit vieljährigen Fruchtfolgen gewichen. Die Zurückdrängung der Brache war in dieser Region, in der es an noch auszubauenden Landreserven fehlte, die wichtigste Möglichkeit, zusätzliche Anbauflächen zu schaffen. Das setzte allerdings Absprachen unter den Nutzern der Gemarkung voraus, da das alte Flursystem auf der gemeinsamen Bebauung der Zelgen beruhte und die Brachflächen für die Beweidung offenzuhalten waren. Zudem musste die Funktion der Brache, die vor allem in der Regeneration der Bodenfruchtbarkeit zu sehen ist, ersetzt werden. War die Bepflanzung der Brache mit Linsen, Erbsen und Bohnen problemlos möglich, ja sogar sinnvoll, da diese Leguminosenarten über ihre Fähigkeit, Luftstickstoff in Bodenstickstoff zu verwandeln, die Bodenqualität verbesserten, so war die Bepflanzung der Brache mit Wurzel- und Ölfrüchten und mit Textilpflanzen (Besömmerung) für die nachfolgenden Getreidekulturen weniger positiv. Kartoffeln sind seit den 1730er Jahren als Brachfrucht nachweisbar, verstärkt wurden sie in der zweiten Hälfte des 18. Jhs. und vor allem nach den Krisenjahren 1770/71, in denen schlechte Getreideernten eine europaweite Teuerung und Hungerkrisen auslösten, angebaut. Die durch die zunehmende Brachbebauung höhere Beanspruchung der Böden konnte angesichts der in dieser grünland- und vieharmen Landwirtschaft geringen Düngermenge nicht ausgeglichen werden. Geringe Erträge waren die Folge: Zwischen 1:3 und 1:6 lag das Aussaat-Ernteverhältnis.

Letztendlich lassen sich die Probleme der vormodernen Landwirtschaft auf die Stickstofflücke reduzieren: Zu wenig Vieh produzierte zu wenig Dünger, weswegen zur Erhaltung der Bodenfruchtbarkeit vielerorts noch Brachen notwendig waren. Wege aus diesem Dilemma wurden in verschiedenen europäischen Regionen schon seit geraumer Zeit erprobt und in der agronomischen Literatur der Zeit auch propagiert. Durch die Bepflanzung der Brache mit Leguminosen (Klee, Esparsette, Luzerne) und Rüben konnte das Futterangebot und somit der Viehbestand vergrößert werden sowie durch die Sommerstallhaltung eine Verdoppelung der Düngermenge erzielt werden. Systematischere Düngeverfahren wie die Jauchedüngung optimierten die Stickstoffversorgung des Bodens.

Die Intensivlandwirtschaft der Niederlande scheint bereits im 16. Jh. Ausgangspunkt vieler dieser Innovationen gewesen zu sein. Hier lassen sich zuerst neue Pflanzen (Klee, Raps), die Bebauung der Brache mit Leguminosen, Kohl und Rüben in größerem Umfang, mehrjährige Fruchtfolgen und nachhaltige Verbesserungen der Arbeitsgeräte feststellen. Von den Niederlanden aus verbreiteten sich die Innovationen an den Niederrhein, nach England und nach Nordfrankreich, von England aus im 18. und frühen 19. Jh. in viele europäische Regionen.

In Rheinhessen und der Pfalz setzten sich die Innovationen ab der Mitte des 18. Jhs. in einem Tempo durch, das den französischen Agrarhistoriker Jean Vogt von einer »pfälzisch-rheinhessischen Agrarrevolution« sprechen ließ. Die wichtigsten Impulse für die Modernisierung der Agrarwirtschaft gingen von Pächtern der großen Güter aus, die rechtlich und wirtschaftlich einen anderen Status als die Mehrzahl der Dorfbewohner hatten. Da sie sich nur vorübergehend in der Gemeinde aufhielten, hatten sie meist kein Bürgerrecht, waren aber auch von den vielfältigen Pflichten der Gemeindemitglieder befreit. Sie bewirtschafteten größere Flächen, die von der fortschreitenden Parzellierung nicht betroffen waren. Die Abgabenbelastung verpflichtete sie zu einer stark gewinnorientierten Betriebsführung. Von den kollektiven Zwängen einer gemeindeorientierten Landwirtschaft wenig beeinflusst und ohne lange Ortsansässigkeit und auch unabhängiger von dörflichen Gewohnheiten und Rücksichten, konnten sie bei ihrer Agrarpraxis eine höhere Eigenständigkeit entfalten.

Häufig waren mennonitische Bauernfamilien Pächter der großen grundherrschaftlichen Höfe. Sie waren nach ihrer Ansiedlung in der Pfalz im 17. Jh. bei der Vergabe der Güter oft berücksichtigt worden, da ihnen aufgrund des aus ihrer religiösen Einstellung resultierenden Arbeitsethos eine gute Wirtschaftsführung und ein pünktliches Zahlen der Abgaben unterstellt wurden. Zu dem anderen wirtschaftlichen und rechtlichen Status kam dann noch die religiöse Sonderstellung. Ihre Mobilität und ihr innerer Zusammenhalt verschafften den mennonitischen Beständern Vorteile in der landwirtschaftlichen Praxis, da sie über verwandtschaftliche und religiöse Beziehungen verfügten, die sich von der Schweiz bis nach Holland erstreckten. Agrarwirtschaftliche Innovationen konnten sich in diesem Kommunikationsnetz schnell verbreiten und aufgrund der Sonderstellung innerhalb der Gemeinden auch eher ausprobiert werden.

Die grundlegenden Neuerungen in der rheinhessisch-pfälzischen Landwirtschaft sind einem Angehörigen dieser Gruppe zu verdanken. David Möllinger, ein Nachfahre von im 17. Jh. aus der Schweiz eingewanderten Mennoniten, ließ sich 1744 in Monsheim nieder. Auf seinem Hof betrieb er eine Branntweinbrennerei, eine Essigsiederei und eine Bierbrauerei. Mit den Brand- und Braurückständen konnte er Ochsen mästen und dadurch die in Rheinhessen unbekannte Jauchedüngung praktizieren. Durch Versuche mit Esparsette wurde er zum Pionier des Kleebaus. Er konnte so die ganzjährige Stallhaltung einführen und die Brache überwinden. In der Umsetzung der Vorschläge der fortschrittlichsten Agronomen seiner Zeit und in seiner eigenen Experimentierfreudigkeit konnte Möllinger offensichtlich auf Erfahrungen anderer mennonitischer Landwirte in der Schweiz und in Schwaben zurückgreifen. Seine Bedeutung für die Geschichte nicht nur der rheinhessisch-pfälzischen, sondern der gesamten deutschen Landwirtschaft spiegelt sich in dem Ehrentitel »Vater des Ackerbaus«, den ihm der reisende Agrarschriftsteller Johann Nepomuk Schwerz, der spätere erste Direktor der Hohenheimer Hochschule, verlieh, und in den zahlreichen Besuchen von weitgereisten Fachleuten und Studenten in Möllingers Monsheimer Betrieb.

David Möllinger (1709–1786) (Bibliotheken der Stadt Mainz – Wissenschaftliche Stadtbibliothek)

Dem Beispiel Möllingers wurde gerade in seinem religiösen Milieu schnell gefolgt. Schwerz berichtet 1816 von Besuchen bei dem gleichnamigen Enkel Möllingers in Pfeddersheim, bei Christian Käge in Offstein, Christian Dettweiler in Wintersheim und 24 mennonitischen Familien in Ibersheim, die alle, von den Erfahrungen Möllingers ausgehend, neue Wege in der Bewirtschaftung ihrer Güter mit gutem Erfolg beschritten und dadurch der pfälzisch-rheinhessischen Landwirtschaft einen überregional bedeutenden Ruf verschafften.

Nur langsam wurden die neuen Methoden auch von den restlichen Dorfbewohnern übernommen. Hier standen alte Gewohnheiten als Hindernisse einer zeitlich nahen Übernahme entgegen: Kollektive Zwänge wie etwa die Brachbeweidung oder Flurenwirtschaft, die starke Parzellierung, aber auch die Scheu vor dem mit Experimenten verbundenen Risiko, das durchaus auch Ernteausfall bedeuten konnte, und das Fehlen des für die Neuerungen notwendigen Kapitals (Scheunen-, Stallbau, Zukauf von Vieh). Die Erfolge der Agrarpioniere scheinen dann aber doch überzeugt zu haben. Spätestens in den 1790er Jahren orientierten sich etliche Bauern an der neuen Praxis des Landbaus.

In den Jahrzehnten um 1800 erfuhr die rheinhessische Landwirtschaft einen grundlegenden Wandel, der sich deutlich in allen erhaltenen statistischen Daten niederschlägt. Das Aussaat-Ernte-Verhältnis konnte bis in das frühe 19. Jh. auf 1:10 gesteigert werden, selbst in Gemarkungen, in denen vor der Umstellung kaum mehr als die dreifache Menge des Saatguts erwirtschaftet wurde.

Die Rolle landesherrlicher Agrarpolitik in diesen Prozessen muss eher in der Vorgabe begünstigender Rahmenbedingungen und der ideellen Unterstützung durch die agrarische Reformbewegung gesehen werden als im direkten Anstoßen der Innovationen. Die Politik der als agrarmodernisierungsfreundlich geltenden Landesherren, des pfälzischen Kurfürsten Karl Theodor, des Herzogs Christian IV. von Pfalz-Zweibrücken und des auch mit linksrheinischen Besitzungen ausgestatteten Markgrafen Karl Friedrich von Baden, konnte etwa durch Zehntbefreiungen von Kleebau oder Regelungen der Allmendaufteilung die Entwicklung erleichtern; die wichtigsten Akteure waren aber die Landwirte, die auf ihr eigenes Risiko die Innovationen erkannten, übernahmen und weitertrugen.[13]

Abseits der Intensivanbauregionen ließ die Umstellung der Landwirtschaft auf die neuen Methoden noch lange auf sich warten. Im Umland von Trier war die agrarische Praxis weiterhin durch das Festhalten an der Dreifelderwirtschaft und große, als Weide für Kühe und Schafe extensiv genutzte Flächen gekennzeichnet. Im Hunsrück wurden erst nach der Krise von 1771/72 in größerem Ausmaß Kartoffeln angebaut, von der markgräflich-badischen Regierung ausgehende Reforminitiativen stießen eher auf Widerstand der bäuerlichen Bevölkerung. Überkommene Flursysteme dominierten – wie beschrieben – noch weite Teile der Westpfalz und der Eifel.[14]

Aber auch in den Regionen, in denen die Innovationen schnell zum Erfolg führten, war die Umstellung der landwirtschaftlichen Praxis keineswegs unumstritten. Johannes Neeb, Philosophieprofessor, Bürgermeister und Landwirt in Nieder-Saulheim, zitierte in einem Beitrag für die »Zeitschrift für die landwirtschaftlichen Vereine« im Jahr 1840 die Erinnerungen eines fast 100-Jährigen, der auf die Frage nach den Existenzbedingungen der Zeit vor der Einführung der Stallfütterung und des Klee- und Kartoffelanbaus geantwortet hatte:

»Es gab damals außer den adelichen Grundbesitzern keine Reiche, aber auch keine Armen, die sich, wie heute hungerig zu Bette legen; eine Kuh war auf dem Brachfeld leicht zu nähren, man konnte die Gänse, Schweine und Schafe vor das Thor treiben, von diesem wenigen Hausvieh lebte auch der Unbemittelte. Das Stoppelfeld lieferte ihm Streusell und Brennsell. Niemand dachte daran, es dem Nothdürftigen durch Umpflügen des abgeernteten Feldes zu wehren; Erbsen, Bohnen und Linsen, die eher stärker gepflanzt worden, ersetzten die Kartoffelgemüse, und die Wollschur von auch nur einem Schaf sicherte gegen die nackte Blöße des Leibes.«

Auf der Grundlage eines kritischen Verhältnisses zur modernisierten Agrarpraxis der Mitte des 19. Jhs. charakterisiert der Zeitzeuge die Situation der rheinhessischen Landbevölkerung um die Mitte des 18. Jhs. in zweifellos idealisierter Form. Den kollektiven Nutzungen misst er für die Ökonomie der unterbäuerlichen Schicht, die in den Dorfgesellschaften oftmals die Mehrheit stellte, größte Bedeutung bei. Die wirtschaftliche Bedeutung der Kollektivwirtschaft kann nach Schichten differenziert werden. Für die landlose oder landarme Unterschicht bedeuteten die Kollektivweiden in den grünlandarmen Regionen die einzige Möglichkeit, Vieh zu halten. Selbst geringe Zufütterungsressourcen im Winter erlaubten den Unterhalt eines Schweins, eines Rindes, einer Kuh oder sogar mehrerer Tiere. Für Angehörige der unteren Mittelschicht, Kleinbauern oder Handwerker und Gewerbetreibende mit relativ geringem Landbesitz, war die Existenz als bäuerlicher Betrieb mit eigenem Zugvieh nur mit Hilfe der Gemeinde- und Brachweide denkbar. Dass aber auch die Bauern der oberen Mittelschicht und der Oberschicht erhebliche Vorteile aus der Kollektivbeweidung zogen, darauf weisen die Auseinandersetzungen um die Individualisierung hin, bei denen die Vollbauern gegen die Auflösung der Gemeindeweide argumentierten, um die für sie zunächst riskante und kostenintensive Sommerstallhaltung zu vermeiden. Tierhaltung in ihrer dreifachen Funktion, also der Bereitstellung von Zugkraft, Nahrungsmitteln und Dünger, ist im vormodernen System ohne Kollektivwirtschaft nicht denkbar. Das dürfte die wichtigste Bedeutung der Allmendnutzung für die ländliche Ökonomie gewesen sein. Der Umbau des Systems hin zu einer individualisierten Agrarpraxis mit Sommerstallhaltung war dementsprechend schwierig und führte zu beträchtlichen Umschichtungen innerhalb der Dorfgesellschaft.[15]

Weinbau

Nach den Kriegen und Krisen des 17. Jhs. nahm die Entwicklung des Weinbaus im 18. Jh. nur langsam wieder an Fahrt auf. Selbst am Mittelrhein spielte der Ackerbau zunächst aufgrund seiner elementaren Bedeutung eine größere Rolle in der landesherrlichen kurtrierischen Politik. In der Kurpfalz wurde die Rodung von Ackerflächen zugunsten von Weinbergen untersagt. Die Beschränkung in der Fläche ging allerdings einher mit einem Interesse an der Qualitätssteigerung. Seit dem zweiten Viertel des 18. Jhs. erfuhr der Kurtrierer Weinbau wieder stärkere Förderung. Der als Massenträger beliebte Elbling wurde zunehmend von Riesling- und Silvanerreben verdrängt und die Produktion insgesamt mehr auf Vermarktung ausgerichtet. Nachweisen lässt sich eine vergleichbare Entwicklung auch am Beispiel Alsheim (heute Rheinhessen): Dort besaßen 1767 zwei Drittel der Haushalte Weinberge, im frühen 19. Jh. aber nur noch ein Drittel. Deutlich zurückgegangen waren die Kleinstproduzenten, die für ihren eigenen Verbrauch Wein anpflanzten, während die Anzahl der Bauern, die neben ihren zu einer Existenz ausreichenden Ackerflächen eben auch noch Weinbergflächen in größerem Umfang besaßen, zunahm. Wie in Rheinhessen waren die meisten der Weinberge auch im Oberamt Kreuznach an der Nahe im Besitz der Anbauer: Nur 9,2 % waren dort als Eigentum des Adels, der Klöster oder der kurpfälzischen Administration, die die Ländereien der aufgehobenen Klöster verwaltete, im Erb- oder Temporalbestand vergeben, der Rest war bäuerliches Eigen. Selbst am Mittelrhein war nur ein Viertel der Weinberge im Eigentum der Kirche, ein Zehntel gehörte dem Adel, und zwei Drittel der Flächen waren in der Hand der Winzerfamilien.[16]

2. Gewerbe und Handwerk

Bis zum Ende des Alten Reiches war gewerbliche Wirtschaft zu einem überwiegenden Teil zünftisch organisiert. Neuere Organisationsformen wie Verlag, Manufakturen oder Fabriken sind nur vereinzelt zu finden und hinsichtlich ihrer Beschäftigtenzahlen eher marginal. Andere außerzünftische Beschäftigungsformen – etwa die Arbeit von Frauen – dürften, auch wenn sie quantitativ kaum zu fassen sind, einen deutlich höheren Anteil eingenommen haben. Die – ohnehin nur idealtypische – funktionale Zuschreibung der Stadt als Ort des Gewerbes, Handwerks und des Handels, die dadurch auch den Bedarf des Umlands befriedigt, und der überwiegend agrarisch definierten Versorgungsfunktion des Landes lässt sich bereits für das Mittelalter nicht aufrechterhalten und verliert für die Frühe Neuzeit zusehends an Bedeutung. Wenn auch im Mittelalter noch – abgesehen von wenigen früh spezialisierten Regionen – kaum von ländlicher gewerblicher Wirtschaft, die auf überlokale Märkte zielte, gesprochen werden kann, so mehrten sich ab dem 16. Jh. die Anzeichen für außerstädtische gewerbliche Produktion, die den eigenen, lokalen Bedarf überstieg.

In den Städten waren fast alle Gewerbetreibenden und Handwerker in Zünften organisiert, die außer der wirtschaftlichen Aufgabe, also vor allem der Regelung von Produktion, Vermarktung und der Ausbildung des Nachwuchses, auch soziale, religiöse und letztlich auch politische Funktionen erfüllten. Neben Einzelzünften bestanden Sammelzünfte, in denen Angehörige schwach besetzter Berufsgruppen vertreten waren. Die Zünfte organisierten in Absprache und Auseinandersetzung mit den städtischen Obrigkeiten das Wirtschaftsleben der Stadt. An ihren Einsprüchen kam kaum eine Regulierungsinstanz, ob städtisch oder landesherrlich, vorbei. Vor allem darin liegt die mangelnde Reformfähigkeit der Städte im Alten Reich begründet.

Die Grundversorgung wurde in allen Städten durch Handwerker aus dem Nahrungsmittel-, Bekleidungs- und Bausektor garantiert. Aufgrund ihrer Bedeutung für die Versorgung der Bevölkerung waren die Metzger und die Angehörigen der Bäckerzunft, neben den Bäckern oft auch Müller und Mehlhändler, meist stärkeren obrigkeitlichen Vorgaben ausgesetzt als andere Handwerker. So wurden die Preise für Brot, Mehl und Fleisch regelmäßig neu festgesetzt und die Produktionsbedingungen schärfer überwacht. Da der Absatz der Bäcker und Metzger sich im Wesentlichen auf den innerstädtischen Markt beschränkte, waren deren Zünfte sehr daran interessiert, die Anzahl der Zunftmeister gering zu halten. Die Anzahl der Bäcker war ohnehin durch die limitierte Zahl an Häusern mit Backrecht begrenzt. Wie rigide die Bäcker diese Produktionsbeschränkungen verteidigten, zeigt das Beispiel der Wormser Bäcker, die 1690, nach der völligen Zerstörung der Stadt im Pfälzischen Erbfolgekrieg, nicht davor zurückschreckten, einige Öfen einzuschlagen, die vom Brand verschont geblieben waren, aber von nicht zur Zunft zählenden Einwohnern betrieben wurden. Trotz solcher Abwehraktionen nahm die Zahl der Bäcker im 18. Jh. beständig zu, so dass etwa in Trier, wo die meisten Zunftangehörigen im 17. Jh. als gut situiert galten, die Bäcker im 18. Jh. über eine Überbesetzung ihres Handwerks und die zunehmende Verarmung der einst wohlhabenden Zunft klagten.[17] Ähnliche Klagen erhoben die Trierer Metzger schon im 17. Jh. und beschwerten sich zudem über Konkurrenz durch Hausschlachtungen, auswärtige und jüdische Metzger sowie Fleischereien in den Vororten, die ihnen das wirtschaftliche Überleben schwer machten. Sie hatten zudem, anders als andere Handwerker, mit der Verderblichkeit ihrer Ware zu kämpfen: »Und können wir nit das unverkauffte Fleisch und damit allen Gewinn als gleich selbst essen wollen. Denn das Fleisch lasset sich nit gleich anderen Waren auf kommende Käuffer hinlegen und conserviren.« Um 1700 galt bereits die Hälfte der Trierer Metzger als arm.[18] Auch in Worms klagten die Metzger über Konkurrenz aus dem pfälzischen Umland, durch die jüdischen Metzger und die Metzgerzunft des Hochstifts. Anders als in Trier gelang es ihnen aber, möglicherweise weil ihre Zunft bei einer reichsstädtischen Obrigkeit eher Gehör fand, die Zahl ihrer Mitglieder bis zum Ende des 18. Jhs. so zu begrenzen, dass sie weiterhin zu den höher Besteuerten zählten.[19] Ebenfalls zum Nahrungsmittelgewerbe zählten in flussnahen Städten die oft in traditionsreichen Zünften organisierten Fischer.

Starke Probleme mit Konkurrenz und Überbesetzung der Zünfte hatten die Textilhandwerker, die zumindest teilweise auch für den überlokalen Markt produzierten. Der Niedergang der Mainzer Woll- und Leineweber hatte aufgrund der oberdeutschen und niederrheinischen Konkurrenz schon im 15. Jh. begonnen. Statt 57 wie um das Jahr 1470 wurden 1541 nur noch 26 Webermeister in Mainz gezählt.[20] In Trier stellten die Wollweber zwar bis in die zweite Hälfte des 17. Jhs. die stärkste Gruppe der Zunfthandwerker. Ihren Höhepunkt hatten sie allerdings schon 100 Jahre vorher überschritten. Gute Produktionsbedingungen, vor allem die Schafzucht im Hunsrück und in der Eifel, die Herstellung von hochwertigen Gebrauchsstoffen und die erfolgreiche Vermarktung im Umland und über die Frankfurter Messen hatten ihre Anzahl, inklusive der Leineweber, auf 181 um 1580 ansteigen lassen. Bereits vor dem Dreißigjährigen Krieg arbeiteten davon nur noch 126 Meister in Trier, nach dem Krieg fanden nur noch 60, am Ende des 17. Jhs. noch 20 Wollweber ihr Auskommen. Die starke Konkurrenz aus wallonischen und luxemburgischen Gebieten, aber auch der kurtrierischen Landweber sowie der unzünftischen Weber in den Vorstädten, die auch den Nachschub an Rohmaterial verteuerten, hatte zu diesem Einbruch geführt, der auch im 18. Jh. nicht mehr aufgeholt werden konnte. Versuche, die Wollweberei über Manufakturen zu organisieren, scheiterten am Widerstand der Zunft. Die Leineweber hatten schon immer mit starker Konkurrenz zu kämpfen und waren im Wesentlichen auf den städtischen Markt und die nähere Umgebung als Absatzgebiet beschränkt.[21]

Die neu gegründeten Exulantenstädte profitierten von der Besiedlung durch Einwanderer aus auf Textilproduktion spezialisierten Regionen. So lebten 1584 in Frankenthal 33 Wollweber, 19 Saienweber (Saien ist ein niederdeutscher Begriff für leichtes Wollgewebe), acht Schnürweber, drei Leineweber, ein Seidenweber und ein Arrasweber, der ebenfalls leichte Wollgewebe fertigte.[22] Ähnliches gilt für Lambrecht und Otterberg, über das auch noch am Ende des 18. Jhs. vermerkt wurde: »Unter allen Profeßionisten sind aber keine zahlreicher, und bringen keine mehr Geld ein, als die Tuchmacher. Diese haben 13 Werkstätte, und verfertigen meist nur grobe Tücher, die aber stark sind und Abgang genug finden, wenn sie nur blau gefärbt sind.«[23]

Schneider und Schuhmacher arbeiteten meist für den lokalen Bedarf. Diese Handwerke boten aufgrund des geringen Kapital- und Platzbedarfs auch Angehörigen der unteren Schicht eine zunftbürgerliche Existenz. Entsprechend finden sich Angehörige dieser Berufe in den Steuerlisten meist im unteren Bereich. Allerdings dürfte ihre Auftragslage im gehobenen Angebotsspektrum in Residenzstädten und Städten mit einer hohen Anzahl von Beamten oder Geistlichen so schlecht nicht gewesen sein. Die Bestrafung von Schneidern wegen Sonntagsarbeit könnte ein Indiz dafür sein: So entschuldigte sich der Wormser Schneidermeister Göde 1736, seine Gesellen hätten sonntags arbeiten müssen, weil unter Zeitdruck Hochzeitskleider hätten fertig gestellt werden müssen.[24]

Die Lage der Bauhandwerker war stark konjunkturabhängig. Während im 17. Jh. aufgrund der Kriege und der krisenhaften Lage die Auftragssituation eher schlecht war, bot der Wiederaufbau des 18. Jhs. Zimmerleuten, Leien- und Dachdeckern, Steinmetzen und Maurern eine Fülle von Arbeitsmöglichkeiten. In den zerstörten Städten wie Worms und Speyer musste fast der gesamte Baubestand erneuert werden. So wurden in Worms im 18. Jh. außer den Kirchen über 70 Gebäude im Auftrag der Geistlichkeit wieder aufgebaut, darunter der 1794 zerstörte Bischofshof, die Höfe der Domherren und etliche Stiftshäuser. Diese teilweise sehr aufwändig gebauten Häuser und Höfe dürften den Bauhandwerkern über viele Jahre eine gute Auftragslage verschafft haben. Auch der allergrößte Teil der 910 Häuser, 100 Scheunen und zehn Mühlen, die 1805 in Worms gezählt wurden, stammt aus dem 18. Jh., so dass auch von dieser Seite mit etlichen Aufträgen zu rechnen war. Am Bau der Dreifaltigkeitskirche waren zwischen 1709 und 1725 39 Wormser Bauhandwerker mit ihren Werkstätten beteiligt.[25]

Naturräumliche und verkehrstechnische Standortvorteile und gewerbliche Traditionen führten zu lokalen Spezialisierungen. Innerstädtische Wasserläufe waren Voraussetzung für die Ansiedlung von Gerbern, Färbern und wassergetriebenen Walk-, Papier- und Lohmühlen. Dass etwa in Bacharach 1778 vierzehn Rotgerbereien oder 1786 in Montabaur 50 Schuhmachermeister gezählt wurden,[26] verweist eben auf für das Lederhandwerk günstige Bedingungen: Wasser, intensive Viehhaltung im Umland, gute Verfügbarkeit von Eichenlohe als Gerbstoff. Die umfangreichen Tonlager, der Waldbestand als Energielieferant und die Nähe zum Rhein und zu wichtigen Straßenverbindungen begünstigten die Entwicklung des Töpferhandwerks im Kannenbäckerland zwischen Rhein und Westerwald. Um die Mitte des 18. Jhs. sollen hier 600 Meister tätig gewesen sein. Einen Aufschwung erhielt die im 18. Jh. sich zunehmend auf Irdenware verlegende Branche durch das kurtrierische Privileg, die Wasserkrüge für den Sauerbrunnen von Niederselters alleine liefern zu dürfen. Um 1750 wurden so jährlich 600.000, um 1800 1,2 Mio. Krüge nur für diesen Zweck hergestellt. Neben der Produktion von Krügen und Gebrauchsgeschirr entwickelte sich im 18. Jh. die Herstellung von Pfeifen als ein weiterer Betriebszweig.[27] Die Verbindung von Achatvorkommen und Wasserkraft führte in Idar und Oberstein seit dem 15. Jh. zur Entwicklung der Achatschleiferei, die 1766 von 25 Schleifereien am Idarbach betrieben wurde.[28]

Auch all diese Spezialisierungen waren in Zünften organisiert. Das mit dem Wirtschaftsprinzip einer ausreichenden »Nahrung«, eines Auskommens für alle Zunftangehörigen, verknüpfte Regulierungssystem, das Betriebsgröße, Kapitaleinsatz und Einkommen nivellierte, verhinderte Eigeninitiative und Entwicklung ebenso wie die damit verbundene obrigkeitliche Festsetzung von Löhnen und Preisen. Beispiele für die innerhalb der Zünfte und zwischen den Zünften penibel betriebene gegenseitige Kontrolle ordnungsgemäßen Verhaltens, die jedem Versuch entgegenarbeitete, aus dem System auszubrechen oder auch nur geringfügig von seinen Prinzipien abzuweichen, finden sich massenhaft. Ein Fall mag als Anschauung genügen, um zu illustrieren, welche Möglichkeiten für wirtschaftliche Weiterentwicklung dadurch verbaut wurden: 1782 beschwerte sich der Orgelmacher Jeckel auf Betreiben der Wormser Schreiner beim Rat. Seit vier Jahren fertige der reformierte Schulmeister Fiscus Klaviere an und verkaufe sie in »entfernte Lande«. Die damit verbundene Schreinerarbeit habe Schreinermeister Omeis übernommen. Da Jeckel sich dadurch in seinem Handwerk geschädigt sah, hatte er sich bei der Zimmerleutezunft beschwert und erreicht, dass Omeis die Mitarbeit untersagt wurde. Der Schulmeister habe daraufhin seine Werkstatt in das außerhalb der Stadt gelegene Neuhausen verlegt, die dortigen Schreiner in seine Arbeit einbezogen und innerhalb von drei Jahren über 100 Klaviere verkauft. Um diese Einkommensmöglichkeit wieder in die Stadt zu holen, schlugen die Schreiner dem Schulmeister vor, er solle nur noch Klaviere für den Export herstellen; auf diese Weise werde die »Nahrung« des Orgelmachers, der ohnehin mehr Aufträge hatte, als er bewältigen konnte, nicht gefährdet. Damit war Fiscus einverstanden. Nachdem nun aber der Orgelmacher ein für den Export nach Köln bestimmtes Klavier hatte beschlagnahmen lassen, befürchteten die Schreiner aufs Neue den Verlust dieser Einkommensmöglichkeit. Die Erkenntnis, dass nicht Existenzgefährdung, sondern bloße »Prinzipienreiterei« den Orgelmacher zum restriktiven Vorgehen bewogen hatte, führte die Schreiner zu weitergehenden Überlegungen: »Wo ist ein Staat blühender, als wo man dem Handel und Wandel freyen Lauf läßet?« Der Rat aber gab Jeckel Recht, verwies die Schreiner ihres »groben unfugs« und verbot dem Schulmeister das weitere Anfertigen von Klavieren.[29]

Die Beschreibung des Zunftwesens würde aber zu kurz greifen, würde sie nur die wirtschaftlichen Aspekte berücksichtigen. Die Zunft band ihre Angehörigen in soziale, politische, kulturelle und selbst religiöse Ordnungssysteme ein. Sie regelte die Beziehungen zwischen den Zunftmitgliedern, ihren Haushaltsangehörigen und dem Rest der städtischen Gesellschaft. Sie wies soziale und politische Funktionen zu, fungierte als Sozialkontrolle und als Notfallversorgung. Der bei der Lektüre der Zunftordnungen und der Beobachtung des ritualisierten Verhaltens entstehende Eindruck eines hohen Regulierungsniveaus wird allerdings durch die stets bestehende Bereitschaft zur Gewährung von Ausnahmelösungen, etwa bei der Frage der Meisterstücke, der Lehrlingsannahme oder der Wanderjahre, deutlich relativiert.[30]

Vor allem Angehörige der Unterschicht erwarben sich ein Einkommen mit außerhalb der Zünfte organisierter Arbeit. Gerade Frauenarbeit wurde kaum vom Zunftsystem erfasst: Wäscherei, Näherei, auch mehr oder weniger legalisierte Formen von Weinausschank, Garküchen oder Beherbergung Fremder konnten das Auskommen für etliche Haushalte ganz oder wenigstens teilweise sichern helfen.

Landhandwerk

Die Zunahme des Landhandwerks im 18. Jh. ist mit der Suche nach Einkommensalternativen aufgrund der für die wachsende Landbevölkerung zu geringen Landressourcen zu erklären. Bereits im späten Mittelalter waren die Handwerke für den Bedarf vor Ort in vielen Dörfern zu finden: Bäcker, die häufig in gemeindeeigenen Backhäusern arbeiteten, stellten im Mittelrheintal und in Rheinhessen, gefolgt von den Müllern und den Metzgern, die größte Gruppe der Dorfhandwerker.[31] Auch Schneider waren um 1500 bereits in den Dörfern ansässig; sie stellten offenbar die einfache Alltagskleidung der ländlichen Bevölkerung her.[32] Bis in das 18. Jh. hatte sich die Palette der dörflichen Handwerker stetig erweitert. In den allermeisten Fällen erfüllten sie die Funktion, die dörfliche Nachfrage zufrieden zu stellen, also Nahrungsmittel oder Kleidung zu produzieren, agrartechnische Geräte herzustellen und zu reparieren oder Häuser zu bauen. So fanden 1721 im kurpfälzischen Alsheim ein Bäcker, ein Metzger, zwei Schmiede, ein Schuhmacher, ein Schreiner, zwei Leineweber, zwei Schneider, drei Maurer, ein Küfer, zwei Müller, ein Sattler, ein Barbier und ein Ziegler ihr Auskommen, wobei sie neben diesen Berufen häufig einer agrarischen Beschäftigung nachgingen. Die Müller zählten auch angesichts ihrer oft großen zusätzlich betriebenen landwirtschaftlichen Betriebe meist zur wirtschaftlichen Oberschicht, die Angehörigen des Nahrungsmittel- und des Baugewerbes waren eher im mittleren Einkommensspektrum angesiedelt, während Leineweber, Schneider und Schuhmacher arme Handwerker, oft ohne oder nur mit marginalem Landbesitz waren.[33] In den Mainzer Umlandgemeinden erarbeitete sich gegen Ende des 18. Jhs. ein Fünftel der Haushalte seinen Lebenserwerb zumindest teilweise durch handwerkliche Tätigkeiten. Der hohe Anteil an Leinewebern, die den vor Ort angepflanzten Flachs verarbeiteten, und Schneidern lässt darauf schließen, dass hier auch für den überörtlichen Bedarf produziert wurde.[34] Die ständigen Beschwerden der Trierer Zünfte gegen die in den Vororten arbeitenden Handwerker zeigen, dass in den stadtnahen Dörfern sich eine auf die Stadt ausgerichtete Gewerbetätigkeit ausgebildet hatte. Eine gewerbliche Verdichtung des Landes, wie sie in schwäbischen oder nordwestdeutschen Regionen vor allem in der Erscheinungsform der »Protoindustrie«, der meist über ein Verlagssystem organisierten gewerblichen Massenproduktion für überregionale und internationale Märkte, zu finden ist und als deren

Kennzeichen die agrarisch-heimgewerbliche Mischökonomie ihrer Produzenten gelten kann, ist nach dem derzeitigen Kenntnisstand für den Raum des heutigen Rheinland-Pfalz nicht nachzuweisen. Allerdings sind in einzelnen Dörfern Gewerbetraditionen erkennbar, die auf eine ansatzweise Entwicklung in diese Richtung hindeuten. So arbeiteten in Dudeldorf in der Eifel im 18. Jh. zwischen 18 und 26 Wollwebermeister, die seit dem späten 17. Jh. in einer Wollweberbruderschaft organisiert waren. Der Zuzug einer Wollweberfamilie aus Kyllburg während des Dreißigjährigen Krieges stand am Anfang dieser lokalen Konzentration von Textilhandwerkern.[35]

Manufakturen

Das für das Zunftsystem grundlegende »Nahrungsprinzip«, nach dem jeder Zunftangehörige sein Auskommen finden sollte, verhinderte die Expansion von Handwerksbetrieben. Die Zahl der Gesellen und Lehrlinge war limitiert. So durften etwa in Landau, wie in vielen anderen Städten auch, Handwerksmeister maximal drei Arbeitskräfte, die eigenen Söhne schon mitgerechnet, einstellen. Schuhmachern und Schneidern war nur ein Lehrling erlaubt.[36] Die Durchsetzung neuer Betriebsformen war unter diesen Bedingungen kaum möglich. Manufakturen, in denen Angehörige verschiedener Handwerkszweige zentralisiert produzierten, zusätzliche Kräfte eingestellt wurden, die spezialisierte Detailaufgaben zu übernehmen hatten, und in Heimarbeit vergebene Arbeitsabläufe integriert wurden, konnten dementsprechend gerade in den Städten mit starkem Zunftwesen kaum entstehen. Dafür bedurfte es besonderer Voraussetzungen. So führte der durch merkantilistische Politikvorstellungen forcierte Ausbau von Frankenthal als »Fabrikenstadt« unter Kurfürst Karl Theodor zur Gründung von mehr als 20 Manufakturen und Fabriken zwischen 1755 und 1774. Die 1755 von Paul

Porzellanmanufaktur Frankenthal (Gruppe Kraft, Erkenbert-Museum Frankenthal)

Abraham Roentgen (1711–1793)

Ein unstetes Leben führte der Schreiner Abraham Roentgen, bevor er 1750 auf Einladung von Johann Friedrich Alexander Graf zu Wied in dessen Residenz Neuwied eine Werkstatt eröffnete. Wie die meisten Handwerker ging auch Roentgen nach der Lehre bei seinem Vater auf Wanderschaft, die ihn bis nach Den Haag, Rotterdam, Amsterdam und London führte. Unterwegs in Kontakt mit den Herrnhuter Brüdern gekommen, trat er 1737 in deren Gemeinschaft ein und siedelte sich 1738 in deren Siedlung Marienborn in der Wetterau an. Nach einer Missionsreise nach Carolina begründete er eine eigene Werkstatt in Herrnhag bei Büdingen, von wo er dann acht Jahre später nach Neuwied übersiedelte. Mit Privilegien ausgestattet und vom Zunftzwang befreit, baute er dort eine Manufaktur für hochwertige Möbel auf.[37]

Anton Hannong gegründete Porzellanmanufaktur mit etwa 50 Beschäftigten konnte zwar mit ihrer Produktion künstlerisch überzeugen, blieb aber ganz auf den Hof als Abnehmer konzentriert. Bereits 1762 wurde sie vollständig vom Staat übernommen und verlor nach dem Umzug des Hofes nach München 1777 schnell an Bedeutung.

Die Wollzeug- und Tuchmanufaktur in Frankenthal hatte 1786 96 Arbeiter, Zählungen von 900 Arbeitskräften beinhalteten wohl die in Heimarbeit tätigen Zuarbeiter. Zur Unterstützung der Seidenmanufaktur wurden alle kurpfälzischen Bauern verpflichtet, Maulbeerbäume als Nahrung für die Seidenraupen zu pflanzen. Die in den Fabriken und Manufakturen Beschäftigten – hervorzuheben wären noch eine Tabakmanufaktur, eine Woll- und Seidenfärberei, eine Strumpffabrik, eine Spielkartenfabrik und eine Tapetenfabrik – zählten zu einem eigenen »Fabrikenstand«, der nicht wie die anderen Bürger dem Stadtrat, sondern kurfürstlichen Kommissionen unterstand. Sie waren daher von der Zunftpflicht befreit und hatten noch weitere Vergünstigungen. Für den Absatz der Waren über den Rhein wurde eigens ein neuer Kanal angelegt, der einen alten, von den niederländischen Einwanderern erbauten, aber seit langem versandeten Wasserweg ersetzte. Trotz all dieser unterstützenden Maßnahmen konnte sich der »Industriestandort« Frankenthal nicht stabilisieren und befand sich schon um die Mitte der 1780er Jahre »im Abwärtstrend«.[38]

In Kaiserslautern initiierte die dort ansässige »Physikalisch-ökonomische Gesellschaft« die Gründung einer Tuchmanufaktur, die Leinen-, Halbleinen und »Siamoise«, ein nach seinem Herkunftsort benanntes Gewebe, herstellte. Auch dieses Unternehmen bekam wichtige Privilegien zugesprochen, die seine Existenz erst ermöglichten. Ökonomisch scheint es erfolgreich gewesen zu sein. 1784 in privaten Besitz übergegangen, beschäftigte es in diesem Jahr 1.810 Personen: 1.650 Spinner in Heimarbeit, 75 Weber, z. T. wohl auch in Heimarbeit, einen Appreteur, vier Färber, zwei Wäscherinnen, drei Bleicher, fünf Hechler, zwölf Baumwollstreicherinnen, zwei Zettler und 56 Spuler.[39] Trotz dieser Einzelbeispiele darf der Beschäftigungseffekt dieser Unternehmen nicht überschätzt werden. Für die gesamte Kurpfalz wird er für die 1780er Jahre auf 10.000 Personen geschätzt.[40]

Auch die Exulantenstadt Neuwied wurde durch die Initiative des Grafen Friedrich Alexander zur Manufakturenstadt. Wenn auch die Eisenhütte, die Blechfabrik und die verschiedenen Textilmanufakturen dort zunächst wohl aufgrund verfehlter Politik des Grafen große wirtschaftliche Schwierigkeiten hatten und teilweise auch scheiterten, konnten doch einige der Manufakturen durch die Initiative der die staatswirtschaftliche Organisation ablösenden, aus der Gruppe der in Neuwied angesiedelten religiösen Dissidenten stammenden Unternehmer in der zweiten Hälfte des 18. Jhs. erfolgreich bewirtschaftet werden, so dass sogar von einem »manufakturiellen Take-off« gesprochen werden kann.[41]

Bergbau und Metallverarbeitung

Bergbau und Metallverarbeitung waren schon seit langem in Formen personalintensiver Zusammenarbeit organisiert. So hatte sich der Bergbau in der Nordpfalz schon seit dem späten Mittelalter von Familienunternehmungen, die in kleinen Gruben Erz abbauten, zu Großbetrieben hin entwickelt, in denen die Erkundung und Ausbeutung des Berges planmäßig und stark gewinnorientiert vorgenommen wurde. Bereits am Ende des 15. Jhs. wurde das Bergwerk von bezahlten Arbeitern betrieben, im Auftrag der Gewerke, d. h. der Eigentümerkonsortien des Bergwerks, über die der Herzog von Zweibrücken, vertreten durch seinen Bergvogt, die Oberaufsicht innehatte. Die europäische und südamerikanische Konkurrenz brachte den nordpfälzischen Quecksilberbergbau allerdings um 1560 für zwei Jahrhunderte zum Erliegen.[42]

Auch die Verhüttung und Weiterverarbeitung von Eisen war häufig auf der Grundlage gesellschaftlichen Besitzes organisiert. Gerade bei der Gründung von Eisenwerken erwies sich die Verteilung des finanziellen Risikos auf viele Schultern als vorteilhaft. Landesherrlich betriebene Werke blieben eher die Ausnahme. Bei allen Werken fanden aber Konzentrationsprozesse statt, so dass sich am Ende des 18. Jhs. die meisten im Besitz von Einzelunternehmern oder Familiengesellschaften befanden. Bekannte Beispiele aus dem Untersuchungsgebiet sind die Familien Stumm und Gienanth. Johann Nikolaus Stumm, ein Bruder des Stammvaters der berühmten Orgelbauerdynastie, Johann Michael Stumm, Sohn eines Schmieds aus Sulzbach im Hunsrück, betrieb seit 1715 das Werk Hammerbirkenfeld. Seine Nachfahren dominierten im 18. Jh. die Eisenproduktion im Hunsrück und zählten durch ihre Verlagerung in das Saarrevier im 19. Jh. zu den führenden Unternehmen der Schwerindustrie. In der linksrheinischen Pfalz konnte sich die Familie Gienanth im 18. Jh. zur führenden Unternehmerfamilie entwickeln. Allerdings bleibt zumindest für die pfälzischen Standorte Altleiningen, Trippstadt, Hochstadt und Eisenberg festzuhalten, dass die Eisenproduktion für die landarme Bevölkerungsschicht keine grundlegende Existenzsicherung bedeutete. Ein aufgrund des großen Arbeitskräfteangebotes niedriges Lohnniveau, verschleppte Lohnzahlungen und konjunkturell bedingte Einbrüche ließen das Auskommen der Bergleute, Köhler, Holzhauer und Fuhrleute stets prekär bleiben. In den kurpfälzischen Statistiken des späten 18. Jhs. stellt sich die Situation ohnehin als eher bescheiden dar: Nur 75 Personen waren ständig, 300 bis 400 saisonal an den Produktionsstätten beschäftigt.[43]

3. Handel und Verkehr

Die sich seit dem Mittelalter ausbildende Marktfunktion der zahlreichen Klein- und Mittelstädte und Marktflecken im Gebiet des heutigen Rheinland-Pfalz verweist auf einen intensiven regionalen Handel.[44] Auf Wochen- und Jahrmärkten konnte so der Austausch zwischen Stadt und Land organisiert werden. Am Beispiel Landaus wurde das Ausmaß dieses Austauschverhältnisses aufgezeigt: Rd. 300 Dörfer liegen innerhalb einer Tagesentfernung um die Stadt, so dass ein genügendes Potenzial an Anbietern ländlicher und Abnehmern städtischer Produkte gewährleistet zu sein schien. Allerdings gehörten 52 Dörfer im näheren Umkreis zu neun verschiedenen Herrschaften, was sich – wie die Sonderstellung der Stadt durch ihre Zugehörigkeit zu Frankreich nach 1680 – zollpolitisch als Nachteil erweisen konnte.[45] Die für kleinere und mittlere Marktorte typische Nahmarktfunktion bestimmte auch in den größeren Städten einen erheblichen Teil des Marktgeschehens. Eher mittlere und kleine Kaufleute dominierten in Speyer den seit seiner Blütezeit im 15. Jh. rückläufigen Handel, im 18. Jh. dürften drei Viertel der Kaufleute in Koblenz eher Krämer als Großhändler gewesen sein, selbst in Trier waren nur sehr wenige der Händler als Fernkaufleute tätig. Wie in Worms zählte zwar auch in den anderen Städten die Krämerzunft zu den reichsten Zünften, und einige ihrer Mitglieder gehörten zu den wohlhabendsten Bürgern der Stadt. Trotzdem lässt sich die Mehrheit der Zunftangehörigen doch eher in mittleren Vermögenspositionen einordnen, was als Hinweis auf ihren beschränkten Wirkungsradius gedeutet werden kann. In Mainz wurde 1747 der Großhandel von der Krämerzunft getrennt und für den Zuzug entsprechender Kaufmänner geworben, was in der zweiten Hälfte des 18. Jhs. zu einer deutlichen Expansion des Handels und einer Verdopplung der Mitglieder des mit kurfürstlichem Privileg ausgestatteten Handelsstandes, insbesondere durch zuwandernde italienische Kaufleute, führte.[46]

Die Großhändler als Elite der Kaufmannschaft waren Teil länderübergreifender Netzwerke. Dass aber auch Kaufleute, die vorwiegend die lokale städtische Nachfrage bedienten, über weit gestreute Kontakte verfügten, zeigt der nicht untypische Lebenslauf eines Wormser Tuchhändlers aus dem 17. Jh.: Der 1631 als Sohn des Ratsmitgliedes Johann Jacob Kremer und seiner Frau Maria Elisabeth, Tochter eines Ratsherrn, geborene Jacob Hartmann Kremer begann, nachdem seine Eltern früh gestorben waren, seine Ausbildung in einer »Handlung« in Heidelberg, wechselte nach fünf Jahren in eine Straßburger Seidenhandlung, nach weiteren zwei Jahren in eine Seidenhandlung nach Hamburg, wiederum

Ludwig Ernst Schulz: Mainzer Kaufhaus am Brand, um 1800 (GDKE Landesmuseum Mainz/ Ursula Rudischer)

nach zwei Jahren nach Erfurt und unternahm »zur Vollendung dieser Zeit« eine Reise nach Holland, Flandern und Brabant. Um seine Familien- und Erbangelegenheiten zu regeln, kam er dann wieder nach Worms zurück mit der Absicht, »wieder hinauß und mein fortin weiter zu suchen«, entschloss sich aber 1659 zur Heirat mit der Tochter des Bürgermeisters Schweickert, Anna Charitas. 1660 wurde er als Bürger und 1665 als Zunftmeister in die Krämerzunft aufgenommen. Bereits 1660 hatte er eine Leinenhandlung eröffnet, wobei unklar ist, wie das vor der Aufnahme als Zunftmeister möglich war. Möglicherweise half hier seine einflussreiche Verwandtschaft. Der Aufbau seines Geschäftes endete aber abrupt mit seinem Tod und dem seiner Frau in der Pestepidemie 1665.[47]

Auf der anderen Seite der sozialen Skala des Händlerstandes befanden sich die an anderer Stelle erwähnten als »Betteljuden« stets von Verhaftung und Abschiebung bedrohten jüdischen Hausierer, die die ländliche Gesellschaft mit »Kurzwaren« und anderen geringwertigen Erzeugnissen versorgten.[48]

Seit dem Mittelalter war Wein auf dem Rhein und seinen Nebenflüssen das wichtigste Transportgut im Fernverkehr. Dementsprechend nahm der Weinhandel in allen an den Ufern der schiffbaren Flüsse gelegenen Städten die erste Stelle ein. Ebenfalls seit dem Mittelalter wurde über den Rhein Holz gehandelt und vom Hoch- und Oberrhein an den Niederrhein transportiert. Im 18. Jh. übertraf die Bedeutung der Handelsware Holz sogar die des Weines. Landwirtschaftliche Produkte, Getreide vor allem, aber auch die Erzeugnisse der Sonderkulturregionen zwischen Speyer und Worms, wurden über den Rhein nach Köln verschifft und von dort weiter gehandelt. Fernhandel mit gewerblichen Produkten blieb im Schatten der Frankfurter Messen eher zweitrangig. Trotz der eigentlich idealen Lage von Mainz am Zusammenfluss von Rhein und Main bildete sich dort bis zur merkantilistisch beeinflussten Umorientierung der Handelspolitik in der Mitte des 18. Jhs. kein Zentrum des Fernhandels aus. Allerdings profitierte die Stadt sehr von ihrer Mittlerfunktion zwischen den Märkten der Oberrheinregion und denen des Niederrheins, der Niederlande und damit verbunden der überseeischen Warenflüsse. Das bis zum Ende des Alten Reichs bestehende Stapelrecht und schiffstechnisch notwendige Umladungen machten die Residenzstadt zu einem für Kurfürst und Spediteure lukrativen Umschlagsplatz.[49] Auch in Worms mussten alle von außerhalb kommenden Waren über das städtische Kaufhaus weiterverteilt werden, was der Stadt durch die Lage am Rhein und im Schnittpunkt der Straßen von Basel nach Köln und Frankfurt sowie von Paris bis in die Donauregion gute Einnahmen verschaffte. Pro Gulden Wert wurde eine Abgabe von einem Kreuzer erhoben. Vergleicht man die Höhe des eingenommenen Kreuzergeldes, so scheint der Umfang der Einfuhr im 18. Jh. zumindest vom Wert her nicht mehr das Niveau der Zeit vor 1689 erreicht zu haben. Wurden in den Jahren vor dem Brand zwischen 2.000 und 2.400 Gulden jährlich eingenommen, so betrug die Einnahme zwischen 1707 und 1716 nur noch durchschnittlich 1.449 Gulden und 1786 1.531 Gulden.[50] Stapelrechte und die vielen Rheinzölle machten den Rhein bereits im Mittelalter zur »teuersten Handelsstraße Europas«, die aber angesichts ihrer Konkurrenzlosigkeit eben auch eine der wichtigsten Nord-Süd-Verbindungen des Kontinents blieb.[51]

Gegenüber den Möglichkeiten des Schiffsverkehrs blieb der Straßenverkehr weit zurück. Der Zustand der alten Geleitstraßen wurde immer wieder beklagt. Erst in der zweiten

Hälfte des 18. Jhs. wurden nach französischem Vorbild Chausseen ausgebaut, die den Warenverkehr über Land deutlich erleichterten.[52] Noch am Ende des 18. Jhs. wurde aber der Stückwerkscharakter des Straßenbaus kritisiert: »Wer aus Frankreich und Lothringen nach Deutschland reiset, und sich über den Rhein begeben, oder von der Mosel über den Rhein reisen muß, trifft keine Chaussee an, welche ihn ununterbrochen dahin führt, [...] man trifft längst dem Rhein und der Mosel keine lange Chaussee, worauf man eine Reise von etlichen Tagen fortsetzen könnte, an, und keine einzige, welche sich von der Mosel bis an den Rhein erstreckt, noch auch keine, welche aus dem festen Lande weit her bis gegen die Mosel und den Rhein zieht, weil die bey Trier nur bis Rouver, die bey Coblenz bis Trier, Montabauer und Ems, die bey Mayntz bis an das Pfälzische 2 Stunden lang bis Ober-Ursel [gemeint ist wohl Ober-Olm, G. M.] gegen Alzey zu, von Oppenheim bis Maynz und über Worms bis Manheim, die von Manheim jenseits dem Rhein bis Schwetzingen, diesseits bis Neustadt, und von Manheim über Alzey bis nach Kreuznach und Simmern, und von Manheim über Türkheim bis Kaiserslautern, nur dauern.« Bei aller Kritik des Autors dieses in der Enzyklopädie von Krünitz im Jahr 1796 erschienenen Artikels erkennt er doch die gute technische Ausführung des pfälzischen Straßenbaus, die guten Verbindungen zwischen den kurmainzischen Handelsstädten und den »Wege-Eifer« in Kurtrier an, wenngleich man dort »allezeit erst [...] schlechte Wege zurücklegen« müsse, bevor man die »trierischen schönen Chausseen« erreiche. Besonderes Lob spendet er dem Pfalz-Zweibrückener Straßenbau, wo man nach dem guten Vorbild von Nassau-Saarbrücken sehr bemüht sei, die »Zwerch- und mitten durch das Herzogthum von einer Land-Stadt zur andern angelegten Chausseen nicht nur mit den französischen, vermittelst der nassauischen, sondern auch gegen Deutschland zu mit den kurpfälzischen und den kurtrierischen zu verbinden«.[53] Der staatlichen Vereinheitlichung der territorial zersplitterten Region ging also eine zum Zeitpunkt der Okkupation noch nicht abgeschlossene, aber doch bereits im vollen Gange befindliche räumliche Vernetzung voraus, an die die Straßenbaubemühungen der neuen Machthaber direkt anknüpfen konnten.

1 OHLER, Alltag 1982, S. 595–599; HOLENSTEIN, Bauern 1996, S. 44–49.
2 SCHRÖDER-LEMBKE, Zweifelderwirtschaft 1978; VOLK, Mittelrhein 1998, S. 274–281.
3 LUTSCH, Dudeldorf 1991, S. 109; SAUNDERS, Hunsrück 1995, S. 83.
4 JANSSEN, Kurtrier 1985, S. 138 ff., 384, 456, 508; SCHMITT, Territorialstaat 1992, S. 159, 200.
5 JANSSEN, Kurtrier 1985, S. 138 ff., 185, 367; VOLK, Mittelrhein 1998, S. 293, 303–313.
6 MATHEUS, Weinbau 1997; ALTER, Pfeddersheim 1990, S. 237 f.; VOLK, Mittelrhein 1998, S. 155–243.
7 TROSSBACH/ZIMMERMANN, Geschichte 2006, S. 67 f.
8 MAHLERWEIN, Umbruch 2010, S. 93 f.
9 SCHMITT, Territorialstaat 1992, S. 190–193; MAHLERWEIN, Alsheim 1996, S. 175–178; DERS., Herren 2001, S. 20–24; ALTER, Pfeddersheim 1990, S. 178 f.; JANSSEN, Kurtrier 1985, S. 590.
10 HOLENSTEIN, Bauern 1996, S. 49; PRÖSSLER, Mittelrhein 1979, S. 36; SCHMITT, Geschichte 2004, S. 17.
11 MAHLERWEIN, Herren 2001, S. 191; SCHMITT, Geschichte 2004, S. 19.
12 MAHLERWEIN, Herren 2001, S. 165–175; WEIDMANN, Landwirtschaft 1968, S. 76; HIPPEL, Kurpfalz 2002, S. 194.
13 MAHLERWEIN, Herren 2001, S. 246–250; WEIDMANN, Landwirtschaft 1968, S. 77.
14 CLEMENS/CLEMENS, Trier 2007, S. 116; SAUNDERS, Hunsrück 1995, S. 80–85; LUTSCH, Dudeldorf 1991, S. 109.
15 MAHLERWEIN, Umbruch 2010, S. 101 f.
16 PRÖSSLER, Mittelrhein 1979, S. 19 ff.; SCHMITT, Geschichte 2004, S. 37–51; MAHLERWEIN, Herren 2001, S. 262 ff.
17 IRSIGLER, Wirtschaftsgeschichte 1988, S. 126–130; MAHLERWEIN, Worms 2005, S. 336.
18 IRSIGLER, Wirtschaftsgeschichte 1988, S. 130 f.; LAUFNER, Metzger 1980, S. 151.
19 MAHLERWEIN, Worms 2005, S. 336.

20 DOBRAS, Stadt 1999, S. 234.
21 IRSIGLER, Wirtschaftsgeschichte 1988, S.108–120.
22 KALLER, Frankenthal 1977, S. 148 f.
23 HERZOGENRATH, Zustand 1773, S. 290.
24 MAHLERWEIN, Worms 2005, S. 337.
25 Ebenda; IRSIGLER, Wirtschaftsgeschichte 1988, S. 134–137.
26 KEYSER, Städtebuch 1964, S. 64, 302.
27 Ebenda, S. 154; HEINEMANN, Kannen- und Krugbäcker 1981, S. 212.
28 KEYSER, Städtebuch 1964, S. 161.
29 Stadtarchiv Worms, Bestand 1B/1522, Schreiben der Schreiner, verlesen im Rat am 5. Juli 1782.
30 MAHLERWEIN, Worms 2005, S. 339 f.
31 SCHMITT, Territorialstaat 1992, S. 270–274; VOLK, Mittelrhein 1998, S. 376 ff.
32 VOLK, Mittelrhein 1998, S. 378.
33 MAHLERWEIN, Alsheim 1996, S. 145.
34 RETTINGER, Umgebung 2002, S. 90 f.
35 LUTSCH, Dudeldorf 1991, S. 150 f.
36 IMHOFF, Landau 1996, S. 118.
37 Vgl. Neue Deutsche Biographie 21 (2003), S. 730 f.
38 MAUS, Frankenthal 1969, S. 71–76; SCHAAB, Geschichte 1992, S. 228 ff.; HIPPEL, Kurpfalz 2002, S. 205 ff.
39 FRIEDEL, Industrie 1976, S. 112–117.
40 HIPPEL, Kurpfalz 2002, S. 207.
41 TROSSBACH, Schatten 1991, S. 179–262.
42 SCHLUNDT, Bergbau 1982, S. 106–115; SCHLUNDT, Licht 2010.
43 CLOER/KAISER-CLOER, Eisengewinnung 1984, S. 445–449; BRAUN, Eisenhüttenwesen 1991; DERS., Eisenproduktion 2010; HIPPEL, Kurpfalz 2002, S. 205; TROSSBACH, Schatten 1991, S. 180–205.
44 Beispielhaft für das Gebiet des Oberen Mittelrhein in: VOLK, Mittelrhein 1998, S. 661–666.
45 IMHOFF, Landau 1996, S. 100 f.
46 ALTER, Speyer 1982, S. 449–454; IRSIGLER, Wirtschaftsgeschichte 1988, S. 148; MAHLERWEIN, Worms 2005, S. 339; RÖDEL, Mainz 1985, S. 80; MATHEUS, Großhändler 2000, S. 174 f.
47 MAHLERWEIN, Worms 2005, S. 339.
48 Siehe den Beitrag Demografie, Gesellschaft, Alltag von Gunter Mahlerwein in diesem Band.
49 IRSIGLER, Rhein 2010, S. 57–90; HIPPEL, Kurpfalz 2002, S. 33–55; MATHEUS, Großhändler 2000, S. 173.
50 MAHLERWEIN, Worms 2005, S. 338 f.
51 IRSIGLER, Rhein 2010, S. 44.
52 SCHAAB, Geschichte 1992, S. 231.
53 KRÜNITZ, Enzyklopaedie 1796.

Kirche und Konfessionen

Von Helga Schnabel-Schüle

Religion war in Mittelalter und Früher Neuzeit eine gesellschaftliche Ordnungskraft ersten Ranges: Der Alltag der Menschen hatte einen religiösen Rhythmus. Tages-, Monats- und Jahresabläufe waren auf religiöse Inhalte hin getaktet. Die hohen kirchlichen Festtage, Ostern, Pfingsten und Weihnachten, die Marien- und Heiligenfeiertage wie auch die kirchliche Jahresliturgie gaben dem Alltag eine feste zeitliche Struktur. Auch die individuellen Lebensläufe waren von religiösen Handlungen begleitet: Taufe, Firmung, Heirat und die letzte Ölung waren Sakramente, die einen bestimmten zeitlichen Abschnitt im Leben der Menschen markierten. Religion war von existentiellem Interesse, niemand konnte sich ihr entziehen.

1. Der Aufbau der Kirche

Die Spitze der Hierarchie der westlichen christlichen Kirche war das römische Papsttum. Der Papst war zugleich weltlicher Herrscher des Kirchenstaats. Diese Verbindung von geistlicher und weltlicher Herrschaft war der Kristallisationspunkt jedweder Kritik am Papsttum. Denn durch diese Verbindung war der Papst häufig Interessenkonflikten ausgesetzt: Nicht alles, was politisch opportun war, nützte der christlichen Kirche und förderte ihren Zusammenhalt.

Der päpstliche Primat stellte zunächst einmal einen Anspruch dar. Um ihn in der gesamten westlichen Christenheit durchzusetzen und auch um ihre politischen Interessen zu vertreten, bedienten sich die Päpste unter anderem spezieller Gesandter (Nuntien, Legaten), denen sie jeweils bestimmte Aufgaben übertrugen. In der Reformationszeit nahmen solche Gesandte an den Reichstagen teil oder hielten sich längere Zeit im Reich auf, um die kirchlichen Verhältnisse zu beobachten und deren Entwicklung nach Rom zu melden. Erst in der zweiten Hälfte des 16. Jhs. wurden solche Nuntiaturen auf Dauer eingerichtet, so z. B. 1584 in Köln. Der Wiener Kongress stellte 1815 schließlich die päpstlichen Nuntien den Botschaftern weltlicher Staaten gleich.

An der Spitze der in ihrer Größe stark variierenden Bistümer (Diözesen)[1] stand jeweils ein Bischof. Mehrere Diözesen bildeten einen Metropolitanverband oder eine Kirchenprovinz, an deren Spitze ein Erzbischof stand. Bischöfe und Erzbischöfe waren zunächst geistliche Amtsträger, d. h. sie hatten geistliche Jurisdiktionsrechte inne, verwalteten das kirchliche Vermögen ihres Bistums und hatten die Seelsorge in ihrer Diözese zu gewährleisten. Aber die deutschen Bischöfe und Erzbischöfe waren gleichzeitig auch weltliche Herrscher. Sie gehörten damit zum Reichsfürstenstand. Diese weltliche Macht des Klerus gab es, abgesehen vom Kirchenstaat, so in keinem anderen europäischen Land. Zwar waren politische Einflussnahmen des Klerus durch die Einbindung von Geistlichen in die Politik nicht selten, indem diese hohe Ämter im Staat übernahmen (z. B. in England Thomas Wolsey und in Frankreich Richelieu und Mazarin). Aber das systematische Zusammengehen von weltlichen Herrschaftsrechten und bischöflichen Befugnissen war ein Spezifikum der Reichsverfassung. Zur Zeit der Reformation war etwa ein Sechstel des Reichs geistliches Herrschaftsgebiet.

Die Bündelung von weltlichen und geistlichen Herrschaftsrechten macht es notwendig, streng zwischen der Diözese und dem Hochstift zu unterscheiden, d. h. dem Gebiet, in dem der Bischof/Erzbischof nur über geistliche Herrschaftsrechte verfügte (Diözese), und dem, in dem er weltliche Herrschaftsrechte hatte (Hochstift). Beide Gebiete waren nicht deckungsgleich; zumeist bildete das Hochstift einen – mehr oder weniger großen – Teil der Diözese. Die weltlichen Herrschaftsrechte in den nicht hochstiftischen Teilen der Diözese konnte ein weltlicher Herrscher allein innehaben, oder aber sie konnten, wie meistens, auf mehrere Herrscher verteilt sein. Im rheinland-pfälzischen Raum erstreckten sich die (Erz-)Bistümer Mainz, Trier, Speyer und Worms auf besonders viele verschiedene, oft klein fragmentierte und zersplitterte weltliche Herrschaftsgebiete.

Viele fürstliche Dynastien pflegten die Besetzung der Bistümer fest in ihre Familienpolitik zu integrieren. Sie ließen ihre jüngeren Söhne – der älteste trat in der dynastischen Erbfolge ja die Nachfolge im eigenen Territorium an – zu Bischöfen oder Erzbischöfen wählen, um so ihren politischen Einfluss über ihr eigenes Territorium hinaus auszudehnen. Durch diese vor allem im Spätmittelalter energisch betriebene Bistumspolitik nahmen Bistumsakkumulationen drastisch zu, d. h. häufig begnügten sich die hochadeligen Familien nicht mit einem Bischofssitz für einen nachgeborenen Sohn, sondern ließen ihn gleich in zwei oder auch mehreren Bistümern zum Bischof wählen. In den entscheidenden Jahren der Reformation war so z. B. Georg, der Bruder des Pfälzer Kurfürsten Ludwig, Bischof von Speyer; 1529 scheiterte der Kurfürst dann mit dem Versuch, seinen Bruder Heinrich, der bereits Bischof von Worms war, zum Nachfolger Georgs wählen zu lassen. Diese enge Verbindung der Pfälzer Kurfürsten mit »ihren« Bistümern erklärt zum Teil die neutrale Haltung, die die Pfälzer Kurfürsten zu Beginn des reformatorischen Prozesses in der Religionsfrage einnahmen.[2]

Aus einer solchen Bistumspolitik resultierte wiederum, dass diese Bischöfe sehr häufig keine höheren Weihen, somit also im Grunde gar nicht die Befugnis zu einem geistlichen Amt hatten. Deswegen wurden Aufgaben, für die eine Weihe erforderlich war, von Stellvertretern wahrgenommen. So wurden vor allem die Weihbischöfe zu Stellvertretern der Bischöfe, damit diese sich in Politik und fürstlicher Hofhaltung engagieren und ihre politischen Interessen wahrnehmen konnten. Die Bistumspolitik der großen Herrscherhäuser im Reich trug somit indirekt zur Krise der spätmittelalterlichen Kirche bei.

Erzbischöfe und Bischöfe wurden spätestens seit dem 13. Jh. von den Domkapiteln gewählt. In den Domkapiteln saßen in der überwiegenden Mehrzahl Adelige, in der Regel die nachgeborenen Söhne wichtiger Adelsfamilien, die über den Sitz im Domkapitel eine standesgemäße Versorgung und zugleich auch zumindest beschränkte politische

Einflussmöglichkeiten bekamen. Der Reichsadel im rheinland-pfälzischen Raum gewann über die Zugehörigkeit zu den Domkapiteln sogar recht weitreichende politische Einflussmöglichkeiten, da die unterschiedlichen Interessen der kleinfragmentierten Herrschaftsgebilde und des dort regierenden Adels über die Domkapitel Bedeutung für die Bistümer gewannen. Häufig machte sich das recht spektakulär bei kontroversen Bischofswahlen bemerkbar, unauffälliger war der Einfluss der Kapitel in der täglichen Politik, denn ohne die grundsätzliche Zustimmung der Domkapitel konnten die Bischöfe keine weitreichenden Entscheidungen treffen.

Bistümer und Hochstifte zu Beginn der Frühen Neuzeit

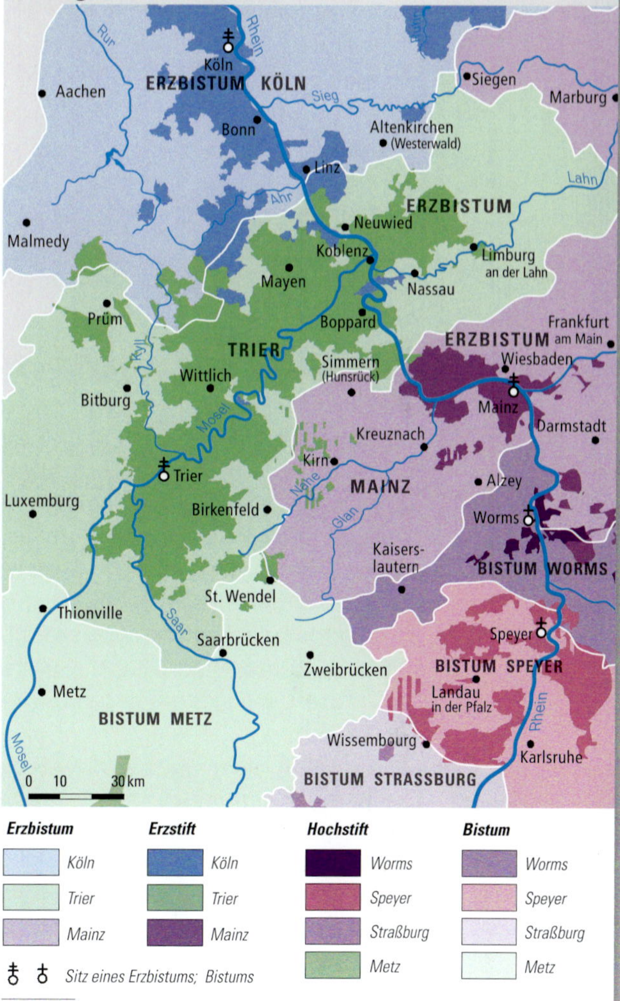

Kartographie: Landesamt für Vermessung und Geobasisinformation Rheinland-Pfalz

Streng geschieden von dieser Adelskirche war das sog. Niederkirchenwesen. Die Pfarrer in den Gemeinden wurden von den Bischöfen eingesetzt und geweiht, nominiert wurden sie nicht selten von weltlichen Herrschern, Magistraten der Städte oder auch Adeligen. Dieses sog. Patronatsrecht ist für die Verbreitung der Reformation zentral, da in Gebieten, in denen die Patronatsrechte überwiegend in der Hand weltlicher evangelischer Fürsten lagen (wie z. B. im Herzogtum Württemberg), schnell und reibungslos protestantische Pfarrer eingesetzt werden konnten, während Patronatsrechte in der Hand von Bischöfen oder Äbten dies in aller Regel verhinderten. Alle kirchlichen Stellen waren ausgestattet mit Gut, d. h. mit immobilem Besitz, dem zu seiner Bewirtschaftung erforderlichen Inventar, den an diesem Gut hängenden Rechten und den aus seiner Bewirtschaftung fließenden Einnahmen. Diese Güter und Einkünfte bildeten die sog. Pfründe. Der Pfarrklerus hatte in aller Regel keine geregelte Ausbildung durchlaufen, nicht selten wurde das Priesteramt als eine Art Handwerk erlernt. Den Geistlichen oblag es, Messe zu halten und die Sakramente zu spenden. Im Gegensatz zu den Pfründen an der Spitze der kirchlichen Hierarchie waren die Pfarrpfründen jedoch häufig so schlecht dotiert, dass nur durch die Zusammenlegung mehrerer Pfründen – und damit auch Ämter – eine Existenzgrundlage für einen Priester garantiert werden konnte. Dies hatte aber wiederum zur Folge, dass eine seelsorgerische Versorgung auf dem Lande nicht im erforderlichen Umfang gewährleistet war, da der Priester ja nur an einem Ort seinen Amtspflichten nachkommen konnte.

Aus dem Vorhergehenden wird deutlich, dass der Klerus eine sehr heterogene Gruppe war. Unter sozialen Aspekten hatten die Mitglieder dieser Gruppe kaum Gemeinsamkeiten. Angehörige des hohen Klerus und des niederen Pfarrklerus trennten Welten. Dennoch gab es eine Gemeinsamkeit des Klerikerstandes: Alle Kleriker waren dem weltlichen Recht und der weltlichen Gerichtsbarkeit nur bedingt unterworfen; sie genossen einen gesonderten Gerichtsstand. Außerdem gelang es ihnen, sich der Steuererhebung weitestgehend zu entziehen. Dies war einer der wichtigsten Gründe für den Antiklerikalismus in den Städten, wo die hohe Zahl privilegierter Kleriker zu Schieflagen führte, die nicht selten die wirtschaftliche Lage der Städte beeinträchtigte.[3]

2. Die Krise der Kirche im Spätmittelalter

Die Krise der Kirche hatte demnach viele Gründe. In der Außenwirkung war es aber vor allem der päpstliche Fiskalismus, der als Ausdruck der Krise wahrgenommen wurde. Eng zusammenhängend mit der Erweiterung des große Teile Mittelitaliens umfassenden Kirchenstaats stieg nämlich der Finanzbedarf der Päpste. Der Ausbau der römischen Kurie, die sich von einem kleinen Mitarbeiterstab im Laufe der Jahrhunderte zu einem ausdifferenzierten Behördenapparat entwickelt hatte – sie umfasste 1517 2.000 Personen und damit fünfmal mehr als noch 1471 –, erforderte ebenso zusätzliche Geldquellen wie die Aufwendungen für politische Unternehmungen und Kreuzzüge. So bildete sich allmählich ein ausgeklügeltes, mit den seelsorgerischen Aufgaben der Päpste ganz und gar nicht zu vereinbarendes Geldbeschaffungssystem aus. Für die Ausstellung von Bullen, Reskripten, Gnadenerweisen und Dispensen wurden Gebühren erhoben. Für Pfründenverleihungen wurden z. T. erhebliche Geldsummen verlangt, teilweise verbunden mit Annaten, d. h. Zahlungen der Bewerber in Höhe der Pfründeneinnahmen des ersten Jahres. Im Reich verstärkte sich die Auffassung, dass die Deutschen zum bevorzugten Objekt päpstlicher Finanzpolitik geworden seien und finanziell ausgesaugt würden. Antirömische Ressentiments nahmen zu und fanden vor allem in der dann später kritisierten Ablasspraxis immer wieder neue Nahrung.[4]

Die komplexe Territorialstruktur des Reichs führte zu einer starken Fragmentierung der Interessenlagen auch in kirchlichen Angelegenheiten. Der Kaiser hatte gegenüber der Kurie häufig ganz andere Interessen als einzelne Territorialfürsten. Oft förderten diese die Kurienferne ihrer Länder, um eine weitgehende Unabhängigkeit der Kirche ihres Landes von Rom zu erreichen und selbst zum »Papst in ihren Landen« – wie es ein zeitgenössisches Diktum formulierte – zu werden. Das macht aber auch klar, dass die Reform der Kirche erfolgversprechend nur über Teilreformen in Ländern und Territorien angegangen werden konnte.

Grundlage dafür war das sog. landesherrliche Kirchenregiment, das in der Zeit des Großen Abendländischen Schismas (1378–1417) und der Konzilien in der ersten Hälfte des 15. Jhs. wurzelte, als die römische Autorität nachhaltig erschüttert war. Damals hatten die Päpste den Territorialfürsten des Reichs weitgehende Zugeständnisse gemacht. Insbesondere im Bereich des Klosterwesens nahmen die Landesherren unter dem Rechtstitel der Klostervogtei seither das Reformations- und Visitationsrecht (*ius reformandi et visitandi*) wahr. Es wird als Kern der fürstlichen Kirchenhoheit vor der Reformation angesehen. Klöster waren nicht mehr die respektvoll behandelten Stätten der Frömmigkeit. Sie wurden in ihrem Pfründenreichtum zunehmend zu wirtschaftlich nutzbaren Objekten. Über die Schirmverträge zwischen Klöstern und Landesherren wurden diese im Spätmittelalter mitsamt ihren Erträgen in die fürstliche Herrschaft integriert. Das landesherrliche Kirchenregiment bedeutete damit auch im Mittelalter schon einen verstärkten Zugriff auf die Reichtümer der Kirche.

Kritik an der Kirche war immer Kritik an ihrer Verweltlichung. Bischöfe waren in erster Linie Fürsten und erst in zweiter Linie Seelsorger in der Nachfolge der Apostel. Die Konsolidierung ihres weltlichen Herrschaftsbereichs beanspruchte gerade im Spätmittelalter die größte Aufmerksamkeit. Bei den Anforderungen an die Ausübung der geistlichen Pflichten der Bischöfe stand im Vordergrund der persönliche Vollzug der seelsorgerischen Aufgaben: des Gottesdienstes und der Sakramente. Gelehrsamkeit wurde zwar geschätzt, war aber kein Muss. Um die gute Seelsorge ging es auch bei den Anforderungen an den niederen Klerus: Er sollte vor Ort sein, und er sollte sich um die Seelsorge kümmern. Die Einhaltung des Zölibats stand demgegenüber deutlich im Hintergrund. Nicht selten lebten Priester mit ihren Lebensgefährtinnen und Kindern unbehelligt in den Gemeinden.

Frömmigkeitsformen

Frömmigkeit an sich lässt sich selbstverständlich nicht messen. Aber es ist doch immer wieder mit Erstaunen festgestellt worden, in welchem ungeheuren Ausmaß die Menschen der vorreformatorischen Zeit quantifizierbare Frömmigkeitsformen gepflegt haben. Das ganze Arsenal althergebrachter Frömmigkeitsformen und traditioneller Heilsvermittlung wurde nachgefragt und praktiziert. Durch die Verehrung Marias und der Heiligen suchten die Gläubigen deren Fürbitte und Gnade und erhofften sich so Schutz vor dem richtenden Gott. Wer es sich leisten konnte, tätigte eine Stiftung, die sicherstellte, dass an bestimmten Tagen oder Altären Messen für das Seelenheil des verstorbenen Stifters gelesen wurden. Bruderschaften gewährleisteten eine kollektive Form der Fürbitte, die die Lebenden für die verstorbenen Bruderschaftsmitglieder leisteten. Wallfahrten hatten im Spätmittelalter Hochkonjunktur. Sie waren eine in allen Schichten verbreitete Form religiöser Praxis. Trier war eines der Pilgerzentren von überregionaler Bedeutung. Denn Trier besaß mit dem Heiligen Rock eine besonders wertvolle Reliquie. 1512 drängte Kaiser Maximilian Erzbischof Richard von Greiffenclau, den Heiligen Rock auszustellen. Das war die Geburtsstunde der Heilig-Rock-Wallfahrt: 100.000 Besucher sollen in dieser Zeit nach Trier gekommen sein, darunter zweimal der Kaiser selbst, der sich von der Verehrung des Rocks Heilung seiner Krankheit versprach

Zu den großen Zentren trat ein dichtes Netz kleinerer Wallfahrtsorte, die sich oft außerhalb urbaner Zentren entwickelten, wie z. B. Klausen bei Trier. Wallfahrten waren beim Kirchenvolk beliebt, weil sie das Heil scheinbar greifbar machten. Wenn die Kunde von einer neuen Kultstätte sich verbreitet hatte, machten sich nicht selten ganze Scharen von Pilgern auf den Weg, oft gänzlich unvorbereitet und nicht einmal mit dem Nötigsten ausgestattet. Eine Wallfahrt war für die Gläubigen in aller Regel ein aufwändiges und kostspieliges Unternehmen. So war der Erfolg des Wallfahrtswesens auch gleichzeitig Ansatzpunkt der Kritik. Insbesondere die Echtheit der ausgestellten Reliquien wurde immer wieder, so auch im Kontext der ersten Heilig-Rock-Wallfahrt, in Frage gestellt. Kritik setzte aber auch daran an, dass Wallfahrten Aberglauben und Leichtgläubigkeit förderten und damit klerikalem Betrug Tür und Tor öffneten. Ulrich von Hutten galt die Heilig-Rock-Wallfahrt als gewinnorientierter Betrug des Klerus, der sich die »närrische Meinung und [den] Aberglauben« der Pilger zunutze machte.[5] Der beißende Spott der Kritiker hatte die Absicht, eine verinnerlichte Frömmigkeit und einen daraus gespeisten Lebenswandel zu fördern. Es war aber für die Menschen nahezu unmöglich, diese Frömmigkeitsformen in Frage zu stellen, denn sie allein schienen ein Garant für das Seelenheil zu sein. Dennoch war gleichzeitig auch Skepsis verbreitet. Noch 1511 rutschte Martin Luther in Rom kniend und das Vaterunser betend die als Reliquie geltende und Ablass spendende »Heilige Treppe« zum Lateranpalast hinauf, um damit seinen Großvater aus dem Fegefeuer zu erlösen. Oben angekommen, überkamen ihn Zweifel, ob das überhaupt möglich sei. Solche Zweifel und Ermüdungserscheinungen überfielen auch andere. Zu Beginn des 16. Jhs. machte sich ein Zug kritischer Aufmerksamkeit im Frömmigkeitsvollzug bemerkbar. Denn die unverhohlene Kommerzialisierung aller Frömmigkeitsformen führte schließlich zu einer Selbstentzauberung der Kirche in zweifacher Hinsicht: zum einen bei den Gläubigen zu einer berechnenden Form heilsversichernder Frömmigkeit – die sich in die Frage kleiden ließe: »Wo bekomme ich für mein Geld am meisten Gnade?« – und auf der anderen Seite zu einer Selbstenthüllung des Systems mit dem Verlust kirchlicher Glaubwürdigkeit.[6] Mitunter brach der skepti-

Heiliger Rock

Nach dem Johannesevangelium wurden die Gewänder Jesu nach seiner Kreuzigung zerteilt, sein Leibrock jedoch wurde unter den Soldaten verlost, da er für eine Zerteilung zu kostbar erschien, denn er war »von oben her ganz durchgewebt und ohne Naht« (Joh. 19,23). Helena, die Mutter Konstantins des Großen, soll der Überlieferung nach den Heiligen Rock nach Trier gebracht haben, wo er heute als Reliquie im Dom aufbewahrt wird. Laut urkundlicher Erwähnung wurde der Heilige Rock 1196 im Hochaltar des damals neu errichteten Ostchors des Doms eingeschlossen. Als 1512 Kaiser Maximilian I. zu einem Reichstag nach Trier kam, verlangte er, den Heiligen Rock zu sehen. Erzbischof Richard von Greiffenclau kam der Bitte nach. Nach einem Gedächtnisgottesdienst für die verstorbene Gemahlin Kaiser Maximilians I. forderten die Bürger lauthals, dass auch ihnen der Rock gezeigt werde. Das Domkapitel ließ – so zeigen es zeitgenössische Holzschnitte – an der Westapsis des Domes einen Balkon errichten, von dem aus der Rock den Gläubigen gezeigt wurde. Bis 1517 fanden dann jährlich Wallfahrten zum Heiligen Rock nach Trier statt, danach wurden die Abstände größer. Der Heilige Rock intensivierte die reformatorische Kritik an Reliquien und Wallfahrten, die im Kern auf Täuschung des Volkes durch eine falsche Heilsgewissheit zielte. Ulrich von Hutten bezeichnete das Trierer Schaustück schlicht als ein »altes, lausiges Wams«; Martin Luther sprach von der »großen Bescheißerey« und nannte den »Teufelsmarkt zu Trier« ein »verführlich, lügenhaft und schändlich Narrenspiel«. Eine wissenschaftliche Kontroverse um die Echtheit des Trierer Rockes kam erst zu Beginn der Aufklärung in Gang. Belebt wurden die Zweifel an der Echtheit der Reliquie besonders dadurch, dass der Trierer Kult keineswegs Anspruch auf Exklusivität erheben konnte: Rom, Jerusalem, Moskau, Santiago, Oviedo, Gent, London, Mainz, Köln, Frankfurt, Bremen und Loccum – von diesen und manchen anderen Orten wurde zu irgendeinem Zeitpunkt einmal behauptet, sie besäßen Christi Leibrock.

sche Anflug auch bereits ungehemmt hervor, nicht nur in satirisch-kirchenkritischen Schriften der Eliten, sondern auch in vielfältigen Formen von Verspottung und Verhöhnung des Klerus und des kirchlichen Systems bei den unteren Bevölkerungsschichten. Der nachweisbare Antiklerikalismus um 1500 stellte aber niemals die Kirche als solche in Frage, er entsprang vielmehr der tiefen Sehnsucht nach einer besseren Kirche. Kirchenkritik hatte vor der Reformation deswegen eine deutliche, nicht überschreitbare Grenze, weil der einzelne Gläubige auf die Kirche als Heilsvermittlerin angewiesen war. Mochten die Korruption des kirchlichen Systems und die Mängel der seelsorgerischen Betreuung noch so deutlich hervortreten: Abschaffen ließ sich die Kirche nicht, und an ihrer Reform hatte man sich vergeblich versucht.

Die gescheiterte Kirchenreform war die Plattform, ohne die die Reformation nicht denkbar ist. Reformbedürftig schien die Kirche an nahezu jeder Stelle zu sein. Aus der Sicht der Kirchenverfassung sah sich die Reichskirche durch Rom drangsaliert und ausgesaugt, die Klagen waren nicht nur einmal in der Form der sog. »Gravamina deutscher Nation« geäußert worden.

Aus Sicht der Gläubigen lag die Reformbedürftigkeit vor allem darin, dass die Kirche ihre seelsorgerische Versorgung nicht gewährleistete. Wenn die Messen nicht regelmäßig gehalten wurden, wenn die Sakramente nicht gespendet wurden, wenn die Kirche versuchte, die Menschen mit erhöhten Abgaben zu belegen, reagierten diese mit unverhohlener Kritik. So beschwerte sich der Rat der Stadt Worms 1517, dass der Bischof seit Beginn seines Pontifikats 1504 die Kinder nicht gefirmt habe.[7] Wenig Proteste gab es hingegen, wenn Pfarrer mit Frauen zusammenlebten und sich dazu auch offen bekannten. Das band den Pfarrer, wenn er ansonsten keinen Anlass für Kritik bot und ein guter Seelsorger war, eher mehr in die Gemeinde ein. Die Gläubigen urteilten nicht von abstrakten normativen Vorgaben aus, sondern beschwerten sich, wenn sie in ihrem alltäglichen religiösen Leben Einschränkungen hinnehmen mussten.

Der Streit um den Ablass als Symptom für die Krise der Kirche

Entstanden war der Ablass im Hohen Mittelalter als Gnadenmittel der Kirche mit dem Zweck, den Buß- und Besserungseifer der Menschen zu vergrößern. Unter der Voraussetzung »tätiger Reue« in Form einer jeweils vorgeschriebenen Bußleistung (Gebete, Fasten, Almosen für Bedürftige) konnte der Gläubige Ablass, d.h. den Nachlass zeitlicher Sündenstrafen, erlangen. Die zeitlichen Sündenstrafen meinten dabei in erster Linie die Zeit des Verbleibs im Fegefeuer, die jeder Gläubige für seine Sünden abzubüßen hatte, bevor seine Seele das ewige Heil schauen durfte. Ein vollkommener Ablass bedeutete die völlige Befreiung von der Strafe des Fegefeuers; ihn durfte nur der Papst gewähren, Teilablässe konnten auch die Bischöfe erteilen.

Das Bedürfnis nach Ablässen war groß, so groß, dass die theoretische Begründung der Rechtmäßigkeit von Ablässen durch Kirchenrecht und Theologie der Praxis in der Regel hinterherhinkte. Da sich die Ablasspraxis oftmals stark von der offiziellen Lehre der Kirche unterschied, war die dogmatisch-juristische Rechtfertigung des Ablasses ein schwieriges Geschäft. Die geforderte Bußleistung wurde im 15. Jh. in aller Regel reduziert auf eine Geldzahlung, die für einen vorher bestimmten Zweck an die Kirche zu leisten war.

Die neue Technik des Buchdrucks schuf für das Ablasswesen völlig neue Grundlagen, die zugleich viele Gefahren bargen. Die päpstlichen Bullen, die einen Ablass verkündeten, wurden nun gedruckt, und die Ablassbriefe wurden in gedruckter Form zum Kauf angeboten. Damit konnten die Gläubigen jetzt schwarz auf weiß die Bestätigung nach Hause tragen, welchen Strafnachlass sie für ihre Sünden erworben hatten. Gleichzeitig wurde die Ablasspraxis angreifbarer, da die gedruckte Form eine Eindeutigkeit schuf, die zuvor unbekannt gewesen war.

1476 eröffnete Papst Sixtus IV. die Möglichkeit, den Ablass auch für Verstorbene zu erwerben. Das erschloss dem kirchlichen Fiskus einen vielversprechenden neuen Markt, konnten doch nun durch ein kleines Geldopfer verstorbene Verwandte und Bekannte von den Qualen des Fegefeuers erlöst werden. Mit diesem Schritt des Papstes wurde der Ablasshandel in den Augen kritischer Zeitgenossen endgültig zum Inbegriff der im Fiskalismus erstarrten, ihre eigenen Grundsätze missachtenden Kirche. Demzufolge entbrannten schon vor Luther heftige Kontroversen um diese Frage des Ablasses: Der Ablass zählte zu den bevorzugten Gegenständen des theologischen Diskurses, und viele Theologen, die sich beteiligten, lagen ganz auf Luthers Linie.

Erschwerend kam hinzu, dass gerade im 15. und zu Beginn des 16. Jhs. zahlreiche Ablasskampagnen gestartet wurden, bei denen Plenarablässe für ganze Landschaften, Territorien und Diözesen ausgeschrieben wurden. Diese großen Ablasskampagnen erforderten auch eine genaue Bezifferung der Geldleistungen, die für bestimmte Sündennachlässe erwartet wurden. So wurden genaue Taxen mit einem »Sozialrabatt« (Bernd Moeller) verkündet: Erzbischöfe und führende weltliche Herrscher bezahlten so z. B. für einen bestimmten Nachlass 100 Gulden, mittlere geistliche und weltliche Würdenträger 50 Gulden, und für das einfache Volk waren solche Nachlässe bereits für einen halben bis einen Viertel Gulden zu haben.[8]

3. Die Reformation

Der Mainzer Kurfürst Albrecht von Brandenburg und die Initialzündung für die Reformation

Am 18. April 1506 wurde in Rom unter Papst Julius II. der Grundstein für den Neubau der Peterskirche gelegt. Bei dem Festakt segnete der Papst die Anwesenden und verlieh ihnen einen vollkommenen Ablass. Damit dieser Ablass nicht nur den Anwesenden zuteil werde, vor allem aber, um eine zusätzliche Finanzquelle für das Unsummen verschlingende Neubauvorhaben aufzutun, schrieb der Papst den Ablass anschließend offiziell aus. In seiner Bulle verhieß er allen, die einen festgelegten angegebenen Betrag in den Opferstock der Peterskirche warfen, einen vollkommenen Ablass in der Todesstunde; denjenigen, die weniger als diesen Betrag spendeten, ließ er ein Drittel der ihnen auferlegten Bußstrafe nach.

Da es nach der päpstlichen Bulle für den Ablass notwendig war, das Geld persönlich oder durch einen Stellvertreter nach Rom zu bringen, flossen die Einnahmen aus diesem Ablass zunächst nur spärlich. Deswegen entschied der Papst, die Sammlung auszuweiten. Nach Deutschland kam der Ablass erst unter seinem Nachfolger Leo X., der im Dezember 1514 einen Ablasskommissar für die deutschen Kirchenprovinzen ernannte.

Albrecht von Brandenburg als Kurfürst von Mainz

Dass der Hohenzollernprinz Albrecht 1513 Erzbischof von Magdeburg und Administrator von Halberstadt, 1514 Kurfürst von Mainz und 1518 Kardinal wurde, war das Ergebnis einer planvollen dynastischen Reichskirchenpolitik und nicht das Resultat einer besonderen Neigung Albrechts zum geistlichen Stand. Die Hohenzollern gewannen mit dieser Kumulation kirchlicher Positionen in der unmittelbaren Nähe ihrer Kernlande, der Markgrafschaft Brandenburg, eine Festigung ihrer Herrschaft vor allem in Konkurrenz zu den einflussreichen sächsischen Wettinern. Mit dem Erwerb des Erzbistums und Kurfürstentums Mainz hatte das Haus Hohenzollern-Brandenburg zwei Kurstimmen inne, wobei der Mainzer Kurfürst als Erzkanzler des Reichs zudem eine besonders herausgehobene Position hatte. Deswegen hatte der Kaiser zunächst seine Zustimmung zur Wahl Albrechts zum Erzbischof von Mainz verweigern wollen: Zwei Brüder mit Sitz und Stimme im Kurfürstenrat agieren zu lassen, schien ihm auf den ersten Blick wenig erstrebenswert. Dann aber überwog das Kalkül, sich so das Haus Brandenburg gewogen zu machen. Der kirchliche Einfluss Albrechts erstreckte sich als Erzbischof von Mainz über die Bistümer Augsburg, Chur, Eichstätt, Halberstadt, Hildesheim, Konstanz, Paderborn, Speyer, Straßburg, Verden, Worms und Würzburg, in seiner Eigenschaft als Erzbischof von Magdeburg über die Bistümer Brandenburg, Havelberg, Lebus, Merseburg und Naumburg. Mit diesen beiden Erzbistümern hatte das Haus Brandenburg – wenn auch zum Teil nur sehr mittelbare – Mitspracherechte in weiten Teilen des Reichs. Albrecht und das Haus Hohenzollern verfolgten also greifbare politische Ziele, für die sie einen hohen Einsatz zu zahlen bereit waren.

(GDKE Landesmuseum Mainz/Ursula Rudischer)

Ausgenommen wurden die Gebiete Albrechts von Mainz sowie der Markgrafen von Brandenburg: Albrecht bekam vom Papst die Erlaubnis, acht Jahre lang die Verkündigung des Ablasses selbst in die Hand zu nehmen. Warum der Papst diese Ausnahme gewährte, ist leicht erklärt. Albrecht war eine einflussreiche Person in Kirche und Politik. Er war der Bruder des brandenburgischen Kurfürsten Joachim I., war seit 1513 Erzbischof von Magdeburg und Administrator des Bistums Halberstadt und schließlich seit 1514 Erzbischof und damit auch Kurfürst von Mainz. Diese Anhäufung von kirchlichen Ämtern widersprach den Vorschriften des kanonischen Rechts, war aber dennoch nicht außergewöhnlich.

Die Erlaubnis für diese unerlaubte Pfründenhäufung erteilte der Papst. Dafür mussten aber sog. Dispensgebühren an die Kurie in Rom bezahlt werden. Sie beliefen sich im Falle Albrechts auf die stattliche Summe von 29.000 Gulden. Albrecht konnte das Geld nur aufbringen, indem er einen Kredit beim Bankhaus Fugger in Augsburg aufnahm. Aus den Ablassgeldern, die in seinen Kirchenprovinzen und in den brandenburgischen

Ländern offiziell für den Bau der Peterskirche eingenommen wurden, ging nach vorheriger geheimer Abmachung nur die eine Hälfte nach Rom, die andere Hälfte sollte der Erzbischof zur Begleichung seiner Schulden bei den Fuggern behalten dürfen. Deswegen begleiteten Mitarbeiter der Fugger den Ablassprediger auf seiner Rundreise, um den ihnen zustehenden Teil der Einnahmen gleich einzubehalten. Solche Geschäfte waren keineswegs ungewöhnlich. Dennoch empfand Albrecht von Mainz selbst ein gewisses Unbehagen, weil er genau wusste, dass es beim Ablass immer wichtiger wurde, wofür er ausgeschrieben wurde: Notlagen, wie z. B. der Wiederaufbau des zerstörten Konstanzer Münsters, wurden akzeptiert, Ablässe für Prunkbauten aber beispielsweise abgelehnt, so dass er mutmaßte, dass das Volk einem Ablass für den Neubau der Peterskirche »wenig Andacht oder Zuneigung« entgegenbringen werde.[9]

Als Ablassprediger wählte Albrecht den Dominikanermönch Johannes Tetzel aus, der schon in anderen Kirchenprovinzen Erfahrung in dieser Funktion hatte sammeln können und der mit marktschreierischen Methoden den finanziellen Erfolg des Unternehmens denn nur um den ging es sicherzustellen suchte. Tetzel unterstrich, dass es mit seinem Ablass auch möglich sei, verstorbene Verwandte oder Bekannte aus dem Fegefeuer zu befreien, und er verkaufte Ablass für Sünden, die man erst in der Zukunft begehen würde.

In dieser Ablasskampagne zeigte sich, wie berechtigt einzelne Punkte der spätmittelalterlichen Kirchenkritik waren. Die Hauptkritikpunkte wurden in diesem Kontext gleichsam gebündelt und deutlich wahrnehmbar gemacht: Fiskalisierung des Papsttums, dem es sehr viel mehr um Deckung seines Finanzbedarfs ging als um die Seelsorge für die Gläubigen; die Kumulation von kirchlichen Ämtern, die ebenfalls unweigerlich Einbußen an der seelsorgerischen Qualität bedeutete, vom Papst aber geduldet wurde, weil seine Geldnot das opportun erscheinen ließ; die Verbindung von politischen Interessen – in diesem Fall die Interessen des Hauses Brandenburg – mit dem Erwerb von Bischofssitzen.

Daher wundert es nicht, dass gerade diese Kampagne zur Initialzündung für die Reformation wurde. Martin Luther, Mitglied des Augustiner-Eremiten-Ordens und Professor der Theologie mit dem Spezialgebiet Bibelauslegung (Exegese) an der kursächsischen Universität Wittenberg, sah sich zu einer Stellungnahme gegen die Ablasspraxis genötigt. Er hatte nach eigenem Bekunden beobachtet, dass sich die Gläubigen entweder von den Ablasspredigern verführen ließen und schließlich deren Auffassung teilten, dass eine Geldzahlung eine wirkliche Bußleistung und tätige Reue ersetzen könne, oder aber offen über diese verquere Ablasspraxis spotteten und damit nach und nach die Autorität der Kirche untergruben. Hier wurde den Gläubigen ein bequemer und oberflächlicher, also falscher und Gott beleidigender Weg zum Heil versprochen, der in krassem Gegensatz zu den religiös-theologischen Einsichten stand, die Luther in zähen und schmerzlichen inneren Auseinandersetzungen gewonnen hatte. Er war persönlich fast daran zerbrochen, nicht in der Lage zu sein, ein gottgefälliges Leben zu führen, sondern immer wieder aufs Neue Versuchungen zu erliegen, zu sündigen und von der Strafe Gottes bedroht zu werden, bis er aus der intensiven Lektüre der Heiligen Schrift die Einsicht gewann, die von da an sein Denken und Handeln wie ein roter Faden durchzog: Der Mensch kann den Weg zum Heil nur durch den Glauben an Gott und die Gnade Gottes finden. Der Ablass, wie er 1517 in Luthers Umgebung gepredigt wurde, suggerierte dagegen, dass der Mensch durch sein eigenes Zutun Heilsgewissheit erlangen könne. Luther konnte demgegenüber nicht tolerant oder nachgiebig sein; er musste Einhalt gebieten. Der Ablass war für ihn nicht nur ein abstraktes theologisches, sondern ein ihn zutiefst persönlich berührendes Problem.

Luther stieß mit seiner laut eigenem Bekunden zunächst an akademische Kreise adressierten Ablasskritik in Form der 95 Thesen auf Resonanz weit jenseits dieses engeren Zirkels. Luther legte zwar noch im Mai 1518 in einem Brief an Papst Leo X. dar, dass die Ablassthesen als Disputationsthesen gedacht gewesen seien; wären sie an ein breiteres Publikum gerichtet gewesen, hätte er sich einer allgemeinverständlichen Sprache bedient. Daher sei er über die Breitenwirkung sehr erstaunt. Bei genauerer Lektüre kommen aber durchaus Zweifel auf, ob Luther zumindest mit der Wirkung der Thesen wirklich ausschließlich auf ein akademisches Publikum abzielte. Indem Luther einerseits den Gepflogenheiten akademischer Diskussionen Rechnung trug, andererseits aber nicht auf volkstümliche Polemik verzichtete, bereitete er die Verbindung des akademischen Elitendiskurses mit dem volkstümlichen Wirtshausdiskurs vor. Mit dem Bloßstellen der kirchlichen Geldgier, in der Anprangerung der untätigen Bischöfe wie auch der Entgleisungen der Tetzelschen Ablasspredigt war die Sprache der Thesen durchaus geeignet, auch in der Bevölkerung verstanden zu werden, zumal wenn das für Polemik durchaus empfängliche akademische Publikum dazu beitrug. Und etwas Weiteres kam hinzu. Entgegen der früheren Auffassung, dass Luther mit dem Ablass eine blühende, in den Herzen der Massen verankerte kirchliche Praxis angriff, haben neuere Forschungen gezeigt, dass die Anziehungskraft der Ablässe spätestens mit Beginn des 16. Jhs. deutlich nachließ. Das Angebot überstieg die Nachfrage, und die Vielzahl der Ablasskampagnen hatte ein unbestimmtes Misstrauen der Bevölkerung gegenüber den Versprechungen entstehen lassen. Dass Albrecht von Brandenburg durch die Ablasskampagne nicht schuldenfrei wurde, mag an der beginnenden reformatorischen Diskussion gelegen haben, aber auch Jahre vorher waren die Einnahmen aus den Ablasskampagnen bereits zurückgegangen.

Hat Luther seine 95 Thesen am 31. Oktober 1517 an die Türe der Schlosskirche zu Wittenberg angeschlagen oder nicht? – Dieser Gelehrtenstreit soll hier nicht aufs Neue aufgegriffen werden. Dass Luther die Thesen aber ausgerechnet am 31. Oktober in Umlauf setzte, scheint kein Zufall gewesen zu sein. Denn am 1. November stellte der sächsische Kurfürst alljährlich seine weit über die Grenzen seines Territoriums hinaus bekannte und gerühmte Reliquiensammlung aus. Es war also mit zahlreichen Gläubigen zu rechnen, die kamen, um die Reliquiensammlung zu sehen. Ein Publikum war dem Thesenanschlag oder der Verteilung der Thesen also garantiert. Luther schickte die Thesen noch am selben Tag an den Erzbischof von Mainz und die Bischöfe von Brandenburg und Merseburg. Weder in Wittenberg noch an anderer Stelle hat es aber eine öffentliche Disputation über die Thesen gegeben.[10]

Die Thesen erreichten den Mainzer Kurfürsten Mitte November in seiner Aschaffenburger Residenz. Anfang Dezember beauftragte er die Mainzer Theologische Fakultät mit einem Gutachten; ohne deren Antwort abzuwarten, leitete er die Thesen Mitte Dezember zur Überprüfung an die römische Kurie weiter. Damit kam der Prozess in Gang, der vorläufig auf dem Wormser Reichstag von 1521 mit der Ächtung des inzwischen populär gewordenen Reformators endete.

Außer an die Bischöfe hatte Luther die Thesen nur an ganz wenige vertraute Freunde gesandt. In Abschriften gelangten sie so unter anderem nach Nürnberg, Leipzig und Basel, wo sie noch im Dezember 1517 gedruckt wurden. Die Reaktionen der Bischöfe waren ganz unterschiedlich. Der Merseburger Bischof war weitgehend von Herzog Georg von Sachsen abhängig. Dieser wiederum war als Verfechter einer weitreichenden Kirchenreform anfänglich sehr mit Luthers Auftreten gegen den Ablass einverstanden. Der Brandenburger Bischof Hieronymus Schulze hielt sich bedeckt, riet aber davon ab, die Angelegenheit weiter zu verfolgen. Das Gutachten der Mainzer Theologischen Fakultät vom 17. Dezember 1517 enthielt sich eines eigenen Urteils, empfahl jedoch die Prüfung der Angelegenheit durch die römische Kurie. Diese hielt sich lange mit drastischen Reaktionen zurück. Nicht zuletzt durch politische Rücksichten veranlasst, erließ Leo X. erst am 15. Juni 1520 die Bannandrohungsbulle »Exsurge Domini«, der im Januar 1521 die Bannbulle »Decet Romanum Pontificem« folgte.

Über Luthers Haltung nach der Versendung seiner Thesen, seine Hoffnungen und seine Ängste wissen wir sehr wenig. Die früheste bekannte Äußerung stammt erst vom 15. Februar 1518. Glaubhaft schilderte er hier sein Erschrecken darüber, dass die Thesen, in denen es ihm doch um nichts anderes als um das Seelenheil der Christen gegangen sei, so schnell in die Sphären der hohen Politik eingedrungen seien. Man verdächtigte ihn, ein Handlanger seines Landesherrn, des Kurfürsten von Sachsen, zu sein. Dieser hatte nämlich schon vor dem Thesenanschlag den Vertrieb des Petersablasses in seinem Territorium verboten, um zu verhindern, dass Geld seiner Landeskinder zur Schuldentilgung seines politischen Konkurrenten Albrecht von Mainz abfloss. Außerdem war die Ausstellung der weit über die Grenzen Sachsens hinaus bekannten Reliquiensammlung des Kurfürsten in aller Regel auch mit dem Verkauf von Ablässen verbunden, was stets viele Menschen nach Wittenberg zog. Der sächsische Kurfürst konnte also wenig Interesse an einer konkurrierenden Ablasskampagne in unmittelbarer Nachbarschaft haben, die möglicherweise die Attraktivität der sächsischen Ablassangebote beeinträchtigte und den potentiellen Interessentenkreis reduzierte. Der Widerstand des sächsischen Kurfürsten gegen die Predigt des Petersablasses war also nicht religiös begründet, was Luther sehr leicht dem Verdacht des Opportunismus aussetzen konnte. Außer Frage steht, dass sich gerade in der Ablassfrage religiöse, wirtschaftliche, soziale und politische Interessen verbanden.

Worms und Speyer: Erinnerungsorte der Reformation

Worms und Speyer sind die zwei großen Erinnerungsorte der Reformation im rheinland-pfälzischen Raum. Beide Städte richteten je zweimal einen Reichstag aus, der jeweils entscheidende Weichenstellungen für den Fortgang des reformatorischen Prozesses brachte. Reichstage waren die politischen Diskussionsforen der Reformation. Der Kaiser war aufgrund seiner Kriege mit Frankreich und den Türken in erhöhtem Maße auf die finanzielle Unterstützung der Reichsstände angewiesen. Deswegen fanden in diesen Jahrzehnten so viele Reichstage statt. Für die ausrichtenden Städte bedeuteten die Reichstage einen immensen Prestigegewinn, den Worms und Speyer für ihre Auseinandersetzungen mit den Bischöfen um ihren Status als freie Reichsstadt gut gebrauchen konnten.

Lutherdenkmal in Worms

Das Lutherdenkmal in Worms gilt als das größte Reformationsdenkmal der Welt. 1856 wurde in Worms ein Luther-Denkmal-Verein gegründet, der das Ziel verfolgte, ein Denkmal zu schaffen, das an den Auftritt Luthers auf dem Wormser Reichstag von 1521 erinnern und ihn mit nationaler Bedeutung aufladen sollte. Dank finanzieller Unterstützung aus dem In- und Ausland konnte der Auftrag zwei Jahre später an Ernst Rietschel (1804–1861), einen der bedeutendsten Bildhauer des Spätklassizismus in Deutschland, der unter anderem auch das Weimarer Goethe-Schiller-Denkmal schuf, vergeben werden. Am 25. Juni 1868 wurde das neue Denkmal schließlich mit großem Pomp enthüllt. Die wichtigsten protestantischen Fürstenhäuser Deutschlands schickten zu diesem Anlass ihre Vertreter nach Worms. Einer der Ehrengäste war der spätere Kaiser Wilhelm I. Die monumentalen Ausmaße des Denkmals sowie der triumphale Gestus seiner Gestaltung riefen schon damals einigen Unmut vor allem im katholischen Deutschland hervor. Kurz vor der Gründung des Deutschen Reichs schienen das Denkmal und die Umstände seiner Einweihung Indizien dafür zu sein, dass der in der Gründung befindliche deutsche Nationalstaat wenig Raum für katholische Identität bieten würde.

Der Reichstags von Worms 1521

Schon 1495 hatte in Worms ein wichtiger Reichstag stattgefunden, dessen Ergebnisse sich auch für den Ablauf des Reformationsgeschehens als weichenstellend erwiesen: Der damals beschlossene Ewige Landfriede setzte formalrechtlich der Fehde, die seit dem 12. Jh. als Form rechtlicher Selbsthilfe zugelassen war, ein Ende. Damit einher ging die Kriminalisierung der Störung des Landfriedens, die für die Reformation eine entscheidende Rolle spielte: Protestanten machten sich nämlich, rechtlich betrachtet, des Bruchs des Landfriedens schuldig.

26 Jahre später eröffnete Kaiser Karl V. in Worms den ersten Reichstag seiner Regierungszeit. Die Religionsfrage war auf dem Reichstag nur ein Verhandlungsgegenstand unter vielen; dass sie aber überhaupt vor den Reichstag kam, war sehr bemerkenswert. Karl V. hatte bei seiner Wahl 1519 eine Wahlkapitulation unterschreiben müssen, die seine Handlungsspielräume als Kaiser einengte und sein Handeln für die Stände kalkulierbar machte. Bestandteil dieser Wahlkapitulation war auch die Zusage, dass der Kaiser vor einer Verhängung der Reichsacht die Beschuldigten anhören werde. Auch unzweifelhafte Luthergegner sprachen sich deshalb dafür aus, dass Luther von den Reichsständen gehört werde. Karl V. gab dem Wunsch der Stände nach und lud Luther am 26. März 1521 unter Zusicherung freien Geleits vor den Reichstag.

Luthers Reise nach Worms glich einem Triumphzug. Obwohl jedem Ort, der ihn als eine gebannte Person beherbergte, nach kirchlichem Recht das Interdikt drohte, wurde er überall mit offenen Armen empfangen. Das kirchliche Recht schien zu diesem Zeitpunkt schon ausgehöhlt; ernsthafte Konsequenzen glaubte niemand befürchten zu müssen. Bei seiner Ankunft in Worms am 16. April 1521 schlugen Luther große Sympathien der Reichstagsbesucher wie auch der Stadtbevölkerung entgegen.[11]

Anton von Werner: Luther auf dem Reichstag zu Worms, 1877 (Staatsgalerie Stuttgart)

Am 18. April trat Luther zum ersten Mal vor dem Reichstag auf. Ihm wurde die Frage vorgelegt, ob er seine Bücher verteidigen oder deren Inhalte widerrufen wolle; darauf erbat er sich zunächst Bedenkzeit. Am anderen Tag erschien er auffallend viel selbstbewusster vor der Versammlung und gab eine sehr systematische Stellungnahme ab, teilte seine Bücher in drei Gruppen ein, erläuterte, warum er nichts zu widerrufen habe, und endete mit der Feststellung, er wolle und könne nur widerrufen, wenn man ihm seine Irrtümer aus der Heiligen Schrift nachweise. Der Trierer Kurfürst Richard von Greiffenclau versuchte in verschiedenen Gesprächen vergeblich, Luther zur Unterwerfung und zu einem Kompromiss zu bewegen. Wenn man dem Bericht des päpstlichen Nuntius Aleander Glauben schenken will, hat er Luther, »ein schönes Priorat bei einer seiner Burgen und zunächst einen Platz an seinem Tische und in seinem Rate und damit den Schutz auch des Kaisers und die Gunst des Papstes angeboten«.[12] Schon 1519 hatte Richard von Greiffenclau sich auf Bitten des Kanzlers Miltitz an den Kurfürsten von Sachsen und an Luther selbst gewandt. Er bat, man möge Luther zu ihm nach Koblenz schicken; der Kurfürst von Sachsen lehnte dies aber ab.

Luther verließ den Reichstag am 25. April unter Zusicherung freien Geleits Richtung Wittenberg. Auf der Reise wurde er von Beauftragten seines Landesherrn scheinbar gefangengenommen und auf die Wartburg in Sicherheit gebracht. Die Ausfertigung des Ächtungsediktes gegen Luther zog sich lange hin, viele Stände hatten den Reichstag bereits verlassen. Am 25. Mai 1521 erklärte Kurfürst Joachim I. von Brandenburg für die Stände das Einverständnis mit dem kaiserlichen Edikt, obwohl nur noch wenige Ständevertreter anwesend waren. In Worms führte die Nachricht von der Verhängung der Reichsacht gegen Luther zu Unruhen. Die Ächtung Luthers stärkte die reformatorische Bewegung, so widersprüchlich dies auf den ersten Blick zu sein scheint. Denn sie zeigte, dass nicht einmal mehr mit der Ultima Ratio der Reichsacht die Reformation einzudämmen war.

Die Reichstage von Speyer 1526 und 1529

Wenige Jahre später zeigte der Bauernkrieg, welche politische Sprengkraft in der Reformation stecken konnte. Die Obrigkeiten mussten beratschlagen, wie damit umzugehen war. Der 1526 nach Speyer einberufene Reichstag bot dazu Gelegenheit. Die Religionsfrage sollte gemäß dem Wortlaut des kaiserlichen Einladungsschreibens nicht verhandelt werden, da dafür ein Konzil zuständig sei. Der Reichstag schickte darauf eine Gesandtschaft zu Karl V., der sich in Spanien aufhielt. Sie forderte dazu auf, das Konzil binnen anderthalb Jahren einzuberufen und zuzugestehen, dass bis dahin jeder Reichsstand in Religionsdingen die Befugnis haben sollte, mit seinen Untertanen »also zu leben, zu regieren und zu halten, wie ein jeder solches gegen Gott und ihrer Majestät hofft und getraut zu verantworten«, damit Frieden und Einigkeit erhalten und Aufruhr und Empörung im Reich künftig vermieden würden. Das mochte der Kaiser so freilich nicht zusagen. Gegenüber der weiten Formulierung dieser Instruktion schränkte der Reichsabschied die Formel auf die Durchführung des Wormser Ediktes ein; es heißt dort, man habe sich geeinigt, dass jedem Reichsstand erlaubt sein solle, in Angelegenheiten, die »das Edict durch Kaiserliche Majestät auf dem Reichstag zu Worms erlassen« beträfen, »für sich also zu leben, zu regieren und zu halten, wie ein jeder solches gegen Gott und Kaiserliche Majestät hoffet und vertraut zu verantworten«.[13] Diese Formulierung bezog sich zwar ausdrücklich nur auf die Durchführung des Wormser Edikts; in der Folgezeit wurde sie von den Ständen aber im Sinn des weiteren Verständnisses der Instruktion als Zusicherung weitgehender Handlungsspielräume in der Religionsfrage bis zu einem Konzil interpretiert, so dass zumindest einige Stände auf dieser – wenn auch nach wie vor brüchigen – Rechtsgrundlage weitgehende Änderungen auf kirchlichem Gebiet vorzunehmen wagten. Während es vor 1525 zwar in einigen Städten deutliche Sympathiekundgebungen für Luther gegeben hatte, nicht aber Vorgänge, die man im umfassenden Sinne als »Einführung der Reformation« bezeichnen kann, kam es nach 1526 zu einer ganzen Welle solcher Entwicklungen.

Nach dem Reichstag wandte sich Erzbischof Albrecht an die Mainzer Suffragane, also an die ihm als Erzbischof unterstehenden Bischöfe, um ihnen den Entschluss mitzuteilen, in seinem »Erzstift eine Reformation der Geistlichen halber zu machen«, und appellierte an die Bischöfe, in ihren Diözesen dasselbe zu tun. Albrecht verstand, dass gegen die Reformation nicht vorgegangen werden konnte, wenn die seit dem Spätmittelalter diskutierte und von allen Seiten als notwendig anerkannte Kirchenreform nicht endlich konsequent angegangen wurde. Mit der Untätigkeit auf diesem Gebiet gab man alle Argumente gegen die Reformation aus der Hand. Albrecht scheute sich aber, die Suffragane zu einer Metropolitansynode einzuladen, denn, so argumentierte er, wenn die weltlichen Fürsten davon erführen, würden sie argwöhnen, dass diese Versammlung gegen sie gerichtet sei. Diese Bedenken Albrechts verweisen auf ein grundlegendes Dilemma der innerkirchlichen Reform: Packten die Geistlichen diese Reform an, fühlten sich die weltlichen Herrschaftsträger übergangen und häufig auch in ihren Rechten beeinträchtigt. Ging die weltliche Seite die Reformen an, machte sie damit – ob gewollt oder nicht – deutlich, dass die Geistlichen reformunwillig seien. Die Suffragane der Mainzer Kirchenprovinz versammelten sich schließlich aus eigener Initiative in Landau und erließen Reformstatuten. Diese wurden nachweislich auch in den Diözesen diskutiert, nicht aber umgesetzt, weil man vor Ort der Auffassung war, Alleingänge nützten gar nichts, es müsse zu einer allgemeinen Klerusreform im Reich kommen. Nachhaltige innerkirchliche Reforminitiativen kamen aber auch in anderen Diözesen nicht zustande.

Die Kirchenreform konnte demnach nur mit Beteiligung der weltlichen Herrscher angegangen werden.

1529 wurde erneut ein Reichstag nach Speyer einberufen. Karl V. war zu dieser Zeit auf einem eher abwartenden Kurs; König Ferdinand, sein Bruder und Stellvertreter im Reich, wollte handeln und verfasste ein Einladungsschreiben für den Reichstag, den er vor allem benötigte, um die finanzielle Unterstützung der Stände für den Krieg gegen die Türken zu erhalten. In der Einladung wurden alle Neuerungen in Religionssachen bis zu einem Konzil verboten. Dagegen protestierten die evangelischen Stände am 19. April 1529, am 22. April sandten sie Karl V. diesen Protest in Form einer feierlichen Appellation an Kaiser und Konzil. Von dieser leitet sich der Name »Protestanten« ab, eine bemerkenswerte Namensgebung, wenn man sich den Kreis der protestierenden »evangelischen Stände« einmal genauer ansieht. Nur sechs Fürsten und 14 Reichsstädte unterschrieben die Protestation. Mit Kurfürst Johann von Sachsen und Landgraf Philipp von Hessen waren die politischen Führer der Reformation darunter, die anderen vier Fürsten gehörten aber nicht zur Führungsriege des Reichs. Angesichts der anfänglichen Sympathien für Luther war der Kreis der Stände, die 1529 unterschrieben, erstaunlich klein. Die Protestation wurde nicht in den Reichsabschied aufgenommen. Dieser unterstrich vielmehr die Gültigkeit des Wormser Edikts und ermahnte die Stände, ihre Untertanen auf dessen Einhaltung zu verpflichten. Der Reichsabschied von Speyer war ein Versuch, die Ausbreitung der neuen Lehre durch ein kaiserliches Landfriedensgebot zum Stillstand zu bringen und ihr nicht durch die Formulierung eines scheinbaren Rechtstitels, wie in Speyer 1526 geschehen, weiteren Auftrieb zu geben.[14] Die Symbolkraft der Speyerer Protestation darf nicht darüber hinwegtäuschen, dass erst der Reichstag von Augsburg ein Jahr später das Religionsproblem zu einem das rechtliche und politische Ordnungsgefüge des Reichs bedrohenden Problem anwachsen ließ.

Die Konsequenzen: Was war Reformation?

Die zentralen Elemente des theologischen Verständnisses von Reformation sind die Rechtfertigungslehre und die alleinige Autorität der Heiligen Schrift: Gerettet wird der Mensch nur durch göttliche Gnade (*sola gratia*). Die Heilsgewissheit kann allein aus dem Glauben bezogen werden (*sola fide*), gute Werke helfen dazu nicht. Die Sakramente, die in der alten Kirche eine Form der Heilsvergewisserung sind, werden von sieben auf anfänglich drei, später zwei reduziert. Maßgebliche Richtschnur für den rechten Glauben ist allein die Heilige Schrift (*sola scriptura*) – und nicht die kirchliche Tradition. Da die Bibel generell allen Menschen zugänglich ist, bedarf es des Klerus als Vermittler der Glaubensinhalte nicht mehr; vielmehr gibt es ein allgemeines Priestertum aller Gläubigen. In der Umsetzung der Reformation führten diese theologischen Neuerungen zu Veränderungen, die auch im Alltag erfahrbar waren: Die heilige Messe wurde abgeschafft. Zum Zentrum des in deutscher Sprache gehaltenen Gottesdienstes wurde die Predigt. Beim Abendmahl wurde neben dem Brot auch der Kelch gereicht. Die kirchlichen Feiertage wurden durch die Streichung der meisten Marien- und Heiligentage drastisch reduziert. In vielen Kirchen änderte sich die Innenausstattung: Die Zahl der Bilder und Altäre wurde minimiert, Messgeräte und Monstranzen wurden beseitigt. Die theologischen Änderungen, die die Reformation brachte, veränderten demnach die religiöse Praxis, über die Änderungen der religiösen Praxis wurden Elemente der neuen Theologie den Gläubigen zugänglich.

Die Ausbreitung der Reformation

Dieses neue Theologieverständnis verbreitete sich auf unterschiedlichen Wegen. Wichtig waren zunächst persönliche Kontakte. Die Theologen standen häufig in sehr intensiven multilateralen Briefkontakten mit Kollegen wie auch mit führenden Politikern. Die Attraktivität des Studienortes Wittenberg lockte zudem viele Studenten an, die dann später außerhalb von Wittenberg als Theologen tätig waren und als Multiplikatoren wirkten. Zudem hat Luther nachweislich durch sein Auftreten bei den frühen Disputationen wie auch auf dem Reichstag von 1521 Eindruck auf Menschen gemacht, die sich danach intensiver für sein theologisches Anliegen interessierten.

Nicht zu unterschätzen ist die Bedeutung des Buchdrucks. Die Drucktechnik verbreitete sich, ausgehend von der Erfindung Gutenbergs in Mainz, mit rasanter Geschwindigkeit in ganz Europa. Bis zum Jahr 1500 gab es in 260 europäischen Städten rd.1.120 Druckereien, die fast 40.000 Werke in mehr als 10 Mio. Exemplaren herausgegeben hatten. Man zählte allein 80 Druckorte in Italien, 52 in Deutschland, 43 in Frankreich und 27 in Spanien. Und wenn die Zahlen in anderen Teilen Europas auch nicht so eindrucksvoll waren – ohne Druckerei blieb kein Land in Europa. Als die Reformation begann, war die Boomzeit der neuen Technologie aber bereits zu Ende. Der Buchdruck war nach den ersten Erfolgsjahren und einer vorläufigen Bedarfsdeckung an Druckerzeugnissen zu Beginn des 16. Jhs. in eine Krise geraten. Aus dieser Krise half die Reformation dem Buchdruck heraus. Von Luthers Schriften erschienen 1517 zwei Ausgaben, 1524 346 und 1528 60 Ausgaben. Luther publizierte zwischen 1518 und 1544 fünfmal so viel wie alle altgläubigen Publizisten zusammen. Aber nicht nur Luther war bis 1525 ein Bestsellerautor. Bekannte und unbekannte Autoren griffen mit Flugschriften in die Debatten ein; diese Flugschriften erreichten erstaunlich hohe Auflagen. Durch Predigten wurden sie nachweislich auch dem nichtlesekundigen Publikum nähergebracht. Die Grundlage dafür boten die im Spätmittelalter in den Städten eingerichteten Prädikaturen. Da diese Predigtstellen von den städtischen Räten besetzt wurden, konnten die Räte, sobald sie selbst mehrheitlich der neuen Lehre anhingen, auf diese Positionen Männer berufen, die im Sinne Luthers predigten. Der Buchdruck aber hatte die Voraussetzung dafür geschaffen, dass die Menschen informiert sein konnten über das, was vorging, selbst dann, wenn sie in ihrem Alltag noch keinerlei Auswirkungen davon gespürt hatten. Gespräche in Wirthäusern, bei Festen und Feiern wie auch bei der Arbeit haben gerade für die einfachen Leute als Informationsmedien eine mindestens ebenso wichtige Rolle gespielt.

Konsequenzen

Was beim einfachen Volk von der Theologie Luthers ankam, ist nach wie vor in der Forschung umstritten. Leicht nachvollziehbar war Luthers Kritik an den bestehenden kirchlichen Zuständen, daher stieß seine Kirchenkritik fast überall auf offene Ohren. In der alltäglichen Wirklichkeit waren die Grenzen zwischen den verschiedenen Auffassungen aber weniger scharf, als wir uns das gemeinhin vorstellen. Es konnte vorkommen, dass jemand ein durch und durch evangelisches Bekenntnis ablegte und dann schließlich doch für die Verstorbenen betete, obwohl er nicht an das Fegefeuer glaubte. Auf diese Inkonsequenz hingewiesen, konnte die Antwort kommen, man sei von der evangelischen Meinung nie so fest überzeugt gewesen, dass man nicht auch daran gezweifelt hätte, und deshalb habe man zu Hause den alten Brauch des Betens für die Seelen befolgt. Heilsgewissheit erreichte man demnach paradoxerweise auch durch Nichtfestlegung. Es ist komplizierter als gemeinhin angenommen, im theologisch-religiösen Bereich eine Hinwendung zur Reformation klar zu diagnostizieren. Eine eindeutige Trennung zwischen altgläubiger und neugläubiger religiöser Praxis gab es bis zur Mitte des 16. Jhs. nicht, wenn auch die Reichung des Abendmahls in beiderlei Gestalt sowie die Priesterehe zu Indikatoren dafür wurden, dass an einem Ort die Reformation eingeführt worden war. Daneben ist sicher wichtig, dass die Reformation ein neues Verhältnis zwischen Gläubigen und Klerus begründete. Das allgemeine Priestertum aller Gläubigen beseitigte – theologisch-theoretisch, wenn auch nicht in der sozialen Praxis – die Sonderstellung des Klerus und nahm damit der vorreformatorischen Kleruskritik die Spitze. Die Pfarrgeistlichen konnten nun als Mitglieder der Gemeinde betrachtet werden und nicht mehr als Agenten des korrupten römischen Systems.

Die Verbreitung der Reformation in theologischer Hinsicht bedeutete aber nicht zwingend auch die Umsetzung ihrer politisch-rechtlichen Aspekte. Unter Reformation im politisch-rechtlichen Sinne müssen gefasst werden: die Suspendierung der bischöflichen Jurisdiktion und des kanonischen Rechts, die Säkularisation der Kirchengüter und damit zusammenhängend die Übernahme der kirchlichen Herrschaft durch die weltliche Obrigkeit.

Die Suspendierung der bischöflichen Jurisdiktion bedeutete eine Parallelisierung des Ausdehnungsbereichs von kirchlicher und weltlicher Herrschaft. Vor der Reformation konnte ein Herrschaftgebiet zu verschiedenen Bistümern oder auch Kirchenprovinzen gehören. Verschiedene Bischöfe waren dann für die geistlichen Belange der Angehörigen einer Herrschaftseinheit zuständig, für die Seelsorge ebenso wie für die geistliche Gerichtsbarkeit. Mit der Reformation wurden die Gemeinden aus den Diözesanverbänden gelöst und auch in kirchlicher Hinsicht der weltlichen Obrigkeit unterstellt.

Mit der Suspendierung der bischöflichen Jurisdiktion einher ging die Säkularisation der Kirchengüter. Das in den jeweiligen Herrschaftsgebieten liegende kirchliche Gut wurde eingezogen und den weltlichen Einkünften zugeschlagen, in aller Regel mit der Zweckbindung, es nur für die sog. *pia corpora* auszugeben, was bedeutete: für die Besoldung der Pfarrer und Schulmeister und für die Armen- und Krankenfürsorge. Die protestantischen Obrigkeiten erhielten mit der Reformation demnach nicht nur die neue Zuständigkeit für diese Bereiche, sondern auch die Finanzierungsmöglichkeiten. Damit etablierten sich neue staatliche Betätigungsfelder.

Für die Suspendierung der geistlichen Jurisdiktion, die Säkularisation der Kirchengüter sowie den Aufbau einer kirchlichen Verwaltung und Infrastruktur waren nicht die Theologen zuständig. Sie konnten anregen und beraten, umsetzen jedoch mussten die Obrigkeiten und ihr Verwaltungspersonal. Auch diese standen in Kontakt untereinander: Auf den Reichstagen trafen sie sich häufig persönlich, hinzu kamen Briefwechsel und Kontakte auf der Arbeitsebene. Um die organisatorisch-administrativen Aspekte von Reformation umzusetzen, mussten aber auch die möglichen politischen und rechtlichen Sanktionen bedacht werden. Reformation in diesem Sinne war eine höchst brisante politische Entscheidung. Es musste zunächst nach Koalitionen gesucht werden, um sich nicht zu isolieren, Rechtstitel mussten gefunden werden, die Auswirkungen einer möglichen Entscheidung für die Reformation auf das Verhältnis zum Kaiser und zu den anderen Reichsfürsten mussten bedacht werden. Die Suspendierung der geistlichen Jurisdiktion und die Säkularisation der Kirchengüter konnten letztlich ohne Zweifel immensen Machtgewinn für die Städte und Fürstentümer im Reich bedeuten, aber in den frühen Jahren der Reformation, solange es dafür erst einmal keine rechtliche Grundlage gab, waren sie noch mit einem hohen politischen Risiko verbunden. Die Reformation in diesem Sinne verbreitete sich also nicht einfach, sie war das Ergebnis einer gut vorbereiteten politischen Entscheidung. Trotz verbreiteter Sympathien für die Reformation sprach die Kosten-Nutzen-Rechnung fast aller Obrigkeiten im Raum des heutigen Rheinland-Pfalz in den Jahren vor 1530 gegen die offizielle Einführung der neuen Lehre.

Der reformatorische Prozess von 1530 bis 1555

Anders als in den 1520er Jahren gingen ab den 1530er Jahren die großen Weichenstellungen für die Reformation in Deutschland nicht mehr von »rheinland-pfälzischem« Boden aus. Die Entscheidungen, die ab 1530 in Augsburg, Nürnberg oder Passau fielen, hatten höchste Bedeutung jedoch auch für die Gebiete im Westen des Reichs. Auf dem Reichstag von Augsburg 1530 wurde von den Protestanten eine Bekenntnisschrift, die *Confessio Augustana*, vorgelegt, die von katholischer Seite mit einer Gegenschrift beantwortet wurde, an deren Ausarbeitung auch der Mainzer Theologe Johannes Cochläus beteiligt war. Vom theologischen Standpunkt aus betrachtet, lag 1530 die Einigung zwischen Katholiken und Protestanten ganz nahe. Man erreichte nur in ganz wenigen Punkten keinen Konsens – wenn es wirklich um die theologische Einigung gegangen wäre, wäre sie auf diesem Reichstag zu erzielen gewesen. Aber die Spaltung war längst keine nur religiös-theologische mehr, sie war eine politisch-rechtliche. 1526 war die Grundlage dafür formuliert, 1529 akzentuiert worden. Es waren in wichtigen Territorien des Reichs, wie z. B. im Kurfürstentum Sachsen und in Hessen, dazu in zahlreichen Reichsstädten, ganz neue Kirchenverfassungen entstanden. Daher verhandelte der Reichstag im Grunde genommen über den völlig falschen Gegenstand. Melanchthon schrieb am 29. August 1530 an Luther: »Wir ziehen uns großen Tadel von Seiten der unseren zu, weil wir den Bischöfen die Jurisdiktion zurückgeben. Denn der Pöbel, der an die Freiheit gewöhnt ist und einmal das Joch der Bischöfe abgeschüttelt hat, lässt sich ungern jene alte Last wieder auferlegen, und vor allem hassen die Reichsstädte jene Herrschaft. Um Lehre und Religion kümmern sie sich nicht, nur um Herrschaft und Freiheit sind sie besorgt.«[15] Melanchthon sah demnach ganz deutlich, dass eine theologische Einigung von den evangelischen Ständen gar nicht mehr gewünscht war, denn die politisch-rechtlichen Folgen der Reformationsentscheidung waren nicht ohne weiteres wieder rückgängig zu machen.

Der 1530 in Augsburg von der Mehrheit der Stände getragene Reichstagsbeschluss versuchte aber nochmals, den Katholizismus reichsrechtlich zu schützen. Er enthielt einen detaillierten Katalog verworfener und gültiger Glaubensinhalte und das Verbot jeglicher religiöser Neuerung bis zu einem Konzil. Altgläubige Untertanen neugläubiger Obrigkeiten wurden unter den besonderen Schutz des Reiches gestellt – und damit die obrigkeitlichen Rechte neugläubiger Herrscher ausgehöhlt. Verfügt wurden zudem die Restitution aller entfremdeten Kirchengüter und der Anspruch der Geistlichen auf ihre althergebrachten Rechte und ihre Einkünfte. Der Bruch dieser Bestimmungen sollte am Reichskammergericht eingeklagt werden können. Damit standen die Protestanten, also die Anhänger der Augsburgischen Konfession sowie die Zwinglianer, also diejenigen,

Confessio Augustana

Die *Confessio Augustana* wurde von Philipp Melanchthon 1530 zur Verantwortung vor dem Kaiser auf dem Augsburger Reichstag verfasst. Weil der Kaiser die durch die Reformation aufgebrochene religiöse Frage zunächst auf dem Weg gütlicher Verhandlungen lösen wollte, bemühte sich Melanchthon zu beweisen, dass die Protestanten keine neue Kirche gründen wollten, sondern auf dem Boden der allgemeinen christlichen Kirche standen. Er arbeitete vor allem das Gemeinsame heraus und ließ das Gegensätzliche zurücktreten. Auf die Betonung der Gemeinsamkeiten im ersten Teil der Schrift folgen im zweiten Teil sieben Artikel, in denen sich die Evangelischen von kirchlichen Bräuchen und Missständen der mittelalterlichen Kirche abgrenzen. Diese Einigungsbemühungen auf dogmatischer Ebene mussten aber angesichts der politischen Auseinanderentwicklung der beiden konfessionellen Lager scheitern. Die *Confessio Augustana* wurde zur protestantischen Bekenntnisschrift, die konfessionelle Spaltung war damit faktisch besiegelt.

die sich zu der von Huldrych Zwingli geprägten helvetischen Richtung der Reformation bekannten, außerhalb der Reichsfriedensordnung. Geschützt wurde mit dem Augsburger Reichsabschied erstmalig ausdrücklich der Bestand der alten Kirchenverfassung gegen die neue protestantische Kirchenorganisation und ihre unvermeidlichen Auswirkungen auf die Ordnung des Reichs. Gestützt auf die Augsburger Beschlüsse ging beispielsweise auch der Mainzer Kurfürst Albrecht von Brandenburg in den Folgejahren gerichtlich gegen das evangelisch gewordene Frankfurt vor.

Im Februar 1531 schlossen sich einige protestantische Reichsstände auf Initiative Hessens und Kursachsens im Schmalkaldischen Bund zusammen. Die Bündnismitglieder garantierten sich gegenseitig Hilfe bei Angriffen wegen aller die Religion betreffenden Angelegenheiten. Diese Drohkulisse führte zusammen mit einigen anderen außen- und innenpolitischen Weichenstellungen dazu, dass 1532 der »Nürnberger Anstand« geschlossen wurde, der wieder günstigere Bedingungen für die Protestanten schuf: Der Landfrieden wurde für eine bestimmte Zeit auf die evangelischen Stände ausgedehnt, und »Religionsprozesse« sollten am Reichskammergericht vorläufig nicht geführt werden. Um die Frage, ob damit auch Prozesse wegen Einziehung von Kirchengütern gemeint seien, entbrannten heftige Konflikte. Die Zahl der Mitglieder des Schmalkaldischen Bundes stieg bis 1536 deutlich an. Die Sympathisanten der neuen Lehre im Raum des heutigen Rheinland-Pfalz hielten sich jedoch zurück. Zur Vorbereitung des vom Papst immer wieder in Aussicht gestellten Konzils verfasste Luther auf Aufforderung des sächsischen Kurfürsten 1537 die »Schmalkaldischen Artikel«, die eine ausführliche, systematisch begründete Darstellung des Bekenntnisstandes der Evangelischen lieferten und, anders als die *Confessio Augustana*, die Unterschiede zwischen den Religionsparteien akzentuierten. 1539 wurde zwischen den Schmalkaldenern und dem Kaiser der Frankfurter Anstand geschlossen, der im Wesentlichen die Bestimmungen des Nürnbergers Anstandes von 1532 bestätigte. Allerdings sollte die Abmachung nur unter dem Vorbehalt Bestand haben, dass die Protestanten keine weiteren Kirchengüter säkularisierten und keine neuen Mitglieder in ihren Bund aufnahmen.

Das nächste Jahrzehnt war einerseits geprägt von einer Reihe von Religionsgesprächen, unter anderem 1540/41 in Worms, an denen profilierte Theologen wie auch Politiker beider Seiten teilnahmen, die aber letztlich allesamt scheitern mussten, weil der Konflikt eben nicht durch religiöse Kompromisse zu lösen war. Folgerichtig zeichnete sich andererseits immer deutlicher ab, dass es zu einer militärischen Auseinandersetzung kommen würde, auf die sich beide Seiten vorbereiteten, indem Bündnisse geschlossen und politische Versprechen gemacht wurden. 1545 wurde das lange versprochene Konzil einberufen, es löste die Konflikte aber zunächst nicht, sondern verschärfte sie eher. Im Schmalkaldischen Krieg von 1546/47 siegte der Kaiser. Der Kurfürst von Sachsen verlor seine Kurwürde an die zweite sächsische Linie und geriet wie Landgraf Philipp von Hessen in Gefangenschaft. Damit waren die politischen Führer des Protestantismus aktionsunfähig.

Kaiser Karl V. bemühte sich, seinen militärischen Sieg über die Schmalkaldener nun auch in politische Zugeständnisse der Stände auf dem Reichstag umzusetzen. Ergebnis war das »Interim«. Es sah vor, dass in allen protestantischen Territorien der katholische Kultus wieder eingeführt werden sollte, nur der Laienkelch wurde erlaubt, und die Priester, die geheiratet hatten, durften im Amt bleiben. Zudem verpflichtete der Kaiser mit der *Formula Reformationis* die katholischen Reichsstände zur Kirchenreform. Die Seelsorge sollte grundlegend reformiert werden, der Klerus sich regelmäßig auf Synoden treffen und austauschen, die kirchlichen Verhältnisse sollten durch wiederkehrende Visitationen überprüft werden. Interim und *Formula Reformationis* krankten freilich daran, dass sie nicht von der zuständigen kirchlichen Autorität erlassen worden waren, sondern einen problematischen Eingriff des Kaisers in den innerkirchlichen Bereich darstellten. Damit wuchs nicht nur der Widerstand des Papstes gegen die kaiserliche Politik, sondern auch die Sorge der Reichsstände, dass der Kaiser allzu mächtig werden und damit die »fürstliche Libertät« gefährden könne.

Deshalb bemühte sich der neue sächsische Kurfürst Moritz um ein antihabsburgisches Bündnis unter Einbeziehung Frankreichs, das schließlich im Januar 1552 im Vertrag von Chambord besiegelt wurde. Frankreich bezahlte den Reichsfürsten Subsidien für den Krieg gegen Karl V. und bekam dafür Metz, Toul, Verdun und Cambrai zugesprochen. Nach militärischen Erfolgen des Fürstenbundes begannen im Juni 1552 auf einem Kongress in Passau Verhandlungen zwischen den Reichsständen und König Ferdinand. Bei den Verhandlungen ging es um die Freilassung Philipps von Hessen und des früheren Kurfürsten von Sachsen, um die gegenseitige Anerkennung des konfessionellen Status im Reich auf dem Stand des Jahres 1552 und um die Garantie einer unparteiischen Urteilsfindung des Reichskammergerichts. Die schließlich gefundene politische Lösung des Religionskonflikts bestand in der Ausdehnung des Landfriedens auf beide Religionsparteien; man versuchte also nicht mehr, den Religionsstreit beizulegen und die Einheit der Religion wiederherzustellen. Diese Lösung wurde dann auf dem Augsburger Reichstag von 1555 in eine nachhaltige rechtsverbindliche Form gegossen.

Der Augsburger Religionsfriede

Der Augsburger Religionsfriede gilt als eines der wichtigsten Verfassungsdokumente der deutschen Geschichte. Er brachte de jure keine Entscheidung in der Religionsfrage, klammerte diese vielmehr aus und vertagte sie. Das war gleichsam der Kunstgriff, der das Zustandekommen des Religionsfriedens überhaupt ermöglichte. Durch eine rechtlich garantierte Koexistenz der beiden Religionsparteien schuf er eine politische Friedensordnung auf der Basis des religiösen Zwiespaltes. Der Religionsfriede gab beiden Konfessionen denselben Schutz; katholische und protestantische Stände wurden als Bestandteile des politischen Systems Reich in dessen Rechtsordnung integriert. Demnach konnten konfessionelle Konflikte fortan nicht mehr als Landfriedensbruch deklariert und reichsrechtlich verfolgt werden. Vielmehr bildete die Rechtsordnung des Reichs ein Dach für die beiden Konfessionen, um Dogma und Bekenntnis, kirchliche Verwaltung, Seelsorge und religiöse Unterweisung der Untertanen ohne Bedrohung von außen angehen bzw. verfestigen zu können.

Diese Garantie galt für die Reichsstände, sie waren die Rechtspersonen, auf die sich der Friede erstreckte. Kurfürsten, Fürsten und Stände, ob geistlich oder weltlich, erhielten eine Garantie ihrer persönlichen Freiheit, ihrer Rechtsstellung, ihres Eigentums und ihrer Herrschaftsrechte gegen jede Beeinträchtigung aus Religionsgründen. Das Recht, über die Religionsausübung bestimmen zu können, wurde also an die Ausübung von Herrschaftsrechten geknüpft. Erst später wurde dies mit der Formel »cuius regio, eius religio« auf den Punkt gebracht. Mit dem Passauer Vertrag und dem Augsburger Religionsfrieden fiel in einer ganzen Reihe von »rheinland-pfälzischen« Territorien, deren Herrscher mit Rücksicht auf Kaiser und Reichsrecht bisher davor zurückgeschreckt waren, der Startschuss für die offizielle Einführung der Reformation.

Die Untertanen hingegen erhielten durch den Religionsfrieden nur eine sehr begrenzte konfessionelle Wahlmöglichkeit: Ihnen wurde lediglich das Recht zugestanden, aus Glaubensgründen zu emigrieren, und zwar mit ihrer Familie unter Garantie ihres Eigentums, Verkauf ihres Hab und Guts und eines Ablösungsrechts der Leibeigenschaft.

Als Schlüsseljahr zur Feststellung des Status quo wurde das Jahr des Passauer Vertrages, also 1552, genommen. Alles, was bis zu diesem Jahr in der Verfügungsgewalt der evangelischen Stände gewesen war, sollte ihnen verbleiben. Die geistliche Gerichtsbarkeit der römisch-katholischen Kirche über die sog. Augsburgischen Konfessionsverwandten, das heißt die Protestanten, wurde aufgehoben. Eine gravierende, von den Protestanten nicht anerkannte Einschränkung des Reformationsrechtes, der sog. Geistliche Vorbehalt, war allerdings für die geistlichen Fürsten vorgesehen. Ihnen sollte es zwar persönlich freistehen, zum Augsburgischen Bekenntnis überzutreten, sie mussten dann aber auf ihre Herrschaftsrechte, Kirchenämter und Pfründen verzichten. Diese Bestimmung sollte den Bestand der Reichskirche sichern, da damit ausgeschlossen wurde, dass das reichsunmittelbare Kirchengut in protestantische Verfügungsgewalt gelangte, d. h. geistliche Fürstentümer protestantisch werden konnten. Hierbei ging es nicht zuletzt um die geistlichen Kurfürsten, mit denen die altgläubige Mehrheit im Kurkolleg und damit letztlich die katholische Konfession des Kaisers stand und fiel. Dafür sollte in den katholischen geistlichen Fürstentümern der Bekenntnisstand des landsässigen Adels und der Städte garantiert werden, und zwar auch dann, wenn diese evangelisch waren. Diese Bestimmung in Form einer einseitigen Erklärung König Ferdinands war als Kompensation für den Geistlichen Vorbehalt gedacht; sie hätte in letzter Konsequenz zur Protestantisierung der geistlichen Fürstentümer von unten führen können. Sie barg daher für die folgenden Jahre reichlich Konfliktpotential.

Ius emigrandi

Im Augsburger Religionsfrieden wurde den Untertanen, die nicht das Bekenntnis ihres Landesherrn annehmen wollten, die Möglichkeit eingeräumt, in Begleitung ihrer Familie und unter Mitnahme ihres Eigentums auszuwandern. Die Untertanen hatten somit das Recht, einem erzwungenen Konfessionswechsel auszuweichen. Allerdings konnte diese Auswanderung aus Glaubensgründen nur vollzogen werden, wenn alle herrschaftlichen Verbindlichkeiten abgelöst waren, beispielsweise durch Freikauf aus einer Leibeigenschaft, was den wirtschaftlichen Ruin bedeuten konnte. Die Einschätzung des *ius emigrandi* als »erstes allgemeines Grundrecht«, das das Reich »jedem Deutschen« garantierte (Martin Heckel), ist demnach fraglos überzogen.

In den 1555 gemischt-konfessionellen Reichsstädten sollten beide Konfessionen bei ihrer bisherigen Konfessionsausübung bleiben können, eine Bestimmung, die vor allem den seit dem Schmalkaldischen Krieg wieder größer gewordenen katholischen Minderheiten in evangelischen Reichsstädten zugutekam. Neben dem Rückhalt an den Fürstbischöfen sicherte auch diese Regelung unter anderem den altgläubigen Minoritäten in Speyer und Worms das Überleben.

Eingeschlossen wurden in den Religionsfrieden nur die Angehörigen der Augsburgischen Konfession und die der römischen Kirche. Alle anderen Religionsgruppen wurden explizit ausgeschlossen. Damit war im Grunde schon klar, dass die religiösen Auseinandersetzungen weitergehen würden, denn der Begriff »Augsburgische Konfessionsverwandte« war unscharf. Er definierte eine offene Gruppe, in die in der Folgezeit je nach politischer Notwendigkeit einzelne Reichsstände ein- bzw. ausgeschlossen werden konnten.

Der Augsburger Religionsfriede zementierte die religiöse Spaltung, machte sie aber zugleich politisch handhabbar. Er ist kein Zeugnis religiöser Toleranz, sondern ein Dokument des politischen Umgangs mit religiöser Differenz. Sein Ziel war es, trotz fortbestehender konfessioneller Unterschiede politischen Frieden zu sichern. Seine friedenssichernde Funktion scheiterte schließlich daran, dass der politische Umgang mit religiöser Differenz in seiner Reichweite beschränkt wurde. Die Weigerung, auch die calvinistisch-reformierte Konfession in die Friedenssicherung des Reichs einzubeziehen, wurde zur wirkmächtigsten Hypothek dieses Friedens. Dieser Konflikt mündete in den Dreißigjährigen Krieg und fand erst im Westfälischen Frieden durch die gleichberechtigte Anerkennung der drei Konfessionen im Reich eine neue politische Lösung.

Das Trienter Konzil als katholisches Reformkonzil

Lange hatte sich die römische Kurie dem Drängen auf ein Konzil zur Lösung der kirchlichen Probleme widersetzt, um nicht der antikurialen Kritik ein Forum zu bieten. Die Versammlung, die Papst Paul III. 1545 endlich nach Trient einberief, wurde von päpstlichen Legaten geleitet und kontrolliert. Das Konzil tagte in drei Sitzungsperioden, die aufgrund des jeweils ganz unterschiedlichen politischen Kontextes auch verschiedene Intentionen und Wirkungen hatten. Bei der Eröffnung des Konzils war die Frage der Zielsetzung zwischen Paul III. und Karl V. umstritten. Der Kaiser drang auf Beschlüsse zu einer wirksamen Kirchenreform, um die Unruhe im Reich beizulegen, während der Papst eine Verurteilung der protestantischen Lehren für vordringlich hielt. In der ersten Sitzungsperiode (1545–1547) betonte das Konzil den autoritativen Charakter der kirchlichen Tradition und richtete sich damit gegen Luthers *sola-scriptura*-Prinzip, das den Wortlaut »allein der Heiligen Schrift« in den Mittelpunkt stellte. In der kurzen zweiten Sitzungsperiode (1551–1552) fasste das Konzil Beschlüsse zur Liturgie und zu den Sakramenten. In der dritten Sitzungsperiode (1561–1563) wurden die entscheidenden Fragen der Residenzpflicht der Bischöfe, der Kommunion unter beiderlei Gestalt, des Opfercharakters der Messe, des Weihesakramentes und der Ehe behandelt und abschließend definiert. Die Bischöfe wurden verpflichtet, Priesterseminare einzurichten und regelmäßig Provinzial- und jährlich Diözesansynoden abzuhalten. Nach

Die Anfänge der dritten Konfession: Zwingli und Calvin

Huldrych Zwingli (1484–1531) legte ab 1519 als Priester in Zürich in klaren, allgemein verständlichen Predigten die Evangelien aus und veröffentlichte 1522 seine erste reformatorische Schrift gegen die Fastengebote der römischen Kirche. Zwingli vertrat wie Luther die Überzeugung, dass die Bibel die alleinverbindliche Glaubensgrundlage sei, während die in der mittelalterlichen Kirche hinzugefügten Interpretationen oder Regeln jeglicher Grundlage entbehrten. Als die Dominikaner in Zürich Zwingli Ketzerei vorwarfen, lud der Große Rat der Stadt alle interessierten Theologen zu einer Disputation über Zwinglis Positionen ein; im Oktober folgte eine zweite Disputation, in der es vor allem um die Bilderfrage ging. Jeweils unter großem öffentlichem Interesse wusste Zwingli seine Positionen überzeugend zu verteidigen, was der Reformation in Zürich den Weg ebnete. Die Messe wurde abgeschafft, und bis 1525 wurden weitere wichtige reformatorische Maßnahmen durchgeführt. Mit Luther trug Zwingli in der Folgezeit eine heftige Kontroverse über das Abendmahlsverständnis aus. Grob vereinfacht ging es um die Frage, ob Christus im Abendmahl real anwesend (Luther) oder ob das Abendmahl ein symbolisches Erinnerungsmahl (Zwingli) sei. Auf dem Marburger Religionsgespräch 1529 wurde darüber keine Einigung erzielt.

Johannes Calvin (1509–1564) studierte in Paris zunächst Theologie, dann Jura. 1534 verließ Calvin wegen der Verfolgung der Protestanten Frankreich. In Basel vollendete er sein Werk »Institutio religionis christianae« (Unterricht in der christlichen Religion), die herausragende dogmatische Leistung des Reformationszeitalters. 1536 kam er erstmals nach Genf, stieß dort aber mit seinem Konzept einer strengen Kirchenzucht auf wenig Gegenliebe. Erst 1541 kehrte Calvin nach längerem Zögern – dieses Mal für immer – nach Genf zurück. Der Rat unterstützte nun Calvins Konzept einer Neuorganisation der Genfer Kirche und nahm noch im selben Jahr die von Calvin ausgearbeiteten »Ordonnances ecclésiastiques« an, die von nun an das religiöse und kirchliche, das sittliche und soziale Leben der Bürger regelten. Danach gab es vier kirchliche Ämter: 1. die Pastoren für die Predigt und Seelsorge, 2. die Doktoren für den Unterricht, 3. die Ältesten für die Kirchenzucht, 4. die Diakone für die Armenpflege. Calvin schuf damit das Muster der calvinistisch-reformierten Kirchenverfassung. Genf wurde der Ausgangs- und Mittelpunkt einer neuen großen reformatorischen Bewegung.

dem Konzil veröffentlichte Papst Pius IV. 1564 das »Tridentinische Glaubensbekenntnis«, das die Dekrete des Konzils zusammenfasste. Das Trienter Konzil grenzte damit die katholische Glaubenslehre gegenüber den Neuerungen durch Luther, Zwingli und Calvin ab und antwortete durch die Einleitung einer katholischen Reform auf die Reformation. An der Umsetzung der Beschlüsse des Tridentinums mussten sich in der Folgezeit die Bischöfe und katholischen Obrigkeiten messen und bewerten lassen.[16]

4. Die Verbreitung der Reformation im rheinland-pfälzischen Raum

Eine Besonderheit des Raums unseres heutigen Bundeslandes Rheinland-Pfalz war die Dichte der geistlichen Territorien, also von Territorien, deren Landesherr weltlicher Herrscher und geistlicher Oberhirte zugleich war. Mit den Erzbischöfen von Mainz und Trier stammten zwei der drei geistlichen Kurfürsten aus dem rheinland-pfälzischen Raum, was die reformatorischen Prozesse über den engeren Raum hinaus mit Bedeutung auflud. Da die Einführung der Reformation neben der dogmatischen Niederlage auch einen dramatischen Einschnitt in die bischöflichen Jurisdiktionsrechte wie auch den Verlust von kirchlichem Vermögen bedeutete, ist es nicht verwunderlich, dass die geistlichen Fürsten der Reformation den stärksten Widerstand entgegensetzten. Für sie konnte damit, anders als für die weltlichen Fürsten, kein Machtgewinn verbunden sein. Die Stabilisierung der katholischen Ausrichtung in Hochstift und Diözese war demnach ein Muss. Zur Erreichung dieses Ziels holten sich in der zweiten Phase der Reformation fast alle katholisch gebliebenen Fürsten – so auch die geistlichen – Jesuiten in ihren Herrschaftsbereich, die die katholische Reform vorantrieben.

Die Reformation in den Städten

In den Hauptstädten der geistlichen Territorien auf dem Gebiet des heutigen Bundeslandes Rheinland-Pfalz, in Mainz, Trier, Speyer und Worms, gab es weit ins Mittelalter zurückreichende Auseinandersetzungen zwischen den Bischöfen und dem Rat der jeweiligen Städte. Die Bischöfe wollten die Städte unter ihrer bischöflichen Herrschaft halten oder sie dahin zurückführen, diese strebten nach Gewinnung oder Erhalt ihres Status als freie Reichsstädte. Die Auseinandersetzungen führten zu recht unterschiedlichen Ergebnissen: Die Freie Stadt Mainz wurde 1462 wieder der bischöflichen Hoheit unterworfen. Speyer hingegen konnte seinen reichsstädtischen Status verteidigen, nicht zuletzt durch einen Schutz- und Schirmvertrag mit der Kurpfalz. Worms war zwar eine freie Reichsstadt, aber dem Bischof und der Geistlichkeit war es in zähen Verhandlungen gelungen, derart viele Sonderrechte durchzusetzen, dass der Handlungsspielraum des Stadtrates eng begrenzt war. Zwischen dem Kurfürsten und der Stadt Trier war lange Zeit die Frage der Reichs- bzw. Landstandschaft umstritten gewesen. 1478 musste die Stadt, die mehrfach zu Reichstagen eingeladen worden war, die Landeshoheit des Kurfürsten formell anerkennen, völlig akzeptiert hat die Stadt diese nachweisbar nicht.

Die Reformation, die in allen Bischofsstädten Widerhall fand, lieferte nun ein neues politisches Instrument zur Austragung des alten Konfliktes. In Speyer wie in Worms war die Bürgerschaft seit langer Zeit in konfliktreiche Auseinandersetzungen mit dem Klerus verwickelt. Die Sonderrechte der Stifte und Klöster lähmten die wirtschaftliche Entwicklung beider Städte. Zwar gelang es beiden Städten ihre Reichsfreiheit zu bewahren, faktisch waren ihnen aber durch die Bestätigung umfassender geistlicher Sonderrechte auf allen politischen und wirtschaftlichen Gebieten enge Schranken gesetzt.[17] Die pfälzischen Kurfürsten versuchten zusätzlich ihren Einfluss geltend zu machen, indem sie Familienangehörige auf die Bischofssitze von Speyer und Worms wählen ließen. Die reformatorische Bewegung war demnach für beide Städte auch eine Möglichkeit zur Befreiung von der politischen Einflussnahme der Bischöfe.

In Speyer sind bereits seit 1518 reformatorische Predigten gehalten worden. 1518 und 1520 hielt sich der Reformator Martin Bucer längere Zeit in Speyer auf, und bereits im November 1521 ermahnte der Speyerer Bischof Kleriker und Domherren eindringlich, sich von der neuen Lehre zu distanzieren. Auch Papst und Kaiser intervenierten und forderten den Speyerer Rat auf, keine Änderung in Religionssachen anzustreben oder zuzulassen.[18] Die mehrmalige Wiederholung aller Verbote zeigt, dass ihnen wenig Erfolg beschieden war.

In Worms wurde Luthers Auftreten 1521 als Katalysator für das offene Bekenntnis eines Teils der Bevölkerung zur neuen Lehre gewertet.[19] Schon zuvor waren evangelische Prediger in Worms aufgetreten. Hoch zu bewerten ist die Rolle des Druckers Peter Schöffer des Jüngeren, der zwischen 1518 und 1529 eine Druckerei in Worms betrieb, in der eine Reihe von Lutherschriften und andere Werke mit reformatorischen Tendenzen erschienen. Als Schöffer schließlich auch Schriften von Täufern druckte, musste er Worms zusammen mit anderen des Täufertums verdächtigen Personen verlassen. Die Täufergemeinde in Worms scheint nicht unbedeutend gewesen zu sein.[20]

Eine Festigung erreichte die Reformation bemerkenswerterweise durch den Bauernkrieg. Im rechtsrheinischen Teil des Hochstifts Speyer versammelten sich aufständische Bauern, und man befürchtete, dass die Aufstände auch auf die Städte Speyer und Worms übergreifen würden. Das erhöhte die Verhandlungsbereitschaft der Akteure: Bischof, Klerus und Stadtrat führten Verhandlungen mit den aufständischen Bauern, aus denen Verträge hervorgingen, die u. a. auch die Sicherung der evangelischen Lehre zum Inhalt hatten. Allerdings wurden sie durch kurpfälzische Interventionen wieder außer Kraft gesetzt, so dass die Lage in beiden Städten wenig eindeutig blieb. Für Speyer wie für Worms ist davon auszugehen, dass der Rat und die Bürgerschaft stark zur neuen Lehre tendierten, aber an eine offene, obrigkeitlich gesteuerte Einführung der Reformation oder gar an eine Aufhebung der Klöster und Stifte nicht zu denken war, da aufgrund der prekären rechtlichen Situation die Konsequenzen zu gefährlich gewesen wären. Auch die in Speyer angesetzten Reichstage verhinderten dies, und nachdem 1527.[21] Reichsregiment und Reichskammergericht in Speyer ihren Sitz genommen hatten, verbot sich eine eindeutige Stellungnahme für die Reformation ohnehin. Dennoch breitete sich die neue Lehre weiter aus. Nach außen erkennbare Schritte unternahm der Speyerer Rat aber erst 1540: Michael Diller wurde offiziell als erster evangelischer Prediger in Speyer angestellt. Außer in der Augustiner- und in der Ägidienkirche wurde kurz danach auch in der Dominikanerkirche evangelisch gepredigt. Das Dominikanerkloster wurde in eine Ratsschule umgewandelt, die sofort in Konkurrenz zur Domschule trat. Trotz des offenen Bekenntnisses zur neuen Lehre vermied es Speyer, den Kaiser zu provozieren: Während der Aufenthalte Karls V. in Speyer 1541, 1544 und 1545 verließ

Diller jedes Mal die Stadt, um erst nach Abreise des Kaisers seine Tätigkeit wieder aufzunehmen.

In Worms schufen die häufigen Abwesenheiten Bischof Heinrichs, der gleichzeitig Bischof von Utrecht und seit 1541 auch von Freising war, Freiräume für Maßnahmen des Rats in Religionsfragen. 1527 wurde das Barfüßerkloster beschlagnahmt und in eine städtische Schule umgewandelt. Die Stadt konnte aber ihr Besitzrecht am Kloster nicht geltend machen, sondern schloss 1539 mit den Franziskanern einen formellen Kaufvertrag. Zudem errichtete die Stadt eine Prädikatur, auf die ein evangelischer Prediger berufen wurde, der ebenso wie in Speyer bei Anwesenheit des Kaisers die Stadt verließ, um Provokationen zu vermeiden.

Nach Einführung des Interims 1548 verloren in Speyer wie in Worms die evangelischen Prediger und die Rektoren der neu eingerichteten Schulen ihre Posten. Erst als 1555 mit dem Augsburger Religionsfrieden die neue Lehre unter den Schutz des Reichsrechts gestellt worden war, gaben beide Städte ihre Zurückhaltung auf. Speyer stellte zwei neue evangelische Prediger ein, da Diller inzwischen Hofprediger des pfälzischen Kurfürsten Ottheinrich geworden war. Eine evangelische Kirchenordnung wurde in Angriff genommen, die sich am württembergischen Vorbild, allerdings mit erheblichen Abweichungen, orientierte.[22] So wurden einige katholische Feiertage ausdrücklich zugelassen, und die evangelische Lehre wurde nicht eindeutig auf die *Confessio Augustana* von 1530 festgeschrieben. Speyer war evangelisch, behielt aber viele katholische Traditionen und vermied dadurch den permanenten Konflikt mit Bischof und katholischem Klerus. Worms hingegen ging entschiedener zum lutherischen Bekenntnis über. Katholiken wurden vom Stadtrat ausgeschlossen, neu hinzuziehenden wurde das Bürgerrecht verweigert. Mit dem 17. Jh. und der Tätigkeit der Jesuiten kam es aber in beiden Städten zu einer Konsolidierung des Katholizismus. Seit 1605 nahmen sie von Speyer aus eine rege Tätigkeit im Bistum Worms auf. 1606 übernahmen zwei Patres aus Speyer Predigt und Katechese in einer der beiden Wormser Pfarrkirchen, später dann auch im Dom. Der Rat versuchte die Jesuiten mit kurpfälzischer Hilfe zu vertreiben. Diese aber erlangten ein Privileg Kaiser Rudolfs II., das eine Ausweisung dauerhaft verhinderte. Wenn man den Berichten der Jesuiten Glauben schenken darf, hatte ihre Katechesetätigkeit großen Erfolg. 1613 wurde in Worms selbst ein Jesuitenkolleg gegründet. Das von den Jesuiten geleitete Gymnasium stellte für viele Jahrzehnte eine wichtige Bildungseinrichtung für die Katholiken der Stadt dar, auch wenn es wegen seiner geringen finanziellen Ausstattung und der andauernde Konflikten mit dem Rat der Stadt nicht die ursprünglich erhoffte Bedeutung erlangen konnte.[23]

Aber nicht nur in den Bischofsstädten fasste die Reformation Fuß. In Landau kam es sehr früh zu einer reformatorischen Bewegung, die unter dem erkennbaren Einfluss der Reichsstadt Straßburg und Martin Bucers stattfand. Mehrfach versuchte der Bischof von Speyer seinen Einfluss geltend zu machen und die reformatorischen Predigten zu verbieten, gegen die Protektion der mächtigen Reichsstadt Straßburg konnte er aber wenig ausrichten: Bereits 1521 wurde eine deutsche Schule eingerichtet. Im August 1522 versammelten sich in Landau 600 Ritter und gründeten eine »brüderliche Vereinigung«, um das Rittertum noch einmal zu einer einflussreichen politischen Kraft im Reich zu machen. Franz von Sickingen brach von hier zu einem vergeblichen Raubzug gegen den Trierer Erzbischof Richard von Greiffenclau auf.

Den Mut zur frühen Reformation fasste Landau, weil die Protektion der Reichsstadt Straßburg das Risiko reichsrechtlicher Sanktionen minimierte. Allerdings zeigte Landau mit seinem ersten reformatorischen Prediger Johannes Bader zunächst eine Nähe zum sog. schwärmerischen, radikalen Flügel der Reformation, was Straßburg stark kritisierte und erst ab Mitte des 16. Jhs. korrigieren konnte. Bader wurde sogar mit den Täufern in Verbindung gebracht, was er stets entschieden von sich wies. Das katholische Bekenntnis wurde in Landau zu keinem Zeitpunkt vom Rat der Stadt offiziell verboten, die Pfarrkirche wurde von beiden Konfessionen simultan genutzt.

Die lutherische Orientierung der Stadt zeigte sich u. a. daran, dass am 1. und 2. November 1617 das Reformationsjubiläum feierlich begangen wurde. Dass dies nicht am 31. Oktober geschah, sondern an den katholischen Feiertagen (Allerheiligen und Allerseelen) ist wahrscheinlich weniger ein Akt konfessionellen Selbstbewusstseins gewesen als vielmehr ein Zeichen dafür, dass der Zusammenhalt der Bevölkerung höher bewertet wurde als konfessionelle Abgrenzung: Auf diese Weise konnte die Bevölkerung, ob evangelisch oder katholisch, gemeinsam feiern. In der Zeit der französischen Besatzung und Herrschaft (ab 1673/79) versuchte Frankreich, das Luthertum in Landau einzudämmen, freilich mit nur begrenztem Erfolg.[24]

Das Täufertum

Das Täufertum entstand an verschiedenen Orten im Reich wie auch in Europa.[25] Den Vertretern dieser Richtung ging es um eine Erneuerung von Kirche und Gesellschaft auf der Grundlage der Bibel. Auch ihr Programm beinhaltete Elemente der lutherischen Lehre, nur wurden diese radikaler gedacht: Das Priestertum aller Gläubigen ließ ihrer Ansicht nach keinen Platz mehr für Pfarrer, die Heilige Schrift war für sie die oberste Autorität, die unmittelbar in weltliche Ordnung umgesetzt werden musste. Sie wandten sich deshalb gegen das lutherische »sola fide«, da sich nach ihrer Auffassung die von Gott empfangene Gnade in einem »neuen Leben« zeigen müsse. Die Täufer lehnten jegliches Hineinregieren der Obrigkeit in die Kirche ab, Kirchengemeinde und politische Gemeinde waren für sie strikt voneinander zu trennen. Begründet wurde die Gemeinde durch die Taufe, daraus ergab sich die Ablehnung der Kindertaufe. Die Reaktion der weltlichen Obrigkeiten auf die Täufer war kirchenrechtlich vorgegeben. Das *Corpus Juris Canonici* bestimmte im *Decretum Gratiani* (I,1,1 und I,5,2) die Bestrafung der Antitrinitarier und der Anabaptisten, also der (Wieder-)Täufer. Diese rechtliche Regelung, auf die erstmalig der Reichsabschied von 1524 ausdrücklich Bezug nahm, erklärt das geradlinige Verhalten sowohl von katholischer als auch von reformatorischer Seite gegen die Täufer. Mit den Täufern wurde nicht verhandelt, sie wurden verhört und bestraft, was zumeist hieß: hingerichtet. Denn verbunden mit dem Bekenntnis zur Erwachsenentaufe war häufig die Ablehnung des Eides, der Schwertgewalt der Obrigkeit, des Privateigentums und nicht selten auch der Ehe. Diese Überzeugungen bedeuteten eine Infragestellung der gesamten gesellschaftlichen Ordnung der Zeit, und damit fielen sie unter den Begriff des Aufruhrs. Die Täufer standen außerhalb der evangelischen Bewegung und später außerhalb der protestantischen Konfession. Die protestantischen Gruppen, so zerstritten sie untereinander sein mochten, sahen in den »Wiedertäufern« und »Schwärmern« den gemeinsamen Feind. 1529 erließ der Reichstag von Speyer ein scharfes Mandat gegen die Täufer, in dessen Folge es zu zahlreichen Hinrichtungen kam. Dies alles erklärt, warum Prediger sich so ausdrücklich vom Täufertum distanzierten. Eine der zentralen Figuren der Täuferbewegung war Hans Denk, der nach seiner

Ausweisung aus Straßburg zunächst nach Bergzabern und dann nach Landau kam. Obwohl er nur kurze Zeit dort blieb, hinterließ er einen lang anhaltenden Eindruck. Am 20. Januar 1527 kam es in Landau zu einem öffentlichen Gespräch zwischen Denk und dem Landauer Prediger Bader über die Kindertaufe. Der Appell Denks zu einem auf Glauben gegründeten, nicht vornehmlich institutionell verfestigten Christentum beeindruckte allem Anschein nach die Gläubigen. Bader musste nach Denks Weggang wahrnehmen, dass sich in Landau unter den Einwohnern viele Anhänger Denks fanden, deren Zahl noch wuchs, als es in den kurpfälzischen Gebieten zu blutigen Täuferverfolgungen kam, so z. B. in Alzey, Kaiserslautern und Germersheim.[26] Dem Landauer Reformator erschien die Bekämpfung der Täufer durch Wort und Schrift nicht mehr ausreichend, er veranlasste vielmehr den Rat zu einem Mandat, das jeden Bürger mit harten Strafen bedrohte, der Täufer in seinem Haus duldete.[27]

Mainz und die Reformation

In der Stadt Mainz erschien die Situation zu Beginn der reformatorischen Bewegung recht offen. Das Mainzer Domkapitel berief auf Wunsch von Erzbischof Albrecht von Brandenburg 1520 Wolfgang Capito, einen engen Freund Martin Luthers, zum Domprediger. Mit ihm kam auch Kaspar Hedio von Basel nach Mainz. Beide verbanden mit ihrer Entscheidung für Mainz die Hoffnung, Erzbischof Albrecht für die Reformation gewinnen zu können. Ihre Tätigkeit führte dazu, dass die Reformation in Mainz schon sehr früh Eingang und Sympathien fand. Als sich Albrecht schließlich gegen die neue Lehre wandte, wurde Capito bereits wenige Jahre später wieder abberufen. Für eine der erzbischöflichen Landesherrschaft unterstehende Stadt wie Mainz blieben die reformatorischen Handlungsspielräume eben zwangsläufig begrenzter als für die Reichsstädte Worms und Speyer. Über die Haltung der Bevölkerung der Stadt Mainz ist wenig bekannt. Vermutlich sind reformatorische Impulse in erster Linie von der Universität und einigen Predigern ausgegangen.[28]

Der Trierer Reformationsversuch (1559) – Caspar Olevian

In Trier kam es erst 1559 zu einer deutlich wahrnehmbaren reformatorischen Bewegung. Der gescheiterte Reformationsversuch Caspar Olevians war zugleich aber auch ein letztes Aufflackern der Auseinandersetzung um die Reichs- bzw. Landstandschaft der Stadt. Caspar Olevian (1536–1587) wurde in Trier geboren und kehrte nach dem Studium in Paris, Bourges, Orléans und Genf, währenddessen er zu französischen Hugenotten in Kontakt getreten war und in Genf Calvin persönlich gehört hatte, 1559 nach Trier zurück. Vom Rat der Stadt wurde er zunächst als Lateinlehrer eingestellt. Später richtete er einen deutschen Katechismus-Unterricht ein und steigerte ab August 1559 als öffentlicher Prediger durch sein kraftvolles Auftreten und seine mitreißende evangelische Predigt den Zulauf zu der zunächst noch kleinen evangelischen Gemeinde am Ort gewaltig, so dass innerhalb kurzer Zeit etwa ein Drittel der Bevölkerung der Stadt Trier zur Gemeinde zählte. Noch im selben Jahr nahm Kurfürst Johann VI. von der Leyen den Konflikt mit der Stadt auf. Er verbot die Predigten Olevians mit dem Hinweis, dass Trier keine Reichsstadt sei und daher nach den Bestimmungen des Augsburger Religionsfriedens nicht für sich das Recht in Anspruch nehmen dürfe, die Konfession zu bestimmen. Das Reichskammergericht hat diese Argumentation später bestätigt. Olevian trat danach zunächst in kurpfälzische Dienste ein, später wurde er Hofprediger in Sayn-Wittgenstein. 1584 berief ihn Graf Johann VI. von Nassau-Dillenburg in sein Territo-

Caspar Olevian (Universitätsbibliothek Heidelberg)

rium und vertraute ihm die Gründung der Hohen Schule in Herborn an, die noch im selben Jahr entstand. 1586 leitete er die Synode von Herborn, auf der die reformierten Kirchen von Nassau-Dillenburg, Wittgenstein, Solms-Braunfels und Wied-Runkel vertreten waren. Die dort tagenden 26 Theologen schlossen sich zu einer überterritorialen Kirche zusammen, überwanden also erstmals in Deutschland den ausschließlich territorialen Charakter einer reformatorischen Kirche und entschieden sich nach langen und heftigen Auseinandersetzungen für eine Kirchenverfassung, die eine Mischform aus presbyterialen und konsistorialen Elementen darstellte. Caspar Olevian hatte demnach auch nach dem gescheiterten Reformationsversuch in Trier großen Einfluss auf den reformatorischen Prozess im rheinland-pfälzischen Raum.[29]

5. Die Reformation in den Bistümern und Hochstiften

Erzbistum und Erzstift Mainz

Albrecht von Mainz hatte wider Willen die Initialzündung für die Reformation gegeben. Er erkannte Luthers Anliegen an, ohne sich vertieft mit seinen theologischen Ansichten auseinandergesetzt zu haben. Da er der zweite Mann im Reich war, hatte es große Bedeutung, dass er die päpstliche Exkommunikationsbulle gegen Luther im Erzbistum offensichtlich nicht publizieren ließ; es störte ihn allem Anschein nach, dass er in der Bulle vom Papst als einziger geistlicher Reichsfürst namentlich mit der Exekution des Bannspruchs beauftragt worden war. 1521 weigerte er sich auf dem Reichstag zu Worms, das Edikt gegen Luther mitzuunterzeichnen, was seit 1495 bei Edikten üblich war, er verzögerte zudem bis 1524 die Veröffentlichung der kaiserlichen Achterklärung. 1523 begann Albrecht von Mainz aus politischen Gründen dann aber einen härteren Kurs gegenüber den Neuerern einzuschlagen. In diesem Jahr erließ er eine Order, entsprechend den Beschlüssen des Nürnberger Reichstages gegen die »lutherische Secte« vorzugehen. Andererseits verzichtete Albrecht am 11. Juni 1528 im Hitzkirchener Vertrag mit Landgraf Philipp von Hessen und Kurfürst Johann von Sachsen auf die geistliche Jurisdiktion in deren Territorien und damit auf Hunderte von jetzt an als evangelisch geltende Pfarreien sowie eine Vielzahl von Klöstern und Stiften. Albrecht hielt die Unterzeichnung für politisch opportun, da ihm die geistliche Jurisdiktion in diesen Gebieten nicht mehr durchsetzbar schien und bei Nichtunterzeichnung ein militärischer Angriff des hessischen Landgrafen auf Mainz drohte. Im Innern konsolidierte sich die alte Lehre in einem Kreis von reformerisch gesinnten Theologen.

Albrechts Nachfolger Sebastian von Heusenstamm behielt die kirchen- und reichstreue Linie seines Vorgängers bei. Zwischen 1548 und 1550 führte er eine Kirchenvisitation durch. Von dem Plan, die gesamte Diözese zu visitieren, musste er zwar Abstand nehmen, erstaunlicherweise konnte aber doch noch in vielen Gebieten, die bereits zur Reformation übergangen waren, visitiert werden. Die umfangreichen Visitationsprotokolle zeigen, wie sehr die konfessionelle Abgrenzung schon fortgeschritten war. Dem einst so großen Mainzer Sprengel waren durch die Reformation 700 Pfarreien und 300 Klöster und Stifte verloren gegangen. Die seit Jahrhunderten geltenden kirchlichen Organisationsstrukturen befanden sich im Zerfall.[30] Eine Rekatholisierungspolitik wagten die Kurfürsten überhaupt nur in kleinen Gebieten, die herrschaftlich schwach waren; in den einigermaßen gefestigten Territorien versuchten sie es erst gar nicht. An der 1548 abgehaltenen Diözesansynode nahmen ausschließlich Teilnehmer aus dem Erzstift teil.

Konfessionelle Gliederung um 1648

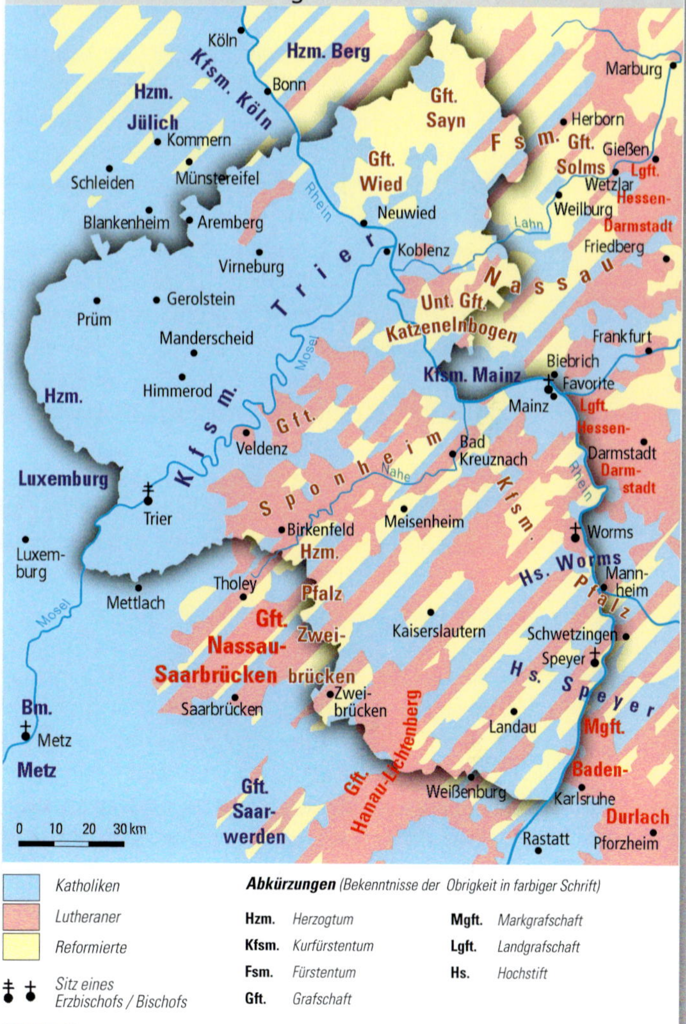

Kartographie: Landesamt für Vermessung und Geobasisinformation Rheinland-Pfalz

Die konfessionelle Lage im Erzstift blieb demgegenüber stabil. Seit 1541 bildeten die Druck- und Verlagshäuser Schöffer, Behem und Peter Jordan in Mainz ein katholisches Druckzentrum, das Leipzig ersetzte und wichtigen Einfluss auf die Buchmesse im benachbarten Frankfurt nehmen konnte.[31] Großen Anteil an der Konsolidierung des Katholizismus hatten wie überall die Jesuiten, die Kurfürst Daniel Brendel von Homburg im März 1561 nach Mainz holte. In Bildung und Seelsorge leisteten sie in den folgenden Jahren durch Schulgründungen und volksnahe seelsorgerische Angebote Entscheidendes zur Stabilisierung des Katholizismus. 1562 übertrug der Kurfürst den Jesuiten mehrere Lehrstühle an der Universität. Jesuitenprofessoren bestimmten von da an 200 Jahre lang maßgeblich die Geschicke der Hochschule und das geistige und wissenschaftliche Leben des Erzstiftes. Jesuiten trugen mit ihren spezifischen Mitteln dazu bei, in Mainz ein neues katholisches Bewusstsein zu schaffen. 1576 wurde die Fronleichnamsprozession wieder unter reger Beteiligung der Bürgerschaft durch die Stadt geführt. Der Zwang zur konfessionellen Abgrenzung gegenüber den protestantischen Nachbarn trug ebenfalls zur Belebung katholischer Frömmigkeitsformen bei. Im 17. Jh. bemühten sich die Kurfürsten, die Beschlüsse des Trienter Konzils umzusetzen. Die Belastungen durch den Dreißigjährigen Krieg machten dieses Vorhaben jedoch zeitweilig unmöglich. Die Gründung eines Priesterseminars gelang erst 1662 unter Erzbischof Johann Philipp von Schönborn. Er startete auch einen Versuch zum Ausgleich zwischen den Religionsparteien. Gespeist waren diese Versuche aus den leidvollen Erfahrungen des Krieges, die gezeigt hatten, welche Auswirkungen politische Aufladungen des Konfessionskonfliktes haben konnten. Im 18. Jh. wurde Mainz zu einem Zentrum der katholischen Aufklärung.

Erzbistum und Erzstift Trier

Das Zentrum des Oberstifts war der Metropolitansitz Trier, die Hauptstadt des Niederstifts Koblenz. Die unmittelbare Nachbarschaft des katholischen Herzogtums Lothringen und die Zugehörigkeit beträchtlicher Teile der südlichen Niederlande zur Erzdiözese Trier schirmten das Obere Erzstift bis ins 18. Jh. hinein weitgehend von den konfliktreichen konfessionspolitischen Entwicklungen des Reichs ab. Das Niederstift dagegen war durch die Nachbarschaft mit andersgläubigen Territorien, durch die konfessionelle Gemengelage am Mittelrhein, an der unteren Mosel und der Lahn ungleich stärker mit Fragen des konfessionellen Besitzstandes konfrontiert. Die unter der geistlichen Gerichtsbarkeit Triers stehenden Grafschaften, Fürstentümer und Herrschaften sind fast alle – ausgenommen Luxemburg und ein Streifen von Lothringen – zum neuen Glauben übergetreten. Die frühe Reformation Philipps von Hessen tangierte nur einen kleinen Teil der Diözese, gravierender waren schon die Verluste durch die Reformation der nassauischen Grafen und der Reichsstadt Wetzlar sowie der Grafschaft Sayn; die größten Verluste erlitt die Diözese durch die Protestantisierung der Kurpfalz und der pfälzischen Nebenterritorien.

Das Erzstift Trier hingegen blieb ein durch und durch katholisches Territorium, obwohl auch hier die Reformation von Beginn an wahrgenommen wurde und den ein oder anderen Niederschlag fand. Der Humanist Bartholomäus Latomus, der seit 1521 an der Universität Trier lehrte und später zum kurtrierischen Hofrat aufstieg, schrieb 1523 seinem Freiburger Lehrer Ulrich Zasius: »Alles spricht und diskutiert über theologische Fragen, die Metzger, die Schneider, die Wachszieher, die Wirte und die Bauern«.[32]

Die größte Anfechtung des Kurstaates war die Fehde, die Franz von Sickingen gegen Richard von Greiffenclau führte mit dem Ziel, nach dem Sturz des Erzbischofs das Kurfürstentum in ein weltliches Territorium umzuwandeln. Franz von Sickingen entstammte einem ursprünglich im Kraichgau ansässigen Rittergeschlecht. Er betrieb Erzbergwerke und hielt sich als pfälzischer Amtmann und im Dienst des Mainzer Erzbischofs eine kleine Truppe. In Fehden gegen Worms, Metz, Frankfurt, Lothringen und Hessen gelang es ihm, sich mit erpresserischen Abfindungssummen eine beträchtliche politische und finanzielle Macht am Mittelrhein zu schaffen. Wegen Landfriedensbruch wurde er geächtet, trat kurzzeitig in französische Dienste, söhnte sich aber wieder mit dem Kaiser aus, unterstützte die Kaiserwahl Karls V. und nahm 1519 am Feldzug gegen Herzog Ulrich von Württemberg teil. Dabei lernte er Ulrich von Hutten kennen, der zu Sickingen auf die Ebernburg kam und ihm dort aus Luthers Werken vorlas. Die Ebernburg wurde bald darauf für kurze Zeit die Zufluchtsstätte der wegen lutherischer Tendenzen Verfolgten. Martin Bucer und Oekolampad, die späteren Reformatoren Straßburgs und Basels, fanden sich z. B. dort ein, und auch Luther boten Hutten und Sickingen ihren Schutz an. In einem Manifest an die kurtrierischen

Richard von Greiffenclau zu Vollrads, Trierer Erzbischof und Kurfürst 1511–1531 (bpk – Bildagentur für Kunst, Kultur und Geschichte)

Die Ebernburg: »Herberge der Gerechtigkeit«

Von der Mitte des 15. bis zur Mitte des 18. Jhs. befand sich die Burg, heute zur Gemeinde Bad Münster am Stein-Ebernburg im Nahetal gehörend, im Besitz der Herren von Sickingen. Unter Franz von Sickingen (1481–1523) wurde die Burg ausgebaut und mit Artillerie bewaffnet. Durch den Humanisten Ulrich von Hutten, einen Freund Franz von Sickingens, der bei seinem Aufenthalt auf der Ebernburg im Winter 1520 zahlreiche proreformatorische Schriften publizierte und seinen Gastgeber mit Luthers Reformschriften bekannt machte, erhielt die Burg in seiner Streitschrift zur Bannbulle gegen Luther den Beinamen »Herberge der Gerechtigkeit«.

(Bildarchiv Foto Marburg/ Horst Fenchel)

Die Ebernburg wurde zwischen 1520 und 1522 die Zufluchtsstätte von Theologen, die wegen lutherischer Tendenzen in die Kritik geraten waren, und avancierte zu einem kleinen intellektuellen Zentrum der Reformation. Im Kontext des Wormser Reichstags von 1521 warnten Hutten und Sickingen Luther davor, in Worms aufzutreten und versuchten vergeblich, ihn auf die Ebernburg umzuleiten. Martin Bucer und Johannes Oekolampad wie auch der Zweibrücker Reformator Johannes Schwebel hielten sich zeitweise auf der Ebernburg auf. Der spätere Baseler Reformator Oekolampad las im Sommer 1522 erstmals den Gottesdienst in der Burgkapelle in deutscher Sprache und reichte das Abendmahl in der Gestalt von Brot und Wein, was immerhin so viel Aufsehen erregte, dass ihn der Erzbischof von Mainz zu einer Stellungnahme aufforderte.

Untertanen versprach Franz von Sickingen, sie »von dem schwer antichristlichen Gesetz der Pfaffen zu befreien und zu evangelischer Freiheit zu erlösen«.[33] Gerächt werden sollte mit der Fehde, dass der Trierer Erzbischof bei der Kaiserwahl Karls V. für Franz I. gestimmt hatte, hier wurde also ein »nationales« Argument vorgeschoben. Tatsächlich ging es Sickingen um die Säkularisierung des Erzstiftes, auf dessen Besitz gestützt er dann den Aufstieg in den Fürstenstand hätte versuchen können. Franz von Sickingen scheiterte mit seinem Raubzug jedoch auf der ganzen Linie. Die Trierer Untertanen ließen sich nicht von ihrem Fürstbischof trennen, sie wollten keine Befreiung von der »Pfaffenherrschaft«, wie Sickingen sie propagiert hatte. Landgraf Philipp von Hessen und Kurfürst Ludwig V. von der Pfalz verbündeten sich mit dem Trierer Erzbischof und schlugen Franz von Sickingen 1523 in einem Gegenangriff vernichtend. Fürstliche Solidarität ging in diesem Fall über konfessionelle Sympathien. Sickingen wurde bei den Kämpfen tödlich verwundet.

Obwohl es nachweisbare reformatorische Regungen im Trierer Erzstift gab, erschütterte erst der gescheiterte Reformationsversuch Caspar Olevians die konfessionelle Stabilität. Kurfürst-Erzbischof Johann VI. von der Leyen nahm das Ereignis zum Anlass, energischer gegen die Protestanten vorzugehen. Ihre ohnehin geringe Anzahl nahm weiter ab, so dass Trier seit der Zeit als geschlossenes katholisches Territorium galt. Protestantischer Adel wurde vom Hof und von der Verwaltung ausgeschlossen, das Bürgerrecht an den Katholizismus gebunden. Entscheidenden Anteil daran hatten die Jesuiten, die sich 1560 nach langer Vorbereitungszeit in Trier niederließen. Der Kurfürst förderte den Orden durch namhafte Güterüberschreibungen, als Gegenleistung trugen die Jesuiten rasch die Sorge für das gesamte kirchliche Leben. Sie übernahmen gleichsam den größten Teil des geistlichen Aufgabenbereichs der Kurfürst-Erzbischöfe, während diese sich ihren Herrschaftsaufgaben widmen konnten. 1562 predigten die Jesuiten in Trier schon in drei Kirchen: im Dom, in der Liebfrauenkirche und in St. Gangolf. Bald gab es großen Andrang zur Beichte und Kommunion. Rasch dehnten die Jesuiten ihre Tätigkeit auch auf die Dörfer aus. Maßgeblichen Einfluss gewannen sie zudem über die Universität. Dabei galt der Umsetzung der tridentinischen Reformen, vornehmlich der Verbesserung des Klerus und der Intensivierung der Seelsorge, die größte Aufmerksamkeit. Konterkariert wurde dieses Engagement durch die Domkapitulare, die von den Reformdekreten gänzlich unberührt schienen: Pfründenhäufung und damit Verstöße gegen die Residenzpflicht waren dort an der Tagesordnung. Stifte und Klöster wehrten sich zudem gegen die bischöflichen Kontrollen und versuchten, ihre Eigenständigkeit zu bewahren und sich einer Unterwerfung unter die bischöfliche Oberaufsicht zu entziehen.

Konfessionelle Konflikte waren in den Kondominaten greifbar, die Trier zusammen mit Kondominatsherren anderer Konfession innehatte. Insbesondere im sog. Kröver Reich führte das Engagement des Trierer Kurfürsten nach dem Aufkeimen reformatorischer Ansätze 1571 zum Sieg des katholischen Bekenntnisses.

Die konfessionelle Stabilität des Erzstiftes korrespondierte mit einem hohen Maß an Reformbereitschaft. Die Bischöfe hielten Synoden und Provinzialkonzile und bemühten sich erkennbar um die Umsetzung der Tridentinischen Reformen. Kurfürst-Erzbischof Jakob III. von Eltz befahl 1569/70 eine Generalvisitation in den Klöstern und Pfarreien des Erzbistums, die von den Jesuiten organisiert und durchgeführt wurde. Sie bilanzierte den konfessionellen Status und den materiellen Zustand von Gemeinden und Klöstern. Im Bewusstsein, dass eine Kirchenreform ohne eine grundlegende Reform des Klerus auf halbem Weg stehen bleiben musste, galt dem Bildungsstand und Lebenswandel der Geistlichen die besondere Aufmerksamkeit der Visitatoren. Obwohl in der Folgezeit Generalvisitationen nicht mehr durchgeführt wurden bzw. werden konnten, bekundeten die Bischöfe durch zahlreiche Einzelvisitationen ihren nachhaltigen Reformwillen.[34] Jakob III. förderte die Ausbildung von Trierer Klerikern am Collegium Germanicum in Rom, 1574–1576 führte er eine neue Kirchen- und Gottesdienstordnung ein, 1578 erließ er eine Anleitung für Pfarrer und Dekane, und 1580 rief er die Jesuiten auch nach Koblenz, die durch ihre Lehrtätigkeit, Seelsorge und Verwaltung einen großen Beitrag zur Konsolidierung des Katholizismus leisteten. Jakobs Nachfolger Johann VII. von Schönenberg führte das Reformwerk weiter: 1585 wurde in Koblenz ein Priesterseminar gegründet, und in den darauffolgenden Jahren kamen noch mehrere kirchliche Ordnungen auf den Weg. Allerdings konnten die Missstände zwar leicht fest-, aber nur äußerst mühsam abgestellt werden. Insbesondere die Geistlichen gaben Anlass zu Klagen. Noch 1642 ist einem Erlass der kurtrierischen Regierung zu entnehmen, dass die Geistlichen in den Wirtshäusern säßen, sich mit den Bauersleuten zusammen leichtfertig benähmen, sich zu Gewalttätigkeiten verleiten ließen und zudem Umgang mit ledigen

Frauen pflegten, so dass sie für die Gläubigen alles andere als Vorbilder seien.[35] Zur moralischen Kritik kam der Missmut der Bürger über die Befreiung des Klerus von den bürgerlichen Abgaben hinzu. Insbesondere die wirtschaftlichen Aktivitäten der reich begüterten Institutionen waren den Handwerkern und Kaufleuten ein Dorn im Auge. In Koblenz gab es Auseinandersetzungen des Rates und der Bürger mit den Stiften und Klöstern und vor allem mit dem Deutschen Orden. Dabei ging es um die Erhebung von Abgaben und die Nutzungsrechte im Stadtwald und auf den gemeindeeigenen Weiden, d. h. allgemein um die Verteilung der begrenzten materiellen Ressourcen der Stadt.[36]

Bistum und Hochstift Speyer

Mit anderen Bistümern am Rhein gehört Speyer zu den ältesten Bischofssitzen in Deutschland. Durch die Reformation verlor das ohnehin kleine Bistum zwei Drittel seines Sprengels an die protestantisch gewordenen Landesfürsten. Das Hochstift Speyer sah sich schon bald einer überwiegend protestantischen Umgebung gegenüber. Dieses Trauma führte aber nach dem Trienter Konzil zu dem erkennbaren Bemühen, zumindest den Restbestand durch Reformen zu sichern. In den Jahren 1583–1588 visitierte der Speyerer Generalvikar die katholischen Gemeinden, konnte aber wenig katholische Identität feststellen. Priester trugen keine geistliche Kleidung und lebten mit Frau und Kindern, die Sakramente wurden nicht regelmäßig oder gar nicht gespendet. Domkapitel und Bischof bemühten sich um Reformmaßnahmen für den Klerus: Einige Pfarrer, die im Konkubinat lebten, wurden durch Geistliche ersetzt, die bei den Jesuiten studiert hatten. Zudem wurde ein neues Brevier für das tägliche Gebet der Pfarrer gedruckt, das Tragen des Talars verordnet und zumindest das Sakrament der Beichte gestärkt. Ein neues Gesangbuch und ein neuer Katechismus sollten die Volksfrömmigkeit stärken und in geordnete Bahnen lenken. Den Reformbemühungen waren aber finanzielle und politische Grenzen gesetzt. Für die Einrichtung eines Priesterseminars reichten die Mittel nicht, und die protestantischen Nachbarn des Hochstifts achteten streng darauf, dass die Diözesangewalt des Bischofs auf sein Herrschaftsgebiet und die wenigen katholischen Pfarreien anderer Herrschaften begrenzt blieb.[37]

Bistum und Hochstift Worms

Reformatorische Tendenzen breiteten sich um die Mitte des 16. Jhs. fast im gesamten Bereich der Diözese Worms aus. Als 1556 die Kurpfalz den Schritt zur Reformation offiziell vollzog, wurde der geistliche Einflussbereich des Wormser Bischofs auf die wenigen Pfarreien des Hochstifts und des Deutschen Ordens beschränkt. Außer der Kurpfalz waren auch das Herzogtum Württemberg, das den äußersten Osten des Sprengels umfasste, Pfalz-Zweibrücken und die verschiedenen Zweige des Hauses Nassau und der Grafen von Leinigen zum Protestantismus übergegangen. Von den ehemals 250 Pfarreien der Diözese Worms blieben nur 15 katholisch.[38] Nahezu alle Klöster der Diözese wurden aufgehoben, gehalten haben sich lediglich die Stiftskirchen in Wimpfen und in der Stadt Worms. Ab Beginn des 17. Jhs. kam es durch die Jesuiten in Worms zu einer Festigung des katholischen Konfessionsstandes. Das Territorium des Hochstiftes war auf wenige Dörfer zusammengeschmolzen. Während des Dreißigjährigen Krieges änderten sich die konfessionellen Verhältnisse im Takt von Sieg und Niederlagen der katholischen und protestantischen Kontrahenten.

Seit 1663 war das Hochstift fast regelmäßig in Personalunion mit einem anderen geistlichen Staat verbunden. Diese Bistumsanlehnungen brachten es mit sich, dass die Bischöfe meist nicht in Worms residierten und das Domkapitel größeren Einfluss auf die Regierung und Verwaltung des Hochstifts gewann. Grund für diese Bistumsanlehnungen war auch, dass der Kampf der Bischöfe mit der Stadt Worms nie ganz beigelegt werden konnte. Bischöfe und Domkapitel gaben den Anspruch auf die Stadt Worms nicht endgültig auf, ohne dass sie jedoch ihr Ziel erreichen konnten. Eine nachhaltige Konsolidierung des Wormser Bistums brachte der Konfessionswechsel im kurpfälzischen Herrscherhaus von 1685. Die seit der Reformation darniederliegende Kirchenorganisation im kurpfälzischen Gebiet konnte aufgrund der fortschreitenden Rekatholisierung neu belebt werden. Die Reunionskriege, der Dom- und Stadtbrand von 1689, die Plünderung durch die französischen Truppen warfen Worms dann aber wieder zurück. Reformen im Sinne des Tridentinums konnten kaum nachhaltig durchgeführt werden. Jesuiten waren die treibenden Kräfte der Erneuerung und bemühten sich wie der Pfarrklerus, die religiöse Begeisterung unter den Gläubigen immer wieder neu zu wecken. Durch die Volksmission der Jesuiten konnten in der Seelsorge neue Akzente gesetzt werden. Im 18. Jh. stieg die Zahl der katholischen Pfarreien außerhalb der Bischofsstadt wieder auf rd. 100 an.

6. Der reformatorische Prozess in der Kurpfalz

Obwohl der territoriale Schwerpunkt der Kurpfalz außerhalb des heutigen Bundeslandes Rheinland-Pfalz lag, war ihre konfessionelle Entwicklung von nicht zu überschätzender Bedeutung für die konfessionelle Prägung des Raums. Die Kurpfalz kam sehr früh in Kontakt mit der neuen Lehre: 1518 vertrat Luther auf der Heidelberger Disputation seine Theologie erstmals außerhalb Wittenbergs vor einem akademischen Publikum. Viele der anwesenden jüngeren Gelehrten, wie z. B. Martin Bucer und Johannes Brenz, wurden seine überzeugten Anhänger und setzten sich in ihren zukünftigen beruflichen Positionen in Kirche, Schule und Regierung für ihn ein.

Kurfürst Ludwig V. war unentschlossen: Weder betrieb er eine rigorose Verfolgung der Anhänger Luthers, noch begünstigte er sie offen. Über Jahrzehnte gab es in der Kurpfalz evangelische Prediger, ohne dass die Reformation offiziell eingeführt wurde. Grund dafür war der kaisertreue Kurs, den der Kurfürst in der Reichspolitik steuerte. Der Bruder und Nachfolger Ludwigs V., Friedrich II., hatte die Ereignisse seit Beginn der Reformation in hohen Positionen beobachtet und sich dabei der evangelischen Lehre angenähert. Als Statthalter der Oberpfalz hatte er 1538 dem Drängen der Landstände auf Freigabe des evangelischen Bekenntnisses nachgegeben. Ostern 1545 ließ er sich beim Abendmahl den Kelch reichen, am 3. Januar 1546 fand in der Heiliggeistkirche zu Heidelberg der erste öffentliche evangelische Abendmahlsgottesdienst statt. Im April desselben Jahres wurde für das ganze Kurfürstentum eine Kirchenordnung erlassen. Ehe sich das evangelische Bekenntnis aber fest etablieren konnte, brach der Schmalkaldische Krieg aus, in dessen Folge der Kurfürst das Augsburger Interim annehmen musste. Nun kehrten elementare Kennzeichen der alten Lehre wie die Messe und die Fronleichnamsprozessionen wieder in die religiöse Praxis zurück, gleichzeitig blieben aber Laienkelch und Priesterehe erlaubt, und die evangelische Bewegung wurde nicht weiter behindert. Doch erst 1553 gab der Kurfürst in Heidelberg selbst wieder eine Kirche für den evangelischen Gottesdienst frei. Die kaisertreue Politik des Kurfürsten führte demnach zu einer zögerlichen Haltung bei der festen Etablierung des neuen Bekenntnisses; diesen Schritt vollzog schließlich erst sein Nachfolger.

Ottheinrich erbte nach dem frühen Tod des Vaters mit seinem Bruder Neuburg an der Donau und die Oberpfalz, deren Regierung er nach gründlicher Ausbildung und ausgedehnten Reisen 1522 übernahm. Über Kontakte zu Philipp Melanchthon und Martin Bucer schloss er sich 1542 der Reformation an, ohne diese jedoch in seinem Land offiziell einzuführen. 1543 ließ er eine Kirchenordnung ausarbeiten, die auch auf Zustimmung seiner Stände stieß. Nach der offiziellen Einführung der Reformation in Pfalz-Neuburg wurde er Mitglied des Schmalkaldischen Bundes. Während der Besetzung seines Landes im Schmalkaldischen Krieg ging er bis 1552 nach Heidelberg ins Exil. Als er 1556 Kurfürst von der Pfalz wurde, führte er dort mit Unterstützung von Straßburger Theologen die lutherische Reformation ein. Mit dem Religionsmandat vom 16. April 1556 wurden in der Kurpfalz alle Messgottesdienste und alle katholischen Zeremonien verboten, deutscher Kirchengesang und das Abendmahl in beiderlei Gestalt verbindlich vorgeschrieben, im selben Jahr wurde eine lutherische Kirchen- und Schulordnung erlassen.

Pfalzgraf und Kurfürst Ottheinrich (bpk – Bildagentur für Kunst, Kultur und Geschichte)

Unter Leitung des Theologen Johannes Marbach aus Straßburg bereiste noch im selben Jahr eine Visitationskommission die kurpfälzischen Gemeinden. Die Berichte der Visitation machten den großen Reformbedarf deutlich. Das Amt Alzey bezeichnete die Kommission als ein Nest »ungelerter doller papistischer pfaffen«, während der Pfarrer von Kaiserslautern, Pantaleon Blasius, ausdrücklich gelobt wurde.[39] Insgesamt beklagte die Kommission die geringe Bildung und mangelhafte Besoldung der Geistlichen, den schlechten Gottesdienstbesuch und die Vernachlässigung der Sakramente. In den Kirchen fanden die Visitatoren noch zahlreiche »papistische« Ausstattungsgegenstände, und die religiöse Praxis in den Gemeinden war von »papistischen Ceremonien« geprägt. Es gab also viel zu tun, um die Reformation auch wirklich im Land zu verankern. Auch eine Inventarisierung des Kirchengutes wurde durchgeführt, Säkularisationen nahm der Kurfürst aber dort, wo die Konvente noch viele Mitglieder hatten, nur behutsam vor.

Trotz der lutherischen Grundausrichtung zeigte sich, dass Ottheinrich auch von der süddeutsch-schweizerischen Ausprägung der Reformation beeinflusst war, was z. B. in einem Mandat von 1557 zum Ausdruck kam, mit dem er die Abschaffung von Bildern und Altären befahl. Eindeutig war nur die Abgrenzung gegenüber dem Katholizismus, während er gegenüber den unterschiedlichen Richtungen des Protestantismus Offenheit an den Tag legte.

Die Kurpfalz stellte ein zerrissenes und vielfach durchbrochenes Herrschaftsgebilde dar, an vielen Stellen die Territorien geistlicher Reichsfürsten berührend und mit ihnen verzahnt. Anders als für die großen evangelischen Territorien Norddeutschlands musste sich die protestantisch gewordene Kurpfalz auf schwierige Auseinandersetzungen mit ihren katholischen Nachbarn einstellen. In der Reichspolitik versuchte Ottheinrich daher die

Weichen so zu stellen, dass das Reformationsrecht auch für die geistlichen Fürstentümer galt; er lehnte darum den Geistlichen Vorbehalt des Augsburger Religionsfriedens ab.

Ottheinrich war ein feinsinniger und gebildeter Herrscher. Sein großzügiger Lebensstil überforderte zwar seine finanziellen Möglichkeiten, dafür hinterließ er aber ein reiches kulturelles Erbe. Seine Bauten – bekannt vor allem der Anbau an das Heidelberger Schloss (Ottheinrichsbau) – trugen dazu bei, den Stil der Renaissance im deutschen Süden heimisch zu machen. Er war Bücher- und Kunstliebhaber, förderte die Schulen und vor allem die Heidelberger Universität, die er 1557 reformierte und deren Bibliothek er durch Einverleibung der Bibliotheken aufgelöster Klöster zu einer der bedeutendsten Europas machte.

Ehe Ottheinrichs reformatorische Maßnahmen aber nachhaltige Erfolge zeigten, steuerte sein Nachfolger Friedrich III. den konfessionellen Kurs um: Die Kurpfalz wurde calvinistisch. Er traf damit eine Entscheidung mit weitreichenden politischen Auswirkungen: Da die Calvinisten nicht in den Augsburger Religionsfrieden eingeschlossen waren, galten sie als Landfriedensbrecher und konnten mit der Reichsexekution bestraft werden. Warum entschied sich der pfälzische Kurfürst dennoch für einen calvinistischen Kurs? Was hieß das überhaupt konkret?

Der Calvinismus

Der Begriff Calvinismus darf nicht auf die Lehre Johannes Calvins (1509–1564) verengt werden, sondern muss umfassender und allgemeiner als Geschichte, Denken, Kultur und Einfluss der reformierten Kirchen verstanden werden. Diese wurden nicht allein von Calvin geprägt, er war jedoch die dominante Persönlichkeit derjenigen reformatorischen Richtungen, die sich nicht auf Martin Luther beriefen. Der Calvinismus unterschied sich von der lutherischen Glaubenslehre in Bezug auf die Theologie, die Sakramente, die Stellung der Kirche im Staat sowie die Ethik. Historisch bedeutsam sind vor allem die letzten beiden Bereiche. Die Calvinisten lehnten die lutherische Zwei-Reiche-Lehre, d. h. die strikte Trennung in einen geistlichen und einen weltlichen Bereich, ab. Vielmehr war in ihrer Auffassung der weltliche Bereich nur eine Art irdischer Manifestation des geistlichen Bereichs. Daraus leiteten sie auch das Recht ab, Stellung zu politischen Fragen zu nehmen. Calvin ging von der Vorstellung aus, dass sich das neue Verständnis des Evangeliums in einer veränderten Lebensweise niederschlagen müsse. Im Rahmen seiner Lehre, dass der einzelne Mensch von Gott entweder zur ewigen Verdammnis oder aber zum ewigen Heil bestimmt sei (Prädestinationslehre), nur der aber auf das ewige Heil hoffen dürfe, der streng nach der Bibel lebe, hielt Calvin eine umfassende Überwachung des Lebens der Menschen im Rahmen der Kirchenzucht für geboten.

Charakteristisch für die calvinistische Kirchenverfassung war das presbyterial-synodale System. Es sah eine repräsentative Struktur aus Laien und Pfarrern mit gleichen Kompetenzen vor, die auf lokaler Ebene Presbyterien, auf regionaler und nationaler Ebene Synoden bildeten. Der Calvinismus breitete sich in Frankreich aus; seine Anhänger wurden dort als Hugenotten bezeichnet. Im Edikt von Nantes gewährte ihnen Heinrich IV. 1598 das Recht auf freie Religionsausübung. Im Reich fasste der Calvinismus zuerst in der Kurpfalz Fuß und breitete sich danach in der Welle der sog. »Zweiten Reformation« weiter aus. Obwohl einige Elemente der Kirchenverfassung in den deutschen Territorialstaaten genuin calvinistisch waren, wie z. B. die Institution der Ältesten und der Sittengerichte, erfolgte dort eine Überformung durch das landesherrliche Kirchenregiment. Trotz eines Kirchenaufbaus, der die Gemeinde stärker in den Mittelpunkt rückte, stand an der Spitze der reformierten Kirchen genau wie in den lutherischen der Landesherr.

Johannes Calvin (Rheinisches Bildarchiv Köln)

In den 1560er Jahren wurden zahlreiche Klöster aufgelöst, u. a. das Benediktinerkloster St. Lambrecht, das Zisterzienserkloster Otterberg und das Augustiner-Chorherrenstift Frankenthal. In die Klostergebäude wurden Glaubensflüchtlinge vornehmlich aus den Niederlanden aufgenommen, die durch Befreiung von den Frondiensten sowie Zoll- und Handelsfreiheiten wirtschaftliche Privilegien genossen. Frankenthal wurde in den Folgejahren ungeachtet aller Rückschläge das wirtschaftliche Zentrum der Kurpfalz, und auch die anderen Gemeinden nahmen rasch an Einwohnern zu.[40]

Der Heidelberger Katechismus

1563 erschien der calvinistisch geprägte Heidelberger Katechismus, der den Bekenntniswechsel in der Kurpfalz nach außen deutlich machte. Zur Neuordnung der kurpfälzischen Kirche wurde der 27-jährige Zacharias Ursinus nach Heidelberg gerufen. Er war ein Schüler Philipp Melanchthons und verband dessen Theologie mit der Calvins. Er machte für den Katechismus einen ersten Entwurf, der von einer Kommission – in der wohl auch der seit 1559 nach der Ausweisung aus Trier in kurpfälzischen Diensten stehende Caspar Olevian mitarbeitete – unter Vorsitz des Kurfürsten überarbeitet wurde. Der Heidelberger Katechismus bedeutete keine direkte Anlehnung an die Reformation nach Genfer Muster. Vielmehr war er eine Mischung von Aussagen Calvins und Melanchthons über die Fragen des Glaubens, die Rolle des Gesetzes und die Predigt. Er enthielt die reformierte Lehre in gemäßigter Form. So fehlte das calvinistische Dogma von der Prädestination zum Heil oder zur Verdammnis.

In der Folgezeit wurde der Katechismus vor allem für die reformierten Kirchen der Schweiz, der Niederlande und des Niederrheins, von Polen, Ungarn, Siebenbürgen sowie ab 1600 für die Kirchen vieler deutscher Territorien zum bekanntesten und volkstümlichsten Lehrtext. Der Katechismus enthielt 129 Fragen und Antworten, die für die Dogmatiker ein kleines theologisches Handbuch abgaben, für die Gläubigen aber zur Richtschnur der kirchlichen Unterweisung wurden.

Im Januar 1563 wurden alle Superintendenten des Landes nach Heidelberg bestellt, um mit den kurpfälzischen Kirchenräten den neuen Katechismus zu lesen und zu unterzeichnen. Wer dazu nicht bereit war, wurde entlassen. Die Druckausgabe des Katechismus erschien Anfang Februar 1563. Im Sommer 1563 folgte eine neue Kirchenordnung. Sie passte den Aufbau einer calvinistischen Kirche an das landesherrliche Kirchenregiment des frühneuzeitlichen Territorialstaates an. Die Einrichtung von Presbyterien auf Gemeindeebene gestaltete sich schwierig, da sich kaum Personen finden ließen, die das Amt der Ältesten in den Gemeinden auszuüben bereit waren. Das soziale Risiko war für viele zu groß, so dass mittelfristig Personen dieses Amt wahrnahmen, die in den Gemeinden ohnehin bereits obrigkeitliche Funktionen innehatten. Am 3. Ok-

Zacharias Ursinus

Zacharias Ursinus, geboren 1534 in Breslau, wurde 1550 an der Universität Wittenberg immatrikuliert, wo er vor allem bei Philipp Melanchthon Vorlesungen hörte. Da Ursinus' Vater als Diakon über ein nur geringes Einkommen verfügte, kam für die Studiengebühren und den Lebensunterhalt ein angesehener Breslauer Patrizier und Freund Philipp Melanchthons auf. Melanchthon förderte Ursinus' auch in seinen Studien und nahm ihn auf Reisen mit – so z. B. 1557 zum Religionsgespräch nach Worms. Im Anschluss daran führte Ursinus eine längere Studienreise über Heidelberg, Straßburg und Basel nach Genf. Vor allem der persönliche Kontakt zu Johannes Calvin beeinflusste nachweislich sein theologisches Denken, so dass er seit diesen Jahren bereits als Vertreter der reformierten Lehre gelten konnte. Da diese aber nicht unter dem rechtlichen Schutz des Augsburger Religionsfriedens stand, war ein offenes Bekenntnis schwierig. Ursinus, der seit 1558 Lehrer in seiner Heimatstadt Breslau war, ersuchte daher 1560 um seine Entlassung aus dem Schuldienst und hoffte auf eine Anstellung in der Schweiz. Auf der Suche nach Theologen, die zur Einführung der reformierten Lehre in der Kurpfalz die erforderlichen Maßnahmen treffen sollten, berief ihn aber bereits ein Jahr später Kurfürst Friedrich III. auf Empfehlung von Martin Bucer an die Universität Heidelberg. Ursinus begann dort auf Wunsch des Kurfürsten zusammen mit Caspar Olevian mit der Arbeit an einem einheitlichen Landeskatechismus, dem Heidelberger Katechismus.

1576, nach dem Tode des Kurfürsten Friedrich III. und der erneuten Hinwendung der Kurpfalz zum Luthertum, wurde von allen Theologen und weltlichen Beamten in Diensten des Kurfürstentums die Unterschrift unter die lutherische Konkordienformel zum Zeichen ihrer Bekenntnistreue gefordert. Ursinus weigerte sich und musste deswegen Heidelberg verlassen. Eine neue Wirkungsstätte fand er an der durch Pfalzgraf Johann Kasimir neu errichteten reformierten theologischen Schule, dem Collegium Casimirianum, in Neustadt, wo er bis zu seinem Tode im Jahre 1583 tätig war. Ursinus hatte die große Begabung, religiöse Inhalte klar und verständlich darzustellen. In Heidelberg wie auch später in Neustadt war er als Lehrer sehr geschätzt, was in der Inschrift seines Grabes in der Stiftskirche in Neustadt besonders hervorgehoben wird. Die zahlreichen persönlichen Kontakte, die er auf seinen Reisen geknüpft hatte, schlugen sich später in einem bemerkenswert umfangreichen Briefwechsel nieder, der eindrucksvoll Ursinus' zentrale Rolle für die theologischen Debatten der Zeit dokumentiert.

tober 1565 erging an die Amtleute der Befehl, in den Kirchen die Bilder, Altäre und sonstigen Schmuck zu beseitigen. Friedrich III. nutzte seine politische Überlegenheit, um die Reformation vor allem auch in den Kondominatsherrschaften mit katholischen Landesherren rigoros durchzusetzen. Die Entfernung der Bilder aus den Kirchen, die Ersetzung der Altäre durch Tische und die Einführung des Brotbrechens beim Abendmahl machten den Konfessionswechsel auch für die Gläubigen, die die theologisch-dogmatischen Differenzen nicht nachvollziehen konnten, nach außen sinnfällig.

Der pfälzische Kurfürst musste sich nach der verbindlichen Einführung des Heidelberger Katechismus die Frage gefallen lassen, ob er noch auf dem Boden des Augsburgischen Bekenntnisses stand. Denn nur wenn das der Fall war, waren auch die Maßnahmen des

Kurfürsten in seinem Territorium durch den Augsburger Religionsfrieden geschützt. Der entscheidende Differenzpunkt war die Abendmahlslehre: Es ging um die Frage, ob Christus im Abendmahl real oder nur symbolisch präsent sei. Die Lutheraner waren überzeugt, dass der Heidelberger Katechismus mit der *Confessio Augustana* unvereinbar sei. Friedrich III. bezog sich aber auf die von Melanchthon 1540 geänderte Fassung der *Confessio (Variata)*, die den Abendmahlsartikel so geändert hatte, dass sowohl Anhänger der Realpräsenz als auch die eines symbolischen Verständnisses des Abendmahls sich darin wiederfinden konnten. Auf dem Augsburger Reichstag von 1566 musste Friedrich III. vor Kaiser Maximilian II. Rechenschaft ablegen. Er bestand diese politisch bedeutsame Glaubensprüfung zur Zufriedenheit des den Evangelischen ohnehin wohlgesonnenen Kaisers. Nach Friedrichs Rückkehr wurde in der Heiliggeistkirche mit einem großen Dankgottesdienst der Erleichterung Ausdruck verliehen.

Kurpfälzische Konfessionspolitik unter wechselnden Vorzeichen

Mit dem Ziel, die in seinem Territorium ansässigen Täufergemeinden für die reformierte Kirche zu gewinnen, lud Friedrich im Frühjahr 1571 zu einem Religionsgespräch nach Frankenthal. Der Kurfürst sicherte allen Teilnehmern freies Geleit zu und hoffte, auch Täufer aus anderen Territorien anziehen zu können, da nach seiner Auffassung für die Täufer die Chance auf Amnestie bei gleichzeitiger Wahrung bestimmter Grundüberzeugungen attraktiv sein musste. Nicht nur war die Resonanz auf Friedrichs Einladung schwach – nur 15 Personen nahmen teil –; es zeigte sich zudem, dass die Positionen der Täufer zu weit von denen der reformierten Theologen entfernt lagen: Das Gespräch scheiterte auf der ganzen Linie. Danach verbot Friedrich den Täufern jede weitere Aktivität auf seinem Territorium, die täuferischen Prediger wurden des Landes verwiesen.[41]

Mit der calvinistischen Ausrichtung des Territoriums wurde die Kurpfalz zunehmend für Glaubensflüchtlinge aus den Niederlanden, der Schweiz und Frankreich als Zufluchtsort attraktiv, denn die westeuropäische Variante des Protestantismus war überwiegend an Calvin angelehnt, nicht an Luther. Dies dürfte auch einer der entscheidenden Gründe für die Hinwendung des Kurfürsten zum Calvinismus gewesen sein: Die reichspolitische Isolierung wurde durch eine starke europäische Vernetzung mehr als kompensiert. Insbesondere die Unterstützung des niederländischen Aufstandes gegen Spanien sowie die Intervention auf Seiten der Hugenotten in den französischen Religionskriegen zeugten von Friedrichs europäischem Engagement. Besonders profitierte die Universität Heidelberg davon, die exzellente Gelehrte berufen konnte, die der Hochschule einen internationalen Charakter und europäische Geltung einbrachten.

Nach dem Tode Friedrichs III. versuchte sein Nachfolger Ludwig VI. in der Kurpfalz das Luthertum wieder einzuführen, während Friedrichs zweiter Sohn Johann Kasimir in den ihm unterstehenden Oberämtern Lautern und Neustadt am Calvinismus festhielt. Zudem bot er den Professoren, die aus Heidelberg flohen, weil sie sich nicht zum Luthertum bekennen wollten, ein neues Betätigungsfeld: Er gründete in Neustadt eine Hochschule, die die reformierte Tradition der Universität Heidelberg fortführte, nach ihrem Gründer das Casimirianum Neustadt genannt. Diese theologische Hochschule bestand von 1578 bis 1585; trotz ihres nur kurzen Bestehens war sie für die Versorgung der Region mit im reformierten Sinne ausgebildeten Theologen von nicht zu unterschätzender Bedeutung. Nach dem Tod Ludwigs VI. kehrte die Kurpfalz unter dem Kuradministrator Johann Kasimir zur calvinistischen Konfessionalisierungspolitik zurück.

Konfessionalisierung

Mit der Reformation endete die Einheit der römisch-katholischen Kirche, und es entstanden auf dem Gebiet des Reichs allmählich drei verschiedene Konfessionen, die sich im Dogma, in der religiösen Praxis wie auch in den kirchlichen Organisationsformen unterschieden. Durch die politische Struktur des Reichs mit seiner Vielzahl von Herrschaftsträgern wurde die konfessionelle Differenz auch zu einem Mittel der politischen Auseinandersetzung zwischen dem Kaiser und den Reichsständen wie auch zwischen den Reichsständen untereinander. Die Ausbildung und Ausdifferenzierung der Konfessionen war ein komplexer langanhaltender Prozess, der nachhaltige politische, soziale und kulturelle Veränderungen mit sich brachte und langfristig zur Ausbildung spezifischer Konfessionskulturen führte.

Das »böhmische Abenteuer« Friedrichs V. kostete die Kurpfalz fast ihre Existenz. Der Kurfürst nahm die Wahl zum böhmischen König gegen viele anderslautende Ratschläge an und führte damit sein Territorium in einen folgenschweren militärischen Konflikt vornehmlich mit dem Kaiser und mit Spanien. Nach der militärischen Niederlage verhängte der Kaiser 1621 die Reichsacht über Friedrich, sein Territorium wurde – in der linksrheinischen Pfalz durch spanische Truppen – besetzt. Eine Rekatholisierung der Rheinpfalz wurde durch die Intervention des schwedischen Königs Gustav II. Adolf verhindert. Er legte großen Wert darauf, dass in der Pfalz lutherischer Gottesdienst gehalten wurde, für die schwedischen Besatzer wie für die Bevölkerung. Die durch eine reformierte Konfessionalisierung hindurchgegangene Pfälzer Bevölkerung lernte somit kurz hintereinander katholische und lutherische Bekehrungsversuche kennen. Nach der Schlacht bei Nördlingen 1634, die den Schweden eine empfindliche Niederlage einbrachte, brach ihre Herrschaft in der Rheinpfalz zusammen, erneut begannen Rekatholisierungsversuche. Die anschließende Zeit der Besatzung brachte für die Kurpfalz einen kaum vorstellbaren wirtschaftlichen Niedergang. Der Bevölkerungsrückgang wird auf 75 % geschätzt, die Einquartierungen und Kontributionen, Plünderungen und Brandschatzungen reduzierten Besitz und Vermögen der verbliebenen Bevölkerung drastisch. In dem verwüsteten Land waren am Ende alle drei Konfessionen »irgendwie präsent«.[42]

Das politische Gebot nach dem Westfälischen Frieden hieß daher: Peuplierung. Nicht nur wurde die einheimische Bevölkerung aufgefordert, wieder in ihre Dörfer zurückzukehren, auch aus anderen Ländern wurden siedlungsbereite Bauern und Handwerker angeworben, um sich in der Kurpfalz oder in Pfalz-Zweibrücken anzusiedeln. Voraussetzung hierfür war eine Politik der pragmatischen religiösen Pluralität, die den Zuzug von Angehörigen aller Konfessionen und Glaubensgemeinschaften ermöglichte. Große Erfolge hatte die Ansiedlungspolitik u. a. im Oberamt Germersheim und im pfalz-zweibrückischen Oberamt Bergzabern. Diese neuen Gemeinden wurden mit schriftlich verbrieften Konzessionen ausgestattet und dem Kurfürsten bzw. Herzog direkt unterstellt.

Auch die nachfolgenden Kurfürsten unterbreiteten siedlungswilligen Flüchtlingen entsprechende Angebote und erneuerten die Privilegien, die in Steuernachlässen, Befreiung von Abgaben und Fronden sowie in der Zusicherung kommunaler Selbstverwaltung bestanden.

Nach dem Dreißigjährigen Krieg war die Kurpfalz trotz der wiederhergestellten Rechte der reformierten Kirche ein gemischt-konfessionelles Territorium. Noch waren zwar die Menschen reformierten Glaubens in der Mehrheit, doch stellten die Lutheraner und Katholiken in vielen Städten und Dörfern mehr als ein Drittel der Bevölkerung. Grundsätzlich war das Zusammenleben der Konfessionen durch den Westfälischen Frieden geregelt, die Pfarrer und Schulmeister wurden darauf auch ausdrücklich hingewiesen, und ihnen wurde eingeschärft, Lutheraner und Katholiken mit großer Behutsamkeit zu behandeln, damit man sie mit »Discretion und ohne Zwang« doch noch für die reformierte Landeskirche gewinnen könne.[43] In den Gemeinden war von solcher Zurückhaltung jedoch häufig wenig zu spüren. Pfarrer und Presbyter wachten streng über Andersgläubige und machten ihnen ihre Religionsausübung schwer, wenn nicht unmöglich. Bei manchen rief das Nebeneinander verschiedener Bekenntnisse auch Verwirrung oder Gleichgültigkeit hervor. Gläubige konnten sich als Lutheraner bezeichnen und dennoch ans Fegefeuer glauben und Hostien anbeten. Unter den wenigen auf kurpfälzischem Boden bestehenden lutherischen Gemeinden hatte die in Oppenheim noch die sicherste Position, da sie mit einer landesherrlichen Konzession neben Heidelberg als einzige Anspruch auf Duldung erlangte. Dennoch gab es zahlreiche Reibereien und Brüskierungen. Den Lutheranern wurde eine weitaus kleinere Kirche mit entsprechend geringerem Kirchengut zugestanden, als sie sie 1624 innegehabt hatten. Der Kurfürst behielt sich ein Bestätigungsrecht des von der Gemeinde präsentierten lutherischen Pfarrers vor, zuvor prüfte der reformierte Kirchenrat Biografie und Ausbildung der Kandidaten. Auf der anderen Seite fanden jetzt gegen die Abmachungen lutherische Gottesdienste in adeligen Häusern statt. Die dauerhafte Konstituierung einer lutherischen Gemeinde in Alzey verhinderte die Regierung. Im Mai 1659 stellten die lutherischen Untertanen zu Neustadt den Antrag auf freie Religionsausübung und Anstellung eines lutherischen Pfarrers; dieses Bittgesuch wurde ungeachtet der Bestimmungen des Westfälischen Friedens abgewiesen. Als die Gemeinde nicht aufgab, wies der Kurfürst den Landschreiber an, doch gezielt einzelne Bittsteller anzusprechen und sie unter Hinweis auf die hohen Kosten für den Bau einer eigenen Kirche und die Besoldung eines Pfarrers von ihrem Vorhaben abzubringen. Später stellte sich heraus, dass die Supplik auch Namen von Reformierten und Katholiken aufgelistet hatte, während etliche Lutheraner gar nichts von dem Bittgesuch wussten. Die Initiatoren wurden mit einer Geldstrafe belegt.[44]

Nach dem Westfälischen Frieden, der für die Kurpfalz das Jahr 1618 als Normaljahr festlegte und damit die rechtliche Grundlage für die Wiederherstellung der reformierten Kirche schuf, wurde die katholische Pfarrorganisation in den meisten Gebieten der Kurpfalz aufgelöst. Die pfälzischen Katholiken verloren nicht nur das Recht auf freie Religionsausübung, sondern auch jede geregelte Pfarrseelsorge. Wo die Möglichkeit bestand, nahmen Katholiken an den Gottesdiensten benachbarter katholischer Ortschaften teil. Dieses »Auslaufen« versuchte man zu verhindern und die Katholiken zur Teilnahme am reformierten Katechismusunterricht zu verpflichten, was sich aber letztlich nicht durchsetzen ließ. Taufen, Trauungen und Beerdigungen katholischer Untertanen waren in aller Regel den reformierten Pfarrern vorbehalten. Trotz empfindlicher Strafandrohungen brachte man Kinder dennoch in benachbarte Orte, um sie dort taufen zu lassen. Die Lage für die Katholiken besserte sich unter der französischen Besatzung infolge der Reunionen. Die Franzosen leiteten eine massive Rekatholisierungspolitik in den linksrheinischen Ämtern der Pfalz ein. Nun erlebten die Reformierten, was es hieß, eine Minderheitenkonfession zu sein. Sie wurden zur Einhaltung der katholischen Feiertage verpflichtet, die Einkünfte der reformierten Pfarrer wurden drastisch reduziert. Konversionen vom Katholizismus zum Reformiertentum wurden mit harten Strafen bedroht, Übertritte zur katholischen Kirche hingegen durch Gewährung attraktiver wirtschaftlicher Vorteile gefördert.[45] Wie durchschlagend die französische Rekatholisierungspolitik war, zeigt sich daran, dass Germersheim gegen Ende des 17. Jhs. als einziges kurpfälzisches Oberamt eine katholische Bevölkerungsmehrheit hatte. Kurfürst Karl II. versuchte zwischen 1680 und 1685 erneut die reformierte Kirche zur führenden Konfession im Land zu machen, mit noch schärferen Maßnahmen als sein Vorgänger. Den Versuchen seines Vaters, Lutheraner und Reformierte anzunähern und in einer Union zu einigen, stand er skeptisch gegenüber: Er setzte auf Differenz.

Sein Nachfolger Philipp Wilhelm aus der katholischen Linie Pfalz-Neuburg hingegen steuerte noch einmal einen anderen konfessionspolitischen Kurs: Er sicherte den Katholiken und Lutheranern die freie und öffentliche Religionsausübung im ganzen Land zu. Im Hinblick auf eine Konsolidierung seiner Herrschaft schien ihm eine friedliche Koexistenz von Reformierten, Lutheranern und Katholiken der einzig vernünftige Weg zu sein. Mit dem gezielten Aufbau katholischer Pfarreien, der Einrichtung von Ordensniederlassungen und einer einseitigen Ämtervergabe schuf er dennoch die Grundlage für eine Rekatholisierung des Landes, die sich unter seinem Sohn Johann Wilhelm verschärfte. Jetzt wurde die Bevorzugung der Katholiken immer deutlicher, die Verfolgung der Reformierten durch kurfürstliche Beamte immer massiver. In Abkehr von der Politik seiner Vorgänger setzte er durch, dass möglichst wenig Migranten anderer Konfession aufgenommen wurden. Beamte, die als katholikenfeindlich galten, wurden entlassen. Anfang 1698 befahl er, dass alle kurpfälzischen Untertanen, egal welcher Konfession, die katholischen Festtage zu feiern hätten, Protestanten durften an diesen Tagen weder Schule halten noch arbeiten. Beschwerden darüber wurden schroff abgekanzelt.[46] Zusätzlich förderten erneute kriegerische Auseinandersetzungen mit Frankreich die Rekatholisierung, die im Friedensvertrag von Rijswijk zwischen Frankreich und dem Reich 1697 sogar – auf Wunsch der Kurpfalz – völkerrechtlich festgeschrieben wurde (sog. »Rijswijker Klausel«). Über die Auslegung kam es zu heftigen Auseinandersetzungen. 1698 wurde auf dieser rechtlichen Grundlage das Simultaneum eingeführt, wodurch Katholiken ein vertragliches Nutzungsrecht aller kirchlichen Einrichtungen und Besitzungen wie Kirchen und Friedhöfe, welche ursprünglich allein Eigentum der reformierten Gemeinden gewesen waren, erhielten. Demgegenüber wurde den Reformierten ein Mitnutzungsrecht des katholischen Besitzes verwehrt. In zahlreichen Pfälzer Orten wurden als Folge die Kirchen geteilt, oft durch feste Mauern, die den katholischen Chor vom evangelischen Kirchenschiff trennten.[47]

Erst mit der 1705 erlassenen Kurpfälzer Religionsdeklaration gab es eine verlässliche Rechtsbasis für das Nebeneinander der Konfessionen, auch wenn die Auseinandersetzungen zwischen ihnen bis zum Ende der Frühen Neuzeit andauerten und im 18. Jh. der Katholizismus die beherrschende Stellung im einstigen Stammland des deutschen Calvinismus erlangte.[48] Spektakulärer Höhepunkt dieser Entwicklung war der Streit um die Heidelberger Heiliggeistkirche unter Karl Philipp in den Jahren 1719–1720. Der Kurfürst beanspruchte die gesamte Heiliggeistkirche als katholische Hofkirche, um damit der Rekatholisierung der Dynastie symbolischen Ausdruck zu verleihen. Die Reformierten sollten eine neue Kirche in der Nähe des Marktplatzes bekommen. Nach heftigen Protesten von Seiten der Reformierten, die diese Aktion des Kurfürsten als Angriff auf ihre Konfession werteten – auf einer Linie liegend mit seinem Versuch, den Heidelberger Katechismus zu verbieten –, ließ Karl Philipp die bei Einführung des Simultaneums 1705 in der Heiliggeistkirche errichtete Trennmauer einreißen, um seinen Anspruch auf die gesamte Kirche auf diese Weise zu demonstrieren. Erst auf Druck protestantischer Reichsstände und des Kaisers gab er schließlich nach, ließ die Trennmauer wieder aufrichten, verlegte aber als Reaktion seine Residenz nach Mannheim.

Selbst unter dem als aufgeklärtem Herrscher geltenden Karl Theodor blieb es bei dem nahezu völligen Ausschluss der Protestanten von allen Staatsämtern. Dennoch stellte 1763 Leopold Mozart anlässlich seines Besuchs erstaunt fest, dass in der Kurpfalz Katholiken, Protestanten und Reformierte, Juden und Täufer (Mennoniten) allem Anschein nach friedlich nebeneinander lebten.[49]

7. Der reformatorische Prozess im Herzogtum Pfalz-Zweibrücken

Im Vergleich zu den jüngeren pfälzischen Nebenlinien hatte das Herzogtum Pfalz-Zweibrücken ein deutlich größeres Eigengewicht gegenüber dem Pfälzer Kurfürsten bewahrt. Das stark zersplitterte zweibrückische Territorium verteilte sich zusammen mit der dazugehörigen Grafschaft Veldenz im Wesentlichen auf die (Erz-)Diözesen Mainz, Speyer und Metz. In jedem dieser Bistümer lag das Zweibrücker Gebiet jeweils am Rande. Daher ist es bei der Einführung der Reformation in Pfalz-Zweibrücken auch nie zu einer großen Kraftprobe zwischen den weltlichen Landesherren und einem einzigen Bischof gekommen.[50] Zudem war bereits im Spätmittelalter eine Art vorreformatorisches landesherrliches Kirchenregiment ausgebildet worden: Über die ohnehin nicht zahlreichen Klöster übten die Herzöge weitgehende Vogteirechte aus, zudem verfügten sie für viele Pfarreien ihres Landes über die Patronatsrechte, d.h., sie allein konnten darüber bestimmen, wer diese Pfarrstellen versehen sollte. All dies begünstigte die frühe Durchsetzung der Reformation: Pfalzgraf Ludwig II. bekannte sich kurz vor seinem Tod 1532 als erster linksrheinischer Fürst offen zur Reformation.

Die reformatorische Bewegung in Pfalz-Zweibrücken war eng mit der Person Johann Schwebels verbunden, auf Empfehlung Franz von Sickingens seit 1523 Hofprediger in Zweibrücken. Schwebel war aus seiner Heimatstadt Pforzheim wegen seiner erkennbar reformatorischen Gesinnung vertrieben worden und hatte dann auf der Ebernburg, der »Herberge der Gerechtigkeit«, Zuflucht gesucht. Unter dem Schutz Franz von Sickingens vertrat er publizistisch die Grundsätze der deutschen Messe und der Kommunion unter beiderlei Gestalt, beides führte Schwebel 1524 in Zweibrücken ein. Mit seiner Heirat vollzog er, der zuvor ein Hospitaliter-Mönch gewesen war, offen den Bruch mit der alten Kirche. Aber auch in anderen Orten des Territoriums waren früh reformatorische Bewegungen fassbar, die sich vor allem in der Messliturgie und in der Forderung nach dem Laienkelch äußerten. Der Herzog von Zweibrücken war mit einer Cousine des Landgrafen Philipp von Hessen verheiratet, er vermied aber zunächst eine eindeutige Festlegung in der reformatorischen Frage und verhielt sich »reichskonform«, d. h. so, dass ihn keine reichsrechtlichen Sanktionen treffen konnten. Auf dem Reichstag von Speyer 1529 schloss er sich nicht dem Protest an, sondern stimmte mit der Mehrheit der Reichsstände. Dennoch gab er der Schweizer und der Straßburger Delegation 1529 anlässlich ihrer Reise zum Marburger Religionsgespräch, auf dem Vertreter der lutherischen wie der schweizerisch-oberdeutschen Theologie auf Einladung Philipps von Hessen über ihr unterschiedliches Abendmahlsverständnis diskutierten, herzogliches Geleit durch sein Territorium. Eine persönliche Begegnung mit den Reformatoren vermied Herzog Ludwig II., schickte aber Schwebel als unparteiischen Zuhörer nach Marburg.

Am 15. Januar 1532 erklärten der Komtur und alle anderen Angehörigen der Meisenheimer Johanniterkommende ihren Austritt aus dem Orden und übergaben Kommende und Kirche mit allen Gütern und Einkünften dem Herzog, dem sie auch das Recht zur Besetzung der kirchlichen Stellen übertrugen.[51] 1532 wurde in Bergzabern die erste evangelische Abendmahlsfeier gehalten. Nach dem Tod Ludwigs II. ging die Reformation weiter. Schwebel bekam personelle Unterstützung. Nach einem Aufenthalt in Straßburg verfasste er Anfang 1533 auf der Grundlage des Nürnberger Anstandes vom 23. Juli 1532 zwölf Artikel, die er als vorläufige Regelung für die Amtsführung der Pfarrer bis zum angekündigten Konzil verstanden wissen wollte.[52] Die Forderungen des Erzbischofs von Mainz und des Bischofs von Speyer zur Annullierung der Artikel wies die Vormundschaftsregierung für den unmündigen Herzog Wolfgang, den Nachfolger Ludwigs II., zurück. Schwebel erhielt die Pfarrstelle in Zweibrücken, nachdem der bisherige katholische Stelleninhaber von der Regierung zur Abdankung gezwungen worden war. Schwebel wurde zudem die Oberaufsicht über die Kirchen im gesamten Herzogtum übertragen. Am 21. Mai 1539 fand eine erste Synode statt, auf der zehn Geistliche eine erste Kirchenordnung verfassten. Das Dokument war eng an die zwölf Artikel Schwebels angelehnt, fasste diese aber konfessionell eindeutiger. Im selben Jahr wurde auch eine Zuchtordnung erarbeitet. Beide bekamen die landesherrliche Approbation, d. h. die Kirchengesetze wurden zu landesherrlichen Gesetzen. Am 19. Mai 1540 starb Schwebel. Ende 1543 übernahm Herzog Wolfgang die Regierung, 1545 heiratete er die Tochter des Landgrafen Philipp von Hessen. Seinem Schwiegervater sicherte Wolfgang das Festhalten an der neuen Lehre zu. Dennoch blieb er im Schmalkaldischen Krieg neutral, weil er gute Beziehungen zum Kaiser suchte. Er weigerte sich zunächst, das Augsburger Interim anzunehmen, worauf der Kaiser den Pfalzgrafen als Rebellen hinstellte. Wolfgang wollte sein Land vor der drohenden Besatzung bewahren. Er versuchte die neue Lehre im Inneren zu schützen, aber nach außen Kaisertreue zu zeigen. Das Augsburger Interim wurde eingeführt, aber seine Folgen wurden gemildert.

Erst die reichsrechtliche Anerkennung des Protestantismus im Augsburger Religionsfrieden eröffnete dem Herzog neue Handlungsspielräume. 1557 bereits wurde nach württembergischem und pfalz-neuburgischem Vorbild eine Kirchenordnung erarbeitet, die von Johannes Brenz und Philipp Melanchthon begutachtet wurde. Eine Kirchenvisitation ermittelte das Kirchenvermögen und erhob den konfessionellen Stand der Bevölkerung. Im Fokus stand dabei die Abgrenzung zu Täufern und Zwinglianern. Die säkularisierten Kirchengüter wurden zur Finanzierung der Schulen und zur Besoldung der Pfarrer verwendet. Zur Ausbildung des Beamten- und Pfarrernachwuchses wurde in Hornbach ein vierklassiges Gymnasium gegründet, dem ein Konvikt angeschlossen wurde. In Zweibrücken, Bergzabern, Kusel und Meisenheim wurden Trivialschulen eingerichtet, sie bekamen je zwei Lehrer und bestanden aus bis zu sechs Klassen. Für neun weitere Orte waren zwei- oder dreiklassige Schulen mit je einem Lehrer vorgesehen. Zudem wurde eine flächendeckende kirchliche Verwaltung etabliert und in jedem Amt ein Superintendent ernannt. 1559, nach dem Tod Ottheinrichs, trat Herzog Wolfgang auch dessen Erbe in Pfalz-Neuburg und in der Hinteren Grafschaft Sponheim an.

Nach 1563 exponierte sich Herzog Wolfgang als Gegner der Calvinisten. In Abgrenzung zur Kurpfalz und in enger Koalition mit dem lutherisch gefestigten Herzogtum Württemberg, dessen Universität Tübingen als Hort der lutherischen Frühorthodoxie galt, legte er sich streng auf das Luthertum fest und erließ scharfe Mandate gegen Täufer und Calvinisten. 1566 versuchte er zusammen mit den katholischen Reichsständen die Verhängung der Reichsacht über die Kurpfalz zu erreichen. 1568 kam es aber zur Aussöhnung mit der Kurpfalz. Herzog Wolfgang unterstützte 1569 sogar die Hugenotten in Frankreich mit einer eigenen kleinen Armee und starb 1569 auf dem Feldzug. Wolfgang hatte eine klare Nachfolgeregelung hinterlassen, die eine Festlegung auf die Augsburger Konfession enthielt und zudem die Verpflichtung einschärfte, die Kirchengüter nicht für profane Zwecke zu verwenden. Sein Sohn Johann I., der nach der Vormundschaftsregierung der Räte 1575 die Herrschaft antreten konnte, fand ein hoch verschuldetes Herzogtum vor. Zu seinen ersten Maßnahmen gehörte die Berufung zahlreicher württembergischer Theologen auf die kirchlich-schulischen Leitungsämter in seinem Herzogtum. Innerhalb von zwei Jahren wurde die zweibrückische Landeskirche auf Wunsch und unter aktiver Mithilfe des Landesherrn auf »völligen konfessionellen Gleichkurs« mit Württemberg gebracht.[53] Umso überraschender war daher der radikale Umschwung, der sich in Zweibrücken im Verlauf der Werbungen für den Konkordienbeitritt vollzog.

Das Konkordienwerk

Nach Luthers Tod waren nämlich unter den Protestanten neue Lehrstreitigkeiten ausgebrochen, so dass sie in zwei Gruppen auseinanderzufallen drohten. Auf der einen Seite standen die Anhänger der lutherischen Lehre in einer orthodoxen Form (Gnesiolutheraner von *gnesios* = echt), auf der anderen die Anhänger der Lehre Philipp Melanchthons (Philippisten), der unter Beibehaltung protestantischer Kernelemente der Theologie für größtmögliche Duldung abweichender Auffassungen plädierte. Bei den Katholiken musste sich dadurch der Eindruck vertiefen, dass es sich bei den Protestanten um eine in sich zutiefst gespaltene Gruppe handele. Der Streit war aber auch von politischer Brisanz, da er zunehmende Unklarheiten über die Kriterien der Zugehörigkeit zum Kreis der Augsburger Konfessionsverwandten mit sich brachte, diese Zugehörigkeit aber für die Anwendung des Augsburger Religionsfriedens entscheidend war. Das aufgrund des Religionsfriedens 1557 einberufene Wormser Religionsgespräch scheiterte schon an der protestantischen Uneinigkeit. Der von Melanchthon angestoßene Frankfurter Rezess 1558 vertiefte die Auseinandersetzungen zwischen Philippisten und Gnesiolutheranern. Der Naumburger Fürstentag, eine eindrucksvolle Versammlung protestantischer Fürsten, versuchte daher durch erneute Unterschrift unter die *Confessio Augustana* Einigkeit herzustellen, was aber wegen der sich abzeichnenden Öffnung der Kurpfalz für das reformierte Bekenntnis nicht zum Ergebnis führte. Herzog Christoph von Württemberg beauftragte schließlich den Tübinger Theologieprofessor Jakob Andreae, Vorgespräche für eine Einigung zu führen. Andreae ließ nichts unversucht, über intensive Diskussionen mit den unterschiedlichen protestantischen Gruppierungen, die sich nicht nur nach den beiden Hauptgruppen differenzierten, sondern auch zusätzlich noch nach regionalen städtischen Magistraten, zu einer Einigung zu gelangen. Erst als die Kurfürsten August I. von Sachsen und Joachim II. von Brandenburg die Einigungsversuche politisch unterstützten, rückte eine Einigung näher. Im Juni 1576 wurde auf einer Theologenversammlung in Torgau das »Torgische Buch« erarbeitet und zur Stellungnahme an alle lutherischen Städte und Länder geschickt. Auf der Grundlage dieser Stellungnahmen wurde im Mai 1577 von einer sechsköpfigen Theologenkommission die endgültige Fassung der Konkordienformel erarbeitet. Nachdem eine große Zahl von Fürsten, dazu über 8.000 Pfarrer und Schullehrer die Konkordienformel unterschrieben hatten, wurde sie zum 50. Jubiläum der *Confessio Augustana* 1580 zusammen mit anderen für das Luthertum maßgeblichen Bekenntnisschriften in das Konkordienbuch aufgenommen. Die Konkordienformel hat ohne Zweifel zur theologischen Konsolidierung des Luthertums im konfessionellen Zeitalter beigetragen, ohne dass es ihr gelungen wäre, die innerprotestantischen Auseinandersetzungen um bestimmte theologische Fragen zu beenden.

Herzog Johann wandelte sich innerhalb weniger Jahre vom glühenden Verfechter zum entschiedenen Kritiker des Konkordienwerks. Hart kritisierte er die selbstherrliche Beschlussfassung und schamlose Propagierung des Werks ohne vorherige Generalsynode und ohne Rücksichtnahme auf Änderungswünsche. Er fühlte sich in die Enge getrieben und in seinen politischen Entscheidungen nicht mehr frei. Hinzu kamen auch inhaltliche Bedenken: Johann erkannte deutlich, dass die Festlegung auf die lutherische Orthodoxie im Grunde das von Luther propagierte Schriftprinzip in Frage stellte! Luther nahm in der lutherischen Orthodoxie mehr und mehr die Stellung ein, die Tradition und Überlieferung in der katholischen Kirche hatten.

Mit Unterstützung seines Generalsuperintendenten Pantaleon Candidus entfernte sich Johann immer mehr von den württembergischen Positionen und Personen und näherte sich politisch und konfessionell der Kurpfalz an: 1588 besiegelte der Zweibrücker Katechismus den Übergang zum Calvinismus, 1599 wurde er durch den Heidelberger Katechismus ersetzt. Zur Einführung des Katechismus reiste Johann I. in Begleitung seiner Räte und seines Generalsuperintendenten übers Land, um die Geistlichen vom Konfessionswechsel zu überzeugen. Dennoch lehnten mehr als 40 % der zweibrückischen Pfarrer und ebenso die große Mehrheit der Professoren und Schüler des Hornbacher Theologengymnasiums den Konfessionswechsel ab und wurden deshalb ab 1588 entlassen oder gingen freiwillig. Auch in der Beamtenschaft und in der Bevölkerung war der Widerstand groß. Andererseits wurde das Territorium wie die Kurpfalz jetzt für Glaubensflüchtlinge aus anderen Ländern attraktiv: 1593 kam es zur Ansiedelung von wallonischen und französischen Migranten in Annweiler. Diese wallonisch-reformierte Gemeinde erfuhr Mitte des 17. Jhs. durch Flüchtlinge aus dem Raum Lüttich, der Picardie und Lothringen, die ebenfalls in Annweiler im Textilgewerbe arbeiteten, einen beachtlichen Zuwachs. Eine kleinere Gemeinde entstand ab 1605 in der Residenzstadt Zweibrücken.

Die Entwicklung im 17. und 18. Jh.

Mit Erbitterung wurde in der Folge der Streit zwischen Zweibrücken und seinen ehemaligen lutherischen Verbündeten, d. h. insbesondere dem Herzogtum Württemberg, ausgetragen. Der Konfessionskonflikt zwischen Reformierten und Lutheranern verschärfte sich dadurch aufs Äußerste. Zweibrücken näherte sich in diesem Streit immer enger der Kurpfalz an. Nach dem Tode Kurfürst Friedrichs IV. entspann sich ein Streit um die Vormundschaft für den späteren Winterkönig Friedrich V. zwischen Johann II. von Pfalz-Zweibrücken und dem streng lutherischen Philipp Ludwig von Pfalz-Neuburg, den Johann für sich entschied. Die Konsequenz war, dass Pfalz-Zweibrücken von Beginn an in den Dreißigjährigen Krieg hineingezogen wurde. 1620 übernahm Johann II. die Statthalterschaft für Friedrich V. in der Pfalz; nach der Besetzung der Pfalz kehrte er in sein Territorium zurück. Bereits vor dem Restitutionsedikt von 1629 musste er das Kloster Hornbach dem Benediktinerorden zurückgeben und das protestantische Gymnasium deswegen nach Zweibrücken, später nach Meisenheim verlegen. Die Koalition mit Schweden im Heilbronner Bund führte zwar zu einer kurzfristigen Entspannung der Lage, nach der empfindlichen Niederlage der Schweden und ihrer Verbündeten in der Nördlinger Schlacht 1634 traf das Territorium aber auch die ganze Härte der Sanktionen: Kaiserliche Truppen verwüsteten das Land, Johann II. floh ins Exil, viele Pfarrer ebenfalls. Erst 1644 konnte Friedrich, der Sohn und Nachfolger Johanns II., nach Zweibrücken zurückkehren.

Der Krieg stellte aber gleichzeitig auch die Grundlage für die spätere Mehrkonfessionalität des Landes dar. Zwar war rein rechtlich nach den Bestimmungen des Westfälischen Friedens die reformierte Konfession in privilegierter Lage und hätte vollständig restituiert werden können. Die Wiederbesiedlung des ausgebluteten und entvölkerten Landes hatte aber auch hier höhere Priorität als konfessionelle Einheitlichkeit. Katholiken und Lutheraner waren ebenso willkommen wie Reformierte. Gewisse Schwierigkeiten bereitete es allerdings, für alle Konfessionen Kulträume zu finden, die ihnen die Feier ihrer Gottesdienste ermöglichten. 1689 startete der Bischof von Metz eine Visitationsreise, die auch in die Teile seiner Diözese führte, die weltlich zum Herzogtum Zweibrücken gehörten, daher mit der Reformation verlorengegangen waren. Der Zweck der Reise war die Suche nach Kulträumen für die katholische Bevölkerung. Es kam schließlich zu Kirchenteilungen und Simultaneen. Konfessionelle Repressalien erfolgten erst wieder im Zuge der französischen Kriege im letzten Drittel des 17. Jhs., die mit dem Versuch einer konsequenten Rekatholisierung einhergingen. Letztlich blieb dies aber Episode, und die konfessionelle Pluralität setzte sich durch. Zudem spielte die Konfession des Landesherrn für die konfessionelle Ausrichtung der Bevölkerung keine Rolle mehr. Allerdings suchten die Fürsten die politische Führungselite des Landes immer noch nach konfessionellen Gesichtspunkten aus. 1718 kam mit Gustav Samuel ein katholischer Herrscher an die Regierung. Er sprach sich aber für eine Gleichberechtigung der Konfessionen aus. Noch dringlicher stellte sich nun die Frage, wie die dafür nötige Infrastruktur finanziert werden sollte. Ab 1720 wurden jährlich 500 Gulden aus der landesherrlichen Verwaltung für die Besoldung der katholischen Geistlichen zur Verfügung gestellt. Dieser Betrag wurde – neben weiteren Zuschüssen des Herzogs für das katholische Kirchenwesen – bis 1792 gezahlt.[54] Sosehr die konfessionelle Pluralisierung unter dem Aspekt der Toleranz daher zu begrüßen war, dürfen die mitlaufenden negativen Begleiterscheinungen nicht außer Acht gelassen werden: Die Verdreifachung oder zumindest Verdoppelung der kirchlichen Infrastruktur kostete auch Ressourcen! 1784 hatte das Herzogtum 59 reformierte, 19 lutherische und 20 katholische Pfarreien.

8. Der reformatorische Prozess in den kleinen Graf- und Herrschaften

In den zahlreichen kleinen Graf- und Herrschaften findet man fast überall sehr früh Spuren der reformatorischen Bewegung. Für die Wild- und Rheingrafschaft wurde bereits 1550 in den Berichten der großen Mainzer Visitation anlässlich der Einführung des Interims festgehalten, dass die meisten Pfarrer der neuen Lehre anhingen.[55] Offene Bekenntnisse zur Reformation gab es aber erst nach 1555 mit der reichsrechtlichen Absicherung des Protestantismus im Augsburger Religionsfrieden. Die Kirchenordnungen wurden häufig von der Kurpfalz oder Pfalz-Zweibrücken übernommen, aber auch die württembergische Kirchenordnung spielte eine wichtige Rolle. Einige der Territorien, die im Nordosten des heutigen Rheinland-Pfalz lagen, vollzogen auch den Wechsel zum reformierten Bekenntnis. Diese »zweite Reformation« war mittelbar dem weitreichenden Einfluss der Kurpfalz, unmittelbar der Organisation des Wetterauer Grafenvereins geschuldet. Zu dem bereits ins Spätmittelalter zurückreichenden Verein gehörten nassauische, solmssche, hanauische, wittgensteinische, isenburgische, leiningische und wiedsche Grafschaften, die oft in mehrere Linien aufgespalten waren. Die Kleinheit ihrer Herrschaftsgebiete machte es den Grafen unmöglich, vollständige Staatlichkeit in ihren Territorien herzustellen. In allen politischen Fragen stießen sie an Grenzen. Der Wetterauer Grafenverein sollte diese Defizite durch gemeinsames Auftreten ausgleichen. Nach 1555 gab der Grafenverein seinen zunächst konfessionsneutralen Kurs auf und bekannte sich zum Protestantismus. Ab 1566 gewann die Kurpfalz als Bündnispartner der Wetterauer immer größeres Gewicht.[56]

Die »zweite Reformation«

Der Begriff wird in einem doppelten Sinne gebraucht. Er meint innerhalb des Protestantismus die Vollendung der Reformation durch eine veränderte gottgefälligere Lebensführung *(reformatio vitae)* als notwendige Folge der Veränderung der theologischen Lehrgrundlagen *(reformatio doctrinae)*. Daneben bezeichnet der Begriff den Übergang von der lutherischen zur reformierten Konfession, den beginnend mit der Kurpfalz ab den 1560er Jahren einige zumeist kleinere Reichsterritorien vollzogen.

Die Grafschaft Sayn

In der Grafschaft Sayn-Altenkirchen wurden in den frühen 1560er Jahren evangelische Pfarrer angestellt und eine Schule wurde eingerichtet, die aus den Einkünften der Kirchspiele finanziert werden sollte.[57] Die ersten Ansätze zur Einführung der »zweiten Reformation« in Sayn lassen sich 1582 erkennen, als es Graf Ludwig von Wittgenstein gelang, in beiden Hauptorten der Grafschaften – den Städten Altenkirchen und Hachenburg – Pfarrer anzustellen, die aus ihrer calvinistischen Glaubensausrichtung keinen Hehl machten. Allerdings war diesem Vorstoß kein nachhaltiger Erfolg beschieden. Dass der Nachfolger des Grafen es ab 1605 erneut versuchte, kann nur mit dem Einfluss des Wetterauer Grafenvereins erklärt werden, der unter der Führung des calvinistisch orientierten Grafen Johann VI. von Nassau-Dillenburg stand, der durch seine Unterstützung des Aufstands der Niederlande gegen die spanische Herrschaft in den calvinistischen Kreisen Westeuropas gut vernetzt war. Die politische Programmatik zielte darauf, zumindest die Grafen im Westen des Reichs für die reformierte Konfession zu gewinnen und auf diese Weise ein möglichst dichtes Netz zwischen den Glaubensbrüdern in der Pfalz und den Niederlanden zu knüpfen.[58] Graf Wilhelm III. versuchte mit einer Visitation den Bekenntnisstand der Pfarrer festzustellen; wer sich nicht zum Calvinismus bekannte, sollte entlassen werden. Ihm fehlte dazu aber das politische Gewicht. Schließlich blieb die »zweite Reformation« auf halbem Wege stehen und hinterließ das kleine Territorium als konfessionellen Flickenteppich. Die Lehnsbindungen zur Kurpfalz, zu Kurköln und Kurtrier und die damit verbundenen politischen Rücksichtnahmen schränkten die konfessionellen Handlungsspielräume des Landesherrn ein.

Das Leininger Land

Die Kurpfalz hatte in den leiningischen Territorien zahlreiche Patronatsrechte inne und versuchte über diesen Hebel, evangelische und später reformierte Pfarrer einzusetzen. In Dürkheim sind frühe reformatorische Einflüsse aus Worms nachweisbar. 1569 wurde mit dem Augustiner-Chorherrenstift Höningen das einzige bedeutende, auf Leininger Gebiet liegende und unter Leininger Patronat stehende Kloster aufgelöst und in seinen Gebäuden und aus seinen Einkünften 1573 eine Lateinschule gegründet. Zudem wurden Monstranzen, Leuchter und andere für den katholischen Kultus notwendige Geräte verkauft, und der Erlös wurde in den Aufbau der neuen kirchlichen Infrastruktur investiert.[59] 1597 und 1609 fanden Visitationen statt, die den Bekenntnisstand des kleinen Landes bilanzieren sollten. Bemerkenswert sind die Initiativen zur Feier des Reformationsjubiläums, das am 1. November 1617 begangen wurde. Die Untertanen mussten eindringlich dazu aufgefordert werden, das Arbeitsverbot an diesem Tag einzuhalten, der Superintendent machte detaillierte Vorschläge für die Gestaltung der Gottesdienste und den weiteren Verlauf der Feiern, die in den Gemeinden des Landes möglichst einheitlich ablaufen sollten. Das Jubiläum diente demnach einer Selbstvergewisserung des Landes über seinen Bekenntnisstand und zudem einer Demonstration der Geschlossenheit nach außen, die allerdings hergestellt werden musste und nicht selbstverständlich angenommen wurde. Im 17. Jh. war der Protestantismus aber allem Anschein nach fest verwurzelt. Graf Ludwig Eberhard von Leiningen-Westerburg trat dann aber 1672 zum Katholizismus über. 1673 entsandte der Kapuzinerorden auf Direktive des Grafen Missionare in die Grafschaft, die aber an ihren Auftraggeber berichten mussten, dass sie aus vielen Kirchen hinausgeworfen worden und ohne Kloster und festen Wohnsitz seien.

Die Grafschaft Wied

Die Grafschaft Wied war durch ihre Grenzen mit den geistlichen Territorien Kurtrier und Kurköln besonderen Bedingungen ausgesetzt. Ein Spross des Grafenhauses war von 1515 bis 1547 als Hermann V. Erzbischof von Köln. Nach vergeblichen Versuchen, sein Erzbistum im katholischen Sinn zu reformieren, unternahm er 1543 mit Hilfe ausgleichender Theologen wie Martin Bucer und Philipp Melanchthon einen erneuten Reformversuch, der sich der Polarisierung evangelisch-katholisch entzog. Da die kirchen- und reichspolitischen Implikationen dieser sog. »Kölnischen Reformation« weitreichend gewesen wären, scheiterte er trotz der Unterstützung der Bevölkerung, nicht zuletzt auch wegen des heftigen Widerstandes

des Domkapitels, auf der ganzen Linie. Hermann von Wied wurde vom Papst suspendiert und schließlich exkommuniziert. Um drohende Unruhen im Erzstift zu verhindern, trat er im Februar 1547 von seinem Amt zurück und machte damit wahr, was er nach dem Augsburger Reichstag von 1530 unter dem Eindruck über die Diskussion der Bekenntnisschriften angedeutet hatte: »Ich bin ein Bischof und soll meine Kirche regieren und predigen. Nur kann ich's nicht. Aber bloß wollte ich von meinem Bistum gehen, auf dass diese Sache zu gutem Ende gerichtet würde«.[60] Er zog sich in die Grafschaft Wied zurück, wo er die Vormundschaft über seinen Neffen, den späteren Grafen Johann IV., führte. In dieser Zeit kam die Grafschaft Wied mit der Reformation in Berührung, allerdings sind nur wenige genaue Informationen vorhanden. Nachweisen lässt sich eine erste landesherrliche Visitation für das Jahr 1556, die allgemein als Beginn der »ersten« Reformation angesehen wird.[61] Die weitere konfessionelle Entwicklung vollzog sich in enger Anlehnung an die nassauischen Grafen und mit der Rückendeckung des Wetterauer Grafenvereins, so dass die Grafschaft sich dem reformierten Bekenntnis öffnete. 1564 ordnete Graf Johann IV. nach einer Synode im wiedischen Honnefeld den Übertritt zur reformierten Kirche an. Eine erste rudimentäre Kirchenordnung erging 1575. 1586 kam es zu einer gemeinsamen Synode nassauischer, Solmser und wittgensteinischer Pfarrer in Herborn unter Vorsitz von Caspar Olevian. Die seitdem reformierte Grafschaft erlebte durch die enge Anlehnung an die Kurpfalz und aufgrund ihrer Mitgliedschaft im Wetterauer Grafenverein die konfessionellen Konflikte zwischen Augsburger Religionsfrieden und Westfälischem Frieden hautnah mit, ehe sie 1648 mit der reichsrechtlichen Anerkennung des reformierten Bekenntnisses in ruhigeres Fahrwasser geriet und bis zu ihrer Mediatisierung 1806 konfessionell stabil blieb. Ein wichtiges Ereignis für die Geschichte der Grafschaft gerade unter konfessionellen Gesichtspunkten war die Gründung der Stadt Neuwied 1653. Um mehr Bewohner in die nur langsam wachsende Stadt zu locken, verlieh ihr der Graf 1662 ein Stadtrechtsprivileg, das den Einwohnern von Neuwied zahlreiche Freiheiten garantierte, darunter das auf weitgehende Religionsfreiheit. Sie durften ihre Religion allerdings nur in ihren Häusern, jedoch nicht in der Öffentlichkeit praktizieren. Reformierte, Lutheraner, Mennoniten, Separatisten (Freikirchler), Katholiken und Juden lebten in Neuwied nicht etwa in gesonderten Quartieren, sondern offenbar in völlig beliebiger Reihe nebeneinander. Erst die 1750 hinzuziehenden Herrnhuter bekamen ein eigenes Viertel zugewiesen. Obwohl auch hier das Interesse des Landesherren an der Förderung von Handwerk, Handel und Wirtschaft durch engagierte Siedler unverkennbar war, gewann Neuwied Modellcharakter. Bis zum Ende des 18. Jhs. lebten sieben verschiedene Religionsgemeinschaften in Neuwied. Die an anderen Orten verfolgten Zuwanderer bescherten Neuwied mit ihrer Expertise in verschiedenen Bereichen eine wirtschaftliche Blüte und verhalfen der Stadt zu einer vergleichsweise frühen Industrialisierung.

Der Westfälische Frieden

Auch wenn es bis weit ins 18. Jh. konfessionelle Konflikte gab, kann das nicht darüber hinwegtäuschen, dass es im ganzen rheinland-pfälzischen Raum (und nicht nur dort) um die Mitte des 17. Jhs. zu einer Entspannung der Situation kam. Dies war in erster Linie dem Westfälischen Frieden zu verdanken, der die reichsrechtlichen Bestimmungen des Augsburger Religionsfriedens fortschrieb und in wesentlichen Punkten modifizierte. Der Streit um die Kirchengüter wurde durch die Festlegung eines »Normaljahres« (1624 bzw. 1618), dessen Besitzverhältnisse als verbindlich festgeschrieben wurden, beigelegt. Dieselbe Normaljahrsregelung schützte künftig auch die Untertanen davor, etwaige Glaubenswechsel ihrer Fürsten gegen ihren Willen mitvollziehen zu müssen. Auch das Emigrationsrecht aus konfessionellen Gründen verblieb ihnen; die Auswanderung wurde sogar erleichtert, da für die Emigranten der bisherige Zwang zur Veräußerung der liegenden Güter entfiel. Gerade für den rheinland-pfälzischen Raum war die definitive Einbeziehung der Calvinisten in den Religionsfrieden von größter Bedeutung. Demgegenüber hatte der Geistliche Vorbehalt, jedenfalls in unserer Region, entscheidend an Brisanz verloren.

Konfessionelle Pluralität

Die konfessionelle Pluralität der Kurpfalz mit all ihren Problemen steht repräsentativ für den ganzen rheinland-pfälzischen Raum. Nicht einmal in den geistlichen Territorien, erst recht nicht in den Reichsstädten und den kleinen und Kleinstterritorien konnte der konfessionelle Einheitsstaat durchgesetzt werden. Die fragmentierten Herrschaftsverhältnisse gestatteten das nicht und ließen es auch als nicht besonders klug erscheinen, darauf mehr Kraft als eben nötig zu verwenden. Denn die konfessionelle Homogenität des eigenen Territoriums änderte nichts daran, dass Dörfer häufig Nachbarorte anderer konfessioneller Ausrichtung hatten, weil sie eben zu unterschiedlichen Herrschaften gehörten. Die zahlreichen Kondominate zwangen zusätzlich zur konfessionellen Zusammenarbeit. Andererseits heißt das nicht, dass religiöse Toleranz vorherrschte. Jeder Herrscher hatte seine konfessionelle Ausrichtung, und diese versuchte er auch in seinem Herrschaftsgebiet durchzusetzen, meist durch rechtliche Privilegierung der Mehrheitskonfession. Im Laufe des 17. Jhs. führte das in den weltlichen Territorien dazu, dass in der politischen Führungselite die Katholiken zwar privilegiert waren, in der Bevölkerung jedoch Katholiken auffallend häufig unteren Bevölkerungsschichten angehörten. Die Komplexität des rheinland-pfälzischen Raumes macht aber auch diesen Befund nicht zu einem überall und zu allen Zeitschnitten geltenden Gesetz. Festzuhalten bleibt, dass sich im Laufe des 17. Jhs. mit erkennbaren Folgen im 18. Jh. praktisch die konfessionelle Pluralität mehr und mehr durchsetzte.

9. Ein neuer Orden: die Jesuiten

1534 gelobte der baskische Adelssohn Ignatius von Loyola zusammen mit sechs Kommilitonen in der Marienkirche auf dem Montmartre in Paris, nach Jerusalem zu pilgern oder, falls dies nicht möglich sein sollte, sich dem Papst zur Verfügung zu stellen. Aus diesem Gelübde entstand über einige Zwischenstationen schließlich ein neuer Orden, der 1540 von Papst Paul III. die päpstliche Bestätigung bekam. Kurz danach wählten die Mitglieder der Societas Jesu (Gesellschaft Jesu) Ignatius von Loyola zum ersten »Ordensgeneral«, wie der Leiter der Gesellschaft bezeichnet wurde.[62]

Bei der Gesellschaft Jesu handelte es sich um einen völlig neuen Ordenstyp. Klösterliche Gemeinschaft mit gleicher Kleidung, gemeinsames tägliches Chorgebet und das Leben in einem bestimmten Kloster, diese wesentlichen Elemente früherer Ordensgründungen, blieben außen vor. Nicht die Gemeinschaft des am Ort befindlichen Klosters war das Ziel, sondern die Sendung der Mitglieder und ihre Tätigkeit in der Welt wurden angestrebt. Durch diese Mobilität entfaltete der Orden eine überaus große Wirksamkeit.

Jesuiten konnten flexibel überall eingesetzt werden: als Seelsorger, Lehrer, Professoren, Wissenschaftler an unterschiedlichen Orten und aus unterschiedlichen Anlässen weltweit. Die Gesellschaft Jesu erlebte bis 1640 einen enormen Aufschwung: Als der Ordensgründer Ignatius von Loyola 1556 starb, hatte sie ca. 1.000 Mitglieder, um 1570 ca. 3.000, um 1590 bereits 6.000 und 1640 schon mehr als 15.000 Mitglieder.

Der Orden war durch eine straffe zentralistische Organisation geprägt. Festgelegt war der unbedingte Gehorsam gegenüber dem Papst, aber auch innerhalb der Hierarchie des Ordens. Gehorcht werden musste aber nur dann, wenn sich die Anweisungen im Rahmen der zehn Gebote und der Morallehren der Kirche bewegten. Ziel des Ordens war die Verteidigung und Verbreitung des Glaubens, Mittel dazu waren Predigten, Vorträge, die Unterweisung von Kindern und einfachen Menschen im Christentum, die geistliche Tröstung durch die Beichte und die Spendung aller anderen Sakramente. Die Jesuiten sahen sich einer Theologie verpflichtet, die Christus als Tröster, Erlöser, Helfer, Heiler und Befreier sah, auch die Seelsorge sollte helfen und trösten. In der Krise, in der sich die katholische Kirche seit der Reformation befand, schuf Ignatius von Loyola mit dem neuen Orden ein effizientes Instrument der katholischen Reform. Die Gesellschaft Jesu betrieb die Erneuerung von Glauben und Kirche nicht gegen den Papst, sondern in besonders betonter Unterordnung unter die bestehende Hierarchie der Kirche mit dem Papst an der Spitze. Die Jesuiten ermöglichten vielerorts auch erst die Umsetzung der Tridentinischen Reformen, sie eröffneten in den größeren Städten höhere Schulen oder Kollegien, in den Bischofsstädten auch Priesterseminare, sie dominierten die katholischen Fakultäten und bekamen mehr und mehr die Ausbildung des katholischen Klerus in die Hand. Wichtig für die Wahrnehmung der Jesuiten war ihre Missionierungstätigkeit in Amerika, Asien und Afrika.

Nach Trier und Mainz kamen die Jesuiten 1560, nach Speyer 1567, was heftige Konflikte mit dem Rat der protestantischen Stadt hervorrief. In Koblenz hingegen wetteiferten 1580 der Kurfürst und der Magistrat der Stadt förmlich miteinander, die Niederlassung der Jesuiten mit Geld und Privilegien zu fördern. In Worms ließen sie sich 1606/07 nieder, in der Kurpfalz nach jeweils kurzen Zwischenepisoden 1622 und 1680 nachhaltig erst seit 1698. Überall ging die Niederlassung mit der Gründung eines Kollegs einher, das vorrangig den Theologennachwuchs sichern sollte, aber auch als Keimzelle des höheren Schulwesens zu sehen ist. Ausgestattet wurden die Jesuiten in der Regel durch Vermögen von Klöstern, die ohne Insassen waren, oder anderes Kirchengut, das für die Förderung der Jesuiten gewinnbringender genutzt werden konnte als durch seine alte Zweckbindung.

Politisch bedeutsam war auch die Rolle der Jesuiten als Hofbeichtväter weltlicher und geistlicher Herrscher: Der an der Mainzer Universität lehrende Jesuit Johann Reinhard Ziegler, Mathematiker und Astronom, der u. a. mit Johannes Kepler eine gelehrte Korrespondenz führte, war 1612–1636 Beichtvater der drei in diesem Zeitraum regierenden Mainzer Kurfürsten. Beichtvater des »zweiten Mannes im Reich« zu sein, erschöpfte sich nicht in einer rein seelsorgerischen Funktion, vielmehr waren Hofbeichtväter nachweislich oft auch die engsten politischen Berater der Herrscher.

Die Jesuiten praktizierten Seelsorge mit kreativen Mitteln. So setzte der Orden das Theater systematisch als Erziehungsmittel und als Instrument der Seelsorge ein. Im

Petrus Canisius (1521–1597)

Petrus Canisius war der Sohn des Bürgermeisters von Nimwegen, das damals zum Herzogtum Geldern und damit zum Reich gehörte. Canisius studierte an der Universität Köln und wurde dort 1540 Magister artium. Als erster Deutscher trat Petrus Canisius an seinem 22. Geburtstag am 8. Mai 1543 in den Jesuitenorden ein und legte im Pfarrhaus von St. Christoph in Mainz sein Gelübde ab. Danach lehrte er an verschiedenen Universitäten, wirkte in unterschiedlichen Regionen des Reichs und der Schweiz als Prediger und führte verschiedene kirchenpolitische Aufträge aus. In all diesen Funktionen und auf seinen zahlreichen Reisen widmete er sich mit großem Engagement der Festigung des Katholizismus. 1556 wurde er zum ersten Provinzial der neuerrichteten Oberdeutschen Provinz des Jesuitenordens ernannt. Er gründete während der 13 Jahre seiner Amtszeit zahlreiche Niederlassungen, unter anderem die Kollegien in Ingolstadt, Dillingen, Innsbruck und München. Mit seinen Katechismen setzte er den wirkungsmächtigen Katechismen Martin Luthers ein katholisches Gegenstück entgegen. Der bekannteste ist sein Deutscher Katechismus, ein Werk in drei Bänden für Kinder, Schüler und Studenten, in dem in der Form knapper Fragen und Antworten der Glaube der katholischen Kirche vermittelt wird; das Buch erlebte in nur zehn Jahren 55 Auflagen in neun Sprachen.

Mittelpunkt der Stücke standen meist Bekehrungen, die im Rahmen der Inszenierung dann entsprechend positiv unterstrichen wurden. Aus Koblenz sind jährliche Aufführungen groß aufgezogener Dramen belegt, die erhebliche Publikumsresonanz hatten. Wichtig waren auch die sog. Volksmissionen. Sie wurden im 17. Jh. zunächst noch sporadisch veranstaltet. Im Hochstift Trier durchwanderten die Volksmissionare meist in Zweiergruppen die Landgebiete und verteilten Rosenkränze, Heiligenbilder und -medaillen und hörten Beichte. Im 18. Jh. wurden die Volksmissionen zu groß angelegten durchorganisierten Veranstaltungen, die die Menschen mit allen ihren Sinnen packen sollten.[63] Nächtliche Lichterprozessionen, Bußpredigten, bei denen sich die Missionare bis aufs Blut selbst geißelten, Versöhnungsfeiern, bei denen zerstrittene Dorfbewohner sich öffentlich aussöhnten, verhalfen den Volksmissionen zu großem Zuspruch. Träger dieser Kampagnen waren neben den Jesuiten auch die Kapuziner. Außerdem wurde versucht, die Gläubigen durch die Andachtsliteratur, die zumindest den Lesekundigen unter ihnen für alle Zeiten des Tages, des Jahres und alle Wechselfälle des Lebens passende Gebete und Anleitungen lieferte, zu einer bewussteren und verinnerlichten Gläubigkeit zu führen. Die Jesuiten gingen in die Dörfer, um Katechismusunterricht zu erteilen, und warben damit allem Anschein nach für ihren Orden, denn die Landbevölkerung kam in großer Zahl – z. B. in die Trierer Jesuitenkirche – zur Beichte und zum Kommunionempfang. Das Engagement, den Katechismus auswendig zu lernen, wurde durch öffentliche Wettbewerbe mit Belohnungen für die Besten unterstützt. Auf die Jesuiten geht auch die feierliche Erstkommunion der Kinder zurück, die für Trier ab 1690 nachweisbar ist.[64]

Die höheren Schulen der Jesuiten fußten nach neueren Forschungen kaum auf protestantischen, sondern mehr auf spätmittelalterlichen Vorbildern (z. B. Paris und Bologna). Als Grundlage der Organisation des Unterrichts diente die »Ratio studiorum« von 1599. Sie legte weniger die pädagogischen Grundsätze der Jesuiten dar, vielmehr enthielt sie detailreiche Anweisungen zur Struktur des Lehr- und Lernsystems, zum Lehrplan und zu den Aufgaben der Lehrer.

Das System umfasste die gesamte Bildung für Knaben und junge Männer zwischen sechs und 20 Jahren. Im Mittelpunkt stand das Erlernen der griechischen und lateinischen Grammatik. Der Orden achtete auf strenge Disziplin, versuchte diese aber ohne Prügelstrafen zu erreichen, sondern durch Kontrolle, Überwachung und Beaufsichtigung. Als besonders perfide galt, dass Schüler sich wechselseitig überwachen mussten. Eingesetzt wurden aber auch positive Verstärkungen: Lob, Belohnungen und öffentliche Preisverleihungen. In Mainz und Trier besetzten die Jesuiten die Theologischen und Philosophischen (Artisten-)Fakultäten, während Jura und Medizin meist von weltlichen Professoren versehen oder auch ganz vernachlässigt wurden. Zudem waren sie nahezu exklusiv für die Priesterausbildung zuständig. Im 16. und 17. Jh. war das gesamte katholische Bildungssystem ohne die Jesuiten nicht denkbar, was gleichzeitig große Abhängigkeiten schuf. Da den katholischen Herrschern sehr an einem gut funktionierenden Bildungswesen gelegen sein musste, hatten sie allesamt die Jesuiten mit Kapital und Gütern ausgestattet, so dass Jesuiten kostenlose Bildungsangebote machen konnten.

Obwohl die Jesuiten in der Bevölkerung nach wie vor beliebt waren und immer noch großen Zulauf hatten, wenn sie Beichte hielten, die Kommunion austeilten oder zu Katechese und Volksmissionen aufs Land fuhren, nahm im 18. Jh. die Skepsis gegenüber der Gesellschaft Jesu mehr und mehr zu. Es entstand ein allgemeines Bewusstsein von ihrer wissenschaftlichen Rückständigkeit. Je mehr im Prozess der Aufklärung Kritik und Veränderung zum Kernelement von Bildung und Wissenschaft wurden, desto mehr geriet der seit dem 16. Jh. im Wesentlichen gleich gebliebene Orden ins Kreuzfeuer. Unterrichtsgegenstände wie Geschichte, Mathematik und Naturwissenschaften sah man ebenso vernachlässigt wie die deutsche Sprache. Diese Vorwürfe trafen nur zum Teil zu, da in den jesuitischen Bildungseinrichtungen trotz der Gültigkeit der Ratio studiorum die deutsche Sprache sowie Unterrichtsfächer wie Geschichte oder Geografie an Bedeutung zunahmen. Außen vor blieben aber in der Tat alle naturwissenschaftlichen Unterrichtsgegenstände. Zu der Kritik an den Lehrinhalten kam aber hinzu, dass in einer Zeit, in der die Regierungen versuchten, die Kirche stärker unter staatliche Kontrolle zu bringen, die Autonomie des von Rom aus straff geleiteten Ordens mehr und mehr als störendes Element wahrgenommen wurde. Während dies unmittelbar einleuchtet, ist es schwieriger zu verstehen, dass auch die Offenheit der jesuitischen Schulen für alle Schichten der Bevölkerung und der prinzipiell kostenlose Unterricht des Ordens kritisiert wurden. Die Kritiker betonten die Gefahr, dass dadurch Kinder von Bauern und Handwerkern studierten, damit ein Akademikerüberschuss erzeugt und gleichzeitig die Basis der Gesellschaft ausgedünnt würde. Bemerkenswerterweise paarten sich in diesem Argument die Anerkennung der gesellschaftlichen Bedeutung des Bauern- und Handwerkerstands mit der unhinterfragten Annahme, dass Kinder aus Schichten, die sich ein Studium finanziell leisten konnten, auch die Geeigneten für ein Studium seien. Eignungsfragen standen damals noch nicht auf der Tagesordnung, sie waren einer späteren Zeit vorbehalten.

Die Kritik am Orden wurde allmählich auch zu einer Plattform, um die bis heute nicht ganz überwundene Vorstellung der Rückständigkeit katholischer gegenüber protestantischer Erziehung zu verbreiten. Der protestantische Publizist und als Politiker in den Vorderen Reichskreisen tätige Jurist Friedrich Karl von Moser äußerte 1767: »Verständige und wohlgesinnte katholische Ministri beklagen laut den schlechten Zustand ihrer hohen und niederen Schulen in Absicht auf die Bildung des Herzens und Erleuchtung des Verstands und gestehen unsren protestantischen Anstalten den Vorzug in beidem willig ein; jenes werden aber ewig unfruchtbare Klagen bleiben, solange die Jesuiten den vornehmsten Anteil an der Erziehung der Jugend behalten; bei ihnen ist überall Paraguay.«[65]

Hauptmotor der Kritik war, dass man die Jesuiten in einem mehr und mehr staatlich dominierten Bildungswesen nicht mehr brauchte. Die Auflösung ging schließlich von Portugal und Spanien aus, deren Regierungen Vorfälle in den Kolonien benutzten, um Stimmung gegen die Jesuiten zu machen. Papst Clemens XIII. konnte sich gegen die Forderung, den Orden aufzulösen, noch zur Wehr setzen. Nach seinem Tod nahmen die weltlichen Mächte aber Einfluss auf die Papstwahl, die sie an die Bedingung der Aufhebung des Ordens knüpften. Clemens XIV. beugte sich dem massiven politischen Druck und unterzeichnete am 21. Juli 1773 das Auflösungsbreve. Er hoffte, durch diesen Schritt den »wahren und dauerhaften Frieden der Kirche wiederherzustellen«.[66] Die katholischen Mächte sahen in der Aufhebung der Gesellschaft Jesu einen Sieg der Aufklärung und des Staatskirchentums. Güter und Vermögen der Jesuiten halfen den Regierungen, Bildungsreformen umzusetzen. Das protestantische Preußen ließ den Orden noch länger bestehen, in Russland wurde er überhaupt nicht aufgelöst, da die Verkündigung des päpstlichen Breves verboten wurde. Die dortigen Jesuiten stellten die Keimzelle der Neugründung dar, die bereits 20 Jahre später nach und nach in kleinen Schritten erfolgte.

10. Die Bewegung der katholischen Kirche gegen Rom

Die drei geistlichen Kurfürsten waren maßgebliche Träger der Bewegung des sog. reichskirchlichen Episkopalismus, der die Rechte der Bischöfe stärken und den päpstlichen Einfluss in der »deutschen« Reichskirche zurückdrängen wollte. Im 17. Jh. war der Mainzer Hof unter Johann Philipp von Schönborn ein Zentrum dieser Bewegung, als ein erster Höhepunkt gelten die Gravamina der rheinischen Kurfürst-Erzbischöfe von 1663, die die Gravaminatradition des 15. und 16. Jhs. aufgriffen.

Der Mainzer Unionsplan

Dem vorausgegangen war der Eklat um die Mainzer Unionsbestrebungen, d. h. um Bemühungen, die konfessionelle Spaltung zu überwinden. Der Wiener Nuntius Carafa hatte 1660 einen ihm zugespielten Mainzer Unionsplan nach Rom geschickt, der dort auf heftige Ablehnung stieß. Dieser Plan stammte weder vom Mainzer Kurfürsten noch von seinem Minister Johann Christian von Boineburg, sondern mit hoher Wahrscheinlichkeit von Landgraf Ernst von Hessen-Rheinfels, der auf Vermittlung des Mainzer Kurfürsten zum Katholizismus übergetreten war. Er hatte in Rheinfels Religionsgespräche mit dem Ziel der Wiedervereinigung der Konfessionen geführt. Für Papst Alexander VII. schien jedoch klar, dass dieser Plan von Schönborn stammen müsse, da er sich mit Konvertiten umgeben hatte und starken französischen Einflüssen ausgesetzt schien. Zu den Konvertiten am Mainzer Hof zählten neben dem Minister Boineburg der kaiserliche Gesandte in Mainz, Graf Ludwig Gustav von Hohenlohe-Schillingsfürst, sowie der Sohn des »Winterkönigs« Friedrichs V., Pfalzgraf Eduard, ein weiterer Rat und zwei Weihbischöfe. Das französische Kirchensystem des Gallikanismus, d. h. einer katholischen Kirche mit weitreichender Unabhängigkeit von Rom, schien das Vorbild des Mainzer Kurfürsten zu sein, dem er aus reinem Machtinstinkt folgte. Johann Philipp von Schönborn hatte sich durch seine pragmatische Haltung bei den Friedensverhandlungen in Münster ohnehin das Misstrauen der Kurie zugezogen, obwohl er sich engagiert für die Umsetzung der Tridentinischen Reformen einsetzte, die durch die langen Kriegsjahre ins Stocken geraten waren,[67] und z. B. als erster Mainzer Erzbischof die Forderungen des Konzils erfüllte, in den Diözesen Priesterseminare einzurichten. Was aber sah dieser vermeintliche »Mainzer Plan« nun vor? Die Messe sollte auf Deutsch gehalten werden, der Laienkelch zugelassen, die Ohrenbeichte abgeschafft und der Zölibat für den Weltklerus aufgehoben werden. Zudem sollten die Rechte des Papstes beschränkt werden. Wenig später unternahm der Kurfürst einen Vorstoß, der eine Bestätigung dafür zu sein schien, dass der Unionsplan nur aus Mainz kommen konnte. Da Schönborn gute Aussichten sah, die Protestanten der Reichsstadt Frankfurt für den katholischen Glauben zurückgewinnen zu können, bat er die Kurie, ihnen den Laienkelch zu gewähren, in der Hoffnung, ihnen dadurch die Entscheidung leichter zu machen.

Zur Zeit der Nachwehen des vermeintlichen Mainzer Unionsplans stand Gottfried Wilhelm Leibniz 1667–1672 in Mainzer Diensten. Durch eine Pestepidemie von seiner ursprünglichen Reiseroute abgekommen, war er eher zufällig in Mainz gestrandet, wurde dort aber gleich für die Mitarbeit an einer Reform des Römischen Rechts gewonnen. Während seiner Mainzer Zeit lebte er im Hause Johann Christian von Boineburgs. 1670 wurde Leibniz trotz seiner lutherischen Konfession Rat am kurfürstlichen Oberrevisionsgericht. Leibniz, der sich später selbst für eine Wiedervereinigung der Konfessionen stark machte, erklärte später, dass seine irenischen Vorstellungen maßgeblich von Boineburg beeinflusst worden seien.[68]

Der Febronianismus

Ein ganzes Jahrhundert später knüpfte Johann Nikolaus von Hontheim mit einer Schrift an die Debatten des 17. Jhs. an. Hontheim stammte aus einer angesehenen Trierer Patrizierfamilie. Er besuchte in Trier die Jesuitenschule und studierte in Trier, Löwen und Leiden Rechtswissenschaften. 1724 wurde er in Trier zum Doktor beider Rechte (d. h. des kanonischen sowie des römischen Rechts) promoviert. Er entschloss sich dann jedoch, Priester zu werden und in Rom die Verwaltungspraxis der Kurie kennenzulernen. Nach seiner Rückkehr nach Deutschland wurde er 1733 Professor für römisches Recht an der Universität Trier. Sein Weg führte schließlich in die Politik: 1742 wurde er Geheimer Rat des Trierer Kurfürsten und Erzbischofs Franz Georg und 1748 Weihbischof des Erzbistums Trier. Das Amt des Weihbischofs war einflussreich, weil dieser zwischen 1664 und 1790 auch Generalvikar war und ihm die geistliche Verwaltung der französischen und luxemburgischen Gebiete im Westen des Erzbistums oblag. Bis heute bekannt wurde Hontheim durch sein unter dem Pseudonym »Justinus Febronius« veröffentlichtes Werk »De statu ecclesiae et legitima potestate Romani pontificis liber singularis«, erschienen 1763 in Frankfurt. Hontheim übte in diesem Buch Kritik am Papsttum, wandte sich gegen den päpstlichen Primat und räumte dem Papst lediglich eine Art Ehrenvorsitz unter den Bischöfen ein. Er forderte die Kurie zur Reform auf und entwarf im Grunde das Programm eines katholischen Landeskirchentums für die deutschen Territorien in Anlehnung an die in den protestantischen Gebieten des Reichs seit der Zeit der Reformation etablierten evangelischen Landeskirchen. Der grundlegende Unterschied bestand aber darin, dass in den evangelischen Gebieten der jeweilige Landesherr die oberste Spitze der Kirche war, in den katholischen Territorien dies aber die Erzbischöfe gewesen wären, wenn es denn zu einer Lockerung der Beziehung zur Kurie gekommen wäre. So verwundert es nicht, dass die vier deutschen Erzbischöfe von Mainz, Köln, Trier und Salzburg die Lockerung der Verbindung zu Rom programmatisch betrieben und den Kaiser in dieses Programm einzubinden versuchten, dieser Vorstoß aber bei den ihnen untergeordneten Bischöfen auf wenig Gegenliebe stieß. Ein scharfer Kritiker war der Speyerer Bischof August Graf von Limburg-Stirum. Er wollte wie etliche andere lieber einen starken Papst in Rom als einen starken Erzbischof in unmittelbarer Nähe. Hontheim sah in der Infragestellung des päpstlichen Primates auch eine Möglichkeit zur Reunion mit den Protestanten und den Ostkirchen. Das Werk, das Hontheim dem Papst selbst gewidmet hatte, erlebte zahlreiche Auflagen und wurde in mehrere Sprachen übersetzt. Der Papst setzte es bereits Anfang 1764 auf den Index der verbotenen Bücher. Als Hontheim endlich als Verfasser entdeckt war, wurde er 1778 zum Widerruf gedrängt. Dieser Aufforderung wurde er formal zwar gerecht, an seinen Überzeugungen änderte das aber, wie aus nachfolgenden Schriften bekannt ist, wenig. Ungeachtet der päpstlichen Verurteilung hatte »der Febronius« erheblichen Einfluss auf die Koblenzer Gravamina von 1769 und die Emser Punktation von 1786.[69]

Johann Nikolaus von Hontheim (Stadtbibliothek Köln)

1 BORGOLTE, Kirche 1992, S. 22 ff.
2 WOLGAST, Bewegung 2009, S. 32.
3 TODT, Kleruskritik 2005, S. 182; siehe dazu auch GOERTZ, Antiklerikalismus 1995.
4 Zu dieser Problematik siehe TEWES, Kurie 2001.
5 SCHNEIDER, Wallfahrtskritik 2004, S. 290.
6 WINTERHAGER, Ablaßkritik 1999, S. 57.
7 JÜRGENSMEIER, Bistum Worms 1997, S.160.
8 MOELLER, Ablaßkampagnen 1991, S. 64.
9 WINTERHAGER, Ablaßkritik 1999, S. 63.
10 Zu den Anfängen der Reformation siehe ausführlich RABE, Geschichte 1991, S. 203–218; SCHNABEL-SCHÜLE, Reformation 2006, S. 58–122.
11 JÜRGENSMEIER, Bistum Worms 1997, S. 160.
12 KALKHOFF, Depeschen 1886, S. 85.
13 Reichsabschied vom 27. August 1526, zitiert nach SCHNABEL-SCHÜLE, Reformation 2006, S. 154.
14 Siehe dazu ausführlich RABE, Geschichte 1991, S. 317–335.
15 Zitiert nach ISERLOH/GLAZIK/JEDIN, Reformation 1967, S. 277.

16 Siehe dazu JENDORFF, Reformatio 2000; PFEIFFER, Reform 1996.
17 SEHLING, Kirchenordnungen 2006, S. 75.
18 Ebenda, S. 76.
19 Ebenda, S. 117.
20 Zur reformatorischen Entwicklung in Worms siehe KONERSMANN, Kirchenregiment 2005; zur Täufergemeinde HEGE, Täufer 1908, S. 32–51.
21 SEHLING, Kirchenordnungen 2006, S. 77.
22 Ebenda, S. 123.
23 JÜRGENSMEIER, Bistum Worms 1997, S. 192.
24 MARTIN, Landau 2006, S. 41–46.
25 Siehe dazu GOERTZ, Täufer 1980.
26 JÜRGENSMEIER, Bistum Worms 1997, S. 169.
27 HEGE, Täufer 1908, S. 121.
28 DECOT, Erzbistum 2002, S. 69.
29 Siehe oben; vgl. HOLTMANN, Olevian 1985.
30 JÜRGENSMEIER, Kurmainz 1992, S. 77.
31 Ebenda, S. 79
32 MÜLLER, Bewegung 1992, S. 239.
33 Überliefert in einer Flugschrift Heinrich von Kettenbachs aus dem Jahr 1523, CLEMENS, Schriften 1907, S. 387.
34 MOLITOR, Kurtrier 1993, S. 69.
35 MÜLLER, Bewegung 1992, S. 241.
36 Ebenda, S. 244.
37 STAMER, Kirchengeschichte 1959, S. 147.
38 SEHLING, Kirchenordnungen 2006, S. 80.
39 JÜRGENSMEIER, Bistum Worms 1997, S. 175.
40 Siehe den Beitrag von Gunter MAHLERWEIN, Wirtschaftsgeschichte in diesem Band.
41 GÜSS, Regierung 1960, S. 64 ff.
42 SCHINDLING/ZIEGLER, Territorien 1993, S. 42.
43 ERNST, Kirche 1996, S. 270.
44 Ebenda, S. 289.
45 Ebenda, S. 312.
46 HANS, Religionsklausel 1997, S. 61 f.
47 SCHINDLING/ZIEGLER, Territorien 1993, S. 44.
48 ERNST, Kirche 1996, S. 343; FLEGEL, Kirche 1999, S. 161.
49 MÖRZ, Absolutismus 1991, S. 295.
50 WARMBRUNN, Pfalz-Zweibrücken 1996, S. 173.
51 Ebenda, S. 175.
52 Ebenda, S. 197.
53 DEETJEN, Konfessionswechsel 1986, S. 100.
54 WARMBRUNN, Pfalz-Zweibrücken 1996, S. 189.
55 SEHLING, Kirchenordnungen 2006, S. 519.
56 Siehe dazu SCHMIDT, Grafenverein 1989.
57 SEHLING, Kirchenordnungen 2006, S. 326.
58 MENK, Weg 1992, S. 211.
59 KAUL, Leiningen-Hartenburg 1942.
60 Zitiert nach HEINZ, Geschichte 1952, S. 22.
61 SCHLÜTER, Calvinismus 2010, S. 22 f.
62 Eine kurze gut lesbare Darstellung auf der Höhe des aktuellen Forschungsstandes HARTMANN, Jesuiten 2008.
63 HEINZ, Mitwirkung 1991, S. 237 f.
64 Ebenda.
65 Zitiert nach MATHY, Mainzer Universitätsreform 1984, S. 62.
66 Zitiert nach HARTMANN, Jesuiten 2008, S. 90.
67 JÜRGENSMEIER, Schönborn 1977, S. 157.
68 PETERSE, Boineburg 2000, S. 118.
69 Siehe den Beitrag von Matthias SCHNETTGER, Politische Ereignisse, in diesem Band.

Der Prozess der Aufklärung: Indizien im Raum des heutigen Rheinland-Pfalz

Von Helga Schnabel-Schüle

Was ist Aufklärung?

Die Zeit der Aufklärung wird heute meist mit dem 18. Jh. gleichgesetzt, die Frage, was Aufklärung ist, wird in aller Regel mit dem bekannten Zitat Immanuel Kants beantwortet: »Aufklärung ist der Ausgang des Menschen aus seiner selbstverschuldeten Unmündigkeit.« Abgesehen davon, dass dieser Satz den Inhalt der Schrift, die er einleitet, nur unzureichend auf den Punkt bringt, ist damit der historische Prozess der Aufklärung nicht einmal in Ansätzen erklärt. Denn befreiten sich die Menschen im Prozess der Aufklärung aus ihrer selbstverschuldeten Unmündigkeit? Waren es alle Menschen? Woran lässt sich das festmachen? Wann sprechen wir von Aufklärung? Kant verstand seinen Satz auch nicht als Beschreibung, sondern als ein anzustrebendes Ziel. Historiker meinen, wenn sie von Aufklärung sprechen, nicht vorrangig diese schwer fassbare philosophische Dimension, sondern ein Bündel von Veränderungen. Die Aufklärungsbewegung kann gesehen werden als eine große Diskussionsbewegung, in der Althergebrachtes auf den Prüfstand gestellt und Veränderungsbedarf diagnostiziert wurde. Das leitende Prinzip der Aufklärung war die kritische Hinterfragung alter Traditionen in nahezu allen Bereichen von Staat und Gesellschaft. Allmählich reifte daraus die Einsicht, dass Verhältnisse veränderbar waren. Was heute selbstverständlich erscheint, wurde im 18. Jh. als große Herausforderung gesehen. Wie weit sollten diese Veränderungen gehen? Wer hatte die Deutungshoheit, die Grenzen von Aufklärung zu bestimmen? Bereits diese Frage macht klar, dass geistlichen und weltlichen Obrigkeiten daran gelegen sein musste, sich an den aufklärerischen Diskussionen zu beteiligen und sie gegebenenfalls auch zu steuern.

Wegen der konfessionellen Heterogenität des Reichs stellt sich die Frage, ob es einen Unterschied zwischen protestantischer und katholischer Aufklärung gab. Protestantische Aufklärung erfolgte vorrangig an den Universitäten und geistigen Zentren in den protestantischen Teilen Deutschlands wie Halle, Göttingen, Hamburg, Königsberg oder Berlin. Katholische Universitäten hingegen standen in aller Regel unter Leitung der Jesuiten, die durch ihre Traditionsorientierung dem aufklärerischen Prinzip von Kritik und Veränderung zu widersprechen schienen und darum heftig kritisiert wurden. Die Aufhebung des Jesuitenordens wurde daher als Kulminationspunkt katholischer Aufklärung betrachtet, als Protagonisten katholischer Aufklärung werden folgerichtig größtenteils die Fürstbischöfe oder exponierte weltliche Herrscher wie Joseph II. gesehen. Zu den Inhalten katholischer Aufklärung zählt auch die Tendenz, die Bischöfe vom Papst zu lösen und Landeskirchen zu errichten. Katholische Aufklärung kann aber nicht auf diesen Bereich verengt werden.

Die Begriffe protestantische und katholische Aufklärung sind aber durchaus kritisch zu sehen. Das aufklärerische Vernunftprinzip und das theologische Glaubensprinzip einer göttlichen Offenbarung waren schwer miteinander in Einklang zu bringen. Diese Unvereinbarkeit erschwerte die Auseinandersetzung mit Ideen der Aufklärungsphilosophie in der Theologie beider Konfessionen.[1] Dennoch wurde ab dem 18. Jh. allein der Katholizismus als rückständig gesehen. Friedrich Karl von Moser fasste dies 1767 in die klaren Worte: »Es war ein Licht, das uns allen zur Zeit der Reformation leuchtete; die Protestantischen ließen sich von diesem Licht weiterführen, die Katholischen nicht, sie fürchteten sich davor und flohen es; noch weniger hielten sie mit uns, im Forschen und Wachstum an Wahrheit, gleichen Schritt; sie stehen, ins Ganze zu sagen, noch immer im sechzehnten Jahrhundert.«[2] Protestanten schienen demnach die Fackel der Aufklärung bereits in der Reformation entzündet und ins 18. Jh. weitergetragen zu haben.

Betrachtet man die Zeit der Aufklärung für unseren Raum, wird klar, dass diese Urteile über katholische Rückständigkeit je nach Perspektive zutreffend oder unzutreffend waren. Wenn man katholische Frömmigkeitsformen wie Wallfahrten und Prozessionen im öffentlichen Raum wahrnahm, konnten die Praktiken sehr leicht den Eindruck vernunftwidrigen Aberglaubens hervorrufen. Diese Kritik wurde aber auch von den katholischen Eliten in scharfer Form geäußert. Der Graben verlief weniger zwischen den aufgeklärten Protestanten und den unaufgeklärten Katholiken als vielmehr zwischen den aufgeklärten Eliten und dem unaufgeklärten Volk.

Denn sozial gesehen war das 18. Jh. immer noch ein überwiegend aristokratisches Jahrhundert, weil unterhalb der Landesherrschaft die auf Landbesitz beruhende Adelsherrschaft die dominierende Herrschaftsform war. Adelige waren recht häufig Träger der gemeinhin als bürgerlich bezeichneten neuen Welt- und Lebensanschauung. Domkapitulare waren Mitglieder in freimaurerischen Gesellschaften oder hielten zumindest Kontakt zu ihnen. An den Häusern mancher Domherren sollen sich statt christlicher Symbole Sinnbilder der Philosophie und Künste und in ihren Zimmern Büsten von Voltaire befunden haben. Die hohe Mobilität der Adligen durch die Kavalierstour brachte sie in Kontakt zu aufklärerischen Zirkeln in anderen Teilen Deutschlands und Europas, die erwiesenermaßen auch Niederschlag in ihren politischen Vorstellungen fanden. Aufklärung in Deutschland war weitaus mehr eine systemimmanente Reform- als eine staatskritische Protestbewegung. Nicht selten gingen Anstöße zur Rezeption der Aufklärung von den Höfen und den Führungseliten aus. Aufklärung war eine Bewegung von oben nach unten, nicht umgekehrt. Reformen wurden auf nahezu allen Politikfeldern für nötig befunden und eingeleitet. Reformen des staatlichen Behördenapparats gehörten dazu, der gesamte Bereich, den wir heute als Innen- und Sozialpolitik bezeichnen würden: Reformen im Justizwesen, in der Gesundheits- und Fürsorgepolitik, in der Wirtschaftspolitik zur Schaffung verbesserter wirtschaftlicher Produktions- und Absatzbedingungen, deren wesentlicher Bestandteil agrarische Reformen waren.

Reformwille der Herrscher und aufgeklärte Eliten

Der Prozess der Aufklärung hing daher ganz entscheidend von den Herrschern und den Führungseliten ab, mit denen sie sich umgaben. In Kurmainz begann die Reihe der reformwilligen Kurfürsten mit Johann Friedrich Karl von Ostein. Im Konsens mit seinem ersten Staatsminister Anton Heinrich Friedrich von Stadion setzte er zahlreiche Reformen in Recht,

Verwaltung und nicht zuletzt im Bildungsbereich in Gang. Ostein hob die Wirtschaftskraft seines Territoriums, es gelang ihm, die zahlreichen und heterogenen Gewohnheitsrechte zu kodifizieren, er schaffte erstmals eine Überzahl an katholischen Feiertagen ab, zudem war er einer deutschen Nationalkirche, d. h. einer Lockerung der Bindung an Rom, nicht abgeneigt.[3]

Während der Regierung Emmerich Josephs von Breidbach-Bürresheim entfaltete sich die Aufklärung in Mainz weiter und befruchtete auch die Universität. Der Kurfürst-Erzbischof benützte die Aufhebung des Jesuitenordens, um das Schulwesen zu verbessern. Er widmete sich zudem engagiert dem Ausbau der Armenfürsorge, was ihn beim Volk sehr beliebt machte. 1770 wurden auf gemeinsame Initiative mit der Kurpfalz 20 Feiertage abgeschafft, Köln, Trier, Würzburg und Speyer schlossen sich an. Ziel der Reduzierung war es, Armut unter den Katholiken zu verhindern, da der Ackerbau so viele Ruhetage nicht vertrage: Den Katholiken entgingen einfach zu viele Verdienstmöglichkeiten durch die erzwungene Feiertagsruhe, so dass sie einen strukturellen Wettbewerbsnachteil gegenüber den Protestanten hätten.[4] Zusammen mit Köln und Trier wurden unter Emmerich Joseph erneut die Gravamina der deutschen Nation gegen Rom vorgelegt. Sie enthielten die Klagen des hohen deutschen Klerus über die römische Verwaltungs- und Besteuerungspraxis sowie die häufige Willkür im kirchlichen Prozessverfahren.

Unter seinem Nachfolger Karl Joseph von Erthal, der gleichzeitig Bischof von Worms war, wurden aus Anlass der Einrichtung einer neuen Nuntiatur in München in der Emser Punktation 1786 die Beschwerden gegen Rom scharf gefasst. Zunächst besetzte Erthal zwar viele Ämter mit konservativen und auf Beharrung bedachten Männern neu. Doch auch er konnte sich der Aufklärung innerhalb der geistlichen Staaten nicht verschließen, reformierte während seiner Amtszeit das Landschulwesen, ließ Gesangbücher auf Deutsch herausgeben. 1781 rief er den Mainzer Universitätsfonds ins Leben, der für die Universitätsreform eine materielle Basis schaffen sollte. Der Schweizer Geschichtsschreiber Johannes von Müller, 1786–1792 Hofbibliothekar und Rat in Mainz, würdigte die politische Leistung des Kurfürsten, indem er schrieb: »Es ist eine große und seltene Gabe für einen Staatsmann zu bemerken, wann der Zeitpunkt gewisser Maximen vorüber ist.« Dazu gehörte in Müllers Augen auch das Bestehen auf konfessioneller Einheitlichkeit, denn in allen Konfessionen sei enthalten, »was der Staatsbürger bedarf, und in keiner nach gegenwärtiger Lage etwas dem Staat Verderbliches. Die Gewissenssache muss das Herz entscheiden«.[5]

Kurfürst Karl Joseph von Erthal (GDKE Landesmuseum Mainz/ Ursula Rudischer)

Der letzte Mainzer Kurfürst, Karl Theodor von Dalberg, war der Sohn des kaiserlichen Kammerherrn Franz Heinrich, der 1755 Burgherr der Burggrafschaft Friedberg und damit »Chef« der rheinischen Ritterschaft wurde.[6] Karl Theodor studierte Rechtswissenschaften in Heidelberg und Mainz und startete 1762 eine ausgedehnte Bildungsreise nach Italien und Frankreich. Auf dieser Reise knüpfte er nachweislich viele persönliche Kontakte, die er in seiner weiteren Karriere nutzen konnte. Anfang 1765 trat er in kurmainzische Dienste. Weit vernetzt war er zudem über seine Domkanonikate in Mainz, Würzburg, Worms und Konstanz. 1771 ernannte ihn der Kurfürst-Erzbischof von Mainz zum Statthalter Erfurts (1771–1802), womit er den thüringischen Teil des Hochstiftes zu verwalten hatte. In diesen Erfurter Jahren unterhielt Dalberg enge Kontakte mit Weimar, damals eines der intellektuellen Zentren im Reich.

In Kurtrier eröffnete Franz Georg von Schönborn die Reihe der Reformen gegenüber aufgeschlossenen Erzbischöfen. Nach Studien in Mainz, Leiden, Salzburg, Siena und Rom wurde Franz Georg durch seinen Onkel, den Mainzer Kurfürsten Lothar Franz von Schönborn, früh in die Politik eingeführt. Seit 1723 Dompropst, wurde er 1729 zum Erzbischof von Trier, 1732 auch zum Bischof von Worms und Propst von Ellwangen gewählt. Beachtliche Verdienste erwarb sich der Kurfürst nicht nur durch seine rege Bautätigkeit, sondern auch durch die politische, rechtliche und wirtschaftliche Reorganisation des Kurstaats.[7]

Sein Nachfolger Johann Philipp von Walderdorff setzte diese Linie fort. Vollends zum Durchbruch kam der Prozess der Aufklärung unter Clemens Wenzeslaus von Sachsen. Clemens Wenzeslaus, der zugleich Bischof von Augsburg war und von 1763–1768 die Bistümer Freising und Regensburg innegehabt hatte, leitete den Kurstaat zunächst in erstaunlicher Offenheit für Veränderungen. 1770 holte er Franz Eustach von Hornstein und Georg Michael Frank de La Roche sowie 1772 den Wormser Domkapitular Christoph Philipp Willibald von Hohenfeld, drei Politiker, die die Ideen der Aufklärung kannten und Sympathie für sie zeigten, in führende Regierungspositionen nach Koblenz. Letzterer war Domherr zu Bamberg und Worms und Generalvikar des Bischofs von Speyer gewesen, nach der Wahl des konservativen August Graf von Limburg-Stirum zum Bischof wechselte er gerne den Arbeitgeber. Hohenfeld war des öfteren in diplomatischen Missionen in Frankreich gewesen, auch hatte er persönliche Kontakte zu aufklärerischen Zirkeln knüpfen können. Die Bekanntschaft Hornsteins hatte Clemens Wenzeslaus bei den Bischofswahlen in Freising und Augsburg gemacht, da Hornstein in beiden Domkapiteln vertreten war. Hornstein war es auch, der Clemens Wenzeslaus vorschlug, La Roche ebenfalls in seine Dienste zu nehmen.

La Roche wurde 1720 in Tauberbischofsheim geboren; es wird darüber spekuliert, wer sein Vater war. Fest steht, dass der kurmainzische Oberamtmann in Tauberbischofsheim, Graf Anton Heinrich Friedrich von Stadion, das fünfjährige Kind zu sich nahm, fortan für seine Erziehung sorgte und ihm in späteren Jahren auch den Namen La Roche gab. Stadion kannte die Diskussionen der französischen Aufklärer, auf einer Reise nach Frankreich hatte er Voltaire sogar persönlich kennengelernt. Nach allem, was belegbar ist, erfuhr La Roche eine Erziehung und Ausbildung, die ihm eine rationale Haltung gegenüber der Kirche sowie Unnachgiebigkeit gegen Intoleranz und Aberglauben vermittelte. La Roche wurde im Hause Stadion darauf vorbereitet, als Diplomat oder Sekretär in den Dienst eines Staates zu treten. Er begleitete Stadion auf Reisen, die ihn auch längere Zeit nach England führten. In Frankreich studierte er Jura und Wirtschaft. Nach Abschluss des Studiums trat La Roche auf Vermittlung Stadions in den Dienst des Kurfürsten von Mainz. 1761 verließ Stadion jedoch den Mainzer Hof, nachdem sich mehr und mehr gezeigt hatte, dass der Erzbischof das hohe Reformtempo auf dem

Gebiet der Landwirtschaft, des Handels und der Justiz, das Stadion angeschlagen hatte, nicht mehr mitgehen wollte oder konnte.[8] Stadion zog sich auf seine Besitzungen nach Warthausen zurück, wohin ihm La Roche kurze Zeit später folgte. Das Schloss in Warthausen war ein Treffpunkt der deutschen Aufklärung. In den folgenden Jahren war La Roche mit der Verwaltung der Stadionschen Güter beschäftigt, gleichzeitig wurden hier nachweislich aufklärerische Ideen ausgetauscht und diskutiert. 1766 zog die Familie La Roche gemeinsam mit Stadion auf dessen Schloss in Bönnigheim nördlich von Ludwigsburg.

Nach Stadions Tod 1768 plante La Roche, in den Dienst des Mainzer Kurfürsten zurückzukehren. Über Vermittlung des Freiherrn von Hornstein, dessen Besitzungen in der Nähe von Warthausen lagen, entschied er sich aber für das Angebot des Trierer Kurfürsten. Zu Beginn des Jahres 1771 erschienen anonym die »Briefe über das Mönchswesen«, die La Roche verfasst hatte. In ihnen agitierte er vor allem gegen die Bettelorden und die von ihnen vertretene primitive Art der Frömmigkeit. Er wandte sich gegen die Ignoranz und Bildungsfeindlichkeit der Mönche. La Roche war besonders auch gegen die Jesuiten eingestellt. Sie seien die »privilegierte Streitmacht der Päpste zur Unterdrückung des geistigen Fortschritts und zur Förderung der römischen Hierarchie«. La Roches Verfasserschaft war ab 1772 in weiten Kreisen bekannt, behinderte ihn aber nicht in seiner Arbeit. Erst als er wegen anderer Schwierigkeiten unter Druck geriet, wurden auch die »Mönchsbriefe« gegen ihn eingesetzt. La Roche war katholisch, stand aber innerlich der Kirche kritisch gegenüber. Er respektierte die äußerlichen Formen des katholischen Ritus, auf dessen Beachtung er großen Wert legte, zum Beispiel bei der Erziehung seiner Kinder. Er war aber für eine Reform der Kirche und stand den febronianischen Anschauungen nahe. La Roche hatte während seiner Tätigkeit am Trierer Hof ein gutes persönliches Verhältnis zu Clemens Wenzeslaus. 1773 rückte er in den Rang eines Wirklichen Geheimen Staatsrates auf, 1774 wurde er Regierungskanzler und gehörte zusammen mit Hornstein und Christoph Philipp Freiherr von Hohenfeld zu den entscheidenden Ratgebern des Kurfürsten. 1778 wurde er Direktor des Hofkriegsrates und erhielt 1779 die einträgliche Zollschreiberei in Boppard. 1775 wurde La Roche in den Reichsadelsstand erhoben. Er unternahm im Auftrag des Kurfürsten zahlreiche Reisen an andere Höfe; so hielt er sich sowohl im Sommer 1773 als auch im Frühjahr und Herbst 1775 sowie im Frühjahr 1776 in Wien auf.

La Roche trat als Anhänger der Aufklärung für eine Reform des Schul- und Bildungswesens ein. Sein Interesse richtete sich dabei vor allem auf die Volksschule. Er beeinflusste den Kurfürsten dahingehend, die Unterrichtsmethoden nach Johannes Ignaz Felbiger, die seit 1767 in Würzburg angewandt wurden, auch im Kurfürstentum einzuführen. Nach Felbiger sollte sich der Unterricht den Möglichkeiten des Kindes anpassen und mechanisches Lernen vermieden werden. Außerdem galt als Ziel der Volksschule die Heranbildung von Katholiken, die in Religionsfragen gut unterrichtet waren und sich gleichzeitig als aufgeklärte, überall brauchbare Menschen erwiesen. Seit 1776 wurden die Methoden Felbigers zunächst in den Schulen von Koblenz, Trier und Oberwesel angewandt. Weitere Reformmaßnahmen, die allerdings erst nach dem Sturz La Roches verwirklicht wurden, waren die Einrichtung einer staatlichen Schulkommission zur Aufsicht und Kontrolle über die Schulen 1780 und die Gründung einer Normalschule zur Lehrerausbildung 1784 in Koblenz. La Roche sorgte sich auch um eine bessere Bildung der Gesamtbevölkerung. La Roche blieb aber trotzdem ein Fremder im Kurfürstentum, der sich auf keine familiären Bindungen stützen konnte. Er musste ein eigenes Netzwerk von Beziehungen aufbauen, die wichtigste war sicher diejenige zu Hohenfeld, der aus einer im Land etablierten Familie stammte.

Georg Oswald May: Sophie von La Roche, 1778 (Gleimhaus Halberstadt)

Zum Sturz La Roches im Jahre 1780 haben verschiedene Gründe beigetragen. Clemens Wenzeslaus, der sich unter dem Einfluss seines geistlichen Rates Beck verstärkt der klerikalen Partei zugewandt hatte, verlor nach und nach das Vertrauen in La Roche. Auslöser war zunächst eine Fortsetzung der »Mönchsbriefe«, deren Verfasser allerdings nicht La Roche war. Dann äußerte dieser Kritik am Bau des neuen Schlosses in Koblenz, für den der Kurfürst verantwortlich war. Der Bau war bei Teilen der Bevölkerung nicht sehr beliebt, und die Landstände verweigerten die Zustimmung zu einer zusätzlichen Abgabe, die erhoben werden sollte, um die Baukosten aufzubringen. La Roche zeigte Verständnis für diese Haltung. Dies erregte den Unwillen des Kurfürsten, der darüber hinaus mit dem langsamen Voranschreiten des Baus unzufrieden war. Hinzu kamen außenpolitische Konflikte. La Roche und Hohenfeld tendierten in ihrer Politik zu Frankreich. Dies sorgte für Unmut in Wien und bei den Vertretern der kaiserlichen Partei am Ehrenbreitsteiner Hof, die gegen La Roche Stimmung machte. Den letzten Anstoß für dessen Sturz gab das Erscheinen des päpstlichen Nuntius von Köln am Trierer Hof, der gemeinsam mit dem Domkapitel die Entlassung La Roches forderte. Clemens Wenzeslaus entschloss sich unter diesem Druck 1780, seinen Minister zu entlassen.

La Roche war seit 1753 mit Sophie Gutermann verheiratet, einer Protestantin, die zuvor die Verlobte von Christoph Martin Wieland gewesen war. Wieland war einer der bedeutendsten Schriftsteller der deutschen Aufklärung, über ihn war Sophie La Roche in enge Kontakte zu Goethe, Schiller und Herder gekommen. Sophie La Roche unterhielt ab 1771 auf Ehrenbreitstein einen literarischen Salon, zu dessen Besuchern zahlreiche Prominente der damaligen Zeit, u. a. der berühmte Pädagoge Johann Bernhard Basedow, zählten. 1771 wurde sie durch die Veröffentlichung der »Geschichte des Fräuleins von Sternheim« als Schriftstellerin berühmt. Nach dem Sturz ihres Mannes fand der elegante Kreis der La Roches in Ehrenbreitstein ein plötzliches Ende. Die Familie ging zusammen mit Hohenfeld nach Speyer. Auch dort unterhielt Sophie La Roche zwischen 1780 und 1786 für einige Jahre einen Salon, der nach dem launigen Urteil eines Zeitgenossen der einzige Grund gewesen sein soll, nach Speyer zu kommen. In dieser Zeit gab sie auch die Zeitschrift »Pomona für Deutschlands Töchter« heraus. Trotz seines jähen Endes wirkten die Impulse des Salons der La Roches auch in Koblenz weiter: Erstmals ließen sich Buchhändler in der Stadt nieder, 1783 wurden Pläne für eine Lesegesellschaft geschmiedet, die mit kurfürstlicher Genehmigung 1784 gegründet wurde. 1785 wurde die erste öffentliche Bibliothek der Stadt in den Räumen des ehemaligen Jesuitenkollegs eröffnet.[9]

Auch nach der Entlassung La Roches ging der aufklärerische Prozess in Kurtrier weiter. Das Domkapitel sprach sich aus pragmatischen Gründen für eine konfessionell tolerante Politik aus, da dies für die Wirtschaft des Kurstaates vorteilhaft, für den katholischen Glauben aber nicht gefährlich sei. Das sah das Generalvikariat allerdings anders, das Toleranz mit religiöser Indifferenz gleichsetzte, die es für den Beginn der Auflösung jeglicher moralischer Bindung der Menschen hielt. Joseph von Sartori, der Gewinner eines Wettbewerbs um die beste Erörterung der Mängel der geistlichen Staaten, argumentierte im »Journal von und für Deutschland« 1787 ganz auf der Linie des Trierer Domkapitels: »Würden die Rheinischen Erzstifter um 40 Jahre früher sich von jenem unwandelbaren Grundsatz überzeugt gesehen haben, daß die Toleranz in der Staatswirtschaft Wunder wirken könnte, so ständen ihre Aktien gegenwärtig schon höher«.[10]

In Speyer wurde 1770 (Damian) August (Philipp Karl) Graf von Limburg-Stirum zum Bischof gewählt. Er gilt gemeinhin als konservativer Kirchenfürst; schaut man sich seine politischen Leistungen in Hochstift und Diözese jedoch näher an, muss diese Einschätzung zumindest relativiert werden. Als Neffe des Trierer Kurfürsten Franz Georg von Schönborn war seine Ausbildung auf den geistlichen Stand ausgerichtet. Er empfing bereits im Alter von acht Jahren die niederen Weihen und wurde als Neunjähriger 1730 Domherr in Speyer. Nach kurzem Theologiestudium von 1742 bis 1744 in Rom und Würzburg erlangte er Kanonikate in Münster und Hildesheim, später die Propstei Xanten. Ungeachtet einiger Konflikte mit dem Speyerer Domkapitel und Fürstbischof wurde er 1770, durch Kurpfalz und Frankreich begünstigt, einstimmig zum Fürstbischof gewählt. Die Konflikte mit dem Kapitel flammten bald wieder auf, was vielleicht eine Erklärung für sein autokratisch-paternalistisches Herrschaftsverständnis liefert. In seiner Schrift »Die Pflichten der Untertanen gegen ihren Landesherrn, zum Gebrauch der Trivialschulen im Hochstift Speier« führte er aus: »Man nennt die Landesherrn Landesväter, weil sie für das Wohl der Untertanen Sorge tragen.«[11] Obwohl er streng auf die Rechtgläubigkeit in seinem Hochstift achtete, lagen seine Maßnahmen vor allem im Bereich des Schul- und Fürsorgewesens ganz auf der Linie aufklärerischer Reformtätigkeit. Er versuchte die Wirtschaftskraft seines Territoriums zu steigern, wandte sich gegen exzessive Volksfeste und übertriebenes religiöses Brauchtum. Freimaurer und Illuminaten duldete er nicht. Auf seine Initiative geht der Wiederaufbau des 1689 zerstörten Westteils des Speyerer Domes (1771–1778) zurück. Sein Leibarzt war Johann Peter Frank, der als Begründer der öffentlichen Hygiene und eines sozialmedizinisch geprägten Gesundheitsdienstes gilt. Er wurde 1766 in Heidelberg zum Doktor der Medizin promoviert. Nach einer Tätigkeit als Landarzt in verschiedenen Dörfern wurde er fürstbischöflicher Leibarzt. 1779 veröffentlichte Frank den ersten von sechs Bänden seines Hauptwerkes »System einer vollständigen medicinischen Polizey«. In diesem Werk lehnte er aus medizinischen Gründen den Zölibat ab, was ihn in Ungnade fallen ließ. Frank verließ das Hochstift 1785. Erst danach begann seine erfolgreiche Tätigkeit in verschiedenen europäischen Städten. Frank trat für eine grundlegende Verbesserung der Hygiene in öffentlichen Gebäuden, mehr Licht in Krankensälen, Grünanlagen in Städten, Sport und Gymnastik in Schulen und Pausen bei der Arbeit ein.[12]

Kurfürst Karl Theodor von der Pfalz gilt als Prototyp des aufgeklärten Herrschers, bei näherem Hinsehen sind aber auch bei ihm Ambivalenzen auszumachen. 1742 wurde er mit knapp 18 Jahren Kurfürst. Schon bald nach seinem Regierungsantritt ging er daran, ein ehrgeiziges innenpolitisches Reformprogramm in den Bereichen Verwaltung, Justiz,

Bildung, Wirtschaft und Fürsorge umzusetzen. Im Bereich des Schulwesens kam es zwar zu keinem bedeutenden Durchbruch, aber in diesem Bereich konnte er auf einem erfreulichen Ist-Zustand aufbauen: In fast allen Orten der Kurpfalz gab es zwei oder gar drei konfessionell getrennte Schulen, die Alphabetisierungsrate war entsprechend hoch. Erwähnenswert ist die Einrichtung eines Philanthropinums für Mädchen in Frankenthal,[13] das aus einer Privatinitiative hervorging, die Karl Theodor förderte. Besonders erfolgreich trieb er die Reformen in der Landwirtschaft voran: Stallfütterung, Teilung der Allmenden und Nutzung der Brache waren in der Pfalz weiter verbreitet als üblich. Klee und Kartoffeln wurden häufig angebaut. Unterstützt wurden diese Maßnahmen durch die Verbreitung aufgeklärter Bauernkalender. Seidenraupenzucht und Porzellanherstellung waren die Wirtschaftsbereiche, die der Kurfürst durch Subventionen unterstützte. Besonderer Förderung erfreuten sich auch Kunst und Wissenschaft. Zu nennen sind in diesem Zusammenhang etwa die Gründung der kurpfälzischen Akademie der Wissenschaften (1763) und die Einrichtung des Deutschen Nationaltheaters in Mannheim (1779). Hier wurde unter anderem Friedrich Schillers Stück »Die Räuber« im Jahre 1782 uraufgeführt. Mannheim und die nahe Sommerresidenz Schwetzingen zogen zahlreiche Künstler, Musiker, Dichter und Philosophen an. Bei alledem war Karl Theodor ein durch und durch katholischer Herrscher, fest überzeugt von seinem göttlichen Recht zur absoluten Machtausübung. Seine Erziehung hatte, nachdem er 1735 nach Mannheim übergesiedelt war, überwiegend in den Händen des Jesuitenordens gelegen und war von seinem Onkel Karl Philipp streng überwacht worden. Diese Erziehung bewirkte bei Karl Theodor eine besonders intensive Frömmigkeit, die einherging mit einer großzügigen Förderung zahlreicher Orden und anderer katholischer Institutionen. Sie erzeugte freilich auch eine rigide Intoleranz gegenüber dem Protestantismus: Protestanten blieben weiterhin von allen Ämtern ausgeschlossen.[14]

Im Leininger Land wirkte für kurze Zeit einer der umstrittensten Schriftsteller der Aufklärung: Karl Friedrich Bahrdt. Der evangelische Theologe Bahrdt gilt als Enfant terrible der protestantischen Aufklärungstheologie. Nach Kontakten mit Johann Bernhard Basedow hatte er die Idee verfolgt, ein Philanthropinum zu betreiben. Basedow war der Begründer des deutschen Philanthropismus, einer reformpädagogischen Bewegung der zweiten Hälfte des 18. Jhs., die die Erziehung zur Natürlichkeit, Vernunft und Menschenfreundschaft auf ihre Fahnen geschrieben hatte. 1771 wurde Basedow vom Fürsten Leopold Friedrich Franz von Anhalt-Dessau zur Verbesserung des Schulwesens nach Dessau berufen und gründete dort 1774 eine Erziehungsanstalt nach seinen Plänen, das »Philanthropinum«, das bis 1793 bestand und bis dahin der Treffpunkt der führenden Pädagogen der Zeit war.[15] 1776 kam Bahrdt auf Einladung des Grafen Karl Friedrich Wilhelm von Leiningen-Dagsburg als Pfarrer und Generalsuperintendent nach Dürkheim. Der Graf stellte ihm sein Schloss Heidesheim (bei Obrigheim) für sein philanthropisches Experiment zur Verfügung, das aber scheiterte. Das Philanthropinum kam nicht in Gang, Bahrdt schien hoffnungslos überfordert. Sein anstößiger Lebenswandel und seine schwierige Persönlichkeitsstruktur empfahlen ihn auch nicht als Pädagogen und Betreiber einer solchen Einrichtung.

In der Grafschaft Wied-Neuwied zeigte sich auf dem soliden Fundament einer seit dem Westfälischen Frieden traditionell toleranten Religionspolitik der lang regierende Herrscher Johann Friedrich Alexander dem aufklärerischen Prozess gegenüber aufgeschlossen.[16] Er war Protektor verschiedener Gesellschaften, in denen sich Beamte und Militärs zur Propagierung von Bildung und Toleranz zusammenschlossen. Auch Freimaurer und Illuminaten wurden in der Grafschaft geduldet. Die Grenzen zwischen Hof und bürgerlicher Gesellschaft waren fließend: In der Lesegesellschaft waren Herrscher, Bürger und Beamte gleichermaßen Mitglieder, Zutritt zur fürstlichen Tafel hatten Hofprediger und Hofmeister, die wiederum in führender Position an den gelehrten und geheimen Gesellschaften mitwirkten. Der Herrscher kommunizierte somit eng mit den Trägerschichten der Aufklärung. Zudem herrschte weitgehende Zensurfreiheit; Buchdruck, Buchhandel und Zeitschriftenwesen erlebten eine Blüte. Der Graf kümmerte sich auch um die Verbesserung des Schulwesens. Die bürgerlichen Schichten, die Neuwied unter Friedrich Alexander in zunehmendem Maße prägten, gewannen mehr Freiraum zur Verfolgung wirtschaftlicher, kultureller und religiöser Ziele, sie erhielten die Möglichkeit zu allmählicher Politisierung und politischer Partizipation. Allerdings hatte diese Stärkung des bürgerlichen Elements eine Schattenseite: Sie ging zu Lasten der Bauern, denen ihr Teil an der Waldnutzung entzogen und zugunsten der bürgerlichen Schichten ökonomisiert wurde.

Freimaurer und Illuminaten

Von nicht zu unterschätzender Bedeutung für die aufklärerischen Kommunikationsnetzwerke waren die Geheimbünde der Freimaurer und Illuminaten.[17] 1717 entstand in England die erste sog. Freimaurerloge. Über viele Entwicklungsstufen hatte sich diese Organisation aus Bruderschaften der Steinmetze in den Bauhütten der großen Kirchen seit dem späten Mittelalter entwickelt. Die Entstehungsgeschichte erklärt auch die Terminologie der Binnenhierarchie der Freimaurerlogen, die ihre Mitglieder in Lehrlinge, Gesellen und Meister gliederte. 1737 wurde die erste Freimaurerloge im Reich gegründet, eines der ersten prominenten Mitglieder war Friedrich II. von Preußen. Trotz zweier scharfer päpstlicher Bullen gegen die Freimaurer im Jahr 1738 und 1751, die im rheinland-pfälzischen Raum bemerkenswerterweise aber nur in Trier mit großer Verspätung von Johann Philipp von Walderdorff publiziert wurden (1762), gewann die Freimaurerei mit Schwerpunkt auf den thüringischen Kleinstaaten, Kursachsen und Sachsen-Weimar-Eisenach mehr und mehr Mitglieder, die zunächst vornehmlich aus Adelsfamilien stammten oder hohe Verwaltungsbeamte waren. Nach und nach kamen Literaten, Publizisten und Künstler hinzu. Um 1772 waren aber auch 26 deutsche Fürsten Mitglieder in den deutschen Freimaurerlogen. Die Logen boten in mehrfacher Hinsicht einen Freiraum. Die Mitglieder trafen sich regelmäßig zu gemeinsamen Essen, Vorträgen und Diskussionen. Wichtig für den Zusammenhalt waren die bei jeder Sitzung praktizierten und strengen Regeln folgenden Gemeinschaftsrituale. Aufgenommen werden konnte man nur, wenn man vorgeschlagen worden war, und das auch nur nach einer gewissen Prüfungszeit. Ziel eines jeden Freimaurers war die eigene sittliche Vervollkommnung unter Verpflichtung auf humanitäre Ideale. Davon ausgehend sollte die Verbesserung der Gesellschaft erreicht werden. Religiöse Toleranz und prinzipielle Gleichheit der Logenbrüder waren unantastbare Grundsätze. In den Logen fanden sich daher programmatisch Mitglieder verschiedener Konfessionen, Geburts- und Berufsstände zusammen. Die Freimaurerei bot ihren Mitgliedern eine Form des engen Kontaktes. Kommunikationszirkel, die ständische Grenzen überschritten, erlaubten einen Austausch, wie er jenseits der Logen nirgendwo möglich war. Logenmitglieder gewährten sich aber auch schlicht Unterkunft bei Reisen, was den hohen Grad von Mobilität der Führungseliten zu einem Teil verständlicher macht. Die Aura des Geheimnisvollen machte die Logen attraktiv, die Grenze zur Esoterik ist dabei nicht scharf zu ziehen. Dennoch ist es die einhellige Auffassung der Forschung, dass die Freimaurerlogen die Entstehung einer kritischen Öffentlichkeit gefördert und zur Verbreitung aufklärerischer Ideen beigetragen haben.[18]

Die Freimaurerei expandierte in der zweiten Hälfte des 18. Jhs. gewaltig und wuchs rasch auf über tausend Mitglieder aus regierenden Häusern oder in anderen einflussreichen Positionen an. In Mainz bestand 1766 eine Freimaurerloge, zu deren 44 Mitgliedern eine Reihe von Dom- und Stiftsherren sowie Beamte und Offiziere gehörten. Anfang 1767 untersagte das Domkapitel den Domherren die gleichzeitige Mitgliedschaft in der Loge, nachdem Gerüchte aufgekommen waren, dass ein Logenmitglied zum Erzbischof von Mainz gewählt werden sollte. Die Loge wurde im selben Jahr nach Frankfurt verlegt. Erst am 2. Mai 1789 wurde in Mainz wieder eine Loge gegründet, die 1792 geschlossen wurde, als die Franzosen Mainz besetzten. In Worms ist für 1781/82 eine Freimaurerloge mit 19 Mitgliedern nachgewiesen, die aber nur ein Jahr Bestand hatte.[19]

Eine gewisse Ähnlichkeit mit den Freimaurern hatten die Illuminaten, ein von dem Ingolstädter Jesuitenschüler und Kirchenrechtler Adam Weishaupt 1776 errichteter Bund, der außer in München in Mainz stark vertreten war. Das Ziel der Illuminaten war die Befreiung der Menschen von geistlichem und weltlichem Despotismus, aber ohne Revolution, vielmehr auf dem Weg der Errichtung eines Reiches der Tugend und der Aufklärung. 1784 wurde Mainz der Sitz einer der Unterabteilungen des straff hierarchisch aufgebauten Bundes. Vorsitzender war der Trierer Dompropst Philipp Franz Graf von Walderdorff, der 1797 Fürstbischof von Speyer wurde. Eine Mitgliederliste von 1784 zeigt, dass die Mehrzahl der 50 Mitglieder Adelige sowie geistliche und weltliche Beamte waren. Das bürgerliche Element, also Vertreter von Handel und Gewerbe, war demgegenüber randständig. Prominente Mitglieder der Illuminaten waren Karl Theodor von Dalberg während seiner Zeit als kurmainzischer Statthalter in Erfurt sowie Anselm Franz von Bentzel, der Kurator der Universität Mainz, dazu zahlreiche weitere Personen aus Universität und Schule. Kurz nach der Mainzer Gründung verbot der pfalz-bayerische Kurfürst Karl Theodor den Orden. Die Mitglieder der Illuminaten fanden sich später in der Lesegesellschaft wieder, ab 1792 auch im Jakobinerklub.[20]

Die Bedeutung der Geheimgesellschaften für die Verbreitung aufklärerischer Ideen ist bis heute nur in Ansätzen erforscht. Ohne Zweifel boten sie den Führungseliten Möglichkeiten der Kommunikation jenseits der herkömmlichen Strukturen. Regionale und territoriale Grenzen konnten dabei leicht überschritten, ständische Unterschiede eingeebnet, zu keiner Zeit aber völlig aufgehoben werden. Wenn die Geheimgesellschaften egalitären Tendenzen Vorschub geleistet haben, so nur für die Eliten, nicht aber für die Gesellschaft insgesamt.

Lesegesellschaften

Wichtige Kommunikationszirkel, wenngleich mit beschränkterer Reichweite, waren auch die Lesegesellschaften, deren Form von kleinen häuslichen Lesezirkeln über Leihbibliotheken, bei denen man die anderen Mitglieder nicht unbedingt treffen musste, bis zu satzungsmäßig institutionalisierten Einrichtungen reichte. Sie dienten zunächst dem Kauf von Büchern, die man entweder reihum ausleihen oder gemeinsam lesen konnte. Formal war die Mitgliedschaft zwar nicht beschränkt, kleinbürgerliche Handwerker und Bauern waren aber kaum vertreten, denn eine natürliche Voraussetzung für eine Mitgliedschaft war freie Zeit, die nicht zur Subsistenzsicherung genutzt werden musste. Wie man aus den Bücherlisten der Lesegesellschaften weiß, stellten sie einen wichtigen Multiplikator für den Buch- und Zeitschriftenmarkt dar. Bücher und Zeitschriften, die sich ein Einzelner nicht hätte leisten können, wurden über die Lesegesellschaften vielen zugänglich gemacht. Manche Zeitschrift hätte ihr Erscheinen rasch wieder einstellen müssen, wenn sie nicht von den im ganzen Reich verbreiteten Lesegesellschaften abonniert worden wäre.

Obwohl ein solches Projekt bereits in den 1760er Jahren diskutiert worden war, kam es in Mainz erst 1782 zur Gründung einer Lesegesellschaft. An ihr partizipierten Domkapitulare, Mitglieder des Stadtrats, der Schulkommission, der Seminarkommission, der Universität und des Gymnasiums: Fast alle der 161 Mitglieder standen in weltlichen oder geistlichen Diensten des Kurfürsten. Trier übernahm 1783 nicht nur die Satzung der Mainzer Lesegesellschaft, beide Gesellschaften hatten zu einem erstaunlich großen Teil sogar dieselben Mitglieder. Grund dafür war die Vernetzung der Domkapitel: Die beiden Brüder Walderdorff sowie Dompropst von der Leyen, die in Mainz und Trier bepfründet waren und aufgrund der Residenzverpflichtung zwischen beiden Städten pendelten, traten in Trier als Initiatoren der Gesellschaft auf.[21] Der kurmainzische Geheimrat Graf von Stadion und die beiden Domkapitulare Graf von Kesselstatt und Freiherr von Beissel, drei einflussreiche Gründungsmitglieder der Mainzer Gesellschaft, waren 1784 in Trier zu Gast. Enge Kontakte gab es auch zu der Koblenzer Lesegesellschaft, die ebenfalls 1783 gegründet wurde und 1784 die kurfürstliche Genehmigung erhielt. 48 Personen gründeten 1783 in Worms eine Lesegesellschaft, die innerhalb von fünf Jahren aber einen starken Mitgliederschwund zu verzeichnen hatte. Hier sollten auch Frauen an bestimmten Tagen Zugang haben.[22] Die Mitgliederstruktur in Koblenz und Worms war dieselbe wie in Mainz und Trier: Die meisten Mitglieder gehörten zu den politischen Funktionseliten, Handwerker waren nicht vertreten. Gemeinsam war den Lesegesellschaften die dezidiert jesuitenfeindliche Haltung: Exjesuiten wurde die Mitgliedschaft verwehrt.

Nachweislich konnte über die Lesegesellschaften der aufklärerische Diskurs im gesamten Reich und darüber hinaus verfolgt werden. Im »Journal von und für Deutschland« wurde 1790 ein Verzeichnis der in der Mainzer Lesegesellschaft zugänglichen Schriften veröffentlicht mit der Begründung, dass dies zum Ruhm des »guten und aufgeklärten Mainzer Geschmacks« beitrage.[23] Und in der Tat: Die Liste ist beeindruckend. Nicht weniger als 24 politische Zeitschriften, 25 gelehrte Zeitungen sowie 41 periodische Schriften hatte die Gesellschaft abonniert. Dazu zählten neben lokalen Blättern wie der »Mainzer Zeitung« und dem »Mainzer Intelligenzblatt« auch die »Zentralorgane« der deutschen Aufklärung wie die »Berlinische Monatsschrift«, der »Teutsche Merkur« und das »Journal von und für Deutschland«, um nur einige Beispiele zu nennen. Die Listen der anderen Lesegesellschaften waren nicht ganz so eindrucksvoll, in der Tendenz aber sehr ähnlich.

So wundert es nicht, dass die Lesegesellschaften nach Ausbruch der Französischen Revolution als politische Informationszentren besonders stark nachgefragt wurden. Nachdem die rheinischen Kurfürsten seit dem Ausbruch der Revolution in Frankreich auf dem Wege reichsgesetzlicher Bestimmungen die Zensur verschärft hatten, um nicht nur die französische Propaganda, sondern auch den sonstigen Informationsfluss über die Ereignisse in Frankreich einzudämmen, versuchten die Lesegesellschaften durch entsprechende Zeitungsabonnements an die neuesten politischen Informationen zu kommen. In Mainz war zudem bereits ab 1785 die radikalaufklärerische Richtung stärker geworden, da nach der Auflösung des Illuminatenordens einige ehemalige Illuminaten der Lesegesellschaft beigetreten waren: Es sind direkte Verbindungen der Lesegesellschaft zum Klub der »Gesellschaft der Freunde der Freiheit und Gleichheit« (Jakobiner) von 1792 nachweisbar. Die Reaktion des Trierer Kurfürsten ließ nicht lange auf sich warten: 1793 wurden die Trierer und die Koblenzer Lesegesellschaft verboten, da sie »verdächtige Schriften« in ihrem Bestand hatten. In Trier bezweifelten zwei prominente Mitglieder in ihrem Briefwechsel, dass die Aufhebung der Gesellschaft ein kluger Beschluss gewesen sei, und einer der beiden fügte den sarkastischen Kommentar hinzu: »Ich wette, wenn die Gesellschaft zusammen käme zum saufen, spielen und huren, sie würde nicht aufgehoben«.[24]

1 SCHUNK, Revolution 1992, S. 75.
2 Friedrich Karl von Moser 1787 »Über die Regierung der geistlichen Staaten in Deutschland«, zitiert nach MATHY, Mainzer Universitätsreform 1984, S. 63.
3 BLANNING, Reform 1994, S. 148 ff.
4 MÖRZ, Absolutismus 1991, S. 332.
5 HANSEN, Quellen Bd. 1 1931 S. 177. Zitiert nach MATHY, Toleranz 1984, S. 63 f.
6 Siehe den Beitrag von Matthias SCHNETTGER, Territorien im Überblick in diesem Band.
7 LOOS, Politik 1969.
8 JÜRGENSMEIER, Reformpolitik 1993, S. 305.
9 TILGNER, Lesegesellschaften 2001, S. 347 f.
10 RAAB, Toleranz 1984, S. 42.
11 STAMER, Kirchengeschichte 1959, S. 166.
12 HAAG, Frank 2011, S. 31–36.
13 Siehe den Beitrag Bildungsoffensiven von Helga SCHNABEL-SCHÜLE in diesem Band.
14 MÖRZ, Gegenreformation 1997, S. 197–203.
15 PINLOCHE, Geschichte 1914.
16 Zum Folgenden siehe: TROSSBACH, Schatten 1991.
17 Siehe dazu im Überblick: REINALTER, Freimaurer 2008; GIESE, Freimaurer 2005; DÜLMEN, Illuminaten 1975.
18 AGETHEN, Geheimbund 1984; NEUGEBAUER-WÖLK, Esoterik 1999, S. 35.
19 SPRINGER, Illuminaten 2006, S. 235.
20 MARKNER/NEUGEBAUER-WÖLK/SCHÜTTLER, Korrespondenz 2005, S. 12; SPRINGER, Illuminaten 2006, S. 242.
21 TILGNER, Lesegesellschaften 2001, S. 47 f.
22 MAHLERWEIN, Worms 2005, S. 349 ff.
23 Journal von und für Deutschland 1790, S. 465–472, hier S. 471.
24 Ludwig Mohr an Johann Hugo Wyttenbach 6.10.1793, zitiert nach TILGNER, Lesegesellschaften 2001, S. 317.

Bildungsoffensiven

Von Helga Schnabel-Schüle

Ungeachtet aller nach nationalen, konfessionellen und regionalen Gesichtspunkten vorzunehmenden Differenzierungen hatte die Aufklärungsbewegung in ganz Europa einen gemeinsamen Kern: Sie war eine pädagogische Bewegung. Sie wollte Veränderung durch Erziehung bewirken und zur Veränderung erziehen. Bildungsreformen bilden daher den Kern aufklärerischer Reformpolitik.

Zahlreiche Bildungsinstitutionen sind nach der Reformation vor allem im Zeichen der konfessionellen Pluralisierung entstanden. Während in den katholischen Gebieten die Bildungstraditionen zunächst ungebrochen blieben, hatten in den protestantischen die weltlichen Obrigkeiten ihren Untertanen – wollten sie die Legitimität ihrer reformatorischen Maßnahmen nicht in Frage stellen – fortan ein Mindestmaß an Bildung anzubieten, das sie befähigen musste, Bibel und Katechismus lesen zu können. Der erweiterte Zuständigkeitsbereich der protestantischen Obrigkeiten bedeutete für sie eine nicht unerhebliche Machtsteigerung, so dass auch die katholischen weltlichen Obrigkeiten versuchten, in diese Aufgabenbereiche hinein zu expandieren. Bereits die Mainzer Diözesansynode von 1548 hatte an die Bischöfe und Landesherren appelliert, auf die Schulen zu achten. Ihnen gelang dies schließlich nur mit Unterstützung des Jesuitenordens, der mit seinen Bildungskonzepten und seiner Infrastruktur die Defizite der katholischen Regionen auszugleichen vermochte, denen es wie die Visitationsberichte und die Korrespondenzen der Bischöfe mit dem päpstlichen Nuntius in Köln zeigen schlicht an Ressourcen fehlte.[1]

Während die Bildungsanstrengungen im Zuge des reformatorischen Prozesses noch von der Vorstellung getragen waren, dass eine religiös-konfessionelle Fundierung das A und O für loyale Untertanen sei, brach sich im 18. Jh. mehr und mehr die Vorstellung Bahn, dass sich der Staat um eine grundlegende Ausbildung aller »Staatsbürger« kümmern müsse, um das »allgemeine Beste« des Staates und die »Glückseligkeit« der Untertanen zu gewährleisten. Im Gegenzug durfte er von den Staatsbürger-Untertanen auch Loyalität und Pflichtbewusstsein erwarten.[2] Der letzte Mainzer Kurfürst Karl Theodor von Dalberg z. B. zeigte sich während seiner Zeit als mainzischer Statthalter in Erfurt (1771–1802) als Befürworter eines durch und durch säkularen Staatszweckes: Beförderung des Glücks der Menschen, ungeachtet ihres Standes Schutz ihrer Würde, Fürsorge für alle Altersgruppen und alle Lebenslagen, wirtschaftliche Prosperität. Die Erhaltung des »wahren Geistes der Religion« war für ihn nur ein Zweck von vielen.[3]

Die Französische Revolution brachte Deutschland eine neue Bildungsdebatte, die vor allem auf die Verhinderung von Revolutionen zielte. Eine gute Ausbildung der Bevölkerung wurde nun als Revolutionsprophylaxe betrachtet, womit zumindest vorübergehend auch das staatliche Interesse an der Qualifikation der Lehrer stieg.

Ein neues Thema: Lehrerbildung

Im 18. Jh. begann man sich auch um die Ausbildung der Lehrer intensiver Gedanken zu machen. Zwar befassten sich auch schon im 16. und 17. Jh. Erziehungsschriften mit dem Problem, wer die Erziehung junger Menschen übernehmen sollte und wie diese Personen die dafür notwendigen Qualifikationen erwerben sollten. Diese Anforderungen waren aber wenig differenziert, sondern richteten sich entsprechend den Anforderungen des Schulunterrichts auf ganz elementare Fertigkeiten wie lesen und schreiben zu können und – dies war die primär geforderte Qualifikation, die auch bei der Normierung durch obrigkeitliche Kirchen- und Schulordnungen vorherrschend war – ein gottgefälliges Leben zu führen, das den Schülern Vorbild und Ansporn sein konnte. Die Sorge um das »Seelenheil« der Schüler war das oberste Bildungsziel. Als Lehrer waren neben Geistlichen Küster, Handwerker, Gastwirte, Soldaten tätig – es gab keine Ausschlusskriterien, wenn die Minimalanforderungen erfüllt wurden. Lehrer in der Elementarschulbildung übten ihre Lehrtätigkeit als meist schlecht bezahlte Nebenbeschäftigung aus.

Aber auch die Lehrer an den höheren Schulen durchliefen keine geregelte Ausbildung. Eine Laufbahn im höheren Schuldienst gab es nicht, vielmehr war die Tätigkeit als Lehrer in aller Regel Durchgangsstation einer Berufsbiografie, die häufig in einem ganz anderen Beruf endete. Von einer Professionalisierung des Lehrerberufs war man sowohl im Elementar- als auch im höheren Schulwesen meilenweit entfernt. Das Bewusstsein, dass die Qualität eines Bildungssystems nicht zuletzt von dem Wissen und Können der Lehrpersonen abhängt, war noch nicht ausgeprägt.

Eine Änderung bahnte sich erst zu Beginn des 18. Jhs. an. Die für die deutsche Bildungsgeschichte überaus wichtige Gründung der »Frankeschen Stiftungen« in Halle umfasste auch Seminare für die Ausbildung der Lehrer an den Schulen der Einrichtung. Vermittelt wurden fachliche und methodisch-didaktische Kompetenzen. Nach dem Vorbild Halles entstanden in den folgenden Jahren und Jahrzehnten zahlreiche Seminare in verschiedenen Territorien des Reichs. Mitte des 18. Jhs. ist ein verfestigtes Bewusstsein für die Notwendigkeit stärkerer Bemühungen um eine angemessene Ausbildung künftiger Lehrer greifbar. Einen wichtigen Reformimpuls dafür gab die Gründung der Universität Göttingen, die programmatisch für die Öffnung der Universitäten hin zur »Berufswelt« eintrat – in der Frühphase insbesondere für die Berufe des öffentlichen Dienstes.[4]

Dennoch hatte sich der Lehrberuf gegen Ende des 18. Jhs. noch nicht endgültig zur Profession entwickelt, er war vielmehr immer noch meist eine Durchgangsstation im Berufsleben und weiterhin eng mit dem »geistlichen Stand« verbunden. Aber die Debatte über die Ausbildung der Lehrer war in der Welt, umgesetzt wurden nachhaltige Reformen erst im 19. Jh.

Halle

Der evangelische Theologe August Hermann Francke (1663–1727) begann 1695, motiviert aus einem pietistischen Erweckungserlebnis, Kinder in seiner Gemeinde zu unterrichten. Daraus erwuchs seine Idee, in Halle eine Schule zu stiften. Ab 1698 entstanden in Halle mit kurfürstlichem Privileg Schul- und Wohngebäude, Werkstätten, Gärten und eine Apotheke. In 50-jähriger Bautätigkeit wuchs eine Schulstadt heran, in der bis zu 2.500 Menschen lebten und an der Konzeption einer christlich inspirierten Gesellschaftsform arbeiteten. Es war die pietistische Frömmigkeit und die progressive Pädagogik, die damals so beeindruckten. Erstmals wurden auch Seminare für die Ausbildung der Lehrer eingerichtet. Inspektoren unternahmen Unterrichtsvisitationen, und wöchentlich fanden Lehrerkonferenzen statt, die sich auch mit Fehlverhalten der Lehrer befassten. Erwartet wurde von den Lehrern neben beruflichem Wissen auch eine Lebensführung im Geist des Pietismus. Die Stiftungen waren zudem Zentrum eines weltumspannenden Korrespondenz- und Aktionsnetzes, das die Reformpläne des Halleschen Pietismus weltweit verbreitete. Die Spuren finden sich noch heute in vielen europäischen Ländern, in Indien und den USA.

Einen gewissen Ausgleich für die noch nicht institutionalisierte Lehrerbildung schufen die Lesegesellschaften. Den nach wie vor schlecht besoldeten Gymnasiallehrern wurde die Mitgliedschaft in den Gesellschaften ermöglicht und damit der Zugang zu modernem aufgeklärtem Schrifttum. Die Mitgliedschaft in einer solchen Gesellschaft, in der angesehene Personen verkehrten, bedeutete für die Lehrer zudem einen enormen Prestigegewinn und die Hebung ihrer Autorität. 1783 wurden in Mainz alle Professoren des Gymnasiums aufgenommen, »um Literatur und Geschmack unter den Professoren zu befördern«.[5]

Die Elementarschulen

Der Zustand des Elementarschulwesens unterschied sich im rheinland-pfälzischen Raum kaum von den Zuständen in den meisten anderen Regionen des Reichs.[6] Im Elementarschulwesen änderte sich von der Reformation bis zur zweiten Hälfte des 18. Jhs. wenig. Die Forderung, dass Jungen wie Mädchen zumindest Grundkenntnisse im Lesen und Schreiben erlangen mussten, damit sie in der Lage waren, Bibel und Katechismus zu lesen, hatte zur Folge, dass in jeder Gemeinde eine sog. deutsche Schule eingerichtet werden sollte, um Jungen und Mädchen dort zu unterrichten. Die praktische Umsetzung war aber von diesen hohen Zielen weit entfernt. Eine »Schule« gab es immer dann, wenn eine Person ausgemacht werden konnte, die sich Schulmeister nennen ließ; eine wirkliche Infrastruktur stand für die Schulen nicht zur Verfügung. Eigene Schulgebäude gab es im 16. und 17. Jh. kaum einmal, in der Regel wurde der Schulunterricht im Haus des Schulmeisters durchgeführt. Das Holz zur Beheizung des Schulraums mussten die Kinder häufig selbst mitbringen, entlohnt wurde der Lehrer durch das Schulgeld der Kinder, dessen Zahlung für viele Eltern eine große Belastung darstellte. Zudem äußerten Eltern häufig die Auffassung, dass ihre Kinder bei den Arbeiten, für die sie zu Hause dringend gebraucht wurden, mehr fürs Leben lernten als in der Schule. Solange es keine verbindlich festgelegten Lehr- und Lerninhalte gab, keine Unterrichtsmethoden, keine Überprüfung des Lehrerfolgs und keine Karriereleitern, deren Sprossen nur mit bestimmten nachweisbaren Qualifikationen zu erklimmen waren, konnte diesem Argument wenig entgegengesetzt werden. Trotz wiederholter Einschärfung durch unzählige Mandate in ausnahmslos allen Territorien war eine Schulpflicht im heutigen Sinne kaum durchsetzbar. Geistliche wie weltliche Obrigkeiten versuchten durch Schulvisitationen Einblick in das Elementarschulwesen zu bekommen. Nicht selten aber wurde ihnen bei den Visitationen, wenn sie nicht überraschend erfolgten, ein ganz anderes Bild präsentiert, als ihnen an vielen anderen Tagen des Schuljahrs begegnet wäre. Und dieses Bild war schon deprimierend genug. Der Zustand des Elementarschulwesens war bis weit ins 17. Jh. hinein überall im Reich desaströs, erst recht aber in einem Raum, der durch Kriege bis zum Ende des 17. Jhs. stark in Mitleidenschaft gezogen wurde und dessen materielle Ressourcen noch begrenzter waren als die anderer Regionen.

Unterrichtsgegenstand der Elementarschulen war bis weit ins 18. Jh. hinein das Lesen, Auswendiglernen und Abschreiben des Katechismus. Am Anfang wurden in den katholischen Territorien nachweislich die Katechismen des Jesuiten Petrus Canisius verwendet, allmählich kamen auch eigene kindgerechtere Katechismen zum Einsatz, wie z. B. ab 1589 in Trier.

Das Bewusstsein, etwas ändern zu müssen, war bei allen Herrschern feststellbar, nur die Mittel, Reformen wirklich greifen zu lassen, waren begrenzt. 1678 wies der Trierer Kurfürst die Pfarrer an, mit allem erdenklichen Einsatz Schulen in den Pfarreien zu errichten und die bestehenden zu fördern. In Kurmainz wurde nach dem Dreißigjährigen Krieg von allen Herrschern die Reformbedürftigkeit des Schulwesens beklagt, Verbesserungen wurden aber nicht erreicht.[7] Noch 1774 schien das Elementarschulwesen in den Landpfarreien in einem desolaten Zustand zu sein, so dass oft kein einziger Bauer lesen und schreiben konnte.[8] Im Bistum Speyer stellte eine umfassende Schulvisitation 1683 fest, dass in vielen Gemeinden die Struktur des Elementarschulwesens völlig darnieder lag. Die Schulgebäude waren weitgehend zerstört, so dass die Kinder beim Pfarrer Lesen und Schreiben lernten. Die Eltern seien nicht bereit, Schulgeld für ihre Kinder zu zahlen, ein Argument, dem man in Trier vorbeugte, indem man versuchte, zum Unterhalt der Schulen alle Gemeindemitglieder heranzuziehen, auch wenn sie keine Kinder hatten – eine gutgedachte, aber nicht zu realisierende Maßnahme. Die Schulreformer klagten allenthalben, dass die Kinder im Sommer die Schulen nicht besuchen würden und daher das, was im Winter gelernt wurde, im Sommer wieder vergessen sei. Sie mahnten deswegen einen regelmäßigen Schulbesuch übers ganze Jahr hin an.

In den konfessionell gemischten Territorien und Städten bestanden in der Regel in jeder Gemeinde gesonderte Schulen für die Angehörigen der unterschiedlichen Konfessionen. So gab es in der Kurpfalz im 18. Jh. ein dreigeteiltes Elementarschulwesen: Die Lutheraner und Reformierten organisierten und finanzierten ihr jeweiliges Schulwesen selbst, um die katholischen Schulen kümmerte sich die kurpfälzische Regierung. Diese Konkurrenzsituation scheint alles in allem zu einer vergleichsweise guten Elementarschulbildung beigetragen zu haben, zumindest scheint die Alphabetisierungsrate und die Frequenz des Schulbesuchs gegen Ende des 18. Jh. hoch gewesen zu sein. Im Amt Alzey besuchten 1791 7.419 Jungen und Mädchen die Schule, was gemessen an der Einwohnerzahl eine sehr hohe Rate war.[9] Dem steht das Beispiel der Grafschaft Wied-Neuwied entgegen, wo es ebenfalls reformierte, lutherische und katholische Schulen gab, 1767 aber festgestellt werden musste, dass die auf dem Land lebenden Untertanen im Lesen und Schreiben meist unerfahren und ungeübt waren.[10] In Worms verzeichnete die deutsche Schule für lutherische Kinder 1755 die stattliche Zahl von 400 Schülern, zusätzlich unterhielten die Reformierten noch eine Schule in eigener Regie.[11]

Die höhere Schulbildung

Unter höherer Schulbildung wurde bis weit ins 18. Jh. hinein die Vorbereitung auf ein Universitätsstudium verstanden. Die philologische Ausbildung in den alten Sprachen stand demnach im Vordergrund.

Die höhere Schulbildung wurde in den katholischen Territorien von den Jesuiten getragen. Die in Mainz und Trier in den 1560er Jahren, in Koblenz 1581, in Speyer 1582, in Worms, Heidelberg und Neustadt zwischen 1609 und 1620 eingerichteten Gymnasien konnten sehr bald hohe Schülerzahlen verzeichnen und genossen hohes Ansehen. Das änderte sich im Laufe des 18. Jhs. Die Jesuiten traf harte Kritik, weil sie ihre Lehrpläne in den Augen der Kritiker nicht den veränderten Anforderungen an die Absolventen anpassten. 1752 wurde zwar in Trier der Lehrplan erweitert und der deutschen Sprache im Unterricht größerer Raum gegeben; Fächer wie Mathematik oder Naturlehre blieben aber weiterhin außen vor. Als die Jesuiten 1761 in den Gymnasien in Trier und Koblenz neue Schulbücher einführten und sich diese von den Eltern bezahlen lassen wollten, ohne dies zuvor mit dem Kurfürsten abzustimmen, schrieb Kurfürst Johann Philipp von Walderdorff an seinen Weihbischof Hontheim, dass er Schulbücher »nach der heutigen mehr aufgeklärten Art wünsche«.[12] 1768 regelte die neue Schulordnung erstmals, dass auf dem Gymnasien auch dafür Sorge zu tragen sei, dass die Schüler die deutsche Sprache beherrschten, denn das sei die Qualifikation, dank derer sie »dereinst in- und ausser Landes nützlich gebrauchet werden können«.[13]

Die Aufhebung des Jesuitenordens 1773 stellte ein großes Reformpotential dar, da erhebliche Ressourcen freigesetzt und in das Bildungssystem reinvestiert wurden. Dies erklärt zum Teil die in den 1770er Jahren allenthalben in den geistlichen Territorien zu beobachtende intensive Reformtätigkeit. Mindestens ebenso impulsgebend war die insbesondere von Joseph II. (Kaiser 1764–1790, Herrscher in den habsburgischen Ländern 1780–1790) gegen die Meinung seiner Mutter Maria Theresia (Herrscherin über die habsburgischen Länder 1740–1780) vertretene Auffassung, dass die Schule von kirchlichen Einflüssen befreit und in den Dienst des Staates gestellt werden müsse. Dies führte in den geistlichen Territorien zu einer komplexen Auseinandersetzung um den geistlichen Einfluss auf das Schulwesen vor allem durch die Generalvikariate, die sich gegen die staatlichen Reforminitiativen der Kurfürsten wehrten, weil sie ihren Einfluss schwinden sahen. Über die Inhalte möglicher Reformen hingegen war man sich gar nicht so uneins. In Mainz und Trier wurden Schulkommissionen eingesetzt, die zukunftsweisende Reformschriften publizierten, die aber allesamt nicht in die Praxis umgesetzt werden konnten. In Mainz waren die maßgeblichen Mitglieder der Kommission der Hofvizekanzler Anselm Franz von Bentzel und sein engster Mitarbeiter Johann Friedrich

Steigentesch. Steigentesch war der Autor der bemerkenswerten Schulreformschrift »Abhandlung von Verbesserung des Unterrichts der Jugend in den kurmainzischen Staaten«.[14] Als der den Reformen geneigte Kurfürst Emmerich Joseph von Breidbach-Bürresheim 1774 starb, setzte unter seinem Nachfolger eine Reaktion ein, die weitaus weniger inhaltliche als vielmehr personelle Konsequenzen zeitigte. Schon während der Sedisvakanz wurde Bentzel vom Domkapitel suspendiert, vom neuen Erzbischof dann entlassen. Später wurde er allerdings rehabilitiert und konnte sich als Universitätsreformer einen Namen machen. Steigenteschs Nachfolger, der geistliche Rat Ernst Xaver Turin, führte die Reformlinie aber durchaus fort. Sein Plan sah unter anderem vor, die Elementarschulen in den Dörfern und Städten dadurch attraktiver zu machen, dass auch anwendungsbezogene technische Kenntnisse (wie z. B. die Wirkung des Hebels) und naturwissenschaftliche Kenntnisse vermittelt werden sollten.

Die Auflösung des Jesuitenordens bedeutete aber nicht nur eine Chance. Man stand vielmehr vor dem Problem, wer die Jesuiten als Lehrer ersetzen sollte. In Trier wurden Weltgeistliche mit dem Unterricht betraut. 1786 veröffentlichte die Schulkommission unter Vorsitz des Freiherrn von Malberg einen neuen Lehrplan, der ein stärkeres Gewicht der deutschen Sprache und weltlicher Unterrichtsgegenstände vorsah. In Koblenz wurde das Gymnasium als erzbischöfliches Kolleg neu errichtet. Mangels anderer Lehrkräfte unterrichteten die Jesuiten zunächst als Weltgeistliche weiter. Bereits 1780 war in Trier eine staatliche Schulkommission eingesetzt worden, die in unterschiedlicher personeller Zusammensetzung die Gymnasien in Trier und Koblenz reformierte: Der gesamte Lehrkörper der Gymnasien wurde ausgewechselt. Etliche der neuen Lehrpersonen, so auch die Leiter des Trierer und des Koblenzer Gymnasiums, hatten in Göttingen studiert.[15] 1786 wurde ein neuer Lehrplan in Kraft gesetzt.[16] Ehe aber die Wirksamkeit der Schulreform unter Beweis gestellt werden konnte, wurden die Gymnasien in Trier und Koblenz 1798 durch die französische Besatzung aufgelöst.

Auch in Worms wurde das vormalige Jesuitengymnasium zu einem fürstbischöflichen Gymnasium, gleichzeitig wurde der Unterrichtskanon um die Fächer Deutsch, Französisch und Mathematik erweitert. In Speyer wurde das Gymnasium nach 1773 bis zu seiner Schließung am Ende des Jahrhunderts abwechselnd von Weltgeistlichen, Franziskanern und Augustinern weitergeführt. Auch in der Kurpfalz ging nach Aufhebung des Jesuitenordens die Leitung des katholischen Gymnasialwesens auf den Staat über. Eine Kommission sorgte für den reibungslosen Übergang. Sie ging nach mehreren vom Kurfürsten in Auftrag gegebenen Gutachten vor. Die deutsche Sprache wurde gestärkt, die Fächer Griechisch, Französisch, Mathematik, Geschichte, Geografie, Naturlehre und -geschichte wurden neu in den Unterrichtskanon aufgenommen. Als Lehrpersonen wurden auch hier zunächst Weltgeistliche eingesetzt, mittelfristig sollten Lehrer aber nur noch nach Ausbildung am Heidelberger Seminar angestellt werden.

In nichtkatholischen Gebieten fand die Vorbereitung auf ein Universitätsstudium an den sog. Lateinschulen statt, die mitunter aber auch den Namen Gymnasium trugen. Für das Herzogtum Pfalz-Zweibrücken gab es Gymnasien in Zweibrücken und Trarbach, im Leininger Land wurde in Dürkheim an die Elementarschule eine Lateinschule angeschlossen.

In den gemischtkonfessionellen Territorien gab es neben den Jesuitengymnasien auch lutherische und/oder reformierte Gymnasien bzw. Lateinschulen. In Worms und Speyer wurden bereits 1527 bzw. 1540 lutherische Lateinschulen gegründet. In Worms gingen aber viele Schüler lutherischer Konfession zusammen mit den Schülern reformierter Konfession auf das kurpfälzisch-reformierte Gymnasium nach Neuhausen bei Worms. Auch für diese Schulen war das 18. Jh. eine Zeit ständiger Reformdiskussionen und -versuche, ohne dass diese Reformen nachhaltig gegriffen hätten. Verbesserung der Lehrpläne stießen ebenfalls auf zähen Widerstand: Reformresistenz war kein Spezifikum einer bestimmten Konfession.[17]

Für die Kurpfalz gab es reformierte und lutherische Gymnasien in Mannheim, Heidelberg, Neustadt und Kreuznach, ein Pädagogium zu Frankenthal und neun lateinische »Trivialschulen« in Oberamtsstädten. Letztere sollten eigentlich nur zur Vorbereitung auf den Besuch eines Gymnasiums dienen, die Schüler gingen von dort aber auch direkt zur Universität; häufiger noch beendeten sie aber auch ihre Schulzeit. Dies führte im letzten Drittel des 18. Jhs. zu Reformdiskussionen: »Da gar viele in den Landes- und Oberamtsstädten nur die lateinische Schule durchlaufen, um geschickte und aufgeklärte Bürger zu werden, und nicht, um sich den Studien zu widmen; so sollte doch billig auf das Bedürfniß dieser Leute Rücksicht genommen, Geografie und Geschichte gründlich gelehret, die Jünglinge mit einigen der besten klassischen Schriftsteller Teutschlands bekannt gemacht und angeleitet werden.«[18] Lehrer an den reformierten und lutherischen Gymnasien waren ausschließlich Theologen, für die der Anreiz darin bestand, nach mehrjährigem Dienst im Gymnasium eine besonders gute Pfarrstelle zu bekommen!

Mädchenbildung

Die Ausbildung der Mädchen im Elementarschulbereich war selbstverständlich, auch sie sollten Lesen und Schreiben können und wurden gemeinsam mit den Jungen unterrichtet. Für die höhere Mädchenbildung, die anders als die der Jungen aber nicht auf ein Universitätsstudium vorbereitete, richteten ab dem 17. Jh. die weiblichen Schulorden (Welschnonnen, Englische Fräulein, Ursulinen) Schulen ein. In Mainz ließen sich die Welschnonnen 1680 und die Englischen Fräulein 1752 nieder, in Trier 1641 Welschnonnen. Diese Schulen hatten großen Zulauf vornehmlich aus adeligen Kreisen und wurden auch durch adelige Geldzuwendungen unterstützt. Neben den üblichen Unterrichtsgegenständen (Lesen, Schreiben, Handarbeiten) war es vor allem das Erlernen der französischen Sprache, das die Ausbildung attraktiv machte. Neben der institutionellen Etablierung der höheren Mädchenbildung gab es aber auch zahlreiche Privatinitiativen, denn die höhere Mädchenbildung war immer auch die Bildung der Mädchen höherer gesellschaftlicher Schichten, die es sich leisten konnten, bei fehlender schulischer Infrastruktur oder unattraktiven schulischen Angeboten Privatlehrer für ihre Töchter zu finanzieren.[19]

Neue Schulform – neue Pädagogik – Lehrerausbildung

In allen schulreformerischen Diskussionen hatte sich gezeigt, dass die herkömmliche Gliederung des Schulwesens erhebliche Defizite aufwies. Die Elementarschulen mit ihrem beschränkten Bildungsangebot konnten die Bildungsbedürfnisse nicht abdecken, aber auch die philologische Orientierung der Lateinschulen entsprach nicht den Bedürfnissen großer Teile der Bevölkerung. Ergebnis dieser Debatte war die Schulform der Realschule, die seit der ersten Hälfte des 18. Jhs. mit unterschiedlicher regionaler Verteilung allmählich Verbreitung fand. Sie sollte Schüler ausbilden, die nicht studieren, aber auch keiner bäuerlichen Tätigkeit nachgehen wollten. Vermittelt werden sollten Kompetenzen für Handwerker und Handelsleute wie Briefeschreiben, Gebrauch von Zirkel und Lineal, dazu weitere mechanische und bautechnische, wirtschaftliche und historische Kenntnisse. Für den Unterricht der neuen Bildungsinhalte der Realien schien die Nähe der Lehrer zum geistlichen Stand nun endgültig nicht mehr zeitgemäß. Dies gab der Einrichtung von Seminaren als Lehrerausbildungsstätten neue Impulse.

In Neuwied versuchte man einer wichtigen schulreformerischen Bewegung der zweiten Hälfte des 18. Jhs. Raum zu geben, dem Philanthropismus.[20] Nachdem einzelne Lehrer aus der Grafschaft bereits zu dem Pädagogen Johann Bernhard Basedow nach Dessau geschickt worden waren, holte der calvinistische Graf Johann Friedrich Simons, einen Mitarbeiter Basedows, nach Neuwied (1783). Dort scheiterte er nicht nur an den Konflikten mit den beiden anderen Konfessionsparteien, sondern auch an seiner durch und durch rationalen Argumentation. Deswegen wurde er als Theoretiker diffamiert, der keine Ahnung von der Praxis habe.[21] Er hatte nämlich versucht, in Neuwied ein Philanthropinum zu gründen, für das es aber keine finanzielle Unterstützung und allem Anschein nach auch keinen Bedarf gab. Simons wurde nach seinem Scheitern (1787) aber als Privatlehrer stark nachgefragt: Der kaiserliche Gesandte Graf Metternich am Hof des Kurfürsten von Trier vertraute ihm seinen Sohn, den späteren österreichischen Staatskanzler Clemens Wenzel, an, so dass Simons für die Ausbildung eines der wichtigsten Politiker des frühen 19. Jh. mitverantwortlich war.

Bereits 1712 hatte man im Erzbistum Trier, 1723 dann im Fürstbistum Speyer versucht, erste Professionalisierungselemente für Schullehrer einzuführen, indem die bischöfliche Bestätigung nach einer eingehenden Prüfung für alle Schullehrer verpflichtend gemacht wurde und Nebentätigkeiten verboten wurden. In der Praxis änderte sich freilich wenig.[22] Da es aber keine geregelte Ausbildung gab, konnten auch die Prüfungselemente nicht festgelegt werden, und die bischöfliche Bestätigung war zunächst ein rein formales Professionalisierungsinstrument. 1771 wurde in Mainz eine »Academie für den Unterricht neuer Schullehrer« gegründet, die Leitung hatte Johann Friedrich Steigentesch,[23] der mit der freisinnigen Wochenschrift »Der Bürger« von 1765 bis 1769 vergeblich versucht hatte, weitere Kreise für die Aufklärung zu gewinnen. Die Ausbildung an der Akademie sollte zwei Jahre dauern und Voraussetzung für die Aufnahme in den Schuldienst sein. Grundsätzlich sollten Schul- und Kirchendienst getrennt werden und die Lehrer ein festes Einkommen beziehen, das sie unabhängig vom Schulgeld der Schüler machen sollte. 1784 wurde im ehemaligen Jesuitenkolleg in Koblenz ein Lehrerseminar nach dem Vorbild des österreichischen Pädagogen Johann Ignaz Felbiger eröffnet, das den Namen »Normalschule« trug. Hier sollten künftige Lehrer eine Ausbildung von einem Jahr absolvieren, ehe sie den Schuldienst antraten. Künftig sollte in Kurtrier kein Lehrer mehr angestellt werden, der diese Schule nicht besucht hatte. Dieses Lehrerseminar sah sich von Beginn an heftiger Kritik ausgesetzt, weil die angehenden Lehrer zu kritisch erzogen würden und ihr »Subordinationsgeist« nicht gefördert werde. Nachhaltigkeit war beiden Einrichtungen aber durch die französische Besetzung ohnehin nicht beschieden.

In den folgenden Jahren blieb die Schule Objekt der Reform. Immer wieder scheiterte die Umsetzung von Reformen an der unzureichenden Infrastruktur des Schulwesens, für deren Verbesserung wiederum die finanziellen Mittel fehlten. Es mochten neue Unterrichtsmethoden eingeführt werden, aber wenn dafür kein geschultes Personal zur Verfügung stand, ja nicht einmal Ausbildungskonzepte vorlagen, konnte der Erfolg nur mäßig sein. Zudem konnte man auch ohne Besuch einer Regelschule Karriere machen; Familien, die es sich leisten konnten, stellten ohnehin Hauslehrer für ihre Kinder an.

Die Universitäten: Mainz und Trier

Der Universität Mainz, 1477 gegründet, war nur eine kurze Blütezeit beschieden; schon in den 1520er Jahren war sie sowohl vom Lehrangebot als auch vom Personal her allerhöchstens Mittelmaß. Während des Dreißigjährigen Krieges wurde sie ganz geschlossen und erholte sich von diesem Einbruch nicht mehr. Als durch die Unterwerfung Erfurts (1664) die dortige Universität zur zweiten Mainzer Landesuniversität wurde, verschärften sich die Probleme. Die beiden Fakultäten Jura und Medizin existierten faktisch nicht. Ab den 1740er Jahren diskutierte man intensiv über die notwendigen Reformschritte, die Mainz zum gro-

Universitätsfonds

Seit ihrer Gründung litt die Universität Mainz an der unzureichenden Ausstattung der Lehrstühle. Einer Universitätsreform, deren Dringlichkeit im 18. Jahrhundert von niemandem bestritten wurde, musste eine Verbesserung der finanziellen Ausstattung vorausgehen. Der Finanzbedarf wurde auf 25.000 Gulden veranschlagt, wovon allein 12.500 an die Juristische und 10.000 an die Medizinische Fakultät gehen sollten. Alle angedachten Möglichkeiten, um die Mittel für die Universität zu erhöhen wie die Einführung einer Erbschaftssteuer oder die Besteuerung von Klöstern zugunsten der Universität, erwiesen sich als ungeeignet, um die Finanzierung der Universität nachhaltig zu sichern. Schließlich verfiel man auf den Ausweg, drei in der Stadt Mainz gelegene Klöster aufzuheben und deren Vermögen in einen Fonds einzuzahlen, um so die finanzielle Ausstattung der Universität nachhaltig zu verbessern. Nach langen Verhandlungen mit Kaiser und Kurie gab der Papst 1781 schließlich das Vermögen der drei aufgehobenen Klöster für Zwecke der Universität frei. Das Fest, das Kurerzbischof Friedrich Karl Joseph von Erthal im November 1784 als Ersatz für das 1777 ausgefallene 300-jährige Universitätsjubiläum mit aller Pracht feiern ließ, um seinem Engagement für die Mainzer Universität die entsprechende Aufmerksamkeit zu garantieren, verschlang zwar bereits eine erkleckliche Summe des Fondsvermögens, über dessen genaue Höhe die Angaben weit auseinandergehen. Dennoch blieben ausreichend finanzielle Spielräume, um in den wenigen Jahren bis zur offiziellen Aufhebung der Universität unter französischer Herrschaft angesehene Professoren nach Mainz zu holen. Im Unterschied zur Universität, die mit dem Kurstaat unterging, existierte der Universitätsfonds weiter und verfügt noch heute über ein beträchtliches Vermögen.

ßen Vorbild Göttingen aufschließen lassen sollten. Anstoß dazu gab der Befund, dass die Elite des Kurstaates fast in »geschlossener Formation« zum Studium nach Göttingen zog.[24] Die erste Reform der Universität unter Kurfürst von Ostein war eine konservative Reform. Die Universitätsverfassung von 1746 schärfte die Reinheit des katholischen Glaubens ein und sah ein Alleinstellungsmerkmal der Mainzer Universität darin, dass sie den Namen »allzeit catholisch« führen sollte. Lehren konnte an der Universität nur, wer zuvor seine Rechtgläubigkeit unter Beweis gestellt hatte. Zwar wurde Anhängern anderer Glaubensrichtungen der Zugang zur Universität nicht verwehrt, sie wurden allerdings darauf verpflichtet, für ihren eigenen Glauben nicht zu werben. Erst unter Emmerich Joseph von Breidbach-Bürresheim wurde eine Universitätsreform anvisiert, die die »Aufklärung im Kurstaat« verbreiten und »diese von da aus über das ganze katholische Deutschland« ergießen sollte.[25] Aufgrund des Todes Emmerich Josephs blieb es zunächst bei Reformprojekten. Tatsächlich umgesetzt wurden solche Pläne erst in den 1780er Jahren unter Friedrich Karl Joseph von Erthal. Das von Anselm Franz von Bentzel erarbeitete Konzept, die »Neue Verfassung der verbesserten Hohen Schule zu Mainz«, wurde 1784 in Kraft gesetzt und mit einem groß aufgezogenen »Restaurationsfest« im November 1784 öffentlichkeitswirksam eingeführt. Die neue Universitätsverfassung galt als modern, wissenschaftsorientiert und tolerant. Auch protestantische Gelehrte wurden nun nach Mainz berufen, außerdem wurde Protestanten und Juden auch das Promotionsrecht zugestanden. Mehrere Lehrstühle für moderne Wissen-

Georg Forster (1754–1794)

(Weltkulturen Museum Frankfurt am Main/ Maria Obermaier)

Als Georg Forster 1788 die Stelle des Oberbibliothekars der Universität Mainz annahm, hatte er bereits ein bewegtes Leben hinter sich. Am 27. November 1754 in Nassenhuben bei Danzig als Sohn des Predigers Johann Reinhold Forster geboren, begleitete Georg Forster seinen Vater bereits ab dem zehnten Lebensjahr auf Reisen, von 1772–1775 auf der zweiten Weltreise von James Cook. Der Reisebericht, den Forster 1777 publizierte, begründete seinen Ruhm als Naturforscher und Reiseschriftsteller und band Forster eng in die Netzwerke der deutschen Intellektuellen ein. Von dem regen Zuspruch, den er von allen Seiten erfuhr, konnte er sich aber nicht ernähren, er benötigte Anstellungen, um sein Auskommen zu sichern. Nach mehreren Zwischenstationen kam Forster so nach Mainz. Von hier aus unternahm er 1790 mit Alexander von Humboldt eine Reise an den Niederrhein, in die Niederlande und nach England. Auf dem Rückweg über Paris erlebte er die Anfänge der Französischen Revolution, der er große Sympathien entgegenbrachte. Als französische Truppen im Oktober 1792 in Mainz einrückten, wurde Forster zu einem Befürworter eines Anschlusses an das revolutionäre Frankreich. Forster trat dem Mainzer Jakobinerclub bei und wurde dessen Präsident. Als Vizepräsident des »Rheinisch-deutschen Nationalkonvents« reiste er am 25. März 1793 nach Paris, um den Antrag des Konvents auf Anschluss der Mainzer Republik an Frankreich vorzutragen. Nach der Rückeroberung von Mainz durch preußische Truppen und dem Ende der Mainzer Republik blieb Forster bis zu seinem Tode 1794 in Paris.

schaftszweige, so z. B. für Naturgeschichte, wurden eingerichtet. Ein modernisierter Wissenschaftsbetrieb erforderte aber eine bessere Ausstattung, als Mainz sie trotz der Einrichtung des Universitätsfonds hatte (1781), der sich aus säkularisierten Besitzungen von drei in der Stadt gelegenen Klöstern speiste.

Georg Forster, Universitätsbibliothekar und Lehrbeauftragter für Naturgeschichte, prangerte von Beginn seiner Mainzer Tätigkeit die Unterfinanzierung der Hochschule an. Auch nach der Universitätsreform, die dem Anspruch nach Mainz zur katholischen Modelluniversität machen sollte, spielte Mainz nicht in der ersten Liga der Universitäten: Hinsichtlich der Qualität der Professoren, der Studentenzahlen, des Fächerspektrums sowie der Organisation des pedantischen und kleinteiligen Prüfungswesens konnte Mainz nicht mit den protestantischen Universitäten mithalten.[26] Zudem hatte die Wissenschaftsfreiheit in einem geistlichen Kurstaat ihre natürlichen Grenzen. Religionskritik war in diesen Staaten mehr als eine aufklärerische Debatte, sie war weitaus fundamentaler und stellte in letzter Konsequenz die Existenzberechtigung der geistlichen Staaten in Frage. Mit den Theologen Anton Joseph Dorsch und Felix Anton Blau wurden Kenner und Anhänger der Philosophie Kants an die Universität berufen. Ihre offenbarungskritischen Veröffentlichungen brachten sie in Konflikt mit den kirchlichen Behörden, Dorsch verlor 1791 seinen Lehrstuhl. Beide zählten kurz darauf zu den führenden Köpfen der Mainzer Republik.[27] Die Universität Mainz wurde im Jahr 1798 unter französischer Herrschaft offiziell aufgehoben.

Der Unterrichtsbetrieb an der Universität Trier hatte am 6. März 1473 begonnen. Mitte des 16. Jhs. war wegen ungünstiger Rahmenbedingungen und der notorischen Geldknappheit sowohl die Zahl der Lehrenden als auch die der Studenten stark zurückgegangen, dem Universitätsbetrieb drohte das baldige Aus. 1559 wurde der aus Trier stammende Jurist und Theologe Caspar Olevian von der Stadt beauftragt, Unterricht in Philosophie zu erteilen. Olevian war einer der akademischen Leuchttürme der damaligen Zeit, daher wären ohne Zweifel seinetwegen viele Studenten nach Trier gekommen, ein Phänomen, das man z. B. an der Universität Wittenberg kannte, die aus unbedeutenden Anfängen durch Luther und Melanchthon aufgrund des großen Andrangs an Studenten zu einer ersten Adresse wurde. Die Schwierigkeit war, dass Olevian seine protestantische Gesinnung gezeigt hatte. Da Trier auch Bischofsstadt war, machte das die Angelegenheit vielschichtig und komplex. Für den Trierer Stadtrat wurde Olevian dadurch erst recht attraktiv, der Erzbischof konnte den Vorschlag dagegen nur als Provokation verstehen. Dieser personelle Vorschlag hatte demnach enorme politische Sprengkraft: Es ging um die konfessionelle Ausrichtung der Stadt. 1561 übernahmen nach dem gescheiterten Reformationsversuch die Jesuiten die Theologische und Philosophische Fakultät wie auch den Unterricht im angeschlossenen Gymnasium. Die Jesuiten brachten der Universität zunächst einen erkennbaren Aufschwung: 1578 gab es bereits 1.000 Studenten. Die Juristische und die Medizinische Fakultät führten aber ein Schattendasein, im 18. Jh. war der Studienbetrieb dieser beiden Fakultäten völlig erloschen. Es fehlten alle typischen Einrichtungen wie ein botanischer Garten, ein anatomisches Theater, eine Klinik oder auch nur eine Bibliothek. Reformvorschläge von 1768 unter Kurfürst Clemens Wenzeslaus versuchten, dem wenn auch ohne eine großzügigere Ausstattung der Universität – abzuhelfen. In beiden Fakultäten war eine Verbesserung des Unterrichts kaum möglich; die Studentenzahl blieb gering, obwohl 1750 eine Anatomieprofessur eingerichtet wurde.

Im 18. Jh. geriet aber auch die jesuitische Dominanz in der Philosophischen und in der Theologischen Fakultät mehr und mehr in die Kritik. Georg Christoph Neller, seit 1748 Professor für kanonisches Recht und eine der profiliertesten Persönlichkeiten an der Universität Trier im 18. Jh., und Prokanzler Johann Nikolaus von Hontheim diskutierten ab 1763 die Einrichtung eines eigenen universitären Theologicums, das den Anforderungen der »heutigen mehr aufgeklärten Art« in der Lehre Rechnung tragen und ohne jesuitisches Personal arbeiten sollte.[28] Räumliche und finanzielle Probleme standen der Umsetzung entgegen. Schließlich kam es zwar zur Gründung eines »jesuitenfreien« Theologicums, der Unterricht wurde aber mit den Benediktinern wiederum von einem kirchlichen Orden übernommen. Selbst nach der Auflösung des Jesuitenordens 1773 änderten sich die Zustände nicht wesentlich. Der Kurfürst gründete – nicht zuletzt aus persönlicher Hochschätzung der Gesellschaft Jesu – im Jahr 1773 auf jesuitischen Gütern ein neues Seminar, das »Klementinum«, das zunächst ausschließlich mit Exjesuiten besetzt wurde. 1779 ging das Theologicum im Klementinum auf. Reformen waren an der Universität Trier demnach kaum durchführbar, oft blieben sie Episode. Profilierte Persönlichkeiten kamen nicht nach Trier, die Universität hatte keine Anziehungskraft, so dass die Auflösung 1797 als Ende einer langen Agonie eher Erleichterung auslöste.

Volksaufklärung

Auch außerhalb der gängigen Bildungsinstitutionen wandten sich die Träger der Aufklärung den breiten Bevölkerungsschichten und allen Themen des Alltagslebens zu. Getragen wurde die Volksaufklärung zunächst von Kameralisten, Naturwissenschaftlern, Gutsbesitzern sowie von den ökonomischen und gemeinnützigen Gesellschaften; seit den 1770er Jahren traten als Hauptträger Geistliche beider Konfessionen sowie Ärzte, Schriftsteller, Publizisten und Wirtschaftsbeamte hinzu. Einzelne Regierungen unterstützten diese Initiativen, dennoch blieb die Volksaufklärung in erster Linie eine aufklärerische Privatinitiative, in der die gemeinnützigen Gesellschaften eine zentrale Rolle spielten. In zahlreichen Schriften wurde unter den Gebildeten über Ziele, Inhalte und Strategien der populären Aufklärung debattiert. Es konnten für das 18. Jh. in Deutschland nahezu 20.000 Schriften von etwa 4.000 Autorinnen und Autoren dokumentiert werden, in denen Aufklärer sich an den »gemeinen Mann« als Adressaten wandten oder in denen unter den Gebildeten über Ziele, Inhalte und Strategien der populären Aufklärung debattiert wurde.[29] Ziel war in erster Linie die Vermittlung von neuen Erkenntnissen aus allen Wissenschaften zum Gebrauch im praktischen Leben, insbesondere in der Land- und Hauswirtschaft. Es ging um die Vermittlung von Kompetenzen und Wissen, die der Bevölkerung ein angenehmes Leben im Rahmen ihrer Bestimmung ermöglichen sollten. Diese Verbesserung der Lebensverhältnisse sollte erklärtermaßen zur größeren Stabilität des Gemeinwesens führen, eine Infragestellung des politischen Systems damit also gerade verhindert werden. Vermittelt werden sollten medizinische, naturkundliche, historische, juristische, pädagogische und politische Kenntnisse, soweit sie in der Praxis für die Bevölkerung von Nutzen waren. Angestrebt wurde eine Wirtschafts- und Lebensweise, die auf vernünftigen Prinzipien basieren sollte. Der Aberglaube der breiten Bevölkerungsschichten war dabei das Haupthindernis. Daher ging es den Volksaufklärern auch um die Vermittlung aufklärerischer Religionsvorstellungen. Man versuchte allzu sinnlichen Vorstellungen zu begegnen, die sich in vielgestaltigen Bräuchen zeigten. So war es z. B. in Hambach Brauch, an Christi Himmelfahrt das Bild Christi an einem Seil hinaufzuziehen und an Pfingsten das Bild des Heiligen Geistes herabzulassen.[30] Im Hochstift Speyer waren sog. Himmelsbriefe verbreitet, die von Christus selbst geschrieben und durch den Erzengel Michael auf diese Welt gebracht worden sein sollten. Solche Briefe kaufte die Bevölkerung, weil sie sich davon einen Nutzen für ihr Seelenheil versprach. Besonders eindrucksvoll lässt sich der Kampf gegen den Aberglauben am Einsatz der Volksaufklärer für die Anbringung von Blitzableitern festmachen. 1776 hatte Benjamin Franklin den Blitzableiter erfunden, der in kurzer Zeit seinen Siegeszug durch Europa antrat. Die Bevölkerung musste überall aber erst davon überzeugt werden, dass das Anbringen eines Blitzableiters keine Gotteslästerung war, kein Eingriff in das göttliche Handeln, da Blitzeinschläge als unmittelbares Eingreifen Gottes in die Welt und als Ausdruck seines göttlichen Zorns verstanden wurden. Allenfalls willigte man ein, Gott durch Wetterläuten gnädig zu stimmen. Aufgabe der Volksaufklärer war es nun, dem entgegenzutreten, klarzumachen, dass der Schutz des Besitzes vor einer Naturkatastrophe durch eine technische Erfindung dem göttlichen Willen entspreche und es den Christen nicht nur nicht verboten war, Blitzableiter anzubringen, sondern dass sie damit völlig im Sinne Gottes handelten.[31]

Rudolph Zacharias Becker.

Rudolph Zacharias Becker (Pictura Paedagogica Online, Universität Hildesheim)

Der Volksaufklärung diente eine breite Palette von Schriften, die sich an die breite Bevölkerung richteten und die auch im rheinland-pfälzischen Raum verbreitet waren.[32] Eine genaue Bestandsaufnahme steht aber noch aus. Der Bibliothekar der Trierer Lesegesellschaft Johann Hugo Wyttenbach z. B. stellte solche volksaufklärerischen Schriften in die Bibliothek ein, dazu gehörte auch der Bestseller, das »Noth- und Hilfsbüchlein für Bauersleuthe« von Rudolf Zacharias Becker. Der Protestant Becker hatte als Hofmeister in Erfurt eng mit dem kurmainzischen Statthalter Karl Theodor von Dalberg zusammengearbeitet. 1782 ging er als Lehrer an das von Johann Bernhard Basedow geleitete Philanthropinum in Dessau. Er war Mitglied der Freimaurer sowie des Illuminatenordens. 1785 veröffentlichte er im »Journal von und für Deutschland« sowohl eine programmatische Schrift zur Volksaufklärung als auch eine Subskriptionseinladung für sein »Noth- und Hülfsbüchlein für Bauersleute«.[33] Das Buch erschien drei Jahre später und erreichte eine Gesamtauflage von mindestens 400.000 Exemplaren. Auszüge aus dem Buch wurden in den bei Bauern altbekannten Medien, wie Kalendern, Lese- oder Erbauungsbüchern, publiziert und so die Inhalte auch auf indirektem Weg der ländlichen Bevölkerung bekannt gemacht. Becker konzipierte sein Buch adressatengerecht, er stellte sich auf Leser ein, die Mühe mit dem Lesen hatten, und gab daher dem Buch eine erzählerische Rahmenhandlung, die Geschichte des fiktiven Dorfes Mildenheim, in die er die Ratschläge zur Verbesserung des bäuerlichen Alltags einbettete. Eine wesentliche Zielsetzung des Buchs war es, die Bauern zu Eigeninitiativen und zur eigenständigen Suche nach Verbesserungsmöglichkeiten zu bewegen. Sie sollten erkennen, dass ihre Mühsal nicht gottgewollt war, sondern es vielmehr gottgewollt sei, dass sie durch Vernunft zu einem besseren, glückseligen Leben gelangten.

Die Volksaufklärung hatte demnach durchaus emanzipatorische Züge, sie ermunterte zu einem neuen, rationalen Umgang mit Religion, wirkte gegen abergläubische Praktiken und zielte auf Verbesserung der Lebensumstände. Gleichzeitig hatte sie auch einen stark systemstabilisierenden Charakter: Sie zeigte, dass Aufklärung kein universalistisches Konzept war, sondern ein Konzept, das sich abhängig von Stand oder sozialer Schichtenzugehörigkeit jeweils anders darstellte.

1 MATHY, Residenz 1998, S. 287.
2 TILGNER, Adelsreise 2002.
3 SPRINGER, Illuminaten 2006, S. 233.
4 SCHINDLING, Bildung 1994, S. 24.
5 MATHY, Residenz 1998, S. 286.
6 DERS., Schulen 2002; FLECK, Schulwesen 2010.
7 MATHY, Schulen 2002, S. 722 f.
8 Ebenda, S. 733.
9 MÖRZ, Absolutismus 1991, S. 352.
10 GREISER, Entwicklung 1929, S. 16.
11 MAHLERWEIN, Worms 2005, S. 347.
12 Zitiert nach FRANZ, Geistes- und Kulturgeschichte 1988, S. 262.
13 Schulordnung für die hohen und niederen Schulen im Erzstift Trier, zitiert nach FRANZ, Geistes- und Kulturgeschichte 1988, S. 262; vgl. FLECK, Bildungswesen 2010, S. 421.
14 Siehe dazu detailliert SCHREINER, Mädchenbildung 2007, S. 93–104.
15 TILGNER, Lesegesellschaften 2001, S. 62 f.
16 SCHAAF, Bildung 1992, S. 449.
17 MAHLERWEIN, Worms 2005, S. 347.
18 MÖRZ, Absolutismus 1991, S. 350.
19 Zur höheren Mädchenbildung durch die weiblichen Lehrorden siehe CONRAD, Kloster 1991; als Überblick über die Geschichte der Mädchenbildung unter verschiedenen Gesichtspunkten siehe OPITZ/KLEINAU, Mädchen- und Frauenbildung 1996.
20 Siehe dazu den Beitrag Prozess der Aufklärung von Helga SCHNABEL-SCHÜLE.
21 GREISER, Entwicklung 1929, S. 44.
22 LAMM, Speyer 1999, S. 122 f.
23 Über Steigentesch liegen nur sehr wenige biografische Angaben vor.
24 DUCHHARDT, Staaten 2004, S. 59.
25 MATHY, Ansprüche 1997, S. 137.
26 DUCHHARDT, Staaten 2004, S. 59.
27 JÜRGENSMEIER, Reformpolitik 1993, S. 318.
28 TRAUTH, Begegnung 2000, S. 127.
29 Siehe BÖNING/SIEGERT, Volksaufklärung 2001.
30 STAMER, Kirchengeschichte 1959, S. 162 f.
31 LANDWEHR/STOCKHORST, Kulturgeschichte 2004, S. 118 f.
32 Dazu zählten HIRZEL, Wirtschaft 1774, DERS., Prüfung 1785 sowie BECKER, Noth- und Hülfsbüchlein 1788/1798.
33 BECKER, Versuch 1785; DERS., Ankündigung 1785.

Architektonische Erinnerungsorte. Teil 2: Frühe Neuzeit

Vom Palast der Helena bis zum Schloss der Oranier-Prinzessin

Von Matthias Müller

Die barocke Architekturlandschaft und der Krieg – eine Vorbemerkung

Wenn in den folgenden Kapiteln das barocke Erbe von Rheinland-Pfalz anhand von ausgewählten, im 17. und 18. Jh. um- oder wiederaufgebauten Kirchen und Residenzschlössern vorgestellt und auf seine Bedeutung für die frühneuzeitliche Erinnerungskultur befragt wird, dann ist dies nicht nur der Notwendigkeit zur Konzentration auf einen aussagekräftigen, mit den Ausführungen zur Architekturgeschichte des Mittelalters sinnvoll verknüpften Einzelaspekt geschuldet,[1] sondern auch dem hierzu vorhandenen relativ reichen Erbe. Dieses erweist sich zu einem nicht unwesentlichen Teil als Folge der Kriegszüge des französischen Sonnenkönigs, Ludwigs XIV., da als Folge des sog. Pfälzischen Erbfolgekrieges im späten 17. Jh. zahlreiche Städte (so etwa Oppenheim, Bingen, Koblenz, Simmern, Speyer oder Landau) als Ruinenlandschaften zurückblieben und wiederaufgebaut werden mussten.[2] So ließe sich mit guten Gründen auch ein ganzes Kapitel über die barocken Wiederaufbauplanungen und -maßnahmen zahlreicher Städte im heutigen Rheinland-Pfalz schreiben, genauso wie über die Ausbaumaßnahmen von Städten wie Mainz, Trier oder Koblenz zu barocken fürstbischöflichen Residenzstädten mit prachtvollen Adelspalästen[3] oder – wie das weitgehend unbekannte Beispiel von Diez unter den Oraniern – zu fürstlichen Residenzstädten mit einer teilweise ausgeführten barocken Idealstadtplanung. Der architektonische Glanz dieser Städte ist allerdings nicht erst durch die verheerenden Bombardements des Zweiten Weltkrieges stark gemindert und besonders in Mainz für den Betrachter nur in Form von herausragenden Einzeldenkmälern in seiner ursprünglichen Pracht vorstellbar. Bereits vor dem Zweiten Weltkrieg sorgten vor allem die kriegerischen Auseinandersetzungen mit dem revolutionär-republikanischen Frankreich sowie bestimmte Baumaßnahmen Napoleons für schwere Verluste im Mainzer Denkmälerbestand. So wurde auch das in seiner Art in Deutschland einzigartige Lustschloss Favorite (Abb. 1), das der Mainzer Fürstbischof Lothar Franz von Schönborn ab 1700 nach französischem Vorbild mit prachtvollen Gartenanlagen direkt am Rhein vor den Toren von Mainz hatte errichten lassen, bei der Rückeroberung des französisch besetzten Mainz 1793 vollkommen zerstört. Damit ging für Mainz gleichzeitig ein wichtiges Denkmal für die barocke fürstliche Repräsentationskultur mit ihrer städte- und gartenbaulichen Verknüpfung von Residenz- und Lustschloss bzw. städtischem Regierungszentrum und außerstädtischem Ort des höfischen Festes verloren.[4]

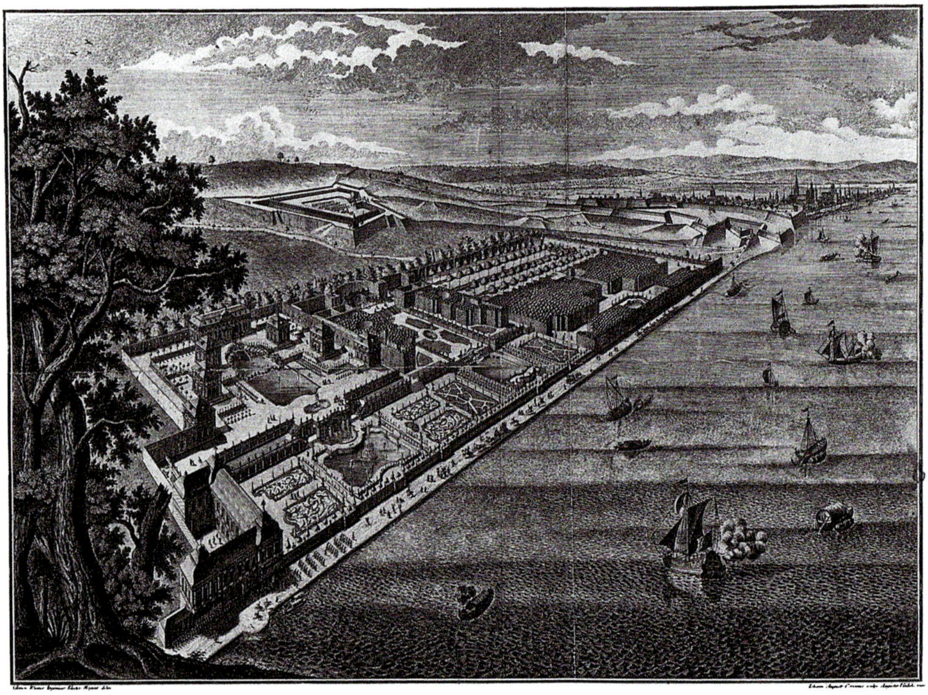

Abb. 1: Das kurfürstliche Lustschloss Favorite bei Mainz (hier in einer Stichansicht von 1726 von Salomon Kleiner) war mit seinen Parkanlagen eine der größten und bedeutendsten Anlagen seiner Art im 18. Jh., wurde jedoch bei der Rückeroberung von Mainz 1793 vollkommen zerstört (Bildarchiv des Verfassers und des Instituts für Kunstgeschichte der Universität Mainz)

Der urbane Zusammenhang einer barocken Residenzstadt mit ihren zentralen Regierungs- und Verwaltungsgebäuden, den Kirchen und Klöstern, den Stadtpalästen des Adels mit den oftmals zugehörigen Gartenanlagen sowie den vor der Stadt gelegenen Lustschlössern und Parkanlagen lässt sich in den modernen, häufig nach 1945 wiederaufgebauten Stadtzentren hingegen selbst dann kaum mehr nachvollziehen, wenn noch genügend barocke Bausubstanz überlebt hat und auch das historische Straßensystem beibehalten wurde. Denn die neuerrichteten Wohn- und Geschäftsbauten verändern alleine durch ihre andere Materialität, Struktur und Proportionierung das alte Straßenbild nachhaltig und verstellen zudem oftmals die gerade für barocke Stadtplanungen wichtigen Blickachsen auf die repräsentativen Gebäude und Plätze einer Residenzstadt.

Barocke Kirchenbauten als Erinnerungsorte bischöflich-fürstlicher Würde und Macht

Zwar verfügt das heutige Rheinland-Pfalz in seinen Städten und Dörfern über eine Reihe von qualitätsvollen Sakralbauten aus dem Barock und Rokoko, zu denen in Mainz etwa die glücklicherweise vom Zweiten Weltkrieg verschont gebliebene Augustinerkirche (1768–1772) in der südlichen Altstadt oder die wiederhergestellte ehemalige Stiftskirche St. Peter (1749–1756) in der Nähe des kurfürstlichen Schlosses, in Trier die ehemalige Stiftskirche St. Paulin (1734–1757), in Speyer die evangelische Dreifaltigkeitskirche oder in Oggersheim (Ludwigshafen) die eine Loreto-Kapelle umschließende Pfarr- und Wallfahrtskirche Mariä Himmelfahrt gehören. Doch insgesamt ist die Anzahl herausragender Bauten überschaubar, was übrigens nicht nur als Ergebnis der Kriegszerstörungen zu bewerten ist. Anders als die prominenten Barocklandschaften im südlichen bzw. südöstlichen Deutschland, die über eine Vielzahl von neuerrichteten monumentalen Barock- bzw. Rokokokirchen verfügen, mussten sich die Auftraggeber und Baumeister auf dem Gebiet des heutigen Rheinland-Pfalz mit einem besonders reichen Erbe an bereits vorhandenen, aus dem Mittelalter überlieferten Kirchenbauten mit einer oftmals bis ins frühe Christentum zurückreichenden Geschichte auseinandersetzen. Dies führte in auffälliger Weise zu einer eher konservativen, bewahrenden Haltung und beschränkte barocke Baumaßnahmen auf sparsame Ergänzungen (wie etwa Turmhelme) oder – wiederum in auffallend engen Grenzen – Überarbeitungen der kirchlichen Innenausstattung.[5] Dafür ist in besonderer Weise der Trierer Dom ein interessantes, wenn auch nur noch in Resten erhaltenes Beispiel, da seine barocke Innenausstattung zugleich das spätantik-frühchristliche Erbe der ältesten Domkirche des Reichs gestalterisch aktualisieren und neu interpretieren sollte.[6]

1. Beispiel: Der barocke Neubau der Trierer Benediktinerklosterkirche St. Maximin als Nachempfindung des mittelalterlichen Vorgängers

Die herausragende Bedeutung eines großen historischen und religiösen Erbes konnte daher sogar zu einem barocken Neubau in den Formen des mittelalterlichen Vorgängerbaus führen, wie zwischen 1680 und 1684 mit der Kirche des Trierer Benediktinerklosters St. Maximin geschehen (Abb. 2).[7] Unter den insgesamt vier Benediktinerklöstern in Trier war St. Maximin das mächtigste und altehrwürdigste, in dessen Klosterkirchenkrypta sich die Reliquien des heiliggesprochenen frühchristlichen Trierer Bischofs Maximin befanden. Als dieses hochrangige Kloster und seine Kirche 1674 aus militärstrategischen Gründen von den französischen Truppen gesprengt wurden, scheint der Verlust der mittelalterlichen Baugestalt als visuelles Zeugnis der Altehrwürdigkeit als so schwerwiegend empfunden worden zu sein, dass der Wiederaufbau der Klosterkirche unter Abt Alexander Henn nicht in den Formen des zeitgenössischen Barock, sondern als weitgehende Rekonstruktion des im 13. Jh. gotisierten romanischen Vorgängerbaus erfolgte. Dabei wurden sogar erhalten gebliebene Reste des mittelalterlichen Bauwerks, so der nördliche Nebenchor und Teile der nördlichen Seitenschiffswand mit

Abb. 2: Die Trierer Klosterkirche St. Maximin (hier ein Blick auf die Westfassade) wurde nach der Zerstörung von 1674 als barockisierende Rekonstruktion des mittelalterlichen Vorgängerbaus wiedererrichtet (Bildarchiv des Verfassers und des Instituts für Kunstgeschichte der Universität Mainz)

Abb. 3: Blick in das heute profanierte und multifunktional genutzte Langhaus der Trierer Klosterkirche St. Maximin, das nach der Zerstörung von 1674 in barock-gotisierenden Formen rekonstruiert wurde (Bildarchiv des Verfassers und des Instituts für Kunstgeschichte der Universität Mainz)

den Fragmenten eines gotischen Dienstbündels, bewusst und im Sinne eines materiellen Unterpfandes aus der jahrhundertealten Geschichte des Klosters in den Neubau integriert. Nur anhand von bestimmten Details, wie etwa den pilasterartigen Wandvorlagen im Inneren (Abb. 3) oder der barock interpretierten Wiederherstellung der romanischen Doppelturmanlage (vgl. Abb. 2), lässt sich das wahre Alter der nach Plänen des Trierer Baumeisters Hans N. Kuckeisen rekonstruierten Klosterkirche ablesen.

2. Beispiel: Der Speyerer Dom als Rekonstruktion des 18. Jhs.

Ein anderer Kirchenbau, der in weiten Teilen entgegen dem äußeren Anschein in Wirklichkeit einen in großen Teilen barocken Neubau verkörpert, ist der im Mittelalter-Teil des vorliegenden Handbuchs ausführlicher behandelte Speyerer Dom! Hier wird vielleicht am eindrucksvollsten deutlich, wie sehr das Erbe hochkarätiger und geschichtsträchtiger mittelalterlicher Sakralarchitektur für die Bauherren und Baumeister zu einem Maßstab wurde, der unbedingt respektiert werden musste und von daher Um- und Neubauten im damals zeitgemäßen barocken Stil in nur sehr bescheidenem Umfang ermöglichte.[8] Denn in Speyer standen Bischof und Domkapitel nach den verheerenden Zerstörungen des Doms durch die Truppen des französischen Königs Ludwigs XIV., die das Langhaus der altehrwürdigen salischen Domkirche 1689 zu zwei Dritteln in die Luft gesprengt hatten (Abb. 4), vor der Frage, entweder auch noch die Reste des Domlanghauses sowie des Westbaus abzureißen und – in reduzierter Form – barock wiederaufzubauen oder aber die große klaffende Lücke im Langhausbereich (unter Beibehaltung der Position des Westbaus) möglichst originalgetreu wiederherzustellen. Am Ende eines längeren, bis weit ins 18. Jh. reichenden Prozesses entschieden sich die Verantwortlichen in Speyer, allen voran Bischof Damian August Philipp Karl Reichsgraf von Limburg-Stirum, im Januar 1772 für die zweite Möglichkeit und sorgten auf diese Weise unter der Bauleitung von Franz Ignaz Michael Neumann, dem Sohn des berühmten Barockbaumeisters Balthasar Neumann, zwischen 1772 und 1778 für eine der ersten nahezu originalgetreuen Rekonstruktionen der europäischen Architekturgeschichte (Abb. 5). Dieser Vorgang muss nicht zuletzt vor dem Hintergrund aktueller Debatten um die Legitimation einer Rekonstruktion kriegszerstörter historischer Architektur in deutschen Großstädten durchaus bemerkenswert erscheinen.

Abb. 4: Der von den Truppen Ludwigs XIV. 1689 zerstörte Speyerer Dom in einer Ansicht von ca. 1700 (GDKE Landesdenkmalpflege)

Soweit dies die Quellenlage und zeitgenössische Parallelfälle aus dem Alten Reich, aber auch aus dem benachbarten Frankreich erkennen lassen, trafen die Bauherren ihre Entscheidung zum Wiederaufbau des Speyerer Domlanghauses in romanisch-salischer Gestalt keineswegs aus ökonomischen Gründen (etwa weil ein barocker Wiederaufbau auch Veränderungen im Bereich des erhalten gebliebenen Querhauses und Chores erzwungen hätte), sondern aus dem Wunsch, mit der historisch gestalteten Architektur zugleich auch das Gedächtnis an die historische Größe und Altehrwürdigkeit des Speyerer Domes und der mit ihm verbundenen kirchlichen Institutio-

Abb. 5: Blick auf die nördliche Mittelschiffswand des Speyerer Doms, deren von Franz Ignaz Michael Neumann ab 1772 rekonstruierte Teile (links) sich kaum von den original erhaltenen romanischen Teilen (rechts) unterscheiden lassen (Matthias Müller)

nen wachzuhalten. Daran musste neben dem Bischof besonders das Domkapitel ein Interesse haben, war doch seine Position im 18. Jh. aufgrund einer Verschiebung der politischen Gewichte und der minderen kirchen- wie reichspolitischen Bedeutung von Speyer potentiell gefährdet. Und so ist es durchaus als Absicht der Auftraggeber wie des Architekten zu verstehen, wenn wir heute beim Anblick des Speyerer Doms außen wie innen meinen, vor bzw. in einem original erhaltenen romanischen Bauwerk zu stehen und selbst Fachleute nur mit großem Vorwissen und einem geschulten Auge die wenigen Reminiszenzen an die barocke Architekturauffassung erkennen können. Diese Reminiszenzen beschränken sich im Wesentlichen auf kleinste, fast nicht sichtbare Details, wie z. B. barock interpretierte romanische Kapitelle, schärfer oder etwas aufwändiger profilierte Gesimse oder eine etwas stärkere Betonung des Volumens der gerundeten Wandvorlagen des Mittelschiffs. Erst ein Blick sprichwörtlich hinter die Kulissen, auf das unverputzte Mauerwerk der Obergadenwände oberhalb der Seitenschiffsgewölbe, lässt die unter Franz Ignaz Michael Neumann durchgeführten Baumaßnahmen vollständig sichtbar werden und anhand der stehen gelassenen, von der Feuersbrunst ausgeglühten Steine erahnen, wie verheerend die Zerstörungen einstmals gewesen waren.

Dem offenkundigen Wunsch, mit der möglichst originalgetreuen Rekonstruktion der vernichteten Teile des salischen Doms zugleich auch das Bild der einstigen, von den Salierkaisern begründeten historisch-politischen Größe des Speyerer Domkapitels wiederherzustellen, musste sich letztlich auch die schöpferische Kreativität des Barockarchitekten unterordnen, der in Speyer überwiegend nur eine »dienende« Aufgabe zu erfüllen hatte. Nur bei den Planungen für die Wiederherstellung des Westbaus konnte Franz Ignaz Michael Neumann seinen eigenen, zeitgemäßen Gestaltungsideen freieren Lauf lassen und durch eine reich bewegte und mit geschweiften Helmen versehene Turmlandschaft den Eindruck einer nach damaligen Maßstäben »modernen« Architektur erzeugen (Abb. 6).

Abb. 6: Der originale Bauplan (1775) nach dem zweiten Entwurf von Franz Ignaz Michael Neumann für den neuen Westbau des Speyerer Doms (Aufriss und Querschnitt) (Bistumsarchiv Speyer)

3. Beispiel: Der westliche Vierungsturm des Mainzer Doms als barocke Neuschöpfung in retrospektiven Formen

Stärker als in Speyer durfte Franz Ignaz Michael Neumann seine baukünstlerische Kreativität bei der Wiederherstellung des Mainzer Doms unter Beweis stellen. Diese altehrwürdige Domkirche war am 22. Mai 1767 durch einen Blitzschlag in Brand gesetzt worden, wodurch zwar glücklicherweise nicht das ganze Bauwerk in Flammen aufging, aber doch der hochaufragende, spitzzulaufende Helm des Vierungsturms über dem Westbau vernichtet wurde. Der von Neumann konzipierte und zwischen 1771 und 1774 errichtete neue Turmabschluss (Abb. 7) darf als ein Meisterwerk des angepassten und zugleich kreativ neuschöpferischen Bauens gelten,[9] so wie es aus ästhetischen und historischen Gründen auch von der zeitgenössischen französischen Architekturtheorie gefordert wurde und es im letzten Viertel des 20. Jhs. in gewisser Weise die Postmoderne Architektur wieder auf ihre Fahnen schreiben sollte. Denn in Mainz rekonstruierte Neumann auf Wunsch des Domkapitels nicht einfach den alten, steilaufragenden hölzernen Turmhelm, sondern schuf aus feuerresistenterem Steinmaterial eine sich stufenweise nach oben hin verjüngende Turmpyramide, die sich in ihren Kleinformen (Fenster, Gesimse, Bögen, Decorum) als die barocke Neuinterpretation der darunter befindlichen Mauerzonen des hoch- und spätmittelalterlichen Kuppeltambours, aber auch der damaligen laternenartigen Bekrönung des östlichen Vierungsturms erweist.[10] Mit diesem Kunstgriff einer zwischen Mittelalter und Barock vermittelnden Formensprache hat Neumann letztlich auch den für das Stadtbild äußerst markanten westlichen Vierungsturm des Mainzer Doms zu einer Erinnerungsarchitektur ausgestaltet, die in ihrer Gesamtform zwar unverkennbar dem baukünstlerischen Zeitgeist des 18. Jhs. verpflichtet ist, in ihren frei romanisierend-gotisierenden Details zugleich aber ebenso deutlich auf die jahrhundertealte Geschichte des Mainzer Doms und des mit ihm verbundenen Erzbistums verweist.

Barocke Residenzschlösser als Erinnerungsorte bischöflicher und fürstlicher Würde und Macht

Von dieser bemerkenswerten Turmarchitektur des Mainzer Doms aus kann nun ein zwangloser Szenenwechsel hin zu ausgewählten barocken Residenzschlössern im heutigen Rheinland-Pfalz vorgenommen werden. Denn ähnlich wie bei den barocken Wiederherstellungsmaßnahmen für den Speyerer oder Mainzer Dom bestimmte auch bei den barocken Ausbau- bzw. Neubauplanungen für die Residenzschlösser der Fürstbischöfe in Mainz und Trier sowie der Fürsten von Oranien-Nassau in Diez bei Limburg der Aspekt von geschichtsbewusstem Gedächtnis und Erinnerung das Baugeschehen. Seine kulturhistorischen Wurzeln besitzt dieses Bauverhalten in der vormodernen Auffassung, dass in den Baukörpern der seit alters her bestehenden Schlösser das materielle und geistige Erbe der Vorfahren einer Dynastie oder einer geistlichen Institution mitsamt ihren politischen sowie territorialen Rechten und Privilegien weiterlebe.[11] In diesem Sinne verkörperte ein Schloss auch in der zeitgenössischen frühneuzeitlichen Theoriebildung ein zweifach wirk-

Abb. 7: Die nach einem Blitzschlag 1771–1774 von Franz Ignaz Michael Neumann neu errichtete Spitze des westlichen Vierungsturms des Mainzer Doms ist ein Meisterwerk der historisierenden Barockarchitektur (Matthias Müller)

sames Denkmal, das zum einen als Objekt historischer, dynastisch oder institutionell geleiteter Erinnerung und zum anderen als sprichwörtlicher Träger der mit dem Schloss unauflösbar verbundenen Herrschafts- und Besitzrechte fungierte. Die Mauern eines alten Schlosses sollten demnach eine materielle Hülle, eine Art architektonischer *corpus* für den seit alters her bestehenden Familien- oder Institutionenverband und seinen politischen Status bilden und wurden daher zwar stets erweitert, verjüngt und aufgefrischt, doch dabei in der Regel nie vollkommen zerstört. Für die sich daraus ergebende heterogene bauliche Erscheinungsform hatte der Augsburger Gelehrte und Gesandte Philipp Hainhofer beim Anblick des kurpfälzischen Schlosses Neuburg an der Donau zu Beginn des 17. Jhs. den vielsagenden Begriff des »zusammengeflickten Wesens« verwendet.

1. Beispiel: Neubauplanungen für das Mainzer Kurfürstenschloss – doch zumeist nur auf dem Papier

Diesen kulturellen wie juristischen Normen verdankte auch das kurfürstliche Residenzschloss in Mainz seine bis ins frühe 19. Jh. bestehende inhomogene Gestalt.[12] Vor allem die Rheinseite des Mainzer Schlosskomplexes (Abb. 8) bot ein wahres Konglomerat an Bauten, die – von links nach rechts gesehen – vom Kanzleigebäude des 16. Jhs. über den neuen Südostflügel des 17. Jhs. mit der vorgelagerten Martinsburg aus dem 15. und 16. Jh. reichten und im Nordwestflügel aus dem 18. Jh. ihren Abschluss fanden. Kein Gebäude glich dem anderen, keine stilistischen Retuschen – etwa am Bild der Fassaden – sorgten wenigstens für einen Hauch von Einheitlichkeit, so dass den Besuchern und Betrachtern in geradezu schonungsloser Offenheit ein architektonisches Stückwerk aus drei Jahrhunderten präsentiert wurde. So stieß die streng gereihte, horizontal ausgerichtete Pilasterfassade des neuen Südostflügels aus dem 17. Jh. ohne vermittelndes Zwischenstück direkt auf die hochaufragenden, mit Türmen, Zinnen und Erkern ausgestatteten Mauern der spätmittelalterlichen Martinsburg.[13]

Abb. 8: Die kolorierte Zeichnung von Franz Graf von Kesselstatt zeigt das Mainzer Kurfürstenschloss mit seinen Bauwerken aus verschiedenen Jahrhunderten im Zustand um 1800 (Bildarchiv des Verfassers und des Instituts für Kunstgeschichte der Universität Mainz)

Bis 1628 blieb die 1477 unter Kurfürst Diether von Isenburg neuerbaute und aufgrund von Kriegsschäden aus dem Markgräflerkrieg ab 1555 unter Kurfürst Daniel Brendel von Homburg renovierte Martinsburg in ihrer spätmittelalterlichen Gestalt äußerlich vollkommen unangetastet. Wenn es zu Neubauten kam, dann wurden diese – wie etwa das Kanzleigebäude von 1555 oder die ab 1570 erbaute Schlosskirche St. Gangolf – außerhalb des engeren Burgareals errichtet. Dann, mitten im Dreißigjährigen Krieg, entschloss sich Kurfürst Georg Friedrich von Greiffenclau 1628 zu einer großangelegten Neubaukampagne, um die beengten Räumlichkeiten in der alten Schlossanlage um

Abb. 9: Der Südostflügel des Kurfürstenschlosses wurde ab 1628 als erster Bauabschnitt einer geplanten Schlosserweiterung errichtet, um mehr Platz für repräsentative Wohn- und Zeremonialräume zu erhalten (Bildarchiv des Verfassers und des Instituts für Kunstgeschichte der Universität Mainz)

dringend benötigte repräsentative Wohn- und Zeremonialräume zu erweitern. Der Verlauf dieser Baukampagne sollte jedoch bereits drei Jahre später durch den Einmarsch des schwedischen Königs Gustav II. Adolf und seiner Truppen in Mainz abrupt unterbrochen werden. Dennoch gelang es den Bautrupps des Mainzer Erzbischofs bis dahin, an das südwestliche Ende der Martinsburg einen achtachsigen und drei Geschosse hoch aufragenden Neubau (Abb. 9) anzufügen, der bis an die Westmauer der Martinsburg heranreichte. Dieser neue Flügel sollte ganz offensichtlich von vornherein nach Norden weitergeführt werden, doch dazu kam es wegen der Folgen des Dreißigjährigen Krieges und der Priorität anderer städtischer Bauaufgaben erst fast 50 Jahre später. In den Jahren zwischen 1675 und 1678 ließ Kurfürst Damian Hartard von der Leyen das im Dreißigjährigen Krieg begonnene Werk des Kurfürsten Georg Friedrich von Greiffenclau fortsetzen und den 1631 fertiggestellten neuen Schlossflügel um weitere acht Achsen nach Norden erweitern.

Ein Abbruch der alten Burganlage war aber wohl auch jetzt nicht geplant, wie das Raumprogramm der Martinsburg belegt: Denn die Grundrisszeichnungen von ca. 1680 zeigen, dass sich in der alten Burg wie in den Jahrhunderten zuvor wichtige kurfürstliche Repräsentationsräume befanden – so etwa die Hofstube und der Festsaal, während in den Neubau die Tafelstube, die Zeremonial- und die Wohnräume des Kurfürsten verlegt wurden. Letztere waren am südlichen Ende des neuen Flügels angeordnet, um so auch die repräsentativen Eckerker (vgl. Abb. 9) für die Kurfürstengemächer nutzen zu können. In dieser Hinsicht folgt die Raumanordnung einer im deutschen Schlossbau seit dem späten 15. Jh. begründeten Tradition. Direkt im Anschluss an die Vollendung des neuen Südostflügels sollte wohl gleich ein weiterer Schlossflügel aufgeführt werden, der vom nördlichen Ende des Südostflügels rechtwinklig in westlicher Richtung abgezweigt wäre. Doch gelangte dieser unter Kurfürst Anselm Franz von Ingelheim geplante Erweiterungsbau nicht über seine 1687 gelegten Fundamente hinaus. Wieder verhinderte ein Krieg – dieses Mal der Pfälzische Erbfolgekrieg – die Verwirklichung der Baupläne.

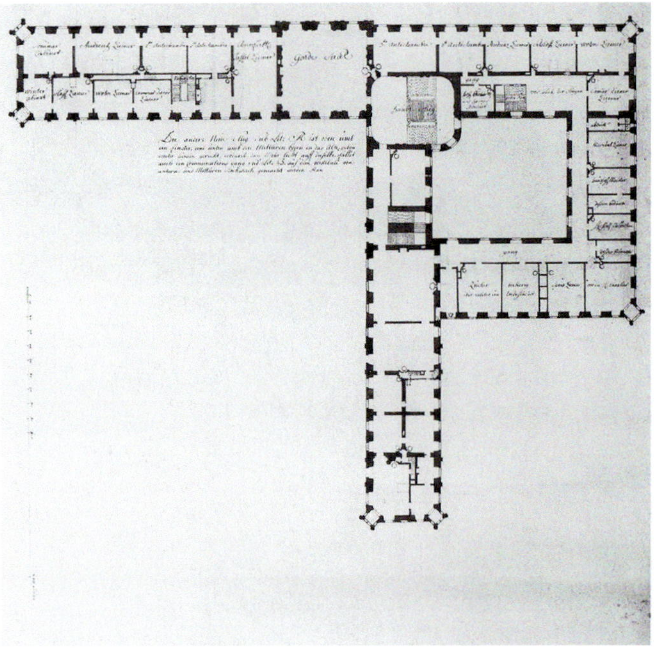

Abb. 10: Erst um 1749 entwarf Franz Anselm Freiherr von Ritter zu Groenesteyn Pläne für den Abriss der alten Martinsburg und die Erweiterung des Mainzer Schlosses auf dem Gelände der alten Burg. Wie der Grundrissplan (hier das 1. Obergeschoss) zeigt, rezipiert der Neubau aber weiterhin die kastellartige Anlage der Martinsburg (Bildarchiv des Verfassers und des Instituts für Kunstgeschichte der Universität Mainz)

Erst gegen 1749 wurde zumindest auf dem Papier tatsächlich daran gedacht, die altehrwürdige Martinsburg vollständig niederzulegen und durch einen Neubau zu ersetzen. Die Pläne (Abb. 10) hierzu erarbeitete der Architekt Anselm Franz Freiherr von Ritter zu Groenesteyn im Auftrag des Kurfürsten Johann Friedrich Karl von Ostein. Doch in Mainz kam auch dieser großzügige Neubauplan aus der Zeit um 1749 nicht über die Entwurfsphase hinaus und blieb somit im Stadium reiner Imagination stecken. Damit ähnelt die Mainzer Situation im Übrigen auffallend den Verhältnissen in anderen bedeutenden Residenzstädten wie Wien oder Dresden, wo etliche ambitionierte Neubauplanungen ebenfalls reines Papierwerk blieben. Nur der Nordwestflügel erlebte kurze Zeit später noch unter Kurfürst Johann Friedrich Karl von Ostein seine Verwirklichung und wurde zwischen 1750 und 1752 auf den zu diesem Zweck bereits 1687 angelegten Fundamenten in veränderter Form ausgeführt. Auf diese Weise blieb die alte Martinsburg erneut unangetastet. Dies änderte sich erst unter dem Regime Napoleons, unter dessen Herrschaft auch die alten kurfürstlichen Institutionen und ihre architektonischen Würdezeichen ihre Bedeutung verloren. Napoleon ordnete 1804 an, die Martinsburg abreißen zu lassen, um an ihrer Stelle am Rhein einen neuen Zollhafen errichten zu können. Dies geschah vier Jahre später, so dass seit 1809 im Mainzer Stadtbild nichts mehr an die bis ins Mittelalter zurückreichende Tradition des fürstbischöflichen Residenzschlosses erinnert.[14]

2. Beispiel: Konstantins Palastaula als ideeller Kern für das Trierer Kurfürstenschloss

Das in Mainz beobachtete Phänomen, die frühneuzeitlichen Umbau- und Erweiterungsmaßnahmen des Kurfürstenschlosses niemals auf Kosten des historischen Ursprungsbaus auszuführen, lässt sich auch beim kurfürstlichen Schloss in Trier beobachten.[15] Das Trierer Schloss wurde zu Beginn des 17. Jhs. unter Kurfürst Lothar von Metternich zu einer damals modernen Vierflügelanlage umgebaut, wobei man bemerkenswerterweise mit großem Aufwand weite Teile der römischen Palastaula als Westflügel integrierte (Abb. 11). Erst die kürzlich vorgenommene Neuübersetzung der lateinischen Quelle zu den damals angestellten Baumaßnahmen beweist mit der nötigen Klarheit, wie unökonomisch und technisch aufwändig sich gerade die Sicherung der römischen Palastmauern darstellte: Nicht, wie es bisher aufgrund einer fehlerhaften Übersetzung gelesen worden war, wegen ihrer »ausgezeichneten Festigkeit« blieben die monumentalen Überreste der römischen Palastaula stehen, sondern wegen des schlechten Erhaltungszustandes der alten Mauern mussten diese »mit bemerkenswerter Festigkeit gegen weitere

Abb. 11: Das Trierer Kurfürstenschloss im Jahr 1670 nach einem Kupferstich von Nicolaus Person. Gut zu erkennen ist die Einbeziehung der konstantinischen Palastaula in die neue Vierflügelanlage (Bildarchiv des Verfassers und des Instituts für Kunstgeschichte der Universität Mainz)

Abb. 12: Der im 18. Jh. veränderte Gartenflügel des Trierer Kurfürstenschlosses mit der konstantinischen Palastaula (Zustand 2009) (Matthias Müller)

Zerstörung gesichert werden, damit Mühe und Aufwand nicht vergebens waren«.[16] Wie ein Stich von Nicolaus Person von 1670 (vgl. Abb. 11) zeigt, blieb das römische Quadermauerwerk zudem unverputzt und bildete dadurch materialästhetisch einen sichtbaren Kontrast zu den verputzten und farbig gestrichenen Wänden der übrigen Schlossflügel.

Interessant ist auch der weitere Verlauf der Baugeschichte des Trierer Schlosses: Als die seit dem frühen 17. Jh. bestehende Vierflügelanlage in der Mitte des 18. Jhs. grundlegend modernisiert und dabei auch regularisiert werden sollte, blieben diese Pläne – vergleichbar mit Mainz – überwiegend eine Vision. Im Verlauf der zwischen 1756 bis 1768 unter Kurfürst Johann Philipp von Walderdorff durchgeführten und von seinem Architekten Johannes Seitz beaufsichtigten Planungs- und Umbaumaßnahmen gelangte eigentlich nur der Gartenflügel zur Ausführung (Abb. 12), während die Renaissanceflügel im Norden und Osten und erst recht der römische Westflügel lediglich eine Modernisierung der Raumausstattung erhielten. Eine radikale Veränderung dieses insgesamt konglomerathaften Zustandes brachte auch in Trier erst das 19. Jh. mit sich, als man unter maßgeblicher Beteiligung des preußischen Königshauses mit der Rekonstruktion der spätantiken »Konstantins«-Aula begann.

3. Beispiel: Schloss Oranienstein bei Diez als Lustschloss in den Ruinen eines Nonnenklosters

Das abschließende Beispiel eines barocken Residenzschlosses auf dem Gebiet des heutigen Rheinland-Pfalz wurde von keinem der mächtigen geistlichen Reichsfürsten erbaut, sondern von Mitgliedern eines in den Niederlanden tätigen und in der Reichspolitik einflussreichen Fürstenhauses, das sich durch eine geschickte Macht- und Heiratspolitik im 16. Jh. aus dem Grafen- in den Fürstenstand und schließlich in das prestigeträchtige Amt des Statthalters in den niederländischen Provinzen emporgearbeitet hatte. Durch die Ehe Wilhelm Friedrichs von Nassau-Diez mit Albertine Agnes von Nassau-Oranien (nach dem französischen Fürstentum Orange) stärkte das Diezer Grafenhaus seine Position in den Niederlanden und eröffnete sich die Option, in die Fußstapfen der weitaus einflussreicheren oranischen Verwandtschaft zu treten. Nach dem Tod ihres Mannes (1664) wählte Albertine Agnes die bei Limburg an der Lahn gelegene Residenzstadt Diez mit dem aus dem Mit-

Abb. 13: Blick auf das alte, hoch über der nassauisch-oranischen Residenzstadt Diez thronende Grafenschloss, das 1664 Witwensitz von Fürstin Albertine Agnes von Nassau-Oranien wurde (Matthias Müller)

telalter stammenden Grafenschloss (Abb. 13) als ihren Witwensitz, um von hier aus als Vormund ihres Sohnes Heinrich Casimir II. das kleine Fürstentum Nassau-Diez zu regieren. Die meiste Zeit aber lebte die Fürstin in der friesischen Residenzstadt Leeuwarden, da sie darüber hinaus ihren minderjährigen Sohn als Statthalter der niederländischen Provinzen Friesland, Groningen und Drenthe vertrat.

Umso wichtiger war daher ihr Vorhaben, nicht einfach nur das bestehende alte Grafenschloss in Besitz zu nehmen, dessen altehrwürdige und zugleich altertümliche Bausubstanz und Baugestalt – ähnlich wie in Mainz und Trier – eindrucksvoller als jede Urkunde sprichwörtlich für die angestammten Rechte und Privilegien der Fürsten von Nassau-Diez stand, sondern durch den 1671 begonnenen Neubau von Schloss Oranienstein (Abb. 14) in der unmittelbaren Nähe von Diez den Anspruch ihrer Dynastie auf das oranische Erbe zusätzlich zu dokumentieren.[17] Denn den als Witwensitz dienenden Schlossneubau gestaltete Albertine Agnes von Nassau-Oranien zugleich zu einem Herrschaftsmonument ihrer Herkunftsfamilie aus, dessen Formensprache den Vorbildern der französischen und niederländischen Lustschlösser folgt, die sich wiederum am Residenzschloss des französischen Königs Ludwigs XIV. in Versailles orientieren. Von ihnen übernahm Schloss Oranienstein auch den Typus der Dreiflügelanlage, womit auf dem Boden des heutigen Rheinland-Pfalz eines der frühesten Barockschlösser nach Versailler Vorbild im Alten Reich errichtet wurde.

Diese auf den ersten Blick so zeitgemäße und an der aktuellen französischen wie niederländischen Barockarchitektur orientierte Baugestalt des neuen Schlosses Oranienstein bietet bei näherem Hinsehen eine Überraschung. Denn anders als von außen vermutet, birgt das Schloss in seinem Inneren die wesentlich älteren Reste des Benediktinerinnenklosters Dierstein, dessen Anfänge bis ins 12. Jh. zurückreichen, womit der baugeschichtliche Kern von Schloss Oranienstein fast ebenso alt ist wie das altehrwürdige Diezer Grafenschloss selbst. Die zuletzt im Dreißigjährigen Krieg durch schwedische Truppen nochmals nachhaltig beschädigten Grundmauern des einstigen Klosters wurden auf Anordnung von Fürstin Albertine Agnes nahezu vollständig in den Neubau des Schlosses Oranienstein einbezogen, so dass diese in ihrer Grundform und Disposition schließlich auch das Erscheinungsbild des barocken Schlosses mitbestimmten. Zu nennen sind hier die seitlichen Apsiden, deren rechte, östliche die originale Kirchenapsis verkörpert (Abb. 15), der kubische Kernbau des Haupthauses, der weitgehend dem alten Kirchenlanghaus entspricht, sowie die Anlage der Seitenflügel, die zusammen mit den Arkaden vor dem Haupthaus der Anordnung der Klosterklausur und des Kreuzgangs folgen und von diesen ebenfalls Teile des Mauerwerks übernommen haben.

Abb. 14: Schloss Oranienstein, das ab 1671 von Fürstin Albertine Agnes in den Grundmauern des ehem. Klosters Dierstein vor den Toren der Stadt Diez neu errichtet wurde, sollte mit seiner niederländisch-französischen Architektur den Anspruch des Hauses Nassau-Diez auf das oranische Erbe anzeigen (Matthias Müller)

Bereits diese formalen Bezüge auf die ursprüngliche Klosteranlage widersprechen der Annahme, die Übernahme der mittelalterlichen Klostermauern sei aus rein ökono-

mischen Gründen erfolgt. Noch größer aber werden die Zweifel, wenn wir einen Blick in die Urkundenbücher und chronikalischen Überlieferungen von Kloster Dierstein werfen.[18] Darin wird sehr schnell die überaus enge Verbindung des Klosters mit dem Grafenhaus von Diez sichtbar. Diese bestand spätestens seit dem 13. Jh. und umfasste nahezu alle Bereiche: Von der Ökonomie über die Herrschaftsrechte und Stiftungen bis hin zu einer offensichtlich auch dynastisch motivierten Personalpolitik, die nicht nur dafür sorgte, dass die Nonnen von Dierstein nahezu ausschließlich aus adligen Familien stammten, sondern überdies immer wieder Mitglieder des Diezer Grafenhauses das Amt der Äbtissin besetzten.[19] Angesichts dieser außerordentlich engen dynastischen, juristischen, ökonomischen wie politischen Verbindungen zwischen dem Kloster Dierstein und dem Diezer Grafenhaus war es aus dem Denken der Zeit heraus geradezu zwingend, dass Fürstin Albertine Agnes von Nassau-Oranien die Übernahme des historischen Erbes und seiner Verpflichtungen auch symbolisch zum Ausdruck brachte. Albertine Agnes verband diese symbolische Zeichensetzung nicht nur mit der Inbesitznahme des alten Diezer Grafenschlosses, sondern noch mehr mit der Besetzung der Ruinen des ehemaligen Klosters Dierstein, um in ihnen den Neubau von Schloss Oranienstein zu einem Denkmal sowohl für die Geschichte des Diezer Fürstenhauses als auch für die politische Bedeutung des Hauses Oranien auszugestalten.[20]

Abb. 15: Hinter der östlichen, turmartigen Seitenkonche von Schloss Oranienstein verbergen sich die alten Mauern der Chorapsis der ehemaligen Klosterkirche Dierstein (Matthias Müller)

1 Siehe Teil 1: Mittelalter in diesem Band.
2 Für das Beispiel Speyer siehe PORTENLÄNGER, Wiederaufbau 1989; WEX, Kleinbürger 1989, S. 113–120. Zum Thema siehe grundsätzlich (anhand des Kirchenbaus) SENG, Rekonstruktionen 2010.
3 Exemplarisch zu den Mainzer Adelspalais siehe die Dissertation von SCHNEIDER, Dalberger Hof 1986.
4 HASEKAMP, Schlösser und Gärten 2005; GLATZ, Favorite 2007; BRÜCHERT, Barockgarten 2009.
5 Siehe hierzu allgemein ENGELBERG, Renovatio 2005. Für das Beispiel des Mainzer Doms siehe auch ENGELBERG, Barock 2006.
6 Siehe hierzu die Darstellung der mittelalterlichen Architekturgeschichte (Teil 1: Mittelalter) in diesem Band und die im Druck befindliche Dissertation von FACHBACH, Johann Georg Judas 2010.
7 NEYSES, Baugeschichte 2002.
8 Siehe hierzu SENG, Modern oder gothisch 2008; SENG, Rekonstruktionen 2010, S. 81 f., 86–90, 92, 94 sowie SENG, Dom zu Speyer 2010; siehe auch HAAS, Bauformen 1961; WINTERFELD, Jahrhunderte 1986.
9 Zur Planungs- und Baugeschichte siehe zusammenfassend mit Angaben zur älteren Literatur SENG, Dom zu Mainz 2010.
10 Siehe hierzu ENGELBERG, Renovatio 2005, S. 317 f.
11 Siehe hierzu grundlegend MÜLLER, Schloss 2004; DERS., Könige 2005.
12 Siehe hierzu DERS., Burg 2011. Zur Baugeschichte siehe zuletzt FRANK, Ergebnisse 1999; DERS., Schloss 2004. Siehe darüber hinaus auch ZAHLER, Schloß 1988.
13 Zur einstigen Gestalt der Martinsburg siehe MELVILLE/HEBERER, Martinsburg 2010.
14 Siehe hierzu auch WINTERFELD, Reste 2007.
15 Zum Folgenden siehe TROUET, Modernisierung 2008.
16 Die Übersetzung erfolgte durch Ewald Tekülve und Dorothe Trouet (vgl. TROUET, Modernisierung 2008, S. 150).
17 Zum Folgenden siehe demnächst MÜLLER, Fürstinnenschloss (im Druck). Zu Schloss Oranienstein siehe ansonsten HECK, Oranienstein 1967; STORTO, Oranienstein 1986.
18 STRUCK, Quellen 1961.
19 Vgl. z. B. anhand der Äbtissin Jutta ebenda, S. 296, Nr. 570; S. 303, Nr. 591.
20 Siehe hierzu demnächst ausführlicher MÜLLER, Fürstinnenschloss (im Druck).

Musik

Von Gunter Mahlerwein und Matthias Schnettger

Musik spielte in der frühneuzeitlichen Gesellschaft eine nicht zu unterschätzende Rolle. Sie war in mannigfachen Formen und in den unterschiedlichsten Kontexten in allen gesellschaftlichen Gruppen präsent.

Populare Musikpraxis in Stadt und Land

Über die Praxis des popularen Musizierens und Musikkonsums in der Frühen Neuzeit informieren fast nur Verbote, Verordnungen und Gerichtsprotokolle. Anders als das Orgelspiel und der geistliche Gesang, der von Pfarrer und Schulmeister unterrichtet wurde, war weltliche Musik, wie sie von Angehörigen der ländlichen und städtischen Bevölkerung praktiziert wurde, bei der kirchlichen und weltlichen Obrigkeit verpönt. Auf der Grundlage von Policeyordnungen, die sich gegen zu großen Aufwand bei Feierlichkeiten, Missachtung der Sonn- und Feiertage und – aus der Sicht der Autoritäten – »sittliches Fehlverhalten« richteten, wurden bis zum Ende des Alten Reiches ständig Klagen über zu üppige und mehrere Tage dauernde Hochzeitsfeste und Kindstaufen, über ausschweifende Kirchweih- und Fastnachtsfeiern und über Verstöße gegen die Feier- und Sonntagsheiligung geführt. Musik und Tanz spielten bei all diesen Vergehen eine prominente Rolle. 1598 legte eine Kurmainzer Verordnung fest, dass bei Hochzeiten nur nachmittags einige Stunden getanzt werden dürfe, nicht mehr als zwei Spielleute aufspielen dürften und das »ungeschickt Herumbdschwenken der frauen oder Jungkfrauen, so bisher im tantzen unzüchtiglich gebraucht«, nicht erlaubt sei.[1] Der reformierte Alsheimer Pfarrer forderte im späten 17. Jh., »weil diesen Sonntag und Montag im löwen [Gasthaus »Zum Löwen«] die gottloße heidnische Faßnacht wider meine starcke vermahnung von der Cantzel mit sauffen, spielen, jauchtzen, springen und tantzen, fluchen und schweren, allzu üppig gehalten worden«, die Bestrafung des Wirtes. Hinweise, dass Musikanten gegen Geld aufspielten, finden sich im Alsheimer Presbyteriumsprotokoll von 1683: das »junge Gesindel« habe am Ostermontag bis gegen Morgen die »Spielleuth von Gimbsheim« engagiert. Offensichtlich handelte es sich bei der Musikergruppe aus der Nachbargemeinde um ein festes Ensemble, denn bereits im Vorjahr hatten sie im Wirtshaus und in einem Privathaus an gewöhnlichen Sonntagen die Nächte durchgespielt. Waren diese Musiker wohl eine Gruppe, die bestellt wurde und die das Musizieren sicher als Nebenerwerb zu ihrem Handwerk oder ihrer Landwirtschaft betrieb, so waren umherziehende Bettler, die ihre musikalischen Dienste anboten, eine weitere Quelle akustischer Freude. Das konnten durchaus auch Frauen sein, wie die zwei »Leyerweiber«, die 1688 sonntags von Haus zu Haus zogen und wohl gegen Geldgaben ihre Lieder spielten. Offensichtlich hatten sich die Frauen auf Dreh- oder Bettlerleiern begleitet, kompliziert zu bauenden, aber vergleichsweise einfach zu bedienenden Borduninstrumenten. Ein weiteres Borduninstrument, also ein Musikinstrument, bei dem ein gleich bleibender Ton eine einfache Mehrstimmigkeit herstellt, ist der Dudelsack. Borduninstrumente haben sich als Volksmusikinstrumente in entlegenen Regionen wie Schottland, Irland, der Bretagne, der Auvergne, auch in osteuropäischen Ländern, bis heute erhalten. Im 17. Jh. waren sie auch am Rhein verbreitet, wie eine Verhandlung vor dem Alsheimer Presbyterium von 1688 zeigt, in der erneut der Löwenwirt bestraft wurde, weil in seinem Haus die Knechte und Bauernsöhne die Nacht durchgefeiert hatten und er ihnen dazu »durch den Gunterman und Jörg Unnöths Joseph mit der Sackpfeiff brummen lassen«. Hier handelte es sich um junge Alsheimer, die wohl ohne Entgelt ihrer Freude am Musizieren nachgingen. Woher die Musikanten ihre Instrumente hatten und wie sie ihr Spiel erlernten, dazu fehlen leider die Informationen. Das Instrumentalspiel scheint allerdings durchaus weit verbreitet gewesen zu sein und wurde von verschiedenen Gesellschaftsgruppen und keineswegs nur von den Fahrenden praktiziert.[2] Im 18. Jh. scheint das »Musikantenhalten« bei Festen und in Gastwirtschaften zugenommen zu haben und von den Wirten als Möglichkeit genutzt worden zu sein, mehr Publikum anzulocken.[3]

Neben ihren Pflichten beim Spielen in Gottesdiensten und an Feiertagen erzielten auch städtische, häufig in Zünften organisierte Musikanten mit dem »Aufwarten« bei Festen und in Wirtshäusern einen Teil ihrer Einnahmen.[4] Ihre Berufspraxis war in vieler Hinsicht wie die der Handwerksmeister organisiert: Sie hatten Lehrlinge und Gesellen und achteten wie alle Zunfthandwerker streng auf die nicht-zünftige Konkurrenz. In Worms können sie vom Besitz und Einkommen her der unteren Mittelschicht zugeordnet werden.[5] Auch hier werfen die häufigen Anzeigen wegen Übertretung der Policeyordnung ein Licht auf ihre Arbeitsbedingungen: So wurde 1742 der Musikant Geibel vor das Policeygericht geladen, weil seine Gesellen sonntags im Haus des Krämers Gänsel gespielt hätten. Statt Geibel erschien seine Frau, weil er selbst »dermahlen mit denen Gesellen auf des Malers Seekatz Hochzeit aufspielen müßte«, und sagte aus, ihr Mann habe nicht selbst gespielt. Nachdem Gänsel ihn habe rufen lassen, seien seine Gesellen hingegangen und hätten »etliche Menuets« gespielt. Sobald der Bürgermeister ihrem Mann habe sagen lassen, dass er nicht spielen solle, sei er zu Gänsel gegangen und habe den Gesellen das Spielen untersagt.[6] Einige der Musikanten wurden als besoldete – zwischen 1689 und 1709 auch unbesoldete – Stadtmusikanten vom Rat eingestellt. Sie hatten in den Gottesdiensten und bei Festen – zum Teil mit den Alumni der Lateinschule – zu musizieren.[7] Einige von ihnen versahen auch den Türmerdienst. Konkurrenz erwuchs den Musikanten durch nicht-zünftige Musikanten. 1742 verteidigte sich Bäckermeister Strobel vor dem Policeygericht gegen den Vorwurf, er habe sonntags Musikanten gehalten: Er habe sie nicht bestellt, sondern »etliche Buben mit Leyren hätten vor seiner Tür gespielt, denen seine Gäste einen Schoppen neuen Weines gegeben«.[8] Auch hier scheint es sich um durchwandernde Bettelmusikanten gehandelt zu haben.

Im 18. Jh. erhielten die Musikanten auch durch Bläsergruppen Konkurrenz, die häufig im militärischen Zusammenhang standen, aber durchaus auch alle anderen Gelegenheiten des Musizierens wahrnahmen. So beschwerten sich 1783 die »Stadtoboisten« der Mainzer Bürgerwehr über die »Garnisonsoboisten«, die als »Garnisonsbande« auch in Gasthäusern aufspielten und ihnen somit Verdienstmöglichkeiten wegnähmen.[9]

Eine besondere Gruppe innerhalb der städtischen Musikszenen stellten die jüdischen Musikanten dar. Neben der vokalen Synagogenmusik hatte sich eine Instrumental- und Tanzmusik etabliert, die zum festen Bestandteil jüdischer Hochzeiten und anderer Feste wurde. Auch außerhalb der jüdischen Gemeinden wurden die Dienste dieser »Musikbanden« gerne in Anspruch genommen. So spielten jüdische Musikanten aus Neuwied um 1770 bei Franz Karl und Marianne von der Leyen zum Tanz auf. Mitglieder der bekannten Weisenauer Musikerfamilie Ganz waren seit dem frühen 18. Jh. als »Bädermusikanten« in den rechtsrheinischen Kurorten Schwalbach, Schlangenbad und Wiesbaden – zeitweise in Konkurrenz mit der ebenfalls jüdischen »Binger Bandt« – aktiv.[10]

Die im 19. Jh. berühmten Wandermusikanten in der Westpfalz scheinen bereits im 18. Jh. Vorgänger gehabt zu haben, jedenfalls lassen sich in den ersten Jahrzehnten des 19. Jhs. einige Berufsmusikanten nachweisen. Zu einem massenhaft betriebenen Wandergewerbe mit mehreren tausend Angehörigen als einem spezifischen Entwicklungspfad regionaler Ökonomie wurde das westpfälzische Musikantentum aber erst in der zweiten Hälfte des 19. Jhs.[11]

Höfische Musik

Der Raum des heutigen Rheinland-Pfalz war offen für Einflüsse insbesondere aus Italien und Frankreich, die nicht selten über Komponisten, Instrumentalisten oder Sänger, die hier vorübergehend oder dauerhaft tätig waren, wirksam wurden. Am Beginn der Frühen Neuzeit war in unserer Region der musikalische Einfluss aus den habsburgischen Niederlanden groß, zumal dann, wenn im Umfeld von Reichstagen die Hofkapellen Maximilians I. und Karls V. mehrchörige Messen ausführten.[12] Regelmäßig beteiligten sich auch die Hofkapellen der Kurfürsten, nicht zuletzt die des Mainzer Kurerzkanzlers, an der würdigen musikalischen Ausgestaltung von Feierlichkeiten des Reichs wie insbesondere der Wahl- und Krönungsgottesdienste in Frankfurt. Die Messe zur Wahl Leopolds I. am 18. Juli 1658 wurde allein von der Mainzer Hofkapelle unter Leitung des Kapellmeisters Philipp Friedrich Buchner musikalisch gestaltet. Offensichtlich wurde das Personal der Hofkapellen, wenn ein solches politisch-musikalisches Großereignis anstand, noch einmal beachtlich aufgestockt.[13]

Insgesamt behauptete in der Frühen Neuzeit die Kirchenmusik einen hohen Stellenwert, und das selbst unter schwierigen Bedingungen. So wurde am Speyerer Dom 1595 aus Schülern des Jesuitengymnasiums eine Domkantorei wiedergegründet, die alsbald zur Domkapelle ausgebaut wurde, bis zum Ende des 18. Jhs. fortbestand und bisweilen sogar vom lutherischen Rat der Stadt ausgeliehen wurde. Diese Schülerkapelle erreichte gleichwohl nach dem Urteil des kunstsinnigen Bischofs und Kardinals Damian Hugo von Schönborn nicht das Niveau vieler höfischer Klangkörper.[14] Denn nicht kirchliche Institutionen, sondern die Höfe waren in der Frühen Neuzeit führend in der Musikpflege.

Höfische Musik war in der Frühen Neuzeit alles andere als unpolitisch. Ereignisse im Leben des Herrschers und seiner Familie, Schlachten und Friedensschlüsse wurden regelmäßig zum Anlass des Herrscherlobes genommen. Beispielsweise komponierte der Mainzer Hofkapellmeister Johann Theodor Herold anlässlich der Einnahme Landaus (1702) eine Siegeskantate zu Ehren des anwesenden Kaisersohnes und Römischen

Königs Joseph, der zugleich mit einem von Joseph Paris vertonten »Applauso poetico« geehrt wurde.[15]

Besonders hoch war der Bedarf an repräsentativer geistlicher und weltlicher Musik an den Höfen der Kurerzbischöfe. In Trier lässt sich die Gründung einer Hofkapelle auf die Anstellung des Kapellmeisters Hieronimus Castellini (1654) datieren. Zwei Jahre später wurde mit Jean Duquot auch ein französischer Tanzmeister in Dienst genommen. Schon vorher sind Hoftrompeter und -pauker nachweisbar, die für festliche Einzüge und ähnliche Veranstaltungen seit langem unentbehrlich waren. Im 18. Jh. trat zu den traditionellen Formen der Kirchenmusik, wie Messen und Psalmvertonungen, das neue geistliche Oratorium hinzu. Erstmals für 1719 ist am Trierer Hof ein Passionsoratorium belegt. Wenig später gab es eine weitere Neuerung: Mit den Sopranistinnen Krebsbach und Christina Gesser wurden statt Knaben und Kastraten erstmals Sängerinnen als Solistinnen für die hohen Stimmlagen eingesetzt – wahrscheinlich hatte der neue Kurfürst Franz Ludwig von Pfalz-Neuburg sie vom Mannheimer Hof mitgebracht. Deutlich zurückhaltender war man mit der Einführung der Oper, die sich erst unter Kurfürst Johann Philipp von Walderdorff (reg. 1756–1768) nachweisen lässt, unter seinem Nachfolger Clemens Wenzeslaus (reg. 1768–1803) aber vorübergehend wieder eingestellt wurde. Als aber der Kurfürst 1786 seine neue Residenz in Koblenz bezog, wurde bald darauf auch ein Hoftheater, das heutige Stadttheater, gebaut, das 1787 in Anwesenheit des ganzen Hofes mit Mozarts »Entführung aus dem Serail« eröffnet wurde. Überhaupt erreichte unter Clemens Wenzeslaus das Musikleben in der kurtrierischen Residenzstadt Koblenz seinen Höhepunkt.[16] Mit der Gründung des Mainzer Nationaltheaters an der Großen Bleiche durch Kurfürst Friedrich Karl Joseph von Erthal im Jahr 1788 erlebte auch das Mainzer Musikleben einen Aufschwung, denn das Theater widmete sich nicht nur dem Schauspiel, sondern auch der Oper. Das Mainzer Ensemble galt als eines der besten in Deutschland und bestritt unter anderem 1789 die Erstaufführung von Mozarts »Don Giovanni« in deutscher Sprache.[17]

Das Koblenzer Stadttheater heute. Erbaut wurde es 1787 nach Plänen des Architekten Peter Joseph Krahe als Kurfürstliches Lust- und Ballhaus. Die feierliche Eröffnung fand am 23. November 1787 mit Mozarts »Entführung aus dem Serail« statt (Landeshauptarchiv Koblenz/Frank Koch)

Stumm-Orgel

Johann Michael Stumm (1683–1747) aus Sulzbach im Hunsrück ist der Begründer der Orgelbauerdynastie Stumm, einer der bedeutendsten deutschen Orgelbaufirmen des 18., 19. und frühen 20. Jhs. Schon in der zweiten Generation, unter den Brüdern Johann Philipp (1705–1776) und Johann Heinrich (1715–1788), erstreckte sich das Absatzgebiet bis an den Niederrhein und in den Odenwald. Die Instrumente wurden wegen ihrer hohen Verarbeitungsqualität und ihres charakteristischen Klangbildes geschätzt. In der zweiten Hälfte des 19. Jhs. galten die Stumm-Orgeln allerdings zunehmend als altmodisch, und im Jahr 1920 musste die Sulzbacher Firma die Produktion einstellen. Bis heute sind über 140 Stumm-Orgeln erhalten, davon zahlreiche in Rheinland-Pfalz.

Auch auf dem Feld der Musik nahm der Hof Karl Theodors von der Pfalz in Mannheim im dritten Viertel des 18. Jhs. eine Führungsposition im Westen des Reichs ein, ja die berühmte Mannheimer Schule konnte im Zeitalter der Vorklassik europäische Geltung beanspruchen.[18] Doch auch einige der mittleren und kleinen Höfe links des Rheins sind für die Musikgeschichte des 18. Jhs. nicht ohne Bedeutung. Hier ist an erster Stelle Zweibrücken zu nennen, das insbesondere in der Zeit Christians IV. (reg. 1735–1775) eine wichtige Brückenfunktion zwischen Frankreich und Deutschland einnahm. Der Herzog war ein exquisiter Musikkenner und verbrachte regelmäßig die Wintermonate in Paris, pflegte aber auch enge Kontakte nach Mannheim, zumal er seinen Verwandten Karl Theodor dereinst zu beerben hoffte. Zu einem erheblichen Teil ist die Musikblüte am Zweibrücker Hof den Damen der herzoglichen Familie zuzuschreiben, nicht zuletzt der morganatischen Gemahlin Herzog Christians, der ehemaligen Tänzerin Marianne Camasse und nunmehrigen Gräfin Forbach, die im Sommer 1772 die Aufführung der Oper »Les deux chasseurs et la laitière« von Egidio Duni durch die Hofgesellschaft anregte. Am folgenreichsten war das Mäzenatentum Christians IV., als er 1773 Christoph Willibald Gluck nicht nur in seinem Pariser Stadtpalais, dem Hôtel de Deux-Ponts, aufnahm, sondern sich auch sonst für ihn einsetzte, nicht zuletzt gegenüber dem französischen Hof. So leistete Herzog Christian einen nicht unerheblichen Beitrag zu dem Triumph, den Gluck in der Saison 1773/74 mit der »Iphigenie en Aulide« und der französischen Fassung des »Orfeo« feiern konnte. Pläne, den auf der Rückreise nach Wien im Herbst 1774 einige Wochen in Zweibrücken weilenden Gluck durch die Ehe seiner Nichte Marianne mit dem Hofmaler Johann Christian von Mannlich oder dem Bruder der Gräfin Forbach enger an den Zweibrücker Hof zu binden, scheiterten jedoch. Überhaupt stieß Herzog Christian bei seinen Bemühungen, erstklassige Musiker nach Zweibrücken zu holen, immer wieder an Grenzen. Angesichts der Verärgerung Kurfürst Karl Theodors über die Bemühungen, den Mannheimer Konzertmeister Martin Friedrich Cannabich abzuwerben, musste Christian einen Rückzieher machen. Doch auch wenn solche hochfliegenden Pläne scheiterten, konnte sich das Zweibrücker Orchester, das um 1770 etwa 22 Musiker umfasst haben dürfte, durchaus hören lassen. An seiner Spitze stand seit 1769 als Konzertmeister der aus dem Waldeckischen stammende Ernst Eichner, der schon seit 1762 dem Hoforchester angehörte und in seiner Zeit als

Konzertmeister nicht weniger als 24 Sinfonien komponierte. Ohne dass sich dafür Gründe namhaft machen lassen, verließ er Zweibrücken 1772 geradezu fluchtartig – wobei er Frau und Tochter sowie eine unbezahlte Bierschuld zurückließ – und ging über Paris und London an den Potsdamer Hof des preußischen Kronprinzen Friedrich Wilhelm. Wie sehr die Zweibrücker Musikblüte an der Person Herzog Christians hing, wurde nach seinem Tode deutlich, da sein Nachfolger Karl August eine mehr häusliche als repräsentative Musikpflege betrieb und 1787 das Hoforchester aus Kostengründen auflöste.[19]

Ein weiteres Zentrum höfischer Musikpflege links des Rheins war im 18. Jh. Kirchheim. 1778 bescheinigte kein Geringerer als Wolfgang Amadeus Mozart, der mit seiner späteren Schwägerin, der Sängerin Aloysia Weber, einen Abstecher in die nassau-weilburgische Residenz machte, der Fürstin Caroline, »ein ganz niedliches Orchester« zu haben, das sie übrigens zum Großteil aus ihrer Privatschatulle bezahlte. Mozart gab an, an ihrem Hof fänden »300 Musiquen im Jahr« statt; nur an Sonntagen gebe es keine Musik. Mozart überreichte der Fürstin mehrere Sinfonien und Arien und spielte auf ihren Wunsch die Stumm-Orgel in der evangelischen Paulskirche. Auch wenn er sich gegenüber seinem Vater über das geringe Honorar von 7 Louisdor beklagte, meinte er in Kirchheim auf seine Kosten gekommen zu sein. Recht häufig waren in Kirchheim bedeutende Musiker aus Mannheim, wie Christian Cannabich, zu Gast. Nach dem Tod der Fürstin Caroline (1787) scheint es mit dem Kirchheimer Musikleben abwärts gegangen zu sein. Als 1792 die Franzosen einmarschierten, löste ihr Sohn Fürst Friedrich Wilhelm seine Hofkapelle auf.[20]

1 HÄRTER, Fastnachtslustbarkeiten 1997/98, S. 66.
2 MAHLERWEIN, Musik 2006.
3 HÄRTER, Fastnachtslustbarkeiten 1997/98, S. 72, 78.
4 Ebenda, S. 271.
5 MAHLERWEIN, Worms 2005, S. 348.
6 REUTER, Stadtmusikanten 1974, S. 272–279.
7 MAHLERWEIN, Worms 2005, S. 348.
8 GOTTRON, Musikgeschichte 1959, S. 223; BRAUN, Hautboisten 1971, S. 50-56.
9 MEIER/REUTER, Worms 1968, Sp. 871–874; WAGNER, Ganz 1974, S. 14–19; OSTROWITZKI, Lebenskultur 2004, S. 134.
10 WIDMAIER, Wandermusiker 2007, S. 161.
11 Vgl. HARTHAUSEN, Geistes- und Kulturgeschichte 1989, S. 409.
12 Vgl. PADUCH, Hofkapelle 2008, S. 113 f.
13 Vgl. HARTHAUSEN, Geistes- und Kulturgeschichte 1989, S. 409 f.
14 Vgl. DOTZAUER, Raum 1993, S. 183; zur Mainzer Hofmusik in der Zeit Kurfürst Lothar Franz' auch BEER, Musik 2002; DANGEL-HOFMANN, Hofmusik 2007.
15 Vgl. BERETHS, Musikpflege 1964, besonders S. 7 f., 41, 136 f., 195, 226–246.
16 Vgl. WAGNER, Musik 1986; SCHRENCK/SIMON, Mainzer Theater 1997.
17 Vgl. in einem größeren Kontext HESS, Absolutismus 1988, S. 218 ff.; knapp zur Mannheimer Schule PELKER, Musick 1999.
18 Vgl. MÜLLER-BLATTAU, Musik 1962; ENGEL Musik 2005.
19 Vgl. MELCHIOR, Musiker 2004, S. 164; KONRAD, Beiträge 1962.

Rückblick: Das Ancien Régime und sein Ende

Von Matthias Schnettger

Ähnlich wie für den Beginn der Frühen Neuzeit kann auch für ihr Ende die kritische Frage nach einer sinnvollen Epochengrenze gestellt werden. Auch hier wird man sich dessen bewusst sein, dass Epochengrenzen etwas Künstliches sind, dass sie mit mehr oder weniger guten Gründen und mehr oder weniger einhellig von der Geschichtswissenschaft definiert werden und dass sie niemals einen völligen Bruch markieren, sondern dass es immer auch Kontinuitäten gibt. Wie schon beim Beginn der Frühen Neuzeit um 1500 kann man vernünftigerweise kein festes Stichjahr des Epochenwechsels ansetzen, sondern eine Phase des Übergangs. Man spricht für die Jahrzehnte um 1800 unter Rückgriff auf das Bild eines Bergsattels von einer »Sattelzeit« (Reinhart Koselleck).[1]

Für den Raum des heutigen Rheinland-Pfalz kann man festhalten, dass die Jahre um 1800 in der Tat von einer Reihe irreversibler Brüche geprägt waren. Das Ende des Alten Reichs 1806 und der ihm vorausgegangene Untergang der meisten regionalen Landesherrschaften, der Übergang aller linksrheinischen Gebiete unter die direkte französische Herrschaft in den 1790er Jahren und die Besitzverschiebungen rechts des Rheins am Beginn des 19. Jhs. markieren nicht nur einen bloßen Regierungswechsel, wie er auch in der Frühen Neuzeit nicht selten war, sondern bewirkten einen grundlegenden Wandel der politischen, gesellschaftlichen, wirtschaftlichen und kulturellen Verhältnisse. Manche dieser Veränderungen, wie die Abschaffung von ständischen Privilegien, die Bauernbefreiungen und die Zurückdrängung des kirchlichen Einflusses, waren im Zeitalter der Aufklärung angedacht oder im Zuge der aufgeklärten Reformen des 18. Jhs. bereits angegangen worden – konsequent und flächendeckend umgesetzt wurden sie erst jetzt.

Modernisierungstheoretische Ansätze des 20. Jhs. haben dazu tendiert, die Frühe Neuzeit einseitig als eine Vorgeschichte der Moderne zu betrachten, eine Moderne, die als das Ziel und der Höhepunkt der menschlichen Geschichte betrachtet wurde.[2] In diesen Deutungsansätzen, die von einem ungebremsten Fortschrittsglauben geprägt waren, erscheint die Frühe Neuzeit als eine Früh- oder Vormoderne, während derer die Elemente der modernen Gesellschaft, wie wirtschaftliche sowie politische Freiheit, Toleranz und zivile Gleichheit, noch nicht voll entwickelt waren, aber sich doch allmählich entfalteten. Dies ließe sich für den Raum des heutigen Rheinland-Pfalz beispielsweise anhand der konfessionellen Verhältnisse nachvollziehen. An die Stelle der einen Kirche trat im Gefolge der Reformation im 16. Jh. ein zunächst noch auf zwei bzw. drei Konfessionen begrenzter Pluralismus. Die freie Konfessionswahl hatten zwar nur die Reichsstände, die Untertanen erhielten aber zumindest ein begrenztes Emigrationsrecht, um den Glauben ihrer Wahl praktizieren zu können. Im 17. und bis ins 18. Jh. gab es zwar immer noch konfessionelle Konflikte, nicht zuletzt in der Kurpfalz, die Tendenz ging aber hin zu wachsender Toleranz, z. B. bei der Gründung und Besiedlung Neuwieds, bis Ende des 18. Jhs. an die Universität des Mainzer Kurerzbischofs als des ersten geistlichen Fürsten im Reich nicht nur evangelische Professoren berufen, sondern hier auch protestantische Studenten ohne Einschränkung zugelassen wurden. Vergleichbare Entwicklungen ließen sich auch für andere Bereiche nachvollziehen. In einer solchen Perspektive erschiene die Frühe Neuzeit einerseits als eine Epoche des »Fortschritts« auf unterschiedlichen Ebenen, andererseits, gemessen an der »modernen Welt«, als etwas Unfertiges.

Seit dem ausgehenden 20. Jh. haben demgegenüber postmodern eingefärbte Deutungsansätze an Boden gewonnen, die einem aus ihrer Perspektive naiven Fortschrittsoptimismus eine kritischere Sicht der Dinge entgegensetzen und stärker auch auf die Modernisierungsverluste und -verlierer hinweisen. Auch diese könnten anhand der »rheinland-pfälzischen« Geschichte in der Frühen Neuzeit und insbesondere anhand der Umbrüche um 1800 nachvollzogen werden: Beispielsweise bewirkte die Rationalisierung der Verwaltung einerseits eine stärkere Effizienz, brachte zugleich aber auch den Verlust an Freiräumen mit sich, die selbst im Zeitalter des sog. »Absolutismus« bestanden hatten. Viele Frauen hatten in der bürgerlichen Gesellschaft des 19. Jhs. weniger Handlungsoptionen als in der ständischen des Ancien Régime. Und die territoriale Neuordnung um 1800 kann einerseits als die Beseitigung eines »Flickenteppichs«, andererseits aber als der Verlust an Vielfalt betrachtet werden.

Manche postmoderne Ansätze sind mit einem deutlichen Werterelativismus behaftet, dem hier ebenso wenig das Wort geredet werden soll, wie es darum gehen kann, die Bedeutung der Aufklärung, die einen der fundamentalen Emanzipationsprozesse der europäischen Geschichte markiert, infrage zu stellen. Was man allerdings festhalten sollte, ist, dass eine Sicht, die die Frühe Neuzeit nur auf die Dimension einer Vorgeschichte des 19. und 20. Jhs. reduzieren würde, zu kurz griffe, dass es vielmehr lohnend ist, die drei Jahrhunderte von 1500 bis 1800 als eigenständige Epoche ernst zu nehmen, auch und gerade im Rahmen einer Vor-Geschichte des heutigen Bundeslandes Rheinland-Pfalz. Manche heute noch bestehenden Besonderheiten und Unterschiede zwischen den verschiedenen Landesteilen werden im Licht der frühneuzeitlichen Geschichte besser verständlich und können somit auch mit größerem gegenseitigem Respekt ausgehalten werden. Vielleicht fällt es unter dieser Perspektive sogar leichter, sie als Element der Vielfalt wertzuschätzen.

1 KOSELLECK, Einleitung 1972, S. XIII–XXVII.

2 Zu modernisierungstheoretischen Ansätzen und ihren Kritikern vgl. LORENZ, Wozu? 2004.

ANHANG

Abkürzungsverzeichnis

a.d.W.	an der Weinstraße
Abb.	Abbildung
Anm.	Anmerkung
ausgest.	ausgestorben
BDG	Berufsverband Deutscher Geowissenschaftler e.V.
Bearb.	Bearbeiter
BRD	Bundesrepublik Deutschland
bzw.	beziehungsweise
C	Celsius
ca.	circa
CIL	Corpus Inscriptionum Latinarum
cm	Zentimeter
d. Ä.	der Ältere
d. Gr.	der Große
d. h.	das heißt
d. J.	der Jüngere
DDR	Deutsche Demokratische Republik
Dép.	Département
Ders.	Derselbe
desgl.	Desgleichen
DFG	Deutsche Forschungs-gemeinschaft
Dies.	Dieselbe/n
Ebf.	Erzbischof
etc.	et cetera
Ew.	Einwohner
fl	Gulden
fol.	Folium
FU Berlin	Freie Universität Berlin
GDKE	Generaldirektion Kulturelles Erbe Rheinland-Pfalz
geb.	geboren/e/er
gegr.	gegründet
GI	Grönland-Interstadiale
gr.	Gramm
GS	Grönland-Stadiale
ha	Hektar
hl.	heilige/r
Hrsg.	Herausgeber
Jh.	Jahrhundert
Joh.	Evangelium nach Johannes
km	Kilometer
l	Liter
LexMa	Lexikon des Mittelalters

m	Meter
MGH	Monumenta Germaniae Historica
Mio.	Million
mm	Millimeter
Mrd.	Milliarden
Mt.	Evangelium nach Matthäus
N	nördlicher Breitengrad
n. Chr.	nach Christus
N.F.	Neue Folge
N. N.	Normal-Null
OIS	Oxygen Isotope Stage
qkm	Quadratkilometer
r	recto
rd.	rund
reg.	regierend
Rhld.	Rheinland
S.	Seite
s. o.	siehe oben
s. u.	siehe unten
sog.	sogenannt
Sp.	Spalte
St.	Sankt
Tim.	Brief des Apostels Paulus an Timotheus
u. a.	unter anderem/unter anderen
u.ä./u.Ä.	und ähnlich/und Ähnlichem
Übers.	Übersetzer
UNESCO	United Nations Educational, Scientific and Cultural Organization
Univ.-Prof.	Universitätsprofessor/in
USA	United States of America
usw.	und so weiter
v. Chr.	vor Christus
Verf.	Verfasser
vgl.	vergleiche
VW	Volkswagen
Wiss.	Wissenschaftliche/r
xr	Kreutzer
z. B.	zum Beispiel
z. T.	zum Teil

Auswahlbibliografie

Die Auswahlbibliografie führt nur die in den Endnoten genannten Titel auf. Eine erweiterte Bibliografie befindet sich auf der beigefügten CD-Rom.
Mehrere Titel einer Autorin/eines Autors sind nach Erscheinungsjahr sortiert.

TEIL A: VON DER UR- UND FRÜHGESCHICHTE BIS ZUR ANTIKE

AALBERSBERG, Gerard/LITT, Thomas: Multiproxy Climate Reconstructions for the Eemian and Early Weichselian. In: Journal of Quaternary Science 13 (1998), S. 367–390.

ALLARD, Pierre: The Mesolithic-Neolithic Transition in the Paris Basin: A Review. In: Whittle, Alasdair/Cummings, Vicki (Hrsg.): Going over. The Mesolithic-Neolithic Transition in North-West-Europe. Oxford 2007, S. 211–223.

ANDERLE, Hans-Jürgen u. a.: Das Paleozän von Hahnstätten im Taunus (Bl. 5614 Limburg a. d. Lahn). Untersuchungen zu Tektonik, Paläokarst, postvaristischer Mineralisation und Palynologie. In: Courier Forschungsinstitut Senckenberg 241 (2003), S. 183–207.

APP, Vera u. a.: Die altsteinzeitliche Fundstelle auf dem Schwalbenberg bei Remagen. In: Wegner, Hans-Helmut (Hrsg.): Berichte zur Archäologie an Mittelrhein und Mosel 4. Trier 1995 (Trierer Zeitschrift, Beiheft, 20), S. 11–136.

ARBOGAST, Rose-Marie: Les vestiges de faune associés au site et structures d enceinte du site rubané de Herxheim (Rhénanie-Palatinat, Allemagne). In: Zeeb-Lanz, Andrea (Hrsg.): Krisen–Kulturwandel–Kontinuitäten. Zum Ende der Bandkeramik in Mitteleuropa. Beiträge der internationalen Tagung in Herxheim bei Landau (Pfalz) vom 14.–17.06.2007. Rahden 2009 (Internationale Archäologie, Arbeitsgemeinschaft, Symposium, Tagung, Kongress, 10).

ASSCHE, Michael van: Substrat mésolithique et néolithisation des régions d'Ath et de Mons (Hainaut, Belgique). In: Burnez-Lanotte, Laurence/Illet, Michael/Allard, Pierre (Hrsg.): Fin des traditions danubiennes dans le Néolithique du bassin parisien et de la Belgique (5100 – 4700 av. J.-C.). Paris 2008 (Société Préhistorique Française, Mémoire, 44), S. 75–84.

BAALES, Michael u. a.: Impact of the Late Glacial Eruption of the Laacher See Volcano, Central Rhineland, Germany. In: Quaternary Research 58 (2002), S. 273–288.

BAALES, Michael/JÖRIS, Olaf: Zwischen Nord und Süd. Ein allerødzeitlicher Rückenspitzen-Fundplatz bei Bad Breisig, Kr. Ahrweiler (Mittelrhein, Rheinland-Pfalz). In: Die Kunde N.F. 52 (2002), S. 275–292.

BAALES, Michael/STREET, Martin: Late Palaeolithic Backed-Point Assemblages in the Northern Rhineland: Current Research and Changing Views. In: Notae Praehistoricae 18 (1998), S. 77–92.

BAALES, Michael/VOLLBRECHT, Jürgen: Kartstein. In: Bosinski, Gerhard/Street, Martin/Baales, Michael (Hrsg.): The Palaeolithic and Mesolithic of the Rhineland. München 1995 (Quaternary Field Trips in Central Europe, 15,2), S. 941–947.

BAALES, Michael: Umwelt und Jagdökonomie der Ahrensburger Rentierjäger im Mittelgebirge. Mainz 1996 (Römisch-Germanisches Zentralmuseum Mainz, Monographien, 38).

BAALES, Michael: From Lithics to Spatial and Social Organization. Interpreting the Lithic Distribution and Raw Material Composition at the Final Palaeolithic Site of Kettig (Central Rhineland, Germany). In: Journal of Archaeological Science 28 (2001), S. 127–141.

BAALES, Michael: Der spätpaläolithische Fundplatz Kettig. Untersuchungen zur Siedlungsarchäologie der Federmesser-Gruppen am Mittelrhein. Mainz 2002 (Römisch-Germanisches Zentralmuseum Mainz, Monographien, 51).

BAALES, Michael: Zur Fortführung der Ausgrabungen auf dem spätpaläolithischen Siedlungsareal von Niederbieber (Stadt Neuwied). Erste Ergebnisse der siedlungsarchäologischen Analyse. In: Jahrbuch des Römisch-Germanischen Zentralmuseums Mainz 48 (2003), S. 163–198.

BAALES, Michael: Final Palaeolithic Archaeology of the Northern Rhineland and the Belgian Ardenne: State of Research. In: Le Secrétariat du Congrès (Hrsg.): Actes du XIVème Congrès UISPP, Université de Liège 2001 Section 6. Le Paléolithique supérieur: sessions générales et posters. Oxford 2004 (British Archaeological Reports, International Series, 1240), S. 63–71.

BAALES, Michael: Archäologie des Eiszeitalters. Frühe Menschen an Mittelrhein und Mosel. Koblenz 2005 (Archäologie an Mittelrhein und Mosel, 16).

BAATZ, Dietwulf: Der römische Limes. Archäologische Ausflüge zwischen Rhein und Donau. Berlin ^{4}2000.

BAKELS, Corrie C.: Der Mohn, die Linearbandkeramik und das westliche Mittelmeergebiet. In: Archäologisches Korrespondenzblatt 12 (1982), S. 11–13.

BAKELS, Corrie C.: Maring-Noviand, Siebenborn »Vor Tonguich«, eine Linearbandkeramische Siedlung mit Linsen. In: Schmidgen-Hager, Elke (Hrsg.): Bandkeramik im Moseltal. Bonn 1993, S. 186–187.

BAKKER, Lothar: Raetien unter Postumus. Das Siegesdenkmal einer Juthungenschlacht im Jahre 260 n. Chr. aus Augsburg. In: Germania 71 (1993), S. 369–386.

BARTELS, Christoph u. a.: Palaeontology and Palaeoecology of the Kaub Formation (Lower Emsian, Lower Devonian) at Bundenbach (Hunsrück SW Germany). In: Metalla 9 (2002), S. 105–122.

BASSE, Martin/MÜLLER, Peter: Eifel-Trilobiten 3. Wiebelsheim 2004.

BASSE, Martin: Eifel-Trilobiten 1. Wiebelsheim 2002.

BASSE, Martin: Eifel-Trilobiten 2. Wiebelsheim 2003.

BASSE, Martin: Eifel-Trilobiten 4. Wiebelsheim 2006.

BECKER, Bernd: Postglaziale Auwaldentwicklung im mittleren und oberen Maintal anhand dendrochronologischer Untersuchungen subfossiler Baumstammablagerungen. In: Geologisches Jahrbuch, Reihe A 71 (1983), S. 45–59.

BECKER, Wolf-Dieter: Das Elsbachtal: Die Landschaftsgeschichte vom Endneolithikum bis ins Hochmittelalter. Mainz 2005 (Rheinische Ausgrabungen, 56).

BEHRE, Karl-Ernst: The History of Rye Cultivation. In: Vegetation History and Archaeobotany 1 (1992), S. 141–156.

BEHRINGER, Wolfgang: Kulturgeschichte des Klimas. Von der Eiszeit bis zur globalen Erwärmung. München ^{2}2007 (als Taschenbuch ^{2}2011).

BEMMANN, Martin: Zur Bronzezeit im linksrheinischen Neuwieder Becken. In: Klaus Schäfer (Hrsg.): Archäologie in der Pellenz. Nickenich 1981 (Pellenz Museum, 1), S. 23–28.

BENECKE, Norbert: Archäozoologische Studien zur Entwicklung der Haustierhaltung in Mitteleuropa und Südskandinavien von den Anfängen bis zum ausgehenden Mittelalter. Berlin 1994 (Schriften zur Ur- und Frühgeschichte, 46).

BENTLEY, Alex u. a.: Prehistoric Migration in Europe: Strontium Isotope Analysis of Early Neolithic Skeletons. In: Current Anthropology 34 (2002), S. 799–804.

BENTLEY, Alex u. a.: Human Mobility at the Early Neolithic Settlement of Vaihingen; Germany. Evidence from Strontium Isotope Analysis. In: Archaeometry 45 (2003), S. 471–486.

BENTLEY, Alex: Mobility, Specialisation and Community Diversity in the Linearbandkeramik: Isotopic Evidence from the Skeletons. In: Whittle, Alasdair/Cummings, Vicki (Hrsg.): Going over. The Mesolithic-Neolithic Transition in North-West-Europe. Oxford 2007, S. 117–140.

BERG, Axel von/BAALES, Michael: Tierfährten in der allerödzeitlichen Vulkanasche des Laacher See Vulkans bei Mertloch, Kr. Mayen-Koblenz. In: Archäologisches Korrespondenzblatt 27 (1997), S. 1–12.

BERG, Axel von/CONDEMI, Silvana/FRECHEN, Manfred: Die Schädelkalotte des Neandertalers von Ochtendung/Osteifel. Archäologie, Paläoanthropologie und Geologie. In: Eiszeitalter und Gegenwart 50 (2000), S. 56–68.

BERG, Axel von/FIEDLER, Lutz: Altpaläolithische Funde von Winningen und Koblenz-Bisholder an der unteren Mosel. In: Archäologisches Korrespondenzblatt 13 (1983), S. 291–298.

BERG, Axel von/SIROCKO, Frank: Der »Sonnenkult« der Bronzezeit 1500–800 BC. In: Sirocko, Frank (Hrsg.): Wetter, Klima, Menschheitsentwicklung. Von der Eiszeit bis in das 21. Jahrhundert. Stuttgart 2009, S. 129–133.

BERG, Axel von/WEGNER, Hans-Helmut: Jäger – Bauern – Keltenfürsten. 50 Jahre Archäologie an Mittelrhein und Mosel. Koblenz 2001 (Archäologie an Mittelrhein und Mosel, 13).

BERG, Axel von: Untersuchungen zur Urnenfelderkultur im Neuwieder Becken und angrenzenden Landschaften. 2 Bde. Marburg 1987.

BERG, Axel von: Ur- und Frühgeschichte an Mittelrhein und Mosel. Ein Überblick. Koblenz 1990 (Archäologie an Mittelrhein und Mosel, 5).

BERG, Axel von: Eine frühurnenfelderzeitliche Doppelbestattung von Trimbs, Kr. Mayen-Koblenz. In: Wegner, Hans-Helmut (Hrsg.): Berichte zur Archäologie an Mittelrhein und Mosel 2. Trier 1990 (Trierer Zeitschrift, Beiheft, 12), S. 51–62.

BERG, Axel von: Bemerkungen zur Chronologie der Urnenfelderzeit im Neuwieder Becken. In: Wegner, Hans-Helmut (Hrsg.): Berichte zur Archäologie an Mittelrhein und Mosel 2. Trier 1990 (Trierer Zeitschrift, Beiheft, 12), S. 63–144.

BERG, Axel von: Archäologie im Luftbild an Mittelrhein und Mosel. Koblenz 1994 (Archäologie an Mittelrhein und Mosel, 9).

BERG, Axel von: Allerödzeitliche Feuerstellen unter dem Bims im Neuwieder Becken. In: Archäologisches Korrespondenzblatt 24 (1994), S. 355–365.

BERG, Axel von: Älteres Paläolithikum aus dem Gebiet an Mosel und Mittelrhein. In: Fiedler, Lutz (Hrsg.): Archäologie der ältesten Kultur in Deutschland. Ein Sammelwerk zum älteren Paläolithikum, der Zeit des Homo erectus und des frühen Neandertalers. Wiesbaden 1997 (Materialien zur Vor- und Frühgeschichte von Hessen, 18), S. 227–268.

BERG, Axel von: Bronzezeitliche Siedlungsgruben bei Ochtendung und Polch-Kaan, Kr. Mayen-Koblenz. In: Wegner, Hans-Helmut (Hrsg.): Berichte zur Archäologie an Mittelrhein und Mosel 5. Koblenz 1997 (Trierer Zeitschrift, Beiheft, 23), S. 41–56.

BERG, Axel von: Ein Hominidenrest aus dem Wannenvulkan bei Ochtendung, Kreis Mayen-Koblenz. In: Archäologisches Korrespondenzblatt 27 (1997), S. 531–538.

BERG, Axel von: Vor- und Frühgeschichte. Koblenz 1998 (Wegweiser Mittelrhein, 1).

BERG, Axel von: Frühe Menschen am Rhein. Altsteinzeit am Mittelrhein. In: Beiträge zur Rheinkunde 51 (1999), S. 1–19.

BERG, Axel von: Ein Hüttengrundriss des frühen Mittelpaläolithikums im Wannenvulkan bei Ochtendung, Krs. Mayen-Koblenz. In: Burdukiewicz, Jan M. u. a. (Hrsg.): Erkenntnisjäger: Kultur und Umwelt des frühen Menschen. Festschrift D. Mania. Halle 2003 (Veröffentlichungen des Landesamtes für Archäologie von Sachsen Anhalt, 57), S. 51–56.

BERG, Axel von: Krieger, Bauern, Bronzegießer. Die Urnenfelderkultur im Rheinland. In: Kunow, Jürgen/Wegner, Hans-Helmut (Hrsg.): Urgeschichte im Rheinland. Köln 2006 (Jahrbuch des Rheinischen Vereins für Denkmalpflege und Landschaftsschutz 2005), S. 211–222.

BERNHARD, Helmut: Der spätrömische Depotfund von Lingenfeld, Kreis Germersheim, und archäologische Zeugnisse der Alemanneneinfälle zur Magnentiuszeit in der Pfalz. In: Mittellungen des Historischen Vereins der Pfalz 79 (1981), S. 5–103.

BERNHARD, Helmut: Die spätrömischen Burgi von Bad Dürkheim-Ungstein und Eisenberg. In: Saalburg-Jahrbuch 37 (1981), S. 23–85.

BERNHARD, Helmut: Die römische Geschichte in Rheinland-Pfalz, Caesar und die Gallier (42–51). In: Cüppers, Heinz (Hrsg.): Die Römer in Rheinland-Pfalz. Stuttgart 1990, S. 39–169.

BERNHARD, Helmut: Die Römerzeit in der nördlichen Vorderpfalz und im Nordpfälzer Bergland. In: West- und Süddeutscher Verband für Altertumsforschung e.V. u. a. (Hrsg.): Archäologie zwischen Donnersberg und Worms. Ausflüge in ein altes Kulturland. Regensburg 2008, S. 97–105.

BERNHARD, Vincent: L'homme, le bois et la forêt dans le Nord de la France entre le Mésolithique et le Haut Moyen Age. Oxford 1998 (British Archaeological Reports, International Series, 733).

BERNHARD, Vincent: Stratégie d'approvisonnement en bois en Gaule du Nord-Ouest (du Ier siècle avant au IVe siècle après J.-C.). In: Revue archéologique de Picardie 2003, S. 77–86.

BEYER-ROTTHOFF, Brigitte/LUIK, Martin/LOSCHEIDER, Robert: Wirtschaft in römischer Zeit. Bonn 2007 (Geschichtlicher Atlas der Rheinlande, III.3–4).

BIBUS, Erhard/SEMMEL, Arno: Stratigraphische Leithorizonte im Würmlöß des Mittelrheingebietes. In: Geologisches Jahrbuch Hessen 105 (1977), S. 141–147.

BIERMANN, E./MOUSAVIAN, A. S.: Neue Hinweise auf älteste bandkeramische Elemente westlich des Rheins. In: Archäologie im Rheinland 2007, S. 50–52.

BITTMANN, Felix: Vegetationsgeschichtliche Untersuchungen an mittel- und jungpleistozänen Ablagerungen des Neuwieder-Beckens (Mittelrhein). In: Jahrbuch des Römisch-Germanischen Zentralmuseums Mainz 38 (1991), S. 83–97.

BITTMANN, Felix: Vegetations- und Landschaftsgeschichte. In: Fansa, Mamoun/Both, Frank/Haßmann, Henning (Hrsg.): Archäologie Land Niedersachsen. 400 000 Jahre Geschichte. Stuttgart 2004 (Archäologische Mitteilungen aus Nordwestdeutschland, Beiheft, 42), S. 53–62.

BLANC, Hugo u. a.: Chronique des fouilles archéologiques 2008. In: Bulletin de l association pro aventico 50 (2008), S. 253–280.

BLOUET, Vincent/LANSIVAL, Renée: Aux origines de la Lorraine rurale. Metz 1993.

BOCKIUS, Ronald/ŁUCZKIEWICZ, Piotr: Kelten und Germanen im 2.–1. Jahrhundert vor Christus. Mainz 2004 (Römisch-Germanisches Zentralmuseum, Monographien, 58).

BOCKIUS, Ronald: Untersuchungen zur jüngeren Latène- und älteren römischen Kaiserzeit im Mittelrheingebiet. Diss. phil. Mainz 1987.

BOCKIUS, Ronald: Eingefriedete, endlatènezeitliche Gräber bei Thür, Kreis Mayen-Koblenz. In: Berichte zur Archäologie an Mittelrhein und Mosel 2 (1990), S. 145–168.

BOCKIUS, Ronald: Die spätrömischen Schiffswracks aus Mainz. Schiffsarchäologisch-technikgeschichtliche Untersuchungen spätantiker Schiffsfunde vom nördlichen Oberrhein. Mainz 2006.

BOECKING, Horst: Neue mittelpaläolithische Funde und Fundstellen aus dem Trier-Luxemburger Land. In: Trierer Zeitschrift 42 (1979), S. 5–61.

BOENIGK, Wolfgang/FRECHEN, Manfred: Zur Geologie der Deckschichten von Kärlich/Mittelrhein. In: Eiszeitalter und Gegenwart 48 (1998), S. 38–49.

BOENIGK, Wolfgang/FRECHEN, Manfred: Zur Geologie der Kärlich Hauptwand. In: Mainzer geowissenschaftliche Mitteilungen 30 (2001), S. 123–194.

BOGUCKI, Peter: The Danubian-Baltic Borderland: Northern Poland in the Fifth Millennium BC. In: Analecta Praehistorica Leidensia 40 (2008), S. 51–65.

BOLUS, Michael: Die Siedlungsbefunde des späteiszeitlichen Fundplatzes Niederbieber (Stadt Neuwied). Ausgrabungen 1981–1988. Bonn 1992 (Römisch-Germanisches Zentralmuseum Mainz, Monographien, 22).

BORK, Hans-Rudolf u. a.: Landschaftsentwicklung in Mitteleuropa. Wirkungen des Menschen auf Landschaften. Gotha, Stuttgart 1998.

BOSINSKI, Gerhard u. a.: Altsteinzeitliche Siedlungsplätze auf den Osteifel-Vulkanen. In: Jahrbuch des Römisch-Germanischen Zentralmuseums Mainz 33 (1986), S. 97–130.

BOSINSKI, Gerhard/D'ERRICO, Francesco/SCHILLER, Petra: Die gravierten Frauendarstellungen von Gönnersdorf. Wiesbaden 2001 (Der Magdalénien-Fundplatz Gönnersdorf, 8).

BOSINSKI, Gerhard/FISCHER, Gisela: Die Menschendarstellungen von Gönnersdorf der Ausgrabung von 1968. Wiesbaden 1974 (Der Magdalénien-Fundplatz Gönnersdorf, 1).

BOSINSKI, Gerhard/FISCHER, Gisela: Mammut- und Pferdedarstellungen von Gönnersdorf. Wiesbaden 1980 (Der Magdalénien-Fundplatz Gönnersdorf, 5).

BOSINSKI, Gerhard: Die mittelpaläolithischen Funde im westlichen Mitteleuropa. Köln u. a. 1967 (Fundamenta, Reihe A, Archäologische Beiträge, 4).

BOSINSKI, Gerhard: Die Ausgrabungen in Gönnersdorf 1968–1976 und die Siedlungsbefunde der Grabung 1968. Wiesbaden 1979 (Der Magdalénien-Fundplatz Gönnersdorf, 3).

BOSINSKI, Gerhard: Die große Zeit der Eiszeitjäger. Europa zwischen 40.000 und 10.000 v. Chr. (5. Mommsen-Vorlesung). In: Jahrbuch des Römisch-Germanischen Zentralmuseums Mainz 34 (1987), S. 13–139.

BOSINSKI, Gerhard: Upper and Final Palaeolithic Settlement Patterns in the Rhineland, West Germany. In: Dibble, Harold/Montet-White, Anta (Hrsg.): Upper Pleistocene Prehistory of Western

Eurasia. Kolloquium Philadelphia 1987. Philadelphia 1988 (University Museum Symposium Series, 1), S. 375–386.
BOSINSKI, Gerhard: Homo sapiens. L'histoire des chasseurs du paléolithique supérieur en Europe (40.000–10.000 av. J.-C.). Paris 1990.
BOSINSKI, Gerhard: The Representation of Female Figures in the Rhineland Magdalénien. In: Proceedings of the Prehistoric Society 57 (1991), S. 51–64.
BOSINSKI, Gerhard: Eiszeitjäger im Neuwieder Becken. Archäologie des Eiszeitalters am Mittelrhein. Koblenz ³1992 (Archäologie an Mittelrhein und Mosel, 1).
BOSINSKI, Gerhard: Die ersten Menschen in Eurasien. In: Jahrbuch des Römisch-Germanischen Zentralmuseums Mainz 39 (1995), S. 131–181.
BOSINSKI, Gerhard: Die Gravierungen des Magdalénien-Fundplatzes Andernach-Martinsberg. In: Jahrbuch des Römisch-Germanischen Zentralmuseums Mainz 41 (1996), S. 19–58.
BOSINSKI, Gerhard: Die Nashorndarstellungen von Gönnersdorf. In: Campen, Ingo/Hahn, Joachim/ Uerpmann, Margarethe (Hrsg.): Spuren der Jagd – Die Jagd nach Spuren. Festschrift für Hansjürgen Müller-Beck, Tübingen 1996 (Tübinger Monographien zur Urgeschichte, 11), S. 123–135.
BOSINSKI, Gerhard: Das Paläolithikum. In: Ders./Richter, Jürgen (Hrsg.): Paläolithikum und Mesolithikum. Köln 1997 (Geschichtlicher Atlas der Rheinlande, II.1), S. 4–61.
BOSINSKI, Gerhard: Paläolithikum und Mesolithikum im Rheinland. In: Kunow, Jürgen/Wegner, Hans-Helmut (Hrsg.): Urgeschichte im Rheinland. Köln 2006 (Jahrbuch des Rheinischen Vereins für Denkmalpflege und Landschaftsschutz 2005), S. 101–158.
BOSINSKI, Gerhard: Gönnersdorf und Andernach-Martinsberg. Späteiszeitliche Siedlungsplätze am Mittelrhein. Koblenz 2007 (Archäologie an Mittelrhein und Mosel, 19).
BOSINSKI, Gerhard: Urgeschichte am Rhein. Tübingen 2008.
BOULESTIN, Bruno u. a.: Mass cannibalism in the Linear Pottery Culture at Herxheim (Palatinate, Germany). In: Antiquity 83 (2009), S. 968–982.
BOULESTIN, Bruno/JEUNESSE, Christian/ZEEB-LANZ, Andrea: Cannibalisme de masse au Néolithique. In: La Recherche 433 (Septembre 2009), S. 54–57.
BOULESTIN, Bruno: Approche taphonomique des restes humains. Le cas des Mésolithiques de la grotte des Perrats et le problème du cannibalisme en Préhistoire récente Européenne. Oxford 1999 (British Archaeological Reports, International Series, 776).
BOUVIER, Michel: Le lièvre dans l'antiquité. Lyon 2000.
BRANDHERM, Dirk: Die späte Bronzezeit. In: West- und Süddeutscher Verband für Altertumsforschung e.V. u. a. (Hrsg.): Archäologie zwischen Donnersberg und Worms. Ausflüge in ein altes Kulturland. Regensburg 2008, S. 65–76.
BROECKER, Wallace S. u. a.: Routing of Meltwater from the Laurentide Ice Sheet during the Younger Dryas Cold Episode. In: Nature 341 (1989), S. 318–321.
BRONIEWSKI, Frank: GIS-basierte Auswertung eines archäologischen Fundstellenkatasters einer naturräumlichen Einheit oder Siedlungskammer. Diplomarbeit Trier 2003.
BROU, Laurent/LE BRUN-RICALENS, Foni/LOPEZ BAYON, Ignacio: Exceptionelle découverte de parures mésolithiques en coquillage fossile sur le site d'Heffingen-»Loschbour«. In: Empreintes 1 (2008), S. 12–19.
BROXO I CAPDEVILA, Ramon: Cueillette et agriculture à Lattes: Les resources végétales d'après les semances et les fruits. In: Lattara 5 (1992), S. 40–90.
BRUN, Patrice: Civilisation des champes d'urnes. Paris 1986 (Documents d'archéologie française, 4).
BRUNNACKER, Karl u. a.: Spätpaläolithische Funde aus Thür, Kreis Mayen-Koblenz. In: Archäologisches Korrespondenzblatt 16 (1982), S. 417–427.
BÜCHEL, Georg: Die Maare im Vulkanfeld der Westeifel, ihr geophysikalischer Nachweis, ihr Alter und ihre Beziehung zur Tektonik der Erdkruste. Diss. rer. nat. Mainz 1984.
BÜCHEL, Georg: Vulkanologische Karte der West- und Hocheifel. Jena 1994.
BÜCHNER, Stefan/WOLF, Gisela: Der Kornkäfer – Sitophilus granarius (Linné) – aus einer bandkeramischen Grube bei Göttingen. In: Archäologisches Korrespondenzblatt 27 (1997), S. 211–220.

BÜNTGEN, Ulf u. a.: 2500 Years of European Climate Variability and Human Susceptibility. In: Science 331 (2011), S. 578–582.

BURNEZ, Claude/LOUBOUTIN, Catherine: Les débuts du néolithique dans le Centre –Ouest. Connaissances et hypothèses. In: Desbrosse, René/Thévenin, André (Hrsg.): Préhistoire de l'Europe. Paris 2003, S. 449–474.

CLEMENS, Lukas/LÖHR, Hartwig: Drei neue Landschaftsbilder zur Geschichte der Trierer Talweite in der Spätbronzezeit, der Spätantike und dem Hochmittelalter. In: Funde und Ausgrabungen im Bezirk Trier 33 (2001), S. 103–134.

CLEMENS, Lukas: Technologietransfer oder Innovation? Kelter- und Mühlentechnologie in Antike und Mittelalter. In: Zeitschrift für Archäologie des Mittelalters 34 (2006), S. 25–32.

CONARD, Nicholas J./BOLUS, Michael: Radiocarbon Dating the Appearance of Modern Humans and Timing of Cultural Innovations in Europe: New Results and New Challenges. In: Journal of Human Evolution 44 (2003), S. 331–371.

CONARD, Nicholas J.: Tönchesberg and its Position in the Paleolithic Prehistory of Northern Europe. Bonn 1992 (Römisch-Germanisches Zentralmuseum Mainz, Monographien, 20).

COOPE, G. Russel u. a.: Temperature Gradients in Northern Europe during the Last Glacial-Holocene Transition (14-9 14C kyr B. P.) Interpreted from Coleopteran Assemblages. In: Journal of Quaternary Science 13 (1989), S. 419–433.

CORDIE-HACKENBERG, Rosemarie (Hrsg.): Belginum. 50 Jahre Ausgrabungen und Forschungen. Mainz 2007 (Schriften des Archäologieparks Belginum, 5).

CORDIE-HACKENBERG, Rosemarie: Das eisenzeitliche Hügelgräberfeld von Bescheid, Kreis Trier-Saarburg. Trier 1993 (Trierer Zeitschrift, Beiheft, 17).

CREEMERS, Guido/SCHEERS, Simone: Wichtige Fundstücke als Zeugnisse der Eburonen in Nordostbelgien. In: Uelsberg, Gabriele (Hrsg.): Krieg und Frieden. Kelten – Römer – Germanen. Darmstadt 2007, S. 169–174.

CROMBE, Philippe: Contacts et échanges entre chasseurs-cueilleurs et agriculteures durant les VIe et V^{e} millénaires av. J.-C. dans l'ouest de la Belgique. In: Burnez-Lanotte, Laurence/Ilett, Michael/Allard, Pierre (Hrsg.): Fin des traditions danubiennes dans le Néolithique du Bassin parisien et de la Belgique (5100–4700 av. J.-C.). Paris 2008 (Société Préhistorique Française, Mémoire, 44), S. 59–74.

CÜPPERS, Heinz: Die Trierer Römerbrücken. Mainz 1969.

CÜPPERS, Heinz (Hrsg.): Die Römer in Rheinland-Pfalz. Stuttgart 1990.

CUPILLARD, Christophe/RICHARD, Annick (Hrsg.): Les derniers chasseurs-cueilleurs du massif Jurassien et de ses marges. Lons-le Saunier 1998.

CZIESLA, Erwin: Jäger und Sammler. Die mittlere Steinzeit im Landkreis Pirmasens. Brühl 1992.

CZIESLA, Erwin: Cultural Diversity during the 6th Millennium B.C. in Southwestern Germany. In: Préhistoire Européenne 5 (1993), S. 89–100.

CZIESLA, Erwin: Die mittlere Steinzeit im südlichen Rheinland-Pfalz. In: Conard, Nicholas J./Kind, Claus-Joachim (Hrsg.): Aktuelle Forschungen zum Mesolithikum. Tübingen 1998 (Urgeschichtliche Materialhefte, 12), S. 111–120.

CZIESLA, Erwin: Zur bandkeramischen Kultur zwischen Elbe und Oder. In: Germania 86 (2008), S. 405–464.

DACHROTH, Wolfgang: Genese des linksrheinischen Buntsandsteins und Beziehungen zwischen Ablagerungsbedingungen und Stratigraphie. In: Jahresberichte und Mitteilungen des oberrheinischen geologischen Vereins N.F. 70 (1988), S. 267–333.

DEEBEN, Jos/GIJN, Annelou van: Hunters and Gatherers: Synthesis. In: Louwe-Kooijmans, Leendert u. a. (Hrsg.): The Prehistory of the Netherlands. Amsterdam 2005, S. 187–200.

DEHN, Rolf: Die Urnenfelderkultur in Nordwürttemberg. Stuttgart 1972 (Forschungen und Berichte zur Vor- und Frühgeschichte in Baden-Württemberg, 1).

DENAIRE, Anthony: Remontage de la céramique des fossés/Zusammensetzungen von Keramik in den Grubenringen. In: Zeeb-Lanz, Andrea (Hrsg.): Krisen–Kulturwandel–Kontinuitäten. Zum

Ende der Bandkeramik in Mitteleuropa. Beiträge der internationalen Tagung in Herxheim bei Landau (Pfalz) vom 14.–17.06.2007. Rahden 2009 (Internationale Archäologie, Arbeitsgemeinschaft, Symposium, Tagung, Kongress, 10), S. 79–85.

DERMODY, Brian J. u. a.: Revisiting the Humid Roman Hypothesis: Novel Analyses Depict Oscillating Patterns. In: Climate of the Past. Discussions 7 (2011), S. 2355–2389.

DESITTERE, Marcel: De Urnenvelderkultur in het Gebied tussen Nederrijn en Nordzee (Periodes Ha A en B). Brugge 1968 (Dissertationes Archaeologicae Gandenses, 11).

DEUTSCHE STRATIGRAPHISCHE KOMMISSION (Hrsg.): Stratigraphische Tabelle von Deutschland 2002. Potsdam 2002.

DITTRICH, Doris/BARTELS, Lars/VOGEL, Kai: Neue Ergebnisse zu Geologie des Ferschweiler Plateaus und des Heiderückens (zentrale Trier-Bitburger Mulde) – Tektonik, Keuper- und Lias-Stratigraphie sowie ein Beitrag zur genetischen Deutung des Naturdenkmals »Irreler Wasserfälle«. In: Mainzer geowissenschaftliche Mitteilungen 26 (1997), S. 55–98.

DÖHLE, Hans-Jürgen: Pferdenachweise aus dem Mesolithikum und Neolithikum in Deutschland. In: Historia animalium ex ossibus. Festschrift Angela van den Driesch. Rahden 1999, S. 149–159.

DÖRFLER, Walter u. a.: Wandel der Kulturlandschaft als Ausdruck kulturellen Wandels? Pollenanalytische und siedlungsarchäologische Untersuchungen zur Romanisierung in der Vulkaneifel. In: Haffner, Alfred/Schnurbein, Siegmar von (Hrsg.): Kelten, Germanen, Römer im Mittelgebirgsraum zwischen Luxemburg und Thüringen. Akten des Internationalen Kolloquiums zum DFG-Schwerpunktprogramm »Romanisierung« vom 28. bis 30. September 1998 in Trier. Bonn 2000 (Kolloquien zur Vor- und Frühgeschichte, 5), S. 129–146.

DÖRFLER, Walter/EVANS, Andrew/LÖHR, Hartwig: Trier, Walramsneustraße. Untersuchungen zum römerzeitlichen Landschaftswandel im Hunsrück-Eifel-Raum an einem Beispiel aus der Trierer Talweite. In: Müller-Karpe, Andreas u. a. (Hrsg.): Studien zur Archäologie der Kelten, Römer und Germanen in Mittel- und Westeuropa. Alfred Haffner zum 60. Geburtstag gewidmet. Rahden 1998. (Internationale Archäologie, Studia honoraria, 4), S. 119–152.

DOHLE, Gisela: Die Urnenfelderkultur im Neuwieder-Becken. Koblenz 1970 (Jahrbuch für Geschichte und Kunst des Mittelrheines und seiner Nachbargebiete, Beiheft, 2).

DRIESCH, Angela van den/PÖLLATH, Nadja: Distribution History of European Wild Birds Based on Archaeozoological Records. A Contribution to Human-Bird Relationships in the Past. In: Grupe, Gisela/McGlynn, George/Peters, Joris (Hrsg.): Archaeobiodiversity. A European Perspective. Rahden 2010, S. 71–215.

DRINKWATER, John F.: The Gallic Empire. Separatism and Continuity in the North-Western Provinces of the Roman Empire A.D. 260–274. Stuttgart 1987.

DUCROCQ, Thierry: Le Mésolithique du bassin de la Somme: Insertion dans un cadre morphostratigraphique, environnemental et chronoculturel. Lille 2001 (Publications du Centre d'Etudes et de Recherches de Préhistoire, 7).

ECHT, Rudolf: Das Fürstinnengrab von Reinheim. Bonn 1999 (Saarbrücker Beiträge zur Altertumskunde, 69).

EGGERT, Manfred K. H.: Die Urnenfelderkultur in Rheinhessen. Wiesbaden 1976 (Geschichtliche Landeskunde, 13).

EHLERS, Jürgen: Das Eiszeitalter. Heidelberg 2011.

EICKHOFF, Sabine: Wohnplatzstrukturen: Strukturierung eines Wohnplatzes. Zur Besiedlungsgeschichte des Magdalénien-Fundplatzes Andernach. Diss. phil. Köln 1992.

EISSMANN, Lothar: Periglaziäre Prozesse und Permafroststrukturen aus sechs Kaltzeiten des Quartärs. Ein Beitrag zur Periglazialgeologie aus der Sicht des Saale-Elbe-Gebietes. Altenburg 1981 (Altenburger naturwissenschaftliche Forschungen, 1).

ENGELS, Heinz-Josef: Die Hallstatt- und Latènekultur in der Pfalz. Speyer 1967 (Veröffentlichungen der Pfälzischen Gesellschaft zur Förderung der Wissenschaften in Speyer, 55).

ENGELS, Heinz-Josef: Funde der Latènekultur I. Materialhefte zur Vor- und Frühgeschichte der Pfalz 1. Speyer 1974 (Veröffentlichungen der Pfälzischen Gesellschaft zur Förderung der Wissenschaften in Speyer, 63).

ENGELS, Heinz-Josef: Der Fund von Hagenbach. In: Trier. Kaiserresidenz und Bischofssitz. Katalog zur Ausstellung des Rheinischen Landesmuseum Trier. Mainz 1984, S. 84–86.

ERNST, Christoph: Den Wald entwickeln. Ein Politik- und Konfliktfeld in Hunsrück und Eifel im 18. Jahrhundert. München 2000.

FAUST, Sabine/HOSS, Stefanie: Der Spargel wächst. Bereits bei den Römern war Spargel eine geschätzte Delikatesse, der auch medizinische Wirkung zugeschrieben wurde. In: Antike Welt 38 (2007), S. 67–70.

FAUST, Sabine: Figürliche Bronzen und Gegenstände aus anderen Metallen aus Stadt und Bezirk Trier in Privatbesitz III. In: Trierer Zeitschrift 67/68 (2004/05), S. 157–212.

FECHNER, Kai/LANGOHR, Roger: Sols anthropiques et alluvions anciennes sur le site de Remerschen-Schengerwis: Une longue histoire faite d'évènements naturels et humains, état de question. In: Bulletin de la Société préhistorique Luxembourgeoise 15 (1993), S. 99–113.

FIRBAS, Franz: Spät- und nacheiszeitliche Waldgeschichte Mitteleuropas nördlich der Alpen. 2 Bde. Jena 1949/1952.

FISCHER, Anna-Leena/GEHLEN, Birgit/RICHTER, Thomas: Zum Stand der Neolithisierungsforschung im östlichen Bayern: Fragestellungen, Fundstellen, Perspektiven. In: Chytrácek, Miloslav u. a. (Hrsg.): Fines Transire. Archäologische Arbeitsgemeinschaft Ostbayern/West- und Südböhmen/Oberösterreich 18. Treffen, 25. bis 28. Juni 2009. Rahden 2009, S. 45–78.

FLOSS, Harald/ROUQUEROL, Nathalie: Les chemins de l'art aurignacien en Europe. Das Aurignacien und die Anfänge der Kunst in Europa. Aurignac 2007.

FLOSS, Harald: Rohmaterialversorgung im Paläolithikum des Mittelrheingebietes. Bonn 1994 (Römisch-Germanisches Zentralmuseum Mainz, Monographien, 21).

FRENZEL, Burkhard: Grundzüge der pleistozänen Vegetationsgeschichte Nord-Eurasiens. Wiesbaden 1968 (Erdwissenschaftliche Forschung, 1).

FRENZEL, Burkhard: Die vormittelalterliche Besiedlungsgeschichte des westlichen Hunsrücks und der Westeifel nach paläobotanischen Befunden. In: Haffner, Alfred (Hrsg.): Studien zur Eisenzeit im Hunsrück-Nahe-Raum. Trier 1991 (Trierer Zeitschrift, Beiheft, 13), S. 309–336.

FREY, Marie-Luise/BÜRGEL, Horst/KLAEREN, Günther: Vielfalt an Verwitterungs-Eisenerzen und historische Verhüttungsprodukte im Gerolsteiner Land, Eifel. In: Reger, Karl (Hrsg.): 6. internationaler Bergbau-Workshop Rescheid/Eifel 1.–5. Oktober 2003. Hellenthal 2003, S. 66–73.

FRIEDRICH, Michael u. a.: Paleo-Environment and Radiocarbon Calibration as Derived from Lateglacial/Early Holocene Tree-Ring Chronologies. In: Quaternary International 61 (1999), S. 27–39.

FRIRDICH, Christiane: Struktur und Dynamik der bandkeramischen Landnahme. In: Lüning, Jens/Dies./Zimmermann, Andreas (Hrsg.): Die Bandkeramik im 21. Jahrhundert. Symposium in der Abtei Brauweiler bei Köln vom 16.9.–19.9.2002. Rahden 2005 (Internationale Archäologie, Arbeitsgemeinschaft, Symposium, Tagung, Kongress, 7), S. 81–109.

GAD, Jürgen: Neue Funde von Palynomorphen aus der Metamorphen Zone des Hunsrücks. In: Mainzer geowissenschaftliche Mitteilungen 32 (2004), S. 133–138.

GAITZSCH, Wolfgang: Römische Siedlungsgrabungen im rheinischen Braunkohlenrevier. In: LVR-Amt für Denkmalpflege im Rheinland (Hrsg.): Braunkohlenarchäologie im Rheinland. Weilerswist 2010 (Materialien zur Bodendenkmalpflege im Rheinland, 21), S. 74–86.

GAUDZINSKI, Sabine: Wisentjäger in Wallertheim. Zur Taphonomie einer mittelpaläolithischen Fundstelle in Rheinhessen. In: Jahrbuch des Römisch-Germanischen Zentralmuseums Mainz 39 (1995), S. 245–423.

GAUDZINSKI, Sabine: Kärlich-Seeufer. Untersuchungen zu einer altpaläolithischen Fundstelle im Neuwieder Becken (Rheinland, Deutschland). In: Jahrbuch des Römisch-Germanischen Zentralmuseums Mainz 43 (1998), S. 3–239.

GEBERS, Wilhelm: Endneolithikum und Frühbronzezeit im Mittelrheingebiet. Bonn 1984 (Saarbrücker Beiträge zur Altertumskunde, 27 und 28).

GEHLEN, Birgit: Innovation und Netzwerke. Das Spätmesolithikum vom Forggensee (Südbayern) im Kontext des ausgehenden Mesolithikums und des Altneolithikums in der Südhälfte Europas. Loogh 2010.

GEILENBRÜGGE, Udo/SCHÜHMANN, Wilhelm: Die älteste Wassermühle Mitteleuropas im Indetal bei Altdorf? In: Kunow, Jürgen (Hrsg.): Archäologie im Rheinland 2010. Stuttgart 2011, S. 62–64.

GELHAUSEN, Frank/KEGLER, Jan F./WENZEL, Stefan: Latente Behausungsstrukturen im Spätpaläolithikum. Die Fundplätze Niederbieber I und IV, Andernach-Martinsberg 3, Berlin-Tegel IX. In: Die Kunde N.F. 56 (2005), S. 11–30.

GERDSEN, Hermann: Studien zu den Schwertgräbern der älteren Hallstattzeit. Mainz 1986.

GERLACH, Renate/OLBRECHTS, Sven: Römische Messingindustrie am Eifelnordrand? In: LVR-Amt für Denkmalpflege im Rheinland (Hrsg.): Archäologie im Rheinland 1992. Köln, Bonn 1993. S. 58–60.

GERLACH, Renate: Geoarchäologie am Niederrhein. In: Ikinger, Alexander (Hrsg.): Festschrift Wolfgang Schirmer. Geschichte aus der Erde. Münster 1998, S. 241–265.

GIELS, Lothar: Die mittelpaläolithischen Silexartefakte vom Oberflächenfundplatz Hillesheim, Kr. Daun. Magisterarbeit Köln 2000.

GIESEN, Hermann-Josef: Gold zwischen Eifel und Ardennen. Vorkommen – Herkunft – Geschichte. St. Vith 2007 (Schriftenreihe zwischen Venn und Schneifel, 21).

GILLES, Karl-Josef: Germanische Fibeln und Kämme des Trierer Landes. In: Archäologisches Korrespondenzblatt 11 (1981), S. 333–339.

GILLES, Karl-Josef: Zur Münzprägung des Honorius in Trier. In: Trierer Zeitschrift 46 (1983), 225–229.

GILLES, Karl-Josef: Germanen im Trierer Land. In: Trier. Kaiserresidenz und Bischofssitz. Katalog zur Ausstellung des Rheinischen Landesmuseum Trier. Mainz 1984, S. 335–350 (Nr. 177–186).

GILLES, Karl-Josef: Spätrömische Höhensiedlungen in Eifel und Hunsrück. Trier 1985 (Trierer Zeitschrift, Beiheft, 7).

GILLES, Karl-Josef: Die Aufstände des Poemenius (353) und des Silvanus und ihre Auswirkungen auf die Trierer Münzprägung. In: Trierer Zeitschrift 52 (1989), S. 377–383.

GILLES, Karl-Josef: Princastellum. Bernkastel in der Spätantike und im frühen Mittelalter. In: Kritten, Stefan (Hrsg.): Bernkastel-Kues in Geschichte und Gegenwart. Festschrift zum 700jährigen Stadtjubiläum 1991. Bernkastel 1991, S. 45–51.

GILLES, Karl-Josef: Neue Funde und Beobachtungen zu den Anfängen Triers. In: Trierer Zeitschrift 55 (1992), S. 193–232.

GILLES, Karl-Josef: Der große römische Goldmünzenfund aus Trier. In: Funde und Ausgrabungen im Bezirk Trier 26 (1994), S. 9–24.

GILLES Karl-Josef: Das Münzkabinett im Rheinischen Landesmuseum Trier. Trier 1996 (Schriftenreihe des Rheinischen Landesmuseums, 13).

GILLES, Karl-Josef: Der Goldschatz von Trier. In: Ders. (Hrsg.): Das Münzkabinett im Rheinischen Landesmuseum Trier. Trier 1996 (Schriftenreihe des Rheinischen Landesmuseum, 13), S. 13–18.

GILLES, Karl-Josef: Die Münzprägung der Treverer. In: Ders. (Hrsg.): Das Münzkabinett im Rheinischen Landesmuseum Trier. Trier 1996 (Schriftenreihe des Rheinischen Landesmuseum, 13), S. 10–12.

GILLES, Karl-Josef: Römische Bergheiligtümer im Trierer Land. Zu den Auswirkungen der spätantiken Religionspolitik. In: Trierer Zeitschrift 50 (1987), S. 195–254.

GILLES, Karl-Josef: Tempelbezirke im Trierer Land. In: Kuhnen, Hans-Peter (Hrsg.): Religio Romana. Wege zu den Göttern im antiken Trier. Trier 1996 (Schriftenreihe des Rheinischen Landesmuseums, 12), S. 72–88.

GILLES, Karl-Josef: Bacchus und Sucellus. 2000 Jahre römische Weinkultur an Mosel und Rhein. Briedel 1999.

GILLES, Karl-Josef: Neuere Untersuchungen an der Langmauer bei Trier. In: Herrmann, Fritz-Rudolf (Hrsg.): Festschrift für Günter Smolla. Wiesbaden 1999 (Materialien zur Vor- und Frühgeschichte von Hessen, 8), S. 252–258.

GILLES, Karl-Josef: Ein Trierer Münzstempel von Kaiser Valentinian II. (375–392). In: Funde und Ausgrabungen im Bezirk Trier 35 (2003), S. 62–68.

GILLES, Karl-Josef: Die erste Blüte des Moselweins. In: Antike Welt 36 (2005), Heft 4, S. 29–35.

GILLES, Karl-Josef: Die Münzstätte der Gallischen Kaiser in Trier. In: Archäologie in Rheinland-Pfalz 4 (2005), S. 74–77.

GILLES, Karl-Josef: Drei neue Weinkeltern an der Mittelmosel. In: Archäologie in Rheinland-Pfalz 4 (2005), S. 84–88.

GILLES, Karl-Josef: Befestigte spätrömische Höhensiedlungen in Eifel und Hunsrück. In: Steuer, Heiko/Bierbrauer, Volker (Hrsg.): Höhensiedlungen zwischen Antike und Mittelalter. Berlin, New York 2008 (Ergänzungsbände zum Lexikon der Germanischen Altertumskunde, 58), S. 105–120.

GLESER, Ralf: Studien zu sozialen Strukturen der historischen Kelten in Mitteleuropa aufgrund der Gräberanalyse. Die keltisch-römische Nekropole von Hoppstädten-Weiersbach im Kontext latènezeitlicher Fundgruppen und römischer Okkupationen. Bonn 2005 (Saarbrücker Beiträge zur Altertumskunde, 81).

GOUDIE, Andrew/VILES, Heather/PENTECOST, Allan: The Late-Holocene Tufa Decline in Europe. In: The Holocene 3 (1993), S. 181–186.

GRIMM, Kirsten I./GRIMM, Matthias C.: Die fossilen Wirbellosen des Mainzer Tertiärbeckens 1-1. Geologischer Führer durch das Mainzer Tertiärbecken. In: Dies./Neuffer, Fr. Otto/Lutz, Herbert (Hrsg.): Die fossilen Wirbellosen des Mainzer Tertiärbeckens. Mainz 2003 (Mainzer naturwissenschaftliches Archiv, Beiheft, 26).

GRIMM, Sonja B.: Ein spätallerödzeitlicher Fundplatz bei Bad Breisig, Kreis Ahrweiler. In: Wegner, Hans-Helmut (Hrsg.): Berichte zur Archäologie an Mittelrhein und Mosel 9. Koblenz 2004 (Trierer Zeitschrift, Beiheft, 28), S. 11–32.

GRONENBORN, Detlef: Mesolithic-Neolithic Interactions – The Lithic Industry of the Earliest Bandkeramik Culture Site at Friedberg-Buchenbrücken, Wetteraukreis (West Germany). In: Vermeersch, Pierre M./Peer, Philip van (Hrsg.): Contributions to the Mesolithic in Europe. Leuven 1990, S. 173–182.

GRONENBORN, Detlef: Silexartefakte der ältestbandkeramischen Kultur. Bonn 1997 (Universitätsforschungen zur prähistorischen Archäologie, 37).

GRONENBORN, Detlef: Fernkontakte aus dem nördlichen Europa während der Bandkeramischen Kultur. In: Pavúk, Peter u. a. (Hrsg.): Panta Rhei. Studies in chronology and cultural development of South-Eastern and Central Europe in earlier prehistory presented to Juraj Pavúk on the occasion of his 75th Birthday. Bratislava 2010, S. 561–574.

GROOTH, Marjorie de/VELDE, Pieter van de: Colonist on the loess? Early Neolithic A: The Bandkeramik Culture. In: Louwe-Kooijmans, Leendert u. a. (Hrsg.): The Prehistory of the Netherlands. Amsterdam 2005, S. 219–241.

GRUNWALD, Lutz: Postumus – Valentinian I. – Avitus und dann? Anmerkungen zur Geschichte des Moselmündungsgebietes vom 3. bis in das 5. Jahrhundert n. Chr. In: Wegner, Hans-Helmut (Hrsg.): Berichte zur Archäologie an Mittelrhein und Mosel 11. Trier 2007, S. 361–373.

GUILAINE, Jean/ZAMMIT, Jean: Le sentier de la guerre. Visages de la violence préhistorique. Paris 2001.

GUILAINE, Jean: Pour une archéologie agraire. Paris 1991.

HAALEBOS, Jan Kees/FRANZEN, Paul F. J. (Hrsg.): Alphen aan den Rijn – Albaniana. 1998–1999. Opgravingen in de Julianastraat, de Castellumstraat, op Het Eiland en onder het St.- Jorisplein. Nijmegen 2000.

HÄBERLE, Daniel: Dünen in der Pfalz. In: Pfälzische Heimatkunde 1 (1905), S. 106–108.

HÄBERLE, Daniel: Dünen in der Westpfalz. In: Pfälzische Heimatkunde 4 (1908), S. 23–24.

HÄBERLE, Daniel: Über Flugsandbildungen in der Rheinpfalz. In: Verhandlungen des Naturhistorisch-Medizinischen Vereins zu Heidelberg 17 (1929/33), S. 85–103.

HAFFNER, Alfred/SCHNURBEIN, Siegmar von (Hrsg.): Kelten, Germanen, Römer im Mittelgebirgsraum zwischen Luxemburg und Thüringen. Bonn 2000 (Kolloquien zur Vor- und Frühgeschichte, 5).

HAFFNER, Alfred: Die westliche Hunsrück-Eifel-Kultur. Berlin 1976 (Römisch-Germanische Forschungen, 36).

HAFFNER, Alfred (Hrsg.): Gräber – Spiegel des Lebens. Zum Totenbrauchtum der Kelten und Römer am Beispiel des Treverer Gräberfeldes Wederath-Belginum. Mainz 1989 (Schriftenreihe des Rheinischen Landesmuseums Trier, 2).

HAFFNER, Alfred: Menhir, Grabstele oder Grenzstein? Zu einem datierten »Menhir« von Bescheid/Lorscheid, Kreis Trier-Saarburg. In: Funde und Ausgrabungen im Bezirk Trier 39 (2007), S. 15–20.

HAHN, Joachim: Aurignacien. Das ältere Jungpaläolithikum in Mittel- und Osteuropa. Köln u. a. 1977 (Fundamenta, Reihe A, Archäologische Beiträge, 9).

HAHN, Joachim: Neue Beschleuniger-^{14}C-Daten zum Jungpaläolithikum in Südwestdeutschland. In: Eiszeitalter und Gegenwart 45 (1995), S. 86–92.

HANSJOSTEN, Ralf: Non nobis, sed posteris. Geschichte der Bergbaugemeinden Fell und Thomm unter Berücksichtigung der wirtschafts- und sozialhistorischen Besonderheiten des Bergbaus. Trier 2001.

HAUPT, Peter: Ein augusteisches Lager mit claviculae. In: Trierer Zeitschrift 63 (2000), S. 203–218.

HAUSER, Joachim: Die Crinoiden des Mitteldevon der Eifeler Kalkmulden. Bonn 1997.

HAUZEUR, Anne/LÖHR, Hartwig: Latéralisation des armatures rubanées: apport des données récentes de la Moselle dans le contexte rubané du Nord-Ouest. In: Paléoethnologie 1 (2009), S. 296–318.

HAUZEUR, Anne: The Raw Material Procurement as Implied Cause of Interregional Network. Diachronic Examples in the LPC of the Middle Mosel. In: Allard, Pierre/Bostyn, Françoise/Zimmermann, Andreas (Hrsg.): Contribution des matériaux lithiques dans la chronologie du Néolithique ancien et moyen en France et dans les régions limitrophes. Oxford 2006 (British Archaeological Reports, International Series, 1494), S. 15–27.

HEIDTKE, Ulrich H. J.: Fossilien aus dem Lias von Siebeldingen (Pfalz). In: Pollichia-Kurier 22 (2006), S. 19–22.

HEINEN, Heinz: 2000 Jahre Trier. Bd. 1: Trier und das Trevererland in römischer Zeit. Trier 1985.

HEINEN, Martin: Niederkassel-Uckendorf. Neue Erkenntnisse zum Beginn des Neolithikums in Nordrhein-Westfalen. In: Hellenkemper, Hansgerd u. a. (Hrsg.): Von Anfang an. Begleitbuch zur Landesausstellung 2005. Köln 2005, S. 333–335.

HEINEN, Martin: The Rhine-Meuse-Schelde Culture in Western Europe, Distribution, Chronology and Development. In: Kind, Claus-Joachim (Hrsg.): After the Ice Age. Settlements, subsistence and Social Development in the Mesolithic of Central Europe. Stuttgart 2006, S. 75–86.

HEINEN, Martin: Niederkassel-Uckendorf. Eine bandkeramische Pioniersiedlung im Rheinland. In: Gronenborn, Detlef/Petrasch, Jörg (Hrsg.): Die Neolithisierung Mitteleuropas. Mainz 2010 (RGZM-Tagungen, 4), S. 517–534.

HENKE, Winfried: Die magdalénienzeitlichen Menschenfunde von Oberkassel bei Bonn. In: Bonner Jahrbücher 186 (1986), S. 317–366.

HENRICH, Peter: Die römische Besiedlung in der westlichen Vulkaneifel. Tier 2006.

HENRICH Peter: Die in der Spätantike befestigte römische Villa von Bodenbach, Landkreis Vulkaneifel. Vorbericht zu den geophysikalischen Prospektionen und Grabungen 2003–2010. In: Funde und Ausgrabungen im Bezirk Trier 42 (2010), S. 31–43.

HERRMANN, Fritz-Rudolf: Die Funde der Urnenfelderkultur in Mittel- und Südhessen. Berlin 1966 (Römisch-Germanische Forschungen, 27).

HERZ, Peter: Holz und Holzwirtschaft. In: Ders./Waldherr, Gerhard (Hrsg.): Landwirtschaft im Imperium Romanum. St. Katharinen 2001, S. 101–117.

HOFFMANN, Dietrich: Das spätrömische Bewegungsheer und die Notitia Dignitatum. Düsseldorf 1969 (Epigraphische Studien, 7,1).

HOFFMANN, Stephanie: Die Entstehung und die Entwicklung der mittleren Bronzezeit im westlichen Mittelgebirgsraum. Bonn 2004.

HOLLSTEIN, Ernst: Mitteleuropäische Eichenchronologie. Mainz 1980.

HOLLSTEIN, Ernst: Zur Erbauungszeit der Römerbrücke bei Konz. In: Funde und Ausgrabungen im Bezirk Trier 12 (1980), S. 46–49.

HOLST, Daniela: Hazelnut Economy of Early Holocene Hunter-Gatherers: A Case Study from Mesolithic Duvensee, Northern Germany. In: Journal of Archaeological Science 37 (2010), S. 2871–2880.

HORMUTH, Karl F.: Eine bronzezeitliche Siedlung in den Dünen bei St. Ilgen, Landkreis Heidelberg. In: Badische Fundberichte 19 (1951), S. 45–56.

HORN, Peter/LIPPOLT, Hans Joachim/TODT, Wolfgang: Kalium-Argon-Altersbestimmungen an tertiären Vulkaniten des Oberrheingrabens. 1. Gesamtgesteinsalter. In: Eclogae geologica helvetica 65 (1972), S. 129–154.

HOTTENROTT, Martin: Palynologische Altersdatierungen im Tertiär des Eisenberger Beckens (Nordpfalz). In: Jahresberichte und Mitteilungen des Oberrheinischen Geologischen Vereins N.F. 82 (2000), S. 261–277.

HOUBRE, Aurélie: La céramique rubanée de Herxheim (Palatinat, Allemagne). Masterarbeit Strasbourg 2008.

HSÜ, Kenneth J.: Klima macht Geschichte. Menschheitsgeschichte als Abbild der Klimaentwicklung. Zürich 2000.

HUTTERER, Rainer/KOENIGSWALD, Wighart von: Knochenfunde aus einer Karsthöhle bei Berndorf in der Hillesheimer Kalkmulde (Eifel). In: Mainzer naturwissenschaftliches Archiv 31 (1993), S. 223–238.

ISARIN, René F. B./RENSSEN, Hans/VANDENBERGHE, Jef: The Impact of the North Atlantic Ocean on the Younger Dryas Climate in North-Western and Central Europe. In: Journal of Quaternary Science 13 (1998), S. 447–453.

ISARIN, René. F. B.: The Climate in North-western Europe during the Younger Dryas. A Comparison of Multi-proxy Climate Reconstructions with Simulation Experiments. Utrecht 1997 (Nederlandse Geografische Studies, 229).

JACOBS, Rolf: Ein mesolithischer »Wohn- und Werkplatz« in Oberkail, Kreis Bitburg-Prüm. In: Bulletin de la Société Préhistorique Luxembourgeoise 10 (1988), S. 159–175.

JEUNESSE, Christian/LEFRANC, Philippe: Rosheim »Sainte Odile« (Bas-Rhin), un habitat rubané avec fossé d'enceinte – Première partie : les structures et la céramique. In: Cahiers de l Association pour la Promotion de la Recherche Archéologique en Alsace 15 (1999), S. 54.

JEUNESSE, Christian/LEFRANC, Philippe/WILLIGEN, Samuel van: Die pfälzische Bandkeramik: Definition und Periodisierung. In: Zeeb-Lanz, Andrea (Hrsg.): Krisen–Kulturwandel–Kontinuitäten. Zum Ende der Bandkeramik in Mitteleuropa. Beiträge der internationalen Tagung in Herxheim bei Landau (Pfalz) vom 14.–17.06.2007. Rahden 2009 (Internationale Archäologie, Arbeitsgemeinschaft, Symposium, Tagung, Kongress, 10), S. 61–78.

JEUNESSE, Christian/WILLIGEN, Samuel van: Westmediterranes Frühneolithikum und westliche Linearbandkeramik: Impulse, Interaktionen, Mischkulturen. In: Gronenborn, Detlef/Petrasch, Jörg (Hrsg.): Die Neolithisierung Mitteleuropas. Mainz 2010 (RGZM-Tagungen, 4), S. 569–605.

JOACHIM, Hans-Eckart: Die Hunsrück–Eifel–Kultur am Mittelrhein. Köln 1968 (Bonner Jahrbücher, Beiheft, 29).

JOACHIM, Hans-Eckart: Unbekannte Wagengräber der Mittel-Spätlatènezeit aus dem Rheinland. In: Frey, Otto Hermann (Hrsg.): Marburger Beiträge zur Archäologie der Kelten. Bonn 1969 (Fundberichte aus Hessen, Beiheft, 1), S. 84–111.

JOACHIM, Hans-Eckart: Ein reich ausgestattetes Wagengrab der Spätlatènezeit aus Neuwied, Stadtteil Heimbach-Weis. In: Bonner Jahrbücher 173 (1973), S. 1–52.

JOACHIM, Hans-Eckart: Zwei frühlatènezeitliche Fußgefäße und der Beginn der Drehscheibenkeramik im Rheinland. In: Archäologisches Korrespondenzblatt 16 (1986), S. 317–322.

JOACHIM, Hans-Eckart: Eine Rekonstruktion der keltischen »Säule« von Pfalzfeld. In: Bonner Jahrbücher 189 (1989), S. 1–16.

JOACHIM, Hans-Eckart: Waldalgesheim. Köln 1995 (Kataloge des Rheinischen Landesmuseums Bonn, 3).

JOACHIM, Hans-Eckart: Bronze- und Eisenzeit. Köln 1997 (Geschichtlicher Atlas der Rheinlande, II.3.1–3.4).

JOACHIM, Hans-Eckart: Von den Anfängen der Metallverarbeitung bis zur mittleren Bronzezeit. In: Kunow, Jürgen/Wegner, Hans-Helmut (Hrsg.): Urgeschichte im Rheinland. Köln 2006 (Jahrbuch des Rheinischen Vereins für Denkmalpflege und Landschaftsschutz 2005), S. 205–210.

JOACHIM, Hans-Eckart: Die späte Eisenzeit am Niederrhein. In: Uelsberg, Gabriele (Hrsg.): Krieg und Frieden. Kelten – Römer – Germanen. Darmstadt 2007, S. 48–58.

JOCKENHÖVEL, Albrecht: Ausgrabungen in der Talauensiedlung Riedwiesen bei Frankfurt am Main-Schwanheim. In: Fundberichte aus Hessen 24/25 (1984/85), S. 9–101.

JÖRIS, Olaf/WENINGER, Bernhard: ^{14}C-Alterskalibration und die absolute Chronologie des Spätglazials. In: Archäologisches Korrespondenzblatt 30 (2000), S. 461–471.

JÖRIS, Olaf: Aus einer anderen Welt – Europa zur Zeit des Neandertalers. In: Conard, Nicholas John/Kölbl, Stefanie/Schürle, Wolfgang (Hrsg.): Vom Neandertaler zum modernen Menschen. Ostfildern 2005 (Alb und Donau, Kunst und Kultur, 46), S. 47–70.

JOST, Cliff Alexander: Die späthallstatt- und frühlatènezeitliche Siedlung von Wierschem, Kreis Mayen-Koblenz. Ein Beitrag zur eisenzeitlichen Besiedlung an Mittelrhein und Untermosel. Trier 2001 (Berichte zur Archäologie an Mittelrhein und Mosel, 7; Trierer Zeitschrift, Beiheft, 25).

JOST, Cliff Alexander: Der römische Limes in Rheinland-Pfalz. Koblenz 2003 (Archäologie an Mittelrhein und Mosel, 14).

JUNG, Patrick: Römerzeitlicher Weinanbau in Rheinhessen. In: Haupt, Peter/Ders. (Hrsg.): Alzey und Umgebung in Römischer Zeit. Alzey 2006, S. 31–44.

JUSTUS, Antje: Der mittelpaläolithische Fundplatz »In den Wannen«. In: Jahrbuch des Römisch-Germanischen Zentralmuseums Mainz 47 (2002), S. 155–300.

JUVIGNÉ, Etienne H./WINTLE, Ann G.: A New Chronostratigraphy of the Late Weichselian Loess Units in Middle Europe Based on Thermoluminescence Dating. In: Eiszeitalter und Gegenwart 38 (1988), S. 94–105.

KALIS, Arie J./MEURERS-BALKE, Jutta: Landnutzung im Neolithikum. In: Richter, Jürgen (Hrsg.): Neolithikum. Köln 1997 (Geschichtlicher Atlas der Rheinlande, II.2.1–2.2), S. 25–55.

KALIS, Arie, J./MEURERS-BALKE, Jutta: Landnutzung im Niederrheingebiet zwischen Krieg und Frieden. In: Uelsberg, Gabriele (Hrsg.): Krieg und Frieden. Kelten – Römer – Germanen. Darmstadt 2007, S. 144–153.

KALIS, Arie J./ZIMMERMANN, Andreas: An Integrative Model for the Use of Different Landscapes in Linearbandkeramik Times. In: Bintcliff, John L./Davidson, Donald A./Grant, Eric G. (Hrsg.): Conceptual Issues in Environmental Archaeology. Edinborough 1988, S. 145–152.

KALIS, Arie J.: Forêt de la Bresse (Vogezen). Vegetatiekundige en pollenanalytische onderzoekingen naar de bosgeschiedenis van een centraal-europees middelgebergte. Utrecht 1984.

KAPLAN, Jed O./KRUMHARDT, Kristen M./ZIMMERMANN, Niklaus: The Prehistoric and Preindustrial Deforestation of Europe. In: Quaternary Science Reviews 28 (2009), S. 3016–3034.

KAUSCH, Birgit u. a.: Die Gaugracht. Eine Studie zur Umweltgeschichte im Albachtal, Lkr. Trier-Saarburg. In: Baumhauer, Roland/Schütt, Brigitta (Hrsg.): Beiträge zu aktuellen Forschungen aus dem Fach Physische Geographie der Universität Trier. Trier 2000. (Trierer geographische Studien, 23), S. 49–66.

KAUSCH, Birgit u. a.: Sedimentologisch-geochemische Untersuchungen an historischen Schwemmflächen am Beispiel der Gaugracht, Nördlicher Saargau/Deutschland. In: Müller, Paul (Hrsg.): Umwelt und Region. Aus der Werkstatt des Sonderforschungsbereichs 522. Trier 2002, S. 263–269.

KAUSCH, Birgit: Geoarchäologische Untersuchungen an Schwemmfächern als korrelaten Sedimentkörpern holozäner Bodenerosion zur Erfassung morphodynamischer Prozessphasen und Schwermetallbelastungen in der Region Trier. Diss. rer. nat. Trier 2003.

KIBBERT, Kurt: Die Äxte und Beile im mittleren Westdeutschland I. München 1980 (Prähistorische Bronzefunde, 9. Abteilung, 10).

KIMMIG, Wolfgang: Die griechische Kolonisation im westlichen Mittelmeergebiet und ihre Wirkung auf die Landschaften des westlichen Mitteleuropa. In: Jahrbuch des Römisch-Germanischen Zentralmuseums Mainz 30 (1983), S. 5–78.

KIND, Claus-Joachim: Diversity at the Transition – A View from the Mesolithic. In: Gronenborn, Detlef/Petrasch, Jörg (Hrsg.): Die Neolithisierung Mitteleuropas. Mainz 2010 (RGZM-Tagungen, 4), S. 449–460.

KIRNBAUER, Thomas/REISCHMANN, Thomas: Pb/Pb Zircon Ages From the Hunsrück Slate Formation (Bundenbach, Rhenish Massif). A Contribution to the Age of the Lower/Middle Devonian Boundary. In: Newsletter on Stratigraphy 38 (2001), S. 185–200.

KIRNBAUER, Thomas: Das alluviale Seifengold aus dem Goldbach bei Andel an der Mosel (Hunsrück, Rheinisches Schiefergebirge). In: Mainzer naturwissenschaftliches Archiv 33 (1995), S. 1–46.

KIRNBAUER, Thomas: Nassauer Marmor oder Lahnmarmor – ein weltweit bekannter Naturwerkstein aus Deutschland. In: Schriftenreihe der Deutschen Gesellschaft für Geowissenschaften 59 (2008), S. 187–218.

KLOFT, Hans: Die Wirtschaft des Imperium Romanum. Mainz 2005.

KNAUF, Norbert: Die Jagd nach dem Gold der Eifel. In: Reger, Karl (Hrsg.): 6. internationaler Bergbau-Workshop in Rescheid/Eifel 1.–5. Oktober 2003. Hellenthal 2003, S. 74–78.

KNEIDL, Volker: Hunsrück und Nahe. Geologie, Mineralogie und Paläontologie. Stuttgart 1984.

KNEIDL, Volker: Die Nusbaumer Menhire auf dem Ferschweiler Plateau, Kreis Bitburg-Prüm. In: Trierer Zeitschrift 67/68 (2004/05), S. 13–22.

KNÖRZER, Karl-Heinz (Bearb.): PflanzenSpuren: Archäobotanik im Rheinland. Agrarlandschaft und Nutzpflanzen im Wandel der Zeiten. Köln 1999 (Materialien zur Bodendenkmalpflege im Rheinland, 10).

KOBER, Bernd u. a.: »Widely Travelled People« at Herxheim? Sr Isotopes as Indicators of Mobility. In: Kaiser, Elke/Burger, Joachim/Schier, Wolfram (Hrsg.): Population Dynamics in Prehistory and Early History. New Approaches Using Stable Isotopes and Genetics. Berlin 2012 (Topoi. Berlin Studies of the Ancient World, 5), S. 149–163.

KOCH, Ingrid/LÖHR, Hartwig: Types de sol, conservation différentielle et fréquence du mésolithique ancien et récent aux environs de Trèves. In: Crotti, Pierre (Hrsg.): MESO 97: Actes de la table-ronde »Epipaléolithique et Mésolithique«, Lausanne, 21–23 novembre 1997. Lausanne 2000 (Cahiers d'archéologie romande, 81), S. 151–154.

KOCH, Ingrid: Oberkail, Kreis Bitburg-Prüm: Mesolithischer Fundplatz. In: Kunow, Jürgen/Wegner, Hans-Helmut (Hrsg.): Urgeschichte im Rheinland. Köln 2006 (Jahrbuch des Rheinischen Vereins für Denkmalpflege und Landschaftsschutz 2005), S. 454–455.

KOCH, Ingrid: Utscheid, Kreis Bitburg-Prüm: Mesolithischer Fundplatz. In: Kunow, Jürgen/Wegner, Hans-Helmut (Hrsg.): Urgeschichte im Rheinland. Köln 2006 (Jahrbuch des Rheinischen Vereins für Denkmalpflege und Landschaftsschutz 2005), S. 508–509.

KOCH, Karl-Heinz/SCHINDLER, Reinhard: Vor- und frühgeschichtliche Ringwälle des Regierungsbezirks Trier und des Kreises Birkenfeld. Trier 1994 (Trierer Grabungen und Forschungen, 13,2).

KÖNIG, Ingemar: Die gallischen Usurpatoren von Postumus bis Tetricus. München 1981.

KOENIG, Margarethe: Linearbandkeramische Kulturpflanzenfunde aus Wehlen. In: Funde und Ausgrabungen im Bezirk Trier 22 (1990), S. 3–12.

KOENIGSWALD, Wighart von/HEINRICH, Wolf-Dieter: Kurze Charakterisierung der Veränderungen in der Säugetierfauna des Jungquartärs in Mitteleuropa. In: Campen, Ingo/Hahn, Joachim/Uerpmann, Margarethe (Hrsg.): Spuren der Jagd – Die Jagd nach Spuren. Festschrift Hansjürgen Müller-Beck. Tübingen 1996 (Tübinger Monographien zur Urgeschichte, 11), S. 437–448.

KOENIGSWALD, Wighart von/MEYER, Wilhelm (Hrsg.): Erdgeschichte im Rheinland. Fossilien und Gesteine aus 400 Millionen Jahren. München 1994 (Erdgeschichte mitteleuropäischer Regionen, 1).

KOENIGSWALD, Wighart von: Lebendige Eiszeit. Klima und Tierwelt im Wandel. Darmstadt 2002.

KOLLING, Alfons: Die späte Bronzezeit an Saar und Mosel. Bonn 1968 (Saarbrücker Beiträge zur Altertumskunde, 6).

KOLLING, Alfons: Zum Bilch Siebenschläfer (Glis glis). In: Germania 64 (1986), S. 584–588.

KOSCHICK, Harald: Brunnen der Jungsteinzeit. Internationales Symposium in Erkelenz, 27. bis 29. Oktober 1997. Köln 1998 (Materialien zur Bodendenkmalpflege im Rheinland, 11).

KOSSACK, Georg: Prunkgräber. In: Ders./Ulbert, Günter (Hrsg.): Studien zur vor- und frühgeschichtlichen Archäologie. Festschrift Joachim Werner. Bd. 1: Allgemeines, Vorgeschichte, Römerzeit. München 1974 (Münchner Beiträge zur Vor- und Frühgeschichte, Ergänzungsband, 1,1), S. 3–33.

KOTTERBA, Manfred: Der erste bandkeramische Brunnen der Pfalz (bei Fußgönheim). In: Archäologie in Deutschland 23 (2007), S. 53.

KOZLOWSKI, St. Karol: Carte de la Culture de Beuron-Coincy (Beuronien). In: Eléments de pré- et protohistoire européenne. Hommages à Jean-Pierre Milotte. Paris 1984, (Annales littéraires de l'Université de Besançon, 299), S. 147–152.

KRAUSSE, Dirk/NAKOINZ, Oliver: Binnenkolonisation und Zentralisation. Überlegungen zur latènezeitlichen Besiedlungs- und Bevölkerungsentwicklung im Mittelgebirgsraum nordwestlich der Mosel. In: Sievers, Susanne u. a. (Hrsg.): Les processus d'urbanisation à l'âge du Fer. Glux-en-Glenne 2000, S. 127–140.

KRAUSSE, Dirk: Eisenzeitlicher Kulturwandel und Romanisierung im Mosel-Eifelraum. Mainz 2006 (Römische-Germanische Forschungen, 63).

KRAUSSE, Dirk: Prunkgräber der nordwestalpinen Späthallstattkultur. Neue Fragestellungen und Untersuchungen zu ihrer sozialhistorischen Deutung. In: Carnap-Bornheim, Claus von/Ders./Wesse, Anke (Hrsg.): Herrschaft – Tod – Bestattung. Zu den vor- und frühgeschichtlichen Prunkgräbern als archäologisch-historische Quelle. Bonn 2006 (Universitätsforschungen zur prähistorischen Archäologie, 139), S. 61–80.

KRAUSSE, Dirk: Das Phänomen der Romanisierung. Antiker Vorläufer der Globalisierung? In: Uelsberg, Gabriele (Hrsg.): Krieg und Frieden. Kelten – Römer – Germanen. Darmstadt 2007, S. 14–24.

KRAUSSE, Dirk (Hrsg.): Frühe Zentralisierungs- und Urbanisationsprozesse. Zur Genese und Entwicklung frühkeltischer Fürstensitze und ihres territorialen Umlandes. Stuttgart 2008 (Forschungen und Berichte zur Vor- und Frühgeschichte in Baden-Württemberg, 101).

KREUZ, Angela: Becoming a Roman Farmer: Preliminary Report on the Environmental Evidence from the Romanization Project. In: Creighton, John D. (Hrsg.): Roman Germany. Studies in Cultural Interaction. Porthsmouth 1999 (Journal of Roman Archaeology, Supplementary Series, 32), S. 71–98.

KREUZ, Angela: Thema Romanisierung. Landwirtschaft und Küche. In: Archäologie in Deutschland 17 (2001), S. 28–31.

KREUZ, Angela: Closed Forest or Open Woodlands as Natural Vegetation in the Surroundings of Linearbandkeramik Settlements. In: Vegetation History and Archaeobotany 17 (2008), S. 51–64.

KROLL, Helmut: Die latènezeitlichen Mohn-Äcker von Wierschem, Kr. Mayen-Koblenz. In: Müller-Karpe, Andreas u. a. (Hrsg.): Studien zur Archäologie der Kelten, Römer und Germanen in Mittel- und Westeuropa. Alfred Haffner zum 60. Geburtstag gewidmet. Rahden 1998 (Internationale Archäologie, Studia honoraria, 4), S. 353–360.

KROLL, Helmut: Vor- und Frühgeschichtliche Weinreben – wild oder angebaut? Eine abschließende Bemerkung. In: Trierer Zeitschrift 62 (1999), S. 151–153.

KRONZ, Andreas/EGGERS, Tanja: Archäometallurgische Untersuchungen eisenzeitlicher Funde aus dem Hügelgräberfeld Hillesheim, Kreis Daun. In: Trierer Zeitschrift 64 (2001), S. 69–109.

KUBACH-RICHTER, Isa/KUBACH, Wolf: Bronzezeitliche Hügelgräber zwischen Rhein und Mosel. In: Dynamique du Bronze Moyen en Europe occidentale. Actes du 113ème Congrés national des Soc. Savantes Strasbourg 1988. Paris 1989, S. 79-98.

KUBITZ, Beate: Die holozäne Vegetations- und Siedlungsgeschichte in der Westeifel am Beispiel eines hochauflösenden Pollendiagramms aus dem Meerfelder Maar. Stuttgart 2000 (Dissertationes Botanicae, 339).

KUCAN, Dusanka: Pflanzenreste aus dem Römerlager Oberaden. In: Zeitschrift für Archäologie 15 (1981), S. 149–162.

KÜNZL, Ernst: Die Alamannenbeute aus dem Rhein bei Neupotz. Plünderungsgut aus dem römischen Gallien. Mainz 1993 (Römisch-Germanisches Zentralmuseum, Monographien, 34).

KÜSTER, Hansjörg: The Economic Use of Abies Wood as Timber in Central Europe during Roman Times. In: Vegetation History and Archaeobotany 3 (1994), Heft 1, S. 25–32.

KÜSTER, Hansjörg: Geschichte der Landschaft in Mitteleuropa. München 1995.
KUNOW, Jürgen/WEGNER, Hans-Helmut (Hrsg.): Urgeschichte im Rheinland. Köln 2006 (Jahrbuch des Rheinischen Vereins für Denkmalpflege und Landschaftsschutz 2005).

LANDESAMT FÜR GEOLOGIE UND BERGBAU RHEINLAND-PFALZ (Hrsg.): Geologie von Rheinland-Pfalz. Stuttgart 2005.
LANG, Gerhard: Quartäre Vegetationsgeschichte Europas. Methoden und Ergebnisse. Jena 1994.
LAURELUT, Christophe/TEGEL, Willy/MOERKERKE, Jan van: Archäologische Untersuchungen späteisenzeitlicher Bauholzbefunde aus den Regionen Lothringen und Champagne-Ardenne. In: Nachrichtenblatt Arbeitskreis Unterwasserarchäologie 9 (2002), S. 35-42.
LE BRUN-RICALENS, Foni u. a.: Préhistoire et protohistoire au Luxembourg. Luxemburg 2005.
LE BRUN-RICALENS, Foni: Le paléolithique ancien du Grand-Duiché de Luxembourg. Essai de synthèse. In: Bulletin de la Société Préhistorique Luxembourgeoise 16 (1994), S. 17–34.
LENERZ-DE WILDE, Majolie: Frühlatènezeitliche Ringe mit Maskenzier. In: Germania 84 (2006), S. 307–368.
LENZ-BERNHARD, Gertrud: Die Eisenzeit in der nördlichen Vorderpfalz und im Nordpfälzer Bergland. In: West- und Süddeutscher Verband für Altertumsforschung e.V. u. a. (Hrsg.): Archäologie zwischen Donnersberg und Worms. Ausflüge in ein altes Kulturland. Regensburg 2008, S. 85–92.
LICHARDUS, Jan: Beiträge zur jüngeren Steinzeit und Bronzezeit im Saar-Mosel-Raum. In: Berichte der Staatlichen Denkmalpflege im Saarland 25/26 (1978), S. 31–59.
LITT, Thomas/STEBICH, Martina: Bio- and Chronostratigraphy of the Lateglacial in the Eifel Region, Germany. In: Quaternary International 61 (1999), S. 5–16.
LITT, Thomas: Eifelmaare als Archive für Vegetations- und Klimageschichte der letzten 15000 Jahre. In: Berichte der Reinhard-Tüxen-Gesellschaft 2004, S. 87–95.
LITT, Thomas (Hrsg.): Stratigraphie von Deutschland – Quartär. Stuttgart 2007 (Eiszeitalter und Gegenwart, Sonderausgabe).
LÖFFLER, Heinz: Die Urnenfelderkultur im Rheinland. Diss. Bonn 1940.
LÖHNERTZ, Werner/SCHINDLER, Thomas/WUTTKE, Michael: 5.12 Nordosteifel (exklusive Neuwieder Becken). In: Deutsche Stratigraphische Kommission (Hrsg.): Stratigraphie von Deutschland – Tertiär: Oberrheingraben mit angrenzenden Teilbecken und Mittelgebirgen. Hannover 2011 (Schriftenreihe der Deutschen Gesellschaft für Geowissenschaften, 75), S. 416–434.
LÖHR, Hartwig/BERG, Axel von: Die ältere Bronzezeit – mehr Fragen als Antworten. In: Sirocko, Frank (Hrsg.): Wetter, Klima, Menschheitsentwicklung – Von der Eiszeit bis in das 21. Jahrhundert. Darmstadt 2009, S. 124–128.
LÖHR, Hartwig/NEYSES-EIDEN, Mechthild: Späteiszeitliche bis mittelalterliche Ablagerungen im Alfbachtal zwischen Udler und Saxler (Kreis Daun) und ihre dendrochronologische Datierung. In: Funde und Ausgrabungen im Bezirk Trier 29 (1997), S. 51–66.
LÖHR, Hartwig/NEYSES-EIDEN, Mechthild: Dendrochronologisch datierte Auenhölzer aus Trier und Umgebung als Indikatoren verstärkter Flußaktivität und menschlicher Landnutzung in historischer Zeit. In: Müller, Paul (Hrsg.): Umwelt und Region. Aus der Werkstatt des Sonderforschungsbereichs 522. Trier 2002, S. 235–244.
LÖHR, Hartwig/TRUNK, Markus: Ein neues Militärlager auf dem Petrisberg bei Trier. In: la Paz Garcia-Bellido, Maria u. a. (Hrsg.): Del imperium de Pompeyo a la auctoritas de Augusto. Homenaje a Michael Grant. Madrid 2008 (Archivo espanol de arqueologia, 47), S. 141–150.
LÖHR, Hartwig/ZEDELIUS, Volker: Der »Schlangenberg«. Ein Platz der frührömischen Okkupation bei Stolberg-Breinigerberg, Kreis Aachen-Land. In: Ausgrabungen im Rheinland 79 (1980), S. 93–99.
LÖHR, Hartwig: Ein römischer Steinbruch in den Katzensteinen bei Satzvey-Firmenich, Kreis Euskirchen. In: Bonner Jahrbücher 176 (1976), S. 319–335.
LÖHR, Hartwig: Ein frühbronzezeitliches Gefäßbruchstück von Welschbillig-Kunkelborn, Kreis Trier-Saarburg. In: Funde und Ausgrabungen im Bezirk Trier 13 (1981), S. 3-9.
LÖHR, Hartwig: Zur mittleren Steinzeit im Trierer Land II. In: Funde und Ausgrabungen im Bezirk Trier 16 (1984), S. 3–17.

LÖHR, Hartwig: Maare, Märchen und Mardellen, wenig beachtete Bodendenkmäler? In: Funde und Ausgrabungen im Bezirk Trier 17 (1985), S. 3–9.
LÖHR, Hartwig: Dellenfüllungen als zeit- und klimaspezifische Überlieferungssituation spätbronze- und früheisenzeitlicher Siedlungsschichten. In: Archäologische Informationen 9 (1986), S. 114–121.
LÖHR, Hartwig: Eine Übersichtskarte zum älteren Neolithikum im Moselgebiet. In: Archäologisches Korrespondenzblatt 16 (1986), S. 267–278.
LÖHR, Hartwig: Der Hunsrück vor der Hunsrück-Eifel-Kultur. In: Haffner, Alfred (Hrsg.): Studien zur Eisenzeit im Hunsrück-Nahe-Raum. Trier 1991 (Trierer Zeitschrift, Beiheft, 13), S. 23–34.
LÖHR, Hartwig: Linksflügler und Rechtsflügler in Mittel- und Westeuropa. Der Fortbestand der Verbreitungsgebiete asymmetrischer Pfeilspitzenformen als Kontinuitätsbeleg zwischen Meso- und Neolithikum. In: Trierer Zeitschrift 57 (1994), S. 9-127.
LÖHR, Hartwig: Katzensteine. In: Schirmer, Wolfgang (Hrsg.): Quaternary Field Trips in Central Europe, Bd. 2. München 1995. S. 947–949.
LÖHR, Hartwig: Drei Landschaftsbilder zur Natur- und Kulturgeschichte der Trierer Talweite. In: Funde und Ausgrabungen im Bezirk Trier 30 (1998), S. 7-28.
LÖHR, Hartwig: Intensivierte Bodenerosion als Folge römischer Landnutzung in der Trierer Talweite und ihrem Umfeld. In: Haffner, Alfred/Schnurbein, Siegmar von(Hrsg.): Kelten, Germanen, Römer im Mittelgebirgsraum zwischen Luxemburg und Thüringen. Akten des Internationalen Kolloquiums zum DFG-Schwerpunktprogramm »Romanisierung« vom 28. bis 30. September 1998 in Trier. Bonn 2000 (Kolloquien zur Vor- und Frühgeschichte, 5), S. 175–199.
LÖHR, Hartwig: Die Mosel. Aspekte der naturgeschichtlichen Entwicklung des Trierer Mosellaufs und seiner Archäologie. In: Kuhnen, Hans-Peter (Hrsg.): Abgetaucht, aufgetaucht: Flussfundstücke, aus der Geschichte, mit ihrer Geschichte. Trier 2001 (Schriftenreihe des Rheinischen Landesmuseums Trier, 21), S. 67–86.
LÖHR, Hartwig: Eine Kehrseite der Medaille. Römische Bodenerosion in Deutschland. In: Archäologie in Deutschland 2001, S. 34–35.
LÖHR, Hartwig: Das frührömische Militärlager auf dem Petrisberg bei Trier. In: Funde und Ausgrabungen im Bezirk Trier 35 (2003), S. 21–30.
LÖHR, Hartwig: Landschaft und Naturraum der Trierer Talweite. In: Rheinisches Landesmuseum Trier (Hrsg.): Rettet das archäologische Erbe in Trier. Trier 2005 (Schriftenreihe des Rheinischen Landesmuseums Trier, 31), S. 29–32.
LÖHR, Hartwig: Gerolstein: Buchenloch-Höhle. In: Rheinisches Landesmuseum Trier (Hrsg.): Führer zu archäologischen Denkmälern des Trierer Landes. Trier 2008 (Schriftenreihe des Rheinisches Landesmuseums Trier, 35), S. 108-109.
LOUWE-KOOIJMANS, Leendert: The Gradual Transition to Farming in the Lower Rhine Basin. In: Whittle, Alasdair/Cummings, Vicki (Hrsg.): Going over. The Mesolithic-Neolithic Transition in North-West-Europe. Oxford 2007, S. 287–309.
LÜNING, Jens u. a.: Deutsche Agrargeschichte. Vor- und Frühgeschichte. Stuttgart 1997.
LÜNING, Jens/KLOOS, Ulrich/ALBERT, Siegfried: Westliche Nachbarn der bandkeramischen Kultur: Die Keramikgruppen La Hoguette und Limburg. In: Germania 67 (1989), S. 355–420.
LUIK, Martin: Römische Wirtschaftsmetropole Trier. In: Trierer Zeitschrift 64 (2000), S. 245–282.
LUIK, Martin: Jenseits von Ackerbau und Viehzucht. In: Antike Welt 4 (2005), S. 23–27.
LUTZ, Herbert u. a.: Exkursion 3: Die obermiozänen Dinotheriensande in Rheinhessen (Eppelsheim, Bermersheim v. d. H., u. a. Vorkommen). In: Terra Nostra 5 (2003) (73. Jahrestagung der Paläontologischen Gesellschaft 29.9.–3.10.2003, Exkursionsführer), S. 216–231.
LUTZ, Herbert/NEUFFER, Fritz Otto: Exkursion 5: Eozänvorkommen in der Vulkaneifel (Eckfelder Maar und Gut Heeg). In: Terra Nostra 5 (2003) (73. Jahrestagung der Paläontologischen Gesellschaft 29.9.-3.10.2003, Exkursionsführer), S. 245–255.
LUTZ, Herbert: Fossilfundstätte Eckfeld. Mainz 1991.

MAISE, Christian: Archäoloklimatologie. Vom Einfluss nacheiszeitlicher Klimavariabilität in der Ur- und Frühgeschichte. In: Jahrbuch der Schweizer Gesellschaft für Ur- und Frühgeschichte 81 (1998), S. 197–235.

MANEN, Claire: L'axe rhodano-jurassien dans le problème des relations sud-nord au Néolithique ancien. Oxford 1997 (British Archaeological Reports, International Series, 665).

MAQSUD, Neek: Zur Geologie im Mittelrheingebiet. In: Wegner, Hans-Helmut (Hrsg.): Koblenz und der Kreis Mayen-Koblenz. Stuttgart 1986 (Führer zu archäologischen Denkmälern in Deutschland, 12), S. 11–23.

MARTIN-KILCHER, Stefanie: Die Römischen Amphoren aus Augst und Kaiseraugst. Augst 1984 (Forschungen in Augst, 7).

MARTIN-KILCHER, Stefanie: Handel und Importe. Das Imperium Romanum als Wirtschaftsraum. In: Schmidt, Susanne (Hrsg.): Imperium Romanum. Roms Provinzen an Neckar, Rhein und Donau. Esslingen 2005, S. 426–434.

MAURER, Thomas: Das nördliche Hessische Ried in römischer Zeit. Bonn 2011.

MAY, Peter: Der mesolithische Oberflächenfundplatz »Auf dem Hähnchen« bei Auel (Lkr. Vulkaneifel, Rheinland-Pfalz): Ein Beitrag zur Aussagekraft zweidimensional dokumentierter Oberflächenfundplätze. In: Archäologisches Korrespondenzblatt 38 (2008), S. 157–173.

MCCORMICK, Michael: Karl der Große und die Vulkane. Naturwissenschaft, Klimageschichte und Mittelalterforschung. In: Ethnographisch-Archäologische Zeitschrift 49 (2008), S. 129–145.

MEIGGS, Russel: Trees and Timber in the Ancient Mediterranean World. Oxford 1982.

MEISL, Stefan: Metavolcanic Rocks in the »Northern Phyllite Zone« at the Southern Margin of the Rhenohercynian Belt. In: Franke, Wolfgang (Hrsg.): Field Guide »Mid-German Crystalline Rise & Rheinisches Schiefergebirge«. Göttingen 1990, S. 25–42.

METZLER, Jeannot/ZIMMER, John/BAKKER, Lothar: Die römisch Villa von Echternach, Luxemburg. Luxemburg 1981.

METZLER, Jeannot: Das treverische Oppidum auf dem Titelberg 1-2. Luxembourg 1995 (Dossiers d'Archéologie du Musée National d'Histoire et d'Art, 3).

MEURERS-BALKE, Jutta: Zu den Gehölzen im römischen Rheinland unter Berücksichtigung möglicher Straßenbepflanzungen. In: Materialien zur Bodendenkmalpflege im Rheinland 18 (2009), S. 65–84.

MEYER, Christian/JACOBI, Frauke: Knochenfunde des 5. Jahrhunderts aus dem Kastell. Von Rindern, Ratten und anderen Tieren. In: Haupt, Peter/Jung, Patrick (Hrsg.): Alzey und Umgebung in Römischer Zeit. Alzey 2006, S. 154–161.

MEYER, Wilhelm/STETS, Johannes: Das Rheintal zwischen Bingen und Bonn. Stuttgart 1996 (Sammlung geologischer Führer, 89).

MEYER, Wilhelm: Geologie der Eifel. Stuttgart ^{3}1994.

MEYRICK, Richard A.: Holocene Molluscan Faunal History and Environmental Change from a Tufa at Direndall, Luxembourg. In: Bulletin de la Société Préhistorique Luxembourgeoise 22 (2000), S. 55–75.

MEYRICK, Richard A.: The Development of Terrestrial Molluscan Faunas in the Rhineland Region (Western Germany and Luxembourg) during the Lateglacial and Holocene. In: Quaternary Science Reviews 20 (2001), S. 1667–1675.

MEYRICK, Richard A.: Holocene Molluscan Faunal History and Environmental Change at Kloster-Mühle, Rheinland-Pfalz, Western Germany. In: Journal of Quaternary Science 18 (2003), S. 121–132.

MIRON, Andrei: Das Gräberfeld von Horath. Untersuchungen zur Mittel- und Spätlatènezeit im Saar-Mosel-Raum. In: Trierer Zeitschrift 49 (1986), S. 7–198.

MÖLLER, Christian: Stein-Wingert. Die Altburg. In: Der Westerwald. Stuttgart 1993 (Führer zu archäologischen Denkmälern in Deutschland, 26), S. 174–179.

MORDZIOL, Carl: Geologische Wanderungen durch das Diluvium und das Tertiär der Umgebung von Coblenz. Braunschweig 1914.

MÜLLER-BECK, Hansjürgen (Hrsg.): Urgeschichte in Baden-Württemberg. Stuttgart 1983.

MÜLLER-KARPE, Hermann: Beiträge zur Chronologie der Urnenfelderzeit nördlich und südlich der Alpen. Berlin 1959 (Römisch-Germanische Forschungen, 22).

NAKAGAWA, Takeshi/BEAULIEU, Jacques-Louis de/KITAGAWA, Hiroyuki: Pollen-Derived History of Timber Exploitation from the Roman Period Onwards in the Romanche Valley, Central French Alps. In: Vegetation History and Archaeobotany 9 (2000), S. 85–89.

NAKOINZ, Oliver: Siedlungsgeschichte der südlichen Vulkaneifel. In: Trierer Zeitschrift 64 (2001), S. 9–48.

NEGENDANK, Jörg F. W./BRAUER, Achim/ZOLITSCHKA, Bernd: Die Eifelmaare als erdgeschichtliche Fallen und Quellen zur Rekonstruktion des Paläoenvironments. In: Mainzer geowissenschaftliche Mitteilungen 19 (1990), S. 235-262.

NEHLICH, Olaf u. a.: Mobility or Migration: A Case Study from a Neolithic Settlement of Nieder-Mörlen (Hessen, Germany). In: Journal of Archaeological Science 36 (2009), S. 1791–1799.

NENNINGER, Marcus: Die Römer und der Wald. Untersuchungen zum Umgang mit einem Naturraum am Beispiel der römischen Nordwestprovinzen. Stuttgart 2001 (Geographica Historica, 16).

NESSELHAUF, Herbert: Die spätrömische Verwaltung der gallisch-germanischen Länder. Berlin 1938.

NEYSES-EIDEN, Mechthild/LÖHR, Hartwig: Naturwissenschaftliche Beiträge. Denkschrift. Trier 2005.

NEYSES-EIDEN, Mechthild: Neue Aspekte zu einer mittelalterlichen Buchenchronologie im Zusammenhang mit Holzfunden aus Abfallgruben in Trier. In: Trierer Zeitschrift 58 (1995), S. 303–316.

NEYSES-EIDEN, Mechthild: Erste römerzeitliche Tannenchronologie für die Nordwest-Provinzen. In: Trierer Zeitschrift 61 (1998), S. 137–154.

NEYSES-EIDEN, Mechthild: Der Trierer Römersprudel. Von der Quellfassung der Bronzezeit zur römischen Brunnenstube. In: Funde und Ausgrabungen im Bezirk Trier 36 (2004), S. 7–14.

NEYSES-EIDEN, Mechthild: Bericht des dendrochronologischen Forschungslabors am Rheinischen Landesmuseum Trier 2007. In: Trierer Zeitschrift 73/74 (2010/11), S. 359–384.

NICKEL, Claudia/THOMA, Martin/WIGG-WOLF, David: Martberg. Heiligtum und Oppidum der Treverer. Bd. 1: Der Kultbezirk. Die Grabungen 1994–2004. Koblenz 2008 (Berichte zur Archäologie an Mittelrhein und Mosel, 14,1).

NICOLUSSI, Kurt u. a.: Aufbau einer holozänen Hochlagen-Jahrring-Chronologie für die zentralen Ostalpen. In: Innsbrucker Jahresbericht (2001/02), S. 114–136.

NOONAN, James P. u. a.: Sequencing and Analysis of Neanderthal Genomic DNA. In: Science 314 (2006), S. 1113–1118.

NORTMANN, Hans/NEUHÄUSER, Ulrike/SCHÖNFELDER, Martin: Das frühlatènezeitliche Reitergrab von Wintrich, Kreis Bernkastel-Wittlich. Mit einem Beitrag von P. Hirsch und M. Sittig. In: Jahrbuch Römisch-Germanisches Zentralmuseum Mainz 51 (2004), S. 127–218.

NORTMANN, Hans/SCHÖNFELDER, Martin: Latènezeit – Fürstengräber, Keltenwanderung und die ersten Städte. In: Sirocko, Frank (Hrsg.): Wetter, Klima, Menschheitsentwicklung – Von der Eiszeit bis 21. Jahrhundert. Darmstadt 2009, S. 139–143.

NORTMANN, Hans: Die eisenzeitlichen Burgwälle des Trierer Landes. In: Haffner, Alfred (Hrsg.): Studien zur Eisenzeit im Hunsrück-Nahe-Raum. Trier 1991 (Trierer Zeitschrift, Beiheft, 13), S. 121–140.

NORTMANN, Hans: Die Westflanke des Rheinischen Gebirges bis zum Einsetzen der »Fürstengräber«. In: Bericht der Römisch-Germanischen Kommission 74 (1993), S. 199–258.

NORTMANN, Hans: Burgen der Hunsrück-Eifel-Kultur. In: Jockenhövel, Albrecht (Hrsg.): Ältereisenzeitliches Befestigungswesen zwischen Maas, Mosel und Elbe. Münster 1999 (Veröffentlichungen der Altertumskommission für Westfalen, 11), S. 69–80.

NORTMANN, Hans: Zu den Schlacken und metallurgischen Zeugnissen beim Hügelgräberfeld von Hillesheim, Kreis Daun. In: Trierer Zeitschrift 64 (2001), S. 49–67.

NORTMANN, Hans: Siedlungskundliche Ansätze zur Eisenzeit in einer traditionell erforschten Mittelgebirgslandschaft: Das südwestliche Rheinland. In: Prähistorische Zeitschrift 77 (2002), S. 180–188.

NORTMANN, Hans: »Fürstengräber und Eisenerze« – Zum Jubiläum eines problematischen Erklärungsmusters. In: Trierer Zeitschrift 67/68 (2004/05), S. 23–38.

NORTMANN, Hans: Die Altburg bei Bundenbach im Hunsrück. In: Uelsberg, Gabriele (Hrsg.): Krieg und Frieden. Kelten – Römer – Germanen. Bonn 2007, S. 175–179.

NORTMANN, Hans: Keltische Einflüsse im nördlichen Mitteleuropa während der mittleren und jüngeren vorrömischen Eisenzeit. In: Kolloquium zur Vor- und Frühgeschichte 9 (2007), S. 283–292.

NORTMANN, Hans: Überlegungen zu Gruppengröße und Sozialhierarchie in der Hunsrück-Eifel-Kultur. In: Trebsche, Peter (Hrsg.): Die unteren Zehntausend. Auf der Suche nach den Unterschichten der Eisenzeit. Langenweissbach 2007 (Beiträge zur Ur- und Frühgeschichte Mitteleuropas, 47), S. 11–17.

NORTMANN, Hans: Zur westlichen Kontaktzone zwischen dem keltischen Kulturraum und dem Norden. In: Möllers, Sebastian/Schlüter, Wolfgang/Sievers, Susanne (Hrsg.): Keltische Einflüsse im nördlichen Mitteleuropa während der mittleren und jüngeren vorrömischen Eisenzeit. Bonn 2007 (Kolloquium zur Vor- und Frühgeschichte, 9), S. 283–292.

NORTMANN, Hans: Befestigungen der Eisenzeit im Hunsrück-Nahe-Raum. Forschungsstand, Fragen und Hypothesen. In: Trierer Zeitschrift 71/72 (2008/09), S. 15–25.

NORTMANN, Hans: Eisenzeitliche Glasfunde aus der Moselregion. In: Clemens, Lukas/Steppuhn, Peter (Hrsg.): Glasproduktion. Archäologie und Geschichte. Trier 2012 (Interdisziplinärer Dialog zwischen Archäologie und Geschichte, 2), S. 11–18.

OESTERWIND, Bernd C./SCHÄFER, Klaus: Die Mittellatènezeit im Neuwieder Becken. Nickenich 1989 (Pellenz Museum, 4).

OESTERWIND, Bernd C.: Die Spätlatènezeit und die frühe römische Kaiserzeit im Neuwieder Becken. Bonn 1989 (Bonner Hefte zur Vorgeschichte, 24).

OLBRICH, Konstantin: Die Mainzer Prägungen des Jahres 388 n. Chr. im Zuge der Rückeroberung Galliens durch Theodosius den Grossen. In: Schweizer Numismatische Rundschau 73 (1994), S. 97–108.

PARE, Christopher F. E.: Der Zeremonialwagen der Hallstattzeit: Untersuchungen zu Konstruktion, Typologie und Kulturbeziehungen. In: Guŝtin, M./Pauli, L. (Hrsg.): Vierrädrige Wagen der Hallstattzeit. Untersuchungen zur Geschichte und Technik. Mainz 1987 (Römisch-Germanisches Zentralmuseum Mainz, Monographien, 12), S. 189–248.

PARLASCA, Klaus: Hasenjagd bei den Treverern und anderswo. In: Trierer Zeitschrift 61 (1998), S. 129–136.

PARZINGER, Hermann: Chronologie der Späthallstatt- und Frühlatène-Zeit. Weinheim 1989 (Quellen und Forschungen zur prähistorischen und provinzialrömischen Archäologie, 4).

PAULKE, Matthias: Römische Kalkherstellung auf dem Gebiet des heutigen Großherzogtums Luxemburg – Ein Befund aus Wasserbillig. In: Empreintes 2 (2009), S. 88–97.

PERRIN, Thomas: Contribution of Lithic Analyses for the Understanding of Neolithisation Processes in the Upper Rhone Valley. In: Allard, Pierre/Bostyn, Françoise/Zimmermann, Andreas (Hrsg.): Contribution des matériaux lithiques dans la chronologie du Néolithique ancien et moyen en France et dans les régions limitrophes. Oxford 2006 (British Archaeological Reports, International Series, 1494), S. 61–71.

PHILIPPO, Simon (Hrsg.): Or. Catalogue de l'exposition au Musée National d'Histoire Naturelle de Luxembourg du 19.12.2001 au 14.4.2002. Luxemburg 2001.

PIEK, Jürgen/TERBERGER, Thomas (Hrsg.): Frühe Spuren der Gewalt. Schädelverletzungen und Wundversorgung an prähistorischen Menschenresten aus interdisziplinärer Sicht. Workshop in Rostock-Warnemünde vom 28.-30. November 2003. Schwerin 2006. (Beiträge zur Ur- und Frühgeschichte Mecklenburg-Vorpommerns, 41).

POPLIN, François: Les grands vertébrés de Gönnersdorf. Fouilles 1968. Wiesbaden 1976 (Der Magdalénien-Fundplatz Gönnersdorf, 2).

POSCHMANN, Markus/FRANKE, Christian: Arthropods and Trace Fossils from the Lower Devonian (Emsian) of the West Eifel Region/Germany and the Grand Duchy of Luxembourg. In: Ferrantia 46 (2006), S. 97–115.

POSCHMANN, Markus/JANSEN, Ulrich: Lithologie und Fossilführung einiger Profile in den Siegen-Schichten des Westerwaldes (Unter-Devon, Rheinisches Schiefergebirge). In: Senckenbergiana lethaea 83 (2003), S. 157–183.

PRICE, T. Douglas u. a.: Prehistoric Human Migration in the Linearbandkeramik of Central Europe. In: Antiquity 75 (2001), S. 593–603.

PRICE, T. Douglas u. a.: Das bandkeramische Gräberfeld vom »Viesenhäuser Hof« bei Stuttgart-Mühlhausen: Neue Untersuchungsergebnisse zum Migrationsverhalten im frühen Neolithikum. In: Fundberichte aus Baden Württemberg 27 (2003), S. 23-57.

PRICE, T. Douglas/BENTLEY, Alex: Human Mobility in the Linearbandkeramik: An Archaeometric Approach. In: Lüning, Jens/Frirdich, Christiane/Zimmermann, Andreas (Hrsg.): Die Bandkeramik im 21. Jahrhundert. Symposium in der Abtei Brauweiler bei Köln vom 16.9.–19.9.2002. Rahden 2005 (Internationale Archäologie, Arbeitsgemeinschaft, Symposium, Tagung, Kongress, 7), S. 203–215.

PRICE, T. Douglas/WAHL, Joachim/BENTLEY, Alexander: Isotopic Evidence for Mobility and Group Organization among Neolithic Farmers at Talheim, Germany, 5000 BC. In: European Journal of Archaeology 9 (2006), S. 259–284.

PROBST, Ernst: Mitteleuropa ist älter, als man bisher dachte. 2,6 Milliarden Jahre altes Mineral im Hunsrück-Gestein entdeckt. In: Allgemeine Zeitung Bad Kreuznach 10./11.05.1986.

PROSS, Jörg/BRUCH, Angela A./KVACEK, Zlatko: Paläoklima-Rekonstruktionen für den Mittleren Rupelton (Unter-Oligozän) des Mainzer Beckens auf der Basis mikro- und makrobotanischer Befunde. In: Mainzer geowissenschaftliche Mitteilungen 27 (1998), S. 79–92.

PROSS, Jörg/KLOTZ, Stefan/MOSBRUGGER, Volker: Reconstructing Palaeotemperatures for the Early and Middle Pleistocene Using the Mutal Climatic Range Method Based on Plant Fossils. In: Quaternary Science Reviews 19 (2000), S. 1785–1799.

PYE, Kenneth: Aeolian dust and dust deposits. London 1989.

RADEMACHER, Carl: Der Kartstein bei Eiserfey in der Eifel. In: Prähistorische Zeitschrift 3 (1911), S. 201–232.

Das Rätsel der Kelten vom Glauberg. Stuttgart 2002.

RAMMINGER, Britta/HELFERT, Markus/MECKING, Oliver: Zur Herkunftsbestimmung bandkeramischer Gefäße: Das Beispiel Herxheim. In: Ramminger, Britta/Stilborg, Ole (Hrsg.): Naturwissenschaftliche Analysen vor- und frühgeschichtlicher Keramik I: Methoden, Anwendungsbereiche, Aussagemöglichkeiten. Bonn 2010 (Universitätsforschungen zur Prähistorischen Archäologie, 176), S. 51–74.

REBSKE, Wolfgang u. a.: Over enkele Fossielen uit de Klerf-Schichten (Onder-Emsium) bij Waxweiler (Eifel, BRD) en hun Leefmilieu. In: Grondboor en Hamer 5 (1985), S. 142–155.

REINHARD, Walter: Studien zur Hallstatt- und Frühlatènezeit im südöstlichen Saarland. Bliesbruck-Reinheim 2003 (Blesa, 4).

REISCHMANN, Thomas/ANTHES, Gerald: Das kristalline Grundgebirge am NW Rand des Rheingrabens. In: Geiger, Michael (Hrsg.): Haardt und Weinstraße – Beiträge zur Landeskunde. Speyer 1996 (Schriftenreihe der Pfälzischen Gesellschaft zur Förderung der Wissenschaften, 92), S. 36–59.

RENBERG, Ingemar u. a.: Stable Lead Isotopes and Lake Sediments - A Useful Combination for the Study of Atmospheric Lead Pollution History. In: Science of the Total Environment 292 (2002), S. 45–54.

REQUADT, Hermann: Geologische Karte von Rheinland-Pfalz 1:25 000, Erläuterungen Blatt 5613 Schaumburg. Mainz ^{2}1990.

RHEINISCHES LANDESMUSEUM TRIER (Hrsg.): Führer zu archäologischen Denkmälern des Trierer Landes. Trier 2008 (Schriftenreihe des Landesmuseums Trier, 35).

RIECKHOFF, Sabine/BIEL, Jörg: Die Kelten in Deutschland. Stuttgart 2001.

RIEDER, Elisabeth/RIEDER, Gerd/BRAUNS, Hermann-Josef: Naturkundemuseum Gerolstein. Die Fossilien der Gerolsteiner Kalkmulde. Gerolstein 1994.

RÖMISCH-GERMANISCHE KOMMISSION (Hrsg.): Der römische Limes in Deutschland. Stuttgart 1992 (Archäologie in Deutschland, Sonderheft).

ROHMER, Pascal/TEGEL, Willy: Aménagements en bois dans un ancien lit de la Seille. Nachrichtenblatt Arbeitskreis Unterwasserarchäologie 6 (1999), S. 21–25.

ROKSANDIC, Mirjana: Violent interactions in the Mesolithic. Oxford 2004 (British Archaeological Reports, International Series, 1237).

ROKSANDIC, Mirjana: Violence in the Mesolithic. In: Documenta Praehistorica 23 (2006), S. 165–182.

ROTHAUSEN, Karlheinz/SONNE, Volker: Mainzer Becken. Berlin u. a. 1984 (Sammlung Geologischer Führer, 79).

ROTHENHÖFER, Peter: Die Wirtschaftsstrukturen im südlichen Niedergermanien. Untersuchungen zur Entwicklung eines Wirtschaftsraumes an der Peripherie des Imperium Romanum. Rahden 2005 (Kölner Studien zur Archäologie der römischen Provinzen, 7).

ROTHENHÖFER, Peter: Von Pingen, Stollen und Heinzelmännchen. Ein weitgehend vergessenes römisches Bergbaurevier an der unteren Lahn. In: Abenteuer Archäologie 7 (2005), S. 20–23.

ROTHENHÖFER, Peter: Verborgen an der Mosel - Ein ungewöhnlicher Metalldepotfund aus dem 5. Jahrhundert n. Chr. In: Archäologisches Korrespondenzblatt 37 (2007), S. 549–561.

ROTHENHÖFER, Peter: Dominorum Nostrum Tres - Eigentum unserer dreier Kaiser: Bemerkungen zu einem spätantiken Bleibarren aus Worms. In: Der Wormsgau 27 (2009), S. 7–15.

RUFFALDI, Pascale: Nouvelles données sur l'évolution du couvert végétal au Tardiglaciaire et au début de l'Holocène dans les zones de basse altitude de Lorraine. In: Bulletin de la Société Préhistorique Luxembourgeoise 19 (1997), S. 31–40.

RUPPEL, Thomas: Die Urnenfelderzeit in der Niederrheinischen Bucht. Köln 1990 (Rheinische Ausgrabungen, 30).

RUPPRECHT, Gerd/HEISING, Alexander (Hrsg.): Vom Faustkeil zum Frankenschwert. Bingen – Geschichte einer Stadt am Mittelrhein. Mainz 2003.

RUPPRECHT, Gerd (Hrsg.): Die Mainzer Römerschiffe. Berichte über Entdeckung, Ausgrabung, und Bergung. Mainz 1982.

SCHÄFER, Joachim: Der altsteinzeitliche Fundplatz auf dem Vulkan Schweinskopf-Karmelenberg. Diss. phil. Köln 1990.

SCHÄFER, Peter u. a.: 5.9 Westerwald. In: Deutsche Stratigraphische Kommission (Hrsg.): Stratigraphie von Deutschland – Tertiär: Oberrheingraben mit angrenzenden Teilbecken und Mittelgebirgen. Hannover 2011 (Schriftenreihe der Deutschen Geologischen Gesellschaft, 75), S. 355–376.

SCHÄFER, Peter: Eine unteroligozäne Mikrofauna von Bubenheim bei Koblenz (Tertiär, Neuwieder Becken). In: Mainzer geowissenschaftliche Mitteilungen 15 (1986), S. 65–76.

SCHALICH, Jörg: Boden- und Landschaftsgeschichte. In: Boelicke, Ulrich u. a. (Hrsg.): Der bandkeramische Siedlungsplatz Langweiler 8, Gemeinde Aldenhoven, Kreis Düren. Köln 1988 (Rheinische Ausgrabungen, 28), S. 17–29.

SCHARL, Silviane: Die Neolithisierung Europas. Ausgewählte Modelle und Hypothesen. Rahden 2004 (Würzburger Arbeiten zur prähistorischen Archäologie, 2).

SCHETTLER, Georg/ROMER Rolf L.: Anthropogenic Influences on Pb/Al and Lead Isotop Signature in Annually Layered Holocene Maar Lake Sediments. In: Applied Geochemistry 13 (1998), S. 787–797.

SCHINDLER, Reinhard: Die Altburg von Bundenbach. Mainz 1977 (Trierer Grabungen und Forschungen, 10).

SCHINDLER, Thomas u. a.: Lithostratigraphical Subdivision and Chronostratigraphical Position of the Middle Kaub Formation (Lower Emsian, Lower Devonian) of the Bundenbach Area (Hunsrück, SW Germany). In: Bartels, Christoph/Wuttke, Michael/Briggs, Derek E. G. (Hrsg.): The Nahecaris Project. Releasing the Marine Life of the Devonian from the Hunsrück Slate of Bundenbach. Bochum 2002 (Metalla, 9), S. 73–88.

SCHINDLER, Thomas u. a.: Erdgeschichte im Rheinland – vom Kambrium zum Tertiär. In: Kunow, Jürgen/Wegner, Hans-Helmut (Hrsg.): Urgeschichte im Rheinland. Köln 2006 (Jahrbuch des Rheinischen Vereins für Denkmalpflege und Landschaftsschutz 2005), S. 43–74.

SCHINDLER, Thomas u. a.: Die Fossilgemeinschaften des Buntsandsteins und des basalen Muschel-

kalks in der Pfalz – Abbilder einer stufenweisen Floren-/Faunen-Erholung nach der Perm-Trias-Krise? In: Mitteilungen der Pollichia 94 (2009), S. 1–27.
SCHINDLER, Thomas u. a.: Ein pliozäner Kratersee mit fossilreichen Laminiten im südlichen Westerwald. URL: http://www.palaeontologische-gesellschaft.de/palges/forschung/grabber.html [09.04.2010].
SCHINDLER, Thomas/HEIDTKE, Ulrich H. J. (Hrsg.): Kohlesümpfe, Seen und Halbwüsten. Dokumente einer rund 300 Millionen Jahre alten Lebewelt zwischen Saarbrücken und Mainz. Bad Dürkheim 2007 (Pollichia-Sonderveröffentlichung, 10).
SCHIRMER, Wolfgang (Hrsg.): Rheingeschichte zwischen Mosel und Maas. Hannover 1990 (Deuqua-Führer, 1).
SCHIRMER, Wolfgang (Hrsg.): Landschaftsgeschichte im europäischen Rheinland. Münster 2003 (GeoArcheoRhein, 4).
SCHMIDGEN-HAGER, Elke: Bandkeramik im Moseltal. Bonn 1993 (Universitätsforschungen zur prähistorischen Archäologie, 18).
SCHMIDT, Burghart/GRUHLE, Wolfgang: Klimaextreme in römischer Zeit. Eine Strukturanalyse dendrochronologischer Daten. In: Archäologisches Korrespondenzblatt 33 (2003), S. 421-426.
SCHMIDT, Burghart: Das Bauholz für die römerzeitlichen Häfen in Xanten und Köln. Eine Interpretation der dendrochronologischen Datierungen. In: Horn, Heinz-Günter u. a. (Hrsg.): Von Anfang an. Archäologie in Nordrhein-Westfalen. Köln 2005, S. 201–207.
SCHMIDT, E.: Der Kornkäfer Sitophilus granarius Schoen. Curculionidae aus der Schuttschicht des bandkeramischen Brunnens von Erkelenz-Kückhoven. In: Beyer, Brigitte (Red.): Brunnen der Jungsteinzeit. Internationales Symposium Erkelenz 27. bis 29. Oktober 1997. Köln 1998, S. 261–269.
SCHMIDT, Katja/JEUNESSE, Christian: Bandkeramische Erdwerke – Verteidigungsanlagen? In: Beier, Hans-Jürgen (Hrsg.): Varia Neolithica IV. Langenweissbach 2006 (Beiträge zur Ur- und Frühgeschichte Mitteleuropas, 43), S. 88.
SCHMINCKE, Hans-Ulrich/PARK, Cornelia/HARMS, Eduard: Evolution and Environmental Impacts of the Eruption of Laacher See Volcano (Germany) 12 900 a B. P. In: Quaternary International 61 (1999), S. 61–72.
SCHMINCKE, Hans-Ulrich: Vulkanismus. Darmstadt [2]2000.
SCHMINCKE, Hans-Ulrich: The Quarternary Volcanic Fields of the east and West Eifel (Germany). In: Ritter, Joachim Roland Reinmar/Christensen Ulrich, R. (Hrsg.): Mantle Plumes. A Multidisciplinary Approach. Berlin u. a. 2007, S. 241–322.
SCHÖNBERGER, Hans: Die römischen Truppenlager der frühen und mittleren Kaiserzeit zwischen Nordsee und Inn. In: Bericht der Römisch-Germanischen Kommission 66 (1985), S. 321–497.
SCHRÖTER, Peter: Frühneolithische Fundstellen im Eselsburger Tal. Ein Beitrag zur Besiedlung der Schwäbischen Alb im älteren Neolithikum. In: Hahn, Joachim (Hrsg.): Die steinzeitliche Besiedlung des Eselsburger Tales bei Heidenheim. Stuttgart 1984, S. 152–159.
SCHULTING, Rick J.: Skeletal Evidence and Contexts of Violence in the European Mesolithic and Neolithic. In: Gowland, Rebecca/Knüsel, Christopher (Hrsg.): The Social Archaeology of Funerary Remains. Oxford 2006, S. 224–237.
SCHWEINGRUBER, Fritz Hans/SCHOCH, Werner H: Jahrringe und Weltgeschehen. Dietikon 1992.
SCHWINDEN, Lothar: Warenetikett für Spargel. In: Reuter, Marcus/Scholz, Markus (Hrsg.): Geritzt und entziffert. Schriftzeugnisse der römischen Informationsgesellschaft. Stuttgart 2004 (Schriften des Limesmuseums Aalen, 57), S. 87.
SEHNERT-SEIBEL, Angelika: Zur Südgrenze der Hunsrück-Eifel-Kultur. In: Haffner, Alfred (Hrsg.): Studien zur Eisenzeit im Hunsrück-Nahe-Raum. Trier 1991 (Trierer Zeitschrift, Beiheft, 13), S. 71–84.
SEHNERT-SEIBEL, Angelika: Hallstattzeit in der Pfalz. Bonn 1993 (Universitätsforschungen zur prähistorischen Archäologie, 10).
SEMMEL, Arno: Bodenkundliche Hinweise auf Ackernutzung und intensive Bodenerosion um 8000 B. P. im Rhein-Main-Gebiet. In: Archäologisches Korrespondenzblatt 25 (1995), S. 157–163.
SENSBURG, Martina: Eine frühbronzezeitliche Siedlung bei Trimbs, Kreis Mayen-Koblenz. In: Weg-

ner, Hans-Helmut (Hrsg.): Berichte zur Archäologie an Mittelrhein und Mosel 9. Koblenz 2004 (Trierer Zeitschrift, Beiheft, 28), S. 33–70.

SIEVERS, Susanne: Alt-Europa tritt ins Licht der Geschichte. In: Freeden, Uta von/Schnurbein, Siegmar von (Hrsg.): Spuren der Jahrtausende. Archäologie und Geschichte in Deutschland. Stuttgart 2002, S. 210–241.

SIROCKO, Frank (Hrsg.): Wetter, Klima, Menschheitsentwicklung. Von der Eiszeit bis ins 21. Jahrhundert. Darmstadt 2009 (^{2}2010).

SPRATER, Friedrich: Biberfunde aus der Pfalz. In: Pfälzisches Museum 45 (1928), S. 154.

SPUHLER, Ludwig: Einführung in die Geologie der Pfalz. Speyer 1957 (Veröffentlichung der Pfälzischen Gesellschaft zur Förderung der Wissenschaften, 34).

STÄUBLE, Harald/ELBURG, Rengert: Les puits rubanés: Distribution, construction et signification. In: Hauzeur, Anne/Jadin, Ivan/Jungels, Cécile (Hrsg.): 5000 ans avant J.-C. La grande migration? Brüssel 2011, S. 49–54.

STEBICH, Martina: Palynologische Untersuchungen zur Vegetationsgeschichte des Weichsel-Spätglazials und Frühholozän an jährlich geschichteten Sedimenten des Meerfelder Maares (Eifel). Berlin/Stuttgart 1999 (Dissertationes Botanicae, 320).

STEINER, Paul: Die römische Villa von Bollendorf. In: Trierer Jahresberichte 12 (1919/20), S. 1–59.

STOBBE, Astrid: Die Vegetationsentwicklung in der Wetterau und im Lahntal in den Jahrhunderten um Christi Geburt. Ein Vergleich der palynologischen Ergebnisse. In: Haffner, Alfred/Schnurbein, Siegmar von (Hrsg.): Kelten, Germanen, Römer im Mittelgebirgsraum zwischen Luxemburg und Thüringen. Akten des Internationalen Kolloquiums zum DFG-Schwerpunktprogramm »Romanisierung« vom 28. bis 30. September 1998 in Trier. Bonn 2000 (Kolloquien zur Vor- und Frühgeschichte, 5), S. 201–219.

STRAKA, Herbert: Die spätquartäre Vegetationsgeschichte der Vulkaneifel. Pollenanalytische Untersuchungen an vermoorten Maaren. Oppenheim 1975 (Beiträge zur Landespflege in Rheinland-Pfalz, Beiheft, 3).

STREET, Martin u. a.: Radiocarbon Evidence for the Lateglacial Human Recolonisation of Northern Europe. In: Proceedings of the Prehistoric Society 63 (1997), S. 25–54.

STREET, Martin u. a.: Final Palaeolithic and Mesolithic Research in Reunified Germany. In: Journal of World Prehistory 15 (2001), S. 365–453.

STREET, Martin/BAALES, Michael: Les groupes à Federmesser de l'Allerød en Rhénanie centrale (Allemagne). In: Bulletin de la Société Préhistorique Française 94 (1997), S. 373–386.

STREET, Martin/BAALES, Michael: Pleistocene/Holocene Changes in the Rhineland Fauna in a Northwest European Context. In: Benecke, Norbert (Hrsg.): The Holocene History of the European Vertebrate Fauna. Modern Aspects of Research. Rahden 1999 (Archäologie in Eurasien, 6), S. 9–38.

STREET, Martin/BAALES, Michael/JÖRIS, Olaf: Beiträge zur Chronologie archäologischer Fundstellen des letzten Glazials im nördlichen Rheinland. In: Becker-Haumann, Raimo/Frechen, Manfred (Hrsg.): Terrestrische Quartärgeologie. Köln 1999, S. 426–465.

STREET, Martin/BAALES, Michael/WENINGER, Bernhard: Absolute Chronologie des späten Paläolithikums und Frühmesolithikums im nördlichen Rheinland. In: Archäologisches Korrespondenzblatt 24 (1994), S. 1–28.

STREET, Martin: Ein Wald der Allerödzeit bei Miesenheim, Stadt Andernach (Neuwieder Becken). In: Archäologisches Korrespondenzblatt 16 (1986), S. 13–22.

STREET, Martin: Evidence for Late Allerød Ecology Conserved by Laacher See Tephra: Miesenheim 2, Miesenheim 4, Thür, Brohl Valley Sites, Glees, Krufter Ofen, Wingertsberg. In: Bosinski, Gerhard/Ders./Baales, Michael (Hrsg.): The Palaeolithic and Mesolithic of the Rhineland. München 1995 (Quaternary Field Trips in Central Europe 15,2), S. 928–934.

STREET, Martin: Plaidter Hummerich. An Early Weichselian Middle Palaeolithic Site in the Central Rhineland, Germany. Bonn 2002 (Römisch-Germanisches Zentralmuseum Mainz, Monographien, 45).

STRIEN, Hans-Christoph: Untersuchungen zur Bandkeramik in Württemberg. Bonn 2000 (Universitätsforschungen zur prähistorischen Archäologie, 69).

STRIEN, Hans-Christoph: Die »jüngerbandkeramische Gruppenbildung« – ein Requiem. In: Zeeb-Lanz, Andrea (Hrsg.): Krisen–Kulturwandel–Kontinuitäten. Zum Ende der Bandkeramik in Mitteleuropa. Beiträge der internationalen Tagung in Herxheim bei Landau (Pfalz) vom 14.–17.06.2007. Rahden 2009 (Internationale Archäologie, Arbeitsgemeinschaft, Symposium, Tagung, Kongress, 10), S. 213–217.

STRINGER, Chris: The Origin and Dispersal of Homo Sapiens: Our Current State of Knowledge. In: Mellars, Paul u. a. (Hrsg.): Rethinking the Human Revolution. New Behavioural and Biological Perspectives on the Origin and Dispersal of Modern Humans. Cambridge 2007, S. 15–20.

SUTCLIFFE, Owen E./BRIGGS, Derek E. G./BARTELS, Christoph: Ichnological Evidence for the Environmental Setting of the Fossil-Lagerstätten in the Devonian Hunsrück Slate, Germany. In: Geology 27 (1999), S. 275–278.

TAMERL, Ingrid: Das Holzfass in der römischen Antike. Innsbruck 2010.

TEEGEN, Wolf-Rüdiger: Ein römischer Pfau aus der Saarstraße in Trier. In: Funde und Ausgrabungen im Bezirk Trier 37 (2005), S. 44–49.

TEEGEN, Wolf-Rüdiger: Von Schlachtern und Knochenschnitzern im Umkreis der Porta Nigra in Römerzeit und Mittelalter. In: Kurtrierisches Jahrbuch 51 (2011), S. 21–58.

TEGEL, Willy/MOERKERKE, Jan van/BÜNTGEN, Ulf: Updating Historical Tree-Ring Records for Climatic Reconstruction. In: Quaternary Science Reviews 29 (2010), S. 1957–1959.

TERBERGER, Thomas/STREET, Martin: New Evidence for the Chronology of the Aurignacian and the Question of Pleniglacial Settlement in Western Central Europe. In: Zilhão, João/d'Errico, Francesco (Hrsg.): The Chronology of the Aurignacian and of the Transitional Technocomplexes. Dating, Stratigraphies, Cultural Implications. Proceedings of the Symposium 6.1 of the XIVth Congress of the UISPP (University of Liège, Belgium, September 2–8, 2001). Lisboa 2003 (Trabalhos de Arqueologia, 33), S. 213–222.

TERBERGER, Thomas: Die Siedlungsbefunde des Magdalénien-Fundplatzes Gönnersdorf. Konzentrationen III und IV. Wiesbaden 1997 (Der Magdalénien-Fundplatz Gönnersdorf, 6).

TERBERGER, Thomas: Siedlungsspuren zwischen 20 000 und 16 000 B.P. am Mittelrhein? Vorbericht zu den Ausgrabungen an der jungpaläolithischen Freilandstation Wiesbaden-Igstadt, Hessen. In: Germania 76 (1998), S. 403–437.

TERBERGER, Thomas: Angelhaken, Netz und Reuse – zur Bedeutung aquatischer Ressourcen in der Steinzeit des westlichen Ostseegebietes. In: Mitteilungen der Berliner Gesellschaft für Anthropologie, Ethnologie und Urgeschichte 31 (2010), S. 131–158.

THOMA, Martin: Heiligtum und Siedlung – Zur Entwicklung des gallo-römischen Kultbezirks und der spätkeltischen Siedlung auf dem Martberg bei Pommern an der Mosel, Kreis Cochem-Zell. In: Trierer Zeitschrift 67/68 (2004/05), S. 67–91.

THOMA, Martin: Die spätkeltische Besiedlung des Martbergs bei Pommern an der Mosel, Kreis Cochem-Zell. Vorbericht zur Ausgrabung 2005. Koblenz 2006 (Berichte zur Archäologie an Mittelrhein und Mosel, 11), S. 77–91.

THOMA, Martin: Häuser der Götter. Das Heiligtum der Treverer auf dem Martberg. In: Uelsberg, Gabriele (Hrsg.): Krieg und Frieden. Kelten – Römer – Germanen. Bonn 2007, S. 188-191.

THÜRY, Günther E.: Die Wurzeln unserer Umweltkrise und die griechisch-römische Antike. Salzburg 1995.

TILLMANN, Andreas: Kontinuität oder Diskontinuität? Zur Frage einer bandkeramischen Landname in Mitteleuropa. In: Archäologische Informationen. Mitteilungen zur Ur- und Frühgeschichte 16 (1993), Heft 2, S. 157–187; 17 (1994), Heft 1, S. 43–64.

TOUSSAINT, Michel u. a.: La crémation mésolithique de Loschbour (Loschbour 2). In: Unter unseren Füßen; Sous nos pieds. Archäologie in Luxemburg 1995–2010. Luxemburg 2011, S. 143–148.

TOUSSAINT, Michel: Les sépultures mésolithiques du bassin mosan wallon: où en est la recherche en 2010? Flémalle 2010 (Les Chercheurs de la Wallonie, Sonderheft, 2), S. 69–86.

TURNER, Elaine: Miesenheim I. Excavations at a Lower Palaeolithic Site in the Central Rhineland of Germany. Bonn 2000 (Römisch-Germanisches Zentralmuseum Mainz, Monographien, 44).

UELSBERG, Gabriele (Hrsg.): Krieg und Frieden. Kelten – Römer – Germanen. Darmstadt 2007.
UHL, Dieter u. a.: Cenozoic Paleotemperatures and Leaf Physiognomy – A European Perspective. In: Palaeogeography, Palaeoclimatology, Palaeoecology 248 (2007), S. 24–31.
URBAN, Brigitte: Der holozäne Kalktuff bei Eiserfey/Westeifel. In: Sonderveröffentlichungen des Geologischen Instituts der Universität Köln 33 (1978), S. 21–28.
URZ, Ralf/RÖTTGER, Klaus/THIEMEYER, Heinrich: Von der Natur- zur Kulturlandschaft. Das mittlere Lahntal (Hessen) in vor- und frühgeschichtlicher Zeit. In: Germania 80 (2002), S. 269–293.

VANMONTFORT, Bart: Derniers chasseurs-cueilleurs et premiers agriculteurs dans le Hainaut (Belgique): influence réciproque? In: Burnez-Lanotte, Laurence/Illet, Michael/Allard, Pierre (Hrsg.): Fin des traditions danubiennes dans le Néolithique du bassin parisien et de la Belgique (5100–4700 av. J.-C.). Paris 2008 (Société Préhistorique Française, Mémoire, 44), S. 85–90.
VEIL, Stephan (Hrsg.): Alt- und mittelsteinzeitliche Fundplätze des Rheinlandes. Köln [2]1978 (Kunst und Altertum am Rhein, 81).
VEIL, Stephan: Siedlungsbefunde vom Magdalenien-Fundplatz Andernach (Zwischenbericht über die Grabungen 1979–1983). In: Berke, Hubert/Hahn, Joachim/Kind, Claus-Joachim (Hrsg.): Jungpaläolithische Siedlungsstrukturen in Europa. Kolloquium Reisensburg/Günzburg 8.–14. Mai 1983. Tübingen 1984 (Urgeschichtliche Materialhefte, 6), S. 181–192.
VELDE, Pieter van de: The Foam that Flies Ahead of a Wave of Advance: Thoughts on the Early Neolithisation of the Lower Rhine Uplands. In: Analecta Praehistorica Leidensia 40 (2008), S. 99–110.
VERHART, Leo B. M./WANSLEEBEN, Milco: Meuse Valley Project: The Transition from the Mesolithic to the Neolithic in the Dutch Meuse Valley. In: Peer, Philip van/Vermeersch, Pierre M. (Hrsg.): Contributions to the Mesolithic in Europe. Leuven 1990, S. 389–402.
VÖLKER, Michael: Werksteine des Muschelkalk in der Region Trier und ihre Beziehung zu römischen Baudenkmälern. Diplomarbeit Würzburg 1999.
VOLLBRECHT, Jürgen: Untersuchungen zum Altpaläolithikum im Rheinland. Bonn 1997 (Universitätsforschungen zur prähistorischen Archäologie, 38).

WAGNER, Stefanie: Palynologische Untersuchung der Vegetationsgeschichte der Westeifel am Beispiel des Dürren Maares. Diplomarbeit Bonn 2008.
WAHL, Joachim/KÖNIG, Hans-Günther: Anthropologisch-traumatologische Untersuchung der menschlichen Skelettreste aus dem bandkeramischen Massengrab bei Talheim, Kr. Heilbronn. In: Fundberichte Baden-Württemberg 12 (1987), S. 65–186.
WALDMANN, Georg/JÖRIS, Olaf/BAALES, Michael: Nach der Flut. Ein spätallerødzeitlicher Rückenspitzen-Fundplatz bei Bad Breisig (Kreis Ahrweiler, Rheinland-Pfalz). In: Archäologisches Korrespondenzblatt 31 (2001), S. 173–184.
WEBER, Gesine: Das urnenfelderzeitliche Gräberfeld von Rockeskyll, Verbandsgemeinde Gerolstein, Kreis Daun/Eifel. In: Trierer Zeitschrift 56 (1993), S. 7–27.
WEGNER, Günter: Die vorgeschichtlichen Flussfunde aus dem Main und dem Rhein bei Mainz. Kallmünz/Oberpfalz 1976 (Materialhefte zur bayerischen Vorgeschichte, Reihe A, Fundinventare und Ausgrabungsbefunde, 30).
WEGNER, Hans-Helmut: Zum Grabhügelfeld Hellerwald bei Boppard/Buchholz. In: Haffner, Alfred/Miron, Andrei (Hrsg.): Studien zur Eisenzeit im Hunsrück-Naheraum. Trier 1991, S. 141–149.
WEGNER, Hans-Helmut: Die Eisenzeit im rheinischen Gebirge und am Mittelrhein. In: Kunow, Jürgen/Ders. (Hrsg.): Urgeschichte im Rheinland. Köln 2006 (Jahrbuch des Rheinischen Vereins für Denkmalpflege und Landschaftsschutz 2005), S. 255–266.
WEGNER, Hans-Helmut: Bronzezeitliche Grabhügel bei Großmaischeid/Giershofen, Kreis Neuwied. In: Ders. (Hrsg.): Berichte zur Archäologie an Mittelrhein und Mosel 13. Koblenz 2008, S. 151–169.
WEHINGER, Ansgar: Lahnmarmor aus Diez. In: Fischbacher Hefte 13 (2007), S. 4–30.
WENDT, Karl Peter/HILPERT, Johanna/ZIMMERMANN, Andreas: Landschaftsarchäologie III. Untersuchungen zur Bevölkerungsdichte der vorrömischen Eisenzeit, der Merowingerzeit und der

späten vorindustriellen Neuzeit an Mittel- und Niederrhein. In: Bericht der Römisch-Germanischen Kommission (im Druck).

WENDT, Karl Peter/ZIMMERMANN, Andreas: Bevölkerungsdichte und Landnutzung in den germanischen Provinzen des Römischen Reiches im 2. Jahrhundert n. Chr. In: Germania 86 (2008), S. 191–226.

WHITE, Tim: Prehistoric Cannibalism at Mancos 5MTUMR-2346. Princeton 1992.

WIEGERT, Mathias: Der »Hunnenring« von Otzenhausen, Lkr. St. Wendel. Rahden 2002 (Internationale Archäologie, 65).

WIETHOLD, Julian: Archäobotanische Aspekte der »Romanisierung« in Südwestdeutschland. Bemerkungen zur Unkrautflora römerzeitlicher Dinkeläcker. In: Müller-Karpe, Andreas u. a. (Hrsg.): Studien zur Archäologie der Kelten, Römer und Germanen in Mittel- und Westeuropa. Alfred Haffner zum 60. Geburtstag gewidmet. Rahden 1998. (Internationale Archäologie, Studia honoraria, 4), S. 351–551.

WIETHOLD, Julian: Kontinuität und Wandel in der landwirtschaftlichen Produktion und Nahrungsmittelversorgung in Borg. In: Haffner, Alfred/Schnurbein, Siegmar von (Hrsg.): Kelten, Germanen, Römer im Mittelgebirgsraum zwischen Luxemburg und Thüringen. Akten des Internationalen Kolloquiums zum DFG-Schwerpunktprogramm »Romanisierung« vom 28. bis 30. September 1998 in Trier. Bonn 2000 (Kolloquien zur Vor- und Frühgeschichte, 5), S. 147–160.

WILLAUME, Martine (Hrsg.): Aux origines de la Lorraine rurale de 6000 av. notre ère à l'an Mil. Metz 1993.

WILLERDING, Ullrich: Getreidespeicherung. In: Beck, Heinrich u. a. (Hrsg.): Reallexikon der Germanischen Altertumskunde, Bd. 12. Berlin, New York ^{2}1998, S. 11–30.

WILLMS, Christoph: Der Keltenfürst aus Frankfurt. Macht und Totenkult um 700 v. Chr. Frankfurt am Main (Archäologische Reihe, 19).

WOLTERS, Steffen: Zur spätholozänen Vegetationsgeschichte des Pfälzerwaldes. Neue pollenanalytische Untersuchungen im Pfälzischen Berg- und Hügelland. In: Eiszeitalter und Gegenwart 56 (2007), S. 139–161.

WURSTER, Paul: Paläogeographie der deutschen Trias und die paläogeographische Orientierung der Lettenkohle in Südwestdeutschland. In: Eclogae geologica Helvetica 61 (1968), S. 157–166.

WUSTROW, Christina: Die Tierreste aus der römischen Villa Borg, Kr. Merzig-Wadern. Bonn 2004 (Universitätsforschungen zur prähistorischen Archäologie, 113).

WUTTKE, Michael/UHL, Dieter/SCHINDLER, Thomas (Hrsg.): Fossil-Lagerstätte Enspel – Exceptional Preservation in an Upper Oligocene Maar. Heidelberg 2010 (Palaeobiodiversity and Palaeoenvironments, 90).

YEO, Cedric A.: The Overgrazing of Ranch-Lands in Ancient Italy. In: Transactions and Proceedings of the American Philological Association 79 (1948), S. 275–307.

ZEEB-LANZ, Andrea u. a.: Die bandkeramische Siedlung mit »Grubenanlage« von Herxheim bei Landau (Pfalz). Erste Ergebnisse des DFG-Projektes. In: Beier, Hans-Jürgen (Hrsg.): Varia Neolithica IV. Langenweissbach 2006 (Beiträge zur Ur- und Frühgeschichte Mitteleuropas, 43).

ZEEB-LANZ, Andrea u. a.: Außergewöhnliche Deponierungen der Bandkeramik – die Grubenanlage von Herxheim. In: Germania 85 (2007) S. 199–274.

ZEEB-LANZ, Andrea u. a.: Außergewöhnliche Totenbehandlung – Überraschendes aus der bandkeramischen Anlage von Herxheim bei Landau (Südpfalz). In: Mitteilungen der Berliner Gesellschaft für Anthropologie, Ethnologie und Urgeschichte 30 (2009), S. 115–126.

ZEEB-LANZ, Andrea: Der Donnersberg. Eine bedeutende spätkeltische Stadtanlage. Speyer 2008 (Archäologische Denkmäler in der Pfalz, 2).

ZEEB-LANZ, Andrea: Gewaltszenario oder Sinnkrise? Herxheim und das Ende der Bandkeramik. In: Dies. (Hrsg.): Krisen–Kulturwandel–Kontinuitäten. Zum Ende der Bandkeramik in Mitteleuropa. Beiträge der internationalen Tagung in Herxheim bei Landau (Pfalz) vom 14.–17.06.2007. Rahden 2009 (Internationale Archäologie, Arbeitsgemeinschaft, Symposium, Tagung, Kongress, 10), S. 87–101.

ZEEB-LANZ, Andrea: Eindrücke von der Table Ronde »Préhistoire du Cannibalisme« in Straßburg am 7. und 8. November 2008. In: Archäologisches Nachrichtenblatt 15 (2010), Heft 1, S. 57–76.

ZEEB-LANZ, Andrea: Besondere Schädel und mehr – der rätselhafte bandkeramische Ritualplatz von Herxheim (Pfalz). In: Wieczorek, Alfried/Rosendahl, Wilfried (Hrsg.): Schädelkult in der Kulturgeschichte des Menschen. Begleitband zur Sonderausstellung »Schädelkult – Kopf und Schädel in der Kulturgeschichte des Menschen«. Mannheim 2001 (Publikation der Reiss-Engelhorn-Museen, 41), S. 63–67.

ZIMMERMANN, Andreas/HILPERT, Johanna/WENDT, Karl: Estimations of Population Density for Selected Periods between the Neolithic and AD 1800. In: Human Biology 81 (2009), S. 357–380.

ZIMMERMANN, Andreas u. a.: Landscape Archaeology in Central Europe. In: Proceedings of the Prehistoric Society 75 (2009), S. 1–53.

ZIMMERMANN, Andreas: Austauschsysteme von Silexartefakten in der Bandkeramik Mitteleuropas. Bonn 1995 (Universitätsforschungen zur prähistorischen Archäologie, 26).

ZIMMERMANN, Andreas: Zur Bevölkerungsdichte in der Urgeschichte Mitteleuropas. In: Campen, Ingo/Hahn, Joachim/Uerpmann, Margarethe (Hrsg.): Spuren der Jagd - Die Jagd nach Spuren. Festschrift für Hansjürgen Müller-Beck. Tübingen 1996, S. 49–61.

ZIMMERMANN, Andreas: Migration oder Adaption? Zur Entwicklung vom Mesolithikum zur Bandkeramik im Rheinland. In: Gronenborn, Detlef/Petrasch, Jörg (Hrsg.): Die Neolithisierung Mitteleuropas. Mainz 2010 (RGZM-Tagungen, 4), S. 509–515.

ZOLITSCHKA, Bernd/LÖHR, Hartwig: Geomorphologie der Mosel-Niederterrassen und Ablagerungen eines ehemaligen Altarmsees (Trier, Rheinland-Pfalz). Indikatoren für jungquartäre Umweltveränderungen und anthropogene Schwermetallbelastung. In: Petermanns Geographische Mitteilungen 143 (1999), S. 401–416.

ZOLITSCHKA, Bernd/NEGENDANK, Jörg. F. W.: Quantitative Erfassung natürlicher und anthropogener Bodenerosion in einem Einzugsgebiet der Eifel. In: Baumhauer, Roland (Hrsg.): Aktuelle Forschungen aus dem Fachbereich VI Geographie, Geowissenschaften. Trier 1997 (Trierer Geographische Studien, 16), S. 61–78.

ZOLITSCHKA, Bernd/NEGENDANK, Jörg. F. W./LOTTERMOSER, Bernd G.: Sedimentological Proof and Dating of the Early Holocene Volcanic Eruption of Ulmener Maar (Vulkaneifel, Germany). In: Geologische Rundschau 84 (1995), S. 213–219.

ZYLMANN, Detert: Die Urnenfelderkultur in der Pfalz. Grab- und Depotfunde, Einzelfunde aus Metall. Speyer 1983 (Veröffentlichungen der Pfälzischen Gesellschaft zur Förderung der Wissenschaften in Speyer, 72).

TEIL B: MITTELALTER

ACHT, Peter (Bearb.): Mainzer Urkundenbuch. Bd. 2: Die Urkunden seit dem Tode Erzbischof Adalberts I. (1137) bis zum Tode Erzbischof Konrads (1200). 2 Teile. Darmstadt 1968–1971.

Adel im Pfälzer Raum. Elitenwandel vom Mittelalter bis zum Ende des Alten Reiches (Referate der Tagung des Historischen Vereins der Pfalz und des Historischen Museums der Pfalz in Speyer am 19. und 20. Juni 2009). In: Mitteilungen des Historischen Vereins der Pfalz 108 (2010), S. 361–529.

ALBERIGO, Giuseppe (Hrsg.): Conciliorum oecumenicorum generaliumque decreta. Bologna [3]1973. Text mit zugefügter deutscher Übersetzung WOHLMUTH, Josef: Dekrete der ökumenischen Konzilien. 3 Bde. Paderborn 1998–2002.

ALTER, Wilhelm R.: Studien zur Geschichte der Verfassung und Verwaltung der Reichsstadt Pfeddersheim zu Ausgang des Mittelalters und zu Beginn der Neuzeit. Worms 1951 (Der Wormsgau, Beiheft, 11).

ALTER, Willi: Pfeddersheim um 1525. Zugleich ein Beitrag zur Erforschung des Bauernaufstandes in Südwestdeutschland. Worms 1990 (Der Wormsgau, Beiheft, 30).

ALTHOFF, Gerd: Heinrich IV. Darmstadt 2006.

AMENT, Hermann/WILSON, David M.: Tierornamentik, tierische. In: Hoops, Johannes (Hrsg.): Reallexikon der Germanischen Altertumskunde, Bd. 30. Berlin [2]2005, S. 586–605.

AMENT, Hermann: Die fränkischen Grabfunde von Mayen und der Pellenz. Berlin 1976 (Germanische Denkmäler der Völkerwanderungszeit, Serie B, 9).

AMENT, Hermann: Romanen an Rhein und Mosel im frühen Mittelalter. Archäologische Bemühungen um ihren Nachweis. In: Bonner Jahrbücher 192 (1992), S. 261–271.

AMENT, Hermann: Zur nachantiken Siedlungsgeschichte römischer vici im Rheinland. In: Dotzauer, Winfried u. a. (Hrsg.): Landes- und Reichsgeschichte. Stuttgart 1995 (Geschichtliche Landeskunde, 42), S. 19–34.

AMMERICH, Hans: Das Bistum Speyer und seine Geschichte. Bd. 1: Von den Anfängen bis zum Ende der Salierzeit (1125). Kehl am Rhein 1998.

AMMERICH, Hans: Meisenheim. In: Paravicini, Werner (Hrsg.): Fürstliche Höfe und Residenzen im spätmittelalterlichen Reich. Ein dynastisch-topographisches Handbuch. Teilband 2: Residenzen. Ostfildern 2003 (Residenzenforschung, 15,2), S. 370-371.

AMMERICH, Hans: Zweibrücken. In: Paravicini, Werner (Hrsg.): Fürstliche Höfe und Residenzen im spätmittelalterlichen Reich. Ein dynastisch-topographisches Handbuch. Teilband 2: Residenzen. Ostfildern 2003 (Residenzenforschung, 15,2), S. 658–660.

AMMERICH, Hans: Das Bistum Speyer von der Römerzeit bis zur Gegenwart. Annweiler 2011 (Schriften des Diözesan-Archivs Speyer, 42).

ANDERMANN, Kurt: Speyer. In: Paravicini, Werner (Hrsg.): Fürstliche Höfe und Residenzen im spätmittelalterlichen Reich. Ein dynastisch-topographisches Handbuch. Teilband 2: Residenzen. Ostfildern 2003 (Residenzenforschung, 15,2), S. 541–542.

ANDERMANN, Kurt: Speyer, Bischöfe von. In: Paravicini, Werner (Hrsg.): Fürstliche Höfe und Residenzen im spätmittelalterlichen Reich. Ein dynastisch-topographisches Handbuch. Teilband 2: Residenzen. Ostfildern 2003 (Residenzenforschung, 15,2), S. 612–615.

ANDERMANN, Kurt: Udenheim. In: Paravicini, Werner (Hrsg.): Fürstliche Höfe und Residenzen im spätmittelalterlichen Reich. Ein dynastisch-topographisches Handbuch. Teilband 2: Residenzen. Ostfildern 2003 (Residenzenforschung, 15,2), S. 595–597.

ANTON, Hans H./HAVERKAMP, Alfred (Hrsg.): 2000 Jahre Trier. Bd. 2: Trier im Mittelalter. Trier 1996.

ANTON, Hans H.: Trier im Übergang von der römischen zur fränkischen Herrschaft. In: Francia 12 (1984), S. 1–52.

ANTON, Hans H.: Trier im frühen Mittelalter. Paderborn u. a. 1987 (Quellen und Forschungen aus dem Gebiet der Geschichte, N.F. 9).

ANTON, Hans H.: Neue Studien zu Trier im frühen und hohen Mittelalter: Zum Trierer hagiographischen Corpus und zu den Bischöfen. In: Rheinische Vierteljahrsblätter 71 (2007), S. 43–83.

ARENS, Fritz: Die Inschriften der Stadt Mainz von frühmittelalterlicher Zeit bis 1650. Stuttgart 1958 (Die Deutschen Inschriften, 2).

ARENS, Fritz: Der Dom zu Mainz. Neu bearbeitet und ergänzt von Günther Binding. Darmstadt 1998.

ARIS, Marc-Aeilko: Vos Moguntini. Nikolaus von Kues (1401–1464) predigt den Mainzern. In: Archiv für mittelrheinische Kirchengeschichte 50 (1998), S. 191–217.

ARNOLD, Klaus: Johannes Trithemius (1462–1516). Würzburg 1971 (Quellen und Forschungen zur Geschichte des Bistums und Hochstifts Würzburg, 23).

AUER, Leopold: Der Kriegsdienst des Klerus unter den sächsischen Kaisers. In: Mitteilungen des Instituts für Österreichische Geschichtsforschung 79 (1971), S. 316–407 und 80 (1972), S. 48–70.

AUGE, Oliver: Stiftsbiographien. Die Kleriker des Stuttgarter Heilig-Kreuz-Stifts (1250–1552). Leinfelden-Echterdingen 2002 (Schriften zur südwestdeutschen Landeskunde, 38).

AUSTIN, Greta: Shaping Church Law Around the Year 1000. The Decretum of Burchard of Worms. Farnham und Burlington 2009.

AXBOE, Morten u. a.: Gallehus. In: Beck, Heinrich (Hrsg.): Reallexikon der Germanischen Altertumskunde, Bd. 10. Berlin, New York ²1998, S. 330–344.

BACK, Ulrich: Frühmittelalterliche Grabfunde beiderseits der unteren Mosel. Oxford 1989 (British Archaeological Reports, International Series, 532).

BACKHAUS, Fritz: Besitzkarte frühkarolingischer Klöster. In: Schwind, Fred (Hrsg.): Geschichtlicher Atlas von Hessen. Marburg 1984, S. 43–50, Karte 9.

BACKMUND, Norbert: Monasticon Praemonstratense. 3 Teile. Straubing o. J. [1949–1956, Berlin ²1983].

BACKMUND, Norbert: Geschichte des Prämonstratenserordens. Grafenau 1986.

BARZEN, Rainer: »Kehillot Schum«. Zur Eigenart der Verbindungen zwischen den jüdischen Gemeinden Mainz, Worms und Speyer bis zur Mitte des 13. Jahrhunderts. In: Cluse, Christoph/ Haverkamp, Alfred/Yuval, Israel (Hrsg.): Jüdische Gemeinden und ihr christlicher Kontext in kulturräumlich vergleichender Betrachtung von der Spätantike bis ins 18. Jahrhundert. Hannover 2003 (Forschungen zur Geschichte der Juden, A, 13), S. 389–404.

BARZEN, Rainer: Benei ha Kefarim – die Leute aus den Dörfern. Zur Jüdischen Siedlung auf dem Lande in Aschkenas und Zarfat im hohen und späten Mittelalter. In: Hirschmann, Frank G. / Mentgen, Gerd (Hrsg.): Campana pulsante convocati. Festschrift Alfred Haverkamp. Trier 2005, S. 21–37.

BAUER, Thomas: Die mittelalterlichen Gaue. Köln 2000 (Geschichtlicher Atlas der Rheinlande, Beihefte, V.9).

BECHER, Matthias: Ingelheim 788. Der Prozess gegen Herzog Tassilo III. von Bayern. In: Friedrich, Reinhard/Historischer Verein Ingelheim am Rhein (Hrsg.): Karl der Große in Ingelheim. Bauherr der Pfalz und europäischer Staatsmann. Katalog zur Ausstellung im Alten Rathaus Nieder-Ingelheim, 29. August bis 27. September 1998. Ingelheim am Rhein 1998, S. 60-67.

BECHER, Matthias: Chlodwig I. Der Aufstieg der Merowinger und das Ende der antiken Welt. München 2011.

BECKER, Friedrich K. (Hrsg.): 1750 Jahre Alzey. Alzey 1973.

BECKER, Petrus: Dokumente zur Klosterreform des Trierer Erzbischofs Otto von Ziegenhain (1418–1430). In: Revue bénédictine 84 (1974), S. 126–166.

BECKER, Petrus: Benediktinische Reformbewegungen im Spätmittelalter. In: Max-Planck-Institut für Geschichte (Hrsg.): Untersuchungen zu Kloster und Stift. Göttingen 1980 (Veröffentlichungen des Max-Planck-Instituts für Geschichte, 68; Studien zur Germania Sacra, 14), S. 167–187.

BECKER, Petrus: Erstrebte und erreichte Ziele benediktinischer Reformen im Spätmittelalter. In: Elm, Kaspar (Hrsg.): Reformbemühungen und Observanzbestrebungen im spätmittelalterlichen Ordenswesen. Berlin 1989 (Berliner Historische Studien, 14; Ordensstudien, 6), S. 23–34.

BEHRENS, Gustav: Der Bertichildis-Grabstein von Kempten bei Bingen. In: Germania 21 (1937), S. 113–117.

BENDER, Wolfgang: Zisterzienser und Städte. Studien zu den Beziehungen zwischen den Zisterzienserklöstern und den großen urbanen Zentren des mittleren Moselraumes (12.–14. Jahrhundert). Trier 1992 (Trierer historische Forschungen, 20).

BENDER, Wolfgang: Kloster Himmerod. Beiträge zur Wirtschafts- und Sozialgeschichte der Zisterzienserabtei im Mittelalter. In: Fromme, Bruno (Hrsg.): Hic vere claustrum est beatae Mariae virginis. 875 Jahre Findung des Klosterortes Himmerod. Mainz 2010 (Quellen und Abhandlungen zur mittelrheinischen Kirchengeschichte, 127), S. 327–370.

BENECKE, Norbert: Archäozoologische Studien zur Entwicklung der Haustierhaltung in Mitteleuropa und Südskandinavien von den Anfängen bis zum ausgehenden Mittelalter. Berlin 1994 (Schriften zur Ur- und Frühgeschichte, 46).

BERG, Axel von: Archäologische Untersuchungen bei der Kirche Maria Himmelfahrt in Andernach. In: Archiv für mittelrheinische Kirchengeschichte 59 (2007), S. 489–496.

BERG, Dieter: Richard Löwenherz. Darmstadt 2007.

BERGER, Thomas: Die Bettelorden in der Erzdiözese Mainz und in den Diözesen Speyer und Worms im 13. Jahrhundert. Ausbreitung, Förderung, Funktion. Mainz 1994 (Quellen und Abhandlungen zur mittelrheinischen Kirchengeschichte, 69).

BERGER, Thomas: Die Ausbreitung der Minoriten in der Erzdiözese Mainz und in den Diözesen Speyer und Worms im 13. Jahrhundert. In: Berg, Dieter (Hrsg.): Könige, Landesherren und Bettelorden. Werl 1998 (Saxonia Franciscana, 10), S. 37–59.

BERNS, Wolf-Rüdiger: Burgenpolitik und Herrschaft des Erzbischofs Balduin von Trier 1307–1354. Sigmaringen 1980 (Vorträge und Forschungen, Sonderband, 27).

BERTHOLD, Jens/TRIER, Marcus: Eine Bergkristallwerkstatt des 12. Jahrhunderts in der Kölner Domimmunität. In: Kölner Domblatt 71 (2006), S. 61–80.

BEUMANN, Helmut: König Zwentibolds Kurswechsel im Jahre 898. In: Rheinische Vierteljahresblätter 31 (1966/67), S. 17–41.

BEYER, Heinrich (Hrsg.): Urkundenbuch zur Geschichte der jetzt die Preussischen Regierungsbezirke Coblenz und Trier bildenden mittelrheinischen Territorien. 3 Bde. Koblenz 1860–1874 (Nachdruck Aalen 1974).

BIENERT, Bernd: Zur frühmittelalterlichen Besiedlung Triers und des Trierer Landes. In: Anton, Hans H./Haverkamp, Alfred (Hrsg.): 2000 Jahre Trier. Bd. 2: Trier im Mittelalter. Trier 1996, S. 119–159.

BIERBRAUER, Volker: Romanen. In: Beck, Heinrich (Hrsg.): Reallexikon der Germanischen Altertumskunde, Bd. 25. Berlin, New York [2]2003, S. 210–242.

BINDING, Günther: Deutsche Königspfalzen. Von Karl dem Großen bis Friedrich II. (765–1240). Darmstadt 1996.

BINSFELD, Andrea: Geschichte des Bistums Trier von den Anfängen bis zum Ende des 4. Jahrhunderts. In: Heinen, Heinz/Anton, Hans H./Weber, Winfried (Hrsg.): Geschichte des Bistums Trier. Bd. 1: Im Umbruch der Kulturen. Spätantike und Frühmittelalter. Trier 2003 (Veröffentlichungen des Bistumsarchivs Trier, 38), S. 19–89.

BLÄNSDORF, Jürgen (Hrsg.): Siste viator et lege - Bleib stehen, Wanderer, und lies. Die lateinischen Inschriften der Stadt Mainz von der Antike bis zur Neuzeit. Texte mit Übersetzungen und kurzen Erläuterungen. Mainz [2]2009.

BODSCH, Ingrid: Burg und Herrschaft. Zur Territorial- und Burgenpolitik der Erzbischöfe von Trier im Hochmittelalter bis zum Tod Dieters von Nassau († 1307). Boppard 1989 (Veröffentlichungen der Landeskundlichen Arbeitsgemeinschaft im Regierungsbezirk Koblenz, 13).

BÖHME, Horst Wolfgang: Burgen der Salierzeit in Hessen, in Rheinland-Pfalz und im Saarland. In: Ders. (Hrsg.): Burgen der Salierzeit, Teil 2: In den südlichen Landschaften des Reiches. Sigmaringen 1991 (Römisch-Germanisches Zentralmuseum, Monographien, 26), S. 7–80.

BÖHME, Horst Wolfgang: Franken und Romanen im Spiegel spätrömischer Grabfunde im nördlichen Gallien. In: Geuenich, Dieter (Hrsg.): Die Franken und die Alemannen bis zur »Schlacht bei Zülpich« (496/97). Berlin, New York 1998 (Reallexikon der Germanischen Altertumskunde, Ergänzungsbände, 19), S. 31–58.

BÖHMER, Johann Friedrich/MÜHLBACHER, Engelbert (Hrsg.): Regesta Imperii I. Die Regesten des Kaiserreichs unter den Karolingern 751–918. Innsbruck 1908 (Nachdruck Hildesheim 1966).

BÖHMER, Johann Friedrich/WILL, Cornelius (Bearb.): Regesta archiepiscoporum Maguntinensium. Regesten zur Geschichte der Mainzer Erzbischöfe von Bonifatius bis Heinrich II. 742?–1288. 2. Bde. Innsbruck 1877–1886.

BÖNNEN, Gerold/HAVERKAMP, Alfred/HIRSCHMANN, Frank G.: Religiöse Frauengemeinschaften im räumlichen Gefüge der Trierer Kirchenprovinz während des hohen Mittelalters. In: Jenal, Georg (Hrsg.): Herrschaft, Kirche, Kultur. Beiträge zur Geschichte des Mittelalters. Festschrift Friedrich Prinz. Stuttgart 1993 (Monographien zur Geschichte des Mittelalters, 37), S. 369–415.

BÖNNEN, Gerold/HIRSCHMANN, Frank G.: Klöster und Stifte von um 1200 bis zur Reformation, Bonn 2006 (Geschichtlicher Atlas der Rheinlande, IX.3)

BÖNNEN, Gerold/KEILMANN, Burkard (Hrsg.): Der Wormser Bischof Johann von Dalberg (1482–1503) und seine Zeit. Mainz 2005 (Quellen und Abhandlungen zur mittelrheinischen Kirchengeschichte, 117).

BÖNNEN, Gerold (Hrsg.): Geschichte der Stadt Worms. Stuttgart 2005.

BÖNNEN, Gerold: Die Stadterhebung Annweilers durch König Friedrich II. im Jahre 1219. In: Mitteilungen des Historischen Vereins der Pfalz 86 (1988), S. 35–57.

BÖNNEN, Gerold: Dom und Stadt. Zu den Beziehungen zwischen der Stadtgemeinde und der Bischofskirche im mittelalterlichen Worms. In: Der Wormsgau 17 (1998), S. 8–55.

BÖNNEN, Gerold: Stadttopographie, Umlandbeziehungen und Wehrverfassung. Anmerkungen zu mittelalterlichen Mauerbauordnungen. In: Matheus, Michael (Hrsg.): Stadt und Wehrbau im Mittelrheingebiet. Stuttgart 2003 (Mainzer Vorträge, 7), S. 21–45.

BÖNNEN, Gerold: Worms. In: Paravicini, Werner (Hrsg.): Fürstliche Höfe und Residenzen im spätmittelalterlichen Reich. Ein dynastisch-topographisches Handbuch. Teilband 2: Residenzen. Ostfildern 2003 (Residenzenforschung, 15,2), S. 645–647.

BÖNNEN, Gerold: Worms, Bischöfe von. In: Paravicini, Werner (Hrsg.): Fürstliche Höfe und Residenzen im spätmittelalterlichen Reich. Ein dynastisch-topographisches Handbuch. Teilband 1: Dynastien und Höfe. Ostfildern 2003 (Residenzenforschung, 15,1), S. 636–638.

BÖNNEN, Gerold: Zur Bedeutung der Stadt Worms für Friedrich Barbarossa: Dombau, Bruderschaft und Freiheitsprivileg. In: Kunst der Stauferzeit im Rheinland und in Italien. Speyer 2003, S. 103–119.

BÖNNEN, Gerold: Aspekte gesellschaftlichen und stadtherrschaftlichen Wandels in salierzeitlichen Städten. In: Struve, Tilman (Hrsg.): Die Salier, das Reich und der Niederrhein. Köln, Wien 2008, S. 207–281.

BÖNNEN, Gerold: Gemeindebildung und kommunale Organisation in Worms und Speyer (1074 bis ca. 1220). In: Rheinische Vierteljahrsblätter 74 (2010), S. 19–56.

BÖNNEN, Gerold: Speyer und Worms im 11. und frühen 12. Jahrhundert. In: Heeg, Laura (Red.): Die Salier. Macht im Wandel. Begleitband zur Ausstellung im Historischen Museum der Pfalz. Bd. 1: Essays. München 2011, S. 140–149.

BONIFATIUS: siehe RAU, Bonifatius 1994.

BOOCKMANN, Hartmut/DORMEIER, Heinrich: Konzilien, Kirchen- und Reichsreform (1410–1495). Stuttgart 2005 (Gebhardt, Handbuch der deutschen Geschichte, 10. Aufl., 8).

BOOS, Heinrich (Hrsg.): Quellen zur Geschichte der Stadt Worms. 3 Bde. Berlin 1886–1890.

BOPPERT, Walburg: Die frühchristlichen Inschriften des Mittelrheingebietes. Mainz 1971.

BOPPERT, Walburg: Die frühchristlichen Grabinschriften von Andernach. In: Schäfer, Klaus (Hrsg.): Andernach im Frühmittelalter – Venantius Fortunatus. Andernach 1988 (Andernacher Beiträge, 3), S. 121–144.

BOPPERT, Walburg: Die Anfänge des Christentums. In: Cüppers, Heinz (Hrsg.): Die Römer in Rheinland-Pfalz. Stuttgart 1990, S. 233–257.

BOPPERT, Walburg: Frühchristliche Grabsteine in den gallisch-germanischen Grenzprovinzen. In: Beck, Heinrich (Hrsg.): Reallexikon der Germanischen Altertumskunde, Bd. 25. Berlin [2]2003, S. 132–138.

BOSHOF, Egon: Das Erzstift Trier und seine Stellung zu Königtum und Papsttum im ausgehenden 10. Jahrhundert. Der Pontifikat des Theoderich. Köln und Wien 1972 (Studien und Vorarbeiten zur Germania Pontificia, 4).

BOSHOF, Egon: Köln, Mainz, Trier – Die Auseinandersetzungen um die Spitzenstellung im deutschen Episkopat in ottonisch-salischer Zeit. In: Jahrbuch des Kölnischen Geschichtsvereins 49 (1978), S. 19–48.

BOSHOF, Egon: Aachen und die Thronerhebung des deutschen Königs in salisch-staufischer Zeit. In: Zeitschrift des Aachener Geschichtsvereins 97 (1991), S. 5–32.

BOSHOF, Egon (Bearb.): Germania Pontificia. Bd. 10: Pronvincia Treverensis 1: Archidioecesis Treverensis. Göttingen 1992.

BOSHOF, Egon: Die Salier. Stuttgart [5]2008.

BOSL, Karl: Die Reichsministerialität der Salier und Staufer. Ein Beitrag zur Geschichte des hochmittelalterlichen deutschen Volkes, Staates und Reiches. 2 Teile. Stuttgart 1950 (Monumenta Germaniae Historica, Schriften, 10).

BRACKMANN, Albert (Bearb.): Germania Pontificia. Bd. 3: Provincia Maguntinensis 3: Dioeceses Strassburgensis, Spirensis, Wormatiensis, Wirciburgensis, Bambergensis. Berlin 1935.

BRAUKSIEPE, Bernd/NEUGEBAUER, Anton (Bearb.): Klosterlandschaft Eifel. Historische Klöster und Stifte zwischen Aachen und Bonn, Koblenz und Trier. Regensburg 1994.

BRAUN, Hermann-Josef: Das Eisenhüttenwesen des Hunsrücks. 15. bis Ende 18. Jahrhundert. Trier 1991 (Trierer historische Forschungen, 17).

BRESSLAU, Harry: Der angebliche Brief des Erzbischofs Hatto von Mainz an Papst Johann IX. In: Historische Aufsätze. Karl Zeumer zum sechzigsten Geburtstag als Festgabe dargebracht. Weimar 1910, S. 9–30.

BRETT-EVANS, David: Von Hrotsvit bis Folz und Gengenbach. Bd. 1: Von der liturgischen Feier zum volkssprachigen Spiel; Bd. 2: Religiöse und weltliche Spiele des Spätmittelalters. Berlin 1975.

BRINKEN, Bernd: Die Politik Konrads von Staufen in der Tradition der Rheinischen Pfalzgrafschaft. Der Widerstand gegen die Verdrängung der Pfalzgrafschaft aus dem Rheinland in der zweiten Hälfte des 12. Jahrhunderts. Bonn 1974 (Rheinisches Archiv, 92).

BROEMSER, Ferdinand: Venantius Fortunatus. In: Klaus Schäfer (Hrsg.): Andernach im Frühmittelalter. Venantius Fortunatus. Begleitheft zur Sonderausstellung im Stadtmuseum Andernach, 1. Juli 1988 – 4. September 1988. Andernach 1988 (Andernacher Beiträge, 3), S. 17–24.

BROMMER, Peter/RÖDEL, Volker: Kleinere Territorien, Herrschaften und Teile auswärtiger Territorien. In: Heyen, Franz-Josef (Hrsg.): Geschichte des Landes Rheinland-Pfalz. Freiburg, Würzburg 1981 (Geschichte der deutschen Länder, Territorien-Ploetz), S. 67–84.

BROMMER, Peter: Die Ämter Kurtriers. Grundherrschaft, Gerichtsbarkeit, Steuerwesen und Einwohner. Edition des sogenannten Feuerbuchs von 1563. Mainz 2003 (Quellen und Abhandlungen zur mittelrheinischen Kirchengeschichte, 106).

BRUCKNER, Albert (Hrsg.): Regesta Alsatiae aevi Merovingici et Karolini 496–918. Strasbourg 1949.

BRÜHL, Carlrichard u. a.: Die Urkunden der Merowinger. Hannover 2001 (Diplomata regum Francorum e stirpe Merovingica).

BRÜHL, Carlrichard/KÖLZER, Theo: Das Tafelgüterverzeichnis des römischen Königs (Ms. Bonn S. 1559). Köln und Wien 1979.

BRÜHL, Carlrichard: Palatium und Civitas. Studien zur Profantopographie spätantiker Civitates vom 3. bis zum 13. Jahrhundert. Bd. 2: Belgica I, beide Germanien und Raetia II. Köln, Wien 1990.

BRUNHÖLZL, Franz: Geschichte der lateinischen Literatur des Mittelalters. Bd. 1: Von Cassiodor bis zum Ausklang der karolingischen Erneuerung; Bd. 2: Die Zwischenzeit vom Ausgang des karolingischen Zeitalters bis zur Mitte des elften Jahrhunderts. München 1975 und 1992.

BUCHMÜLLER, Monika/HAUBRICHS, Wolfgang/SPANG, Rolf: Namenkontinuität im frühen Mittelalter. Die nichtgermanischen Siedlungs- und Gewässernamen des Landes an der Saar. In: Zeitschrift für die Geschichte des Saargegend 34/35 (1986/87), S. 24–163.

BUCK, Thomas Martin: Admonitio und Praedicatio. Zur religiös-pastoralen Dimension von Kapitularien und kapitulariennahen Texten (507–814). Frankfurt am Main 1997.

BÜNZ, Enno: Stift Haug in Würzburg. Untersuchungen zur Geschichte eines fränkischen Kollegiatstifts im Mittelalter. Göttingen 1998.

BÜNZ, Enno: Ein Erzbischof und viele Residenzen. Zur Residenzbildung im spätmittelalterlichen Erzstift Mainz. In: Neitmann, Klaus/Heimann, Heinz-Dieter (Hrsg.): Spätmittelalterliche Residenzbildung in geistlichen Territorien Mittel- und Nordostdeutschlands. Berlin 2009, S. 91–112.

BÜTTNER, Heinrich: Frühes fränkisches Christentum am Mittelrhein. In: Archiv für mittelrheinische Kirchengeschichte 3 (1951), S. 9–55.

BÜTTNER, Heinrich: Erzbischof Adalbert von Mainz, die Kurie und das Reich in den Jahren 1118 bis 1122. In: Fleckenstein, Josef (Hrsg.): Investiturstreit und Reichsverfassung. Sigmaringen 1973 (Vorträge und Forschungen, 17), S. 395–410.

BULST, Walter (Hrsg.): Die ältere Wormser Briefsammlung. Weimar 1949 (Monumenta Germaniae Historica, Die Briefe der deutschen Kaiserzeit, 3).

BURGARD, Friedhelm: Auseinandersetzungen zwischen Stadtgemeinde und Erzbischof (1307–1500). In: Anton, Hans H./Haverkamp, Alfred (Hrsg.): 2000 Jahre Trier. Bd. 2: Trier im Mittelalter. Trier 1996, S. 295–398.

BURGARD, Friedhelm: Bischoff und Grebe... Bischof und Graf zugleich. Zur Ausbildung des Trierer Kurstaates bis zur Mitte des 14. Jahrhunderts. In: Rheinische Vierteljahrsblätter 63 (1999), S. 70–89.

BURGHARD, Herrmann/KAPSER, Cordula: Linz am Rhein. Die Geschichte der Stadt von der Frühzeit bis zur Gegenwart. Köln 2002.

BURKHARDT, Stefan: Mit Stab und Schwert. Bilder, Träger und Funktionen erzbischöflicher Herrschaft zur Zeit Kaiser Friedrich Barbarossas. Die Erzbistümer Köln und Mainz im Vergleich. Ostfildern 2008 (Mittelalter-Forschungen, 22).

CANIVEZ, Joseph Marie (Hrsg.): Statuta capitulorum generalium ordinis Cisterciensis. 8 Bde. Louvain o.J. [1933–1941].

CHRIST, Günter: Erzstift und Territorium Mainz. In: Jürgensmeier, Friedhelm (Hrsg.): Handbuch der Mainzer Kirchengeschichte. Bd. 2: Erzstift und Erzbistum Mainz. Territoriale und Kirchliche Strukturen. Würzburg 1997 (Beiträge zur Mainzer Kirchengeschichte, 6,2), S. 17–444.

CHRISTMANN, Ernst: Die Siedlungsnamen der Pfalz, Bd. 3. Speyer 1958.

CLASSEN, Peter: Das Wormser Konkordat in der deutschen Verfassungsgeschichte. In: Fleckenstein, Josef (Hrsg.): Investiturstreit und Reichsverfassung. Sigmaringen 1973 (Vorträge und Forschungen, 17), S. 411–460.

CLEMENS, Lukas/MATHEUS, Michael: Trierer Wirtschaft und Gewerbe im Hoch- und Spätmittelalter. In: Anton, Hans H./Haverkamp, Alfred (Hrsg.): 2000 Jahre Trier. Bd. 2: Trier im Mittelalter. Trier 1996, S. 501–529.

CLEMENS, Lukas/MATHEUS, Michael: Zur Keltertechnik in karolingischer Zeit. In: Burgard, Friedhelm/Cluse, Christoph/Haverkamp, Alfred (Hrsg.): Liber amicorum necnon amicarum für Alfred Heit. Beiträge zur mittelalterlichen Geschichte und geschichtlichen Landeskunde. Trier 1996 (Trierer historische Forschungen, 28), S. 255–265.

CLEMENS, Lukas: Trier. Eine Weinstadt im Mittelalter. Trier 1993 (Trierer historische Forschungen, 22).

CLEMENS, Lukas: Archäologische Beobachtungen zu den frühmittelalterlichen Siedlungsstrukturen in Trier. In: Beiträge zur Mittelalterarchäologie in Österreich 17 (2001), S. 43–66.

CLEMENS, Lukas: Technologietransfer oder Innovation? Kelter- und Mühlentechnologie in Antike und Mittelalter. In: Zeitschrift für Archäologie des Mittelalters 34 (2006), S. 25–32.

CLEMENS, Lukas: Witterung und Wein an der Mosel im Spätmittelalter. In: Besse, Maria/Haubrichs, Wolfgang/Puhl, Roland (Hrsg.): Weinwörter – Weinkultur. Ein europäisches Fachwörterbuch im linguistischen, historischen und kulturellen Kontext. Beiträge des internationalen und interdisziplinären Kolloquiums im Institut für pfälzische Geschichte und Volkskunde in Kaiserslautern, 14./15. September 2007. Mainz 2009, S. 125–148.

CLEMENS, Lukas: Von der Kaiserresidenz zur Kathedralstadt. Trier von der Spätantike bis in das hohe Mittelalter aus der Sicht historischer wie archäologischer Quellen. In: Opll, Ferdinand (Hrsg.): Stadtgründung und Stadtwerdung. Beiträge von Archäologie und Stadtgeschichtsforschung. Linz 2011, S. 21–47.

CLEMENS, Lukas: Hochmittelalterliche Glasproduktion auf der Kordeler Hochmark (Lks. Trier-Saarburg). In: Ders./Steppuhn, Peter (Hrsg.): Glasproduktion. Archäologie und Geschichte. Trier 2012 (Interdisziplinärerer Dialog zwischen Archäologie und Geschichte, 2), S. 29–42.
CLUSE, Christoph (Hrsg.): Europas Juden im Mittelalter. Trier 2004.

DAHLHAUS, Joachim: Zu den ältesten Siegeln der Städte Heidelberg und Neustadt an der Weinstraße. In: Zeitschrift für die Geschichte des Oberrheins 147 (1999), S. 113–143.
DASSMANN, Ernst: Das Bistum in römischer und fränkischer Zeit In: Jürgensmeier, Friedhelm (Hrsg.): Handbuch der Mainzer Kirchengeschichte. Bd. 1: Christliche Antike und Mittelalter. Würzburg 2000 (Beiträge zur Mainzer Kirchengeschichte, 6,1/1), S. 19–86.
DEGLER-SPENGLER, Brigitte: Die Beginen in Basel. In: Basler Zeitschrift für Geschichte und Altertumskunde 69 (1969), S. 5–83; 70 (1970), S. 29–118.
DEMANDT, Dieter: Stadtherrschaft und Stadtfreiheit im Spannungsfeld von Geistlichkeit und Bürgerschaft in Mainz (11.–15. Jahrhundert). Wiesbaden 1977 (Geschichtliche Landeskunde, 15).
DEPREUX, Philippe/LEBECQ, Stéphane/PERRIN, Michael J.-L./SZERWINIACK, Olivier (Hrsg.): Raban Maur et son temps. Turnhout 2010.
DERTSCH, Richard (Hrsg.): Die Urkunden des Stadtarchivs Mainz. Regesten. Mainz 1962–1967 (Beiträge zur Geschichte der Stadt Mainz, 20, 1–4).
DEUTINGER, Roman: Königsherrschaft im Ostfränkischen Reich. Eine pragmatische Verfassungsgeschichte der späten Karolingerzeit. Ostfildern 2006 (Beiträge zur Geschichte und Quellenkunde des Mittelalters, 20).
DEUTINGER, Roman: Die ältesten mittelrheinischen Zehntterminationen. In: Archiv für mittelrheinische Kirchengeschichte 54 (2002), S. 11–36.
DIEDERICH, Toni: Rheinische Städtesiegel. Neuss 1984.
DOBRAS, Wolfgang (Hrsg.): Gutenberg – aventur und kunst: Vom Geheimunternehmen zur ersten Medienrevolution. Mainz 2000.
DOBRAS, Wolfgang: Mainz, St. Alban. In: Jürgensmeier, Friedhelm (Hrsg.) in Verbindung mit Regina Elisabeth Schwerdtfeger (Bearb.): Die Männer- und Frauenklöster der Benediktiner in Rheinland-Pfalz und Saarland. St. Ottilien 1999 (Germania Benedictina, 9), S. 445–469.
DOBRAS, Wolfgang: Mainz, St. Jakob. In: Jürgensmeier, Friedhelm (Hrsg.) in Verbindung mit Regina Elisabeth Schwerdtfeger (Bearb.): Die Männer- und Frauenklöster der Benediktiner in Rheinland-Pfalz und Saarland. St. Ottilien 1999 (Germania Benedictina, 9), S. 470–510.
DÖLKEN, Clemens (Hrsg.)/ULLRICH, Sabine (Bearb.): Norbert von Xanten und der Orden der Prämonstratenser. Sammelband zur historischen Vortragsreihe im Norbertjahr 2009/10 in Magdeburg. Magdeburg 2010.
DOLCH, Martin/MÜNCH, Martin (Hrsg.): Urkundenbuch der Stadt Kaiserslautern. 2 Bde. Kaiserslautern 1994–1998.
DOTZAUER, Winfried: Der historische Raum des Bundeslandes Rheinland-Pfalz. Der Weg zu einem Kernraum deutscher Reichsgeschichte (bis 1500). Versuch eines Arbeitsbuchs. Von den vor- und frühgeschichtlichen Anfängen bis zur Kurfürstenlandschaft. Frankfurt am Main u. a. 1992 (Europäische Hochschulschriften, Reihe 3, 491).
DOTZAUER, Winfried: Geschichte des Nahe-Hunsrück-Raumes von den Anfängen bis zur Französischen Revolution. Stuttgart 2001.
DREYER, Mechthild/ROGGE, Jörg (Hrsg.): Mainz im Mittelalter. Mainz 2009.
DRONKE, Ernst Friedrich Johann (Hrsg.): Codex diplomaticus Fuldensis. o.O. 1850 (Nachdruck Aalen 1962).
DÜMMLER, Ernst: Geschichte des ostfränkischen Reiches. 3 Bde. Leipzig ^{2}1887/88 (Nachdruck Leipzig 1960).
DÜWEL, Klaus: Epigraphische Zeugnisse für die Macht der Schrift im östlichen Frankenreich. In: Wieczorek, Alfried u. a. (Hrsg.): Die Franken. Wegbereiter Europas. Mainz 1996, S. 540–552.
DÜWEL, Klaus: Runenkunde. Stuttgart, Weimar ^{4}2008.
DUMONT, Franz/SCHERF, Ferdinand/SCHÜTZ, Friedrich (Hrsg.): Mainz. Die Geschichte der Stadt. Mainz 1998.

EBERHARD, Wilhelm (Hrsg.): Vita Heinrici IV. imperatoris. Hannover 1899 (Nachdruck 1990) (Monumenta Germaniae Historica, SS rer. Germ., 58).

EBERL, Immo: Die Zisterzienser. Geschichte eines europäischen Ordens. Stuttgart 2002.

ECKHARDT, Albrecht: Die Bechtheimer Dorfordnung aus dem Jahr 1432 und der Bauernaufstand um Worms 1431/32. In: Archiv für hessische Geschichte und Altertumskunde N.F. 33 (1975), S. 55–85.

EGER, Wolfgang (Red.): Geschichte der Stadt Speyer, Bd. 1. Stuttgart 1982.

EHESCHEID, Walter/BRASELMANN, Jochen: Ein hochmittelalterlicher Harz- oder Pechofen in einer bisher unbekannten Siedlungsstelle am Armbrunnen nahe Taubensuhl (Stadtwald Landau). In: Bernhard, Helmut (Hrsg.): Archäologie in der Pfalz. Jahresbericht 2001. Rahden 2003, S. 222–228.

EHLERS, Caspar/FLACHENECKER, Helmut (Hrsg.): Geistliche Zentralorte zwischen Liturgie, Architektur, Gottes- und Herrscherlob: Limburg und Speyer. Göttingen 2005 (Deutsche Königspfalzen, 6; Veröffentlichungen des Max-Planck-Instituts für Geschichte, 11,6).

EHLERS, Caspar: Metropolis Germaniae. Studien zur Bedeutung Speyers für das Königtum (751–1250). Göttingen 1996 (Veröffentlichungen des Max-Planck-Instituts für Geschichte, 125).

EHLERS, Caspar: Königliche Pfalzen und Aufenthaltsorte im Rheinland bis 1250. In: Rheinische Vierteljahrsblätter 68 (2004), S. 36–63.

EHLERS, Caspar: Die salischen Kaisergräber im Speyerer Dom. In: Heeg, Laura (Red.): Die Salier. Macht im Wandel. Begleitband zur Ausstellung im Historischen Museum der Pfalz. Bd. 1: Essays. München 2011, S. 203–209.

ELM, Kaspar/JOERISSEN, Peter/ROTH, Hermann Josef (Hrsg.): Die Zisterzienser. Ordensleben zwischen Ideal und Wirklichkeit. Eine Ausstellung des Landschaftsverbandes Rheinland. Rheinisches Museumsamt, Brauweiler. Aachen, Krönungssaal des Rathauses 3. Juli – 28. September 1980. Bonn 1980.

ELM, Kaspar (Hrsg.): Stellung und Wirksamkeit der Bettelorden in der städtischen Gesellschaft. Berlin 1981.

ELM, Kaspar (Hrsg.): Norbert von Xanten. Adliger, Ordensstifter, Kirchenfürst. Köln 1984.

ELM, Kaspar (Hrsg.): Reformbemühungen und Observanzbestrebungen im spätmittelalterlichen Ordenswesen. Berlin 1989.

ELM, Kaspar: Verfall und Erneuerung des Ordenswesens im Spätmittelalter. In: Max-Planck-Institut für Geschichte (Hrsg.): Untersuchungen zu Kloster und Stift. Göttingen 1980 (Veröffentlichungen des Max-Planck-Instituts für Geschichte, 68; Studien zur Germania Sacra, 14), S. 188–238.

ELM, Kaspar: Die Stellung der Frau im Ordenswesen, Semireligiosentum und Häresie zur Zeit der heiligen Elisabeth. In: Philipps-Universität Marburg (Hrsg.): Sankt Elisabeth. Fürstin, Dienerin, Heilige. Sigmaringen 1981, S. 7–28.

ELM, Kaspar: Die Frau im Ordenswesen, Semireligiosentum und Häresie des 12. und 13. Jahrhunderts. In: Ders. (Hrsg.): Vita fratrum. Beiträge zur Geschichte der Eremiten- und Mendikantenorden des zwölften und dreizehnten Jahrhunderts. Werl 1994 (Saxonia Franziscana, 5), S. 197–212.

ELM, Kaspar: Vita regularis sine regula. Bedeutungen, Rechtsstellung und Selbstverständnis des mittelalterlichen und frühneuzeitlichen Semireligiosentums. In: Smahel, František (Hrsg.): Häresie und vorzeitige Reformation im Spätmittelalter. München 1998, S. 239–273.

EMBACH, Michael: Trierer Literaturgeschichte. Das Mittelalter. Trier 2007.

EMBACH, Michael: Kaiserin Helena in der lateinischen Legendarik des Mittelalters. In: Archiv für mittelrheinische Kirchengeschichte 60 (2008), S. 31–54.

ENERGIEVERSORGUNG MITTELRHEIN GMBH (Hrsg.): Geschichte der Stadt Koblenz. Bd. 1: Von den Anfängen bis zum Ende der kurfürstlichen Zeit. Stuttgart 1992.

ENGELBERT, Ernst: Die sponheimischen Freiheitsurkunden vom 13. bis 15. Jahrhundert. In: Rheinische Vierteljahrsblätter 32 (1958), S. 200–273.

ENGELS, Odilo: Der Erzbischof von Trier, der rheinische Pfalzgraf und die gescheiterte Verbandsbildung von Springiersbach im 12. Jahrhundert. In: Melville, Gert (Hrsg.): Secundum regulam vivere. Festschrift P. Norbert Backmund. Windberg 1978, S. 87–104.

ENGELS, Odilo: Die Staufer. Stuttgart [8]2005.

ENGELS, Odilo: Klöster und Stifte von der Merowingerzeit bis um 1200. Köln, Bonn 2006 (Geschichtlicher Atlas der Rheinlande, IX.2).
ENGELS, Renate (Bearb.): Palatia sacra. Teil 1: Bistum Speyer. Der Archidiakonat des Dompropstes von Speyer. Bd. 1: Die Stadt Speyer. Teilbd. 2: Pfarrkirchen, Klöster, Ritterorden, Kapellen, Klausen und Beginenhäuser. Mainz 2005 (Quellen und Abhandlungen der Gesellschaft für mittelrheinische Kirchengeschichte, 61,1/2).
ENGELS, Renate (Bearb.): Palatia sacra. Teil 1: Bistum Speyer. Der Archidiakonat des Dompropstes von Speyer. Bd. 1: Die Stadt Speyer. Teilbd. 1b: Die Kollegiatstifte S. Germani ep., SS. Germani ep. et Mauritii m., SS. Johannis ev. et Guidonis ab., S. Trinitatis ac omnium sanctorum. Trier 2009 (Quellen und Abhandlungen der Gesellschaft für mittelrheinische Kirchengeschichte 61,1/1b).
ENNEN, Edith: Rheinisches Städtewesen bis 1250. Köln 1982 (Geschichtlicher Atlas der Rheinlande, VI.1).
EPPERLEIN, Siegfried: Waldnutzung, Waldstreitigkeiten und Waldschutz in Deutschland im hohen Mittelalter. 2 Hälfte 11. Jahrhundert bis ausgehendes 14. Jahrhundert. Stuttgart 1993 (Vierteljahresschrift für Sozial- und Wirtschaftsgeschichte, Beihefte, 109).
ERDMANN, Carl: Die Burgenordnung Heinrichs I. In: Deutsches Archiv für Geschichte des Mittelalters 6 (1943), S. 59–101.
ERKENS, Franz-Reiner: Der Erzbischof von Köln und die deutsche Königswahl. Studien zur Kölner Kirchengeschichte, zum Krönungsrecht und zur Verfassung des Reiches (Mitte 12. Jahrhundert bis 1806). Siegburg 1987 (Studien zur Kölner Kirchengeschichte, 21).
ERKENS, Franz-Reiner: Die Trierer Kirchenprovinz im Investiturstreit. Köln und Wien 1987 (Passauer Historische Forschungen, 4).
ERKENS, Franz-Reiner: Die Trierer Kirchenprovinz am Vorabend des Investiturstreits. In: Blätter für deutsche Landesgeschichte 125 (1989), S. 109–158.
ERKENS, Franz-Reiner: Fecit nuptias regio ut decuit apparatu. Hochzeitsfeste als Akte monarchischer Repräsentation in salischer Zeit. In: Altenburg, Detlef/Jarnut, Jörg/Steinhoff, Hans Hugo (Hrsg.): Feste und Feiern im Mittelalter. Paderborner Symposion des Mediävistenverbandes. Sigmaringen 1991, S. 401–421.
ERKENS, Franz-Reiner: Herrschersakralität im Mittelalter. Von den Anfängen bis zum Investiturstreit. Stuttgart 2006.
ESCHER, Monika/Frank G. HIRSCHMANN: Die urbanen Zentren des hohen und späten Mittelalters. Vergleichende Untersuchungen zu Städten und Städtelandschaften im Westen des Reiches und in Ostfrankreich. 3 Bde. Trier 2005 (Trierer historische Forschungen 50,1–3).
ESCHER-APSNER, Monika: Stadt und Stift. Studien zur Geschichte Münstermaifelds im hohen und späteren Mittelalter. Trier 2004 (Trierer historische Forschungen, 53).
ESDERS, Stefan: »Öffentliche« Abgaben und Leistungen im Übergang von der Spätantike zum Frühmittelalter: Konzeptionen und Befunde. In: Kölzer, Theo/Schieffer, Rudolf (Hrsg.): Von der Spätantike zum frühen Mittelalter. Kontinuitäten und Brüche, Konzeptionen und Befunde. Ostfildern 2009 (Vorträge und Forschungen, 70), S. 189–244.
EWIG, Eugen: »Milo et eiusmodi similes«. In: Hilpisch, Stephanus/Brechter, Suso: Sankt Bonifatius. Gedenkgabe zum zwölfhundertsten Todestag. Fulda 1954, S. 412–440.
EWIG, Eugen: Kaiserliche und apostolische Tradition im mittelalterlichen Trier. In: Ders.: Spätantikes und fränkisches Gallien. Gesammelte Schriften, Bd. 2. München 1979 (Francia, Beihefte, 3,2), S. 51–90 (zuerst in: Trierer Zeitschrift 24/26 (1956/58), S. 147–186).
EWIG, Eugen: Frühes Mittelalter: Die Rheinlande in fränkischer Zeit. Düsseldorf 1980 (Petri, Franz/Droege, Georg [Hrsg.]: Rheinische Geschichte in drei Bänden. Bd. 1: Altertum und Mittelalter, Teilbd. 2).
EWIG, Eugen: Die Merowinger und das Frankenreich. Stuttgart ^{6}2006.

FABRICIUS, Wilhelm: Die Siedlungs- und Bevölkerungsverhältnisse im ehemaligen Amt Birkenfeld. In: Deutsche Geschichtsblätter 15 (1913), S. 57–70.
FALCK, Ludwig (Hrsg.): Mainzer Regesten 1200–1250 zur Geschichte der Stadt, ihrer geistlichen

und weltlichen Institutionen und Bewohner. Mainz 2008 (Beiträge zur Geschichte der Stadt Mainz 35,1–2).

FALCK, Ludwig: Klosterfreiheit und Klosterschutz. Die Klosterpolitik der Mainzer Erzbischöfe von Adalbert I. bis Heinrich I. (1100–1153). In: Archiv für mittelrheinische Kirchengeschichte 8 (1956), S. 21–75.

FALCK, Ludwig: Geschichte der Stadt Mainz. Bd. 2: Mainz im frühen und hohen Mittelalter (Mitte 5. Jahrhundert bis 1244). Düsseldorf 1972.

FALCK, Ludwig: Geschichte der Stadt Mainz. Bd. 3: Mainz in seiner Blütezeit als freie Stadt 1244 bis 1328. Düsseldorf 1973.

FELD, Rudolf: Das Städtewesen des Hunsrück-Naheraums im Spätmittelalter und in der Frühneuzeit. Untersuchungen zu einer Städtelandschaft. Kastellaun ^{2}1975.

FELTEN, Franz J./JARNUT, Jörg/PADBERG, Lutz E. (Hrsg.): Bonifatius – Leben und Nachwirken. Die Gestaltung des christlichen Europa im Frühmittelalter. Mainz 2007 (Quellen und Abhandlungen zur mittelrheinischen Kirchengeschichte, 121).

FELTEN, Franz J./NICHTWEISS, Barbara (Hrsg.): Hrabanus Maurus. Gelehrter, Abt von Fulda und Erzbischof von Mainz. Mainz 2006 (Neues Jahrbuch für das Bistum Mainz 2006).

FELTEN, Franz J./RÖSENER, Werner (Hrsg.): Norm und Realität: Kontinuität und Wandel der Zisterzienser im Mittelalter. Berlin u. a. 2009 (Vita ragularis, 42).

FELTEN, Franz J. (Hrsg.): Städtebünde. Städtetage im Wandel der Geschichte. Stuttgart 2007 (Mainzer Vorträge, 11).

FELTEN, Franz J.: Äbte und Laienäbte im Frankenreich. Studie zum Verhältnis von Staat und Kirche im früheren Mittelalter. Stuttgart 1980 (Monographien zur Geschichte des Mittelalters, 20).

FELTEN, Franz J.: Frauenklöster und -stifte im Rheinland im 12. Jahrhundert. Ein Beitrag zur Geschichte der Frauen in der religiösen Bewegung des hohen Mittelalters. In: Weinfurter, Stefan (Hrsg.): Reformidee und Reformpolitik im spätsalisch-frühstaufischen Reich. Mainz 1992, S. 189–300 (Quellen und Abhandlungen zur mittelrheinischen Kirchengeschichte, 68).

FELTEN, Franz J.: Die Ordensreformen Benedikts XII. unter institutionsgeschichtlichem Aspekt. In: Melville, Gert (Hrsg.): Institutionen und Geschichte. Theoretische Aspekte und mittelalterliche Befunde. Köln u. a. 1992 (Norm und Struktur, 1), S. 369–435.

FELTEN, Franz J.: Die Bedeutung der »Benediktiner« im frühmittelalterlichen Rheinland. In: Rheinische Vierteljahrsblätter 56 (1992), S. 1–49 und 57 (1993), S. 21–58.

FELTEN, Franz J.: Konzilsakten als Quellen für die Gesellschaftsgeschichte des 9. Jahrhunderts. In: Jenal, Georg (Hrsg.): Herrschaft, Kirche, Kultur. Beiträge zur Geschichte des Mittelalters. Festschrift Friedrich Prinz. Stuttgart 1993 (Monographien zur Geschichte des Mittelalters, 37), S. 177–202.

FELTEN, Franz J.: Der Zisterzienserorden und die Frauen. In: Schwillus, Harald/Hölscher, Andreas (Hrsg.): Weltverachtung und Dynamik. Berlin 2000 (Studien zur Geschichte, Kunst und Kultur der Zisterzienser, 10), S. 34–135.

FELTEN, Franz J.: Zisterzienserinnen in Deutschland: Beobachtungen und Überlegungen zu Ausbreitung und Ordenszugehörigkeit. In: Bouter, Nicole (Hrsg.): Unanimité et diversité cisterciennes. Filiations, réseaux, relectures du XIIe au XVIIe siècle. Actes du quatrième Colloque international du C.E.R.C.O.R., Dijon, 23–25 septembre 1998. Saint-Étienne 2000, S. 345–400.

FELTEN, Franz J.: Zum Problem der sozialen Zusammensetzung von alten Benediktinerklöstern und Konventen der neuen religiösen Bewegung. In: Haverkamp, Alfred (Hrsg.): Hildegard von Bingen in ihrem historischen Umfeld. Internationaler wissenschaftlicher Kongress zum 900-jährigen Jubiläum 13–19. Sept. 1998 in Bingen. Mainz 2000, S. 189–235.

FELTEN, Franz J.: »Noui esse uolunt ... deserentes bene contritam uiam ...« Hildegard von Bingen und Reformbewegungen im religiösen Leben ihrer Zeit. In: Berndt, Rainer (Hrsg.): »Im Angesicht Gottes suche der Mensch sich selbst«. Hildegard von Bingen (1098–1179). Berlin 2001, S. 27–86.

FELTEN, Franz J.: Wie adelig waren Kanonissenstifte (und andere weibliche Konvente) im (frühen und hohen) Mittelalter? In: Crusius, Irene (Hrsg.): Studien zum Kanonissenstift. Göttingen 2001 (Veröffentlichung des Max-Planck-Instituts für Geschichte, 167; Studien zur Germania Sacra, 24), S. 39–128.

FELTEN, Franz J.: Auf dem Weg zu Kanonissen und Kanonissenstift. Ordnungskonzepte der weiblichen »vita religiosa« bis ins 9. Jahrhundert. In: Averkorn, Raphaela (Hrsg.): Europa und die Welt in der Geschichte. Festschrift Dieter Berg. Bochum 2004, S. 551–573.
FELTEN, Franz J.: Zur Geschichte von Rheinland-Pfalz. Teil I. In: Rheinland-Pfalz, deutsches Kernland. Heidelberg [4]2006, S. 7–35.
FELTEN, Franz J.: Mainz und das frühmittelalterliche Königtum. Spuren – Erinnerungen – Fiktionen – und ihre Nutzanwendung. In: Ders. u. a. (Hrsg.): Robert Folz (1910–1996). Mittler zwischen Frankreich und Deutschland. Actes du Colloque »Idée d'empire et Royauté au Moyen Age: Un Regard Franco-allemand sur l'oeuvre de Robert Folz«, Dijon 2001. Stuttgart 2007 (Geschichtliche Landeskunde, 60), S. 51–96.
FELTEN, Franz J.: Hrabanus Maurus (um 750–856). Diener seiner Zeit – Vermittler zwischen den Zeiten. In: Ders. (Hrsg.): Mainzer (Erz-)Bischöfe in ihrer Zeit. Stuttgart 2008 (Mainzer Vorträge, 12), S. 11–58.
FELTEN, Franz J.: Waren die Zisterzienser frauenfeindlich? Die Zisterzienser und die religiöse Frauenbewegung im 12. und frühen 13. Jahrhundert. Versuch einer Bestandsaufnahme der Forschung seit 1980. In: Ders./Rösener, Werner (Hrsg.): Norm und Realität. Kontinuität und Wandel der Zisterzienser im Mittelalter. Berlin u. a. 2009 (Vita regularis, 42), S. 179–223.
FELTEN, Franz J.: Das Domkapitel – Geistliche Gemeinschaft und politischer Entscheidungsträger? In: Janson, Felicitas/Nichtweiß, Barbara (Hrsg.): Basilica nova Moguntina. 1000 Jahre Willigis-Dom St. Martin in Mainz. Beiträge zum Domjubiläum 2009. Mainz 2010 (Neues Jahrbuch für das Bistum Mainz 2009/10), S. 199–230.
FELTEN, Franz J.: Abwehr, Zuneigung, Pflichtgefühl. Reaktionen der frühen Zisterzienser auf den Wunsch religiöser Frauen, zisterziensisch zu leben. In: Melville, Gert/Müller, Anne: Female vita religiosa between Late Antiquity and the High Middle Ages. Structures, Developments and Spatial Contexts. Münster u. a. 2011 (Vita regularis, Abhandlungen, 47), S. 391–415.
FELTEN, Franz J.: Geschichtsschreibung cum ira et studio. Zur Darstellung religiöser Gemeinschaften in Jakob von Vitrys Historia occidentalis. In: Clemens, Lukas/Hirbodian, Sigrid (Hrsg.): Christliches und jüdisches Europa im Mittelalter. Kolloquium zu Ehren von Alfred Haverkamp. Trier 2011, S. 83–120.
FELTEN, Franz J.: Gregor IX. als Reformer von Orden und Klöstern. In: Gregorio IX e gli ordini mendicanti. Atti dei convegni della Società internazionale di studi francescani e del Centro interuniversitario di studi francescani. NS 21. Spoleto 2011, S. 3–72.
FINCK VON FINCKENSTEIN, Albrecht Graf: Bischof und Reich. Untersuchungen zum Integrationsprozeß des ottonisch-frühsalischen Reiches (919–1056). Sigmaringen 1989 (Studien zur Mediävistik, 1).
FLACH, Dietmar: Stadtrecht und Landesherrschaft in Kurtrier unter Erzbischof Balduin. In: Heyen, Franz-Josef: Balduin von Luxemburg. Erzbischof von Trier. Kurfürst des Reiches 1285–1354. Mainz 1985 (Quellen und Abhandlungen der Gesellschaft für mittelrheinische Kirchengeschichte, 53), S. 317–340.
FLACH, Dietmar: Verfassungsentwicklung kurtrierischer Städte im Lichte der Stadtrechtsverleihungen des 13. und 14. Jahrhunderts für die Trierer Kirche. In: Maurer, Helmut/Patze, Hans (Hrsg.): Festschrift Berent Schwineköper. Sigmaringen 1982, S. 355–390.
FLACH, Dietmar: Landesherrschaft und Städte in Kurtrier während des 13. und 14. Jahrhunderts. In: Ders./Hausmann, Jost (Hrsg.): 700 Jahre Stadtecht für sechs kurtrierische Städte 1291–1991. Bernkastel u. a. 1991, S. 35–50.
FLECKENSTEIN, Josef: Die Hofkapelle der deutschen Könige. Teil 2: Die Hofkapelle im Rahmen der ottonisch-salischen Reichskirche. Stuttgart 1966 (Monumenta Germaniae Historica, Schriften, 16,2).
FLECKENSTEIN, Josef: Friedrich Barbarossa und das Rittertum. Zur Bedeutung der großen Mainzer Hoftage von 1184 und 1188. In: Festschrift für Hermann Heimpel. Zum 70. Geburtstag am 19. September 1971. Göttingen 1971 (Veröffentlichungen des Max-Planck-Instituts für Geschichte, 36,2), S. 1023–1041.
FLINK, Klaus: Fiskus und civitas libera. Herrschaft und Gemeinde in Remagen vom 12.–14. Jahrhundert. In: Annalen des Historischen Vereins für den Niederrhein 176 (1974), S. 20–40.

FLINK, Klaus: Stand und Ansätze städtischer Entwicklung zwischen Rhein und Maas in salischer Zeit. In: Diestelkamp, Bernhard (Hrsg.): Beiträge zum hochmittelalterlichen Städtewesen. Köln, Wien 1982 (Städteforschung, A, 11), S. 170–195.

FLUG, Brigitte: Mainz, Altmünster. In: Jürgensmeier, Friedhelm (Hrsg.) in Verbindung mit Regina Elisabeth Schwerdtfeger (Bearb.): Die Männer- und Frauenklöster der Benediktiner in Rheinland-Pfalz und Saarland. St. Ottilien 1999 (Germania Benedictina, 9), S. 398–425.

FLUG, Brigitte: Äußere Bindung und innere Ordnung. Das Altmünsterkloster in Mainz in seiner Geschichte und Verfassung von den Anfängen bis zum Ende des 14. Jahrhunderts. Mit Urkundenbuch. Stuttgart 2006 (Geschichtliche Landeskunde, 61).

FOUQUET, Gerhard: Das Speyerer Domkapitel im späten Mittelalter (ca. 1350–1540). Adlige Freundschaft, fürstliche Patronage und päpstliche Klientel. 2 Teile. Mainz 1987 (Quellen und Abhandlungen zur mittelrheinischen Kirchengeschichte, 57).

FOUQUET, Gerhard: Verwandtschaft, Freundschaft, Landsmannschaft, Patronage um 1500. Das Speyerer Domkapitel als Instrument politischer und sozialer Integration. In: Seibt, Ferdinand/Eberhard, Winfried (Hrsg.): Europa 1500. Integrationsprozesse im Widerstreit. Staaten, Regionen, Personenverbände, Christenheit. Stuttgart 1987, S. 349–367.

FRANZ, Günther (Hrsg.): Quellen zur Geschichte des deutschen Bauernstandes im Mittelalter, Darmstadt ²1974 (Ausgewählte Quellen zur Deutschen Geschichte des Mittelalters, Freiherr-vom-Stein-Gedächtnisausgabe, 31).

FRIEDMANN, Andreas Urban: Die Beziehungen der Bistümer Worms und Speyer zu den ottonischen und salischen Königen. Mainz 1994 (Quellen und Abhandlungen zu mittelrheinischen Kirchgeschichte, 72).

FUCHS, Rüdiger: Die Inschriften der Stadt Trier I (bis 1500); II (1501–1674). 3 Teile. Wiesbaden 2006 und 2012 (Die Deutschen Inschriften, 60 und 71,1–2).

FUHRMANN, Horst: Studien zur Geschichte der mittelalterlichen Patriarchate (I–III). In: Zeitschrift der Savigny-Stiftung für Rechtsgeschichte. Kanonistische Abteilung 39 (1953), S. 112–176; 40 (1954), S. 1–84; 41 (1955), S. 95–183.

FUHRMANN, Horst: Die Synoden von Ingelheim. In: Autenrieth, Johanne (Hrsg.): Ingelheim am Rhein. Forschungen und Studien zur Geschichte Ingelheims. Stuttgart 1964, S. 147–173.

GÄRTNER, Kurt: Williram von Ebersberg. In: Wachinger, Burghart (Hrsg.): Die deutsche Literatur des Mittelalters. Verfasserlexikon, Bd. 10. Berlin ²1998, Sp. 1156–1170.

GANSHOF, François Louis: Was waren die Kapitularien? Darmstadt 1961.

GANZER, Klaus: Die Entwicklung des auswärtigen Kardinalats. Ein Beitrag zur Geschichte des Kardinalkollegiums vom 11. bis 13. Jahrhundert. Tübingen 1963 (Bibliothek des Deutschen Historischen Instituts in Rom, 26).

GANZER, Klaus: Die Beschränkung der Bischofswahl auf die Domkapitel in Theorie und Praxis des 12. und 13. Jahrhunderts. In: Zeitschrift der Savigny-Stiftung für Rechtsgeschichte. Kanonistische Abteilung 57 (1971), S. 22–82 und 58 (1972), S. 166–197.

GATZ, Erwin (Hrsg.): Die Bischöfe des Heiligen Römischen Reiches 1190 bis 1448. Ein biographisches Lexikon. Berlin 2001.

GATZ, Erwin, unter Mitwirkung von BRODKORB, Clemens (Hrsg.): Die Bischöfe des Heiligen Römischen Reiches 1448 bis 1648. Ein biographisches Lexikon. Berlin 1996.

GATZ, Erwin, unter Mitwirkung von BRODKORB, Clemens (Hrsg.): Die Bischöfe des Heiligen Römischen Reiches 1198 bis 1448. Ein biographisches Lexikon. Berlin 2001.

GATZ, Erwin, unter Mitwirkung von BRODKORB, Clemens und FLACHENECKER, Helmut (Hrsg.): Die Bistümer des Heiligen Römischen Reiches von ihren Anfängen bis zur Säkularisation. Freiburg im Breisgau 2006.

GAUTHIER, Nancy: L'évangélisation des pays de la Moselle. La province romaine de Première Belgique entre Antiquité et Moyen-Age (IIIe – VIIIe siècles). Paris 1980.

GEITH, Karl-Ernst: Ägidius. In: Ruh, Kurt (Hrsg.): Die deutsche Literatur des Mittelalters. Verfasserlexikon, Bd. 1. Berlin ²1978, Sp. 75–76.

GENSICKE, Hellmuth: Landesgeschichte des Westerwaldes. Wiesbaden 1958 (Nachdruck Wiesbaden 1987).

GERLICH, Alois: Der Metzer Besitz im Wormsgau. In: Blätter für pfälzische Kirchengeschichte und religiöse Volkskunde 27 (1951), S. 97–114.
GERLICH, Alois: Die Reichspolitik Erzbischofs Otgars von Mainz. In: Rheinische Vierteljahresblätter 19 (1954), S. 286–316.
GERLICH, Alois: Rheinische Kurfürsten im Gefüge der Reichspolitik des 14. Jahrhunderts. In: Patze, Hans (Hrsg.): Der deutsche Territorialstaat im 14. Jahrhundert. Sigmaringen 1971 (Vorträge und Forschungen, 14), S. 149–169. Erneut abgedruckt in: Heinemann, Christiane u. a. (Hrsg.): Territorium, Reich und Kirche. Ausgewählte Beiträge zur mittelrheinischen Landesgeschichte. Wiesbaden 2005 (Veröffentlichungen der historischen Kommission für Nassau, 74), S. 345–364.
GERLICH, Alois: Geschichtliche Landeskunde des Mittelalters. Genese und Probleme. Darmstadt 1986.
GERLICH, Alois: Thronstreit – Erzbistumsschismen – Papstpolitik 1198–1208. In: Hehl, Ernst-Dieter/Seibert, Hubertus/Staab, Franz (Hrsg.): Deus qui mutat tempora. Menschen und Institutionen im Wandel des Mittelalters. Festschrift Alfons Becker. Sigmaringen 1987, S. 283–320.
GERLICH, Alois: Könige, Fürsten, Adel und Städte am Mittelrhein und in Franken zwischen Thronstreit und Mainzer Reichslandfrieden 1198–1235. Darmstadt, Marburg 2001 (Quellen und Forschungen zur hessischen Geschichte, 127).
GERLICH, Alois: Kölner Fernbesitz im Mainzer Raum. Ein Beitrag zur Geschichte von Mittelrhein und Reich im Früh- und Hochmittelalter. In: Heinemann, Christiane u. a. (Hrsg.): Territorium, Reich und Kirche. Ausgewählte Beiträge zur mittelrheinischen Landesgeschichte. Wiesbaden 2005 (Veröffentlichungen der historischen Kommission für Nassau, 74), S. 51–83.
GIERLICH, Ernst: Die Grabstätten der rheinischen Bischöfe vor 1200. Mainz 1990 (Quellen und Abhandlungen zur mittelrheinischen Kirchengeschichte, 65).
GIESE, Wolfgang: Heinrich I. Begründer der ottonischen Herrschaft. Darmstadt 2008.
GILLES, Karl-Josef: Die Trierer Münzprägung im frühen Mittelalter. Koblenz 1982.
GILLES, Karl-Josef: Die römische Villa von Mehring. In: Funde und Ausgrabungen im Bezirk Trier 17 (1985), S. 33–39.
GILLES, Karl-Josef: Bacchus und Sucellus. 2000 Jahre römische Weinkultur an Mosel und Rhein. Briedel 1999.
GLANSDORFF, Sophie (Hrsg.): Comites in regno Hludouici regis constituti: prosopographie des détenteurs d'offices séculiers en Francie orientale, de Louis le Germanique à Charles le Gros 826–887. Ostfildern 2011 (Instrumenta, 20).
GLASER, Rüdiger: Klimageschichte Mitteleuropas. 1000 Jahre Wetter, Klima, Katastrophen. Darmstadt 2001.
GLAUBEN, Antonia M.: Der vicus von Mayen (Kr. Mayen-Koblenz). In: Heising, Alexander/Krohn, Niklot (Hrsg.): Zivile Kleinsiedlungen in den Nordwestprovinzen. Tagungsband. Lahr 2010 (im Druck).
GLÖCKNER, Karl (Hrsg.): Codex Laureshamensis. 3. Bde. Darmstadt 1929–1936 (Arbeiten der historischen Kommission für den Volksstaat Hessen, 1–3).
GLÖCKNER, Karl: Lorsch und Lothringen, Robertiner und Capetinger. In: Zeitschrift für die Geschichte des Oberrheins 50 (1936), S. 301–354.
GOCKEL, Michael: Karolingische Königshöfe am Mittelrhein. Göttingen 1970 (Veröffentlichungen des Max-Planck-Instituts für Geschichte, 31).
GOETZ, Hans Werner: Der letzte »Karolinger«? Die Regierung Konrads I. im Spiegel seiner Urkunden. In: Archiv für Diplomatik 26 (1980), S. 56–125.
GOETZ, Hans Werner: »Dux« und »Ducatus«. Begriffs- und verfassungsgeschichtliche Untersuchungen zur Entstehung des sogenannten »jüngeren« Stammesherzogtums an der Wende vom neunten zum zehnten Jahrhundert. Bochum [2]1981.
GOETZ, Hans-Werner: »Nobilis«. Der Adel im Selbstverständnis der Karolingerzeit. In: Vierteljahresschrift für Sozial- und Wirtschaftsgeschichte 70 (1983), S. 153–191.
GOETZ, Hans-Werner: Regnum: Zum politischen Denken der Karolingerzeit In: Zeitschrift der Savigny-Stiftung für Rechtsgeschichte. Germanistische Abteilung 104 (1987), S. 110–189.
GOETZ, Hans-Werner: Europa im frühen Mittelalter: 500–1050. Stuttgart 2003.
GOETZ, Hans Werner, unter Mitarbeit von ELLING, Simon (Hrsg.): Konrad I. Auf dem Weg zum »Deutschen Reich«? Bochum 2006.

GOEZ, Werner (bearb. von GOEZ, Elke): Kirchenreform und Investiturstreit 910–1122. Stuttgart ²2008.

GOTTLOB, Theodor: Der abendländische Chorepiskopat. Bonn 1928 (Kanonistische Studien und Texte, 1).

GRAFEN, Hansjörg: Die Speyerer im 11. Jahrhundert. Zur Formierung eines städtischen Selbstverständnisses in der Salierzeit. In: Böhme, Horst-Wolfgang (Hrsg.): Siedlungen und Landesausbau zur Salierzeit, Bd. 2. Sigmaringen 1991, S. 97–152.

GRATHOFF, Stefan: Mainzer Erzbischofsburgen. Erwerb und Funktion von Burgherrschaft am Beispiel der Mainzer Erzbischöfe im Hoch- und Spätmittelalter. Stuttgart 2005 (Geschichtliche Landeskunde, 58).

GRESSER, Georg: Die Synoden und Konzilien in der Zeit des Reformpapsttums in Deutschland und Italien von Leo IX. bis Calixt II. 1049–1123. Paderborn u. a. 2006.

GREWE, Holger: Eine Riemenzunge im Tassilokelchstil-Dekor aus der Königspfalz zu Ingelheim am Rhein. In: Ericsson, Ingolf/Losert, Hans (Hrsg.): Aspekte der Archäologie des Mittelalters und der Neuzeit. Bonn 2003 (Bamberger Schriften zur Archäologie des Mittelalters und der Neuzeit, 1), S. 167–173.

GRUNDMANN, Herbert: Religiöse Bewegungen im Mittelalter. Untersuchungen über die geschichtlichen Zusammenhänge zwischen der Ketzerei, den Bettelorden und der religiösen Frauenbewegung im 12. und 13. Jahrhundert und über die geschichtlichen Grundlagen der deutschen Mystik. Berlin 1935.

GRUNDMANN, Herbert: Ketzergeschichte des Mittelalters. Göttingen ³1978 (Schmidt, Kurt Dietrich/Wolf, Ernst [Hrsg.]: Die Kirche in ihrer Geschichte. Ein Handbuch, Bd. 2, Lieferung G, 1. Teil).

GRÜNEWALD, Mathilde: Worms von der vorgeschichtlichen Epoche bis zur Karolingerzeit. In: Bönnen, Gerold (Hrsg.): Geschichte der Stadt Worms. Stuttgart 2005, S. 44–101.

HAARI-OBERG, Ilse: Die Wirkungsgeschichte der Trierer Gründungssage vom 10. bis 15. Jahrhundert. Bern u. a. 1994 (Europäische Hochschulschriften, Reihe 3, Geschichte und ihre Hilfswissenschaften, 607).

HAARLÄNDER, Stephanie: Bonifatius in Mainz. In: Dies./Nichtweiß, Barbara (Hrsg.): Bonifatius in Mainz. Mainz 2005 (Neues Jahrbuch für das Bistum Mainz 2005), S. 55–238.

HAARLÄNDER, Stephanie: Rabanus Maurus zum Kennenlernen. Ein Lesebuch mit einer Einführung zu Leben und Werk. Mainz 2006.

HAAS, Jochen: Zum Plan einer wikingischen Herrschaft am Mittelrhein und an der Mosel. Ein historischer Kommentar zu Regino, chronicon ad annum 885 und zu Notker, Gesta Karoli Magni imperatoris II,13. In: Jahrbuch für westdeutsche Landesgeschichte 34 (2008), S. 7–16.

HÄBERLE, Daniel: Die Wüstungen der Rheinpfalz auf Grundlage der Besiedlungsgeschichte. Kaiserslautern 1922 (Beiträge zur Landeskunde der Rheinpfalz, 3).

HÄGERMANN, Dieter: Eine Grundherrschaft des 13. Jahrhunderts im Spiegel des Frühmittelalters. Caesarius von Prüm und seine kommentierte Abschrift des Urbars von 893. In: Rheinische Vierteljahrsblätter 45 (1981), S. 1–34.

HALBEKANN, Joachim J.: Die älteren Grafen von Sayn. Personen-, Verfassungs- und Besitzgeschichte eines rheinischen Grafengeschlechts 1139–1246/47. Wiesbaden 1997 (Veröffentlichungen der Historischen Kommission für Nassau, 61).

HALFTER, Peter: Das Papsttum und die Armenier im frühen und hohen Mittelalter. Köln u. a. 1996 (Forschungen zur Kaiser- und Papstgeschichte des Mittelalters, Beihefte zu J. F. Böhmer, Regesta Imperii, 15).

HAMMER, Elke-Ursel: Monastische Reform zwischen Person und Institution. Zum Wirken des Abtes Adam Meyer von Groß St. Martin in Köln (1454–1499). Göttingen 2001 (Veröffentlichungen des Max-Planck-Insituts für Geschichte, 165; Studien zur Germanica Sacra, 22).

HANNIG, Jürgen: Zentrale Kontrolle und regionale Machtbalance. Beobachtungen zum System der karolingischen Königsboten am Beispiel des Mittelrheingebietes. In: Archiv für Kulturgeschichte 66 (1984), S. 1–46.

HAPP, Sabine: Stadtwerdung am Mittelrhein. Die Führungsgruppen von Speyer, Worms und Koblenz bis zum Ende des 13. Jahrhunderts. Köln u. a. 2002 (Rheinisches Archiv, 144).

HARTMANN, Wilfried: Der rechtliche Zustand der Kirchen auf dem Lande: Die Eigenkirche in der fränkischen Gesetzgebung des 7. bis 9. Jahrhunderts. In: Christianizzazione ed organizzazione ecclesiastica delle campagne nell'alto medievo: espansione e resistenze. Spoleto 1982 (Settimane di studio del Centro Italiano di studi sull'alto medievo, 28), S. 397–441.

HARTMANN, Wilfried: Die Mainzer Synoden des Hrabanus Maurus. In: Kottje Raymund/Zimmermann, Harald (Hrsg.): Hrabanus Maurus. Lehrer, Abt und Bischof. Wiesbaden 1982 (Akademie der Wissenschaften und der Literatur, Abhandlungen der Geistes und Sozialwissenschaftlichen Klasse, Einzelveröffentlichung, 4), S. 130–144.

HARTMANN, Wilfried: Die Synoden der Karolingerzeit im Frankenreich und in Italien. Paderborn 1989.

HARTMANN, Wilfried (Hrsg.): Bischof Burchard von Worms 1000–1025. Mainz 2000 (Quellen und Abhandlungen zur mittelrheinischen Kirchengeschichte, 100).

HARTMANN, Wilfried: Das Sendhandbuch des Regino von Prüm. Unter Benutzung der Edition von F.W.H. Wasserschleben herausgegeben und übersetzt. Darmstadt 2004 (Ausgewählte Quellen zur deutschen Geschichte des Mittelalters. Freiherr-vom-Stein-Gedächtnisausgabe, 42).

HARTMANN, Wilfried: Der Investiturstreit. München ^{3}2007 (Enzyklopädie deutscher Geschichte, 21).

HARTMANN, Wilfried: Kirche und Kirchenrecht um 900. Die Bedeutung der spätkarolingischen Zeit für Tradition und Innovation im kirchlichen Recht. Hannover 2008 (Monumenta Germaniae Historica, Schriften, 58).

HASELOFF, Günther: Die germanische Tierornamentik der Völkerwanderungszeit. Studien zu Salin's Stil I. Berlin, New York 1981 (Vorgeschichtliche Forschungen, 17).

HAUBRICHS, Wolfgang/PFISTER, Max: Die »Prümer Romania«. In: Bentzinger, Rudolf/Nübling, Damaris/Steffens, Rudolf (Hrsg.): Sprachgeschichte, Dialektologie, Onomastik, Volkskunde. Stuttgart 2001 (Zeitschrift für Dialektologie und Linguistik, Beihefte, 115), S. 171–195.

HAUBRICHS, Wolfgang: Reiner muot und kiusche site. Argumentationsmuster und situative Differenzen in der staufischen Kreuzzugslyrik zwischen 1188/89 und 1227/28. In: Krohn, Rüdiger u. a. (Hrsg.): Stauferzeit. Geschichte, Literatur, Kunst. Stuttgart 1979, S. 295–324.

HAUBRICHS, Wolfgang: Deutsche Lyrik. In: Krauss, Henning (Hrsg.): Neues Handbuch der Literaturwissenschaft. Bd. 7: Europäisches Hochmittelalter. Wiesbaden 1981, S. 61–120.

HAUBRICHS, Wolfgang: Der Prestarievertrag des Bischofs Thietlach von Worms mit dem Grafen Erinfrid vom Jahre 891. Edition und Untersuchungen zur Onomastik und Siedlungsgeschichte. In: Jahrbuch für westdeutsche Landesgeschichte 16 (1990), S. 1–83.

HAUBRICHS, Wolfgang: Geschichte der deutschen Literatur von den Anfängen bis zum Beginn der Neuzeit. Bd. 1: Von den Anfängen zum Hohen Mittelalter. Teil 1:Die Anfänge. Versuche volkssprachiger Schriftlichkeit im frühen Mittelalter. Tübingen ^{2}1995.

HAUBRICHS, Wolfgang: Galloromanische Kontinuität zwischen unterer Saar und Mosel. Problematik und Chancen einer Auswertung der Namenzeugnisse. In: Holtus, Günter u. a. (Hrsg.): Italica et Romanica. Festschrift Max Pfister. Tübingen 1997, S. 211–237.

HAUBRICHS, Wolfgang: Eppo, Runa, Votrilo und andere frühe Einwohner (5./6. Jahrhundert?) im Bereich von Aquae Mattiacae (Wiesbaden). In: Richter, Gerd/Riecke, Jörg/Schuster, Britt-Marie (Hrsg.): Raum, Zeit, Medium. Sprache und ihre Determinanten. Festschrift Hans Ramge. Darmstadt 2000, S. 113–134.

HAUBRICHS, Wolfgang: Remico aus Goddelau. Ostgermanen, Westgermanen und Romanen im Wormser Raum des 5./6. Jahrhunderts. In: Heizmann, Wilhelm (Hrsg.): Runica – Germanica – Medievalia. Berlin 2003 (Reallexikon der Germanischen Altertumskunde, Ergänzungsbände, 37), S. 226–242.

HAUBRICHS, Wolfgang: Die verlorene Romanität im deutschen, Sprachraum (La Romania submersa dans la région de langue allemande). In: Ernst, Gerhard u. a.: (Hrsg.): Romanische Sprachgeschichte. Ein internationales Handbuch zur Geschichte der romanischen Sprachen, Bd. 1. Berlin 2003 (Handbücher zur Sprach- und Kommunikationswissenschaft, 23), S. 695–709.

HAUBRICHS, Wolfgang: Eine neue Wormser Inschrift aus der Zeit um 500 und die frühen Personennamen auf germ. »*-pewaz« »Diener«. In: Greule, Albrecht/Meinicke, Eckhard/Thim-Mabrey, Christiane (Hrsg.): Entstehung des Deutschen. Heidelberg 2004 (Jenaer germanistische Forschungen, N.F. 17), S. 153–172.

HAUBRICHS, Wolfgang: Ostgermanische Personennamen in rheinischen Inschriften des frühen Mittelalters. (5./6. Jahrhundert). In: Geuenich, Dieter (Hrsg.): Name und Gesellschaft im Frühmittelalter. Hildesheim u.a. 2006. (Deutsche Namenforschung auf sprachgeschichtlicher Grundlage, 2), S. 293–309.

HAVERKAMP, Alfred (Hrsg.): Juden und Christen zur Zeit der Kreuzzüge. Sigmaringen 1999 (Vorträge und Forschungen, 47).

HAVERKAMP, Alfred (Hrsg.): Hildegard von Bingen in ihrem historischen Umfeld. Mainz 2000.

HAVERKAMP, Alfred: Tenxwind von Andernach und Hildegard von Bingen. Zwei »Weltanschauungen« in der Mitte des 12. Jahrhunderts. In: Fenske, Lutz/Rösener, Werner/Zotz, Thomas: Tenxwind von Andernach und Hildegard von Bingen. Institutionen, Kultur und Gesellschaft im Mittelalter. Festschrift Josef Fleckenstein. Sigmaringen 1984, S. 515–548.

HAVERKAMP, Alfred: »Heilige Städte« im hohen Mittelalter. In: Graus, František (Hrsg.): Mentalitäten im Mittelalter. Methodische und inhaltliche Probleme. Sigmaringen 1987 (Vorträge und Forschungen, 35), S. 119–156.

HAVERKAMP, Alfred: Die Mosellande im 12. Jahrhundert. Motive zur Auswanderung. In: Burgard, Friedhelm/Heit, Alfred/Matheus, Michael (Hrsg.): Alfred Haverkamp: Verfassung, Kultur, Lebensform. Beiträge zur italienischen, deutschen und jüdischen Geschichte im europäischen Mittelalter. Mainz 1997, S. 299–320.

HAVERKAMP, Alfred: Verfassung, Kultur, Lebensform. Beiträge zur italienischen, deutschen und jüdischen Geschichte im europäischen Mittelalter. Dem Autor zur Vollendung des 60. Lebensjahres, hrsg. von Burgard, Friedhelm, Heit, Alfred und Matheus, Michael. Mainz 1997.

HAVERKAMP, Alfred: Erzbischof Balduin und die Juden. In: Ders.: Gemeinden, Gemeinschaften und Kommunikationsformen im hohen und späten Mittelalter. Festgabe zur Vollendung des 65. Lebensjahres. Trier 2002, S. 39–88.

HAVERKAMP, Alfred: »Innerstädtische Auseinandersetzungen« und überlokale Zusammenhänge in deutschen Städten während der ersten Hälfte des 14. Jahrhunderts. In: Ders.: Gemeinden, Gemeinschaften und Kommunikationsformen im hohen und späten Mittelalter. Festgabe zur Vollendung des 65. Lebensjahres. Trier 2002, S. 147–182.

HAVERKAMP, Alfred: Das 12. Jahrhundert, 1125–1198. Stuttgart [10]2003 (Gebhardt, Handbuch der deutschen Geschichte,10. Aufl., 5).

HAVERKAMP: Alfred, Bruderschaften und Gemeinden im 12. und 13. Jahrhundert. In: Schneidmüller, Bernd/Weinfurter, Stefan (Hrsg.): Ordnungskonfigurationen im hohen Mittelalter. Ostfildern 2006 (Vorträge und Forschungen, 64), S. 153–192.

HAVERKAMP, Alfred: Der heilige Simeon (gest. 1035), Grieche im fatimidischen Orient und im lateinischen Okzident. Geschichten und Geschichte. In: Historische Zeitschrift 290 (2010), S. 1–51.

HAVERKAMP, Eva (Hrsg.): Hebräische Berichte über die Judenverfolgungen während des Ersten Kreuzzugs. München 2005 (Monumenta Germaniae Historica, Hebräische Texte aus dem mittelalterlichen Deutschland, 1).

HECHBERGER, Werner: Adel, Ministerialität und Rittertum im Mittelalter. München 2004 ([2]2010) (Enzykopädie Deutscher Geschichte, 72).

HECHBERGER, Werner: Adel im fränkisch-deutschen Mittelalter. Zur Anatomie eines Forschungsproblems. Ostfildern 2005 (Mittelalter-Forschungen, 17).

HEDWIG, Andreas: Die Eigenkirche in den urbarialen Quellen zur fränkischen Grundherrschaft zwischen Loire und Rhein. In: Zeitschrift der Savigny-Stiftung für Rechtsgeschichte. Kanonistische Abteilung 78 (1992), S. 1–64.

HEEG, Laura (Red.): Die Salier. Macht im Wandel. Begleitband zur Ausstellung im Historischen Museum der Pfalz. München 2011. 2 Bde. München 2011.

HEHL, Ernst-Dieter: Herrscher, Kirche und Kirchenrecht im spätottonischen Reich. In: Schneid-

müller, Bernd/Weinfurter, Stefan (Hrsg.): Otto III. – Heinrich II. Eine Wende? Sigmaringen 1997 (Mittelalter-Forschungen, 1), S. 169–203.
HEHL, Ernst-Dieter: Vom Fest des Herrschers zum Fest Christi. Mainzer Feste im hohen Mittelalter. In: Dreyer, Mechthild/Rogge, Jörg (Hrsg.): Mainz im Mittelalter. Mainz 2009, S. 116–130, S. 235 (Anmerkungen) und S. 246–247 (Literatur).
HEHL, Ernst-Dieter: Ein Dom für König, Reich und Kirche. Der Dombau des Willigis und die Mainzer Bautätigkeit im 10. Jahrhundert. In: Janson, Felicitas/Nichtweiß, Barbara (Hrsg.): Basilica nova Moguntina. 1000 Jahre Willigis-Dom St. Martin in Mainz. Beiträge zum Domjubiläum 2009. Mainz 2010 (Neues Jahrbuch für das Bistum Mainz 2009/10), S. 45–78.
HEHL, Ernst-Dieter: Stadt und Kirchenrecht. Überlegungen zu Mainz, Speyer und Worms im 12. Jahrhundert. In: Rheinische Vierteljahrsblätter 74 (2010), S. 1–18.
HEHL, Ernst-Dieter: Bedrängte und belohnte Bischöfe. Recht und Politik als Parameter bischöflichen Handelns bei Willigis und anderen. In: Körntgen, Ludger/Waßenhoven, Dominik (Hrsg.): Patterns of Episcopal Power. Bishops in Tenth and Eleventh Century Western Europe – Strukturen bischöflicher Herrschaftsgewalt im westlichen Europa des 10. und 11. Jahrhunderts. Berlin 2011 (Prinz-Albert-Forschungen, 6), S. 63–87.
HEINEMEYER, Karl: Das Erzbistum Mainz in römischer und fränkischer Zeit. Bd. 1: Die Anfänge der Diözese Mainz. Marburg 1979 (Veröffentlichungen der Historischen Kommission für Hessen, 39,1).
HEINEN, Heinz/ANTON, Hans H./WEBER, Winfried (Hrsg.): Geschichte des Bistums Trier. Bd. 1: Im Umbruch der Kulturen. Spätantike und Frühmittelalter. Trier 2003 (Veröffentlichungen des Bistumsarchivs Trier, 38).
HEINEN, Heinz: Frühchristliches Trier. Von den Anfängen bis zur Völkerwanderung. Trier 1996.
HEINEN, Heinz: Reichstreue nobiles im zerstörten Trier. Überlegungen zu Salvian, gub. VI 72–89. In: Zeitschrift für Papyrologie und Epigraphik 131 (2000), S. 271–278.
HEINIG, Paul-Joachim: Die Mainzer Kirche am Ende des Hochmittelalters (1249–1305). In: Jürgensmeier, Friedhelm (Hrsg.): Handbuch der Mainzer Kirchengeschichte. Bd. 1: Christliche Antike und Mittelalter, Teil 1. Würzburg 2000 (Beiträge zur Mainzer Kirchengeschichte, 6,1/1), S. 347–415.
HEINIG, Paul-Joachim: Die Mainzer Kirche im Spätmittelalter (1305–1484). In: Jürgensmeier, Friedhelm (Hrsg.): Handbuch der Mainzer Kirchengeschichte. Bd. 1: Christliche Antike und Mittelalter, Teil 1. Würzburg 2000 (Beiträge zur Mainzer Kirchengeschichte, 6, 1/1), S. 416–554.
Heinrich von Veldeke: Eneasroman. Mittelhochdeutsch/Neuhochdeutsch. Nach dem Text von Ludwig Ettmüller in Neuhochdeutsche übersetzt, und mit einem Stellenkommentar von Dieter KARTSCHOKE. Stuttgart 1986.
HEINTZ, Albert: Die Anfänge des Landdekanates im Rahmen der kirchlichen Verfassungsgeschichte des Erzbistums Tier. Trier 1951 (Trierer Theologische Studien, 3).
HEINZ, Andreas: Balduin von Luxemburg. Erzbischof von Trier In: Wagner, Valentin/Schmitt, Bernhard (Red.): Balduin aus dem Hause Luxemburg. Erzbischof und Kurfürst von Trier 1285–1354. Luxembourg 2009, S. 11–85.
HEINZ, Stefan/ROTHBRUST, Barbara/SCHMID, Wolfgang: Die Grabdenkmäler der Erzbischöfe von Trier, Köln und Mainz. Trier 2004.
HELBIG, Herbert: Fürsten und Landstände im Westen des Reiches im Übergang vom Mittelalter zur Neuzeit. In: Rheinische Vierteljahrsblätter 29 (1964), S. 32–72.
HELLINGER, Walter: Die Pfarrvisitation nach Regino von Prüm. In: Zeitschrift der Savigny-Stiftung für Rechtsgeschichte. Kanonistische Abteilung 48 (1962), S. 1–116 und 49 (1963), S. 76–137.
HELMRATH, Johannes: Capitula. Provinzialkapitel und Bullen des Basler Konzils für die Reform des Benediktinerordens im Reich. In: Wolff, Helmut (Bearb.)/Ders./Müller, Heribert (Hrsg.): Festschrift für Erich Meuthen. Teil 1: Studien zum 15. Jahrhundert. München 1994, S. 87–121.
HELMRATH, Johannes: Das Basler Konzil (1431–1449). Forschungsstand und Probleme. Köln, Wien 1987 (Kölner Historische Abhandlungen, 32).
HENNIG, Ursula: Trierer Osterspiel. In: Wachinger, Burghart (Hrsg.): Die deutsche Literatur des Mittelalters. Verfasserlexikon, Bd. 9 Berlin ^{2}1995, Sp. 1053–1054.

HERBERS, Klaus: Geschichte des Papsttums im Mittelalter. Darmstadt 2012.

HERBORN, Wolfgang: Der Weinbau an der Ahr im frühen und hohen Mittelalter. Das Werden einer Weinlandschaft. Wiesbaden 2004 (Schriften zur Weingeschichte, 146).

HERMANN, Fritz: Die letzte Ketzerverbrennung in Mainz. 20. Oktober 1458. In: Beiträge zur Kunst und Geschichte des Mainzer Lebensraumes. Festschrift Ernst Neeb. Mainz 1936, S. 105–110.

HERRMANN, Hans-Walter: Das Testament des fränkischen Adligen Adalgisel Grimo. Ein Zeugnis merowingerzeitlichen Lebens an Saar, Mosel und Maas. In: Studien und Mitteilungen zur Geschichte des Benediktinerordens und seiner Zweige 96 (1985), S. 260–276.

HEYDENREICH, Johanne: Die Metropolitangewalt der Erzbischöfe von Trier bis auf Baldewin. Marburg 1938 (Marburger Studien zur älteren deutschen Geschichte, Reihe 2, 5).

HEYEN, Franz-Josef: Das Stift St. Simeon in Trier. Berlin, New York 2002 (Germania Sacra, N.F. 41).

HILBERG, Isidor (Hrsg.): Sophronius Eusebius: Sancti Eusebii Hieronymi epistulae III. Wien 1996 (Corpvs scriptorvm ecclesiasticorvm latinorvm, 56,1).

HILDEBRANDT, Helmut/HEUSER-HILDEBRANDT, Birgit/WOLTERS, Steffen: Kulturlandschaftsgenetische und bestandsgeschichtliche Untersuchungen anhand von Kohlholzspektren aus historischen Meilerplätzen, Pollendiagrammen und archivalischen Quellen im Naturpark Pfälzerwald, Forstamt Johanniskreuz. Mainz 2007.

HILLENBRAND, Eugen: Die Observantenbewegung in der deutschen Ordensprovinz der Dominikaner. In: Elm, Kaspar (Hrsg.): Reformbemühungen und Observanzbestrebungen im spätmittelalterlichen Ordenswesen. Berlin 1989 (Berliner Historische Studien, 14; Ordensstudien, 6), S. 219–271.

HINNEBUSCH, John Frederick: The historia occidentalis of Jacques de Vitry. A Critical Edition. Fribourg 1972 (Spicilegium Friburgense, 17).

HIRSCHMANN, Frank G.: Stadtplanung, Bauprojekte und Großbaustellen im 10. und 11. Jahrhundert. Vergleichende Studien zu den Kathedralstädten westlich des Rheins. Stuttgart 1998 (Monographien zur Geschichte des Mittelalters, 43).

HIRSCHMANN, Frank G.: Die Anfänge des Städtewesens in Mitteleuropa. Die Bischofssitze des Reiches bis ins 12. Jahrhundert. 3. Bde. Stuttgart 2011 (Monographien zur Geschichte des Mittelalters, 59,1–3).

HIRSCHMANN, Frank G. : Orden und Kongregationen. Manuskript für Bd. 2 der Geschichte des Bistums Trier (vom Autor freundlichst zur Verfügung gestellt).

HISTORISCHES MUSEUM DER PFALZ (Hrsg.): Europas Juden im Mittelalter. Katalog. Speyer 2005.

HLAWITSCHKA, Eduard: Lotharingien und das Reich an der Schwelle der deutschen Geschichte. Stuttgart 1968 (Monumenta Germaniae Historica, Schriften, 21).

HLAWITSCHKA, Eduard: Die Ottoneneinträge der Lausanner Annalen. In: Wissemann, Michael (Hrsg.): Roma renascens. Beiträge zur Spätantike und Rezeptionsgeschichte. Festschrift Ilona Oppelt. Frankfurt am Main 1988, S. 125–148.

HLAWITSCHKA, Eduard: Widonen (Lambertiner). In: Lexikon des Mittelalters, Bd. 9. München 1998, Sp. 72–74.

HLAWITSCHKA, Eduard: Konradiner-Genealogie, unstatthafte Verwandtenehen und spätotonischfrühsalische Thronbesetzungspraxis. Hannover 2003 (Monumenta Germaniae Historica, Studien und Texte, 32).

HLAWITSCHKA, Eduard: Die Ahnen der hochmittelalterlichen deutschen Könige, Kaiser und ihrer GemahlInnen. Ein kommentiertes Tafelwerk. Bd. 1: 911–1137; Bd. 2: 1137–1197. Hannover 2006–2009 (Monumenta Germaniae Historica, Hilfsmittel, 10).

HOCHHOLZER, Elmar: Die Lothringische (»Gorzer«) Reform. In: Faust, Ulrich/Quarthal, Franz (Hrsg.): Die Reformverbände und Kongregationen der Benediktiner im deutschen Sprachraum. St. Ottilien 1999 (Germania Benedictina, 1), S. 43–87.

HÖCKMANN, Olaf: Eine Schiffsmühle aus den Jahren um 760 n. Chr. in Gimbsheim, Kr. Alzey-Worms. In: Mainzer Archäologische Zeitschrift 1 (1994), S. 191–209.

HOFFMANN, Hartmut/POKORNY, Rudolf: Das Dekret des Bischofs Burchard von Worms. Textstufen – Frühe Verbreitung – Vorlagen. München 1991 (Monumenta Germaniae Historica, Hilfsmittel, 12).

HOFFMANN, Hartmut: Mönchskönig und rex idiota. Studien zur Kirchenpolitik Heinrichs II. und Konrads II. Hannover 1993 (Monumenta Germaniae Historica, Studien und Texte, 8).

HOLBACH, Rudolf: Stiftsgeistlichkeit im Spannungsfeld von Kirche und Welt. Studien zur Geschichte des Trierer Domkapitels und Domklerus im Spätmittelalter. 2 Teile. Trier 1982 (Trierer historische Forschungen, 2).

HOLBACH, Rudolf: Die Besetzung des Trierer Erzbischofsstuhls im späten Mittelalter. Konstellationen und Konflikte. In: Archiv für mittelrheinische Kirchengeschichte 35 (1983), S. 11–48.

HOLBACH, Rudolf: »Also wer duch macht im Gericht zu Boppard«. Entwicklungen der Textilherstellung zwischen Maas und Rhein und eine spätmittelalterliche Weberordnung. In: Ders./Pauly, Michel (Hrsg.): Städtische Wirtschaft im Mittelalter. Festschrift Franz Irsigler. Köln u. a. 2011, S. 255–298.

HOLLMANN, Michael: Das Mainzer Domkapitel im späten Mittelalter (1306–1476). Mainz 1990 (Quellen und Abhandlungen zur mittelrheinischen Kirchengeschichte, 64).

HOLLMANN, Michael: Weltliche Kollegiatstifte in der Eifel. In: Mötsch, Johannes/Schoebel, Martin (Hrsg.): Eiflia sacra. Studien zu einer Klosterlandschaft. Mainz 1994 (Quellen und Abhandlungen zur mittelrheinischen Kirchengeschichte, 70), S. 275–306.

HORN, Hauke: Neue Überlegungen zum ursprünglichen Wölbungskonzept des Speyerer Domes. In: Müller, Matthias/Winterfeld, Dethard von/Untermann, Matthias (Hrsg.): Der Dom zu Speyer: Konstruktion, Funktion und Rezeption zwischen Salierzeit und Historismus. Darmstadt 2012 (im Druck).

HORN, Hauke: Die Tradition des Ortes als formbestimmendes Element mittelalterlicher Sakralarchitektur. Diss. Mainz FB 07 (in Vorbereitung).

HUISKES, Manfred: Andernach im Mittelalter. Von den Anfängen bis zum Ende des 14. Jahrhunderts. Bonn 1980.

HÜRTEN, Heinz: Die Mainzer Akzeptation von 1439. In: Archiv für mittelrheinische Kirchengeschichte 11 (1959), S. 42–75.

HUSSONG, Ludwig/WAGNER, Karl Heinz/MYLIUS, Hermann: Fränkische Siedlung bei Gladbach, Kr. Neuwied. In: Germania 22 (1938), S. 180–190.

INNES, Matthew: State and society in the early Middle Ages. The middle Rhine valley, 400–1000. Cambridge 2000.

INNES, Matthew: Introduction to early medieval Western Europe, 300–900. The sword, the plough and the book. London 2007.

IRSIGLER, Franz: Intensivwirtschaft, Sonderkulturen und Gartenbau als Elemente der Kulturlandschaftsgestaltung in den Rheinlanden (13.–16. Jahrhundert). In: Guarducci, Annalisa (Hrsg.): Agricoltura e trasformazioni dell'ambiente. Secoli XIII–XVIII. Florenz 1984 (Istituto Internazionale di Storia Economica F. Datini, Prato, serie 2, Atti delle »Settimane di studio« e altri Convegni, 11), S. 719–747.

IRSIGLER, Franz: Weinstädte an der Mosel im Mittelalter. In: Opll, Ferdinand (Hrsg.): Stadt und Wein. Linz/Donau 1996 (Beiträge zur Geschichte der Städte Mitteleuropas, 14), S. 165–179.

IRSIGLER, Franz: Der Enkircher Freiheitsbrief vom Oktober 1248. In: Giebmeyer, Angela/Schnabel-Schüle, Helga (Hrsg.): »Das Wichtigste ist der Mensch«. Festschrift Klaus Gerteis. Mainz 2000, S. 403–419.

IRSIGLER, Franz: Gesellschaft, Wirtschaft und religiöses Leben im Obermosel-Saar-Raum zur Zeit des Diakons Adalgisel Grimo. In: Henn, Volker u. a. (Hrsg.): Miscellanea Franz Irsigler. Festgabe zum 65. Geburtstag. Trier 2006, S. 247–274.

IRSIGLER, Franz: Grundherrschaft, Handel und Märkte zwischen Maas und Rhein im frühen und hohen Mittelalter. In: Henn, Volker u. a. (Hrsg.): Miscellanea Franz Irsigler. Festgabe zum 65. Geburtstag. Trier 2006, S. 275–298.

IRSIGLER, Franz: Jahrmärkte und Messesysteme im westlichen Reichsgebiet bis ca. 1250. In: Henn, Volker u. a. (Hrsg.): Miscellanea Franz Irsigler. Festgabe zum 65. Geburtstag. Trier 2006, S. 395–428.

IRSIGLER, Franz: Mehring. Ein Prümer Winzerdorf um 900. In: Henn, Volker u.a. (Hrsg.): Miscellanea Franz Irsigler. Festgabe zum 65. Geburtstag. Trier 2006, S. 349–374.

IRSIGLER, Franz: Über Stadtentwicklung. Beobachtungen am Beispiel von Ardres. In: Henn, Volker u.a. (Hrsg.): Miscellanea Franz Irsigler. Festgabe zum 65. Geburtstag. Trier 2006, S. 169–186.

IRSIGLER, Franz: Weinbau und Weinhandel der Abtei Himmerod im Mittelalter. In: Fromme, Bruno (Hrsg.): Hic vere claustrum est beatae Mariae virginis. 875 Jahre Findung des Klosterortes Himmerod. Mainz 2010 (Quellen und Abhandlungen zur mittelrheinischen Kirchengeschichte, 127), S. 371–388.

JAKOBS, Hermann (Bearb.): Germania Pontificia. Bd. 4: Provincia Maguntinensis 4: S. Bonifatius, archidioecesis Maguntinensis, abbatia Fuldensis. Göttingen 1978.

JANOTA, Johannes: Folz, Hans. In: Ruh, Kurt (Hrsg.): Die deutsche Literatur des Mittelalters. Verfasserlexikon, Bd. 2. Berlin [2]1980, Sp. 769–793.

JANOTA, Johannes: Geschichte der deutschen Literatur von den Anfängen bis zum Beginn der Neuzeit. Bd. 3: Vom späten Mittelalter zum Beginn der Neuzeit. Teil 1: Orientierung durch volkssprachige Schriftlichkeit. Tübingen 2004.

JANSON, Felicitas/NICHTWEISS, Barbara (Hrsg.): Basilica Nova Moguntina. 1000 Jahre Willigis-Dom St. Martin in Mainz. Beiträge zum Domjubiläum 2009. Mainz 2010 (Neues Jahrbuch für das Bistum Mainz 2009/10).

JANSSEN, Walter: Studien zur Wüstungsfrage im fränkischen Altsiedelland zwischen Rhein, Mosel und Eifelnordrand. Köln, Bonn 1975 (Bonner Jahrbücher, Beihefte, 35).

JANSSEN, Wilhelm: Die päpstlichen Legaten in Frankreich vom Schisma Anaklets II. bis zum Tode Coelestins III. (1130–1198). Köln, Graz 1961 (Kölner Historische Abhandlungen, 6).

JASPER, Detlev (Hrsg.): Die Konzilien Deutschlands und Reichsitaliens 1023–1059. Hannover 2010 (Monumenta Germaniae Historica, Concilia, 8).

JÖRG, Christian: Teure, Hunger, Großes Sterben. Hungersnöte und Versorgungskrisen in den Städten des Reiches während des 15. Jahrhunderts. Stuttgart 2008 (Monographien zur Geschichte des Mittelalters, 55).

JÖRG, Christian: So wir warm sollen han, so komen kelten. Klima, Witterungsextreme und ihre Relevanz für die europäischen Hungerjahre um 1438. In: Kießling, Rolf/Scheffknecht, Wolfgang (Hrsg.): Umweltgeschichte in der Region. Konstanz 2012 (Forum Suevicum, Beiträge zur Geschichte Oberschwabens und der benachbarten Regionen, 9), S. 111–137.

JOHNE, Klaus-Peter: Die Entwicklung von Kolonenwirtschaft und Kolonat mit besonderer Berücksichtigung der nördlichen Grenzprovinzen des Reiches. In: Bender, Helmut/Wolff, Hartmut (Hrsg.): Ländliche Besiedlung und Landwirtschaft in den Rhein-Donau-Provinzen des Römischen Reiches. Espelkamp 1994 (Passauer Universitätsschriften zur Archäologie, 2), S. 73–86.

JOHNSON, L. Peter: Geschichte der deutschen Literatur von den Anfängen bis zum Beginn der Neuzeit. Bd. 2: Vom hohen zum späten Mittelalter. Teil 1: Die höfische Literatur der Blütezeit. Tübingen 1999.

JORDAN, William C.: The Great Famine. Northern Europe in the Early Fourteenth Century. Princeton 1996.

JÜRGENSMEIER, Friedhelm, in Verbindung mit SCHWERDTFEGER, Regina Elisabeth (Bearb.): Die Männer- und Frauenklöster der Benediktiner in Rheinland-Pfalz und Saarland. St. Ottilien 1999 (Germania Benedictina, 9).

JÜRGENSMEIER, Friedhelm (Hrsg.): Das Bistum Worms. Von der Römerzeit bis zur Auflösung 1801. Würzburg 1997 (Beiträge zur Mainzer Kirchengeschichte, 5).

JÜRGENSMEIER, Friedhelm (Hrsg.): Handbuch der Mainzer Kirchengeschichte: Bd. 1: Christliche Antike und Mittelalter. Würzburg 2000; Bd. 2: CHRIST, Günter/MAY, Georg: Erzstift und Erzbistum Mainz. Territoriale und kirchliche Strukturen. Würzburg 1997 (Beiträge zur Mainzer Kirchengeschichte, 6,1 und 2).

JÜRGENSMEIER, Friedhelm: Das Bistum Mainz. Von der Römerzeit bis zum II. Vatikanischen Konzil. Frankfurt am Main 1988 (Beiträge zur Mainzer Kirchengeschichte, 2).

JUNGANDREAS, Wolfgang: Historisches Lexikon der Siedlungs- und Flurnamen des Mosellandes. Trier 1962.

KAHSNITZ, Rainer: Die Gründer von Laach und Sayn. Fürstenbildnisse des 13. Jahrhunderts. Nürnberg 1992.
KAISER, Reinhold/SCHOLZ, Sebastian: Quellen zur Geschichte der Franken und der Merowinger vom 3. Jahrhundert bis 751. Stuttgart 2012.
KAISER, Reinhold: Die Franken. Roms Erben und Wegbereiter Europas? Stuttgart 1997.
KAISER, Reinhold: Die Burgunder. Stuttgart 2004.
KARTSCHOKE, Dieter: siehe Heinrich von Veldeke.
KASTEN, Brigitte: Grundbesitzgeschäfte im Spiegel der kirchlichen Überlieferung. Zu den materiellen Grundlagen der Missionierung im nördlichen Lotharingien (bis 900). In: Polfer, Michel (Hrsg.): L'évangélisation des régions entre Meuse et Moselle et la fondation de l'abbaye d'Echternach (V^{e}–IXe siècle). Luxembourg 2000 (Publications de la Section Historique de l'Institut G.-D. de Luxembourg, 117; Publications du CLUDEM, 16), S. 261–300.
KAUSCH, Birgit: Geoarchäologische Untersuchungen an Schwemmfächern als korrelate Sedimentkörper holozäner Bodenerosion zur Erfassung morphodynamischer Prozessphasen in der Region Trier. Trier 2006.
KEDDIGKEIT, Jürgen u. a.: Pfälzisches Burgenlexikon. 4 Bde. Kaiserslautern 1999/2002–2007 (Beiträge zur pfälzischen Geschichte, 12).
KEILMANN, Burkard: Könige, Kleriker und Cives in Worms 1196–1220. In: Archiv für mittelrheinische Kirchengeschichte 63 (2011), S. 67–116.
KELLER, Hagen/ALTHOFF, Gerd: Die Zeit der späten Karolinger und der Ottonen 888–1024. Stuttgart 2008 (Gebhardt, Handbuch der deutschen Geschichte, 10. Aufl., 3).
KELLER, Hagen: Die Investitur. Ein Beitrag zum Problem der ›Staatssymbolik‹ im Hochmittelalter. In: Frühmittelalterliche Studien 27 (1993), S. 51–86.
KELLER, Hagen: Widukinds Bericht über die Aachener Wahl und Krönung Ottos I. In: Frühmittelalterliche Studien 29 (1995), S. 390–453.
KEMPER, Joachim: Klosterreformen im Bistum Worms im späten Mittelalter. Mainz 2006 (Quellen und Abhandlungen zur mittelrheinischen Kirchengeschichte, 115).
KERBER, Dieter: Herrschaftsmittelpunkte im Erzstift Trier. Hof und Residenz im späten Mittelalter. Sigmaringen 1995 (Residenzenforschung, 4).
KERN, Susanne (Bearb., auf der Grundlage der Vorarbeiten von FUCHS, Rüdiger und HEDTKE, Britta): Die Inschriften des Mainzer Doms und des Dom- und Diözesanmuseums von 800 bis 1350. Wiesbaden 2010 (Mainzer Inschriften, 1).
KERNER, Max: Studien zum Dekret des Bischofs Burchard von Worms. 2 Teile. Diss. phil. Aachen 1969.
KESSEL, Verena: Sepulkralpolitik. Die Krönungsgrabsteine im Mainzer Dom und die Auseinandersetzung um die Führungsposition im Reich. In: Hartmann, Peter Claus (Hrsg.): Der Mainzer Kurfürst als Reichskanzler. Funktionen, Aktivitäten, Ansprüche und Bedeutung des zweiten Mannes im Alten Reich. Stuttgart 1997 (Geschichtliche Landeskunde, 45), S. 9–34.
KESSLER, Gerd: Zur Geschichte des Rheinisch-Westfälischen Steinzeugs der Renaissance und des Barock. Höhr-Grenzhausen 2002.
KEUPP, Jan Ulrich: Dienst und Verdienst. Die Ministerialen Friedrich Barbarossas und Heinrichs VI. Stuttgart 2002 (Monographien zur Geschichte des Mittelalters, 48).
KITSCHENBERG, Matthias: Die Kleeblattanlage von St. Maria im Kapitol zu Köln. Ihr Verhältnis zu den kirchlichen Trikonchen des frühen Christentums und des Frühmittelalters sowie die Frage nach der Entstehung des allseitigen Umganges. Köln 1990.
KLEIBER, Wolfgang/PFISTER, Max: Aspekte und Probleme der römisch-germanischen Kontinuität. Sprachkontinuität an Mosel, Mittel- und Oberrhein sowie im Schwarzwald. Stuttgart 1992.
KLEIBER, Wolfgang: Das moselromanische Substrat im Lichte der Toponymie und Dialektologie. In: Haubrichs, Wolfgang/Ramge, Hans (Hrsg.): Zwischen den Sprachen. Siedlungs- und Flurnamen in german.-roman. Grenzgebieten. Beiträge des Saarbrücker Kolloquiums vom 9.–11. Oktober 1980. Saarbrücken 1983 (Beiträge zur Sprache im Saarland, 4), S. 153–192.
KLEIBER, Wolfgang: Das Kontinuitätsproblem an Mittel- und Oberrhein sowie im Schwarzwald im Lichte der Sprachforschung. In: Staab, Franz (Hrsg.): Zur Kontinuität zwischen Antike und Mittelalter am Oberrhein. Sigmaringen 1994 (Oberrheinische Studien, 11), S. 153–158.

KLEINJUNG, Christine: Frauenklöster als Kommunikationszentren und soziale Räume. Das Beispiel Worms vom 13. bis zum Beginn des 16. Jahrhunderts. Korb 2008 (Studien und Texte zur Geistes- und Sozialgeschichte des Mittelalters, 1).

KLEINJUNG, Christine: Das Diesseits und das Jenseits ordnen. Männer- und Frauentestamente aus dem spätmittelalterlichen Worms. In: Der Wormsgau 27 (2009), S. 65–85.

KLUGE, Bernd: Deutsche Münzgeschichte von der späten Karolingerzeit bis zum Ende der Salier (ca. 900 bis 1125). Sigmaringen 1991.

KÖLZER, Theo/SCHIEFFER, Rudolf (Hrsg.): Von der Spätantike zum frühen Mittelalter. Kontinuitäten und Brüche, Konzeptionen und Befunde. Ostfildern 2009 (Vorträge und Forschungen, 70).

KÖLZER, Theo: Studien zu den Urkundenfälschungen des Klosters St. Maximin vor Trier (10.–12. Jahrhundert). Sigmaringen 1989 (Vorträge und Forschungen, Sonderband, 36).

KÖLZER, Theo: Merowingerstudien. 2 Bde. Hannover 1998–1999 (Monumenta Germaniae Historica, Studien und Texte, 21 und 26).

KÖSTER, Kurt: Mainz in der Geschichte des Reuerinnen-Ordens. In: Jahrbuch für das Bistum Mainz 3 (1948), S. 243–272.

KÖSTER, Kurt: Elisabeth von Schönau. In: Ruh, Kurt (Hrsg.): Die deutsche Literatur des Mittelalters. Verfasserlexikon, Bd. 2. Berlin ²1980, Sp. 488–494.

KÖTZ, Stefan: Das Privileg Friedrichs I. Barbarossa für die Wormser Münzer von 1165. In: Der Wormsgau 28 (2010/11), S. 7–59.

KOHL, Thomas: Dienheim in karolingischer Zeit. Politische und soziale Strukturen. Magisterarbeit FB 16 Mainz 2003.

KOHL, Thomas: Dienheim in karolingischer Zeit. In: Gemeinde Dienheim (Hrsg.): 1250 Jahre Dienheim. Nierstein 2004, S. 71–87.

KOHL, Thomas: Gemeinde vor der Gemeinde? Dienheim in karolingischer Zeit. In: Greule, Albrecht/ Meier, Jörg (Hrsg.): Die ländliche Gemeinde im Spätmittelalter. Deidesheimer Gespräche zur Sprach- und Kulturgeschichte I. Berlin 2005 (Germanistische Arbeiten zur Sprachgeschichte, 4), S. 185–204.

KOLB, Johann: Heidelberg. Die Entstehung einer landesherrlichen Residenz im 14. Jahrhundert. Sigmaringen 1999 (Residenzenforschung, 8).

KOLPACOFF, Jennifer: Die Verfolgung von waldensischen Häretikern in Mainz (1390–1393). In: Mainzer Zeitschrift 98 (2003), S. 11–19.

KORNRUMPF, Gisela: Friedrich von Leiningen. In: Ruh, Kurt (Hrsg.): Die deutsche Literatur des Mittelalters. Verfasserlexikon, Bd. 2. Berlin ²1980, Sp. 953.

KORTÜM, Hans-Henning: »Multi reguli in Europa ... excrevere«. Das ostfränkische Reich und seine Nachbarn. In: Fuchs, Franz (Hrsg.): Kaiser Arnolf. Das ostfränkische Reich am Ende des 9. Jahrhunderts. Regensburger Kolloquium 9.–11. 12. 1999. München 2002 (Zeitschrift für bayerische Landesgeschichte, Beiheft, Reihe B, 19).

KOTTJE, Raymund/ZIMMERMANN, Harald (Hrsg.): Hrabanus Maurus. Lehrer, Abt und Bischof. Wiesbaden 1982 (Akademie der Wissenschaften und der Literatur, Abhandlungen der Geistes- und Sozialwissenschaftlichen Klasse, Einzelveröffentlichung, 4).

KOTTJE, Raymund: Hrabanus Maurus. In: Ruh, Kurt (Hrsg.): Die deutsche Literatur des Mittelalters. Verfasserlexikon, Bd. 4. Berlin ²1983, Sp. 166–196.

KRAMP, Mario (Hrsg.): Krönungen. Könige in Aachen – Geschichte und Mythos. Katalog der Ausstellung. 2 Bde. Mainz 2000.

KREUTZ, Bernhard: Städtebünde und Städtenetz am Mittelrhein im 13. und 14. Jahrhundert. Trier 2005 (Trierer historische Forschungen, 54).

KRIEGER, Karl-Friedrich: Der Prozeß gegen Pfalzgraf Friedrich den Siegreichen auf dem Augsburger Reichstag vom Jahre 1474. In: Zeitschrift für Historische Forschung (1985), S. 257–286.

KRIEGER, Karl-Friedrich: König, Reich und Reichsreform im Spätmittelalter. München 1992 (Enzyklopädie deutscher Geschichte, 14).

KRINGS, Bruno: Zur Geschichte des Prämonstratenserstiftes Rommersdorf im 12. Jahrhundert. In: Archiv für mittelrheinische Kirchengeschichte 36 (1984), S. 11–34.

KRINGS, Bruno: Das Prämonstratenserstift Arnstein a. d. Lahn im Mittelalter (1139–1527). Wiesbaden 1990.

KRINGS, Bruno: Die Prämonstratenser und ihr weiblicher Zweig. In: Crusius, Irene/Flachenecker, Helmut (Hrsg.): Studien zum Prämonstratenserorden. Göttingen 2003 (Veröffentlichungen des Max-Planck-Instituts für Geschichte, 185; Studien zur Germania Sacra, 25), S. 75–105.

KRINGS, Bruno: Die Frauenklöster der Prämonstratenser in der Pfalz. In: Jahrbuch für westdeutsche Landesgeschichte 35 (2009), S. 113–202.

KRÖNERT, Klaus: L'exaltation de Trèves. Ecriture hagiographique et passé historique de la métropole mosellane, VIIIe–XIe siècle. Ostfildern 2010 (Francia, Beihefte, 70).

KRUSCH, Bruno/LEVISON, Wilhelm (Hrsg.): Gregor von Tours: Decem libri historiarum. Hannover 1937–1951 (Monumenta Germaniae Historica, SS rer. Merov. 1,1).

KUBACH, Hans Erich/HAAS, Walter: Der Dom zu Speyer. 3 Bde. München 1972.

KUBITZ, Beate: Die holozäne Vegetations- und Siedlungsgeschichte in der Westeifel am Beispiel eines hochauflösenden Pollendiagrammes aus dem Meerfelder Maar. Stuttgart 2000 (Dissertationes Botanicae, 339).

KUCHENBUCH, Ludolf: Bäuerliche Gesellschaft und Klosterherrschaft im 9. Jahrhundert. Studien zur Sozialstruktur der Familia der Abtei Prüm. Wiesbaden 1978 (Vierteljahrsschrift für Sozial- und Wirtschaftsgeschichte, Beihefte, 66).

KUCHENBUCH, Ludolf: Zwischen »familia« und »mancipium«. Ländliche Herrschaftsformen im ostfränkisch-deutschen Reich 950–1050. In: Bonnassié, Pierre/Toubert, Pierre (Hrsg.): Hommes et sociétés dans l'Europe de l'an mil. Actes du colloque de Conques, 19–21 mai 2000. Toulouse 2004, S. 225–251.

KÜSTER, Hansjörg: Getreidevorräte in römischen Siedlungen an Rhein, Neckar und Donau. In: Koschik, Harald (Hrsg.): 7000 Jahre bäuerliche Landschaft: Entstehung, Erforschung, Erhaltung. Zwanzig Aufsätze zu Ehren von Karl-Heinz Knörzer. Köln, Bonn 1993, S. 133–137.

KÜSTER, Hansjörg: Botanische Untersuchungen zur Landwirtschaft in den Rhein-Donau-Provinzen vom 1. bis zum 5. Jahrhundert nach Chr. In: Bender, Helmut/Wolff, Hartmut (Hrsg.): Ländliche Besiedlung und Landwirtschaft in den Rhein-Donau-Provinzen des Römischen Reiches. Espelkamp 1994 (Passauer Universitätsschriften zur Archäologie, 2), Bd. 1, S. 21–36; Bd. 2, S. 7–13.

KUNZELMANN, Adalbero: Geschichte der deutschen Augustinereremiten. Würzburg 1969–1974.

KURZE, Dietrich: Pfarrerwahlen im Mittelalter. Ein Beitrag zur Geschichte der Gemeinde und des Niederkirchenwesens. Köln, Graz 1966 (Forschungen zur kirchlichen Rechtsgeschichte und zum Kirchenrecht, 6).

LACOMBLET, Theodor Josef (Hrsg.): Urkundenbuch für die Geschichte des Niederrheins, Bd. 1. Düsseldorf 1840.

LAMBERT, Malcolm: Franciscan Poverty. The Doctrine of the Absolute Poverty of Christ and the Apostles in the Franciscan Order 1210–1323. London 1961.

LAMBERT, Malcolm: Häresie im Mittelalter. Von den Katharern bis zu den Hussiten. Darmstadt 2001.

LAMPRECHT, Karl: Deutsches Wirtschaftsleben im Mittelalter. Untersuchungen über die Entwicklung der materiellen Kultur des platten Landes auf Grund der Quellen zunächst des Mosellandes. 3 Bde. Leipzig 1885–1886 (Nachdruck Aalen 1969).

LANDAU, Peter: Die Kölner Kanonistik des 12. Jahrhunderts. Ein Höhepunkt der europäischen Rechtswissenschaft. Badenweiler 2008 (Kölner rechtsgeschichtliche Vorträge, 1).

LAUER, Dittmar: Das Testament des Adalgisel Grimo aus dem Jahre 643. Zur Überlieferungsgeschichte der ältesten Urkunde der Rheinlande. In: Hochwälder Geschichtsblätter 1 (1989), S. 19–23.

LAUTEMANN, Wolfgang (Hrsg.): Geschichte in Quellen. Mittelalter. Reich und Kirche. München [2]1978.

LE JAN, Régine: Famille et pouvoir dans le monde franc (VIIe–Xe siècle). Essai d'anthropologie sociale. Paris 2003 (Publications de la Sorbonne, Histoire ancienne et medieval, 33).

LENZ, Karl Heinz: Late Roman Rural Settlement in the southern part of the province Germania Secunda in comparison with other regions of the Roman Rhineland. In: Ouzoulias, Pierre. u. a. (Hrsg.): Les campagnes de la Gaule à la fin de l'antiquité. Antibes 2001, S. 113–146.

LEPPIN, Volker: Jenseits der Häresie: Zur Stellung der Beginen im sozialen Beziehungsgeflecht des spätmittelalterlichen Mainz. In: Dingel, Irene/Schäufele, Wolf-Friedrich (Hrsg.): Zwischen Konflikt und Kooperation: Religiöse Gemeinschaften in Stadt und Erzstift Mainz in Spätmittelalter und Neuzeit. Mainz 2006 (Veröffentlichungen des Instituts für Europäische Geschichte Mainz, Beiheft, 70), S. 1–15.

LEVISON, Wilhelm: Das Testament des Diakons Adalgisel-Grimo vom Jahre 634. In: Trierer Zeitschrift 7 (1932), S. 69–85.

LEVISON, Wilhelm: Aus rheinischer und fränkischer Frühzeit. Ausgewählte Aufsätze. Düsseldorf 1948.

LINDENSCHMIT, Wilhelm und Ludwig: Das germanische Todtenlager bei Selzen in der Provinz Rheinhessen. Mainz 1848 (Neudruck Mainz 1969).

LINKE, Hansjürgen: Berliner (rheinisches) Osterspiel. In: Ruh, Kurt (Hrsg.): Die deutsche Literatur des Mittelalters. Verfasserlexikon, Bd. 1. Berlin ^{2}1978, Sp. 728–731.

LUDWIG, Karl-Heinz: Innovationen, technische. In: Lexikon des Mittelalters, Bd. 5. München 1991, Sp. 430–432.

MAIER, P.: Die Epoche der General-bzw. Provinzialkapitel. In: Faust, Ulrich/Quarthal, Franz (Bearb.): Die Reformverbände und Kongregationen der Benediktiner im deutschen Sprachraum. St. Ottilien 1999 (Germania Benedictina, 1), S. 195–224.

Mainzer Chronik 1346 bis 1406. Chronicon Moguntinum. Festgabe für Anton Issel. Übersetzt und eingeleitet von Kurt FLASCH. Mainz o. J. [2009].

MARTIN, Francis Xavier: The Augustinian Observant movement. In: Elm, Kaspar (Hrsg.): Reformbemühungen und Observanzbestrebungen im spätmittelalterlichen Ordenswesen. Berlin 1989 (Berliner Historische Studien, 14; Ordensstudien, 6), S. 325–345.

MARTIN, Thomas M.: Die Städtepolitik Rudolfs von Habsburg. Göttingen 1976 (Veröffentlichungen des Max-Planck-Instituts für Geschichte, 44).

MASCHKE, Erich/BÖHN, Georg F.: Beiträge zum Recht der Stadt Neustadt an der Haardt. Speyer 1962.

MATHEUS, Michael: Trier am Ende des Mittelalters. Studien zur Sozial-, Wirtschafts- und Verfassungsgeschichte der Stadt Trier vom 14. bis 16. Jahrhundert. Trier 1984 (Trierer historische Forschungen, 5).

MATHEUS, Michael: Zur Romimitation in der Aurea Moguntia. In: Dotzauer, Winfried u. a. (Hrsg.): Landesgeschichte und Reichsgeschichte. Festschrift Alois Gerlich. Mainz 1995 (Geschichtliche Landeskunde, 42), S. 35–49.

MATHEUS, Michael: Heiliges Jahr, Nikolaus V. und das Trierer Universitätsprojekt. Eine Universitätsgründung in Etappen (1430–1473). In: Lorenz, Sönke (Hrsg.): Attempto – oder wie stiftet man eine Universität. Die Universitätsgründungen der sogenannten zweiten Gründungswelle im Vergleich. Stuttgart 1999 (Contubernium, 50), S. 35–53.

MATHEUS, Michael (Hrsg.): Stadt und Wehrbau im Mittelrheingebiet. Stuttgart 2003 (Mainzer Vorträge, 7).

MATHY, Helmut (Hrsg.): Bingen. Geschichte einer Stadt am Mittelrhein. Vom frühen Mittelalter bis zum 19. Jahrhundert. Mainz 1989.

MAY, Georg: Die Organisation der Erzdiözese Mainz unter Erzbischof Willigis. In: Brück, Anton Ph. (Hrsg.): Willigis und sein Dom. Festschrift zur Jahrtausendfeier des Mainzer Domes 975–1975. Mainz 1975 (Quellen und Abhandlungen zur mittelrheinischen Kirchengeschichte, 24) S. 31–92.

MAY, Georg: Die Anfänge des Generalvikars in der Erzdiözese Mainz. In: Zeitschrift der Savigny-Stiftung für Rechtsgeschichte. Kanonistische Abteilung 79 (1993), S. 189–231.

MAY, Georg: Der Erzbischof von Mainz als Primas. In: Hartmann, Peter Claus (Hrsg.): Der Mainzer Kurfürst als Reichserzkanzler. Funktionen, Aktivitäten, Ansprüche und Bedeutung des Zweiten Mannes im Alten Reich. Stuttgart 1997 (Geschichtliche Landeskunde, 45), S. 35–76.

MEIER, Christel: Hildegard von Bingen. In: Ruh, Kurt (Hrsg.): Die deutsche Literatur des Mittelalters. Verfasserlexikon, Bd. 3. Berlin ^{2}1981, Sp. 1257–1280.

MELVILLE, Gert/OBERSTE, Jörg (Hrsg.): Die Bettelorden im Aufbau. Beiträge zu Institutionalisierungsprozessen im mittelalterlichen Religiosentum. Münster u. a. 1999 (Vita regularis, 11).

MENDE, Ursula: »Was das Feuer nahm, das Erz hat es wiedergegebn.« Das Bronzeportal am Dom zu Mainz. In: Janson, Felicitas/Nichtweiß, Barbara (Hrsg.): Basilica nova Moguntina. 1000 Jahre Willigis-Dom St. Martin in Mainz. Beiträge zum Domjubiläum 2009. Mainz 2010 (Neues Jahrbuch für das Bistum Mainz 2009/10), S. 79–104.

MENTGEN, Gerd: Die Ritualmordaffäre um den »Guten Werner« von Oberwesel und ihre Folgen. In: Jahrbuch für westdeutsche Landesgeschichte 21 (1995), S. 159–198.

MENTGEN, Gerd: Die Juden des Mittelrhein-Mosel-Gebietes im Hochmittelalter unter besonderer Berücksichtigung der Kreuzzugsverfolgungen. In: Der Erste Kreuzzug 1096 und seine Folgen. Grevenbroich 1996 (Schriften des Archivs der Evangelischen Kirche im Rheinland, 9).

Merowingerzeit. Europa ohne Grenzen. Ausstellungskatalog. Moskau u. a. 2007.

MERTEL, Dorothee: Wüstungen im Pfälzerwald. Das Beispiel Stüterhof. In: Bähr, Jürgen/Höhl, Gudrun/Jentsch, Christoph (Hrsg.): Beiträge zur Landeskunde des Rhein-Neckar-Raumes I. Mannheim 1979, S. 85–115.

MERTENS, Dieter: Reformkonzilien und Ordensreform im 15. Jahrhundert. In: Elm, Kaspar (Hrsg.): Reformbemühungen und Observanzbestrebungen im spätmittelalterlichen Ordenswesen. Berlin 1989 (Berliner Historische Studien, 14; Ordensstudien, 6), S. 431–457.

MERTENS, Dieter: Klosterreform als Kommunikationsereignis. In: Althoff, Gerd (Hrsg.): Formen und Funktionen öffentlicher Kommunikation im Mittelalter. Stuttgart 2001 (Vorträge und Forschungen, 6), S. 397–420.

MEUTHEN, Erich: Die deutsche Legationsreise des Nikolaus von Kues 1451/1452. In: Boockmann, Hartmut/Moeller, Bernd/Stackmann, Karl (Hrsg.): Lebenslehren und Weltentwürfe im Übergang von Mittelalter zur Neuzeit. Politik – Bildung – Naturkunde – Theologie. Göttingen 1989 (Abhandlungen der Akademie der Wissenschaften in Göttingen, Philologisch-Historische Klasse, Folge 3, 179), S. 421–499.

MEYER, Andreas: Das Wiener Konkordat von 1448 – eine erfolgreiche Reform des Spätmittelalters. In: Quellen und Forschungen aus italienischen Archiven und Bibliotheken 66 (1986), S. 108–152.

MEYER-GEBEL, Marlene: Bischofsabsetzungen in der deutschen Reichskirche vom Wormser Konkordat (1122) bis zum Ausbruch des Alexandrinischen Schismas. Siegburg 1992 (Bonner Historische Forschungen, 55).

MIETHKE, Jürgen/WEINRICH, Lorenz: Quellen zur Kirchenreform im Zeitalter der großen Konzilien des 15. Jahrhunderts. Teil 2: Die Konzilien von Pavia/Siena (1423/24), Basel (1431–1449) und Ferrara/Florenz (1438–1445). Darmstadt 2002 (Ausgewählte Quellen zur deutschen Geschichte des Mittelalters, Freiherr-vom-Stein-Gedächtnisausgabe, 38b).

MIKLER, Hubertus: Römischer »Riesling« aus Rheinhessen? Ein Nachweis frühen Weinbaus im Norden des römischen Reiches. In: Mainzer Archäologische Zeitschrift 5/6 (1998/99), S. 149–155.

MILLER, Ignaz: Jakob von Sierck 1398/99–1456. Mainz 1983 (Quellen und Abhandlungen zur mittelrheinischen Kirchengeschichte, 45).

Des Minnesangs Frühling. Unter Benutzung der Ausgaben von Karl Lachmann und Moriz Haupt, Friedrich Vogt und Karl von Kraus. Bd. 1: Texte, überarbeitet von MOSER, Hugo und TERVOOREN, Helmut. Stuttgart 382007.

MÖTSCH, Johannes/SCHOEBEL, Martin (Hrsg.): Eiflia Sacra. Studien zu einer Klosterlandschaft. Mainz 1994 (21999) (Quellen und Abhandlungen zur mittelrheinischen Kirchengeschichte, 70).

MÖTSCH, Johannes: Sponheimische Nichtabzugsverpflichtungen. Landflucht in der Grafschaft Sponheim und ihre Bekämpfung 1324–1435. In: Jahrbuch für westdeutsche Landesgeschichte 9 (1983), S. 99–157.

MÖTSCH, Johannes: Nichtabzugsverpflichtungen aus der Eifel. In: Nonn, Ulrich/Vogelsang, Heinz (Hrsg.): Landesgeschichte – Fachdidaktik – Lehrerbildung. Festgabe Erwin Schaaf. Landau 1998, S. 85–107.

MONE, L. J.: Kirchenverordnungen der Bistümer Mainz und Straßburg aus dem 13. Jahrhundert. In: Zeitschrift für die Geschichte des Oberrheins 3 (1852), S. 129–150.

MONSEES, Yvonne: Zisterzienserinnenklöster unter geistlicher Leitung Eberbachs. Totengedächtnis- und Bau-Inschriften im Kloster Eberbach. Vorträge gehalten am 5. und 11.9. 1987 im Rahmen der Vortragsreihe Kloster Eberbach, Zisterzienser, Kultur, Wein. Eltville 1989.
MORAW, Peter: Klöster und Stifte im Mittelalter. In: Alter, Willi (Hrsg.): Pfalzatlas. Speyer 1964, S. 19–31, Karte 71.
MORAW, Peter: Hessische Stiftskirchen im Mittelalter. In: Bannasch, Hermann/Lachmann, Hans-Peter (Hrsg.): Aus Geschichte und ihren Hilfswissenschaften. Festschrift Walter Heinemeyer. Marburg 1979 (Veröffentlichungen der Historischen Kommission für Hessen, 40), S. 425–458.
MORAW, Peter: Über Typologie, Chronologie und Geographie der Stiftskirche im deutschen Mittelalter. In: Max-Planck-Institut für Geschichte (Hrsg.): Untersuchungen zu Kloster und Stift. Göttingen 1980 (Veröffentlichungen des Max-Planck-Instituts für Geschichte, 68; Studien zur Germania Sacra, 14), S. 9–37.
MORAW, Peter: Von offener Verfassung zu gestalteter Verdichtung. Das Reich im späten Mittelalter 1250 bis 1490. Berlin 1985 (Propyläen Geschichte Deutschlands, 3).
MORAW, Peter: Regionen und Reich im späten Mittelalter. In: Matheus, Michael (Hrsg.): Regionen und Föderalismus. Stuttgart 1997 (Mainzer Vorträge, 2), S. 9–29.
MORDEK, Hubert: Studien zur fränkischen Herrschergesetzgebung. Aufsätze über Kapitularien und Kapitulariensammlungen. Ausgewählt zum 60. Geburtstag. Frankfurt am Main 2000.
MOSSIG, Christian: Grundbesitz und Güterbewirtschaftung des Klosters Eberbach im Rheingau 1136–1250. Darmstadt, Marburg 1978 (Quellen und Forschungen zur hessischen Geschichte, 36).
MÜLLER, Heribert: Die kirchliche Krise des Spätmittelalters. Schisma, Konziliarismus und Konzilien. München 2012 (Enzyklopädie deutscher Geschichte, 90).
MÜLLER, Jörg R.: »Eretz geserah« – »Land der Verfolgung«. Judenpogrome im »regnum Teutonicum« in der Zeit von etwa 1280 bis 1350. In: Cluse, Christoph (Hrsg.): Europas Juden im Mittelalter. Trier 2004, S. 259–273.
MÜLLER, Jörg R.: Vir religiosus ac strenuus – Albero von Montreuil, Erzbischof von Trier (1132–1152). Trier 2006 (Trierer historische Forschungen, 56).
MÜLLER, Matthias/WINTERFELD, Dethard von/UNTERMANN, Matthias (Hrsg.): Der Dom zu Speyer: Konstruktion, Funktion und Rezeption zwischen Salierzeit und Historismus. Darmstadt 2012 (im Druck).
MÜLLER, Matthias: Das Schloss als Bild des Fürsten. Herrschaftliche Metaphorik in der Residenzarchitektur des Alten Reichs (1470–1618). Göttingen 2004 (Historische Semantik, 6).
MÜLLER, Matthias: Steine als Reliquien. Zum Verhältnis von Form und Materie in der mittelalterlichen Kirchenarchitektur. In: Kunz, Tobias/Schumann, Dirk (Hrsg.): Werk und Rezeption. Architektur und ihre Ausstattung. Ernst Badstübner zum 80. Geburtstag. Berlin 2011 (Studien zur Backsteinarchitektur, 10), S. 23–51.
MÜLLER, Matthias: Die »befreite« Wandvorlage in der Speyerer Krypta als Bruch mit der römischen Kolossalordnung: Eine Neulektüre von Heinrich Klotz. In: Ders./Winterfeld, Dethard von/Untermann, Matthias (Hrsg.): Der Dom zu Speyer: Konstruktion, Funktion und Rezeption zwischen Salierzeit und Historismus. Darmstadt 2012 (im Druck).
MUSCHIOL, Gisela: Versorgung, Unterdrückung, Selbstbestimmung? Religiöse Frauengemeinschaften als Forschungsfeld. In: Rottenburger Jahrbuch für Kirchengeschichte 27 (2008), S. 13–25.

NEIDIGER, Bernhard: Mendikanten zwischen Ordensideal und städtischer Realität. Untersuchungen zum wirtschaftlichen Verhalten der Bettelorden in Basel. Berlin 1981 (Berliner Historische Studien, 5, Ordensstudien, 3).
NEIDIGER, Bernhard: Die Observanzbewegungen der Bettelorden in Südwestdeutschland. In: Rottenburger Jahrbuch für Kirchengeschichte 11 (1992), S. 175–196.
NEIDIGER, Bernhard: Selbstverständnis und Erfolgschancen der Dominikanerobservanten. Beobachtungen zur Entwicklung in der Provinz Teutonia und im Basler Konvent (1388–1510). In: Rottenburger Jahrbuch für Kirchengeschichte 17 (1998), S. 67–122.
NEIDIGER, Bernhard: Die Reformbewegungen der Bettelorden im 15. Jahrhundert. In: Zimmermann, Wolfgang/Priesching, Nicole (Hrsg.): Württembergisches Klosterbuch. Klöster, Stifte und Ordensgemeinschaften von den Anfängen bis in die Gegenwart. Ostfildern 2003, S. 77–90.

NEU, Peter: Eisenindustrie in der Eifel. Aufstieg, Blüte und Niedergang. Köln, Bonn 1988 (Werken und Wohnen, Volkskundliche Untersuchungen im Rheinland, 16).
NEUGEBAUER, Anton/KREMB, Klaus/KEDDIGKEIT, Jürgen (Hrsg.): Richard von Cornwall. Römisch-deutsches Königtum in nachstaufischer Zeit. Kaiserslautern 2010 (Beiträge zur pfälzischen Geschichte, 25; Veröffentlichungen der Pfälzischen Gesellschaft zur Förderung der Wissenschaften, 109).
NEUMANN, Eva Gertrud: Rheinhessisches Beginen- und Begardenwesen. Ein Mainzer Beitrag zur religiösen Bewegung am Rhein. Meisenheim 1960.
NIKITSCH, Eberhard J.: Kloster Disibodenberg als Begräbnisstätte. In: Wulf, Christine (Hrsg.): Klöster und Inschriften. Glaubenszeugnisse gestickt, gemalt, gehauen, graviert. Beiträge zur Tagung am 30. Oktober 2009 im Kloster Lüne (im Rahmen des Projekts »Die deutschen Inschriften«). Wiesbaden 2010, S. 181–190.
NIKOLAY-PANTER, Marlene: Entstehung und Entwicklung der Landgemeinde im Trierer Raum. Bonn 1976 (Rheinisches Archiv, 97).
NIMMO, Duncan B.: Reform and Division in the Medieval Franciscan Order: From Saint Francis to the Foundation of the Capuchins. Rom 1987.
NIMMO, Duncan B.: The Franciscan Regular Observance. The Culmination of Medieval Franciscan Reform. In: Elm, Kaspar (Hrsg.): Reformbemühungen und Observanzbestrebungen im spätmittelalterlichen Ordenswesen. Berlin 1989 (Berliner Historische Studien, 14; Ordensstudien, 6), S. 189–205.
NOLDEN, Reiner (Hrsg.): »anno verbi incarnati DCCCXCIII conscriptum« Im Jahr des Herrn 893 geschrieben. 1100 Jahre Prümer Urbar. Trier 1993.
NONN, Ulrich: Vom maior domus zum rex. Die Auffassung von Karl Martells Stellung im Spiegel der Titulatur. In: Rheinische Vierteljahrsblätter 37 (1993), S. 107–116.
NONN, Ulrich: Gab es einen fränkischen Moseldukat? In: Ders. (Hrsg.): Landesgeschichte – Fachdidaktik – Lehrerbildung. Festgabe für Erwin Schaaf zur Vollendung seines 65. Lebensjahres. Landau 1998 (Landauer Universitätsschriften, Geschichte, 5), S. 13–33.
NONN, Ulrich (Hrsg.): Quellen zur Alltagsgeschichte im Früh- und Hochmittelalter. 2 Teile. Darmstadt 2003–2007 (Ausgewählte Quellen zur deutschen Geschichte des Mittelalters, Freiherrr-vom-Stein-Gedächtnisausgabe, 40 a und b).
NONN, Ulrich: Castitas et vitae et fidei doctrinae – Bonifatius und die Reformkonzilien. In: Felten, Franz J./Jarnut, Jörg/Padberg, Lutz E. (Hrsg.): Bonifatius – Leben und Nachwirken. Die Gestaltung des christlichen Europa im Frühmittelalter. Mainz 2007 (Quellen und Abhandlungen zur mittelrheinischen Kirchengeschichte, 121), S. 271–280.
NONN, Ulrich: Die Franken. Stuttgart 2010.
NYHUS, Paul L.: The Franciscan Observant Reform in Germany. In: Max-Planck-Institut für Geschichte (Hrsg.): Untersuchungen zu Kloster und Stift. Göttingen 1980 (Veröffentlichungen des Max-Planck-Instituts für Geschichte, 68; Studien zur Germania Sacra, 14), S. 207–217.

OBERSTE, Jörg: Ketzerei und Inquisition im Mittelalter. Darmstadt 2007.
OEHRING, Siglinde: Erzbischof Konrad von Mainz im Spiegel seiner Urkunden und Briefe (1161–1200). Marburg 1973 (Quellen und Forschungen zur hessischen Geschichte, 25).
OFFERGELD, Thilo: Reges pueri. Das Königtum Minderjähriger im frühen Mittelalter. Hannover 2001 (Monumenta Germaniae Historica, Schriften, 50).
OSTROWITZKI, Anja: Der »Liber dictaminum« des Abtes von Himmerod als Zeugnis für die cura monialium im spätmittelalterlichen Zisterzienserorden. In: Deutsches Archiv für Erforschung des Mittelalters 55 (1999), S. 157–181.
OTTEN, Thomas/RISTOW, Sebastian (Red.): Von den Göttern zu Gott. Frühes Christentum im Rheinland. Tübingen, Berlin 2006.
Otto von Freising: siehe unter SCHMALE, Otto von Freising 1974.

PÄFFGEN, Bernd: Die Speyerer Bischofsgräber und ihre vergleichende Einordnung. Eine archäologische Studie zu Bischofsgräbern in Deutschland von den frühchristlichen Anfängen bis zum Ende des Ancien Régime. Friedberg 2010 (Studia archaeologiae medii aevi, 1).

PANGERL, Daniel Carlo: Die Metropolitanverfassung des karolingischen Frankenreiches. Hannover 2011 (Monumenta Germaniae Historica, Schriften, 63).

PARAVICINI, Werner: Die ritterlich-höfische Kultur des Mittelalters. München 1994 ([3]2011) (Enzyklopädie deutscher Geschichte, 32).

PATSCHOVSKY, Alexander: Straßburger Beginenverfolgungen im 14. Jahrhundert. In: Deutsches Archiv für Erforschung des Mittelalters 30 (1974), S. 56–198.

PATSCHOVSKY, Alexander: Zur Ketzerverfolgung Konrads von Marburg. In: Deutsches Archiv für Erforschung des Mittelalters 37 (1981), S. 641–693.

PATZOLD, Steffen: Konsens und Konflikt. Überlegungen zu einem aktuellen Forschungskonzept der Mediävistik. In: Frühmittelalterliche Studien 41 (2007), S. 75–103.

PAULY, Ferdinand: Springiersbach. Geschichte des Kanonikerstifts und seiner Tochtergründungen im Erzbistum Trier von den Anfängen bis zum Ende des 18. Jahrhunderts. Trier 1962.

PAULY, Michel: Peregrinorum, pauperum ac aliorum transeuntium receptaculum. Hospitäler zwischen Maas und Rhein im Mittelalter. Stuttgart 2007 (Vierteljahrsschrift für Sozial- und Wirtschaftsgeschichte, Beiheft, 190).

PESCH, Alexandra: Germanische Tierstilkunst. Charakteristik und Wege zur Deutung. In: Die Kunde, N. F. 58 (2007), S. 221–236.

PETRI, Franz/DROEGE, Georg (Hrsg.): Collectanea Franz Steinbach. Aufsätze und Abhandlungen zur Verfassungs-, Sozial- und Wirtschaftsgeschichte, geschichtlichen Landeskunde und Kulturraumforschung. Bonn 1967.

PETRI, Franz/DROEGE, Georg (Hrsg.): Rheinische Geschichte. Bd. 1: Altertum und Mittelalter. Teilband 3: Hohes Mittelalter. Düsseldorf 1983.

PETRY, Klaus: Die Geldzinse im Prümer Urbar von 893. Bemerkungen zum spätkarolingischen Geldumlauf des Rhein-Maas- und Moselraumes im 9. Jahrhundert. In: Rheinische Vierteljahresblätter 52 (1988), S. 16–42.

PETRY, Klaus: Monetäre Entwicklung, Handelsintensität und wirtschaftliche Beziehungen des oberlothringischen Raumes vom Anfang des 6. Jahrhunderts bis zur Mitte des 12. Jahrhunderts. Trier 1992.

PETRY, Klaus: Der Bergbau auf Silber und die Münzprägung an der Mittelmosel zur frühen Neuzeit unter besonderer Berücksichtigung der Münzstätte Veldenz. In: Freckmann, Klaus (Hrsg.): Das Land an der Mosel. Kultur und Struktur. Köln, Bonn 1995 (Sobernheimer Gespräche, 3), S. 81–106.

PFEIFFER, Friedrich: Rheinische Transitzölle im Mittelalter. Berlin, New York 1997.

PFEIFFER, Friedrich: Die frühe fränkische Zeit. In: Heinen, Heinz/Anton, Hans H./Weber, Winfried (Hrsg.): Geschichte des Bistums Trier. Bd. 1: Im Umbruch der Kulturen. Spätantike und Frühmittelalter. Trier 2003 (Veröffentlichungen des Bistumsarchivs Trier, 38), S. 195–220.

PFEIFFER, Peter: Molendina pro conventus processum. Hintergründe und Beobachtungen zur Mühlenwirtschaft der Zisterzienserabtei Himmerod von der Klostergründung 1134 bis zum Ende des 15. Jahrhunderts. Magisterarbeit Trier FB 3 2011.

PONTAL, Odette: Die Synoden im Merowingerreich. Paderborn 1986.

POST, Rudolf: Romanische Entlehnungen in den Westmitteldeutschen Mundarten. Diatopische, diachrone und diastratische Untersuchungen zur sprachlichen Interferenz am Beispiel des landwirtschaftlichen Sachwortschatzes. Wiesbaden 1982 (Mainzer Studien zur Sprach- und Volksforschung, 6).

POST, Rudolf: Zur Geschichte und Erforschung des Moselromanischen: In: Rheinische Vierteljahresblätter 68 (2004), S. 1–35.

PRINZ, Friedrich: Klerus und Krieg im frühen Mittelalter. Untersuchungen zur Rolle der Kirche beim Aufbau der Königsherrschaft. Stuttgart 1971 (Monographien zur Geschichte des Mittelalters, 2).

PRINZ, Friedrich: Formen, Phasen und Regionen des Übergangs von der Spätantike zum Frühmittelalter: Reliktkultur – neue Ethica – interkulturelle Sythese im Frankenreich. In: Staab, Franz (Hrsg.): Zur Kontinuität zwischen Antike und Mittelalter am Oberrhein. Sigmaringen 1994 (Oberrheinische Studien, 11), S. 171–192.

PUNDT, Marianne: Metz und Trier. Vergleichende Studien zu den städtischen Führungsgruppen vom 12. bis zum 14. Jahrhundert. Trier 1998 (Trierer historische Forschungen, 38).

QUAST, Dieter: Kriegerdarstellungen der Merowingerzeit aus der Alamannia. In: Archäologisches Korrespondenzblatt 32 (2002), S. 267–280.

RAACH, Theo: Kloster Mettlach/Saar und sein Grundbesitz. Untersuchungen zur Frühgeschichte und Grundherrschaft der ehemaligen Benediktinerabtei im Mittelalter. Mainz 1974 (Quellen und Abhandlungen zur mittelrheinischen Kirchengeschichte, 19).

RAGG, Sascha: Ketzer und Recht. Die weltliche Ketzergesetzgebung des Hochmittelalters unter dem Einfluß des römischen und kanonischen Rechts. Hannover 2006 (Monumenta Germaniae Historica, Studien und Texte, 37).

RAU, Reinhold (Hrsg.): Briefe des Bonifatius. Willibalds Leben des Bonifatius nebst einigen zeitgenössischen Dokumenten. Darmstadt [3]1994 (Ausgewählte Quellen zur deutschen Geschichte des Mittelalters. Freiherr-vom-Stein-Gedächtnisausgabe, 4 b).

REDKNAP, Mark: Die römischen und mittelalterlichen Töpfereien in Mayen, Kreis Mayen-Koblenz. In: Wegner, Hans-Helmut (Hrsg.): Berichte zur Archäologie an Mittelrhein und Mosel 6. Trier 1999 (Trierer Zeitschrift, Beiheft, 24), S. 11–401.

Regino von Prüm: siehe unter HARTMANN, Sendhandbuch 2004.

REGNATH, R. Johanna: Das Schwein im Wald. Vormoderne Schweinehaltung zwischen Herrschaftsstrukturen, ständischer Ordnung und Subsistenzökonomie. Ostfildern 2008 (Schriften zur südwestdeutschen Landeskunde, 64).

Das Reich der Salier 1024–1125. Katalog zur Ausstellung des Landes Rheinland-Pfalz, veranstaltet vom Römisch-Germanischen Zentralmuseum Mainz, Forschungsinstitut für Vor- und Frühgeschichte, in Verbindung mit dem Bischöflichen Dom- und Diözesanmuseum Mainz. Sigmaringen 1992.

REICHERT, Franz-Josef: Cuno von Pfullingen, Elekt von Trier. Das Weiterleben eines »Heiligen«. In: Kurtrierisches Jahrbuch 42 (2002), S. 47–84.

REICHERT, Franz-Josef: Neue Funde zu Cuno von Pfullingen, Elekt von Trier. In: Kurtrierisches Jahrbuch 45 (2005), S. 51–56.

REICHERT, Winfried: Lombarden in der Germania-Romania. Atlas und Dokumentation. 3 Bde. Trier 2003 (Beiträge zur Landes- und Kulturgeschichte, 2).

REICHERT, Winfried: Hominum dura cervix: Agrarische Konflikte und Konfliktlösungen an der Mosel und in der Eifel während des hohen Mittelalters. In: Rheinische Vierteljahrsblätter 75 (2011), S. 70–107.

REICHSTEIN, Frank-Michael: Das Beginenwesen in Deutschland. Studien und Katalog. Berlin 2001.

REINHARD, Eugen/RÜCKERT, Peter: Staufische Stadtgründungen am Oberrhein. Sigmaringen 1998 (Oberrheinische Studien, 15).

REINHARDT, Uta: Untersuchungen zur Stellung der Geistlichkeit bei den Königswahlen im Fränkischen und Deutschen Reich. Marburg 1975.

REINICKE, Christian: L'élevage des moutons dans les régions montagneuses de l'Allemagne occidentale au Moyen Age et à l'époque moderne, particulièrement dans les régions de l'Eifel et du Hunsrück. In: L'élevage et la vie pastorale dans les montagnes de l'Europe au moyen âge et à l'époque moderne. Clermont-Ferrand 1984 (Publication de l Institut d'Etudes du Massif Central, 27), S. 37–54.

REINICKE, Christian: Agrarkonjunktur und technisch-organisatorische Innovationen auf dem Agrarsektor im Spiegel niederrheinischer Pachtverträge 1200–1600. Bonn 1989 (Rheinisches Archiv, 123).

REITZEL, Adam Michael: Das Mainzer Krönungsrecht und die politische Problematik. Mainz 1963.

REMLING, Franz Xaver: Urkundliche Geschichte der ehemaligen Abteien und Klöster im jetzigen Rheinbayern. Neustadt an der Weinstraße 1836.

REMLING, Franz Xaver (Hrsg.): Urkundenbuch zur Geschichte der Bischöfe zu Speyer. Mainz 1852–1853.

RENNER, Dorothee: Die durchbrochenen Zierscheiben der Merowingerzeit. Mainz 1970 (Kataloge Vor- und frühgeschichtlicher Altertümer, 18).

RESMINI, Bertram: Die Benediktinerabtei Laach. Berlin, New York 1993 (Germania Sacra N.F., 31).

RIEDEL-SPANGENBERG, Ilona: Der Kanonist Sicardus von Cremona im 12. Jahrhundert in Mainz. In: Dreyer, Mechthild/Rogge, Jörg (Hrsg.): Mainz im Mittelalter. Mainz 2009, S. 101–115, S. 245–246 (Literatur).

RISTOW, Sebastian: Frühes Christentum im Rheinland. Die Zeugnisse der archäologischen und historischen Quellen an Rhein, Maas und Mosel. Münster 2007 (Jahrbuch des Rheinischen Vereins für Denkmalpflege und Landschaftsschutz 2006).

RÖDEL, Volker (Hrsg.): Der Griff nach der Krone. Die Pfalzgrafschaft bei Rhein im späten Mittelalter. Begleitpublikation zur Ausstellung. Karlsruhe 2000.

RÖDEL, Volker: Der Besitz Werners II. von Bolanden (1194/1198). In: Alter, Willi (Hrsg.): Pfalzatlas, Textband 2. Speyer 1980, S. 1197–1203.

RÖDEL, Volker: Regesten zur Geschichte des Zisterzienserinnenklosters Weidas. In: Alzeyer Geschichtsblätter 20 (1985), S. 73–91.

RÖDEL, Volker: Regesten zur Geschichte des Zisterzienserinnenklosters Sion. In: Alzeyer Geschichtsblätter 25 (1990), S. 3–50.

RÖDEL, Volker: Der Lauterer Reichsgutkomplex – eine Zwischenbilanz. In: Fenske, Lutz (Hrsg.), Deutsche Königspfalzen. Beiträge zu ihrer historischen und archäologischen Erforschung. Bd. 4: Pfalzen – Reichsgut – Königshöfe. Göttingen 1996 (Veröffentlichungen des Max-Planck-Instituts für Geschichte, 11,4), S. 409–445.

RÖDEL, Volker: Pfalzgrafen, Grafen und Reichsministerialen am Mittelrhein im 12. und beginnenden 13. Jahrhundert. In: Rheinische Vierteljahrsblätter 70 (2006), S. 77–104.

RÖDEL, Volker: Die Zisterzienserinnen. Gründungswelle und Eingliederung in den Orden in spätstaufischer Zeit. In: Ammerich, Hans (Hrsg.): Mittelalterliche Frauenklöster im Bistum Speyer. Mainz (im Druck) (Quellen und Abhandlungen zur mittelrheinischen Kirchengeschichte).

ROGGE, Jörg: Die deutschen Könige im Mittelalter. Wahl und Krönung. Darmstadt [2]2011.

RONIG, Franz (Hrsg. unter Mitarbeit von WEINER, Andreas und HEYEN, Rita): Egbert – Erzbischof von Trier 977–993. Gedenkschrift der Diözese Trier zum 1000. Todestag. Trier 1993 (Trierer Zeitschrift, Beiheft, 18).

RONIG, Franz J. (Hrsg.): Der Trierer Dom. Neuss 1980.

RÖSENER, Werner: Der Wald als Wirtschaftsfaktor und Konfliktfeld in der Gesellschaft des Hoch- und Spätmittelalters. In: Zeitschrift für Agrargeschichte und Agrarsoziologie 55 (2007), S. 14–31.

RUDOLPH, Rainer: Erzbischof Siegfried von Mainz (1060–1084). Ein Beitrag zur Geschichte der Mainzer Erzbischöfe im Investiturstreit. Diss. phil. Frankfurt am Main 1973.

SALIN, Bernhard: Die altgermanische Tierornamentik. Typologische Studie über germanische Metallgegenstände aus dem 4.–9. Jahrhundert, nebst einer Studie über irische Ornamentik. Aus dem Schwedischen Manuskript übersetzt von J. Mestorf. Stockholm 1835 (Nachdruck Leipzig 1982).

SANTIFALLER, Leo: Zur Geschichte der ottonisch-salischen Reichskirche. Wien [2]1964 (Österreichische Akademie der Wissenschaften, Philosophisch-Historische Klasse, Sitzungsberichte, 229,1).

SCHAAB, Meinrad (Hrsg.): Ausgewählte Urkunden zur Territorialgeschichte der Kurpfalz 1156–1505. Stuttgart 1998 (Veröffentlichungen der Kommission für geschichtliche Landeskunde in Baden-Württemberg. Reihe A, Quellen, 41).

SCHAAB, Meinrad: Geschichte der Kurpfalz. Bd. 1: Mittelalter. Stuttgart u. a. 1988 ([2]1999).

SCHELLHAS, Dorothea: Sogenannte Klerikerschnallen. Zur Interpretation merowingerzeitlicher Gürtelschnallen mit rechteckigem Beschlag. In: Vorlauf, Dirk/Warnecke, Thilo F. (Hrsg.): Miscellanea Archaeologica. Aufsätze zur Archäologie von der Bronzezeit bis zum Hochmittelalter. Espelkamp 1997, S. 69–87.

SCHENK, Heidrun: Die Keramik der früh- bis hochmittelalterlichen Siedlung Speyer »Im Vogelgesang«. Neustadt an der Weinstraße 1998 (Archäologische Forschungen in der Pfalz, 1).
SCHIEFFER, Rudolf: Sprituales Latrones. Zu den Hintergründen der Simonieprozesse in Deutschland zwischen 1069 und 1075. In: Historisches Jahrbuch 92 (1972), S. 19–60.
SCHIEFFER, Rudolf: Die Entstehung von Domkapiteln in Deutschland. Bonn 1976 (Bonner Historische Forschungen, 43).
SCHIEFFER, Rudolf: Der geschichtliche Ort der ottonisch-salischen Reichskirchenpolitik. Opladen 1998 (Nordrheinisch-Westfälische Akademie der Wissenschaften, Geisteswissenschaften, Vorträge, 352).
SCHIEFFER, Rudolf: Geistliches Amt und schnöder Mammon. Zur Bewertung der Simonie im hohen Mittelalter. In: Petersohn, Jürgen (Hrsg.): Mediaevalia Augiensia. Forschungen zur Geschichte des Mittelalters. Stuttgart 2001 (Vorträge und Forschungen, 54), S. 359–374.
SCHIEFFER, Rudolf: Graf Heinrich II. von Diez. In: Keller, Hagen/Paravicini, Werner/Schieder, Wolfgang (Hrsg.): Italia et Germania. Liber amicorum Arnold Esch. Tübingen 2001, S. 425–438.
SCHIEFFER, Rudolf: Die Zeit des karolingischen Großreichs (714–887). Stuttgart 2005 (Gebhardt, Handbuch der deutschen Geschichte, 10. Aufl., 2).
SCHIEFFER, Rudolf: Die Karolinger. Stuttgart [3]2006.
SCHIEFFER, Theodor: Winfrid-Bonifatius und die christliche Grundlegung Europas. Freiburg im Breisgau 1954 (Neudruck mit einem Nachwort Darmstadt 1972).
SCHLAGBERGER, Franz X.: Wandalbert von Prüm. Das Kalendergedicht. Bilder des Eifeler Landlebens vor 1150 Jahren (Mit den 13 Miniaturen der Reg. lat. 438). Prüm 1992.
SCHMALE, Franz-Josef/SCHMALE-OTT, Irene: Quellen zur Geschichte Kaiser Heinrichs IV. Darmstadt 1963 (Ausgewählte Quellen zur deutschen Geschichte des Mittelalters, Freiherr-vom-Stein-Gedächtnisausgabe, 12).
SCHMALE, Franz-Josef (Hrsg.): Otto von Freising und Rahewin: Die Taten Friedrichs oder richtiger Cronica. Übersetzt von Adolf Schmidt. Darmstadt [2]1974 (Ausgewählte Quellen zur deutschen Geschichte des Mittelalters, Freiherr-vom-Stein-Gedächtnisausgabe, 17).
SCHMANDT, Matthias: Die Stadt Hildegards: Bingen im hohen Mittelalter. In: Mitteilungsblätter zur rheinhessischen Landeskunde N.F. 4 (2002), S. 17–26.
SCHMANDT, Matthias: Die mittelalterlichen Städte im Rheintal von Bingen bis Koblenz. In: Stadt und Burg am Mittelrhein (1000–1600). Regensburg 2008, S. 27–52.
SCHMID, Peter: Der Gemeine Pfennig von 1495. Vorgeschichte und Entstehung, verfassungsgeschichtliche, politische und finanzielle Bedeutung. Göttingen 1989 (Schriftenreihe der Historischen Kommission bei der Bayerischen Akademie der Wissenschaften, 34).
SCHMID, Wolfgang: Himmerod, Altenberg und Eberbach. Zisterzienserabteien als Grablegen der rheinischen Erzbischöfe. In: Fromme, Bruno (Hrsg.): Hic vere claustrum est beatae Mariae virginis. 875 Jahre Findung des Klosterortes Himmerod. Mainz 2010 (Quellen und Abhandlungen zur mittelrheinischen Kirchengeschichte, 127), S. 579–599.
SCHMIDT, Aloys: Quellen zur Geschichte des St. Kastorstiftes in Koblenz. Bonn 1954 (Publikationen der Gesellschaft für Rheinische Geschichtskunde, 53).
SCHMIDT, Aloys: Tractatus contra hereticos Beckardos, Lulhardos et Swestriones des Wasmud von Homburg. In: Archiv für mittelrheinische Kirchengeschichte 14 (1962), S. 336–386.
SCHMIDT, Aloys: Winand von Steeg. In: Ders./Heimpel, Hermann: Winand von Steeg (1371–1453), ein mittelrheinischer Gelehrter und Künstler und die Bilderhandschrift über Zollfreiheit des Bacharacher Pfarrweins auf dem Rhein aus dem Jahr 1426 (Handschrift 12 des Bayerischen Geheimen Hausarchivs zu München). München 1977 (Bayerische Akademie der Wissenschaften, Philosophisch-Historische Klasse, Abhandlungen N. F., 81).
SCHMIDT, Hans-Joachim: Bettelorden in Trier. Wirksamkeit und Umfeld im hohen und späten Mittelalter. Trier 1986 (Trierer historische Forschungen, 10).
SCHMIDT, Hans-Joachim: Die Trierer Erzbischöfe und die Reform von Kloster und Stift im 15. Jahrhundert. In: Elm, Kaspar (Hrsg.): Reformbemühungen und Observanzbestrebungen im spätmittelalterlichen Ordenswesen. Berlin 1989 (Berliner Historische Forschungen, 14; Ordensstudien, 6), S. 469–501.

SCHMIDT, Hermann: Trier und Reims in ihrer verfassungsrechtlichen Entwicklung bis zum Primatialstreit des neunten Jahrhunderts: In: Zeitschrift der Savigny-Stiftung für Rechtsgeschichte. Kanonistische Abteilung 18 (1929), S. 1–111.

SCHMITT, Johannes: Untersuchungen zu den Liberi Homines der Karolingerzeit. Frankfurt am Main 1977.

SCHMITT, Sigrid: Territorialstaat und Gemeinde im kurpfälzischen Oberamt Alzey vom 14. bis zum Anfang des 17. Jahrhunderts. Stuttgart 1992 (Geschichtliche Landeskunde, 38).

SCHMITT, Sigrid: Landesherr, Stadt und Bürgertum in der Kurpfalz des späten Mittelalters und der frühen Neuzeit. In: Treffeisen, Jürgen/Andermann, Kurt (Hrsg.): Landesherrliche Städte in Südwestdeutschland. Sigmaringen 1994 (Oberrheinische Studien, 12), S. 45-66.

SCHMITT, Sigrid: Verfolgung, Schutz und Vereinnahmung: Die Straßburger Beginen im 14. Jahrhundert. In: Rottenburger Jahrbuch für Kirchengeschichte 27 (2008), S. 111–136.

SCHMITT, Sigrid: Beginen im Umfeld des Disibodenberges. In: Daim, Falko/Kluge-Pinsker, Antje (Hrsg.): Als Hildegard noch nicht in Bingen war. Der Disibodenberg. Archäologie und Geschichte. Regensburg 2009, S. 127–130.

SCHMITZ, Winfried: Zur Akkulturation von Romanen und Germanen im Rheinland. Eine Auswertung des inschriftlichen Materials. In: Das Altertum 43 (1997), S. 177–202.

SCHNEIDER, Ambrosius: Die Cisterzienser-Abtei Himmerod im Spätmittelalter. Mainz 1954.

SCHNEIDER, Gerhard: Reims und das Remigiusland im frühen Mittelalter (6. bis 9. Jahrhundert). In: Zeitschrift für die Geschichte des Oberrheins 119 (1971), S. 47–80.

SCHNEIDER, Joachim: Studien zur Geschichte der Abteistadt Weißenburg im Elsaß im Mittelalter. Diss. phil. Mainz 1999.

SCHNEIDER, Reinhard: Brüdergemeinde und Schwurfreundschaft. Der Auflösungsprozess des Karolingerreiches im Spiegel der caritas-Terminologie in den Verträgen der karolingischen Teilkönige des 9. Jahrhunderts. Lübeck, Hamburg 1964 (Historische Studien, 388).

SCHNEIDER, Reinhard: Stadthöfe der Zisterzienser. Zu ihrer Funktion und Bedeutung. In: Zisterzienser-Studien 4 (1979), S. 11–28.

SCHNEIDMÜLLER, Bernd: Konsensuale Herrschaft. Ein Essay über Formen und Konzepte politischer Ordnung im Mittelalter. In: Heinig, Paul-Joachim u. a. (Hrsg.): Reich, Regionen und Europa in Mittelalter und Neuzeit. Festschrift Peter Moraw. Berlin 2000 (Historische Forschungen, 67), S. 53–87.

SCHÖNTAG, Winfried: Untersuchungen zur Geschichte des Erzbistums Mainz unter den Erzbischöfen Arnold und Christian I. (1153–1183). Darmstadt, Marburg 1973 (Quellen und Forschungen zu hessischen Geschichte, 22).

SCHOON, Reinhold/CLEMENS, Lukas/HEINRICH, Dirk: Huhn, Rebhuhn, Aal und Wels. Zu den Tierknochenfunden aus dem Kloster St. Irminen-Oeren in Trier (8. und 10. Jahrhundert). In: Trierer Zeitschrift 69/70 (2006/07), S. 209–219.

SCHREINER, Klaus: Benediktinische Klosterreform als zeitgebundene Auslegung der Regel. Geistige, religiöse und soziale Erneuerung in spätmittelalterlichen Klöstern Südwestdeutschlands im Zeichen der Kastler, Melker und Bursfelder Reform. In: Blätter für württembergische Kirchengeschichte 86 (1986), S. 105–195.

SCHREINER, Klaus: Vom adligen Hauskloster zum »Spital des Adels«. Gesellschaftliche Verflechtungen oberschwäbischer Benediktinerkonvente im Mittelalter und in der frühen Neuzeit. In: Rottenburger Jahrbuch für Kirchengeschichte 9 (1990) S. 27–54.

SCHREINER, Klaus: Dauer, Niedergang und Erneuerung klösterlicher Observanz im hoch- und spätmittelalterlichen Mönchtum. Krisen, Reform- und Institutionalisierungsprobleme in der Sicht und Deutung betroffener Zeitgenossen. In: Melville, Gert (Hrsg.): Institutionen und Geschichte. Theoretische Aspekte und mittelalterliche Befunde. Köln u. a. 1992 (Norm und Struktur, 1), S. 295–341.

SCHREINER, Klaus: Reformstreben im spätmittelalterlichen Mönchtum. Benediktiner, Zisterzienser und Prämonstratenser auf der Suche nach strenger Observanz ihrer Regeln und Statuten. In: Zimmermann, Wolfgang/Priesching, Nicole (Hrsg.): Württembergisches Klosterbuch. Klöster, Stifte und Ordensgemeinschaften von den Anfängen bis in die Gegenwart. Ostfildern 2003, S. 91–108.

SCHRÖDER, Werner: Otfrid von Weißenburg. In: Ruh, Kurt (Hrsg.): Die deutsche Literatur des Mittelalters. Verfasserlexikon, Bd. 7. Berlin ²1987, Sp. 172–193.

SCHRÖR, Matthias: Metropolitangewalt und papstgeschichtliche Wende. Husum 2009 (Historische Studien, 494).

SCHUBERT, Ernst: Fürstliche Herrschaft und Territorium im späten Mittelalter. München 1996 (Enzyklopädie deutscher Geschichte, 35).

SCHULZ, Knut: Ministerialität und Bürgertum in Trier. Untersuchungen zur rechtlichen und sozialen Gliederung der Trierer Bürgerschaft vom ausgehenden 11. bis zum Ende des 14. Jahrhunderts. Bonn 1968 (Rheinisches Archiv, 66).

SCHULZ, Knut: Ministerialität und Bürgertum. Rückblick und Bewertung nach vierzig Jahren. In: Kurtrierisches Jahrbuch 47 (2007), S. 189–210.

SCHULZ, Knut: Stadtgemeinde, Rat und Rheinischer Städtebund. Das vorläufige Ergebnis des Prozesses der Kommunalisierung und Urbanisierung um 1250. In: Freitag, Werner/Johanek, Peter: Bünde – Städte – Gemeinden. Bilanz und Perspektiven der vergleichenden Landes- und Stadtgeschichte. Köln u. a. 2009 (Städteforschung, A, 77), S. 17–39.

SCHULZE-DÖRLAMM, Mechthild: Der Mainzer Königsthron aus der zweiten Hälfte des 8. Jahrhunderts. In: Archäologisches Korrespondenzblatt 34 (2004), S. 137–149.

SCHWAB, Ingo (Hrsg.): Das Prümer Urbar. Düsseldorf 1983 (Rheinische Urbare, 5; Publikationen der Gesellschaft für Rheinische Geschichtskunde, 20).

SCHWAB, Ingo: Besitzungen der Abtei Prüm im 9. Jahrhundert. Köln 1982 (Geschichtlicher Atlas der Rheinlande, VII.1).

SCHWARZMAIER, Hansmartin: Von Speyer nach Worms. Wegstationen und Lebensspuren der Salier. Sigmaringen 1991.

SCHWEIKLE, Günther: Friedrich von Hausen. In: Ruh, Kurt (Hrsg.): Die deutsche Literatur des Mittelalters. Verfasserlexikon, Bd. 2. Berlin ²1980, Sp. 935–947.

SCHWIND, Fred (Hrsg.): Geschichtlicher Atlas von Hessen. Marburg 1984.

SCHWIND, Fred: Beobachtungen zur inneren Struktur des Dorfes in karolingischer Zeit. In: Braasch-Schwersmann, Ursula (Hrsg.): Burg, Dorf, Kloster, Stadt. Beiträge zur hessischen Landesgeschichte und zur mittelalterlichen Verfassungsgeschichte. Ausgewählte Aufsätze von Fred Schwind. Festgabe zu seinem 70. Geburtstag. Marburg 1999 (Untersuchungen und Materialien zur Verfassungs- und Landesgeschichte, 17), S. 391–444.

SEBALD, Eduard: »eyniche porten, turnen, muren, graben oder vestenunge«. Beobachtungen zu Stadtmauern im Oberen Mittelrheintal. In: Jahrbuch für westdeutsche Landesgeschichte 33 (2007), S. 23–117.

SEEWALDT, Peter: Rheinisches Steinzeug. Bestandskatalog des Rheinischen Landesmuseums Trier. Trier 1990 (Schriftenreihe des Rheinischen Landesmuseums Trier, 3).

SEIBERT, Hubertus: Neue Forschungen zu Bistum, Bischöfen und Stadtgemeinde von Worms. In: Zeitschrift für Geschichte des Oberrheins 152 (2004), S. 53–95.

SEIBRICH, Wolfgang: Eifelklöster in Klosterverbänden. In: Mötsch, Johannes/Schoebel, Martin (Hrsg.): Eiflia sacra. Studien zu einer Klosterlandschaft. Mainz 1994 (Quellen und Abhandlungen zur mittelrheinischen Kirchengeschichte, 70), S. 345–392.

SEIBRICH, Wolfgang: Monastisches Leben von ca. 1200 bis zur Reformation. In: Jürgensmeier, Friedhelm (Hrsg.): Handbuch der Mainzer Kirchengeschichte. Bd. 1: Christliche Antike und Mittelalter. Würzburg 2000 (Beiträge zur Mainzer Kirchengeschichte, 6,1/1), S. 671–803.

SEIBRICH, Wolfgang: Pfälzische Frauenklöster (im Druck, vom Herausgeber Hans Ammerich freundlichst zur Verfügung gestellt.)

SEMMLER, Josef: Vita religiosa und Bischof bis gegen 1200. In: Jürgensmeier, Friedhelm (Hrsg.): Handbuch der Mainzer Kirchengeschichte. Bd. 1: Christliche Antike und Mittelalter. Würzburg 2000 (Beiträge zur Mainzer Kirchengeschichte, 6,1/1), S. 579–670.

SENGER, Hans Gerhard: Nikolaus von Kues. In: Ruh, Kurt (Hrsg.): Die deutsche Literatur des Mittelalters. Verfasserlexikon, Bd. 6. Berlin ²1987, Sp. 1093–1113.

SEVERUS, Emmanuel von (Hrsg.): Ecclesia Lacensis. Beiträge aus Anlaß der Wiederbesiedlung der Abtei Maria Laach durch Benediktiner aus Beuron vor 100 Jahren am 25. November 1892 und der Gründung des Klosters durch Pfalzgraf Heinrich II. von Laach vor 900 Jahren 1093.

Münster 1993 (Beiträge zur Geschichte des alten Mönchtums und des Benediktinerordens, Supplementband 6).
SIROCKO, Frank (Hrsg.): Wetter, Klima, Menschheitsentwicklung. Von der Eiszeit bis ins 21. Jahrhundert. Darmstadt 2009.
SMET, Joachim: The Pre-Tridentine reform in the Carmelite order. In: Elm, Kaspar (Hrsg.): Reformbemühungen und Observanzbestrebungen im spätmittelalterlichen Ordenswesen. Berlin 1989 (Berliner Historische Studien, 14; Ordensstudien, 6), S. 293–323.
SPIESS, Karl-Heinz: Lehnsrecht, Lehnspolitik und Lehnsverwaltung der Pfalzgrafen bei Rhein im Spätmittelalter. Wiesbaden 1978 (Geschichtliche Landeskunde, 18).
SPIESS, Karl-Heinz: Zur Landflucht im Mittelalter. In: Patze, Hans (Hrsg.): Die Grundherrschaft im späten Mittelalter. Sigmaringen 1983 (Vorträge und Forschungen, 27), S. 157–204.
SPIESS, Karl-Heinz: Erbteilung, dynastische Räson und transpersonale Herrschaftsvorstellung. Die Pfalzgrafen bei Rhein und die Pfalz im späten Mittelalter. In: Staab, Franz (Hrsg.): Die Pfalz. Probleme einer Begriffsgeschichte vom Kaiserpalast auf dem Palatin bis zum heutigen Regierungsbezirk. Speyer 1990, (Veröffentlichungen der Pfälzischen Gesellschaft zur Förderung der Wissenschaften, 81), S. 159–181.
SPIESS, Karl-Heinz: Familie und Verwandtschaft im deutschen Hochadel des Spätmittelalters. Stuttgart 1993 (Vierteljahresschrift für Sozial- und Wirtschaftsgeschichte, Beihefte, 111).
SPIESS, Karl-Heinz: Bäuerliche Gesellschaft und Dorfentwicklung im Hochmittelalter. In: Rösener, Werner (Hrsg.): Grundherrschaft und bäuerliche Gesellschaft im Hochmittelalter. Göttingen 1995 (Veröffentlichung des Max-Planck-Instituts für Geschichte, 115), S. 384–412.
SPIESS, Karl-Heinz: Burg und Herrschaft im 15. und 16. Jahrhundert. In: Landesgeschichte und Reichsgeschichte. Festschrift Alois Gerlich. Stuttgart 1995, S. 195–212.
SPIESS, Karl-Heinz: Grafen und Herren aus dem Rhein-Main-Gebiet zwischen Königtum und fürstlicher Hegemonie im Spätmittelalter. In: Blätter für deutsche Landesgeschichte 136 (2000), S. 135–163.
SPIESS, Karl-Heinz: Das Lehnswesen in Deutschland im hohen und späten Mittelalter. Stuttgart [2]2009.
SPIESS, Pirmin: Karten zum Städtewesen. In: Alter, Willi (Hrsg.): Pfalzatlas, Textband 2. Speyer 1980, S. 1204–1210.
SPINDLER, Max/KRAUS, Andreas: Handbuch der bayerischen Geschichte. Bd. 2: Das Alte Bayern. Der Territorialstaat vom Ausgang des 12. Jahrhunderts bis zum Ausgang des 18. Jahrhunderts. München [2]1988.
STAAB, Franz (Hrsg.): Die Pfalz. Speyer 1990 (Veröffentlichungen der Pfälzischen Gesellschaft zur Förderung der Wissenschaften, 81).
STAAB, Franz (Hrsg.): Zur Kontinuität zwischen Antike und Mittelalter am Oberrhein. Sigmaringen 1994 (Oberrheinische Studien, 11).
STAAB, Franz: Untersuchungen zur Gesellschaft am Mittelrhein in der Karolingerzeit. Wiesbaden 1975 (Geschichtliche Landeskunde, 11).
STAAB, Franz: Speyer im Frankenreich (um 500–918). In: Eger, Wolfgang (Red.): Geschichte der Stadt Speyer Bd. 1. Stuttgart u. a. [2]1983, S. 163–248.
STAAB, Franz: Episkopat und Kloster. Kirchliche Raumerschließung in den Diözesen Trier, Mainz, Worms, Speyer, Metz, Straßburg und Konstanz im 7. Jahrhundert durch die Abtei Weißenburg. In: Archiv für mittelrheinische Kirchengeschichte 42 (1990), S. 13–56.
STAAB, Franz: Reich und Mittelrhein um 1000. In: Hinkel, Helmut (Hrsg.): 1000 Jahre St. Stephan in Mainz. Festschrift. Mainz 1990 (Quellen und Abhandlungen zur mittelrheinischen Kirchengeschichte, 63), S. 59–100.
STAAB, Franz: Die Mainzer Kirche. Konzeption und Verwirklichung in der Bonifatius- und Theonesttradtion. In: Weinfurter, Stefan (Hrsg.): Die Salier und das Reich. Bd. 2: Die Reichskirche in der Salierzeit. Sigmaringen 1991, S. 31–77.
STAAB, Franz: Heidentum und Christentum in der Germania Prima zwischen Antike und Mittelalter. In: Ders. (Hrsg.): Zur Kontinuität zwischen Antike und Mittelalter. Sigmaringen 1994 (Oberrheinische Studien, 11), S. 117–152.

STAAB, Franz: »Rudi populo rudis adhuc presul«. Zu den wehrhaften Bischöfen der Zeit Karl Martells. In: Jarnut, Jörg u. a. (Hrsg.): Karl Martell in seiner Zeit. Sigmaringen 1994 (Francia, Beihefte, 37), S. 249–275.

STAAB, Franz: Die Pfalz im Mittelalter. In: Rothenberger, Karl-Heinz u. a. (Hrsg.): Pfälzische Geschichte, Bd. 1. Kaiserslautern 2001, S. 97–173.

STAMER, Ludwig: Kirchengeschichte der Pfalz. Teil 1: Bis zur Vollendung des Kaiserdoms in Speyer; Teil 2: Vom Wormser Konkordat bis zur Glaubensspaltung. Speyer 1936 und 1949.

STAUB, Johannes: Domschulen am Mittelrhein um und nach 1000. In: Hartmann, Wilfried (Hrsg.): Bischof Burchard von Worms 1000–1025. Mainz 2000 (Quellen und Abhandlungen zur mittelrheinischen Kirchengeschichte, 100), S. 279–309.

STAUCH, Eva: Wenigumstadt. Ein Bestattungsplatz der Völkerwanderungszeit und des frühen Mittelalters im nördlichen Odenwaldvorland. Bonn 2004 (Universitätsforschungen zur Prähistorischen Archäologie, 111).

STEHKÄMPER, Hugo: »ut unus essemus populus«. Das älteste deutsche Städteabkommen zwischen Köln und Trier von 1149. In: Stehkämper, Hugo (Hrsg.): Köln – und darüber hinaus. Ausgewählte Abhandlungen, Bd. 1. Köln 2004 (Mitteilungen aus dem Stadtarchiv von Köln, 93), S. 493–530.

STEIN, Frauke: Die Bevölkerung des Saar-Mosel-Raumes am Übergang von der Antike zum Mittelalter. Überlegungen zum Kontinuitätsproblem aus archäologischer Sicht. In: Archaeologia Mosellana 1 (1989), S. 89–195.

STEINHAUSEN, Josef: Die Waldbienenwirtschaft der Rheinlande in ihrer historischen Entwicklung. In: Rheinische Vierteljahrsblätter 15/16 (1950/51), S. 226–257.

STEINWASCHER, Gerd: Die Zisterzienserstadthöfe in Köln. Marburg 1981.

STENGEL, Edmund Ernst (Hrsg.): Urkundenbuch des Klosters Fulda, Bd. 1. Marburg 1958 (Veröffentlichungen der Historischen Kommission Hessen und Waldeck, 10,1).

STEUER, Heiko: Handel und Wirtschaft in der Karolingerzeit. In: Stiegemann, Christoph/Wemhoff, Matthias (Hrsg.): 799. Kunst und Kultur der Karolingerzeit. Karl der Große und Leo III. in Paderborn. Beiträge zum Katalog der Ausstellung Paderborn 1999. Mainz 1999, S. 406–416.

STEUER, Heiko: Fürstengräber, Adelsgräber, Elitengräber. Methodisches zur Anthropologie der Prunkgräber. In: Carnap-Bornheim, Claus von u. a. (Hrsg.): Herrschaft – Tod – Bestattung. Zu den vor- und frühgeschichtlichen Prunkgräbern als archäologisch-historische Quelle. Bonn 2006 (Untersuchungen zur prähistorischen Archäologie, 139), S. 11–26.

STEVERDING, Ingrid/STUDT, Birgit: Pfalz-Veldenz. In: Paravicini, Werner (Hrsg.): Fürstliche Höfe und Residenzen im spätmittelalterlichen Reich. Ein dynastisch-topographisches Handbuch. Teilband 1: Dynastien und Höfe. Ostfildern 2003 (Residenzenforschung, 15,1), S. 865–868.

STIMMING, Manfred: Mainzer Urkundenbuch. Bd. 1: Die Urkunden bis zum Tode Erzbischof Adalberts I. (1137). Darmstadt 1932.

STORM, Monika: Die Metropolitangewalt der Kölner Erzbischöfe im Mittelalter bis zu Dietrich von Moers. Siegburg 1995 (Studien zur Kölner Kirchengeschichte, 29).

STORM, Monika: Beobachtungen zum Verhältnis der Kölner Erzbischöfe zu den weiblichen Gemeinschaften ihrer Diözese. In: Happ, Sabine/Nonn, Ulrich (Hrsg.): Vielfalt der Geschichte. Lernen, Lehren und Erforschen vergangener Zeiten. Festgabe für Ingrid Heidrich zum 65. Geburtstag. Berlin 2004, S. 153–166.

STRUCK, Wolf-Heino: Von Beginen und Begarden im Mittelrheingebiet. Kritische Rezension mit Nachträgen der Arbeit: Neumann, Eva G.: Rhein. Beginen- und Begardenwesen. In: Nassauische Annalen 72 (1961), S. 184–198.

STRUCK, Wolf-Heino: Die Stiftsgründungen der Konradiner im Gebiet der mittleren Lahn. In: Rheinische Vierteljahrsblätter 36 (1972), S. 28–52.

STUDT, Birgit: Pfalz (Rhein, Pfalzgrafschaft bei, Pfalzgrafen bei). In: Paravicini, Werner (Hrsg.): Fürstliche Höfe und Residenzen im spätmittelalterlichen Reich. Ein dynastisch-topographisches Handbuch. Teilband 1: Dynastien und Höfe. Ostfildern 2003 (Residenzenforschung, 15,1), S. 440–446.

STUTZ, Ulrich/FEINE, Hans Erich: Forschungen zu Recht und Geschichte der Eigenkirche. Gesammelte Abhandlungen. Aalen 1989.

STUTZ, Ulrich: Der Erzbischof von Mainz und die deutsche Königswahl. Ein Beitrag zur deutschen Rechtsgeschichte. Weimar 1910.

THEIS, Kerstin: Die Historiker und die rheinische Jahrtausendfeier von 1925. In: Geschichte im Westen 20 (2005), S. 23–48.

THIELE, Augustinus: Echternach und Himmerod. Beispiele benediktinischer und zisterziensischer Wirtschaftsführung im 12. und 13. Jahrhundert. Stuttgart 1964 (Forschungen zur Sozial- und Wirtschaftsgeschichte, 7).

THOMAS, Heinz: Studien zur Trierer Geschichtsschreibung des 11. Jahrhunderts insbesondere zu den Gesta Treverorum. Bonn 1968 (Rheinisches Archiv, 68).

THOMAS, Heinz: Erzbischof Siegfried I. von Mainz und die Tradition seiner Kirche. Ein Beitrag zur Wahl Rudolfs von Rheinfelden. In: Deutsches Archiv für Erforschung des Mittelalters 26 (1970), S. 368–399.

TIEFENBACH, Heinrich: Zur Binger Inschrift. In: Rheinische Vierteljahrsblätter 41 (1977), S. 124–137.

TODT, Sabine: Kleruskritik, Frömmigkeit und Kommunikation in Worms im Mittelalter und in der Reformationszeit. Stuttgart 2005 (Beiträge zur Wirtschafts- und Sozialgeschichte, 103).

TRAUFFLER, Henri: Die Abteistadt Echternach im Mittelalter. Diss. phil. Trier 1996.

TRUMPP, Thomas: Bäche als Grenzen und Grenzen als Bäche. Die Beschreibung der Ränder des Zehntbezirks der Urpfarrei Humbach (Montabaur) in der ersten Hälfte des 10. Jahrhunderts. Alte Einsichten und neue Erkenntnisse. In: Jahrbuch für westdeutsche Landesgeschichte 26 (2000), S. 7–34.

TRUSEN, Winfried: Kurmainz und das Einberufungsrecht zur deutschen Königswahl seit der Goldenen Bulle. In: Petry, Ludwig (Hrsg.): Festschrift Johannes Bärmann, Bd. 2. Wiesbaden 1967 (Geschichtliche Landeskunde, 3,2), S. 127–152.

TSCHACHER, Werner: Der Flug durch die Luft zwischen Illusionstheorie und Realitätsbeweis. Studien zum sog. Kanon Episcopi und zum Hexenflug. In: Zeitschrift der Savigny-Stiftung für Rechtsgeschichte. Kanonistische Abteilung 85 (1999), S. 225–276.

UBL, Karl: Inzestverbot und Gesetzgebung. Die Konstruktion eines Verbrechens. Berlin, New York 2008 (Millenium-Studien, 20).

UNGER, Helga: Die Beginen. Martha und Maria sein. Eine Geschichte von Aufbruch und Unterdrückung der Frauen. In: Geist und Leben 81 (2008), S. 186–201, 280–298.

UNGER, Stefanie: Generali concilio inhaerentes statuimus. Die Rezeption des Vierten Lateranum (1215) und des Zweiten Lugdunense (1274) in den Statuten der Erzbischöfe von Köln und Mainz bis zum Jahr 1310. Mainz 2004 (Quellen und Abhandlungen zur mittelrheinischen Kirchengeschichte, 114).

UNTERMANN, Matthias: Die Baugeschichte des Wormser Doms. In: Heeg, Laura (Red.): Die Salier. Macht im Wandel. Begleitband zur Ausstellung im Historischen Museum der Pfalz. Bd. 1: Essays. München 2011, S. 232–239.

VOGEL, Andreas: Die merowingischen Funde aus Andernach (Kr. Mayen-Koblenz). Bonn 2006 (Universitätsforschungen zur Prähistorischen Archäologie 131).

VOGEL, Cyrille/ELZE, Reinhard (Hrsg.): Le Pontifical romano-germanique du dixième siècle. 3 Bde. Città del Vaticano 1963–1972 (Studi e Testi 226, 227 und 269).

VOLK, Otto: Boppard im Mittelalter. In: Missling, Heinz (Hrsg.): Boppard. Geschichte einer Stadt am Mittelrhein, Bd. 1. Boppard 1997, S. 61–412.

VOLK, Otto: Wirtschaft und Gesellschaft am Mittelrhein vom 12. bis zum 16. Jahrhundert. Wiesbaden 1998 (Veröffentlichungen der Historischen Kommission für Nassau, 63).

VOLK, Paulus (Hrsg.): Urkunden zur Geschichte der Bursfelder Kongregation. Bonn 1951.

VOLK, Paulus: Die Generalkapitels-Rezesse der Bursfelder Kongregation. 4 Bde. Siegburg 1955–1972.

VOLTMER, Ernst: Reichsstadt und Herrschaft. Zur Geschichte der Stadt Speyer im hohen und späten Mittelalter. Trier 1981 (Trierer historische Forschungen, 1).

VOLTMER, Ernst: Der Rheinische Bund (1254–1256). Eine neue Forschungsaufgabe? In: Mötsch, Johannes/Dollwet, Joachim (Hrsg.): Propter culturam pacis – Um des Friedens willen. Der Rheinische Städtebund von 1254/56. Katalog zur Landesausstellung Worms 1986. Koblenz 1986, S. 117–143.

VOLTMER, Ernst: Die Juden in den mittelalterlichen Städten des Rheingebiets. In: Mayrhofer, Fritz u. a. (Hrsg.): Juden in der Stadt. Linz 1999 (Beiträge zur Geschichte der Städte Mitteleuropas, 15), S. 119–143.

VONES, Ludwig: Urban V. (1362–1370). Kirchenreform zwischen Kardinalkollegium, Kurie und Klientel. Stuttgart 1998 (Päpste und Papsttum, 28).

VOSS, Wolfgang: Dietrich von Erbach, Erzbischof von Mainz (1434–1459). Studien zur Reichs-, Kirchen- und Landespolitik sowie zu den erzbischöflichen Räten. Mainz 2004 (Quellen und Abhandlungen zur mittelrheinischen Kirchengeschichte, 112).

WADLE, Elmar: Heinrich IV. und die deutsche Friedensbewegung. In: Fleckenstein, Josef (Hrsg.): Investiturstreit und Reichsverfassung. Sigmaringen 1973 (Vorträge und Forschungen, 17), S. 141–173.

WAGNER, Frank: Die Finanz- und Dienstordnung für das Herzogtum Pfalz-Zweibrücken-Simmern und die Grafschaft Veldenz von 1443. In: Kaiserlauterer Jahrbuch zur pfälzischen Geschichte und Volkskunde 2/3 (2002/03), S. 21–130.

WAGNER, Friedrich Ludwig (Hrsg.): Ministerialität im Pfälzer Raum. Referate und Aussprachen der Arbeitstagung vom 12. bis 14. Oktober 1972 in Kaiserslautern. Speyer 1975.

WAGNER, Friedrich Ludwig: Bacharach und die Geschichte der Viertälerorte Bacharach, Steeg, Diebach und Manubach. Bacharach 1996.

WAGNER, Georg Wilhelm Justin: Die vormaligen geistlichen Stifte im Großherzogtum Hessen, hrsg. von SCHNEIDER, Friedrich. Darmstadt 1873–1878.

WAGNER, Stefanie: Palynologische Untersuchung der Vegetationsgeschichte der Westeifel am Beispiel des Dürren Maares. Bonn 2008.

WAGNER, Valentin (Hrsg.): Balduin aus dem Hause Luxemburg: Erzbischof und Kurfürst von Trier, 1285–1354. Luxemburg 2009.

WAGNER, Willi: Das Aufsichtsrecht Eberbachs über die ihm unterstellten Zisterzienserinnenklöster, mit besonderer Berücksichtigung von Kumbd. In: Landeskundliche Vierteljahrsblätter 10 (1964), S. 160–172.

WAITZ, Georg: Deutsche Verfassungsgeschichte. Teil: 3: Die Verfassung des Fränkischen Reichs. Berlin ^{2}1883.

WALDECKER, Christoph: Zwischen Kaiser, Kurie, Klerus und kämpferischen Laien. Die Mainzer Erzbischöfe 1100 bis 1160. Mainz 2002 (Quellen und Abhandlungen zur mittelrheinischen Kirchengeschichte, 101).

WALLING, Hans: Der ehemalige Quecksilber-Bergbau in der Gemarkung von Katzenbach (Pfalz). In: Zeitschrift zur Geschichte des Berg- und Hüttenwesen. Fischbacher Hefte 11 (2005), S. 34–47.

WALLING, Hans: Der Erzbergbau in der Pfalz von seinen Anfängen bis zu seinem Ende. Mainz 2005.

WAMPACH, Camille (Hrsg.): Urkunden- und Quellenbuch zur Geschichte der altluxembourgischen Territorien. Die Quellen zur Geschichte der Abtei Echternach, des Hospitals und des Frauenklosters St. Klara enthaltend. Luxemburg 1955.

WANKE, Helen: Zwischen geistlichem Gericht und Stadtrat. Urkunden, Personen und Orte der freiwilligen Gerichtsbarkeit in Straßburg, Worms und Speyer im 13. und 14. Jahrhundert. Mainz 2007 (Quellen und Abhandlungen zur mittelrheinischen Kirchengeschichte, 119).

WEBER, Stefan: Das Leben des Eberhard von Kumbd. Heidelbergs Anfänge und weibliche Frömmigkeit am Mittelrhein. Neuedition, Übersetzung, Kommentar. Heidelberg 2004 (Heidelberger Veröffentlichungen zur Landesgeschichte und Landeskunde, 11).

WEBER, Winfried: Neue Forschungen zur Trierer Domgrabung. Die archäologischen Ausgrabungen im Garten der Kurie von der Leyen. In: Ristow, Sebastian (Hrsg.): Neue Forschungen zu den Anfängen des Christentums im Rheinland. Münster 2004 (Jahrbuch für Antike und Christentum, Ergänzungsband, kleine Reihe, 2), S. 225–234.

WEHRLI-JOHNS, Martina/OPITZ, Claudia (Hrsg.): Fromme Frauen oder Ketzerinnen? Leben und Verfolgung der Beginen im Mittelalter. Freiburg im Breisgau u. a. 1998.

WEIDEMANN, Konrad: Die Topographie von Mainz in der Römerzeit und dem frühen Mittelalter. In: Jahrbuch des Römisch-Germanischen Zentralmuseums Mainz 15 (1968), S. 146–199.

WEILLER, Raymond: Die Münzen von Trier. Erst Teil. Erster Abschnitt. Beschreibung der Münzen: 6. Jahrhundert – 1307. Düsseldorf 1988 (Publikationen der Gesellschaft für Rheinische Geschichtskunde, 30).

WEINBRENNER, Ralph: Klosterreform im 15. Jahrhundert zwischen Ideal und Praxis. Der Augustinereremit Andreas Proles (1429–1503) und die privilegierte Observanz. Tübingen 1996.

WEINFURTER, Stefan/SCHNEIDMÜLLER, Bernd (Hrsg.): Salisches Kaisertum und neues Europa. Darmstadt 2007.

WEINFURTER, Stefan: Herrschaftslegitimation und Königsautorität im Wandel. Die Salier und ihr Dom zu Speyer. In: Weinfurter (Hrsg.): Die Salier und das Reich. Bd. 1: Salier, Adel und Reichsverfassung. Sigmaringen 1991, S. 55–96.

WEINFURTER, Stefan: Heinrich II. (1002–1024). Herrscher am Ende der Zeiten. Regensburg 1999.

WEINFURTER, Stefan: Salisches Herrschaftsverständnis im Wandel. Heinrich V. und sein Privileg für die Bürger von Speyer. In: Frühmittelalterliche Studien 36 (2002), S. 317–335.

WEINFURTER, Stefan: Das Jahrhundert der Salier 1024–1125. Ostfildern 2004.

WEINFURTER, Stefan: Canossa. Die Entzauberung der Welt. München 2006.

WEINFURTER, Stefan: Das Ende Heinrichs IV. und die neue Legitimation des Königtums. In: Althoff, Gerd (Hrsg.): Heinrich IV. Ostfildern 2009 (Vorträge und Forschungen, 69), S. 331–353.

WEINRICH, Lorenz (Hrsg.): Quellen zur deutschen Verfassungs-, Wirtschafts- und Sozialgeschichte bis 1250. Darmstadt 1977 (Ausgewählte Quellen zur deutschen Geschichte des Mittelalters, Freiherr-vom-Stein-Gedächtnisausgabe, 32).

WEINRICH, Lorenz (Hrsg.): Quellen zur Verfassungsgeschichte des römisch-deutschen Reiches im Spätmittelalter (1250–1500). Darmstadt 1983 (Ausgewählte Quellen zur deutschen Geschichte des Mittelalters, Freiherr-vom-Stein-Gedächtnisausgabe, 33).

WEITZEL, Jürgen: Die Bedeutung der »Dinggenossenschaft« für die Charakterisierung spätmittelalterlicher höchster Gerichtsbarkeit. In: Schepper, Hugo de (Hrsg.): Höchste Gerichtsbarkeit im Spätmittelalter und der frühen Neuzeit. Amsterdam 1985, S. 71–80.

WEITZEL, Jürgen: Dinggenossenschaft und Recht: Untersuchungen zum Rechtsverständnis im fränkisch-deutschen Mittelalter. Köln u. a. 1985 (Quellen und Forschungen zur höchsten Gerichtsbarkeit im Reich, 15).

WEITZEL, Jürgen: Die Bedeutung der Dinggenossenschaft für die Herrschaftsordnung. In: Dilcher, Gerhard (Hrsg.): Leges – Gentes – Regna. Zur Rolle von germanischen Rechtsgewohnheiten und lateinischer Schriftkultur. Berlin 2006, S. 351–366

WELLSTEIN, Gilbert: Der Visitationsabschied des Erzbischofs Jakob I von Trier für die Abtei Himmerod vom 8. April 1445. In: Cistercienser Chronik 36 (1924), S. 225–235.

WENNER, Joseph: Die Rechtsbeziehungen der Mainzer Metropoliten zu ihren sächsischen Suffraganbistümern bis zum Tode Aribos (1031). Ein Beitrag zur Geschichte der Metropolitanverfassung in Deutschland. Paderborn 1926 (Görres-Gesellschaft zur Pflege der Wissenschaften im katholischen Deutschland, Veröffentlichungen der Sektion für Rechts- und Sozialwissenschaft, 46).

WENSKY, Margret: Städte und Freiheiten bis 1500. Bonn 2008 (Geschichtlicher Atlas der Rheinlande, VI.2).

WENTZLAFF-EGGEBERT, Friedrich-Wilhelm: Der Hoftag Jesu Christi 1188 in Mainz. Wiesbaden 1962 (Institut für Europäische Geschichte Mainz, Vorträge, 32).

WERNER, Joachim (Hrsg.): Von der Spätantike zum frühen Mittelalter. Aktuelle Probleme in historischen und archäologischen Sicht. Sigmaringen 1979 (Vorträge und Forschungen, 25).

WERNER, Karl Ferdinand: Robertiner. In: Lexikon des Mittelalters, Bd. 7. München 1995, S. 916–918.

WETZSTEIN, Thomas: Vom »Volksheiligen« zum »Fürstenheiligen«. Die Wiederbelebung des Wernerkults im 15. Jahrhundert: In: Archiv für mittelrheinische Kirchengeschichte 51 (1999), S. 11–68.

WETZSTEIN, Thomas: »Ad informationem apostolicae sedis«. Die Verehrung des Werner von Oberwesel und die Kultuntersuchung von 1426. In: Frank, Thomas/Matheus, Michael/Reichert, Sabine (Hrsg.): Wege zum Heil. Pilger und Heilige Orte an Mosel und Rhein. Stuttgart 2009 (Geschichtliche Landeskunde, 67), S. 97–134.

WICKHAM, Chris: Framing the Early Middle Ages. Europe and the Mediterranean, 400–800. Oxford 2006.

WIECZOREK, Alfried/SCHNEIDMÜLLER, Bernd/WEINFURTER, Stefan: Die Staufer und Italien. Drei Innovationsregionen im mittelalterlichen Europa. 2 Bde. Mannheim, Darmstadt 2010.

WIECZOREK, Alfried u. a. (Hrsg.): Die Franken. Wegbereiter Europas. Katalog-Handbuch. Mannheim 1996.

WIECZOREK, Alfried: Mitteldeutsche Siedler bei der fränkischen Landnahme in Rheinhessen. In: Gerlich, Alois (Hrsg.): Das Dorf am Mittelrhein. Stuttgart 1989 (Geschichtliche Landeskunde, 30), S. 11–101.

WIECZOREK, Alfried: Die Ausbreitung der fränkischen Herrschaft in den Rheinlanden vor und seit Chlodwig I. In: Ders. u. a. (Hrsg.): Die Franken. Wegbereiter Europas. Mainz 1996, S. 241–260.

WILD, Klaus Eberhard: Zur Geschichte der Schmucksteinschleiferei im Gebiet der oberen Nahe und der Saar. Birkenfeld 1959 (Mitteilungen des Vereins für Heimatkunde im Landkreis Birkenfeld, Sonderheft, 2).

WILL, Johanna B.: Die Rechtsverhältnisse zwischen Bischof und Klerus im Dekret des Bischofs Burchard von Worms. Eine kanonistische Untersuchung. Würzburg 1992 (Forschungen zur Kirchenrechtswissenschaft, 12).

WILLEMSEN, Annemarieke (Hrsg.): Wikinger am Rhein 800–1000. Stuttgart 2004.

WILLOWEIT, Dietmar: Vogt, Vogtei. In: Erler, Adalbert/Kaufmann, Ekkehard/Werkmüller, Dieter (Hrsg.): Handwörterbuch zur deutschen Rechtsgeschichte, Bd. 5. Berlin 1998, Sp. 932–946.

WINTERFELD, Dethard von: Das Langhaus des Mainzer Doms. Baugeschichtliche Überlegungen. In: Jürgensmeier, Friedhelm (Hrsg.): Die Bischofskirche St. Martin zu Mainz. Festgabe für Domdekan Dr. Hermann Berg. Frankfurt am Main 1986, S. 21–32.

WINTERFELD, Dethard von: Worms, Speyer, Mainz und der Beginn der Spätromanik am Oberrhein. In: Much, Franz J. (Hrsg.): Baukunst des Mittelalters in Europa. Stuttgart 1988, S. 213–250.

WINTERFELD, Dethard von: Fragen zur Baugeschichte der Klosterkirche Maria Laach. In: Kozok, Maike (Hrsg.): Architektur – Struktur – Symbol. Streifzüge durch die Architekturgeschichte von der Antike bis zur Gegenwart. Festschrift Cord Meckseper. Petersberg 1999, S. 101–118.

WINTERFELD, Dethard von: Der Dom Heinrichs IV. und sein Rang in europäischer Perspektive. In: Schneidmüller, Bernd/Weinfurter, Stefan (Hrsg.): Salisches Kaisertum und neues Europa. Darmstadt 2007, S. 371–409.

WINTERFELD, Dethard von: Die Baugeschichte des Speyerer Doms. In: Heeg, Laura (Red.): Die Salier. Macht im Wandel. Begleitband zur Ausstellung im Historischen Museum der Pfalz. Bd. 1: Essays. München 2011, S. 192–201.

WINTERFELD, Dethard von: Zur Baugeschichte des Mainzer Doms. In: Kotzur, Hans-Jürgen (Hrsg.): Der verschwundene Dom. Wahrnehmung und Wandel der Mainzer Kathedrale im Lauf der Jahrhunderte. Mainz 2011, S. 44–97.

WISPLINGHOFF, Erich (Bearb.): Urkunden und Quellen zur Geschichte der Stadt Siegburg, Bd. 1. Siegburg 1964.

WOLF, Daniela: Beginen in Worms. In: Mitteilungen zur Rheinhessischen Landeskunde N.F. 5 (2003), S. 15–29.

WOLTER, Heinz: Die Synoden im Reichsgebiet und in Reichsitalien von 916 bis 1056. Paderborn u. a. 1988.

WYTTENBACH, Johannes Hugo/MÜLLER, Michael Franz Joseph (Hrsg.): Gesta Trevirorum. Trier 1836–1839.

YUVAL, Israel: Heilige Städte – Heilige Gemeinden. Mainz als das Jerusalem Deutschlands. In: Jütte, Robert/Kustermann, Abraham P. (Hrsg.): Jüdische Gemeinden und Organisationsformen von der Antike bis zur Gegenwart. Köln u. a. 1996, S. 33–48.

ZECHIEL-ECKES, Klaus: Florus von Lyon als Kirchenpolitiker und Publizist. Studien zur Persönlichkeit eines karolingischen »Intellektuellen« am Beispiel der Auseinandersetzung mit Amalarius (835–838) und des Prädestinationsstreits (851–855). Stuttgart 1999 (Quellen und Forschungen zum Recht im Mittelalter, 8).

ZEHRFELD, Klaus: Karl der Große gegen Herzog Tassilo III. von Bayern. Der Prozess vor dem Königsgericht in Ingelheim 788. Regensburg 2011.

ZEILINGER, Gabriel: Ladenburg. In: Paravicini, Werner (Hrsg.): Fürstliche Höfe und Residenzen im spätmittelalterlichen Reich. Ein dynastisch-topographisches Handbuch. Teilband 2: Residenzen. Ostfildern 2003 (Residenzenforschung, 15,2), S. 315–316.

ZEILINGER, Gabriel: Salische Ressourcen der Macht. Grundherrschaft, Silberbergbau, Münzprägung und Fernhandel. In: Weinfurter, Stefan/Schneidmüller, Bernd (Hrsg.): Salisches Kaisertum und neues Europa. Darmstadt 2007, S. 143–160.

ZELLER, Gudula: Die fränkischen Altertümer des nördlichen Rheinhessen. Stuttgart 1992 (Germanische Denkmäler der Völkerwanderungszeit, Serie B, 15).

ZELLER, Gudula: Neue fränkische Funde aus Dalsheim, Kr. Alzey-Worms. In: Mainzer Archäologische Zeitschrift 1 (1994), S. 157–164.

ZEY, Claudia: Das Wormser Konkordat. In: Heeg, Laura (Red.): Die Salier. Macht im Wandel. Begleitband zur Ausstellung im Historischen Museum der Pfalz. Bd. 1: Essays. München 2011, S. 69–73.

ZIEGLER, Walter: Die Bursfelder Kongregation. In: Faust, Ulrich/Quarthal, Franz (Hrsg.): Die Reformverbände und Kongregationen der Benediktiner im deutschen Sprachraum. St. Ottilien 1999 (Germania Benedictina, 1), S. 315–407.

ZIMMERMANN, Harald (Hrsg.): Papsturkunden 896–1046. 3 Bde. Wien 1988/89 (Bd. 1 und 2 in zweiter Auflage) (Österreichische Akademie der Wissenschaften, Philosophisch-Historische Klasse, Denkschriften, 174, 177, 198).

ZINK, Jochen: Die Baugeschichte des Trierer Domes von den Anfängen im 4. Jahrhundert bis zur letzten Restaurierung. In: Ronig, Franz J. (Hrsg.): Der Trierer Dom. Neuss 1980, S. 17–111.

ZIWES, Franz-Josef: Studien zur Geschichte der Juden im mittleren Rheingebiet während des hohen und späten Mittelalters. Hannover 1995 (Forschungen zur Geschichte der Juden, Abteilung A, Abhandlungen, 1).

ZIWES, Franz-Josef: Der Verzicht des rheinischen Pfalzgrafen Heinrich auf die Trierer Stadtvogtei. Randbemerkungen zur Quellenlage. In: Burgard, Friedhelm/Cluse, Christoph/Haverkamp, Alfred (Hrsg.): Liber amicorum necnon et amicarum für Alfred Heit. Beiträge zur mittelalterlichen Geschichte und geschichtlichen Landeskunde. Trier 1996 (Trierer historische Forschungen, 28), S. 43–54.

ZIWES, Franz-Josef: Territoriale Judenvertreibungen im Südwesten und Süden Deutschlands im 14. und 15. Jahrhundert. In: Burgard, Friedhelm u. a. (Hrsg.): Judenvertreibungen in Mittelalter und früher Neuzeit. Hannover 1999 (Forschungen zur Geschichte der Juden Abteilung A, Abhandlungen, 9), S. 165–187.

ZUCKMAYER, Carl: Gesammelte Werke. Bd. 3: Dramen. Frankfurt am Main 1960.

TEIL C: FRÜHE NEUZEIT

ABMEIER, Karlies: Der Trierer Kurfürst Philipp Christoph von Sötern und der Westfälische Friede. Münster 1986 (Schriftenreihe der Vereinigung zur Erforschung der Neueren Geschichte, 15).

ADAM, Renate: Pfalz-Zweibrücken im pfälzischen Religionsstreit 1719–1725. Konfessionskonflikte und Reichsverfassung im 18. Jahrhundert. In: Konersmann, Frank/Ammerich, Hans (Hrsg.): Historische Regionalforschung im Aufbruch. Studien zur Geschichte des Herzogtums Pfalz-Zweibrücken anlässlich seines 600. Gründungsjubiläums. Speyer 2010 (Veröffentlichungen der Pfälzischen Gesellschaft zur Förderung der Wissenschaften, 107), S. 299–319.

AGETHEN, Manfred: Geheimbund und Utopie. Illuminaten , Freimaurer und deutsche Spätaufklärung. München 1984 (Ancien Régime, Aufklärung und Revolution, 11).

ALTER, Willi: Neustadt im Jahre 1584. Eine Betrachtung über die Stadt und ihre Bewohner. In: Neustadt an der Weinstraße. Beiträge zur Geschichte einer pfälzischen Stadt. Neustadt an der Weinstraße 1975, S. 191–224.

ALTER, Willi: Von der Konradinischen Rachtung bis zum letzten Reichstag in Speyer (1420/22 bis 1570). In: Eger, Wolfgang (Red.): Geschichte der Stadt Speyer, Bd. 1. Stuttgart u.a 1982, S. 369–570.

ALTER, Willi: Das Hochstift Speyer zu Anfang des 16. Jahrhunderts. Mit einem Beitrag von Kurt Andermann. Leibeigenschaft im Hochstift Speyer um 1530. In: Ders. (Hrsg.): Pfalzatlas, Textband 3. Speyer 1988, S. 1343–1362.

ALTER, Willi: Die Reichsstadt Speyer und das Reichskammergericht. In: Eger, Wolfgang (Red.): Geschichte der Stadt Speyer, Bd. 3. Stuttgart u. a. 1989, S. 213–289.

ALTER, Willi: Pfeddersheim um 1525, zugleich ein Beitrag zur Erforschung des Bauernaufstandes in Südwestdeutschland. Worms 1990.

ALTER, Willi: Der Aufstand der Bauern und Bürger im Jahre 1525 in der Pfalz. Speyer 1998 (Veröffentlichungen der Pfälzischen Gesellschaft zur Förderung der Wissenschaften in Speyer, 93).

AMANN, Konrad: Der Oberrheinische Kreis im Wandel. In: Wüst, Wolfgang (Hrsg.): Reichskreis und Territorium. Die Herrschaft über der Herrschaft? Supraterritoriale Tendenzen in Politik, Kultur, Wirtschaft und Gesellschaft. Ein Vergleich süddeutscher Reichskreise. Stuttgart 2000 (Veröffentlichungen der Schwäbischen Forschungsstelle Augsburg der Kommission für Bayerische Landesgeschichte bei der Bayerischen Akademie der Wissenschaften und der Schwäbischen Forschungsgemeinschaft, Reihe 7, Augsburger Beiträge zur Landesgeschichte Bayerisch-Schwabens, 7), S. 335–347.

AMMERICH, Hans: Die Grenzverhandlungen zwischen Frankreich und Pfalz-Zweibrücken in der zweiten Hälfte des 18. Jahrhunderts. Ein Beitrag zur französischen Grenzregulierungspolitik gegenüber den kleinen Reichsständen am Ende des Ancien Régime. In: Mitteilungen des Historischen Vereins der Pfalz 77 (1978), S. 231–252.

AMMERICH, Hans: Landesherr und Landesverwaltung. Beiträge zur Regierung von Pfalz-Zweibrücken am Ende des Alten Reiches. Saarbrücken 1981 (Veröffentlichungen der Kommission für Saarländische Landesgeschichte und Volksforschung, 11).

AMMERICH, Hans: Umworben von Frankreich, Österreich und Preußen: Zur politischen Situation Pfalz-Zweibrückens in den letzten Jahrzehnten des 18. Jahrhunderts. In: Mitteilungen des Historischen Vereins der Pfalz 94 (1996), S. 233–269.

AMMERICH, Hans: Das Bistum Speyer und seine Geschichte. Bd. 3: Von der Reformationszeit bis zum Ende des alten Bistums. Kehl 2000.

AMMERICH, Hans: Das Aussehen eines eine Reihe von Jahren hindurch wohladministrierten Staates ... Das Ende des alten Bistums und des Hochstifts Speyer. In: Rudolf, Hans Ulrich (Hrsg.): Alte Klöster, neue Herren. Die Säkularisation im deutschen Südwesten 1803. Bd. 2: Aufsätze. Teil 1: Vorgeschichte und Verlauf der Säkularisation. Ostfildern 2003, S. 361–366.

AMMERICH, Hans: Kleine Geschichte der Stadt Speyer. Karlsruhe 2008.

AMMERICH, Hans: Bürgerlich-bäuerliche Kräfte der inneren Staatsbildung. Die zweibrückische Landschaft. In: Konersmann, Frank/Ammerich, Hans (Hrsg.): Historische Regionalforschung im Aufbruch. Studien zur Geschichte des Herzogtums Pfalz-Zweibrücken anlässlich seines 600. Gründungsjubiläums. Speyer 2010 (Veröffentlichungen der Pfälzischen Gesellschaft zur Förderung der Wissenschaften, 107), S. 43–53.

ANDERMANN, Kurt (Hrsg.): Ritteradel im Alten Reich. Die Kämmerer von Worms genannt von Dalberg. Darmstadt 2009 (Arbeiten der Hessischen Historischen Kommission, 31).

ARETIN, Karl Otmar Freiherr von (Hrsg.): Der Kurfürst von Mainz und die Kreisassoziationen 1648–1746. Zur verfassungsmäßigen Stellung der Reichskreise nach dem Westfälischem Frieden. Wiesbaden 1975 (Veröffentlichungen des Instituts für Europäische Geschichte Mainz, Abteilung Universalgeschichte, Beiheft, 2).

ARETIN, Karl Otmar Freiherr von: Das Alte Reich 1648–1806. 4 Bde. Stuttgart 1993–2000.

ARMGART, Martin: Prozesse der Herren von Dahn am Reichskammergericht. Exempel einer neuen Quelle der Niederadelsforschung. In: Mitteilungen des Historischen Vereins der Pfalz 103 (2005), S. 187–227.

ARNDT, Johannes: Das Niederrheinisch-Westfälische Reichsgrafenkollegium und seine Mitglieder (1653–1806). Mainz 1991 (Veröffentlichungen des Instituts für Europäische Geschichte Mainz, Abteilung Universalgeschichte, 133; Beiträge zur Sozial- und Verfassungsgeschichte des Alten Reiches, 9).

ARNOLD, Hermann: Juden in der Pfalz. Vom Leben pfälzischer Juden. Landau ^{2}1988.

BARTOLOSCH, Thomas A.: Landesherrliche Gewerbeförderung im Siegerland in der zweiten Hälfte des 18. Jahrhunderts. Zur staatlichen Protektion von Textil- und Montangewerbe in Nassau-Siegen und Sayn-Altenkirchen. In: Nassauer Annalen 120 (2009), S. 221–244.

BATTENBERG, Friedrich: Die Entwicklung der Gerichtsverfassung in der Herrschaft Dalberg im 16. und 17. Jahrhundert. In: Gerlich, Alois (Hrsg.): Regionale Amts- und Verwaltungsstrukturen im rheinhessisch-pfälzischen Raum (14. bis 18. Jahrhundert). Stuttgart 1984 (Geschichtliche Landeskunde, 25), S. 131–172.

BATTENBERG, Friedrich: Das Europäische Zeitalter der Juden. Zur Entwicklung einer Minderheit in der nichtjüdischen Umwelt Europas. Teilband 1: Von den Anfängen bis 1650. Darmstadt 1990.

BATTENBERG, Friedrich: Hanau-Lichtenberg. In: Schaab, Meinrad/Klein, Michael (Hrsg.): Handbuch der baden-württembergischen Geschichte. Bd. 2: Die Territorien im Alten Reich. Stuttgart 1995 (Veröffentlichung der Kommission für Geschichtliche Landeskunde in Baden-Württemberg), S. 417–422.

BAUER, Volker: Repertorium territorialer Amtskalender und Amtshandbücher im Alten Reich. Adreß-, Hof-, Staatskalender und Staatshandbücher des 18. Jahrhunderts. Bd. 3: Der Westen und Südwesten. Frankfurt am Main 2002 (Ius commune, Sonderhefte, Studien zur Europäischen Rechtsgeschichte, 147).

BAUMANN, Kurt: Territoriale Entwicklung des Herzogtums Pfalz-Zweibrücken von 1444 bis 1693. In: Alter, Willi (Hrsg.): Pfalzatlas, Textband 2. Speyer 1980, S. 1213–1224.

BAUMANN, Kurt: Das Herzogtum Pfalz-Zweibrücken. Umrisse einer Landesgeschichte. In: Ders. (Hrsg.): Von Geschichte und Menschen der Pfalz. Speyer 1984 (Veröffentlichungen der Pfälzischen Gesellschaft zur Förderung der Wissenschaften in Speyer, 73), S. 45–64.

BAUR, Joseph: Philipp von Sötern geistlicher Kurfürst zu Trier, und seine Politik während des dreißigjährigen Krieges. 2 Bde. Speyer 1897–1913.

BECKER, Rudolf Zacharias: Ankündigung seines »Noth- und Hülfsbüchleins«. In: Journal von und für Deutschland 1785, S. 254–259.

BECKER, Rudolf Zacharias: Versuch über die Aufklärung des Landmannes. In: Journal von und für Deutschland 1785, S. 108–131.

BECKER, Rudolf Zacharias: Noth- und Hülfsbüchlein für Bauersleute, oder lehrreiche Freuden- und Trauergeschichten des Dorfes Mildenheim; für Junge und Alte beschrieben. 2 Bde. Gotha 1788/1798.

BEER, Axel: Die Musik an den Höfen von Johann Philipp und Lothar Franz von Schönborn. In: Hartmann, Peter Claus (Hrsg.): Die Mainzer Kurfürsten des Hauses Schönborn als Reichserzkanzler und Landesherren. Frankfurt am Main u. a. 2002 (Mainzer Studien zur neueren Geschichte, 10), S. 237–246.

BEHRINGER, Wolfgang: Thurn und Taxis. Die Geschichte ihrer Post und ihrer Unternehmen. München 1990.

BERDING, Helmut (Hrsg.): Soziale Unruhen in Deutschland während der Französischen Revolution. Göttingen 1988 (Geschichte und Gesellschaft, Sonderheft, 12).

BERETHS, Gustav: Die Musikpflege am kurtrierischen Hofe zu Koblenz-Ehrenbreitstein. Mainz 1964 (Beiträge zur mittelrheinischen Musikgeschichte, 5).

BLANNING, Timothy C. W.: Reform and Revolution in Mainz 1743–1803. Cambridge 1974 (Cambridge studies in early modern history).

BLICKLE, Peter: Unruhen in der ständischen Gesellschaft. München 1988.

BLICKLE, Peter: Der Bauernkrieg. Die Revolution des gemeinen Mannes. München 1998.

BLICKLE, Peter: Die Revolution von 1525. München ^{4}2004.

BLINN, Dieter: »In Erwägung des genießenden herrschaftlichen Schutzes ...«. Jüdisches Dasein im Fürstentum Pfalz-Zweibrücken im Spiegel normativer Quellen. In: Konersmann, Frank/Ammerich, Hans (Hrsg.): Historische Regionalforschung im Aufbruch. Studien zur Geschichte des Herzogtums Pfalz-Zweibrücken anlässlich seines 600. Gründungsjubiläums. Speyer 2010 (Veröffentlichungen der Pfälzischen Gesellschaft zur Förderung der Wissenschaften, 107), S. 273–298.

BLISCH, Bernd: Friedrich Carl Joseph von Erthal (1774–1802). Erzbischof – Kurfürst – Erzkanzler. Studien zur Kurmainzer Politik am Ausgang des Alten Reiches. Frankfurt am Main u. a. 2005 (Mainzer Studien zur neueren Geschichte, 16).

BÖNING, Holger/SIEGERT, Reinhart: Volksaufklärung. Biobibliographisches Handbuch zur Popularisierung aufklärerischen Denkens im deutschen Sprachraum von den Anfängen bis 1850. 2 Bde. Stuttgart-Bad Cannstatt 2001.

BÖNNEN, Gerold (Hrsg.): Geschichte der Stadt Worms. Stuttgart 2005.

BÖNNEN, Gerold: Zwischen Bischof, Reich und Kurpfalz: Worms im späten Mittelalter (1254–1521). In: Ders. (Hrsg.): Geschichte der Stadt Worms. Stuttgart 2005, S. 193–261.

BORGOLTE, Michael: Die mittelalterliche Kirche. München 1992 (Enzyklopädie deutscher Geschichte, 17).

BRAUN, Bettina: Das Reich blieb nicht stumm und kalt. Der Untergang des Alten Reiches in der Sicht der Zeitgenossen. In: Roll, Christine/Schnettger, Matthias (Hrsg.): Epochenjahr 1806? Das Ende des Alten Reichs in zeitgenössischen Perspektiven und Deutungen. Mainz 2008 (Veröffentlichungen des Instituts für Europäische Geschichte, Abteilung Universalgeschichte, Beiheft, 76), S. 7–29.

BRAUN, Guido: Von der politischen zur kulturellen Hegemonie Frankreichs 1648–1789. Darmstadt 2008 (Deutsch-Französische Geschichte, 4).

BRAUN, Heinrich: Geschichte der Reichs-Grafschaft Sayn-Altenkirchen. Betzdorf 1888.

BRAUN, Hermann-Josef: Das Eisenhüttenwesen des Hunsrücks 15. bis Ende 18. Jahrhundert. Trier 1991.

BRAUN, Hermann-Josef: »Der Reichs-Hofcanzley Haupt ist Chur-Mayntz«. Die Administration von Kurstaat und Erzbistum Mainz im 18. Jahrhundert als Beitrag zur Verwaltungsgeschichte eines geistlichen Territoriums. In: Ebeling, Dietrich u. a. (Hrsg.): Landesgeschichte als multidisziplinäre Wissenschaft. Festgabe Franz Irsigler. Trier 2001, S. 559–581.

BRAUN, Hermann-Josef: Die Eisenproduktion links des Rheins im Wandel der Zeit. In: Felten, Franz J. (Hrsg.): Wirtschaft an Rhein und Mosel. Von den Römern bis ins 19. Jahrhundert. Stuttgart 2010 (Mainzer Vorträge, 14), S. 57–90.

BRAUN, Werner: Entwurf für eine Typologie der »Hautboisten«. In: Salmen, Walter (Hrsg.), Der Sozialstatus des Berufsmusikers vom 17. bis 19. Jahrhundert. Kassel 1971, S. 43–63.

BRENDLE, Franz: Die Rolle Johann Philipps von Schönborn (1605–1673) bei der Umsetzung des Westfälischen Friedens, dem Jüngsten Reichsabschied und der Einrichtung des Immerwährenden Reichstages. Ein Beitrag zur Reichspolitik des Mainzer Kurfürsten. In: Hartmann, Peter Claus (Hrsg.): Die Mainzer Kurfürsten des Hauses Schönborn als Reichserzkanzler und Landesherren. Frankfurt am Main u. a. 2002 (Mainzer Studien zur neueren Geschichte, 10), S. 65–82.

BRENDLE, Franz: Der Erzkanzler im Religionskrieg. Kurfürst Anselm Casimir von Mainz, die geistlichen Fürsten und das Reich 1629–1647. Münster 2011 (Reformationsgeschichtliche Studien und Texte, 156).

BREUER, Mordechai/GRAETZ, Michael: Deutsch-jüdische Geschichte in der Neuzeit. Bd. 1: Tradition und Aufklärung 1600–1780. München 1996.
BRÜCHERT, Hedwig (Hrsg.): Vom kurfürstlichen Barockgarten zum Stadtpark. Die Mainzer Favorite im Wandel der Zeit. Mainz 2009.
BUDDRUSS, Eckhard: Die französische Deutschlandpolitik 1756–1789. Mainz 1995 (Veröffentlichungen des Instituts für Europäische Geschichte Mainz, Abteilung Universalgeschichte, 157).
BULL, Karl-Otto: Die erste »Volkszählung« des deutschen Südwestens. Die Bevölkerung im Hochstift Speyer um 1530. In: Andermann, Kurt (Hrsg.): Bevölkerungsstatistik an der Wende vom Mittelalter zur Neuzeit. Sigmaringen 1990 (Oberrheinische Studien, 8), S. 109–135.
BURCKHARDT, Jacob: Die Kultur der Renaissance in Italien. Frankfurt am Main 2009.
BUSCHMANN, Arno (Hrsg.): Kaiser und Reich. Verfassungsgeschichte des Heiligen Römischen Reiches Deutscher Nation vom Beginn des 12. Jahrhunderts bis zum Jahre 1806 in Dokumenten, Bd. 2. Baden-Baden ^{2}1994.

CHRIST, Günter/MAY, Georg (Hrsg.): Handbuch der Mainzer Kirchengeschichte. Bd. 2: Erzstift und Erzbistum Mainz. Territoriale und kirchliche Strukturen. Würzburg 1997 (Beiträge zur Mainzer Kirchengeschichte, 6,2).
CHRISTMANN, Ernst: Dörferuntergang und -wiederaufbau im Oberamt Lautern während des 17. Jahrhunderts. Otterbach-Kaiserslautern 1960.
CLEMENS, Gabriele/CLEMENS, Lukas: Geschichte der Stadt Trier. München 2007.
CLEMENS, Otto (Hrsg.): Die Schriften Heinrichs von Kettenbach. Leipzig 1907 (Flugschriften aus den ersten Jahren der Reformation, 2).
CLOER, Bruno/KAISER-CLOER, Ulrike: Eisengewinnung und Eisenverarbeitung in der Pfalz im 18. und 19. Jahrhundert. Mannheim 1984.
CONRAD, Anne: Zwischen Kloster und Welt. Ursulinen und Jesuitinnen in der katholischen Reformbewegung des 16./17. Jahrhunderts. Mainz 1991 (Veröffentlichungen des Instituts für Europäische Geschichte Mainz, Abteilung für Abendländische Religionsgeschichte, 142).
CONRAD, Heinrich: Leiningen. Geschichte eines Grafenhauses. Grünstadt 2000.

DAHLHOFF, Matthias: Geschichte der Grafschaft Sayn und der Bestandteile derselben: der Grafschaften Sayn-Altenkirchen und Hachenburg, der Herrschaft Freusburg und des Freien- und Hickengrundes, besonders in kirchlicher Beziehung. Unter Voraussetzung einer kurzen Geschichte der Regenten des Sayn'schen Landes. Dillenburg 1874 (Nachdruck Walluf 1972).
DANGEL-HOFMANN, Frohmut: Dreierlei Hofmusik. Lothar Franz von Schönborn (Mainz), Johann Philipp Franz von Schönborn (Würzburg), Rudolf Franz Erwein von Schönborn (Wiesentheid). In: Pfarr, Kristina (Hrsg.): Kammermusik an Rhein und Main. Mainz 2007 (Schloß-Engers-Colloquia zur Kammermusik, 4), S. 3–19.
DECOT, Rolf: Das Erzbistum im Zeitalter von Reichsreform – Reformation – Konfessionalisierung (1484–1648). In: Jürgensmeier, Friedhelm (Hrsg.): Handbuch der Mainzer Kirchengeschichte. Bd. 3: Neuzeit und Moderne. Würzburg 2002 (Beiträge zur Mainzer Kirchengeschichte, 6,3), S. 21–232.
DECOT, Rolf: Religionsfrieden und Kirchenreform. Der Mainzer Kurfürst und Erzbischof Sebastian von Heusenstamm 1545–1555. Wiesbaden 1980 (Veröffentlichungen des Instituts für Europäische Geschichte Mainz, Abteilung für Abendländische Religionsgeschichte, 100).
DEETJEN, Werner-Ulrich: Der Konfessionswechsel im Herzogtum Zweibrücken. In: Schilling, Heinz (Hrsg.): Die reformierte Konfessionalisierung in Deutschland – Das Problem der »Zweiten Reformation«. Gütersloh 1986 (Schriften des Vereins für Reformationsgeschichte, 195), S. 98–103.
DEMANDT, Karl E.: Landgraf Philipp der Jüngere von Hessen-Rheinfels. Ein fürstliches Kultur- und Lebensbild aus der rheinischen Renaissance. In: Nassauische Annalen 71 (1960), S. 56–112.
DIESTELKAMP, Bernhard: Rechtsfälle aus dem Alten Reich. Denkwürdige Prozesse vor dem Reichskammergericht. München 1995.
DILLINGER, Johannes/SCHMIDT, Jürgen M./BAUER, Dieter R. (Hrsg.): Hexenprozess und Staatsbildung. Witch-Trials and State-Building. Bielefeld 2008 (Hexenforschung, 12).

DILLINGER, Johannes: Demokratie im Kurstaat? Deputierte von Bürgern und Bauern auf den Landtagen des Kurfürstentums Trier. In: Kurtrierisches Jahrbuch 46 (2006), S. 201–216.

DOBRAS, Wolfgang: Die kurfürstliche Stadt bis zum Ende des Dreißigjährigen Krieges (1462–1648). In: Dumont, Franz/Scherf, Ferdinand/Schütz, Friedrich (Hrsg.): Mainz. Die Geschichte der Stadt. Mainz ²1999, S. 227–263.

DOHNA, Sophie-Mathilde zu: Die ständischen Verhältnisse am Domkapitel von Trier vom 16. bis zum 18. Jahrhundert. Trier 1960.

DOTZAUER, Winfried: Die Vordere Grafschaft Sponheim als pfälzisch-badisches Kondominium 1437–1707/8. Bad Kreuznach 1963.

DOTZAUER, Winfried: Die westlichen Gebiete der Markgrafen von Baden von 1402 bis 1803. Erwerbungen, Projekte, kulturelle und administrative Leistungen. In: Landeskundliche Vierteljahrsblätter 14 (1968), S. 31–54.

DOTZAUER, Winfried: Der kurpfälzische Wildfangstreit und seine Auswirkungen im rheinhessisch-pfälzischen Raum. In: Gerlich, Alois (Hrsg.): Regionale Amts- und Verwaltungsstrukturen im rheinhessisch-pfälzischen Raum (14. bis 18. Jahrhundert). Wiesbaden 1984 (Geschichte Landeskunde, 25), S. 81–105.

DOTZAUER, Winfried: Die deutschen Reichskreise in der Verfassung des Alten Reiches und ihr Eigenleben (1500–1806). Darmstadt 1989.

DOTZAUER, Winfried: Der historische Raum des Bundeslandes Rheinland-Pfalz von 1500–1815. Die fürstliche Politik für Reich und Land, ihre Krisen und Zusammenbrüche. Frankfurt am Main u.a. 1993 (Europäische Hochschulschriften, Reihe 3, Geschichte und ihre Hilfswissenschaften, 538).

DOTZAUER, Winfried: Die deutschen Reichskreise (1383–1806). Geschichte und Aktenedition. Stuttgart 1998.

DOTZAUER, Winfried: Geschichte des Nahe-Hunsrück-Raumes von den Anfängen bis zur Französischen Revolution. Stuttgart 2001.

DUCH, Ulrike: Jüdische Hoffaktoren des Kurfürstentums Mainz im 18. Jahrhundert. In: Duchhardt, Heinz (Hrsg.): Beiträge zur Geschichte der Mainzer Juden in der Frühneuzeit. Mainz 1981, S. 147–153.

DUCHHARDT, Heinz: Zur Wahl Franz Georgs von Schönborn zum Erzbischof und Kurfürsten von Trier (1729). In: Archiv für mittelrheinische Kirchengeschichte 20 (1968), S. 307–316.

DUCHHARDT, Heinz: Philipp Karl von Eltz. Kurfürst von Mainz, Erzkanzler des Reiches (1732–1743). Studien zur kurmainzischen Reichs- und Innenpolitik. Mainz 1969 (Quellen und Abhandlungen zur mittelrheinischen Kirchengeschichte, 10).

DUCHHARDT, Heinz: Die geistlichen Staaten und die Aufklärung. In: Andermann, Kurt (Hrsg.): Die geistlichen Staaten am Ende des Alten Reiches. Versuch einer Bilanz. Epfendorf 2004 (Kraichtaler Kolloquien, 4), S. 55–66.

DÜLMEN, Richard von: Der Geheimbund der Illuminaten. Darstellung, Analyse, Dokumentation. Stuttgart-Bad Cannstatt 1975.

DÜWELL, Kurt/IRSIGLER, Franz: 2000 Jahre Trier. Bd. 3: Trier in der Neuzeit. Trier 1988.

DUMONT, Franz: Die Mainzer Republik 1792/93. Studien zur Revolutionierung in Rheinhessen und Pfalz. Alzey ²1993 (Alzeyer Geschichtsblätter, Sonderheft, 9).

DUMONT, Franz: Worms im Zeitalter der Französischen Revolution und Napoleons (1789/92–1814/16). In: Bönnen, Gerold (Hrsg.): Geschichte der Stadt Worms. Stuttgart 2005, S. 353–400.

EBERSOLD, Günther: Karl August Reichsfürst von Bretzenheim. Die politische Biographie eines Unpolitischen. Norderstedt 2004.

EGER, Wolfgang: Zeittafel. In: Ders. (Red.): Geschichte der Stadt Speyer, Bd. 2. Stuttgart u.a. 1982, S. 529–607.

EGER, Wolfgang: Speyer und die Reformation. Die konfessionelle Entwicklung in der Stadt vom 16. Jahrhundert bis zum Dreißigjährigen Krieg. In: Ders. (Red.): Geschichte der Stadt Speyer, Bd. 3. Stuttgart u.a. 1989, S. 291–347.

EHMER, Hermann: »obe sich der stiefft an luten mere oder mynner«. Die Volkszählungen im Hochstift Speyer von 1470 und 1530. In: Andermann, Kurt (Hrsg.): Bevölkerungsstatistik an der Wende vom Mittelalter zur Neuzeit. Sigmaringen 1990 (Oberrheinische Studien, 8), S. 79–94.

EILER, Klaus: Stadtfreiheit und Landesherrschaft in Koblenz. Untersuchungen zur Verfassungsentwicklung im 15. und 16. Jahrhundert. Wiesbaden 1980 (Geschichtliche Landeskunde, 20).

EILER, Klaus: Die kurtrierische Landstadt. In: Energieversorgung Mittelrhein GmbH (Hrsg.): Geschichte der Stadt Koblenz. Bd. 1: Von den Anfängen bis zum Ende der kurfürstlichen Zeit. Stuttgart 1992, S. 137–161.

EISENHARDT, Ulrich (Hrsg.): Die kaiserlichen privilegia de non appellando. Köln, Wien 1980 (Quellen und Forschungen zur Höchsten Gerichtsbarkeit im Alten Reich, 7).

ENERGIEVERSORGUNG MITTELRHEIN GMBH (Hrsg.): Geschichte der Stadt Koblenz. Bd. 1: Von den Anfängen bis zum Ende der kurfürstlichen Zeit. Stuttgart 1992.

ENGEL, Paul: Die Musik am Hofe Christians IV. von Pfalz-Zweibrücken. Ihre Mittlerrolle zwischen den Musikmetropolen Mannheim und Paris. In: Westrich-Kalender 2005, S. 77–87.

ENGELBERG, Meinrad von: Renovatio Ecclesiae. Die »Barockisierung« mittelalterlicher Kirchen. Petersberg 2005.

ENGELBERG, Meinrad von: Ein gantz unnöthige sach – Barock im Mainzer Dom. In: Mainzer Zeitschrift. Mittelrheinisches Jahrbuch für Archäologie, Kunst und Geschichte 101 (2006), S. 55–71.

ERNST, Albrecht/SCHINDLING, Anton (Hrsg.): Union und Liga 1608/09. Konfessionelle Bündnisse im Reich – Weichenstellung zum Religionskrieg? Stuttgart 2010 (Veröffentlichungen der Kommission für Geschichtliche Landeskunde in Baden-Württemberg, B, 178).

ERNST, Albrecht: Die reformierte Kirche in der Kurpfalz nach dem Dreißigjährigen Krieg (1649–1685). Stuttgart 1996 (Veröffentlichungen der Kommission für geschichtliche Landeskunde in Baden Württemberg, B, 133).

ERNST, Christoph: Den Wald entwickeln. Ein Politik- und Konfliktfeld in Hunsrück und Eifel im 18. Jahrhundert. München 2000 (Ancien Régime, Aufklärung und Revolution, 32).

ESSER, Raingard: Landstände im Alten Reich. Ein Forschungsüberblick. In: Zeitschrift für neuere Rechtsgeschichte 27 (2005), S. 254–271.

EWIG, Eugen: Die geschichtlichen Grundlagen des Landes Rheinland-Pfalz. Mainz o. J. [1953] (Forschungen und Studien aus dem Raume Pfalz, Rhein, Mosel u. Saar).

FACHBACH, Jens: Johann Georg Judas (um 1655–1726) »Chur – Trierischer Baw. Maisder«. Zur Architektur eines geistlichen Kurfürstentums an Rhein und Mosel im späten 17. und frühen 18. Jahrhundert. Diss. Trier 2010 (Druck in Vorbereitung).

FENDLER, Rudolf: Der Deutsche Orden im Bereich der Pfalz. In: Alter, Willi (Hrsg.): Pfalzatlas, Textband 4. Speyer 1992, S. 2025–2038.

FETZER, Ralf: Die Rücklösung Landaus ins Reich. Die verpfändete Reichsstadt Landau und der Fürstbischof von Speyer vor dem Reichskammergericht in der Phase der Pfandauslösung zu Beginn des 16. Jahrhunderts. In: Mitteilungen des Historischen Vereins der Pfalz 101 (2003), S. 117–126.

FISCHBACH, Stefan/WESTERHOFF, Ingrid: »... und dies ist die Pforte des Himmels«. Synagogen Rheinland-Pfalz – Saarland. Mainz 2005.

FLECK, Andrea: Das einfache Schulwesen. In: Schneider, Bernhard/Persch, Martin (Hrsg.): Geschichte des Bistums Trier. Bd. 3: Kirchenreform und Konfessionsstaat 1500–1801. Trier 2010 (Veröffentlichungen des Bistumsarchivs Trier, 37), S. 404–411.

FLECK, Andrea: Das höhere Bildungswesen. In: Schneider, Bernhard/Persch, Martin (Hrsg.): Geschichte des Bistums Trier. Bd. 3: Kirchenreform und Konfessionsstaat 1500–1801. Trier 2010 (Veröffentlichungen des Bistumsarchivs Trier, 37), S. 412–423.

FLEGEL, Christof: Die lutherische Kirche in der Kurpfalz von 1648–1716. Mainz 1999 (Veröffentlichungen des Instituts für europäische Geschichte Mainz, Abteilung für Abendländische Religionsgeschichte, 175).

FLEGEL, Christoph: Die kurpfälzische Religionsdeklaration von 1705. Entstehung und Folgen. In: Blätter für pfälzische Kirchengeschichte und religiöse Volkskunde 73 (2006), S. 17–35.

FLEGEL, Eva: Vom Freiherrn zum Reichsgrafen. Zur Geschichte des Hauses Sickingen zu Sickingen. In: Ebernburg-Hefte 27 (1993), S. 57–75.

FLINK, Klaus: Ahrweiler unter dem Krummstab der Fürstäbte von Prüm und der Erzbischöfe von Köln. Quellen und Untersuchungen zur Verfassungs-, Sozial- und Wirtschaftsgeschichte der vierten kurkölnischen Mithauptstadt. In: Bous, Robert/Klein, Hans-Georg (Hrsg.): Quellen zur Geschichte der Stadt Ahrweiler, Bd. 2. Bad Neuenahr-Ahrweiler 2003, S. 503–785.

FORSTER, Hans/SILBERMANN, Horst (Hrsg.): Merkantilismus in der Nahe-Hunsrück-Region. Mainz 1989 (Landeskunde und Unterricht, 4).

FRANÇOIS, Etienne: Koblenz im 18. Jahrhundert. Zur Sozial- und Bevölkerungsstruktur einer deutschen Residenzstadt. Göttingen 1982 (Veröffentlichungen des Max-Planck-Institutes für Geschichte, 72).

FRANK, Lorenz: Ergebnisse der bauhistorischen Untersuchungen am ehemaligen Kurfürstlichen Schloß in Mainz. In: Denkmalpflege in Rheinland-Pfalz 47/51 (1992/96) [1999], S. 66–86.

FRANK, Lorenz: Das kurfürstliche Schloss in Mainz. In: Wartburg-Gesellschaft zur Erforschung von Burgen und Schlössern (Hrsg.): Forschungen zu Burgen und Schlössern, Bd. 8. München, Berlin 2004, S. 135–146.

FRANKHÄUSER, Gernot: Barock und Aufklärung 1648–1792. In: Dumont, Franz/Scherf, Ferdinand (Hrsg.): Mainz – Menschen, Bauten, Ereignisse. Eine Stadtgeschichte. Mainz 2010, S. 92–112.

FRANZ, Eckhart G.: Das Haus Hessen. Eine europäische Familie. Stuttgart 2005.

FRANZ, Gunther (Hrsg.): Aufklärung und Tradition. Kurfürstentum und Stadt Trier im 18. Jh. Ausstellungskatalog und Dokumentation. Trier 1988 (Ausstellungskataloge Trierer Bibliotheken, 16).

FRANZ, Gunther: Geistes- und Kulturgeschichte. In: Düwell, Kurt/Irsigler, Franz (Hrsg.): 2000 Jahre Trier. Bd. 3: Trier in der Neuzeit. Trier 1988, S. 203–374.

FRANZ, Gunther: Trier zur Reformationszeit. In: Ders./Weber, Jörg: Caspar Olevian und der Reformationsversuch in Trier vor 450 Jahren. Trier 2009, S. 39–66.

FRICK, Hans (Hrsg.): Quellen zur Geschichte von Bad Neuenahr (Wadenheim/Beul/Hemmessen), der Grafschaft Neuenahr und der Geschlechter Ahr, Neuenahr und Saffenberg. Bad Neuenahr 1933.

FRIEDEBURG, Robert von: Lebenswelt und Kultur der unterständischen Schichten in der Frühen Neuzeit. München 2002.

FRIEDEL, Heinz: Die Entwicklung der Kaiserlauterer Industrie. In: Christmann, Ernst/Ders.: Kaiserslautern einst und jetzt. Beiträge zur Geschichte der Großstadt Kaiserslautern. Kaiserslautern ^{2}1976, S. 71–327.

FRIEDRICHS, Christopher R.: Anti-Jewish-Politics in Early Modern Germany: The Uprising in Worms 1613–17. In: Central European History 23 (1990), S. 92–152.

FULDA, Daniel: Gewalt gegen Gott und die Natur. Ästhetik und Metaphorizität von Anthropophagieberichten aus dem Dreißigjährigen Krieg. In: Meumann, Markus/Niefanger, Dirk (Hrsg.): Ein Schauplatz herber Angst: Wahrnehmung und Darstellung von Gewalt im 17. Jahrhundert. Göttingen 1997, S. 240–269.

GANZER, Klaus/ZUR MÜHLEN, Karl-Heinz (Hrsg.): Akten der deutschen Reichsreligionsgespräche im 16. Jahrhundert. Bd. 2: Das Wormser Religionsgespräch (1540/41). 2 Teilbde. Göttingen 2002.

GENSICKE, Hellmuth: Landesgeschichte des Westerwaldes. Wiesbaden ^{2}1987 (Veröffentlichungen der Historischen Kommission für Nassau, 13).

GERTEIS, Klaus: Sozialgeschichte der Stadt Trier. In: Düwell, Kurt/Irsigler, Franz (Hrsg.): 2000 Jahre Trier. Bd. 3: Trier in der Neuzeit. Trier 1988, S. 61–97.

GERTEIS, Klaus: Vorrevolutionäres Konfliktpotential und Reaktionen auf die Französische Revolution in west- und südwestdeutschen Städten. In: Berding, Helmut (Hrsg.): Soziale Unruhen in Deutschland während der Französischen Revolution. Göttingen 1988 (Geschichte und Gesellschaft, Sonderheft, 12), S. 67–76.

GIESE, Alexander: Die Freimaurer. Eine Einführung. Wien u. a. 2005.

GLATZ, Ulrike: Favorite, Neue Anlage, Stadtpark: 300 Jahre Gartengeschichte in Mainz. In: Rheinische Heimatpflege 44 (2007), Heft 4, S. 266–274.

GOERTZ, Hans-Jürgen: Die Täufer. Geschichte und Deutung. München 1980.

GOERTZ, Hans-Jürgen: Antiklerikalismus und Reformation. Sozialgeschichtliche Untersuchungen. Göttingen 1995.

GÖRRES, Joseph: Politische Schriften der Frühzeit (1795–1800), hrsg. von Max Braubach. Köln 1928.

GOTTHARD, Axel: »Als furnembsten gliedern des heiligen Reichs«. Überlegungen zur Rolle der rheinischen Kurfürstengruppe in der Reichspolitik des 16. Jahrhunderts. In: Rheinische Vierteljahrsblätter 59 (1995), S. 31–78.

GOTTHARD, Axel: Säulen des Reiches. Die Kurfürsten im frühneuzeitlichen Reichsverband. 2 Teilbde. Husum 1999 (Historische Studien, 457).

GOTTHARD, Axel: Der Augsburger Religionsfrieden. Münster 2004 (Reformationsgeschichtliche Studien und Texte, 148).

GOTTRON, Adam: Mainzer Musikgeschichte von 1500 bis 1800. Mainz 1959.

GREISER, Alfred Max: Die Entwicklung des Neuwieder Schulwesens bis zur Übernahme durch den preußischen Staat (1815). Diss. Köln 1929.

GROSSMANN, Walter: Städtisches Wachstum und religiöse Toleranzpolitik am Beispiel Neuwied. In: Archiv für Kulturgeschichte 62/63 (1980/81), S. 207–232.

GÜSS, Ernst Friedrich Peter: Die kurpfälzische Regierung und das Täufertum bis zum Dreißigjährigen Krieg. Stuttgart 1960 (Veröffentlichungen der Kommission für geschichtliche Landeskunde in Baden-Württemberg, B, 12).

HAAG, Rüdiger: Johann Peter Frank (1745–1821) und seine Bedeutung für die öffentliche Gesundheit. Hamburg 2011 (Schriften zur Ideen- und Wissenschaftsgeschichte, 6).

HAAS, Walter: Romanische Bauformen im 18. Jahrhundert. Zum Wiederaufbau des Speyerer Domes 1772–1778. In: Pfälzer Heimat 12 (1961), S. 103–108.

HÄRTER, Karl: Der Rekurs des Fürsten Friedrich Karl von Wied-Neuwied. Zum Verhältnis von Reichskammergericht und Reichstag am Ende des Alten Reiches. In: Mohnhaupt, Heinz/Simon, Dieter (Hrsg.): Vorträge zur Justizforschung. Geschichte und Theorie, Bd. 2. Frankfurt am Main 1993, S. 245–284.

HÄRTER, Karl (Hrsg.): Repertorium der Policeyordnungen der Frühen Neuzeit. Bd. 1: Deutsches Reich und geistliche Kurfürstentümer (Kurmainz, Kurköln, Kurtrier). Frankfurt am Main 1996 (Studien zur europäischen Rechtsgeschichte, 84).

HÄRTER, Karl: Fastnachtslustbarkeiten, Hochzeitsfeiern, Musikantenhalten und Kirchweih: Policey und Festkultur im frühneuzeitlichen Kurmainz. In: Mainzer Zeitschrift 92/93 (1997/98), S. 57–87.

HÄRTER, Karl: Policey und Strafjustiz in Kurmainz. Gesetzgebung, Normdurchsetzung und Sozialkontrolle im frühneuzeitlichen Territorialstaat. 2 Bde. Frankfurt am Main 2005 (Studien zur europäischen Rechtsgeschichte, 190).

HANS, Alfred: Die Religionsklausel im Frieden von Rijswijk und ihre Auswirkungen auf die kirchlichen Verhältnisse in der Kurpfalz. In: Blätter für pfälzische Kirchengeschichte und religiöse Volkskunde 64 (1997), S. 59–66.

HANSEN, Joseph (Hrsg.): Quellen zur Geschichte des Rheinlandes im Zeitalter der Französischen Revolution 1780–1801. 2 Bde. Bonn 1931.

HARER, Peter: Eigentliche warhafftige Beschreibung des Bawrenkrieges. Frankfurt am Main 1625.

HARTHAUSEN, Hartmut: Geistes- und Kulturgeschichte Speyers vom 16. bis zum 18. Jahrhundert. In: Eger, Wolfgang (Red.): Geschichte der Stadt Speyer, Bd. 3. Stuttgart 1989, S. 349–434.

HARTMANN, Peter Claus (Hrsg.): Der Mainzer Kurfürst als Reichserzkanzler. Funktionen, Aktivitäten, Ansprüche und Bedeutung des zweiten Mannes im alten Reich. Stuttgart 1997 (Geschichtliche Landeskunde, 45).

HARTMANN, Peter Claus (Hrsg.): Kurmainz, das Reichserzkanzleramt und das Reich am Ende des Mittelalters und im 16. und 17. Jahrhundert. Stuttgart 1998 (Geschichtliche Landeskunde, 47).

HARTMANN, Peter Claus: Die Jesuiten. München ^{2}2008.

HARTMANN, Peter Claus: Regionen in der frühen Neuzeit. Der Kurrheinische und Oberrheinische

Reichskreis. In: Matheus, Michael (Hrsg.): Regionen und Föderalismus. 50 Jahre Rheinland-Pfalz. Stuttgart 1997 (Mainzer Vorträge, 2), S. 31–47.

HARTWICH, Wolfgang: Speyer vom 30jährigen Krieg bis zum Ende der Napoleonischen Zeit (1620 bis 1814). In: Eger, Wolfgang (Red.): Geschichte der Stadt Speyer, Bd. 2. Stuttgart 1982, S. 1–113.

HASEKAMP, Uta: Die Schlösser und Gärten des Lothar Franz von Schönborn. Das Stichwerk nach Salomon Kleiner. Worms 2005.

HAUSMANN, Ulrich: Wohnen und Wirtschaften der Mainzer Juden im 16. und 17. Jahrhundert. Unveröff. Magisterarbeit Mainz FB 07 2010.

HECK, Hermann: Oranienstein. Geschichte eines Barockschlosses. Frankfurt am Main 1967.

HEGE, Christian: Die Täufer in der Kurpfalz. Frankfurt am Main 1908.

HEGEL, Eduard: Das Erzbistum Köln zwischen Barock und Aufklärung vom Pfälzischen Krieg bis zum Ende der französischen Zeit (1688–1814). Köln 1979 (Geschichte des Erzbistums Köln, 4).

HEIBERGER, Hans: Die Grafen zu Leiningen-Westerburg. Ursprung – Glanz – Niedergang. Grünstadt 1983.

HEIMES, Daniel: Sozialstruktur und soziale Mobilität der Koblenzer Bürgerschaft im 17. Jahrhundert. Trier 2007, S. 141–147.

HEINEMANN, Christiane: Kannen- und Krugbäcker. In: Eichler, Volker/Dies. (Bearb.): Herzogtum Nassau 1806–1866. Politik, Wirtschaft, Kultur. Wiesbaden 1981 (Veröffentlichungen der Historischen Kommission für Nassau, 32), S. 211–220.

HEINIG, Paul-Joachim: Der Wormser Reichstag von 1495 als Hoftag. In: Zeitschrift für Historische Forschung 33 (2006), S. 337–357.

HEINZ, Andreas: Die Mitwirkung der Jesuiten in der Seelsorge im Bereich des Erzbistums Trier. In: Für Gott und die Menschen. Die Gesellschaft Jesu und ihr Wirken im Erzbistum Trier. Ausstellungskatalog. Mainz 1991 (Quellen und Abhandlungen zur mittelrheinischen Kirchengeschichte, 66), S. 227–244.

HEINZ, Elmar: Die Festung Mainz zwischen Kaiser, Reich und Kurstaat im 1. Koalitionskrieg (1792–1797). Doppelrad und Doppeladler. Blaufelden 2004.

HEINZ, Friedrich: Zur Geschichte der Reformation und Gegenreformation im Kurerzstift Trier, ein Beitrag zur rheinischen Geschichte im 16. Jahrhundert. Diss. Köln 1952.

HEINZ, Joachim: »Bleibe im Lande und nähre dich redlich!« Zur Geschichte der pfälzischen Auswanderung vom Ende des 17. bis zum Ausgang des 19. Jahrhunderts. Kaiserslautern 1989.

HEINZ, Joachim: Umrisse der Bevölkerungsgeschichte im Herzogtum Pfalz-Zweibrücken. In: Konersmann, Frank/Ammerich, Hans (Hrsg.): Historische Regionalforschung im Aufbruch. Studien zur Geschichte des Herzogtums Pfalz-Zweibrücken anlässlich seines 600. Gründungsjubiläums. Speyer 2010 (Veröffentlichungen der Pfälzischen Gesellschaft zur Förderung der Wissenschaften, 107), S. 55–81.

HELBIG, Herbert: Fürsten und Landstände im Westen des Reiches im Übergang vom Mittelalter zur Neuzeit. In: Rheinische Vierteljahrsblätter 29 (1964), S. 32–72.

HELDMANN, August: Die Reichsherrschaft Bretzenheim a. d. Nahe, ihre Inhaber und Prätendenten. Kreuznach 1896.

HELLER-KARNETH, Eva: Drei Konfessionen in einer Stadt. Zur Bedeutung des konfessionellen Faktors im Alzey des Ançien Régime. Würzburg 1996 (Veröffentlichungen zur Volkskunde und Kulturgeschichte, 60).

HELM, Claudia (Red.): 1495 – Kaiser, Reich, Reformen. Der Reichstag zu Worms. Ausstellung des Landeshauptarchivs Koblenz in Verbindung mit der Stadt Worms zum 500jährigen Jubiläum des Wormser Reichstags von 1495. Koblenz 1995 (Veröffentlichungen der Landesarchivverwaltung Rheinland-Pfalz, Katalogreihe).

HENKE, Christian: Coblentz: Symbol für die Gegenrevolution. Die französische Emigration nach Koblenz und Kurtrier 1789–1792 und die politische Diskussion des revolutionären Frankreichs 1791–1794. Stuttgart 2000 (Francia, Beihefte, 47).

HERRMANN, Hans-Walter: Die Religionspolitik König Ludwigs XIV. in den eroberten linksrheinischen Reichsgebieten. In: Blätter für Pfälzische Kirchengeschichte und religiöse Volkskunde 52 (1985), S. 17–44.

HERZIG, Arno: Jüdische Geschichte in Deutschland: Von den Anfängen bis zur Gegenwart. München [2]2002.

HERZOGENRATH, Jakob Karl: Von dem gegenwärtigen Zustand Otterbergs. In: Bemerkungen der kuhrpfälzischen physicalisch-ökonomischen Gesellschaft, vom Jahre 1772. Mannheim 1773, S. 284–304.

HESS, Christel: Absolutismus und Aufklärung in der Kurpfalz. In: Zeitschrift für die Geschichte des Oberrheins 136 (N.F. 97) (1988), S. 213–245.

HESS, Hans: Die Landauer Judengemeinde. Ein Abriß ihrer Geschichte. Landau 1969.

HESS, Hans: Ratsverfassung und Ratsordnung in der reichsstädtischen Zeit. In: Landau in der Pfalz. Aus der Geschichte einer alten Reichs- und Festungsstadt, Teil 1. Landau 1974 (Schriftenreihe der Stadt Landau in der Pfalz, 1), S. 135–150.

HESSE, Werner: Hier Wittelsbach, hier Pfalz. Die Geschichte der pfälzischen Wittelsbacher von 1214–1803. Landau [3]1989.

HEYEN, Franz-Josef (Hrsg.): Die Arenberger. Geschichte einer europäischen Dynastie. Bd. 1: Die Arenberger in der Eifel. Koblenz 1987.

HEYEN, Franz-Josef (Hrsg.): Die Fürsten und Herzöge von Arenberg (1527–1949). Koblenz 1995.

HINSBERGER, Rudolf: Die Weistümer des Klosters St. Matthias in Trier. Diss. phil. Saarbrücken 1984.

HIPPEL, Wolfgang von: Maß und Gewicht in der bayerischen Pfalz und in Rheinhessen um 1800. Mannheim 1994 (Südwestdeutsche Schriften, 16).

HIPPEL, Wolfgang von: Die Kurpfalz zur Zeit Carl Theodors (1742–1799). Wirtschaftliche Lage und wirtschaftspolitische Bemühungen. In: Zeitschrift für die Geschichte des Oberrheins 148 (N.F. 109) (2000), S. 177–243.

HIRSCH, Johann Christoph (Hrsg.): Des teutschen Reichs Münz-Archiv, Bd. 8. Nürnberg 1766. (Nachdruck München 1977/78).

HIRZEL, Hans Caspar: Die Wirtschaft eines philosophischen Bauern. Zürich [2]1774.

HIRZEL, Hans Caspar: Neue Prüfung der philosophischen Bauern, nebst einigen Blicken auf den Genius dieses Jahrhunderts und andere den Menschen interessierende Gegenstände. Zürich 1785.

HÖNL, Johann: Das Dreiherrische Senheimer, Beltheimer und Strimmiger Gericht. Jurisdiktion und Territorialhoheit vor der Teilung 1781. In: Rhein-Hunsrück-Kalender 1975, S. 122–126.

HOFFMANN, Dieter: »...wir sind doch Deutsche.« Zu Geschichte und Schicksal der Landjuden in Rheinhessen. Alzey 1992 (Alzeyer Geschichtsblätter, Sonderheft, 14).

HOLENSTEIN, André: Bauern zwischen Bauernkrieg und Dreißigjährigem Krieg. München 1996 (Enzyklopädie deutscher Geschichte, 38).

HOLLENSTEINER, Carl: Kaiserslautern, wie es war – wie es ist und was es litt. Kaiserlautern 1860.

HOLTMANN, Wilhelm: Caspar Olevian. Theologe der Reformationszeit. In: Kurtrierisches Jahrbuch 25 (1985), S. 73–89.

HÜTTMANN, Hans-Dieter: Untersuchungen zur Verfassungs-, Verwaltungs- und Sozialgeschichte der freien und Reichsstadt Worms 1659–1789. Worms 1970 (Der Wormsgau, Beiheft, 23).

IMHOF, Arthur E.: Die verlorenen Welten. Alltagsbewältigung durch unsere Vorfahren und warum wir uns heute so schwer damit tun. München [2]1985.

IMHOFF, Andreas: Landau. Wirtschaft und Gesellschaft in einer Garnisonsstadt. Kaiserslautern 1996 (Beiträge zur pfälzischen Geschichte, 10).

IRSIGLER, Franz: Wirtschaftsgeschichte der Stadt Trier 1580–1794. In: Düwell, Kurt/Ders. (Hrsg.): 2000 Jahre Trier. Bd. 3: Trier in der Neuzeit. Trier 1988, S. 99–201.

IRSIGLER, Franz: Der Rhein als Handelsstraße im späten Mittelalter. In: Felten, Franz J. (Hrsg.): Wirtschaft an Rhein und Mosel. Von den Römern bis ins 19. Jahrhundert. Stuttgart 2010 (Mainzer Vorträge, 14), S. 57–90.

ISELI, Andrea: Gute Policey. Öffentliche Ordnung in der Frühen Neuzeit. Stuttgart 2009.

ISERLOH, Erwin/GLAZIK, Josef/JEDIN, Hubert: Handbuch der Kirchengeschichte. Bd. 3: Reformation, katholische Reform und Gegenreformation. Freiburg im Breisgau 1967.

JAHNS, Sigrid: Das Reichskammergericht und seine Richter. Verfassung und Sozialstruktur eines höchsten Gerichts im Alten Reich. Teil 2: Biographien. 2 Teilbde. Köln u.a. 2003 (Quellen und Forschungen zur höchsten Gerichtsbarkeit im Alten Reich, 26).

JANSSEN, Franz Roman: Kurtrier in seinen Ämtern vornehmlich im 16. Jahrhundert. Studien zur Entwicklung frühmoderner Staatlichkeit. Bonn 1985 (Rheinisches Archiv, 117).

JANSSEN, Wilhelm: Die Entwicklung des Territoriums Kurköln: Rheinisches Erzstift. Bonn 2008 (Geschichtlicher Atlas der Rheinlande, Beihefte, V.14–15).

JENDORFF, Alexander: Reformatio catholica. Gesellschaftliche Handlungsspielräume kirchlichen Wandels im Erzstift Mainz 1514–1630. Münster 2000 (Reformationsgeschichtliche Studien und Texte, 142).

JENDORFF, Alexander: Verwandte, Teilhaber und Dienstleute. Herrschaftliche Funktionsträger im Erzstift Mainz 1514 bis 1647. Marburg 2003 (Untersuchungen und Materialien zur Verfassungs- und Landesgeschichte, 18).

JÜRGENSMEIER, Friedhelm (Hrsg.): Das Bistum Worms. Von der Römerzeit bis zur Auflösung 1801. Würzburg 1997 (Beiträge zur Mainzer Kirchengeschichte, 5).

JÜRGENSMEIER, Friedhelm (Hrsg.): Handbuch der Mainzer Kirchengeschichte. Bd. 3: Neuzeit und Moderne. 2 Bde. Würzburg 2002 (Beiträge zur Mainzer Kirchengeschichte 6,3/1 und 2).

JÜRGENSMEIER, Friedhelm: Johann Philipp von Schönborn (1605–1673) und die römische Kurie. Ein Beitrag zur Kirchengeschichte des 17. Jahrhunderts. Mainz 1977 (Quellen und Abhandlungen zur mittelrheinischen Kirchengeschichte, 28).

JÜRGENSMEIER, Friedhelm: Kurmainz. In: Schindling, Anton/Ziegler, Walter (Hrsg.): Die Territorien des Reichs im Zeitalter der Reformation und Konfessionalisierung. Land und Konfession 1500–1650. Bd. 4: Mittleres Deutschland. Münster 1992 (Katholisches Leben und Kirchenreform im Zeitalter der Glaubensspaltung, 52), S. 60–97.

JÜRGENSMEIER, Friedhelm: Kurmainzer Reformpolitik in der zweiten Hälfte des 18. Jahrhunderts. In: Klueting, Harm (Hrsg.): Katholische Aufklärung – Aufklärung im katholischen Deutschland. Hamburg 1993 (Studien zum 18. Jahrhundert, 15), S. 302–318.

JÜRGENSMEIER, Friedhelm: Vom Westfälischen Frieden 1648 bis zum Zerfall von Erzstift und Erzbistum 1797/1801. In: Ders. (Hrsg.): Handbuch der Mainzer Kirchengeschichte. Bd. 3: Neuzeit und Moderne, Teil 1. Würzburg 2002 (Beiträge zur Mainzer Kirchengeschichte, 6,3/1), S. 233–469.

JÜRGENSMEIER, Friedhelm: Der Augsburger Religionsfrieden 1555 und die geistlichen Kurfürstentümer Mainz, Köln und Trier. In: Schilling, Heinz (Hrsg.): Der Augsburger Religionsfrieden. Gütersloh 2007 (Schriften des Vereins für Reformationsgeschichte, 206), S. 179–191.

JÜTTE, Robert: Lust ohne Last. Geschichte der Empfängnisverhütung. München 2003.

JUNKER, Karl/KREMB, Klaus: Territoriale Entwicklung der Fürstentümer Nassau-Saarbrücken und Nassau-Weilburg. In: Alter, Willi (Hrsg.): Pfalzatlas, Textband 4. Speyer 1992, S. 2146–2158.

KÄSE, Josefine: Dynastische Einheit und staatliche Vielfalt – die frühe Reformpolitik Kurfürst Karl Theodors in Pfalz-Bayern 1778/79. Diss. Aachen 1999/2003.

KÄUFER, Michael: Sankt Maximin zwischen Kurfürst und Reich. Der Kampf der Benediktinerabtei Sankt Maximin bei Trier um die Reichsunmittelbarkeit in den Jahren 1548–1670. Trier 2003.

KAHLENBERG, Friedrich P.: Kurmainzische Verteidigungseinrichtungen und Baugeschichte der Festung Mainz im 17. Jahrhundert. Mainz 1963 (Beiträge zur Geschichte der Stadt Mainz, 19).

KALKHOFF, Paul: Die Depeschen des Nuntius Aleander vom Wormser Reichstag. Halle 1886 (Schriften des Vereins für Reformationsgeschichte, 17).

KALLER, Gerhard: Bevölkerung und Gewerbe in Frankenthal, Neustadt und Lambrecht am Ende des 16. Jahrhunderts. In: Aus Stadt- und Wirtschaftsgeschichte Südwestdeutschlands. Festschrift Erich Maschke. Stuttgart 1977, S. 146–171.

KALLER, Gerhard: Die Anfänge der kurpfälzischen Exulantengemeinden Frankenthal, Schönau, Heidelberg und Otterberg (1562–1590). In: Zeitschrift für die Geschichte des Oberrheins 147 (1999), S. 393–403.

KAMPMANN, Christoph: Der Immerwährende Reichstag als »erstes stehendes Parlament«? Aktuelle Forschungsfragen und ein deutsch-englischer Vergleich. In: Geschichte in Wissenschaft und Unterricht 55 (2004), S. 646–662.

KASPER-HOLTKOTTE, Cilli: Juden im Aufbruch. Zur Sozialgeschichte einer Minderheit im Saar-Mosel-Raum um 1800. Hannover 1996 (Forschungen zur Geschichte der Juden, A,3).

KAUL, Theodor: Die Einführung der Reformation in der Grafschaft Leiningen-Hartenburg und die Entwicklung der religiösen Verhältnisse bis zum dreißigjährigen Krieg. Diss. Grünstadt 1942.

KEIPER, Johann: Reichsherrschaft Hohenfels-Reipoltskirchen. In: Mitteilungen des Historischen Vereins der Pfalz 46 (1927), S. 47–119.

KELL, Eva: Das Fürstentum Leiningen. Umbruchserfahrungen einer Adelsherrschaft zur Zeit der Französischen Revolution. Kaiserslautern 1993 (Beiträge zur pfälzischen Geschichte, 5).

KEYSER, Erich (Hrsg.): Städtebuch Rheinland-Pfalz und Saarland. Stuttgart 1964.

KILIAN, Rolf: Ein berühmter Albisheimer. Glossen zum ABC-Buch-Streit in der Herrschaft Kirchheim. In: Nordpfälzer Geschichtsverein 57 (1977), S. 49–53.

KLOE, Karl: Die Wahlkapitulationen der Bischöfe zu Speyer (1272–1802). Speyer 1928.

KNOPP, Werner (Bearb.): Statistische Materialien zur Geschichte der jüdischen Bevölkerung. Koblenz 1975 (Dokumentation zur Geschichte der jüdischen Bevölkerung in Rheinland-Pfalz und im Saarland von 1800 bis 1945, 5; Veröffentlichungen der Landesarchivverwaltung Rheinland-Pfalz, 16).

KÖBLER, Gerhard: Historisches Lexikon der deutschen Länder. Die deutschen Territorien vom Mittelalter bis zur Gegenwart. München [4]1992.

KOHL, Thomas: Familie und soziale Schichtung. Zur historischen Demographie Triers 1730–1860. Stuttgart 1985 (Industrielle Welt, 39).

KOHNLE, Armin: Kleine Geschichte der Kurpfalz. Karlsruhe [2]2006.

KÖLLNER, Adolph: Geschichte der Herrschaft Kirchheim-Bolanden und Stauf. Wiesbaden 1854.

KONERSMANN, Frank/AMMERICH, Hans (Hrsg.): Historische Regionalforschung im Aufbruch. Studien zur Geschichte des Herzogtums Pfalz-Zweibrücken anlässlich seines 600. Gründungsjubiläums. Speyer 2010 (Veröffentlichungen der Pfälzischen Gesellschaft zur Förderung der Wissenschaften, 107).

KONERSMANN, Frank: Kirchenregiment, reformatorische Bewegung und Konfessionsbildung in der Bischofs- und Reichsstadt Worms (1480–1619). In: Bönnen, Gerold (Hrsg.): Geschichte der Stadt Worms. Stuttgart 2005, S. 262–290.

KONERSMANN, Frank: Entstehung und Struktur agrarischer Arbeitsmärkte in der Pfalz, in Rheinhessen und am nördlichen Oberrhein (1770–1880). In: Walter, Rolf (Hrsg.): Geschichte der Arbeitsmärkte. Stuttgart 2009, S. 229–254.

KONRAD, Karl (Hrsg.): Beiträge zur Musikgeschichte am fürstlich nassau-weilburgischen Hofe und im Städtchen Kirchheimbolanden. Festschrift zum 140-jährigen Bestehen des Donnersberger Musikvereins Kirchheimbolanden 1822–1962. Kirchheimbolanden 1962 (Kirchheimbolander Heimatschriften, 1).

KOPP, August: Die Dorfjuden in der Nordpfalz. Dargestellt an der Geschichte der jüdischen Gemeinde Alsenz ab 1655. Meisenheim am Glan 1968.

KOSELLECK, Reinhart: Einleitung. In: Brunner, Otto/Conze, Werner/Ders. (Hrsg.): Geschichtliche Grundbegriffe. Historisches Lexikon zur politisch-sozialen Sprache in Deutschland, Bd. 1. Stuttgart 1972, S. XIII–XXVI.

KRÜGER, Hans-Jürgen: Das Fürstliche Haus Wied, Grafen zu Isenburg, Herren zu Runkel und Neuerburg. Werl 2006 (Deutsche Fürstenhäuser, 14).

KRÜGER, Kersten: Die landständische Verfassung. München 2003 (Enzyklopädie deutscher Geschichte, 67).

KRÜNITZ, Johann Georg: Oeconomische Enzyklopaedie, oder allgemeines System der Staats- Stadt- Haus- und Landwirthschaft in alphabetischer Ordnung, Theil 62. Brünn 1796, S. 408–411.

KUHLMANN, Wilhelm Friedrich: Geschichte der Zerstörung der Reichsstadt Speyer durch die französische Kriegsvölker im Jahr 1689. Speyer 1789.

LACOUR, Eva: Bauernwiderstand im 17. und 18. Jahrhundert in der Grafschaft Virneburg. Eine sozialgeschichtliche Untersuchung. In: Landeskundliche Vierteljahrsblätter 40 (1994), S. 125–139.

LACOUR, Eva: Die Bevölkerungsentwicklung in der Grafschaft Virneburg im 17. Jahrhundert. In: Jahrbuch für westdeutsche Landesgeschichte 24 (1998), S. 231–244.

LACOUR, Eva: Schlägereyen und Unglücksfälle. Zur Historischen Psychologie und Typologie von Gewalt in der frühneuzeitlichen Eifel. Egelsbach 2000.

LACOUR, Eva: Kriminalität in der frühneuzeitlichen Eifel. Die Grafschaften Virneburg, Manderscheid-Blankenheim und Manderscheid-Gerolstein im 16.–18. Jahrhundert In: Borck, Heinz-Günther/Dorfey, Beate (Hrsg.): Unrecht und Recht. Kriminalität und Gesellschaft im Wandel von 1500–2000. Koblenz 2002 (Veröffentlichungen der Landesarchivverwaltung Rheinland-Pfalz, 96), S. 282–296.

LAHR, Reinhard: Die Mittelrheingemeinden Hambach, Weis und Gladbach zwischen Grundherrschaft und Industrialisierung (1680–1880). Ländliche Gesellschafts- und Wirtschaftsstruktur im Umbruch. Stuttgart 1995 (Geschichtliche Landeskunde, 43).

LAMM, Markus Lothar: Das Bistum und Hochstift Speyer unter der Regierung des Kardinals Franz Christoph von Hutten (1743–1770). Mainz 1999 (Quellen und Abhandlungen zur mittelrheinischen Kirchengeschichte, 95).

LANDWEHR, Achim/STOCKHORST, Stefanie: Einführung in die europäische Kulturgeschichte. Paderborn 2004.

LANGBRANDTNER, Hans-Werner: Die Sickingische Herrschaft Landstuhl. Frankfurt am Main u. a. 1991 (Europäische Hochschulschriften, Reihe 3, Geschichte und ihre Hilfswissenschaften, 469).

LAUER, Dittmar: Als der Kurfürst begraben werden sollte ... Philipp Christoph von Sötern starb vor 350 Jahren. In: Trier-Saarburg: Jahrbuch (2003), S. 124–127.

LAUFER, Richard: Politische Geschichte, Verfassungs- und Verwaltungsgeschichte 1580–1794. In: Düwell, Kurt/Irsigler, Franz (Hrsg.): 2000 Jahre Trier. Bd. 3: Trier in der Neuzeit. Trier 1988, S. 1–60.

LAUFNER, Richard: Die Landstände von Kurtrier im 17. und 18. Jahrhundert. In: Rheinische Vierteljahrsblätter 32 (1968), S. 290–317.

LAUFNER, Richard: Zweitausend Jahre Trier und seine Metzger. Trier 1980.

LEBIGRE, Arlette/SPRINGLER, Andrea: Liselotte von der Pfalz. Hildesheim ³1997.

LITZENBURGER, Andrea: Kurfürst Johann Schweikard von Kronberg als Erzkanzler. Mainzer Reichspolitik am Vorabend des dreißigjährigen Krieges (1604–1619). Stuttgart 1985 (Geschichtliche Landeskunde, 26).

LOOS, Adelheid: Die Politik des Kurfürsten von Trier Franz Georg von Schönborn (1729–1756). Bonn 1969.

LORENZ, Chris: Wozu noch Theorie der Geschichte? In: Depkat, Volker/Müller, Matthias/Sommer, Andreas Urs (Hrsg.): Wozu Geschichte(n)? Geschichtswissenschaft und Geschichtsphilosophie im Widerstreit. Wiesbaden 2004, S. 117–135.

LUTSCH, Ernst: Dudeldorf. Lebensverhältnisse, Wirtschaft, demographische Strukturen und Bewohner bis zur Mitte des 19. Jahrhunderts. Trier 1991(Trierer Historische Forschungen, 16).

LUTZ, Heinrich: Christianitas afflicta. Europa, das Reich und die päpstliche Politik im Niedergang der Hegemonie Karls V. (1552–1556). Göttingen 1964.

MAHLERWEIN, Gunter/SCHIEBER, Sigrid/RÖLLE, Thomas (Hrsg.): Repertorium der Policeyordnungen der Frühen Neuzeit. Bd. 10: Reichsstädte 4: Speyer, Wetzlar, Worms. Frankfurt am Main 2010 (Studien zur europäischen Rechtsgeschichte, 251).

MAHLERWEIN, Gunter: Alsheim – Halasemia. Geschichte eines rheinhessischen Dorfes. Bd. 1: Von den Anfängen bis zum Ende des 18. Jahrhunderts. Alsheim 1996.

MAHLERWEIN, Gunter: Machtkämpfe in linksrheinischen Dörfern des 18. Jahrhunderts. In: Alzeyer Geschichtsblätter 30 (1997), S. 150–160.

MAHLERWEIN, Gunter: »Die Underthanen mögten singen und tantzen, und sich gar uff die Köpff

stellen« – zur Reichweite presbyterialer Kirchenzucht zwischen dörflichem Eigensinn und weltlichen Machtansprüchen im späten 17. Jahrhundert. In: Der Wormsgau 17 (1998), S. 56–88.
MAHLERWEIN, Gunter: Die Herren im Dorf. Bäuerliche Oberschicht und ländliche Elitenbildung in Rheinhessen 1700–1850. Mainz 2001 (Veröffentlichungen des Instituts für Europäische Geschichte Mainz, Abteilung Universalgeschichte, 189; Historische Beiträge zur Elitenforschung, 2).
MAHLERWEIN, Gunter: Die Reichsstadt Worms im 17. und 18. Jahrhundert. In: Bönnen, Gerold (Hrsg.): Geschichte der Stadt Worms. Stuttgart 2005, S. 291–352.
MAHLERWEIN, Gunter: Vor der Bürgerlichkeit. Musik auf dem Land vom 17. bis zum 19. Jahrhundert. In: Heimatjahrbuch Landkreis Alzey-Worms 2006, S. 54–56.
MAHLERWEIN, Gunter: Umbruch auf dem Land. Revolutionäre Neuerungen und traditionelle Praktiken in der rheinhessischen Landwirtschaft im 18. und 19. Jahrhundert. In: Felten, Franz J. (Hrsg.): Wirtschaft an Rhein und Mosel. Von den Römern bis ins 19. Jahrhundert. Stuttgart 2010 (Mainzer Vorträge, 14), S. 91–112.
MARKNER, Reinhard/NEUGEBAUER-WÖLK, Monika/SCHÜTTLER, Hermann (Hrsg.): Die Korrespondenz des Illuminatenordens. Bd. 1: 1776–1781. Tübingen 2005.
MARTIN, Michael: Kleine Geschichte der Stadt Landau. Karlsruhe 2006.
MATHEUS, Michael: Weinbau, -handel. Allgemein; Mittel- und Westeuropa. In: Lexikon des Mittelalters, Bd. 8. München, Zürich 1997, Sp. 2116–2123.
MATHEUS, Ricarda: »Die sogenannten hiesigen Kaufleuthe ... sind im Grunde nur Krämer« Mainzer Großhändler in der zweiten Hälfte des 18. Jahrhunderts. In: Matheus, Michael/Rödel, Walter G. (Hrsg.): Bausteine zur Mainzer Stadtgeschichte. Stuttgart 2002 (Geschichtliche Landeskunde, 55), S. 171–196.
MATHY, Helmut: Die Mainzer Universitätsreform von 1784. In: Weber, Hermann (Hrsg.): Aufklärung in Mainz. Wiesbaden 1984 (Schriften der Mainzer Philosophischen Fakultätsgesellschaft, 9), S. 61–84.
MATHY, Helmut: Toleranz im Kur- und Erzstift Mainz. In: Frank, Isnard W. (Hrsg.): Toleranz am Mittelrhein. Mainz 1984 (Quellen und Abhandlungen zur mittelrheinischen Kirchengeschichte, 50).
MATHY, Helmut: Die universitären und wissenschaftspolitischen Ansprüche des Reichserzkanzlers im 18. Jahrhundert. In: Hartmann, Peter Claus (Hrsg.): Der Mainzer Kurfürst als Reichserzkanzler. Funktionen, Aktivitäten, Ansprüche und Bedeutung des zweiten Mannes im Alten Reich. Stuttgart 1997 (Geschichtliche Landeskunde, 45), S. 131–155.
MATHY, Helmut: Die Residenz in Barock und Aufklärung (1648–1792). In: Dumont, Franz/Scherf, Ferdinand/Schütz, Friedrich (Hrsg.): Mainz. Die Geschichte der Stadt. Mainz 1998, S. 269–314.
MATHY, Helmut: Schulen und Mainzer Universität (1500–1800). In: Jürgensmeier, Friedhelm (Hrsg.): Handbuch der Mainzer Kirchengeschichte. Bd. 3: Neuzeit und Moderne. Würzburg 2002 (Beiträge zur Mainzer Kirchengeschichte, 6,3), S. 721–754.
MAUS, Anna: Die Geschichte der Stadt Frankenthal und ihrer Vororte. Speyer 1969.
MEIER, Adolf/REUTER, Fritz: Worms. In: Die Musik in Geschichte und Gegenwart 14 (1968), Sp. 864–874.
MELCHIOR, Baldur: Zwei berühmte Musiker in der Pfalz. 1774 Christoph Wilhelm Gluck in Zweibrücken und Petersheim (heute: Herschweiler-Pettersheim) und 1778 Wolfgang Amadeus Mozart in Kirchheimbolanden. In: Westrich-Kalender 2004, S. 164–169.
MELVILLE, Ralph/HEBERER, Pia: Die Mainzer Martinsburg – Schritte zu ihrer historischen Rekonstruktion. In: Mainzer Zeitschrift. Mittelrheinisches Jahrbuch für Archäologie Kunst und Geschichte 105 (2010), S. 21–37.
MENK, Gerhard: Langer Weg und halber Erfolg: Die »Zweite Reformation« in Sayn. Betrachtungen zu Dynamik und Gefährdung des Kalvinismus im Zeitalter des Konfessionalismus. In: Jahrbuch für westdeutsche Landesgeschichte 18 (1992), S. 181–265.
MENK, Gerhard: Der deutsche Fürstenstaat in Veit Ludwig von Seckendorffs Werk und Wirken. In: Wunder, Heide (Hrsg.): Dynastie und Herrschaftssicherung in der Frühen Neuzeit. Geschlechter und Geschlecht. Berlin 2002 (Zeitschrift für Historische Forschung, Beiheft, 28), S. 55–92.
MENRATH, Dorothee: Geschichte der Juden in Speyer von 1534 bis 1933. In: Geschichte der Juden in Speyer. Speyer 1981 (Beiträge zur Speyrer Stadtgeschichte, 6), S. 73–89.

MOELLER, Bernd: Die letzten Ablaßkampagnen. Luthers Widerspruch gegen den Ablaß in seinem geschichtlichen Zusammenhang. In: Ders.: Die Reformation und das Mittelalter. Kirchenhistorische Aufsätze, hrsg. von Johannes Schilling. Göttingen 1991, S. 53–72.

MÖRZ, Stefan: Aufgeklärter Absolutismus in der Kurpfalz während der Mannheimer Regierungszeit des Kurfürsten Karl Theodor (1742–1777). Stuttgart 1991 (Veröffentlichungen der Kommission für geschichtliche Landeskunde in Baden-Württemberg, B, 120).

MÖRZ, Stefan: Zwischen verspäteter Gegenreformation und Aufgeklärtem Absolutismus. Die Kurpfalz im letzten Jahrhundert ihres Bestehens. In: Schweickert, Alexander (Hrsg.): Kurpfalz. Stuttgart u. a. 1997 (Schriften zur politischen Landeskunde Baden-Württembergs, 25), S. 193–204.

MÖTSCH, Johannes: Die Grafschaften Sponheim. Köln 1992 (Geschichtlicher Atlas der Rheinlande, Beihefte, V.4).

MOLITOR, Hansgeorg: Kurtrier. In: Schindling, Anton/Ziegler, Walter (Hrsg.): Die Territorien des Reichs im Zeitalter der Reformation und Konfessionalisierung. Land und Konfession 1500–1650. Bd. 5: Der Südwesten. Münster 1993 (Katholisches Leben und Kirchenreform im Zeitalter der Glaubensspaltung, 53), S. 50–79.

MOLITOR, Hansgeorg: Das Erzbistum Köln im Zeitalter der Glaubenskämpfe (1515–1688). Köln 2008 (Geschichte des Erzbistums Köln, 3).

MOLITOR, Ludwig: Vollständige Geschichte der ehemals pfalz-bayerischen Residenzstadt Zweibrücken von ihren ältesten Zeiten bis zur Vereinigung des Herzogthums Zweibrücken mit der Bayerischen Krone. Zweibrücken 1885 (Nachdruck 1989).

MÜLLER, Hermann-Dieter: Der schwedische Staat in Mainz 1631–1636. Einnahme, Verwaltung, Absichten, Restitution. Mainz 1979 (Beiträge zur Geschichte der Stadt Mainz, 24).

MÜLLER, Jürgen: Die protestantische Bewegung. In: Energieversorgung Mittelrhein GmbH (Hrsg.): Geschichte der Stadt Koblenz. Bd. 1: Von den Anfängen bis zum Ende der kurfürstlichen Zeit. Stuttgart 1992 S. 237–246.

MÜLLER, Klaus: Wien und Kurmainz (1673–1680). Ein Beitrag zur Geschichte der kaiserlichen Diplomatie im Reich. In: Rheinische Vierteljahrsblätter 32 (1968), S. 332–401.

MÜLLER, Markus: Gemeinden und Staat in der Reichsgrafschaft Sayn-Hachenburg 1652–1799. Wiesbaden 2005 (Beiträge zur Geschichte Nassaus und des Landes Hessen, 3).

MÜLLER, Matthias: Das Schloss als Bild des Fürsten. Herrschaftliche Metaphorik in der Residenzarchitektur des Alten Reichs (1470–1618). Göttingen 2004 (Historische Semantik, 6).

MÜLLER, Matthias: Warum die Könige von ihren Architekten beim Schloßbau soviel Rücksicht auf die Geschichte forderten. In: Jussen, Bernhard (Hrsg.): Die Macht des Königs. Herrschaft in Europa vom Frühmittelalter bis in die Neuzeit. München 2005, S. 326–349.

MÜLLER, Matthias: Von der Burg im Schloss! Das Mainzer Schloss und die Revision eines entwicklungsgeschichtlichen Denkmodells. In: Felten, Franz J. (Hrsg.): Befestigungen und Burgen am Rhein. Stuttgart 2011 (Mainzer Vorträge, 15), S. 91–121.

MÜLLER, Matthias: Fürstinnenschloss im Benediktinerinnenkloster. Der Neubau von Schloss Oranienstein bei Diez als Sinnbild für fürstlichen Rang und dynastische Tradition. In: Jürgensmeier, Friedhelm/Groenveld, Simon (Hrsg.): Nassau und Diez – Diez und Nassau-Oranien (im Druck).

MÜLLER, Michael: Die Entwicklung des Kurrheinischen Kreises in seiner Verbindung mit dem Oberrheinischen Kreis im 18. Jahrhundert. Frankfurt am Main u. a. 2008 (Mainzer Studien zur neueren Geschichte, 24).

MÜLLER, Wilhelm: Die Verfassung der freien Reichsstadt Worms am Ende des 18. Jahrhunderts mit besonderer Berücksichtigung der Zeit unter französischer Besetzung bis zum Frieden von Lunéville (1801). Worms 1937 (Der Wormsgau, Beiheft, 5).

MÜLLER-BLATTAU, Joseph: Musik des Barock und Rokoko in Zweibrücken. In: Saarheimat 6 (1962), Heft 2, S. 7–17.

MÜNCH, Michael: Das Bistum Worms. In: Rothenberger, Karl-Heinz (Hrsg.): Pfälzische Geschichte, Bd. 1. Kaiserslautern ^{2}2002, S. 232–238.

MÜNCH, Paul: Lebensformen in der Frühen Neuzeit 1500–1800. Berlin 1998.

NEU, Peter: Geschichte und Struktur der Eifelterritorien des Hauses Manderscheid vornehmlich im 15. und 16. Jahrhundert. Bonn 1972 (Rheinisches Archiv, 80).

NEU, Peter: Der Anschluß des Klosters Prüm an Kurtrier. In: Mötsch, Johannes/Schoebel, Martin (Hrsg.): Eiflia sacra. Mainz 1994 (Quellen und Abhandlungen zur mittelrheinischen Kirchengeschichte, 70), S. 395–406.

NEU, Peter: Die Arenberger und das Arenberger Land. Bde. 1–3. Koblenz 1989–1995 (Veröffentlichungen der Landesarchivverwaltung Rheinland-Pfalz, 66–68).

NEU, Peter: Luxemburg und das Bitburger Land. In: Kulturgemeinschaft Bitburg e.V. (Hrsg.): Bitburg – Luxemburg. Beiträge zur gemeinsamen Geschichte. Bitburg 2005, S. 3–25.

NEUGEBAUER-WÖLK, Monika: Das Rote und das Schwarze Buch – zur politischen Symbolik der Mainzer Jakobiner. In: Behrens, Klaus (Hrsg.): Die Publizistik der Mainzer Jakobiner und ihrer Gegner. Revolutionäre und gegenrevolutionäre Proklamationen und Flugschriften aus der Zeit der Mainzer Republik (1792/93). Zum 200. Jahrestag des Rheinisch-Deutschen Nationalkonvents und der Mainzer Republik, Katalog zur Ausstellung der Stadt Mainz im Rathaus-Foyer vom 14. März bis 18. April 1993. Mainz 1993, S. 52–68.

NEUGEBAUER-WÖLK, Monika: Esoterik im 18. Jahrhundert – Aufklärung und Esoterik. Eine Einleitung. In: Dies. (Hrsg.): Aufklärung und Esoterik. Hamburg 1999 (Studien zum 18. Jahrhundert, 24), S. 1–37.

NEUHAUS, Helmut: Reichsständische Repräsentationsformen im 16. Jahrhundert. Reichstag – Reichskreistag – Reichsdeputationstag. Berlin 1982 (Schriften zur Verfassungsgeschichte, 33).

NEUHAUS, Helmut: Die Rheinischen Kurfürsten, der Kurrheinische Kreis und das Reich im 16. Jahrhundert. In: Rheinische Vierteljahrsblätter 48 (1984), S. 138–160.

NEUHAUS, Helmut: Das Reich in der Frühen Neuzeit. München ²2003 (Enzyklopädie deutscher Geschichte, 42).

NEUMANN, Detlev: Kurpfälzische Obrigkeiten im Ancien Régime. In: Alzeyer Geschichtsalmanach 1 (1993), S. 87–106.

NEYSES, Adolf: Die Baugeschichte der ehemaligen Reichsabtei St. Maximin bei Trier. 2 Bde. Trier 2002 (Kataloge und Schriften des Bischöflichen Dom- und Diözesanmuseums Trier, 6).

O'CONNOR, John T.: Negotiator Out of Season. The Career of Wilhelm Egon von Fürstenberg, 1629 to 1704. Athens 1978.

OBERDORFFER, Kurt: Die Reichsgrafschaft Falkenstein. In: Metz, Friedrich (Hrsg.): Vorderösterreich. Eine geschichtliche Landeskunde. Freiburg im Breisgau ²1967, S. 565–578.

OBERLE, Karl: Geschichte von Bechtolsheim. Alzey ²1995.

OESTREICH, Gerhard: Verfassungsgeschichte vom Ende des Mittelalters bis zum Ende des alten Reiches. München ⁶1986 (Gebhardt Handbuch der deutschen Geschichte, 11).

OHLER, Norbert: Alltag in einer Zeit des Friedens (1570 bis 1620). In: Eger, Wolfgang (Red.): Geschichte der Stadt Speyer, Bd. 1. Stuttgart u. a. 1982, S. 571–655.

OPITZ, Claudia/KLEINAU, Elke (Hrsg.): Geschichte der Mädchen- und Frauenbildung. Bd. 1: Vom Mittelalter bis zur Aufklärung. Frankfurt, New York 1996.

OSCHMANN, Antje: Der Nürnberger Exekutionstag 1649–1650. Das Ende des Dreißigjährigen Krieges in Deutschland. Münster 1991 (Schriftenreihe der Vereinigung zur Erforschung der Neueren Geschichte, 17).

OSTROWITZKI, Anja Elisabeth: Adelige Lebenskultur in der Stadt. Die Residenz der Reichsgrafen von der Leyen in Koblenz im Spiegel archivalischer Zeugnisse aus dem Familienarchiv. In: Jahrbuch für westdeutsche Landesgeschichte 30 (2004), S. 119–139.

PADUCH, Arno: Die Mainzer Hofkapelle und die musikalische Ausgestaltung der Frankfurter Wahl- und Krönungsmessen. In: Pelizaeus, Ludolf (Hrsg.): Wahl und Krönung in Zeiten des Umbruchs. Frankfurt am Main u. a. 2008 (Mainzer Studien zur Neueren Geschichte, 23), S. 105–130.

PAUL, Roland: Minderheiten im Herzogtum Pfalz-Zweibrücken vom 16. bis zum 18. Jahrhundert. Hugenotten/Wallonen, Juden und Täufer/Mennoniten. In: Konersmann, Frank/Ammerich, Hans (Hrsg.): Historische Regionalforschung im Aufbruch. Studien zur Geschichte des Herzogtums Pfalz-Zweibrücken anlässlich seines 600. Gründungsjubiläums. Speyer 2010 (Veröffentlichungen der Pfälzischen Gesellschaft zur Förderung der Wissenschaften, 107), S. 107–119.

PAULY, Ferdinand: Aus der Geschichte des Bistums Trier. Bd. 3: Die Bischöfe von Richard von Greiffenklau (1511–1531) bis Matthias Eberhard (1867–1876). Trier 1973 (Veröffentlichungen des Bistumsarchivs Trier, 24).

PELGEN, Franz Stephan: Ein Geheimdossier des Großhofmeisters Friedrich Graf von Stadion über den Zustand des Mainzer Domkapitels zu Jahresbeginn 1753. In: Mainzer Zeitschrift 105 (2010), S. 169–178.

PELIZAEUS, Ludolf: Die Rolle der geistlichen Kurfürsten bei der Wahl und Krönung in Frankfurt vom Spätmittelalter bis zum Ende der Frühen Neuzeit. Frankfurt am Main und die Goldene Bulle, 1356–1806. In: Hils-Brockhoff, Evelyn/Matthäus, Michael (Hrsg.): Die Kaisermacher. Aufsatzband. Frankfurt am Main 2006, S. 314–325.

PELKER, Bärbel: ... es läst sich eine schöne Musick machen ... Mannheimer Hofmusik im Zeitalter Carl Theodors. In: Wieczorek, Alfried/Koenig, Wieland (Hrsg.): Lebenslust und Frömmigkeit – Kurfürst Carl Theodor (1724–1799) zwischen Barock und Aufklärung. Handbuch und Ausstellungskatalog, Bd. 1. Regensburg 1999 (Publikationen des Reiss-Museums Mannheim, 1,1), S. 293–303.

PETERSE, Hans: Johann Christian von Boineburg und die Mainzer Irenik des 17. Jahrhunderts. In: Duchhardt, Heinz/May, Gerhard (Hrsg.): Union-Konversion-Toleranz. Dimensionen der Annäherung zwischen den christlichen Konfessionen im 17. und 18. Jahrhundert. Mainz 2000 (Veröffentlichungen des Instituts für europäische Geschichte Mainz, Beiheft, 50).

PETRY, Ludwig: Das politische Kräftespiel im pfälzischen Raum vom Interregnum bis zur französischen Revolution. Anliegen und Ansätze der heutigen Forschung. In: Rheinische Vierteljahrsblätter 20 (1955), S. 80–111.

PFEFFER, Albert: Beiträge zum Personalstand des Reichskammergerichts zu Speyer 1581–1689. Auszüge aus den ältesten Kirchenbüchern von Speyer. In: Mitteilungen des Historischen Vereins der Pfalz 51 (1953), S. 213–230.

PFEIFFER, Jörg: Reform an Haupt und Gliedern. Die Auswirkungen des Trienter Konzils im Mainzer Erzstift bis 1626. Darmstadt, Marburg 1996 (Quellen und Forschungen zur hessischen Geschichte, 108).

PFISTER, Christian: Bevölkerungsgeschichte und Historische Demographie 1500–1800. München 1994.

PINLOCHE, August: Geschichte des Philanthropinismus. Leipzig 1914.

PLASSMANN, Max: Krieg und Defension am Oberrhein. Die Vorderen Reichskreise und Markgraf Ludwig Wilhelm von Baden (1693–1706). Berlin 2000 (Historische Forschungen, 66).

PO-CHIA HSIA, Ronnie: Bürgeraufstand in Worms 1614. Judenprivilegien und Bürgerrechte in der Frühen Neuzeit: Ein Widerspruch? In: Fischer, Norbert/Kobelt-Groch, Marion (Hrsg.): Außenseiter zwischen Mittelalter und Neuzeit. Festschrift Hans Jürgen Goertz. Leiden 1997, S. 101–110.

PORTENLÄNGER, Franz Xaver: Der Wiederaufbau. Speyer nach der Zerstörung von 1689. In: Speyer. Vierteljahresheft des Verkehrsvereins 29 (1989), Heft 2/3, S. 3–23.

POST, Bernhard: Die jüdischen Einwohner von Mainz am Ende des Ancien Régime. In: Duchhardt, Heinz (Hrsg.): Beiträge zur Geschichte der Mainzer Juden in der Frühneuzeit. Mainz 1981, S. 33–67.

POST, Bernhard: Judentoleranz und Judenemanzipation in Kurmainz 1774–1813. Wiesbaden 1985 (Schriften der Kommission für die Geschichte der Juden in Hessen, 7), S. 367–391.

PRESS, Volker: Steuern, Kredit und Repräsentation. Zum Problem der Ständebildung ohne Adel. In: Zeitschrift für Historische Forschung 2 (1975), S. 59–93.

PRESS, Volker: Das Hochstift Speyer im Reich des späten Mittelalters und der frühen Neuzeit. Portrait eines geistlichen Staates. In: Ders. (Hrsg.): Barock am Oberrhein. Karlsruhe 1985 (Oberrheinische Studien, 6), S. 251–290.

PRESS, Volker: Die Reichsritterschaft im Reich der Frühen Neuzeit. In: Ders.: Adel im Alten Reich. Gesammelte Vorträge und Aufsätze, hrsg. von Franz Brendle und Anton Schindling. Tübingen 1998 (Frühneuzeit-Forschungen, 4), S. 205–231.

PRIEWER, Helmut/BIERBRAUER, Karl Heinz: Fortpflanzung im Kirchspiel Kroppach im Westerwald in der zweiten Hälfte des 17. Jahrhunderts aus historisch-demographischer Sicht. In: Nassauische Annalen 110 (1990), S. 157–187.

PRÖSSLER, Helmut: Das Weinbaugebiet Mittelrhein in Geschichte und Gegenwart. Wiesbaden 1979.

RAAB, Heribert: Toleranz im Kur- und Erzstift Trier. In: Frank, Isnard W. (Hrsg.): Toleranz am Mittelrhein. Mainz 1984 (Quellen und Abhandlungen zur mittelrheinischen Kirchengeschichte, 50), S. 21–43.

RABE, Horst: Deutsche Geschichte 1500–1600. Das Jahrhundert der Glaubensspaltung. München 1991.

RAUCH, Günter: Das Mainzer Domkapitel in der Neuzeit, 3 Teile. In: Zeitschrift der Savigny-Stiftung für Rechtsgeschichte. Kanonistische Abteilung 61 (1975), S. 161–227; 62 (1976), S. 194–278; 63 (1977), S. 132–179.

REINALTER, Helmut: Die Freimaurer. München 2008.

REINHARD, Rudolf: August Graf von Stirum, Bischof von Speier, und die Zentralbehörden im Bistum Speier. In: Mitteilungsblatt des Historischen Vereins der Pfalz 34/35 (1915), S. 161–208.

REINHARDT, Rudolf: Zur Reichskirchenpolitik der Pfalz-Neuburger Dynastie. In: Historisches Jahrbuch 84 (1964) S. 118–128.

REITER, Hans-Jürgen: Die jüngere Grafschaft Falkenstein 1458–1735. Beiträge zur Geschichte einer mediatisierten Reichsgrafschaft. Diss. phil. Mainz 1969.

REITZEL, Adam Michael: Leibniz, Boineburg und Johann Philipp von Schönborn in der Mainzer Rechts- und Reichsgeschichte. Ein Beitrag zur Europapolitik. Mainz 1961.

RENN, Heinz: Geschichte der Eifel. Gesammelte Aufsätze. Aachen [3]1987.

RETTINGER, Elmar: Die Umgebung der Stadt Mainz und ihre Bevölkerung vom 17. bis 19. Jahrhundert. Ein historisch-demographischer Beitrag zur Sozialgeschichte ländlicher Regionen. Stuttgart 2002 (Geschichtliche Landeskunde, 53).

REUTER, Fritz (Hrsg.): Der Reichstag zu Worms von 1521. Reichspolitik und Luthersache. Im Auftrag der Stadt Worms zum 450-Jahrgedenken. Worms 1971.

REUTER, Fritz: Wormser Stadtmusikanten im 18. Jahrhundert. In: Archiv für hessische Geschichte und Altertumskunde N.F. 32 (1974), S. 257–282.

REUTER, Fritz: Warmaisa. 1000 Jahre Juden in Worms. Frankfurt am Main [2]1987.

REUTER, Fritz: Die Dalberg in Worms und Herrnsheim. In: Spies, Hans-Bernd (Hrsg.): Carl von Dalberg 1744–1817. Beiträge zu seiner Biographie. Aschaffenburg 1994, S. 263–279.

REUTER, Fritz: Warmaisa – das jüdische Worms. Von den Anfängen bis zum jüdischen Museum des Isidor Kiefer (1924). In: Bönnen, Gerold (Hrsg.): Geschichte der Stadt Worms. Stuttgart 2005, S. 664–690.

REVES, Christiane: Von Kaufleuten, Stuckateuren und Perückenmachern. Die Präsenz von Italienern im Mainz im 17. und 18. Jahrhundert. In: Matheus, Michael/Rödel, Walter G. (Hrsg.): Bausteine zur Mainzer Stadtgeschichte. Stuttgart 2002 (Geschichtliche Landeskunde, 55), S. 135–160.

RIEDEL, Kerstin/SCHMITT, Sigrid (Hrsg.): Das Protokollbuch des Niersteiner Rittergerichts (1654–1661). Darmstadt 1999 (Quellen und Forschungen zur hessischen Geschichte, 122).

RIESBECK, Johann Kaspar: Briefe eines reisenden Franzosen über Deutschland an seinen Bruder zu Paris. 2 Bde. Zürich 1783.

RITTER, Ernst: Landgraf Ernst von Hessen Rheinfels (1623–1693). Konversion und Irenik als politische Faktoren. In: Klueting, Harm (Hrsg.): Irenik und Antikonfessionalismus im 17. und 18. Jahrhundert. Hildesheim u. a. 2003 (Hildesheimer Forschungen, 2), S. 117–140.

RÖDEL, Walter G.: Mainz und seine Bevölkerung im 17. und 18. Jahrhundert. Demographische Entwicklung, Lebensverhältnisse und soziale Strukturen in einer geistlichen Residenzstadt. Stuttgart 1985 (Geschichtliche Landeskunde, 28).

RÖDEL, Walter G.: Kurmainz: Residenzen und Hofordnungen. In: Kruse, Holger (Hrsg.): Höfe und Hofordnungen. Sigmaringen 1999 (Residenzenforschung, 10), S. 285–300.

ROLL, Christine: Das Zweite Reichsregiment 1521–1530. Köln u.a 1996 (Schriften zur deutschen Rechtsgeschichte, 15).

ROMMEL, Martina: Die Wormser und ihre Stadt 1750–1875. Demographische, soziale und konfessionelle Aspekte des Wandels von der Ackerbürger- zur Fabrikarbeiterstadt. Darmstadt 1996 (Quellen und Forschungen zur hessischen Geschichte, 107).

ROSSEAUX, Ulrich: Das Reich und seine Territorialstaaten als Kommunikationsraum im frühen 17. Jahrhundert. In: Blätter für deutsche Landesgeschichte 137 (2001), S. 73–99.

ROTH SCHRECKENSTEIN, Karl Heinrich Leopold Eusebius von: Geschichte der ehemaligen freien Reichsritterschaft in Schwaben, Franken und am Rheinstrome. Bd. 2: Vom Jahre 1437 bis zur Aufhebung der Reichsritterschaft. Tübingen 1871 (Nachdruck Neustadt an der Aisch 1998).

RUMMEL, Walter: Bauern, Herren und Hexen. Studien zur Sozialgeschichte sponheimischer und kurtrierischer Hexenprozesse 1574–1664. Göttingen 1991 (Kritische Studien zur Geschichtswissenschaft, 94).

RUMMEL, Walter: Verletzung von Körper, Ehre und Eigentum. Varianten im Umgang mit Gewalt in Dörfern des 17. Jahrhunderts. In: Blauert, Andreas/Schwerhoff, Gerd (Hrsg.): Mit den Waffen der Justiz. Zur Kriminalitätsgeschichte des späten Mittelalters und der Frühen Neuzeit. Frankfurt am Main 1993, S. 86–114.

SALM-SALM, Emanuel Prinz zu: Die Entstehung des fürstlich Salm-Salm schen Fideikommisses unter besonderer Berücksichtigung der vor den höchsten Reichsgerichten geführten Prozesse bis zum Pariser Brüdervergleich vom 5. Juli 1771. Münster u. a. 1996 (Ius vivens, Abteilung B, Rechtsgeschichtliche Abhandlungen, 3).

SAUNDERS, Timothy G.: Familie, Fortpflanzung und Bevölkerungsentwicklung im Hunsrück. Eine historisch-demographische Untersuchung der Lebensverhältnisse und gesellschaftlichen Strukturen in Kirchberg, Kastellaun und Gemünden 1650–1800. Frankfurt am Main 1995.

SCHAAB, Meinrad: Geschichte der Kurpfalz. Bd. 2: Neuzeit. Stuttgart 1992.

SCHAAB, Meinrad: Hochstift Worms (Geistliche Territorien). In: Ders./Klein, Michael (Hrsg.): Handbuch der baden-württembergischen Geschichte. Bd. 2: Die Territorien im Alten Reich. Stuttgart 1995 (Veröffentlichung der Kommission für Geschichtliche Landeskunde in Baden-Württemberg), S. 505–512.

SCHÄFER, Regina: Stadthöfe des ritterschaftlichen Adels. In: Andermann, Kurt (Hrsg.): Rittersitze. Facetten adligen Lebens im Alten Reich. Tübingen 2002 (Kraichtaler Kolloquien, 3), S. 45–70.

SCHEURMANN, Ingrid (Hrsg.): Frieden durch Recht. Das Reichskammergericht von 1495 bis 1806. Mainz 1994.

SCHICHTEL, Peter: Zunftrecht im Herzogtum Pfalz-Zweibrücken im 18. Jahrhundert In: Konersmann, Frank/Ammerich, Hans (Hrsg.): Historische Regionalforschung im Aufbruch. Studien zur Geschichte des Herzogtums Pfalz-Zweibrücken anlässlich seines 600. Gründungsjubiläums. Speyer 2010 (Veröffentlichungen der Pfälzischen Gesellschaft zur Förderung der Wissenschaften, 107), S. 229–245.

SCHINDLING, Anton/ZIEGLER, Walter (Hrsg.): Die Territorien des Reiches im Zeitalter der Reformation und Konfessionalisierung. Land und Konfession 1500–1650. Bd. 4: Mittleres Deutschland. Münster 1992 (Katholisches Leben und Kirchenreform im Zeitalter der Glaubensspaltung, 52).

SCHINDLING, Anton/ZIEGLER, Walter (Hrsg.): Die Territorien des Reiches im Zeitalter der Reformation und Konfessionalisierung. Land und Konfession 1500–1650. Bd. 5: Der Südwesten. Münster 1993 (Katholisches Leben und Kirchenreform im Zeitalter der Glaubensspaltung, 53).

SCHINDLING, Anton: Die Anfänge des immerwährenden Reichstags, Ständevertretung und Staatskunst nach dem Westfälischen Frieden. Mainz 1991 (Veröffentlichungen des Instituts für Europäische Geschichte Mainz, Abteilung für Universalgeschichte, 143; Beiträge zur Sozial- und Verfassungsgeschichte des Alten Reiches, 11).

SCHINDLING, Anton: Bildung und Wissenschaft in der Frühen Neuzeit 1650–1800. München 1994 (Enzyklopädie deutscher Geschichte, 30).

SCHLÖSSER, Susanne: Der Mainzer Erzkanzler im Streit der Häuser Habsburg und Wittelsbach um das Kaisertum 1740–1745. Stuttgart 1986 (Geschichtliche Landeskunde, 29).

SCHLUNDT, Rainer: »Und hat sich das Ertz wol erzaiget«. Nordpfälzer Bergbau der Herzöge von Zweibrücken-Veldenz im 15. und 16. Jahrhundert. Speyer 1982.

SCHLUNDT, Rainer: Die Grafschaft Falkenstein in der Nordpfalz. In: Nordpfälzer Geschichtsverein 65 (1985), S. 73–91.

SCHLUNDT, Rainer: Licht und Schatten. Zum Verhältnis von Bergbau und Herrschaft in Pfalz-Zweibrücken. In: Konersmann, Frank/Ammerich, Hans (Hrsg.): Historische Regionalforschung im Aufbruch. Studien zur Geschichte des Herzogtums Pfalz-Zweibrücken anlässlich seines 600. Gründungsjubiläums. Speyer 2010 (Veröffentlichungen der Pfälzischen Gesellschaft zur Förderung der Wissenschaften, 107), S. 189–208.

SCHLÜTER, Roland: Calvinismus am Niederrhein. Reformierte Kirchenzucht in der Grafschaft Wied-Neuwied 1648–1806. Köln u. a. 2010 (Rechtsgeschichtliche Schriften, 26).

SCHMAHL, Helmut: Radikalpietisten in der atlantischen Welt: Die Auswanderung der Gimbsheimer »Erweckten« nach Ephrata/Pennsylvania in den Jahren 1749 und 1751. In: Mitteilungsblatt zur rheinhessischen Landeskunde N.F. 7 (2005), S. 17–36.

SCHMAHL, Helmut: Aufbruch nach Amerika: Die deutsche und rheinland-pfälzische Nordamerikaauswanderung im 18. und 19. Jahrhundert. In: Präsident des Landtags Rheinland-Pfalz (Hrsg.): Auswanderung nach Amerika. Mainz 2009, S. 91–134.

SCHMID, Wolfgang: Bevölkerungsentwicklung, Wirtschafts- und Sozialstruktur der Städte Kusel, Meisenheim und Zweibrücken in der frühen Neuzeit. In: Konersmann, Frank/Ammerich, Hans (Hrsg.): Historische Regionalforschung im Aufbruch. Studien zur Geschichte des Herzogtums Pfalz-Zweibrücken anlässlich seines 600. Gründungsjubiläums. Speyer 2010 (Veröffentlichungen der Pfälzischen Gesellschaft zur Förderung der Wissenschaften, 107), S. 83–105.

SCHMIDT, Georg: Der Städtetag in der Reichsverfassung. Eine Untersuchung zur korporativen Politik der Freien und Reichsstädte in der ersten Hälfte des 16. Jahrhunderts. Wiesbaden 1984 (Veröffentlichungen des Instituts für Europäische Geschichte Mainz, Abteilung Universalgeschichte, 113; Beiträge zur Sozial- und Verfassungsgeschichte des Alten Reiches, 5).

SCHMIDT, Georg: Der Wetterauer Grafenverein. Organisation und Politik einer Reichskorporation zwischen Reformation und Westfälischem Frieden. Marburg 1989 (Veröffentlichungen der Historischen Kommission für Hessen, 52).

SCHMIDT, Hans: Kurfürst Karl Philipp von der Pfalz als Reichsfürst. Mannheim 1963 (Forschungen zur Geschichte Mannheims und der Pfalz N.F., 2).

SCHMIDT, Jürgen M.: Glaube und Skepsis. Die Kurpfalz und die abendländische Hexenverfolgung 1446–1685. Bielefeld 2000 (Hexenforschung, 5).

SCHMITT, Friedrich: Geschichte des Weinbaus an der Nahe. Wiesbaden 2004.

SCHMITT, Sigrid (Hrsg.): Ländliche Rechtsquellen aus den kurmainzischen Ämtern Olm und Algesheim. Stuttgart 1996 (Geschichtliche Landeskunde, 44).

SCHMITT, Sigrid: Territorialstaat und Gemeinde im kurpfälzischen Oberamt Alzey. Vom 14. bis zum Ausgang des 17. Jahrhunderts. Stuttgart 1992 (Geschichtliche Landeskunde, 38).

SCHMITT, Sigrid: Landgemeinde im Territorialstaat. Ein Vergleich der linksrheinischen Gemeinden in Kurmainz, Kurtrier und Kurpfalz unter besonderer Berücksichtigung der Kurmainzer Ämter Olm und Algesheim. In: Dotzauer, Winfried (Hrsg.): Landesgeschichte und Reichsgeschichte. Festschrift Alois Gerlich. Stuttgart 1995 (Geschichtliche Landeskunde, 42), S. 213–233.

SCHNABEL-SCHÜLE, Helga: Die Reformation 1495–1555. Politik mit Theologie und Religion. Stuttgart 2006.

SCHNEIDER, Bernhard/PERSCH, Martin (Hrsg.): Geschichte des Bistums Trier. Bd. 3: Kirchenreform und Konfessionsstaat 1500–1801. Trier 2010 (Veröffentlichungen des Bistumsarchivs Trier, 37).

SCHNEIDER, Bernhard: Wallfahrtskritik im Spätmittelalter und in der »Katholischen Aufklärung«. Beobachtungen zu Kontinuität und Wandel. In: Ders. (Hrsg.): Wallfahrt und Kommunikation. Kommunikation über Wallfahrt. Mainz 2004 (Quellen und Abhandlungen zur mittelrheinischen Kirchengeschichte, 109), S. 281–316.

SCHNEIDER, Daniel: Die Landstände in der Grafschaft Sayn sowie Sayn-Altenkirchen und Sayn-Hachenburg. In: Jahrbuch für westdeutsche Landesgeschichte 33 (2007), S. 213–229.

SCHNEIDER, Konrad: Geschichte des Wild- und Rheingräflichen Hauses, Volkes und Landes auf dem Hundsrücken. Ein Versuch in 10 Büchern zusammengestellt. Kreuznach 1854 (Nachdruck Birkenfeld 1926 [Bilder aus der heimischen Vergangenheit, 2/12]).

SCHNEIDER, Konrad: Die Münz- und Währungspolitik des Oberrheinischen Reichskreises im 18. Jahrhundert. Koblenz 1995 (Veröffentlichung der Gesellschaft für Historische Hilfswissenschaften, 4).

SCHNEIDER, Reinhard: Der Dalberger Hof in Mainz und sein Architekt Caspar Herwartel 1675–1720. Idee und Gestalt eines barocken Stadtpalastes. Worms 1986.

SCHNETTGER, Matthias: Der Reichsdeputationstag 1655–1663. Kaiser und Stände zwischen Westfälischem Frieden und Immerwährendem Reichstag. Münster 1994 (Schriftenreihe der Vereinigung zur Erforschung der Neueren Geschichte e.V., 24).

SCHNETTGER, Matthias: Im Schatten der Mediatisierung. Zur Reform(un)fähigkeit deutscher und italienischer Kleinstaaten in der Frühen Neuzeit. In: Historisches Jahrbuch 128 (2008), S. 25–53.

SCHNETTGER, Matthias: Lehnswesen. In: Jaeger, Friedrich (Hrsg.): Enzyklopädie der Neuzeit, Bd. 7. Stuttgart 2008, Sp. 758–766.

SCHNUR, Roman: Der Rheinbund von 1658 in der deutschen Verfassungsgeschichte. Bonn 1955 (Rheinisches Archiv, 47).

SCHREINER, Gisela: Mädchenbildung in Kurmainz im 18. Jahrhundert unter besonderer Berücksichtigung der Residenzstadt. Stuttgart 2007 (Geschichtliche Landeskunde, 65).

SCHRENCK, Elke von/SIMON, Anja: »Doch alles zog das Mainzer Theater im großen Stadtschauspielhause vor«. Erste Aufführungen von Mozarts Così fan tutte im Rhein-Main-Gebiet. In: Mitteilungen der Arbeitsgemeinschaft für Mittelrheinische Musikgeschichte 67/68 (1997), S. 389–400.

SCHRÖDER-LEMBKE, Gertrud: Wesen und Verbreitung der Zweifelderwirtschaft. In: Dies.: Studien zur Agrargeschichte. Stuttgart 1978, S. 31–48.

SCHÜTTE, Ludwig: Die Kriegsereignisse in der Pfalz im Jahr 1793. Nach zeitgenössischen Presseberichten und Archivalien. In: Mitteilungen des Historischen Vereins der Pfalz 74 (1976), S. 75–100.

SCHÜTZ, Friedrich/DUMONT, Franz: Deutsche Jakobiner. Mainzer Republik und Cisrhenanen 1792–1798. 3 Bde. Mainz [2]1982.

SCHÜTZ, Friedrich: Magenza. Das jüdische Mainz. In: Dumont, Franz/Scherf, Ferdinand/Ders. (Hrsg.): Mainz. Die Geschichte der Stadt. Mainz [2]1999, S. 679–702.

SCHUHMANN, Günther: Die Markgrafen von Brandenburg-Ansbach in Sayn-Altenkirchen 1741-1791. In: Jahrbuch für fränkische Landesforschung 53 (1992), S. 265–281.

SCHULZE, Winfried: Die ständische Gesellschaft des 17. und 18. Jahrhunderts als Problem von Statik und Dynamik. In: Schulze, Winfried (Hrsg.): Ständische Gesellschaft und soziale Mobilität. München 1988 (Schriften des Historischen Kollegs, Kolloquien, 12), S. 1–18.

SCHUNK, Erich: Französische Revolution und pfälzischer Protestantismus. St. Ingbert 1992 (Saarbrücker Hochschulschriften, 19).

SCHWEIGARD, Jörg: Die Liebe zur Freiheit ruft uns an den Rhein. Aufklärung, Reform und Revolution in Mainz. Gernsbach 2005.

SCHWIND, Werner: Aus der Geschichte der Grafschaft Manderscheid-Gerolstein. Zerstörung von Schloss und Stadt Gerolstein im Rheinischen Krieg (1688–1697) und die Folgen. Das letzte Jahrzehnt der Grafschaft, Gerolsteiner Schulden und das weitere Schicksal der Schlossruine sowie der übrigen gräflichen Güter. In: Böffgen, Karl-Heinz (Hrsg.): Gerolstein, Bd. 2. Gerolstein 2003 (Ortschroniken des Trierer Landes, 38), S. 251–323.

SECKENDORFF, Veit Ludwig von: Teutscher Fürsten-Staat. Jena 1737 (Nachdruck Aalen 1972).

SEHLING, Emil (Hrsg.): Die evangelischen Kirchenordnungen des 16. Jahrhunderts. Bd. 18: Rheinland-Pfalz I, bearb. von Thomas Bergholz. Tübingen 2006.

SELLIN, Volker: Die Finanzpolitik Karl Ludwigs von der Pfalz. Staatswirtschaft im Wiederaufbau nach dem Dreißigjährigen Krieg. Stuttgart 1978.

SENG, Eva-Maria: Modern oder gothisch – gothisch und antique Architectur vermischt. Die Vorschläge zu Wiederaufbau und Rekonstruktion des Speyrer Doms 1771. In: Hubach, Hanns u. a. (Hrsg.): Reibungspunkte. Ordnung und Umbruch in Architektur und Kunst. Festschrift Hubertus Günther. Petersberg 2008, S. 241–251.

SENG, Eva-Maria: Dom zu Mainz (Kat.-Nr. 2.8). In: Nerdinger, Winfried (Hrsg.): Geschichte der Rekonstruktion. Konstruktion der Geschichte. München, Berlin 2010, S. 228–229.

SENG, Eva-Maria: Dom zu Speyer (Kat. Nr. 2.9). In: Nerdinger, Winfried (Hrsg.): Geschichte der Rekonstruktion. Konstruktion der Geschichte. München, Berlin 2010, S. 229–232.

SENG, Eva-Maria: Rekonstruktionen von Kontinuität zwischen 1600 und 1800: Überbrückung der durch Politik, Religion und Krieg verursachten Zäsuren. In: Nerdinger, Winfried (Hrsg.): Geschichte der Rekonstruktion. Konstruktion der Geschichte. München, Berlin 2010, S. 78–95.

SPIES, Hans-Bernd (Hrsg.): Die Schlacht bei Dettingen 1743. Aschaffenburg 1993 (Veröffentlichungen des Geschichts- und Kunstvereins Aschaffenburg, 38).

SPIESS, Pirmin: Die Gerichtsordnung von 1536. In: Konersmann, Frank/Ammerich, Hans (Hrsg.): Historische Regionalforschung im Aufbruch. Studien zur Geschichte des Herzogtums Pfalz-Zweibrücken anlässlich seines 600. Gründungsjubiläums. Speyer 2010 (Veröffentlichungen der Pfälzischen Gesellschaft zur Förderung der Wissenschaften, 107), S. 247–272.

SPILLE, Irene/BÖCHER, Otto: Baugeschichte und Baudenkmäler. In: Bönnen, Gerold (Hrsg.): Geschichte der Stadt Worms. Stuttgart 2005, S. 735–792.

SPRINGER, Klaus-Bernward: Illuminaten, Freimaurer und Dalberg – ein Beitrag zu dynamischen Wissensräumen und zur Buchlandschaft der Aufklärung am Beispiel der kurmainzischen Städte Erfurt und Mainz. In: Ludscheidt, Michael (Hrsg.): Aufklärung in der Dalbergzeit. Literatur, Medien und Diskurse in Erfurt im späten 18. Jahrhundert. Erfurt 2006 (Schriften der Bibliothek des evangelischen Ministeriums Erfurt, 1), S. 201–244.

STAMER, Ludwig: Kirchengeschichte der Pfalz. Teil 3, 2. Hälfte: Von der Reform zur Aufklärung Ende der mittelalterlichen Diözesen. Speyer 1959.

STANJURA, Manfred (Hrsg.): Revolutionäre Reden und Flugschriften im rheinisch-pfälzischen Raum (1791–1801). Studien zu literarischen Formen jakobinischer Agitation in Worms, Speyer, Landau, Frankenthal, Bergzabern und Zweibrücken/Blieskastel. 2 Bde. St. Ingbert 1997 (Saarbrücker Beiträge zur Literaturwissenschaft, 58).

STAUSBERG, Leo: Ländchen Breisig und Fürstentum Essen. Heimatgeschichtliche Studie. Niederbreisig 1963.

STÖRKEL, Arno: Das Kurmainzer Militär beim Ausbruch der Französischen Revolution. In: Mainzer Zeitschrift 84/85 (1989/90), S. 143–166.

STOLLBERG-RILINGER, Barbara: Vormünder des Volkes? Konzepte landständischer Repräsentation in der Spätphase des Alten Reiches. Berlin 1999 (Historische Forschungen, 64).

STOLLBERG-RILINGER, Barbara: Das Heilige Römische Reich deutscher Nation. Vom Ende des Mittelalters bis 1806. München ^{2}2006.

STORTO, Fred: Oranienstein. Barockschloß an der Lahn. Geschichte eines Stammschlosses des Niederländischen Königshauses. Koblenz 1986.

STRUCK, Wolf Heino (Bearb.): Quellen zur Geschichte der Klöster und Stifte im Gebiet der mittleren Lahn bis zum Ausgang des Mittelalters, Bd. 3. Wiesbaden 1961 (Veröffentlichungen der Historischen Kommission für Nassau, 12).

STUCK, Kurt: Verwaltungspersonal im Herzogtum Zweibrücken. Regierungszentrale Zweibrücken. Oberämter Bergzabern, Kusel, Meisenheim, Zweibrücken. Ikonographie der herzoglichen Familien. Ludwigshafen 1993 (Schriften zur Bevölkerungsgeschichte der pfälzischen Lande, 15).

TEWES, Götz-Rüdiger: Die römische Kurie und die europäischen Länder am Vorabend der Reformation. Tübingen 2001 (Bibliothek des Historischen Instituts in Rom, 95).

TILGNER, Hilmar: Lesegesellschaften an Mosel und Mittelrhein im Zeitalter des aufgeklärten Absolutismus. Stuttgart 2001 (Geschichtliche Landeskunde, 52).

TILGNER, Hilmar: Die Adelsreise im Kontext aufgeklärter Reformpolitik (1765–1800). In: Rees, Joachim/Siebers, Winfried/Ders. (Hrsg.): Europa-Reisen politisch-sozialer Eliten im 18. Jahrhundert. Theoretische Neuorientierung – kommunikative Praxis – Kultur- und Wissenstransfer. Berlin 2002, S. 41–66.

TODT, Sabine: Kleruskritik, Frömmigkeit und Kommunikation in Worms im Mittelalter und in der Reformationszeit. Stuttgart 2005 (Beiträge zu Wirtschafts- und Sozialgeschichte, 103).

TRAUTH, Michael: Eine Begegnung von Wissenschaft und Aufklärung. Die Universität Trier im 18. Jahrhundert. Trier 2000.

TROSSBACH, Werner/ZIMMERMANN, Clemens: Die Geschichte des Dorfes. Von den Anfängen im Frankenreich zur bundesdeutschen Gegenwart. Stuttgart 2006.

TROSSBACH, Werner: Fürstenabsetzungen im 18. Jahrhundert. In: Zeitschrift für Historische Forschung 13 (1986), S. 425–454.

TROSSBACH, Werner: Der Schatten der Aufklärung. Bauern, Bürger und Illuminaten in der Grafschaft Wied-Neuwied. Fulda 1991.

TROUET, Dorothe: Die Modernisierung des Trierer Kurfürstlichen Palastes unter Johann Philipp von Walderdorff (1756–68) und seinem Architekten Johannes Seitz. In: von Hahn, Stephanie/Sprenger, Michael H. (Hrsg.): Herrschaft – Architektur – Raum. Festschrift Ulrich Schütte. Berlin 2008, S. 147–164.

TULLIUS, Wilhelm: Die wechselvolle Geschichte des Hauses Wied. Neuwied [2]2003 (Schriftenreihe über die Geschichte der Stadt Neuwied, 1).

ULLMANN, Hans-Peter: Die Entstehung des modernen Baden an der Wende vom 18. zum 19. Jahrhundert. In: Zeitschrift für die Geschichte des Oberrheins 140 (1992), S. 287–302.

VIERBUCHEN, Erich: Die Herzöge von Sachsen-Eisenach als Landesherren der Grafschaft Sayn-Altenkirchen 1661 bis 1741. In: Siegerland 58 (1981), S. 176–183.

VOLK, Otto: Wirtschaft und Gesellschaft am Mittelrhein vom 12. bis zum 16. Jahrhundert. Wiesbaden 1998 (Veröffentlichungen der Historischen Kommission für Nassau, 63).

VOLTMER, Rita: Die Hexenverfolgungen im Raum des Erzbistums Trier (15.–17. Jahrhundert) – Strukturen und Deutungen. In: Schneider, Bernhard/Persch, Martin (Hrsg.): Geschichte des Bistums Trier. Bd. 3: Kirchenreform und Konfessionsstaat 1500–1801. Trier 2010 (Veröffentlichungen des Bistumsarchivs Trier, 37), S. 709–749.

WAGNER, Günter: Die Musikerfamilie Ganz aus Weisenau. Ein Beitrag zur Musikgeschichte der Juden am Mittelrhein. Mainz 1974.

WAGNER, Günter: Musik in Mainz um 1800. In: Jamme, Christoph/Pöggeler, Otto (Hrsg.): Mainz – »Centralort des Reiches«. Politik, Literatur und Philosophie im Umbruch der Revolutionszeit. Stuttgart 1986 (Deutscher Idealismus, 11), S. 295–320.

Wahlkapitulation Leopold des ersten erwählten Römischen Kaisers auffgericht zu Frankfurt a. M. im Monat Julio des 1658. Jahrs. Frankfurt am Main 1658. URL: http://reader.digitale-sammlungen.de/de/fs1/object/display/bsb10518459_00001.html [26.09.2011].

WARMBRUNN, Paul: Pfalz-Zweibrücken, Zweibrückische Nebenlinien. In: Schindling, Anton/Ziegler, Walter (Hrsg.): Die Territorien des Reichs im Zeitalter der Reformation und Konfessionalisierung. Land und Konfession 1500–1650. Bd. 6: Nachträge. Münster 1996 (Katholisches Leben und Kirchenreform im Zeitalter der Glaubensspaltung, 56), S. 170–197.

WEBER, Friedrich Wilhelm: Das pfälzische Adelsgeschlecht der Kolbe von Wartenberg. Abstammung, Besitz- und Herrschaftsrechte in der nachmittelalterlichen Zeit. Mit einer ausführlichen Würdigung des preußischen Erstministers Johann Casimir Kolb von Wartenberg. Kaiserslautern 1955.

WEBER, Hermann: Frankreich, Kurtrier, der Rhein und das Reich 1623–1635. Bonn 1969 (Pariser Historische Studien, 9).

WEIDMANN, Werner: Die pfälzische Landwirtschaft zu Beginn des 19. Jahrhunderts. Von der Französischen Revolution bis zum Deutschen Zollverein. Saarbrücken 1968.

WEIS, Eberhard: Der aufgeklärte Absolutismus in den mittleren und kleinen deutschen Staaten. In: Ders.: Deutschland und Frankreich um 1800. Aufklärung – Revolution – Reform, hrsg. von Walter Demel und Bernd Roeck. München 1990, S. 28–45.

WEX, Reinhold: Stilverspätete Kleinbürger oder Freiheit und Zitat? Die Dreifaltigkeitskirche und der Wiederaufbau der Stadt Speyer im 18. Jahrhundert. In: Marburger Jahrbuch für Kunstwissenschaft 22 (1989), S. 113–120.

WIDMAIER, Tobias: Westpfälzer Wandermusiker: Ein Beitrag zur musikalischen Migrationsforschung. In: Jahrbuch des Deutschen Volksliedarchivs 52 (2007) (Lied und populäre Kultur/Song and Popular Culture), S. 155–168.

WILD, Klaus Eberhard: Die Hintere Grafschaft Sponheim als pfälzisch-badische Gemeinherrschaft (1437–1776). In: Mitteilungen des Vereins für Heimatkunde im Landkreis Birkenfeld und der Heimatfreunde Oberstein 35 (1972), S. 3–32.
WILD, Klaus Eberhard: Die Restherrschaft Oberstein unter den Grafen von Limburg-Styrum und kurtrierischer Verwaltung (2. Hälfte des 18. Jahrhunderts). In: Mitteilungen des Vereins für Heimatkunde im Landkreis Birkenfeld 77 (2003), S. 112–128.
WILHELM, Andreas: Nassau-Weilburg 1648–1806. Territorialverfassung und Reichsrechtsordnung. Wiesbaden 2007 (Veröffentlichungen der Historischen Kommission für Nassau, 77).
WILHELM, Andreas: Nassau-Weilburg als Reichsdebitkommissar in Sachen des Wild- und Rheingrafen Carl Magnus zu Rheingrafenstein (1768–1784). In: Mitteilungen des Historischen Vereins der Pfalz 106 (2008), S. 371–394.
WINKELMANN-HOLZAPFEL, Brigitte: Besitzungen und Organisation der Reichsritterschaft im hessischen Raum am Ende des Alten Reiches. In: Hessisches Jahrbuch für Landesgeschichte 11 (1961), S. 136–226.
WINTERFELD, Dethard von: 1689–1957 – Zweieinhalb Jahrhunderte Denkmalpflege am Dom in Speyer. In: Deutsche Kunst und Denkmalpflege 44 (1986), S. 148–58.
WINTERFELD, Dethard von: Reste des Mittelalters mussten weichen. In: Mainzer Denkmal Netzwerk (Hrsg.): Das Kurfürstliche Schloss in Mainz. Bodenheim 2007, S. 36–39.
WINTERHAGER, Wilhelm Ernst: Ablaßkritik als Indikator historischen Wandels vor 1517: Ein Beitrag zu Voraussetzungen und Einordnung der Reformation. In: Archiv für Reformationsgeschichte 90 (1999), S. 6–71.
WINTERHAGER, Wilhelm Ernst: Das Haus Brandenburg und die französische Kaiserkandidatur 1519. Neue Dokumente zur Rolle der Kurfürsten von Brandenburg und Mainz im Kaiserwahlkampf zwischen Habsburg und Frankreich. In: Externbrink, Sven (Hrsg.): Formen internationaler Beziehungen in der Frühen Neuzeit. Berlin 2001 (Historische Forschungen, 71), S. 299–334.
WISCHEMANN, Rüdiger: Letzte Belagerung der Festung Ehrenbreitstein. Die kurtrierischen Truppen in den Revolutionskriegen und die Belagerung der kurtrierischen, kaiserlichen und Reichsfestung Ehrenbreitstein durch die französischen Revolutionstruppen 1795 bis 1799. Berlin 2003 (Wissenschaft und Technik, 15).
WITTMER, Heike: Das Hanauer Land und seine Herrscher. In: Jahrbuch des Historischen Vereins Pirmasens 12 (2004), S. 104–115.
WOLF, Peter (Hrsg.): Der Winterkönig – Friedrich V., der letzte Kurfürst aus der oberen Pfalz. München 2003 (Veröffentlichungen zur bayerischen Geschichte und Kultur, 46).
WOLGAST, Eike: Konfessionsbestimmte Faktoren der Reichs- und Außenpolitik der Kurpfalz 1559–1620. In: Schilling, Heinz (Hrsg.): Konfessioneller Fundamentalismus. München 2007 (Schriften des Historischen Kollegs, Kolloquien, 70), S. 167–187.
WOLGAST, Eike: Kurpfalz, geistliche Fürstentümer. In: Schilling, Heinz (Hrsg.): Der Augsburger Religionsfrieden. Gütersloh 2007 (Schriften des Vereins für Reformationsgeschichte, 206), S. 213–238.
WOLGAST, Eike: Die reformatorische Bewegung in der Kurpfalz bis zum Regierungsantritt Ottheinrichs 1556. In: Wennemuth, Udo (Hrsg.): 450 Jahre Reformation in Baden und Kurpfalz. Stuttgart 2009 (Veröffentlichungen zur badischen Kirchen- und Religionsgeschichte, 1), S. 25–44.
WREDE, Martin: Absolutismus. In: Jaeger, Friedrich (Hrsg.): Enzyklopädie der Neuzeit, Bd. 1. Stuttgart 2005, Sp. 24–34.
WYSOCKI, Josef: Kurmainz und die Reunionen. Die Beziehungen zwischen Frankreich und Kurmainz von 1679 bis 1688. Diss. phil. Mainz 1961.

ZAHLER, Ursula: Das kurfürstliche Schloß zu Mainz. Studien zur Bau- und Stilgeschichte. St. Ingbert 1988 (Saarbrücker Hochschulschriften, Kunstgeschichte, 8).
ZELTER, Tobias: Mont Royal – die unvollendete Festungsstadt. Wittlich 2007.
ZEUMER , Karl (Hrsg.): Quellensammlung zur Geschichte der Deutschen Reichsverfassung in Mit-

telalter und Neuzeit. Teil 2: Von Maximilian I. bis 1806. Tübingen [2]1913 (Nachdruck Aalen 1987) (Quellensammlungen zum Staats-, Verwaltungs- und Völkerrecht, 2).
ZIMMERMANN, Johann Friedrich Stephan: Ritterliche Ganerbschaften in Rheinhessen. Diss. phil. Mainz 1956/Oppenheim 1957.
ZSCHUNKE, Peter: Konfession und Alltag in Oppenheim. Beiträge zur Geschichte von Bevölkerung und Gesellschaft einer gemischtkonfessionellen Kleinstadt in der Frühen Neuzeit. Wiesbaden 1984 (Veröffentlichungen des Instituts für Europäische Geschichte Mainz, Abteilung für Abendländische Religionsgeschichte, 115).

Personenregister

Das Personenregister umfasst all diejenigen Personen, die in direkter Form im Text erwähnt werden. Indirekte Nennungen (z. B. »der letzte Trierer Erzbischof «) wurden dann im Register aufgenommen, wenn der Name der Person zu erschließen war (hier: »Clemens Wenzeslaus von Sachsen«).

Vertreter von Herrschaftshäusern zur Zeit ihrer Regentschaft werden nach dem Vornamen ausgewiesen (z. B. »Friedrich V. von der Pfalz«).

Ortsregister

Das Ortsregister wurde für die Orte im Gebiet des heutigen Rheinland-Pfalz auf der Grundlage des amtlichen Gemeindeverzeichnisses von Rheinland-Pfalz von 2006 erstellt. Vormals selbständige Gemeinden wurden daher ihrer heutigen Zugehörigkeit zugeordnet. Querverweise erlauben ihre Erschließung.

Das Ortsverzeichnis listet nur direkte Nennungen auf. Ortsnamen in den Karten sind nicht erfasst.

Verzeichnis der Autorinnen und Autoren

Dr. phil. Dr. rer. nat. Axel von Berg,
geb. 1961 in Mayen/Eifel; Studium der Urgeschichte, Vor- und Frühgeschichte, Anthropologie und Geologie an den Universitäten Marburg, Köln und Frankfurt; Leiter der Außenstelle Koblenz der Landesarchäologie Rheinland-Pfalz, GDKE; Arbeitsschwerpunkt: Erforschung und Sicherung der archäologischen Hinterlassenschaften im nördlichen Rheinland-Pfalz im Rahmen der Archäologischen Denkmalpflege; Spezialgebiete: Paläoanthropologie, Altsteinzeit, Jungsteinzeit und die vorgeschichtlichen Metallzeiten; Fachreferent für paläolithische Funde und anthropologische Überreste in Rheinland-Pfalz.

Prof. Dr. Gerold Bönnen,
geb. 1964 in Wilhelmshaven; 1984–1989 Studium der Geschichte, Germanistik und Politikwissenschaft an der Universität Trier; 1990–1994 Wiss. Mitarbeiter am DFG-Sonderforschungsbereich 235 an der Universität Trier; 1993 Promotion in Trier mit einer Arbeit zur vergleichenden Stadtgeschichte des Mittelalters; 1994–1996 Archivreferendariat mit zweitem Staatsexamen (Detmold/Marburg); seit 1996 Leiter des Stadtarchivs Worms und des Jüdischen Museums Worms (Raschi-Haus); Forschungs- und Arbeitsschwerpunkte/Publikationen: Wormser und vergleichende Stadtgeschichte des Hoch- und Spätmittelalters, jüdische Geschichte, Geschichte geistlicher Institutionen, Wormser Zeitgeschichte, archivbezogene Publikationen.

Prof. Dr. Lukas Clemens,
geb. 1961; 1982–1991 Studium der Geschichte und Germanistik in Trier; 1991 Promotion an der Universität Trier; 1993–2004 Kustos am Rheinischen Landesmuseum Trier für die Referate Stadtarchäologie, Mittelalterarchäologie und nachantike Numismatik; 2000 Habilitation an der Johannes Gutenberg-Universität in Mainz; 2004 Professor für Mittelalterliche Geschichte und Historische Hilfswissenschaften an der Universität Trier; seit Februar 2008 Sprecher des Exzellenzclusters der Universitäten Trier und Mainz »Gesellschaftliche Abhängigkeiten und soziale Netzwerke«; Forschungsschwerpunkte: Sozial- und Wirtschafts- bzw. Technikgeschichte des Mittelalters sowie Mittelalterarchäologie.

Prof. Dr. Franz J. Felten,
geb. 1946 in Weiten/Saar; Studium der Geschichte und Romanistik in Saarbrücken und Paris; 1971 erstes Staatsexamen; 1972–1977 Wiss. Mitarbeiter an der Universität Saarbrücken; 1977 Promotion; 1977/78 Referendariat, 1978 zweites Staatsexamen für das Lehramt an Gymnasien; 1978/79 Studienassessor in Saarbrücken; 1979–1990 Wiss. Mitarbeiter und Hochschulassistent an der FU Berlin; 1990 Habilitation in Berlin; 1990–1991 Vertretung einer Professur für mittelalterliche Geschichte in Essen; 1991–1993 Oberassistent an der FU Berlin; 1993 Professur in Dresden; 1993–1997 Univ.-Prof. für mittelalterliche Geschichte an der Martin Luther-Universität Halle-Wittenberg; 1997–2011 Univ.-Prof. für mittelalterliche Geschichte an der Johannes Gutenberg-Universität Mainz; seit 2003 Leiter des Instituts für Geschichtliche Landeskunde an der Universität Mainz; 2005 Fellow im Institute of Advanced Study in Princeton; Gastprofessur an der Ecole Pratique des Hautes Etudes in Paris; 2008 Gastprofessor an der Universität Tokyo; Forschungsschwerpunkte: Grenzbereich von Politik-, Kirchen- und Sozialgeschichte, Männer und Frauen in der religiösen Bewegung und in den Orden des Mittelalters, Frühes Mittelalter, Papsttum in Avignon.

Dr. Karl-Josef Gilles,
geb. 1950 in Zell (Mosel); 1971–1978 Studium der Provinzialrömischen Archäologie, Vor- und Frühgeschichte und Alten Geschichte an den Universitäten Mainz und Frankfurt; seit 1978 Wiss. Mitarbeiter, ab 1986 Oberkustos am Rheinischen Landesmuseum Trier; Leitung zahlreicher Ausgrabungen, Konservierungen und Rekonstruktionen; 1990–1999 Lehrbeauftragter an der Universität Trier im Fach »Alte Geschichte«; ab 1993 auch Leiter des Münzkabinetts im Rheinischen Landesmuseum, zudem Deputierter des Landes Rheinland-Pfalz bei der Numismatischen Kommission der Länder der Bundesrepublik Deutschland; seit 1999 auch kommunalpolitisch tätig (Ortsvorsteher von Trier-Filsch, ab 2004 Stadtrat von Trier und seit 2009 Fraktionsvorsitzender); Forschungsschwerpunkte: (spät)römisches Militär- und Befestigungswesen, spätantike und frühmittelalterliche Numismatik, römischer Weinbau im Moseltal.

Holger Grewe M.A.,
geb. 1964 in Osnabrück; 1993 Magisterexamen im Fach Archäologie des Mittelalters und der Neuzeit an der Otto-Friedrich-Universität Bamberg; seit 1999 Leitung der Forschungsstelle Kaiserpfalz Ingelheim; 2005–2010 Lehrveranstaltung zur Mittelalterarchäologie am Institut für Vor- und Frühgeschichte der Johannes Gutenberg-Universität Mainz; Arbeits- und Interessenschwerpunkte: Archäologie der Spätantike und des Mittelalters, Architekturgeschichte.

Prof. Dr. Wolfgang Haubrichs,
geb. 1942 in Saarbrücken; 1961–1967 Studium der Germanistik und Geschichte in Bonn und Saarbrücken, 1967 Promotion; danach Stipendiat der DFG, 1969 Hochschulassistent, 1972 Assistenzprofessor, 1975 Habilitation in Saarbrücken; seit 1977 ebenda Univ.-Prof. für Sprachgeschichte und Deutsche Literatur des Mittelalters; Rufe nach Augsburg und Mainz; Gastprofessuren in Klagenfurt, Warschau, Sofia, Catania, L'Aquila, Salerno, Neapel, Hiroshima; Forschungsschwerpunkte: Literatur des frühen und hohen Mittelalters, Minnesang, Prosaroman der frühen Neuzeit, Sprachgeschichte der althochdeutschen Periode, Onomastik und sprachliche Interferenzforschung Germania-Romania.

Prof. Dr. Ernst-Dieter Hehl,
geb. 1944 in Selters (Westerwald); 1963–1968 Studium der Fächer Geschichte und Deutsch in Mainz und Freiburg im Breisgau; 1968 Staatsexamen, 1977 Promotion; 1969–1978 Wiss. Mitarbeiter am Historischen Seminar (Mittelalterliche Geschichte) der Universität Mainz, 1978–2009 an der Akademie der Wissenschaften und der Literatur Mainz (Projekt: Edition der Konzilien Deutschlands und Reichsitaliens 920–1022); 1991 Habilitation und danach selbständige Lehre am Historischen Seminar Mainz; 1998 Ernennung zum außerplanmäßigen Professor; Arbeitsgebiete: Politische und kirchliche Geschichte des Mittelalters (besonders ottonisch-salische Reichskirche, Kirche und Krieg, Kreuzzüge), Berichterstattung über das Schrifttum zur mittelalterlichen Geschichte am Rhein.

Dr. Hartwig Löhr,
geb. 1947 in Hamburg; Abitur am altsprachlichen Goethe-Gymnasium Stolberg (Rhld.); Studium der Ur- und Frühgeschichte, Geologie und Ethnologie in Köln und Tübingen mit Diplom- und Promotionsabschluss; Wiss. Mitarbeiter im DFG-Projekt zur Siedlungsgeschichte der Aldenhovener Platte im Rheinischen Braunkohlenrevier; seit 1980 Kustos, später Oberkustos, am Rheinischen Landesmuseum Trier mit den Schwerpunkten Stein- und Bronzezeit sowie Geoarchäologie.

Dr. Gunter Mahlerwein,
geb. 1961; Studium der Privatmusikerziehung am Konservatorium Wiesbaden; Studium der Mittleren und Neueren Geschichte, Musikwissenschaft und Kunstgeschichte an der Johannes Gutenberg-Universität Mainz; seit 1982 selbständiger Musiklehrer; 1996–1999 Stipendiat am Institut für Europäische Geschichte Mainz im Projekt »Eliten um 1800«; 2000 Promotion in Mainz; seit 2000 selbstständiger Historiker; seit 2009 Lehrbeauftragter bzw. Lehrkraft für besondere Aufgaben in

Mainz; seit 2011 Forschungsprojekt zur ländlichen Kulturgeschichte 1950–1980 an der Universität des Saarlandes; Forschungsschwerpunkte: Geschichte der ländlichen Gesellschaft 17.–20. Jh., Stadtgeschichte 17.–19. Jh., Bürgertumsgeschichte 19. Jh., Stadt-Land-Beziehungen 20. Jh.

Prof. Dr. Matthias Müller,
geb. 1963; Studium der Kunstgeschichte, Christlichen Archäologie, Byzantinischen Kunstgeschichte und Neueren Deutschen Literatur in Marburg, Berlin und Hamburg; 1992–1994 Promotionsstipendiat der Studienstiftung des deutschen Volkes; 1995 Promotion in Marburg; 1994–1995 Wiss. Volontär des Landesmuseums Koblenz; 1995–2001 Wiss. Assistent in Greifswald; 2001 Habilitation; 2002–2006 Lehrstuhlvertretung in Greifswald; seit 2006 Univ.-Prof. für Kunstgeschichte mit Schwerpunkt in Mittelalter und beginnender Früher Neuzeit in Mainz; Forschungsschwerpunkte: Formen der Bildlichkeit und Repräsentation in der Architektur, Bildkonzepte in der höfischen Malerei, Politische Ikonographie, Kunst als Medium der Erinnerungs- und Residenzkultur, Kunst in Prozessen des Kulturtransfers.

Dr. Hans Nortmann,
geb. 1952 in Münster; 1973–1980 Studium der Fächer Vor- und Frühgeschichte, Provinzialrömische Archäologie, Mittlere und Neuere Geschichte und Geographie in Münster, München und Kiel; 1980 Promotion in Kiel über die Eisenzeit in Westniedersachsen; 1980–1984 Wiss. Mitarbeiter am Seminar für Vor- und Frühgeschichte der Universität Gießen; seit 1984 Archäologe am Rheinischen Landesmuseum Trier; Referent für Eisenzeit und Außenstellenleiter Trier der archäologischen Denkmalpflege; Forschungsschwerpunkt: vorrömische Eisenzeit.

Thomas Schindler,
geb. 1962 in Bad Kreuznach; 1983–1990 Studium der Geologie/Paläontologie in Mainz, Abschluss Diplom; 1990–1993, 1995–1997 und 1998–2000 Wiss. Mitarbeiter am Institut für Geowissenschaften der Universität Mainz und Paläontologischen Institut der Universität Bonn; seit 2000 Inhaber eines Geobüros mit Aufträgen von Denkmalfachbehörden, Museen, Forschungsinstituten und privaten Auftraggebern; Forschungs- und geotouristische Projekte; seit 2009 Beratender Geowissenschaftler BDG; zahlreiche Publikationen zur Erdgeschichte Deutschlands und Österreichs.

Prof. Dr. Helga Schnabel-Schüle,
geb. 1954 in Düsseldorf; 1972–1978 Studium der Geschichte, Germanistik und Politik in Marburg und Tübingen; 1978–1984 Wiss. Angestellte im Projekt »Konfessionsbildung in den Territorien« des Sonderforschungsbereichs »Spätmittelalter und Reformation« an der Universität Tübingen; 1984 Promotion; 1991 Habilitation; 1992–1995 Bearbeitung und Leitung des VW-Forschungsprojekts »Strafgerichtsbarkeit in Territorien des Reichs 1500–1800«; 1992–1993 Vertretung der Professur für Geschlechtergeschichte an der Universität Bochum; 1994–1995 Vertretung des Lehrstuhls für Neuere Geschichte an der Universität Tübingen; seit 1995 Univ.-Professorin für Neuere Geschichte an der Universität Trier; Forschungsschwerpunkte: Staat, Kirche, Religion; Rechtliche Verfahren und Sanktionen; Herrschaftswechsel; Geschlechtergeschichte.

Prof. Dr. Joachim Schneider
geb. 1960 in Ansbach; Studium der Fächer Geschichte, Deutsch und Sozialkunde an den Universitäten Würzburg und Tübingen; 1991 Promotion; 1991–2001 Wiss. Mitarbeiter bzw. Assistent im Sonderforschungsbereich 226 und am Institut für Geschichte der Universität Würzburg; 2001 Habilitation; Lehrstuhlvertretungen und Lehrtätigkeiten in Würzburg, Marburg und Hamburg; 2003–2007 DFG-Forschungsprojekt »Eberhard Windeck und sein ›Buch von Kaiser Sigmund‹«; seit 2008 Vertretung des Lehrstuhls für Mittlere und Neuere Geschichte und Vergleichende Landesgeschichte an der Universität Mainz; Arbeitsgebiete: Vergleichende Landesgeschichte im Spätmittelalter, Chronistik des Spätmittelalters, Stadtgeschichte, Reichsgeschichte und Königshof im 15. Jh.

Prof. Dr. Matthias Schnettger,
geb. 1965 in Oer-Erkenschwick; 1987–1992 Studium der Neueren und Mittleren Geschichte sowie der Politikwissenschaft in Münster; 1992 Magisterexamen; 1992–1995 Wiss. Mitarbeiter an der Arbeitsstelle Westfälischer Friede in Münster; 1994 Promotion in Münster; 1995–2006 Wiss. Mitarbeiter am Institut für Europäische Geschichte Mainz; 2004 Habilitation in Frankfurt am Main; 2005–2006 Gastdozent am Deutschen Historischen Institut in Rom; seit 2006 Univ.-Prof. für Geschichte der Frühen Neuzeit in Mainz; Forschungsschwerpunkte: Geschichte des Alten Reiches, Kleinstaaten in Deutschland und Italien, internationale Beziehungen und Transferprozesse in Europa.

Dr. Hans-Helmut Wegner,
geb. 1942 in Kassel; 1964–1973 Studium der Ur- und Frühgeschichte, Klassischen Archäologie und Alten Geschichte in Freiburg im Breisgau, Kiel und Marburg; 1973 Promotion; 1973–1980 Leiter der Außenstelle Niederrhein in Xanten des Rheinischen Landesmuseums Bonn; Mitarbeit bei Vorbereitung und Aufbau von Regionalmuseum und Archäologischem Park Xanten; 1980–2007 Leiter der Außenstelle Koblenz der Direktion Landesarchäologie der GDKE ;1998–2003 Vorbereitung und Einrichtung der Archäologischen Abteilung im Landesmuseum Koblenz; 1996–2012 Mitwirken am DFG-Schwerpunktprogramm »Romanisierung« mit den Ausgrabungen in der keltisch-römischen Stadtanlage auf dem Martberg bei Pommern, Kreis Cochem-Zell; 1993–2007 Lehrbeauftragter an der Fachhochschule Koblenz; 1986–2007 Mitglied der Arbeitsgruppe »Recht und Steuerfragen« des Deutschen Nationalkomitees für Denkmalschutz.

Dr. Michael Wuttke,
geb. 1950 in Frankfurt am Main; 1971–1979 Studium der Fächer Wirtschaftswissenschaft und Geologie in Frankfurt am Main; 1979 Diplom; 1981–1983 Wiss. Mitarbeiter am Institut für Paläontologie an der Universität Mainz; 1988 Promotion; seit 1989 Leiter des Referates Erdgeschichte der GDKE; Arbeitsschwerpunkte: ein breites Spektrum, entsprechend den gesetzlichen Aufgaben; Taphonomie, d. h. Rekonstruktion aller Vorgänge, die vom Tod eines Tieres oder einer Pflanze bis zu seiner/ihrer Auffindung auf den Organismenrest einwirkten.

Dr. Andrea Zeeb-Lanz,
geb. 1960 in Bad Bevensen (Kreis Uelzen); Studium der Vor- und Frühgeschichte, Klassischen Archäologie und Provinzialrömischen Archäologie an den Universitäten Berlin, Heidelberg, Frankfurt; 1990 Magister; 1997 Promotion; 1997–2001 Referentin für Denkmalinventarisation am Landesamt für Archäologie Sachsen; seit 2001 Konservatorin/Gebietsreferentin bei der Direktion Landesarchäologie, Außenstelle Speyer der GDKE; 2004–2011 Leitung des DFG-Projektes »Jungsteinzeitliche Siedlung mit Grubenanlage Herxheim«; Forschungsschwerpunkte: Neolithikum, Spätlatènezeit.